РУССКО-АНГЛИЙСКИЙ ФИЗИЧЕСКИЙ СЛОВАРЬ

RUSSIAN-ENGLISH DICTIONARY OF PHYSICS

RUSSIAN-ENGLISH DICTIONARY OF PHYSICS

Approx. 75 000 terms

Edited by Dr. Valeri D. NOVIKOV, Ph. D.

«RUSSO»
MOSCOW
2000

РУССКО-АНГЛИЙСКИЙ ФИЗИЧЕСКИЙ СЛОВАРЬ

Около 75 000 терминов

Под редакцией канд. физ.-мат. наук В.Д. Новикова

«РУССО»
МОСКВА
2000

ББК 22.3
Р 89

Руководитель авторского коллектива Новиков В.Д.

Авторы: Абрамов В.А., Ерпылев Н.П., Игнатьева З.В., Криваткина Н.Б., Леонидов А.В., Ман Л.И., Марченко Е.А., Решетов Н.Л., Родин С.С., Рудашевская А.Е.

 Издание осуществлено при поддержке Российского фонда фундаментальных исследований по проекту № 98-02-30011

Р 89   **Русско**-английский физический словарь. Ок. 75 000 терминов / Новиков В.Д. и др. — М.: «РУССО», 2000.– 928 с.

ISBN 5-88721-143-1

Словарь содержит около 75 000 терминов по всем областям современной физики, как классическим, так и новейшим.

Словарь предназначен широкому кругу научных работников, инженеров, преподавателей, студентов и переводчиков. Он может использоваться как учебное и справочное пособие в университетах, институтах и колледжах для освоения учащимися английской научной терминологии.

ПРЕДИСЛОВИЕ РЕДАКТОРА

«Среди различных целей, для которых предназначается предисловие к книге, доминирующую роль довольно часто играет попытка автора смягчить грядущие удары критики при помощи правильно построенной защиты, в которой сочетается чистосердечное признание недостатков своего труда с доказательством их абсолютной неизбежности. Подобная форма литературной самообороны особенно необходима в том случае, когда предмет изложения представляет собой быстро развивающуюся отрасль науки».

Лев Арцимович, 1961 г.

Предисловия к словарям вообще редко кто читает. Многие пренебрегают даже краткими советами по пользованию словарем, что иногда оборачивается лишними тратами времени. Поэтому главная цель данного предисловия - не отвести стрелы критики, а выразить глубокое убеждение, что за сорок лет, отделяющих нас от остроумного высказывания выдающегося российского физика Льва Арцимовича, физика не перестала быть быстро развивающейся отраслью науки и по-прежнему остается неисчерпаемым источником идей для новой техники и технологий. В средствах массовой информации сейчас можно встретить высказывания, что эпоха физики прошла, наступает эпоха биологии. Лишь небольшая культурная прослойка общества осознает необходимость «большой физики», нацеленной на познание фундаментальных законов Природы и Вселенной. Конечно, трудно винить в этом политиков или журналистов, которым гораздо интереснее порассуждать о новых вирусах, генетических заболеваниях или клонировании овечек, чем о структурных фазовых переходах, вспышках сверхновых звезд или синхротронном излучении. При этом забывают, что своими революционными прорывами биология и другие науки в значительной мере обязаны физике (рентген, радиоактивность, нейтроны, ЯМР, современная микроскопия, томография, лазеры, оптоволокно и т.д.).

В мире широко известны достижения российских ученых в области квантовой электроники, управляемого термоядерного синтеза, физики твердого тела и полупроводников, теоретической физики, голографии, астрофизики, космических исследований. Интерес зарубежных ученых к достижениям российской физики очень велик. Об этом свидетельствует издание за рубежом в переводе на английский язык всех ведущих физических журналов России и многих монографий российских авторов. Выпуск словаря позволит существенно повысить качество этих переводов, что признается зарубежными издателями (Американский Институт физики, Шпрингер, Гордон и Брич и др.) и переводчиками. Участие российских ученых в международных конференциях и совещаниях, публикация их работ в зарубежных журналах, издание целого ряда журналов на английском языке в России (Акустический журнал, Кристаллография, Лазерная физика, Оптика и спектроскопия, Физика плазмы, Ядерная физика и др.) также требуют перевода научных работ с русского языка на английский. Все это свидетельствует об актуальности издания Русско-английского физического словаря. В нашей стране такой словарь ранее не издавался, а зарубежные издания сильно устарели. Словарь будет полезен также ученым Украины, Белоруссии и других бывших республик СССР, где еще продолжает использоваться научная литература на русском языке.

Физика изучает количественные закономерности явлений и формулирует свои законы на математическом языке, поэтому в словарь включены многие математические термины. Границы, отделяющие физику от других естественных наук, в значительной мере условны. Физические методы исследований играют решающую роль во всех естественных науках и во многом определяют их успехи. Недаром образовался ряд пограничных дисциплин - математическая физика, биофизика, геофизика, физическая химия и химическая физика, физика атмосферы и океана и др., терминология которых в той или иной степени отражена в словаре.

Подбор математических, биофизических, химических и прочих терминов в нашем словаре может показаться случайным при сравнении со специализированными словарями. Причина в том, что, как правило, отбирались только термины, встречающиеся в физической литературе. Основой словника для словаря послужила пятитомная «Физическая энциклопедия» (Москва, 1988—1998). Несколько утрируя, можно сказать, что словарь позволяет, не обращаясь к другим источникам, перевести все пять томов «Физической энциклопедии» с русского языка на английский.

Данное издание является полностью оригинальным. Отбор русских терминов для него проводился не из других словарей или баз данных (чем грешат сегодня многие составители словарей), а из серьезных научных изданий. Кроме уже упоминавшейся «Физической энциклопедии», это Курс теоретической физики Л.Д.Ландау и Е.М.Лифшица, основные российские физические журналы (УФН, ЖЭТФ, Оптика и спектроскопия, Кристаллография, Квантовая электроника, Астрономический журнал и др.), а также целый ряд новейших монографий российских физиков, изданных в 1994—1999 гг. Английская терминология выверялась по соответствующим зарубежным изданиям.

Словарь включает около 75 000 терминов по всем областям современной физики, как классическим, так и новейшим. В нем отражены:

1. Общефизические, общенаучные и математические понятия;

2. Теоретическая физика (термодинамика и статистическая физика, теория относительности и гравитация, квантовая механика, квантовая теория поля);

3. Механика, теория упругости, физика трения;

4. Физика твердого тела (физика магнитных явлений, кристаллофизика, физика металлов, физика полупроводников, физика прочности и пластичности, физика высоких давлений, физика низких температур, сверхпроводимость);

5. Оптика, спектроскопия, люминесценция, лазерная физика, голография;

6. Радиофизика, электроника, микроэлектроника;

7. Акустика и ультразвук;

8. Аэро- и гидродинамика, физика жидкостей и газов;

9. Физика плазмы, управляемый термоядерный синтез;

10. Астрофизика и космические исследования;

11. Физика поверхности;

12. Геофизика, солнечно-земная физика;

13. Ядерная физика и ускорители заряженных частиц;

14. Физика высоких энергий, физика элементарных частиц;

15. Биофизика, биохимия, физическая химия, химическая физика;

16. Физические приборы, единицы и измерения.

Словарь необходим широкому кругу научных работников, инженеров, студентов и преподавателей, переводчиков. Он может использоваться также как учебное и справочное пособие в университетах, институтах и колледжах для освоения учащимися английской научной терминологии.

Работа над словарем была начата по инициативе лауреата Нобелевской премии по физике академика А.М.Прохорова.

Словарь подготовлен авторским коллективом в составе:

Абрамов Виталий Аркадьевич (физика плазмы, геофизика, аэро- и гидродинамика)

Ерпылев Николай Петрович (астрономия и астрофизика)

Игнатьева Зинаида Владимировна (механика, физика трения)

Криваткина Надежда Борисовна (теория колебаний, нелинейная динамика)

Леонидов Андрей Владимирович (теоретическая физика)

Ман Люция Ивановна (кристаллография, физика поверхности)

Марченко Елена Алексеевна (механика, физика трения)

Новиков Валерий Давидович (оптика, лазерная физика, радиофизика, электроника, акустика, физика высоких энергий)

Решетов Николай Леонидович (механика, аэро- и гидродинамика)

Родин Сергей Сергеевич (ядерная физика)

Рудашевская Александра Евгеньевна (физика магнитных явлений).

В состав авторского коллектива входят специалисты в областях теоретической физики, физики твердого тела, физики плазмы, оптики и квантовой электроники, радиофизики, акустики, астрофизики, механики и теории упругости, ядерной физики из таких ведущих физических институтов как Физический институт им. П.Н. Лебедева РАН, Институт общей физики РАН, Институт прикладной физики РАН, Институт кристаллографии РАН, Институт астрономии РАН, Институт машиноведения РАН, Институт атомной энергии им. И.В. Курчатова. Они хорошо владеют физической терминологией, являются авторами многих научных трудов по специальности, участвовали в подготовке ряда англо-русских и русско-английских словарей, а также имеют большой опыт перевода научной литературы с английского языка на русский и с русского на английский. Руководитель авторского коллектива и научный редактор словаря канд. физ.-мат. наук В.Д.Новиков в течение ряда лет был координатором научных программ Российской академии наук в областях квантовой электроники, радиофизики, твердотельной микроэлектроники, физической электроники, является автором Англо-немецко-французско-русского физического словаря, выпущенного в 1995 году издательствами «Руссо» в Москве и «Harri Deutsch» в Германии.

Попытка создания русско-английского физического словаря не нуждается в оправданиях, однако концепция словаря требует кратких пояснений. Как уже упоминалось выше, в основу концепции был положен подбор терминов специалистами из фундаментальных научных монографий и современных журналов. Включение в словарь ряда общенаучных терминов и примеров их употребления преследовало цель сделать словарь достаточно универсальным и удобным (разумеется, для физика), т.е. избежать одновременного пользования множеством разных словарей. С этой же целью в словарь включены именные термины (такие как «уровни Ландау» или «закон Ньютона»), которые по традиции составляют значительную часть физической терминологии. Наконец, словарь содержит немало сложных терминов. Казалось бы, зачем включать в гнездо «симметрия» термин «глобальная неабелева симметрия», если уже есть термины «глобальная симметрия» и «абелева симметрия»? Остальное толковый переводчик сконструирует сам. Однако по нашему мнению, чем больше готовых конструкций, тем удобнее словарь, точнее перевод и больше экономия времени при переводе. Кроме того, включение сложного термина в словарь преследует и нормативные цели, т.е. говорит читателю, что такое словосочетание действительно встречается в серьезной литературе. Наличие сложных терминов облегчает также использование систем машинного перевода, которые получили уже довольно широкое распространение.

В разработке концепции словаря и на начальном этапе работы неоценимую помощь авторскому коллективу оказали академики А.А.Боярчук, В.В.Мигулин, В.Д.Шафранов, члены-корреспонденты РАН Н.В.Карлов, А.М.Фридман, профессора Ю.М.Гуфан, Л.М.Лямшев, Е.Г.Рудашевский.

Я глубоко признателен Е.Н.Островскому и А.Г.Салащенко за помощь в завершении работы над словарем.

Все замечания и предложения, касающиеся Словаря, просим направлять в издательство «РУССО» по адресу: 117071, Москва, Ленинский пр-т, д. 15, офис 323.

Телефон: 955-05-67. Факс: 237-25-02.

Web: http://www.aha.ru/~russopub/ E-mail: russopub@aha.ru

В.Д. Новиков
Москва

FOREWORD

"Among the various intended aims of forewords to books, a dominant role is quite often played by the author's attempt to cushion forthcoming blows of criticism with the aid of a precisely constructed defence, which combines the candid acknowledgement of the drawbacks of his work with evidence of their absolute inevitability. Such a form of literary self-defence is especially necessary in the case, when the subject represents a rapidly developing branch of science."

Lev Artsimovich, 1961

In general, forewords to dictionaries are seldom read. Many readers ignore even the briefest advice on to how use dictionary, that sometimes leads to unnecessary waste of time. The main purpose of this foreword is not to deflect the arrows of criticism, but to express the deep conviction, that although forty years separate us from witty utterance of the brilliant Russian physicist Lev Artsimovich, physics has not ceased to be a rapidly developing branch of science and it still remains an inexhaustible source of ideas for new engineering and technologies. In mass media one currently hears that the age of physics is past, and that the age of biology is coming. A very small group within society realizes the need for "big physics", aimed at understanding the fundamental laws of Nature and of the Universe. Of course, it is hard to blame politicians or journalists for such views. For them, it is far more interesting to discuss new viruses, genetic diseases or cloning sheep, than structural phase transitions, supernovae bursts or synchrotron radiation. In so doing, they forget that biology and other sciences are considerably obligated in their revolutionary break-throughs to physics (X-rays, radioactivity, neutrons, NMR, modern microscopy, tomography, lasers, fiber optics, etc.).

Achievements of Russian scientists in the fields of quantum electronics, controlled thermonuclear fusion, physics of solids and semiconductors, theoretical physics, holography, astrophysics, and space research are widely known throughout the world. There is considerable interest by foreign scientists in the achievements of Russian physics. Evidence of this is the publication abroad of English translations of all the leading Russian physical journals and of many monographs by Russian authors. Publication of this Dictionary will help to enhance the quality of these translations – a fact admitted by foreign publishers (the American Institute of Physics, Springer, Gordon and Breach, etc.) and by interpreters. Participation of Russian scientists in international conferences and meetings, the publication of their papers in foreign journals and the publication of a fair number of English language journals in Russia (Acoustical Physics, Crystallography Reports, Laser Physics, Optics and Spectroscopy, Plasma Physics Reports, Physics of Atomic Nuclei, etc.) also require the translation of scientific articles from Russian into English. All of this confirms the urgent need of publication of Russian-English Physics Dictionary. No such dictionary has been previously published in this country, and foreign editions are extremely rare. The Dictionary will be also useful for scientists in Ukraine, Byelorussia and other former republics of the USSR, where scientific literature in the Russian language continues to be used.

Physics investigates the quantitative regularities of phenomena and formulates its laws in mathematical language, that is why many mathematical terms are included in this Dictionary. The boundaries separating physics from the other natural sciences are largely conventional. The physical research methods play a decisive role in all natural sciences and often determine their advances. It is not without reason that a series of boundary disciplines has developed, such as mathematical physics, biophysics, geophysics, physical chemistry and chemical physics, physics of the atmosphere and the ocean, etc. Some of their terminology has been included into the Dictionary.

The selection of mathematical, biophysical, chemical and other terms in our Dictionary may appear arbitrary when compared with specialized dictionaries. This may be explained by our stating that we have selected, as a rule, only terms occurring in the literature of physics. We have used the "Physical Encyclopedia" in 5 volumes (Moscow, 1988—1998) as the basis for the Dictionary. With only a degree of exaggeration, it may be said that the Dictionary allows, without using other sources, to translate from Russian into English the full five volumes of the "Physical Encyclopedia".

This work is entirely original. The selection of Russian terms for it was taken not from other dictionaries or data bases (as many authors of dictionaries today might be forced to admit), but from serious scientific sources. In addition to the above-mentioned "Physical Encyclopedia", we have used "Theoretical physics" by L.D. Landau and E.M. Lifshitz, fundamental Russian physical journals (Russian Physics-Uspekhi, JETP, Optics and Spectroscopy, Crystallography, Quantum Electronics, Astronomical Journal, etc.), as well as quite a number of the latest monographs by Russian physicists published between 1994 and 1999. English terminology was checked with the relevant foreign books.

The Dictionary includes about 75 000 terms in all fields of contemporary physics, both classical and modern. The following areas of physics are represented in the Dictionary:

1. General physics, scientific and mathematical terms;
2. Theoretical physics (thermodynamics and statistical physics, relativity and gravity, quantum mechanics, quantum field theory);
3. Mechanics, theory of elasticity, physics of friction;
4. Solid state physics (physics of magnetic phenomena, crystal physics, physics of metals, semiconductor physics, physics of strength and plasticity, physics of high pressures, low temperature physics, superconductivity);
5. Optics, spectroscopy, luminescence, laser physics, holography;
6. Radiophysics, electronics, microelectronics;
7. Acoustics and ultrasonics;
8. Aero- and hydrodynamics, physics of liquids and gases;
9. Plasma physics, controlled thermonuclear fusion;
10. Astrophysics and space research;
11. Surface physics;
12. Geophysics, solar-terrestrial physics;
13. Nuclear physics and charged particle accelerators;
14. High-energy physics, physics of elementary particles;
15. Biophysics, biochemistry, physical chemistry, chemical physics;
16. Physical instruments, units and measurements.

The Dictionary is essential for a wide range of scientists, engineers, professors and students, as well as translators. It may also be used as a handbook in universities, institutes and college to enable students to master English scientific terminology.

Preparation of the Dictionary was begun on the initiative of Nobel Prize winner in physics Academician A.M. Prokhorov.

The Dictionary has been prepared by the following team of authors:

Abramov, Vitalii Arkad'evich (plasma physics, geophysics, aero- and hydrodynamics)

Yerpylev, Nikolai Petrovich (astronomy and astrophysics)

Ignat'eva, Zinaida Vladimirovna (mechanics, physics of friction)

Krivatkina, Nadezhda Borisovna (theory of oscillation, nonlinear dynamics)

Leonidov, Andrei Vladimirovich (theoretical physics)

Man, Liutsiya Ivanovna (crystallography, surface physics)

Marchenko, Elena Alexeevna (mechanics, physics of friction)

Novikov, Valerii Davidovich (optics, laser physics, radiophysics, electronics, acoustics, high-energy physics)

Reshetov, Nikolai Leonidovich (mechanics, aero- and hydrodynamics)

Rodin, Sergei Sergeevich (nuclear physics)

Rudashevskaya, Alexandra Evgen'evna (physics of magnetic phenomena).

The team of authors includes specialists in the fields of theoretical physics, solid state physics, plasma physics, optics and quantum electronics, radiophysics, acoustics, astrophysics, mechanics and theory of elasticity, nuclear physics from such leading physical institutes as P.N. Lebedev Physical Institute of the Russian Academy of Sciences (RAS), Institute of General Physics of the RAS, Institute of Applied Physics of the RAS, Institute of Crystallography of the RAS, Institute of Astronomy of the RAS, Institute of Machine Science of the RAS, and I.V. Kurchatov Institute of Atomic Energy. They are well acquainted with physics terminology, being authors of numerous scientific papers in their fields of interests. They have been involved in the preparation of other English-Russian and Russian-English dictionaries, and have considerable experience in the translation of scientific literature from English into Russian and from Russian into English. The supervisor of the team of authors and the scientific editor of the Dictionary Dr. V.D. Novikov was for many years the coordinator of scientific programs at the Russian Academy of Sciences in the fields of quantum electronics, radiophysics, solid-state microelectronics, and physical electronics. He is the author of the English-German-French-Russian Dictionary of Physics published in 1995 by "RUSSO" in Moscow and by "Harri Deutsch" in Germany.

This attempt to create the Russian-English Dictionary of Physics needs no justification. The concept of the Dictionary, however, requires a brief explanation. As already mentioned, the basis of this concept was the selection by specialists of terms taken from fundamental scientific monographs and modern journals. The Dictionary also includes terms from general science, with examples of their usage to fulfil the aim of making the Dictionary sufficiently universal and convenient (for physicists in particular), to avoid the need to refer to various other dictionaries. The same aim made us include in the Dictionary personal name entries (such as Landau levels or Newton law) that traditionally constitute a significant part of physics terminology. Lastly, the Dictionary contains a considerable number of composite terms. It may seem strange, for example, to include with the term "symmetry" the related term "global non-Abelian symmetry", if the terms "global symmetry" and "Abelian symmetry" already exist elsewhere in the Dictionary. Experienced translators will combine related terms. In our opinion, however, the more constructions are included, the more convenient the Dictionary will be, the more accurate the translation will be, and less time will be required for translation. Including composite terms in the Dictionary also fulfils other aims, i.e. it informs the reader, that such combinations actually occur in the scientific literature. Providing composite terms also facilitates use of machine translation, which is already quite widely used.

In developing the concept of the Dictionary and during the initial stage of work invaluable help was rendered to the team of authors by Academicians A.A. Boyarchuk, V.V. Migulin, V.D. Shafranov, Corresponding Members of the RAS N.V. Karlov and A.M. Fridman, and Professors Yu.M. Gufan, L.M. Lyamshev, and E.G. Rudashevskii.

I am extremely grateful for the help given by E.N. Ostrovskii and A.G. Salaszchenko in completing this work.

Comments and suggestions concerning this work should be addressed to "RUSSO" Publishers, office 323, 15 Leninski Ave., 117071 Moscow Russia.

Phone: 955-05-67. Fax: 237-25-02.

Web: http://www.aha.ru/~russopub/ E-mail: russopub@aha.ru

Dr. V.D. Novikov
Moscow

О ПОЛЬЗОВАНИИ СЛОВАРЕМ

В словаре принята алфавитно-гнездовая система, при этом термины, состоящие из слов, пишущихся через дефис, следует рассматривать как слитно написанные слова.

Составные термины, состоящие из определяемого слова и определяющих компонентов, следует искать по определяемому слову. Например, термин **воздушный винт** следует искать в гнезде **винт**.

Ведущее слово при последующем упоминании в словарной статье заменяется тильдой (~). Например, в гнезде **абляция**: термин **лазерная ~** читается **лазерная абляция**.

В случае препозитивного или постпозитивного определения тильда ставится после или перед определением.

Например: **величина** *ж.*:

        нормированная ~

        ~ нулевого порядка

В тех случаях, когда при последующем употреблении в тексте словарной статьи заглавное слово выступает не в исходной форме, в нем косой чертой (/) отделяется неизменяемая часть слова, а вместо нее в тексте ставится тильда (~) с измененным окончанием.

Например: **деформаци/я** *ж.* deformation; strain   **подвергать ~и** deform; strain, subject to deformation.

Синонимы даются в квадратных скобках.

Например: **светофильтр** *м.* light [optical] filter.

Факультативная часть термина дается в круглых скобках и читается следующим образом: **подогрев** *м.* (pre)heating: preheating, heating.

Пояснения заключены в круглые скобки и набраны курсивом.

Близкие по значению варианты переводов даются через запятую, далекие значения — через точку с запятой, различные значения — через цифры.

Для удобства читателя в словарь включены именные термины, которые составляют значительную часть физической терминологии. При этом в целях упрощения окончания притяжательной формы ’s в английских терминах опущены.

Например: Riemann waves (а не Riemann’s waves).

В словаре принят американский вариант орфографии.

СПИСОК ПОМЕТ И УСЛОВНЫХ СОКРАЩЕНИЙ

ае — астрономическая единица — astronomical unit

ак. — акустика и ультразвук — acoustics and ultrasonics

амер. — американский — American

англ. — английский — English

астр. — астрономия и астрофизика — astronomy and astrophysics

атм. — атмосфера — atmosphere

атм. опт. — атмосферная оптика — atmospheric optics

аэрогидр. — аэрогидродинамика — aerohydrodynamics

аэрод. — аэродинамика — aerodynamics

биол. — биология — biology

биоф. — биофизика — biophysics

биохим. — биохимия — biochemistry

втсп — высокотемпературная сверхпроводимость — high temperature superconductivity

вчт — вычислительная техника — computers

г. — год — year

геофиз. — геофизика — geophysics

гидр. — гидродинамика — hydrodynamics

гл. — глагол — verb

гологр. — голография — holography

др. — другой — other

ед. — единственное число — singular

ж. — женский род — feminine

жарг. — жаргонное выражение — jargon

кв. мех. — квантовая механика — quantum mechanics

кв. эл. — квантовая электроника — quantum electronics

крист. — кристаллография — crystallography

ктп — квантовая теория поля — quantum field theory

кхд — квантовая хромодинамика — quantum chromodynamics

кэ — квантовая электроника — quantum electronics

лат. — латинский язык — Latin

лтс — лазерный термоядерный синтез — laser thermonuclear synthesis

м. — мужской род — masculine

мат. — математика — mathematics

мет. — металлофизика — physics of metals

метео — метеорология — meteorology

мех. — механика — mechanics

микр. — микроэлектроника — microelectronics

мн. — множественное число — plural

напр. — например — for example

нареч. — наречие — adverb

нелин. дин. — нелинейная динамика — nonlinear dynamics

нелин. опт. — нелинейная оптика — nonlinear optics

опт. — оптика — optics

прил. — прилагательное — adjective

проф. — профессионализм — professionalism

радиоастр. — радиоастрономия — radio astronomy

радиофиз. — радиофизика — radio physics

радиоэл. — радиоэлектроника — radio electronics

с. — средний род — neuter

св. — светотехника — light engineering

сверхпр. — сверхпроводимость — superconductivity

сейсм. — сейсмология — seismology

сзф — солнечно-земная физика — solar-terrestrial physics

см. — смотри — see

спектр. — спектроскопия — spectroscopy

стат. физ. — статистическая физика — statistical physics

терм. — термодинамика — thermodynamics

тж. — также — also

тлв — телевидение — television

триб. — трибология, физика трения — tribology, physics of friction

уск. — ускорители заряженных частиц — accelerators of charged particles

уст. — устаревшее — obsolete

утс — управляемый термоядерный синтез — controlled thermonuclear synthesis

фвд — физика высоких давлений — physics of high pressures

фвэ — физика высоких энергий, физика элементарных частиц — physics of high energies, physics of elementary particles

физ. — физика — physics

физ. мет. — физика металлов — physics of metals

физ. пл. — физика плазмы — plasma physics

физ. пов. — физика поверхности — surface physics

физ. уск. — физика ускорителей — accelerator physics

физ. хим. — физическая химия — physical chemistry

фмя — физика магнитных явлений — physics of magnetic phenomena

фнт — физика низких температур — low temperature physics

фото — фотография — photography

фпп — физика полупроводников — semiconductor physics

фр. — французский язык — French

фтт — физика твердого тела — solid state physics

фэч — физика элементарных частиц — physics of elementary particles

хим. — химия — chemistry

эдс — электродвижущая сила — emf, electromotive force

эл. — электродинамика, электроника, электротехника — electrodynamics, electronics, electrical engineering

эл. микр. — электронная микроскопия — electron microscopy

яф — ядерная физика — nuclear physics

А

абелианизация *ж.* abelianization
аберратор *м.* aberrator
аберраци/я *ж.* aberration ▢ **вносить поправку на** ~**ю** adjust for aberration; cancel aberration; **исправлять** ~**ю** correct aberration; **уменьшать** ~**ю** reduce aberration; **устранять** ~**ю** cancel [remove, eliminate] aberration; **устранять** ~**ю оптической системы** correct optical aberration
аксиальная ~ axial aberration
~ **антенны** antenna aberration
астрономическая ~ astronomical aberration
вековая ~ secular aberration
внеосевая ~ off-axis aberration
волновая ~ wave aberration
~ **волнового фронта** wavefront aberration
~ **высшего порядка** higher (order) aberration
геометрическая ~ aperture [geometrical] aberration
~ **глаза** eye [ocular, ophtalmic] aberration
годичная ~ annual aberration
голографическая ~ holographic aberration
гравитационная ~ *(в нейтронном микроскопе)* gravitational aberration
дифференциальная ~ differential aberration
~ **Зайделя** Seidel aberration
звёздная ~ stellar [astronomical] aberration
индуцированная ~ induced aberration
~ **луча** beam aberration
монохроматическая ~ monochromatic aberration
наведённая ~ induced aberration
нелинейная ~ nonlinear aberration
несимметричная ~ unsymmetrical aberration
нулевая ~ zero aberration
~ **объектива** lens aberration
~ **окуляра** ocular aberration
оптическая ~ optical aberration
~ **оптической системы** optical aberration, aberration of optical system
осевая ~ axial aberration
отверстная хроматическая ~ axial chromatic aberration
~ **первого порядка** first order aberration
планетная ~ planetary aberration
поперечная ~ lateral [transverse] aberration
поперечная хроматическая ~ transverse chromatic aberration

~ **по прямому восхождению** aberration in right ascension
~ **по склонению** aberration in declination
продольная ~ longitudinal aberration, aberration of position
~ **пятого порядка** fifth order aberration
релятивистская ~ relativistic aberration
сагиттальная ~ sagittal aberration
~ **света** aberration of light, light aberration
симметричная ~ symmetrical aberration
~ **солнечного ветра** solar wind aberration
стигматическая ~ stigmatic aberration
суточная ~ diurnal aberration
сферическая ~ spherical aberration
сферохроматическая ~ spherochromatic aberration
термооптическая ~ thermo-optical aberration
~ **третьего порядка** third order aberration
угловая ~ angle [angular] aberration
хроматическая ~ chromatic [color] aberration
хроматическая ~ **вращения** *(плоскости поляризации)* chromatic aberration of rotation
цветовая ~ chromatic [color] aberration
~ **электронной линзы** aberration of electron lens
электронно-оптическая ~ electron-optical aberration
аблятор *м.* ablator
абляция *ж.* ablation
~ **испарением** vaporizing ablation
лазерная ~ laser ablation, ablation by laser
~ **плавлением** melting ablation
~ **с поверхности металла** ablation of metal surface
~ **с поверхности твёрдого тела** ablation of solid
~ **сублимацией** sublimation ablation
эрозионная ~ erosion ablation
абразив *м.* abrasive (material)
абсолютизация *ж. (спектра)* absolutization
абсорбат *м.* absorbate
абсорбент *м.* absorbent
абсорбер *м.* absorber
абсорбировать *гл.* absorb
абсорбциометр *м.* absorptiometer, absorption meter

абсорбция *ж.* absorption
~ **воздуха** air absorption
~ **газа** gas absorption
избирательная ~ selective absorption
~ **света** light absorption
абстракция *ж.* abstraction
математическая ~ mathematical abstraction
абсцисса *ж.* abscissa
авария *ж. (событие)* accident; *(аварийная ситуация)* emergency; *(отказ)* failure; *(повреждение)* damage, failure; *(разрушение, поломка)* breakdown, breakage; *(ядерная)* accident
~, **вызванная падением стержня** rod drop accident
~, **вызванная подъёмом стержня** rod ejection accident
~ **из-за недостаточного теплоотвода** power-cooling mismatch accident
~ **из-за непредусмотренной критичности** criticality accident
крупная ~ major accident
максимально опасная возможная ~ maximum credible accident
~ **на реакторе** reactor accident, reactor disaster
незначительная ~ minor accident
пусковая ~ start-up accident
радиационная ~ radiation accident
~ **реактора** reactor accident, reactor disaster
~ **со скачком мощности** transient overpower accident
ядерная ~ nuclear accident
~ **ядерной установки** nuclear accident
авометр *м.* multimeter, volt-ohm-milliammeter, VOM, multiple-purpose meter
электронный ~ electronic multimeter, EMM
автоволн/а *ж.* autowave; self-sustained [traveling] dissipative structure
бегущие ~ы traveling autowaves
вращающиеся ~ы rotating autowaves
двумерная ~ two-dimensional autowave
~ **концентрации носителей** carrier concentration autowave
концентрические ~ы concentric autowaves
плоские ~ы plane autowaves
популяционные ~ы *биол.* population autowaves
пульсирующие ~ы pulsing autowaves
спиральные ~ы helical autowaves
стохастические ~ы stochastic autowaves
трёхмерная ~ three-dimensional autowave
автогезия *ж.* autoadhesion
автогенератор *м.* self-excited oscillator
автодин *м. рад.* autodyne (receiver), autoheterodyne
автодуальность *ж.* ктп self-duality
автоионизация *ж. (ионизация полем)* autoionization, field ionization
вторичная ~ secondary autoionization

колебательная ~ vibrational autoionization
резонансная двухфотонная ~ resonant two-photon autoionization
автокалибровка *ж.* self-calibration
автокатализ *м.* autocatalysis
автокатализатор *м.* autocatalyst
автоклав *м.* autoclave
автоколебания *мн.* self-oscillations, self-sustained [self-excited] oscillations
~ **в потоке жидкости** *или* **газа** fluid-induced vibrations
двухпериодические ~ double-period self-excited oscillations
~ **гидродинамического** *или* **аэродинамического происхождения** fluid-induced vibrations
квазипериодические ~ quasi-periodic self-oscillations
периодические ~ periodic self-oscillations
релаксационные ~ relaxation self-excited oscillations
релаксационные фрикционные ~ intermittent frictions
стационарные ~ stationary self-oscillations
стохастические ~ stochastic self-oscillations
~ **струи** self-maintained jet oscillations
~ **струн** *(нитей, проводов)* **в газовом потоке** aeolian vibrations
~, **управляемые трением** friction-controlled vibrations
фрикционные ~ self-excited frictional oscillations, self-excited frictional vibrations
фрикционные ~ **с периодическими остановками** frictional self-excited stick-step vibrations, stick-slip motion
автоколлиматор *м.* autocollimator
автоколлимация *ж.* autocollimation
автокомпенсация *ж.* autocompensation, self-compensation
автоконвекция *ж.* autoconvection
автокоррекция *ж.* self-correction; *уск.* automatic correction
автокоррелограмма *ж.* autocorrelogram
автокоррелятор *м.* autocorrelator
оптический ~ optical autocorrelator
автокорреляция *ж.* autocorrelation
~ **в теории рассеяния** autocorrelation in scattering theory
автолегирование *с. фтт* autodoping
автолокализация *ж. фтт* autolocalization
автомат *м.* automation
абстрактный ~ abstract automation
дискретный ~ discrete automation
клеточный ~ cellular automation
конечный ~ finite automation
линейный ~ linear automation
цифровой ~ digital automation
автоматизация *ж.* automation, automatization
гибкая ~ flexible automation
~ **обработки данных** data processing automatization

~ проектирования design automation, computer-aided design
~ эксперимента automatization [computerization] of experiment
автоматизировать *гл.* automate
автоматика *ж.* *(отрасль науки и техники)* automatics, automation; *(оборудование)* automatic equipment
струйная ~ fluidics
автомодельность *ж.* self-similarity
~ течения self-similarity of flow
автомодельный *прил.* self-similar
автомодуляция *ж. рад.* self-modulation
импульсная ~ self-pulse modulation
~ радиоволн в ионосфере wave self-modulation in the ionosphere
фазовая ~ self-phase modulation
автоморфизм *м. мат.* automorphism
автоокисление *с.* auto-oxidation
автоподстройка *ж.* self-tuning
фазовая ~ частоты phase-locked loop frequency control
~ частоты automatic frequency control
автопроводимость *ж.* autoconduction
авторадиограмма *ж.* autoradiogram, radio-autograph, autoradiograph
авторадиография *ж.* autoradiography, radio-autography
количественная ~ quantitative autoradiography
контактная ~ contact autoradiography
авторегрессия *ж. мат.* autoregression
авторегулировка *ж.* automatic control
авторезонанс *м.* autoresonance
автореферат *м.* author's abstract (of scientific paper)
авторотация *ж.* autorotation
~ несущего винта autorotation of a rotor
автосинхронизация *ж.* self-synchronization
~ волн self-synchronization of waves
автосолитон *м.* autosoliton
~ Россби Rossby autosoliton
автостереоскопия *ж.* autostereoscopy
автоструктура *ж.* autostructure, self-sustained dissipative structure
динамическая ~ dynamic autostructure
локализованная ~ localized autostructure
статическая ~ static autostructure
стационарная ~ stationary autostructure
уединённая ~ solitary autostructure
автотрансформатор *м.* autotransformer
однофазный ~ single-phase autotransformer
регулируемый ~ variable-ratio [adjustable-ratio] autotransformer
трёхфазный ~ three-phase autotransformer
автоускорение *с.* self-excited acceleration
автофазировка *ж.* *(в ускорителях заряженных частиц)* phase stability; *(в лазерах)* phase self-locking
бетатронная ~ betatron phase stability
автофокусировка *ж.* autofocusing
автоэмиссия *ж.* autoemission, autoelectronic [field, tunnel] emission

автоэпитаксия *ж.* autoepitaxy, homoepitaxy
агглютинация *ж.* agglutination
агент *м.* agent
активирующий ~ activating agent
восстанавливающий ~ reducing agent
вымывающий ~ stripping agent
высаливающий ~ salting-out agent
дезагрегационный ~ *кв. эл.* deaggregating agent
дезактивирующий ~ decontaminant, decontaminating agent
загрязняющий ~ pollutant
ионизирующий ~ ionizing agent
комплексообразующий ~ complexing agent
конденсационный ~ condensation agent
корродирующий ~ corrosive agent, corrodent
красящий ~ coloring agent
отверждающий ~ curing agent
охлаждающий ~ cooling agent, coolant, cooling medium
рассеивающий ~ scattering agent
связующий ~ bonding [binding, coupling] agent
смачивающий ~ wetting agent
сшивающий ~ coupling agent
тормозящий ~ *хим.* inhibitor, inhibiting agent
физический ~ physical agent
флокулирующий ~ flocculating agent
химический ~ chemical agent
экстрагирующий ~ extractant, extraction agent
эмульгирующий ~ emulsifier, emulsifying agent
агентство *с.* agency
Международное ~ по атомной энергии (МАГАТЭ) International Atomic Energy Agency
агломерат *м.* agglomerate, sinter
агломерация *ж.* agglomeration
ультразвуковая ~ sonic agglomeration
агрегат *м.* **1.** *(в минералогии)* aggregate **2.** *(в технике)* assembly, set, unit
~ высокого давления high-pressure unit
звёздный ~ stellar aggregate
кристаллический ~ crystalline aggregate
поликристаллический ~ polycrystalline aggregate
фрактальный ~ fractal aggregate
фрактальный аэрозольный ~ fractal aerosol aggregate
агрегация *ж.* aggregation, clustering
агрегирование *с.* aggregation, clustering
~ мелких частиц aggregation of small particles
агрофизика *ж.* agrophysics, agricultural physics
адамар-спектрометр *м.* Hadamard spectrometer
адаптаци/я *ж.* adaptation **способность к ~и** the ability to adapt

~ глаза adaptation of the eye, eye [ophthalmic, visual] adaptation
~ по изображению image sharpening
световая ~ light [photopic] adaptation
~ сетчатки глаза retinal adaptation
темновая ~ dark [scotopic] adaptation
физиологическая ~ physiological adaptation
цветовая ~ chromatic [color] adaptation
яркостная ~ bright [luminance] adaptation
адаптер *м. вчт.* adapter; *(звукосниматель)* pick-up; *фото* adapter, film-holder, plate-holder
адаптированный *прил.* adapted
~ к свету light-adapted
~ к темноте dark-adapted
~ к цвету color-adapted
адаптироваться *гл.* adapt
~ к различным условиям освещённости adapt for light conditions over a wide range
~ к свету adapt for light (conditions)
адаптометр *м. опт.* adaptometer
адатом *м.* adatom, adsorbed atom
адвекция *ж.* advection
вертикальная ~ vertical advection
~ вихрей vorticity advection
~ воздушных масс advection of air
геострофическая ~ geostrophic advection
горизонтальная ~ horizontal advection
сдвиговая ~ shear advection
тёплая ~ warm advection
термическая ~ thermal advection
холодная ~ cold advection
циклострофическая ~ cyclostrophic advection
адгезатор *м. (адиабатический генератор заряженных тороидов)* adgezator
адгезив *м.* adhesive
адгезиометр *м.* adhesiometer
адгезиометрия *ж.* adhesiometry
адгезия *ж.* adhesion, adherence
~ металлических поверхностей metallic adhesion
механическая ~ mechanical adhesion
молекулярная ~ molecular adhesion
удельная ~ specific adhesion
~ фоторезиста photoresist adhesion
электростатическая ~ electrostatic adhesion
аддитивность *ж.* additivity
полная ~ total [complete] additivity
частичная ~ partial additivity
адекватность *ж.* adequacy
~ модели model adequacy
аденин *м. биол.* adenine
адиабата *ж.* adiabat, adiabatic curve; curve of equal entropy, isentropy
влажная ~ moist adiabat
~ Гюгоньо Hugoniot [shock] adiabat, Hugoniot curve
детонационная ~ detonation adiabat
конденсационная ~ condensation adiabat, Hugoniot curve for condensation shock

неравновесная ударная ~ nonequilibrium shock adiabat
~ Пуассона Poisson adiabat, Poisson function
равновесная ударная ~ equilibrium shock adiabat
сухая ~ dry adiabat
~ Тауба Taub adiabat
ударная ~ shock [Hugoniot] adiabat, Hugoniot curve
адиабатичность *ж.* adiabaticity
~ вращения *(ядра)* rotation adiabaticity
адмитанс *м. (полная проводимость)* admittance
~ ускорителя accelerator admittance
адрес *м. вчт* address
адресация *ж.* addressing
оптическая ~ optical addressing
адродинамика *ж.* hadrodynamics
дуальная ~ dual hadrodynamics
многочастичная ~ many-body hadrodynamics
адрон *м.* hadron
бесцветный ~ colorless hadron
виртуальный ~ virtual hadron
вторичный ~ secondary hadron
красивый ~ beauty [beautiful] hadron
очарованный ~ charmed hadron
прелестный ~ beauty [beautiful] hadron
стабильный ~ stable hadron
экзотический ~ exotic hadron
адронизация *ж.* hadronization
~ партонов parton hadronization
адророждение *с.* hadroproduction
адсорбат *м.* adsorbate
газовый ~ gas adsorbate
жидкий ~ liquid adsorbate
адсорбент *м.* adsorbent
высокодисперсный ~ highly dispersed adsorbent
непористый ~ nonporous adsorbent
пористый ~ porous adsorbent
твёрдый ~ solid adsorbent
адсорбер *м.* adsorber
адсорбировать *гл.* adsorb
адсорбируемость *ж.* adsorbability
адсорбция *ж.* adsorption
активированная ~ activated adsorption
ван-дер-ваальсова ~ Van der Waals adsorption
внутренняя ~ internal adsorption
вторичная ~ secondary adsorption
~ газа gas adsorption
~ газа на твёрдом теле gas-solid adsorption
избирательная ~ selective [specific, preferential] adsorption
~ из раствора adsorption from solution
локализованная ~ localized adsorption
многослойная ~ multilayer [multimolecular] adsorption
мономолекулярная ~ monomolecular [monolayer] adsorption

монослойная ~ monolayer [monomolecular] adsorption

~ на активном угле adsorption on active charcoal [carbon]

~ на ионообменной смоле ion-exchange resin adsorption

~ на поверхности *(напр. твёрдого тела)* adsorption onto the surface

необратимая ~ irreversible adsorption

неполярная ~ nonpolar adsorption

обменная ~ exchange adsorption

обратимая ~ reversible adsorption

объёмная ~ space [volume] adsorption

отрицательная ~ negative adsorption

первичная ~ primary adsorption

поверхностная ~ surface adsorption

~ поверхностно-активными веществами adsorption by surfactants [by surface-active substances]

полевая ~ field adsorption

полимолекулярная ~ multilayer [multi-molecular] adsorption

положительная ~ positive adsorption

полярная ~ polar adsorption

селективная ~ selective adsorption

удельная ~ specific adsorption

физическая ~ physical adsorption

химическая ~ chemical adsorption, chemisorption

центровая ~ central [localized] adsorption, adsorption by centers

азимут *м.* azimuth

астрономический ~ astronomical [true] azimuth

географический ~ geographical azimuth

геодезический ~ geodetic azimuth

~ главного направления *опт.* azimuth of principal direction

истинный ~ true [astronomical] azimuth

~ линейно поляризованного излучения azimuth of linear polarized radiation

магнитный ~ magnetic bearing, magnetic azimuth

~ небесного светила star azimuth

~ Солнца sun azimuth

~ эллиптически-поляризованного излучения azimuth of elliptically polarized radiation

азот *м.* nitrogen, N

активный ~ active nitrogen

атмосферный ~ atmospheric nitrogen

жидкий ~ liquid nitrogen

молекулярный ~ molecular nitrogen

природный ~ natural nitrogen

азотирование *с. (металла)* nitriding

аквадаг *м.* aquadag

акваметрия *ж.* aquametry

аккомодация *ж. опт.* accommodation

~ глаза accommodation of the eye

~ зрения visual accommodation

магнитная ~ magnetic accommodation

полная ~ *(при взаимодействии газа со стенкой)* total accommodation

~ проницаемости permeability accommodation

~ энергии energy accommodation

аккорд *м.* accord, concord

диссонансный ~ dissonance, discord

консонансный ~ consonant accord, concord

аккретор *м. астр.* accretor

аккреция *ж. астр.* accretion

~ атомов на частицы пыли dust particle accretion of atoms

~ вещества accretion of matter

~ вещества на звезду star accretion of matter

~ газа gas accretion

~ газом accretion by gas

дисковая ~ disk accretion

~ звёздного ветра stellar wind accretion

коническая ~ conical accretion

магнитная ~ magnetic accretion

~ межзвёздного вещества accretion of interstellar matter

~ на белый карлик white dwarf accretion

~ на нейтронную звезду neutron star accretion

~ на чёрную дыру black hole accretion

нестационарная ~ nonstationary accretion

сферически-симметричная ~ spherically symmetric accretion

аккумулировать *гл.* accumulate, store

аккумулятор *м. (элемент)* accumulator, (storage) cell; *(батарея элементов)* (storage) battery

гидравлический ~ hydraulic accumulator

~ давления pressure accumulator

железо-никелевый ~ nickel-iron [Ni-Fe, Edison] accumulator

инерционный ~ inertial accumulator, inertial energy-storage device

кадмиево-никелевый ~ nickel-cadmium [Ni-Cd] accumulator

кислотный ~ acid accumulator

пневматический ~ pneumatic accumulator

свинцовый ~ lead [lead-acid] accumulator

серебряно-кадмиевый ~ silver-cadmium accumulator

серебряно-цинковый ~ silver-zinc accumulator

тепловой ~ thermal [heat] accumulator

щелочной ~ alkaline accumulator

~ Эдисона Edison [nickel-iron, Ni-Fe] accumulator

электрический ~ accumulator

~ энергии energy storage device

аккумуляция *ж.* accumulation, storage

~ носителей *фтт* carrier accumulation

~ примесей impurities accumulation

~ энергии storage of energy

аклина *ж.* acline, aclinic line, magnetic equator

акридин *м. (краситель)* acridine

красный ~ acridine red

акселерограмма *ж.* accelerogram

акселерограф *м.* accelerograph, recording accelerometer

тензометрический ~ stain-gauge-type accelerograph

акселерометр *м.* accelerometer

волоконно-оптический ~ fiber-optic accelerometer

гироскопический ~ gyroscopic accelerometer

двухкомпонентный ~ two-axis accelerometer

ёмкостный ~ capacitive [capacitance] accelerometer

индуктивный ~ inductive [induction] accelerometer

интегрирующий ~ integrating accelerometer

криогенный ~ cryogenic accelerometer

лазерный ~ laser accelerometer

линейный ~ linear accelerometer

магнитный ~ magnetic accelerometer

максимальный ~ peak(-value) accelerometer

механический ~ mechanical accelerometer

многокомпонентный ~ multiple-axis accelerometer

однокомпонентный ~ single-axis accelerometer

оптический ~ optical accelerometer

пьезокерамический ~ piezoceramic accelerometer

пьезоэлектрический ~ piezoelectric accelerometer

~ с проволочным тензодатчиком wire strain-gauge accelerometer

тензометрический ~ strain-gauge-type accelerometer

трёхкомпонентный ~ three-axis accelerometer

угловой ~ angular accelerometer

электромеханический ~ electromechanical accelerometer

электронный ~ electronic accelerometer

электростатический ~ electrostatic accelerometer

аксептанс *м.* *(ускорителя)* acceptance

~ канала channel acceptance

~ пучка beam acceptance

аксиальность *ж.* *(деформации ядра)* axiality

аксиом/а *ж.* axiom

~ Архимеда Archimedean axiom

~ выбора axiom of choice; axiom of selection

групповая ~ group axiom

~ы движения axioms of motion

~ дополнительности axiom of complementarity

~ Евклида Euclidean axiom

~ конгруэнтности axiom of congruence

~ линейности linear axiom

~ локальности *ктп* axiom of locality

~ материальной объективности material objectivity [material frame indifference] axiom

~ наложения axiom of superposition

~ независимости материала от системы отсчёта material objectivity [material frame indifference] axiom

~ непрерывности axiom of continuity

~ параллельности Евклида Euclidean parallel axiom

~ полноты completeness axiom

~ы порядка axioms of order

~ причинности *ктп* axiom of causality

~ произвольного выбора axiom of choice

~ равновесия *терм.* equilibrium axiom

~ релятивистской инвариантности *ктп* axiom of relativistic invariance

~ы сочетания combination axioms

~ спектральности *ктп* axiom of spectrality

~ существования axiom of existence

~ счётности countability [denumerability] axiom

~ы термодинамики Каратеодори Carathéodory axioms of thermodynamics

фундаментальная ~ fundamental axiom

~ы Хаага - Араки *ктп* Haag-Araki axioms

аксиоматика *ж.* axiomatics

~ Боголюбова *ктп* Bogoliubov axiomatics

~ Каратеодори *(в термодинамике)* Carathéodory principles

~ наблюдаемых axiomatics of observables

~ теории вероятностей axiomatics of probability theory

термодинамическая ~ thermodynamic axiomatics

формальная ~ formal axiomatics

аксион *м.* *фвэ* axion (particle)

аксоид *м.* *мех.* axoid

неподвижный ~ fixed axoid

неподвижный винтовой ~ fixed helical axoid

подвижный ~ loose axoid

подвижный винтовой ~ loose helical axoid

призрачный ~ fantom axoid

аксон *м.* *биол.* axon

аксонометрия *ж.* axonometry

акт *м.* **1.** *(явление, событие)* act, event **2.** *(документ)* certificate

~ взаимодействия interaction act

двухквантовый ~ two-quantum process

~ деления *(ядра)* fission event

единый ~ творения unique creation

~ захвата *яф* capture event

~ излучения emission event

~ ионизации ionizing event

начальный ~ ионизации initial [primary] ionizing event

первичный ~ primary [initial] event

первичный ~ ионизации initial [primary] ionizing event

~ поглощения absorption event

~ **приёмки** *(прибора или оборудования)* acceptance certificate

~ **распада** decay event

~ **рассеяния** scattering event

~ **рекомбинации** recombination event

~ **столкновения** collision event

элементарный ~ elementary act, unit event, unit process

активатор *м.* activator; accelerator; activating agent

вспомогательный ~ auxiliary activator

~ **кристаллофосфора** phosphor-crystal activator, phospor-crystal accelerator

~ **люминофора** phospor [luminescent] activator, phosphor accelerator, phosphorogen

оптический ~ *(люминофора)* optical activator

основной ~ dominant activator

~ **полимеризации** polymerization activator

редкоземельный ~ rare earth activator, rare earth dopant

~ **фотоэмульсии** photoemulsion accelerator

активация *ж.* activation; sensitization

~ **атомных ядер** activation of nuclei

~ **гамма-излучением** gamma(-ray) activation

~ **до насыщения** saturation activation

~ **заряженными частицами** charged particle activation

косвенная ~ indirect activation

~ **кристаллофосфора** phosphor activation

~ **легирующей примесью** dopant activation

~ **люминофора** phosphor activation

механическая ~ mechanical activation

~ **надтепловыми нейтронами** epithermal [epithermal-neutron] activation

~ **нейтронами** neutron activation

~ **охладителя** *(теплоносителя)* coolant activation

~ **поверхности** surface activation

повторная ~ reactivation

~ **примеси** *фпп* impurity [dopant] activation

~ **протонами** proton activation

прямая ~ direct activation

резонансная ~ resonance activation

световая ~ light [optical] activation

~ **тепловыми нейтронами** thermal(-neutron) activation

~ **теплоносителя** coolant activation

термическая ~ thermal activation

фотоядерная ~ photonuclear activation

химическая ~ chemical activation

~ **частицами** activation by particles

электролитическая ~ *(катода)* electrolytic activation

~ **ядерными частицами** activation by nuclear particles

активизация *ж.* activation

~ **волокна** filament activation

предвспышечная ~ preflare activation

активирование *с.* activation (process)

~ **катода** cathode [filament] activation

~ **оксидного катода** activation of oxide cathode

активированный *прил.* activated, sensitized; *(в лазерной физике)* doped

активировать *гл.* activate; *(о лазерных материалах)* dope

~ **стекло неодимом** dope glass with neodymium

активность *ж.* activity

абсолютная термодинамическая ~ absolute thermodynamic activity

акустическая ~ *(кристаллов)* acoustical rotation, acoustical activity

аномальная оптическая ~ anomalous optical activity

антициклоническая ~ anticyclonic activity

~ **атмосфериков** whistler activity

биохимическая ~ biochemical activity

вспышечная ~ flare activity

вторичная ~ *яф* second-order activity

высокая ~ high activity

вулканическая ~ volcanic activity

геомагнитная ~ geomagnetic activity

долгоживущая ~ long-lived activity

дочерняя ~ daughter activity

естественная ~ natural activity

естественная оптическая ~ natural optical activity

~ **загрязнений** contamination activity

запаздывающая ~ delayed activity

звёздная ~ stellar activity

изомерная ~ isomeric activity

изотопическая ~ isotope activity

~ **индикатора** *яф* tracer activity

~ **ионов** ion activity

искусственная оптическая ~ induced optical activity

~ **источника** *(радиоактивного, нейтронов и др.)* source activity

кислородная ~ oxygen activity

короткоживущая ~ short-lived activity

кристаллическая оптическая ~ structural [crystal] optical activity

летучая ~ volatile activity

магнитооптическая ~ magneto-optical activity

массовая ~ mass activity

метеорная ~ meteor activity

молекулярная оптическая ~ molecular optical activity

наведённая ~ *опт.* induced activity

наведённая оптическая ~ induced optical activity

насыщенная ~ saturation [saturated] activity

начальная ~ initial activity

незначительная ~ trace-level activity

~ **нейтронного источника** activity of neutron source

нелинейная оптическая ~ nonlinear optical activity

нормальная оптическая ~ normal optical activity

нулевая ~ zero activity
~ **образца** sample strength, sample activity
объёмная ~ *(радионуклида)* volumetric activity
окислительная ~ oxidative activity
~ **окружающей среды** environmental activity
оптическая ~ optical activity
~ **осадка** deposit activity
осколочная ~ fission-fragment activity
остаточная ~ *(ядерного реактора)* residual activity
относительная ~ relative activity
~ **отходов** waste activity
поверхностная ~ surface activity
подводная вулканическая ~ submarine volcanic activity
позитронная ~ positron activity
полная ~ gross [total] activity
посторонняя ~ extraneous activity
~ **потока** *астр.* shower activity
~ **примесей** contamination activity
~ **при насыщении** saturation activity, activity at saturation
природная ~ natural radioactivity
протонная ~ proton activity
равновесная ~ equilibrium activity
~ **радиоактивного вещества** activity of radioactive substance
~ **радиоактивного источника** activity of radioactive source
~ **радионуклида** radionuclide activity
~ **сбросных вод** sewage [effluent] activity
~ **сбросных газов** effluent gas activity
сейсмическая ~ seismic activity
солнечная ~ solar activity
~ **солнечных пятен** sunspot activity
структурная оптическая ~ structural [crystal] optical activity
суммарная ~ *(радионуклидов)* total activity
тепловая нелинейная оптическая ~ thermal nonlinear optical activity
термодинамическая ~ thermodynamic activity
удельная ~ specific activity
удельная объёмная ~ specific volume activity
удельная оптическая ~ specific rotation
фоновая ~ background activity
фоноэквивалентная ~ background equivalent activity
фотохимическая ~ photochemical activity
химическая ~ chemical activity
хромосферная ~ *(звёзд)* chromospheric activity
циклическая ~ *(Солнца)* cyclic activity
циклоническая ~ cyclonic activity
~ **частичек** particle activity
активный *прил.* active
~ **в инфракрасной области** infrared active
фотохимически ~ photoactive
актинид *м.* actinide

лёгкий ~ light actinide
актиний *м.* actinium, Ac
актиничность *ж. фото* actinism
абсолютная ~ absolute actinism
относительная ~ relative actinism
актинограф *м.* actinograph
актиноид *м.* actinide, actinoide
актинометр *м.* actinometer
термоэлектрический ~ thermoelectric actinometer
химический ~ chemical actinometer
актинометрия *ж. геофиз.* actinometry
актинон *м. (изотоп радона)* actinon, An
актиноуран *м.* actinouranium, actinium-uranium, uranium-actinium, AcU
актинофотометр *м.* actinic photometer
акустика *ж.* acoustics
архитектурная ~ architectural acoustics
атмосферная ~ atmospheric acoustics
биологическая ~ biological acoustics, bioacoustics
волновая ~ wave acoustics
геометрическая ~ geometrical [ray] acoustics
~ **гиперзвука** microwave acoustics, hypersonics
~ **движущихся сред** moving-media acoustics, acoustics of flowing media
~ **звуковых частот** audioacoustics
инженерная ~ engineering acoustics, acoustic engineering
лучевая ~ geometrical [ray] acoustics
магнитная квантовая ~ magnetic quantum acoustics
машиностроительная ~ engineering acoustics, acoustic engineering
микроволновая ~ microwave acoustics, hypersonics
молекулярная ~ molecular acoustics
музыкальная ~ musical acoustics
нелинейная ~ nonlinear acoustics
общая ~ general acoustics
~ **океана** ocean acoustics
подводная ~ underwater acoustics
~ **помещений** room acoustics
прикладная ~ applied [engineering] acoustics
психологическая ~ psychological acoustics
СВЧ ~ microwave acoustics, hypersonics
статистическая ~ statistical acoustics
строительная ~ acoustics of buildings
техническая ~ engineering [applied] acoustics
~ **ультразвука** ultrasonics
~ **ультразвуковых частот** ultrasonics; supersonics
физиологическая ~ physiological acoustics
физическая ~ physical acoustics
экспериментальная ~ experimental acoustics
акустиметр *м. (измеритель интенсивности звука)* acoustimeter

акустооптика *ж.* acousto-optics

акустоэдс *ж.* acoustic e.m.f.

  поперечная ~ transverse [lateral] acoustic e.m.f.

акустоэлектроника *ж.* acoustoelectronics

акцептор *м.* *фпп* acceptor (impurity); *хим.* scavenger □ **вводить ~ в полупроводник** dope a semiconductor with an acceptor impurity; **~ захватывает электрон из валентной зоны** acceptor takes up [accepts] an electron from the valence band; **~ обеспечивает дырочную проводимость** acceptor gives rise to [provides] hole conduction

  избыточный ~ excess [extra] acceptor

  ионизированный ~ ionized acceptor

  ~ ионов ion acceptor

  мелкий ~ shallow acceptor

  многозарядный ~ multicharge acceptor

  нейтральный ~ neutral acceptor

  ~ радикалов radical acceptor, scavenger

  ~ электронов electron acceptor

алгебра *ж.* algebra

  абелева ~ Abelian algebra

  абстрактная ~ abstract algebra

  ассоциативная ~ associative algebra

  аффинная ~ affine algebra

  бесконечномерная ~ infinite-dimensional algebra

  билокальная ~ токов bilocal current algebra

  булева ~ Boolean algebra

  векторная ~ vector algebra

  вещественная ~ real algebra

  ~ Вирасоро Virasoro algebra

  ~ внутренних симметрий internal symmetry algebra

  высшая ~ higher algebra

  ~ Гейзенберга Heisenberg algebra

  ~ генераторов generator algebra

  генерированная ~ generated algebra

  ~, генерирующая спектр *кв. мех.* spectrum-generating algebra

  гомологическая ~ homological algebra

  градуированная ~ graded algebra

  градуированная ~ Ли graded Lie algebra

  ~ Грассмана Grassmann algebra

  динамическая ~ Ли dynamic Lie algebra

  замкнутая ~ closed algebra

  ~ изображений image algebra

  изоспиновая ~ isotopic spin algebra

  йорданова ~ Jordan algebra

  калибровочная ~ gauge algebra

  ~ Каца - Муди Kac-Moody algebra

  квазилокальная ~ quasi-local algebra

  квантовая ~ quantum algebra

  ~ кварков quark algebra

  ~ кварковых полей quark field algebra

  ~ кварковых токов quark current algebra

  ~ кватернионов quaternion algebra

  киральная ~ chiral algebra

  классическая ~ classical algebra

  ~ Клиффорда *кв. мех.* Clifford algebra

  коллинеарная ~ collinear algebra

  коммутативная ~ commutative algebra

  ~ коммутаторов commutator algebra

  компактная ~ compact algebra

  комплексная ~ complex algebra

  конечномерная ~ finite-dimensional algebra

  конечномерная ~ Ли finite-dimensional Lie algebra

  ~ конечных преобразований finite-transformation algebra

  конформная ~ conformal algebra

  ~ Ли Lie algebra

  линейная ~ linear algebra

  ~ логики logic algebra

  локальная ~ local algebra, algebra of local observables

  ~ локальных наблюдаемых local algebra, algebra of local observables

  матричная ~ matrix algebra

  ~ наблюдаемых algebra of observables

  некоммутативная ~ noncommutative algebra

  нильпотентная ~ Грассмана *ктп* nilpotent Grassmann algebra

  нормированная ~ normalized algebra

  обёртывающая ~ enveloping algebra

  обобщённая ~ generalized algebra

  общая ~ токов general current algebra

  ограниченная ~ bounded algebra

  операторная ~ operator algebra

  ~ операторов algebra of operators

  ~ отношений ratio algebra

  ~ отражений reflection algebra

  ~ полей field algebra

  полупростая ~ semisimple Lie algebra

  причинная ~ causal algebra

  простая ~ simple Lie algebra

  ~ Пуанкаре Poincaré algebra

  самосопряжённая ~ self-adjoint algebra

  сжатая ~ contracted algebra

  символическая ~ symbolic algebra

  ~ событий algebra of events

  ~ спинов spin algebra

  ~ спиновых операторов spin operator algebra

  спинорная ~ spinor algebra

  ~ суперсимметрий supersymmetry algebra

  ~ супертрансляций supertranslation algebra

  тензорная ~ tensor algebra

  ~ токов current algebra

  топологическая ~ topological algebra

  тройная ~ ternary algebra

  универсальная обёртывающая ~ universal enveloping algebra

  ~ фон Неймана von Neumann algebra

  цветовая ~ color algebra

  ~ цепей algebra of circuits

алгоритм *м.* algorithm

  ~ аппроксимации approximation algorithm

  ~ вычисления собственных значений eigenvalue algorithm

  вычислительный ~ computational algorithm

~ **Делоне** Delone algorithm
~ **для разреженной матрицы** sparse matrix algorithm
~ **исключения** elimination algorithm
итерационный ~ iteration algorithm
неявный ~ implicit algorithm
~, **основанный на ленте матрицы** band algorithm
~, **основанный на профиле матрицы** profile algorithm
рабочий ~ working algorithm
~ **распознавания образов** pattern recognition algorithm
~ **решения** solution algorithm
статистический ~ statistical algorithm
цепной ~ chain algorithm
численно устойчивый ~ numerically stable algorithm
численный ~ numerical algorithm
явный ~ explicit algorithm
александрит *м. (лазерный материал)* alexandrite
алидада *ж. астр.* alidade, vernier plate, sight rule
алитирование *с.* alumunizing; *(при защите железа и стали от коррозии)* calorizing
алихна *ж. опт.* alychne
алкалоид *м. хим.* alkaloid
алкоголь *м.* alcohol
алломорфизм *м. (см. тж.* **полиморфизм***)* allomorphism, polymorphism
аллотриоморфность *ж. крист.* allotriomorphism
аллотропия *ж.* allotropy
динамическая ~ dynamic allotropy
алмаз *м.* diamond
безазотный ~ nitrogenless diamond
гексагональный ~ *(лонсдейлит)* hexagonal diamond
кубический ~ cubic diamond
метастабильный ~ metastable diamond
поликристаллический ~ polycrystalline diamond
полупроводниковый ~ semiconductor diamond
природный ~ natural diamond
синтетический ~ synthetic diamond
ални *м. (высококоэрцитивный сплав)* alni
алнико *м. (высококоэрцитивный сплав)* alnico
альбедо *с.* albedo
~ **Бонда** Bond [spherical] albedo
видимое ~ apparent albedo; brightness factor
визуальное ~ visual albedo
возвратное ~ *(космических лучей)* return albedo
геомагнитное ~ *(космических лучей)* geomagnetic albedo
геометрическое ~ geometrical albedo
единичное ~ relative albedo
~ **земной поверхности** ground [earth] albedo

иллюстративное ~ illustrative albedo
интегральное ~ integral [total] albedo
инфракрасное ~ infrared albedo
~ **космических лучей** cosmic-ray [splash] albedo
ламбертово ~ plane [Lambert] albedo
монохроматическое ~ monochromatic albedo
~ **нейтронов** neutron albedo, albedo for neutrons
~ **плазмы** plasma albedo
планетарное ~ planetary albedo
плоское ~ plane [Lambert] albedo
~ **потока энергии ионизирующего излучения** particle energy flux albedo
прямое ~ **космических лучей** direct albedo of cosmic rays
радиометрическое ~ radiometric albedo
спектральное ~ differential [spectral] albedo
среднее ~ mean albedo
сферическое ~ Bond [spherical] albedo
~ **тепловых нейтронов** albedo for thermal neutrons
ультрафиолетовое ~ ultraviolet albedo
~ **частиц** albedo for particles
энергетическое ~ energy albedo
альбедометр *м.* albedometer
альмукантарат *м. астр.* almucantar(at)
альтазимут *м.* altazimuth
альтиметр *м. (см. тж.* **высотомер***)* altimeter
альтиметрия *ж.* altimetry
спутниковая ~ satellite altimetry
альфа-авторадиография *ж.* alpha autoradiography, alpha radioautography
альфа-активность *ж.* alpha activity
альфа-ветвь *ж. (радиоактивного распада)* alpha branch
альфа-дозиметр *м.* alpha dosimeter
альфа-дозиметрия *ж.* alpha dosimetry
альфа-излучатель *м.* alpha(-ray) emitter, alpha radiator, alpha-ray source
альфа-излучение *с.* alpha radiation; alpha rays; alpha emission
альфа-камера *ж.* alpha chamber
альфа-кластер *м.* alpha cluster
альфа-латунь *ж.* alpha brass
альфа-линия *ж.* alpha peak
альфа-лучи *мн.* alpha rays
альфа-модификация *ж.* alpha modification
альфа-облучение *с.* alpha irradiation, alpha exposure
альфа-переход *м.* alpha transition
альфа-радиоактивность *ж.* alpha radioactivity
альфа-распад *м.* alpha decay, alpha disintegration
благоприятный ~ favored alpha decay
неблагоприятный ~ unfavored alpha decay
альфа-спектр *м.* alpha(-ray) spectrum
альфа-спектрометр *м.* alpha(-ray) spectrometer

ионизационный ~ ionization alpha(-ray) spectrometer

магнитный ~ magnetic alpha(-ray) spectrometer

альфа-спектрометрия *ж.* alpha(-ray) spectrometry

альфа-спектроскопия *ж.* alpha(-ray) spectroscopy

альфа-спираль *ж.* alpha helix

альфа-сплав *м.* alpha alloy

альфа-стабилизатор *м.* *(титана)* alpha stabilizer

альфа-структура *ж.* *(титановых сплавов)* alpha structure

альфа-счётчик *м.* alpha(-ray) counter

альфа-терапия *ж.* alpha(-ray) therapy

альфа-титан *м.* alpha titanium

альфа-толщиномер *м.* alpha(-ray) thickness gauge

альфатрон *м.* alphatron, radioactive-ionization vacuum gauge

альфа-уран *м.* alpha uranium, alpha phase of uranium

альфа-фаза *ж.* *(сплава)* alpha phase

альфа-частица *ж.* alpha particle

быстрая ~ fast alpha particle

длиннопробежная ~ long-range alpha particle

~ **космического происхождения** cosmic alpha particle

медленная ~ slow alpha particle

первичная ~ primary alpha particle

релятивистская ~ relativistic alpha particle

~ **солнечного происхождения** solar alpha particle

алюмель *м.* *(сплав)* alumel

алюминат иттрия yttrium aluminate

алюминий *м.* aluminum, Al

алюминирование *с.* aluminizing

~ **зеркала** *(телескопа)* reflector [mirror] aluminizing

алюмосиликат *м.* aluminium silicate

амальгама *ж.* amalgam

амбиполярность *ж.* ambipolarity

америций *м.* americium, Am

амид *м.* *хим.* amide

амин *м.* *хим.* amine

аминокислота *ж.* amino acid

аминокумарин *м.* *(краситель)* aminocoumarin

аммиак *м.* ammonia

амортизатор *м.* shock absorber; damper

гидравлический ~ hydraulic shock absorber, dashpot

~ **колебаний** vibration damper

масляный ~ oil shock absorber

пневматический ~ pneumatic shock absorber, dashpot

пружинный ~ spring shock absorber

фрикционный ~ friction shock absorber

амортизация *ж.* *мех.* buffer action; *(ударов, толчков)* shock absorption

амортизированный *прил.* shock-proof, damped, cushioned

амортизировать *гл.* *(поглощать толчки, вибрацию)* damp, absorb; *(смягчать толчки)* cushion; *(пружинить)* spring

~ **удар** snub

аморфизация *ж.* *фпп* amorphization

~ **поверхности** surface amorphization

твёрдофазная ~ solid-phase amorphization

аморфность *ж.* *(вещества)* amorphism

аморфный *прил.* amorphous

ампер *м.* ampere, A

ампер-весы *мн.* ampere [current] balance

ампер-витки *мн.* ampere-turns; ampere-windings

размагничивающие ~ demagnetizing [back] ampere-turns

ампервольтваттметр *м.* amvoltwattmeter

ампервольтметр *м.* voltammeter

ампервольтомметр *м.* multimeter, volt-ohm-milliammeter, VOM

амперметр *м.* ammeter, amperemeter

индукционный ~ induction ammeter

шунтируемый ~ shunt ammeter

ампер-час *м.* ampere-hour, A·h

амплидин *м.* *эл.* amplidyne, amplifier dynamo, rotary amplifier

амплитрон *м.* *(усилитель СВЧ магнетронного типа)* amplitron, M-type microwave amplifier

амплитуд/а *ж.* amplitude; peak [crest] value; *(для импульсов)* pulse height

адронная ~ *фвэ* hadronic amplitude

аналитическая ~ analytic amplitude

аннигиляционная ~ annihilation amplitude

антисимметричная ~ antisymmetric amplitude

безразмерная ~ dimensionless amplitude

бесконечная ~ infinite amplitude

~ **бета-распада** amplitude of beta-decay

~ **биений** beat [beating] amplitude

борновская ~ Born amplitude

~ **Брейта - Вигнера** Breit-Wigner amplitude

вакуумная ~ vacuum amplitude

~ **вероятности** *кв. мех.* probability amplitude; wave function

вещественная ~ real amplitude

~ **взаимодействия** interaction amplitude

взвешенная ~ weighted amplitude

~ **вибрации** vibration amplitude

~ **волны** wave amplitude

высокоэнергетическая ~ high-energy amplitude

~ **гармоники** harmonic amplitude

~ **генерации** generating amplitude

гибридная ~ hybrid amplitude

~ **гиперонного распада** *фвэ* hyperon decay amplitude

голоморфная ~ holomorphic amplitude

~ **гофра** *физ. пов.* corrugation amplitude

~ **гофрировки** corrugation amplitude

~ **давления** pressure amplitude

двухкомпонентная ~ two-component amplitude

двухчастичная ~ two-particle amplitude

действительная ~ real amplitude

действующая ~ effective [root-mean-square] amplitude

~ **деформации** strain amplitude

диагональная ~ **волны** wave diagonal amplitude

дифракционная ~ diffractive amplitude

доминирующая ~ dominant amplitude

допустимая ~ permissible amplitude

древесная ~ tree amplitude

дуальная ~ *фвэ* dual amplitude

дуально-резонансная ~ dual resonance amplitude

дуально-симметричная ~ dual symmetric amplitude

~ **звезды** amplitude of a star

~ **звуковых колебаний** acoustic [acoustic vibration, sound, sound vibration] amplitude

изовекторная ~ isovector amplitude

изоскалярная ~ isoscalar amplitude

изоспиновая ~ isospin amplitude

изотензорная ~ isotensor amplitude

изотопическая ~ *фвэ* isotopic amplitude

изотропная ~ isotropic amplitude

~ **импульса** pulse amplitude; pulse height; *мех.* momentum amplitude

инвариантная ~ invariant amplitude

квазипотенциальная ~ quasi-potential amplitude

~ **кварковой модели** quark-model amplitude

ковариантная ~ covariant amplitude

~ **когерентного рассеяния** coherent-scattering amplitude

~ **колебаний** oscillation amplitude; *мех.* vibration amplitude

комплексная ~ complex amplitude

~ **комптоновского рассеяния** Compton amplitude

конечная ~ finite amplitude

~ **кулоновского рассеяния** Coulomb amplitude

лестничная ~ *фвэ* ladder amplitude

линейно-независимые ~ы linearly independent amplitudes

локализованная ~ localized amplitude

локально аналитическая ~ locally analytic amplitude

лоренц-инвариантная ~ Lorentz-invariant amplitude

~ **магнитного рассеяния** magnetic-scattering amplitude

максимальная ~ peak [maximum] amplitude

~ **матрицы рассеяния** scattering matrix amplitude

медленная ~ slowly varying amplitude

медленно меняющаяся ~ slowly varying amplitude

мероморфная ~ meromorphic amplitude

мнимая ~ imaginary amplitude

~ **многопетлевой диаграммы** multiple-loop amplitude

многочастичная ~ *кв. мех.* multiparticle [multibody] amplitude

модельная ~ model amplitude

модулированная ~ modulated amplitude

~ **моды** mode amplitude

мультипольная ~ multipole amplitude

~ **нагрузки** load amplitude

~ **напряжения** *эл.* voltage amplitude; *мех.* stress amplitude

начальная ~ initial amplitude

незатухающая ~ sustained amplitude

ненулевая ~ nonvanishing amplitude

неприводимая ~ irreducible amplitude

нерегулярная ~ irregular amplitude

нерезонансная ~ nonresonant amplitude

нерелятивистская ~ nonrelativistic amplitude

~ **несущей** carrier amplitude

~ **неупругого рассеяния** inelastic scattering amplitude

нечётная ~ odd amplitude

низкоэнергетическая ~ low-energy amplitude

нормированная ~ normalized amplitude

нулевая ~ zero [vanishing] amplitude

обменная ~ exchange amplitude

обобщённая ~ generalized amplitude

одночастичная ~ single-particle amplitude

~ **отклонения** deviation amplitude

относительная ~ relative amplitude

~ **отражённой волны** reflection (wave) amplitude

~ **падающей волны** incident (wave) amplitude

параметризованная ~ parametrized amplitude

парциальная ~ partial amplitude

парциальная ~ **рассеяния** partial scattering amplitude

~ **парциальной волны** partial-wave amplitude

перекрёстная ~ crossed amplitude

перекрёстно-симметричная ~ crossing-symmetric amplitude

~ **перекрытия** overlapping amplitude

перенормированная ~ renormalized amplitude

~ **перехода** transition amplitude

~ **переходного процесса** transient amplitude

~ **петлевой диаграммы** loop amplitude

~ **пичка** *кв. эл.* spike amplitude

~ **пластической деформации** plastic strain amplitude

~ **плоской диаграммы** planar amplitude

~ **поглощения** absorptive amplitude

полная ~ overall amplitude

~ **поля** field amplitude

пороговая ~ threshold amplitude

постулированная ~ postulated amplitude

преобразованная ~ transformed [modified] amplitude
приведённая ~ reduced amplitude
~ **прилива** tidal magnitude, tidal range
причинная ~ causal amplitude
~ **продольной моды** longitudinal mode amplitude
~ **процесса** process amplitude
~ **пульсаций** *(звезды)* pulsation amplitude
~ **развёртки** sweep amplitude
~ **распада** decay amplitude
~ **рассеяния** scattering amplitude
~ **рассеяния Ааронова - Бома** Aharonov-Bohm scattering amplitude
~ **рассеяния вперёд** forward scattering amplitude, forward amplitude
~ **рассеяния жёсткой частицы** hard amplitude
~ **рассеяния квантов** amplitude for the quanta scattering
~ **рассеяния мягкой частицы** soft amplitude
~ **рассеяния с переворотом спина** spin-flip amplitude
~ **рассеянной волны** amplitude of scattered wave
~ **реакции** reaction amplitude
регулярная ~ regular amplitude
реджевская ~ Regge amplitude
резонансная ~ resonant [resonance] amplitude
результирующая ~ net [resulting] amplitude
релятивистская ~ relativistic amplitude
релятивистски инвариантная ~ *фвэ* relativistic-invariant amplitude
~ **рождения** *фвэ* production amplitude
~ **рэлеевского рассеяния** Rayleigh amplitude
сверхсходящаяся ~ superconvergent amplitude
~ **световых колебаний** light amplitude
~ **свободных колебаний** amplitude of free oscillations
~ **сигнала** signal amplitude
~ **сигнала накачки** pump amplitude
~ **сильного взаимодействия** strong interaction amplitude
симметричная ~ symmetric amplitude
~ **скольжения** slip amplitude
~ **скорости** velocity amplitude
~ **слабого взаимодействия** weak interaction amplitude
случайная ~ random amplitude
случайная спектральная ~ random spectral amplitude
~ **смещения** displacement amplitude
~ **состояния** *ктп* state amplitude
сохраняющаяся ~ conserved amplitude
спектральная ~ spectral amplitude
спин-орбитальная ~ spin-orbital amplitude

спиральная ~ *фвэ* spiral amplitude
среднеквадратичная ~ root-mean-square [r.m.s, effective] amplitude
средняя ~ average amplitude
средняя абсолютная ~ **импульса** average absolute pulse amplitude
средняя ~ **импульса** average pulse amplitude
~ **с сохранением комбинированной чётности** PC-conserving amplitude
структурная ~ *фтт* structure amplitude
струнная ~ **рассеяния** string scattering amplitude
тензорная ~ tensor amplitude
~ **тока** current amplitude
трёхчастичная ~ three-particle amplitude
угловая ~ *(математического маятника)* angular amplitude
удвоенная ~ peak-to-peak [total, double] amplitude
унитарная ~ unitary amplitude
упругая ~ *фвэ* elastic amplitude
~ **упругого рассеяния** elastic scattering amplitude
~ **ускоряющего напряжения** accelerating voltage amplitude
установившаяся ~ steady-state [stationary] amplitude
устойчивая ~ stable amplitude
~ **фазовых колебаний** phase amplitude
фейнмановская ~ Feynman amplitude
фитированная ~ fitted amplitude
фоновая ~ background amplitude
~ **Фурье** Fourier amplitude
чётная ~ even amplitude
четырёхточечная ~ four-point amplitude
четырёхчастичная ~ four-particle amplitude
чисто вещественная ~ purely real amplitude
чисто мнимая ~ purely imaginary amplitude
шестичастичная ~ six-particle amplitude
~ **шума** noise amplitude
экстраполированная ~ extrapolated amplitude
экстремальная ~ extreme amplitude
электронная ~ electronic amplitude
эффективная ~ root-mean-square [r.m.s, effective] amplitude
ядерная ~ nuclear amplitude
~ **ядерного рассеяния** nuclear scattering amplitude
n-точечная ~ n-point amplitude
n-частичная ~ n-particle amplitude
амплитудно-модулированный *прил.* amplitude-modulated, AM
амплитудон *м. фмя* amplitudon
ампула *ж.* ampoule
~ **для проб** sample ampoule
~ **с отбиваемым кончиком** break-seal ampoule
амфолит *м. хим.* ampholyte

амфотерность *ж. хим.* amphoteric character, amphoterism

анаглиф *м. (в методе получения стерео-изображения)* anaglyph

анаглифия *ж.* anaglyphy, anaglypthics, anaglyptography

анаглифоскоп *м.* anaglyphoscope

анализ *м.* analysis; *(испытание)* test; *(изучение)* examination□ **подвергать ~у** analyze; **поддаваться ~у** be analysable; **проводить ~ на ...** carry out [perform] an analysis for ..., analyze for ...

абсорбционный ~ absorption analysis

абсорбционный рентгеноспектральный ~ X-ray absorption analysis

абсорбционный спектральный ~ absorption spectral analysis

абстрактный гармонический ~ abstract harmonic analysis

адсорбционный ~ adsorption analysis

аксиоматический ~ axiomatic analysis

активационный ~ (radio)activation analysis

активационный ~ заряженными частицами charged-particle activation analysis

активационный радиохимический ~ activation analysis with radiochemical separation

амплитудный ~ импульсов pulse-amplitude [pulse-height] analysis

амплитудный ~ импульсов методом серого клина gray wedge pulse-height analysis

асимптотический ~ asymptotic analysis

атомно-абсорбционный ~ atomic absorption analysis

атомно-абсорбционный спектральный ~ atomic absorption spectral analysis

атомно-флуоресцентный ~ atomic fluorescence analysis

атомно-эмиссионный спектральный ~ atomic emission spectral analysis

атомный спектральный ~ atomic spectrum analysis

~ безопасности safety analysis

~ бесконечно малых infinitesimal analysis, infinitesimal calculus

биохимический ~ biochemical analysis

векторный ~ vector analysis

вероятностный ~ probabilistic analysis

весовой ~ gravimetric [weight] analysis

~ вида отказов failure mode analysis

временной ~ analysis in the time domain, time (domain) analysis

временной ~ звука sound analysis in the time domain

~ временных рядов time series analysis

всесторонний ~ comprehensive analysis

выборочный ~ sampling analysis

газовый ~ gas analysis

гамма-активационный ~ gamma activation analysis

гармонический ~ harmonic [Fourier, frequency] analysis

геометрически нелинейный ~ geometrical nonlinear analysis

глобальный ~ global analysis

гравиметрический ~ gravimetric [weight] analysis

~ граничных условий limit analysis

гранулометрический ~ grain-size analysis

графический ~ graphycal analysis

~ данных data analysis

деструктивный ~ destructive analysis

деструктивный химический ~ destructive chemical analysis

диаграммный ~ diagram [diagrammatic] analysis

~ динамики систем analysis of system dynamics

динамический ~ dynamic analysis

динамический ~ с помощью метода конечных элементов dynamic finite element analysis

дискретный ~ discrete [sampling] analysis

дисперсионный ~ dispersion analysis; *мат.* analysis of variance

дифракционный ~ diffraction analysis

дифференциальный термический ~ thermal differential [differential thermal] analysis

~ звука sound analysis

~ звуковых сигналов sound analysis

изобарный ~ isobar analysis

изоспиновый ~ isospin analysis

изотопный ~ isotopic analysis, isotopic assay

~ изотопным разбавлением isotope dilution analysis

иммерсионный ~ immersion analysis

импульсный ~ pulse analysis

инклюзивный ~ inclusive analysis

инструментальный активационный ~ instrumental activation analysis

интерферометрический ~ interferometric analysis

инфракрасный спектральный ~ infrared [IR] spectroscopic analysis

ионный микрозондовый ~ ion microprobe analysis

калориметрический ~ calorimetric analysis

катодолюминесцентный ~ cathodo-luminescence analysis

качественный ~ qualitative analysis

качественный молекулярный спектральный ~ qualitative molecular spectrum analysis

качественный рентгеноспектральный ~ qualitative X-ray spectroscopic [X-ray spectrum] analysis

качественный химический ~ qualitative chemical analysis

кепстральный ~ cepstral analysis

ковариантный ~ covariant analysis

количественный ~ quantitative analysis

количественный молекулярный спектральный ~ quantitative molecular spectrum analysis

количественный рентгеноспектральный ~ quantitative X-ray spectroscopic [X-ray spectrum] analysis
количественный химический ~ quantitative chemical analysis
колориметрический ~ colorimetric analysis
комплексный ~ complex analysis
конструктивный ~ constructive analysis
контрольный ~ check analysis
конформационный ~ conformational analysis
корреляционный ~ correlation analysis
кристаллографический ~ crystallographic [crystal structure] analysis
кристаллохимический ~ chemical analysis of crystals
кросс-корреляционный ~ cross-correlation analysis
лазерный микрозондовый ~ laser microprobe analysis
логический ~ logic analysis
локальный ~ local analysis
локальный рентгеноспектральный ~ X-ray microanalysis, electron probe X-ray [local X-ray] analysis
локальный спектральный ~ spectrum microanalysis
люминесцентный ~ fluorescence [luminescent, fluorimetric] analysis
магнитный ~ magnetic analysis
магнитный текстурный ~ magnetic texture analysis
магнитоструктурный ~ magnetic structural analysis
малогрупповой ~ few-group analysis
~ **масс** mass analysis
масс-спектральный ~ mass spectrometric analysis
масс-спектрографический ~ mass-spectrographic analysis
масштабный ~ scaling analysis
математический ~ mathematical analysis
матричный ~ matrix analysis
мёссбауэровский фазовый ~ Mössbauer phase analysis
металлографический ~ metallographic analysis
~ **методом верхней границы** upper-bound analysis
~ **методом времени пролёта** time-of-flight analysis
~ **методом высвобождения радиоактивности** radio-release analysis
~ **методом дерева ошибок** fault tree analysis
~ **методом дерева решений** decision tree analysis
~ **методом дерева событий** event tree analysis
~ **методом изотопного разбавления** isotope dilution analysis
~ **методом меченых атомов** tracer analysis

~ **методом наименьших квадратов** least-square analysis
~ **методом площадей** area analysis
~ **методом рассеяния излучений** radiation scattering analysis
~ **методом рассеяния ионов** ion scattering analysis
микрозондовый ~ microprobe analysis
микроспектральный ~ microspectrum analysis
микрохимический ~ microchemical analysis
многомерный ~ multidimensional analysis
многопараметрический ~ multiparameter analysis
многоуровневый ~ multilevel analysis
многоэлементный ~ multielement analysis
молекулярный спектральный ~ molecular spectrum analysis
мюонный ~ muonic [muon] analysis
~ **на микроэлементы** trace analysis
~ **на модели** model analysis
~ **напряжений** *мех.* stress analysis
~ **неисправностей** malfunction analysis
нейтронно-активационный ~ neutron activation analysis
нейтронографический ~ neutron diffraction analysis
нелинейный ~ nonlinear analysis
~ **нелинейных искажений** harmonic distortion analysis
непараметрический ~ *(данных)* nonparametric analysis
непрерывный ~ continuous analysis
неразрушающий ~ nondestructive analysis
~ **неупругого рассеяния** inelastic scattering analysis
нефелометрический ~ nephelometric [turbidimetric] analysis, nephelometric determination
~ **нормальных колебаний** normal-mode analysis
обобщённый ~ generalized analysis
~ **образов** pattern analysis
общий ~ global analysis
объёмный ~ volumetric analysis
~ **ограничений** constraint analysis
однофакторный ~ single-factor analysis
~ **операций** operation analysis
операционный ~ operation analysis
оптический спектральный ~ analysis of optical spectra
~ **отказов** *(системы)* failure analysis
~ **ошибок** error analysis
параллельный ~ **звука** parallel sound analysis
параметрический ~ *(данных)* parametric analysis
~ **переходных процессов** transient analysis
петрографический ~ petrographic analysis
пламефотометрический ~ flame photometric analysis

~ погрешностей error analysis

~ по запаздывающим нейтронам delayed neutron analysis

полнопрофильный ~ *крист.* full-profile analysis

полуколичественный ~ semiquantitative analysis

поляризационный ~ polarization analysis

поляриметрический ~ polarimetric analysis

полярографический ~ polarographic analysis

~ по многим параметрам mulltiparameter analysis

~ по окраске пламени flame (color) test

последовательный ~ звука sequential sound analysis

послойный ~ layer-by-layer analysis

послойный рентгеновский ~ layer-by-layer X-ray analysis

предварительный ~ preliminary analysis

~ предельного состояния limit analysis

прецизионный ~ precisional analysis

прецизионный структурный ~ precisional structural analysis

приближённый ~ approximate analysis

профильный ~ profile analysis

~ профиля линий line profile analysis

радиационно-абсорбционный ~ radiation absorption analysis

радиоактивационный ~ radioactivation analysis

~ радиоактивности radioanalysis, radioactivity determination

радиоактивный ~ radioactive analysis, radioactive assay

радиоиммунологический ~ radioimmunoassay

~ радиолокационных сигналов radar signal analysis

радиометрический ~ radiometric analysis, radiometric assay

радиорецепторный ~ radioreceptor assay

радиохимический ~ radiochemical analysis

~ размерностей dimensional analysis

~ распределения distribution analysis

растровый ~ scanning analysis

регрессионный ~ regression analysis

~ Редже Regge analysis

реджевский ~ Regge analysis

ренормгрупповой ~ renormalization group analysis

рентгеновский ~ X-ray [fluoroscopic] analysis, X-ray test

рентгеновский спектральный ~ X-ray spectroscopic [spectrum] analysis

рентгеновский структурный ~ X-ray structural [diffraction] analysis

рентгеновский фазовый ~ X-ray phase analysis

рентгеновский флуоресцентный ~ X-ray fluorescence analysis

рентгенографический ~ radiographic analysis, X-ray test

рентгенорадиометрический ~ X-ray radiometric analysis

рентгеноскопический ~ X-ray [fluoroscopic] analysis

рентгеноспектральный ~ X-ray spectroscopic [spectrum] analysis

рентгеноспектральный химический ~ X-ray chemical analysis

рентгеноспектральный электронно-зондовый ~ X-ray electron probe analysis

рентгеноструктурный ~ X-ray structural [diffraction] analysis

рентгенофлуоресцентный ~ X-ray fluorescence analysis

рефрактометрический ~ refractometric analysis

~ речевых сигналов speech analysis

~ решений decision analysis

~ риска risk analysis

седиментационный ~ sedimentation analysis

седиментометрический ~ sedimentometric analysis

~ сигналов signal analysis

сигнатурный ~ *вчт* signature analysis

симметрийный ~ symmetry analysis

~ с ионоизбирательным электродом ion selective electrode analysis

системный ~ system analysis

~ совместимости compatibility analysis

~ содержания content analysis

сонографический ~ sonographic analysis

~ спектра вибраций vibration spectrum analysis

спектральный ~ spectral [spectrographic, spectroscopic] analysis

спектральный молекулярный ~ molecular spectrum analysis

спектральный флуоресцентный ~ fluorescence spectrum analysis

спектральный эмиссионный ~ emission spectrum analysis

~ спектров spectral [spectrographic, spectroscopic] analysis

спектрографический ~ spectrographic analysis

спектрометрический ~ spectrometric analysis

спектроскопический ~ spectroscopic analysis

спектрофотометрический ~ spectrophotometric analysis

спектрофотометрический ~ в видимой части спектра visible spectrophotometric analysis, spectrophotometric analysis in the visible region

спектрофотометрический ~ в инфракрасной области infrared spectrophotometric analysis, spectrophotometric analysis in the infrared region

**спектрофотометрический ~ в ультрафио-
летовой области** ultraviolet spectrophotometric analysis, spectrophotometric analysis
in the ultraviolet region
спектрохимический ~ spectrochemical
analysis
спинорный ~ spinor analysis
~ с применением ЭВМ computer-aided
analysis
сравнительный ~ comparative analysis
статистический ~ statistical analysis
структурно-групповой ~ group structure
analysis
структурный ~ structure [structural] analysis
структурный химический ~ structural
chemical analysis
~ структуры кристаллов analysis of crystal
structure, crystal analysis, crystal structure
determination
схемный ~ circuit [network] analysis
сцинтилляционный ~ scintillation analysis
тензорный ~ tensor analysis
~ теплового движения thermal motion
analysis
термический ~ thermal analysis, thermo-
analysis
термический гравиметрический ~ thermal
gravimetric analysis
термогравиметрический ~ thermogravimetric analysis
термографический ~ thermographic analysis
термомагнитный ~ thermomagnetic [mag-
netothermal] analysis
титриметрический ~ titration (analysis)
топологический ~ topological analysis
~ упругого рассеяния elastic scattering
analysis
упругопластический ~ elastic-plastic analysis
фазовый ~ phase analysis
~ фазовых сдвигов phase shift analysis
факторный ~ factor analysis
феноменологический ~ phenomenological
analysis
физико-химический ~ physical-chemical
analysis
физический ~ physical analysis
флуоресцентный ~ fluorescence analysis
**флуоресцентный молекулярный спек-
тральный** ~ fluorescence molecular spectrum
analysis
флуороскопический ~ fluoroscopic [X-ray]
analysis
формальный ~ formal analysis
~ формы shape analysis
~ формы сигналов wave form analysis
фотографический ~ photographic analysis
фотометрический ~ photometric analysis
фотонный активационный ~ photon activation analysis

фотохимический ~ photochemical analysis
фракционный ~ fractional analysis
функциональный ~ functional analysis
~ Фурье Fourier analysis
хемилюминесцентный ~ chemiluminescence analysis
химический ~ chemical analysis
хроматографический ~ chromatographic
analysis
цветовой ~ color analysis
~ цепей circuit [network] analysis
частотно-временной ~ time-and-frequency
analysis, analysis in the time and frequency
domain
частотный ~ frequency analysis, analysis in
the frequency domain
частотный ~ звука sound frequency analysis
~ частотных характеристик frequency
response analysis
численный ~ numerical analysis
~ шума noise analysis
~ электрических цепей electrical circuit
analysis
электрогравиметрический ~ electrogravi-
metric analysis
электролитический ~ electrolytic analysis
электронно-зондовый ~ electron probe
analysis
электронографический ~ electron diffraction analysis
электронографический структурный ~
electron diffraction structural analysis
элементарный ~ elementary analysis
элементный ~ elemental analysis
эманационный термический ~ emanation
thermal analysis
эмиссионный рентгеноспектральный ~
X-ray emission analysis
эмиссионный спектральный ~ emission
spectrum analysis
анализатор *м.* analyzer
автокорреляционный ~ autocorrelation
analyzer
акустооптический ~ спектра acoustooptic
spectrum analyzer
амплитудный ~ импульсов pulse-
amplitude [pulse-height] analyzer
амплитудный ~ с серым клином gray-
wedge pulse-height analyzer
~ антисовпадений anticoincidence analyzer
векторный ~ vector analyzer
вращающийся ~ spinning analyzer
~ времени задержки time-delay analyzer
~ времени запаздывания time-delay analyzer
временной ~ time-delay analyzer
~ временных интервалов time-interval
analyzer
времяпролётный ~ time-of-flight analyzer
газовый ~ gas analyzer
~ гармоник harmonic [Fourier] analyzer

гетеродинный ~ *(гармоник)* heterodyne wave analyzer
~ **данных** data analyzer
двухканальный ~ two-channel analyzer
двухщелевой ~ two-slit analyzer
~ **диаграммы направленности антенны** radiation [directional] pattern analyzer
дифракционный ~ **звука** diffraction-type sound analyzer
дифференциальный ~ differential analyzer
~ **звука** sound analyzer
~ **изотопов** isotope analyzer
импульсный ~ pulse analyzer
импульсов pulse analyzer
интегральный ~ integral analyzer
~ **интервалов времени** time-interval analyzer
инфракрасный ~ infrared analyzer
~ **искажений** *(формы сигнала)* distortion analyzer
каналовый ~ channel analyzer
~ **кривых** curve analyzer
кросс-корреляционный ~ cross-correlation analyzer
линейный ~ linear analyzer
логический ~ logic analyzer
магнитный ~ magnetic analyzer, analyzing magnet
магнитный ~ **масс** mass-analyzing magnet
магнитный ~ **энергии** energy-analyzing magnet
матричный ~ matrix analyzer
многоканальный ~ multichannel analyzer
многоуровневый ~ multilevel analyzer
~ **нелинейных искажений** harmonic distortion analyzer
~ **непрерывного действия** continuous analyzer
непрерывный ~ continuous analyzer
одноканальный ~ single-channel analyzer
одноканальный амплитудный ~ single-channel amplitude analyzer
~ **Оже** Auger (electron) analyzer
оптический ~ optical analyzer
оптический ~ **звука** optical sound analyzer
~ **остаточных газов** residual gas analyzer, RGA
~, **параллельный поляризатору** parallel analyzer
~ **переходных процессов** transient analyzer
~ **поляризации** polarization analyzer
поляризационный ~ polarization analyzer
~ **поляризованного света** polarized light analyzer
~ **пучков** beam analyzer
~, **работающий в реальном времени** real-time analyzer
~ **радиоактивности** radiation [radioactivity] analyzer
~ **размеров частиц** particle-size analyzer
регистрирующий ~ recording analyzer
резонансный ~ **спектра** tuned [resonant] spectrum analyzer

рентгенофлуоресцентный ~ X-ray fluorescence analyzer
~ **речи** speech analyzer
сеточный ~ grid analyzer
~ **сигналов** signal analyzer
сигнатурный ~ signature analyzer
сканирующий ~ **спектра** swept spectrum analyzer
~ **с кварцевой линией задержки** quartz delay-line analyzer
~ **скоростей** velocity analyzer
~, **скрещённый с поляризатором** crossed analyzer
~ **случайных сигналов** random signal analyzer
~ **совпадений** coincidence analyzer
~ **совпадений-антисовпадений** coincidence-anticoincidence analyzer
~ **со скрещёнными полями** crossed-field analyser
~ **спектра** spectrum [wave, harmonic, Fourier] analyzer
~ **спектра в реальном времени** real time spectrum analyzer
~ **спектра частот с запоминанием** storage-type spectrum analyzer
~ **спектра шумов** spectral noise analyzer
~ **с преобразованием Фурье** Fourier transform analyzer
~ **с ртутной линией задержки** mercury delay-line analyzer
статистический ~ statistical analyzer
супергетеродинный ~ **спектра** superheterodyne spectrum analyzer
схемный ~ circuit [network] analyzer
трохоидальный ~ trochoidal analyzer
~ **углового распределения** angular distribution analyzer
~ **ударного шума** impact-noise analyzer
~ **формы волны** waveform analyzer
~ **формы сигнала** waveform analyzer
цифровой ~ digital analyzer
частотный ~ frequency analyzer
~ **частотных характеристик** frequency response analyzer
~ **шума** noise analyzer
щелевой ~ slit analyzer
электронный ~ electronic analyzer
электростатический ~ electrostatic analyzer
анализировать *гл.* analyze
~ **данные** *(причины, результаты)* analyze data
~ **решение задачи** analyze the problem solution
аналитичность *ж.* analyticity
~ **амплитуды** *ктп* amplitude analyticity
грассманова ~ Grassmanian analyticity
~ **диэлектрической проницаемости** dielectric permittivity analyticity
~ **решения** analyticity of solution
~ **функции** function analyticity

аналог *м.* analog
  дискретный ~ discrete analog
  квантовый ~ quantum analog
  классический ~ classical analog
  конечноэлементный ~ finite-element analog
  оптический ~ optical analog
  полный ~ complete analog
  релятивистский ~ relativistic analog
  структурный ~ structural analog
  струнный ~ *(частицы)* string analog
  схемный ~ network analog
  теоретико-групповой ~ group theoretical analog
  термодинамический ~ thermal analog
  точный ~ exact analog
  физический ~ physical analog
  электрический ~ *(напр. теплового потока)* electrical analog
аналогично *нареч.* similarly to ..., in much the same way, by analogy
аналоги/я *ж.* analogy; similarity □ ~, **которой мы будем часто пользоваться** analogy, which will be extensively used below; ~ **между** *(напр. законами)* analogy between; **по ~и** by analogy, similarly to ...; **проводить ~ю** to draw an analogy
  близкая ~ close analogy
  гидравлическая ~ hydraulic [fluid-flow] analogy
  гидравлическая ~ **с течением газа с большой скоростью** hydraulic analogy with high speed gas flow
  гидродинамическая ~ hydrodynamical analogy
  грубая ~ crude analogy
  кварк-ядерная ~ quark-nuclear analogy
  кинематическая ~ kinematical analogy
  ~ **Лайтхилла** *(в аэроакустике)* Lighthill analogy
  мембранная ~ *(в задачах о кручении бруса)* membrane analogy
  механическая ~ mechanical analogy
  ~ **Надаи** *(в задаче об упругопластическом кручении)* Nádai analogy
  непрямая ~ indirect analogy
  оптико-механическая ~ optical-mechanical analogy
  полная ~ perfect analogy
  ~ **Прандтля** Prandtl analogy
  прямая ~ direct analogy
  статистическая ~ statistical analogy
  электрическая ~ electrical analogy
  электроакустическая ~ electroacoustical analogy
  электрогидродинамическая ~ electrohydrodynamic(al) analogy
  электромеханическая ~ electromechanical analogy
  электротепловая ~ electrothermal analogy
аналоговый *прил.* analogous
анаморфизм *м.* anamorphism

анаморфирование *с. опт.* anamorphosing
  ~ **изображения** image anamorphosing
анаморфоза *ж.* anamorphism, anamorphosis
анаморфоскоп *м.* anamorphoscope
анаморфот *м. опт.* anamorphote, anamorphic lens
анаполь *м.* anapole, toroidal dipole
  статический ~ statical anapole
  точечный ~ point anapole
анастигмат *м.* anastigmat(ic lens)
  асимметричный ~ asymmetrical anastigmat
анастигматизм *м.* anastigmatism
анафронт *м.* anafront
анахромат *м.* anachromat(ic lens)
анахроматизация *ж.* anachromatization
анахроматизм *м.* anachromatism
анахроматичность *ж.* anachromatism
ангармонизм *м.* anharmonicity
  внутримодовый ~ intramode anharmonicity
  ~ **колебаний** *(атомов или молекул)* anharmonicity of vibration
  кулоновский ~ Coulomb anharmonicity
  межмодовый ~ intermode anharmonicity
  оптический ~ optical anharmonicity
  ориентационный ~ orientational anharmonicity
  рамановский ~ Raman anharmonicity
  ~ **решётки** lattice anharmonicity
  ~ **свободного электрона** free electron anharmonicity
  спиновый ~ *фтт* spin anharmonicity
  стрикционный ~ striction anharmonicity
  температурный ~ temperature anharmonicity
  ~ **тепловых колебаний решётки** anharmonicity of lattice thermal vibrations
  электрокалорический ~ electrocaloric anharmonicity
ангармоничность *ж.* anharmonicity
  ~ **тепловых колебаний** anharmonicity of thermal vibrations
ангел *м. (ложный отражённый сигнал в радиолокации)* angel
ангстрем *м.* Angström (unit), Å
анемограмма *ж.* anemogram
анемограф *м.* anemograph, recording anemometer
  манометрический ~ pressure-tube anemograph
анемоинтегратор *м.* anemointegrator
анемометр *м.* anemometer; velocimeter, gas flow meter
  акустический ~ acoustic anemometer
  вращающийся ~ rotary [rotation] anemometer
  генераторный ~ magnetogenerator anemometer
  доплеровский ~ Doppler anemometer, Doppler velocimeter
  ионизационный ~ ionization anemometer
  крыльчатый ~ propeller [vane] anemometer
  лазерный ~ laser anemometer, laser velocimeter

манометрический ~ pressure-tube anemometer

маятниковый ~ pendulum anemometer

оптический ~ optical anemometer

ручной ~ pocket anemometer

~ **со счётчиком** counter anemometer

~ **с тлеющим разрядом** glow-discharge anemometer

трубчатый ~ tubular anemometer

чашечный ~ cup anemometer

электрический ~ electric anemometer

анемометрия *ж.* anemometry

доплеровская лазерная ~ Doppler laser anemometry

анеморумбограф *м.* anemograph

анемотахометр *м.* anemotachometer

анероид *м.* aneroid (barometer)

анзац *м. ктп* ansatz

~ **Бете** Bethe ansatz

~ **взаимодействия** interaction ansatz

дуальный ~ dual ansatz

обобщённый ~ **Бете** generalized Bethe ansatz

резонансный ~ resonance ansatz

~ **симметрии** symmetry ansatz

струнный ~ string ansatz

~ **т'Хоофта** t'Hooft ansatz

анизометр *м.* magnetic anisotropy meter

магнитный ~ torque [torsion] magnetometer

анизотропизация *ж.* anisotropization

анизотропия *ж.* anisotropy, anisotropism

амплитудная ~ amplitude anisotropy

~ **возбуждения** *опт.* excitation anisotropy

вращательная ~ rotational anisotropy

геофизическая ~ geophysical anisotropy

~ **движения ступеней** *крист.* step-motion anisotropy

двухосная ~ biaxial anisotropy

деформационная ~ strain anisotropy

дипольная ~ dipole anisotropy

~ **диффузии экситонов** anisotropy of exciton diffusion

~ **диэлектрических свойств** dielectric anisotropy

~ **единичного иона** single-ion anisotropy

естественная ~ natural anisotropy

~ **жидких кристаллов** liquid crystal anisotropy

~ **захвата** capture anisotropy

индуцированная ~ induced anisotropy

индуцированная магнитная ~ induced magnetic anisotropy

~ **иона** ion anisotropy

искусственная ~ induced anisotropy

конкурирующая ~ competing anisotropy

~ **космических лучей** cosmic ray anisotropy

~ **коэффициента трения** frictional anisotropy

~ **кристалла** crystal [crystalline] anisotropy

~ **кристаллической структуры** crystalline anisotropy

кристаллографическая магнитная ~ magnetic crystalline anisotropy

кубическая ~ cubic anisotropy

легкоосная ~ easy-axis anisotropy

легкоплоскостная ~ easy-plane anisotropy

локальная ~ local anisotropy

~ **магнетосопротивления** magnetoresistance anisotropy

магнитная ~ magnetic anisotropy

магнитная ~, **индуцированная примесями** impurity-induced magnetic anisotropy

магнитная ~ **кристаллической структуры** crystalline [crystallographic] magnetic anisotropy

магнитная ~, **обусловленная дипольным взаимодействием** dipolar interaction magnetic anisotropy

магнитная ~ **типа «лёгкая ось»** easy-axis magnetic anisotropy

магнитная ~ **типа «лёгкая плоскость»** easy-plane magnetic anisotropy

~ **магнитной восприимчивости** magnetic susceptibility anisotropy

магнитодипольная ~ magnetic dipolar anisotropy

магнитокристаллическая ~ crystalline magnetic [magnetocrystalline, crystallographic magnetic] anisotropy

магнитоупругая ~ magnetoelastic anisotropy

макроскопическая магнитная ~ macroscopic magnetic anisotropy

~ **межатомного взаимодействия** interatomic interaction anisotropy

межионная магнитная ~ interionic magnetic anisotropy

местная ~ local anisotropy

механическая ~ mechanical anisotropy

~ **механических свойств** mechanical anisotropy

микроструктурная ~ microstructural anisotropy

многоосная магнитная ~ multiaxial magnetic anisotropy

наведённая ~ induced anisotropy

наведённая оптическая ~ induced optical anisotropy

~ **на границе раздела** interface anisotropy

недипольная ~ nondipole anisotropy

обменная ~ exchange anisotropy

~ **обменного взаимодействия** exchange anisotropy

~ **общего вида** general anisotropy

одноионная ~ single-ion anisotropy

одноионная магнитная ~ single-ion magnetic anisotropy

однонаправленная ~ unidirectional anisotropy

одноосная ~ uniaxial anisotropy

одноосная магнитная ~ uniaxial magnetic anisotropy

однородная ~ uniform anisotropy, homogeneous anisotropy

оптическая ~ optical anisotropy
~ оптических свойств optical anisotropy
орбитальная ~ (в жидком гелии) orbital anisotropy
орторомбическая магнитная ~ orthorhombic magnetic anisotropy
отрицательная ~ negative anisotropy
перпендикулярная магнитная ~ perpendicular magnetic anisotropy
питч-угловая ~ pitch-angle anisotropy
~ питч-углового распределения заряженных частиц anisotropy of pitch-angle distribution of charged particles
пластически наведённая ~ plastically induced anisotropy
плоскостная ~ planar [in-plane] anisotropy
поверхностная ~ surface anisotropy
~ поверхностного слоя surface anisotropy
~ поглощения опт. absorption anisotropy, dichroism
~ показателя преломления anisotropy of refractive index
положительная ~ positive anisotropy
~ поляризуемости (молекул) anisotropy of polarizability
полярная ~ polar anisotropy
поперечная ~ transverse anisotropy
~ пространства space anisotropy
пространственная ~ (напр. в жидком гелии) space anisotropy
пространственно-временная ~ space-time anisotropy
псевдодипольная ~ pseudodipole anisotropy
~ рассеяния scattering anisotropy
~ рассеяния света light scattering anisotropy
~ релаксации relaxation anisotropy
~ решёточного поглощения lattice absorption anisotropy
ромбическая ~ rhombic anisotropy
ромбическая магнитная ~ rhombic magnetic anisotropy
ростовая ~ growth induced anisotropy
самоиндуцированная ~ поглощения света self-induced anisotropy of light absorption
светоиндуцированная ~ light-induced anisotropy
~, связанная с наличием базисной плоскости basal plane anisotropy
сейсмическая ~ seismic anisotropy
~ скорости velocity anisotropy
~ скорости роста growth rate anisotropy
слабая ~ weak anisotropy
~ смачивания anisotropy of wetting
спиновая ~ spin anisotropy
~ спиновых стёкол anisotropy of spin glasses
спонтанная ~ spontaneous anisotropy
~ столкновений collisional anisotropy
структурная ~ structure anisotropy
~ твёрдых тел anisotropy of solids

~ температуры реликтового излучения астр. temperature anisotropy of relict radiation
~ тепловых колебаний решётки anisotropy of lattice thermal vibrations
~ типа «лёгкая ось» easy-axis anisotropy
~ типа «лёгкая плоскость» easy-plane anisotropy
~ тонких ферромагнитных плёнок anisotropy of thin ferromagnetic films
угловая ~ angular anisotropy
~ удельного сопротивления resistivity anisotropy
упругая ~ elastic anisotropy
~ упругих свойств elastic anisotropy
фазовая ~ phase anisotropy
~ ферромагнетика ferromagnetic anisotropy
~ физических свойств physical anisotropy
~ формы shape [form] anisotropy
фотоиндуцированная ~ photoinduced anisotropy
фотоиндуцированная магнитная ~ photoinduced magnetic anisotropy
~ фотопроводимости photoconductivity anisotropy
фрикционная ~ frictional anisotropy
хаотическая ~ random anisotropy
хаотическая магнитная ~ random magnetic anisotropy
циркулярная ~ circular anisotropy
~ экстинкции anisotropy of extinction
электрическая ~ electric anisotropy
~ электрических свойств electric anisotropy
~ электронного спектра electron spectrum anisotropy
~ энергетической щели energy-gap anisotropy
анизотропность ж. anisotropy
анион м. anion; negative ion
диамагнитный ~ diamagnetic anion
междоузельный ~ interstitial anion
анионит м. anionite
анионообменник м. anion exchanger
аннигилировать гл. annihilate □ античастицы аннигилируют с частицами antiparticles annihilate with particles
аннигиляция ж. annihilation
адронная ~ hadronic annihilation
антибарионная ~ antibaryon annihilation
антинуклонная antinucleon annihilation
антипротон-нуклонная ~ antiproton-nucleon annihilation
безызлучательная ~ radiationless annihilation
~ блоховских линий Bloch line annihilation
~ вещества и антивещества matter-antimatter annihilation
~ в покое annihilation at rest
~ встречных полей annihilation of colliding fields
вынужденная ~ induced [stimulated] annihilation

двухквантовая ~ two-quantum [two-photon] annihilation

двухфотонная ~ two-photon [two-quantum] annihilation

~ дефектов *фтт* defect annihilation

~ дислокаций dislocation annihilation

~ кварка и антикварка quark-antiquark annihilation

~ кварков quark annihilation

~ кинка и антикинка annihilation of kink and anti-kink

лептонная ~ leptonic annihilation

~ магнитного поля magnetic field annihilation

многоквантовая ~ many-quantum [multiquantum] annihilation

многофотонная ~ many-photon [multiphoton] annihilation

~ на лету annihilation in flight

нуклон-антинуклонная ~ nucleon-antinucleon annihilation

одноквантовая ~ single-quantum annihilation

однофотонная ~ single-photon annihilation

~ пар annihilation of pairs

~ позитронов positron annihilation

~ поля field annihilation

протон-антипротонная ~ proton-antiproton annihilation

синглет-синглетная ~ *опт.* singlet-singlet annihilation

синглет-триплетная ~ *опт.* singlet-triplet annihilation

слабая ~ weak annihilation

спонтанная ~ дислокаций spontaneous dislocation annihilation

струйная ~ jet annihilation

~ точечных дефектов point defect annihilation

трёхквантовая ~ three-quantum [three-photon] annihilation

трёхструйная ~ three-jet annihilation

трёхфотонная ~ three-photon [three-quantum] annihilation

трёхчастичная ~ three-body annihilation

триплет-триплетная ~ *опт.* triplet-triplet annihilation

триплет-триплетная ~ экситонов triplet-triplet exciton annihilation

ударная ~ impact annihilation

~ цилиндрических магнитных доменов (ЦМД) bubble [cylindrical magnetic domain] annihilation

~ частица-античастица particle-antiparticle annihilation

~ экситонов exciton annihilation

электромагнитная ~ electromagnetic annihilation

~ электрона electron annihilation

электрон-позитронная ~ electron-positron annihilation

~ электрон-позитронной пары electron-positron annihilation

анод *м.* anode; plate

виртуальный ~ virtual anode

~ возбуждения excitation [auxiliary, keep-alive] anode

вращающийся ~ *(рентгеновской трубки)* rotating anode

вспомогательный ~ excitation [auxiliary, keep-alive] anode

второй ~ second anode

главный ~ *(напр. ртутного вентиля)* main anode

кольцевой ~ orificed anode

~ кинескопа *(на конусе баллона)* wall [final] anode

охлаждаемый ~ cooled anode

первый ~ *(в ЭЛТ)* first anode

плазменный ~ plasma anode

подхватывающий ~ *(ртутного вентиля)* relieving anode

полый ~ hollow anode

~ предварительного ускорения preaccelerating anode

~ радиолампы *англ.* anode; *амер.* plate

~ с люминофорным покрытием phosphor-coated anode

ускоряющий ~ accelerating anode

фокусирующий ~ focusing anode

n-фотонная ~ n-photon annihilation

анодирование *с.* anodizing, anodic oxidation, anodization

плазменное ~ plasma anodizing

электролитическое ~ electrolytic anodizing

анодный *прил. (относящийся к аноду)* anode; *(относящийся к электрохимии)* anodic

анодолюминесценция *ж.* anodoluminescence

анод-подложка *м.* substrate anode

анолит *м. электрохимия* anolyte

аномалия *ж.* anomaly

аксиальная ~ axial anomaly

акустическая ~ acoustic anomaly

~ Бугера Bouguer anomaly

внезапная ~ поля sudden field anomaly, SFA

внезапная фазовая ~ *сзф* sudden phase anomaly, SPA

~ вращательного спектра rotational spectrum anomaly

~ в свободном воздухе free-air [Faye] anomaly

~ вязкости viscosity anomaly

геомагнитная ~ geomagnetic anomaly

глобальная ~ global anomaly

гравиметрическая ~ gravimetric anomaly

гравитационная ~ gravity [gravitational] anomaly

дилатационная ~ *ктп* dilatation anomaly

~ диэлектрической проницаемости permittivity anomaly

изостатическая ~ isostatic anomaly

истинная ~ *астр.* true anomaly

калибровочная ~ gauge anomaly
квантовая ~ quantum anomaly
киральная ~ chiral anomaly
конформная ~ conformal anomaly
криомагнитная ~ criomagnetic anomaly
локальная ~ local anomaly
магнитная ~ magnetic anomaly
~ магнитосопротивления magnetoresistance anomaly
местная магнитная ~ local magnetic anomaly
мировая магнитная ~ world magnetic anomaly
модулярная ~ modular anomaly
~ радиоактивности radioactive anomaly
региональная магнитная ~ regional magnetic anomaly
решёточная ~ Вуда *фтт* Wood lattice anomaly
рефракционная ~ refraction anomaly
~ сверхтонкой структуры hyperfine anomaly
~ силы тяжести gravity [gravitational] anomaly
~ следа trace anomaly
~ спина электрона electron spin anomaly
средняя ~ *астр.* mean anomaly
структурная ~ structural anomaly
~ структуры structure anomaly
суперконформная ~ superconformal anomaly
~ тензора энергии-импульса anomaly of energy-momentum tensor
~ теплоёмкости heat capacity anomaly
треугольная ~ *ктп* triangle anomaly
~ упругих свойств anomaly of elastic properties
фазовая ~ phase anomaly
~ Фая Faye free-air anomaly
~ цветового зрения defective color vision
~ Шоттки Schottky anomaly
эксцентрическая ~ *астр.* eccentric anomaly
~ электрических свойств electrical anomaly

аномалон *м.* anomalon
аномалоскоп *м. (прибор для испытания цветового зрения)* anomaloscope
аномальность *ж.* anomality
ансамбль *м.* ensemble; assembly
~ автоволн autowave ensemble
~ автоструктур ensemble of dissipative structures
большой ~ grand ensemble
большой канонический ~ Гиббса Gibbs grand canonical ensemble
~ вихревых структур ensemble of vortex structures
~ Гиббса Gibbs ensemble
изобарически-изотермический ~ isobaric-isothermal ensemble
изобарически-изотермический ~ Гиббса Gibbs isobaric-isothermal ensemble

канонический ~ *стат. физ.* canonical ensemble
канонический ~ Гиббса Gibbs canonical ensemble
квазиодномерный ~ *(структур)* quasi-one-dimensional ensemble
квантовый ~ quantum ensemble
~ квантовых частиц assembly of quantum particles
~ классических осцилляторов assembly of classic oscillators
малый ~ Гиббса small Gibbs ensemble
микроканонический ~ Гиббса Gibbs microcanonical ensemble
нейронный ~ neuron [neural] ensemble
неоднородный ~ *(структур)* nonuniform ensemble
~ нуклонов ensemble of nucleons
обобщённый канонический ~ generalized canonical ensemble
однокомпонентный ~ one-component ensemble
однородный ~ *(структур)* uniform ensemble
~ произвольно ориентированных ядер arbitrarily oriented ensemble of nuclei
равновесный ~ equilibrium ensemble
~ солитонов soliton ensemble
статистический ~ statistical ensemble
~ структур ensemble of structures
~ частиц ensemble of particles
~ элементов elements assemblage
ядерный ~ nuclear ensemble

антагонизм *м.* antagonism
~ ионов antagonism of ions, ion antagonism
антенн/а *ж.* antenna; *англ.* aerial □ ~ излучает antenna radiates; питать ~у feed [excite] the antenna; ~ принимает излучение antenna picks up radiation; ~ принимает сигнал antenna picks up a signal; согласовывать ~у с фидером match an antenna to a feeder
адаптивная ~ adaptive antenna
активная ~ active antenna
антифединговая ~ antifading [fading-reducing] antenna
апериодическая ~ aperiodic antenna
апертурная ~ aperture antenna
~ Бевереджа Beverage antenna
~ бегущей волны traveling wave antenna
биконическая ~ bicone [biconical, double-cone] antenna
бифокальная ~ bifocal antenna
~ бокового обзора side-looking antenna
бортовая ~ *(самолётная)* airborne antenna; *(спутниковая)* satellite-born antenna
вертикальная ~ vertical antenna
вибраторная ~ dipole antenna
волноводная ~ waveguide antenna
вращающаяся ~ rotary [rotating] antenna
всенаправленная ~ omnidirectional [isotropic] antenna

2*

гидроакустическая ~ hydroacoustic antenna

гидроакустическая аддитивная ~ hydroacoustic additive antenna

гидроакустическая интерференционная ~ hydroacoustic interference antenna

гидроакустическая мультипликативная ~ hydroacoustic multiplicative antenna

гидроакустическая параметрическая ~ hydroacoustic parametric antenna

гидроакустическая самофокусирующаяся ~ hydroacoustic self-focusing antenna

гидроакустическая фокусирующая ~ hydroacoustic focusing antenna

гравитационная ~ gravitational antenna

~ гравитационных волн gravitational-wave antenna

~ Грегори Gregory antenna

двунаправленная ~ (с двухлепестковой диаграммой) bidirectional [bilateral] antenna

двухзеркальная ~ double-reflector [dual-reflector] antenna

двухлучевая ~ double-beam antenna

дипольная ~ dipole antenna

директорная ~ Yagi [director] antenna

дисковая ~ disk antenna

диэлектрическая ~ dielectric antenna

ёмкостная ~ capacitance [capacitor] antenna

зеркальная ~ reflector [optical-type, mirror] antenna

зонтичная ~ umbrella antenna

изотропная ~ isotropic antenna

интегральная тонкоплёночная ~ integrated thin-film antenna

~ интерферометра interferometer antenna

~ ионозонда ionosonde antenna

~ Кассегрена Cassegrain antenna

квадрупольная ~ quadrupole antenna

комнатная ~ indoor antenna

компенсированная ~ compensated antenna

коробчатая ~ box antenna

коротковолновая ~ short-wave antenna

~ Кристиансена Christiansen antenna

~ кругового обзора all-around looking antenna

линейная ~ linear antenna

линзовая ~ lens antenna

линзовая ~ Люнеберга Luneberg lens antenna

логопериодическая ~ log-periodic antenna

лучевая ~ beam antenna

магнитная ~ magnetic antenna

малошумящая ~ low-noise antenna

многовибраторная ~ antenna array

многозеркальная ~ multireflector antenna

многолучевая ~ multibeam [multiple-beam] antenna

многорупорная ~ multiple (electromagnetic) horn

многочастотная ~ multifrequency antenna

многоэлементная ~ multielement antenna

многоярусная ~ stagger antenna

нагруженная ~ loaded antenna

наземная ~ ground-based [ground, surface] antenna

направленная ~ directional [directive, beam gain] antenna

настроенная ~ tuned antenna

ненагруженная ~ unloaded antenna

ненаправленная ~ nondirectional [isotropic] antenna

однозеркальная ~ single-reflector antenna

однолучевая ~ single-beam antenna

однонаправленная ~ unidirectional [unilateral] antenna

~ осевого излучения axial-mode antenna

остронаправленная ~ pencil-beam [narrow-beam, highly directive] antenna

параболическая ~ parabolic [parabolic-reflector] antenna

параметрическая акустическая ~ parametric acoustic array

пассивная ~ passive [parasitic] antenna

передающая ~ transmitting [sending] antenna

передвижная ~ movable antenna

~ переменного профиля variable-profile antenna

перископическая ~ periscope antenna

плоская ~ sheet [planar, plane] antenna

~ поверхностных волн surface-wave antenna

поворотная ~ rotary [rotating] antenna

подводная ~ underwater [submarine] antenna

полуволновая ~ half-wave antenna

приёмная ~ receiving [pickup] antenna

приёмно-передающая ~ transceiver antenna

проволочная ~ wire antenna

радиоастрономическая ~ radioastronomical antenna

радиолокационная ~ radar antenna

разнесённые ~ы spaced antennas

рамочная ~ loop [frame, coil, closed] antenna

резонансная ~ resonant antenna

ромбическая ~ rhombic [diamond] antenna

рупорная ~ horn antenna

рупорно-параболическая ~ horn-reflector antenna

~ с веерной диаграммой направленности fan-beam antenna

~ с вертикальной поляризацией vertically polarized antenna

~ с горизонтальной поляризацией horizontally polarized antenna

~ с диэлектрическим покрытием dielectric-coated antenna

~ с ёмкостной нагрузкой capacitance loaded antenna

~ с индуктивной нагрузкой inductance loaded antenna

сканирующая ~ scanning antenna

~ **с круговой поляризацией** circularly polarized antenna

~ **слежения** tracking antenna

~ **с линейной поляризацией** linearly polarized antenna

~ **с нелинейной обработкой сигнала** nonlinear signal-processing antenna

~ **с обработкой сигнала** signal-processing antenna

~ **с подавлением помех** anti-interference antenna

~ **с синтезированной апертурой** synthetic aperture antenna

~ **с управляемым лучом** steerable (beam) antenna

~ **с эллиптической поляризацией** elliptically polarized antenna

самофокусирующаяся ~ self-focusing antenna

сверхнаправленная ~ superdirective antenna

сверхпроводящая ~ superconducting antenna

~ **СВЧ** microwave antenna

симметричная ~ balanced [symmetrical] antenna

синфазная ~ broadside array

сканирующая ~ scanning antenna

слабонаправленная ~ weakly directional antenna

согласованная ~ terminated antenna

спиральная ~ helical [spiral, helix] antenna

стержневая ~ rod [pivot] antenna

~ **стоячей волны** standing-wave antenna

сферическая ~ spherical [ball] antenna

телевизионная ~ television antenna

телеметрическая ~ telemetering [telemetry] antenna

телескопическая ~ telescopic antenna

термоакустическая ~ thermoacoustic antenna

~ **типа «волновой канал»** Yagi [director] antenna

Т-образная ~ T-shaped [T] antenna

уголковая ~ corner antenna

фазированная ~ phase-locked antenna

ферритовая ~ ferrite antenna

ферритовая стержневая ~ ferrite rod antenna

частотно-независимая ~ frequency-independent antenna

четвертьволновая ~ quarter-wave antenna

широкодиапазонная ~ all-wave [broadband] antenna

широкополосная ~ broadband [wideband] antenna

штыревая ~ stub [rod] antenna

щелевая ~ slot [slit] antenna

электроакустическая ~ electroacoustical antenna

элементарная ~ elementary antenna

эталонная ~ reference [standard] antenna

~ **Яги** Yagi antenna

антенна-мачта *ж.* mast antenna

антиавтодуальность *ж. ктп* anti-self-duality

антианод *м.* antianode

антиапекс *м.* antiapex

антиаромат *м.* antiflavor

антибарион *м.* antibaryon

антивертекс *м. астр.* antivertex

антивещество *с.* antimatter

антивихрь *м.* anti-vortex

антиводород *м.* antihydrogen

антигелий *м.* antihelium

антигены *мн. биол.* antigens

антигиперон *м.* antihyperon

антигравитация *ж.* antigravitation, antigravity

антигруппировка *ж.* antibunching

~ **фотонов** photon antibunching

антидейтерий *м.* antideuterium

антидейтрон *м.* antideuteron

антидуант *м. физ. уск.* dummy dee, dummy D

антизатухание *с. уск.* antidamping

антизвезда *ж.* antistar

антиизоморфизм *м.* anti-isomorphism

антиинстантон *м. ктп* anti-instanton

основной ~ basic anti-instanton

антиинтерференционный *прил.* beat-interference, anti-interference

антикатализатор *м.* anticatalyst

антикатод *м.* anticathode, target cathode

антикаустика *ж.* anticaustic

антикварк *м.* antiquark

конституентный ~ constituent antiquark

лёгкий ~ light antiquark

очарованный ~ charmed antiquark

странный ~ strange antiquark

антикентавр *м. фвэ* anti-centaur

антикинк *м.* anti-kink

анти-к-мезон *м.* antikaon

нейтральный ~ neutral antikaon

антикоагулянт *м.* anticoagulant

антикоммутативность *ж.* anticommutation, anticommutativity

антикоммутатор *м.* anticommutator

антикоммутировать *гл.* anticommutate

антиконфайнмент *м. (электродинамика)* anticonfinement

антикорона *ж.* anticorona

антикрасота *ж.* antibeauty

антикси-гиперон *м.* antixi [anticascade] hyperon

антикси-частица *ж.* antixi particle

антилептон *м.* antilepton

антилогарифм *м.* antilogarithm, inverse logarithm

антилуна *ж.* antiselena

антилямбда-гиперон *м.* antilambda hyperon

антилямбда-частица *ж.* antilambda particle

антиматерия *ж.* antimatter

антимир *м.* antiworld

антимонид *м. (напр. алюминия, галлия, индия; AlSb, GaSb, InSb)* antimonide

антимонополь *м.* antimonopole
антимю-мезон *м.* antimuon
антинейтрино *с.* antineutrino
  безмассовое продольное ~ massless longitudinal antineutrino
  лептонное ~ lepton antineutrino
  мю-мезонное ~ antineutretto, muon antineutrino
  мюонное ~ antineutretto, muon antineutrino
  правополяризованное ~ right-hand antineutrino
  продольное ~ longitudinal antineutrino
  электронное ~ electron antineutrino
антинейтрон *м.* antineutron
  медленный ~ slow antineutron
  свободный ~ free antineutron
антинуклон *м.* antinucleon
антиокислитель *м.* antioxidant
антиомега-частица *ж.* antiomega particle
антиоперация *ж.* antioperation
антиотождествление *с. (при антисимметрии)* anti-identification
антиочарование *с.* anticharm
антипараллельный *прил.* antiparallel
антипассат *м.* countertrade, antitrade
антипересечение *с. (уровней)* anticrossing
антипод *м.* antipode □ **оптические ~ы являются зеркальным изображением друг друга** optical antipodes are the mirror images of each other
  зеркальный ~ optical antipode
  левовращающий ~ levorotatory antipode
  оптический ~ optical antipode
  правовращающий ~ dextrorotatory antipode
антипробкотрон *м. проф. жарг. (ловушка с встречными магнитными полями)* antiprobkotron; cusp geometry trap
антипроизводная *ж.* antiderivative
антипротон *м.* antiproton
  космический ~ cosmic antiproton
антиравенство *с.* antiequality
  зеркальное ~ *(при антисимметрии)* mirror antiequality
антирезонанс *м.* antiresonance
  магнитный ~ magnetic antiresonance
антирефлексивность *ж.* antireflexiveness, skew-reflexivity
антисегнетоэлектрик *м.* antiferroelectric
антисегнетоэлектричество *с.* antiferroelectricity
антисигма-гиперон *м.* antisigma hyperon
антисигма-минус-гиперон *м.* antisigma-minus hyperon
антисигма-частица *ж.* antisigma particle
антисимметризация *ж.* antisymmetrization
антисимметрия *ж.* antisymmetry
  точечная ~ point antisymmetry
антисовпадение *с.* anticoincidence
антисолитон *м.* anti-soliton
антисолнце *с.* antisun

антистатик *м.* antistatic agent
антистоксов *прил.* anti-Stokes
антитело *с.* antibody
антитрансляция *ж. фтт* antitranslation
антитриплет *м.* antitriplet
антитритон *м.* antitriton
антифаза *ж.* antiphase
антиферромагнетизм *м.* antiferromagnetism
  нескомпенсированный ~ uncompensated antiferromagnetism
  синусоидально модулированный ~ sinusoidally modulated antiferromagnetism
  скомпенсированный ~ compensated antiferromagnetism
  ядерный ~ nuclear antiferromagnetism
антиферромагнетик *м.* antiferromagnet, antiferromagnetic material
  актинидный ~ actinide antiferromagnet
  гейзенберговский ~ Heisenberg antiferromagnet
  двумерный ~ two-dimensional antiferromagnet
  двухосный ~ biaxial antiferromagnet
  двухподрешёточный ~ two-sublattice [Néel] antiferromagnet
  жидкий одноосный ~ liquid uniaxial antiferromagnet
  изинговский ~ Ising antiferromagnet
  коллинеарный ~ collinear antiferromagnet
  кубический ~ cubic antiferromagnet
  легкоосный ~ easy-axis antiferromagnet
  легкоплоскостной ~ easy-plane antiferromagnet
  многоподрешёточный ~ multisublattice antiferromagnet
  неелевский ~ Néel [two-sublattice] antiferromagnet
  неколлинеарный гексагональный ~ noncollinear hexagonal antiferromagnet
  низкоразмерный ~ low-dimensional antiferromagnet
  одномерный ~ unidimensional antiferromagnet
  одноосный ~ uniaxial antiferromagnet
  опрокинутый легкоосный ~ spin-flopped easy-axis antiferromagnet
  орбитальный ~ orbital antiferromagnet
  орторомбический ~ orthorhombic antiferromagnet
  прозрачный ~ transparent antiferromagnet
  разбавленный ~ diluted antiferromagnet
  ~ с блуждающими электронами itinerant antiferromagnet
  слабоанизотропный ~ weakly anisotropic antiferromagnet
  слоистый ~ layered antiferromagnet
  ~ со слабым ферромагнетизмом canted antiferromagnet
  ~ с треугольной решёткой triangular antiferromagnet
  тригональный ~ trigonal antiferromagnet
  фрустрированный ~ frustrated antiferromagnet

электронный ~ electronic antiferromagnet
ядерный ~ nuclear antiferromagnet
антиферромагнетик-полупроводник *м.* antiferromagnet-semiconductor
антиферромагнон *м.* antiferromagnon
антиформанта *ж. ак.* antiformant
антифрикционность *ж.* antifrictionality
антицвет *м. фвэ* anticolor
антицентр *м.* anticenter
~ галактики galactic anticenter
антициклон *м.* anticyclon
античастица *ж.* antiparticle
антиэкранирование *с.* antishielding
антиэкранировка *ж. яф* antishielding
~ заряда *кхд* charge antishielding
антиэлектрон *м.* antielectron, positron
антиядро *с.* antinucleus
антрацен *м.* (*краситель*) anthracene
антропогенный *прил.* anthropogenic
апвеллинг *м.* (*восходящее течение*) upwelling
апекс *м. астр.* apex
мгновенный ~ instantaneous apex
~ Солнца apex of the Sun, solar apex
апериодический *прил.* aperiodic, nonperiodic
апериодичность *ж.* aperiodicity
апертометр *м. опт.* apertometer, aperture meter
апертур/а *ж.* aperture □ увеличение ~ы диафрагмой opening-up; уменьшение ~ы диафрагмой stopping-down
акустическая ~ acoustic aperture
~ антенны antenna aperture
воспроизводящая ~ display aperture
~ воспроизводящего устройства display aperture
входная ~ entrance aperture
выходная ~ exit aperture
~ диафрагмы masking aperture
~ дифракционной решётки grating aperture
зрачковая ~ pupillary aperture
излучающая ~ transmitting [radiating] aperture
интерполирующая ~ interpolating aperture
искусственная ~ artificial aperture
кольцевая ~ annular [ring] aperture
круглая ~ circular aperture
круговая ~ circular aperture
~ луча передающей трубки quantizing aperture
~ луча приёмной трубки synthesizing aperture
~ объектива lens aperture
~ оптической системы aperture of an optical system
относительная ~ relative aperture; (*фотообъектива*) f-number
передающая ~ transmitting aperture
~ полной поляризации full-polarization aperture
приёмная ~ receiving [collecting] aperture

пространственно-независимая ~ space invariant aperture
прямоугольная ~ rectangular aperture
~ пучка beam aperture
развёртывающая ~ scanning aperture
расчётная ~ calculated aperture
расчётная числовая ~ (*оптического волокна*) calculated numerical aperture
~ связи coupling aperture
синтезированная ~ synthetic aperture
~ счётчика counter aperture
угловая ~ angular aperture, aperture angle
узкая ~ narrow aperture
числовая ~ numerical aperture
числовая ~ конденсора numerical aperture of condenser
широкая ~ wide [large] aperture
~ электронной линзы aperture of electron lens
эффективная ~ effective aperture
эффективная числовая ~ (*напр. оптического волокна*) effective numerical aperture
ап-конверсия *ж. жарг.* (*преобразование частоты вверх*) up-conversion
ап-конвертор *м. жарг.* (*преобразователь с повышением частоты*) up-converter
апланат *м.* aplanat, aplanatic lens, aplanatic objective
апланатизм *м.* aplanatism
апоастр *м.* apastron
апоге/й *м.* apogee □ в ~е at apogee; находиться в ~е be at apogee
аподизация *ж. опт.* apodization
апоселений *м.* apolune
апостильб *м.* (*единица яркости освещённой поверхности*) apostilb, asb
апохромат *м.* apochromat, apochromatic lens, apochromatic objective
апохроматизация *ж.* apochromatization
апохроматизм *м.* apochromatism
апоцентр *м.* apocenter
аппарат *м.* apparatus; instrument, device; *фото* camera □ запустить космический ~ launch a spacecraft
бинауральный слуховой ~ binaural hearing device
буквопечатающий ~ printer
воздухоразделительный ~ air-fractionating apparatus
выпарной ~ evaporator, vaporizer
~ высокого давления high-pressure apparatus
двухсторонний слуховой ~ bilateral hearing aid
дезактивизационный ~ deactivation [decontamination] unit
диффузионный ~ diffuser
~ для растворения dissolver
~ для скоростной киносъёмки high-speed camera
~ для чтения микрофильмов microfilm reader, microfilm viewer

~ для эмульгирования emulsifier

звукозаписывающий ~ sound recorder

кинопроекционный ~ motion-picture projector

киносъёмочный ~ motion-picture camera

контактный, ~ *хим.* catalyst chamber, catalytic, reactor

копировальный ~ (*множительный*) duplicator; copier

космический летательный ~ (КЛА) space craft, space vehicle

люминесцентный диагностический ~ fluorescent diagnostic apparatus

~ магнитной звукозаписи magnetic tape recorder

математический ~ mathematical apparatus

микропроекционный ~ microprojector

многоступенчатый противоточный экстракционный ~ multistage counter current extraction apparatus

намоточный ~ coiling [winding] apparatus

перегонный ~ distilling apparatus, distiller

~ перезаписи звука re-recorder, dubber, dubbing device

проекционный ~ *фото* projector

проекционный копировальный ~ projection printer

радиотерапевтический ~ radiotherapeutic instrument

регулирующий ~ control apparatus

рентгеновский ~ X-ray unit, X-ray apparatus, X-ray machine

рентгеновский ~ высокого напряжения hard X-ray machine

рентгеновский ~ низкого напряжения soft X-ray machine

рентгеноскопический ~ radioscope, fluoroscope

скоростной киносъёмочный ~ high-speed camera

слуховой ~ hearing aid, hearing device

смесительный ~ mixer

спускаемый ~ descent [landing] module

ультразвуковой ~ для предотвращения накипи ultrasonic descaler

фотографический ~ (photographic) camera

хроматографический ~ chromatography apparatus

экстракционный ~ extraction apparatus

~ электрофореза electrophoresis apparatus

аппаратная *ж.* instrument [control, equipment] room

аппарат-облучатель *м.* irradiation apparatus, irradiation machine

аппаратура *ж.* 1. (*оборудование*) equipment 2. (*приборы, в особенности контрольно-измерительные*) instrumentation, apparatus 3. *вчт* (*в отличие от программного обеспечения*) hardware

автоматическая ~ automatic equipment

~ автоматического управления automatic control equipment

аэрофотосъёмочная ~ aerial photography equipment

бортовая ~ (*самолётная*) air-borne equipment; (*спутниковая*) satellite-borne equipment

бытовая ~ consumer equipment

вспомогательная ~ accessories, auxiliary equipment

гидроакустическая ~ sonar equipment

голографическая ~ holographic equipment

дальномерная ~ range instrumentation, range-finding equipment

дисперсионная рентгеновская спектральная ~ disperion X-ray spectrum equipment

~ для автоматической обработки и отображения данных automatic data processing and display equipment

~ для дистанционного зондирования remote sensing equipment

~ для ионосферного зондирования ionospheric sounding equipment

~ для обработки данных data-processing equipment

~ для скоростного фотографирования high-speed photographic equipment

~ для счёта импульсов pulse-counting equipment

~ для улавливания пыли dust-separation equipment

~ для фотографирования методом полос schlieren apparatus

~ для фотографирования шлирен-методом schlieren apparatus

записывающая ~ recording equipment

~ звуковоспроизведения sound-reproducing equipment

звукозаписывающая ~ sound-recording equipment

звукоприёмная ~ sound-pickup equipment

измерительная ~ instrumentation; measuring equipment

измерительная СВЧ ~ microwave instrumentation

испытательная ~ test equipment

контрольная ~ test equipment, control instrumentation; monitoring equipment

контрольно-измерительная ~ control instrumentation, instrumentation equipment

лазерная ~ laser equipment

микроголографическая ~ holomicrographic equipment

микрофотографическая ~ photomicrographic equipment

наземная ~ ground-based equipment

научная ~ scientific equipment, scientific instruments

недисперсионная рентгеновская спектральная ~ nondispersion X-ray spectrum equipment

нейтронная счётная ~ neutron counting equipment

~ обработки данных data-processing equipment

оконечная ~ terminal equipment

~ передачи данных data-communication [data-transmission] equipment

передающая ~ transmitting equipment

помехоподавляющая ~ interference suppression equipment

портативная ~ portable equipment

приёмная ~ receiving equipment

пусковая ~ start-up instrumentation

радиометрическая ~ radiation-measurement equipment

радиопередающая ~ radio-transmitting equipment

радиоприёмная ~ radio-receiving equipment

регистрирующая ~ recording system, recording instruments

резервная ~ reserve [stand-by] equipment

рентгеновская ~ X-ray equipment

рентгеновская спектральная ~ X-ray spectrum equipment

серийная ~ commercial equipment

~ спутниковой связи satellite-communication equipment

стереофоническая ~ stereophonic [stereo sound] equipment

телеметрическая ~ remote measuring [remote sensing, telemetry] equipment

~ управления control equipment

цифровая ~ digital equipment

электронная ~ electronic equipment

электронная измерительная ~ electronic instrumentation

аппликация *ж. фмя* application

аппроксимаци/я *ж.* approximation; approach (*см. тж.* **приближение**)

адиабатическая ~ Борна - Оппенгеймера Born-Oppenheimer adiabatic approximation

бикубическая ~ bicubic approximation

графическая ~ graphical approximation

грубая ~ crude approximation

двумерная ~ bivariate approximation

двухступенчатая ~ two-stage approximation

жёсткая ~ stiff approximation

изопараметрическая ~ isoparametric approximation

импульсная ~ impulse approximation

~ импульсной функции impulse function approximation

квадратичная ~ quadratic fit, quadratic approximation

конечноэлементная ~ finite-element approximation

кусочная ~ piecewise approximation

кусочно-линейная ~ piecewise-linear approximation

линейная ~ linear approximation

линейная симплексная ~ linear simplex approximation

ограниченная ~ bounded approximation

~ Паде Padé approximation

~ полиномами polinomial approximation

полиномиальная ~ polinomial approximation

полудискретная ~ semidiscrete approximation

~ по методу наименьших квадратов least-squares approximation

поточечная ~ pointwise approximation

прямолинейная ~ straight-line approximation

разностная ~ вперёд forward-difference approximation

разностная ~ назад backward-difference approximation

симплексная ~ simplex approximation

сопряжённые ~и conjugate approximations

статистическая ~ statistical approximation

~ ступенчатой функции непрерывной функцией approximation of step function by continuous function

субпараметрическая ~ subparametric approximation

триквадратичная ~ triquadratic approximation

трикубическая ~ tricubic approximation

трилинейная ~ trilinear approximation

~ функцией approximation by a function

~ функции function approximation, approximation of a function

центральная разностная ~ centered difference approximation

аппроксимировать *гл.* approximate

аппроксимируемость *ж.* approximability

амплитудная ~ amplitude approximability

апробаци/я *ж.* approbation, approval, confirmation ☐ пройти ~ю receive [get] approval

апсиды *мн.* apsides

аргон *м.* argon, Ar

аргумент *м.* argument ☐ приводить ~ adduce an argument

вещественный ~ real argument

запаздывающий ~ retarded argument

~ комплексного числа argument of a complex number

комплексный ~ complex argument

мнимый ~ imaginary argument

~ перигелия ascending node-perigelion angle

~ перигея ascending node-perigee angle

~ функции argument of a function, independent variable

~ широты *астр.* argument of a latitude

ардометр *м.* ardometer

ареометр *м.* areometer, hydrometer

~ постоянного веса constant-weight areometer

~ постоянного объёма constant-volume areometer

ареометрия *ж.* areometry, hydrometry

ареометр-пикнометр *м.* areopycnometer

ареопикнометр *м.* aeropycnometer

арифметика *ж.* arithmetics

арка *ж. мех.* arch
  бесшарнирная ~ hingeless arch
  двухшарнирная ~ two-hinged arch
  корональная ~ *физ. Солнца* coronal arch
  магнитная ~ *физ. Солнца* magnetic arch
  трёхшарнирная ~ three-hinged arch

аркада *ж. физ. Солнца* arcade
  корональная ~ coronal arcade
  магнитная ~ magnetic arcade

аркккосеканс *м.* arc [inverse] cosecant, arc csc

аркккосинус *м.* arc [inverse] cosine, arc cos

арккотангенс *м.* arc [inverse] cotangent, arc cot

арксеканс *м.* arc [inverse] secant, arc sec

арксинус *м.* arc [inverse] sine, arc sin

арктангенс *м.* arc [inverse] tangent, arc tan

арматура *ж.* 1. *(принадлежности)* fittings, fixtures, accessories, armature, mounting, outfit 2. *(элемент усиления)* reinforcement
  вакуумная ~ vacuum fittings
  ~ направленного освещения directional lighting fittings
  осветительная ~ lighting fittings

армирование *с. (напр. кабелей)* armoring; *(пластмасс)* reinforcement

армко-железо *с.* armco iron

аромат *м. фвэ* flavor
  безмассовый ~ massless flavor
  калибровочный ~ gauge flavor
  ~ кварков quark flavor
  кварковый ~ quark flavor
  лептонный ~ lepton flavor
  ~ нейтринного состояния neutrino state flavor
  скрытый ~ hidden flavor

ароматогруппа *ж. фвэ* flavor group

ароматодинамика *ж.* flavor dynamics
  квантовая ~ quantum flavor dynamics

арретир *м.* arreter, stop

арсеназо *с. хим.* arsenazo

арсенид *м.* arsenide
  ~ галлия *фпп* gallium arsenide
  полуизолирующий ~ галлия semi-insulating gallium arsenide

артефакт *м. (ложный сигнал, ложная информация, напр. в электронной микроскопии)* artefact

артикуляция *ж. ак.* articulation
  ~ в полосе речевых частот band articulation
  звуковая ~ sound articulation
  словесная ~ word articulation
  слоговая ~ syllable [syllabic] articulation
  фразовая ~ sentence articulation

археомагнетизм *м.* archaeomagnetism

архитектура *ж. (в применении к ЭВМ и системам обработки данных)* architecture

асбест *м.* asbestos

асбестоцемент *м.* asbestos cement

асимметричный *прил.* asymmetric(al), non-symmetric, unsymmetric

асимметрия *ж.* asymmetry; *мат.* skewness
  азимутальная ~ *(поля)* azimuthal asymmetry
  азимутальная ~ рассеяния azimutal scattering asymmetry
  барионная ~ Вселенной Universe baryon(ic) asymmetry
  ~ «верх-низ» *(в токамаке)* top-bottom asymmetry
  ~ «внутрь-наружу» *(в токамаке)* inward-outward asymmetry
  ~ деления fission asymmetry
  зарядовая ~ charge asymmetry
  зеркальная ~ mirror asymmetry
  ~ интенсивности компонент Мандельштама - Бриллюэна intensity asymmetry of Mandelstam-Brillouin components
  кажущаяся ~ apparent asymmetry
  космологическая ~ cosmological asymmetry
  лево-правая ~ left-right asymmetry
  макроскопическая ~ macroscopic asymmetry
  микроскопическая ~ microscopic asymmetry
  ~ мод *(в кольцевом резонаторе)* mode asymmetry
  молекулярная ~ molecular asymmetry
  ~ наблюдаемого предмета asymmetry of an object
  нетривиальная ~ nontrivial asymmetry
  односпиновая ~ single-spin asymmetry
  перекрёстная ~ crossing asymmetry
  поляризационная ~ polarization asymmetry
  поперечная ~ transverse asymmetry
  продольная ~ longitudinal asymmetry
  ~ рассеяния asymmetry of scattering
  северо-южная ~ *(плотности потока космических лучей)* North-South asymmetry
  ~ спектральной линии asymmetry of a spectral line
  спиновая ~ spin asymmetry
  спиральная ~ spiral asymmetry
  структурная ~ structural asymmetry
  угловая ~ angular asymmetry
  ~ формы shape asymmetry
  ~ цикла напряжения stress cycle asymmetry
  ~ электронного облака *(напр. в магнетроне)* asymmetry of electron cloud
  ~ эффекта Доплера Doppler effect asymmetry
  ~ ядра nuclear asymmetry

асимптота *ж. мат.* asymptote
  ~ алгебраической кривой asymptote to algebraic curve
  ~ гиперболы asymptote to hyperbola
  ~ муаровой картины moiré asymptote
  ~ трансцендентальной кривой asymptote to transcendental curve

асимптотика *ж.* asymptotics, asymptotic behavior, asymptotic form

автомодельная ~ *ктп* self-similar [auto-model] asymptotics
безусловная ~ unconventional asymptotics
далёкая ~ far asymptotics
дважды логарифмическая ~ *ктп* double logarithmic asymptotics
инфракрасная ~ infrared asymptotics
локальная ~ local asymptotics
~ **неформфакторного типа** non-formfactor-type asymptotics
низкочастотная ~ low-frequency asymptotics
промежуточная ~ intermediate asymptotics
реджеонная ~ Reggeon asymptotics
степенная ~ power asymptotics
ударная ~ asymptotic shock behavior
~ **формфакторного типа** formfactor-type asymptotics
экспоненциальная ~ exponential asymptotics
асимптотически *нареч.* asymptotically □ **кривая y = e(-x) ~ приближается к оси x** the curve y = e(-x) approaches the x = axis asymptotically; **функция ведёт себя ~** the function behaves asymptotically
аспект *м.* aspect
волновой ~ wave aspect
глобальный ~ global aspect
корпускулярный ~ corpuscular aspect
космофизический ~ *(космических лучей)* cosmophysical aspect
одночастичный ~ single-particle aspect
ядерно-физический ~ *(космических лучей)* nuclear aspect
аспектрограмма *ж. опт.* aspectogram
обращённая ~ inverted aspectogram
асперомагнетизм *м.* asperomagnetism
асперомагнетик *м.* asperomagnetic
аспирант *м.* postgraduate student
аспиратор *м.* aspirator
ассонанс *м. ак.* assonance
ассоциат *м.* associate
линейный ~ *(молекул)* linear associate
ассоциативность *ж. мат.* associativity, associativeness, associative property
ассоциация *ж.* association
~ **жидкостей** liquid association, association of liquids
звёздная ~ stellar association, association of stars
~ **ионов** ion association, association of ions
кластер-кластерная ~ intercluster association
линейная ~ *(молекул)* linear association
~ **молекул** molecular association
нуклонная ~ nucleon association
открытая ~ open association
парная ~ pair association
~ **полярных молекул** association of polar molecules
радиационная ~ radiative association
химическая ~ chemical association

астат *м.* astatine, At
астатичность *ж.* astaticism
астеносфера *ж. (Земли)* asthenosphere
астеризм *м. опт., крист.* asterism
астероид *м.* asteroid, planetoid, minor planet
резонансный ~ resonant asteroid
астигмат *м.* astigmat(ic lens)
астигматизатор *м.* astigmatizer
астигматизм *м.* astigmatism □ **корригировать** ~ correct astigmatism; ~ **призмы обращается в нуль** astigmatism of prism reduced to zero; ~ **несколько уменьшается при диафрагмировании объектива** astigmatism is reduced to some extent by stopping down
анизотропный ~ anisotropic astigmatism
врождённый ~ **глаза** congenital astigmatism of eye
~ **глаза** astigmatism of eye
~ **косых пучков** oblique [radial] astigmatism
нескорригированный ~ undercorrected astigmatism
~ **оптической системы** astigmatism of an optical system
~ **призмы** astigmatism of a prism
приобретённый ~ **глаза** acquired astigmatism of eye
~ **дифракционной решётки** astigmatism of a grating
~ **спектрографа** astigmatism of spectrograph
~ **электронной линзы** astigmatism of electron lens
электронно-оптический ~ electron-optical astigmatism
астигматометр *м.* astigmometer, astigmatometer
астигматоскоп *м.* astigmatoscope
астроархеология *ж.* astroarchaeology
астробиология *ж.* astrobiology
астрограмма *ж.* astrogram
астрограф *м.* astrograph; astrographic telescope, astrographic camera
двойной ~ double astrograph
длиннофокусный ~ long-focus astrograph
зонный ~ zonal astrograph
короткофокусный ~ short-focus astrograph
нормальный ~ astrographic telescope
широкоугольный ~ wide-angle astrographic camera
астрография *ж.* astrography
астродатчик *м.* star tracker
астродинамика *ж.* astrodynamics
астрозоль *ж. (пыль в космосе)* astrosole
астрокамера *ж.* astronomical camera
астроклимат *м.* astronomical climate, seeing condition
астроколориметрия *ж.* astronomical colorimetry
астрокоррекция *ж.* stellar monitoring
астролябия *ж.* astrolabe
объективная ~ impersonal astrolabe
призменная ~ prismatic astrolabe

призменная ~ Данжона Danjon prismatic astrolabe

астрометрия *ж.* astrometry

фотографическая ~ photographic astrometry

фундаментальная ~ fundamental astrometry

Астрон *м. (название советского космического аппарата для астрофизических исследований)* Astron

астронавигация *ж.* astronavigation, astronomical navigation, star navigation

астронавт *м.* astronaut

астронавтика *ж.* astronautics

астронегатив *м.* astronegative

астроном *м.* astronomer

астрономия *ж.* astronomy

баллонная ~ balloon astronomy

внеатмосферная ~ extra-terrestrial astronomy

внегалактическая ~ extra-galactical astronomy

геодезическая ~ geodetic astronomy

гравитационно-волновая ~ gravity-wave astronomy

динамическая ~ dynamical astronomy

звёздная ~ stellar astronomy

инфракрасная ~ infrared astronomy

космическая ~ space astronomy

метеорная ~ meteor astronomy

наблюдательная ~ observational astronomy

наземная ~ ground [ground-based] astronomy

нейтринная ~ neutrino astronomy

оптическая ~ optical astronomy

планетная ~ planetary astronomy

практическая ~ practical astronomy

радиолокационная ~ radar astronomy

рентгеновская ~ X-ray astronomy

солнечная ~ solar astronomy

субмиллиметровая ~ submillimeter astronomy

сферическая ~ spherical astronomy

теоретическая ~ theoretical astronomy

ультрафиолетовая ~ ultraviolet astronomy

экспериментальная ~ experimental astronomy

эфемеридная ~ ephemeris astronomy

астроном-любитель *м.* amateur astronomer

астроориентация *ж.* astroorientation

астрополяриметрия *ж.* astropolarymetry

астроспектрограф *м.* astronomical spectrograph

астроспектроскопия *ж.* astrospectroscopy, astronomical spectroscopy

астроспектрофотометрия *ж.* astronomical spectrophotometry

абсолютная ~ absolute astronomical spectrophotometry

относительная ~ relative astronomical spectrophotometry

фотографическая ~ photographic astronomical spectrophotometry

фотоэлектрическая ~ photoelectric astronomical spectrophotometry

астрофизик *м.* astrophysicist

астрофизика *ж.* astrophysics

внегалактическая ~ extragalactic astrophysics

~ высоких энергий high-energy astrophysics

~ космических лучей cosmic-ray astrophysics

наблюдательная ~ observational astrophysics

нейтринная ~ neutrino astrophysics

плазменная ~ plasma astrophysics

практическая ~ practical astrophysics

релятивистская ~ relativistic astrophysics

теоретическая ~ theoretical astrophysics

экспериментальная ~ experimental astrophysics

ядерная ~ nuclear astrophysics

астрофотография *ж.* astrophotography, astronomical photography

астрофотокамера *ж.* astrophotocamera

зенитная ~ photographic zenith tube

астрофотометр *м.* astrophotometer, astronomical photometer

визуальный ~ visual astrophotometer

клиновый ~ wedge astrophotometer

поляризационный ~ polarization astrophotometer

астрофотометрия *ж.* astrophotometry, astronomical photometry

визуальная ~ visual astrophotometry

многоцветная ~ heterochromatic astrophotometry

телевизионная ~ television astrophotometry

фотографическая ~ photographic astrophotometry

фотоэлектрическая ~ photoelectric astrophotometry

асферичность *ж.* asphericity

атаксит *м. (метеорит)* ataxite

атлас *м.* atlas

звёздный ~ star atlas

Паломарский ~ **неба** Palomar sky atlas

~ спектральных линий spectral atlas, chart of spectra

~ спектра солнечного излучения atlas of the solar spectrum

~ фрактограмм *физ. мет.* atlas of fractographs

~ цветов color atlas

атмосфер/а *ж.* atmosphere □ **входить в ~у** *(о космическом аппарате)* re-enter into the Earth atmosphere; **загрязнять ~у** pollute the atmosphere; **зондировать ~у** sound the atmosphere

абсолютная ~ absolute atmosphere

адиабатическая ~ adiabatic atmosphere

бароклинная ~ baroclinic atmosphere

барометрическая ~ barometric atmosphere

верхняя ~ upper atmosphere

возмущённая ~ disturbed atmosphere
восстановительная ~ reducing atmosphere
звёздная ~ stellar atmosphere
~ Земли Earth [terrestrial] atmosphere, atmosphere of the Earth
земная ~ Earth [terrestrial] atmosphere, atmosphere of the Earth
избыточная ~ gauge atmosphere
изотермическая ~ isothermal atmosphere
инертная ~ inert atmosphere
~ инертного газа blanket of inert gas
ионная ~ ionic atmosphere
~ кабины (космического корабля) cabin atmosphere
кометная ~ cometary atmosphere
~ Коттрелла Cottrell atmosphere, Cottrell cloud
лабораторная ~ laboratory atmosphere
~ небесного тела atmosphere of a celestial body
нейтральная ~ neutral atmosphere
нижняя ~ lower atmosphere
нормальная ~ (единица давления) (standard) atmosphere, atm
однородная ~ uniform [homogeneous] atmosphere
окислительная ~ oxidizing atmosphere
~ пара steam [vapor] atmosphere
первоначальная ~ initial atmosphere
планетная ~ planetary atmosphere
плоско-параллельная ~ plane-parallel atmosphere
плотная ~ dense atmosphere
политропная ~ polytropic atmosphere
протяжённая ~ extended atmosphere
разрежённая ~ rarefied [tenuous] atmosphere
ранняя ~ early atmosphere
рассеивающая ~ scattering atmosphere
реальная ~ real atmosphere
свободная ~ open atmosphere, free air
~ с конечной толщиной finite atmosphere
солнечная ~ solar atmosphere
спокойная ~ quiet atmosphere
средняя ~ middle atmosphere
стандартная ~ standard atmosphere
стандартная международная ~ (условная атмосфера с определённым распределением давления, температуры и плотности по высоте) International Standard Atmosphere; (модель атмосферы, применяемая в геофизических расчётах) COSPAR International Reference Atmosphere, CIRA
сферическая ~ spherical atmosphere
техническая ~ technical atmosphere, at
турбулентная ~ turbulent atmosphere
условная ~ conventional atmosphere
физическая ~ (единица давления) (physical) atmosphere, atm, standard atmosphere
чистая ~ опт. clear atmosphere

экспоненциальная ~ exponential atmosphere
атмосферик м. радиофиз. atmospheric; static
гидромагнитный свистящий ~ hydromagnetic whistler
дальний ~ long-distance static
дневной ~ daytime static
ионно-циклотронный свистящий ~ ioncyclotron whistler
каналированный свистящий ~ ducted whistler
корональный свистящий ~ coronal whistler
многокомпонентный свистящий ~ multiple-path whistler
неканалированный свистящий ~ nonducted whistler
носовой свистящий ~ nose whistler
ночной ~ nocturnal static
свистящий ~ (вистлер) whistler, whistling atmospheric
свистящий ~ земного происхождения terrestrial whistler
свистящий ~ на нижнегибридной частоте lower-hybrid-frequency resonance whistler, LHR whistler
свистящий ~ солнечного происхождения solar whistler
атом м. atom □ возбуждать ~ excite an atom
адронный ~ hadronic atom
адсорбированный ~ adsorbed atom, adatom
акцепторный ~ acceptor [p-type dopant] atom
антипротонный ~ antiproton atom
базисный ~ фтт basis atom
~ без внешних электронов stripped atom
ближайший соседний ~ nearest neighboring atom
бомбардируемый ~ bombarded atom
~ Бора Bohr atom
быстрый нейтральный ~ fast neutral atom
вершинный ~ apical atom
~ в междоузлии interstitial atom
~ внедрения interstitial atom
~ водорода hydrogen atom
водородоподобный ~ hydrogen-like [one-electron] atom
возбуждённый ~ excited atom
~ в основном состоянии ground-state atom
~ в циркулярно-поляризованном электромагнитном поле atom in a circulary-polarized electromagnetic field
выбитый ~ (из кристаллической решётки) knocked-on atom
высоковозбуждённый ~ highly excited atom
высокоионизированный ~ highly ionized atom
гелиеподобный ~ helium-like atom
~ гелия helium atom
гиперонный ~ hyperon(ic) atom
«голый» ~ (при анализе взаимодействия света с атомами) bare atom

горячий ~ hot atom
дважды возбуждённый ~ double excited atom
дважды ионизированный ~ doubly ionized atom
двукратно ионизированный ~ doubly ionized atom
двухэлектронный ~ two-electron atom
делящийся ~ fissionable atom
донорный ~ donor [n-type dopant] atom
дочерний ~ product [daughter] atom
естественно-радиоактивный ~ naturally radioactive atom
~ замещения substitutional atom
излучающий ~ radiating atom
изолированный ~ isolated atom
~ изотопного индикатора tracer-isotope atom
изоэлектронный ~ isoelectronic atom
имплантированный ~ implanted atom
инородный ~ stranger [foreign, impurity] atom
ионизированный ~ ionized atom, atomic ion
каонный ~ kaonic atom
конституэнтный ~ constituent atom
~ легирующей примеси dopant atom
лёгкий ~ light atom
лептонный ~ leptonic atom
локализованный ~ localized atom
материнский ~ parent atom
медленный нейтральный ~ slow neutral atom
междоузельный ~ interstitial atom
межузельный ~ interstitial atom
метастабильный ~ metastable atom
меченый ~ labelled [tagged] atom, tracer
многократно ионизированный ~ multiply ionized atom
многоэлектронный ~ multielectron atom
мюонный ~ muonic atom
невозбуждённый ~ nonexcited atom
нейтральный ~ neutral (atom)
нейтральный невозбуждённый ~ neutral nonexcited atom, nonexcited neutral
нейтральный ~, образующийся при рециклинге recycled neutral
нейтральные ~ы, образующиеся при франк-кондоновской диссоциации Franck-Kondon neutrals
неподвижный ~ stationary atom
«одетый» ~ dressed atom
однократно ионизированный ~ singly ionized atom
одноэлектронный ~ one-electron [hydrogen-like] atom
~ отдачи recoil atom
~ отдачи большой энергии high-energy recoil [hot] atom
парамагнитный ~ paramagnetic atom
первично выбитый ~ primary knocked-on atom
первоначальный ~ primitive atom

пионный ~ pionic atom
поверхностный ~ surface atom
поглощающий ~ absorbing atom
полностью ионизированный ~ stripped [fully ionized] atom
посторонний ~ foreign [strange] atom; *(при лазерном детектировании одиночных атомов)* wrong atom
примесный ~ impurity [dopant, foreign, stranger] atom
приповерхностный ~ subsurface atom
равномерно распределённые ~ы homogeneously distributed atoms
радиоактивный ~ radioactive atom
разделившийся ~ fissioned atom
разрушенный ~ destroyed atom
расщепившийся ~ split [fissioned] atom
расщепляющийся ~ fissionable atom
редкоземельный ~ rare-earth atom
~ Резерфорда - Бора Rutherford-Bohr atom
~ решётки lattice atom
ридберговский ~ Rydberg atom
свободный ~ free atom
связанный ~ bound atom
~ с заполненными оболочками closed-shell atom
сигма-гиперонный ~ sigmic atom
слабо взаимодействующий ~ weakly interacting atom
сложный ~ complex atom
смещённый ~ displaced atom
~ с незаполненными оболочками open-shell atom
~, способный делиться fissionable atom
стационарный ~ stationary atom
~ Томаса - Ферми Thomas-Fermi atom
тяжёлый ~ heavy atom
хемосорбированный ~ chemisorbed atom
чармониевый ~ charmonium atom
чужеродный ~ foreign [strange] atom
щелочно-земельный ~ alkaline-earth atom
щелочной ~ alkali atom
эквивалентный ~ *(в молекулярной спектроскопии)* united atom
экзотический ~ exotic atom
электрически нейтральный ~ electrically neutral atom
электроотрицательный ~ electronegative atom
электроположительный ~ electropositive atom
~ элементарной ячейки unit-cell atom
атом-акцептор *м.* acceptor atom
атом-донор *м.* donor atom
атомизатор *м.* atomizer
атомизация *ж.* atomization
  пламенная ~ flame atomization
  электротермическая ~ electrothermal atomization
атомизм *м.* atomism, atomic theory
атомистика *ж.* atomic theory, atomism
  физическая ~ physical atomism

химическая ~ chemical atomism
атом-мишень *ж.* target atom
атомность *ж.* atomicity
атомоход *м.* nuclear ship
атом-продукт *м.* product atom
~ деления fission-product atom
атропоизомер *м.* atropoisomer
атропоизомерия *ж.* atropoisomerism
аттенюатор *м.* attenuator ⬚ ~ **вносит ослабление** an attenuator introduces an attenuation; ~ **ослабляет сигнал** an attenuator reduces the signal
асимметричный ~ asymmetrical attenuator
волноводный ~ waveguide attenuator
волноводный ~ **с поршнем** piston attenuator
вращающийся ~ rotary attenuator
входной ~ input attenuator
ёмкостный ~ capacitive attenuator
измерительный ~ measuring [fine] attenuator
калиброванный ~ calibrated attenuator
квазиоптический ~ quasi-optical attenuator
коаксиальный ~ coaxial attenuator
компенсированный ~ compensated attenuator
невзаимный ~ nonreciprocal attenuator
переменный ~ variable attenuator
плёночный ~ film attenuator
поглощающий ~ absorptive [absorbing, dissipative, lossy] attenuator
поляризационный ~ polarization attenuator
предельный ~ cutoff attenuator
прецизионный ~ precision attenuator
развязывающий ~ insulating attenuator
регулируемый ~ adjustable [controlled, variable] attenuator
резонансный ~ resonance [resonant] attenuator
СВЧ ~ microwave attenuator
симметричный ~ symmetrical attenuator
согласованный ~ matched attenuator
ступенчатый ~ step attenuator
твёрдотельный ~ solid-state attenuator
фарадеевский ~ Faraday-rotation attenuator
ферритовый ~ ferrite [magnetic] attenuator
фиксированный ~ fixed [constant] attenuator
четвертьволновой ~ quarter-wave attenuator
широкополосный ~ broadband attenuator
эталонный ~ standard attenuator
аттрактор *м.* attractor
апериодический ~ aperiodic attractor
~ **в виде подковы** horse-shoe attractor
~ **внутри двухмерного тора** attractor inside a two-dimensional torus
когерентный ~ coherent attractor
~ **Лоренца** Lorentz attractor
лоренцов ~ Lorentz attractor
максимальный ~ maximal attractor
многомерный странный ~ multidimensional strange attractor

некогерентный ~ incoherent attractor
несвязанный ~ unbounded attractor
обычный ~ ordinary attractor
периодический ~ periodic attractor
подковообразный ~ horse-shoe attractor
простейший ~ simple attractor
связанный ~ bounded attractor
солнечный ~ *(в системе магнитных полей Солнца)* solar attractor
стохастический ~ stochastic attractor
странный ~ strange attractor
точечный ~ point attractor
~ **Фейгенбаума** Feigenbaum attractor
хаотический ~ chaotic [stochastic] attractor
циклический ~ cyclic attractor
эргодический ~ ergodic attractor
аудиограмма *ж.* audiogram
атональная ~ noise audiogram
~ **порога слышимости** threshold audiogram
тональная ~ tone audiogram
шумовая ~ noise audiogram
аудиограф *м.* audiograph
аудиометр *м.* audiometer, acoumeter
атональный ~ noise audiometer
~ **по методу маскировки** screening audiometer
~ **чистого тона** pure tone [discrete frequency] audiometer
речевой ~ speech audiometer
~ **с плавным изменением частоты** sweep-frequency audiometer
тональный ~ tone [pure-tone] audiometer
шумовой ~ noise audiometer
аудиометрия *ж.* audiometry, acoumetry
~ **записи звука речи** recorded voice audiometry
объективная ~ objective audiometry
~ **речевого сигнала** speech audiometry
аустенизация *ж. физ. мет.* austenization
аустенит *м. физ. мет.* austenite
легированный ~ alloyed austenite
остаточный ~ retained austenite
аутогезия *ж.* autohesion, autoadhesion
аутооксидация *ж.* autooxidation
афелий *м.* aphelion ⬚ **проходить через** ~ pass aphelion
аффинор *м. мат.* affinor; dyadic
вырожденный ~ singular affinor
ковариантный ~ covariant affinor
контравариантный ~ contravariant affinor
локальный ~ **вектора** local affinor of a vector
~ **отражения** reflectance dyadic
ахондрит *м. (метеорит)* achondrite
ахромат *м.* achromat(ic lens)
двухлинзовый ~ achromatic doublet, double achromatic lens
симметричный ~ symmetrical achromatic lens
ахроматизация *ж.* achromatization, achromatizing
~ **оптических систем** achromatization of lens systems

ахроматизм *м.* achromatism; colorlessness
  видимый ~ visual [optical] achromatism
  кажущийся ~ apparent achromatism
  полный ~ perfect achromatism
  ~ положения achromatism of position; position achromatism
  ~ размера изображения achromatism of picture size; size achromatism
  ~ увеличения achromatism of magnification, optical achromatism
ахроматичность *ж.* achromatism, colorlessness
ацетон *м.* acetone
аэроакустика *ж.* aeroacoustics
аэробаллистика *ж.* aeroballistics
аэрогель *м.* aerogel
аэрогидродинамика *ж.* aerohydrodynamics
аэрограмма *ж.* aerograph
аэродиапозитив *м.* aerial transparency
аэродинамика *ж.* aerodynamics; air-flow mechanics
  ~ больших скоростей high-speed aerodynamics
  внутренняя ~ internal aerodynamics
  ~ воздушного винта propeller aerodynamics
  ~ вязкой среды aerodynamics of viscous fluids
  гиперзвуковая ~ hypersonic aerodynamics, hypersonics
  ~ гиперзвуковых скоростей hypersonic [ultrahigh-speed] aerodynamics, hypersonic flow dynamics, hypersonics
  дозвуковая ~ subsonic aerodynamics, subsonics
  ~ дозвуковых скоростей subsonic aerodynamics, subsonics
  ~ до-, около- и сверхзвуковых скоростей trisonics
  ~ идеального газа ideal [perfect] gas aerodynamics
  ~ идеальной жидкости ideal [perfect] fluid aerodynamics
  ~ каналов internal aerodynamics
  классическая ~ classical aerodynamics
  линейная ~ linearized aerodynamics
  ~ малых скоростей conventional [low-speed] aerodynamics
  нелинейная ~ nonlinear aerodynamics
  нестационарная ~ transient [nonsteady, unsteady] aerodynamics
  ~ неустановившихся течений transient [nonsteady, unsteady] aerodynamics
  околозвуковая ~ transonic aerodynamics, transonics
  ~ околозвуковых скоростей transonic aerodynamics, transonics
  ~ около- и гиперзвуковых скоростей trans-superaerodynamics
  прикладная ~ applied [engineering] aerodynamics
  промышленная ~ industrial aerodynamics

  ~ разреженных газов rarefied gas mechanics, rarefied gas dynamics, superaerodynamics, molecular aerodynamics
  ~ ракеты aerodynamics of rocket
  ~ реальных жидкостей aerodynamics of real fluids
  ~ самолёта airplane aerodynamics, aerodynamics of airplane
  сверхзвуковая ~ supersonic aerodynamics, supersonics
  ~ сверхзвукового полёта aerodynamics of supersonic flight
  ~ сверхзвуковых скоростей supersonic aerodynamics, supersonics
  ~ сжимаемых сред compressible aerodynamics
  теоретическая ~ theoretical aerodynamics
  техническая ~ engineering aerodynamics
  экспериментальная ~ experimental aerodynamics
аэрозоль *м.* aerosol
  антропогенный ~ anthropogene aerosol
  атмосферный ~ atmospheric aerosol
  вторичный ~ secondary aerosol
  диспергационный ~ disperse aerosol
  диспергированный ~ disperse aerosol
  дисперсный ~ disperse aerosol
  естественный радиоактивный ~ natural radioactive aerosol
  жидкокапельный ~ liquid-drop aerosol
  изодисперсный ~ isodisperse aerosol
  искусственный радиоактивный ~ artificial radioactive aerosol
  йодный ~ *кв. эл.* iodine aerosol
  конденсационный ~ condensation aerosol
  монодисперсный ~ monodisperse aerosol
  первичный ~ primary aerosol
  полидисперсный ~ polydisperse aerosol
  радиоактивный ~ radioactive aerosol
  фоновый ~ background aerosol
  фрактальный ~ fractal aerosol
аэрозондирование *с.* air [atmosphere] sounding
аэрология *ж.* aerology
аэромагнитометр *м.* airborne magnetometer, aeromagnetometer
  индукционный ~ coil aeromagnetometer
  квантовый ~ quantum [helium] aeromagnetometer
  магнитодинамический ~ magnetodynamic aeromagnetometer
  протонный ~ proton aeromagnetometer
  феррозондовый ~ fluxgate aeromagnetometer
аэрометеорограф *м.* aerometeorograph
аэрометр *м.* aerometer
аэромеханика *ж.* aeromechanics, air mechanics
аэронавигация *ж.* aeronavigation
аэронавтика *ж.* aeronautics
аэрономия *ж.* aeronomy

аэропауза *ж.* aeropause
аэроплёнка *ж.* aerial film
аэрорадиометрия *ж.* aerial radiometry
аэрорадионивелирование *с.* radio-altimeter leveling
аэроснимок *м.* aerial photograph
аэростатика *ж.* aerostatics
аэросъёмка *ж.* aerial [airborn, aircraft] survey
  инфратепловая ~ thermal-infrared aerial survey
  многоканальная ~ multichannel aerial survey
  радиолокационная ~ radar aerial survey
  радиотепловая ~ radio-thermal aerial survey
  спектрометрическая ~ spectrometric aerial survey
  ультрафиолетовая ~ ultraviolet [UV] aerial survey
  фотоэлектронная ~ photoelectron aerial survey
аэротермодинамика *ж.* aerothermodynamics
аэротермоупругость *ж.* aerothermoelasticity
аэроупругость *ж.* aeroelasticity
  статическая ~ static aeroelasticity
аэрофизика *ж.* aerophysics
аэрофильм *м.* aerial film
аэрофотоаппарат *м.* aerial camera
аэрофотограмметрия *ж.* aerophotogrammetry
аэрофотография *ж.* aerial [air] photography, aerophotography
аэрофотокамера *ж.* aerial camera
аэрофотообъектив *м.* aerial camera lens
аэрофотоснимок *м.* aerial [air] photograph, aerophotograph
аэрофотосъёмка *ж.* aerial [air] photography, aerophotography
  спектрозональная ~ spectrozonal aerophotography
аэрошум *м.* aerodynamic noise
АЭС *ж.* (*атомная электростанция*) nuclear power plant
  плавучая ~ offshore nuclear power plant
  подземная ~ underground nuclear power plant

Б

бабочка *ж.* *сэф* butterfly
  ~ Маундера Mounder butterfly
база *ж.* *фпп, опт.* base; base region [zone]; (*в дальномере*) base length; (*в образце для испытания материалов*) gauge length; (*в тензодатчике*) nominal length
  ~ акустического измерения расстояния sound-ranging base

~ видеоданных image database
групповая ~ гидроакустических преобразователей transducer system array
~ дальномера base length of a range finder
~ данных data base
дискретная ~ discrete base
диффузионная ~ diffused base
заземлённая ~ grounded base
~ знаний knowledge base
измерительная ~ (*образца*) gauge length
~ интерферометра interferometer base; (*расстояние между антеннами*) aerial spacing
локальная ~ local base
металлическая ~ (*транзистора*) metal base
~ множества base of set
направленная групповая ~ гидроакустических преобразователей directional transducer system
плавающая ~ *фпп* floating-base (region)
~ приёмников-гидрофонов шумопеленгатора hydrophone receiving array
пролётная ~ path length
~ расслоения *ктп* bundle base
~ транзистора transistor base
базис *м.* basis, base; *опт., геофиз.* base line
адиабатический ~ adiabatic basis
~ алгебры basis of algebra
биортогональный ~ biorthogonal basis
~ векторного пространства *мат.* basis of vector space
векторный ~ vector basis
~ в пространстве *мат.* basis in the space
гиперсферический ~ hyperspherical basis
~ группы basis of group
~ группы представлений basis of representation group
интерполирующий ~ interpolating basis
~ кристаллической решётки crystal lattice basis
~ кристаллической структуры crystal structure base
линейный ~ linear basis
локальный ~ local basis
непрерывный ~ continuous basis
~ неприводимого представления *фтт* basis of irreducible representation
ортогональный ~ orthogonal basis
ортогональный нормированный ~ orthonormal basis
ортонормированный ~ orthonormal basis
полный ~ complete basis
~ поля field basis
~ представлений representation basis
~ пространства basis of space
спиральный ~ spiral basis
стереоскопический ~ stereoscopic base (-line)
~ съёмки observation base(-line); *фото* photographic base
съёмочный ~ camera base(-line); stereoscopic base-line

упорядоченный ~ ordered basis
физический ~ physical basis
фоковский ~ *ктп* Fock basis
фотограмметрический ~ photogrammetric base(-line)
~ функций Уолша Walsh function basis
целый рациональный ~ инвариантов integral rational basis of invariants

байонет *м. (штыковое соединение, напр. объектива с фотоаппаратом)* bayonet joint
байпас *м. жарг. (обход, шунт)* bypass, passby
байт *м. вчт* byte
бак *м.* tank, vessel

аварийный напорный ~ emergency header
~ активной зоны core vessel, core tank
вакуумный ~ vacuum tank
водомерный ~ water-measuring tank
всасывающий ~ suction tank
~ выдержки hold-up vessel, hold-up [holding] tank
~ выдержки радиоактивных отходов decay [cooling] tank
деаэраторный ~ deaerating tank
~ для захоронения burial tank
~ для конденсата condensate tank
~ для отходов waste tank
дозиметрический ~ monitoring tank
защитный ~ shield tank
измерительный ~ measuring reservoir, measuring tank
иммерсионный ~ immersion tank, immersion cell
оконный ~ window tank
~ отражателя reflector vessel
питательный ~ supply [feed] tank
питающий ~ supply [feed] tank
проявочный ~ developing tank
расширительный ~ expansion tank
~ реактора reactor tank; reactor vessel, reactor housing, reactor pot, reactor container
сливной ~ dump tank
уравнительный ~ surge tank
~ ядерного реактора reactor tank

бак-дегазатор *м.* degassing tank
бакелит *м.* bakelite
бак-отстойник *м.* settler, settling [sedimentation] tank
бак-смеситель *м.* mixer, mixing tank
бак-хранилище *м.* storage tank
бактериородопсин *м. биол.* bacteriorhodopsin
бактериофаг *м. биол.* bacteriophage
бактериохлорофилл *м. биол.* bacteriochlorophyll
баланс *м.* balance

~ амплитуд amplitude balance
~ атмосферы atmosphere balance
водный ~ *(атмосферы)* water balance
~ излучения radiation balance
~ масс mass balance
~ материалов material balance
материальный ~ material balance

нейтронный ~ neutron balance
~ нейтронов neutron balance
нулевой энергетический ~ breakeven
радиационный ~ radiation balance
тепловой ~ thermal [heat] balance
тепловой ~ атмосферы thermal [heat] balance of atmosphere
тепловой ~ Земли thermal [heat] balance of the Earth
циклический ~ cyclic balance
энергетический ~ energy balance
~ энергии energy balance
~ энтропии enthropy balance

балансировать *гл. мех.* balance
балансировка *ж. мех. (состояние)* balance; *(процесс)* balancing

аэродинамическая ~ aerodynamic balancing; aerodynamic balance
динамическая ~ *ак.* dynamic balancing; *мех.* dynamic mass balancing
~ масс mass balancing
статическая ~ static mass balancing

балансомер *м.* radiation balance gauge
балдж *м. (выпуклость галактики)* bulge
балка *ж. (в сопротивлении материалов)* beam
балл *м.* importance; number

~ Бофорта *(силы ветра)* Beaufort number, number on the Beaufort scale
~ вспышки flare importance, flare class
~ землетрясения earthquake intensity
~ землетрясения по модифицированной шкале Меркалли earthquake intensity on the modified Mercalli scale
~ землетрясения по шкале Меркалли earthquake intensity on the Mercalli scale
~ облачности cloud amount
~ оптической вспышки optical flare importance
~ рентгеновской вспышки X-ray flare importance
~ по шкале Бофорта *(силы ветра)* Beaufort number, number on the Beaufort scale
~ по шкале Мооса *(при определении твёрдости минералов)* hardness on the Mohs scale
~ по шкале Рихтера earthquake magnitude on the Richter scale
~ солнечной вспышки importance of solar flare, flare importance, flare class

баллас *м. (разновидность алмаза)* ballas diamond
балласт *м.* ballast
баллистика *ж.* ballistics

внешняя ~ external ballistics
внутренняя ~ internal ballistics
промежуточная ~ intermediate ballistics

баллистокардиограмма *ж.* ballistocardiogram
баллистокардиограф *м.* ballistocardiograph
баллистокардиография *ж.* ballistocardiography

баллон *м. (воздушный шар)* balloon; *(колба электровакуумного прибора)* bulb, envelope; *(ёмкость)* vessel, bottle
  газовый ~ gas vessel
бальзам *м. опт.* balsam; balm
  канадский ~ Canada [Canadian] balsam; balsam of fir; Canada turpentine
  пихтовый ~ Canada [Canadian] balsam; balsam of fir
бамп *м. жарг. фвэ* bump
банк *м.* bank
  ~ **данных** data bank
банка *ж.* jar, can
  лейденская ~ Leyden jar
банч *м. (сгусток частиц)* bunch
банчер *м. (группирователь)* buncher
банчировка *ж. (группирование частиц в ускорителях)* bunching
бар *м. (единица давления)* bar
барабан *м.* drum, barrel, cylinder
  ~ **для облучения** irradiation drum
  магнитный ~ magnetic drum
  паровой ~ steam drum
барботёр *м.* bubbler
барботирование *с.* bubbling; barbotage
бареттер *м.* barretter
барий *м.* barium, Ba
бариогенезис *м. (космология)* baryogenesis
барион *м.* baryon
  красивый ~ beautiful baryon
  очарованный ~ charmed baryon
  прелестный ~ beautiful baryon
  экзотический ~ exotic baryon
  S-волновой ~ S-wave baryon
барионий *м.* baryonium
барицентр *м.* barycentre
барн *м. (внесистемная единица измерения сечения ядерного процесса)* barn
барограмма *ж.* barogram
барограф *м.* barograph, recording barometer
  анероидный ~ aneroid barograph
  весовой ~ balance barograph
  поплавковый ~ float barograph
  сифонный ~ siphon barograph
бародиффузия *ж.* pressure diffusion
барокамера *ж.* barostat; pressure chamber
  вакуумная ~ altitude chamber
  компрессионная ~ pressure [compression] chamber
бароклина *ж.* barocline
бароклинность *ж.* baroclinicity
баролюминесценция *ж.* baroluminescence
барометр *м.* barometer
  абсолютный ~ absolute barometer
  весовой ~ balance barometer
  дифференциальный ~ differential barometer
  жидкостный ~ liquid-column barometer
  логарифмический ~ logarithmic barometer
  ртутный ~ mercury barometer
  сифонно-чашечный ~ siphon-cup barometer

  сифонный ~ siphon barometer
  ~ **с неподвижной чашкой** fixed-cistern [fixed-cup] barometer
  ~ **с подвижной чашкой** adjustable-cistern [adjustable-cup] barometer
  чашечный ~ cup [cistern] barometer
барометр-анероид *м.* aneroid (barometer)
барометрия *ж.* barometry
баростат *м.* barostat
баротропность *ж.* barotropy, barotropic distribution
барофорез *м.* barophoresis
барстер *м. астр.* burster
  быстрый ~ fast burster
  рентгеновский ~ X-ray burster
барьер *м.* barrier ▢ **преодолевать звуковой** ~ break through the sound barrier; **преодолевать потенциальный** ~ pass through the potential barrier
  автолокализационный ~ *фтт* autolocalization barrier
  ~ **вращения** rotation barrier
  гамовский ~ Gamow barrier
  двойной потенциальный ~ double potential barrier
  ~ **деления** fission barrier
  диффузионный ~ diffusion barrier
  ~ **зарождения** nucleation barrier
  звуковой ~ sound [sonic, transonic] barrier
  ~ **из радиогидроакустических буёв** sonobuoy barrier
  импульсный магнитный ~ pulse magnetic barrier
  инверсионный ~ inversion barrier
  ионно-имплантированный ~ implanted barrier
  контактный потенциальный ~ contact potential barrier
  кулоновский ~ Coulomb barrier
  ~ **Ломера - Коттрелла** Lomer-Cottrell lock
  магнитный ~ magnetic barrier
  ~ **металл-полупроводник** metal-semiconductor barrier
  ~ **Мотта** *фпп* Mott [compoud] barrier
  ~ **на границе диэлектрика** insulator barrier
  ~ **на границе раздела** *(двух сред)* interface barrier
  ~ **непрозрачности** *(для волн)* opacity barrier
  непроницаемый ~ impermeable barrier
  одномерный ~ one-dimensional barrier
  ~ **Пайерлса** *крист.* Peierls barrier
  параболический потенциальный ~ parabolic potential barrier
  ~ **пиннинга** *сверхпр.* pinning barrier
  плоский ~ planar barrier
  поверхностный ~ surface barrier
  потенциальный ~ potential barrier, potential hill
  потенциальный ~ **Гамова** Gamow barrier
  прямоугольный ~ square barrier
  рекомбинационный ~ recombination barrier

тепловой ~ thermal [heat, temperature] barrier

треугольный потенциальный ~ triangular potential barrier

центробежный ~ centrifugal [angular momentum] barrier

~ **Шотки** *фтт* Schottky [metal-semiconductor] barrier

электростатический потенциальный ~ electrostatic potential barrier

энергетический ~ energy barrier

ядерный ~ nuclear barrier

бас *м.* bass voice; bass

баритональный ~ bass-baritone

бассейн *м.* pond; *(ядерного реактора)* pool

брызгальный ~ spray pond

водный ~ water pond

~ **выдержки** cooling pond

гидроакустический ~ hydroacoustic tank

гидрофизический ~ hydrophysical tank

~ **для хранения топлива** fuel storage pool

лабораторный ~ laboratory tank

окислительный ~ oxidation pond

охлаждающий ~ cooling pond

~ **реактора** reactor pool

батарея *ж.* 1. *(источник тока)* battery 2. *(совокупность однотипных приборов или устройств)* battery, bank

аварийная ~ emergency [standby] battery

аккумуляторная ~ storage [accumulator] battery

анодная ~ *англ.* anode battery, B-battery; *амер.* plate battery

атомная ~ atomic [nuclear] battery

буферная ~ buffer [bypass, line] battery

добавочная ~ booster battery

конденсаторная ~ capacitor bank, bank of capasitors

~ **накала** A-battery, filament battery

сеточная ~ grid [biasing] battery, C-battery

~ **смещения** biasing [grid] battery

солнечная ~ solar battery

термоэлектрическая ~ thermoelectric battery, thermoelectric pile, thermopile

~ **топливных элементов** fuel-cell battery

электрическая ~ electric battery

ядерная ~ nuclear [atomic] battery

батискаф *м.* bathyscaph

батисфера *ж.* bathysphere

батитермограмма *ж.* bathythermogram

батитермограф *м.* bathythermograph

батометр *м.* water sampler

баунс *м.* *(солитонное решение)* bounce

бафтинг *м.* *аэрод.* buffeting

бахрома *ж.* fringes

дифракционная френелевская ~ Fresnel diffraction fringes

бачок *м.* tank; pot

~ **для фотографического проявления** film-processing tank

расширительный ~ expansion tank

башмак *м.* shoe; piece

полюсный ~ pole piece, pole shoe

тормозной ~ brake shoe; brake block, brake slipper

башня *ж.* tower

абсорбционная ~ absorbing [absorption] tower

астрономическая ~ astronomical tower

~ **без насадки** packless tower

конденсационная ~ condensation tower

концентрационная ~ concentration [evaporation] tower

~ **обслуживания** *косм.* service tower

охлаждающая ~ cooling tower

охлаждающая ~ **с принудительной воздушной тягой** forced-airdraught cooling tower

поглотительная ~ absorbing [absorption] tower

разделительная ~ separating tower

~ **с насадкой** packed tower

телевизионная ~ television tower

улавливающая ~ entrainment tower

уравнительная ~ surge tower

башня-конденсатор *м.* condensation tower

башня-концентратор *м.* tower concentrator, tower evaporator

бевалак *м.* *(комбинированная ускорительная установка)* bevalac

беватрон *м.* *яф* bevatron

бедствие *с.* *(авария)* disaster

безаберрационный *прил.* free of aberrations, aberration-free, non-aberrational

безаварийный *прил.* trouble-proof, failure-proof, trouble-free

безвихревой *прил.* irrotational, vortex-free, eddy-free

безводный *прил.* free of water, moisture-free, waterless; *(о химическом соединении)* anhydrous

безвредный *прил.* harmless, non-injurious

безгистерезисный *прил.* anhyster(et)ic

безграничность *ж.* infinity, limitlessness

безграничный *прил.* unbounded; infinite; limitless

бездействующий *прил.* *(о приборе)* inoperative, idle, inactive

бездисторсионный *прил.* *опт.* distortionless

бездифракционный *прил.* raylike

бездуховость *ж.* no-ghost

безопасность *ж.* safety, security

радиационная ~ radiation safety

радиологическая ~ radiological safety

~ **реактора** reactor safety

безразличный *прил.* *(о равновесии)* neutral, indifferent

безразмерный *прил.* dimensionless, nondimensional

безызлучательный *прил.* radiationless, nonradiative

безынерционность *ж.* zero lag

бейнит *м.* *физ. мет.* bainite

верхний ~ upper bainite
игольчатый ~ lower bainite
нижний ~ lower bainite
беккерель *м. (единица радиоактивности в системе СИ)* Becquerel, Bq
бел *м. (внесистемная единица логарифмической относительной величины)* Bel, B
белеть *гл. (становиться белым)* become [turn] white; whiten
белизна *ж. опт.* whiteness; white
белить *гл. (обесцвечивать)* blanch; bleach; *(придавать белый цвет)* whiten
бело/е *с.* white □ «белее ~го» *тлв* whiter than white
~ в изображении picture white
равноэнергетическое ~ equal-energy white
белок *м.биол.* protein; albumin; *(глаза)* white
глобулярный ~ globular protein
каталитический ~ catalytic protein
мембранный ~ membrane protein
транспортный ~ *(гемоглобин)* transport protein, hemoglobin
фибриллярный ~ fibrillar protein
бело-чёрный *прил.* white-to-black
белый *прил.* white; pure
идеально ~ equal-energy white
бензол *м.* benzene
беон *м. (B-мезон)* B meson
берег *м. (моря, озера)* shore, coast; *(канала, реки)* bank
верхний ~ разреза upper edge of the cut
магнитный ~ magnetic beach
нижний ~ разреза lower edge of the cut
~ трещины crack edge
березиниан *м. ктп* Berezinian
бериллий *м.* beryllium, Be
берклий *м.* berkelium, Bk
бертоллиды *мн. хим.* berthollides
бесконечно *нареч.* infinitely
~ большая *мат.* infinitely large
~ малая *мат.* infinitesimal
бесконечност/ь *ж. мат.* infinity □ в ~и at infinity; в ~и вверх по потоку at upstream infinity; в ~и вниз по потоку at downstream infinity; до ~и ad infinitum, to infinity; на ~и at infinity; обращаться в ~ become infinite; стремиться к ~и tend to [approach] infinity
~ Вселенной infinity of the Universe
бесконечный *прил.* infinite
бесперегородочный *прил. ак.* diaphragmless
беспоршневой *прил. (об излучателе звука)* pistonless
беспорядок *м.* disorder
изотропный ~ isotropic disorder
квантовый ~ quantum disorder
магнитный ~ magnetic disorder
несоизмеримый ~ incommensurate disorder
ориентационный ~ orientational disorder
пространственно-временной ~ spatial-temporal disorder
протонный ~ proton disorder
статистический ~ statistical disorder

структурный ~ *фтт* structure [structural] disorder
тепловой ~ thermal disorder
термически индуцированный магнитный ~ thermally-induced spin disorder
топологический ~ topological disorder
беспорядочно *нареч. (хаотично)* at random; randomly; *(неупорядоченно)* out of order; in disorder
беспорядочность *ж. (хаотичность)* randomness; random nature; *(неупорядоченность)* disorderliness
беспорядочный *прил. (хаотичный)* random; *(неупорядоченный)* disordered; irregular
беспримесный *прил.* pure, uncontaminated
бессвязность *ж.* incoherence; inconsistency
бесселев *прил.* Besselian
бессемерирование *с. физ. мет.* Bessemer process
бесследовость *ж. ктп* tracelessness
бесспиновый *прил.* spinless, spin-free, zero-spin
бесстолкновительность *ж.* collisionlessness
бесцветность *ж.* colorlessness; achromatism
бесцветный *прил.* colorless; uncolored; achromatic; blank
совершенно ~ tintless
бесшумность *ж.* noiselessness, quiescence, quietness
бесшумный *прил.* noiseless, silent, quiet
бета *ж.* beta
полоидальная ~ poloidal beta
тороидальная ~ toroidal beta
бета-авторадиография *ж.* beta autoradiography, beta radioautography
бета-активность *ж.* beta activity
бета-ветвь *ж.* beta branch
бета-взаимодействие *с.* beta interaction
бета-гамма-дозиметрия *ж.* beta-gamma dosimetry
бета-дозиметр *м.* beta dosimeter
бета-дозиметрия *ж.* beta dosimetry
бета-излучатель *м.* beta emitter, beta radiator
чистый ~ pure beta emitter, pure beta radiator
бета-излучение *с.* beta radiation, beta emission
~ продуктов деления fission product beta radiation
бета-камера *ж.* beta chamber
бета-конденсация *ж.* beta condensation
~ пионов pionic beta condensation
бета-линия *ж.* beta peak
бета-лучи *мн.* beta rays
бета-неустойчивость *ж.* beta instability
бета-облучение *с.* beta irradiation
бета-переход *м.* beta transition
~ второго запрета beta transition of second exclusion
гамов-теллеровский ~ Gamow-Teller beta transition
запрещённый ~ forbidden beta transition

затруднённый ~ hindered beta transition

~ **первого запрета** beta transition of first exclusion

разрешённый ~ allowed beta transition

сверхразрешённый ~ superallowed beta transition

~ **третьего запрета** beta transition of third exclusion

уникальный ~ **второго запрета** unique beta transition of second exclusion

уникальный ~ **первого запрета** unique beta transition of first exclusion

уникальный ~ **третьего запрета** unique beta transition of third exclusion

~ **четвёртого запрета** beta transition of fourth exclusion

фермиевский ~ Fermi beta transition

бета-превращение *с.* beta transformation

бета-процесс *м.* beta process

обратный ~ inverse beta process

бета-радиоактивность *ж.* beta radioactivity

бета-радиография *ж.* beta radiography

бета-распад *м.* beta decay, beta disintegration

безнейтринный двойной ~ neutrinoless double beta decay

двойной ~ double beta decay

двухнейтринный ~ two-neutrino beta decay

двухнейтринный двойной ~ two-neutrino double beta decay

~ **нейтрона** neutron beta decay

обратный ~ inverse beta decay

одиночный ~ single beta decay

сверхразрешённый ~ superallowed beta decay

~ **ядер** nuclear beta decay

бета-спектр *м.* beta-ray [beta] spectrum

общий ~ gross beta spectrum

бета-спектрограф *м.* beta(-ray) spectrograph

бета-спектрометр *м.* beta(-ray) spectrometer

безжелезный ~ air-cored beta-ray spectrometer

винтовой ~ helix beta-ray spectrometer

двухлинзовый ~ double-lens beta-ray spectrometer

линзовый ~ lens beta-ray spectrometer

магнитный ~ magnetic beta-ray spectrometer

магнитный соленоидальный ~ magnetic solenoid beta-ray spectrometer

плоский ~ flat beta-ray spectrometer

полупроводниковый ~ semiconductor beta-ray spectrometer

призменный ~ prismatic [prism-type] beta-ray spectrometer

~ **с двойной фокусировкой** double-focusing beta-ray spectrometer

~ **с длинной линзой** long-lens beta-ray spectrometer

секторный ~ sector-type [sector-field] beta-ray spectrometer

~ **с короткой линзой** short-lens beta-ray spectrometer

~ **с полукруговой фокусировкой** semicircular focusing beta-ray spectrometer

~ **с поперечным полем** transverse field beta-ray spectrometer

~ **с продольным полем** longitudinal field beta-ray spectrometer

сцинтилляционный ~ scintillation beta-ray spectrometer

~ **типа «апельсин»** orange-type beta-ray spectrometer

тороидальный ~ toroidal beta-ray spectrometer

трохоидальный ~ trochoidal beta-ray spectrometer

бета-спектрометрия *ж.* beta-ray spectrometry

бета-спектроскопия *ж.* beta-ray spectroscopy

бета-стабильность *ж.* beta stability

бета-счётчик *м.* beta counter

бета-съёмка *ж.* beta survey

бета-терапия *ж.* beta-ray therapy

бета-толщиномер *м.* beta thickness gauge

бетатрон *м.* betatron, induction accelerator

азимутально-симметричный ~ azimuthally symmetrical betatron

безжелезный ~ air-cored [ironless] betatron

~ **без подмагничивания** non-biased betatron

газовый ~ plasma [gas] betatron

двухкамерный ~ two-chamber betatron

двухлучевой ~ dual-beam betatron

линейный ~ linear induction accelerator, linear betatron

плазменный ~ plasma [gas] betatron

~ **с азимутальной вариацией магнитного поля** FFAG betatron

~ **с безжелезным магнитом** air-cored [ironless] betatron

~ **с подмагничиванием** field-biased betatron

бета-уран *м.* beta (phase of) uranium

бета-устойчивость *ж.* beta stability

бета-фаза *ж. (сплавов)* beta phase

бета-фон *м.* beta background

бета-функция *ж. ктп* beta function

безмассовая ~ massless beta function

неполная ~ incomplete beta function

бета-частица *ж.* beta particle

бетон *м.* concrete

библиотека *ж.* library

~ **программ** program library

бивакансия *ж.* divacancy

бивектор *м.* bivector

бидистиллят *м.* bidistillate; doubly distillate product

биения *мн. (в теории колебаний)* beats, beating; *(в машинах, механизмах)* wobble, wobbling □ **испытывать** ~ beat; throb

вторичные ~ secondary beats

затухающие ~ damped beats

звуковые ~ acoustic beating, sound beats

квантовые ~ quantum beats
межмодовые ~ intermode beats
~ Мейкера *(в нелинейном кристалле)* Maker fringes
нулевые ~ dead [zero] beats
оптические ~ Рамзея optical Ramsey fringes
перекрёстные ~ cross beats
пространственные ~ spatial beats
~ Рамзея Ramsey fringes
световые ~ optical beats
спектральные ~ *нелин. опт.* spectral beats
трёхкомпонентные ~ triple beats
бизеркало *с.* bimirror
~ Френеля Fresnel mirror
бикварц *м.* biquartz
бикристалл *м.* bicrystal
билептон *м.* bilepton
билинза *ж.* bilens, split [divided, half] lens
биллиард *м.* billiards
математический ~ mathematical billiards
полурассеивающий ~ semiscattering billiards
рассеивающий ~ scattering billiards
~ Синая Sinay billiards
биллион *м. (миллиард) англ.* milliard; *амер.* billion
биметалл *м.* bimetal
проводниковый ~ bimetallic conductor
термический ~ thermal bimetal
бимомент *м. мех.* bitorque
бинарный *прил.* binary
бинауральность *ж.* binaural effect
бинейтрон *м.* bineutron, dineutron
бинодаль *ж.* binodal
бинокль *м.* binoculars
~ большого увеличения high-power [high-magnification] binoculars
~ Галилея Galilean binoculars
инфракрасный ~ infrared binoculars
~ малого увеличения low-power [low-magnification] binoculars
полевой ~ field glasses, binoculars
призменный ~ prism(atic) binoculars
~ с панкратическим изменением увеличения zoom binoculars
~ с раздельной фокусировкой binoculars with separately focused telescopes
~ среднего увеличения medium-power [medium-magnification] binoculars
~ с центральной фокусировкой binoculars with centrally focused telescopes
театральный ~ opera glasses
бином *м. мат.* binomial
~ Ньютона binomial theorem
бинормаль *ж.* binormal
биоакустика *ж.* bioacoustics
биогидроакустика *ж.* biological hydroacoustics
биоголография *ж.* bioholography
биоиндикатор *м.* biological indicator

биология *ж.* biology
радиационная ~ radiation biology
биолюминесценция *ж.* bioluminescence
биомагнетизм *м.* biomagnetism
биометрия *ж.* biometry
биомеханика *ж.* biomechanics
биомолекула *ж.* biomolecule
бионика *ж.* bionics
биооптика *ж.* biooptics
биополимер *м.* biopolymer
биопотенциал *м.* bioelectric [action] potential, biopotential
биореология *ж.* biorheology
биоспутник *м.* biosatellite
биосфера *ж.* biosphere
биотар *м.* biotar lens
биотехнология *ж.* biotechnology, bioengineering
биофизика *ж.* biophysics
клеточная ~ cellular biophysics
математическая ~ mathematical biophysics
молекулярная ~ molecular biophysics
радиационная ~ radiation biophysics
биохимия *ж.* biochemistry
патологическая ~ pathological biochemistry
фармакологическая ~ pharmacological biochemistry
физиологическая ~ physiological biochemistry
биоэлектричество *с.* bioelectricity
биоэлектроника *ж.* bioelectronics
биоэнергетика *ж.* bioenergetics
бипирамида *ж.* bipyramid, dipyramid
биплан *м. аэрод.* biplane
~ Буземана Busemann biplane
бипозитроний *м.* bipositronium
биполярность *ж.* bipolarity
бииполярон *м.* bipolaron
бипризма *ж.* biprism, double prism
интерференционная ~ interference double prism
~ Френеля Fresnel biprism
бипротон *м.* biproton
бирадиаль *ж.* biradial
бирадикал *м.* biradical, diradical
биротон *м. (квазичастица)* biroton
бискирмион *м. яф* biskyrmion
бисолитон *м.* bisoliton
биспинор *м.* bispinor
~ Дирака Dirac bispinor
дираковский ~ Dirac bispinor
сопряжённый ~ conjugated bispinor
биспираль *ж.* double [twin] helix; *(спираль, вторично свитая в спираль большего диаметра)* coiled-coil filament
биссектриса *ж. мат.* bisectrix, bisector
бистабильность *ж.* bistability
безрезонаторная оптическая ~ nonresonator [resonatorless] optical bistability
дихроическая оптическая ~ dichroic optical bistability
невырожденная ~ nondegenerate bistability

оптическая ~ optical bistability; optical flip-flop operation

поперечная оптическая ~ transverse optical bistability

экситонная оптическая ~ excitonic optical bistability

бистабильный *прил.* bistable

бисферический *прил. опт.* bispheric(al)

бит *м. (единица информации)* bit

бифермион *м.* bifermion

бифиляр *м.* bifilar (winding)

бифокальный *прил.* bifocal

бифонон *м.* biphonon

бифуркация *ж.* bifurcation □ ~ при пересечении единичной окружности парой комплексно-сопряжённых мультипликаторов bifurcation when the unit circle is crossed by a pair of complex conjugate multipliers

~ Андронова - Хопфа Andronov-Hopf bifurcation

внутренняя ~ internal bifurcation

временная ~ temporal bifurcation

глобальная ~ global bifurcation

динамическая ~ dynamic bifurcation

длинноволновая колебательная ~ long-wave oscillatory bifurcation

докритическая ~ subcritical bifurcation

~ излучения лазера bifurcation of laser oscillation

коротковолновая апериодическая ~ short-wave aperiodic bifurcation

локальная ~ local bifurcation

надкритическая ~ supercritical bifurcation

несовершенная ~ imperfect bifurcation

обратная ~ reverse bifurcation

~ периодических орбит bifurcation of periodic orbits

полулокальная ~ semilocal bifurcation

~ предельного цикла bifurcation of limit cycle

пространственная ~ spatial bifurcation

~ рождения периодического движения bifurcation of periodic motion generation

~ рождения цикла bifurcation of cycle generation

~ смены устойчивости периодических движений bifurcation of stability change of periodic motion

~ состояний равновесия bifurcation of equilibrium states

субкритическая ~ subcritical bifurcation

тангенциальная ~ tangent [saddle-node] bifurcation

~ типа вилки pitchfork bifurcation

~ типа «седло-узел» saddle-node bifurcation

~ трещины crack bifurcation

~ Тьюринга Turing bifurcation

~ удвоения периода period doubling [flip] bifurcation

~ фиксированных точек bifurcation of fixed points

~ Хопфа Hopf bifurcation

бихарактеристика *ж.* bicharacteristic

бихромат *м.* bichromate

бицикл *м.* bicycle, dicycle

биэкситон *м.* biexciton

БКШ-спаривание *с.* BCS pairing

бланкет *м. (термоядерного реактора)* blanket

газовый ~ gas blanket

~ для воспроизводства трития tritium-breading blanket

литиевый ~ lithium blanket

~ термоядерного реактора blanket of thermonuclear reactor

турбулентный плазменный ~ turbulent plasma blanket

урановый ~ uranium blanket

бленда *ж. астр.* blend; *фото* lens hood, lens screen

экранирующая ~ light shield; viewing hood

блеск *м.* 1. *(характеристика поверхности) англ.* glitter, lustre; *амер.* glare, luster 2. *(характеристика яркости звезды)* brightness 3. *(минералов)* glance □ с металлическим ~ом metalescent

абсолютный ~ absolute brightness

алмазный ~ adamantine glance

~ в видимых лучах optical brightness

видимый ~ apparent brightness

жирный ~ greasy luster

звёздный ~ stellar brightness

~ звезды stellar brightness

интегральный ~ integrated brightness

матовый ~ dull luster

металлический ~ metallic luster

~ небесного светила stellar brightness, brightness of cellestial body

ослепительный ~ discomfort [disability] glare

перламутровый ~ nacred luster

полуметаллический ~ submetallic luster

стеклянный ~ vitreous [glassy] luster

~ точечного источника point brilliance

шелковистый ~ silky luster

яркий ~ glitter; glare

блескомер *м.* glossmeter

блескообразователь *м.* brightener

блескость *ж. (свойство чрезмерно интенсивных источников света отрицательно сказываться на зрении)* glare

дискомфортная ~ discomfort glare

отражённая ~ reflected glare

периферическая ~ indirect glare

прямая ~ direct glare

слепящая ~ disability glare

блестеть *гл.* shine; glitter

близкодействие *с.* short-range [close-range] interaction

близорукость *ж.* myopia, nearsightedness, short sight

близост/ь *ж.* neighbourhood, proximity, vicinity

в непосредственной ~и от ... in the immediate vicinity of ..., in the close proximity to ...

блик *м.* (flare) spot, highlight, glare
~ в объективе lens flare
зеркальный ~ mirror flare spot

блин *м. астр.* (*сплюснутое облако*) pancake

блистеринг *м.* (*вспучивание поверхности*) blistering

блок *м.* (*механизм, шкив*) block, pulley; (*узел прибора, машины*) unit, block, assembly
аварийный ~ *яф* safety block
анодный ~ встречно-штыревого типа (*в магнетроне*) interdigital anode
анодный ~ лопаточного типа (*в магнетроне*) multisegment [vane, resonant-segment] anode
анодный ~ магнетрона anode of magnetron
анодный ~ типа «беличье колесо» (*в магнетроне*) squirrel cage-type anode
анодный ~ типа «восходящее солнце» (*в магнетроне*) rising-sun anode
анодный ~ типа «щель-отверстие» (*в магнетроне*) hole-and-slot anode
анодный ~ щелевого типа (*в магнетроне*) slit [multislit, slot] anode
верхний ~ (*ядерного реактора*) upper unit
~ выключения shut-off block
герметизированный ~ sealed-in [potted] unit
графитовый ~ graphite block
~ замедлителя *яф* moderator block
замедляющий ~ *яф* moderating block
звуковой ~ sound unit [head]
измерительный ~ гидролокатора sonar test set
~ контроля monitor unit
магнитный звуковой ~ magnetic sound head
~ мозаичной структуры *фтт* mosaic block
мозаичный ~ mosaic block
~ настройки tuning unit, tuner
неразрезной анодный ~ (*в магнетроне*) nonslotted [smooth] anode
~ обработки данных data processing unit
опорный ~ bearing pulley
~ памяти memory [storage] unit
~ переменных конденсаторов variable capacitor unit, gang capacitor
~ питания power (supply) unit, power pack
подвижный ~ (*полиспаста*) fall [running, traveling] block
полый цилиндрический ~ *яф* hollow cylindrical slug
~ развёртки sweep [time-base] unit
разрезной анодный ~ (*в магнетроне*) split anode
реакторный ~ reactor block
регулирующий ~ control block
симметричный анодный ~ (*в магнетроне*) symmetrical anode
~ синхронизации clock, synchronizer, timing unit, timer

~ совпадений coincidence unit
~ сравнения comparator
ступенчатый ~ step [stepped] block
~ сцинтилляционных счётчиков scintillation counter unit
тепловыделяющий ~ fuel element, fuel slug
топливный ~ fuel element, fuel slug
трубчатый ~ tubular block
~ управления control unit
урановый ~ uranium lump, uranium slug, uranium bar
~ фокусировки focusing block
~ формирования (*импульсов, сигнала*) shaping [forming] unit
функциональный ~ function unit
~ ядерного топлива nuclear fuel slug

блокинг-генератор *м.* blocking oscillator

блокирование *с.* locking; blocking; interlock, interlocking
~ дислокации облаком Коттрелла *фтт* Cottrell locking

блокировка *ж.* blocking; interlock, interlocking
автоматическая ~ automatic block system
защитная ~ protective interlock
предохранительная ~ safety interlock
~ трещины crack arrest

блок-сополимер *м.* block copolymer

блок-спин *м.* block spin

блок-схема *ж.* block [flow, skeleton] diagram, flowchart

блочность *ж.* mosaic structure, mosaicity

блочок *м.* slug
топливный ~ fuel slug
урановый ~ uranium slug, uranium lump

блуждани/е *с.* wandering; straying; walk
бесстолкновительное случайное ~ self-avoiding random walk
неограниченное случайное ~ unrestricted random walk
~я пучка beam wander
самоизбегающие ~я (*в физике макромолекул*) self-avoiding walk
случайное ~ random walk [motion]
случайное ~ взаимодействующих объектов со столкновениями interacting random walk
случайные ~я без самопересечений self-avoiding random walk
стохастическое ~ пучка beam random walk

бозе-газ *м.* Bose gas
вырожденный ~ degenerate Bose gas
идеальный ~ ideal [perfect] Bose gas
неидеальный ~ non-ideal [imperfect] Bose gas
нерелятивистский ~ nonrelativistic Bose gas
равновесный ~ equilibrium Bose gas
слабонеидеальный ~ weakly non-ideal [imperfect] Bose gas

бозе-жидкость *ж.* Bose(-Einstein) liquid

бозе-компонента *ж.* Bose component
бозе-конденсат *м.* Bose(-Einstein) condensate
~ **куперовских пар** Bose(-Einstein) condensate of Cooper pairs
бозе-конденсация *ж.* Bose(-Einstein) condensation
~ **экситонов** Bose-Einstein exciton condensation
бозе-оператор *м.* Bose operator
бозе-система *ж.* Bose system
бозе-статистика *ж.* Bose(-Einstein) statistics
бозе-частица *ж.* Bose particle, boson
бозон *м.* boson, Bose particle
векторный ~ vector boson
виртуальный ~ virtual boson
голдстоуновский ~ Goldstone boson
калибровочный ~ gauge boson
конформный ~ conformal boson
намбу-голдстоуновский ~ Nambu-Goldstone boson
промежуточный ~ intermediate [weak] boson
промежуточный векторный ~ intermediate vector boson
пространственно-временной ~ space-time boson
псевдоголдстоуновский ~ pseudo-Goldstone boson
реальный ~ real boson
салам-вайнбергский хиггсовский ~ Salam-Weinberg Higgs boson
скалярный ~ scalar boson
тензорный ~ tensor boson
~ **Хиггса** Higgs boson
хиггсовский ~ Higgs boson
цветной хиггсовский ~ color Higgs boson
бозонизация *ж. ктп* bosonization
бозонность *ж. (фотонов)* bosonity
бокс *м. (камера)* box
звукопоглощающий ~ sound-absorbing box
перчаточный ~ *яф* glove box
болезнь *ж.* sickness
лучевая ~ radiation sickness
острая лучевая ~ acute radiation sickness
болид *м. астр.* bolide, fireball
большой ~ great [bright] fireball
дневной ~ daylight fireball
звуковой ~ sound-emitting fireball
яркий ~ great [bright] fireball
болометр *м.* bolometer
волноводный ~ waveguide bolometer
германиевый ~ germanium bolometer
ёмкостный ~ capacitive bolometer
~ **ИК-диапазона** infrared bolometer
иммерсионный ~ immersion bolometer
инфракрасный ~ infrared bolometer
криогенный ~ cryogenic bolometer
металлический ~ metal bolometer
полупроводниковый ~ semiconductor bolometer
сверхпроводниковый [сверхпроводящий] ~ superconducting [superconductive] bolometer

СВЧ ~ microwave bolometer
~ **сопротивления** resistor bolometer
термисторный ~ thermistor bolometer
тонкоплёночный ~ thin-film bolometer
углеродный ~ carbon bolometer
бомба *ж.* bomb
атомная ~ atomic [nuclear] bomb, A-bomb
водородная ~ hydrogen bomb, H-bomb
вулканическая ~ volcanic bomb
дейтериевая ~ deuterium bomb
дейтериево-тритиевая ~ deuterium-tritium bomb
калориметрическая ~ calorimetric bomb
кобальтовая ~ cobalt bomb
«мокрая» водородная ~ wet H-bomb
номинальная атомная ~ nominal anomic bomb
плутониевая ~ plutonium bomb
радиологическая ~ radiological bomb
«сухая» водородная ~ dry H-bomb
термоядерная ~ thermonuclear [nuclear fusion] bomb
термоядерная ~ **с урановой оболочкой** fission-fusion-fission bomb
урановая ~ uranium bomb
чистая ~ clean bomb
бомбардировать *гл.* bombard
бомбардировка *ж.* bombardment, bombarding, bombing
~ **альфа-частицами** alpha bombardment
атомная ~ atomic bombing
~ **заряжёнными частицами** charged-particle bombardment
ионная ~ ion bombardment
~ **катода** *(напр. ионами)* bombardment of a cathode
~ **мишени** *(напр. протонами)* bombardment of a target
многократная ~ multiple bombardment
~ **нейтронами** neutron bombardment
нейтронная ~ neutron bombardment
обратная ~ back bombardment
обратная электронная ~ electron back bombardment
перекрёстная ~ cross bombardment
~ **поверхности** bombardment of a surface
~ **протонами** proton bombardment
протонная ~ proton bombardment
~ **фотонами** photon bombardment
~ **частицами** particle bombardment
~ **частицами высоких энергий** energetic particle bombardment
электронная ~ electron bombardment
ядерная ~ nuclear bombardment
бор *м.* boron, B
бора *ж. (волна на воде; ветер)* bore
приливная ~ tidal bore
турбулентная ~ turbulent bore
боразон *м. (модификация нитрида бора)* borazon
борат *м.* borate
борид *м.* boride

борирование *с. физ. мет.* boriding, borating
композиционное ~ composite borating
борогидрид *м.* borohydride
борозда *ж.* (*на телах Солнечной системы*) fossa
бороздк/а *ж.* (*канавка*) furrow, groove; (*надрез*) cut, incision
~**и усталости** (*на поверхности разрушения*) fatigue striations
боросиликат *м.* borosilicate
борт *м.* (*разновидность алмаза*) bort
борьба *ж.* control
~ **с коррозией** corrosion control
~ **с помехами** interference suppression
~ **с шумом** noise control
боттомоний *м. яф* bottomonium
бочкообразный *прил. опт.* barrel-shaped, barrel-type
бочкообразование *с.* (*при испытании на сжатие*) barrel distortion
бра-вектор *м. кв. эл.* bra vector
бра-состояние *с. кв. эл.* bra state
брахиось *ж. крист.* brachyaxis, brachydiagonal
брахистохрона *ж. мат.* brachistochrone
бригада *ж.* crew, team
аварийная ~ emergency crew
дозиметрическая ~ radiation monitoring team
бридер *м. яф* (*реактор-размножитель*) breeder
бризер *м.* (*осциллирующий солитон*) breather
брикет *м.* pellet, pill
~ **материала замедлителя** moderator pellet
бринеллирование *с.* brinelling
бром *м.* bromine, Br
бромат *м.* bromate
бромид *м.* bromide
~ **радия** radium bromide
бронза *ж.* bronze
алюминиевая ~ aluminium bronze
бериллиевая ~ beryllium bronze
колокольная ~ bell metal
фосфористая ~ phosphor bronze
бронзирование *с.* bronzing
бросок *м.* surge; rush; kick
~ **стрелки прибора** kick of a pointer
~ **тока** current rush; current surge
БРС-симметрия *ж.* (*симметрия Бекки - Руэ - Стора*) Becchi-Rouet-Stora symmetry
брус *м.* bar, rod
~ **постоянного сечения** bar of uniform section
брусок *м.* slug; brick
топливный ~ fuel slug
урановый ~ uranium slug
брызги *мн.* splashes; spray
брюсселятор *м.* (*в теории диссипативных структур*) brusselator
брюстер *м.* (*единица фотоупругости*) brewster, B
буджум *м.* (*поверхностный квантованный вихрь в жидком кристалле*) budgum

будущее *с.* future
абсолютное ~ absolute future
буй *м.* buoy
акустический ~ acoustic buoy
буксируемый ~ tugged buoy
гидроакустический [**звуковой**] ~ sonobuoy, sonar [sound] buoy
радиогидроакустический ~ radiosonic buoy, radio sonobuoy, sonoradiobuoy
радиогидроакустический ~ **ненаправленного действия** nondirectional sonobuoy
~, **указывающий место** position buoy
якорный радиогидроакустический ~ anchored radio buoy
буксование *с.* slippage; slipping; skidding
буля *ж. крист.* boule
бумага *ж.* paper
дважды логарифмическая ~ log-log paper
диаграммная ~ chart paper
изоляционная ~ insulating paper
индикаторная ~ indicator [test] paper
логарифмическая ~ log paper
наждачная ~ abrasive paper
полулогарифмическая ~ semilog paper
промасленная ~ oil-impregnated paper
светочувствительная ~ light-sensitive [light-sensitized, photosensitive] paper
фильтровальная ~ filter paper
фотографическая ~ photographic paper
электроизоляционная ~ electrical insulating paper
бур *м.* auger, drill
алмазный ~ diamond drill
буря *ж. геофиз.* storm
авроральная ~ auroral storm
~ **в декаметровом диапазоне** decameter storm
геомагнитная ~ geomagnetic storm
ионосферная ~ ionospheric storm
магнитная ~ magnetic storm
магнитосферная ~ magnetospheric storm
отрицательная экваториальная ~ negative equatorial storm
полярная ~ polar storm
пылевая ~ dust storm
солнечная ~ solar storm
солнечно-земная ~ solar terrestrial storm
~ **типа I** type I storm
шумовая ~ noise storm
экваториальная магнитная ~ equatorial magnetic storm
бусинка *ж.* bead
~ **термистора** thermistor bead
буссоль *ж.* aiming circle, compass
зеркальная ~ mirror [reflecting] compass
призменная ~ prismatic compass
~ **с диоптрами** sight compass
буссоль-теодолит *м.* compass-theodolite
бустер *м. яф* booster
бутстрап *м. кхд* (*шнуровка*) bootstrap
статистический ~ statistical bootstrap
бутылка *ж.* bottle

~ **Клейна** Klein bottle
магнитная ~ magnetic bottle
плазменная ~ plasma bottle
буфер *м.* buffer; shock absorber
~ **данных** data buffer
бухта *ж. (морская)* bay; *(кабеля)* coil, bundle
магнитная ~ magnetic bay
быстродействие *с.* speed of response; operation speed
~ **вычислительной машины** computer speed
быстродействующий *прил.* high-speed, fast-responding, quick-acting
быстрота *ж.* rapidity
полная ~ total rapidity
продольная ~ longitudinal rapidity
~ **реакции** *(прибора)* responsiveness
~ **сходимости** *мат.* rapidity of convergence, speed of convergence
~ **частиц** particle rapidity
быстроток *м.* shooting flow
бэватрон *м.* bevatron
бэкбендинг *м. яф* back bending
бэр *м. (биологический эквивалент рентгена)* rem
бюретка *ж.* burette
автоматическая ~ automatic burette
газовая ~ gas burette
бюро *с. (коллегиальный орган)* bureau; *(учреждение)* office
конструкторское ~ design office
Международное ~ **мер и весов в Севре** *(вблизи Парижа)* International Bureau of Weights and Measures

В

вайсенбергограммма *ж.* Weissenberg rotating-crystal photograph
вакансион *м.* vacansion
нулевой ~ zero vacansion
вaканси/я *ж.* vacancy; vacant position; Schottky defect □ **заполнять ~ю** fill a vacancy
анионная ~ anionic vacancy
~ **в оболочке** shell vacancy
~ **в решётке** lattice vacancy; substitutional [vacant lattice] site
~ **в электронной оболочке** electronic shell vacancy
двойная ~ double vacancy
замороженная ~ frozen vacancy
изолированная ~ isolated vacancy
катионная ~ cation vacancy
кластерная ~ clustered vacancy
неравновесная ~ nonequilibrium vacancy
нулевая ~ zero vacancy

одиночная ~ single vacancy
парная ~ pair of vacancies
поверхностная ~ surface vacancy
подвижная ~ mobile vacancy
~ **решётки** lattice vacancy; substitutional [vacant lattice] site
случайная ~ random vacancy
смещённая ~ displaced vacancy
структурная ~ structural vacancy
электронная ~ electron vacancy, hole
вакансон *м. (квазичастица)* vacanson
вакантный *прил.* vacant, unoccupied, empty
вакуум *м.* vacuum (*мн.* vacua)
абсолютный ~ perfect [total] vacuum
амплитудно-сжатый ~ amplitude-squeezed vacuum
«безмасляный» ~ oilless vacuum
вырожденный ~ degenerate vacuum
высокий ~ high [fine] vacuum
глубокий ~ high [fine] vacuum
голый ~ bare vacuum
~ **де Ситтера** de Sitter vacuum
дионный ~ dion vacuum
дираковский ~ Dirac vacuum
заданный ~ required vacuum
инстантонный ~ instantonic vacuum
истинный ~ true vacuum
квадратурно-сжатый ~ quadrature-squeezed vacuum
квантово-хромодинамический ~ quantum-chromodynamic vacuum
квантово-электродинамический ~ quantum-electrodynamic vacuum
классически-сжатый ~ classically squeezed vacuum
конечный ~ ultimate vacuum
ложный ~ false vacuum
«масляный» ~ oil vacuum
математический ~ mathematical vacuum
~ **Минковского** Minkowski vacuum
начальный ~ initial [first] vacuum
невырожденный ~ nondegenerate vacuum
непертурбативный ~ nonperturbative vacuum
нестабильный ~ unstable vacuum
низкий ~ low [rough] vacuum
парциальный ~ partial vacuum
пертурбативный ~ perturbative vacuum
плотный ~ dense vacuum
предварительный ~ fore [initial, backing] vacuum
предельный ~ ultimate [final] vacuum
рабочий ~ operating [working] vacuum
рентгеновский ~ X-ray vacuum
сверхвысокий ~ ultrahigh [superhigh] vacuum
сжатый ~ squeezed vacuum
симметричный ~ symmetric vacuum
средний ~ moderate vacuum
стабильный ~ stable vacuum
суперзаряженный ~ supercharged vacuum
~ **теории возмущений** perturbation theory vacuum

топологически нетривиальный ~ topologically nontrivial vacuum
топологически различные ~ы topologically different vacua
устойчивый ~ persistent vacuum
фермионный ~ fermionic vacuum
физический ~ physical vacuum
фоковский ~ *ктп* Fock vacuum
хиггсовский ~ Higgs vacuum
хромодинамический ~ chromodynamic vacuum
чистый ~ clean vacuum
электромагнитный ~ electromagnetic vacuum
электрон-позитронный ~ electron-positron vacuum
энергетически-сжатый ~ energy-squeezed vacuum
вакуум-бак *м.* vacuum tank
вакуумирование *с. (процесс откачки)* evacuation
вакуумировать *гл. (откачивать)* evacuate
вакуумметр *м.* vacuum [pressure] gauge
вязкостный ~ viscosity [viscometric] vacuum gauge
гидростатический ~ hydrostatic vacuum gauge
грубый ~ vacuum indicator
деформационный ~ deformation [strain] vacuum gauge
жидкостный ~ hydrostatic vacuum gauge
ионизационный ~ ionization vacuum [pressure, magnetron] gauge
ионизационный ~ **с холодным катодом** cold-cathode ionization [Philips pressure] gauge
~ **Кнудсена** Knudsen pressure gauge
компрессионный ~ hydrostatic-pressure vacuum gauge
~ **Лафферти** Lafferty vacuum gauge
магнетронный ~ magnetron vacuum gauge
магнитный электроразрядный ~ electric discharge vacuum gauge
~ **Мак-Леода** McLeod vacuum [pressure] gauge
мембранный ~ membrane vacuum gauge
механический ~ mechanical vacuum gauge
молекулярный ~ molecular vacuum gauge
~ **Пеннинга** Penning pressure gauge
~ **Пирани** Pirani vacuum gauge, Pirani pressure gauge
радиоактивный ~ radioactive-ionization vacuum gauge, alphatron
радиоизотопный ~ radioisotope-ionization vacuum gauge, alphatron
радиометрический ~ radiometer vacuum gauge
ртутный ~ mercury vacuum gauge
тепловой ~ thermal vacuum gauge
теплоэлектрический ~ thermal-conductivity vacuum gauge
термопарный ~ thermocouple vacuum gauge

~ **Филипса** Philips pressure [vacuum, cold-cathode ionization] gauge
электроразрядный ~ electric discharge vacuum gauge
вакуумметрия *ж.* measurement of vacuum
вакуумный *прил.* vacuum
вакуумплотный *прил.* vacuum-tight
вакуум-спектрограф *м.* vacuum spectrograph
вакуумфактор *м. (характеристика вакуумного насоса)* vacuum factor
вакуум-фильтр *м.* vacuum filter
барабанный ~ drum-type vacuum filter
дисковый ~ rotary disc vacuum filter
карусельный ~ rotary vacuum filter
вал *м.* shaft
~ **волны** bore
валентность *ж.* valence
аномальная ~ anomalous valence
~ **в соединении** active valence
гетерополярная ~ heteropolar valence
главная ~ principal [normal, primary] valence
гомополярная ~ homopolar valence
групповая ~ group valence
делокализованная ~ delocalized valence
дробная ~ fractional valence
ионная ~ ion valence, heterovalence, electrovalence
ковалентная ~ *(см. тж.* **ковалентность)** covalence
координационная ~ coordination valence
максимальная ~ maximum valence
направленная ~ directional [directed] valence
насыщенная ~ saturated valence
ненасыщенная ~ unsaturated valence
неоднородная ~ nonhomogeneous valence
неустойчивая ~ nonstable valence
нулевая ~ null valence
остаточная ~ residual valence
отрицательная ~ negative valence
парциальная ~ partial valence
побочная ~ auxiliary [secondary] valence
положительная ~ positive valence
полярная ~ polar valence
промежуточная ~ intermediate valence
свободная ~ free valence
скрытая ~ latent valence
~ **тензора** tensor valence
целая ~ integer valence
валентный *прил.* valent
валец *м. (в гидравлике)* roll
валон *м. (тип кварка)* valon
ванадат *м.* vanadate
~ **урана** uranium vanadate
ванадатометрия *ж.* vanadatometry
ванадий *м.* vanadium, V
ванна *ж.* bath, tank, vat, tub
гальваническая ~ electroplating bath
гелиевая ~ *(в криостате)* helium bath
закалочная ~ quenching bath

закрепляющая ~ *фото* fixing bath
~ Ленгмюра - Блоджетт Langmuir-Blodgett trough
ленгмюровская ~ Langmuir trough
масляная ~ oil bath
проявляющая ~ developing dish, developer
радоновая ~ radon bath
термостатируемая ~ constant-temperature bath
ультразвуковая ~ ultrasonic bath
электролитическая ~ electroplating [electrolytic] bath
ванночка *ж. фото* tray, dish
вар *м. (вольт-ампер реактивный - единица реактивной мощности)* VAR
варактор *м.* varactor, varicap
вариак *м.* variac, autotransformer, variable transformer
вариант *м.* version, variant, modification, alternative
~ взаимодействия interaction type
~ изображения version of the image
~ теории theory version, theory variant
вариантность *ж. (число степеней свободы)* variance
~ системы variance of a system
~ физических измерений variance of physical measurements
вариатор *м.* variator
~ частоты *уск.* frequency variator
вариаци/и *мн.* variations
адиабатические ~ adiabatic variations
апериодические ~ aperiodic variations
апериодические магнитные ~ aperiodic magnetic variations
барометрические ~ barometric variations
бухтообразные магнитные ~ magnetic bays
вековые ~ secular variations
вековые магнитные ~ secular magnetic variations
вторая ~я second variation
~я второго порядка second order variation
высотная ~я космических лучей cosmic-ray altitude variation, variation of cosmic rays with altitude
~я высшего порядка higher-order variation
временные ~ time [temporal] variations
временные ~ интенсивности intensity-time variations
~ геомагнитного поля geomagnetic variations
геомагнитные ~ geomagnetic variations
годичная ~я annual variation, yearly variation
годовая ~я видимого положения звезды yearly variation of the apparent position of a star
годовые ~ annual variations
~я действия action variation, variation of action
долгопериодные ~ long term variations
звёздная ~я *(космических лучей)* sidereal variation

звёздно-суточная ~я *(космических лучей)* sidereal diurnal variation
конформная ~я conformal variation
короткопериодические ~ short-term variations
короткопериодические магнитные ~ short-term magnetic variations
~ космических лучей cosmic ray variation, variation of cosmic rays
линейная ~я linear variation
лунносуточные магнитные ~ lunar diurnal magnetic variations
~ магнитного поля magnetic field variations
магнитные ~ magnetic variations
магнитотеллурические ~ magnetotelluric variations
~ межпланетного магнитного поля variations of the interplanetary magnetic field
неадиабатические ~ nonadiabatic variations
непериодические ~ nonperiodic variations
низкочастотные ~ low-frequency variations
ограниченная ~я limited [bounded] variation
~ освещённости variations of illumination
~я параметров variation of parameters
первая ~я first variation
~я первого порядка first order variation
периодические ~ periodic variations
полная ~я total variation
полугодовая ~я геомагнитного поля semi-annual variation of geomagnetic field
полугодовые ~ semi-annual variations
полусуточные ~ semidiurnal variations
полярная геомагнитная ~я polar geomagnetic variation
приливные ~ tidal variations
~я произвольных постоянных variation of constants, arbitrary-constant variation
пространственные ~ spatial variations
рекуррентные ~ recurrent variations
сезонные ~ seasonal variations
~ силы тяжести gravity variations
~ солнечного излучения solar radiation [output] variations
солнечносуточные ~ solar diurnal [daily] variations
солнечносуточные магнитные ~ solar diurnal magnetic variations
солнечные ~ solar variations
спокойные солнечно-суточные ~ quiet solar diurnal [daily] variations
среднесуточные ~ mean-diurnal variations
суточные ~ diurnal [daily] variations
~ температуры temperature variations
унитарная ~я unitary variation
~ фона background variations
хроматическая ~я масштаба увеличения chromatic difference in magnification
циклические ~ cyclic variations
широтные ~ latitude variations

~ электрического поля electric field variations

шторм-тайм ~я *сэф* storm-time variation

11-летние ~ геомагнитного поля 11-year geomagnetic variations

11-летние ~ космических лучей 11-year cosmic ray variations

27-дневные ~ геомагнитного поля 27-day geomagnetic variations

27-дневные ~ космических лучей 27-day cosmic ray variations

варикап *м.* varicap, variable capacitance diode

варикоид *м.* varicond, variable condenser

вариометр *м.* variometer

~ вертикальной составляющей vertical intensity variometer, Z-variometer

~ горизонтальной составляющей horizontal intensity variometer, H-variometer

гравитационный ~ gravitational variometer

гравитационный ~ Этвеша Eötvös torsion balance

магнитный ~ magnetic variometer

нулевой магнитный ~ magnetic zero variometer

варистор *м.* varistor, variable resistor

варитрон *м.* varitron

варметр *м. (прибор для измерения реактивной мощности)* varmeter

варьирование *с.* variation

~ частоты генератора variation of a generator frequency

ватт *м.* watt, W

ваттметр *м.* wattmeter

ватт-секунда *ж.* watt-second, W·s

ватт-час *м.* watt-hour, W·h

введение *с. (действие)* introduction, insertion; *(предисловие)* introduction, preface, foreword

~ в эксплуатацию putting into operation

~ изотопа incorporation of an isotope

~ меченых атомов tagged-atom incorporation

повторное ~ reinsertion

~ поглотителя absorber insertion

~ примеси impurity introduction

~ пучка injection of a beam, beam injection

~ радиоактивной метки radiolabelling, radioactive tracer incorporation

~ реактивности reactivity insertion

~ стержня rod insertion

вверх *нареч. (направленный)* upward, up

~ по потоку upstream

ввод *м.* introduction; inlet; *эл.* lead, lead-in

акустический ~ acoustic inlet

~ в действие putting into operation, onset

высоковольтный ~ high-voltage bushing

~ в эксплуатацию putting into operation, commissioning

~ данных data input

~ кабеля cable bushing, cable entry

~ реактора в эксплуатацию reactor commissioning

сквозной ~ в стекле glass-bead seal

~ теплоносителя при высоком давлении high-pressure coolant injection

~ теплоносителя при низком давлении low-pressure coolant injection

токовый ~ *(напр. в радиолампе)* lead-in wire

туннельный ~ *(излучения в волновод)* tunnel lead-in

~ частиц *уск.* injection of particles

вводить *гл.* inject, incorporate; introduce

~ в действие put into operation; bring into service

~ в эксплуатацию put into operation; bring into service

~ изотоп incorporate an isotope

~ пучок inject a beam

вдавленность *ж.* inward bulging

вдавливание *с. (процесс)* indentation, pressing in; *(результат)* impression; indentation

~ микроиндентора microhardness indentation

пластическое ~ plastic indentation

вдавливать *гл.* indent, press into

вдувание *с.* blow

лазерное ~ *(примесей в токамак)* laser blow-off

вебер *м.* weber, Wb

веберметр *м.* fluxmeter

Вега *ж. (Венера-Галлей) (название советских космических аппаратов, совершивших полёт к комете Галлея)* Vega

ведение *с. (телескопа)* tracking

~ антенны antenna drive

ведомый *прил.* driven, guided; slave

ведущий *прил. радиофиз.* master; guiding; *мех.* drive, driving

веер *м.* fan

~ касательных *опт.* tangential fan

~ нормалей *опт.* sagittal fan

вейвлет *м. (солитоноподобная функция)* wavelet

анализирующий ~ analyzing wavelet

базисный ~ base wavelet

биортогональный ~ biorthogonal wavelet

комплексный ~ complex wavelet

крупномасштабный ~ large-scale wavelet

~ Литтлвуда - Пели Littlewood-Paley wavelet

~ Морле Morlet wavelet

ортогональный ~ orthogonal wavelet

парный ~ dyadic wavelet

~ Пауля Paul wavelet

почти базисный ~ nearly base wavelet

~ Хаара Haar wavelet

вейвлет-анализ *м.* wavelet analysis

вейвлет-преобразование *с.* wavelet transform

дискретное ~ discrete wavelet transform

интегральное ~ integral wavelet transform

непрерывное ~ continuous wavelet transform

обратное ~ inverse wavelet transform

одномерное ~ one-dimensional wavelet transform

вейвлет-спектр *м.* wavelet spectrum; time-scale spectrum

век *м.* age; century

атомный ~ atomic age

вектор *м.* vector

абсолютный ~ absolute vector

аксиальный ~ axial vector, pseudovector

антипараллельные ~ы antiparallel vectors

антиферромагнитный ~ antiferromagnetic vector

~ асимметрии *(при рассеянии)* asymmetry vector

ассоциированный ~ associated vector

базисный ~ basis [base] vector

безвихревой ~ irrotational vector

безмассовый ~ massless vector

~ бинормали binormal vector

биортогональные ~ы biorthogonal vectors

~ бра *(состояния)* (Dirac) bra vector

~ Бюргерса Burgers [slip] vector

вакуумный ~ *ктп* vacuum vector

~ в декартовой системе координат Cartesian vector

весовой ~ weight vector

~ вихря vorticity vector

~ вне плоскости out-of-plane vector

~ возвращающей трансляции vector of backward translation

~ возможных перемещений vector of probable displacement

волновой ~ wave [propagation] vector; wave-vector

волновой ~ излучения propagation vector of radiation

волновой ~ магнитной структуры wave-vector of magnetic structure

волновой ~ фотона photon wavevector

волновой ~ электрона electron wavevector

~ в плоскости in-plane vector

вращающийся ~ rotating vector

времениподобный ~ timelike vector

вырожденный собственный ~ degenerate eingenvector

~ Гамова *кв. мех.* Gamov vector

гауссовский ~ Gaussian vector

~ Герца Hertz(ian) vector

~ Гиббса Gibbs vector

~ гирации gyration vector

главный ~ resultant vector

главный ~ системы сил resultant of system of forces; sum of forces, resultant force vector

~ главной нормали principal normal vector

глобальный ~ нагрузки global force vector

градиентный ~ gradient vector

~ Дарбу Darbu vector

~ движущей силы thrust vector

двойной ~ divector

двумерный ~ two-dimensional vector

действительный ~ real vector

~ Джонса *опт.* Jones vector

дуальный ~ dual vector

единичный ~ unit vector

единичный ~ бинормали unit binormal vector

единичный ~ главной нормали principal normal unit vector

единичный касательный ~ unit tangent vector

единичный ~ нормали unit normal vector

единичный тангенциальный ~ unit tangent vector

~ излучения radiation [Poynting] vector

~ изоспина isospin [isotopic spin] vector

изотопический ~ isotopic vector

~ изотопического спина isospin [isotopic spin] vector

~ импульса momentum vector

~ инфинитезимального перемещения vector of infinitesimal translation

касательный ~ tangent vector

квазианалитический ~ quasi-analytic vector

квазиволновой ~ quasi-wave vector

~ кет *кв. мех. (состояния)* (Dirac) ket vector

ковариантный ~ covariant vector

когерентный ~ состояния coherent state vector

~ количества движения momentum vector

коллинеарные ~ы collinear vectors

ко(м)планарные ~ы coplanar vectors

комплексный ~ complex [complex-valued] vector

контравариантный ~ contravariant vector

координатный ~ position vector

корневой ~ root vector

~ кривизны curvature [buckling] vector

~ круговой волны circular wave vector

~ Ленца Lenz vector

линейно зависимые ~ы linearly dependent vectors

линейно независимые ~ы linearly independent vectors

локальный ~ local vector

локальный базисный ~ local basis vector

локальный единичный ~ local unit vector

~ магнитной индукции magnetic inductance vector

~ магнитной спирали vector of magnetic spiral

магнитный ~ magnetic vector, H-vector

магнитный ~ Герца Hertzian magnetic vector

~ медленной скорости slow velocity vector

межатомный ~ interatomic vector

мировой ~ world vector

многомерный ~ multidimensional vector

~ молекулярной скорости molecular velocity vector

~ момента импульса angular momentum vector

~ момента количества движения angular momentum vector
~ нагрузки элемента element force vector
~ нагрузок load vector
~ намагниченности magnetization vector
~ напряжения *мех.* stress vector
~ напряжённости магнитного поля magnetic (field) vector, H-vector
~ напряжённости поля field vector
~ напряжённости электрического поля electric (field) vector, E-vector
невырожденный собственный ~ nondegenerate eigenvector
некомпланарные ~ы noncoplanar vectors
ненулевой ~ nonvanishing vector
неосновной ~ элементарной трансляции nonprimitive fundamental translation vector
неподвижный ~ fixed vector
~ нормали normal vector
нормальный ~ normal vector
нормальный ~ кривизны normal curvature vector
нормированный ~ normalized vector
нулевой ~ zero vector
обобщённый собственный ~ generalized eigenvector
~ обратной решётки reciprocal lattice vector
обращённый ~ reversed vector
ортогональные ~ы orthogonal vectors
осевой ~ axial vector, pseudovector
основной ~ элементарной трансляции primitive fundamental translation vector
параллельные ~ы parallel vectors
~ перемещения displacement vector
~ перехода *кв. эл.* transfer vector
перпендикулярные ~ы perpendicular vectors
~ плотности тока current density vector
~ площади area [surface element] vector
~ подъёмной силы lift vector
~ Пойнтинга Poynting [energy flux] vector
~ положения *(точки)* radius [position] vector
~ поля field vector
~ поляризации polarization vector
полярный ~ polar vector
~ поля тяготения gravitational vector
~ потока электромагнитной энергии Poynting vector
~ потока энергии energy flux [Poynting] vector
приведённый волновой ~ reduced wave vector
~ примитивной трансляции primitive vector
примитивный ~ решётки primitive lattice vector
произвольный ~ arbitrary vector
~ проскальзывания *(зёрен)* sliding vector
пространственноподобный ~ spacelike vector

пространственный ~ space vector
противоположные ~ы opposite vectors
~ прямой решётки *фтт* direct lattice vector
равные ~ы equal vectors
радиальный единичный ~ unit radius vector
~ разностного сигнала цветности color-difference phasor
~ рассеяния scattering vector
результирующий ~ resultant (vector)
~ решётки lattice vector
решёточный ~ Бюргерса lattice Burgers vector
~ Рунге - Ленца Runge-Lenz vector
световой ~ light vector
светоподобный ~ lightlike vector
свободный ~ free [nonlocalized] vector
свободный собственный ~ free eigenvector
связанный ~ localized [fixed] vector
~ сдвига displacement vector
~ силы force vector
~ силы тяги thrust vector
~ скольжения slip vector
скользящий ~ sliding [slip, Burgers, nonlocalized] vector
~ скорости velocity vector
случайный ~ random [stochastic] vector
~ смещения displacement [translational] vector
собственный ~ eigenvector
собственный ~ матрицы eigenvector of matrix
соленоидальный ~ solenoidal vector
сопряжённый ~ conjugate vector
составляющий ~ component vector
~ состояния *кв. мех.* vector of state, state vector
~ состояния вакуума vacuum state vector
~ спина spin vector
~ спинового момента spin-moment vector
спиновый ~ spin vector
~ спирали vector of spiral
тангенциальный ~ tangent(ial) vector
~ тока current vector
точный собственный ~ exact eigenvector
точный ~ состояния exact state vector
~ трансляции translation(al) vector
~ трансляции обратной решётки reciprocal lattice translation vector
~ трансляции решётки lattice translation vector
трёхмерный ~ three-vector, three-dimensional vector
трёхмерный ~ импульса three-dimensional momentum vector
~ угла поворота vector of infinitesimal rotation
~ угловой скорости angular velocity vector
~ Умова Umov vector
~ Умова - Пойнтинга Poynting [energy flux] vector

~ ускорения acceleration vector
~ ускорения силы тяжести gravitational vector
ферромагнитный ~ ferromagnetic vector
~ Франка Frank vector
~ цветности chrominance
цветовой ~ *(в колориметрии)* color vector
четырёхмерный ~ four-vector, four-dimensional vector
четырёхмерный аксиальный ~ four-dimensional axial vector
электрический ~ E-vector, electric (field) vector
электрический ~ Герца Hertzian electric vector
~ элементарной трансляции fundamental translation vector
элементарный ~ обратной решётки reciprocal lattice elementary vector
~ энергии-импульса energy-momentum vector
~ ядерной намагниченности nuclear magnetization vector
n-мерный ~ n-dimensional vector
векторметр *м.* vectormeter
векторно-матричный *прил.* vector-matrix
векторный *прил.* vector(ial)
вектор-потенциал *м.* vector-potential
четырёхмерный ~ four-dimensional vector-potential
вектор-столбец *м.* column vector
вектор-строка *м.* row vector
вектор-функция *м.* vector function
величин/а *ж.* 1. *(физическое явление, свойство; математическое понятие)* quantity *(иногда опускается при переводе)* 2. *(значение)* value, magnitude 3. *(амплитуда, размах)* magnitude, scope 4. *(количество)* amount, quantity 5. *(степень)* degree, extent 6. *(размер)* size; scale, dimension, measure □ в натуральную ~y full size; вычисленная ~а не очень точна the calculated value is of a limited accuracy; измерять ~y measure a quantity; на значительную ~y by a large amount, to a considerable extent; на порядок ~ы *(больше, меньше)* by an order of magnitude *(greater, smaller)*; определять ~y define a quantity; порядок ~ы the order of magnitude; пренебрегать ~ой neglect [ignore] a quantity; сдвинутый на ... ~y displaced by the amount; того же порядка ~ы of the same order of magnitude
абсолютная ~ absolute value, modulus
абсолютная ~ вектора magnitude [absolute value] of a vector
абсолютная звёздная ~ absolute stellar magnitude
абсолютная ~ коэффициента лобового сопротивления absolute drag coefficient
абсолютная радиозвёздная ~ absolute radio magnitude

абстрактная ~ abstract quantity
аддитивная ~ additive quantity
аналоговая ~ analogue quantity
астрономические ~ы astronomical quantities
безразмерная ~ dimensionless [nondimensional] quantity
бесконечно большая ~ infinite quantity
бесконечно малая ~ infinitesimal (quantity)
бесконечно малая ~ второго порядка second-order infinitesimal
бесконечно малая ~ третьего порядка third-order infinitesimal
болометрическая звёздная ~ bolometric stellar magnitude
векторная ~ vector quantity
взаимно независимые ~ы mutually independent variables
взаимосвязанные ~ы interrelated quantities
взвешенная ~ *стат. физ.* weighted quantity
видимая звёздная ~ apparent stellar magnitude
визуальная звёздная ~ visual stellar magnitude
внеатмосферная звёздная ~ extra-atmospheric stellar magnitude
возрастающая ~ increasing quantity
вспомогательная ~ auxiliary quantity
входная ~ input quantity, input value
входящая ~ input quantity, input value
выходная ~ output quantity, output value
гармоническая ~ harmonic quantity
гауссова случайная ~ Gaussian random variable
гауссовская случайная ~ Gaussian random variable
гетерохромная звёздная ~ heterochromatic stellar magnitude
граничная ~ boundary value
действительная ~ real value
действующая ~ effective quantity
динамическая ~ dynamic(al) quantity
дискретная ~ discrete quantity
дискретная случайная ~ discrete random quantity
~ дислокации strength of dislocation
дозиметрическая ~ dosimetric quantity
дополнительная ~ complementary quantity
допустимая ~ allowable [permissible] value
допустимая ~ поля рассеяния stray field
зависимые ~ы dependent quantities
~, зависящая от времени time-dependent quantity
~, зависящая от массы mass-sensitive quantity
заданная ~ given quantity
звёздная ~ (stellar) magnitude, magnitude of a star
звёздная болометрическая ~ bolometric stellar magnitude
звёздная визуальная ~ visual stellar magnitude

звёздная ~ по радионаблюдениям radio magnitude
измеренная ~ measured quantity
измеримая ~ measurable quantity
измеряемая ~ measurand
интегральная ~ integrated quantity
интегральная звёздная ~ integrated [total] stellar magnitude
интенсивная ~ intensive quantity, intensive variable, intensive parameter
инфракрасная звёздная ~ infrared stellar magnitude
иррациональная ~ irrational quantity
искомая ~ unknown [sought] quantity
истинная ~ true value
калибровочно-инвариантная ~ gauge-invariant quantity
канонически сопряжённые ~ы canonically conjugated quantities
квантованная ~ quantized value
квантовая ~ quantum value
классическая ~ classical quantity
ковариантная ~ covariant quantity
колебательная ~ oscillating quantity
комплексная ~ complex value
комплексно-сопряжённая ~ complex conjugate quantity
конечная ~ *(ограниченная)* finite quantity; *(окончательная)* final quantity
критическая ~ critical value
локализованная ~ localized quantity
лоренц-инвариантная ~ Lorentz-invariant quantity
мнимая ~ imaginary quantity
мольная термодинамическая ~ mole thermodynamic value
монотонная ~ monotone [monotonic] quantity
монотонно возрастающая ~ monotonically increasing quantity
монотонно убывающая ~ monotonically decreasing quantity
монохроматическая звёздная ~ monochromatic stellar magnitude
наблюдаемая ~ observable quantity, observable [observed] value
~ нагрузки load intensity
~ наибольшей фазы *астр.* magnitude of the eclipse
направленная ~ directed quantity
натуральная ~ actual value, natural size
неархимедова ~ non-Archimedean quantity
независимая ~ independent quantity
независимая случайная ~ independent random quantity
~, не зависящая от времени time-independent quantity
неизвестная ~ unknown (quantity)
непериодическая ~ aperiodic value
непрерывная ~ analog [continuous] quantity
непрерывная случайная ~ continuous random quantity

несоизмеримые ~ы incommensurable quantities
~ нестабильности фазы phase instability
нефизическая ~ nonphysical quantity
неэлектрическая ~ nonelectrical quantity
номинальная ~ rated [nominal] value
нормированная ~ normalized quantity
~ нулевого порядка zero-order value
обобщённая ~ generalized quantity
обратная ~ reciprocal (quantity), inverse quantity
обратная ~ относительной дисперсии *опт.* constringence
обратная ~ сечения reciprocal cross section
обратная ~ числа reciprocal [inverse] of a number
обратно пропорциональные ~ы inversely proportional quantities
однородные ~ы homogeneous quantities
ограниченная ~ bounded [limited] quantity
опорная ~ reference value
оптимальная ~ optimum [optimal] quantity
основная ~ *(в системе единиц)* fundamental quantity
~ отклонения amount of deflection
отклоняющаяся ~ deviating value
относительная ~ relative value
относительная ~ вектора relative value of a vector
отрицательная ~ negative value
парциальная ~ partial quantity
парциальная мольная ~ partial mole [partial molar] quantity
переменная ~ *(см. тж.* переменная) variable (quantity), alternating quantity
перенормированная ~ renormalized quantity
периодическая ~ periodic quantity
поверхностная ~ surface value
~ погрешности magnitude of error
положительная ~ positive value
пороговая ~ threshold value
постоянная ~ *(см. тж.* постоянная) constant
предельная ~ limiting value
предельная звёздная ~ limiting stellar magnitude
пренебрежимо малая ~ negligible quantity
приближённая ~ approximate value
производная ~ *(в системе единиц)* derived quantity
~ проскальзывания amount of slip
~ прочности на скалывание yield strength in shear
прямо пропорциональные ~ы directly proportional quantities
псевдовекторная ~ pseudovector quantity
псевдопериодическая ~ pseudoperiodic quantity
псевдоскалярная ~ pseudoscalar quantity
псевдотензорная ~ pseudotensor quantity
пуассоновская случайная ~ Poisson random variable

3*

радиометрическая звёздная ~ radiometric stellar magnitude
размерная ~ dimensionful [denominate] quantity
расчётная ~ **потока** flux rating
редуцированная фотометрическая ~ reduced photometric quantity
релятивистски ковариантная ~ relativistically covariant quantity
световые ~ы luminous [photometric] quantities
седловая ~ saddle value
~ **силы** magnitude of a force
синусоидальная ~ sinusoidal quantity
скалярная ~ scalar (quantity), scalar value
случайная ~ random [stochastic] variable, random [stochastic] quantity
соизмеримые ~ы commensurable quantities
соответствующая ~ counterpart
сопряжённая ~ conjugate (value)
сосредоточенная ~ lumped value
сохраняющаяся ~ conserved quantity
спектроскопическая звёздная ~ spectroscopic stellar magnitude
среднеквадратичная ~ root-mean-square [rms] value
средняя ~ mean [average] quantity
средняя ~ **скорости** average magnitude of velocity, average speed
средняя ~ **энергии** median energy
статистическая ~ statistic quantity
стохастическая ~ stochastic [random] quantity, stochastic [random] value
суммарная ~ total quantity
тензорная ~ tensor quantity
термодинамические ~ы thermodynamic quantities
~ **тока на входе линейного ускорителя** current at the linac input
убывающая ~ decreasing quantity
угловая ~ angular value
удельная ~ specific value, specific quantity
удельная термодинамическая ~ specific thermodynamic value
ультрафиолетовая звёздная ~ ultraviolet stellar magnitude
усреднённая ~ averaged quantity
усреднённая по времени ~ time-averaged quantity
физические ~ы physical quantities
~ **фона** background [noise] level
фотовизуальная звёздная ~ photovisual stellar magnitude
фотографическая звёздная ~ photographic stellar magnitude
фотокрасная звёздная ~ photored stellar magnitude
фотометрические ~ы radiant [photometric] quantities
фотонная ~ photon quantity
фотоэлектрическая звёздная ~ photoelectric stellar magnitude

характеристическая ~ characteristic quantity
характерная ~ characteristic quantity
целая ~ integer quantity
цифровая ~ digital quantity
численная ~ numerical value
эквивалентная ~ equivalent quantity, counterpart
экспоненциальная ~ exponential quantity
экстенсивная ~ extensive quantity, extensive variable, extensive parameter
энергетическая ~ (в фотометрии) radiant quantity
эталонная ~ reference quantity
эффективная ~ effective [root-mean-square, r.m.s.] value
велосиметр м. velocimeter
Венера ж. (планета) Venus; (наименование советских автоматических межпланетных станций) Venera
венерианский прил. venusian
венец м. corona, aureole
плеохроический ~ pleochroic halo
вентилировать гл. ventilate, aerate
вентиль м. (волноводный, оптический, СВЧ) isolator; (электрический, полупроводниковый) rectifier cell, gate; (трубопроводный) valve; (в автоматике и вычислительной технике) gate
вакуумный ~ vacuum valve
воздушный ~ air valve
волноводный ~ waveguide isolator
впускной ~ inlet [intake] valve
выпускной ~ escape [release] valve
газоразрядный ~ gas-discharge rectifier, gas-discharge valve
дистанционно-управляемый ~ remote [remotely-controlled] valve
дистанционный ~ remote [remotely-controlled] valve
дроссельный ~ throttle valve
запорный ~ stop valve
игольчатый ~ needle valve
ионный ~ gas-filled rectifier, ionic valve
коаксиальный ~ coaxial isolator
металлический ~ metal rectifier
механический ~ mechanical rectifier
микроволновый ~ microwave isolator
~ **на эффекте Холла** Hall-effect isolator
неуправляемый ~ uncontrolled [diod] rectifier
оптический ~ optical isolator
оптический ~ **бегущей волны** traveling-wave optical isolator
полупроводниковый ~ semiconductor rectifier
предохранительный ~ safety valve
резонансный ~ resonance isolator
ртутный ~ mercury-arc rectifier, mercury-arc valve
ручной ~ manually-controlled valve
сверхпроводящий ~ superconductor rectifier

СВЧ ~ microwave isolator
сливной ~ drain valve
~ с соленоидным приводом solenoid-operated valve
управляемый ~ controlled rectifier
управляющий ~ control valve
фарадеевский ~ Faraday (rotation) [Faraday-effect] isolator
ферритовый ~ ferrite isolator
электрический ~ rectifier
электровакуумный ~ rectifier tube, rectifier valve
электролитический ~ electrolytic rectifier
электронный ~ rectifier tube, rectifier valve, electronic rectifier
электрооптический ~ electro(-)optic isolator
вентилятор м. fan
всасывающий ~ drawing fan
вытяжной ~ exhaust [draft] fan
нагнетательный ~ pressure fan
охлаждающий ~ cooling fan
центробежный ~ turbo [centrifugal] blower
вентиляция ж. ventilation
вытяжная ~ exhaust [draft] ventilation
замкнутая ~ closed-circuit ventilation
приточная ~ forced ventilation
верность ж. ак., эл. (воспроизведения) (high) fidelity
~ воспроизведения ак. (high) fidelity
высокая ~ high fidelity, Hi-Fi
~ звука acoustic fidelity, fidelity of sound reproduction
~ звуковоспроизведения audio [acoustic] fidelity
~ цвета color fidelity
~ цветовоспроизведения color fidelity
~ электрических сигналов electric fidelity
верньер м. vernier
вероятность ж. probability
абсолютная ~ absolute probability
апостериорная ~ a posteriori [posterior, inverse] probability
априорная ~ a priori [prior] probability
~ безотказной работы probability of survival
безусловная ~ absolute probability
~ безызлучательного перехода radiativeless transition probability
~ в единицу времени probability per unit time
~ возбуждения excitation probability
~ выживания survival probability
~ вылета (напр. нейтрона) escape probability
~ вынужденного излучения stimulated [induced] emission probability
~ деления fission probability
~ диссоциации dissociation probability
доверительная ~ confidence coefficient, confidence level
~ занятости (уровня) occupation probability

~ заполнения (уровня) occupation probability
~ заселения кв. эл. probability of populating
~ захвата (напр. адрона ядром) capture probability
~ избежания утечки non-leakage probability
~ избежания утечки для быстрого нейтрона fast non-leakage probability
~ избежания утечки для теплового нейтрона thermal non-leakage probability
~ излучательного перехода radiative transition probability
~ ионизации ionization probability, probability of ionization
~ испускания emission [radiation] probability
~ многофотонного перехода multiphoton transition probability
нулевая ~ zero probability
~ обнаружения detection probability
~ образования автоионизационного состояния probability of forming an autoionizing state
~ однофотонного перехода one-photon [single-photon] transition probability
~ освобождения escape probability
~ отказа (прибора, устройства и т.п.) probability of failure
~ отлипания (аэрономия) detachment probability
отличная от нуля ~ nonzero probability
относительная ~ relative probability
~ ошибки error probability
~ перехода кв. мех. transition probability, probability of transition
повторная ~ делений iterated fission probability
полная ~ total [overall] probability
полная ~ перехода total transition probability
~ превращения transition probability, probability of transformation
приведённая ~ перехода reduced transition probability
~ прилипания яф sticking probability; (аэрономия) attachment probability
~ проникновения penetration [tunneling] probability
~ проникновения через кулоновский барьер Coulomb penetration probability
~ просачивания penetration [tunneling] probability
~ прохождения penetration [tunneling] probability
~ распада disintegration [decay] probability
~ рассеяния scattering probability
~ регистрации detection probability
~ резонансной флуоресценции в слабом поле resonance fluorescence probability in a weak field
~ рекомбинации recombination probability, probability of recombination

~ события probability (of occurence) of the event

~ состояния state probability, probability of state

~ соударения collision probability, probability of collision

~ спонтанного излучения spontaneous emission probability

~ столкновения collision probability, probability of collision

суммарная ~ integrated [total] probability

термодинамическая ~ thermodynamic probability

~ трёхфотонной ионизации атома probability of three-photon atom ionization

~ туннелирования tunneling probability

~ туннельной ионизации tunnel ionization probability

~ тушения фотона в среде probability of the photon quenching in the medium

условная ~ conditional probability

~ фотодиссоциации photodissociation probability

~ фотоионизации photoionization probability

~ фотоотсчёта photocount probability

элементарная ~ elementary probability

~ эмиссии emission probability

вероятный *прил.* probable

версальность *ж.* versality

версия *ж.* version; option

вёрстка *ж. (процесс)* pagination; *(корректура)* proof

вертекс *м. астр.* vertex

вертикал *м. астр.* vertical

первый ~ prime vertical

вертикал/ь *ж.* vertical ☐ **по ~и** vertically

главная ~ аэроснимка principal line; principal meridian

вертикально *нареч.* vertically

~ поляризованный vertically polarized

вертолёт *м.* helicopter

вертушка *ж.* propeller

гидрометрическая ~ hydrometric current meter, hydrometric propeller

~ Крукса Crookes propeller

цветная ~ color wheel

верх *м.* top; head

верхушка *ж.* top; tip

~ домена domain tip

верчение *с.* spinning; rotation

вершина *ж. мат., физ.* vertex *(мн.* vertices); *(верхняя часть)* top, apex, tip; peak

аннигиляционная ~ annihilation apex

векторная ~ vector vertex

~ взаимодействия interaction vertex

внутренняя ~ internal vertex

~ волны peak of wave, wave crest

временıподобная ~ time-like vertex

~ гиперболы vertex of a hyperbola

голая ~ bare vertex

~ графа node of a graph

~ дендрита *крист.* dendrite tip

~ диаграммы diagram vertex

~ диаграммы Фейнмана Feynman diagram vertex

дух-глюонная ~ ghost-gluon vertex

духовая ~ ghost vertex

кварк-глюонная ~ quark-gluon vertex

~ конуса vertex of a cone

~ кривой peak of a curve

~ кристалла crystal tip

кубическая янг-миллсовская ~ triple [cubic] Yang-Mills vertex

~ линзы vertex of lens, lens vertex

~ надреза notch root

наружная ~ external vertex

неприводимая ~ irreducible vertex

~ неровности asperity summit

~ нитевидного кристалла whisker tip

обобщённая ~ *ктп* generalized vertex

обрезанная ~ *(диаграммы)* cut vertex

одетая ~ dressed vertex

~ петли гистерезиса tip of a hysteresis loop

~ пирамиды vertex of a pyramid

плоская ~ *(импульса)* flat top

плоская ~ резонансной кривой flat top of a resonance crest

пространственноподобная ~ space-like vertex

~ светового конуса light-cone tip

~ события top of event

~ траектории culmination point of a trajectory, trajectory peak

~ треугольника vertex of a triangle

трёхглюонная ~ three-gluon vertex

трёхчастичная ~ three-particle vertex

~ трещины crack tip

тройная ~ cubic [triple] vertex

~ угла vertex of an angle

фермионная ~ fermionic vertex

фотонная ~ photon vertex

четверная ~ quartic vertex

четырёхглюонная ~ four-gluon vertex

четырёхчастичная ~ four-particle vertex

электрон-фотонная ~ electron-photon vertex

вершинный *прил. (напр. атом)* apical

вес *м.* weight ☐ **входящий с большим ~ом** *стат. физ.* heavily weighted

абсолютный ~ absolute weight

атомный ~ atomic weight

~ брутто gross weight

вершинный статистический ~ vertex statistical weight

взлётный ~ take-off weight

изотопический ~ isotopic weight

изотопный ~ isotopic weight

ионный ~ ionic weight

кажущийся ~ *(погруженного тела)* apparent weight

молекулярный ~ molecular weight

молярный ~ molar weight

~ нетто net weight

нормальный ~ standard weight
относительный ~ relative weight
относительный атомный ~ relative atomic weight
парный статистический ~ paired statistical weight
~ полезного груза *(космического корабля)* payload weight
собственный ~ dead load
средний атомный ~ average atomic weight
старший ~ *мат.* highest weight
старший ~ **представления** highest weight of representation
статистический ~ statistical weight
статистический ~ **уровня** statistical weight of level
~ тела weight of body
удельный ~ specific gravity, specific weight
физический атомный ~ physical atomic weight
химический атомный ~ chemical atomic weight
чистый ~ net weight
весовой *прил. (о множителе)* weighting
весомость *ж.* weightiness, ponderability
весомый *прил.* ponderous
вестник *м. (журнал)* herald
Вестник Академии наук Herald of the Academy of Sciences
Вестник РФФИ Herald of the RFBR
весы *мн.* balance
аналитические ~ analytical balance
ареометрические ~ hydrometer balance
аэродинамические ~ aerodynamic [wind tunnel] balance
аэродинамические ~ **для измерения лобового сопротивления** drag balance
аэродинамические ~ **для измерения подъёмной силы** lift balance
аэродинамические ~ **для одной составляющей** one-component balance
аэродинамические ~ **для трёх составляющих** three-component balance
аэродинамические ~ **для шести составляющих** six-component balance
газовые ~ gas balance
гидростатические ~ hydrostatic balance
~ Гюи Gouy balance
~ для определения сил и моментов вращения вокруг продольной оси rolling balance
индукционные ~ induction balance
~ Капицы Kapitza balance
~ Квинке Quincke balance
кольцевые ~ tilting-ring manometer
кольцевые ~ **Саксмита** Sucksmith ring balance
крутильные ~ torsion [Coulomb] balance
~ Кулона Coulomb [torsion] balance
~ Кюри - Шевено Curie-Chéveneau balance
лабораторные ~ laboratory balance

магнитные ~ magnetic balance
магнитные ~ **Вакье** Vaquier magnetic balance
магнитные ~ **Гюи** Gouy magnetic balance
магнитные ~ **Капицы** Kapitza magnetic balance
магнитные ~ **Квинке** Quincke magnetic balance
магнитные ~ **Рэнкина** Rankine magnetic balance
магнитные ~ **Фарадея** Faraday magnetic balance
микроаналитические ~ microanalytical balance
одноплечие ~ single-arm balance
одночашечные ~ single pan balance
полумикроаналитические ~ semimicroanalytical balance
прецизионные ~ precision balance
пробирные ~ assay balance
пружинные ~ spring balance
равноплечие ~ equal-arm balance
~ Роберваля Roberval balance
~ Рэнкина Rankine balance
рычажные ~ beam balance
сорбционные ~ sorption balance
сорбционные ~ **Мак-Бейна** McBain sorption balance
стержневые аэродинамические ~ sting balance
тензометрические ~ strain-gauge balance
токовые ~ current [ampere] balance
торсионные ~ torsion balance
точные ~ precision balance
трёхкомпонентные аэродинамические ~ three-component aerodynamic balance
универсальные ~ universal balance
~ Фарадея Faraday balance
химико-аналитические ~ analytical balance
шестикомпонентные аэродинамические ~ six-component aerodynamic [wind tunnel] balance
электронные ~ electronic balance
ветвление *с. фвэ* branching, ramification
движущееся ~ moving branching
двойное ~ double branching
двухпомеронное ~ two-pomeron branching
двухреджеонное ~ two-reggeon branching
манделстамовское ~ Mandelstam branching
многопомеронное ~ multipomeron branching
множественное ~ multiple branching
~ разряда branching of discharge
~ Померанчука *яф* Pomeranchuk branching
~ трещины crack branching
ветв/ь *ж.* branch; arm
активная ~ *(электрической цепи)* active branch
акустическая ~ *(колебательного спектра)* acoustic branch
бесконечная ~ **кривой** infinite branch of a curve

восходящая ~ *(характеристики, кривой)* ascending [rising] branch
вращательная ~ rotational branch
высокочастотная ~ high-frequency branch
гравитационная ~ gravitational branch
~ дендрита *крист.* dendrite branch
~ дерева *(диаграммы)* tree branch
джинсовская ~ Jeans branch
~ камертона prong of a tuning fork
~ кривой branch of a curve
~ колебаний oscillation branch
~ метеорного потока meteor shower [stream] branch
низкочастотная ~ low-frequency branch
оптическая ~ *(колебательного спектра)* optical branch
падающая ~ *(характеристики, кривой)* descending branch
пассивная ~ *(электрической цепи)* passive branch
~ петли гистерезиса branch of a hysteresis loop
~ молекулярной полосы molecular band branch
~ распада branch of decay
регулярная спиральная ~ *астр.* regular spiral branch
сопряжённые ~и conjugate branches
спиральная ~ *(галактики)* spiral branch
~ термопары arm of a thermocouple
флокуллентная спиральная ~ *астр.* flocculent spiral branch
~ функции branch of a function
~ электрической цепи branch of a network, network arm
ветер *м.* wind
акустический ~ acoustic wind
~ в ионосфере ionospheric wind
~ в ионосферном слое ionosphere layer wind
~ в тропосфере tropospheric wind
геострофический ~ geostrophic wind
градиентный ~ gradient wind
звёздный ~ stellar wind
звуковой ~ acoustic [quartz] wind
ионосферный ~ ionospheric wind
магнитный звёздный ~ magnetic stellar wind
магнитогидродинамический ~ hydromagnetic [MHD] wind
межзвёздный ~ interstellar wind
полярный ~ polar wind
поперечный ~ transverse [cross] wind
солнечный ~ solar wind
фононный ~ phonon wind
электрический ~ electric wind
электронный ~ *фпп* electron wind
ветроэнергетика *ж.* wind-power engineering
вечность *ж.* eternity
~ Вселенной eternity of the Universe
вещание *с.* broadcasting
вещественный *прил.* real

вещество *с.* substance, material, matter; agent
абсорбированное ~ absorbed substance, absorbate
абсорбирующее ~ absorbing substance, absorbent
адронное ~ hadron substance
адсорбированное ~ adsorbed substance
адсорбируемое ~ adsorbate
адсорбирующее ~ adsorbent
аккрецирующее ~ accretion substance
активированное ~ activated material, activated substance
активирующее ~ activating agent
активное ~ active material
активное ~ лазера active laser material, laser medium
активное ~ мазера active maser material, maser medium
~ активной зоны core material
альфа-радиоактивное ~ alpha-radioactive substance
аморфное ~ amorphous substance
амфифильное ~ amphiphylic substance
анизотропное ~ anisotropic substance, anisotropic material
антикоррозийное ~ anticorrosive agent
антисегнетоэлектрическое ~ antiferroelectric substance, antiferroelectric material
антиферромагнитное ~ antiferromagnetic material
атомное взрывчатое ~ atomic explosive
бета-радиоактивное ~ beta-radioactive substance
боевое радиоактивное ~ radiological warfare agent
бомбардируемое ~ bombarded [irradiated] material, material under bombardment
взаимодействующее ~ reactant, reacting agent
взвешенное ~ suspended matter, suspension
взрывчатое ~ explosive
~ внеземного происхождения extraterrestrial substance, extraterrestrial material
~ в объёме bulk material, bulk matter
водородсодержащее ~ hydrogenous material
воздухоэквивалентное ~ *(для ионизационных камер)* air equivalent material
воспроизводящее ~ *яф* fertile material
восстановительное ~ deoxidizing [reducing] agent, deoxidizer, reducer
вырожденное ~ degenerate matter
высокорадиоактивное ~ "hot" [highly radioactive] material
вяжущее ~ cohesive material
вязкое ~ viscous [Newtonian] substance
газообразное ~ gaseous substance, gaseous material
гамма-радиоактивное ~ gamma-radioactive substance
~, гасящее люминесценцию luminescence quencher

двоякопреломляющее ~ doubly refracting material, doubly refracting substance

двухкомпонентное ~ two-component substance

двухосное ~ biaxial substance

дегидратирующее ~ dehydrating agent, dehydrant

делящееся ~ fissile material, fissionable substance, fissionable material

~, делящееся быстрыми нейтронами fast fissile material

~, делящееся тепловыми нейтронами thermal fissile material

~ детектора detector material

диамагнитное ~ diamagnetic substance, diamagnetic material

диспергированное ~ dispersed material

дисперсное ~ dispersed material

диффундирующее ~ diffusing material, diffusing substance

диэлектрическое ~ dielectric substance, dielectric material

долговыдержанное радиоактивное ~ long-decayed material

долгоживущее ~ long-lived [long-half-life] material

дочернее ~ daughter product

естественно-активное ~ optically active substance

жидкое ~ liquid substance

загружаемое ~ charge material

загрязняющее ~ pollutant; contaminant, contaminating material

~ замедлителя moderator material

замедляющее ~ яф moderating [stopping] material, moderator

звёздное ~ stellar material

звукопоглощающее ~ sound absorbing material

~ зоны воспроизводства blanket material

излучающее ~ emitting [radiating] substance

изолирующее ~ insulator, insulating material

изоморфное ~ isomorphous substance

изотропное ~ isotropic substance, isotropic matter

индивидуальное ~ терм. individual substance

индикаторное ~ tracer material, tracer substance

инородное ~ foreign material, foreign substance

исследуемое ~ investigated material, material under investigation

~ источника source material

истощённое ~ depleted material

исходное ~ initial product, raw material, original substance

капиллярно-активное ~ capillary active substance

коллапсирующее ~ collapsing matter

коллоидное ~ colloid

кометное ~ cometary matter

конденсированное ~ condensed matter, condensed material

контактное ~ contact agent, catalyst

контрастное ~ contrast medium

корональное ~ coronal material, coronal matter

короткоживущее ~ short-lived [short-half-life] material

космологическое ~ cosmological matter

красящее ~ colouring matter; colorant; dye

кристаллическое ~ crystalline substance, crystalline matter

легированное ~ doped material

легирующее ~ doping [dopant] material

летучее ~ volatile substance, volatile material

лунное ~ lunar material

люминесцентное ~ luminescent material, luminescent substance

люминесцирующее ~ luminescent material, luminescent substance

магнитно-мягкое ~ soft magnetic material

магнитно-твёрдое ~ hard magnetic material

магнитоупорядоченное ~ magnetically ordered materials

матирующее ~ опт. mat substance

межгалактическое ~ intergalactic matter, intergalactic material

межзвёздное ~ interstellar matter, interstellar substance

межзвёздное пылевое ~ interstellar dust, interstellar debris

межпланетное ~ interplanetary substance, interplanetary matter

метеоритное ~ meteoritic material, meteoritic matter

метеорное ~ meteoric material, meteoric matter

микрометеоритное ~ micrometeorite material

минеральное ~ mineral substance

~ мишени target substance

незамедляющее ~ nonmoderator, nonmoderating material

нейтронное ~ neutron substance

нелетучее ~ nonvolatile substance

немагнитное ~ nonmagnetic material, nonmagnetic substance

неметаллическое ~ non-metal

неоднородное ~ inhomogeneous substance

неорганическое ~ inorganic matter

~, не подчиняющееся закону 1/v non-1/v material

неполярное ~ nonpolar substance

нерастворённое ~ nonsolute

нерастворимое ~ insoluble matter

нерелятивистское ~ nonrelativistic matter

несегнетоэлектрическое ~ nonferroelectric substance

неферромагнитное ~ nonferromagnetic substance

~, **нечувствительное к облучению** radiation-resistant material

ньютоновское ~ Newtonian [viscous] substance

обеднённое ~ depleted material

обесцвечивающее ~ discoloring agent

облучаемое ~ irradiated [exposed] material

обогащённое ~ enriched material

обратно рассеивающее ~ back-scattering material, back-scatterer

однокомпонентное ~ single-component substance

одноосное ~ uniaxial substance

однородное ~ homogeneous substance

окрашивающее ~ coloring agent

оптически активное ~ optically active substance

оптически анизотропное ~ optically anisotropic substance

оптическое отбеливающее ~ optical bleaching agent

органическое ~ organic matter

осаждающее ~ precipitator, precipitating agent

основное ~ base [host] material

отбеливающее ~ bleaching agent

отражающее ~ reflecting material

охлаждающее ~ cooling agent, coolant

парамагнитное ~ paramagnetic substance, paramagnetic material

пластическое ~ plastic (substance)

плёнкообразующее ~ film-forming substance, film-forming material

плотное ~ dense [condensed] matter

поверхностно-активное ~ **(ПАВ)** surface-active substance, surfactant, surface-active material

поглощающее ~ absorbing material, absorbing substance, absorbent

~, **поглощающее нейтроны** neutron-absorbing [poison] material

~ **подложки** backing material

~, **подчиняющееся закону Гука** Hookean substance

поликристаллическое ~ polycrystalline substance, polycrystalline material

полярное ~ polar substance

преломляющее ~ refracting material

продиффундировавшее ~ diffusate

прозрачное ~ transparent material

просвечивающееся ~ translucent material

простое ~ elementary substance

противовуалирующее ~ *фото* antifogging agent

противокоррозионное ~ corrosion inhibitor

пылевидное ~ dust-like matter

рабочее ~ working substance [medium]

рабочее ~ **лазера** working laser material; working laser medium, active laser material

рабочее ~ **мазера** working maser material; working maser medium, active maser material

радиационно-защитное ~ radio-protector, radio-protective substance

радийсодержащее ~ radium-bearing material

радиоактивное ~ radioactive material, radioactive substance

разбавленное ~ diluted material

разбавляющее ~ diluent

распадающееся ~ decaying substance

рассеивающее ~ scattering material; scattering substance

растворённое ~ solute, dissolved substance

растворимое ~ soluble substance

растворяющее ~ solvent

расщепляющееся ~ fissile [fissionable] material, fissionable substance

реагирующее ~ reactant, reacting agent

реперное ~ standard substance

самогравитирующее ~ self-gravitating matter

самосветящееся ~ self-luminescent material

сверхпроводящее ~ superconducting substance, superconducting material

сверхчистое ~ ultra pure substance, ultra pure material

светящееся ~ luminous matter, luminous [luminescent] material

связующее ~ binder, binding material

~ **с графитовой интеркаляцией** graphite intercalated compound

сегнетоэлектрическое ~ ferroelectric substance, ferroelectric material

сенсибилизирующее ~ sensitizer

серое ~ *опт.* gray material

сильномагнитное ~ strong magnetic substance

склеивающее ~ adhesive

слабомагнитное ~ weak magnetic substance

~, **слабо поглощающее нейтроны** low capture material

смазочное ~ lubricant, lubricating substance

смачивающее ~ wetting agent

солнечное ~ solar matter, solar material

сорбированное ~ sorbate

сорбирующее ~ sorbent

~, **стойкое к действию излучения** radiation-resistant material

~ **с тяжёлыми фермионами** heavy-fermion compound

сцинтиллирующее ~ scintillating [scintillation] material

твёрдое ~ solid (matter), solid substance

тёмное ~ dark matter, dark material

термосенсибилизирующее ~ thermal-sensitizing agent

тканеэквивалентное ~ tissue-equivalent material

тормозящее ~ *яф* moderating material, stopping material, moderator

трёхкомпонентное ~ three-component substance

ультрарелятивистское ~ ultrarelativistic matter

ускоряющее ~ *фото* accelerating agent, accelerator

ферромагнитное ~ ferromagnetic substance, ferromagnetic material

фиксирующее ~ *фото* fixing agent

флуоресцентное ~ fluorescent substance; fluorescent material

флуоресцирующее ~ fluorescent substance, fluorescent material

фосфоресцирующее ~ phosphorescent material; phosphorescent substance

фотодихроичное ~ photodichroic material

химически опознаваемое ~ chemically identifiable substance

химически чистое ~ chemically pure substance

химическое взрывчатое ~ chemical explosive

цветосдвигающее ~ color shifter

чистое ~ pure substance, pure material

~, чувствительное к облучению radiation-sensitive material

экстрагирующее ~ extractant

эмитирующее ~ emitting material

эталонное ~ reference substance

ядерное ~ nuclear matter

ядерное взрывчатое ~ nuclear explosive

взаимно *нареч.* mutually; reciprocally; inter- *(напр. interchangeable)*

~ дополнительный mutually disjoint; mutually complementary

~ заменимый interchangeable

~ непрерывный bicontinuous

~ обратный inverse, reciprocal

~ обусловленный mutually causal

~ однозначный one-to-one, one-one

~ ортогональный mutually orthogonal

~ перпендикулярный mutually perpendicular

~ проникающий interpenetrating

взаимность *ж.* reciprocity, mutuality

взаимный *прил. (о расположении)* relative; *(о воздействии)* mutual, reciprocal

взаимовлияние *с.* interference; interaction; mutual influence

взаимодействи/е *с.* interaction □ ~ **A с B,** ~ **между A и B** A-B interaction, interaction between A and B; ~ **между ионосферой и магнитосферой** ionosphere-magnetosphere interaction

адгезионное ~ adhesive interaction

аддитивное ~ additive interaction

адиабатическое ~ **волн** adiabatic wave interaction

адиабатическое ~ **частиц** adiabatic particle interaction

адронное ~ hadron interaction

адрон-ядерное ~ hadron-nucleus interaction

аксиально-векторное ~ axial-vector interaction

аксиальное ~ axial interaction

аксиальное слабое ~ *ктп* axial-weak interaction

акустооптическое ~ acousto-optical interaction

акустоэлектронное ~ acoustoelectronic interaction

ангармоническое ~ *(напр. между колебательными модами молекулы)* anharmonic coupling

аномальное ~ anomalous interaction

~ антипротонов с нейтронами antiproton-neutron interaction

антипротон-ядерное ~ antiproton-nuclear interaction

антисимметричное ~ antisymmetric interaction

антисимметричное обменное ~ antisymmetric exchange interaction

антиферромагнитное ~ antiferromagnetic interaction

асимметричное ~ asymmetric interaction

~ атомных диполей atom dipole interaction

аэродинамическое ~ aerodynamic interaction

биквадратное обменное ~ biquadratic exchange interaction

близкодействующее ~ short-range [short-distance, close-range] interaction

блоховское ~ Bloch interaction

ван-дер-ваальсово ~ Van der Waals interaction

ван-дер-ваальсовское ~ Van der Waals interaction

вектор-аксиальное ~ vector-axial interaction

векторное ~ vector interaction

векторноподобное ~ vector-like interaction

вибрационное ~ vibratory interaction

вибронное ~ vibronic interaction

вигнеровское ~ Wigner interaction

~ видов колебаний mode coupling

виртуальное ~ virtual interaction

~ вихрей vortex [vortex-vortex] interaction

~ вихрей с дислокациями vortex-dislocation interaction

~ в конечном состоянии (ВКС) final state interaction, FSI

внешнее ~ external interaction

внеядерное ~ extranuclear interaction

внутриатомное ~ intra-atomic interaction

внутримолекулярное ~ intramolecular interaction

внутриоболочечное ~ intrashell interaction

внутриядерное ~ intranuclear interaction

~ волн interaction of waves, wave interaction

~ волна-волна wave-wave interaction

~ волна-частица wave-particle interaction

вторичное ~ secondary interaction

вторично квантованное ~ second quantized interaction

вырожденное ~ degenerate interaction

вырожденное параметрическое ~ degenerate parametric interaction

вырожденное трёхчастотное ~ *опт.* degenerate three-frequency interaction

вырожденное четырёхволновое ~ degenerate four-wave mixing
высокоэнергетическое ~ high-energy interaction
выстраивающее ~ aligning interaction
~ гармоник harmonic interaction
гетероядерное дипольное ~ heteronuclear dipole interaction
гидрофобное ~ hydrophobic interaction
гиперон-нуклонное ~ hyperon-nucleon interaction
гиперцветовое ~ hypercolor interaction
гиротронное ~ gyrotron interaction
глубоко неупругое ~ deep inelastic interaction
глюон-глюонное ~ gluon-gluon interaction
гравитационное ~ gravitational interaction
дальнодействующее ~ long-range interaction
двухпучковое ~ two-beam interaction, beam-beam interaction
~ двух тел two-body interaction
двухчастичное ~ two-particle interaction
джозефсоновское ~ Josephson interaction
~ Дзялошинского Dzyaloshinski interaction
~ Дзялошинского - Мория Dzyaloshinski-Moriya interaction
диагональное ~ diagonal interaction
диамагнитное ~ diamagnetic interaction
динамическое ~ dynamic interaction
диполь-дипольное ~ dipole-dipole interaction
диполь-квадрупольное ~ dipole-quadrupole interaction
дипольное ~ света с атомом photon-atom dipole interaction
~ Дирака Dirac interaction
~ дислокаций dislocation interaction
дисперсионное ~ dispersion interaction
дифракционное ~ diffraction interaction
диффузионное ~ diffusion interaction
дуальное ~ dual interaction
единое калибровочное ~ unified gauge interaction
~, зависящее от калибровки gauge-dependent interaction
~, зависящее от спина spin-dependent interaction
зарядово-независимое ~ charge-independent interaction
зарядово-обменное ~ charge exchange interaction
зарядово-симметричное ~ charge-symmetric interaction
~ заряжённых токов charged-current interaction
зеемановское ~ Zeeman interaction
избирательное ~ selective interaction
изовекторное ~ isovector interaction
изосинглетное ~ isosinglet interaction
изоскалярное ~ isoscalar interaction
изотензорное ~ isotensor interaction

изотриплетное ~ isotriplet interaction
инвариантное ~ invariant interaction
индукционное ~ induction interaction
индуцированное ~ induced interaction
инерционное ~ inertial interaction
инклюзивное ~ inclusive interaction
инстантон-антиинстантонное ~ instanton-anti-instanton interaction
ионное ~ ion(ic) interaction
истинное ~ true interaction
~ калибровочного типа gaugelike interaction
калибровочное ~ gauge interaction
калибровочно-инвариантное ~ gauge-invariant interaction
каон-ядерное ~ kaon-nuclear interaction
касательное ~ tangent [grazing] interaction
каскадное ~ cascade interaction
квадратичное ~ quadratic interaction
квадруполь-квадрупольное ~ quadrupole-quadrupole interaction
квадрупольное ~ quadrupole interaction
квазиклассическое ~ quasi-classical interaction
квазисвободное ~ quasi-free interaction
квазиупругое ~ quasi-elastic interaction
квантованное ~ quantized interaction
квантовое ~ quantum interaction
кварк-адронное ~ quark-hadron interaction
кварк-антикварковое ~ quark-antiquark interaction
кварк-глюонное ~ quark-gluon interaction
кварк-кварковое ~ quark-quark interaction
классическое ~ classical interaction
ковалентное ~ covalent interaction
когезионное ~ cohesive interaction
когерентное ~ coherent interaction
колебательно-вращательное ~ rotational-vibrational interaction
коллективное ~ collective interaction
коллективное межионное обменное ~ collective ion-ion exchange interaction
коллинеарное ~ волн collinear wave interaction
~ колодцев interference of wells
конкурирующие ~я competing interactions
контактное ~ contact interaction
контактное ~ Ферми contact Fermi interaction
конфигурационное ~ configuration interaction
~ Кориолиса Coriolis interaction
кориолисово ~ Coriolis interaction
короткодействующее ~ short-range [close-range, short-distance] interaction
короткодействующее межатомное ~ short-range interatomic interaction
короткодействующее обменное ~ short-range exchange interaction
корреляционное ~ correlation interaction
косвенное ~ indirect interaction
косвенное обменное ~ indirect exchange interaction

косвенное обменное ~ Крамерса Kramers indirect exchange interaction
кросс-релаксационное ~ cross-relaxation interaction
кулоновское ~ Coulomb [electrostatic] interaction
кулоновское ~ в конечном состоянии Coulomb interaction in the final state
латеральное ~ *физ. пов.* lateral interaction
лептонное ~ leptonic interaction
~ лептонов с мезонами lepton-meson interaction
линейное ~ linear interaction
линейное ~ волн linear wave interaction
логарифмическое ~ logarithmic interaction
локализованное ~ localized interaction
локальное ~ local interaction
локальное четырёхфермионное ~ local four-fermion interaction
магнитно-дипольное ван-дер-ваальсово ~ magnetodipole Van der Waals interaction
магнитное ~ magnetic interaction
магнитное диполь-дипольное ~ magnetic dipole-dipole interaction
магнитное ~ на границе раздела magnetic interfacial coupling
магнитное сверхтонкое ~ magnetic hyperfine interaction
магнитогидродинамическое ~ magnetohydrodynamic interaction
магнитодипольное ~ magnetodipole interaction
магнитостатическое ~ magnetostatic interaction
магнитоупругое ~ magnetoelastic interaction
магнон-фононное ~ magnon-phonon interaction
~ Майораны Majorana interaction
~ макродефектов macrodefect interaction
макроскопическое ~ macroscopic interaction
макроупругое ~ macroelastic interaction
масштабно-инвариантное ~ scale-invariant interaction
межатомное ~ interatomic interaction
межгалактическое ~ intergalactic interaction
межионное ~ ion-ion [interionic] interaction
межмолекулярное ~ intermolecular interaction
межоболочечное ~ *(в атомах)* intershell interaction
~ межпланетной среды с магнитосферой Земли interplanetary medium-Earth magnetosphere interaction
межчастичное ~ interparticle interaction
межъядерное ~ nucleus-nucleus interaction
мезон-барионное ~ meson-baryon interaction
мезон-мезонное ~ meson-meson interaction
мезон-нуклонное ~ meson-nucleon interaction

металлическое ~ metal interaction
метацветовое ~ metacolor interaction
микроскопическое ~ microscopic interaction
минимизированное ~ minimized interaction
~ многих тел many-body interaction
многоволновое ~ multiwave interaction
многодолинное ~ *фпп* multivalley interaction
многоканальное ~ multichannel interaction
многократное ~ multiple interaction
многофотонное ~ multiphoton interaction
многочастичное ~ multiparticle [many-particle] interaction
~ мод mode coupling
модельное ~ model interaction
модифицированное ~ modified interaction
мультипериферическое ~ multiperipheral interaction
мультипольное ~ multipole interaction
мультипольное ван-дер-ваальсово ~ multipole Van der Waals interaction
мультиреджевское ~ *фвэ* multi-Regge interaction
~, нарушающее калибровку gauge-violating interaction
~, нарушающее симметрию symmetry-violating interaction
~, нарушающее чётность parity-violating interaction
невырожденное четырёхволновое ~ *нелин. опт.* nondegenerate four-wave interaction, nondegenerate four-wave mixing
негейзенберговское ~ non-Heisenberg interaction
недиагональное ~ nondiagonal interaction
~, не зависящее от аромата *фвэ* flavor-independent interaction
~ нейтральных токов neutral-current interaction
нейтрон-протонное ~ neutron-proton interaction
некогерентное ~ noncoherent interaction
неколлинеарное ~ noncollinear interaction
нелинейное ~ nonlinear interaction
нелинейное ~ волн nonlinear wave mixing
нелинейное ~ волна-частица nonlinear wave-particle interaction
нелинейное ~ мод nonlinear interaction of modes, nonlinear mode coupling
нелокальное ~ nonlocal interaction
неперенормируемое ~ nonrenormalizable interaction
непериферическое ~ nonperipheral interaction
непрерывное ~ continuous interaction
непрямое ~ indirect interaction
нерезонансное ~ nonresonant interaction
несильное ~ nonstrong interaction
несимметричное ~ nonsymmetric interaction

нестранное ~ nonstrange interaction
неупругое ~ inelastic interaction
нецентральное ~ noncentral interaction
нечётное ~ parity-odd interaction
низкоэнергетическое ~ low-energy interaction
~ носителей carrier interaction
нуклон-лептонное ~ nucleon-lepton interaction
нуклонное ~ nucleon(ic) interaction
нуклон-нуклонное ~ nucleon-nucleon interaction
~ обменного типа exchange-type interaction
обменное ~ exchange interaction
обменное ~ Дзялошинского - Мория Dzyaloshinski-Moriya exchange interaction
обменное диполь-дипольное ~ exchange dipole-dipole interaction
обменное магнитоупругое ~ exchange magnetoelastic interaction
обменно-корреляционное ~ exchange-correlated interaction
обобщённое ~ generalized interaction
~ одинаковых атомов interaction of identical atoms
околопороговое ~ near threshold interaction
октетное ~ octet interaction
октуполярное ~ octupolar interaction
~ оптического излучения с веществом interaction of light with matter
ориентационное ~ orientation interaction
ориентирующее ~ aligning interaction
остаточное ~ residual interaction
~ отражённых волн reflection interaction
параметрическое ~ parametric interaction
параметрическое ~ волн parametric wave interaction, parametric wave mixing
параметрическое четырёхволновое ~ parametric four-wave interaction, parametric four-wave mixing
парное ~ pair interaction
первичное ~ primary interaction
перекрёстное ~ cross-coupling, intercoupling
перенормируемое ~ renormalizable interaction
перестановочно-симметричное ~ commutative-symmetric interaction
периодическое ~ periodical interaction
периферическое ~ peripheral interaction
~ пи-мезонов с к-мезонами pion-kaon interaction
пион-ядерное ~ pion-nucleus interaction
плазмонное ~ plasmon interaction
~ плазмы с диафрагмой *(в токамаке)* plasma-limiter interaction
~ плазмы со стенкой *(в токамаке)* plasma-wall interaction; interaction of plasma and walls
~ плазмы с поверхностью plasma-surface interaction
поверхностное ~ surface interaction

поверхностное ~ разрежённых газов surface interaction of rarefied gases
полиномиальное ~ polynomial interaction
полуинклюзивное ~ semi-inclusive interaction
полулептонное ~ semileptonic interaction
полусильное ~ semistrong interaction
полуслабое ~ semiweak interaction
поляризационное ~ polarization interaction
пондеромоторное ~ ponderomotive interaction
попарное ~ pairwise interaction
пороговое ~ threshold interaction
предкалибровочное ~ pregauge interaction
преобладающее ~ preponderant interaction
преонное ~ preon interaction
промежуточное ~ intermediate interaction
прямое ~ direct interaction
псевдовекторное ~ pseudovector interaction
псевдоквадрупольное ~ pseudo-quadrupole interaction
псевдоскалярное ~ pseudoscalar interaction
~ пучка с геликонами beam-whistler interaction
~ пучка со стенкой beam-wall interaction
~ пучок-плазма beam-plasma interaction
пьезоэлектрическое ~ piezoelectric interaction
рамановское ~ Raman interaction
распадное ~ decay interaction
распределённое ~ distributed interaction
резонансное ~ resonant interaction, resonant coupling
резонансное ~ волн resonance wave mixing
релятивистское ~ relativistic interaction
~ РККИ RKKY exchange interaction
РККИ-обменное ~ *(взаимодействие Рудермана-Киттеля-Касуи-Иосиды)* RKKY exchange interaction
РККЯ-обменное ~ *(взаимодействие Рудермана-Киттеля-Касуи-Яфета)* RKKY exchange interaction
ровибронное ~ rovibronic interaction
ротационное ~ rotational interaction
~ Рудермана - Киттеля - Касуи - Иосиды Ruderman-Kittel-Kasuya-Yoshida interaction
~ Рудермана - Киттеля - Касуи - Яфета Ruderman-Kittel-Kasuya-Yafet interaction
сверхкритическое кулоновское ~ supercritical Coulomb interaction
сверхобменное ~ superexchange interaction
сверхсильное ~ superstrong [ultrastrong] interaction
сверхслабое ~ hyperweak [superweak] interaction
сверхтонкое ~ hyperfine [superfine] interaction
сверхтонкое электронно-ядерное ~ hyperfine electron-nuclear interaction
сверхустойчивое ~ superstable interaction
~ световых волн light wave interaction, interaction of light waves

сепарабельное ~ separable interaction
силовое ~ force interaction
сильное ~ strong interaction
симметричное ~ symmetric interaction
синглетное ~ singlet interaction
сингулярное ~ singular interaction
систематическое ~ systematic interaction
скалярное ~ scalar interaction
~ скачка уплотнения с пограничным слоем shock wave-boundary layer interaction
~ с конечным радиусом finite-range interaction
слабое ~ weak interaction
случайное ~ random [stochastic] interaction
солитонное ~ soliton interaction
~ солитонов soliton interaction
~ солнечного ветра с атмосферой планеты solar wind-planetary atmosphere interaction
~, сохраняющее странность strangeness-conserving interaction
~, сохраняющее CP-инвариантность CP-conserving interaction
спин-вращательное ~ spin-rotational interaction
~ спинов spin-spin interaction
спин-орбитальное ~ spin-orbit interaction, spin-orbit coupling
спин-решёточное ~ spin-lattice interaction
спин-спиновое ~ spin-spin interaction
спин-фононное ~ spin-phonon interaction
среднесильное ~ medium-strong interaction
статистическое ~ statistic(al) interaction
статическое ~ static interaction
стокс-антистоксово ~ Stokes-anti-Stokes mixing
стохастическое ~ random [stochastic] interaction
~ струи со скачком уплотнения jet-shock interaction
~ струн string interaction
~ ступеней роста крист. step interaction
~ Сула - Накамуры фмя Suhl-Nakamura interaction
супергравитационное ~ supergravity interaction
суперперенормированное ~ superrenormalized interaction
суперсверхтонкое ~ superhyperfine [supersuperfine] interaction
суперсимметричное ~ supersymmetric interaction
~ суперструн superstring interaction
тензорное ~ tensor interaction
термомеханическое ~ thermo-mechanical interaction
техницветовое ~ technicolor interaction
точечное ~ point interaction
тонкое ~ fine interaction
трансляционно инвариантное ~ translation-invariant interaction
трёхволновое ~ нелин. опт. three-wave interaction, three-wave coupling, three-wave mixing

трёхплазмонное ~ three-plasmon interaction
трёхпомеронное ~ three-pomeron interaction
трёхреджеонное ~ three-reggeon interaction
трёхчастичное ~ three-particle interaction
трибологическое ~ tribological interaction
трибохимическое ~ tribochemical interaction
триплетное ~ triplet interaction
триплетное нейтрон-протонное ~ triplet neutron-proton interaction
~ ударных волн interaction [crossing] of shock waves
удерживающее ~ confining interaction
универсальное ~ universal interaction
универсальное локальное ~ universal local interaction
универсальное слабое ~ universal weak interaction
упругое ~ elastic interaction
усреднённое ~ averaged interaction
фазоэквивалентное ~ phase-equivalent interaction
~ Ферми Fermi interaction
фермиевское ~ Fermi interaction
ферромагнитное ~ ferromagnetic interaction
флуктуационное ~ fluctuation interaction
фоновое ~ background interaction
фотон-фононное ~ photon-phonon interaction
фотоядерное ~ photonuclear interaction
фрелиховское ~ фтт Fröhlich interaction
фрикционное ~ frictional interaction
фундаментальное ~ fundamental [basic] interaction
химическое ~ chemical interaction
хромодинамическое ~ chromodynamic interaction
цветное ~ color interaction
цветомагнитное ~ color-magnetic interaction
цветоэлектрическое ~ color-electric interaction
центральное ~ central(-force) interaction
центробежное ~ centrifugal interaction
~ частица-дырка hole-particle interaction, particle-hole interaction
~ частиц с волнами particle-wave interaction
частично-дырочное ~ hole-particle [particle-hole] interaction
четверное ~ quadric interaction
чётное ~ parity-even interaction
четырёхволновое ~ four-wave interaction, four-wave mixing
четырёхплазмонное ~ four-plasmon interaction
четырёхспиновое ~ four-spin interaction
четырёхфермионное ~ four-fermion interaction

четырёхфотонное параметрическое ~ *кв. эл.* four-photon parametric interaction

шпурионное ~ *фвэ* spurion interaction

штарковское ~ Stark interaction

экзотическое ~ exotic interaction

экранированное ~ screened interaction

эксклюзивное ~ exclusive interaction

экспоненциальное ~ exponential interaction

электрическое квадрупольное ~ electric quadrupole interaction

электроакустическое ~ electroacoustical interaction

электродинамическое ~ electrodynamic interaction

электромагнитное ~ electromagnetic interaction

электрон-ионное ~ electron-ion interaction

электрон-магнонное ~ electron-magnon interaction

~ электронного пучка с плазмой electron beam-plasma interaction

электронное спин-фононное ~ electron spin-phonon interaction

электронно-колебательное ~ electron-vibrational interaction

электрон-протонное ~ electron-proton interaction

электрон-решёточное ~ lattice-electron interaction

электрон-фононное ~ electron-phonon interaction

электрон-фотонное ~ electron-photon interaction

электрон-электронное ~ electron-electron interaction

электрослабое ~ electroweak interaction

электростатическое ~ electrostatic [Coulomb] interaction

электрохимическое ~ electrochemical interaction

электроядерное ~ electronuclear interaction

~ элементарных частиц particle interaction

~ Юкавы Yukawa interaction

ядерное ~ nuclear interaction

ядерное квадрупольное ~ nuclear quadrupole interaction

ядерное спин-спиновое ~ nuclear spin-spin interaction

ядерное спин-фононное ~ nuclear spin-phonon interaction

ядерно-конфигурационное ~ nuclear-configuration interaction

ядро-ядерное ~ nucleus-nucleus interaction

CP-инвариантное ~ CP-invariant interaction

взаимодействовать *гл.* interact; react

взаимодействующий *прил.* interacting; reacting

взаимозависимость *ж.* interdependence; interrelationship

взаимозависимый *прил.* interdependent

взаимозаменяемость *ж.* interchangeability

взаимозаменяемый *прил.* interchangeable

взаимоиндуктивность *ж.* mutual inductance

взаимоиндукция *ж.* mutual induction

взаимоисключающий *прил.* mutually exclusive

взаимообмен *м.* interchange

взаимопроникающий *прил.* interpenetrating, interpenetrative

взаимообратимый *прил.* interconvertoble

взаимообратный *прил.* inverse; reciprocal

взаимоотношение *с.* interrelation, relationship

взаимопревращаемость *ж.* interconvertibility

взаимопроникновение *с.* mutual penetration, interpenetration

взаимосвязанность *ж.* interrelationship, interconnection

~ массы и энергии mass-energy relation

взаимосвязь *ж.* interconnection, interrelation(ship)

взаимофокусировка *ж.* (*волновых пучков*) interfocusing

взвесить *гл.* weigh

~ все обстоятельства weigh the pros and cons

~ на весах weigh on the scales

~ тело weigh a body

взвесь *ж.* suspended matter, suspension

водяная ~ water suspension

взвешенное *с.* weighted

~ среднее weighted mean

взвешенный *прил.* weighted

линейно ~ linearly weighted

~ по частоте frequency weighted

взвешивание *с.* (*определение массы тела*) weighing; *стат. физ.* weighting

гидростатическое ~ hydrostatic weighing

двойное ~ double weighing

~ методом Борда Borda [substitution] weighing

~ методом замещения substitution [Borda] weighing

прямое ~ direct weighing

разностное ~ weighing by difference

спектральное ~ spectral weighting

точное ~ precision weighing

фазовое ~ phase weighting

взводить *гл.* (*затвор фотокамеры*) cock a shutter

взгляд *м.* glance, view; opinion □ **на первый** ~ at first sight; at first glance; **подтверждение этого ~а можно найти в...** confirmation of this view comes from...; **согласно этому ~у** on this view

вздутие *с.* swell, swelling, bulging

взлёт *м.* takeoff

взрыв *м.* explosion; detonation, blast, burst

автокаталитический ~ autocatalytic explosion

~ активной зоны (*реактора*) core explosion

~ атомной бомбы atomic bomb explosion, A-bomb burst, A-bomb explosion

атомный ~ atomic explosion, atomic detonation

Большой ~ *(космология)* Big Bang

~ **в атмосфере** atmospheric explosion

воздушный ~ air explosion

~ **капли** *(под действием лазерного излучения)* drop explosion

квантовый ~ *(чёрной дыры)* quantum explosion

кулоновский ~ Coulomb explosion

~ **на выброс** cratering [excavating] explosion

надводный ~ above-water explosion

наземный ~ ground [surface] explosion

~, **направленный внутрь** implosion

поверхностный ~ surface explosion

подводный ~ underwater explosion

подземный ~ subsurface [underground, buried] explosion

~ **сверхновой** *(звезды)* supernova explosion, supernova outburst

тепловой ~ thermal explosion

тепловой ~ **проводника** conductor thermal burst

~ **термоядерной бомбы** thermonuclear explosion

термоядерный ~ thermonuclear explosion

химический ~ chemical explosion

цепной ~ chain explosion

ядерный ~ nuclear explosion, nuclear detonation

~ **ядра** nuclear burst, nuclear fragmentation

взрывать *гл.* explode, detonate

взрываться *гл.* explode, detonate

взрывной *прил.* explosive

взрывобезопасный *прил.* explosion-proof, blast-proof, blast-resistant

взрывоопасный *прил.* dangerously explosive

взрывчатый *прил.* explosive

взятие *с. (пробы)* sampling

взять *гл.* take

~ **в скобки** parenthesize, enclose in parentheses

вибрант *м. ак.* vibrant

вибрато *с. ак.* vibrato

вибратор *м. (механизм)* vibrator, staker; *(антенна)* dipole

вертикальный ~ vertical dipole

волновой ~ full-wave dipole

гармонический ~ sine-wave dipole

~ **Герца** Hertzian dipole

~ **гидролокатора** hydroacoustic vibrator, sonar projector

горизонтальный ~ horizontal dipole

камертонный ~ tuning-fork oscillator

кварцевый ~ *ак.* crystal vibrator

магнитострикционный ~ magnetostriction vibrator

магнитоэлектрический ~ moving-coil vibrator

пневматический ~ air-operated vibrator

полуволновой ~ half-wave dipole, half-wave antenna

поршневой ~ reciprocating vibrator

пьезоэлектрический ~ piezoelectric vibrator

резонансный электромагнитный ~ *мех.* electromagnetic resonance vibrator; *(антенна)* resonant dipole

симметричный ~ (electric) dipole

ударный электромагнитный ~ electromagnetic impact vibrator

четвертьволновой ~ quarter-wave dipole, quarter-wave antenna

электрострикционный ~ piezoelectric vibrator

вибраци/я *ж.* vibration; *(деталей, подвергаемых обработке)* chatter

автоколебательная ~ self-excited vibration

ответная ~ sympathetic vibration

парные ~**и** *яф* paired vibrations

резонансная ~ sympathetic vibration

ядерная ~ nuclear vibration

вибрировать *гл.* vibrate; *(об обрабатываемых деталях)* chatter

вибрирующий *прил.* vibrant; vibrating

виброанализатор *м.* vibration analyser

виброгаситель *м.* vibration damper; vibration suppressor

~ **с вспомогательной массой** auxiliary mass damper

виброгравиметр *м.* vibration gravimeter

виброграмма *ж.* vibrational record, vibrorecord

виброграф *м.* vibrograph

усиливающий ~ amplifiying vibrograph

вибродатчик *м.* vibration detector, vibration transducer, vibration pick-up

зондовый ~ vibration probe

виброизолирующий *прил.* vibration-isolating

виброизоляция *ж.* vibration isolation, vibration insulation

виброметр *м.* vibration meter, vibrometer

бесконтактный ~ contactless vibrometer

индукционный ~ induction vibrometer

контактный ~ contact vibrometer

магнитоэлектрический ~ moving-coil vibrometer

механический ~ mechanical vibrometer

оптический ~ optical vibrometer

пьезоэлектрический ~ piezoelectric vibrometer

электромеханический ~ electromechanical vibrometer

виброн *м. (квазичастица)* vibron

молекулярный ~ molecular vibron

вибропоглотитель *м.* vibration absorber

вибропоглощающий *прил.* vibration-absorbing

вибропоглощение *с.* vibration absorption

вибропреобразователь *м.* vibration transduser

вибропрочность *ж.* vibration strength

виброскоп *м.* vibroscope

вибростенд *м.* shaker; vibration-testing machine

вибростойкий *прил.* vibration-proof, vibration-resistant
виброустойчивый *прил.* vibration-proof, vibration-resistant
виброустойчивость *ж.* vibration resistance
виброшлифование *с.* vibrogrinding
виглер *м.* wiggler
продольный ~ lougitudinal wiggler
вид *м.* 1. (*колебаний, волн, импульсов*) mode 2. (*на чертеже*) view 3. (*внешний*) appearance 4. *мат.* form □ **в ~е...** in the form of...; **в жидком ~e** in the liquid state; **в неявном ~e** implicitly; **в развёрнутом ~e** in expanded form; **иметь ~** (*о предмете*) have the appearance; (*о мат. выражении*) be of the form..., be given by...; **принимать ~** take [acquire] the form; **приобретать ~** take [acquire] the form
аналоговый ~ analog form
апериодический ~ (*движения*) aperiodic mode
асимптотический ~ asymptotic form
безразмерный ~ dimensionless form
внешний ~ exterior [external] view, appearance
внешний ~ **поверхности излома** fracture surface appearance
волноводный ~ **колебаний** waveguide mode
~ **в перспективе** perspective view
~ **в плане** plan [top] view
~ **в поперечном разрезе** cross-sectional view
~ **в разрезе** sectional [cross-sectional] view
~ (*планеты, кометы*) **в телескоп** telescopic appearance
главный ~ front view
запертый ~ **колебаний** trapped mode
~ **излома** fracture appearence
~ **интенсивных колебаний** highly oscillatory mode
калибровочно-инвариантный ~ gauge-invariant form
канонический ~ (*напр. матрицы*) canonical form
~ **колебаний** mode (of vibration), oscillation [vibration] mode
конкретный ~ concrete form
ленточный ~ (*напр. системы уравнений*) banded form
нераспространяющийся ~ **колебаний** evanescent mode
нормальный ~ **колебаний** normal [natural, characteristic] mode
общий ~ general [overall] view
основной ~ **колебаний** dominant [fundamental] mode of oscillation
перспективный ~ perspective view
пи-~ колебаний (*в магнетроне*) pi mode
преобладающий ~ **распространения** dominant mode of propagation

приведённый ~ reduced form
продольный ~ longitudinal view
~ **проекции карты** map projection
~ **разрушения** fracture mode
~ **распада** mode of decay
резонансный ~ **колебаний** resonant mode of oscillation
~ **сбоку** side [lateral] view
~ **сверху** top [plan] view
~ **сзади** rear [back] view
симметричный ~ **колебаний** symmetrical mode
~ **слева** left-side view
~ **снизу** bottom view
собственный ~ **колебаний** normal [characteristic, natural] mode, eigenmode
~ **спереди** front view
~ **справа** right-side view
~ **с торца** end view
~ **устойчивости** stability mode
цифровой ~ digital form
~ **энергии** kind of energy
видение *с.* *опт.* vision, viewing
~ **в инфракрасных лучах** infrared vision
~ **в темноте** noctovision
ночное ~ noctovision, night viewing
ортоскопическое ~ orthoscopic viewing
псевдоскопическое ~ pseudoscopic viewing
стробоскопическое ~ stroboscopic viewing
темновое ~ (*в инфракрасных лучах*) infrared vision
видеограмма *ж.* videogram
видеоданные *мн.* video data
цифровые ~ digital video data
видеоденситометр *м.* video densitometer
видеодетектор *м.* video detector
видеозапись *ж.* video recording
видео-ЗУ *с.* (*в обработке изображений*) video storage device
видеоимпульс *м.* video pulse
колоколообразный ~ bell-shaped video pulse
прямоугольный ~ rectangular video pulse
трапецеидальный ~ trapezoidal video pulse
видеоинформация *ж.* image information
видеомагнитофон *м.* video tape recorder
цифровой ~ digital video tape recorder
видеопространство *с.* video space
виртуальное ~ virtual video space
видеопроцессор *м.* video [picture] processor
видеосенсор *м.* vision sensor
видеосигнал *м.* video signal
видеоспектрометр *м.* imaging spectrometer
~ **высокого разрешения** high-resolution imaging spectrometer
~ **инфракрасного диапазона** infrared imaging spectrometer
самолётный ~ airborne imaging spectrometer
~ **среднего разрешения** moderate resolution imaging spectrometer
видеоусилитель *м.* video [video-frequency] amplifier

видеочастота *ж.* video [picture, vision] frequency

видеть *гл.* see □ **ниже мы увидим, что...** we shall see below that...

видикон *м.* vidicon

видимост/ь *ж.* (*различимость*) visibility; (*дальность*) visual range; (*астрономического объекта*) seeing □ **вне пределов прямой ~и** beyond line-of-sight distance [range], over-the-horizon; **в пределах прямой ~и** within line-of-sight distance [range]; **за пределами ~и** out of sight; **за пределами прямой ~и** beyond the line-of-sight range [distance], over-the-horizon

атмосферная ~ atmospheric seeing

~ в атмосфере atmospheric visibility

~ в вертикальном направлении vertical visibility

~ в наклонном направлении oblique visibility

~ в приземном слое surface [land] visibility

~ в тумане visibility in fog

горизонтальная ~ horizontal visibility

дневная ~ daytime visibility

ночная ~ night visibility

прямая ~ line of sight

слабая ~ poor visibility

средняя ~ moderate visibility

стандартная метеорологическая ~ standard meteorological visibility

сумеречная ~ twilight visibility

видимый *прил.* visible; apparent; (*о диапазоне длин волн*) optical

~ в микроскоп visible by a microscope

~ невооружённым глазом visible to [seen by] a naked eye

видность *ж.* (*спектральная световая эффективность*) luminous efficiency; visibility

~ монохроматического света visibility factor

относительная ~ spectral luminous efficiency

~ при дневном зрении photopic [absolute] luminosity

видоизменение *с.* modification

аллотропическое ~ allotropic modification

видоизменять *гл.* modify

видоискатель *м.* (view)finder

зеркальный ~ reflex viewfinder

оптический ~ optical viewfinder

~ прямого видения direct-vision [direct] viewfinder

рамочный ~ frame viewfinder

~ с визирной маркой frame viewfinder

~ с переменным фокусным расстоянием zoom finder

телескопический ~ telescopic viewfinder

универсальный ~ universal viewfinder

электронный ~ electronic viewfinder

визир *м.* (*приспособление, передвигаемое относительно шкалы*) cursor; (*устройство слежения за подвижными объектами*) tracker; (*в окуляре оптического прибора*) cross wire [hair], hairline; *астр., геод.* sight

~ грубой наводки open sight

~ для контроля наводки check sight

маршрутный ~ (*в аэрофотографии*) strip finder

навигационный ~ drift sight

оптический ~ optical sight

визир-искатель *м.* open sight

визирование *с.* (*совмещение визирной линии с объектом*) sighting; (*слежение*) tracking □ **производить ~ на...** (*напр. дальнюю точку*) do sighting on..., take a sight on... [to...]

~ вперёд forward sighting

двустороннее ~ reciprocal sighting

~ назад backward sighting

обратное ~ backward sighting

тахеометрическое ~ tacheometric sighting

визировать *гл.* (*совмещать визирную линию с объектом*) sight on, sight to; (*следить, сопровождать*) track

визуализатор *м.* visualizer

~ потока flow visualizer

~ речи visible speech analizer

визуализация *ж.* visualization; visual representation

~ волновой картины wave pattern visualization

~ голограмм hologram visualization

дымовая ~ потока smoke flow visualization

~ звуковых изображений (*предметов*) sonic image visualization

~ звукового поля sound field visual representation; sound field visualization; acoustic [ultrasonic] imaging

~ изображений image visualization

~ импульсных полей pulse field visualization

~ лазерного излучения laser radiation visualization

~ по способу дымового следа flow visualization by smoke filaments, smoke flow visualization

поляризационная ~ изображений polarizing image visualization

~ потока flow visualization

~ течения flow visualization

~ трёхмерных полей three-dimensional field visualization

~ ультразвуковых изображений ultrasonic imaging, ultrasonic visualization

~ ультрафиолетового излучения ultraviolet imaging

фазоконтрастная ~ изображений phase-contrast image visualization

~ электростатических полей electrostatic field visualization

визуализировать *гл.* visualize

визуально *нареч.* by eye; visually

визуально-спектральный *прил.* visual-spectral

визуальный *прил.* visual

викаллой *м.* vicalloy

вилка *ж.* **1.** (*при распаде*) branching (*of a decay*) **2.** (*штепсельная*) plug

винглеты *мн. аэрод. (концевые крылышки)* winglets

вино *с. кхд* vino

винт *м.* screw; *аэрод.* propeller
архимедов ~ Archimedean screw
воздушный ~ propeller; airscrew, propulsive screw, aerodynamic propeller
главный ~ main rotor
динамический ~ wrench
~ для корректировка нуля zero-adjusting screw
дозвуковой ~ subsonic propeller
зажимной ~ binding [clamping, tightening] screw; *(оптического инструмента)* clamp
~ изменяемого шага controllable-pitch propeller
кинематический ~ screw
левый ~ left-hand [left-threaded] screw
микрометрический ~ fine adjustment [micrometer] screw
многозаходный ~ multiple-thread screw
направляющий ~ lead screw
настроечный ~ tuning screw
несущий ~ rotor
однозаходный ~ single-thread screw
околозвуковой воздушный ~ transonic propeller
~ переменного шага variable-pitch propeller
~ постоянного шага fixed-pitch propeller
~ постоянной скорости constant-speed propeller
потайной ~ countersunk screw
правый ~ right-hand screw
реверсивный воздушный ~ negative thrust propeller
регулировочный ~ adjusting screw
сверхзвуковой воздушный ~ supersonic propeller
свободный ~ free propeller
силовой ~ wrench
~ с крупной резьбой long-pitch screw
~ с левой резьбой left-hand screw
~ с мелкой резьбой low-pitch screw
соосные ~ы coaxial propellers
сопряжённые соосные ~ы contra-rotating propellers
~ с потайной головкой (counter) sunk screw
~ с правой резьбой right-hand screw
~ с резьбой большого шага long-pitch screw
~ с резьбой малого шага low-pitch screw
толкающий ~ pusher airscrew, pusher propeller
туннельный ~ ducted propeller
тянущий ~ tractor propeller
установочный ~ set screw
хвостовой ~ auxiliary [anti-torque tail] rotor
юстировочный ~ adjusting screw

винтовой *прил.* helical, screw

виньетирование *с.* vignetting

вираж *м. фото* toning

вириал *м.* virial

виртуальность *ж.* virtuality
~ кварка quark virtuality
~ фотона photon virtuality

виртуальный *прил.* virtual

вирус *м.* virus (*мн.* viri, viruses)

висение *с. аэрод.* hovering

вискозиметр *м.* viscometer, viscosimeter
акустический ~ acoustic viscometer
вибрационный ~ oscillatory viscometer
волосной ~ capillary viscometer
~ для больших градиентов скорости high-rate-of-shear viscometer
~ для высоких давлений high-pressure viscometer
~ для высоких температур thermoviscometer
~ для малых градиентов скорости low-rate-of-shear viscometer
~ для очень вязких материалов viscometer for very viscous materials
ёмкостный ~ variable-capacitance viscometer
капиллярный ~ capillary viscometer
крутильный ~ torsion viscometer
~ Куэтта Couette viscometer
маятниковый ~ pendulum viscometer
~ Оствальда Ostwald viscometer
поплавковый ~ float viscometer
ротационный ~ rotational [coaxial-cylinder, concentic-cylinder] viscometer
~ с вращающимся диском rotating disk viscometer
~ Сейболта Saybolt viscometer
~ с истечением efflux viscometer
~ с катящимся шариком rolling ball viscometer
~ с коаксиальными цилиндрами coaxial-cylinder [concentric-cylinder] viscometer
~ с колеблющейся пластиной vibrating-plate viscometer
~ с колеблющимся диском oscillating-disk viscometer
~ с колеблющимся цилиндром oscillating-cylinder viscometer
~ с отлипанием шарика от чашки cup-and-ball viscometer
~ с падающим телом falling-body viscometer
~ с падающим шариком falling-sphere viscometer
~ с параллельными дисками parallel-disk viscometer
~ с пористой перегородкой porous septum viscometer
~ Стокса falling-sphere viscometer
ультразвуковой ~ ultrasonic viscometer
чашечный ~ cup-and-ball viscometer

вискозиметрия *ж.* viscometry, viscosimetry
акустическая ~ sonic viscometry
вибрационная ~ oscillatory viscometry

~ газов viscometry for gases
~ жидкостей viscometry for liquids
капиллярная ~ capillary viscometry
~ неньютоновских жидкостей viscometry for non-Newtonian solutions
ротационная ~ rotational viscometry

висмут *м.* bismuth, Bi

вит/ок *м.* turn; loop; *(ленточного сердечника)* wrap; *(проводника)* turn; *(пружины)* coil; *(рамки)* loop; *(стружки)* curl; *(шнека)* flight; *(орбиты)* circuit
размагничивающие ~ки demagnetizing turns
~ спирали spiral turn
холостые ~ки dead turns

вихревой *прил.* eddy

вихреобразование *с.* vortex [eddy] formation

вихр/ь *м.* *(в жидкости или газе)* vortex *(мн.* vortices), eddy, whirl; *мат.* curl, rotor
~и Абрикосова Abrikosov vortices
атмосферный ~ atmospheric vortex
~ Белавина - Полякова Belavin-Polyakov vortex
~ в вязкой среде viscous vortex
~ в гелии-II vortex in helium II
~ в жидкости fluid whirl, fluid vortex
винтообразный ~ spiral vortex
~ в несжимаемой среде incompressible vortex
~ в однородной плазме vortex in a homogeneons plasma
воронкообразный ~ free surface vortex
восходящий ~ rising whirl
~ в пограничном слое vortex in boundary layer
~ в сжимаемой жидкости compressible vortex
~ в сорванном потоке separated-flow vortex
~ в спутной струе wake vortex
двойной ~ double whirl
дипольный устойчивый ~ dipole stable vortex
джозефсоновский ~ Josephson vortex
жёсткий ~ rigid [solid-body] vortex
замкнутый ~ closed vortex
замкнутый электродинамический ~ тока closed electrodynamic current vortex
захваченный ~ *сверхпр.* trapped vortex
изолированный ~ isolated [single] vortex
~и Кармана Karman vortices
квантованный ~ потока *сверхпр.* quantized [flux-quantum] vortex
кольцевой ~ circular [ring] vortex, ring whirl
концевой ~ tip [trailing] vortex, tip eddy
криволинейный ~ curved vortex line
круговой ~ ring [circular] vortex, vortex ring, circular whirl
~ Ларичева - Резника Larichev-Reznik vortex
магнитный ~ magnetic vortex

монопольный устойчивый ~ monopole stable vortex
мягкий ~ *сверхпр.* soft vortex
начальный ~ starting [cast-off] vortex
несингулярный ~ nonsingular vortex
нестационарный ~ transient vortex
несущий ~ lifting vortex
~ Нильсена - Олесена Nielsen-Olesen vortex
~ обратного направления opposite vortex
одиночный ~ single vortex
осевой ~ axial eddy, axial vortex, axial whirl
отделившийся ~ separated vortex
П-образный ~ horseshoe vortex
поверхностный квантованный ~ surface quantized vortex
подковообразный ~ horseshoe vortex
полый ~ hollow vortex
потенциальный ~ potential [circular] vortex
присоединённый ~ bound [attached} vortex; *аэрод.* lifting vortex
прямолинейный ~ rectilinear vortex
псевдодвумерный ~ pseudo-two-dimensional vortex
пустой ~ hollow vortex
пыльный ~ dust whirl
разгонный ~ starting [cast-off] vortex
~ Росби Rossby vortex
~ Рэнкина Rankine vortex
свободный ~ free vortex
сингулярный ~ singular vortex
синоптический ~ synoptical vortex
спиральный ~ spiral vortex
спутный ~ adjacent vortex
стартовый ~ *аэрод.* starting vortex
~ схода trailing vortex
тороидальный ~ toroidal vortex
тороидальный тэйлоровский ~ toroidal Taylor vortex
точечный ~ vortex point, point vortex
трёхмерный устойчивый ~ three-dimensional stable vortex
турбулентный ~ turbulent vortex
уединённый ~ single [isolated] vortex
устойчивый ~ stable vortex
устойчивый ~ в неоднородной плазме stable vortex in a nonhomogeneons plasma
устойчивый двумерный электронный ~ stable two-dimensional electron vortex
~ Феррела - Прейнджа *сверхпр.* Ferrel-Prange vortex
циклонический ~ cyclonic whirl

вициналь *ж. крист.* vicinal (face)

ВКБ-метод *м.* WKB approximation

вклад *м.* contribution ⊡ ~ A в B contribution of A to B; ~ автоионизации в полную скорость ионизации contribution of autoionization to total ionization rate; **вносить ~ в...** make a contribution to..., contribute to...; ~ **определённого резонанса в скорость реакции** contribution of a given resonance to the reaction rate
аддитивный ~ additive contribution

~ в анизотропию contribution to anisotropy
~ ветвей branching contribution
~ в мировую науку contribution to world science
~ внутренних оболочек contribution of inner shells
~ деления fission contribution
~ деления на быстрых нейтронах fast fission contribution
доминирующий ~ dominating contribution
духовый ~ ghost contribution
ёмкостный ~ capacitive contribution
значительный ~ considerable contribution
инстантонный ~ instanton part
когерентный ~ coherent contribution
лучевой ~ (в функцию плотности) radiation contribution
многоинстантонный ~ multi-instanton contribution
мультипликативный ~ multiplicative contribution
некогерентный ~ incoherent contribution
~ неупругого рассеяния inelastic scattering contribution
одноинстантонный ~ one-instanton contribution; single instanton part
однонуклонный ~ one-nucleon contribution
одноосный ~ uniaxial contribution
орторомбический ~ orthorhombic contribution
основной ~ main [dominating] contribution
относительный ~ relative [fractional] contribution
плазмонный ~ (в функцию распределения) plasmon contribution
~ резонансного рассеяния (в скорость возбуждения) resonant-scattering contribution
резонансный ~ resonant contribution
резонансный ~ ионов ion resonant contribution
резонансный ~ электронов electron resonant contribution
~ резонансных электронов в диффузию resonant electron contribution to the diffusion
релятивистский ~ relativistic contribution
решающий ~ decisive contribution
решёточный ~ фтт lattice contribution
спин-волновой ~ spin-wave contribution
существенный ~ considerable [important] contribution
~ триплетного состояния triplet contribution
~ упругого рассеяния elastic scattering contribution
ядерный ~ nuclear contribution
вкладыш м. insert
~ сопла (ракетного двигателя) nozzle insert
вклинивание с. wedging
включатель м. switch

включать гл. (прибор, аппарат) switch on, turn on, energize, bring into operation; (вводить в состав чего-либо) include, incorporate; (содержать) contain, include, incorporate; (подсоединять) connect, place
~ амперметр в цепь connect an ammeter into a circuit
~ в список адресатов put on mailing list
~ параллельно с... connect [place] in parallel with...
~ последовательно с... connect [place] in series with...
~ свет turn [switch] on the light
включение с. 1. (примесь в материале) inclusion; impurity, incorporation 2. (прибора, аппарата) switching, turning, energizing 3. (подсоединение) англ. connexion; амер. connection
адиабатическое ~ adiabatic switching
адиабатическое ~ возмущения adiabatic perturbation switching
~ в металле inclusion in metal
воздушное ~ air cavity
газовое ~ occluded gas, gas occlusion
гетерогенное ~ heterogeneons inclusion
дистанционное ~ remote switching
~ добротности (лазера) Q-switching
~ инверсии (в лазере) inversion switching
инородное ~ foreign inclusion
каскадное ~ cascade connection
коллоидное ~ colloid inclusion
кристаллическое ~ embedded crystal; crystal inclusion
кристаллоподобное ~ crystal-like inclusion
магнитное ~ magnetic inclusion
мартенситное ~ martensite inclusion
~ маточного раствора inclusion of the mother liquor
мгновенное ~ instantoneous switching
неметаллическое ~ nonmetallic inclusion
параллельное ~ parallel [shunt] connection
поглощающее ~ опт. absorbing inclusion
последовательное ~ series connection
постороннее ~ impurity [foreign] inclusion
~ посторонних частиц inclusion of foreign particles
примесное ~ impurity inclusion
радиоактивное ~ radioactive inclusion
~ транзистора по схеме с общей базой common-base [grounded-base] connection
~ транзистора по схеме с общим коллектором common-collector [grounded-collector] connection
~ транзистора по схеме с общим эмиттером common-emitter [grounded-emitter] connection
~ усиления (в лазере) gain switching
вкрапление с. inclusion; impregnation
вкратце нареч. briefly, in short, in brief
ВКР-генератор м. Raman oscillator
ВКР-лазер м. Raman laser
ВКР-усилитель м. Raman amplifier
влага ж. moisture

конденсированная ~ condensed moisture
кристаллизационная ~ crystal [combined] water
равновесная ~ equilibrium water
связанная ~ bound moisture
влагоёмкость *ж.* moisture capacity
влагоизоляция *ж.* moisture insulation
влагомер *м.* humidity [moisture] meter
влагонепроницаемый *прил.* moisture-proof; moisture-resistant
влагооборот *м.* moisture rotation, moisture circulation
влагоотделитель *м.* moisture separator
влагоотталкивающий *прил.* moisture-repelling
влагоперенос *м.* moisture transfer
влагопоглощение *с.* moisture absorption
влагопроницаемость *ж.* moisture permeability
влагосодержание *с.* moisture content
влагостойкий *прил.* moisture-proof, moisture-resistant
влагостойкость *ж.* moisture resistance
влагоустойчивый *прил.* moisture-proof, moisture-resistant
влажность *ж.* humidity, moisture (content), dampness
абсолютная ~ absolute humidity
~ воздуха atmospheric [air] humidity, humidity of air
избыточная ~ excess moisture content
насыщающая ~ saturation moisture content
объёмная ~ volume humidity
относительная ~ relative humidity
~ пара vapor humidity
поверхностная ~ surface humidity, surface moisture
~ по массе mass humidity
равновесная ~ equilibrium humidity, equilibrium moisture content
удельная ~ specific humidity
влияни/е *с.* influence, effect; action, impact □
~ адсорбированной плёнки на движение жидкости effect of an adsorbed film on the motion of a liquid; ~ A на B action [effect, influence] of A on B; не поддаваться ~ю be unaffected by...; оказывать ~ affect, impact; совместное ~ всех отмеченных факторов приводит к... the combined influence of all the factors mentioned leads to...; ~ токов в нейтральном слое на форму и магнитное поле хвоста магнитосферы effect of the neutral sheet currents on the shape and magnetic field of the magnetosphere tail; ~ этого параметра моделируется введением коэффициента B the effect of this parameter is simulated with introduction of coefficient B
аэродинамическое ~ aerodynamic interference
~ вихрей vortex interference
~ внешних полей external field influence

возмущающее ~ perturbation (influence)
вредное ~ deleterious [harmful, unfavourable, adverse] effect
~ высоты altitude effect
~ вышерасположенной части потока upstream influence
~ гофрировки *физ. пл.* ripple effect
~ дальнодействующих сил effect of long-range forces
~ диффузии diffusion effect
~ захваченных частиц на геомагнитное поле effects of trapped particles on the geomagnetic field
~ земли ground effect
~ излучения примесей на разряд в токамаке impact of impurity radiation on tokamak discharge
индуктивное ~ induction effect
~ капиллярности на гравитационную волну effect of a capillarity on a gravity wave
~ на окружающую среду environmental effects
~ обтекания хвостовой части afterbody effect
~ объёмного заряда effect of space charge
~ окружающей среды ambient effects, effects of the ambient conditions
~ помех interference effect
постороннее ~ irrelevant influence
радиационное ~ radiation influence
~ радиационных поправок effect of radiative corrections
~ размеров *(образца)* scale [size] effect
~ рассеяния scattering effect
~ релятивистских эффектов influence of relativistic effects
~ сжимаемости compressibility effect
~ сильно возбуждённого электрона на внутренний электрон effect of the highly excited electron on the inner electron
~ скорости нагружения *(при механических испытаниях)* loading-rate effect
~ солнечных вспышек effect of solar flares, solar flare effect
стабилизирующее ~ stabilizing effect
~ стенок wall action, boundary constraint influence, wall interference
~ стенок аэродинамической трубы boundary effect
стесняющее ~ ограничивающих поверхностей boundary [wall] constraint
~ формы effect of the shape
~ числа Маха Mach number effect
~ электрического поля effect of an electric field
влиять *гл.* influence, affect, have an effect on...
□ температура не влияет на точность калибровки temperature has no effect on the calibration accuracy
вместимость *ж. (сосуда)* capacity
вмонтированный *прил.* built-in
вмонтировать *гл.* build in

вмороженность *ж. (магнитного поля)* freezing-in
  ~ **магнитного поля** magnetic field line freezing-in
вмятина *ж.* dent, indentation, impression
внеатмосферный *прил.* extra-atmospheric
внегалактический *прил.* extragalactic
внедрение *с. мех.* penetration, indention; *физ.* implantation; *(нового метода)* introduction; implementation
внедрённый *прил. (в междоузлие)* interstitial
внезапный *прил.* abrupt, sudden
внеземной *прил.* extraterrestrial
внеосевой *прил.* off-axis; extra-axial
внешний *прил. (о виде)* exterior; external
внеядерный *прил.* extranuclear
вниз *нареч. (по потоку)* downstream
внимани/е *с.* attention ▢ **в центре нашего ~я будут три группы вопросов** three kinds of questions will be in the center of our attention; **обращать ~** pay attention; **принимая во ~ ...** taking into account..., in view of...
вносить *гл.* introduce, bring in
  ~ **вклад** contribute, make a contribution
  ~ **в список** put on the list
  ~ **изменения** make alterations [modifications], introduce changes
  ~ **изменения в конструкцию** make alterations in the design
  ~ **поправку на ...** introduce a correction for ...
  ~ **предложение** put forward a suggestion
  ~ **ясность в вопрос** clarify a question, clear up a matter
внутрен/ний *прил. (расположенный внутри)* interior; *(действующий изнутри)* internal; *(расположенный ближе к центру)* inner; *(присущий)* inherent; *(о диаметре)* inside
  ~**е присущий** inherent
внутренность *ж.* interior
внутри *нареч. (образца)* in the interior (of the specimen)
внутриатомный *прил.* intra-atomic, subatomic
внутризёренный *прил.* intragranular
внутрикристаллический *прил.* intracrystalline
внутримолекулярный *прил.* intramolecular
внутрирезонаторный *прил.* intracavity
внутрирешёточный *прил.* intralattice
внутриядерный *прил.* intranuclear
внутриячейковый *прил.* intracellular
внятность *ж. (разборчивость речи)* intelligibility, distinctness, audibility
вовремя *нареч.* on time
вогнуто-выпуклый *прил.* concavo-convex
вогнутост/ь *ж.* concavity, inward bulging, incurvation, incurvity **направление ~и** sense of curvature
  ~ **кривой** concavity of a curve
  ~ **профиля** concavity of a profile

вогнутый *прил.* concave; incurved; *(о форме зеркала антенны)* dished
  ~ **вверх** concave upward
  ~ **вниз** concave downward
  ~ **к...** convex away from...
вода *ж.* water
  адсорбированная ~ adsorbed water
  активированная ~ activated water
  атмосферная ~ atmospheric water
  гидратная ~ water of hydration, hydration water
  грунтовая ~ undeground [subterranean] water
  дейтерированная ~ deuterated water
  деминерализованная ~ demineralized water
  дистиллированная ~ distilled water
  жидкая ~ liquid water
  защитная ~ *яф* shield water
  кристаллизационная ~ water of crystallisation, crystal water
  лёгкая ~ light water
  мелкая ~ shallow water
  морская ~ sea water
  ~, насыщенная тритием tritiated water
  несвязанная ~ free [inbound] water
  обыкновенная ~ ordinary water
  охлаждающая ~ cooling water, water coolant
  перегретая ~ superheated water
  ~ **переменной глубины** water of variable depth
  питающая ~ feed water
  поверхностная ~ surface water
  ~ **под давлением** pressurised water
  подпиточная ~ make-up water
  природная ~ natural water
  проточная ~ running water
  радиоактивная ~ radioactive water
  радоно-радиевая ~ radon-radium water
  рекомбинированная тяжёлая ~ recombined heavy water
  сбросная ~ liquid waste, effluent
  свободная ~ free water
  связанная ~ bound water
  солёная ~ salt water
  термальная ~ thermal water
  техническая ~ process water
  технологическая ~ process water
  тритиевая ~ tritiated water
  тяжёлая ~ heavy water
  химически чистая ~ chemically pure water
  циркуляционная ~ circulation water
  чистая ~ pure water
водка *ж. (царская)* aqua regia
водо-водяной *прил. (о ядерном реакторе)* water-moderated, water-cooled; *(о теплообменнике)* water-to-water
водоворот *м.* free surface vortex, swirl; whirlpool
водоизмещение *с.* displacement
  ~ **полностью погружённого тела** submerged displacement

водомер *м.* water [flow] meter
  барабанный ~ drum water meter
  безнапорный ~ open [free flow] water meter
  ~ Вентури для открытых потоков throated measuring [Venturi, hydrometric] flume
  винтовой ~ helical [propeller] water meter
  ~ Вольтмана helical [propeller] water meter
  дисковый ~ disk [wobbling-plate] water meter
  закрытый ~ closed water meter
  крыльчатый ~ vane-wheel [fan-type] water meter
  открытый ~ open water meter
  парциальный ~ partial water meter
  ~ под избыточным давлением closed water meter
  поршневой ~ piston water meter
  пропорциональный ~ proportional [partial] water meter
  ротационный ~ rotary water meter
  ~ с бесконечным винтом worm-gear water meter
  сдвоенный ~ twin water meter
  ~ с измерительными камерами positive [displacement] water meter
  ~ с кольцевым поршнем semi-rotary piston water meter
  скоростной ~ velocity [inferential, rotodynamic] water meter
  ~ с овальными шестерёнками oval gear water meter
  ~ с опрокидывающимися мерными сосудами tipping-trough water meter
  спаренный ~ twin water meter
  ~ с сужающим устройством constriction [differential pressure] water meter
  ~ типа мерного двигателя mechanical water meter
  турбинный ~ turbine [Barker] water meter
  шунтированный ~ shunt water meter
водонепроницаемость *ж.* watertightness
водоотвод *м.* drain(ing)
водоотделитель *м.* water separator, water trap
водоохлаждаемый *прил.* water-cooled
водоочиститель *м.* water purifier
водоочистка *ж.* water purification, water treatment
водопотребление *с.* water consumption; water use
водопроницаемость *ж.* water permeability
водорастворимый *прил.* water-soluble
водород *м.* hydrogen, H
  атомарный ~ atomic hydrogen
  газообразный ~ gaseous hydrogen
  жидкий ~ liquid hydrogen
  межгалактический ~ intergalactic hydrogen
  межзвёздный ~ intestellar [galactic] hydrogen
  молекулярный ~ molecular hydrogen
  нейтральный ~ neutral hydrogen

  спин-поляризованный атомарный ~ spin-polarized atomic hydrogen
водородсодержащий *прил.* hydrogenous
водостойкий *прил.* water-proof, water-resistant
водосток *м.* drain
водоток *м.* water-course
водоуказатель *м.* water gauge
возбудитель *м. радиофиз.* master oscillator; exciter, driver
  ~ колебаний vibration exciter
  статический ~ static exciter
  электростатический ~ electrostatic actuator
возбуждать *гл. (напр. колебания)* excite, drive; actuate, give rise to
  ~ колебания excite oscillations
возбуждение *с.* **1.** *(атомов, молекул, колебаний)* excitation, exciting; actuation **2.** *(в радиотехнике)* drive, driving; *(антенны)* feed
  ~ автоколебаний self-oscillation excitation
  автопараметрическое ~ *(колебаний)* autoparametric excitation
  акустическое ~ acoustic [sound] excitation
  ~ антенной решётки array feed
  ~ антенны antenna feed
  анизотропное ~ *опт.* anisotropic excitation
  ~ атмосферного свечения airglow excitation
  ~ атома atomic excitation, excitation of atom
  безкварковое ~ quarkless excitation
  безмассовое ~ струны massless string excitation
  бесщелевое ~ gapless excitation
  бозонное ~ bosonic excitation
  ~ бозонного типа boson-type excitation
  вибронное ~ vibronic excitation
  виртуальное ~ virtual excitation
  внутреннее ~ internal excitation
  ~ внутренней оболочки inner shell excitation
  ~ в пламени flame excitation
  вращательное ~ rotational excitation
  встречное смешанное ~ differential compound excitation
  высокочастотное ~ high-frequency excitation
  ~ газовым разрядом gas-discharge excitation
  газодинамическое ~ gas-dynamic excitation
  ~ геликонов whistler excitation
  глюбольное ~ *яф* glueball excitation
  двойное ~ double excitation
  двойное электронное ~ double electron excitation
  двойное ~ электронным ударом double excitation by electron impact
  двукратное ~ double excitation
  двухквантовое ~ two-quantum excitation
  двухпотоковое ~ two-stream excitation
  ~ двухуровневой системы two-level system excitation
  двухфотонное ~ two-photon excitation

двухчастичное ~ two-particle excitation
двухчастотное ~ two-frequency excitation
дискретное ~ discrete excitation
диссоциативное ~ dissociative excitation
дифракционное ~ *(оптических волноводов)* diffraction excitation
длинноволновое ~ long-wavelength excitation
добавочное ~ surplus excitation
жёсткое ~ *(автоколебаний)* hard excitation
~ замагниченных электронных колебаний magnetized electron oscillation excitation
~ звука турбулентностью sound excitation by turbulence
избирательное ~ selective excitation
избирательное по частоте ~ frequency-selective excitation
~ излучением radiant [radiation] excitation
изовекторное ~ isovector excitation
изоскалярное ~ isoscalar excitation
~ из основного состояния excitation from the ground state
изотопически селективное многофотонное ~ isotopically selective multiphoton excitation
изотропное ~ isotropic excitation
импульсное ~ (im)pulse excitation
инфракрасное многофотонное ~ infrared multiphoton excitation
искровое ~ spark excitation
калибровочно-инвариантное ~ gauge-invariant excitation
квадрупольное ~ ядра quadrupole excitation of nucleus
квазилокальное ~ quasi-local excitation
квазичастичное ~ quasi-particle excitation
~ квантованного поля quantum field excitation
когерентное ~ coherent excitation
~ колебаний vibration [oscillation] excitation
~ колебаний молекулы vibrational excitation of molecule
колебательно-вращательное ~ *(молекул)* vibrational-rotational excitation
колебательное ~ vibrational excitation
колебательное ~ струны vibrational excitation of the string
колебательное ~ ядра vibrational excitation of the nucleus
коллективное ~ collective excitation
коллективное ~ ядра collective excitation of the nucleus
коллинеарное ~ collinear excitation
комбинационное ~ *кв. эл.* Raman excitation
комбинированное ~ combined excitation
конвективное ~ convective excitation
косвенное ~ indirect excitation
кулоновское ~ Coulomb excitation
кулоновское ~ быстрым протоном Coulomb excitation by fast proton

кулоновское ~ экранированным ионом Coulomb excitation by a screened ion
лазерное ~ laser (beam) excitation
лазерное ~ звука laser excitation of sound
~ ленгмюровских волн Langmuir wave excitation
~ локальными электрическими полями excitation by local electric fields
~ люминесценции excitation of luminescence
макроскопическое ~ macroscopic excitation
массивное ~ струны massive string excitation
~ медленной необыкновенной волны slow extraordinary wave excitation
межзонное ~ *фпп* band-to-band excitation
микроволновое ~ microwave excitation
микроскопическое ~ microscopic excitation
многократное ~ multiple excitation
многократное кулоновское ~ *(ядра)* multiple Coulomb excitation
многонуклонное ~ multinucleon excitation
многоступенчатое ~ multiple-step [multi-step] excitation
многоступенчатое селективное ~ multi-step selective excitation
многофотонное ~ multiphoton excitation
многофотонное ~ через дискретные уровни multiphoton excitation through discrete levels
многофотонное ~ через квазиконтинуум multiphoton excitation through the quasi-continuum
многочастотное ~ multifrequency excitation
~ моды *(колебаний)* mode excitation
~ молекулы molecule excitation
молекулярное ~ molecular excitation
мягкое ~ *(автоколебаний)* soft excitation
наносекундное ~ nanosecond excitation
недипольное ~ nondipole excitation
независимое ~ separate [independent] excitation
нейтронное двухчастичное ~ neutron two-particle excitation
некогерентное ~ incoherent [noncoherent] excitation
неколлинеарное ~ noncollinear excitation
нелинейное ~ nonlinear excitation
нелинейное оптическое ~ nonlinear optical excitation
~ необыкновенной волны extraordinary wave excitation
непосредственное ~ direct excitation
неравновесное ~ nonequilibrium excitation
низкочастотное ~ low-frequency excitation
низкочастотное вращательное ~ low-frequency rotational excitation
низкочастотное колебательное ~ low-frequency vibrational excitation
низкоэнергетическое ~ low-energy excitation
~ обыкновенной волны ordinary wave excitation

однократное ~ single excitation
одночастичное ~ single-particle [one-particle] excitation
одночастичное элементарное ~ single-particle [one-particle] elementary excitation
октупольное ~ ядра octupole excitation of the nucleus
оптическое ~ optical [light] excitation
оптическое ~ звука optical sound excitation
орбитальное ~ orbital excitation
остаточное ~ residual excitation
~ остова core excitation
параллельное ~ parallel excitation
параметрическое ~ (колебаний) parametric excitation
переходное ~ transient excitation
пикосекундное ~ picosecond excitation
плазменное ~ plasma excitation
плазмон-фононое ~ фпп plasmon-phonon excitation
~ поля field excitation
поляризованное ~ опт. polarized excitation
последовательное ~ series excitation
примесное ~ impurity excitation
~ при столкновениях collision excitation
промежуточное ~ intermediate excitation
пространственное ~ (антенной решётки) spatial excitation
противофазное ~ antiphase excitation
~ протонным ударом proton impact excitation
прямое ~ direct excitation
радиационное ~ radiative excitation
~ разряда discharge initiation
резонансное ~ resonant excitation
селективное ~ selective excitation
селективное лазерное ~ selective laser excitation
синфазное ~ in-phase excitation
сложное ~ complex excitation
смешанное ~ compound excitation
~ солитонного типа soliton-like excitation
солитонное ~ soliton excitation
солитонное ~ струны soliton excitation of the string
~ солитонов soliton excitation
~ с переносом киральности chirality-carrying excitation
спиновое ~ spin excitation
спиновое синглетное ~ spin singlet excitation
спиновое триплетное ~ spin triplet excitation
~ спиновых волн spin-wave excitation
спинорное ~ spinorial excitation
спин-флуктуационное ~ spin-fluctuation excitation
стоксово ~ Stokes-law excitation
столкновительное ~ физ. пл. collision(al) excitation
стонеровское ~ Stoner excitation

стохастическое ~ stochastic excitation
стрикционное параметрическое ~ strictional parametrical excitation
ступенчатое ~ (атома) stepwise [step-by-step] excitation
тепловое ~ thermal excitation
термическое ~ thermal excitation
термооптическое ~ звука thermooptical sound excitation
топологическое ~ topological excitation
туннельное ~ (оптических волноводов) tunnel excitation
ударное ~ (колебаний) impulse [shock] excitation; (атома, молекулы, газа и т.п.) collision [impact] excitation
ударное ~ люминесценции impact fluorescence excitation
~ ударными волнами shock(wave) excitation
~ ударом collision [impact] excitation
~ ультрарелятивистским пучком excitation by superrelativistic beam
~ уровней level excitation
фермионное ~ fermionic excitation
фидерное ~ feeder excitation, feed
~ фотонами photoexcitation
химическое ~ chemical excitation
~ холодным пучком excitation by cold beam
циклотронное ~ cyclotron excitation
черенковское ~ Cherenkov excitation
экситонное ~ excitonic excitation
~ экситонов exciton excitation
электрическое ~ electric excitation
электромагнитное ~ electromagnetic excitation
электронное ~ electron(ic) excitation
~ электронной подсистемы electronic subsystem excitation
электронно-лучевое ~ (лазера) electron beam excitation
~ электронным пучком electron beam excitation
~ электронным ударом кв. эл. excitation by electron impact, electron impact excitation
~ электронных переходов electron transition excitation
электроразрядное ~ electrical discharge excitation
элементарное ~ elementary excitation
ядерное ~ nuclear excitation
~ ядра excitation of nucleus
возбуждённый прил. excited
дважды ~ doubly excited
двухкратно ~ doubly excited
однократно ~ singly excited
~ фотонами photoexcited
возведение с. erection
~ в квадрат squaring
~ в степень involution, raising to power, powering
возводить гл. erect, raise

~ в квадрат square
~ в степень raise to power
~ в третью степень raise to the third power, cube
возврат *м.* return; recovery
~ в исходное положение reset, return to normal position
динамический ~ dynamical recovery
возвратно-поступательный *прил.* reciprocating
возвращающий *прил. (о силе)* restoring
возвращение *с.* restoration, return
~ в твёрдое состояние regelation
~ кометы return of comet
~ отражённых волн echo arrival
возгонка *ж.* sublimation
повторная ~ resublimation
воздействие *с.* 1. action, effect, influence 2. *(внешних факторов)* exposure
агрессивное ~ среды attack
адиабатическое ~ adiabatic action
акустическое ~ acoustical [sonic] action
~ атмосферы exposure to the atmosphere
~ взрыва blast effects
внешнее ~ external action
внутреннее ~ internal action
возмущающее ~ disturbance, disturbing [perturbing] action, disturbing influence, interference
волновое ~ wave action
входное ~ input action
динамическое ~ dynamic impact
дистанционное ~ action at a distance
импульсное ~ impulse action
ионизующее ~ ionizing influence
корректирующее ~ corrective action
косвенное ~ indirect action
лазерное ~ laser action
~ мощным радиоизлучением на ионосферную плазму modifying the ionospheric plasma by intense radio waves
~ на расстоянии action at a distance
нелокальное ~ nonlocalized action
~ окружающей среды environmental influence, environmental impacts
прямое ~ direct action
прямое силовое ~ *(поля на частицу)* direct force action
селективное ~ selective action
случайное ~ random action
~ солнечной вспышки на ионосферу ionospheric effect of solar flare
температурное ~ thermal effect, thermal action
тепловое ~ thermal effect, thermal action
ударно-волновое ~ shock action
~ ударной волны shock action
управляющее ~ control action
циклическое температурное ~ thermal cycling
воздух *м.* air
арктический ~ arctic air

атмосферный ~ atmospheric [free] air
влажный ~ humid [moist, damp] air
вовлечённый ~ entrained air
возмущённый ~ turbulent [rough] air
~ в пограничном слое boundary-layer air
жидкий ~ liquid air
загрязнённый ~ contaminated [polluted] air
захваченный ~ entrapped air
ионизованный ~ ionized air
кондиционированный ~ conditioned air
наружный ~ free [open, outer] air
насыщенный ~ saturated air
натекающий ~ leaked-in air
невозмущённый ~ free [undisturbed] air
неподвижный ~ stationary air
окружающий ~ ambient [environmental] air
охлаждающий ~ cooling air, air coolant
очищенный ~ purified air
плавно обтекающий тело ~ air following the body surface
предварительно нагретый ~ preheated air
предварительно сжатый ~ precompressed air
приземный ~ ground air
~ при нормальных условиях standard air
разрежённый ~ rarefied [tenuous] air
сжатый ~ compressed air
~ стандартной атмосферы standard air
стратосферный ~ stratospheric air
тропический ~ tropical air
тропосферный ~ tropospheric air
турбулентный ~ turbulent [rough] air
увлечённый ~ entrained air
чистый ~ pure [clean] air
эжектированный ~ induced air
эжектирующий ~ inducing air
воздухонепроницаемый *прил.* air-tight, air-proof
воздухообменник *м.* air interchanger
воздухоотборник *м.* air sampler
воздухоочиститель *м.* air purifier, air cleaner
воздухоплавание *с.* air navigation
воздухоэквивалентность *ж.* air-equivalence
воздухоэквивалентный *прил.* air-equivalent
возможность *ж.* possibility, ability, capability
□ давать ~ enable, make possible; рассмотреть ~ consider the possibility
принципиальная ~ possibility in principle
возмущать *гл.* disturb, perturb
возмущающий *прил.* disturbing, perturbing
возмущение *с.* perturbation, disturbance; perturbance
абсолютное ~ general perturbation
адиабатическое ~ *кв. мех.* adiabatic perturbation
асимптотически затухающее ~ asymptotically decaying perturbation
атмосферное ~ atmospheric disturbance
~ атомного спектра atomic spectrum perturbation
бароподобное ~ *астр.* barlike perturbation
бухтообразное ~ *геофиз.* bay disturbance

вековое ~ *астр.* secular perturbation
вибронное ~ *фтт* vibronic perturbation
внезапное ~ *кв. мех.* sudden perturbation; *сзф* sudden disturbance
внезапное ионосферное ~ sudden ionospheric disturbance, SID
внешнее ~ external disturbance
~ **волнового фронта** wave-front disturbance
волновое ~ wave disturbance
~ **в радиодиапазоне** radio disturbance
вращательное ~ rotational perturbation
~ **в эллиптически поляризованном поле** perturbation by an elliptically polarized field
газодинамическое ~ *(в лазере)* gas-dynamic perturbation
~ **геомагнитного поля** geomagnetic field disturbance, geomagnetic field variation
геомагнитное ~ (geo)magnetic disturbance
гидромагнитное ~ *(в плазме)* hydromagnetic disturbance
~ **граничных условий** perturbation of boundary conditions
джинсовское ~ Jeans perturbation
диссипативное ~ dissipative perturbation
длинноволновое ~ long-wave perturbation
длиннопериодическое ~ long-period disturbance
долговременное ~ long-term perturbation
долгопериодическое ~ *астр.* long-period disturbance, long-period perturbation
желобковое ~ flute perturbation
~, **зависящее от времени** time-dependent perturbation
«затравочное» ~ nucleation disturbance
затухающее ~ *аэрогидр.* convergent response
~ **земных токов** earth current [electrotelluric] disturbance
изгибающее ~ *(плазмы)* kinking perturbation
~ **изолированного атомного состояния** isolated atomic state perturbation
импульсное ~ pulse disturbance
ионосферное ~ ionospheric disturbance; ionospheric perturbation
когерентное ~ coherent perturbation
колебательное ~ vibrational perturbation
~ **кольцевого тока** ring current disturbance
~ **конечной интенсивности** finite intensity perturbation
коротковолновое ~ short-wave perturbation
короткопериодическое ~ short-period disturbance, short-period perturbation
~ **корпускулярного потока** particle flux disturbance
кратковременное ~ short-term perturbation
~ **края зоны** perturbation of band edge
крупномасштабное ~ large-scale disturbance
кулоновское ~ Coulomb perturbation
линейное ~ linear perturbation
локализованное ~ localized perturbation

локализованное желобковое ~ localized flute perturbation
магнитное ~ magnetic perturbation, magnetic disturbance, magnetic variation
магнитоакустическое ~ magnetoacoustic perturbation
малое ~ (small) perturbation
малое ~ **течения** small perturbation of flow
мгновенное ~ instantaneous perturbation
межпланетное ~ interplanetary disturbance
мелкомасштабное ~ small-scale disturbance
местное ~ local perturbation
~ **метрики** *(пространства-времени)* metric perturbation
микросейсмическое ~ microseismic perturbation
нарастающее ~ *аэрогидр.* divergent response
начальное ~ initial perturbation
нежелобковое ~ nonflute perturbation
~, **не зависящее от времени** time-independent perturbation
нелинейное ~ nonlinear perturbation
непотенциальное ~ nonpotential disturbance
нерезонансное ~ *(атомного спектра)* nonresonant perturbation
нестационарное ~ nonstationary perturbation
несущественное ~ irrelevant perturbation
низкочастотное ~ low-frequency perturbation
одномерное ~ one-dimentional disturbance
~ **орбиты** *астр.* perturbation [perturbance] of an orbit, orbital perturbation
отрицательное экваториальное ~ negative equatorial perturbation
~ **от скачка уплотнения** shock-wave disturbance
~ **от теллурических токов** telluric perturbation
перемещающееся ~ traveling disturbance
перемещающееся ионосферное ~ **(ПИВ)** traveling ionospheric disturbance, TID
перенормированное ~ renormalized perturbation
периодическое ~ periodic(al) disturbance, periodic(al) perturbation
плавное ~ smooth disturbance
поверхностное ~ surface perturbation
~ **полярного тока** polar current disturbance
полярное ~ polar perturbation
постоянное ~ time-independent perturbation
потенциальное ~ potential disturbance
~ **потока** flow disturbance
~ **потока за скачком уплотнения** compressibility burble
~ **при наличии вырождения** degenerate perturbation
пробное ~ trial perturbation
пространственно-локализованное ~ spatially localized perturbation

радиальное ~ radial perturbation
резонансное ~ resonant disturbance, resonance perturbation
резонансное ~ магнитных поверхностей magnetic surface resonant disturbance
симметричное ~ symmetrical perturbation
сингулярное ~ singular perturbation
систематическое ~ systematic perturbation
скачкообразное ~ step disturbance
слабое ~ weak disturbance
случайное ~ random [accidental] perturbation, random disturbance
солнечное ~ solar disturbance
~ солнечного ветра solar wind disturbance
~ состояния state perturbation
спиральное ~ spiral perturbation
статическое ~ static perturbation
стационарное ~ stationary perturbation
стратосферное ~ stratospheric perturbation
ступенчатое ~ step disturbance
существенное ~ relevant perturbation
~ типа изгиба wriggling perturbation
~ траектории trajectory perturbation
~ тропопаузы tropopause disturbance
упругое ~ elastic disturbance
~ уровней энергии energy level perturbation
циклоническое ~ cyclonic perturbation
частное ~ special perturbation
электрическое ~ electric perturbation
электротеллурическое ~ electrotelluric perturbation
~ энергетического уровня energy level perturbation
возмущённость *ж. сэф* storminess
ионосферная ~ ionospheric storminess
возмущённый *прил. (о движении)* disturbed, perturbed
возникновение *с.* initiation, origin, beginning, onset; formation; occurence
~ волнового срыва shock-stalling
жёсткое ~ *(напр. стохастичности)* hard onset
~ колебаний onset of oscillations
мягкое ~ *(напр. турбулентности)* soft onset
~ обратного течения в пограничном слое boundary-layer reversal
~ примесей impurity generation
~ пятна *(солнечного)* formation [birth] of a spot
~ разрушения fracture initiation
~ трещины crack initiation
~ трещины в условиях циклического нагружения cyclic crack initiation
~ усталостной трещины fatigue crack initiation
~ хрупкой трещины brittle fracture initiation
~ электрической дуги arcing
возраст *м.* age
абсолютный ~ absolute age
~ волны wave age

~ Вселенной age of the Universe
~ Галактики age of the Galaxy
геологический ~ geological age
~ горных пород age of rocks
~ звёздных скоплений age of star clusters
~ звезды star age
~ Земли age of the Earth
~ космических лучей cosmic-ray age
~ ливня *фвэ* shower age
~ лунных пород age of lunar rocks
~ Луны Moon age
~ льда ice age
~ Метагалактики age of the Metagalaxy
~ метеорита age of meteorite
~ метеорного потока age of a shower
~ небесных тел age of celestial bodies
~ нейтрона neutron age, age of neutron
~ нейтронов по Ферми Fermi age (of neutrons)
~ по аргону argon age
~ по гелию helium age
~ по радиоактивному углероду radiocarbon [carbon-14] age
~ по радиоуглероду radiocarbon [carbon-14] age
~ по Ферми Fermi age
~ Солнечной системы age of the Solar system
~ Солнца age of the Sun
фермиевский ~ Fermi age
хронологический ~ chronological age
возрастание *с.* rise, growth; rising, increase
~ массы mass increase, mass growth
монотонное ~ monotone [monotonic] increase
~ мощности power rise, power increase
~ периода кристаллической решётки lattice period growth
~ потока flux rise
~ реактивности reactivity rise
~ солнечных космических лучей solar particle increase
~ температуры temperature rise, temperature increase
~ функции function increase
~ энтропии entropy increment
возрастающий *прил.* ascending, growing, increasing, rising
вой *м. ак.* howl(ing)
война *ж.* war
атомная ~ atomic war
радиологическая ~ radiological war
вокодер *м.* vocoder, voice coder, speech processing system
автокорреляционный ~ autocorrelation vocoder
гармонический ~ harmonic vocoder
канальный ~ channel vocoder
корреляционный ~ correlation vocoder
~, основанный на разложении Лагерра Laguerre expansion vocoder
резонансный ~ resonance vocoder

~ с возбуждением от голоса voice-excited vocoder

~ с высокой верностью воспроизведения high-fidelity vocoder

спектрально-полосовой ~ spectrum-band vocoder

~ сравнения с эталонными спектрами pattern-matching vocoder

тактильный ~ tactile vocoder

фазовый ~ phase vocoder

формантный ~ formant vocoder

воксел *м. (объёмный элемент при обработ-ке изображения)* voxel

волн/а *ж.* **1.** wave **2.** *(морская)* surge, sea □ **~ вычитается** the wave interferes destructively; **поднять ~у** *(о ветре)* raise a choppy sea; **~ распространяется в ре-зультате многократного отражения** the wave travels by multiple reflection; **~ складывается** the wave interferes constructively

автомодельная ~ self-similar wave

автономная ~ autonoumos wave

адиабатическая ударная ~ adiabatic shock wave

азимутальная низкочастотная ~ azimu-thal low-frequency wave

аксиальная ~ axial wave

аксиально-симметричная ~ axially sym-metric wave

акустико-гравитационная ~ (АГВ) acoustic-gravity wave, AGW

акустическая ~ acoustic [sound] wave

акустическая ~ большой амплитуды high-amplitude acoustic wave

акустическая поверхностная ~ acoustical surface wave

акустическая ~ сжатия acoustic compres-sion wave

акустогравитационная ~ acoustic-gravity wave

акустоэлектрическая ~ acoustoelectric wave

альвеновская ~ Alfvén wave

альвеновская крутильная ~ torsional Alfvén wave

альвеновская ~ сдвига shear Alfvén wave

альвеновская ~ сжатия compressional Alfvén wave

альфвеновская ~ Alfvén wave

АМ ~ AM [amplitude-modulated] wave

амплитудно-модулированная ~ amplitude-modulated [AM] wave

анизотропная ~ anisotropic wave

аномальная ~ anomalous wave

антисимметричная ~ antisymmetric(al) wave

антисимметричная ~ Лэмба antisymmet-rical Lamb wave

апериодическая ~ aperiodic [nonrecurrent] wave

атмосферная ~ atmospheric wave

атмосферная гравитационная ~ atmo-spheric gravity wave

баллистическая ~ ballistic wave

бароклинная ~ baroclinic wave

бегущая ~ traveling [progressive, running] wave

~, бегущая в прямом направлении for-ward-traveling wave

бегущая изгибная ~ traveling flexural wave

бегущая ионизационная ~ traveling ionization wave

бегущая поверхностная ~ traveling surface wave

бегущая ~ полутени *сзф* running penumbra wave

бездиссипативная ударная ~ dissipation-less shock wave

безобменная спиновая ~ exchangeless spin wave

~ Бернштейна Bernstein wave, Bernstein mode

~ Бернштейна - Грина - Крускала Bern-stein-Green-Kruskal wave, BGK-wave

бернштейновская ~ Bernstein wave, Bern-stein mode

бесконечная гармоническая ~ infinite harmonic wave

бесстолкновительная дрейфовая ~ colli-sionless drift wave

бесстолкновительная ударная ~ colli-sionless shock wave

бигармоническая ~ biharmonic wave

~ Блоха Bloch wave

блоховская ~ Bloch wave

блуждающие ~ы stray [migratory] waves

боковая ~ lateral [side, roll] wave

бортовые ~ы roll waves; athwart sea

быстрая ~ fast wave

быстрая ~ ионизации fast ionization wave

быстрая магнитоакустическая ~ fast magnetoacoustic [magnetosonic] wave

быстрая магнитозвуковая ~ fast mag-netoacoustic [magnetosonic] wave

быстрая магнитозвуковая ударная ~ fast magnetoacoustic shock

быстрая необыкновенная ~ fast extraor-dinary wave

быстрая поверхностная ~ fast surface wave

быстрая ~ пространственного заряда fast space charge wave

быстрая ударная ~ fast shock (wave)

быстрая ударная ~ сжатия fast compres-sive shock

быстрая электромагнитная ~ *(в волново-де)* fast electromagnetic wave

~ы в активных средах waves in active media

~ы Ван Кампена *(в плазме)* van Kampen waves

~ы в атмосфере waves in the atmosphere

ведомая ~ guided wave

~ы вероятности probability waves, waves of probability

вертикальная ~ vertical wave

вертикально поляризованная ~ vertically polarized [vertical] wave

вертикально распространяющаяся ~ vertical wave

~ вертикальных колебаний vertical wave

верхне-гибридная ~ upper hybrid wave

ветровые ~ы wind [wind-generated] waves

~ы вещества matter [de Broglie, associated] waves

~ы в жидкости waves in liquid

взаимодействующие ~ы interacting waves

взрывная ~ blast [explosion, explosive, detonation] wave

взрывная ~ в солнечном ветре solar wind blast wave

взрывная ударная ~ explosion shock (wave)

~ы видимой части спектра optical waves; visible light

внеземные ~ы extraterrestrial waves

внерезонаторная ~ кв. эл. extracavity wave

внутренние ~ы internal waves

внутренние гравитационные ~ы (ВГВ) internal gravity wave, IGW

внутренняя ~ в несжимаемой жидкости internal wave in incompressible fluid

~ во вращающейся жидкости wave in rotating fluid

водная ~ water wave

возбуждающая ~ exciting wave

~ возбуждения excitation wave

возбуждённая ~ excited wave

возвратная ~ back(ward) wave

воздушная ~ air wave

воздушная ударная ~ air-shock wave

возмущающая ~ disturbing wave

~ возмущений disturbance wave

возмущённая ~ perturbed [disturbed] wave

возмущённая обратная ~ perturbed backward wave

возмущённая отражённая ~ perturbed reflected [backward] wave

возмущённая прямая ~ perturbed forward wave

волноводная ~ waveguide [guided] wave

восстанавливающая ~ (в голографии) reconstructing wave

восстановленная ~ (в голографии) reconstructed wave

восходящая ~ ascending [upgoing] wave

~ в свободном пространстве free-space wave

вспышечная ~ flare wave

вспышечная взрывная ~ flare blast wave

в среднем поперечная ~ wave transverse in the mean

в среднем продольная ~ wave longitudinal in the mean

встречная ~ (электромагнитная) counter-propagating [counterrunnig] wave

встречная ~ накачки opposite pump wave

вторичная ~ secondary [scattered] wave

вторичная световая ~ secondary light wave

вторичная сферическая ~ secondary spherical wave

~ вторичного пробоя secondary-breakdown wave

~ы в тропопаузе tropopause waves

~ в щели slot wave

вынужденная ~ кв. эл. induced [stimulated] wave

вынужденная ~ концентрации driven concentration wave

выпускная ударная ~ trailing [tail, rear] shock wave

вырожденные ~ы degenerate waves

~ы высшего порядка higher-order waves

высшие парциальные ~ы higher partial waves

вытекающая ~ leaky wave

выходящая ~ outgoing [output] wave

гармоническая ~ harmonic [sinusoidal, sine] wave

~, гармоническая во времени wave harmonic in time

~, гармоническая в пространстве wave harmonic in space

гауссова ~ Gaussian wave

гектометровые ~ы (от 100 до 1000 м) hectometer waves

геликон-звуковая ~ helicon-acoustical wave

геликонная ~ helical [helicon] wave

гелиосферная ударная ~ heliospheric shock wave

~ы Герстнера Gerstner waves

~ы Герца Hertzian [Hertz] waves

гибридная ~ hybrid wave

гидродинамическая ~ hydrodynamic wave

гидродинамическая ~ Альвена Alfvén hydrodynamic wave

гидромагнитная ~ hydromagnetic [magnetohydrodynamic] wave

гидромагнитная межпланетная ударная ~ hydromagnetic interplanetary shock wave

гидромагнитная ~ сжатия compressional hydromagnetic wave

гидромагнитная ударная ~ hydromagnetic shock wave

гидромагнитная ударная ~ включения switch-on hydromagnetic shock wave

гидромагнитная ударная ~ в солнечном ветре hydromagnetic shock wave in the solar wind

гидромагнитные ~ы сжатия compressional hydromagnetic waves

гидротермомагнитная ~ hydrothermo-magnetic wave

гиперболическая ~ hyperbolic wave

гиперзвуковая ~ hypersonic wave

гироскопическая ~ gyroscopic wave

годичная ~ *(тепла)* annual wave
головная ~ leading [head] wave
головная ~ Маха Mach bow wave
головная ударная ~ *(в магнитосфере)* bow shock (wave)
~ горения combustion wave
горизонтально поляризованная ~ horizontally polarized wave
гравитационная ~ на поверхности раздела двух жидкостей gravity wave on the interface
гравитационно-капиллярная ~ capillary-gravity [gravity-capillary] wave
гравитационные ~ы *(в жидкости или газе)* gravity waves; *(в теории гравитации)* gravitational waves
граничная ~ boundary wave
~ы Гуляева - Блюстейна Guliayev-Bleustein waves
~ы дальнего ИК диапазона far infrared [IR] waves
дважды дифрагированная ~ double diffracted wave
двугорбая ~ double-humped wave
двумерная ~ two-dimensional wave
двумерная ударная ~ two-dimensional shock wave
двухзонная ~ горения two-zone combustion wave
дебаевские ~ы Debye waves
~ы де Бройля de Broglie [matter, particle] waves
декаметровые ~ы *(от 10 до 100 м)* short [decametric] waves
делокализованная солитонная ~ *фтт* delocalized soliton wave
демпфированные ~ы damped waves
демпфируемые ~ы damped waves
деполяризованная ~ depolarized wave
~ы детонации detonation waves
детонационная ~ detonation wave
дефлаграционная ~ deflagration wave
~ деформаций strain wave
дециметровые ~ы *(100-10 см)* decimetric waves
дипольная ~ dipole mode wave
дискретные альвеновские ~ы discrete Alfvén waves
дисперсионные ~ы dispersion waves
дифрагированная ~ diffracted wave
дифракционная ~ diffraction wave
~ диэлектрической проницаемости wave of dielectric permittivity
длинная гравитационная ~ long gravity wave
длинные ~ы *(1-10 км)* long [low-frequency, kilometer, kilometric, LF] waves
длинные ~ы на мелкой воде long waves in shallow water
~ дополнительного цвета complementary wave
дрейфовая ~ drift wave

дрейфовая ~, возбуждаемая градиентом температуры ионов ion temperature gradient drift wave
дрейфовая ~ конечной амплитуды finite amplitude drift wave
~ единичной амплитуды unit wave
~ единичной интенсивности unit intensity wave
желобковые ~ы fluting mode
задняя ударная ~ trailing [tail, rear] shock wave
замедленная ~ slow wave
замедленная магнитозвуковая ~ retarded magneto-acoustical [slow magneto-acoustic] wave
запаздывающая ~ retarded wave
запредельная ~ evanescent wave
~ы зарядовой плотности charge density waves
затухающая ~ damped [decaying, decadent, shrinking] wave
затухающая ударная ~ decaying shock wave
звуковая ~ sound [acoustic, audio-frequency, sonic] wave
~ звуковой частоты audio-frequency wave
земная ~ *радиофиз.* ground [surface, terrestrial, earth] wave
зеркально отражённая ~ specular reflected wave
~ы Зоммерфельда Sommerfeld waves
зондирующая ~ sensing [sounding] wave
~ы зыби ripples
~ изгиба *мех.* flexural [bending] wave; *(шнурового разряда)* wriggle wave
изгибная ~ flexural [bending] wave
изгибная ~ напряжений flexural stress wave
изгибная поверхностная ~ kink surface wave
излучаемая ~ emitted [radiated] wave
изотропная сферическая ~ isotropic spherical wave
изэнтропическая ~ isentropic wave
импульсная ~ impulse wave
импульсно-модулированная ~ pulse-modulated wave
индуцированная ~ *кв. эл.* induced [stimulated] wave
инерционная ~ inertial wave
интенсивная ~ intense wave
~ интенсивности intensity wave
интерференционная ~ interferention wave
инфразвуковые ~ы infrasonic waves
инфракрасные ~ы infrared [IR] waves
~ ионизации ionization wave
ионизационная ~ ionization wave
ионизирующая ~ ionizing wave
ионная ~ ionic wave
ионная бернштейновская ~ ion Bernstein wave
ионная циклотронная ~ ion cyclotron wave
ионно-звуковая ~ ion-sound wave

ионно-плазменная ~ ion-plasma wave
ионно-циклотронная ~ ion-cyclotron wave
ионосферная ~ ionospheric [sky] wave
искажённая ~ distorted [deformed] wave
искусственно созданные ~ы artificial waves
исходящая ~ outgoing [output] wave
канализированная ~ ducted [guided] wave
каналовая ~ channel wave; *сейсм.* guided wave
капиллярная ~ capillary [ripple] wave, capillary ripple
капиллярно-гравитационная ~ capillary-gravity wave
квазигармоническая ~ quasi-harmonic wave
квазиоднородная ~ quasi-homogeneous wave
квазиоптические ~ы quasi-optical waves
квазиплоская ~ quasi-plane wave
квазипоперечная ~ quasi-transverse [QT] wave
квазипродольная ~ quasi-longitudinal [QL] wave
квазипростая ~ quasi-simple wave
квазисферическая ~ quasi-spherical wave
квази-TE ~ quasi-TE wave
квази-TM ~ quasi-TM wave
~ы Кельвина Kelvin waves
километровые ~ы *(1-10 км)* long [low-frequency, kilometer, kilometric, LF] waves
кинематическая ~ kinematic wave
кинематическая ~ плотности ступеней kinematic wave of step density
кноидольная ~ cnoidal wave
когерентная ~ coherent wave
когерентная световая ~ coherent light wave
~ колебаний решётки lattice wave; phonon
колебательная ~ oscillatory wave
коллективные ~ы collective waves
кольцевая ~ annular wave
комплексно-сопряжённые ~ы complex conjugate waves
комплексно-сопряжённые световые ~ы complex conjugate light [optical] waves
~ы конвекционного тока convection current modes
конденсационная ударная ~ condensation shock wave
~ конечной амплитуды wave of finite amplitude
коническая ~ conical wave
коническая ~ разрежения conical rarefaction wave
коническая ~ сжатия conical compressional wave
коническая ударная ~ conical shock wave
~ концентрации density [concentration] wave
концентрическая ~ concentric wave
корабельные ~ы ship waves

кормовая ~ quarter sea
короткие ~ы *(100 - 10 м)* short [decametric, high-frequency] waves
коротко-гребневая ~ short-crested wavelet
косая ~ oblique wave
косая ленгмюровская ~ oblique Langmuir wave
косая межпланетная ударная ~ oblique interplanetary shock wave
косая ударная ~ oblique [inclined] shock wave; oblique shock
косинусоидальная ~ cosine wave
~ы космического происхождения extra-terrestrial waves
космологические гравитационные ~ы cosmological gravitational waves
косопадающая ~ oblique wave
краевая ~ fringe [edge] wave
~ы крайне низких частот (КНЧ) extremely low-frequency waves
~ кристаллизации wave of crystallisation
критическая ~ boundary [limiting, critical, cut-off] wave
критическая ~ в волноводе waveguide critical wave
круговая ~ circular wave
крутая ~ steep wave
крутильные ~ы torsional waves
крутильные альвеновские ~ы torsional Alfvén waves
латеральная ~ lateral wave
левополяризованная ~ left-handed polarized [counterclockwise-polarized] wave
ленгмюровская ~ Langmuir [plasma, electrostatic] wave
линейная ~ linear wave
линейнополяризованная ~ linearly polarized [plane-polarized] wave
лунная приливная ~ lunar tidal wave
лунно-солнечная суточная ~ luni-solar diurnal wave
~ Лэмба Lamb wave
~ Лява Love wave
лямбда-образная ударная ~ lambda shock wave
~ магнитного вектора magnetic wave; H-wave
магнитные ~ы Лява magnetic Love waves
магнитные ~ы Пекериса magnetic Pekeris waves
магнитогидродинамическая ~ hydromagnetic [magnetohydrodynamic] wave
магнитогидродинамическая ~ сжатия compression(al) hydromagnetic wave
магнитозвуковая ~ magnetoacoustic(al) [magnetosonic, magnetosound] wave
магнитозвуковая поверхностная ~ magnetoacoustic surface wave
магнитозвуковая ударная ~ magnetoacoustic [magnetosonic] shock (wave)
магнитоионная ~ magnetoionic wave
магнитоплазменная ~ magneto-plasma wave

магнитостатическая ~ magnetostatic [ex-changeless spin] wave

магнитостатическая объёмная ~ magnetostatic volume wave

магнитостатическая поверхностная ~ magnetostatic surface wave

магнитотеллурическая ~ magnetotelluric wave

магнитоупругая ~ magnetoelastic wave

~ **малой амплитуды** wave of small amplitude

~ **материального возбуждения** material excitation wave

~ **материи** matter [de Broglie, particle] wave

~ **Маха** Mach wave

медленная ~ slow wave

медленная дрейфовая ~ slow drift wave

медленная магнитозвуковая ~ slow magnetoacoustic [slow magnetosonic] wave

медленная магнитозвуковая ударная ~ slow magnetoacoustic shock (wave)

медленная необыкновенная ~ slow extraordinary wave

медленная нижнегибридная ~ slow lower-hybrid wave

медленная ~ **пространственного заряда** slow space-charge wave

медленная ~ **пространственного заряда квазинейтрального пучка** slow space-charge wave of quasi-neutral beam

медленная поверхностная ~ slow surface wave

медленная ударная ~ slow shock wave

медленная электромагнитная ~ *(в замедляющей системе)* slow electromagnetic wave

межпланетная ударная ~ interplanetary shock (wave)

метровые ~ы *(1-10 м)* meter [metric, ultrashort] waves

мешающая ~ interference [disturbing] wave

микросейсмические ~ы microseismic waves

миллиметровые ~ы millimetric [millimeter] waves

~ы **Минтропа** *ак.* head waves

мириаметровые ~ы *(100 - 10 км)* myriametric [very low frequency] waves

многократно отражённая ~ multiple reflection wave

многократно отражённая ионосферная ~ multiple-hop sky wave

модулированная ~ modulated wave

~, **модулированная импульсами** pulse-modulated wave

модулированная незатухающая ~ modulated continuous wave

модулированная по фазе ~ phase-modulated wave

модулирующая ~ modulating wave

монохроматическая ~ monochromatic [simple harmonic] wave

монохроматическая ~ **накачки** monochromatic pump wave

~ **Моретона** Moreton wave

морские ~ы sea waves

набегающая ~ incoming [incident, arriving] wave

~ы **на воде** waves on water, water waves

~ **на выходе** *(устройства)* output wave

~ы **на глубокой воде** waves on deep water, deep-water waves

наиболее длинная ~ longest-wavelength wave

наиболее короткая ~ shortest-wavelength wave

~ **накачки** *кв. эл.* pump(ing) wave

наклонная ~ oblique wave

~ **наклонного падения** oblique wave

наложившиеся ~ы superimposed waves

~ы **на межфазной границе** interfacial waves

~ы **на мелкой воде** waves on shallow water, shallow-water waves

~ы **на поверхности жидкости** capillary [liquid surface] waves, waves on the surface of liquid

~ы **на поверхности раздела** interfracial waves

направляемые ~ы guided [ducted] waves

~ **напряжений** *мех.* stress wave

~ **напряжения** *эл.* voltage wave

нарастающая ~ growing [increasing] wave

нарастающая земная ~ growing surface wave

нарастающая поверхностная ~ growing surface wave

~ы **на свободной поверхности** *(жидкости)* free surface waves

~ы **на чистой воде** waves on pure water

небесная ~ *радиофиз.* sky [ionospheric] wave

невозмущённая ~ unperturbed [undisturbed] wave

невозмущённая плоская ~ undisturbed plane wave

негармоническая ~ anharmonic [inharmonic] wave

незатухающая ~ continuous [continual, persistent, perpetual, maintained, undamped, sustained, constant amplitude] wave

незатухающая бегущая ~ constant traveling wave

неискажённая ~ undistorted [undeformed] wave

нейтронная ~ neutron wave

нелинейная ~ nonlinear wave

нелинейные ~ы **Россби** nonlinear Rossby waves

нелинейные длинные ~ы nonlinear long waves

нелинейные пилообразные ~ы nonlinear sawtooth-like waves

немодулированная ~ nonmodulated [pure] wave

немонохроматическая ~ nonmonochromatic wave

необыкновенная ~ extraordinary [E-] wave, e-wave

неоднородная ~ inhomogeneous [non-uniform] wave

неоднородная ударная ~ nonuniform shock wave

неотклонённая ~ undeflected wave

неотражённая ~ nonreflected [direct] wave

непериодическая ~ nonperiodic wave

неплоская ~ nonplane wave

неподвижная ~ wave at rest

неполяризованная ~ unpolarized wave

непотенциальная ~ nonpotential wave

неприсоединённая головная ударная ~ unattached bow shock (wave)

нераспространяющаяся ~ (затухающая) evanescent wave

нерассеянная ~ unscattered wave

несвязанная ~ uncoupled wave

несимметричная ~ nonsymmetrical [un-symmetrical] wave

несимметричная сферическая ~ non-symmetrical spherical wave

несинусоидальная ~ nonsine wave

несоизмеримые ~ы зарядовой плотности incommensurable charge density waves

нестационарная ~ transient [nonstationary, nonsteady, transition] wave

нестационарная разрежения nonsteady rarefaction wave

нестационарная ударная ~ nonsteady [transient] shock wave

несущая ~ радиофиз. carrier (wave)

неустановившиеся ~ы transient waves

неустойчивая ~ nonstable wave

неэволюционная магнитогидродинами-ческая ударная ~ nonevolutionary magnetohydrodynamic shock wave

нижнегибридная ~ lower hybrid wave

~ы низшего порядка lower-order waves

низшие парциальные ~ы lowest partial waves

нисходящая ~ descending [downcoming] wave

нормальная межпланетная ударная ~ normal interplanetary shock wave

нормальная ударная ~ normal shock wave

нормальные ~ы natural [proper] waves, normal modes

носовая ~ мор. bow sea

ночные ~ы (от 10 до 50 м) night waves

обменная спиновая ~ exchange spin wave

обменные ~ы exchange waves; сейсм. converted [transformed] waves

обратная ~ (идущая в обратном направле-нии) back(ward) [return] wave; (инвер-тированная) inverse wave

обратная ионизационная ~ inverse ion-ization wave

обратная первичная ~ return primary wave

обратная спиновая ~ back spin wave

~ обратного рассеяния backward-scattering [backscattered] wave

обращённая ~ inverse wave

обращённая пилообразная ~ (с резкими подъёмами и медленными спадами) negative-going saw-toothed wave

обрушающиеся ударные ~ы collapsing shock [breaking] waves

объектная ~ object wave

объёмная ~ body [bulk] wave

объёмная акустическая ~ bulk acoustic wave

объёмная сдвиговая ~ shear volume wave

~ объёмного заряда space charge wave

обыкновенная ~ ordinary [O-] wave, o-wave

огибающая ~ мех. creeping wave

одиночная ~ single [solitary, separate] wave, soliton

одномерная ~ one-dimensional wave

одномерная бегущая ~ one-dimensional traveling wave

одномерная простая ~ one-dimentional simple [Riemann] wave

однонаправленные распределённо-свя-занные ~ы unidirectional distributedly coupled waves

однородная ~ homogeneous [uniform] wave

однородная плоская ~ uniform plane wave

однородная ударная ~ uniform shock wave

океанические ~ы ocean waves

опорная ~ гологр. reference [illuminating] wave

оптические ~ы optical [light] waves

ортогональная ~ orthogonal wave

ортогонально поляризованная ~ ortho-gonal polarized wave

осевая ~ axial wave

осесимметричная ~ axially symmetrical wave

осесимметричная ~, распространяющая-ся вдоль оси, вращающейся как целое несжимаемой жидкости axially symmetrical wave propagated along the axis of an incompressible fluid rotating as a whole

основная ~ fundamental [principal, dom-inant] wave, principal mode

основная лунная ~ principal lunar wave

основная солнечная ~ principal solar wave

остроконечная ~ peaked wave

отражённая ~ reflected [echo, back] wave

~, отражённая от Земли earth-reflected [ground-reflected] wave

~, отражённая от ионосферы ionospheric [sky] wave

отражённая ударная ~ reflected shock wave

отрицательная ~ negative wave

~ отрицательного инерционного давле-ния negative pressure wave

~ отрицательной энергии negative energy wave

~ отсечки волновода cut-off wave

~ охлаждения cooling wave

паводковая ~ flood wave

падающая ~ incident wave
~ **падения** *(домино)* wave of falling; domino effect
паразитные ~ы extraneous waves
параллельная ударная ~ parallel shock wave
параметрически связанные ~ы parametrically coupled waves
парциальная ~ partial wave
~ы **Пекериса** Pekeris waves
первичная ~ primary wave
первичные гравитационные ~ы primary gravitational waves
~ **первого порядка** first order wave
~ **переключения** switching wave
~ **перемагничивания** magnetization wave, wave of magnetization
перемежающиеся сейсмические ~ы alternating seismic waves
пересжатая детонационная ~ over-compressed detonation wave
периодическая ~ periodic wave
периодическая электромагнитная ~ periodic electromagnetic wave
перпендикулярная ударная ~ normal shock wave
пилообразная ~ saw-toothed wave
плазменная ~ plasma [Langmuir, electrostatic] wave
плазменно-пучковая ~ beam-plasma wave
планетарная ~ planetary wave
плоская ~ plane wave
плоская бегущая ~ traveling plane wave
плоская неоднородная ~ plane inhomogeneous wave
плоская стационарная ударная ~ plane stationary shock wave
плоскополяризованная ~ plane-polarized [linearly polarized] wave
~ **плотности** density wave
~ **плотности тока** current-density wave
побочные ~ы extraneous [lateral] waves
П-образная ~ rectangular wave
поверхностная ~ surface wave; *радиофиз.* ground wave
поверхностная акустическая ~ surface acoustic wave
поверхностная магнитостатическая ~ magnetostatic surface wave
поверхностная плазменная ~ surface plasma wave
поверхностная плазмон-поляритонная ~ surface plasmon-polariton wave
поверхностная рэлеевская ~ surface Rayleigh wave
поверхностная световая ~ surface light wave
поверхностная сейсмическая ~ surface seismic wave
поверхностная спиновая ~ surface spin wave
поверхностная электромагнитная ~ (ПЭВ) surface electromagnetic wave

поверхностные акустические ~ы (ПАВ) surface acoustic waves, SAW
поверхностные ~ы **в жидкости** capillary waves, riffle
поверхностные гравитационные ~ы *(на воде)* surface gravity waves
поверхностные ~ы **с замкнутыми траекториями частиц** *(в жидкости)* roll waves
~ **повышения давления** positive pressure wave
~ **поглощения** absorption wave
~ **поднесущей** subcarrier wave
ползущая ~ *мех.* creeping wave
~ **полного комплексного тока** total complex current wave
~ **полного напряжения** total voltage wave
~ **положительного инерционного давления** positive pressure wave
~ **положительной энергии** positive energy wave
полусуточная ~ semidiurnal wave
~ **поляризации** polarization wave
поляризационная ~ polarization wave
поляризованная ~ polarized wave
~, **поляризованная по кругу** circulary polarized wave
~, **поляризованная по часовой стрелке** clockwise [right-handed] polarized wave
~, **поляризованная против часовой стрелки** counterclockwise [anticlockwise, left-handed] polarized wave
поперечная ~ transverse wave
поперечная магнитная ~ transverse magnetic [TM] wave, transverse magnetic [TM] mode, E wave
поперечная магнитная гибридная ~ transverse magnetic hybrid wave
поперечная электрическая ~ transverse electric [TE] wave, transverse electric [TE] mode
поперечная электрическая гибридная ~ transverse electric hybrid wave
поперечная электромагнитная ~ transverse electromagnetic wave, TEM-wave
поперечные МГД ~ы transverse MHD waves
~ы **популяций** population waves
популяционные ~ы *биол.* population waves
попутная ~ *мор.* following sea
попутная ~ **накачки** concurrent pump wave
посторонние ~ы extraneous waves
потенциальная ~ potential wave
почти гармоническая ~ nearly harmonic wave
правополяризованная ~ clockwise-polarized [right-handed polarized] wave
преломлённая ~ refracted wave
преобладающая ~ dominant wave, dominant mode
прерывистая ~ chopped [interrupted] wave
прерывистая незатухающая ~ interrupted continuous wave

приземная ~ *радиофиз.* ground [direct, terrestrial] wave

приливная ~ tidal wave; (tidal) bore

приливная ~ в атмосфере atmospheric tidal wave

присоединённая ударная ~ attached shock wave

приходящая ~ incoming [arriving] wave

~ пробоя breakdown wave

продифрагировавшая ~ diffracted wave

продольная ~ longitudinal [compression-rarefaction, compressional-rarefactional, dilatation] wave

продольная гиперзвуковая ~ longitudinal hypersonic wave

продольная спиновая ~ longitudinal spin wave

продольные МГД ~ы longitudinal MHD waves

промежуточные ~ы *(от 50 до 200 м)* intermediate-frequency [medium high-frequency] waves

~ просветления *кв. эл.* bleaching wave

простая ~ simple wave

простая гармоническая ~ simple harmonic wave

простая ~ сжатия simple compressional wave

пространственная ~ *радиофиз.* ionospheric [sky, atmospheric] wave

пространственная отражённая ~ downcoming wave

~ пространственного заряда space-charge wave

~ пространственного заряда с потерями на излучение leaky space-charge wave

пространственно-нарастающая ~ spatially-growing wave

пространственно неоднородная ~ spatially-inhomogeneous wave

протонная ~ proton wave

проходящая ~ transmitted wave

прошедшая ~ transmitted wave

прямая ~ direct [forward, incident] wave

прямая вторичная ~ direct secondary wave

прямая ионизационная ~ direct ionization wave

прямая спиновая ~ direct spin wave

прямая ударная ~ normal shock wave

прямоугольная ~ rectangular [square] wave

прямоугольная ~ напряжения rectangular voltage wave

псевдостационарная ударная ~ pseudostationary shock wave

~ Пуанкаре Poincaré wave

пьезоэлектрическая звуковая ~ piezoelectric sound wave

рабочая ~ working [operating] wave

радиальная земная ~ radial surface wave

радиальная поверхностная ~ radial surface wave

радиационная ~ охлаждения cooling radiative wave

~ разгрузки unloading wave

~ разрежения rarefaction [expansion, depression-type, dilatation, suction] wave

распространяющаяся ~ propagating [traveling] wave

~, распространяющаяся в воде water wave

~, распространяющаяся одним скачком single-hop wave

~, распространяющаяся под границей раздела subsurface wave

рассеянная ~ scattered wave

~, рассеянная вперёд forward-scattered wave

рассеянная ~ при сохранении ориентации спина nonflip scattered wave

рассеянная расходящаяся ~ scattered diverging wave

расходящаяся ~ diverging [divergent, expanding] wave

расходящаяся сферическая ~ diverging spherical wave

расходящаяся цилиндрическая ~ diverging cylindrical wave

расчётная ~ design wave

~ расширения dilatational [expansion, rarefaction, extension] wave

результирующая ~ resultant wave

рекомбинационная ~ recombination wave

~ы релаксации relaxation waves

рентгеновские стоячие ~ы X-ray standing waves

~ы Римана Riemann [one-dimentional simple] waves

римановская ~ Riemann [one-dimentional simple] wave

~ы Рос(с)би Rossby waves

~ы Рубенса Rubens waves

рэлеевская ~ Rayleigh wave

~ Рэлея Rayleigh wave

сантиметровые ~ы *(10 - 1 см)* centimeter [centimetric] waves

сверхвысокочастотные ~ы *(0,3 - 30 см)* microwaves

сверхдлинные ~ы (СДВ) *(100 - 10 км)* very long [myriametric, very low-frequency] waves

сверхнизкочастотные ~ы *(100000 - 10000 км)* very low-frequency waves

сверхсветовая ~ superluminal wave

световая ~ light [optical] wave

светодетонационная ~ laser-supported detonation wave

светоиндуцированная ~ light-induced [optically induced] wave

светоиндуцированная ~ плотности light-induced [optically induced] density wave

свободная ~ free wave

свободная земная ~ free surface wave

свободная поверхностная ~ free surface wave

~ с вращающейся плоскостью поляризации rotated-plane [rotary] wave

~ы СВЧ microwaves

связанные ~ы coupled [bound, guided] waves

связанные ~ы пространственного заряда coupled space-charge waves

связанные электромагнитные ~ы coupled electromagnetic waves

~ сгорания combustion wave

~ сдвига shear wave

сдвиговая ~ shear wave

сдвиговая объёмная ~ shear volume wave

~ сдвигового типа shear-type wave, shear mode

сейсмическая ~ seismic [earthquake] wave

секторная ~ sectorial wave

~ сжатия compression [pressure, condensation] wave

~ сжатия-разрежения compression-dilatation [compressional-dilatational, condensation-rarefaction] wave

сигнальная ~ *кв. эл.* signal wave

сильная ~ intense wave

сильнопоглощаемая ~ strong absorbed wave

симметричная ~ symmetric(al) wave

симметричная ~ Лэмба symmetrical Lamb wave

синусоидальная ~ sine [sinusoidal, pure, harmonic] wave

синхронная ~ synchronous wave

скалярная ~ scalar wave

скользящая ~ *мех.* creeping [glancing] wave

скользящая земная ~ trapped surface wave

скользящая поверхностная ~ trapped surface wave

скользящая ударная ~ gliding shock wave

~ скорости пучка beam-velocity wave

~ы с кратными частотами waves with multiple frequencies

~ с критической частотой boundary [critical, limiting, cutoff] wave

~ с критической частотой в волноводе waveguide critical wave

~ с круговой поляризацией circularly polarized wave

~ скручивания torsional wave

слабая ~ weak wave

слабая ударная ~ weak shock wave

слабозатухающие ~ы weak decaying waves

слабонелинейные ~ы weak nonlinear waves

слабопоглощаемая ~ weak absorbed wave

сложная ~ complex wave

случайная ~ random wave

~ смешанного типа hybrid mode

~ с нулевой энергией zero-energy wave

собственные ~ы natural [proper, residue] waves

соизмеримые ~ы зарядовой плотности commensurable charge density waves

соленоидальная ~ solenoidal wave

солнечная приливная ~ solar tidal wave

сопряжённая ~ *опт.* conjugate wave; *аэрогидр.* associated wave; *сейсм.* additional wave

составляющая ~ component (wave)

составляющая синусоидальная ~ component sine wave

составная ~ composite wave

~ со стационарным профилем в нелинейной диссипативной среде wave with a steady profile in a nonlinear dissipative medium

~ с отрицательной энергией negative energy wave

спадающая ~ decreasing [decaying, collapsing] wave

спиновая ~ spin wave; magnon

~ спиновой плотности spin-density wave

спиральная ~ helical [helicon, spiral] wave, helicon

спиральная ~ плотности spiral density wave, spiral wave of density

спиральная ~ с левой круговой поляризацией left-circular helical wave

спиральная ~ с правой круговой поляризацией right-circular helical wave

~ с плоской верхушкой flat-topped wave

~ с положительной энергией positive energy wave

~ы с противоположно направленным вращением плоскостей поляризации counterrotating waves

средние ~ы *(от 100 до 1000 м)* medium-frequency [hectometric, MF] waves

~ы статистического шума random waves

стационарная ~ steady-state [stationary] wave

стационарная бегущая ~ stationary traveling wave

стационарная ионизационная ~ steady-state ionization wave

стационарная ~ плотности stationary density wave

стационарная простая ~ stationary simple wave

стационарная ударная ~ stationary shock wave

~ Стокса Stokes wave

стоксова ~ Stokes wave

столкновительная дрейфовая ~ collisional drift wave

столкновительная ударная ~ collisional shock wave

~ы Стонли Stoneley waves

стоячая ~ standing [stationary, immobile] wave

стоячая альвеновская ~ в магнитосфере standing Alfvén wave in the magnetosphere

стоячая изгибная ~ standing flexural wave

стоячая поперечная ~ standing transverse wave

стоячая рентгеновская ~ standing X-ray wave

стоячая ~ свистящего атмосферика standing whistler wave
стоячая спиновая ~ standing spin wave
стоячая ударная ~ standing [stationary] shock wave
субмиллиметровые ~ы *(1-0,1 мм)* submillimeter [submillimetric] waves
суммарная ~ sum [combined] wave
суточная ~ *(тепла)* diurnal wave
суточная приливная ~ diurnal tidal wave
сферическая ~ spherical wave
сферическая детонационная ~ spherical detonation wave
сферическая однородная ~ spherical homogeneous wave
сферическая свободно бегущая звуковая ~ spherical free progressive sound wave
сферически симметричная ~ spherically symmetric wave
сходящаяся ~ converging [convergent] wave
сходящаяся сферическая ~ converging spherical wave
сходящаяся сферическая ударная ~ converging spherical shock wave
сходящаяся ударная ~ confluent [converging] shock wave
сходящаяся цилиндрическая ударная ~ converging cylindrical shock wave
тангенциальная ~ tangential wave
температурные ~ы temperature waves
тенеобразующая ~ shadow-forming wave
~ тепла *геофиз.* hot wave
тепловые ~ы heat [thermal] waves
~ теплого воздуха *геофиз.* hot wave
термомагнитная ~ thermomagnetic wave
~ типа E E [TM, transverse magnetic] wave, TM [E] mode
~ типа H H [TE, transverse electric] wave, TE [H] mode
~ типа TE TE [transverse electric] wave, H-wave, TE [H] mode
~ типа TEM TEM wave, transverse electromagnetic [TEM] mode
~ типа TM TM [E, transverse magnetic] wave, TM [E] mode
~ тока current wave
~ тока пучка beam-current wave
тонально-модулированная ~ tone-modulated wave
тороидальные альвеновские ~ы toroidicity-induced Alfvén waves
транспортные ~ы traffic waves
трёхмерная ~ three-dimentional [space, spatial] wave
трёхмерная ударная ~ three-dimensional shock wave
тропосферная ~ tropospheric wave
трохоидальная ~ trochoidal wave
трохоидальная ~ Герстнера Gerstner trochoidal wave

ударная ~ shock (wave)
ударная ~ в жидкости hydrodynamic shock (wave)
ударная ~ в космосе space shock (wave)
ударная ~ в межпланетном пространстве shock wave in interplanetary space
ударная ~ в политропном газе shock wave in a polytropic gas
ударная ~ в релаксирующей среде shock wave in relaxing medium
ударная ~ в релятивистской гидродинамике shock wave in relativistic fluid dynamics
ударная ~ огибающей shock wave of the envelope
ударная ~ сжатия compression(al) shock wave
ударная ~ с излучением radiative shock wave
ударная ~ сильного семейства shock wave of a strong family
ударная ~ слабого семейства shock wave of a weak family
ударная ~ слабой интенсивности weak shock wave
ударная ~, ускоряемая магнитным потоком magnetically driven shock wave
уединённая ~ solitary wave, soliton
уединённая ~ Россби solitary Rossby wave
ультразвуковые ~ы ultrasonic waves
ультракороткие ~ы, УКВ *(10-1 м)* ultrashort [metric] waves
~ уплотнения compression wave
упругая ~ elastic wave
упругая ~ в невязкой жидкости elastic wave in inviscous fluid
упругая поперечная ~ transverse elastic wave
~ упругой деформации elastic deformation wave
упругопластическая ~ elastoplastic wave
усечённая ~ chopped wave
~, усиленная интерференцией reinforced wave
ускоренная магнитозвуковая ~ accelerated magneto-acoustical wave
ускоряемая магнитным полем ударная ~ magnetically driven shock wave
ускоряющая ~ *уск.* accelerating wave
устойчивая ~ stable wave
фазово-сопряжённые ~ы phase-conjugate waves
фазовые ~ы associated [de Broglie, matter, particle] waves
фазомодулированная ~ phase-modulated [PM] wave
фильтрационные ~ы filtration waves
фокусированная ~ focused [beamed] wave

фокусированная звуковая ~ beamed sound wave

фононная ~ phonon wave

~ фотодиссоциации photodissociation wave

характеристическая ~ characteristic wave

хвостовая ~ trailing wave

~ холода *геофиз.* cold wave

~ холодного воздуха cold wave

холостая ~ *кв. эл.* idler wave

центрированная ~ centered wave

центрированная простая ~ centered simple wave

центрированная ~ разрежения centered rarefaction wave

центрированная ~ сжатия centered compression wave

циклотронная ~ cyclotron wave

циклотронные ~ы с аномальной дисперсией cyclotron waves with anomalous dispersion

циклотронные ~ы с нормальной дисперсией cyclotron waves with normal dispersion

цилиндрическая ~ cylindrical wave

цилиндрическая детонационная ~ cylindrical detonation wave

цилиндрическая изгибная ~ cylindrical flexural wave

циркулярно поляризованная ~ circularly polarized wave

циркулярно поляризованная акустическая ~ circularly polarized sound wave

~ цунами tsunami wave

частично поляризованная ~ partially polarized wave

частотно-модулированная ~ frequency-modulated [FM] wave

ЧМ ~ frequency-modulated [FM] wave

шаровая ~ spherical wave

шумовые ~ы noise waves

эволюционная ударная ~ evolutionary shock wave

~ Эйри Airy wave

экранированная ~ shielded wave

экспоненциальная ~ exponential wave

эластостатические спиновые ~ы elastostatic spin waves

~ электрического вектора *(напряжённости)* electric wave

электроакустическая ~ electroacoustic wave; electrokinetic wave

электромагнитные ~ы electromagnetic waves

электронно-дрейфовая ~ electron-drift wave

электронно-звуковая ~ electron-sound wave

~ электронной плотности *(в газоразрядном лазере)* electron density wave

электронно-плазменная ~ electron-plasma wave

электронно-циклотронная ~ electron cyclotron wave

электронные ~ы electron waves

электростатическая ~ electrostatic [plasma] wave

элементарная ~ elementary wave

эллипсоидальная ~ ellipsoidal wave

эллиптическая ~ elliptic(al) wave

эллиптически поляризованная ~ elliptically polarized wave

эллиптически поляризованная акустическая ~ elliptically polarized sound wave

~ энтропии entropy wave

энтропийная ~ entropy wave

энтропийно-вихревая ~ entropy-vortex wave

~ эпидемий epidemic wave

ядерная спиновая ~ nuclear spin wave

Н-поляризованная ~ TM [transverse magnetic] wave

ТЕ-~ TE [transverse electric, H] wave

ТЕМ- ~ TEM wave, TEM mode

ТМ-~ TM [transverse magnetic, E] wave

S- ~ *кв. мех.* S-wave

V-образная ударная ~ V-shock wave

волна-пилот *ж. кв. мех.* pilot wave

волна-предвестник *ж.* precusor

волнение *с. мор.* sea

беспорядочное ~ random sea

ветровое ~ wind waves

волнистость *ж.* waviness; undulation; corrugation

~ поверхности surface waviness

волнистый *прил.* undulating, wavy, corrugated

волновод *м.* waveguide; pipe, guide, duct □ ~ **пропускает две или три моды** waveguide supports two or three modes

аксиально симметричный ~ axially symmetric waveguide

активный ~ active waveguide

акустический ~ acoustic [elastic] waveguide

анизотропный ~ anisotropic waveguide

анизотропный тонкоплёночный ~ anisotropic thin film waveguide

асимметричный ~ asymmetric waveguide

атмосферный ~ atmospheric waveguide, atmospheric duct

~ без потерь ideal [lossless] waveguide

биконический ~ biconical waveguide

взаимный ~ reciprocal waveguide

встречно-штыревой ~ interdigitally loaded waveguide

газонаполненный ~ gas-filled waveguide

гибкий ~ flexible waveguide

гиромагнитный ~ gyromagnetic waveguide

гиротропный ~ gyrotropic waveguide

гофрированный ~ corrugated waveguide
гравитационный ~ gravitational duct
градиентный ~ gradient waveguide
гребенчатый ~ ridge [rib] waveguide
двухмодовый ~ two-mode [dual-mode] waveguide
диафрагмированный ~ diaphragmatic [septate, iris-loaded] waveguide
диффузный ~ diffused [in-diffused] waveguide
диэлектрический ~ dielectric waveguide
заглублённый ~ buried waveguide
заглублённый планарный ~ buried planar waveguide
запредельный ~ evanescent [below cutoff] waveguide
~ Земля - ионосфера Earth-ionosphere waveguide
зеркальный ~ mirror waveguide
идеальный ~ ideal [lossless] waveguide
изогнутый ~ bend [bent, curved] waveguide
изотропный ~ isotropic waveguide
~ из пирекса pyrex waveguide
интегрально-оптический ~ integrated-optical waveguide
ионно-имплантированный ~ ion-implanted waveguide
ионосферный ~ ionospheric waveguide, ionospheric duct
канальный ~ channel waveguide
квадратный ~ square waveguide
квазиоптический ~ quasi-optical waveguide
коаксиальный ~ coaxial waveguide
кольцевой ~ ring waveguide
конический ~ conical waveguide
короткозамкнутый ~ short-circuit waveguide
круглый ~ circular waveguide
линзовый ~ lens waveguide
магнитозвуковой ~ magnetosonic waveguide
магнито-оптический ~ magneto-optic waveguide
металлический ~ metal waveguide
металлодиэлектрический ~ metal-dielectric waveguide
многолучевой ~ multibeam waveguide
многомодовый ~ multimode waveguide
многослойный ~ multilayered waveguide
~ на гетеропереходе heterostructure [heterojunction] waveguide
нагруженный ~ loaded waveguide
~, нагруженный диафрагмами disk-loaded waveguide
~, нагруженный полосками strip-loaded waveguide
~ на окиси цинка zinc-oxyde [ZnO] waveguide
невзаимный ~ nonreciprocal waveguide
нелинейный ~ nonlinear waveguide
ненагруженный ~ unloaded waveguide

неоднородный ~ inhomogeneous [nonhomogeneous, nonuniform] waveguide
нерегулярный ~ irregular waveguide
одномодовый ~ single-mode [monomode] waveguide
однородный ~ homogeneous [uniform] waveguide
оптический ~ optical [light] waveguide; light pipe
оптический полосковый ~ optical stripe waveguide
оптический ~ **с переменным показателем преломления** graded-index [gradient-index] optical waveguide
открытый ~ open waveguide
параболический ~ parabolic waveguide
~ переменного сечения tapered [variable cross-section] waveguide
плазменный ~ plasma waveguide
планарный ~ planar waveguide
планарный оптический ~ planar optical waveguide
пластинчатый ~ slab waveguide
плоский ~ planar waveguide
плоский диэлектрический ~ planar dielectric waveguide
плоскопараллельный ~ parallel-plate waveguide
П-образный ~ single-ridged waveguide, П-waveguide
~ поверхностных акустических волн surface-acoustic-wave waveguide
погружённый ~ buried waveguide
полосковый ~ stripe [ribbon] waveguide
полый ~ empty [hollow] pipe
предельный ~ cutoff waveguide
приземный ~ ground [surface] duct
приподнятый ~ elevated duct
продольно-неоднородный ~ longitudinally inhomogeneous waveguide
продольно-однородный ~ longitudinally homogeneous waveguide
протон-обменный ~ proton-exchanged [PE] waveguide
прямоугольный ~ rectangular waveguide
пьезоэлектрический ~ piezoelectric waveguide
регулярный ~ regular waveguide
рентгеновский ~ X-ray waveguide
рефракционный ~ refractive waveguide
сверхразмерный ~ superdimensional waveguide
~ с вставками loaded waveguide
~ с вытекающими волнами leaky waveguide
связанные ~**ы** coupled waveguides
~ с гофрированными стенками corrugated wall waveguide
~ с диэлектрическим заполнением dielectric-filled waveguide
~ с диэлектрическими вставками dielectric-loaded waveguide

~ **с диэлектрическим покрытием** dielectric-coated waveguide
сжимаемый ~ squeezable waveguide
~ **с замагниченной плазмой** magnetized plasma-filled waveguide
~ **с заполнением** filled waveguide
симметричный ~ symmetric waveguide
скрещённые ~ы crossed waveguides
скрученный ~ twisted waveguide
слоистый диэлектрический ~ layered dielectric waveguide
~ **с малыми потерями** low-loss waveguide
~ **с модами утечки** leaky-mode waveguide
согласованный ~ matched waveguide
~ **с периодическими вставками** periodically loaded waveguide
спиральный ~ helix [spiral] waveguide
~ **с полупроводниковым заполнением** semiconductor-filled waveguide
~ **с потерями** dissipative [lossy] waveguide
~ **с согласованной нагрузкой** match-terminated waveguide
стеклянный ~ glass waveguide
стержневой ~ rod waveguide
сужающийся ~ tapered waveguide
сферический ~ spherical waveguide
~ **с ферритовым заполнением** ferrite-filled waveguide
~ **с ферритовыми вставками** ferrite-loaded waveguide
~ **с фланцем** flanged waveguide
твердотельный ~ solid state waveguide
титан-диффузный ~ titanium-indiffused [TI] waveguide
титан-диффузный протон-обменный ~ titanium-indiffused proton-exchanged [TIPE] waveguide
тонкоплёночный ~ thin film waveguide
трёхслойный диэлектрический ~ three-layer dielectric waveguide
тропосферный ~ tropospheric waveguide
туннельно-связанные оптические ~ы tunnel-coupled optical waveguides
ферритовый ~ ferrite waveguide
цилиндрический ~ cylindrical waveguide
щелевой ~ slotted [slitted] waveguide
экранированный ~ shielded [screened] waveguide
эллиптический ~ elliptic waveguide
Н-образный ~ H-waveguide, double-ridge [dual-ridge] waveguide
волновой *прил.* wave
волнограф *м.* wave recorder
~ **капиллярных волн** ripple pick-up
струнный ~ string wave recorder
волномер *м.* wavemeter; frequency meter
абсорбционный ~ absorption wavemeter
гетеродинный ~ heterodyne wavemeter
звуковой ~ sonic wave gauge
зуммерный ~ buzzer wavemeter
коаксиальный ~ coaxial wavemeter
морской ~ sea wavemeter

~ **на отрезке лехеровской линии** Lecher-line wavemeter
оптический ~ optical wavemeter
поглощающий ~ absorption wavemeter
прецизионный ~ precision wavemeter
резонансный ~ resonance [cavity, resonator] wavemeter
самопишущий ~ wave recorder
~ **с объёмным резонатором** cavity [resonance, resonator] wavemeter
точечный ~ wave-measuring point gauge
волнообразный *прил.* wave-like; wavy, undulatory
волнообразование *с. (напр. на поверхности жидкости)* wave generation
волокн/о *с.* **1.** *амер.* fiber; *англ.* fibre **2.** *(на Солнце)* filament □ **передавать свет по оптическому** ~у transmit light along an optical fiber
армирующее ~ reinforcing fiber
арочное ~ *сэф* arch filament
асбестовое ~ asbestos fiber
борное ~ boron fiber
~ **в оболочке** *опт.* cladded fiber
градиентное ~ *опт.* graded index fiber
графитированное ~ graphitized fiber
диэлектрическое ~ dielectric fiber
карбонизованное ~ carbonized fiber
кварцевое ~ *опт.* quartz fiber
кварцевое ~ **из плавленного кварца** silica fiber
крайние ~а *(балки)* extreme fibers
лазерное ~ laser fiber
магнитное ~ magnetic filament
многомодовое ~ *опт.* multimode fiber
нейтральное ~ *мех.* neutral fiber, neutral line
непрерывное ~ continuous fiber
нервное ~ nerve fiber
одномодовое ~ *опт.* monomode [single mode] fiber
оптическое ~ optical fiber
первичное ~ virgin filament
пластмассовое ~ plastic fiber
поднимающееся ~ ascending fiber, ascending filament
~ **полутени** penumbral filament
прерывистое ~ discontinuous fiber
~ **с высокими потерями** high-loss [high attenuation] fiber
~ **с малыми потерями** low-loss [low attenuation] fiber
~ **солнечного ветра** solar wind filament
солнечное ~ solar filament
~ **со стеклянной сердцевиной** glass core fiber
~ **со ступенчато-изменяющимся показателем преломления** *опт.* step index fiber
~ **со ступенчатым изменением показателя преломления** step index fiber
~ **с плавным изменением показателя преломления** *опт.* graded index fiber
~ **с распределённым показателем преломления** *опт.* graded index fiber

стеклянное ~ glass fiber
сцинтиллирующее ~ scintillating fiber
тёмное ~ *(на Солнце)* dark filament
тёмное корональное ~ dark coronal filament
тёмное флоккульное ~ dark plage filament
~ типа A *сзф* type A filament
~ типа B *сзф* type B filament
углеродное ~ carbon fiber
волоконный *прил. (в оптике) амер.* fiber; *англ.* fibre
волоконца *мн. (физ. Солнца)* fibrils
волос *м. опт.* hair
венерины ~ы *(в кварце)* rutile needles
измерительный ~ reading hair
волосность *ж.* capillarity
волосовина *ж. (дефект в металле)* fine [hair] crack, hair line
волосок *м. опт.* hair, hairline; *(в часах)* hair spring
окулярный ~ cross hair
волочение *с. (проволоки)* drawing
горячее ~ hot drawing
~ проволоки wire drawing
волчок *м. (напр. форма молекулы)* top
асимметричный ~ asymmetric top
~ Бенхама *(чёрно-белый волчок, вызывающий цветовые ощущения)* Benham top
вертикальный ~ vertical top
вращающийся ~ spinning top
вытянутый ~ prolate top
~ гироскопа gyroscope weel
деформируемый ~ nonrigid [deformable] top
жёсткий ~ rigid top
жёсткий симметричный ~ rigid symmetric top
недеформируемый ~ rigid top
нежёсткий ~ nonrigid [deformable] top
плоский ~ planar top
релятивистский ~ relativistic top
симметричный ~ symmetric top
случайно симметричный ~ accidentally symmetric top
сплющенный ~ oblate top
спящий ~ sleeping top
сферический ~ spherical top
шаровой ~ spherical top
вольт *м.* volt, V
~ на метр volt/meter, V/m
вольтаметр *м.* voltameter
серебряный ~ silver voltameter
электролитический ~ elecrolytic voltameter
вольт-ампер *м.* volt-ampere, VA
вольтамперметр *м.* voltammeter
вольтметр *м.* voltmeter
амплитудный ~ peak [crest] voltmeter
векторный ~ vector voltmeter
выпрямительный ~ rectifier voltmeter
ламповый ~ vacuum-tube [valve] voltmeter
многопредельный ~ multirange voltmeter
~ постоянного тока DC voltmeter

тепловой ~ hot-wire voltmeter
цифровой ~ digital voltmeter
частотно-селективный ~ frequency selective [carrier frequency] voltmeter; wave analyser
электронный ~ electronic voltmeter
электростатический ~ electrostatic voltmeter, electrometer
вольт-секунда *ж.* volt-second
вольфрам *м.* tungsten, W
вопрос *м.* question □ ~ состоит в том, в какой мере это допустимо the question arises to which degree one can do so; точный ответ на этот ~ нельзя дать a valid answer to this question cannot be given
воронка *ж.* funnel
вихревая ~ vortex cavity
~ депрессии depression funnel
опрокинутая ~ inverted funnel
потенциальная ~ potential funnel
~ с раструбом кверху upright funnel
~ с раструбом книзу downward funnel
воск *м.* wax
вакуумный ~ vacuum wax
воспламенение *с.* inflammation, ignition
~ от сжатия compression ignition, ignition by compression
~ от удара impact [shock] ignition
спонтанное ~ spontaneous ignition
тепловое ~ thermal ignition
цепное ~ chain ignition
восприимчивост/ь *ж. фмя, опт.* susceptibility □ действительная часть ~и real part of susceptibility
адиабатическая ~ adiabatic susceptibility
атомная ~ atomic susceptibility
~ вакуума susceptibility of vacuum, vacuum susceptibility
ванфлековская парамагнитная ~ Van Vleck paramagnetic susceptibility
~ вещества susceptibility of matter
вращательная ~ rotational susceptibility
~ в сильном поле strong field susceptibility
~ в слабом поле weak field susceptibility
диамагнитная ~ diamagnetic susceptibility
диамагнитная ~ металлов metal diamagnetic susceptibility
диамагнитная ~ электронного газа diamagnetic susceptibility of the electron gas
динамическая ~ dynamic susceptibility
дифференциальная ~ differential susceptibility
дифференциальная магнитная ~ differential magnetic susceptibility
диэлектрическая ~ (di)electric susceptibility
изотермическая ~ isothermal susceptibility
инверсная ~ inverse [inverted] susceptibility
ионная ~ ionic susceptibility
квадратичная ~ quadratic [second-order] susceptibility
квадратичная нелинейная ~ quadratic [second-order] nonlinear susceptibility

комбинационная ~ Raman susceptibility
комплексная ~ complex susceptibility
~ к радиационному повреждению radiation-damage susceptibility
кубическая ~ cubic [third-order] susceptibility
кубическая нелинейная ~ cubic [third-order] nonlinear susceptibility
линейная ~ linear susceptibility
линейная диэлектрическая ~ linear dielectric susceptibility
линейная оптическая ~ linear optical susceptibility
магнитная ~ magnetic susceptibility
макроскопическая ~ macroscopic [volume] susceptibility
максимальная ~ при поглощении peak absorption susceptibility
мацубаровская ~ Matsubara susceptibility
механическая ~ mechanical susceptibility
молекулярная ~ molecular susceptibility
молярная ~ molar susceptibility
молярная магнитная ~ molar magnetic susceptibility
наведённая ~ *нелин. опт.* induced susceptibility
начальная ~ initial susceptibility
нелинейная ~ nonlinear susceptibility
нелинейная ~ второго порядка second order [quadratic] nonlinear susceptibility
нелинейная ~ высшего порядка higher order nonlinear susceptibility
нелинейная оптическая ~ nonlinear optical susceptibility
нелинейная ~ n-ного порядка n-th order nonlinear susceptibility
нелинейная ~ третьего порядка third-order [cubic] nonlinear susceptibility
необратимая ~ irreversible susceptibility
неоднородная ~ irregular susceptibility
нерезонансная ~ nonresonant susceptibility
обобщённая ~ generalized susceptibility
обратимая ~ reversible susceptibility
обратимая магнитная ~ reversible magnetic susceptibility
объёмная ~ volume [bulk] susceptibility
объёмная магнитная ~ volume magnetic susceptibility
орбитальная ~ orbital susceptibility
парамагнитная ~ paramagnetic susceptibility
парамагнитная ~ ионов редких земель paramagnetic susceptibility of rare earth ions
парамагнитная ~ молекул paramagnetic susceptibility of molecules
парамагнитная ~ переходных металлов paramagnetic susceptibility of transition metals
парамагнитная ~ полупроводника paramagnetic susceptibility of semiconductor
парамагнитная поляризационная ~ paramagnetic polarization susceptibility

парамагнитная ~ щелочных металлов papamagnetic susceptibility of alkaline metals
парамагнитная ~ электронного газа paramagnetic susceptibility of the electron gas
паулиевская ~ Pauli susceptibility
поверхностная нелинейная ~ surface nonlinear susceptibility
~ полупроводника susceptibility of semiconductor
поперечная ~ transverse susceptibility
~ по постоянному полю dc susceptibility
~ по постоянному току dc susceptibility
продольная ~ longitudinal susceptibility
пьезоэлектрическая ~ piezoelectric susceptibility
рамановская ~ Raman susceptibility
резонансная ~ resonant susceptibility
резонансная нелинейная ~ resonant nonlinear susceptibility
скалярная ~ scalar susceptibility
спиновая ~ spin susceptibility
спиновая магнитная ~ magnetic spin susceptibility
статическая ~ static susceptibility
статическая магнитная ~ static magnetic susceptibility
тензорная ~ tensor susceptibility
удельная ~ specific susceptibility
удельная магнитная ~ specific magnetic susceptibility
электрическая ~ electric susceptibility
ядерная ~ nuclear susceptibility
воспринимать *гл.* **1.** (*принимать, получать*) take, receive **2.** (*тепло, излучение*) absorb **3.** (*регистрировать*) sense
~ звук perceive sound
восприятие *с.* perception, sensing
активное зрительное ~ active visual perception
акустическое пространственное ~ acoustic depth localization
визуальное ~ visual perception
~ высоты тона *ак.* perception of pitch, pitch perception
~ громкости perception of loudness
~ звука sound perception
звуковое ~ sound perception
зрительное ~ perception, vision, visual perception
интеллектуальное сенсорное ~ smart sensing
~ на слух aural [audio] perception
пространственное ~ directional [space] perception
~ речи speech perception
сенсорное ~ sensory perception
~ сигнала signal perception
~ слов word (association) perception
слуховое ~ aural [audio] perception
стереоскопическое ~ stereoscopic perception

стереофоническое ~ stereophonic sensing
субъективное ~ *ак.* subjective perception
фотоэлектрическое ~ photoelectric sensing
~ **цвета** color perception, color sensation
цветовое ~ color sensation
чувственное ~ sensory perception
воспроизведение *с. (звука)* reproduction, reconstruction; *(записанных сигналов)* playback; presentation; *(на экране)* display
аналоговое ~ **данных** analog data presentation
видимое ~ presentation, display
визуальное ~ **данных** data display
~ **в масштабе** scale representation, representation to a scale
~ **голограммы** hologram reconstruction
~ **данных** data reproduction, data presentation
~ **данных на экране** data display
дискретное ~ **данных** digital data presentation
~ **запаздывания** delay simulation
~ **звука** sound [acoustic, audio] reproduction, reproduction of sound
~ **звука высокой верности** high-fidelity [Hi-Fi] reproduction
~ **звукозаписи** playback
~ **изображения** reproduction of image, image reconstruction, imaging
квадрофоническое ~ quadrophonic reproduction
монофоническое ~ monophonic [monoaural] reproduction
неискажённое ~ nondistorted reproduction
~ **низких частот** *(звука)* bass response
~ **образов** pattern reproduction, imaging
прямое ~ *(звукозаписи)* instantaneous playback
~ **сигнала** signal presentation, signal reproduction
стереофоническое ~ **звука** stereophonic sound reproduction
электрическое ~ *(звука)* electrical reproduction
воспроизводимость *ж. (результатов)* reproducibility, repeatability
~ **результатов измерений** reproducibility of resutls, repeatability of measurements
~ **частоты** frequency reproducibility, reproducibility of the frequency
воспроизводимый *прил.* reproducible
воспроизводить *гл.* reproduce; present; play back
~ **данные** present [reproduce] data
~ **магнитную запись** play back a record
~ **процесс** reproduce [duplicate] a process
~ **с соблюдением масштаба** reproduce to scale
~ **ядерное топливо** breed nuclear fuel
воспроизводство *с. яф* reproduction; breeding; conversion
~ **на быстрых нейтронах** fast conversion

~ **на тепловых нейтронах** thermal conversion
~ **на ускорителе** accelerator breeding
~ **нейтронов** neutron reproduction
расширенное ~ *яф* breeding
расширенное ~ **на быстрых нейтронах** fast breeding
расширенное ~ **на тепловых нейтронах** thermal breeding
расширенное ~ **плутония** plutonium breeding
расширенное ~ **ядерного топлива** nuclear fuel breeding
~ **расщепляющегося материала** breeding of fissionable [fissile] material
суммарное ~ complete breeding
~ **ядерного топлива** conversion of nuclear fuel, nuclear fuel conversion; breeding
воссоединение *с.* reattachment
~ **безотрывного обтекания** flow reattachment, reattachment of flow
восстанавливать *гл.* 1. recover; reconstruct 2. *хим.* reduce 3. *(ремонтировать)* restore, repair
~ **исходную конфигурацию** recover original size and shape
восстановитель *м.* 1. *хим.* reducing agent, reductant, deoxidizer, reducer 2. *эл.* restorer, regenerator
~ **импульсов** pulse regenerator
~ **постоянной составляющей** dc [direct-current] restorer
~ **постоянной составляющей сигнала цветности** chrominance dc restorer
~ **речи** speech restorer
восстановление *с.* 1. restoration 2. *хим.* reduction 3. *(в теории удара)* restitution 4. *(изображения, сигнала)* reconstruction, regeneration 5. *(характеристик, свойств)* recovery
~ **безотрывного обтекания** flow reattachment, reattachment of flow
биологическое ~ biological recovery
~ **водородом** hydrogen reduction
~ **волнового фронта** wavefront reconstruction
~ **голограммы** hologram reconstruction, reconstruction of a hologram
голографическое ~ holographic reconstruction
~ **давления** pressure recovery
~ **изображений** image reconstruction, image restoration
~ **импульсов** pulse regeneration
катодное ~ cathodic reduction
~ **материала исходной конфигурации** return of a material to its original shape
~ **металлов** metal reduction
~ **механических свойств** *(при отжиге)* recovery of mechanical properties
~ **моды** mode recovery
неполное ~ *(при ударе)* partial restitution

~ несущей carrier reconstruction, carrier reinsertion, carrier recovery

~ параметров parameter recovery

пирохимическое ~ *(топлива)* pyrochemical reprocessing

пластическое ~ *(при ударе)* plastic restitution, plastic recovery

~ поглощения absorption recovery

полное ~ complete recovery

~ постоянной составляющей dc restoration

~ приёмника *(после перегрузки входным сигналом)* receiver recovery

~ при ударе restitution

прямое ~ *хим.* direct reduction

~ равновесия restoration of equilibrium

~ серебра *(в фотографии)* recovery of silver

~ сигнала signal restoration

совместное ~ coreduction

~ состояния recovery of state

~ спектра spectrum reconstruction

~ счётчика частиц particle counter restoration

~ типа колебаний mode recovery

упругое ~ *(при ударе)* elastic restitution, elastic recovery

~ формы импульса pulse regeneration

~ формы сигнала signal waveform recovery

химическое ~ chemical reduction

цифровое ~ изображений digital image restoration

частичное ~ partial recovery

~ чувствительности sensitivity recovery

~ электрической прочности recovery of electric strength

электролитическое ~ electrolytic reduction

электрохимическое ~ electrochemical reduction

восстановление-окисление *с.* reduction-oxidation

восток *м.* East

восход *м. астр.* rise, rising

~ Луны moonrise

~ Солнца sunrise

восхождение *с.* 1. *(о дислокациях)* climb(ing) 2. *астр.* ascension

прямое ~ right ascension

прямое ~ восходящего узла right ascension of the ascending node

восьмёрка *ж.* eight

~ Спитцера *физ. пл.* Spitzer figure-eight stellarator

~ Стефановского *физ. пл. (стеллараторная ловушка)* Stephanovsky figure-eight stellarator

восьмигранник *м.* octahedron

восьмигранный *прил.* octahedral

восьмикратный *прил.* octuple

восьмиугольник *м.* octagon

восьмиугольный *прил.* octagonal

воющий *прил. ак.* howling

впадение *с.* 1. *(в синхронизм)* lock-in 2. *(реки)* inflow

впадин/а *ж.* 1. *геофиз.* depression 2. *(на поверхности)* dent, hollow, cavity 3. *(на кривой)* valley □ **оставлять ~у** dent

~ волны wave trough

~ в результате износа wear pit

~ на кривой valley of a curve

впаивать *гл. (припоем)* solder in; *(металл в стекло или в керамику)* seal in

впай *м. (припоем)* soldering-in; *(в стекле)* seal-in, sealing-in; lead

впечатление *с.* impression

зрительное ~ visual impression

вписывать *гл.* 1. *мат.* inscribe 2. *(в топологии)* refine 3. *(данные в формуляр)* enter data

впитывание *с.* imbibition, soaking, absorption

капиллярное ~ capillary soaking

вплавление *с.* alloying

~ контактов contact alloying

впрыскивание *с.* injection

~ под давлением pressure injection

вращатель *м.* rotator

~ плоскости поляризации света optical rotator

фарадеевский ~ *(плоскости поляризации)* Faraday rotator

ферритовый ~ *(плоскости поляризации)* ferrite rotator

вращательный *прил. (о движении)* rotational, rotatory, gyratory; *(о механизме)* rotary; *(о моменте, силе)* turning

вращаться *гл.* rotate, revolve, turn, gyrate, spin

~ по часовой стрелке rotate clockwise

~ против часовой стрелки rotate anticlockwise, rotate counterclockwise

вращение *с.* 1. *(вокруг своей оси)* rotation, rotary motion, spinning 2. *(вокруг другого объекта)* revolution 3. *(по круговой траектории)* gyration

анизотропное ~ anisotropic rotation

~ атома atomic rotation

бесконечно малое ~ infinitesimal rotation

бесконтактное ~ contactless rotation

~ влево anticlockwise [counterclockwise] rotation

~ в K-пространстве rotation in K-space

внутреннее ~ *(молекулы)* internal rotation

~ в обратном направлении reverse rotation

~ вокруг неподвижной оси rotation about a fixed [stationary] axis

~ вокруг неподвижной точки rotation about a fixed point

~ вокруг оси rotation about an axis, axial rotation

~ вокруг собственной оси spinning motion

~ вокруг точки rotation about a point

~ вправо clockwise rotation

встречное ~ counterrotation

~ вязкой жидкости rotation of viscous liquid

~ **Галактики** galactic rotation

~ **галактической системы** rotation of galactic system

геопотенциальное ~ geopotential rotation

гиперболическое ~ hyperbolic rotation

гравимагнитное ~ gravimagnetic rotation

дифференциальное ~ differential rotation

~ **доменов** domain rotation, rotation of domain magnetization

жёсткое ~ rigid rotation

замедленное ~ decelerated rotation

заторможенное ~ *(молекулы)* hindered rotation

затруднённое ~ *(молекулы)* hindered rotation

~ **звёзд** stellar rotation, rotation of stars

~ **Земли** *(вокруг своей оси)* rotation of the Earth, Earth rotation; *(вокруг Солнца)* Earth revolution about the Sun

зеркальное ~ mirror rotation

изоспиновое ~ isospin rotation

изотопическое ~ isotopic rotation

изотропное ~ isotropic rotation

квантовое ~ quantum rotation

кеплеровское ~ *(галактики)* Keplerian rotation

керровское ~ Kerr rotation

киральное ~ *ктп* chiral rotation

когерентное ~ *(вектора намагниченности)* coherent rotation

коллективное ~ collective rotation

~ **конвективной зоны** convective zone rotation

конечное ~ finite rotation

круговое ~ revolution

ларморовское ~ *физ. пл.* Larmor gyration

левое ~ levorotation, counterclockwise [anticlockwise] rotation

левостороннее ~ levorotation, counterclockwise [anticlockwise] rotation

магнитное ~ magnetic rotation

магнитное ~ **плоскости поляризации света** Faraday effect, Faraday [magnetic] rotation

магнитооптическое ~ magneto-optical rotation

магнитооптическое керровское ~ magneto-optical Kerr rotation

~ **межъядерной оси** rotation of the internuclear axis

~ **Млечного Пути** rotation of Milky Way system

молекулярное ~ molecular rotation

молекулярное ~ **плоскости поляризации** molecular rotation of plane of polarization

молярное ~ *(раствора)* molar rotation

наблюдаемое ~ *(галактик)* observed rotation

~ **неизменяемой системы** rigid rotation

некогерентное ~ *(вектора намагниченности)* incoherent rotation

нелинейное оптическое ~ nonlinear optical rotation

необратимое ~ **вектора намагниченности** irreversible rotation of magnetization vector

неоднородное ~ **вектора намагниченности** irregular rotation of magnetization vector

не осесимметричное ~ non-axisymmetrical rotation

несобственное ~ improper rotation

~ **образца** *(в рентгеноструктурном анализе)* sample rotation

обратное ~ reverse rotation, counterrotation; *астр.* retrograde rotation

ограниченное ~ restricted rotation

однородное ~ **вектора намагниченности** regular rotation of magnetization vector

одностороннее ~ **кристалла на кристаллодержателе** unidirectional rotation of the crystal on the holder

~ **около точки** rotation about a point

оптическое ~ optical rotation

орбитальное ~ orbital revolution, orbiting

ориентационное ~ *(молекул)* orientational rotation

осевое ~ axial rotation

осевое ~ **звёзд** axial rotation of stars

осевое ~ **Солнца** axial Sun rotation

относительное удельное ~ *(вещества)* relative specific rotation

~ **относительно оси X** rotation about the X axis

~ **перигелия** rotation of the perihelion

планетарное ~ **кристалла** planetary rotation of the crystal

~ **плоскости поляризации** rotation of the plane of polarization, rotation of polarization plane

~ **плоскости поляризации света** optical rotation

~ **плоскости поляризации в магнитном поле** Faraday effect, Faraday [magnetic] rotation

~ **по часовой стрелке** clockwise rotation, dextrorotation

правое ~ clockwise rotation; dextrorotation

правостороннее ~ clockwise rotation, dextrorotation

пространственно-временное ~ space-time rotation

пространственное ~ spatial [three-dimensional] rotation

~ **против часовой стрелки** counterclockwise [anticlockwise] rotation, levorotation

~ **пульсаров** pulsar rotation

равномерное ~ steady [uniform] rotation

равномерно-переменное ~ uniformly variable rotation

реверсивное ~ **кристалла** reversive rotation of the crystal

резонансное фарадеевское ~ resonant Faraday rotation

~ **решётки** *фтт* lattice rotation

~ **решётки при двойниковании** lattice rotation in twinning

~ решётки при пластической деформации lattice rotation in the plastic deformation
~ решётки при сдвиге lattice rotation in slip
~ сверхтекучей жидкости rotation of superfluid liquid
свободное ~ free rotation
синхронное ~ rotation in synchronism, synchronous rotation
синхронное ~ магнитосферной плазмы magnetosphere plasma synchronous rotation
~ системы координат rotation of a coordinate system
собственное ~ proper rotation; *яф* spin
совместное ~ corotation
~ Солнца solar [Sun] rotation
спиновое ~ spin rotation
~ спирали роста *крист.* spiral rotation
~ с постоянной угловой скоростью steady rotation
~ спутника *(относительно центра тяжести)* satellite spin
суточное ~ *астр.* diurnal [daily] rotation, daily revolution
~ твёрдого тела *(как целого)* rigid rotation
твердотельное ~ *(галактики)* solid [solid-body, uniform] rotation
трёхмерное ~ spatial [three-dimensional] rotation
удельное ~ *(вещества, раствора)* specific rotation, rotatory power
удельное атомное ~ *(плоскости поляризации)* atomic rotatory power
удельное магнитное ~ specific magnetic rotation
удельное молекулярное ~ *(плоскости поляризации)* molecular rotatory power
ускоренное ~ accelerated rotation
установившееся ~ steady rotation
фарадеевское ~ *(плоскости поляризации)* Faraday [magnetic] rotation; Faraday effect
~ чёрных дыр *астр.* black hole rotation
чистое ~ pure [simple] rotation
чисто пространственное ~ purely spacial rotation
эксцентричное ~ eccentric rotation
эксцентричное одностороннее ~ кристалла eccentric unidirectional rotation of the crystal
эксцентричное реверсивное ~ кристалла eccentric reversive rotation of the crystal
~ ядра nuclear rotation
вредность *ж. (для здоровья)* health hazard
вредный *прил.* damaging
биологически ~ biologically damaging, biologically noxious
временной *прил.* time, temporal
врем/я *с.* time □ в настоящее ~ at present, now; во ~ during; in the coarse of...; while; в реальном (масштабе) ~ени real-time, on a real time basis; до недавнего ~ени until recently; зависящий от ~ени time-dependent; за ~ during; за последнее ~ lately, recently; изменяться во ~ени vary with time; на ~ for a while; не зависящий от ~ени time-independent; обращённый во ~ени time-reversed; от ~ени from time to time; постоянный во ~ени constant, stationary; усреднённый по ~ени time-averaged; эксперимент отнимает много ~ени the experiment is very time-consuming

аберрационное ~ light travel time
абсолютное ~ absolute [Newtonian, classical] time
~ автокорреляции autocorrelation time
~ адсорбции adsorption time
альвеновское ~ Alfvén time
~ анализа analysis time
асимптотическое ~ asymptotic lifetime
астрономическое ~ astronomical time
атомное ~ atomic time
~ безотказной работы time between failures, error-free time
~ безызлучательной рекомбинации nonradiative recombination time
~ безызлучательной релаксации nonradiative relaxation time
бесконечное ~ жизни infinite lifetime
~ большого срыва *(в токамаке)* major disruption time
~ взаимодействия interaction time
~ включения turn-on time
~ в лабораторной системе координат laboratory time
~ возбуждения люминофора rise time
~ возврата *(в исходное состояние)* reset time
~ возвращения Пуанкаре Poincaré recurrence time
~ воспроизведения изображения display time
~ восстановления restoring [recovery] time
~ восстановления счётчика recovery time of a counter
всемирное ~ universal time, UT
~ вхождения в синхронизм *(генератора колебаний)* locking time
~ выборки sampling time
~ выделения сигнала вспышки burst sampling time
~ выдерживания *яф* hold-up [decay, cooling] time
~ выдержки топлива fuel cooling time
~ выживаемости survival time
~ выжидания waiting time
~ выключения turn-off time
~ выпадения *(радиоактивных осадков)* fallout arrival time
~ выравнивания *(температуры, энергии и др.)* equipartition time
~ высвечивания de-excitation [luminescence] time, fluorescence lifetime
~ высвобождения release time
газодинамическое ~ gas-dynamic time
галактическое ~ жизни galactic lifetime
~ гашения газового разряда deionization time
~ гашения луча в ЭЛТ blanking time
~ гашения люминесценции quenching time
глобальное ~ удержания энергии global energy confinement time
~ года *(сезон)* season

~ готовности readiness time
гражданское ~ civil time
гринвичское ~ Greenwich time
гринвичское среднее ~ Greenwich mean time, GMT
групповое ~ задержки group delay time
~ движения банановой частицы между точками отражения banana particle bounce time
~ движения локально-запертой частицы между точками отражения locally-trapped particle bounce time
~ деионизации deionization time
декретное ~ legal [daylight saving] time
~ дефазировки *кв. эл.* dephasing time
~ диффузии diffusion time
~ диэлектрической релаксации dielectric relaxation time
дневное ~ daytime
~ дня time of day
~ до разрушения time to rupture, time to failure
~ доступа *(к памяти)* access time
~ дрейфа drift time
естественное ~ жизни natural [spontaneous, radiative] lifetime
~ жизни lifetime, survival time
~ жизни адатома adatom lifetime
~ жизни в области базы *фпп* base lifetime
~ жизни в области коллектора *фпп* collector lifetime
~ жизни в области эмиттера *фпп* emitter lifetime
~ жизни возбуждённого состояния excited-state lifetime
~ жизни горячих дырок hot-hole lifetime
~ жизни горячих электронов hot-electron lifetime
~ жизни группы пятен *сзф* lifetime of a spot group
~ жизни дырок *фпп* hole lifetime
~ жизни избыточных носителей excess-carrier lifetime
~ жизни ионов lifetime of ions
~ жизни квазистационарного состояния quasi-stationary state lifetime
~ жизни квазичастицы quasi-particle lifetime
~ жизни мгновенных нейтронов prompt lifetime
~ жизни метастабильного состояния metastable state lifetime
~ жизни на уровне *кв. мех.* on-level lifetime
~ жизни нейтрона neutron lifetime
~ жизни неосновных носителей minority-carrier lifetime
~ жизни нестабильного состояния unstable state lifetime
~ жизни носителей carrier lifetime
~ жизни основных носителей majority-carrier lifetime

~ жизни по альфа-распаду alpha-decay lifetime
~ жизни поколения generation time
~ жизни пучка *уск.* beam lifetime
~ жизни состояния *кв. эл.* state lifetime
~ жизни спонтанного излучения spontaneous emission lifetime
~ жизни теплового нейтрона thermal lifetime
~ жизни триплетного состояния triplet lifetime
~ жизни частиц *(в ловушке)* particle confinement time
~ жизни электронов *(напр. в полупроводнике)* electron lifetime
~ жизни элементарной частицы elementary particle lifetime
~ жизни ядра nucleus lifetime
заданное ~ preset [prescribed] time
~ задержки delay time
~ задержки выключения turn-off delay time
~ задержки импульса pulse delay time
~ задержки при включении turn-on delay time
~ задержки сигнала signal delay time
~ замедления slowing-down [retardation, moderation] time
~ замерзания freezing time
~ запаздывания delay [lag, retardation] time, time lag
~ запаздывания импульса pulse delay time
~ записи *(запоминающей ЭЛТ)* writing [recording] time
~ заполнения *уск.* filling time
~ запуска triggering [starting] time
заранее установленное ~ preset time
~ затухания *(напр. люминесценции)* decay time; *(импульса)* fall time; *яф* die-away time
~ затухания колебаний oscillation [vibration] decay time
~ затухания люминесценции luminescence decay time
~ затухания сцинтилляций scintillation decay time
~ захвата trapping [capture] time
~ захватывания capture time; *уск.* acceptance time
звёздное ~ sidereal time
излучательное ~ жизни radiative lifetime
~ излучательной рекомбинации radiative recombination time
~ излучательной релаксации radiative relaxation time
~ изменения в n раз n-folding time
измеренное ~ measured time
интегральное ~ удержания энергии global energy confinement time
~ ионизации ionization time
истинное ~ true [apparent] time
истинное звёздное ~ true [apparent] sidereal time

истинное солнечное ~ apparent solar time
йордановское элементарное ~ Jordan elementary time
кажущееся ~ жизни apparent lifetime
~ квазилинейной диффузии quasi-linear diffusion time
квантованное ~ quantized time
~ коагуляции time of coagulation
~ когерентности *кв. эл.* coherence time, time of coherence
~ корреляции correlation time
~ круговорота turnover time
латентное ~ latency time
летнее ~ summer time
локальное ~ удержания энергии local energy confinement time
~ максимума *(солнечных космических лучей)* time of intensity maximum
машинное ~ computer [machine] time
~ междолинного рассеяния *фпп* interval-ley scattering time
Международное атомное ~ International Atomic Time, IAT, TAI
~ между столкновениями одинаковых частиц self-collision time
мёртвое ~ dead time
мёртвое ~ детектора dead time of detector
мёртвое ~ счётчика counter dead time
местное ~ local time
мировое ~ universal [world] time, UT
мнимое ~ imaginary time
~ нагрева warm-up [heating] time
~ нагрева катода cathode heating time
~ накопления *уск.* storage [accumulation] time
~ нарастания *(импульса)* rise time; *(сигнала)* building-up time
~ нарастания импульса pulse rise time
~ нарастания тока current rise [ramp-up] time
начальное ~ initial time
непрерывное ~ continuous time
~ нечувствительности paralysis [dead, insensitive] time
ньютоновское ~ Newtonian time
~ облучения exposure [irradiation] time
~ обнаружения detection time
~ обработки processing time
~ образования домена domain-formation time
~ обхода контура by-pass time around a path
объёмное ~ жизни bulk lifetime
ожидаемое ~ expected time
~ ожидания появления зародыша *крист.* expectation time for the nucleus appearance
оптимальное ~ реверберации optimum reverberation time, reverberation optimum
~ опустошения ловушки trap release time
ориентационное ~ жизни orientational lifetime
ориентационное ~ релаксации orientational relaxation time

~ осаждения *физ. пов.* deposition [settling] time
~ остановки stopping [shutdown] time
~ остывания cooling time
~ отверждения curing time
~ отжига anneal(ing) time
~ откачки pump-down time
~ отклика response time
относительное ~ жизни relative lifetime
~ охлаждения cooling time
~ очистки *(напр. искровой камеры, памяти)* clearing time
~ памяти *(запоминающей ЭЛТ)* retention [storage] time
~ памяти детектора detector memory time
~ переключения switching time
~ переключения в закрытое состояние *фпп* turn-off time
~ переключения в открытое состояние *фпп* turn-on time
~ перекрытия overlap time
~ перемещения transfer [travel] time
~ перехода transition time
~ перехода из нормального в сверхпроводящее состояние normal-superconducting transition time
~ перехода из сверхпроводящего в нормальное состояние superconducting-normal transition time
~ переходного процесса responce time, transient period
~ подготовки *(напр. мишени)* readiness time
полное ~ total time
полное ~ переключения total switching time
~ полураспада half-life
поперечное ~ релаксации transverse relaxation time
~ поперечной релаксации transverse relaxation time
~ поправки correction time
поправочное ~ correction time
~ послесвечения *(напр. экрана)* time of persistence; after-glow time
~ поступления arrival time
~ потухания *(экрана, люминофора)* decay time
поясное ~ standard [zone] time
~ пребывания *(частицы)* residence time
~ пребывания топлива в реакторе fuel residence time
~ пребывания частицы в локальной магнитной яме particle residence time in the local magnetic well
~ преобразования conversion time
~ прихода arrival time
~ пробега time of travel, travel [transit] time
~ пробега доменной стенки time of domain wall travel, travel time of domain wall
~ пробоя breakdown time
продольное ~ релаксации longitudinal relaxation time

103

~ **пролёта** flight [transit] time, time of flight
~ **пролёта домена** domain transit time
~ **пролёта электрона** electron transit time
пролётное ~ flight [transit] time, time of flight
~ **прохождения** traveling time; time of travel; *астр.* passage time
~ **прохождения сигнала** propagation [transmission] time
~ **прохождения через афелий** time of aphelion passage
~ **прямого восстановления** *фпп* forward recovery time
~ **пуска** start-up [starting] time
~ **работы ускорителя** running time of the accelerator
рабочее ~ operating [running] time
~ **равновесия** equilbrium time
равномерное звёздное ~ uniform sidereal time
~ **радиационного охлаждения** radiative cooling time
радиационное ~ **жизни** radiative [spontaneous, natural] lifetime
~ **развёртки** sweep [scanning] time
~ **разгорания люминофора** phosphor-rise time
~ **разлёта** *яф* fly-off time
~ **разогрева** *(напр. катода)* warm-up [heating] time
разрешающее ~ resolving [resolution] time
разрешающее ~ **счётчика** counter resolving time
~ **разрешения** resolving [resolution] time
~ **разряда** discharge time
~ **раскачивания** *(контура)* build-up time
~ **распада** decay time; *(звёздного скопления)* disruption time
~ **распознавания образа** pattern recognition time
распределённое ~ *(напр. работы на ЭВМ)* allocated time
~ **распространения** *(сигнала)* propagation time
~ **распространения волны давления** pressure-wave travel time
расчётное ~ estimated time
~ **расширения** *(Вселенной)* expansion time; expansion life
~ **реакции** reaction time
~ **реверберации** reverberation time, time of reverberation, reverberation period
~ **рекомбинации** recombination time
~ **рекомбинации носителей** carrier recombination time
рекомбинационное ~ **жизни** *фпп* recombination lifetime
~ **релаксации** relaxation time
~ **релаксации верхнего состояния** *кв. эл.* upper-state relaxation time
~ **релаксации импульса** momentum relaxation time

~ **релаксации населённостей** population relaxation time
~ **релаксации носителей** carrier relaxation time
~ **релаксации по питч-углу** pitch-angle relaxation time
~ **релаксации энергии** energy relaxation time
светлое ~ **суток** daylight
~ **свободного пробега** mean free time
~ **сгорания** burn-up time
~ **сканирования** scanning time
собственное ~ proper [intrinsic] time
солнечное ~ solar time
~ **спада** *(импульса)* fall time; *(наведённой радиоактивности)* cooling time
~ **спин-решёточной релаксации** spin-lattice relaxation time
~ **спин-спиновой релаксации** spin-spin relaxation time
спонтанное ~ **жизни** spontaneous [radiative, natural] lifetime
~ **срабатывания** response [operating, actuation] time
среднее ~ mean time
среднее астрономическое гринвичское ~ Greenwich mean astronomical time
среднее гринвичское ~ Greenwich mean time
среднее ~ **жизни** mean [average] lifetime
среднее звёздное ~ mean sidereal time
среднее летальное ~ median lethal time
среднее ~ **свободного пробега** mean free time
среднее свободное ~ **реакции** reaction mean free time
среднее солнечное ~ mean solar time
~ **стандартной реверберации** standard reverberation time
~ **стирания** *(запоминающей ЭЛТ)* erasing time
~ **столкновения** collision [impact] time
~ **столкновительной релаксации** collision relaxation time
~ **существования** life(time)
~ **существования плазменной конфигурации** lifetime of plasma configuration
~ **счёта** *(импульсов)* count(ing) time
~ **считывания** *(напр. с запоминающей ЭЛТ)* readout [reading] time
текущее ~ running time
~ **тепловой релаксации** thermal relaxation time
~ **термализации альфа-частиц** alpha-particle thermalization time
~ **термализации быстрого иона** *(при инжекции пучка нейтронов в токамак)* fast ion thermalization time
~ **торможения** stopping [deceleration] time
транспортное ~ **релаксации** transport relaxation time
~ **туннелирования** *фтт* tunneling time

~ удара blow duration
~ удвоения топлива fuel doubling time
~ удержания *(напр. плазмы в ловушке)* confinement time
~ удержания плазмы plasma confinement time
~ удержания частиц particle confinement [containment] time
~ удержания энергии energy confinement time
~ ускорения *уск.* acceleration time
~ успокоения transient period, relaxation [damping] time
~ установления transient period, settling time
~ установления равновесия equilibrium [equilibration] time
~ утечки escape time
~ формирования *(импульса)* shaping time
характеристическое ~ characteristic time
характерное ~ characteristic time
характерное ~ диффузии diffusion time scale
характерное ~ релаксации relaxation time scale
~ цикла cycle time
~ чувствительности *(счётчика)* sensitive time, sensitive period
эквивалентное ~ equivalent time
~ экспоненциального спада exponential decay time
~ экспонирования (time of) exposure
энергетическое ~ жизни energy confinement time
эталонное ~ reference time
эфемеридное ~ ephemeris time
эффективное ~ effective time
ядерное ~ nuclear time
времяпролётный *прил.* time-of-flight
времяразрешающий *прил.* time-resolving
ВРМБ *с.* SBS, stimulated Brillouin scattering
90-градусное ~ 90° SBS
ВРМБ-генератор *м.* SBS generator
ВРМБ-голограмма *ж.* SBS [stimulated Brillouin scattering] hologram
ВРМБ-зеркало *с.* SBS [stimulated Brillouin scaterring] mirror
ВРМБ-усилитель *м.* SBS amplifier
вронскиан *м. мат.* Wronskian
всасывание *с.* aspiration, intaking, suction
капиллярное ~ capillary suction
всеволновый *прил.* all-wave
Вселенная *ж.* Universe
анизотропная ~ anisotropic (model of the) Universe
асимптотическая ~ asymptotic (model of the) Universe
бесконечная ~ infinite Universe
бесстолкновительная ~ collisionless Universe
вращающаяся ~ rotating Universe
горячая ~ hot Universe

детерминированная ~ deterministic Universe
дочерняя ~ baby Universe
евклидова ~ Euclidean Universe
закрытая ~ closed (model of the) Universe
замкнутая ~ closed (model of the) Universe
звёздная ~ stellar Universe
иерархическая ~ ierarchic Universe
изотропная ~ isotropic (model of the) Universe
инфляционная ~ inflation [inflatory] Universe
космологическая ~ cosmological Universe
космологически плоская ~ cosmologically flat Universe
многомерная ~ multidimensional Universe
неоднородная ~ nonhomogeneous (model of the) Universe
нестатическая ~ nonstatic Universe
нестационарная ~ nonstationary (model of the) Universe, evolutionary [evolving] Universe
однородная ~ homogeneous (model of the) Universe, uniform Universe
островная ~ island Universe
осциллирующая ~ oscillating (model of the) Universe
открытая ~ open (model of the) Universe
~ отрицательной кривизны Universe of negative curvature
плоская ~ flat Universe
~ положительной кривизны Universe of positive curvature
пустая ~ empty Universe
равновесная ~ steady state (model of the) Universe
радиационно-доминированная ~ radiation dominated Universe
раздувающаяся ~ inflation [inflatory] Universe
ранняя ~ early Universe
расширяющаяся ~ expanding (model of the) Universe, expanding world model
сжимающаяся ~ contracting (model of the) Universe
~, состоящая из антивещества antimatter Universe
~ с преобладанием материи matter-dominated Universe
~ с преобладанием нейтрино neutrino dominated Universe
статическая ~ static Universe
стационарная ~ stationary (model of the) Universe, steady-state Universe
сферически симметричная ~ spherically symmetric Universe
фридмановская ~ Friedmann (model of the) Universe
четырёхмерная ~ four-dimensional Universe
~ Эйнштейна Einstein (model of the) Universe

~ Эйнштейна - де Ситтера Enstein-de Sitter (model of the) Universe

всенаправленный *прил.* omnidirectional, all-directional

всеобщность *ж.* generality, universality

вскипание *с.* boiling

спонтанное ~ *(перегретой жидкости)* spontaneous boiling

вскрытие *с.* opening

~ **контейнеров** container opening

всплеск *м.* *радиоастр.* burst; eruption, outburst

большой микроволновый ~ great microwave burst

быстродрейфующий ~ fast-drift burst

быстродрейфующий шумовой ~ fast-drift storm burst

~ **в метровом диапазоне** meter(-type) burst, burst in metric region

~ **в поглощении** shadow-type burst

вспыхивающий ~ spike burst

гектометровый ~ hectometer burst

движущийся ~ moving burst

дециметровый ~ decimeter burst

дрейфующий ~ drift burst

~ **жёсткого рентгеновского излучения** hard X-ray burst

~ **излучения** burst

импульсный ~ impulsive burst

~ **ионизации** ionization burst

квазистационарный ~ quasi-stationary burst

километровый ~ kilometer burst

~ **континуума** continuum burst

космический рентгеновский ~ cosmic X-ray burst

солнечный рентгеновский ~ solar X-ray burst

~ **крайнего ультрафиолетового излучения** EUV [extreme ultraviolet] burst

крючкообразный ~ hook burst

медленнодрейфующий ~ slow-drift burst

микроволновый ~ microwave burst

микроволновый ~ **типа IV** microwave type IV burst

~ **мягкого рентгеновского излучения** soft X-ray burst

неполяризованный ~ unpolarized burst

~ **нерелятивистских электронов** nonrelativistic electron event

низкочастотный ~ low-frequency burst

одиночный ~ single burst

отдельный ~ isolated burst

перемещающийся ~ **типа IV** moving type IV burst

постепенный ~ gradual burst

простой ~ simple burst

~ **релятивистских частиц** relativistic particle event

~ **релятивистских электронов** relativistic electron event

~ **рентгеновского излучения** X-ray burst

сантиметровый ~ centimeter burst

сложный микроволновый ~ complex microwave burst

~ **с непрерывным спектром** continuum burst

~ **с обратным дрейфом** reverse-drift [oppositely drifting] burst

~ **солнечного корпускулярного излучения** solar particle radiation burst

~ **солнечного радиоизлучения** solar radio burst

солнечный ~ solar burst

солнечный микроволновый ~ solar microwave burst

~ **солнечных космических лучей** solar particle event

~ **с расщеплением полосы** split-band burst

стационарный ~ stationary type burst

~ **с умеренной скоростью дрейфа** intermediate-drift burst

~ **типа головастика** tadpole burst

~ **типа «дождя»** "rain-type" burst

~ **типа дрейфующей пары** drift-pair burst

~ **типа полоски** stria burst

~ **типа расщеплённых пар** split-pair burst

шумовой ~ (noise) storm burst

~ **шумовой бури** (noise) storm burst

~**и электромагнитного поля** *(размерный эффект)* bursts of electromagnetic field

~ **электронов** electron burst, electron event

~ **I (II, III, IV) типа** type I (II, III, IV) burst

J-образный ~ J-burst

U-образный ~ U-type burst

всплеск-волокно *с.* fiber burst

всплывание *с.* emersion

~ **силовых трубок** rise of flux tubes

всплывать *гл.* emerge

вспомогательный *прил.* auxiliary

вспучивание *с.* bulking; bulging; swelling

~ **поверхности** surface bulging

вспыхивание *с.* flash(ing), flickering

вспыхивать *гл.* **1.** *(об огнях)* flash, flare up **2.** *(воспламеняться)* catch [take] fire **3.** *(о газовой смеси)* flash **4.** *(о люминофоре, сцинтилляторе)* scintillate

вспышк/а *ж.* **1.** *(солнечная)* flare; burst **2.** *(света)* flash; scintillation **3.** *(огня)* inflammation

~ **активности** burst of activity

белая ~ white light flare

большая ~ large [major] flare

~ **в белом свете** white light flare

взрывная ~ explosive flare

~ **в конфигурации A** configuration A flare

~ **в линии H-альфа** H-alpha flare

~ **в области жёсткого рентгена** hard X-ray flare

~ **в области мягкого рентгена** soft X-ray flare

~ **в оптической области спектра** optical flare

~ **в тени** umbral flash

~ в ультрафиолетовой области спектра ultraviolet [UV] flare
высокотемпературная ~ high-temperature flare
высокоэнергичная ~ high-energy flare
~ гамма-излучения gamma ray burst
гелиевая ~ helium flare
геоэффективная ~ geoeffective flare
гомологическая ~ homologous flare
двухленточная ~ two ribbon [two-strand] flare
двухниточная ~ two-strand flare
динамическая ~ dynamic flare
жёсткая рентгеновская ~ hard X-ray flare
звёздная ~ stellar flare
~ звезды stellar flare
излучающая ~ radiation flare
~ излучения burst of radiation
~ изображения (в ЭОПе) jumping of brilliance
импульсная ~ impulsive flare
~ ионизации burst of ionization
компактная ~ compact flare
~ космических лучей cosmic ray flare, cosmic ray burst
~ космического гамма-излучения cosmic gamma burst
кратковременная ~ short burst
лимбовая ~ limb flare
локализованная ~ in situ [confined] flare
~ люминесценции burst of luminescence
малая ~ minor flare, subflare
медленная ~ slow flare
метеорная ~ meteor burst
~ молнии lightning flash
мощная ~ energetic flare
мягкая рентгеновская ~ soft X-ray flare
невидимая ~ invisible flare
нейтринная ~ neutrino burst
нейтронная ~ neutron burst
нетепловая ~ nonthermal flare
низкотемпературная ~ low-temperature flare
низкоэнергичная ~ low-energy flare
~ новой звезды nova outburst
нуклонная ~ nucleonic flare
ограниченная ~ confined [in situ] flare
оптическая ~ optical flare
периодически повторяющиеся световые ~и periodically recurring light flashes
повторная ~ (звезды) recurrent outburst
протонная ~ proton flare; proton event
~ радиоизлучения radio burst
рентгеновская ~ X-ray flare
~ сверхновой (звезды) supernova outburst
~ света (light) flash; scintillation
световая ~ light flash
~ с выбросом частиц particle flare
~, связанная с волокном filament associated flare
слабая ~ small flare, subflare
солнечная ~ solar flare; solar eruption, solar burst

солнечная ~, обусловленная скин-эффектом в скрученном магнитном поле solar flare caused by skin-effect in a twisted magnetic field
сумеречная ~ twilight flash
тепловая ~ thermal flare, thermal burst, thermal spike
точечная ~ света point scintillation
флоккульная ~ plage flare
хромосферная ~ chromospheric flare
черенковская ~ Cherenkov flare
~ частиц particle event
электронная ~ electron flare
эруптивная ~ eruptive flare
яркая ~ bright flare
вставка ж. insert
волноводная ~ waveguide insert
магнитная ~ magnetic insertion
радиоактивная ~ radioactive insert
сверхпроводящая ~ superconducting insertion
вставлять гл. insert, embed, put into
~ в оправу mount; enchase
встраивание с. incorporation, integration
~ в решётку incorporation into the lattice
~ частиц кристаллизующегося вещества в ступени incorporation of the crystallizing substance into steps
встраивать гл. embed, build in
~ в решётку кристалла incorporate
встретиться гл. meet
~ с интересным явлением meet with [encounter] an interesting phenomenon
~ с трудностями meet with difficulties
встреча ж. encounter
дискретная ~ discrete encounter
встречаться гл. occur
~ в виде (напр. кристаллов) occur as
~ в природе occur in nature, occur naturally
встроенный прил. built-in, embedded
встряска ж. кв. мех. shaking
~ типа включения inclusion-type shaking
~ типа рассеяния scattering-type shaking
~ электронов electron shaking
встряхивание с. кв. мех. shaking; agitation
квазирезонансное ~ quasi-resonant shaking
нерезонансное ~ nonresonant shaking
~ пучка shaking of beam
~ слабосвязанных систем shaking of weakly coupled systems
~ электрона shaking of electrons
вступать гл. enter, come into
~ в контакт come in contact
~ в реакцию хим. react with, undergo [enter into] a reaction
~ в соединение enter into combination, combine with
~ в эксплуатацию come into service; come into operation
вступление с. (к статье, книге) introduction, preface, foreword
всыпать гл. pour in

втекание *с.* inflow, influx
~ **магнитного потока** magnetic flux inflow
втекать *гл.* inflow, flow in
вторжение *с.* (*напр. солнечных частиц в магнитосферу Земли*) (*см. тж. высыпание*) precipitation, invasion
~ **авроральных электронов** auroral electron precipitation
~ **моноэнергетических протонов** mono-energetic proton precipitation
обратное ~ *сэф* inverse precipitation
~ **протонов** proton precipitation
~ **частиц** *сэф* particle precipitation
~ **электронов** (*в полярную атмосферу*) electrone invasion, electrone precipitation
вторичный *прил.* secondary
ВТСП-мостик *м.* HTSC bridge
ВТСП-плёнка *ж.* HTSC film
втулка *ж.* bushing, sleeve
изолирующая ~ insulating bushing
втягивать *гл.* draw in, pull in
вуалирование *с.* (*в фотографии*) fogging, veiling
вуалировать *гл.* fog, veil
вуаль *ж.* **1.** *фото* fog, veil **2.** (*форма полярных сияний*) veil aurora
дихроичная ~ dichroic fog
~ **от засветки** light fog
~ **проявления** chemical [development] fog
фотографическая ~ photographic fog
цветная ~ colored fog
вулкан *м.* volcano
бездействующий ~ dormant volcano
действующий ~ active volcano
заснувший ~ dormant volcano
потухший ~ extinct volcano
уснувший ~ dormant volcano
вулканизация *ж.* vulcanization
~ **полимера** polymer vulcanization
вход *м.* **1.** (*электронной и электрической цепи, прибора*) input; (*четырёхполюсника*) input, port **2.** (*в системах, работающих на жидкостях и газах*) inlet **3.** (*входное отверстие*) mouth **4.** (*в помещение, здание, на территорию и т.п.*) entrance, entry **5.** (*обозначение на схемах*) in □ **на** ~**е** (*прибора, схемы*) at the input
аналоговый ~ analog input
высоковольтный ~ high-voltage input
высокочастотный ~ high-frequency input
дифференциальный ~ differential input
ёмкостный ~ capacitance input
~ **опорного сигнала** reference input
симметричный ~ balanced input, balanced port
~ **синхронизации** clock input; (*по частоте*) sync input; (*по фазе*) lock input
~ **усилителя** amplifier input
цифровой ~ digital input
входить *гл.* enter
~ **в выражение** enter into the expression
~ **в синхронизм** lock in synchronism

~ **в соединение** enter into the compound
~ **в состав** enter into the composition
~ **в уравнение** enter into the equation
входной *прил.* (*о сигнале, излучении и т.п.*) input
вхождение *с.* entry
~ **в атмосферу** (*о космическом аппарате*) re-entry
~ **в синхронизм** locking in synchronism
наклонное ~ (*пучка в анализатор*) oblique incidence
~ **солнечных протонов в магнитосферу** solar proton entry in the magnetosphere
выбег *м.* running-out; overshoot
~ **стержня** overtraveling of a rod
~ **стрелки** overshoot [overswing] of a pointer
выбивание *с.* knocking-out
кинетическое ~ (*электронов ионами*) kinetic knocking-out
прямое ~ (*при распылении*) direct knocking-out
~ **частицы** particle knocking-out
выбивать *гл.* (*напр. электроны*) knock out
выбирать *гл.* choose, select, pick out
~ **тему для диссертации** choose a subject for a dissertation; choose a theme for a thesis
выбитый *прил.* knocked-out
выбор *м.* choice, selection; sampling
автоматический ~ **шага** automatic step selection
~ **калибровки** gauge choice
~ **места для обсерватории** observatory site survey
~ **момента времени** timing, time-point selection
~ **образца** (*для исследования*) sample choice
произвольный ~ arbitrary choice
~ **системы времени** timing
~ **системы координат** choice of the framework, choice of the coordinate system
выборка *ж. стат. физ.* sample, sampling; selection
~ **без возвращения** sample without replacement
~ **из выборки** subsample
~ **из нормальной совокупности** sampling from a normal set
контрольная ~ control [check] sample
многоступенчатая ~ multistage sampling
необработанная ~ crude sampling
представительная ~ representative sample
псевдослучайная ~ quasi-random sampling
~ **с возвращением** sample with replacement
систематическая ~ systematic sampling
случайная ~ random sample
спектральная ~ spectral sampling
условная ~ conditional sampling
фиксированная ~ fixed sample
шумовая ~ noise sample
выбрасывание *с.* ejection
~ **в атмосферу** dispersion to the atmosphere
~ **замедлителя** expulsion of the moderator

~ **поглотителя** absorber ejection
~ **урана в отвал** uranium rejection
выброс *м.* **1.** *(импульса, кривой)* overshoot, spike **2.** *(тока, напряжения и т.п.)* surge **3.** *(из кометы)* jet **4.** *(на Солнце)* ejection; surge, spray, eruption
быстрый ~ *физ. Солнца* fast ejection
~ **в атмосферу** discharge into the atmosphere
веерообразный ~ *физ. Солнца* spray
~ **вещества** *физ. Солнца* mass ejection, ejection of material, ejection of matter
~ **вещества короны** *физ. Солнца* corona mass ejection, ejection of coronal material
возвратный ~ *физ. Солнца* surge
вспышечный ~ *физ. Солнца* flare surge, flare ejection, flare spray
~ **газа** gas blowout
~ **за шкалу** overshoot(ing)
импульсный ~ spike, peak
искривлённый ~ *(кометного вещества)* curved jet; *(на Солнце)* curved surge
~ **корональнго вещества** *(на Солнце)* coronal mass ejection
~ **корреляционной функции** correlation spike
кумулятивный ~ *(плазменной струи)* cumulative ejection
~ **мощности** power surge
~ **на кривой** overshot, spike
~ **на осциллограмме** spike
~ **напряжения** voltage surge
~ **на фронте импульса** pulse overshoot, overthrow
отрицательный ~ **на срезе импульса** baseline overshoot, undershoot
отрицательный ~ **на фронте импульса** preshoot, undershoot
~ **плазмы** *(на Солнце)* ejection of plasma, plasma ejection
~ **пламени** ejaculation of flame
~ **при неустановившемся режиме** transient overshoot
прямолинейный ~ rectilinear jet
радиационный ~ radiation release
~ **реактивности** reactivity excursion
спиральный ~ spiral jet
~ **тока** current surge
~ **частиц** *(в ускорителе)* particle ejection
выведение *с.* **1.** *(радиоизотопа)* elimination **2.** *(стержня)* withdrawal
~ **на орбиту** *(космического аппарата)* orbital injection; ascent
~ **формулы** derivation of a formula
вывёртывать *гл.* *(винт)* unscrew, undo a screw, screw off, screw out
выветривание *с.* weathering
искусственное ~ *(многоцикловая обработка композитов в лабораторных условиях)* artificial weathering
вывинчивать *гл.* *(винт)* unscrew, undo a screw, screw off, screw out

вывод *м.* **1.** *(частиц, пучка и т.п.)* ejection, extraction **2.** *(энергии, данных)* output **3.** *(устройство)* output, outlet **4.** *(провод, контакт)* lead **5.** *(зажим)* terminal **6.** *(умозаключение)* conclusion, deduction, inference **7.** *(удаление)* removal, withdrawal **8.** *(штырёк радиолампы, шины)* pin **9.** *(формулы, уравнения)* derivation □ **далеко идущие** ~**ы** far-reaching conclusions; ~**ы и заключение** summary and conclusion; **прилежный читатель, добавшийся до этой главы, мог бы прийти к тому** ~**у, что...** the diligent reader who has reached this chapter may have formed the opinion that...; **при** ~**е N мы воспользовались тем, что ...** in deriving N we have used the fact that...
адиабатический ~ adiabatic extraction
аксиальный ~ axial lead
быстрый ~ *(пучка)* fast ejection; fast [one-turn, pulsed] extraction
волноводный ~ **энергии** waveguide output
высокочастотный ~ *(пучка)* radio-frequency extraction
~ **данных** data output, data extraction
двухкаскадный ~ *(пучка)* two-step extraction
двухоборотный ~ *уск.* double-turn extraction
дифракционный ~ **излучения** *(из резонатора)* diffraction coupling-out of radiation
~ **затвора** *(полевого транзистора)* gate terminal
~ **излучения** *(из активной среды)* radiation coupling
коаксиальный ~ **энергии** coaxial-line output
контрольный ~ testing [service] terminal
ложный ~ fallacy
медленный ~ *(пучка)* slow ejection; extraction over long period, continuous extraction, multiple turn extraction
многооборотный ~ *(пучка)* multiple turn extraction, slow [multiple turn] ejection
напылённый ~ evaporated lead
однооборотный ~ *(пучка)* one-turn [single-turn] extraction, fast ejection
поляризационный ~ **излучения** polarization coupling-out of radiation
прецессионный ~ *(пучка)* precessional extraction
призменный ~ **излучения** *(из световода)* prism coupling-out of radiation
проволочный ~ wire lead
~ **продукта** withdrawal of a product
~ **пучка** *(из ускорителя)* beam ejection, beam extraction
радиальный ~ radial lead
регенеративный ~ *(пучка)* regenerative extraction
резонансный ~ *(пучка)* resonant ejection, resonance extraction
решёточный ~ *опт.* grating coupling

109

статистический ~ *мат.* statistical inference
~ **стержня** *яф* withdrawal of a rod
стохастический ~ *(пучка)* stochastic extraction, stochastic ejection
точный ~ *мат.* accurate development, accurate derivation
туннельный ~ *опт.* tunnel coupling
~ **управляющего электрода** *(тиристора)* gate terminal
~ **уравнения** derivation of an equation
~ **ЦМД** bubble extraction
~ **частиц** *уск.* extraction [ejection] of particles
экранированный ~ shielded [screened] lead
~ **энергии 1.** *(устройство)* energy output **2.** *(процесс)* extraction of energy; extraction of power
выводимый *прил.* deducible, derivable
взаимно ~ interdeducible, interderivable
выводимость *ж.* *(формулы, уравнения)* deducibility, derivability
выводить *гл.* **1.** *эл.* bring out **2.** *(удалять)* remove, withdraw **3.** *(формулу)* deduce, derive
~ **из равновесия** disturb from equilibrium (condition)
~ **из строя** put out of action, disable
~ **из эксплуатации** remove [take out] of service
~ **на орбиту** *(спутник)* carry [place, put] into orbit
~ **на экран** display
~ **стержень** *яф* withdraw a rod
~ **формулу** deduce [derive] a formula
выгиб *м.* flexure, outward bend
выглаживание *с.* *триб.* smoothing; *(полировка под давлением)* burnishing
выгнутость *ж.* convexity, bulging
выгорание *с.* burnup, burning(-out)
~ **водорода** hydrogen burning
~ **гелия** helium burning
глубокое ~ high burnup
допустимое ~ allowable burnup
~ **звёзд** star burning
ионное ~ *(люминесцентного экрана)* ion burning
~ **кварков** quark burnup
~ **мишени** target burn
~ **молекул** *кв. эл.* *(в активной смеси)* molecule burnup
неглубокое ~ low burnup
~ **провала** *(в линии излучения)* hole burning
пространственное ~ **дырок** spatial hole burn-out
радиационное ~ radiation burning
ступенчатое ~ **топлива** graded fuel burnup
~ **топлива** fuel burn-out, fuel burnup
~ **углерода** carbon burning
~ **экрана** screen burn-out, screen burning
~ **ядер** nuclear burning
~ **ядерного топлива** nuclear fuel burnup, depletion of fissile material
выгорать *гл.* burn out, burn away, burn up; fade

выгородка *ж.* *(активной зоны ядерного реактора)* reflection shield
выгрузка *ж.* unloading; discharge
~ **тепловыделяющих сборок из реактора** reactor unloading
~ **топлива** *яф* fuel discharge, fuel unloading
выдавать *гл.* generate; deliver; produce
~ **лицензию** grant a license
~ **патент** grant a patent
~ **сигнал** generate a signal
выдавливание *с.* extrusion, squeezing-out, pressing-out
выдвинуть *гл.* advance; extend
~ **гипотезу** suggest [put forward, advance] a hypothesis
~ **идею** suggest [put forward, advance] an idea
~ **кандидатуру** nominate
~ **предложение** make a suggestion, move a proposal
~ **теорию** suggest [put forward, advance] a theory
~ **условия** lay down conditions
выделени/е *с.* **1.** *(напр. сигнала или частоты, вещества из смеси и т.п.)* extraction, isolation, selection **2.** *(осадка)* precipitation **3.** *(металла на аноде или катоде при электролизе)* deposition
~ **водорода** *(из стенок)* release of hydrogen
~ **газа** gassing, liberation of gas
~ **изотопов** isotope isolation
когерентное ~ coherent precipitation
количественное ~ quantitative isolation
~ **контуров** *(при обработке изображений)* contour [edge] extraction
~ **на аноде** anode deposition
~ **на катоде** cathode deposition
непрерывное ~ continuous precipitation
прерывистое ~ discontinuous precipitation
~ **признаков** *(при распознавании образов)* feature separation
равновесное ~ equilibrium precipitate
~ **сигнала** signal extraction
~ **сигнала из шума** signal enhancement
~ **сигнала цветности** chrominance separation, chrominance takeoff
~ **синхронизирующих импульсов** sync(hronizing pulse) separation
~ **тепла** heat liberation, heat release
фазовые ~**я** *фтт* phase precipitates
электрохимическое ~ electrochemical isolation
~ **энергии** energy resease; energy liberation, energy output
выделять *гл.* **1.** *(испускать, свет, тепло и т.д.)* give off, evolve, liberate, release, emanate **2.** *(извлекать, отделять)* extract, separate, isolate, select **3.** *(предоставлять для использования)* allocate, assign
выделяться *гл.* deposit, plate out; precipitate; liberate

ярко ~ на фоне stand out sharply against the background

выдержанный *прил.* aged; seasoned

выдержать *гл.* age; hold
~ несколько изданий run into several editions
~ экзамен pass an examination

выдерживание *с.* storage; holding; ageing, aging
~ для распада storage for decay, cooling
~ материалов storage of materials
~ облучённого топлива fuel cooling
~ отходов hold-up of wastes
~ продуктов деления fission-product hold-up
~ радиоактивных веществ storage, holding, cooling

выдерживать *гл.* **1.** *(в течение какого-то времени)* age, keep, exposure **2.** *(действие чего-либо)* endure, withstand, stand up to, pass **3.** *(радиоактивный материал)* store, hold, cool
~ допуски hold tolerance
~ интервал между... maintain an interval between...
~ испытания satisfy [pass, withstand] a test, stand up to test, stand up to trial
~ на воздухе в течение... hold [keep] in air for...
~ нагрузку withstand [endure] a load
~ перегрузку withstand [accept] overload (conditions)
~ при высоких температурах hold at high temperature
~ при температуре Т в течение m часов hold [exposure] at T for m hours, condition for m hours at T
~ сравнение с... compare favourably with...
~ температуру до... withstand temperature up to...

выдержк/а *ж.* **1.** ageing, aging **2.** *фото* (time of) exposure **3.** *(временная)* dwell; time lag; pause □ **с разной ~ой** at different exposures
~ **времени** dwell; time lag; pause
зависимая ~ времени dependent time lag
независимая ~ времени independent [definite] time lag
обратнозависимая ~ времени inverse time lag
полная ~ *фото* total exposure
фотографическая ~ photographic [camera] exposure
эффективная ~ *фото* effective exposure

выдувать *гл. (стекло)* blow (out)

выдувка *ж. (стекла)* blowing (out)

выживаемость *ж. (при облучении)* survival rate

выживание *с.* survival

выживать *гл.* survive

выжигание *с.* burn(ing), burning-out
~ мишени target burn
~ потоком ионов *(экрана или мишени)* ion burn

~ провала *(в максвелловском распределении)* hole burning
~ растра raster burn
фотохимическое ~ провала *кв. эл.* photochemical hole burning
~ экрана screen burning

выжигать *гл.* burn (out)

вызванный *прил.* induced, produced
~ **тормозным излучением** bremsstrahlung-produced
~ **облучением** irradiation-produced, irradiation-induced, irradiation-initiated

вызывать *гл.* **1.** *(быть причиной)* give rise to..., cause, induce, produce, result in; create **2.** *(инициировать)* initiate, induce **3.** *(по телефону)* call up, ring up
~ **возражения** draw objections
~ **затруднения** cause [involve] difficulties
~ **изменения** produce [cause, result in] changes
~ **интерес** attract [provoke, arouse] interest
~ **критику** draw criticism, draw fire
~ **необходимость** necessitate, make necessary
~ **опасения** cause concern, cause alarm
~ **осложнения** cause [give rise to, create] complications
~ **ответную реакцию** cause [evoke] response
~ **по телефону** call up, ring up
~ **появление** *(напр. трещин)* initiate
~ **реакцию** cause a reaction
~ **сомнения** give rise to doubt
~ **споры** cause argument
~ **трудности** cause difficulties
~ **эффект** lead to [result in] effect

выигрыш *м.* **1.** advantage **2.** *(количественный)* gain **3.** *(на конкурсе или в соревновании)* win
~ **в силе** *мех.* force ratio, mechanical advantage
~ **в силе для данного рычага** advantage of the lever
~ **в энергии** energy gain
кинематический ~ kinematical advantage

выкачивать *гл.* pump out, exhaust, evacuate

выкладки *мн. мат.* calculations, computation

выклинивание *с. (грани кристалла)* wedging-out
~ **дислокации** *крист.* wedging-out of a dislocation
~ **кристалла** wedging-out of a crystal

выключатель *м.* switch; (circuit) breaker
аварийный ~ emergency switch
быстродействующий ~ high-speed [quick-break] switch
вакуумный ~ vacuum switch
дистанционный ~ remote switch
импульсный ~ impulse switch
концевой ~ limit switch
масляный ~ oil switch, oil circuit breaker
миниатюрный ~ micro switch

~ питания power [on-off] switch
пневматический ~ pressure-operated switch
ртутный ~ mercury switch
сетевой ~ mains switch
силовой ~ power switch
тепловой ~ thermal switch, thermal circuit breaker
тиристорный ~ thyristor switch
выключать *гл.* **1.** *(ток, напряжение, питание)* turn off, switch off; deenergize, disconnect **2.** *(ядерный реактор)* shut down
выключение *с.* **1.** *(тока, напряжения, питания)* turning-off, switching-off; disconnection; deenergizing **2.** *(ядерного реактора)* shut-down
аварийное ~ disaster [safety] shut-down, emergency shut-off
автоматическое ~ при перегреве heat-triggering
автоматическое ~ при чрезмерном облучении radiation-triggering
быстрое ~ реактора scram, emergency shut-down
мгновенное ~ momentary trip, momentary scram
~ по периоду period trip, period shut-down
~ по уровню мощности power-level trip, overpower scram; power-level shut-down
предохранительное ~ safety shut-down
~ разряда discharge termination
~ реактора reactor shut-down, shut-down of nuclear reactor
~ реактора по периоду period shut-down of the reactor, period trip
ручное ~ manual shut-down
случайное ~ accidental shut-down
выкрашивание *с.* pitting, spalling
усталостное ~ fatigue spalling
выкристаллизовывать *гл.* crystallize out
выкристаллизовываться *гл.* crystallize out
вылет *м.* **1.** *(частицы, напр. электрона)* escape **2.** *(длина свеса)* overhang
~ балки overhang of a beam
~ нейтронов neutron escape
~ при первом пролёте first-flight leakage
~ частицы escape of a particle, particle escape
~ электронов electron escape
вылетать *гл.* *(о частицах)* escape
выливать *гл.* discharge; pour out
выливаться *гл.* flow out, pour out
~ через край overflow
выметание *с.* *(газов)* sweeping-out
вымирание *с.* extinction
~ частиц *(в космологии)* extinction of particles
вымораживание *с.* freezing-out
магнитное ~ носителей magnetic carrier freezing-out
~ носителей *фпп* carrier freezing-out
вымывание *с.* wash-out, washing-out, elution; scavenging

атмосферное ~ atmospheric scavenging
~ дождём rainout
~ радиоактивных веществ wash-out of radioactivity
вынесение *с.* *(за скобки)* factorization
вынос *м.* carrying out, bearing out
~ крыла *(биплана)* stagger
выносить *гл.* **1.** *(выдерживать)* withstand **2.** *(удалять)* carry out **3.** *(за скобки)* factor out
~ множитель из-под знака корня remove a factor from the radicand
выносливость *ж.* **1.** *(в физике прочности)* endurance; durability, fatigue life, fatigue strength, fatigue resistance **2.** *(при облучении)* tolerance
акустическая ~ sonic endurance
вибрационная ~ vibration endurance; fatigue strength
~ при изгибе bending fatigue strength
~ при кручении torsion fatigue strength
радиационная ~ radiation tolerance
тепловая ~ heat [thermal] endurance
вынуждать *гл.* force, induce, stimulate
~ молекулу вращаться force a molecule into rotation
~ молекулу колебаться force a molecule into vibration
вынужденный *прил.* forced, induced, stimulated
выпадать *гл.* **1.** *(осаждаться)* precipitate, deposit **2.** *(о сигналах)* drop out, fall out **3.** *(об атмосферных и радиоактивных осадках)* fall out, precipitate
~ из синхронизма fall out of synchronism, fall out of step
выпадение *с.* **1.** *(осаждение)* precipitation, deposition **2.** *(о сигналах)* drop-out, fall-out, loss **3.** *(об осадках)* fall-out, precipitation
~ осадка precipitation
~ осколков деления fragments fall-out
~ радиоактивной пыли radioactive dust fall-out
~ радиоактивных веществ radioactive fall-out
выпаривание *с.* evaporation; vaporization; boiling-down
~ солевых растворов evaporation of salt solutions
выпаривать *гл.* evaporate; boil-down
выплавка *ж.* *(металла)* melting
выполаживание *с.* flattening
выполнение *с.* performing; carrying out; fulfillment
~ вычислений performing calculations; performing computations, carrying out calculations [computations]
~ обязательств fulfillment of engagements [commitments]
~ операций performing operations, carrying out operations
~ условий fulfilment of conditions
выполнять *гл.* perform, carry out; complete; execute

~ **анализ** perform [carry out] an analysis
~ **вычисления** perform [carry out] calculations, perform [carry out] computations
~ **измерения** make measurements
~ **на заказ** make to order
~ **обязательства** meet engagements, meet commitments
~ **операцию** perform [carry out] an operation
~ **план** fulfill [complete] the plan
~ **указания** follow the directions, follow the instructions
~ **условия** fulfill [meet, satisfy] the conditions

выпрямитель *м.* rectifier
вибрационный ~ vibrating rectifier
двухполупериодный ~ full wave rectifier
кенотронный ~ thermionic rectifier
кремниевый ~ silicon rectifier
ламповый ~ tube rectifier
линейный ~ linear rectifier
медноокисный ~ copper-oxide rectifier
механический ~ mechanical rectifier
мостовой ~ bridge rectifier
однополупериодный ~ half-wave rectifier
полупроводниковый ~ semiconductor rectifier
ртутный ~ mercury-arc rectifier
сверхпроводящий ~ superconducting rectifier
селеновый ~ selenium rectifier
силовой ~ power rectifier
сильноточный ~ high-current rectifier
~ **с умножением напряжения** voltage-multiplier rectifier
тиратронный ~ thyratron rectifier
тиристорный ~ thyristor rectifier
управляемый ~ controlled rectifier
фазочувствительный ~ phase-sensitive rectifier
электронный ~ electronic rectifier

выпрямление *с.* rectification
двухполупериодное ~ full wave rectification
многофазное ~ multiphase rectification
однополупериодное ~ half wave rectification
оптическое ~ optical rectification

выпрямлять *гл.* 1. *эл.* rectify 2. *мех.* straighten

выпукло-вогнутый *прил.* convexo-concave
выпуклость *ж.* convexity; convex camber, bulging
выпуклый *прил.* convex; bulged
~ **вверх** convex upwards
~ **вниз** convex downwards
~ **к...** convex toward...

выпуск *м.* 1. *(опорожнение, разгрузка)* discharge, discharging, exhaust(ing) 2. *(выходное отверстие)* outlet 3. *(характеристика производства)* output, production
~ **воды** water discharge

выпускать *гл.* 1. *(газ, воздух и т.п.)* release, discharge, vent 2. *(продукцию)* produce, manufacture, make

~ **в атмосферу** vent to atmosphere
~ **в свет** *(издание)* release, publish
~ **книгу** publish a book

выпучивание *с.* *(пластинок, оболочек)* buckling; bulge
боковое ~ lateral buckling

вырабатывать *гл.* 1. *(энергию и т.п.)* generate, produce 2. *(план, предложения)* elaborate, work out

выработка *ж.* production; generation; manufacture
~ **энергии** power [energy] production

выравнивание *с.* 1. *(по уровню)* leveling 2. *(по величине)* equalizing, balancing 3. *(плоскости, кривой)* flattening, smoothing; alignment, aligning
~ **давлений** *ак.* pressure equalizing
зонное ~ zone leveling
изостатическое ~ *(геодезия)* isostatic compensation
~ **импульсов** pulse matching, pulse equalizing
~ **кривизны поля изображения** flattening of image field
~ **нейтронного потока** neutron flux flattening, flattening of nuclear reactor
~ **потока** flattening of flux
~ **пучка** beam equalizing
~ **распределения** flattening of distribution
спектральное ~ spectral balancing, spectrum flattening
~ **фона изображения** shading correction, shading compensation

выравниватель *м.* equalizer; leveler
~ **импульсов** pulse equalizer
~ **пучка** beam equalizer
~ **спектра** spectrum flattener
~ **энергии** *уск.* debuncher

выравнивать *гл.* 1. *(поверхность, кривую)* smooth (down), level, flatten 2. *(давление, напряжение и т.п.)* equalize 3. *(выпрямлять)* straighten

выражать *гл.* express
~ **давление в мм. рт. ст.** express pressure in millimetres of mercury
~ **в явном виде** express in explicit form
~ **идею** express an idea
~ **мнение** express an opinion
~ **мысль** express a thought
приближённо ~ approximate
~ **тенденцию развития процесса** express the trend in process
~ **точку зрения** express a point of view
~ **формулой** express by [through] formula
~ **через...** express in terms of...

выражени/е *с.* expression; formula; form □ **в левой части** ~**я** on the left side of the expression; **в правой части** ~**я** on the right side of the expression; **входить в** ~ **в виде...** enter into the expression as...; **входить в** ~ **в явном виде** enter into the expression in explicit form; **с помощью** ~**я** by expression

алгебраическое ~ algebraic expression
аналитическое ~ analytical expression; analytical form
аналитическое ~ изображения image function
асимптотическое ~ asymptotic expression
~ в скобках bracketed [parenthetical] expression
громоздкое ~ cumbersome expression
искомое ~ desired expression, desired relation
конечноразностное ~ finite-difference expression
математическое ~ mathematical expression
матричное ~ matrix representation
определяемое ~ definiendum
определяющее ~ definiens
параметрическое ~ (функции) parametric expression
первичное ~ primary
подкоренное ~ radicand
подставляемое ~ substituend
подынтегральное ~ integration element, integrand
полуэмпирическое ~ semi-empirical expression
преобразованное ~ transform
приближённое ~ approximate expression, approximation
расходящееся ~ divergent expression
регуляризованное ~ regularized expression
сложное ~ complex expression
точное ~ exact expression
феноменологическое ~ phenomenological expression
численное ~ numerical expression
явное ~ explicit expression
выраженный *прил.* expressed
~ через... expressed in terms of...
чётко ~ clearly defined, clearly marked
выращивание *с.* *(кристаллов)* growing, growth □ ~ методом... growth by... method
бестигельное ~ crucibleless growth
~ в вакууме vacuum growth
~ в квазизамкнутой системе close-spaced growth
~ во вращающемся кристаллизаторе rotary crystallizer growth
~ в открытой лодочке growth in open boat, Chalmers growth
~ в тигле с поршнем piston crucible growth
~ в холодном тигле growth in cold crucible
высокотемпературное ~ high-temperature growth
гетероэпитаксиальное ~ heteroepitaxial growth
гидротермальное ~ hydrothermal growth
гомоэпитаксиальное ~ homoepitaxial growth
~ дендритов dendritic growth
избирательное ~ selective growth, preferential growth

~ из газовой фазы gaseous(-phase) growth
~ из жидкого раствора growth from liquid solution
~ из жидкой фазы liquid(-phase) growth
~ из паровой фазы vapor(-phase) growth
~ из расплава growth from the melt; flux growth
~ из раствора solution growth
~ из раствора в расплаве growth from solution in melt; pulling from flux
~ из твёрдой фазы solid-solid growth
~ кристаллов crystal growth, crystal growing
~ кристаллов в условиях невесомости zero-gravity crystal growth
~ методом Бриджмена Bridgman growth
~ методом Бриджмена - Стокбаргера Bridgman-Stockbarger growth
~ методом Вернейля Verneuil growth
~ методом вертикального вытягивания vertical pulling growth
~ методом высокочастотного нагрева в холодном контейнере growth by HF heating in cold container
~ методом выталкивания crystal pushing [pedestal] growth
~ методом вытягивания pulling growth
~ методом вытягивания из расплава pulling growth from melt
~ методом газотранспортных реакций growth by gas-transport reactions
~ методом гидротермального синтеза hydrothermal growth
~ методом горизонтального вытягивания horizontal pulling growth
~ методом зонной плавки growth by zone melting, floating zone growth
~ методом испарения в вакууме growth by vacuum evaporation
~ методом испарения растворителя solvent evaporation growth
~ методом Киропулоса Kyropoulos growth
~ методом кристаллизации в пламени Verneuil [flame-fusion] growth
~ методом медленного охлаждения growth by slow cooling
~ методом пьедестала pedestal [crystal pushing] growth
~ методом разложения growth by decomposition reaction
~ методом рекристаллизации recrystallization growth
~ методом спекания growth by sintering
~ методом Степанова Stepanov growth
~ методом Стокбаргера Stockbarger growth
~ методом температурного градиента thermal gradient [Krüger-Finke] growth
~ методом транспортных реакций chemical transport growth
~ методом химических реакций chemical reaction growth

114

~ методом **Чалмерса** Chalmers growth, growth in open boat

~ методом **Чохральского** Czochralski growth

~ **монокристаллов** single crystal growth, single crystal growing, growing of single crystals

~ **на затравке** seeded growth

низкотемпературное ~ low-temperature growth

~ **нитевидных кристаллов** whisker growth

~ **плёнок** film growth

~ **плёнок методом вакуумного осаждения** film growth by vacuum deposition

~ **плёнок методом лазерного напыления** film growth by laser deposition; film growth by laser evaporation

~ **плёнок методом Ленгмюра - Блоджетт** film growing by Langmuir-Blodgett technique

~ **плёнок методом магнетронной мишени** film growth by magnetron target sputtering

~ **плёнок методом осаждения** film growth by deposition

послойное ~ layered growth

~ **при сверхвысоких давлениях** growth under ultrahigh pressure

селективное ~ selective [preferential] growth

~ **слитка** ingot growth

термическое ~ thermal growth

управляемое ~ controlled growth

эпитаксиальное ~ epitaxial growth

выращивать *гл. крист.* grow

~ **кристалл методом...** grow crystal by...

вырез *м.* cut, notch

вырезать *гл. (из кристалла)* cut out

вырождаться *гл.* degenerate

вырождение *с.* degeneracy; degeneration

~ **вакуума** vacuum degeneracy

~ **вакуумного состояния** vacuum state degeneracy

вакуумное ~ vacuum degeneracy

~ **в кулоновском поле** Coulomb degeneracy

~ **газа** gas degeneracy

~ **газа бозонов** boson gas degeneracy

двукратное ~ two-fold degeneracy

~ **дырок** hole degeneracy

~ **жидкости** liquid degeneracy

квантовое ~ quantum degeneracy

~ **колебаний** degeneracy of oscillations, degeneracy of vibrations

конформное ~ conformal degeneration

~ **Крамерса** Kramers degeneracy

~ **кривой** degeneration of curve

кулоновское ~ Coulomb degeneracy

~ **моды** mode degeneracy

непрерывное ~ continuous degeneracy

~ **неравновесных носителей** *фпп* degeneracy of nonequilibrium carriers

нерелятивистское ~ nonrelativistic degeneracy

низкотемпературное ~ low-temperature degeneracy

~ **носителей** *(в полупроводнике)* carrier degeneracy

обменное ~ exchange degeneracy

орбитальное ~ orbital degeneracy

~ **особой точки** *мат.* degeneracy of singular point

полное ~ complete degeneracy

поляризационное ~ polarization degeneracy

~ **по массе** mass degeneracy

~ **по частоте** frequency degeneracy

приближённое ~ approximate degeneracy

пространственное ~ spatial degeneracy

релятивистское ~ relativistic degeneracy

сильное ~ strong degeneracy

симметрийное ~ symmetry degeneracy

~ **системы** частиц degeneracy of system of particles

слабое ~ weak degeneracy

случайное ~ random [accidental, occasional] degeneracy

случайное ~ **уровня** accidental degeneracy of a level

~ **собственных значений** degeneracy of eigenvalues

~ **состояний** degeneracy of states

спектральное ~ spectrum degeneracy

спиновое ~ spin degeneracy

трёхкратное ~ three-fold degeneracy

~ **уровней энергии** degeneracy of energy levels

~ **уровня** degeneracy of a level, level degeneration

~ **фононного спектра** degeneracy of phonon spectrum

частичное ~ partial degeneracy

четырёхкратное ~ four-fold degeneracy

~ **электронного газа** electron gas degeneracy

~ **электронных колебаний** degeneracy of electron oscillation

~ **электронов** electron degeneracy

ядерное ~ nuclear degeneracy

n-кратное ~ n-fold degeneracy

вырожденный *прил.* degenerate

~ **в высокой степени** highly degenerate

двукратно ~ doubly degenerate

трёхкратно ~ triply degenerate

частично ~ partially degenerate

n-кратно ~ n-fold degenerate

вырыв *м.* pit; tear

вырывание *с.* tearing

потенциальное ~ *(электронов ионами)* potential breaking-away

высаливание *с.* salting out

высвечивание *с. опт.* de-excitation, fluorescence, luminescence

~ **гамма-квантов** gamma release

~ **люминофора** phosphor luminescence

~ **метастабильных уровней** metastable level de-excitation

оптическое ~ optical luminescence

спонтанное ~ spontaneous luminescence

тепловое ~ thermoluminescence, thermal luminescence, phosphorescence

высвобождение *с.* release, liberation
~ тепла heat liberation
~ частицы liberation of particle, particle release
~ энергии energy release, energy liberation
~ энергии при диссипации магнитного поля *(в атмосфере Солнца)* energy release by magnetic field dissipation
~ энтропии entropy release

высокий *прил.* high; *(о звуке)* high-pitched
высокоактивный *прил. (о радиоактивности)* highly (radio)active
высоковольтный *прил.* high-voltage
высокодисперсный *прил.* fine-grained
высокодобротный *прил.* high-Q
высокоионизованный *прил.* highly ionized
высококачественный *прил.* high-quality, top-quality
высоколегированный *прил.* high-alloy
высокомолекулярный *прил.* high-molecular
высокоомный *прил.* high-resistance
высокопрочный *прил.* high-strength
высокоразрешающий *прил.* high-resolution
высокоскоростной *прил.* high-speed, high-velocity
высокотемпературный *прил.* high-temperature
высокочастотный *прил.* high-frequency, radio-frequency
высокочувствительный *прил.* highly sensitive
высокоширотный *прил.* high-latitude
высокоэластичность *ж. (полимера)* rubber-like elastisity
высокоэластичный *прил.* highly elastic
высокоэнергетический *прил.* high-energy
высота *ж.* 1. height, altitude; elevation 2. *(звука)* pitch 3. *(балки, фермы)* depth 4. *(столба жидкости)* head
абсолютная ~ *(над уровнем моря)* true altitude; *(звука)* absolute pitch
~ апогея apogee altitude
барометрическая ~ barometric [pressure] altitude, barometric height
~ барьера barrier height
~ барьера Шотки *фпп* Schottky barrier height
~ в апогее apogee altitude
~ водосливной струи head over a weir
~ воздушного давления air [atmospheric] pressure head
~ в перигее perigee altitude
~ всасывания draught [suction] head
габаритная ~ overall [clearance] height
геометрическая ~ напора elevation [position] head
геоцентрическая ~ geocentric altitude
~ гидравлического порога height of hydraulic jump
~ гидравлической потери hydraulic loss height; hydraulic loss head

~ гидростатического давления hydrostatic [hydrostatic pressure, still water] head
~ гидростатического напора *(при истечении)* discharge [pressure] head
~ давления pressure head
действительная ~ напора elevation [position] head
действующая ~ *(отражения в ионосфере)* virtual height; *(антенны)* effective height
~ единицы переноса height of a transfer unit
~ звука pitch of sound, pitch of a tone
~ инерционного давления inertia head
истинная ~ *(отражения в ионосфере)* true height
истинная ~ над местностью absolute altitude
исходная ~ звука reference pitch of a tone
~ кулоновского барьера height of a Coulomb barrier
максимальная ~ профиля maximum height of profile
~ максимума ионизации *(в ионосфере)* maximum ionization height
~ метацентра metacentric height
~ над уровнем моря altitude above sea level, height above sea level, orthometric height
напорная ~ pressure head
~ небесного светила celestial altitude
~ небесного тела celestial altitude
нивелирная ~ напора elevation [pressure] head
нивелировочная ~ position [geometrical, gravity] head
~ ножки *(зуба шестерни)* tooth dedendum
~ однородной атмосферы pressure scale height
относительная ~ *(звука)* relative pitch
~ отражения *(радиоволн)* height of reflection
~ отрицательного давления vacuum head
~ отсасывания draught head
~ отскока *(при ударе)* rebound height
~ падения distance of fall, depth of fall
~ перигея perigee altitude
~ пика *(кривой)* peak height
~ подпора water rise head, water-surface elevation
~ подъёма шара balloon altitude
~ полёта flight altitude
полная ~ напора head
полная ~ энергии total energy head
~ положения position [geometrical, gravity] head
~ положительного давления positive pressure head
~ полосы скольжения slip step height
~ полярного сияния auroral height
~ прилива tidal height
пьезометрическая ~ piezometric head
располагаемая ~ effective [available, hydraulic, total] head

~ реактора без отражателя bare height of the reactor

~ ртутного столба barometric pressure, barometer reading

~ светила celestial altitude

скоростная ~ velocity [kinetic] head

~ статического давления static head

~ столба жидкости height of a liquid column; head

~ ступени *крист.* step height

~ тона *ак.* pitch of tone

~ точки фотографирования altimetric point

угловая ~ angle of elevation, angle of altitude

~ центробежного барьера centrifugal-barrier height

эквивалентная ~ equivalent height

эталонная ~ музыкального тона *(440 Гц)* standard musical pitch

эталонная ~ тона standard pitch

эффективная ~ effective height

высотомер *м.* altimeter

абсолютный ~ absolute altimeter

акустический ~ acoustic [acoustical, sonic] altimeter

барометрический ~ barometric [aneroid, pressure] altimeter

звуковой ~ sonar altimeter

импульсный ~ pulsed altimeter

лазерный ~ laser altimeter

оптический ~ optical altimeter

прецизионный ~ precise altimeter

тарировочный ~ altimeter calibrator

радиолокационный ~ radio [radar] altimeter

электростатический ~ capacitance altimeter

выставка *ж. (научных приборов)* exhibition

выставлять *гл.* **1.** *(устанавливать, регулировать)* adjust, set **2.** *(экспонировать)* exhibit

выстраивание *с. (напр. уровней, атомов)* alignment; orientation

двухосное ~ biaxial alignment

~ дейтронов deuteron alignment

~ дырок hole alignment

~ импульсов электронов electron momentum alignment

~ магнитных моментов *(частиц)* magnetic moment alignment

одноосное ~ uniaxial alignment

оптическое ~ optical alignment, optical orientation

продольное ~ longitudinal alignment

скрытое ~ hidden [latent] alignment

~ электронов electron alignment

~ ядер nuclear alignment, nuclear orientation

выстроенность *ж.* alignment

~ мишени *кв. мех.* target alignment

~ пучка *(по спину)* beam alignment

~ спинов частиц particle spin alignment

выступ *м. триб.* asperity; hill

единичный ~ single asperity

корональный ~ coronal spike

~ кристалла bump

~ на дислокации cusp on dislocation

~ на поверхности surface asperity

высыпание *с. сзф* precipitation

~ авроральных частиц auroral particle precipitation

~ заряженни частиц charged particle precipitation

~ ионов ion precipitation

~ протонов proton precipitation

~ частиц *(в ионосфере)* particle precipitation

~ электронов electron precipitation

выталкивание *с.* ejection; expulsion; pushing out

~ магнитного поля magnetic field expulsion

~ поля из образца *сверхпр.* expulsion of field from the sample

вытекание *с.* efflux, outflow; leakage

~ магнитного потока magnetic flux outflow

вытеснение *с. (напр. жидкости)* displacement, replacement

~ магнитного поля плазмой displacement of magnetic field by plasma

вытягивание *с.* **1.** *(кристаллов)* pulling **2.** *(электронов из катода)* extraction

вертикальное ~ vertical pulling

горизонтальное ~ horizontal pulling

дифференциальное ~ differential pulling

~ из расплава pulling from melt

~ из раствора в расплаве pulling from flux; pulling from solution in melt

~ кристаллов crystall pulling

~ по Чохральскому *крист.* Czochralski pulling

вытянутость *ж.* **1.** *(сечения шнура в токамаке)* elongation **2.** *ктп* thrust

~ по вертикали vertical elongation

выхлоп *м.* exhaust(ing)

выход *м.* **1.** outlet, output, exit **2.** *(отношение результата к затратам)* yield, efficiency

абсолютный квантовый ~ absolute quantum yield

~ адронов hadron yield

~ альфа-частиц yield of alpha-particles

аналоговый ~ analog output

внешний квантовый ~ external quantum efficiency

~ газа gas yield

~ гамма-излучения gamma-ray output

~ годных кристаллов die [chip] yield

~ дислокаций *(на поверхность)* emergence of dislocations, dislocation outcrop

~ диссоциации dissociation yield

дробный ~ fractional yield

~ излучения radiation yield

~ из-под контроля going out of control

~ из синхронизма hold-off

~ из строя failure

~ из тени *астр.* emersion
интегральный ~ integrated yield
~ ионизации ionization yield
ионный ~ ionic yield
~ ионных пар ion-pair yield
~ ионов ion yield
квантовый ~ quantum yield, quantum efficiency
квантовый ~ излучения quantum yield of radiation
квантовый ~ люминесценции quantum yield of luminescence
квантовый ~ флюоресценции quantum yield of fluorescence
квантовый ~ фотолюминесценции quantum yield of photoluminescence
~ лептонов leptonic yield
~ люминесценции luminescence efficiency, luminescence [fluorescence] yield
~ массы mass yield
~ мезонов mesonic yield
многоканальный ~ multiple [multichannel] output
~ на насыщение attainment of saturation
~ нейтрино neutrino yield
~ нейтронов neutron yield
непосредственный ~ продуктов деления independent [primary] fission yield
~ обеднённого продукта stripped output
~ обогащённого продукта enriched output
~ оже-электронов Auger yield
ожидаемый ~ expected yield
оптический ~ optical output
~ осколков fission yield
относительный ~ fractional [relative] yield
~ охладителя coolant outflow
~ пара steam escape, steam outflow
~ пар ионов ion-pair yield
~ первичных продуктов деления primary [independent] fission yield
полный ~ total yield
~ пороговой реакции yield of a threshold reaction
~ по энергии energy [power] efficiency
~ при делении fission yield
~ при делении на тепловых нейтронах thermal fission yield
~ продукта product yield
~ продуктов деления fission(-product) yield
~ пучка beam escape
радиационно-химический ~ radiation-chemical yield
~ ракеты из сферы притяжения Земли rocket escape
~ рассеяния scattering yield
~ реакции reaction yield
световой ~ light yield
симметричный ~ balanced output
суммарный ~ цепной реакции cumulative fission chain yield
~ сцинтилляций scintillation response
сцинтилляционный ~ scintillation response

~ тепловой энергии thermal yield
термодинамический ~ thermodynamic yield
~ термоядерной реакции fusion yield
~ термоядерных нейтронов thermonuclear neutron yield
~ триплетов *кв. эл.* triplet yield
удельный световой ~ specific light yield
~ умножителя multiplier output
~ флюоресценции fluorescence yield, fluorescence efficiency
~ флюоресценции К-оболочки K-shell fluorescence yield
~ фотолюминесценции photoluminescence yield
фотохимический ~ photochemical yield
фотоэлектрический ~ photoelectric yield
~ фотоядерной реакции photonuclear yield
~ химической реакции chemical reaction yield
~ цепной реакции chain fission yield
цифровой ~ digital output
~ частиц particle yield
энергетический ~ energy yield, energy efficiency
энергетический ~ фотолюминесценции photoluminescence energy yield
~ энергии energy output
~ ядерной реакции nuclear reaction yield
выходить *гл.* escape; exit
~ в свет *(об издании)* come out, appear, be published
~ за пределы темы go beyond the subject, go beyond the theme
~ за рамки лекции (доклада) go beyond the scope of the lecture (of the report)
~ из затруднения find a way out [get out] of a difficulty
~ из печати come out, appear, be published
~ из-под контроля go out of control
~ из синхронизма fall out of step
~ из строя fail, break down
~ из употребления go out of use
выходящий *прил.* outgoing, coming out, emerging; escaping
выцветание *с.* bleaching; fading, discoloration
~ зрительного пурпура visual purple [rhodopsin] bleaching
~ родопсина rhodopsin [visual purple] bleaching
выцветать *гл.* fade, lose color, bleach
вычёркивать *гл.* cross out, delete
вычет *м. мат.* residue
~ амплитуды рассеяния scattering amplitude residue
~ в полюсе pole residue
~ однозначной аналитической функции residue of single-valued analytical function
приведённый ~ reduced residue
реджевский ~ Regge residue
сингулярный ~ singular residue

~ **степени n по модулю m** power residue of m of the n-th order
факторизованный ~ factorized residue
~ **функции** residue of a function
~ **числа b по модулю m** residue of a number b to the modulus m
вычислени/е *с.* computation, calculation □
выполнять ~**я** perform [carry out] calculations, perform computations
автоматическое ~ automatic computation
~ **вероятности** probability calculation
~ **вычетов** residue calculation
~ **значений по экспериментальным данным** value calculation from experimental data
~ **методом Монте-Карло** Monte-Carlo calculation
~ **методом случайных блужданий** random-walk calculation
~ **методом сферических гармоник** spherical-harmonic calculation
многогрупповое ~ multigroup calculation
~ **на грубой сетке** coarse mesh calculation
одногрупповое ~ one-group calculation
оптические ~**я** optical computing, optical calculations
приближённое ~ approximate calculation
прикидочное ~ rough calculation
~ **с точностью до порядка величины** order-of-magnitude calculation
точное ~ exact calculation
~ **электронной структуры** electronic structure calculation
~ **эфемерид** *астр.* ephemeris computation
вычислитель *м.* calculator, computer
~ **периода** period computer
~ **скорости счёта** counting-rate computer
вычислительный *прил.* computational
вычислять *гл.* calculate, compute
вычитаемое *с.* subtrahend
вычитание *с.* subtraction
выше *нареч.* above
~ **среднего** above average
вышеизложенный *прил.* foregoing
вышележащий *прил.* overlying
вышеупомянутый *прил.* above mentioned; referred
выявление *с.* detection; reveal
~ **неисправностей** trouble-shooting
~ **ошибок** detection of errors
вюрцит *м. крист.* wurtzite
вязкий *прил. (о жидкости)* viscous; *(о металле)* tough, tenacious; *(пластичный)* ductile
вязкопластичность *ж.* viscoplasticity
вязкопластичный *прил.* viscoplastic
вязкостный *прил.* viscous
вязкость *ж.* viscosity
абсолютная ~ absolute viscosity
аномальная ~ anomalous [non-Newtonian] viscosity, quasi-viscosity
бесстолкновительная ~ collisionless viscosity

вихревая ~ eddy viscosity
внутренняя ~ intrinsic [internal] viscosity
~ **воды** water viscosity
вторая ~ dilatational [volume, bulk, second] viscosity
вторая ~ **газа ультрарелятивистских частиц** second gas viscosity of ultrarelativistic particles
вторая ~ **ультрарелятивистского газа** second viscosity of ultrarelativistic gas
~ **газа** fluid viscosity
~ **гелия II** viscosity of helium II
динамическая ~ dynamic viscosity
динамическая ~ **разрушения** dynamic fracture toughness
~ **дисперсионной среды** viscosity of dis-persion medium
диффузионная магнитная ~ diffusion magnetic viscosity, Richter lag
диэлектрическая ~ dielectric viscosity
~ **жидкости** fluid viscosity
~ **земного ядра** viscosity of the Earth core
ионная ~ *(в плазме)* ion viscosity
истинная ~ intrinsic [internal] viscosity
йордановская магнитная ~ Jordan lag, thermofluctuation magnetic viscosity
кажущаяся ~ apparent viscosity
квантовая ~ **вакуума** quantum vacuum viscosity
кинематическая ~ kinematic viscosity
классическая ~ classical viscosity
~ **коллоидов** viscosity of colloids
~ **компонент плазмы** viscosity of plasma components
критическая ~ ultimate viscosity
лучистая ~ radiative viscosity
магнитная ~ magnetic viscosity; magnetic aftereffect, magnetic lag
межфазная ~ interfacial viscosity
молекулярная ~ molecular viscosity
неоклассическая ~ neoclassical viscosity
низкая ~ low viscosity
~ **низкомолекулярных жидкостей** viscosity of low-molecular liquids
нормальная ~ normal [Newtonian] viscosity
ньютоновская ~ Newtonian viscosity
объёмная ~ volume [bulk, dilatational, second] viscosity
остаточная ~ residual viscosity
относительная ~ relative viscosity, viscosity ratio
параллельная ~ parallel viscosity
пластическая ~ plastic viscosity
~ **плёнки** film viscosity
поверхностная ~ surface viscosity
~ **поверхностного слоя** surface viscosity
~ **ползучести** creep viscosity
~ **полимеров** polymer viscosity
поперечная ~ tranverse viscosity
поперечная электронная ~ transverse electron viscosity
предельная ~ limiting viscosity

продольная ~ parallel [longitudinal] viscosity

продольная ионная ~ longitudinal ion viscosity

продольная электронная ~ longitudinal electron viscosity

~ разрушения fracture toughness

~ разрушения в условиях плоского напряжённого состояния plane stress fracture toughness

~ разрушения при плоской деформации plane strain fracture toughness

~ разрушения при торможении arrest fracture toughness

~ расплавленного металла viscosity of melted metal

~ раствора solution viscosity

~ растворителя solvent viscosity

рихтеровская магнитная ~ Richter lag, diffusion magnetic viscosity

сдвиговая ~ shear viscosity

~ смазки lubricant viscosity

~ смазочного масла oil viscosity

~ среды medium viscosity

структурная ~ structural viscosity

~ суспензий viscosity of suspensions

~ твёрдых тел viscosity of solids, solid viscosity

~ текучей среды fluid viscosity

термофлуктуационная магнитная ~ thermofluctuation magnetic [Jordan] viscosity

турбулентная ~ eddy [turbulent] viscosity

ударная ~ impact toughness, impact strength, impact ductility, impact elasticity

ударная ~ по Изоду Izod impact strength

удельная ~ specific viscosity

удельная ударная ~ impact number

упругая ~ elastic viscosity

условная ~ по Редвуду Redwood viscosity

условная ~ по Сейболту Saybolt viscosity

условная ~ по Энглеру Engler viscosity

~ ферми-жидкости viscosity of Fermi liquid

фононная ~ phonon viscosity

~ фононного газа phonon gas viscosity

характеристическая ~ intrinsic [characteristic] viscosity

эквивалентная ~ equivalent viscosity

электронная ~ *(в плазме)* electron viscosity

эффективная ~ effective viscosity

эффективная ~ смазки effective oil viscosity

вязкоупругий *прил.* viscoelastic

вязкоупругость *ж.* viscoelasticity

~ полимеров polymer viscoelasticity

вялость *ж. (негатива)* flatness

Г

габарит *м.* dimension; clearance

габитус *м. (кристалла)* habit

гадолиний *м.* gadolinium, Gd

газ *м.* gas

адронный ~ hadron gas

адсорбированный ~ adsorbed gas

аккрецирующий ~ accretion gas

атомарный ~ atomic gas

бесстолкновительный ~ collisionless gas

благородный ~ noble [inert, rare] gas

~ бозонов boson gas

буферный ~ *(напр. в газовом лазере)* buffer gas; *(в ядерном реакторе с жидкометаллическим теплоносителем)* cover gas

взрывоопасный ~ explosive gas

влажный ~ humid [wet] gas

возбуждённый ~ excited gas

вырожденный ~ degenerate gas

вырожденный электронный ~ degenerate electron gas

~ высокой плотности high-density gas

вязкий ~ viscid gas

вязкоупругий ~ viscoelastic gas

гасящий ~ *(в газовых счётчиках)* quenching gas

гиротропный ~ gyrotropic gas

~ глюонов gluon gas

~ гравитонов graviton gas

гремучий ~ detonating gas

двумерный ~ Ферми 2D Fermi gas

двумерный электронный ~ 2D electron gas

двухатомный ~ diatomic gas

делящийся ~ fissionable gas

диамагнитный ~ diamagnetic gas

диффундирующий ~ diffusing gas

~ для счётчиков counter [counting] gas

донорный ~ *(в газовых лазерах)* donor gas

дырочный ~ *(в полупроводниках)* hole gas

~ жёстких сфер hard-sphere gas

идеальный ~ perfect [ideal] gas

излучающий ~ radiative [radiating] gas

изотропный ~ isotropic gas

~ из стереоизомерных молекул sterioisomeric molecule gas

инертный ~ inert [noble, rare] gas

ионизированный ~ ionized gas

ионизованный ~ ionized gas

~ квазичастиц quasi-particle gas

квантовый ~ quantum gas

квантовый идеальный ~ quantum perfect gas

классический ~ classical gas

классический идеальный ~ classical perfect gas

~ Кнудсена Knudsen gas

кометный ~ cometary gas

кулоновский решёточный ~ Coulomb lattice gas

легирующий ~ doping gas

лёгкий ~ light gas

~ Лоренца Lorentz gas

лоренцовский ~ Lorentz gas

межгалактический ~ intergalactic gas

межзвёздный ~ interstellar gas
межпланетный ~ interplanetary gas
многоатомный ~ polyatomic gas
молекулярный ~ molecular gas
невозмущённый ~ undisturbed gas
невырожденный ~ nondegenerate gas
невырожденный электронный ~ nondegenerate electron gas
невязкий ~ inviscid [nonviscous] gas
недиффундирующий ~ nondiffusing gas
неидеальный ~ imperfect [nonideal, real] gas
нейтральный ~ neutral gas
нейтринный ~ neutrino gas
нейтронный ~ neutron gas
неполярный ~ nonpolar gas
неравновесный ~ nonequilibrium gas
нерелятивистский ~ nonrelativistic gas
несжимаемый ~ noncompressible gas
~ низкой плотности low-density gas
низкотемпературный квантовый ~ low-temperature quantum gas
нормальный ~ normal gas
одноатомный ~ monoatomic gas
однокомпонентный ~ monocomponent gas
одномерный ~ one-dimensional gas
однородный ~ uniform [homogeneous] gas
окклюдированный ~ occluded gas
остаточный ~ residual gas
очищенный ~ cleaned [treated] gas
парамагнитный ~ paramagnetic gas
переохлаждённый ~ supercooled gas
пионный ~ pionic gas
плотный ~ dense gas
политропный ~ polytropic gas
полностью ионизированный ~ fully ionized gas
полярный ~ polar gas
~ при высоком давлении high-pressure gas
~ при низком давлении low-pressure gas
~ при одномерном течении one-dimensional gas
пробный ~ probe gas
рабочий ~ actuation [working] gas
равновесный ~ equilibrium gas
радиоактивный ~ radioactive gas
радиолитический ~ radiolytic gas
разрежённый ~ rarefied [low density, dilute] gas
растворённый ~ dissolved gas
реальный ~ real [actual, nonideal, imperfect] gas
релаксирующий ~ relaxing gas
релятивистский ~ relativistic gas
решёточный ~ фтт lattice gas
решёточный ~ Поттса фтт Potts lattice gas
~ Рэлея Rayleigh gas
светящийся ~ luminous [glowing] gas
~ свободных электронов free electron gas
~ с вращающимися молекулами rotating molecule gas
сжатый ~ compressed gas
сжиженный ~ condensed [liquefied] gas

сжимаемый ~ compressible gas
сильно ионизованный ~ strongly ionized gas
сильно разрежённый ~ strongly rarefied [Knudsen] gas
слабо ионизованный ~ weakly ionized gas
слабо неоднородный ~ weakly inhomogeneous gas
слабо разрежённый ~ weakly rarefied gas
совершенный ~ (в гидроаэромеханике) perfect gas
~, содержащий бор boron-containing gas
сорбированный ~ retained gas
составной ~ composite gas
сцинтиллирующий ~ scintillating gas
~ твёрдых шариков hard-sphere gas
термодинамически идеальный ~ thermodynamically perfect gas
технологический ~ process gas
токсичный ~ toxic [poison] gas
трёхмерный электронный ~ three-dimensional electron gas
турбулентный ~ turbulent gas
тяжёлый ~ heavy gas
увлечённый ~ entrained gas
угарный ~ carbon monoxide
углекислый ~ carbon dioxide
ультрарелятивистский ~ ultrarelativistic gas
~ ультрарелятивистских частиц ultrarelativistic particle gas
уплотняющий ~ blanketing gas
~ Ферми - Дирака Fermi-Dirac gas
фононный ~ phonon gas
~ фононов phonon gas
фотонный ~ photon gas
~ фотонов photon gas
холодный ~ cold gas
экситонный ~ exciton gas
электронный ~ electron gas
электроотрицательный ~ electronegative gas
электроположительный ~ electropositive gas
~ элементарных частиц elementary particles gas
ядовитый ~ poison [toxic] gas
газгольдер м. gas holder
газер м. (гамма-лазер) gamma-ray laser, gaser, graser
газ-носитель м. carrier gas
газоанализатор м. gas analyzer, gas analyser
абсорбционный ~ absorption gas analyzer
акустический ~ acoustic gas analyzer
акустический ~ на метан acoustic methane analyzer
альфа-ионизационный ~ alpha-ionization gas analyzer
денси(то)метрический ~ densimetric gas analyzer

звуковой ~ sonic gas analyzer
интерференционный ~ interferometric gas analyzer
инфракрасный ~ infrared gas analyzer
магнитный ~ magnetic gas analyzer
~ на кислород (азот, метан и др.) oxygen (nitrogen, methane, etc.) analyzer
объёмно-манометрический ~ volumetric gas analyzer
оптико-акустический ~ optical-acoustic gas analyzer
оптический ~ optical gas analyzer
термокондуктометрический ~ thermal conductivity gas analyzer
термомагнитный ~ thermomagnetic gas analyzer
термохимический ~ thermochemical gas analyzer
~ ультрафиолетового поглощения ultraviolet absorption gas analyzer
ультрафиолетовый ~ ultraviolet gas analyzer
фотоколориметрический ~ photocolorimetric gas analyzer
химический ~ chemical gas analyzer
хроматографический ~ chromatographic gas analyzer
электрохимический ~ electrochemical gas analyzer
газовзвесь ж. gas suspension
газовыделение с. gas release, gas emission
газовый прил. gaseous, gas
газогенератор м. (напр. для химического лазера) gas generator
газодинамика ж. gas dynamics
гиперзвуковая ~ hypersonic gas dynamics
космическая ~ space gas dynamics
молекулярная ~ molecular gas dynamics
радиационная ~ radiation gas dynamics
газонаполненный прил. gas-filled
газонепроницаемость ж. (сочленения элементов) gas-tightness; (вещества) gas impermeability
газообразный прил. gaseous
газоотделитель м. gas separator
~ с осевым потоком газа axial-flow gas separator
газоохладитель м. gas cooler
газоочиститель м. gas purifier, scrubber, gas cleaner
газопоглотитель м 1. gas absorber 2. (электровакуумного прибора) getter
газопровод м. gas duct, gas pipeline
газопроницаемость ж. gas permeability, permeability to gases
диффузионная ~ diffusion gas permeability
кнудсеновская ~ Knudsen [molecular, effusive] gas permeability
~ конденсированных сред permeability of condensed matter to gases
ламинарная ~ laminar gas permeability
молекулярная ~ molecular [Knudsen, effusive] gas permeability

~ твёрдых тел permeability of solids to gases
эффузионная ~ effusive [molecular, Knudsen] gas permeability
газопроницаемый прил. gas-permeable, permeable to gas
газоразрядный прил. gas-discharge
газораспределитель м. gas distributor
газосборник м. gas collector
газотрон м. gas-filled rectifier
~ тлеющего разряда glow-discharge rectifier
газоуловитель м. gas trap, gas catcher, gas collector
газ-паф м. жарг. (порция газа, впрыснутая в вакуумную камеру) gas puff
гал м. (единица ускорения) gal
галактик/а ж. galaxy
активная ~ active galaxy
аномальная ~ abnormal galaxy
~ Аро Haro galaxy
ближайшие ~и nearby [neighbouring] galaxies
взаимодействующие ~и interacting galaxies
«взрывающаяся» спиральная ~ "exploding" spiral galaxy
~, видимая плашмя galaxy seen side-on
~, видимая с ребра galaxy seen edge-on
внешняя ~ external galaxy
внутренняя ~ internal galaxy
гигантская ~ giant galaxy
далёкая ~ distant galaxy
двойная ~ double [twin] galaxy
дисковая ~ disk galaxy
дисковидная ~ disk galaxy
инфракрасная ~ infrared galaxy
карликовая ~ dwarf galaxy
квазизвездная ~ quasag, quasi-stellar galaxy
кольцеобразная ~ annular galaxy
компактная ~ compact galaxy
кратная ~ multiple galaxy
линзовидная ~ lenticular [SO] galaxy
линзообразная ~ lenticular [SO] galaxy
~ Маркаряна Markarian galaxy
молодая ~ young galaxy
неправильная ~ irregular galaxy
нормальная ~ normal galaxy
нормальная спиральная ~ normal spiral galaxy
пекулярная ~ peculiar galaxy
пересечённая спиральная ~ barred-spiral [SB] galaxy
~ переходного типа transition-type galaxy
плоская ~ flat galaxy
~ позднего типа late type galaxy
~ поля field nebula
правильная ~ regular galaxy
разбегающиеся ~и receding galaxies
~ раннего типа early type galaxy
рентгеновская ~ plasmon, X-ray galaxy

~ с активным ядром active-nucleus galaxy
~ сверхвысокой светимости ultrahigh-luminosity galaxy
сейфертовская ~ Seyfert [N-type] galaxy
соседние ~и adjacent galaxies
спиральная ~ spiral [S] galaxy
спиральная ~ Фримана Freeman spiral galaxy
сталкивающиеся ~и the galaxies in collision, colliding galaxies
сфероидальная ~ spheroidal galaxy
удалённая ~ distant galaxy
~ Цвикки Zwicky galaxy
эллиптическая ~ elliptical [E] galaxy
яркая ~ bright galaxy
галактика-пигмей *ж.* pygmy galaxy
галактика-сверхгигант *ж.* supergiant galaxy
галактика-спутник *ж.* companion galaxy
галактический *прил.* galactic
галатея *ж. (тип магнитной ловушки)* galateya
галерея *ж.* gallery
шепчущая ~ whispering gallery
галит *м. (каменная соль)* halite
галлий *м.* gallium, Ga
галлон *м.* gallon
галлюцинация *ж.* hallucination, delusion
гало *с* halo; aureole
внешнее ~ outer halo
внутреннее ~ inner halo
~ вокруг Луны lunar halo; mock moon
~ вокруг Солнца solar halo; mock sun
галактическое ~ galactic galo
гигантское ~ галактик giant galactic halo
гигантское ~ нейтронных звёзд giant neutron star halo
диффузное ~ diffuse halo
~ кометы halo of a comet
лунное ~ lunar halo; mock moon
малое ~ 22⁰ halo
нейтринное ~ neutrino halo
полное ~ circumscribed halo
протяжённое ~ extended halo
радужное ~ colored halo
солнечное ~ solar halo; mock sun
22-градусное ~ 22⁰ halo
46-градусное ~ 46⁰ halo
галоген *м.* halogen, haloid
галоид *м.* haloid, halogen
галтель *м. (скругление угла изделия)* fillet
галтовка *ж.* tumbling
гальванический *прил.* galvanic; voltaic
гальванолюминесценция *ж.* galvanoluminescence
гальваномагнетизм *м.* galvanomagnetism
гальванометр *м.* galvanometer
абсолютный ~ absolute galvanometer
астатический ~ astatic galvanometer
баллистический ~ ballistic galvanometer
вибрационный ~ vibration galvanometer
~ Д'Арсонваля d'Arsonval galvanometer

зеркальный ~ mirror [reflecting] galvanometer
магнитоэлектрический ~ moving-coil galvanometer
сверхпроводящий ~ superconducting galvanometer
струнный ~ string galvanometer
гальванопластика *ж.* galvanoplasty, galvanoplastics
гальваноскоп *м.* galvanoscope
гальваностегия *ж.* electroplating
гамильтониан *м.* Hamiltonian (function)
анизотропный спиновый ~ anisotropic spin Hamiltonian
~ Борна - Оппенгеймера Born-Oppenheimer Hamiltonian
~ Брейта Breit Hamiltonian
~ Брейта - Паули Breit-Pauli Hamiltonian
~ взаимодействия interaction Hamiltonian
~ вибронного взаимодействия vibronic interaction Hamiltonian
~ возмущения perturbation (interaction) Hamiltonian
возмущённый ~ perturbed Hamiltonian
~ вращательного движения Hamiltonian of rotary motion
вращательный ~ rotational Hamiltonian
~ Гинзбурга - Ландау Ginsburg-Landau Hamiltonian
двухрезонансный ~ double-resonance Hamiltonian
двухчастичный ~ two-body Hamiltonian
дираковский ~ Dirac Hamiltonian
запаздывающий ~ retarded Hamiltonian
зарядово-независимый ~ charge-independent Hamiltonian
затравочный ~ seed Hamiltonian
квазиклассический спиновый ~ quasiclassical spin Hamiltonian
квазиспиновый ~ quasi-spin Hamiltonian
квантованный ~ quantized Hamiltonian
квантово-механический ~ quantum-mechanical Hamiltonian
кирально-инвариантный ~ chiral-invariant Hamiltonian
коллективный ~ collective Hamiltonian
~ Ландау Landau Hamiltonian
невозмущённый ~ zero-order Hamiltonian
нелептонный ~ nonleptonic Hamiltonian
неэрмитов ~ non-Hermitian Hamiltonian
~ нулевого порядка zero-order Hamiltonian
обменный спиновый ~ spin exchange Hamiltonian
обобщённый спиновый ~ generalized spin Hamiltonian
одночастичный ~ one-body [single-particle] Hamiltonian
~ осциллятора oscillator Hamiltonian
полный ~ complete [general] Hamiltonian
псевдоспиновый ~ pseudospin Hamiltonian
регуляризованный ~ regularized Hamiltonian

релятивистский ~ relativistic Hamiltonian
ренормированный ~ renormalized Hamiltonian
~ свободного поля free field Hamiltonian
свободный ~ free Hamiltonian
сепарабельный ~ separable Hamiltonian
~ сильного взаимодействия strong interaction Hamiltonian
~ системы Hamiltonian of a system
~ системы атом + поле Hamiltonian of an atom + field system
~ системы в нерелятивистком приближении Hamiltonian of the system in the nonrelativistic approximation
скалярный ~ scalar Hamiltonian
~ слабого взаимодействия weak interaction Hamiltonian
спиновый ~ spin Hamiltonian
стохастический ~ random Hamiltonian
суперсимметричный ~ supersymmetric Hamiltonian
сферически-симметричный ~ spherically symmetric Hamiltonian
точный ~ exact Hamiltonian
трёхдиагональный ~ three-diagonal Hamiltonian
~ туннелирования tunneling Hamiltonian
хаббардовский ~ Hubbard Hamiltonian
хромодинамический ~ chromodynamic Hamiltonian
шредингеровский ~ Schrödinger Hamiltonian
~ электромагнитного взаимодействия electromagnetic Hamiltonian
электронный ~ electronic Hamiltonian
эрмитов ~ Hermitian Hamiltonian
эффективный ~ effective Hamiltonian
эффективный одноузельный спиновый ~ effective one-node spin Hamiltonian
~ ядра nuclear Hamiltonian
гамма *ж.* *(единица напряжённости магнитного поля; единица массы)* gamma; *(музыкальная)* gamma; scale
~ воспроизводящего устройства display gamma
диатоническая ~ diatonic scale
китайская ~ pentatonic scale
мажорная ~ major scale
мажорная диатоническая ~ major diatonic scale
минорная ~ minor scale
минорная диатоническая ~ minor diatonic scale
музыкальная ~ musical scale
натуральная ~ natural scale
натуральная диатоническая ~ natural [true] diatonic scale
~ передающей трубки gamma trasfer characteristic, camera-tube gamma
~ приёмной трубки display [picture-tube] gamma
~ с выравненными интервалами tempered scale

темперированная ~ tempered scale
хроматическая ~ chromatic scale
~ цветов color gamma
цветовая ~ color gamma
гамма-авторадиография *ж.* gamma autoradiography, gamma radioautography
гамма-активность *ж.* gamma activity
~ продуктов деления fission-product gamma activity
гамма-активный *прил.* gamma-active
гамма-актинометр *м.* gamma-ray actinometer
гамма-аппарат *м.* *(терапевтический)* therapeutic gamma [gamma therapy] unit
гамма-астрономия *ж.* gamma-ray astronomy
наземная ~ ground-based gamma-ray astronomy
~ сверхвысоких энергий extrahigh energy gamma-ray astronomy
~ ультравысоких энергий ultrahigh energy gamma-ray astronomy
гамма-барстер *м. астр.* gamma [gamma-ray] burster
гамма-всплеск *м.* gamma-ray burst
короткий ~ short gamma-ray burst
космический ~ cosmic gamma-ray burst
солнечный ~ solar gamma-ray burst
гамма-гамма-корреляция *ж.* angle gamma-gamma correlation
гамма-гамма-совпадение *с.* gamma-gamma coincidence
гамма-годоскоп *м.* gamma-ray hodoscope
гаммаграмма *ж.* gammagram, gamma-ray radioautograph
гаммаграфирование *с.* gamma-ray radiography, gammagraphy
гаммаграфия *ж.* gamma-ray radiography, gammagraphy
гамма-грунтомер *м.* gamma soil-density meter
гамма-дефектоскоп *м.* gamma-ray flow detector
гамма-дефектоскопия *ж.* gamma-ray flow detection, gamma-ray testing
гамма-диапазон *м.* gamma range
гамма-дозиметр *м.* gamma dosimeter
поисковый ~ gamma survey meter
гамма-дозиметрия *ж.* gamma dosimetry
гамма-железо *с.* gamma iron
гамма-излучатель *м.* gamma emitter, gamma radiator, gamma-ray source
гамма-излучени/е *с.* gamma rays, gamma radiation, gamma-ray emission ⬜ **вызванный ~ем** gamma-induced, gamma-initiated; **нечувствительный к ~ю** gamma-insensitive; **чувствительный к ~ю** gamma-sensitive
альбедное ~ *(атмосферы Земли)* albedo gamma rays
аннигиляционное ~ annihilation gamma rays
~ большой энергии energetic gamma rays, high-energy gamma radiation

внегалактическое ~ extragalactic gamma rays

вспышечное ~ flare gamma rays, flare gamma-ray emission

высокоэнергичное ~ high-energy [hard] gamma rays

галактическое ~ galactic gamma rays

галактическое диффузное ~ galactic diffuse gamma rays

~ деления fission gamma rays

диффузное ~ diffuse gamma rays

диффузное галактическое ~ galactic diffuse gamma rays

жёсткое ~ hard [high-energy] gamma rays

захватное ~ capture gamma rays

каскадное ~ cascade gamma rays, gamma cascade, cascade gammas

когерентное ~ coherent gamma rays

космическое ~ cosmic gamma rays

космическое ~ высоких энергий cosmic high-energy gamma rays

космическое ~ сверхвысоких энергий cosmic extrahigh-energy gamma rays

космическое ~ с непрерывным спектром cosmic gamma-ray continuum

космическое ~ средних энергий cosmic intermediate-energy gamma rays

космологическое ~ cosmological [relict] gamma rays

линейчатое ~ gamma-ray line emission

линейчатое космическое ~ cosmic gamma-ray line emission

мгновенное ~ prompt gamma rays

мгновенное ~ деления prompt fission gamma rays

метагалактическое ~ metagalactic gamma rays

метагалактическое изотропное ~ metagalactic isotropic gamma rays

мягкое ~ soft gamma rays

мягкое космическое ~ cosmic soft gamma rays

~ ориентированных ядер aligned nuclei gamma rays

~ от неупругого рассеяния inelastic-scattering gamma rays

~ продуктов деления fission-product gamma rays

~ пульсара pulsar gamma rays

рассеянное ~ scattered gamma rays

реликтовое ~ relict [cosmological] gamma rays

~ сверхвысоких энергий extrahigh-energy gamma rays

~ с непрерывным спектром continuous gamma rays, gamma-ray continuum

солнечное ~ solar gamma rays

солнечное линейчатое ~ solar gamma-ray line emission

~, сопровождающее деление fission gamma rays

~, сопровождающее захват нейтронов neutron-capture gamma rays

~ со сплошным спектром continuous gamma rays, gamma-ray continuum

~ спокойного Солнца quiet Sun gamma rays

среднее ~ intermediate-energy gamma rays

стимулированное ~ induced [stimulated] gamma rays

~ ультравысоких энергий ultrahigh-energy gamma rays

циркулярно поляризованное ~ circularly polarized gamma rays

чистое ~ pure gamma rays

~ ядер nuclei gamma rays

гамма-изомер *м.* gamma isomer

гамма-источник *м.* gamma source

образцовый спектроскопический ~ reference spectroscopic gamma source

гамма-камера *ж.* gamma-ray chamber

гамма-каротаж *м.* gamma-ray logging

гамма-квант *м.* gamma-ray quantum, gamma-ray photon

~ аннигиляционного излучения annihilation gamma-ray quantum

аннигиляционный ~ annihilation gamma-ray quantum

~ деления fission gamma-ray quantum

жёсткий ~ hard gamma-ray quantum

захватный ~ capture gamma-ray quantum

когерентный ~ coherent gamma-ray quantum

комптоновски рассеянный ~ Compton-scattered gamma-ray quantum

мгновенный ~ деления prompt fission gamma-ray quantum

мёссбауэровский ~ Mössbauer gamma-ray quantum

одиночный ~ single gamma-ray quantum

рассеянный ~ scattered gamma-ray quantum

гамма-лазер *м.* gamma-ray laser, graser, gaser

~ на долгоживущих изомерах long-lived isomer gamma-ray laser

~ на короткоживущих изомерах short-lived isomer gamma-ray laser

~ на ядерных переходах nuclear transition gamma-ray laser

гамма-линия *ж.* gamma-ray line

гамма-лучевой *прил.* gamma-ray

гамма-лучи *мн. (см. тж.* **гамма-излучение)** gamma rays; gamma radiation

дифрагировавшие ~ diffracted gamma rays

захватные ~ capture gamma rays

каскадные ~ cascade gamma rays, gamma cascade, cascade gammas

космические ~ cosmic gamma rays

мгновенные ~ prompt gamma rays

гамма-облучатель *м.* gamma irradiator

гамма-облучение *с.* gamma irradiation

гамма-окрашивание *с. (кристаллов)* gamma coloring

гамма-переход *м.* gamma(-radiative) transition

дипольный ~ dipole gamma transition

каскадный ~ gamma cascade

квадрупольный ~ quadrupole gamma transition

мёссбауэровский ~ Mössbauer gamma transition

мультипольный ~ multipole gamma transition

гамма-поляриметр *м.* gamma-ray polarimeter

комптоновский ~ Compton gamma-ray polarimeter

полупроводниковый ~ semiconductor gamma-ray polarimeter

гамма-поток *м.* gamma flux

гамма-пульпомер *м.* gamma pulp density meter

гамма-пульсар *м. астр.* gamma(-ray) pulsar

гамма-радиоактивность *ж.* gamma (radio)activity

гамма-радиография *ж.* gamma(-ray) radiography

гамма-радиометр *м.* gamma radiometer

гамма-распад *м.* gamma decay

гамма-распределение *с.* gamma distribution

гамма-резонанс *м. фвэ* gamma resonance

двойной оптико-ядерный ~ double optical-nuclear resonance

ядерный ~ *(эффект Мёссбауэра)* nuclear gamma resonance; Mössbauer effect

гамма-светимость *ж.* gamma-radiant exitance

гамма-сканирование *с.* gamma scanning

~ **на просвет** gamma transmission scanning

~ **топлива** gamma fuel scanning

гамма-снимок *м.* gammagraph, radiograph

гамма-спектр *м.* gamma(-ray) spectrum

гамма-спектрометр *м.* gamma-ray spectrometer

дифракционный ~ **с изогнутым кристаллом** diffraction gamma-ray spectrometer with curved [bent] crystal

кристалл-дифракционный ~ crystal-diffraction gamma-ray spectrometer

магнитный ~ magnetic gamma-ray spectrometer

парный ~ pair gamma-ray spectrometer

полупроводниковый ~ semiconductor gamma-ray spectrometer

сцинтилляционный ~ scintillation gamma-ray spectrometer

черенковский ~ Cherenkov gamma-ray spectrometer

гамма-спектрометрия *ж.* gamma-ray spectrometry

гамма-спектроскопия *ж.* gamma-ray spectroscopy

космическая ~ space gamma-ray spectroscopy

гамма-счётчик *м.* gamma counter

гамма-съёмка *ж.* gamma(-radiation) survey

воздушная ~ aerial gamma survey

наземная ~ ground gamma survey

подземная ~ underground gamma survey

гамма-телескоп *м.* gamma-ray telescope

гамма-терапия *ж.* gamma-ray therapy

гамма-транзиент *м.* gamma-ray transient

космический ~ cosmic gamma-ray transient

гамма-уран *м.* gamma uranium, gamma phase of uranium

гамма-установка *ж.* gamma-ray unit, gamma-ray source

промышленная ~ industrial gamma-ray unit

терапевтическая ~ therapeutic gamma-ray unit

гамма-фаза *ж. (сплавов)* gamma phase

гамма-флуороскоп *м.* gamma fluoroscope

гамма-фон *м.* gamma background

гамма-фотометр *м.* gamma photometer

гамма-фотометрия *ж.* gamma photometry

гамма-фотон *м. (см. тж.* **гамма-квант***)* gamma-ray photon, gamma-ray quantum

солнечный ~ solar gamma-ray photon

гамма-функция *ж.* gamma function

неполная ~ incomplete gamma function

гамма-число *с.* gamma number

гамма-экструзия *ж.* gamma extrusion

гантелеобразный *прил. (о форме молекул)* dumb-bell-like

гантель *ж. (тип молекулы)* dumb-bell

несимметричная ~ nonsymmetric dumb-bell

симметричная ~ symmetric dumb-bell

гаранти/я *ж.* guarantee; warranty □ **с ~ей на два года** with a two years guarantee

гармоник/а *ж.* harmonic; harmonic [frequency] component □ **выделять нужную ~у** extract a desired harmonic, derive a desired harmonic; **с высшими ~ами** polyharmonic

акустическая ~ sound harmonic

более высокая ~ higher harmonic

внеполосная ~ out-of-band harmonic

вторая ~ second harmonic

высшая ~ higher [upper] harmonic; *ак.* overtone

дискретная ~ discrete harmonic

дробная ~ fractional harmonic

зональная ~ zonal harmonic

изоспинорная ~ isospinor harmonic

~ **колебаний** harmonic of oscillations

комбинационная ~ mixed harmonic

~ **лазерного излучения** harmonic of laser radiation, laser harmonic

~ **несущей** RF [rf] harmonic

нечётная ~ odd harmonic

нормированная ~ normalized harmonic

обратная ~ backward harmonic

обратная пространственная ~ backward space [spatial] harmonic

оптическая ~ optical harmonic

основная ~ fundamental [first] harmonic, fundamental component

первая ~ first [fundamental] harmonic, fundamental component

поверхностная ~ surface harmonic

пространственная ~ space [spatial] harmonic

пространственно-временная ~ space-time harmonic
прямая ~ forward harmonic
прямая пространственная ~ forward space harmonic
связанные ~и bound harmonics
субъективные ~и aural harmonics
сферическая ~ spherical harmonic
телесная ~ sectorial harmonic
тессеральная ~ tesseral harmonic
третья ~ third harmonic
~ Хартри Hartree harmonic
целочисленная ~ whole-number harmonic
циклотронная ~ cyclotron harmonic
чётная ~ even harmonic
n-ная ~ *(напр. первая, вторая, третья)* n-th harmonic
гармонический *прил.* harmonic
гармоничность *ж.* harmonicity; *ак.* balance
гармония *ж. ак.* balance, harmony
цветовая ~ color harmony
гаситель *м.* **1.** *(колебаний, вибраций)* damper, supressor; shock absorber **2.** *(люминесценции)* quencher; quenching agent, (luminescence) killer
~ вибрации vibration damper, vibration suppressor
~ колебаний vibration [oscillation] damper
~ крутильных колебаний torsional vibration damper
~ энергии energy dissipator, energy absorber
гаусс *м.* gauss, Gs
гафний *м.* hafnium, Hf
гашение *с.* **1.** *(механических колебаний)* damping, suppression **2.** *(люминесценции, газового разряда)* quenching
~ волн cancellation of waves
~ газового разряда gas-discharge quenching
~ дуги arc quenching
~ изображения *(на экране ЭЛТ)* display suppression
ИК ~ фотопроводимости IR quenching of photoconduction
интерференционное ~ *(излучения)* interference quenching
~ лавины avalanche quenching
~ луча beam suppression, beam blanking, beam blackout
~ люминесценции quenching of luminescence
~ магнитного поля magnetic field killing
оптическое ~ optical quenching
полевое ~ фотолюминесценции field quenching of the photoluminescence
полное ~ колебаний absolute damping
~ пучка beam suppression, beam blanking, beam blackout
~ разряда quenching of discharge, discharge quenching
температурное ~ фотолюминесценции temperature quenching of the photoluminescence

~ фосфоресценции quenching of phosphorescence
~ реактора reactor shut-down
гексаборид *м.* hexaboride
~ лантана *(термоэмиттер)* lanthanum hexaboride
гексагира *ж.* sixfold axis of symmetry, hexad axis
гексагональный *прил.* hexagonal
гексадекан *м.* hexadecane
гексамер *м.* hexamer
гексан *м.* *(растворитель)* hexane
гексаполь *м.* hexapole
гексатетраэдр *м.* hexatetrahedron
гексаферрит *м.* hexaferrite
гексафторид *м.* hexafluoride
~ серы sulfur hexafluoride
~ урана uranium hexafluoride
гексаэдр *м.* hexahedron
гексаэдрит *м.* hexahedrite
гексоктаэдр *м.* hexoctahedron
гекто- *(кратная приставка, означающая увеличение в 100 раз)* hecto-
гектопаскаль *м.* *(единица давления)* hectopascal, hPa
гелий *м.* helium, He
жидкий ~ liquid helium
кристаллический ~ crystal helium
радиогенный ~ radiogenic helium
сверхтекучий ~ superfluid helium
твёрдый ~ solid helium
~ I (II) helium I (II)
геликоид *м.* helicoid
геликоидальный *прил.* helical
геликон *м.* **1.** *(в плазме или твёрдом теле)* helicon **2.** *(в ионосферной плазме)* whistler
гелиобиология *ж.* heliobiology
гелиогеофизика *ж.* heliogeophysics
гелиограф *м.* heliograph, sunshine recorder
гелиоконцентратор *м.* sun-light [solar-heat] collector
зеркально-линзовый ~ reflector-lens sun-light collector
параболоидный ~ paraboloid sun-light collector
составной ~ compound sun-light collector
гелиометр *м. астр.* heliometer
гелион *м.* helion, alpha particle
гелиопауза *ж.* heliopause
гелиосварка *ж.* heliowelding
гелиосейсмология *ж.* helioseismology; seismology of the Sun
гелиостат *м. астр.* heliostat
гелиосфера *ж.* heliosphere
гелиотрон *м. физ. пл.* heliotron
гелиотроп *м.* *(геодезия)* heliotrope
гелиоустановка *ж.* solar power plant
гелиофизика *ж.* solar physics, physics of the Sun
гелиоцентрический *прил.* heliocentric
гелиоэнергетика *ж.* solar power engineering
гель *м.* gel

полимерный ~ polymer gel
текстурированный ~ textured gel
тиксотропный ~ thixotropic gel
гемиморфизм *м.* hemimorphism
гемиэдр *м.* hemihedron
гемиэдрия *ж.* hemihedrism, hemihedry
гемоглобин *м. биоф.* hemoglobin
ген *м. биоф.* gene
генезис *м.* genesis; origin
генератор *м.* **1.** *(в электронике, оптике и теории колебаний)* oscillator **2.** *(в математике, электротехнике)* generator ◻ **настраивать ~ на частоту f** tune an oscillator to a frequency f; **синхронизовать ~ частотой f** lock an oscillator to a frequency f; **~ акустических колебаний** acoustic generator
~ алгебры algebra generator
аммиачный молекулярный ~ NH₃ maser
антикоммутирующий ~ *ктп* anticommuting generator
~ Аркадьева - Маркса Arkadyev-Marx generator
~ аэрозолей aerosol generator
~ Баркгаузена - Курца Barkhausen-Kurz oscillator
~ белого шума white noise generator
~ биений beat-frequency oscillator
биспинорный ~ bispinor generator
~ бустов boost generator
~ Ван-де-Граафа Van de Graaf [electrostatic] generator
~ Ван-дер-Поля Van der Pol oscillator
~ векторов vector generator
взрывомагнитный ~ magnetic explosion generator
водородный ~ hydrogen oscillator
~ вращений generator of rotations
~ временной развёртки time-base generator
~ временной эволюции generator of time evolution
вспомогательный ~ auxiliary generator
~ второй гармоники second harmonic generator
вырожденный параметрический ~ degenerate parametric oscillator
высоковольтный ~ high-voltage generator
~ высокой частоты high-frequency oscillator, high-frequency generator, radio-frequency oscillator, radio-frequency generator
газоструйный ~ *(звука, ультразвука)* jet-edge generator, Hartmann oscillator
~ Ганна Gunn(-effect) oscillator
ганновский ~ Gunn(-effect) oscillator
~ гармоник harmonic [sine wave] generator, harmonic oscillator
~ гармонических колебаний harmonic [sine wave] generator, harmonic oscillator
~ Гартмана *(звука, ультразвука)* jet-edge generator, Hartmann oscillator

гетеродинный ~ heterodyne oscillator
гидродинамический ~ *(ультразвуковых колебаний)* hydrodynamic oscillator
~ группы generator of a group
~ группы вращений rotation group generator
~ группы Пуанкаре Poincaré group generator
~ группы симметрии symmetry group generator
~ двойных импульсов double-pulse generator
двухрезонансный параметрический ~ doubly resonant parametric oscillator
двухтактный ~ push-pull oscillator
двухчастотный ~ double-frequency oscillator
джозефсоновский ~ Josephson oscillator
~ дилатации dilatation generator
динатронный ~ dynatron oscillator
диодный ~ СВЧ microwave diode oscillator
~ дифракционного излучения diffraction radiation generator
ёмкостный трёхточечный ~ Colpitts oscillator
задающий ~ master [driving] oscillator, driving generator, exciter
~ звука sound generator
звуковой ~ audio(-frequency) oscillator, audio-frequency generator
~ звуковой частоты audio(-frequency) oscillator, audio-frequency generator
измерительный ~ signal generator, signal source, signal [test] oscillator
~ импульсной последовательности pulse-train generator
импульсный ~ (im)pulse oscillator, (im-)pulse generator
импульсный ~ плазмы pulsed plasma source
~ импульсов pulser, (im)pulse oscillator, (im)pulse generator
~ импульсов заданной формы pulse waveform oscillator
~ импульсов произвольной формы arbitrary waveform oscillator
индуктивный трёхточечный ~ Hartley oscillator
интегрально-оптический параметрический ~ integrated-optical parametric oscillator
искровой ~ spark-gap oscillator
кадровый ~ frame generator
калибровочный ~ calibration oscillator
камертонный ~ tuning-fork oscillator, fork generator
каскадный ~ cascade generator
~ качающейся частоты swept frequency generator, sweep generator, sweeper; *(с механическим управлением)* wobbulator
квантовый ~ quantum oscillator; *(оптический)* laser; *(СВЧ)* maser

квантовый ~ инфракрасного диапазона infrared [IR] laser, iraser
квантовый ~ оптического диапазона laser
квантовый ~ СВЧ maser
кварцевый ~ quartz [crystal] oscillator
~ киральной группы chiral group generator
клистронный ~ klystron oscillator, klystron generator
когерентный ~ coherent oscillator
~ Кокрофта - Уолтона Cockroft-Walton generator, Cockroft-Walton apparatus
~ колебаний oscillator
~ колебаний специальной формы waveform [function] generator
кольцевой ~ ring oscillator
комбинационный ~ Raman oscillator
коммутирующий ~ commuting generator
ламповый ~ electron-tube [vacuum-tube, valve] oscillator
логический импульсный ~ logic pulser
~ магнетронного типа crossed-field [M-type] oscillator
магнетронный ~ magnetron oscillator
магнитогидродинамический ~ magneto-hydrodynamic generator, MHD-generator
магнитокумулятивный ~ magnetic cummulation generator
магнитострикционный ~ magnetostriction oscillator
малошумящий ~ low-noise oscillator
~ меандра square wave generator
~ меток marker generator
~ меток времени time-marker generator
микроволновый ~ microwave oscillator
~, модулированный импульсами pulse-modulated oscillator
молекулярный ~ molecular [molecular-beam] oscillator, maser
~ М-типа crossed-field [M-type] oscillator
~ накачки pump(ing) oscillator
~ на лавинно-пролётном диоде avalanche-diode oscillator
~ на мосте Вина Wien bridge oscillator
~ нарушенной симметрии broken symmetry generator
~ на топливных элементах fuel-cell generator
~ на туннельном диоде tunnel diode oscillator
~ незатухающих колебаний continuous-wave [CW] oscillator
нейтронный ~ neutron producer, neutron generator
~ нейтронов neutron producer, neutron generator
несинхронизируемый ~ free-running oscillator
~ несущей *(частоты)* carrier generator
~ низкой частоты low frequency oscillator
нормированный ~ normalized generator

~ обратной волны backward wave oscillator
одномодовый ~ single mode oscillator
однорезонансный параметрический ~ single resonant parametric oscillator
~ опорного напряжения reference generator
оптический квантовый ~ (ОКГ) *(подробнее см.* лазер*)* laser
оптический параметрический ~ optical parametric oscillator
параметрический ~ parametric generator, parametric oscillator
параметрический ~ обратной волны backward parametric oscillator
параметрический ~ света (ПГС) parametric light oscillator
параметрический ~ света с температурной перестройкой temperature-tuned parametric oscillator
параметрический ~ света с угловой перестройкой angle-tuned parametric oscillator
~ переменного тока a.c. generator, alternator
перестраиваемый ~ tunable oscillator
~ пилообразного напряжения saw-tooth [ramp] generator
плазменный ~ plasma generator
~ плазмы plasma source, plasma generator, plasmotron
~ поворотов generator of rotation
полупроводниковый ~ semiconductor oscillator
~ помех interference generator; jamming transmitter; jammer
~ постоянного тока d.c. generator
~ постоянной частоты constant-frequency oscillator
~ представления representation generator
~ преобразования transformation generator
~ произвольных импульсов arbitrary waveform generator
~ произвольных функций arbitrary function generator
~ прямоугольных импульсов square-wave [rectangular pulse] generator
~ псевдослучайной последовательности pseudo-random sequence generator
~ псевдослучайных чисел pseudo-random number generator
~ пусковых импульсов trigger
пучковый квантовый ~ beam quantum oscillator
пьезоэлектрический ~ piezoelectric oscillator
радиоизотопный ~ radioisotope generator
~ развёртки time base, sweep [scanning] generator
~ разрывных колебаний relaxation oscillator

регенеративный ~ regenerative generator
релаксационный ~ relaxation oscillator, relaxation generator
~ **релаксационных колебаний** relaxation oscillator, relaxation generator
~ **сантиметровых волн** microwave oscillator
сверхпроводящий ~ superconducting generator, superconducting alternator
~ **СВЧ** microwave oscillator
~ **сдвига** translation generator
~ **селекторных импульсов** gate (generator)
~ **с ёмкостной обратной связью** capacitance [capacitive] feedback oscillator
~ **с жёстким возбуждением** rugged oscillator
~ **с жёстким самовозбуждением** oscillator with rigid self-excitation
~ **с запаздывающей обратной связью** delayed feedback oscillator
~ **сигналов** signal generator, signal source
~ **символов** symbol [character] generator
~ **симметрии** symmetry generator
~ **с индуктивной обратной связью** inductive feedback oscillator
~ **с инерционной нелинейностью** *кв. эл.* oscillator with an inertial nonlinearity
~ **синусоидальных колебаний** sine [sinusoidal] wave generator
~ **синхроимпульсов** clock(pulse) generator
синхронизированный ~ synchronized [locked] oscillator
синхронизирующий ~ synchronizing [clock-pulse] generator
синхронный ~ *(переменного тока)* synchronous generator, alternator
~ **синхросигналов** syncronizing [sync-signal] generator
~ **с кварцевой стабилизацией частоты** crystal-controlled [quartz crystal] oscillator
~ **случайных сигналов** random signal generator
~ **случайных чисел** random number generator
~ **смещений** shift generator
~ **с модуляцией частоты** FM oscillator
~ **с мягким самовозбуждением** oscillator with soft self-excitation
~ **с независимым возбуждением** separately excited generator
~ **с обратной связью** feedback oscillator
~ **со скрещёнными полями** crossed-field oscillator
~ **с отрицательной обратной связью** negative feedback oscillator
спиновый ~ spin oscillator
спинорный ~ *ктп* spinor oscillator
~ **с положительной обратной связью** positive feedback [regenerative] oscillator, regenerative generator
~ **с синхронизацией мод** mode-locked oscillator

~, **стабилизированный сверхпроводящим резонатором** superconducting-cavity stabilized oscillator
~ **стандартных сигналов** (standard) signal generator
~ **стохастических колебаний** random [stochastic] oscillator
~ **с трансформаторной обратной связью** inductive feedback oscillator
~ **строб-импульсов** gate oscillator
струйный ~ fluid oscillator
~ **ступенчатого напряжения** staircase [step voltage] generator
~ **субгармоник** subharmonic generator
~ **супералгебры** superalgebra generator
~ **суперсимметрии** supersymmetry generator
~ **с фазовой автоподстройкой частоты** phase-locked generator
~ **с электронной настройкой** electronically tunable oscillator
~ **тактовых импульсов** clock pulse generator
тандемный ~ tandem generator
твердотельный ~ solid state oscillator
термоэлектрический ~ thermoelectric generator
термоядерный ~ thermonuclear generator
тиратронный ~ thyratron oscillator
~ **тока** current generator
транзисторный ~ transistor oscillator
~ **трансляций** translation generator
~ **третьей гармоники** third harmonic generator
~ **ударных волн** shock-wave generator
ультразвуковой ~ ultrasonic generator
~ **ультракоротких волн** ultrashort-wave oscillator
униполярный ~ homopolar [unipolar] generator
~, **управляемый напряжением** voltage controlled oscillator, VCO
~ **Фарадея** Faraday generator
~ **фиксированной частоты** fixed frequency oscillator
фотоэлектрический ~ photoelectric generator
~ **функций** function generator
~ **Холла** Hall generator
холловский ~ Hall generator
~ **ЦМД** bubble generator
~ **частоты** frequency generator
широкополосный ~ wide [broad] band oscillator
~ **шума** noise generator, noise source
шумовой ~ noise generator
эквивалентный ~ equivalent generator; *(напряжения)* Thevenin generator; *(тока)* Norton generator
электрический ~ electric generator
электровакуумный ~ vacuum-tube oscillator

~ **электромагнитных колебаний** electro-magnetic oscillator

электронный ~ electronic generator, electronic oscillator

электростатический ~ electrostatic [Van de Graaf] generator

эталонный ~ reference [standard] oscillator

LC- ~ LC oscillator

n-мерный ~ n-dimensional generator

N-ступенчатый тандемный ~ N-stage tandem generator

RC- ~ RC oscillator

генератриса *ж. мат.* generatrix

генераци/я *ж.* **1.** *(создание, образование)* generation, production **2.** *(действие генератора)* oscillation **3.** *(в лазере)* lasing, laser action **4.** *(в мазере)* masing, maser action **5.** *(поколение)* generation □ **впервые получена лазерная** ~ the laser action has been obtained for the first time; ~ **наступает при соблюдении следующих условий** oscillation sets in when the following conditions are satisfied; **поддерживать** ~**ю** sustain oscillation; **срывать** ~**ю** quench [kill] oscillation

акустическая паразитная ~ acoustic howling

аэродинамическая ~ **звука** aerodynamic sound generation, aerodynamic sound production

~ **блоховских линий** *фмя* Bloch line generation

вторичная ~ secondary generation

~ **второй гармоники (ГВГ)** second harmonic generation, SHG

~ **гармоник** harmonic generation

двухмодовая ~ two-mode oscillation; *(лазера)* two-mode lasing

джозефсоновская ~ Josephson oscillation

~ **звёзд** *(поколение)* star generation

~ **звука** sound generation, sound production

~ **звука лазерным излучением** sound generation by laser radiation, laser generation of sound

~ **звука лазерными импульсами** sound generation by laser pulses

импульсная ~ pulse oscillation

~ **импульсов** pulse generation

индуктивная ~ **звука** inductive sound production

комбинационная ~ Raman generation

лазерная ~ lasing, laser action, laser generation

лазерная ~ **гиперзвука** laser generation of hypersound

лазерная ~ **звука** laser generation of sound, sound generation by laser radiation

лазерная ~ **при комнатной температуре** room-temperature lasing

лазерная термооптическая ~ **звука** laser thermooptical generation of sound

~ **магнитного поля** magnetic field generation

мазерная ~ maser action, masing

~ **минералов** *(поколение)* mineral generation

многомодовая ~ multimode oscillation

многочастотная ~ multifrequency oscillation

~ **монохроматического излучения** generation of monochromatic radiation

~ **на двух частотах** double-frequency oscillation

~ **на нескольких частотах** multiple oscillation

~ **на самоограниченных переходах** *кв. эл.* self-terminating lasing

~ **нейтронов** neutron production, neutron generation

~ **нейтронов космическими лучами** cosmic-ray neutron production

непрерывная ~ continuous wave generation

~ **неравновесных носителей** *фпп* generation of nonequilibrium carriers

~ **носителей в обеднённой области** *фпп* depletion region generation

~ **носителей заряда** *фпп* generation of charge carriers

одномодовая ~ single-mode oscillation; *(лазера)* single-mode lasing

однонаправленная ~ *(в лазере)* unidirectional emission

одночастотная ~ single-frequency oscillation

оптическая ~ *(носителей заряда)* optical generation

оптическая ~ **звука** optical generation of sound

оптоакустическая ~ **звука** optoacoustical generation of sound

~ **пара** steam generation

паразитная ~ spurious oscillation

параметрическая ~ parametric generation, parametric oscillation

параметрическая ~ **света** parametric light generation

пичковая ~ *(в лазере)* spike-mode oscillation

~ **поверхностных акустических волн** generation of surface acoustic waves

~ **поля за счёт кинетической энергии электронов** field generation due to electron kinetic energy

послеимпульсная ~ *(в лазере)* postlasing

~ **продольного тока при быстром нагреве плазмы** *(в токамаке)* toroidal current generation due to fast plasma heating

~ **продольного тока пучком быстрых частиц** *(в токамаке)* toroidal current generation due to fast neutral injection

прямая ~ **пара** direct steam generation

~ **разностной частоты** difference frequency generation

~ **рэлеевской волны** Rayleigh wave generation

самоограниченная ~ *кв. эл.* self-terminating lasing

~ сверхсильных магнитных полей при сжатии плазмы лайнером superstrong magnetic field generation due to plasma compression by liner

синхронная ~ *кв. эл.* phase-matched generation; locked lasing

синхронная ~ третьей гармоники phase-matched third harmonic generation

слышимая ~ *(в электронных системах)* howl

~ составной частоты combined frequency generation

стационарная ~ stationary generation

~ структур structure generation; structure formation

~ суммарной частоты sum frequency generation

тепловая ~ *(носителей заряда)* thermal generation

термическая ~ звука thermal generation of sound

термооптическая ~ звука thermooptical generation of sound

~ тока на оси стелларатора с широм current generation on axis of a shear stellarator

~ тороидального тока волнами *(в токамаке)* toroidal current generation due to waves

~ третьей гармоники *(напр. в кристалле йодата лития)* third harmonic generation

~ ультразвука ultrasonic generation

фоновая ~ background generation

~ ЦМД bubble generation

~ чётной гармоники generation of an even harmonic

четырёхволновая параметрическая ~ four-wave parametric generation

~ шума noise generation

~ электронно-дырочных пар generation of electron-hole pairs, electon-hole pare generation

генерирование *с.* generation

~ импульсов pulsing, pulse generation

~ колебаний oscillation production, vibration production

~ рентгеновских лучей X-ray production

~ функций function generation

~ электромагнитных волн electromagnetic wave generation

~ электронных пучков generation of electron beams

~ энергии energy generation

~ энергии в звёздах energy generation in stars, generation of stellar energy

генерировать *гл.* generate, produce; oscillate; *(о лазере)* lase

генетика *ж.* genetics

радиационная ~ radiation genetics

геном *м.* genom, genome

генри *м. (единица индуктивности СИ)* henry, H

~ на метр *(единица абсолютной магнитной проницаемости СИ)* henry per meter, H/m

генриметр *м.* inductance meter, henrymeter

геоакустика *ж.* geoacoustics

линейная ~ linear geoacoustics

нелинейная ~ nonlinear geoacoustics

геодезическая *ж. (линия)* geodesic

аффинная ~ affine geodesic

времениподобная ~ timelike geodesic

замкнутая ~ closed geodesic

нулевая ~ isotropic geodesic

геодезия *ж.* geodesy

четырёхмерная ~ four-dimensional geodesy

геодиметр *м.* geodimeter

геодинамо *с.* geodynamo

нестационарное ~ time-dependent geodynamo

геоид *м. (форма Земли)* geoid

астрономо-геодезический ~ astrogeodetic geoid

гравиметрический ~ gravimetric geoid

изостатический ~ isostatic geoid

геоизотерма *ж.* geoisotherm

геокорона *ж.* geocorona

геология *ж.* geology

атомная ~ atomic geology

ядерная ~ nuclear geology

геомагнетизм *м.* geomagnetism, terrestrial [Earth] magnetism

геомагнитный *прил.* geomagnetic

геометрия *ж.* 1. *мат.* geometry 2. *(взаимное расположение элементов системы)* configuration, geometry

алгебраическая ~ algebraic geometry

аксиоматическая ~ axiomatic geometry

аналитическая ~ analytic geometry

аффинная ~ affine geometry

бесконечно безопасная ~ infinitely safe geometry

~ Брэгга *(для дифракции)* Bragg geometry

внешняя ~ струн extrinsic geometry of strings

внутренняя ~ inner geometry

гиперболическая ~ hyperbolic geometry

глобальная ~ global geometry

голоморфная ~ holomorphic geometry

гравитационная ~ gravitational geometry

двумерная ~ two-dimensional geometry

дифференциальная ~ differential geometry

евклидова ~ Euclidean geometry

~ зацепления geometry of interlocking

квантовая ~ quantum geometry

~ контакта contact geometry

конформная ~ conformal geometry

~ Кречмана *(для возбуждения поверхностных поляритонов)* Kretschman configu-ration

~ Лауэ *(для дифракции)* Laue geometry

~ Лобачевского Lobachevski geometry

локальная ~ local geometry

~ масс mass geometry

метрическая ~ metric geometry

~ Минковского Minkowski geometry

~ мировой поверхности geometry of the world surface

~ молекул molecule geometry
наклонная ~ oblique geometry
~ на плоскости plane [two-dimensional] geometry
начертательная ~ descriptive geometry
неевклидова ~ non-Euclidean geometry
~ облучения geometry of irradiation
обратная ~ inverse geometry
~ опыта geometry of experiment
~ Отто (для возбуждения поверхностных поляритонов) Otto configuration
планарная ~ planar geometry
плоская ~ plane [planar, two-dimensional] geometry
«плохая» ~ bad [poor] geometry
~ поверхности geometry of the surface
~ поверхности Ферми geometry of Fermi surface
полосковая ~ (лазера) stripe geometry
постоянно безопасная ~ always safe geometry
~ потока flow geometry
проективная ~ projective geometry
~ пространства space geometry
~ пространства-времени space-time geometry
псевдоевклидова ~ pseudo-Euclidean geometry
псевдориманова ~ pseudo-Riemann geometry
~ пучка beam geometry
~ рассеяния scattering geometry
~ реактора reactor [pile] geometry
~ резонатора cavity [resonator] geometry
риманова ~ Riemann geometry
симплектическая ~ simplectic geometry
~ скольжения geometry of glide
~ события event geometry
стандартная ~ standard geometry
сферическая ~ spherical geometry
~ счёта counting geometry
~ течения flow geometry
трёхмерная ~ three-dimensional geometry
~ Фарадея Faraday geometry
фрактальная ~ fractal geometry
«хорошая» ~ good [high] geometry
цилиндрическая ~ cylindrical geometry
четырёхмерная риманова ~ four-dimensional Riemann geometry
экваториальная ~ equatorial geometry
~ эксперимента geometry of an experiment
~ электродов electrode geometry
n-мерная ~ n-dimensional geometry
геометродинамика ж. geometrodynamics
квантовая ~ quantum geometrodynamics
кварковая ~ quark geometrodynamics
цветовая ~ color geometrodynamics
геомеханика ж. geomechanics
геоморфология ж. geomorphology
геопотенциал м. geopotential
геосинклиналь ж. geosyncline
геосфера ж. geosphere

геотектоника ж. geotectonics
геотермика ж. geothermics
геотермия ж. geothermics
геофизика ж. geophysics
~ высоких энергий high-energy geophysics
прикладная ~ applied geophysics
теоретическая ~ theoretical [pure] geophysics
ядерная ~ nuclear geophysics
геофон м. (сейсмоприёмник) geophone
звуковой ~ acoustic [sonic] geophone
инфразвуковой ~ infrasound [infrasonic] geophone
низкочастотный ~ low-frequency geophone
пьезоэлектрический ~ piezoelectric geophone
трёхкомпонентный ~ three-directional geophone
электродинамический ~ electrodynamic geophone
электромагнитный ~ electromagnetic geophone
геохимия ж. geochemistry
геохронология ж. geochronology; age determination
абсолютная ~ absolute geochronology, absolute age determination
относительная ~ relative geochronology, relative age determination
ядерная ~ isotopic geochronology, age determination by radioactivity
геоцентрический прил. geocentric
геоэлектричество с. terrestrial electricity
геоэффективность ж. geoefficiency
~ вспышки сэф flare geoefficiency, flare geoeffect
гептаэдр м. heptahedron
германий м. germanium, Ge
аморфный ~ amorphous germanium
компенсированный ~ compensated germanium
легированный ~ doped germanium
монокристаллический ~ single-crystal germanium
эпитаксиальный ~ epitaxial germanium
~ n-типа n-type germanium
~ p-типа p-type germanium
герметизация ж. hermetic [vacuum] sealing, hermetization
~ стыка joint hermetization
герметичность ж. hermeticity, leak proofness, leak [air] tightness ⬜ испытанный на ~ leak-tested; испытывать на ~ test for leak proofness
герметичный прил. leak-proof, pressure-tight, leak-tight, airproof, airtight, vacuum-sealed
герполодия ж. herpolhode
герц м. Hertz, Hz, cycle per second, cps
гетероатом м. heteroatom
гетеробарьер м. фтт heterobarrier
гетеровалентность ж. ion valence

гетерогенность *ж.* heterogeneity
гетерогенный *прил.* heterogeneous
гетерограница *ж.* heteroboundary
гетеродин *м.* heterodyne, local oscillator
  джозефсоновский ~ Josephson local oscillator
гетеродинирование *с.* heterodyning □ **переводит частоту сигнала в звуковой диапазон** heterodyning brings the frequency of the signal into the audio range
  двойное ~ double heterodyning
  коллинеарное ~ collinear heterodyning
  лазерное ~ laser heterodyning
  оптическое ~ optical heterodyning
  прямое ~ direct heterodyning
  ~ **света** light heterodyning
гетеродинировать *гл.* heterodyne
  ~ **с повышением частоты** heterodyne up
  ~ **с понижением частоты** heterodyne down
гетеродиод *м.* heterodiode
  светоизлучающий ~ electroluminescent [light-emitting] heterodiode
  туннельный ~ tunnel heterodiode
гетерозаряд *м.* heterocharge
  ~ **электрета** electret heterocharge
гетероконтакт *м.* heterocontact
  симметричный ~ symmetrical heterocontact
гетеролазер *м.* heterojunction [heterostructure] laser, heterolaser
  инжекционный ~ injection heterolaser
  квантово-размерный ~ quantum-well heterolaser
  низкопороговый ~ low-threshold heterolaser
  полосковый ~ stripe heterolaser
  ~ **с двойной гетероструктурой (ДГС-лазер)** double heterostructure laser
  ~ **с односторонней гетероструктурой (ОГС-лазер)** one-sided [single] heterostructure laser
  ~ **с распределённой обратной связью** distributed feedback heterolaser
  ~ **с распределённым брэгговским отражателем** distributed Bragg reflector heterolaser
  ~ **с резонатором Фабри - Перо** Fabry-Perot heterolaser, heterolaser with Fabry-Perot resonator
гетерометрия *ж. крист.* heterometry
гетероморфизм *м.* heteromorphism
гетеропара *ж. фпп* heteropair
гетеропереход *м.* heterojunction
  анизотипный ~ anisotype heterojunction
  бездефектный ~ defectless heterojunction
  двойной ~ double heterojunction
  идеальный ~ ideal heterojunction
  изотипный ~ isotype heterojunction
  монокристаллический ~ single-crystal heterojunction
  невырожденный ~ nondegenerate heterojunction
  плавный ~ graded heterojunction

  реальный ~ real heterojunction
  резкий ~ sharp [abrupt] heterojunction
  совершенный ~ perfect heterojunction
  сплавной ~ alloyed heterojunction
  ступенчатый ~ staggered heterojunction
  тонкоплёночный ~ thin-film heterojunction
  эпитаксиальный ~ epitaxial heterojunction
  ~ **I рода** type-I heterojunction
  ~ **II рода** type-II heterojunction
  n-P- ~ n-P-heterojunction
  p-N- ~ p-N-heterojunction
  p-P- ~ p-P-heterojunction
гетерополианион *м.* heteropolyanion
гетерополярность *ж.* heteropolarity
гетеросветодиод *м.* electroluminescent [light-emitting] heterodiode
гетероструктура *ж.* heterostructure
  двойная ~ double heterostructure
  квантово-размерная ~ quantum-dimensional heterostructure
  лавинная ~ avalanche heterostructure
  лазерная ~ laser heterostructure
  многопроходная двойная ~ multipass double heterostructure
  многослойная ~ multilayer heterostructure
  одномерная полупроводниковая ~ one-dimensional semiconductor heterostructure
  полосковая ~ strip heterostructure
  сверхрешёточная ~ superlattice heterostructure
  селективно-легированная ~ selectively doped heterostructure
  скрытая ~ buried heterostructure
  ~ **типа N-n-P** N-n-P heterostructure
  ~ **типа N-p-P** N-p-P heterostructure
  эпитаксиальная ~ epitaxial heterostructure
гетеросфера *ж.* heterosphere
гетеротиристор *м.* heterothyristor
гетеротранзистор *м.* heterotransistor
  биполярный ~ bipolar heterotransistor, heterojunction bipolar transistor
  импульсный ~ pulsed heterotransistor
  полевой ~ field heterotransistor
гетерофотодиод *м.* heterostructure [heterojunction] photodiode
гетерофотоприёмник *м.* heterostructure [heterojunction] photodetector
гетерофотоэлемент *м.* heterojunction photocell
  солнечный ~ solar heterojunction photocell
гетерохромный *прил.* heterochromatic
гетероцепной *прил.* heterochain
гетероэпитаксия *ж.* heteroepitaxy
геттер *м.* getter
  титановый ~ titanium getter
геттерирование *с.* gettering
гибкий *прил.* flexible
гибкость *ж.* flexibility; *(при продольном изгибе)* slenderness
  предельная ~ *(стержня)* limiting [critical] slenderness ratio

гибрид *м.* hybrid
треугольный ~ trigonal hybrid
четырёхугольный ~ tetragonal hybrid
гибридизация *ж.* hybridization
~ **атомных орбиталей** hybridization of atomic orbit(al)s
~ **валентностей** valence hybridization
~ **зон** *фтт* band hybridization
~ **орбиталей** hybridization of orbit(al)s
~ **связей** bond hybridization
сильная ~ strong hybridization
~ **состояний** state hybridization
~ **экситонов с фотонами** hybridization of excitons and photons
гига- giga-, 10^9
гигабит *м.* gigabit
~ **в секунду** *(скорость передачи информации)* gigabit per second, Gb/s
гигагерц *м.* gigahertz, GHz
гигант *м. (звезда)* giant (star)
красный ~ red giant
слабый ~ weak giant
яркий ~ bright giant
гигаэлектрон-вольт *м.* gigaelectronvolt, GeV
гигиена *ж.* hygiene
вакуумная ~ vacuum hygiene
радиационная ~ radiation hygiene
гигрограф *м.* hygrograph, recording hygrometer
гигрометр *м.* hygrometer; humidity meter
абсорбционный ~ absorption hygrometer
весовой ~ balance hygrometer
волосной ~ hair hygrometer
диффузионный ~ diffusion hygrometer
ёмкостный ~ humidity-sensitive capacitor
инфракрасный ~ infrared hygrometer
конденсационный ~ condensation [dew point, frost point] hygrometer
плёночный ~ film hygrometer
электролитический ~ electrolytic hygrometer
гигрометрия *ж.* hygrometry
абсорбционная ~ absorption [spectroscopic] hygrometry
гигроскоп *м.* hygroscope
гигроскопичность *ж.* hygroscopicity
гигростат *м.* hygrostat, humidistat
гигротермограф *м.* hygrothermograph
гигроэлектрометр *м.* hygroelectrometer
гид *м. астр.* guide [guiding, sighting] telescope
фотоэлектрический ~ photoelectric guiding device
гидирование *с. астр.* guiding
гидравлика *ж.* hydraulics
~ **открытых русел** hydraulics of flow in rivers, hydraulics of open beds
теоретическая ~ theoretical hydraulics
~ **трубопроводов** hydraulics of pipes
гидрат *м.* hydrate
клатратный ~ clathrate hydrate
гидратация *ж.* hydration

гидрид *м. (напр. лития)* hydride
гидрирование *с.* hydrogenation
гидроакустика *ж.* hydroacoustics, underwater acoustics
гидроаэродинамика *ж.* fluid dynamics, flow mechanics
гидроаэромеханика *ж.* fluid mechanics
гидроаэростатика *ж.* statics of fluids
гидрогель *м.* hydrogel
гидрогенизация *ж.* hydrogenation
деструктивная ~ destructive hydrogenation
каталитическая ~ catalytic hydrogenation
гидрогенолиз *м.* hydrogenolysis
гидродинамика *ж.* hydrodynamics; fluid dynamics
бездиссипативная двухжидкостная ~ dissipativeless two-fluid hydrodynamics
~ **вязкой жидкости** viscous fluid dynamics
~ **горения** combustion hydrodynamics, fluid dynamics of combustion
двухжидкостная ~ two-fluid hydrodynamics
двухжидкостная ~ **плазмы** two-fluid plasma hydrodynamics
двухскоростная ~ **Ландау** two-velocity Landau hydrodynamics
~ **двухтемпературной плазмы** hydrodynamics of two-temperature plasma
диссипативная магнитная ~ dissipative magnetohydrodynamics
~ **жидких кристаллов** liquid crystal hydrodynamics
~ **жидкой смеси** liquid mixture dynamics
звёздная ~ stellar hydrodynamics
идеальная магнитная ~ ideal magnetohydrodynamics
~ **идеального газа** ideal gas dynamics
~ **идеальной жидкости** ideal fluid dynamics
квантовая ~ quantum hydrodynamics
классическая ~ classical hydrodynamics, dynamics of perfect liquid
космическая магнитная ~ space magnetohydrodynamics
магнитная ~ magnetic hydrodynamics, magnetohydrodynamics
многожидкостная ~ multifluid hydrodynamics
многопотоковая ~ multiflux hydrodynamics
молекулярная ~ molecular hydrodynamics
нерелятивистская ~ nonrelativistic hydrodynamics
нерелятивистская магнитная ~ nonrelativistic magnetohydrodynamics
~ **несжимаемой жидкости** incompressible fluid dynamics
ньютоновская ~ Newtonian hydrodynamics
~ **открытых каналов** open-channel hydrodynamics
~ **плазмы** plasma hydrodynamics
прикладная ~ applied fluid dynamics
релаксационная ~ relaxation hydrodynamics
релятивистская ~ relativistic hydrodynamics, relativistic fluid dynamics

релятивистская магнитная ~ relativistic magnetohydrodynamics
~ сверхтекучей жидкости dynamics of superfluids
~ сжимаемой жидкости compressible fluid dynamics
скейлинговая ~ scaling hydrodynamics
статистическая ~ statistical hydrodynamics
сферически симметричная ~ spherically symmetric hydrodynamics
теоретическая ~ theoretical hydrodynamics
техническая ~ engineering fluid dynamics
физико-химическая ~ physical-chemical hydrodynamics
фононная ~ phonon hydrodynamics
~ фононного газа *(в диэлектрике)* phonon gas hydrodynamics
электронная ~ electron hydrodynamics
электронная магнитная ~ electron magnetohydrodynamics
гидродинамический *прил.* fluid-dynamic, hydrodynamic
гидрозатвор *м.* hydraulic lock
гидрозоль *м.* hydrosol
гидроканал *м.* water channel; hydraulic channel
~ для испытания моделей по способу буксировки towing channel
гидрокинетика *ж.* kinetics of liquids
гидрокрыло *с.* hydrofoil
гидроксил *м.* hydroxyl
гидролиз *м.* hydrolysis
~ неорганических соединений hydrolysis of inorganic compounds
~ органических соединений hydrolysis of organic compounds
~ солей salt hydrolysis
гидрология *ж.* hydrology
гидролокатор *м.* asdic; sonar; acoustic [underwater] echo sounder □ **пассивный ~** обнаруживает шумящий объект с помощью распределённых звукоприёмников passive sonar uses an array of hydrophones to detect the presence of a sound-producing object
активный ~ active [echo-ranging] sonar
~ бокового обзора side-looking sonar
глубинный ~ depth-determining sonar
глубоководный ~ deep-water [deep-sea] sonar
голографический ~ holographic sonar
инфразвуковой ~ subsonic sonar
~ кругового обзора scanning sonar
низкочастотный ~ subsonic sonar
опускаемый ~ dipping sonar, dipping asdic
пассивный ~ passive [listening] sonar
~ с синтезированной апертурой synthetic-aperture sonar
~ шагового поиска searchlight sonar
гидролокация *ж.* echo ranging, sonar, underwater echo sounding, hydrolocation, sonar localization

активная ~ active sonar (localization)
звуковая ~ sound ranging
пассивная ~ passive sonar (localization)
гидрометаллургия *ж.* hydrometallurgy
гидрометеор *м.* hydrometeor
гидрометр *м.* hydrometer
гидрометрия *ж.* hydrometry, hydraullic measurements
гидромеханика *ж.* hydromechanics, mechanics of liquids, fluid mechanics
теоретическая ~ theoretical hydromechanics
физическая ~ physical hydromechanics
гидронефелометр *м.* sea-water nephelometer
гидроокись *ж.* hydroxide, hydrated oxide
~ бериллия beryllium hydroxide
~ тория thorium hydroxide
~ уранила uranyl hydroxide
гидропривод *м.* hydraulic actuator
гидростатика *ж.* hydrostatics
гидросфера *ж. геофиз.* hydrosphere
гидротруба *ж.* water tunnel
гидроупругость *ж.* hydroelasticity, fluid elasticity
гидрофизика *ж.* hydrophysics
гидрофилизация *ж. (повышение гидрофильности)* hydrophilization
гидрофильность *ж.* water receptivity, wetting ability, hydrophilic nature
гидрофобизация *ж. (понижение гидрофильности)* hydrophobization
гидрофобность *ж.* water-repellent property; hydrophobic behavior
гидрофон *м.* hydrophone; underwater sound [submarine] detector
измерительный ~ measuring hydrophone
линейный ~ line hydrophone
магнитострикционный ~ magnetostrictive hydrophone
поршневой ~ piston hydrophone
пьезоэлектрический ~ crystal [piezoelectric] hydrophone
шаровой ~ spherical hydrophone
гидрофотометр *м.* hydrophotometer
гидроэкструзия *ж. фвд* hydrostatic [fluid-pressure] extrusion
гидроэлектростанция *ж.* hydroelectric [water] power station; hydraulic power plant
приливная ~ tidal power station
гидроэнергетика *ж.* water power engineering
гидроэнергия *ж.* water [hydraulic] power; fluid energy
гидроярркометр *м.* underwáter luminance meter
гильберт *м. (единица магнитодвижущей силы СГС)* gilbert, Gb
гиперадрон *м.* hyperhadron
гипераромат *м.* hyperflavor
гипербола *ж.* hyperbola
гиперболический *прил.* hyperbolic
гиперболоид *м.* hyperboloid
~ вращения hyperboloid of revolution
двуполостный ~ two-sheeted hyperboloid, hyperboloid of two sheets

инвариантный ~ invariant hyperboloid
однополостный ~ one-sheeted hyperboloid, hyperboloid of one sheet
гипервихрь *м. сверхпр.* hypervortex
гипергигант *м.* hypergiant
гиперглюон *м.* hypergluon
гипергравитация *ж.* hypergravity
гиперграф *м.* hypergraph
гиперзаряд *м.* hypercharge
дробный ~ fractional hypercharge
обобщённый ~ generalized hypercharge
слабый ~ weak hypercharge
гиперзвук *м.* hypersound
поперечный ~ transverse hypersound
гиперзвуковой *прил. ак.* hypersonic, hyperacoustic; *аэрод.* ultrahigh-speed, superaerodynamic
чисто ~ *(о потоке)* all-hypersonic
гиперизоспин *м.* hyperisospin
гиперквантование *с.* hyperquantization
гиперкварк *м.* hyperquark
гиперконус *м.* hypercone
гиперконъюгация *ж.* hyperconjugation
гиперкуб *м.* hypercube
гиперлептон *м.* hyperlepton
гиперметропия *ж. (дальнозоркость)* hypermetropia, farsightedness, long sight
гипермультиплет *м.* hypermultiplet
свободный ~ free hypermultiplet
гиперон *м.* hyperon
каскадный ~ cascade hyperon
медленный ~ slow hyperon
очарованный ~ charmed hyperon
гиперпараллелепипед *м.* hyperparallelepiped
гиперплоскость *ж.* hyperplane
гиперповерхность *ж.* hypersurface
комплексная ~ complex hypersurface
сингулярная ~ singular hypersurface
случайная ~ random hypersurface
гиперполяризуемость *ж. нелин. опт.* hyperpolarizability
динамическая ~ dynamic hyperpolarizability
электронная ~ electronic hyperpolarizability
гиперпространство *с.* hyperspace
гиперсенсибилизация *ж.* hypersensitizing, hypersensitization, photographic supersensitization
гипертекст *м.* hypertext
гипертор *м.* hypertorus
гиперупругость *ж.* hyperelasticity
гиперфермион *м.* hyperfermion
гиперфокальный *прил.* hyperfocal
гиперфрагмент *м.* hyperfragment; hypernucleus
гиперфункция *ж.* hyperfunction
гиперхромный *прил.* hyperchromic
гиперцвет *м.* hypercolor
гиперэллипсоид *м.* hyperellipsoid
гиперядро *с.* hypernucleus; hyperfragment
двойное ~ double hypernucleus

лёгкое ~ light hypernucleus
очарованное ~ charmed hypernucleus
гипотеза *ж.* hypothesis
адиабатическая ~ *ктп* adiabatic hypothesis
актинидная ~ actinide hypothesis
альтернативная ~ alternative hypothesis
~ Ампера *фмя* Ampère [molecular current] hypothesis
антиэволюционная ~ Оорта *астр.* Oort antievolutionary hypothesis
атомная ~ atomic hypothesis
~ Вейсса Weiss hypothesis
~ Жуковского Joukowski hypothesis
~ зарядовой симметрии charge-symmetry hypothesis
~ захвата capture hypothesis
~ извержения ejection theory
квазиэргодическая ~ quasi-ergodic hypothesis
космогоническая ~ cosmogonic hypothesis
~ локального равновесия local equilibrium hypothesis
~ масштабной инвариантности scaling hypothesis
~ мишени *(в радиобиологии)* target [hit] theory
~ молекулярных токов molecular current [Ampère] hypothesis
научная ~ scientific hypothesis
небулярная ~ nebular hypothesis
нейтринная ~ neutrino hypothesis
~ образования планет Джинса Jeans planet formation hypothesis
~ образования планет Канта - Лапласа Kant-Laplace planet formation hypothesis
~ объединения *яф* unification hypothesis
ошибочная ~ erroneous hypothesis
~ плоских сечений *(в сопротивлении материалов)* flat cross-section hypothesis
~ подобия (local) similarity [universal equilibrium] hypothesis
~ Прандтля Prandtl hypothesis
протоно-электронная ~ proton-electron hypothesis
рабочая ~ working hypothesis
расширенная ~ Римана extended Riemann hypothesis
~ Салама *фвэ* Salam hypothesis
~ скейлинга scaling hypothesis
статистическая ~ statistical hypothesis
~ Стокса Stokes hypothesis
~ столкновения *астр.* encounter hypothesis, collision theory
~ Тейлора *(для турбулентности)* Taylor hypothesis
~ Тома Thom hypothesis
эргодическая ~ ergodic hypothesis
~ эргодичности ergodic hypothesis
гипотенуза *ж.* hypothenuse
гипотетичность *ж.* hypothetical character
гипотермия *ж.* hypothermia
гипохромный *прил.* hypochromic

гипоцентр *м. (землетрясения)* hypocenter
гипоциклоида *ж. мат.* hypocycloid
гипсограф *м.* hypsograph
гипсометр *м.* hypsometer, hypsothermometer
гипсотермометр *м.* hypsothermometer, thermobarometer, hypsometer
гиратор *м. (направленный фазовращатель)* gyrator
  акустический ~ acoustic gyrator
  криотронный ~ cryotron gyrator
  ~ на эффекте Фарадея Faraday-effect gyrator
  транзисторный ~ transistor gyrator
гирация *ж.* gyration
  акустическая ~ acoustical gyration
  нелинейная ~ nonlinear gyration
гирлянда *ж.* string; chain
  ~ гидрофонов hydrophone string
гироазимут *м.* gyroazimuth, directional gyroscope
гировертикаль *ж.* vertical gyroscope
гирогоризонт *м.* gyro(scopic) horizon
гироида *ж.* rotoinversion axis, axis of rotary inversion
гирокомпас *м.* gyrocompass, gyroscopic compass
  лазерный ~ laser gyrocompass
гиромагнитный *прил.* gyromagnetic
гиромаятник *м.* gyroscopic pendulum
гиропериод *м.* gyroperiod
гирорадиус *м.* gyroradius
гирорезонанс *м.* gyroresonance
гироскоп *м.* gyro(scope)
  астатический ~ balanced gyroscope
  вибрационный ~ vibratory gyroscope
  ~ в кардановом подвесе gyroscope in gimbal mount
  волновой твердотельный ~ gyroscope based on elastic waves in solids
  волоконно-оптический ~ fiber(-optic) gyroscope
  джозефсоновский ~ Josephson gyroscope
  динамически настраиваемый ~ dynamically adjusted gyroscope
  интегрирующий ~ integrating [floated-type] gyroscope
  квантовый ~ quantum gyroscope
  криогенный ~ cryogenic gyroscope
  лазерный ~ laser gyroscope
  ~ направления directional gyroscope, gyroazimuth
  несвободный ~ powered gyroscope
  неуравновешенный ~ heavy [unbalanced] gyroscope
  оптический ~ optical gyroscope
  поплавковый ~ floated-type [integrating] gyroscope
  световой ~ optical gyroscope
  свободный ~ free [master] gyroscope
  ~ с двумя степенями свободы restrained [two-degree-of-freedom] gyroscope
  силовой ~ powered gyroscope
  симметричный ~ symmetrical gyroscope

  скоростной ~ high-speed gyroscope
  ~ с тремя степенями свободы three-degree-of-freedom gyroscope
  уравновешенный ~ balanced [free, master, neutral, unrestrained] gyroscope
  шаровой ~ spherical gyroscope
  электронный ~ electron gyroscope
  электростатический ~ electrostatic gyroscope
  ядерный ~ nuclear gyroscope
гиростабилизатор *м.* gyrostabilizer
  индикаторный ~ indicator gyrostabilizer
  силовой ~ powered gyrostabilizer
гиростабилизация *ж.* gyrostabilization
гиростатика *ж.* gyrostatics
гиротрон *м.* **1.** *(генератор СВЧ)* gyrotron **2.** *(вибрационный гироскоп)* vibrating gyroscope
  ~ бегущей волны traveling wave gyrotron
  двухлучевой ~ two-beam gyrotron
  многолучевой ~ multibeam gyrotron
гиротропия *ж.* gyrotropy
  естественная ~ natural gyrotropy
  индуцированная ~ induced gyrotropy
  кристаллическая ~ crystal gyrotropy
  ~ кристаллов gyrotropy of crystals
  механическая ~ mechanical gyrotropy
  молекулярная ~ molecular gyrotropy
  наведённая ~ induced gyrotropy
  нелинейная ~ nonlinear gyrotropy
  нелинейная оптическая ~ nonlinear optical gyrotropy
  оптическая ~ optical gyrotropy
  фотоиндуцированная ~ photoinduced gyrotropy
гиротропный *прил.* gyrotropic
гирочастота *ж.* gyromagnetic [cyclotron, Larmor precession] frequency, gyrofrequency
  ~ ионов ion gyrofrequency
  ~ электронов electron gyrofrequency
гистерезиграф *м.* hysteresigraph, hysteresimeter
  магнитооптический ~ magnetooptical hysteresigraph
гистерезиметр *м.* hysteresimeter, hysteresis meter
гистерезис *м.* hysteresis
  адсорбционный ~ adsorbtion hysteresis
  аэродинамический ~ aerodynamical hysteresis
  вращательный ~ rotational hysteresis
  вращательный магнитный ~ rotational magnetic hysteresis
  ~ вращения rotational hysteresis
  ~ гальваномагнитных явлений galvanomagnetic hysteresis
  глобальный ~ *крист.* global hysteresis
  динамический ~ dynamic hysteresis
  диэлектрический ~ dielectric hysteresis
  капиллярно-конденсационный ~ capillary condensation hysteresis
  капиллярный ~ capillary hysteresis

кинетический ~ смачивания kinetic hysteresis of wetting
колебательный ~ vibrational hysteresis
~ магнитного вращения rotational magnetic hysteresis
магнитный ~ magnetic hysteresis
магнитомеханический ~ magnetomechanical hysteresis
~ магнитооптических явлений hysteresis of magnetooptical phenomena
~ магнитострикции magnetostriction hysteresis
магнитоупругий ~ magnetoelastic hysteresis
механический ~ mechanical hysteresis
~ намагниченности magnetization hysteresis
оптический ~ optical hysteresis
~ подъёмной силы lift hysteresis
пьезоэлектрический ~ piezoelectric hysteresis
сегнетоэлектрический ~ ferroelectric hysteresis
~ смачивания wetting hysteresis
сорбционный ~ sorption hysteresis
статический ~ static hysteresis
статический ~ смачивания static hysteresis of wetting
температурный магнитный ~ temperature magnetic hysteresis
тепловой ~ thermal hysteresis
термомагнитный ~ thermomagnetic hysteresis
~ углов смачивания hysteresis of wetting angles
упругий ~ elastic hysteresis
упругопластический ~ elastoplastic hysteresis
физико-химический ~ смачивания physico-chemical wetting hysteresis
~ частоты (автоколебаний) frequency hysteresis
электрический ~ electric hysteresis
гистерокристаллизация ж. hysterocrystallization
гистограмма ж. histogram; bar graph, bar chart
ГЛАГ-теория ж. сверхпр. (теория Гинзбурга-Ландау-Абрикосова-Горькова) GLAG theory
гладкий прил. smooth
гладкость ж. smoothness; evenness
глаз м. eye □ видимый невооружённым ~ом visible to the naked [unaided] eye; на ~ by eye; на уровне ~ at eye level; невидимый для ~а invisible to the eye
адаптированный к свету ~ light-adapted eye
адаптированный к темноте ~ dark-adapted eye
аметропический ~ emmetropical eye
вооружённый ~ aided eye

невооружённый ~ unaided [naked] eye
приведённый ~ reduced eye
фасеточный ~ facet eye
глазной прил. ocular
гласный прил. (о звуке) vowel
гликопротеид м. glycoprotein
глитч м. вчт glitch
глобальный прил. global
глобар м. опт. globar
глобула ж. globule
гигантская ~ астр. giant globule
полимерная ~ крист. polymer globule
глобулярный прил. globular
глобус м. globe
лунный ~ lunar globe
небесный ~ celestial globe
глория ж. опт. glory
глубин/а ж. depth □ на ~е z at depth z
аккомодационная ~ accomodation depth
взаимные ~ы (гидравлика) compound depths
~ внедрения (выступа) depth of penetration
~ возникновения depth of origin
~ выгорания яф burn-up fraction
~ выжигания burn-up depth
~ выхода (напр. электронов) escape depth
геометрическая ~ geometrical depth
~ гофра depth of corrugations
~ депрессии depth of depression
джозефсоновская ~ проникновения сверхпр. Josephson penetration depth
дифракционная ~ опт. diffraction depth
~ диффузии diffusion depth
~ жидкости в бассейне depth of fluid in a tank
~ закалки hardness penetration
~ залегания примесных уровней impurity level depth
~ замирания радиофиз. depth of fading
~ изображаемого пространства depth of field, depth of focus
информационная ~ эл. микр. depth of information
критическая ~ critical depth
~ ловушки trap depth
лондоновская ~ проникновения сверхпр. London penetration depth
~ модуляции modulation depth
~ нагрева (в индукционной печи) depth of heating
~ надреза notch depth
оптическая ~ optical depth
остаточная ~ residual depth
~ осцилляций oscillation depth
относительная ~ гофрировки магнитного поля relative magnetic field ripple
~ поглощения absorption depth
~ погружения (в жидкость) depth of immersion; (стержня) submerged length
~ поля depth of field, depth of focus
~ поля зрения range of vision
~ потенциального рельефа potential relief depth

~ **потенциальной ямы** potential well depth

~ **проникновения** penetration depth

~ **проникновения альфа-частиц** alpha penetration

~ **проникновения бета-частиц** beta penetration

~ **проникновения магнитного поля** *сверхпр.* magnetic penetration depth, depth of penetration of the magnetic field

~ **проникновения поля** depth of field penetration, field penetration depth

~ **проникновения света** light penetration depth, depth of light penetration

~ **проникновения тепла** depth of heat penetration

~ **проникновения тока** depth of current penetration

~ **резкости** depth of field, depth of focus

~ **рельефа** height of a relief

~ **скин-слоя** skin depth

~ **следа** dip of the track

сопряжённые ~ы *(гидравлика)* compound depths

~ **спектральной линии** spectral line depth

средняя ~ mean depth

~ **трения** depth of frictional resistance

~ **трещины** crack depth

~ **фокуса** *(напр. электронной линзы)* depth of focus

глубиномер *м. ак.* (acoustic) depth finder; depth meter

глубокий *прил.* deep

глубоководный *прил.* deep-water, deep-sea

глухой *прил. (о помещении и т.п.)* anechoic; *(о звуке)* dull, hollow; *(о слухе)* deaf

глухонемой *прил.* deaf-mute, deaf-and-dump

глухота *ж. (звука)* dullness; *(свойство слуха)* deafness

глушение *с. (радиостанции)* jamming

~ **звука** sound deadening

глушитель *м. ак.* silencer, deafener; damper, muffler

глушить *гл.* **1.** *ак.* silence, muffle **2.** *(радиостанцию)* jam **3.** *(двигатель)* shut down

глюбол *м. яф* glueball

псевдоскалярный ~ pseudo-scalar glueball

скалярный ~ scalar glueball

глюино *с. яф* gluino

глюодинамика *ж.* gluodynamics

квантовая ~ quantum gluodynamics

глюон *м. яф* gluon

асимптотически свободный ~ asymptotically free gluon

безмассовый ~ massless gluon

векторный ~ vector gluon

виртуальный ~ virtual gluon

жёсткий ~ hard gluon

конституентный ~ constituent gluon

лёгкий ~ light gluon

массивный эффективный ~ massive effective gluon

медленный ~ slow gluon

мягкий ~ soft gluon

непертурбативный ~ nonperturbative gluon

непланарный ~ nonplanar gluon

скалярный ~ scalar gluon

тормозной ~ bremsstrahlung gluon

цветной ~ colored gluon

глюоний *м.* gluonium

глянец *м. (поверхности)* gloss, luster

глянцевитость *ж.* glossiness

глянцевитый *прил.* glossy, lustrous

гнездо *с. эл.* jack; socket

~ **заземления** earth [ground] jack

~ **стержня** *яф* rod socket

гномон *м. астр.* gnomon

гнутьё *с.* flexure; bending

~ **трубы** *(телескопа)* telescope flexure, flexure of the tube

год *м.* year ▢ ... **в год** ... per annum

аномалистический ~ *астр.* anomalistic year

атомный ~ atomic year

бесселев ~ Besselian [fictitions] year

високосный ~ leap year

галактический ~ galactic year

гражданский ~ civil year

григорианский ~ Gregorian year

драконический ~ eclipse year

затменный ~ eclipse year

звёздный ~ sidereal year

календарный ~ calendar [civil] year

лунный ~ lunar year

Международный Геофизический ~ **(МГГ)** International Geophysical Year, IGY

Международный ~ **спокойного Солнца (МГСС)** International Quiet Sun Year, IQSY

световой ~ light year

сидерический ~ sidereal year

солнечный ~ solar year

тропический ~ tropical year

юлианский ~ Julian year

ядерный ~ nuclear year

годичный *прил.* annual, yearly

годовой *прил.* annual, yearly

годограф *м.* **1.** *(в механике)* hodograph **2.** *(в сейсмологии)* time-distance [travel-time, hodograph, TD, T-X] curve

~ **вектора** vector hodograph

вертикальный ~ time-depth curve, time-depth line

встречный ~ reversed time-distance curve

гиперболический ~ hyperbolic time-distance curve

исправленный ~ reduced time-distance curve

логарифмический ~ logarithmic hodograph

нагоняющие ~ы catching-up time-distance curves

непрерывный ~ continuous T-X curve

~ **отражённой волны** reflection time-distance curve

~ **поперечных волн** transverse travel-time curve

~ **преломлённой волны** refracted time-distance curve

сглаженный ~ smoothed-out T-X curve
~ **скорости** hodograph of motion, velocity hodograph
составной ~ composite time-distance curve
эпициклоидный ~ epicyclic hodograph
годоскоп *м. (прибор для изучения траекторий космических лучей)* hodoscope
~ **антисовпадений** veto hodoscope
времяпролётный ~ time-of-flight hodoscope
~ **газоразрядных счётчиков** gas-discharge counter hodoscope
детекторный ~ detector hodoscope
многоканальный ~ multichannel hodoscope
мюонный ~ muon hodoscope
пучковый ~ beam hodoscope
~ **с параллельными пластинами** parallel plate hodoscope
сцинтилляционный ~ scintillation hodoscope
~ **счётчиков** counter hodoscope
голдстоун *м. фвэ* goldstone
голова *ж.* head
~ **кометы** head of a comet, cometary head
~ **скопления** *(дислокаций)* head of pile-up
головастик *м. (тип всплеска солнечного радиоизлучения)* tadpole
головка *ж.* head; cap
~ **бура** drill bit
воспроизводящая ~ reproducing [playback] head
гониометрическая ~ goniometer head
делительная ~ dividing [index] head
детекторная ~ detector head
записывающая ~ recording head
звуковая ~ sound head
~ **звукоснимателя** pickup head
измерительная ~ measuring head
лазерная ~ laser head
магнитная ~ magnetic head
~ **манипулятора** manipulator head
механическая делительная ~ mechanical dividing head
микрометрическая ~ micrometer head
оптическая делительная ~ optical dividing head
~ **подмагничивания** bias head
полярная ~ *(молекулы)* polar head
пьезометрическая ~ piezometric head
револьверная ~ turret head
~ **с резьбой** threaded end
стирающая ~ erase [erasing] head
~ **стримера** streamer head
~ **сцинтилляционного счётчика** scintillation-counter head
~ **счётчика** counting [counter] head
считывающая ~ playback [reading] head
~ **тепловыделяющего элемента** fuel-element cap
универсальная ~ record-playback [read-write] head
~ **электронной лавины** electron avalanche head

голограмм/а *ж.* hologram □ **восстановление объектной волны с помощью ~ы** hologram reconstruction of an object wave; **записывать ~у** record a hologram; **просвечивать ~у** illuminate a hologram
акустическая ~ acoustic(al) hologram
амплитудная ~ amplitude hologram
амплитудно-контрастная ~ amplitude-contrast hologram
амплитудно-фазовая ~ amplitude-phase hologram
анизотропная ~ anisotropic hologram
безаберрационная ~ aberration-free hologram
безлинзовая ~ lensless hologram
безопорная ~ reference-free hologram
бихроматическая ~ dichromatic hologram
~ **в видимом свете** visible-light hologram
внеосевая ~ off-axis hologram
~, **восстанавливаемая в белом свете** white-light hologram
восстановленная ~ reconstructed hologram
~ **в реальном времени** real-time hologram
~ **в реальном масштабе времени** real-time hologram
вспомогательная ~ auxiliary hologram
~ **высокого разрешения** high resolution hologram
~ **Габора** Gabor [on-axis, in-line, single beam] hologram
габоровская ~ Gabor [on-axis, in-line, single beam] hologram
глубокая трёхмерная ~ deep three-dimensional hologram
~ **движущегося объекта** moving object hologram
двумерная ~ two-dimensional [planar, thin] hologram
двухчастотная ~ two-frequency hologram
двухэкспозиционная ~ double exposed hologram
~ **Денисюка** Denisiuk [thick] hologram
динамическая ~ dynamical hologram
доплеровская ~ Doppler hologram
записанная ~ recorded hologram
~, **записанная с помощью лазера** laser hologram
изобразительная ~ picture hologram
интерференционная ~ interference hologram
инфракрасная ~ infrared [IR] hologram
исходная ~ master [original] hologram
когерентная ~ coherent hologram
композиционная ~ composition [multiangle] hologram
компьютерная ~ computer (generated) hologram
корригирующая ~ correcting hologram
лазерная ~ laser hologram
~ **Лейта** Leith-Upatnieks [double beam] hologram

магнитооптическая ~ magnetooptical hologram

многоракурсная ~ multiangle [composition, multiple object beam] hologram

многоцветная ~ multicolor hologram

монохроматическая ~ monochrome [single color] hologram

~ на жидком кристалле liquid-crystal hologram

неосевая ~ nonaxial [off-axis] hologram

объёмная ~ volume [deep] hologram

опорная ~ reference hologram

оптическая ~ optical [light] hologram

осевая ~ on-axis [in-line, Gabor] hologram

отражательная ~ reflection [reflectance] hologram

панорамная ~ panoramic hologram

пассивная акустическая ~ passive acoustical hologram

полутоновая ~ gray [half-tone] hologram

поляризационная ~ polarization hologram

пропускающая ~ transmission hologram

проявленная ~ developed hologram

радужная ~ iridescent hologram

рельефно-фазовая ~ relief-phase hologram

рентгеновская ~ X-ray hologram

СВЧ ~ microwave hologram

сдвиговая четвертьволновая ~ quater-wave shift hologram

симметричная ~ symmetrical hologram

синтезированная ~ synthesized [synthetic] hologram

составная ~ composite hologram

статическая ~ static hologram

стираемая ~ erasable hologram

тепловая ~ thermal hologram

термопластическая ~ thermoplastic hologram

толстая ~ Denisiuk [thick] hologram

тонкая ~ Gabor [thin] hologram

тонкослойная трёхмерная ~ thin-layer three-dimensional hologram

~ точечного источника point source hologram

трёхмерная ~ three-dimensional [volume, thick] hologram

фазовая ~ phase hologram

фазоконтрастная ~ phase-contrast hologram

фокусирующая ~ focusing hologram

фототермопластическая ~ photothermoplastic hologram

фотохромная ~ photochromic hologram

~ Фраунгофера Fraunhofer (diffraction) hologram, far-field hologram

~ Френеля Fresnel (diffraction) hologram

~ Фурье Fourier(-transform) hologram

цветная ~ color hologram

цилиндрическая ~ cylindrical hologram

цифровая ~ digital hologram

чёрно-белая ~ black-and-white hologram

широкоугольная ~ wide-angle hologram

шумовая фазовая ~ noise phase hologram

эталонная ~ master [reference] hologram

юстировочная ~ adjusting hologram

голографический *прил.* holographic

голография *ж.* holography

акустическая ~ acoustic(al) holography

безлинзовая ~ lensless holography

~ быстропротекающих процессов high-speed holography

внеосевая ~ off-axis holography

~ в реальном времени real-time holography

~ в реальном масшабе времени real-time holography

высокоскоростная ~ high-speed holography

~ движущегося объекта moving object holography

двухволновая динамическая ~ two-wave dynamic holography

двухфотонная ~ two-photon holography

динамическая ~ dynamic holography

изобразительная ~ picture holography

импульсная ~ pulse holography

инфракрасная ~ infrared [IR] holography

компьютерная ~ computer(-generated) holography

лазерная ~ laser holography

магнитооптическая ~ magnetooptic holography

многолучевая ~ multibeam holography

многочастотная ~ multiple-frequency holography

мультиплексная ~ multiplex holography

оптическая ~ optical [light] holography

осевая ~ on-axis [in-line] holography

отражательная ~ reflection holography

панорамная ~ panoramic holography

пассивная акустическая ~ passive acoustical holography

поляризационная ~ polarization holography

портретная ~ portrait holography

рентгеновская ~ X-ray holography

СВЧ ~ microwave holography

сверхвысокочастотная ~ microwave holography

сейсмическая ~ elastic-wave [earth] holography

скалярная ~ scalar holography

статическая ~ static holography

ультразвуковая ~ ultrasound [ultrasonic] holography

ультрафиолетовая ~ ultraviolet holography

фазовая ~ phase holography

~ Фраунгофера Fraunhofer holography

~ Френеля Fresnel holography

~ Фурье Fourier-transform holography

цветная ~ color holography

цифровая ~ digital holography

чёрно-белая ~ black-and-white holography

широкоугольная ~ wide-angle holography

электронная ~ electron holography

голоморфность *ж.* holomorphy

голономия *ж.* holonomy

голономность *ж.* holonomy
голономный *прил.* holonimic
голос *м. ак.* voice
  искусственный ~ artificial voice
голоэдр *м.* holohedron
голоэдрия *ж. (точечная группа симметрии)* holohedry
  арифметическая ~ arithmetic holohedry
  гексагональная ~ hexagonal holohedry
  ромбоэдрическая ~ rhombohedric holohedry
голубой *прил.* blue
гольмий *м.* holmium, Ho
гомеоморфизм *м. мат.* homeomorphism
гомеополярность *ж.* homeopolarity; covalence
гомеостаз *м.* homeostasis
гомеостат *м.* homeostat
гомогенизатор *м.* homogenizer
гомогенизация *ж.* homogenizing, homogenization
гомогенизированный *прил.* homogenized
гомогенизировать *гл.* homogenize
гомогенность *ж.* homogeneity, uniformity
гомогенный *прил.* homogeneous
гомозаряд *м. (электрета)* homocharge
гомолазер *м.* homolaser
гомолог *м.* homolog
гомология *ж. мат.* homology
гомоморфизм *м. мат.* homomorphism
  канонический ~ canonical homomorphism
  плоский ~ flat homomorphism
гомопауза *ж.* homopause
гомопереход *м.* homojunction
гомосфера *ж.* homosphere
гомотопия *ж.* homotopy
гомохромный *прил.* homochromatic
гомохромоизомерия *ж.* homochromoisomerism
гомоцентрический *прил. (о лучах)* homocentric
гомоцентричность *ж.* homocentricity
гомоцикл *м.* homoatomic ring
гомоэпитаксия *ж.* homoepitaxy, autoepitaxy
гониометр *м. крист.* goniometer
  двухкристальный ~ double-crystal goniometer
  двухкристальный рентгеновский ~ double-crystal X-ray goniometer
  двухкружный ~ two-circle goniometer
  двухосный рентгеновский ~ double-axis X-ray goniometer
  дифрактометрический ~ diffractometer goniometer
  контактный ~ contact goniometer
  однокристальный ~ one-crystal goniometer
  однокружный ~ one-circle goniometer
  одноосный малоугловой ~ one-axis small-angle goniometer
  отражательный ~ reflecting goniometer
  рентгеновский ~ X-ray goniometer
  рентгеновский ~ Вайсенберга Weissenberg X-ray goniometer

  рентгеновский ~ Жданова Zhdanov X-ray goniometer
  экваториальный четырёхкружный ~ equatorial four-circle goniometer
гониометрия *ж.* goniometry
гониопунктура *ж.* goniopuncture
  лазерная ~ (офтальмохирургия) laser goniopuncture
гониофотометр *м.* goniophotometer
гора *ж. (на телах Солнечной системы)* mons
  столовая ~ (на телах Солнечной системы) mensa
горб *м.* hump
  ~ кривой hump of a curve
  потенциальный ~ potential hump
  ~ профиля (крыла) upstream [camber] face
горелка *ж.* **1.** *(в спектроскопии)* burner **2.** *(для сварки, резки)* torch
  ~ Бунзена Bunsen burner
  газовая ~ gas burner
  кислородно-водородная ~ oxyhydrogen torch
  лабораторная ~ laboratory burner
  ~ Мекера Meker burner
  плазменная ~ plasma burner
  струйная ~ jet burner
  ~ Теклю Teclu burner
  эталонная ~ Карселя Carcel lamp
горение *с.* combustion; *(сгорание)* burning
  ☐ **инициировать ~** initiate combustion
  беспламенное ~ catalytic combustion
  взрывное ~ explosive combustion
  ~ взрывчатых веществ combustion of explosives
  ~ в потоке combustion in a flow
  высокотемпературное ~ high temperature combustion
  гетерогенное ~ heterogeneous combustion
  гомогенное ~ homogeneous combustion
  диффузионное ~ diffusion combustion
  изотермическое ~ isothermal combustion
  каталитическое ~ catalytic combustion
  медленное ~ slow combustion
  ~ металлов metal combustion
  нестационарное ~ nonstationary combustion
  поверхностное ~ surface combustion
  спиновое ~ spin combustion
  тепловое ~ thermal combustion
  турбулентное ~ turbulent combustion
  цепное ~ chain combustion
  ядерное ~ nuclear combustion
горизонт *м.* horizon
  видимый ~ apparent [visible] horizon; *(в космологии)* observer horizon
  геометрический ~ geometric horizon
  искусственный ~ artificial horizon
  истинный ~ true [celestial, geometrical] horizon
  космологический ~ cosmological horizon
  ~ Коши Cauchy horizon

~ **масс** mass horizon
математический ~ celestial [true] horizon
~ **наблюдателя** *(в космологии)* observer horizon
отражающий ~ *сейсм.* reflecting [reflection] horizon
преломляющий ~ *сейсм.* refracting [refraction] horizon
причинный ~ causality horizon
радиолокационный ~ radar horizon
ртутный ~ (reflecting) mercury basin
сейсмический ~ seismic horizon
~ **событий** event horizon
физический ~ observer horizon
хронологический ~ *ктп* chronological horizon
~ **частицы** *(в космологии)* particle horizon
горизонталь *ж. мат.* horizontal; *(в геодезии)* isohypse; topographic [terrain] contour
горизонтально *нареч.* horizontally
~ **поляризованный** horizontally polarized
горизонтальность *ж.* horizontal position
горизонтальный *прил.* horizontal
горло *с.* throat
~ **дивертора** divertor throat
~ **сопла** nozzle throat
фононное ~ phonon bottleneck
гороптер *м. (для зрения)* horopter
горючее *с.* fuel, combustible
ядерное ~ nuclear fuel
горячекатаный *прил.* hot-rolled
горячеломкость *ж.* hot-shortness
горячетянутый *прил.* hot-drawn
господствовать *гл.* dominate
~ **в науке** dominate in science
ГОСТ *м. (Государственный Стандарт)* State Standard
готовить *гл.* prepare; make ready
~ **доклад** prepare a report
~ **книгу к печати** prepare a book for the press
~ **машину к пуску** get a machine ready for action [for operation]
~ **специалистов** train specialists
~ **статью в журнал** write an article [a paper] for a journal
готовность *ж.* readyness, preparedness; availability
гофр *м. (гофрированная поверхность)* corrugation(s)
гофрирование *с.* corrugating
гофрировка *ж.* corrugation
~ **валентной зоны** corrugation of valence band
вертикально-однородная ~ **тороидального магнитного поля** vertically homogeneous ripple of toroidal field
~ **магнитного поля** ripple of magnetic field
~ **тороидального магнитного поля** *(в токамаке)* ripple of toroidal magnetic field
ГПУ-структура *ж. фтт* HCP structure

гравиметр *м.* gravimeter, gravity meter
астазированный ~ astatized [astatic] gravimeter
баллистический ~ ballistic gravimeter
барометрический ~ barometric gravimeter
бифилярный ~ bifilar gravimeter
геодезический ~ geodetic gravimeter
динамический ~ dynamic(-type) gravimeter
индукционный ~ eddy-current gravimeter
крутильный ~ torsion gravimeter
маятниковый ~ pendulum gravimeter
морской ~ marine [sea] gravimeter
пружинный ~ spring gravimeter
статический ~ balance-type [stable, static] gravimeter
струнный ~ (vibrating) string gravimeter
~ **Хойта** Hoyt gravimeter
гравиметрия *ж.* gravimetry
геодезическая ~ geodetic gravimetry
гравитационный *прил.* gravitational
гравитация *ж.* gravitation; gravity
двумерная ~ two-dimensional gravitation
квантовая ~ quantum gravitation
классическая ~ classical gravitation
ньютоновская ~ Newtonian gravitation
релятивисткая ~ relativistic gravitation
сильная ~ strong gravitation
слабая ~ weak gravitation
струнная ~ string gravity
четырёхмерная ~ 4-D gravity
эйнштейновская ~ Einstein gravitation
гравитино *с. фвэ* gravitino
правое ~ right-moving gravitino
гравитон *м.* graviton
виртуальный ~ virtual graviton
времениподобный ~ time-like graviton
свободный ~ free graviton
гравифотон *м.* graviphoton
градан *м. опт.* grin, GRIN
аксиальный ~ axial grin
радиальный ~ radial grin
сферический ~ spherical grin
градация *ж.* gradation
~ **изображения** gradation of image, image gradation
промежуточная ~ *(напр. яркости)* intervening gradation
~ **цветов** color gradation
градиент *м.* gradient
абсолютный гидравлический ~ absolute hydraulic gradient
адиабатический ~ adiabatic gradient
адиабатический ~ **температуры** adiabatic temperature gradient
барический ~ baric [pressure, barometric] gradient
барометрический ~ barometric [baric, pressure] gradient
влажноадиабатический ~ adiabatic humidity gradient
~ **влажности** himidity [moisture] gradient
геотермический ~ geothermal gradient

гидравлический ~ hydraulic gradient

~ **давления** pressure [baric, barometric] gradient

~ **давления в сжимаемой жидкости** compressible pressure gradient

~ **деформации** deformation gradient

знакопеременный ~ alternating gradient

~ **концентрации** concentration [density] gradient

~ **концентрации носителей** carrier density gradient

~ **концентрации примеси** impurity gradi-ent

~ **концентрации частиц** *(электронов, ионов, дырок и т.п.)* particle density gradient

логарифмический ~ logarithmic gradient

малый ~ flat [low] gradient

~ **напряжения** *эл.* voltage gradient; *мех.* stress gradient

нормальный температурный ~ normal temperature gradient

обобщённый ~ generalized gradient

обратный температурный ~ inverse temperature gradient

осевой ~ **температуры** axial temperature gradient

относительный ~ **концентрации космических лучей** relative gradient of cosmic ray concentration

отрицательный ~ **давления** *(падение давления в направлении течения)* accelerating [favorable, downstream] pressure gradient

~ **плотности** density gradient

~ **показателя преломления** refractive index [refractivity] gradient

~ **полного давления** total-pressure gradient

положительный ~ **давления** *(рост давления в направлении течения)* adverse pressure gradient

~ **полос** fringe gradient

~ **поля** gradient of the field, field gradient

поперечный ~ transverse gradient

~ **потенциала** potential gradient

предельный ~ **убывания поля по радиусу** limiting gradient of field decrease with radius

продольный ~ longitudinal gradient

радиальный ~ **температуры** radial temperature gradient

~ **силы тяжести** gravity gradient

~ **скорости** velocity gradient

~ **статического давления** static pressure gradient

температурный ~ temperature [thermal] gradient

~ **температуры** temperature gradient

~ **химического потенциала** gradientf of chemical potential

четырёхмерный ~ four-dimensional gradient

~ **электрического поля** electric field gradient

градиентометр *м.* gradiometer

вертикальный ~ vertical gradiometer

горизонтальный ~ horizontal gradiometer

гравитационный ~ gravity gradiometer

магнитный ~ magnetic gradiometer

~ **на основе СКВИДа** SQUID gradiometer

градуирование *с.* calibration, graduation

калориметрическое ~ calorimetric calibration

~ **мощности реактора** reactor power calibration

~ **регулирующего стержня** regulating-rod calibration

энергетическое ~ energy calibration

градуировать *гл.* calibrate, graduate

~ **измерительный прибор** calibrate an instrument

~ **шкалу** calibrate a scale [a dial]

градуировка *ж.* calibration, graduation

~ **измерительных приборов** calibration of instruments

~ **круговой шкалы** calibration of circular scale

~ **линейной шкалы** calibration of linear scale

~ **термометра** calibration of thermometer

градус *м.* degree

~ **долготы** degree of longitude

~ **дуги** degree of arc

~ **Кельвина** Kelvin, absolute degree

~ **Реомюра** Réaumur degree

~ **Рэнкина** Rankine degree

~ **Фаренгейта** Fahrenheit degree

~ **Цельсия** Celsius degree, degree of centigrade

~ **широты** degree of latitude

~ **экватора** degree of equator

электрический ~ electrical degree

~ **Энглера** Engler degree

гразер *м.* *(гамма-лазер)* gamma-ray laser, graser, gaser

грамм *м.* *(единица массы в системе СГС)* gram, g

грамм-атом *м.* gram-atom

грамм-ион *м.* gram-ion

грамм-калория *ж.* gram-calorie, small calorie

грамм-молекула *ж.* gram-molecule, mole

грамм-молекулярный *прил.* gram-molecular, molar

грамм-рад *м.* gram-rad

грамм-рентген *м.* gram-roentgen

грамм-эквивалент *м.* gram-equivalent

гранат *м.* *(лазерный материал)* garnet

алюмоиттриевый ~ **(АИГ)** yttrium aluminium garnet, YAG

гадолиний-галлиевый ~ **(ГГГ)** gadolinium gallium garnet, GGG

гадолиний-скандий-алюминиевый ~ **(ГСАГ)** gadolinium scandium aluminium garnet, GSAG

гадолиний-скандий-галлиевый ~ **(ГСГГ)** gadolinium scandium gallium garnet, GSGG

железо-иттриевый ~ (ЖИГ) yttrium iron garnet, YIG

иттрий-алюминиевый ~ (ИАГ) yttrium aluminium garnet, YAG

иттрий-скандий-галлиевый ~ (ИСГГ) yttrium scandium gallium garnet, YSGG

калий-гадолиниевый ~ potassium gadolinium garnet

скандий-алюминиевый ~ scandium aluminium garnet

гранение *с. (драгоценных камней)* cutting

гранёный *прил. (имеющий грани)* faceted; *(обработанный)* cut

гранецентрированный *прил.* face-centered

границ/а *ж.* **1.** boundary; border **2.** *(граница раздела, поверхность раздела)* interface **3.** *(предел)* bound, limit, cutoff **4.** *(край)* edge □ **на ~е** at [on] the boundary; at the interface; **находящийся на ~е апериодичности** critically damped

антифазная доменная ~ antiphase domain boundary

~ апериодичности aperiodicity limit

~ атмосферы atmosphere boundary

бесконечная ~ infinite boundary

бифуркационная ~ bifurcation boundary

~ы блоков *крист.* grain boundaries

блоховская доменная ~ Bloch wall, Bloch domain boundary

большеугловая ~ *(зёрен)* high [large] angle boundary

~ веера *(линий скольжения)* fan boundary

верхняя ~ upper bound, upper limit

верхняя ~ диапазона upper range limit

верхняя ~ спектра волн upper limit of wave spectrum

винтовая ~ twist boundary

~ вихревой зоны wake boundary

внешняя ~ *(области)* outer boundary

внешняя ~ аттрактора outer limit of the attractor

внутренняя ~ *(области)* inner boundary

внутренняя ~ аттрактора inner limit of the attractor

~ возмущения *(в потоке)* Mach line

воображаемая ~ imaginary [fictitious] boundary

высокочастотная ~ high frequency limit

геометрическая ~ geometrical boundary

~ геометрической тени geometrical shadow boundary

~ глобальной устойчивости в конечной трубе limit of global stability in a finite pipe

гофрированная ~ corrugated boundary

движущаяся ~ moving boundary

двойниковая ~ twin boundary

~ диффузии diffusion barrier

диффузная ~ diffuse boundary, diffuse interface

диффузная доменная ~ diffuse domain boundary

длинноволновая ~ *(спектральной чувствительности)* long-wavelength cutoff, long-wavelength limit

доверительная ~ confidence limit

~ домена domain boundary, Bloch wall

доменная ~ domain boundary, Bloch wall

~ допуска tolerance limit

~ достоверности confidence limit

жёсткая ~ спектра тормозного излучения hard-photon end point of bremsstrahlung

жидкостная ~ liquid junction

закреплённая ~ fixed boundary

~ зерна *фтт* grain [crystal] boundary

~ зоны band [zone] edge

~ зоны Бриллюэна Brillouin zone boundary, Brillouin zone edge

~ зоны регулирования control boundary

идеально проводящая ~ perfectly conducting boundary

~ интервала interval boundary

~ ионизации ionization limit

ионизационная ~ серии ionization limit of series

квантовая ~ *(спектра)* quantum limit

~ кипения фракций cut point

когерентная ~ coherent boundary

когерентная межфазная ~ coherent interface

~ комптоновского поглощения Compton edge

~ конденсации на ионах *(в камере Вильсона)* ion limit

~ Конрада Conrad discontinuity

~ контакта interface

~ контура обтекаемого тела camber line

коротковолновая ~ *(напр. интенсивности излучения)* short-wavelength limit

коротковолновая ~ спектральной полосы short-wavelength limit of spectral band

~ К-полосы поглощения K-absorption edge

красная ~ *(спектральной чувствительности фотоприёмника)* long-wavelength cutoff

красная ~ фотоэффекта photoelectric [photoemission] threshold

криволинейная ~ curved boundary

~ кручения *(зёрен)* twist boundary

кусочно-гладкая ~ sectionally smooth boundary

лаймановская ~ *(в спектре водорода)* Lyman limit

~ магнитосферы magnetosphere boundary, magnetopause

малоугловая ~ *(зёрен)* low [small] angle boundary

малоугловая межзёренная ~ кручения twist low-angle grain boundary

~ между двумя несмешивающимися жидкостями boundary between two immiscible fluids

~ между жёсткой и пластической областями rigid-plastic boundary

~ между областями вихревого и безвихревого движения boundary between rotational and irrotational flow межзёренная ~ *фтт* grain [crystal] boundary

межкристаллитная ~ intercrystalline boundary, intercrystalline interface

межфазная ~ interface, interphase boundary

межфазная ~ несмешивающихся жидкостей dineric interface

межэлементная ~ interelement boundary; element interface

~ мезосферы mesosphere boundary, mesopause

~ мирового листа world sheet boundary

~ множества set boundary

~ Мохоровичича *геофиз.* Mohorovičič discontinuity

мягкая ~ спектра тормозного излучения soft-photon end point of bremsstrahlung

нагруженная ~ loaded boundary

наклонная ~ *(между кристаллами или зёрнами)* tilt boundary

некогерентная большеугловая ~ зёрен large-angle incoherent grain boundary

непараллельные ~ы nonparallel boundaries

неровная ~ rough boundary

нижняя ~ lower bound, lower limit; *(в геофизике)* bottom boundary

нижняя ~ диапазона lower range limit

нижняя ~ спектра волн low limit of wave spectrum

низкочастотная ~ low frequency limit

~ обеднённого слоя depletion(-layer) edge

~ области domain [region] boundary

~ области неустойчивости instability region boundary

~ области тени shadow boundary

~ области устойчивости stability limit

~ области фазовой устойчивости phase-stable boundary

отражающая ~ reflecting [reflection] boundary

~ ошибки error boundary

параллельные ~ы parallel boundaries

~ плазмы plasma boundary

плоская ~ раздела plane [planar] interface

~ поверхности surface boundary

~ поглощения absorption edge, absorption cutoff

~ поглощения в кадмии cadmium cutoff

~ полосы band edge

~ полосы поглощения absorption edge, absorption limit

~ полуплоскости half-plane boundary

~ полупространства half-space boundary

~ полупроводник-диэлектрик semiconductor-insulator interface

~ предиссоциации predissociation boundary

~ прозрачности transparence cutoff

~ проникновения космических лучей boundary of penetration of cosmic rays

~ пропускания *опт.* transmission cutoff

простая наклонная ~ *(зёрен)* pure tilt boundary

прямолинейная ~ straight-line boundary

~ пучка beam boundary

~ радиоактивного заражения radioactive-contamination limit

~ раздела *(двух сред)* interface

~ раздела вода-пар steam-water interface

~ раздела диэлектрик-полупроводник insulator-semiconductor interface

~ раздела жидкость-газ liquid-gas interface

~ раздела жидкость-жидкость liquid-liquid interface

~ раздела кристалл-пар crystal-vapor interface

~ раздела кристалл-расплав crystal-melt interface

~ раздела матрица-частица matrix-particle interface

~ раздела между нормальной и сверхпроводящей фазами normal-superconducting boundary

~ раздела между сердцевиной и оболочкой *(световода)* core-cladding boundary

~ раздела металл-полупроводник metal-semiconductor interface

~ раздела переходный металл-кремний transition metal-silicon interface

~ раздела полупроводник-полупроводник semiconductor-semiconductor interface

~ раздела твёрдое тело-газ solid-gas interface

~ раздела твёрдое тело-жидкость solid-liquid interface

~ раздела фаз interface, interphase boundary

размытая ~ *(раздела)* diffuse [nonabrupt] interface

~ разрушения damage boundary

разупорядоченная ~ disordered boundary

~ растворимости solubility limit

резкая ~ sharp boundary; abrupt interface; *(в оптике)* sharp cutoff

рэлеевская ~ Rayleigh limit

~ светового пучка beam edge

свободная ~ free boundary

свободная от трения ~ frictionless boundary

свободная от усилий ~ traction-free [stress-free] boundary

свободная ~ плазмы plasma free boundary

свободная ~ потока free stream boundary

свободная ~ турбулентной области free boundary of the turbulent region, free turbulent boundary

свободно опёртая ~ *(пластины)* simply supported boundary

сейсмическая ~ seismic boundary

~ серии series limit

~ сопрягающихся плоскостей boundary of the plane-matching type

~ спектра spectrum edge

~ спутной струи wake boundary

~ струи jet boundary, jet edge

температурная ~ области высокоэластичности high-elasticity temperature

~ **тени** shadow boundary

теоретическая ~ theoretical boundary

теоретическая ~ **теплового расширения** theoretical boundary for thermal expansion

~ **тропосферы** troposphere boundary, tropopause

~ **турбулентной области** turbulent boundary

~ **устойчивости** stability boundary; stability threshold, stability limit

фазовая ~ phase boundary, interface

фазовая ~ **жидкость-газ** liquid-gas interface

фазовая ~ **жидкость-твёрдое тело** liquid-solid interface

~ **Ферми** Fermi limit

фиксированная ~ fixed boundary

фиксированная ~ **плазмы** plasma fixed boundary

~ **фотопроводимости** photoconduction limit

экстраполированная ~ (*потока нейтронов*) extrapolated boundary

~ **энергетической зоны** energy band edge

граничащий *прил.* adjacent

граничный *прил.* boundary, interfacial

гранки *мн. (корректура)* proof

n-гранник *м.* n-hedron

n-гранный *прил.* n-hedral, n-faced

гранула *ж. астр.* granule; *фтм* grain

взрывающаяся ~ exploding granule

гигантская ~ giant granule

сверхгигантская ~ supergiant granule

факельная ~ facular [plage] granule

флоккульная ~ plage [floccular] granule

яркая ~ bright granule

гранулированный *прил.* granular, grained

гранулометрия *ж.* granulometry

магнитная ~ magnetic granulometry

грануляция *ж. астр.* granulation

аномальная ~ abnormal granulation

~ **в белом свете** white light granulation

~ **в тени** umbral granulation

солнечная ~ solar granulation

фотосферная ~ photospheric granulation

хромосферная ~ chromospheric granulation

гран/ь *ж.* **1.** *крист.* face, facet **2.** *мат.* bound □ ~**и кристалла расположены под определёнными углами друг к другу** crystal faces are inclined to each other at characteristic angles

~ **базиса** basal face

боковая ~ lateral face, flat side

боковая ~ **кристалла** crystal side

верхняя ~ upper bound

вицинальная ~ vicinal face

внешняя ~ facet

дипирамидальная ~ dipyramidal face

единичная ~ unit face

заряженная ~ charged face

~ **клина** wedge side

~ **кристалла** crystal face

~ **куба** cube face

~ **кубического кристалла** cube face

~ **лазерного диода** laser diode face

~ **многогранника** face of polyhedron

неполярная ~ (*кристалла*) nonpolar face

нижняя ~ lower bound

параллельные ~**и** parallel faces

пинакоидальная ~ pinacoidal face

плоская ~ flat face

плотно-упакованные ~**и** close-packed faces

полярная ~ (*кристалла*) polar face

~ **призмы** prism(atic) face

противолежащие ~**и** opposite faces

~ **резонатора** resonator face

сингулярная ~ singular face

~ **скола** cleavage surface

сколотая ~ cleavage surface

торцевая ~ (*полупроводникового лазера*) end face

грассманиан *м.* Grassmanian

граф *м. мат.* graph

альтернирующий ~ alternating graph

базисный ~ basis graph

бесконечный ~ infinite graph

бихроматический ~ bichromatic graph

~ **взаимодействий** interaction graph

вырожденный ~ singular graph

двумерный ~ two-dimensional graph

двусвязный ~ doubly connected graph

древовидный ~ tree graph

звёздный ~ star graph

изоморфный ~ isomorphic graph

конечный ~ finite graph

корневой ~ rooted graph

многомерный ~ multidimensional graph

неориентированный ~ undirected graph

непланарный ~ nonplanar graph

однонаправленный ~ one-way graph

ориентированный ~ oriented [directed] graph

планарный ~ planar [flat] graph

плоский ~ flat [planar] graph

полный ~ complete graph

помеченный ~ labeled graph

ранжированный ~ levelized graph

раскрашенный ~ colored graph

связный ~ connected graph

симметрический ~ symmetric graph

сингулярный ~ singular graph

~ **состояния** state graph

циклический ~ cyclic graph

n-точечный ~ n-point graph

графа *ж. (таблицы)* column

графекон *м. (запоминающая ЭЛТ)* graphechon

график *м.* **1.** *(изображение)* graph, plot, chart, curve, diagram **2.** *(расписание)* schedule □ ~ **зависимости y от x** graph of y versus x, plot of y against x, graph [plot] of y as a function of x, y versus x curve; **наносить на** ~ plot (on a graph); **работать по** ~**у** meet a schedule; **строить** ~ construct [plot] a graph

аналитический ~ *спектр.* analytical graph
~ **Аррениуса** *крист.* Arrhenius plot
~ **в двойном логарифмическом масштабе** log-log plot
~ **в логарифмических координатах** log plot, logarithmic graph
~ **в логарифмическом масштабе** log plot, logarithmic graph, logarithmic diagram
~ **в логарифмическом масштабе по обеим осям** double logarithmic diagram
~ **в полулогарифмическом масштабе** semilog plot, semilogarithmic graph
~ **в полярных координатах** polar diagram
~ **Далитца** Dalitz plot
~ **дежурств** duty chart, duty table
~ **зависимости давления от объёма** pressure-volume diagram
~ **зависимости пути от времени** distance-time curve
~ **зависимости смещения от времени** displacement-time curve
~ **зависимости удлинения от нагрузки** load-extension diagram
~ **Кюри** *(для бета-спектров)* Curie diagram
переводной ~ conversion chart
~ **потока** flux plot
~ **работы** operating schedule
равноконтрастный цветовой ~ uniform-chromaticity-scale [UCS] diagram
~ **радиального распределения** radial-distribution plot
~ **разгрузки** *(реактора)* unloading schedule
~ **скорости** velocity(-time) curve
~ **ускорения** acceleration(-time) curve
~ **Ферми** Fermi plot
~ **Ферми - Кюри** Fermi-Curie plot
~ **функции** plot of function
~ **цветности** chromaticity diagram, color triangle
цветовой ~ chromaticity diagram, color triangle
графика *ж.* graphics
компьютерная ~ computer graphics
машинная ~ computer graphics
графит *м.* graphite
белый ~ white graphite
боросилицированный ~ boron-siliconized graphite
доменный ~ blast-furnace graphite
искусственный ~ artificial graphite
карбидный ~ carbide graphite
коллоидный ~ colloidal graphite
кристаллический ~ crystalline graphite
мелкочешуйчатый ~ fine-grain graphite
олеофильный ~ oleophilic graphite
пиролитический ~ pyrolitic graphite
пластинчатый ~ flaked graphite
пористый ~ porous graphite
природный ~ natural graphite
силицированный ~ siliconized graphite
синтетический ~ synthetic graphite
скрытокристаллический ~ cryptocrystalline graphite

сфероидальный ~ nodular [spheroidal] graphite
чешуйчатый ~ flaked graphite
ядерный ~ nuclear graphite
графитизация *ж.* graphitization
графопостроитель *м.* (graph) plotter
автоматический ~ autoplotter
двухкоординатный ~ X-Y plotter
лазерный ~ laser plotter
~ **траекторий частиц** particle trajectory plotter
цветной ~ color plotter
графостатика *ж.* graphostatics, graphic statics
графоэпитаксия *ж.* graphoepitaxy
гребёнка *ж. (приёмников)* comb, rake
~ **из трубок Пито** Pitot comb, Pitot rake
греб/ень *м. (вершина)* crest; ridge □ **с острым** ~**нем** *(о волнах)* sharp-crested
барический ~ pressure ridge
~ **водослива** overfall crest
~ **волны** wave crest, ridge of wave
~ **волны ряби** ripple crest
~ **высокого давления** high-pressure ridge, ridge of high pressure
гром *м.* thunder
громкоговоритель *м.* (loud)speaker
высокочастотный ~ tweeter; high-frequency loudspeaker
~ **для верхних частот** tweeter; high-frequency loudspeaker
~ **для низких частот** woofer; low-frequency loudspeaker
~ **замещения** substitute test speaker
контрольный ~ monitoring loudspeaker
магнитострикционный ~ magnetostriction loudspeaker
направленный ~ directional loudspeaker
низкочастотный ~ woofer; low-frequency loudspeaker
пневматический ~ pneumatic [compressed-air] loudspeaker
~ **прямого излучения** direct [direct-radiation] loudspeaker
пьезоэлектрический ~ piezoelectric [crystal] loudspeaker
рупорный ~ horn loudspeaker
широкополосный ~ broadband loudspeaker
электродинамический ~ electrodynamic [moving-coil, induction] loudspeaker
электродинамический ~ **с постоянным магнитом** permanent-magnet dynamic loudspeaker
электромагнитный ~ moving-iron loudspeaker
электростатический ~ capacitor [condenser, electrostatic] loudspeaker
громкость *ж.* volume; level; loudness
~ **звука** sound volume, loudness of sound
~ **в левом канале** left hand volume
~ **в правом канале** right hand volume
громоздкий *прил. (о математическом выражении)* lengthy, awkward; *(о выкладках)* tedious, cumbersom

громоотвод *м.* lightning arrester

грохот *м. (звук)* crash

грубость *ж. (поверхности, измерений)* roughness

грубый *прил.* **1.** *(о поверхности)* rough, coarse, rugged **2.** *(о вычислениях, оценках)* rough **3.** *(об аналогии)* crude **4.** *(о настройке)* coarse

груз *м.* load, weight

балансировочный ~ balance weight

~ на нити, перекинутой через блок load-and-pulley arrangement

~ отвеса bob

полезный ~ *(космического аппарата)* payload

уравновешивающий ~ counterweight

группа *ж.* **1.** group **2.** *(частиц, волн)* batch, cluster, bunch, train **3.** *(сотрудников)* team, group, crew

абелева ~ Abelian [commutative] group

абстрактная ~ abstract group

абстрактно-неизоморфная ~ abstract-non-isomorphic group

аддитивная ~ additive group

~ актиноидов actinoid group

~ альфа-частиц alpha-particle cluster

~ антисимметрии antisymmetry group

антиунитарная ~ antiunitary group

~ античастиц *(космических лучей)* antiparticles

~ аромата *фвэ* flavor group

асимморфная ~ asymmorphous group

атомная ~ atomic group; cluster of atoms

~ атомов atomic group; cluster of atoms

безразмерная ~ dimensionless group

белая ~ *фмя* white group

бесконечная ~ infinite group

~ бесконечного порядка group of infinite order

бесконечномерная конформная ~ infinite-dimensional conformal group

бесконечномерная ~ **Ли** infinite-dimensional Lie group

биполярная ~ bipolar group

~ бозонной симметрии bosonic symmetry group

боковая ~ *(полимера)* side group

~ Браве Bravais group

~ быстрых нейтронов fast neutron group

~ вакансий cluster of vacancies

~ Вейля Weyl group

~ великого объединения Grand Unification group

вещественная ~ real group

вложенная ~ nested group

~ внутренней симметрии internal symmetry group

внутренняя ~ intrinsic group

внутрикомплексная ~ chelate group

~ волн wave group, group of waves, wave packet

волновая ~ wave group, group of waves, wave packet

~ волновых пакетов group of wave packets

~ вращений rotational group, group of rotations

~ вращений и отражений rotation-reflection group

~ вращений окружности circle rotation group

~ вращений сферы sphere rotation group

~ всех вещественных чисел total group of real numbers

~ всех комплексных чисел total group of complex numbers

~ вторичных ионов secondary ion cluster

высокоэнергетическая ~ high energy group

~ галактик cluster [group] of galaxies

~ Галуа Galois group

гексагонально-дипирамидальная ~ *крист.* hexagonal-bipyramidal group

гексагонально-пирамидальная ~ *крист.* hexagonal-pyramidal group

гексагонально-трапецоэдрическая ~ *крист.* hexagonal-trapezohedral group

гексаоктаэдрическая ~ *крист.* hexaoctahedral group

гексатетраэдрическая ~ *крист.* hexatetrahedral group

гемисимморфная ~ hemisymmorphous group

гетероциклическая ~ heterocyclic group

гидроксильная ~ *хим.* hydroxyl group

гидрофильная ~ hydrophilic group

гидрофобная ~ hydrophobic group

глобальная ~ global group

~ голономии holonomy group

голоэдрическая точечная ~ holohedral point group

~ гомологий homology group

~, гомоморфная группе group multiply isomorphic to group

гомотопическая ~ homotopy group

градуированная ~ **Ли** graded Lie group

дважды периодическая ~ double-periodic group

~ движений group of motions, group of movements, movement group

~ движений евклидовых пространств movement group of Euclidean spaces

~ движений окружности circle movement group

~ движений пространства-времени movement group of space-time

двумерная ~ two-dimensional group

двумерная точечная ~ two-dimensional point group

двумерно периодическая ~ two-dimensionally periodic group

~ де Ситтера de Sitter group

дигексагонально-пирамидальная ~ *крист.* bihexagonal-pyramidal group

дидодекадрическая ~ *крист.* bidodeca-hedral group

динамическая ~ dynamical group

динамическая ~ симметрии dynamical symmetry group

~ динамической симметрии dynamical symmetry group

дискретная ~ discrete group

дискретная калибровочная ~ discrete gauge group

~ дискретных плоских вращений group of discrete flat rotations

~ дискретных трансляций group of discrete translations

дитетрагонально-дипирамидальная ~ *крист.* bitetragonal-bipyramidal group

дитетрагонально-пирамидальная ~ *крист.* bitetragonal-pyramidal group

дитригонально-дипирамидальная ~ *крист.* bitrigonal-bipyramidal group

дитригонально-пирамидальная ~ *крист.* bitrigonal-pyramidal group

дитригонально-скаленоэдрическая ~ *крист.* bitrigonal-scalenohedral group

~ диффеоморфизмов diffeomorphism group; group of diffeomorphisms

диффузионная ~ diffusion cluster

диэдрическая безосная ~ *крист.* dihedral nonaxial group

диэдрическая осевая ~ *крист.* dihedral axial group

~ длиннопробежных частиц long range group

~ доменов cluster of domains

дуальная ~ dual group

евклидова ~ Euclidean group

единая ~ симметрии united symmetry group

единичная ~ unit [one-element, trivial] group

~ замедлителя slowing down group

замещающая ~ *хим.* substituting group

~ запаздывающих нейтронов delay neutron group

знакопеременная ~ alternating group

изоморфная ~ isomorphic group

~, изоморфная группе group simply isomorphic to group

изоспиновая ~ isospin group

~ изотропии group of isotropy

изотропная ~ isotropy group

~ импульсов pulse group, pulse train

~ инвариантности invariance group

~ инверсии inversion group

~ ионов cluster of ions, ionic cluster

исключительная ~ exceptional group

исследовательская ~ research team, research group

калибровочная ~ gauge group

~ калибровочных преобразований gauge transformation group

квантовая ~ quantum group

квантово-механическая ~ quantum-mechanical group

~ киральной симметрии chiral symmetry group

~ классов диффеоморфизмов group of diffeomorphism classes

~ когомологий cohomology group

коллинеарная ~ collinear group

~ колодцев group of wells, multiple-well system

коммутативная ~ commutative [Abelian] group

компактная ~ compact group

компактная ~ Ли compact Lie group

комплексная ~ complex group

конечная ~ finite group, finite cluster

конечномерная ~ Ли finite-dimensional Lie group

конформная ~ conformal group

концевая ~ end group

кратно-транзитивная ~ multiply transitive group

кристаллографическая пространственная ~ crystallographic space group

кристаллографическая точечная ~ crystallographic point group

~ лантаноидов lanthanide group

лауэвская ~ симметрии Laue symmetry group

~ лёгких ядер *(космических лучей)* light nuclei

~ Ли Lie group

линейно упорядоченная ~ simply ordered group

~ линейных операторов linear operator group

~ линейных преобразований linear transformation group

~ Ли - Ритта - Колчина Lie-Ritt-Kolchin group

локальная ~ local group

локально-изоморфная ~ Ли locally isomorphous Lie group

локально-компактная ~ locally compact group

локально-конечная ~ locally finite group

~ Лоренца Lorentz [three-dimensional rotation] group

магнитная ~ magnetic group

матричная ~ matrix group

местная ~ галактик local cluster [group] of galaxies

метаплектическая ~ metaplectic group

многосвязная ~ multiply connected group

многочастичная ~ multiparticle group

~ модулей modulus group

модулярная ~ modular group

~ монодромии monodromy group

моноэдрическая ~ *крист.* monohedral group

мультипликативная ~ multiplicative group

накрывающая ~ covering group

неабелева ~ non-Abelian [noncommutative] group

~ **неинвариантности** noninvariance group

нейтральная ~ антисимметрии neutral [grey] antisymmetry group

~ **нейтронов** neutron group

некоммутативная ~ non-Abelian [noncommutative] group

некомпактная ~ noncompact group

некристаллографическая ~ noncrystallographic group

неоднородная ~ Лоренца nonhomogeneous Lorentz group

неоднородная симплектическая ~ nonhomogeneous symplectic group

непрерывная ~ continuous group

несимморфная ~ nonsymmorphous group

нильпотентная ~ nilpotent group

нормальная ~ normal group

~ **обменной симметрии** exchange symmetry group

обобщённая ~ generalized group

объединяющая ~ unifying group

одномерная ~ one-dimensional group

одномерно периодическая ~ one-dimensionally periodic group

однопараметрическая ~ one-parameter group

односвязная ~ Ли singly connected Lie group

одноцветная ~ антисимметрии one-color group of antisymmetry

одноэлементная ~ one-element [trivial, unit] group

~ **операторов** group of operators

ортогональная ~ orthogonal group

~ **ортогональных преобразований** orthogonal transformation group

ортохронная ~ orthochronous group

~ **отражений** reflection group

~ **отражений Вейля** Weyl reflection group

очарованная унитарная ~ charm unitary group

~ **очень тяжёлых ядер** *(космических лучей)* very heavy nuclei

параметризованная ~ parametrized group

пептидная ~ peptide group

~ **перенормировок** renormalization group

~ **переносов** translation group

~ **перестановок** permutation group

перестановочно-инверсионная ~ permutation-inversion group

~ **перехода** transition group

~ **переходных металлов** transition metal group

периодическая ~ periodic group

~ **петель** loop group

пинакоидальная ~ *крист.* pinacoidal group

~ **плоских вращений** flat rotation group

~ **поворотов плоскости** plane rotation group

~ **подстановок** substitution [permutation] group

полная линейная ~ general linear group

полная матричная ~ complete matrix group

полная ~ симметрии complete symmetry group

полупростая ~ semisimple group

полупростая ~ Ли semisimple Lie group

полярная ~ polar group

~ **порядка n** group of order n

предельная ~ limiting group

предельная ~ симметрии limiting symmetry group

предельная точечная ~ limiting point group

~ **преобразований** group of transformations, transformation group

~ **преобразований симметрии** symmetry transformation group

~ **преобразований цвета** color transformation group

призматическая ~ *крист.* prismatic group

примитивная ~ primitive group

проективная ~ projective group

~ **проективной унитарной симметрии** projective unitary symmetry group

простая ~ Ли simple Lie group

пространственная ~ space [spatial] group

пространственная ~ антисимметрии space group of antisymmetry

пространственная ~ симметрии space group of symmetry

пространственная трижды периодическая ~ Shubnikov group

~ **протонов** *(космических лучей)* protons

псевдоортогональная ~ pseudo-orthogonal group

псевдоунитарная ~ pseudo-unitary group

~ **Пуанкаре** Poincaré group

~ **пятен** *(солнечных)* spot group

~ **пятен типа альфа** alpha-spot group

радикальная ~ radical group

разрешимая ~ *(симметрии)* solvable [integrable] group

~ **растяжений** dilation group

расширенная ~ enlarged [extended] group

редкоземельная ~ *(химических элементов)* rare-earth group, rare-earth series

~ **редкоземельных элементов** rare-earth group, rare-earth series

~ **резонансных нейтронов** resonance neutron group

релятивистская ~ relativistic group

ренормализационная ~ renormalization group

ренормализационная ~ Гелл-Манна - Лоу Gell-Mann-Low renormalization group

ромбо-дипирамидальная ~ *крист.* rhombobipyramidal group

ромбо-пирамидальная ~ *крист.* rhombopyramidal group

ромбо-тетраэдрическая ~ *крист.* rhombotetrahedral group

ромбоэдрическая ~ *крист.* rhombohedral group

~ самых тяжёлых ядер *(космических лучей)* super heavy nuclei
связная ~ connected group
~ сдвигов translation group
серая ~ *фмя* grey group
серая ~ антисимметрии neutral [grey] antisymmetry group
сжатая ~ contracted group
~ симметрии symmetry group
~ симметрии взаимодействия interaction symmetry group
~ симметрии молекул molecular symmetry group
симметричная ~ symmetric group
симморфная ~ *крист.* symmorphic group
симморфная фёдоровская ~ symmorphic Fedorov group
симплектическая ~ symplectic group
~ скрытой симметрии hidden symmetry group
сложная ~ complex group
собственная ~ proper group
собственная ~ вращений proper rotation group
~ солнечных пятен solar spot group
сопряжённая ~ adjoint group
спиральная ~ симметрии spiral symmetry group
~ с разветвлённой цепью branched-chain group
~ средних ядер *(космических лучей)* medium nuclei
~ с сопряжёнными двойными связями conjugated group
старшая ~ senior group
~ стержней *(ядерного реактора)* rod bank; rod group
структурная ~ расслоения structural bundle group
структурно-упорядоченная ~ structurally ordered group
суперконформная ~ superconformal group
~ суперсимметрии supersymmetry group
~ счётчиков bank of counters
~ тепловыделяющих элементов *(ядерного реактора)* cluster of fuel elements
тетрагонально-дипирамидальная ~ *крист.* tetragonal-bipyramidal group
тетрагонально-пирамидальная ~ *крист.* tetragonal-pyramidal group
тетрагонально-скаленоэдрическая ~ *крист.* tetragonal-scalenohedral group
тетрагонально-тетраэдрическая ~ *крист.* tetragonal-tetrahedral group
тетрагонально-трапецоэдрическая ~ *крист.* tetragonal-trapezohedral group
техницветовая ~ technicolor group
топологическая ~ topological group
~ точек cluster of points
точечная ~ point group
точечная ~ направлений point group of directions

точечная ~ симметрии *крист.* point symmetry group
~ точной симметрии exact symmetry group
~ трансляций translation group, group of translations
трёхмерная ~ three-dimensional group
трёхмерная ~ вращений three-dimensional rotation [Lorentz] group
~ трёхмерных вращений three-dimensional rotation [Lorentz] group
тривиальная ~ trivial [one-element, unit] group
тригонально-дипирамидальная ~ *крист.* trigonal-bipyramidal group
тригонально-пирамидальная ~ *крист.* trigonal-pyramidal group
тригонально-трапецоэдрическая ~ *крист.* trigonal-trapezohedral group
триоктаэдрическая ~ *крист.* trioctahedral group
тритетраэдрическая ~ *крист.* tritetrahedral group
~ тяжёлых ядер *(космических лучей)* heavy nuclei
универсальная накрывающая ~ universal covering group
унимодулярная ~ unimodular group
униполярная ~ unipolar group
унитарная ~ unitary group
~ унитарной симметрии unitary symmetry group
~ унитарных преобразований unitary transformation group
фёдоровская ~ Fedorov group
фёдоровская пространственная ~ Fedorov space group
фундаментальная ~ fundamental group
фундаментальная ~ пространства X fundamental group of X
функциональная ~ functional group
хелатная ~ chelate group
~ цвета *кхд* color group
цветная хиггсовская ~ Higgs color group
цветовая ~ *кхд* color group
цветовая ~ симметрии *кхд* color symmetry group
~ цветной симметрии *кхд* color symmetry group
~ целых чисел integer group
циклическая ~ cyclic group
цилиндрическая ~ симметрии cylindrical symmetry group
~ частиц particle group, particle bunch, cluster of particles
чёрно-белая ~ *фмя* black-and-white group
чёрно-белая точечная ~ антисимметрии black-and-white point group of antisymmetry
шубниковская ~ Shubnikov group
~ электронов и позитронов *(космических лучей)* electrons and positrons
электрослабая ~ симметрии electroweak symmetry group

~ электрослабого взаимодействия electroweak interaction group

энантиоморфная пространственная ~ enantiomorphous space group

энергетическая ~ energy group

~ ядер *(космических лучей)* group of nuclei

~ ядер гелия *(космических лучей)* helium nuclei

10-параметрическая ~ Ли 10 parameter Lie group

группирование *с.* bunching; grouping; clustering

~ в блоки clumping

~ в пучке beam bunching

~ ионов bunching of ions

нарастающее ~ progressive bunching

недостаточное ~ underbunching

~ носителей bunching of carriers

~ по энергии energy bunching

~ примесей impurity bunching

~ пучка beam bunching

усиленное ~ enhanced bunching

~ электронов electron bunching

группирователь *м.* *(заряженных частиц)* buncher; bunching system

волноводный ~ waveguide buncher

высокочастотный ~ radio frequency [rf] buncher

двухрезонаторный ~ double-cavity buncher

каскадный ~ cascade buncher

~ клистронного типа klystron(-type) buncher

клистронный ~ klystron(-type) buncher

однорезонаторный ~ single-cavity buncher

~ пучка beam buncher

сверхпроводящий ~ superconducting buncher

~ с одним зазором one-gap [single-gap] buncher

группировать *гл.* bunch; group; bundle

группироваться *гл.* bundle; group; cluster

группировка *ж.* bunching; grouping; aggregation

атомная ~ atomic bunching

~ в пространстве отражения *(в клистроне)* reflex bunching

квантовая ~ quantum bunching

оптимальная ~ optimum bunching

~ по скоростям velocity bunching

~ по энергиям energy bunching

~ при модуляции по скорости velocity modulation bunching

синхронная ~ synchronous bunching

фазовая ~ *(частиц)* phase bunching

~ фотонов photon bunching

~ центров орбит orbit center bunching

~ электронов electron bunching

грэй *м.* *(единица СИ поглощённой дозы излучения)* gray, Gy

гряда *ж.* *(на телах Солнечной системы)* dorsum

грязный *прил.* *(о поверхности)* durty; contaminated

гуанин *м.* *биофиз.* guanine

губа *ж.* lip

полная ~ среза *(на изломе)* complete shear lip

~ среза shear lip

частичная ~ среза *(на изломе)* partial shear lip

гудение *с.* *(напр. трансформатора)* hum; buzz

гулкий *прил. ак.* reverberating, resounding

гулкость *ж.* *(помещения)* boominess

ГЦК-структура *ж.* *фтт* FCC structure

Д

давать *гл.* give; deliver; produce; supply

~ возможность enable, make possible, permit

~ напряжение 220 B supply a voltage of 220 V

~ объяснение supply [offer] an explanation

~ ответ на... give [provide] an answer to...

~ разрешение grant permission

~ ток 30 A deliver a current of 30 A

~ удовлетворительное объяснение offer a satisfactory explanation

давлени/е *с.* pressure ▯ **воспринимать ~** *(о датчике)* sense pressure; *(о конструкции)* take up pressure; **выдерживать ~** withstand pressure; **высокого ~я** high-pressure; **для работы при высоком ~и** high-pressure; **испытывать под ~ем** test under pressure; **повышать ~** raise [build up] pressure; **под ~ем 10 атм** under pressure of 10 atm; **сбрасывать ~** depressure, depressurize, release pressure; **создавать ~** pressurize, produce a pressure; **создание ~я** pressurization; **~ увеличивается с глубиной** pressure increases with depth

абсолютное ~ absolute pressure

анизотропное ~ anisotropic pressure

аннигиляционное ~ annihilation pressure

атмосферное ~ atmospheric [barometric, air] pressure

барометрическое ~ barometric [atmospheric] pressure

боковое ~ lateral [side] pressure

вакуумметрическое ~ vacuum, gauge pressure

~ ветра wind pressure

~ в жидкости fluid pressure

~ в звуковой волне sound wave pressure

~ в земном ядре pressure in the Earth core

~ в камере chamber pressure

~ в клинообразном слое wedge pressure

~ в критической точке *(потока)* stagnation pressure

~ в миллиметрах ртутного столба pressure in millimeters of mercury
~ в невозмущённом потоке undisturbed pressure
внешнее ~ ambient [external] pressure
внутреннее ~ internal [intrinsic] pressure
~ в области разрежения expansion pres-sure
~ водяного пара water vapor pressure
~ водяного столба water column pressure
~ воздуха atmospheric [air] pressure
воздушное ~ air pressure
~ возникновения кавитации cavitation pressure
~ волн wave pressure
~ в опорном подшипнике journal pressure
~ в потоке stream pressure
~ в пузырьке bubble pressure
~ всасывания inlet [intake, suction] pres-sure
~ в свободном потоке free-stream [undis-turbed] pressure
~ в свободном пространстве free-space pressure
всестороннее ~ uniform [hydrostatic] pres-sure
~ в скачке уплотнения shock pressure
~ в спутной струе wake pressure
~ в струе jet pressure
~ в ударной волне shock pressure
выравненное ~ level pressure
~ вырождения degeneracy pressure
высокое ~ high pressure
~ выхлопа exhaust pressure
~ выше атмосферного positive pressure; *(метео)* superatmospheric pressure
~ газа gas(eous) pressure
газовое ~ gas(eous) pressure
~ гидравлического удара water-hammer pressure
гидродинамическое ~ hydrodynamic pres-sure
гидростатическое ~ hydrostatic pressure
«горячее» ~ thermal pressure
гравитационное ~ gravitational pressure
данное ~ defined pressure
действующее ~ operating pressure
динамическое ~ dynamic [impact] pressu-re
динамическое высокое ~ dynamic high pressure
динамическое ~ солнечного ветра solar wind dynamic pressure
донное ~ base pressure
единичное ~ unit pressure
~ жидкости fluid pressure, pressure of a flu-id
~ заполняющего газа *(напр. в счётчике)* filling pressure
~ захлопывания пузырька collapsing pres-sure
~ звука sound pressure, pressure of sound
~ звукового излучения acoustic radiation pressure

звуковое ~ sound [acoustic] pressure
~ идеального газа perfect gas pressure, pressure of perfect gas
избыточное ~ excess [positive] pressure, overpressure, pressure excess
избыточное статическое ~ differential static pressure
~ излучения radiation pressure, pressure of radiation
изотропное ~ isotropic pressure
индикаторное ~ indicated pressure
инерционное ~ inertia pressure
ионизационное ~ ionization pressure
истинное ~ actual pressure
исходное ~ initial pressure
капиллярное ~ capillary pressure
квазигидростатическое ~ quasi-hydrostatic pressure
кинетическое ~ kinetic pressure
когезионное ~ cohesion pressure
контактное ~ contact pressure
контурное ~ countour pressure
критическое ~ critical pressure
~ крови pressure of blood
~ лазерного излучения laser radiation pres-sure
~ Ланжевена Langevin pressure
лапласово ~ bubble pressure
литьевое ~ molding pressure
лобовое ~ ram pressure
лучевое ~ radiation pressure
лучистое ~ radiation pressure
~ магнитного поля magnetic field pressure
магнитное ~ magnetic pressure
максимальное ~ maximum [top] pressure
малое ~ low pressure
манометрическое ~ manometer [gauge] pressure
мгновенное ~ dynamic pressure
мгновенное звуковое ~ instantaneous sound pressure
~ набегающего потока wind-blast pressure
~ на входе feed [inlet, intake] pressure
~ на выпуске exhaust pressure
~ на выходе discharge [exit, exhaust, outlet] pressure
~ на дно bottom pressure
~ на поверхность surface pressure
напорное ~ total head
~ на поршень piston pressure
~ на стенке wall pressure
~ на стенку wall pressure
~ насыщения saturation pressure
~ насыщенного пара saturation vapor pres-sure
~ на уровне моря sea level pressure
начальное ~ initial pressure
~ невозмущённого потока undisturbed pressure
неустановившееся ~ transient pressure
~ ниже атмосферного negative pressure; *(метео)* subatmospheric pressure

низкое ~ low pressure
номинальное ~ nominal pressure, pressure rating
нормальное ~ normal [standard] pressure
нормальное атмосферное ~ standard [normal] atmospheric pressure, normal barometric pressure
нормальное барометрическое ~ standard [normal] atmospheric pressure, normal barometric pressure
обратное ~ back pressure
одноосное ~ uniaxial pressure
однородное ~ homogeneous pressure
одностороннее ~ one-sided pressure
окружающее ~ ambient pressure
~ окружающей среды ambient pressure
опорное ~ abutment [bearing, support] pressure
осевое ~ axial pressure
осмотическое ~ osmotic pressure
остаточное ~ residual pressure
относительное ~ differential [relative] pressure
~ отражённой волны reflected pressure
отрицательное ~ negative [sub-atmospheric] pressure
падающее ~ falling pressure
~ пара vapor [steam] pressure
парциальное ~ partial pressure
парциальное ~ альфа-частиц alpha-particle partial pressure
парциальное ~ ионов ion partial pressure
парциальное ~ электронов electron partial pressure
~ перед импульсом (в плазменной установке) pre-shot pressure
~ Пито Pitot pressure
~ плазмы plasma pressure
поверхностное ~ surface pressure
полное ~ total pressure, total head
полное аэродинамическое ~ Pitot [total aerodynamic] pressure
полное гидродинамическое ~ Pitot [total hydrodynamic] pressure
полное ~ набегающего потока free-stream total head
полное ~, определённое по формуле Рэлея Rayleigh-Pitot pressure
положительное ~ positive pressure
понижающееся ~ falling pressure
пониженное ~ low pressure
~ по прибору indicated pressure
поровое ~ pore pressure
постоянное ~ constant [level] pressure
предельное ~ limiting pressure; (насоса) blank-off [ultimate] pressure
~ при адиабатическом процессе isentropic pressure
приведённое ~ reduced pressure
~ при кавитации cavitation pressure
~ при литье molding pressure
приложенное ~ applied pressure

пробное ~ test pressure
пьезометрическое ~ piezometric pressure
рабочее ~ operating [service, working] pressure
равновесное ~ equilibrium pressure
равномерное ~ uniform pressure
радиационное ~ radiation pressure
радиационное ~ звука acoustic radiation pressure
разрушающее ~ failure [collapsing] pressure
~ разрыва (пузырьков) bursting pressure
расклинивающее ~ disjoining pressure
~ расширения expansion pressure
реактивное ~ reaction pressure
резонансное ~ света resonant light pressure
результирующее ~ total [resultant] pressure
~ ртутного столба mercury pressure
~ Рэлея Rayleigh pressure
сверхвысокое ~ ultrahigh [extreme, extremely high] pressure
сверхкритическое ~ supercritical pressure
~ света light pressure
световое ~ light pressure
~ сгорания combustion pressure
~ сдувания blowing-off pressure
~ сжатия compression pressure
сжимающее ~ compression pressure
скалярное ~ scalar pressure
~ скоростного напора impact pressure, pressure at the impact point
скоростное ~ dynamic [velocity] pressure
~ снизу bottom pressure
~, создающее подъёмную силу lifting pressure
~ солнечного ветра solar wind pressure
~ солнечного излучения solar radiation pressure, pressure of sunlight
~ солнечного света pressure of sunlight, solar radiation pressure
среднее ~ medium pressure
среднее звуковое ~ mean sound pressure
среднее ~ на поверхности area mean pressure
среднеквадратичное звуковое ~ effective [root-mean-square] sound pressure
статическое ~ static pressure
статическое ~ в свободном потоке free-stream static pressure
статическое ~ на стенку wall static pressure
стационарное ~ steady-state pressure
~ столба воды water column pressure
суммарное ~ total pressure
~ схлопывания пузырька collapsing pressure
~ сцепления cohesion pressure
~ текучей среды fluid pressure
тензорное ~ tensor pressure
«тепловое» ~ thermal pressure
~ торможения (потока) stagnation pressure, pressure at the stagnation point
~ торможения набегающего потока upstream stagnation pressure

тормозное ~ brake pressure
ударное ~ impact pressure
удельное ~ specific pressure
уравновешивающее ~ balancing pressure
усреднённое по поверхности ~ area mean pressure
установившееся ~ steady-state pressure
фактическое ~ real [actual] pressure
«холодное» ~ cold pressure
чрезмерное ~ excess(ive) pressure
эквивалентное шумовое ~ equivalent noise pressure
~ электромагнитной волны electromagnetic wave pressure
~ электронного газа electron gas pressure
~ электронов electron pressure
эталонное ~ reference pressure
эффективное ~ effective pressure
эффективное звуковое ~ effective [root-mean-square] sound pressure
даламбертиан м. D'Alembertian
дальнодействие с. long-range interaction, action at a distance, remote action
дальнозоркий прил. far-sighted
дальнозоркость ж. far-sightedness, hypermetropia, long sight
дальномер м. range [distance] finder, ranger, distance meter
акустический ~ sound ranger, sound range finder
геодезический ~ geodetic distance meter, geodimeter
звуковой ~ echo meter
звуковой импульсный ~ pulse echo meter
импульсный ~ pulse ranger, pulse distance meter
лазерный ~ laser range finder, laser ranging system, laser radar, laser ranger
монокулярный ~ monocular range finder
оптический ~ optical range finder, optical distance meter, optical ranger
параллактический ~ parallactic range finder
призменный ~ prism range finder
радиолокационный ~ range radar
стереоскопический ~ stereo(scopic) range finder
фазовый ~ phase ranger, phase distance meter
фотографический ~ camera range finder
электрооптический ~ electro-optical distance meter
дальнометрия ж. ranging, range finding; distance measuring
акустическая ~ sound [echo] ranging
гидроакустическая ~ underwater echo ranging
лазерная ~ laser ranging
оптическая ~ optical ranging
ультразвуковая ~ ultrasonic ranging
дальност/ь ж. distance, range □ измерение ~и ranging; определение ~и ranging

~ видимости visible range, visibility, range of visibility
горизонтальная ~ horizontal [ground] range
~ действия range of action, action radius
максимальная ~ maximum range
метеорологическая ~ видимости meteorological range of visibility
наклонная ~ slant distance, slant range
~ ночной видимости night(-time) visual [penetration] range
~ обзора coverage range, range of coverage
~ обнаружения detection range
~ передачи transmission range
~ полёта distance of flight, flight range
~ поражающего действия damaging range
предельная ~ limiting [critical] range, range limit
~ приёма reception range
~ прямой видимости line-of-sight distance; optical range
~ распространения (волн) propagation distance, propagation length
~ связи communication range
~ слышимости range of audibility
дальтонид м. хим. daltonide
дальтонизм м. (дефект цветного зрения) color blindness, daltonism
данны/е мн. data; information, evidence; findings □ вводить ~ (напр. в ЭВМ) enter data; вызывать ~ из памяти call up data from memory; загружать ~ load data; запоминать ~ store data; ~ об атомных и молекулярных столкновениях, существенных для исследований по управляемому термоядерному синтезу atomic and molecular collision data relevant to controlled fusion research; обмениваться ~ми с... exchange data with...; обрабатывать ~ process data; отображать ~ (на экране) display data
акустические ~ sound data
аналоговые ~ analog data
~ астрономических наблюдений astronomical [observational] data
векторно-форматированные ~ vector-formatted data
вспомогательные ~ auxiliary evidence
входные ~ input data, input information
выборочные ~ sampled data
выходные ~ output data
геофизические ~ geophysical data
графические ~ graphic data
динамические ~ dynamic data
дискретные ~ digital [discrete] data
~ измерений measurement [measured] data
имеющиеся ~ available data
ионосферные ~ ionospheric data
~ испытаний test data, test findings
исходные ~ initial data
итоговые ~ summarized data
космические ~ space data
космологические ~ cosmological data

157

~ **лабораторного исследования** laboratory findings

лабораторные ~ laboratory findings

мировые ~ world data

наблюдательные ~ observed data, observations

~ **наблюдений** observed data, observations

~ **наблюдений Солнца** solar data

накопленные ~ accumulated data

недостающие ~ missing data

необработанные ~ raw data

обработанные ~ processed data

~ **об упругих свойствах** elastic data

~ **об элементах** element data

~ **э положении** positional data

~ **оптических наблюдений** optical data

опытные ~ experimental data

основные ~ basic data

~ **от системы со многими датчиками** multisensor data

отфильтрованные ~ filtered data

оценочные ~ evaluated data

палеоклиматические ~ paleoclimate evidence

первичные ~ raw [initial] data

~, **полученные с помощью ракет** rocket data

предварительные ~ preliminary data

~ **прогноза** predicted data

проектные ~ design data

~ **радиоастрономических наблюдений** radio data

~ **радиозондирования** radiosonde data

радиолокационные ~ radar data

радиометрические ~ radiometric data

радиотелеметрические ~ radiotelemetry data

растрово-форматированные ~ (в обработке изображений) raster-formatted data

растровые ~ raster data

расчётные ~ calculation [calculated] data

сгруппированные ~ classified data

солнечные ~ solar data

~ **спектрального анализа** spectroscopic data, data of spectroscopic analysis

спектроскопические ~ spectroscopic data

справочные ~ reference data

статистические ~ statistical data

табличные ~ tabulated data, tabular information

теоретические ~ theoretical data

упорядоченные ~ ordered [ranked] data

цифровые ~ numerical [digital] data

численные ~ numerical data

экспериментальные ~ experimental [observed] data, experimental information

эксплуатационные ~ service data

эмпирические ~ empirical data

дата ж. date

бесселева ~ Bessel day number

календарная ~ calendar date

юлианская ~ Julian date, Julian day

датирование с. dating; age determination

абсолютное ~ absolute age determination

геологическое ~ geologic age determination

~ **калий-аргоновым методом** potassium-argon dating

~ **методом изотопных индикаторов** isotopic dating, isotopic age determination

палеомагнитное ~ paleomagnetic dating

~ **по радиоактивному углероду** radiocarbon [carbon-14] dating

радиологическое ~ dating by radioactivity, radioactive [radiometric] dating, isotopic age determination

радиоуглеродное ~ radiocarbon [carbon-14] dating

датировать гл. date

датчик м. **1.** (чувствительный элемент) sensor, sensing element, detector, pickup (unit) **2.** (преобразователь) transducer, gauge, probe

~ **абсолютного давления** absolute pressure transducer

автоматический ~ automatic data unit

активный ~ active transducer

акустический ~ acoustic detector; sonic sensor

акустический ~ **смещений** acoustic displacement detector

~ **акустического давления** acoustic pressure detector

амплитудный ~ amplitude sensor

~ **в виде фотоупругой розетки** photostress rosette gauge

вибрационный ~ vibration transducer, vibrational pickup

~ **влажности** humidity detector

~ **воздушного давления** air pressure probe

волоконно-оптический ~ fiber-optical sensor

~ **вращения** rotation sensor

~ **высоты** altitude data unit; altitude sensor

~ **газа** gas sensor

~ **давления** pressure transducer, pressure gauge, pressure cell

~ **давления в потоке** stream pressure probe

двойной ~ dual pickup

двумерный ~ two-dimensional sensor

двухкомпонентный ~ two-component (piezoelectric) sensor

динамометрический ~ load cell, force transducer

дистанционный ~ remote sensor, remote pickup

дифференциальный ~ differential transducer

ёмкостный ~ capacitive sensor, capacitive pickup, capacitive transducer

измерительный ~ instrument transducer

~ **импульсов** pulse transducer

индуктивный ~ induction pickup, inductive sensor, inductive transducer

инерциальный ~ inertial sensor

интегрально-оптический ~ integrated optical sensor

интегрально-оптический ~ температуры integrated optical temperature sensor

интегральный ~ integral transducer; integrated sensor

интерференционный ~ interference sensor

кварцевый ~ quartz sensor

~ колебаний vibration transducer

компенсационный ~ force-balance transducer

кремниевый ~ silicon transducer

~ линейных перемещений linear movement pickup

~ линейных ускорений linear accelerometer

магнитный ~ magnetic pickup, magnetic transducer

магнитооптический ~ magneto-optic pickup, magnetooptic transducer

магниторезистивный ~ magnetoresistive sensor, magnetoresistive transducer

магнитострикционный ~ magnetostrictive sensor, magnetostricftive transducer

магнитоупругий ~ magnetoelastic pickup, magnetoelastic transducer

малоинерционный ~ fast responce transducer, high-frequency response pickup

матричный ~ matrix sensor

мембранный ~ diaphragm transducer

мембранный ~ давления pressure capsule

нейтронный ~ neutron-sensitive [neutron-sensing] element

~ нормального напряжения stress gauge

однокомпонентный ~ one-component (piezoelectric) sensor

оптический ~ optical sensor

~ осциллографа oscilloscope probe

пассивный ~ passive transducer

~ перемещения displacement pickup

~ полного давления total pressure probe

~ положения position detector, position sensor

~ положения пучка beam position sensor

~ положения стержня rod-position indicator

полупроводниковый ~ semiconductor sensor

поляризационно-чувствительный ~ polarization-sensitive pickup

потенциометрический ~ potentiometer transducer, potentiometric pickup

~ потока flow-sensing element

~ потока топлива fuel flow transmitter

~ пучка beam pickup

пьезорезистивный ~ piezoresistive sensor; piezoresistive transducer

пьезоэлектрический ~ piezoelectric sensor; piezoelectric transducer, crystal pickup

резистивный ~ resistive sensor, resistive transducer

реостатный ~ potentiometer [variable resistance] transducer

сверхпроводящий ~ superconducting sensor

сверхпроводящий квантовый интерференционный ~ (СКВИД) superconducting quantum interference device, SQUID

сверхчувствительный ~ supersensitive pickup

светочувствительный ~ light sensor

~ скорости velocity pickup, velocity transducer

~ смещения displacement transducer

солнечный ~ (системы ориентации) sun-seeker

твердотельный ~ solid state sensor

телеметрический ~ remote sensor

температурный ~ temperature-sensitive element, temperature sensor

~ температуры temperature sensor, temperature pickup

тензометрический ~ (см. тж. тензодатчик) strain gauge

термопарный ~ thermocouple sensor

термоэлектрический ~ thermoelectric sensor

тонкоплёночный ~ thin film sensor

точечный ~ point sensor

точечный ~ магнитного потока point-contact magnetic flux sensor

трёхкомпонентный ~ three-component (piezoelectric) sensor

~ углового ускорения angular accelerometer

~ угловых перемещений angular movement sensor

ультразвуковой ~ ultrasonic sensor

~ уровня level detector, level gauge

~ усилия force sensor, force-summing element

~ ускорений accelerometer, acceleration transducer

~ усталостной долговечности fatigue life gauge

фазочувствительный ~ phase-sensitive sensor

~ фазы phase pickup

фотоэлектрический ~ photoelectric sensor

~ Холла Hall probe

холловский ~ Hall probe

~ частоты frequency-sensitive element

электродинамический ~ moving coil transducer

электромагнитный ~ electromagnetic transducer

электромеханический ~ electromechanical sensor

даунвеллинг м. (нисходящее течение) downwelling

дающий прил. giving

~ изображение imaging

двадцатигранник м. icosahedron

двадцатиугольник м. icosagon

двадцатичетырёхгранник м. icositetrahedron

дважды *нареч.* twice, twofold, two times; doubly

два-пи-импульс *м.* 2 pi pulse

двенадцатигранник *м.* dodecahedron

двенадцатиугольник *м.* dodecagon

двигатель *м.* **1.** engine **2.** *(электрический)* motor

атомный ~ nuclear engine

ветряной ~ wind turbine, wind motor

вечный ~ perpetuum mobile, perpetual motion [continuously operating] machine

вечный ~ **второго рода** perpetual motion machine of the second kind

вечный ~ **первого рода** perpetual motion machine of the first kind

двухступенчатый линейный холловский ~ two-stage linear Hall engine

дистанционно управляемый ~ telemotor

ионный ~ ion engine

ионный ~ **на разряде Пеннинга** Penning engine

исполнительный ~ slave motor

коллоидный электростатический ~ colloid electrostatic engine

линейный холловский ~ linear Hall engine

магнитогидродинамический плазменный ~ MHD plasma engine

маломощный магнитоплазменный ~ low-power magnetoplasma engine

плазменный ~ plasma engine

плазменный электромагнитный ~ plasma electromagnetic engine

ракетный ~ rocket engine

реактивный ~ jet engine

сильноточный плазменный ~ high-current plasma engine

~ с магнитным расширением плазмы plasma magnetic expansion engine

~ с объёмной ионизацией bulk ionization engine

~ с поверхностной ионизацией surface ionization engine

~ Стирлинга Stirling engine

тепловой ~ heat [thermal] engine

термокаталитический ~ thermocatalytic engine

турбореактивный ~ turbojet engine

фотонный ~ photon engine

шаговый ~ quantized [step] motor

электродуговой ~ arc engine

электроракетный ~ electrojet engine

электрореактивный ~ electrojet engine

электрохимический ~ electrochemical engine

ядерный ~ nuclear engine

двигать *гл. (перемещать)* move

двигаться *гл.* move, travel, proceed, be in motion

~ вверх move in a upward direction

~ вниз move in a downward direction

~ в обратном направлении move in an opposite direction

~ во времени и пространстве move with space and time

~ возвратно-поступательно reciprocate

~ вперёд advance, move in a forward direction, move forward

~ замедленно be in decelerated motion

~ навстречу... move opposite to...

~ назад move in a backward direction, move backward

~ под действием силы move by a force, move under force

~ под действием силы тяжести move by gravity

~ по инерции move inertially

~ по окружности move round a circle [in a circular orbit]

~ по орбите (move in an) orbit

~ по орбите вокруг Земли travel in an orbit about the Earth, travel on the Earth orbit

~ по прямой move along [in] a straight line, move rectilinearly

~ поступательно move progressively, move translationally

~ по траектории move in a path, move along the trajectory

~ по часовой стрелке move clockwise

~ против часовой стрелки move counter-clockwise [anticlockwise]

~ прямолинейно move rectilinearly [in a straight line]

~ равномерно move uniformly

~ свободно move freely

~ с переменной скоростью move at a variable speed

~ с постоянной скоростью move at a constant speed

~ ускоренно be in accelerated motion

движени/е *с.* motion, movement ◻ **испытывать волновое** ~ undulate; **~ относительно...** motion relative to...; **приводить в** ~ actuate, set in motion, (cause to) move; **приводить в колебательное** ~ set [force] into vibration; **разлагать** ~ **на составляющие** resolve a motion into components; **складывать ~я** combine motions; **совершать** ~ be in motion; move; **совершать возвратно-поступательное** ~ reciprocate; **совершать одномерное** ~ move in one dimension; **совершать** ~ **под действием силы** move by a force; **совершать поперечное** ~ move crosswise; **совершать свободное** ~ move freely

абсолютное ~ *(точки или тела)* absolute motion

автомодельное ~ self-similar motion

адиабатическое ~ adiabatic motion

ангармоническое ~ anharmonic motion

апериодическое ~ aperiodic motion

~ атома atomic motion

~ атомов atomic motion

баллистическое ~ projectile [ballistic] motion

безвихревое ~ irrotational [vortex-free] motion; motion with zero vorticity

бездиссипативное ~ dissipation-free motion
~ без сопротивления undamped motion
беспорядочное ~ random motion
боковое ~ lateral motion
боковое ~ доменных стенок sideward motion of domain walls
боковое ~ турбулентного потока collateral [secondary] motion
броуновское ~ Brownian movement, Brownian motion
быстрое ~ fast [rapid] motion
~ вблизи линии отрыва flow near the line of separation
~ в быстро осциллирующем поле motion in fast oscillating field
~ вверх upward motion
~ в гравитационной волне на жидкости с большой вязкостью flow in a gravity wave on a very viscous fluid
~ в гравитационном поле motion in gravitational field
~ в двумерном пространстве two-dimensional [plane] motion
~ ведущего центра банановой орбиты banana orbit guiding center motion
~ ведущего центра в геомагнитном поле guiding center motion in a geomagnetic field
~ ведущего центра в геоэлектрическом поле guiding center motion in a geoelectric field
~ ведущего центра в магнитосфере guiding center motion in the magnetosphere
вертикальное ~ vertical motion
вертикальное возвратно-поступательное ~ up-and-down motion
вертикальное ~ частицы particle vertical motion
вечное ~ perpetual motion
видимое ~ астр. apparent motion
видимое годичное ~ Солнца apparent annual motion of the Sun
~ в инерциальной системе отсчёта motion in inertial reference system
винтовое ~ (твёрдого тела) helical [screw, helicoidal] motion
вихревое ~ vortex [swirl] motion, eddy
вихревое ~ жидкости rotational [vortex] motion of a fluid
~ вихря vortex motion
~ в космическом пространстве motion in space
~ в кулоновом поле motion in Coulomb field
~ в магнитном поле motion in magnetic field
~ в направлении оси X X motion
~ в неинерциальной системе отсчёта motion in noninertial reference system
~ вне ламинарного следа flow outside the laminar wake
~ вне следа, образующегося при поперечном обтекании бесконечно длинного тела flow outside the wake formed in transverse flow past a body of infinite lenght

~ вниз downward motion
внутреннее ~ intrinsic motion
внутреннее колебательное ~ (ядра) inner oscillatory motion, inner [intranuclear] oscillation
внутреннее ~ нуклонов в ядре inner motion of nucleons in nucleus, intranuclear motion of nucleons
внутриатомное ~ intra-atomic motion
~ внутри ламинарного следа flow inside the laminar wake
внутримолекулярное ~ intramolecular motion
внутриядерное ~ intranuclear motion
~ в однородном поле motion in uniform field
возвратно-поступательное ~ reciprocating [alternating, back-and-forth, return] motion
~ воздуха motion of air
возмущающее ~ аэрогидр. exciting motion
возмущённое ~ disturbed [perturbed] motion
~ вокруг неподвижной точки motion about fixed point
~ волнового пакета wave-packet motion
волновое ~ wave motion
волнообразное ~ undulatory motion, undulation
~ вперёд forward [progressive] motion, advance
~ в переходном режиме transient motion
~ в плоскости plane [two-dimensional] motion, motion in a plane, motion in two dimensions
~ в пограничном слое boundary layer [interfacial] motion
~ в пограничном слое при конфузорном течении между двумя пересекающимися плоскостями flow in the boundary layer in a converging channel befween two nonparallel planes
~ в поперечном направлении cross [transverse] motion
~ в постоянном однородном поле motion in constant uniform field
~ в потенциальном поле potential motion
~ в пространстве three-dimensional [spatial] motion, motion in space
вращательное броуновское ~ rotatory Brownian motion
вращательное ~ rotary [rotational, angular] motion, rotation, gyration
вращательное ~ вокруг неподвижной оси rotation about a fixed axis, gyration about a fixed axis, motion about a fixed axis
вращательное ~ вокруг оси rotation about an axis, gyration about an axis
вращательное ~ вокруг точки rotation about a point, gyration about a point
вращательное ~ около точки rotation about a point, gyration about a point
вращательное ~ твёрдого тела solid rotation, solid gyration, rotation of rigid body, motion of rigid body about fixed axis

вращательное ~ ядра nucleus rotation
встречное ~ counter motion
~ в трёхмерном пространстве three-dimensional [spatial] motion
~ в центральном поле motion in central field
~ в центрально-симметричном поле motion in central symmetrical field
вынужденное ~ forced [constrained] motion
~ в электрическом поле motion in an electric field
вязкое ~ сжимаемого газа по трубе flow of a viscous gas in a pipe
~ вязкой жидкости в узком зазоре между цилиндрами с параллельными, но эксцентрично расположенными осями motion of a viscous fluid in a narrow space between cylinders whose axes are parallel but not coincident
~ газа gas flow; fluid motion
гармоническое ~ harmonic motion
геострофическое ~ geostrophic motion
главное ~ (турбулентного потока) principal [primary] motion
~ глаза movement of the eye, eye movement
горизонтальное ~ horizontal motion
~ гравитирующих масс motion of gravitating masses
грубое ~ (телескопа) fast [slewing] motion
двухмерное ~ two-dimensional [plane] motion, motion in two dimensions
действительное ~ actual motion
~ дефектов motion of defects
~ дислокаций (в кристаллах) dislocation motion, motion of dislocations
диффузное ~ diffusive motion
дозвуковое ~ subsonic motion
~ доменной границы domain wall motion
~ доменных стенок domain wall motion
дрейфовое ~ drift motion
дрейфовое ~ в потенциальном геомагнитном поле drift motion in a potential geomagnetic field
~ евклидова пространства motion of Euclidean space
~ жёсткого тела motion of rigid body; rigid body motion
жёсткое ~ rigid motion
~ жидкости fluid motion, flow
~ жидкости в многосвязной области пространства fluid flow in a multiply-connected region of space
~ жидкости вне следа вдали от тела flow outside the wake and far from the body
~ жидкости между вращающимися цилиндрами flow between rotating cylinders
задемпфированное ~ damped-out motion
замедленное ~ decelerated [retarded] motion
~ заряда charge motion, motion of charged particle
~ заряженных частиц motion of charged particles

~ заряженных частиц в аксиально симметричных полях motion of charged particles in axially symmetric fields
~ заряженных частиц в геомагнитном поле motion of charged particles in geomagnetic [in the Earth magnetic] field
~ заряженных частиц в дипольном магнитном поле motion of charged particles in dipole magnetic field
~ заряженных частиц вдоль силовых линий магнитного поля charged particle motion along magnetic field lines
~ заряженных частиц в ионосферном слое charged particle motion in the ionosperic layer
~ заряженных частиц в магнитосфере charged particle motion in the magnetosphere
~ заряжённых частиц в скрещённых полях motion of charged particles in crossed fields
затухающее ~ damped motion
затухшее ~ damped-out motion
~ захваченной заряженной частицы в дипольном поле trapped charged particle motion in a dipole field
~ захваченных частиц motion of trapped particles
~ звёзд на небесной сфере stellar motion on the celestial sphere
~ Земли Earth motion
~ земного ядра motion of the Earth core
~ земной коры crust movement
изгибное ~ flexural motion
изгибное колебательное ~ bending vibrational motion
изобарическое ~ isobaric motion
изохронное ~ isochorous motion
изэнтропическое ~ isentropic motion; isentropic flow
импульсное ~ impulsive motion
инерциальное ~ inertial motion
инфинитное ~ infinite motion
истинное ~ proper [actual] motion; (звёзд) true motion
кажущееся ~ apparent motion
капиллярное ~ capillary flow
качательное ~ jigging [wobbling, oscillating; swinging] motion
~ качения rolling motion
квазиклассическое ~ quasi-classical motion
квазипериодическое ~ quasi-periodic motion
квазипериодическое ~, характеризующееся двумя несоизмеримыми частотами quasi-periodic flow with two incommensurate frequencies
квантовомеханическое ~ quantum-mechanical motion
кеплерово ~ Keplerian motion
кеплеровское ~ Keplerian motion
колебательное ~ oscillatory [vibrational, vibratory] motion; (качание) wobbling motion

колебательное ~ в вязкой жидкости oscillatory motion in a viscous fluid

коллективное ~ collective [cooperative] motion

коллективное ~ ядра collective motion of nucleus

конвективное ~ convective motion

конвекционное ~ convective motion

кооперативное ~ cooperative [collective] motion

копирующее ~ *(манипулятора)* slave motion

коррелированное ~ correlated motion

коррелированное ~ ядер correlated nuclear motion

криволинейное ~ curvilinear [nonrectilinear] motion

криволинейное равномерное ~ uniformly curvilinear motion

круговое ~ circular [angular] motion

крупномасштабное ~ large scale motion

ламинарное ~ laminar motion, laminar flow

левовинтовое ~ left-handed motion

линейное ~ linear motion

~ линии апсид apsidal motion, advance of periastron

локтевое ~ *(манипулятора)* elbow motion

~ Луны Moon motion

макроскопическое ~ macroscopic motion

~ материальной точки particle motion, motion of material point, motion of particle

~ материков continental drift

маховое вертикальное ~ лопастей flapping, vertical oscillations

маховое горизонтальное ~ лопастей hunting, horizontal oscillations

~ маятника pendulum motion

маятниковое ~ pendulum motion

мгновенное ~ instantaneous motion

мелкомасштабное ~ small scale motion

механическое ~ mechanical motion

микроскопическое ~ microscopic motion

многомерное ~ multidimensional motion

~ молекул molecular [molecule] motion

молярное ~ *(жидкости или газа)* molar motion

~ назад backward [rearward] motion

~ на поверхности раздела interfacial motion

направленное ~ ordered [directed] motion

неадиабатическое ~ nonadiabatic motion

невихревое ~ irrotational [vortex-free] motion

невозмущённое ~ undisturbed [unperturbed] motion

~ неизменяемой системы rigid motion

неконсервативное ~ nonconservative motion

нелинейное ~ nonlinear motion

нелинейное броуновское ~ nonlinear Brownian motion

необратимое ~ irreversible motion

непрекращающееся ~ permanent motion

непрерывное ~ continuous [permanent] motion

непроизвольное ~ глаза involuntary eye movement

неравномерное ~ irregular [nonuniform] motion

неравномерно замедленное ~ irregularly decelerated motion

неравномерно ускоренное ~ irregularly accelerated motion

нерелятивистское ~ nonrelativistic motion

~ несвободного тела forced motion of a body, restricted motion

несвободное ~ forced [restricted] motion

несобственное ~ improper motion

нестационарное ~ unsteady [nonstationary] motion

нестационарное ~ плазмопаузы time-dependent plasmapause motion

неупорядоченное ~ disordered motion

неустановившееся ~ nonstationary [nonsteady, unsteady, transient] motion

неустойчивое ~ unstable motion

нормальное ~ normal flow

обратное ~ backward [reverse, retrograde, rearward, return] motion

обратное ~ катодного пятна cathode spot retrograde motion

обратное ~ узлов regression of nodes, nodal regression

обращённое *(во времени)* ~ reversed motion

ограниченное ~ constrained [restricted] motion

одномерное ~ unidimensional [one-dimensional] motion

одномерное автомодельное ~ one-dimensional self-similare flow

одномерное ~ сжимаемого газа one-dimensional flow of compressible gas

однонуклонное ~ one-nucleon [single-nucleon] motion

одночастичное ~ *(ядра)* one-particle [single-particle] motion

орбитальное ~ orbital motion, motion in an orbit, orbiting

осесимметричное ~ axially symmetric motion

относительное ~ *(точки или тела)* relative motion

~ от точки 1 к точке 2 motion from point 1 to point 2

параболическое ~ parabolic motion

параллактическое ~ parallactic motion

пекулярное ~ *астр.* peculiar motion

переменное ~ variable [nonsteady, nonuniform] motion

переменное ~ жидкости variable [unsteady] flow

переносное ~ translational [translatory, transport, bulk] motion

периодическое ~ periodic motion

плавное ~ smooth motion
~ планет planetary motion
планетарное ~ planetary motion
плоское ~ *(твёрдого тела)* two-dimensional [plane] motion
плоскопараллельное ~ plane-parallel motion; two-dimensional motion
~ по брахистохроне brachistochronic motion
~ по вертикали vertical motion
~ по винтовой линии screw [helical] motion
поворотное ~ rotary motion
~ по гиперболе hyperbolic motion
~ по горизонтали horizontal motion
~ по горизонтальной плоскости horizontal motion
~ под действием силы motion under a force
~ по инерции inertial motion
~ по касательной tangential motion
ползучее ~ жидкости creeping flow
полностью вырожденное ~ competely degenerate motion
~ по лучу зрения line-of-sight motion
~ полюса polar motion, movement of the pole
~ полюсов *(Земли)* polar motion, polar wandering, movement of poles
~ по окружности motion in a circle, circular [angular] motion
~ по орбите motion in an orbit, orbital motion, orbiting
~ по оси X X motion, motion in the X coordinate
~ по параболе parabolic motion
поперечное ~ lateral [transverse] motion
поперечное ~ ионов transverse motion of ions
поперечное ~ электронов transverse motion of electrons
~ по прямой motion along a straight line
попятное ~ *астр.* retrograde [backward] motion
~ по спирали spiral [helical] motion
поступательное ~ translatory [translational, forward, progressive] motion, motion of translation
поступательное броуновское ~ translatory Brownian motion
потенциальное ~ potential [irrotational, vortex-free] motion
потенциальное ~ газа potential flow of a gas
потенциальное ~ идеальной несжимаемой жидкости в эллипсоидальном сосуде, вращающемся вокруг одной из своих главных осей с постоянной угловой скоростью potential flow of an incompressible ideal fluid in an ellipsoidal vessel rotating about a principal axis with constant angular velocity
~ по траектории motion along a trajectory, motion in a path

~ по трохоиде trochoidal motion
~ по циклоиде cycloidal motion
~ по часовой стрелке clockwise motion
~ по эллипсу elliptic motion
правовинтовое ~ right-handed motion
предписанное ~ constrained motion
прерывистое ~ stick-slip [discontinuous, intermittent] motion
прецессионное ~ precessional motion, precession
приливное ~ tidal motion
принудительное ~ constrained [forced] motion; *(без трения)* positive motion
принудительное ~ жидкости constrained [restricted] motion of a liquid, forced flow
продольное ~ longitudinal motion
продольное ~ ионов longitudinal motion of ions
продольное ~ локальнозапертой частицы longitudinal motion of locally trapped particle
продольное ~ электронов longitudinal motion of electrons
произвольное ~ arbitrary motion
произвольное одномерное ~ газа arbitrary one-dimensional gas flow
простое ~ simple motion
простое гармоническое ~ simple harmonic [sinusoidal] motion
пространственное ~ three-dimensional [spatial] motion
~ против часовой стрелки counter-clockwise motion, anticlockwise motion
прямое ~ direct motion
прямое ~ узлов progression of nodes
прямолинейное ~ motion in a straight line, straight-line [straight, rectilinear, linear] motion
прямолинейное поступательное ~ rectilinear translation
прямолинейное и равномерное ~ шара в вязкой жидкости rectilinear and uniform motion of a sphere in a viscous fluid
прямолинейное равномерное ~ rectilinear uniform motion
псевдопериодическое ~ quasi-periodic motion
~ пузырька газа в вязкой жидкости motion of a gas bubble in a viscous liquid
рабочее ~ main motion
равнозамедленное ~ uniformly retarded [uniformly decelerated] motion
равномерное ~ uniform [steady] motion
равномерное поступательное ~ uniform translation
равномерное прямолинейное ~ constant [uniform, steady] motion
равномерно замедленное ~ uniformly retarded [uniformly decelerated] motion
равномерно переменное ~ uniformly variable motion
равномерно ускоренное ~ uniformly accelerated motion

равнопеременное ~ uniformly variable motion
равноускоренное ~ uniformly accelerated motion
радиальное ~ radial motion
радиальное ~ частицы particle radial motion
разрывное ~ discontinuous motion
ракетное ~ rocket motion
реактивное ~ jet propulsion
регулярное ~ regular motion
релятивистское ~ relativistic motion
релятивистское ~ перигелия relativistic advance of the perihelion
сверхзвуковое ~ supersonic motion
сверхтекучее ~ superfluid flow
~ свободного тела free motion
свободное ~ free [undisturbed, unbounded, unrestricted] motion
свободное ~ жидкости free motion of the liquid, free flow
~ свободной поверхности free surface motion
связанное ~ constrained [bounded] motion
~ с дозвуковой скоростью subsonic motion
~ седлового типа saddle-type motion
седловое ~ saddle(-type) motion
седловое периодическое ~ saddle periodic motion
~ сжимаемой жидкости motion of a compressible fluid; flow of a compressible fluid
сжимающее ~ (захвата манипулятора) squeeze motion
сильно возмущённое ~ strongly disturbed [large disturbance] motion
синусоидальное ~ sinusoidal motion
синхронное ~ synchronous motion
~ системы в целом bulk motion
~ системы отсчёта reference system motion
скачкообразное ~ stick-slip [intermittent, jumping] motion
~ скольжения sliding motion
скользящее ~ жидкости sliding motion of a liquid
скрытое ~ concealed motion
сложное ~ (точки или тела) compound motion
собственное ~ астр. proper motion
собственное ~ в пространстве proper motion in space
собственное ~ за год annual proper motion
собственное ~ звезды proper motion of a star, stellar proper motion
собственное ~ на плоскости proper motion in a plane
собственное ~ солнечного пятна sunspot proper motion
совместное ~ cooperative motion
согласованное ~ cooperative motion
~ Солнечной системы Solar System motion
~ Солнца solar motion
~, сообщаемое промежуточным механизмом intermediate [second, secondary] motion

~ со сверхзвуковой скоростью supersonic motion
~ со скольжением sliding motion
~ со скоростью... motion at a rate of...
составляющее ~ component motion
составное ~ resultant [compound] motion
~ с остановками discontinuous [intermittent] motion
~ с периодическими остановками stick-slip motion
спиральное ~ helical [spiral] motion
спиральное ~ кристалла spiral motion of a crystal
~ сплошной среды continuous medium [continuum] motion
среднее ~ mean motion
среднее ~ жидкости в струе вне турбулентной области mean flow in the jet outside the turbulent region
~ среды в следе backwash
стационарное ~ stationary [steady] motion
стационарное винтовое ~ stationary screw [stationary helical] motion
стационарное ~ во вращающейся жидкости steady motion in a rotating fluid
стационарное ~ жидкости между двумя бесконечными коаксиальными цилиндрами, вращающимися вокруг своей оси с различными угловыми скоростями steady flow between two infinite coaxial cylinders rotating about their axis with different angular velocities
стационарное ~ жидкости между двумя параллельными плоскостями, движущимися друг относительно друга с постоянной скоростью steady flow between two parallel planes moving with a constant relative velocity
столетнее собственное ~ centennial proper motion
стохастическое ~ stochastic motion
~ с тремя степенями свободы spatial [three-dimensional] motion
суточное ~ diurnal [daily] motion
~ стенок доменов domain wall motion
строго периодическое ~ strictly periodic motion
струйное ~ jet [streamline] motion
сферическое ~ rotation about a point, gyration about a point
~ твёрдого тела motion of rigid body
~ твёрдого тела вокруг неподвижной точки motion of rigid body about fixed point
~ текучей среды fluid motion
~ тела motion of body
~ тела в отсутствие внешних сил motion of body under no external force
тепловое ~ thermal [temperature, heat] motion
тепловое ~ частицы particle heat motion
~ точки motion of particle
трансляционное ~ translatory motion

трансляционно-ротационное ~ translatory-rotational motion
трёхмерное ~ three-dimensional [spatial, 3-D] motion
трёхмерное потенциальное ~ three-dimensional potential motion
турбулентное ~ turbulent [eddy] motion
угловое ~ angular motion
угловое колебательное ~ oscillation about a center of rotation
~ **ударной волны** motion of shock wave
упорядоченное ~ ordered motion
ускоренное ~ accelerated motion
условно периодическое ~ conditionally periodic motion
установившееся ~ steady [stationary] motion
устойчивое ~ steady [stable] motion
~, **устойчивое по фазе** phase-stable motion
фазовое ~ phase motion
фермиевское ~ *(нуклонов)* Fermi motion
финитное ~ finite movement, finite motion
хаотическое ~ chaotic [random] motion
центральное ~ central motion
~ **центра масс** center-of-mass motion, motion of center of mass
~ **центра тяжести** center-of-gravity motion
циклоидальное ~ cycloidal motion
циркуляционное ~ circulatory motion
~ **ЦМД** bubble motion
чандлеровское ~ **полюсов** *(Земли)* Chandler wobble
часовое ~ hourly motion
~ **частиц по траектории** particle motion in a path
~ **частицы** particle motion
~ **частицы вдоль силовой линии магнитного поля** motion of particle along the line of force of the magnetic field
~ **частицы поперёк силовой линии магнитного поля** motion of particle across the line of force of the magnetic field
эйлеровское ~ Eulerian motion
~ **электронов в вакууме** motion of electrons in vacuum
элементарное ~ simple motion
эллиптическое ~ elliptic motion
эстафетное ~ **ионов** relay-race ion motion
~ **эфира** ether motion
ядерное ~ nuclear motion
ячеистое ~ cellular motion
движущий *прил.* driving, motive; actuating
движущийся *прил.* moving, mobile
двоение *с.* dividing
~ **изображения** ghosting
двоеточие *с.* colon
двоично-десятичный *прил.* binary-decimal
двоичный *прил.* binary
двойка *ж.* *(цифра)* two
двойная *ж.* *(звёздная система)* binary
рентгеновская ~ X-ray binary
тесная ~ close binary

двойник *м. крист.* (crystal) twin
бавенский ~ Baveno twin
бразильский ~ *(кварца)* Brazil twin
вторичный ~ secondary twin
динамический ~ dynamic twin
дофинейский ~ *(кварца)* Dauphine twin
зеркальный ~ mirror twin
иррациональный ~ irrational twin
карлсбадский ~ *(ортоклаза)* Carlsbad twin
когерентный ~ coherent twin
контактный ~ contact [interpenetration] twin
линзовидный ~ lenticular twin
механический ~ deformation [mechanical] twin
миметический ~ mimetic twin
некогерентный ~ incoherent twin
~ **отжига** annealing twin
первичный ~ primary twin
пластинчатый ~ lamellar twin
полисинтетический ~ polysynthetic twin
~ **прорастания** penetration twin
~ **рекристаллизации** recrystallization twin
~ **роста** growth twin
ростовой ~ growth twin
сложный ~ multiple twin
смежный ~ contact twin
сопряжённый ~ coherent [conjugate] twin
~ **срастания** contact [interpenetration] twin
~ **типа «бабочка»** butterfly twin
угловой ~ grain-corner twin
упругий ~ elastic twin
японский ~ *(кварца)* Japanese twin
двойникование *с. крист.* twinning
бразильское ~ Brazil twinning
внутреннее ~ internal twinning
деформационное ~ deformation twinning
дофинейское ~ Dauphiné twinning
~ **кальцита** calcite twinning
карлсбадское ~ Carlsbad twinning
континуальное механическое ~ continual mechanical twinning
манебахское ~ Manebach twinning
механическое ~ mechanical twinning
~ **нажатием лезвия** twinning by blade pressure
оптическое ~ optical [Brazil] twinning
сложное ~ compound twinning
~ **с помощью тасовки** twinning by shuffling
электрическое ~ electrical twinning
двойниковый *прил.* twinned, twin
двойной *прил.* double; dual
двойственность *ж.* duality, dualism
~ **звёзд** star duplicity
перестановочная ~ permutation duality
~ **Пуанкаре** Poincaré duality
двойственный *прил.* dual
двояковогнутый *прил.* biconcave, concavo-concave, double concave
двояковыпуклый *прил.* biconvex, double convex, convexo-convex
двоякопреломляющий *прил.* birefringent, doubly refractive

двугорбый *прил.* double-humped, double-peak

двузначность *ж.* ambiguity, two-valuedness

двукратный *прил.* twofold

двулучепреломление *с.* birefringence, double refraction

гиротропное невзаимное ~ gyrotropic non-reciprocal birefringence

индуцированное ~ induced birefringence

круговое ~ circular birefrigence, Faraday effect

круговое невзаимное ~ circular nonreciprocal birefringence

круговое обратимое ~ circular reversible birefringence

линейное ~ linear birefringence

линейное магнитное ~ linear magnetic birefringence, Cotton-Mouton effect

линейное обратимое ~ linear reversible birefringence

магнитное круговое ~ magnetic circular birefrigence

магнитное линейное ~ magnetic linear birefrigence

наведённое ~ induced birefringence

наведённое линейное ~ *(эффект Керра)* induced linear birefringence, Kerr effect

~, наведённое оптическим полем optical-field-induced birefringence

~ на изгибе *(световода)* bending birefringence

собственное ~ natural birefringence

циркулярное ~ *(эффект Фарадея)* circular birefringence, Faraday effect

эллиптическое ~ elliptical birefringence

двулучепреломляющий *прил.* birefringent, doubly refractive

двумерный *прил.* two-dimensional; plane

двунаправленный *прил.* bidirectional; bilateral

двуокись *ж.* dioxide

~ кремния silicon dioxide, silica

~ тория thorium dioxide, thoria

~ углерода carbon dioxide

~ урана uranium dioxide

~ циркония zirconium dioxide

двуосный *прил.* biaxial

двуполостной *прил.* double-cavity, two-cavity

двупреломление *с.* *(см. тж.* двулучепреломление*)* birefringence, double refraction

двупреломляющий *прил.* birefringent, doubly refractive

двусвязный *прил.* doubly connected

двусторонний *прил.* bilateral, two-sided

двутавр *м.* double tee

двуугольник *м. мат.* lune

двухатомный *прил.* beatomic, diatomic

двухвалентность *ж.* bivalence, divalence

двухвалентный *прил.* bivalent, divalent

двухволновой *прил.* two-wave

двухзарядный *прил.* two-charge, doubly charged

двухзонный *прил.* two-band; two-region

двухканальный *прил.* two-channel

двухкаскадный *прил.* two-stage

двухквантовый *прил.* two-quantum

двухкомпонентный *прил.* two-component

двухконтурный *прил.* two-circuit; double-loop

двухлучевой *прил.* 1. double-beam, two-beam 2. *яф (о следе)* two-pronged

двухмодовый *прил. (о колебаниях)* double-mode

двухосность *ж.* biaxiality

двухосный *прил.* biaxial

двухполосный *прил.* double-cavity

двухполюсник *м.* two-terminal [one-port] network

двухполюсный *прил.* two-pole, double-pole; bipolar

двухпоточный *прил.* double-flow

двухрезонансный *прил.* double-resonant

двухрезонаторный *прил.* double-cavity, two-cavity

двухрукавность *ж. астр.* two-armness

~ спиральной структуры two-armness of the spiral structure

двухсекционный *прил.* two-section

двухскоростной *прил.* double-speed

двухслойный *прил.* two-layer, double-layer

двухступенчатый *прил.* double-stage, two-stage, two-step

двухуровневый *прил.* two-level

двухфазный *прил.* two-phase; diphase, biphase

двухфокусный *прил.* bifocal

двухфотонный *прил.* two-photon

двухходовой *прил.* two-pass; two-way

двухцветный *прил.* two-color, dichromatic, bicolor

двухцелевой *прил.* dual-purpose

двухчастотный *прил.* double-frequency, two-frequency

двухъядерный *прил.* binuclear

двучлен *м.* binomial

двучленный *прил.* binomial

ДГС-лазер *м. (гетеролазер с двойной гетероструктурой)* double heterostructure laser

дебаеграмма *ж.* Debye powder pattern, Debye-Scherrer [X-ray] powder photograph

дебай *м. (единица электрического дипольного момента)* Debye, D

дебанчер *м. уск.* debuncher

деблокировать *гл.* release, unblock, unlock

деблокировка *ж.* release, unblocking, unlocking

девиатор *м. мех.* deviator

~ деформации deviator strain tensor, strain deviator

~ напряжений deviator stress tensor, stress deviator

~ скоростей деформации rate-of-strain deviator

девиация *ж.* deviation

внезапная ~ частоты *сзф* sudden frequency deviation, SFD

магнитная ~ magnetic deviation
~ фазы phase deviation
~ частоты frequency deviation
девтеранопия *ж.* *(нечувствительность к зелёному цвету)* deuteranopia, green blindness
девятиугольник *м.* nonagon
дегазация *ж.* degassing
~ в вакууме vacuum degassing
дегибридизация *ж.* *(орбиталей)* dehybridization
дегидратация *ж.* dehydration
внутримолекулярная ~ intramolecular dehydration
межмолекулярная ~ intermolecular dehydration
дегидратор *м.* dehydrator
дегидрирование *с.* dehydrogenation
дегидрогенизация *ж.* dehydrogenation
каталитическая ~ catalytic dehydrogenation
окислительная ~ oxidative dehydrogenation
деградация *ж.* degradation
~ голограммы hologram degradation
~ полупроводников semiconductor degradation
~ при старении *(напр. полупроводников)* aging degradation
термическая ~ thermal degradation
~ удержания энергии *(в токамаке)* energy confinement degradation
~ энергии degradation of energy, energy degradation
дедукция *ж.* deduction
дезаккомодация *ж. фмз* desaccomodation
магнитная ~ magnetic desaccomodation
дезактиватор *м.* deactivator; *(при радиоактивном заражении)* decontaminating apparatus; decontamination agent
дезактивация *ж.* deactivation; *(при радиоактивном заражении)* decontamination
~ бета-активности beta decontamination
излучательная ~ radiative deactivation
~ катализатора catalyst deactivation
~ молекул molecule deactivation, deactivation of molecules
~ поверхности surface decontamination
~ при радиоактивном заражении radioactive decontamination
~ расплава melt deactivation
столкновительная ~ *(возбуждённого атома или молекулы)* collisional deactivation
ударная ~ collisional deactivation
~ центров зарождения *крист.* deactivation of nucleation centers
дезактивировать *гл.* deactivate; *(при радиоактивном заражении)* decontaminate
дезанаморфирование *с. опт.* deanamorphosing
дезинтегратор *м.* *(измельчитель)* disintegrator
центробежный ~ centrifugal disintegrator

дезинтеграция *ж.* disintegration
дезориентация *ж.* disorientation
дезориентированность *ж.* random orientation
деионизация *ж.* deionization
~ газа gas deionization
~ плазмы plasma deionization
~ примесей impurity deionization
деионизировать *гл.* deionize
действи/е *с.* 1. *(физическая величина)* action 2. *(воздействие)* action, effect; influence, impact 3. *(функционирование)* action, operation, function; performance 4. *мат.* operation □ ~ A на B action [effect] of A on B; вводить в ~ put into operation [action], bring into service; находиться под ~ем *(напр. магнитного поля)* be exposed [subjected] to...; ненаправленного ~я isotropic; не оказывать ~я на... have no effect on...; не поддаваться ~ю... be resistant to [unaffected by]...; однократного ~я single-acting...; оказывать ~ на... act on, influence, have an effect on, have an effect upon; оказывать заметное ~ have a pronounced effect; подвергать ~ю *(напр. силы)* subject to; подвергаться ~ю... *(напр. силы)* be exposed [subjected] to...; под ~ем under the action [influence, effect]; под ~ем вибрации under vibration; под ~ем излучения under radiation; под ~ем облучения under irradiation; под ~ем силы тяготения under gravity; под ~ем тяготения under gravity; ~ прибора проиллюстрировано на рис.1 the action of the device is illustrated in Fig. 1; the function of the device is shown in Fig. 1; приводимый в ~ driven, operated by...; приводить в ~ actuate, bring into operation
абразивное ~ abrasive action, abrasive effect
автоматическое ~ automatic action
алгебраическое ~ algebraic operation
амортизирующее ~ buffer [cushion] effect
арифметическое ~ arithmetic operation
~ атомного взрыва nuclear blast effects
бактерицидное ~ излучения bactericidal effect of radiation
биологическое ~ biological effect
биологическое ~ излучения biological effect of radiation, biological radiation effect
биохимическое ~ biochemical effect
блокирующее ~ blocking effect
буферное ~ buffer action, buffer effect
возвратное ~ retroaction
вредное ~ harmful [deleterious] effect
всасывающее ~ suction effect
вторичное ~ secondary effect
выпрямляющее ~ rectifying action
газопоглощающее ~ getter action
гамильтоново ~ Hamilton action, Hamiltonian action integral
гасящее ~ quenching action
генетическое ~ излучения genetic effect of radiation
~ группы group action
демпфирующее ~ damping action

дестабилизирующее ~ destabilizing action
дефокусирующее ~ defocusing action
динамическое ~ dynamic action
дистанционное ~ remote [long range] action, action at a distance
длительное ~ long-term action
~ для гравитационного поля gravitational field action
~ для электромагнитного поля electro-magnetic field action
~ для поля field action
евклидово ~ Euclidean action
задержанное ~ delayed action
задерживающее ~ retarding action
замедленное ~ retarded [delayed] action
замедляющее ~ moderating effect, retarding action
запаздывающее ~ deferred [delayed] action
затравочное ~ *ктп* primeval action
защитное ~ protective [safety] action, protective effect
~ излучения radiation [radiative] effect
импульсное ~ pulse action
инденторное ~ indentation effect
индуцированное ~ induced action
~ ионизирующего излучения action of ionizing radiation
ионизующее ~ ionizing effect
канцерогенное ~ излучения carcinogenic effect of radiation
~ капиллярности capillary action
каталитическое ~ catalytic action
квантовое ~ quantum action
классическое ~ classical action
комбинированное ~ composite [combined] action
компенсирующее ~ compensating action
конечное ~ end action, end function
косвенное ~ indirect action
кумулятивное ~ cumulative action, cumulative effect
~ лазерного излучения на материалы laser action on materials, laser interaction with materials
~ Лиувиля Liouville action
логическое ~ logic operation
локальное ~ излучения local radiation effect
~ магнитного поля magnetic field action
маскирующее ~ masking action
математическое ~ mathematical operation
механическое ~ mechanical action
мешающее ~ interference, disturbance, disturbing action
наименьшее ~ *мех.* least action
~ Намбу Nambu action
~ Намбу - Гото Nambu-Goto action
направленное ~ directional effect
направляющее ~ directive action
~ на расстоянии action at a distance, remote action
непосредственное ~ direct action

неправильное ~ incorrect operation, malfunction
непрерывное ~ continuous action, continuous operation
непрямое ~ indirect action
непрямое ~ излучения indirect effect of radiation
обратное ~ back action, reaction, retroaction
общее ~ combined effect
оглушающее ~ aural [acoustic] dazzle
ослепляющее ~ dazzle
осмотическое ~ osmotic action
ответное ~ response
откачивающее ~ pumping action
отравляющее ~ poisonous effect
перенормированное ~ *ктп* renormalized action
~ периодического возмущения на вырожденные состояния periodic perturbation effect on degenerate states
поверхностное ~ surface action
~ по Гамильтону Hamilton action integral, principal function
~ по Лагранжу Lagrange action integral
~ поля field action, field effect
~ по Мопертюи Maupertuis action integral
пондеромоторное ~ ponderomotive action
пондеромоторное ~ света ponderomotive light action
поражающее ~ damaging action; damage effect
послерадиационное ~ post-radiation effect
~ преграды obstacle effect
продольное ~ longitudinal action
~ пространственного заряда space charge action
прямое ~ direct action
~ радиации radiation effect
радиобиологическое ~ radiobiological effect
радиомиметическое ~ radiomimetic effect
разрушающее ~ damaging [destructive] effect
расклинивающее ~ disjoining pressure, wedge effect
~ резонансного поглотителя resonance absorber effect
результирующее ~ resultant action
~ света light action
~ силы тяжести gravity action
слепящее ~ dazzle
собирающее ~ *(линзы)* converging action
совместное ~ joint [combined] action
соматическое ~ излучения somatic effect of radiation
стабилизирующее ~ stabilizing action
стимулирующее ~ излучения stimulating effect of radiation
~ струи jet action
суммарное ~ resultant action, combined effect
суперковариантное ~ supercovariant action
~ супер-Лиувиля super-Liouville action

суперсимметричное ~ supersymmetric action
тепловое ~ thermal [heating] effect
тепловое ~ **тока** heating effect of current
токсическое ~ **излучения** toxic effect of radiation
топологическое ~ topological action
триггерное ~ trigger action, trigger effect
тушащее ~ quenching action
ударное ~ percussion; impact action
~ **ударной волны** blast [shock] effect
уравновешивающее ~ compensating [balancing] action
физиологическое ~ physiological effect
физическое ~ **излучения** physical radiation effect
фокусирующее ~ focusing action
фотографическое ~ photographic action
химическое ~ chemical action
химическое ~ **излучения** chemical radiation effect
~ **Черна - Саймонса** Chern-Simons action
~ **Чжэня - Саймонса** Chern-Simons action
экранирующее ~ shielding action, screening effect
электрохимическое ~ electrochemical action
эффективное ~ effective action
эффективное низкоэнергетическое ~ effective low-energy action
эффективное ~ **суперструны** effective action of superstring
~ **Янга - Миллса** Yang-Mills action
действительный *прил. мат.* real
действовать *гл.* act, work, operate, function □ ~ **на...** act on, affect, influence, have an effect on; **не** ~ **на...** have no effect on...; ~ **по закону** *(о приборе)* operate on [follow] the law
действующий *прил.* acting
дейтеранопия *ж. (дефект цветного зрения)* deuteranope
дейтерид *м.* deuteride
~ **водорода** hydrogen deuteride
~ **лития** lithium deuteride
дейтерий *м.* deuterium, D
атомарный ~ atomic deuterium
дейтерирование *с.* deuteration
дейтерированный *прил.* deuterated
дейтрон *м.* deuteron, deuton
синглетный ~ singlet deuteron
дека *ж. ак.* sounding board
дека- *(приставка для образования кратных единиц)* deca
декада *ж.* decade
декадный *прил.* decade
декалесценция *ж.* decalescence
деканалирование *с. фтт* dechanneling
аксиальное ~ axial dechanneling
~ **альфа-частиц** dechanneling of alpha particles
~ **в аморфном слое** dechanneling in amorphous layer
~ **в кристалле** dechanneling in a crystal

~ **в идеальном кристалле** dechanneling in a perfect crystal
~ **в поликристаллическом слое** dechanneling in a polycrystalline layer
~ **в полостях** *(кристалла)* dechanneling by voids
~ **ионов** dechanneling of ions, ion dechanneling
~ **на аморфных кластерах** dechanneling by amorphous clusters
~ **на газовых пузырьках** dechanneling by gas bubbles
~ **на дефектах** dechanneling by defects
~ **на дислокациях** dechanneling at dislocations, dechanneling by dislocations, dechanneling due to dislocations
~ **на единицу длины** dechanneling per unit depth
~ **на петлях дислокаций** dechanneling by dislocation loops
плоское ~ planar dechanneling
~ **протонов** proton dechanneling, dechanneling of protons
декартов *прил.* Cartesian
декатрон *м. эл.* dekatron, decade-counting tube
декаэдр *м. (десятигранник)* decahedron
деклинатор *м.* declinator
магнитный ~ magnetic declinator
декогерер *м. эл.* decoherer
декодер *м.* decoder
декодирование *с.* decoding
деколориметр *м.* decolorimeter
декомпенсация *ж.* decompensation
декомпрессия *ж.* decompression
декорирование *с. крист.* decoration (technique)
~ **дислокаций** dislocation decoration
~ **нематическими жидкими кристаллами** nematic liquid crystal decoration
декорреляция *ж.* decorrelation
декремент *м.* decrement
~ **амплитуды** damping decrement
бальмеровский ~ Balmer decrement
динамический ~ dynamic decrement
~ **затухания** damping constant, logarithmic [damping] decrement
~ **затухания волн на горячих электронах** wave damping on hot electrons
логарифмический ~ logarithmic decrement
логарифмический ~ **затухания** logarithmic decrement; damping constant
логарифмический ~ **энергии** logarithmic energy decrement, logarithmic energy loss
средний логарифмический ~ average logarithmic decrement
~ **энергии** energy decrement
декреметр *м.* decremeter
декристаллизация *ж.* decrystallization
декуплет *м. фвэ* decuplet
барионный ~ baryon decuplet
унитарный ~ unitary decuplet

делать *гл.* make, do, perform
~ **анализ** analize, perform analysis
~ **вклад в...** make a contribution to...
~ **возможным** make possible; enable
~ **вывод** conclude, draw a conclusion
~ **срезы образца** section specimen
делени/е *с.* 1. *яф* fission 2. *мат.* division 3. *(шкалы)* division, (graduation) mark, graduation line □ **наносить ~я** divide, subdivide, graduate, index
~ **амплитуды** *опт.* amplitude division
асимметричное ~ asymmetric fission
~ **атомного ядра** nuclear fission, fission of atomic nucleus
~ **без остатка** *мат.* exact division
взрывное ~ explosive fission
~ **волнового фронта** wavefront division
вынужденное ~ induced fission
запаздывающее ~ **ядра** delayed nuclear fission
исходное ~ original fission
~ **клетки** *биофиз.* *(митоз)* cell division; mitosis
кулоновское ~ Coulomb fission
~ **на блоки** lumping
~ **на быстрых нейтронах** fast(-neutron) fission
~ **на две части** bipartition; binary fission
~ **на медленных нейтронах** slow neutron fission, fission by slow neutrons
~ **на тепловых нейтронах** thermal(-neutron) fission
~ **на три части** tripartition, ternary fission
~ **на участки** sectionalization
начальное ~ original fission
~ **на четыре части** quaternary fission; quartering
нулевое ~ zero mark
околобарьерное ~ near-barrier fission
~ **плутония** plutonium fission
повторное ~ iterated fission
подбарьерное ~ subbarrier fission
~ **под действием быстрых нейтронов** fast(-neutron) fission
~ **под действием гамма-квантов** photo-fission
~ **под действием дейтронов** deuteron-induced fission
~ **под действием закадмиевых нейтронов** epicadmium(-neutron) fission
~ **под действием медленных нейтронов** fission by slow neutrons, slow neutron fission
~ **под действием мюонов** muon-induced fission
~ **под действием надтепловых нейтронов** epithermal(-neutron) fission
~ **под действием нейтронов** neutron-induced fission
~ **под действием протонов** proton-induced fission
~ **под действием тепловых нейтронов** thermal(-neutron) fission

~ **под действием фотонов** photofission
~ **под действием частиц высокой энергии** high-energy fission
подпороговое ~ subthreshold fission
преимущественное ~ preferential fission
~ **пучка** beam splitting
самопроизвольное ~ spontaneous fission
симметричное ~ symmetrical fission
спонтанное ~ spontaneous fission
спонтанное ~ **ядер** spontaneous nuclear fission
~ **тория** thorium fission
тройное ~ tripartition; ternary fission
~ **урана** uranium fission
~ **частоты** frequency division
~ **частоты импульсов** repetition-rate scaling
~ **шкалы** scale division, graduation (mark, line)
эмиссионное ~ emissive fission
~ **ядер** nuclear fission
ядерное ~ nuclear fission
делимое *с.* *мат.* dividend
делимость *ж.* 1. *яф* fissionability, fissility 2. *мат.* divisibility, partibility
делитель *м.* 1. *мат.* divisor 2. *радиофиз.* divider; splitter
~ **амплитуды** *опт.* amplitude divider
ёмкостный ~ **напряжения** capacitive voltage divider
~ **изображения** image slicer
индуктивный ~ **напряжения** inductive voltage divider
~ **мощности** power divider
наибольший общий ~ greatest common divisor, GCD
~ **напряжения** voltage divider
нормальный ~ normal divisor
общий ~ common divisor
общий наибольший ~ greatest common divisor, GCD
~ **порядков** *опт.* order divider
~ **пучка** beam divider, beam splitter
регенеративный ~ **частоты** regenerative frequency divider
~ **спектральных линий** spectral line divider
~ **тока** current divider
~ **частоты** frequency divider
~ **частоты повторения импульсов** repetition-rate scaler, pulse frequency divider
электронный ~ electronic divider
делить *гл.* divide
~ **на группы** divide [break down] into groups
~ **на части** divide [break down] into parts
~ **пополам** halve, divide in two
делиться *гл.* *яф* *(обладать свойством)* be fissionable; *(претерпевать деление)* break down, disintegrate; *мат.* divide, be divisible
делокализация *ж.* delocalization
~ **дефектов** *фтт* defect delocalization

~ **дефектонов** defecton delocalization
квантовая ~ quantum delocalization
дельта *ж.* delta
дельта-железо *с.* delta iron
дельта-лучи *мн.* delta rays
дельта-металл *м.* delta metal
дельта-оператор *м.* Laplacian operator
дельта-потенциал *м.* delta potential
поверхностный ~ surface delta potential
дельта-резонанс *м.* delta resonance
дельта-розетка *ж. (тензодатчиков)* delta [equiangular] rosette
дельта-связь *ж. хим.* delta bond, delta connection
дельта-функция *ж.* delta function
~ **Грассмана** Grassmann delta function
~ **Дирака** Dirac delta function, delta function of Dirac
дельта-частица *ж.* delta particle
дельта-электрон *м.* delta [knock-on] electron
дельтоэдр *м.* deltohedron
делящийся *прил. яф* fissionable, fissile
деминерализатор *м.* demineralizer
деминерализация *ж.* demineralization
демодулятор *м.* demodulator
амплитудный ~ amplitude demodulator
когерентный ~ coherent demodulator
фазовый ~ phase demodulator
фазочувствительный ~ phase-sensitive demodulator
частотный ~ frequency demodulator
демодуляция *ж.* demodulation, detection
амплитудная ~ amplitude demodulation
фазовая ~ phase demodulation
частотная ~ frequency demodulation
демон *м.* demon
~ **Максвелла** Maxwell demon
демонстрировать *гл.* show; display; exhibit
демонтаж *м.* dismounting, dismantling, disassembly
~ **реактора** reactor dismantling
~ **тепловыделяющей сборки** fuel assembly dismantling
демпфер *м.* damper, damping device; *мех.* dash-pot
~ **активной зоны** reactor core restraint
акустический ~ acoustic damper
~ **вибраций** vibration damper
воздушный ~ air damper
вязкостный ~ viscous damper, viscous restraint
~ **крутильных колебаний** torsional damper
нелинейный ~ nonlinear damper
~ **с нелинейной характеристикой** nonlinear damper
фрикционный ~ frictional damper
электромагнитный ~ electromagnetic damper
демпфирование *с.* damping; deadening □ **с вязкостным** ~**м** viscously damped; **с критическим** ~**м** critically damped
акустическое ~ acoustic damping
апериодическое ~ aperiodic damping

аэродинамическое ~ aerodynamic [air] damping
внутреннее ~ internal damping
внутреннее ~ **колебаний** inherent vibration damping
воздушное ~ air damping
~ **возмущения** damping of disturbance
вязкостное ~ viscous damping
интенсивное ~ heavy [high] damping
~ **колебаний** oscillation [vibration] damping
конструкционное ~ structural damping
косвенное ~ coupled [indirect] damping
критическое ~ critical damping
лёгкое ~ light [low] damping
недостаточное ~ underdamping
нелинейное ~ nonlinear damping
непосредственное ~ direct damping
сильное ~ high [heavy] damping
слабое ~ light [low] damping
фрикционное ~ friction damping
фрикционное ~ **колебаний** frictional vibration damping
электромагнитное ~ electromagnetic damping
демпфированный *прил.* damped
демпфировать *гл.* damp
демпфирующий *прил.* damping
демультиплексор *м. кв. эл.* demultiplexer
волоконно-оптический ~ fiber-optic demultiplexer
интегрально-оптический ~ integrated-optic demultiplexer
одномодовый ~ single-mode demultiplexer
решёточный ~ grating demultiplexer
сплавной ~ fused demultiplexer
спектральный ~ wavelength demultiplexer
денатурация *ж.* denaturation
~ **белков** denaturation of proteins
~ **молекул** *(разрушение структуры)* molecule denaturation
денатурирование *с.* denaturation
~ **ядерного топлива** denaturation of nuclear fuel
дендрит *м. крист.* dendrite
иглообразный ~ needle-shaped dendrite
разветвлённый ~ branched dendrite
дендрология *ж.* dendrology
дендрохронология *ж.* dendrochronology
денсиметр *м. (плотномер)* densimeter
денсиметрия *ж.* densimetry
денситограмма *ж.* densitogram
денситометр *м. опт.* densitometer; opacity meter
визуальный ~ visual densitometer
интегрирующий ~ integrating-sphere densitometer
клиновой ~ wedge densitometer
поляризационный ~ polarization densitometer
регистрирующий ~ recording densitometer
рентгеновский ~ X-ray densitometer
~ **с прямым отсчётом** direct reading densitometer

фотоэлектрический ~ photoelectric densitometer
денситометрический *прил.* densitometric
денситометрия *ж. опт.* densitometry
ультрафиолетовая ~ ultraviolet densitometry
денудация *ж. геофиз. (обнажение)* denudation
день *м.* day □ в ~ ... *(...в сутки)* per day; изменяться ~ ото дня change from day to day
~ **весеннего равноденствия** day of vernal equinox
високосный ~ intercalary day
возмущённый ~ *сзф* disturbed day
~ **зимнего солнцестояния** day of winter solstice
~ **летнего солнцестояния** day of summer solstice
магнитно-возмущённый ~ magnetically disturbed day
магнитно-спокойный ~ magnetically quiet day
~ **осеннего равноденствия** day of autumnal equinox
полярный ~ polar day
рабочий ~ working day
спокойный ~ *сзф* quiet day
юлианский ~ Julian day
депиннинг *м. сверхпр.* depinning
термический ~ thermal depinning
депланация *ж. мех.* warping
деполимеризация *ж.* depolymerization
деполяризатор *м. опт.* depolarizer
линейный ~ linear depolarizer
~ **Лио** Lyot depolarizer
~ **света** light depolarizer
селективный ~ selective depolarizer
циркулярный ~ circular depolarizer
деполяризация *ж.* depolarization
вращательная ~ *(света)* rotational depolarization
дипольная ~ dipole depolarization
~ **излучения антенны** antenna radiation depolarization
истинная ~ true depolarization, total depolarization
концентрационная ~ *(света)* concentration depolarization
~ **линии** line depolarization
локальная ~ local depolarization
~ **люминесценции** luminescence depolarization
~ **нейтронов** neutron depolarization
полная ~ total depolarization, true depolarization
продольная ~ longitudinal depolarization
~ **пучка** beam depolarization
~ **рассеянного света** depolarization of scattered light
резонансная ~ resonance depolarization
сверхтонкая ~ hyperfine depolarization
тепловая ~ thermal depolarization

термостимулированная ~ thermostimulated depolarization
~ **света** depolarization of light
~ **ядер** nuclear depolarization
деполяризовать *гл.* depolarize
депонирование *с.* deposition
депонировать *гл.* deposit
депрессия *ж.* depression
барическая ~ barometric depression
капиллярная ~ capillary depression
термическая ~ thermal depression
дерево *с.* tree
~ **вероятностей** probability tree
~ **графа** *мат.* graph tree
оловянное ~ dendritic tin crystals
~ **решений** decision tree
держатель *м.* holder; mount; carrier; support
~ **затравки** *крист.* seed holder
~ **источника** source holder
~ **мишени** target holder, target support
~ **обмоток** coil support
~ **образца** sample holder
~ **счётчика** counter holder
~ **фольги** foil holder, foil support
~ **электрода** electrode support
держать *гл.* **1.** *(удерживать)* hold **2.** *(служить опорой)* support, take the load
~ **в резерве** keep in reserve
десенсибилизатор *м.* desensitizer
десенсибилизация *ж.* desensitization
оптическая ~ optical desensitization
фотографическая ~ photographic desensitization
десинхронизация *ж.* desynchronization
десольватация *ж.* desolvation
десорбировать *гл.* desorb
десорбция *ж.* desorption
~ **атомными пучками** atomic beam desorption
~ **газа** gas desorption
ионно-стимулированная ~ ion-stimulated desorption
~ **ионными пучками** ion beam desorption
~ **ионов** desorption of ions
лазерная ~ laser desorption
~ **молекулярными пучками** molecular beam desorption
~, **обусловленная фотонами** photon-induced desorption
~, **обусловленная частицами** particle-induced desorption
полевая ~ field desorption
~ **полем** field desorption
фотостимулированная ~ photostimulated desorption
электронно-стимулированная ~ **ионов** (ЭСДИ) electron-stimulated ion desorption
деструктивный *прил.* destructive
деструкция *ж. (полимеров)* destruction; degradation
биологическая ~ biological destruction
гидролитическая ~ hydrolytic destruction

механическая ~ mechanical destruction

механо-химическая ~ mechanochemical destruction

окислительная ~ oxidative destruction

~ полимеров polymer destruction, polymer degradation

радиационная ~ radiation(-induced) destruction

радиационно-химическая ~ radiation chemical destruction

термическая ~ thermal destruction

термохимическая ~ thermochemical destruction

ультразвуковая ~ ultrasonic destruction

фотохимическая ~ photochemical destruction

химическая ~ chemical destruction

десублимация *ж.* desublimation

десятигранник *м.* decahedron

десятигранный *прил.* decahedral

десятиугольник *м.* decagon

десятиугольный *прил.* decagonal

десятичный *прил. мат.* decimal

детал/ь *ж.* detail; part, member; element

биметаллическая ~ bimetallic element

взаимозаменяемые ~и interchangeable parts

второстепенная ~ minor part

~ изображения image [picture] detail

~ конструкции structural member

крупная кольцевая ~ large ringed feature

~и машин *(название научной дисциплины)* machine elements

мелкая ~ *(изображения)* fine detail

оптическая ~ optical detail

парная ~ mate, mating part

сменная ~ replacement [renewal] part

сопряжённая ~ mate, mating part

съёмная ~ removable part

детальный *прил.* detailed

детандер *м.* gas-expansion machine; expander

~ высокого давления high pressure expansion machine

гелиевый ~ helium expansion machine

~ низкого давления low pressure expansion machine

поршневой ~ piston expansion machine

детектирование *с.* detection; detecting action, demodulation

~ адсорбированных молекул adsorbed molecule detection

~ альфа-частиц alpha detection

амплитудное ~ amplitude detection

аналоговое ~ analog detection

анодное ~ anode detection

~ атомов atom detection

~ атомов в буферном газе atom detection in buffer gas

~ атомов в вакууме atom detection in vacuum

~ атомов на поверхности surface atom detection

~ бета-частиц beta detection

~ быстрых нейтронов detection of fast neutrons

~ возбуждённых атомов detection of excited atoms

~ возбуждённых молекул detection of excited molecules

высокоселективное ~ *(изотопов)* highly selective detection

~ гамма-излучения gamma detection

гетеродинное ~ heterodyne detection

гомодинное ~ homodyne detection

~ гравитационных волн gravitational wave detection

~ движения motion detection

диодное ~ diode detection

дискретное ~ discrete detection

~ единичных атомов detection of single atoms

~ единичных молекул detection of single molecules

~ заряженных частиц charged particle detection

~ излучений radiation detection

ионизационное ~ *(атомов)* ionization detection

~ ионов ion detection

катодное ~ cathode detection

квадратичное ~ square-law detection

~ К-мезонов kaon detection

когерентное ~ coherent detection

~ космического излучения cosmic ray detection, detection of cosmic-ray particles

лазерное ~ *(атомов или молекул)* laser detection

лазерное ~ редких изотопов laser detection of rare isotopes

лазерное селективное ~ laser selective detection

линейное ~ linear detection

~ метастабильных ионов metastable ion detection

многоканальное ~ multichannel detection

~ молекул molecule detection

~ молекул в буферном газе molecule detection in buffer gas

~ молекул в ионизационной камере molecule detection in ionization chamber

~ молекул на поверхности surface molecule detection

~ мю-мезонов muon detection

~ нейтрино neutrino detection

~ нейтронов neutron detection, detection of neutrons

нелинейное ~ nonlinear detection

~ нескольких атомов multiple atom detection

~ нескольких ионов multiple ion detection

~ огибающей envelope detection

~ одиночных атомов detection of single atoms

~ одиночных молекул detection of single molecules

~ одного или нескольких выбранных ионов single ion or selected ion detection
оптимальное ~ optimal detection
оптическое ~ optical rectification, optical detection
~ осколков деления fission fragment detection
~ отдельных атомов detection of single atoms
~ отдельных молекул detection of single molecules
~ пи-мезонов pion detection
~ позитронов positron detection
~ положительных ионов detection of positive ions
~ протонов proton detection
прямое ~ (света) direct detection
~ редких изотопов rare isotope detection
~ рентгеновского излучения X-ray detection
~ света light detection
селективное ~ атомов selective detection of atoms
селективное ~ молекул selective detection of molecules
сеточное ~ grid detection
~ сигнала signal detection
синхронное ~ locked-in [synchronous] detection
~ случайных сигналов random signal detection
фазовое ~ phase detection
фотоионизационное ~ photoionization detection
~ химических элементов detection of chemical elements
~ ЦМД bubble detection
частотное ~ frequency detection
~ электронов electron detection
детектировать гл. 1. detect; demodulate 2. (выпрямлять) rectify
детектор м. detector; demodulator
активационный ~ activation detector
акустический ~ acoustic detector
алмазный ~ diamond detector
~ альфа-частиц alpha-particle [alpha-radiation, alpha] detector
амплитудный ~ amplitude detector
анодный ~ anode detector
антраценовый ~ anthracene detector
балансный ~ balanced detector
~ бета-излучения beta(-radiation) detector
борный ~ boron detector
быстродействующий ~ fast detector
~ быстрых нейтронов fast-neutron detector
вакуумно-ультрафиолетовый ~ extreme ultraviolet detector
вершинный ~ фвэ vertex detector
визуальный ~ (частиц) visual detector
водный черенковский ~ water Cherenkov detector
водородный ~ hydrogen detector

временной полупроводниковый ~ temporal semiconductor detector
времяпролётный ~ time-of-flight detector
вторично-эмиссионный ~ secondary emission detector
газовый ~ gas-filled [gaseous] detector
газовый сцинтилляционный ~ gas scintillation detector
газовый трековый ~ gas track detector
газоразрядный ~ (частиц) gas discharge detector
газоразрядный координатный ~ gas discharge position detector
галлиевый нейтринный ~ gallium neutrino detector
~ гамма-всплесков gamma-ray burst detector
~ гамма-излучения gamma-ray detector
~ гамма-квантов gamma quantum detector
гелиевый ~ helium detector
германиевый ~ germanium detector, germanium rectifier
гибридный ~ фвэ hybride detector
глубоководный черенковский ~ deepwater Cherenkov detector
годоскопический сцинтилляционный ~ hodoscope scintillation detector
~ гравитационных волн gravitational wave detector
~ движения movement detector
двукристальный ~ combination-crystal detector
двумерный ~ two-dimensional detector
двумерный стриповый ~ two-dimensional stripped detector
двухтактный ~ push-pull detector
~ делений яф fission detector
джозефсоновский ~ Josephson-effect detector
диодный ~ diode detector
диффузионный ~ фпп diffusion detector
диэлектрический ~ (заряженных частиц) dielectric detector
диэлектрический трековый ~ dielectric track detector
дозиметрический ~ dosimetric detector
~ «долин» (в обработке изображений) valley detector
дрейфовый ~ drift detector
жидкий аргоновый нейтринный ~ liquid argon neutrino detector
~ звукового сигнала sound detector
звуковой ~ acoustic [aural] detector
~ излучений radiation detector
изотопный ~ isotopic detector
импульсный ~ pulse(-type) detector
инфракрасный ~ infrared detector
~ ионизационного типа ionization-type detector
ионизационный ~ ionization detector
~ ионизирующего излучения ionizing-radiation detector

ионно-легированный ~ ion doped [implanted] detector
~ ионов ion detector
калиброванный ~ calibrated detector
квадратичный ~ square-law detector
коаксиальный ~ coaxial detector
кольцевой ~ annular detector
комптоновский диодный ~ Compton diode detector
~ контуров (изображений) edge detector
координатный ~ фвэ position detector
координатный полупроводниковый ~ semiconductor position detector
корреляционный ~ correlation detector
кремниевый ~ silicon detector
кристаллический ~ crystal detector
ламповый ~ valve [electron-tube] detector
ливневый ~ shower detector
линейный ~ linear-response detector
масс-спектрометрический ~ mass-spectrometer detector
~ медленных нейтронов slow neutron detector
микростриповый ~ фвэ microstrip detector
многопроволочный пористый ~ multiwire porous detector
многослойный ~ multilayer detector
множественный ~ multiple detector
~ на горячих носителях hot carrier detector
~ на основе высокочистого германия high-purity Ge detector
~ на основе йодида натрия sodium iodide detector
~ на переходном излучении transition radiation detector
~ направленного излучения directional radiation detector
направленный ~ directional detector
~ на сферах Боннэ Bonner sphere detector
нейтральный ~ neutral detector
~ нейтронного потока neutron-flux detector
нейтронный ~ neutron detector
~ нейтронов neutron detector
некогерентный ~ incoherent detector
нелинейный ~ nonlinear detector
ненаправленный ~ nondirectional detector
непрозрачный ~ opaque detector
низкотемпературный ~ low-temperature detector
нулевой ~ null detector
~ огибающей envelope detector
~ одиночных частиц single particle detector
одноканальный ~ single-channel detector
одномерный ~ one-dimensional detector
одномерный координатный ~ one-dimensional position detector
оптический ~ optical detector
~ первичного космического излучения primary cosmic-ray detector
пиковый ~ peak detector
пиксельный ~ pixel detector

пироэлектрический ~ pyroelectric detector
планарный ~ planar detector
пластмассовый ~ plastic detector
поверхностно-барьерный ~ surface barrier detector
~ по времени пролёта time-of-flight detector
подземный ~ buried detector
позиционно-чувствительный ~ position-sensitive detector
~ положения пучка beam position detector
полосковый ~ stripped detector
полупроводниковый ~ semiconductor detector
пористый эмиссионный ~ porous emission detector
пороговый ~ threshold detector
проволочный ~ wire detector
~ протонов отдачи proton recoil detector
радиационный ~ radiation detector
радиохимический ~ radiochemical detector
разностный ~ difference detector
резистивный полупроводниковый ~ resistive semiconductor detector
резонансный ~ resonance detector
~ рентгеновского излучения X-ray detector
~ речи speech [voice] detector
сверхпроводящий ~ superconducting detector
сеточный ~ grid detector
~ с замедлением нейтронов moderating detector
~ с захватом нейтронов neutron-capture detector
~ сигналов signal detector
сигнальный ~ alarm detector
синхронный ~ synchronous detector
«слоёный» ~ sandwich detector
~ совпадений coincidence detector
солнечный нейтринный ~ solar neutrino detector
спектрометрический полупроводниковый ~ spectrometric semiconductor detector
~ спектрометрического типа spectrometer-type detector
~ с прямым отсчётом direct reading detector
среднеквадратичный ~ root-mean-square detector
стриповый ~ stripped detector
сцинтилляционный ~ scintillation detector
сцинтилляционный ~ на волокнах fiber-based scintillation detector
~ с электронным умножителем electron multiplier detector
твердотельный ~ solid-state detector
~ тепловых нейтронов thermal(-neutron) detector
термолюминесцентный ~ thermoluminescent detector
тонкоплёночный ~ thin-film detector

точечный ~ point detector
трековый ~ *(частиц)* track (registration) detector
ультразвуковой ~ ultrasonic detector
~ утечки leak detector
фазовый ~ phase detector
фольговый ~ foil detector, detecting foil
фотодиодный ~ photodiode detector
~ фотонов photon detector
фотоэлектрический ~ photovoltaic detector
фотоэлектронный ~ photoelectron detector
фотоэмиссионный ~ photoemission detector
химический ~ излучения chemical radiation detector
центральный ~ *фвэ* central detector
~ частиц particle detector
частотный ~ frequency(-sensitive) detector
черенковский ~ Cherenkov detector
электронный ~ electronic detector
эмульсионный ~ (nuclear) emulsion detector
энергонечувствительный ~ energy-insensitive detector
энергочувствительный ~ energy-sensitive detector
~ ядерных излучений nuclear radiation detector
~ ядер отдачи recoil detector
детергент *м.* detergent
детерминант *м.* determinant
детерминизм *м.* determinism
духовый ~ ghost determinism
классический ~ mechanical determinism
лапласовский ~ mechanical determinism
локальный ~ local determinism
причинный ~ causal determinism
регуляризованный ~ regularized determinism
строгий ~ strict determinism
физический ~ physical determinism
детерминированность *ж.* determinancy
детерминированный *прил.* deterministic
детонатор *м.* detonator
детонация *ж.* detonation
высокочастотная ~ *ак.* flutter
малоскоростная ~ low-speed detonation
низкочастотная ~ low-frequency flutter, wow
сильная ~ strong detonation
слабая ~ weak detonation
спиновая ~ spin detonation
термоядерная ~ fusion [thermonuclear] detonation
~ Чепмена - Жуге Chapman-Jouguet detonation
детонировать *гл.* detonate
дефазировка *ж.* dephasing
дефект *м.* 1. *фтт* defect, imperfection, fault 2. *(трещина, дефект изделия)* flaw, defect □ ~ возникает... a defect results from...; обнаружение ~ов trouble shooting; обнаруживать ~ detect a defect; устанавливать расположение ~a locate a defect; устранять ~ correct [eliminate] the defect, remove the imperfection

акустический ~ помещения acoustical defect of a room
анионный ~ anion defect
антиструктурный ~ antisite defect
~ анти-Шотки *(антипод дефекта Шотки)* anti-Schottky defect
~ Бьеррума Bjerrum fault
вакансионный ~ vacancy defect
вихревой ~ *фмя* vortex defect
~ внедрения interstitial imperfection, interstitial defect
внутренний ~ internal defect, internal flaw
~ в решётке lattice defect
~ в кристалле crystal defect
~ в твёрдом теле imperfection in a solid, imperfection in a crystal
вторичный ~ *физ. пов.* secondary defect
~ вычитания intrinsic defect
генетический ~ облучения radiation-induced genetic defect
глубинный ~ deep defect
глубокий ~ deep defect
гравитационный ~ массы gravitational mass defect
двойниковый ~ twin fault
двойной ~ упаковки extrinsic stacking fault, extrinsic defect
двумерный ~ two-dimensional [planar] defect
делокализованный ~ delocalized defect
деформационный ~ deformation defect
динамический ~ dynamic defect
дислокационный ~ dislocation (defect)
закалочный ~ quenching defect
~ замещения substitutional imperfection, substitutional defect
заряженный ~ charged defect
изолированный точечный ~ isolated point defect
катионный ~ cation defect
квантовый ~ quantum defect
конструктивный ~ design imperfection, defect in design; structural fault
координационный ~ coordination defect
~ кристалла crystal defect, crystal imperfection
~ кристаллической решётки lattice defect, lattice imperfection; crystalline defect
линейный ~ linear [one-dimensional, line] defect
локализованный ~ spot [localized] defect
макроскопический ~ macroscopic defect
~ масс mass defect; packing loss
~ массы mass defect; packing loss
междоузельный ~ interstitial defect
метастабильный ~ metastable defect
неравновесный точечный ~ nonequilibrium point defect
несобственный точечный ~ extrinsic point defect
нуль-мерный ~ point defect

объёмный ~ bulk [three-dimensional, volumetric] defect
одномерный ~ one-dimensional [linear] defect
ориентационный ~ *фпт* orientational fault
основной ~ *(решётки)* primary defect, primary imperfection
первичный ~ *(решётки)* primary defect, primary imperfection
петлеобразный ~ loop-shaped defect
плоский ~ planar [two-dimensional] defect
~ поверхности surface defect
поверхностный ~ surface [two-dimensional] defect
поглощающий ~ *крист.* absorbing defect
подвижный ~ mobile defect
подповерхностный ~ subsurface defect
~ по Франку Frank defect
~ по Френкелю Frenkel defect
~ по Шокли Shockley defect
~ по Шотки Schottky defect
примесный ~ impurity defect
протяжённый ~ extensive defect
радиационный ~ radiation(-induced) defect
растянутый ~ упаковки stacking fault ribbon
~ речи speech defect
~ решётки lattice defect, lattice imperfection
ростовой ~ growth defect
светоиндуцированный ~ light-induced defect
скрытый ~ hidden [latent] defect
~ слуха hearing defect
~ смешанного типа mixed character defect
собственный точечный ~ intrinsic point defect
~, созданный в процессе обработки processing-induced defect
статический ~ static defect
стехиометрический ~ stoichiometric defect
структурный ~ *фпт* structural [lattice] defect; structural imperfection
~ структуры *фпт* structural [lattice] defect; structural imperfection
~ типа вакансия-внедрение interstitial-vacancy pair
~ типа вакансия-междоузлие interstitial-vacancy pair
~ типа оборванных связей dangling bond defect
точечный ~ point defect
трёхмерный ~ three-dimensional [bulk] defect
~ упаковки stacking fault
~ упаковки внедрения extrinsic stacking fault, extrinsic defect
~ упаковки вычитания intrinsic stacking fault, intrinsic defect
устойчивый радиационный ~ stable radiation defect
физический ~ *(кристалла)* physical imperfection

фоточувствительный ~ light-sensitive defect
~ Френкеля Frenkel [interstitial-vacancy] pair
химический ~ *(кристалла)* chemical imperfection
~ Шот(т)ки Schottky defect
дефект-ловушка *м. фпт* defect-trap
дефектность *ж.* defect structure, imperfection
~ структуры structure imperfection
дефектный *прил.* defective; imperfect
дефектон *м. (квазичастица)* defecton
делокализованный ~ delocalized defecton
узкозонный ~ narrow band defecton
дефектообразование *с.* defect formation
радиационное ~ radiation-induced defect formation
дефектоскоп *м.* flaw [crack] detector; nondestructive testing unit
вихретоковый ~ eddy-current flaw detector
гамма-лучевой ~ gamma-ray flaw detector
импедансный ~ impedance flaw detector
ионизационный ~ ionization flaw detector
капиллярный ~ liquid-penetrant flaw detector
магнитный ~ magnetic-field flaw detector
резонансный ~ resonant flaw detector
рентгеновский ~ X-ray flaw detector
ультразвуковой ~ ultrasonic flaw detector
ультразвуковой ~ высокой частоты hypersonic flaw detector
электроиндуктивный ~ eddy-current flaw detector
дефектоскопия *ж.* flaw detection, flaw inspection, nondestructive testing
акустическая ~ acoustic testing
акустическая эмиссионная ~ acoustic emission testing
визуальная ~ visual flaw detection
вихретоковая ~ eddy current testing
голографическая ~ holographic flaw detection
инфракрасная ~ infrared testing, thermal flaw detection
капиллярная ~ liquid-penetrant testing
лазерная ~ laser flaw detection
лучевая ~ radioexamination
люминесцентная ~ luminescence [fluoroscopic] flaw detection
магнитная ~ magnetic flaw detection, magnetic field testing, magnetic nondestructive testing
магнитно-порошковая ~ magnetic particle testing
магнитографическая ~ magnetic tape testing
нейтронная ~ neutron flaw detection
оптическая ~ optical flaw detection
отражательная ~ reflection [echo] sounding
радиационная ~ radiation testing, radiography
радиоволновая ~ radio wave flaw detection

радиографическая ~ radiographic inspection
рентгеновская ~ X-ray [radioscopic] flaw detection; radiography, radioscopy
тепловая ~ thermal flaw detection, infrared testing
термоэлектрическая ~ thermoelectric testing
токовихревая ~ eddy-current testing
трибоэлектрическая ~ triboelectrical testing
ультразвуковая ~ ultrasonic flaw detection, ultrasonic inspection, ultrasonic testing
ультрафиолетовая ~ ultraviolet testing
электрическая ~ electrical flaw detection
электроиндуктивная ~ eddy-current testing
электромагнитная ~ electromagnetic testing
электростатическая ~ electrostatic testing
дефект-примесь *ж.* defect-impurity
деферент *м. астр.* deferent
дефицит *м.* deficit; shortage
~ **влажности** moisture deficit
нейтронный ~ neutron deficit
~ **нейтронов** neutron deficit
~ **энергии** energy shortage
дефлаграция *ж. (режим распространения пламени)* deflagration
сильная ~ strong deflagration
слабая ~ weak deflagration
~ **Чепмена - Жуге** Chapman-Jouguet deflagration
дефлегматор *м.* dephlegmator, reflux condenser
дефлегмация *ж.* dephlegmation, refluxing
дефлектометр *м.* deflectometer
дефлектор *м.* deflector
акустооптический ~ acousto-optical [acousto-optic] deflector
аналоговый ~ analog deflector
брэгговский ~ Bragg deflector
~ **быстрого вывода** fast deflector
внутрирезонаторный ~ intracavity deflector
высокочастотный ~ radio frequency [rf] deflector
двухкоординатный ~ xy deflector
динамический ~ dynamic deflector
дискретный ~ digital deflector
дифракционный ~ diffraction deflector
~ **инфракрасного диапазона** infrared deflector
магнитный ~ magnetic deflector
магнитооптический ~ magneto-optical deflector
многокаскадный электростатический ~ multiple electrostatic deflector
~ **многократного рассеяния** multiple scattering deflector
~ **на дифракционной решётке** grating deflector
~ **на призме Волластона** Wollaston prism deflector

~ **на решётке призм** prism array deflector
~ **на эффекте полного внутреннего отражения** total internal reflection deflector
~ **на эффекте Фарадея** Faraday effect deflector
одиночный электростатический ~ single electrostatic deflector
одномерный ~ one-dimensional deflector
оптико-акустический ~ optoacoustical deflector
оптический ~ optical [light beam] deflector
~ **пучка** beam deflector
пьезокерамический ~ piezoceramic deflector
пьезоэлектрический ~ piezoelectric deflector
растровый оптико-механический ~ raster optical-mechanical scanner
регенеративный ~ regenerative deflector
решёточный ~ grating deflector
~ **светового пучка** light beam deflector
~ **сходящегося светового пучка** convergent light beam deflector
тройной электростатический ~ triple electrostatic deflector
ультразвуковой рефракционный ~ ultrasonic refraction deflector
электрооптический ~ electrooptic deflector
электростатический ~ electrostatic deflector
дефокусировать *гл.* defocus
дефокусировка *ж.* defocusing
аксиальная ~ axial defocusing
~ **внешним полем** external field defocusing
~ **лазерного пучка** laser beam defocusing
магнитная ~ magnetic defocusing
поперечная ~ transverse defocusing
~ **при отклонении** deflection defocusing
продольная ~ longitudinal defocusing
~ **пространственным зарядом** space charge defocusing
~ **пучка** beam defocusing
радиальная ~ radial defocusing
~ **суперлюминесценции** *кв. эл.* defocusing of superluminescence
тепловая ~ thermal defocusing
электрическая ~ electric defocusing
деформаци/я *ж.* deformation; strain □ ~ **возникает и исчезает** deformation occurs and disappears; **подвергать** ~**и** deform; strain, subject to deformation; **подвергаться** ~**и** undergo deformation, undergo strain, be strained, be subjected to deformation; **претерпевать** ~**ю** be subjected to deformation, be subjected to strain, undergo deformation
абсолютная ~ absolute strain
адиабатическая ~ adiabatic deformation
аксиальная ~ *(ядер)* axial deformation
аксиально-симметричная ~ *(ядра)* axially symmetrical deformation
~ **алгебры** algebra deformation
~ **атома** atom(ic) deformation

аффинная ~ affine deformation
бездевиаторная ~ irrotational deformation
~ **без напряжения** stressless deformation
бесконечно малая ~ infinitesimal deformation
~ **в вершине трещины** crack tip strain
версальная ~ versal deformation
виртуальная ~ virtual deformation
~ **витка с током** current turn deformation
внутренняя ~ internal strain
возможная ~ virtual deformation
~ **всестороннего сжатия** uniform compression deformation
всесторонняя ~ overall deformation
~ **второго рода** shearing deformation, shearing strain
~ **в шейке** local necking strain
~ **высокой симметрии** deformation of high symmetry
высокоэластическая ~ higly elastic deformation, highly elastic strain
~ **высшего порядка** *(ядер)* high order deformation
вязкоупругая ~ viscoelastic deformation
гексадекапольная ~ *(ядер)* hexadecapole deformation
~ **геомагнитного поля солнечным ветром** deformation of the geomagnetic field by the solar wind
гидростатическая ~ hydrostatic deformation
главная ~ principal deformation, principal strain
глубокая ~ severe deformation
горячая ~ hot deformation
гуковская ~ Hook(ean) deformation
двухосная ~ plane [biaxial] deformation
девиаторная ~ deviatoric strain
динамическая ~ dynamic deformation
дисимметричная ~ disymmetrical deformation
дислокационная ~ dislocational deformation
диффузионная ~ diffusion deformation
~ **диэлектрика** dielectric strain
~ **до предела пропорциональности** Hookean deformation
единичная ~ unit strain
желобковая ~ *утс* flute(-type) deformation
закалочная ~ quenching strain
~ **закручивания** torsional strain
запаздывающая ~ delayed [retarded] strain
запаздывающая упругая ~ retarded elastic deformation
знакопеременная ~ alternating strain, alternating deformation
~ **зоны** *(энергетической)* deformation of band
идеально упругая ~ perfectly elastic deformation
~ **изгиба** buckling distortion; bending [flexural] deformation, bending [flexural] strain

изгибная ~ buckling distortion; bending [flexural] deformation, bending [flexural] strain
изостатическая ~ isostatic deformation
изотермическая ~ isothermal deformation
изохорическая ~ isochoric deformation
интенсивная ~ severe deformation
истинная ~ true strain
квадрупольная ~ *(ядер)* quadrupole deformation
квазистатическая ~ quasi-static deformation
когерентная ~ *фтт* coherent deformation
конвективная ~ *утс* convective deformation
конечная ~ finite deformation
контактная ~ contact deformation
кратковременная ~ short-term deformation
~ **кристалла** crystal deformation
критическая ~ critical deformation
критическая ~ **сдвига** critical shear strain
~ **кручения** torsional [twisting, angle] strain
лагранжева ~ *(изменение длины линейного элемента, отнесённое к его первоначальной длине)* Lagrangian strain
линейная ~ linear deformation, linear [longitudinal] strain
логарифмическая линейная ~ logarithmic linear strain
логарифмическая объёмная ~ logarithmic volume strain
логарифмическая ~ **первого рода** logarithmic linear strain
логарифмическая ~ **сдвига** logarithmic shearing strain
локальная ~ local deformation; local distortion
локальная пластическая ~ local plastic deformation
магнитная ~ magnetic deformation
~ **магнитного поля диполя захваченными частицами** deformation of dipole magnetic field by trapped particles
магнитострикционная ~ magnetostrictive strain
малая ~ small deformation
~ **матрицы** *фтт* matrix deformation
мгновенная ~ instantaneous strain, instantaneous deformation
межслоевая ~ **сдвига** interlaminar shear strain
мембранная ~ membrane [diaphragm] strain, membrane deformation
местная ~ local deformation; local distortion
местная пластическая ~ local plastic deformation
~ **металла** metal deformation
механическая ~ mechanical deformation
мультипольная ~ multipole deformation
наибольшая главная ~ major principal strain, major principal deformation
наименьшая главная ~ minor principal strain, minor principal deformation

~ на пределе текучести Lüders [yield] strain

натуральная ~ natural strain

необратимая ~ irrecoverable [irreversible] deformation

неоднородная ~ inhomogeneous deformation

непрерывная ~ continuous deformation

неравновесная ~ nonequilibrium deformation

неупругая ~ inelastic deformation

~ оболочки shell deformation

обратимая ~ recoverable strain, reversible deformation

объёмная ~ volume [cubic] deformation, volume [cubic] strain

объёмная чистая ~ pure dilatational [volumetric] strain

одноосная ~ uniaxial deformation

~ одноосного растяжения uniaxial tension deformation

однородная ~ homogeneous [uniform] deformation, homogeneous [uniform] strain

~ окрестности точки point vicinity deformation

октаэдрическая ~ octahedral deformation

октаэдрическая линейная ~ octahedral linear strain

октаэдрическая ~ сдвига octahedral shearing strain

октупольная ~ (ядер) octupole deformation

ориентационная ~ orientation deformation

осевая ~ longitudinal [axial] strain

остаточная ~ permanent [residual] deformation, permanent [residual] strain

относительная ~ relative deformation

относительная ~ растяжения stretching [tensile] strain

~ первого порядка first order deformation

~ первого рода linear [longitudinal] deformation, linear [longitudinal] strain

перестановочная ~ умт interchange deformation

~ плазменного витка умт plasma filament deformation

~ пластинки plate deformation

пластическая ~ plastic deformation, plastic strain

плоская ~ plane [biaxial] deformation, plane strain

поверхностная ~ areal [surface] deformation

~ под действием силы F deformation under force F

~ ползучести creep strain, creep (deformation)

поперечная ~ lateral deformation, lateral strain

поперечная ~ сжатия lateral compressive strain

~ поры фтт pore deformation

предварительная ~ prestrain

предельная ~ (перед разрушением) ultimate strain, limit deformation

предельная упругая ~ elastic limit deformation

предшествующая ~ prior strain

приведённая критическая ~ critical resolved shear strain

~ при закалке hardening strain

приливная ~ tidal deformation

~ при наличии дислокаций dislocational deformation

~ при охлаждении cooling deformation, cooling strain

~ при столкновении (двух тел) collisional deformation

продольная ~ longitudinal [axial] deformation, longitudinal [axial] strain

~ продольного изгиба buckling deformation, buckling strain

промежуточная главная ~ intermediate principal strain, intermediate principal deformation

пространственная ~ volume [three-dimensional] deformation

псевдоупругая ~ pseudo-elastic deformation

пьезоэлектрическая ~ piezoelectric deformation

равновесная ~ equilibrium deformation

равновесная упругая ~ equilibrium elastic deformation

равномерная ~ uniform deformation

разрушающая ~ breaking deformation, breaking strain

~ растяжения stretching [tensile] deformation, stretching [tensile] strain

~ решётки lattice deformation

самодиффузионная ~ self-diffusion deformation

сверхпластическая ~ superplastic deformation

сверхупругая ~ hyperelastic deforma-tion

~ сдвига shear deformation, shear (strain)

сдвиговая ~ shear deformation, shear (strain)

~ сжатия compressive [compressional] deformation, compressive strain

~ с изменением температуры deformation with temperature change

сильная ~ severe strain

~ системы отсчёта reference system deformation

скручивающая ~ torsional deformation

~ смятия bearing [crushing] strain, bearing [crushing] deformation

~ с нарушением симметрии symmetry-breaking deformation

собственная ~ proper [intrinsic] deformation

спонтанная ~ spontaneous deformation

спонтанная ~ решётки spontaneous lattice deformation

средняя ~ mean deformation, mean strain

статическая ~ static deformation

~ стержня rod deformation

суммарная ~ total [sum] deformation

суммарная ~ ползучести total creep

сфероидальная ~ spheroidal deformation
температурная ~ temperature [thermal] deformation, temperature [thermal] strain
тепловая ~ thermal deformation, thermal strain
термоупругая ~ thermoelastic deformation
техническая ~ conventional [engineering] strain
~ **типа перетяжки** *утс* sausage-type deformation
топологическая версальная ~ topological versal deformation
угловая ~ angle strain, angle deformation
~ **удлинения** extensional strain
упрочняющая пластическая ~ hardening strain
упругая ~ elastic [reversible] deformation, elastic strain
~ **упругого сдвига** elastic shearing strain
упругопластическая ~ plasto-elastic deformation, plasto-elastic strain
усадочная ~ shrinkage strain; shrinkage deformation
условная ~ *(удлинение, отнесённое к начальной длине элемента)* conventional [engineering] strain
усталостная ~ fatigue deformation
устойчивая ~ stable deformation
фототермическая ~ photothermal deformation
~ **фотоэмульсии** *(при обработке)* distortion of emulsion
циклическая ~ cyclic deformation
~ **цилиндра** cylinder deformation
~ **чистого изгиба** pure [perfect] bending deformation
~ **чистого сдвига** pure [perfect] shear deformation
~ **чистого сжатия** irrotational deformation
~ **шара** sphere deformation
шланговая ~ *утс* hose deformation
эйлерова ~ *(изменение длины линейного элемента, отнесённое к его конечной длине)* Eulerian strain
эквивалентная ~ equivalent strain
электрическая ~ electric deformation
~ **электронного облака** electron cloud deformation
электрострикционная ~ electrostrictive deformation
эллипсоидальная ~ ellipsoidal deformation
~ **энергетической зоны** deformation of energy band
~ **ядра** nuclear deformation
деформирование *с.* deformation, straining
глубокое ~ severe deformation
~ **изображения** image warping
интенсивное ~ severe deformation
квазистатическое ~ *(кристалла)* quasi-static deformation
пластическое ~ *(кристалла)* plastic deformation

предварительное ~ pre-deformation, pre-straining
~ **пьезоэлектрика** piezoelectric deformation
сдвиговое ~ shearing
упругое ~ *(кристалла)* elastic deformation
~ **ферромагнетика** ferromagnet deformation
циклическое ~ strain cycling, repeated deformation
деформированный *прил.* deformed
пластически ~ plastically deformed
упруго ~ elastically deformed
деформировать *гл.* deform
деформируемость *ж.* deformability
деформируемый *прил.* deformable; nonrigid
деформирующий *прил.* straining
дехирализация *ж. крист.* dechiralization
деци- *(приставка дольной единицы, равной 1/10 от исходной)* deci
децибел *м.* decibel, dB
децилог *м.* decilog, dg
дешифратор *м. (в информатике)* decoder; decipherer
~ **адреса** address decoder
~ **команд** command decoder
дешифрование *с.* **1.** *(в информатике)* decoding **2.** *(в аэрофотосъёмке)* identification, interpretation
~ **аэроснимков** airphoto interpretation, airphoto identification
деэлектронизация *ж.* de-electronization
джоуль *м.* joule, J
диагенез *м. геофиз.* diagenesis
диагноз *м.* diagnosis
диагностика *ж.* diagnostics
активная ~ **плазмы** active plasma diagnostics
бесконтактная ~ *(плазмы)* contactless diagnostics
голографическая ~ holographic diagnostics
~ **горячей плазмы** hot plasma diagnostics
дистанционная ~ remote diagnostics
зондовая ~ *(плазмы)* probe diagnostics
комбинированная ~ *(плазмы)* composite diagnostics
контактная ~ *(плазмы)* contact diagnostics
корпускулярная ~ **плазмы** particle plasma diagnostics
лазерная ~ laser diagnostics
лазерная ~ **плазмы** laser plasma diagnostics
локальная ~ **плазмы** local plasma diagnostics
макроскопическая ~ *(плазмы)* macroscopic diagnostics
микроволновая ~ *(плазмы)* microwave diagnostics
мюонная ~ muonic diagnostics
~ **неисправностей** malfunction diagnostics
нейтронная ~ neutron diagnostics
~ **неравновесной плазмы** nonequilibrium plasma diagnostics
~ **низкотемпературной плазмы** low-temperature plasma diagnostics

оптическая ~ optical diagnostics
~ оптически тонкой плазмы optically thin plasma diagnostics
~ ошибок error diagnostics
пассивная ~ плазмы passive plasma diagnostics
~ плазмы plasma diagnostics
~ плазмы по когерентному рассеянию coherent scattering plasma diagnostics
~ плазмы по рассеянию волн на свободных электронах plasma diagnostics with wave scattering on free electrons
~ плазмы с помощью резонансной флюоресценции resonance fluorescence plasma diagnostics
~ поверхности с помощью ионных пучков ion beam surface diagnostics
позитронная ~ positron diagnostics
~ по интенсивностям линий (в плазме) spectral line intensity diagnostics
~ по континууму (в плазме) continuum diagnostics
~ по контурам спектральных линий (в плазме) spectral line shape diagnostics
~ по спектрам поглощения (в плазме) absorption spectrum diagnostics
~ по сплошному спектру (в плазме) continuum diagnostics
~ по циклотронному излучению (плазмы) cyclotron radiation diagnostics
~ пучка beam diagnostics
рентгеновская ~ X-ray diagnostics
СВЧ ~ microwave diagnostics
спектроскопическая ~ spectroscopic diagnostics
ультразвуковая ~ ultrasonic diagnostics
ультрафиолетовая ~ ultraviolet diagnostics
~ электронной компоненты (плазмы) electron component diagnostics
диагонализация ж. (матрицы) diagonalization
~ гамильтониана Hamiltonian diagonalization
~ матрицы matrix diagonalization
диагональ ж. diagonal
главная ~ (матрицы, определителя) main [principal] diagonal
главная ~ матрицы main matrix diagonal
~ грани face diagonal
~ грани куба cube-face diagonal
единичная ~ unit diagonal
~ куба cube diagonal
~ многогранника polyhedron diagonal
~ многоугольника polygon diagonal
~ определителя determinant diagonal
пространственная ~ крист. body diagonal
~ ячейки крист. cell diagonal
диагональный прил. diagonal
диаграмм/а ж. diagram, chart, pattern, plot □ нанесение на ~у charting; наносить на ~у chart; формировать ~у направленности антенны shape a beam; чертить ~у chart

адиабатная ~ adiabatic diagram
амплитудная ~ направленности amplitude directional pattern
аннигиляционная ~ Фейнмана annihilation Feynman diagram
~ Аргана Argand diagram
биполярная ~ bipolar chart
бифуркационная ~ bifurcation diagram
блочная ~ Фейнмана block Feynman diagram
борновская ~ Born diagram
вакуумная ~ vacuum diagram
~ в декартовых координатах Cartesian diagram
веерная ~ направленности fan-shaped directional pattern
векторная ~ vector diagram
вершинная ~ vertex diagram
весовая ~ мат. weight diagram
внешняя кварковая ~ external quark diagram
внутренняя кварковая ~ internal quark diagram
~ в полярных координатах polar diagram
~ в прямоугольных координатах diagram in rectangular coordinates
временная ~ time diagram
~ Вульфа крист. Wulf plot
гармоническая ~ harmonic diagram
~ Герцшпрунга - Рассела Hertzsprung-Russell [HR] diagram
~ы Голдстоуна Goldstone diagrams
групповая ~ group diagram
~ давление-температура pressure-temperature [P-T] chart
~ Далитца яф Dalitz plot
двойная ~ Фейнмана double Feynman diagram
двумерная ~ состояния two-dimensional phase diagram
двухпетлевая ~ two-loop diagram
двухфазная ~ binary phase diagram
двухчастично-неприводимая ~ two-particle irreducible diagram
двухчастично-приводимая ~ two-particle reducible diagram
~ деформаций strain diagram
~ деформация - порядок полос strain-fringe curve
~ деформирования deformation [flow] curve
древесная ~ tree diagram
древовидная ~ tree diagram
дуальная ~ dual diagram
~ зависимости A от B diagram of A versus B
~ затвердевания solidification curve
зонная ~ фпп (energy) band diagram
игольчатая ~ направленности pencil beam directional pattern
~ излучения radiation pattern
~ излучения в свободном пространстве free-space radiation pattern

изобарная ~ isobar diagram
~ изодоз isodose chart
изотропная ~ направленности isotropic directional pattern
индикаторная ~ indicator diagram
инклюзивная ~ inclusive diagram
~ испытания (*материала*) test diagram
~ истечения effluogram
истинная ~ растяжения true stress-strain diagram
~ истинное напряжение - истинная деформация true stress-true strain curve
камертонная ~ Хаббла *астр.* Hubble tuning-fork diagram
кварковая ~ quark diagram
~ кипения boiling diagram
компактная ~ Фейнмана compact Feynman diagram
контурная ~ contour diagram, topological plot
концентрационная фазовая ~ concentration phase diagram
~ Кремоны - Максвелла Maxwell [force] diagram, Cremona polygon
круговая ~ (*полных сопротивлений*) circle [Smith, impedance] diagram
~ Кюри Curie plot
лестничная ~ ladder diagram
~ Лумиса - Вуда *спектр.* Loomis-Wood diagram
магнитная фазовая ~ magnetic phase diagram
~ Майера Mayer diagram
~ масса-светимость mass-luminosity diagram
мезонная ~ meson diagram
металлургическая ~ состояния metallurgical equilibrium diagram
метастабильная ~ состояния metastable phase diagram
многолепестковая ~ направленности (*антенны*) multilobe directional pattern
многомерная ~ состояния multidimensional phase diagram
многопетлевая ~ multiloop diagram
модифицированная ~ modified diagram
~ Моллье Mollier diagram
~ моментов moment diagram
~ Мора *мех.* Mohr diagram
~ Мураками - Хаггила Murakami-Huggil diagram
~ нагрузка-удлинение load-extension diagram
~ Найквиста Nyquist diagram
~ направленности (*антенны*) directional [directivity, antenna, radiation, aerial] pattern, directivity diagram
~ направленности в ближней зоне near-field pattern
~ направленности в дальней зоне far-field pattern
~ направленности излучения radiation pattern; radiation diagram
~ направленности карандашного типа pencil beam directional pattern

~ направленности облучателя feed directional pattern
~ направленности обратного рассеяния backscattering pattern
~ направленности по интенсивности intensity pattern
~ направленности по мощности power pattern
~ направленности по полю field pattern
~ направленности радиотелескопа radio telescope beam
~ напряжений stress-strain diagram, stress-strain curve
~ напряжённости поля field strength pattern
некомпактная ~ Фейнмана noncompact Feynman diagram
непланарная ~ nonplanar diagram
неприводимая ~ irreducible diagram
неприводимая ~ Фейнмана irreducible Feynman diagram
неравновесная ~ состояния nonequilibrium phase diagram
несвязная ~ disconnected diagram
несвязная ~ Фейнмана disconnected Feynman diagram
~ Никурадзо Nikuradso diagram
ножевая ~ направленности (*антенны*) knife-edge pattern
нуклонная ~ nucleon diagram
обменная ~ exchange diagram
«одетая» ~ *фвэ* dressed diagram
однопетлевая ~ one-loop diagram
однопетлевая ~ Фейнмана one-loop Feynman diagram
одночастично-неприводимая ~ one-particle irreducible diagram
одночастично-приводимая ~ one-particle reducible diagram
перенормированная ~ renormalized diagram
петлевая ~ loop diagram
«пингвинная» ~ *фвэ* penguin (diagram)
~ плавления melting diagram
планарная ~ planar diagram
плоская ~ planar diagram
плоская ~ направленности (*антенны*) plane directional pattern
полюсная ~ pole diagram
~ поляризации polarization diagram
~ поляризации вакуума vacuum polarization diagram
поляризационная ~ направленности (*антенны*) polarization pattern
полярная ~ polar diagram
полярная ~ направленности излучения polar radiation pattern
полярная ~ скорости роста polar diagram of the growth rate
~ потерь в обтекателе гидролокатора sonar dome loss pattern
~ потока flow scheme, flow diagram

~ превращения при непрерывном охлаждении continuous cooling transformation diagram

приводимая ~ reducible diagram

приводимая ~ Фейнмана reducible Feynman diagram

прямая ~ direct diagram

прямоугольная ~ box [square] diagram

псевдобинарная фазовая ~ pseudobinary phase diagram

психрометрическая ~ psychrometric chart

~ пучка beam diagram

~ работы force-displacement diagram

~ равновесия equilibrium [phase, constitution] diagram

~ равновесия двойной системы binary equilibrium diagram

~ равновесия между жидкостью и паром boiling diagram

равновесная фазовая ~ equilibrium diagram

~ равных доз isodose chart

~ равных освещённостей isolux [equilux] diagram, equilux curve

~ равных сил света isocandela diagram

~ развития астр. evolution diagram

~ распада яф decay plot

~ распределения нагрузки load distribution diagram

~ распределения потока flux pattern

~ распределения скоростей velocity diagram

~ рассеяния scattering diagram

~ растворимости solubility diagram

~ растяжения stress-strain [tensile test] diagram

расходящаяся ~ divergent diagram

реджевская ~ Regge [reggeon] diagram

~ рекристаллизации recrystallization curve

релятивистская ~ relativistic diagram

~ Рике Riecke diagram

~ Руссо опт. Rousseau diagram

~ы Саржента Sargent diagrams

связная ~ connected diagram

связная ~ Фейнмана connected Feynman diagram

~ Семёнова Semenov diagram

~ сжатия compression-test diagram

~ сжимающих напряжений compression stress-strain diagram

сильно связанные ~ы strongly connected diagrams

сильно связная ~ Фейнмана strongly connected Feynman diagram

скелетная ~ skeleton diagram

скелетная ~ Фейнмана skeleton Feynman diagram

~ скоростей velocity diagram

слабо связанные ~ы weakly connected diagrams

~ смешения mixing diagram

~ Смита Smith diagram

~ собственной массы self-mass diagram

~ собственной энергии (электрона, протона) self-energy diagram

собственно-энергетическая ~ self-energy diagram

~ состав-свойство composition-property diagram

~ состояния constitutional [phase, equilibrium, state] diagram

~ состояния воды water phase diagram

~ состояния двойной системы binary constitution [binary state] diagram

~ состояния двухкомпонентной системы binary constitution [binary state] diagram

~ состояния сплавов transformation diagram

спектаторная ~ фвэ spectator diagram

~ спектр-светимость spectrum-luminosity diagram

столбчатая ~ bar graph, column diagram

~ структурных превращений (кристалла) structural transformation diagram

сходящаяся ~ convergent diagram

термодинамическая ~ thermodynamic diagram

~ течения flow diagram

~ точек кипения boiling diagram

трёхмерная ~ состояния three-dimensional phase diagram

трёхреджеонная ~ фвэ three-Reggeon diagram

тройная фазовая ~ triple phase diagram

~ углерода carbon diagram

угловая ~ corner diagram

~ ударных поляр shock polar diagram

унитарная ~ unitarity diagram

~ уровней энергии energy level diagram, energy level scheme

~ устойчивости stability diagram, stability plot

~ устойчивости винтовых возмущений helical perturbations stability plot

фазовая ~ phase [equilibrium, constitution] diagram

фазовая ~ двухкомпонентного вещества phase diagram of two-component substance, binary phase diagram

фазовая ~ кристаллизации phase diagram of crystallization

фазовая ~ направленности (антенны) phase pattern

фазовая ~ однокомпонентного вещества phase diagram of single-component substance

фазовая ~ системы system phase diagram

фазовая ~ сплава alloy phase [transformation] diagram

фазовая ~ твёрдого раствора solid solution phase diagram

фазовая ~ трёхкомпонентного вещества phase diagram of three-component substance, triple phase diagram

фазовая ~ углерода carbon phase diagram

~ фазового превращения phase transformation diagram

~ фазового равновесия phase [phase-rule, equilibrium] diagram

~ **фазового равновесия двойной системы** binary equilibrium diagram
~ **Фейнмана** Feynman diagram
фейнмановская ~ Feynman diagram
~ **Ферми** Fermi diagram
ферримагнитная фазовая ~ ferrimagnetic phase diagram
~ **Фортра** Fortrat parabola
фотометрическая ~ isocandela diagram
~ **Фридрихса** Fridrichs diagram
характеристическая ~ performance diagram
~ **Хея** Haigh diagram
химическая ~ chemical diagram
~ **Хьюгилла** Hugill diagram, Hugill plot
~ **цвет-величина** color-magnitude diagram
~ **цветности** chromaticity [chromatic] diagram
~ **циклического деформирования** cyclic stress-strain curve
четырёхпетлевая ~ *кхд* four-loop diagram
эволюционная ~ evolution diagram
энергетическая ~ *кв. мех.* energy diagram
~ **энергетических уровней** energy level [energy band] diagram, energy level scheme
~ **Юнга** Young diagram
n-петлевая ~ n-loop diagram
n-частично-неприводимая ~ n-particle irreducible diagram
n-частично-приводимая ~ n-particle reducible diagram
диаграф *м.* diagraph
диада *ж. мат.* dyad
диазотипия *ж.* diazo process
диакустика *ж.* diacaustic, diapoint surface
диакисдодекаэдр *м.* dyakisdodecahedron
диализ *м.* dialysis
мембранный ~ membrane dialysis
диализатор *м.* dialyzer, dialyzator
диалог *м. амер.* dialog; *англ.* dialogue
диамагнетизм *м.* diamagnetism
анизотропный ~ anisotropic diamagnetism
аномальный ~ anomalous diamagnetism
атомный ~ atomic diamagnetism
~ **атомов** atoms diamagnetism
~ **газов** gaseous diamagnetism
~ **ионов** ion diamagnetism
~ **Ландау** Landau diamagnetism
~ **молекул** molecular diamagnetism, diamagnetism of molecules
молекулярный ~ molecular diamagnetism, diamagnetism of molecules
нелинейный ~ nonlinear diamagnetism
~ **плазмы** plasma diamagnetism
поляризационный ~ polarised diamagnetism
прецессионный ~ precession diamagnetism
~ **сверхпроводников** diamagnetism of superconductors
диамагнетик *м.* diamagnet
диамагнитный *прил.* diamagnetic
диаметр *м.* diameter
атомный ~ atomic diameter
видимый ~ *астр.* apparent diameter
~ **винта** airscrew [propeller] diameter

внешний ~ outside [outer, external] diameter
~ **внутреннего канала** bore
внутренний ~ inside [internal, inner] diameter
~ **волновода** waveguide diameter
~ **волокна** *(оптического)* fiber diameter, diameter of a fiber
~ **в свету** bore, inner diameter
~ **входного отверстия** *(телескопа)* aperture diameter
~ **защитного покрытия** *(оптического волокна)* coat diameter
~ **звезды** stellar diameter
линейный ~ linear diameter
наружный ~ outside [outer, external] diameter
~ **оболочки** *(оптического волокна)* cladding diameter
~ **орбиты** orbit diameter
~ **поля зрения** diameter of the field of view
полярный ~ *(напр. планеты)* polar diameter
~ **пятна контакта** *триб.* diameter of contact spot, diameter of contact point
равновесный ~ equilibrium diameter
световой ~ *(лазера)* optical diameter
~ **сердцевины** *(оптического волокна)* core diameter, diameter of a core
~ **столкновения** *(частиц)* collision diameter
~ **турбулентного диска** *(небесного светила)* seeing-disk diameter
угловой ~ angular diameter
угловой ~ **в радиолучах** radioangular [radio emission] diameter
экваториальный ~ *(планеты)* equatorial diameter
~ **ядра** nuclear diameter
диаметрально *нареч.* diametrically
~ **противоположный** diametrically opposite
диапазон *м.* range, band □ **в ~е от m до n** over the range m to n; **в широком ~е значений** over a large [in a wide] range of values
вакуумный ~ *(в спектроскопии)* vacuum band
~ **высоких частот** high-frequency [radio-frequency] band, high-frequency range
высокочастотный ~ high-frequency [radio-frequency] band, high-frequency range
~ **громкости** volume range
~ **громкости звука** sound volume range, volume of sound
~ **давлений** pressure range
динамический ~ dynamic range
динамический ~ **звука** dynamic range of sound
~ **длин волн** wavelength range
длинноволновый ~ long wave range, long waves
звуковой ~ sound range
~ **звуковых частот** audio [audio-frequency] band
~ **измерений** *(прибора)* measurement range
~ **контрастности** contrast range

коротковолновый ~ short wave range, short waves

~ **крайне высоких частот (КВЧ)** extremely high-frequency band

~ **крайне низких частот (КНЧ)** extremely low-frequency band

линейный динамический ~ **фотометра** linear dynamic range of photometer

любительский ~ *радиофиз.* amateur band

~ **метровых (миллиметровых, километровых, сантиметровых и т.п.) волн** metric (millimetric, kilometric, centimetric, etc.) wave band

микроволновый ~ microwave region, microwave range

~ **мощности** power range

мягкий рентгеновский ~ soft X-ray band

~ **настройки** tuning range

~ **низких частот** low-frequency band, low-frequency range

низкочастотный ~ low-frequency band, low-frequency range

номинальный ~ rated range

оптический ~ **частот** optical range

~ **ослабления** range of attenuation

~ **очень высоких частот (ОВЧ)** very high-frequency range

~ **очень низких частот (ОНЧ)** very low-frequency band

~ **перестройки** tuning range

пусковой ~ start-up range

рабочий ~ working range, operating band

~ **регулирования** control range

релятивистский ~ relativistic range

~ **релятивистских энергий** relativistic range

~ **сверхвысоких частот** microwave range, microwave region, microwave band

~ **сверхзвуковых скоростей** supersonic range

~ **синхронизации** lock-in range

~ **скоростей** velocity range

спектральный ~ spectral range

~ **средних частот** medium-frequency band, mid-frequency range

~ **счётчика** counter range

~ **температур** temperature range, temperature interval

узкий ~ **длин волн** narrow wavelength region

~ **фокусировки** focusing range

фотометрический ~ *(спектрального прибора)* photometric range

~ **частот** frequency range, frequency band

~ **чувствительности** range of sensitivity, sensitivity range

широкий ~ wide range, broad band

~ **электронной перестройки** electronic tuning range

~ **энергий** energy range, energy region

эффективный ~ effective range

диапозитив *м.* slide, transparency, diapositive

диапроектор *м.* slide projector

диаскоп *м.* slide projector, diascope

диастереоизомер *м.* diastereoisomer

диастереомер *м.* diastereoisomer

диастрофизм *м. геофиз.* diastrophism

диатермический *прил.* diathermal, diathermic

диатермия *ж. мед.* diathermy

диатермокоагуляция *ж. мед.* diathermo-coagulation

диатонический *прил.* diatonic

диафрагм/а *ж.* 1. diaphragm 2. *(в оптике)* stop; blind, slit, aperture 3. *(в волноводах, в фото)* iris, diaphragm 4. *(в токамаках)* limiter 5. *(в измерительной технике)* orifice plate □ **объектив снабжён** ~**ой** the lens is iris-equipped

апертурная ~ aperture (stop); *(в микроскопе)* aperture diaphragm, objective aperture

аподизирующая ~ apodizing screen

виньетирующая ~ vignetter

волноводная ~ waveguide diaphragm, waveguide iris

~ **в оптике** stop in optical systems

~ **в токамаке** limiter

выравнивающая ~ balancing diaphragm

вырезывающая ~ beam-limiting aperture

выходная ~ output diaphragm

~ **Гартмана** Hartmann screen, Hartmann diaphragm

гребенчатая ~ comb diaphragm

грибковая ~ *(в токамаке)* mushroom limiter

действующая ~ aperture stop, aperture diaphragm

~ **для деления мощности** power dividing iris

~ **для очистки пучка** beam clean-up slit

~ **для селекции мод** *(в волноводе)* mode control [mode selection] iris

ёмкостная ~ *(в волноводе)* capacitive diaphragm, capacitive iris

закрытая откачивающая ~ *(в токамаке)* closed pumped limiter

измерительная ~ (measuring) orifice plate

индуктивная ~ *(в волноводе)* inductive diaphragm, indictive iris

ирисовая ~ iris diaphragm, iris (stop)

клиновидная ~ wedge diaphragm

коллимирующая ~ collimating aperture

кольцевая ~ ring stop

круглая ~ circular aperture

магнитная ~ *(в токамаке)* magnetic limiter

~ **малого сечения** pinhole

мерная ~ measuring orifice plate

механическая ~ *(в токамаке)* mechanical limiter

наружная ~ external diaphragm

~ **объектива** lens stop

ограничивающая ~ limiting diaphragm; *(в токамаке)* limiter

откачивающая ~ *(в токамаке)* pumped limiter

открытая откачивающая ~ open pumped limiter

переменная ~ variable slit

187

плоская ~ plane diaphragm
полевая ~ *опт.* field stop
полоидальная ~ *(в токамаке)* poloidal limiter
полутеневая ~ half-shade diaphragm
полутоновая ~ half-tone stop
~ поля зрения field stop
прямоугольная ~ rectangular aperture
развёртывающая ~ scanning diaphragm
рассеивающая ~ scattering slit
револьверная ~ wheel [turret] diaphragm, rotary stop
регулируемая ~ adjustable iris
резонансная ~ *(в волноводе)* resonant diaphragm, resonant iris
рельсовая ~ *(в токамаке)* rail limiter
~ связи coupling iris
~ с калиброванным отверстием calibrated orifice plate
согласующая ~ matching diaphragm
соединительная ~ connecting diaphragm
стандартная измерительная ~ standard orifice plate
ступенчатая ~ step diaphragm, step iris
тороидальная ~ *(в токамаке)* toroidal limiter
щелевая ~ slotted [slit] diaphragm, slit-shaped aperture
эллиптическая ~ elliptical diaphragm
диафрагмирование *с.* stopping; diaphragming; orificing
двойное ~ double stopping
~ пучка beam orificing
~ световых пучков stopping of light beams, diaphragming of light beams
диафрагмировать *гл.* (adjust a) diaphragm, stop
~ линзу stop down a lens
диафрагмирующий *прил.* diaphragming, irising
дибарион *м. фвэ* dibaryon
дибарионий *м. фвэ* dibaryonium
дивакансия *ж.* divacancy
дивергенция *ж.* divergence
~ аксиального тока *ктп* divergence of axial current
асимметричная ~ крыла с элероном asymmetrical wing-aileron divergence
аэроупругая ~ aeroelastic divergence
~ вектора divergence of vector
~ вектора скоростей divergence of a velocity vector
~ векторного поля divergence of vector field
~ крыла aeroelastic divergence of a wing
~ крыла с элероном wing-aileron divergence
нулевая ~ vanishing [zero] divergence
~ потока масс mass divergence
решёточная ~ lattice divergence
симметричная ~ крыла с элероном symmetrical wing-aileron divergence
~ тензора tensor divergence
~ тока current divergence
дивертор *м. (в термоядерном реакторе)* divertor
двухнулевой полоидальный ~ double-null poloidal divertor

однонулевой полоидальный ~ single-null poloidal divertor
полоидальный ~ poloidal divertor
~ с расширяющейся границей expanded boundary divertor
тороидальный ~ toroidal divertor
эргодический ~ ergodic divertor
дигидрофосфат *м.* dihydrogen phosphate
~ аммония *(нелинейный кристалл)* ammonium dihydrogen phosphate, ADP
~ калия *(нелинейный кристалл)* potassium dihydrogen phosphate, KDP
дигира *ж.* twofold axis of symmetry
дидейтерофосфат калия *м. (нелинейный кристалл)* potassium dideuterophosphate, DKDP
дидодекаэдр *м.* didodecahedron, diploid
дизайн *м.* design
дикварк *м.* diquark
диклинный *прил.* diclinic
дилатансия *ж.* dilatancy
дилатометр *м.* dilatometer
ёмкостный ~ capacitance dilatometer
индукционный ~ inductive dilatometer
интерференционный ~ interferometric dilatometer
оптико-механический ~ optical-mechanical dilatometer
радиорезонансный ~ radio resonance dilatometer
рентгеновский ~ X-ray dilatometer
дилатометрия *ж.* dilatometry
дилатон *м.* dilaton
безмассовый ~ massless dilaton
дилептон *м.* dilepton
димер *м.* dimer
асимметричный ~ asymmetric dimer
изогнутый ~ buckled dimer
симметричный ~ symmetric dimer
димеризация *ж.* dimerization
~ атомов dimerization of atoms
диметрия *ж. мат.* dimetry, dimetric projection
диморфизм *м.* dimorphism
дина *ж. (единица силы в системе СГС)* dyne
динама *ж. мех.* wrench
динамик *м.* (dynamics) loudspeaker
динамика *ж.* dynamics
~ абсолютно твёрдого тела dynamics of perfectly rigid body
~ адронов hadrodynamics, hadron dynamics
~ адсорбции adsorption dynamics
~ аккреции accretion dynamics
аналитическая ~ analytical dynamics
асимптотическая ~ asymptotic dynamics
~ атмосферы atmosphere dynamics
~ атмосферы Солнца dynamics of the solar atmosphere
атомная ~ atomic dynamics
~ взаимодействий interaction dynamics
~ взаимодействий при высоких энергиях high-energy dynamics
~ в фазовом пространстве phase-space dynamics

~ **входа в атмосферу** *(космического аппарата)* entry dynamics
~ **газов** gas dynamics
газовая ~ gas [flow] dynamics
газовая ~ **установившихся течений** steady gas dynamics
~ **галактики** galactic dynamics
гамильтонова ~ Hamiltonian dynamics
~ **глюонов** gluodynamics, gluon dynamics
гравитационная ~ gravitational dynamics
~ **гравитирующих систем** dynamics of gravitating systems
групповая ~ group dynamics
~ **дефектов** *фтт* defect dynamics
~ **деформируемого тела** dynamics of deformable bodies
~ **дислокаций** dislocation dynamics
~ **дисперсионных соотношений** dispersion relation dynamics
дифференциальная ~ differential dynamics
~ **доменной стенки** dynamics of domain wall
дуальная ~ dual dynamics
~ **жидкостей и газов** dynamics of fluids, flow [fluid] dynamics
~ **жидкости** fluid [flow] dynamics
~ **заряженных частиц** dynamics of charged particles
звёздная ~ stellar dynamics
~ **звёздных систем** stellar dynamics
~ **земного ядра** Earth core dynamics
~ **земной коры** crustal dynamics
~ **идеальной жидкости** classical hydrodynamics
инстантонная ~ instanton dynamics
~ **ионной компоненты** ion component dynamics
квантовая ~ quantum dynamics
квантовая молекулярная ~ quantum molecular dynamics
~ **кварков** quark dynamics
кварковая ~ quark dynamics
~ **кваркония** quarkonium dynamics
киральная ~ chiral dynamics
классическая ~ classical [Newtonian] dynamics
классическая спиновая ~ classical spin dynamics
~ **колебаний** oscillation dynamics
~ **кристаллической решётки** crystal lattice dynamics
критическая ~ critical dynamics
критическая спиновая ~ critical spin dynamics
магнитная ~ **жидкостей и газов** magneto-fluid [magnetic fluid] dynamics
~ **магнитной доменной стенки** magnetic domain wall dynamics
~ **материальной точки** mass point [particle] dynamics
~ **машин и механизмов** dynamics of machines and mechanisms
~ **механических систем** dynamics of material systems
многочастичная ~ multiparticle dynamics

~ **молекулы** molecular dynamics
неевклидова ~ non-Euclidean dynamics
~ **неизменяемых систем** rigid(-body) dynamics
~ **нелептонных распадов** *(гиперонов)* nonleptonic-decay dynamics
нелинейная ~ nonlinear dynamics
~ **нелинейных систем** nonlinear dynamics
непертурбативная ~ nonperturbative dynamics
~ **несжимаемой жидкости** incompressible fluid dynamics
ньютоновская ~ Newtonian [classical] dynamics
обобщённая ~ generalized dynamics
общая ~ general [gross] dynamics
~ **одномерных течений** one-dimensional dynamics
ориентационная ~ *(молекул)* orientational dynamics
периферическая ~ peripheral dynamics
пертурбативная ~ perturbative dynamics
~ **петель** loop dynamics
~ **плазмы** plasma dynamics
~ **полёта** flight dynamics
~ **примесей** impurity dynamics
~ **пучка** beam dynamics
радиационная ~ radiation dynamics
~ **разлёта** *(плазмы)* plasma expansion dynamics
~ **разреженных газов** rarefied gas dynamics
~ **ракет** rocket dynamics
~ **распадов** *(частиц)* decay dynamics
~ **растекания** spreading dynamics
~ **реактора** reactor dynamics
~ **реальных жидкостей** dynamics of real liquids
~ **релаксации РЭП при возбуждении геликонов** REB relaxation dynamics at whistler excitation
релаксационная газовая ~ relaxation gas dynamics
релятивистская ~ relativistic dynamics
реологическая ~ rheological dynamics
~ **рождения** *(частиц)* production dynamics
~ **русловых потоков** stream dynamics
~ **сжимаемой жидкости** compressible fluid dynamics
~ **сейсмических движений** dynamics of seismic movements
~ **сильных взаимодействий** strong-interaction dynamics
символическая ~ symbolic dynamics
~ **системы материальных точек** dynamics of mass points
~ **скачка уплотнения** shock-wave dynamics
~ **слипания вещества** *(планеты)* dynamics of planetary accretion
солитонная ~ soliton dynamics
~ **солитонов** soliton dynamics
~ **солнечной короны** dynamics of solar corona
~ **сооружений** structural dynamics
спиновая ~ spin dynamics

статистическая ~ statistical dynamics
~ стенки wall dynamics
стохастическая ~ stochastic dynamics
тахионная ~ tachyon dynamics
~ твёрдого тела dynamics of rigid bodies
топологическая ~ topological dynamics
хаотическая ~ chaotic [random] dynamics
хромострунная ~ chromostring dynamics
~ ЦМД bubble dynamics
~ частицы particle dynamics
шнуровочная ~ bootstrap dynamics
~ электронной компоненты electron component dynamics
ядерная ~ nuclear dynamics
n-частичная ~ n-particle dynamics
динамический *прил.* **1.** dynamic **2.** *(о равновесии)* kinetic **3.** *(о нагрузке)* live
динамо *м. (механизм образования магнитных полей небесных тел)* dynamo; dynamo effect, dynamo mechanism
асимметричное ~ asymmetric dynamo
атмосферное ~ atmospheric dynamo
быстрое ~ fast dynamo
~ в ионосфере ionospheric dynamo
галактическое ~ galactic dynamo
гидромагнитное ~ hydromagnetic dynamo
дисковое ~ disk dynamo
звёздное ~ stellar dynamo
ионосферное ~ ionospheric dynamo
квадрупольное ~ quadrupolar dynamo
кинематическое ~ kinematic dynamo
лабораторное ~ laboratory dynamo
магнитное ~ magnetic dynamo
магнитогидродинамическое ~ MHD [magnetohydrodynamic, hydromagnetic] dynamo
медленное ~ slow dynamo
осесимметричное ~ axisymmetric dynamo
~ планет planetary dynamo
планетное ~ planetary dynamo
самовозбуждающееся ~ self-generating dynamo
самоподдерживающееся ~ self-maintained dynamo
солнечное ~ solar dynamo
стационарное ~ steady dynamo
турбулентное ~ turbulent dynamo
динамограф *м.* dynamograph
динамометр *м.* dynamometer; load gauge
гидравлический ~ hydraulic dynamometer
крутильный ~ torsion dynamometer, torquemeter
механический ~ mechanical dynamometer
пружинный ~ spring dynamometer
рычажный ~ lever-type dynamometer
самопишущий ~ dynamograph
стрелочный ~ dial dynamometer
тормозной ~ absorption dynamometer
электрический ~ electrical dynamometer, electrodynamometer
динамометрия *ж.* dynamometry
динамо-механизм *м.* dynamo mechanism; *(в ионосфере)* ionospheric dynamo
динамо-поле *с. сэф* dynamo field

динамо-система *ж. сэф* dynamo system
динамо-теорема *ж. сэф* dynamo theorem
динамо-теория *ж. сэф* dynamo theory
динамо-токи *мн.* dynamo currents
динамо-число *с.* dynamo number
динамо-эффект *м. (в ионосфере)* dynamoeffect
динатрон *м.* dynatron
динейтрон *м.* dineutron
динистор *м.* dynistor
динод *м.* dynode
дискретный ~ discrete dynode
непрерывный ~ continuous dynode
динуклон *м.* dinucleon
диод *м.* diode
автоэлектронный ~ field emission diode
бистабильный лазерный ~ bistable laser diode, BSLD
вакуумный ~ vacuum diode; diode tube
высоковольтный ~ high voltage diode
высокочастотный ~ radio frequency [r.f., pulse] diode
~ Ганна Gunn diode
германиевый ~ germanium diode
двойной ~ twin [double] diode
детекторный ~ detector [demodulator] diode
джозефсоновский ~ superconducting diode
диффузионный ~ diffused diode
импульсный ~ pulse [fast] diode
индикаторный светоизлучающий ~ indicator light-emitting diode, indicator LED
интегральный ~ integrated diode
ионный ~ gas-filled diode
клипперный ~ clipper diode
коаксиальный ~ coaxial diode
кремниевый ~ silicon diode
лавинно-пролётный ~ avalanche-transit [avalanche] diode
лавинный ~ avalanche diode
лазерный ~ laser diode, diode laser
лазерный ~ с кольцевым резонатором circular laser diode
лазерный ~ с просветляющим покрытием antireflective coated laser diode
ленгмюровский ~ Langmuir diode
многорезонаторный лазерный ~ multiresonator laser diode
~ Мотта Mott diode
~ на арсениде галлия gallium arsenide diode
~ на гетероструктуре heterojunction diode
~ на горячих носителях hot-carrier diode
~ на квантовых ямах (multiple) quantum well [MQW] diode
обращённый ~ backward [inversed] diode
обращённый коаксиальный ~ inversed coaxial diode
опорный ~ reference [Zener, voltage-reference] diode
отражательный ~ reflectory diode
параметрический ~ parametric diode
переключающий ~ switching [gating] diode
перестраиваемый лазерный ~ tunable laser diode, tunable diode laser

пирсовский ~ Pierce diode
плазменный ~ plasma diode
планарный ~ planar diode
плоскостной ~ planar diode
поверхностно-барьерный ~ surface-barrier diode
полевой ~ field-effect diode
полупроводниковый ~ crystal [semiconductor] diode
рефлексный ~ reflex diode
сверхлюминесцентный ~ superluminescent diode
светоизлучающий ~ (СИД) light emitting diode, LED, electroluminescent diode, ELD
светоизлучающий ~ с поверхностным излучателем surface-emitting diode
светоизлучающий ~ с торцевым излучателем edge-emitting diode
силовой ~ power [high-current] diode
сильноточный ~ high-current diode
сильноточный вакуумный ~ high-current vacuum diode
~ с магнитной изоляцией diode with a magnetic insulation, magnetic insulation diode
смесительный ~ mixer diode
~ с накоплением заряда charge-storage diode
сплавной ~ alloyed diode
сферический ~ spherical diode
твердотельный ~ crystal diode
термоэлектронный ~ thermionic diode
тонкоплёночный ~ thin-film diode
точечно-контактный ~ point-contact [point] diode
туннельный ~ tunnel [Esaki] diode
цилиндрический ~ cylindrical diode
~ Шоттки Schottky [Schottky-barrier, barrier] diode
шумовой ~ noise diode
эквивалентный ~ equivalent diode
электровакуумный ~ vacuum [tube] diode
эпитаксиальный ~ eiptaxial diode
~ Эсаки Esaki [tunnel] diode
p-i-n-~ p-i-n diode
диоксан м. (растворитель) dioxane
диоксид м. хим. dioxide
диоктаэдр м. dioctahedron
дион м. dion
~ Джулиа - Зи Julia-Zee
диоптр м. опт. diopter; vane
глазной ~ eye vane
предметный ~ object vane
призменный ~ prism diopter
диоптрика ж. dioptrics; anaclastics
~ глаза eye dioptrics
диоптриметр м. dioptometer
диоптрия ж. (единица оптической силы линзы) diopter, D
дипирамида ж. dipyramid, bipyramid
ромбическая ~ rhombic dipyramid, rhombic bipyramid
диплоэдр м. diplohedron

диполь м. dipole
адронный ~ hadron dipole
активный ~ active dipole
акустический ~ acoustic dipole
геомагнитный ~ Earth [terrestrial, geomagnetic] dipole
двухосный ~ крист. biaxial dipole
дислокационный ~ dislocation dipole
зарядовый магнитный ~ charge magnetic dipole
изолированный ~ isolated dipole
индуцированный ~ induced dipole
линейный ~ line dipole
магнитный ~ magnetic dipole
магнитный ~ Герца Hertzian magnetic dipole
наведённый ~ (молекулы) induced dipole
~ Надененко Nadenenko dipole
одноосный дисклинационный ~ uniaxial disclinational dipole
ориентированный ~ oriented dipole
осциллирующий ~ oscillating dipole
пассивный ~ passive dipole
полуволновой ~ half-wave dipole
прецессирующий ~ precessing dipole
реальный ~ real dipole
солнечный магнитный ~ solar magnetic dipole
статический электрический ~ static electrical dipole
токовый магнитный ~ current magnetic dipole
тороидный ~ toroidal dipole, anapole
точечный ~ point [elementary] dipole
цветной ~ фвэ color dipole
центральный геомагнитный ~ central geomagnetic dipole
эквивалентный ~ equivalent dipole
электрический ~ electric dipole
электрический ~ Герца Hertzian antenna, Hertzian electric dipole
элементарный ~ elementary [point] dipole
дипольный прил. dipole
дипротон м. diproton
директор м. director
~ антенны antenna director
~ нематического жидкого кристалла (НЖК) nematic liquid crystal [NLC] director
директория ж. вчт directory
директриса ж. мат. directrix
дирижабль м. dirigible, airship
дисбаланс м. disbalance, unbalance, out-of-balance
дисимметрия ж. disymmetry
диск м. disk, disc □ ~ вращается с постоянной скоростью a disk is rotated at constant speed
аккреционный ~ астр. accretion disk
бесконечно-тонкий ~ infinitely thin disk
бесстолкновительный ~ collisionless disk
вакансионный ~ vacancy disc
видимый ~ (напр. планеты) apparent disk

~ **внедрённых атомов** disc of interstitials
волоконно-оптический ~ fiber-optical disk
вращающийся ~ rotating disk
газопылевой ~ gas-dust [gaseous dust] disk
~ **галактики** galactic disk
галактический ~ galactic disk
гибкий ~ *вчт* flexible [floppy] disk, diskette
горячий вращающийся ~ hot rotating disk
гравитирующий ~ gravitating disk
двусторонний фрикционный ~ double-faced friction disk
дифракционный ~ *(звезды)* diffraction disk
дифференциально-вращающийся ~ differentially rotating disk
~ **для сложения цветов** color wheel
допланетный ~ protoplanetary disk
доспутниковый ~ protosatellite disk
~ **дрожания** *(изображения)* seeing image
жёсткий ~ *вчт* Winchester [hard] disk
замагниченный ~ magnetized disk
звёздный ~ stellar disk
контактный ~ contact disk
контрольный ~ monitor disk
~ **Корбино** *фпп* Corbinaux disk
круглый ~ circular disk
лунный ~ lunar disk
магнитный ~ magnetic disk
магнитооптический ~ magneto-optical disk
~ **Маклорена** Maclaurin disk
нетвердотельно-вращающийся ~ nonuniformly rotating disk
~ **Нипкова** *опт.* Nipkov disk
~ **Ньютона** color [Newton] disk, color wheel
околопланетный ~ circumplanetary disk
оптический ~ *(памяти)* optical memory disk; *(галактики)* optical disk of galaxy
плазменный ~ plasma disk
плазменный ~ **с магнитным полем** plasma disk with a magnetic field
предохранительный ~ safety [bursting] disk
~ **прерывателя** *(света)* chopper [interrupter] disk
~ **проигрывателя** *ак.* turn-table
протопланетный ~ protoplanetary disk
пылевой ~ dust disk
развёртывающий ~ scanning disk
~ **Рэлея** *ак.* Rayleigh disk
секторный ~ *(в фотометрии)* sector disk
солнечный ~ solar disk
стробоскопический ~ stroboscopic disk
сцинтиллирующий ~ scintillating disk
твердотельно-вращающийся ~ disk rotating as a solid body, uniformly rotating disk
топливный ~ fuel disk
тормозной ~ brake disk
турбулентный ~ *астр.* seeing image disk
управляющий ~ control disk
~ **фрикционной муфты** clutch disk
фрикционный ~ friction(al) disk
~ **Фримана** Freeman disk
холодный ~ *астр.* cold disk
цветовой ~ color [Newton] disk, color wheel

~ **Эйри** Airy disk
экспоненциальный ~ exponential disk
эллиптический ~ elliptic(al) disk
эллиптический ~ **Фримана** Freeman elliptical disk
юстировочный ~ tuning disk
дискета *ж. вчт* diskette, flexible [floppy] disk
дисклинация *ж. фтт* disclination
клиновая ~ wedge disclination
~ **кручения** twist disclination
плоская ~ plane disclination
прямолинейная ~ rectilinear disclination
дисковод *м. вчт* disk drive
дисконтинуум *м.* discontinuum
решёточный ~ *фтт* lattice discontinuum
дискообразный *прил.* disk-shaped
дискретизатор *м.* digitizer, sampling curcuit, sampler
дискретизация *ж.* discretization, sampling, digitization
дискретность *ж.* discreteness
~ **заряда** charge discreteness
~ **состояний** discreteness of states
дискретный *прил.* discrete
дискриминант *м. мат.* discriminant
дискриминатор *м.* discriminator
амплитудный ~ amplitude discriminator
амплитудный ~ **импульсов** pulse-height [pulse-amplitude] discriminator
быстрый ~ fast discriminator
временной ~ time discriminator
двоякопреломляющий ~ birefringent discriminator
диодный ~ diode discriminator
дифференциальный ~ differential discriminator
дифференциальный амплитудный ~ differential amplitude discriminator
~ **импульсов** pulse discriminator
~ **импульсов по длительности** pulse-duration [pulse-length, pulse-width] discriminator
~ **импульсов по длительности фронта** pulse rise-time discriminator
интегральный ~ integral discriminator
интегральный амплитудный ~ integral amplitude discriminator
линейный ~ linear discriminator
многоканальный ~ multichannel discriminator
одноканальный ~ single-channel discriminator
оптический ~ optical discriminator
~ **оптических частот** optical frequency discriminator
фазовый ~ phase discriminator
~ **формы импульсов** pulse-shape discriminator
частотный ~ frequency discriminator
дискриминация *ж.* discrimination
амплитудная ~ amplitude discrimination
амплитудная ~ **импульсов** pulse-height [pulse-amplitude] discrimination
~ **импульсов** pulse discrimination

интерферометрическая ~ interferometric discrimination
~ мод mode discrimination
~ по длинам волн wavelength discrimination
~ по направлениям direction discrimination
~ по усилению gain discrimination
фазовая ~ phase discrimination
~ частиц particle discrimination
частотная ~ frequency discrimination

дискусси/я *ж.* discussion, debate; dispute □ ввиду недостатка времени, это выступление будет последним в нашей ~и because of the lack of time this will be the last contribution to our discussion; если больше нет вопросов, мы перейдём к ~и if there are no more questions we shall go on to discussion; открыть ~ю open the discussion; статья печатается в порядке ~и the article is open to discussion; у нас есть несколько минут для ~и we have several minutes for discussion

дислокаци/я *ж. крист.* dislocation □ ~и отталкиваются dislocations repel each other; ~ перемещается в кристалле the dislocation moves through the crystal; ~и притягиваются dislocations attract each other; ~и размножаются dislocations multiplicate
базисная ~ basal dislocation
быстрая ~ fast dislocation
~ Бюргерса Burgers [screw] dislocation
вертикальная ~ slide dislocation
вершинная ~ stair rod dislocation
винтовая ~ screw [Burgers] dislocation
винтовая ~ несоответствия misfit screw dislocations
винтовая ~ со ступеньками jogged screw dislocation
внесённая ~ extrinsic dislocation
~ волнового фронта wave-front dislocation
~ Вольтерра Volterra dislocation
врождённая ~ grown-in dislocation
вытянутая ~ extended dislocation
геликоидальная ~ helical dislocation
движущаяся ~ moving dislocation
двойниковая ~ twinning dislocation
двойникующая ~ twinning dislocation
декорированная ~ decorated dislocation
единичная ~ single [unit] dislocation
закреплённая ~ trapped dislocation
заряженная ~ charged dislocation
зернограничная ~ grain boundary dislocation
зигзагообразная ~ zigzag dislocation
идеальная ~ perfect [pure] dislocation
~ изображения image dislocation
изогнутая ~ bent dislocation
изолированная ~ isolated [single] dislocation
индуцированная ~ induced dislocation
~, индуцированная диффузией diffusion-induced dislocation
~, индуцированная напряжениями stress-induced dislocation

клиновая ~ wedge dislocation
кольцевая ~ ring dislocation
краевая ~ edge dislocation
кратная ~ multiple dislocation
линейная ~ line dislocation
~ Ломера - Коттрелла Lomer-Cottrell dislocation
~ на границе раздела interfacial dislocation
~, наследуемая кристаллом от затравки dislocation inherited by a crystal from the seed
недекорированная ~ undecorated dislocation
неподвижная ~ immobile dislocation
нерасщеплённая ~ undissociated dislocation
несовершенная ~ imperfect dislocation
~ несоответствия misfit dislocation
одиночная ~ isolated [single] dislocation
односолитонная ~ one soliton dislocation
параллельные ~и parallel dislocations
парная ~ paired dislocation
поверхностная ~ surface dislocation
подвижная ~ mobile dislocation
полигональная ~ polygonal dislocation
полная ~ perfect [undissociated, pure] dislocation
половинная ~ half-dislocation
полюсная ~ pole dislocation
призматическая ~ prismatic dislocation
прямолинейная ~ rectilinear dislocation
растянутая ~ extended dislocation
расширенная ~ extended dislocation
расщеплённая ~ split [dissociated] dislocation
решёточная ~ lattice dislocation
~ роста growth [grown-in] dislocation
ростовая ~ growth [grown-in] dislocation
свежая ~ fresh dislocation
сжатая ~ contracted dislocation
~ сверхрешётки superlattice dislocation
сидячая ~ sessile [Frank] dislocation
скользящая ~ glide [glissile] dislocation
смешанная ~ mixed dislocation
~ смешанного типа dislocation of mixed character, mixed dislocation
собственная ~ intrinsic dislocation
солитоноподобная ~ soliton-like dislocation
~ Сомилиана Somyliana dislocation
составная ~ compound dislocation
структурная ~ structural dislocation
тасованные ~и shuffled dislocations
угловая ~ angular dislocation
~ Франка Frank [sessile] dislocation
хаотическая ~ chaotic dislocation
частичная ~ partial dislocation
~ Шокли Shockley dislocation
эпитаксиальная ~ epitaxial dislocation

диспергатор *м.* **1.** *(аппарат)* disperser, dispergator **2.** *(вещество)* dispersing agent
ультразвуковой ~ ultrasonic disperser

диспергирование *с.* dispersion, dispersing
~ **жидкостей** dispersion of liquids
механическое ~ mechanical dispersion
самопроизвольное ~ spontaneous dispersion
~ **твёрдых тел** dispersion of solids
ультразвуковое ~ ultrasonic dispersion
диспергированный *прил.* disperse(d)
диспергировать *гл.* disperse
диспергирующий *прил.* dispersive
дисперсионный *прил.* dispersive, dispersion
дисперсия *ж.* 1. dispersion 2. *мат.* variance
~ **Адамара** Hadamard variance
акустическая ~ sound [acoustic] dispersion
~ **альвеновской волны** Alfvén wave dispersion
аномальная ~ anomalous [abnormal] dispersion; *(волн)* positive dispersion
атмосферная ~ atmospheric dispersion
атомная ~ atomic dispersion
~ **Бома - Гросса** *(в плазме)* Bohm-Gross dispersion
~ **вблизи линии поглощения** dispersion near absorption line
~ **вещества** material dispersion
~ **в неограниченной среде** dispersion in unbounded medium
внутримодовая ~ intramode dispersion
~ **волн** wave dispersion
волноводная ~ waveguide dispersion
~ **волоконного световода** dispersion in optical fiber
вращательная ~ rotary [rotatory, optical rotary] dispersion, dispersion of (optical) rotation
~ **времени задержки** delay-time dispersion
временная ~ time dispersion
геометрическая ~ geometric dispersion
~ **групповой скорости** group velocity dispersion
дирекционная ~ direction dispersion
~ **дифракционной решётки** dispersion of a grating
~ **диэлектрической восприимчивости** dielectric susceptibility dispersion
~ **диэлектрической проницаемости** permittivity [dielectric] dispersion
~ **звука** acoustic dispersion, dispersion of sound, sound (velocity) dispersion
индуцированная ~ induced dispersion
~ **ионного звука** dispersion of ionic sound, ionic sound dispersion
квантовая ~ quantum dispersion
линейная ~ linear dispersion
~ **линии передачи** transmission line dispersion
~ **магнитного вращения** magnetic rotation [Faraday rotation] dispersion
~ **магнитного звука** magnetic sound [magnetosonic wave] dispersion
~ **магнитной проницаемости** magnetic permeability dispersion
~ **магнитных свойств** *(вещества)* dispersion of magnetic properties
~ **магнитозвуковых волн** magnetosonic wave dispersion

~ **материала** material dispersion
материальная ~ *(напр. в световоде)* material dispersion
межмодовая ~ intermode dispersion
многомодовая ~ multimode dispersion
модовая ~ mode dispersion, modal dispersion
молекулярная ~ molecular dispersion
~ **наблюдаемой** dispersion of an observable
нелинейная ~ nonlinear dispersion
ненулевая ~ nonzero dispersion
нормальная ~ normal dispersion; *(волн)* negative dispersion
~ **нормальных волн** normal wave dispersion
нулевая ~ zero dispersion
обобщённая ~ generalized variance
обратная ~ reverse dispersion
обратная линейная ~ reciprocal linear dispersion
оптическая ~ optical dispersion
~ **оптических осей** optic axis dispersion
~ **оптического волокна** dispersion of optical fiber
~ **оптического вращения** optical rotary dispersion, dispersion of optical rotation, rotatory [rotary] dispersion
~ **оптического материала** dispersion of optical material
~ **оптического спектрометра** dispersion of optical spectrometer
~ **оптической активности** dispersion of optical activity, rotatory [rotary] dispersion
остаточная ~ residual variance
относительная ~ *опт.* dispersive power; *мат.* relative variance
отрицательная ~ negative dispersion; *(волн)* normal dispersion
~ **ошибок** error variance
~ **парамагнитной восприимчивости** paramagnetic dispersion
~ **показателя поглощения** dispersion of absorption coefficient
~ **показателя преломления** dispersivity (quotient), dispersion of refractive index
полная ~ total dispersion
положительная ~ *(волн)* positive [anomalous, abnormal] dispersion
поляризационная ~ polarization dispersion
~ **поляритонов** polariton dispersion
поперечная пространственная ~ transverse spatial dispersion
~ **прибора** *опт.* dispersion of an instrument; *мат.* variance of an instrument
~ **призмы** dispersion of a prism
продольная пространственная ~ longitudinal spatial dispersion
пространственная ~ spatial dispersion
~ **радиоволн** dispersion of radio waves
рамановская ~ Raman dispersion
~ **рассеяния вперёд** forward dispersion
~ **рассеяния света** dispersion of light scattering

реактивная ~ reactive dispersion
резонансная ~ *(звука)* resonance dispersion
релаксационная ~ звука relaxation [sound] dispersion
~ света dispersion of light, optical dispersion
~ скорости звука acoustic [sound] (velocity) dispersion
случайная ~ accidental variance
~ случайного процесса random-process variance
~ случайной величины random variance
спектральная ~ spectral dispersion
~ спектрального прибора dispersion of spectral instrument
~ среды material dispersion
суммарная ~ total dispersion
угловая ~ angular dispersion
~ ультразвука в жидкостях ultrasonic dispersion in fluids
условная ~ conditional variance
~ фазы phase dispersion
~ фарадеевского вращения Faraday [magnetic] rotation dispersion
~ фононов phonon dispersion
хроматическая ~ chromatic dispersion
частичная ~ partial dispersion
частотная ~ frequency dispersion
~ частотно-угловая frequency-angular dispersion
электронная ~ скорости звука electronic dispersion of sound velocity
дисперсность *ж.* dispersion, dispersivity
дисперсный *прил.* disperse
дисперсография *ж.* size-distribution analysis
дисперсоид *м.* dispersoid
дисплей *м.* display (unit)
жидкокристаллический ~ liquid crystal display
монохромный ~ monochromic display
цветной ~ color display
чёрно-белый ~ black-and-white display
диспрозий *м.* dysprosium, Dy
диспропорционирование *с.* disproportionation
диссектор *м.* (image) dissector, (image) dissector tube
~ Фарнсуорта Farnsworth (image) dissector tube
диссертация *ж.* dissertation, thesis
диссипативность *ж.* dissipativity
диссипативный *прил.* dissipative
диссипация *ж.* dissipation
~ атмосфер планет dissipation of planetary atmospheres, escape of planetary atmospheres
бесстолкновительная ~ collisionless dissipation
бесстолкновительная ~ тороидального вращения плазмы *(в токамаке)* collisionless dissipation of plasma toroidal rotation
бесстолкновительная ~ энергии collisionless energy dissipation
~ вихрей dissipation of vorticity, decay of whirls
вязкая ~ viscous dissipation

~ газов *(в атмосферах планет)* escape of gases
джоулева ~ Joule dissipation
~ ионов из магнитосферы ion dissipation from a magnetosphere
квантовая ~ quantum dissipation
~ магнитного поля magnetic field dissipation
~ магнитного поля на нейтральной линии dissipation of magnetic field at neutral lines
омическая ~ Ohmic dissipation
~, связанная с ленгмюровским коллапсом dissipation due to Langmuir collapse
сильная ~ strong dissipation
слабая ~ weak dissipation
столкновительная ~ collisional dissipation
столкновительная ~ тороидального вращения плазмы *(в токамаке)* collisional dissipation of plasma toroidal rotation
столкновительная ~ энергии collisional energy dissipation
~ тепла heat dissipation
термоупругая ~ thermoelastic dissipation
токовая ~ current dissipation
турбулентная ~ turbulent dissipation
черенковская ~ Cherenkov dissipation
электронная ~ electron dissipation
~ энергии energy dissipation
~ энергии в несжимаемой жидкости energy dissipation in an incompressible fluid
~ энергии магнитного поля в нейтральном слое magnetic field energy dissipation in neutral sheet
~ энергии, определяемая вязкостью energy dissipation due to viscosity
~ энергии \ при турбулентном движении energy dissipation in turbulent flow
диссипировать *гл.* dissipate
диссонанс *м. ак.* discord, dissonance
диссонирующий *прил.* dissonant, discordant
диссоциация *ж.* dissociation ▯ ~ может идти одновременно по нескольким каналам simultaneous dissociations through several channels can occur
бесстолкновительная ~ collisionless dissociation
~ возбуждённых частиц excited particle dissociation
вторичная ~ secondary dissociation
~ газа gas dissociation
двойная дифракционная ~ double diffractive [diffraction] dissociation
двухфотонная ~ two-photon dissociation
двухчастотная многофотонная ~ two-frequency multiphoton dissociation
дифракционная ~ *фвэ* diffractive [diffraction] dissociation
~ изолированных молекул isolated molecule dissociation
изотопически селективная ~ isotopically selective dissociation
изотопически селективная многофотонная ~ isotopically selective multiphoton dissociation

~, **индуцированная столкновениями** *(молекул)* collision-induced dissociation
инклюзивная дифракционная ~ inclusive diffractive [diffraction] dissociation
инфракрасная многофотонная ~ infrared multiphoton dissociation
ионная ~ ion dissociation
когерентная ~ coherent dissociation
кулоновская ~ Coulomb dissociation
лазерно-индуцированная ~ laser-induced dissociation
многофотонная ~ multiphoton dissociation
~ **молекул** molecule dissociation
~ **молекул в отсутствие столкновений** collisionless molecule dissociation
~ **молекулы** molecule dissociation
~ **на ионы** ionic dissociation, dissociation into ions
~ **на молекулы** molecular dissociation, dissociation into molecules
~ **нейтральных частиц** neutral dissociation
неравновесная ~ nonequilibrium dissociation
одиночная дифракционная ~ single diffractive [diffraction] dissociation
однократная дифракционная ~ single diffractive [diffraction] dissociation
одночастотная многофотонная ~ one-frequency multifoton dissociation
~ **при столкновениях** collisional dissociation
резонансная многофотонная ~ resonant multiphoton dissociation
самопроизвольная ~ spontaneous dissociation
селективная ~ selective dissociation
~ **сильно возбуждённых молекул** dissociation of highly excited molecules
спонтанная ~ spontaneous dissociation
столкновительная ~ collisional dissociation
тепловая ~ thermal dissociation
термическая ~ thermal dissociation
фотолитическая ~ photolytical dissociation
фотохимическая ~ *(см. тж.* **фотодиссоциация)** photochemical dissociation, photodissociation
~ **Франка - Кондона** Franck-Condon dissociation
химическая ~ chemical dissociation
~ **экситона** exciton dissociation
электролитическая ~ electrolytic dissociation
~ **электронным ударом** dissociation by electron impact
электроразрядная ~ discharge dissociation
диссоциированный *прил.* dissociated
диссоциировать *гл.* dissociate
дистанционирование *с.* spacing, pitching
дистанционный *прил.* distant, remote
дистанция *ж.* distance
дистиллированный *прил.* distilled
дистиллят *м.* distillate
дистиллятор *м.* distiller, still
дистилляция *ж.* distillation

вакуумная ~ vacuum distillation
криогенная ~ cryogenic distillation
молекулярная ~ molecular distillation
равновесная ~ equilibrium distillation
~ **с водяным паром** steam distillation
фракционная ~ fractional distillation
дисторси/я *ж. опт.* distortion ◻ **обладать** ~**ей** yield distortion; **устранять** ~**ю** cancel distorsion
анаморфическая ~ anamorphic distortion
анизотропная ~ anisotropic distortion
бочкообразная ~ barrel-shaped [barrel] distortion
~ **высшего порядка** higher-order distortion
малая ~ *мех.* minor distortion
механическая ~ mechanical distortion
~ **объектива** lens distortion
~ **оптических изображений** distortion of optical images
~ **оптической системы** distortion of optical system
ортоскопическая ~ orthoscopic distortion
относительная ~ relative distortion
отрицательная ~ barrel [barrel-shaped] distortion
платкообразная ~ handkerchif distortion
подушкообразная ~ pincushion [pillow, pillow-shaped, cushion-shaped] distortion
положительная ~ pillow-shaped [pincushion] distortion
~ **поля изображений** field distortion
~ **пучка** ray [beam] distortion
радиальная ~ curvilinear distortion
собственная ~ intrinsic distortion
тепловая ~ thermal distortion
~ **третьего порядка** third-order distortion
угловая ~ angular distortion
упругая ~ elastic distortion
~ **электронной линзы** electron lens distortion
~ **эмульсии** emulsion distortion, distortion of emulsion
дистрибутивность *ж. мат.* distributivity
дитетрагон *м.* ditetragon
дитетраэдр *м.* ditetrahedron
дитиндализм *м. фтт* dityndallism
дитригон *м.* ditrigon
дифманометр *м. (дифференциальный манометр)* differential manometer, differential pressure gauge
двухтрубный ~ U-tube manometer
жидкостный ~ liquid differential manometer
колокольный ~ floating-bell manometer
кольцевой ~ ring-balance manometer
мембранный ~ diaphragm pressure gauge
механический ~ differential pressure gauge
поплавковый ~ float-type manometer
сильфонный ~ bellows differential manometer
U-образный ~ U-tube manometer
дифрагированный *прил.* diffracted
дифрагировать *гл.* diffract
дифрактограмма *ж.* diffraction pattern

многоволновая ~ multiple-ray [multiple-beam X-ray] diffraction pattern
рентгеновская ~ X-ray diffraction pattern
рентгеновская порошковая ~ X-ray powder diffraction pattern
дифрактометр *м.* diffractometer ☐ **проверять стабильность** ~a check diffractometer stability
автоматический ~ automatic diffractometer
координатный ~ coordinate diffractometer
многоканальный ~ multichannel diffractometer
монокристальный ~ single crystal diffractometer
наклонный ~ inclined diffractometer
нейтронный ~ neutron diffractometer
одноканальный ~ single channel diffractometer
оптический ~ optical diffractometer; eriometer
порошковый ~ powder diffractometer
рентгеновский ~ X-ray diffractometer
сканирующий ~ scanning diffractometer
трёхкружный ~ three-circle diffractometer
~, управляемый ЭВМ computer controlled [computerized] diffractometer
четырёхкружный ~ four-circle diffractometer
экваториальный ~ equatorial diffractometer
электронный ~ electron diffractometer
дифрактометрия *ж.* diffractometry
двухволновая ~ two-beam diffractometry
многоволновая рентгеновская ~ multi-beam X-ray diffractometry
~ монокристаллов single-crystal diffractometry
рентгеновская ~ X-ray diffractometry
дифракционный *прил.* diffraction
дифракция *ж.* diffraction ☐ ~ **А на В** *(напр. дифракция электронов на молекулах газа)* diffraction of A by B, A diffraction by B; ~ **имеет место при длине волны 3 мм** diffraction occurs at the wavelength of 3 mm
акустическая ~ acoustic diffraction
акустооптическая ~ acoustooptic [optical-acoustic, ultrasonic light] diffraction
анизотропная ~ anisotropic diffraction
аномальная ~ anomalous diffraction
асимметричная ~ asymmetrical diffraction
асимптотическая брэгговская ~ asymptotic Bragg diffraction
~ атомных пучков atomic beam diffraction
~ атомов diffraction of atoms
~ Брэгга Bragg diffraction
брэгговская ~ Bragg diffraction
брэгговская ~ в анизотропной среде Bragg diffraction in anisotropic medium, anisotropic Bragg diffraction
брэгговская ~ в изотропной среде Bragg diffraction in isotropic medium, isotropic Bragg diffraction
~ быстрых электронов *(с энергиями в десятки КэВ)* high-energy electron diffraction, HEED
~ в неидеальных кристаллах diffraction in [by] nonperfect crystals

~ волн wave diffraction
~ волн в неоднородной среде wave diffraction in nonuniform medium
~ волн на искривлённой поверхности wave diffraction by curved surface
~ волн на конусе diffraction of waves by cone
~ волн на сфере diffraction of waves by sphere
~ волн на цилиндре diffraction of waves by cylinder
~ волн СВЧ microwave diffraction
~ волны diffraction of a wave
~ в приповерхностном слое diffraction in subsurface layer
~ гамма-лучей gamma ray diffraction
двойная ~ double diffraction
двумерная ~ электронов two-dimensional electron [surface] diffraction
двухволновая ~ *(рентгеновских лучей)* two-beam diffraction
двухлучевая ~ *(рентгеновских лучей)* two-beam diffraction
~ Дебая - Сирса Debye-Sears diffraction
динамическая ~ *(рентгеновских лучей)* dynamical diffraction
динамическая брэгговская ~ dynamical Bragg diffraction
динамическая двухлучевая ~ dynamical two-beam diffraction
динамическая ~ медленных электронов dynamical LEED
динамическая многолучевая ~ dynamical multiple-beam diffraction
диффузионная ~ света diffusion light diffraction
~ звука sound diffraction, diffraction of sound
изотропная ~ isotropic diffraction
изотропная брэгговская ~ isotropic Bragg diffraction
~ ионов diffraction of ions
кинематическая ~ *(рентгеновских лучей)* kinematic diffraction
коллинеарная ~ collinear diffraction
~ Люка - Бикара Lucas-Biquard diffraction
~ медленных электронов *(с энергиями примерно 10-100 эВ)* low energy electron diffraction, LEED
мёссбауэровская ~ Mössbauer diffraction
~ Ми Mie scattering
многоволновая ~ *(рентгеновских лучей)* multiple diffraction
многолучевая ~ multiple (beam) [multibeam] diffraction
многолучевая рентгеновская ~ multiple beam [multibeam] X-ray diffraction
~ молекул diffraction of molecules
~ на границе раздела двух сред interface diffraction
~ на гребне ridge diffraction

~ на дифракционной решётке grating diffraction, diffraction by grating

~ на диэлектрическом клине diffraction by a dielectric wedge

~ на идеально проводящем клине diffraction by perfectly conductive wedge

~ на клине wedge [knife-edge] diffraction

~ на крае edge diffraction

~ на крае полуплоскости edge diffraction

~ на кристалле crystal diffraction, diffraction by a crystal

~ на кристаллической решётке diffraction by a crystal lattice

~ на круглом отверстии diffraction by circular aperture

~ на круглом экране diffraction by a disc

~ на металлах diffraction by metals

~ на монокристалле single crystal diffraction

~ на остром крае knife-edge diffraction

~ на отверстии diffraction by hole, diffraction by aperture

~ на отражение электронов reflection electron diffraction

~ на поверхности surface diffraction

~ на поверхностных атомах diffraction by surface atoms, surface atom diffraction

~ на полуплоскости half-plane diffraction

~ на порошке powder diffraction

~ на препятствиях в плазме diffraction by obstacles in plasma

~ на прямоугольной диафрагме diffraction by rectangular aperture

~ на ребре edge diffraction

~ на системе щелей multiple slit diffraction

~ на трёхмерной (двумерной, одномерной) дифракционной решётке diffraction by three (two, one)-dimensional grating

~ на чистой поверхности diffraction by clean surface

~ на щели slit diffraction, diffraction by slit

нейтронная ~ neutron diffraction

~ нейтронов neutron diffraction, diffraction of neutrons

~ нейтронов на порошке powder neutron diffraction

неколлинеарная ~ noncollinear diffraction

нелинейная оптическая ~ nonlinear optical diffraction

объёмная ~ volume diffraction

~ от клинообразного кристалла diffraction from crystal wedge

~ от края экрана screen edge [half-plane] diffraction

отражательная ~ быстрых электронов reflection high energy electron diffraction, RHEED

~ отражённых высокоэнергетических электронов reflection high energy electron diffraction, RHEED

~ плоской волны на идеально отражающем клине diffraction of plane wave by ideally reflecting wedge

поверхностная ~ surface [two-dimensional] diffraction

~ под малыми углами small angle diffraction

~ позитронов positron diffraction

~ поляризованных нейтронов polarized neutron diffraction

порошковая ~ powder diffraction

~ протонов proton diffraction

~ проходящих электронов transmission electron diffraction

~ пучка атомов atomic beam diffraction

~ пучка молекул molecular beam diffraction

~ радиоволн radio wave diffraction, diffraction of radio waves

~ Рамана - Ната Raman-Nath diffraction

растровая ~ высокоэнергетических электронов scanning high-energy electron diffraction, SHEED

резко асимметричная ~ sharply asymmetrical diffraction

резонансная ~ (света на ультразвуке) resonance diffraction

рентгеновская ~ X-ray diffraction, diffraction of X rays

~ рентгеновских лучей X-ray diffraction, diffraction of X rays

~ света diffraction of light, light [optical] diffraction

~ света на решётке ЦМД bubble lattice light diffraction

~ света на ультразвуке diffraction of light by ultrasound, ultrasonic light [optical-acoustic] diffraction

~ синхротронного излучения diffraction of synchrotron radiation, synchrotron X-ray diffraction

скользящая ~ grazing [glancing incidence] diffraction

~ случайного монохроматического поля diffraction of random monochromatic field

трёхволновая брэгговская ~ three-beam Bragg diffraction

трёхмерная ~ three-dimensional diffraction

~ ударных волн diffraction of shocks, diffraction of shock waves, shock diffraction

упругая ~ фвэ elastic diffraction

~ фотонов photon diffraction

~ Фраунгофера Fraunhofer diffraction

френелевская ~ Fresnel diffraction

~ Френеля Fresnel diffraction

~ частиц particle diffraction

~ частично когерентных полей diffraction of partially coherent fields

электронная ~ electron diffraction, diffraction of electrons

~ электронов electron diffraction, diffraction of electrons

~ электронов в сходящемся пучке крист. convergent beam electron diffraction

~ электронов высокого разрешения high-resolution electon diffraction

~ электронов высокой энергии high energy electron diffraction, HEED

~ электронов высокой энергии на отражение reflection high energy electron diffraction, RHEED

~ электронов на газах (жидкостях, твёрдых телах, кристаллах) diffraction of electrons by gases (liquids, solids, crystals)

~ электронов на молекулах газа (жидкости) diffraction of electrons by gas (liquid) molecules

~ электронов низкой энергии low energy electron diffraction, LEED

~ электронов от выбранного участка selected-area electron diffraction, microdiffraction

~ электронов от грани монокристалла electron diffraction from [by] single crystal face

~ электронов при полном внешнем отражении total electron reflection diffraction

~ электронов с высокой дисперсией high-dispersion electron diffraction

~ электронов с качанием луча swept electron beam diffraction

~ электронов со сканированием луча scanning electron beam diffraction

~ электронов тонкого луча narrow electron beam diffraction, nanodiffraction

n-лучевая ~ n-beam diffraction

диффеоморфизм *м. ктп* diffeomorphism

дифференциал *м. мат.* differential

абелев ~ Abelian differential

внешний ~ exterior differential

~ второго порядка second differential

второй ~ second differential

~ высоты напора *аэрод.* head difference

~ высшего порядка higher order differential

гармонический ~ harmonic differential

~ Гато Gateaux differential

голоморфный ~ holomorphic differential

неполный ~ inexact differential

~ объёма small volume element

~ первого порядка first differential

полный ~ total [ordinary, perfect] differential

~ представления *(группы)* representation differential

сильный ~ Frechet [strong] differential

слабый ~ Gateaux [weak] differential

точный ~ exact differential

~ Фреше Frechet differential

~ функции function differential

частный ~ partial differential

дифференциальный *прил.* differential, incremental

дифференцирование *с.* differentiation

двукратное ~ double differentiation

ковариантное ~ covariant differentiation

~ неявной функции implicit differentiation

параметрическое ~ parametric differentiation

~ сложной функции indirect differentiation

численное ~ numerical differentiation

дифференцировать *гл.* differentiate

диффузант *м.* diffusant, diffusing substance

диффузат *м.* diffusate

диффузионный *прил.* diffusion, diffusive

диффузия *ж.* diffusion

адиабатическая ~ adiabatic diffusion

аксиальная ~ axial diffusion

активированная ~ activated diffusion

амбиполярная ~ ambipolar diffusion

анизотропная ~ anisotropic diffusion

анизотропная ~ солнечных космических лучей anisotropic diffusion of solar cosmic rays

анизотропная ~ электронов в однородном электрическом поле anisotropic electron diffusion in uniform electric field

аномальная ~ anomalous [abnormal] diffusion

~ Арнольда Arnold diffusion

атмосферная ~ atmospheric diffusion

~ атомов diffusion of atoms

банановая ~ *физ. пл.* banana [neoclassical] diffusion

барицентрическая ~ barycentric diffusion

биполярная ~ bipolar diffusion

боковая ~ lateral diffusion

~ Бома Bohm diffusion

бомовская ~ Bohm diffusion

~ быстрых частиц fast particle diffusion

~ вакансий vacancy diffusion

~ в вакууме vacuum diffusion

~ в газах (жидкостях, твёрдых телах) diffusion in gases (liquids, solids)

~ в геомагнитном поле diffusion in a geomagnetic field

~ вдоль линий дислокаций dislocation pipe diffusion

~ вдоль магнитного поля diffusion along magnetic field

взаимная ~ interdiffusion

взаимная ~ жидкость-твёрдое тело solid-liquid interdiffusion

взаимная ~ на границе раздела жидкость-твёрдое тело solid-liquid interdiffusion

~ взвешенных в жидкости частиц diffusion of particles suspended in a fluid

~ в импульсном пространстве diffusion in momentum space

вихревая ~ eddy diffusion

~ вихрей diffusion of vorticity

~ в квантовых кристаллах diffusion in quantum crystals

~ внутрь *(тора)* inward diffusion

~ во внешней ионосфере diffusion in an outer ionosphere

~ волновых фронтов wave front diffusion

восходящая ~ ascending diffusion

~ в потоке пара diffusion in vapor flow

~ в пространстве скоростей diffusion in velocity space

вращательная ~ rotational diffusion

~ в решётке lattice diffusion

~ вследствие конечной проводимости diffusion due to finite conductivity

встречная ~ interdiffusion
~ в твёрдой фазе solid diffusion, diffusion in solids
вынужденная ~ driven [forced] diffusion
выпрямленная ~ *(при кавитации)* rectified diffusion
высокотемпературная ~ high-temperature diffusion
~ в энергетическом пространстве energy space diffusion
~ газа gas(eous) diffusion, diffusion of gas
газовая ~ gas(eous) diffusion, diffusion of gas
глубокая ~ deep diffusion
граничная ~ grain boundary diffusion
групповая ~ group diffusion
двойная ~ double diffusion
двумерная турбулентная ~ two-dimensional turbulent diffusion
~ дефектов defect diffusion
динамическая ~ dynamic diffusion
дисперсионная ~ dispersive diffusion
~ дырок *(в полупроводнике)* hole diffusion, diffusion of holes
~ заряженных частиц charged particle diffusion
~ захваченных частиц diffusion of trapped particles
зернограничная ~ grain boundary diffusion
избирательная ~ selective [preferential] diffusion
~ из газовой фазы gas phase diffusion
~ из жидкой фазы liquid phase diffusion
~ излучения radiation diffusion
изотермическая ~ isothermal diffusion
изотропная ~ isotropic [omnidirectional] diffusion
изотропная ~ солнечных космических лучей isotropic diffusion of solar cosmic rays
~ из паровой фазы vapor diffusion
ионная ~ ionic diffusion
~ ионов diffusion of ions, ionic diffusion
ионообменная ~ ion-exchange diffusion
квазилинейная ~ quasi-linear diffusion
квантовая ~ quantum diffusion
~ к концам end diffusion
классическая ~ classical diffusion
кнудсеновская ~ Knudsen diffusion
конвективная ~ convective diffusion
концентрационная ~ concentration diffusion
кооперативная ~ cooperative diffusion
~ к стенкам *(сосуда)* diffusion to walls
лазерная ~ laser diffusion
лазерная твёрдофазная ~ laser solid-phase diffusion
~ Ландау Landau diffusion, diffusion at the Landau resonance
~ лёгких примесей в плазме light impurity diffusion in plasma
~ лёгкого газа в тяжёлом diffusion of light gas in heavy gas
локальная ~ localized diffusion

~ лучевой амплитуды beam amplitude diffusion
магнитная ~ magnetic diffusion
~ магнитного поля magnetic field diffusion
~ магнитного поля через нейтральный слой magnetic field diffusion across neutral sheet
~ магнитных силовых линий diffusion of magnetic field lines, slip of magnetic field lines
~ междоузельных атомов diffusion of interstitial atoms
молекулярная ~ molecular diffusion
~ наружу *(тора)* outward diffusion
неамбиполярная ~ nonambipolar diffusion
~ нейтронов neutron diffusion, diffusion of neutrons
неоклассическая ~ *физ. пл.* neoclassical [banana] diffusion
~ неосновных носителей *фпп* diffusion of minority carriers
~ неравновесных носителей *фпп* diffusion of nonequilibrium carriers
~ носителей заряда *(в полупроводниках)* charge carrier diffusion
обратная ~ 1. *(из объёма)* out-diffusion, outward diffusion 2. *(в обратном направлении)* back [reverse] diffusion
~, обусловленная кулоновскими столкновениями diffusion due to Coulomb collisions
объёмная ~ bulk [volume] diffusion
одномерная ~ one-dimensional diffusion
однородная ~ uniform diffusion
~ орбит orbit diffusion
параллельная ~ parallel diffusion
питч-угловая ~ pitch-angle diffusion
питч-угловая ~ в радиационных поясах pitch-angle diffusion in radiation belts
~ плазмы plasma diffusion
~ плазмы в стохастическом магнитном поле plasma diffusion in a stochastic magnetic field
поверхностная ~ surface diffusion
~ по границам зёрен grain boundary diffusion
~ под давлением pressure diffusion
~ позитронов positron diffusion
~ по междоузлиям interstitial diffusion
~ поперёк магнитного поля diffusion across magnetic field
поперечная ~ transversal diffusion
~ по питч-углу pitch-angle diffusion
~ по скоростям speed diffusion
поступательная ~ translational diffusion
~ по энергиям energy diffusion
~ по энергиям в резонансе Ландау energy diffusion at the Landau resonance
~ примесей impurity diffusion
~ пробной частицы test particle diffusion
продольная ~ longitudinal [parallel] diffusion
~ профиля тока diffusion of the current profile

псевдоклассическая ~ pseudoclassical diffusion
~ пучка beam diffusion
~ Пфирша - Шлютера Pfirsch-Schlüter diffusion
радиальная ~ radial diffusion
радиальная ~, связанная с нарушением третьего адиабатического инварианта radial diffusion by violation of the third adiabatic invariant
радиационно-стимулированная ~ radiation-induced diffusion
резонансная ~ resonant diffusion
~ резонансных электронов на парциальных волнах resonant electrons diffusion on partial waves
результирующая ~ net diffusion
~ Саймона Simon diffusion
светоиндуцированная ~ (СИД) light-induced diffusion
свободная ~ free diffusion
селективная ~ selective [preferential] diffusion
сильная ~ strong diffusion
слабая ~ weak diffusion
смешанная ~ mixed diffusion
спектральная ~ spectral diffusion
спиновая ~ spin diffusion
~ спиновых вихрей diffusion of spin vortices
столкновительная ~ collisional diffusion
стохастическая ~ stochastic diffusion
стохастическая ~ банановых частиц banana particle stochastic diffusion
стохастическая ~ на циклотронном резонансе stochastic diffusion at cyclotron resonance
супербанановая ~ superbanana diffusion
~ тепловых нейтронов diffusion of thermal neutrons
~ тока current diffusion
~ тороидальной плазмы toroidal plasma diffusion
~ трития tritium diffusion
трубочная ~ дислокаций (dislocation) pipe diffusion
турбулентная ~ turbulent diffusion
~ тяжёлого газа в лёгком diffusion of heavy gas in light gas
~ тяжёлых примесей в плотной плазме heavy impurity diffusion in dense plasma
управляемая ~ controlled diffusion
ускоренная ~ enhanced diffusion
установившаяся ~ steady-state diffusion
фиковская ~ Fick diffusion
~ частиц (в плазме) particle diffusion
~ частиц вдоль одноволновых характеристик сэф particle diffusion along single-wave characteristics
~ частиц в конус потерь сэф particle diffusion into the loss cone
~ частиц с большой энергией high-energy particle diffusion
~ через мембрану membrane diffusion
~ через перегородку barrier diffusion

~ электронов electron diffusion
~ электронов по ферми-поверхности electron diffusion along Fermi surface
~ электронов пучка beam electron diffusion
диффузность ж. diffusivity
~ звукового поля acoustic field diffusivity
диффузный прил. diffuse; (об отражении) nonspecular
диффузор м. (в гидроаэромеханике) diffuser; (diverging) cone
~ внешнего сжатия external-compression diffuser
~ внутреннего сжатия internal-compression diffuser
входной ~ intake [inlet] diffuser
выходной ~ (аэродинамической трубы) exit cone
~ громкоговорителя loudspeaker cone, loudspeaker diaphragm
дозвуковой ~ subsonic diffuser
изэнтропический ~ isentropic diffuser
конический ~ divergent cone
раздвижной ~ adjustable diffuser
~ с большим углом раствора wide-angle diffuser
сверхзвуковой ~ supersonic diffuser
экспоненциальный ~ exponential baffle
диффузорно-конфузорный прил. divergent-convergent
диффундировать гл. diffuse
~ взаимно interdiffuse
дихлорэтан м. dichloroethane
дихотомия ж. мат. dichotomy
дихроизм м. опт. dichroism
индуцированный ~ induced dichroism
круговой ~ circular dichroism
круговой невзаимный ~ circular nonreciprocal dichroism
круговой обратимый ~ circular reversible dichroism
линейный ~ linear dichroism
линейный невзаимный ~ linear nonreciprocal dichroism
магнитный круговой ~ magnetic circular dichroism
магнитный линейный ~ magnetic linear dichroism
магнитный циркулярный ~ magnetic circular dichroism
нелинейный круговой ~ nonlinear circular dichroism
отрицательный линейный ~ negative linear dichroism
положительный линейный ~ positive linear dichroism
управляемый ~ controlled dichroism
фотоиндуцированный ~ photoinduced dichroism
циркулярный ~ circular dichroism
электрический циркулярный ~ electrical circular dichroism
эллиптический ~ elliptical dichroism

дихроичность *ж.* dichroism
дихроичный *прил.* dichroic
дихромазия *ж. (дефект цветного зрения)* dichromatism
дихроматизм *м.* dichromatism
дихроматический *прил.* dichromatic
дихроматичность *ж.* dichromatism
дихрометр *м. опт.* dichrometer
диэдр *м.* dihedron
  осевой ~ *(сфеноид)* axial dihedron
  плоскостной ~ planar dihedron
диэлектрик *м.* dielectric; insulator ◻ **идеальный ~ не содержит свободных зарядов** ideal dielectric contains no free charges
  андерсоновский ~ Anderson dielectric
  анизотропный ~ anisotropic dielectric
  безграничный ~ infinite dielectric
  ~ без потерь loss-free dielectric
  вращающийся ~ rotating dielectric
  высокочастотный ~ radio-frequency dielectric
  газообразный ~ gaseous dielectric
  гетерогенный ~ heterogeneous dielectric
  движущийся ~ moving dielectric
  жидкий ~ liquid dielectric
  идеальный ~ perfect [ideal] dielectric
  изотропный ~ isotropic dielectric
  ~ из твёрдой фазы solid phase dielectric
  ионный ~ ionic dielectric
  кристаллический ~ crystal dielectric
  магнитный ~ magnetic dielectric
  моттовский ~ Mott dielectric
  неидеальный ~ imperfect [nonideal] dielectric
  неорганический ~ inorganic dielectric
  неполярный ~ nonpolar dielectric
  ограниченный ~ bounded dielectric
  однородный ~ uniform dielectric
  органический ~ organic dielectric
  пайерлсовский ~ Peierls dielectric
  поляризованный ~ polarized dielectric
  полярный ~ polar dielectric
  пористый ~ porous dielectric
  прозрачный ~ transparent dielectric
  ~ с большими потерями lossy dielectric
  слабопоглощающий ~ low-loss dielectric
  слоистый ~ laminated dielectric
  ~ с малыми потерями low-loss dielectric
  совершенный ~ ideal [perfect] dielectric
  ~ с потерями lossy dielectric
  твёрдый ~ solid dielectric
  ~ типа феррита-граната ferrite-garnet-type dielectric
  тонкоплёночный ~ thin-film dielectric
  туннельно-тонкий ~ *микр.* tunnel-thin insulator
  чистый ~ pure dielectric
  экситонный ~ excitonic dielectric
диэлектрический *прил.* dielectric
длина *ж.* length
  ~ активной области *(лазера)* active [lasing] length
  акустическая ~ пути sound-path length
  апертурная ~ *кв. эл.* aperture length

~ базиса base length
базовая ~ reference [gauge] length
~ базы *(напр. интерферометра)* baseline distance
бесконечная ~ infinite length
~ вектора absolute value of a vector, magnitude of a vector
~ взаимодействия interaction length
~ волны wavelength, wave-length
~ волны биений beating wavelength
~ волны в вакууме free-space wavelength
~ волны в волноводе (wave)guide wavelength
~ волны в кабеле cable wavelength
~ волны в свободном пространстве free-space wavelength
~ волны генерации oscillation wavelength
~ волны генерации лазера lasing wavelength
~ волны де Бройля de Broglie wavelength
~ волны Джинса *(в космологии)* Jeans wavelength
~ волны излучения *опт.* emission wavelength
~ волны лазера lasing wavelength
~ волны лазерного излучения lasing wavelength
~ волны максимума излучения *опт.* peak emission wavelength
~ волны настройки tuning wavelength
~ волны, определяющая цветовой тон dominant wavelength
~ волны основного типа fundamental wavelength
~ волны основной гармоники fundamental wavelength
~ волны отсечки *(волновода)* cutoff [critical] wavelength
~ волны пространственной гармоники space harmonic wavelength
~ волны рассеяния scattering wavelength
~ волокна *опт.* fiber length
геометрическая ~ geometrical length
геометрическая ~ пути *опт.* geometrical path length
~ гидравлического порога length of hydraulic jump
гравитационная ~ gravitational length
граничная ~ волны *(в волноводе)* cutoff [critical] wavelength
граничная ~ волны поглощения critical absorption wavelength
дебаевская ~ Debye (screening) [shielding] length
~ дебаевского экранирования Debye (screening) [shielding] length
дебройлевская ~ волны de Broglie wavelength
действующая ~ антенны antenna effective length
~ деканалирования dechanneling length
джинсовская критическая ~ волны Jeans critical wavelength
дифракционная ~ пучка diffraction beam length
~ диффузии diffusion length, diffusion distance
~ диффузии быстрых нейтронов fast diffusion length

~ диффузии тепловых нейтронов thermal diffusion length

диффузионная ~ *(напр. дырок)* diffusion length [distance]

диффузионная ~ решётки lattice diffusion length

доминирующая ~ волны dominant wavelength

дополнительная ~ волны complementary wavelength

~ дрейфа drift length

~ дрейфовой траектории drift trajectory length

~ дуги arc length

единичная ~ unit length

~ жизни *(спеклона)* life length

~ замедления *(нейтронов)* slowing-down [moderation] length

~ замещения replacement length

~ затухания decay [attenuation] length, attenuation distance

~ ионизации ionization length

~ искры spark length

исходная ~ reference length

~ каналирования *фтт* channeling length

каскадная ~ cascade length

квантовомеханическая ~ волны quantum-mechanical wavelength

когерентная ~ рассеяния coherent scattering length

~ когерентного взаимодействия coherent interaction length

~ когерентного рассеяния coherent scattering length

~ когерентности coherence [coherent] length; coherence distance

~ коллиматора collimator length

комптоновская ~ волны Compton wavelength

конечная ~ finite length

~ корреляции correlation length; correlation distance

корреляционная ~ correlation length, correlation distance

корреляционная ~ Гинзбурга - Ландау Ginzburg-Landau correlation length

критическая ~ волны *(в волноводе)* critical [cutoff] wavelength

критическая ~ трещины critical crack length

лавинная ~ cascade length

~ лавины avalanche length

ливневая ~ shower length

~ линейной экстраполяции linear-extrapolation distance

~ локализации *фтт* localization length

магнитная ~ *фпп* magnetic length

~ математического маятника length of simple pendulum

~ миграции migration length

~ миграции нейтронов neutron migration length

минимальная ~ волны minimum wavelength

~ нейтронной волны neutron wavelength

нулевая ~ zero wavelength

~ области генерации *(лазера)* lasing length

обратная ~ reciprocal [inverse] length

обратная диффузионная ~ inverse diffusion length

обратная корреляционная ~ inverse correlation length

оптическая ~ зрительной трубы optical tube length

оптическая ~ пути optical path, optical distance

~ орбиты orbit length, orbit circumference

~ ослабления attenuation length

~ ослабления в *l* раз *l*-fold attenuation length

~ основной волны fundamental wavelength

~ остывания горячих электронов *(в полупроводнике)* hot-electron cooling length

~ осцилляций oscillation length

~ ответвления *(в ускорителе)* branch length

~ первичной экстинкции length of primary extinction

~ перемешивания *(при конвекции)* mixing length

~ переноса transport length

~ переноса для быстрых нейтронов fast transport length

~ переноса для тепловых нейтронов thermal transport length

плазменная ~ волны plasma wavelength

планковская ~ Planckian length

~ плато plateau length

~ плеча reach of an arm

~ поглощения absorption length, absorption path

~ подпора length of backwater

полная оптическая ~ пути total optical path

пороговая ~ волны threshold wavelength

пороговая ~ волны фотоэффекта threshold wavelength for photoelectric effect

преобладающая ~ волны dominant wavelength

приведённая ~ reduced length

приведённая ~ волны reduced wavelength

приведённая ~ маятника equivalent length of pendulum

приведённая ~ при продольном изгибе reduced buckling length

~ пробега *(частицы)* free path; track length

~ пробега до захвата capture length

~ пробега до столкновения collision length

~ проникновения нейтральных атомов в плазму penetration length of neutrals into plasma

~ прыжка *(при прыжковой проводимости)* jump distance

~ пути path length

~ пути перемешивания mixing length

рабочая ~ волны operating wavelength

радиационная ~ radiation length
~ **размножения** (*нейтронов*) multiplication length
~ **распада** *яф* decay length, decay distance, decay path
распадная ~ *яф* decay length, decay distance, decay path
~ **рассеяния** scattering length
резонансная ~ **волны** resonant wavelength
~ **релаксации** relaxation length, relaxation distance
~ **релаксации ионного пучка** ion beam relaxation length
~ **релаксации пучка** beam relaxation length
~ **релаксации электронного пучка** electron beam relaxation length
релятивистская ~ **волны** relativistic wavelength
свободная ~ **при продольном изгибе** reduced buckling length
~ **свободного пробега** mean free path
~ **свободного пробега до поглощения** (*нейтронов*) absorption mean free path
~ **свободного пробега до рассеяния** (*нейтронов*) scattering mean free path
~ **связи** (*напр. в молекуле*) bond distance, bond length
~ **световой волны** optical wavelength
~ **силовой линии** length of the line of force
собственная ~ proper length
собственная ~ **волны** natural wavelength
средняя ~ **диффузионного пробега** diffusion mean free path
средняя ~ **свободного пробега** mean free path
средняя ~ **свободного пробега быстрых нейтронов** fast mean free path
средняя ~ **свободного пробега для деления** fission mean free path
средняя ~ **свободного пробега для нонизации** mean free path for ionization
средняя ~ **свободного пробега для неупругого рассеяния** mean free path for inelastic scattering
средняя ~ **свободного пробега для переноса** transfer mean [transport mean] free path
средняя ~ **свободного пробега до столкновения** collision mean free path
стандартная корреляционная ~ standard correlation length, standard correlation distance
~ **струи** jet length
тепловая ~ **волны** thermal wavelength
~ **термализации** thermalization length
~ **торможения** (*частицы*) stopping range
~ **траектории частицы** path length
~ **транспортировки** (*пучка частиц*) transport length
транспортная ~ **свободного пробега** transport mean free path
~ **укороченного блока** *физ. пл.* length of shortened block
~ **ускорения** acceleration length

~ **установления модовой структуры** length of establishment of the mode structure
~ **утончения** *яф* (*трека*) thin-down length
фазовая ~ **пути** phase path
~ **фокусировки** focusing length
~ **формирования** (*напр. пучка*) length of forming
фундаментальная ~ fundamental length
характеристическая ~ characteristic length
~ **хорды** chord length
~ **экранирования** shielding distance, screening length
~ **экранирования в модели Томаса - Ферми** Thomas-Fermi screening length
экстинкционная ~ extinction distance, extinction length
~ **экстраполяции** extrapolation length, extrapolation distance
электрическая ~ electrical length, electrical distance
~ **электронной волны** electron wavelength
элементарная ~ elementary length; length element
эталонная ~ standard length
эффективная ~ (*напр. взаимодействия*) effective length
эффективная ~ **волны** effective wavelength
эффективная ~ **свободного пробега** effective mean free path
длинноволновый *прил.* long-wave
длиннофокусный *прил.* long-focal, long-focus
длительность *ж.* **1.** duration; time **2.** (*импульса*) width, length
~ **возмущения** *сэф* disturbance duration
~ **вспышки** (*солнечной*) flare duration; (*в радиодиапазоне*) burst time, burst duration
~ **высвечивания** fluorescence persistence
~ **генерации** (*лазера*) lasing duration
~ **заднего фронта импульса** pulse decay [pulse fall, trailing-edge] time
~ **зрительного восприятия** duration of vision
~ **импульса** pulse duration, pulse width, pulse length
~ **импульса на полувысоте** half-amplitude [half-height] duration
~ **импульса на уровне половинной амплитуды** half-amplitude [half-height] duration
~ **импульса на уровне половинной мощности** half-power duration
~ **импульса на уровне 0,5** half-amplitude [half-height] duration
~ **наблюдений** observing time
~ **нагружения** loading duration
~ **накачки** pump duration
~ **облучения** duration of exposure
относительная ~ relative duration
~ **переднего фронта импульса** pulse rise [leading-edge] time
~ **переключения** switching duration
~ **переходного процесса** transient period

~ послесвечения afterglow time, afterglow duration

~ послесвечения экрана afterglow time, afterglow duration, screen persistence

~ процесса process duration

~ пускового импульса trigger-pulse width

~ радиовсплеска *сзф* radio burst duration

~ развёртки time base; sweep length, sweep duration

~ разряда discharge time

~ скачка уплотнения duration of shock

средняя ~ average duration

~ стационарной части импульса flat-top length

~ столкновения duration of collision

~ удара blow duration

~ фазы омического нагрева *утс* duration of the ohmic heating phase

~ флуоресценции fluorescence duration, fluorescence persistence

~ экспозиции exposure time, duration of exposure

длительный *прил.* long-term

дневной *прил.* **1.** day time; diurnal **2.** *(о зрении)* photopic

днище *с.* bottom

~ реактора reactor bottom, reactor floor

дно *с.* **1.** *(сосуда)* bottom **2.** *(моря, океана)* floor **3.** *(электронно-лучевой трубки)* face (plate)

~ валентной зоны valence band bottom

~ водоносного слоя bottom of an aquiferous layer, floor of an aquiferous layer

~ долины *фпп* bottom of valley

~ зоны *фпп* band bottom

~ зоны проводимости conduction-band bottom, bottom of conduction band

~ локальной потенциальной ямы local potential well bottom

~ океана ocean floor

~ потенциальной ямы potential well bottom

~ энергетической зоны bottom of energy band

добав/ка *ж.* additive, dope, admixture; addition (agent) □ **без ~ок** plain; **вводить ~ки** make additions of ...

активная ~ active admixture

аморфизирующая ~ *фтт* amorphizing addition

гасящая ~ *(в люминофор)* quencher

изоморфная ~ isomorphous admixture

легирующая ~ *(к металлу)* alloying addition; *(к полупроводнику)* dopant, dope

рассеивающая ~ scattering diluent

цветосдвигающая ~ color [wavelength] shifter

добавочный *прил.* additional, extra; supplementary

добротность *ж.* Q (factor), Q value, quality factor; cavity finesse, finesse value; figure of merit □ **с модулированной ~ю** *(о лазере)* Q-switched

акустическая ~ acoustic Q (factor)

акустооптическая ~ acoustooptic figure of merit

внешняя ~ external Q factor

внутренняя ~ internal Q factor

высокая ~ high Q

~ колебательной системы Q factor of oscillatory system

~ контура circuit Q, Q of electrical circuit

магнитная ~ magnetic Q, magnetic figure of merit

магнитооптическая ~ magnetooptic figure of merit

механическая ~ mechanical Q

~ моды mode Q (factor)

нагруженная ~ loaded Q (factor)

ненагруженная ~ unloaded Q (factor)

~, обусловленная дифракционными потерями diffraction Q

~ объёмного резонатора cavity Q factor

~, определяемая излучением *(без учёта потерь)* radiation Q (factor)

приведённая ~ reduced Q (factor)

рабочая ~ working Q (factor)

собственная ~ basic Q, intrinsic Q, unloaded Q (factor)

~ спектральной линии spectral line Q (factor)

термомагнитная ~ thermomagnetic Q

термоэлектрическая ~ thermoelectric Q

добротный *прил.* high-Q

довод *м.* argument, reason □ **~ в пользу ...** argument in favor of ...

обоснованный ~ sound argument

доводка *ж.* finish; refinement

~ поверхности surface finish

догадка *ж.* guess

договор *м.* agreement, contract; treaty □ **заключать ~** sign agreement, sign contract

догружение *с. мех.* added stress

догрузка *ж. (реактора)* additional [supplementary] charge

додекаэдр *м.* dodecahedron

дождь *м.* rain

звёздный ~ meteor shower; *(обильный)* meteor storm

кислотный ~ acid rain

метеоритный ~ meteorite shower

метеорный ~ meteor shower

радиоактивный ~ radioactive rain, radioactive fall-out

доза *ж.* dose

аварийная ~ accident dose

~ аморфизации *фтт* amorphization dose

безопасная ~ safe dose

биологическая ~ *(излучения)* biological dose

~ быстрых нейтронов fast(-neutron) dose

~ внешнего облучения external radiation dose

~ внутреннего облучения internal radiation dose

воздушная ~ air dose

возрастающая ~ incremental dose
~ **в ткани** tissue dose
~ **гамма-излучения** gamma-ray dose
генетически значимая ~ genetically significant dose
гетерогенная ~ heterogeneous dose
глубинная ~ depth [deep] dose
годовая ~ annual dose
гомогенная ~ homogeneous dose
диагностическая ~ diagnostic dose
допустимая ~ *(облучения)* tolerance [permissible] dose, radiation tolerance
допустимая ~ **бета-излучения** beta tolerance dose
допустимая ~ **быстрых нейтронов** fast (-neutron) tolerance dose
допустимая ~ **для животных** animal tolerance dose
допустимая ~ **для человека** man [human] tolerance dose
~ **захватного излучения** capture-radiation dose
~ **излучения** radiation dose
~ **имплантации** *фпп* implantation [implanted ion] dose, dose of implanted ions
~ **имплантированных ионов** dose of implanted ions, implantation [implanted ion] dose
инактивационная ~ inactivation dose
индивидуальная ~ individual dose
индикаторная ~ tracer dose
интегральная ~ integral [cumulative] dose
ионизационная ~ ionization [ionizing] dose
~ **ионизирующего излучения** ionizing (radiation) dose, dose of ionizing radiation
канцерогенная ~ carcinogenic dose
кожная ~ skin dose
коллективная ~ collective dose
кумулятивная ~ cumulative [accumulated, integral] dose
летальная ~ lethal [fatal] dose
лечебная ~ therapeutic dose
локальная ~ local dose
максимально допустимая ~ maximum permissible dose; dose limit
минимальная абсолютно летальная ~ minimum absolutely lethal dose
многократная ~ multiple dose
~ **на выходе** exit dose
недопустимая ~ intolerable dose
нейтронная ~ neutron dose
~ **ниже допустимой** sub-permissible [sub-tolerance] dose
~ **облучения** (ir)radiation dose
~ **облучения всего тела** whole-body [total-body] dose
~ **образцового излучения** standard radiation dose
~ **обратнорассеянного излучения** backscattered dose
объёмная ~ volume dose
однократная ~ single dose

ожидаемая ~ dose commitment
парциальная ~ partial dose
поверхностная ~ surface dose
поглощённая ~ **излучения** absorbed radiation dose
~ **половинной выживаемости** median lethal dose
популяционная ~ population dose
пороговая ~ threshold dose
предельная ~ dose limit
предельно допустимая ~ **(ПДД)** maximum permissible dose, mpd
проникающая ~ penetrating dose
профессиональная ~ occupational (radiation) dose
~ **профессионального облучения** occupational (radiation) dose
радиологическая ~ radiological dose
раздробленная ~ fractionated dose
разовая допустимая ~ single permissible dose
~ **рассеянного излучения** scattered dose
~ **рентгеновских лучей** X-ray dose
сверхлетальная ~ superlethal dose
смертельная ~ lethal [fatal] dose
средняя интегральная ~ mean integral dose
средняя смертельная ~ median lethal dose
стерилизующая ~ sterilization dose
сублетальная ~ sub-lethal dose
суммарная ~ cumulative [integral] dose
суточная ~ daily dose
~ **тепловых нейтронов** thermal neutron dose
терапевтическая ~ therapeutic dose
тканевая ~ tissue dose
токсическая ~ toxic dose
толерантная ~ tolerance dose
умеренная ~ moderate dose
физическая ~ physical dose
чрезмерная ~ overdose
эквивалентная ~ equivalent dose; dose equivalent
экспозиционная ~ exposure (dose)
эпиляционная ~ epilating dose
эритемная ~ erythermal dose
эффективная эквивалентная ~ effective equivalent dose
дозаправка *ж.* refill
~ **на орбите** orbital refill
дозатор *м.* dispenser; dosing unit; feeder
~ **изотопов** isotope dispenser
дозвёздный *прил.* prestellar
дозвуковой *прил. (по скорости)* subsonic
чисто ~ all-subsonic
дозиметр *м.* dosimeter; dosemeter; radiation monitor, dose monitor
~ **альбедо нейтронов** albedo-neutron dosemeter
~ **альфа излучения** alpha-dosimeter
антраценовый ~ antracene dosimeter
биологический ~ biological dosimeter
~ **быстрых нейтронов** fast neutron dosimeter

воздушный ~ air dosimeter
высокочувствительный ~ high-sensitivity dosimeter
~ гамма-излучения gamma-ray dosimeter
графитовый ~ graphite-based dosimeter
групповой ~ stationary dosimeter
дверной ~ doorway monitor
~ загрязнений contamination monitor
~ излучений высокой интенсивности high-level dosimeter
индивидуальный ~ personal dosimeter
индивидуальный плёночный ~ personal film badge
интегральный ~ integral dosimeter
интегрирующий ~ integrating dosimeter
ионизационный ~ ionization-type dosimeter
~ карандашного типа pen-type [fountain] dosimeter
карандашный ~ pen-type [fountain] dosimeter
карманный ~ pocket dosimeter
карманный плёночный ~ pocket film
карманный ~ с отсчётным устройством self-reading pocket dosimeter
колориметрический ~ colorimetric dosimeter
кольцевой плёночный ~ film ring, ring film meter
контрольный ~ radiation monitor
кристаллический ~ crystal dosimeter
ламповый ~ valve dosimeter
люминесцентный ~ luminescent dosimeter
малогабаритный ~ small-volume dosimeter
~ малой интенсивности low-level dosimeter
~ мощности дозы dose-rate dosimeter
напёрстковый ~ thimble dosimeter
наручный ~ hand dosimeter
нейтронный ~ neutron dosimeter
нейтронный плёночный ~ neutron film badge
~ низкоэнергетического излучения low-energy dosimeter
переносной ~ portable dosimeter
плёночный ~ film dosimeter
плоский плёночный ~ film badge
поисковый ~ survey dosimeter
полупроводниковый ~ transistorized dosimeter
портативный ~ portable dosimeter
проточный ~ для жидкостей continuous liquid monitor
~ прямого отсчёта direct reading dosimeter
радиационный ~ radiation dosimeter
~ радиологической опасности alarm dosimeter
радиофотолюминесцентный ~ radiophotoluminescent dosimeter
рентгеновский ~ X-ray dosimeter
рентгеновский плёночный ~ X-ray film pack
селективный ~ selective dosimeter
~ с ионизационной камерой ion-chamber dosimeter
~ с кварцевой нитью quartz-fiber dosimeter
стационарный ~ stationary dosimeter
~ с трубкой Гейгера - Мюллера G-M dosimeter

сцинтилляционный ~ scintillation dosimeter
термолюминесцентный ~ thermoluminescent dosimeter
тканеэквивалентный ~ tissue-equivalent [skin-equivalent] dosimeter
трековый ~ fission fragment track dosimeter
фотографический ~ photographic dosimeter
~ Фрикке Fricke dosimeter
химический ~ chemical dosimeter
экзоэлектронный ~ exoelectron dosimeter
дозиметрист м. health physicist, health physics officer, radiation supervisor
дозиметрический прил. dosimetric
дозиметрия ж. dosimetry, radiation monitoring, radiation control
биологическая ~ biological dosimetry
~ быстрых нейтронов fast-neutron dosimetry
внутриреакторная ~ in-pile dosimetry
дистанционная ~ remote monitoring
~ излучений radiation dosimetry
~ изотопов isotope dosimetry
индивидуальная ~ personal monitoring
~ личного состава personnel monitoring
люминесцентная ~ luminescence dosimetry
медико-биологическая ~ biomedical dosimetry
~ местности area monitoring, radiation area survey
нейтронная ~ neutron dosimetry, neutron monitoring
пи-мезонная ~ pion dosimetry
плёночная ~ film monitoring, film dosimetry
поверхностная ~ surface dosimetry
полимеризационная ~ polymerization dosimetry
протонная ~ proton dosimetry
~ рабочих мест work area monitoring
радиационная ~ radiation dosimetry
радиофотолюминесцентная ~ radiophotoluminescent dosimetry
реакторная ~ reactor dosimetry
рентгеновская ~ X-ray dosimetry
~ рентгеновских лучей X-ray dosimetry
~ рентгеновского излучения X-ray dosimetry
термолюминесцентная ~ thermoluminescence dosimetry
ускорительная ~ accelerator dosimetry
фотографическая ~ photographic dosimetry
химическая ~ chemical dosimetry
хромосомная ~ chromosome dosimetry
экзоэлектронная ~ exoelectron dosimetry
электронная ~ electron dosimetry
до- и сверхзвуковой прил. subsonic-supersonic
докадмиевый прил. subcadmium
доказательств/о с. proof, evidence; argument □ при ~е этой теоремы ... in proving this theorem; это ~ не является убедительным this evidence is not convincing [conclusive]
аналитическое ~ analytic proof
квантовостатистическое ~ quantum-statistical proof

косвенное ~ indirect proof

неопровержимое ~ irrefutable proof

~ от противного reductio ad absurdum, proof by contradiction

строгое ~ rigorous proof

~ существования existence proof

убедительное ~ convincing [conclusive] evidence

экспериментальное ~ experimental proof, empirical evidence

доказать *гл.* prove □ **чтобы ~ это, запишем ...** to prove this we write ...; **это можно ~ следующим образом** this can be proved in following way

~ теорему prove a theorem

доклад *м.* report, paper; presentation □ **начинаем обсуждение этого ~а** this paper is now open for discussion; **представить ~** contribute a paper; **сделать ~** make a report; **следующий ~ будет сделан профессором A.** the next paper is by professor A.

~, поступивший в последний момент postdeadline paper

представленный ~ contributed paper

приглашённый ~ invited paper, invited report

~, принятый программным комитетом accepted paper

стендовый ~ poster (paper)

докладчик *м.* speaker, reporter

докритический *прил.* subcritical

документ *м.* document

долговечность *ж.* longevity, durability, life, endurance; useful [service] life □ **испытание на ~** endurance test

гарантированная ~ guaranteed longevity

номинальная ~ rated life

ожидаемая ~ anticipated life

относительная ~ relative life

~ пары трения durability of friction pair

~ плёнки film endurance

~ подшипника bearing life

~ при изнашивании wear life

~ при ползучести creep life

расчётная ~ design longevity, design life

средняя ~ average life, mean longevity

~ трибосопряжения durability of tribounit

усталостная ~ fatigue life

циклическая ~ fatigue life, number of cycles to failure

эксплуатационная ~ service [operating] life

долговечный *прил.* durable

долговременный *прил.* long-term, long-time

долгоживущий *прил.* long-lived, long-life

более ~ longer lived

самый ~ longest lived

долгота *ж.* longitude

астрономическая ~ astronomical [celestial, ecliptic] longitude

~ восходящего узла longitude of ascending node

галактическая ~ galactic longitude

гелиографическая ~ heliographic longitude

географическая ~ geographic [terrestrial] longitude

геодезическая ~ geodetic longitude

геомагнитная ~ geomagnetic longitude

геоцентрическая ~ geocentric latitude

истинная ~ true longitude

небесная ~ celestial [ecliptic] longitude

~ перигелия longitude of perihelion

~ соединения *сзф* connection longitude

средняя ~ mean longitude

эклиптическая ~ ecliptic [celestial] longitude

эфемеридная ~ ephemeris longitude

долина *ж. фпп* valley

боковая ~ outer [satellite] valley

верхняя ~ upper valley

~ зоны проводимости conduction band valley

Кремниевая ~ *(в США)* Silicon Valley

нижняя ~ lower valley

доля *ж.* fraction; part, share, portion

атомная ~ atomic fraction

весовая ~ weight fraction

~ выборки sampling fraction

~ вязкой составляющей *(в изломе)* percentage shear

~ геомагнитного хвоста geomagnetic tail lobe

~ запаздывающих нейтронов delayed-neutron fraction

~ захваченных частиц trapped particles fraction

~ конверсионных электронов conversion fraction

массовая ~ mass fraction; mass concentration

массовая ~ влаги mass fraction of moisture

миллионная ~ part per million, ppm

мольная ~ mole [molar] fraction

~ мощности fraction of power

~ незакристаллизовавшегося объёма fraction of the uncrystallized volume

объёмная ~ volume fraction; volume concentration

~ покрытия fractional coverage

~ семейства *(частиц)* family fraction

~ стохастических потерь энергии термоядерных альфа-частиц alpha-particle stochastic energy loss fraction

эффективная ~ effective fraction

домен *м.* domain

акустический ~ acoustic domain

акустоэлектрический ~ acoustoelectric domain

антипараллельные ~ы antiparallel domains

антисегнетоэлектрический ~ antiferroelectric domain

антифазный ~ antiphase [out-of-phase] domain

антиферромагнитный ~ antiferromagnetic domain

~ Вейсса Weiss (ferromagnetic) domain

ветвящийся ~ branching domain

~ в кристалле crystallographic domain

~ **Ганна** Gunn domain
движущийся ~ traveling domain
движущийся акустоэлектрический ~ traveling acoustoelectric domain
двойниковый ~ T-domain, twin domain
диамагнитный ~ diamagnetic domain
динамический ~ dynamic domain
дипольный ~ dipole domain
жёсткий ~ hard domain
задержанный ~ delayed domain
замыкающий ~ domain of closure, (flux-) closure domain
зародышевый ~ seed domain
звукоэлектрический ~ acoustoelectric domain
игольчатый ~ spike-shaped domain
изолированный ~ isolated domain
каплевидный ~ drop-like domain
клиновидный ~ tapered domain
линзообразный ~ lens-like domain
лучевой ~ beam domain
магнитный ~ magnetic domain
мягкий ~ soft domain
нитевидный оптический ~ filamentary optical domain
одиночный ~ single domain
оптически активный ~ optically active domain
ориентационный ~ orientational domain
остаточный ~ vestigial domain
параллельные ~ы parallel domains
пластинчатый ~ laminar domain
плоский ~ planar domain
плоскопараллельные ~ы plane-parallel domains
поворотный ~ rotating domain
полосовой ~ strip domain
~ **поля** domain of field
расширяющийся ~ expanding domain
рекомбинационный ~ recombination domain
~ **решётки** domain of lattice
сверхпроводящий ~ superconducting domain
светорассеивающий ~ light-scattering domain
сегнетоэластический ~ ferroelastic domain
сегнетоэлектрический ~ ferroelectric domain
сжимающийся ~ contracting domain
~ **сильного поля** high-field domain
~ **слабого поля** low-field domain
смежные ~ы contiguous domains
~ **с обратной намагниченностью** reversed domain
спиральный ~ spiral domain
статический акустоэлектрический ~ static acoustoelectric domain
стационарный ~ stationary domain
термодинамически равновесный ~ thermodynamically equilibrium domain
трансляционный ~ translational domain
упругий ~ elastic domain
устойчивый ~ stable domain

ферромагнитный ~ ferromagnetic domain
цилиндрический магнитный ~ **(ЦМД)** bubble (domain); circular [cylindrical] magnetic domain
электрический ~ electric domain
180-градусный ~ 180 degree domain
S-~ S-domain
T-~ T-domain, twin domain
доменообразование *с.* domain nucleation, domain formation
донор *м. фпп* donor
заряженный ~ charged donor
избыточный ~ excess donor
ионизованный ~ ionized donor
нейтральный ~ neutral donor
собственный ~ intrinsic donor
~ **электронов** electron donor
до-, около- и сверхзвуковой *прил.* trisonic
доопределение *с.* extension of a definition; regularization
доплерон *м. (электромагнитная волна в металле)* doppleron
дополнение *с.* **1.** *(в статье, книге)* addition, supplement; appendix **2.** *мат.* complement
ортогональное ~ orthogonal complement
дополнительность *ж. кв. мех.* complementarity
допуск *м.* **1.** tolerance **2.** *(в системе посадок)* allowance
жёсткий ~ close tolerance
заданный ~ required [specified] tolerance
~ **к секретной работе** security clearance
~ **на** tolerance for, allowance for
~ **на изготовление** production [fabrication, manufacturing] tolerance
~ **на нелинейные искажения** harmonic tolerance
~ **на параметр** parameter tolerance
~ **по частоте** frequency tolerance
допускать *гл. (в теории)* assume, suppose, let; *(считать возможным)* admit; allow □ **допустим, что ...** assume that ..., (let us) suppose that ...; **допустить ошибку** commit an error
допустимый *прил.* **1.** *(предельно)* tolerable **2.** *(разрешённый)* allowable, permissible **3.** *(приемлемый)* acceptable
допущени/е *с.* assumption □ **при** ~**и о ...** under the assumption of ...; **при определённых** ~**ях** under certain assumptions; **при тех же** ~**ях** with the same assumptions
~ **Бора** Bohr assumption
дорожка *ж.* track; path; way; street
вихревая ~ vortex street, vortex trail
вихревая ~ **Кармана** Karman vortex street
~ **вихрей Кармана** Karman vortex street
~ **записи** (recording) track
звуковая ~ sound [audio] track
~ **износа** wear track; wear groove
магнитная ~ magnetic track
синхронизирующая ~ timing track
~ **трения** friction track; friction groove; friction path

доска *ж.* board
  приборная ~ panel, control [instrument] board
доставка *ж.* delivery
достаточный *прил.* sufficient; reasonable
достигать *гл.* reach, attain, achieve
  ~ **равновесия** reach equilibrium
  ~ **успеха** achieve success; make progress
  ~ **цели** attain the aim
достижение *с.* achievement; progress
достоверность *ж.* **1.** *(в теории вероятностей)* confidence **2.** *(результатов, данных)* reliability □ **с ~ю 98%** with 98% confidence
  статистическая ~ statistical confidence, statistical significance
доступ *м. вчт.* access
  ~ **воздуха** access for air
  дистанционный ~ remote access
  ~ **к памяти** memory access
  ограниченный ~ restricted access
  параллельный ~ parallel access
  прямой ~ direct access
  распределённый ~ distributed access
  произвольный ~ arbitrary [random] access
  санкционированный ~ authorized access
доступность *ж. (напр. каналов связи)* accessibility, free access; availability
дочерний *прил.* daughter
доэвтектический *прил.* hypoeutectic
доэвтектоидный *прил.* hypoeutectoid
драйвер *м. кв. эл., яф* driver
дракон *м. (длинная равновесная конфигурация)* dracon
драпри *с. (вид полярного сияния)* draperies
дребезг *с.* chatter(ing)
  ~ **контактов** chatter(ing), contact bounce
древовидный *прил.* arborescent; dendritic
дрейф *м.* drift (motion)
  ~ **банановых частиц** banana drift
  благоприятный магнитный ~ favorable magnetic drift
  быстрый ~ **по частоте** fast frequency drift
  ~ **вакансий** *фпп* vacancy drift
  ~ **в геомагнитном поле** drift in geomagnetic field
  ~ **ведущего центра** guiding center drift
  ~ **в магнитном поле** drift in magnetic field, magnetic field drift
  ~ **в скрещённых полях** $E \times B$ drift
  ~ **в электрическом поле** drift in electric field, electric field drift
  ~ **горячих электронов в неоднородном магнитном поле** hot electron drift in a nonhomogeneus magnetic field
  гравитационный ~ gravitational drift
  градиентный ~ gradient drift
  ~ **дырок** hole drift
  ~ **заряженных частиц** charged particle drift
  ~ **заряженных частиц в плазме** charged particle drift in plasma
  ~ **за счёт кривизны магнитного поля** field line curvature drift
  инерционный ~ inertial drift

  ионный ~ ion drift
  ~ **ионов** ion drift
  ионосферный ~ ionspheric drift
  ~ **континентов** continental drift
  ~ **локально-запертых частиц** locally-trapped particle drift
  магнитный ~ magnetic drift
  ~ **материков** continental drift
  неблагоприятный магнитный ~ unfavorable magnetic drift
  ~ **неравновесных носителей** nonequilibrium carrier drift
  ~ **носителей** *(в полупроводнике)* carrier drift
  ~ **нуля** zero drift
  ~ **облаков Ba+** Ba+ cloud drift
  ~, **обусловленный гофрировочной неоднородностью магнитного поля** drift due to nonhomogeneous ripple of magnetic field
  ~ **однократно заряженных ионов** singly charged ion drift
  ~ **орбит** orbit drift
  отрицательный ~ *(частоты)* negative drift
  ~ **плазмы** plasma drift
  положительный ~ *(частоты)* positive drift
  поляризационный ~ polarization drift
  поперечный ~ transverse drift
  ~ **прибора** drift of an instrument, instrument drift
  светоиндуцированный ~ **(СИД)** photo-induced [light-induced] drift
  светоиндуцированный ~ **газов** photo-induced [light-induced] gas drift
  систематический ~ systematic drift
  ~ **спиральных волн** spiral wave drift
  средний магнитный ~ mean magnetic drift
  температурный ~ temperature [thermal] drift
  тепловой ~ thermal drift
  тороидальный ~ toroidal drift
  угловой ~ angular drift
  холловский ~ Hall drift
  центробежный ~ centrifugal drift
  частотный ~ frequency drift
  ~ **частоты** frequency drift
  ~ **чувствительности** sensitivity drift
  широтный ~ *(частиц в магнитосфере)* latitudinal drift
  электрический ~ electric drift
  ~ **электронов** electron drift
дробление *с.* crushing; fragmentation; grinding; disintegration
  динамическое ~ *(доменов)* dynamic fragmentation
  ~ **дозы** dose fractionation
  ~ **заряда** charge fragmentation
  мелкое ~ fine crushing, fine grinding
  ~ **метеора** fragmentation of a meteor
  механическое ~ mechanical fragmentation
  ~ **струи** jet dispersion
дробный *прил.* fractional
дробовой *прил. радиофиз.* shot
дробь *ж.* **1.** *мат.* fraction **2.** *(металлическая)* grit, shot

десятичная ~ decimal (fraction)
конечная непрерывная ~ terminating [finite] continued fraction
неправильная ~ unproper fraction
непрерывная ~ continued fraction
несократимая ~ irreducible fraction
правильная ~ proper fraction
дрожание *с.* 1. *(напр. цуга лазерных импульсов)* jitter 2. *мех.* chatter; vibration 3. *(в аэродинамике)* flutter
~ **диаграммы направленности** *(антенны)* beam jitter
~ **изображения** image jitter; *(небесного светила)* image tremor, vibration of image
~ **импульса** pulse jitter
~ **лазерного луча** laser beam jitter
~ **развёртки** time-base jitter, time-base flutter
~ **стрелки** *(прибора)* quiver of a pointer
фазовое ~ phase jitter
~ **частоты** frequency jitter
дрожать *гл.* 1. *(в аэродинамике)* flutter 2. *мех.* tremble; vibrate 3. *(о грунте)* shake
дросселирование *с. терм.* throttling (process)
адиабатное ~ adiabatic throttling
~ **газа** gas throttling, throttling of gas flow
изотермическое ~ isothermal throttling
дроссель *м.* 1. *(газовый)* throttle 2. *эл.* choke
~ **с железным сердечником** iron-core choke
~ **фильтра** filter choke
четвертьволновый ~ quarter-wave choke
дроссель-эффект *м.* throttling [Joule-Thomson] effect
друза *ж. крист.* druse; node, nodule
друзовидный *прил. (о структуре)* drusy
дуализм *м.* dualism, duality
~ **квантовой теории** quantum theory dualism
корпускулярно-волновой ~ wave-corpuscle [wave-particle, particle-wave] dualism
~ **света** light dualism
дуальность *ж. (в теории адронов)* duality
глобальная ~ global duality
кварк-адронная ~ quark-hadron duality
~ **Крамерса - Ваннье** Kramers-Wannier duality
локальная ~ local duality
локальная партон-адронная ~ local parton-hadron duality
обобщённая ~ generalized duality
полулокальная ~ semilocal duality
слабая ~ weak duality
дуант *м. уск.* dee
вспомогательный ~ auxiliary dee
ложный ~ dummy dee
дублет *м.* doublet
анаморфотный ~ *опт.* anamorphotic doublet
~ **античастиц** antiparticle doublet
ароматный ~ *фвэ* flavor doublet
атомный ~ atomic doublet
~ **Аутлера - Таунса** *нелин. опт.* Autler-Townes doublet
бипланарный ~ biplanar doublet

бриллюэновский ~ Brillouin doublet
дифракционный ~ diffraction doublet
изоспиновый ~ isospin doublet
изотопический ~ *яф* isotopic [charge] doublet
инверсионный ~ inversion doublet
иррегулярный ~ irregular doublet
квадрупольный ~ quadrupole doublet
кварковый ~ quark doublet
контактный ~ *опт.* contact doublet
контактный ахроматический ~ contact achromatized doublet
~ **Крамерса** Kramers doublet
лептонный ~ lepton doublet
линзовый ~ objective [lens] doublet
нуклонный ~ nucleon doublet
орбитальный ~ orbital doublet
основной ~ fundamental [ground] doublet
~ **по изоспину** isospin doublet
~ **по чётности** parity doublet
простой ~ simple doublet
разделённые ~ы separated doublets
рамановский ~ Raman doublet
регулярный ~ regular doublet
резонансный ~ resonance doublet
релятивисткий ~ relativistic doublet
сверхтонкий ~ hyperfine doublet
секступольный ~ sextupole doublet
~ **слабовзаимодействующих частиц** weak doublet
спектральный ~ spectral doublet
спиновый ~ spin doublet
фермионный ~ fermion doublet
экранировочный ~ screening doublet
экситонный ~ exciton doublet
электрослабый ~ electroweak doublet
дублирование *с.* doubling, dubbing; backup
дуг/а *ж.* arc □ **описывать** ~**у** *мат.* describe an arc
авроральная ~ *геофиз.* auroral arc
~ **атмосферного давления** atmospheric pressure arc
~ **большого круга** *мат.* great-circle arc
вакуумная ~ vacuum arc
~ **в вакууме** vacuum arc
вихревая ~ vortex arc
~ **в магнитном поле** arc in a magnetic field
вольтова ~ voltaic [electric] arc
~ **в парах металла** metal-vapor arc
~ **в потоке газа** arc in a gas flow
высоковольтная ~ high-voltage arc
~ **высокого давления** high pressure arc
высокочастотная ~ high-frequency arc
двойная ~ double [twin] arc
дневная ~ *геофиз.* diurnal arc
капиллярная ~ capillary arc
касательная ~ **гало** tangential arc of halo
корональная ~ *(физ. Солнца)* coronal arc
короткая ~ short arc
короткозамыкающая ~ short-circuiting arc
~ **кривой** *мат.* arc of a curve
М~ M-arc

211

~ **меридиана** *геофиз.* meridian arc
металлическая ~ metal-vapor arc
неравновесная ~ nonequilibrium arc
несамостоятельная ~ non-self-maintained arc
низковольтная ~ low-voltage arc
~ **низкого давления** low pressure arc
ночная ~ *геофиз.* nocturnal arc
однородная ~ *(полярного сияния)* homogeneous quiet arc
окологоризонтальная ~ circumhorizontal arc
околозенитная ~ circumzenithal arc
~ **окружности** circular arc, arc of a circle
охлаждаемая ртутная ~ cooled mercury arc
~ **параллели** *геофиз.* arc of a parallel
~ **переменного тока** a.c. arc
~ **Петрова** Petrov [voltaic] arc
плазменная ~ plasma arc
~ **полярного сияния** auroral arc
~ **постоянного тока** d.c. arc
поющая ~ singing arc
пульсирующая ~ *(полярного сияния)* pulsating arc
~ **Пфунда** Pfund arc
равновесная ~ equilibrium arc
ртутная ~ mercury arc
самостоятельная ~ self-maintained [unassisted] arc
~ **сверхвысокого давления** ultrahigh pressure arc
~ **с горячим катодом** thermionic [hot-cathode] arc
сильноточная ~ high-current arc
слаботочная ~ low-current arc
~ **с лучевой структурой** *(полярного сияния)* arc with ray structure
спокойная однородная ~ quiet homogeneous arc
~ **с полым катодом** hollow cathode arc
среднеширотная красная ~ mid-latitude red arc
стабилизированная ~ stabilized arc
субвизуальная авроральная красная ~ SAR arc
сумеречная ~ *(заревое кольцо)* twilight arc
~ **с холодным катодом** cold-cathode arc
тлеющая ~ glowing arc
угольная ~ carbon arc
униполярная ~ unipolar arc
шипящая ~ hissing [frying] arc
электрическая ~ (electric) arc, voltaic arc
эруптивная ~ *(физ. Солнца)* eruptive arc
дуга-предвестник *ж.* precursor arc
дуговой *прил.* arc
дугостойкость *ж.* arc resistance
дуопигатрон *м. физ. пл.* duopigatron
дуоплазмотрон *м.* duoplasmatron
кольцевой ~ ring duoplasmatron
~ **с цилиндрическим выходным отверстием** duoplasmatron with a cylindric exit slit
«дух» *м. опт.* ghost (line)
длинноволновый ~ long wave ghost

коротковолновый ~ short wave ghost
~ **Лаймана** Lyman ghost
репараметризационный ~ reparametrization ghost
~ **Роуланда** Rowland ghost
спектральный ~ spectral ghost; satellite [ghost] line
~**и Фаддеева - Попова** *ктп* Faddeev-Popov ghosts
дым *м.* smoke, fume
дымка *ж.* haze; fog
атмосферная ~ (optical) haze; atmospheric fog
дыра *ж.* hole
белая ~ *астр.* white hole
вращающаяся чёрная ~ rotating black hole
двойная чёрная ~ *астр.* double black hole
корональная ~ *(физ. Солнца)* coronal hole
невращающаяся чёрная ~ nonrotating black hole
озонная ~ ozone hole
озоновая ~ ozone hole
первичная чёрная ~ primary black hole
остовная ~ *фтт* core hole
серая ~ *астр.* grey hole
чёрная ~ *астр.* black hole
дырка *ж. фтт* hole
~ **Беннета** Bennett hole
горячая ~ *фпп* hot hole
~ **Дирака** *кв. мех.* Dirac hole
захваченная ~ captured [trapped] hole
зонная ~ band hole
избыточная ~ excess [extra] hole
инжектированная ~ injected hole
корреляционная ~ *фмя* correlation hole
лёгкая ~ light hole
нейтронная ~ *яф* neutron hole
неосновная ~ minority hole
неподвижная ~ immobile hole
неравновесная ~ nonequilibrium hole
обменная ~ *фмя* exchange [Fermi] hole
подвижная ~ mobile hole
протонная ~ proton hole
равновесная ~ equilibrium hole
свободная ~ free hole
~ **с отрицательной массой** negative mass hole
туннелирующая ~ tunneling hole
тяжёлая ~ heavy hole
~ **Ферми** *фмя* Fermi [exchange] hole
фермиевская ~ *фмя* Fermi [exchange] hole
фотовозбуждённая ~ photoexcited hole
дьюар *м. (сосуд Дьюара)* Dewar (vessel)
дюйм *м.* inch
дюралюминий *м.* duralumin

Е

евклидов *прил.* Euclidean

европий *м.* europium, Eu

единиц/а *ж. (число)* unity, one; *(измерения физической величины)* unit □ **в ~ах** *(измерения)* in units of ...; in terms of ...; **за ~у** времени per unit time; **на ~у** *(измерения)* per unit; **на ~у больше или меньше** greater or less by one; **принимать за ~у** take as a unit

абсолютная ~ absolute unit

~ абсолютной системы absolute unit

абсолютные электрические ~ы absolute electrical units

~ активности activity unit

акустическая ~ acoustical unit

астрономическая ~ astronomical unit

атомная ~ atomic unit

атомная ~ массы atomic mass unit, amu

безразмерная ~ dimensionless unit

~ веса unit weight, unit of weight

внесистемная ~ *(физической величины)* off-system [arbitrary] unit

~ времени unit of time, time unit

~ вязкости unit of viscosity

гайтлеровская ~ длины Heitler unit, Heitler length

гауссовы ~ы Gaussian units

~ громкости *ак.* volume unit, vu

~ давления unit (of) pressure

двоичная ~ binary unit

~ длины unit of length, length unit

~ дозы излучения radiation dose unit

дольная ~ *(физической величины)* submultiple [fractional] unit

~ допуска tolerance unit

естественная ~ natural unit

~ измерения unit (of measurement)

~ информации unit of information, information unit

каскадная ~ cascade [radiation] unit

каскадная ~ длины cascade unit of length

кратная ~ *(физической величины)* multiple unit

кулоновская ~ Coulomb unit

лавинная ~ shower [radiation] unit

ливневая ~ длины shower unit of length

логарифмическая ~ *(измерения усиления)* logarithmic unit

~ Лоренца Lorentz unit

магнитная ~ magnetic unit

макроскопическая ~ macroscopic unit

~ массы unit of mass, mass unit

международная ~ international unit

метрическая ~ *(физической величины)* metric unit

механическая ~ mechanical unit

~ы МКС MKS units

~ы МКСА MKSA units

мнимая ~ *мат.* imaginary unit

~ мощности power unit

некогерентная ~ noncoherent unit

неосновная ~ derived unit

нормированная ~ reduced [normalized] unit

~ облучения rad unit

~ объёма unit (of) volume, volume unit

~ы оптических величин optical units

основная ~ *(физической величины)* basic [fundamental] unit

относительная ~ relative unit

~ переноса transfer unit

~ площади unit of area

практические ~ы practical units

приведённая ~ *(физической величины)* reduced [normalized] unit

производная ~ *(физической величины)* derived unit

произвольная ~ arbitrary unit

~ работы unit of work

радиационная ~ radiation unit

радиационная ~ длины radiation unit of length

~ радиоактивности radioactivity unit, unit of radioactivity

радиологическая ~ radiological unit

радиометрические ~ы radiometric units

рационализированные ~ы rationalized units

~ реактивности reactivity unit

световая ~ light unit

светотехническая ~ photometric unit

~ы СГС CGS units

~ы СИ SI units

~ силы unit (of) force

~ силы света luminous intensity unit

системная ~ *(физической величины)* system unit

~ системы СИ (МКС, СГС и др.) SI (MKS, CGS, etc.) unit

~ телесного угла unit of solid angle

~ температуры unit of temperature

~ теплоты unit of heat; thermal unit

техническая ~ practical unit

тритиевая ~ tritium unit

~ уровня громкости loudness unit

~ ускорения unit acceleration

условная ~ arbitrary unit

~ы физико-химических величин units of physical and chemical quantities

физическая ~ physical unit

~ физической величины physical unit

фотометрическая ~ photometric unit

~ X X-unit

цезиевая ~ cesium unit

эквивалентная ~ equivalent unit

~ы электрических величин electrical units

электромагнитная ~ electromagnetic unit, emu

электростатическая ~ electrostatic unit, esu

энергетическая ~ дозы energy dose

~ энергии unit of energy; energy unit

ядерная ~ nuclear unit

единичный *прил.* **1.** *(единственный)* single **2.** *(одиночный)* individual, isolated **3.** *(равный единице)* unit

единообразие *с.* uniformity

единообразно *нареч.* uniformly

единственность *ж.* uniqueness
~ **решения** uniqueness of the solution
единственный *прил.* unique; single
ёж *м. (в жидком кристалле)* hedgehog
ежегодник *м.* year-book
астрономический ~ astronomical year-book
ёмкость *ж.* **1.** *(свойство)* capacitance **2.** *(электронный компонент)* capacitor **3.** *(вместимость)* capacity, volume **4.** *(сосуд)* reservoir, vessel
барьерная ~ *фпп* barrier capacitance
взаимная ~ mutual capacitance
входная ~ input capacitance
высокочастотная ~ high-frequency capacitance
выходная ~ output capacitance
~ **гетероперехода** heterojunction capacitance
действующая ~ effective capacitance
динамическая ~ dynamic capacitance
дифференциальная ~ differential capacitance
диффузионная ~ *фпп* diffusion capacitance
~ **запирающего слоя** barrier capacitance
информационная ~ information capacity
информационная ~ **изображения** picture information capacity
~ **конденсатора** capacity of capacitor
краевая ~ edge capacitance
линейная ~ linear capacitance
межвитковая ~ interturn capacitance
межэлектродная ~ interelectrode capacitance
~ **нагрузки** load capacitance
~ **на землю** ground capacitance
накопительная ~ storage capacitor
нелинейная ~ nonlinear capacitance
низкочастотная ~ low-frequency capacitance
остаточная ~ residual capacitance
~ **памяти** storage [memory] capacity
паразитная ~ stray [spurious, parasitic] capacitance
паразитная межэлектродная ~ spurious [parasitic] interelectrode capacitance
параллельная ~ papallel capacitance
погонная ~ linear capacitance
последовательная ~ series capacitance
распределённая ~ distributed capacitance
собственная ~ self-capacitance
сосредоточенная ~ lumped capacitance
статическая ~ static capacitance
частичная ~ partial capacitance
шунтирующая ~ shunt capacitance
~ **p-n-перехода** p-n junction capacitance
естественный *прил.* natural
естествознание *с.* natural science

Ж

жаропрочность *ж.* high-temperature strength, heat resistance

жаропрочный *прил.* high-temperature; heat resistant
жаростойкий *прил.* temperature-resistant, heat-resistant
жаростойкость *ж.* heat resistance, high-temperature strength
жгут *м. (напр. волоконных световодов)* bundle
волоконно-оптический ~ optical fiber bundle
магнитный ~ magnetic flux rope
световодный ~ fiber bundle
желатина *ж.* gelatin(e)
бихромированная ~ dichromated gelatin
фотографическая ~ photographic gelatin
железо *с.* iron, Fe
мягкое ~ soft iron
углеродистое ~ carbon iron
чистое ~ pure iron
жёлоб *м.* gutter, spout, chute
загрузочный ~ charge chute
магнитный ~ magnetic chute
разгрузочный ~ discharge chute
жёлтый *прил.* yellow
жёсткий *прил.* **1.** *(о теле)* rigid, stiff, inflexible **2.** *(об излучении)* hard, penetrating □ **становиться жёстче** stiffen
жёсткозаделанный *прил.* rigidly clamped
жёсткост/ь *ж.* **1.** *мех.* stiffness, rigidity **2.** *(воды, излучения)* hardness □ **придавать** ~ stiffen; reinforce; **придание** ~**и** stiffening; **сообщение** ~**и** stiffening
акустическая ~ acoustic stiffness
~ **воды** hardness of water
~ **в пределах упругих деформаций** elastic stiffness
~ **геомагнитного обрезания** rigidity of geomagnetic cutoff, geomagnetic cutoff rigidity
~ **диффузора** *ак.* cone stiffness
диэлектрическая ~ elastance
изгибная ~ flexural [bending] stiffness, flexural rigidity
изгибная ~ **пластины** modulus of rigidity of plate
~ **излучения** radiation hardness, hardness of radiation
касательная ~ shear stiffness
кинематическая ~ kinematic rigidity
контактная ~ contact rigidity; contact stiffness
крутильная ~ torsional rigidity, torsional stiffness
~ **крыла** wing stiffness
~ **линейной системы** elastic stiffness
магнитная ~ magnetic rigidity; magnetic hardness
магнитная ~ **заряженной частицы** magnetic rigidity of charged particle
~ **мембраны** diaphragm stiffness
механическая ~ (mechanical) rigidity
~ **на изгиб** flexural [bending] stiffness, flexural rigidity

~ **на кручение** torsional stiffness, torsional rigidity

~ **на скручивание** *(волокон)* torsional rigidity

~ **нейтронов** neutron hardness

непосредственная ~ direct stiffness

нормальная ~ normal stiffness

обменная ~ *фмя* exchange hardness

~ **пластины** rigidity of a plate

пороговая ~ threshold rigidity

~ **при изгибе** flexural [bending] stiffness, flexural rigidity

~ **при изгибе пластины** flexural rigidity of a plate

~ **при кручении** torsional rigidity, torsional stiffness

~ **при растяжении** longitudinal rigidity, rigidity in tension

~ **при растяжении-сжатии** longitudinal rigidity

~ **при сдвиге** rigidity in shear, shear rigidity

~ **при сжатии** rigidity in compression

~ **пучка** beam rigidity, beam stiffness

~ **рентгеновского излучения** X-ray hardness

связанная ~ compound stiffness, coupled rigidity

сдвиговая ~ rigidity in shear, shear rigidity

~ **спектра** spectrum hardness

спин-волновая ~ spin-wave stiffness

~ **стержня** rigidity of a rod, rigidity of a bar

~ **стыка** joint toughness; joint rigidity; joint stiffness

удельная электрическая ~ elastivity

цилиндрическая ~ **пластинки** flexural rigidity of a plate

~ **частицы** particle rigidity

электрическая ~ elastance

эффективная ~ effective rigidity

живучесть *ж.* *(прибора)* survivability, probability of survival

жидкий *прил.* fluid, liquid

жидкокапельный *прил.* liquid-drop

жидкокристаллический *прил.* liquid-crystalline

жидкость *ж.* liquid, fluid

адронная ~ *фвэ* hadronic fluid

анизотропная ~ anisotropic [crystalline] liquid

аномальновязкая ~ complex [non-Newtonian, quasi-viscous] liquid

анотропная ~ anotropic liquid

ассоциированная ~ associated liquid

атомарная ~ atomic liquid

бароклинная ~ baroclinic fluid, baroclinic liquid

баротропная ~ barotropic fluid, barotropic liquid

бозевская ~ Bose liquid

вращающаяся ~ rotating liquid

~ **в системе координат, вращающейся вместе с ней** fluid in coordinate system rotating with it

вырожденная электронная ~ degenerate electron fluid

высоковязкая ~ high-viscosity fluid, high-viscosity liquid

вытекающая ~ effluent

вытесненная ~ displaced liquid

вязкая ~ viscous fluid, viscous liquid

вязко-упругая ~ visco-elastic liquid

гигроскопичная ~ hygroscopic liquid

гравитационная ~ gravitating fluid

движущаяся ~ flowing liquid, liquid in motion

двухкомпонентная ~ two-component liquid

двухфазная ~ two-phase liquid

дезактивационная ~ decontamination fluid

идеальная ~ perfect [ideal] liquid, perfect [ideal] fluid

идеальная одноатомная ~ ideal mono-atomic liquid

изолирующая ~ insulating liquid

изотропная ~ isotropic liquid

иммерсионная ~ immersion liquid

инстантонная ~ instanton liquid

капельная ~ dropping liquid

квантовая ~ quantum liquid, quantum fluid

керровская ~ Kerr (cell) liquid

кипящая ~ boiling liquid

концентрированная магнитная ~ concentrated magnetic liquid

криогенная ~ cryogenic liquid

~ **Латтинжера** Luttinger liquid

летучая ~ volatile liquid

магнитная ~ magnetic liquid, magnetic fluid

~ **Максвелла** Maxwell liquid

манометрическая ~ indicating [manometer] liquid

метастабильная ~ metastable liquid

молекулярная ~ molecular liquid

неассоциированная ~ nonassociated liquid

невесомая ~ imponderable [weightless] liquid, imponderable [weightless] fluid

невязкая ~ nonviscous [inviscid, frictionless] liquid

невязкая несжимаемая ~ perfect [ideal] liquid

нейтронная ~ *астр.* neutron liquid

нелинейная ~ nonlinear liquid

неметаллическая ~ nonmetallic liquid

неньютоновская ~ non-Newtonian [quasi-viscous] liquid, non-Newtonian fluid

неоднородная ~ inhomogeneous liquid

неполярная ~ nonpolar liquid

непрозрачная ~ nontransparent liquid

несжимаемая ~ incompressible fluid, incompressible liquid

несмачивающая ~ nonwetting liquid

несмешивающаяся ~ immiscible liquid

низкозамерзающая ~ low-freezing liquid

низкокипящая ~ low-boiling liquid

низкомолекулярная ~ low-molecular liquid

нормальная ~ normal liquid

нормально вязкая ~ simple [Newtonian] liquid
ньютоновская ~ Newtonian [simple] liquid, Newtonian [normal] fluid
обобщённая ньютоновская ~ generalized [nonlinear] Newtonian liquid
одноатомная ~ monoatomic liquid
однокомпонентная ~ single fluid
однородная ~ homogeneous fluid, homogeneous liquid
оптически активная ~ optically active liquid
органическая ~ organic liquid
охлаждающая ~ coolant, cooling liquid
очень вязкая ~ high-viscosity fluid
~ Паскаля Pascalian liquid
перегретая ~ superheated liquid
перемешиваемая ~ agitated liquid
переохлаждённая ~ supercooled liquid
плотная ~ dense liquid
покоящаяся ~ liquid at rest
покоящаяся ~ в однородном гравитационном поле fluid at rest in a uniform gravitational field
полярная ~ polar liquid
прозрачная ~ transparent liquid
промывочная ~ wash liquid
простая ~ simple liquid
пьезотропная ~ piezotropic fluid
рабочая ~ working fluid
разбавленная ~ tenuous liquid
разнородная ~ heterogeneous fluid
реальная ~ real fluid, real [actual] liquid
реальная одноатомная ~ real monoatomic liquid
~ с большой плотностью dense liquid
сверхтекучая ~ superfluid, superliquid
сжимаемая ~ compressible liquid, compressible fluid
сложная ~ complex [multicomponent] liquid
смазочная ~ lubricating fluid
смачивающая ~ wetting liquid
стоксовская ~ Stokesian fluid
структурновязкая ~ non-Newtonian [complex] fluid
сцинтиллирующая ~ scintillating liquid
~ теплообменника heat-exchanger fluid
теплопроводная ~ heat-conducting liquid
термометрическая ~ thermometer liquid
технологическая ~ process liquid
тормозная ~ brake fluid
тяжёлая ~ heavy [ponderous] fluid, heavy [ponderous] liquid
упругая ~ elastic liquid
упруговязкая ~ elastoviscous [viscoelastic] liquid
фазовая ~ phase liquid
фейнман-вильсоновская ~ *фвэ* Feynman-Wilson fluid
фермиевская ~ Fermi liquid
ферромагнитная ~ ferrofluid
четырёхуровневая ~ four-level liquid

чистая ~ pure liquid
экситонная ~ exciton liquid
электронная ~ electron liquid
электронно-дырочная ~ *фпп* electron-hole liquid
электропроводная ~ (electrically) conducting liquid
электропроводящая ~ (electrically) conducting liquid
эталонная ~ *(для иммерсионной рефрактометрии)* index [calibration] liquid
ядерная ~ nuclear fluid
жидкость-теплоноситель *ж.* heat-transfer fluid
жизнь *ж.* life
жила *ж. (напр. сверхпроводника или кабеля)* filament, conductor, core
жидкая световедущая ~ *(в световоде)* liquid light-guiding core
тонкая ~ fine filament
жужжать *гл. ак.* buzz, burr, rattle
журнал *м. (периодическое издание)* journal, magazine
Акустический ~ Acoustical Journal
Астрономический ~ Astronomical Journal
Журнал Русского физико-химического общества (1879-1930) Journal of the Russian Physical and Chemical Society
Журнал Русского физического общества (1873-1930) Journal of the Russian Physical Society
Журнал Русского химического общества (1869-1930) Journal of the Russian Chemical Society
Журнал технической физики Journal of Technical Physics
Журнал экспериментальной и теоретической физики Journal of Experimental and Theoretical Physics
Физические ~ы Российской академии наук Physical Journals of the Russian Academy of Sciences

З

заатмосферный *прил.* extra-atmospheric, beyond the atmosphere
заболевание *с.* sickness, illness, desease
лучевое ~ radiation sickness
острое лучевое ~ acute radiation sickness
профессиональное ~ occupational desease
завершать *гл.* complete, terminate
зависание *с. аэрод.* hovering
зависеть *гл.* depend □ **не ~ от ...** be independent of ...; **~ от ...** depend on ..., be a function of ...; **~ от давления** depend on pressure; **сильно ~ от ...** strongly depend on ...; **слабо ~ от ...** weakly depend on ...

зависимост/ь *ж.* dependence; relationship; *(график)* plot; profile □ **в ~и от ...** depending on ..., according to ..., as a function of ...; **связывать ~ью** connect by relationship; **~ A от B** dependence of A on B, A dependence on B, B dependence of A, A as a function of B, A versus B, A-B dependence; **построить ~ A от B** plot A against [versus] B, plot A as a function of B

азимутальная ~ azimuthal dependence
алгебраическая ~ algebraic dependence
амплитудная ~ amplitude dependence
аналитическая ~ analytical dependence
антиголоморфная ~ antiholomorphic dependence
асимптотическая ~ asymptotic dependence
благоприятная ~ *(времени удержания энергии от мощности дополнительного нагрева)* favourable dependence
~ вероятности ионизации атома от напряжённости электрического поля ionization probability dependence on electric field strength
возрастная ~ age dependence
временная ~ time dependence; time profile
высотная ~ height dependence, height profile
~ выходной величины от входной input-output characteristic
~ вязкости от температуры viscosity-temperature dependence, dependence of viscosity on temperature
гармоническая ~ harmonic dependence
гелиоширотная ~ *(межпланетного магнитного поля)* heliolatitude dependence
голоморфная ~ holomorphic dependence
~ диэлектрических свойств от частоты dependence of dielectrical properties on frequency
~ доза-эффект dose-response relationships
изоспиновая ~ isospin dependence
~ интенсивности света от перемещения light-intensity-displacement law
калибровочная ~ *яф* gauge dependence
квадратичная ~ quadratic dependence; square law variation
квантовая ~ quantum dependence
классическая ~ classical dependence
кусочно-гладкая ~ piecewise-smooth dependence
линейная ~ linear dependence
~ масса-радиус mass-radius relation
~ масса-светимость mass-luminosity relation
~ массового расхода от разности давлений в потоке mass-flow pressure-difference relation
~ массы от скорости relativistic mass equation
~ между двойным лучепреломлением и касательными напряжениями shear stress-optic law
~ между двойным лучепреломлением и напряжениями stress-optic law

~ между деформацией и порядком муаровых полос fringe-strain relation
~ между напряжением и деформацией stress-displacement relation
монотонная ~ uniform dependence
неаналитическая ~ nonanalytical dependence
нелинейная ~ nonlinear dependence
неоднозначная ~ ambiguous dependence
непрерывная ~ continuous dependence
неявная ~ implicit dependence
обратная ~ inverse relationship
однозначная ~ one-to-one [unique] dependence
~ оптимальной частоты от расстояния *(напр. в гидроакустике)* range-frequency characteristic
ориентационная ~ orientation dependence
~ от времени time dependence; time profile
~ от высоты height dependence; height profile
~ от давления pressure dependence
~ от спина spin dependence
~ от температуры temperature dependence
~ от угла angular dependence
~ от частоты frequency dependence; frequency response
~ от энергии energy dependence
~ период-светимость period-luminosity relation
пилообразная ~ sawtooth dependence
~ поперечного сечения нейтрона от энергии dependence of neutron cross-section on energy, energy dependence of neutron cross-section
~ пробега частицы от энергии range-energy relation
пространственная ~ spatial dependence
радиальная ~ radial dependence
регулярная ~ regular dependence
реджевская ~ Regge dependence
релятивистская ~ relativistic dependence
~ сечения ионизации от заряда charge dependence of an ionization cross-section
~ сечения ионизации электронным ударом от спина spin dependence of electron impact ionization cross-section
~ сечения рассеяния от угла рассеяния angular dependence of the scattering cross-section
~ сечения фотоионизации от заряда ядра водородоподобного иона Z-dependence of hydrogen-like ion photoionization cross-section
сильная ~ strong dependence
скейлинговая ~ scaling dependence
~ скорости диэлектронной рекомбинации от зарядового состояния иона dependence of dielectronic recombination rate on the ion charge state
слабая ~ weak dependence
случайная ~ random [stochastic] dependence
спиновая ~ spin dependence
статистическая ~ statistical dependence

степенная ~ power law
температурная ~ temperature dependence
угловая ~ angular dependence
фазовая ~ phase dependence
~ фототока от светового потока photocurrent versus light intensity
функциональная ~ functional relationship
частотная ~ frequency dependence
экспериментальная ~ experimental [observed] dependence
экспоненциальная ~ exponential dependence
эмпирическая ~ empirical dependence
энергетическая ~ energy dependence
явная ~ explicit dependence
~ ядерных сил от заряда dependence of nuclear forces on charge
~ ядерных сил от спина spin dependence of nuclear forces
зависимый *прил.* dependent on, related to
зависящий *прил.* dependent on, related to
~ от времени time dependent
~ от диффузии diffusion controlled
завиток *м. аэрогидр.* curl
завихрение *с.* burble, curl, eddy, swirl, vortex, whirl
~ за задней кромкой trailing edge vortex
осевое ~ axial [axis] eddy
завихрённость *ж.* vorticity; eddying, eddy motion
однородная ~ uniform vorticity
планетарная ~ planetary vorticity
потенциальная ~ potential vorticity
завод *м.* plant, factory
газодиффузионный ~ gaseous diffusion plant
опытный ~ pilot plant
плутониевый ~ plutonium factory, plutonium plant
~ по изготовлению смешанного оксидного топлива mixed oxide fuel plant
~ по переработке облучённого топлива fuel reprocessing plant
~ по переработке топлива fuel processing [recycle] plant
~ по переработке урановых руд uranium mill
~ по производству исходных материалов feed material plant
~ по производству плутония plutonium plant
~ по производству тяжёлой воды heavy-water plant
~ по производству ядерного топлива nuclear fuel [fuel fabrication] plant
~ по производству UF$_6$ UF$_6$ production plant
~ по регенерации топлива fuel reprocessing plant
радиохимический ~ radiochemical plant
~ тепловыделяющих элементов cartridge [fuel-element] fabrication plant
термодиффузионный ~ thermal diffusion plant

урановый ~ uranium factory
~ ядерного топлива nuclear-fuel plant
завоевывать *гл. (признание)* win, gain
завывание *с.* howl(ing), wail
завывать *гл.* howl, wail
завышать *гл. (оценку)* overestimate; overrate
завышенный *прил.* overrated, overestimated, overevaluated
загадка *ж.* enigma; mystery
~ поколений *ктп* enigma of generations
загиб *м. (кривой)* knee, bend
~ характеристики bend of characteristic
заглубление *с.* penetration; embedding
~ индентора indentor penetration
заглушать *гл.* **1.** *(звук)* deaden, muffle, deaf(en) **2.** *(колебания)* damp **3.** *(делать беззвучным)* silence
~ звук deaden a sound
полностью ~ silence
заглушённый *прил. ак.* muffled, anechoic
заглушка *ж.* plug, dead piece
заголовок *м.* title, heading, headline; header
загораживание *с. (одних объектов другими)* screening
загружать *гл.* charge, load
загруженность *ж.* workload
~ ускорителя useful beam time
загрузка *ж. яф* charge; charging, loading
~ активной зоны core charge, core loading
~ без остановки реактора hot reactor loading
«горячая» ~ hot loading
дистанционная ~ remote loading
~ запальной ячейки seed charge
~ источника source charge
критическая ~ critical charge
~ памяти *(ЭВМ)* memory loading
первоначальная ~ initial charge
рабочая ~ operating charge
рабочая ~ реактора reactor operating charge
~ реактора reactor fueling, reactor charge
~ с остановкой реактора cold reactor loading
~ ТВС в реактор fuel-rod loading
~ тепловыделяющих стержней fuel-rod loading
топливная ~ fuel charge, fuel [fissionable material] inventory, fuel hold-up
~ топливом fuel charging, fuelling
«холодная» ~ cold loading
~ ядерных эмульсий nuclear emulsion loading
загрязнени/е *с. (примесь)* contaminant, impurity; *(процесс или результат)* contamination, pollution
~ атмосферы atmospheric [air] pollution, atmospheric contamination
~ вакуума vacuum contamination
~ кремния медью contamination of Si by Cu
~я в воде water-borne contaminations
~я в воздухе air-borne contaminations
внутреннее ~ internal contamination
~ воды water pollution
~ воздуха air [atmospheric] pollution

~ **выше допустимой нормы** intolerable contamination

~ **гамма-активным веществом** gamma-contamination

~ **земли** land pollution

изотопическое ~ isotopic contamination

локальное ~ local pollution

малоопасное ~ low-hazard contamination

местное ~ local pollution

общее ~ **атмосферы** general pollution

~ **окружающей среды** environmental contamination, environmental pollution

первичное ~ primary contamination

переносимое ~ transferable contamination

~ **плазмы** plasma contamination

~ **плазмы примесью с большим Z** high-Z impurity plasma contamination

~ **плазмы примесью с малым Z** low-Z impurity plasma contamination

~ **плазмы примесью со средним Z** medium-Z impurity plasma contamination

поверхностное ~ surface contamination

~**, поддающееся дезактивации** removable contamination

предельно допустимое радиоактивное ~ maximum acceptable radioactive contamination

~ **продуктами деления** fission-product contamination

промышленное ~ industrial pollution

радиоактивное ~ radioactive contamination, radiocontamination, radioactive pollution

радиохимическое ~ radiochemical contamination

сильное ~ severe contamination

слабое ~ mild contamination

тепловое ~ thermal [heat] pollution

фоновое ~ background contamination

химическое ~ chemical impurity

~ **цвета** *тлв.* color contamination

~ **чужих территорий** transfrontier pollution

шумовое ~ noise pollution

загрязнять *гл.* contaminate, pollute

задавать *гл. (величину, условие)* specify, impose, assign, set

~ **начальные условия** specify initial conditions

~ **неявно** define implicitly

~ **произвольно** prescribe arbitrarily

~ **состав** *(химический)* determine the composition

задание *с. (величины)* assignment, definition, specification

задач/а *ж.* problem; task ◻ **постановка** ~**и** statement of a problem; **по условиям** ~**и** under the conditions [statement] of the problem; **решать** ~**у** solve a problem; **ставить** ~**у** put a problem; **уточнять** ~**у** refine the formulation of a problem; **формулировать** ~**у** formulate a problem; **эта** ~ **пока не решена** this problem has not been solved yet

аксиально симметричная ~ axially symmetric problem

вариационная ~ variational problem

~ **в истинном масштабе времени** real-time problem

внешняя ~ *(в электродинамике)* outer problem

внутренняя ~ *(в электродинамике)* inner problem

возмущённая ~ perturbed problem

вычислительная ~ computational problem

граничная ~ boundary(-value) problem

граничная ~ **в напряжениях** stress boundary-value problem

двоякопериодическая ~ doubly periodic problem

двумерная ~ two-dimensional problem

двумерная ~ **о поперечном обтекании бесконечно длинного тела** two-dimensional problem of transverse flow past a body with infinite length

~ **двух нуклонов** two-nucleon problem

~ **двух тел** two-body problem

динамическая ~ dynamical problem

~ **Дирихле** Dirichlet problem, problem of Dirichlet

дискретная ~ **на собственные значения** discrete eigenvalue problem

идеализированная ~ idealized problem

изопериметрическая ~ isoperimetric problem

инженерная ~ engineering problem

~ **Кеплера** *астр.* Kepler problem

контактная ~ **Герца** Hertz contact problem

континуальная ~ *фтт* continual problem

контрольная ~ check [test] problem

корректная ~ well-posed [properly-posed] problem

~ **Коши** Cauchy [initial value] problem

краевая ~ boundary-value problem

краевая ~ **в напряжениях** stress boundary value problem

краевая ~ **в смещениях** displacement boundary value problem

краевая ~ **теории упругости** elastic boundary value problem

~ **Ламе** Lamé problem of thick-walled cylinders

линейная ~ linear problem

логическая ~ logic problem

матричная ~ **на собственные значения** matrix eigenvalue problem

~ **многих тел** many-body problem

многолучевая ~ multiray problem

многомерная ~ multidimensional problem

многоэлектронная ~ many-electron problem

~ **на случайных узлах** *фтт* random node problem

~ **на собственные значения** eigenvalue problem

~ **на собственные функции** eigenfunction problem

~ **нахождения собственных значений** eigenvalue problem

начальная ~ initial value [Cauchy] problem

начальная характеристическая ~ initial characteristic [Riemann] problem

~ **на экстремум** extreme-value problem

невозмущённая ~ unperturbed problem
~ **Неймана** Neumann problem
некорректная ~ ill-posed [ill-conditioned, incorrectly formulated] problem
неразрешимая ~ unsolvable problem
нестационарная ~ nonstationary [transient] problem
~ **об обтекании заданного тела** problem of flow past a given body
~ **обработки видеоданных** video task
~ **обработки изображений** image task
обратная ~ inverse problem
обратная ~ **рассеяния** inverse scattering problem
обратная ~ **рассеяния Захарова - Шабата** Zakharov-Shabat inverse scattering problem
обратная спектральная ~ inverse spectral problem
общая ~ **о двухмерном стационарном движении сжимаемого газа** general problem of steady two-dimensional compressible gas flow
~ **о вдавливании штампа** indentation problem
ограниченная ~ restricted problem
ограниченная ~ **трёх тел** restricted three-body problem
одномерная ~ one-dimensional problem
одночастичная ~ single-particle problem
~ **о переносе излучения** radiation transfer problem
~ **оптимизации** optimization problem
осесимметричная ~ axially symmetric problem
~ **о сильном взрыве** strong explosion problem
~ **о штампе** punch problem
~ **Пирса** Pierce problem
плоская ~ plane [two-dimensional] problem
плоская ~ **теории упругости** plane elastic problem
прикладная ~ applied problem
~ **прогнозирования** prediction problem
пространственная ~ three-dimensional problem
прямая ~ **рассеяния** direct [forward] scattering problem
прямая ~ **рассеяния Захарова - Шабата** Zakharov-Shabat forward scattering problem
разрешимая ~ solvable problem
разрывная ~ discontinuity problem
~ **рассеяния** scattering problem
~ **регулирования** control problem
регулярная ~ regular problem
релятивистская ~ relativistic problem
решёточная ~ *фтт* lattice problem
~ **Римана** initial characteristic [Riemann] problem
самосогласованная ~ self-consistent problem
~ **связей** *(между узлами)* problem of associations
сингулярная ~ singular problem
смешанная краевая ~ mixed boundary value problem

~ **с начальными условиями** initial value [Cauchy] problem
~ **со смешанными краевыми условиями** mixed boundary value problem
спектральная ~ spectral problem
~ **с подвижной границей** moving-boundary problem
~ **с подвижными концами** moving end points problem
~ **с разделяющимися переменными** problem with separable variables
статистическая ~ statistical problem
стационарная ~ stationary problem
стохастическая ~ stochastic problem
сферически симметричная ~ spherically symmetric problem
текущая ~ current problem
~ **теории пластичности о плоском напряжённом состоянии** plane-stress plasticity problem
~ **теории потенциала** potential problem
тепловая ~ **трения** heat problem of friction
техническая ~ engineering problem
трёхмерная ~ three-dimensional problem
~ **трёх тел** three-body problem, problem of three bodies
~ **узлов** *фтт* problem of nodes
узловая ~ knotty problem
фазовая ~ phase problem
~ **Чепмена - Ферраро** Chapman-Ferraro problem
~ **четырёх тел** four-body problem
~ **Штурма - Лиувилля** Sturm-Liouville problem
эллиптическая краевая ~ elliptic boundary-value problem
эллиптическая ~ **на собственные значения** elliptic eigenvalue problem
эталонная ~ standard problem
~ **n тел** n-body problem
задающий *прил. (о генераторе)* master, driving
задвижка *ж.* gate; valve; latch
мерная ~ sliding-gate measuring valve
заделка *ж. (в капсулу)* encapsulation
задержание *с.* retention
длительное ~ **в организме** permanent retention in the body
~ **продуктов деления** fission product retention
задерживание *с.* inhibition
~ **реакции** inhibition of reaction
задерживать *гл.* **1.** *(замедлять)* retard **2.** *(останавливать, тормозить, напр. трещину)* arrest **3.** *(по времени)* delay **4.** *(реакцию)* inhibit **5.** *(улавливать)* trap, retain
задержка *ж.* **1.** *(по времени)* delay; lag **2.** *(замедление)* retardation
акустическая ~ acoustical delay
~ **включения** turn-on [rising] delay
временная ~ time delay; time lag
~ **выключения** turn-off [falling] delay
групповая ~ group [envelope] delay; group lag

~ импульса pulse delay
ионосферная ~ *(радиоволн)* ionospheric delay
магнитная ~ magnetic delay
магнитостатическая ~ magnetostatic delay
магнитоупругая ~ magnetoelastic delay
межмодовая ~ *(в световоде)* intermode delay
микросекундная ~ microsecond delay
модовая ~ mode-dependent retardation
плавно регулируемая ~ fine delay
~ поджига firing [ignition] delay
~ при распространении *(волны)* propagation delay
регулируемая ~ variable lag
~ сигнала signal delay
~ текучести *(металла)* yield delay
~ трещины crack arrest
фазовая ~ phase delay
фиксированная ~ fixed delay
задир *м.* scuffing; tear
задний *прил. (по отношению к объективу)* image-side
заедание *с.* seizure, scuffing, scoring, jamming
~ при трении adhesion in friction
зажигание *с.* ignition, firing
~ дуги striking [ignition, firing] of an arc
~ ёмкостного разряда capacitive discharge ignition
~ разряда discharge firing, discharge ignition
~ самостоятельного разряда self-maintained discharge ignition
~ тиратрона firing of a thyratron
зажигать *гл.* light, ignite
~ свет, лампу и т.д. switch [turn] on the light, a lamp, etc.
зажим *м.* **1.** *мех.* clamp, clip, fastener, grip, gripping device **2.** *эл.* terminal
входные ~ы input terminal
выходные ~ы output terminal
~ заземления ground clamp, ground terminal
клиновой ~ *мех.* wedge grip
магнитный ~ magnetic clamp
полюсный ~ pole terminal
~ типа «крокодил» alligator clip, crocodile grip
заземление *с.* **1.** *(устройство)* ground, earth, ground connection **2.** *(операция)* grounding, earthing
~ антенны antenna ground (connection)
~ Вагнера Wagner ground connection, Wagner earth
защитное ~ protective [safety] ground(ing)
рабочее ~ system ground
заземлитель *м.* earth [grounding] electrode
зазор *м.* **1.** *эл.* gap **2.** *мех.* clearance; spacing
внутренний ~ internal clearance
воздушный ~ *(напр. в магнитопроводе)* air gap
~ входного резонатора *(в клистроне)* buncher [input] gap

~ выходного резонатора *(в клистроне)* catcher [output] gap
допустимый ~ safe clearance
исходный ~ initial clearance
клиновой ~, заполненный смазкой convergent lubricant film
кольцевой ~ annular gap
контактный ~ *эл.* contact gap; *мех.* contact clearance
~ магнита magnet bore, magnet gap
~ магнитной головки head gap
~ магнитопровода magnet(ic) gap
~ между внутренним и внешним радиационными поясами *сзф* gap between inner and outer radiation belts
~ между полюсами магнита magnet pole gap
межконтактный ~ *(в реле)* contact gap
межэлектродный ~ interelectrode gap
начальный ~ initial clearance
номинальный ~ nominal clearance
нулевой рабочий ~ *(в прецизионном подшипнике)* zero operating clearance
остаточный ~ residual gap
отрицательный ~ *(в подшипнике)* negative clearance, preload
положительный ~ *(в подшипнике)* positive clearance
полюсный ~ pole gap
радиальный ~ radial clearance
расчётный ~ calculated clearance
регулируемый ~ adjustable gap, adjustable clearance, adjustable spacing
стандартизированный ~ standardized clearance
уменьшенный ~ reduced clearance
ускоряющий ~ accelerating gap
центральный ~ central gap
энергетический ~ *кв. эл.* energy gap
зайчик *м.* (light) spot
световой ~ light spot
солнечный ~ sunspot
закадмиевый *прил.* epicadmium
заказ *м.* order □ **поставлять по ~у** supply on order
специальный ~ special order
заказчик *м.* customer; client
заказывать *гл.* order, place an order
закалённый *прил.* hardened; *(при быстром охлаждении)* quenched
закаливаемость *ж.* hardenability, hardening capacity
закаливать *гл.* harden, quench
закалка *ж.* hardening; quenching; chilling
быстрая ~ fast quenching
~ в воде water quenching, water hardening
~ в масле oil quenching, oil hardening
водная ~ water quenching, water hardening
воздушная ~ air hardening
~ в печи furnace hardening
высокочастотная ~ high-frequency hardening
дифференциальная ~ differential hardening

~ **жидкости** luquid hardening
изотермическая ~ isothermal quenching, isothermal hardening
индукционная ~ induction hardening
искровая ~ spark hardening
~ **концентрации** *(частиц и античастиц)* concentration quenching
лазерная ~ laser hardening, laser quenching
медленная ~ slow quenching
местная ~ local hardening
~ **металлов** quenching of metals
неполная ~ selective hardening
пламенная ~ flame hardening
поверхностная ~ (sur)face [case] hardening
поверхностная ~ **лазерным лучом** surface hardening with laser beam
полная ~ full hardening
радиационная ~ radiation hardening
резкая ~ rapid quenching
сквозная ~ through hardening, through quenching
~ **сплавов** quenching of alloys
~ **с последующим отпуском** temper hardening
~ **с последующим старением** age [precipitation] hardening
~ **стали** steel hardening, steel quenching
ступенчатая ~ graded hardening
термическая ~ thermal [heat] hardening
~ **токами высокой частоты** induction hardening
~ **упорядочивающихся сплавов** order [superlattice] hardening
электронно-лучевая ~ electron beam hardening
закат *м. (Солнца)* sunset, sundown
закипание *с.* start of boiling
заклинивание *с.* jamming, wedging
заключение *с. (статьи, книги, рассуждений)* conclusion □ **в** ~ **необходимо отметить следующее** in conclusion, the following should be mentioned; ~ **в оболочку** *(очехловывание)* canning, sheathing, jacketing, encasing
статистическое ~ statistical inference
закон *м.* law; rule, principle □ **по** ~**у** under the law; **подчиняться** ~**у** obey the law, follow the law; **согласно** ~**у** by the law, according to the law
~ **Авогадро** Avogadro law, Avogadro hypothesis
~ **аддитивности** additivity law
адиабатический ~ adiabatic law
~ **Ампера** *(электростатика)* Ampère law
~ **аномальной дисперсии света** *(Кундта)* Kundt law of abnormal dispersion
~ **Аррениуса** *хим.* Arrhenius equation
~ **Архимеда** Archimedes [buoyancy] principle
~ **ассоциативности** associative law
ассоциированный ~ **течения** associated flow rule
~ **Астона** *(для изотопов)* Aston rule
~ **Аюи** Наüy law; law of rational indices

~ **Бавено** *крист.* Baveno law
бездиссипативный ~ **Ома** dissipativeless Ohm law
~ **Бера** *(поглощения света)* Beer law
~ **Бернулли** Bernoulli equation
~ **биноминального распределения** binomial (distribution) law
~ **Био** *опт.* Biot law
~ **Био - Савара** *(электродинамика)* Biot-Savart law
~ **Био - Савара - Лапласа** Biot-Savart-Laplace law
~ **Блонделя - Рея** *опт.* Blondel-Rey law
~ **Блоха** *(для намагниченности)* Bloch [three-halves] law
~ **Боде** *астр.* (Titius-)Bode law
~ **Боде - Тициуса** *астр.* Titius-Bode law
~ **Бойля** Boyle law
~ **Бойля - Мариотта** Boyle-Mariotte [Boyle, Mariotte] law
~ **Больцмана** *(в статической механике)* Boltzmann distribution law
~ **больших чисел** law of large numbers
~ **Брэгга** *(для дифракции рентгеновских лучей)* Bragg law, Bragg equation
~ **Брюстера** *опт.* Brewster law
~ **Бугера** *(поглощения света)* Bouguer law
~ **Бугера - Ламберта - Бера** *опт.* Bouguer-Lambert-Beer [Beer-Lambert] law
~ **Бунзена - Роско** *фото* Bunsen-Roscoe [reciprosity] law
~ **Бера** *геофиз.* Beer law
~ **Вавилова** Vavilov law
~ **Вант-Гоффа** *физ. хим.* Van't Hoff law
~ **Вебера - Фехнера** *(психофизический)* Weber-Fechner [Fechner, Weber] law
~ **Вегарда** *фтт* Vegard law
вероятностный ~ probability law
~ **взаимности** *мат.* reciprocity law
~ **взаимозаместимости** *фото* reciprocity [Bunsen-Roscoe] law
~ **Видеманна - Франца** *физ. мет.* Wiedemann-Franz law
~ **Вина** *опт.* Wien law
~ **возрастания энтропии** entropy encrease law, law of degradation of energy
~ **всемирного тяготения (Ньютона)** Newtonian law of gravitation
второй ~ *(термодинамики, Ньютона и др.)* second law
второй ~ **Кеплера** *астр.* second Kepler law
~ **Вульфа - Брэгга** Bragg law, Bragg equation
~ **Гаюи** *крист.* Наüy law, law of rational indices
~ **Гейгера - Нэттолла** *(альфа-распада)* Geiger-Nuttall rule
~ **Гей-Люссака** Gay-Lussac law
~ **Генри** *(адсорбции)* Henry law
~ **Гесса** *физ. хим.* Hess law
~ **гидродинамического подобия** law of hydrodynamical similarity
гиперболический ~ hyperbolic law

гиперзвуковой ~ подобия law of hypersonic similarity

глобальный ~ сохранения global conservation law

~ Гольдшмидта *(кристаллохимия)* Goldschmidt law

~ы Грассмана *(цветового зрения)* Grassmann laws

~ Гроттуса *(фотохимия)* Grotthuss-Draper law

~ Грэма *(диффузии газов)* Graham law

~ Грюнайзена *фтт* Grüneisen law, Grüneisen second rule

~ Гука *мех.* Hooke law

~ Дальтона *(для газовых смесей)* Dalton law

~ Дарси Darcy law

~ движения law of motion

~ двойникования *крист.* twin law

двумерный ~ Кулона two-dimensional Coulomb law

~ действия и противодействия law of action and reaction

~ действующих масс law of mass action, mass action law

~ Джоуля *(для газов)* Joule law

~ Джоуля - Ленца Joule law

динамический ~ dynamical law

~ динамического подобия law of dynamic similarity

~ дисперсии dispersion law

~ дисперсии звуковых волн sound dispersion law

~ дисперсии нераспадного типа non-decayed dispersion law

~ дисперсии распадного типа decay-type dispersion law

~ы диффузии Фика Fick diffusion laws, Fick laws of diffusion

~ы для идеального газа perfect [ideal] gas laws, laws of perfect gas

~ Друде *опт.* Drude law

~ Дюлонга - Пти *(для теплоёмкости)* Dulong-Petit law

~ы идеального газа perfect [ideal] gas laws, laws of perfect gas

~ изгибания следа за бесконечно длинным телом при наличии подъёмной силы manner of bending of the wake behind a body with infinite length when there is a lift force

~ы излучения radiation laws, laws of radiation

~ излучения Вина Wien radiation law

~ излучения Джинса Jeans radiation law

~ излучения Кирхгофа Kirchhoff radiation law

~ излучения Планка Planck radiation law

~ излучения Рэлея - Джинса Rayleigh-Jeans law

~ излучения Стефана - Больцмана Stefan-Boltzmann radiation law

~ индукции Фарадея Faraday induction law

~ инерции law of inertia; first law of motion

~ истечения Торричелли Torricelli efflux law

~ Капицы *фмя* Kapitza law

квадратичный ~ square law

квантовый ~ quantum law

~ Кеплера *астр.* Kepler law

~ кинематического подобия law of kinematic similarity

~ Кирхгофа Kirchhoff law

~ Клапейрона perfect gas law

классический ~ classical law

~ Колмогорова - Обухова *(для турбулентности)* Kolmogorov-Obukhov law

~ Кольрауша *физ. хим.* Kohlrausch law

~ коммутативности commutative law

~ конвекции convection law

~ косинусов cosine law, law of cosines; *опт.* Lambert (cosine) law

~ красного смещения Hubble [red shift] law

~ кратных отношений *(Дальтона)* Dalton law of multiple proportions

кубический ~ cube law

~ Кулона Coulomb law

~ Кундта Kundt law

~ Кюри *фмя* Curie law

~ Кюри - Вейсса *фмя* Curie-Weiss law

~ Ламберта *опт.* Lambert (cosine) law

~ Ленгмюра *(физическая электроника)* Langmuir law

линейный ~ linear law

линейный ~ Капицы Kapitza linear law

линейный ~ повреждения linear damage rule

логарифмический ~ logarithmic law

логарифмический ~ распределения logarithmic distribution law

локальный ~ сохранения local conservation law

лоренц-ковариантный ~ Lorentz covariant law

~ Майнера *(накопления повреждений)* Miner rule

~ Максвелла *(для вязкости)* Maxwell law

~ Малюса *опт.* Malus law, law of Malus

массовый ~ Генри Henry substantial law

~ы механики Ньютона Newton laws of motion

~ Мозли *(для рентгеновского излучения)* Moseley law

~ Мотта *фтт* Mott law

~ наименьшего действия principle of least action

~ намагничивания Рэлея Rayleigh law of magnetization

~ независимого распространения лучей law of independent ray propagation

нелокальный ~ сохранения nonlocal conservation law

~ непрерывности Грассмана Grassmann law of continuity

нераспадный ~ дисперсии nondecay dispersion law
нормальный ~ normal (distribution) law
~ Ньютона Newton(ian) law
~ ньютонова трения *(в жидкости)* Newtonian law of internal friction
ньютоновский ~ всемирного тяготения Newtonian law of universal gravitation
ньютоновский ~ охлаждения Newton(ian) law of cooling
обобщённый ~ Архимеда generalized Archimedes principle
обобщённый ~ Гука generalized Hooke law
обобщённый ~ Кирхгофа generalized Kirchhoff law
обобщённый ~ Ньютона *(для вязкости)* generalized Newton law
обобщённый ~ Ома generalized Ohm law
~ обратимости law of reversibility
~ обратной зависимости от V reciprocal V law
обратный степенной ~ inverse power law
~ обратных квадратов inverse square law
объёмный ~ Генри Henry volumetric law
~ объёмных отношений (Гей-Люссака) Gay-Lussac law of combining volumes
околозвуковой ~ подобия law of transonic similarity
~ Ома Ohm law
основной ~ fundamental law
~ отражения reflection law; law of reflection
~ ошибок error function
~ падения давления вдоль трубки кругового сечения way in which the pressure falls along a tube of circular cross-section
~ Палмгрена - Майнера *(накопления повреждений)* Palmgren-Miner rule
параболический ~ parabolic law
~ парности касательных напряжений reciprocity law for shearing stresses
~ парциальных давлений (Дальтона) Dalton law of partial pressures
~ Паскаля *(гидростатика)* Pascal law, theorem on the isotropy of pressure
~ Пашена *физ. пл.* Paschen law
первый ~ *(термодинамики, Ньютона и др.)* first law
первый ~ Кеплера first Kepler law
переместительный ~ *мат.* commutative law
периодический ~ Менделеева periodic [Mendeleev] law
~ планетных расстояний (Тициуса - Боде) law of planetary distances (by Bode and Titius)
~ Планка *кв. мех.* Planch law
~ плоских сечений law of plane sections
~ площадей law of areas; area law
~ поглощения *(света, нейтронов и др.)* law of absorption
~ подобия scaling [similarity] law
~ подобия для теплопередачи similarity law for heat transfer

~ подобия интервалов времени law of similarity of time intervals, law of corresponding times
~ подобия Коши Cauchy law of similarity
~ подобия Ньютона Newtonian law of dynamic similarity
~ подобия Рейнольдса Reynolds law of similarity
~ подобия Фруда Froude law of similarity
~ полярности *(солнечных пятен)* law of polarity
~ постоянных отношений law of constant [definite] proportions
~ постоянства весовых отношений law of definite proportions
~ постоянства состава law of definite proportions
~ постоянства углов *фтт* law of constancy of angles
~ потемнения law of darkening
потенциальный ~ пластического течения plastic potential flow rule
правильный ~ дублетов true doublet law
~ Прандтля - Глауэрта *аэрод.* Prandtl-Glauert rule
~ преломления refraction law
~ преломления света refraction law; Snell law (of refraction)
~ преломления Снелля Snell law (of refraction)
~ преобразования transformation law
~ прямолинейного распространения света law of direct light propagation
~ просачивания Дарси Darcy law of percolation
~ Пуазейля *(истечения жидкости)* Poiseuille law
~ равенства действия и противодействия law of action and reaction
~ равновесия в сообщающихся сосудах law of equilibrium in connected vessels
~ равнораспределения *(энергии по степеням свободы)* equipartition law
~ радиоактивного распада law of radioactive decay, radioactive decay law
~ радиоактивного смещения law of radioactive displacement, radioactive displacement law
~ разбавления Оствальда *(для электролита)* Ostwald dilution law, Ostwald law of dilution
~ Рамзая - Юнга Ramsay-Young rule
распадный ~ дисперсии decay dispersion law
~ распределения distribution law
~ распределения Больцмана Boltzmann distribution law
~ распределения вероятностей probability distribution law
~ распределения давления pressure law
~ распределения ошибок law of error distribution
~ распределения Рэлея *(теория вероятности)* Rayleigh law of distribution

~ **распределения скоростей** law of velocity distribution, velocity distribution law
распределительный ~ distributive law
~ **расширения турбулентного следа, образующегося при поперечном обтекании бесконечно длинного цилиндра** law of widening of the turbulent wake formed in transverse flow past a cylinder with infinite length
~ **Рауля** *физ. хим.* Raoult law
~ **рациональности параметров** *крист.* law of rational indices, Haüy law
~ **Рытова** *опт.* Rytov law
~ **Рэлея** *(в теории рассеянии света)* Rayleigh law
~ **Рэлея - Джинса** *опт.* Rayleigh-Jeans law
~ **свободного падения** free fall law
~ **синусов** sine law
синусоидальный ~ sine law
~ **сложения** addition law
~ **сложения скоростей** law of velocity composition
~ **смещения Вина** (Wien) displacement law
~ **смещения Содди - Фаянса** Soddy-Fayans displacement law
~ **Снеллиуса** *опт.* Snell law
~ **Снелля** *опт.* Snell law
~ **соответственных состояний** law of corresponding states
~ **сопротивления Дарси** Darcy law of resistance
~ **сопротивления трубы** resistance law of the pipe
~ **сопротивления шара (Стокса)** Stokes law of resistance of a sphere
~ы **сохранения** conservation laws, laws of conservation
~ **сохранения барионного числа** baryon-number conservation law
~ **сохранения заряда** charge conservation law
~ **сохранения изоспина** isospin conservation law
~ **сохранения импульса** momentum conservation law, law of conservation of momentum
~ **сохранения количества движения** momentum conservation law, law of conservation of momentum
~ **сохранения лептонного числа** lepton-number conservation law
~ **сохранения массы** mass conservation law, law of conservation of mass
~ **сохранения материи** law of conservation of matter
~ **сохранения механической энергии** principle of conservation of energy
~ **сохранения момента импульса** angular momentum conservation law
~ **сохранения момента количества движения** angular momentum conservation law
~ **сохранения обобщённого импульса** generalized momentum conservation law

~ **сохранения углового момента** angular momentum conservation law
~ **сохранения циркуляции скорости** law of conservation of circulation; Kelvin theorem
~ **сохранения чётности** parity conservation law
~ **сохранения числа квантов** quantum conservation law
~ **сохранения числа частиц** particle conservation law
~ **сохранения энергии** energy conservation law, law of conservation of energy
~ **сохранения энергии-импульса** law of conservation of energy-momentum
сочетательный ~ associative law
статистический ~ statistical law
степенной ~ power law
~ **Стефана - Больцмана** Stefan-Boltzmann law
~ **Стокса** *(в оптике)* Stokes law; *(сопротивления шара)* Stokes law of resistance of a sphere
~ **Столетова** photoelectric proportionality law, first law of photoelectric effect
~ **Тальбота** *опт.* Talbot law
~ы **теории вероятности** laws of chance
~ **теплового излучения Кирхгофа** Kirchhoff law
~ **теплоёмкости Дебая** Debye heat capacitance law
~ы **термодинамики** laws of thermodynamics
~ **Тициуса - Боде** *(для планетных расстояний)* Titius-Bode law
~ **трения Амонтона** Amonton law
~ **трения Ньютона** Newton friction law
третий ~ *(Ньютона и др.)* third law
третий ~ **Кеплера** third Kepler law
~ **трёх вторых** *(закон 3/2)* **1.** *(для намагниченности)* three-halves power law, Bloch law **2.** *(в физической электронике)* Langmuir law, Child-Langmuir law
~ **трёхмерности Грассмана** Grassmann law of three-dimensionality
~ **тяготения Ньютона** Newton law of gravitation
~ **тяготения Эйнштейна** Einstein law of gravitation
~ **упругости** law of elasticity
усиленный ~ **больших чисел** strong law of large numbers
~ **фазы** phase law
~ы **Фарадея** *(электролиза)* Faraday laws
~ **Фаулера - Нордхейма** *(физическая электроника)* Fowler-Nordheim law
~ **физического подобия** law of physical similarity
~ **Фика** *(диффузии газа)* Fick law
~ы **Френеля - Араго** Fresnel-Arago laws
~ **Фриделя** *крист.* Friedel law
фундаментальный физический ~ basic physical law
~ **Хаббла** *астр.* Hubble [red shift] law, velocity-distance relation
~ **Хагена - Пуазейля** Hagen-Poiseuille law

~ химического равновесия law of chemical equilibrium

~ целых чисел *крист.* law of rational indices, Haüy law

~ Шарля Charles(-Gay-Lussac) law

~ Шперера *сзф* Sperer law

~ Эбни *опт.* Abney law

~ Эйлера Euler law

~ Эйнштейна *(для фотоэффекта)* Einstein photoelectric law; *(в фотохимии)* Einstein law of photochemical equivalence

~ эквивалентности массы и энергии principle of equivalence of mass and energy

~ эквивалентных отношений law of equivalent [reciprocal] proportions

экспоненциальный ~ exponential law

экспоненциальный ~ поглощения exponential absorption law

~ы электрических цепей Кирхгофа Kirchhoff laws of electrical circuits

~ы электролиза laws of electrolysis

~ электромагнитной индукции Фарадея Faraday law of electromagnetic induction

эмпирический ~ empirical law

законность *ж.* legitimacy

законодательство *с.* law, legislation

закономерность *ж.* 1. *(закон)* law 2. *(повторяемость)* regularity

~ голоса voice mechanism

статистическая ~ statistical law

физическая ~ physical law

закорачивать *гл.* short-circuit

закороченный *прил.* short-circuited

закрепитель *м. фото* fixative, fixer, fixing agent

закрепление *с.* 1. *мех.* attachment; fastening 2. *(дислокации)* pinning; locking 3. *фото* fixing

~ дислокации pinning of dislocation

~ доменных стенок domain wall pinning

~ Сузуки Suzuki locking

закреплённый *прил. мех.* immobile, immovable, fixed, restrained; *фото* fixed

закристаллизовать *гл.* crystallize

закругление *с.* curvature; rounding (off)

заднее ~ *(при дифракции)* backward rounding

переднее ~ *(при дифракции)* forward rounding

закрутка *ж.* twist

аэродинамическая ~ aerodynamic twist

геометрическая ~ *(крыла)* geometric twist

полная ~ лопасти blade twist

закручивание *с.* twist(ing), angular twist, torsion

предварительное ~ torsional prestrain

закручивать *гл.* twist, spin

закручиваться *гл.* twist, spin

закрывание *с.* closing; shutoff

~ диафрагмы iris out

закрывать *гл.* 1. close 2. *опт.* shut 3. *(накрывать)* cover

~ файл close a file

закрылок *м. аэрод.* (wing) flap

всасывающий ~ suction flap

выдвижной ~ extension [Fowler] flap

носовой ~ nose flap

реактивный ~ jet flap

управляющий ~ control flap

щелевой ~ slotted flap

закрытие *с.* closing, closure; shutdown

быстрое ~ *(клапана)* rapid [sudden] closure

~ в вершине трещины crack tip closure

внезапное ~ *(клапана)* instantaneous [sudden] closure

~ конференции closing ceremony

мгновенное ~ *(клапана)* instantaneous [sudden] closure

медленное ~ *(клапана)* slow closure

~ трещины crack closure

~ усталостной трещины fatigue crack closure

закупорка *ж.* choking

~ топливных каналов fuel channel choking

зал *м.* hall

лекционный ~ lecture hall

турбинный ~ turbine room

читальный ~ reading hall

залечивание *с. фтт* healing

~ дефектов healing of defects

~ пор pore healing

~ трещины crack healing

замедление *с.* 1. *(движения)* slowing-down, deceleration, negative acceleration 2. *(реакции)* inhibition, retardation, moderation

~ альфа-частицы alpha particle slowdown, alpha particle slowing-down

~ волн wave slowing-down

~ вращения *(звёзд)* revolution slowing-down

~ времени time dilation

~ до тепловой скорости thermalization

~ ионов slowing-down of ions

критическое ~ *нелин. опт.* critical slowing-down

лазерное ~ атомов laser deceleration of atoms

~ нейтронов moderation of neutrons; *(при энергиях менее 0,1-0,3 эВ)* neutron thermalization

непрерывное ~ continuous slowing-down

~ при торможении braking retardation; braking deceleration

~ пробной частицы particle slow(ing)-down

~ расширения *(Вселенной)* retardation of expansion

резкое ~ abrupt deceleration

релятивистское ~ времени relativistic time dilation

случайное ~ random slowing-down

~ с переходом через скорость звука deceleration through sonic speed

упругое ~ *(нейтронов)* elastic moderation

замедленн/ый *прил.* delayed; moderated; decelerated □ **~ого действия** delayed-action

недостаточно ~ undermoderated

слишком ~ overmoderated

замедлитель/ь *м.* **1.** *яф* moderator, decelerator; moderating material **2.** *фото* restrainer **3.** *(реакции)* inhibitor **4.** *(механизм)* retarder, delay mechanism □ **с ~ем** moderated; **с водным ~ем** water-moderated; **с графитовым ~ем** graphite-moderated

водородосодержащий ~ hydrogeneous moderator

водяной ~ water moderator

графитовый ~ graphite moderator

жидководородный ~ liquid hydrogen moderator

~ на обычной воде light-water moderator

~ на тяжёлой воде heavy-water moderator

~ нейтронов neutron moderator, moderator of neutrons

органический ~ organic moderator

топливосодержащий ~ fuel-carrying moderator

тяжеловодный ~ heavy water moderator

замедлитель-отражатель *м.* *(нейтронов)* reflector moderator

замедлитель-охладитель *м.* moderator coolant

замедлять *гл.* **1.** retard, slow down **2.** *(движение)* decelerate **3.** *(задерживать по времени)* delay **4.** *(реакцию)* inhibit, moderate, retard

~ нейтроны до тепловой скорости thermalize

замедляться *гл.* slow down, moderate

замедляющий *прил.* moderating, slowing-down

замена *ж.* substitution; replacement; change; replacing

автомодельная ~ **переменных** self-similar change of variables

калибровочная ~ *(переменных)* gauge change

каноническая ~ *(переменных)* canonical change

~ мишени *яф* target replacement

~ обозначений transcription

~ переменных *мат.* change [substitution] of variables

~ строк столбцами interchanging of rows and columns

~ топлива refuelling; fuel replacement

заменитель *м.* substitute

заменяемость *ж.* interchangeability, exchangeability, replaceability

заменяемый *прил.* interchangeable, replaceable, renewable

заменять *гл.* replace, substitute; change

замер *м.* measurement

замерзание *с.* freezing

~ электронного газа freezing of electron gas

заметно *нареч.* substantially, markedly, distinctly

~ выраженный distinct

замечани/е *с.* remark, observation, comment; note

предварительные ~я preliminary comments, preliminary remarks

замещать *гл.* substitute, replace

замещение *с.* *(напр. меди железом)* substitution, replacement

бимолекулярное ~ bimolecular replacement, bimolecular substitution

гомолитическое ~ homolytic substitution

~ дейтерием deuterium exchange

изовалентное ~ isovalent substitution

изоморфное ~ isomorphous replacement, isomorphous substitution

изотопное ~ isotopic substitution

молекулярное ~ molecular replacement, molecular substitution

мономолекулярное ~ monomolecular replacement, monomolecular substitution

нуклеофильное ~ nucleophilic substitution

прямое ~ direct substitution

пятикратное ~ pentasubstitution

химическое ~ chemical substitution

частичное ~ partial replacement

электрофильное ~ electrophilic substitution

замещённый *прил.* substituted, replaced

замирание *с.* *(радиосигнала)* fading

амплитудное ~ amplitude fading

быстрое ~ short-term [fast] fading

глубокое ~ fade-out; Delinger effect

~ звука sound fading

избирательное ~ selective fading

интерференционное ~ interference fading

медленное ~ long-term [slow] fading

многолучевое ~ multipath fading

неодновременное ~ nonsimultaneous fading

неселективное ~ nonselective fading

~, обусловленное эффектом Фарадея Faraday fading

одновременное ~ simultaneous [synchronous] fading

поляризационное ~ polarization fading

~ радиоволн fading of radio waves

фазовое ~ phase fading

частотно-избирательное ~ frequency-selective fading

замкнутость *ж.* *(напр. системы)* closure

замкнутый *прил.* closed

~ накоротко short-circuited

замораживание *с.* freezing

~ деформаций deformation freezing

~ орбитальных моментов orbital moment quenching

полное ~ *(орбитальных моментов)* complete quenching

~ спинов spin quenching

частичное ~ *(орбитальных моментов)* partial quenching

замораживать *гл.* freeze

замутнённость *ж.* haziness

замыкание *с.* **1.** *мат.* closure **2.** *эл.* short circuit

короткое ~ short circuit

~ магнитного потока flux closure

~ оборванных связей *(в кристалле)* broken bond closure

замыкающая *ж.* *(силового многоугольника)* closing force

занижать *гл.* underrate, underestimate

занижение *с.* *(оценок, характеристик)* underrating, understating, underestimation

занимать *гл. (напр. энергетический уровень)* occupy

заострение *с. (процесс)* sharpening, tapering; *(сужение к краю, конщу)* taper; *(острый конец)* point
~ **трещины** crack tip sharpness

запад *м.* West

запаздывание *с.* retardation, delay; *(отставание)* time lag
~ **во времени** time delay, time lag
~ **в процессе теплообмена** heat-exchange lag
временное ~ time delay, time lag
групповое ~ group delay
динамическое ~ dynamic lag
~ **звука** sound lag
~ **измерительного прибора** instrument lag
~ **отклика** delay of response
~ **по фазе** phase delay, phase lag
~ **распространения** propagation time lag
~ **реагирования** response lag
~ **текучести** *(металла)* yield delay
угловое ~ angular lag

запаздывать *гл. (об одном явлении по отношению к другому)* lag

запаздывающий *прил.* retarded, lagging, delayed

запаивание *с. (металла в стекле)* sealing; *(припоем)* soldering

запас *м.* reserve; margin □ **обладать ~ом энергии** possess a store of energy
~**ы ископаемого топлива** fossil fuel reserves
~ **мощности** power reserve
~ **надёжности** safety margin
~ **на потери** margin for loss
~ **подъёмной силы** lift margin
~ **помехоустойчивости** noise margin, interference margin
~ **по усилению** gain margin
~ **по фазе** phase margin
~ **прочности** factor of assurance, factor of ignorance, factor of safety, margin of safety, safety factor
~ **прочности по напряжению** stress safety factor
~ **прочности по предельной деформации** ultimate strain safety factor
~ **прочности по предельным нагрузкам** ultimate load safety factor
~ **реактивности** reactivity margin, reactivity excess
~ **реактивности на отравление** reactivity excess compensating the poisoning
~**ы руды** ore reserves
~**ы топлива** fuel stores
~**ы урана** uranium reserves
~**ы урановых руд** uranium ore reserves
~ **устойчивости** stability margin, stability factor
~ **энергии** energy content, store of energy, energy storage

запасной *прил.* reserve, stand-by, auxiliary, emergency, spare

запаянный *прил. (о стеклянных сосудах)* sealed

запирание *с.* **1.** *фвэ* confinement **2.** *эл.* blanking, blocking; choking
динамическое ~ dynamic confinement
~ **дислокаций** dislocation immobilization
~ **излучения** *(в плазме)* radiation imprisonment; radiation confinement
~ **ионов** ion blocking
~ **кварков** quark confinement
мешковое ~ bag confinement
~ **потока** flow choking
~ **приёмника** receiver blanking
~ **протонов** proton blocking
~ **пучка** beam suppression, beam blanking
~ **цвета** color confinement
~ **частиц** particle blocking
электрическое ~ electric confinement

записывать *гл.* **1.** *(звук, электрический сигнал)* record **2.** *(в журнал, в память ЭВМ)* enter; write

запись *ж.* **1.** *(процесс)* recording, writing **2.** *(результат)* record **3.** *(математических выражений)* notation
автоматическая ~ automatic recording
~ **акустических сигналов** sound recording
аналоговая ~ analog recording
безопорная ~ *опт.* reference-free recording
бистабильная ~ *(напр. в запоминающей ЭЛТ)* bistable writing
векторная ~ vector notation
~ **возбуждённой проводимостью** *(в ЭЛТ)* induced conductivity writing
~ **в операторной форме** operator notation
~ **в тензорной форме** tensor notation
высококачественная ~ high-fidelity recording
глубинная ~ *(звука)* hill and dale [depth] recording
~ **голограммы** *(процесс)* hologram recording
голографическая ~ holographic recording
~ **данных** data record(ing)
~ **звука** sound [acoustic] recording
звуковая ~ sound record
~ **информации** data recording
~ **лазерным лучом** laser writing
магнитная ~ magnetic recording
матричная ~ matrix notation
~ **мощности** power record
~ **на ленту** tape recording
~ **на плёнку** film recording
~ **нейтронной интенсивности** neutron intensity trace
непрерывная ~ continuous record
неравновесная ~ *(напр. в запоминающей ЭЛТ)* nonequilibrium writing
операторная ~ operator notation
оптическая ~ optical recording
оптическая ~ **информации** optical data storage, optical data recording
ошибочная ~ erroneous recording
параллельная ~ *(в отличие от монопольной)* concurrent write
перпендикулярная магнитная ~ perpendicular magnetic recording
~ **показаний приборов** record of readings

полутоновая ~ half-tone writing
поперечная ~ lateral [transverse] recording
продольная ~ longitudinal recording
прямая ~ direct recording
равновесная ~ *(напр. в запоминающей ЭЛТ)* equilibrium writing
реверсивная оптическая ~ erasable optical data recording
~ с высокой плотностью high-density recording
спинорная ~ spinor notation
стереофоническая ~ stereo recording
телеметрическая ~ telemetry recording
темновая ~ dark trace
термомагнитная ~ thermomagnetic recording
термопластическая ~ thermoplastic recording
точная ~ instrumentation recording
трёхкоординатная ~ three-coordinate recording
фотографическая ~ photographic recording
цифровая ~ digital recording
~ электронным лучом electron-beam recording, electron-beam writing
заполнение *с. кв. мех.* occupation; occupancy, population; *(объёма, сосуда)* filling
двойное ~ double occupation
~ зон *фтт* zone occupation, zone filling
~ ловушек *фпп* trap occupation
неравновесное ~ *(ловушки)* nonequilibrium filling
~ оболочки *яф* shell filling, shell closure
одночастичное ~ single-particle occupation
повторное ~ refilling
предпочтительное ~ *крист.* preferential occupation
~ состояний filling of states, occupancy of states
статистическое ~ statistical filling
термическое ~ *(уровней)* thermal filling
~ уровней level occupation, level filling
~ циклона filling of a depression
частичное ~ зоны partial band filling, partial band occupation
~ электронных оболочек *(атома)* electron shell filling
заполненность *ж. кв. мех.* occupancy; occupation, population
~ уровня *(энергии)* level population
~ энергетического уровня energy level population
заполненный *прил. (об уровне энергии)* occupied, populated
слабо ~ *(об энергетическом уровне)* underpopulated
заполнитель *м.* filler; aggregate
тяжёлый ~ heavy aggregate
запоминать *гл. (информацию)* store
запрет *м. (в физике)* forbidding; prohibition
~ диаграммы *ктп* diagram forbidding
~ Паули Pauli exclusion principle
~ симметрии symmetry selection rule
топологический ~ *(для полимеров)* topological forbidding

запрещённость *ж.* forbiddenness
~ перехода *кв. мех.* forbiddenness of a transition
~ распада *яф* decay forbiddenness
запрещённый *прил.* forbidden
~ слабо unfavoured
строго ~ highly forbidden
запрос *м.* inquiry, request; demand
запуск *м.* 1. *мех.* start(ing) 2. *эл.* triggering 3. *(космического аппарата)* launch(ing) □ ~ двух усилителей был синхронизован с точностью до 100 нс firing of the two amplifiers was synchronized to 100 ns
бетатронный ~ *уск.* betatron start
внешний ~ external triggering
~ импульсом pulse triggering
~ искровой камеры spark chamber triggering
~ лазера laser firing
~ реактора reactor start-up
~ реактора без приборов blind reactor start-up
~ реактора из холодного состояния cold reactor start-up
случайный ~ accidental triggering
~ ускорителя accelerator start-up
запускать *гл.* 1. actuate, start, drive, trigger 2. *(о ракете или космическом корабле)* launch, fire
~ вновь restart
запутанность *ж. (квантовых состояний)* entanglement
запутывание *с.* meshing; tangling
~ магнитных силовых линий tangling of magnetic field lines
запылённость *ж.* dust content, dustiness
запятая *ж.* comma; *мат.* point
двоичная ~ binary point
десятичная ~ decimal point
плавающая ~ floating point
фиксированная ~ fixed point
заражение *с. (см. тж. загрязнение)* contamination
~ местности ground contamination, area contamination
радиоактивное ~ radioactive contamination
заражённый *прил.* contaminated
зарница *ж.* summer lightning
зародыш *м. фтт* nucleus *(мн.* nuclei); nucleation center
активный ~ active nucleus
~ газового пузырька gas bubble nucleus
~ двойников *крист.* twin nucleus
двумерный ~ two-dimensional nucleus
докритический ~ subcritical nucleus
~ домена domain nucleus
кавитационный ~ cavitation nucleus
когерентный ~ coherent nucleus
~ кристалла nucleus of a crystal
~ кристаллизации nucleation center, nucleus
критический ~ *(при фазовом переходе)* critical nucleus
латентный ~ latent nucleus
некогерентный ~ incoherent nucleus
ориентированный ~ oriented nucleus

паразитный ~ spurious nucleus
~ перемагничивания magnetic reversal center
поверхностный ~ surface nucleus
~ полосы сброса *крист.* kink band nucleus
спонтанный ~ spontaneous nucleus
~ стабильной фазы stable phase nucleus
~ трещины crack nucleus
~ усталостной трещины fatigue nucleus
~ фазы phase nucleus
эпитаксиальный ~ epitaxial nucleus
зародышеобразование *с. фтт* nucleation
беспорядочное ~ random nucleation
гетерогенное ~ heterogeneous nucleation
гомогенное ~ homogeneous nucleation
динамическое ~ dynamic nucleation
капиллярное ~ capillary-model nucleation
когерентное ~ coherent nucleation
некогерентное ~ incoherent nucleation
поверхностное ~ surface nucleation
полукогерентное ~ semicoherent nucleation
спонтанное ~ spontaneous nucleation
управляемое ~ controlled nucleation
флуктуационное ~ *(при кипении)* fluctuation nucleation
эпитаксиальное ~ epitaxial nucleation
зарождаться *гл.* 1. *фтт* nucleate 2. *(о трещине)* be initiated
зарождение *с. фтт* nucleation; initiation
~ блоховских линий Bloch line nucleation
вторичное ~ secondary nucleation
гетерогенное ~ heterogeneous nucleation
гомогенное ~ homogeneous nucleation
двумерное ~ two-dimensional nucleation
~ дефектов упаковки fault nucleation
~ дислокаций dislocation generation, nucleation of dislocations
~ домена domain nucleation
~ доменной стенки domain wall nucleation
~ кристаллов crystal nucleation
~ микротрещин microcrack nucleation
множественное ~ multiple nucleation
~ на зарядах nucleation at charges
~ полос сброса *крист.* kink band nucleation
~ пор на границе зерна grain boundary nucleation
преимущественное ~ preferential nucleation
~ проводящей фазы conducting phase nucleation
самопроизвольное ~ spontaneous nucleation
спонтанное ~ spontaneous nucleation
термофлуктуационное ~ микротрещин thermofluctuation microcrack nucleation
~ трещины crack initiation; crack nucleation
~ ЦМД bubble nucleation
заря *ж.* sunrise colors
вечерняя ~ sunset colors, sunset glow
утренняя ~ sunrise colors
заряд *м.* charge
абелев ~ Abelian charge
адронный ~ hadronic charge
аксиальный ~ *ктп* axial charge
~ атома atomic charge

атомный ~ atomic charge
барионный ~ baryonic charge
безмассовый ~ massless charge
бесконечно тяжёлый ~ *ктп* infinitely heavy charge
~ бомбардирующей частицы bombarding particle [incident] charge
векторный ~ vector charge
~ взрывчатого вещества explosive charge
~ вихря *стат. физ.* vortex charge
внешний ~ external charge
гипермагнитный ~ hypermagnetic charge
голый ~ bare charge
гравитационный ~ gravitational charge
движущийся ~ moving charge
двойной ~ double charge
дробный ~ fractional charge
единичный ~ unit charge
затравочный ~ initial charge
захваченный ~ trapped charge
~ Земли Earth charge
зеркальный ~ image [fictitious] charge
избыточный ~ excess [surplus, extra] charge
изовекторный ~ isovector charge
изолированный ~ isolated charge
изоспиновый ~ isospin charge
имплантированный ~ implanted charge
инвариантный ~ *ктп* invariant charge
инверсионный ~ inversion charge
индуцированный ~ induced charge
~ иона ion charge
ионный ~ ionic charge
квантовый ~ quantal [quantized] charge
киральный ~ chiral charge
ковариантный ~ covariant charge
колеблющийся ~ vibrating charge
~ конденсатора capacitor charge
конечный ~ finite charge
критический ~ critical charge
кумулятивный ~ cumulative charge
лептонный ~ leptonic charge
линейный ~ linear charge
локализованный ~ localized [fixed] charge
локальный ~ local charge
магнитный ~ magnetic charge
мгновенный ~ momentary charge
мезонный ~ mesic [mesonic] charge
мюонный ~ muonic charge
наблюдаемый ~ *ктп* observable [physical] charge
наведённый ~ induced charge
~ на единицу длины charge per unit length
накопленный ~ stored [accumulated] charge
~ налетающей частицы incident [projectile] charge
ненулевой ~ nonzero charge
~ неосновных носителей minority carrier charge
неперенормированный ~ unrenormalized charge
неподвижный ~ immobile charge
нескомпенсированный ~ uncompensated charge
нетривиальный топологический ~ nontrivial topological charge

~ **нуклона** nucleon charge
нулевой ~ zero charge
обменный ~ exchange charge
обобщённый ~ generalized charge
объёмный ~ space [volume, bulk] charge
одноимённые ~ы like [similar] charges
~ **основных носителей** majority carrier charge
остаточный ~ residual charge
остаточный атомный ~ residual atomic charge
отрицательный ~ negative charge
первичный ~ primary charge
перенормированный ~ renormalized charge
поверхностный ~ surface charge
подвижный ~ mobile charge
покоящийся ~ rest charge
полный ~ total charge
положительный ~ positive charge
положительный пространственный ~ positive space charge
полуцелый ~ half-integral [half-integer] charge
пробный ~ test [probe] charge
пространственный ~ space charge
пьезоэлектрический ~ piezoelectric charge
разноименные ~ы opposite [unlike, unsimilar] charges
распределённый ~ distributed charge
результирующий ~ net charge
релятивистский ~ relativistic charge
свободный ~ free charge
связанный ~ bound [fixed] charge
скалярный ~ scalar charge
скомпенсированный ~ compensated charge
слабый ~ weak charge
собственный ~ self-charge
сосредоточенный ~ concentrated charge
спинорный ~ spinorial charge
средний ~ average charge
статический ~ static charge
сторонний ~ foreign charge
топологический ~ topological charge
точечный ~ point charge
удельный ~ specific charge
удельный ~ **электрона** specific electronic charge
ускоренный ~ accelerated charge
устойчивый ~ stable charge
фермионный ~ fermionic charge
физический ~ *ктп* physical charge, observable charge
фиктивный ~ fictituous charge
фундаментальный ~ fundamental charge
цветной ~ color charge
цветовой ~ color charge
цветовой эффективный ~ *кхд* effective color charge
целочисленный ~ integer charge
центральный ~ central charge
~ **частицы** particle charge
частично компенсированный ~ partially compensated charge

экранирующий ~ Debye charge
электрический ~ electric charge
~ **электрона** electron [elementary electronic] charge
электростатический ~ electrostatic charge
элементарный ~ elementary charge
элементарный электрический ~ elementary electric charge
эффективный ~ effective charge
~ **ядра** nuclear [nucleus] charge
зарядка *ж. (плёнки в камеру)* loading
зарядово-инвариантный *прил.* charge-invariant, charge-independent
зарядово-независимый *прил.* charge-independent, charge-invariant
зарядово-симметричный *прил.* charge-symmetric
зарядово-сопряжённый *прил.* charge-conjugate
заряжать *гл.* **1.** *эл.* charge **2.** *(кино- фотоплёнку)* load
заряженный *прил.* charged
одноименно ~ of like charge
~ **однократно** singly charged
~ **однородно** uniformly charged
~ **отрицательно** negatively charged
~ **положительно** positively charged
засасывание *с.* aspiration, suction
засасывать *гл.* inhaust, suck
засветка *ж.* illumination, exposure; *(светлое пятно на изображении)* flare (spot)
естественная ~ ambient light
~ **по краям** edge flare
последующая ~ **фотоэмульсии** post exposure
предварительная ~ **фотоэмульсии** previous exposure
фоновая ~ background light, background noise
~ **фотоматериала** film exposure, light mark
засев *м.* seeding
ионный ~ *(в электронно-лучевой трубке)* ion seeding
~ **плазмы** plasma seeding
заселение *с. кв. эл.* filling; population
~ **верхнего уровня** filling of upper level
избыточное ~ excess population
каскадное ~ *(уровней в лазере)* cascade filling
селективное ~ **уровней** selective filling of levels, selective level filling
ступенчатое ~ *(уровней в лазере)* step filling
термическое ~ thermal filling
~ **уровня** filling of the level
флуоресцентное ~ *(уровней)* fluorescent filling, fluorescent population
заселённость *ж. (см. тж.* **населённость***) кв. эл.* population; occupancy
избыточная ~ excess population
инверсная ~ inverse population
~ **конформации** *(молекул)* conformation population
неравновесная ~ nonequilibrium population
относительная ~ fractional population
~ **полос** band population

231

термически равновесная ~ thermal equilibrium population

~ уровня энергии energy level population

электронная ~ electron population

заслонка *ж.* shutter; baffler

волноводная ~ waveguide shutter

дроссельная ~ baffler, baffle plate

затемняющая ~ dark screening slide

~ кассеты light slide

свободно падающая ~ gravity operated shutter

заслуживать *гл.* deserve

~ внимания deserve attention; deserve consideration

~ рассмотрения deserve [merit] consideration

~ тщательного изучения deserve careful study

засорение *с. (отверстия)* blockage; *(пор фильтра)* bridging

заставлять *гл.* cause, force

~ вращаться force [set] into rotation

~ двигаться force [cause] to move, force into motion

~ колебаться force [set] into vibration

застойность *ж. (потока)* stagnation

застойный *прил.* stagnant

застревание *с.* sticking

~ молекулы *(на каком-либо энергетическом уровне)* sticking of molecule

затвердевание *с. (переход в твёрдое состояние)* solidification

~ Земли solidification of the Earth

~ металла *(залитого в изложницу)* solidification of a metal

~ эвтектического сплава eutectic change

затвердевать *гл.* solidify

затвор *м.* 1. *опт., фото* shutter 2. *фпп* gate 3. *эл.* gate, switch 4. *гидр.* lock, closure, valve 5. *(в ваккуумной технике)* seal □ взводить фотографический ~ cock [wind] a shutter; синхронизировать фотографический ~ с лампой-вспышкой synchronize a shutter for an electronic flash lamp; спускать фотографический ~ release a shutter

активный лазерный ~ active laser shutter, active Q switch

активный оптический ~ active laser shutter, active Q switch

акустооптический ~ acoustooptic switch

~ Бриджмена Bridgman closure

вакуумный ~ vacuum lock, vacuum seal

верхний ~ *фпп* top gate

вращающийся ~ *опт.* rotating shutter

гидравлический ~ hydraulic valve, water lock

двойной ~ dual gate

жидкостный ~ liquid seal

игольчатый ~ needle gate

изолированный ~ *фпп* insulated [sealed] gate

~ Керра electrooptical shutter, Kerr cell switch

кремниевый ~ silicon gate

лазерный ~ laser shutter; laser Q switch

лазерный ~ на ячейке Керра Kerr-cell Q switch

магнитооптический ~ magnetooptical shutter

маятниковый ~ pendulum shutter

межлинзовый ~ lens shutter

мерный игольчатый ~ needle measuring valve

металлический ~ *фпп* metal gate

механический ~ mechanical shutter

~ нейтронного пучка neutron shutter

нелинейно-оптический ~ nonlinear optical shutter, nonlinear optical gate

нижний ~ *фпп* substrate gate

оптический ~ optical [light] gate, optical switch, optical shutter

оптический ~ на ячейке Керра (optical) Kerr shutter, optical Kerr gate, Kerr cell switch

падающий фотографический ~ drop shutter

пассивный лазерный ~ passive laser shutter, passive laser [Q, optical] switch

пассивный оптический ~ passive shutter, passive optical [Q] switch

плавающий ~ floating gate

плазменный ~ *кв. эл.* plasma switch

пневматический ~ pressure lock

~ Поккельса Pockels switch, Pockels gate

полимерный ~ *кв. эл.* polymer switch

прожигаемый ~ *кв. эл.* burnable switch

профилированный ~ *кв. эл.* profiled switch

~ рентгеновской камеры X-ray shutter

ртутный ~ mercury cut-off, mercury seal

сверхскоростной ~ ultrafast shutter

~ с дистанционным приводом remote-operated shutter

синхронизированный ~ synchronized shutter

фокальный ~ focal-plane shutter

~ фотоаппарата camera shutter

фотографический ~ (camera) shutter

фототропный ~ phototropic shutter

фототропный твёрдотельно-жидкостный ~ solid-liquid phototropic shutter

центральный фотографический ~ central shutter

шаровой ~ ball lock

~ Шотки Shottky(-barrier) gate

шторный фотографический ~ curtain shutter

щелевой фотографический ~ slit [slot, split] shutter

электронно-оптический ~ *(в ЭОПе)* electronic shutter

электронный ~ electronic switch

электрооптический ~ electrooptical shutter, electrooptical [electrical] gate, Kerr-cell switch

электрооптический ~ на ячейке Керра Kerr-cell switch, Kerr-cell shutter

затемнение *с.* fade-out; shading; blanking

затенение *с.* shadowing, shading

аэродинамическое ~ aerodynamic shading; blanket

затенять *гл.* shade
затмение *с. астр.* eclipse
  ~ в системе двойных звёзд eclipse in double star system
  ионосферное ~ Солнца ionospheric solar eclipse
  кольцеобразное ~ annular eclipse
  корпускулярное ~ Солнца corpuscular solar eclipse
  лунное ~ lunar eclipse, eclipse of the Moon
  полное ~ total eclipse
  полное лунное ~ total eclipse of the Moon, total lunar eclipse
  полное солнечное ~ total solar eclipse
  полутеневое лунное ~ penumbral lunar eclipse
  рентгеновское ~ X-ray eclipse
  солнечное ~ solar eclipse, eclipse of the Sun
  ~ спутника планеты eclipse of planet satellite, eclipse of satellite of planet
  частное ~ partial eclipse
  частное лунное ~ partial eclipse of the Moon, partial lunar eclipse
затоплять *гл. (погружать в воду)* submerge
затормаживать *гл.* 1. *(останавливать)* bring to rest 2. *(замедлять движение)* slow down, retard 3. *(реакцию)* inhibit 4. *(трещину)* arrest
затравка *ж. крист.* seed; fuse
  двойниковая дендритная ~ twin dendrite seed
  монокристаллическая ~ single-crystal seed
  точечная ~ point seed
затравливание *с. крист.* inoculation, seeding
затраты *мн.* expenditure; consumption
  энергетические ~ expenditure of energy
  ~ энергии expenditure of energy
затруднения *мн.* difficulties, troubles, obstacles вызывать ~ involve difficulties, cause troubles; испытывать ~ meet with [run into] difficulties
затуманенность *ж.* haziness
затуманенный *прил.* 1. *(об атмосфере)* hazy 2. *(о стекле)* vapory
затуманивание *с.* fogging
  ~ камеры Вильсона fogging of cloud chamber
затупление *с. (трещины)* blunting; *аэрод.* dulling
  пластическое ~ plastic blunting
  ~ трещины crack blunting
затухание *с.* 1. *(колебаний)* damping 2. *(спадание, замирание)* decay 3. *(ослабление)* attenuation; loss □ имеющий отрицательное ~ negatively damped; имеющий положительное ~ positively damped; с большим ~м lossy; с критическим ~м critically damped; со сверхкритическим ~м overdamped; с отрицательным ~м negatively damped; с положительным ~м positively damped
  адиабатическое ~ *(колебаний)* adiabatic damping

  ~ альвеновской волны Alfven wave damping
  аномальное ~ *(в ЭЛТ)* abnormal decay
  апериодическое ~ aperiodic damping, overdamping
  асимптотическое ~ asymptotic damping
  бесстолкновительное ~ collisionless [Landau] damping
  блоховское ~ Bloch damping
  ~ быстрой магнитозвуковой волны fast magnetoacoustic wave damping
  ~ в атмосфере *(радиоволн)* atmospheric attenuation
  ~ в атмосферных осадках precipitation attenuation
  ~ в волноводе waveguide attenuation
  ~ в дальней зоне far-field attenuation
  ~ в децибелах decibel [dB] loss
  ~ в дожде rain [fall] attenuation
  ~ в ионосфере ionosphere attenuation
  ~ в метеорных следах meteor trail attenuation
  вносимое ~ insertion loss
  ~ в облаках *(радиоволн)* cloud attenuation
  ~ волн wave damping, attenuation of waves, wave attenuation
  ~ волн СВЧ microwave attenuation
  ~ в свободном пространстве free space attenuation
  ~ в снегопаде snowfall attenuation
  ~ в тумане mist attenuation
  вынужденное ~ forced damping
  вязкое ~ viscous [fluid] damping
  вязкостное ~ viscous [fluid] damping
  ~ гармоник decay of harmonics
  геометрическое ~ geometrical attenuation
  ~ гравитационных волн damping of gravity waves
  динамическое ~ *(в ЭЛТ)* dynamic decay
  диссипативное ~ экситона dissipative exciton damping
  ~ запаздывающих нейтронов delayed neutron damping
  ~ звука *(при распространении)* sound attenuation, sound damping; *(во времени)* decay of sound
  ~ излучения radiation damping
  интерференционное ~ interference fading
  ~ ионно-звуковой волны ion-acoustic wave damping
  квазиадиабатическое ~ quasi-adiabatic damping
  квазилинейное ~ Ландау quasi-linear Landau damping
  квантовое ~ Ландау quantum Landau damping
  ~ колебаний oscillation [vibration] damping, damping of oscillation
  ~ колебаний за счёт сухого трения dry friction vibration damping
  ~ колебаний за счёт трения frictional vibration damping
  ~ контура circuit loss
  критическое ~ critical damping
  ~ Ландау *(в плазме)* Landau [collisionless] damping

233

~ Ландау в магнитоактивной плазме Landau damping in magnetoactive plasma
~ Ландау на ионах ion Landau damping
~ Ландау на электронах electron Landau damping
~ ленгмюровской волны Langmuir wave damping
~ линии line attenuation
~ люминесценции luminescence decay
~ магнитозвуковой волны magnetoacoustic wave damping, magnetoacoustic attenuation
максимальное ~ peak attenuation
~ медленной магнитозвуковой волны slow magnetoacoustic wave damping
~ моды Бернштейна Bernstein mode damping
~ на единицу длины линии attenuation per unit length, attenuation factor, attenuation constant
~ над плоской земной поверхностью plane earth attenuation
~ над сферической земной поверхностью spherical earth attenuation
~ нейтронного потока neutron attenuation
нелинейное ~ Ландау nonlinear Landau damping
~ нижнегибридной волны lower-hybrid wave damping
обратное ~ Ландау inverse Landau damping
~ осцилляций функции распределения oscillation damping of distribution function
периодическое ~ periodic damping
~ плазменных волн plasma wave damping
~ потока частиц particle attenuation
~ прецессии precession damping
примесное ~ impurity attenuation
пространственное ~ волны wave spatial damping
радиационное ~ radiative [radiation] damping
~ радиоволн radio wave attenuation
релаксационное ~ relaxation attenuation
решёточное ~ lattice attenuation
~ свободной индукции (при ЯМР) free induction decay
~ свободной поляризации опт. free polarization decay
~ свободных колебаний free oscillation decay
~ сигнала signal attenuation
сильное ~ aperiodic [overcritical] damping, overdamping
~ скачка уплотнения shock-wave attenuation, shock-wave decay
слабое ~ underdamping, periodic damping
собственное ~ (волн) nonreflection [natural] attenuation; (колебаний) inherent vibration damping
статическое ~ (в ЭЛТ) static decay
столкновительное ~ (в плазме) collisional damping
~ ультразвука ultrasonic attenuation
~ фононов phonon attenuation
~ фосфоресценции phosphorescence decay
фрикционное ~ frictional damping

циклотронное ~ cyclotron damping
циклотронное ~ Ландау cyclotron Landau damping
~ циклотронной волны cyclotron wave damping
частичное ~ partial damping
черенковское ~ Cherenkov damping
численное ~ numerical damping
экспоненциальное ~ exponential decay, exponential damping
~ энергии energy attenuation
затухать гл. 1. (спадать) decay, die down 2. (ослабляться) attenuate
затухающий прил. damped; attenuated; decaying, dyind down
экспоненциально ~ exponentially damped
затягивание с. pulling
~ частоты (генератора) frequency pulling
~ частоты магнетрона frequency pulling of magnetron
затягивать гл. мех. tighten
захват м. 1. (заряженных частиц) trapping, capture 2. (воды, пыли и т.п.) entrapment 3. (механизм) grip, catch, pickup
~ автогенератора случайным сигналом locking of a self-oscillator by a random signal
~ адатомов adatom capture
адиабатический ~ adiabatic capture
~ антинуклона нуклоном antinucleon-nucleon capture
атомный ~ atomic capture
безызлучательный ~ nonradiative capture
бесполезный ~ nonproductive capture
бесстолкновительный ~ в локальные магнитные пробки collisionless trapping in the local magnetic mirrors
бетатронный ~ частиц betatron acceptance of particles, betatron capture of particles
~ бором (нейтронов) boron capture
~ быстрого нейтрона fast neutron capture
~ в выделенное состояние state-selective capture
~ в ловушку trapping
~ в надтепловой области epithermal capture
высокочастотный ~ частиц radio-frequency capture of particles
гетерогенный ~ (примеси) heterogeneous trapping
глубокий ~ фпп deep trapping
гомогенный ~ (примеси) homogeneous trapping
гравитационный ~ gravitational capture
двойной ~ электронов быстрыми ядрами double electron capture by fast nuclei
двухэлектронный ~ в автоионизационную конфигурацию two-electron capture into autoionizing configuration
двухэлектронный ~ в медленном ион-атомном столкновении two-electron capture in slow ion-atom collision
~ для испытания на растяжение tension grip

~ домена domain trapping
~ дырки hole capture, hole trapping
~ замедлителем *(нейтронов)* moderator capture
замковый ~ *мех.* locking grip
~ заряда *(напр. дефектами)* charge capture
~ заряженных частиц acceptance of charged particles, capture of charged particles
~ звезды star capture
~ иона на устойчивую орбиту ion capture in phase-stable orbit
~ ионов ion pickup
~ испытательной машины gripping device
коллективный ~ collective capture
~ К-электрона K-electron capture
~ магнитного домена magnetic domain trapping
~ манипулятора manipulator finger, tongs, (hand) grip, gripping device
мгновенный ~ immediate capture
~ медленных нейтронов slow neutron capture
~ мезона meson capture
многократный ~ нейтронов multiple neutron capture
многонуклонный ~ multinucleon capture
надтепловой ~ epithermal capture
~ на лету capture in flight
~ нейтронов neutron capture
~ нейтронов без деления nonfission neutron capture
~ нейтронов осколками деления neutron losses to fission products, neutron capture by fission products
~ нейтронов с делением fission neutron capture
нелинейный ~ в потенциальную яму nonlinear locking in potential well
непродуктивный ~ nonproductive capture
непроизводительный ~ nonproductive capture
неравновесный ~ nonequilibrium trapping
~ носителей *(в полупроводниках)* carrier trapping
объёмный ~ *(вид каналирования частиц в кристалле)* three-dimensional trapping
оптический ~ *(атомов или ионов)* optical trapping
~ орбитального электрона orbital electron capture, E-capture
~ отрицательных мезонов negative meson capture
пальцевой ~ *(манипулятора)* finger-action tool
паразитный ~ *(нейтронов)* parasitic capture
парциальный ~ *(электрона)* state-selective [partial] capture
патронный ~ *(манипулятора)* socket tool
~ поверхностной ловушкой interface trapping
~ плазмы plasma trapping
полный ~ *(электрона)* total capture
последовательный ~ нейтронов successive neutron capture
~ потока *сверхпр.* flux trapping

~ примеси *фпп* impurity capture, impurity trapping
прямой ~ direct capture
радиационный ~ radiative capture
радиационный ~ быстрых нейтронов radiative capture of fast neutrons
радиационный ~ медленных нейтронов radiative capture of slow neutrons
радиационный ~ протонов radiative capture of protons
резонансный ~ resonance capture
резонансный ~ электрона в ридберговское состояние resonant electron capture to Rydberg state
самоустанавливающийся ~ *мех.* self-adjusting grip
сверхразрешённый ~ superallowed capture
~ с делением fission capture
селективный ~ электрона state-selective electron capture
сильный резонансный ~ high resonance capture
~, стимулированный полем field-enhanced trapping
тепловой ~ thermal capture
~ тепловых нейтронов thermal neutron capture
~ тока *сверхпр.* current trapping
~ топливом *(нейтронов)* fuel capture
фотомагнитный ~ photomagnetic capture
~ ЦМД bubble trapping
~ частиц capture of particles
~ электрона electron capture, electron trapping
~ электрона в лазерном поле electron capture in the presence of laser field
~ электрона в ридберговское состояние electron capture to Rydberg state
~ электрона при асимметричном столкновении electron capture in an asymmetric collision
~ электрона протоном electron capture on proton, capture of electron by a proton
~ электрона ядром capture of electron by a nucleus
электронный ~ electron capture
ядерный ~ nuclear capture
~ ядром nuclear capture
захватывание *с. (частоты)* frequency locking
субгармоническое ~ частоты subharmonic frequency locking
ультрагармоническое ~ частоты ultraharmonic frequency locking
~ частоты frequency locking
захватывать *гл.* 1. *(частицы)* capture; trap 2. *мех.* grip
захваченный *прил.* captured; (en)trapped; gripped
захлёбывание *с.* flooding
~ ректификационной колонны flooding of a column
захлопывание *с. (пузырьков в жидкости)* collapse
~ кавитационных полостей cavitation bubble collapse

~ **пузырька** bubble collapse
заход *м. астр.* **1.** setting **2.** *(на посадку)* approach
　гелиакический ~ *(звезды)* heliacal setting
　~ **Луны** moonset
　~ **Солнца** sunset
захоронение *с. яф* burial, disposal
　подземное ~ underground disposal
　~ **радиоактивных отходов** burial of radioactive waste
зацепление *с.* locking, hooking; link
　~ **дислокации** anchoring of dislocation, locking of dislocation
зашкаливание *с.* off-scale reading
зашлаковывание *с.* slagging
　~ **реактора** reactor slagging, reactor poisoning
зашумлённость *ж.* noise pollution, noisiness
защемление *с. (топливного элемента)* sticking
защита *ж.* **1.** protection (system); guard **2.** *(от излучения)* shield(ing), screening □ ~ от ... protection against ...
　аварийная ~ emergency protection [scram, safety] system
　аварийная ~ **с механическим приводом** power-driven scram system
　антикоррозионная ~ corrosion protection
　бетонная ~ concrete shielding
　биологическая ~ *яф* biological shielding
　боковая ~ side shielding
　верхняя ~ top shielding
　внутренняя ~ inboard shielding
　водяная ~ water shielding
　вторичная ~ secondary shielding
　естественная ~ natural shielding
　~ **запоминающего устройства** memory protection
　~ **зрения** eye protection
　~ **кода** code protection
　наружная ~ outboard shielding
　нейтронная ~ neutron shielding
　~ **от аэродинамического нагрева** aerodynamic heating protection
　~ **от взрыва** blast [explosion] protection
　~ **от воздействия окружающей среды** environmental protection
　~ **от гамма-излучения** gamma shielding
　~ **от излучений** radiation protection, radiation shielding, protection against ionizing radiation
　~ **от коррозии** corrosion [rust] protection
　~ **от нейтронов** neutron shielding
　~ **от облучения** radiation protection, radiation shielding
　~ **от ошибок** error protection
　~ **от перегрузки** overload protection
　~ **от перенапряжений** overvoltage protection
　~ **от профессионального облучения** occupational radiation protection
　~ **от прямого облучения** direct exposure shielding
　~ **от радиоактивности** radioactivity protection
　~ **от рентгеновского излучения** protection against X rays

~ **от ядерных излучений** nuclear shielding
~ **памяти** *(ЭВМ)* memory protection
первичная ~ primary shielding
~ **персонала** personnel protection
подвижная ~ mobile shielding
подводная ~ underwater shielding
радиационная ~ radiation shielding, radiation protection
радиационно-химическая ~ radiation-chemical protection
радиологическая ~ radiological protection
распределённая ~ divided shielding
~ **реактора** reactor protection, reactor shielding
~ **секретных сведений** protection of data privacy
теневая ~ shadow shielding
тепловая ~ thermal shielding, thermal protection
частичная ~ partial shielding
защитный *прил.* protective, protecting; shielding
защищать *гл.* protect, quard; proof; *(от излучения)* shield, screen
защищённый *прил.* protected, guarded; shielded; proof
заэвтектический *прил. фтт* hypereutectic
заэвтектоидный *прил. фтт* hypereutectoid
заявка *ж.* application
~ **на грант** grant application
~ **на изобретение** invention application
~ **на патент** patent application
заявление *с.* application; statement
звание *с.* rank; title
учёное ~ academic rank
звезда *ж.* **1.** *астр., яф* star **2.** *(элемент архитектуры оптоэлектронных схем)* star coupler
азимутальная ~ azimuth star
азотная ~ nitrogen star
звёзды азотной последовательности stars of nitrogen sequence; WN
антинейтронная ~ antineutron star
звёзды асимптотической ветви stars of asymptotic branch
астрометрические двойные звёзды astrometric binaries
бариевая ~ barium star
барионная ~ baryon star
белая ~ *(класса A)* white star
ближайшие звёзды nearest stars
бывшая новая ~ ex-nova, post-nova, post-nova star
быстровращающиеся звёзды rapidly rotating stars
быстродвижущиеся звёзды high-velocity stars
~ **вектора** star of vector
взрывающиеся переменные звёзды explosive variables, explosive variable stars
взрывные звёзды exploding stars
визуально двойная ~ visual binary (star), visual double star
внегалактическая новая ~ extragalactic nova (star)

внегалактическая сверхновая ~ extragalactic supernova (star)
возбуждающая *(свечение туманностей)* ~ exciting star
~ волнового вектора star of wave vector
звёзды Вольфа - Райе Wolf-Rayet stars, WR
вращающаяся ~ rotating star
вращающаяся переменная ~ rotational variable (star)
вспыхивающая ~ flare star
звёзды второго поколения stars of second generation
«~» в фотоэмульсии *яф* emulsion star
~, вызванная захватом частицы capture star
~, вызванная фотовзаимодействием photostar
вырождённая ~ *(белый карлик)* degenerate star
галактическая новая ~ galactic nova (star)
галактическая переменная ~ galactic variable (star)
гелиевая ~ helium star
геодезические звёзды geodetic stars
главная ~ *(в двойной звезде)* primary component; *(опорная)* fundamental [reference, clock] star
~ главной последовательности main-sequence star
голубая ~ *(спектрального класса O)* blue star
голубовато-белая ~ *(класса B)* bluish-white star
горячая ~ hot star
горячая нейтронная ~ hot neutron star
двойная ~ double star, binary (star)
двойная затменная ~ eclipsing binary (star)
двойные рентгеновские звёзды binary X-ray stars
двухлучевая ~ two-pronged star
долгопериодические переменные звёзды long-period variables
жёлтая ~ *(класса G)* yellow star
желтовато-белая ~ *(класса F)* yellowish-white star
~, заподозренная в переменности suspected variable (star)
затменная переменная ~ eclipsing binary [variable] (star)
затменные двойные звёзды eclipsing binaries, eclipsing binary stars
инфракрасные звёзды infrared [IR] stars
искусственная ~ artificial star
карликовая ~ dwarf (star)
катаклизмические двойные звёзды cataclysmic binaries
катаклизмические переменные звёзды cataclysmic variables, cataclysmic variable stars
«коконовая» ~ cocoon star
компактные звёзды collapsed stars
контактная двойная ~ contact binary (star)

короткопериодическая переменная ~ short-period variable (star)
коррелированные звёзды correlated stars
красная ~ red star
красноватая ~ *(спектрального класса M)* reddish star
кратная ~ multiple star
лифшицевская ~ *фтт* Lifshitz star
магнитная ~ magnetic star
магнитная переменная ~ magnetic variable (star)
малометалличная ~ metal-poor star
материнская ~ parent star
металлическая ~ metallic-line star
металличная ~ metal-rich star
многолучевая ~ multiprong star молодая ~ young star
навигационные звёзды navigational stars
нейтронная ~ neutron star
нелифшицевская ~ *фтт* non-Lifshitz star
необычная ~ peculiar star
неподвижные звёзды fixed stars
неправильные переменные звёзды irregular [nonperiodic] variables, irregular variable stars
нестационарные звёзды nonstable stars
новая ~ nova (star)
новая ~ до вспышки pre-nova (star)
новоподобная переменная ~ nova-like variable (star)
нормальные звёзды normal stars
~, образованная космической частицей cosmic-ray star
~, образованная мезоном meson-produced star
~, образованная протоном proton-produced star
~, образованная частицей проникающего ливня hard-shower star
одиночная ~ single star
опорная ~ reference [fundamental, clock] star
оптическая двойная ~ optical double star
оранжевая ~ *(класса K)* orange star
падающая ~ shooting star
пекулярная ~ peculiar star
звёзды первого поколения stars of first generation
переменная ~ variable star
переменная ~ типа Алголя Algol star
периодическая переменная ~ periodic variable (star)
плотные вырожденные звёзды dense degenerate stars
повторная новая ~ reccurent nova (star)
звёзды поздних спектральных типов late-type stars
полуправильные переменные звёзды semi-regular [half-regular] variables, semi-regular variable stars
~ поля field [background] star
полярная ~ pole star

звёзды пониженной светимости subluminous stars

правильные переменные звёзды periodic variable stars

~ пробоя *(в твёрдом теле под действием мощного лазерного пучка)* damage star

пульсирующие звёзды pulsating stars

пульсирующие переменные звёзды pulsating variables, pulsating variable stars

звёзды ранних спектральных классов early-type stars

звёзды ранних спектральных типов early-type stars

распавшаяся ~ disrupted star

~ расщепления disintegration star

резонансная ~ resonant star

реликтовая нейтронная ~ relict neutron star

рентгеновские звёзды X-ray stars

звёзды с высокими скоростями high-velosity stars

~ с низким содержанием водорода hydrogen-poor star

~ с низким содержанием углерода carbon-poor star

~ с оболочкой shell star

сверхновая ~ supernova (star)

сверхновая ~ 1 типа first kind supernova (star)

сверхновая ~ 2 типа second kind supernova (star)

сверхплотная ~ superdense (star)

симбиотическая ~ symbiotic star

~ скопления member of the cluster, cluster member, cluster star

слабая ~ *(по яркости)* faint star

спектрально-двойная ~ spectrum binary (star), spectroscopic binary (star)

спектрально-переменная ~ spectrum variable, spectrum variable star, spectral variable, spectral variable star

~ сравнения comparison star

стандартная ~ standard star

стационарная вращающаяся ~ stationary rotating star

суперметаллическая ~ supermetallic star

звёзды с эмиссионными линиями emission-line stars

тёмная ~ dark star

тесная двойная ~ close binary (star)

звёзды типа альфы2 Гончих Псов alpha2 CVn stars

звёзды типа беты Большого Пса beta Canis Majoris [beta Cma] stars

звёзды типа беты Лиры beta Lir(ae) stars

звёзды типа беты Цефея beta Cep(hei) stars

звёзды типа дельты Цефея Delta Cep(hei) stars

звёзды типа дельты Щита Delta Scu(ti) stars

звёзды типа Миры Кита Mira (Ceti type) stars

звёзды типа Солнца solar-type stars

звёзды типа тау Тельца T Tau stars

звёзды типа R Северной Короны R CrB stars

звёзды типа RR Лиры RR Lyrae [cluster-type variable] stars

звёзды типа RV Тельца RV Tau(ri) stars

звёзды типа RW Возничего RW Auz stars

звёзды типа U Близнецов U Gem stars

звёзды типа UV Кита UV Cet stars

звёзды типа W Большой Медведицы W Ursae Majoris [W Uma] stars

звёзды типа Z Жирафа Z Cam stars

тройная ~ triple star

углеродная ~ carbon star

звёзды углеродной последовательности stars of carbon sequence

физическая двойная ~ physical double star, true binary (star)

физическая переменная ~ intrinsically variable (star), physical variable (star)

звёзды фона background stars

фотометрическая двойная ~ photometric binary star

фундаментальные звёзды fundamental stars

химически пекулярная ~ chemically peculiar star

холодная ~ cool star

центральная ~ *(в двойной звезде)* primary component; *(в планетарной туманности)* central star

циклические переменные звёзды cyclic variable stars

часовая ~ clock [fundamental, reference] star

звёзды шаровых скоплений globular cluster stars

широкая двойная ~ wide double star

широтные звёзды latitude stars

эмиссионные звёзды Хербига Herbig emission stars

эруптивные звёзды eruptive stars

эруптивные переменные звёзды eruptive variable (stars)

ядерная ~ nuclear star

яркая ~ bright star

звезда-гигант *ж.* giant star

звезда-карлик *м.* dwarf star

звезда-сверхгигант *м.* supergiant star

звёздный *прил.* stellar; astral

звёздообразный *прил.* starlike, star-shaped

звёздообразование *с.* star formation, formation of stars

звёздочка *ж. (обозначение в тексте)* asterisk

звёзды-«бегуны» *мн.* high-velocity stars

звёзды-компаньоны *мн.* companion stars

звенеть *гл.* ring, clang

звено *с.* 1. *эл.* section, link; unit 2. *мех.* link, member

легкоплавкое ~ fusible link

слабое ~ *сверхпр.* weak link

~ фильтра filter section

~ цепи chain link

«зверушки» *мн. (случайно разветвлённые макромолекулы)* lattice animals «звон» *м. (переходный процесс в виде затухающих колебаний)* ringing

звук *м.* sound □ воспроизводить ~ reproduce sound; заглушать ~ dampen sound; записывать ~ record sound; издавать ~ emit sound; синхронизовать ~ и изображение *(в кино)* synchronize sound and light

апериодический ~ aperiodic sound
бинауральный ~ binaural [stereo(phonic)] sound
~ в кристалле crystal sound
~ в сверхтекучем гелии sound in superfluid helium
второй ~ *фтт* second sound
второй поверхностный ~ *фтт* second surface sound
~ в трубах sound in pipes
высокий ~ high-pitched sound
высокочастотный ~ HF sound
высокочастотный второй ~ HF second sound
гидродинамический ~ hydrodynamic sound
гидродинамический второй ~ hydrodynamic second sound
гласный ~ vowel sound
глухой ~ dull sound
громкий ~ loud sound
гулкий ~ boomy sound
диффузный ~ diffuse [random] sound
жужжащий ~ buzz sound
ионный ~ *(в плазме)* ion sound
квадрофонический ~ quadrophonic sound
маскируемый ~ masked sound
маскирующий ~ masking sound
монофонический ~ mono(phonic) sound
музыкальный ~ musical sound
неизотермический ~ nonisothermal sound
непрерывный ~ continouos [steady, sustained] tone
неслышимый ~ unheared sound
несобственный ~ *фтт* nonproper sound
нетональный ~ unpitched sound
нулевой ~ *(в гелии II)* zero sound
низкий ~ low-pitched sound
низкочастотный ~ LF sound
оглушающий ~ deafening sound
отражённый ~ reflected [indirect] sound
падающий ~ incident sound
первый ~ *(в сверхтекучем гелии)* first sound
переданный ~ transmitted sound
поверхностный второй ~ surface second sound
подводный ~ underwater sound
полностью диффузный ~ completely diffuse sound
поперечный ~ transverse sound
поперечный нулевой ~ transverse zero sound
продольный ~ longitudinal sound
продольный нулевой ~ longitudinal zero sound
пронзительный ~ shrilly sound
проникающий ~ entrant sound

пятый ~ *(в сверхтекучем гелии)* fifth sound
распространяющийся ~ propagating sound
~, распространяющийся в воде waterborne sound
~, распространяющийся в воздухе airborne sound
рассеянный ~ diffuse sound
реверберирующий ~ reverberant sound
резкий ~ shrilly sound
слабый ~ faint sound
сложный ~ complex sound
слышимый ~ audible sound
стационарный ~ steady-state sound
стереофонический ~ binaural [stereo(phonic)] sound
тихий ~ low sound
третий ~ *(в сверхтекучей жидкости)* third sound
ударный ~ impact sound
частотно-модулированный ~ FM sound
четвёртый ~ *(в сверхтекучей жидкости)* fourth sound
шипящий ~ hiss(ing sound)
звукоанализатор *м.* sound analyzer
звуковидение *с. (визуализация звука)* acousto-optical imaging; acoustic imaging
голографическое ~ sonic holography
линзовое ~ lens acousto-optical imaging
локационное ~ acoustic radar imaging
подводное ~ sonar imaging
звуков/ой *прил.* 1. acoustic, audio, sound 2. *(о скорости)* sonic □ имеющий ~ую скорость sonic
звуковоспроизведение *с.* acoustic [sound, audio] reproduction
звуковоспроизводящий *прил.* sound-reproducing
звукозапись *ж.* 1. *(процесс)* sound recording 2. *(результат)* sound record, phonogram
магнитная ~ magnetic sound recording
оптическая ~ optical sound recording
синхронная ~ synchronous sound recording
звукоизлучатель *м.* acoustical radiator, sound projector, acoustic generator
звукоизолирующий *прил.* sound-insulating, soundproof
звукоизоляция *ж.* sound-proofing, acoustic [sound] insulation
звуколокатор *м.* acoustic radar, *англ.* asdic; *амер.* sonar, audio locator
звуколокация *ж.* acoustic radar
звуколюминесценция *ж.* sonoluminescence
звукометрический *прил.* sound-ranging
звукометрия *ж.* 1. *(измерение характеристик звука)* sound measurement 2. *(измерение расстояний)* sound ranging
звуконепроницаемость *ж.* acoustic opacity, sound proofness
звуконепроницаемый *прил.* sound-proof
звуконоситель *м.* sound recording medium, sound recording material, sound (record) carrier

звукоотражатель *м.* sound reflector

звукоотражение *с.* sound [acoustical] reflection

звукоощущение *с.* sound sensation, sound perception

звукопеленгатор *м.* sound direction finder

звукопеленгация *ж.* sound locating, sound direction finding

звукопередатчик *м.* sound transmitter

звукопередача *ж.* sound [speech] transmission

звукопоглотитель *м.* **1.** *(устройство)* acoustic [sound] absorber, sound damper, silencer **2.** *(материал, облицовка)* sound-absorbing lagging, sound absorber [acoustic] material, sound-absorbent

звукопоглощающий *прил.* sound-absorbing, sound-proof

звукопоглощение *с.* acoustical [sound] absorption, muffling, quieting

звукопреломление *с.* acoustic refraction, sound refraction

звукоприёмник *м.* sound detector; sound receiver; *(гидроакустический)* hydrophone

звукопровод *м.* acoustic line, acoustic [sound] duct, acoustic transmission line

диэлектрический ~ dielectric acoustic line

пьезоэлектрический ~ piezoelectric acoustic line

звукопроводимость *ж.* acoustic [sound] conduction

удельная ~ acoustic [sound] conductivity

звукопроводящий *прил.* sound-conducting, sound-transmitting

звукопроницаемость *ж.* sound permeability, acoustic permeability

звукорадиобуй *м.* *(гидроакустика)* sonoradio buoy, radio sonobuoy

звукорассеиватель *м.* sound diffuser

звукорассеивающий *прил.* sound-scattering

звукосниматель *м.* (phonograph) pickup; adapter

ёмкостный ~ capacitor pickup

лазерный ~ laser pickup

магнитный ~ magnetic [dynamic] pickup

оптический ~ optical [light beam] pickup

полупроводниковый ~ semiconductor pickup

пьезоэлектрический ~ crystal [piezo-electric] pickup

фотоэлектрический ~ photoelectric pickup

электронный ~ electronic pickup

звукотень *ж.* sound shadow

звукотехника *ж.* audio [acoustic] engineering

звукоулавливатель *м.* sound detector; *(поглотитель)* sound absorption trap

звукоусиление *с.* sound amplification

звучание *с.* sounding

звучать *гл.* sound

звучащий *прил.* sounding

звучность *ж.* sonority, sonorousness, richness of sound

звучный *прил.* sonorous, loud

здание *с.* building

~ реактора reactor building

зебра-структура *ж.* *астр.* zebra pattern

зеемановский *прил.* Zeeman

зелёный *прил.* green

землетрясение *с.* earthquake

вулканическое ~ volcanic earthquake

зарегистрированное ~ recorded earthquake

искусственное ~ artificial earthquake

катастрофическое ~ catastrophic earthquake

локальное ~ local earthquake

подводное ~ seaquake

разрушительное ~ damaging [destructive] earthquake

сильное ~ large [major] earthquake

скрытое вулканическое ~ cryptovolcanic earthquake

слабое ~ small [minor] earthquake

тектоническое ~ tectonic earthquake

техногенное ~ technogeneous earthquake

умеренное ~ moderate earthquake

Земля *ж.* *(планета)* Earth

земл/я *ж.* **1.** *лат.* terra **2.** *(в электронике)* ground, earth

плоская ~ *(при распространении радиоволн)* plane Earth

редкие ~и rare earths

стандартная ~ standard Earth

сферическая ~ *(при распространении радиоволн)* spherical Earth

твёрдая ~ solid Earth

земной *прил.* terrestrial

зенит *м.* zenith

зенитный *прил.* zenithal

зенит-телескоп *м.* zenith telescope

зеркало *с.* **1.** *опт.* mirror; speculum **2.** *радиофиз.* reflector; dish □ **алюминировать ~** aluminize mirror; **~ вращается со скоростью 800 оборотов в секунду** the mirror is rotating 800 times per second; **полировать ~** polish mirror; **юстировать ~** adjust mirror

автоколлиматорное ~ autocollimating mirror

адаптивное ~ adaptive [active] mirror

активное ~ active [adaptive] mirror

акустическое ~ acoustic [sound] mirror

анизотропное ~ anisotropic mirror

антенное ~ antenna [aerial] reflector

асферическое ~ aspherical mirror

бериллиевое ~ beryllium mirror

беспараллаксное ~ parallax-free mirror

вибрирующее ~ vibrating mirror

внутреннее диэлектрическое ~ internal dielectric mirror

вогнутое ~ concave mirror

вогнутое сферическое ~ concave spherical mirror

~ вод water table, water surface

возвращающее ~ retrodirective mirror

волноводное ~ waveguide mirror

вращающееся ~ rotating [rotary] mirror

вспомогательное ~ auxiliary [secondary] mirror

вторичное ~ *(телескопа)* secondary [auxiliary] mirror

~, входящее в сечение светового пучка incoming mirror

выпуклое ~ convex mirror

выходное ~ *(в лазере)* exit mirror

~, выходящее из сечения светового пучка outgoing mirror

~ гальванометра galvanometric mirror

гибкое ~ flexible mirror

гибридное ~ hybrid mirror

гигрометрическое ~ dew-sensing mirror

гиперболическое ~ hyperbolic mirror, hyperbolic reflector

гиперзвуковое обращающее ~ hypersonic reversing [phase-conjugate] mirror

главное ~ *(телескопа)* primary [principal, main] mirror

глухое ~ *(резонатора)* totally reflecting [nontransmitting] mirror

горячее ~ *(отражающее ИК-излучение)* hot mirror

движущееся ~ moving mirror

двойное ~ double mirror

двугранное ~ flat-roof mirror

двулучепреломляющее ~ birefringent mirror

двумерное ~ two-dimensional mirror

деформируемое ~ deformable mirror

диагональное ~ diagonal mirror

дисперсионное ~ dispersive [frequency-sensitive] mirror

дихроичное ~ dichroic [color-selective] mirror

диэлектрическое ~ dielectric mirror

~ для подсветки *(в микроскопе)* illuminating mirror

жидкое ~ liquid mirror

зонированное ~ zoned mirror

зонное ~ zonal mirror

идеальное ~ perfect mirror

интерференционное ~ interference mirror; cold-light mirror

ионное ~ ion mirror

~ испарения evaporation surface

кассегреновское ~ Cassegrain mirror

квадратное ~ square mirror

клиновидное ~ wedge-shaped mirror

коллиматорное ~ collimating [collimator] mirror

коническое ~ *ак.* cone mirror

конфокальное ~ confocal mirror

~ косого падения oblique incidence mirror

круглое ~ circle mirror

~ Куде Coude mirror

лазерное ~ laser mirror

~ Ллойда Lloyd mirror

магнитное ~ magnetic mirror

~ Манжена Mangin mirror

мембранное ~ *(в адаптивной оптике)* membrane mirror

металлизированное ~ metal-coated [metallized] mirror

металлическое ~ metal mirror

~ микроскопа illuminating mirror

многослойное ~ sandwich [multilayer, multistack] mirror

многослойное рентгеновское ~ multilayer X-ray mirror

многоэлементное ~ multielement mirror

мозаичное ~ mosaic mirror

монолитное пьезоэлектрическое ~ monolithic piezoelectric mirror

намагниченное ферромагнитное ~ *(для поляризации нейтронов)* magnetized ferromagnetic mirror

~ наружного покрытия front-surface mirror

недисперсионное ~ nondispersive mirror

нейтронное ~ neutron-reflecting mirror

нелинейное ~ nonlinear mirror

непрерывно деформируемое ~ continuously deformable mirror

несферическое ~ aspherical mirror

~ обратной связи feedback mirror

обращающее ~ *(зеркало, обращающее волновой фронт)* phase-conjugate [PC, wavefront reversing, WFR] mirror

~ объёмного резонатора cavity mirror

ОВФ ~ wavefront reversing [WFR, phase-conjugate, PC] mirror

одномерное ~ one-dimensional mirror

оптическое ~ optical mirror

осветительное ~ illuminating mirror

осесимметричное ~ axisymmetrical mirror

параболическое ~ parabolic mirror, parabolic reflector, parabolic dish

параболоидное ~ paraboloidal mirror, paraboloidal reflector

параметрическое нелинейное ~ parametric nonlinear mirror

плоское ~ plane [flat] mirror, plane reflector, flat dish

поворотное ~ deflecting [sweep] mirror

поворотное ~ на двух осях birotational mirror

подвижное ~ moving mirror

~ полного отражения total reflection [totally reflecting] mirror

полностью отражающее ~ total reflection [totally reflecting] mirror

полупосеребрённое ~ half-silvered mirror

полупрозрачное ~ semireflecting [semitransparent, partial, beam-splitting] mirror, half-mirror

поляризационно-чувствительное ~ polarization-sensitive reflector

поршневое ~ piston mirror

посеребрённое ~ silvered mirror

противопараллаксное ~ anti-parallax [parallax-free] mirror

прямоугольное ~ rectangular mirror

пьезоэлектрическое ~ piezoelectric mirror

разрезное ~ split mirror, split reflector

расщепляющее ~ beam-splitting mirror

~ резонатора cavity [resonator] mirror

рентгеновское ~ X-ray mirror

решёточное ~ grating [grid] reflector

саморазвёртывающееся ~ self-erecting reflector

светоделительное ~ beam-splitting mirror

~ с диэлектрическим покрытием dielectric-coated mirror

сегментированное ~ segmented mirror

селективное ~ selective mirror

~ с задним отражающим покрытием back-coated mirror

~ с изменяемым коэффициентом отражения variable-reflectivity mirror

~ с изменяемым наклоном tilting mirror

ситалловое ~ glass ceramic mirror

~ скользящего падения grazing mirror

~ с многократным отражением multiple reflection mirror

~ с многослойным покрытием multilayer coating mirror

смотровое ~ viewing [surveillance] mirror

~ с наружной металлизацией front-surface mirror

~ с наружным отражающим покрытием surface-coated mirror

собирающее ~ collecting mirror

стеклянное ~ glass mirror

сферическое ~ spherical mirror

сферическое ~ скользящего падения spherical grazing mirror

тепловое обращающее ~ thermal reversing [phase-conjugate] mirror

тороидальное ~ скользящего падения toroidal grazing mirror

торцевое ~ (полупроводникового лазера) end mirror face

трансаксиальное электронное ~ transaxial electron mirror

тусклое ~ dull mirror

~ тыльного покрытия back-surface mirror

угломестное ~ elevation reflector

~ Френеля Fresnel [double] mirror, bimirror

~ Фуко Foucault [rotating sector] mirror

холодное ~ (пропускающее ИК-излучение) cold mirror

цветоизбирающее ~ color-selective [dichroic] mirror

цилиндрическое ~ cylindrical reflector

цилиндрическое ~ скользящего падения cylindrical grazing mirror

частично-отражающее ~ partially reflecting mirror

четырёхволновое ~ four-wave mirror

четырёхволновое обращающее ~ four-wave reversing [four-wave phase-conjugate] mirror

~ шлирен-системы Schlieren mirror

электронное ~ electron(-optical) mirror

электронно-оптическое ~ electron(-optical) mirror

электростатическое ~ electrostatic mirror

эллиптическое ~ elliptic mirror, elliptic reflector

эллиптическое ~ скользящего падения elliptic grazing mirror

зеркало-объектив с. objective mirror

зеркало-отражатель с. mirror-reflector

зеркало-прожектор с. mirror searchlight

зеркальноотражённый прил. specularly-reflected, mirror-reflected

зеркальный прил. опт. mirror, specular

зернистость ж. (изображения) granularity, graininess

грубая ~ (текстуры) coarse granularity

~ почернения granularity of blackening

~ эмульсии фото graininess of emulsion, granularity of photographic emulsion

зернистый прил. grained, granular

зерн/о с. grain, granule; crystallite

абразивное ~ abrasive grain

аустенитное ~ физ. мет. austenitic grain

кристаллическое ~ crystal grain

крупное ~ coarse grain

мелкое ~ fine grain

отожжённое ~ equial grain

~ почернения blackened grain

проявленное ~ developed grain

равноосные ~a equiaxed grains

соседние ~a adjacent grains

удлинённое ~ elongated grain

фотографическое ~ photographic grain

~ фотоэмульсии emulsion grain

хромосферное ~ chromospheric grain

яркое ~ полутени bright penumbral grain

зета-пинч м. физ. пл. Z [zeta] pinch

зиверт м. (единица СИ эквивалентной дозы излучения) Sv

зино с. кхд zino

змеевик м. coil (pipe)

охлаждающий ~ cooling coil

знак м. 1. мат. sign; sense 2. (символ) symbol; character 3. (метка) mark □ равный по величине и противоположный по ~у equal in magnitude but opposite in sign; с обратным ~ом with the opposite sign, opposite in sign to …; с точностью до третьего десятичного ~a accurate to [with a precision of] the third decimal digit

астрономический ~ astronomical sign, astronomical symbol

~ вычитания minus (sign)

~ деления division sign, division mark

десятичный ~ decimal digit

~ зодиака zodiacal sign, zodiac symbol

кодовый ~ code sign

~ корня radical (sign), root sign

~ кривизны sense of curvature

~ кривизны магнитного поля sense of magnetic field curvature

математический ~ mathematical sign

обратный ~ reversed [opposite] sign

опознавательный ~ identification mark, identification sign

отрицательный ~ minus (sign)

положительный ~ plus, positive sign

противоположный ~ opposite [reversed] sign

~ равенства sign of equality

световой ~ light sign
~ сложения plus (sign), summation sign
~ совмещения (в микроэлектронике) alignment mark
товарный ~ trade mark
~ умножения multiplication sign
условный ~ arbitrary [conventional] symbol, conventional sign
химический ~ chemical symbol
знакопеременный прил. sign-changing, alternating
знаменател/ь м. denominator   приводить к общему ~ю reduce to a common denominator
диагонализированный ~ diagonalized denominator
общий ~ common denominator
резонансный ~ resonant denominator
~ Ридберга Rydberg denominator
энергетический ~ energy denominator
знания мн. knowledge
значени/е с. 1. физ., мат. value 2. (важность) importance, significance □ иметь ~ для ... be important for ...; иметь практическое ~ be of practical importance, be of practical use, have practical significance; иметь решающее ~ be of decisive importance; не иметь ~я be of no importance, be of no significance; принимать ~ take a value; присваивать ~ assign a value; это ~ отличается от лучших современных измерений this value differs from the best measurements today
абсолютное ~ absolute value, magnitude
абсолютное ~ вязкости (давления, скорости и т. п.) absolute viscosity (pressure, velocity, etc.)
амплитудное ~ peak [crest] value
амплитудное ~ звукового давления peak sound pressure
амплитудное ~ тока (напряжения и т.п.) peak current (voltage, etc.)
асимптотическое ~ asymptotic value
большое ~ large value
вакуумное ~ vacuum value
верхнее ~ отдачи колодца yield of a well, discharge of a well, output of a well
виртуальное ~ virtual value
~ в узловой точке (сетки) node-point value
вырожденное собственное ~ degenerated eigenvalue
выходное ~ output value
вычисленное ~ computed [calculated] value
главное ~ principal value
главное ~ интеграла principal integral value
главное ~ показателя преломления principal refractive index
главное собственное ~ fundamental eigenvalue
глобальное ~ global value
граничное ~ boundary value
действительное ~ real value
действительное собственное ~ real eigenvalue

действующее ~ effective value
~ диафрагмы фото diaphragm setting
дискретное ~ discrete value
~ добротности Q value
допускаемое ~ assumed value
допустимое ~ allowed [permitted] value
единственное ~ unique value
заданное ~ (аргумента) given [preset, prescribed] value
запрещённое ~ forbidden [prohibited] value
интерполированное ~ interpolated value
исправленное ~ corrected value
истинное ~ мат. ideal value; (в логике) truth value
комплексное ~ complex value
комплексное собственное ~ complex eigenvalue
конечное ~ finite value
~ контраста деталей изображения detail contrast ratio
критическое ~ critical value
критическое ~ раскрытия трещины critical COD
локальное ~ local value
локальное узловое ~ local nodal value
максимальное ~ maximum [peak] value
максимальное ~ силы удара maximum force of blow
малое ~ small value
мгновенное ~ instantaneous value
мгновенное ~ ускорения (фазы, энергии и т. п.) instantaneous acceleration (phase, energy, etc.)
мнимое ~ imaginary value
~ мощности power value, power level
надёжное ~ reliable value
наиболее вероятное ~ most probable value
наивероятнейшее ~ стат. modal value
наименьшее собственное ~ least eigenvalue
начальное ~ initial [starting] value
невозмущённое ~ quiescent [nonperturbed] value
ненулевое ~ nonzero value
неправдоподобно большое ~ improbably large value
номинальное ~ rated [nominal] value
нормированное ~ normalized value
нулевое ~ zero value
обобщённое собственное ~ generalized eigenvalue
объёмное ~ bulk value
ожидаемое ~ expectation [expected] value
окончательное ~ final value
ориентировочное ~ rough value
основное ~ basic value
паспортное ~ (параметра прибора) certified value
пиковое ~ звукового давления peak sound pressure
полуцелое ~ semi-integral value
поправленное ~ corrected value
пороговое ~ treshold value
предварительное ~ tentative [preliminary] value

предельное ~ limiting value
предсказанное ~ predicted value
приближённое ~ approximate value
приближённое собственное ~ approximate eigenvalue
принятое ~ assumed [adopted] value
пробное ~ trial value
произвольное ~ arbitrary value
пространственное ~ spacial value
равновесное ~ equilibrium value
разрешённое ~ allowed [permitted] value
результирующее ~ resultant value
случайное ~ random value
собственное ~ eigenvalue
собственное ~ гамильтониана Hamiltonian eigenvalue
собственное ~ заряда charge eigenvalue
собственное ~ изоспина isospin eigenvalue
собственное ~ импульса momentum eigenvalue
собственное ~ матрицы eigenvalue of matrix, matrix eigenvalue
собственное ~ момента moment eigenvalue
собственное ~ оператора operator eigenvalue
собственное ~ спина spin eigenvalue
собственное ~ энергии energy eigenvalue
средневзвешенное ~ weighted mean value
среднее ~ average [mean] value, mean
среднее арифметическое ~ arithmetic mean (value)
среднее ~ безразмерного акустического импеданса average acoustic impedance ratio
среднее гармоническое ~ harmonic mean (value)
среднее геометрическое ~ geometrical mean (value)
среднее ~ мощности флуктуации mean fluctuation power
среднее ~ наблюдаемой expectation value of an observable
среднеквадратичное ~ root-mean-square [rms, effective] value
стационарное ~ stationary [steady-state] value
табличное ~ tabular [tabulated] value
текущее ~ current value
теоретическое ~ theoretical [calculated] value
типичное ~ typical value
точное собственное ~ exact eigenvalue
требуемое ~ desired value
удвоенное амплитудное ~ peak-to-peak value
узловое ~ функции nodal function value
указанное ~ indicated value
усреднённое ~ averaged value
установившееся ~ stationary [steady-state] value
уточнённое ~ improved value
характеристическое ~ characteristic value
характерное ~ representative value
целочисленное ~ integral value
частное ~ particular [special] value
численное ~ numerical value
экспериментальное ~ observed [experimental] value

экстраполированное ~ extrapolated value
экстремальное ~ extreme value
эмпирическое ~ empirical value
эффективное ~ effective value
~ яркости brightness value
k-кратно вырожденное собственное ~ k-fold degenerate eigenvalue
значимость *ж. стат.* significance
статистическая ~ statistical significance
значительный *прил.* significant
зодиак *м.* zodiac
зола *ж.* ash
радиоактивная ~ radioactive ash
золото *с.* gold, Au
золотой *прил.* gold(en)
золочёный *прил.* gold-plated, gilded
золь *м.* sol
лиофильный ~ lyophilic sol
лиофобный ~ lyophobic sol
твёрдый ~ solid sol
зольность *ж.* ash content
зон/а *ж.* zone; region; band; area □ на дне ~ы проводимости at the bottom of a conduction band; нижняя ~ полностью заполнена *фтт* lower band is filled
авроральная ~ auroral zone
~ аврорального поглощения auroral absorption zone
~ активации activation area
активная ~ active zone; *(ядерного реактора)* core, fuel [fissile, nuclear, reactor] core
активная ~ без отражателя bare core
активная ~ реактора reactor core
активная ~ с высокой плотностью нейтронного потока higher-flux core
активная ~ с замедлителем moderated core
активная ~ с малой плотностью нейтронного потока lower-flux core
активная ~ типа решётки active lattice-type core
~ акустической тени acoustic [sound] shadow
~ аномальной слышимости zone of anomalous audibility
~ баланса материалов *яф* material balance area
ближняя ~ *(в распределении поля)* near-field region, near-field zone
ближняя волновая ~ near wave zone
более высокая ~ *(энергетическая)* higher energy band
~ Бриллюэна Brillouin zone
~ Брэгга Bragg zone
буферная ~ buffer area
валентная ~ valence band
~ вблизи вершины трещины crack tip region
~ в вершине трещины crack tip zone
верхняя ~ *фтт* upper band
~ взаимодействия interaction zone
~ видимости visibility range, visibility zone
вихревая ~ eddy zone
внешняя ~ воспроизводства *яф* outer blanket
внеэкваториальная ~ extra-equatorial zone

внутренняя ~ воспроизводства *яф* inner blanket

водная гомогенная активная ~ aqueous homogeneous core

~ возбуждения excitation band

волновая ~ wave [Fresnel] zone

~ воспламенения ignition zone

~ воспроизводства *(ядерного реактора)* (breeding) blanket, blanket region

~ воспроизводства реактора-размножителя breeder blanket

воспроизводящая ~ (breeding) blanket, blanket region

~ восстановления reduction zone

вторая ~ устойчивости *(в токамаке)* second stability zone

~ выведенных пучков *(ускорителя)* beam area (of an accelerator)

вырожденная ~ *фтт* degenerate band

вырожденная валентная ~ degenerate valence band

вырожденная ~ проводимости degenerate conduction band

~ высокого давления high-pressure zone

~ высокой радиоактивности hot [high activity] area

~ высокой температуры high-temperature zone

гексагональная ~ Бриллюэна hexagonal Brillouin zone

~ генерации клистрона resonator gap

гигантская ~ H II *астр.* giant H II region

~ Гинье - Престона Guinier-Preston zone

гипоакустическая ~ hypoacoustic zone

«голая» активная ~ bare core

~ гомогенного сдвига homogeneous shear zone

~ горения combustion zone

горячая ~ hot zone

~ градиента температуры temperature-gradient zone

~ группирования *(частиц)* bunching section

дальняя ~ *(в распределении поля)* far-field region, far-field [radiation, Fraunhofer] zone

дальняя волновая ~ far wave zone

двукратно вырожденная ~ doubly degenerate zone

двумерная ~ Бриллюэна two-dimensional Brillouin zone

двухходовая активная ~ two-pass core

~ дезактивации decontamination area

~ действия coverage, range

деформационная ~ deformation zone

деформированная ~ strained zone

~ дивергенции zone of divergence

~ дисперсии zone of dispersion

~ дифракции diffraction region

~ дифракции Френеля Fresnel diffraction region

диффузионная ~ diffused zone

диффузная ~ H II *астр.* diffuse H II region

дырочная ~ hole band

загруженная активная ~ loaded core

~ загрузки charging area

~ замедления *(ядерного реактора)* slowing-down area

запальная ~ *(ядерного реактора)* seed region (of nuclear reactor)

заполненная ~ *фпп* filled [occupied] band

запретная ~ prohibited zone

запрещённая ~ *(энергетическая)* forbidden band, forbidden zone; *(реактора)* exclusion area

~ засветки illuminated zone

застойная ~ dead [stagnation] region, dead zone

застойная ~ в воздушном потоке dead air region, sluggish [stagnant] air

застойная ~ за телом stagnant wake

~ затвердевания solidification range

затенённая ~ shadow zone

~ захвата *фтт* capture zone

~ избирательного видения selective visibility range, selective visibility zone

~ индукции induction zone

~ интерференции interference area, interference zone

~′интерференционного затухания close-range fading zone

~ ионизации *(в звезде)* ionization zone

~ ионизованного водорода *астр.* ionized hydrogen [H II] region

~ испарения evaporation zone

~ источника source zone

кавитационная ~ cavitation zone

квазизапрещённая ~ *(в жидкости)* quasi-forbidden band

~ кипения boiling section

компактная ~ H II *астр.* compact H II region

конвективная ~ convective zone, convective layer

~ конвергенции convergence zone

~ контакта contact zone; contact region; contact area

краевая ~ *(напр. на изображении)* border [frontier, marginal] zone

~ кристаллизации crystallization zone

лабильная ~ labile region

~ лавинного пробоя avalanche zone

~ лёгких дырок light-hole band

~ локальной кристаллизации local crystallization zone

~ малой конвергенции minor convergence zone

~ мезонных пучков *(ускорителя)* meson area

мёртвая ~ *радиофиз., ак.* dead zone, dead space, zone of silence, blind spot; *(в потоке)* dead zone, stagnation region

мёртвая ~ на киноформе dead part of the kinoform

метеорная ~ meteor zone

~ минимума полярных сияний minimum auroral belt

~ молчания *(отсутствия приёма)* blind zone, skip area, zone of silence; *ак.* zone of silence, sound shadow, skip distance

~ **нагрева** heating area
неактивная ~ **реактора** passive reactor zone
невырожденная ~ nondegenerate zone
незаполненная ~ *фпп* empty band
необлучаемая ~ radiation-free zone
~ **неполной мощности** sub-power region, sub-power range
нерадиактивная ~ cold area
~ **нерезонансного взаимодействия** nonresonant interaction zone
~ **неуверенного приёма** *радиофиз.* fringe area
~ **неустойчивости** instability zone
~ **нечувствительности** *яф* neutral zone; *(прибора)* dead [inert] zone, dead space
нижняя ~ lower band
~ **низкого давления** low-pressure zone
~ **низкой температуры** low-temperature zone
~ **нулевого сигнала** zero signal zone
~ **обзора** *(радиотелескопа)* coverage (of radio telescope); *(антенны)* scanned area
~ **облучения** (ir)radiation zone
объёмная ~ *фтт* bulk band
объёмная ~ **Бриллюэна** bulk Brillouin zone
односвязная ~ simply connected zone
~ **опасности** danger space, danger zone
~ **освещённости** illuminated zone
~ **осмотра** inspection area
основная ~ **проводимости** main conduction band
~ **отталкивания** repulsion zone
параболическая ~ parabolic band
парамагнитная ~ **Бриллюэна** paramagnetic Brillouin zone
первая ~ **Бриллюэна** first Brillouin zone
первая ~ **молчания** *ак., радиофиз.* primary skip zone
первая объёмная ~ **Бриллюэна** first bulk Brillouin zone
первая поверхностная ~ **Бриллюэна** first surface Brillouin zone
первая ~ **Френеля** first Fresnel zone
перекрывающиеся ~**ы** *фтт* overlapping bands
~ **перемешивания** convective zone
пересекающиеся ~**ы** *фтт* intersecting [crossing] bands
переходная ~ transition [conversion] zone, transition region
~ **плавления** melting zone
пластическая ~ plastic zone
плоская ~ *фтт* flat band
поверхностная ~ *фтт* surface zone, surface band
поверхностная резонансная ~ surface resonance band
~ **повышенной радиации** high-radiation area
пограничная ~ border [frontier, marginal] zone
подповерхностная ~ subsurface zone
полностью заполненная ~ fill(ed) band
~ **полутени** semi-shadow zone
~ **полярных сияний** auroral zone

~ **помех** interference zone
~ **поперечного сдвига** shear zone
приведённая ~ *фтт* reduced band, reduced zone
~ **приёма** *радиофиз.* reception area; zone of action
~ **прилива** tidal zone
примесная ~ impurity band
примесная энергетическая ~ impurity energy band
~ **притяжения** attraction zone
~ **проводимости** *фпп* conduction [conductivity, carrier] band
прожекторная ~ near-field zone
промежуточная ~ intermediate zone
~ **протонных пучков (ускорителя)** proton area (of an accelerator)
протяжённая ~ extended zone, extended region
~ **прямой видимости** line-of-sight range
прямоточная активная ~ straight-through [one-pass] core
прямоугольная ~ rectangular band
~ **пятен** *(на Солнце)* sunspot zone
равносигнальная ~ *радиофиз.* equisignal zone
равнофазная ~ equiphase zone
радиальная ~ **воспроизводства** radial blanket
~ **радиоактивного заражения** contaminated area
разбавленная активная ~ diluted core
~ **размытости** blurring zone
разрешённая ~ allowed [permitted] band
разрешённая энергетическая ~ allowed [permitted] energy band
~ **расплава** *фпп* molten region, molten zone
расплавленная ~ *фтт* molten region, molten zone
~ **распределения пучков (ускорителя)** beam switch area (of an accelerator)
~ **растворения** dissolution zone
~ **расхождения** zone of divergence
расширенная ~ *фтт* expanded band, expanded zone
~ **реактора** reactor zone
реакционная ~ reaction zone
~ **резонансного взаимодействия** resonant interaction zone
релаксационная ~ relaxation zone
реликтовая ~ **H II** *астр.* relict H II zone
~ **роста** *крист.* growth region
свободная ~ *фпп* empty band
связанные активные ~**ы** coupled reactor cores
связанные поверхностные ~**ы** bound surface bands
~ **сегрегации** zone of segregation
сейсмическая ~ seismic zone
~ **сжатия** compression zone
~ **слияния** confluence zone
~ **слышимости** *ак.* audible region, aural range, audibility zone

~ смешения струи mixing range
составная ~ *(энергетическая)* composite band
~ с промежуточной валентностью intermediate valence band
сумеречная ~ twilight zone
суспензионная ~ воспроизводства slurry blanket
~ сходимости zone of convergence
твёрдая активная ~ solid core
~ тени shadow zone
торцовая ~ воспроизводства axial blanket
~ транспортировки пучков (ускорителя) beam transport area (of an accelerator)
~ трения friction zone
~ турбулентности turbulence zone
~ тяжёлых дырок *фпп* heavy-hole band
угловая ~ нечувствительности angular backlash
узкая ~ *фтт* narrow band
узкая запрещённая ~ *фтт* narrow forbidden band
~ укрытия shelter area
урановая ~ воспроизводства blanket of uranium
~ усталости fatigue zone
~ устойчивости stability zone
~ Фраунгофера Fraunhofer [far-field] zone; Fraunhofer [far-field] region
~ фраунгоферовской дифракции Fraunhofer zone, Fraunhofer region
~ френелевской дифракции Fresnel zone; Fresnel region
~ Френеля Fresnel [wave] zone, Fresnel region
холодная ~ cold area, cold zone
центральная ~ central zone
частично заполненная ~ partially filled [partially occupied] band
четырёхкратно вырожденная ~ fourfold degenerate zone
«чистая» активная ~ clean core
широкая ~ *фтт* broad band
экваториальная ~ equatorial zone
экситонная ~ exciton band
электронная ~ electron band
электронная энергетическая ~ electron energy band
~ электронной проводимости electronic-conduction band
энергетическая ~ energy band
~ Н II *(ионизованного водорода) астр.* Н II region
~ Н II низкой плотности *астр.* low-density Н II region
зональность *ж.* zonality, zonation, zoning
зональный *прил.* zonal
зонд *м.* 1. probe; sound, sonde 2. *(зондирующее устройство)* sounder □ вводить ~ в плазму introduce [enter] the probe into plasma; ~ вносит возмущение в плазму the probe produces disturbance in plasma; изолировать ~ от плазмы разряда isolate the probe from discharge plasma; калибровать ~ в однородном магнитном поле calibrate a probe in homogeneous magnetic field; согласовывать ~ match the probe

акустический ~ acoustic [sound] probe; probe microphone; *(для локации)* (acoustic) sounder, acoustic echo sounder
атомный ~ atom probe
атомный времяпролётный ~ atom time-of-flight probe
атомный изображающий ~ atomic imaging probe
атомный магнитный ~ atomic magnetic probe
атомный ~ с лазерной подсветкой atom probe with laser illumination
атомный узкоапертурный ~ atomic narrow-aperture probe
атомный широкоугольный ~ atom wide-angle probe
высокочастотный ~ radio frequency probe
гальваномагнитный ~ galvanomagnetic probe
горячий ~ hot [heated] probe
двойной ~ double probe
двойной плавающий ~ double floating probe
двойной электрический ~ *физ. пл.* double electric probe
дисковый ~ disc probe
дифференциальный ~ differential probe
ёмкостный ~ capacitor probe
звуковой ~ sound [acoustic] probe
~ измерительной линии (СВЧ) slotted line probe
измерительный ~ measuring probe
индуктивный ~ inductive probe
ионный ~ ion probe
ионосферный ~ ionosphere sonde, ionosphere sounder
калиброванный ~ calibrated probe
космический ~ space probe
~ Ленгмюра Langmuir probe
ленгмюровский ~ Langmuir probe
магнитный ~ magnetic probe
магнитострикционный акустический ~ magnetostrictive probe microphone
метеорологический ~ meteorological probe, meteorological sounder
~ Мирнова *физ. пл.* Mirnov coil
многосеточный ~ multigrid probe
настраиваемый ~ adjustable probe
одиночный ~ single probe
плоский ~ plane probe
подвижный ~ movable probe
приёмный ~ pickup probe
проволочный ~ wire probe
протонный ~ proton probe
радиолокационный ~ radar probe
радиометрический ~ radiometer probe
резонансный ~ resonant probe
сеточный ~ grid probe
симметричный двойной ~ symmetrical double probe
сферический ~ spherical probe
термоэлектрический ~ thermoelectric [thermocouple] probe
~ тлеющего разряда glow discharge probe
токовый ~ current probe
тройной ~ triple probe

ультразвуковой ~ ultrasonic probe
цилиндрический ~ cylindrical probe
четырёхточечный ~ four-point probe
чувствительный ~ sensitive probe
экранированный ~ shielded probe
электрический ~ electric probe
электронно-лучевой ~ electron beam probe
электронный ~ electron probe
электростатический ~ electrostatic probe
зондаж *м.* sounding, probing
зондировани/е *с.* sounding, probing; sensing □
   данные дистанционного ~я remotely sensed data
   активное ~ active sensing
   акустическое ~ acoustic [echo] sounding
   ~ атмосферной турбулентности atmospheric turbulence probing
   ~ атмосферы atmospheric [air] sounding
   аэрологическое ~ aerological sounding
   аэростатное ~ balloon sounding
   вертикальное ~ *(ионосферы)* vertical(-incidence) sounding; *(глубинное)* vertical depth probing
   вертикальное импульсное ~ ионосферы vertical impulse ionospheric sounding
   вертикальное ~ на переменной частоте vertical-incidence sweep frequency sounding
   ~ верхней атмосферы upper atmosphere probing, upper-atmosphere sounding
   возвратно-наклонное ~ *(ионосферы)* oblique(-incidence) back scatter sounding
   геомагнитное глубинное ~ geomagnetic depth sounding
   геофизическое ~ geophysical probing
   глубинное ~ deep [depth] sounding
   глубинное сейсмическое ~ seismic deep sounding
   глубинное электрическое ~ deep electric sounding
   дистанционное ~ remote sensing, remote probing
   доплеровское ~ *сзф* Doppler sounding
   звуковое ~ acoustic [echo] sounding
   индукционное ~ inductive sounding
   ~ ионосферы ionospheric sounding
   лазерное ~ laser sounding, laser probing
   магнитотеллурическое ~ *геофиз.* magnetotelluric sounding
   многочастотное ~ multifrequency sounding, multifrequency probing
   наклонное ~ *(ионосферы)* oblique(-incidence) sounding
   наклонное импульсное ~ ионосферы oblique impulse ionospheric sounding
   ~ океана ocean sounding
   оптическое дистанционное ~ optical remote sensing
   пассивное ~ passive sensing
   ~ плазмы plasma sounding, plasma probing
   радиолокационное ~ radar probing, radar sensing
   ракетное ~ rocket sounding

СВЧ ~ плазмы microwave plasma sounding, microwave plasma probing
   сейсмическое ~ seismic sounding
   спутниковое ~ satellite sounding
   ультразвуковое ~ ultrasonic [echo] sounding
   хордовое ~ *(плазмы)* chord sounding, chord probing
   электрическое ~ electric sounding
   электромагнитное ~ electromagnetic probing, electromagnetic sounding
   ~ ядра нуклонами nucleon sounding of nucleus
   ~ ядра пионами pion sounding of nucleus
зондировать *гл.* sound, probe
зондирующий *прил.* probing
зонирование *с.* zoning
   ~ антенны antenna zoning
   ~ линзы lens zoning
зонированный *прил.* zoned
зоннар *м. (тип объектива)* Sonnar lens
зонный *прил.* band, zonal
зонтообразный *прил.* umbrella-shaped
зоркость *ж.* keen vision
зрачок *м.* pupil
   входной ~ *опт.* entrance pupil
   выходной ~ *опт.* exit pupil
   ~ оптической системы pupil of the optical system
зрение *с.* vision; (eye)sight
   активное ~ active vision
   аттентивное ~ attentive vision
   бесцветное ~ colorless vision
   бинокулярное ~ binocular vision
   двухцветное ~ dichromatic vision
   дневное ~ photopic [daylight] vision
   машинное ~ computer vision
   монокулярное ~ monocular vision
   нормальное ~ normal vision, emmetropia
   ночное ~ scotopic vision
   периферийное ~ peripheral vision
   периферическое ~ peripheral vision
   поисковое ~ exploratory vision
   преаттентивное ~ preattentive vision
   пространственное ~ stereoscopic vision
   прямое ~ direct viewing
   стереоскопическое ~ stereoscopic vision, stereovision
   сумеречное ~ mesopic [twilight] vision
   цветное ~ color vision
   цветовое ~ color vision
зрительный *прил.* visual, optical
ЗУ *с. (запоминающее устройство)* memory; storage
зуб *м.* tooth; claw
   ~ текучести sharp yield point
зубец *м. (вилки камертона)* prong
зубчатость *ж. (контура изображения)* staircase effect; stepped appearence
зубчатый *прил. (об изломе)* hackly
зуммер *м. (устройство)* buzzer, hummer, howler, ticker
зыбь *ж. геофиз.* surge; ripple
   мёртвая ~ swell

И

игла *ж.* needle; *ак.* stylus
  алмазная ~ diamond stylus, diamond needle
  визирная ~ *опт.* sighting pin
  воспроизводящая ~ *ак.* reproducing stylus
  гравировальная ~ etching needle
  звукозаписывающая ~ *ак.* recording stylus
  радиевая ~ radium needle
  радиоактивная ~ radioactive needle
  сапфировая ~ sapphire stylus, sapphire needle
игнитрон *м.* ignitron
игнорировать *гл.* ignore, disregard, neglect
игольчатый *прил.* acicular, spicular; needlelike
игра *ж.* 1. *(люфт)* play 2. *мат.* game
идеал *м. мат.* ideal
идеализация *ж.* idealization
идеализированный *прил.* idealized
идеальный *прил.* perfect, ideal
идентификатор *м. фэч* identifier
  ~ **вторичных адронов** identifier of secondary hadrons
  мюонный ~ muonic identifier
  ~ **частиц** particle identifier
идентификация *ж.* identification
  ~ **материалов по электронограмме** identification of materials from electron diffraction pattern
  ~ **мод** identification of modes
  неверная ~ untenable identification
  неоднозначная ~ ambiguous identification
  однозначная ~ unique identification
  ~ **переходов** *кв. эл.* transition identification
  ~ **по спину** spin identification
  ~ **события** event identification
  ~ **состояний** *кв. эл.* state identification
  ~ **уровня** *фтт* level identification
  ~ **частиц** particle identification
  ~ **элементов** (chemical) element identification
идентифицировать *гл.* *(напр. частицу)* identify
идентифицируемый *прил.* identifiable
идентичность *ж.* identity
идентичный *прил.* identical
идеограмма *ж. стат.* ideogram
иде/я *ж.* idea ▫ эти ~и недостаточно хорошо разработаны these ideas are not well developed
идиоморфизм *м. крист.* idiomorphism
идиостатический *прил.* idiostatic
идиохроматический *прил.* idiochromatic
идти *гл.* go
  ~ **на убыль** decrease
  ~ **обычным путём** follow the normal way
иерархия *ж.* hierarchy
  ~ **взаимодействий** interaction hierarchy
  ~ **волн** wave hierarchy
  ~ **времён жизни** lifetime hierarchy
  ~ **времён релаксации** relaxation time hierarchy
  калибровочная ~ gauge hierarchy
  ~ **масштабов** scale hierarchy
  ~ **симметрии** hierarchy of symmetry
  схемная ~ circuit hierarchy
  ~ **топологий** layout hierarchy
  ~ **уравнений** hierarchy of equations
изаллобара *ж.* isallobar
изаллотерма *ж.* isallotherm
изанемона *ж.* isanemone
изаномала *ж.* isanomal, isanomalous line
избавляться *гл.* get rid of
избегать *гл.* avoid, obviate
избежание *с.* avoidance
  ~ **резонансного захвата** *яф* resonance escape
избирательность *ж.* discrimination, selectivity (factor)
  ~ **адсорбции** adsorption selectivity
  амплитудная ~ amplitude selectivity
  временная ~ temporal selectivity
  ~ **колебательного контура** oscillating circuit selectivity, discrimination of a tuned circuit
  многосигнальная ~ multisignal selectivity
  односигнальная ~ one-signal selectivity
  поляризационная ~ polarization selectivity
  ~ **по направлению** directional selectivity
  ~ **по частоте** frequency selectivity
  пространственная ~ spatial selectivity
  ~ **радиоприёма** radio reception selectivity
  ~ **радиоприёмного устройства** radio receiver selectivity
  ~ **резонатора** resonator selectivity
  спектральная ~ spectral selectivity
  ~ **фильтра** filter selectivity
  частотная ~ frequency selectivity
избирательный *прил.* selective
избыток *м.* excess, surplus
  адсорбционный ~ surface excess
  ~ **давления** pressure excess
  ~ **дырок** excess of holes
  инфракрасный ~ infrared excess
  космологический ~ **барионов** cosmological baryon excess
  ~ **нейтронов** neutron excess (number)
  ~ **положительных зарядов** positive excess
  ультрафиолетовый ~ ultraviolet excess
  ~ **цвета** *астр.* color excess, CE
  ~ **электронов** excess of electrons
  ~ **энергии** excess of energy
избыточность *ж.* redundancy; duplication
  аппаратурная ~ equipment duplication
  временная ~ time duplication
  информационная ~ message redundancy
  ~ **кода** code redundancy
  энергетическая ~ energy duplication
избыточный *прил.* redundant; excess; extra
извергать *гл.* erupt, eject
извержение *ж.* eruption
  ~ **вулкана** volcanic eruption, volcanic explosion
  ~ **частиц** ejection of particles
известия *мн.* 1. news 2. *(периодическое издание)* proceedings; transactions

Известия Российской академии наук Proceedings of the Russian Academy of Sciences

известно *нареч.* it is known

насколько нам ~... as far as we know...

хорошо ~, что... it is well known that...

известный *прил.* well-known

всемирно ~ world-known

извилина *ж. (на телах Солнечной системы)* flexus

извлекать *гл.* 1. *хим.* extract; recover 2. *(удалять)* withdraw, remove

извлечение *с.* 1. *хим.* extraction; recovery 2. *(удаление)* withdrawal

абсорбционное ~ absorption extraction

~ квадратного корня square-rooting

~ неиспользованного топлива recovery of unused fuel

~ растворителем solvent extraction

селективное ~ selective extraction

~ стержня *яф* withdrawal of the rod

~ трития tritium recovery

~ урана uranium extraction

~ эфиром ether extraction

изгиб *м.* 1. *(вид деформации)* bending 2. *(форма)* bend 3. *(упругий)* flexure 4. *(волновода, трубы)* elbow □ **вызывать ~** cause bending; **испытывать ~** experience bending, bend; **испытывать на ~** test by bending; **работать на ~** work in bending; **разрушаться при ~е** fail in bending; **сопротивляться ~у** resist bending

~ бруса bending of a beam

~ волновода waveguide bend, waveguide elbow; *(уголковый)* waveguide corner

~ волновода в плоскости Е E-plane [E] bend

~ волновода в плоскости Н H-plane [H] bend

всесторонний ~ *(пластины)* all-around bending

~ диска disk bending

~ доменной границы domain wall bending

~ зоны *фтт* band bending, bending of energy band

колоколообразный ~ диска bell-shape disk bending

косой ~ oblique [unsymmetrical] bending

~ кристалла crystal bending

~ молекул molecule buckling

несимметричный ~ unsymmetrical bending

неупругий ~ inelastic bending

осесимметричный ~ axisymmetric bending

~ оси *(напр. волновода)* bending of the axis

~ пластин plate bending

плоский ~ plane [simple] bending

~ плоскости галактики galactic plane bending

~ полосового домена stripe domain bending

поперечный ~ lateral [out-of-plane] bending

продольно-поперечный ~ transverse-longitudinal bending

продольный ~ buckling

продольный ~ в пределах упругости elastic buckling

продольный ~ за пределом упругости nonelastic buckling

продольный ~ упругих оболочек и балок buckling of elastic shells and beams

простой ~ plane [simple] bending

свободный ~ free bending

симметричный ~ symmetric bending

сложный ~ compound bending

трёхточечный ~ three-point bending

угловой ~ в плоскости Е *(волновода)* E corner, E-plane bend

угловой ~ в плоскости Н *(волновода)* H corner, H-plane bend

уголковый ~ corner [angled] bend, corner

упругий ~ elastic bending

упругопластический ~ elastoplastic bending

цилиндрический ~ пластины cylindrical plate bending

четырёхточечный ~ four-point bending

чистый ~ pure bending

изгибаемость *ж.* deflectivity

изгибание *с.* 1. *(создание изгибающего момента)* bending 2. *(изменение формы)* flexure

неупругое ~ inelastic bending

~ плазменного шнура bending of plasma filament

упругое ~ elastic bending

изгибать *гл.* 1. *мех.* bend; curve; buckle 2. *(в форме дуги)* arch

изгибающий *прил.* deflective; bending

изгибно-крутильный *прил.* flexure-torsion

изгибный *прил.* flexural

изготовление *с.* preparation, production, fabrication, manufacture

~ методом групповой технологии *микр.* batch fabrication

промышленное ~ manufacture

изделие *с.* product; article

излишний *прил.* 1. excess, unnecessary 2. *(о связях)* redundant

излом *м.* 1. *(тип и поверхность разрушения)* fracture 2. *(разрыв)* break, rupture 3. *(кривой)* kink, knee 4. *(структурный дефект)* kink

внутризёренный ~ transcrystalline [transgranular] fracture

волнистый ~ wavy fracture

волокнистый ~ fibrous fracture

вязкий ~ plastic fracture

гладкий ~ flat [smooth, even] fracture

зернистый ~ granular fracture

зубчатый ~ hackly fracture

игольчатый ~ needle fracture

кавитационный ~ cavitation failure

косой ~ slant [oblique] fracture

кристаллический ~ crystalline fracture

крупнозернистый ~ coarse-grained [coarse-granular] fracture

матовый ~ lusterless fracture

межкристаллический ~ intercrystalline [intergranular] fracture

мелкозернистый ~ fine-grained [fine-granular] fracture

~ минералов mineral fracture
неровный ~ uneven [irregular] fracture
осколочный ~ splintery fracture
~ плазменного шнура plasma filament kink
пластинчатый ~ lamellar fracture
плоский ~ flat [plane] fracture
~ по границам зёрен intercrystalline fracture
~ по плоскости спайности cleavage fracture
пористый ~ cavity fracture
~ при растяжении tension fracture
~ при сдвиге shear fracture
~ при сжатии compression fracture
раковистый ~ conchoidal [shell-like] fracture
ровный ~ even fracture
слоистый ~ lamellar [laminated] fracture
стекловидный ~ vitreous fracture
транскристаллический ~ transcrystalline [transgranular] fracture
усталостный ~ fatigue fracture
~ характеристики knee in characteristic
хрупкий ~ brittle [fragile] fracture
чашечный ~ cup and cone fracture
чешуйчатый ~ fish-scale [flaky] fracture
излучаемый *прил.* radiated, emitted; outgoing
~ мгновенно promptly emitted
излучател/ь *м.* 1. radiator, emitter; (radiation) source 2. *(антенны)* radiating element 3. *(в гидроакустике)* projector □ возбуждать ~ excite a radiator; изотропный ~ испускает энергию равномерно во всех направлениях an isotropic radiator emits equal amounts of energy in all directions; изотропный ~ создаёт поле излучения с интенсивностью, постоянной во всех направлениях an isotropic radiator produces the same radiation intensity in all directions; направлять ~ direct a projector; располагать элементарные ~и arrange elementary radiators; фазировать элементарные ~и phase elementary radiators
абсолютный ~ absolute [perfect, complete, total] radiator
акустический ~ acoustic radiator; acoustic radiating element
акустический ~ первого порядка acoustic dipole
~ альфа-частиц alpha-ray radiator
~ бета-частиц beta-ray radiator
~ в виде резонатора Фабри - Перо Fabry-Perot [F-P] radiator
вертикальный ~ vertical radiator
вибраторный ~ dipole radiator
возбуждаемый ~ driven radiator
волноводный ~ waveguide radiator
всенаправленный ~ omnidirectional radiator
вторичный ~ secondary radiator
газоструйный ~ jet-edge [Hartmann] generator
газоструйный диафрагменный ~ jet-edge diaphragm generator
газоструйный дисковый ~ jet-edge disk generator
газоструйный диффузорный ~ jet-edge diffuser generator

газоструйный игольчатый ~ jet-edge needle generator
газоструйный клапанный ~ jet-edge valve generator
газоструйный конфузорный ~ jet-edge confuser generator
газоструйный мембранный (диафрагменный) ~ jet-edge membrane generator
газоструйный стержневой ~ jet-edge rod generator
~ Герца Hertz radiator
гидроакустический ~ sonar [asdic] trans-mitter; *(направленный)* underwater sound projector
гидродинамический ~ hydrodynamic radiator
гидродинамический пластинчатый ~ hydrodynamic plate radiator
гидродинамический роторный ~ hydrodynamic rotor radiator
горизонтальный ~ horizontal radiator
двойной ~ *ак.* split projector
дипольный ~ dipole radiator
диэлектрический ~ dielectric radiator
~ запаздывающих альфа-частиц delayed-alpha emitter
~ запаздывающих нейтронов delayed-neutron emitter
~ звука sound radiator; acoustic generator
звуковой ~ acoustic [sound] radiator, sound [acoustic] source
идеальный ~ blackbody [perfect] radiator
идентичные ~и identical radiators, identical emitters
изотропный ~ isotropic [spherical] radiator, isotropic emitter
инфракрасный ~ infrared radiator; infrared source
искровой ~ spark source
квадрупольный ~ quadrupole radiator
когерентный ~ coherent radiator, coherent emitter
конический рупорный ~ conical horn radiator
короткоживущий ~ *яф* short half-life emitter
косинусоидальный ~ cosine radiator
лазерный ~ lasing emitter
линейный ~ linear radiator
линзовый ~ lens(-type) radiator
магнитострикционный ~ *(ультразвука)* magnetostriction radiator
массовый ~ mass radiator
мембранный газоструйный ~ membrane jet generator
мультипольный ~ multipole radiator
направленный ~ directive radiator
неабсолютно чёрный ~ nonblack radiator
некогерентный ~ noncoherent radiator, noncoherent emitter
ненаправленный ~ nondirectional [omnidirectional] radiator
неселективный ~ nonselective radiator
~ нулевого порядка zero-order radiator
объёмный ~ volume radiator
одномодовый ~ single-mode radiator

открытый ~ (радиоволн) open radiator (of radio waves)

параметрический ~ звука parametric sound radiator

первичный ~ primary radiator

~ первого порядка first-order radiator

~ Планка Planckian [full] radiator, black body

плоский ~ planar radiator

пневматический ~ pneumatic radiator

поверхностный ~ surface radiator

~ позитронов positron emitter, positron radiator

полный ~ complete [full, total, Planckian] radiator, black body

полосковый ~ stripline radiator

полуволновой ~ half-wave radiator; half-wave element

поперечный квадрупольный ~ ак. lateral quadrupole radiator

продольный квадрупольный ~ ак. longitudinal [axial] quadrupole radiator

~ продольных колебаний longitudinal vibrator

пространственно некогерентный ~ spatially noncoherent radiator

~ протонов отдачи proton-recoil radiator

пьезокерамический ~ piezoceramic radiator

пьезоэлектрический ~ (ультразвука) piezoelectric radiator

~ радиоволн radiator

рамочный ~ (радиоволн) loop radiator

резонаторный ~ cavity radiator

рентгеновский ~ X-ray emitter

рупорно-линзовый ~ horn-and-lense radiator

рупорный ~ horn radiator, horn-type source, horn-type antenna

~ света light emitter

селективный ~ selective radiator

~ синусоидального тона pure tone source

совершенный ~ complete [perfect, ideal] radiator, black body

~ с осевой симметрией axially symmetrical radiator

стандартный ~ standard radiator

стержневой ~ rod radiator

температурный ~ temperature radiator

тепловой ~ thermal [temperature] radiator

тональный ~ (звука) tone source

точечный ~ point radiator; point emitter

~ ультразвука ultrasonic radiator, ultrasonic source, ultrasonic vibrator

ультразвуковой ~ ultrasonic radiator, ultrasonic source, ultrasonic vibrator

ультрафиолетовый ~ ultraviolet radiator

ферритовый стержневой ~ ferrod radiator

~ фотонов photon emitter

черенковский ~ Cherenkov radiator

чёрный ~ black radiator, black body

щелевой ~ (радиоволн) slot [slit] radiator

электроискровой ~ electric spark source

электролюминесцентный ~ electroluminescent emitter

элементарный ~ (Hertzian) oscillator; elementary [radiating] element

элементарный ~ Гюйгенса Huygens source radiator

эталонный ~ standard radiator

излучательный прил. radiative, emitting

излучать гл. emit, radiate

~ одинаково во всех направлениях radiate equally in all directions, radiate isotropically

повторно ~ reradiate

излучающий прил. radiative, emissive, emitting; radiant

излучени/е с. 1. radiation, emission 2. (частицы) rays □ активированный ~ем radioactivated; биологические действия ~я biological effects of radiation; в результате ~я by radiation; вследствие ~я by radiation; вызванный ~ем radiation-induced; ~ жёстких фотонов при столкновениях быстрых электронов с атомом emission of high-energy photons due to collisions of fast electrons with neutral atom; защищённый от ~я ray-proof; radiation-protected; индуцировать ~ induce [stimulate] (emission of) radiation; испускать ~ (само-произвольно) emit radiation spontaneously; канализировать ~ channel [guide] radiation; непроницаемый для ~я radio-opaque; ослаблять ~ attenuate radiation; поглощать ~ absorb radiation; подвергать воздействию ~я expose to radiation, irradiate; поляризовать ~ polarize radiation; прозрачный [проницаемый] для ~я transparent to radiation, radiation-transparent; рассеивать ~ scatter radiation; усиливать ~ amplify radiation

~ абсолютно чёрного тела black-body [equilibrium] radiation

авроральное рентгеновское ~ гсф auroral X-rays

активирующее ~ activating radiation

актиничное ~ actinic radiation, actinic rays

акустическое ~ acoustic [sound] radiation

альбедное рентгеновское ~ (атмосферы Земли) albedo X-rays

~ альфа-частиц alpha-ray radiation

анизотропное ~ anisotropic emission

аннигиляционное ~ annihilation radiation

аннигиляционное космическое ~ cosmic annihilation radiation

аномальное ~ anomalous radiation

~ антенны radiation from antenna, antenna radiation

асимметричное двухконусное ~ Вавилова - Черенкова double-cone Cherenkov radiation

атмосферное ~ atmospheric radiation

~ атома atomic radiation

~ атомного ядра nuclear radiation

безопасное ~ nonhazardous emission

белое ~ white radiation

бесстолкновительное ~ (плазмы) collisionless emission

бетатронное ~ betatron radiation, betatron emission

ближнее инфракрасное ~ near infrared [IR] radiation
ближнее ультрафиолетовое ~ near ultraviolet radiation
боковое ~ lateral radiation
~ **большой энергии** high-energy [high-level] radiation
бриллюэновское ~ Brillouin emission
~ **Вавилова - Черенкова** Cherenkov radiation
~ **в дальней зоне** far-field radiation
~ **векторного бозона** vector boson radiation, vector boson emission
вертикально поляризованное ~ vertically polarized radiation
верхнегибридное ~ upper-hybrid radiation
видимое ~ visible radiation, light
видимое температурное ~ incandescence
видимое тепловое ~ incandescence
виртуальное ~ virtual emission
внегалактическое ~ extragalactic radiation
внегалактическое рентгеновское ~ extragalactic X-rays
внеземное ~ extraterrestrial radiation
внешнее ~ outer radiation
внешнее тормозное ~ outer bremsstrahlung
внутреннее тормозное ~ inner bremsstrahlung
возбуждающее ~ exciting radiation
~ **волн** emission of waves, wave radiation
~ **в оптическом диапазоне** optical emission, visible radiation
~ **в полости** cavity [equilibrium, blackbody] radiation
вредное ~ harmful radiation
~ **в результате K-захвата** K-capture radiation
~ **в свободном пространстве** free-space radiation
всенаправленное ~ omnidirectional radiation
встречное ~ counterradiation
вторичное ~ secondary [back, return] radiation
вторичное космическое ~ secondary cosmic rays
вторичное рентгеновское ~ secondary X-rays
~ **в узком пучке** narrow-beam radiation
вынужденное ~ induced [stimulated] radiation, induced [stimulated] emission
вынужденное дипольное ~ stimulated dipole radiation
вынужденное тормозное ~ stimulated bremsstrahlung
вынуждённое циклотронное ~ stimulated cyclotron radiation
вырожденное ~ degenerate emission
вырожденное параметрическое ~ degenerate parametric emission
высокоинтенсивное ~ high-intensity [high-level] radiation
~ **высокой энергии** high-energy radiation
высокочастотное ~ radio frequency [rf] radiation
высокочастотное межзвёздного дейтерия rf radiation of interstellar deuterium

~ **газов** radiation from gases
галактическое ~ galactic radiation
галактическое рентгеновское ~ galactic X-rays
~ **гармонических волн** harmonic wave radiation
гармоническое ~ harmonic radiation
гетерогенное ~ heterogeneous radiation
~ **гетеродина** local oscillator radiation
~ **глюонов** gluon radiation
гомогенное ~ homogeneous radiation
горизонтально поляризованное ~ horizontally polarized radiation
~ **горячей плазмы** radiation of hot plasma
~ **горячей водородной плазмы** radiation of hot hydrogen plasma
гравитационное ~ gravitational radiation
далёкое инфракрасное ~ far infrared [IR] radiation
далёкое ультрафиолетовое ~ far ultraviolet radiation
~ **движущегося точечного заряда** radiation from moving point charge
двухфотонное ~ two-photon emission; two-photon radiation
двухфотонное аннигиляционное ~ two-photon annihilation radiation
деградированное ~ degraded radiation
дециметровое Солнца Sun decimetric radiation
джозефсоновское ~ Josephson radiation
дипольное ~ dipole radiation
дифрагированное ~ diffracted radiation
дифракционное ~ diffraction radiation, diffraction emission
диффузное ~ diffuse radiation
диффузное рентгеновское ~ diffuse X-rays
длинноволновое ~ long-wave radiation
~ **долгоживущих изотопов** long-lived radiation
естественное ~ pure radiation
жёсткое ~ hard [penetrating, high-energy] radiation
жёсткое рентгеновское ~ hard X-rays
запаздывающее ~ delayed radiation, delayed emission
запертое ~ trapped radiation
запрещённое ~ forbidden radiation
~ **заряженных частиц** charged particle radiation
захватное ~ capture radiation
звёздное ~ stellar radiation
звёздообразующее ~ star-producing radiation
~ **звука** sound [acoustic] emission, acoustic radiation
земное ~ terrestrial radiation
зондирующее ~ probe radiation
избирательное ~ selective radiation
избыточное ~ redundant radiation
изгибное ~ magnetodrift radiation
изотропное ~ isotropic radiation, isotropic emission
ИК ~ IR radiation
импульсное ~ impulse [pulsed] radiation
импульсно-периодическое ~ pulse-periodic radiation

индуцированное ~ induced [stimulated] radiation, induced [stimulated] emission
индуцированное черенковское ~ induced [stimulated] Cherenkov radiation, induced [stimulated] Cherenkov emission
интегральное ~ total radiation
интенсивное ~ strong [intense] radiation
инфракрасное ~ infrared [IR, caloric] radiation, infrared emission
инфракрасное ~ Солнца infrared solar radiation
ионизирующее ~ ionizing radiation
испускаемое ~ emitted radiation
исходящее ~ emergent radiation
канализируемое ~ directed [guided] radiation
каскадное ~ cascade emission
квадрупольное ~ quadrupole radiation, quadrupole emission
~ квазиклассического электрона в атомном потенциале quasi-classical electron radiation in an atomic potential
квазимонохроматическое ~ quasi-monochromatic radiation
~ квантов emission of quanta
квантованное электромагнитное ~ quantized electromagnetic radiation
квантовое ~ quantum radiation
~ квантовой системы quantum system radiation
КНЧ ~ ELF emission
когерентное ~ coherent radiation, coherent emission
когерентное черенковское ~ coherent Cherenkov radiation
коллективное ~ collective radiation
коллективное черенковское ~ collective Cherenkov radiation
коллимированное ~ collimated radiation
комбинационное ~ Raman emission, Raman radiation
~ комбинационной частоты combination-tone emission
кооперативное ~ cooperative emission
коротковолновое ~ short-wave radiation
коротковолновое ~ Солнца short-wave solar radiation
~ короткоживущих изотопов short-lived isotope radiation
~ короткопробежных частиц short-range radiation
корпускулярное ~ corpuscular [particle] radiation, corpuscular [particle] emission
корпускулярное ~ плазмы plasma particle radiation
корпускулярное ~ Солнца solar particle radiation
косвенно ионизирующее ~ indirectly ionizing radiation
космическое ~ cosmic radiation, cosmic rays
космическое ~ на уровне моря sea-level cosmic rays
космическое рентгеновское ~ cosmic X-rays

космологическое ~ cosmological radiation
краевое ~ (антенны) fringe radiation, edge emission
краевое спонтанное рекомбинационное ~ edge spontaneous recombination emission
~ Кумахова Kumakhov radiation
лавинное ~ avalanche emission
лавинообразное фотонов avalanching photon emission
лазерное ~ laser emission, laser radiation, lasing
лаймановское ~ Lyman emission
~ лёгких примесей light impurities radiation
линейно поляризованное ~ linearly polarized radiation
линейчатое ~ line emission, line radiation
линейчатое космическое ~ cosmic line emission
линейчатое рентгеновское ~ X-ray line emission
люминесцентное ~ luminescent emission
магнитное ~ magnetic radiation
магнитное дипольное ~ magnetic dipole radiation
магнитное квадрупольное ~ magnetic quadrupole radiation
магнитное мультипольное ~ magnetic multipole radiation
магнитодрейфовое ~ magnetodrift radiation
магнитотормозное ~ (gyro)synchrotron radiation, magneto-bremsstrahlung
мазерное ~ maser emission, maser radiation
~ малой интенсивности low-level [low-intensity] radiation
~ малой энергии low-energy radiation
мгновенное ~ promt [instantaneous] radiation, promt [instantaneous] emission
межзвёздное ~ interstellar emission
мезонное ~ meson radiation
мезорентгеновское ~ meso-X-ray radiation
мёссбауэровское ~ Mössbauer radiation
мешающее ~ perturbing radiation
микроволновое ~ microwave radiation
микроволновое фоновое ~ cosmic microwave background
многомодовое ~ кв. эл. multimode radiation
модулированное ~ modulated radiation
~ молекулы molecule radiation, molecule emission
монопольное ~ ак. monopole radiation
~ монополя ак. monopole radiation
монохроматическое ~ monochromatic [homogeneous, monoenergetic] radiation
моноэнергетическое ~ monoenergetic radiation
мощное ~ high-power [intense] radiation
мультипольное ~ multipole radiation, multipole emission
~ мультиполя multipole radiation, multipole emission
мягкое ~ soft [low-energy] radiation
мягкое рентгеновское ~ soft X-rays
наблюдаемое ~ observable radiation

~ на второй гармонике second harmonic radiation

~ на высших гармониках high-harmonic radiation

~ накачки pumping radiation

направленное ~ directional [beamed] radiation

~ неба sky radiation

невидимое ~ invisible [nonvisible] radiation

невырожденное параметрическое ~ non-degenerate parametric emission

~ незаряженных частиц uncharged radiation

неионизирующее ~ nonionizing radiation

нейтринное ~ neutrino radiation

нейтронное ~ neutron radiation

~ нейтронов neutron radiation

некогерентное ~ incoherent [noncoherent] radiation, incoherent [noncoherent] emission

немонохроматическое ~ polychromatic [polyenergetic] radiation

немоноэнергетическое ~ polyenergetic radiation

ненаправленное ~ omnidirectional radiation

неполяризованное ~ unpolarized radiation

непосредственно ионизирующее ~ directly ionizing radiation

непрерывное ~ continuous radiation; continuous spectrum, continuum

непрерывное рентгеновское ~ continuous X-rays

непрерывное тормозное ~ bremsstrahlung continuum

~ нерелятивистских частиц nonrelativistic particle radiation

нетепловое ~ nonthermal radiation

нижнегибридное ~ lower-hybrid radiation

~ низкой энергии low-energy radiation

низкочастотное ~ low-frequency radiation

~ облаков частиц radiation from clouds of particles

обратное ~ backward [return, back-scatter] radiation

обратное тормозное ~ inverse bremsstrahlung

общее ~ Галактики general galactic [galactic background] radiation

общее галактическое ~ general galactic [galactic background] radiation

объёмное ~ volume radiation

одномодовое ~ кв. эл. single-mode radiation

одночастичное ~ one-particle radiation

одночастичное черенковское ~ one-particle Cherenkov radiation

одночастотное ~ monofrequency radiation, single-frequency radiation

однофотонное аннигиляционное ~ single-photon annihilation radiation

~ околосолнечной пыли circumsolar dust emission

октупольное ~ octupole radiation

ондуляторное ~ undulator radiation

опасное ~ dangerous radiation

~ оптически толстой плазмы optically thick plasma radiation

~ оптически тонкой плазмы optically thin plasma radiation

оптическое ~ optical radiation

ослабленное ~ attenuated radiation

остаточное ~ residual radiation

отражённое ~ back-scattered [reflected] radiation

отфильтрованное ~ filtered radiation

падающее ~ incident [incoming] radiation

паразитное ~ spurious radiation, spurious [stray] emission

параметрическое ~ parametric emission, parametric radiation

первичное ~ primary radiation

первичное космическое ~ primary cosmic rays

первичное рентгеновское ~ primary X-rays

переходное ~ transient [transition] radiation

периодическое ~ periodic radiation

~ пиона pion radiation, pion emission

~ плазмы plasma radiation

пленённое ~ trapped [imprisoned] radiation

плоскополяризованное ~ plane-polarized radiation

поверхностное ~ surface radiation

поглощённое ~ absorbed radiation

позитронное ~ positron emission, positron radiation

полихроматическое ~ polychromatic radiation

полиэнергетическое ~ polyenergetic radiation

поляризационное ~ polarization radiation

поляризованное ~ polarized radiation

поршневое ~ ак. piston radiation

последовательное ~ succesive emission

постньютоновское ~ post-Newtonian radiation

почти монохроматическое ~ near-monochromatic radiation

~ при диэлектронной рекомбинации dielectronic recombination radiation

~ при каналировании заряженных частиц radiation due to charged particle channeling

~ примесей impurity radiation

~ при перезарядке charge-exchange radiation

~ при свободно-свободном переходе free-free transition radiation

~ при столкновении collision [impact] radiation

~ произвольно движущегося заряда radiation of arbitrarily moving charge

проникающее ~ penetrating radiation

протонное ~ proton radiation

прямое ~ direct radiation

~ пульсаров pulsar radiation

равновесное ~ equilibrium [blackbody, cavity, thermal] radiation

радиоактивное ~ radioactive radiation

~ радиоволн radio wave radiation, radio wave emission, radiation of radio waves

радиоволновое ~ radio wave radiation, radio wave emission, radiation of radio waves

радиочастотное ~ radio frequency [rf] radiation

~ распада decay radiation

рассеянное ~ scattered [diffuse] radiation

~, рассеянное на межпланетных частицах radiation diffracted by interplanetary particles

255

~, **рассеянное на электронах** radiation scattered by electrons

~ **реактора** pile [reactor] radiation

резонансное ~ resonance radiation, resonance emission

рекомбинационное ~ recombination radiation

реликтовое ~ relict [primeval fireball] radiation, cosmic background

реликтовое ~ **Вселенной** universal background

реликтовое электромагнитное ~ cosmic microwave background

релятивистское ~ relativistic radiation

релятивистское тормозное ~ **при электрон-электронных столкновениях** relativistic electron-electron bremsstrahlung

рентгеновское ~ X-rays

рентгеновское ~ **мезоатомов** mes(on)ic X-rays

рентгеновское ~ **с непрерывным спектром** continuous X-rays

рентгеновское ~ **Солнца** solar X-rays

рентгеновское ~ **сопровождающее К-захват** K-capture X-radiation

рэлеевское ~ Rayleigh radiation

самоиндуцированное ~ self-induced [self-stimulated] emission

самопроизвольное ~ spontaneous emission, spontaneous radiation

сверхвысокочастное ~ microwave radiation, microwave emission

сверхжёсткое ~ superhard radiation, ultrahard rays

~ **света** radiation of light, light emission, emission of light

световое ~ light, optical radiation

СВЧ ~ microwave radiation, microwave emission; microwaves

селективное ~ selective radiation

сенсибилизированное ~ sensitized emission

~ **серого тела** gray body radiation

серое ~ gray (body) radiation

сильно ионизирующее ~ heavily-ionizing radiation

синхротронное ~ synchrotron radiation; synchrotron emission

слабое ~ weak [low-level] radiation

сложное ~ complex radiation

смешанное ~ mixed [complex] radiation

~ **с непрерывным спектром** continuous radiation

собственное ~ *(напр. плазмы)* self-radiation, intrinsic emission

солнечное ~ solar radiation

солнечное корпускулярное ~ solar corpuscular radiation

солнечное линейчатое ~ solar line emission

солнечное рентгеновское ~ solar X-rays

солнечное фотосферное ~ solar photospheric radiation

~ **Солнца в далёкой ультрафиолетовой области** solar EUV emission

~, **сопровождающее захват** capture radiation

~, **сопровождающее распад** decay radiation

сопутствующее ~ associated emission, accompanying radiation

сопутствующее корпускулярное ~ associated corpuscular emission

спектральное ~ spectral radiation

спектрально-непрерывное ~ continuum

спектрально-непрерывное рентгеновское ~ X-ray continuum, continuous X-rays

спиновое ~ spin radiation

сплошное рентгеновское ~ X-ray continuum, continuous X-rays

спокойное тепловое ~ quiet thermal emission

спонтанное ~ spontaneous emission, spontaneous radiation

спонтанное дипольное ~ spontaneous dipole emission, spontaneous dipole radiation

средневолновое ~ medium wave radiation

среднее инфракрасное ~ intermediate infrared radiation

~ **средней интенсивности** intermediate-level radiation

стабильное ~ stable emission

стандартное ~ **МКО** CIE standard illuminant

стационарное ~ steady-state radiation

стимулированное ~ stimulated [induced] radiation, induced [stimulated] emission

сумеречное ~ **неба** twilight emission

суммарное ~ total [integrated] radiation, integrated emission

сферически симметричное ~ spherically symmetric radiation

сфокусированное ~ focused radiation

температурное ~ temperature [thermal] radiation

тепловое ~ thermal [heat, temperature] radiation, heat emission

~ **термоядерной плазмы** radiation of thermonuclear plasma

томсоновское ~ Thomson radiation

тормозное ~ bremsstrahlung, slowing-down radiation

тормозное ~ **большой энергии** high-energy bremsstrahlung

тормозное ~ **в кулоновском поле** bremsstrahlung in a Coulomb field

тормозное ~ **в магнитном поле** magnetic bremsstrahlung

тормозное ~ **при электрон-атомном столкновении** electron-atom bremsstrahlung

тормозное ~ **при электрон-ионном столкновении** electron-ion bremsstrahlung

тормозное ~ **при электрон-электронном столкновении** electron-electron bremsstrahlung

тормозное рентгеновское ~ X-ray bremsstrahlung

тороидное дипольное ~ toroidal dipole radiation

трёхфотонное аннигиляционное ~ three-photon annihilation radiation

~ **туманности** nebula emission, nebula radiation

туннельное ~ *(напр. из оптического волновода)* tunnel emission

~ **тяжёлых примесей** heavy impurity radiation

ударное ~ impact [collision] radiation

узкополосное ~ narrow-band radiation

ультразвуковое ~ ultrasonic radiation

ультрамягкое рентгеновское ~ ultra-soft X-rays

ультранизкочастотное ~ ultralow frequency radiation

~ **ультрарелятивистских частиц** ultrarelativistic particle radiation

ультрафиолетовое ~ ultraviolet [UV] radiation

ультрафиолетовое ~ **Солнца** solar UV emission

~ **урана** uranium rays

усиленное ~ amplified emission

усиленное спонтанное ~ amplified spontaneous emission

флуоресцентное ~ fluorescence [fluorescent] radiation

флуоресцентное рентгеновское ~ fluorescent X-rays

фоновое ~ background radiation, background light

фосфоресцентное ~ phosphorescence emission

~ **фотона** photon radiation, photon emission

фотонное ~ photon radiation, photon emission

фоторекомбинационное ~ photorecombination radiation

~ **фотосферы** *(Солнца)* photospheric radiation

характеристическое ~ characteristic radiation

характеристическое рентгеновское ~ characteristic X-ray (radiation)

~ **Хокинга** *(при гравитационном коллапсе)* Hawking radiation

цветное черенковское ~ color Cherenkov radiation

циклотронное ~ cyclotron radiation, magneto-bremsstrahlung

циркулярнополяризованное ~ circulary polarized radiation

~ **частиц в ускорителях** particle radiation in accelerators

~ **частицы** particle radiation, particle emission

частичнокогерентное ~ partially coherent radiation

~ **Черенкова** Cherenkov radiation

~ **Черенкова - Вавилова** Cherenkov radiation

черенковское ~ Cherenkov radiation

~ **чёрного тела** blackbody [cavity, equilibrium] radiation

чёрное ~ blackbody [cavity, equilibrium] radiation

четырёхфотонное параметрическое ~ *кв. эл.* four-photon parametric emission

широкополосное ~ broadband radiation

электрическое дипольное ~ electrical dipole radiation

электрическое квадрупольное ~ electrical quadrupole radiation

электромагнитное ~ electromagnetic radiation

~ **электрона** electron radiation

электронное ~ electron radiation

~ **электронной пары** electron pair emission

~ **электронной пары ядром** nuclear pair emission

~ **электронов** electron radiation, electron emission

эллиптически поляризованное ~ eliptically polarized radiation

~ **энергии** energy emission

ядерное ~ nuclear radiation

излучённый *прил.* radiated, emitted

измельчать *гл.* grind, crush, comminute

измельчение *с.* grinding, crushing, comminution; *(сетки)* refinement

~ **грубой сетки** coarse mesh refinement

~ **зёрен** grain refinement

нерегулярное ~ irregular refinement

регулярное ~ regular refinement

~ **сетки** *мат.* mesh refinement

тончайшее ~ ultrafine grinding

ударное ~ impact grinding

химическое ~ chemical milling

изменени/е *с.* variation, change; modification ◻ **вносить ~я в ...** make [introduce] changes in ..., introduce alternations in ...; **вызывать ~я** produce changes in ...; **не вызывать ~ий** leave unaltered; ~ **A в функции от B** variation in A with B; ~ **геометрических характеристик аттрактора на каждом шаге удвоения периода** change in the geometrical characteristics of the attractor at each stage of period doubling; **~, зависящее от A** A-dependent change; ~ **скорости в турбулентной затопленной струе, бьющей из бесконечно длинной тонкой щели** velocity variation in a submerged turbulent jet running out of an infinitly long thin slit

~ **агрегатного состояния** change of state

адиабатическое ~ adiabatic change

азимутальное ~ **угла установки лопасти** feathering

бесконечно малое ~ infinitesimal change

~ **блеска** *астр.* light variation

вековое ~ *астр.* secular variation

внутриатомное ~ subatomic change

~ **во времени** time change, time history, variation in time, change with time

~ **времени жизни состояния во внешнем электрическом поле** change of the lifetime of the state under an applied electric field

~ **габитуса** *крист.* habit change

~ **давления** pressure change

длительное ~ **реактивности** long-term reactivity change

~ **знака** *(на обратный)* reversal of sign

~ **знака потока** flux reversal

~ **изотопного состава** isotope change

~ **количества движения** change in momentum

логарифмическое ~ **энергии** logarithmic energy change

~ **масштаба** scale change, rescaling
наведённое ~ населённостей *кв. эл.* induced population change
наведённое ~ показателя преломления *кв. эл.* induced refractive index change
~ **наклонения земной оси** change of the inclination of the Earth axis
~ **направления** change of direction
~ **направления на обратное** reversal
необратимое ~ nonreversible [irreversible] change
обратимое ~ reversible change
~ **общего угла установки лопастей** collective pitch control
~ **объёма** volume change
относительное ~ relative [fractional] change
~ **ориентации спина** spin flip
периодическое ~ alternation, cycling
плавное ~ smooth variation
пространственное ~ space variation
~ **размеров** dimensional change, change in dimensions
~ **реактивности** reactivity change
~ **реактивности при разогреве** cold-to-hot reactivity change
резкое ~ abrupt change, jump
резкое ~ потенциала jump in potential
релятивистское ~ массы relativistic mass variation
~ **свободной энергии** change of free energy
~ **свойств системы во времени** behaviour of a system in the time domain
сезонные ~я seasonal changes
~ **сечения** change in cross-section
симметрийное ~ symmetry change
скачкообразное ~ stepwise change, jump
~ **состояния** change of state
~ **спектра из-за тороидальных эффектов** spectrum change due to toroidal effects
структурное ~ structural change
ступенчатое ~ step(wise) change
ступенчатое ~ реактивности stepwise change in reactivity
суточное ~ diurnal variation
~ **температуры** temperature change, temperature variation
~ **температуры по глубине** depth-variation of temperature
ультраструктурное ~ ultrastructural change
~ **фазы** phase change
~ **фазы на 180 градусов** phase reversal
~ **формы** deformation
~ **цвета** change in color
~ **цветовой адаптации** change of chromatic adaptation
циклическое ~ cyclic change, cycling
циклическое ~ угла установки лопастей cyclic pitch control
~ **чётности** parity change
~ **чувствительности** sensitivity shift
~ **широты** variation of latitude
~ **энергии** energy change

изменчивость *ж.* variability
генетическая ~ genetic variability
изменять *гл.* change; vary; modify
~ **направление движения на обратное** reverse the direction of motion
~ **порядок интегрирования** change the order of integration
~ **с ... на ...** change from ... to ...
изменяться *гл.* change, vary
~ **в зависимости от ...** change as a function of ..., vary according to ...
~ **во времени** vary with time
~ **в пределах...** vary [range] within...
~ **в широких пределах** vary within wide limits, vary over a wide range
~ **монотонно** vary monotonically
~ **непрерывно** vary continuously
~ **обратно пропорционально N** vary inversely as N, vary in inverse proportion to N
~ **от ... до ...** vary [range] from ... to ..., vary between ... and ...
~ **пропорционально N** vary in proportion to N, vary directly as N
измерени/е *с.* **1.** *(определение значения величины)* measurement; measuring, metering **2.** *(характеристика размерности)* dimension □ **в трёх ~ях** in three dimensions; **выполнять ~я** make measurements, take measurements; **~я подвержены погрешностям** measurements are subject to errors; **производить ~я** make measurements
~ **аберрации** measurement of aberration
~ **абсолютного сечения методом скрещённых пучков** cross beam measurement of absolute cross-section
абсолютное ~ absolute measurement
~ **активации** activation measurement
~ **активности фольги** foil counting
акустические ~я acoustical measurements
~ **амплитудно-частотной характеристики** measurement of frequency response
~ **амплитуды** amplitude measurement
~ **анизотропии** measurement of anisotropy
астрофизические ~я astrophysical measurements
~ **атмосферного давления** measurement of atmospheric pressure
~ **аэродинамических величин** aerodynamic measurement
аэродинамическое ~ aerodynamic measurement
аэрорадиометрическое ~ aerial radioactivity measurement
баллистическое ~ ballistic measurement
барометрическое ~ barometric measurement
бесконтактное ~ contactless measurement
~ **влажности** humidity measurement
~ **в месте нахождения** *(in situ)* in situ measurement
~ **возраста** *(горных пород)* measurement of age, age determination
~ **восприимчивости** measurement of susceptibility
~ **в подкритическом режиме** sub-critical measurement

~ в пучке in-beam measurement
~ времени chronometry, time measurement
~ времени пролёта time-of-flight measurement
~ высокого давления measurement of high pressure
~ высокого напряжения high voltage measurement
~ высокочастотной мощности high-frequency power measurement
~ высоты height measurement, altimetry
~ высоты наполнения measurement of height of filling
гидравлические ~я hydraulic measurements
~ глубины measurement of depth
гравиметрическое ~ gravity measurement
градуировочное ~ calibration measurement
~ громкости measurement of loudness
~ давления pressure measurement
~ давления крови measurement of blood pressure
~ давления света measurement of light pressure
~ дальности distance measurement; ranging
~ диаграммы направленности антенны antenna pattern measuring
диамагнитные ~я diamagnetic measurements
динамические ~я dynamic measurements
дистанционное ~ distance [remote] measurement
дифференциальное ~ differential measurement
диэлектрические ~я dielectric measurements
~ длины measurement of length
~ длины волны measurement of wavelength
~ длины световой волны measurement of wavelength of light
~ длительности импульса pulse width measurement
дневные ~я daytime data
дозиметрическое ~ dosimeter [health] measurement
~ дозы measurement of dose, dosage measurement
~ дозы излучения measurement of radiation dose
доплеровские ~я Doppler (shift) measurements
~ ёмкости capacitance measurement
зондовое ~ probe measurement
~ излучения radiation measurement
~ импеданса impedance measurement
~ импульсной мощности pulsed power measurement
~ индуктивности inductance measurement
~ интервалов времени measurement of time intervals, time-interval measurement
интерферометрическое ~ interferometric measurement
ионизационное ~ ionization measurement
~ ионизирующего излучения ionizing radiation measurement
~ искажений distortion measurement
калориметрическое ~ calorimetric measurement

квантовое ~ quantum measurement
контактное ~ contact measurement
корреляционное ~ correlation measurement
косвенное ~ indirect measurement
~ коэффициента поглощения measurement of absorption coefficient
~ коэффициента стоячей волны *(КСВ)* standing wave ratio [SWR] measurement
критические ~я critical measurements
лазерные ~я laser measurements
~я линий передачи transmission line measurements
магнитные ~я magnetic measurements
~ магнитострикции measurement of magnetostriction
масс-спектрометрическое ~ mass-spectrometer measurement
маятниковое ~ pendulum measurement
~ методом активации фольг foil-activation measurement
~ методом замещения substitution measurement, measurement by substitution
~ методом сравнения *(с мерой)* comparison measurement
многоканальные ~я multichannel measurements
многократное ~ multiple metering
~ мощности measurement of power, power measurement
~ мощности на высоких частотах high frequency power measurement
~ мощности на низких частотах low frequency power measurement
~ нагрузки measurement of load
~ напряжения voltage measurement
~ напряжённости магнитного поля measurement of magnetic field strength
~я на сверхвысоких частотах microwave measurements
невозмущающее ~ nonperturbative measurement
непосредственное ~ direct measurement
непрерывное ~ continuous measurement
неразрушающее ~ nondestructive measurement
ночные ~я nighttime data
~ объёма measurement of volume
одновременные ~я simultaneous measurements
оптические ~я optical measurements
оптоэлектронные ~я optoelectronic measurements
~ освещённости illuminance measurement
~ параметров потока flow measurement
~ параметров электронных компонентов electronic component measurement
~ периода period measurement
~ плотности жидкостей areometry
~ площади measurement of area
~ поверхностного натяжения measurement of surface tension
поверхностные ~я surface measurements
~ поглощающей способности absorptiometry

~ **поглощения** absorption [attenuation] measurement

~ **поглощения гамма-лучей** gamma absorptiometry

~ **поглощения рентгеновских лучей** X-ray absorptiometry

позиционные ~я positional measurements

~ **показателя преломления** measurement of refractive index, refractive index measurement

~ **полного сопротивления** impedance measurement

~ **полосы пропускания** *(напр. световода)* bandwidth measurement

поляризационные ~я polarization measurements

~ **поперечного сечения** measurement of cross-section

~ **потока** flux measurement

~ **потока нейтронов** neutron flux measurement

~ **почернения (на рентгенограмме)** measurement of blackness (of X-ray photograph)

прецизионное ~ precise measurement

прямое ~ direct measurement

~ **радиоактивности** radioactivity [radiometric] measurement

~ **радиоактивности всего тела** whole-body counting

радиоастрономические ~я radio astronomy measurements

радиолокационные ~я radar measurements

~я **размеров** size measurements

ракетные ~я rocket measurements

~ **распространённости изотопа** isotope-abundance measurement

~я **расстояний** distance [range] measurements

~ **расхода жидкости или газа** flow measurement

реакторные ~я reactor measurements

сверхвысокочастотные ~я microwave measurements

~ **светового потока** luminous flux measurement

~ **световой энергии** luminous energy measurement

световые ~я light measurements

~ **с высокой точностью** high-precision measurement

~ **сечения захвата** capture cross-section measurement

~ **силы света** luminous intensity measurement

~ **силы тяжести** measurement of gravity

~ **скорости** velocity measurement

~ **следов на фотопластинке** photographic plate reading

~ **сопротивления** *эл.* resistance measurement

спектральные ~я spectral measurements

~ **с помощью весов** balance measurement

~ **с помощью ионизационной камеры** ion-chamber measurement

~ **с помощью меченых атомов** isotope-tracer measurement

~я **с помощью осциллографа** measurements using oscilloscope, measurements with an oscilloscope

спутниковые ~я satellite measurements

статические ~я static measurements

сцинтилляционные ~я scintillation counting

~ **твёрдости** measurement of hardness

~ **твёрдости по Бринелю** Brinnel hardness test, brinnelling

~ **температуры** temperature measurement

~ **теплоёмкости** measurement of heat capacity

~ **толщины** thickness gauging

точное ~ accurate [precise] measurement

~ **турбулентности** measurement of turbulence

~ **углов** angle measurement

угловые ~я angular measurements

~ **удельной теплоёмкости** measurement of specific heat

~ **уровня** level gauging

~ **ускорения** measurement of acceleration

~ **фазы** measurement of phase

физическое ~ physical measurement

фотометрическое ~ photometric measurement

фотоэлектрические ~я photoelectric measurements

~ **цветовой температуры** color temperature measurement

цветовые ~я colorimetry

цифровое ~ digital measurement

~ **частоты** frequency measurement

~ **шумов** noise measurement

~ **эдс** measurement of e.m.f.

электрические ~я electrical measurements

электрические ~я **неэлектрических величин** electrical measurements of nonelectrical quantities

электрокинетические ~я electrokinetic measurements

электростатические ~я electrostatic measurements

электрохимические ~я electrochemical measurements

~ **энергетической яркости** radiance measurement

~ **энергии** energy measurement

~ **энергии излучения** radiant energy measurement

ядерные ~я nuclear measurements

~ **яркости** luminance measurement

~я in situ measurement in situ

измеримость *ж.* measurability

измеритель *м.* meter

~ **активности** radiation meter

бесконтактный ~ noncontacting gauge

~ **влажности** moisture [humidity] meter

~ **времени удвоения** doubling-time meter

~ **временных интервалов** time-interval counter

~ **выхода** output meter

~ **глубины отпечатка** *(при измерении твёрдости)* imprint [indentation] depth indicator

~ **градиента второго порядка** second derivative [order] gradiometer

~ деформации strain gauge
~ добротности Q [quality-factor] meter
~ ёмкости capacitance meter, capacitometer
~ жёсткости излучения radiation energy meter
~ загрязнений contamination meter
~ затухания attenuation meter
~ звукового давления acoustic radiometer
~ индуктивности inductance meter
интегрально-оптический ~ влажности integrated-optic humidity sensor
~ интенсивности гамма-излучения gamma-ray meter
~ интенсивности излучения radiation rate-meter
~ интенсивности ионизации ionization meter
~ интенсивности космического излучения cosmic-ray meter
~ интенсивности облучения exposure rate-meter
~ интенсивности рентгеновского излучения roentgen-ratemeter
~ коэффициента мощности power factor meter
~ коэффициента стоячей волны standing wave ratio [SWR] meter
лазерный ~ скорости laser anemometer, laser velocimeter
логарифмический ~ скорости счёта log-count-ratemeter, logarithmic ratemeter
~ магнитного потока (magnetic) fluxmeter
~ магнитной восприимчивости suscepti-bility meter, susceptometer
~ магнитной восприимчивости на основе СКВИДа SQUID susceptometer
~ мощности power meter
~ мощности дозы dose ratemeter
~ напряжённости поля field intensity [field strength] meter
~ нейтронного потока neutron flux meter
~ нелинейных искажений distortion meter
~ обратного рассеяния backscattering meter
~ отражающей способности reflection meter
~ перегрузки overload meter
~ периода period meter
~ плотности density gauge
~ поглощающей способности absorptiometer
~ поглощения absorption meter
~ полных проводимостей admittance meter
~ полных сопротивлений impedance meter
~ потока излучения radiation-flux meter
~ радиации radiation meter
~ радиоактивности radioactivity meter
~ радиоактивности воды water radioac-tivity meter, water radioactivity monitor
~ радиоактивности образцов radio assayer
~ радиоактивности поверхности surface radioactivity meter
~ радиоактивности почвы soil radioactivity meter
~ разности скорости счёта counting-rate-difference meter
~ реактивности reactivity meter

сверхпроводящий ~ градиента силы тяжести superconducting gravity gradiometer
~ скорости velocimeter
~ скорости набегающего потока airspeed meter
~ скорости потока flowmeter, rate-of-flow meter
~ скорости счёта counting ratemeter
~ скорости течения current meter
~ толщины слоя половинного поглощения half-value layer meter
~ уровня жидкости liquid level gauge
~ уровня излучения radiation level meter, radiation level monitor
~ уровня мощности power level meter
~ яркости brightness meter
измерять гл. measure; gauge
изнашиваемость ж. wearability
изнашивание с. wear (process)
абразивное ~ abrasive wear, abrasion
адгезионное ~ adhesive wear
~ боковой поверхности (резца) flank face wear
~ в абразивной массе wear in abrasive mass
газоабразивное ~ gasabrasive [gas-and-abrasive] wear
гидроабразивное ~ hydroabrasive wear
гидроэрозионное ~ erosion fluid wear
деформационное ~ deformation wear
~ задней поверхности (резца) rake face wear
кавитационное ~ cavitation wear, wear by cavitation
коррозионное ~ corrosion wear
коррозионно-эрозионное ~ corrosion-erosion wear
локальное ~ local wear
~ металлов metallic wear
механическое ~ mechanical wear
~ незакреплённым абразивом three-body abrasion
окислительное ~ oxidative wear
~ при заедании adhesive [seizure] wear
~ при искрении (на контакте) electrical wear
~ при ударе impact wear
~ при фреттинге fretting (wear)
~ при фреттинг-коррозии fretting corrosion
пылящее ~ dusting wear
усталостное ~ fatigue wear
электроэрозионное ~ electroerosive wear
эрозионное ~ erosive wear
износ м. (см.тж. изнашивание) wear
абразивный ~ abrasive wear, abrasion
допустимый ~ approved wear
интенсивный ~ severe [heavy] wear
контролируемый ~ controlled wear
линейный ~ linear wear
начальный ~ initial wear
незначительный ~ light wear
объёмный ~ bulk [volume] wear
~ по массе mass wear
приработочный ~ attrition; running-in [run-in] wear

умеренный ~ mild [moderate] wear
установившийся ~ steady-state wear
чрезмерный ~ excessive wear
износостойкость *ж.* wear resistance; wear life, wear strength
абразивная ~ *(металла)* abrasive wear resistance
относительная ~ relative wear resistance
изоаномала *ж. (в гравиметрии)* isoanomalous line
изобар *м. яф* isobar
бета-активный ~ beta-active isobar
бета-устойчивый ~ beta-stable isobar
зеркальный ~ mirror [Wigner] isobar
нуклонный ~ nucleonic isobar
ядерный ~ nuclear isobar
изобара *ж.* isobar; line of equal pressure, isobaric line
клинообразная ~ wedge isobar
изобарический *прил.* isobaric
изобата *ж. (изолиния глубины водоёма)* isobathics, isobath
изображение *c.* image; picture □ **восстанавливать ~** *(в голографии)* reconstruct the image; **проецировать ~ на экран** project the image on the screen; **~ смещается из-за конечной скорости света** image is displaced because of the finite velocity of light; **увеличивать ~** enlarge [magnify] the image; **уменьшать ~** scale down [demagnify] the image; **усиливать ~** intensify the image; **формировать ~** form the image
аксонометрическое ~ axonometric drawing
акустическое ~ acoustical image
ахроматическое ~ achromatic image
видимое ~ visible [visual] image
внеосевое ~ off-axis image
внефокальное ~ out-of-focus image
~ во вторичных электронах *эл. микр.* secondary emission image
~ в оже-электронах *эл. микр.* Auger-electron image
восстановленное ~ reconstructed image, restored picture
~ в отражённых электронах *эл. микр.* backscattered electron image
~ в поглощённых электронах *эл. микр.* absorbed electron image
~ в прошедших электронах *эл. микр.* tunneling electron image
~ в рентгеновских лучах X-ray image
~ в термоэлектронах *эл. микр.* thermoelectron image
~ в фотоэлектронах *эл. микр.* photoelectron image
голографическое ~ holographic image
графическое ~ graphic representation, plot, diagram
движущееся ~ moving image
двойное ~ double image
двумерное ~ two-dimensional image, two-dimensional picture

действительное ~ real image
динамическое ~ dynamic image
дискретизированное ~ digitized [sampled] image
дифракционное ~ diffraction image
записанное ~ recorded [stored] image
~ звезды star [stellar] image, image of a star
звуковое ~ acoustic(al) image
зеркальное ~ mirror image
ИК ~ infrared [IR] image
инфракрасное ~ infrared [IR] image
ионное ~ ion image
искажённое ~ distorted image
~ источника source image
~ картин каналирования электронов *эл. микр.* electron channeling pattern image
катодолюминесцентное ~ *эл. микр.* cathodoluminescence image
квантованное ~ quantized image
компьютерное ~ computer image
контактное ~ contact image
контрастное ~ (high-)contrast image
латентное ~ latent image
~ Луны lunar image
люминесцентное ~ luminescent image
магнитное ~ magnetic image
мнимое ~ virtual image
монохроматическое ~ monochromatic image
наложенное ~ superimposed image
негативное ~ negative image, negative picture
неискажённое ~ undistorted image
неконтрастное ~ soft image
неподвижное ~ static image; *астр.* still image
нерезкое ~ diffuse image
нечёткое ~ blurred image
обратное ~ inverted [reversed] image
~ объекта object image
объёмное ~ three-dimensional image
опорное ~ reference image
оптическое ~ optical image
остаточное ~ afterimage
отражённое ~ reflected image
параксиальное ~ paraxial image
перевёрнутое ~ reversed [inverted] image
~ планеты planetary image
плоское ~ two-dimensional [2-D] image
плохое ~ *астр.* seeing lead, seeing poor
побочное ~ *(в ЭЛТ)* ghost image
позитивное ~ positive image, positive picture
полутоновое ~ halftone [gray scale] image
~, полученное методом фазового контраста phase-contrast image
порошковое ~ powder image
промежуточное ~ intermediate image
пространственное ~ three-dimensional image
проявленное ~ developed image
прямое ~ erect [correct] image
радиографическое ~ radiograph
радиолокационное ~ radar image

размытое ~ diffuse image
расплывчатое ~ blurred image
растровое ~ scan pattern
расфокусированное ~ out-of-focus image
резкое ~ sharp image
светлопольное ~ *эл. микр.* bright-field image
серебряное ~ *фото* silver image
~ сетки grating image
символическое ~ symbolic representation
синтезированное ~ synthesized image
скрытое ~ latent image
сопряжённое ~ conjugate image
~ со спекл-структурой speckled image
спектроскопическое ~ spectroscopic image
статическое ~ static image
стереоскопическое ~ stereoscopic [three-dimensional] picture
стигматическое ~ stigmatic [punctual] image
стробоскопическое ~ stroboscopic image
сферическое ~ spherical image
сфокусированное ~ in-focus [focused] image
схематическое ~ diagrammatic representation, diagram
телевизионное ~ television [video] picture
телескопическое ~ telescopic image
темнопольное ~ *эл. микр.* dark-field image
температурное ~ thermal image
теневое ~ skiagraph, shadowgraph
тепловизионное ~ thermal image
тепловое ~ thermal image
томографическое ~ tomographic image
точечное ~ point image
трёхмерное ~ three-dimensional [3-D] image, three-dimensional picture
увеличенное ~ enlarged [magnified] image
удовлетворительное ~ *астр.* seeing fair
уменьшенное ~ diminished [demagnified] image
ультрафиолетовое ~ ultraviolet [UV] image
УФ ~ ultraviolet [UV] image
фоновое ~ background image
фотографическое ~ photographic image
хорошее ~ *астр.* seeing good
цветное ~ color image, color picture
цифровое ~ digital image
чёрно-белое ~ black-and-white [monochrome] picture
чёткое ~ sharp image
штриховое ~ line image
электронное ~ electron(ic) [electron-beam] image
электронно-микроскопическое ~ electron microscope image
электростатическое ~ electrostatic image
~ n-ного порядка n-th order image
изобретатель *м.* inventor
изобретение *с.* invention
изовектор *м.* isovector
псевдоскалярный ~ pseudoscalar isovector
изогалина *ж.* (*изолиния солёности вод*) isohaline
изогеотерма *ж.* isogeotherm

изогипса *ж.* isohypse, horizontal topographic [terrain] contour
изогира *ж.* (*геометрическое место точек одинакового поворота линий сетки, проходящих через точку*) isogyre
изогнутость *ж.* curvature, camber
~ профиля camber of an aerofoil section, camber of mean line
изогнутый *прил.* arched
изогона *ж.* isogon, isogonic [isogonal] line
изогональный *прил.* isogonal
изогруппа *ж.* isogroup
изоденса *ж.* isodence
изоденситрейсер *м.* isodensitracer
изодиморфизм *м.* isodimorphism
изодинама *ж. геофиз.* isodynamic line
изодоза *ж.* (*в радиобиологии*) isodose, isocount contour
~ нейтронного потока isoflux
изодозограф *м.* isodosograph
изодублет *м.* isodoublet
слабый ~ weak isodoublet
изокандела *ж.* (*кривая равной силы света*) isocandela curve, isocandela line
изокинета *ж.* (*линия полных перемещений одинаковой величины*) isokinetics
изоклина *ж.* isoclinic line, isoclinal (line)
~ перемещений isoclinic of displacement
чёрная ~ black isoclinic fringe
изолиния *ж.* isoline
~ потока isoflux curve, isoflux contour
~ чувствительности isosensitivity curve
изолюкса *ж.* (*кривая равной освещённости*) isolux curve; isolux line
изолятор *м.* insulator
антенный ~ antenna insulator
высоковольтный ~ high voltage insulator
магнитный ~ magnetic insulator
проходной ~ feedthrough [lead-in, bushing] insulator
электрический ~ electric insulator
изоляция *ж.* insulation; *микр.* isolation
адиабатическая ~ adiabatic insulation
вакуумная ~ vacuum insulation
вакуумная ~ волновода waveguide vacuum insulation
воздушная ~ air insulation
высоковакуумная ~ high-vacuum insulation
высоковольтная ~ high voltage insulation
газовая ~ gas insulation
диэлектрическая ~ dielectric insulation
звуковая ~ sound insulation, sound proofing
керамическая ~ ceramic isolation
магнитная ~ magnetic insulation
межвитковая ~ turn-to-turn insulation
~ мезаструктурами mesa isolation
многослойная ~ multilayer insulation
плёночная ~ film insulation
слюдяная ~ mica insulation
тепловая ~ heat [thermal] insulation
электрическая ~ electric insulation
эпитаксиальная ~ epitaxial insulation

~ **p-n-переходами** junction [diode] isolation
изомер *м.* isomer
  адронный ~ hadron isomer
  геометрический ~ geometrical isomer
  ~ **деления** fission isomer
  делящийся ~ fissioning isomer
  долгоживущий ядерный ~ long-lived nuclear isomer
  зеркальный ~ mirror isomer
  ирастовый ~ yrast isomer
  конформационный ~ conformation isomer, conformer
  короткоживущий ядерный ~ short-lived nuclear isomer
  левовращающий ~ levorota(to)ry isomer
  оптический ~ optical isomer; enantiomer
  ~ **плотности** density isomer
  поворотный ~ rotational isomer, rotamer
  правовращающий ~ dextrarota(to)ry isomer
  пространственный ~ stereoisomer
  протонно-активный ~ proton-active isomer
  радиоактивный ~ radioactive isomer
  ~ **с большим спином** high-spin isomer
  спонтанно делящийся ~ spontaneously fissile isomer
  структурный ~ structural isomer
  тяжёлый ~ heavy isomer
  ~ **формы** shape isomer
  химический ~ chemical isomer
  цветной ~ color isomer
  ядерный ~ nuclear isomer
изомеризация *ж.* isomerization
  многофотонная ~ multiphoton isomerization
  фотоиндуцированная ~ photoinduced isomerization
изомерия *ж.* isomerism
  ~ **атомных ядер** nuclear isomerism
  геометрическая ~ geometrical [cis-trans] isomerism
  делительная ~ fission isomerism
  конформационная ~ conformation isomerism
  ~ **молекул** molecular isomerism
  оптическая ~ optical isomerism
  поворотная ~ rotational isomerism
  ~ **положения** place [position] isomerism
  пространственная ~ space isomerism, stereoisomerism
  ~ **сердцевины ядра** core isomerism
  ~ **скелета** skeleton isomerism
  структурная ~ structural isomerism
  химическая ~ chemical isomerism
  электронная ~ electron isomerism
  ядерная ~ nuclear isomerism
изометрия *ж.* isometry
  ~ **операторов** operator isometry
изоморфизм *м. крист., мат.* isomorphism
  алгебраический ~ algebraic isomorphism
  антилинейный ~ anti-linear isomorphism
  гетеровалентный ~ heterovalent isomorphism
  голоморфный ~ holomorphic isomorphism
  ~ **графов** isomorphism of graphs
  групповой ~ group isomorphism

~ **динамических систем** dynamic system isomorphism
  изовалентный ~ isovalent isomorphism
  кососимметрический ~ skew isomorphism
  локальный ~ local isomorphism
  несовершенный ~ restricted isomorphism
  нормальный ~ normal isomorphism
  ограниченный ~ restricted isomorphism
  полный ~ entire isomorphism
  ~ **расслоений** bundle isomorphism
  сильный ~ strong isomorphism
  слабый ~ weak isomorphism
  совершенный ~ entire isomorphism
  спектральный ~ spectral isomorphism
  структурный ~ structural isomorphism
  топологический ~ topological isomorphism
  упорядоченный ~ ordered isomorphism
  частичный ~ partial isomorphism
изоморфность *ж. (фазового перехода)* isomorphism
изоморфный *прил.* isomorphous, isomorphic
изомультиплет *м. (изотопический мультиплет)* isomultiplet
  адронный ~ isomultiplet of hadrons
  мезонный ~ mesonic isomultiplet
  слабый ~ weak isomultiplet
изонефа *ж.* isoneph(elic) line
изопарагога *ж. (линия одинаковых частных производных)* isoparagogic line
изопараметрический *прил.* isoparametric
изопаха *ж. (линия уровня суммы главных напряжений)* isopachic line
изопериметрический *прил.* isoperimetric
изопериодичность *ж.* isoperiodicity
изопикна *ж. (линия равных плотностей)* isopycnic (line)
изопланатизм *м.* isoplanatism
изопланатичность *ж.* isoplanatism
изоповерхность *ж. геофиз.* isosurface
изопора *ж. геофиз.* isopor
изопространство *с.* isospace
изосейсма *ж. геофиз.* isoseismal (line)
изосимметрия *ж.* isosymmetry
изосинглет *м.* isosinglet
изоскаляр *м.* isoscalar
изоспин *м. фвэ* isospin, isotopic spin
  ~ **адрона** hadron isospin
  обобщённый ~ generalized isospin
  полный ~ total isospin
  слабый ~ weak isospin
  ~ **состояний** isospin of states
  ~ **фонона** phonon isospin
  ~ **ядра** nuclear isospin
изоспинор *м.* isospinor
  двумерный ~ two-dimensional isospinor
  ковариантный ~ covariant isospinor
изостазия *ж.* isostasy
изостата *ж. (траектория главных напряжений)* isostatics
изостера *ж.* isostere
  ~ **адсорбции** adsorption isostere
изоструктурность *ж.* isostructurality

изотаха *ж. (кривая равной скорости)* isotach, line [curve] of equal velocities

изотена *ж. (геометрическое место точек равного значения линейной деформации)* isotenic

изотензор *м.* isotensor

изотерма *ж. (линия равной температуры)* isotherm(ic line)
~ **адсорбции** adsorption isotherm
~ **Брунауэра - Эмметта - Теллера** Brunauer-Emmett-Teller [B.E.T.] isotherm
~ **Ван-дер-Ваальса** Van der Waals isotherm
вогнутая ~ concave isotherm
выпуклая ~ convex isotherm
~ **идеального газа** isotherm of perfect gas
~ **кристаллизации** crystallization isotherm
~ **Ленгмюра** Langmuir isotherm
~ **магнитосопротивления** magnetoresistance isotherm
обобщённая ~ **адсорбции** generalized adsorption isotherm
~ **растворимости** solubility isotherm
~ **сжатия** compression isotherm
~ **Фрейндлиха** Freundlich isotherm
~ **Холси** generalized adsorption isotherm
~ **Шлыгина - Фрумкина** Szlygin-Frumkin isotherm

изотерма-изобара *ж.* isotherm-isobar

изотермический *прил.* isothermal

изотермичность *ж.* isothermality

изотермобата *ж.* isothermobath

изотета *ж. (геометрическое место точек с одинаковым перемещением в данном направлении)* isothetic

изотон *м. яф* isotone

изотония *ж.* isotony, isotonism

изотоп *м.* isotope □ **обогащать** ~ enrich an isotope; **разделять** ~ы separate isotopes
активирующийся ~ activating isotope
~ **актиния** actinium isotope
альфа-активный ~ alpha-active [alpha-ray] isotope
альфа-излучающий ~ alpha-emitting isotope
альфа-стабильный ~ alpha-stable isotope
аналитический ~ analytical isotope
бета-активный ~ beta-active [beta-ray, beta-decay] isotope
бета-излучающий ~ beta-emitting isotope
бета-минус активный ~ beta-minus decay radioisotope
бета-плюс активный ~ beta-plus decay radioisotope
бета-стабильный ~ beta-stable isotope
возбуждённый ~ excited isotope
~ **в основном состоянии** ground-state isotope
вторичный ~ secondary isotope
гамма-излучающий ~ gamma-emitting isotope
делящийся ~ fissionable [fissile] isotope
долгоживущий ~ long-lived [long half-life] isotope
дочерний ~ daughter [transmutation] isotope
естественно радиоактивный ~ naturally radioactive isotope

естественный ~ natural(ly occurring) isotope
земной ~ terrestrial isotope
искусственный ~ artificial [man-made, synthetic] isotope
~, **испытывающий K-захват** K-capture isotope
исходный ~ original [parent] isotope
короткоживущий ~ short-lived [short half-life] isotope
лёгкий ~ light isotope
малораспространённый ~ low-abundance isotope
материнский ~ parent isotope
мёссбауэровский ~ Mössbauer isotope
неактивирующийся ~ nonactivating isotope
нейтронодефицитный ~ neutron-deficient isotope
нейтроноизбыточный ~ neutron-excess isotope
нейтронообеднённый ~ neutron-inpoverished isotope
нейтронообогащённый ~ neutron-rich isotope
неустойчивый ~ unstable isotope
нечётный ~ odd isotope
обогащённый ~ enriched isotope
~, **образующийся в реакторе** pile-produced isotope
осколочный ~ fission(-product) isotope
первичный ~ primary isotope
поглощающий ~ absorbing isotope
природный ~ natural(ly occurring) isotope
промышленный ~ industrial isotope
радиоактивный ~ radioactive isotope, radioisotope, radionuclide
радиохимически выделенный ~ radiochemical isotope
разделённые ~ы separated isotopes
родительский ~ parent isotope
сверхтяжёлый ~ superheavy isotope
~ **с избытком нейтронов** neutron-rich [neutron-excess] isotope
~ **с недостатком нейтронов** neutron-deficient isotope
стабильный ~ stable isotope
транскюриевый ~ transcurial isotope
трансплутониевый ~ transplutonium isotope
тяжёлый ~ heavy isotope
устойчивый ~ stable isotope
чётно-чётный ~ even-even isotope
чётный ~ even isotope
электромагнитно обогащённый ~ electromagnetically enriched isotope

изотоп-индикатор *м.* tracer isotope

изотопический *прил.* isotopic

изотопия *ж.* isotopy, isotopism

изотоп-мишень *ж.* target isotope

изотопный *прил.* isotopic

изотриплет *м.* isotriplet

изотропа *ж. (линия одинакового жёсткого поворота)* isotrophics

изотропизация *ж.* isotropization
~ **космических лучей** cosmic ray isotropization

265

линейная ~ linear isotropization
~ направлений directional isotropization
нелинейная ~ nonlinear isotropization
изотропи/я ж. isotropy □ обладающий ~ей упругих свойств elastically isotropic
~ Вселенной isotropy of the Universe
~ давления isotropy of pressure
~ излучения radiation isotropy
крупномасштабная ~ large-scale isotropy
мелкомасштабная ~ small-scale isotropy
оптическая ~ optical isotropy
~ первичных космических лучей isotropy of primary cosmic rays
полная ~ strict isotropy
~ пространства-времени space-time isotropy
пространственная ~ spacial [space] isotropy
~ реликтового излучения relict radiation isotropy
трансверсальная ~ transverse isotropy
цилиндрическая ~ cylindrical isotropy
~ углового распределения angular distribution isotropy
изотропность ж. isotropism, isotropy
~ радиоактивного источника radioactive source isotropism
изотропный прил. isotropic
изофаза ж. (солнечного затмения) isophasal line
изофермион м. isofermion
изофот м. (линия равной освещённости) isophot
изофота ж. (линия равной интенсивности) isophot
~ радиоизлучения radio isophot
изохазма ж. (линия равного числа полярных сияний) isochasm
изохора ж. терм. isochore
критическая ~ critical isochore
изохрома ж. (кривая одинаковой цветности) isochromatic line, isochromatic fringe, isochromatic curve, isochromatics
изохрона ж. (изолиния одновременности явления) isochrone
~ солнечных затмений solar eclipse isochrone
изохронность ж. isochronism
~ колебаний isochronism of oscillation
~ маятника isochronism of pendulum
изохронный прил. isochronous
изоэлектронный прил. isoelectronic
изоэнтальпа ж. терм. isenthalpy
изоэнтата ж. (линия одинаковых деформаций) isoentatics
изоэнтропа ж. терм. isentropy, adiabat
изумруд м. emerald
изучать гл. explore, study, investigate
~ возможность explore [study] the possibility
~ методом рентгеновских лучей study [analyze] by X-rays, carry out X-ray analysis
изучение с. investigation, research, exploration, study
всестороннее комплексное ~ comprehensive study
~ качества изображений seeing studies

~ методом меченых атомов tracer study
~ перезарядки методом скрещённых пучков crossed beam study of the charge exchange
эллипсометрическое ~ ellipsometer study
изъязвление с. pitting
коррозионное ~ corrosion pitting, corrosion denting
изъян м. defect, fault, flaw; (в теории устойчивости конструкций) imperfection
изэнтропический прил. isentropic
ик-диапазон м. infrared range, IR
ик-излучатель м. infrared radiator
иконоскоп м. iconoscope
икосаэдр м. icosahedron
усечённый ~ truncated icosahedron
икоситетраэдр м. icositetrahedron
ик-светофильтр м. infrared filter
икс-единица ж. (внесистемная единица длины) X-unit
ик-спектр м. infrared spectrum
ик-спектрометр м. infrared spectrometer
ик-спектроскопия ж. infrared spectroscopy
ик-фотография ж. infrared photography
ил м. sludge
активированный ~ activated sludge
ионообменный ~ ion-exchange sludge
иллюзи/я ж. illusion
геометрические оптические ~и geometrical optical illusions
динамические оптические ~и dynamical optical illusions
зрительные ~и optical illusions
~ иррадиации irradiation illusion
оптические ~и optical illusions
иллюстрация ж. illustration, figure
ильменит м. ilmenite
иметь гл. have, possess
~ важное значение be of great importance, be essential
~ в виду be [keep] in mind; remember
~ вид have the appearance, be of the form
~ отношение к... be related to...
~ практическое значение be of practical use [importance]
имитатор м. simulator
~ движущейся цели moving target [Doppler] simulator
~ реактора reactor simulator
~ сигнала signal simulator
солнечный ~ кв. эл. solar simulator
имитация ж. (моделирование) simulation; (подражание) imitation
имитировать гл. (моделировать) simulate
имманентность ж. immanence
иммерсия ж. immersion
масляная ~ oil immersion
однородная ~ homogeneous immersion
иммитанс м. immittance
иммобилизация ж. immobilization
~ дислокаций dislocation immobilization
иммунология ж. immunology

радиационная ~ radioimmunology
импактор *м.* impactor
  каскадный ~ *(анализатор аэрозолей)* cascade impactor
импеданс *м.* impedance
  акустический ~ acoustical impedance
  внешний ~ external impedance
  внутренний ~ internal impedance
  волновой ~ characteristic [wave] impedance
  ~ **в точке возбуждения** driving-point impedance
  входной ~ input impedance
  выходной ~ output impedance
  ~ **двухполюсника** impedance of two-terminal network
  динамический ~ dynamic impedance
  ёмкостный ~ capacitive impedance
  зеркальный ~ image impedance
  ~ **излучения** radiation impedance
  индуктивный ~ inductive impedance
  ~ **источника** source impedance
  кинетический ~ motional impedance
  комплексный ~ complex impedance
  механический ~ mechanical impedance
  ~ **нагрузки** load impedance
  нагрузочный ~ load impedance
  параллельный ~ shunt impedance
  передаточный ~ transfer impedance
  ~ **плазмы** plasma impedance
  поверхностный ~ surface [skin] impedance
  полевой ~ field impedance
  последовательный ~ series impedance
  ~ **пучка** beam impedance
  реактивный ~ reactive impedance
  ~ **резистивного пинча** resistive pinch impedance
  ~ **трубопровода** pipeline impedance
  удельный акустический ~ specific acoustic impedance
  характеристический ~ characteristic [wave] impedance
  характеристический ~ **вакуума** characteristic impedance of vacuum
  ~ **цепи** network [circuit] impedance
  ~ **четырёхполюсника** impedance of four-terminal network
  электрический ~ (electrical) impedance
имплантация *ж.* implantation
  ~ **атомов отдачи** recoil atom implantation
  высококонцентрационная ~ high-concentration implantation
  двукратная ионная ~ double ion implantation
  импульсная ~ impulse implantation
  импульсно-периодическая ~ pulse-periodic implantation
  ионная ~ ion (beam) implantation
  ~ **ионов акцепторной примеси** p-type ion implantation
  ~ **ионов бора (мышьяка, фосфора и др.)** boron (arsenic, phosphorous, etc.) ion implantation
  ~ **ионов высокой энергии** high-energy ion implantation
  ~ **ионов донорной примеси** n-type ion implantation
  локальная ионная ~ local ion implantation
  ~ **металлических ионов** metal ion implantation
  ~ **неметаллических ионов** nonmetal ion implantation
  непрерывная ~ continuous implantation
  одновременная ~ *(разных ионов)* sumultaneous implantation
  одноэлементная ~ single element implantation
  последовательная ~ *(разных ионов)* successive implantation
  самоотжиговая ~ self-annealing implantation
  самоотжиговая ионная ~ self-annealing ion implantation
имплантер *м. (имплантационная установка)* implanter
  сильноточный ~ high-current implanter
имплозия *ж.* implosion
импульс *м.* **1.** *(волновой пакет)* (im)pulse **2.** *(количество движения)* momentum **3.** *(в токамаке, лазере)* shot
  адиабатический ~ adiabatic pulse
  акустический ~ acoustic [sound] pulse
  амплитудно-модулированные ~ы amplitude-modulated pulses
  асимптотический ~ *кв. эл.* asymptotic pulse
  бегущий ~ traveling pulse
  бесконечный ~ infinite pulse
  беспорядочные ~ы random pulses
  биполярный ~ bipolar [bidirectional] pulse
  включающий ~ turn-on pulse
  ~ **ВКР** Raman pulse
  возбуждающий ~ excitation [exciting] pulse
  ~ **возбуждения** excitation pulse
  возмущающий ~ impulsive disturbance
  волновой ~ wave momentum
  вращательный ~ angular impulse
  временной ~ time pulse
  входной ~ incoming [input] pulse
  выключающий ~ turn-off pulse
  ~ **вылетающей частицы** outgoing momentum
  выравнивающий ~ equalizing pulse
  высоковольтный ~ high-voltage pulse
  высококонтрастный ~ high-contrast pulse
  высокочастотный ~ radio frequency [rf] pulse
  выходной ~ output pulse
  гасящий ~ blanking [quenching] pulse
  гигантский ~ *кв. эл.* giant pulse
  двойной ~ double pulse
  ~ **деления** fission pulse
  дискретный ~ discrete pulse
  дифференцированный ~ differentiated pulse
  единичный ~ unit impulse
  задающий ~ driving pulse
  задержанный ~ delayed pulse
  ~ **задержки** delay pulse
  ~ **зажигания** *(импульсной лампы)* ignition [initiating] pulse
  запаздывающий ~ delayed pulse

запирающий ~ blanking [blackout] pulse
~ записи write pulse
~ запуска развёртки sweep-initiating [time-base trigger] pulse
запускающий ~ initiating [start, driving, triggering, release] pulse
затухающий ~ decaying pulse
звуковой ~ acoustic [sound] pulse
~ звуковой волны acoustic wave momentum
зондирующий ~ probe [interrogation, sounding] pulse
излучённый ~ emitted pulse
изолированный ~ isolated pulse
инициирующий ~ initiating pulse
ионизационный ~ ionization pulse
ионный ~ ion pulse
испытательный ~ test pulse
калибровочный ~ calibration pulse
канонический ~ canonical momentum
квантовый ~ quantum momentum
когерентный ~ coherent pulse
колоколообразный ~ bell-shaped [Gaussian] pulse
коммутирующий ~ switching pulse
конечный ~ finite pulse
короткий ~ narrow [short] pulse
корректирующий ~ correcting pulse
кратковременный ~ narrow [short] pulse
кумулятивный ~ cumulative pulse
~ лазера с модулированной добротностью Q-switched pulse
лазерный ~ laser pulse; shot
ложный ~ spurious pulse; (в ФЭУ) afterpulse
маркерный ~ marker pulse
мгновенный ~ impulse of impact force, prompt pulse
механический ~ mechanical momentum; mechanical impulse
~ механической системы momentum of mechanical system
мешающий ~ interference pulse
минимальный передаваемый ~ minimum momentum transfer
монополярные ~ы unipolar [unidirectional] pulses
мощный ~ high-power pulse
наблюдаемый ~ observable pulse
~ на входе пересчётного устройства unscaled pulse
~ на выходе пересчётного устройства scaled pulse
~ нагревания heating pulse
~ накачки pumping pulse
~ы, налагающиеся друг на друга overlapping pulses
~ налетающей частицы incident [incoming, projectile] momentum
наносекундный ~ nanosecond pulse
~ напряжения impulse of voltage, voltage pulse
начальный ~ initial [firing, zero-time] pulse
~ небольшой длительности narrow [short] pulse

нейтронный ~ neutron burst
неподвижный ~ fixed pulse
нервный ~ nerve impulse
нерелятивистский ~ nonrelativistic momentum
~ несовпадения anticoincidence pulse
обобщённый ~ generalized momentum
~ обратной полярности inverted pulse
обратный ~ обрезания inverse cut-off
одиночный ~ single pulse; (в лазере) single shot
одномодовый ~ single mode [monomode] pulse
опорный ~ reference pulse
оптический ~ optical pulse
останавливающий ~ stop pulse
острый ~ peaky pulse
~ отдачи recoil momentum
относительный ~ relative momentum
отпирающий ~ (напр. в оптическом затворе) gating [gate] pulse
отражённый ~ reflected [echo] pulse
отрицательный ~ negative pulse
паразитный ~ stray [parasitic, spurious] pulse
парный ~ paired pulse
перевёрнутый ~ inverted pulse
пикосекундный ~ picosecond pulse
пилообразный ~ saw-tooth pulse
плоский ~ flat-top [square-topped] pulse
П-образный ~ squared [rectangular] pulse
повторяющиеся ~ы repetitive pulses
~ подавления suppression pulse
полный ~ total momentum
поляризованный ~ polarized pulse
поперечный ~ transverse momentum
пороговый ~ threshold pulse
~ потока flux pulse
предшествующий ~ precursor pulse
пренебрежимо малый ~ negligible momentum
прерывающий ~ interrupting pulse
приведённый ~ (частицы) reduced momentum
пробный ~ test pulse
продольный ~ longitudinal momentum
профилированный лазерный ~ profiled laser pulse
прямоугольный ~ squared [rectangular] pulse
прямоугольный нейтронный ~ rectangular neutron burst
пусковой ~ start(ing) [triggering, initiating, firing] pulse
равновесный ~ equilibrium momentum
равноотстоящие ~ы equispaced [equidistant] pulses
радиальный ~ radial momentum
радиолокационный ~ radar pulse
разрядный ~ discharge pulse
результирующий ~ net momentum
релятивистский ~ relativistic momentum
сверхкороткий ~ ultrashort pulse
световой ~ light pulse

СВЧ ~ microwave pulse
сдвоенный ~ double pulse
селекторный ~ gate [strobe, sampling] pulse
сжатый ~ compressed pulse
~ сигнала ошибки error pulse
~ силы impulse of force, momentum
синусоидальный ~ sine pulse
синхронизирующий ~ clock [sync(hro-nizing)] pulse
~ с крутым фронтом steep pulse
~ с линейной частотной модуляцией (fre-quency-)chirped [chirp] pulse
~ сложения add pulse
случайный ~ random pulse
~ смещения displacement [shift, bias] pulse
~ совпадения coincidence pulse
~ с ограниченной шириной полосы band-width-limited pulse
сопряжённый ~ conjugate momentum
сохраняющийся ~ conserved momentum
спаренные ~ы paired pulses
спектрально-ограниченный ~ bandwidth-limited [spectrally limited] pulse
~ с плоской верхушкой flat-top [square-top-ped] pulse
срезанный ~ clipped pulse
сталкивающиеся ~ы colliding pulses
стартовый ~ start(ing) [triggering, initiating] pulse
стирающий ~ erasing pulse
стоксов ~ Stokes pulse
стробирующий ~ gating [gate, strobe, sampl-ing] pulse
ступенчатый ~ step-function signal
субпикосекундный ~ subpicosecond pulse
сцинтилляционный ~ scintillation pulse
~ счёта count pulse
~ считывания read-out pulse
тактовый ~ clock pulse
тепловой ~ heat pulse
~ тока current pulse, impulse of current
~ точки point momentum
трековый ~ track pulse
треугольный ~ delta [triangular] pulse
трёхмерный ~ three-dimensional pulse
триггерный ~ trigger(ing) pulse
~ ударной силы blow, impact impulse
ударный ~ impact [collision] momentum
удельный ~ specific momentum
узкий ~ spike, spike [narrow, short] pulse
узкополосный ~ narrow-band pulse
укороченный ~ chopped pulse
ультракороткий ~ ultrashort pulse
управляющий ~ master [driving, control] pulse
упругий ~ elastic impulse
уширенный ~ stretched pulse
фемтосекундный ~ femtosecond pulse
~ Ферми Fermi momentum
фермиевский ~ Fermi momentum
фоновый ~ background pulse
~ фотона photon momentum

хаотические ~ы random [chaotic] pulses
хронирующий ~ timing [clock] pulse
~ частицы particle momentum
~ частицы отдачи recoil particle momentum
четырёхмерный ~ four-dimensional momentum
шумовой ~ noise pulse
эквивалентный ~ equivalent pulse
электрический ~ electrical pulse
электрокинетический ~ electrokinetic momentum
~ электромагнитного поля electromagnetic field momentum
электромагнитный ~ electromagnetic pulse
~ электрона momentum of electron, electron momentum
эталонный ~ standard pulse
импульсно-модулированный *прил.* pulse-modulated
импульсный *прил.* pulsed, impulse
инактивация *ж.* inactivation
инвар *м. (сплав)* invar
инвариант *м.* invariant
адиабатический ~ adiabatic invariant
большой кинематический ~ *фвэ* large kinematic invariant
второй адиабатический ~ second adiabatic invariant
гомотопический ~ homotopy invariant
~ деформации strain invariant
изотопический ~ isotopic invariant
интегральный ~ integral invariant
~ Казимира Casimir invariant
калибровочный ~ gauge invariant
кинематический ~ kinematic invariant
комбинаторный ~ combinatorial invariant
конформный ~ conformal invariant
~ Лифшица *фтт* Lifshitz invariant
~ напряжённого состояния invariant of stress
~ матрицы matrix invariant
первый адиабатический ~ first adiabatic invariant
~ поля field invariant
поперечный адиабатический ~ transverse adiabatic invariant
продольный адиабатический ~ longitu-dinal adiabatic invariant
продольный адиабатический ~ **для бана-новых частиц** banana particles longitudinal adiabatic invariant
релятивистский ~ relativistic invariant
~ Римана Riemann invariant
симплектический ~ symplectic invariant
~ системы сил *мех.* invariant of system of forces
скалярный ~ scalar invariant
спинорный ~ spinor invariant
топологический ~ topological invariant
третий адиабатический ~ third adiabatic invariant
~ Хопфа Hopf invariant
~ электромагнитного поля electromagnetic field invariant

инвариантность *ж.* invariance □ ~ относительно ... invariance with respect to ...
абелева ~ Abelian invariance
адиабатическая ~ adiabatic invariance
асимптотическая изоспиновая ~ asymptotic isospin invariance
асимптотическая конформная ~ asymptotic conformal invariance
~ вакуума vacuum invariance
вейлевская ~ Weyl invariance
вращательная ~ rotational invariance
галилеева ~ Galilean invariance
галилеевская ~ Galilean invariance
~ гамильтониана Hamiltonian invariance
глобальная ~ global invariance
глобальная калибровочная ~ global gauge invariance
глобальная релятивистская ~ global relativistic invariance
гомотопическая ~ homotopy invariance
градиентная ~ gradient invariance
~ действия invariance of action
дилатационная ~ dilatational invariance
динамическая масштабная ~ dynamic scale invariance
зарядовая ~ charge invariance
изобарическая ~ isobaric invariance
изоспиновая ~ isospin invariance
изотопическая ~ isotopic invariance
изотопическая ~ сильного взаимодействия isotopic invariance of strong interaction
изотопическая ~ ядерных сил isotopic invariance of nuclear forces
калибровочная ~ gauge invariance
калибровочная ~ Янга - Миллса Yang-Mills gauge invariance
киральная ~ chiral invariance
коллинеарная ~ collinear invariance
комбинированная ~ combined invariance
конформная ~ conformal invariance
локальная калибровочная ~ local gauge invariance
локальная релятивистская ~ local relativistic invariance
лоренцовская ~ Lorentz(ian) [relativistic] invariance
масштабная ~ scale invariance; scaling (invariance)
модулярная ~ modular invariance
нарушенная ~ broken [approximate] invariance
нерелятивистская ~ nonrelativistic invariance
~ относительно вращений rotational invariance
~ относительно зарядового сопряжения *(C инвариантность)* charge conjugation invariance, C-invariance
~ относительно зарядового сопряжения и пространственной инверсии *(CP инвариантность)* CP-invariance
~ относительно зарядового сопряжения, пространственной инверсии и обращения времени *(CPT инвариантность)* CPT-invariance

~ относительно обращения времени time reversal [time conjugation] invariance, T-invariance
~ относительно отражений reflexion invariance
~ относительно перестановки invariance under permutation
~ относительно преобразования invariance under transformation
~ относительно CPT преобразования *(CPT инвариантность)* CPT-invariance
приближённая ~ approximate [broken] invariance
проективная ~ projective invariance
расширенная ~ extended invariance
релятивистская ~ relativistic [Lorentz(ian)] invariance
ренормализационная ~ renormalization invariance
спектральная ~ spectral invariance
статистическая ~ statistical invariance
строгая ~ exact invariance
суперкалибровочная ~ supergauge invariance
топологическая ~ topological invariance
точная ~ exact invariance
трансляционная ~ translation(al) invariance
унитарная ~ unitary invariance
феноменологическая ~ phenomenological invariance
CP ~ CP-invariance
CPT ~ CPT-invariance
инвариантный *прил.* invariant
~ по отношению к ... invariant with respect to ...
инверсия *ж.* inversion
адиабатическая ~ *кв. эл.* adiabatic inversion
~ влажности *(в тропосфере)* humidity inversion
~ времени time inversion
~ заселённости *кв. эл.* population inversion
~ изображения image [picture] inversion
комбинированная ~ *фвэ* combined inversion
~ контраста *гологр.* inversion of the contrast
критическая ~ critical inversion
~ населённостей *кв. эл.* population inversion
неоднородная ~ *кв. эл.* nonuniform inversion
однородная ~ *кв. эл.* uniform inversion
~ плотности density inversion
поверхностная ~ *фпп* surface inversion
полная ~ total inversion
полная колебательная ~ total vibration inversion
~ полярности *(сигнала)* polarity inversion
пороговая ~ threshold inversion
приземная ~ *(температуры)* ground [surface] inversion
пространственная ~ space [spatial] inversion
пространственно-временная ~ space-time inversion
радиационная ~ radiation inversion
~ спектра spectrum [frequency] inversion
температурная ~ *(в тропосфере)* temperature inversion
~ температуры *(в тропосфере)* temperature inversion

~ фазы phase inversion
частичная ~ *кв. эл.* partial inversion
частичная колебательно-вращательная ~ partial vibration-rotation inversion
~ щели *сверхпр.* gap inversion
инвертор *м.* inverter
импульсный ~ pulse inverter
потенциальный ~ level inverter
~ фазы phase inverter
инволюта *ж. мат.* evolvent, involute
инволюция *ж. мат.* involution
ингибитор *м.* inhibitor
~ коррозии corrosion inhibitor
ингредиент *м.* ingredient
индекс *м.* index (*мн.* indices)
~ авроральной электроструи auroral electrojet index
~ активности *сэф* activity index
~ аромата flavor index
~ Браве *фтт* Bravais index
~ы Вейсса *крист.* Weiss indices
векторный ~ vector index
верхний ~ superscript, upper index
влаготемпературный ~ moisture-temperature index
~ вспышки flare index
~ вязкости viscosity index
гиперцветовой ~ hypercolor index
~ диаграммы Фейнмана index of Feynman diagram
изоспиновый ~ isospin index
изоспинорный ~ isospinor index
изотопический ~ isotopic index
кварковый ~ quark index
ковариантный ~ covariant index
контравариантный ~ contravariant index
~ кривизны curvature index
кристаллографический ~ crystallographic index
критический ~ critical exponent; *фтт* critical index
левый нижний ~ presubscript
лоренцов ~ *кхд* Lorentz index
~ы Миллера *крист.* Miller indices
миллеровские ~ы *крист.* Miller indices
~ модуляции modulation index
~ моды mode index, mode number
надстрочный ~ superscript
немой ~ dummy subscript
нецелочисленный ~ *крист.* fractional index
нижний ~ subscript, lower index
обобщённый ~ вспышки comprehensive flare index
общий ~ цветопередачи general color rendering index
переменный ~ running index
планетарный ~ магнитной активности planetary magnetic Kp index
~ подгруппы subgroup index
подстрочный ~ subscript
~ позиции Уайкова *крист.* Wikoff index

~ помещения (*в светотехнике*) *англ.* room [ceiling cavity] index; *амер.* room [ceiling] cavity ratio
правый нижний ~ post-subscript
~ солнечной активности solar activity index
спектральный ~ spectral index
спиновый ~ spin index
спинорный ~ spinorial index
~ спиральности helicity index
текущий ~ running index
тензорный ~ tensor index
топологический ~ topological index
унитарный ~ unitary index
фермионный ~ fermion index
~ Франка (*в жидких кристаллах*) Frank index
~ Хопфа *ктп* Hopf index
цветовой ~ *ктп* color index
~ цветопередачи color rendering index
частный ~ цветопередачи special color rendering index
~ частотной модуляции frequency modulation index
~ элемента element index
индентирование *с.* indentation
индентор *м. фтт* indenter
алмазный ~ diamond indenter
конический ~ conical [cone] indenter
пирамидальный ~ pyramidal indenter
скользящий ~ *физ. пов.* gliding indenter
сферический ~ spherical indenter
цилиндрический ~ cylinder indenter
индетерминизм *м.* indeterminism
индий *м.* indium, In
индикатор *м.* 1. indicator; display 2. (*в радиохимии*) tracer
адсорбционный ~ adsorption indicator
~ биений beat indicator
~ вакуума vacuum indicator
визуальный ~ visual indicator
газоразрядный ~ gas discharge indicator
~ движений стержня rod motion indicator
~ диффундирующий diffusing tracer
~ для визуализации потока streamer
~ дозы излучения radiation dosage indicator
знаковый ~ character display
изотопный ~ radioactive [isotopic] tracer, isotopically labelled compound
инертный ~ nonradioactive tracer
ионизационный ~ ionization indicator
кислотно-основной ~ acid-base indicator
линейный газоразрядный ~ linear gas discharge indicator
~ направления пучка beam direction indicator
~ неисправностей fault display
~ настройки tuning indicator
оптоэлектронный ~ optoelectronic indicator
панорамный ~ panoramic display
~ перегрева overheat indicator
~ перегрузки overload indicator
~ положения пучка beam position indicator
~ положения стержня rod position indicator

~ **потока** flow indicator
~ **радиоактивности** radioactivity indicator
радиоуглеродный ~ radiocarbon tracer
световой ~ light indicator, indicator lamp
сигнальный ~ signal indicator
стрелочный ~ needle [pointer] indicator
сцинтилляционный ~ scintillation indicator
~ **тлеющего разряда** glow discharge indicator
~ **уровня** level indicator
феррозондовый ~ ferroprobe indicator
хемилюминесцентный ~ chemiluminescent indicator
химический ~ chemical tracer
цифровой ~ digital [numeric] indicator, numeric display
электролюминесцентный ~ electroluminescent indicator, electroluminescent display
электрооптический ~ electrooptic display
индикатриса *ж. мат., опт.* indicatrix
~ **диффузии** indicatrix of diffusion
~ **Дюпена** Dupin indicatrix
оптическая ~ optical indicatrix
~ **рассеяния** scattering indicatrix
~ **фотометрической величины** indicatrix of photometric quantity
индикация *ж.* indication
взаимная ~ mutual indication
визуальная ~ visual indication
звуковая ~ audible indication
световая ~ light indication
цифровая ~ digital indication
индицирование *с. (напр. дифракционной картины)* indexing
индуктивность *ж.* 1. *(свойство)* inductance 2. *(электронный компонент)* inductor, inductance coil
взаимная ~ mutual inductance
~ **витка** turn inductance
внешняя ~ external inductance
внутренняя ~ internal inductance
~ **вторичной обмотки** secondary (winding) inductance
динамическая ~ dynamic inductance
дифференциальная ~ incremental inductance
кинетическая ~ *сверхпр.* kinetic inductance
паразитная ~ stray [spurious] inductance
~ **первичной обмотки** primary (winding) inductance
переменная ~ variable inductance
~ **плазмы** plasma inductance
погонная ~ running inductance
погонная ~ **ускорителя** accelerator inductance per unit length
распределённая ~ distributed inductance
~ **рассеяния** leakage inductance
~ **соленоида** solenoid inductance
сосредоточенная ~ lumped inductance
шунтирующая ~ shunt inductance
~ **электрода** electrode inductance
индуктор *м.* inductor
нагревательный ~ induction heater
индукция *ж.* induction

взаимная ~ mutual induction
~ **движения** motional induction
магнитная ~ magnetic induction
математическая ~ mathematical induction
~ **насыщения** saturation induction
обратная ~ back induction
остаточная ~ residual [remanent] induction
остаточная магнитная ~ remanence, residual magnetic induction
отрицательная остаточная магнитная ~ negative remanence
положительная остаточная магнитная ~ positive remanence
собственная магнитная ~ ferric [intrinsic] induction
униполярная ~ unipolar [homopolar] induction
химическая ~ chemical induction
электрическая ~ electric induction
электромагнитная ~ electromagnetic induction
электростатическая ~ electrostatic induction
ядерная ~ nuclear induction
индуцировать *гл.* induce, stimulate
иней *м.* (hoar) frost
инертность *ж. мех., хим.* inertia, inertness
химическая ~ chemical inertness
инерционность *ж.* inertia; sluggishness
~ **зрительного восприятия** persistence of vision
~ **ионосферы** ionosphere inertia
инерция *ж. мех.* inertia; time lag
~ **вращения** rotary inertia
~ **гироскопа** gyroscope inertia
~ **зрения** visual inertia
~ **ионов** ion inertia
механическая ~ mechanical [mass] inertia
~ **носителей заряда** carrier inertia
поперечная ~ **ионов** transversal ion inertia
поперечная ~ **электронов** transversal electron inertia
~ **присоединённой массы** virtual [apparent] inertia
тепловая ~ thermal inertia, thermal lag
~ **термометра** thermometric lag
~ **частицы** particle inertia
~ **электронов** electron inertia
инжектор *м.* injector
~ **дырок** *фпп* hole injector
импульсный ~ *(плазмы)* pulse injector
квазистационарный ~ *(плазмы)* quasistationary [quasisteady-state] injector
~ **плазмы** plasma injector
пневматический ~ **таблеток** pneumatic pellet injector
~ **пучка** beam injector
сложный ~ complex injector
~ **с сильной фокусировкой** strong-focusing injector
струйный ~ jet injector
~ **таблеток** pellet injector
~ **таблеток в виде центрифуги** centrifugal pellet injector
~ **электронов** electron injector

инжекция *ж.* injection
  биполярная ~ double [two-carrier] injection
  внешняя ~ outer [external] injection
  внутренняя ~ inner [internal, on-orbit] injection
  встречная ~ antiparallel injection
  двойная ~ double [two-carrier] injection
  ~ дырок *фпп* hole injection
  ~ заряженных частиц charged particle injection
  ~ избыточных носителей injection of extra carriers
  импульсная ~ pulsed injection
  ~ кластеров cluster injection
  контактная ~ contact injection
  лавинная ~ avalanche injection
  ~ макрочастиц macroparticle injection
  многооборотная ~ *(в ускорителе)* multiturn injection
  монополярная ~ one-carrier injection
  нейтральная ~ neutral injection
  ~ нейтральных атомов neutral injection
  непрерывная ~ continuous injection
  ~ неосновных носителей *фпп* minor carrier injection
  ~ носителей *(заряда)* carrier injection
  однооборотная ~ *(в ускорителе)* one-turn [single-turn] injection
  односторонняя ~ one-side injection
  ~ основных носителей majority carrier injection
  параллельная ~ parallel injection
  перпендикулярная ~ *(в токамаке)* perpendicular injection
  ~ плазменного пучка plasma beam injection
  ~ плазмы plasma injection
  ~ пучка beam injection
  ~ пучка молекулярных ионов molecular ion beam injection
  ~ пучка нейтральных атомов neutral atom beam injection
  ~ пучка по направлению тока *(в токамаке)* co-injection
  ~ пучка против направления тока *(в токамаке)* contra-injection
  радиальная ~ radial injection
  ~ релятивистского пучка relativistic beam injection
  сильная ~ high-level injection
  ~ таблеток pellet injection
  тангенциальная ~ *(в токамаке)* tangential injection
  ~ тока current injection
  туннельная ~ tunnel injection
  ~ частиц particle injection
  ~ электронов electron injection
инженер *м.* engineer
инициирование *с. кв. эл.* initiation
  импульсное ~ pulse [flash] initiation
  импульсное фотолитическое ~ flash photolysis initiation
  ~ лазера laser initiation
  радиационное ~ radiative initiation

  ~ разряда discharge initiation
  ~ реакции initiation of the reaction
  тепловое ~ thermal initiation
  фотолитическое ~ photolytic initiation
  чисто химическое ~ purely chemical initiation
  ~ электрическим разрядом electric discharge initiation
  электрическое ~ electrical initiation
  ~ электронным пучком electron beam initiation
инклинометр *м. геофиз.* inclinometer
инклюзия *ж.* inclusion
инконель *м. (сплав)* inconel
инкремент *м.* increment
  временной ~ time increment
  гидродинамический ~ hydrodynamic increment
  интегральный ~ integral increment
  квазилинейный ~ quasi-linear increment
  кинетический ~ kinetic increment
  линейный ~ linear increment
  логарифмический ~ logarithmic increment
  локальный ~ local increment
  нелинейный ~ nonlinear increment
  ~ неустойчивости *(напр. лазерного пучка)* instability increment; growth rate of the instability
  пространственный ~ spatial increment
  ~ усиления gain increment
инсоляция *ж. геофиз.* insolation
инстантон *м. фвэ* instanton
  автодуальный ~ selfdual instanton
  гравитационный ~ gravitational instanton
  двумерный ~ two-dimensional instanton
  неабелев ~ non-Abelian instanton
  нетривиальный ~ nontrivial instanton
  основной ~ basic instanton
  расплавленный ~ melted instanton
  струнный ~ stringy instanton
  янг-миллсовский ~ Yang-Mills instanton
институт *м.* institute
инструкция *ж.* instruction, (user) manual
  ~ по эксплуатации operating instruction; maintenance manual
инструмент *м.* **1.** *(прибор)* instrument **2.** *(орудие труда)* tool
  алмазный ~ diamond tool
  астрометрические ~ы astrometrical instruments
  астрономические ~ы astronomical [observing] instruments
  геодезические ~ы geodetic [field] instruments
  меридианный ~ meridian telescope, meridian instrument
  пассажный ~ transit instrument
  радиоастрономические ~ы radio(astronomical) instruments
  режущий ~ cutter, cutting tool
  универсальный ~ universal instrument
  экспедиционные ~ы field instruments

интеграл *м.* integral □ ~ берётся вдоль ... integral is taken along ... ~ от ... integral of ...; ~ в пределах от x до y integral between the limits x and y; ~ в смысле главного значения principal-value integral; вынести ... из-под знака ~ take ... outside the integral sign

~ вероятности probability integral

~ вероятности от комплексного аргумента probability integral with complex argument

~ взаимодействия interaction integral

винеровский функциональный ~ Wiener functional integral

гейзенберговский обменный ~ Heisenberg exchange integral

гиперэллиптический ~ hyperelliptic integral

групповой ~ group integral

~ движения integral of motion

~ движения центра масс mass-center integral

двойной ~ double integral

двухэлектронный молекулярный ~ two-electron molecular integral

действительный ~ real integral

~ действия action integral

~ Дирихле Dirichlet integral

дифракционный ~ diffraction integral

~ дробного порядка fractional integral

~ Зоммерфельда Sommerfeld integral

~ импульса momentum integral

квазилинейный ~ столкновений quasilinear collision integral

~ Кирхгофа Kirchhoff integral

кластерный ~ *стат.* cluster integral

комплексный ~ complex integral

континуальный ~ continual integral

контурный ~ line [contour] integral

конфигурационный ~ configuration integral

~ Коши Cauchy integral

~ Коши - Лагранжа системы гидродинамических уравнений Cauchy-Lagrange function

кратный ~ multiple integral

криволинейный ~ curvilinear integral

кулоновский молекулярный ~ Coulomb molecular integral

кулоновский ~ столкновений Coulomb collision integral

~ Лебега Lebesgue integral

линеаризованный ~ столкновений linearized collision integral

линеаризованный ~ столкновений Фоккера - Планка linearized Fokker-Planck collision integral

линейный ~ line integral

~ Лойцянского Loitsyansky integral

модельный ~ столкновений model collision integral

молекулярный ~ molecular integral

немарковский турбулентный ~ столкновений non-Markovian turbulent collision integral

неопределённый ~ indefinite integral

несобственный ~ improper integral

нормирующий ~ normalization integral

обменный ~ exchange integral

обменный молекулярный ~ exchange molecular integral

обратный ~ Лапласа inverse Laplace integral

общий ~ general integral

общий ~ Д'Аламбера D'Alembert general integral

определённый ~ definite integral

~ от граничных значений boundary integral

~ ошибок error integral

первый ~ first integral

~ перекрытия *(в квантовой механике молекул)* overlap integral

поверхностный ~ surface integral

~ по времени time integral

повторный ~ iterated integral

~ по замкнутому контуру integral about a closed path [contour], circulation integral

~ по контуру integral along a line [contour]

полный эллиптический ~ complete elliptic integral

~ по объёму volume integral

~ по оптическому пути integral over the optical path

~ по поверхности surface integral

~ по пространству spatial [space] integral

~ по траектории path integral

~ по элементу element integral

~ по ячейке cell integral

~ рассеяния scattering integral

расходящийся ~ divergent integral

~ резонансного поглощения resonance absorption integral

резонансный ~ resonance integral

резонансный ~ захвата нейтронов resonance integral of neutron capture

~ с бесконечным пределом infinite integral

~ свёртки convolution (integral)

сингулярный граничный ~ singular boundary integral

скалярный ~ scalar integral

~ Слэтера Slater integral

~ состояний integral of states

статистический ~ statistical integral

~ Стилтьеса Stieltjes integral

~ столкновений collision [Boltzmann] integral

~ столкновений Батнагара - Гросса - Крука BGK [Bhatnagar-Gross-Krook] collision integral

~ столкновений Ландау Landau collision integral

~ столкновений Фоккера - Планка Fokker-Planck collision integral

сходящийся ~ convergent integral

сходящийся ~ столкновений convergent collision integral

~ Тальми Talmi integral

условно сходящийся ~ conditionally convergent integral

фазовый ~ phase integral
~ Фейнмана Feynman integral
~ Френеля Fresnel integral
~ Френеля - Кирхгофа Fresnel-Kirchhoff integral
функциональный ~ functional integral
~ Фурье Fourier integral
~ Фурье - Стилтьеса Fourier-Stieltjes integral
частный ~ particular integral
~ Эйлера Euler integral
эллиптический ~ elliptical integral
эллиптический ~ Якоби Jacobi elliptical integral
~ энергии energy integral
~ Эйри Airy integral
интегральный прил. integral
интегратор м. integrator
аналоговый ~ analog integrator
апертурный ~ aperture integrator
гидравлический ~ hydraulic integrator
импульсный ~ pulse integrator
~ ионного тока ion current integrator
оптический ~ optical integrator
фотометрический ~ photometric integrator
цифровой ~ digital integrator
электронный ~ electronic integrator
интеграция ж. микр. integration
вертикальная ~ vertical integration
горизонтальная ~ horizontal integration
монолитная ~ monolithic integration
пакетная оптическая ~ stacked optical integration
планарная ~ planar integration
полная ~ complete [full] integration
интегрирование с. integration
грассманово ~ Grassmannian integration
графическое ~ graphical integration
действительное ~ real integration
дискретное ~ digital integration
~ импульсов pulse integration
инвариантное ~ invariant integration
комплексное ~ complex integration
континуальное ~ continual [path] integration
контурное ~ contour integration
~ подстановкой integration by substitution
~ по замкнутому контуру closed contour integration
~ по объёму volume integration
~ по параметрам изоклин integration using isoclinic values
~ по поверхности surface integration
~ по пространственным координатам space [spatial] integration
~ по пространству space [spatial] integration
~ по пути path integration
~ по траектории path integration, integration over trajectory
~ по частям integration by parts
почленное ~ term-by-term integration
приближённое ~ approximate integration
прямое численное ~ direct numerical integration

фазовое ~ phase integration
функциональное ~ functional integration
численное ~ numerical integration
интегрировать гл. integrate
интегрируемость ж. integrability
интегродифференциальный прил. integro-differential
интеллект м. intelligence
искусственный ~ artificial intelligence
интенсивность ж. intensity; strength, rate ▢
спектральная ~ излучения на один электрон и один ион в единице объёма spectral intensity of the emission for one electron and one ion per unit volume
~ альфа-излучения alpha intensity
~ бета-излучения beta intensity
~ вихревой трубки vortex strength
~ вихря vortex strength, vortex intensity
~ волны wave intensity
~ высвобождения упругой энергии elastic energy release rate
выходная ~ output intensity
~ гамма-излучения gamma intensity
~ делений fission rate
~ деформации strain intensity
~ дозы dose [dosage] rate
~ захвата capture rate, rate of capture
~ звука sound intensity, volume of sound
~ излучения radiation [emission] intensity, intensity of radiation
~ изнашивания wear rate, wear intensity
импульсная ~ пучка pulse intensity of a beam, pulse beam intensity
интегральная ~ integral [integrated, total] intensity
~ ионизации ionization rate
~ испарения evaporation rate
~ испускания emission rate
~ источника source strength
~ кавитации cavitation intensity
~ космического излучения cosmic ray intensity, intensity of cosmic rays
~ линейного вихря line vortex strength
~ линии опт. line strength, intensity of a spectral line
~ люминесценции luminescence intensity
мгновенная ~ пучка instantaneous intensity of a beam, instantaneous beam intensity
~ нагрузки load intensity
~ накачки pump(ing) intensity
~ напряжений stress intensity
~ насыщения saturation intensity
~ нейтронного потока neutron flux level
~ нейтронов neutron intensity
~ непрерывного спектра continuum intensity
нулевая ~ zero intensity
~ одиночного вихря single vortex strength
остаточная ~ residual intensity
~ отказов failure rate
относительная ~ relative intensity
относительная ~ линии relative line intensity

~ **отражённого излучения** reflected intensity
~ **падающего излучения** incident intensity
парциальная ~ partial intensity
~ **перехода** transition intensity
~ **переходного излучения** transient radiation intensity
поверхностная ~ surface intensity
~ **поглощения** absorption intensity
полная ~ total [integral] intensity
~ **полосы** *опт.* band intensity
~ **полярного сияния** auroral intensity
пороговая ~ threshold intensity
пороговая ~ **накачки** threshold pump intensity
~ **потока излучения** radiation flux level
~ **прошедшего излучения** transmitted intensity
~ **пучка** beam intensity, intensity of a beam; beam strength
~ **пучка на выходе линейного ускорителя** beam intensity at linac output
~ **радиоактивного излучения** radioactive intensity
~ **радиолинии** intensity of a radio line
~ **рассеянного излучения** scattered intensity
~ **рентгеновского излучения** X-ray intensity
~ **сателлита** *опт.* satellite intensity
~ **света** light intensity, intensity of light
~ **скачка уплотнения** shock wave intensity, shock wave strength
~ **скоростей деформации** deformation rate intensity
спектральная ~ spectral intensity
~ **спектральной линии** spectral line intensity, intensity of a spectral line
~ **спонтанного деления** spontaneous fission rate
средняя ~ **пучка** mean intensity of a beam, mean beam intensity
~ **столкновений** collision rate
~ **тепловыделения** intensity of heat generation; rate of heat generation; rate of heat release
~ **тормозного излучения** bremsstrahlung intensity
~ **точечного источника** strength of a point source, productiveness of a point source
~ **турбулентности** turbulence intensity
~ **ударной волны** shock wave strength, intensity of a shock wave
фоновая ~ background intensity
центральная остаточная ~ central residual intensity
~ **шума** noise intensity
интенсивный *прил.* intense, intensive
интенсиметр *м.* ratemeter
линейный ~ linear intensimeter
логарифмический ~ logarithmic ratemeter
счётный ~ counting intensimeter
~ **Фюрстенау** Fürstenau dose ratemeter

интервал *м.* **1.** interval **2.** *(диапазон)* range; region **3.** *(расстояние)* spacing, gap, separation ☐ **в** ~**е от m до n** in the interval m to n, over the range m to n; **разобьём** ~ **на N малых частей** split the interval into N small pieces; **точно измерить** ~ accurately measure an interval; **точно определить короткий** ~ **времени** accurately determine an interval of short duration, accurately determine short time interval
бесконечный ~ infinite interval
времениподобный ~ timelike interval
временной ~ time interval
гомологические ~**ы времени** homologous time intervals
~ **дискретизации** sampling [Nyquist] interval
~ **длин волн** interval of wavelength
доверительный ~ confidence interval
~ **допустимых значений** interval of allowed values
~ **дуальности** *фвэ* duality interval
единичный ~ unit interval
единичный спектральный ~ unit spectral range
замкнутый ~ closed interval
~ **импульсов** momentum range
инерционный ~ *(при диссипации энергии в турбулентном потоке)* inertial range, inertial interval
инерционный ~ **волновых чисел** inertial range of wave numbers
конечный ~ finite interval
критический ~ critical range
критический ~ **чисел Рейнольдса** critical region of Reynolds numbers
~ **между импульсами** spacing between pulses, pulse separation
~ **между столкновениями** intercollision interval
~ **между строк** line spacing
мировой ~ world interval
нулевой ~ zero interval
~ **плотностей** *фото* density range
~ **повторяемости** repetition [recurrence] interval
полубесконечный ~ semi-infinite interval
пространственноподобный ~ spacelike interval
рабочий ~ operating range
~ **реактивности** reactivity interval
светоподобный ~ lightlike interval
~ **скоростей** velocity range
~ **скоростей нейтронов** neutron velocity range
спектральный ~ spectral range, spectral interval
~ **сходимости** convergence interval
~ **температур** temperature range
температурный ~ **пластичности** ductile temperature range
~ **частот** frequency range
четырёхмерный ~ four-dimensional interval
~ **экспозиций** range of exposures

энергетический ~ energy range, energy interval
~ **энергий** energy range, energy interval, energy region
интерес *м.* interest □ **вызывать** ~ attract [arise] interest; **выражать** ~ express interest; **представлять** ~ be of (some) interest; **проявлять** ~ express [display] interest; **теоретическое значение этого параметра представляет лишь академический** ~ the theoretical value of the parameter is only of academic interest
академический ~ academic interest
интеркалирование *с. крист.* intercalation
интеркалянт *м. крист.* intercalant
интерметаллический *прил.* intermetallic
интерполирование *с.* interpolation
~ **вперёд** forward interpolation
~ **назад** backward [regressive] interpolation
~ **функций** function interpolation
интерполировать *гл.* interpolate
~ **вперёд** interpolate forward
~ **графически** interpolate graphically
~ **назад** interpolate backward
~ **численно** interpolate numerically
~ **численными методами** interpolate by numerical methods
интерполирующий *прил.* interpolating
интерполятор *м.* interpolator
~ **дискретного действия** digital interpolator
~ **непрерывного действия** analog interpolator
интерполяция *ж.* interpolation
двумерная ~ bivariate interpolation
квадратичная ~ quadratic interpolation
квадратичная ~ **по времени** quadratic time interpolation
криволинейная ~ curvilinear interpolation
кусочная ~ piecewise interpolation
кусочно-линейная ~ straight-line interpolation
линейная ~ linear interpolation
линейная ~ **по времени** linear time interpolation
обратная ~ inverse interpolation
~ **отрезками прямых линий** straight-line interpolation
~ **по времени постоянными функциями** constant time interpolation
полиномиальная ~ polynomial interpolation
трикубическая ~ tricubic interpolation
эрмитова ~ Hermitian interpolation
интерпретация *ж.* interpretation □ ~ **этого результата достаточно проста** the interpretation of this result is fairly simple
геометрическая ~ geometrical interpretation
~ **дифракционных картин** interpretation of diffraction patterns
~ **изображений** image interpretation
качественная ~ qualitative interpretation
кинематическая ~ kinematic interpretation
количественная ~ quantitative interpretation
копенгагенская ~ *кв. мех.* Copenhagen interpretation

многомировая ~ *кв. мех.* many-world interpretation
причинная ~ causal interpretation
~ **спектров** interpretation of spectra
статистическая ~ *кв. мех.* statistical interpretation
топологическая ~ topological interpretation
физическая ~ physical interpretation
интерфейс *м. вчт.* interface
интерактивный ~ interactive interface
~ **пользователя** user interface
интерференци/я *ж.* interference □ **испытывать** ~**ю** experience [undergo] interference
~ **абсолютного запаздывания** absolute retardation interference
~ **акустических волн** acoustical [sound] interference
анизотропная ~ anisotropic interference
аэродинамическая ~ aerodynamic interference
~ **волн** interference of waves, wave interference
~ **вырожденных состояний** degenerate state interference
геометрическая ~ geometric interference
двухлучевая ~ two-beam [two-path] interference
деструктивная ~ destructive interference
~ **звуковых волн** interference of sound, sound interference
изовекторная ~ isovector interference
изоскалярная ~ isoscalar interference
квантовая ~ quantum interference
~ **когерентных волн** coherent interference
конструктивная ~ constructive interference
межатомная ~ interatomic interference
межмодовая ~ intermodal interference
многолучевая ~ multiple-beam [multipath] interference
нестационарная ~ *(света)* nonstationary interference
оптическая ~ optical interference
~ **от двух щелей** two-slit interference
~ **полюса с разрезом** cut-pole interference
~ **поляризованных лучей** polarized beam interference, interference of polarized beams
~ **радиоволн** radio wave interference
~ **резонансов** *фвэ* resonance interference
~ **рентгеновского излучения** X-ray interference
~ **света** interference of light, optical interference
~ **света в тонких плёнках** thin film light interference
~ **сеток с неодинаковыми шагами и направлениями линий** mismatch-of-gratings interference
~ **слабого и электромагнитного взаимодействий** electroweak [weak-electromagnetic] interference
~ **состояний** interference of states
стационарная ~ *(света)* steady-state [stationary] interference
~ **электронных пучков** electron beam interference

интерферограмма *ж.* interferogram, interference pattern
  голографическая ~ holographic interferogram
  многолучевая ~ multiple-beam interferogram
  ~ обтекания flow interferogram
  ~ потока flow interferogram
интерферометр *м.* interferometer
  акустический ~ acoustical interferometer
  атомный ~ atomic interferometer
  бистабильный ~ bistable interferometer
  ~ большого поля extended [large] field interferometer
  воздушный ~ **Фабри - Перо** air Fabry-Perot interferometer
  волоконно-оптический ~ fiber-optic interferometer
  волоконно-оптический ~ **Маха - Цендера** fiber-optic Mach-Zehnder interferometer
  волоконный кольцевой ~ fiber ring interferometer
  газовый ~ gaseous interferometer
  германиевый ~ germanium interferometer
  гетеродинный ~ heterodyne interferometer
  голографический ~ holographic interferometer
  ~ Дайсона Dyson interferometer
  двойной ~ double interferometer
  двухлучевой ~ two-beam interferometer
  двухчастотный ~ double-frequency interferometer
  двухэлементный ~ two-element [adding] interferometer
  дисперсионный ~ dispersion interferometer
  дифракционный ~ grating interferometer
  ~ Жамена Jamin interferometer
  звёздный ~ stellar interferometer
  ~ интенсивности intensity interferometer
  квантовый ~ quantum interferometer
  ~ Кёстерса Kösters interferometer
  конфокальный ~ **Фабри - Перо** confocal Fabry-Perot interferometer
  корреляционный ~ correlation interferometer
  крестообразный ~ cross-type interferometer
  лазерный ~ laser interferometer
  ~ Майкельсона Michelson interferometer
  ~ Маха - Цендера Mach-Zehnder interferometer
  многоантенный ~ multi-element [Christiansen] interferometer
  многоканальный ~ multichannel interferometer
  многолучевой ~ multiple-beam interferometer
  многопроходный ~ **Фабри - Перо** multipass Fabry-Perot interferometer
  многоэлементный ~ multielement interferometer
  мультистабильный ~ multistable interferometer
  нейтронный ~ neutron interferometer
  нелинейный ~ nonlinear interferometer
  нелинейный ~ **Фабри - Перо** nonlinear Fabry-Perot interferometer

  одномерный ~ one-dimensional interferometer
  оптический ~ optical interferometer
  полупроводниковый ~ semiconductor interferometer
  поляризационный ~ polarization interferometer
  рентгеновский ~ X-ray interferometer
  рентгеновский ~ **Бонзе - Харта** Bonse-Hart X-ray interferometer
  ~ Рождественского Rozhdestvenski interferometer
  ~ Рэлея Rayleigh interferometer
  ~ с автоматическим подсчётом числа полос automatic fringe-counting interferometer
  ~ Саньяка Sagnac interferometer
  ~ с апертурным синтезом aperture synthesis interferometer
  сверхпроводящий квантовый ~ (**СКВИД**) superconducting quantum interferometer device, SQUID
  СВЧ ~ microwave interferometer
  ~ сдвига shearing interferometer
  ~ с длинной базой long base(line) interferometer
  ~ сжатых состояний squeezed state interferometer
  сканирующий ~ scanning interferometer
  ~ с карандашной диаграммой pencil-beam interferometer
  ~ с качающейся диаграммой swept-lobe [phase-swept] interferometer
  ~ со сверхдлинной базой very long baseline interferometer
  ~ со сканированием частоты swept-frequency interferometer
  ~ с переключением фазы phase-switched [multiplying] interferometer
  суммирующий ~ adding [two-element] interferometer
  ~ Тваймана Twyman interferometer
  ~ Тваймана - Грина Twyman-Green interferometer
  тонкоплёночный ~ thin-film interferometer
  ультразвуковой ~ ultrasonic interferometer
  ~ Фабри - Перо Fabry-Perot [F-P] interferometer
  фазовый ~ phase interferometer
  ~ Физо Fizeau interferometer
  широкоапертурный ~ wide-aperture interferometer
  широкополосный ~ wide-band interferometer
  ~ Юнга Young interferometer
интерферометрия *ж.* interferometry
  амплитудная ~ amplitude interferometry
  волоконная ~ fiber-optical interferometry
  ~ высокого разрешения high-resolution interferometry
  голографическая ~ holographic interferometry
  двухлучевая ~ two-beam interferometry
  звёздная ~ stellar interferometry
  ~ интенсивностей intensity [irradiance] interferometry

лазерная ~ laser interferometry
многолучевая ~ multiple-beam interferometry
нейтронная ~ neutron interferometry
оптическая ~ optical interferometry
рентгеновская ~ X-ray interferometry
СВЧ ~ microwave interferometry
~ с длинными базами long baseline interferometry
~ со сверхдлинными базами very long baseline interferometry
широкополосная ~ wide-band interferometry
интонация *ж. ак.* intonation
интроскопия *ж.* nondestructive testing
гамма-рентгеновская ~ gamma and X-ray testing
инфракрасная ~ infrared testing
ультразвуковая ~ ultrasonic testing
интрузия *ж. геол.* intrusion
инфлектор *м. уск.* inflector
быстрый ~ fast inflector
магнитный ~ magnetic inflector
резонансный ~ resonant inflector
~ с гиперболической формой пластин hyperbolic inflector
~ с параболической формой пластин parabolic inflector
электромагнитный ~ electromagnetic inflector
электростатический ~ electrostatic [direct-current] inflector
инфляция *ж. (раздувание Вселенной в космологии)* inflation
информатика *ж.* information science, informatics
информаци/я *ж.* information; data □ вводить ~ю enter information, enter data; обрабатывать ~ю process information
аналоговая ~ analog information
априорная ~ a priori information
входная ~ input information
выходная ~ output information
генетическая ~ genetic information
графическая ~ graphic information
избыточная ~ excess [redundant] information
обработанная ~ processed information, processed data
цифровая ~ digital information
инфразвук *м.* infrasound
ион *м.* ion
активаторный ~ activating ion
амфотерный ~ amphoteric ion, zwitterion
атмосферный ~ atmospheric ion
атомарный ~ atomic ion; ionized atom
атомный ~ atomic ion; ionized atom
бериллиеподобный ~ berillium-like ion
ближайший соседний ~ nearest neighbor ion
~ внедрения interstitial ion
~ водорода hydrogen ion
водородоподобный ~ hydrogenic [hydrogen-like] ion

возбуждённый ~ excited ion
вторичный ~ secondary ion
~ высокой энергии energetic [high-energy] ion
газовый ~ gaseous ion
гелиеподобный ~ helium-like ion
гидроксильный ~ hydroxyl ion
двухзарядный ~ doubly charged ion
замагниченные ~ы magnetized ions
~ замещения substitutional ion
захваченный ~ trapped ion
избыточный ~ excess ion
~ изотопа isotope ion
изоэлектронный ~ isoelectronic ion
имплантированный ~ implanted ion
кластерный ~ cluster [complex] ion
комплексный ~ complex [cluster] ion
лёгкий ~ light [fast] ion
литиеподобный ~ lithium-like ion
магнитный ~ magnetic ion
~ы малой добавки minor ions
медленный ~ low-energy [slow] ion
межрешёточный ~ interlattice ion
многозарядный ~ multiply charged ion
молекулярный ~ molecular ion, ionized molecule
незамагниченные ~ы nonmagnetized ions
~ы обратного рассеяния back-scattered ions
однозарядный ~ singly charged ion
одноименно заряженные ~ы likely charged ions
основные ~ы плазмы bulk ions
~ отдачи recoil ion
отрицательный ~ negative ion
отрицательный молекулярный ~ negative molecular ion
падающий ~ impinging [incident] ion
парамагнитный ~ paramagnetic ion
первичный ~ primary ion
плещущиеся ~ы *физ. пл.* sloshing ions
полностью ободранный ~ fully stripped ion
положительный ~ positive ion
положительный молекулярный ~ positive molecular ion
примесный ~ impurity ion
разноименно заряженные ~ы oppositely charged ions
редкоземельный ~ rare-earth ion
резонансные ~ы resonant ions
рекомбинирующий ~ recombinating ion
родительский ~ parent ion
~ с большим Z high-Z ion
свободный ~ free ion
сенсибилизирующий ~ sensitizing ion
~ с малым Z low-Z ion
сталкивающиеся ~ся colliding ions
сферически-симметричный ~ spherically symmetric ion
тяжёлый ~ heavy [slow] ion
фоновый ~ background ion
экситонный ~ exciton ion

ионизатор *м.* ionizer
  пористый ~ porous ionizer
ионизация *ж.* ionization
  авроральная ~ *сзф* auroral ionization
  адиабатическая поверхностная ~ adiabatic surface ionization
  ~ **акцептора** *фпп* acceptor ionization
  ассоциативная ~ associative ionization
  атмосферная ~ ionization of atmosphere, atmosphere ionization
  ~ **атмосферы солнечным излучением** atmosphere ionization by solar radiation
  ~ **атома** atomic ionization
  ~ **атома в слабом постоянном электрическом поле** atom ionization by a weak time-independent electric field
  ~ **атома протоном** ionization of atom by proton
  атомная ~ atomic ionization
  ~ **атомной системы адиабатическими возмущениями** atomic system ionization by adiabatic perturbation
  ~ **внешней оболочки** *(атома)* outer shell ionization
  ~ **внутренней оболочки** *(атома)* inner shell ionization
  вторичная ~ secondary ionization
  ~ **вторичными электронами** ionization by secondary electrons
  ~ **высоковозбуждённых атомов** ionization of highly excited [Rydberg] atoms
  ~ **газа электронным ударом** gas ionization by electron impact
  ~ **гамма-излучением** gamma-induced ionization
  двукратная ~ double ionization
  двукратная ~ **протонным ударом** proton impact double ionization
  двухступенчатая ~ two-step ionization
  диссоциативная ~ dissociative ionization
  дробная ~ fractional ionization
  ~ **излучением** radiation ionization
  импульсная ~ pulsed ionization
  каскадная ~ cascade ionization
  ~ **К-оболочки** K-shell ionization
  комптоновская ~ Compton ionization
  кулоновская ~ Coulomb ionization
  лавинная ~ avalanche [Townsend, cumulative] ionization
  лазерная ~ laser(-induced) ionization
  лазерно-индуцированная ~ laser-induced ionization
  лазерно-индуцированная ассоциативная ~ laser-induced associative ionization
  линейная ~ linear ionization
  лоренцовская ~ Lorentz ionization
  метеорная ~ meteor ionization
  микроволновая ~ microwave ionization
  многократная ~ multiple ionization
  многократная ~ **многозарядных ионов электронным ударом** multiple ionization of multiply charged ions by electron impact
  многофотонная ~ multiphoton ionization

  многофотонная резонансная ~ multiphoton resonant ionization
  многофотонная ~ **ридберговских состояний** multiphoton ionization of Rydberg states
  многоэлектронная ~ multielectron ionization
  ~ **молекул электронным ударом** molecule ionization by electron impact
  начальная ~ initial ionization
  неполная ~ partial ionization
  объёмная ~ volume ionization
  однократная ~ single ionization
  однофотонная ~ single photon ionization
  однофотонная резонансная ~ single photon resonant ionization
  одноэлектронная ~ single electron ionization
  остаточная ~ residual ionization
  ~ **Пеннинга** Penning ionization
  пеннинговская ~ Penning ionization
  первичная ~ primary ionization
  поверхностная ~ surface ionization
  повышенная ~ *(в атмосфере)* increased [enhanced] ionization
  повышенная ~ **в полярной ионосфере, связанная с геомагнитной бурей** enhanced ionization in the polar ionosphere associated with geomagnetic storm
  полевая ~ field ionization, autoionization
  ~ **полем** field ionization, autoionization
  полная ~ total ionization
  полная удельная ~ total specific ionization
  пороговая ~ threshold ionization
  последовательная ~ successive ionization
  предварительная ~ pre-ionization
  прямая ~ direct ionization
  прямая ~ **из внутренней оболочки** direct ionization of the inner shell
  равновесная ~ equilibrium ionization
  резонансная ~ resonant ionization
  резонансная ~ **атома** atom resonant ionization
  резонансная многофотонная ~ resonant multiphoton ionization
  резонансная ~ **при столкновении медленного атома с сильно возбуждённым атомом** resonant ionization in slow atom-Rydberg atom collision
  ~ **рентгеновским излучением** ionization by X-rays
  ~ **ридберговских состояний** ionization of Rydberg [highly excited] states
  ~ **светом** photoionization
  селективная ~ selective ionization
  ~ **собственных атомов полупроводника** ionization of proper atoms of a semiconductor
  спонтанная ~ spontaneous ionization
  ~ **столкновением с электроном** ionization by electron impact
  столкновительная ~ ionization by collision, collisional ionization
  столкновительно-излучательная ~ collisional-radiative ionization

ступенчатая ~ step(wise) ionization
таунсендовская ~ Townsend ionization
тепловая ~ thermal ionization
термическая ~ thermal ionization
туннельная ~ tunnel ionization
туннельная ~ в постоянном поле tunnel ionization by a time-independent field
~ тяжёлыми частицами heavy particle ionization
ударная ~ collisional [impact] ionization, ionization by collision
удельная ~ (linear) specific ionization
фотоэлектрическая ~ photoelectric ionization
химическая ~ chemical ionization
химическая ~ отрицательными ионами negative ion chemical ionization
~ электрическим полем electric field ionization
электролитическая ~ electrolytic ionization
~ электронами electron ionization, ionization by electron impact
~ электронным ударом ionization by electron impact
ионизированный прил. ionized
однократно ~ singly ionized
полностью ~ fully ionized
ионизировать гл. ionize
ионистер м. (конденсатор на ионном суперпроводнике) ionister
ионит м. ion exchanger
ион-носитель м. carrier ion
ионограмма ж. сзф, крист. ionogram
ионография ж. крист. ionography
ионозонд м. сзф ionosonde
ионолюминесценция ж. ionoluminescence
ионообменник м. ion exchanger
ионообразование с. ion formation
ионопауза ж. (напр. Венеры) ionopause
ионопровод м. ion guide
ионосфера ж. ionosphere
авроральная ~ auroral ionosphere
~ Венеры Venusian ionosphere
верхняя ~ upper ionosphere
внешняя ~ outer [topside] ionosphere
возмущённая ~ disturbed ionosphere
высокоширотная ~ high-latitude ionosphere
дневная ~ daytime ionosphere
земная ~ Earth [terrestrial] ionosphere
невозмущённая ~ quiet ionosphere
нижняя ~ lower ionosphere
низкоширотная ~ low-latitude ionosphere
ночная ~ night-time ionosphere
полярная ~ polar ionosphere
спокойная ~ quiet ionosphere
среднеширотная ~ middle-latitude ionosphere
стратифицированная ~ stratified ionosphere
~ Юпитера Jovian ionosphere
экваториальная ~ equatorial ionosphere
ипсилоний м. фвэ ypsilonium
ипсилон-частица ж. ypsilon
ираст-изомер м. яф yrast isomer
ираст-линия ж. яф yrast line

ираст-ловушка ж. яф yrast trap
ираст-область ж. яф yrast region
ираст-полоса ж. яф yrast band
боковая ~ yrast side band
основная ~ yrast main band
ираст-состояние с. yrast state
ираст-спектроскопия ж. yrast spectroscopy
ираст-уровень м. яф yrast level
иридий м. iridium, Ir
иридэктомия ж. iridectomy
лазерная ~ (офтальмохирургия) laser iridectomy
иррадиация ж. опт. irradiation
отрицательная ~ negative irradiation
положительная ~ positive irradiation
иррациональность ж. irrationality
иррациональный прил. irrational
искажать гл. deform, distort
искажени|е с. distortion; deformation
амплитудные ~я amplitude distortions
апертурные ~я aperture distortions
~я в камере Вильсона cloud-chamber distortions
~я волнового фронта wavefront distortion
гантелеобразное ~ (формы) dumbbell-like distortion
динамические ~я dynamic distortions
~ изображения image distortion
~я импульса pulse distortions
инструментальные ~я instrumental distortions
интермодуляционные ~я intermodulation distortions
квазилинейное ~ функции распределения quasi-linear distortion of distribution function
квазилинейное ~ функции распределения ионов quasi-linear distortion of ion distribution function
квазилинейное ~ функции распределения электронов quasi-linear distortion of electron distribution function
линейные ~я linear distortions
~ магнитного поля magnetic field distortion
нелинейные ~я harmonic [nonlinear] distortions
~ области устойчивости яф bucket distortion
перекрёстные ~я intermodulation distortions
переходные ~я transient distortions
~ поля field distortion
~ потока flux distortion
~ решётки крист. lattice distortion
структурные ~я structural distortions
термооптические ~я кв. эл. thermooptic distortions
фазовые ~я phase distortions
~ формы импульса pulse-shape distortion
~ формы сигнала signal-shape distortion
~ функции распределения банановых частиц вследствие обмена с локально-захваченными частицами distortion of banana particle distribution function due to exchange with locally-trapped particles .

частотные ~я frequency distortions
искатель *м. астр.* finder, finding telescope
сцинтилляционный ~ scintillation scanner
исключение *с. мат. (неизвестного)* elimination; exception
~ **Гаусса** Gauss elimination
~ **фона** background cancellation
искомый *прил.* required, desired
искра *ж.* spark
вакуумная ~ vacuum spark
дискретная лазерная ~ discrete laser-induced spark
длинная лазерная ~ long laser-induced spark
~ **зажигания** ignition spark
лазерная ~ laser(-induced) spark
искрение *с.* sparking; arcing
~ **в магнетроне** magnetron arcing
искривление *с.* bend(ing); curvature; warpage, warping
~ **ветвей дендрита** bending of dendrite branches
~ **изображения** image bend(ing)
~ **линий тока** flow curvature
~ **оси** *(напр. волновода)* bending of the axis
искривлённость *ж. (пространства)* curvature
искривлённый *прил.* curved
искусственный *прил.* artificial
испарение *с.* evaporation, vaporization
адиабатическое ~ adiabatic evaporation
~ **в вакуум** *физ. пов.* evaporation into vacuum
~ **в вакууме** *крист.* vacuum evaporation
взрывное ~ explosive [flash] evaporation
~ **звёзд** star evaporation
~ **капли** *(под действием лазерного излучения)* drop evaporation
квантовое ~ *(чёрных дыр)* quantum evaporation
лазерное ~ laser(-induced) evaporation
~ **нейтронов** neutron evaporation
«~» первичных чёрных дыр "evaporation" of primary black holes
полевое ~ field evaporation
~ **полем** field evaporation
послойное ~ layer-by-layer evaporation
селективное полевое ~ selective field evaporation
~ **с поверхности** surface evaporation
«~» чёрных дыр "evaporation" of black holes
электроно-лучевое ~ electron-beam evaporation
ядерное ~ nuclear evaporation
испаритель *м.* 1. *(теплообменный аппарат)* evaporator, vaporizer 2. *(в метеорологии)* evaporimeter
~ **с электростатическим отклонением** *(пучка)* electrostatic deflection evaporator
термокомпрессионный ~ thermocompression evaporator
испаряемость *ж.* evaporability; vaporizability, volatility

испаряться *гл.* vaporize, evaporate
использование *с.* utilization, use
~ **атомной энергии в мирных целях** peaceful uses of atomic energy
повторное ~ топлива fuel recycling
~ **пучка** *уск.* utilization of beam
~ **тепловых нейтронов** thermal neutron utilization
использовать *гл.* utilize, use
широко ~ use extensively
эффективно ~ make the best use of...
исправлять *гл.* 1. *(ошибку)* correct 2. *(чинить)* repair
~ **ошибку** correct [eliminate, remove] a mistake, correct an error
испускание *с.* emission
~ **альфа-частиц** alpha-particle emission
~ **бета-лучей** beta-ray emission
вынужденное ~ stimulated [induced] emission
вынужденное многофотонное ~ induced multiphoton radiation
~ **излучения** emission of radiation
индуцированное ~ induced [stimulated] emission
~ **квантов** quantum emission
многофотонное ~ multiphoton radiation
множественное ~ *(частиц)* multiple emission
~ **нейтрона** neutron emission, neutron ejection
~ **пары** pair emission
повторное ~ re-emission
~ **позитронов** positron emission
резонансное ~ resonance emission
~ **света** emission of light
спонтанное ~ *кв. эл.* spontaneous emission
спонтанное многофотонное ~ spontaneous multiphoton radiation
~ **термоэлектронов** thermionic emission
~ **тормозного излучения** bremsstrahlung emission
~ **фотона** photon emission
~ **частиц** particle [corpuscular] emission
~ **электронов внутренней конверсии** conversion electron emission
~ **электронов твёрдыми телами** electron emission by solids
испытани/е *с.* test(ing) □ **выдерживать ~** pass [satisfy, withstand] a test; **доводить ~ до разрушения** *(образца)* carry a test to failure [destruction]; **доводить ~ до разрыва образца** carry a test to rupture of a specimen; **подвергать ~ю** test, put [subject] to the test; **проводить ~я** run [conduct, carry out, perform] tests
~ **без разрушения** nondestructive testing
~ **в аэродинамической трубе** wind tunnel test
внутриреакторное ~ in-pile test
всесторонне ~ comprehensive test
выборочные ~я percentage tests
высоковольтное ~ high-voltage testing
~ **в эксплуатационных условиях** operation [running] test

~ давлением pressure test
двухосное ~ на прочность biaxial strength test
динамическое ~ dynamic test
~ жёсткости stiffness test
изотермическое ~ isothermal test
импульсное ~ impulse test
климатические ~я environmental tests
количественное ~ quantitative test
кратковременное ~ short-term test
кратковременное ~ на ползучесть short-time creep test
лабораторное ~ laboratory test
~ материалов material test
~ материалов на истирание wear [rubbing] test
~ методом меченых атомов tracer test
~ методом фотоупругости photoelastic test
механические ~я mechanical testing, testing of mechanical properties
микромеханическое ~ micromechanical test
модельное ~ simulating test
~ на вибропрочность vibration resistance test
~ на влагостойкость moisture resistance test
~ на воспроизводимость repeatability test
~ на вязкость разрушения fracture toughness test
~ на вязкость разрушения при плоской деформации plane-strain fracture toughness test
~ на герметичность leakage [tightness] test
нагрузочные ~я loading tests
~ на двойной срез double-shear test
~ на долговечность endurance [service-life] test
~ на закручивание twisting test
~ на изгиб bend(ing) test
~ на изгиб с перегибом backward-and-forward [alternating] bending test
~ на излом fracture test
~ на износ wear(ing) [abrasion] test
~ на интенсивность отказов failure-rate test
~ на кручение torsion [torsional, twisting] test
~ на микротвёрдость microhardness test
~ на модели model investigation, model test
~ на надёжность reliability test
~ на обратный удар reverse impact test
~ на остановку (трещины) arrest test
~ на перегиб bending-and-unbending test
~ на перегиб на 180 градусов folding test
~ на перегрузку overload test
~ на ползучесть creep test
~ на поперечный изгиб transverse bending test
~ на пробой breakdown test
~ на продольный изгиб buckling test
~ на прочность strength test
~ на раздавливание crushing test
~ на разрушение гидростатическим давлением destructive hydrostatic test

~ на разрыв rupture [breakdown, breaking] test
~ на растяжение tensile [tension] test
~ на свариваемость weldability [welding] test
~ на сдвиг shearing test
~ на сжатие compression test
~ на скручивание twisting [torsional] test
~ на срез shear test
~ на срок службы (service-)life test
~ на старение aging test
~ на статический изгиб slow-bend test
~ на твёрдость hardness test
~ на твёрдость по Бринелю ball indentation [Brinell hardness] test
~ на твёрдость по Викерсу Vickers hardness test
~ на твёрдость по Роквеллу Rockwell hardness test
~ на трение и износ friction and wear [tribological] test
натурное ~ full-scale test
~ на удар shock [impact] test
~ на ударную вязкость по Шарпи Charpy impact test
~ на ударный изгиб bending impact test
~ на упругость elasticity test
~ на усталость fatigue test
~ на усталость при изгибе flexural loading fatigue [fatigue bending] test
~ на усталость при изгибе с вращением rotary bending [rotating beam] fatigue test
~ на усталость при кручении endurance torsion test
~ на усталость при одноосном растяжении fatigue tension test
~ на усталость при повторных ударах repeated impact test
~я на электрическую прочность dieletric breakdown tests
неразрушающее ~ nondestructive test(ing)
~ падающим грузом drop weight test
повторное ~ revision test, retest
~ под давлением pressure test
~ под нагрузкой load test
~ подшипников bearing testing
~ при высокой температуре high-temperature test
~ при изгибе с вращением rotary bending test
~ при максимальной мощности high-power test
~ при максимальном крутящем моменте high-torque test
~ при плоском напряжённом состоянии plane stress test
~ при постоянной нагрузке steady load test
~ при постоянной скорости steady speed test
~ при сложном напряжённом состоянии combined stress test
~ при трёхточечном изгибе 3-point bend test

пробное ~ proof test
пусковое ~ start-up testing
радиографическое ~ radiographic examination
ресурсные ~я life tests
склерометрическое ~ scratch(ing) [scratch-hardness] test
~ с помощью нанесения царапин scratch(ing) [scratch hardness] test
~ с программируемой нагрузкой programmed load test
сравнительные ~я comparison tests
~ с разрушением (образца) destruction test
статическое ~ static [slow] test
стендовое ~ bench test
тензометрическое ~ strain-gauge testing
тепловые ~я thermal testing
~ трением friction test
трёхосное ~ triaxial test
трибологические ~я tribological testings, tribological tests
триботехнические ~я tribo-engineering testings, tribotechnical tests
~ трущихся поверхностей на задиростойкость scuffing test
~ трущихся поверхностей на схватывание seizure test
ударное ~ impact [shock] test
ударное ~ на изгиб impact bending test
ударное ~ на растяжение impact tensile test
ударное ~ на сжатие impact compression test
ускоренные ~я accelerated [rapid, quick] tests
ускоренные ресурсные ~я accelerated life tests
физические ~я physical testing
фрикционные ~я материалов frictional material tests
циклическое ~ cyclic test
эксплуатационное ~ performance [service] test
электрические ~я electric testing
испытательный прил. test(ing)
испытывать гл. 1. (подвергать испытанию) test 2. (претерпевать) experience, suffer
~ затруднения experience difficulties, meet with difficulties
~ на ... (напр. излом) test for ...
~ тепловое движение (об атомах) experience thermal motion
исследовани/е с. research, study, investigation, exploration
аналитическое ~ analytical treatment
астрономические ~я astronomical research, astronomical studies, astronomical explorations
~ возмущённого движения perturbation analysis
~я галактики galactic studies
~ деформаций методом муара moiré strain analysis
итерационное ~ iterative analysis

качественное ~ qualitative investigation
количественное ~ quantitative investigation
космические ~я space research; (с борта космического аппарата) spacecraft astronomy
~ космического пространства space research; exploration of space
макроскопическое ~ macroexamination
металлографическое ~ metallographic examination
~ методом изотопных индикаторов tracer [labelled-atom] investigation, tracer study
~ методом конечных элементов finite element [FE] analysis
~ методом Монте-Карло Monte Carlo study
~ методом ножа knife-edge analysis, Foucault test
~ методом статистических испытаний Monte Carlo study
~ методом фотоупругих покрытий photoelastic coating analysis
~ методом фотоупругости photoelastic study, photoelastic investigation
~ методом Фуко knife-edge analysis, Foucault test
~ методом хрупких покрытий brittle coating analysis
~ методом частотных характеристик frequency-response analysis
микроскопическое ~ microexamination
~ на микроуровне microanalysis, microexamination
научные ~я scientific research
нейтронографическое ~ neutron diffraction study
~ операций operation research
оптические ~я optical studies
поисковые ~я research
~я по радиационной безопасности safety research
~я по управляемому термоядерному синтезу controlled fusion research
поцикловое ~ cycle-by-cycle study
~я по ядерной физике nuclear physics research
прикладные ~я applied research
радиоастрономические ~я radioastronomical research, radioastronomical studies, radioastronomical explorations
радиобиологическое ~ radiobiological investigation
радиолокационные ~я radar [radio echo] studies, radar investigations
рентгеновское ~ X-ray examination, X-ray investigation
рентгеноструктурное ~ X-ray diffraction study, X-ray diffraction analysis
~ с наклонным просвечиванием (в фотоупругости) oblique incidence analysis
спектроскопическое ~ spectroscopic study
стробоскопическое ~ stroboscopic analysis
теоретические ~я theoretical research
~ устойчивости stability analysis

~ **устойчивости методом дискретных воз-**
мущений discrete perturbation stability
analysis
фазовые ~**я** phase studies
феноменологическое ~ phenomenological
analysis
физические ~**я** physical research
фотометрические ~**я** photometric studies
фотоэмиссионное ~ photoemission study
фундаментальные ~**я** basic [fundamental]
research
численное ~ numerical [computational] investigation
экспериментальное ~ experimental investigation
экспериментальное ~ **напряжений** experimental stress analysis
электронографическое ~ electron diffraction study
ядерные ~**я** nuclear research
истечение *c.* outflow, discharge, effluence,
efflux
веерообразное ~ fan outflow
~ **вещества** *(из звезды)* matter outflow
~ **газа через сопло** flow of gas through a
nozzle
~ **жидкости в атмосферу** liquid outflow into
atmosphere
~ **жидкости из отверстия** liquid outflow
through a hole
затопленное ~ submerged outflow
~ **из малого отверстия** outflow through a
small hole
~ **лавы** lava outflow, emission of lava
~ **под уровень** submerged outflow
свободное ~ **жидкости** free outflow of a
liquid, free discharge of a liquid
~ **струи** jet efflux
струйное ~ jet efflux
истина *ж.* truth
истинный *прил.* true
истираемость *ж.* abradability
истирание *c.* abrasion; rubbing, attrition
~ **закреплённым абразивом** two-body
abrasion
~ **незакреплённым абразивом** three-body
abrasion
исток *м. фпп* source
истолкование *c.* interpretation
история *ж.* history
~ **астрономии** history of astronomy
~ **деформирования** strain history
~ **нагружения** stress history
~ **физики** history of physics
источник *м.* source
аксиальный ~ **ионов** axial ion source
аксиальный точечный ~ axial point source
альтернативный ~ **энергии** alternative
energy source
~ **альфа-излучения** alpha source
анизотропный ~ anisotropic source
~ **антивещества** antimatter source

астрономический ~ *(излучения)* astronomical source
~ **атомного пучка** atomic beam source
бесконечный ~ infinite source
~ **бета-излучения** beta source
~ **большой площади** extended [distributed,
spread] source
~ **быстрых нейтронов** fast neutron source
взрывной ~ explosive source
виртуальный ~ image [virtual] source
~ **вихрей** vorticity source
~ **вихреобразования** vorticity source
внегалактический ~ *(излучения)* extragalactic source
внеземной ~ *(излучения)* extraterrestrial
source
внешний ~ external [extraneous] source
внешний тепловой ~ external heat source
внутренний ~ internal source
внутренний тепловой ~ internal [inserted]
heat source
~ **возбуждения** excitation source
~ **возбуждения спектров** spectrum excitation source
~ **возмущения** disturbance [perturbance] source
возобновляемый ~ renewable source
восстанавливающий ~ *(в голографии)* reconstructing source
вторичный ~ secondary source
вторичный ~ **света** secondary light source
~ **высокого напряжения** high-voltage
source
~ **высокой активности** high-activity source
~ **высокой интенсивности** high-level radiation source
высокочастотный ионный ~ high-frequency [HF] ion source
газоразрядный ~ gas-discharge source
газоразрядный ионный ~ gas-discharge ion
source
газоразрядный ~ **света** gas-discharge light
source
газоразрядный ~ **света высокого давле-**
ния high pressure gas-discharge light source
газоразрядный ~ **света низкого давления**
low pressure gas-discharge light source
газоструйный ~ gas jet source
галактический ~ *(излучения)* galactic source
~ **гамма-всплесков** gamma-ray burst source
~ **гамма-излучения** gamma-ray source
геотермальный ~ geothermal source
герметизированный ~ sealed source
~ **гравитационных волн** gravitational wave
source
градуировочный ~ calibration source
движущийся тепловой ~ moving heat
source
двойной ~ double source
двойной поверхностный ~ double surface
source
двойной рентгеновский ~ *астр.* binary X-
ray source

~ дейтронов deuteron source
~ дефектов source of defects
диодный ~ ионов diode ion source
дипольный ~ dipole source
дискообразный ~ disk source
дискретный ~ discrete source
дискретный ~ гамма-излучения discrete gamma-ray source
дискретный ~ радиоизлучения discrete radio source
~ дислокаций dislocation source
~ дислокаций Франка - Рида Frank-Read source
диффузный ~ diffuse source
дозиметрический ~ dosimetric source
дуговой ~ arc(-discharge) source
дуговой ионный ~ ion-producing arc
единичный тепловой ~ single heat source
естественный ~ (напр. света) natural source
жидкометаллический ионный ~ liquid metal ion source
закрытый радионуклидный ~ sealed radioactive source
~ запаздывающих нейтронов delayed-neutron emitter
запальный реакторный ~ start-up reactor source
затравочный реакторный ~ start-up reactor source
~ звёздной энергии stellar energy source
~ звука sound source
~ излучения radiation source; radiator, emitter
изотопный ~ isotope source
изотропный ~ isotropic source
~ ик-излучения infrared [IR] source
имплантируемый ~ излучения implanted radiation source
импульсный ~ pulsed [intermittent] source
импульсный ионный ~ pulsed ion source
импульсный ~ радиоизлучения астр. (пульсар) pulsar
~ инфракрасного излучения infrared [IR] source
~ ионизации ionization source
~ ионизирующего излучения ionizing radiation source
ионный ~ (см. тж. источник ионов) ion source
ионный ~ без магнитного поля field-free ion source
ионный ~ Макова Makov ion source
ионный ~ с безэлектродным высокочастотным разрядом HF electrodeless discharge ion source
ионный ~ с полевым испарением ion source with field evaporation
ионный ~ типа дуопигатрон duopigatron ion source
ионный ~ типа периплазматрон periplasmatron ion source

~ ионов (см. тж. ионный источник) ion source
~ ионов с полым катодом hollow-cathode ion source
~ ионов с разрядом Пеннинга Penning discharge ion source
~ ионов с холодным катодом cold-cathode ion source
искровой ~ spark source
искусственный ~ света artificial light source
калибровочный ~ calibration source
капиллярно-дуговой ~ capillary-arc source
капиллярный ~ ионов capillary ion source
катодолюминесцентный ~ (света) cathodoluminescence source
квазизвёздный ~ quasi-stellar source, QSS
квазизвёздный ~ радиоизлучения (квазар) quasi-stellar radio source
квазимонохроматический ~ quasi-monochromatic source
квазистационарный ионный ~ quasi-stationary ion source
квантованный ~ quantized source
квантовый ~ quantum source
когерентный ~ coherent source
кольцевой ~ ring source
~ корпускулярного излучения particle source
космический ~ (излучения) cosmic source
~ космического гамма-излучения cosmic gamma-ray source
~ космического излучения cosmic ray source
~ космического радиоизлучения cosmic radio source
~ космического рентгеновского излучения cosmic X-ray source
лабораторный ~ (света) laboratory source
лазерно-плазменный ~ излучения laser plasma radiation source
лазерно-плазменный рентгеновский ~ laser plasma X-ray source
лазерный ~ laser (source)
~ легирующей примеси dopant source
ленточный ~ света ribbon light source
ленточный тепловой ~ strip [band-shaped] heat source
линейный ~ linear source
линейный тепловой ~ linear heat source
люминесцентный ~ света fluorescent light source
магнетронный ~ magnetron source
мазерный ~ maser (source)
~ малой интенсивности low-level radiation source
мёссбауэровский ~ Mössbauer source
мнимый ~ image [apparent] source
мнимый ~ звука acoustical image source
~ многозарядных ионов multiply charged ion source
многоострийный ~ ионов multicusp ion source

многощелевой ~ multislit source
~ молекулярного пучка molecular beam source, molecular gun
монохроматический ~ monochromatic source
моноэнергетический ~ monoenergetic source
мощный ~ powerful [strong] source
мультипольный ~ multipole source
~ накачки pump(ing) source
направленный ~ directional source
~ напряжения voltage source
небесный ~ (излучения) celestial source
негерметизированный ~ unsealed source
нейтронный ~ neutron source
~ нейтронов neutron source
~ нейтронов деления fission neutron source
некогерентный ~ incoherent source
неподвижный ~ steady [fixed] source
неподвижный тепловой ~ steady heat source
нестабильный ~ unstable source
нестационарный ~ nonstationary source
низкокогерентный ~ low-coherent source
нитевидный ~ filamentary source
~ облучения irradiation source
образцовый ~ reference source
объёмно-плазменный ионный ~ volume-plasma ion source
объёмный ~ volume [spatial] source
~ опорного напряжения reference voltage source
опорный ~ (в голографии) reference source
оптико-акустический ~ звука optico-acoustical sound source
оптический ~ optical [visual] source
~ оптического излучения optical [light] source
открытый радионуклидный ~ bare radioactive source
отражательный ионный ~ reflex ion source
~ отрицательных ионов negative ion source
~ ошибок source of errors
первичный ~ света primary light source
переносный ~ portable source
~ питания power supply
плазматронный ~ ионов plasmatron ion source
плазменный ~ plasma source
плазменный ионный ~ plasma ion source
плазменный ~ ионов plasma ion source
плазменный ~ света plasma light source
плоский ~ plane [flat] source
~ поверхностной ионизации surface ionization source
поверхностно-плазменный ионный ~ surface-plasma ion source
поверхностный ~ surface source
поверхностный ионный ~ surface ion source
поверхностный тепловой ~ surface heat source
~ погрешностей source of errors
~ позитронов positron source
положительный ~ positive source

~ поля field source
~ поляризованных ионов polarized ion source
~ помех interference source
постоянный ~ steady source
~ примеси impurity source
~ протонов proton source
протяжённый ~ (света, в отличие от точечного) area source; (в астрофизике) extended source
протяжённый ~ радиоизлучения extended radio source
пульсирующий ~ pulsating source
~ пучка нейтронов neutron beam source
пучково-плазменный ~ ионов beam-plasma ion source
рабочий ~ working source
равномерный точечный ~ (света) uniform point source
радиоактивный ~ radioactive source
радиографический ~ radiographic source
~ радиоизлучения radio(-frequency) source
радиоизотопный ~ radioisotope source
радиоизотопный ~ тепла radioisotope heat source
радиометрический ~ radiometric source
радионуклидный ~ (излучения) radioactive source
распределённый ~ distributed [extended, spread] source
рентгеновский ~ X-ray source
рентгеновский ~ двойной звезды binary X-ray source
~ света light [optical] source
~ с дейтерированной шайбой физ. пл. deuterated washer source
сильноточный ~ high-current source
~ синхротронного излучения synchrotron (radiation) source
слаботочный ~ low-current source
слабый ~ weak source
слоёный ~ sandwiched source
~ с непрерывным спектром continuous spectrum source
сосредоточенный ~ lumped source
спектрометрический ~ spectrometric source
спиральный ~ spiral source
стабилизированный ~ stabilized source
стабильный ~ stable source
стандартный ~ МКО (в светотехнике) CIE standard source
стационарный ~ stationary source
стационарный ионный ~ stationary ion source
стробоскопический ~ света stroboscopic light source
~ ступеней роста крист. step source
твердотельный ~ solid state source
~ тепла heat source~ теплового излучения thermal source
тепловой ~ heat [thermal] source
тепловой ~ круглой формы circular heat source
~ тепловых нейтронов thermal neutron source
~ теплоты терм. heat source

~ тока current source; *(источник питания)* power supply
~ тормозного излучения bremsstrahlung source
точечный ~ *(напр. света)* point source; *(в астрофизике)* discrete source
точечный равномерный ~ *(света)* uniform point source
точечный тепловой ~ point heat source
~ тяжёлых ионов heavy ion source
~ ультрафиолетового излучения ultraviolet [UV] source
~ ультрафиолетового и рентгеновского излучения XUV source
фоновый ~ background source
~ фотонов photon source
~ Франка - Рида Frank-Read source
химический ~ тока chemical source of electrical energy
цилиндрический ~ cylindrical source
~ частиц particle source
~ шума noise source
щелевой ~ slit source
электролюминесцентный ~ *(света)* electroluminescence source
~ электронов electron source
электроразрядный эрозионный ~ electric-discharge erosion source
~ энергии energy source; power supply
~ энергии геомагнитной бури source of energy for geomagnetic storm
~ энергии звёзд stellar energy source
~ энергии Солнца source of energy of the Sun, source of solar energy
эталонный ~ standard source
~ ядерной энергии nuclear energy source
ядерный ~ nuclear source
истощение *с.* depletion
~ волны накачки *кв. эл.* depletion of pump wave
~ накачки *кв. эл.* pump depletion
исчезать *гл.* disappear; *(о члене уравнения)* vanish
исчезновение *с.* disappearance
~ скачка уплотнения shock-wave attenuation
исчерпание *с.* exhaustion
~ водорода *астр.* exhaustion of hydrogen
исчисление *с.* calculus
~ бесконечно малых infinitesimal calculus
вариационное ~ calculus of variations
векторное ~ vector analysis, vector calculus
дифференциальное ~ differential calculus
интегральное ~ integral calculus
матричное ~ matrix calculus
операционное ~ operational calculus
спинорное ~ spinor calculus
тензорное ~ tensor calculus
функциональное ~ functional calculus
итерация *ж.* iteration
блочная ~ block iteration
~ методом секущих secant iteration
обратная ~ inverse iteration
итерирование *с.* iteration, iterative process
иттербий *м.* ytterbium, Yb
иттрий *м.* yttrium, Y
ИЦР-нагрев *м.* ICR heating

Й

йод *м.* iodine, I
йодировать *гл.* iodate, iodinate
йодистый *прил.* iodide

К

кабель *м.* cable
волоконно-оптический ~ fiber-optic cable
высоковольтный ~ high-voltage cable
высокочастотный ~ high-frequency cable
газонаполненный ~ gas-filled cable
коаксиальный ~ coaxial cable
криогенный ~ cryogenic cable
размагничивающий ~ degaussing cable
сверхвысоковольтный ~ superhigh-voltage cable
сверхпроводящий ~ superconducting cable
~ связи communication cable
силовой ~ power cable
экранированный ~ shielded cable
электрический ~ electric cable
кабинет *м.* *(для научной работы)* study
радиографический ~ radiographic room
рентгеновский ~ X-ray room
каверна *ж.* **1.** *(дефект металла)* cavity, flaw **2.** *(при лазерной обработке)* crater
~ дипольного типа dipole-type cavity
~ ионной плотности ion density cavity
кавитационная ~ cavitation cavity
коллапсирующая ~ collapsing cavity
ленгмюровская ~ Langmuir cavity
кавитация *ж.* cavitation
акустическая ~ acoustic cavitation
вихревая ~ vortex cavitation
газовая ~ gas cavitation
гидродинамическая ~ hydrodynamic cavitation
искусственная ~ artificial cavitation
паровая ~ vapor cavitation
пузырьковая ~ bubble cavitation
ультразвуковая ~ ultrasonically induced cavitation
кавитон *м.* *физ. пл.* *(тип солитона)* caviton
плазменный ~ plasma caviton
кадмий *м.* cadmium, Cd
кадмирование *с.* cadmium plating
кадр *м.* *фото* frame
кайма *ж.* edge; rim; *(край)* border
календарь *м.* calendar
астрономический ~ astronomical calendar
григориантский ~ Gregorian calendar
лунно-солнечный ~ lunisolar calendar
лунный ~ lunar calendar

солнечный ~ solar calendar
юлианский ~ Yulian calendar
кали́ени/е *с.* heat; incandescence □ доводить до белого ~я bring to white heat; нагревать до красного ~я raise to red heat
калибратор *м.* calibrator, calibrating device
кварцевый ~ crystal calibrator
~ мощности calibrator of power
калиброванный *прил.* calibrated, gauged
калибровать *гл.* calibrate
взаимно ~ intercalibrate
калибровк/а *ж.* 1. *(измерительного прибора)* calibration 2. *(в квантовой механике)* gauge
абсолютная ~ absolute calibration
абсолютная ~ произвольного сечения возбуждения электронным ударом absolute calibration of arbitrary cross-section for electron impact ionization
аксиальная ~ axial gauge
акустическая ~ acoustic calibration
антиэрмитова ~ anti-Hermitian gauge
бездуховая ~ ghost-free gauge
бесшпуровая ~ traceless gauge
~ Весса - Зумино Wess-Zumino gauge
взаимная ~ intercalibration
времениподобная ~ timelike gauge
временная ~ temporal gauge
гамильтонова ~ Hamilton gauge
~ гидрометрических вертушек calibration of current meters
глобальная ~ global gauge
голоморфная ~ holomorphic gauge
диагональная ~ diagonal gauge
~ длительности time calibration
достижимая конформная ~ accessible conformal gauge
~ измерительного прибора instrument calibration
киральная ~ chiral gauge
ковариантная ~ covariant gauge
конформная ~ conformal gauge
кулоновская ~ Coulomb gauge
~ Ландау Landau gauge
линейная ~ linear gauge
локальная ~ local gauge
~ Лоренца Lorentz gauge
лоренцева ~ Lorentz gauge
~ на рабочих уровнях мощности operating-level calibration
нейтральная ~ neutral gauge
~ нейтронного источника neutron source calibration
ортонормальная ~ orthonormal gauge
переменная ~ variable gauge
пи-мезонная ~ pion gauge
планарная ~ planar gauge
повторная ~ recalibration
поперечная ~ transverse gauge
~ по способу истечения calibration by discharge
~ по способу наполнения calibration by filling-up
~ потенциала *кв. мех.* potential gauge

~ по теплу thermal calibration
~ по энергии energy calibration
радиационная ~ radiation gauge
релятивистская ~ relativistic gauge
релятивистски инвариантные ~и relativistically invariant gauges
~ светового конуса light cone gauge
светоподобная ~ light-like gauge
сглаженная ~ smoothed gauge
суперконформная ~ superconformal gauge
суперсимметричная ~ supersymmetrical gauge
тепловая ~ thermal calibration
унитарная ~ unitary gauge
~ фазы phase calibration
фейнмановская ~ Feynman gauge
феноменологическая ~ phenomenological gauge
фоковская ~ Fock gauge
фоновая ~ background gauge
фоновая ~ Фейнмана background Feynman gauge
~ фонового поля background gauge
~ частоты frequency calibration
эквивалентные ~и equivalent gauges
энергетическая ~ energy calibration
калибровочно-инвариантный *прил.* gauge invariant
калий *м.* potassium, K
калифорний *м.* californium, Cf
каломель *м.* *(хлорид ртути)* calomel
калоресценция *ж.* calorescence
калориметр *м.* calorimeter
адиабатический ~ adiabatic calorimeter
адронный ~ hadronic calorimeter
бунзеновский ~ Bunsen calorimeter
водяной ~ water calorimeter
высокотемпературный ~ high-temperature calorimeter
газовый ~ gas calorimeter
годоскопический ~ hodoscope calorimeter
гомогенный ионизационный ~ homogeneous ionization calorimeter
градиентный ~ gradient calorimeter
двойной ~ double [twin] calorimeter
дифференциальный ~ differential calorimeter
жидкоаргоновый ~ liquid argon calorimeter
жидкостный ~ liquid calorimeter
изотермический ~ isothermal calorimeter
ионизационный ~ ionization calorimeter
искровой ~ spark chamber calorimeter
~ Кальве Calvet calorimeter
компенсационный ~ compensating calorimeter
ледяной ~ ice calorimeter
массивный ~ massive calorimeter
многоэкранный ~ multiscreen calorimeter
~ продуктов отдачи recoil calorimeter
многоячеистый ~ fine-grained calorimeter
нейтринный ~ neutrino calorimeter
~ Нернста Nernst calorimeter
низкотемпературный ~ low-temperature calorimeter

паровой ~ steam calorimeter
подземный ~ buried calorimeter
прецизионный ~ precision calorimeter
проточный ~ continuous-flow calorimeter
~ Реньо Regnault calorimeter
сегментный ~ segmented calorimeter
~ с изотермической оболочкой isothermal calorimeter
сканирующий ~ scanning calorimeter
~ с постоянным теплообменом constant-heat-exchange calorimeter
сцинтилляционный ~ scintillation calorimeter
термопарный ~ thermocouple calorimeter
урановый ионизационный ~ uranium ionization calorimeter
урановый сцинтилляционный ~ uranium scintillation calorimeter
фотонный ~ photon calorimeter
черенковский ~ Cherenkov calorimeter
электромагнитный ~ electromagnetic calorimeter
электронно-фотонный ионизационный ~ electron-photon ionization calorimeter
калориметр-интегратор м. integrating calorimeter
калориметрия ж. calorimetry; calorimetric measurement
адиабатическая ~ adiabatic calorimetry
высокотемпературная ~ high-temperature calorimetry
газовая ~ gas calorimetry
дифференциальная сканирующая ~ differential scanning calorimetry
лазерная сканирующая ~ laser scanning calorimetry
низкотемпературная ~ low-temperature calorimetry
проточная ~ continuous-flow calorimetry
калориметр-осциллограф м. calorimeter-oscilloscope
калорифер м. air heater
калория ж. calorie, cal
большая ~ large calorie, kilocalorie
малая ~ small calorie
калькулятор м. calculator
кальций м. calcium, Ca
кальцит м. calcite, $CaCO_3$
калютрон м. (электромагнитный сепаратор) calutron
КАМАК CAMAC (Computer Application for Measurement and Control)
камень м. 1. stone 2. (в часах) jewel 3. (драгоценный) gem, jewel, precious stone
камера ж. 1. chamber 2. фото camera
абсорбционная ~ absorption chamber
автоколлимационная ~ autocollimation camera
автоматическая ионизационная ~ automatic ionization chamber
акустическая ~ acoustic chamber
астрографическая ~ astrographic camera
безэховая ~ anechoic chamber, anechoic room

~ Бейкера - Нана Baker-Nunn camera
бесфильмовая искровая ~ filmless spark chamber
~ бетатрона doughnut, donut
борная ~ boron chamber
быстродействующая ~ fast chamber
вакуумная ~ vacuum chamber
взрывная ~ explosion chamber
~ Вильсона cloud [expansion, Wilson] chamber
~ Вильсона высокого давления high-pressure cloud chamber
~ Вильсона, наполненная водородом hydrogen-filled cloud chamber
~ Вильсона низкого давления low-pressure cloud chamber
~ Вильсона с быстрым сжатием fast-pressure cloud chamber
~ Вильсона с магнитным полем magnetic cloud chamber
~ Вильсона с повторным циклом recycling cloud chamber
~ Вильсона с самозапуском self-triggering [self-starting] cloud chamber
~ Вильсона, управляемая счётчиками counter-controlled cloud chamber
водоохлаждаемая кварцевая ~ water-cooled quartz chamber
водородная ~ hydrogen(-filled) chamber
водородная пузырьковая ~ hydrogen bubble chamber
воздухоэквивалентная ионизационная ~ air-equivalent ionization chamber
воздушная ~ air chamber
воздушная ионизационная ~ air(-filled) ionization chamber
вторично-эмиссионная ~ secondary-emission chamber
~ выдержки decay chamber
~ высокого давления high-pressure chamber
~ высокого разрешения high-resolution chamber
высотная ~ altitude (test) [pressure] chamber
газовая ~ gas chamber
газовая ионизационная ~ gas ionization chamber
газовая ионизацонная ~ деления gas-filled ionization fission chamber
газополная ионизационная ~ gas-filled ionization chamber
газоразрядная ~ gas-discharge chamber
гелиевая пузырьковая ~ helium bubble chamber
герметическая ~ hermetic chamber
герметичная ~ hermetic chamber
гибридная ~ hybrid chamber
гиперонная пузырьковая ~ hyperon bubble chamber
голографическая ~ holographic chamber
горячая ~ hot cave; hot cell; hot chamber
~ давления pressure chamber, pressure vessel
двойная ~ деления double fission chamber

двойная ионизационная ~ double ionization chamber

двухсекционная ионизационная ~ two-section ionization chamber

деаэрационная ~ deaeration chamber

дебаевская рентгеновская ~ Debye X-ray camera

дезактивационная ~ decontamination chamber

дейтериевая пузырьковая ~ deuterium [deuterium-filled] bubble chamber

декомпрессионная ~ decompression chamber

~ деления fission chamber

делительная ~ fission chamber

детекторная ~ detecting [detection] chamber

дифференциальная ионизационная ~ differential ionization chamber

диффузионная ~ diffusion chamber

диффузионная ~ с диффузией вверх upward diffusion cloud chamber

диффузионная ~ с диффузией вниз downward diffusion cloud chamber

диффузионно-конденсационная ~ diffusion (cloud) chamber

~ для ионной имплантации ion implantation chamber

~ для лазерной сварки laser welding chamber

~ для фотографирования искусственных спутников satellite camera

~ дозиметра dosimeter chamber

дрейфовая ~ drift chamber

дрейфовая проволочная ~ drift wire chamber

дуговая ~ arc chamber

жидководородная ~ liquid hydrogen chamber

жидководородная пузырьковая ~ liquid hydrogen bubble chamber

жидкостная ~ liquid(-filled) chamber

жидкостная ионизационная ~ liquid-filled ionization chamber

заглушённая ~ anechoic [dead] chamber

закрытая ионизационная ~ closed ionization chamber

защитная ~ protection cell

зенитная ~ zenith camera

зеркальная ~ reflex camera

измерительная ~ measuring chamber

изолирующая ~ isolating cell

изотропная стримерная ~ isotropic streamer chamber

импульсная ~ pulse chamber

импульсная ~ деления pulse-operated fission chamber

импульсная ионизационная ~ pulse [counting] ionization chamber

интегрирующая ионизационная ~ condenser [integrating] ionization chamber

ионизационная ~ ion(ization) chamber

ионизационная ~ высокого давления high-pressure ionization chamber

ионизационная ~ деления ionization fission [fission ionization] chamber

ионизационная ~ для гамма-излучения gamma ionization chamber

ионизационная ~ с внутренним патрубком re-entrant thimble ionization chamber

ионизационная ~ с жидким аргоном liquid-argon ionization chamber

ионизационная ~ с металлизированными стенками metal-walled ionization chamber

ионизационная ~ с петлеобразным коллектором looped-collector [looped-center-wire] ionization chamber

ионизационная ~ с плоскопараллельными электродами parallel-plate ionization chamber

ионизационная ~ с сеткой grid ionization chamber

ионизационная ~ с трёхфтористым бором boron-trifluoride ionization chamber

ионизационная ~ с «4пи» геометрией 4 pi ionization chamber

искровая ~ spark chamber

искровая проволочная ~ spark wire chamber

искровая ~ с магнитострикционным съёмом (информации) magnetostrictive readout spark chamber

~ испарения (в криостате) evaporation chamber

испытательная ~ test cell

карманная ~ pocket chamber

карманная ионизационная ~ pocket ionization chamber

каталитическая ~ catalytic chamber

компенсационная ~ compensation chamber

компенсированная ионизационная ~ compensated ionization chamber

конденсационная ~ condensation [cloud, expansion] chamber

контрольная ~ monitor chamber

координатная пропорциональная ~ coordinate proportional chamber

криогенная пузырьковая ~ cryogenic bubble chamber

лавинная ~ avalanche chamber

лазерная ~ laser chamber

ливневая ~ shower chamber

лунная ~ moon camera

лучевая ~ (для электронно-лучевой плавки) beam chamber

люминесцентная ~ luminescent [scintillation] chamber

~ магнита magnet chamber

магнитная искровая ~ magnetic spark chamber

малоугловая рентгеновская ~ small-angle X-ray camera

~ Марковица Markowitz camera

металлическая ~ metal chamber

метеорная ~ meteor camera

многонитевая пропорциональная ~ multiwire proportional chamber

многопластинная ~ Вильсона multiple-plate cloud chamber

многопроволочная дрейфовая ~ miltiwire drift chamber

многопроволочная ионизационная ~ multiwire ionization chamber

многопроволочная пропорциональная ~ multiwire proportional chamber

многослойная ~ multilayer chamber

многотрековая дрейфовая ~ multitrack drift chamber

многощелевая ионизационная ~ multislit ionization chamber

многоэлектродная ~ деления multiplate fission chamber

нагнетательная ~ plenum chamber

наперстковая ионизационная ~ thimble ionization chamber

нейтронная ~ neutron chamber

нейтроночувствительная ~ neutron-sensitive chamber

некомпенсированная ~ uncompensated chamber

некомпенсированная ионизационная ~ uncompensated ionization chamber

~ непрерывной откачки (в криостате) continuous evacuation chamber

низкотемпературная ~ cold [low-temperature] chamber

нормальная ионизационная ~ open-air [free-air] ionization chamber

обдирочная ~ (устройство для обдирки пучка) stripper

~ облучения exposure cell, exposure [irradiation] chamber; (частицами) bombardment chamber

~ обнаружения нейтронов neutron detecting chamber

одноградусная ~ Whitley chamber

однородная ~ homogeneous chamber

оптическая искровая ~ optical spark chamber

~ откачки (в криостате) evacuation chamber

~ очистки decontamination cell

панорамная ~ all-sky camera

паровая ~ steam chamber

передаточная ~ transfer chamber

~ переработки топлива fuel processing cell

перчаточная ~ glove box

плоская ~ деления flat fission chamber

плоская дрейфовая ~ flat drift chamber

плоская ионизационная ~ flat ionization chamber

плоская пропорциональная ~ flat proportional chamber

плоскопараллельная ~ parallel-plate chamber

плутониевая ~ plutonium chamber

позитронная ~ positron camera

полая ~ hollow chamber

полая ионизационная ~ cavity ionization chamber

полостная ионизационная ~ cavity ionization chamber

полупроводниковая дрейфовая ~ semiconductor drift chamber

порошковая рентгеновская ~ powder diffraction [X-ray] camera

порошковая рентгеновская ~ Гинье Guinier camera

порошковая рентгеновская ~ Дебая - Шеррера Debye-Scherrer camera

предохранительная ~ safety chamber

прецессионная ~ precession camera

проволочная ~ wire [multiconductor] chamber

проволочная искровая ~ wire spark chamber

проекционная ~ projection camera

проекционная искровая ~ projection spark chamber

пропановая пузырьковая ~ propane bubble chamber

пропан-фреоновая пузырьковая ~ propane-freon bubble chamber

пропорциональная ~ proportional chamber

проточная ионизационная ~ flow-type ionization chamber

пузырьковая ~ bubble chamber

пузырьковая ~ с тяжёлым наполнением heavy liquid bubble chamber

пусковая ~ starting chamber

пусковая ~ деления start-up fission chamber

радиальная ~ radial chamber

радиохимическая ~ radiochemical cell

разрядная ~ discharge chamber

распылительная ~ sputtering chamber

~ рассеяния (нейтронов) scattering chamber

~ расслоения 3He и 4He (в криостате) delamination chamber

~ растворения (в криостате) dissolution chamber

расширительная ~ expansion [Wilson] chamber

реакционная ~ reaction chamber

реверберационная ~ reverberation chamber

~ регенерации топлива fuel-reprocessing [fuel-recovery] cell

регистрационная ~ recording camera

резонансная пузырьковая ~ resonance bubble chamber

рекомбинационная ~ recombination chamber

рентгеновская ~ X-ray camera

рентгеновская дифракционная ~ X-ray diffraction camera

рентгеновская порошковая ~ powder X-ray [diffraction] camera

рентгеновская ~ с вращающимся кристаллом rotating-crystal X-ray camera

~ рентгенометра roentgenometer camera

рентгеноэмульсионная ~ X-ray emulsion camera

сбалансированная ~ balanced chamber

~ с борным покрытием boron-lined chamber

~ с вращающимся зеркалом rotating mirror camera

~ сгорания combustion chamber

сеточная ~ mesh chamber

~ сжатия compression chamber

симметричная пропорциональная ~ symmetrical proportional chamber

сливная ~ overflow chamber

~ с манипулятором manipulator cell

смесительная ~ *(напр. химического лазера)* mixing chamber

~ **с объективной призмой** objective-prism camera

сортирующая ~ *(масс-спектрометра)* sorting chamber

~ **с параллельными дисковыми электродами** parallel circular plate chamber

спаренная ~ twin chamber

~ **спектрографа** spectrograph chamber

~ **спектрометра** spectrometer chamber

спиральная ~ **деления** spiral fission chamber

~ **с плоскопараллельными электродами** parallel-plate chamber

~ **с регулируемым давлением** pressure-defined chamber

~ **с регулируемым объёмом** volume-defined chamber

~ **с «рыбьим глазом»** all-sky camera

~ **с синхронной развёрткой** (synchroscan) streak camera

~ **столкновений** collision chamber

стримерная ~ streamer chamber

стримерная искровая ~ streamer spark chamber

сцинтилляционная ~ scintillation chamber

супер-Шмидт ~ super-Schmidt camera

счётная ~ counting [counter] chamber

сухая ~ dry box

сферическая дрейфовая ~ spherical drift chamber

сцинтилляционная дрейфовая ~ scintillation drift chamber

телевизионная ~ TV camera

технологическая ~ processing cell

тканеэквивалентная ~ tissue-equivalent chamber

токовая ионизационная ~ current-type ionization chamber

токовая ионизационная ~ **деления** current-type ionization fission chamber

толстостенная ионизационная ~ thick-walled ionization chamber

тонкостенная ~ thin-walled chamber

тормозная ~ brake chamber

тороидальная ~ toroidal chamber, doughnut, donut

торцевая ~ **деления** end fission chamber

трековая ~ track chamber

тройная ионизационная ~ triple ionization chamber

тяжеложидкостная пузырьковая ~ heavy-liquid bubble chamber

узкозазорная искровая ~ narrow-gap spark chamber

~ **Уитли** *(в криостате)* Whitley chamber

ультразвуковая пузырьковая ~ ultrasonic bubble chamber

уравнительная ~ surge chamber

урановая ~ uranium chamber

~ **ускорения** accelerating chamber

~ **ускорителя** accelerator chamber

ускоряющая ~ accelerating chamber

фокусирующая рентгеновская ~ X-ray focusing camera

фотографическая ~ (photographic) camera

фотоионизационная ~ photoionization chamber

~ **химической переработки** chemical processing cell

~ **хранения** *(ультрахолодных нейтронов)* storage chamber

~ **хранения топлива** fuel storage cell

цельнометаллическая ~ all-metal chamber

цилиндрическая дрейфовая ~ cylindrical drift chamber

цилиндрическая пропорциональная ~ cylindrical proportional chamber

«чистая» пузырьковая ~ clean-type bubble chamber

широкозазорная искровая ~ wide-gap spark chamber

~ **Шмидта** Schmidt camera

эвакуированная ~ evacuated chamber

экранированная ~ shielded chamber

экранированная ~ **с открытым верхом** open-top shielded chamber

экспериментальная ~ experimental cavity

экспозиционная ~ exposure chamber

экстраполяционная ионизационная ~ extrapolation ionization chamber

электронная ~ electronic camera

электронно-импульсная ~ electron-pulse chamber

электронно-оптическая ~ *(для регистрации быстропротекающих процессов)* image converter [electron-optical, streak] camera

электроразрядная ~ electric discharge chamber

эмульсионная ~ emulsion (cloud) chamber

камера-обскура *ж.* pinhole camera, camera obscura

камера-отстойник *ж.* settling chamber

камертон *м.* tuning fork

кампания *ж. (между двумя загрузками топлива в реактор)* operating period, run

~ **реактора** reactor life(-time)

КАМ-теория *ж. (теория Колмогорова - Арнольда - Мозера)* Kolmogorov-Arnold-Moser theory

канавка *ж.* 1. groove 2. *(на поверхности разрушения)* striation

дроссельная ~ *(в волноводе)* choke groove

кольцевая ~ annular [circular] groove

осевая ~ axial groove

~ **травления** etch groove

шпоночная ~ slot groove

канал *м.* 1. channel 2. *(водное сооружение)* canal

~ **аварийной защиты** *яф* safety channel

аварийный ~ *яф* safety channel

автономный ~ autonomous channel

аккреционный ~ *астр.* accretion channel

~ активной зоны core channel
аннигиляционный ~ annihilation channel
атмосферный ~ atmospheric channel
~ безопасности *яф* safety channel
~ без помех noiseless channel
биологический ~ biological hole
боковой ~ *яф* side channel
буферный ~ buffer channel
~ быстрой аварийной защиты *яф* fast safety channel
~ в защитном экране shield hole
виртуальный ~ virtual channel
внутренний диверторный ~ inner divertor channel
водяной ~ *яф* water channel
~ возбуждения *кв. эл.* excitation channel
~ воздушного охлаждения air-cooling channel
воздушный ~ air duct, air passage, air channel
волноводный ~ waveguide channel
~ волокон *(физ. Солнца)* filament channel
волоконно-оптический ~ связи fiber-optic communication channel
временный ~ temporary channel
вспомогательный ~ auxiliary channel
встроенный ~ *фпп* embedded channel
~ вторичных частиц channel of secondary particles, secondary particle channel
входной ~ entrance channel
~ вывода *(пучка из ускорителя)* extraction channel
~ выключения shut-down channel
высокочастотный ~ high-frequency channel
выходной ~ exit [outlet] channel
газовый ~ gas channel
~ генерации *кв. эл.* generation channel
~ гидропочты hydraulic shuttle hole
главный ~ main channel
глухой ~ *яф* thimble
горизонтальный ~ *яф* tangential channel
горизонтальный опытный ~ *(в реакторе)* tangential beam hole
горячий ~ hot channel
двунаправленный ~ *радиофиз.* bidirectional channel
двухчастичный ~ two-body channel
детекторный ~ detector channel, detector hole
диверторный ~ divertor channel
дискретный ~ *(связи)* discrete [digital] channel
~ диссоциации dissociation channel
диэлектрический ~ dielectric channel
~ для вывода пучка beam port, beam hole, beam tube
~ для горючего fuel channel
~ для облучения exposure hole
~ для облучения нейтронами деления fission-neutron irradiation hole
~ для образцов sample hole
~ для приборов instrument hole
~ для производства изотопов isotope production tunnel

~ для пучка beam hole
~ для спуска топливного раствора fuel-solution drain hole
дрейфовый ~ drift duct
дренажный ~ drain channel
дуальный ~ dual channel
жидкометаллический ~ liquid-metal duct
закрытый ~ реакции closed channel of reaction
~ записи recording channel
зарядный ~ charging tube
зеркальный ~ *радиофиз.* image channel
~ измерения потока flux measuring channel
~ измерения радиоактивности radioactivity measurement channel
измерительный ~ measuring channel
изогнутый ~ curved channel
индуцированный ~ *фпп* induced channel
~ инжекции injection channel
информационный ~ data [information] channel
~ ионизации ionization channel
~ ионизационной камеры ion chamber hole, ion chamber channel
ионизованный ~ ionized channel
ионно-имплантированный ~ ion-implanted channel
ионосферный ~ ionospheric channel
ионосферный волновой ~ ionospheric waveguide
~ искры spark channel
квазидвухчастичный ~ quasi-two-body channel
квантовый ~ quantum channel
кольцевой ~ circular channel, annulus
контрольный ~ monitoring channel
круговой ~ circular channel
~ лидера *(при пробое)* leader channel
линейный ~ linear channel
магнитный ~ *(ускорителя)* magnetic channel
магнитогидродинамический ~ magnetohydrodynamic channel
магнитооптический ~ magnetooptical channel
медико-биологический пи-мезонный ~ biomedical pion channel
~ микроплазмы *фпп* microplasma channel
многодиапазонный ~ multirange channel
мультиплексный ~ multiplexer channel
~ы на Марсе canals of Mars
наружный диверторный ~ outer divertor channel
начальный ~ initial channel
незагруженный топливный ~ uncharged fuel channel
~ нейтронной терапии neutron therapy port
нейтронный ~ neutron channel
неодносвязный ~ not simply connected channel
несинглетный ~ *кхд* nonsinglet channel
неупругий ~ inelastic channel
~ неупругого рассеяния inelastic (scattering) channel
низкопороговый ~ low-threshold channel

обменный ~ exchange channel
обратный ~ return passage
обходный ~ by-pass canal
объёмный ~ *фпп* bulk channel
однонаправленный ~ *радиофиз.* uni-directional channel
~ однофотонного перехода в непрерыв-ный спектр channel of one-photon transition into continuum
оптический ~ *(связи)* optical channel
отводящий ~ offtake channel
отклоняющий ~ deflecting channel
открытый ~ реакции open reaction channel
~ охладителя coolant passage
охлаждающий ~ cooling channel
охлаждающий кольцевой ~ cooling annulus
~ охлаждения cooling channel
первичный ~ ионизации primary ionization channel
перегретый ~ *(в активной среде лазера)* overheated channel
~ передачи данных data communication channel
петлевой ~ *(ядерного реактора)* loop channel
плазменный ~ plasma channel
плоскостной ~ *(при каналировании в кри-сталле)* planar channel
~ пневмопочты pneumatic shuttle hole
поверхностный ~ surface channel
~ подачи топлива fuel-feed canal
подводный звуковой ~ deep [undersee] sound channel
предохранительный ~ safety channel
~ приборов реактора nuclear instrument channel
приповерхностный звуковой ~ near-surface sound channel
проводящий ~ conductive [conducting] channel
протонный ~ proton channel
~ прямого доступа direct access channel
прямой ~ straight [direct] channel
прямой ~ реакции *яф* direct reaction channel
~ пучка *(частиц)* beam channel
рабочий ~ *яф* hot [fuel] channel, fuel tube
радиационный ~ radiative channel
радиотелеметрический ~ radiotelemetry channel
~ разряда discharge channel
~ распада decay channel
~ распространения propagation channel
~ рассеяния scattering channel
расходящийся ~ divergent channel
расширяющийся ~ divergent channel
~ реактора reactor channel
~ реакции reaction channel; channel of reaction
резонансный ~ resonance channel
~ релаксации *(энергии)* relaxation channel
~ рождения *(частиц)* production channel
сверхпроводящий ~ superconducting channel
свободный ~ nonoccupied channel
~ с возбуждением exitation channel

связанные ~ы *яф* coupled channels
~ связи communication channel
~ сервопривода servo channel
~ с замираниями fading channel
синглетный ~ singlet channel
~ синхронизации synchronizing channel
~ с ионизацией ionization channel
скользящий ~ sliding channel
~ скорости счёта counting-rate channel
сопряжённый ~ adjoint channel
~ с перегруппировкой rearrangement channel
~ с помехами noisy [interference] channel
~ стержня rod passage, rod hole
стримерный ~ streamer channel
сходящийся ~ convergent channel
считающий ~ counting channel
~ тепловыделяющей сборки fuel-assembly channel
теплопередающий ~ heat-transfer passage
~ термопары thermocouple well
технологический ~ *(ядерного реактора)* process tube
токовый ~ current channel
топливный ~ *(ядерного реактора)* fuel [hot] channel
топливозагрузочный ~ fuel-charge channel
~ транспортировки пучка beam transport channel
транспортировочный ~ transfer hole
трёхчастичный ~ three-body channel
узкий ~ narrow channel
~ управления control channel
~ управляющего стержня control-rod channel
упругий ~ elastic channel
~ упругого рассеяния elastic (scattering) channel
урановый ~ uranium channel
~ уровня мощности power-level channel
ускорительный ~ accelerator channel
~ ускорителя accelerator channel
физический ~ physical channel
фокусирующий ~ focusing channel
фоновый ~ background channel
~ формирования пучка beam-shaping channel
~ фрагментации *яф* fragmentation channel
цветонейтральный ~ color-neutral channel
экзотический ~ exotic channel
экранирующий ~ shielding channel
экспериментальный ~ *(реактора)* ex-perimental channel; experimental port, test hole
электромагнитный ~ electromagnetic channel
канализация *ж. (энергии)* (energy) channeling
каналирование *с. (частиц)* channeling
аксиальное ~ axial channeling
~ альфа-частиц channeling of alpha particles
~ быстрых протонов channeling of fast protons
~ в изогнутом кристалле channeling in a bent crystal
~ в кристалле channeling in a crystal
~ в монокристаллах channeling in single crystals

~ **в объёме** channeling in the bulk

~ **в твёрдом теле** channeling in solids

~ **в тонких кристаллах** channeling in thin crystals

~ **вторичного излучения** channeling of secondary radiation

динамическое ~ *(при самофокусировке лазерного пучка)* dynamic trapping

~ **заряженных частиц** *(в кристаллах)* channeling of charged particles

~ **ионов** ion channeling

~ **ионов низких энергий** channeling of low energy ions

~ **лёгких ионов** channeling of light ions

плоскостное ~ planar channeling

~ **позитронов** positron channeling

~ **протонов** proton channeling

~ **релятивистских частиц** channeling of relativistic particles

~ **частиц высоких энергий** high energy particle channeling

~ **электронов** electron channeling

каналотрон *м.* channelotron

канал-хранилище *с. (реактора)* storage canal

кандела *ж. (единица силы света в системе СИ)* candela, kd

~ **на квадратный метр** *(единица яркости в системе СИ)* candela per square meter

кандолюминесценция *ж.* candoluminescence

канцероген *м.* carcinogen

канцерогенез *м.* carcinogenesis

каньон *м. (на телах Солнечной системы)* chasma; яф *(хранилище)* canyon

каон *м. (см. тж.* **К-мезон***)* kaon, K-meson

виртуальный ~ virtual kaon

заряженный ~ charged kaon, charged K-meson

изоспинорный ~ isospinor kaon

кумулятивный ~ cumulative kaon

нейтральный ~ neutral kaon, neutral K-meson

капелька *ж.* droplet

капилляр *м.* capillary

герметичный ~ air-tight capillary

капиллярность *ж.* capillarity

капиллярный *прил.* capillary

капля *ж.* drop, droplet

вращающаяся ~ rotating droplet

~ **в свободном падении** drop in free fall

жидкая ~ яф liquid drop

заряженная ~ charged drop

микроскопическая ~ microscopic droplet

падающая ~ drop in free fall

плазменная ~ plasma drop, plasma droplet

~ **расплава** liquid alloy droplet

растекающаяся ~ spreading drop, spreading droplet

фазовая ~ phase drop

экситонная ~ exciton drop

электронно-дырочная ~ electron-hole drop, electron-hole droplet

каппа-мезон *м.* kappa-meson

капсула *ж.* capsule, envelope

~ **для облучения** irradiation capsule

~ **для топливных образцов** fuel-specimen capsule

~ **источника** source capsule

~ **пневмопочты** rabbit

радиевая ~ radium seed

карандаш *м.* pencil

топливный ~ *яф* fuel pencil

карат *м.* carat

карбанион *м.* carbanion

карбид *м.* carbide

аморфный гидрированный ~ **кремния** amorphous hydrated silicon carbide

~ **бора** boron carbide

~ **вольфрама** tungsten carbide

ионный ~ ionic carbide

ковалентный ~ covalent carbide

~ **кремния** silicon carbide, carborundum, SiC

нерастворённый ~ undissolved carbide

нестехиометрический ~ nonstoichiometric carbide

остаточный ~ undissolved carbide

первичный ~ primary carbide

спечённый ~ cemented carbide

карбонадо *с. (поликристаллический алмаз)* carbonado, black diamond

карбонат *м.* carbonate

~ **радия** radium carbonate

карборунд *м.* carborundum, silicon carbide, SiC

карбоцианин *м. кв. эл. (краситель)* carbocyanine

каретка *ж.* carriage

аэрометрическая ~ traveling carriage, aerodynamic sledge

карлик *м. (звезда)* dwarf (star)

аккрецирующий белый ~ accreting white dwarf

белый ~ white dwarf

белый гелиевый ~ white helium dwarf

белый углеродный ~ white carbon dwarf

белый холодный ~ white cold dwarf

вырожденный ~ degenerate dwarf

вырожденный гелиевый ~ degenerate helium dwarf

гелиевый ~ helium dwarf

жёлтый ~ yellow dwarf

коричневый ~ brown dwarf

красный ~ red dwarf

массивный гелиевый ~ massive helium dwarf

углеродно-кислородный ~ carbon-hydrogen dwarf

ультрафиолетовый ~ ultraviolet dwarf

карматрон *м. эл.* carmatron

карнотит *м. (руда урана)* carnotite, yellow ore

каротаж *м. геофиз.* (well) logging

акустический ~ acoustic [sonic] logging

индукционный ~ induction [electro-magnetic] logging

~ **методом меченых атомов** radioactive tracer logging

нейтронный ~ neutron logging

радиоактивный ~ radioactive [radiation] logging

рентгенофлуоресцентный ~ X-ray fluorescence logging
электрический ~ electric logging
ядерный магнитный ~ nuclear magnetic logging
КАРС-спектроскопия *ж.* CARS spectroscopy
КАРС-термометрия *ж.* CARS thermometry
карта *ж.* **1.** *геофиз.* map; chart **2.** *(перфорационная)* card
географическая ~ terrestrial map
звёздная ~ star chart, star map
~ земного магнетизма terrestrial magnetism chart, terrestrial magnetism map
~ изодоз isodose map, isodose chart
~ механизмов разрушения fracture-mechanism map
~ неба map of sky
~ окрестностей переменной звезды chart of the variable
радиационная ~ radiation map
~ сейсмичности seismic map, seismic chart
синоптическая ~ synoptic map, synoptic chart
~ синтеза Паттерсона *крист.* Patterson (synthesis) map
~ синтеза Фурье *крист.* Fourier (synthesis) map
технологическая ~ process chart
~ электронной плотности *крист.* electron density map
картина *ж.* **1.** *(структура)* pattern **2.** *(изображение)* picture
автоэмиссионная ~ field emission pattern
~ биений beat pattern
~ взаимодействия *кв. мех.* interaction [Dirac] picture
~ вихрей vortex pattern
волновая ~ wave pattern
вторичная муаровая ~ secondary moiré pattern
~ Гейзенберга Heisenberg representation
~ Дирака *кв. мех.* Dirac [interaction] picture
~ дифракции Фраунгофера Fraunhofer diffraction pattern
~ дифракции Френеля Fresnel diffraction pattern
дифракционная ~ diffraction pattern
дифракционная ~ Кикучи Kikuchi pattern
дифракционная ~ с псевдолиниями Косселя pseudo-Kossel pattern
зафиксированная ~ полос *(фотомеханика)* locked-in fringe pattern
зонная ~ Френеля Fresnel zone pattern
~ изоклин isoclinic pattern
~ изопах isopachic pattern
~ изохром isochromatic fringe pattern
~ изохром при светлом поле полярископа light-field isochromatics
~ изохром при тёмном поле полярископа dark-field isochromatics
интерференционная ~ interference [fringe] pattern

~ интерференционных полос fringe [interference] pattern
~ Кикучи Kikuchi pattern
классическая ~ classical pattern
~ косой текстуры oblique texture pattern
~ Косселя Kossel pattern
лучевая ~ ray pattern
~ люминесценции luminescent pattern
муаровая ~ moiré (fringe) pattern
муаровая ~ второго порядка moiré-of-moiré pattern
~ муаровых полос moiré (fringe) pattern
основная муаровая ~ primary moiré pattern
панорамная ~ Кикучи *крист.* scanning Kikuchi pattern
~ развития разрушения fracture growth pattern
разностная муаровая ~ subtractive moiré pattern
~ распределения distribution pattern
~ силовых линий магнитного поля magnetic field pattern
суммарная муаровая ~ additive [composite] moiré pattern
теневая ~ shadow pattern
теневая муаровая ~ moiré pattern of shadow fringes
~ течения pattern of flow, flow pattern
~ течения на близких расстояниях flow pattern at short distances
~ течения несжимаемой жидкости incompressible flow pattern
~ трещин в хрупком покрытии brittle-coating crack pattern
физическая ~ мира physical picture of the world
чёткая ~ полос sharp fringe pattern
~ Шредингера Schrödinger representation
картирование *с.* mapping
картография *ж.* cartography
карцинотрон *м. эл.* carcinotron
касание *с.* touch; contact
тесное ~ close contact
касательн/ая *ж.* tangent (line) □ **провести ~ую к ...** draw tangent to ...
касательный *прил. (соприкасающийся)* tangent; *(направленный по касательной)* tangential
каскад *м.* **1.** *физ.* cascade **2.** *эл.* stage
адронный ~ hadronic cascade
~ бифуркаций cascade of bifurcation
буферный ~ buffer stage
взрывной ~ explosive cascade
внутриядерный ~ intranuclear cascade
входной ~ input stage
высокоэнергетический ~ high-energy cascade
выходной ~ output stage
~ гамма-лучей gamma-ray cascade
дистилляционный ~ distillation cascade
жёсткий ~ hard cascade
идеальный ~ ideal cascade
ирастовый ~ yrast cascade

кварк-глюонный ~ quark-gluon cascade
линейный ~ *(при распылении)* linear cascade
межъядерный ~ internuclear cascade
мезоатомный ~ mesic atom cascade
нелинейный ~ *(при распылении)* nonlinear cascade
нуклонный ~ nucleonic cascade
нуклон-пионный ~ nucleon-pion cascade
обратный ~ inverse cascade
обратный ~ **последовательных упрощений аттрактора** reverse cascade of successive simplifications of the attractor
оконечный ~ final stage
партонный ~ parton cascade
противоточный ~ counter-current cascade
~ **профилей** aerofoil cascade
прямоугольный ~ square cascade
радиационный ~ *спектр.* radiation cascade
~ **соударений** cascade of collisions, collision cascade
спонтанный ~ *спектр.* spontaneous cascade
субгармонический ~ subharmonic cascade
трёхмерный ~ three-dimensional cascade
~ **удвоений периода** period doubling cascade
усилительный ~ amplifying [amplification] stage
~ **формирования импульсов** pulse shaper
электромагнитный ~ electromagnetic cascade
электрон-фотонный ~ electron-photon cascade
электронно-фотонный ~ electron-photon cascade
электронно-ядерный ~ electron-nuclear cascade
ядерно-электромагнитный ~ nuclear electromagnetic cascade
ядерный ~ nuclear cascade
~ **ядерных расщеплений** nuclear disintegration cascade
касп *м. сэф* cusp
дневной ~ dayside cusp
полярный ~ polar cusp
кассета *ж.* 1. *астр.* plate-holder, loader 2. *фото* cassette
~ **плёночного дозиметра** film holder
~ **тепловыделяющих элементов** fuel assembly
катаболизм *м. биохим.* catabolism
катализ *м. хим.* catalysis
адсорбционный ~ adsorption catalysis
векторный ~ vector catalysis
гетерогенный ~ heterogeneous catalysis
гетеролитический ~ acid-base catalysis
гомогенный ~ homogeneous catalysis
гомолитический ~ oxidation-reduction catalysis
ионообменный ~ ion-exchange catalysis
~ **кислотами** acid catalysis
кислотно-основной ~ acid-base catalysis
микрогетерогенный ~ microheterogeneous catalysis
мюонный ~ muonic catalysis
окислительно-восстановительный ~ redox [oxidation-reduction] catalysis
отрицательный ~ negative catalysis

положительный ~ positive catalysis
катализатор *м.* catalyst; catalytic agent
пористый ~ porous catalyst
промотированный ~ promotor catalyst
скелетный ~ skeleton catalyst
твёрдый ~ solid catalyst
каталог *м. астр., вчт* catalog(ue)
абсолютный ~ absolute catalog
звёздный ~ star catalog
зонный ~ zone catalog
~ **источников** source catalog
относительный ~ relative catalog
~ **пользователя** *вчт* user catalog
сводный ~ compiled [working] catalog
~ **файлов** *вчт* file catalog
фундаментальный ~ fundamental catalog
катаракта *ж.* cataract
лучевая ~ radiation cataract
катастрофа *ж.* catastrophe
~ **голубого неба** blue sky catastrophe
инфракрасная ~ infrared catastrophe
~ **ортогональности** *мат.* orthogonality catastrophe
поляризационная ~ polarizability [polarization] catastrophe
~ **типа «сборка»** assembly-type catastrophe
~ **типа «складка»** fold-type catastrophe
ультрафиолетовая ~ ultraviolet catastrophe
катафорез *м. (ионов)* cataphoresis, electrophoresis
катафот *м. опт.* retroreflector, cat's eye
категория *ж.* category
катеноид *м. (поверхность, образованная вращением цепной линии)* catenoid
катет *м.* cathetus
прилежащий ~ adjacent cathetus
противолежащий ~ opposite cathetus
катион *м.* cation
высокомолекулярный ~ high-molecular cation
комплексный ~ complex cation
обменный ~ exchangeable cation
одноатомный ~ monoatomic cation
магнитный ~ magnetic cation
многоатомный ~ polyatomic cation
катионит *м. физ., хим.* cationite, cation exchanger
катод *м.* cathode
автоэлектронный ~ autoelectronic cathode
активированный ~ activated cathode
бариевый ~ barium cathode
борид-лантановый ~ lanthan boride cathode
боридный ~ boride cathode
быстронакальный ~ quick-heating cathode
виртуальный ~ virtual cathode
водоохлаждаемый ~ water-cooled cathode
вольфрамовый ~ tungsten cathode
вторично-эмиссионный ~ secondary-emission cathode
горячий ~ hot [thermionic] cathode
гребенчатый ~ comb cathode
диспенсерный ~ dispenser cathode
~ **дугового разряда** arc cathode
дуговой полый ~ arc hollow cathode

жидкий ~ liquid cathode
жидкометаллический ~ liquid metal [pool] cathode
заземлённый ~ grounded cathode
игольчатый ~ spike cathode
импрегнированный ~ impregnated cathode
импульсный ~ pulsed cathode
кислородно-цезиевый ~ cesium oxide cathode
кольцевой ~ annular [ring] cathode
~ косвенного накала indirectly heated [heater-type] cathode
лучевой ~ beam cathode
матричный ~ matrix cathode
металлический ~ metal cathode
металлокерамический ~ metalloceramic cathode
многополостный полый ~ multiple cavity hollow cathode
однополостный полый ~ single cavity hollow cathode
оксидно-ториевый ~ thoria oxide cathode
оксидный ~ oxide(-coated) cathode
острийный ~ pointed cathode
отражательный ~ reflector cathode
перфорированный ~ perforated cathode
плазменный ~ plasma cathode
плёночный ~ film cathode
подогревный ~ heater [indirectly heated] cathode
полый ~ hollow [cavity] cathode
пористый ~ porous cathode
пористый полый ~ *(холловского двигателя)* porous hollow cathode
прессованный ~ pressed cathode
проволочный ~ wire cathode
~ прямого накала filamentary [directly heated] cathode
пучковый ~ beam cathode
ртутный ~ mercury-pool cathode
сетчатый ~ grid cathode
сильноточный ~ high-current cathode
~ с ионным нагревом ionic-heated cathode
сложный ~ composite cathode
сферический ~ spherical cathode
термоэлектронный ~ thermionic [hot] cathode
~ тлеющего разряда glow discharge cathode
точечный ~ point cathode
трубчатый ~ sleeve cathode
туннельный ~ tunnel cathode
ускоряющий ~ accelerating cathode
фотоэлектрический ~ photoelectric cathode
холодный ~ cold [field-emission] cathode
катод-компенсатор *м.* cathode-compensator
катодный *прил.* cathodic
катодолюминесценция *ж.* cathodoluminescence
низковольтная ~ low-voltage cathodoluminescence
катодолюминофор *м.* cathodophosphor
катодофосфоресценция *ж.* cathodophosphorescence
катоптрика *ж.* catoptrics
катушк/а *ж.* coil

бейсбольная ~ с минимумом B *физ. пл.* baseball minimum-B coil
~ возбуждения field [exciting] coil
демонстрационная полоидальная ~ *утс* demonstration poloidal coil
~ динамической фокусировки dynamic focusing coil
дроссельная ~ choke coil
~ записи write coil
зондовая ~ probe coil
импульсная магнитная ~ pulsed magnet coil
~ индуктивности inductance coil, inductor
индукционная ~ induction coil
компенсирующая ~ compensating coil
корректирующая ~ *(ускорителя)* correcting coil
магнитная ~ magnetic coil
многослойная ~ multilayer coil
намагничивающая ~ magnetizing coil
неподвижная ~ *(напр. измерительного прибора)* fixed coil
одновитковая ~ single-turn coil
отклоняющая ~ deflecting coil
~ переменной индуктивности variable inductance coil, variable inductor
плоская ~ pancake coil
подвижная ~ *(напр. измерительного прибора)* moving coil
~ полоидального магнитного поля *утс* poloidal field coil
расцепляющая ~ trip coil
~ Румкорфа Ruhmkorff coil
~ самоиндукции self-inductor, self-induction coil
сверхпроводящая ~ superconducting coil
секционированная ~ tapped [sectional] coil
~ с железным сердечником iron-core coil
сильноточная ~ high-current coil
скрещённые ~и crossed coils
следящая ~ *(ускорителя)* pick-up coil
~ с отводами tapped coil
сотовая ~ honeycomb coil
~ с ферритовым сердечником ferrite-cored coil
~ считывания readout coil
тороидальная ~ toroidal coil
~ тороидального магнитного поля toroidal field coil
фокусирующая ~ focus(ing) coil
~ центрирования орбиты orbit-centering coil
центрирующая ~ centering coil
цилиндрическая ~ cylindrical coil
экранированная ~ shielded coil
электрическая ~ electric coil
~ электромагнита (electro)magnet coil
каустика *ж. опт.* caustic (surface)
простая ~ simple caustic
пространственно-временная ~ space-time caustic
~ с перетяжкой caustic with a waist
каустичность *ж. мат.* causticity
каучукоподобный *прил.* rubber-like

качание *с.* **1.** *(относительно продольной оси)* rocking, swinging motion **2.** *(колебание)* oscillation **3.** *(насосом)* pumping
~ **луча** *(антенны)* beam swinging
~ **частоты** frequency sweep
качение *с.* rolling (motion)
~ **без смазки** unlubricated rolling
свободное ~ free rolling
~ **со смазкой** lubricated rolling
качеств/о *с.* quality; grade
акустооптическое ~ *(материала)* acousto-optical quality
аэродинамическое ~ aerodynamic characteristic, lift-drag ratio
~ **воды** water quality
~ **воздуха** air quality
~ **воспроизведения** reproduction quality; *(звука)* fidelity
высокое ~ **изображения** *астр.* perfect seeing
~ **записи** record(ing) quality
~ **звучания** audio quality
~ **изображений** *астр.* quality of images
~ **изображения, обусловленное инструментом** instrumental seeing
~ **изображения, обусловленное местными условиями** local seeing
~ **крыла** fineness ratio of an aerofoil
~ **несущего винта** figure of merit of a rotor
~ **обработки поверхности** surface finish quality
~ **пара** steam quality
спектроскопическое ~ spectroscopic quality
термодинамическое ~ **растворителя** thermodynamic solvent quality
эксплуатационные ~**а** performance (characteristics)
качка *ж.* roll
бортовая ~ rolling motion
килевая ~ pitching motion, pitch
квадрант *м.* quadrant
~ **инжекции** injection quadrant
магнитный ~ magnet quadrant
квадрат *м.* square □ **возводить в** ~ raise to the square
~ **Келли** Kelley square
магический ~ *мат.* magic square
правильный ~ perfect square
средний ~ **длины замедления** mean square slowing-down length
средний ~ **угла отклонения на единице длины пути** mean-square deviation angle per unit path length
элементарный ~ **решётки** elementary lattice square
квадратура *ж. астр., мат.* quadrature
~ **во времени** quadrature in time
восточная ~ eastern quadrature
~ **Гаусса** Gaussian quadrature
~ **Гаусса - Лежандра** Gauss-Legendre integration
западная ~ western quadrature
тригонометрическая ~ trigonometric quadrature
функциональная ~ functional quadrature

численная ~ numerical quadrature
квадруплет *м.* quadruple, quadruplet
антисимметричный ~ antisymmetric quadruple
антисимметричный квадрупольный ~ antisymmetric quadrupole quadruple
квадрупольный ~ quadrupole quadruple
киральный ~ chiral quadruple
ортоморфный ~ orthomorphic quadruple
русский ~ Russian quadruplet
симметричный ~ symmetric quadruple
квадруполь *м.* quadrupole
аксиально-симметричный ~ axially symmetrical quadrupole
аксиальный ~ axial quadrupole
акустический ~ acoustic quadrupole
асимметричный ~ skew quadrupole
ахроматический ~ achromatic quadrupole
внутренний ~ inner quadrupole
дефокусирующий ~ defocusing quadrupole
импульсный ~ fast quadrupole
магнитный ~ magnetic quadrupole
плоский ~ plane quadrupole
сверхпроводящий ~ superconductive quadrupole
спиральный ~ helical quadrupole
фокусирующий ~ focusing quadrupole
электрический ~ electric [electrostatic] quadrupole
электростатический ~ electrostatic quadrupole
квадрупольный *прил.* quadrupole
квазаг *м. астр.* quasag, quasi-stellar galaxy
квазар *м. астр.* quasar, quasi-stellar radio source
квазиадиабатический *прил.* quasi-adiabatic
квазиатом *м.* quasi-atom
квазиаттрактор *м.* quasi-attractor
квазивероятность *ж.* quasi-probability
квазивращательный *прил.* quasi-rotational
квазивырожденный *прил.* quasi-degenerate
квазивязкий *прил.* quasi-viscous
квазигидродинамический *прил.* quasi-hydrodynamic
квазигруппа *ж.* quasi-group
квазидвумерный *прил.* quasi-two-dimensional
квазидвухчастичный *прил.* quasi-two-body
квазидейтрон *м.* quasi-deuteron
синглетный ~ singlet quasi-deuteron
триплетный ~ triplet quasi-deuteron
квазиделение *с.* quasi-fission
квазидинамический *прил.* quasi-dynamic
квазидискретный *прил.* quasi-discrete
квазидифференциальный *прил.* quasi-differential
квазидырка *ж.* quasi-hole
квазизамкнутый *прил.* quasi-closed
квазизвезда *ж.* quasar
квазизвёздный *прил.* quasi-stellar
квазиизотермический *прил.* quasi-isothermal
квазиизотропный *прил.* quasi-isotropic
квазиимпульс *м.* quasi-momentum
~ **экситона** exciton quasi-momentum
квазиинстантон *м. яф* quasi-instanton

квазиион *м.* quasi-ion
квазиклассика *ж.* quasi-classics
квазиклассический *прил.* quasi-classical, quasi-Newton
квазикогерентный *прил.* quasi-coherent
квазиколлапс *м.* quasi-collapse
квазикоординаты *мн.* quasi-coordinates
квазикристалл *м.* quasi-crystal
  икосаэдрический ~ icosahedric quasi-crystal
  метастабильный ~ metastable quasi-crystal
  стабильный ~ stable quasi-crystal
квазилинеаризация *ж.* quasi-linearization
квазилинейный *прил.* quasi-linear
квазилокальный *прил.* quasi-local
квазимагнитоодноосный *прил.* quasi-magne-touniaxial
квазимода *ж.* quasi-mode
  ионная ~ ion quasi-mode
квазимолекула *ж.* quasi-molecule
квазимонохроматический *прил.* quasi-mo-nochromatic
квазимоноэнергетический *прил.* quasi-mo-noenergetic
квазинейтральность *ж.* quasi-neutrality
  ~ плазмы plasma quasi-neutrality
квазинуклон *м.* quasi-nucleon
квазинуклонный *прил.* quasi-nucleonic
квазиодномерный *прил.* quasi-one-dimensional
квазиоктаэдр *м. фтт* quasi-octahedron
квазиоптика *ж.* quasi-optics
квазиоптимальный *прил.* quasi-optimal
квазиоптический *прил.* quasi-optical
квазипериодический *прил.* quasi-periodic
квазипотенциал *м.* quasi-potential
  ~ Ферми Fermi quasi-potential
квазипродольный *прил.* quasi-longitudinal
квазиравновесие *с.* quasi-equilibrium
квазирезонанс *м.* quasi-resonance
квазисвободный *прил.* quasi-free
квазискорость *ж.* quasi-velocity
квазиспин *м.* quasi-spin
квазисредние *мн. стат. физ.* quasi-average
квазистабильность *ж.* quasi-stability
квазистабильный *прил.* quasi-stable
квазистатический *прил.* quasi-static
квазистационарный *прил.* quasi-stationary
квазитензор *м.* quasi-tensor
квазиупругий *прил.* quasi-elastic
квазиуровень *м.* quasi-level
  ~ Ферми quasi-Fermi level
квазиустойчивый *прил.* quasi-stable
квазифонон *м.* quasi-phonon
квазичастица *ж.* quasi-particle
  автолокализованная ~ *фтт* autolocalized quasi-particle
  ~ Боголюбова Bogoliubov quasi-particle
  ~ Ландау Landau quasi-particle
  примесная ~ impuriton
  свободная ~ free quasi-particle
  фермиевская ~ Fermi quasi-particle
квазичастица-кластер *м.* quasi-particle-cluster
квазиэлектронный *прил.* quasi-electron

квазиэнергия *ж.* quasi-energy
  ~ двухуровневой системы в интенсивном монохроматическом поле two-level system quasi-energy in an intense monochromatic field
  ~ частицы particle quasi-energy
квазиэргодичность *ж.* quasi-ergodicity
квазиядро *с.* quasi-nucleus
квант *м.* quantum (*мн.* quanta)
  аннигиляционный ~ annihilation quantum
  безмассовый ~ massless quantum
  виртуальный ~ virtual quantum
  ~ возбуждения excitation quantum
  вращательный ~ rotational quantum
  вторичный ~ secondary quantum
  ~ высокой энергии high-energy quantum
  высокоэнергетический ~ high-energy quantum
  ~ действия quantum of action, Planck constant
  жёсткий ~ hard quantum
  жёсткий ~ гамма-излучения hard gamma quantum
  ~ звука sound quantum, phonon
  звуковой ~ sound quantum, phonon
  ~ излучения radiation quantum
  индуцированный ~ induced [stimulated] quantum
  испущенный ~ emitted quantum
  колебательный ~ vibrational quantum
  ~ магнитного потока fluxoid [magnetic flux] quantum
  налетающий ~ incident quantum
  ~ низкой энергии low-energy quantum
  низкоэнергетический ~ low-energy quantum
  первичный ~ primary quantum
  ~ плоской волны plane-wave quantum
  поглощённый ~ absorbed quantum
  ~ поля field quantum
  поперечный ~ transverse quantum
  ~ потока flux quantum
  продольный ~ longitudinal quantum
  рассеянный ~ scattered quantum
  реальный ~ real quantum
  рентгеновский ~ X-ray quantum
  ~ света light quantum, photon
  световой ~ light quantum, photon
  ~ слабого взаимодействия weak interaction quantum
  стимулированный ~ stimulated quantum, induced quantum
  ~ тепловых колебаний quantum of thermal oscillations
  ~ тока current quantum
  ~ тормозного излучения bremsstrahlung quantum
  ~ ультрафиолетового излучения ultraviolet quantum
  ~ циркуляции circulation quantum
  эквивалентный ~ equivalent quantum
  электромагнитный ~ electromagnetic quantum, photon
  ~ энергии energy quantum
  ~ энергии колебаний vibration-energy quantum

~ энергии колебаний кристаллической решётки lattice vibration quantum

квантование *с.* quantization □ ~ **движения одного электрона в поле двух неподвижных кулоновских центров** quantizing the motion of a single electron in the field of two motionless Coulomb centers

адаптивное ~ adaptive quantization

асимптотическое ~ asymptotic quantization

~ **валентной зоны** *фпп* valence band quantization

векторное ~ vector quantization

~ **вихрей магнитного потока** fluxoid quantization

вторичное ~ second(ary) quantization

~ **второго порядка** second-order quantization

геометрическое ~ geometric(al) quantization

~ **гравитационного поля** quantization of gravity

~ **движения** *(напр. электронов в магнитном поле)* quantization of motion

~ **Дирака** Dirac quantization

~ **заряда** charge quantization

~ **зонных состояний** *фпп* zone state quantization

~ **излучения** radiation quantization

~ **импульса** momentum quantization

~ **интенсивности** intensity quantization

каноническое ~ canonical quantization

ковариантное ~ covariant quantization

~ **Ландау** Landau quantization

~ **магнитного потока** magnetic flux quantization

магнитное ~ magnetic quantization

~ **массы** mass quantization

микроканоническое ~ microcanonical quantization

~ **на мировой поверхности** world-sheet quantization

неполное ~ *(магнитного потока)* partial quantization

неравномерное ~ *(сигнала)* nonlinear [nonuniform] quantization

~ **орбит** orbit quantization

~ **орбитального момента** orbital moment quantization

орбитальное ~ orbital quantization

первичное ~ first [primary] quantization

~ **поля** field quantization

~ **потока** flux quantization

~ **по уровню** *(сигнала)* amplitude quantization

~ **пространства-времени** space-time quantization

пространственное ~ spatial [space] quantization

равномерное ~ *(сигнала)* linear [uniform] quantization

размерное ~ dimentional [size] quantization

~ **релятивистского поля** relativistic field quantization

~ **свободного поля** free field quantization

~ **сигнала** signal quantization

~ **симплектических многообразий** quantization of symplectic manifolds

~ **симплектических пространств** quantization of symplectic spaces

~ **солитонов** soliton quantization

стохастическое ~ stochastic quantization

~ **тора** quantization of torus

третичное ~ third quantization

~ **углового момента** angular momentum quantization

унитарное ~ unitary quantization

фейнмановское ~ Feynman quantization

~ **холловского сопротивления** Hall resistance quantization

~ **циркуляции** circulation quantization

электрическое ~ electrical quantization

~ **энергии** energy quantization

квантованный *прил.* quantized

квантовать *гл.* quantize·

квантово-механический *прил.* quantum-mechanical, wave-mechanical

квантово-полевой *прил.* quantum-field

квантово-хромодинамический *прил.* quantum-chromodynamic

квантовый *прил.* quantum, quantal

квантометр *м. (многоканальный ренгеновский спектрометр)* quantometer

квантрон *м. кв. эл.* quantron

кварк *м.* quark

безмассовый ~ massless quark

белый ~ white quark

валентный ~ valence quark

верхний ~ up(per) [top] quark

дробнозаряженный ~ fractionally charged quark

жёлтый ~ yellow quark

истинный ~ true quark

конституентный ~ constituent quark

красивый ~ beautiful quark

красный ~ red quark

левый ~ left quark

лёгкий ~ light quark

лёгкий валентный ~ light valence quark

магнитный ~ magnetic quark

морской ~ sea quark

налетающий ~ incident quark

нейтронный ~ neutron quark

нижний ~ bottom [lower, down] quark

очарованный ~ charmed quark, c-quark

правый ~ right quark

прелестный ~ beautiful quark

протонный ~ proton quark

рассеянный ~ scattered quark

реликтовый ~ relict quark

свободный ~ free quark

синий ~ blue quark

составляющий ~ constituent quark

спектаторный ~ spectator quark

странный ~ strange quark, s-quark

токовый ~ current quark

~ **третьего поколения** quark of the third generation

тяжёлый ~ heavy quark, h-quark

тяжёлый виртуальный ~ heavy virtual quark, virtual h-quark

цветной ~ color quark
~ четвёртого поколения quark of fourth generation
экзотический ~ exotic quark
кварконий *м.* quarkonium
векторный ~ vector quarkonium
сверхтяжёлый ~ superheavy quarkonium
тяжёлый ~ heavy quarkonium
кварк-спектатор *м.* spectator quark
квартет *м. яф* quartet
изотопический ~ isotopic quartet
спектральный ~ spectral quartet
фундаментальный ~ fundamental [basic] quartet
кварц *м.* quartz; silica
акустический ~ acoustic quartz
аморфный ~ amorphous quartz; amorphous silica
высокотемпературный ~ high-temperature quartz
кристаллический ~ crystalline quartz
левовращающий ~ levorota(to)ry quartz
левый ~ left-handed quartz
низкотемпературный ~ low-temperature quartz
плавленый ~ fused quartz, fused silica
правовращающий ~ dextrorota(to)ry quartz
правый ~ right-handed quartz
природный ~ natural quartz
расплавленный ~ molten quartz
синтетический ~ synthetic quartz
кварцит *м.* quartzit
кватернион *м. мат., ктп* quaternion
комплексный ~ complex quaternion
~ Минковского Minkowskian quaternion
квинтет *м. яф* quintet
изоспиновый ~ isospin quintet
квадрупольный ~ quadrupole quintet
спектральный ~ spectral quintet
квинтон *м. фвэ* quinton
кельвин *м. (единица температуры)* Kelvin, K
кенотрон *м. эл.* kenotron
«кентавр» *м. фвэ* centaur
кепстр *м.* cepstrum
керамика *ж.* ceramics
бериллиевая ~ beryllium ceramics
вакуумная ~ vacuum ceramics
высокотемпературная сверхпроводящая ~ high temperature suprconducting ceramics
корундовая ~ alumina ceramics
металлооксидная ~ metal oxyde ceramics
пьезоэлектрическая ~ piezoelectric ceramics
сверхпроводящая ~ superconducting ceramics
керма *ж.* kerma *(Kinetic Energy Released in MAtter)*
кермет *м.* cermet, ceramet, metal ceramics
керн *м. яф* core
внутренний ~ inner core
мезонный ~ meson core
~ нуклона nucleon core
кет *м. кв. эл (вектор состояния)* ket (vector)
кет-вектор *м. кв. эл* ket (vector)
шредингеровский ~ *кв. мех.* Schrödinger ket
кет-состояние *с. кв. эл.* ket state

К-захват *м.* K-capture
кибернетика *ж.* cybernetics
кикучи-линия *ж.* Kikuchi line
кикучи-электронограмма *ж.* Kikuchi electron diffraction pattern
килограмм *м. (единица массы в системе СИ)* kilogram, kg
килограмм-метр *м.:* ~ в секунду *(единица импульса в системе СИ)* kilogram-meter per second, kg.m/s
килограмм-сила *ж.* kilogram-force
килокалори/я *ж.* kilocalory
~и на моль kilocalories per mole
килопарсек *м.* kiloparsec
килоэлектрон-вольт *м.* kiloelectron-volt, keV
кинематика *ж.* kinematics
аффинная ~ affine kinematics
аффинная эйнштейновская ~ affine Einstein kinematics
~ вихрей vorticity kinematics
галилеева ~ Galilean kinematics
~ двухчастичной реакции two-body kinematics
~ деформируемой среды deformable medium kinematics
~ жидкостей kinematics of liquids
~ жидкостей и газов kinematics of fluids
звёздная ~ stellar kinematics
~ звёздных систем kinematics of stellar systems
квантовая ~ quantum kinematics
~ колебаний kinematics of oscillation
~ комптоновского рассеяния Compton kinematics
~ материальной точки particle kinematics
~ многочастичных реакций multiparticle kinematics
модельная ~ model kinematics
~ плоского движения plane kinematics
~ распада decay kinematics
~ рассеяния kinematics of scattering
~ реакции reaction kinematics
релятивистская ~ relativistic kinematics
реологическая ~ rheological kinematics
~ специальной теории относительности special relativity kinematics
тахионная ~ tachyonic kinematics
~ твёрдого тела kinematics of rigid body
~ тела body kinematics
~ точки kinematics of a point
~ частицы-мишени target kinematics
~ элементарных частиц particle kinematics
кинематический *прил.* kinematic
кинескоп *м.* kinescope
цветной ~ color kinescope
чёрно-белый ~ black-and-white kinescope
кинетика *ж.* kinetics
~ адсорбции adsorption kinetics, kinetics of adsorption
~ возбуждения excitation kinetics
~ гомогенных химических реакций kinetics of homogeneous chemical reactions
~ двухкомпонентной плазмы two-component plasma kinetics

~ **десорбции** desorption kinetics, kinetics of desorption
~ **дефектообразования** defect formation kinetics
~ **жидкостей** kinetics of liquids
~ **жидкостей и газов** kinetics of fluids
~ **заселения уровней** kinetics of level population
~ **затухания люминесценции** kinetics of luminescence damping
~ **излучения многозарядных ионов в термоядерной плазме** kinetics of radiation of multiply charged ions in thermonuclear plasma
~ **испарения** kinetics of evaporation
квантовая ~ quantum kinetics
колебательная ~ vibrational kinetics
~ **конденсации** condensation kinetics
~ **кристаллизации** crystallization kinetics
~ **магнитных явлений** kinetics of magnetic phenomena
макроскопическая ~ macrokinetics, macroscopic kinetics
макроскопическая химическая ~ macroscopic chemical kinetics, macrokinetics of chemical reactions
~ **металлов** metal kinetics
~ **неравновесных процессов** nonequilibrium process kinetics
~ **перераспределения примеси** kinetics of the impurity redistribution
~ **пересыщения** supersaturation kinetics
пикосекундная ~ picosecond kinetics
~ **плазмы** plasma kinetics
~ **радиоизотопов** radionuclide kinetics
~ **реактора** reactor kinetics, kinetics of nuclear reactor
~ **реакции** reaction kinetics
~ **рекристаллизации** kinetics of recrystallization
релятивистская ~ relativistic kinetics
~ **роста** growth kinetics
~ **роста кристаллов** crystal growth kinetics
~ **фазовых переходов** phase transition kinetics
физическая ~ physical kinetics
~ **фотопроводимости** kinetics of photoconduction
химическая ~ chemical kinetics
~ **химических реакций** chemical reaction kinetics, kinetics of chemical reactions
~ **ядерных реакций** nuclear reaction kinetics
кинетический *прил.* kinetic
кинетостатика *ж.* kinetostatics
кинк *м.* kink
геометрический ~ geometrical kink
единичный ~ single kink
левосторонний ~ left-hand kink
неподвижный ~ static kink
одиночный ~ single kink
правосторонний ~ right-hand kink
сферический ~ spherical kink
тепловой ~ thermal kink
целочисленно заряженный ~ integrally charged kink

кинк-решение *с.* kink solution
кинонуклеография *ж.* cinenucleography
кинорадиография *ж.* cineradiography
киноспектрограф *м.* cinespectrograph
киноформ *м. опт.* kinoform
КИП *(контрольно-измерительные приборы)* control equipment
~ **для определения загрязнения воздуха** pollution control equipment
~ **реактора** reactor instrumentation
кипение *с.* boiling
адронное ~ hadronic boiling
~ **в большом объёме** pool boiling
взрывное ~ explosive boiling
~ **в переходном режиме** transition boiling
конвективное ~ convective boiling
объёмное ~ bulk boiling
плёночное ~ film boiling
поверхностное ~ surface boiling
пузырьковое ~ nucleate boiling
развитое ~ developed boiling
~ **с вынужденной циркуляцией** forced-circulation boiling
~ **с недогревом** subcooled boiling
спонтанное ~ spontaneous boiling
стационарное ~ stationary boiling
кирально-инвариантный *прил.* chiral-invariant
киральность *ж. (квантовое число)* chirality; *(в кристаллографии)* enantiomorphism
киральный *прил.* chiral
кирпич *м.* brick
графитовый ~ graphite brick
кислород *м.* oxygen, O
атомарный ~ atomic [elemental] oxygen
~ **воздуха** atmospheric oxygen
жидкий ~ liquid oxygen
молекулярный ~ molecular oxygen
синглетный ~ singlet oxygen
тяжёлый ~ heavy oxygen
кислородный *прил.* oxygenous
кислота *ж.* acid
аденозинтрифосфорная ~ **(АТФ)** adenosinetriphosphoric acid
азотная ~ nitric acid, HNO_3
дезоксирибонуклеиновая ~ **(ДНК)** deoxyribonucleic acid, DNA
матричная рибонуклеиновая ~ **(мРНК)** matrix ribonucleic acid, mRNA
неорганическая ~ inorganic acid
нуклеиновая ~ nucleic acid
одноосновная ~ monobasic acid
органическая ~ organic acid
пироурановая ~ pyrouranic acid
плавиковая ~ hydrofluoric acid
рибонуклеиновая ~ **(РНК)** ribonucleic acid, RNA
рибосомная рибонуклеиновая ~ **(рРНК)** ribosomal ribonucleic acid, rRNA
серная ~ sulfuric acid
сернистая ~ sulphurous acid
соляная ~ hydrochloric acid
травильная ~ acid etchant

транспортная рибонуклеиновая ~ (тРНК) transport ribonucleic acid, tRNA
урановая ~ uranic acid
фосфористая ~ phosphorous acid
фосфорная ~ phosphoric acid
фосфорноватистая ~ hypophosphorous acid
фосфорновольфрамовая ~ tungstophosphoric acid
фосфоромолибденовая ~ molybdophosphoric acid
фтористоводородная ~ hydrofluoric acid
хлористая ~ chlorous acid
хлористоводородная ~ hydrochloric acid
хлорная ~ perchloric acid
хлорноватая ~ chloric acid
хлорноватистая ~ hypochlorous acid
хромовая ~ chromic acid
цианистоводородная ~ hydrocyanic acid
щавелевая ~ oxalic acid
янтарная ~ succinic acid
кислотность *ж.* acidity
кислотный *прил.* acid
кислотостойкий *прил.* acid-proof, acid-resistant
кислотоупорный *прил.* acid-proof, acid-resistant
кислый *прил.* acid
клавиатура *ж. вчт.* keyboard
клавиша *ж. вчт.* key
кладка *ж.* stacking
  графитовая ~ *(ядерного реактора)* graphite stacking
  кирпичная ~ *крист.* brick masonry
клапан *м.* valve
  предохранительный ~ safety valve
кларк *м. геофиз.* clarke, Clarke number
класс *м.* class
  ~ вспышки flare class
  ~ вязкости viscosity class
  ~ гомологий homology class
  гомотопический ~ *мат.* homotopy class
  ~ износостойкости wear resistance class; wear resistance scale
  ~ когомологий cohomology class
  ~ консервативных теорий conservative theory class
  ~ы кристаллов crystal classes
  кристаллический ~ crystalline class
  кристаллографический ~ crystal [symmetry] class
  левый смежный ~ *мат.* left contiguous class
  правый смежный ~ *мат.* right contiguous class
  ~ пробных функций trial class
  ~ ромбоэдра rhombohedral class
  ~ светимости *астр.* luminosity class
  ~ симметрии symmetry class
  ~ симметрии кристалла crystal symmetry class
  спектральный ~ *астр.* spectral class, spectral type
  ~ точности accuracy class, accuracy rating
  ~ уравнений equation class
  ~ эквивалентности equivalence class

классификация *ж.* 1. classification 2. *(по размеру)* sizing
  Гарвардская ~ звёзд Harvard system of spectral classification
  ~ групп group classification
  двумерная спектральная ~ *астр.* two-dimensional spectral classification
  инвариантная ~ invariant classification
  Йеркская ~ звёзд Yerkes system of spectral classification
  ~ кварков quark classification
  Маунт-Вильсоновская ~ звёзд Mount Wilson system of spectral classification
  ~ по ряду признаков classification according to a number of features
  спектральная ~ *астр.* spectral classification
  ~ течений газов по Кнудсену classification of flow regimes by Knudsen
  ~ течений газов по Липману classification of flow regimes by Liepmann
  трёхмерная спектральная ~ *астр.* three-dimensional spectral classification
  универсальная десятичная ~, УДК universal [Brussels] decimal classification
  ~ частиц particle classification
классический *прил. (о теории)* classical
кластер *м.* cluster
  адронный ~ hadronic cluster
  аморфный ~ *фтт* amorphous cluster
  атомарный ~ atomic cluster
  базисный ~ base cluster
  барионный ~ baryon cluster
  бесконечный ~ infinite cluster
  бесцветный ~ *фвэ* colorless cluster
  бесцветный партонный ~ *фвэ* colorless parton cluster
  быстрый ~ fast cluster
  ~ вакансий vacancy cluster
  вакансионный ~ vacancy cluster
  двухнуклонный ~ two-nucleon cluster
  изолированный ~ isolated [single] cluster
  ионный ~ ion cluster, cluster ion
  коллоидный ~ colloidal cluster
  кристаллический ~ crystalline cluster
  магнитный ~ magnetic cluster
  магнитоактивный ~ magnetoactive cluster
  металлический ~ metallic cluster
  многокварковый ~ multiquark cluster
  многослойный ~ *(в газовой струе)* multilayer cluster
  молекулярный ~ molecular cluster
  моногидридный ~ monohydride cluster
  неподвижный ~ immobile cluster
  несвязанный ~ disconnected cluster
  нуклонный ~ nucleonic cluster
  ориентационный ~ orientation cluster
  перколяционный ~ percolation cluster
  пирамидальный ~ *фпп* pyramidal cluster
  плотный ~ dense cluster
  позитронный ~ positron cluster
  полупроводниковый ~ semiconductor cluster
  радиационный ~ radiation cluster

связанный ~ connected [coupled] cluster
симметричный ~ symmetrical cluster
спиновый ~ spin cluster
трёхчастичный ~ three-body cluster
тяжёлый ~ heavy cluster
углеродный ~ carbon cluster
устойчивый ~ stable cluster
ферромагнитный ~ ferromagnetic cluster
~ фракталов fractal cluster
фрактальный ~ fractal cluster
фрактальный дипольный ~ fractal dipole cluster
цветной ~ colored cluster
электронный ~ electron cluster
кластеризация *ж.* clustering, cluster formation, clusterization
~ пара vapor clusterization
~ точечных дефектов point defect clusterization
кластерный *прил.* cluster
кластерообразование *с.* cluster formation
клатрат *м. хим.* clathrate
клей *м.* adhesive; cement; glue
~ Котинского *(для тензодатчиков)* Khotinsky cement
оптический ~ optical cement
цианакрилатный ~ cyanoakrilate cement
клемма *ж. эл.* terminal
клетка *ж.* 1. cage 2. *биол.* cell
~ для облучения exposure cage
~ для подопытных животных animal cage
нервная ~ nerve cell
~ фазового пространства phase space cell
~ Фарадея *эл.* Faraday cage
климат *м.* climate
клин *м.* wedge
идеально отражающий ~ perfectly reflecting wedge
~ из кремниевого кристалла silicon wedge
кварцевый ~ quartz wedge
кристаллический ~ crystal wedge, wedge-shaped crystal
нейтральный ~ *опт.* neutral wedge
нейтральный ступенчатый ~ neutral step wedge
непрерывный ~ *(фотометрический)* continuous wedge
оптический ~ optical wedge
острый ~ narrow wedge
серый ~ gray wedge
смазочный ~ physical wedge
ступенчатый ~ step wedge
фотометрический ~ photometric wedge
клиновидность *ж.* tapering
клиновидный *прил.* wedge-like, wedge-shaped, V-shaped, tapered
клистрон *м.* klystron
~ бегущей волны traveling-wave klystron
~ волноводного типа waveguide klystron
генераторный ~ oscillating [oscillator] klystron
двухпролётный ~ double-transit klystron
двухрезонаторный ~ double-cavity klystron
многолучевой ~ multiple-beam klystron

многоотражательный ~ multireflex klystron
многорезонаторный ~ multiple-cavity [multiresonator] klystron
мощный ~ high-power klystron
оптический ~ optical klystron
отражательный ~ reflex klystron
пролётный ~ drift klystron
пролётный одноконтурный ~ floating-drift klystron
~ с внешним резонатором external-cavity klystron
~ с механической перестройкой частоты mechanically swept [tuned] klystron
~ с распределённым взаимодействием distributed interaction klystron
~ с электрической перестройкой частоты electronically swept [tuned] klystron
твердотельный ~ solid-state klystron
трёхрезонаторный ~ three-cavity klystron
усилительный ~ amplifier klystron
черенковский ~ Cherenkov klystron
широкополосный ~ broadband klystron
шумовой ~ noise klystron
клистрон-усилитель *м.* amplifier klystron
клубок *м.* ball
гауссов ~ *(для макромолекул)* Gaussian ball
молекулярный ~ coiled molecule
набухший ~ swelled ball
статистический ~ *(молекула)* statistical ball
ключ *м. эл.* switch; gate; key
сверхпроводящий тепловой ~ superconducting thermal valve
тепловой ~ *(напр. в криостате)* thermal valve
К-матрица *ж.* K-matrix
К-мезон *м. (см.тж.* каон*)* K-meson, kaon
долгоживущий ~ long-lived K-meson
заряженный ~ charged K-meson, charged kaon
короткоживущий ~ short-lived K-meson
нейтральный ~ neutral K-meson, neutral kaon
кнопк/а *ж. (прибора)* button, push button
надавить на ~у *(управления)* push the button, press a push button
~ аварийной защиты scram button
~ выключения stop button
~ пуска run [start] button
~ управления control button
КНО-скейлинг *м. фвэ* KNO scaling, Koba-Nielsen-Olesen scaling
КНО-функция *ж. фвэ* KNO function, Koba-Nielsen-Olesen function
коагулированный *прил.* coagulated
коагулянт *м.* coagulant, coagulating agent
коагулят *м.* coagulate
коагулятор *м.* 1. *(коагулирующий агент)* coagulant, coagulating agent 2. *(аппарат)* coagulator
коагуляция *ж.* coagulation
акустическая ~ acoustic coagulation
~ аэрозолей aerosol coagulation
быстрая ~ fast coagulation
~ гидрозолей hydrosol coagulation

~ **зародышей** *(при кавитации)* nucleus coagulation
медленная ~ slow coagulation
скрытая ~ latent coagulation
тепловая ~ thermal coagulation
явная ~ evident coagulation
коаксиальный *прил.* coaxial
коалесценция *ж.* coalescence
~ **капель** coalescence of drops
~ **пузырьков** coalescence of bubbles
коацервация *ж. хим.* coacervation
кобальт *м.* cobalt, Co
КОБОЛ *(язык программирования)* COBOL *(COmmon Business-Oriented Language)*
ковалентность *ж.* covalence; ion valence; heterovalence
ковалентный *прил.* covalent
ковар *м. (сплав)* kovar
ковариантность *ж.* covariance
конформная ~ conformal covariance
общая ~ general covariance
релятивистская ~ relativistic covariance
ковариантный *прил.* covariant
ковариация *ж. мат.* covariance
ковектор *м.* covector
ковка *ж.* forging
ковкий *прил.* **1.** *(пластичный)* ductile **2.** *(пригодный для ковки)* forgeable
ковкость *ж. (металла)* forgeability, malleability, ductility
коврик *м.* mat
изолирующий ~ insulating mat
когезионный *прил.* cohesive
когезия *ж.* cohesion
когерентность *ж.* coherence
взаимная ~ mutual coherence
~ **волновых полей** wave field coherence
временная ~ time [temporal] coherence
~ **второго порядка** second order coherence
~ **импульса** pulse coherence, coherence of the pulse
квантовая ~ quantum coherence
макроскопическая ~ macroscopic coherence
полная ~ complete coherence
поперечная ~ transverse [lateral] coherence
предельная пространственная ~ limiting spatial coherence
продольная ~ longitudinal coherence
пространственная ~ spatial [space] coherence
пространственно-временная ~ spatial-temporal coherence
~ **света** coherence of light, optical coherence
фазовая ~ phase coherence
частичная ~ partial coherence
когерентный *прил.* coherent
когерер *м.* coherer
когомология *ж. мат.* cohomology
~ **групп** group cohomology
спектральная ~ spectral cohomology
кограница *ж.* coborder, coboundary
код *м. (в информатике)* code
арифметический ~ arithmetic code

групповой ~ group code
линейный ~ linear code
оптимальный ~ optimum code
циклический ~ cyclic code
кодер *м.* coder
~ **изображения** image coder
~ **источника** source coder
~ **канала** channel coder
кодирование *с.* (en)coding
~ **апертуры** *астр.* aperture coding
~ **информации** information coding
~ **источника** *(информации)* source coding
оптимальное ~ optimum coding
кодифференциал *м. мат.* codifferential
внешний ~ external codifferential
кожух *м.* case, shell
вакуумный ~ vacuum enclosure, vacuum housing
виртуальный ~ virtual case
герметический ~ hermetic housing, can
защитный ~ protective case, protective housing
криогенный ~ cryogenic jacket
~ **реактора** reactor vessel
экранирующий ~ shielding case, shielding enclosure
кокон *м. (протозвёздная оболочка)* cocoon
колба *ж.* **1.** *(лабораторная посуда)* flask **2.** *(электронной лампы)* envelope, bulb
вакуумная ~ vacuum envelope, vacuum flask
зеркальная ~ metallized bulb
~ **из молочного стекла** opal bulb
мерная ~ graduated [measuring] flask
прозрачная ~ clear bulb
колбочки *мн. (чувствительные элементы глаза)* cones
колебани/я *мн.* **1.** *(в механических системах)* vibration(s) **2.** *(в оптике, электронике и т.п.)* oscillation(s) ☐ **вид** ~**й** mode; **возбуждать** ~ excite [induce] vibration, excite [induce, initiate] oscillation; **инициировать** ~ initiate oscillation; **модулировать** ~ modulate oscillation(s); ~ **относительно** ... oscillation about ..., vibration about ..., oscillation with respect to ...; **поддерживать** ~ sustain oscillation; **синхронизовать** ~ synchronize oscillation
адиабатические ~ adiabatic oscillation
аксиальные ~ axial oscillation
аксиальные бетатронные ~ axial betatron oscillations
акустико-гравитационные ~ *(в атмосфере)* acoustical-gravity oscillation
акустические ~ acoustic [sound] vibration; *(для кристаллической решётки)* acoustic oscillation
амплитудно-модулированные ~ amplitude-modulated oscillation
ангармонические ~ anharmonic oscillation, anharmonic vibration
антисимметричные валентные ~ *(молекул)* antisymmetric valence vibration
апериодические ~ aperiodic oscillation

асимметричные ~ *(молекулы)* asymmetric vibration

атомные тепловые ~ atomic thermal vibrations

~ атомов *(в кристаллической решётке)* atomic oscillation

аэроупругие ~ aeroelastic vibrations

~ Баркагаузена - Курца Barkhausen-Kurz oscillation

безвихревые ~ irrotational vibrations

беспорядочные ~ random oscillations

бетатронные ~ betatron oscillations

~ блеска *астр.* variations in brilliance

боковые ~ transverse [lateral] oscillation

~ большой амплитуды large-amplitude oscillation, large-amplitude vibration

вакуумные ~ vacuum oscillations

валентные ~ stretching [valence] vibrations

~ в атмосфере *(Солнца или планеты)* atmospheric oscillations

~ вида пи pi-modes

виртуальные ~ virtual oscillation

~ в магнетроне на циклотронной частоте magnetron cyclotron-frequency oscillation

~ в магнетроне, обусловленные взаимодействием с бегущей волной magnetron traveling-wave oscillation

внешние ~ external vibrations

внешние деформационные ~ external deformation vibrations

~ внутренней моды internal mode oscillations

внутренние ~ internal vibrations

внутренние деформационные ~ internal deformation vibrations

внутримолекулярные ~ intramolecular vibration

~ в переходном процессе transient oscillation

~ в пинче pinch oscillation

~ в плоскости диска oscillations in the disk plane

временные ~ temporal oscillation

вынужденные ~ forced [stimulated, induced, sympathetic] oscillation

вынужденные бетатронные ~ forced betatron oscillations

вынужденные радиально-фазовые ~ forced radial phase oscillations

вырожденные ~ degenerate oscillations, degenerate vibrations

~ высокой частоты high-frequency [short-period] oscillation

высокочастотные ~ high-frequency [short-period] oscillations

ганновские ~ Gunn instability

ганновские релаксационные ~ Gunn relaxation oscillation

гармонические ~ harmonic [sinusoidal] oscillation, harmonic motion

гетеродинные ~ heterodyne oscillation

гибридные ~ hybrid oscillation

гидродинамические ~ hydrodynamic oscillation

гидромагнитные ~ *(плазмы)* hydromagnetic oscillation

гидроупругие ~ hydroelastic oscillations

главное ~е normal vibration

~ давления pressure oscillation

дважды вырожденные ~ twice degenerate oscillation

~ двухатомной молекулы vibration of diatomic molecule

демпфированные ~ damped vibrations

деформационные ~ *(молекулы)* deformation vibrations

джозефсоновские ~ Josephson oscillation

дипольные ~ *(ядра)* dipole oscillation

длинноволновые ~ *(кристалла)* long-wave vibration

длинноволновые ~ струн long-wave oscillations of strings

доплеронные ~ doppleron oscillation

дрейфовые ~ drift oscillation

желобковые ~ flute oscillations

жёсткие ~ hard oscillations

затухающие ~ damped [convergent, dying] oscillation, damped vibration

затухающие гармонические ~ damped harmonic motion

~ захватывания forced oscillation, forced vibration

звуковые ~ sound [acoustic] vibrations, sound oscillation

знакопеременные ~ reversal vibrations

~ идеального кристалла perfect crystal vibration

~ изгиба flexural vibration

изгибно-крутильные ~ flexural-and-torsional vibrations

изгибные ~ bending [flexural] vibration, flexural [bending] oscillation

изовекторные ~ *(ядра)* isovector oscillation

изоскалярные ~ *(ядра)* isoscalar oscillation

изотропные ~ isotropic vibration

изохронные ~ isochronous vibration

инверсионные ~ inversion oscillation

инерционные ~ inertial oscillations

~ интенсивности intensity oscillations

инфразвуковые ~ infrasonic oscillation, infrasonic vibration

ионизационно-акустические ~ ionization-acoustic oscillations

ионизационные ~ ionization oscillations

ионно-звуковые ~ ion-sound [ion-acoustic] oscillation

ионно-плазменные ~ ion-plasma oscillations

ионно-циклотронные ~ ion-cyclotron oscillation

ионно-циклотронные ~ в плазме с конечной температурой электронов ion-cyclotron oscillations in a plasma with a finite electron temperature

ионные ~ ion oscillation

ионные ленгмюровские ~ ion Langmuir oscillation

квадрупольные ~ *(ядра)* quadrupole oscillation

квазигармонические ~ quasi-harmonic oscillation
квазилокальные ~ quasi-local oscillation
квазипериодические ~ quasi-periodic oscillation
квазистационарные ~ quasi-stationary oscillation, quasi-stationary vibration
когерентные ~ coherent oscillation
коллективные ~ collective [cooperative] oscillations
комбинационные ~ combined [combination] oscillation
контактные ~ contact vibration
корреляционные ~ correlation oscillations
~ кристаллической решётки (crystal) lattice vibration, lattice modes
крутильные ~ torsional vibrations
ларморовские ~ Larmor oscillation
ленгмюровские ~ Langmuir [plasma] oscillation
линейные ~ linear oscillations, linear vibrations
локализованные ~ (на дефекте кристаллической решётки) localized oscillation
локализованные акустические ~ поверхности localized acoustic vibrations of the surface
локальные ~ local vibrations, local oscillation
магнитные ~ magnetic oscillations
магнитогидродинамические ~ magnetohydrodynamic oscillation
магнитостатические ~ плазмы magnetostatic plasma oscillations
магнитоупругие ~ magnetoelastic vibration
~ малой амплитуды small-amplitude oscillation, small-amplitude vibration
малые ~ small(-amplitude) oscillation, small-amplitude vibration
малые ~ погружённого в жидкость тела small oscillations of a body immersed in fluid
маятниковые ~ oscillation about a center, pendular oscillation
межмодовые ~ intermode oscillation
межмолекулярные ~ intermolecular vibration
мелкомасштабные ~ small-scale oscillation
мембранные ~ membrane oscillations
~ мембраны vibration of membrane
механические ~ mechanical vibration
модулированные ~ modulated oscillation
~, модулированные по амплитуде и фазе amplitude- and phase-modulated oscillations
~, модулированные по фазе phase-modulated oscillations
~, модулированные по частоте frequency-modulated oscillation
модулированные речью незатухающие ~ continuous waves modulated by speech
~ молекул molecular vibration
молекулярные ~ molecular vibration
монопольные ~ (ядра) monopole oscillation
мультипольные ~ multipole oscillation
мягкие ~ soft oscillations

~ нагрузки load variation
~ на двух частотах double-frequency oscillation
накладывающиеся ~ superimposed oscillation
~ на комбинационных частотах combined-frequency oscillation
~ на нескольких частотах multiple oscillation
~ на поверхности раздела interfacial oscillation
~ на пороге слышимости threshold vibration
~ напряжённости магнитного поля Н oscillations
~ напряжённости электрического поля Е oscillations
нарастающие ~ divergent oscillations
невырожденные ~ nondegenerate oscillation
недемпфированные ~ undamped oscillation
независимые ~ independent oscillation
незатухающие ~ continuous [steady-state, undamped] oscillation, undamped vibration, continuous waves, CW
неистинные ~ nongenuine vibration
~ нейтронной компоненты (ядра) neutron component oscillation
некогерентные ~ noncoherent oscillation
нелинейные ~ nonlinear oscillation; nonharmonic vibration
непериодические ~ nonperiodic oscillations
неплоские ~ out-of-plane vibrations
неполносимметричные ~ (молекулы) nontotally symmetrical vibrations
непотенциальные ~ nonpotential oscillations
непрерывные ~ continuous oscillation, continuous waves, CW
нерадиальные ~ nonradial vibrations
несвязанные ~ uncoupled oscillations, uncoupled vibrations
~ несжимаемого цилиндра vibrations of an incompressible cylinder
несимметричные валентные ~ nonsymmetrical valence oscillation
несущие ~ carrier oscillation
нетепловые ~ nonthermal oscillations
неустановившиеся ~ unsteady [transient] oscillation
неустойчивые ~ unstable oscillation
~ низкой частоты low-frequency [long-period] oscillations
низкочастотные ~ low-frequency [long-period] oscillations
нормальные ~ normal oscillation, normal vibration, normal [oscillatory] modes
нормальные ~ молекулы normal molecular oscillations
нулевые ~ (атомов) zero-point oscillations
нутационные ~ nutation oscillations
~ объёмного типа bulk-mode waves
объёмные ~ volume oscillations
одномерные ~ one-dimensional oscillation, one-dimensional vibration
одномерные ленгмюровские ~ в системе пучок-плазма one-dimensional Langmuir oscillations in a plasma-beam system
одномодовые ~ single-mode oscillation

односторонние ~ unidirectional vibrations
~ около вертикальной оси yawing
~ около поперечной оси pitching oscillation
~ около продольной оси rolling oscillation
октупольные ~ *(ядра)* octupole oscillation
оптические ~ *(напр. кристаллической ре-шётки)* optical oscillations, optical vibrations
орбитальные ~ orbital oscillations
осевые ~ axial vibration
основное ~e fundamental oscillation
остаточные ~ residual oscillation
ответные ~ sympathetic vibration
~ от импульса сжатия compression vibration
~ относительно продольной оси rolling oscillation
~ отравления ксеноном xenon-poisoning oscillations
паразитные ~ parasitic [spurious, unwanted] oscillation
параметрические ~ parametric oscillation, parametric vibration
переходные ~ transient oscillations
переходные ~ нагрузки load transients
периодические ~ periodic oscillation
перпендикулярные ~ perpendicular oscillations
пилообразные ~ saw-tooth(ed) oscillation
~ питания power line fluctuations
~ пи-типа pi mode
плазменные ~ plasma [Langmuir] oscillation
~ плазмы plasma oscillations
~ пластин vibration of plates
плоские ~ plane vibration
~ поверхностного типа surface-mode waves
поверхностные ~ surface oscillations
полносимметричные ~ *(молекулы)* totally symmetrical vibrations
~ полюса mutation of the pole
~ поля field oscillations
поперечные ~ lateral [transverse] vibrations, lateral [transverse] oscillation, transverse modes
~ по прямой straight-line oscillation
потенциальные ~ potential oscillations
~ по толщине thickness vibration, thickness modes
почти гармонические ~ almost harmonic oscillations
прецессионные ~ gyroscopic wobbling
приливные ~ tidal oscillation
~ при резонансе resonance oscillation
продольные ~ longitudinal vibration, longitudinal oscillation
продольные ~ фронта ионизации longitudinal oscillations of ionization front
пролётно-диссипативные ~ transit-dissipative oscillations
пролётные ~ transit oscillations
пролётные ~ в ускорителе с замкнутым дрейфом электронов traveling oscillations in a closed electron drift accelerator

пространственные ~ spatial oscillation
простые незатухающие гармонические ~ simple harmonic oscillation
противофазные ~ antiphased oscillation
~ протонной компоненты *(ядра)* proton component oscillation
прямоугольные ~ square [rectangular] oscillation
пятиминутные ~ *(в атмосфере Солнца)* five-minute oscillations
радиально-фазовые ~ *(в ускорителе)* radial phase oscillations
радиальные ~ radial oscillations
радиальные бетатронные ~ radial betatron oscillations
~ радиочастоты radio-frequency oscillation
~ разности фаз phase oscillation
разрывные ~ discontinuous oscillation, discontinuous vibration
регулярные ~ periodic [regular] oscillation
резонансные ~ resonance oscillation, resonance vibration
результирующие ~ resultant oscillation
релаксационные ~ relaxation oscillation
~ решётки lattice vibrations
решёточные ~ lattice vibrations
самовозбуждающиеся ~ self-excited [self-induced] oscillation, self-excited [self-induced] vibration
самоподдерживающиеся ~ self-maintained oscillation
световые ~ light [optical] oscillation
свободные ~ free [natural, shock-excited] oscillation; free [natural] vibration; eigenmodes
свободные бетатронные ~ free betatron oscillations
свободные крутильные ~ free torsional vibrations
свободные радиально-фазовые ~ free radial phase oscillations
связанные ~ coupled oscillation; coupled vibration
~ связанных систем coupled vibration
сглаженные бетатронные ~ smooth betatron oscillations
~ сдвига shear vibration, shear modes
~ сдвига по ширине width shear modes
сдвиговые ~ shear vibrations, shear modes
~ с двумя степенями свободы two-degrees-of-freedom oscillation, two-degrees-of-freedom vibration
сезонные ~ seasonal variations
~ с изменяющейся частотой variable-frequency oscillation
симметричные ~ symmetric(al) oscillations, symmetrical vibrations
симметричные валентные ~ *(молекул)* symmetrical valence vibrations
синусоидальные ~ sine-wave [sinusoidal, harmonic] oscillation
синфазные ~ in-phase oscillation
синхронные ~ synchronous vibrations

синхротронные ~ synchrotron oscillation
скрытые ~ latent oscillations
случайные ~ random oscillation, random vibration
~ с малой амплитудой small-amplitude oscillation
~ с нарастающей амплитудой divergent oscillation
собственные ~ eigenmodes; natural [free] oscillations
собственные ~ решётки lattice eigenmodes
~ с одной степенью свободы one-degree-of-freedom oscillation, one-degree-of-freedom vibration
составное ~е (молекулы) compound [composite] vibration
~ с отрицательным затуханием divergent oscillation
~ с переменной амплитудой variable amplitude vibrations, variable amplitude oscillations
~ с переменной частотой variable frequency vibrations, variable frequency oscillations
~ спиновой плотности spin density oscillation
~ с разностной частотой difference frequency oscillation
стационарные ~ stationary oscillations, stationary vibrations
стохастические ~ stochastic oscillation
стоячие ~ standing oscillation
~ струны vibration of a string
субгармонические ~ subharmonic oscillation, subharmonic vibration
суточные ~ diurnal variations
~ температуры variations in temperature
тепловые ~ temperature oscillation, temperature [thermal] vibration
торсионные ~ torsion vibrations
трижды вырожденные ~ three times degenerate oscillation
угловые ~ oscillation about a center, angular oscillations
угловые ~ относительно поперечной горизонтальной оси pitching
ультразвуковые ~ ultrasonic vibration
уокеровские ~ Walker oscillations
~, управляемые массой mass-controlled oscillation, mass-controlled vibration
~, управляемые трением friction-controlled oscillation, friction-controlled vibration
~, управляемые упругостью stiffness-controlled oscillation, stiffness-controlled vibration
упругие ~ elastic vibration
установившиеся ~ stationary [steady-state] oscillation, stationary [steady-state] vibration
установившиеся вынужденные ~ sustained forced vibration; stationary forced oscillation
устойчивые ~ stable oscillation
фазовые ~ phase oscillation; phase fluctuations
~ фона background oscillation, background fluctuations
фоновые ~ background oscillation, background fluctuations

~ формы ядра nucleus shape oscillation
~ функции oscillation of function
хаотические ~ chaotic fluctuations, random oscillations
~ хромосферы (Солнца) chromospheric oscillations
циклотронно-звуковые ~ cyclotron-sound oscillation
циклотронные ~ cyclotron oscillation
чандлеровские ~ астр. Chandler oscillation
частотно-модулированные ~ frequency-modulated oscillation
~ широты vibrations in [of] latitude
шумовые ~ noise waves
электрические ~ electric oscillation
электромагнитные ~ electromagnetic oscillation, electromagnetic modes
электромеханические ~ electromechanical oscillations
электронно-звуковые ~ electron-sound [electron-acoustic] oscillation
электронно-циклотронные ~ electron-cyclotron oscillation
электронные ~ electronic oscillation
электронные ленгмюровские ~ electron Langmuir oscillation
электростатические ~ Langmuir [plasma] oscillation
~ энергии energy oscillations
ядерные ~ nuclear oscillation
колебательно-вращательный прил. vibrational-rotational
колебательный прил. vibrational, vibratory, oscillatory, oscillating
колебаться гл. 1. oscillate 2. (преимущественно механически) vibrate; fluctuate
заставлять ~ oscillate; vibrate
~ около положения равновесия vibrate about an equilibrium position
~ относительно ... oscillate about ..., vibrate about ..., oscillate with respect to ...
колеблющийся прил. oscillating
колесо с. wheel
лопастное ~ (в водяных турбинах) runner; (в насосах) impeller
лопастное ~ с косым течением (в водяных турбинах) diagonal [mixed-flow] runner; (в центробежных насосах) diagonal [mixed-flow] impeller
маховое ~ fly-wheel
направляющее ~ guide wheel, guide-ring
осевое лопастное ~ (в водяных турбинах) axial-flow runner; (в насосах) axial-flow impeller
радиальное лопастное ~ (в водяных турбинах) radial-flow runner; (в насосах) radial-flow impeller
количество с. amount, quantity
~ вещества amount of matter
~ движения momentum; kinetic [linear] momentum
~ движения системы momentum of system

~ движения точки momentum of particle
индикаторное ~ tracer amount
~ информации information content, amount of data
критическое ~ critical amount
наличное ~ делящегося материала fissionable material inventory
наличное ~ нейтронов neutron inventory
обнаружимое ~ detectable amount
определимое ~ determinable quantity
~ облучения radiant exposure, irradiation
~ освещения quantity of illumination, light exposure
относительное ~ fraction
равновесное ~ equilibrium amount
~ теплоты quantity of heat
ультрамалое ~ *(вещества)* trace amount
ультрамикрохимическое ~ ultramicro-chemical amount
фиксированное ~ fixed amount
~ электричества quantity of electricity, electric charge
коллаборация *ж. (коллектив, объединение)* collaboration
Европейская мюонная ~ European muon collaboration
коллайдер *м.* collider
адронный ~ hadron collider
большой адронный ~ large hadron collider
лептон-адронный ~ lepton-hadron collider
линейный ~ linear collider
протон-антипротонный ~ proton-antiproton collider
протон-электронный ~ proton-electron collider
релятивистский ~ relativistic collider
электрон-позитронный ~ electron-positron collider
коллапс *м.* collapse
волновой ~ wave collapse
гидродинамический ~ hydrodynamic collapse
гравитационный ~ gravitational collapse
дозвуковой ~ subsonic collapse
звёздный ~ stellar collapse
ленгмюровский ~ Langmuir collapse
~ ленгмюровских волн Langmuir wave collapse
~ ленгмюровской каверны Langmuir cavity collapse
магнитный ~ *физ. пл.* magnetic collapse
мгновенный гравитационный ~ sudden gravitational collapse
~ момента moment collapse
неограниченный ~ indefinite collapse
~ нижнегибридных волн lower-hybrid wave collapse
радиационный ~ radiative collapse
развитый гравитационный ~ developed gravitational collapse
релятивистский гравитационный ~ relativistic gravitational collapse
сверхзвуковой ~ supersonic collapse
сверхзвуковой ленгмюровский ~ supersonic Langmuir collapse

сингулярный волновой ~ singular wave collapse
~ ЦМД bubble collapse
коллектив *м. (коллективная линза)* collecting [field] lens
цилиндрический ~ cylinder field lens
коллективизация *ж.* collectivization
~ оболочек shell collectivization
~ электронов electron collectivization
коллектор *м.* 1. *фпп* collector (area), collector region, collector zone 2. *(для жидкостей и газов)* header
~ аэродинамической трубы entrance nozzle, entrance cone
возвратный ~ return header
газовый ~ gas collector
~ для разделённых изотопов separated-isotope collector
~ дырок *фпп* hole collector
кольцевой ~ ring header
общий ~ *фпп* common [grounded] collector
паровой ~ steam header, steam collector
питающий ~ supply header
термоэлектронный ~ thermoionic collector
~ электронов electron collector
коллиматор *м.*
активный ~ active collimator
~ быстрых нейтронов fast-neutron collimator
двухкристальный ~ double-crystal collimator
многопластинчатый ~ Соллера Soller multiplate collimator
модуляционный рентгеновский ~ X-ray modulation collimator
нейтронный ~ neutron collimator
орбитальный ~ orbit collimator
парафино-борный ~ borax-paraffine collimator
пассивный ~ passive collimator
~ пучка beam collimator
рентгеновский ~ X-ray collimator
~ со свинцовым затвором lead-baffled collimator
щелевой ~ slit collimator
коллимация *ж.* collimation
угловая ~ angular collimation
коллимированный *прил.* collimated
коллинеарность *ж.* collinearity
коллинеарный *прил.* collinear
коллоид *м.* colloid
ассоциирующий ~ associating colloid
гидрофильный ~ hydrophilic colloid
лиофильный ~ lyophilic colloid
лиофобный ~ lyophobic colloid
радиоактивный ~ radiocolloid
колодец *м.* well
артезианский ~ artesian well
буровой ~ bore-hole well
~ для облучения irradiation well
дозиметрический ~ monitoring well
~ реактора reactor pit
колоколообразный *прил.* bell-shaped

колонка *ж.* column
  аккреционная ~ *астр.* accretion column
колонна *ж.* column
  абсорбционная ~ absorption column
  адсорбционная ~ adsorption column
  аккреционная ~ *астр.* accretion column
  анионообменная ~ anion-exchange column
  вакуумная ~ vacuum column
  вакуумно-дистилляционная ~ vacuum-distillation column
  газовая противоточная обменная ~ counter-current gaseous exchange column
  дистилляционная ~ distillation column
  ~ для очистки жидкости liquid-purification column
  ~ для регенерации растворителя solvent-recovery column
  ионообменная ~ ion exchange column
  катионообменная ~ cation-exchange column
  ~ Клаузиуса Clausius column, Clausius thermal-diffusion apparatus
  колпачковая ~ bubble plate [cap] column
  масс-диффузионная ~ mass diffusion column
  многоступенчатая перемешивающая ~ multistage mixing column
  многоступенчатая разделительная ~ multistage separating column
  насадочная ~ packed column
  обменная ~ exchange column
  очистительная ~ decontamination column
  перегонная ~ distillation column
  промывная ~ scrub column
  противоточная ~ counter-current column
  разделительная ~ separating column
  распылительная ~ spray column
  распылительная ~ для жидких металлов liquid-metal spray column
  реакционная ~ reaction column
  ректификационная ~ rectifying column
  смесительная ~ column mixer
  ~ с механической пульсацией mechanically-pulsed column
  ~ с перфорированными тарелками perforated-plate column
  тарельчатая ~ plate column
  тепловая ~ *яф* thermal column
  термодиффузионная ~ thermal-diffusion column
  фракционная ~ fractionating column
  хроматографическая ~ chromatographic column
  экстракционная ~ extraction column
  экстракционно-промывная ~ extraction-scrub column
  ~ электронного микроскопа electron microscope column
колориметр *м.* colorimeter
  визуальный ~ visual colorimeter
  объективный ~ objective colorimeter
  трёхцветный ~ trichromatic [tristimulus] colorimeter
  физический ~ physical colorimeter

  фотоэлектрический ~ photoelectric colorimeter
  химический ~ chemical colorimeter
колориметрия *ж.* colorimetry
  астрономическая ~ astronomical colorimetry
  визуальная ~ visual colorimetry
  трёхцветная ~ trichromatic [tristimulus] colorimetry
  физическая ~ physical colorimetry
колор-индекс *м. астр. (показатель цвета)* color index, CI
колор-эквивалент *м. астр.* color equivalent
колор-эксцесс *м. астр. (избыток цвета)* color excess, CE
колпак *м.* cap
  защитный ~ protecting cap
  экранирующий ~ shielding castle
кольцевой *прил.* circular, circumferential, annular
кольцеобразный *прил.* circular, annular
кольц/о *с.* ring
  абелево ~ *мат.* commutative ring
  аберрационное самофокусировочное ~ aberration self-focusing ring
  алгебраическое ~ algebraic ring
  ассоциативное ~ *мат.* associative ring
  ~ астероидов asteroid ring
  байпасное накопительное ~ bypass storage ring
  бензольное ~ *хим.* benzene ring
  большое ~ *атм. опт.* halo of 46 degrees
  будкеровское ~ *физ. уск.* Budker ring
  вихревое ~ ring [closed] vortex, vortex ring, curl
  внешнее ~ *(Сатурна)* outer ring
  внутреннее ~ *(подшипника)* inner race
  годичное ~ annual ring
  ~ горячих электронов hot-electron annulus, hot-electron ring
  гравитирующее ~ gravitating ring
  ~ дислокаций dislocation ring
  дифракционное ~ diffraction ring
  евклидово ~ *мат.* Euclidean ring
  заполненное накопительное ~ filled storage ring
  защитное ~ guard ring
  ~ инвариантов *мат.* invariant ring
  интерференционное ~ interference ring
  интерференционные ~а Фабри - Перо Fabry-Perot rings
  ионное ~ ion ring
  йорданово ~ *мат.* Jordan ring
  коммутативное ~ *мат.* commutative ring
  компрессионное ~ compression ring
  концентрические ~а *(при дифракции)* concentric rings
  коронирующее ~ corona ring
  креповое ~ *(Сатурна)* crape [dusky] ring, ring C
  круговое ~ circular ring
  ~ Ли *мат.* Lie ring
  накопительное ~ *фвэ* storage ring

накопительное ~ со встречными пучками colliding-beam [crossing-beam] ring
наружное ~ *(подшипника)* outer race **нафталиновое ~** naphthalene ring
незаполненное накопительное ~ empty storage ring
~а Ньютона Newton rings
овальное ~ oval ring
~ операторов *мат.* operator ring
основное ~ускорителя accelerator main ring
охранное ~ guard ring
пересекающиеся накопительные ~а intersecting storage rings
пиридиновое ~ *хим.* pyridine ring
плазменное ~ plasma ring
плеохроическое ~ pleochroic halo
позитронное накопительное ~ positron ring
позитрон-электрон-протонное накопительное ~ positron-electron-proton storage ring
порфириновое ~ porphyrin ring
промежуточное накопительное ~ intermediate storage ring
резистивное ~ *сверхпр.* resistive ring
~ релятивистских электронов relativistic electron ring
релятивистское электронное ~ relativistic electron ring
самофокусировочное ~ self-focusing ring
~а Сатурна Saturn rings
сверхпроводящее ~ superconducting ring
светлое интерференционное ~ bright interference ring
сжатое ~ *(частиц)* compressed ring
стабилизирующее ~ stabilizing ring
стационарное ~ stationary ring
счётное ~ counter ring
тёмное интерференционное ~ dark interference ring
~а Урана Uranus rings
ферритовое ~ ferrite ring
циклогексановое ~ cyclohexane ring
~а Эйри *(при дифракции)* Airy rings
электронное ~ electron ring
~а Юпитера Jupiter rings
яркое ~ bright ring
колюр *м. астр.* colure
~ равноденствия equinox colure
~ солнцестояния solstice colure
кома *ж. опт.* coma
анизотропная ~ anisotropic coma
меридиональная ~ meridional coma
сагиттальная ~ sagittal coma
~ третьего порядка third-order coma
~ электронной линзы coma of electron lens
команда *ж. вчт* command, instruction, order
комбинаторика *ж.* combinatorics
кварковая ~ quark combinatorics
комбинация *ж.* combination
барион-антибарионная ~ baryon-antibaryon combination
билинейная ~ bilinear combination

зарядовая ~ charge combination
когерентная ~ coherent combination
линейная ~ *(векторов, состояний и т.д.)* linear combination
линейная ~ атомных орбит (ЛКАО) linear combination of atomic orbits, LCAO
~ междоузлия и вакансии interstitial-vacancy pair
некогерентная ~ incoherent combination
некогерентная ~ состояний incoherent combination of states
парная ~ pair combination
перекрёстно-симметричная ~ crossing-symmetric combination
перекрёстно-чётная ~ crossing-even combination
резонансная ~ фаз resonant phase combination
комбинированный *прил.* combined
комета *ж.* comet
гиперболическая ~ hyperbolic comet
долгопериодическая ~ long-period comet
искусственная ~ artificial comet
короткопериодическая ~ short-period comet
непериодическая ~ nonperiodic comet
параболическая ~ parabolic comet
периодическая ~ periodic comet
«родительская» ~ parent comet
~ с почти параболической орбитой nearly parabolic comet
~ Шумейкер - Леви 9 comet Shoemaker-Levi 9
эллиптическая ~ elliptic comet
комета-родоначальница *ж. (потока)* parent comet
кометный *прил.* cometary
кометоискатель *м.* comet seeker
комиссия *ж.* commission
Международная ~ по защите от радиоактивного излучения International Commission on Radiological Protection
Международная ~ по радиевым стандартам International Radium Standard Commission
Международная ~ по радиологическим единицам International Commission on Radiological Units
Объединённая ~ по стандартам, единицам и константам радиоактивности Joint Commission on Standards, Units and Constants of Radioactivity
комитет *м.* committee
Государственный ~ по науке и технологиям State Committee on Science and Technology
Комитет по атомной энергии Committee on Atomic Energy
коммутативность *ж. мат.* commutativity, commutability
~ гамильтониана Hamiltonian commutativity
локальная ~ local commutativity
слабая ~ weak commutability
коммутатор *м.* **1.** *кв. мех., мат.* commutator **2.** *эл.* switch

аномальный ~ anomalous commutator
антенный ~ antenna switch
канонический ~ canonical commutator
ковариантный ~ covariant commutator
матричный ~ (*интегральная оптика*) switch matrix
~ операции operation commutator
пространственно-временной ~ space-time commutator
~ тока *эл.* current switch
~ токов *мат.* current commutator
электромеханический ~ electromechanical commutator
электронный ~ electronic commutator
коммутация *ж.* 1. *мат.* commutation 2. *эл.* switching
~ каналов channel switching
одновременная ~ equal-time commutation
оптическая ~ optical switching
коммутировать *гл.* commute
~ с ... commute with...
комната *ж.* room
чистая ~ *микр.* clean room
компакт *м. мат.* compact
компактирование *с.* compaction
~ порошков powder compaction
компактификация *ж. ктп* compactification
иерархическая ~ размерностей hierarchical compactification of dimensions
спонтанная ~ *фвэ* spontaneous compactification
компактность *ж. мат.* compactness; compaction
компактный *прил.* compact
компаратор *м.* comparator
амплитудный ~ pulse-height comparator
аналоговый ~ analog comparator
~ Вяйсяля Väisälä comparator
дифференциальный ~ differential comparator
~ длин волн wave-length comparator
интерференционный ~ interference comparator
~ ионизационных токов ionization-current comparator
~ Лейтца (*прибор для измерения поперечных деформаций*) Leitz comparator
механический ~ mechanical comparator
микрофотометрический ~ microphotometric comparator
оптический ~ optical comparator
пневматический ~ pneumatic comparator
спектральный ~ spectral comparator
универсальный ~ universal comparator
фазовый ~ phase comparator
фотоэлектрический ~ photoelectric comparator
~ цвета color comparator
цифровой ~ digital comparator
частотный ~ frequency comparator
электрический ~ electrical comparator
электронный ~ electronic comparator
компас *м.* compass
астрономический ~ astrocompass
гиромагнитный ~ gyromagnetic compass
гироскопический ~ gyrocompass

магнитный ~ magnetic compass
компаунд-интерферометр *м.* compound interferometer
компаунд-ядро *с.* compound nucleus
компенсатор *м.* compensator
~ аберраций aberration compensator
афокальный ~ afocal compensator
~ Бабине *опт.* Babinet compensator
~ Бабине - Солейля Babinet-Soleil compensator
~ Берека *опт.* Berec compensator
визуальный ~ visual compensator
~ износа slack [wear] adjuster
интерферометрический ~ interferometric compensator
кварцевый ~ quartz compensator
клиновый ~ wedge compensator
линзовый ~ lens compensator
механический ~ mechanical compensator
~ объёма volume compensator
оптический ~ optical compensator
поляризационный ~ polarization compensator
призменный ~ кривизны prism curvature compensator
~ при поляризационных измерениях деформаций strain compensator
пружинный ~ spring tab
~ сдвига фаз phase corrector, phase compensator
~ Сенармона *опт.* Senarmont compensator
синхронный ~ synchronous compensator
~ Солейля Soleil plate
~ с передвижным клином wedge compensator
статический ~ static compensator
температурный ~ temperature compensator
~ теплового расширения expansion joint
управляемый ~ controlled tab
фазовый ~ phase compensator
фотоэлектрический ~ photoelectric compensator
электростатический ~ electrostatic compensator
~ Эрингауза *опт.* Ehringhaus compensator
компенсация *ж.* compensation
автоматическая ~ automatic compensation
адаптивная ~ adaptive compensation
аэродинамическая ~ aerodynamic balance
барометрическая ~ barometric compensation
~ вращения плоскости поляризации compensation of polarization rotation
газовая ~ (*объёмного заряда*) gas compensation
гониометрическая ~ goniometric compensation
~ давления pressure suppression
~ задержки сигнала signal delay compensation
~ заряда charge neutralization, charge compensation
~ заряда ионного пучка ion beam charge compensation
~ заряда электронного пучка electron beam charge compensation
~ за ущерб victims compensation
~ легирующей примесью *фпп* doping [impurity] compensation
магнитная ~ magnetic compensation

315

~ **отравления** poisoning compensation
параметрическая ~ parametric compensation
~ **переходного процесса** transient elimination
~ **потерь** loss compensation
~ **пространственного заряда** space-charge compensation, space-charge neutralization
~ **сдвига фаз** phase shift compensation
статическая ~ static compensation
температурная ~ temperature compensation
фазовая ~ phase compensation
~ **фарадеевского вращения** compensation of Faraday rotation
электростатическая ~ electrostatic compensation
компенсированный *прил.* compensated
компенсир/овать *гл.* compensate, cancel; neutralize; balance□ **два напряжения** ~**уют друг друга** two voltages cancel [compensate] each other
компланарность *ж.* coplanarity
~ **орбит** coplanarity of orbits
комплекс *м.* complex
активированный ~ *хим.* activated complex
активный ~ active complex
~ **активности** complex of activity
~ **актиноидов** actinoide complex
акцепторный ~ acceptor complex
вычислительный ~ computer complex
газопылевой ~ gas-dust complex
донорный ~ donor complex
измерительно-вычислительный ~ measuring and computing complex
ионный ~ ionic complex
молекулярный ~ molecular complex
переходный ~ *(состояние молекулы)* transition complex, transition state
радиоинтерферометрический ~ radio interferometric complex
сложный ~ complex aggregate
спиновый ~ spin complex
спиновый ~ **Бете** Bethe spin complex
~ **тёмных облаков** dark cloud complex
ускорительно-накопительный ~ accelerating-storage complex
ускорительный ~ accelerator facilities, accelerator complex
экситонно-примесный ~ *фтт* exciton-impurity complex
экситонный ~ *фтт* exciton complex
эндоэдральный ~ endohedral complex
ядерный ~ nuclear park
комплексно-сопряжённый *прил.* complex-conjugate
комплексный *прил.* complex
комплексон *м.* complexon
комплексонометрия *ж. хим.* chelatometry
комплексообразование *с. хим.* complexing
комплект *м.* kit, set
~ **дозиметрических приборов** dosimeter kit
~ **запчастей** kit of spares
~ **инструментов** tool kit
комплементарность *ж. (в молекулярной биологии)* complementarity

композит *м.* composite (material)
волокнистый ~ fiber composite
высокотемпературный ~ high-temperature composite
дисперсно-упрочнённый ~ dispersion-reinforced composite
металлический ~ metal composite
металлокерамический ~ metal-ceramic composite
однонаправленный ~ unidirectional composite
полимерный ~ polymer composite
порошковый ~ powder composite
самосмазывающийся ~ self-lubricating composite
слоистый ~ layered composite
компонент *м. (см. тж.* **компонента***)* component
абразивный ~ *(при полировке)* abrasive component
активный ~ *(оптоэлектроника)* active component
армирующий ~ *(композита)* reinforcing component
базовый ~ base component
~ **быстрых нейтронов** fast-neutron component
~ **вектора** component of a vector, vector component
дискретный ~ discrete component
диффузионный ~ diffused component
легирующий ~ alloying component
~ **матрицы плотности** density matrix component
матричный ~ *(композита)* matrix component
оптический ~ *(оптоэлектроника)* optical component
основной ~ **сплава** base metal
пассивный ~ *(оптоэлектроника)* passive component
плёночный ~ film component
твердотельный ~ solid-state component
~ **тензора** tensor component
~ **тензора деформации** strain component
~ **тензорного тока** tensor current component
тонкоплёночный ~ thin-film component
компонент/а *ж.* component
азимутальная ~ **скорости солнечного ветра** azimuthal velocity component of solar wind
аксиальная ~ axial component
альфа-частичная ~ alpha-ray component
аномальная ~ anomalous component
антистоксова ~ anti-Stokes component
атермическая ~ athermal component
бесспиновая ~ spin zero component
близкодействующая ~ short-range component
вертикальная ~ vertical component
временная ~ time component
вторая антистоксова ~ second anti-Stokes component
вторая стоксова ~ second Stokes component
вторичная ~ secondary component
~ **высокой твёрдости** hard constituent
~ **высокой энергии** high-energy component

высокоэнергетическая ~ high-energy component

главные ~ы тензора principal components of a tensor

горизонтальная ~ horizontal component

горячая ~ hot component

~ графа component of graph

дальнодействующая ~ long-range component

~ы двойникования twinning partners

делящаяся ~ fissile component

~ деформации strain component

диагональная ~ diagonal component

дипольная ~ dipole component

дифракционная ~ diffractive component

длительная ~ затухания slow-decay component

долгоживущая ~ long-lived component

~ дублета doublet component

жёсткая ~ hard [penetrating, high-energy] component

заряженная ~ charged component

звёздообразующая ~ star-forming [star-producing] component

зеркально отражённая ~ specularly reflected component

избыточная ~ excessive component

изовекторная ~ isovector component

изотропная ~ isotropic component

интегрально-оптические ~ы integrated optical components

интегральные ~ы integrated components

~ импульса momentum component

ионная ~ ionic component

исходная ~ precursor [primary] component

капельная ~ яф drop component

ковариантная ~ covariant component

~ы конечной деформации components of finite strain

контравариантная ~ (тензора) contravariant component

короткоживущая ~ short-lived component

летучая ~ volatile component

локализованная ~ localized component

~ы малой деформации components of small strain

~ Мандельштама - Бриллюэна Mandelstam-Brillouin component

микрооптические ~ы microoptical components

молекулярная ~ molecular component

~ мультиплета multiplet component

мюонная ~ muonic component

мягкая ~ soft [low-energy] component

~ на поверхностных акустических волнах (ПАВ) surface-acoustic-wave [SAW] component

~ напряжения component of a stress

~ы напряжённого состояния components of stress

независимая ~ independent component

нейтральная ~ neutral component

ненулевая ~ nonzero component

неприводимая ~ irreducible component

несмещённая ~ nonshifted component

неупорядоченная ~ nonordered component

~ низкой твёрдости soft constituent

нормальная ~ normal component

нуклонная ~ nucleonic component

нулевая ~ zero component

орбитальная ~ orbital component

ортогональная ~ orthogonal component

осциллирующая ~ (поля) oscillating component

параллельная ~ parallel component

первая антистоксова ~ first anti-Stokes component

первая стоксова ~ first Stokes component

первичная ~ primary component

~ы перемещения components of displacement

подчиняющаяся закону 1/v ~ 1/v component

позитронная ~ positron component

полоидальная ~ электрического поля electric field poloidal component

~ поля field component

~ поляризации polarization component

поперечная ~ transverse component

продольная ~ longitudinal component

проникающая ~ penetrating [hard] component

пространственная ~ spatial [space] component

радиальная ~ radial component

радиочастотная ~ radio frequency component

регулярная ~ regular component

сверхпроводящая ~ superconductive component

сверхтекучая ~ superfluid component

~ скорости velocity component

~ скорости по направлению течения streamline velocity component

случайная ~ random component

солнечная ~ (космических лучей) solar component

статическая ~ static component

стоксова ~ Stokes component

стохастическая ~ stochastic component

странная ~ strange component

структурная ~ structural component

сферические ~ы (напр. вектора) spherical components

тангенциальная ~ tangential component

тороидальная ~ высокочастотного магнитного поля HF magnetic field toroidal component

третья антистоксова ~ third anti-Stokes component

третья стоксова ~ third Stokes component

~ триплета triplet component

угловая ~ angular component

фотонная ~ photon component

~ Фурье Fourier component

холловская ~ Hall component

холловская недиагональная ~ Hall` nondiagonal component

холодная ~ cold component

чистоволоконные ~ы all-fiber components

чистооптические ~ы all-optical components

экзотическая ~ *(тока)* exotic component
электромагнитная ~ electromagnetic component
электронная ~ electronic component
электронно-позитронная ~ electron-positron component
электронно-фотонная ~ electron-photon component
электрооптические ~ы electro-optical components
ядерная ~ nuclear component
ядерно-активная ~ nuclear-interacting component
ядерно-взаимодействующая ~ nuclear-interacting component
компрессия *ж.* compression
внутрирезонаторная ~ *(импульса)* intra-cavity compression
~ лазерных импульсов laser pulse compression
нелинейно-оптическая ~ *(лазерных импульсов)* nonlinear-optic compression
~ электронного кольца electron ring compression
~ электронного пучка electron beam compression
компрессор *м.* compressor
воздушный ~ air compressor
~ высокого давления high-pressure compressor
газовый ~ gas compressor
магнитоплазменный ~ magnetoplasma compressor
многоступенчатый ~ compound [multi-stage] compressor
осевой ~ axial-flow compressor
поршневой ~ piston compressor
решёточный ~ *(лазерных импульсов)* grating compressor
ротационный ~ rotary compressor
струйный ~ jet compressor
центробежный ~ turbo-compressor, centrifugal compressor
~ электронных колец electron ring compressor
комптонизация *ж.* comptonization
комптон-электрон *м.* Compton [recoil] electron
комптон-эффект *м.* Compton effect
внутренний ~ internal Compton effect
двойной ~ double Compton effect
~ на связанном электроне coupled electron Compton effect
нелинейный ~ nonlinear Compton effect
обратный ~ inverse Compton effect
n-кратный ~ n-fold Compton effect
компьютер *м.* computer
оптический ~ optical computer
конвекция *ж.* convection
~ Бенара - Рэлея Benard-Rayleigh convection
~ в атмосфере atmospheric convection
~ в звёздных атмосферах convection in stellar atmospheres
возвращающая ~ return convection
~ в океане ocean convection
вынужденная ~ forced convection

вынужденная магнитоэлектрическая ~ forced magnetoelectrical convection
~ в ядре Земли convection in the Earth core
гравитационная ~ gravitational convection
диффузионная ~ diffuse convection
естественная ~ free [natural] convection
капиллярная ~ capillary convection
кинетическая ~ kinetic convection
кинетическая ~, обусловленная переносом частиц в гофрах *физ. пл.* kinetic convection due to ripple particle transport
концентрационная ~ concentration-induced convection
магнитогидродинамическая ~ magneto-convection
магнитосферная ~ magnetospheric convection
нелинейная ~ nonlinear convection
нелинейная ~ плазмы nonlinear plasma convection
неустановившаяся ~ unsteady state convection
~ плазмы, вызываемая спокойным солнечным ветром plasma convection due to quiet solar wind
принудительная ~ forced convection
проникающая ~ penetrative convection
рэлеевская ~ Rayleigh convection
самонаведённая ~ self-induced convection
свободная ~ free convection
тепловая ~ thermal convection
термокапиллярная ~ thermocapillary convection
термохалинная ~ thermohaline convection
термоэлектрическая ~ thermoelectric convection
турбулентная ~ turbulent convection
установившаяся ~ steady-state convection
~ частиц в фазовом пространстве particle convection in phase space
конвергенция *ж. (опт., физ. Океана)* convergence
конверсия *ж.* conversion
безызлучательная ~ *кв. эл.* radiationless conversion
взаимная ~ interconversion
внешняя ~ *яф* external conversion
внутренняя ~ *яф* internal conversion
внутренняя ~ гамма-излучения gamma-ray internal conversion
вынужденная ~ мод induced [stimulated] mode conversion
высокотемпературная ~ газов high-temperature gas conversion
~ газов gas conversion
глюонная ~ gluon conversion
излучательная ~ *кв. эл.* radiative conversion
индуцированная ~ мод stimulated mode conversion, induced mode conversion
каталитическая ~ газов catalytic gas conversion
межмодовая ~ intermode conversion
~ мод mode conversion
~ на К оболочке K conversion
~ на L оболочке L conversion
~ нейтрино neutrino conversion

парная ~ pair conversion
резонансная ~ нейтрино neutrino resonant conversion
спиновая ~ spin conversion
спин-флэверная ~ spin-flavor conversion
флэверная ~ flavor conversion
~ фотона photon conversion
химическая ~ chemical conversion
~ частиц в античастицы particle-antiparticle conversion
~ ядерного топлива nuclear fuel conversion
конвертер *м.* converter
бессемеровский ~ *мет.* Bessemer converter
каталитический ~ catalytic converter
~ нейтронов neutron converter
позитронный ~ positron converter
конвертоплан *м.* convertiplane, heliplane
конвольвер *м. (акустоэлектроника)* convolver
акустооптический ~ acousto-optic convolver
акустоэлектрический ~ acoustoelectric convolver
~ на поверхностных акустических волнах *(ПАВ)* surface-acoustic-wave [SAW] convolver
~ на пьезоэлектрическом кристалле piezo-electric convolver
~ на спиновых волнах spin-wave convolver
полупроводниковый ~ semiconductor convolver
сверхпроводящий ~ superconductive convolver
тонкоплёночный ~ thin-film convolver
конгломерат *м.* conglomerate
конгломерация *ж.* conglomeration
конгруэнтность *ж.* congruence
конгруэнция *ж.* congruence
косая ~ *опт.* skew congruence
конденсат *м.* condensate
адронный ~ hadronic condensate
аморфный ~ *фтт* amorphous condensate
вакуумный ~ vacuum condensate
вакуумный глюонный ~ vacuum gluon condensate
вакуумный кварковый ~ vacuum quark condensate
вакуумный ~ скалярного поля vacuum condensate of scalar field
~ возбуждений *ктп* excitation condensate
глюонный ~ gluon condensate
~ гравитонов graviton condensate
~ дилатонов dilaton condensate
капиллярный ~ capillary condensate
кварковый ~ quark condensate
киральный ~ chiral condensate
~ куперовских пар *сверхпр.* condensate of Cooper pairs
ленгмюровский ~ Langmuir condensate
~ монополей monopole condensate
нейтральный ~ neutral condensate
ненулевой ~ nonzero condensate
~ нуклонных пар condensate of nucleon pairs
пионный ~ pion condensate
плазмонный ~ plasmon condensate

разупорядоченный киральный ~ disordered chiral condensate
хиггсовский ~ Higgs condensate
электронный ~ electron condensate
конденсатор *м.* **1.** *эл.* capacitor **2.** *хим.* condenser ☐ ~ заряжается capacitor charges; ~ разряжается capacitor discharges
воздушный ~ air capacitor
высоковольтный ~ high-voltage capacitor
дифференциальный ~ differential capacitor
диффузионный ~ diffused capacitor
измерительный ~ measuring capacitor
интегрирующий ~ integrating capacitor
квадрупольный ~ quadrupole capacitor
керамический ~ ceramic capacitor
контактный ~ direct-contact condenser
МНОП ~ MNOS capacitor
МОП ~ metal-oxide-semiconductor [MOS] capacitor
накопительный ~ reservoir capacitor
настроечный ~ tuning capacitor
низковольтный ~ low-voltage capacitor
отклоняющий ~ deflecting capacitor
~ пара steam [vapor] condenser
~ переменной ёмкости variable [adjustable] capacitor
пластинчатый ~ plate condenser
плёночный ~ film capacitor
плоский ~ flat [plane] capacitor
поверхностный ~ surface condenser
~ постоянной ёмкости fixed capacitor
разделительный ~ blocking capacitor
~ связи coupling capacitor
~ с искривлёнными пластинами *(в электронной оптике)* capacitor with curved plates
сферический ~ spherical capacitor
цилиндрический ~ cylindrical capacitor
электрический ~ electric capacitor
электролитический ~ electrolytic capacitor
конденсация *ж.* condensation
альдольная ~ *хим.* aldol condensation
бензоиновая ~ *хим.* benzoene condensation
~ Бозе - Эйнштейна Bose-Einstein condensation
вакуумная ~ vacuum condensation
~ в импульсном пространстве momentum space condensation
~ влаги moisture condensation
~ возбуждений excitation condensation
~ в реальном пространстве real space condensation
гетерогенная ~ *(аэрозолей)* heterogeneous condensation
голубая ~ *астр.* blue condensation
гомогенная ~ *(аэрозолей)* homogeneous condensation
~ горячей замагниченной плазмы на облаке холодного газа hot magnetized plasma condensation on cold gas cloud
~ гравитонов graviton condensation
~ дислокаций dislocation condensation
капельная ~ dropwise [rain-like] condensation

капиллярная ~ capillary condensation
кварковая ~ quark condensation
киральная ~ chiral condensation
~ Клайзена *хим.* Claisen condensation
корональная ~ *(физика Солнца)* coronal condensation
~ к центру *(вещества)* central condensation
~ ленгмюровских волн Langmuir wave condensation
~ магнитных линий condensation of magnetic lines
~ монополей monopole condensation
монослойная ~ monolayer condensation
~ на ионах ion condensation
~ на охлаждаемой подложке cooled-substrate condensation
начальная ~ initial condensation
~ на ядрах nuclear condensation
неполная ~ partial condensation
неравновесная ~ nonequilibrium condensation
обратная ~ reverse condensation
объёмная ~ volume condensation
~ пара vapor condensation; *(водяного)* steam condensation
~ пара в жидкость vapor-liquid condensation
~ пересыщенного пара condensation of oversaturated vapor
пионная ~ pion condensation
~ пионов pion condensation
~ плазмонов condensation of plasmons
плёночная ~ film(wise) condensation
поверхностная ~ surface condensation
~ полей condensation of fields
постоянная корональная ~ permanent coronal condensation
прямая ~ direct condensation
рентгеновская корональная ~ X-ray coronal condensation
~ спектра *кв. эл. (резкое сужение)* condensation of the spectrum, narrowing of the spectrum
спонтанная ~ *(аэрозолей)* spontaneous [homogeneous] condensation
спорадическая ~ sporadic condensation
спорадическая корональная ~ sporadic coronal condensation
статическая ~ static condensation
~ струн condensation of strings
фермиевская ~ Fermi condensation
фоновая ~ background condensation
фракционная ~ fractional condensation
центральная ~ *(кометы)* central condensation
частичная ~ partial condensation
~ экситонов exciton condensation
конденсированный *прил.* condensed
конденсор *м. опт.* condenser (lens)
~ Аббе Abbe condenser
двойной ~ double condenser
двухлинзовый ~ double [two-element] condenser
зеркально-линзовый ~ mirror-lens condenser
зеркальный ~ mirror condenser
кварцевый ~ quartz condenser

~ светлого поля bright-field condenser
~ тёмного поля dark-field condenser
трёхлинзовый ~ triple [three-element] condenser
конденсор-объектив *м.* condenser-objective
кондо-примеси *мн. фтт* Kondo impurities
кондо-решётка *ж. фтт* Kondo lattice
магнитная ~ magnetic Kondo lattice
немагнитная ~ nonmagnetic Kondo lattice
кон/ец *м.* 1. *(стержня и т.п.)* tip, end, point 2. *(во времени и пространстве)* end, finish, termination □ с заделанными ~цами restrained
~ затмения end of the eclipse
открытый ~ *(волновода)* open end
оттянутый ~ *(ампулы)* tapered tip
~ реакции end point
~ сообщения end of message
конечномерный *прил.* finite-dimensional
конечность *ж. мат.* finiteness, finitude
~ Вселенной finiteness of the Universe
~ объёма аттрактора в n-мерном пространстве finiteness of the attractor volume in n-dimensional space
~ полного сечения total cross-section finiteness
~ сечения возбуждения при пороговой энергии finiteness of the excitation cross-section at the threshold energy
конечный *прил.* finite; *(окончательный)* final, ultimate
конический *прил.* conical, tapered
конкуренция *ж. физ.* competition
~ волн wave competition
~ встречных волн *(в кольцевом лазере)* competition between opposite [counterpropagating] waves, oncoming-wave competition
~ гамма-переходов gamma-gamma competition
~ каналов диссоциации competition of dissociation channels
~ колебаний mode competition
~ между прямыми и ступенчатыми процессами competition between direct and stepwise processes
~ мод mode competition
~ структур pattern competition
коноскопия *ж. опт.* conoscopy
консервативность *ж. (систем или сил)* conservatism
консервативный *прил.* conservative, nondissipative
консистенция *ж.* consistency, consistence
пластичная ~ plastic consistency
консистометр *м.* consistometer
консоль *ж. мех.* cantilever; *(консольная балка)* cantilever beam; *(кронштейн)* arm
консонанс *м. ак.* consonance
константа *ж.* constant
аксиальная ~ *(распада нуклона)* axial constant
аксиальная ~ слабого взаимодействия axial weak interaction constant
~ ангармонизма *кв. эл.* anharmonism constant

~ **анизотропии** anisotropy constant
аннигиляционная ~ annihilation constant
атомная ~ atomic constant
бегущая ~ связи running coupling constant
безразмерная ~ dimensionless constant
безразмерная ~ связи dimensionless coupling constant
~ **взаимодействия** coupling constant, interaction constant
~ **Генри** Henry constant
~ **гравитационного взаимодействия** gravitational interaction constant
групповая ~ group constant
~ **диссоциации** dissociation constant
~ **диффузии** diffusion constant
затравочная ~ взаимодействия *ктп* seed [primeval] coupling constant, seed charge
затравочная ~ связи primeval coupling constant
~ **затухания** damping constant
~ **зеемановского расщепления** Zeeman splitting constant
~ **Кармана** Karman constant
~ **квадрупольного взаимодействия** quadrupole coupling constant
~ **Керра** Kerr constant
~ **магнитной анизотропии** magnetic anisotropy constant
~ **магнитострикции** magnetostriction constant
~ **магнитоупругой связи** magnetoelastic coupling constant
~ **Маделунга** Madelung constant
материальная ~ material constant
наблюдаемая ~ взаимодействия *ктп* observed coupling constant
нормировочная ~ normalization constant
обменная ~ *фмя* exchange constant
~ **обменного взаимодействия** exchange interaction constant
~ **одноосной анизотропии** uniaxial anisotropy constant
перенормированная ~ связи renormalized coupling constant
~ **перенормировки** renormalization constant
~ **перпендикулярной магнитной анизотропии** perpendicular magnetic anisotropy constant
пионная ~ pion constant
псевдовекторная ~ pseudovector constant
псевдоскалярная ~ pseudoscalar constant
~ **равновесия** equilibrium constant
размерная ~ связи dimensional coupling constant
~ **распада** *яф* disintegration [decay] constant
~ **сверхтонкого взаимодействия** hyperfine interaction constant
~ **связи** coupling [interaction] constant
~ **седиментации** sedimentation constant
~ **скорости** rate constant
~ **скорости диссоциации** dissociation rate constant, rate constant of dissociation
~ **скорости каталитической реакции** catalytic constant

~ **скорости реакции** reaction rate constant
~ **скорости тушения** rate constant of quenching
~ **слабого взаимодействия** *ктп* weak interaction constant
спектроскопическая ~ spectroscopic constant
~ **спин-орбитальной связи** spin-orbit coupling constant
~ **спин-решёточного взаимодействия** spin-lattice coupling constant
~ **Столетова** Stoletov constant
структурная ~ structure constant
термическая ~ *(вещества)* thermal constant
~ **торможения** *(дислокаций)* retardation constant
трёхреджеонная ~ three-reggeon constant
упругая ~ elastic constant
упругая ~ Ламе Lamé elastic constant
~ **устойчивости** stability constant
~ **Фейгенбаума** Feigenbaum constant
феноменологическая ~ взаимодействия *ктп* phenomenological coupling constant
~ **Ферми** Fermi constant
фермиевская ~ *(слабого взаимодействия)* Fermi constant
физическая ~ physical constant
фиксированная ~ связи fixed coupling constant
фрелиховская ~ связи Fröhlich coupling constant
фундаментальная ~ взаимодействия *ктп* fundamental coupling constant
фундаментальная физическая ~ fundamental physical constant
~ **химического равновесия** chemical equilibrium constant
хромодинамическая ~ взаимодействия *ктп* chromodynamic coupling constant
~ **цветового взаимодействия** color interaction constant
~ **Шварцшильда** Schwarzschild constant
~ **Штарка** Stark constant
электромагнитная ~ взаимодействия *ктп* electromagnetic coupling constant
~ **электрон-фононного взаимодействия** electron-phonon coupling constant
~ **электрослабого взаимодействия** *ктп* electroweak interaction constant
~ **электрострикции** electrostriction [electrostrictive] constant
~ **элементарного процесса** constant of elementary process
эффективная ~ связи *яф* effective coupling constant
ядерная ~ nuclear constant
константан *м.* *(сплав)* constantan
конституент *м.* *яф* constituent
конструирование *с.* design
конструкци/я *ж.* **1.** *(сооружение)* structure, construction **2.** *(инженерное решение)* design ◻ **рассчитывать ~ю** *(проектировать)* design a structure; *(анализировать)* analyse a structure
балочная ~ beam structure
блочная ~ modular design

взрывоустойчивая ~ blast-resistant structure
жёсткая ~ rigid construction, rigid structure
компактная ~ packaged design
многослойная ~ multilayered [sandwich] construction
модифицированная ~ modified design
модульная ~ modular construction, modular design
несущая ~ bearing [load-carrying] structure
полужёсткая ~ semi-rigid structure
равновесная ~ balanced design
~ **реактора** reactor design
~ **решётки** lattice design
решёточная ~ lattice structure
статически неопределимая ~ statically indeterminate [redundant] structure
контакт *м.* 1. contact 2. *фпп* junction
адгезионный ~ adhesive contact
барьерный ~ *фпп* barrier contact
выпрямляющий ~ rectifying contact, rectifying junction
высокоомный ~ high-resistance contact
вязкоупругий ~ viscoelastic contact
~ **Герца** *триб.* Hertzian contact
движущийся ~ *триб.* moving contact
джозефсоновский ~ *сверхпр.* Josephson contact
дискретный ~ *триб.* discrete [discontinuous] contact
диффузный ~ diffused contact
единичный ~ *триб.* single contact
замкнутый ~ closed contact
изотипный ~ *фпп* isotype contact
инверсный ~ inverse contact
инжектирующий ~ *фпп* injecting junction
искрящий ~ sparking contact
~ **качения** *триб.* rolling contact
кромочный ~ *триб.* edge contact
линейный ~ *триб.* linear [line] contact
локализованный ~ *триб.* localized contact
мгновенный ~ *триб.* spontaneous contact
металлический ~ metal contact
~ **металл-полупроводник** metal-semiconductor contact
механический ~ mechanical contact
множественный ~ *триб.* multiple contact
мостиковый ~ bridge contact
~, **нагреваемый за счёт трения** *триб.* frictionally heated contact
~ **на поверхности раздела** interfacial contact
насыщенный ~ *триб.* concentrated contact
ненасыщенный ~ *триб.* unconcentrated contact
неплотный ~ loose contact
неподвижный ~ *триб.* static [fixed] contact
непосредственный ~ *триб.* intimate contact
непрерывный ~ *триб.* continuous contact
непрерывный точечный ~ *триб.* continuous point contact
неравномерный ~ *триб.* nonuniforme contact
несимметричный инверсный ~ nonsymmetrical inverse contact

несмазанный ~ *триб.* unlubricated [dry] contact
несовершенный ~ *триб.* imperfect contact
нестабильный ~ *триб.* unstable contact
номинальный ~ *триб.* nominal contact
однородный ~ *триб.* uniform contact
омический ~ ohmic contact
оптический ~ optical contact
первый ~ *астр.* first contact
переходный ~ *триб.* transient contact
пластический ~ *триб.* plastic contact
плотный ~ close contact
плохой ~ poor contact
~ **поверхностей трения** surface contact
поверхностный ~ surface contact
подвижный ~ sliding [moving] contact
~ **полимеров** polymer contact
последний ~ *астр.* last contact
прерывистый ~ *триб.* patch [intermittent] contact
прерывистый точечный ~ *триб.* intermittent point contact
приработанный ~ running-in contact
равномерный ~ uniform contact
разомкнутый ~ open contact
реальный ~ *фпп* real contact
~ **с инверсионным слоем** *фпп* inversion-layer contact
скользящий ~ sliding contact
смазанный ~ lubricated contact
~ **с обеднённым слоем** *фпп* depletion-layer contact
~ **с обогащённым слоем** *фпп* enriched-layer contact
совершенный ~ *триб.* perfect contact
стабильный ~ *триб.* stable contact
тепловой ~ thermal contact
термический ~ thermal contact
термоупругий ~ thermoelastic contact
тесный ~ intimate contact
точечный ~ point contact
трёхфазный ~ three-phase contact
трущийся ~ *триб.* rub [frictional, sliding] contact
туннельный ~ tunneling contact
туннельный джозефсоновский ~ tunneling Josephson contact
упругий ~ elastic contact
упругогидродинамический ~ elastohydrodynamic contact
упругопластический ~ elastic-plastic contact
фактический ~ *триб.* real contact
фрикционный ~ frictional contact
~ **Шот(т)ки** *фпп* Schottky contact
электрический ~ electrical contact
эпитаксиальный ~ epitaxial contact
контактировать *гл.* (make) contact, come in contact
контактный *прил.* contact
контактор *м.* contactor
контейнер *м.* 1. container 2. *крист.* crucible
бетонный ~ concrete container

вращающийся ~ rotating container
~ гидропочты hydraulic rabbit
~ для изотопов isotope container, isotope can
~ для источника source container, source can
~ для облучения irradiation container
~ для образцов sample container
~ для отработанного топлива spent fuel cask
~ для транспортировки изотопов isotope transport container
~ для транспортировки топлива fuel transport container
~ для хранения storage container
изотермический ~ thermally insulated container
низкотемпературный ~ low-temperature container
однократно используемый ~ expendable container
охлаждаемый ~ refrigerated container
передаточный ~ transfer container
переносной ~ portable container
повторно используемый ~ returnable container
топливный ~ fuel cask
транспортировочный ~ shipping [transport] container
тяжёлый экранированный ~ coffin
холодный ~ крист. cold container
экранированный ~ shielded container
континуум м. continuum
альвеновский ~ Alfvén continuum
бальмеровский ~ Balmer continuum
граничный ~ series limit continuum
диссоциационный ~ dissociation continuum
длинноволновый ~ long-wavelength continuum
ионизационный ~ ionization continuum
лаймановский ~ Lyman continuum
медленный ~ мгд slow continuum
многоскоростной ~ multispeed continuum
ортотропный ~ orthotropic continuum
пространственно-временной ~ space-time continuum
пространственный ~ spatial continuum
пустой ~ empty continuum
рекомбинационный ~ recombination continuum
тормозной ~ bremsstrahlung continuum
четырёхмерный ~ four-dimensional continuum
~ Шумана - Рунге Schumann-Runge continuum
~ энергетических уровней energy continuum
ядерный ~ nuclear continuum
контравалентность ж. contravalence
контравариантность ж. мат. contravariance
контракция ж. contraction
~ газового разряда gas discharge contraction
диссоциативная ~ dissociative contraction
капиллярная ~ capillary contraction
~ положительного столба contraction of positive column
~ разряда discharge contraction
тепловая ~ thermal contraction

контраст м. contrast (ratio) □ давать ~ exhibit contrast; обнаруживать ~ exhibit contrast
амплитудный ~ amplitude contrast
зрительный ~ visual contrast
~ изображения image [picture] contrast
интерференционный ~ interference [fringe] contrast
нулевой ~ zero contrast
обратный ~ эл. микр. opposite contrast
одновременный ~ simultaneous contrast
оптический ~ optical contrast
~ переключения опт. switching contrast
пороговый ~ minimum perceptible [threshold] contrast
последовательный ~ successive contrast
~ предмета object contrast
фазовый ~ phase contrast
фотографический ~ photographic contrast
цветовой ~ color contrast
~ Цернике Zernicke phase contrast
яркостный ~ luminance contrast
контрастирование с. эл. микр. staining
~ биообъектов bioobject staining
контрастность ж. contrast range
контролировать гл. check, inspect, control
контроллер м. controller
контроль м. check(ing), inspection, test, control; (непрерывный, дозиметрический) monitoring
~ безопасности security control
бесконтактный ~ уровня noncontact level gauging
взаимный ~ cross check
визуальный ~ sight [visual] control
выборочный ~ sampling
генетический ~ genetic control
групповой дозиметрический ~ area monitoring
дистанционный ~ remote monitoring
дозиметрический ~ radiation monitoring
дозиметрический ~ местности area monitoring
дозиметрический ~ окружающей среды environmental monitoring
дозиметрический ~ помещений room [area] monitoring
~ загрязнения атмосферы air pollution monitoring
~ заданных ионов selected ion monitoring, SIM
~ за использованием атомной энергии atomic energy control
индивидуальный дозиметрический ~ personal monitoring
~ интенсивности и положения пучка beam monitoring
~ интенсивности пучка beam intensity monitoring
~ качества quality control
лазерный ~ атмосферы laser atmosphere monitoring, laser monitoring of the atmosphere

лазерный ~ за состоянием атмосферы laser atmosphere monitoring, laser monitoring of the atmosphere
~ нейтронного потока neutron-flux monitoring
неразрушающий ~ nondestructive testing
~ облучения (ir)radiation monitoring
повседневный дозиметрический ~ routine monitoring
~ положения пучка beam position monitoring
радиационный ~ radiation monitoring
~ радиоактивности radioactivity monitoring, radioactivity control
~ радиоактивности атмосферы air monitoring
~ радиоактивности аэрозолей aerosol monitoring
~ радиоактивности поверхности surface monitoring
радиометрический ~ radiation monitoring
~ селективных реакций selected reaction monitoring, SRM
~ фона background monitoring
ядерный ~ nuclear control
контррефлектор *м.* convergent mirror
контртело *с.* counterface; counterbody, opposite body; opposite [coupled] element
контрчлен *м. ктп* counter-term
контур *м.* 1. (*очертание*) contour 2. (*колебательный*) circuit 3. (*в системе управления*) loop 4. (*спектральной линии*) profile □ **по замкнутому ~у** about a closed path
~ аварийной остановки реактора scram circuit
~ активной зоны core circuit, core loop
анодный ~ anode circuit
антенный ~ *амер.* antenna circuit; *англ.* aerial circuit
апериодический ~ aperiodic circuit
~ Бюргерса Burgers circuit, Burgers contour
внешний ~ external circuit
вращающийся ~ rotating loop
вторичный ~ secondary circuit
вторичный ~ теплоносителя secondary coolant circuit
входной ~ input circuit
выходной ~ output circuit
гасящий ~ quench(ing) circuit
гауссов ~ (*спектральной линии*) Gauss profile
горячий ~ hot circuit, hot loop
дифференцирующий ~ differentiating circuit
доплеровский ~ (*спектральной линии*) Doppler profile
~ жидкометаллического охлаждения liquid-metal cooling circuit
~ задатчика мощности power demand circuit
~ задатчика периода period demand circuit
замкнутый ~ closed circuit, loop
зарядный ~ charging circuit
изгибный ~ bend contour
изгибный ~ в динамической теории dynamical bend contour
изгибный ~ в многолучевом приближении many beam bend contour

~ интегрирования path of integration, integration contour
испытательный ~ test loop
катодный ~ cathode circuit
~ кипения boiling loop
колебательный ~ oscillatory circuit; *физ. пов.* vibrational contour
компенсирующий ~ compensating circuit
~ крыла aerofoil outline (contour), wing outline
~ крыла положительной кривизны positively cambered wing profile
линейный колебательный ~ linear oscillatory circuit
лоренцев ~ (*спектральной линии*) Lorentz profile
лоренцевский ~ (*спектральной линии*) Lorentz profile
многовитковый ~ multiturn loop
многосвязный ~ multiply connected contour
незамкнутый ~ open circuit, open loop
нелинейный колебательный ~ nonlinear oscillatory circuit
ненагруженный ~ nonloaded circuit
нерадиоактивный ~ cold loop
~ обратной связи отравления poisoning feedback loop
~ обратной связи температурного коэффициента реактивности reactivity temperature coefficient feedback loop
односвязный ~ simply connected contour
опытный ~ experimental loop
основной ~ регулирования basic control loop
~, отводящий тепло heat-rejection [heat-removal] circuit
~ охладителя coolant circuit
охлаждающий ~ coolant loop
~ охлаждения cooling circuit
параллельный ~ parallel circuit
параллельный колебательный ~ parallel oscillatory circuit
первичный ~ primary circuit
первичный ~ охладителя primary coolant [core] circuit
первичный топливный ~ primary fuel circuit
первый ~ *яф* primary coolant circuit
подстроечный ~ trim circuit
последовательный ~ series circuit
последовательный колебательный ~ series oscillatory circuit
промежуточный ~ intermediate circuit
~ профиля крыла wing profile contour
радиоактивный ~ hot loop
разомкнутый ~ Бюргерса open Burgers circuit, open Burgers contour
разрядный ~ discharge circuit
~ расширения импульса pulse-stretching circuit
~ регенерации топлива fuel-reprocessing loop
~ регулирования control loop
~ регулирования температуры temperature-control loop

резонансный ~ resonant [tank] circuit
резонансный ~ дуанта resonant D circuit
резонансный колебательный ~ resonant oscillatory circuit
рекомбинационный ~ recombination circuit
связанные ~ы coupled circuits
силовой ~ power circuit
~ **системы регулирования реактора** nuclear servo loop
~ **со сверхкритическим затуханием** overdamping loop
~ **спектральной линии** spectral line profile, profile of spectral line
~ **с принудительной циркуляцией** forced circulation loop
спусковой ~ trigger circuit
~ **с термической конвекцией** thermal circulation loop
~ **температурной обратной связи** temperature feedback loop
~ **теплоносителя** coolant circuit
~ **теплообменника** heat-exchanger loop
~ **теплопередачи** heat-transfer loop
теплопередающий ~ heat-transfer circuit, heat-transfer loop
топливный ~ fuel circuit
~ **управления** control loop
фазовый ~ phase contour
~ **Фойгта** Voigt profile
~, **формирующий импульсы** pulse-forming circuit
холодный ~ cold loop
холостой ~ idler circuit
циркуляционный ~ circulation loop
эквипотенциальный ~ equipotential contour
экспериментальный ~ experimental loop
~ **экстинции** крист. extinction contour
энергетический ~ power circuit
конус м. cone; (уменьшение сечения) taper
~ **будущего** cone of future
вихревой ~ vortex cone
~ **возмущений** аэрод. disturbance [Mach] cone
~ **вращения** cone of revolution
главный ~ (космических лучей) main cone
групповой ~ group cone
двойной ~ double cone
дифракционный ~ фвэ diffraction cone
задний ~ backward cone
затупленный ~ аэрод. blunt-nose cone
коллимирующий ~ collimating cone
концевой ~ возмущений tip Mach cone
круговой ~ circular cone
~ **Маха** Mach cone
направляющий ~ director cone
несущий ~ lifting cone
нулевой ~ zero cone
~ **нутации** nutation cone
передний ~ forward cone
обращённый по потоку ~ возмущений backward-facing Mach cone
~, **обтекаемый осесимметричным потоком** axial cone

ограничивающий ~ collimating cone
~ **потерь** loss cone
~ **прецессии** precession cone
прямой ~ right cone
~ **Ребиндера** conical indenter plastometer
резонансный ~ resonant cone
световой ~ light cone
световой ~ будущего light cone of future
~ **тени** shadow cone
~ **Тиндаля** Tyndall cone
~ **трения** cone of friction, friction cone
усечённый ~ truncated cone
черенковский ~ Cherenkov cone
~ **Штёрмера** (космических лучей) Störmer [forbidden] cone
эллиптический ~ elliptic cone
эффективный ~ effective cone
конусность ж. taper(ing), conicity
конусообразный прил. tapered
конфайнмент м. яф confinement
~ **вихрей** confinement of vortices
~ **глюонов** gluon confinement
~ **гравитонов** graviton confinement
~ **зарядов** confinement of charges
~ **инстантонов** instanton confinement
~ **кварков** quark confinement
кварковый ~ quark confinement
~ **монополей** monopole confinement
~ **преонов** preon confinement
~ **солитонов** soliton confinement
конференция ж. conference
Генеральная ~ по мерам и весам General Conference of Weights and Measures, Conférence Générale des Poids et Mesures
международная ~ international conference
Международная ~ по мирному использованию атомной энергии International Conference on the Peaceful Uses of Atomic Energy
конфигурация ж. configuration; geometry
асимметричная ~ asymmetric configuration
бессиловая ~ (тип соленоида) forceless configuration
бесстолкновительная цилиндрическая ~ collisionless cylindrical configuration
вакуумная ~ vacuum configuration
вакуумная магнитная ~ стелларатора stellarator vacuum magnetic configuration
винтовая магнитная ~ helical magnetic configuration
возбуждённая электронная ~ excited electron configuration
вырожденная ~ degenerate configuration
высокосимметричная ~ highly symmetrical configuration
гексагональная ~ hexagonal configuration
геликоидальная ~ helical configuration
двумерная ~ two-dimensional configuration
двухнуклонная ~ two-nucleon configuration
декартова ~ cartesian configuration
диверторная ~ физ. пл. divertor configuration
доминирующая ~ dominant configuration

закрытая диверторная ~ closed divertor configuration

замкнутая ~ closed configuration

замкнутая однородная ~ closed uniform configuration

замкнутая тороидальная ~ **с пространственной магнитной осью** closed toroidal configuration with a spatial magnetic axis

~ **занятых уровней** configuration of filled levels

звёздная ~ stellar configuration

инстантон-антиинстантонная ~ configuration of instantons and anti-instantons

квадратная ~ square configuration

квадрупольная ~ quadrupole configuration

квазисимметричная ~ quasi-symmetrical configuration

компактная ~ compact configuration

коническая ~ conical configuration

~ **кресла** *(молекулы)* chair configuration

линейная ~ linear configuration

линейная равновесная ~ linear equilibrium configuration

локализованная ~ localized configuration

локальная ~ local configuration

магнитная ~ magnetic configuration

магнитная ~ **группы солнечных пятен** magnetic configuration of sunspot group

магнитная ~ **с винтовой магнитной осью** magnetic configuration with a helical magnetic axis

магнитная ~ **с обращённым полем** reversed-field magnetic configuration

магнитная ~ **с прямой магнитной осью** magnetic configuration with a straight magnetic axis

~ **магнитного поля** magnetic field configuration

~ **Майера - Шмидта** Mayer-Schmidt configuration

многокварковая ~ multiquark configuration

~ **молекул** molecule configuration

мультипольная ~ multipole configuration

начальная ~ reference configuration

незавершённая ~ incomplete configuration

нелинейная равновесная ~ nonlinear equilibrium configuration

нетривиальная ~ nontrivial configuration

нормальная электронная ~ normal electron configuration

оболочечная ~ *яф* shell configuration

оболочечная нейтронная ~ *яф* neutron shell configuration

оболочечная протонная ~ *яф* proton shell configuration

одномерная ~ one-dimensional configuration

однородная ~ uniform configuration

однородная ~ **с пространственной магнитной осью** uniform configuration with spatial magnetic axis

октупольная ~ octupole configuration

осесимметричная ~ axisymmetrical configuration

открытая ~ open configuration

открытая диверторная ~ open divertor configuration

~ **первой стенки** first-wall configuration

периодическая ~ periodic configuration

пирамидальная равновесная ~ pyramidal equilibrium configuration

плазменная ~ plasma configuration

~ **планет** planetary configuration

планетарная ~ planetary configuration

плоская ~ flat configuration

плоская равновесная ~ flat equilibrium configuration

~ **полоидального магнитного поля** poloidal magnetic field configuration

~ **поля** field pattern

постоянная ~ permanent configuration

призматическая ~ prismatic configuration

пространственная ~ spatial configuration

прямоугольная ~ rectangular configuration

равновесная ~ equilibrium configuration

равновесная плазменная ~ equilibrium plasma configuration

равновесная ~ **плазмы** equilibrium plasma configuration

равновесная ~ **плазмы в магнитном поле двумерного диполя** equilibrium plasma configuration in the two-dimensional dipole magnetic field

равновесная цилиндрическая ~ equilibrium cylindrical configuration

~ **реактора** reactor arrangement

~ **с винтовой магнитной осью** configuration with a helical magnetic axis

~ **с винтовой симметрией** helical symmetry configuration

~ **с двумя электронами в наружной оболочке** configuration with two electrons in the outer shell

седлообразная ~ saddle-point configuration

сжатая адронная ~ compressed hadronic configuration

симметричная ~ symmetric configuration

~ **с магнитными пробками** magnetic mirror configuration, probcotrone

~ **с минимумом B** minimum B configuration

~ **солнечных пятен** sunspot configuration

спиновая ~ spin configuration

спиральная ~ spiral configuration

~ **с прямой магнитной осью** configuration with a straight magnetic axis

стационарная ~ steady-state configuration

сферическая ~ spherical configuration, spherical shape

сферически-симметричная ~ spherically symmetric configuration

топологическая ~ topological configuration

топологически нетривиальная ~ topologically nontrivial configuration

тороидальная ~ toroidal configuration

угловая ~ angular configuration

цилиндрическая ~ cylindrical configuration

частично дырочная ~ *яф* particle-hole configuration
электронная ~ electron(ic) configuration
электронная ~ **атомов** electron configuration of atoms
~ **электронов** electron(ic) configuration
эллиптическая ~ elliptical configuration
~ **P-оболочек** P-shell configuration
конфокальный *прил.* confocal
конформация *ж. (молекулы)* conformation
антипризматическая ~ antiprismatic conformation
~ **ванны** bath conformation
заслонённая ~ masked conformation
заторможенная ~ retarded conformation
~ **кресла** chair conformation
~ **макромолекулы** conformation of a macromolecule
~ **молекулы** molecule conformation
неплоская ~ nonplanar conformation
плоская ~ planar conformation
призматическая ~ prismatic conformation
пространственная ~ spatial conformation
равновесная ~ equilibrium [stable] conformation
скошенная ~ gosh [skew] conformation
спиральная ~ helical conformation
трансоидная ~ trans conformation
устойчивая ~ stable [equilibrium] conformation
конформер *м. (конформационный изомер)* conformer, conformation isomer
равновесный ~ equilibrium conformer
конформность *ж.* conformity
конформный *прил.* conformal
конфузор *м.* confuser, converging cone, taper [convergent] pipe, effuser, convergent nozzle, contractor
конфузорно-диффузорный *прил.* convergent-divergent
концентрат *м.* concentrate
рудный ~ ore concentrate
урановый ~ uranium concentrate
циркониевый ~ zirconic concentrate
концентратор *м. ак., опт.* concentrator, concentrating system
акустический ~ acoustic [ultrasonic] concentrator
башенный ~ tower concentrator
волноводный ~ waveguide concentrator
высокочастотный ~ *ак.* high-frequency concentrator
гауссов ~ Gauss concentrator
~ **данных** data concentrator
~ **деформаций** strain raiser
~ **каналов** channel concentrator
клинообразный ~ wedge-type concentrator
конический ~ conical concentrator
криогенный ~ cryogenic concentrator
круглый ~ circular concentrator
~ **магнитного поля** magnetic field concentrator
~ **напряжений** *мех.* stress concentrator, stress raiser
низкочастотный ~ *ак.* low-frequency concentrator

~ **потока** flux concentrator
~ **солнечного** **излучения** concentrator of solar radiation, solar concentrator
~ **сообщений** message concentrator
составной ~ compound concentrator
стеклянно-капиллярный ~ *(мягкого рентгеновского излучения)* glass-capillary concentrator
стержневой ~ *ак.* rod concentrator
ступенчатый ~ *ак.* step-wise concentrator
сферический ~ *(излучения)* spherical concentrator
фокусирующий ~ focusing concentrator
цилиндрический ~ *ак.* cylindrical concentrator
экспоненциальный ~ exponential concentrator
~ **энергии** energy concentrator
концентрация *ж.* concentration; density
~ **акцепторов** *фпп* acceptor concentration, acceptor density
атомная ~ atomic concentration
безопасная ~ safe concentration
~ **вакансий** vacancy concentration
~ **в активной зоне** core concentration
весовая ~ weight concentration
~ **в зоне воспроизводства** blanket concentration
~ **в шламе** sludge concentration
галактическая ~ galactic concentration
~ **дефектов** defect concentration
~ **дислокаций** dislocation concentration
~ **доноров** *фпп* donor concentration, donor density
допустимая ~ permissible concentration
~ **дырок** hole concentration
~ **заряженных частиц** charged-particle concentration, charged-particle density
избыточная ~ excess concentration
избыточная поверхностная ~ excess surface concentration
~ **избыточных** **носителей** excess-carrier concentration, excess-carrier density
изотопная ~ isotopic concentration
интегральная ~ integral concentration
~ **ионов** ion concentration
исходная ~ initial [input] concentration
критическая ~ critical concentration, critical density
критическая ~ **мицеллообразования** critical concentration of micelle formation; critical micelle concentration
~ **легирующей примеси** doping concentration
летальная ~ **примесей** lethal impurity concentration
~ **ловушек** trap density
локальная ~ local concentration
максимально допустимая ~ maximum permissible concentration
массовая ~ mass concentration
местная ~ local concentration
~ **молекул** molecular concentration, molecular density
молекулярная ~ molecular concentration, molecular density
мольная ~ mole concentration, mole fraction
моляльная ~ molal concentration, molality
молярная ~ molar concentration

~ **напряжений** stress concentration
~ **нейтронов** neutron concentration
необнаруживаемая ~ undetectably low concentration
~ **неосновных носителей** *фпп* minority carrier concentration
неравновесная ~ nonequilibrium concentration, nonequilibrium density
~ **неравновесных носителей** nonequilibrium carrier concentration, nonequilibrium carrier density
ничтожная ~ trace concentration
ничтожно малая ~ trace concentration
~ **носителей** *фпп* carrier concentration, carrier density
объёмная ~ volume [bulk] concentration
объёмная ~ **ионов** volume ionization density
~ **основных носителей** *фпп* majority carrier concentration
относительная ~ relative [fractional] concentration
парциальная ~ partial concentration
поверхностная ~ surface concentration
полная ~ total concentration
предельно допустимая ~ maximum permissible concentration
~ **примесей** impurity concentration, impurity density
произвольная ~ arbitrary concentration
равновесная ~ equilibrium concentration, equilibrium density
равновесная ~ **ксенона** xenon equilibrium (concentration)
равновесная ~ **плутония** plutonium equilibrium (concentration)
радиоизотопная ~ radionuclide concentration
~ **раствора** solution concentration
~ **свободных носителей** free carrier concentration, free carrier density
удельная ~ specific concentration
~ **частиц** particle concentration, particle density
эквивалентная ~ equivalent concentration
экологическая ~ ecological concentration
~ **экситонов** exciton concentration, exciton density
электронная ~ electron concentration, electron density
~ **электронов** electron concentration, electron density
концентрирование *с.* concentration
~ **методом ионного обмена** ion-exchange concentration
концентрировать *гл.* concentrate
концентрический *прил.* concentric
концепция *ж.* concept
~ **совпадающих решёток** lattice coincidence concept
кончик *м.* tip
~ **трещины** crack tip
координатизация *ж.* coordinatization
координат/ы *мн.* coordinates ▢ **в системе координат, отнесённой к центру массы** in coordinates relative to the center of mass; **задавать** ~ specify coordinates; **преобразовывать** ~ convert coordinates

абсолютные ~ fundamental coordinates
базисные ~ base coordinates
барицентрические ~ barycentric [triangular] coordinates
безразмерные ~ dimensionless coordinates
биполярные ~ bipolar coordinates
~ **Бузера** Boozer coordinates
вакуумные потоковые ~ vacuum flux coordinates
~ **вдоль оси** axial coordinates
вещественные ~ real coordinates
видимые ~ *(небесного светила)* visual coordinates
вмороженные ~ freezed-in [intrinsic] coordinates
внутренние ~ convected [intrinsic] coordinates
временные ~ time coordinates
~ **в фазовом пространстве** phase space coordinates
вытянутые сферические ~ prolate spherical coordinates
вычисленные ~ *(небесного светила)* computed position
галактические ~ galactic coordinates
галактоцентрические ~ galactocentric coordinates
галилеевы ~ Galilean coordinates
гауссовы ~ orthogonal curvilinear coordinates
гелиографические ~ heliographic coordinates
гелиоцентрические ~ heliocentric coordinates
географические ~ geographical coordinates
геодезические ~ geodetic [geodesic] coordinates
геомагнитные ~ geomagnetic coordinates
геоцентрические ~ geocentric coordinates
глобальные ~ global coordinates
голономные ~ holonomic coordinates
грассмановы ~ Grassmannian coordinates
~ **Дарбу** Darbu coordinates
действительные ~ real coordinates
декартовы ~ Cartesian [rectangular] coordinates
дифференциальные ~ differential coordinates
дробные ~ fractional coordinates
естественные ~ natural coordinates
звёздные ~ stellar coordinates
игнорируемая ~**а** ignorable coordinate
идеальные ~ ideal [standard] coordinates
изопараметрические ~ isoparametric coordinates
изотопические ~ isotopic coordinates
истинные ~ true coordinates
исходные ~ reference coordinates
канонические ~ canonical coordinates
квазитороидальные ~ quasi-toroidal coordinates
квазицилиндрические ~ quasi-cylindrical coordinates
коллективные ~ collective coordinates
комплексные ~ complex coordinates
конвективные ~ convected [intrinsic] coordinates
конические ~ conical coordinates
косоугольные ~ oblique coordinates
криволинейные ~ curvilinear coordinates
круговые ~ angular coordinates
круговые цилиндрические ~ circular cylindrical coordinates

лабораторные ~ laboratory coordinates
~ Лагранжа Lagrangian [Lagrange, material] coordinates
лагранжевы ~ Lagrangian [Lagrange, material] coordinates
локальные ~ local coordinates
локальные изопараметрические ~ local isoparametric coordinates
магнитные ~ magnetic coordinates
~ Мак-Илвейна McIlwain coordinates
материальные ~ material coordinates
мнимые ~ imaginary coordinates
~ на плоскости plane coordinates
натуральные ~ natural coordinates
натуральные ~ Хамады Hamada natural coordinates
небесные ~ celestial [astronomical] coordinates, celestial position
нормальные ~ normal coordinates
обобщённые ~ generalized coordinates
объёмные ~ volume coordinates
однородные ~ homogeneous coordinates
ортогональные криволинейные ~ orthogonal curvilinear coordinates
ортогональные ~ Мерсье Mercier orthogonal coordinates
относительные ~ differential coordinates
~, отсчитываемые в направлении потока streamwise coordinates
параболические ~ parabolic coordinates
планетоцентрические ~ planetocentric coordinates
~ площади area coordinates
~ положения coordinates of position
полярные ~ polar coordinates
полярные ~ на плоскости plane polar coordinates
поперечные ~ transverse coordinates
потоковые ~ flux coordinates
приведённые ~ reduced coordinates
продольные ~ longitudinal coordinates
~ пространства space coordinates
пространственноподобные ~ space-like coordinates
пространственные ~ space [spatial] coordinates
~ профиля крыла coordinates of an aerofoil section
прямоугольные ~ Cartesian [orthogonal, rectangular] coordinates
прямоугольные криволинейные ~ orthogonal curvilinear coordinates
радиальные ~ radial coordinates
селенографические ~ selenographic coordinates
~ софокусных параболоидов confocal paraboloidal coordinates
~ софокусных эллипсоидов confocal ellipsoidal coordinates
спиновые ~ spin coordinates
средние ~ mean coordinates
сферические ~ spherical coordinates
сфероидальные ~ spheroidal coordinates
текущие ~ running [current] coordinates

топоцентрические ~ topocentric coordinates
тороидальные ~ toroidal coordinates
~ точки position of a point
точные ~ exact coordinates
треугольные ~ triangular [barycentric] coordinates
угловые ~ angular coordinates
удельные ~ цвета specific tristimulus values
уточнённые ~ refined coordinates
~ цвета tristimulus values
~ цветности chromaticity coordinates
цветовые ~ tristimulus values
циклические ~ cyclic coordinates
цилиндрические ~ cylindrical coordinates
~ Эйлера Euler coordinates
экваториальные ~ equatorial coordinates
эклиптические ~ ecliptic coordinates
эллипсоидальные ~ ellipsoidal coordinates
эллиптические ~ elliptic coordinates
явные ~ explicit coordinates
координация ж. coordination
координировать гл. coordinate
копёр м. (установка для ударных испытаний) impact testing machine
вращающийся ~ rotating impact machine
копия ж. copy
негативная ~ сетки negative grating
позитивная ~ сетки positive grating
кор м. core
~ вихря core of the vortex
сингулярный ~ (вихря) singular core
кора (земная) ж. crust
земная ~ Earth crust
лунная ~ Moon crust
~ плавления fusion crust
корабль м. ship
космический ~ space vehicle, space craft, space ship
космический ~ для исследований Луны lunar [moon] probe; (с орбиты) lunar orbiter
межпланетный ~ interplanetary vehicle
пилотируемый космический ~ manned space vehicle, manned space ship
корабль-спутник м. satellite (vehicle)
коразмерность м. codimension
сверхкритическая ~ supercritical codimension
корень м. мат. root □ извлекать квадратный ~ из ... take the square root of ...
вещественный ~ real root
квадратный ~ square root
комплексный ~ complex root
кратный ~ multiple [repeated] root
кубический ~ cube root
лишний ~ extraneous root
мнимый ~ imaginary root
простой ~ simple root
сопряжённый ~ conjugate root
~ третьей степени cube root
коридор м. corridor
тахионный ~ яф tachyon corridor
флоккульный ~ plage couloir

коричневый *прил.* brown

коробиться *гл.* warp; *(при потере устойчивости)* buckle

коробка *ж.* box, housing
анероидная ~ aneroid [evacuated] capsule, aneroid box, aneroid chamber
барометрическая ~ aneroid [evacuated] capsule, aneroid box, aneroid chamber
коллекторная ~ collector box
концевая ~ end box
тормозная ~ brake housing

коробление *с.* 1. warpage, warping 2. *(при потере устойчивости)* buckling 3. *(искажение конфигурации)* distortion

корона *ж.* corona
~ активной области active region corona
белая ~ white light corona
биполярная ~ bipolar corona
внешняя ~ outer corona
внутренняя ~ inner corona
ВЧ ~ rf corona
высокочастотная ~ rf corona
галактическая ~ galactic corona, galactic galo
горячая ~ hot corona
закрытая ~ closed corona
~ звезды star corona
локальная F ~ local F-corona
максимальная ~ maximum corona
минимальная ~ minimum corona
~ мишени target corona
монохроматическая ~ monochromatic corona
непрерывная ~ continuum corona
нижняя ~ lower corona
открытая ~ open corona
отрицательная ~ negative corona
положительная ~ positive corona
полярная ~ волокон *(на Солнце)* polar crown of filaments
промежуточная ~ intermediate corona
пылевая ~ dust corona
солнечная ~ solar corona
средняя ~ middle corona
ультрафиолетовая ~ UV corona
униполярная ~ unipolar corona
фраунгоферова ~ Fraunhofer corona
электронная ~ electron corona
эмиссионная линейчатая ~ emission line corona
E ~ E-corona
F ~ F-corona
K ~ K-corona
L ~ L-corona
T ~ T-corona

корональный *прил.* coronal
коронирование *с.* corona discharge
коронка *ж.* bit
алмазная буровая ~ diamond drill bit
коронограф *м.* coronograph
короноэлектрет *м.* coronoelectret
коротация *ж.* corotation

короткоживущий *прил.* short-lived, short-living

корпус *м.* body, carcass, frame(work), housing, case
~ активной зоны core vessel, core tank
~ подшипника bearing housing
~ пробника probe housing
~ реактора reactor vessel
силовой ~ pressure vessel
~ счётчика counter body
~ ядерного реактора reactor vessel

корпускула *ж.* corpuscle
корпускулярный *прил.* corpuscular
корректировать *гл.* correct, adjust
корректировка *ж.* correction; adjustment
грубая ~ rough correction, rough adjustment
~ изображения image correction

корректор *м.* corrector
апертурный ~ aperture corrector
~ волнового фронта *опт.* wavefront corrector
квадратичный фазовый ~ quadratic phase corrector
модальный ~ *(волнового фронта)* modal corrector
мультипольный ~ multipole corrector
~ наклонов *(адаптивная оптика)* tilt corrector
~ нуля zero adjuster
секступольный ~ sextupole corrector
фазовый ~ phase corrector

корректура *ж.* proof
коррекция *ж.* correction; compensation
~ аберраций aberration correction
автоматическая ~ automatic correction
активная ~ active correction
~ апертурных искажений aperture compensation
~ астигматизма astigmatism correction
~ атмосферных искажений correction of atmospheric distortion; atmospheric compensation
~ волнового фронта wavefront correction, wavefront compensation
~ в реальном времени real-time correction
~ времени нарастания rise-time correction
динамическая ~ *(волновых фронтов)* dynamic correction
~ изображения image correction, image sharpening
~ магнитного поля correction of magnetic field
~ ошибок error correction
фазовая ~ phase correction
~ фазовых искажений phase correction, phase compensation
~ фронта импульсов pulse rise-time correction

коррелировать *гл.* correlate
коррелометр *м.* correlator
коррелятор *м.* correlator
акустооптический ~ acousto-optic correlator
аналоговый ~ analog correlator
билокальный вакуумный ~ bilocal vacuum correlator

бозонный ~ bosonic correlator
~ Ван-дер-Люгта *опт.* Van der Lugt correlator
временной ~ temporal [time-domain] correlator
гауссов ~ Gaussian correlator
голографический ~ holographic correlator
двухточечный ~ two-point correlator
двухчастичный ~ two-particle correlator
евклидов ~ Eucledian correlator
интегрально-оптический ~ integrated optical correlator
когерентный ~ coherent correlator
многочастичный ~ multiparticle correlator
~ на объёмных волнах bulk-wave correlator
~ на поверхностных волнах surface-wave correlator
~ на спиновых волнах spin-wave correlator
негауссов ~ non-Gaussian correlator
нелинейно-оптический ~ nonlinear optical correlator
нестационарный ~ nonstationary correlator
одночастичный ~ one-particle correlator
оптический ~ optical correlator
~ плотности density correlator
полевой ~ field correlator
~ полей field correlator
пространственный ~ spatial correlator
сверхпроводящий ~ сигналов superconductive signal correlator
~ с временным интегрированием time-integrating correlator
спектральный ~ spectral correlator
~ с пространственным интегрированием space-integrating correlator
трёхточечный ~ *яф* three-point correlator
фермионный ~ fermionic correlator
~ флуктуаций fluctuation correlator
цифровой ~ digital correlator
электронный ~ electronic correlator
n-точечный ~ n-point correlator
n-частичный ~ n-particle correlator
корреляция *ж.* correlation
азимутальная ~ azimuth correlation
бинарная ~ binary correlation
бозе-эйнштейновская ~ Bose-Einstein correlation
взаимная ~ mutual [cross] correlation
внутриоболочечная ~ intrashell correlation
временная ~ time correlation
~ в системе центра масс center-of-mass correlation
гамма-гамма ~ gamma-gamma correlation
дальняя ~ long-range correlation
двумерная ~ two-dimensional correlation
динамическая ~ dynamic correlation
длинномасштабная ~ long-range correlation
зарядовая ~ charge correlation
звёздная ~ sidereal correlation
знаковая ~ sign correlation
истинная угловая ~ true angular correlation
каноническая ~ canonical correlation
кинематическая ~ kinematic correlation

короткомасштабная ~ short-range correlation
~ Крамерса - Кронига Kramers-Kronig correlation
линейная ~ linear correlation
малонуклонная ~ few-nucleon correlation
масштабно-инвариантная ~ scale-invariant correlation
межатомная ~ interatomic correlation
~ между двумя переменными correlation between two variables
~ между двумя случайными событиями correlation between two random events
межимпульсная ~ pulse-to-pulse correlation
межоболочечная ~ intershell correlation
многочастичная ~ many-particle correlation
~ мод mode correlation
нелинейная ~ nonlinear correlation
нуклон-нуклонная ~ nucleon-nucleon correlation
обменная ~ exchange correlation
одночастичная ~ single-particle correlation
отрицательная ~ negative [inverse] correlation
парная ~ pair correlation
парная ~ нуклонов pair nucleon correlation
парная ~ сверхпроводящего типа *яф* superconductive-type pair correlation
~ по времени correlation in time, time correlation
положительная ~ positive [direct] correlation
~ по направлениям directional correlation
порядковая ~ rank correlation
пространственная ~ spatial correlation
пространственно-временная ~ space-time correlation
пространственно-нечётная ~ spatial-odd correlation
пространственно-чётная ~ spacial-even correlation
распадная ~ decay correlation
силовая ~ dynamic correlation
сильная ~ strong correlation
слабая ~ weak correlation
спиновая ~ spin correlation
спин-спиновая ~ spin-spin correlation
статистическая ~ statistical correlation
угловая ~ angular [directional] correlation
угловая гамма-гамма ~ angular gamma-gamma correlation
угловая ~ нейтронов и осколков деления neutron-fragment angular correlation
фазовая ~ phase correlation
фермиевская ~ Fermi correlation
~ флуктуаций fluctuation correlation
частичная ~ partial correlation
электронная ~ electron correlation
~ электронов electron correlation
~ электронов с антипараллельными спинами correlation of electrons with antiparallel spins
~ электронов с параллельными спинами correlation of electrons with parallel spins
электрон-спиновая ~ electron-spin correlation
корригирование *с.* (*оптической системы*) correlation adjustment

корродированный *прил.* corroded
коррозионностойкий *прил.* corrosion-proof, corrosion-resistant, corrosion-resisting
коррозионноусталостный *прил.* corrosion-fatigue
коррозионный *прил.* corrosive
коррозия *ж.* corrosion
  атмосферная ~ atmospheric corrosion
  биологическая ~ biological corrosion
  ~ **блуждающим током** leakage-current corrosion
  быстро возрастающая ~ runaway [breakaway] corrosion
  газовая ~ gas corrosion
  избирательная ~ selective corrosion
  интеркристаллитная ~ intercrystalline corrosion
  ~ **ионизированным воздухом** ionized-air corrosion
  кавитационная ~ cavitation corrosion
  контактная ~ contact corrosion
  межкристаллитная ~ intercrystalline [intergranular, grain-boundary] corrosion
  местная ~ local corrosion
  ~ **металлов** metal corrosion
  механическая ~ stress corrosion
  морская ~ sea-water corrosion
  неравномерная ~ nonuniform corrosion
  нитевидная ~ thread-line corrosion
  ножевая ~ knife-line corrosion
  ~ **под напряжением** stress corrosion
  подповерхностная ~ undermining pitting, subsurface corrosion
  послойная ~ layer corrosion
  ~ **при трении** fretting corrosion
  ~ **пятнами** spot corrosion
  равномерная ~ uniform corrosion
  радиационная ~ radiation corrosion
  резко возрастающая ~ runaway [breakaway] corrosion
  сплошная ~ general corrosion
  точечная ~ pitting (corrosion)
  транскристаллитная ~ transcrystalline corrosion
  усталостная ~ fatigue corrosion
  химическая ~ chemical corrosion
  щелевая ~ crevice corrosion
  электролитическая ~ electrolytic corrosion
  электрохимическая ~ electrochemical corrosion
  эрозионная ~ erosion corrosion
  язвенная ~ pitting (corrosion)
корунд *м.* corundum
коса *ж. сэф ктп* braid
косеканс *м.* cosecant, csc
косинус *м.* cosine, cos
  гиперболический ~ hyperbolic cosine, cosh
  интегральный ~ integral cosine
  направляющий ~ direction cosine
  ~ **фи** power factor, cos phi
косинусоида *ж.* cosine curve
космический *прил.* cosmic; space
космогония *ж.* cosmogony
  галактическая ~ galactic cosmogony
  звёздная ~ stellar cosmogony

  планетная ~ planetary cosmogony
космология *ж.* cosmology
  ~ **Дирака** Dirac cosmology
  дираковская ~ Dirac cosmology
  изотропная ~ isotropic cosmology
  инфляционная ~ inflationary cosmology
  квантовая ~ quantum cosmology
  наблюдательная ~ observational cosmology
  нерелятивистская ~ nonrelativistic cosmology
  ньютонианская ~ Newtonian cosmology
  ньютоновская ~ Newtonian cosmology
  ~ **ранней Вселенной** early Universe cosmology
  релятивистская ~ relativistic cosmology
  ~ **Солнечной системы** cosmology of the Solar system
  теоретическая ~ theoretical cosmology
  экспериментальная ~ experimental cosmology
космонавт *м.* cosmonaut; astronaut
космонавтика *ж.* cosmonautics; astronautics
космос *м.* cosmos; space
  ближний ~ near space
  дальний ~ deep space
космотрон *м.* cosmotron
космохимия *ж.* cosmochemistry
космохронология *ж.* cosmochronology
  ядерная ~ nuclear cosmochronology
косой *прил.* **1.** skew **2.** *(об ударе)* glancing
косоортогональность *ж.* skew orthogonality
кососимметричность *ж.* skew symmetry
кососимметричный *прил.* skew-symmetric, antisymmetric
косселеграмма *ж. (при дифракции рентгеновсих лучей)* Kossel pattern
костюм *м.* suit
  защитный ~ protective suit
  пневматический ~ pneumatic suit
  ~ **со сжатым воздухом** pneumatic suit
  ~ **с принудительной подачей воздуха** supplied-air suit
костяк *м. (структуры)* skeleton, frame work
котангенс *м.* cotangent, cot
  гиперболический ~ hyperbolic cotangent, coth
котёл *м.* boiler, tank
  атомный ~ atomic pile, atomic reactor
  водотрубный ~ water-tube boiler
  водяной ~ water-boiler (reactor)
  голый ~ *яф* bare pile
  «световой ~» *(система накачки лазеров)* "optical boiler"
  ~ **с мгновенным парообразованием** flash-type boiler
  трубчатый ~ tube [tubular] boiler
  урановый ~ uranium reactor, uranium pile
  ядерный ~ nuclear reactor, nuclear pile
котловина *ж. (на планетах)* cavus
кофункция *ж.* cofunction
коэрцитивность *ж.* coercivity, coercitivity
  ~ **блоховской линии** coercitivity of Bloch line
  высокая ~ high coercivity
  динамическая ~ dynamic coercitivity
  ~ **доменной границы** coercivity of the domain wall

~ **доменной стенки** coercitivity of the domain wall

статическая ~ static coercitivity

коэрцитивный *прил.* coercitive

коэрцитиметр *м.* coercimeter

коэффициент *м.* coefficient; factor; index; number; constant; *(отношение)* ratio

~ **адгезии** adhesion coefficient; coefficient of adhesion

адиабатический ~ **упругости** adiabatic elasticity coefficient

адиабатический ~ **Холла** adiabatic Hall coefficient

~ **адсорбции** adsorption coefficient

~ **аккомодации** accomodation coefficient

~ **аккомодации количества движения** normal momentum accomodation coefficient

~ **активности** activity coefficient

~ **амбиполярной диффузии** ambipolar diffusion coefficient

~ **амплитуды** amplitude [crest] factor

~ **антиэкранирования** *(в магнитном резонансе)* antishielding factor

~ **асимметрии** asymmetry parameter

~ **асимметрии цикла** cycle ratio

~ **асимметрии цикла напряжений** stress ratio

~ **ассоциативного отлипания** associative detachment coefficient

~ **ассоциативной ионизации** associative ionization coefficient

~ **атмосферного рассеяния** atmospheric diffusion coefficient

атомный ~ **излучения** atomic emission coefficient

атомный ~ **ослабления** atomic attenuation factor

атомный ~ **поглощения** atomic absorption coefficient

аэродинамический ~ aerodynamic coefficient

барический ~ pressure coefficient

~ **бародиффузии** barodiffusion coefficient

~ **бародиффузии для смеси двух идеальных газов** barodiffusion coefficient for a mixture of two perfect gases

барометрический ~ barometric coefficient

~ **бегущей волны (КБВ)** traveling wave factor, traveling wave ratio

~ **безопасности** safety factor

безразмерный ~ dimensionless [nondimensional] coefficient

безразмерный ~ **быстроходности** *(в турбомашинах)* dimensionless specific speed

биномиальный ~ binomial coefficient

~ **бомовской диффузии** Bohm diffusion coefficient

~ **векторного сложения** vector summation [Clebsch-Gordan] coefficient

вероятностный ~ probability factor

весовой ~ weight(ing) factor

~ **ветвления** branching ratio, branching factor

~ **взаимного перекрытия** coefficient of mutual overlapping

~ **взаимной диффузии** interdiffusion coefficient

~ **взаимной индукции** mutual inductance coefficient, mutual inductance factor, coefficient of mutual induction

~ **взаимности** reciprocity coefficient

~ **взаимодействия** interaction factor; *(в СВЧ приборах)* gap factor

~ **Вигнера** Wigner [Clebsch-Gordan] coefficient

~ **виньетирования** vignetting coefficient

вириальный ~ virial coefficient

~ **влияния** influence coefficient

~ **внешнего трения** coefficient of contact friction

~ **внешней конверсии** external conversion coefficient, external conversion ratio

~ **внутреннего воспроизводства** internal conversion ratio

~ **внутреннего поглощения** internal absorptance

~ **внутреннего трения** coefficient of internal friction, coefficient of dynamic viscosity

~ **внутренней конверсии** internal conversion coefficient, internal conversion ratio

~ **возвращающей силы** stiffness [restoring force] coefficient, stiffness [restoring force] factor

~ **волнового сопротивления** *гидр.* wave-drag coefficient

~ **восприятия** coefficient of perception

~ **воспроизводства** *(ядерного топлива)* breeding [conversion] ratio, reproduction [regeneration] factor

~ **воспроизводства трития** tritium breeding ratio

~ **восстановления давления** pressure recovery factor

~ **восстановления при ударе** *мех.* coefficient of restitution, coefficient of elasticity

~ **восстановления температуры** recovery factor of temperature

~ **всестороннего сжатия** compressibility [compression] coefficient, compressibility factor

~ **вторичной эмиссии** secondary emission ratio, secondary emission coefficient

второй вириальный ~ second virial coefficient

~ **второй вязкости** second viscosity coefficient

второй ~ **Таунсенда** second Townsend coefficient

~ **в точке вне границы** off-boundary coefficient

~ **вывода пучка** *(из ускорителя)* extraction efficiency

~ **выгорания** burn-up fraction, burn-up factor

~ **вынужденного усиления** *кв. эл.* stimulated gain (coefficient)

~ **выпрямления** rectification factor

~ **выхода** yield factor

~ **вязкости** viscosity, coefficient of viscosity

~ **газового усиления** gas-amplification factor

~ **гармоник** total harmonic distortion

генеалогический ~ *яф* fractional parentage coefficient

~ **Генри** Henry coefficient

~ **геометрической аберрации** coefficient of geometric aberration

гиромагнитный ~ gyromagnetic factor

~ **гистерезиса** hysteresis constant

~ **гистерезисных потерь** coefficient of hysteresis losses

~ **гистерезисных потерь при трении** coefficient of hysteresis losses under friction

голографический ~ **усиления** holographic gain

~ **горячего канала** hot channel factor

~ **готовности** *(установки)* availability

~ **давления** pressure coefficient, pressure ratio

~ **движущей тяговой мощности** propulsive efficiency of a propeller

~ **двухфотонного поглощения** two-photon absorption coefficient

~ **Дебая - Валлера** Debye-Waller factor

действительный ~ real coefficient

~ **деканалирования** *фтт* dechanneling factor

~ **демпфирования** coefficient of damping

~ **деполяризации** depolarization coefficient

~ **детектирования** detection coefficient

~ **дефлегмации** reflux ratio

~ **деформации** strain coefficient

~ **деформационного упрочнения** work-hardening [strain hardening] coefficient

~ **диафрагмирования** orificing factor

~ **дилюции** dilution factor

динамический ~ **быстроходности** *(в турбомашинах)* dynamic specific speed

динамический ~ **внутреннего трения** dynamic viscosity

динамический ~ **интенсивности напряжений** dynamic stress intensity factor

~ **динамического трения** coefficient of dynamic friction

~ **динамической вязкости** coefficient of dynamic viscosity

~ **диссипации** dissipation factor

~ **диссоциативного прилипания** dissociative attachment coefficient

~ **диссоциативной рекомбинации** dissociative recombination coefficient

~ **диссоциации** dissociation coefficient

дифференциальный ~ **поглощения** differential absorption coefficient

~ **диффузии** diffusion coefficient, diffusion constant; diffusivity

~ **диффузии Бома** Bohm diffusion coefficient

~ **диффузии для быстрых нейтронов** fast diffusion constant

~ **диффузии для тепловых нейтронов** thermal diffusion constant

~ **диффузии количества движения** coefficient of momentum diffusion, virtual viscosity

~ **диффузии магнитного поля** magnetic field diffusion coefficient

~ **диффузии примеси** impurity diffusion coefficient

~ **диффузного отражения** diffuse reflectance; diffuse reflection factor

~ **диффузности** *опт.* diffusion factor

~ **диэлектрических потерь** dielectric loss factor, dielectric loss coefficient

~ **доверия** confidence factor

~ **дросселирования** throttling coefficient

~ **Дюфура** *(для термодиффузии)* Dufour coefficient

ёмкостный ~ coefficient of capacity, capacitance coefficient

~ **естественной освещённости** daylight factor

~ **жёсткости** coefficient of stiffness; coefficient of rigidity

~ **жёсткости магнонов** magnon stiffness constant

~ **загрязнения** contamination factor

~ **задержки** hindrance factor

~ **задержки при альфа-распаде** alpha-decay hindrance factor

~ **зазора** gap factor

~ **замедления** moderating ratio

~ **замедления линии передачи** velocity factor

~ **запаздывания** delay coefficient

~ **запаса** safety factor, factor of assurance; *(в светотехнике)* depreciation factor

~ **запаса прочности** safety factor

~ **запаса устойчивости** safety factor

~ **запаса устойчивости на диафрагме** safety factor at the limiter

~ **запаса устойчивости на краю плазмы** safety factor at the plasma edge

~ **запаса устойчивости на магнитной оси** safety factor at the magnetic axis

~ **запаса устойчивости на сепаратрисе** safety factor at the separatrix

~ **заполнения** *(в трансформаторе)* space factor; *(диэлектриком и т.п.)* filling factor; *(уровня)* occupation number; *(импульсов)* duty factor, duty cycle

~ **заполнения пропеллера** solidity of a propeller

~ **запрещённости** forbiddenness factor

~ **затухания** damping [attenuation] coefficient, damping factor, attenuation constant

~ **затухания звука** coefficient of sound damping, sound damping coefficient, sound damping [attenuation] factor

~ **затухания Ландау** Landau damping coefficient

~ **захвата** *(примеси в кристалле)* trapping coefficient; *(в ускорителе)* capture efficiency

~ **звукоизоляции** acoustic reduction factor

~ **звукоотражения** sound [acoustic] reflection coefficient

~ **звукопоглощения** sound [acoustic] absorption coefficient

~ **звукопроницаемости** sound [acoustic] transmission coefficient

~ **зеркального отражения** coefficient of specular reflection, regular reflectance

~ **зеркальности** coefficient of specular reflection, regular reflectance

идеальный ~ **разделения** ideal separation factor

~ избежания резонансного захвата resonance escape factor

~ избежания утечки nonleakage factor

~ избыточного поглощения excess absorption factor

избыточный ~ воспроизводства breeding gain

избыточный ~ размножения excess multiplication factor

~ извлечения extraction factor

~ излучательной рекомбинации radiative recombination coefficient

~ излучения emissivity

~ излучения теплового излучателя thermal emissivity

~ износа wear coefficient

изобарный ~ расширения isobaric expansion coefficient; coefficient of volumetric expansion, coefficient of cubic expansion

изотермический ~ давления isothermal pressure coefficient

изотермический ~ сжатия isothermal compression coefficient

изотермический ~ Холла isothermal Hall coefficient

~ изотопного обмена isotope exchange factor

изохорический ~ давления isochore pressure coefficient

изохорный ~ давления isochore pressure coefficient

~ инверсии inversion ratio

~ индуктивного сопротивления *аэрод.* induced drag coefficient, induced drag constant

~ индукции induction coefficient

~ инжекции эмиттера *фпп* emitter injection coefficient

~ интенсивности напряжений в вершине трещины crack tip stress intensity factor

~ интенсивности напряжений для трещины нормального отрыва mode I stress intensity factor

~ инцидентности incidence coefficient

~ ионизации ionization coefficient

ионизационный ~ Таунсенда ionization Townsend coefficient

ионный ~ диффузии ionic diffusion coefficient

~ искажения distortion factor

~ использования utilization factor

~ использования антенны antenna utilization coefficient

~ использования нейтронов neutron utilization factor

~ использования пучка beam utilization factor

~ использования тепловых нейтронов thermal utilization factor

~ использования топлива fuel utilization factor

~ ипользования установки plant utilization factor

~ использования энергии в аэродинамической трубе energy ratio of a wind tunnel

~ испускания radiation value

~ истечения efflux coefficient

кажущийся ~ поглощения apparent absorption coefficient

~ калибровки calibration factor

~ качества излучения radiation quality

квадратичный магнитооптический ~ Cotton-Mouton constant

квадратичный электрооптический ~ quadratic electro-optic [Kerr] coefficient

~ квазиупругой силы quasi-elastic force coefficient

~ квантового усиления quantum amplification coefficient

квантовый ~ полезного действия quantum efficiency

кинематический ~ быстроходности *(в турбомашинах)* kinematic specific speed

~ кинематической вязкости coefficient of kinematic viscosity, kinematic viscosity coefficient

кинетический ~ kinetic [transport] coefficient

кинетический ~ Онсагера Onsager kinetic coefficient

~ кинетического трения coefficient of kinetic friction

~ кислородного усиления oxygen enhancement ratio

~ кислотности acid number

~ы Клебша - Гордана Clebsch-Gordan coefficients

комплексный ~ complex coefficient

~ комптоновского поглощения Compton-absorption coefficient

~ конвективного теплообмена coefficient of convective heat exchange

~ конверсии *(напр. ядерного топлива)* conversion coefficient, conversion ratio

~ конверсии на К-оболочке K-electron conversion ratio

~ конденсации condensation coefficient

~ контактного трения coefficient of contact friction

~ контактной податливости coefficient of contact compliance

~ контракции coefficient of contraction, contraction coefficient

~ концентрации напряжений notch-sensitivity index

~ корреляции correlation coefficient, correlation factor

~ корреляции Лагранжа *(в теории турбулентности)* Lagrangian correlation coefficient

~ корреляции по Эйлеру *(в теории турбулентности)* Eulerian correlation coefficient

~ корреляции спинов spin correlation coefficient

~ краевых потерь fringing loss factor

~ кристаллизации crystallization coefficient

критический ~ интенсивности напряжений critical stress intensity factor

~ критичности criticality factor

~ кручения coefficient of torsion

кулоновский поправочный ~ Coulomb correction factor

~ Ламе Lamé coefficient

~ летучести fugacity coefficient

~ линейного поглощения linear absorption coefficient

~ линейного расширения linear expansion coefficient, coefficient of linear expansion

~ линейной корреляции coefficient of linear correlation

линейный ~ ионизации linear [specific] ionization coefficient

линейный ~ ослабления linear attenuation factor

линейный ~ поглощения linear absorption factor

линейный электрооптический ~ linear electro-optic [Pockels] coefficient

~ линейных искажений distortion factor

~ линейных потерь (в лазере или волоконном световоде) linear loss coefficient

~ лобового сопротивления drag coefficient

~ лучеиспускания radiation factor, radiation constant

~ лучистого отражения coefficient of radiant reflectivity, coefficient of radiant reflectance

~ магнитного рассеяния magnetic leakage factor

~ магнитной вязкости magnetic viscosity coefficient

~ магнитной диффузии magnetic diffusion coefficient, coefficient of magnetic diffusivity

~ магнитных потерь magnetic loss factor

~ магнитомеханической связи magnetomechanical coupling coefficient

магнитооптический ~ magnetooptic coefficient

~ магнитострикции magnetostriction constant

~ магнитоупругой связи magnetoelastic coupling coefficient

массовый ~ ослабления mass attenuation factor

массовый ~ поглощения mass absorption factor

массовый ~ реактивности mass coefficient of reactivity

~ массообмена mass transfer coefficient

масштабный ~ scale factor

механический ~ полезного действия mechanical efficiency

~ Миллера крист. Miller coefficient

минимальный ~ обратного потока minimum reflux ratio

~ модуляции modulation depth, modulation index, modulation factor

молярный ~ поглощения molar extinction coefficient

~ мощности power factor, cos phi

мощностной ~ реактивности power coefficient of reactivity

~ нагрузки load factor

~ надёжности reliability index

~ накопления build-up factor

~ направленного действия (КНД) (антенны) directivity, directive gain

~ направленного излучения (теплового излучателя) directional emissivity

~ направленности (антенны) directivity, directive gain

~ напряжения strain coefficient

~ нарастания growth factor

~ насыщения saturation coefficient

начальный ~ воспроизводства initial conversion ratio

~ нелинейных искажений nonlinear distorsion factor, coefficient of harmonic distortion

~ необратимости массообмена coefficient of mass-transfer irreversibility

неопределённый ~ undetermined coefficient

~ непрозрачности (coefficient of) opacity

~ неравномерности irregularity coefficient

~ нерезонансных потерь кв. эл. nonresonant loss coefficient

~ Нернста - Эттингсхаузена Nernst-Ettingshausen constant

~ нестабильности instability coefficient

~ нестабильности усиления gain instability factor

~ несферичности aspheric coefficient

~ неупругости inelasticity coefficient

~ неуравновешенности unbalance factor

нормирующий ~ normalizing factor

~ обнаружения detection ratio

обобщённый ~ generalized coefficient

~ обогащения (при разделении изотопов) enrichment factor

~ образования пар pair production coefficient

~ обратного потока reflux ratio

~ обратного рассеяния back scattering factor

~ обратной связи feedback factor, feedback ratio

обратный ~ размножения reciprocal multiplication factor

общий ~ полезного действия net [overall] efficiency

общий ~ теплопередачи overall heat-transfer coefficient

~ объёмного расширения coefficient of volumetric [cubic] expansion; isobaric expansion coefficient

~ объёмной вязкости second [volume] coefficient of viscosity

~ объёмной диффузии volume diffusion coefficient

~ объёмной сжимаемости compressibility [compression] coefficient, compressibility factor

объёмный ~ поглощения volume absorption coefficient

~ Оже Auger coefficient

~ Онсагера Onsager coefficient

онсагеровский кинетический ~ Onsager kinetic coefficient

~ опасности danger coefficient

оптимальный ~ размножения optimal multiplication factor

~ оптической связи optical coupling coefficient

~ оптической чувствительности по деформациям strain optical coefficient

~ оптической чувствительности по напряжениям relative stress optical coefficient

~ ослабления attenuation factor, attenuation coefficient, attenuation constant

осмотический ~ osmotic coefficient

~ остаточных потерь residual loss constant

~ отклонения (пучка) deflection coefficient; (параметров) departure factor

~ отлипания (в плазме) detachment coefficient

~ относительного поглощения relative absorption factor

~ отражения reflectance; reflection coefficient, reflection factor, coefficient of reflection

~ отражения звука acoustic [sound] reflection coefficient, acoustical [sound] reflection factor

~ отражения магнитного зеркала magnetic mirror ratio

~ отражения частиц particle reflection coefficient

~ отражения энергии energy reflection coefficient

отрицательный температурный ~ сопротивления negative temperature coefficient of resistance

~ очистки decontamination factor

паровой ~ реактивности steam coefficient of reactivity

парциальный ~ конверсии partial conversion coefficient

~ Пельтье Peltier coefficient

первый ~ Таунсенда first Townsend coefficient

переводной ~ conversion factor

~ передачи transfer constant, transmission coefficient

~ передачи преобразователя transducer coefficient, transducer gain

~ передачи энергии energy transfer coefficient

~ перезарядки charge exchange [transfer] coefficient

~ перенормировки renormalizing factor

~ переноса transport [kinetic] coefficient, transport factor

~ переноса в гофре ripple transport coefficient

~ переноса массы mass-transfer coefficient

~ пересчёта scaling ratio, scaling factor

~ пересчёта атомной массы atomic mass conversion factor

~ перехода transition coefficient

переходный ~ conversion factor

пиромагнитный ~ pyromagnetic constant

пироэлектрический ~ pyroelectric constant

~ пластичности в надрезе notch yield ratio

плёночный ~ film coefficient

плёночный ~ переноса массы film mass-transfer coefficient

плёночный ~ теплоотдачи film heat-transfer coefficient

~ плотности density coefficient

~ поверхностного давления (обтекаемого тела) surface pressure coefficient

~ поверхностного натяжения surface tension coefficient

~ поверхностной ионизации surface ionization coefficient

~ поглощения absorptance, absorption factor, absorption coefficient

~ поглощения звука sound [acoustic] absorption coefficient, acoustic [sound] absorption factor, acoustical absorptivity

~ поглощения узкого пучка narrow-beam absorption coefficient

~ поглощения энергии coefficient of power adsorption

погонный ~ усиления (лазера) linear amplification factor

~ Погсона астр. Pogson coefficient

~ подавления боковой моды (в лазере) side-mode suppression ratio

~ податливости compliance coefficient

~ подвижности coefficient of mobility

~ подобия similarity factor

~ подъёмной силы lift coefficient

~ полезного действия efficiency

~ полезного действия антенны radiation efficiency

~ полезного действия аэродинамической трубы wind tunnel efficiency

~ полезного действия винта propeller efficiency

~ полезного действия источника излучения radiant efficiency

~ полезного использования нейтронов neutron economy

полный ~ поглощения total absorption coefficient

полный ~ теплопередачи overall heat-transfer coefficient

положительный температурный ~ сопротивления positive temperature coefficient of resistance

~ поляризации polarization factor

~ поперечной деформации Poisson ratio

~ поперечной чувствительности (тензодатчика) cross-sensitivity [transverse sensitivity] factor

поперечный ~ диффузии transverse diffusion coefficient

поперечный ~ жёсткости transverse rigidity

поправочный ~ correction coefficient, correction factor

поправочный ~ количества движения momentum correction factor

поправочный ~ Кориолиса kinetic energy correction factor, kinetic energy coefficient

~ пористости porosity factor

пороговый ~ threshold coefficient

~ потемнения (к краю диска небесного светила) darkening coefficient, coefficient of darkening

потенциальный ~ potential coefficient

~ **потери скорости** *гидр.* coefficient of velocity

~ **потерь** loss factor

~ **преломления** refraction [refractive] index

~ **преобразования** transformation coefficient, conversion factor

~ **прилипания** sticking coefficient; *(в плазме)* attachment coefficient

~ **присоединённой массы** factor of apparent mass

~ **проводимости** coefficient of conductivity

~ **продольной вязкости** longitudinal viscosity coefficient

продольный ~ **диффузии** longitudinal diffusion coefficient

~ **прозрачности** transmission factor, transmission ratio, transmissivity

~ **проигрыша** disadvantage factor

~ **проницаемости** permeability [penetrability, penetration] coefficient, penetration factor

~ **пропорциональности** coefficient of proportionality, proportionality coefficient, proportionality factor

~ **пропускания** transmittance, transmission coefficient, transmission factor

~ **просачивания** percolation coefficient, percolation factor

~ **проскальзывания** coefficient of slippage, slippage coefficient

~ **протекания** *(для несущего винта)* inflow ratio

~ **противотока** reflux ratio

~ **Пуассона** Poisson ratio

~ **пульсации** ripple ratio

~ **пустотности** void coefficient, void ratio, void factor

пустотный ~ **реактивности** void coefficient of reactivity

пьезомагнитный ~ piezomagnetic constant

пьезоэлектрический ~ piezoelectric coefficient, piezoelectric constant

~ **равновесия** equilibrium coefficient

~ **равномерности освещения** uniformity ratio of illuminance

~ **разбавления** dilution ratio

~ **разделения** *(напр. изотопов)* separation [fractionation] factor

~ **разделения идеального элементарного процесса** ideal simple process separation factor

~ **разделения одной ступени** single stage separation factor

~ **разделения элементарного процесса** simple process separation factor

~ **разложения** expansion coefficient

размерный ~ dimension factor

~ **размножения** reproduction [multiplication] factor, fission coefficient

~ **размножения для бесконечной среды** infinite multiplication factor

~ **размножения на быстрых нейтронах** fast fission [fast multiplication] factor

~ **размножения нейтронов** neutron multiplication factor

~ **Рака** *кв. мех.* Racah coefficient

~ **распада** disintegration coefficient, disintegration constant, decay factor

~ **распределения** distribution ratio, distribution coefficient

~ **распределения примеси** impurity distribution coefficient

~ **распределения тепловых потоков** *триб.* heat flow sharing coefficient

~ **распространения** propagation constant, propagation coefficient

~ **распыления** sputtering ratio, sputtering yield

~ **рассеяния** scattering coefficient, scattering factor, dispersion factor

~ **растворимости** solubility coefficient, solubility factor

~ **растворимости Оствальда** Ostwald solubility coefficient

~ **расхода** discharge [flow] coefficient

~ **расширения** expansion coefficient, expansion factor

~ **расширенного воспроизводства** *яф* breeding ratio

~ **расщепления Ланде** Landé splitting factor

~ **реактивности** coefficient of reactivity

~ **регенерации** regeneration coefficient

~ **регенерации топлива** fuel regeneration coefficient

~ **регрессии** regression coefficient

~ **резкости** *опт.* coefficient of fineness

результирующий ~ **полезного действия** net efficiency

~ **рекомбинации** recombination coefficient

~ **рекомбинации при тройных столкновениях** three-body recombination coefficient

~ **рефракции** constant of refraction

~ **Риги - Ледюка** *фпп* Righi-Leduc coefficient

~**ы Риччи** Ricci coefficients

~ **самодиффузии** self-diffusion coefficient

~ **самоиндукции** self-inductance

~ **самоэкранирования** self-shielding factor

~ **связи** coupling coefficient, coupling factor

~ **связности** connectivity coefficient, coefficient of connection

~ **сглаживания** smoothing coefficient

~ **сдвига** coefficient of shear

~ **сдвиговой вязкости** shear-viscosity coefficient

~ **сейсмичности** seismicity coefficient

~ **сжатия** *(струи)* contraction coefficient, coefficient of contraction; *(импульса, пучка)* compression factor

~ **сжимаемости** compressibility [compression] coefficient, compressibility factor

симметрийный ~ symmetry coefficient, symmetry factor

~ **синхронизации** synchronizing coefficient

~ **скольжения** slip coefficient, slip factor

~ **скорости** velocity coefficient, speed ratio

~ **скорости реакции** reaction rate

~ **слоистости** lamination factor

~ **согласования** matching factor
~ **сопротивления** *эл.* resistance coefficient; *мех.* drag coefficient
~ **сопротивления качению** coefficient of rolling resistance
~ **сопротивления крыла** drag coefficient for a wing
~ **сопротивления трубопровода** pipe resistance coefficient, resistance coefficient of the pipe
~ **сопротивления трубы** pipe resistance coefficient, resistance coefficient of the pipe
~ **Соре** *(для термодиффузии)* Soret coefficient
спектральный ~ поглощения absorptivity
спектроскопические ~ы spectroscopic factors
~ **спин-волновой жёсткости** spin wave stiffness constant
~ **спиральности** helicity factor
средний ~ воспроизводства mean conversion ratio
~ **стабильности момента сил трения** coefficient of stability of friction torque
старший ~ *мат.* leading coefficient
~ **статического трения** coefficient of static friction
стационарный ~ воспроизводства steady-state conversion ratio
~ **стеснённости деформации** constraint ratio
стехиометрический ~ stoichiometric coefficient
~ **столкновения** impact factor
~ **стоячей волны (КСВ)** standing wave ratio, standing wave factor, SWR
~ **стоячей волны по напряжению (КСВН)** voltage standing-wave ratio, VSWR
~ **стоячей волны по току (КСВТ)** current standing-wave ratio, ISWR
~ **сужения** *(струи)* contraction coefficient
суммарный ~ очистки gross decontamination factor
~ **сцепления** coefficient of adhesion, adhesion coefficient; *(колеса с рельсом)* coefficient of traction
~ **счёта** counting coefficient
~ **Таунсенда** Townsend coefficient
~ **текучести** coefficient of fluidity
температурный ~ temperature coefficient, temperature factor
температурный ~ вязкости temperature viscosity coefficient
температурный ~ плотности density temperature coefficient
температурный ~ расширения жидкости thermal expansion coefficient for the fluid
температурный ~ реактивности temperature coefficient of reactivity
температурный ~ сопротивления temperature coefficient of resistance
температурный ~ частоты temperature coefficient of frequency
~ **температуропроводности** thermal diffusivity
тензорный ~ диффузии tensor diffusion coefficient

~ **тензочувствительности** strain gauge factor
теоретический ~ концентрации напряжений geometric stress concentration factor
~ **теплового использования** thermal utilization factor
~ **теплового распыления** thermal sputtering coefficient, thermal sputtering yield
~ **теплового расширения** coefficient of thermal expansion
тепловой ~ полезного действия heat [thermal] efficiency
~ **теплоотдачи** heat-transfer coefficient, heat-transfer factor
~ **теплоотдачи при кипении** boiling coefficient
~ **теплопередачи** heat-transfer coefficient, heat-transfer factor
~ **теплопроводности** heat [thermal] conductivity coefficient
термический ~ thermal coefficient
~ **термической аккомодации** thermal accomodation coefficient
~ **термодиффузии** thermal diffusion coefficient, thermal diffusion factor
термоэлектрический ~ thermoelectrical coefficient
~ **термоэлектродвижущей силы** thermoelectric coefficient
~ **Томсона** Thomson coefficient
~ **торможения** drag coefficient, drag factor
~ **трансформации** transformation ratio
~ **трения** coefficient of friction, friction factor, drag coefficient
~ **трения верчения** coefficient of pivoting friction
~ **трения во вращательной паре** coefficient of collar [journal] friction
~ **трения второго рода** coefficient of rolling friction
~ **трения движения** coefficient of kinetic friction
~ **трения качения** coefficient of rolling friction
~ **трения первого рода** coefficient of sliding friction
~ **трения покоя** coefficient of static friction
~ **трения скольжения** coefficient of sliding friction
~ **трёхчастичной рекомбинации** three-body recombination coefficient
~ **турбулентного поверхностного трения** turbulent skin-friction coefficient
~ **турбулентного трения** coefficient of turbulent viscosity, coefficient of turbulent friction
~ **турбулентной вязкости** coefficient of turbulent viscosity, coefficient of momentum diffusion, virtual viscosity
~ **турбулентной температуропроводности** turbulent thermometric conductivity [turbulent heat diffusivity] coefficient
~ **турбулентности** turbulence factor
~ **тяги** thrust coefficient
~ **увеличения** magnification factor
~ **увлечения** drag coefficient, drag factor

~ **увлечения Френеля** Fresnel drag coefficient
~ **ударной ионизации** collisional ionization coefficient
удельный ~ **ионизации** specific ionization coefficient
удельный ~ **поглощения** *(среды)* absorptivity
удельный ~ **пропускания** *(среды)* transmissivity
~ **удержания** retention coefficient
~ **уменьшения дозы** dose-reduction factor
~ **умножения** multiplication factor; *(в ФЭУ)* production coefficient
~ **Уолша** Walsh coefficient
~ **упаковки** packing coefficient, packing factor, packing index
упаковочный ~ *яф* packing coefficient, packing factor
~ **уплотнения** compression ratio
~ **упрочнения молекулярной связи** *триб.* coefficient of molecular bond strengthening
~ **упрочнения фрикционной связи** *триб.* coefficient of friction bond strengthening
~ **упругой податливости** elastic compliance coefficient
~ **упругой силы** elastic force coefficient
~ **упругости** coefficient of elasticity
~ **усадки** shrinkage factor
~ **усиления** gain, gain [amplification] coefficient, amplification factor; *(для осветительного прибора)* magnification factor
~ **усиления антенны** antenna gain
~ **усиления лазера** laser gain
~ **усиления по току** current gain
~ **усиления фотоумножителя** multiplier gain
~ **усталости** fatigue ratio
~ **усталостной прочности** fatigue strength coefficient
~ **устойчивости** stability coefficient, stability factor
~ **утечки** leakage factor
фазовый ~ phase coefficient
~ **Фано** *кв. мех.* Fano factor
феноменологический ~ phenomenological coefficient
~ **фильтрации** filtration factor; permeability
~ **формы** shape [form] factor
~ **фотоотлипания** *(в плазме)* photodetachment coefficient
~ **фотопоглощения** photoabsorption coefficient
~ **фотоумножения** photomultiplication factor
~ **фотоупругости** photoelasticity coefficient
френелевский ~ **отражения** Fresnel reflection coefficient
~ **Френеля** *(нелинейная оптика)* Fresnel coefficient
~ **фугитивности** fugacity coefficient
~ы **Фурье** Fourier coefficients
~ **Холла** Hall coefficient
~ **черноты** *(теплового излучателя)* emissivity
численный ~ numerical factor, numerical coefficient

числовой ~ numerical factor, numerical coefficient
~ **шероховатости** coefficient of roughness, roughness factor
~ **шума** noise factor, noise figure
~ **шумоподавления** noise reduction coefficient
~ы **Эйнштейна** Einstein coefficients
~ **экранирования** screening constant, shielding factor
~ **экспозиции** exposure factor
~ **экстинкции** extinction ratio
~ **экстракции** extraction factor
электрокалорический ~ electrocaloric coefficient
~ы **электромагнитной индукции** electromagnetic induction coefficients
~ **электромеханической связи** electromechanical [piezoelectric] coupling coefficient
электронный ~ **диффузии** electron diffusion coefficient
электрооптический ~ electrooptical coefficient
~ **электростатической индукции** electrostatic induction coefficient
~ **эллиптичности короны** *астр.* coefficient of corona ellipticity
~ **энергетической яркости** radiance factor
эффективный ~ **диффузии** effective diffusion coefficient
эффективный ~ **ионизации** effective ionization coefficient
эффективный ~ **концентрации напряжений** effective strength reduction factor, reduced factor of stress concentration
эффективный ~ **магнитной вязкости** magnetic viscosity effective coefficient
эффективный ~ **разделения элементарного процесса** effective simple-process separation factor
эффективный ~ **размножения** effective multiplication factor
эффективный ~ **распределения** *(примесей)* effective distribution coefficient
эффективный ~ **рекомбинации** effective recombination coefficient
эффективный ~ **теплопроводности** effective heat conductivity coefficient
~ **яркости** luminance [radiance] factor
коядро *с.* cokernel
кпд *м. (см. тж.* **коэффициент***)* efficiency
механический ~ mechanical efficiency
полный ~ total efficiency
тепловой ~ thermal efficiency
электронный ~ electron efficiency
край *м. (кромка)* edge
дефокусирующий ~ concave edge
~ **диска Солнца** solar limb
заделанный ~ built-in [fixed] edge
задний ~ trailing edge
~ **зоны** band edge
~ **Луны** limb of the Moon

~ магнита *(в ускорителе)* magnet edge
~ оптического поглощения *фпп* optical-absorption edge
передний ~ leading edge
~ поглощения absorption edge
~ подвижности *фтт* mobility edge
~ полосы band edge
~ полосы поглощения *фпп* absorption (band) edge
~ полосы поглощения структуры на квантовых ямах multiple quantum well [MQW] absorption edge
~ полосы примесного поглощения *фпп* impurity absorption edge
~ полосы пропускания transmission (band) edge
~ пучка beam edge
размытый ~ diffuse edge
рентгеновский ~ поглощения X-ray absorption edge
свободно опёртый ~ simply supported edge
свободный ~ free edge
~ собственного поглощения self-absorption edge
~ Солнца solar limb
~ трещины crack edge
фокусирующий ~ convex edge
~ фундаментального поглощения fundamental absorption edge
кран *м. гидр.* cock
запорный ~ closing cock
перепускной ~ bypass cock
сливной ~ bib [bleeder, drain] cock
краситель *м. (активное вещество для лазера)* dye
акридиновый ~ acridine dye
анионный ~ anionic dye
десенсибилизирующий ~ desensitizing dye
ионный ~ ionic dye
катионный ~ cationic dye
лазерный ~ laser dye
монометиновый ~ monomethine dye
насыщающийся ~ saturable dye
органический ~ organic dye
полиметиновый ~ polymethine dye
полииновый ~ polyene dye
прозрачный ~ transparent dye
просветляющийся ~ bleaching dye
сенсибилизирующий ~ sensitizing dye
тиазиновый ~ thiazine dye
трифенилметановый ~ triphenylmethane dye
усиливающий ~ amplifying dye
устойчивый ~ stable dye
феноксазиновый ~ phenoxazine dye
флуоресцирующий ~ fluorescent dye
краска *ж.* paint
антикоррозийная ~ anticorrosion paint
звукопоглощающая ~ sound-absorbing paint
люминесцентная ~ fluorescent paint
светящаяся ~ luminous paint
красноломкий *прил.* hot-brittle, hot-short, red-short

красноломкость *ж.* red-shortness, hot-brittleness
красный *прил.* red
красота *ж. фэч* beauty
скрытая ~ hidden beauty
К-распад *м.* K-decay
кратер *м.* crater
главный ~ main crater
дуговой ~ arc crater
лунный ~ lunar crater
метеоритный ~ meteorite crater
кратковременный *прил.* short-term, short-time, short-duration
кратное *с.* multiple
наименьшее общее ~ least common multiple
общее ~ common multiple
кратность *ж.* multiplicity, order
~ вырождения degeneracy order, degeneracy multiplicity
~ иона ion multiplicity
~ ионизации degree of ionization
~ ковалентной связи covalent bond multiplicity
~ корня multiplicity of root
~ пересечения intersection multiplicity
~ положения *крист.* position multiplicity
~ растяжения expansion [extension] ratio
~ связи *физ. хим.* bond order
~ химической связи chemical bond order
~ частоты *(в ускорителе)* frequency multiplicity
~ ускорения *(в ускорителе)* acceleration ratio
~ ускоряющего поля acceleration ratio
кратный *прил.* multiple
n-кратный n-fold
краудион *м. (дефект в квантовом кристалле)* crowdion
динамический ~ dynamic crowdion
крезил-виолет *м. (краситель)* cresyl-violet
кремний *м.* silicon, Si
аморфный ~ amorphous silicon
гидрированный аморфный ~ hydrogenated amorphous silicon
имплантированный ~ implanted silicon
кристаллический ~ crystal silicon
легированный ~ doped silicon
металлический ~ metal silicon
монокристаллический ~ single-crystalline silicon
~ на сапфире silicon on sapphire
поликристаллический ~ polycrystalline silicon
пористый ~ porous silicon
рекристаллизованный ~ *микр.* recrystallized silicon
эпитаксиальный ~ epitaxial silicon
~ n-типа n-type silicon
~ p-типа p-type silicon
крепление *с. (устройство)* mount
крест *м.* cross
волноводный ~ crossed waveguides
коноскопический ~ conoscopic cross
лунный ~ lunar cross
мальтийский ~ *эл. микр.* Maltese cross
~ Миллса *(радиотелескоп)* Mills cross

~ нитей *(в оптическом приборе)* cross-wire, cross hairs

световой ~ *атм. опт.* light cross

солнечный ~ solar cross

~ Христиансена *(радиотелескоп)* Christiansen cross

крив/ая *ж.* curve; line □ аппроксимировать ~ую отрезками прямой approximate a curve by straight-line segments; сглаживать ~ую smoothe a curve; строить ~ую по точкам plot a curve by points

~ активности activity curve

алгебраическая ~ algebraic curve

~ атомных объёмов Мейера Meyer atomic volume curve

баллистическая ~ ballistic curve

~ безразличной устойчивости curve of neutral stability

бинодальная ~ binodal curve

~ Блекмена Blackman curve

~ блеска *(переменной звезды)* light curve

блоховская ~ Bloch curve

~ Бойля *терм.* Boyle curve

~ Брэгга Bragg curve

верёвочная ~ funicular curve

~ вероятности ионизации ionization-probability curve

~ видности visibility [luminosity] curve

визуальная ~ блеска visual light curve

~ возбуждения excitation curve

~ возбуждения толстой мишени thick-target excitation curve

~ возбуждения тонкой мишени thin-target excitation curve

~ возврата *фмя* recoil curve

волнообразная ~ wave curve

~ вращательного момента torque curve

~ вращения *(напр. галактики)* rotation curve

~ второго порядка quadratic [second-order] curve

~ выживания survival curve

~ выпрямления rectification characteristic

высотная ~ altitude curve

~ высшего порядка higher order curve

~ выхода масс mass-yield curve

~ выхода продуктов деления fission-yield curve

гауссова ~ Gaussian curve

~ гистерезиса hysteresis curve

гладкая ~ smooth curve

градуированная ~ calibration curve

~ Гюгоньо для сгорания Hugoniot adiabatic curve for detonations and deflagrations

двугорбая ~ double-humped curve

девственная ~ *(намагничивания)* virgin curve

декрементная ~ decrement curve

динамическая резонансная ~ dynamic resonant curve

дисперсионная ~ dispersion curve

дифракционная ~ diffraction curve

дифференциальная ~ differential curve

~ для толстой мишени thick-target curve

~ для тонкой мишени thin-target curve

~ «доза-эффект» dose-effect curve

~ зависимости давления от температуры temperature-pressure curve

~ зависимости деформаций от напряжения stress-strain curve

~ зависимости скорости от времени velocity-time curve

~ зависимости ускорения от времени acceleration-time curve

~ зависимости F от x F versus x curve, $F(x)$ curve

закручивающаяся ~ twisted curve

замкнутая ~ closed curve

~ затухания decay curve

зональная ~ second-order curve

идеальная ~ ideal curve

идентичные ~ые identical curves

~ изменения цвета color curve

~ износа wear curve

изоэнергетическая ~ isoenergetic curve

~ инверсии *терм.* inversion curve

интегральная ~ integral curve

~ интенсивности intensity curve

~ ионизации ionization curve

ионизационная ~ ionization curve

калибровочная ~ calibration curve

каскадная ~ shower curve

каустическая ~ caustic (curve)

~ качания *крист.* rocking curve

колоколообразная ~ bell-shaped curve

~ коммутирования commutation curve

комплексная ~ complex curve

~ консистенции жидкости consistency curve of a liquid

~ консистенции твёрдого тела consistency curve of a solid body

крутая ~ steep curve

куполообразная ~ dome-shaped [humped] curve

левосторонняя ~ left-handed [sinistrorse] curve

~ ликвидуса liquidus [melting] curve, liquidus line

логарифмическая ~ log [logarithmic] curve

лоренцева ~ Lorentzian curve

~ лучевых скоростей radial velocity curve

многосвязная ~ multiply connected curve

~ Мозли Moseley curve

~ мощности power curve

~ намагничивания magnetization [B-H] curve

направляющая ~ directrix, directing curve

~ напряжение-деформация stress-strain curve

~ нарастания growth [rise, build-up] curve

~ насыщения saturation curve

начальная ~ намагничивания initial magnetization curve

незамкнутая ~ open curve

нейтральная ~ *(между областями устойчивости и неустойчивости)* neutral (stability) curve

~ **нейтральной устойчивости** neutral stability curve, neutral curve
непрерывная ~ continuous curve
несимметричная ~ skew curve
несущая ~ *мат.* supporting curve
~ **нормального распределения Гаусса** Gauss error curve
огибающая ~ envelope (curve)
опорная ~ **профиля** bearing profile curve
~ **опорной поверхности** bearing surface curve
опытная ~ experimental curve
орбитальная ~ orbital curve
основная ~ **намагничивания** normal magnetization curve
~ **отжига** annealing curve
~ **отражательной способности** reflectivity curve
~ **отражения** *опт.* reflection curve
~ **отталкивания** *(при диссоциации)* repulsion curve
~ **охлаждения** cooling curve
~ **ошибок** Gaussian [error] curve
~ **ошибок Гаусса** Gaussian error curve
параболическая ~ parabolic curve
~ **парообразования** *терм.* vaporization curve
~ **Пашена** Paschen curve
перестроечная ~ *(генератора)* tuning curve
~ **перехода** transition curve
переходная ~ transition curve
пилообразная ~ saw-toothed curve
~ **плавления** *терм.* melting [fusion] curve
плавная ~ smooth curve
плоская ~ plane curve
~ **плотности** density curve
~ **повторного нагружения** reloading curve
~ **поглощения** absorption curve
пограничная ~ *терм.* coexistence [boundary] curve
пограничная ~ **жидкости** *терм.* saturated liquid curve
пограничная ~ **пара** *терм.* saturated vapor curve
подогнанная ~ fitted curve
~ **подпора** backwater curve, backwater profile
~ **подъёмной силы** lift diagram, lift-incidence curve
показательная ~ exponential curve
~ **ползучести** creep curve
пологая ~ flat curve
пологая ~ **распределения** flattened distribution curve
полулогарифмическая ~ **распада** semilog decay curve
поляритонная дисперсионная ~ polariton dispersion curve
пороговая ~ threshold curve
потенциальная ~ potential curve
потенциальная ~ **с длинным хвостом** long-tailed potential curve
~ **потери напора** loss of head curve
правосторонняя ~ *мат.* right-handed [dextrorse] curve
предельная ~ limit(ing) curve

~ **притяжения** *(при диссоциации)* attraction curve
~ **прозрачности** transmittance curve
~ **пропускания** *опт.* transmission curve
пространственная ~ spatial curve
пунктирная ~ dotted [dashed] curve, dotted [dashed] line
пьезометрическая ~ piezometric line
~ **равновесия** *стат. физ.* equilibrium curve
~ **равного давления** line of equal pressure, isobaric curve, isobar
~ **равного удельного объёма** curve of equal specific volume
~ **равной громкости** equal loudness contour, Fletcher-Munson curve
~ **равной освещённости** *(изолюкса) англ.* isoluxe curve; *амер.* isoluxe line
~ **равной плотности** curve of equal density
~ **равной силы света** *(изокандела) англ.* isocandela curve; *амер.* isocandela line
~ **равной скорости** isotach, line of equal velocities, curve of equal velocities
~ **равной яркости** isoluminance curve
~ **радиозатмения** occultation curve
~ **разгрузки** unloading curve
~ **размагничивания** demagnetization curve
разностная ~ difference curve
~ **распада** decay curve
~ **располагаемой энергии** specific-energy curve, line of available energy
~ **распределения** distribution curve
~ **распределения давления по профилю** pressure distribution curve over an aerofoil section
~ **распределения давления по хорде профиля** pressure distribution curve along the chord of an aerofoil section
~ **распределения нагрузки** load distribution line, load diagram
~ **распределения силы света** luminous intensity distribution curve
~ **распределения скоростей** velocity distribution curve
~ **растворимости** solubility curve
~ **растяжения** stress-strain curve
~ **расширения** expansion curve
~ **реакции** reaction curve
~ **регрессии** regression curve
резонансная ~ resonance curve
результирующая ~ resultant curve
релаксационная ~ relaxation curve
релаксационная ~ **свечения** luminescence relaxation curve
реологическая ~ flow curve
~ **Росси** Rossi curve
~ **роста** growth curve, curve of growth
~ **Рэлея** Rayleigh curve
~ **свечения** glow curve
~ **сжатия** compression curve
сигмоидальная ~ sigmoid curve
~ **силы света** luminous intensity distribution curve

синусоидальная ~ sine curve, sinusoid
сложная ~ compound curve
сложная ~ распада compound [composite] decay curve
~ Слэтера - Полинга Slater-Pauling curve
~ Слэтера *фмя* Slater curve
~ Слэтера - Полинга Slater-Pauling curve
~ солидуса solidus curve
составная ~ compound curve
спадающая ~ decay [decrement] curve
спектральная ~ spectral (distribution) curve
~ спектральной чувствительности spectral sensitivity curve
спектроскопическая ~ накопления spectroscopic curve of growth
спектрофотометрическая ~ spectrophotometer curve
сплошная ~ continuous [full, solid, unbroken] curve
спрямляемая ~ rectifiable curve
~ стабильности ядер nuclear stability curve
степенная ~ exponential curve
~ сублимации sublimation curve
тарировочная ~ calibration curve
~ текучести *(на девиаторной плоскости)* yield locus
температурная перестроечная ~ *(параметрического генератора)* temperature tuning curve
теоретическая ~ theoretical curve
термофрикционная ~ thermofrictional curve
~ течения flow curve
~ третьего порядка cubic curve
~ тушения *(люминесценции)* quenching curve
угловая перестроечная ~ *(параметрического генератора)* angular tuning curve
уникурсальная ~ unicursal curve
~ усталости Wöhler [S-N, endurance] curve
фазовая ~ phase curve
~ фазового равновесия phase equilibrium curve
фотографическая ~ блеска *астр.* photographic light curve
фотоэлектрическая ~ *астр.* photoelectric light curve
~ фрикционной усталости friction fatigue curve
характеристическая ~ characteristic curve
~ центров плавания curve of floatation
~ центров погружённых объёмов curve of centeres of buoyancy
~ чувствительности sensitivity curve
штриховая ~ dashed curve, dashed line
эквипотенциальная ~ equipotential curve
эквипотенциальная ~ скорости equipotential curve of velocity
экспериментальная ~ experimental curve
экспоненциальная ~ exponential curve
электрокапиллярная ~ electrocapillary curve

электронно-фотонная каскадная ~ electron-photon shower curve
~ энергии energy line
ядерная каскадная ~ nuclear shower curve
кривизна *ж.* curvature
благоприятная ~ магнитного поля favourable curvature of magnetic field
внешняя ~ extrinsic curvature
~ волнового фронта wavefront curvature
гауссова ~ Gaussian [total] curvature
главная ~ principal curvature
интегральная ~ integral curvature
~ континуума continuum curvature
~ кривой curvature of a curve
~ метрики metric curvature
~ мирового листа curvature of the world sheet
наименьшая ~ *(напр. в принципе Герца)* least curvature
неблагоприятная ~ магнитного поля unfavourable curvature of magnetic field
нормальная ~ normal curvature
относительная ~ relative curvature
отрицательная ~ negative curvature
~ поверхности surface curvature
полная ~ total [Gaussian] curvature
положительная ~ positive curvature
~ поля *(тип аберрации)* field curvature
~ пространства curvature of space, space curvature
~ пространства-времени space-time curvature
пространственная ~ spatial curvature
~ распределения нейтронного потока curvature of neutron-flux distribution
расширяющая поток ~ expansive curvature
~ риманова пространства Riemann space curvature
скалярная ~ scalar curvature
~, создающая сужение потока *аэрогидр.* compressive curvature
средняя ~ mean curvature
~ траектории trajectory [path] curvature
фоновая ~ background curvature
~ фронта кристаллизации crystallization front curvature
~ фронта роста growth-front curvature
криволинейность *ж.* curvilinearity
криволинейный *прил.* curved, curvilinear
кризис *м.* crisis □ возникновение волнового ~a shock-stalling
~ аттрактора crisis of attractor
волновой ~ shock [compressibility] stall
второй ~ кипения second boiling crisis
~ кипения boiling crisis
первый ~ кипения first boiling crisis
~ сопротивления drag crisis
спиновый ~ *фвэ* spin crisis
тепловой ~ *(в химическом лазере)* thermal crisis
термодинамический ~ кипения thermodynamic boiling crisis
~ течения *(в сопле)* flow crisis
криогеника *ж.* cryogenics

криожидкость *ж.* cryoliquid
криокристалл *м.* cryocrystal
криолинза *ж.* cryolens
крионасос *м.* cryopump
криопанель *ж.* cryopanel
криоскоп *м.* cryoscope
криоскопия *ж.* cryoscopy
криосорбция *ж.* cryosorption
криостат *м.* cryostat; refrigerator
~ **адиабатического размагничивания** adiabatic demagnetization cryostat
азотный ~ liquid nitrogen cryostat
гелиевый ~ helium cryostat
двухступенчатый ~ **размагничивания** two-step demagnetization cryostat
~ **для испытаний на растяжение** tensile testing cryostat
кристаллизационный ~ **3He** 3He crystallization cryostat
магнитный ~ magnetic cryostat; magnetic refrigerator
~ **мазера** maser refrigerator
оптический ~ optical [transparent] cryostat
~ **откачки паров криожидкостей** cryostat of cryoliquid vapor pumping
~ **параметрического усилителя** parametric amplifier cryostat
~ **растворения 3He в 4He** 3He in 4He solution [dilution] cryostat
~ **ядерного размагничивания** nuclear demagnetization cryostat
криотрон *м.* cryotron
гибридный ~ hybrid cryotron
планарный ~ planar cryotron
плёночный ~ film cryotron
проволочный ~ wire-wound cryotron
продольный ~ in-line cryotron
тонкоплёночный ~ thin-film cryotron
туннельный ~ tunneling cryotron
криофизика *ж.* cryophysics
криоэлектрет *м.* cryoelectret
криоэлектроника *ж.* cryoelectronics
крип *м.* *(скольжение)* creep
~ **магнитного потока** flux creep
тепловой ~ thermal creep
крипоустойчивость *ж.* creep resistance
криптовалентность *ж.* cryptovalence
криптомагнетизм *м.* cryptomagnetism
криптон *м.* krypton, Kr
криптоцианин *м.* *(краситель)* cryptocyanine
кристалл *м.* 1. crystal 2. *(в микроэлектронике)* chip ◻ **выращивать** ~ grow the crystal; **вытягивать** ~ *(при выращивании)* pull the crystal; **установить** ~ *(на головке)* mount the crystal
активированный ~ activated crystal
активный ~ active crystal
акустический ~ acoustical crystal
алмазоподобный ~ diamond-type crystal
анизотропный ~ anisotropic crystal
антисегнетоэлектрический ~ antiferroelectric crystal

антиферромагнитный ~ antiferromagnetic crystal
бездислокационный ~ dislocation-free crystal
~ **без центра инверсии** crystal without inversion center
бесконечно протяжённый ~ infinite crystal
бесконечный одномерный ~ infinite one-dimensional crystal
биологический ~ biological crystal
валентный ~ valent crystal
ветвистый ~ dendritic crystal
вигнеровский ~ Wigner crystal
вросший ~ embedded crystal
~ **высокой симметрии** high symmetry crystal
выращенный ~ grown [man-made] crystal
~, **выращенный в лодочке** boat-grown crystal
~, **выращенный в тигле** crucible-grown crystal
~, **выращенный из паровой фазы** steam-grown crystal
~, **выращенный из расплава** melt-grown crystal
~, **выращенный из раствора** solution-grown crystal
~, **выращенный методом гидротермального синтеза** hydrothermally grown crystal
~, **выращенный методом зонной плавки** floating-zone crystal
~, **выращенный методом Чохральского** Czochralski grown crystal
гексагональный ~ hexagonal crystal
гексагональный плотноупакованный ~ close-packed hexagonal crystal
геликоидальный сегнетоэлектрический жидкий ~ helicoidal ferroelectric liquid crystal
генерирующий ~ oscillating crystal
гетерополярный ~ heteropolar crystal
гиротропный ~ gyrotropic crystal
голоэдрический ~ holohedral crystal
гомеополярный ~ homeopolar crystal
гомеотропно ориентированный жидкий ~ homeotropically aligned liquid crystal
~ **граната** garnet crystal
гранецентрированный кубический ~ face-centered cubic crystal
двойниковый ~ twin (crystal)
двоякопреломляющий ~ birefringent crystal
двулучепреломляющий ~ birefringent crystal
двумерный ~ two-dimensional crystal
двухосный ~ biaxial crystal
двухосный молекулярный ~ biaxial molecular crystal
декорированный ~ decorated crystal
дендритный ~ dendritic crystal
дефектный ~ real [imperfect, defect] crystal
деформированный ~ strained crystal
диамагнитный ~ diamagnetic crystal
дихроичный ~ dichroic crystal
древовидный ~ arborescent [pine-tree, dendritic] crystal
жидкий ~ liquid crystal
затравочный ~ seed (crystal)

игловидный ~ needle(-shaped) crystal
игольчатый ~ needle(-shaped) crystal
идеальный ~ perfect [ideal] crystal
идиоморфный ~ idiomorphic crystal
изогнутый ~ bent [curved] crystal
изоморфные ~ы isomorphic crystals
изоструктурные ~ы isostructural crystals
имплантированный ~ implanted crystal
ионный ~ ionic crystal
искривлённый ~ curved [bent] crystal
искусственный ~ synthesized [man-made] crystal
качающийся ~ oscillating crystal
квантовый ~ quantum crystal
кварцевый ~ quartz crystal
ковалентный ~ covalent crystal
кубический ~ cubic crystal
кубический гранецентрированный ~ face-centered cubic crystal
кубический объёмноцентрированный ~ body-centered cubic crystal
лазерный ~ laser crystal
левовращающий ~ left-handed crystal
легированный ~ doped crystal
лиотропный жидкий ~ lyotropic liquid crystal
лиотропный нематический ~ lyotropic nematic crystal
люминесцентный ~ fluorescent crystal
магнитодиэлектрический ~ magnetodi-electric crystal
магнитомногоосный ~ magnetomultiaxial crystal
магнитоодноосный ~ magnetouniaxial crystal
магнитотрёхосный ~ magnetotriaxial crystal
магнитоупорядоченный ~ magnetic-ordered crystal
мазерный ~ maser crystal
малодислокационный ~ crystal with low dislocation density
массивный ~ bulky crystal
материнский ~ mother crystal
мелкий ~ fine crystal
металлический ~ metal(lic) crystal
многодоменный ~ multidomain crystal
многослойный ~ multilayer crystal
мозаичный ~ mosaic crystal
молекулярный ~ molecular crystal
монодоменный ~ single-domain crystal
моноклинный ~ monoclinic crystal
монохроматизирующий ~ monochromatic crystal, crystal-monochromator
неидеальный ~ real [imperfect] crystal
нелинейно-оптический ~ nonlinear-optical crystal
нематический жидкий ~ nematic liquid crystal
неогранённый ~ unfaceted crystal
~ неправильной формы crystal of irregular shape
несовершенный ~ imperfect [real] crystal

неупорядоченный ~ disordered crystal
низкосимметричный ~ lower symmetry crystal
низкосимметричный жидкий ~ lower symmetry liquid crystal
нитевидный ~ whisker, filamentary crystal
объёмно центрированный кубический ~ (ОЦК) body-centered cubic crystal
объёмный ~ bulk crystal
огранённый ~ faceted crystal
одномерный ~ one-dimensional crystal
одноосно деформированный ~ uniaxially deformed crystal
одноосный ~ uniaxial crystal
однородный ~ homogeneous crystal
оптически активный ~ optically active crystal
органический ~ organic crystal
~, ориентированный плоскостью (III) (III) oriented crystal
орторомбический ~ orthorhombic crystal
отрицательный ~ negative crystal
отрицательный одноосный ~ *кв. эл.* negative uniaxial crystal
очень малый ~ very fine crystal
папоротникообразный ~ fernlike crystal
парамагнитный ~ paramagnetic crystal
перевёрнутый ~ *микр.* flip chip
перовскитоподобный ~ perovskite-like crystal
пироэлектрический ~ pyroelectric crystal
пластинчатый ~ scaly crystal
пластичный ~ ductile crystal
плеохроичный ~ pleochroic crystal
поглощающий ~ absorptive crystal
~, подвергнутый облучению irradiated crystal
полимерный ~ polymer crystal
полимерный жидкий ~ polymer liquid crystal
положительный ~ positive crystal
положительный одноосный ~ *кв. эл.* positive uniaxial crystal
полубесконечный одномерный ~ semi-infinite one-dimensional crystal
полуизолирующий ~ semi-insulating crystal
полуизолирующий нелегированный ~ semi-insulating undoped crystal
полупроводниковый ~ semiconductor [semiconducting] crystal
полупроводящий ~ semiconductor [semi-conducting] crystal
поляризованный ~ polarized crystal
полярный ~ polar crystal
правовращающий ~ right-handed crystal
примесный ~ impurity crystal
природный ~ native-grown [virgin] crystal
прозрачный ~ transparent crystal
простой кубический ~ simple cubic crystal
профилированный ~ profiled crystal
пьезомагнитный ~ piezomagnetic crystal
пьезоэлектрический ~ piezoelectric crystal
равноосный ~ equiaxed crystal

разупорядоченный ~ disordered crystal
реальный ~ real [imperfect] crystal
ромбический ~ rhombic crystal
~ рубина ruby crystal
~ с алмазной решёткой diamond-lattice crystal
свежевыращенный ~ as-grown crystal
сверхпроводящий ~ superconducting crystal
сверхтвёрдый ~ superhard crystal
~ с водородной связью hydrogen-bonded crystal
сдвойникованный ~ twinned crystal
сегнетоэлектрический ~ ferroelectric crystal
сегнетоэлектрический жидкий ~ ferro-electric liquid crystal
~ с естественной огранкой faced crystal
сильно легированный ~ heavily doped crystal
синтетический ~ synthetic crystal
скелетный ~ sceleton crystal
~ с ковалентной связью valence crystal
скрученный ~ twisted crystal
~ с кубической решёткой cubic crystal
слабогиротропный ~ weakly gyrotropic crystal
слоистый ~ layered crystal
смектический жидкий ~ smectic liquid crystal
смешанный ~ mixed crystal
смонтированный ~ (на гониометрической головке) mounted crystal
совершенный ~ perfect [ideal] crystal
~ с плотной упаковкой микр. dense [highly-packed] chip
столбчатый ~ columnar crystal
сцинтиллирующий ~ scintillation crystal
термически отожжённый ~ thermally annealed crystal
термотропный жидкий ~ thermotropic liquid crystal
тетрагональный ~ tetragonal crystal
тетраэдрический ~ tetrahedral crystal
~ типа перовскита perovskite-type crystal
тригональный ~ trigonal crystal
триклинный ~ double-oblique [triclinic] crystal
ферримагнитный ~ ferrimagnetic crystal
ферромагнитный ~ ferromagnetic crystal
фоторефрактивный ~ photorefractive crystal
~ фуллерена fulleren crystal
хиральный ~ chiral crystal
хиральный жидкий ~ chiral liquid crystal
холестерический жидкий ~ cholesteric liquid crystal
центральносимметричный ~ centrosymme-trical [centrally symmetrical] crystal
центросимметричный ~ centrosymmetrical [centrally symmetrical] crystal
чешуйчатый ~ scaly crystal
чистый ~ pure crystal
щёлочно-галоидный ~ alkali halide crystal
электронный ~ electronic crystal
электрооптический ~ electro-optic crystal
энантиоморфный ~ enantiomorphous crystal
ядерный ~ nuclear crystal

ян-теллеровский ~ Yahn-Teller crystal
кристалл-анализатор м. analyzing crystal
вогнутый ~ concave analyzing crystal
выпуклый ~ convex analyzing crystal
плоский ~ flat analyzing crystal
кристалл-зеркало с. crystal mirror
кристаллизатор м. crystallizer, crystallizing tank, crystallizing pan
башенный ~ tower crystallizer
вакуумный ~ vacuum crystallizer
вращающийся ~ rotary crystallizer
кристаллизация ж. crystallization, crystallizing
бездиффузионная ~ diffusionless crystallization
быстрая бездиффузионная ~ rapid diffu-sionless crystallization
~ в атмосфере atmosphere crystallization
~ в запаянной ампуле crystallization in seal-ed ampoule
взрывная ~ explosive crystallization
вигнеровская ~ Wigner crystallization
~ в невесомости crystallization under zero-gravity state
~ в потоке газа gas-flow crystallization
вторичная ~ secondary crystallization
горизонтальная направленная ~ hori-zontal unidirectional crystallization
дробная ~ fractional crystallization
зонная ~ zone crystallization
~ из газовой фазы crystallization from vapor (phase)
~ из пара через слой жидкой фазы crystal-lization from vapor via liquid zone
~ из расплава crystallization from melt
~ из раствора crystallization from solution; growth from solution
кулоновская ~ Coulomb crystallization
локальная ~ local crystallization
массовая ~ mass crystallization
направленная ~ oriented crystallization
первичная ~ primary crystallization
послойная ~ layer-by-layer crystallization
промышленная ~ industrial crystallization
совместная ~ cocrystallization
спонтанная ~ spontaneous crystallization
~ трёхмерного электронного газа crystalli-zation of three-dimensional electron gas
ультразвуковая ~ ultrasonic crystallization
фотостимулированная ~ физ. пов. photo-stimulated crystallization
фракционная ~ fractional crystallization
~ через промежуточный слой crystalliza-tion through intermediate layer
электролитическая ~ electrolythic crystalli-zation
электронная ~ electronic crystallization
кристаллизоваться гл. crystallize
кристаллизуемость ж. crystallizability
кристаллик м. small crystal
кристаллит м. crystallite, crystalline grain
кристаллический прил. (относящийся к кри-сталлу) crystal; (состоящий из кристаллов) crystalline

кристалличность *ж.* crystallinity
  совершенная ~ perfect crystallinity
кристалл-монохроматор *м.* crystal monochromator
кристаллоакустика *ж.* crystalloacoustics, crystal acoustics
  нелинейная ~ nonlinear crystalloacoustics
кристаллогенезис *м.* crystallogeny
кристаллогидрат *м.* crystalline hydrate
кристаллография *ж.* crystallography
  геометрическая ~ geometrical crystallography
  обобщённая ~ generalized crystallography
  рентгеновская ~ X-ray crystallography
  структурная ~ structure crystallography
  субмикронная ~ submicron crystallography
  электронографическая ~ electron diffraction analysis of crystal structure, electron diffraction crystallography
кристаллодержатель *м.* crystal holder
кристаллоид *м.* crystalloid
кристаллолюминесценция *ж.* crystalloluminescence
кристаллометрия *ж.* crystallometry
кристаллооптика *ж.* crystal optics
  дифракционная ~ diffraction crystal optics
кристаллофизика *ж.* crystal physics
кристаллофосфор *м.* phosphor crystal, crystal phosphor
  вспышечный ~ flash crystal phosphor
  одноосный ~ uniaxial crystal phosphor
  порошковый ~ powder crystal phosphor
кристаллохимия *ж.* crystal chemistry
  органическая ~ organic crystal chemistry
  теоретическая ~ theoretical crystal chemistry
кристалл-разделитель *м.* crystal splitter
критерий *м.* **1.** criterion (*мн.* criteria) **2.** (*в математической статистике*) test
  ~ абсолютной неустойчивости absolute instability criterion
  ~ безопасности safety criterion
  ~ Бома *физ. пл.* Bohm criterion
  ~ Бриггса Briggs criterion
  ~ видности visibility criterion
  ~ возникновения стримера streamer development criterion
  ~ вырождения degeneracy criterion, criterion for degeneracy
  ~ Гинзбурга (*в физике жидкости*) Ginzburg criterion
  ~ гомохронности homochronism criterion
  ~ Джинса (*в космологии*) Jeans criterion
  достаточный ~ устойчивости Лили Liley sufficient criterion of stability
  достаточный ~ устойчивости Соловьёва Soloviev sufficient criterion of stability
  ~ жёсткости stiffness criterion
  ~ зажигания *утс* ignition criterion
  ~ Колмогорова Kolmogorov criterion
  ~ конвективной неустойчивости convective instability criterion
  ~ конфайнмента confinement criterion

  ~ Кремера Kremer criterion
  ~ Крускала - Шафранова *физ. пл.* Kruscal-Shafranov criterion
  ~ Кулона Coulomb criterion
  ~ Лайтхилла Lighthill criterion
  ~ Ландау Landau criterion
  ~ Линдемана *фтт* Lindemann criterion
  ~ локализации Иоффе - Регеля - Мотта *фтт* Ioffe-Regel-Mott criterion of localization
  ~ Лоусона *физ. пл.* Lawson criterion
  ~ максимального касательного напряжения maximum shear stress criterion
  ~ максимального правдоподобия maximum likelihood criterion
  ~ максимальной энергии формоизменения maximum-distortion-energy criterion
  ~ Маха Mach criterion
  ~ Мельникова *мех.* Melnikov criterion
  ~ Мерсье Mercier criterion
  ~ Месси *физ. пл.* Massey criterion
  ~ местного разрушения fracture criterion
  ~ Мизеса *мех.* Mises criterion
  ~ Мика *физ. пл.* Mick criterion
  ~ Найквиста Nyquist criterion
  ~ Неймана - Пирсона Neumann-Pirson criterion
  ~ неустойчивости instability criterion
  обобщённый ~ Бома generalized Bohm criterion
  общегеометрический ~ устойчивости general geometric stability condition
  ~ относительной упорядоченности relative ordering criterion
  ~ Пенроуза Penrose criterion
  ~ Пирсона (*при анализе данных*) Pirson criterion
  ~ поведения траектории path behavior criterion
  ~ повреждаемости damage criterion
  ~ Погуце - Юрченко Pogutse-Yurchenko criterion
  ~ подобия similarity criterion; similarity relation, similarity parameter
  ~ предельного коэффициента интенсивности (*напряжений*) limiting intensity factor criterion
  ~ предельного раскрытия трещины limiting crack opening displacement criterion
  ~ прочности strength criterion
  ~ разрешения Рэлея *опт.* Rayleigh criterion
  ~ разрушения fracture [failure] criterion
  ~ разрушения, основанный на критическом значении коэффициента интенсивности напряжений critical stress intensity factor fracture criterion
  ~ разрушения, основанный на предельном раскрытии трещины crack opening displacement fracture criterion
  ~ разрушения, основанный на Y-интеграле Y-integral fracture criterion
  ~ распространения трещины crack extension criterion

~ **реальности** (*физических величин*) reality criterion

~ **Рэлея** *опт.* Rayleigh criterion

~ **Сайдема** Suydam criterion

~ **серий** series criterion

~ **Смирнова - Крамерса - Мизеса** Smirnov-Kramers-Mises criterion

~ **совместимости материалов** (*при трении*) criterion of material compatibility

~ **согласованности** goodness-of-fit test

~ **соизмеримости** *фтт* criterion of commensurability

статистический ~ (*при анализе данных*) statistical criterion

~ **Стонера** *фмя* Stoner criterion

~ **существования** existence criterion

~ **текучести Мизеса** Mises yield criterion

~ **устойчивости** stability criterion

~ **ферромагнетизма** ferromagnetic criterion

~ **Чирикова** Chirikov criterion

~ **Шильникова** Shilnikov criterion

~ **Штреля** *опт.* Strehl criterion

энергетический ~ **разрушения** energy fracture criterion

критический *прил.* critical

критичность *ж.* (*ядерного реактора*) criticality

мгновенная ~ prompt criticality

~ **по запаздывающим нейтронам** delayed criticality

~ **по мгновенным нейтронам** prompt criticality

критмасса *ж.* (*критическая масса*) critical mass

критрадиус *м.* (*критический радиус*) critical radius

кромка *ж.* edge, rim

~ **атаки** leading edge, edge of attack

аэродинамическая передняя ~ aerodynamic leading edge

дозвуковая ~ subsonic edge

дозвуковая передняя ~ subsonic leading edge

задняя ~ trailing edge

закруглённая передняя ~ (*крыла*) rounded leading edge

заострённая задняя ~ (*крыла*) pointed trailing edge

~ **зеркала** mirror edge

острая задняя ~ (*обтекаемого тела*) sharp-pointed trailing edge

передняя ~ leading edge

~ **пограничного слоя** boundary-layer edge

режущая ~ cutting rim

сверхзвуковая ~ supersonic edge

сверхзвуковая передняя ~ supersonic leading edge

~ **схода** trailing edge

кронштейн *м.* (supporting) arm

кроссвзаимодействие *с.* cross-interaction

кроссинг-симметрия *ж.* crossing symmetry

кросскорреляция *ж.* cross-correlation □ ~ **импульса с двумя ближайшими соседними импульсами** cross-correlation of a pulse with its two nearest neighbours

кроссмодуляция *ж.* cross modulation

ионосферная ~ ionosphere cross modulation

кроссовер *м.* (*напр. в ЭЛТ*) crossover

~ **Изинга - Гейзенберга** Ising-Heisenberg crossover

~ **пучка** beam crossover

размерный ~ dimensional crossover

кроссполяризация *ж.* cross-polarization

кроссрелаксация *ж.* cross-relaxation

кроссрешётка *ж. гологр.* cross grating

кроше *с.* (*геомагнетизм*) croshet

круг *м.* circle □**двигаться по** ~**у** circle; **описывать по небу полный** ~ describe a complete circle in the sky

большой ~ (*напр. небесной сферы*) great circle

вертикальный ~ vertical circle

~ **Гершгорина** Gerschgorin circle

горизонтальный ~ horizontal circle

~ **коротации** *астр.* corotation ring, corotation circle

~ **Лауэ** Laue circle

малый ~ (*напр. небесной сферы*) small circle

меридианный ~ (*астрономический инструмент*) meridian circle, meridian instrument

~ **Мора** Mohr circle

~ **Мора для деформаций** Mohr deformation circle

~ **напряжений Мора** Mohr stress circle

околозенитный ~ *атм. опт.* circumzenithal circle

полярный ~ polar circle

~ **Роуланда** Rowland circle

Северный полярный ~ arctic circle

~ **склонений** (*деталь телескопа*) declination circle

~ **склонения** celestial meridian

~ **сходимости** convergence circle, circle of convergence

фокальный ~ focal [Rowland] circle

фокусный ~ focus circle

фотографический вертикальный ~ photographic vertical circle

фотографический меридианный ~ photographic transit circle

часовой ~ (*деталь телескопа*) hour circle

Южный полярный ~ antarctic circle

круглый *прил.* circular; round

круговой *прил.* circular, circumferential

кружок *м.* circle

белый ~ (*на рисунке*) open [unfilled] circle

дифракционный ~ diffraction disk

ларморовский ~ Larmor circle

~ **наименьшего рассеяния** *опт.* least circle of aberration, circle of least confusion

~ **рассеяния** *опт.* circle of confusion, spot of confusion

крупнозернистый *прил.* coarse(-grained), rough

крупнокристаллический *прил.* coarse-crystalline, macrocrystalline

крупномасштабный *прил.* large-scale
крутизна *ж.* **1.** steepness; slope **2.** *эл.* transconductance
~ **вицинального холмика** slope of the vicinal hillock
~ **кривой** slope of a curve
~ **нарастания нейтронного потока** neutron transconductance
повышенная ~ higher steepness
удельная ~ *(вольт-амперной характеристики)* specific steepness
~ **фронта импульса** steepness of pulse edge
крутильный *прил.* torsion(al)
крутящий *прил.* twisting, torsional
кручени/е *с.* torsion, twist(ing) □ **жёсткий на** ~ rigid in torsion; **при** ~**и** under torsion; **работать на** ~ work in torsion
изгибное ~ bending torsion
нестеснённое ~ simple torsion
свободное ~ simple torsion
~ **силовой линии** torsion of line of force
стеснённое ~ bending torsion
чистое ~ simple torsion
крыло *с.* wing; main plane; aerofoil, foil
~ **бесконечного размаха** aerofoil of infinite aspect ratio
~ **большого удлинения** wing of high aspect ratio
закрученное ~ twisted wing
искривлённое ~ curved [cambered] wing
кольцевое ~ annular aerofoil
~ **конечного размаха** aerofoil of finite aspect ratio
~ **кривой** wing of the curve
~ **линии Рэлея** *опт.* Rayleigh line wing
~ **малого удлинения** wing of low aspect ratio
машущее ~ flapping wing
несущее ~ lifting wing
плоское ~ plain wing
прямое ~ straight wing
разрезное ~ slotted aerofoil
~ **резонансной кривой** wing of resonance curve
~ **рэлеевской линии** *опт.* Rayleigh line wing
скользящее ~ oblique wing
~ **спектральной линии** spectral line wing
~ **с реактивным закрылком** jet flap aerofoil
стреловидное ~ swept wing
суживающееся ~ tapered aerofoil
треугольное ~ delta aerofoil, delta wing
фононное ~ *спектр.* phonon wing
эллиптическое ~ elliptic wing
крылышки *мн. аэрод. (концевые)* winglets
крюк *м.* hook
геомагнитный ~ geomagnetic hook
~ **Рождественского** *опт.* Rozhdestvenski hook
ксеноморфность *ж. крист.* allotriomorphism
ксенон *м.* xenon, Xe
ксерография *ж.* xerography
ксерорадиография *ж.* xeroradiography
кси-гиперон *м.* xi particle, xi hyperon
кси-резонанс *м.* xi resonance
кси-частица *ж.* xi particle

куб *м.* cube □ **возводить в** ~ cube; rise to the third power
гранецентрированный ~ *крист.* face-centred cube
объёмноцентрированный ~ *крист.* body-centred cube
~ **сетки** mesh cube
элементарный ~ *фтт* unit cube
кубик *м.* cube
~ **Люммера - Бродхуна** *опт.* photometer head, Lummer-Brodhun cube
светоделительный ~ beam splitting cube
фотометрический ~ photometer head
кудэ-спектрограф *м.* Coudé spectrograph
кулон *м. (единица СИ количества электричества)* Coulomb, C
кулонометр *м.* coulometer
кульминация *ж. астр.* culmination
верхняя ~ upper culmination, upper transit
нижняя ~ lower culmination, lower transit
кумарин *м. (краситель)* coumarin
куметр *м.* Q meter
кумулянт *м. мат.* cumulant
кумулятивный *прил.* cumulative
кумуляция *ж.* cumulation
неограниченная ~ unbounded cumulation
магнитная ~ magnetic cumulation
ядерная ~ nuclear cumulation
купол *м. (башни телескопа)* dome
купрат *м.* cuprate
сверхпроводящий ~ superconducting cuprate
слоистый ~ *втсп* layered cuprate
курсив *м.* italics
курчатовий *м.* kurchatovium, Ku
куст *м.* bush
корональный ~ coronal bush
~ **точек** point cluster
хромосферный ~ chromospheric bush
КХД-вакуум *м.* QCD vacuum
кювета *ж.* cell, dish
ВРМБ ~ SBS cell
лазерная ~ laser cell
многоходовая ~ multipass cell
оптическая ~ optical cell
~ **с красителем** *кв. эл.* dye cell
термостатированная ~ thermostatted cell
кюри *м. (единица активности)* curie, Curie unit, Ci
кюрий *м.* Curium, Cm

Л

лаборатория *ж.* laboratory, lab
Аргоннская национальная ~ *(США)* Argonne National Laboratory
~ **высокоактивных материалов** hot laboratory
высокогорная ~ mountain-top laboratory

Газодинамическая ~ (ГДЛ) *(первая советская ракетная лаборатория)* Gas Dynamics Laboratory

горячая ~ *яф* hot laboratory

Ливерморская ~ им. Лоуренса *(США)* Lawrence Livermore Laboratory

метрологическая ~ standards laboratory

научно-исследовательская ~ research laboratory

~ по изучению деформаций методом хрупких покрытий brittle-coating laboratory

~ поляризационно-оптических методов исследования *(напряжений и деформаций)* photoelasticity [photostress] laboratory

радиохимическая ~ radiochemical laboratory

рентгеновская ~ X-ray laboratory

~ слабоактивных материалов "warm" laboratory

~ среднеактивных материалов "semi-hot" laboratory

тензометрическая ~ strain gauge laboratory

физическая ~ physical laboratory

лавина *ж.* avalanche

вторичная ~ secondary avalanche

~ дислокаций dislocation avalanche

ионная ~ ion avalanche

каскадная ~ cascade avalanche

первичная ~ primary avalanche

~ Таунсенда Townsend avalanche

таунсендовская ~ Townsend avalanche

электронная ~ electron avalanche

электронно-ионная ~ electron-ion avalanche

электронно-фотонная ~ electron-photon avalanche

лаг *м. акуст.* log

гидроакустический ~ acoustic log

доплеровский ~ Doppler log

лагранжиан *м.* Lagrangian

бинарно-инвариантный ~ binary invariant Lagrangian

~ взаимодействия interaction Lagrangian

возмущённый ~ perturbed Lagragian

вырожденный ~ degenerate Lagrangian

~ Гейзенберга - Эйлера Heisenberg-Euler Lagrangian

гетеротический ~ heterotic Lagrangian

гравитационный ~ gravitational Lagrangian

~ Дарвина Darwin Lagrangian

затравочный нелептонный ~ primeval nonleptonic Lagrangian

инвариантный ~ invariant Lagrangian

исходный ~ initial Lagrangian

калибровочно-инвариантный ~ gauge-invariant Lagrangian

квантовый ~ quantum Lagrangian

кирально-симметричный ~ chiral-symmetric Lagrangian

киральный ~ chiral Lagrangian

классический ~ classical Lagrangian

локализуемый ~ localizable Lagrangian

мезонный ~ meson Lagrangian

~ мембраны membrane Lagrangian

модифицированный ~ modified Lagrangian

невырожденный ~ nondegenerate Lagrangian

нелептонный ~ nonleptonic Lagrangian

нелинейный ~ nonlinear Lagrangian

нелокализуемый ~ nonlocalizable Lagrangian

неперенормируемый ~ unrenormalizable Lagrangian

неполиномиальный ~ nonpolynomial Lagrangian

обобщённый ~ generalized Lagrangian

перенормируемый ~ renormalizable Lagrangian

полиномиальный ~ polynomial Lagrangian

полный ~ total Lagrangian

~ поля field Lagrangian

свободный ~ free Lagrangian

~ слабого взаимодействия weak interaction Lagrangian

~ струны string Lagrangian

суперсимметричный ~ supersymmetric Lagrangian

топологический ~ topological Lagrangian

~, фиксирующий калибровку gauge-fixing Lagrangian

фундаментальный ~ fundamental Lagrangian

~ частицы particle Lagrangian

~ Чжэня - Саймонса Chern-Simons Lagrangian

~ электрослабого взаимодействия electroweak Lagrangian

электрослабый ~ electroweak Lagrangian

эффективный ~ effective Lagrangian

~ Янга - Миллса Yang-Mills Lagrangian

лазер *м.* laser *(Light Amplification by Stimulated Emission of Radiation)* □ ~ **включается в момент времени** $t = 0$ laser is turned on at $t = 0$; **возбуждать ~** excite a laser; ~ **излучает на длине волны** λ laser emits at wavelength λ; **накачивать ~** pump a laser; ~ **работает вблизи порога генерации** a laser operates close to threshold; ~ **работает в импульсном режиме** laser emits [operates] in pulse mode; ~ **работает в непрерывном режиме** laser emits [operates] in CW mode

азотный ~ nitrogen [N_2] laser

антистоксов ~ anti-Stokes Raman laser

аргоновый ~ argon [Ar] laser

аргоновый ионный ~ argon ion laser

~ атмосферного давления atmospheric pressure laser

~ атмосферного давления с поперечным возбуждением (ТЕА-лазер) transversely excited atmospheric pressure [TEA] laser

атомарный ~ atomic laser

атомный ~ atomic laser

~ бегущей волны traveling-wave laser

беззеркальный ~ mirrorless laser

безрезонаторный ~ noncavity laser

бистабильный ~ bistable laser

~ ближнего инфракрасного диапазона near-infrared laser

брэгговский ~ Bragg laser

быстропроточный ~ fast-flow laser
~ вакуумного ультрафиолетового диапазона (ВУФ-лазер) vacuum-ultraviolet [VUV] laser
~ видимого диапазона *(длин волн)* visible (-light) laser
ВКР ~ SRS [stimulated Raman scattering, Raman] laser
водородно-йодный ~ hydrogen-iodine laser
водородный ~ hydrogen laser
волноводный ~ waveguide laser
волоконный ~ (optical) fiber laser
волоконный комбинационный ~ fiber Raman laser
~ в режиме свободной генерации free-running laser
ВРМБ ~ SBS [stimulated Brillouin scattering, Brillouin] laser
ВУФ ~ vacuum-ultraviolet [VUV] laser
~ высокого давления high pressure laser
высокотемпературный ~ на центрах окраски high-temperature color-center laser
газовый ~ gas(eous) laser
газовый ~ высокого давления high pressure gas laser
газовый ~ с передачей возбуждения gas laser with excitation transfer
газодинамический ~ gas-dynamic laser
газодинамический ~ на окиси углерода carbon monoxide gas-dynamic laser
газодинамический ~ на углекислом газе CO_2 gas-dynamic laser
газоразрядный ~ gas discharge laser
ГГГ ~ gadolinium gallium garnet [GGG] laser
гелий-кадмиевый ~ helium-cadmium laser
гелий-ксеноновый ~ helium-xenon [He-Xe] laser
гелий-неоновый ~ helium-neon [He-Ne] laser
гелий-неоновый ~ с йодной ячейкой He-Ne laser stabilized on the iodine cell
гелий-неоновый ~ с метановой ячейкой *(He-Ne/CH$_4$-лазер)* He-Ne laser stabilized on the methane cell, He-Ne/CH$_4$ laser
~, генерирующий гигантские импульсы giant pulse laser
~, генерирующий на длине волны (напр. 3,39 мкм) 3,39 micron laser
гетеродинный ~ heterodyne laser
гибридный ~ hybrid laser
голографический ~ holographic laser
ГСГГ ~ gadolinium scandium gallium garnet laser
~ далёкого инфракрасного диапазона far-infrared laser
~ дальнего инфракрасного диапазона far-infrared laser
~ дальнего ультрафиолетового диапазона far-ultraviolet laser
двунаправленный ~ bidirectional laser

двухволновый ~ two-wave laser
двухзеркальный ~ double-mirror laser
двухлучевой ~ double-beam laser
двухмодовый ~ double-mode laser
двухполосковый ~ twin-stripe laser
двухрезонаторный ~ double-cavity laser
двухсекционный ~ two-section laser
двухуровневый ~ two-level laser
двухфотонный ~ two-photon laser
двухчастотный ~ double-frequency [two-frequency] laser
ДГС ~ double heterostructure laser
динамический одномодовый ~ dynamic-single-mode [DSM] laser
динамический одномодовый ~ с пучковым интегральным волноводом bundle-integrated-guide dynamic-single-mode [BIG-DSM] laser
диодный ~ diode laser
дисковый ~ disk laser
диссоциационный ~ dissociation laser
диффузионный ~ diffusion laser
ЖИГ ~ yttrium iron garnet [YIG] laser
жидкостный ~ liquid laser
жидкостный металлоорганический ~ organometallic liquid laser
жидкостный неорганический ~ inorganic liquid laser
жидкостный органический ~ organic liquid laser
жидкостный ~ с прокачкой активной смеси circulated liquid [liquid flow] laser
жидкостный ~ с циркуляцией активной смеси circulated liquid laser
задающий ~ master(-oscillator) laser
зеемановский ~ Zeeman laser
зелёный ~ *(генерирующий зелёный свет)* green laser
зондирующий ~ probing laser
ИАГ ~ yttrium aluminum garnet [YAG] laser
~, излучающий в видимой *(жёлтой, синей, красной и т.п.)* **области спектра** visible *(yellow, blue, red, etc.)* laser
изотопический ~ isotopic laser
ИК ~ infrared [IR] laser
импульсно-периодический ~ pulse-periodic [repetitively pulsed] laser
импульсный ~ pulsed laser
инжекционный ~ injection [p-n junction] laser
инжекционный лавинный ~ avalanche injection laser
инициируемый ~ initiated laser
~, инициируемый фотолизом photoinitiated [photolytically initiated] laser
~, инициируемый электронным пучком electron beam initiated laser
инициирующий ~ initiating laser
интегрально-оптический ~ integrated (optical) laser
интегральный ~ integrated laser
инфракрасный ~ infrared [IR] laser

ионный ~ ion laser
ионный аргоновый ~ ion argon laser
йод-кислородный ~ iodine-oxygen laser
йодный ~ iodine [I] laser
кадмиевый ~ (helium-)cadmium laser
каскадный ~ cascade laser
квазиволноводный ~ quasi-waveguide laser
квазинепрерывный ~ quasi-continuous [quasi-CW] laser
квантово-размерный ~ quantum-well laser
кварцевый ~ quartz laser
кислородно-йодный ~ oxygen-iodine laser
коаксиальный ~ coaxial laser
кольцевой ~ ring laser
комбинационный ~ Raman laser
комптоновский ~ Compton laser
криогенный ~ cryogenic laser
криптоновый ~ krypton [Kr] laser
ксеноновый ~ xenon [Xe] laser
лавинный ~ avalanche laser
ленточный ~ ribbon laser
листовой ~ sheet laser
магнитогидродинамический ~ magneto-hydrodynamic [MHD] laser
малогабаритный ~ compact laser
маломощный ~ low-power laser
малотоксичный химический ~ low-toxicity chemical laser
матричный ~ laser array
матричный интегрально-оптический ~ integrated laser array
МГД ~ magnetohydrodynamic [MHD] laser
~ **миллиметрового диапазона** millimeter laser
многоволоконный ~ multifiber laser
многолучевой ~ multibeam laser
многомодовый ~ multimode [multimodal] laser
многофотонный ~ multiphoton laser
многочастотный ~ multifrequency [multicolor] laser
многоэлементный ~ multicomponent laser
многоэлементный полупроводниковый ~ multicomponent semiconductor laser
молекулярный ~ molecular laser
молекулярный газовый ~ molecular gas laser
моноимпульсный ~ single-shot [single-pulse] laser
мощный ~ high power laser
мощный твердотельный ~ high power solid-state laser
~ **на александрите** alexandrite laser
~ **на алюминате иттрия** yttrium aluminate laser
~ **на алюминате иттрия с неодимом** neo-dymium-doped yttrium aluminate laser
~ **на алюмоиттриевом гранате** yttrium alu-minum garnet [YAG] laser
~ **на антистоксовом комбинационном рассеянии** anti-Stokes Raman laser
~ **на арсениде галлия** gallium arsenide [Ga-As] laser
~ **на атермальном фосфатном стекле** ather-mal phosphate glass laser

~ **на атомарном кислороде (водороде, азоте и т.п.)** atomic oxigen (hydrogen, nitrogen, etc.) laser
~ **на атомном пучке** atomic beam laser
~ **на атомных переходах** atomic transition laser
~ **на благородном газе** noble [rare] gas laser
~ **на вольфрамате кальция с неодимом** neodymium-doped calcium tungstate laser
~ **на вращательных переходах** rotational transition laser
~ **на вынужденном комбинационном рассеянии (ВКР-лазер)** stimulated Raman scattering [SRS, Raman] laser
~ **на вынужденном рассеянии Мандель-штама-Бриллюэна (ВРМБ-лазер)** stimula-ted Brillouin scattering [SBS, Brillouin] laser
~ **на высококонцентрированном стекле** high-concentrated glass laser
~ **на гадолиний-галлиевом гранате с не-одимом (ГГГ:Nd лазер)** neodymium-doped gadolinium gallium garnet [GGG:Nd] laser
~ **на гадолиний-скандий-галлиевом гранате с хромом и неодимом (ГСГГ-Cr-Nd лазер)** cromium and neodymium-doped gadolinium scandium gallium garnet laser
~ **на галогенидах благородных газов** rare-gas halide laser
~ **на галогеноводородах** hydrogen halide laser
~ **на галоидах инертных газов** *(напр. KrF)* noble-gas-halide laser
~ **на гексафториде серы** sulfur-hexafluoride laser
~ **на гетеропереходе** heterojunction [hetero-structure] laser
~ **на гольмиевом стекле** holmium glass laser
~ **на горячих дырках в германии** laser utilizing hot holes in germanium
~ **на горячих дырках в полупроводниках** laser utilizing hot holes in semiconductors
~ **на гранате** garnet laser
~ **на двойной гетероструктуре (ДГС-лазер)** double-heterostructure laser
~ **на двойном гетеропереходе** double-hetero-junction [double-heterostructure] laser
~ **на димерах** dimer laser
~ **на диэлектрическом кристалле** dielectric crystal laser
~ **на железо-иттриевом гранате (ЖИГ-лазер)** yttrium iron garnet [YIG] laser
~ **на инертном газе** noble [rare] gas laser
~ **на ионах инертных газов** noble [rare] gas ion laser
~ **на ионах кадмия (цинка и др.)** cadmium (zinc, etc.) ion [ionized cadmium (zinc, etc.)] laser
~ **на ионизованном газе** ionized gas laser
~ **на иттербиевом стекле** ytterbium glass laser
~ **на иттрий-алюминиевом гранате (ИАГ-лазер)** yttrium aluminum garnet [YAG] laser
~ **на иттрий-алюминиевом гранате с неоди-мом** Nd:YAG [YAG:Nd^{3+}, Nd-doped yttrium-aluminum garnet] laser

~ **на иттрий-алюминиевом гранате с эрбием** erbium-doped yttriumluminum garnet [Er:YAG, YAG:Er^{3+}] laser

~ **на калий-гадолиниевом вольфрамате с неодимом** (КГВ-Nd лазер) neodymium-doped potassium gadolinium tungstate laser

~ **накачки** pumping laser

~ **на квантовой яме** quantum well laser

~ **на квантовых каплях** quantum box laser

~ **на квантовых нитях** quantum wire laser

~ **на квантовых ямах** multiquantum [multiple quantum] well laser

~ **на керамике** ceramic laser

~ **на кислороде** oxygen laser

~ **на колебательно-вращательных переходах** (напр. молекулы HCl) (HCl) vibrational-rotational laser

~ **на колебательных переходах** vibrational transition laser

~ **на конденсированной среде** condensed matter laser

~ **на концентрированном неодимовом фосфатном стекле (на КНФС)** concentrated neodymium phosphate glass laser

~ **на красителе** dye laser

~ **на красителе с волной обесцвечивания (ЛВО)** bleaching wave dye laser

~ **на красителях** dye laser

~ **на кристалле** crystal laser

~ **на кристалле «банан»** (Ba$_2$NaNb$_5$O$_{15}$) "Banana" crystal laser

~ **на кристалле флюорита (лазер на CaF$_2$)** calcuim fluoride [CaF$_2$] laser

~ **на кристалле флюорита, активированном диспрозием** dysprosium-doped calcuim fluoride laser

~ **на кристалле флюорита, активированном ураном** uranium-doped calcium fluoride laser, CaF$_2$:U^{3+} laser

~ **на кристалле флюорита с неодимом** (лазер на CaF$_2$:Nd^{3+}) neodymium-doped calcuim fluoride laser, CaF$_2$:Nd^{3+} laser

~ **на кумарине** coumarin laser

~ **на многозарядных ионах** multiply charged ion laser

~ **на многократно ионизованных атомах** multiply ionized atom laser

~ **на молекулах (напр. NO, CO и др.)** (NO, CO, etc.) molecular laser

~ **на молекулярном азоте** molecular nitrogen [N$_2$] laser

~ **на молекулярном водороде** molecular hydrogen [H$_2$] laser

~ **на молекулярном фторе** molecular fluorine laser

~ **на монокристалле** single crystal laser

~ **на нейтральном аргоне (неоне и др.)** neutral argon (neon, etc.) laser

~ **на нейтральных атомах** neutral atom laser

~ **на неодимовом стекле** neodymium glass [Nd-glass] laser

~ **на неорганической жидкости** inorganic liquid laser

~ **на ниобате кальция** calcium niobate laser

~ **на ниобате лития с неодимом** neodymium-doped lithium niobate [LiNbO$_3$:Nd] laser

~ **на одиночной гетероструктуре** single heterostructure laser

~ **на одиночной квантовой яме** single-quantum-well laser

~ **на одиночном гетеропереходе** single heterojunction laser

~ **на однократно ионизованном аргоне (ксеноне и др.)** singly ionized argon (xenon, etc.) laser

~ **на окиси углерода (CO-лазер)** carbon monoxide [CO] laser

~ **на оксиде цинка** zinc oxide [ZnS] laser

~ **на ондуляторе** undulator laser

~ **на органической жидкости** organic liquid laser

~ **на органическом красителе** organic dye laser

~ **на парах брома** Br [bromine] vapor laser

~ **на парах бромида меди** copper bromide vapor laser

~ **на парах воды** water vapor laser

~ **на парах галогенидов меди** copper halide vapor laser

~ **на парах золота** Au [gold] vapor laser

~ **на парах кадмия** Cd [cadmium] vapor laser, Cd laser

~ **на парах кальция** Ca [calcium] vapor laser

~ **на парах кремния** silicon vapor laser

~ **на парах марганца** manganese [Mn] vapor laser

~ **на парах меди (серебра и др.)** copper (argentum, etc.) vapor laser, Cu (Ag, etc) laser

~ **на парах металлов** metal vapor laser

~ **на парах олова** tin vapor laser

~ **на парах ртути** Hg [mercury vapor] laser

~ **на парах свинца** lead vapor laser

~ **на парах селена** selenium vapor laser

~ **на парах серы** sulfur vapor laser

~ **на парах стронция** strontium vapor laser, Sr laser

~ **на парах углерода** carbon vapor laser

~ **на парах фосфора** phosphorous vapor laser

~ **на парах цезия** cesium vapor laser, Cs laser

~ **на парах цинка** zinc vapor laser, Zn laser

~ **на пентафосфате лантана-неодима** neodymium lanthanium [NdLa] pentaphosphate laser

~ **на пентафосфате неодима** neodymium pentaphosphate [NdP$_5$O$_{14}$] laser

~ **на переходах ...** (напр. азота) laser on transitions of ...

~ **на переходах многозарядных ионов** laser on multicharged ion transitions

~ **на переходе ...** (напр. 3p-3s неона) laser utilizing ... transition

~ **на p-n переходе** p-n diode [junction] laser

~ **на пучке атомов** atomic beam laser
~ **на растворе красителей** dye solution laser
~ **на родамине** rhodamine laser
~ **на родамине 6Ж** rhodamine 6G laser
~ **на самоограниченных переходах** self-contained [self-terminating] laser
~ **на сверхрешётке** superlattice [multiple quantum well, multiquantum-well] laser
~ **на свободных электронах** free electron laser
~ **на селениде свинца** lead selenide laser
~ **на сложном стекле** complex glass laser
~ **на смеси (напр. $CO_2 + N_2 + He$)** $CO_2 + N_2 + He$ laser, $CO_2 - N_2 - He$ mixture laser
~ **на стекле** glass laser
~ **на стекле с неодимом** neodymium glass [Nd-glass] laser
~ **на сульфиде кадмия (лазер на CdS)** CdS [cadmium sulfide] laser
~ **на сульфиде свинца** lead sulfide laser
~ **на сульфиде цинка** zinc sulfide [ZnS] laser
~ **на твёрдом теле** solid-state laser
~ **на твердотельно-жидкостной среде, активированной красителем** laser on dye-doped solid-liquid medium
~ **на теллуриде свинца** lead telluride laser
~ **на углекислом газе (CO_2-лазер)** CO_2 [carbon dioxide] laser
~ **на углекислом газе высокого давления** high pressure CO_2-laser
~ **на фосфатном стекле** phosphate glass laser
~ **на фториде криптона (KrF-лазер)** krypton fluoride [KrF] laser
~ **на фториде ксенона (XeF-лазер)** xenon fluoride [XeF] laser
~ **на фториде лития** lithium fluoride [LiF] laser
~ **на F-центрах** F-center laser
~ **на хелатах** chelate laser
~ **на хелатах редкоземельных элементов** rare earth chelate laser
~ **на хелате европия** europium chelate laser
~ **на хелате тербия** terbium chelate laser
~ **на хлоре** chlorine [Cl] laser
~ **на хлориде ксенона (XeCl-лазер)** xenon chloride [XeCl] laser
~ **на хризоберилле** crysoberyl, $BeAl_2O_4:Ti^{3+}$ laser
~ **на центрах окраски** color center laser
~ **на цепной реакции** chain reaction laser
~ **на циклотронном авторезонансе** cyclotron autoresonance laser
~ **на циклотронном резонансе** cyclotron resonance laser
~ **на чистом ксеноне (неоне и др.)** pure xenon (neon, etc.) laser
~ **на электронных переходах** electron transition laser
~ **на эрбиевом стекле** erbium glass laser
неодимовый ~ neodymium [Nd] laser
неоновый ~ neon [Ne] laser
непрерывный ~ continuous wave [CW, continuous, continuously operated] laser
низкопороговый ~ low-threshold laser

низкотемпературный ~ **на центрах окраски** low-temperature color-center laser
ОГС ~ one-sided [single] heterostructure laser
одномодовый ~ single mode [monomode, unimodal] laser
одночастотный ~ single frequency laser
опорный ~ reference laser
отпаянный ~ sealed-off laser
очень длинный ~ very long laser
параметрический ~ parametric laser
переносной ~ portable laser
перестраиваемый ~ tunable [frequency-controlled, frequency-tuned] laser
перестраиваемый твердотельный ~ tunable solid-state laser
пикосекундный ~ picosecond laser
плазменный ~ plasma laser
планарный ~ planar laser
пластинчатый ~ platelet laser
полимерный ~ polymer laser
полосковый ~ stripe laser
полосковый инжекционный ~ stripe injection laser
полупроводниковый ~ semiconductor [junction, diode] laser
полупроводниковый ~ **с поперечной накачкой** transversely pumped semiconductor laser
полупроводниковый ~ **с продольной накачкой** longitudinally pumped semiconductor laser
порошковый ~ powder laser
проточный газовый ~ gas flow laser
пучковый ~ (atomic) beam laser
~, **работающий в беспичковом режиме** spikeless [nonspiking] laser
~, **работающий в непрерывном режиме** continuous wave [CW, continuous, continuously operated] laser
~, **работающий в области вакуумного ультрафиолета** vacuum ultraviolet laser
~, **работающий в режиме гигантских импульсов** giant pulse laser
~, **работающий в режиме свободной генерации** free-running laser
~, **работающий при атмосферном давлении** atmospheric pressure laser
~, **работающий при комнатной температуре** room temperature laser
рамановский ~ Raman laser
РБО ~ distributed Bragg reflector laser
рекомбинационный ~ recombination laser
рентгеновский ~ X-ray laser
РОС ~ distributed-feedback [DFB] laser
рубиновый ~ ruby laser
~ **с аксиальной накачкой** axially excited laser
~ **с активной модуляцией добротности** actively Q-switched laser
~ **с активной синхронизацией мод** actively mode locked laser
~ **с большим оптическим резонатором** large optical cavity laser

~ с большой апертурой large aperture laser

~ с брэгговскими зеркалами Bragg reflector laser

~ с брэгговскими отражателями Bragg reflector laser

~ с быстрой прокачкой *(активной среды)* fast flowing laser

сверхзвуковой химический ~ supersonic chemical laser

сверхизлучающий ~ superradiant laser

сверхлюминесцентный ~ superluminescent [superfluorescent, superradiant] laser

сверхмощный ~ superpower laser

сверхнизкопороговый ~ ultralow-threshold laser

~ с взрывной накачкой explosion [explosively pumped] laser

~ с внешней модуляцией externally modulated laser

~ с внешним возбуждением externally excited laser

~ с внешними зеркалами external mirror laser

~ с внешним резонатором external cavity laser

~ с внутренней модуляцией internally modulated laser

~ с внутренними зеркалами internal mirror laser

~ с водяным охлаждением water-cooled laser

~ с возбуждением постоянным током dc-excited laser

~ с ВЧ накачкой RF excited laser

~ с высоким коэффициентом полезного действия high efficiency laser

~ с высоким коэфициентом усиления high gain laser

~ с высоким КПД high efficiency laser

~ с высокой интенсивностью излучения high intensity laser

~ с высокой частотой повторения high-repetition-rate laser

~ с высокой энергией излучения high energy laser

~ с высокочастотной накачкой RF excited laser

~ с двойной гетероструктурой (ДГС-лазер) double-heterostructure laser

~ с двойным интегральным волноводом integrated-twin-guide laser

~ с диодной накачкой diode-pumped laser

~ с дифракционной расходимостью пучка diffraction limited laser

~ с диффузионным охлаждением diffusion-cooled laser

~ с импульсным возбуждением pulse-initiated laser

~ с интерферирующим внутренним отражением internal reflection interference laser

сканирующий ~ scan laser

~ с коаксиальной накачкой coaxially pumped laser

~ скользящего падения grazing-incidence laser

~ с коротким резонатором short cavity laser

~ с лазерной накачкой laser-pumped laser

~ с ламповой накачкой flashlamp-excited [flashlamp-pumped] laser

смесительный химический ~ mixing chemical laser

~ с микросколотыми гранями microcleaved facet laser

~ с многофотонной накачкой multiphoton pumped laser

~ с модулированной добротностью Q-switched laser

~ с модуляцией добротности Q-switched laser

~ с модуляцией добротности на ячейке Керра Kerr-cell Q-switched laser

~ с модуляцией коэффициента усиления gain-switched laser

~ с накачкой альфа-частицами alpha-particle laser

~ с накачкой излучением чёрного тела black-body pumped laser

~ с накачкой импульсной лампой flashlamp-pumped laser

~ с накачкой импульсными лампами flashlamp-pumped laser

~ с накачкой лампой-вспышкой flashlamp-pumped laser

~ с накачкой полупроводниковыми лазерами diode-pumped laser

~ с накачкой светодиодами diode-pumped [LED pumped] laser

~ с накачкой солнечным излучением sun-pumped [solar-pumped] laser

~ с накачкой ударной волной shock-wave pumped laser

~ с накачкой электронным пучком electron-beam-pumped laser

~ с некогерентной накачкой incoherently pumped laser

~ с неоднородной накачкой inhomogeneously pumped laser

~ с непрерывной накачкой continuously pumped laser

~ с непрерывным возбуждением continuously excited laser

~ с несамостоятельным разрядом laser with a nonself-sustained discharge

~ с неустойчивым резонатором laser with an unstable resonator, unstable-resonator laser

~ с низким порогом генерации low-threshold laser

~ с обратной связью feedback laser

~ с ограничением числа мод mode-limited laser

~ с одной продольной модой single-longitudinal-mode laser

~ с однородной накачкой homogeneously pumped laser

~ с односторонней гетероструктурой (ОГС-лазер) one-sided [single] heterostructure laser

~ с окнами Брюстера Brewster window laser

солитонный ~ soliton laser

~ **с оптической накачкой** optically pumped [light-pumped] laser

~ **со световодным выходом** laser with a waveguide output

~ **со связанными резонаторами** coupled-cavity [C^2] laser

~ **со сколотыми связанными резонаторами** cleaved-coupled-cavity [C^3] laser

~ **со скрытой гетероструктурой** buried-heterostructure laser

~ **со скрытой гетероструктурой, полученной методом массообмена** mass-transport buried-heterostructure laser

~ **со стабилизацией частоты по линиям поглощения йода** iodine stabilized laser

~ **со стабилизацией частоты по провалу Лэмба** Lamb-dip stabilized laser

~ **со стабилизацией частоты по узким резонансам насыщенного поглощения** (*напр. в йоде или метане*) laser stabilized by saturated absorption

~ **со стабильной частотой** frequency-stabilized laser

~ **с охлаждением** cooled laser

~ **с охлаждением конвекцией** convectively-cooled laser

~ **с пассивной модуляцией добротности** passively Q-switched laser

~ **с пассивной синхронизацией мод** passive mode-locked laser

~ **с перестройкой частоты** tunable [frequency-tuned, frequency-controlled] laser

~ **с плазменным катодом** plasma-cathode laser

~ **с поверхностным излучением** surface emitting laser

~ **с полым катодом** hollow-cathode laser

~ **с поперечной накачкой** transversely pumped [excited, cross-pumped] laser

~ **с поперечной прокачкой** transverse-flow laser

~ **с предварительной ионизацией** preionization [preionized] laser

~ **с предионизацией** preionization [preionized] laser

~ **с продольной накачкой** longitudinally pumped laser

~ **с продольной прокачкой** longitudinal-flow laser

~ **с прокачкой** (*активной среды*) flowing laser

~ **с прокачкой газовой смеси** flowing gas (mixture) laser

~ **с прямой модуляцией** directly modulated laser

~ **с прямым оптическим возбуждением** direct optical excitation laser

~ **с пучковым интегральным волноводом** bundle-integrated-guide [BIG] laser

~ **с распределённой обратной связью (РОС-лазер)** distributed feedback [DFB] laser

~ **с распределённой обратной связью и фазовой подстройкой** phase-adjusted distributed feedback laser

~ **с распределённым отражателем** distributed reflector laser

~ **с распределённым брэгговским отражателем (РБО-лазер)** distributed Bragg reflector laser

~ **с резонатором Фабри - Перо** Fabry-Perot laser, laser with Fabry-Perot resonator

~ **с самомодуляцией добротности** self-Q-switching laser

~ **с самосинхронизацией мод** self-mode-locked [self-mode-locking] laser

~ **с СВЧ-накачкой** microwave-pumped laser

~ **с селекцией мод** mode-selected [mode-controlled] laser

~ **с синхронизацией мод** mode-locked [mode-coupled] laser

~ **с синхронной накачкой** synchronously pumped laser

~ **с составным стержнем** composite rod laser

~, **стабилизированный по амплитуде** amplitude-stabilized laser

~, **стабилизированный по частоте** frequency-stabilized laser

~ **с тепловой накачкой** thermally pumped [heat-pumped] laser

столкновительный ~ collision(al) laser

~ **с торцевой накачкой** end-pumped [face-pumped] laser

~ **стоячей волны** standing wave laser

стримерный ~ streamer laser

стримерный полупроводниковый ~ streamer semiconductor laser

струйный ~ **на красителе** jet stream dye laser

субмиллиметровый ~ submillimeter laser

субпуассоновский ~ sub-Poissonian laser

суперлюминесцентный ~ superluminescent [superfluorescent, superradiant] laser

~ **с фиксированной частотой излучения** fixed frequency laser

~ **с фотовозбуждением** photoexcitation laser

~ **с фотоинициированием** photoinitiated laser

~ **с химической накачкой** chemically pumped [excited] laser

считывающий ~ reading laser

~ **с электрическим возбуждением** electrically excited laser

~ **с электронной накачкой** electron-pumped laser

~ **с ядерной накачкой** nuclear-pumped laser

твердотельный ~ solid-state laser

ТЕА ~ TEA laser

технологический ~ industrial laser

~ **типа «излучающее зеркало»** laser of the "emitting mirror" type

тонкоплёночный ~ thin-film laser

~ **трёхмикронного диапазона** 3-micrometer laser

трёхуровневый ~ three-level laser

узкополосный ~ narrow-band laser
ультрафиолетовый ~ ultraviolet [UV] laser
УФ ~ ultraviolet [UV] laser
фемтосекундный ~ femtosecond laser
фотодиссоциационный ~ photodissociation laser
фотодиссоционный ~ photodissociation laser
фотоионизационный ~ photoionization laser
фоторекомбинационный ~ photorecombination laser
фотохимический ~ photochemical laser
фтороводородный ~ hydrogen fluoride laser
хелатный ~ chelate laser
химический ~ chemical laser
химический ~, инициируемый фотолизом photolysis initiated chemical laser
химический кислородно-йодный ~ oxigen-iodine chemical laser
химический ~ на основе разветвлённых реакций branched-reaction chemical laser
химический ~ на фтористом водороде hydrogen fluoride [HF] chemical laser
химический ~ на хлористом водороде hydrogen chloride [HCl] chemical laser
химический ~ на цепных реакциях chain-reaction chemical laser
химический сверхзвуковой ~ supersonic chemical laser
химический ~ с импульсным инициированием pulse-initiated chemical laser
химический ~ с инициированием импульсной лампой flash-initiated chemical laser
химический ~ с инициированием искровым разрядом spark-initiated chemical laser
химический ~ с инициированием электрическим разрядом electric-discharge-initiated chemical laser
химический ~ с инициированием электронным пучком electron-beam-initiated chemical laser
химический ~ с передачей энергии возбуждения chemical transfer laser
химический ~ с смешением в дозвуковом потоке subsonic mixing chemical laser
химический ~ с смешением в сверхзвуковом потоке supersonic mixing chemical laser
химический ~ с тепловым инициированием thermally initiated chemical laser
химический ~ с фотоинициированием photoinitiated chemical laser
циклотронный ~ cyclotron laser
частотномодулированный ~ frequency-modulated laser
черенковский ~ Cherenkov laser
четырёхуровневый ~ four-level laser
чисто химический ~ purely chemical laser
широкоапертурный ~ wide-aperture laser
широкополосный ~ broadband laser
эксимерный ~ excimer laser

эксимерный ~ на галоидах инертных газов (напр. KrF, XeCl, ArF) noble-gas-halide excimer laser
эксиплексный ~ exciplex laser
экситонный ~ exciton laser
электроионизационный ~ electroionization [electron-beam-controlled] laser
электроразрядный ~ electric discharge laser
электроразрядный ~ с УФ предыонизацией electric-discharge laser with UV preionization
эпитаксиальный ~ epitaxial laser
эрбиевый ~ erbium [Er] laser
эталонный ~ standard laser
CO_2~ CO_2 [carbon dioxide] laser
лазер-преобразователь м. laser converter
комбинационный ~ Raman laser converter
лазер-усилитель м. laser amplifier
лайнер м. (в токамаке) liner
аргоновый ~ argon liner
двухкаскадный ~ two-stage liner
каскадированный ~ cascade liner
криптоновый ~ krypton liner
лёгкий ~ light liner
схлопывающийся ~ collapsing liner
ламберт м. (единица яркости) Lambert
ламелла ж. (в растворе) lamella
ламинаризация ж. laminarization
ламинарность ж. laminarity
ламинарный прил. lamellar, laminar, streamline
ламп м. (устойчивый двумерный солитон) lump
лампа ж. (электронная) valve, tube; (осветительная) lamp
аварийная сигнальная ~ alarm [emergency] lamp
~ бегущей волны, ЛБВ traveling-wave tube, TWT
~ бегущей волны типа О O-type [linear-beam] traveling-wave tube
вольфрамовая ~ tungsten lamp
~ высокого давления high-pressure lamp
высокочастотная безэлектродная ~ high-frequency electrodeless lamp
газополная ~ gas-filled lamp
газоразрядная ~ gas-discharge tube, gas-discharge lamp
галогенная ~ halogen lamp
генераторная ~ oscillating tube
двухлучевая ~ обратной волны double-stream backward-wave tube
~ дневного света daylight lamp
дуговая ~ arc lamp
импульсная ~ flash lamp
индикаторная ~ indicating [signal] lamp
инфракрасная ~ infrared lamp
кварцевая ~ quartz lamp
кластерная ~ cluster lamp
коаксиальная импульсная ~ (для накачки лазеров) coaxial flash lamp
~ косвенного накала indirectly heated tube
криптоновая ~ krypton lamp

ксеноновая ~ xenon lamp
ксеноновая импульсная ~ xenon flashlamp
люминесцентная ~ fluorescent [luminescent] lamp
малоиндуктивная коаксиальная ~ *(для накачки лазеров)* low-inductance coaxial lamp
металлогалогенная ~ metal-halide lamp
~ накаливания incandescent lamp
~ накачки *(лазера)* pump(ing) lamp
натриевая ~ sodium lamp
неоновая ~ neon tube
~ обратной волны (ЛОВ) backward-wave tube, BWT
~ обратной волны типа М M-type [crossed-field] backward-wave tube
~ обратной волны типа О O-type [linear-beam] backward-wave tube
осветительная ~ illuminating lamp
полостная импульсная ~ *(для накачки лазеров)* cavity flash lamp
~ прямого накала directly heated tube
разрядная ~ discharge lamp
ртутная ~ mercury(-vapor) lamp
ртутная дуговая ~ mercury arc lamp
~ СВЧ microwave tube
~ с горячим катодом hot-cathode tube
~ со вторичной электронной эмиссией secondary emission tube
спектральная ~ spectroscopic lamp
~ с полым катодом hollow cathode lamp
~ с холодным катодом cold cathode tube
~ тлеющего разряда glow discharge tube
ультрафиолетовая ~ ultraviolet lamp
усилительная ~ amplifying tube
электровакуумная ~ vacuum tube
электрометрическая ~ electrometer tube
электронная ~ electron tube
лампа-вспышка *ж.* flash lamp
мощная ~ high-power [powerful] flashlamp
ландшафт *м. (на Луне, Марсе и др.)* landscape
лантан *м.* lanthanum, La
лантанид *м.* lanthanide
лантаноид *м.* lanthanide
лапласиан *м.* Laplacian, Laplace operator; buckling
~ в пространстве скоростей Laplacian in velocity space
геометрический ~ geometrical buckling
ковариантный ~ covariant Laplacian
материальный ~ material buckling
~ обогащённой активной зоны enriched buckling
поперечный ~ transverse Laplacian
латентность *ж.* latency
латунь *ж.* brass
лауэграмма *ж.* Laue [X-ray diffraction] pattern
левитация *ж.* levitation
оптическая ~ макроскопических частиц optical levitation of macroscopic particles

левовращающий *прил.* levorotatory, left-handed, counterclockwise
легирование *с. (полупроводников)* doping; *(металлов)* alloying
~ акцепторной примесью p-type doping
диффузионное ~ diffusion doping
~ донорной примесью n-type doping
избирательное ~ selective doping
ионное ~ ion-implantation doping
косвенное ~ indirect doping
лазерное твердофазное ~ laser solid-phase doping
~ методом ионной имплантации ion-implantation doping
непосредственное ~ direct doping
однородное ~ uniform doping
~ полупроводников semiconductor doping
примесное ~ полупроводников impurity semiconductor doping
радиационное ~ radiation doping
селективное ~ *фпп* selective doping
сильное ~ heavy [high] doping
слабое ~ light doping
трансмутационное ~ transmutation doping
управляемое ~ controlled doping
химическое ~ chemical doping
ядерное ~ nuclear doping
легировать *гл. (полупроводник)* dope; *(металл)* alloy
лёд *м.* ice
аморфный ~ amorphous ice
кристаллический ~ crystal ice
ледебурит *м. физ. мет.* ledeburite
ледокол *м.* ice-breaker
атомный ~ atomic [nuclear-powered] ice-breaker
лейкосапфир *м.* leucosapphire
лемма *ж. мат.* lemma
~ Лоренца *электродин.* Lorentz lemma
лемниската *ж. мат.* lemniscate
лента *ж. (магнитная, металлическая и т.п.)* tape; ribbon
аморфная металлическая ~ amorphous metal tape
бумажная ~ paper tape
вспышечная ~ *сзф* flare ribbon
~ из аморфного магнитного материала amorphous magnetic ribbon
изоляционная ~ insulation tape
магнитная ~ magnetic tape
перфорированная ~ punched [perforated] tape
лепест/ок *м. (диаграммы направленности антенны)* lobe, antenna [directional, radiation] lobe
боковой ~ side [minor] lobe
главный ~ main [principal, major] lobe
~ки диафрагмы blades of aperture
задний ~ back lobe
интерференционный ~ interference lobe
лептокварк *м.* leptoquark
векторный ~ vector leptoquark

скалярный ~ scalar leptoquark
лептон *м.* lepton
  виртуальный ~ virtual lepton
  заряженный ~ charged lepton
  лёгкий нейтральный ~ light neutral lepton
  нейтральный ~ neutral lepton
  отрицательно заряженный ~ negatively charged lepton
  тяжёлый ~ heavy lepton
лес *м.* forest
  ~ **дислокаций** dislocation forest; dislocation tree
лестница *ж.* ladder, stair
  дьявольская ~ *фвэ* devil staircase
  мультипериферическая ~ *фвэ* multiperipheral ladder
летаргия *ж.* lethargy
  ~ **нейтронов** neutron lethargy
летучесть *ж.* volatility; *терм.* fugacity
либрация *ж. астр.* libration
  геометрическая ~ geometrical libration
  ~ **Луны** libration of the Moon
  оптическая ~ optical libration
  параллактическая ~ diurnal libration
  ~ **по долготе** libration in longitude
  ~ **по широте** libration in latitude
  суточная ~ diurnal libration
  физическая ~ physical libration
либрон *м. (квазичастица)* libron
ливень *м.* shower
  адронный ~ hadron(ic) shower
  атмосферный ~ air shower
  боковой ~ lateral [inclined] shower
  ~ **большой энергии** energetic shower
  воздушный ~ air shower
  ~**, вызванный электронами** electron-induced shower
  жёсткий ~ hard shower
  каскадный ~ cascade shower
  космический ~ cosmic shower
  ~ **космического излучения** cosmic ray shower
  мезонный ~ mesonic shower
  неразвившийся ~ undeveloped shower
  ~ **Оже** Auger shower
  партонный ~ parton shower
  проникающий ~ hard [penetrating] shower
  ~ **Росси** Rossi shower
  смешанный ~ mixed shower
  узкий ~ narrow shower
  ~ **частиц** shower of particles
  широкий ~ extended [extensive] shower
  широкий атмосферный ~ **(ШАЛ)** extensive [extended] air shower
  широкоугольный ~ wide-angle shower
  электромагнитный ~ electromagnetic shower
  электронно-фотонный ~ electromagnetic [cascade, electron-photon] shower
  электронно-ядерный ~ electron-nuclear shower
  электронный ~ electronic shower
ливнеобразование *с.* shower formation, shower production
лиганды *мн. хим.* ligands

лидар *м. (лазерный локатор)* lidar
  атмосферный ~ atmospheric lidar
  моноимпульсный ~ monopulse lidar
  рамановский ~ Raman lidar
лидер *м. (в газовом разряде)* leader
  положительный ~ positive leader
ликвация *ж. физ. мет.* segregation, liquation
  дендритная ~ dendritic segregation
  зональная ~ zonal segregation
ликвидус *м.* liquidus line, liquidus (curve)
лимб *м. (в угломерных инструментах)* dial, limb; *(край диска Солнца, планет и т.п.)* limb
  солнечный ~ limb of the Sun
лимитер *м. физ. пл.* limiter
линеаризация *ж.* linearization
линейка *ж.* rule; ruler
  логарифмическая ~ (logarithmic) slide rule
линейность *ж.* linearity
  ограниченная ~ limited linearity
  ~ **развёртки** sweep [scanning] linearity
  ~ **характеристики** linearity of response
линз/а *ж.* lens
  акустическая ~ acoustic [sound] lens
  апланатическая ~ aplanatic lens
  асимметричная ~ asymmetric lens
  астигматическая ~ astigmatic lens
  астигматичная трубчатая ~ astigmatic tube lens
  асферическая ~ aspherical lens
  асферическая корректирующая ~ aspherical correcting lens
  ахроматическая ~ achromatic [antispectroscopic] lens
  ~ **без насыщения** unsaturated lens
  бипланарная ~ biplanar lens
  бипотенциальная ~ bipotential lens
  бисферическая ~ bispherical lens
  бифокальная ~ bifocal lens
  блинчатая ~ pancake [flat helical] lens
  брегг-френелевская ~ Bragg-Fresnel lens
  вакуумная ~ vacuum lens
  вогнутая ~ concave lens
  вогнуто-выпуклая ~ concave-convex lens
  волноводная ~ waveguide lens
  волоконная ~ fiber lens
  выпуклая ~ convex lens
  выпукло-вогнутая ~ convex-concave lens
  высокочастотная ~ high-frequency lens
  геодезическая ~ geodesic lens
  гиперболическая ~ hyperbolic lens
  гиперхроматическая ~ hyperchromatic lens
  главная фокусирующая ~ main focusing lens
  голограммная ~ hologram lens
  голографическая ~ holographic lens
  гравитационная ~ gravitational lens
  двойная ~ twin lens
  двояковогнутая ~ biconcave [concave-concave, double concave] lens
  двояковыпуклая ~ biconvex [convexo-convex, double convex] lens

двухповерхностная ~ two-surface lens
двухэлектродная ~ two-electrode lens
диодная ~ diode lens
диоптрическая ~ dioptric lens
дифракционная ~ *(электронного микроскопа)* diffraction lens
диэлектрическая ~ dielectric lens
длинная электронная ~ thick electron lens
длиннофокусная ~ long-focus [long-focal-length] lens
замедляющая ~ decelerating [delay] lens
зональная ~ stepped lens
зонированная ~ stepped lens
иммерсионная ~ immersion lens
катодная ~ cathode lens
квадрупольная ~ quadrupole lens
киноформная ~ kinoform lens
клиновидная ~ sphenoidal lens
коллективная ~ collective lens
коллиматорная ~ collimating lens
компенсирующая ~ compensating lens
конденсорная ~ condenser [illuminating] lens
коническая ~ conical lens
контактная ~ contact lens
короткая электронная ~ thin electron lens
короткофокусная ~ short-focus lens
корректированная ~ corrected lens
корректирующая ~ correcting lens
корригирующая ~ correcting [corrugated] lens
литиевая ~ lithium lens
~ Люнеберга Luneberg lens
магнитная ~ magnetic [magnetostatic] lens
магнитостатическая ~ magnetostatic [permanent-magnet] lens
магнитоэлектрическая плазменная ~ magneto-electric plasma lens
менисковая ~ meniscus lens
мультипольная ~ multipole lens
нейтронная ~ neutron lens
несимметричная ~ unsymmetric lens
объективная ~ *(электронного микроскопа)* objective lens
одиночная ~ einzel lens
одноповерхностная ~ one-surface lens
однополюсная ~ single-polepiece lens
однопотенциальная ~ unipotential lens
октупольная ~ octupole lens
оптическая ~ optical lens
осесимметричная ~ axisymmetrical lens
отражательная ~ reflector lens
отражательная голограммная ~ reflector hologram lens
отрицательная ~ negative lens
параболическая ~ parabolic lens
плазменная ~ plasma lens
планарная ~ planar lens
плоская спиральная ~ flat helical lens
плосковогнутая ~ plano-concave [flat-concave] lens
плосковыпуклая ~ plano-convex [flat-convex] lens
плоскогиперболическая ~ plano-hyperbolic lens

плоскосферическая ~ plano-spherical lens
плоскоцилиндрическая ~ plano-cylinder lens
плоскоэллиптическая ~ plano-elliptical lens
полевая ~ field lens
положительная ~ positive lens
полусферическая ~ hemispherical lens
проекционная ~ projection lens, projector
промежуточная ~ *(электронного микроскопа)* intermediate lens
просветлённая ~ coated [antireflection] lens
простая ~ simple lens
~ прямого тока direct current lens
радиальная ~ radial lens
рассеивающая ~ diverging [divergent, dispersing, spreading, concave] lens
сверхпроводящая ~ superconducting lens
сверхпроводящая экранирующая ~ superconducting shielding lens
секступольная ~ sextupole lens
сетчатая ~ grid lens
симметричная ~ symmetric(al) lens
скрещённые ~ы crossed lenses
слабая ~ weak lens
сложная ~ composite [compound, multiple] lens
слоистая ~ laminated lens
случайная ~ *(при распространении света в атмосфере)* random lens
~ с насыщением saturated lens
собирающая ~ collecting [convergence, convergent, converging, convex] lens
согласующая ~ matching lens
составная ~ compound [composite] lens
~ с переменной осью variable-axis lens
спиральная ~ helical lens
сферическая ~ spherical lens
сфероцилиндрическая ~ spherocylindrical lens
~ с фольгой foil lens
тепловая ~ *кв. эл.* thermal lens
толстая ~ thick lens
толстая нелинейная ~ thick nonlinear lens
тонкая ~ thin lens
тонкая нелинейная ~ thin nonlinear lens
тонкая магнитная осевая ~ thin magnetic axial lens
тороидальная ~ toroidal lens
трансаксиальная ~ transaxial lens
трёхполюсная ~ triple-polepiece lens
трёхэлектродная ~ three-electrode lens
ультразвуковая ~ ultrasonic lens
ускоряющая ~ accelerating lens
фазовая ~ Френеля Fresnel phase lens
фокусирующая ~ focusing lens
формирующая ~ *(электронного микроскопа)* shaping lens
~ Френеля Fresnel lens
цилиндрическая ~ cylindrical lens
широконаправленная ~ wide-angle lens
щелевая ~ slit lens
эквипотенциальная ~ equipotential lens
электромагнитная ~ electromagnetic lens
электронная ~ electron lens

электростатическая ~ electric [electrostatic] lens

ядерная ~ *астр.* nuclear lens

лини/я *ж.* line; curve; *(связи)* link ⬚ **проводить ~ю** *(на чертеже)* draw the line; **разрешить ~ю** *(в спектре)* resolve line

абсорбционная ~ absorption line

авроральная ~ *(в спектре)* auroral line

акустическая ~ **задержки** acoustic delay line

акустооптическая ~ **задержки** acoustooptical delay line

акустоэлектронная ~ **задержки** acoustoelectric delay line

акцепторная ~ acceptor line

аналитическая ~ *спектр.* analytic line

аннигиляционная ~ annihilation line

антистоксова ~ anti-Stokes line

~ **антиферромагнитного резонанса** antiferromagnetic resonance line

~ **апсид** *астр.* line of apsides

асимметричная ~ *(в спектре)* asymmetric line

базисная ~ *опт.* base line

~ **Бальмера** Balmer line

бесфононная ~ phononless line

~ **Блоха** *фтт* Bloch line

блоховская ~ *фтт* Bloch line

~ **Блюмляйна** Blumlein line

брегговская ~ Bragg peak, Bragg maximum

~ **быстрины** line of the main stream

вертикальная ~ **Блоха** *фтт* vertical Bloch line

вертикальная блоховская ~ *фтт* vertical Bloch line

~ **ветвления** *мат.* branch line

~ **визирования** line of sight, sight line

визуализированная ~ **тока** visualized stream line

винтовая ~ helical line, spiral, helix

вихревая ~ vortex [whirl] line

~ **вихря** vortex [whirl] line

~ **влияния** influence line

вмороженные магнитные силовые ~и frozen magnetic lines of force

внешняя ~ *(диаграммы)* external line

внутренняя ~ *(диаграммы)* internal line

внутренняя ~ **возмущений** inner Mach line

воздушная полосковая ~ air strip line

~ **возмущений** Mach line

волноводная ~ **задержки** waveguide delay line

волноводная измерительная ~ slotted line

волноводно-щелевая ~ slotted line

волоконно-оптическая ~ **задержки** optical fiber delay line

волоконно-оптическая ~ **связи (ВОЛС)** optical fiber communication line

вращательная ~ *(в спектре)* rotational line

времениподобная геодезическая ~ time-like geodetic line

встречно-штыревая ~ interdigital line

входящая ~ *(диаграммы)* incoming line

выпадающая ~ *спектр.* missing line

~ **вырождения** degenerate line

выходящая ~ *(диаграммы)* outgoing line

~ **генерации** generation [oscillation] line; *(лазера)* lasing line

геодезическая ~ geodetic line, geodetic curve

гиперзвуковая ~ **задержки** hypersonic delay line

глюонная ~ gluon line

головная ~ *(мультиплета)* leading line

гомологические ~и homologous [corresponding] lines

~ **горизонта** horizon [sky] line

горизонтальная ~ horizontal line

горизонтальная ~ **Блоха** horizontal Bloch line

граничная ~ boundary line

гребенчатая ~ comb line

~ **давления** line of pressure

~ **движения** trajectory; line of motion

двухпроводная ~ double-wire [twin-wire] line

двухпроводная ~ **передачи** double-wire [twin-wire] transmission line

~ **действия** line of action

~ **действия подъёмной силы** lifting line

~ **действия силы** line of action of a force

диаграммная ~ diagram line

~ **дислокаций** dislocation line

дислокационная ~ dislocation line

дисперсионная ~ **задержки** dispersive delay line

дифракционная ~ diffraction line

диффузная ~ diffuse line

длинная ~ long [transmission] line

длинная ~ **передачи** long transmission line

донорная ~ donor line

доплеровская ~ Doppler line

дублетная ~ doublet line

естественная спектральная ~ natural spectral line

жидкая ~ fluid line

жирная ~ *(на рисунке)* heavy line

~ **задержки** delay line

~ **задержки на магнитоупругих волнах** magnetoelastic wave delay line

~ **задержки на объёмных волнах** bulk wave delay line

~ **задержки на поверхностных акустических волнах** *(ПАВ)* surface-acoustic-wave [SAW] delay line

~ **задержки на спиновых волнах** spin wave delay line

~ **задержки с распределёнными параметрами** distributed parameter delay line

~ **задержки с сосредоточенными параметрами** lumped parameter delay line

замкнутая ~ closed line

замкнутая вихревая ~ closed vortex line

замкнутая ~ **дислокации** dislocation ring

замкнутая силовая ~ *(магнитного поля)* closed line of force

замкнутая ~ тока closed streamline
запертая ~ trapped line
запрещённая ~ *(в спектре)* forbidden line
заряженная ~ line of charge, charged line
~ зацепления line of engagement; line of contact
звуковая ~ sonic [acoustic] line
зелёная (жёлтая и др.) ~ *(лазера)* green (yellow, etc.) line
зеркальная ~ mirror [reflector] line
~ избирательного видения line of selective vision
~ излучения лазера laser (emission) line
измерительная ~ *эл.* measuring [slotted] line
изотропная геодезическая ~ isotropic [zero] geodetic line
~ индукции line of flux, flux line
интенсивная ~ *(в спектре)* strong line
интеркомбинационная ~ intercombination line
~ испускания emission line
кабельная ~ задержки cable delay line
калибровочная ~ calibration line
~ касания contact line, line of contact
касательная ~ tangent line
квазиоптическая ~ передачи quasi-optical transmission line
кварковая ~ quark line
кварцевая ~ задержки quartz delay line
коаксиальная ~ coaxial line
колебательная ~ *(в спектре)* vibrational line
~ коллимации line of collimation
комбинационная ~ *опт.* Raman line
~ комбинационного рассеяния Raman line
комптоновская ~ Compton line
конверсионная ~ conversion [gamma] line
конечная ~ *(диаграммы)* finite line
~ контакта contact line, line of contact
контурная ~ contour line
концевая ~ возмущений tip Mach line
копланарная полосковая ~ coplanar strip line
корональная ~ *(в спектре Солнца)* coronal line
короткозамкнутая ~ short-circuited line
~ Косселя *(при дифракции рентгеновских лучей)* Kossel line
кривая ~ curved line
~ кривизны curvature line, line of curvature
криволинейная вихревая ~ curved vortex line
критическая ~ тока stagnation streamline
~ критических точек *аэрогидр.* stagnation line
круговая ~ тока circular streamline
~ лайман-альфа Lyman-alpha line
~ лайман-бета Lyman-beta line
лаймановская ~ Lyman line
~ ликвидуса liquidus (line), liquidus curve
линзовая ~ lens line
ломаная ~ polygonal [broken] line
ломаная вихревая ~ polygonal vortex line
лоренцева ~ *(в спектре)* Lorentz line
~ люминесценции luminescence line

магнитная ~ задержки magnetic delay line
магнитная силовая ~ magnetic line of force
~ магнитной индукции magnetic flux line
магнитодипольная ~ *(в спектре)* magneto-dipole line
магнитострикционная ~ задержки magneto-striction delay line
мазерная ~ maser line
материальная ~ material line
~ Маха *аэрод.* Mach line
межзвёздная ~ *(спектра)* interstellar line
~ межзвёздного поглощения *(в спектре)* interstellar line
метастабильная блоховская ~ metastable Bloch line
микрополосковая ~ microstrip line
мировая ~ world line
многоотводная ~ задержки multitapped delay line
многопроводная ~ передачи multiwire transmission line
монокристаллическая ~ задержки single-crystal delay line
морская ~ горизонта sea horizon
мультиплетная ~ multiple line
нагруженная ~ *эл.* loaded line
~ нагрузки *(на вольт-амперной характеристике)* load line
~ наименьшего сопротивления line of weakness, line of least resistance
наклонная ~ slant line
направленная ~ directed line
~ напряжённости *(поля)* line of force; force line
~ напряжённости магнитного поля magnetic force line, magnetic line of force
~ напряжённости электрического поля electric force line, electric line of force
небулярная ~ nebular line
~ Неёля Néel line
незамкнутая ~ nonclosed line
нейманова ~ Neumann line
нейтральная ~ *(магнитного поля)* neutral line; *(при изгибе)* neutral filament
нейтральная ~ магнитного поля magnetic field neutral line
неоднородная ~ передачи nonuniform transmission line
неоднородно уширенная ~ *(в спектре)* inhomogeneously broadened line
неразрешённая ~ *(в спектре)* unresolved line, unresolved peak
несмещённая ~ undisplaced line
несобственная ~ *мат.* ideal line
несущая ~ *аэрогидр.* lifting [load, supporting] line
нулевая ~ *спектр.* zero line
нулевая геодезическая ~ isotropic [zero] geodetic line
нулевая ~ тока stagnation streamline
~ нулевой подъёмной силы zero-lift [no-lift] line, axis of zero lift

~ обращения магнитного поля magnetic inversion line

обращённая ~ поглощения reversed absorption line

обращённая полосковая ~ inverse strip line

~ обтекания streamline

однородная ~ задержки uniform delay line

однородная ~ передачи uniform transmission line

~ Оже Auger line

опорная ~ fiducial [reference] line

оптическая ~ передачи optical transmission line

осевая ~ axial line, axis

основная ~ *(спектра)* principal [base] line

~ остановки газа gas stagnation line

~ отвеса plumb line, vertical

отвесная ~ plumb line, vertical

~ отдачи recoil line

~ отклонения deflection line

открытая ~ передачи open transmission line

открытая силовая ~ *(магнитного поля)* open line of force

~ отрыва line of separation

~ отскока recoil line

~ отсчёта reference line

~ падения line of incidence

~ Пашена Paschen line

~ передачи transmission line

~ передачи без потерь loss-free transmission line

переменная ~ задержки variable delay line

~ перемены дат date line

~ пересечения line of intersection

~ пересечения скачков уплотнения shock wave junction

~ питания feeder, supply [feed] line

питающая ~ feeder, supply [feed] line

плазменная ~ plasma line

~ поглощения *(в спектре)* absorption line

~ положения *(в радионавигации)* position line

полосковая ~ strip line

полубесконечная вихревая ~ semi-infinite vortex line

полуволновая ~ half-wave line

полуденная ~ meridian line

~ поля line of field, line of force

~ постоянной фазы constant phase line

~ потока *(магнитного поля)* line of flux, flux line; *гидр.* streamline

предельная ~ limiting line

предельная силовая ~ *(на Солнце)* limiting line of force

прерывистая ~ broken line

~ приложения подъёмной силы supporting [lifting] line

проволочная ~ задержки wire delay line

~ прогиба deflection [bending] line

пространственноподобная геодезическая ~ space-like geodetic line

прямая ~ straight line

~ прямой видимости line of sight

пунктирная ~ dotted line

~ равноденствия equinoctial line

~ равной интенсивности вихрей *аэрогидр.* isocurlus

радиационная ~ radiation [natural] line

радиотелеметрическая ~ radio-telemetry link

~ развёртки sweep [base] line

разграничивающая ~ boundary [dividing] line

~ раздела interface; boundary, boundary [dividing] line

разделившаяся ~ тока divided streamline

размытая ~ *(в спектре)* diffuse line; *астр.* nebulous line

~ разрежения Маха Mach rarefaction line

разрешённая ~ *(в спектре)* allowed line; *(с помощью спектрального прибора)* resolved line

~ разрыва discontinuity line, line of discontinuity

~ распространения *(напр. волн)* line of propagation

~ растворимости solvus line

расшифрованная ~ *(в спектре)* identified line

~ регрессии regression line

регулируемая ~ задержки variable delay line

резонансная ~ resonance line

резонансная ~ водорода hydrogen resonance line

результирующая вихревая ~ resultant vortex line

рекомбинационная ~ recombination line

рентгеновская ~ *(в спектре)* X-ray line

реперная ~ fiducial [reference] line

рэлеевская ~ Rayleigh line

сагиттальная ~ sagittal line

самообращённая ~ self-reversed line

сателлитная ~ *(в спектре)* satellite line

сверхпроводящая ~ задержки superconductive delay line

сверхструктурная ~ superstructure line

~ сверхтонкой структуры hyperfine line

~ связи communication line, communication link

~ связи Земля-космос uplink (communication system)

~ связи космос-Земля downlink (communication system)

секущая ~ secant (line)

~ сжатия Mach compression line

силовая ~ line of force, field line

сильная фраунгоферова ~ strong Fraunhofer line

~ симметрии symmetry line

синглетная ~ singlet line

сингулярная ~ singular line

~ синхронизации clock line

~ ската *мат.* line of steepest descent

~ скачка уплотнения shock line

~ скольжения slip [Lüders] line, slip band

~ **скольжения в виде логарифмической спирали** exponential spiral slip line
~ **скользящего отражения** glide reflection line
слабая ~ *(в спектре)* faint line
слоевая ~ *крист.* layer line
~ **смещения** displacement line
смещённая ~ *(в спектре)* displaced line
согласованная ~ **передачи** matched transmission line
~ **солидуса** solidus curve, solidus line
~ **спектра испускания** emission spectrum line
спектральная ~ spectral [spectrum] line
спиральная ~ spiral line, helix
сплошная ~ *(на рисунке)* solid [full] line
~ **спонтанного излучения** spontaneous emission line
спутниковая ~ **связи** satellite communication link
~ **сравнения** *(в спектре)* comparison line
~ **с распределёнными параметрами** distributed parameter [constant] line
средняя ~ mean [center] line
~ **с сосредоточенными параметрами** lumped parameter [constant] line
стеклянная ~ **задержки** glass delay line
~ **Стокса** *мат.* Stokes line
стоксова ~ *(в спектре)* Stokes line
~ **стыка** junction [joint] line
тангенциальная ~ tangential line
твердотельная ~ **задержки** solid delay line
теллурическая ~ telluric line
~ **течения** streamline, line of flow
~ **тока** streamline, line of flow
~ **тока в воздушном потоке** airflow line
~ **тока в потенциальном потоке** free [potential flow] streamline
~ **тока изэнтропического течения** isentropic streamline
~ **тока на поверхности** surface streamline
~ **тока, подходящая к передней критической точке** forward stagnation streamline
~ **тока у источника** source streamline
~ **тока у стока** sink streamline
трансаврoральная ~ transauroral line
~ **транспортировки пучка** beam transport line
~ **трёхфазного контакта** three-phase contact line
~ **удара** line of impact
узкополосная ~ **передачи** narrow-band transmission line
~ **узлов** line of nodes, nodal line
узловая ~ *(при колебаниях пластин)* nodal line
ультразвуковая ~ **задержки** ultrasonic delay line
~ **уплотнения Маха** Mach compression line
~ **упругого рассеяния** elastic scattering peak
~ **уровня** contour curve, level line
~ **уровня деформации сдвига** shear isoentatics
~ **уровня прогибов** deflection contour
~ **уровня углов наклона** slope contour
уширенная ~ *(в спектре)* broadened line

фазоманипулированная ~ **задержки** phase-manipulated delay line
ферритовая ~ **задержки** ferrite delay line
~ **ферромагнитного резонанса** ferromagnetic resonance line
фидерная ~ feeder, feed line
фокальная ~ focal line
~, **формирующая импульс** pulse-forming line
фраунгоферова ~ Fraunhofer line
характеристическая ~ characteristic line
хромосферная ~ chromospheric line
центральная ~ central line
центрированная ~ **скольжения** centered slip line
~ **центров** center line, line of centers
~ **центров давления** center-of-pressure line
цепная ~ *мат.* catenary curve, catenary line
цепочечная ~ **задержки** chain delay line
~ **Чернова - Людерса** Lüders [slip] line, slip band
чёткая ~ *(в спектре)* sharp line
широкополосная ~ **передачи** broadband transmission line
штриховая ~ dashed line
штрихпунктирная ~ dash(ed)-dot line
щелевая ~ slot(ted) line
эквипотенциальная ~ equipotential line
экранированная ~ **передачи** shielded transmission line
экситонная ~ excitonic line
электрическая ~ **задержки** electrical delay line
~ **электрической индукции** line of electric flux
электродипольная ~ *(в спектре)* electrodipole line
электростатическая силовая ~ electrostatic line of force
эмиссионная ~ emission line
линия-сателлит *ж. (в спектре)* satellite line
лиотропия *ж. физ. хим.* lyotropy
лиофилизация *ж. физ. хим.* lyophilization
лиофильность *ж. физ. хим.* lyophily
лиофобизация *ж.* lyophobization
лиофобность *ж. физ. хим.* lyophoby
липиды *мн. биол.* lipids
липкость *ж.* stickness; adhesiveness
липопротеид *м. биол.* lipoproteid
лист *м.* sheet
декартов ~ *мат.* foluim of Descartes, Cartesian foluim
~ **дисперсионной поверхности** dispersion surface sheet
магнитный ~ magnet sheet
~ **Мёбиуса** *мат.* Möbius band
мировой ~ world sheet
мировой искривлённый ~ curved world sheet
мировой ~ **струны** world sheet of the string
нефизический ~ unphysical sheet
нефизический ~ **S-матрицы** unphysical sheet of the S-matrix

риманов ~ Riemann sheet
~ римановской поверхности sheet of Riemann surface
физический ~ S-матрицы physical sheet of the S-matrix
литий *м.* lithium, Li
литография *ж. микр.* lithography
ионно-лучевая ~ ion-beam lithography
рентгеновская ~ X-ray lithography
электронно-лучевая ~ electron-beam lithography
литосфера *ж. геофиз.* lithosphere
литр *м.* litre, l
литье *с.* casting
вакуумное ~ vacuum casting
лишний *прил. (о связях в механике)* redundant
ЛОВ *физ. (лампа обратной волны)* backward-wave tube, BWT
релятивистская ~ relativistic BWT
ЛОВ-спектрометр *м.* BWT spectrometer
ЛОВ-спектроскопия *ж.* BWT spectroscopy
ловушка *ж. фпп, физ. пл.* trap
адиабатическая ~ adiabatic trap
адиабатическая магнитная ~ adiabatic magnetic [mirror, open-ended] trap
аксиально-несимметричная открытая ~ axially nonsymmetrical open trap
аксиально-симметричная амбиполярная ~ axially symmetrical ambipolar trap
акцепторная ~ acceptor trap
амбиполярная магнитная ~ ambipolar magnetic trap
быстрая ~ fast trap
вакуумная ~ vacuum trap
газодинамическая ~ gas-dynamic trap
газодинамическая магнитная ~ gas-dynamic magnetic trap
геомагнитная ~ geomagnetic trap
глубокая ~ deep trap
дырочная ~ hole trap
замкнутая магнитная ~ closed magnetic trap
заполненная ~ filled trap
~ заряженных частиц charged particle trap
зеркальная магнитная ~ mirror trap
изотопная ~ isotope trap
ионизованная ~ ionized trap
ионная ~ ion trap
конденсационная ~ condensation trap
корональная магнитная ~ coronal magnetic trap
магнитная ~ magnetic trap
магнитостатическая ~ magnetostatic trap
магнитоэлектрическая ~ magnetoelectric trap
медленная ~ slow trap
мелкая ~ shallow trap
многоуровневая ~ multiple-level trap
незаполненная ~ empty trap
нейтральная ~ neutral trap
~ нейтронов neutron trap
одноуровневая ~ single-level trap
оптическая ~ *(для атомов или ионов)* optical trap

открытая ~ *физ. пл.* open trap
открытая магнитная ~ open-ended [mirror] trap
охлаждаемая ~ cold [cooled] trap
~ Пеннинга *кв. эл.* Penning trap
плазменная ~ plasma trap
поверхностная ~ surface trap
~ Поля *кв. эл.* Paul trap
резонансная ~ resonance trap
рекомбинационная ~ recombination trap
свободная ~ empty trap
~ с гофрированным полем corrugated field trap
~ с магнитными пробками open-ended [mirror] trap
~ со встречными полями cusp geometry
стационарная магнитная ~ stationary magnetic trap
тепловая ~ thermal trap
тороидальная магнитная ~ toroidal magnetic trap
тороидальная мультипольная ~ toroidal multipole trap
электронная ~ electron trap
ловушка-галатея *ж.* galateya trap
логарифм *м.* logarithm
гибридный ~ *фвэ* hybrid logarithm
десятичный ~ decimal logarithm, lg
интегральный ~ integral logarithm
натуральный ~ natural [Napierian] logarithm, ln
логика *ж.* logic
адаптивная ~ adaptive logic
булева ~ Boolean logic
дискретная ~ discrete logic
лодка *ж.* boat
атомная подводная ~ atomic [atom-powered, nuclear-powered] submarine
лодочка *ж. крист.* boat
горизонтальная ~ horizontal boat
локализация *ж.* localization
андерсоновская ~ *фтт* Anderson localization
биологическая ~ biological localization
~ волновой функции wave function localization
избирательная ~ selective localization
инвариантная ~ invariant localization
~ источника звука sound localization
моттовская ~ Mott localization
оптическая ~ optical localization
~ особенностей localization of singularities
повторная ~ relocalization, retrapping
приближённая ~ approximate localization
пространственная ~ spatial localization
слабая ~ weak localization
точная ~ exact localization
угловая ~ angular localization
~ частицы particle localization
локализуемость *ж.* localizability
локальность *ж.* locality
~ взаимодействия interaction locality
~ действия locality of the action

строгая ~ strict locality
локальный *прил.* local
локатор *м.* radar, range finder
 акустический ~ acoustic sounder, sonar
 лазерный ~ laser radar, lidar
 оптический ~ optical radar
локация *ж.* location, radar, ranging
 активная ~ active location
 акустическая ~ acoustic radar
 лазерная ~ laser location, laser ranging
 лазерная ~ искусственных спутников satellite laser ranging
 лазерная ~ Луны lunar laser ranging
 оптическая ~ optical location, optical radar, optical ranging
 пассивная ~ passive location
ломаная *ж.* broken [polygonal] line
ломкость *ж.* fragility, frangibility
лопасть *ж.* blade
 ~ винта airscrew [propeller] blade
лопатк/а *ж.* blade, vane
 направляющие ~и guide [corner] vanes, baffles
 спрямляющие ~и fan straighteners, straightening vanes
лоренц-инвариант *м.* Lorentz invariant
лоренц-инвариантность *ж.* Lorentz invariance
лоренц-фактор *м.* *фвз* Lorentz factor
 ~ пучка Lorentz factor of a beam
лоуренсий *м.* Lawrencium, Lr
Луна *ж.* moon
 восходящая ~ ascending moon
 ~ в первой четверти waxing half moon
 ~ в последней четверти waning half moon
 ложная ~ *атм. опт.* parselena
 ~ на ущербе waning moon, old moon
 ущербная ~ waning moon, old moon
лунация *ж.* monthly phase cycle, lunation
лунка *ж.* *(при измерении твёрдости)* indentation
 метеоритная ~ meteorite pit, meteorite hole
лунный *прил.* lunar
луноход *м.* Lunokhod, moon rover
лупа *ж.* magnifying glass, lens
 апланатическая ~ aplanatic lens
луч *м.* *(в геометрической оптике, математике)* ray; *(пучок света, частиц)* beam ☐
 испускать ~ radiate [emit] the beam
 аксиальный ~ axial beam
 актиничные ~и actinic rays
 анодные ~и *мн.* anode rays; canal rays; positive rays
 ~и Беккереля *мн.* Becquerel rays
 боковой ~ marginal ray
 большой ~ *сэф* large streamer
 внеосевой ~ off-axis beam
 воспроизводящий ~ *(электронный)* imaging [viewing] beam
 восстанавливающий ~ *(в голографии)* reconstructing beam
 восстановленный ~ reconstructed beam

 вторичные космические ~и secondary cosmic rays
 выходящий ~ emergent ray, emergent beam
 галактические космические ~и galactic cosmic rays
 главный ~ principal ray
 двойной ~ double beam
 дифрагированный ~ diffracted beam, diffracted ray
 дифракционный отражённый ~ diffracted reflected beam, diffracted reflected ray
 дифракционный прошедший ~ diffracted transmitted beam, diffracted transmitted ray
 единичный ~ *мат.* unit ray
 жёсткие ~и hard rays
 записывающий ~ *(электронный)* writing beam
 звуковой ~ acoustic beam
 зелёный ~ *геофиз.* green flash; *(в лазере и т.п.)* green beam
 зеркально отражённый ~ specular ray
 интерферирующие ~и interfering rays
 инфракрасные ~и infrared rays
 искривлённый ~ *(света)* curved ray
 каналовые ~и canal [anode] rays
 катодные ~и cathode rays
 корональный ~ coronal ray, coronal streamer
 космические ~и cosmic rays
 косой ~ skew ray
 краевой ~ rim ray
 ~ лазера laser beam, laser ray
 ~и Ленарда Lenard rays
 ленточный ~ ribbon beam
 метагалактические космические ~и metagalactic cosmic rays
 модулированный ~ modulated beam
 монохроматический ~ monochromatic ray
 мягкие рентгеновские ~и soft X-rays
 мягкий ~ soft ray
 направленный ~ directed ray
 невидимые ~и invisible [obscure, ultraphotic] rays
 немонохроматический ~ heterochromatic ray
 необыкновенный ~ extraordinary ray
 ножевой ~ *(в интерферометрии)* knife-edge beam
 обращённый ~ reversed ray
 обыкновенный ~ ordinary ray
 объектный ~ *(в голографии)* object beam
 опорный ~ *(в голографии)* reference beam
 осесимметричный ~ axially symmetric beam
 основной ~ principal ray
 остаточные ~и residual rays
 острый ~ pencil [narrow] beam
 отклонённый ~ deflected beam
 отражённый ~ reflected ray, reflected beam
 ~, отражённый в обратном направлении back-reflected ray, back-reflected beam
 падающий ~ incident ray, incident beam
 параксиальный ~ paraxial ray
 параллельные ~и parallel [infinite] rays
 ~ Педерсена *радиофиз.* Pedersen ray

367

первичные космические ~и primary cosmic rays
поверхностный ~ surface ray
поляризованный ~ polarized beam
~и полярного сияния auroral rays
полярный ~ polar beam
преломлённый ~ refracted ray, refracted beam
прерывистый ~ chopped beam
прожекторный ~ *(антенны)* projecting ray
прошедший ~ transmitted beam, transmitted ray
~ радиолокатора radar beam
рассеянные рентгеновские ~и scattered X-rays
рассеянный ~ scattered ray, scattered beam
расфокусированный ~ defocused ray, defocused beam
расходящийся ~ divergent beam
расщеплённый ~ split beam
рентгеновские ~и X-rays
сверхжёсткие ~и ultrahard rays
~ света light ray, light beam
световой ~ light ray, light beam
секторообразный ~ sector-shaped beam
сканирующий ~ scanning beam
скользящий ~ grazing ray
смещённый ~ shifted [displaced, offset] beam
солнечные космические ~и solar cosmic rays
солнечные субкосмические ~и solar subcosmic rays
солнечный ~ sunbeam
сопряжённые ~и conjugate rays
~ с резким краем sharp-edge streamer
стирающий ~ *(электронный)* erasing beam
сфокусированный ~ focused ray
сходящийся ~ convergent beam
считывающий ~ *(электронный)* reading beam
тепловые ~и heat [thermal] rays
узкий ~ narrow [pencil] beam
ультрафиолетовые ~и ultraviolet rays
характеристические рентгеновские ~и characteristic X-rays
широкий ~ wide(-angle) beam
шлемовый ~ helmet streamer
экваториальный ~ equatorial streamer
электронный ~ electron ray, electron beam
лучеиспускание *с.* radiation, emission
лучепреломление *с.* refringence, refraction
двойное ~ birefringence, double refraction
двойное ~ в потоке flow [streaming] birefringence
искусственное двойное ~ artificial [induced] birefringence
круговое двойное ~ *(эффект Фарадея)* Faraday rotation
линейное двойное ~ *(эффект Коттона-Мутона)* Cotton-Mouton effect
магнитное двойное ~ magneto-optic effect
тройное ~ trirefringence
электрическое двойное ~ electro-optic effect

эллиптическое двойное ~ elliptical birefringence, elliptical double refraction
люк *м. опт.* port
входной ~ entrance port
выходной ~ exit port
~ Кирквуда *астр.* Kirkwood port
люкс *м. (единица освещённости СИ)* lux, lx
люксметр *м.* luxmeter
люмен *м. (единица светового потока СИ)* lumen, lm
~ на квадратный метр *(единица освещённости СИ)* lumen per square meter
люмен-секунда *ж.* lumen second, lm.s
люминесценция *ж.* luminescence
антистоксова ~ anti-Stokes luminescence
быстрозатухающая ~ fluorescence
вынужденная ~ stimulated luminescence
горячая ~ hot luminescence
длительная ~ phosphorescence
кооперативная ~ cooperative luminescence
краевая ~ edge luminescence
~ кристаллофосфоров luminescence of phosphor crystals
межзонная ~ *фпп* interband luminescence
метастабильная ~ metastable luminescence
молекулярная ~ molecular luminescence
низкотемпературная ~ low-temperature luminescence
параметрическая ~ parametric luminescence
~ полупроводников luminescence of semiconductors
поляризованная ~ polarized luminescence
поляритонная ~ polariton luminescence
~ растворов luminescence of solutions
резонансная ~ resonant luminescence
рекомбинационная ~ recombination luminescence
сенсибилизированная ~ sensitized luminescence
спонтанная ~ spontaneous luminescence
стоксова ~ Stokes luminescence
ударная ~ impact luminescence
ультразвуковая ~ ultrasonic luminescence
~ центров окраски luminescence of color centers
циркулярно поляризованная ~ circularly polarized luminescence
экситонная ~ exciton luminescence
люминофор *м.* phosphor; luminophor ☐ **активировать** ~ activate the phosphor
жидкий ~ liquid phosphor
многослойный ~ cascade [multilayer] phosphor
неорганический ~ inorganic phosphor
органический ~ organic phosphor
прозрачный ~ transparent phosphor
равноэнергетический ~ equal-energy phosphor
рентгеновский ~ X-ray phosphor
~ с быстрым затуханием short-persistence [rapid-decay, fast] phosphor
~ с длительным послесвечением long-persistence [slow] phosphor
сенсибилизированный ~ sensitized phosphor

~ с коротким послесвечением short-persistence [rapid-decay, fast] phosphor
сложный ~ multicomponent [composite] phosphor
~ с послесвечением persistent phosphor
лютеций *м.* lutecium, Lu
лямбда-гиперон *м.* lambda hyperon
лямбда-дублет *м.* lambda doublet
лямбда-метр *м.* lambda meter
лямбда-переход *м.* lambda transition
лямбда-резонансы *мн.* lambda resonances
лямбда-точка *ж.* lambda point
лямбда-удвоение *с. (уровней энергии молекул)* lambda doubling
лямбда-частица *ж.* lambda particle

М

магазин *м. (в измерительной технике)* box
~ ёмкостей capacitor box
~ сопротивлений resistance box
магистраль *ж. эл.* line
вакуумная ~ vacuum line
магнетизм *м.* magnetism
~ аморфных веществ amorphous magnetism
~ анизотропных веществ anisotropic magnetism
~ атомов atomic magnetism
галактический ~ galactic magnetism
геликоидальный ~ helicoidal magnetism
двумерный ~ two-dimensional magnetism
естественный ~ spontaneous [natural] magnetism
звёздный ~ stellar magnetism
земной ~ terrestrial magnetism, geomagnetism
зонный ~ band magnetism
кооперативный ~ cooperative [strong] magnetism
~ микрочастиц microparticle magnetism
~ молекул molecular magnetism
некооперативный ~ noncooperative [weak] magnetism
~, обусловленный перемещающимися электронами itinerant electron magnetism
орбитальный ~ orbital magnetism
остаточный ~ remanent [residual] magnetism, remanence
планетарный ~ planetary magnetism
поверхностный ~ surface magnetism
поляризационный ~ polarization magnetism
~ при конечных температурах finite-temperature magnetism
редкоземельный ~ rare earth magnetism
~ сверхпроводников magnetism of superconductors
сильный ~ strong [cooperative] magnetism
синглетный ~ singlet magnetism
слабый ~ weak [noncooperative] magnetism
собственный ~ intrinsic magnetism
солнечный ~ solar magnetism

спиновый ~ spin magnetism
фотоиндуцированный ~ photoinduced magnetism
хромосферный ~ chromospheric magnetism
ядерный ~ nuclear magnetism
магнетик *м.* magnet
актинидный ~ actinide magnet
аморфный ~ amorphous magnet
возвратный ~ reentrant magnet
вырожденный ~ degenerate magnet
геликоидальный ~ helical magnet
двухмерный ~ two-dimensional magnet
дипольный ~ dipole magnet
жёсткий ~ hard magnet
замороженный ~ quenched magnet
зонный ~ band magnet
изинговский ~ Ising magnet
кондовский ~ Kondo magnet
кристаллический ~ crystal magnet
кубический ~ cubic magnet
металлический ~ metallic magnet
многоподрешёточный ~ multi-sublattice magnet
неупорядоченный ~ disordered magnet
низкоразмерный ~ low-dimensional magnet
одномерный ~ one-dimensional magnet
орбитальный ~ orbital magnet
планарный ~ planar magnet
плёночный ~ thin-film magnet
разбавленный ~ diluted magnet
разупорядоченный ~ disordered magnet
редкоземельный ~ rare-earth magnet
~ с блуждающими электронами itinerant magnet
~ с коллективизированными электронами itinerant electron magnet
слоистый ~ layered magnet
~ с обменной анизотропией magnet with exchange anisotropy
спечённый ~ sintered magnet
спиновый ~ spin magnet
фрустрированный ~ frustrated magnet
хаотический ~ random magnet
магнетит *м.* magnetite
магнетон *м.* magneton
~ Бора Bohr [electronic] magneton
электронный ~ electronic [Bohr] magneton
эффективный ~ Бора effective Bohr magneton
ядерный ~ nuclear magneton
магнетоплумбит *м.* magnetoplumbit
магнетосопротивление *с.* magnetoresistance
анизотропное ~ anisotropic magnetoresistance
аномальное ~ anomalous magnetoresistance
гигантское ~ giant magnetoresistance
гигантское отрицательное ~ giant negative magnetoresistance
изотропное ~ isotropic magnetoresistance
классическое ~ classic magnetoresistance
ориентационное ~ orientation magnetoresistance
отрицательное ~ negative magnetoresistance
положительное ~ positive magnetoresistance

поперечное ~ transverse magnetoresistance
продольное ~ longitudinal magnetoresistance
~ **ферромагнетика** magnetoresistance of ferromagnet
магнетохимия *ж.* magnetochemistry
магнетоэлектрет *м.* magnetoelectret
магнетрон *м.* magnetron
  импульсный ~ pulsed magnetron
  ионный ~ ion magnetron
  коаксиальный ~ coaxial magnetron
  многорезонаторный ~ multiresonator [multicavity] magnetron
  ~, **настраиваемый напряжением** voltage-tunable magnetron, mitron
  непрерывный ~ continuous-wave [CW] magnetron
  обращённый ~ inverted [external-cathode] magnetron
  обращённый коаксиальный ~ inverted coaxial magnetron
  пакетированный ~ packaged magnetron
  перестраиваемый ~ tunable magnetron
  разнорезонаторный ~ rising-sun magnetron
  релятивистский ~ relativistic magnetron
  ~ **сантиметрового диапазона** microwave magnetron
  ~ **с нейтральным анодом** neutral-anode magnetron
  ~ **со связками** strapped magnetron
  ~ **с подстройкой частоты** tunable magnetron
  ~ **с холодным катодом** cold-cathode magnetron
  щелевой ~ slot [slit] magnetron
магний *м.* magnesium, Mg
магнит *м.* magnet
  анализирующий ~ analyzing magnet
  безжелезный ~ air-core magnet
  брусковый ~ bar magnet
  возбуждающий ~ field [actuating] magnet
  вспомогательный ~ auxiliary magnet
  гибридный ~ hybrid magnet
  ~ **для отклонения пучка** beam deflecting magnet
  ~ **для фокусировки пучка** beam focusing magnet
  естественный ~ natural magnet
  железный ~ iron magnet
  импульсный ~ pulsed [fast] magnet
  квадрупольный ~ quadrupole magnet
  клинообразный ~ wedge magnet
  кольцевой ~ annular magnet
  кольцеобразный ~ ring-shaped magnet
  корректирующий ~ beam-positioning magnet
  криогенный ~ cryogenic magnet
  многополюсный ~ multipolar magnet
  неправильно установленные ~ы misaligned magnets
  отклоняющий ~ beam-bending [deflecting] magnet
  пластинчатый ~ laminated magnet
  подковообразный ~ horseshoe [C-shaped] magnet
  постоянный ~ permanent magnet

прецизионный ~ precise magnet
радиально-секторный ~ radial-sector magnet
развёртывающий ~ sweeping magnet
разделительный ~ separating magnet
редкоземельный постоянный ~ rare-earth permanent magnet
сверхпроводящий ~ superconducting magnet
секторный ~ sector magnet
согласующий ~ matching magnet
~ **со слоистым сердечником** laminated magnet
~ **со стальным сердечником** iron-core magnet
спектрометрический ~ spectrometer magnet
спирально-секторный ~ spiral-sector magnet
сплошной ~ solid [continuous, undivided] magnet
стержневой ~ bar magnet
~ **стоп-стержня** scram-rod magnet
тороидальный ~ toroidal magnet
ударный ~ *(в ускорителе)* kicker magnet
удерживающий ~ holding magnet
управляющий ~ steering magnet
фокусирующий ~ focusing magnet
элементарный ~ elementary magnet
юстировочный ~ positioning magnet
Н-образный ~ H-shaped magnet
Н-образный ~ **с двойным обратным проводом** H-type frame with dual return circuit
магнитоакустика *ж.* magnetoacoustics
магнитогазодинамика *ж.* magnetic gas dynamics
магнитогидродинамика *ж.* magnetic hydrodynamics
магнитограмма *ж.* magnetogram
магнитограф *м.* magnetograph
  солнечный ~ solar magnetograph
магнитодержатель *м.* magnet support
магнитодинамика *ж.* magnetodynamics
магнитодиод *м.* magnetodiode
магнитодихрометр *м.* magnetodichrometer
магнитодиэлектрик *м.* magnetodielectric
магнитоимпеданс *м.* magnetic impedance, magnetoimpedance
  гигантский ~ giant magnetic impedance
магнитометр *м.* magnetometer
  абсолютный ~ absolute magnetometer
  астатический ~ astatic magnetometer
  бифилярный ~ bifilar magnetometer
  векторный ~ vector [three-axis] magnetometer
  вертикальный ~ vertical (field) magnetometer
  вибрационный ~ vibrating-coil magnetometer
  волоконно-оптический ~ fiber-optical magnetometer
  ~ **вращательного момента** torque magnetometer
  гальваномагнитный ~ galvanomagnetic magnetometer
  гелиевый ~ helium magnetometer
  горизонтальный ~ horizontal (field) magnetometer
  дефлекторный ~ deflection magnetometer
  ~ **Дюбуа** Du Bois magnetometer
  индукционный ~ coil [induction] magnetometer

квантовый ~ quantum magnetometer
квантовый ~ **нерезонансного типа** quantum magnetometer of nonresonance type
квантовый ~ **с оптической накачкой** optically pumped quantum magnetometer
кварцевый ~ quartz magnetometer
компенсационный ~ compensation magnetometer
крутильный ~ torque magnetometer
магнитомеханический ~ moving-magnet magnetometer
магнитооптический ~ magnetooptic magnetometer
магнитостатический ~ magnetostatic magnetometer
маятниковый ~ pendulum magnetometer
~ **на основе СКВИДа** SQUID magnetometer
относительный ~ relative magnetometer
протонный ~ proton magnetometer
резонансный ~ resonance magnetometer
рубидиевый ~ rubidium magnetometer
сверхпроводящий ~ superconducting magnetometer
~ **с вибрирующим образцом** vibrating sample magnetometer
скалярный ~ scalar magnetometer
~ **с оптической накачкой** optically pumped magnetometer
тензорный ~ tensor magnetometer
тонкоплёночный ~ thin-film magnetometer
феррозондовый ~ fluxgate magnetometer
~ **Ханле** Hanle magnetometer
электродинамический ~ electrodynamic magnetometer
электромагнитный ~ electromagnetic magnetometer
ядерно-прецессионный ~ nuclear precession magnetometer
ядерный ~ nuclear magnetometer
ЯМР ~ NMR [proton quantum] magnetometer
магнитометрия *ж.* magnetometry
квантовая ~ quantum magnetometry
прикладная ~ applied magnetometry
сверхчувствительная ~ supersensitive magnetometry
магнитооптика *ж.* magnetooptics
магнитоотражение *с.* magnetoreflection
экситонное ~ excitonic magnetoreflection
магнитопауза *ж.* *сэф* magnetopause
магнитоплазма *ж.* magnetoplasma
многокомпонентная ~ multicomponent magnetoplasma
столкновительная ~ collisional magnetoplasma
магнитополяриметр *м.* magnetopolarimeter
магнитопровод *м.* magnetic circuit
железный ~ iron magnetic circuit
магниторезистор *м.* magnetoresistor
магнитореология *ж.* magnetoreology
магнитослой *м.* magnetosheath
магнитосопротивление *с.* *(подробнее см.* **магнетосопротивление***)* magnetoresistance

магнитоспектроскопия *ж.* magnetospectroscopy
магнитостатика *ж.* magnetostatics
~ **сверхпроводников** magnetostatics of superconductors
магнитострикция *ж.* magnetostriction
вынужденная ~ forced magnetostriction
вынужденная объёмная ~ forced volume magnetostriction
гигантская ~ giant magnetostriction
истинная ~ true magnetostriction
линейная ~ linear magnetostriction
обменная ~ exchange magnetostriction
объёмная ~ volume [bulk] magnetostriction
поперечная ~ transverse magnetostriction
продольная ~ longitudinal magnetostriction
самопроизвольная ~ spontaneous magnetostriction
спонтанная ~ spontaneous magnetostriction
магнитосфера *ж.* magnetosphere
внешняя ~ outer magnetosphere
внутренняя ~ inner magnetosphere
возмущённая ~ distorted magnetosphere
звёздная ~ stellar magnetosphere
~ **Земли** Earth magnetosphere
~ **планеты** planet(ary) magnetosphere
~ **пульсара** pulsar magnetosphere
спокойная ~ quiet magnetosphere
магнитотермоэдс *ж.* magnetothermoelectric power
продольная ~ longitudinal magnetothermoelectric power
магнитофон *м.* magnetic tape recorder
магнитохимия *ж.* magnetochemistry
магнитоэллипсометр *м.* magnetoellipsometer
магнитоэнцефалография *м.* magnetoencephalography
магнон *м.* magnon; spin wave
запрещённый ~ forbidden magnon
когерентные ~**ы** coherent magnons
объёмный ~ bulk magnon
поверхностный ~ surface magnon
связанный ~ bounded magnon
мазер *м.* maser *(Microwave Amplification by Stimulated Emission of Radiation)*
акустический ~ acoustic maser
альвеновский ~ Alfvén maser
аммиачный ~ ammonia maser
~ **бегущей волны** traveling-wave maser
водородный ~ hydrogen maser
галактический ~ galactic maser
двухуровневый ~ two-level maser
диэлектрический черенковский ~ dielectric Cherenkov maser
импульсный ~ pulsed maser
космический ~ space maser
многорезнаторный ~ multiple-cavity maser
молекулярный ~ molecular maser
~ **на атомном пучке** atomic-beam maser
~ **на горячих дырках** *(в германии)* hot hole maser
~ **на гранате** garnet maser

насыщенный ~ saturated maser
~ на твёрдом теле solid state maser
~ на циклотронном резонансе (МЦР) cyclotron-resonance maser
~ на циклотронном резонансе дырок с отрицательными массами negative mass hole maser
одномодовый ~ single mode maser
однорезонаторный ~ single cavity maser
околозвёздный ~ circumstellar maser
оптический ~ *(иногда употребляется вместо термина «лазер»)* optical maser
отражательный ~ reflection(-type) maser
парамагнитный ~ paramagnetic maser
плазменный ~ plasma maser
полупроводниковый ~ semiconductor maser
рубиновый ~ ruby maser
сверхизлучающий ~ superradiating maser
~ с лазерной накачкой laser-pumped maser
~ с оптической накачкой optically pumped maser
~ с радиативной накачкой radiatively pumped maser
сферический ~ spherical maser
твердотельный ~ solid-state maser
трёхуровневый ~ three-level maser
узкополосный ~ narrow-band maser
фононный ~ phonon maser
черенковский ~ Cherenkov maser
четырёхуровневый ~ four-level maser
широкополосный ~ broadband maser
мазер-эффект *м.* maser action
майлар *м.* mylar
майорон *м.* *(безмассовая скалярная частица)* majoron
макровязкость *ж.* macroviscosity
макрография *ж.* macrography
макрозерно *с.* macrograin
макрокинетика *ж.* macrokinetics
структурная ~ structural macrokinetics
~ химических реакций macrokinetics of chemical reactions
макрокомпонент *м.* macrocomponent
макроконцентрация *ж.* macroscopic concentration
макрокоррозия *ж.* macrocorrosion
макромир *м.* macrouniverse
макромолекула *ж.* macromolecule
белковая ~ protein macromolecule
гетероцепная ~ heterochain macromolecule
гибкоцепная ~ flexible chain macromolecule
гомоцепная ~ homochain macromolecule
жёсткоцепная ~ rigid chain macromolecule
кольцевая ~ ring macromolecule
линейная ~ linear macromolecule
неразветвлённая ~ nonbranched macromolecule
полиамфолитная ~ polyampholitic macromolecule
полиэлектролитная ~ polyelectrolitic macromolecule
разветвлённая ~ branched macromolecule

макронапряжение *с.* macrostress
макронеустойчивость *ж.* macroinstability
~ плазмы plasma macroinstability
макрообразец *м.* bulk specimen
макроописание *с.* macrodescription
макроось *ж. крист.* macroaxis
макропараметр *м.* macroparameter
макрополе *с.* macrofield
макропроцесс *м.* large-scale process
макрорадиография *ж.* macroradiography; macroradiograph
макрореология *ж.* macrorheology
макросегрегация *ж.* macrosegregation
макросейсмы *мн.* macroseisms
макросистема *ж.* macrosystem
макроскопический *прил.* macroscopic
макроспикула *ж.* macrospicule
макроструктура *ж.* macroscopic structure, macrostructure
макроступень *ж.* macrostep
макротурбулентность *ж.* macroturbulence
макрофотография *ж.* macrophotography
макрофотоснимок *м.* macrograph, macrophotograph
макрочастица *ж.* macroparticle
макрошлиф *м.* macrosection
максвелл *м.* maxwell, Mx
максвеллизация *ж. (функции распределения)* maxwellization
максимум *м.* maximum; peak
абсолютный ~ absolute maximum
~ блеска *(переменной)* maximum light
~ Брейта - Вигнера Breit-Wigner peak
~ Брэгга Bragg peak, Bragg maximum
брэгговский ~ Bragg peak, Bragg maximum
главный ~ *опт.* principal maximum; *(диаграммы направленности)* major maximum
дифракционный ~ *крист.* diffraction maximum, diffraction peak
зеркальный ~ mirror peak
~ интенсивности intensity maximum
интерференционный ~ interference maximum
~ ионизации *(в ионосфере)* ionization maximum
~ Льюиса Lewis peak
нулевой ~ *опт.* zeroth [central] maximum
нулевой дифракционный ~ central diffraction maximum
остаточный ~ residual peak
острый ~ sharp maximum
~ отравления poison peak
побочный ~ subsidiary maximum
~ поглощения maximum absorption
~ Пфотцера *(в атмосфере)* Pfotzer maximum
размытый ~ broad peak, diffuse maximum
~ рассеяния вперёд forward peak
резкий ~ spike, sharp maximum
резкий температурный ~ thermal spike
~ резонансного поглощения resonance absorption peak
резонансный ~ resonance peak

смещённый ~ displaced maximum
~ **солнечной активности** solar maximum
температурный ~ thermal peak
теневой ~ shadow peak
центральный ~ central maximum
~ **числа солнечных пятен** sunspot maximum
~ **яркости полосы** band crest
маловязкий *прил.* low-friction, low-viscosity, limpid
малоинерционный *прил.* quick-response
малоцикловый *прил. (об усталости, испытаниях)* low-cycle
малочувствительный *прил.* low-sensitive
малый *прил. мат.* small
  бесконечно ~ infinitely small, infinitesimal
  исчезающе ~ vanishingly small
  пренебрежимо ~ negligible, negligibly small
манганин *м.* manganin
манипулирование *с.* manipulation, handling
  дистанционное ~ remote manipulation, remote handling
  полудистанционное ~ semiremote manipulation, semiremote handling
  ручное ~ manual manipulation
манипулятор *м. яф* manipulator
  ~ **ближнего действия** handler
  вставной ~ plug-in manipulator
  гидравлический ~ hydraulic manipulator, hydroman
  дистанционный ~ remote manipulator
  ~ **для больших нагрузок** heavy-duty manipulator
  ~ **для небольших нагрузок** light-duty manipulator
  координатный ~ rectilinear manipulator
  копирующий ~ master-slave manipulator
  навесной ~ overhead manipulator
  ~ **общего назначения** general-purpose manipulator
  ~, **отражающий усилие** force-reflecting manipulator
  подводный ~ underwater manipulator
  потолочный ~ overhead manipulator
  ~ **с дистанционным управлением** remote-control manipulator
  ~ **со сферическим шарниром** ball manipulator
  стержневой ~ "through-the-wall" manipulator
  ~ **с электронным управлением** electronically controlled manipulator
  универсальный ~ multipurpose [general-purpose] manipulator
  шлицевой ~ castle-type manipulator
манипуляция *ж. (вид модуляции)* manipulation
  амплитудная ~ amplitude manipulation
  двухпозиционная фазовая ~ two-position phase manipulation
  фазовая ~ phase manipulation
  четырёхпозиционная фазовая ~ four-position phase manipulation
манометр *м.* manometer, pressure gauge

альфа-ионизационный ~ alpha-ionization manometer
~ **Байарда - Альперта** Bayard-Alpert gauge
~ **Бурдона** Bourdon (tube) pressure gauge
вакуумный ~ vacuum gauge, vacuummeter
водяной ~ water pressure gauge
дифференциальный ~ *(см. тж дифманометр)* differential manometer
жидкостный ~ liquid-column [hydrostatic] manometer
избирательный ионизационный ~ selective ionization gauge
ионизационный ~ ionization gauge, ionization manometer
ионизационный ~ **с накоплением** backing-space ionization gauge
колокольный ~ bell pressure gauge, bell-type manometer
кольцевой ~ ring-balance manometer
~ **Мак-Леода** McLeod gauge
мембранный ~ diaphragm pressure gauge
механический ~ elastic element pressure gauge
молекулярный вакуумный ~ molecular vacuum gauge
~ **Пирани** Pirani [hot-wire] gauge
~ **Пирани с накоплением** backing-space hot-wire gauge
поплавковый ~ float-type manometer
поршневой ~ dead-weight [piston] pressure gauge
потенциометрический ~ potentiometric [rheostatic] pressure gauge
пружинный ~ elastic [spring-type] pressure gauge
пьзоэлектрический ~ piezoelectric pressure gauge
радиометрический ~ radiometer manometer
ртутный ~ mercury pressure gauge
самопишущий ~ pressuregraph
~ **с вялой мембраной** limp-diaphragm pressure gauge
сильфонный ~ bellows pressure gauge
~ **с открытой трубкой** open manometer
тепловой ~ hot-wire [Pirani] gauge
термоэлектрический ~ thermocouple pressure gauge
~ **Филлипса** Phillips ion gauge
электрический ~ electric pressure gauge
электромагнитный ~ electromagnetic manometer
электронный ~ electronic manometer
манометрический *м.* manometric
мантисса *ж.* mantissa
мантия *ж. геофиз.* mantle
  верхняя ~ upper mantle
  ~ **Земли** Earth mantle
  плазменная ~ *(пограничный слой)* plasma mantle
марганец *м.* manganese, Mn
маркер *м.* marker
маркировка *ж.* labeling

лазерная ~ атомов (и молекул) *ж.* laser labeling of atoms (and molecules)
   радиоактивная ~ radioactive labeling, radioactive tagging
Марс *м.* Mars
марсианский *прил.* martian
мартенсит *м.* martensite
   поверхностный ~ surface martensite
маршрут *м.* route
   ~ реакции reaction route
маска *ж. эл. микр.* mask
   защитная ~ protective mask
   теневая ~ shadow mask
маскировка *ж.* masking
   ~ звука audio masking
масло *с.* oil
   вакуумное ~ vacuum oil
   закалочное ~ annealing [hardening, quenching] oil
   иммерсионное ~ immersion oil
масс/а *ж.* mass☐ **в замкнутой системе полная ~ сохраняется** the total mass in a closed system is constant; **в общей ~e** in bulk; **переменной ~ы** of variable mass; **по ~e** by mass
   активная ~ active mass
   аморфная ~ amorphous mass
   ~ античастицы antiparticle mass
   ~ атома atomic mass
   атомная ~ atomic mass
   бесконечная ~ infinite mass
   ~ больше критической supercritical mass
   вириальная ~ *(в космологии)* virial mass
   воздушная ~ *(напр. Земли)* air mass
   вращающаяся ~ gyrating [spinning] mass
   вырожденная ~ degenerate mass
   ~ галактики galaxy mass
   ~ гиперона hyperon mass
   главная ~ *(метеорита)* principal [main] mass; largest particle
   «голая» ~ bare masse
   горячая скрытая ~ hot dark matter
   гравитационная ~ gravitating [gravitational] mass
   гравитирующая ~ gravitating mass
   действующая ~ active mass
   ~ Джинса *(в космологии)* Jeans mass
   дираковская ~ Dirac mass
   дираковская ~ нейтрино Dirac neutrino mass
   ~ дырки hole mass
   единичная ~ unit mass
   жидкая ~ fluid mass
   затравочная ~ bare mass
   ~ звезды stellar mass
   избыточная ~ extra mass
   ~ изотопа isotopic mass
   инертная ~ inert [inertial] mass
   инерциальная ~ inertial mass
   ~ иона ionic mass
   истинная ~ ядра true nuclear mass
   конечная ~ finite mass

конституентная ~ constituent mass
космологическая скрытая ~ cosmological hidden mass
критическая ~ critical [limiting] mass, mass limit
критическая ~ колец Сатурна critical mass of Saturn rings
критическая джинсовская ~ *астр.* critical Jeans mass
майорановская ~ Majorana mass
майорановская ~ нейтрино Majorana neutrino mass
~ материальной точки mass of a particle
~ мезона meson(ic) mass
~ механической системы mass of system
~ молекулы molecular mass
надкритическая ~ above-crtical [supercritical] mass
небарионная скрытая ~ nonbaryonic hidden mass
недиагональная ~ nondiagonal mass
недостающая ~ missing mass
~ нейтрино neutrino mass
~ нейтрона neutron mass, mass of neutron
неподвижная ~ stationary mass
неуравновешенная ~ unbalanced mass
нечётная ~ odd mass
нулевая ~ zero [vanishing] mass
нулевая ~ покоя zero rest mass
обратная ~ reciprocal mass
основная ~ great bulk
основная ~ продуктов деления gross fission products
отрицательная эффективная ~ negative effective mass
переменная ~ variable mass
планковская ~ Planck(ian) mass
подкритическая ~ sub-critical mass
~ покоя rest mass, mass at rest
полная ~ total mass
поперечная ~ transverse mass
~ по физической шкале mass on physical scale
~ по химической шкале mass on chemical scale
предельная ~ critical [limit] mass
пренебрежимо малая ~ negligible mass
приведённая ~ reduced mass
присоединённая ~ virtual [associated, additional, apparent] mass
продольная ~ longitudinal mass
~ протона proton mass
распределённая ~ distributed mass
релятивистская ~ relativistic mass
сверхкритическая ~ supercritical [above-critical] mass
скрытая ~ *астр.* hidden mass
скрытая ~ Галактики hidden mass in the Galaxy
~, совершающая возвратно-поступательное движение reciprocating mass
сосредоточенная ~ localized mass

сохраняющаяся ~ conserved mass
спиновая ~ электрона spin electron mass
стартовая ~ *(космического аппарата)* launching mass
~ струи flow mass
~ тела mass of a body
точечная ~ mass point, point mass
тяжёлая ~ heavy mass
физическая ~ physical mass
холодная скрытая ~ cold dark matter
циклотронная ~ cyclotron mass
~ частицы particle mass, mass of a particle
чётная ~ even mass
эквивалентная ~ equivalent mass
электромагнитная ~ electromagnetic mass
~ электрона electron(ic) mass
эффективная ~ effective mass
~ ядра nuclear mass
масс-анализатор *м. (см. тж.* масс-спектрометр*)* mass analyser
~ вторичных ионов secondary ion mass analyser
масс-диффузия *ж.* mass diffusion
масс-дублет *м.* mass doublet
массив *м.* array
глобальный ~ global array
~ данных data array
массивный *прил.* massive; *(сплошной)* solid
массообмен *м.* mass transfer
массопередача *ж.* mass transfer
массоперенос *м.* mass transfer
диффузионный ~ diffusion mass transfer
макроскопический ~ macroscopic mass transfer
масс-сепаратор *м.* mass separator
двухкаскадный ~ two-stage mass separator
масс-спектр *м.* mass spectrum
масс-спектрограмма *ж.* mass spectrogram
масс-спектрограф *м.* mass spectrograph
масс-спектрометр *м.* mass spectrometer, mass analyser
аналитический ~ analytical mass spectrometer
времяпролётный ~ time-of-flight mass spectrometer
~ высокого разрешения high-resolution mass spectrometer
высокочастотный ~ high-frequency [radio frequency] mass spectrometer
динамический ~ dynamic mass spectrometer
изотопный ~ isotope mass spectrometer
импульсный ~ pulse mass spectrometer
квадрупольный ~ quadrupole mass spectrometer
магнитно-резонансный ~ magnetic resonance mass spectrometer
многолучевой ~ multipassage mass spectrometer
~ Нира Nier mass spectrometer
радиочастотный ~ radio-frequency mass spectrometer
резонансный ~ resonant mass spectrometer

~ с двойной фокусировкой double-focusing mass spectrometer
~ с перекрещивающимися полями crossed-field mass spectrometer
статический ~ static mass spectrometer
трохоидальный ~ trochoidal mass spectrometer
циклотронно-резонансный ~ cyclotron resonance mass spectrometer
масс-спектрометрия *ж.* mass spectrometry
~ вторичных ионов secondary ion mass spectrometry, SIMS
лазерная ~ laser mass spectrometry
лазерная десорбционная ~ laser desorption mass spectrometry
лазерная микроаналитическая ~ laser microanalytical mass spectrometry
лазерная фотоионизационная ~ laser photo-ionization mass spectrometry
~ молекул molecular mass spectrometry
масс-спектроскопия *ж.* mass spectroscopy, mass spectroscopic analysis
~ вторичных ионов secondary ion mass spectroscopy
масштаб *м.* scale; *(в астрофотографии)* scale factor ◻ без соблюдения ~а not to scale; в ~е to scale; не в ~е not to scale
атомный ~ atomic scale
внешний ~ турбулентности external [outer, fundamental] scale of turbulence
внутренний ~ турбулентности microscale of turbulence, inner scale of turbulence
~ы Вселенной scale of the Universe
~ галактики scale of galaxy
двойной логарифмический ~ log-log scale
~ изображения image scale
колмогоровский ~ Kolmogorov scale
космический ~ cosmic scale
крупный ~ large scale
лабораторный ~ laboratory scale
линейный ~ linear scale
логарифмический ~ logarithmic scale
натуральный ~ full scale
~ неоднородности scale of inhomogeneity
~ обрезания cut-off scale
основной ~ турбулентного движения fundamental [external] scale of turbulence
~ по горизонтали horizontal scale
полулогарифмический ~ semilogarithmic scale
поперечный ~ transversal scale
пространственный ~ spatial scale
~ турбулентности scale of turbulence
~ турбулентности Лагранжа Lagrangian scale of turbulence, Lagrangian turbulence scale
~ турбулентности Эйлера Eulerian scale of turbulence; Eulerian turbulence scale
характерный ~ typical scale
характерный ~ изменения магнитного поля typical scale of magnetic field variation
численный ~ numerical scale
ядерный ~ nuclear scale

масштабирование *с.* *(изменение размеров)* scaling

математика *ж.* mathematics
высшая ~ higher mathematics

материал *м.* material
абразивный ~ abrasive (material); grinding material
~ активной зоны core material
активный ~ active material
акустический ~ acoustical material
акустооптический ~ acousto-optic material
аллотропный ~ allotropic material
аморфный ~ amorphous material
анизотропный ~ anisotropic material
антикоррозионный ~ anticorrosive material
антисегнетоэлектрический ~ antiferroelectric material
антиферромагнитный ~ antiferromagnetic material
антифрикционный ~ antifrictional material
армированный ~ reinforced material
~, армированный волокном fiber-reiforced material
водостойкий ~ waterproof material
волокнистый ~ fibrous material
воспроизводящий ~ breeder material
вспомогательный ~ accessory materials
вяжущий ~ binder, binding material
вязкоупругий ~ viscoelastic material
герметизирующий ~ sealing material
гиперупругий ~ hyperelastic material
графитированный ~ graphitized material
графитсодержащий ~ graphite-bearing material
гуков ~ Hookean material
делящийся ~ fissionable [fissile] material
деформированный ~ strained material
дисперсно-упрочнённый ~ dispersion-hardened material
диэлектрический ~ dielectric (material)
~ для оболочки canning material
~ для отражателя reflector material
~ для покрытия cladding material
~ для управляющих стержней control-rod material
~ для ядерного реактора reactor [pile] material
жаропрочный ~ heat resistant material
жёсткий магнитный ~ hard magnetic material
жёсткопластический ~ rigid-plastic material
затравочный ~ seeding material
защитный ~ protective [shielding] material
звукоизоляционный ~ sound-insulating material
звукопоглощающий ~ sound-absorbing material
идеально пластичный ~ perfectly plastic material
идеальный жёсткопластичный ~ perfectly plastic rigid material
износостойкий ~ wear-resistant material
изоляционный ~ insulator material
изопериодический ~ *фпп* isoperiodic material

изотропный ~ isotropic material
инертный ~ inert material
искусственный радиоактивный ~ man-made [artificial] radioactive material
капиллярно-пористый ~ capillary-porous material
каучукообразный ~ rubber-like material
керамический ~ ceramic material
когезионно-прочный ~ cohesively strong material
когезионно-слабый ~ cohesively weak material
композиционный ~ composite (material)
композиционный ~ с упорядоченными волокнами aligned fibrous composite
консервационный ~ conservation material
конструкционный ~ structural material
контактный ~ contact material
коррозионно-стойкий ~ corrosion-resistant material
кристаллический ~ crystalline material
люминесцирующий ~ fluorescent material
магнитный ~ magnetic material
магнитодиэлектрический ~ magnetodielectric material
магнитомягкий ~ soft magnetic material
магнитооптический ~ magneto-optic material
магнитострикционный ~ magnetostrictive material
магнитотвёрдый ~ hard magnetic material
металлокерамический ~ cermet
~ мишени target material
многослойный ~ multilayer material
~ Муни Mooney material
~ Муни - Ривлина Mooney material
мягкий магнитный ~ soft magnetic material
набивочный ~ packing [jointing, stuffing] material
наблюдательный ~ observational material
нанофазный ~ nanophase material
некристаллический ~ noncrystalline material
нелинейный ~ *опт.* nonlinear material
немагнитный ~ nonmagnetic material
неметаллический ~ nonmetallic material
необработанный ~ raw material
неоднородный ~ heterogeneous material
несжимаемый ~ incompressible material
облицовочный ~ facing material
облучённый ~ irradiated material
обогащённый ~ enriched material
~, обогащённый изотопами isotope enriched material
обожжённый ~ roasted material
огнеупорный ~ refractory material
однородный ~ homogeneous material
оптический ~ optical material
органический ~ organic material
ортотропный ~ orthotropic material
отравляющий ~ poisonous material
парамагнитный ~ paramagnetic material
пироэлектрический ~ pyroelectric material
пластично-вязкий ~ yielding material
пластичный ~ ductile [plastic] material

поверхностно-активный ~ surface active material
повторно используемый ~ recycled material
поглощающий ~ absorbing material
поликристаллический ~ polycrystalline material
полимерный ~ polymer material
полупроводниковый ~ semiconductor material
пористый ~ porous material
порошковый ~ powder material
примесный ~ impurity material
природный ~ natural material
проводящий ~ conducting material
псевдопластичный ~ pseudo-plastic material
пьезокерамический ~ piezoceramic material
пьезомагнитный ~ piezomagnetic material
пьезоэлектрический ~ piezoelectric material
радиоактивный ~ radioactive material
разнородные ~ы dissimilar materials
растекающийся ~ yielding material
расщепляющийся ~ fissionable [fissile] material
реакционноспособный ~ reactive material
самосмазывающийся ~ self-lubricating material
сверхпроводящий ~ superconducting material
светочувствительный ~ light-sensitive material
сегнетоэлектрический ~ ferroelectric material
слабопоглощающий ~ low-absorption [low-capture] material
слоистый ~ laminated [layered, sandwich] material
спечённый ~ sintered material
стеклокристаллический ~ glass ceramic
сыпучий ~ free-flowing [bulk] material
текстурированный ~ *фтт* textured material
теплоизоляционный ~ heat-insulating material
теплопоглощающий ~ heat-absorbing material
теплопроводный ~ heat-conducting material
теплостойкий ~ heat resistant [heat stable, heatproof] material
термовязкоупругий ~ thermoviscoelastic material
термомагнитный ~ thermomagnetic material
термообработанный ~ heat-treated material
термопластичный ~ thermoplastic material
термореактивный ~ thermosetting material
технический ~ engineering material
токсичный ~ toxic material
углеродистый ~ carbonaceous material
углеродный ~ carbon-base material
ударопрочный ~ impact material
уплотнительный ~ sealing [packing, stuffing] material
упрочняющийся ~ strain-hardening material
~, **упрочняющийся по степенному закону** power law hardening material
упругий ~ elastic material
упруго-пластический ~ elasto-plastic material
урансодержащий ~ uranium-bearing material
ферримагнитный ~ ferrimagnetic material
ферромагнитный ~ ferromagnetic material
формовочный ~ moulding material

фотографический ~ photographic material
фотопроводящий ~ photoconductive material
фотоупругий ~ photoelastic material
фотохромный ~ photochromic material
фотохромогенный ~ photochromogeneous material
фоточувствительный ~ photosensitive material
фрикционный ~ frictional material
фрикционный асбополимерный ~ frictional asbestos-polymer material
фрикционный безасбестовый ~ frictional nonasbestos material
фрикционный спечённый ~ frictional sintered material
фрикционный углерод-углеродный ~ frictional carbon-carbon material
хрупкий ~ brittle material
~, **чувствительный к скорости деформирования** strain rate sensitive material
экзотический ~ exotic material
экранирующий ~ shielding material
электроизоляционный ~ electroinsulating material; electrical insulator
электроконтактный ~ electrocontact material
электрооптический ~ electro-optic(al) material
электропроводящий ~ current-conducting material
ядерные сырьевые ~ы nuclear raw [nuclear source] materials
материализация *ж.* materialization
материаловедение *с.* material science
радиационное ~ radiative study of materials
триботехническое ~ tribo-engineering material science
материальный *прил.* material
материк *м.* continent
материя *ж.* matter
адронная ~ hadronic matter
взаимодействующая ~ interacting matter
горячая ~ hot matter
горячая тёмная ~ hot dark matter
диффузная ~ diffuse matter
кварк-глюонная ~ quark-gluon matter
кварковая ~ quark matter
межзвёздная ~ interstellar matter
межпланетная ~ interplanetary matter
невидимая ~ *астр.* dark matter
нейтронная ~ neutron matter
пылевая ~ dusty matter
тёмная ~ dark matter
холодная тёмная ~ cold dark matter
ядерная ~ nuclear matter
матриц/а *ж.* matrix, *(решётка, напр. матрица фотоприёмников)* array □ **обращать** ~ invert a matrix; **транспортировать** ~ transpose a matrix
~ **активной зоны** core matrix
~ **амплитуд переходов** transition amplitude matrix
антиферромагнитная ~ antiferromagnetic matrix

атомная ~ плотности atom density matrix
блок-диагональная ~ block-diagonal matrix
блочная ~ block matrix
блочно-ленточная ~ block banded matrix
верхняя треугольная ~ upper triangular matrix
вырожденная ~ degenerate matrix; singular matrix
~ Гелл-Манна Gell-Mann matrix
глобальная ~ жёсткости global stiffness matrix
глобальная ~ масс global mass matrix
~ градиентов gradient matrix
~ Грина Green matrix
двухдиагональная ~ bidiagonal matrix
двухрядная квадратная ~ 2-by-2 matrix
действительная ~ real matrix
~ демпфирования damping matrix
~ детекторов detector array
~ Джонса *опт.* Jones matrix
диагональная ~ diagonal matrix
диагональная ~ с положительными элементами positive diagonal matrix
диамагнитная ~ diamagnetic matrix
динамическая ~ *(кристалла)* dynamic matrix
диодная ~ diode array
~ Дирака Dirac matrix
дополнительная ~ augmented matrix
единичная ~ identity [unit] matrix
~ жёсткости элемента element stiffness matrix
~ интегралов перекрытия overlap matrix
~ инцидентности incidence matrix
квадратная ~ square matrix
керамическая ~ ceramic matrix
~ Кобаяши - Маскавы *фвэ* Kobayashi-Maskawa matrix
ковариационная ~ covariance matrix
~ когерентности coherence matrix
корреляционная ~ correlation matrix
~ коэффициентов matrix of coefficients
~ коэффициентов системы *(уравнений)* matrix of a system
лазерная ~ laser array
ленточная ~ banded matrix
линейная ~ жёсткости linear stiffness matrix
~ логических элементов optical gate array
~ масс жидкости fluid mass matrix
~ масс элемента element mass matrix
масштабирующая ~ scaling matrix
металлическая ~ metal matrix
многоволновая ~ лазеров multiwavelength laser array
~ модулей упругости matrix of modulus of elasticity
~ монодромии *ктп* monodromy matrix
~ Мюллера Müller matrix
невырожденная ~ nondegenerate [non-singular] matrix
~ неленточного типа nonbanded matrix
немагнитная ~ nonmagnetic matrix
неотрицательная ~ nonnegative matrix
неразрежённая ~ nonsparse matrix

несобственная ~ improper matrix
нижняя треугольная ~ lower triangular matrix
нулевая ~ null matrix
~ обобщённых перемещений generalized displacement matrix
~ обобщённых усилий generalized force matrix
обратимая ~ invertible matrix
обратная ~ inverse [reciprocal] matrix
одностолбцовая ~ column matrix
~ оптических затворов optical gate array
~ ориентации *(кристалла)* orientation matrix
ортогональная ~ orthogonal matrix
особенная ~ singular matrix
~ отражения reflection matrix
~ Паули Pauli matrix
~ передачи *опт.* transmission matrix
~ перестановок permutation matrix
~ ПЗС CCD [charge-coupled device] matrix
плотная ~ full matrix
~ плотности density matrix
плохо обусловленная ~ ill-conditioned matrix
~ полной проводимости admittance matrix
полностью заполненная ~ fully populated matrix
~ полных сопротивлений impedance matrix
положительно определённая ~ positive-definite matrix
поляризационная ~ polarization matrix
~ приборов с зарядовой связью *(матрица ПЗС)* charge-coupled device [CCD] matrix
присоединённая ~ adjoint matrix
производная ~ derivative matrix
прямоугольная ~ rectangular matrix
разрежённая ~ sparse matrix
~ рассеяния *ктп* scattering matrix, S-matrix
расширенная ~ expanded [augmented] matrix
регрессионная ~ regression matrix
самосопряжённая ~ self-conjugated matrix
светодиодная ~ LED [light-emitting diod] matrix
~ свойств материала material property matrix
симметричная ~ symmetrical matrix
согласованная ~ масс consistent mass matrix
согласованная ~ элемента consistent element matrix
сокращённая ~ contracted matrix
сопряжённая ~ conjugated matrix
составная ~ composite matrix
~ состояний state matrix
спиновая ~ spin matrix
спиновая ~ Паули spin Pauli matrix
спиновая ~ плотности spin density matrix
спиновая ~ рассеяния spin scattering matrix
статистическая ~ statistical matrix
~ столкновений collision matrix
~ теплопроводности conduction matrix
~ теплопроводности элемента element conduction matrix
транспонированная ~ transposed matrix
трёхдиагональная ~ tridiagonal matrix

унитарная ~ unitary matrix

унитарная унимодулярная ~ unitary uni-modular matrix

~ упругих коэффициентов matrix of elastic coefficients

~ усилий force matrix

~ фотоприёмников photodetector array

~ функций формы shape function matrix

характеристическая ~ characteristic matrix

~ характеристического уравнения characteristic equation matrix

хиральная ~ *крист.* chiral matrix

четырёхрядная квадратная ~ 4-by-4 matrix

~ элемента element matrix

~ энергии-импульса energy-impulse matrix

эрмитова ~ Hermitian matrix

~ Якоби Jacobian matrix

N-канальная передающая ~ N-channel transmitter array

N-рядная квадратная ~ N-by-N matrix

S-~ S-matrix, scattering matrix

матрица-вектор *м.* matrix-vector

матрица-столбец *м.* column matrix

матрица-строка *ж.* row matrix

матричный *прил.* matrix

мах *м.* Mach

маховик *м.* flywheel

мачта *ж.* tower, mast

антенная ~ antenna tower

машина *ж.* machine; *(вычислительная)* computer; *(двигатель)* engine

аналоговая вычислительная ~ analog computer

быстродействующая вычислительная ~ high-speed computer

быстродействующая электронная счётная ~ (БЭСМ) high-speed electronic computer

вычислительная ~ computing machine, computer

двухшариковая ~ трения two-ball machine

делительная ~ *(для изготовления дифракционных решёток)* ruling machine

дисковая ~ трения pin and disk [pin-disk] machine

~ для испытаний на растяжение tension testing [tensile] machine

~ для испытаний на твёрдость hardness testing machine

~ для испытаний на трение tribometer, friction [friction and wear, friction test] machine

~ для испытаний на усталость endurance-testing [fatigue-testing] machine

~ для испытания смазок lubricant test machine

~ для проверки блоков магнита magnetic block testing machine

загрузочная ~ loading [charging] machine

измерительная ~ measuring machine, measuring instrument

испытательная ~ test machine

координатно-измерительная ~ *астр.* plate-measuring device, plate-measuring machine

разгрузочная ~ unloading [discharging] machine

разрывная ~ tension testing [tensile] machine

счётная ~ calculator

тепловая ~ heat engine

~ трения tribometer, friction [friction and wear, friction test] machine

цифровая вычислительная ~ digital computer

четырёхшариковая ~ трения four-ball machine

машиноведение *с.* machine science

маятник *м.* pendulum

астазированный ~ astatic pendulum

астатический ~ astatic pendulum

баллистический ~ ballistic pendulum

~ без трения frictionless pendulum

бифилярный ~ bifilar pendulum

гравиметрический ~ gravity pendulum

двойной ~ double pendulum

изохронный ~ isochrone pendulum

компенсированный ~ compensated pendulum

конический ~ conical pendulum

крутильный ~ torsion pendulum

магнитный ~ magnetic pendulum

математический ~ mathematical [simple] pendulum

наклонный ~ Ахматова inclined-plane pendulum

неизменяемый ~ invariable pendulum

оборотный ~ reversible [Kater] pendulum

обратный ~ inverse pendulum

плоский ~ plane pendulum

полусекундный ~ half-second pendulum

~ с вибрирующим подвесом pendulum with vibrating suspension

свободный ~ free pendulum

связанные ~и coupled pendulums

секундный ~ second pendulum

~ с подвижной катящейся осью rocking pendulum

сферический ~ spherical pendulum

физический ~ physical [compound] pendulum

фрикционный ~ Froude pendulum

~ Фруда Froude pendulum

~ Фуко Foucault pendulum

центробежный ~ centrifugal pendulum

циклоидальный ~ cycloidal [Huyghens] pendulum

эквивалентный математический ~ equivalent simple pendulum

маятниковый *прил. (с применением маятника)* pendular; *(со свойствами маятника)* pendulous

МГД-генератор *м.* MHD generator

диагональный ~ diagonal MHD generator

дисковый холловский ~ disk Hall MHD generator

жидкометаллический ~ liquid-metal MHD generator

индукционный ~ induction [inductive] MHD generator

коаксиальный ~ coaxial MHD generator
кондукционный ~ conduction [conductive] MHD generator
линейный фарадеевский ~ linear Faraday MHD generator
~ **на жидком металле** liquid-metal MHD generator
неравновесный ~ nonequilibrium MHD generator
плазменный ~ plasma MHD generator
сверхзвуковой импульсный фарадеевский ~ supersonic pulsed Faraday MHD generator
секционированный ~ sectioned MHD generator
~ **с замкнутым циклом** closed-cycle MHD generator
~ **с открытым циклом** open-cycle MHD generator
фарадеевский ~ Faraday MHD generator
холловский ~ Hall MHD generator
МГД-канал *м.* MHD channel
МГД-приближение *с.* MHD approximation
МГД-разрыв *м. сэф* MHD discontinuity
МГД-турбулентность *ж.* MHD turbulence
МГД-установка *ж.* MHD facility
мгновение *с.* instant
мгновенно-критический *прил.* prompt-critical
мгновенный *прил.* instantaneous; momentary
МДПДМ-структура *ж. (структура металл-диэлектрик-полупроводник-диэлектрик-металл)* MISIM structure *(metal-insulator-semiconductor-insulator- metal)*
МДП-переключатель *м.* MIS switch
МДП-структура *ж. (структура металл-диэлектрик-полупроводник)* MIS structure *(metal-insulator-semiconductor)*
МДП-транзистор *м. (транзистор со структурой металл-диэлектрик-полупроводник) м.* MIS transistor
короткоканальный ~ short-channel MIS transistor
мегаватт *м.* megawatt, MW
мегавольт *м.* megavolt, MV
мегагерц *м.* megacycle per second, megaherz, MHz
мегатемпература *ж.* megatemperature
мегаэлектрон-вольт *м.* megaelectron-volt, MeV
медиана *ж.* median
медиатор *м. биол.* mediator
медицина *ж.* medicine
профилактическая ~ preventive medicine
радиационная ~ nuclear medicine
медь *ж.* copper, Cu
междоузельный *прил.* interstitial
междоузлие *с. фмт* interstitial position, interstitial site
вакантное ~ vacant interstitial site
октаэдрическое ~ octahedral interstitial site
межзёренный *прил.* intercrysalline, intergranular
межкристаллитный *прил.* intercrystalline, intergranular

межмолекулярный *прил.* intermolecular
межслойный *прил.* interlaminar
межфазный *прил.* interface, interfacial
межъядерный *прил.* internuclear
мезадиод *м.* mesa diode
мезаструктура *ж. фпп* mesa (structure)
диффузионная ~ diffused mesa
~, **полученная методом травления** etched mesa
~ **n-типа** n-type mesa
~ **p-типа** p-type mesa
мезатранзистор *м.* mesa transistor
мезоатом *м.* mesonic [mesic] atom, mesoatom
пи-мезонный ~ pi-mesonic atom
мезоводород *м. яф* muonic hydrogen
мезодинамика *ж.* mesodynamics, mesonic dynamics
мезокатализ *м.* mesonic catalysis
мезомер *м.* mesomer, meso-form
мезомерия *ж.* mesomerism
мезомолекула *ж.* mesomolecule, mesonic molecule
мезоморфизм *м.* mesomorphism
мезон *м.* meson
аксиальный ~ axial meson
безмассовый голдстоуновский ~ massless Goldstone meson
векторный ~ vector meson
виртуальный ~ virtual meson
гибридный ~ hybrid meson
голый ~ bare meson
зарядово-симметричные ~ы charge-symmetric mesons
заряженный ~ charged meson
истинно нейтральный ~ true neutral meson
кварк-антикварковый ~ quark-antiquark meson
~ **космического излучения** cosmic-ray meson
красивый ~ beautiful meson
лёгкий ~ light [L] meson
многокварковый ~ multiquark meson
нейтральный ~ neutral meson
нейтральный векторный ~ neutral vector meson
отрицательно заряженный ~ negative meson
очарованный ~ charmed meson
положительно заряженный ~ positive meson
поперечно поляризованный ~ transversely polarized meson
прелестный ~ beautiful meson
псевдовекторный ~ pseudovector meson
псевдоскалярный ~ pseudoscalar meson
псевдоскалярный голдстоуновский ~ pseudoscalar Goldstone meson
псевдоскалярный заряженный ~ pseudoscalar charged meson
синглетный псевдоскалярный ~ singlet pseudoscalar meson
скалярный ~ scalar meson
скалярный хиггсовский ~ scalar Higgs meson
тяжёлый ~ heavy [H] meson

хиггсовский ~ Higgs meson
цветной хиггсовский ~ color Higgs meson
экзотический ~ exotic meson
p-волновой ~ p-wave meson
s-волновой ~ s-wave meson
мезоний *м.* mesonium
мезонный *прил.* mesic, mesonic
мезопауза *ж. геофиз.* mesopause
мезосидерит *м.* mesosiderite
мезосфера *ж. геофиз.* mesosphere
мезоторий *м.* mesothorium
мезофаза *ж.* mesophase
мелководье *с.* shallow water
мелкозернистый *прил.* fine-grained
мельница *ж.* mill
  коллоидная ~ colloid mill
  шаровая ~ ball mill
мембрана *ж. (перегородка)* membrane; *(чув-ствительный элемент)* diaphragm
  ионоизбирательная ~ ion-selective membrane
  ионообменная ~ ion-exchange membrane
  клеточная ~ cellular membrane
  круглая ~ circular membrane
  липидная ~ lipid membrane
  однородная ~ homogeneous membrane
  полупроницаемая ~ semipermeable membrane
  ~, полупроницаемая для анионов anion-semipermeable membrane
  пористая ~ porous membrane
  прямоугольная ~ rectangular membrane
  фоторецепторная ~ photoreceptor membrane
  фотосинтезирующая ~ photosynthesizing membrane
  эллиптическая ~ elliptic membrane
менделевий *м.* mendelevium, Md
мензурка *ж.* graduated [measuring] cylin-der
мениск *м.* meniscus
  ахроматический ~ achromatic meniscus
  вогнутый ~ concave meniscus
  выпуклый ~ convex meniscus
  двойной ~ double meniscus
  отрицательный ~ negative meniscus
  положительный ~ positive meniscus
менять *гл.* change, alter
  ~ знак reverse sign
  ~ направление reverse direction
  ~ ориентацию спина flip the spin
мер/а *ж. (величина)* measure; *(средство из-мерения)* standard □ **в известной ~е** to a certain degree, to a certain extent
  вероятная ~ *(динамической системы)* probability measure
  ~ дисперсии measure of dispersion
  ~ длины measure of length
  ~ы защиты protective measures
  инвариантная ~ invariant measure
  конечная инвариантная ~ finite invariant measure
  ~ Лебега Lebesgue measure
  левая ~ Хаара left Haar measure
  линейная ~ linear measure

  ~ы обеспечения безопасности safety mea-sures, safety precautions
  обобщённая спектральная ~ generalized spectral measure
  правая ~ Хаара right Haar measure
  ~ы предосторожности precautions
  ~ы предотвращения взрывов explosion precautions
  радианная ~ circular [radian] measure
  ~ точности measure of accuracy
  ~ эмиссии emission measure
меридиан *м.* meridian □ **проходить через ~** pass the meridian
  географический ~ geographic meridian
  геомагнитный ~ geomagnetic meridian
  гринвический ~ meridian of Greenwich, Greenwich meridian
  земной ~ Earth meridian
  магнитный ~ magnetic meridian
  ~ места наблюдений observer meridian
  небесный ~ celestial meridian
  нулевой ~ prime meridian
  центральный ~ central meridian
  эфемеридный ~ ephemeris meridian
Меркурий *м.* Mercury
мерцани/е *с.* scintillation
  ~ звёзд twinkling of stars, scintillation of stars
  ионосферные ~я ionospheric scintillation
  ~ радиоисточников radio scintillation
мёссбауэрография *ж.* Mössbauer spectroscopy
  магнитная ~ magnetic Mössbauer spectroscopy
местность *ж.* area, place
  заражённая ~ contaminated area, conta-minated ground
место *с.* place, position □ **иметь ~** occur
  ~ атома *(в решётке)* atom site
  вакантное ~ vacant position, vacancy
  видимое ~ *(напр. звезды)* apparent place
  ~ в решётке lattice site
  ~ вывода отходов waste-withdrawal point
  геометрическое ~ точек locus
  ~ загрузки feed end
  ~ захоронения радиоактивных отходов burial ground, graveyard
  истинное ~ true place
  ~ наблюдений observing site
  ~ небесного светила position of a star
  ~ отбора проб sampling point
  ~ пересечения point of intersection
  ~ разрыва *мат.* point of rupture, discontinuity
  свободное ~ vacancy
  свободное ~ в оболочке shell vacancy
  свободное ~ в решётке lattice vacancy
  ~ слияния confluence
  ~ соединения joint, junction
  среднее ~ *(звезды)* mean place
  ~ течи leak spot, leaky area
  ~ удара point of impact
  ~ утечки leak spot
местонахождение *с.* location
местоположение *с.* position, location, seat
месторождение *с.* deposit

381

урановое ~ uranium deposit
месяц *м.* month
  аномалистический ~ anomalistic month
  високосный ~ leap month
  драконический ~ nodical [draconitic] month
  звёздный ~ siderial month
  лунный ~ lunar month
  сидерический ~ sidereal month
  синодический ~ synodic month
  тропический ~ tropical month
метаароматом *м. (квантовое число)* metaflavor
метаболизм *м. биохим.* metabolism
метагалактика *ж.* metagalaxy
метаизомер *м.* meta-isomer
метакварк *м.* metaquark
метакристалл *м.* metacrystal
металл *м.* metal
  аморфный ~ amorphous metal
  антиферромагнитный ~ antiferromagnetic metal
  благородный ~ noble metal
  вязкий ~ tough metal
  диамагнитный ~ diamagnetic metal
  жидкий ~ molten [liquid] metal
  ковкий ~ ductile metal
  компенсированный ~ compensated metal
  легирующий ~ alloying metal
  легкоплавкий ~ low-melting [fusible] metal
  листовой ~ sheet metal
  некорродирующий ~ noncorrosive metal
  непереходный ~ nontransition metal
  нескомпенсированный ~ noncompensated metal
  основной ~ base metal; *(в сплаве)* matrix metal
  парамагнитный ~ paramagnetic metal
  переходный ~ transition metal
  пластичный ~ ductile [plastic] metal
  ~ платиновой группы platinum metal
  ~, полученный зонной очисткой zone refined metal
  примесный ~ impurity metal
  редкие ~ы rare metals
  редкоземельный ~ rare-earth metal
  ~ сварного шва weld metal
  скомпенсированный ~ compensated metal
  слабомагнитный ~ weak-magnetic metal
  трёхвалентный ~ three-valence metal
  трёхслойный ~ tri-metal
  тугоплавкий ~ refractory metal
  ферромагнитный ~ ferromagnetic metal
  хрупкий ~ brittle metal
  цветной ~ nonferrous metal
  чёрный ~ ferrous metal
  четырёхвалентный ~ four-valence metal
  щёлочноземельный ~ alkali-earth metal
  щелочной ~ alkali metal
металлид *м.* intermetallic compound, metallide
металлизация *ж.* metallization
  ~ канала *(при пробое диэлектрика)* channel metallization
  ~ экситонов exciton metallization

металлический *прил.* metal(lic)
металличность *ж. (звёзд)* metallicity
металлмикроскоп *м.* metallurgical micro-scope
металловедение *с.* physical metallurgy, metal science
металлография *ж.* metallography
металлоид *м.* metalloid
металлокарбон *м.* metallocarbon
металлокерамика *ж.* ceramic metal, cermet, metal ceramics
металлообработка *ж.* metal working
металлооксид *м.* metallic oxide
  керамический ~ ceramic metallic oxide
металлооптика *ж.* metal optics
металлофизика *ж.* physics of metals
металлофулерен *м.* metallofulerene
металлохимия *ж.* metal chemistry
металлургия *ж.* metallurgy
  ~ материалов реактора reactor metallurgy
  порошковая ~ powder metallurgy
метамагнетизм *м.* metamagnetism, methamag-netism
  ~ слоистого антиферромагнетика metha-magnetism of layered antiferromagnet
метамагнетик *м.* metamagnet
метамер *м. опт.* metamer
метамеризм *м. опт.* metamerism
метамерия *ж. (вид изомерии)* metamerism
метаморфизация *ж.* metamorphization
метаморфизм *м.* metamorphism
метан *м.* methane
метанол *м.* methanol
метастабильность *ж.* metastability
метастабильный *прил.* metastable
метацвет *м. (квантовое число)* metacolor
метацентр *м.* metacenter
  большой ~ longitudinal metacenter
  малый ~ transverse metacenter
метгласс *м. (металлическое стекло)* metglass
метеор *м.* meteor
  быстрый ~ fast meteor
  визуальный ~ visual meteor
  галактический ~ interstellar meteor
  гиперболический ~ hyperbolic meteor
  двойной ~ double meteor, meteor pair
  искусственный ~ artificial meteor
  ~ кометного происхождения cometary meteor
  кратный ~ multiple meteor
  медленный ~ slow meteor
  межзвёздный ~ interstellar meteor
  межпланетный ~ interplanetary [solar system] meteor
  мерцающий ~ flickering meteor, meteor with irregular light curve
  невидимый ~ invisible meteor
  отдельный ~ individual meteor
  ~ потока shower meteor
  радиолокационный ~ radio-echo meteor
  слабый ~ small meteor
  ~ со следом meteor with train
  спорадический ~ sporadic meteor

стационарный ~ stationary meteor
телескопический ~ telescopic meteor
фотографический ~ photographic meteor
яркий ~ bright meteor
метеорит *м.* meteorite
железный ~ aerosiderit
железокаменный ~ aerosiderolite
каменный ~ aerolite
тунгусский ~ Tunguska [Siberian] meteorite
метеоритика *ж.* meteoritics, meteoritic astronomy
метеороид *м.* meteroid, meteoric body
метеорология *ж.* meteorology
динамическая ~ dynamic meteorology
метил *м.* methyl
метилантрацен *м.* *(краситель)* methylanthracene
метилкумарин *м. (краситель)* methylcoumarin
метить *гл. (радиактивными изотопами)* label, tag
метка *ж.* label, tag, mark
временная ~ time mark
идентификационная ~ **элемента** element-identification label
изотопная ~ isotopic tag
люминесцентная ~ luminescent mark
~ **магнитной поверхности** magnetic surface label
реперная ~ reference mark
меткар *м. (металлокарбон)* metallocarbon
метод *м.* method, technique □ ~**ом проб и ошибок** by trial and error
~ **абсолютного счёта** *(ионизирующих частиц)* absolute counting method
абсолютный ~ *(наблюдений)* absolute method
абсорбционный ~ absorption method
адиабатический ~ *(измерения ионизирующих излучений)* adiabatic method
~ **адиабатических инвариантов** adiabatic invariant method
аксиоматический ~ axiomatic method
~ **активации фольг** foil-activation method
активационный ~ *(измерения ионизирующих излучений)* activation method
активный ~ **управления горением** *(в термоядерном реакторе)* active burn control scheme
акустико-топографический ~ *(в дефектоскопии)* acoustical-topographical method
акустической эмиссии ~ *(в дефектоскопии)* method of acoustical emission
альфа-ионизационный ~ alpha-ionization method
~ **амплитудного анализа** kick-sorting technique
анаглифический ~ *опт.* anaglyphic method
~ **анаглифов** *опт.* anaglyphic method
аналитический ~ analytic method
~ **аналогий** analog method
аналоговый ~ *(в гидродинамике)* analogue method

~ **антисовпадений** *яф* anticoincidence technique
~ **апертурного зондирования** aperture sounding technique
~ **апертурного синтеза** aperture synthesis method
~ **аппроксимации** approximation technique
~ **аппроксимирующих функций** function approximation method
аргоновый ~ *(в геохронологии)* argon method
~ **Арнольда** Arnold method
асимптотический ~ asymptotic method
астрономические ~ы astronomical techniques
~ **атомного пучка** atomic-beam method
~ **атомных орбиталей** *(в ион-атомных столкновениях)* atomic orbital method
~ **Берга - Баррета** *(в рентгеновской топографии)* Berg-Barrett method
бестигельный ~ *крист.* crucibleless method
~ **Бете - Пайерлса** *физ. пов.* Bethe-Peierls method
~ **Бете - Тайта** Bethe-Tait method
~ **блоховских волн** *фтт* Bloch wave method
~ **Боголюбова** Bogoliubov method
~ **бозонизации** bosonization technique, bosonization method
~ **Бома - Гросса** Bohm-Gross method
~ **Бормана** *(в рентгеновской топографии)* Borrmann method
~ **Борна - Оппенгеймера** *кв. мех.* Born-Oppenheimer method
~ **Бриджмена** *крист.* Bridgman method
~ **Бриджмена - Стокбаргера** *крист.* Bridgman-Stockbarger method
~ **Бринеля** *(определения твёрдости)* Brinell hardness test
~ **Брэгга** *(в рентгено-структурном анализе)* Bragg method
~ **Брюкнера** *яф* Brückner method
~ **Бубнова - Галеркина** Bubnov-Galerkin method
~ **быстрейшего спуска** steepest descent method
~ **быстрого преобразования Фурье** fast Fourier transform method
~ **быстрых совпадений** fast-coincidence method
~ **Вайссенберга** Weissenberg method
~ **вакуумного осаждения** *крист.* vacuum deposition method
~ **валентных связей** *кв. мех.* valence bond method
~ **валентных схем** *кв. мех.* valence bond method
~ **Ван-дер-Поля** Van der Pol method
~ **вариации постоянных** method of variation of constants
вариационный ~ variational method
~ **Ватсона** Watson method
велосиметрический ~ *(в дефектоскопии)* velocimetric method
~ **Вентцеля - Крамерса - Бриллюэна (~ ВКБ)** WKB-method, Wentzel-Kramers-Brillouin method

~ **Вернейля** *крист.* Verneuil method
~ **Вернейля с дуговым нагревом** Verneuil method with arc heating
~ **Вернейля с плазменным нагревом** Verneuil method with plasma heating
~ **вертикального вытягивания** *крист.* vertical pulling method
~ **вертикального радиозондирования** vertical radio sounding method
~ **верхней релаксации** overrelaxation method
весовой ~ gravimetric method
~ **взвешенных невязок** weighted residuals method
~ **Вигнера** Wigner method
~ **Вигнера - Зейтца** Wigner-Seitz method
~ **визуализации потока** flow visualization technique
визуальный ~ visual method
~ **Вика** Wick method
~ **Вика - Чандрасекара** Wick-Chandrasekhar method
~ **Винера - Хопфа** *мат.* Wiener-Hopf method
вискозиметрический ~ **падающего шарика** falling-ball [falling-sphere] method
вискозиметрический ~ **соосных цилиндров** coaxial-cylinder method
~ **ВКБ** WKB-method, Wentzel-Kramers-Brillouin method
~ **влажной эмульсии** wet emulsion technique
~ **внезапных возмущений** *кв. мех.* sudden perturbation method
~ **внутреннего газового наполнения** *яф* internal gas filling method
~ **внутреннего жидкостного наполнения** *яф* internal liquid filling method
~ **внутреннего маркера** *физ. пов.* internal marker technique
~ **внутреннего наполнения** *яф* internal filling method
~ **внутриимпульсной линейной частотной модуляции** chirping technique
водный ~ aqueous method
~ **водородного спектрометра** *яф* hydrogen spectrometer method
~ **возбуждения** *кв. эл.* excitation method
~ **возвратно-наклонного зондирования** *(ионосферы)* oblique backscatter technique
~ **возмущений** perturbation technique, perturbation method
~ **возмущённых стационарных состояний** method of perturbed stationary states, pss method
~ **вращающегося кристалла** rotating crystal method
~ **вращения образца** *(в рентгеноструктурном анализе)* rotating sample method
~ **времени пролёта** *яф* time-of-flight method
времяпролётный ~ time-of-flight method
~ **всеволнового счётчика** *яф* long counter method

~ **встречных пучков** colliding beam method, intersecting beam technique
~ **выращивания кристаллов** *(см. тж* **выращивание***)* crystal growth method, method of crystal growth
~ **высокочастотного нагрева в холодном контейнере** *крист.* HF heating in cold container
~ **высокочастотного резонанса** rf resonance method
~ **выталкивания** *крист.* crystal pushing [pedestal] method
~ **вытягивания** *(из расплава)* pulling method
~ **вычитания при двухизотопном сканировании** dual-isotope substraction technique
~ **газовых струек** gas filament method
~ **газотранспортных реакций** *крист.* gas-transport reaction method
~ **Галеркина** Galerkin method
~ **Галеркина - Петрова** Galerkin-Petrov method
~ **Галеркина - Ритца** Galerkin-Ritz method
~ **генераторных координат** generator-coordinate method
геометрический ~ *астр.* geometrical method
~ **геометрической оптики** geometrical [ray] optics method
гибридный ~ hybrid method
~ **гидротермального синтеза** *крист.* hydrothermal method
гидротермальный ~ *крист.* hydrothermal method
~ **гиперсферических координат** hyperspherical coordinate method
~ **Гира** Gear method
гироскопический ~ *(измерения расхода)* gyroscopic method
~ **годографа** hodograph method
голографический ~ holographic method
~ **горизонтального вытягивания** *крист.* horizontal pulling method
~ **горячей стенки** *крист.* hot-wall epitaxy method
~ **градиентной минимизации** gradient minimization method
градиентный ~ gradient method
~ **граничной коллокации** boundary collocation method
~ **граничных интегральных уравнений** boundary integral approach
~ **граничных точек** end-point method
~ **граничных элементов** boundary element method, BEM approach
графический ~ graphical method
графоаналитический ~ semigraphical [grapho-analytical] method
~ **графов** *мат.* graph method
~ **группирования счётчиков** multiple-counter technique
~ **Грэда** Grad method
~ **Дарвина - Фаулера** *стат. физ.* Darwin-Fowler method

~ **двойного индикатора** double-tracer technique

~ **двойного канала** dual-channel method

~ **двойного пропускания** double-transmission method

~ **двойного резонанса** double resonance method

~ **двойных столкновений** binary encounter method

~ **двукратной экспозиции** double-exposure method

~ **двумерной дифракции** *фтт* two-dimensional X-ray diffraction method

двуступенчатый ~ Лакса - Вендорфа two-step Lax-Wendorff method

~ **двухфотонной флуоресценции** *(для измерения длительности световых импульсов)* two-photon fluorescense [TPF] method, two-photon fluorescense technique

~ **Дебая - Шеррера** Debye-Scherrer method

~ **дезактивации** deactivation [depletion] method

~ **декорирования** *крист.* decoration technique

~ **деформационного отжига** *крист.* strain annealing method

~ **диагностики** diagnostic technique

~ **диаграмм Фейнмана** graphical [diagram] technique of Feynman

диаграмный ~ Майера Mayer diagram technique

~ **Дирака - Фока** Dirac-Fock method

~ **дискретных координат** discrete coordinate [Carlson] method

~ **дисперсионного интерферометра** *(в ионосферных исследованиях)* dispersion interferometer [coherent freguency] technique

~ **дисперсионных соотношений** *ктп* dispersion relation method

~ **дифракции медленных электронов** LEED method

~ **дифракции на порошке** powder diffraction method

~ **дифракции электронов** *фтт* electron diffraction method

~ **дифракции электронов в сходящемся пучке** convergent-beam electron diffraction technique

~ **дифракции электронов высоких энергий** HEED method

~ **дифракции электронов высоких энергий на отражение** RHEED method

~ **дифракции электронов низких энергий** LEED method

дифракционный ~ diffraction method

~ **дифференциального поглощения** differential absorption method

дифференциальный ~ *(астрономических наблюдений)* differential method

дифференциальный муаровый ~ mismatch moiré method

диффузионный ~ *(легирования полупроводников)* diffusion method

~ **диэлектрического резонатора** dielectric resonator method

~ **догоняющих пучков** merged beam technique

доплеровский ~ *(ионосферных исследований)* Doppler technique, Doppler method

~ **дополнительного нагрева** auxiliary heating method

~ **дополнительных деформаций** method of additional strains

~ **дополнительных нагрузок** method of additional loads

~ **дробных шагов** subincremental method

~ **дублетов** doublet method

дымовой ~ *(визуализации потока)* smoke technique

~ **Дюпена** Dupin method

~ **Дюпри** Dupree approach

ёмкостный ~ capacitance method

~ **жидкой эмульсии** liquid-emulsion method

~ **заданного давления** prescribed pressure method

~ **задержанных совпадений** *яф* delayed coincidence method

~ **замедлителя** *яф* moderator method

~ **замещения** substitution method

~ **замещения образцов** *(в реакторе)* pile replacement technique

~ **замкнутой системы** *крист.* closed method

~ **замораживания напряжений** *(в фотоупругости)* frozen-stress method

~ **запаздывающих совпадений** delayed-coincidence method

~ **запаянной ампулы** *крист.* closed ampoule method

зарядовый ~ *(измерения ионизирующих излучений)* charge method

~ **заряженного плунжера** *(для определения времени жизни ядерных уровней)* charged plunger method

~ **затемнённого поля** dark field method

~ **Захарова - Кузнецова** Zakharov-Kuznetsov method

~ **звёздных пар** star pair method

золь-гель ~ *(нанесения плёнок)* sol gel method, sol gel technique

зондовый ~ probe method

~ **зонной плавки** *крист.* zone melting, floating zone method

идеализированный ~ idealized method

~ **измерения** measuring method, measuring technique

~ **измерения вязкости вытягиванием нитей** fiber method of viscosity measurement

~ **измерения вязкости по затуханию крутильных колебаний диска** oscillating disk method

~ **измерения вязкости по затуханию крутильных колебаний шара** oscillating sphere method

~ **измерения вязкости по поглощению на боре** boron-absorption method

~ **измерения вязкости по скорости подъёма пузырьков** bubble method of viscosity measurement

~ **измерения вязкости с помощью колеблющегося диска** oscillating disk method

~ **измерения вязкости с помощью колеблющегося шара** oscillating sphere method

~ **изображений** image method

~ **изогнутого кристалла** curved-crystal method

~ **изоморфного замещения** *крист.* isomorphous replacement [substitution] method

изотермический ~ *(измерения ионизирующих излучений)* isothermal method

~ **изотопного разбавления** isotope dilution method

~ **изотопного разведения** isotope dilution method

изотопный ~ isotopic method

~ **изотопных индикаторов** tracer method

иммерсионный ~ immersion method

импедансный ~ *(в дефектоскопии)* impedance technique

~ **инвариантов** *фтт* invariant method

индикаторный ~ tracer method, tracer technique

~ **интегралов движения** motion constant method

~ **интегрального счёта** total count method

~ **интегральных уравнений** integral equation method

~ **интегрирования по траектории** trajectory integral method

~ **интерференционного интеграла** *опт.* interference integral method

интерференционный ~ interference method

ионизационный ~ *(измерения ионизирующих излучений)* ionizing method

~ **ионной имплантации** ion implantation method

~ **искажённых волн** *яф* distorted wave method

~ **исключения Гаусса** Gaussian elimination method

~ **исключения неизвестных** method of elimination

~ **исключения Холеского** Cholesky elimination method

~ **искусственной вязкости** artificial viscosity method

~ **испарения в вакууме** *крист.* vacuum evaporation method

~ **испарения растворителя** *крист.* solvent evaporation method, growth by solvent evaporation

~ **испытания** testing technique, testing method

~ **испытания балки с односторонним надрезом** single edge notch beam method

~ **источника и поглотителя** source-and-sink method

~ **источников и стоков** method of sources, source-sink [Rankine] method

~ **итераций** iterative technique, iteration method

~ **итерационного поиска** sequential search method

итерационный ~ iterative [iteration] method, iterative procedure

итерационный ~ **спуска** iterative-descent method

~ **кадмиевого отношения** cadmium ratio method

~ **кадмиевой разности** cadmium-difference method

калориметрический ~ *(измерения ионизирующих излучений)* calorimetric method

~ **канонического оператора** *опт.* method of canonical operator

капельный ~ drop [spot] method

капиллярный ~ **измерения вязкости** capillary method of viscosity measurement

~ **Карлсона** Carlson [discrete coordinate] method

~ **КАРС** CARS technique

~ **касательной плоскости** *(в теории рассеяния)* method of tangent plane

каскадный ~ cascade method

~ **катастроф** method of catastrophes

~ **каустик** method of caustics

~ **качаний** "swing" method

~ **качающегося кристалла** rolling-crystal method

качественный ~ qualitative method

~ **квадрупольного резонанса** quadrupole-resonance method

~ **квантового дефекта** *фтт* quantum defect method

квантовомеханический ~ quantum-mechanical method

~ **Кейса** Case method

~ **Киропулоса** *крист.* Kyropoulos procedure, Kyropoulos technique

~ **Кирхгофа** *(в теории дифракции)* Kirchhoff method

кластерно-вариационный ~ *фтт* cluster variation method

~ **кластерных полей** *фтт* cluster field method

~ **Климонтовича** Klimontovich method

~ **когерентного накопления** *(сигнала)* coherent accumulation method

когерентный ~ **ускорения** coherent method of an acceleration

~ **когерентных состояний** coherent state method

~ **когерентных частот** coherent frequency technique

~ **колебаний** oscillation method

~ **колеблющегося диска** oscillating-disk method

количественный ~ quantitative method

коллективный ~ **ускорения** cooperative [collective, coherent] method of an acceleration

~ **коллективных переменных** collective variables technique

коллиматорный ~ *(исследования антенн)* collimator technique

~ **коллокаций** collocation method

~ колонной рекомбинации *яф* column recombination method
колориметрический ~ colorimetric method
~ Кольрауша *фтт* Kohlrausch method
комбинированный ~ combined method
~ компенсации волнового фронта *опт.* wave front compensation method
компенсационный ~ *(измерений)* balanced [comparison, compensation] method
~ комплексных амплитуд complex amplitude method
~ комплексных угловых моментов Regge pole method
~ комптоновских профилей Compton profile method
~ конечных разностей method of finite differences, finite difference method
~ конечных элементов finite element method, FEM
~ конечных элементов в напряжениях finite element stress method
~ конечных элементов в перемещениях finite element displacement method
~ конечных элементов с собственными функциями finite element eigenfunction method
~ контрольного объёма control volume approach
~ конформных преобразований conformal mapping method
корреляционный ~ correlation method
косвенный ~ *(измерений)* indirect method
~ Косселя Kossel method
~ котлового осциллятора pile-oscillation method
~ коэффициента опасности danger coefficient method
~ краевых волн method of edge waves
кристалл-дифракционный ~ crystal-diffraction method
~ кристаллизации в пламени Verneuil [flame-fusion] method
~ кристаллических орбиталей crystalline orbital method
~ критического пути *(метод сетевого планирования)* critical path method
~ Крэнка - Никольсона Krank-Nicholson method
~ крюков Рождественского *(в спектроскопии)* Rozhdestvenski hook method
~ Кубо Kubo method
лабораторный ~ laboratory method
~ Лагранжа Lagrangian method, Lagrangian representation
~ лазерного напыления *(плёнок)* laser deposition, laser evaporation method
~ Ланга *(в рентгеновской топографии)* Lang method
~ Лауэ *крист.* Laue method
~ легирования *фпп* doping method, doping technique

~ Ленгмюра - Блоджетт *(выращивания плёнок)* Langmuir-Blodgett technique
~ линеаризованных присоединённых плоских волн linearized augmented plane wave [LAPW] method
~ линейной интерполяции method of proportional parts
~ линейной комбинации атомных орбиталей *(метод ЛКАО)* method of linear combination of atomic orbitals, LCAO method
~ линейной передачи энергии *яф* linear energy transfer method
~ линейных МТ-орбиталей *фтт* method of linear muffin-tin orbitals
~ ЛКАО LCAO method, method of linear combination of atomic orbitals
локальный ~ малых возмущений local method of small perturbations
~ лучевой оптики ray-optics [geometrical optics] method
люминесцентный ~ luminescent method
~ люминесцирующего зонда luminescing probe technique
~ Ляпунова Lyapunov method
~ магнетронной мишени *крист.* magnetron target sputtering method
~ магнитного анализа *(в спектрометрии)* magnetic analysis method
магнитострикционный ~ magnetostriction method
~ мазков smear technique
~ максимального правдоподобия *(при анализе данных)* maximum likelihood method
~ малого параметра method of small parameter
~ малоуглового рассеяния low-angle scattering method
малоугловой ~ Лауэ low-angle Laue technique
~ малых возмущений perturbation analysis, method of small perturbations
~ малых наклонов *(в теории рассеяния)* method of small slopes
масс-спектрографический ~ mass-spectrographic method
масс-спектрометрический ~ mass-spectrometric method
~ матрицы переноса transfer matrix method
~ матрицы плотности density matrix method
матричный ~ matrix method
матричный ~ Джонса *опт.* Jones matrix method
матричный ~ расчёта конструкций matrix structural analysis
~ медленного охлаждения *крист.* slow cooling method
мембранный ~ membrane method
~ Мерсье Mercier method
~ мерцаний *астр.* method of star scintillation
~ «мерцания» *(термокатода)* flicker method
~ меченых атомов tracer method, tracer technique

микроволновый ~ microwave method
~ **мнимого времени** imaginary time method
многогрупповой ~ multigroup method
~ **многоканальной K-матрицы** multichannel K-matrix method
многоканальный ~ *(в спектрометрии)* multichannel method
~ **многократных столкновений** multiple collision method
~ **многолучевой интерференции** multiple beam interference method
многопараметрический ~ *(измерения расхода)* multiple parameter method
многослоевой ~ *(в динамической теории)* multislice method
многошаговый ~ multistep method
~ **многощелевой ионизационной камеры** multislit-chamber method
~ **МО ЛКАО** *(молекулярная орбиталь представляется в виде линейной комбинации атомных орбиталей)* MO LCAO method
~ **моделирования** simulation technique
~ **модельного потенциала** model potential method
~ **молекулярного замещения** *фтт* method of molecular replacement
~ **молекулярной динамики** molecular dynamics method
~ **молекулярных орбиталей** method of molecular orbitals, molecular orbital method
~ **молекулярных пучков** molecular beam method
~ **моментов** moments method
~ **Монте-Карло** *мат.* Monte Carlo method
муаровый ~ получения контурных линий moiré contouring
~ **наведённых решёток** method of induced lattices
~ **наименьших квадратов** least square technique, method of least squares, least square procedure
~ **наискорейшего спуска** steepest descent method
~ **накачки** *(лазера)* pumping method
~ **наклона реактора** *крист.* tilted reactor technique
~ **наложения** superposition [overlap] method
~ **напыления** evaporation method, sputtering technique
~ **нейтрализации** *(пучка)* neutralization method
нейтронографический ~ neutron diffraction analysis
~ **некогерентного рассеяния радиоволн** *сэф* incoherent radio scatter technique
~ **неопределённых коэффициентов** method of undetermined coefficients
~ **неопределённых множителей Лагранжа** Lagrange multiplier method
непертурбативный ~ *кхд* nonperturbative method
~ **непрерывных дробей** continued-fraction method

неразрушающий ~ *(измерений или контроля)* nondestructive technique, nondestructive method
нефелометрический ~ nephelometric method
~ **носителей** carrier technique
~ **нулевого баланса** null-balance method
нулевой ~ null [zero-deflection] method
~ **нулевых биений** zero-beat method
~ **Ньютона - Рафсона** Newton-Raphson method
обобщённый ~ **Бете** generalized Bethe method
обобщённый ~ **Гюйгенса - Френеля** extended Huygens-Fresnel method, extended Huygens-Fresnel technique
~ **обратного отражения** back reflection method
~ **обратного рассеяния на монокристаллах** back scattering method by single crystals
~ **обратного рассеяния нейтронов** neutron back scattering technique
~ **обратной задачи рассеяния** inverse scattering [spectral transform] method
~ **обратной итерации** inverse iteration method
~ **обратной прогонки** backward substitution technique
~ **обратных отображений** *мат.* method of contractive mappings
~ **обращения переменных** variables inversion technique
~ **обрыва связей** *фтт* bond cutting method
~ **общего снижения температуры** *крист.* temperature-reduction technique
общепринятый ~ standard method, usual [conventional] procedure
объективный ~ objective method
~ **оврагов** *вчт* ravene method
~ **ограниченного телесного угла** *яф* definite solid angle method
одногрупповой ~ one-group method
одноканальный ~ *(спектрометрии)* single channel method
~ **однократной бомбардировки** single-bombardment method
однопараметрический ~ *(измерения расхода)* single parameter method
одношаговый ~ one-step method
~ **определения предела текучести по заданной остаточной деформации** offset method
~ **оптимизации конструкций** structural optimization method
оптический ~ optical method
~ **оптически чувствительных покрытий** birefringent coating method
~ **оптического гетеродинирования** optical heterodyne technique
~ **оптического зонда** optical probe technique
орбитальный ~ *(в геодезии)* orbital method
~ **ортогонализованных плоских волн** *фтт* orthogonalized plane wave method
~ **осаждения** *(плёнок)* deposition method
~ **осколков деления** *яф* fission fragment method

~ **ослабления доплеровского смещения** Doppler shift attenuation method
~ **осреднения** averaging method
~ **остаточных лучей** *опт.* method of residual rays
~ **отбора частиц по времени пролёта** time-of-flight method
~ **отдачи ядра** nuclear-recoil method
~ **отношения активностей** activity-ratio method
~ **отображения Пуанкаре** Poincaré mapping
~ **отравления бором** boron-poisoning method
отражательный муаровый ~ reflected image moiré method
~ **охлаждения** cooling method
~ **оценки** estimation method
~ **Пайерлса** Peierls method
~ **парамагнитного резонанса** paramagnetic-resonance method
~ **параметра удара** impact-parameter method
парофазный ~ vapor phase method
~ **парциальных волн** partial wave method
пассивный ~ **управления горением** *(в термоядерном реакторе)* passive burn control scheme
~ **перевала** saddle point approximation, steepest descent method
~ **переменных коэффициентов упругости** method of variable elastic coefficients
~ **переменных направлений** alternating direction method
~ **перенормировки** renormalization technique
~ **переходных кривых** *яф* transition curve method
~ **периодических цепей связи** periodic bond chain method
перспективный ~ promising technique
пертурбативный ~ *кхд* perturbative method
~ **Петрова - Галеркина** Petrov-Galerkin method
~ **пирозонда** pyroprobe method
~ **пирометрического осаждения** pyrolitic deposition method
~ **плавных возмущений** method of smooth perturbations, Rytov method
~ **площадей** area method
~ **поглощения космического радиоизлучения** cosmic noise absorption technique
~ **подбора** trial-and-error method, trial-and-error procedure
~ **подвижного нагревателя** *крист.* traveling heater technique
~ **подгонки кривой** curve-fitting method
~ **подкритического реактора** *яф* subcritical reactor method
~ **поиска** search method
~ **полиномов** polynomial method
~ **полного отражения нейтронов** total neutron reflection technique

~ **полнопрофильного анализа** *фтт* method of profile refinement, Rietveld method
полнопрофильный ~ *фтт* method of profite refinement, Rietveld method
~ **половинных отклонений** half-deflection method
~ **полостной ионизационной камеры** cavity ionization chamber method
полуколичественный ~ semi-quantitative method
полуобратный ~ semi-inverse method
~ **полюсов Редже** *ктп* Regge-pole method
поляризационно-оптический ~ polarization-optical method
поляризационно-оптический ~ **исследования напряжений** photoelasticity [photostress] method, photoelastic analysis
поляризационный ~ *(стереовидения)* polarization method
пондеромоторный ~ *(измерения ионизирующих излучений)* ponderomotive method
~ **поперечной развёртки** transverse-scanning method
~ **пороговых детекторов** *яф* threshold detector method
порошковый ~ *(рентгеноструктурного анализа)* powder method
~ **порошковых фигур** powder figure method
~ **последовательной подстановки** successive substitution method
~ **последовательных поколений** method of successive generations
~ **последовательных приближений** method of successive approximations, method of sequential approximations
~ **последовательных приближений Пикара** Picard method
~ **постоянной сагитты** constant-sagitta method
~ **предиктор-корректор** predictor-corrector method
~ **преломлённых волн** refraction method
~ **преобразования** conversion technique
~ **прерывания пучка** chopped-beam method
~ **приближённого решения** *(уравнений)* approximate method
приближённый ~ approximate method
~ **приближённых вычислений** approximate method
~ **приведённой толщины** method of reduced thickness
~ **присоединённых плоских волн** *фтт* augmented plane wave method
~ **присоединённых сферических волн** augmented spherical wave method
~ **прицельного параметра** impact-parmeter method
~ **пробегов** range method
~ **проб и ошибок** trial-and-error method, trial-and-error procedure
~ **пробных возмущений** *(в оптике)* method of testing perturbations

~ **проверки** method of inspection, method of examination

прогрессивный ~ advanced method

~ **продлённого объёма** extended volume [Avrami] method

~ **проекционных операторов** projection operator technique

~ **производящих координат** generator coordinate method

~ **пропускания** transmission method

~ **пропускания в сферической геометрии** sphere transmission method

~ **протонов отдачи** proton-recoil [recoil proton] method

прямой ~ straightforward procedure, direct method

прямой ~ **граничных интегралов** direct boundary integral method

~ **прямой зарядки** *яф* direct charge detector method

прямой ~ **исключения** direct elimination method

~ **псевдопотенциала** pseudo-potential method

~ **пульсирующего нейтронного пучка** pulsed neutron technique

~ **пьедестала** *крист.* pedestal method, crystal pushing growth

~ **Раби** *фмя* Rabi method

~ **равных высот** equal-altitude method

~ **равных отклонений** equal-deflection method

~ **радиационной фототермоупругости** method of radiative photothermoelasticity

радиационный ~ **поисков** radiation prospecting method

радиационный ~ **разведки** radiation prospecting method

~ **радиоавтографии** radioautograph technique

~ **радиоактивных индикаторов** radioactive-tracer technique

радиоастрономический ~ radio astronomy method, radio astronomy technique

радиоголографический ~ *(исследования антенн)* radio holography method

радиографический ~ radiographic method

радиоизотопный ~ radioisotope technique

радиолокационный ~ radar [radio-echo, radio reflection] method

радиоуглеродный ~ *(определения возраста)* radiocarbon method

~ **разбавления** dilution method

~ **разборной камеры** *крист.* demountable chamber method

~ **разделения исходных компонентов** *крист.* separated-nutrient technique

~ **разделения переменных** method of separation of variables

~ **разделительного сопла** separation nozzle method

~ **разложения** *крист.* decomposition (reaction) method

~ **разложения в ряд** expansion method

~ **разложения по кривизне** curvature expansion method

~ **разложения по малому параметру** small parameter expansion method

~ **разложения по собственным модам** eigenmode expansion method; modal approach

~ **разложения по собственным функциям** eigenfunction expansion method

~ **размерностей** dimensional method

~ **разности пар** *яф* pair difference method

~ **разности фотонов** photon-difference method

разностный ~ difference method

~ **расчёта** computing method

~ **расчёта на хрупкую прочность** brittle fracture analysis

~ **регенерации топлива** fuel-reprocessing method

~ **регуляризации** regularization [smoothing] method

~ **резонанса в атомном пучке** atomic-beam resonance method

~ **резонансной многофотонной ионизации** resonant multiphoton ionization method

резонансный ~ resonance method

~ **резонансных детекторов** *яф* resonance detector method

~ **рекристаллизации** recrystallization method

релаксационный ~ relaxation method

рентгеновский ~ X-ray technique

рентгеновский ~ **«на отражение»** X-ray reflection technique

рентгеновский ~ **«на просвет»** X-ray transmission technique

рентгеновский ~ **обратного отражения** X-ray back reflection technique

~ **рентгеновской дифракционной топографии** X-ray diffraction topography method

рентгеногониометрический ~ X-ray goniometry method

рентгенодифрактометрический ~ X-ray diffraction method

рентгенодифракционный ~ X-ray diffraction method

рентгеноструктурный ~ X-ray diffraction method

~ **реплик** replica technique

~ **решётки** *ктп* lattice method

риометрический ~ *(ионосферных исследований)* riometric method

~ **Ритвелда** *фтт* Rietveld method, method of profile refinement

~ **Ритца** Ritz method

~ **ротационной вискозиметрии** rotating-cylinder technique

~ **Рунге - Кутта** *мат.* Runge-Kutta method

~ **Рытова** Rytov method

~ **Рэлея - Ритца** Rayleigh-Ritz method

~ **самоиндикации** self-indication method

~ **самосогласованного поля** self-consistent method

~ **самотарирования** self-calibration procedure

~ **сброса стержня** rod drop method

свинцовый ~ lead age determination method

~ **свободных колебаний** *(в дефектоско-пии)* free oscillation technique

~ **связанных каналов** *яф* coupled channel method

~ **сглаживания** smoothing method

~ **седловых точек** saddle point method

~ **секущих** *фтт* linear-intersept method

~ **серого клина** gray-wedge technique

~ **сеток** net [net-point, grid] method

~ **сечений Пуанкаре** Poincaré section method

~ **сильной связи** *фтт* strong coupling [tight binding] method

~ **сильно связанных электронов** *фтт* strongly coupled electron method

симплексный ~ **поиска** simplex search method

~ **синтеза из паровой фазы** *крист.* vapor-phase synthesis method

~ **скрещённых пучков** *кв. эл.* crossed-beam technique

~ **слабой связи** *фтт* weak coupling method

~ **случайного поиска** random search method

~ **случайных фаз** chaotic phase approxima-tion method

смешанный ~ mixed method

~ **смещения индикатора** tracer-displacement technique

~ **снятой эмульсии** stripped-emulsion technique

~ **совместного осаждения** co-precipitation method

~ **совпадений** coincidence method

~ **соосаждения** co-precipitation method

~ **сопряжённого градиента** conjugate-gradi-ent method

~ **сопряжённых разностей** adjoint differen-ce method

~ **сопутствующих частиц** *яф* associated particle method

~ **сосредоточенных параметров** lumped-parameter method

~ **спекания** sintering technique

спектральный ~ spectral method

спектрометрический ~ spectrometric method

спектроскопический ~ spectroscopic me-thod

~ **спин-гамильтониана** spin-Hamiltonian method

~ **спуска** descent method, method of descent

~ **средней работы отрыва** mean detachment work method

статистический ~ statistical method

~ **статистических испытаний** Monte Carlo method

~ **стационарной фазы** *фтт* method of sta-tionary plase, stationary phase approximation

~ **Степанова** *крист.* Stepanov method, Ste-panov technique

~ **Стокбаргера** *крист.* Stockbarger method, Stockbarger technique

~ **Стокбаргера - Бриджмена** Stockbarger-Bridgman technique

~ **стоячих рентгеновских волн** X-ray standing-wave method

стронциевый ~ strontium age determination method

~ **структурного анализа** method of struc-tural analysis

~ **суммарного счёта** total-count method

~ **сферических гармоник** spherical harmon-ics method

~ **сферических оболочек** spherical shell method

~ **Сциларда - Чалмерса** Szilard-Chalmers me-thod

сцинтилляционный ~ scintillation method

~ **счёта импульсов** pulse-counting method

~ **Талькотта** Talcott method

~ **Тамма - Данкова** Tamm-Dancoff method

~ **телескопа** *яф* counter telescope method

~ **тёмного поля** *опт.* dark-field method

~ **температурного градиента** *крист.* ther-mal gradient [Krueger-Finke] method

теневой ~ shadow method

теневой ~ **визуализации скачков уплот-нения в параллельном пучке света** direct-shadow parallel light method

теневой ~ **визуализации скачков уплот-нения в расходящемся пучке света** direct-shadow divergent light method

теневой ~ **испытаний** *(оптики)* knife-edge [Foucault] test

теневой муаровый ~ shadow moiré method

теоретико-групповой ~ group-theoretical method

~ **Теплера** schlieren method

термический ~ **проявления фотопласти-нок** hot-plate method

~ **термодиффузии** thermal-diffusion method

термолюминесцентный ~ *(измерения ио-низирующих излучений)* thermoluminescent method

термоэлектрический ~ *(в дефектоскопии)* thermoelectric technique

~ **Тернера** method of plate constants, Turner [six-constant] method

~ **толстослойных эмульсий** nuclear-emul-sion [nuclear-photoplate] method

~ **толстостенной ионизационной камеры** thick-walled ionization chamber method

~ **Томаса - Ферми** *ктп* Thomas-Fermi method

~ **точечных коллокаций** point collocation method

~ **транспортных реакций** *крист.* chemical transport method

~ **трапеций** trapezium method

трековый ~ *(измерения ионизирующих из-лучений)* track method

~ **трёх наполнений** *яф* three filling method

трёхуровневый ~ **накачки** three-level pump method

трибоэлектрический ~ *(в дефектоскопии)* triboelectric technique

~ **тяжёлого атома** heavy atom method

углеродный ~ carbon age determination method

узловой ~ nodal method

~ ультразвукового распыления ultrasonic spray technique

~ уравновешивания balancing method

~ ускоренного вращения тигля *крист.* accelerated crucible rotation technique

условный выборочный ~ conditional sampling

~ усреднения Боголюбова Bogoliubov averaging method

~ фазового контраста phase contrast [Zernicke] method

~ фазового сопряжения *опт.* phase conjugation (method)

~ фазовой модуляции phase-modulation [phase-switching] method

~ факторизации *(в электродинамике)* factorization method

~ Фано Fano method

~ фарадеевского вращения *(в ионосфере)* Faraday rotation technique

~ Фарадея Faraday method

~ Фейнмана Feynman method

~ ферритовых колец *(в искровой камере)* ferrite ring technique

~ Физо *фтт* Fizeau method

~ фильтров *(ионизирующего излучения)* filter method

~ Фокса и Ли *кв. эл.* Fox and Lee method

~ фокусировки *(при исследовании антенн)* focusing method

формальный аксиоматический ~ formal axiomatic method

~ формул сдвига *(в теории возмущений)* method of shift formulas

фотографический ~ photographic method

фотолюминесцентный ~ *(измерения ионизирующих излучений)* photoluminescent method

фотометрический ~ photometric method

~ фотопластинок photoplate method

~ фотоупругих покрытий photoelastic coating technique

~ фотоупругости *(исследования напряжений)* photoelastic [photomechanics] method

фотоэлектрический ~ photoelectric method

~ фотоэмульсий emulsion technique

~ Фудживары *(в рентгеновской топографии)* Fujiwara method

~ Фуко *опт.* Foucault method

~ функции Грина Green function approach, Green function method

~ функционала плотности method of density functional

~ функционалов Фока *ктп* method of Fock functionals

~ функционального интеграла *кв. мех.* method of functional integral

~ характеристик method of characteristics

~ характеристических матриц response matrix method

~ Харрисона *фтт* Harrison method

~ Хартри *кв. мех.* Hartree method

~ Хартри - Фока *кв. мех.* Hartree-Fock method

~ Хилла Hill method

химический ~ chemical method

химический ~ разделения chemical separation method

~ химических реакций *крист.* chemical reaction method

~ химического синтеза chemical synthesis method

~ химического транспорта *крист.* chemical transport method

~ холодного тигля *крист.* cold crucible technique

~ хрупких покрытий brittle coating technique, brittle coating method

~ центрифугирования centrifuge method

~ Цернике Zernicke [phase contrast] method

цифровой ~ digital method

~ Чалмерса *крист.* Chalmers method

~ Чандрасекара *астр.* Chandrasekhar method

~ частичных отражений *(в ионосфере)* partial reflection technique

~ Чепмена - Энскога Chapman-Enskog method

~ численного расчёта numerical method, numerical technique

~ численного решения *(уравнений)* numerical method, numerical technique

численный ~ numerical method, numerical technique

~ Чохральского *крист.* Czochralski method

~ шаровых замедлителей *яф* spheric moderator method

~ Швингера Schwinger method

~ шелковинок *(визуализации потока)* wool-tuft technique

~ Шлезингера method of dependences

~ Шпольского *спектр.* Shpolski method

~ штрафов penalty method

~ Шульца *(в рентгеновской топографии)* Shultz method

~ эйконала eikonal method

~ Эйлера Eulerian [flux] method

эклипсный ~ *(стереовидения)* eclipse method

~ экстраполяции extrapolation method

~ электрической аналогии electrical analogy method

электроконтактный ~ *(в дефектоскопии)* electrical contact technique

электромагнитный ~ *(разделения изотопов)* electromagnetic technique

~ электромеханической аналогии *аэрогидр.* method of rheoelectric analogy

~ электронной литографии electron-lithography method

электростатический ~ *(измерения активности радионуклидов)* electrostatics method

~ элементарных ячеек unit cell method

эманационный ~ emanation method
эмиссионный ~ *(измерения ионизирующих излучений)* emission method
эмпирический ~ empirical method
энергетический ~ energy method
эпитаксиальный ~ *(выращивания кристаллов)* epitaxial technique
~ эталонных уравнений *кв.мех.* method of standard equations
~ эталонных функций *опт.* method of standard functions
~ эффективного потенциала *фтт* effective potential method
~ эффективной массы *фтт* effective mass method
явный разностный ~ explicit difference method
~ ядерной индукции nuclear-induction method
ядерный ~ nuclear method
~ ядерных реакций nuclear reaction method
~ ядерных эмульсий nuclear emulsion [nuclear photoplate] method
~ ямок травления etch pitting technique
~ яркого поля *опт.* bright-field method
~ ячеек *фтт* cell method
~ R-матрицы R-matrix method
~ S-матрицы S-matrix method
методика *ж.* procedure, technique
~ вычислений computational procedure
~ измерения measuring technique, measurement procedure
~ калибровки calibration procedure
~ наблюдений observational [observing] technique, observational methods
~ облучения irradiation procedure
экспериментальная ~ experimental technique, experimental procedure
метр *м. амер.* meter; *англ.* metre
~ водяного столба meter of water column
квадратный ~ square meter
кубический ~ cubic meter
погонный ~ running meter
метрика *ж.* metric
вырожденная ~ degenerate metric
~ де Ситтера de Sitter metric
дефинитная ~ definite metric
евклидова ~ Euclidean metric
индефинитная ~ indefinite metrics
индуцированная ~ induced metric
~ Керра Kerr metric
конатуральная ~ co-natural metric
конформно-евклидова ~ conformally Euclidean metric
космологическая ~ cosmological metric
~ Минковского Minkowski metric
натуральная ~ natural metric
положительно определённая ~ definite metric
полуопределённая ~ semidefinite metric
~ пространства-времени space-time metric
псевдоевклидова ~ pseudo-Euclidean metric
фоновая ~ background metric

~ Фридмана - Робертсона - Уокера Friedmann-Robertson-Walker metric
~ Шварцшильда Schwarzschild metric
эрмитова ~ Hermitian metric
метрология *ж.* metrology
квантовая ~ quantum metrology
механизм *м.* mechanism; *(измерительного прибора)* movement □ ~ действия A на B mechanism of action of A on B
~ аварийной остановки shut-down device
~ адгезионного изнашивания adhesive wear mechanism
аннигиляционный ~ annihilation mechanism
~ Ахиезера Akhiezer mechanism
бетатронный ~ ускорения betatronic acceleration mechanism
~ быстрой остановки scramming mechanism
~ Вольмера - Вебера Volmer-Weber mechanism
~ вспышки flare mechanism
~ выброса плазмы plasma ejection mechanism
выключающий ~ shut-off mechanism
градиентный ~ возбуждения колебаний gradient mechanism of oscillation excitation
~ группировки *(электронов)* bunching mechanism
двухступенчатый ~ two-step mechanism
~ декорреляции decorrelation mechanism
диссипативный ~ ускорения dissipative acceleration mechanism
~ диссипации *(энергии)* dissipation mechanism
~ диффузии diffusion mechanism
диффузионно-вакансионный ~ diffusion-vacancy mechanism
~ для смены образцов sample-changing mechanism
~ для транспортировки образцов specimen-transfer mechanism
доминирующий ~ dominating [predominant] mechanism
~ загрузки топлива fuel charger
загрузочный ~ charging [loading] mechanism
~ затухания damping mechanism
захватывающий ~ gripping mechanism
~ землетрясения mechanism of earthquake
~ измерительного прибора movement
~ изнашивания wear mechanism
исполнительный ~ actuating mechanism, actuator
~ кавитации mechanism of cavitation
каскадный ~ cascade mechanism
~ кипения mechanism of boiling
классический ~ теплопроводности classical heat conduction mechanism
комптоновский ~ Compton mechanism
конкурирующий ~ competing [competitive] mechanism
~ коэрцитивности coercivity mechanism
~ Крастанова *крист.* Krastanov mechanism
~ Ландау Landau mechanism
~ Ландау - Румера Landau-Rumer mechanism

магнитоэлектрический ~ *(измерительного прибора)* moving coil [d'Arsonval] movement
обобщённый ~ generalized mechanism
~ **оптической ориентации спинов** optical spin aligning mechanism
ориентационный ~ *(эффект Керра)* orientation mechanism
останавливающий ~ shut-off mechanism
~ **переноса** *(возбуждения или энергии)* transfer mechanism
~ **Петчека** Petschek mechanism
поляризационный ~ *(эффект Керра)* polarization mechanism
~ **потерь** loss mechanism
предохранительный ~ safety mechanism, safety device
приводной ~ drive mechanism, actuator, driving gear
приводной ~ **аварийного стержня** safety-rod actuator
приводной ~ **управляющего стержня** control-rod drive mechanism
~ **пробоя** breakdown mechanism
пусковой ~ starting [trigger] mechanism
~ **радиоизлучения** *(напр. Солнца)* mechanism of radio emission
разгрузочный ~ unloading mechanism
~ **разрушения** fracture mechanism
~ **рассеяния** *опт.* scattering mechanism
реакции ~ reaction mechanism
регистрирующий ~ recording mechanism
~ **рождения частиц** particle production mechanism
~ **роста** *(кристаллов)* growth mechanism
~ **роста пар-жидкость-кристалл** vapor-liquid-solid growth mechanism
~ **сбрасывания стоп-стержня** shut-off rod dropping mechanism
~ **Свита** Sweet mechanism
синхротронный ~ synchroton mechanism
~ **смены ядерного топлива** fuel-changing gear
~ **смешивания фаз** phase mixing mechanism
~ **спиновой релаксации** spin relaxation mechanism
спитцеровский ~ **теплопроводности** Spitzer heat conduction mechanism
столкновительный ~ *физ. пл.* collisional mechanism
~ **Странского** *крист.* Stranski mechanism
~ **Странского - Крастанова** *физ. пов.* Stranski-Krastanov mechanism
тепловой ~ **разветвления** *(цепной реакции)* thermal branching mechanism
тепловой ~ **распыления** thermal mechanism for sputtering
~ **теплопередачи** mechanism of heat transfer
~ **теплопроводности** heat conduction mechanism
тригерный ~ *сэф* trigger mechanism
~ **турбулизации пограничного слоя** mechanism of turbulence formation in the boundary layer

~ **турбулизации следа за обтекаемым конечным телом** mechanism of turbulence formation in the wake in flow past finite body
~ **увеличения энергии во вспышке** mechanism of the build-up of flare energy
удерживающий ~ hold-down mechanism
~ **упрочнения** strengthening mechanism
~ **ускорения ионов в электромагнитном поле** ion acceleration mechanism by electromagnetic field
~ **ускорения ионов самосогласованным электрическим полем** ion acceleration mechanism by a self-consistent electric field
~ **ускорения плазмы в электромагнитном поле** plasma acceleration mechanism by electromagnetic field
~ **ускорения Ферми** Fermi acceleration mechanism
~ **ускорения частиц** particle acceleration mechanism
~ **Ферми** *мгд* Fermi mechanism
~ **Франка - Ван-дер-Мерве** *крист.* Frank-van der Merve mechanism
~ **Хиггса** *ктп* Higgs mechanism
хиггсовский ~ Higgs mechanism
циклотронный ~ cyclotron mechanism
часовой ~ *(телескопа)* driving apparatus, driving device, clock-work
~ **Чепмена** Chapman mechanism
экситонный ~ *(миграции энергии)* excitonic mechanism
~ **юстировки** adjusting mechanism
механика *ж.* mechanics
волновая ~ wave mechanics
~ **грунтов** soil mechanics
~ **деформируемого твёрдого тела** deformable body [solid] mechanics
~ **жидкостей и газов** mechanics of fluids, fluid mechanics
~ **идеальной жидкости** ideal [perfect] fluid theory
квантовая ~ quantum mechanics
классическая ~ classical [Newtoniah] mechanics
классическая ~ **жидкостей и газов** classical fluid mechanics
классическая статистическая ~ classical statistical mechanics
линейно-упругая ~ **разрушения** linear-elastic fracture mechanics
~ **материальной точки** particle mechanics
матричная ~ matrix mechanics
небесная ~ celestial mechanics
~ **неизменяемых систем** mechanics of rigid bodies
нелинейная ~ nonlinear mechanics
~ **нелинейных систем** nonlinear mechanics
нерелятивистская ~ nonrelativistic mechanics
нерелятивистская квантовая ~ nonrelativistic quantum mechanics
ньютоновская ~ Newtonian [classical] mechanics

~ полёта mechanics of flight, theory of flight

прикладная ~ applied mechanics

прикладная ~ **жидкостей и газов** applied fluid mechanics

~ **разрушения** fracture mechanics

~ **разрушения при общей текучести** general yield fracture mechanics

релятивистская ~ relativistic mechanics

релятивистская квантовая ~ relativistic quantum mechanics

~ **сплошных сред** mechanics of continua, continuum mechanics

статистическая ~ statistical mechanics

суперсимметричная квантовая ~ supersymmetric quantum mechanics

суперсимметричная квантовая ~ **Виттена** Witten supersymmetric quantum mechanics

~ **твёрдого тела** mechanics of rigid body

~ **текучих сред** fluid mechanics

~ **тел переменной массы** variable mass mechanics

теоретическая ~ theoretical mechanics

теоретическая ~ **жидкостей и газов** theoretical [pure] fluid mechanics

точная ~ fine mechanics

~ **упругопластического разрушения** elastic-plastic fracture mechanics

экспериментальная ~ **жидкостей и газов** experimental fluid mechanics

механический *прил.* mechanical

механодеструкция *ж.* mechanodestruction

механокрекинг *м.* mechanocracking

механострикция *ж.* mechanostriction

механотрон *м.* mechanotron *(mechanically controlled tube)*

механохимия *ж.* mechanochemistry

механоэлектрет *м.* mechanoelectret

мечение *с. (радиоактивными изотопами)* labeling, tagging

двойное ~ double labeling

~ **изотопным индикатором** tracer labeling

~ **отдачей** recoil tagging

мешалка *ж. крист.* agitator

лопастная ~ vane-type agitator

мешок *м. яф* bag

адронный ~ hadronic bag

глюонный ~ gluon bag

квантово-полевой ~ quantum field bag

кварковый ~ quark bag

киральный ~ cloudy bag

«угольный ~ **»** *(тёмная туманность)* coal sack

мешок-нуклон *м. яф* nucleon bag

трёхкварковый ~ three-quark nucleon bag

миграция *ж.* migration

~ **вакансий** vacancy migration

внутримолекулярная ~ **энергии** intramolecular energy migration

~ **границ зёрен** grain boundary migration

~ **двойной связи** double-bond migration

~ **дефектов** defect migration

~ **дислокаций** dislocation migration

~ **дырок** hole migration

~ **зарядов** charge migration

~ **ионов** ion migration

~ **междоузлий** interstitial migration

межмолекулярная ~ **энергии** intermolecular energy migration

~ **примесей** impurity migration

~ **радиоизотопов** *(в окружающей среде)* radionuclide migration; radioisotope migration

спектральная ~ spectral migration

~ **спинового возбуждения** spin excitation migration

~ **экситонов** exciton migration

~ **электронов** electron migration

~ **энергии** energy migration

мигрировать *гл.* migrate

микроавтограф *м.* microautograph

микроавторадиография *ж.* microradioautography

микроанализ *м.* microanalysis

ионный ~ ion microanalysis

рентгеновский ~ X-ray microanalysis

ренгеноспектральный электронно-зондовый ~ electron probe X-ray spectrum microanalysis

электронно-зондовый ~ electron probe microanalysis

микроанализатор *м.* microanalyser

микробарограф *м.* microbarograph

микробиология *ж.* microbiology

радиационная ~ radiation microbiology

микровесы *мн.* microbalance

кварцевые ~ silica microbalance

микровзрыв *м. (лазерной мишени)* micro-explosion

микровключение *с.* microinclusion

поглощающее ~ absorbing microinclusion

микровмятина *ж.* microdent

микроволновод *м.* microwaveguide

градиентный ~ gradient microwaveguide

диффузный ~ diffuse microwaveguide

диэлектрический ~ dielectric microwaveguide

канальный ~ channel microwaveguide

оптический ~ optical microwaveguide

планарный ~ planar microwaveguide

полосковый ~ strip microwaveguide, microstrip waveguide

тонкоплёночный ~ thin film microwaveguide

микроволны *мн.* microwaves; centimeter waves

микровспышка *ж. сэф* microflare

микровыступ *м.* microasperity; microirregularity

микровязкость *ж.* microviscosity

микрогеометрия *ж.* microgeometry

~ **контакта** contact microgeometry

~ **поверхности** surface topography

микроголограмма *ж.* microhologram

микрогравитация *ж.* microgravity

микрография *ж.* micrography

микродвойник *м.* microtwin

микроденситометр *м.* microdensitometer

двухлучевой ~ double-beam microdensitometer

сканирующий ~ scanning microdensitometer
микродефект *м.* microdefect
  ростовой ~ growth microdefect
  термически наведённый ~ thermally induced microdefect
микродеформация *ж.* microstrain, microdeformation
микродифракция *ж. (электронов)* microdiffraction
микродиффузия *ж.* microdiffusion
микродобавка *ж.* microadditive
микродозиметрия *ж.* microdosimetry
микрозонд *м.* microprobe
  ионный ~ ion microprobe
  лазерный ~ laser microprobe
  растровый ~ Оже scanning Auger microprobe, SAM
  электронный ~ electron microprobe
микрозондирование *с.* microprobe analysis
  ионное ~ ion microprobe analysis
  протонное ~ proton microprobe analysis
  электронное ~ electron microprobe analysis
микроизгиб *м. (оптического волокна)* microbending
микроинтерферометр *м.* microinterferometer
микроисследование *с.* microexamination, microanalysis
микрокалориметр *м.* microcalorimeter
  низкотемпературный ~ low-temperature microcalorimeter
микрокалориметрия *ж.* microcalorimetry
микрокамера *ж.* microchamber
  газовая ~ gas microchamber
микроканалирование *с. (излучения)* microchanneling
микроколебания *мн.* microoscillations
микроколичество *с.* microquantity, trace amount
микрокомпонента *ж.* microcomponent
микроконвекция *ж.* microconvection
микроконтакт *м.* microcontact
  полупроводниковый ~ semiconductor microcontact
микрокоррозия *ж.* microcorrosion
микрокристаллография *ж.* microcrystallography
микролазер *м.* microlaser
микролинза *ж.* microlens
  планарная ~ planar microlens
микролитография *ж.* microlithography
  ионная ~ ion microlithography
  рентгеновская ~ X-ray microlithography
  электронная ~ electron microlithography
  электронно-лучевая ~ electron beam microlithography
микромагнетизм *м.* micromagnetism
  ~ доменов domen micromagnetism
микромагнетик *м.* micromagnet
микроманипулятор *м.* micromanipulator
  пятикоординатный ~ *микр.* five-coordinate micromanipulator
микроманометр *м.* micromanometer

микромасштаб *м.* microscale
микрометеорит *м.* micrometeorite
микрометод *м.* micromethod
микрометр *м.* micrometer
  безличный ~ *астр.* impersonal micrometer
  кольцевой ~ *астр.* annular [circular, ring] micrometer
  окулярный ~ eyepiece micrometer
  позиционный ~ position micrometer
  регистрирующий ~ registering micrometer
микрометрия *ж.* micrometry
микромеханика *ж.* micromechanics
  ~ контакта contact micromechanics
микромир *м.* microworld, microcosmos, microcosm
микромишень *ж.* microtarget
  сферическая ~ spherical microtarget
микрон *м. (микрометр)* micron
микронапряжение *с.* microstress
микронеоднородности *мн.* microinhomogeneities
  сильно локализованные ~ strongly localized microinhomogeneities
микронеровности *мн. (поверхности)* microroughnesses
микронеустойчивость *ж. физ. пл.* microinstability
  дрейфовая ~ drift microinstability
  дрейфово-диссипативная ~ drift-dissipative microinstability
  дрейфово-температурная ~ drift-temperature microinstability
  ~ плазмы plasma microinstability
  токово-конвективная ~ current-convective microinstability
  универсальная ~ universal microinstability
микроондулятор *м.* microundulator
микроописание *с.* microdescription
микроострие *с.* micropoint
микропетли *мн.* microloops
  ~ дислокаций dislocation microloops
микропинч *м. физ. пл.* micropinch
микроплазма *ж.* microplasma
микрополе *с.* microfield
  плазменное ~ plasma microfield
микроползучесть *ж.* microcreep
микрополость *ж.* microcavity
микрополяриметр *м.* micropolarimeter
микропора *ж.* micropore
микропроектор *м.* microprojector
  ионный ~ ion microprojector
микропроскальзывание *с.* microslippage
микропрофиль *м.* microprofile
микропроцессор *м.* microprocessor
микропульсация *ж.* micropuslation
  геомагнитная ~ geomagnetic micropuslation
микропучок *м.* microbeam
микрорадиоавтограф *м.* microradioautograph
микрорадиоавтография *ж.* microradioautography
микрорадиография *ж.* microradiography
микрорадиометр *м.* microradiometer

микроразряд *м.* microdischarge
микрореакция *ж.* microreaction
микрорезание *с.* microcutting
микрорезонанс *м.* microresonance
микрорезонатор *м.* microresonator
микрорельеф *м. (поверхности)* microrelief
  ~ поверхности surface microrelief
микрорентгенография *ж.* X-ray micrography
микрореология *ж.* microrheology
микросейсм *м. геофиз.* microseismic disturbance, microseism
  поверхностный ~ ground microseism
  фронтальный ~ frontal microseism
микросистема *ж.* microsystem
микроскалывание *с. (в интегральной оптике)* microcleaving
микроскольжение *с.* microsliding, microslip, microgliding
микроскоп *м.* microscope
  автоионный ~ *(ионный проектор)* field-ion microscope
  автоэлектронный ~ field-emission microscope
  акустический голографический ~ acoustical holographic microscope
  атомно-силовой ~ atomic-force microscope
  бинокулярный ~ binocular microscope
  биологический ~ biological microscope
  ближнепольный ~ near-field microscope
  высоковольтный ~ ultrahigh-voltage microscope
  голографический ~ holographic microscope
  двухзеркальный ахроматический нейтронный ~ two-mirror achromatic neutron microscope
  дифракционный ~ diffraction microscope
  дифракционный рентгеновский ~ X-ray diffraction microscope
  ~ для ядерных эмульсий nuclear emulsion microscope
  зеркальный рентгеновский ~ mirror X-ray microscope
  зеркальный электронный ~ mirror electron microscope
  измерительный ~ measuring microscope
  изображающий рентгеновский ~ imaging X-ray microscope
  инвертированный ~ inverted microscope
  интерференционный ~ interference microscope
  интерференционный ~ Цейсса - Линника Zeiss-Linnik interference microscope
  инфракрасный ~ infrared microscope
  ионный ~ ion microscope
  контактный рентгеновский ~ contact X-ray microscope
  лазерно-акустический ~ laser-acoustical [photoacoustical] microscope
  лазерный ~ laser microscope
  лазерный проекционный ~ laser projecting [laser projection] microscope
  лазерный фотоионный ~ laser photoion microscope

  лазерный фотоэлектронный ~ laser photoelectron microscope
  люминесцентный ~ luminescence microscope
  магнитный электронный ~ magnetic electron microscope
  металлографический ~ metallurgical microscope
  нейтронный ~ neutron microscope
  оптический ~ optical [light] microscope
  оптический гетеродинный ~ optical heterodyne microscope
  осцилляционный ~ oscillation microscope
  отражательный рентгеновский ~ reflection X-ray microscope
  отражательный электронный ~ reflection electron microscope
  полевой ионизационный ионный ~ field-ionization ion microscope
  полевой ионный ~ field ion microscope
  полевой электронный ~ field electron microscope
  полевой эмиссионный ~ field emission microscope
  поляризационный ~ polarizing [polarization] microscope
  проекционный ~ projection microscope
  проекционный рентгеновский ~ projection X-ray microscope
  просвечивающий растровый электронный ~ (ПРЭМ) scanning transmission electron microscope, STEM
  просвечивающий рентгеновский ~ transmission X-ray microscope
  просвечивающий электронный ~ (ПЭМ) transmission electron microscope, TEM
  протонный ~ proton microscope
  растровый ~ scanning microscope
  растровый оже-электронный ~ (РОЭМ) scanning Auger-electron microscope
  растровый электронный ~ (РЭМ) scanning electron microscope, SEM
  рентгеновский ~ X-ray microscope
  рентгеновский ~ нормального падения normal incidence X-ray microscope
  рентгеновский ~ скользящего падения grazing incidence X-ray microscope
  ~ с бегущим лучом flying-spot microscope
  сверхвысоковольтный электронный ~ (СВЭМ) superhigh-voltage electron microscope
  седиментационный ~ sedimentation microscope
  сканирующий ~ scanning microscope
  сканирующий атомно-силовой ~ scanning atomic-force microscope
  сканирующий рентгеновский ~ scanning X-ray microscope
  сканирующий туннельный ~ scanning tunnel(ing) microscope
  ~ сравнения comparison microscope
  стереоскопический ~ stereoscopic microscope
  телевизионный ~ television microscope

туннельный ~ tunnel microscope
ультразвуковой ~ ultrasonic microscope
ультрафиолетовый ~ ultraviolet microscope
фазоконтрастный ~ phase-contrast microscope
фотоакустический ~ photoacoustical [laser-acoustical] microscope
фотоэлектрический ~ photoelectric microscope
электронный ~ electron microscope
электронный ~ высокого разрешения high-resolution electron microscope
электростатический электронный ~ electrostatic electron microscope
эмиссионный электронный ~ emission electron microscope
микроскопия *ж.* microscopy
автоионная ~ field-ion microscopy
автоэлектронная ~ field emission microscopy
автоэмиссионная ~ field emission microscopy
акустическая ~ acoustical microscopy
амплитудная электронная ~ amplitude electron microscopy
аналитическая электронная ~ analytical electron microscopy
биологическая ~ biological microscopy
ближнеполевая ~ near-field microscopy
высоковольтная электронная ~ high-voltage electron microscopy
~ высокого разрешения high resolution microscopy
голографическая ~ holographic microscopy
интерференционная ~ interference microscopy
инфракрасная ~ infrared microscopy
ионная ~ ion microscopy
контактная ~ contact microscopy
контактная рентгеновская ~ contact X-ray microscopy
корпускулярно-волновая ~ wave-corpuscle microscopy
лазерно-акустическая ~ laser-acoustical [photoacoustical] microscopy
лоренцева ~ Lorentz microscopy
лоренцовская ~ Lorentz microscopy
люминисцентная ~ luminescence [fluorescence] microscopy
многолучевая интерференционная ~ multiple-beam interference microscopy
низкотемпературная сканирующая туннельная ~ low-temperature scanning tunnel microscopy
оптическая ~ optical microscopy
отражательная ~ reflection microscopy
отражательная рентгеновская ~ X-ray reflection microscopy
полевая ионная ~ field-ion microscopy
поляризационная ~ polarization microscopy
просвечивающая электронная ~ transmission electron microscopy, TEM
просвечивающая электронная ~ высокого разрешения high-resolution transmission electron microscopy, HRTEM

растровая просвечивающая электронная ~ scanning transmission electron microscopy, STEM
растровая электронная ~ (РЭМ) scanning electron microscopy, SEM
рентгеновская ~ X-ray microscopy
сканирующая ~ scanning microscopy
сканирующая просвечивающая электронная ~ scanning transmission electron microscopy, STEM
сканирующая туннельная ~ scanning tunnel(ing) microscopy
теневая ~ shadow microscopy
трёхмерная электронная ~ three-dimensional electron microscopy
туннельная ~ tunnel electron microscopy
ультрафиолетовая ~ ultraviolet microscopy
фазовая электронная ~ phase electron microscopy
фазоконтрастная ~ phase-contrast microscopy
фотоионная ~ photoion microscopy
фотоэлектронная ~ photoelectron microscopy
электронная ~ electron microscopy
электронная ~ атомного разрешения atomic-resolution electron microscopy
электронная ~ в слабом пучке weak-beam electron microscopy
электронная ~ высокого разрешения high-resolution electron microscopy, HREM
эмиссионная ~ emission microscopy
микроскоп-микрометр *м.* micrometer microscope
микроснимок *м.* micrograph
микроспектроскоп *м.* microspectroscope
микроспектрофлуориметр *м.* microspectrofluorimeter
микроспектрофотометр *м.* microspectrophotometer
микроструктура *ж.* microstructure, microscopic structure
баллистическая ~ ballistic microstructure
волокнистая ~ fibrous microstructure
~ металла microstructure of metal
~ света microstructure of light
микросуббуря *ж. сзф* microsubstorm
микросфера *ж.* microsphere
микросхватывание *с.* microseizure
микротвёрдость *ж.* microhardness
микротрещина *ж.* microcrack
подповерхностная ~ subsurface microcrack
микротрон *м.* microtron, electron cyclotron
микротурбулентность *ж.* microturbulence
магнитная ~ magnetic microturbulence
микроускорение *с.* microacceleration
микрофарада *ж.* microfarad
микрофизика *ж.* microphysics
микрофлоккулы *мн. сзф* plagettes
микрофлуктуация *ж.* microfluctuation
микрофон *м.* microphone
микрофотограмма *ж.* microphotogram

микрофотография *ж.* photomicrography, photomicrograph
микрофотометр *м.* microphotometer, microdensitometer
  двухлучевой ~ double-beam microphotometer
  ~ Молля Moll microphotometer
  однолучевой ~ single-beam microphotometer
  регистрирующий ~ recording microphotometer
микрофотометрирование *с.* microphotometry
микрофотоснимок *м.* photomicrograph
микрофотосъёмка *ж.* photomicrography
микрохимия *ж.* microchemistry
микроцарапина *ж.* microscratching
микрочастица *ж.* microparticle
микрошероховатость *ж.* microroughness
  ~ поверхности surface microroughness
микрошлиф *м.* microsection
микроэлектроника *ж.* microelectronics
  полупроводниковая ~ semiconductor microelectronics
  твердотельная ~ solid-state microelectronics
микроэлемент *м. хим.* trace element
микроэмульсия *ж.* microemulsion
миктомагнетизм *м.* mictomagnetism
миллиметр *м.* millimeter, mm
  ~ ртутного столба *м. (мм рт.ст.)* millimeter of mercury, mm Hg
минерал *м.* mineral
  радийсодержащий ~ radium-bearing mineral
  радиоактивный ~ radioactive mineral
минерализатор *м.* mineralizator
минерализация *ж.* mineralization
минералогия *ж.* mineralogy
миниатюризация *ж.* miniaturization
минивсплеск *м.* miniburst
минизона *ж.* mini zone
  ~ Бриллюэна mini-Brillouin zone
минилинза *ж.* mini-lens
минимакс *м. мат.* minimax
минимизация *ж.* minimization, minimizing
  ~ полной энергии *фпп* total-energy minimization
минимум *м.* minimum ☐ сводить к ~у minimize
  ~ блеска *(переменной)* minimum light
  дифракционный ~ diffraction minimum
  интерференционный ~ interference minimum
  ~ Маундера *сзф* Mounder minimum
  ~ Пашена Paschen minimum
  ~ солнечной активности solar minimum
  ~ сопротивления resistance minimum
минор *м. мат.* minor, subdeterminant
минус *м. мат.* minus; *(недостаток)* defect, shortcoming
минута *ж.* minute
  дуговая ~ minute of arc
миопия *ж. (близорукость)* myopia, nearsightedness
мир *м. (в космологии)* world
  бескварковый ~ quarkless world

галактический ~ galactic world
~ де Ситтера de Sitter world
~ досветовых скоростей subluminal world
замкнутый ~ closed world
звёздный ~ stellar world
материальный ~ material world
~ Минковского Minkowski world
ограниченный ~ confined world
открытый ~ open world
плоский ~ flat world
полузамкнутый ~ semiclosed world
~ сверхсветовых скоростей hyperluminal world
мира *ж. астр.* azimuth mark; *опт.* test pattern
мираж *м.* mirage
  оптический ~ optical mirage
митоз *м. биол.* mitosis
митрон *м.* mitron, voltage-tunable magnetron
мицелла *ж. физ. хим.* micelle
  дискообразная ~ disk-like micelle
  обращённая ~ inversed micelle
  сферическая ~ spherical micelle
  цилиндрическая ~ cylindric micelle
мицеллообразование *с. (в растворах)* micelle formation
мишень *ж. яф* target
  аморфная ~ amorphous target
  атомная ~ atomic target
  бесконечно толстая ~ infinitely thick target
  вдвижная ~ ram-in target
  внешняя ~ external target
  внутренняя ~ internal target
  водородная ~ hydrogen target
  газовая ~ gas target
  гибридная ~ hybrid target
  дейтериевая ~ deuterium target
  дейтерий-тритиевая ~ deuterium-tritium target
  жидкая ~ liquid target
  жидководородная ~ liquid-hydrogen target
  изотопическая ~ isotopic target
  изотопная ~ isotopic target
  криогенная ~ cryogenic target
  лазерная ~ laser target
  лазерная термоядерная ~ laser thermonuclear target
  ледяная ~ ice target
  магнетронная ~ *физ. пов.* magnetron target
  многослойная ~ multilayered [sandwich] target
  монокристаллическая ~ single-crystal target
  неподвижная ~ fixed [stationary] target, target at rest
  неполяризованная ~ nonpolarized target
  низкоаспектная ~ low-aspect target
  обдирочная ~ *яф* stripping target
  облучаемая ~ exposed [bombarded] target
  оболочечная ~ *лтс* shell target
  охлаждаемая ~ cooled target
  перезарядная ~ charge-exchange target
  плазменная ~ plasma target
  плёночная ~ с многократным прохождением film target with multiple traversals

плоская ~ flat target
подвижная ~ movable target
подставная ~ dummy target
поликристаллическая ~ polycrystalline target
поляризованная ~ polarized target
поляризованная водородная ~ polarized hydrogen target
поляризованная ядерная ~ polarized nuclear target
проволочная ~ wire target
прозрачная ~ transmission [transparent] target
произвольная ~ random target
распыляемая ~ sputtering target
рассеивающая ~ scattering target
реакторная ~ reactor target
рентгеновская ~ X-ray target
~ с делящимся веществом fissionable target
~ скользящего падения grazing incidence target
смываемая ~ "wipe-off" target
составная ~ composite target
струйная ~ jet target
сферическая ~ *лтс* spherical target
твёрдая ~ solid target
термоядерная ~ thermonuclear target
толстая ~ thick target
~ толщиной ... target ... thick
тонкая ~ thin target
тонкостенная ~ thin-wall target
трёхслойная ~ three-layer target
тритиевая ~ tritium target
~ трубки tube target
тяжёлая ~ heavy target
~ ускорителя accelerator target
фольговая ~ foil target
~ циклотрона cyclotron target
циклотронная ~ cyclotron target
эмульсионная ~ emulsion target
ядерная ~ nuclear target
мишень-калориметр *м.* calorimeter target
мишень-отражатель *м.* reflection target
многогранник *м.* polyhedron
кристаллографический ~ crystallographic polyhedron
многозарядный *прил.* multiply charged
многозначность *ж.* multivaluedness; ambiguity
многозначный *прил.* multivalued
многоканальный *прил.* multichannel
многокаскадный *прил.* multistage, many-stage
многокомпонентный *прил.* multicomponent
многолучёвость *ж. (распространения радиоволн)* multipath propagation
многомодовость *ж. (резонатора)* multimode property
многообразие *с.* diversity, variety, manifold, set
абелево ~ Abelian manifold
гладкое ~ smooth manifold
~ групп variety of groups
диффеоморфное ~ diffeomorphic manifold
дифференцируемое ~ differentiable manfold

замкнутое ~ closed manifold
компактное ~ compact manifold
комплексное complex manifold
неориентированное ~ nonoriented manifold
неустойчивое ~ unstable manifold, outset
однородное **симплектическое** ~ homogeneous symplectic manifold
ориентированное ~ oriented manifold
риманово ~ Riemannian manyfold
симплектическое ~ symplectic manifold
спинорное ~ spinor manifold
устойчивое ~ stable manifold, inset
многополюсник *м.* multiport, multiport network
многосвязный *прил.* multiply connected
многослойный *прил.* sandwich, multilayer
многоугольник *м.* polygon
~ Вариньона funicular [string] polygon
векторный ~ vector polygon
верёвочный ~ funicular [string] polygon
вихревой ~ closed vortex polygon
замкнутый ~ **сил** closed polygon of forces
правильный ~ regular polygon
~ **сил** polygon of forces
силовой ~ polygon of forces
~ скоростей velocity polygon
многоугольный *прил.* polygonal, multiangular
многофотонный *м.* multiphoton
многоцветность *ж.* pleochroism, pleochromatism, polychromy
многочлен *м.* polynomial
интерполяционный ~ interpolating [interpolation] polynomial
нормировочный ~ normalisation polynomial
множественность *ж. (частиц)* multiplicity
пионная ~ pion multiplicity
сопровождающая ~ associated multiplicity
средняя ~ average multiplicity
фиксированная ~ fixed multiplicity
~ частиц particle multiplicity
множество *с. мат.* set
базисное гиперболическое ~ base hyperbolic set
бесконечное ~ infinite set
бифуркационное ~ bifurcation set
гиперболическое ~ hyperbolic set
замкнутое ~ closed set
замкнутое притягивающее ~ closed attracting set
инвариантное ~ invariant set
канторовское ~ Cantor set
конечное ~ finite set
ограниченное ~ bounded [finite, limited] set
однопараметрическое ~ one-parameter set
открытое ~ open set
плотное ~ dense set
предельное ~ limiting set
притягивающее ~ attracting set
притягивающее ~ **неустойчивых траекторий в пространстве состояний диссипативной системы** attracting set of unstable paths in the space of states of a dissipative system

~ **самосопряжённых операторов** set of self-adjoint operators
счётное ~ denumerable set
~ **точек** set of points
упорядоченное ~ ordered set
фрактальное ~ fractal set
~ **элементов** set of elements
множимое *с.* multiplicand
множитель *м. (число, на которое умножают)* multiplier; factor
~ **ассиметрии** asymmetry factor
~ **атомного рассеяния** atomic scattering factor
атомный ~ atomic (scattering) factor
атомный ~ **Ланде** atomic Landé factor, atomic g-factor
безразмерный ~ *фэч* g-factor; dimensionless factor
весовой ~ weighting factor
единый масштабный ~ single scale factor
знакопеременный ~ alternating-sign factor
интегрирующий ~ integrating factor
калибровочный ~ gauge factor
~ **Лагранжа** Lagrange factor, Lagrange multiplier
~ **Ланде** *фмя* Landé factor, g-factor
масштабный ~ scale factor
неабелев фазовый ~ non-Abelian phase factor
неопределённый ~ undefermined multiplier
нормировочный ~ normalization factor, normalization constant
нормирующий ~ normalizing factor
общий ~ common factor
переводной ~ *(из одной системы в другую)* conversion factor
полевой ~ *эл.* field factor
поляризационный ~ polarization factor
поправочный ~ correction factor
предэкспоненциальный ~ pre-exponential factor
пространственный ~ space factor
сингулярный ~ singular factor
скалярный ~ scalar factor
статистический ~ statistical factor
структурный ~ *(в дифракции рентгеновских лучей)* structure factor
убывающий ~ decreasing factor
упаковочный ~ packing factor
фазовый ~ phase factor
числовой ~ numerical factor
экспоненциальный ~ exponential factor
~ **Элверта** Elwert factor
ядерный ~ **Ланде** nuclear Landé factor, nuclear g-factor
МНОП-структура *ж. (металл - нитрид кремния - двуокись кремния - полупроводник)* MNOS structure *(metal - silicon nitride - silicon dioxide - semiconductor)*
могильник *м. (радиоактивных отходов)* burial
мод/а *ж. (тип колебаний)* mode
азимутальная ~ azimuthal mode

аксиальная ~ axial mode
акустическая ~ acoustic mode
аномальная ~ anomalous mode
антисимметрическая ~ antisymmetric mode
антистоксова ~ anti-Stokes mode
антиферромагнитная ~ antiferromagnetic mode
баллонная ~ ballooning mode
баллонная ~ **с большим n** high-n ballooning mode
безмассовая ~ massless mode
безмассовая голдстоуновская ~ massless Goldstone mode
безмезонная ~ mesonless mode
~ **Бернштейна** Bernstein mode, Bernstein wave
быстрая ~ fast mode
быстрая вращательная ~ fast rotational mode
~ **Ван-Кампена** van Kampen mode
винтовая ~ **в плазме со свободной границей** free-boundary kink
винтовая ~ **с малым n** low-n kink mode
виртуальная собственная ~ virtual eigenmode
внешняя винтовая ~ external kink mode
внутренняя винтовая ~ internal kink mode
внутренняя ~ **с малым n** low-n internal mode
возбуждаемая ~ excited mode
волноводная ~ waveguide mode
вращательная ~ rotational mode
вырожденная ~ degenerate mode
высшая ~ higher mode
~ **высшего порядка** higher-order mode
вытекающая мода ~ outgoing [walk-off] mode
выходящая ~ outgoing [walk-off] mode
гиромагнитная ~ gyromagnetic mode
главная ~ principal mode
~ **Голдстоуна** *фтт* Goldstone mode
голдстоуновская ~ *фтт* Goldstone mode
джинсовская ~ Jeans mode
дипольная ~ *яф* dipole mode
диссипативная ~ dissipative mode
дрейфовая ~ drift mode
желобковая ~ *физ. пл.* flute-like mode
жёсткая ~ *фтт* hard mode
запрещённая ~ forbidden mode
затухающая ~ damped mode
идеальная ~ ideal mode
изгибная ~ *(молекулы)* bending mode; *мгд* kink mode
излучаемая ~ radiating mode
изоскалярная ~ *яф* isoscalar mode
ионная бернштейновская ~ ion Bernstein mode
ионно-звуковая ~ ion-sound mode
кабиббо-запрещённая ~ *фвэ* Cabibbo-forbidden mode
канализированная ~ guided mode
квадрупольная ~ *яф* quadrupole mode
квазивырожденная ~ quasi-degenerate mode

квазистатическая ~ quasi-static mode
~ **колебаний** oscillation mode
колебательная ~ vibrational mode
коллективная ~ collective mode
комбинационная ~ Raman mode
конкурирующие ~ы competing modes
крупномасштабная ~ large-scale mode
лептонная ~ leptonic mode
~, **локализованная на краю шнура** edge localized mode
локальная ~ local mode
лучевая ~ beam mode
магнитная ~ magnetic mode
магнитозвуковая ~ magnetosonic mode
магнитостатическая ~ magnetostatic mode
магнитоупругая ~ magnetoelastic mode
массивная ~ massive mode
МГД ~, **обусловленная эффектами давления** pressure-driven MHD mode
медленная ~ slow mode
медленная вращательная ~ slow rotation mode
~ **Мерсье** Mercier mode
монопольная ~ *яф* monopole mode
мягкая ~ soft mode
невырожденная ~ nondegenerate mode
нежелательная ~ unwanted mode
незатухающая ~ undamped mode
неидеальная ~ nonideal mode
нелептонная ~ nonleptonic mode
нелокальная крупномасштабная ~ non-local large-scale mode
нераспространяющаяся ~ evanescent [non-propagating] mode
нечётная ~ odd mode
низкочастотная резистивная ~ low-frequency resistive mode
низшая ~ lowest mode
~ **низшего порядка** lower-order mode
нормальная ~ normal [natural] mode
нормальная брэгговская ~ normal Bragg mode
нулевая ~ zero mode
обменная ~ *(антиферромагнитного резонанса)* exchange mode
объёмная ~ volume [body] mode
октупольная ~ *яф* octupole mode
оптическая ~ optical mode
оптическая волноводная ~ optical waveguide mode
ортогонально-поляризованные ~ы orthogonally polarized modes
ортогональные ~ы orthogonal modes
основная ~ dominant [fundamental, principal] mode
основная ~ **генерации лазера** main lasing mode
осциллирующая ~ oscillatory mode
паразитная ~ spurions [parasitic] mode
перестановочная ~ interchange mode; permutational mode

плазменная ~ plasma mode
плоско поляризованная ~ plane polarized mode
повёрнутая ~ *нелин. опт.* rotated mode
поверхностная ~ surface mode
~ **полного внутреннего отражения** total-internal-reflection mode
поляризованная ~ polarized mode
поперечная ~ transverse [lateral] mode
поперечная акустическая ~ transverse acoustic mode
преобладающая ~ dominant mode
продольная ~ longitudinal mode
проникающая ~ penetrating mode
пространственная ~ three-dimensional mode
протонная ~ *фтт* proton mode
пучковая ~ beam mode
радиальная ~ radial mode
радиационная ~ radiation mode
разрывная ~ *мгд* tearing mode
резонансная ~ resonance mode
релаксационная ~ relaxation mode
релятивистская ~ relativistic mode
решёточная ~ lattice mode
сателлитная ~ side-band mode
сверхустойчивая ~ overstable mode
связанные ~ы coupled modes
сдвиговая ~ shear mode
сегнетоэлектрическая ~ ferroelectric mode
секступольная ~ sextupole mode
симметричная ~ symmetric mode
симметричная брэгговская ~ symmetric Bragg mode
~ **с круговой поляризацией** circularly polarized mode
смешанные ~ы mixed modes
собственная ~ eigenmode
соседняя ~ adjacent mode
сосисочная ~ sausage mode
спадающая ~ evanescent mode
спиновая ~ spin mode
стационарная ~ steady mode
стоксова ~ Stokes mode
~ **типа перетяжек** sausage mode
~ **Трайвелписа - Гоулда** Trievelpiece-Gould mode
трёхчастичная ~ three-particle mode
уокеровская ~ *фмя* Walker mode
~ **утечки** leaky mode
фазонная ~ *фтт* phason mode
фононная ~ phonon mode
фрелиховская коллективная ~ Frelich collective mode
чётная ~ even mode
электромагнитная винтовая ~ electromagnetic helical mode
эллиптически поляризованная ~ elliptically polarized mode
модальный *прил.* modal

моделирование *с.* modeling; *(процесса с помощью ЭВМ)* simulation
аналоговое ~ analog simulation
аэродинамическое ~ aerodynamic simulation
математическое ~ mathematical modeling
~ процессов переноса transport simulation
~ структуры поверхности методом Монте-Карло Monte Carlo computer simulation of surface structure
трёхмерное ~ three-dimensional simulation
~ физического явления modeling of physical phenomenon
физическое ~ physical simulation
численное ~ numerical simulation
модель *ж.* model ◻ **~ не выдерживает экспериментальной проверки** the model fails the test; **построить ~** *(явления, процесса)* develop a model; **~ представляет лишь академический интерес** the model is of only academic interest; **уточнить ~** refine a model; **1,5-мерная ~** 1,5 model
абелева ~ Abelian model
~ Абрагама Abraham model
абсорбционная ~ absorption model
~ адгезии adhesion model
аддитивная ~ additive model
адекватная ~ adequate model
~ адрона hadron model
альфа-частичная ~ ядра alpha-particle-nuclear model
аналоговая ~ analog (model)
~ ангармонического осциллятора anharmonic oscillator model
андерсоновская ~ Anderson model
анизотропная ~ *ктп* anisotropic model
анизотропная ~ Вселенной anisotropic model of the Universe, anisotropic Universe
анизотропная ~ Гейзенберга anisotropic Heisenberg model
~ анизотропной Вселенной anisotropic model of the Universe, anisotropic Universe
антиферромагнитная ~ Изинга antiferromagnetic Ising model
асимптотическая ~ Вселенной asymptotic model of the Universe, asymptotic Universe
~ атмосферы model atmosphere, model of atmosphere
~ атома atom(ic) model
~ Ашкина - Теллера *стат. физ.* Ashkin-Teller model
аэродинамическая ~ wind tunnel model
~ Бакстера *стат. физ.* Baxter model
~ Бардина Bardeen model
~ Бардина - Купера - Шриффера *сверхпр.* Bardeen-Cooper-Schrieffer [BCS] model
~ Бардина - Пайнса *фтт* Bardeen-Pines model
~ Баренблатта Barenblatt model
~ Березинского - Виллена *стат. физ.* Berezinski-Villain model

бесконечномерная ~ infinitely dimensional model
~ Бете - Плачека Bethe-Placzek model
~ Бингама Bingham model
~ БКШ Bardeen-Cooper-Schrieffer [BCS] model
~ Блера Blair model
~ блока состояний state set model
~ бозонного обмена boson-exchange model
~ большого взрыва *(космология)* big-band model
~ Бора - Моттельсона Bohr-Mottelson model
боровская ~ атома Bohr atom model
~ Брюкнера Brückner model
~ Бьерклунда - Фернбаха Bjorklund-Fernbach model
~ Бэбкока Babcock model
~ Вайнберга Weinberg model
~ Вайскопфа Weisskopf model
вакансионно-изгибная ~ *фпп* vacancy-buckling model
валентно-силовая ~ valence-force model
ван-дер-ваальсова ~ *(белковой молекулы)* Van der Waals model
~ Ван Хове Van Hove model
~ векторной доминантности vector dominance model
~ великого объединения *ктп* grand unified model
~ Венециано Veneziano model
вероятностная ~ probabilistic [stochatic] model
вершинная ~ vertex model
~ взаимодействующих бозонов interacting boson model
вибрационная ~ ядра vibrational model of nucleus
~ Вигнера - Уилкинса Wigner-Wilkins model
~ внутреннего взрыва Кадомцева Kadomtsev internal disruption model
~ водяного мешка water bag model
~ возрастной диффузии age-diffusion model
восьмивершинная ~ *ктп* 8V model
вращательная ~ ядра rotational model of nucleus
~ Вселенной model of the Universe
~ вязкого течения viscous flow model
газово-капельная ~ *(ядра)* gas-liquid model
~ Гайтлера - Лондона - Гейзенберга Heitler-London-Heisenberg model
~ галактики model of the galaxy
гауссова ~ *стат. физ.* Gaussian model
~ Гейзенберга *фтт* Heisenberg model
~ Гейзенберга - Изинга *фтт* Heisenberg-Ising model
гейзенберговская ~ Heisenberg model
гейзенберговская ~ антиферромагнетика Heisenberg antiferromagnetic model
генерационная ~ generation model
геометрическая ~ *(кристаллической структуры)* geometrical model
~ гибкого токового слоя flexible current sheath model

гибридная ~ hybrid model
~ гигантского резонанса giant resonance model
гидравлическая ~ hydraulic analog (model)
гидродинамическая ~ hydrodynamic model
гидродинамическая ~ Дебая - Стокса - Эйнштейна Debye-Stokes-Einstein hydrodynamic model
гидродинамическая ~ неизотермического ускорения nonisothermal acceleration hydrodynamic model
гидродинамическая ~ ядра liquid-drop nuclear model
~ главного кирального поля model of principal chiral field
глюонная ~ gluon model
~ Говернора Governor model
~ Голдбергера Goldberger model
~ Голдгабера - Теллера Goldhaber-Teller model
~ «голого» атома bare-atom approach
гомогенная ~ homogeneous model
градиентная ~ gradient model
граневая ~ face model
~ Гросса - Невье *ктп* Gross-Neview model
грубая ~ crude model
~ Давыдова *(для белковых молекул)* Davydov model
~ Давыдова - Филиппова Davydov-Filippov model
давыдовская ~ *(для белковых молекул)* Davydov model
~ Данжи *сэф* Dangey [closed magnetosphere] model
двумерная ~ two-dimensional model
двумерная ~ Изинга two-dimensional Ising model
двумерная изинговская ~ two-dimensional Ising model
двумерная решёточная ~ *стат. физ.* two-dimensional lattice model
двумерная ~ Хаббарда two-dimensional Hubbard model
~ двумерной фазы *(адсорбции)* two-dimensional phase model
двухгрупповая ~ two-group model
двухжидкостная ~ two-fluid model
двухжидкостная ~ гелия II two-fluid model for helium II
двухжидкостная ~ Ландау Landau two-fluid model
двухжидкостная ~ солнечного ветра two-fluid solar wind model
двухзонная ~ two-band model
двухзонная ~ Мотта Mott two-band model
двухзонная ~ Хаббарда two-band Hubbard model
двухкомпонентная ~ two-component model
двухуровневая ~ two level model
~ двух файерболов two-fireball model
дебаевская ~ *фтт* Debye model
~ Дебая - Хюккеля Debye-Hückel model

~ Демкова Demkov model
~ Демкова - Ошерова Demkov-Osherov model
~ Демкова - Розена Demkov-Rozen model
~ де Ситтера de Sitter model
детерминированная ~ deterministic model
~ дефлаграционного токового слоя deflagration current sheath model
~ деформации неровностей при трении junction deformation model
~ Джексона Jackson model
~ Джорджи - Глэшоу *ктп* Georgi-Glashow model
динамическая ~ dynamic model
дискретная гауссова ~ *стат. физ.* discrete Gaussian model
диссипативная гидродинамическая ~ dissipation hydrodynamics model
дифракционная ~ diffraction model
диффузионная ~ *(напр. начальной фазы солнечной протонной вспышки)* diffusion model
~ для аэроупругих испытаний aeroelastic model
~ для динамических испытаний dynamic model
~ для испытаний в аэродинамической трубе wind tunnel model
~ доминантности векторных частиц vector dominance model
~ доминантности тензорных мезонов tensor dominance model
~ Дрелла Drell model
дуальная ~ адрона dual hadron model
дуальная ~ Изинга dual Ising model
дуальная струнная ~ *фвэ* dual string model
единая калибровочная ~ unified gauge model
единая ~ ядра unified nuclear model, unified model of nucleus
~ жёстких гексагонов *стат. физ.* rigid hexagon model
жидкокапельная ~ ядра liquid-drop model of nucleus
~ жидкости fluid model
~ заедания при трении scoring model
закрытая ~ *(в космологии)* closed model
закрытая ~ Фридмана *(в космологии)* Friedman closed model
~ закрытой Вселенной closed (model of the) Universe
~ закрытой магнитосферы closed magnetosphere [Chapman-Ferraro] model
замкнутая ~ *(в космологии)* closed model
~ замкнутой Вселенной closed (model of the) Universe
~ заполнения *(состояний)* occupancy model
~ зарождения и разрастания birth and spread model
~ звезды stellar [star] model
~ Зинера *(ферромагнетизма)* Zener model
зонная ~ *фтт* band model

зонная ~ ферромагнетизма band model of ferromagnetism

иерархическая ~ Вселенной ierarchic model, ierarchic Universe

изгибная ~ *фпп* buckling model

~ Изинга *фтт* Ising model

изинговская ~ Ising model

изинговская ~ со случайным обменным взаимодействием random exchange Ising model

изинговская ~ ферромагнетика Ising ferromagnetic model

~ изнашивания wear model

~ изоструктурного перехода *фтт* isostructural trasition model

изотропная ~ *стат. физ.* isotropic model

изотропная ~ Вселенной isotropic (model of the) Universe

изотропная ~ Изинга isotropic Ising model

~ изотропного возбуждения волн isotropic wave excitation model

~ изотропной Вселенной isotropic (model of the) Universe

инфляционная ~ *(в космологии)* inflation model

ионно-изгибная ~ *фпп* ionic buckling model

~ ионосферы ionospheric model

~ Иосимори - Китано Yoshimori-Kitano model

~ испарения evaporation model

~ испарения поверхности первой стенки first-wall surface vaporization model

~ испускания кластеров cluster emission model

~ Кабреры *стат. физ.* Cabrera model

калибровочная ~ gauge model

калибровочная решёточная ~ gauge lattice model

~ Кана Kahn model

капельная ~ ядра liquid-drop [droplet] nuclear model

каскадная ~ cascade model

квазичастично-фононная ~ *(ядра)* quasiparticle-phonon model

квантовая ~ quantum model

кварковая ~ адронов quark model of hadrons

кварк-партонная ~ quark-parton model

~ Кейна *фпп* Kane model

~ Кельвина Kelvin model

кинетическая ~ *(напр. солнечного ветра)* kinetic model

киральная ~ chiral model

~ кирального мешка *яф* cloudy bag model, CBM

классическая ~ classical model

классическая гейзенберговская ~ classical Heisenberg model

классическая спиновая ~ classical spin model

кластерная ~ *(ядра)* cluster model

~ когерентной трубки coherent tube model

коллективная ~ collective model

коллективная ~ ядра collective [unified] nuclear model

~ конституентных кварков constituent quark model

контактная ~ contact model

~ контактного взаимодействия contact interaction model

конформная ~ conformal model

~ короны corona model

корпускулярная ~ corpuscular picture

~ коррелированных частиц correlated-particle model

космологическая ~ cosmological model, model of the Universe

~ кристалла crystal model

крупномасштабная ~ large-scale model

~ кулоновского взрыва Coulomb explosion model

~ Кюри - Вейсса *фтт* Curie-Weiss model

~ Ландау - Зинера Landay-Zener model

~ Ландау - Теллера *кв. эл.* Landay-Teller model

~ Латтинжера Luttinger model

~ Лейна - Томаса - Вигнера Lane-Thomas-Wigner model

лептонная ~ Вайнберга Weinberg lepton model

~ Ли Lee model

~ линейного поглощения linear absorption model

~ локализованной адсорбции localized adsorption model

~ льда model of ice

~ Максвелла *фтт* Maxwell model

~ массивных векторных мезонов massive vector-meson model

масштабная ~ scale model

математическая ~ mathematical model

~ Мендельсона Mendelssohn model

~ метода граничных элементов boundary element model

механическая ~ адгезии mechanical adhesion model

механическая ~ Фойгта mechanical Voigt model

~ мешков *кхд* bag model

~ Милна Milne model

минимальная суперсимметричная ~ (МССМ) minimum supersymmetry model

многогрупповая ~ multigroup model

многоскоростная ~ multigroup [multivelocity] model

многочастичная ~ ядра multiparticle nuclear model

модифицированная ~ modified model

модифицированная ~ Зинера *фмя* modified Zener model

~ молекулы molecular model

молекулярно-кинетическая ~ адгезии molecular-kinetic adhesion model

~ молекулярных орбиталей molecular orbital model
~ Моттельсона - Нильссона Mottelson-Nilsson model
мультипериферическая ~ *фвэ* multiperipheral model
мультипериферическая кластерная ~ *фвэ* multiperipheral cluster model
мультиреджевская ~ multi-Regge model
мультифрактальная ~ multifractal model
~ на основе свободных электронов free electron model
~ направленной связи aligned coupling scheme
наследственно стареющая ~ изнашивания inherent ageing wear model
натурная ~ full scale model
~ независимых частиц noninteracting [independent] particle model
~ некоррелированных струй uncorrelated jet model
~ некоррелирующих частиц uncorrelated particle model
нелинейная ~ nonlinear model
неоднородная ~ Вселенной nonhomogeneous (model of the) Universe
~ неоднородной Вселенной nonhomogeneous (model of the) Universe
непереномируемая ~ nonrenormalizable model
~ непрерывного замедления continuos slowing-down [Fermi-age] model
~ непрозрачного кристаллического шара cloudy crystal ball model
нестационарная ~ короны time-dependent corona model
~ Нильссона - Моттельсона Nilsson-Mottelson model
~ нуклонной группы sub-nuclear unit model
~ нуклонных ассоциаций nucleon association model
~ нуклонных изобар nucleon isobar model
нульмерная ~ point model
обменная ~ *физ. пов.* exchange model
обменная ~ ферромагнетизма exchange model of ferromagnetism
обобщённая ~ generalized model
обобщённая восьмивершинная ~ generalized eight-vertex model
обобщённая ~ ядра generalized [collective] model of nucleus
~ оболочек shell model
~ оболочек со спин-орбитальной связью spin-orbit coupling shell model
оболочечная ~ ядра nuclear shell model, shell model of nucleus
~ объединённых атомов united atom model
~ «одетого» атома dressed-atom approach
одногрупповая ~ one-group model
одножидкостная ~ single-fluid [one-fluid] model
одножидкостная ~ солнечного ветра one-fluid solar wind model

однозонная ~ Хаббарда one-band Hubbard model
одномерная ~ one-dimensional model
одномерная ~ Изинга one-dimensional Ising model
одномерная ~ Хаббарда one dimensional Hubbard model
однонуклонная ~ one-nuclear model
однородная ~ Вселенной homogenous (model of) Universe
однородная ~ Изинга *фмя* uniform Ising model
однородная ~ ядра uniform model of nucleus
~ однородной Вселенной homogeneous (model of the) Universe
односкоростная ~ one-velocity [one-group] model
одночастичная ~ single-particle model
одночастичная ~ ядра single-particle [one-particle] nuclear model
октетная ~ octet model
оптическая ~ optical model
оптическая ~ ядра nuclear optical model
оптическая ~ ядра с диффузной границей diffuse-surface optical model of a nucleus
опытная ~ pilot [experimental] model
~ осциллирующей Вселенной oscillating (model of the) Universe
открытая ~ *(в космологии)* open model
~ открытой Вселенной open (model of the) Universe
~ открытой магнитосферы open magnetosphere [Dangey] model
~ Паркера *(солнечного ветра)* Parker model
партонная ~ parton model
~ перезамыкания Кадомцева Kadomtsev reconnection model
~ перезамыкания Паркера - Свита Parker-Sweet reconnection model
~ перезамыкания Петчека Petschek reconnection model
перенормируемая ~ renormalizable model
~ переноса transport model
~ переноса заряда charge-transfer model
~ перехода *фтт* transition model
~ Пери - Бака Perey-Buck model
периферическая ~ peripheral model
~ Петчека *сзф* Petschek model
планетарная ~ атома planetary atom model
плоская ~ two-dimensional model
~ плоского барьера plane barrier model
~ плоского слоя slab model
~ поверхности трения friction surface model
~ поглощающей сферы absorbing sphere model
~ «подметающей» юбки sweeping skirt model
политропная ~ politropic model
полуклассическая ~ *(ядра)* semiclassical model
полуэмпирическая ~ semi-empirical model
полярная ~ *фмя* polar model

~ **порядок-беспорядок** order-disorder model
~ **потенциала нулевого радиуса** model of zero-radius potential
потенциальная ~ *(адсорбции)* potential model
~ **потенциального ящика с плоским дном** flat-bottomed potential model
~ **потока** flow model
~ **Поттса** *стат. физ.* Potts model
приближённая ~ approximate model
~ **принудительного вращения** cranking model
~ **прозрачного ядра** transparent nucleus model
пространственная ~ three-dimensional model
протон-нейтронная ~ **ядра** proton-neutron nuclear model
~ **протяжённых частиц** extended particle model
~ **псевдопотенциала Ферми** Fermi pseudo-potential model
рабочая ~ working model
~ **равновесия Соловьева** Soloviev equilib-rium model
~ **равновесия Харриса** Harris equilibrium model
равновесная ~ **Вселенной** steady state (model of the) Universe
~ **раздувающейся Вселенной** inflationary Universe model
~ **растяжения** stretch model
~ **расширяющейся Вселенной** expanding world model, expanding Universe
~ **реактора** reactor model, reactor mock-up, dummy reactor, reactor simulator
реберная ~ edge model
резонансная ~ resonance model
релятивистская космологическая ~ relativistic cosmological [Einstein] model
реологическая ~ rheological model
реологическая ~ **реактора** rheological reactor model
решёточная ~ lattice model
самодуальная ~ *стат. физ.* self-dual model
~ **с барионным обменом** baryon-exchange model
~ **с бозонным обменом** boson-exchange model
сверхтекучая ~ **ядра** superfluid [superfluid] nucleus model
~ **с внешней конвекцией** external convec-tion model
~ **свободного электрона** free-electron model
связанная ~ assembled [connected] model
~ **связанного заряда** bound-charge model
~ **связанных состояний** bound-state model
~ **связи частица-сердцевина ядра** particle-core coupling model
~ **Сербера - Голдбергера** Serber-Goldber-ger model
~ **сжимающейся Вселенной** contracting (model of the) Universe
~ **сильной связи** strong-coupling model
~ **синус-Гордона** sine-Gordon model

~ **Скирма** *фвэ* Skyrme model
~ **слабой связи** weak-coupling model
~ **случайных блужданий** random walk ap-proximation
~ **случайных кластеров** *стат. физ.* sto-chastic cluster model
~ **«снегоочистителя»** snow-plough model
~ **снежного плуга** snow-plough model
~ **с однобозонным обменом** obe model
~ **с однопионным обменом** ope model
~ **солнечного ветра с испарением** evapora-tive solar wind model
~ **солнечного цикла Бэбкока** Babcock solar cycle model
~ **солнечного цикла Лейтона** Leighton solar cycle model
~ **солнечной вспышки** solar flare model
составная ~ *фвэ* composite model
~ **составного ядра** *фвэ* composite nucleus model
спектаторная ~ *фвэ* spectator model
~ **с переменным моментом инерции** VMI model
~ **с пи-мезонным обменом** pion-exchange model
спиральная ~ **частицы** screw model of a particle
~ **среднего иона** averaged ion model
~ **среднего поля в приближении случай-ных фаз** mean field random phase approxi-mation, MF-RPA model
~ **с сильным поглощением** strong-absorp-tion model
стандартная ~ *(звезды)* standard model
стандартная солнечная ~ standard solar model
~ **Старобинского** *(космология)* Starobinski model
статистическая ~ statistical model
статистическая ~ **атома** statistical model of atom
статистическая ~ **ядра** continuum [sta-tistical] nuclear model
~ **статистического бутстрапа** *ктп* statisti-cal bootstrap model
стационарная ~ **Вселенной** stationary (model of the) Universe, steady-state Universe
стационарная корональная ~ steady-state corona model
~ **Стонера** *фмя* Stoner model
~ **Стонера - Вольфарта** *фмя* Stoner-Wohl-fahrt model
стохастическая ~ stochastic model
~ **с точечным источником энергии** *астр.* point-source [point convective] model
~ **струй** jet model
структурная ~ structural model
струнная ~ string model
струнная ~ **адрона** string model of hadron
суперкалибровочная ~ supergauge model
суперсимметричная ~ *ктп* supersymmetric model, SUSY

сферическая ~ spherical model
~ сфероидального ядра spheroidal-nucleus model
~ сфероидальной сердцевины ядра spheroidal-core nuclear model
~ схватывания при трении seizure model
~ с jj-связью jj-coupling model
~ твёрдой сердцевины hard-core model
~ твёрдой сферы hard-sphere model
теоретическая ~ theoretical model
тепловая ~ heat [thermal] model
~ теплового пика thermal peak model
~ тепловыделяющей сборки dummy fuel assembly
~ тепловых колебаний атомов Эйнштейна Einstein model of thermal vibrations
термическая ~ thermal model
термодинамическая ~ thermodynamic model
~ Тирринга ктп Thirring model
~ Томаса - Ферми Thomas-Fermi model
~ Томаса - Ферми - Дирака Thomas-Fermi-Dirac model
томсоновская ~ атома Thomson atom model
~ топливного стержня simulated fuel slug
точно решаемая ~ ктп exactly solvable model
~ трения friction model
трёхкомпонентная ~ Поттса three-component Potts model
трёхмерная ~ three-dimensional model
трёхмерная ~ Изинга three-dimensional Ising model
~ 'т Хоофта ктп 't Hooft model
~ узкого пучка pencil-beam approximation
упрощённая ~ simplified model
упруго-пластическая ~ elastic-plastic model
~ Фаддеева Faddeev model
~ фазового перехода phase transition model, model of phase transition
~ Фейгенбаума Feigenbaum model
~ фейнмановского газа Feynman gas model
феноменологическая ~ фтт phenomenological model
~ Ферми - Томаса Fermi-Thomas model
~ ферми-газа Fermi gas model
фермиевская возрастная ~ Fermi age model
ферми-жидкостная ~ Fermi liquid model
ферромагнитная ~ Изинга ferromagnetic Ising model
~ Фешбаха - Вайскопфа Feishbach-Weisskopf model
физическая ~ physical analog(ue)
~ Фойгта Voigt model
фононная ~ (сверхпроводимости) phonon model
фонтанная ~ (кометы) fountain model
фотоупругая ~ photoelastic model
фрактальная ~ кластера fractal cluster model
~ Фридмана (Вселенной) Friedmann (model of the) Universe

фридмановская ~ Friedmann model, Friedmann Universe
фрустрированная ~ Изинга frustrated Ising model
~ Хаббарда физ. пов., фмя Hubbard model
~ Хаббарда с сильной связью strong coupling Hubbard model
хемосорбционная ~ Ланга Lang model
~ Хиггса (в космологии) Higgs model
~ цилиндрического слоя cylindric layer model
~ частица-дырка particle-hole model
~ частицы particle model
~ Чепмена - Ферраро Chapman-Ferraro [closed magnetosphere] model
~ чёрного тела black body model
~ чёрного ядра black nucleus model
численная ~ numerical model
~ Шафи - Виленкина (в космологии) Shafi-Vilenkin model
~ Швингера ктп Schwinger model
~ шероховатого тела rough body model
~ Шеррингтона - Киркпатрика фмя Sherrington-Kirkpatrik model
шестивершинная ~ ктп six-vertex [6V] model
~ Шмидта Schmidt model
~ Шокли - Андерсона фпп Schockley-Anderson model
~ Шубина - Вонсовского фмя Shubin-Vonsovski model
эволюционная ~ evolutionary model
эвристическая ~ heuristic model
~ Эддингтона Eddington model
~ Эйнштейна (Вселенной) Einstein (model of the) Universe
~ Эйнштейна - де Ситтера Einstein-de Sitter (model of the) Universe
экзосферная ~ солнечного ветра exospheric solar wind model
~ экранировки Томаса - Ферми Thomas-Fermi model of plasma screening
экспериментальная ~ experimental model
электрическая ~ electrical analog
электродинамическая ~ electrodynamic model
электронная ~ electron model
электронная ~ реактора electronic reactor model
~ электрослабого взаимодействия electroweak model
~ элементарных частиц particle model
~ Эллиота Elliot model
эмпирическая ~ empirical model
~ Юнга Young model
ядерная ~ nuclear model
ядерная ~ с сильной поверхностной связью strong surface-coupling nuclear model
~ ядерных ассоциаций nuclear association model
~ ядра nuclear [nucleus] model
~ Яна - Теллера Yahn-Teller model
модификатор м. modifier

модификаци/я *ж. (процесс; одно из состояний материала)* modification
аллотропная ~ *крист.* allotropic modification
аморфная ~ amorphous modification
гексагональная ~ *(льда)* hexagonal modification
жёсткая ~ stable modification
ионно-лучевая ~ ion-beam modification
~ кристалла crystal modification
кристаллическая ~ crystalline modification
кубическая ~ *(напр. льда)* cubic modification
лазерная ~ ДНК DNA laser modification
~и льда ice modifications
~ материалов пучками заряженных частиц material modification by charged particle beams
неустойчивая ~ nonstable modification
низкотемпературная ~ low-temperature modification
ориентационно разупорядоченная ~ orientationally disordered modification
плотная ~ *(льда)* dense modification
~ поверхности surface modification
полиморфная ~ polymorphous modification
политипная ~ polytypic modification
тригональная ~ trigonal modification
упорядоченная ~ ordered modification
устойчивая ~ stable modification
~ электронным пучком electron-beam modification
энантиоморфная ~ *крист.* enantiomorphous modification
модулировать *гл.* modulate
~ по амплитуде (фазе, частоте) modulate in amplitude (phase, frequency)
модуль *м. (блок, узел)* module; *(показатель свойства)* modulus, index; *(абсолютная величина)* modulus, magnitude, absolute value; *(зубчатого колеса)* pitch
адиабатический ~ adiabatic modulus
~ вектора vector magnitude
~ вектора Бюргерса strength of dislocation
~ всестороннего сжатия modulus of dilatation, bulk [compression] modulus
диверторный ~ divertor module
динамический ~ упругости dynamic modulus of elasticity
~ затухания decay modulus
изгибно-крутильный ~ *(в моментной теории упругости)* flexural-torsional modulus
изотермический ~ isothermal modulus
касательный ~ tangent modulus
~ комплексного числа complex number modulus
~ кручения torsion modulus
мгновенный ~ сдвига instantaneous shear modulus
~ объёмного расширения bulk modulus
~ объёмного сжатия modulus of dilatation, bulk [compression] modulus
~ объёмной деформации modulus of dilatation, bulk [compression] modulus

объёмный ~ упругости modulus of dilatation, bulk [compression] modulus
поперечный ~ упругости modulus of transversal elasticity
~ продольной упругости Young modulus, modulus of elongation
продольный ~ упругости modulus of longitudinal elasticity
пьезомагнитный ~ piezomagnetic modulus
~ разгрузки unloading modulus
~ разрыва modulus of rupture
~ распада decay modulus
~ расстояния distance modulus
~ сдвига rigidity [shear] modulus
~ сдвиговой упругости shear modulus
секущий ~ secant modulus
~ среза shear modulus, modulus of rigidity
~ упругости modulus of elasticity, elastic modulus
~ упругости второго рода rigidity [shear] modulus
~ упругости основания modulus of foundation
~ упругости первого рода Young modulus, modulus of elongation
усилительный ~ *кв. эл.* amplifier module
~ Юнга Young modulus
модулятор *м.* modulator; *(прерыватель)* chopper
акустический ~ света acoustic light modulator
акустооптический ~ acousto-optic modulator
акустооптический ~ добротности acousto-optic Q switch
брэгговский ~ Bragg modulator
быстродействующий ~ high-speed modulator
волноводный интерферометрический ~ waveguide interferometric modulator
~ добротности *кв. эл.* Q switch
импульсный ~ pulse modulator
интерферометрический ~ interferometric modulator
магнитострикционный ~ magnetostrictive modulator
~ на сверхрешётке multiple quantum well [multiquantum-well] modulator
~ реактивности *яф* reactivity modulator
однополосный ~ single sideband modulator
оптический ~ optical [light] modulator, optical [light] chopper, shutter
поляризационный ~ polarization modulator
~ поляризованного излучения modulator of polarized radiation
пространственно-временной ~ света space-time light modulator, controlled transparency
пространственный ~ света spatial light modulator, controlled transparency
пространственный ~ фазы spatial phase modulator
пьезоэлектрический ~ piezoelectric modulator
~ света light [optical] modulator, light chopper
~ света на жидком кристалле liquid crystal light modulator

сегнетоэлектрический ~ ferroelectric modulator
ультразвуковой ~ **света** ultrasonic light modulator
ферритовый ~ ferrite modulator
электромеханический ~ electromechanical modulator
электрооптический ~ electro-optical modulator
модулятор-переключатель *м.* modulator-switch
интегрально-оптический ~ integrated optical modulator-switch
модуляция *ж.* modulation
активная ~ **добротности** *кв. эл.* active Q-switching
акустооптическая ~ acousto-optic modulation
амплитудная ~ **(АМ)** amplitude modulation
амплитудно-импульсная ~ pulse-amplitude [amplitude-pulse] modulation
амплитудно-фазовая ~ amplitude-phase modulation
амплитудно-частотная ~ frequency-amplitude [amplitude-frequency] modulation
балансная ~ balanced modulation
взаимная ~ intermodulation
внутриимпульсная линейная частотная ~ chirp (modulation)
~ **времени задержки** delay modulation
временная ~ temporal [time] modulation
высококонтрастная оптическая ~ high-contrast optical modulation
~ **групповой скорости** group-velocity modulation
диаграммная ~ diagram modulation
дискретная фазовая ~ discrete phase modulation
~ **добротности** Q-switching
естественная амплитудная ~ natural amplitude modulation
импульсная ~ pulse modulation
~ **колебаний** modulation of oscillations
~ **космических лучей** cosmic ray modulation
~ **космических лучей, обусловленная радиальным градиентом плотности в межпланетной среде** cosmic ray modulation produced by radial density gradient in the interplanetary medium
линейная ~ linear modulation
линейная амплитудная ~ linear amplitude modulation
линейная частотная ~ **(ЛЧМ)** linear frequency modulation; chirp
линейно-частотная ~ **(ЛЧМ)** linear frequency modulation; chirp
нелинейная амплитудная ~ nonlinear amplitude modulation
оптическая ~ **с малыми вносимыми потерями** low-insertion-loss optical modulation
паразитная ~ extraneous [spurious] modulation
пассивная ~ **добротности** *кв. эл.* passive Q-switching
перекрёстная ~ cross modulation

пилообразная ~ sawtooth modulation
поляризационная ~ polarization modulation
поперечная ~ transverse modulation
~ **по скорости** velocity modulation
~ **потерь** loss modulation
пространственная ~ spatial [space] modulation
пространственно-временная ~ space-time modulation
противофазная ~ **интенсивностей** *опт.* opposite phase intensity modulation
прямая ~ *(напр. лазера)* direct modulation
прямоугольная ~ rectangular modulation
~ **пучка** beam modulation
самоиндуцированная фазовая ~ self-induced phase [self-phase] modulation
~ **света** light modulation
светоиндуцированная фазовая ~ light-induced phase modulation
синхронная ~ synchronous modulation
синхронная электрооптическая ~ **потерь** synchronous electro-optical loss modulation
спектральная ~ spectral modulation
спектрально-селективная ~ spectral-selective modulation
~ **с помощью асимметричного резонатора Фабри - Перо** asymmetric Fabry-Perot cavity modulation, AFPM
управляемая ~ controlled modulation
фазовая ~ **(ФМ)** phase modulation
фазово-импульсная ~ **(ФИМ)** pulse position modulation, PPM
частотная ~ **(ЧМ)** frequency modulation, FM
частотная ~ **с непрерывной фазой** continuous-phase frequency modulation
частотно-импульсная ~ pulse-frequency modulation
~ **частоты** frequency modulation
широкополосная ~ **света** broadband light modulation
широтно-импульсная ~ pulse-length [pulse-width, pulse-duration] modulation
электрооптическая ~ electro-optical modulation
мозаика *ж.* mosaic
мозаичность *ж. крист.* mosaic structure, mosaicity
~ **кристалла** crystal mosaic structure
молекул/а *ж.* molecule
адсорбированная ~ admolecule
активная ~ *кв. эл.* active molecule
амфифильная ~ amphiphilic molecule
ангармоническая ~ anharmonic molecule
асимметричная ~ asymmetric molecule
~ **белка** protein molecule
биологическая ~ biological molecule
ван-дер-ваальсова ~ Van der Waals molecule
возбуждённая ~ excited molecule
гетерополярная ~ heteropolar molecule
гетероядерная ~ heteronuclear molecule
гомеополярная ~ homeopolar molecule
гомоядерная ~ homonuclear molecule

дважды ионизованная ~ doubly ionized molecule
двухатомная ~ diatomic molecule
диамагнитная ~ diamagnetic molecule
дипольная ~ dipole molecule
дискообразная ~ disk-like molecule
дихроичная ~ dichroic molecule
жёсткая ~ rigid molecule
изотопическая ~ isotopic molecule
ионизированная ~ ionized molecule
ионизованная ~ ionized molecule
колебательно-возбуждённая ~ vibrationally excited molecule
линейная ~ linear molecule
меченая ~ labelled molecule
многоатомная ~ polyatomic molecule
мюонная ~ muonic molecule
невзаимодействующие ~ы noninteracting molecules
невозбуждённая ~ unexcited molecule
недипольная ~ nondipole molecule
недиссоциированная ~ undissociated molecule
нежёсткая ~ nonrigid molecule
нейтральная ~ neutral molecule
нелинейная многоатомная ~ nonlinear polyatomic molecule
неполярная ~ nonpolar molecule
нецентросимметричная ~ noncentro-symmetrical molecule
одноатомная ~ monatomic molecule
однократно ионизованная ~ singly ionized molecule
отражённая ~ reflected molecule
парамагнитная ~ paramagnetic molecule
полярная ~ polar molecule
симметричная ~ symmetric molecule
сложная ~ complex molecule
стереоизомерная ~ stereoisomeric molecule
~ типа асимметричного волчка asymmetric top molecule
~ типа симметричного волчка symmetric top molecule
~ типа сферического волчка spherical top molecule
~ фуллерена fulleren molecule
хиральная ~ chiral molecule
центросимметричная ~ centrosymmetrical molecule
цепная ~ chain molecule
эксимерная ~ excimer molecule
экситонная ~ excitonic molecule
молекула-акцептор *ж.* acceptor molecule
молекула-донор *ж.* donor molecule
молибден *м.* molybdenum, Mo
МО ЛКАО *с. (приближение молекулярных орбиталей в форме линейной комбинации атомных орбиталей)* MO LCAO approximation
молния *ж.* lightning
линейная ~ streak lightning
чёточная ~ bead lightning
шаровая ~ globe [ball] lightning
моль *м.* mole

~ на литр mole per litre
мольность *ж.* molarity
моляльность *ж.* molality, molal concentration
молярность *ж.* molarity
момент *м.* moment; *(время)* instant, moment, time; *мех.* torque ☐ ~ **относительно ...** moment about [with respect to] ...; **очень важный ~, о котором нельзя забывать, состоит в том, что...** a very important point, not to be forgotten, is that...
абсолютный ~ absolute moment
анапольный ~ anapole moment
аномальный магнитный ~ *(элементарной частицы)* anomalous magnetic moment
аэродинамический ~ moment of aerodynamic forces, aerodynamic moment
аэродинамический ~ **винта** resistance torque of a propeller
~ вектора относительно оси moment of a vector with respect to an axis
~ вектора относительно точки moment of a vector with respect to a point
виртуальный ~ virtual moment
~ внешних сил moment of external forces, external couple
внутренний ~ **количества движения** intrinsic angular moment
возвращающий ~ restoring couple, restoring moment, restoring torque
восстанавливающий ~ restoring couple, restoring moment, restoring torque
вращающий ~ torque [torsional, rotational, turning] moment, torque, turning couple
~ вращения torque
~ времени instant of time; *(в численных методах)* time station
второй поляризационный ~ second polarization moment
~ высшего порядка higher-order moment
высший *(статистический)* ~ higher order moment
гигантский ~ giant moment
~ гидродинамической реакции moment of hydrodynamic reaction
гироскопический ~ gyroscopic torque, gyroscopic moment, gyroscopic couple
~ гироскопической пары сил gyroscopic torque, gyroscopic moment, gyroscopic couple
главный ~ инерции principal moment of inertia
главный ~ количества движения principal moment of momentum
главный ~ системы сил resultant moment
главный центральный ~ инерции principal central moment of inertia, principal moment of inertia at center of gravity
демпфирующий ~ damping moment, damping torque
диамагнитный ~ diamagnetic moment
динамический ~ инерции dynamic moment of inertia
дипольный ~ dipole moment

дипольный ~ молекулы dipole molecule moment

дипольный электрический ~ dipole electrical moment

дираковский магнитный ~ *(элементарной частицы)* Dirac magnetic [normal magnetic] moment

дифференциальный дипольный ~ differential dipole moment

~ дублета moment of a doublet

закручивающий ~ torque [torsional, twisting] moment, torque

изгибающий ~ bending moment

изгибающий ~ в заделке clamped end bending moment

изгибающий ~ в окружном направлении circumferential bending moment

изгибающий ~ в продольном направлении longitudinal bending moment

~ импульса moment of momentum, angular momentum

~ импульса жидкости в сосуде angular momentum of the fluid in the vessel

индуцированный дипольный ~ induced dipole moment

~ инерции moment of inertia, second moment

~ инерции относительно оси moment of inertia with respect to axis, moment of inertia about axis

~ инерции относительно поперечной оси longitudinal moment of inertia

~ инерции относительно продольной оси lateral moment of inertia

~ инерционной пары *(сил)* inertia couple, inertia moment

инерционный ~ inertia couple, inertia moment

~ инерционных сил inertia couple, inertia moment

кажущийся ~ apparent moment

квадрупольный ~ quadrupole moment

квадрупольный ~ ядра quadrupole nuclear moment

квадрупольный магнитный ~ quadrupole magnetic moment

квадрупольный электрический ~ *(ядра)* quadrupole electrical moment

квадрупольный электрический ~ ядра quadrupole electrical moment of nucleus

кинематический ~ инерции kinematic moment of inertia

кинетический ~ angular momentum, moment of momentum

~ количества движения angular momentum, moment of momentum

~ количества движения точки относительно оси angular momentum of particle about axis; moment of momentum of particle about axis

~ количества движения точки относительно центра angular momentum of particle about point; moment of momentum of particle about point

~ крена rolling moment

крутящий ~ torque [torsional, twisting] moment, torque

крутящий ~ воздушного винта propeller torque

~ кручения torque [torsional, twisting] moment, torque

курсовой ~ yawing moment

локализованный магнитный ~ localized magnetic moment

локальный магнитный ~ local magnetic moment

магнитный ~ magnetic moment

магнитный ~ атома atomic magnetic moment

магнитный дипольный ~ magnetic dipole moment

магнитный ~ заряженной частицы magnetic moment of charged particle

магнитный ~ насыщения saturation magnetic moment

магнитный ~ нейтрона magnetic moment of a neutron

магнитный октупольный ~ magnetic octupole moment

магнитный ~ протона magnetic moment of a proton

магнитный ~ электрона magnetic moment of an electron

магнитный ~ ядра nuclear magnetic moment

макроскопический магнитный ~ macroscopic magnetic moment

механический ~ mechanical moment

монопольный ~ monopole moment

мультипольный ~ multipole moment

~ наблюдений time of observation

~ наибольшей фазы *астр.* middle of eclipse

начальный ~ времени initial [zero] time

нескомпенсированный орбитальный ~ noncompensated orbital moment

нескомпенсированный спиновый ~ noncompensated spin moment

неспиновый магнитный ~ extra-spin magnetic moment

неуравновешенный ~ unbalanced moment, unstable moment

нормальный магнитный ~ *(элементарной частицы)* normal [Dirac] magnetic moment

нулевой ~ zero moment

обменный магнитный ~ exchange magnetic moment

обобщённый ~ количества движения generalized angular momentum

обобщённый магнитный мультипольный ~ generalized magnetic multipole moment

октупольный ~ octupole [octopole] moment

опрокидывающий ~ overturning moment

орбитальный ~ orbital moment

орбитальный ~ количества движения orbital angular momentum

орбитальный угловой ~ orbital angular momentum

осевой ~ инерции axial moment of inertia, moment of inertia about axis
осевой ~ сопротивления сечения section modulus
отклоняющий ~ deflecting torque
парамагнитный ~ paramagnetic moment
~ пары *(сил)* moment of couple
переходный ~ transition moment
переходный мультипольный ~ transition multipole moment
~ подъёмной силы lifting force moment
полный ~ количества движения total angular momentum
полный орбитальный ~ total orbital momentum
полный спиновый ~ total spin momentum
полный угловой ~ *(атома)* total angular momentum
поляризационный ~ polarization moment
полярный ~ инерции polar moment of inertia
полярный ~ сопротивления сечения sectional modulus of torsion, modulus of twist
постоянный ~ permanent moment
предельный пластический ~ fully plastic moment
присоединённый ~ инерции adjoint moment of inertia
продольный ~ *аэрод.* pitching moment
продольный ~ инерции longitudinal moment of inertia
пусковой ~ starting torque
пьезомагнитный ~ piezomagnetic moment
реактивный ~ reactive moment
результирующий ~ net [resultant] moment
~ силы moment of force
скручивающий ~ torque [torsional, twisting] moment, torque
смешанный ~ *стат.* product moment
собственный кинетический ~ intrinsic angular momentum, intrinsic moment of momentum
собственный ~ количества движения intrinsic angular momentum, intrinsic moment of momentum
собственный магнитный ~ intrinsic magnetic moment, spin
~ сопротивления при кручении sectional modulus of torsion, modulus of twist
спиновый ~ spin moment
спиновый ~ импульса spin moment of momentum, spin angular momentum
спиновый магнитный ~ spin magnetic moment
спонтанный магнитный ~ spontaneous magnetic moment
стабилизирующий ~ stabilizing moment
~ старта initial [start] time
статистический ~ statistical moment
статический ~ static moment
статический магнитный ~ *(ядра)* static magnetic moment

~ сухого трения dry friction torque
~ с фиксированным спином fixed spin moment
тормозной ~ braking [drag, retarding] torque
тороидный ~ toroidal momentum
~ трения frictional torque
угловой ~ angular momentum
успокаивающий ~ damping torque
факториальный ~ *фвэ* factorial moment
~ финиша terminal time
~ функции распределения distribution function moment
центральный ~ *стат. физ.* central moment, moment about the mean
центральный ~ инерции central moment of inertia
~ центробежной пары centrifugal couple
~ центробежной силы centrifugal moment, centrifugal couple
центробежный ~ инерции product of inertia
~ циркуляции moment of circulation
шарнирный ~ hinge moment
шестнадцатиполюльный ~ hexadecapole moment
экваториальный ~ инерции equatorial moment of inertia
электрический ~ electric moment
электрический дипольный ~ electric dipole moment
электрический квадрупольный ~ electric quadrupole moment
электрический шестнадцатиполюльный ~ electric hexadecapole moment
эффективный дипольный ~ effective dipole moment
эффективный магнитный ~ effective magnetic moment
ядерный ~ nuclear moment
ядерный магнитный ~ nuclear magnetic moment
ядерный орбитальный ~ nuclear angular moment
монитор *м.* monitor
~ гамма-излучения gamma monitor
нейтронный ~ neutron monitor
~ повреждённых твелов failed fuel element monitor
~ положения пучка beam position monitor
~ пучка beam monitor
~ разрыва оболочки burst can monitor
~ разрыва сердечника burst slug monitor
фольговый ~ monitor foil
мониторинг *м.* monitoring
~ пучка beam monitoring
~ температуры temperature monitoring
моноблок *м. (в лазере)* monolithic block
моногира *ж. крист.* one-fold rotation axis
монокристалл *м.* single crystal; monocrystal ❏
выращивать ~ grow a single crystal
бездислокационный ~ dislocation-free single crystal
выращенный ~ grown single crystal
затравочный ~ seed single crystal

413

изогнутый ~ bent single crystal
нитевидный ~ filamentary single crystal
пластинчатый ~ platelet single crystal
полидоменный ~ polydomain single crystal
полупроводниковый ~ semiconductor single crystal
тугоплавкий ~ refractory single crystal
~ фуллерена fulleren single crystal
мономер *м.* monomer
мономолекулярный *прил.* monomolecular
монопереход *м.* monojunction
изотипный ~ *фпп* isotypic monojunction
монополь *м.* monopole
~ Богомольного - Прасада - Соммерфилда Bogomolny-Prasad-Sommerfield monopole
глюонный ~ gluonic monopole
~ Дирака Dirac monopole
магнитный ~ magnetic monopole
реликтовый ~ relict monopole
сингулярный ~ Дирака singular Dirac monopole
точечный ~ point monopole
~'т Хоофта - Полякова 't Hooft-Polyakov monopole
моноскоп *м.* monoscope
монослой *м. (напр. молекул на поверхности)* monolayer; monoatomic [monomolecular] layer
адсорбционный ~ adsorption monolayer
газообразный ~ gaseous monolayer
конденсированный ~ condensed monolayer
ферромагнитный ~ ferromagnetic mono-layer
эпитаксиальный ~ epitaxial monolayer
монотонность *ж.* monotony
монотрон *м. (генератор субмиллиметрового излучения)* monotron
каскадный ~ cascade monotron
монотропия *ж.* monotropy
монохалькогенид *м.* monochalcogenide
монохромазия *ж. (аномалия цветового зрения)* monochromatism
монохроматизация *ж.* monochromatization, monochromation
монохроматический *прил.* monochromatic
монохроматичность *ж.* monochromatism
монохроматор *м.* monochromator
вакуумный ~ vacuum monochromator
~ двойного прохождения double monochromator
~ двойного разложения double monochromator
двойной ~ double monochromator
дифракционный ~ grating monochromator
кварцевый ~ quartz monochromator
кристаллический ~ crystal monochromator
механический ~ mechanical monochromator
монокристальный ~ single crystal mono-chromator
нейтронный ~ neutron monochromator
нейтронный кристаллический ~ crystal neutron monochromator

оптический ~ optical monochromator
призменный ~ prismatic monochromator
растровый ~ scanning monochromator
рентгеновский ~ X-ray monochromator
ротационный ~ rotating monochromator
~ с вращающимися дисками rotating-disk monochromator
сдвоенный ~ double monochromator
~ с дифракционной решёткой grating mono-chromator
фокальный ~ focal monochromator
щелевой ~ slit monochromator
электронный ~ electron monochromator
монохроматор-коллиматор *м.* monochro-mator collimator
моноэдр *м.* monohedron
моноэнергетичность *ж.* energy homogeneity
монтаж *м. (установки, оборудования)* assembling, mounting
повторный ~ reassembling
монтировать *гл.* mount
~ кристалл mount a crystal
монтировка *ж. (телескопа)* mount(ing)
азимутальная ~ *(телескопа)* altazimuth mounting
азимут-угломестная ~ *(телескопа)* azimuth-elevation mounting
альтазимутальная ~ *(телескопа)* altazimuth [altitude-azimuth] mounting
американская ~ fork mounting
английская ~ English mounting, parallactic ladder
вилочная ~ fork mounting
немецкая ~ German mounting
параллактическая ~ parallactic [equatorial] mounting
рамочная английская ~ cradle-type mount-ing
симметричная ~ symmetric mounting
~ с ярмом yoke mounting
трёхосная ~ three-axis mounting
экваториальная ~ equatorial [parallactic] mounting
монтмориллонит *м.* montmorillonite
МОП-транзистор *м.* MOS transistor
море *с.* sea; *(на телах Солнечной системы)* mare
дираковское ~ электронов Dirac electron sea
~ кварков quark sea
лунное ~ lunar mare
морось *ж.* drizzle
морфология *ж.* morphology
~ ионосферы ionosphere morphology
~ поверхности surface morphology
~ солнечной активности morphology of solar activity
морфотропия *ж.* morphotropy
мост *м. (измерительный)* bridge ❑ **уравнове-сить** ~ give bridge balance, balance the bridge
~ Вина Wien bridge
двойной ~ Томсона Kelvin double bridge
~ Кемпбелла Campbell bridge
~ Максвелла - Вина Maxwell-Wien bridge

~ **Оуэна** Owen bridge

трансформаторный ~ **отношений** transformer ratio arm bridge

~ **Уитстона** Wheatstone bridge

уравновешенный ~ bridge at balance, balanced bridge

~ **Хея** Hay bridge

~ **Шеринга** Schering bridge

мостик *м.* bridge

пероксидный ~ *фпп* peroxide bridge

мощност/ь *ж.* (*физическая величина*) power; (*об испытательной машине*) capacity □ **большой** ~**и** high-power; ~ **дополнительного нагрева, требуемая для зажигания** auxiliary heating power required to reach ignition; **малой** ~ low-power

активная ~ true [active] power

акустическая ~ acoustic [sound] power

большая ~ high power

~ **в импульсе** peak [pulse] power

~ **винта на валу** input [net thrust] power of a propeller

~ **возбуждения** *эл.* driving power; *кв. эл.* excitation power

~ **вспышки** importance of a flare, class of a flare

входная ~ input power

высокочастотная ~ high frequency power, r.f. power

выходная ~ output power

~ **газовыделения** emanating power

~ **генерации** (*лазера*) lasing power

~ **гидродинамической реакции** power of hydrodynamic reaction

~ **дозы** (*облучения*) dose [dosage] rate

~ **дозы излучения** dose rate

~ **дозы облучения при вспышке** flare radiation dosage

допустимая ~ power-carrying capacity

допустимая ~ **дозы** tolerance [permissible] dose rate

~ **звука** acoustic [sound] power

~ **зоны воспроизводства** blanket power

излучаемая ~ radiated [radiation] power

~ **излучения** radiation [radiated] power

~ **источника** source strength, source power

~ **источника накачки** pumping source power

кажущаяся ~ apparent power

~ **кермы** kerma rate

~ **компьютера** computer power

~ **лазера** laser power

локальная ~ local power

максимальная ~ (*напр. излучения*) maximum power

малая ~ low power

мгновенная ~ instantaneous power

~ **на выходе** output power

~ **накачки** pump power

~ **несущей** carrier power

номинальная ~ power rating, rated power, rated capacity

нулевая ~ zero power

~ **облучения** exposure [irradiation] rate

остаточная ~ shut-down power

отдаваемая ~ output power

~ **отражённого сигнала** echo(ing) [returned] power

пиковая ~ peak power

~ **питания** supply power

поглощённая ~ absorbed power

~ **поглощённой дозы излучения** absorbed dose rate

подводимая ~ input power

полезная ~ net [useful] power

полная ~ total [gross] power

пороговая ~ threshold power

пороговая ~ **накачки** (*лазера*) threshold pump power

пороговая ~ **пробоя** threshold breakdown power

потребляемая ~ power consumption

~, **потребляемая от сети** main power

потребная ~ power demand, required power

предельнодопустимая ~ **накачки** maximum permissible pump power

приведённая ~ reduced power

~ **принимаемого сигнала** received power

проектная ~ rated capacity

~ **пучка** beam power

рабочая ~ operating power

рассеиваемая ~ dissipated power

рассеянная ~ dissipated [scattered] power

расчётная ~ design [estimated] power

реактивная ~ reactive [wattless] power

~ **реактора** reactor power

резервная ~ reserve capacity, standby power

~ **сигнала** signal power

~ **силы** power of force

средняя ~ mean [average] power

~ **статистического критерия** power of statistical criterion

тепловая ~ heat power, thermal capacity

термоядерная ~ fusion [thermonuclear] power

удельная ~ specific power, power density

~ **шума** noise power

эквивалентная ~ **шума** equivalent noise power

~ **эквивалентной дозы** (*ионизирующего излучения*) equivalent dose rate

~ **экспозиционной дозы** (*фотонного излучения*) exposure rate

электрическая ~ electric power

эффективная ~ effective power

эффективная ~ **винта** useful power of a propeller

мощный *прил.* powerful, high-power

МПМ-фотодиод *м.* metal-semiconductor-metal photodiode

М-поток *м.* M-flow

МТ-орбиталь *ж.* muffin-tin orbital

линейная ~ linear muffin-tin orbital

МТ-сфера *ж. фтт* muffin-tin sphere

муар *м.* moiré

~ **второго порядка** second order moiré, moiré-of-moiré

разностный ~ subtractive moiré
суммарный ~ additive moiré
мультивибратор *м.* multivibrator
ждущий ~ single-shot [one-shot, monostable, biased] multivibrator
оптический ~ optical multivibrator
мультиинстантон *м. ктп* multi-instanton
мультиплексор *м. кв. эл.* multiplexer
мультиплексор-демультиплексор *м. кв. эл.* multiplexer-demultiplexer
мультиплет *м. яф, спектр.* multiplet
адронный ~ hadron multiplet
антисимметричный ~ antisymmetric multiplet
барионный ~ baryonic multiplet
бозонный ~ boson multiplet
вырожденный ~ degenerate multiplet
высший ~ higher multiplet
глюбольный ~ glueball multiplet
давыдовский ~ Davydov [exciton] multiplet
зарядовый ~ charge multiplet
изобарический ~ isobaric multiplet
изоспиновый ~ *яф* isospin multiplet
изотопический ~ isotopic multiplet
калибровочный ~ gauge multiplet
киральный ~ chiral multiplet
массовый ~ mass multiplet
нормальный ~ normal multiplet
обращённый ~ inverted multiplet
приводимый ~ reducible multiplet
самосопряжённый ~ self-conjugate multiplet
скалярный ~ scalar multiplet
суперсимметричный ~ supersymmetric multiplet
унитарный ~ unitary multiplet
фермионный ~ fermionic multiplet
цветной ~ color multiplet
экситонный ~ exciton [Davydov] multiplet
электрослабый ~ electroweak multiplet
~ **элементарных частиц** particle multiplet
мультиплетность *ж.* multiplicity
мультипликатор *м.* multiplier
~ **периодического движения** multiplier of the periodic flow
~ **предельного цикла** limit cycle multiplier
мультиполь *м.* multipole
анапольный ~ anapole multipole
гравитационный ~ gravitational multipole
колеблющийся ~ oscillating multipole
магнитный ~ magnetic multipole
статический ~ static multipole
электрический ~ electric multipole
мультипольность *ж.* multipolarity
~ **перехода** transition multipolarity
мультисолитон *м.* multisoliton
мультистабильность *ж. кв. эл.* multistability
оптическая ~ optical multistability
поляризационная ~ polarization multistability
мусковит *м. крист.* muscovite
муссон *м.* monsoon
мутаген *м.* mutagen
мутант *м.* mutant

~, **индуцированный излучением** radiation induced mutant
мутации *мн.* mutation
мутноватость *ж.* turbidity
мутность *ж. (среды)* turbidity
влажная ~ *(атмосферы)* wet turbidity
остаточная ~ *(атмосферы)* residual turbidity
муфта *ж.* clutch
магнитная ~ magnetic clutch
мышьяк *м.* arsenic, As
мю-мезоатом *м.* mu-mesic [muonic] atom
мю-мезоион *м.* muonic ion
мю-мезомолекула *ж.* muonic molecule
мю-мезон *м.* mu-meson, muon
мю-минус-мезон *м.* muon minus
мюон *м.* muon, mu meson
быстрый ~ fast muon
~ **космических лучей** cosmic muon
лёгкий ~ light muon
медленный ~ slow muon
отрицательный ~ negative muon
положительный ~ positive muon
поляризованный ~ polarized muon
мюоний *м.* muonium
мю-плюс-мезон *м.* muon plus

Н

набег *м. (фазы)* incursion
самонаведённый ~ **фазы** self-induced phase shift
фазовый ~ phase incursion
~ **фазы** phase incursion
набивка *ж.* pack(ing)
асбестовая ~ asbestos pack
~ **из стекловолокна** fiber-glass pack
~ **сальника** gland packing
набла *ж. мат.* nabla
наблюдаемая *ж. кв. мех.* observable
глобальная ~ global observable
инклюзивная ~ inclusive observable
квазилокальная ~ quasilocal observable
локальная ~ local observable
позиционная ~ position observable
поляризационная ~ polarization observable
спиновая ~ spin observable
суперотборная ~ superselection observable
наблюдатель *м.* observer
движущийся ~ moving observer
дополнительный стандартный колориметрический ~ **МКО 1964 г.** CIE 1964 supplementary standard colorimetric observer
земной ~ terrestrial observer
макроскопический ~ macroscopic observer
неподвижный ~ fixed observer
покоящийся ~ fixed observer
сопутствующий ~ comoving observer

стандартный колориметрический ~ МКО 1931 г. CIE 1931 standard colorimetric observer

стандартный фотометрический ~ МКО CIE standard photometric observer

удалённый ~ remote observer

наблюдать *гл.* observe

~ невооружённым глазом observe with the naked eye

наблюдени/я *мн.* observations, observing

абсолютные ~ fundamental observations, fundamental observing

астрономические ~ astronomical observations

астрофизические ~ astrophysical observations

баллонные ~ balloon observations

визуальные ~ visual observations; *(ИСЗ)* visual tracking

внеатмосферные ~ extraterrestrial observations

гравитационные ~ gravitational observations

дифференциальные ~ differential observations, differential observing

~ затмения eclipse observations

интерферометрические ~ interferometer observations

инфракрасные ~ infrared observations

~ качества астрономических изображений seeing observations

магнитные ~ magnetic observations

~ методом апертурного синтеза aperture synthesis observations

~ методом интерферометра с большой базой long baseline observations

~ потока методом полос schlieren observation

~ потока с помощью шелковинок tuft observation

обзорные ~ survey

оптические ~ optical observations; *(ИСЗ)* optical tracking

полевые ~ field observations

поляризационные ~ polarization observations

радиоастрономические ~ radio(astronomical) observations

радиоинтерферометрические ~ radio interferometer observations

радиолокационные ~ radar [radio echo] observations

радиометрические ~ *(искусственных спутников)* radio tracking

~ с борта искусственных спутников satellite-born observations

синхронные ~ simultaneous observations

спектральные ~ spectral observations

~ спутников satellite observations, satellite tracking

телескопические ~ telescopic observations

фотографические ~ photographic observations; *(ИСЗ)* photographic tracking

фотометрические ~ photometric observations

набор *м.* collection, kit; *(совокупность)* set; *(в полиграфии)* type-setting

дискретный ~ discrete set

~ дозиметрических приборов dosimeter kit

~ инструментов set of tools, tool kit

~ квантовых чисел quantum number set

~ ПАВ *(поверхностных акустических волн)* multiple PAWs

~ переменных set of variables

~ переходов *спектр.* transition array

полный ~ *(величин)* complete set

полный ~ квантовых чисел complete set of quantum numbers

полный ~ наблюдаемых *кв. мех.* complete set of observables

полный ~ операторов *кв. мех.* complete set of operators

полный ~ полей *кв. мех.* complete set of fields

полный ~ собственных состояний complete set of eigenstates

~ симметричных волчков set of symmetric tops

~ элементов симметрии set of symmetry elements

набухание *с. физ. хим.* swelling

~ коллоидных систем swelling of colloidal systems

кристаллическое ~ crystalline swelling

неограниченное ~ unlimited swelling

ограниченное ~ limited swelling

~ эмульсии swelling of emulsion

наведение *с. (летательного аппарата)* guidance, direction; *(заряда, тока, эдс)* induction; *(антенны)* pointing

инерциальное ~ inertial guidance

лазерное ~ laser guidance

навигация *ж.* navigation

космическая ~ space navigation

межзвёздная ~ interstellar navigation

межпланетная ~ interplanetary navigation

наводить *гл. (на резкость)* focus; *(управлять полётом)* guide; *(заряд, ток, эдс)* induce

наводораживание *с.* hydrogen saturation

~ трущихся поверхностей *триб.* hydrogen saturation of friction surfaces

наволакивание *с. (металлов при трении)* galling

нагнетать *гл.* pressurize, pump

нагрев *м.* heating, warming, heating-up, warming-up

адиабатический ~ adiabatic heating

акустический ~ acoustic heating

альвеновский ~ Alfvén wave heating

~ альфа-частицами alpha-particle heating

аномально быстрый ~ *(поверхности излучением)* anomalously fast heating

аэродинамический ~ aerodynamic [kinetic] heating

~ бестоковой плазмы в стеллараторе currentless plasma heating in stellarator

быстрый ~ fast heating

~ **в ванне** bath heating
~ **вихревыми токами** eddy-current heating
внешний ~ external heating
высокоскоростной ~ high-speed heating
высокочастотный ~ radio frequency [r.f.] heating
высокочастотный ~ **плазмы** r.f. plasma heating
~ **гамма-излучением** gamma-ray heating
джоулев ~ Joule [ohmic] heating
~ **джоулевым теплом** Joule heating
дополнительный ~ additional heating
дополнительный ~ **короны** corona external heating
дополнительный ~ **плазмы** (в токамаке) auxiliary plasma heating
~ **за счёт сжатия** compressional heating
~ **звуковыми волнами** acoustic heating
~ **излучением** radiant heating
импульсный ~ flash heating
индукционный ~ induction heating
~ **инфракрасным излучением** infrared heating
ионно-циклотронный ~ ICR-heating, ion cyclotron resonance heating
ионно-циклотронный резонансный ~ (плазмы) ion cyclotron resonance [ICR] heating
~ **ионосферы** ionosphere heating
конвективный ~ convection [convective] heating
контактный ~ contact heating
лазерный ~ laser heating
лазерный ~ **плазмы** laser heating of plasma
локальный ~ local heating
лучистый ~ radiant heating
местный ~ local heating
~ **методом адиабатического сжатия** adiabatic compression heating
~ **методом инжекции пучка** beam injection heating
~ **методом ИЦР** (на ионно-циклотронном резонансе) ICR heating
~ **методом магнитной накачки** magnetic-pumping heating
~ **методом ЭЦР** (на электронно-циклотронном резонансе) ECR heating
мощный дополнительный ~ intense auxiliary heating
~ **на времени пролёта** transit time heating
~ **на 2-ой гармонике** second harmonic heating
~ **нейтронами** neutron heating
неоднородный ~ nonuniforme [inhomogeneous] heating
непрерывный ~ continuous heating
неравномерный ~ nonuniform heating
нецентральный ~ center-off heating
нижнегибридный ~ (плазмы) lower hybrid wave heating
~ **облучением** radiation heating
~, **обусловленный распадными неустойчивостями** heating due to decay instabilities
объёмный ~ bulk [volumetric] heating

омический ~ ohmic [Joule] heating
омический ~ **плазмы** ohmic plasma heating
~ **основной массы ионов** bulk ion heating
~ **основной массы электронов** bulk electron heating
параметрический ~ **плазмы** parametric plasma heating
периферийный ~ peripherical heating
~ **плазмы** plasma heating
поверхностный ~ surface heating
~ **подшипника** bearing heating
послойный ~ sandwich heating
постепенный ~ gradual heating
предварительный ~ preheating, preliminary heating
~ **продуктами деления** fission-product heating
пространственно-неоднородный ~ spatially inhomogeneous heating
равномерный ~ uniform heating
радиационный ~ radiation [radiant] heating
резистивный ~ resistive [resistance] heating
резонансный ~ resonance heating
релаксационный ~ relaxation heating
сверхадиабатический ~ superadiabatic heating
~ **с использованием малой добавки** (ионов) minority heating
~ **с помощью альвеновских волн** Alfvén wave heating
спонтанный ~ spontaneous heating
средний ядерный ~ average nuclear heating
~ **столкновениями** collisional heating
столкновительный ~ collisional heating
стохастический ~ **ионов** ion stochastic heating
стохастический ~ **электронов** electron stochastic heating
турбулентный ~ **плазмы** turbulent plasma heating
ударный ~ shock heating
~ **ударными волнами** shock heating
фрикционный ~ frictional [tribo-induced] heating
центральный ~ central heating
~ **частицами пучка с полной энергией** heating due to the full component of the beam
электронно-лучевой ~ electron-beam heating
электронно-циклотронный ~ electron cyclotron heating
электронно-циклотронный резонансный ~ ECR-heating, electron cyclotron resonance heating
электронный ~ electron heating
~ **электронным пучком** electron-beam heating
нагревание с. (см. тж. **нагрев**) heating, warming, heating-up, warming-up
неравномерное ~ nonuniform heating
стохастическое ~ фвэ stochastic heating
~ **тела в движущейся жидкости** heating of a body in a moving fluid
нагреватель м. heater; (излучением) radiator

индукционный ~ induction heater
электрический ~ electrical heater
нагревать *гл.* heat, warm
нагромождение *с.* pile-up
~ **дислокаций** pile-up of dislocations
нагружать *гл.* load, charge
~ **внецентренно** load eccentrically
~ **до разрушения** load to failure
повторно ~ reload
~ **равномерно** load uniformly
нагружение *с.* load(ing); *(при деформировании)* stressing
акустическое ~ acoustic stressing
вибрационное ~ vibrational loading
~ **внутренним давлением** pressurization
гидравлическое ~ hydraulic pressure stressing
~ **давлением** pressurization
двухосное ~ biaxial loading, biaxial stressing
детерминированное ~ deterministic loading
динамическое ~ dynamic loading
длительное ~ sustained loading
жёсткое ~ hard loading
импульсное ~ pulsed stressing
квазистатическое ~ quasi-static loading
колебательное ~ oscillatory loading
комбинированное ~ combined mode loading
механическое ~ mechanical loading
многократное ~ multiple loading
многократное статическое ~ multiple static loading
моментальное ~ momentary loading
монотонное ~ monotonic loading
мягкое ~ soft loading
нейтральное ~ neutral loading
одноосное ~ uniaxial loading
осевое ~ axial loading
переменное ~ alternating [varying] loading
повторное ~ repeated loading
повторно-статическое ~ repeated static loading
предварительное ~ preloading
прерывистое ~ incremental loading
пропорциональное ~ simple [proportional] loading
простое ~ simple [proportional] loading
равномерное ~ monotonic loading
радиальное ~ radial loading
случайное ~ random loading
смешанное ~ combined mode loading
~, **соответствующее нормальному отрыву** mode I tensile [opening mode] loading
статическое ~ static loading
стохастическое ~ stochastic loading
тепловое ~ thermal loading
термоударное ~ thermal shock loading
термоциклическое ~ thermal cyclic loading
трёхточечное ~ three-point loading
упругое ~ elastic loading
фрикционное ~ friction loading
циклическое ~ cyclic loading, cyclic stressing

циркуляционное ~ circulating loading
четырёхточечное ~ four-point loading
нагрузк/а *ж.* load(ing), charg(ing) □ **воспринимать** ~у resist [take] a load; **нести** ~у carry [bear] a load; **под** ~**ой** under load; **прикладывать** ~**у к...** apply load to ...; **приложение** ~**и** loading; **снимать** ~**у** unload
активная ~ resistive load
акустическая ~ acoustic load
аэродинамическая ~ aerodynamic load(ing); wind loading
аэродинамическая ~, **зависящая от угла атаки** angle-of-attack load
ветровая ~ wind loading
~, **вызывающая остаточную деформацию** crippling load
выходная ~ output load
гидродинамическая ~ hydrodynamic [water] load
гидростатическая ~ water [hydrostatic] load
динамическая ~ dynamic [live, force] load
диэлектрическая ~ dielectric load
длительная ~ long-term load
допустимая ~ allowable [permissible, safe] load, load capacity
ёмкостная ~ capacitive load
~ **заедания** load of seizure; seizure load
знакопеременная ~ alternating [reversal] load
изгибающая ~ bending load
импульсная ~ impulsive load
инденторная ~ indentation load
индуктивная ~ inductive load
инерционная ~ mass [inertial] load
ионизационная ~ ionization load
испытательная ~ test load
касательно-модульная ~ *(в задаче устойчивости упругопластического равновесия)* tangent modulus load
колеблющаяся ~ fluctuating [oscillating] load
контактная ~ contact load
кратковременная ~ instantaneous [momentary] load
критическая ~ critical load
критическая ~, **вызывающая потерю устойчивости** buckling load
критическая продольная ~ buckling load
~ **лопасти** blade loading
максимальная ~ peak load
максимальная допустимая ~ proof load
мгновенная ~ instantaneous load
мгновенно приложенная ~ sudden load
механическая ~ mechanical load
~ **на индентор** indentation load
нейтронная ~ neutron load
неоднородная ~ nonuniform load
неполная ~ underload
несбалансированная ~ out-of-balance load
несогласованная ~ unmatched load
неуравновешенная ~ unbalanced load

~, обусловленная ненулевым углом атаки loading due to incidence
оконечная ~ terminating load
осевая ~ axial load
основная ~ basic load
параболическая ~ parabolic load
переменная ~ changing [fluctuating, oscillating, pulsating] load
пиковая ~ peak load
подвижная ~ traveling [rolling, moving] load
полезная ~ working [useful] load
полная ~ full [total] load
~ по нормам normal load
поперечная ~ lateral load
постоянная ~ permanent [constant, continuous, steady, fixed] load
предварительная ~ *(натяг)* preload
предельная ~ limiting [critical, safe, ultimate] load
приведённо-модульная ~ *(в задаче устойчивости упругопластического равновесия)* reduced modulus load
~, приложенная в центре central load
приложенная ~ applied [imposed] load
~ при общей текучести general yield load
проектная ~ load rating, design load
пульсирующая ~ pulsating load
рабочая ~ working [operating] load
равномерная ~ even [uniform] load
равномерно распределённая ~ uniform [uniformly distributed] load
радиальная ~ radial load
разрушающая ~ collapsing [crippling, crushing, breaking] load
распределённая ~ distributed [even] load
растягивающая ~ tensile load
расчётная ~ calculated [design, assumed] load
реактивная ~ reactive load
резистивная ~ resistive load
~ сжатия compressive load
сжимающая ~ compression load
симметричная ~ balanced load
скручивающая ~ torsion load
согласованная ~ matched [nonreflecting] load
сосредоточенная ~ concentrated load
сплошная ~ continuous load
срезающая ~ shearing load
статическая ~ static [dead] load
тангенциальная ~ tangential load
тепловая ~ heat [thermal] load
токовая ~ current load
тормозная ~ brak(ing) load
трапецеидальная ~ trapezoidal load
треугольная ~ triangular load
ударная ~ impact [shock] load
удельная ~ unit load
удельная ~ несущего винта loading of a rotor
узловая ~ nodal load
уравновешивающая ~ balancing load

центрально-приложенная ~ central load
центробежная ~ centrifugal load
циклическая ~ fatigue [cyclic] load, repeated stress
циклическая знакопеременная ~ completely reversing load
частичная ~ fractional load
электрическая ~ electrical load
надёжность *ж.* reliability; *(крепления)* security
надир *м. астр.* nadir
надкритичность *ж. (реактора)* supercriticality
надпись *ж.* notice
предостерегающая ~ caution [warning, danger] notice
надрез *м.* notch, cut; **~ом** notched
двусторонний ~ double notch
инициирующий ~ starter notch
кольцевой ~ circumferential notch
краевой ~ edge notch
неглубокий ~ shallow notch
неострый ~ gentle notch
~, оканчивающийся трещиной crack notch
~ с усталостной трещиной fatigue cracked notch
шевронный ~ chevron notch
надтепловой *прил.* epithermal, above-thermal
назначение *с.* designation, destination
накал *м. (катода)* heating
косвенный ~ indirect heating
прямой ~ direct heating
накапливание *с. (напр. энергии)* accumulation, storage
накачка *ж. (в лазерах)* pump(ing), excitation
бигармоническая ~ biharmonic pumping
бихроматическая ~ bichromatic pumping
«быстрая» ~ *(короткими импульсами)* "fast" pumping
взрывная ~ explosion pumping
газодинамическая ~ gas-dynamic pumping
двухступенчатая оптическая ~ two-stage optical pumping
диодная ~ diode pumping
~ излучением светодиодов diode pumping
~ импульсами второй гармоники pumping with second-harmonic pulses
импульсная ~ pulse pumping
~ импульсными лампами (flash)lamp pumping
~ ионизирующим излучением pumping with ionizing radiation
когерентная ~ coherent pumping
лазерная ~ laser pumping
ламповая ~ (flash)lamp pumping
линейно поляризованная ~ linearly polarized pumping
магнитная ~ *(энергии в плазму)* magnetic pumping
«медленная» ~ *(длинными импульсами)* "slow" pumping
монохроматическая ~ monochromatic pumping

~ на времени пролёта transit-time pumping
некогерентная ~ noncoherent pumping
неоднородная ~ inhomogeneous pumping
непрерывная ~ continuous [CW] pumping
оптическая ~ optical pumping
~ осколками деления ядерных реакций pumping by fission fragments of nuclear reactions
параллельная ~ parallel pumping
параметрическая ~ parametric pumping
~ полем запредельной волны (*волоконных лазеров и усилителей*) evanescent field pump
поперечная ~ transverse [perpendicular] pumping
~ последовательностью импульсов мощного лазера pumping with pulse train from high power laser
продольная ~ longitudinal [parallel] pumping
резонансная оптическая ~ resonant optical pumping
рекомбинационная ~ recombination pumping
~ самостоятельным разрядом pumping by a self-sustained discharge
селективная ~ selective pumping
синхронная ~ synchronous pumping
~ сканирующим электронным пучком pumping by a scanning electron beam
солнечная ~ solar pumping
~ солнечным излучением sun [solar] pumping
столкновительная ~ collisional pumping
тепловая ~ thermal pumping
~ трёхуровневой системы three-level system pumping
фоторезонансная ~ photoresonance pumping
химическая ~ chemical pumping
~ электронным пучком electron beam pumping
эллиптически поляризованная ~ elliptically polarized pumping
ядерная ~ nuclear pumping
накипь *ж.* scale
накладка *ж.* lining
фрикционная ~ friction lining
накладывать *гл.* impose
~ ограничения на ... impose constraints onto ...
наклёп *м. физ. мет.* cold [strain, work] hardening, cold working
наклон *м.* slope, inclination, tilt
~ дифракционного конуса *фвэ* slope of a diffraction cone
~ касательной slope of a tangent
~ корреляционной функции correlation slope, slope of the correlation function
~ кривой slope of a curve
~ кривой подъёмной силы lift curve slope
локальный ~ оси намагничивания localized canting
нормированный ~ плато normalized plateau slope
~ орбиты tilt of an orbit, inclination of an orbit
~ оси (*планеты*) axial tilt, axial inclination

относительный ~ плато relative plateau slope
~ плато plateau slope
~ поляризационного эллипса polarization inclination
~ счётной характеристики counter curve slope
~ эклиптики obliquity of ecliptic
наклонение *с.* inclination
магнитное ~ magnetic inclination, magnetic dip
~ небесного экватора к эклиптике inclination of celestial equator to ecliptic
~ орбиты inclination of an orbit
~ эклиптики obliquity of the ecliptic
наковальня *ж.* anvil
алмазная ~ diamond anvil
~ Бриджмена Bridgman anvil
наконечник *м.* tip, point, lead
конусный ~ axial cone
полюсный ~ pole piece, pole tip
накопитель *м.* accumulator; *вчт* memory, storage (device); integrator; (*в ускорителе*) storage ring
~ антипротонов antiproton accumulator, antiproton ring
ёмкостный ~ энергии capacitive energy storage
~ заряженных частиц charged particle accumulator; (*накопительное кольцо*) charged particle storage ring
индуктивный ~ энергии inductive energy storage
когерентный ~ coherent integrator
~ позитронов positron storage ring
промежуточный ~ (*бустер*) booster; intermediate storage ring
протон-антипротонный ~ proton-antiproton storage ring
сверхпроводящий индуктивный ~ (СПИН) superconducting magnetic energy storage, SMES
сверхпроводящий магнитный ~ энергии superconducting magnetic energy storage, SMES
~ со встречными пучками colliding-beam storage ring
~ тепла heat [thermal] accumulator
электромеханический ~ энергии electromechanic energy storage
электронный ~ electron storage ring
~ электронов electron storage ring
~ энергии energy storage system
накопитель-группирователь *м.* buncher-accumulator
накопитель-растяжитель *м.* expander-accumulator
накопление *с.* accumulation, storage, stacking, store
~ антипротонов antiproton storage
~ дырок hole accumulation
ёмкостное ~ энергии capacitive energy storage

~ заряда charge accumulation

~ заряженных частиц *(в ускорителе)* charged particle stacking, particle storage, particle accumulation

~ излучения radiation build-up

индуктивное ~ энергии inductive energy storage

~ носителей accumulation of carriers

~ парамагнитных центров paramagnetic centers accumulation

поверхностное ~ surface accumulation

~ повреждения damage accumulation

~ примесей impurities accumulation

~ продуктов деления fission-product build-up

~ пучка *яф* storage of the beam, storing of the beam, beam stacking

~ радиоактивного излучения radiation build-up

~ радиоактивного изотопа growth of a radioactive isotope, accumulation of a radioactive isotope

~ радиоактивности radioactivity build-up

~ тепла accumulation of heat, heat accumulation

~ фоновой активности background build-up

~ электронов electron accumulation, electron build-up

~ энергии energy storage

накрытие *с. (тип расслоения)* cover(ing)

налагать *гл. (условие)* prescribe; (super)impose

~ ограничения на ... impose constraints [restrictions] on...

наладка *ж.* adjustment

~ ускорителя adjustment of an accelerator

налёт *м.* deposit

радиоактивный ~ radioactive deposit

наложение *с.* superposition, imposition

~ граничных условий imposition of boundary conditions

~ импульсов pulse pile-up

~ конфигураций superposition of configurations

многократное ~ multiple overlap

~ резонансов resonance overlap

~ течений superposition of flow patterns, flow superposition

намагничение *с.* magnetization

намагниченность *ж.* magnetization

~ в плоскости in-plane magnetization

вязкая остаточная ~ viscous remanent magnetization

доменная ~ domain magnetization

естественная остаточная ~ natural remanent magnetization

макроскопическая ~ macroscopic magnetization

~ насыщения saturation magnetization

обратная ~ reverse magnetization

обратная остаточная ~ reversed remanent magnetization

объёмная ~ bulk magnetization

однородная ~ homogeneous magnetization

ориентационная остаточная ~ orientational remanent magnetization

остаточная ~ remanent [residual] magnetization, remanence

остаточная ~ петли гистерезиса hysteresis loop remanence

поверхностная ~ surface magnetization

~ подрешётки sublattice magnetization

поперечная ~ transverse [perpendicular] magnetization

постоянная ~ dc magnetization

продольная ~ longitudinal [parallel] magnetization

результирующая ~ net magnetization

самопроизвольная ~ spontaneous magnetization

~ Слэтера - Полинга Slater-Pauling magnetization

спонтанная ~ spontaneous magnetization

статическая ~ static magnetization

термоостаточная ~ thermoremanent magnetization

химическая остаточная ~ chemical remanent magnetization

ядерная ~ nuclear magnetization

намагничиваемость *ж.* magnetizability

намагничивание *с.* magnetization

безгистерезисное ~ anhysteric magnetization

изотермическое остаточное ~ isothermal remanent magnetization

истинное ~ true magnetization; paraprocess

лёгкое ~ easy magnetization

мгновенное ~ flash magnetization

~ монослоя magnetization of monolayer

необратимое ~ irreversible magnetization

обратимое ~ reversible magnetization

первое ~ first magnetization

поверхностное ~ surface magnetization

поперечное ~ transverse [perpendicular] magnetization

продольное ~ longitudinal [parallel] magnetization

самопроизвольное ~ spontaneous magnetization

светоиндуцированное постоянное ~ light-induced dc magnetization

среднее ~ mean magnetization

техническое ~ technical magnetization

~ тонких плёнок thin film magnetization

намотка *ж.* winding

незамкнутая ~ на торе *(при квазипериодическом движении жидкости)* open winding on the torus

нанесение *с. (покрытий, плёнок и т.п.)* deposition, application, coating

лазерное ~ *(плёнок)* laser deposition

лазерное ~ покрытий laser deposition of coatings

~ люминофора application of phosphor

~ покрытия (deposition of) coating

~ предварительной трещины precracking

~ трещины cracking

~ **усталостной трещины** *(на образец)* fatigue cracking

~ **фоторезиста** photoresist coating

наноалмаз *м.* nanodiamond

нанодифракция *ж.* *(электронов)* nano-diffraction, narrow electron beam diffraction

нанокластер *м.* nanocluster

нанокомпозит *м.* nanocomposite

нанокристалл *м.* nanocrystal

нанонеоднородность *ж.* nanoirregularity

наносить *гл.* apply; *(покрывать)* coat; *(осаждать)* deposit; *(на карту)* map

~ **на график** plot

~ **образец** *эл. микр.* apply a specimen

наностекло *с.* nanoglass

наноструктура *ж.* nanostructure

кристаллическая ~ crystalline nanostructure

магнитная ~ magnetic nanostructure

низкоразмерная ~ low-dimensional nano-structure

оксидная ~ oxide nanostructure

полуметаллическая ~ semimetal nano-structure

туннельная ~ tunnel nanostructure

фрактальная ~ fractal nanostructure

нанотруба *ж.* nanotube

углеродная ~ carbon nanotube

нанотрубка *ж.* nanotube, nanotubule

наночастица *ж.* nanoparticle

наноэлектроника *ж.* nanoelectronics

нападение *с.* attack

ядерное ~ nuclear attack

наплавка *ж.* *(одного металла на поверхность другого)* facing, surfacing, overlaying

наполнитель *м.* *(напр. поглощающего элемента реактора)* filling compound, filling material, filler

напор *м.* head, pressure

гидравлический ~ hydraulic [pressure] head

гидродинамический ~ impact of a flowing liquid, impact of a stream, hydrodynamic thrust

гидростатический ~ hydrostatic thrust, hydrostatic pressure force, hydrostatic head

динамический ~ *(в единицах высоты водяного столба)* kinetic head, dynamic (velocity) [impact] pressure

естественный ~ natural head

~ **жидкости** fluid head

полезный ~ available pressure [effective] head

полный ~ *(в единицах высоты водяного столба)* (total) head, total pressure

потенциальный ~ potential head

пьезометрический ~ piezometric head

разностный ~ differential head

~ **свободной струи** impact [dynamic thrust] of a free jet

скоростной ~ kinetic head, dynamic (velocity) [impact] pressure

скоростной ~ **воздушного потока** impact air pressure

скоростной ~ **потока** flow strength

скоростной ~ **свободного потока** free-stream dynamic pressure

элементарный ~ **жидкости** elementary thrust, elementary pressure force

направлени/е *с.* direction; sense □ **в** ~**и** in the direction of; **в обратном** ~**и** in the opposite direction; **в поперечном** ~**и** across; **в продольном** ~**и** lengthwise; **в произвольном** ~**и** in the arbitrary direction; **менять** ~ change the direction; **менять** ~ **на обратное** reverse the direction; **противоположный по** ~**ю** opposite in direction

аксиальное ~ axial direction

~ **антиферромагнетизма** antiferromagnetic axis direction

~ **быстрейшего роста** *(кристалла)* fastest growth direction

~ **вектора** sense of a vector

~ **волны** wave direction

~ **вперёд** forward direction

~ **вращения** sense of rotation

вторичное ~ **сетки** *(параллельное линиям в плоскости сетки)* secondary direction of grating

выделенное ~ preferential direction

~ **вылета** *(частицы)* escape direction

~ **выпуклости** sense of curvature

~ **габитуса** habit direction

главное ~ principal direction

главное ~ **в кристаллической решётке** principal lattice direction

главное ~ **деформации** principal direction of strain

главное ~ **при двулучепреломлении** principal direction in birefringence

главное ~ **распространения** principal direction of propagation

главное ~ **сетки** *(перпендикулярное линиям в плоскости сетки)* principal direction of grating

~ **двойникования** twinning direction

~ **действия силы** force direction

дифракционное ~ *крист.* diffraction direction

~ **изменения величин в ударной волне** direction of variation of quantities in a shock wave

исходное ~ reference direction

~ **каналирования** *фтт* channeling direction

~**я квазиглавных напряжений** secondary principal stress directions

кристаллографическое ~ crystallographic direction

~ **лёгкого намагничивания** direction of easy magnetization

~ **магнитного поля** sense of magnetic field

~**я Маха** Mach directions

~ **набегающего потока** drag [windstream] direction

~ **назад** backward direction

~ **намагничивания** direction of magnetization, magnetization direction

~ **невозмущённого обтекания** direction of undisturbed flow, direction of flow velocity in infinite
~ **нулевой подъёмной силы** zero-lift direction
обратное ~ backward [inverse, reverse, opposite] direction
опорное ~ reference direction
~ **оси X** X-direction
~ **падения** incident direction, direction of incidence
~ **перемещения** direction of travel
~ **плотной упаковки** close packed direction
~ **подъёмной силы** lift direction
положительное ~ positive direction
полоидальное ~ poloidal direction
~ **поляризации** polarization direction
поперечное ~ crosswise [transverse] direction
~ **по часовой стрелке** clockwise direction
продольное ~ lengthwise [longitudinal] direction
произвольное ~ arbitrary direction
противоположное ~ opposite [reverse] direction
~ **против часовой стрелки** counterclockwise direction
прямое ~ forward direction
радиальное ~ radial direction
~ **распространения** direction of propagation, traveling direction
~ **роста** (*кристалла*) growth direction
~ **скольжения** slip direction
~ **спонтанной поляризации** direction of spontaneous polarization
тороидальное ~ toroidal direction
~ **трения** friction direction
~ **фазового синхронизма** *кв. эл.* phase-matching [phase-matched] direction
~ **фарадеевского вращения** sense of Faraday rotation
направленность *ж.* (*напр. источника*) directionality, directional property, directivity
~ **излучения** radiation directivity
направленный *прил.* directed
~ **внутрь** inward
~ **наружу** outward
~ **по потоку** downstream
противоположно ~ opposed, opposite, oppositely directed
~ **против часовой стрелки** counterclockwise
направлять *гл.* guide, direct
направляющая *ж. мат.* directrix; (*в конструкции*) guide
~ **стержня** (*в реакторе*) rod guide
~ **тепловыделяющего элемента** (*твела*) fuel element guide
трубчатая ~ tubular guide
напряжени/е *с. мех.* stress; *эл.* voltage □ ~ **на ... (клеммах, конденсаторе и т.п.)** voltage across ... (terminals, capacitor etc.); **находящийся под ~ем** (*чаще растягивающим*) stressed, under tension; **находящийся под растягивающим ~ем** under tension; **подвергать ~ю** stress; **прикладывать** ~ apply voltage; **свободный от ~й** stressless; **создающий предварительное** ~ prestressing

активное ~ active voltage
анизотропное ~ anisotropic stress
анодное ~ anode [plate] voltage
~ **вакуумного пробоя** voltage of vacuum breakdown
~ **вихря** vortex strength
~ **в наиболее удалённом** (*от нейтрального слоя*) **волокне** extreme fiber stress
внешнее ~ applied stress
внутреннее ~ internal stress
возбуждающее ~ driving [exciting] voltage
~ **возбуждения** exciting voltage
~ **в плоском состоянии** plane stress
~ **в покрытии** (*метод хрупких покрытий*) coating stress
~ **в решётке** lattice strain
вторичное ~ secondary voltage
~ **в установившемся режиме** steady stress
входное ~ input voltage
выпрямленное ~ rectified voltage
высокое ~ high voltage
высокочастотное ~ radio-frequency voltage
вытягивающее ~ extraction voltage
выходное ~ output voltage
~ **выше предела усталости** fatigue stress
~ **гашения** black-out [blanking] voltage
гидростатическое ~ hydrostatic stress
главное ~ principal stress
главное касательное ~ principal shear
двухосное ~ biaxial stress
девиаторное ~ deviator stress
действительное ~ effective [actual] stress
действующее ~ *эл.* r.m.s. [effective] voltage; *мех.* working stress
динамическое ~ dynamic stress
добавочное ~ *эл.* boosting voltage
дополнительное ~ *эл.* boosting voltage; *мех.* secondary stress
допустимое ~ admissable [allowable, permissible] stress
единичное ~ unit stress
~ **зажигания** firing voltage
закалочное ~ quenching [hardening] stress
~ **закрепления** (*дислокации*) locking stress
замедляющее ~ decelerating voltage
запирающее ~ cut-off [blanking, black-out, blocking] voltage
затворное ~ *фпп* gate voltage
знакопеременное ~ alternate stress
избыточное ~ excess stress
изгибное ~ bending [flexural] stress
изотропное ~ isotropic stress
импульсное ~ pulse voltage
испытательное ~ test(ing) voltage
истинное ~ (*нагрузка, отнесенная к текущей площади поперечного сечения*) true stress
касательное ~ shear [shearing, tangential] stress
колеблющееся ~ alternating [fluctuating] stress
комплексное ~ complex voltage

контактное ~ contact stress, contact voltage
~ короткого замыкания short-circuit voltage
коэрцитивное ~ coercive stress
критическое ~ critical stress
критическое разрушающее ~ critical fracture stress
критическое ~ скольжения critical shearing stress, critical shearing slip
магнитострикционное ~ magnetostrictive stress
максимальное ~ *эл.* crest [peak] voltage; *мех.* maximum stress
мгновенное ~ instantaneous voltage
междуэлектродное ~ interelectrode voltage
межслойное ~ interlaminar stress
мембранное ~ membrane stress
меридиональное ~ meridian stress
местное ~ local stress
механическое ~ mechanical stress
минимальное ~ minimal stress
модулированное ~ modulated voltage
модулирующее ~ modulation voltage
моментное ~ couple stress
~ на аноде anode [plate] voltage
~ на бесконечности far-field [remote] stress
~ на границе boundary stress
~ на границе раздела interface stress
наибольшее ~ maximum stress
наибольшее главное ~ major principal stress
наименьшее главное ~ minor principal stress
~ накала filament voltage
~ на катоде cathode voltage
~ на обходе *(в токамаке)* loop voltage
~ насыщения saturation voltage
~ на ускоряющем промежутке voltage across the accelerating gap
начальное ~ *мех.* initial stress; *эл.* initial voltage
неоднородное ~ inhomogeneous stress
неуравновешенное ~ *мех.* unrelieved stress
~ ниже предела упругости elastic stress
низкое ~ low voltage
номинальное ~ voltage rating, rated voltage
нормальное ~ normal [direct] stress
~ обратного знака reversed stress
обратное ~ inverse [reverse, back] voltage
одноосное ~ uniaxial stress
окружное ~ circumferential stress
октаэдрическое касательное ~ octahedral shear stress
октаэдрическое нормальное ~ octahedral normal stress
опорное ~ reference [comparison] voltage
оптически определяемое ~ optical stress
осевое ~ axial [longitudinal] stress
осевое растягивающее ~ axial tension
остаточное ~ *мех.* residual stress; *эл.* residual voltage
остаточное ~ в покрытии *(метод хрупких покрытий)* residual coating stress
~ от ветровой нагрузки wind stress

отклоняющее ~ deflecting [deflection] voltage
~ отражателя *(клистрона)* reflector voltage
~ от собственного веса dead-load stress
~ Пайерлса - Набарро Peierls-Nabarro stress
первичное ~ primary voltage
переключающее ~ switching voltage
переменное ~ *эл.* a.c. voltage; *мех.* fluctuating [alternating] stress
периодически изменяющееся ~ alternating stress
пиковое ~ peak voltage
пилообразное ~ sawtooth [ramp] voltage
~ питания supply voltage
~ пластического течения flow stress, yield stress
поверхностное ~ surface stress
~ под действием центробежных сил centrifugal stress
пороговое ~ threshold voltage
постоянное ~ direct-current [d.c.] voltage
постоянное среднее ~ constant mean stress
предварительное ~ prestressing
предельное ~ critical [limit] stress
приведённое ~ reduced stress
приведённое критическое ~ для двойникования critical resolved shear stress for twinning
приведённое критическое касательное ~ critical resolved shear stress
~ при изгибе bending stress
~ при кручении torsional [twisting] stress
приложенное ~ applied voltage
~ при остановке разрушения fracture arrest stress
~ при продольном изгибе buckling stress
~ при растяжении tensile stress
~ при сдвиге shear(ing) stress
~ при срезе shear stress
~ при ударе blow [impact] stress
пробивное ~ breakdown [puncture] voltage
~ пробоя breakdown voltage
продольное ~ longitudinal stress
промежуточное главное ~ intermediate principal stress
~ простого сдвига simple shear stress
прямое ~ forward voltage
пульсирующее ~ *мех.* pulsating stress; *эл.* pulsating voltage
пусковое ~ starting [trigger] voltage
рабочее ~ *эл.* operating [running] voltage; *мех.* working stress
равновесное ~ equilibrium voltage
радиальное ~ radial stress
~ развёртки sweep [time-base] voltage
раздавливающее ~ crushing stress
разрушающее ~ rupture [failing, failure, breaking, bursting, fracture] stress
~ разрушения rupture [failing, failure, breaking, bursting, fracture] stress
разрывающее ~ rupture [breaking] stress

растягивающее ~ tensile stress, tension
~ **растяжения** tensile stress
расчётное ~ design stress
реактивное ~ reactive voltage
сверхвысокое ~ ultrahigh voltage
~ **сдвига** shear(ing) stress
~ **сети** line [main] voltage
сеточное ~ grid voltage
~ **сжатия** compression [compressive] stress
сжимающее ~ compression(al) [compressive] stress
~ **синхронизации** clock voltage
скалывающее ~ cleavage stress
~ **смещения** bias voltage
~ **смятия** bearing stress
среднее ~ mean stress
среднее ~ **в усталостном цикле** mean fatigue stress
среднее нормальное ~ average normal stress
~ **статического пробоя** static breakdown voltage
статическое ~ dead-load stress
тангенциальное ~ tangential [shear(ing)] stress
температурное ~ heat [thermal, temperature] stress
тепловое ~ heat [thermal, temperature] stress
термическое ~ heat [thermal, temperature] stress
термомеханическое ~ thermomechanical stress
термоупругое ~ thermoelastic stress
техническое ~ engineering [conventional] stress
~ **течения** flow stress
тормозящее ~ decelerating [retarding] voltage
~ **трения** *(при движении дислокаций)* friction stress
трёхосное ~ triaxial stress
турбулентное ~ turbulent [Reynolds] shear stress
~ **у вершины трещины** crack tip stress
ударное ~ impact stress
усадочное ~ shrinkage stress
ускоряющее ~ accelerating voltage
условное ~ *(нагрузка, отнесённая к начальной площади поперечного сечения)* engineering [conventional] stress
установившееся ~ steady stress
~ **фазы** phase voltage
фокусирующее ~ focusing voltage
холловское ~ Hall voltage
~ **холостого хода** open-circuit voltage
центробежное нормальное ~ centrifugal tension
циклическое ~ repeated [cycliic] stress
чисто сдвиговое ~ pure shear stress
чрезмерное ~ *мех.* overstrain
эквивалентное ~ equivalent stress
электрическое ~ voltage
электрострикционное ~ electrostrictive stress
~ **эмиттера** emitter voltage
эффективное ~ *мех.* effective stress; *эл.* r.m.s. voltage

напряжённость *ж.* intensity, strength
~ **магнитного поля** magnetic field strength, magnetic (field) intensity
~ **магнитного поля Земли** intensity of terrestrial magnetism
максимальная ~ **поля на равновесной орбите** maximum field at equilibrium orbit
~ **поля** field intensity, field strength
~ **поля в свободном пространстве** free-space field intensity
~ **электрического поля** electric field strength, electric intensity, electric field intensity
~ **Янга - Миллса** *ктп* Yang-Mills field strength
напряжённый *прил.* stressed, strained
предварительно ~ prestressed
напуск *м. (газа)* puffing; inflow
~ **газа** gas puffing
напыление *с.* deposition, evaporation, sputtering, spraying
вакуумное ~ vacuum deposition
лазерное ~ laser-induced evaporation, laser spraying
магнетронное ~ magnetron deposition
~ **на холодную подложку** cold substrate deposition
плазменное ~ plasma spraying
~ **плёнок** film evaporation, film deposition
последовательное ~ successive evaporation
послойное ~ layer-by-layer deposition
термическое резистивное ~ *(зеркал)* thermal resistive sputtering
~ **тонких плёнок** thin-film evaporation
электронно-лучевое ~ electron-beam evaporation
наработка *ж. (трития)* tritium recovery
нарастание *с. (напр. импульса)* build-up, increase, rise
~ **амплитуды** amplitude rise
~ **волны** growth of wave
~ **импульса** pulse rise
лавинообразное ~ avalanche-like increase
~ **напряжения** voltage build-up
наращивание *с. (увеличение толщины)* building-up
нарост *м. (на кристалле)* outgrowth, overgrowth
нарушать *гл.* disturb, upset; perturb; *(физический закон)* violate
~ **равновесие** disturb [upset] the balance
~ **условие** violate a condition
нарушение *с.* disturbance, failure, breakdown, breaking; *(закона)* violation
~ **вакуума** vacuum deterioration
~ **гравитационного равновесия** gravitational disequilibrium
~ **закона** *(напр. сохранения)* law violation, breaking of a law
~ **закона сохранения аксиального тока** *ктп* violation of the axial current conservation
~ **изоспиновой симметрии** isospin violation
~ **изотопической инвариантности** isotopic invariance violation

~ инвариантности invariance breakdown, invariance violation
кажущееся ~ apparent violation
~ комбинированной чётности CP [combined parity] violation
~ масштабной инвариантности scale invariance breaking, scaling violation
мягкое ~ суперсимметрии weak supersymmetry breaking, weak supersymmetry breakdown; weak supersymmetry violation
наблюдаемое ~ observed violation
~ непрерывности discontinuity
~ общности loss of generality
~ однородности времени broken time homogeneity
октетное ~ *яф* octet breaking, octet breakdown
~ ориентации misalignment, disorientation
~ периодичности disturbance of periodicity
~ периодичности решётки disturbance of lattice periodicity
~ правила violation of a rule, breaking of a rule
~ правильности решётки lattice imperfection
~ пространственной чётности spatial parity nonconservation, spatial parity breakdown
~ пускового режима start-up accident
~ связи между слоями laminate [interlaminar] debonding
~ симметрии symmetry breaking, symmetry breakdown; symmetry violation
~ скейлинга scale invariance breaking, scaling violation
~ сплошности continuity violation
спонтанное ~ *(напр. CP-инвариантности)* spontaneous violation
спонтанное ~ глобальной симметрии spontaneous breaking of global symmetry
спонтанное ~ дискретной симметрии spontaneous breaking of discrete symmetry
спонтанное ~ калибровочной абелевой симметрии spontaneous breaking [violation] of gauge Abelian symmetry
спонтанное ~ калибровочной инвариантности spontaneous breaking [violation] of gauge invariance
спонтанное ~ локальной симметрии spontaneous breaking of local symmetry
спонтанное ~ непрерывной симметрии spontaneous breaking of continuous symmetry
спонтанное ~ симметрии *ктп* spontaneous breaking of symmetry
спонтанное ~ суперсимметрии spontaneous supersymmetry breaking, spontaneous supersymmetry violation
~ стехиометрии stoichiometry violation
~ структуры решётки lattice disturbance
~ суперсимметрии supersymmetry breaking, supersymmetry breakdown; supersymmetry violation
~ чётности parity nonconservation, parity violation, violation of parity, parity breakdown

явное ~ симметрии explicit symmetry breaking, explicit symmetry breakdown; explicit symmetry violation
~ CP-инвариантности breakdown of CP-invariance
насадка *ж.* attachment, head
анаморфотная ~ anamorphotic adapter, anamorphotic attachment, anamorphoser
~ для измерения давления pressure head
~ для измерения статического давления static head
насадок *м. аэрод.* mouthpiece, nozzle, cap (piece)
~ Борда Borda mouthpiece
~ Вентури Venturi mouthpiece
гидравлический ~ hydraulic mouthpiece
головной ~ head cap
~ для измерения полного и статического давления combined Pitot-static probe
~ для измерения расхода в потоке flow measuring probe
~ для определения направления потока yaw meter
население *с.* population
~ диска *(звезды)* disk population
звёздное ~ stellar population
молодое ~ галактики young galaxy population
старое звёздное ~ old stellar population
~ I *(галактики)* population I
~ II *(галактики)* population II
населённость *ж. кв. эл.* population; occupation
избыточная ~ excess population
инверсная ~ inverse [inverted] population
мгновенная ~ instantaneous population
~ метастабильного состояния metastable state population
неравновесная ~ nonequilibrium population
относительная ~ *(уровня)* relative [fractional] population
равновесная ~ equilibrium population
тепловая ~ thermal population
~ уровня level population
электронная ~ electron population
наслаивание *с.* lamination
наследование *с. (дислокаций)* inheritance
насос *м.* pump
адсорбционный ~ adsorption pump
бустерный ~ booster pump
вакуумный ~ vacuum pump
вспомогательный ~ auxiliary [booster] pump
высоковакуумный ~ high-vacuum pump
~ Гейсслера Geissler (mercury) pump
гелиевый ~ helium pump
геттерно-ионный ~ getter-ion pump
геттерный ~ *(электровакуумного прибора)* getter pump
диффузионный ~ diffusion pump
индукционный ~ induction pump
инжекторный ~ injector pump
ионный ~ ion pump
конденсационно-сорбционный ~ condensation-sorption pump

конденсационный ~ condensation pump
криогенный ~ cryogenic pump
криосорбционный ~ cryogetter pump
магниторазрядный ~ magnetic-discharge pump
масляный ~ oil pump
молекулярный ~ molecular pump
нагнетательный ~ force [forcing, pressure] pump
одноступенчатый ~ single-stage pump
паромасляный ~ oil-vapor pump
рециркуляционный ~ recirculating pump
ртутный ~ mercury pump
тепловой ~ thermal pump
турбомолекулярный ~ thurbomolecular pump
форвакуумный ~ backing [high-pressure vacuum] pump
центробежный ~ rotodynamic [centrifugal] pump
циркуляционный ~ circulating pump
электромагнитный ~ electromagnetic pump
настраивать *гл. (на ...)* adjust to, tune to
настройка *ж.* adjustment, tuning, alignment
автоматическая ~ automatic tuning
грубая ~ coarse adjustment, coarse tuning
кнопочная ~ push-button tuning
ручная ~ manual tuning
тонкая ~ fine tuning
точная ~ fine adjustment, fine tuning
насыщаемость *ж.* saturability
насыщение *с.* saturation
акустическое ~ acoustical saturation
~ водородом hydrogen saturation
диффузионное ~ diffusion saturation
~ ионизационной камеры saturation of an ionization chamber
~ катодолюминесценции cathodoluminescence saturation
~ кварковых состояний quark state saturation
~ линии *кв. эл.* line saturation
магнитное ~ magnetic saturation
~ магнитострикции magnetostrictive saturation
~ накачки pump saturation
~ намагничивания saturation of magnetization
~ населённости population saturation
нелинейное ~ nonlinear saturation
~ оборванных связей dangling bond saturation
~ перед расширением pre-expansion saturation
~ перехода saturation of transition, transition saturation
~ плотности saturation of density
~ поверхностного слоя surface layer [superficial] saturation
~ поглощения absorption saturation
полное ~ total saturation
~ при возбуждении saturation in excitation
~ резонанса resonance saturation

~ резонансного двухфотонного перехода saturation of resonant two-photon transition
~ связей *фтт* bond saturation, saturation of bonds
~ сигнала signal saturation
температурное ~ temperature saturation
техническое магнитное ~ technical saturation
~ углеродом carbonization, carburizing
~ усиления gain saturation
условное ~ conditional saturation
частичное ~ partial saturation
~ энергии связи saturation of binding energy
ядерное ~ nuclear saturation
~ ядерной плотности saturation of nuclear density
~ ядерных сил nuclear saturation, saturation of nuclear forces
насыщенность *ж.* saturation
~ раствора saturation of a solution
~ цвета saturation of color; chroma
натекание *с.* inleakage, leak-in
~ воздуха inleakage of air
~ заряда charge inleakage
натекатель *м.* leak
натрий *м.* sodium, Na
жидкий ~ liquid sodium
натурный *прил. (об испытании)* full-scale, full-sized
натяг *м.* negative allowance; *(посадки)* interference; *(натяжение)* tension
натяжение *с.* tension, strain, stretching
линейное ~ line tension
магнитное ~ magnetic tension
~ на поверхности раздела interfacial tension
~ Пуанкаре Poincaré tension
поверхностное ~ surface tension
поверхностное ядерное ~ nuclear surface tension
продольное ~ tensile stress
~ силовых линий магнитного поля magnetic field force line tension
~ струны string tension
ультранизкое поверхностное ~ ultralow surface tension
натянутый *прил.* under tension, stretched
науглероживание *с.* carburizing
наука *ж.* science
космическая ~ space science
прикладная ~ applied science
теоретическая ~ pure [theoretical] science
фундаментальная ~ basic [fundamental, pure] science
нафталин *м. (краситель)* naphthalene
находиться *гл.:*
~ в согласии с ... agree with ..., be in agreement with ..., be in accord with ...
находка *ж.* finding
~ метеорита finding of a meteorite
находящийся *прил.:*
~ в процессе разработки under development

нахождение *с.* finding
~ **повреждений** location of faults, trouble shooting
~ **решения** finding of a solution
начала *мн. (науки)* principles, elements, fundamentals
~ **термодинамики** laws [principles] of thermodynamics
начал/о *с. (процесса)* beginning, start, onset; *(постулат, принцип)* principle, postulate, law
□ в ~е координат at origin
~ **Бесселева года** commencement of Besselian year
внезапное ~ *геофиз.* sudden commencement, SC
внезапное ~ **бури** *геофиз.* storm sudden commencement, SSC
внезапное ~ **геомагнитной бури** storm sudden commencement, SSC
~ **возрастания солнечных космических лучей** onset of solar particle increase
второе ~ **термодинамики** second law [principle] of thermodynamics
~ **движения** start of motion
~ **затмения** beginning of the eclipse
~ **координат** origin of coordinates
нулевое ~ **термодинамики** zero law [principle] of thermodynamics
~ **отсчёта** reference point; *мат.* origin
~ **отсчёта времени** zero time
первое ~ **термодинамики** first law [principle] of thermodynamics
~ **разрушения** fracture initiation
~ **следа** track origin
третье ~ **термодинамики** third law [principle] of thermodynamics
~ **хрупкого разрушения** brittle fracture initiation
неадекватный *прил.* inadequate
неадиабатичность *ж.* nonadiabaticity
~ **вращения** *(ядра)* nonadiabaticity of rotation
неаппроксимируемость *ж.* nonapproximability
амплитудная ~ amplitude nonapproximability
небесный *прил.* celestial, heavenly
небо *с.* sky, heaven(s)
безоблачное ~ cloudless [clear] sky
вечернее ~ evening sky
дневное ~ day sky
звёздное ~ sky of stars
ночное ~ night sky
северное ~ northern sky
южное ~ southern sky
ясное ~ clear [cloudless] sky
невесомость *ж.* zero-gravity
невзаимность *ж.* nonreciprocity
акустооптическая ~ acoustooptic nonreciprocity
акустооптическая фазовая ~ acoustooptic phase nonreciprocity
амплитудная ~ amplitude nonreciprocity

оптическая ~ optical nonreciprocity
паразитная ~ *(в кольцевом лазере)* stray nonreciprocity
фазовая ~ phase nonreciprocity
частотная ~ frequency nonreciprocity
невзаимозаместимость *ж. (в фотографии)* Schwarzschild effect
невоспроизводимость *ж.* irreproducibility, nonrepeatability
невычет *м. мат.* nonresidue
~ **степени n** nonresidue of n-th order
невязка *ж. геофиз.* discrepancy; residual (function)
негерметичность *ж.* leakage
негэнтропия *ж.* negentropy
неделимость *ж.* indivisibility
недодержка *ж. фото* underexposure
недооценивать *гл.* underestimate, underrate
недооценка *ж.* underestimating, underrating
недостаток *м. (нехватка)* deficiency, shortage, deficit, lack; *(качество, свойство)* drawback, disadvantage
~ **нейтронов** neutron deficiency
недоступный *прил.* inaccessible
недра *мн.* interior
~ **Земли** Earth interior
~ **планеты** planetary interior
независимо *нареч. (от)* independently of, irrespective of, regardless of
независимость *ж.* independence
взаимная ~ mutual independence
зарядовая ~ charge independence
попарная ~ pairwise independence
статистическая ~ statistical independence
независимый *прил.* independent
зарядово ~ charge independent
пространственно ~ space independent
энергетически ~ energy independent
незакреплённый *прил.* unsupported, movable
незамкнутость *ж. (контура Бюргерса)* closure failure
незанятый *прил.* vacant, unoccuped, unfilled
незначительный *прил.* insignificant
неизвестное *с. мат.* unknown
неисправность *ж.* trouble, fault, malfunction
□ устранять ~ shoot [remove, correct] a trouble
нейромагнетик *м.* neuromagnetic
нейрон *м.* neuron, nerve cell
нейтрализатор *м.* neutralizer
~ **ионного двигателя** ion propulsion neutralizer
плазменный ~ plasma neutralizer
~ **статического заряда** electrostatic charge eliminator
нейтрализация *ж.* neutralization
~ **заряда** charge neutralization
зарядовая ~ charge neutralization
локальная ~ local neutralization
полная ~ total neutralization
~ **пространственного заряда** space charge neutralization

~ пучка beam neutralization
~ пучка ускоренных ионов accelerated ion beam neutralization
резонансная ~ resonant neutralization
~ тока пучка beam current neutralization
токовая ~ current neutralization
химическая ~ chemical neutralization
частичная ~ partial neutralization
нейтрализовать *гл.* neutralize
нейтралы *мн.* neutrals
франк-кондоновские ~ Franck-Condon neutrals
нейтральность *ж.* neutrality
электрическая ~ electrical neutrality
нейтральный *прил.* neutral; *(о равновесии)* indifferent
нейтретто *с. (мюонное нейтрино)* neutretto
нейтрино *с.* neutrino
бериллиевое ~ berillium neutrino
бета-распадное ~ beta-decay neutrino
борное ~ boron neutrino
вейлевское ~ Weyl neutrino
~ высоких энергий high-energy neutrino
голдстоуновское ~ Goldstone neutrino
двухкомпонентное ~ two-component neutrino
дираковское ~ Dirac neutrino
звёздное ~ stellar neutrino
~ космического происхождения cosmic neutrino
космическое ~ cosmic neutrino
космологическое ~ cosmological neutrino
левое ~ left neutrino
левополяризованное ~ left neutrino
лёгкое ~ light neutrino
лептонное ~ lepton neutrino
майорановское ~ Majorana neutrino
массивное ~ massive neutrino
мезонное ~ meson neutrino
мюонное ~ neutretto, muon neutrino
правое ~ right neutrino
продольное ~ longitudinal neutrino
реликтовое ~ relict neutrino
~ солнечного происхождения solar neutrino
солнечное ~ solar neutrino
спиральное ~ spiral neutrino
стерильное ~ sterile neutrino
четырёхкомпонентное ~ four-component neutrino
электронное ~ electron neutrino
нейтрон *м.* neutron ☐ замедлять ~ы moderate neutrons; замедлять ~ы до тепловой скорости thermalize neutrons; испускать ~ы emit neutrons; поглощать ~ы absorb neutrons; рассеивать ~ы scatter neutrons
~ альбедо albedo neutron
блуждающий ~ stray neutron
~ большой энергии high-energy neutron
бомбардирующий ~ bombarding [impacting, impinging] neutron
быстрый ~ fast neutron

быстрый ~ деления fast fission neutron
быстрый ~ космического излучения fast cosmic-ray neutron
влетающий ~ oncoming neutron
вторичный ~ secondary neutron
вторичный ~ деления secondary fission neutron
вылетающий ~ escaping neutron
~ высокой энергии high-energy neutron
деградированный ~ degraded neutron
~ деления fission neutron
дифрагированный ~ scattered neutron
диффузно рассеянные ~ы diffusely scattered neutrons
длиннопериодичные запаздывающие ~ы long-period delayed neutrons
дочерний ~ daughter neutron
закадмиевый ~ epicadmium neutron
замедленный ~ moderated neutron
замедленный ~ деления moderated fission neutron
~, замедленный до тепловой энергии thermalized neutron
замедляющий ~ slowing-down neutron
запаздывающий ~ delayed neutron
запаздывающий ~ деления delayed fission neutron
зарегистрированный ~ recorded [detected] neutron
избыточный ~ surplus [excess] neutron
излучённый ~ emitted neutron
испущенный ~ emitted [ejected] neutron
испытавший столкновение ~ degraded neutron
~ источника source neutron
короткопериодные запаздывающие ~ы short-period delayed neutrons
~ космического излучения cosmic-ray neutron
~ космического происхождения cosmic neutron
~ малой энергии low-energy neutron
мгновенный ~ prompt [instantaneous] neutron
мгновенный ~ деления prompt fission neutron
медленный ~ slow [low-velocity] neutron
моноэнергетические ~ы monoenergetic neutrons
надрезонансный ~ epiresonance neutron
надтепловой ~ epithermal neutron
незамедленный ~ unmoderated neutron
незарегистрированный ~ undetected neutron
~, не испытавший столкновения undegraded [virgin] neutron
~ы, рассеянные алюминием neutrons scattered from aluminium
~ы, рассеянные в помещении room-scattered neutrons
непарный ~ unpaired neutron
неполяризованный ~ unpolarized neutron
нетепловой ~ nonthermal neutron

нечётный ~ odd neutron
~ низкой энергии low-energy neutron
~, отобранный по времени пролёта timed neutron
отражённый ~ reflected neutron
очень холодные ~ы very cold neutrons
падающий ~ incident neutron
первичный ~ primary [virgin] neutron
поглощённый ~ absorbed neutron
подтепловой ~ subthermal neutron
поляризованный ~ polarized neutron
потерянный ~ wasted neutron
почти тепловой ~ near thermal neutron
преломлённый ~ refracted neutron
промежуточный ~ intermediate neutron
рассеянный ~ stray [scattered] neutron
реакторный ~ reactor [pile] neutron
резонансный ~ resonance neutron
релятивистский ~ relativistic neutron
сверхбыстрый ~ ultrafast neutron
свободный ~ free neutron
связанный ~ latent neutron
~ солнечного происхождения solar neutron
~ со спином вверх up-spin neutron
~ со спином вниз down-spin neutron
~ спектра деления fission-spectrum neutron
~ с пороговой энергией threshold neutron
~ средней энергии moderate-energy neutron
сталкивающийся ~ impinging neutron
~ с уменьшенной энергией degraded neutron
тепловой ~ thermal neutron
термоядерный ~ thermonuclear neutron
ультрахолодный ~ ultracold neutron
~ утечки leakage neutron
холодный ~ cold neutron
ядерный ~ nuclear neutron
нейтронизация *ж. астр.* neutronization
~ вещества neutronization of matter
нейтрон-наблюдатель *м.* spectator neutron
нейтроновод *м.* neutron guide
зеркальный ~ reflector neutron guide
многоканальный поляризующий ~ multi-channel polarizing neutron guide
многощелевой поляризующий ~ multislit polarizing neutron guide
одноканальный поляризующий ~ single-channel polarizing neutron guide
однощелевой поляризующий ~ single-slit polarizing neutron guide
поляризующий ~ polarizing neutron guide
нейтронограмма *ж.* neutron diffraction pattern
порошковая ~ neutron powder diffraction pattern
~ порошкового образца neutron powder diffraction pattern
структурная ~ structural neutron diffraction pattern
~ типа Дебая - Шеррера neutron powder dif-fraction pattern
нейтронограф *м.* neutron diffractometer
порошковый ~ neutron powder diffractometer

нейтронография *ж.* neutron diffraction analysis, neutron diffractometry, neutron diffraction study
магнитная ~ magnetic neutron diffractometry
структурная ~ structural neutron diffracto-metry
нейтронодефицитный *прил.* neutron-de-ficient
нейтронотерапия *ж.* neutron therapy
нейтросфера *ж. астр.* neutrosphere
некогерентность *ж.* incoherence
дисперсионная ~ dispersion incoherence
дифракционная ~ diffraction incoherence
~, зависящая от спина spin-dependent inco-herence
изотопическая ~ isotopic incoherence
некогерентный *прил.* incoherent
некоммутативность *ж.* noncommutativity
некорректность *ж. мат.* incorrectness
некритичность *ж.* noncriticality
нелинейность *ж.* nonlinearity
акустическая ~ acoustical nonlinearity
безынерционная ~ instantaneous nonlin-earity
быстрая ~ fast nonlinearity
~ ВРМБ SBS nonlinearity
геометрическая ~ geometric nonlinearity
гигантская оптическая ~ giant optical nonlinearity
гигантская ~ самофокусировочного типа giant nonlinearity of the self-focusing type
динамическая ~ dynamic nonlinearity
импульсная акустическая ~ pulsed acous-tical nonlinearity
инерционная ~ inertial [delayed] nonlinearity
квадратичная ~ quadratic nonlinearity
керровская ~ Kerr-type [Kerr-like] non-linearity
~ краевого поглощения nonlinearity of edge absorption
кубическая ~ cubic nonlinearity
магнитная ~ magnetic nonlinearity
нагревная ~ *(в плазме)* heating nonlinearity
насыщающаяся ~ saturable nonlinearity
~ насыщения saturation nonlinearity
~ нечётного порядка odd-order nonlinearity
оптическая ~ optical nonlinearity
оптическая ~ второго порядка second order optical nonlinearity
оптическая ~ третьего порядка third order optical nonlinearity
ориентационная ~ orientation nonlinearity
~ отклонения *(в ЭЛТ)* deflection nonlinearity
~ полупроводника semiconductor nonlinearity
реактивная ~ reactive nonlinearity
резонансная ~ resonant nonlinearity
релаксирующая ~ relaxating nonlinearity
сильная локальная ~ strong local non-linearity
сильная оптическая ~ strong optical nonlinearity
стохастическая ~ stochastic nonlinearity

стрикционная ~ striction nonlinearity
тепловая ~ thermal nonlinearity
термооптическая ~ thermooptical nonlinearity
упругая ~ elastic nonlinearity
фокусирующая ~ focusing nonlinearity
фоторефрактивная ~ photorefractive nonlinearity
~ **характеристики** nonlinearity of response
~ **чётного порядка** even-order nonlinearity
электрическая ~ electric nonlinearity
электронная ~ electronic nonlinearity
электронная акустическая ~ electron acoustical nonlinearity
нелокальность *ж.* *(напр. сопротивления)* nonlocality
~ **взаимодействия** interaction nonlocality
динамическая ~ dynamical nonlocality
~ **отклика** *(среды)* response nonlocality
нематик *м.* *(нематический жидкий кристалл)* nematic
гибридно ориентированный ~ nematic with a hybrid orientation
двумерный ~ two-dimensional nematic
одноосный ~ uniaxial nematic
термотропный ~ thermotropic nematic
неметалл *м.* nonmetal
немонохроматичность *ж.* nonmonochromaticity
необратимость *ж.* irreversibility
~ **времени** time irreversibility
~ **процесса** process irreversibility
термодинамическая ~ thermodynamic irreversibility
~ **химической реакции** irreversibility of a chemical reaction
необходимо *нареч.* necessary, essential
~ **и достаточно** necessary and sufficient
необходимост/ь *ж.* necessity ◻ **в силу ~и** necessarily, of necessity
необходимый *прил.* necessary
необязательный *прил.* optional
неограниченный *прил.* unbounded; *(бесконечный)* infinite
неодим *м.* neodymium, Nd
неоднозначность *ж.* ambiguity
~ **данных** data ambiguity
~ **идентификации** identification ambiguity
~ **фазы** phase ambiguity
неоднородность *ж.* *(неравномерность свойств)* inhomogeneity, irregularity, nonuniformity; *(разрывность)* discontinuity; *(наличие разнородных элементов)* heterogeneity
авроральная ~ auroral irregularity
аксиальная ~ axial irregularity
атмосферная ~ atmospheric irregularity
~ **в волноводе** waveguide inhomogeneity
ионосферная ~ ionosphere [ionospheric] irregularity
капельная ~ drop inhomogeneity
~ **концентрации короны** density irregularity in the corona

~ **кристалла** crystal inhomogeneity
крупномасштабная ~ large-scale inhomogeneity, large-scale irregularity
локальная ~ local inhomogeneity
~ **магнитного поля** nonuniformity of magnetic field, magnetic field nonuniformity
мелкомасштабная ~ small-scale inhomogeneity, small-scale irregularity
~ **накачки** pumping inhomogeneity
нитевидная ~ filamentary irregularity
одномерная ~ one-dimensional irregularity, one-dimensional inhomogeneity
оптическая ~ optical inhomogeneity
плавная ~ smooth irregularity
~ **поверхности** surface inhomogeneity
~ **показателя преломления** refractive index irregularity
~ **потока** stream nonuniformity
продольная ~ *(волновода)* longitudinal inhomogeneity
пространственная ~ spatial inhomogeneity
пространственно-временная ~ space-time inhomogeneity, space-time irregularity
рассеивающая ~ scattering irregularity
регулярная ~ regular nonuniformity
сильная ~ strong irregularity
слабая ~ weak irregularity
случайная ~ random nonuniformity
случайная локальная ~ random local nonuniformity
согласующая ~ matching irregularity
~ **стационарного потока** steady-flow nonuniformity
структурная ~ structure inhomogeneity, structure heterogeneity
трёхмерная ~ three-dimensional irregularity, three-dimensional inhomogeneity
турбулентная ~ turbulent inhomogeneity
фотоиндуцированная ~ *кв. эл.* photo-induced inhomogeneity
хаотическая ~ chaotic inhomogeneity
~ **электронной концентрации** irregularity of electron density
энергетическая ~ **поверхности** energy surface inhomogeneity
неожиданн/ый *прил.* unexpected ◻ **совершенно ~ым оказалось, что ...** a completely unexpected result was that ...
неон *м.* neon, Ne
неопределённость *ж.* uncertainty, indeterminacy, ambiguity, indeterminateness
~ **времени** time uncertainty
~ **знака** sign ambiguity
~ **импульса** momentum uncertainty
кинематическая ~ kinematic ambiguity
~ **координаты** coordinate [position] uncertainty
параметрическая ~ parametric uncertainty
~ **положения** position uncertainty
статистическая ~ statistical uncertainty
~ **фазы** phase ambiguity, phase uncertainty
~ **энергии** energy uncertainty

неопределимый *прил. (в механике конструкций)* indeterminate
статически ~ statically indeterminate, redundant
непер *м.* neper, Np
неперенормируемость *ж. ктп* nonrenormalizability
непериодичность *ж.* aperiodicity
неплотность *ж.(соединения)* leakage
~ **стыка** joint leakage
неподвижный *прил.* stationary, motionless, immovable, immobile; *(о дислокации)* sessile; *(о текучей среде)* stagnant
неполный *прил.* incomplete
непосредственно *нареч.* directly, immediately
непостоянство *с.* inconstancy, variability
непотенциальность *ж.* nonpotentiality
~ **поля** field nonpotentiality
неправильность *ж. (формы)* irregularity
непрерывность *ж.* continuity
~ **множества** *мат.* set continuity
~ **тока** current continuity
непрерывный *прил.* continuous
неприводимость *ж.* irreducibility
алгебраическая ~ algebraic irreducibility
топологическая ~ topological irreducibility
непригодный *прил.* unsuitable
неприменимый *прил.* unsuitable
непроводник *м.* nonconductor, insulator
непрозрачность *ж.* opacity
~ **звёздных недр** opacity of stellar interiors
~ **плазмы** plasma opacity
непроницаемость *ж.* impermeability, impenetrability
непропорциональность *ж.* disproportionality
непротиворечивость *ж. (теории)* consistency
непрочность *ж.* weakness
Нептун *м.* Neptune
нептуний *м.* neptunium, Np
неравенство *с. мат.* inequality
~ **Белла** Bell inequality
~ **Буняковского** Bunyakowsky inequality
годичное ~ annual inequality
~ **движений** *(в небесной мех.)* inequalities in motion
~ **Клаузиуса** Clausius inequality
~ **Коши - Буняковского - Шварца** Cauchy-Bunyakowsky-Schwartz inequality
лунное ~ lunar inequality
нестрогое ~ conditional inequality
обобщённое ~ generalized inequality
параллактическое ~ parallactic inequality
строгое ~ absolute [strict] inequality
термодинамическое ~ thermodynamic inequality
~ **Фридрихса** Friedrichs inequality
~ **Харкера - Каспера** *крист.* Harker-Casper inequality
неравномерность *ж.* nonuniformity, variation, irregularity
~ **амплитудно-частотной характеристики** irregularity of the frequency response

~ **вращения** *(Земли)* irregularity in speed of rotation
~ **выходного сигнала** signal output nonuniformity
~ **усиления** gain nonuniformity, gain ripple
неравноценность *ж. (направлений)* nonequivalence
неравный *прил.* nonequal
~ **нулю** nonvanishing, nonzero
неразличимость *ж. (частиц)* indistinguishability
неразрешимость *ж.* insolubility
неразрушающий *прил. (об испытании)* nondestructive
неразрывность *ж.* continuity
~ **жидкости или газа** continuity of fluid medium
~ **потока** flow continuity
~ **струны** string continuity
нераспространение *с.* nonproliferation
~ **ядерного оружия** nonproliferation of nuclear weapon
нерастворимость *ж.* insolubility
нерв *м.* nerve
зрительный ~ visual nerve
нерегулярность *ж.* irregularity
~ **волновода** waveguide irregularity
нержавеющий *прил.* stainless
неровность *ж.* asperity, irregularity
движущаяся ~ moving asperity
единичная ~ single asperity
множественная ~ multiple asperity
неподвижная ~ stationary asperity
поверхностная ~ surface asperity; surface irregularity
термическая ~ thermal asperity
несжимаемость *ж.* incompressibility
несимметричность *ж.* asymmetry
несинусоидальность *ж.* anharmonicity
несмачиваемость *ж.* nonwettability
несмачивание *с.* nonwetting
абсолютное ~ absolute nonwetting
несмешиваемость *ж.* immiscibility
несовершенство *с.* imperfection; defect
~ **изображения** image imperfection
~ **кристалла** crystal imperfection
~ **кристаллической решётки** crystal lattice imperfection, crystal lattice irregularity
~ **оптической системы** imperfection of optical system
~ **поверхности** surface imperfection
~ **решётки** lattice irregularity, lattice imperfection
~ **сетки** grating defect
~ **структуры** structural imperfection
несовместимость *ж.* incompatibility
~ **уравнений** inconsistency of equations
электромагнитная ~ electromagnetic incompatibility
несовпадение *с.* noncoincidence; *(результатов)* discrepancy
~ **осей** *опт.* misalignment of axes

~ расчётных и экспериментальных данных discrepancy between estimated and observed data

несогласие *с.* disagreement, discord

несогласованность *ж.* disagreement, inconsistency, discord

несоизмеримость *ж.* incommensurability

несоизмеримый *прил.* incommensurable, incommensurate

несоосность *ж.* misalignment

несоответстви/е *с.* disagreement, mismatch, discrepancy, misfit □ **~я слишком велики, чтобы объяснить их неточностью эксперимента** disagreements are too large to be explained by the inaccuracy of the experiment

~ параметров parameter misfit

~ решёток *фпп* lattice misfit; lattice mismatch

несоразмерность *ж.* disproportion, inadequacy, incommensurability

несоразмерный *прил.* incommensurable, incommensurate

несохранение *с.* nonconservation

~ барионного числа baryon (number) nonconservation

~ заряда charge nonconservation

~ пространственной чётности spatial parity nonconservation, spatial parity violation

~ странности strangeness nonconservation

~ чётности parity nonconservation, parity breakdown, parity violation

~ числа лептонов lepton nonconservation

~ энергии nonconservation of energy

нестабильность *ж.* instability

~ амплитуды amplitude instability

~ валентности valence instability

долговременная ~ long-term instability

кратковременная ~ short-term instability

кратковременная относительная ~ short-term relative instability

металлургическая ~ *фпп* metallurgical instability

~ напряжения voltage instability

относительная ~ relative instability

~ тока current instability

~ фазы phase instability

~ частоты frequency instability

нестационарность *ж.* nonstationarity

~ Вселенной Universe evolution, nonstationary behaviour of Universe

нестационарный *прил.* nonstationary, nonsteady, unsteady, transitional; *(о связях в механике)* rheonomous

нестехиометрия *ж.* nonstoichiometry

зарядовая ~ charge nonstoichiometry

нестинг *м. фмя* nesting

несущая *ж. (частота)* carrier

несущественный *прил. (не имеющий значения)* insignificant; *(пренебрежимо малый)* negligible

несущий *прил.* carrying, bearing, supporting; *аэрогидр.* lifting

несферичность *ж. (ядра)* nonsphericity

несходимость *ж.* divergence

неточность *ж.* inaccuracy; error

нетривиальность *ж.* nontriviality

топологическая ~ topological nontriviality

неупругость *ж.* unelasticity, inelasticity

неуравновешенность *ж.* disbalance, lack of balance

остаточная ~ residual unbalance

неустановившийся *прил.* transitional, unsteady, nonsteady, nonstationary

неустойчивость *ж.* instability

абсолютная ~ absolute instability

аксиальная ~ axial instability

акустическая ~ acoustic instability

акустоэлектрическая ~ acoustoelectric [phonon] instability

~ альвеновской волны Alfvén wave instability

анизотропная ~ anisotropic instability

~ анизотропной плазмы anisotropic plasma instability

~ анизотропной плазмы гидродинамического типа anisotropic plasma hydrodynamic-type instability

~ анизотропной плазмы кинетического типа anisotropic plasma kinetic-type instability

апериодическая ~ aperiodic(al) instability

апериодическая ~ Пирса Pierce aperiodical instability

апериодическая ~ пучка beam aperiodical instability

асимметричная ~ asymmetric instability

баллонная ~ ballooning instability

~ баллонных мод ballooning mode instability

бароклинная ~ baroclinic instability

безынерционная ~ inertialess instability

безынерционная гравитационная ~ inertialess gravitational instability

~ Бенара convective instability

~ Бенжамина - Фейера Benjamin-Feier instability

бесстолкновительная ~ collisionless instability

бесстолкновительная ~, возбуждаемая электронами collisionless instability excited by electrons

бесстолкновительная дрейфовая ~ collisionless drift instability

бетатронная ~ betatron instability

~ Брушлинского - Морозова Brushlinsky-Morozov instability

~ Будкера - Бунемана Budker-Buneman instability

~ Бунемана *(в плазме)* Buneman instability

~ Бунемана - Будкера Buneman-Budker instability

~ Бунемана с учётом граничных условий Buneman instability with boundary conditions

бунемановская ~ Buneman instability

~ Бурсиана Bursian instability

быстрая ~ fast [rapid] instability
быстрая градиентная ~ fast gradient instability
вакансионно-деформационная ~ vacansion-deformation instability
~ Ван-дер-Поля Van der Pol instability
веерная ~ Parail-Pogutse instability
вековая ~ secular instability
взрывная ~ explosive instability
вибрационная ~ vibrational instability
винтовая ~ *(в плазме)* kink [screw] instability; *(в полупроводнике)* spiral [helical] instability
винтовая ~ **в плазме с конечной проводимостью** tearing instability
~ в искривлённом магнитном поле instability in a curved magnetic field
~ Власова Vlasov instability
~ внутреннего срыва internal disruption
внутренняя диссипативная ~ internal dissipative instability
внутренняя релаксационная ~ internal relaxation instability
высокочастотная ~ high-frequency [HF, radio-frequency] instability
вязкостная ~ viscosity instability
газодинамическая ~ gas-dynamic instability
ганновская ~ *фпп* Gunn instability
~ Гельмгольца Helmholtz instability
гибридная ~ hybrid instability
гидродинамическая ~ hydrodynamic(al) instability
гидродинамическая винтовая ~ hydrodynamic kink instability, hydrodynamic kink mode
гидродинамическая ~ двух встречных пучков hydrodynamical instability of oppositely directed beams
гидродинамическая ~ пучка в магнитоактивной плазме beam hydrodynamic instability in magneto-active plasma
гидродинамическая пучковая ~ hydrodynamical beam instability
гидромагнитная ~ hydromagnetic instability
гиротронная ~ gyrotron instability
глобальная ~ global instability
~ Голдрайха - Шуберта - Фрикке Goldreich-Shubert-Fricke instability
гофрировочная ~ corrugation instability
гофрировочная ~ ударной волны corrugation [ripple] instability of a shock wave
гравитационная ~ gravitational [Jeans] instability
гравитационно-диссипативная ~ gravitational-dissipative instability
гравитационно-кинетическая ~ gravitational-kinetic instability
~ гравитирующей среды instability of gravitating medium
градиентная ~ gradient instability
градиентно-токовая ~ gradient-current instability

двухпотоковая ~ two-stream instability
двухпотоковая осциллирующая ~ oscillating two-stream instability
двухпучковая ~ two-beam [double-beam] instability
двухслойная бароклинная ~ two-layer baroclinic instability
~ Джинса Jeans [gravitational] instability
джинсовская ~ Jeans instability
динамическая ~ dynamic(al) instability
диокотронная ~ diocotron instability
дипольная ~ dipole instability
дислокационно-деформационная ~ dislocation-deformation instability
дисперсионная ~ dispersive instability
диссипативная ~ dissipative instability
диссипативная винтовая ~ dissipative kink instability, dissipative kink mode
диссипативная гидромагнитная ~ dissipative hydromagnetic instability
диссипативная ~ из-за конечной электронной теплопроводности dissipative instability due to a finite electron thermal conductivity
диффузионная ~ diffusion instability
диффузионно-деформационная ~ diffusion-deformation instability
длинноволновая ~ long-wave instability
докритическая ~ subcritical instability
доменная ~ domain instability
~ Драммонда - Розенблюта Drummond-Rosenbluth instability
дрейфовая ~ drift instability
дрейфовая циклотронная ~ drift cyclotron instability
дрейфово-диссипативная ~ drift-dissipative instability
естественная ~ inherent instability
желобковая ~ flute(-like) instability
~ желобкового типа flute-type instability
~ запертых частиц trapped-particle instability
зеркальная ~ mirror instability
идеальная ~ ideal instability
изгибная ~ kink instability; *(плазмы)* wriggle instability
излучательная пучковая ~ beam radiation instability
инерционная ~ inertial instability
инерционная токово-конвективная ~ inertial current-convective instability, rippling mode
инерционно-диссипативная ~ inertial-dissipative instability
интерференционная ~ interference instability
ионизационная ~ ionization instability
ионизационно-перегревная ~ ionization-overheating instability
ионизационно-полевая ~ ionization-field instability
ионно-волновая ~ ion wave instability
ионно-звуковая ~ ion-acoustic [ion-sound] instability

ионно-звуковая ~ в полностью ионизованной плазме ion-acoustic instability in a fully ionized plasma

ионно-звуковая ~ в электрическом поле ion-acoustic instability in an electric field

ионно-звуковая ~ слабо ионизованной плазмы в электрическом поле ion-acoustic instability of a weakly ionized plasma in an electric field

ионно-циклотронная ~ ion-cyclotron instability

~ ионосферной плазмы ionospheric plasma instability

испарительно-капиллярная ~ evaporation-capillary instability

~ Кадомцева - Недоспасова Kadomtsev-Nedospasov instability

~ Кадомцева - Погуце Kadomtsev-Pogutse instability

капиллярно-ветровая ~ (расплава) capillary-wind instability

квадрупольная ~ quadrupole instability

~ квазинейтрального ионного пучка quasi-neutral ion beam instability

~ квазинейтрального электронного пучка quasi-neutral electron beam instability

~ Кельвина - Гельмгольца Kelvin-Helmholtz instability

кинетическая ~ kinetic [microscopic] instability

кинетическая ~ пучка в магнитоактивной плазме kinetic beam instability in magneto-active plasma

кинетическая пучковая ~ kinetic beam instability

когерентная ~ coherent instability

колебательная ~ oscillatory instability

колебательная ~ Пирса Pierce oscillatory instability

колебательная ~ пучка oscillatory beam instability

колебательная электростатическая ~ oscillatory electrostatic instability

коллективная ~ collective instability

конвективная ~ convective instability

конвективная ~ неподвижной жидкости convective instability of a fluid at rest

конвективная параметрическая ~ convective parametric instability

конусная ~ loss cone instability

конусно-диссипативная ~ loss cone dissipative instability

концентрационно-деформационно-тепловая ~ concentration-deformation-thermal instability

коротковолновая ~ short-wave instability

кристаллизационно-деформационно-тепловая ~ crystallization-deformation-thermal instability

крупномасштабная ~ large-scale instability

~ Крускала - Шварцшильда Kruskal-Schwarzschild instability

лазерно-индуцированная ~ laser-induced instability

~ ленгмюровского конденсата Langmuir condensate instability

~ ленгмюровской волны Langmuir wave instability

локальная ~ local instability

локальная конвективная ~ local convective instability

магнитогидродинамическая ~ magnetohydrodynamic [MHD] instability

магнитогидродинамическая неэлектростатическая ~ magnetohydrodynamic non-electrostatic instability

магнитозвуковая ~ magnetoacoustic instability

мазерная ~ maser instability

МГД ~ MHD instability

медленная градиентная ~ slow gradient instability

мелкомасштабная ~ (см. тж **микронеустойчивость**) small-scale instability, microinstability

микроволновая ~ microwave instability

~ мод mode instability

модифицированная ~ отрицательной массы modified negative mass instability

~ модифицированного распада modified decay instability

модуляционная ~ modulation instability

мультипольная ~ multipole instability

~ на запертых ионах trapped ion instability

~ на запертых частицах trapped-particle [Kadomtsev-Pogutse] instability

~ на запертых частицах, обусловленная конечностью орбит trapped-particle instability associated with finite orbits

~ на запертых электронах trapped-electron instability

~ на стадии подъёма тока instability at the current rise stage

неджинсовская ~ non-Jeans instability, instability of the non-Jeans type

~ неджинсовского типа instability of the non-Jeans type, non-Jeans instability

неинерционная ~ noninertial instability

нелинейная ~ nonlinear instability

нелинейная тепловая ~ nonlinear thermal instability

~ неоднородной плазмы inhomogeneous plasma instability

непотенциальная ~ nonpotential instability

нерезонансная ~ анизотропной плазмы anisotropic plasma nonresonant instability

нерезонансная распадная ~ nonresonant decay instability

неэлектростатическая ~ nonelectrostatic instability

~ нижнегибридных колебаний lower hybrid oscillation instability

низкочастотная ~ low-frequency instability

~, обусловленная градиентом плотности instability due to a number density gradient

~, обусловленная градиентом температуры instability due to a temperature gradient, temperature gradient instability
~, обусловленная относительным движением электронов и ионов instability due to a relative motion of electrons and ions
~, обусловленная пространственным зарядом space-charge instability
объёмная ~ bulk instability
обыкновенная ~ ordinary instability
одномодовая ~ single-mode instability
однопучковая ~ single-beam instability
~ однородной плазмы homogeneous plasma instability
~ опрокидывания tilting instability
осциллирующая двухпотоковая ~ oscillating two-stream instability
относительная ~ relative instability
~ отрицательной массы negative mass instability
~ охлаждения cooling instability
пайерлсовская ~ Peierls instability
параметрическая ~ parametric instability
перестановочная ~ interchanging [interchange] instability
пи-мезонная ~ pion instability
~ пинча pinch instability
~ Пирса с учётом подвижности ионов ion mobility Pierce instability
плазменная ~ plasma instability
плазменно-пучковая ~ plasma-beam instability
~ плазмы plasma instability
~ плазмы конечного давления finite pressure plasma instability
~ плазмы с пучками instability of a plasma consisting of several directed beams
пластическая ~ plastic instability
~ поверхностных состояний surface state instability
~ пограничного слоя при отсутствии трения frictionless [inviscid] instability of a boundary layer
~ пограничного слоя при трении viscous instability of a boundary layer
~ по отношению к образованию отдельных нитей filamentation instability
поперечная ~ lateral [transverse] instability
поперечная диффузионная ~ transverse diffusion instability
пороговая ~ threshold instability
потенциальная ~ potential instability
потоковая ~ stream instability
приливная ~ tidal instability
прилипательная ~ attachment instability
примесная ~ impurity instability
продольная ~ longitudinal instability
пульсационная ~ pulsation [vibrational] instability
~ пучка с неоднородным профилем скоростей instability of a beam with an inhomogeneous velocity profile

пучковая ~ beam instability
пучковая ~ в неоднородной плазме beam instability in inhomogeneous plasma
пучково-дрейфовая ~ beam-drift instability
пучково-плазменная ~ beam-plasma instability
радиальная ~ radial instability
радиационная ~ radiative instability
разрывная ~ tearing(-mode) instability
распадная ~ decay instability
распадная ~ волн decay instability of waves
распадная параметрическая ~ волн decay parametric instability of waves
резистивная ~ resistive [wall] instability
резонансная ~ resonant [resonance] instability
резонансная ~ Бунемана Buneman resonant [resonance] instability
резонансная распадная ~ resonant decay instability
рекомбинационно-деформационная ~ recombination-deformation instability
~ релятивистского электронного пучка relativistic electron beam instability
ротационная ~ rotational instability
рэлей-тейлоровская ~ (расплава) Rayleigh-Taylor instability
~ Рэлея - Тейлора Rayleigh-Taylor instability
~ Сайдема Suydam instability
самофокусировочная ~ self-focusing instability
~ самофокусировочного типа instability of the self-focusing type
сателлитная ~ side-band instability
~ свистящих атмосфериков whistler instability
~, связанная с магнитным дрейфом instability due to a magnetic drift
сдвиговая ~ shear instability
секулярная ~ secular instability
синхротронная ~ synchrotron instability
сносовая ~ convective instability
собственная ~ intrinsic instability
~ срыва disruption (instability)
статическая ~ static instability
~ стационарного движения при больших числах Рейнольдса instability of steady flow at large Reynolds numbers
стеночная ~ wall [resistive] instability
степенная ~ power instability
стохастическая ~ stochastic instability
стрикционная ~ striction instability
стрикционная параметрическая ~ (в плазме) striction parametric instability
структурная ~ structural instability
~ структуры structure instability
~ тангенциальных разрывов instability of tangential discontinuites
~ Тейлора (при кипении) Taylor instability
температурная ~ temperature instability
температурно-градиентная ~ temperature-gradient instability

температурно-дрейфовая ~ temperature-drift instability
тепловая ~ thermal instability
тепловая параметрическая ~ thermal parametric instability
термическая ~ thermal instability
термодинамическая ~ thermodynamic instability
термокапиллярная ~ thermocapillary instability
термомагнитная ~ thermomagnetic instability
термоупругая ~ **контакта** thermoelastic instability of contact
термохимическая ~ thermochemical instability
термоэлектрическая ~ thermoelectric instability
термоядерная ~ thermonuclear instability
~ **течения** instability of flow, flow instability
~ **типа изгиба** wriggle instability
~ **типа перегиба** kink instability
~ **тиринг-моды** tearing(-mode) instability
~ **тлеющего разряда** glow discharge instability
токовая ~ current instability
токово-конвективная ~ current-convective instability
~ **токовых струй** *(в ионосфере)* electrojet instability
топологическая ~ topological instability
тормозная ~ bremsstrahlung instability
~ **трещины** crack instability
тьюринговская ~ Turing instability
~ **убегающих электронов** away electrons instability
универсальная ~ universal instability
фазовая ~ phase instability
~ **Фарли - Бунемана** Farly-Buneman instability
филаментационная ~ filamentation instability
флаттерная ~ flutter instability
фононная ~ *(в полупроводниках)* phonon instability
~ **Харриса** Harris instability
центробежная ~ centrifugal instability
циклотронная ~ cyclotron instability
шланговая ~ (fire-)hose [kink] instability
экспоненциальная ~ exponential instability
электрическая ~ electric instability
электродинамическая ~ electrodynamic instability
электромагнитная ~ electromagnetic instability
электромагнитная анизотропная ~ electromagnetic anisotropic instability
электрон-ионная ~ electron-ion instability
электрон-ионная ~ **замагниченного релятивистского пучка** magnetized relativistic beam electron-ion instability
электростатическая ~ electrostatic instability

электростатическая дрейфовая ~ electrostatic drift instability
эруптивная ~ eruptive instability
неустойчивый *прил.* unstable, unsteady
безусловно ~ *(о методе)* unconditionally unstable
динамически ~ dynamically unstable
статически ~ statically unstable
численно ~ numerically unstable
неустранимость *ж.* nonremovability
принципиальная ~ fundamental nonremovability
нефелометр *м.* nephelometer
визуальный ~ visual nephelometer
лазерный ~ laser nephelometer
фотоэлектрический ~ photoelectric nephelometer
нефелометрия *ж.* nephelometry
нефрит *м.* nephrite
нецентральность *ж.* eccentricity
нечётный *прил.* odd
нечувствительность *ж.* insensibility
гидрометрическая ~ hydrometric noneffectiveness
неэквивалентность *ж.* nonequivalence
неэргодичность *ж.* nonergodicity
неявный *прил.* implicit
нивелир *м.* level
ниже *нареч.* below □ ~ **мы увидим** we shall see below
низкотемпературный *прил.* low-temperature
низкочастотный *прил.* low-frequency; audio-frequency
низкоширотный *прил.* low-latitude
никель *м.* nickel, Ni
нильсборий *м. (105-й элемент)* nielsbohrium, Ns
нимб *м.* aureole, nimbus
ниобат *м.* niobate
~ **бария-натрия** barium sodium niobate
~ **калия** potassium niobate, $KNbO_3$
~ **лития** lithium niobate, $LiNbO_3$
ниобий *м.* niobium, Nb
нит *м. (единица яркости)* nit, nt
нитевидный *прил.* filamentary, filamentous
нитрид *м.* nitride
алмазоподобный ~ **бора** diamond-like boron nitride
~ **бора** boron nitride
нитробензол *м. (нелинейная жидкость)* nitrobenzene
нить *ж.* fiber; filament
абрикосовская ~ Abrikosov line; Abrikosov filament
аморфная ферромагнитная ~ amorphous magnetic fiber
вихревая ~ vortex [whirl] line, vortex [flux] filament
вольфрамовая ~ *(в лампе накаливания)* tungsten filament
гибкая ~ torsion fiber
кварцевая ~ quartz fiber

~ **накала** filament
нерастяжимая ~ nonstretchable line
~ **подвеса** suspension (filament)
прямолинейная вихревая ~ straight vortex line
~ **тока** *гидр.* fluid filament
нихром *м.* nichrome
нобелий *м.* nobelium, No
новая *ж. (звезда)* nova
новолуние *с.* new moon
нож *м.* knife
~ **Фуко** *опт.* Foucault knife
номенклатура *ж.* nomenclature
~ **групп** group nomenclature, group notation
номер *м.* number
атомный ~ atomic number
~ **гармоники** harmonic [mode] number
глобальный ~ **узла** global node number
~ **канала** channel number
локальный ~ **узла** element node number
~ **оболочки** shell number
порядковый ~ serial [ordinal] number; *(в таблице Менделеева)* atomic number
~ **столбца** *(матрицы)* column number
~ **строки** *(матрицы)* row number
эффективный атомный ~ effective atomic number
номинал *м.* rating; rate
номограмма *ж.* nomogram; nomograph(ic chart)
нонет *м. кхд* nonet
аксиально-векторный ~ axial-vector nonet
аномальный ~ abnormal nonet
избыточный ~ redundant nonet
мезонный ~ meson nonet
псевдоскалярный ~ pseudoscalar nonet
~ **псевдоскалярных мезонов** pseudoscalar meson nonet
скалярный ~ scalar nonet
унитарный ~ unitary nonet
нониус *м.* nonius, vernier
нора *ж.* hole
«**кротовая** ~ » *астр.* wormhole
норма *ж. мат.* norm
бесконечная ~ infinite norm
~ **вектора** norm of vector
~ **в пространстве метрик** norm in the space of metrics
~ **в функциональном пространстве** norm in the functional space
~ **допустимых загрязнений** permissible contamination standards
конечная ~ finite norm
~ **матрицы** matrix norm
нулевая ~ zero norm
отрицательная ~ negative norm
положительная ~ positive norm
~ **радиационной безопасности** safety standards
среднеквадратичная ~ mean-square norm
энергетическая ~ energy norm
нормализация *ж.* normalization; *(в физике металлов)* normalizing

нормаль *ж. мат.* normal
внешняя ~ outer [outward, positive] normal
внутренняя ~ inner [interior, inward, negative] normal
волновая ~ wave normal
главная ~ principal normal
фазовая ~ phase normal
нормальность *ж. (раствора)* normality
нормирование *с.* normalization, normalizing
нормировка *ж.* normalization, normalizing
асимптотическая ~ asymptotic normalization
~ **волновой функции** wave function normalization
~ **заряда** charge normalization
инвариантная ~ invariant normalization
ковариантная ~ covariant normalization
относительная ~ relative normalization
полная ~ overall normalization
промежуточная ~ intermediate normalization
нос *м.* nose
~ **профиля крыла** aerofoil profile nose, aerofoil border of attack
носитель/ь *м. фпп* carrier; *(вещество)* carrying agent; *(информации, данных)* medium, carrier
горячие ~**и** hot carriers
горячие ~**и заряда** hot charge carriers
горячие ~**и тока** hot charge carriers
двумерные ~**и тока** 2D charge carriers
делокализованный ~ delocalized carrier
~ **заряда** charge [current] carrier
захваченный ~ trapped carrier
избыточный ~ excess [extra] carrier
изотопный ~ isotopic carrier
инжектированный ~ injected carrier
~ **катализатора** carrier of catalyst, catalyst support
компактный ~ *мат.* compact support
локализованный ~ localized carrier
локальный ~ *мат.* local support
магнитный ~ magnetic carrier
неизотопный ~ nonisotopic carrier
неосновной ~ *фпп* minority carrier
неподвижный ~ immobile carrier
неравновесный ~ *фпп* nonequilibrium carrier
несобственный ~ extrinsic carrier
осаждённый ~ carrier precipitate
основной ~ *фпп* majority carrier
подвижный ~ *фпп* mobile carrier
равновесный ~ equilibrium carrier
световой ~ **тока** photocurrent carrier
свободный ~ free carrier
собственный ~ intrinsic carrier
тёплые ~**и заряда** warm charge carriers
термовозбуждённый ~ thermally generated carrier
~ **тока** current [charge] carrier
удерживающий ~ hold-back carrier
фотовозбуждённый ~ photoexcited [photogenerated, light-generated, light-induced] carrier

холодные ~и cold carriers
ноу-хау *с.* know-how
ночной *прил.* nocturnal
ночь *ж.* night
нуклеация *ж. (зарождение аэрозольной частицы)* nucleation
  гетерогенная ~ heterogeneous nucleation
  гомогенная ~ homogeneous nucleation
нуклеопротеид *м. биоф.* nucleoprotein
нуклеосинтез *м.* nucleosynthesis
  взрывной ~ explosive nucleosynthesis
  космологический ~ big-bang nucleosynthesis, cosmological nucleosynthesis
  статический ~ steady nucleosynthesis
нуклеотид *м. биоф.* nucleotide
нуклид *м.* nuclide
  лёгкий ~ light nuclide
  неустойчивый ~ labile nuclide
  обойдённый ~ by-passed nuclide
  радиоактивный ~ radioactive nuclide
  стабильный ~ stable nuclide
нуклон *м.* nucleon
  валентный ~ valent nucleon
  высокоэнергетический ~ high-energy nucleon
  «голый» ~ bare nucleon
  заряженный ~ charged nucleon
  испарившийся ~ evaporated nucleon
  непарный ~ unpaired nucleon
  неспаренный ~ unpaired nucleon
  нечётный ~ odd nucleon
  ~ **отдачи** recoil nucleon, nucleon recoil
  отдельный ~ individual nucleon
  первичный ~ primary nucleon
  упруго рассеянный ~ elastic scattered nucleon
нуклон-спектатор *м.* spectator nucleon
нул/ь *м.* zero, null □ **выше ~я** above zero; **не равный ~ю** nonzero; **ниже ~я** below zero; **отличный от ~я** nonzero; **сводиться к ~ю** reduce to zero
  абсолютный ~ absolute zero
  абсолютный ~ температуры absolute zero of temperature
  ~ **диаграммы направленности** pattern null, zero response
  первый ~ *(функции)* first zero
нуль-вектор *м.* null vector
нуль-детектор *м.* null-detector, balance detector
нуль-заряд *м. ктп* zero [null] charge
нуль-изоклина *ж.* zero isocline
нуль-индикатор *м.* null indicator □ **ток через ~ отсутствует** no current flows into the null indicator
нуль-мембрана *ж.* null membrane
нуль-струна *ж.* null string
нумерация *ж.* numbering
  сквозная ~ continuous numbering
  ~ **страниц** pagination
  ~ **уровней** numbering of levels
нутаци/я *ж.* nutation □ **испытывающий ~ю** nutating

вынужденная ~ forced [luni-solar] nutation
  ~ **гироскопа** gyroscope nutation
  лунная ~ lunar nutation
  лунно-солнечная ~ luni-solar [forced] nutation
  ~ **намагниченности** magnetization nutation
  нестационарная ~ *опт.* transient nutation
  оптическая ~ optical nutation
  ~ **по долготе** nutation in longitude
  ~ **по наклону** nutation in obliquity
  ~ **Раби** *кв. эл.* Rabi nutation
  свободная ~ free nutation
  солнечная ~ solar nutation
ньютон *м.* newton, N

О

обвод *м.* pass-by, by-pass
  внешний ~ тора outside of torus
  внутренний ~ тора inside of torus
обдирка *ж. (атомов)* stripping
  двойная ~ double stripping
  одиночная ~ single stripping
обеднение *с.* depletion; impoverishment
  ~ **гелием** helium de-enrichment
  ~ **дырками** hole depletion
  ~ **маточного раствора** *крист.* depletion of the mother liquor
  неравновесное ~ *фпп* nonequilibrium depletion
  ~ **носителями** carrier depletion
  равновесное ~ *фпп* equilibrium depletion
  ~ **электронами** electron depletion
обезвоживание *с.* dehydration
обезгаживание *с. (дегазация)* degassing, outgassing
обертон *м. (гармоника)* overtone
обеспечение *с.* supply, support
  ~ **безопасности** safeguarding
  математическое ~ *вчт* software
  прикладное программное ~ applied software
  программное ~ *вчт* software
  системное программное ~ system software
обесточивание *с.* de-energizing
обесточивать *гл.* de-energize
обесцвечивание *с.* decoloration; *опт., крист.* bleaching
  ~ **кристалла** crystal bleaching
  оптическое ~ optical bleaching
  термическое ~ thermal bleaching
обесцвечивать *гл.* decolorize
обжатие *с.* reduction, compression
  ~ **оболочки** *(в инерционном синтезе)* shell compression
обжиг *м. (напр. керамики)* burning, firing

обзор *м.* *(исследование)* survey; *(статья)* review; *(видимость)* view □ **любой ~ наверняка окажется неполным и устареет к тому времени, когда...** any review is necessarily incomplete and will be out of date by the time when...; **мы сейчас приведём краткий ~ результатов в этой области** we shall now briefly review the results in this area; **~ последних результатов** review of recent results

глубокий ~ *(неба)* *астр.* deep survey

зенитный ~ *астр.* zenith sky survey

обитаемость *ж.* *(планеты и т. п.)* habitability

обкалывание *с.* chipping

~ краёв *(кристалла)* edge [peripheral] chipping

обкладка *ж.* plate

~ конденсатора capacitor plate

облак/о *с.* cloud

адвективные ~а clouds of advection

бариевое ~ barium cloud

Большое Магелланово ~ Large Magellanic Cloud

водородное ~ *(напр. межзвёздное)* hydrogen cloud

~ восходящего скольжения cloud of lifting, anabatic [upslide] cloud

газовое ~ gas cloud

газопылевое ~ *астр.* gas-dust cloud

газопылевое протопланетное ~ gas-dust protoplanetary cloud

грибовидное ~ *(при ядерном взрыве)* mushroom cloud

~ заряда charge cloud

заряженное ~ charged cloud

звёздное ~ star cloud

зодиакальное ~ zodiacal cloud

ионизованное ~ ionized cloud

ионное ~ ion cloud

кометное ~ cloud of comets

корональное ~ coronal cloud

~ Коттрелла Cottrell cluster; Cottrell cloud

кучевые ~а cumulus clouds

Магеллановы ~а Magellanic Clouds, Clouds of Magellan

мазерное ~ maser(ing) cloud

Малое Магелланово ~ Small Magellanic Cloud

межзвёздное ~ interstellar cloud, interstellar nebula

межпланетное ~ плазмы interplanetary plasma cloud

молекулярное ~ molecular cloud

~ Оорта *астр.* Oort cloud

перистые ~а cirrus

плотные межзвёздные ~а dense interstellar clouds

~ примесей cloud of impurities

~ пространственного заряда space charge cloud

протозвёздное ~ protostar cloud

протозвёздные пылевые ~а protostellar dust clouds

протопланетное ~ protoplanetary [preplanetary] cloud

пылевое ~ dust cloud

радиоактивное ~ radioactive cloud

серебристые ~а noctilucent clouds

слоистые ~а stratus clouds

~ Сузуки Suzuki cloud

турбулентные ~а clouds of turbulence

экранирующее ~ obscuring cloud

электронное ~ electron cloud

област/ь *ж.* *(в пространстве)* zone, area, region, range; *(отрасль науки)* field, domain; □ **турбулентная ~, возникающая при отрыве потока с края угла, образованного двумя пересекающимися бесконечными плоскостями** turbulent region formed when a flow is separated at an angle formed by two infinite intersecting planes; **~ стягивается в точку** the region deforms continuously to a point

авроральная ~ auroral zone

адиабатическая ~ adiabatic region

аксиальная ~ axial region

~ аксиальной устойчивости *уск.* axial stability region

активная ~ active region

активная ~ на Солнце solar active region

~ аналитичности analyticity region

~ аннигиляции annihilation region

анодная ~ *(тлеющего разряда)* anode region

антистоксова ~ *опт.* anti-Stokes region

антистоксовская ~ *опт.* anti-Stokes region

~ антицентра *(галактики)* anticenter region

асимптотическая ~ asymptotic domain, asymptotic region

~ базы *фпп* base (area), base region, base zone

бесконечная ~ infinite region, infinite domain

бесконечно протяжённая ~ region of infinite extent

~ ближнего ультрафиолета near ultraviolet region

ближняя инфракрасная ~ *(спектра)* near infrared [IR] region

ближняя ультрафиолетовая ~ *(спектра)* near ultraviolet region

~ больших энергий high-energy region

~ большого проскальзывания *(при трении качения)* high-slip region

~ быстрых нейтронов fast-neutron region

вакуумная ультрафиолетовая ~ спектра *(200-10 нм)* vacuum ultraviolet region of spectrum

~ взаимодействия interaction area, interaction region; *(в ускорителе)* intersection region

видимая ~ *(спектра)* visible region

вихревая ~ vorticity [vortex] region, vortex field

внешние ~и *(галактики)* outer regions
внешняя ~ exterior
внутренние ~и *(галактики)* inner regions
внутренняя ~ interior
возбуждённая ~ excited region
возмущённая ~ *(напр. на Солнце)* disturbed region
времениподобная ~ time-like region
~ всплывающего потока emerging flux region
~ вспышек flare area
~ высоких частот high-frequency region, high-frequency range
~ высоких энергий high-energy region
высокоомная ~ high-resistivity region
~ галактического центра central region of the galaxy
~ Гаусса *опт.* Gauss region
~ Гейгера *(счётчика частиц)* Geiger region
гейгеровская ~ Geiger region, Geiger plateau
~ Генри *(абсорбции)* Henry region
~ голоморфности *мат.* holomorphic region
~ гомогенности *фтт* homogeneity region
граничная ~ *(двух сред)* interface region
далёкая инфракрасная ~ *(спектра)* far infrared [IR] region
~ далёкого ультрафиолета far ultraviolet region
дальняя инфракрасная ~ *(спектра)* far infrared [IR] region
двухсвязная ~ doubly connected region, doubly connected domain
~ депрессии range of depression
~ диссипации dissipation range
диффузорная ~ пограничного слоя divergent zone of a boundary layer
длинноволновая ~ *(спектра)* long-wave region
доверительная ~ *(в математической статистике)* confidence region, confidence interval
дозвуковая ~ потока subsonic area
~ дозвукового потока subsonic area
~ долины *фпп* valley region
доступная ~ accessible region
~, доступная для классического движения region accessible to classical motion
~ дрейфа *эл.* drift space, drift region
дрейфовая ~ drift region
~ дырочной электропроводности *(p-область)* p-region
евклидова ~ *ктп* Euclidean region
~ задания *(функции)* region of definition, range of definition, domain of definition
~ закадмиевых энергий epicadmium-energy region
замкнутая ~ closed region
запрещённая ~ forbidden region
~ зарождения вихрей region of vorticity initiation
застойная ~ за обтекаемым телом dead flow
~ затвора *фпп* gate region

~ захвата *уск.* capture area, capture region
~ захвата частиц в локальные гофры region of local ripple trapping of particles
заштрихованная ~ shaded region
~ значений *мат.* range of values
~ изменения domain of variability
~ интегрирования range of integration, integration domain
~ интенсивного звёздообразования region rich in star formation
~ интерференционного максимума interference-maximum region
~ интерференционного минимума interference-minimum region
информативная ~ *(спектра)* information region
информационная ~ *(спектра)* information region
инфракрасная ~ *(спектра)* infrared [IR] region
~ ионосферы ionospheric region
~ использования field of application, field of use
~ исследований field of research, field of study, field of exploration, area of research, area of study, area of exploration
~ истока *фпп* source region
катодная ~ *(тлеющего разряда)* cathode region
квазиоптическая ~ quasi-optical region
квазистатическая ~ quasi-static region
~ когерентного рассеяния coherent-scattering region
~ когерентности coherence area
коллекторная ~ *фпп* collector area, collector region, collector zone
конвективная ~ convective zone
конечная ~ finite domain
~ конического течения conical field
континуальная ~ continual region
конфузорная ~ пограничного слоя convergent zone of a boundary layer
коротковолновая ~ *(спектра)* short-wave region
критическая ~ *ктп* critical region
~ лавинного пробоя avalanche region
~ лёгкого скольжения easy glide region
линейная ~ linear region
локально неустойчивая ~ locally unstable region
локально устойчивая ~ locally stable region
магнито-сопряжённые ~и magnetoconjugate regions
~ максимума peak region
~ малого проскальзывания low-slip region
~ малых энергий low-energy region
межгранульная ~ intergranular area
~и между спиральными рукавами *(в галактиках)* interarm regions
метастабильная ~ metastable region
многолистная ~ multisheet region
многосвязная ~ multiply connected region

~ **модуляции** *(космических лучей)* modulation region

мультипериферическая ~ multiperipheral region

мягкая рентгеновская ~ **спектра** *(10-0,4 нм)* soft X-rays, soft X-ray region of spectrum

~ **надтепловых нейтронов** epithermal-neutron region

намагниченная ~ magnetized area

~ **нарушения непрерывности** discontinuity region

~ **насыщения** saturation region

~ **науки** field [domain] of science

неадиабатическая ~ nonadiabatic region

невозмущённая ~ *(фотосферы)* undisturbed region

нелинейная ~ nonlinear region

~ **нелокальности** nonlocality range

неограниченная ~ unlimited region

~ **несмешиваемости** miscibility gap

~ **неупругого рассеяния** inelastic region, inelastic scattering region

неустойчивая ~ unstable region

~ **неустойчивости** instability [unstable] region, instability domain

~ **низких частот** low-frequency region

низкотемпературная ~ low-temperature region

нормальная ~ normal region

ночная ~ **E** *(ионосферы)* night-time E-region

обеднённая ~ *фпп* barrier [depletion, exhaustion] region

обогащённая ~ *фпп* accumulation region, swamped zone

ограниченная ~ bounded region

~, **ограниченная магнитной поверхностью, соответствующей q = 2** region limited by the magnetic surface corresponding to q = 2

~ **ограниченной пропорциональности** *(счётчика частиц)* limited-proportionality region

~ **однородности** range of homogeneity

односвязная ~ simply connected region

~ **околозвукового течения** transonic range, transonic zone

околополярная ~ **неба** circumpolar region

омическая ~ *фпп* ohmic region

~ **определения** domain of definition, range of definition

открытая ~ open region

~ **отображения** image domain

~ **отрицательного сопротивления** negative-resistance region

~ **отрыва потока** flow separation region

~ **отсечки** cutoff region; *(у полевых транзисторов)* pinch-off region

~ **падения давления** pressure-fall area

параксиальная ~ *(оптической системы)* paraxial region

~ **перекрытия** region of overlap

~ **пересечения** *(пучков)* crossing [intersection] region

~ **пересоединения** *(магнитных силовых линий)* reconnection domain

~ **перехода** *фпп* junction [transition] region

переходная ~ transition zone, transition range, transition region

периферическая ~ peripheral region

пластическая ~ plastic domain, plastic region

~ **пластических деформаций** plastic (strain) range

~ **пластичности** plastic (strain) range

~ **плато** plateau region

поглощающая ~ *астр.* obscuring region

пограничная ~ boundary region, border zone

~ **подпора** range of backwater

поляризованная ~ polarized area

пороговая ~ threshold region

предфокальная ~ *опт.* prefocal region

прианодная ~ anode region

прикатодная ~ cathode region

~ **применения** field of application, field of use

~ **применимости теории** range of applicability of the theory

примесная ~ *фпп* impurity region

~ **примесной электропроводности** *фпп* extrinsic region

припороговая ~ near-threshold region

пристеночная ~ *(в токамаке)* near-wall region

~ **притяжения** *(для предельного цикла)* domain of attraction

~ **притяжения аттрактора** domain of attraction, basin of attraction

~ **пробоя** breakdown region

~ **прозрачности** *(фильтра)* transmission region, transmission band; *опт.* transparent region

~ **пролёта** drift region

промежуточная ~ intermediate region

~ **промежуточных энергий** intermediate energy region

пропорциональная ~ *(счётчика частиц)* proportional region

~ **пропорционального усиления** proportional-amplification region

~ **пропорциональности** proportional region

~ **пропускания** transmission band

пространственная ~ spatial domain

пространственно-временная ~ space-time domain

~ **пространственного заряда** space-charge region

пространственноподобная ~ space-like region

~ **прямой электропроводности** *фпп* forward-conduction region

~ **пучностей** *(при колебаниях пластин)* antinodal region

~ **радиальной устойчивости** *уск.* radial stability region

раздувающаяся ~ *(Вселенной)* inflation region

~ **разрежения линий тока** diffluence (region)
разупорядоченная ~ disordered region
рассматриваемая ~ region under consideration
реджевская ~ Regge region
резонансная ~ resonance region
~ **резонансных нейтронов** resonance neutron region
релятивистская ~ *(напр. энергий)* relativistic region
рэлеевская ~ Rayleigh region
~ **самовоспламенения** self-ignition region
~ **сверхвысоких энергий** superhigh-energy [very-high-energy] region
сверхзвуковая ~ **потока** supersonic area
~ **сверхзвукового потока** supersonic area
сверхпроводящая ~ superconducting region
~ **сгущения** *(линий тока)* confluence (region)
сейсмическая ~ seismic area
~ **сильного взаимодействия** *(в потоке)* strong interaction region
~ **сильного поля** high-field region
~ **синхронного вращения** *(плазмы в ионосфере)* synchronous rotation domain
~ **скачков уплотнения и расширения потока** shock-expansion field
~ **скользящего потока** slip-flow region
скомпенсированная ~ *фпп* compensated region
~ **слабого взаимодействия** *(в потоке)* weak interaction region
~ **слабой сейсмичности** minor seismic area
~ **с наибольшей плотностью полос** *(в муаровом методе исследования деформаций)* densest fringe area
~ **собственной электропроводности** *фпп* intrinsic region, intrinsic zone
~ **сосуществования** coexistence region
~ **сосуществования фаз** phase coexistence region
~ **спектра** spectral region
спектральная ~ spectral region
сплавная ~ *фпп* alloy region
~ **средних энергий** medium-energy region
средняя инфракрасная ~ medium infrared region
~ **срыва потока** burble, stall spot
~ **стабильности** stability field
~ **стока** *фпп* drain region
стоксова ~ Stokes region
~ **стохастичности** stochastisty domain
~ **струйного течения** jet stream region
субмиллиметровая ~ *(длин волн)* submillimeter-wave region
~ **существования** domain of existence; existence domain
~ **сходимости** convergence domain, convergence region
~ **тени** shadow region, shadow zone
~ **тепловой энергии** thermal-energy range, thermal-energy region
~ **тепловых нейтронов** thermal-neutron region

~ **термодинамической устойчивости** thermodynamic stability region
~ **тормозящего поля** retarding region
~ **транзитивности** *(группы)* transitivity region
трансактинидная ~ transactinide region
турбулентная ~ turbulent region
~ **турбулентного движения** region of turbulent flow
~ **турбулентности** turbulent region
ультрадлинноволновая ~ *(спектра)* ultra-long-wave region
ультрафиолетовая ~ *(спектра)* ultraviolet [UV] region
униполярная магнитная ~ unipolar magnetic region
~ **упорядоченной структуры** ordered region
~ **упрочнения** strain-hardening range
упругая ~ elastic (strain) range; elastic region, elastic domain
~ **упругих деформаций** elastic (strain) range; elastic region, elastic domain
~ **упругого рассеяния** elastic scattering region
~ **упругой разгрузки** elastic unloading range
упругопластическая ~ elastoplastic domain
~ **ускорения** *(напр. солнечного ветра)* acceleration region
~ **устойчивости** stable [stability] region
~ **фазовой устойчивости** phase-stable region
фокальная ~ focal region
френелевская ~ *опт.* Fresnel region
фундаментальная ~ *ктп* fundamental region
~ **частот** frequency range
~ **чувствительности** sensitivity area, sensitive region
~ **чувствительности фоторезиста** photoresist sensitivity zone
экваториальная ~ *(напр. Солнца)* equatorial region
~ **экспоненциального распределения** exponential-distribution region
экспонированная ~ *микр.* exposed area
~ **экстраполяции** extrapolated region
~ **электронной электропроводности** *(n-область)* n-region
эмиттерная ~ emitter area, emitter region, emitter zone
~ **энергий** energy region, energy range
яркая ~ bright region
~ **D ионосферы** ionospheric D-region
~ **E ионосферы** ionospheric E-region
~ **Es ионосферы** ionospheric Es-region
~ **F ионосферы** ionospheric F-region
~ **F1 ионосферы** ionospheric F1-region
~ **F2 ионосферы** ionospheric F2-region
pin-~ pin region
облучатель *м.* irradiator, illuminator; radiation source
~ **антенны** primary [feeding] antenna, exciter, feeder
изотопный ~ isotope irradiator
корригированный ~ corrected irradiator

осколочный ~ fission-fragment irradiator
первичный ~ *(антенны)* primary feed
рентгеновский ~ X-ray machine
рупорный ~ horn feed, feed horn
скалярный ~ *(радиотелескопа)* scalar feed
облучение *с. (излучением)* irradiation, exposure; *(светом)* illumination; *(частицами)* bombardment
~ **альфа-частицами** alpha irradiation
~ **бета-частицами** beta irradiation
внешнее ~ external irradiation
внутреннее ~ internal irradiation
внутритканевое ~ interstitial irradiation
~ **в реакторе** reactor irradiation
глубокое ~ deep irradiation
длительное ~ long-term irradiation, long exposure
допустимое ~ permissible [allowable] irradiation
~ **заряженными частицами** charged particle bombardment
импульсное ~ pulsed irradiation
контактное ~ contact irradiation
корпускулярное ~ particle bombardment
кратковременное ~ short-term [brief] irradiation
кумулятивное ~ cumulative irradiation
летальное ~ lethal irradiation
локальное ~ local irradiation
местное ~ local irradiation
многократное ~ multiple irradiation
наружное ~ external irradiation
~ **нейтронами** neutron irradiation
нейтронное ~ neutron irradiation
неравномерное ~ nonuniform irradiation
однократное ~ single irradiation
общее ~ whole-body irradiation
острое ~ acute irradiation
~ **персонала** personnel irradiation
повторное ~ re-irradiation
~ **полной дозой** full-scale irradiation
~ **половинной дозой** half-irradiation
постоянное ~ maintained [persistent] irradiation
предварительное ~ previous irradiation
предельно допустимое ~ maximum permissible irradiation
профессиональное ~ professional [occupation] irradiation
профилактическое ~ preventive irradiation
прямое ~ direct irradiation
радиоактивное ~ radioactive irradiation
рассеянное ~ diffuse irradiation
резонансное ~ resonance irradiation
~ **рентгеновскими лучами** X-ray irradiation, X-irradiation, X-raying
сверхлетальное ~ superlethal irradiation
сканирующее ~ scanning irradiation
случайное ~ accidental irradiation
статическое ~ static irradiation
сублетальное ~ sublethal irradiation
суммарное ~ cumulative [total, integral] irradiation

фоновое ~ background irradiation
хроническое ~ chronic irradiation
частичное ~ partial irradiation
электромагнитное ~ electromagnetic irradiation
облучённость *ж.* irradiance; illuminance; illumination
обман *м.* illusion
~ **зрения** optical illusion
оптический ~ optical illusion
обманка *ж. (цинковая) фтт* zincblende
цинковая ~ *фтт* zincblende
обмен *м.* exchange; interchange
анионный ~ anion exchange
барионный ~ baryon(ic) exchange
бозонный ~ boson(ic) exchange
~ **веществ** metabolism
гиперонный ~ hyperon exchange
глюбольный ~ glueball exchange
глюонный ~ gluon exchange
~ **данными** data exchange
двойной ~ double exchange
двойной померонный ~ *фвэ* double pomeron exchange
декуплетный ~ decuplet exchange
изовекторный ~ isovector exchange
изотопный ~ isotopic [isotope] exchange
ионный ~ *(технология изготовления интегрально-оптических элементов)* ion exchange
каталитический ~ catalytic exchange
катионный ~ cation exchange
колебательно-колебательный ~ **энергией** vibrational-vibrational energy exchange
колебательный ~ *(энергиями)* vibrational exchange
косвенный ~ indirect exchange
~ **масс** *(в двойных звёздах)* mass exchange
межмолекулярный ~ intermolecular exchange
мезонный ~ meson exchange
многократный ~ multiple exchange
многочастичный ~ multiparticle exchange
нейтринный ~ neutrino exchange
непрерывный ~ continuous exchange
одноглюонный ~ single-gluon [one-gluon] exchange
одночастичный ~ single-particle [one-particle] exchange
пи-мезонный ~ pion exchange
реджеонный ~ Regge [reggeon] exchange
скалярный ~ scalar exchange
случайный ~ random exchange
~ **с переворотом спина** spin-flip exchange
спиновый ~ spin exchange
~ **странностью** strangeness exchange
тензорный ~ tensor exchange
~ **тепла между электронами и ионами** heat exchange between the electrons and ions
химический ~ chemical exchange
~ **электронами** electron exchange
электростимулированный ионный ~ electroinduced ion exchange

~ энергией energy exchange
~ энергией между быстрыми и тепловыми частицами energy equipartition between fast and thermal particles
V-V ~ V-V exchange
обменник *м.* exchanger
катионный ~ cation exchanger
обмотка *ж.* winding; coil
бифилярная ~ two-wire [double, bifilar] winding
~ вертикального магнитного поля vertical magnetic field winding
винтовая ~ helical winding
внешняя ~ external winding
внутренняя ~ internal winding
~ возбуждения exciting coil, exciting winding
вторичная ~ secondary (winding)
демонстрационная полоидальная ~ *утс* demonstration poloidal coil
корректирующая ~ *(в ускорителе)* correcting [correction] winding
первичная ~ primary (winding)
~ подмагничивания bias [dc] winding
полюсная ~ pole-face winding
сверхпроводящая ~ superconducting coil, superconducting winding
спиральная ~ spiral winding
тороидальная ~ toroidal winding
~ тороидального магнитного поля toroidal magnetic field winding
обнаружение *с.* detection
~ альфа-излучения alpha detection
~ атомных взрывов atomic-explosion detection
~ бета-излучения beta detection
~ гамма-излучения gamma detection
дистанционное ~ remote sensing
~ излучений radiation detection
~ неисправностей failure detection
~ оптическими методами optical detection
~ ошибок error detection
~ радиоактивности radioactivity detection
~ радиолокационными методами *(напр. метеоров)* radio detection
~ сейсмических волн seismic detection
~ течи leak detection
~ фотографическим методом photographic detection
~ частиц particle detection
экспериментальное ~ experimental detection
~ ядерных взрывов nuclear explosion detection
обнуление *с.* nulling
~ фазы phase nulling
обобщать *гл.* generalize
обобщение *с.* generalization □ **наиболее естественное ~ состоит в том, чтобы...** the most obvious generalisation is to...
квантовое ~ quantum generalization
ковариантное ~ covariant generalization
проективное ~ projective generalization
релятивистское ~ relativistic generalization, generalization to relativistic case

релятивистское ~ уравнения Бернулли relativistic generalization of Bernoulli equation
релятивистское ~ уравнения Эйлера relativistic generalization of Euler equation
суперсимметричное ~ supersymmetric generalization
обогащать *гл.* enrich; concentrate
обогащение *с.* concentration; *(при разделении изотопов)* enrichment
высокое ~ high enrichment
~ гелием helium enrichment
~ изотопов isotopic enrichment
~ лития lithium enrichment
начальное ~ initial enrichment
~ радиоактивного изотопа enrichment of a radioactive isotope
~ топлива fuel enrichment
обогрев *м.* heating
внешний ~ external heating
внутренний ~ internal heating
обод *м.* hoop, rim
ободок *м.* fringe, ring
~ полярной шапки polar fringe
обозначать *гл.* denote, designate, label, call □ **~ скорость буквой** V denote the velocity by V, call the velocity V; **через** e **обозначен заряд электрона** electron charge is denoted [designated] by e, e denotes electron charge;
обозначени/е *с.* designation, notation **использовать ~я** use the notations; **мы использовали следующие ~я** we used the following notations; **список ~й** list of symbols; **стандартное ~ для заряда электрона — буква** e the standard notation for electron charge is e
векторное ~ vector notation
~я Пашена *(уровней энергии)* Paschen notations
сокращённые ~я contracted notations
спектроскопические ~я spectroscopic notations
условные ~я arbitrary notations
~ Шёнфлиса *крист.* Schönflis notation
обойма *ж. (подшипника)* race, raceway
оболочк/а *ж. (напр. электронная в атоме)* shell; *(в реакторе)* blanket, sheath; *(волоконного световода)* cladding □ **заключать в ~у** encase, sheathe; **подкреплять ~у** stiffen a shell; **покрытый ~ой** sheathed
адиабатическая ~ adiabatic shell
адиабатная ~ adiabatic shell
~ атома *(электронная)* atomic shell
безмоментная ~ membrane shell
вакуумная ~ vacuum envelope
валентная ~ valence [outer] shell
внешняя ~ *(атома или иона)* outer [valence] shell
внутренняя ~ *(атома или иона)* inner shell
воздушная ~ air blanket
~ вращения shell of revolution
~ высокого давления pressure shell

газовая ~ gas blanket
герметизирующая ~ containment vessel, hermetic envelope
~ **голоморфности** holomorphic shell
дрейфовая ~ *сзф* drift shell, L-shell
замкнутая ~ *(атома)* closed [occupied, filled] shell
заполненная ~ *(атома)* closed [occupied, filled] shell
защитная ~ containment shell, protective envelope
~ **из нержавеющей стали** stainless steel can
ионная ~ ion sheath
~ **кометы** envelope of a comet, shell of a comet
конвективная ~ convective shell
ленгмюровская ~ *ф. пл.* Langmuir shell
линейная ~ *мат.* linear shell
малоэлектронная ~ few-electron shell
массовая ~ *фвэ* mass shell
мембранная ~ membrane shell
многогранная ~ polyhedral shell
многослойная ~ multilayer [laminated] envelope
многоэлектронная ~ many-electron shell
недостроенная ~ unfinished shell
незамкнутая ~ *(атома)* open [unfilled] shell
незаполненная ~ *(атома)* open [unfilled] shell
нейтронная ~ neutron shell
несжимаемая упругая ~ incompressible elastic shell
нуклонная ~ nucleon shell
общая ~ *(двойной звезды)* common envelope
осесимметричная ~ axisymmetrical shell
открытая ~ *(атома)* open [unfilled] shell
плазменная ~ *геофиз.* plasma sheath
полузаполненная ~ semioccupied [semi-filled] shell
полупроводниковая ~ semiconductor jacket
проводящая ~ conducting shell
протозвёздная ~ protostellar shell
протонная ~ proton shell
протяжённая ~ extended envelope
пылевая ~ *(звезды)* shell of dust; dust envelope
радужная ~ *(глаза)* iris
расширяющаяся ~ *(звезды)* expanding shell *(of a star)*
~ **световода** light fiber cladding
свободная ~ vacant shell
сольватная ~ solvation sheath, solvate shell
стационарная ~ *(звезды)* stationary shell
сферическая ~ spherical shell
~ **теплообменника** heat-exchanger shell
токовая ~ current shell
толстостенная ~ thick-walled shell
тонкостенная ~ thin-walled shell
торосферическая ~ torospherical shell
упругопластическая ~ elasto-plastic shell
урановая ~ uranium blanket
цилиндрическая ~ cylindrical shell
частично заполненная ~ partially filled shell

электронная ~ electron shell
эмиссионная ~ emission shell
ядерная ~ nuclear shell
K-оболочка K-shell
L-оболочка L-shell
M-оболочка M-shell
оборот *м.* revolution, turn ☐ ~ы **в минуту** revolutions per minute; ~ы **в секунду** revolutions per second
полный ~ complete revolution
~ **пучка** turn of beam
сидерический ~ sidereal rotation
синодический ~ *(Солнца)* synodic rotation
~ **частицы** revolution of particle
оборудование *с.* equipment; instrumentation
бортовое ~ *(на самолёте)* airborne equipment; *(на ИСЗ)* satellite-born equipment
вакуумное ~ vacuum equipment
вспомогательное ~ auxiliary equipment
~ **дистанционного управления** remote-control equipment
~ **для ионной имплантации** ion-implantation equipment
~ **для литографии** lithography equipment
~ **для обнаружения радиоактивности** activity-sensing [radioactivity-detecting] equipment
~ **для фотолитографии** photolithography equipment
~ **для ядерных исследований** nucleonic equipment
дозиметрическое ~ dosimetric [radiation-monitoring, radiation-measuring] equipment
измерительное ~ measuring [metering] equipment
испытательное ~ testing equipment
контрольно-измерительное ~ control equipment
лабораторное ~ laboratory equipment
механическое ~ machinery
наземное ~ ground-based equipment
оптическое ~ optical equipment
опытное ~ test equipment
~ **реактора** reactor equipment
рентгеновское ~ X-ray equipment
экспериментальное ~ experimental equipment
обоснование *с.* justification
строгое ~ rigorous substantiation
теоретическое ~ theoretical justification
экспериментальное ~ experimental justification
обоснованный *прил.* substantiated
строго ~ rigorously substantiated, well grounded
обострение *с.* sharpening
~ **импульса** pulse sharpening
~ **профиля** *(волны)* profile sharpening
~ **фронта** front deepening
обрабатывать *гл.* work, handle, treat, process
обработка *ж.* processing, treatment, working
абразивная ~ abrasive treatment
аналоговая ~ **сигналов** analog signal processing

высокотемпературная ~ high-temperature processing
газоабразивная ~ gas-abrasive treatment
гидроабразивная ~ hydroabrasive treatment
гидродробеструйная ~ hydraulic shot blasting
горячая ~ hot working
~ **данных** *(наблюдений)* data [information] processing
~ **данных в реальном масштабе времени** real-time data processing
дистанционная ~ remote processing
диффузионная ~ diffusion treatment
~ **изображений** image processing
~ **информации** information handling, information [data] processing
ионно-лучевая ~ **поверхности** ion-beam surface treatment
ионно-плазменная ~ **поверхности** ion-plasma surface treatment
когерентная ~ *(данных)* coherent processing
когерентная оптическая ~ **сигналов** coherent optical signal processing
лазерная ~ laser processing
лазерная ~ **материалов** laser material processing
лазерная термохимическая ~ laser thermochemical processing
~ **магнитным полем** magnetic field treatment
магнитоабразивная ~ magnetic abrasive treatment
математическая ~ mathematical treatment
~ **материалов** material working
механическая ~ machine working, mechanical treatment
многоканальная ~ **информации** multichannel data processing
низкотемпературная термомеханическая ~ low-temperature thermomechanical treatment
окончательная ~ finish(ing)
оптическая ~ **информации** optical data [optical information] processing
параллельльная ~ **информации** parallel data processing
параллельная оптическая ~ **информации** parallel optical data processing
первичная ~ primary treatment
пирометаллургическая ~ pyroprocessing
плазменная ~ plasma processing
пневмодробеструйная ~ air shot blasting
~ **поверхности** surface finish
поверхностная ~ surface refinement; surface treatment
~ **по Дарвину** Darwin treatment
~ **по методу Дарвина** Darwin treatment
последующая ~ after treatment
~ **после нанесения** *(плёнки)* post-deposition processing
предварительная ~ pretreatment
пространственно-временная ~ space-time processing
радиационная ~ radiation processing

~ **радиоактивных отходов** radioactive waste processing
размерная ~ dimensional processing
смешанная ~ miscellaneous treatment
~ **спектров** spectra processing
стабилизирующая ~ stabilizing treatment
термическая ~ heat [thermal] treatment
термическая ~ **на твёрдый раствор** solution annealing
термомеханическая ~ thermomechanical treatment
термохимическая ~ thermochemical treatment
~ **треков** *яф* track processing
~ **ультразвуком** ultrasonic machining
химическая ~ chemical treatment
холодная ~ *(давлением)* cold work(ing)
частотно-временная ~ *(сигналов)* frequency-time processing
электронно-лучевая ~ electron-beam processing
образ *м.* image
звуковой ~ aural [sound] image
тактильный ~ tactile image
образ/ец *м.* specimen, sample ☐ ~цы были приготовлены методом ... samples were prepared by [following] the method ...; **отбирать** ~цы sample, take samples
альфа-активный ~ alpha-active sample
бета-активный ~ beta-active sample
~ **в виде балки** beam specimen
~ **в виде двухконсольной балки** double-cantilever beam [DCB] specimen
высокоактивный ~ highly active [strong] sample
газообразный ~ gaseous sample
гамма-активный ~ gamma-active sample
двухконсольный ~ double cantilever beam specimen
~ **для испытаний** test piece, test specimen
~ **для испытаний на изнашивание** triboelement, pulley specimen; slider; rider
~ **для испытаний на кручение** torsion-test specimen
~ **для испытаний на сжатие** compression specimen
~ **для испытаний на трение** triboelement, pulley specimen; slider; rider
~ **для испытаний на удар** impact specimen
~ **для испытаний при одноосном напряжённом состоянии** uniaxial specimen
~ **для испытания на изгиб** bend-type specimen
~ **для испытания на растяжение** tensile [tension] specimen
~ **для испытания падающим грузом** drop-weight test specimen
~ **для определения вязкости разрушения** fracture toughness test specimen
~ **для трибологических испытаний** triboelement, pulley specimen; slider; rider
жидкий ~ liquid sample
исследуемый ~ test specimen

компактный ~ для испытания на растяжение compact tension [CT] specimen
многодоменный ~ multidomain specimen
монодоменный ~ single-domain specimen
монокристаллический ~ monocrystalline specimen, monocrystalline sample
недеформированный ~ unstrained sample
неимплантированный ~ unimplanted sample
неотожжённый ~ unannealed sample
облучённый ~ irradiated sample
обогащённый ~ enriched sample
однородный ~ homogeneous sample
опытный ~ prototype; test-piece
ориентированный ~ oriented sample
периодически легированный ~ periodically doped sample
плоский ~ planar [plane] sample
поликристаллический ~ polycrystalline specimen, polycrystalline sample
предварительно деформированный ~ prestrained specimen
радиоактивный ~ radioactive sample
рассеивающий ~ scattering sample
сверхпроводящий ~ superconducting sample
~ с двусторонним надрезом для испытания на растяжение double-edge-notch tension specimen
~ с заплечиками по концам shouldered-end specimen
~ с надрезом notched specimen
~ с надрезом для ударных испытаний notched-bar impact specimen
~ с одним боковым надрезом single edge notched [SEN] specimen
~ с односторонним надрезом single edge notched [SEN] specimen
спечённый ~ sintered specimen
~ с резьбовыми головками threaded end specimen
~ с сужением для испытания на растяжение necked tensile specimen
~ с центральной трещиной для испытания на растяжение center-crack tension specimen
~ с центральным надрезом для определения вязкости разрушения center-notched fracture toughness specimen
твёрдый ~ solid sample
текстурированный ~ *фтт* textured sample
фотоупругий ~ photoelastic specimen
эталонный ~ standard specimen
образование *с. (создание)* formation; creation, generation; *(обучение)* education
~ вакансий vacancy formation
~ волосных трещин hair cracking
~ выбросов spiking
~ геля gelation
~ группы быстрых электронов под действием нижнегибридных волн fast electron group formation due to low-hybrid waves
~ двойников *крист.* twinning
~ дефектов defect formation, defect creation

~ дислокаций dislocation generation
~ дислокационной стенки dislocation wall formation
диффузионное ~ пор diffusive cavitation
~ доменной стенки domain wall creation
~ зародышей nucleation
~ звёзд star production
~ кластеров *фтт* cluster formation, clustering
локальное ~ шейки local necking
множественное ~ multiple production, multiple formation
~ обменных пар exchange coupling
~ осадка *крист.* precipitation
~ отрицательного иона при столкновении электрона с молекулой водорода negative ion formation in collision of electrons with hydrogen molecules
~ пар pair production
~ пар внутренней конверсии internal pair production
~ плазмы plasma initiation
~ поперечных связей cross-linking
~ пор void formation
~ примесной зоны *фпп* impurity band formation
~ пузырей bubbling
радиационное ~ дефектов radiation-induced defect formation
~ разрыва в звуковой волне formation of discontinuity in a sound wave
~ сгустка электронов electron bunching
~ сгустков clustering, bunching
~ сгустков ступеней bunching of steps
~ сетки волосных трещин crazing
~ следов *(в камере Вильсона)* track condensation; *(в эмульсии)* track formation
~ слитка ingot formation
~ Солнечной системы formation of the Solar system
~ составного ядра formation of a compound nucleus
~ сплетений tangling
~ структур pattern formation
~ субструктуры substructure formation
~ твёрдого раствора formation of solid solution
~ трещин вследствие изгибов flex cracking
~ трещин под влиянием окружающей среды environmental cracking
~ трещины crack formation, cracking
~ трещины при усталостном нагружении fatigue cracking
~ ударной волны при сверхзвуковом обтекании тела formation of a shock wave in supersonic flow past a body
~ усталостной трещины fatigue crack formation
~ цветов побежалости blueing
~ центров кристаллизации nucleation
~ ЦМД bubble creation
~ шейки necking

~ элементов nucleogenesis, formation of elements, element synthesis, element formation
образовывать *гл.* form, produce
~ зародыши nucleate
образующая *ж.* generating line, generatrix
образцедержатель *м.* specimen [sample] holder
обратимость *ж.* reversibility, reciprocity
~ времени time reversibility, time-reflection symmetry
~ химических реакций reversibility of chemical reactions
обратный *прил.* inverse, reverse; return; (*о движении планеты*) retrograde
обращаться *гл.* become □ **~ в бесконечность** become infinite; **~ в нуль** vanish, disappear, become zero; **~ в тождество** become identical
обращение *с.* revolution, rotation; reversal
~ волнового фронта phase conjugation; wave front reversal
~ волнового фронта при вынужденном рассеянии Мандельштама - Бриллюэна phase conjugation by stimulated Brillouin scattering
~ времени time reversal, time reversion
~ заряда charge reversal
~ контраста *эл. микр.* contrast reversal
~ линий (*в спектре*) reversal of lines
~ матрицы matrix inversion
параметрическое ~ волнового фронта parametric phase conjugation
~ поля в тета-пинче field reversion in theta-pinch
~ полярности polarity reversal
~ потока flow reversal
~ пространства space reversal
пространственно-поляризационное ~ волнового фронта spatial polarization wavefront reversal; spatial polarization phase conjugation
~ спектральных линий reversal of spectral lines
~ тока current reversal
~ фазы phase reversal
частичное ~ волнового фронта partial phase conjugation
обращённый *прил.* inverted
~ вогнутостью вверх concave upward
обрезание *с.* cut-off
~ волнового фронта wavefront cut-off
~ импульсов clipping
~ интеграла столкновений collision term cut-off
инфракрасное ~ *ктп* infrared cut-off
решёточное ~ *ктп* lattice cut-off
ультрафиолетовое ~ *ктп* ultraviolet cut-off
обрыв *м.* (*в цепи*) break
~ связей *фтт* bond cutting
обсерватория *ж.* observatory
астрономическая ~ astronomical observatory
астрофизическая ~ astrophysical observatory

внеатмосферная ~ extraatmospheric observatory
внеземная ~ extraterrestrial [space] observatory
высокогорная ~ high-altitude observatory
космическая ~ space observatory
Крымская астрофизическая ~ Crimean astrophysical observatory
лунная ~ lunar observatory
наземная ~ ground-based observatory
орбитальная ~ orbiting observatory
радиоастрономическая ~ radioastronomical [radio astronomy] observatory
солнечная ~ solar observatory
Специальная астрофизическая ~ РАН Special Astrophysical Observatory of the RAS
обследование *с.* examination, inspection, survey
дозиметрическое ~ radiation exposure survey
обслуживание *с.* service, servicing, maintenance, attendance
техническое ~ maintenance
обстановка *ж.* situation
~ блокирования (*воздушного потока*) blocking situation
обстоятельств/а *мн.* circumstances □ **это ~о используют для нахождения решения** this situation is used to decide...
~ затмения circumstances of the eclipse
~ падения (*метеорита*) circumstances of the fall
обсуждени/е *с.* discussion; consideration □ **из этого ~я ясно, что...** from this consideration it is obvious that...; **отложим подробное ~ этого метода до следующей главы** the detailed discussion of this method is delayed until the next chapter; **~ и перспективы** discussion and prospects;
обтекаемый *прил.* streamline(d)
обтекание *с.* (*тела*) flow
безотрывное ~ flow without separation
бесскачковое ~ shock-free flow
бесциркуляционное ~ flow without circulation
внешнее ~ external flow
~ воздухом airflow
гиперзвуковое ~ hypersonic flow
двумерное ~ two-dimensional flow
дозвуковое ~ subsonic flow
дозвуковое ~ тонкого крыла subsonic flow past a thin wing
~ задней кромки flow around the trailing edge
~ клина wedge flow
~ конечного тела flow past finite body
~ конического острия flow past a conical obstacle
~ конуса cone flow
~ конуса при нулевом угле атаки flow over unyawed cone
~ крыла flow past [flow over] a wing
ламинарное ~ (*тела*) laminar flow

невязкое ~ frictionless flow

невязкое потенциальное ~ frictionless potential flow

непрерывное стационарное потенциальное ~ тела continuous steady potential flow past body

околозвуковое ~ near-sonic flow

отрывное ~ detached flow

~ передней кромки flow around the leading edge

плавное ~ streamline flow, streamline motion

~ плоского диска в направлении, перпендикулярном его плоскости flow past a flat disk in the direction perpendicular to its plane

~ плоской пластины flow past a flat-plate

~ плоской полубесконечной пластинки плоскопараллельным потоком plane-parallel flow along a semi-infinite flat plate

поперечное ~ cross flow

потенциальное ~ угла, образованного двумя пересекающимися плоскостями potential flow near an angle formed by two intersecting planes

потенциальное ~ цилиндра эллиптического сечения potential flow past an elliptical cylinder

потенциальное ~ эллипсоида potential flow past [over] ellipsoid

~ потоком воздуха airflow

~ профиля profile flow

~ профиля крыла flow round an aerofoil section; wing section flow

~ пузырька газа flow past a gas bubble

сверхзвуковое ~ supersonic flow

сверхзвуковое ~ заострённого тела supersonic flow past a pointed body

сверхзвуковое ~ крыла supersonic flow past a wing

сверхзвуковое ~ угла supersonic flow round an angle

~ с концевым вихрем tip-vortex flow

слоистое ~ streamline flow, streamline motion

~ с ненулевой циркуляцией circulation flow

~ со звуковой скоростью flow at the sound velocity

стационарное турбулентное ~ тела steady turbulent flow past a body

струйное ~ jet flow

~ тела flow around [past, over] a body

трёхмерное ~ three-dimensional flow

турбулентное ~ turbulent flow around a body

~ цилиндра flow past cylinder

циркуляционное ~ rotational flow

~ эллипсоида ellipsoid flow; flow over ellipsoid

~ эллиптического цилиндра flow past elliptic cylinder

обтекатель м. аэрогидр. fairing

носовой ~ streamlined nosing

хвостовой ~ tail cap

хвостовой конический ~ tail cone

обтюратор м. (light) chopper, optical chopper, shutter

обтяжка ж. jacketing

~ топливных блоков jacketing of fuel slugs

обучение с. training; education

обход м. bypass

вертикальный ~ (напр. электрода) vertical missing

~ контура мат. path tracing

радиальный ~ (напр. электрода) radial missing

общепринятый прил. conventional

общество с. society

Европейское физическое ~ European Physical Society

научное ~ scientific society

общ/ий прил. (не частный) general; (общего пользования) common □~его назначения of general use; обсудить в ~их чертах discuss in broad terms

общност/ь ж. generality без нарушения ~и without loss of generality

объединение с. unification

великое ~ фвэ grand unification

супервеликое ~ фвэ supergrand unification

электрослабое ~ фвэ electroweak unification

~ энергосистем power system interconnection

объединитель м. combiner

~ пучков beam combiner

объект м. object

антикоммутирующие ~ы anticommuting objects

астрономический ~ astronomical object

видимый ~ visible [visual] object

~, видимый невооружённым глазом naked-eye object

внегалактический ~ extragalactic [external] object

галактический ~ galactic object

гравитирующий ~ gravitating object

диффузно отражающий ~ diffusely reflecting object

диффузный ~ diffuse object

звёздный ~ stellar object

звёздоподобный ~ starlike object

квазизвёздный ~ quasi-stellar object, QSO

коллапсирующий ~ collapsing object

молодой звёздный ~ young stellar object

наблюдаемый ~ object under observation, body under observation

~ наблюдений object under observation, body under observation

небесный ~ celestial object

небулярный ~ nebulous object

неопознанный летающий ~ (НЛО) unidentified flying object, UFO

несамосветящийся ~ nonluminous object

пекулярный ~ peculiar object

протяжённый ~ extended object

рассеивающий ~ scattering object

самосветящийся ~ self-luminous object

сверхсветовой ~ supraluminal object

симметричный ~ symmetrical object

слабый ~ faint object

соседний ~ neighbor (object)
телескопический ~ telescopic object
~ **типа BL Ящерицы** BL Lacerta type object
точечный ~ point object
трёхмерный ~ three-dimensional object
удалённый ~ distant object
фазовый ~ phase object
фрактальный ~ fractal object
~ **Хербига - Аро** Herbig-Haro object
цветной ~ colored object
объектив *м.* lens; objective ☐ **исправлять** ~ **на астигматизм, дисторсию и т.п.** correct a lens for astigmatism, distortion, etc.; **наводить** ~ **на резкость** focus the lens
анаморфотный ~ anamorphotic lens, anamorphotic objective
апланатический ~ aplanatic lens, aplanatic objective
апохроматический ~ apochromatic lens, apochromatic objective
астрографический ~ astrographic objective
ахроматический ~ achromatic lens, achromatic objective
двухзеркальный ~ two-mirror lens
двухлинзовый ~ doublet lens, doublet objective
длиннофокусный ~ long-distance objective
зеркально-линзовый ~ catadioptric lens, catadioptric objective
зеркальный ~ *(в микроскопе)* reflecting [catoptric] objective; mirror lens
иммерсионный ~ immersion lens, immersion objective
инфракрасный ~ infrared lens, infrared objective
короткофокусный ~ short-distance objective
~ **Максутова** Maksutov lens
просветлённый ~ coated lens
широкоугольный ~ wide-angle lens
~ **Шмидта** Schmidt lens
объём *м.* volume ☐ **в** ~**е** in bulk; **при постоянном** ~**е** at constant volume
активационный ~ activation volume
атомный ~ atomic volume
~ **воздуха** *(т.е. ячейка воздушного пространства, порция воздуха)* air parcell
~ **выборки** *(в математической статистике)* sample volume
~ **вытесненного газа или жидкости** volume displacement
газовый ~ **счётчика** counter gas volume
единичный ~ unit volume
жидкий ~ fluid volume
~ **жидкости, вытесненный полностью погруженным телом** submerged displacement
ионособирающий ~ ion-collecting volume
кажущийся ~ apparent volume
~ **калибровочной группы** *ктп* volume of the gauge group
~ **когерентности** coherence volume
критический ~ critical volume
~ **магнитной ямы** magnetic well volume

~ **маточной среды** solution bulk
молекулярный ~ molecular volume
молярный ~ gram-molecular [molar] volume
независимый ~ independent volume
нулевой ~ zero volume
откачанный ~ evacuated volume
относительный ~ volume fraction
~ **памяти** storage capacity
погруженный ~ region of immersion
половинный ~ half-volume
~ **пустот** void content, void volume
рабочий ~ active [sensitive, effective] volume
рассеивающий ~ scattering volume
свободный ~ independent [free] volume
совместный ~ covolume
~ **странного аттрактора в своём пространстве состояний** volume of the strange attractor in its space of states
удельный ~ *(отнесённый к единице массы)* specific volume
удельный ~ **винтовой магнитной трубки** specific volume of a helical magnetic tube
фазовый ~ phase(-space) volume
фазовый ~ **области запертых частиц** trapped particle domain phase volume
фазовый ~ **пучка** phase-space volume of beam
фазовый ~ **траекторий** trajectory phase volume
френелевский ~ Fresnel volume
цилиндрический фазовый ~ cylindrical phase volume
чувствительный ~ sensitive volume
чувствительный ~ **камеры Вильсона** track-sensitive volume
элементарный ~ volume element; elementary volume
элементарный ~ **жидкости или газа** fluid element
~ **ядра** nuclear volume
объёмно-центрированный *прил.* *крист.* volume-centered, body-centered, space-centered
объёмный *прил.* volumetric, three-dimensional
овал *м.* oval
авроральный ~ auroral oval
~ **Кассини** *(при интерференции)* Cassinian oval
~ **полярных сияний** auroral oval
огибание *с.* *(препятствия волнами)* rounding
огибающая *ж.* envelope
~ **бетатронных колебаний** envelope of betatron oscillations
~ **биений** beat envelope
~ **волнового пакета** envelope of wave train
временная ~ time envelope
~ **Вульфа** Wulf envelope
~ **импульса** pulse envelope
маховская ~ *аэрод.* Mach envelope
~ **Мора** *мех.* Mohr envelope
муаровая ~ moiré envelope
~ **пичков** *кв. эл.* spike envelope

~ **поля** *(пучка)* field envelope
~ **пучка** beam envelope, envelope of particles
~ **солитона** soliton envelope
огива *ж.* ogive, ogival curve
огонь *м. (пламя)* fire, flame; *(свет)* light
огни Эльма (Saint) Elmo fire
ОГРА *ж. (ловушка с магнитными пробками)* OGRA
ограничени/е *с.* restriction, limitation; resraint; constraint □ **без ~й** unrestricted; **без ~я общности** without loss of generality; **налагать ~** impose the restriction; **снимать ~я** lift restrictions
аксиоматическое ~ axiomatic constraint
асимптотическое ~ asymptotic restriction
~ **ближнего порядка** constraint of short-range order
~ **во времени** time limitation
жёсткое ~ hard constraint, severe limitation
изоспиновые ~я isospin constraints
изотопические ~я isotopic constraints
квантовое ~ quantum restriction, quantum constraint
кинематическое ~ kinematic restriction, kinematic constraint
космологические ~я cosmological constraints
~, **накладываемое апертурой** aperture limitation
~ **по динамическому диапазону** dynamic-range constraint
~ **по полосе частот** bandwidth constraint
~**я по частоте** frequency limitations
~ **пространственным зарядом** space-charge limitation
релятивистское ~ на предельную энергию в циклотроне с фиксированной частотой ускоряющего поля relativistic limitatiion on energy for fixed-frequency cyclotron
~ **степеней свободы** constraint
~ **Тейлора** Taylor constraint
фотонное ~ *опт.* photon limitation
~ **Фруассара** *фвэ* Froissart limitation
фундаментальное ~ *(напр. в измерениях)* fundamental limitation
ограничивать *гл. (ставить предел)* limit, bound; restrain; restrict; *(устанавливать узкие пределы)* confine
ограничитель *м. эл.* limiter
амплитудный ~ amplitude limiter
диодный ~ diode limiter
~ **импульсов** pulse clipper, clipping circuit
~ **мощности** power limiter
~ **напряжения** voltage limiter
нелинейный ~ nonlinear limiter
~ **потребления тока** demand limiter
~ **пучка** beam-limiting device, beam limiter
~ **тока** current limiter
ферритовый ~ ferrite limiter
огранка *ж.* faceting
додекаэдрическая ~ dodecahedral faceting

огрубление *с.* roughening
~ **границы раздела** interface roughening
одежда *ж.* clothes, clothing
защитная ~ protective clothing
одиннадцатиугольник *м.* hendecagon
одновалентный *прил.* univalent
одновибратор *м.* single-shot [monostable, one-shot] multivibrator, univibrator
одновременность *ж.* simultaneity; synchronism
однородность *ж. (по составу)* homogeneity; *(по форме)* uniformity
~ **Вселенной** homogeneity of the Universe
локальная ~ local homogeneity
~ **набора дисперсий** homogeneity of set of variances
~ **набора средних** homogeneity of set of averages
оптическая ~ optical homogeneity
~ **по толщине** thickness homogeneity
~ **потока** flow homogeneity
пространственная ~ spatial homogeneity
~ **пучка** beam homogeneity
размерная ~ dimensional homogeneity
однородный *прил.* homogeneous, uniform
пространственно ~ spatially homogeneous
односвязный *прил.* singly connected
однослойный *прил.* single-layer, one-layer
оже-анализ *м.* Auger analysis
послойный ~ layer-by-layer Auger analysis
профильный ~ profile Auger analysis
~ **с цилиндрическим зеркалом** cylindrical mirror Auger analysis
оже-дезактивация *ж.* Auger deactivation
оже-ионизация *ж.* Auger ionization
оже-нейтрализация *ж. (ионов)* Auger neutralization
оже-переход *м.* Auger transition
трёхчастичный ~ three-particle Auger transition
четырёхчастичный ~ four-particle Auger transition
оже-профиль *м.* Auger profile
оже-рекомбинация *ж.* Auger recombination
оже-релаксация *ж.* Auger relaxation
оже-спектр *м.* Auger spectrum
оже-спектроскопия *ж.* Auger(-electron) spectroscopy
ионная ~ Auger ion spectroscopy
электронная ~ Auger(-electron) spectroscopy, AES
оже-электрон *м.* Auger electron
оже-эффект *м.* Auger effect
ожидание *с.* expectation
вакуумное ~ vacuum expectation
математическое ~ mathematical expectation
ожидать *гл.* expect
как и следовало ~ as expected
ожижение *с.* liquefaction
~ **газов** liquefaction of gases
ожижитель *м.* liquefier
ожог *м.* burn

лучевой ~ radiation burn
радиационный ~ radiation burn
~ рентгеновскими лучами X-ray burn
тепловой ~ thermal burn
озон *м.* ozone
атмосферный ~ atmospheric ozone
озонатор *м.* ozonizer
озонирование *с.* ozonization
озоносфера *ж.* ozonosphere
оказыва/ться *гл.* turn out □ ~ется, что ... it turns out that ...
окаймление *с.* bordering
~ Фаддеева - Фаддеевой *мех.* Faddeev-Faddeeva bordering
океан *м.* ocean
океанография *ж.* oceanography
физическая ~ physical oceanography
океанология *ж.* oceanology
окисел *м.* oxide
разбавленный ферримагнитный ~ dilute ferrimagnetic oxide
окисление *с.* oxidation
внутреннее ~ internal oxidation
каталитическое ~ catalytic oxidation
лазерно-индуцированное ~ laser-induced oxidation
~ под действием рентгеновских лучей X-ray oxidation
селективное ~ selective oxidation
термическое ~ thermal oxidation
трибохимическое ~ tribochemical oxidation
электролитическое ~ electrolytic oxidation
окисление-восстановление *с.* oxidation-reduction, oxido-reduction, redox
окислитель *м.* oxidizer, oxidizing agent
окись *ж.* oxide
~ алюминия aluminium oxide
~ дейтерия deuterium oxide
~ кадмия cadmium oxide
~ ниобия niobium oxide
~ титана titanium oxide
~ урана uranium oxide
окись-закись *ж.* (*урана*) uranous-uranic oxide, uranyl-uranate
окклюзия *ж.* occlusion
окно *с.* window
антиотражательное ~ (*в лазере*) antireflecting window
брюстеровское ~ *кв. эл.* Brewster(-angle) window
волноводное ~ waveguide window
входное ~ entrance [input] window
выходное ~ exit [output] window
защитное ~ shielding [radiation] window
керамическое вакуумное ~ ceramic vacuum window
метастабильное ~ порядка metastable order window
нейтронное ~ neutron window
оптическое ~ (*атмосферы*) optical window
~ периодичности windows of periodicity, windows of periodic behaviour

~ порядка (*нелинейная динамика*) order window
~ прозрачности атмосферы atmospheric transparency [spectral] window, window region
резонансное ~ resonant window
сапфировое ~ *кв. эл.* sapphire window
смотровое ~ viewing window; observation hole; viewing [observation] port
~ счётчика counter window
~ хаоса (*нелинейная динамика*) chaos window
околозвёздный *прил.* circumstellar
околоземной *прил.* circumterrestrial
околосолнечный *прил.* circumsolar
окраска *ж.* color; paint
радужная ~ iridescence
окрашивание *с.* coloration
~ рентгеновскими лучами X-ray coloration
окрестност/ь *ж.* neighborhood, vicinity □ в ~и ... (*чего-л.*) in the neighborhood of ...; в ~и точки in the vicinity of a point
бесконечно малая ~ differential [infinitesimal] neighborhood
вложенная ~ *мат., крист.* nested neighborhood
координатная ~ coordinate neighborhood
~ критической точки *аэрод.* stagnation-point region
~ резонанса near-resonance region
~и Солнца solar neighborhood
~ точки neighborhood of a point
окружение *с.* (*напр. атома*) surrounding, environment
координационное ~ атома atom coordination environment
локальное ~ (*напр. атома или молекулы в ансамбле*) local environment
окружност/ь *ж.* circle □ вписывать ~ inscribe a circle; двигаться по ~и circle, revolve, gyrate; описывать ~ (*в геометрии*) circumscribe a circle; (*при движении*) describe a circle
концентрические ~и concentric circles
ларморовская ~ Larmor circle
производящая ~ generating circle
резонансная ~ resonance circle
оксазин *м.* (*краситель*) oxazine
оксид *м.* oxide
оксидирование *с.* oxidation
октава *ж.* octave
октаэдр *м.* octahedron
дырочный ~ *фмя* hole octahedron
электронный ~ *фмя* electron octahedron
октаэдрит *м.* octahedrite
октет *м.* *фвэ* octet
аксиально-векторный ~ axial-vector octet
антисимметричный ~ antisymmetric octet
барионный ~ baryon octet
бозонный ~ boson octet
~ векторных мезонов vector meson octet
мезонный ~ meson octet
нуклонный ~ nucleon octet

псевдоскалярный ~ pseudoscalar octet
~ псевдоскалярных мезонов pseudoscalar meson octet
скалярный ~ scalar octet
~ токов current octet
унитарный ~ unitary octet
цветовой ~ *кхд* color octet
октуполь *м.* octupole
окуляр *м.* eyepiece, ocular
автоколлимационный ~ autocollimating eyepiece
~ Гаусса Gauss eyepiece
~ Гюйгенса Huygens ocular, Huygens eyepiece
~ Кельнера Kellner ocular
компенсационный ~ compensating eyepiece
ортоскопический ~ orthoscopic eyepiece
проекционный ~ projection eyepiece
~ Рамсдена Ramsden ocular, Ramsden eyepiece
олеофильность *ж.* oleophily
олеофобность *ж.* oleophoby
олигомер *м.* oligomer
олигонуклеотид *м.* oligonucleotide
олигопептид *м.* oligopeptide
олигосахарид *м.* oligosaccharide
олово *с.* tin, Sn
ом *м.* ohm
омега-гиперон *м.* omega hyperon
омега-мезон *м.* omega meson
омега-минус-гиперон *м.* omega-minus particle, omega-minus hyperon
омега-резонанс *м.* omega-resonance
омегатрон *м.* omegatron
омега-частицы *мн.* omega particles
омметр *м.* ohmmeter
ондограф *м.* ondograph
ондулятор *м.* undulator
двухкомпонентный ~ two-component undulator
магнитный ~ magnetic undulator
многокомпонентный ~ multicomponent undulator
однородный ~ homogeneous undulator
оптический ~ optical undulator
плоский ~ plane undulator
профилированный ~ profiled undulator
релятивистский ~ relativistic undulator
спиральный ~ helical undulator
онион *м. (многослойная сфероидальная углеродная структура)* onion
онтогенез *м.* ontogenesis
опал *м.* opal
молочный ~ milky opal
опалесценция *ж.* opalescence
критическая ~ critical opalescence
опасность *ж.* hazard, danger
биологическая ~ biological hazard
~ внешнего облучения external irradiation hazard
~ внутреннего облучения internal irradiation hazard
~ загрязнения contamination hazard

~ загрязнения продуктами деления fission-product contamination hazard
~ лучевого поражения radiation hazard, radiohazard
~ облучения irradiation hazard
радиационная ~ radiation hazard, radiohazard
радиологическая ~ radiological hazard
оператор *м.* operator
адронный ~ hadron(ic) operator
антикоммутирующие ~ы anticommuting operators
антисимметричный ~ antisymmetric operator
~ Балеску - Ленарда Balescu-Lenard operator
барионный ~ baryon(ic) operator
бигармонический ~ biharmonic operator
билинейный ~ bilinear operator
билокальный ~ bilocal operator
~ Бозе Bose operator
бозонный ~ boson(ic) operator
векторно-спиновый ~ vector-spin operator
векторный ~ vector operator
вершинный ~ vertex operator
~ взаимодействия interaction operator
~ взаимодействия электронов между собой operator for the interaction of the electrons among themselves
~ возмущения perturbation operator
волновой ~ wave operator
~ вращения rotation operator
~ временной эволюции time-development operator
~ вторичного квантования second quantization operator
вторичный ~ secondary operator
вырожденный ~ degenerate operator
~ Гамильтона Hamiltonian, Hamilton [nabla] operator
~ Гейзенберга Heisenberg operator
гидродинамический ~ подвижности hydrodynamic mobile operator
~ Гильберта - Шмидта Hilbert-Schmidt operator
глюонный ~ gluon operator
голый ~ bare operator
~ градиента gradient operator
граничный ~ boundary operator
~ Д'Аламбера D'Alembert operator
двухчастичный ~ two-particle operator
дельта-~ Laplacian
~ Дирака Dirac operator
дифференциально-разностный ~ differential-difference operator
дифференциальный ~ differential operator
~ дифференцирования differential operator
единичный ~ unit operator
~, зависящий от времени time-dependent operator
запаздывающий ~ retarded operator
~ зарядового сопряжения particle-antiparticle conjugation operator
зарядово-нечётный ~ charge-odd operator
зарядово-чётный ~ charge-even operator

455

зарядовый ~ charge operator
~ **Захарова - Шабата** Zakharov-Shabat operator
изоспектральный ~ Шредингера isospectral Schrödinger operator
изоспиновый ~ isospin operator
~ **импульса** momentum operator
инвариантный ~ invariant operator
~ **инверсии** inversion [parity] operator
интегральный ~ integral operator
~ **интегрирования** integral operator
интегродифференциальный ~ integro-differential operator
инфинитезимальный ~ infinitesimal operator
~ **Казимира** Casimir operator
калибровочно-инвариантный ~ gauge-invariant operator
калибровочно-независимый ~ gauge-independent operator
калибровочный ~ gauge operator
канонический ~ canonical operator
~ **квадрупольного момента** quadrupole-moment operator
~ **квазилинейной диффузии в пространстве скоростей** quasilinear diffusion operator in velocity space
квазинильпотентный ~ quasi-nilpotent operator
квазипотенциальный ~ quasi-potential operator
квазиспиновый ~ quasi-spin operator
~ **квазичастиц** quasi-particle operator
квантовый ~ quantum operator
~ **кваркового поля** quark-field operator
~ **кинетической энергии** kinetic energy operator
~ **кинетической энергии электрона** operator for the kinetic energy of an electron
ковариантный ~ covariant operator
коммутирующие ~ы commuting [commutative] operators
~ **комплексного сопряжения** complex conjugation operator
~ **координаты** coordinate operator
~ **Лакса** кв. эл. Lax operator
~ **Лапласа** Laplacian, Laplace operator
лестничный ~ ladder operator
линеаризованный ~ **соударений Ландау** linearized Landau collision operator, linearized Landau collision term
линейный ~ linear operator
линейный дифференциальный ~ linear differential operator
линейный эрмитов ~ linear Hermitian operator
локальный ~ local operator
~ **Лоренца** Lorentz operator
массовый ~ фвэ mass operator
~ **матрицы плотности** density matrix operator
матричный ~ matrix operator
матричный ~ **Адамара** Hadamard matrix operator

метрический ~ metric operator
многочастичный ~ many-particle [many-body] operator
многочастичный ~ **Брейта** many-particle Breit operator
~ **момента количества движения** angular momentum operator
мультипликативный ~ multiplicative operator
некоммутирующие ~ы noncommuting operators
нелокальный ~ nonlocal operator
ненулевой ~ nonzero operator
непрерывный ~ continuous operator
обменный ~ exchange operator
обобщённый ~ generalized operator
обратный ~ inverse operator
~ **обращения времени** time-reversal operator
обрезающий ~ cut-off operator
~ **одевания** dressing operator
одетый ~ dressed operator
одномерный квазилинейный ~ one-dimensional quasilinear operator
одночастичный ~ single-particle [one-particle] operator
одночастичный ~ **Брейта** one-particle Breit operator
октетный ~ octet operator
~ **отображения** mapping operator
первичный ~ primary operator
перенормированный ~ renormalized operator
~ **переплетения** кmn interwinding operator
~ **перестановки** interchange [transposition] operator
~ **перестановки координат** space-exchange operator
~ **перехода** transition operator
~ **положения** position operator
~ **поля** field operator
поляризационный ~ polarization operator
~ **потенциальной энергии электрона в поле ядра** operator for the potential energy of the electron in the field of the nucleon
~ **представления** representation operator
~ **преобразования** transformation operator
приведённый ~ reduced operator
проективно-инвариантный ~ projective invariant operator
проективный ~ projective operator
проекционный ~ projection operator
производящий ~ мат. generator, generating operator
псевдовекторный ~ pseudovector operator
разностный ~ difference operator
~ **рассеяния** scattering operator
~ **реакции** reaction operator
регуляризованный ~ regularized operator
релятивистский ~ relativistic operator
релятивистский ~ **межэлектронного взаимодействия** relativistic interelectron interaction operator
решёточный ~ **Лапласа** lattice Laplace operator

~ **рождения** *(частиц)* production [creation] operator
ротонный ~ roton operator
самосопряжённый ~ self-adjoint [self-conjugate] operator
~ **свёртки** convolution operator
симметризованный ~ symmetrized operator
симметрирующий ~ symmetrization operator
синглетный ~ singlet operator
сингулярный ~ singular operator
скалярный ~ scalar operator
~ **смещения** displacement operator
~ **смещения по времени** time-translation operator
собственный ~ proper operator
сопряжённый ~ adjoint [conjugate] operator
составной ~ composite operator
сохраняющийся ~ conserved operator
~ **спина Паули** Pauli spin operator
~ **спинового обмена** spin-exchange operator
спиновый ~ spin operator
спин-орбитальный ~ spin-orbit operator
спинорный ~ spinor operator
~ **спиральности** helicity operator
статистический ~ statistical operator
~ **столкновений** collision operator
стохастический ~ stochastic operator
суперотборный ~ *кмп* superselection operator
суперсимметричный ~ supersymmetric operator
суперсимметричный вершинный ~ supersymmetric vertex operator
сферический тензорный ~ spherical tensor operator
тензорный ~ tensor operator
~ **трансляции** translation operator
~ **удвоения** doubling operator
унитарный ~ unitary operator
~ **уничтожения** *(в методе вторичного квантования)* annihilation [destruction] operator
~ **упорядочения** *фтт* ordering operator
~ **упорядочения Дайсона** Dyson ordering operator
~ **усечения** truncation operator
~ **фазы** phase(-shift) operator
факторизованный ~ factorized operator
фермиевский ~ Fermi operator
фермионный ~ fermion operator
финитный ~ finite operator
флуктуационный ~ fluctuation operator
фредгольмов ~ Fredholm operator
функциональный ~ functional operator
~ **Хаббарда** Hubbard operator
~ **цвета** color operator
~ **частиц** particle operator
частично-дырочный ~ particle-hole operator
четырёхкварковый ~ four-quark operator
четырёхфермионный ~ four-fermion operator
~ **Шредингера** Schrödinger operator
~ **эволюции** evolution operator

эйкональный ~ eikonal operator
экспоненциальный ~ exponential operator
эллиптический ~ elliptic operator
~ **энергии** energy operator
~ **энергии-импульса** energy-momentum operator
эрмитов ~ Hermitian operator
операция *ж.* operation
~ **антисимметрии** antisymmetry operation
~ **вращения** rotation operation
групповая ~ *мат.* group operation
~ **движения** operation of motion
кососимметрическая билинейная ~ skew-symmetric bilinear operation
логическая ~ logical operation
математическая ~ mathematical operation
обратная ~ *крист.* inverse operation
~ **обращения времени** *крист.* time reversal (operation)
~ **обращения пространства** *крист.* space reversal (operation)
~ **отождествления** identity (operation)
~ **симметризации** operation of symmetrization
~ **симметрии** symmetry operation
~ **трансляции** translation operation
R-~ *кмп* R operation
опережать *гл.* advance, lead
опережение *с.* advance, lead
~ **по фазе** phase lead
опёртый *прил.* supported
свободно ~ *мех.* simply supported
опирать *гл.* support
опирающийся *прил.* supported
свободно ~ simply supported
описание *с.* description
адекватное ~ adequate description
вероятностное ~ probabilistic description
детерминированное ~ deterministic description
кинетическое ~ **плазмы** plasma kinetic description
компактное ~ compact description
локально-неполное ~ locally incomplete description
неадекватное ~ nonadequate description
непротиворечивое ~ consistent description
теоретико-полевое ~ field-theory description
усреднённое ~ average description
феноменологическое ~ phenomenological description
описывать *гл.* describe
оповещение *с.(о тревоге, опасности)* alert, alarm; warning
опора *ж.* rest; bearing, support
гладкая ~ smooth support
жёсткая ~ rigid support
защемляющая неподвижная ~ rigid fixing, built-in mounting
~ **качения** rolling bearing
консольная ~ bracket support
наружная ~ outer support

неподвижная ~ fixed support, fixed bearing
поворотная ~ fulcrum bearing
подвижная ~ *(допускающая тепловое расширение)* expansion [movable] bearing, movable support
призматическая ~ knife-edge support, fulcrum bearing
~ скольжения sliding bearing
упругая ~ elastic support
шарнирная ~ pivoting support
опорожнение *с.* emptying
~ резервуара emptying of a reservoir
оправа *ж.* barrel; mount
~ линзы lens barrel, lens mount
~ объектива lens barrel, lens mount
определени/е *с.* definition; *(установление, вычисление, измерение)* determination, evaluation, estimation □ *A* **по ~ю равно единице** *A* is by definition unity; **по ~ю** by definition
абсолютное ~ *(напр. ампера или ома)* absolute determination
~ абсолютной температуры determination of absolute temperature
~ активности activity determination
весовое ~ gravimetric determination
~ возраста age determination, dating
~ возраста изотопным методом isotopic dating
~ возраста по углероду radiocarbon dating
~ временного сопротивления tensile strength test
~ газопроницаемости gas-permeability determination
~ дальности ranging
динамическое ~ твёрдости dynamic hardness test
достоверное ~ массового числа certain mass-number assignment
~ заряда электрона determination of electronic charge
изотопное ~ возраста isotope dating, isotope age determination
индентационное ~ твёрдости hardness indentation
индикаторное ~ tracer determination
~ кинетической энергии быстрых частиц determination of kinetic energy of fast particles
~ массового числа mass assignment
~ места повреждения fault location, fault localization
~ местоположения positioning
~ микротвёрдости микроиндентором microhardness indentation
~ молекулярного веса molecular weight determination
~ орбиты orbit determination
~ погрешности error estimation
~ потока flux determination
~ размерностей dimension determination

~ размерности аттрактора по экспериментальным измерениям временного хода пульсаций скорости в турбулентном потоке determination of the attractor dimension from measurements of the time dependence of velocity fluctuations in the turbulent flow
~ секунды (метра и др. единиц) second (meter, etc.) determination
~ скорости химической реакции determination of chemical reaction rate
~ скрытой теплоты парообразования determination of latent heat of vaporization
~ структуры кристалла crystal structure determination
~ твёрдости hardness test(ing)
~ твёрдости по Бринелю Brinell hardness test
~ твёрдости по Викерсу Vickers hardness [diamond-pyramid] test
~ твёрдости по Герберту Herbert hardness test
~ твёрдости по Моосу Mohs scratch-hardness test
~ твёрдости по Роквеллу Rockwell hardness test
~ твёрдости царапанием scratch-hardness test
~ толщины по отражению thickness determination by reflection
~ толщины по поглощению thickness determination by penetration
~ точки кипения boiling point determination
~ ударной вязкости impact test
~ фаз *крист.* phase determination
~ фона background determination
фотоколориметрическое ~ photocolorimetric determination
определённый *прил.* defined
плохо ~ ill-defined
определитель *м.* determinant
калибровочно-инвариантный ~ gauge-invariant determinant
кососимметричный ~ skew-symmetric determinant
~ преобразования координат coordinate transformation determinant
~ Якоби Jacobian
определять *гл.* determine, define; evaluate
однозначно ~ uniquely determine
~ состояние *(системы)* specify the state
опроверг/ать *гл.* refute, disprove □ **детальные исследования ~ли эту теорию** detailed investigations laid to rest this theory
опровержение *с.* refutation, disproof, denial
опрокидывание *с.* breaking, turn-over
~ волн wave breaking
~ волнового фронта wave front breaking
~ подрешёток *фмя* spin flop
~ профиля волны wave profile turn-over
~ спина spin flop
~ спиновых подрешёток spin flop

~ **фронта** *(волны)* wave front breaking
опрокидываться *гл. (о волне)* turn over
оптика *ж.* optics
  адаптивная ~ adaptive [active] optics
  активная ~ active [adaptive] optics
  астрономическая ~ astronomical optics
  асферическая ~ aspherical optics
  атмосферная ~ atmospheric optics
  брэгговская ~ **кристаллов** Bragg crystal optics
  брэгг-френелевская ~ Bragg-Fresnel optics
  волновая ~ wave optics
  волноводная ~ waveguide [guided-wave] optics
  волоконная ~ fiber optics
  геометрическая ~ geometrical [ray] optics
  ~ **глаза** eye optics
  ~ **движущихся сред** optics of moving media
  двухфотонная ~ two-photon optics
  ~ **дисперсных систем** optics of dispersive systems
  дифракционная ~ diffraction optics
  дифракционная рентгеновская ~ X-ray diffraction optics
  ~ **заряженных частиц** charged particle optics, optics of charged particles
  зеркальная ~ mirror optics
  ~ **инжекции** injection optics
  интегральная ~ integrated optics
  ионная ~ ion optics
  квантовая ~ quantum optics
  когерентная ~ coherent optics
  компьютерная ~ computer optics
  корпускулярная ~ particle optics
  ~ **кристаллов** crystal optics
  лучевая ~ geometrical [ray] optics
  матричная ~ matrix optics
  мёссбауэровская ~ Mössbauer optics
  нейтронная ~ neutron optics
  нелинейная ~ nonlinear optics
  нелинейная ~ **поверхности** surface nonlinear optics
  нелинейная геометрическая ~ nonlinear geometrical [ray] optics
  ~ **неоднородных сред** optics of inhomogeneous media
  несферическая ~ nonspherical optics
  параксиальная ~ paraxial optics
  пикосекундная ~ picosecond optics
  питающая ~ feed(ing) optics
  плоская ~ flat optics
  ~ **полупроводников** semiconductor optics
  прикладная ~ applied optics
  ~ **пучков** beam optics
  растровая ~ scanning optics
  резонансная ~ resonance optics
  рентгеновская ~ X-ray optics
  рентгеновская ~ **многослойных покрытий** X-ray optics of multilayer coatings
  силовая ~ power optics
  статистическая ~ statistical optics
  сферическая ~ spherical optics
  ~ **тонких слоёв** optics of thin layers

~ **ультрахолодных нейтронов** ultracold neutron optics
  фемтосекундная ~ femtosecond optics
  физиологическая ~ physiological optics
  физическая ~ physical optics
  фотографическая ~ photographic optics
  цифровая ~ digital optics
  ~ **частиц** particle optics
  электронная ~ electron optics
оптимизация *ж.* optimization
оптометр *м.* optometer
оптоэлектроника *ж.* optoelectronics
  интегральная ~ integrated optoelectronics
  полупроводниковая ~ semiconductor optoelectronics
  твердотельная ~ solid-state optoelectronics
оптрон *м.* optron, optical [optically-coupled, photon-coupled] isolator
  диодный ~ diode optron
  интегральный ~ integrated optron
  лазерный ~ laser optron
опускание *с.* descent
опустошение *с. (энергетического уровня)* population depletion
  излучательное ~ radiation depletion
  релаксационное ~ relaxation depletion
  столкновительное ~ collisional depletion
опыт *м.* experiment, test; experience
  ~ **Араго** *эл.* Arago experiment
  ~ **без разрушения образца** nondestructive experiment
  ~ **Вебера** *опт.* Weber experiment
  ~ **Винера** *опт.* Wiener experiment
  ~ **вне реактора** out-of-pile experiment
  ~ **внутри реактора** in-pile experiment
  ~ **Гей-Люссака** Gay-Lussac experiment
  ~ **Герца** Hertz experiment
  ~ **Дэвиссона и Джермера** Davisson-Germer experiment
  ~ **Кольрауша** *опт.* Kohlrausch experiment
  критический ~ critical experiment
  ~ **Майкельсона** Michelson experiment
  ~ **Майкельсона - Морли** Michelson-Morley experiment
  ~ **Малюса** *опт.* Malus experiment
  ~ **Милликена** Millikan (oil-drop) experiment
  подкритический ~ sub-critical experiment
  подтверждающий ~ confirmatory experiment
  полномасштабный ~ full-scale experiment
  полный ~ *яф* full experiment
  прямой ~ straight-forward experiment
  ~ **Рентгена** Roentgen experiment
  ~ **Рентгена - Эйхенвальда** Roentgen-Eichenwald experiment
  ~ **Роуланда** Rowland experiment
  ~ **Саньяка** *опт.* Sagnac experiment
  ~ **с разрушением образца** destructive experiment
  ~ **Троутона - Нобля** Trawton-Noble experiment
  ~ **Физо** *опт.* Fizeau experiment
  ~ **Франка - Герца** Frank-Hertz experiment

~ Фуко *(с маятником)* Foucault experiment
~ Хафеле - Китинга *(теории относительности)* Hafele-Keating experiment
~ Шапиро Shapiro experiment
~ Штерна - Герлаха Stern-Gerlach experiment
~ Эйхенвальда Eichenwald experiment
~ Эрстеда Oersted experiment
~ Этвеша Eötvös experiment
орбит/а *ж.* orbit
абсолютная ~ *(двойной звезды)* absolute orbit
апериодическая ~ aperiodic orbit
~ астероида asteroid orbit
астрометрическая ~ *(двойной звезды)* astrometric orbit
атомная ~ atomic orbit
~ банановой частицы banana particle orbit
бетатронная ~ betatron orbit
боровская ~ Bohr orbit
валентная ~ valence orbit
видимая ~ apparent orbit
визуальная ~ *астр.* visual orbit
внешняя ~ outer [external] orbit
внутренняя ~ inner orbit
возмущённая ~ disturbed [perturbed] orbit
вытянутая ~ eccentric [elongated] orbit
гелиоцентрическая ~ heliocentric orbit
геостационарная ~ geostationary orbit
геоцентрическая ~ geocentric orbit
гиперболическая ~ hyperbolic orbit
гомоклинические ~ы homoclinic orbits
~ группы group orbit
дозволенная ~ allowed orbit
допустимая ~ permissible orbit
замкнутая ~ closed orbit
заполненная ~ completed orbit
земная ~ earth orbit
идеальная ~ ideal orbit
ионная ~ ion orbit
~ ИСЗ satellite orbit
искривлённая ~ kinked orbit
истинная ~ true orbit
калибровочная ~ gauge orbit
кеплерова ~ Keplerian orbit
кеплеровская ~ Keplerian orbit
~ кометы comet orbit
конечная ~ final orbit
круговая ~ circular orbit
лунная ~ moon [lunar] orbit
мгновенная ~ *(заряженных частиц)* instantaneous orbit
метастабильная ~ metastable orbit
молекулярная ~ molecular orbit
наклонная ~ inclined orbit
начальная ~ initial orbit
~ небесного тела orbit of a celestial body
невозмущённая ~ undisturbed [unperturbed] orbit
незаполненная ~ uncompleted orbit
неравновесная ~ nonequilibrium orbit
неудерживаемая ~ nonconfined orbit
неустойчивая ~ unstable orbit

одночастичная ~ single particle orbit
околоземная ~ circumterrestrial orbit
околопланетная ~ circumplanetary orbit
окончательная ~ definitive orbit
оскулирующая ~ osculating orbit
основная ~ basic orbit
относительная ~ *(двойной звезды)* relative orbit
параболическая ~ parabolic orbit
первая боровская ~ first Bohr orbit
первичная ~ primitive orbit
периодическая ~ periodic orbit
плоская ~ flat orbit
полярная ~ polar [circumpolar] orbit
постоянная ~ stable orbit
почти круговая ~ near circular orbit
почти постоянная ~ near permanent orbit
предварительная ~ preliminary orbit
промежуточная ~ intermediate [intermediary] orbit
~ пучка beam orbit
равновесная ~ equilibrium orbit
разрешённая ~ allowed orbit
разрыхляющая ~ antibinding orbital
ридберговская ~ Rydberg orbit
спектральная ~ *астр.* spectral orbit
спектроскопическая ~ *(двойной звезды)* spectroscopic [spectrographic] orbit
спиральная ~ spiral orbit
средняя ~ mean orbit
стабильная ~ stable orbit
стационарная ~ stationary [steady] orbit
стохастическая ~ stochastic orbit
~ с фиксированной средней энергией orbit with fixed average energy
трохоидальная ~ trochoidal orbit
удерживаемая ~ confined orbit
~ ускорения acceleration orbit
устойчивая ~ stable orbit
фотоцентрическая ~ photocentric orbit
~ частицы particle orbit
~ частицы, захваченной в магнитное поле диполя trapped particle orbit in a magnetic dipole field
экваториальная ~ *(ИСЗ)* equatorial orbit
электронная ~ electron orbit
эллиптическая ~ elliptic orbit
эпициклическая ~ epicyclic orbit
орбиталь *ж.* orbital
атомная ~ atomic orbital
валентная атомная ~ valent atomic orbital
гауссова ~ Gaussian orbital
гибридизированная ~ hybridized orbital
гибридная ~ hybrid orbital
дегибридизированная ~ dehybridized orbital
~ Ландау Landau orbital
локализованная ~ localized orbital
молекулярная ~ molecular orbital
нелокализованная ~ nonlocalized orbital
разрыхляющая ~ antibinding orbital
ридберговская ~ Rydberg orbital

связывающая ~ binding orbital
слоевая ~ layer orbital
слэтеровская ~ Slater orbital
фермионная ~ fermion orbital
орган *м.* member, element
  исполнительный ~ *мех.* actuator
организация *ж.* organization
органолюминофор *м.* organic luminophor, organic phosphor
ордината *ж.* ordinate
ореол *м. астр.* aureole, halo; aureola; corona
  лунный ~ lunar aureole
  околосолнечный ~ solar aureole
  плеохроический ~ pleochroic halo
  размытый ~ diffused aureole
ориентация *ж.* orientation; alignment
  азимутальная ~ azimuthal orientation
  ~ антенны antenna orientation
  антипараллельная ~ antiparallel orientation
  антипараллельная ~ спинов antiparallel [opposite] spin orientation
  беспорядочная ~ random orientation
  взаимная ~ mutual orientation
  гомеотропная ~ homeotropic orientation
  динамическая ~ *(ядер)* dynamic orientation
  ~ диполей dipole orientation
  ~ директора director orientation
  ~ дислокаций dislocation orientation
  ~ жидких кристаллов liquid crystal orientation
  ~ зёрен grain orientation
  избирательная ~ preferred orientation
  ~ кристалла crystal orientation
  ~ кристаллитов orientation of crystallites
  кристаллографическая ~ crystallographic orientation
  ~ лепестка *(диаграммы направленности антенны)* lobe orientation
  ~ макромолекул macromolecular orientation
  ~ многообразия manyfold orientation
  ~ молекул molecular orientation, molecular alignment
  наведённая ~ молекул induced molecular orientation
  наведённая ~ углового момента *кв. эл.* induced orientation of the angular momentum
  ~ намагниченности magnetization orientation
  обратная ~ inverse [negative, reverse] orientation
  однородная ~ homogeneous orientation
  оптическая ~ optical orientation, optical alignment
  оптическая ~ атомов optical orientation of atoms
  оптическая ~ в магнитном поле optical orientation in a magnetic field
  оптическая ~ экситонов exciton optical orientation
  оптическая ~ электронов electron optical orientation
  параллельная ~ parallel orientation

параллельная ~ спинов parallel spin orientation
планарная ~ planar orientation
~ по базисной плоскости basal orientation
поверхностная ~ surface orientation
~ подложки substrate orientation
предпочтительная ~ preferred orientation
преимущественная ~ preferred orientation
призматическая ~ prismatic orientation
произвольная ~ arbitrary orientation
пространственная ~ spatial orientaiton
противоположная ~ opposite orientation
прямая ~ direct [positive] orientation
разрешённая ~ allowed orientation
разупорядоченная ~ disordered orientation
~ спинов spin orientation
упорядоченная ~ ordered orientation
~ электронов electron orientation
~ ядер nuclear orientation
~ ядерных спинов nuclear spin orientation
ориентир *м.* reference point, guiding line
ориентировочно *нареч.* roughly
оротрон *м.* orotron
орт *м. мат.* unit vector
ортикон *м.* orthicon
ортоалюминат *м.* orthoaluminate
  ~ иттрия *кв. эл.* yttrium orthoaluminate
ортоводород *м.* orthohydrogen
ортогелий *м.* orthohelium
ортогонализация *ж.* orthogonalizaiton
ортогональность *ж.* orthogonality
ортодейтерий *м.* orthodeuterium
ортодромия *ж.* orthodromics, orthodromy
ортонормальный *прил.* orthonormal
ортонормированный *прил.* orthonormal
ортонормируемость *ж.* orthonormality
ортоось *ж.* ortho axis, orthodiagonal
ортопозитроний *м.* orthopositronium
ортосоединение *с.* orthocompound
ортосостояние *с.* orthostate
ортотропия *ж.* orthotropy, orthotropism
ортоуровень *м.* ortholevel
ортоферрит *м.* orthoferrite
  иттриевый ~ yttrium orthoferrite
  редкоземельный ~ rear-earth orthoferrite
ортохромит *м.* orthochromite
оружие *с.* weapon
  лазерное ~ laser weapon
  термоядерное ~ thermonuclear weapon
  ядерное ~ nuclear weapon
осадитель *м.* precipitator, precipitant, precipitating agent
осад/ок *м.* sediment; precipitate □ **выпадение ~ка** precipitation; **давать ~** settle, deposit
  атмосферные ~ки atmospheric precipitation
  радиоактивные ~ки radioactive fallout
осаждение *с.* precipitation, deposition, sedimentation
  адсорбционное ~ adsorption precipitation
  вакуумное ~ *(плёнок)* vacuum deposition
  ~ из газовой фазы gas-phase deposition

~ из молекулярных пучков deposition from molecular beams
~ из молекулярных пучков в вакууме vacuum deposition from molecular beams
~ из паровой фазы *крист.* vapor deposition
ионно-атомное ~ ion-atomic deposition
катодное ~ cathode deposition
лазерное химическое ~ металла из паровой фазы laser-induced chemical vapor deposition of metal
лазерно-химическое ~ *(плёнок)* laser-chemical deposition
~ на электроде electrodeposition
~ носителем carrier precipitation
пиролитическое ~ *микр.* pyrolitic deposition
~ продуктов деления fission-product deposition
совместное ~ coprecipitation
термионное ~ *физ. пов.* ion plating
фотостимулированное ~ *(плёнок)* photo-stimulated deposition
химическое ~ chemical deposition
химическое ~ в газовом потоке chemical gas deposition
химическое ~ из газовой фазы chemical gas-phase deposition
химическое ~ из паровой фазы chemical vapor deposition
химическое ~ из паровой фазы методом разложения металлоорганических соединений metallo-organic chemical vapor deposition, MOCVD
электростатическое ~ electrostatic precipitation
электрохимическое ~ electrochemical deposition
эпитаксиальное ~ epitaxial deposition
освечивание *с. (в импульсной фотометрии)* illumination
освещение *с.* lighting, illumination
аварийное ~ standby [emergency] lighting
~, безопасное для ортохроматической эмульсии orthochromatic safelight
диффузное ~ diffused lighting
~ камеры Вильсона cloud-chamber illumination
люминесцентное ~ fluorescent lighting
местное ~ local lighting
наклонное ~ oblique illumination
направленное ~ directional lighting
неоднородное ~ образца inhomogeneous lighting of a specimen
общее ~ general lighting
отражённое ~ indirect lighting
полное дневное ~ broad daylight
~ помещений room lighting
прямое ~ direct lighting
рассеянное ~ diffuse illumination, diffuse lighting
стробоскопическое ~ stroboscopic illumination
освещённость *ж.* illuminance, illumination
полная ~ total illuminance

~ поля зрения visual field illuminance
пространственная ~ spatial illuminance
энергетическая ~ irradiance
освобождать *гл.* release
~ энергию release energy
освобождение *с.* release
~ энергии energy release
осевой *прил.* axial; longitudinal
оседание *с.* fall-out
~ радиоактивного пепла radioactive-ash fall-out
осесимметричный *прил.* axially symmetric(al), cylindrically [rotationally] symmetric, axisymmetric
оскол/ок *м. (напр. молекулы после диссоциации)* fragment
быстрый ~ fast fragment
~ деления fission fragment
дислокационные ~ки dislocation debris
лёгкий ~ light fragment
лёгкий ~ деления light fission fragment
~ метеорита meteorite fragment
~ отдачи recoil fragment
первичный ~ деления primary fission fragment
радиоактивный ~ деления radioactive fission fragment
тяжёлый ~ heavy fragment
тяжёлый ~ деления heavy fission fragment
~ки частиц particles fragments
ядерный ~ nuclear fragment
ослабитель *м. (см. тж.* **аттенюатор***)* attenuator
нейтральный ~ света neutral [nonselective] light attenuator
неселективный ~ света nonselective [neutral] light attenuator
~ света light attenuator
селективный ~ света selective light attenuator
ступенчатый ~ step attenuator
ослабление *с.* attenuation; decay, damping
атмосферное ~ atmospheric attenuation
~ излучения attenuation of radiation
линейное ~ linear attenuation
~ напряжений stress relieving
~ нейтронного потока neutron(-flux) attenuation
нелинейное ~ nonlinear attenuation
~ по закону обратных квадратов inverse-square attenuation
~ поля field reduction
~ потока flux depression, flux attenuation, flow decay
~ потока частиц particle-flux attenuation
~ пучка beam attenuation
~ радиации attenuation of radiation
~ узкого пучка narrow-beam attenuation
~ широкого пучка broad-beam attenuation
осмий *м.* osmium, Os
осмометр *м.* osmometer
осмометрия *ж.* osmometry

осмос *м.* osmosis
осмотический *прил.* osmotic
основа *ж.* base, basis; *(подложка)* substrate
  ~ сплава basis metal
основание *с. мех.* foundation, base; *(основа)* basis; *(в химии)* base; *(подложка)* header
  ~ волокна *(на Солнце)* filament foot
  двуатомное ~ diacid base
  ~ логарифма base of logarithm
  ~ надреза notch root
  ~ протуберанца base of a prominence
  упругое ~ elastic foundation
  ~ хромосферы base of chromosphere
основность *ж.* basicity
особенность *ж. мат.* singularity; peculiarity; *(отличительное качество)* feature, distinction, characteristic property
  брейт-вигнеровская ~ Breit-Wigner singularity
  ~ Ван Хова *фтт* Van Hove singularity
  ~ в вершине трещины crack tip singularity
  ~ волнового фронта wavefront singularity
  критическая ~ в теплоёмкости critical singularity in the specific heat
  подвижная ~ movable singularity
  ~ Померанчука *фвэ* Pomeranchuk singularity
  ~ степенного типа в амплитуде рассеяния электрона на атоме power-type singularity in the electron-atom scattering amplitude
  структурная ~ structure peculiarity
  ~ типа блоховской точки *фмя* Bloch point singularity
  топологическая ~ topological singularity
  ~ функции распределения вблизи резонансной точки distribution function peculiarity near the resonant point
  характерная ~ characteristic (property)
останавливать *гл.* bring to rest, stop
остановка *ж.* stop, shut-down
  быстрая ~ реактора scram
  ~ инициирования *(трещины)* arrest of initiation
  ~ распространения *(трещины)* arrest of propagation
  ~ реактора reactor shut-down
  ~ реактора одним стержнем one-rod reactor shut-down
  ~ трещины crack arrest
  эвтектическая ~ eutectic halt
остат/ок *м.* residual, remainder; remnant, remains; *мат.* residue
  аминокислотный ~ aminoacid residual
  атомный ~ *кв. мех.* atomic core
  ~ вспышки сверхновой *(звезды)* remnant of a supernova, supernova remnant, relics of a supernova
  ~ сверхновой *(звезды)* remnant of a supernova, supernova remnant, relics of a supernova
  ~ новой *(звезды)* post-nova
  ~ки продуктов деления residual fission products

радиоактивные ~ки radioactive residues
остов *м. (напр. иона)* core; skeleton
  атомный ~ atomic core
  молекулярный ~ molecular core
  ионный ~ ion core
  нуклонный ~ nucleon core
остойчивость *ж.* stability
острие *с.* point; *(на катоде)* apex
  коронирующее ~ corona point
остров *м.* island
  ~ изомерии *яф* isomery island
  магнитный ~ magnetic island
  ~ стабильности *яф* stability island
  ~ки Френкеля *(при кипении)* Frenkel islands
острота *ж.* sharpness
  ~ зрения acuity [sharpness] of vision, visual acuity
  ~ надреза notch acuteness
  ~ настройки sharpness of tuning
  ~ резонанса sharpness of resonance
осциллистор *м. фпп* oscillistor
  объёмный ~ volume oscillistor
осциллограмма *ж.* oscillogram
осциллограф *м.* oscilloscope, oscillograph
  высоковольтный ~ high-voltage oscilloscope
  двухканальный ~ dual trace [channel] oscilloscope
  двухлучевой ~ dual beam [double-beam] oscilloscope
  запоминающий ~ storage oscilloscope
  импульсный ~ pulse oscilloscope
  многоканальный ~ multi-input [multiple input, multiple channel, multitrace] oscilloscope
  светолучевой ~ light-beam oscillograph
  скоростной ~ fast(-response) [high-speed] oscilloscope
  стробоскопический ~ sampling oscilloscope
  универсальный ~ basic oscilloscope
  цифровой ~ digital oscilloscope
  шлейфовый ~ loop oscillograph
  электронно-лучевой ~ cathode-ray oscilloscope
осциллоскоп *м. (см. тж.* **осциллограф***)* oscilloscope
осциллятор *м.* oscillator
  ангармонический ~ anharmonic oscillator
  ~ Ван-дер-Поля Van der Pol oscillator
  возбуждённый ~ excited oscillator
  вынужденный ~ forced oscillator
  гармонический ~ harmonic oscillator
  дипольный ~ dipole oscillator
  ~ Дуффинга Duffing oscillator
  затухающий ~ damped oscillator
  затухающий гармонический ~ damped harmonic oscillator
  изолированный ~ separate oscillator
  квантово-механический ~ quantum-mechanical oscillator
  квантовый ~ quantum oscillator
  классический ~ classical oscillator

классический ~ с трением classical oscillator with friction
коррелированный ~ correlated oscillator
линейный ~ linear oscillator
линейный гармонический ~ linear harmonic oscillator
макроскопический ~ macroscopic oscillator
незатухающий гармонический ~ undamped harmonic oscillator
нелинейный ~ nonlinear oscillator
нормальный ~ normal oscillator
обобщённый ~ generalized oscillator
одномерный ~ one-dimensional oscillator
одномерный гармонический ~ one-dimensional harmonic oscillator
параметрический ~ parametric oscillator
поглощающий ~ absorbing oscillator
простой гармонический ~ simple harmonic oscillator
пространственный ~ spatial oscillator
релятивистский гармонический ~ relativistic harmonic oscillator
свободный ~ free oscillator
связанные ~ы coupled oscillators
связанные линейные ~ы coupled linear oscillators
стохастический ~ stochastic oscillator
трёхмерный изотропный ~ three-dimensional isotropic oscillator
электрический ~ electric oscillator
осцилляции *мн.* oscillations
~ Ааронова - Бома Aharonov-Bohm oscillations
геометрические ~ geometrical oscillations
гигантские ~ giant oscillations
гигантские квантовые ~ giant quantum oscillations
~ Де Гааза - Ван Альфена de Haas-van Alphen oscillations
дифракционные ~ *фвэ* diffraction oscillations
квантовые ~ *(в магнитном поле)* quantum oscillations
квантовые ~ затухания звука quantum oscillations of sound attenuation
квантовые ~ магнетосопротивления magnetoresistance quantum oscillations
квантовые ~ магнитного момента quantum oscillations of magnetic moment
квантовые ~ магнитной восприимчивости de Haas-van Alphen oscillations
квантовые ~ сопротивления Shubnikov-de Haas oscillations
магнетоакустические ~ magnetoacoustic oscillations
магнетопробойные ~ magnetic breakdown oscillations
~ магнетосопротивления magnetoresistance oscillations
~ магнитного момента magnetic moment oscillations
магнитные ~ magnetic oscillations

~ магнитотермоэдс oscillations of magneto-thermoelectric power
~ мезонов meson oscillations
мультипольные ~ multipole oscillations
нейтринные ~ neutrino oscillations
~ нейтрино neutrino oscillations
~ нейтрон-антинейтрон neutron-antineutron oscillations
нейтронные ~ neutron oscillations
~ проводимости conductivity oscillations
пространственные ~ *(поля)* spatial oscillations
пятиминутные ~ *(солнечной фотосферы)* 5-min oscillations
~ Раби Rabi oscillations
резонансные ~ нейтрино resonant neutrino oscillations
~ сечения перезарядки oscillations of a charge exchange cross-section
синусоидальные ~ sinusoidal oscillations
~ спиновой поляризации spin polarization oscillations
~ странности strangeness oscillations
~ термоэдс thermal e.m.f. oscillations
~ фотосферы *(Солнца)* photospheric oscillations
~ Фриделя Friedel oscillations
~ Шубникова - Де Гааза *фпп* Shubnikov-de Haas oscillations
шубниковские ~ *фпп* Shubnikov-de Haas oscillations
~ элементарных частиц elementary particle oscillations
ос/ь *ж.* axis; *мех.* shaft, axle □ **вокруг ~и** about axis; **имеющий общую ~** *(коаксиальный)* coaxial; **на одной ~и** in line with ..., in alignment with...; **по ~и** along the axis, axially
~ абсцисс X-axis, abscissa axis
~ анализатора analyzer axis
~ анизотропии anisotropy axis
~ антиферромагнетизма antiferromagnetic axis
~ аппликат Z-axis
~ аэродинамической трубы wind-tunnel axis
~ бесконечного порядка axis of infinite order
боковая ~ поточной системы координат lateral wind axis
большая ~ major axis
большая ~ эллипса major axis of an ellipse
ведущая ~ driving axle
вертикальная ~ vertical axis
винтовая ~ screw axis
винтовая магнитная ~ helical magnetic axis
~ винтовой симметрии screw axis
~ вихря vortex axis
~ волокна fiber axis
~ вращения rotation axis, axis of rotation
~ вращения по азимуту azimuth axis
~ вращения по высоте altitude axis
~ времени time axis
выделенная ~ preferred axis
гексагональная ~ hexagonal axis

геометрическая ~ geometrical axis
гидростатическая ~ hydrostatic axis
гиперболическая магнитная ~ hyperbolic magnetic axis
главная ~ *(тензора, кристалла)* principal [major] axis
главная ~ двулучепреломления principal birefringence axis
главная ~ деформации principal axis of strain
главная ~ инерции principal axis of inertia
главная ~ инерции для данной точки principal axis of inertia at given point
главная ~ кристалла principal crystallographic axis
главная ~ напряжения principal axis of stress
главная ~ напряжённого состояния principal axis of stress
главная центральная ~ centroidal principal axis
главная центральная ~ инерции principal axis of inertia at center of gravity
горизонтальная ~ horizontal axis
~ двойникования *крист.* twinning axis
действительная ~ real axis
~ деформации axis of strain
динамическая ~ водотока dynamical axis of a water-course
дрейфовая ~ drift axis
~ дублета axis of a doublet
земная ~ Earth axis
зеркальная ~ симметрии reflection axis
зеркально-поворотная ~ inversion-rotational [mirror-rotational] axis
изогнутая ~ балки deflection curve, bending line
изотропная ~ isotropic axis
изотропная оптическая ~ isotropic optical axis
инверсионная ~ *крист.* rotation-inversion [rotoinversion] axis
инверсионная ~ симметрии inversion axis
инверсионно-поворотная ~ inversion-rotational [mirror-rotational] axis
~ инерции axis of inertia
исходная ~ reference axis
~ качаний axis of suspension
~ квантования quantization axis
~ конечного поворота твёрдого тела *мех.* axis of finite rotation of rigid body
~ координат coordinate axis
косоугольная координатная ~ oblique axis
~ косоугольной системы координат oblique axis
кристаллографическая ~ crystallographic axis
кристаллографическая ~ n-порядка n-fold crystallographic axis
круговая ~ circular axis
круговая магнитная ~ circular magnetic axis

круговая оптическая ~ circular optical axis
кубическая ~ cubic axis
лёгкая ~ *фмя* easy [natural] axis
~ лёгкого намагничивания (ОЛН) easy magnetic axis
~ лёгкого ориентирования *(в жидком кристалле)* easy orientation axis
~ лобового сопротивления drag axis
~ лопасти винта blade axis
магнитная ~ magnetic axis
малая ~ minor axis
малая ~ эллипса minor axis of an ellipse
~ маятника axis of a pendulum
мгновенная ~ *(вращения)* instantaneous axis
мгновенная винтовая ~ *мех.* instantaneous axis of screw motion
мгновенная ~ вращения instantaneous axis of rotation
межядерная ~ internuclear axis
механическая ~ *(кварца)* mechanical axis
мнимая ~ imaginary axis
мнимая ~ гиперболы conjugate axis of hyperbola
~ наибольшей скорости распространения света fast axis, F-axis
~ наименьшей скорости распространения света slow axis, S-axis
~ напряжений stress axis
начальная ~ initial [reference] axis
нейтральная ~ neutral axis
неподвижная ~ fixed axis
общая ~ *(двух механизмов)* common spindle
опорная ~ bearing axle
оптическая ~ optic(al) axis
оптическая ~ линзы lens optical axis
~ ординат Y-axis, ordinate axis
ортогональные ~и orthogonal axes
~ отсчёта reference axis
~ переноса translation axis
пересекающиеся ~и concurrent axes
~ плавания axis of intersection of water-planes
плоская магнитная ~ planar magnetic axis
побочная ~ *крист.* secondary axis
~ поворота axis of rotation
подвижная ~ moving axis
~ подъёмной силы lift axis
~ поляризатора polarizer axis
полярная ~ polar axis; *(инструмента)* hour-angle axis
поперечная ~ lateral [transversal, transverse] axis
поточная ~ wind axis
~ поточной системы координат wind axis
~ прецессии precession axis
продольная ~ longitudinal axis
продольная ~ поточной системы координат longitudinal wind axis
пространственная ~ solid [space] axis
пространственная магнитная ~ spatial magnetic axis

~ пространственной системы координат solid [space] axis

~, проходящая через точку axis through a point

~ прямоугольной системы координат Cartesian [rectangular] axis

~ пучка beam axis

пьезоэлектрическая ~ piezoelectric axis

~ сверхрешётки superlattice axis

~ связанной с телом системы координат body axis

сегнетоэлектрическая ~ axis of polarization, ferroelectric axis

~ сжатия contraction axis

~ симметрии axis of symmetry, symmetry axis

~ симметрии бесконечного порядка symmetry axis of an infinite order

~ симметрии второго порядка diad axis, binary axis

~ симметрии порядка n n-fold axis, axis of n-fold symmetry

~ симметрии третьего порядка triad axis

~ симметрии четвёртого порядка tetrad [tetragonal] axis

~ симметрии шестого порядка hexad [hexagonal] axis

~ склонения (инструмента) declination axis

~ стержня center line [axis] of a bar

~ струи jet axis

~ текстуры texture [fiber] axis

тетрагональная ~ tetragonal axis

~ трудного намагничивания hard magnetic axis

~ углового наклона axis of angular inclination

упругая ~ elastic deflection curve, elastic line axis

упругая ~ крыла elastic axis of a wing

~ фокусов крыла aerodynamic center line

цветовая ~ color [chrominance] axis

центральная ~ axis of gravity, central axis

центральная ~ системы сил мех. central axis of system of forces

часовая ~ (инструмента) hour-angle axis

числовая ~ number scale, number axis

~ шарнира fulcrum

электрическая ~ (кварца) electric axis

эллиптическая магнитная ~ elliptic magnetic axis

отбеливание с. bleaching; decolorizing

отблеск м. gleam; reflection

отбор м. (сортировка) selection; (извлечение) extraction

~ аналитических проб analytical sampling

геометрический ~ geometric selection

дистанционный ~ проб remote sampling

магнитный ~ magnetic selection

~ образцов sampling

~ по изотопическому спину isotopic-spin selection

~ по импульсам momentum selection

~ по массам mass selection

предварительный ~ образца preliminary sampling

~ проб sampling

статистический ~ (примеси) statistical selection

~ структур pattern selection

~ тепла heat removal

~ частиц по времени пролёта time-of-flight selection

отбрасывание с. rejection; truncation

~ членов term truncation, term neglect

отвердевание с. hardening; solidification

отвердитель м. curing agent, hardener

отверждающийся прил. hardening

~ на холоде cold-setting

отверждение с. hardening; solidification

диэлектрическое ~ dielectric curing

~ на холоде cold-setting

предварительное ~ precuring

отверстие с. aperture; orifice; hole; opening; port □ ~ открывается и закрывается с достаточной скоростью the orifice is opened and closed with sufficient rapidity

булавочное ~ pin hole

вентиляционное ~ vent hole

впускное ~ inlet (hole); intake orifice

входное ~ inlet (hole); intake orifice

входное ~ трубки Пито Pitot tube mouth

выходное ~ outlet (hole)

выходное ~ коллиматора collimator port

действующее ~ опт. focal aperture

~ для впуска пучка beam-entry hole

~ для выпуска пучка beam-exit hole

~ для манипулятора manipulator hole

~ для образца sample port

~ для перископа periscope hole

~ для пробника probe port

~ для пучка beam port, beam hole

~ для регулирующего стержня control-rod opening

дренажное ~ drainage hole

загрузочное ~ charging port

затопленное ~ drowned [submerged] orifice

коллимирующее ~ collimating aperture

несквозное ~ blind hole

относительное ~ фото relative aperture, aperture ratio

пирометрическое ~ pyrometric hole

приёмное ~ intake, inlet

световое ~ телескопа telescope beam

свободное ~ free orifice

сквозное ~ through hole

слепое ~ blind opening

сливное ~ bleed hole; drain

смотровое ~ inspection hole, observation opening

частично затопленное ~ partially drowned [submerged] orifice

экспериментальное ~ experimental hole

отвес м. (plumb) bob

ответ м. answer □ ~ довольно прост the answer is rather simple

ответвитель *м.* coupler

активный направленный ~ active directional coupler

биконический ~ biconical coupler

волоконный направленный ~ fiber(-optic) directional coupler

волоконный направленный ~ **с сужением** biconical(-taper) fiber directional coupler

высоконаправленный ~ highly directional coupler

двунаправленный ~ bidirectional coupler

дифракционный ~ diffraction coupler

многомодовый ~ multimode coupler

направленный ~ directional coupler

направленный ~ **с сохранением поляризации** polarization-preserving [polarization-holding] directional coupler

невзаимный ~ nonreciprocal coupler

нейтральный ~ neutral coupler

ненаправленный ~ nondirectional coupler

полированный волоконный направленный ~ polished fiber(-optic) directional coupler

поляризационно-селективный направленный ~ polarization-selective directional coupler

распределённый ~ distributed coupler

регулируемый ~ adjustable coupler

спектрально-селективный ~ spectrally selective coupler

сплавной ~ fused coupler

сплавной волоконный направленный ~ fused fiber directional coupler

широкополосный направленный ~ broadband directional coupler

электрооптический направленный ~ electro-optic directional coupler

Y-образный ~ Y-coupler, Y-junction

ответвление *с.* branch; arm; tap

~ **струйного течения** jet finger

отвечать *гл.* answer; reply

~ **требованию** satisfy [meet] a requirement

отвод *м. (ответвление)* tap, branch; *(удаление)* extraction, removal

~ **остаточного тепла** afterheat removal

~ **тепла** heat removal, heat extraction, heat withdrawal

~ **теплоты кристаллизации** removal of the crystallization heat

отдача *ж. (частицы, тела)* recoil; *(выход)* yield, output, efficiency

аэродинамическая ~ aerodynamic efficiency

лучеиспускательная ~ **экрана** screen radiant efficiency

механическая ~ mechanical efficiency

~ **при радиоактивном распаде** radioactive recoil

~ **протона** proton recoil

световая ~ *(источника света)* light output ratio

~ **флуоресценции** fluorescence yield

~ **ядра** nuclear recoil

отделение *с.* separation, segregation, detachment

~ **вихря** vortex separation

~ **материала** *(вследствие износа)* material separation; material delamination

~ **слоёв** exfoliation

~ **ударной волны** stand-off distance of a shock wave

отдых *м. (при испытаниях)* rest

отжиг *м.* anneal(ing)

активационный ~ activation annealing

активирующий ~ activating annealing

быстрый термический ~ rapid [fast] thermal annealing

быстрый фотонный ~ rapid [fast] photon annealing

вакуумный ~ vacuum annealing

~ **в атмосфере сухого водорода** dry-hydrogen annealing

~ **в вакууме** vacuum annealing

~ **в кислороде** oxygen annealing, annealing in oxygen

восстановительный ~ recovery annealing

высокотемпературный ~ high-temperature annealing

гомогенизирующий ~ homogenizing

~ **дефектов** annealing of defects

диффузионный ~ homogenizing

изотермический ~ isothermal annealing

изохронный ~ isochronal annealing

импульсный ~ pulse annealing

ионно-лучевой ~ ion-beam annealing

лазерный ~ laser annealing

лазерный ~ **полупроводников** laser annealing of semiconductors

низкий ~ annealing below the critical range, negative hardening

низкотемпературный ~ low temperature annealing

нормализационный ~ normalizing

полный ~ full annealing

послеимплантационный ~ postimplantation annealing

~ **радиационного повреждения** annealing of radiation damage

радиационный ~ radiation annealing

~ **радиационных дефектов** radiation defect annealing

рекристаллизационный ~ recrystallization annealing

термический ~ thermal annealing

термический ~ **дефектов** thermal defect annealing

цикличный ~ cycle annealing

электронно-лучевой ~ electron-beam annealing

отказ *м.* failure; refusal

внезапный ~ random [unpredictable, catastrophic, sudden] failure

~, **вызванный изнашиванием** wear-out failure

преждевременный ~ premature failure

усталостный ~ endurance [fatigue] failure

467

откалывание *с.* flaking off; spalling; chipping off

откачивать *гл.* evacuate; pump out

откачка *ж.* evacuation; pumping
дифференциальная ~ differential pumping
криосорбционная ~ cryosorption pumping

отклик *м.* response ☐ ~ **на ...** response to ...
динамический магнитный ~ dynamical magnetic response
инерционный ~ inertial response
ионный ~ ion response
~ квазистатических ионов quasistatic ion response
коррелированный ~ correlated response
линейный ~ linear response
ложный ~ spurious response
максимальный ~ peak response
нелинейный ~ *(среды на воздействие излучения)* nonlinear response
нелокальный ~ nonlocal response
нестационарный ~ transient response
оптический ~ *(среды)* optical response
ориентационный ~ *(молекулы на внешнее возмущение)* orientational response
~ осциллятора *(на приложенное поле)* response of the oscillator, oscillator response
резонансный ~ resonant response
селективный ~ selective response
~ среды *(на приложенное поле)* response of the medium
стационарный ~ steady-state response
фотогальванический ~ photogalvanic response
частичный ~ partial response
электронный ~ electron response

отклонение *с.* *(луча, стрелки прибора и т.п.)* deflection; *(величины)* deviation, departure
азимутальное ~ *(радиоволн)* azimuthal deflection
акустооптическое ~ acousto-optic deflection
~ атомного пучка atomic beam deflection
вертикальное ~ vertical deflection
горизонтальное ~ horizontal deflection
двухкоординатное ~ *(луча)* two-coordinate [x-y] deflection
допустимое ~ permissible variation
квадратичное ~ quadratic [standard] deviation
кориолисово ~ Coriolis deflection
~ кристаллической решётки от совершенства deviation from perfection
~ луча beam deflection
~ луча света в гравитационном поле relativistic deflection of light
магнитное ~ magnetic deflection
магнитооптическое ~ magnetooptic deflection
~ на всю шкалу full scale deflection, fsd
~ на малый угол small-angle deflection
~ от адиабатичности deviation from adiabaticity
~ от закона 1/v non-1/v behaviour
~ от линейности deviation from linearity

~ от режима excursion
~ от стехиометрии *крист.* deviation from stoichiometry; nonstoichiometry
~ под действием кориолисовой силы Coriolis deflection
~ потока flow angularity; *(вниз)* downwash
~ пучка beam deflection
~ пучка частиц кристаллом particle beam deflection by crystal
среднее ~ mean [average] deviation
среднеквадратическое ~ roof-mean-square [standard] deviation
среднеквадратичное ~ roof-mean-square [standard] deviation
стандартное ~ standard [quadratic] deviation
статическое ~ static deflection
угловое ~ angular deflection
устойчивое ~ steady deflection
~ частицы от средней плоскости particle displacement from the median plane
электромагнитное ~ electromagnetic deflection
~ электронного пучка electron beam deflection
электрооптическое ~ electrooptic deflection
электростатическое ~ electrostatic deflection

отключать *гл.* switch off
~ питание deenergize, switch off

откол *м.* splitting off; chipping off

открытие *с.* *(научное)* discovery
~ кометы cometary discovery

отлив *м.* ebb, low tide

отличие *с.* distinction, difference

отличный *прил.* *(от нуля)* nonvanishing, nonzero

отложение *с.* precipitation, precipitate deposit, deposition
радиоактивное ~ radioactive deposit

отметка *ж.* mark(er)
~ времени time mark
калибровочная ~ calibration mark
нулевая ~ zero mark

отметчик *м.* marker
~ времени time marker, timer

относительность *ж.* relativity
~ времени time relativity

отношение *с.* *мат.* ratio; *(зависимость)* relation(ship)
адронное ~ *фвэ* hadronic ratio
~ активностей образца и фона sample-to-background activity ratio
атомное ~ atomic ratio
~ вероятностей альфа- и бета-распада alpha-to-beta-decay ratio
весовое ~ ratio by weight
гиромагнитное ~ gyromagnetic [magneto-mechanical] ratio
гироэлектрическое ~ gyroelectric ratio
~ главных напряжений principal-stress ratio
~ действительных и случайных отсчётов real-to-random-count ratio
~ длины к диаметру length-to-diameter ratio

~ **длины тела к максимальной толщине** *(для осесимметричных тел)* fineness ratio

~ **длительности импульса к периоду повторения** *(коэффициент заполнения)* pulse-duration [pulse-time, duty] ratio

~ **замедлитель/топливо** moderator-to-fuel ratio

~ **заряда к массе** charge-to-mass ratio

зеркальное ~ mirror ratio

изомерное ~ isomeric ratio

изотопное ~ isotopic(-abundance) ratio

~ **интенсивностей деления** fission ratio

~ **ионизирующих способностей** ionization ratio

~ **ионных токов** ionization-current ratio

кадмиевое ~ cadmium ratio

коллективное гиромагнитное ~ cooperative gyromagnetic ratio

конверсионное ~ conversion ratio

кратное ~ multiple ratio

критическое ~ давлений *терм.* critical pressure ratio

магнитомеханическое ~ magnetomechanical [gyromagnetic] ratio

~ **максимального потока к среднему** peak-to-average-flux ratio

~ **масс** mass ratio

~ **масс осколков** mass ratio of fission fragments

~ **массы к заряду** mass-to-charge ratio

молярное ~ molar ratio

обратное ~ inverse ratio

~ **объёмов замедлителя и топлива** moderator-fuel ratio

~ **одиночного счёта к счёту совпадений** single-to-coincidence-counts ratio

~ **осей** axial ratio

~ **Пановского** Panofsky ratio

партонное ~ *фвз* parton ratio

~ **плотностей деления** fission-density ratio

~ **поверхности к объёму** surface-to-volume ratio

~ **подъёмной силы к лобовому сопротивлению** lift-drag ratio

полное ~ масс overall mass ratio

~ **потенциалов ионизации** ionization-potential ratio

~ **потоков** flux ratio

~ **предела усталости к временному сопротивлению** endurance ratio

~ **предела усталости к пределу прочности на разрыв** endurance ratio

пробочное ~ *физ. пл.* mirror ratio

~ **Пуассона** *(для металла)* Poisson ratio

~ **равновесия** equilibrium ratio

равновесное ~ equilibrium ratio

разностное ~ *мат.* difference quotient

~ **сечений деления и захвата** fission-to-capture ratio

~ **сигнал/фон** signal-to-background ratio

~ **сигнал/шум** signal-to-noise ratio

~ **скорости во входном сечении к скорости набегающего потока** inlet-duct velocity ratio

~ **смеси** mixing ratio

термодиффузионное ~ thermal diffusion ratio

тритиевое ~ tritium ratio

~ **упругостей паров** vapor pressure ratio

~ **химической атомной единицы массы к физической** mass conversion factor

~ **числа делений ядер** ^{235}U **и** ^{238}U ^{235}U-^{238}U fission ratio

~ **числа нейтральных и заряженных частиц** neutral-to-charged-particle ratio

~ **числа нейтронов и протонов** neutron-proton [neutron-to-proton] ratio

ядерное гиромагнитное ~ nuclear gyromagnetic ratio

отображение *с.* mapp(ing); image

взаимно-однозначное ~ на ... one-to-one mapping onto ...

гармоническое ~ harmonic map

голоморфное ~ holomorphic mapping

градиентное ~ gradient mapping

зеркальное ~ mirror image; mirror transformation

идеальное ~ perfect map

изометрическое ~ isometric mapping

изоморфное ~ isomorphos mapping

калибровочное ~ gauge map

квадратичное ~ quadratic map

квадратичное ~ отрезка quadratic mapping of the interval

квазиконформное ~ quasi-conformal mapping

конформное ~ conformal transformation, conformal mapping

линейное ~ linear mapping

нелинейное ~ nonlinear mapping

непрерывное ~ continuous mapping

обратное ~ inverse mapping

одномерное ~ Пуанкаре, зависящее от одного параметра one-dimensional Poincaré mapping dependent on a single parameter

~ **Пуанкаре** Poincaré map

тождественное ~ identity map

топологическое ~ topological mapping

точечное ~ point map

унитарное ~ unitary mapping

~ **Хопфа** Hopf mapping

экспоненциальное ~ exponential mapping

отождествление *с.* identification

~ **мод** identification of modes

отождествлять *гл.* identify

отпечаток *м. (при испытании на твёрдость)* impression, indentation, dent

~ **микроиндентора** microhardness indentation

микроинденторный ~ microhardness indentation

отпуск *м. (металла)* temper, tempering; drawing

~ **для снятия остаточных напряжений** stress-relief tempering

отравление *с.* poisoning

~ **излома** kink poisoning
~ **продуктами деления** fission-product poisoning
радиоактивное ~ radioactive poisoning
~ **реактора** reactor poisoning
отражатель *м.* reflector; mirror; *(в газодинамике)* baffler
аксиальный ~ axial reflector
активный распределённый ~ active distributed reflector
антенный ~ antenna reflector
антирезонансный ~ antiresonance reflector
бериллиевый ~ berillium reflector
боковой ~ side reflector
брэгговский ~ Bragg reflector
~ **быстрых нейтронов** fast-neutron reflector
вдвижной ~ move-in reflector
верхний ~ top reflector
графитовый ~ graphite reflector
двугранный уголковый ~ dihedral corner reflector
диффузный ~ diffuse reflector
зеркальный ~ specular reflector
идеальный ~ perfect reflector
изотропный ~ isotropic reflector
ионный ~ ion reflector
многозонный ~ multiregion reflector
многослойный ~ multilayer reflector, multireflector
наружный ~ external reflector
~ **клистрона** repeller, klystron reflector, reflecting electrode
~ **нейтронов** neutron reflector, neutron mirror
непоглощающий ~ nonabsorbing reflector
нижний ~ bottom reflector
параболический ~ parabolic reflector
пассивный распределённый ~ passive distributed reflector
плоский ~ plane reflector
радиальный ~ radial reflector
распределённый ~ distributed reflector
распределённый брэгговский ~ distributed Bragg reflector
~ **реактора** reactor reflector
резонансный ~ resonant reflector
резонаторный ~ cavity reflector
решётчатый ~ grating [grid] reflector
сферический ~ spherical reflector
тяжеловодный ~ heavy-water reflector
уголковый ~ corner [retrodirective] reflector
эллиптический ~ elliptic reflector
эпитаксиальный брэгговский ~ epitaxial Bragg reflector
отражени/е *с.* reflection □ ~ **a от b** a reflection from b
~ **Андреева** *фтт* Andreev reflection
андреевское ~ *фтт* Andreev reflection
антизеркальное ~ anti-mirror reflection
асимметричное брэгговское ~ asymmetrical Bragg reflection
брэгговское ~ Bragg reflection
внутреннее ~ internal reflection

~ **волн** wave reflection
~ **в пространстве** *(инвариантность относительной чётности)* space reflection
временное ~ time reflection
~ **высокого порядка** high order reflection
гидродинамическое ~ *(при гравитационном коллапсе)* hydrodynamic reflection
гистерезисное ~ **света** hysteretic reflection of light
двойное ~ double reflection
двойное ~ **времени** double time reflection
дифракционное ~ diffraction reflection
диффузное ~ diffuse reflection
~ **звука** sound [acoustical] reflection, reflection of sound
зеркальное ~ specular [mirror] reflection
избирательное ~ selective reflection
интерференционное ~ interference reflection
~ **иона от поверхности** reflection of ion from a surface
ионосферное ~ ionospheric reflection
квазиупругое ~ quasielastic reflection
многократные ~я multiple reflections; *(в светотехнике)* interflection
~ **на границе** *(раздела двух сред)* boundary reflection
надбарьерное ~ *кв. мех.* reflection above a barrier
надбарьерное ~ **в квазиклассическом приближении** over-barrier reflection in WKB-approximation
нарушенное полное внутреннее ~ frustrated total internal reflection
незеркальное ~ nonspecular reflection
~ **нейтронов** neutron reflection, reflection of neutrons
неравномерное ~ irregular reflection
нерегулярное ~ *(ударных волн)* irregular shock [Mach] reflection
неупругое ~ inelastic reflection
обратное ~ back reflection
обратное ~ **по Маху** Mach inverted reflection
одновременные ~я *(в рентгеноструктурном анализе)* simultaneous reflections
однократное ~ single reflection
~ **от кристаллов** reflection from crystals
~ **от парафина** *(на электронограмме)* paraffin reflection
~ **от скола** *(лазерного кристалла)* facet reflection
~ **первого порядка** first-order reflection
погасшее ~ extinguished reflection
полное ~ total reflection
полное внешнее ~ *(рентгеновского излучения)* total external reflection
полное внутреннее ~ total internal reflection
полное дифракционное ~ total diffraction reflection
правильное ~ regular reflection
~ **при скользящем падении** sliding [glancing] reflection

пространственно-временное ~ space-time reversal

пространственное ~ space reflection, inversion

прямое ~ по Маху Mach direct reflection

равномерно-диффузное ~ uniform diffuse reflection

~ радиоволн reflection of radio waves

рассеянное ~ diffuse reflection

расщеплённое ~ split reflection

регулярное ~ (ударных волн) regular reflection

~ рентгеновского излучения X-ray reflection, reflection of X-rays

~ рентгеновского излучения от монокристаллов X-ray reflection from single crystals

сателлитное ~ крист. satellite (reflection)

сверхструктурное ~ крист. superstructure reflection

~ света reflection of light, optical reflection

световозвращающее ~ retro-reflection, reflex reflection

селективное ~ selective reflection

сильное ~ strong reflection

симметричное ~ symmetrical reflection

симметричное брэгговское ~ symmetrical Bragg reflection

~ скачка уплотнения shock wave reflection

скользящее ~ sliding [glancing] reflection

~ слабого разрыва от звуковой линии reflection of a weak discontinuity from the sonic line

слабое ~ weak reflection

смешанное ~ mixed reflection

стационарное ~ по Маху Mach stationary reflection

~ ударных волн reflection of shock waves

упругое ~ elastic reflection

френелевское ~ (в волокне) Fresnel reflection

~ n-го порядка n-th order reflection

отрезок м. segment, section, interval

~ времени period

~, отсекаемый на оси intersept on an axis

прямой ~ linear segment

~ следа track segment

элементарный ~ line [linear] element

отрицание с. denial; negation

~ отрицания negation of negation

полное ~ complete negation

отрицательность ж. negativeness; negativity

отрицательный прил. negative

отрицать гл. deny; negate

отрыв м. detachment; аэрод. separation; tearing off

~ вихря vortex separation

когезионный ~ cohesive tearing off

~ ламинарного пограничного слоя laminar separation

ламинарный ~ laminar separation

~ нейтрона от ядра removal of a neutron from the nucleus

~ от препятствия breaking from an obstacle

~ плазмы detachment of plasma

~ пограничного слоя boundary layer separation

~ пограничного слоя скачком уплотнения shock-induced boundary layer separation

~ потока flow separation

~ столба жидкости column separation

столкновительный ~ (электрона) collisional detachment

~ струи жидкости separation of a liquid stream

~ турбулентного пограничного слоя turbulent boundary layer separation

турбулентный ~ turbulent separation

~ электрона electron detachment

отсасывание с. suction

~ пограничного слоя boundary layer suction

отсек м. compartment, cubicle

наблюдательный ~ viewer [viewing] box

приборный ~ instrument cubicle

реакторный ~ reactor compartment, reactor cubicle

отсечка ж. cut-off

~ быстрой волны fast wave cut-off

~ медленной волны slow wave cut-off

~ нейтронов neutron cut-off

~ тока current cut-off

отскакивание с. spring-back

отскок м. rebound, recoil

отслаивание с. flaking, peeling; spalling; delamination, exfoliation

~ многослойного материала ply separation

~ плёнки film flaking; film exfoliation

чешуйчатое ~ flaking; spalling, spallation

отсос м. suction

~ пограничного слоя boundary-layer suction

распределённый ~ пограничного слоя boundary-layer distributed suction

~ через дискретные щели discontinuously distributed suction

отставание с. (по времени) lag, delay, retardation; (отслаивание) peeling, exfoliation, detachment

~ по фазе phase lag

отстоять гл. be at a distance of..., be spaced

отстройка ж. (частоты) detuning

отсутствие с. absence ☐ в ~ внешних возмущений in the absence of external perturbation

~ ограничивающих поверхностей zero boundary constraint

отсчёт м. readout, reading; count

~ времени time reading

дистанционный ~ remote reading

ложный ~ spurious count

многократный ~ multiple reading

непосредственный ~ direct reading

нулевой ~ zero reading

~ по шкале scale reading

точный ~ accurate reading

отталкивание с. repulsion

ван-дер-вальсово ~ Van der Waals repulsion

взаимное ~ mutual repulsion, repulsive interaction
~ вихрей vortex-vortex repulsion
кулоновское ~ Coulomb [electrostatic] repulsion
обменное ~ exchange repulsion
~ уровней энергии *кв. мех.* repulsion of energy levels
электростатическое ~ electrostatic [Coulomb] repulsion
ядерное ~ nuclear repulsion
оттеснение *с. (материала на поверхности трения)* edging
пластическое ~ plastic edging
упругое ~ elastic edging
оттиск *м.* reprint
отток *м.* flow-off, run-off, outflow
~ от оси diffluence
отфильтровывать *гл.* filter out, filter off
отходы *мн.* waste(s)
активные ~ active waste
альфа-содержащие ~ alpha-bearing wastes
~ атомной промышленности atomic-industry waste
высокоактивные ~ high-level radioactive [hot] wastes
газообразные ~ gaseous wastes
«горячие» ~ hot waste
жидкие ~ liquid wastes
малоактивные ~ cold [cool, low-level, low-activity] waste
~ переработки топлива fuel-processing waste
радиоактивные ~ radioactive [atomic] waste, radioactive residues, A-waste
~ реактора reactor waste
среднеактивные ~ medium-activity waste
отчёт *м.* report
лабораторный ~ laboratory report
технический ~ engineering [technical] report
отчётливый *прил.* distinct
отщепление *с.* chipping; splitting off; detaching, detachment; *ктп* decoupling
отыскание *с.* finding
~ повреждений fault localization
~ решений finding of solutions
охват *м.* coverage
цветовой ~ *(в колориметрии)* color coverage
охватывать *гл.* embrace; cover
~ все длины волн cover all wavelengths
охладитель *м. (агент)* coolant; *(устройство)* cooler
вторичный ~ secondary coolant
жидкометаллический ~ liquid-metal coolant
натриевый ~ cooling sodium, sodium coolant
первичный ~ primary coolant
промежуточный ~ intercycle cooler, intercooler
термоэлектрический ~ thermoelectric cooler
тяжеловодный ~ heavy-water cooler
циркулирующий ~ recirculation coolant
охлаждать *гл.* cool

резко ~ quench
охлаждение *с.* cooling; refrigeration
абляционное ~ ablation cooling
~ адиабатическим размагничиванием cooling by adiabatic demagnetization
адиабатическое ~ adiabatic cooling
вакуумное ~ vacuum cooling
внешнее ~ external cooling
внутреннее ~ internal cooling
~ водой под давлением high-pressure water cooling
водородное ~ hydrogen cooling
водяное ~ water cooling
водяное ~ обмоток coil water cooling
воздушное ~ air cooling
~ вынужденной конвекцией forced-convection cooling
газовое ~ gas cooling
газодинамическое ~ gas-dynamic cooling
гелиевое ~ helium cooling
глубокое ~ deep freezing
диффузионное ~ diffusion cooling
естественное ~ self-cooling
~ естественной конвекцией free-convection cooling
~ жидким гелием liquid-helium cooling
~ жидким металлом liquid-metal cooling
жидкометаллическое ~ liquid-metal cooling
жидкостное ~ liquid [fluid] cooling
~ за счёт излучения radiative cooling, cooling by radiation
~ за счёт теплопроводности conduction cooling
ионизационное ~ ionization cooling
искусственное ~ artificial cooling
~ испарением evaporative cooling
~ испарением жидкости liquid film cooling
кинетическое ~ kinetic cooling
конвективное ~ convective cooling
лазерное ~ пучка beam cooling by laser
~ лучеиспусканием radiation cooling
магнитное ~ magnetic cooling
~ методом гелиевого разбавления helium dilution refrigeration
направленное ~ directional cooling
натриевое ~ sodium cooling
непосредственное ~ direct cooling
оптическое ~ *(атомов в атомном пучке)* optical cooling
~ пароводяной смесью fog cooling
плёночное ~ film cooling
поверхностное ~ surface cooling
пористое ~ transpiration cooling
принудительное ~ forced cooling
принудительное воздушное ~ forced-air cooling
прямоточное ~ direct-flow [once-through, uni-flow] cooling
~ пучка beam cooling
радиационное ~ radiative [radiation] cooling
радиационное ~ пучка radiative [radiation] beam cooling

радиоактивное ~ radioactive cooling
~ разбрызгиванием spray cooling
~ размагничиванием magnetic cooling
~ расплавленным металлом molten-metal cooling
~ расширением cooling by expansion
регулируемое ~ controlled cooling
~ свободной конвекцией free-convection cooling
стохастическое ~ *фвэ* stochastic cooling
стохастическое ~ пучка stochastic beam cooling
струйное ~ jet cooling
~ сублимацией sublimation cooling
термоэлектрическое ~ thermoelectric cooling
~ термоядерных реакторов thermonuclear reactor cooling
точечное ~ *крист.* spot cooling
транспирационное ~ transpiration cooling
~ тяжёлой водой heavy-water cooling
форсированное ~ *(напр. лазера)* forced cooling
химическое ~ chemical cooling
электронное ~ electron cooling
электронное ~ пучка beam cooling by electrons
~ ядер nuclear cooling
охрупчивание *с. (напр. титана)* embrittlement
водородное ~ hydrogen embrittlement
возвратное ~ recovery embrittlement
~ границ зёрен intercrystalline embrittlement
~ поверхностного слоя surface embrittlement
радиационное ~ irradiation embrittlement
оценивание *с.* estimation
интервальное ~ interval estimation
непараметрическое ~ nonparametric estimation
параметрическое ~ parametric estimation
статистическое ~ statistical estimation
точечное ~ point estimation
оценивать *гл. (величину)* estimate
оценк/а *ж.* estimation, evaluation; estimate □
~и, приведённые в [ ], показывают, что... the estimates given in [ ] show that...
асимптотическая ~ asymptotic estimation
асимптотически эффективная ~ asymptotically efficient estimation
~ блеска estimate of brightness
визуальная ~ visual evaluation
глазомерная ~ eye estimate; visual evaluation
грубая ~ crude estimation; rough estimate
двусторонняя ~ estimate of upper and lower bounds
завышенная ~ exaggerated [oversized] estimate
количественная ~ quantitative assessment
несмещённая ~ unbiased estimate
~ погрешности error estimate

приближённая ~ rough [coarse, approximate] estimate
смещённая ~ biased estimate
состоятельная ~ consistent estimate
сравнительная ~ comparative evaluation
статистическая ~ statistical estimate
~ сходимости convergence estimate
феноменологическая ~ phenomenological estimate
эффективная ~ efficient estimate
оцинкование *с.* zinc plating
ОЦК-решётка *ж. фтт* BCC lattice
ОЦК-структура *ж. фтт* BCC structure
очаг *м.* (nucleation) site
~ деформации deformation site; deformation zone; deformation region
~ зародышеобразования nucleation site
~ землетрясения earthquake [seismic] focus
~ кристаллизации crystallization site
~ разрушения fracture nucleus
очарование *с. фвэ* charm
открытое ~ open charm
скрытое ~ hidden charm
явное ~ open charm
очевидный *прил.* apparent
очертания *мн.* geometry; outline; contour; profile
очистка *ж.* cleaning; purification; decontamination; refining
~ абразивом abrasive cleaning
~ активным илом activated-sludge decontamination
~ атмосферы кристаллизации purification of crystallization atmosphere
~ вещества substance purification
~ воздуха air cleaning
~ газа gas scrubbing
глубокая ~ deep purification
зонная ~ zone refining
изоморфная ~ isomorphous purification
~ исходного материала purification of starting material
механическая ~ mechanical cleaning
~ органическими растворителями solvent cleaning
~ от радиоактивных загрязнений radioactive decontamination
~ поверхности surface cleaning
противоточная ~ counter-current scrubbing
~ пучка beam cleanup, beam purification
радиационная ~ *кв. эл.* radiation cleaning
селективная ~ газов selective gas cleaning
термическая ~ heat cleaning
~ травлением в кислоте acid cleaning
ультразвуковая ~ ultrasonic cleaning
~ фронта front cleaning
~ щелочами alkaline cleaning
электролитическая ~ electrolytic cleaning
очки *мн.* spectacles, glasses; *(защитные)* goggles
поляроидные ~ polaroid glasses

ошибк/а *ж.* mistake; *(погрешность)* error □ **вносить ~у** introduce an error; **в статье есть ~** there is a mistake in the paper; **накапливать ~и** accumulate errors; **обнаруживать ~у** detect an error
абсолютная ~ absolute error
~ аппроксимации approximation [truncation] error
вероятная ~ probable error
~ вследствие дрейфа нуля zero-drift error
~ в собственной функции eigenfunction error
~ в собственном значении eigenvalue error
~ в точке pointwise error
граничная ~ boundary error
грубая ~ crude error
~ дискретизации discretization [local truncation] error
допустимая ~ admissible error
~ единицы веса error of unit weight
~ измерений uncertainty of measurements, measurement error
инструментальная ~ instrument(al) error
~ интерполяции interpolation error
~ квадратурной формулы quadrature error
~ квантования quantization error
коллимационная ~ collimation error
компенсирующиеся ~и compensating errors
личная ~ human [personal] error
~ метода конечных элементов finite element error
~ наблюдений experimental [observational] error; uncertainty of observation, experimental [observational] uncertainty
накапливающаяся ~ accumulating error
накопленная ~ accumulated [cumulative] error
~ округления round-off error
относительная ~ relative error
~ отсечения truncation error
~ отсчёта reading error
периодическая ~ *(напр. шага сетки)* periodic error
повторяющаяся ~ repetitive error
предельная ~ limiting error
~ расчёта computational error, miscalculation
результирующая ~ resultant error
~, связанная с нарушением сохранения массы mass conservation error
систематическая ~ systematic error
случайная ~ accidental [random] error
средняя ~ average [mean] error
средняя квадратическая ~ (quadratic) mean [standard] error
статистическая ~ statistical error
~ счёта counting error, miscount
угловая ~ angular error
~ численного интегрирования numerical integration error
экспериментальная ~ experimental error
ощущение *с.* sensation
зрительное ~ sensation
цветовое ~ color sensation

П

павильон *м.* pavilion; hall
астрономический ~ observing hut
падать *гл.* drop, fall
падающий *прил.* falling
свободно ~ freely falling
падение *с. (движение)* drop, fall; *(напряжения)* drop, fall; *(луча света, пучка)* incidence
активное ~ напряжения active voltage drop
анодное ~ *(потенциала, напряжения)* anode fall, anode drop
~ вакуума breakening of vacuum
вертикальное ~ *(пучка)* vertical incidence
~ давления pressure drop, drop of pressure
индуктивное ~ напряжения inductive voltage drop
катодное ~ *(потенциала, напряжения)* cathode drop, cathode fall
косое ~ *(пучка)* oblique incidence
~ метеорита impact of meteorite, meteoric impact, meteoritic fall
~ нагрузки drop of load
наклонное ~ *(пучка)* ollique [off-normal] incidence
~ напора насоса drop of pump power
~ напряжения voltage drop; drop of potential
~ напряжения на сопротивлении voltage drop across a resistance, resistance drop
нормальное ~ *(частицы, волны)* normal incidence
~ под действием силы тяжести gravity drop
~ по нормали normal incidence
свободное ~ free fall
скользящее ~ grazing incidence
паз *м.* groove, slot
пайка *ж. (высокотемпературная)* brazing; *(низкотемпературная)* soldering
высокотемпературная ~ brazing
дуговая ~ arc brazing
индукционная ~ induction brazing
~ мягким припоем soldering
~ погружением dip brazing, dip soldering
~ твёрдым припоем brazing
точечная ~ spot soldering
ультразвуковая ~ ultrasonic brazing, ultrasonic soldering
пакет *м.* packet
волновой ~ wave packet
локализованный волновой ~ localized wave packet
~ импульсов pulse packet
одномодовый ~ single mode packet
спиновый ~ spin packet
фазовый ~ phase packet
~ фотонов photon packet
~ частиц particle packet
пакетирование *с. (в электронике)* stacking
палеомагнетизм *м.* paleomagnetism

палеомагнитология *ж.* paleomagnetology
палисада *ж.* palisade
  мерная ~ measuring palisade, measuring grid
  ~ профилей aerofoil palisade
палладий *м.* palladium, Pd
палочки *мн.* *(чувствительные элементы глаза)* rods
память *ж.* memory, storage
  акустическая ~ acoustic memory
  внешняя ~ external memory
  внутренняя ~ intrinsic memory
  голографическая ~ holographic memory
  долговременная ~ fixed storage
  магнитная ~ magnetic memory
  ~ на блоховских линиях Bloch line memory
  ~ на ЦМД bubble [cylindrical-domain] memory
  обратимая ~ формы *фтт* reversible shape memory
  оперативная ~ random-access memory, RAM, internal [main] memory
  оптическая ~ optical storage, optical memory
  постоянная ~ permanent [read-only, fixed] memory, ROM
  распределённая ~ distributed memory
  термооптическая ~ thermooptical memory
  трёхмерная оптическая ~ three-dimensional optical memory
  фазовая ~ *опт.* phase memory
  ~ формы *фтт* shape memory
панель *ж. эл.* panel
  газоразрядная индикаторная ~ gas-discharge display
  ~ дистанционного управления remote-control panel
  сигнальная ~ signal panel
  ~ солнечных батарей solar paddle, solar-cell panel
  ~ управления control panel
  электролюминесцентная ~ electroluminescent panel
пар *м. амер.* vapor; *англ.* vapour; *(водяной)* steam
  влажный ~ wet vapor
  водяной ~ steam, water vapor
  конденсирующийся ~ condensable vapor
  насыщенный ~ saturated vapor, saturated steam
  ~ низкого давления low-pressure steam
  перегретый ~ superheated vapor
  пересыщенный ~ supersaturated vapor
  сухой ~ dry steam, dry vapor
  технологический ~ process steam
пара *ж. (частиц, объектов)* pair; *(сил)* couple
  автолокализованная электронная ~ self-trapped electron pair
  аннигилирующая ~ annihilation pair
  ~ антиструктурный дефект — вакансия antisite-vacancy pair
  антифрикционная ~ antifrictional pair
  ~ барион-антибарион baryon-antibaryon pair
  ~ ближайших соседей *фтт* nearest-neighbor pair
  близнецовая ~ *фпп* geminate pair

~ блоховских линий *фтт* Bloch line pair
взаимно обратная ~ reciprocal pair
винтовая ~ *мех.* screw pair
виртуальная ~ virtual pair
~ вихрей vortex pair
внедрённая ~ diinterstitial
~ внедрённых атомов diinterstitial
~ внутренней конверсии internal-conversion pair
возвращающая ~ restoring couple
вращательная кинематическая ~ turning pair
вращающая ~ сил turning couple, torque
высшая кинематическая ~ kinematic pair of higher degree
гальваническая ~ voltaic [galvanic] pair
гироскопическая ~ сил gyroscopic couple
донорно-акцепторная ~ donor-acceptor pair
дрейфующая ~ *(тип всплеска радиоизлучения Солнца)* drift pair
~ дырка-электрон hole-electron pair
замкнутая кинематическая ~ closed pair
зеркальная ~ ядер mirror pair of nuclei
зубчатая ~ *мех.* gear pair
изобарная ~ isobaric pair
изомерная ~ isomeric pair
изопериодическая ~ *(кристаллов)* isoperiodic pair
инерционная ~ сил inertia couple
ионная ~ ion pair
исходная ~ ионов initial [primary] ion pair
~ кварк-антикварк quark-antiquark pair
кварковая ~ quark-antiquark pair
кинематическая ~ kinematic couple; kinematic pair
~ кинк-антикинк kink-antikink pair
комплексно-сопряжённая ~ complex-conjugate pair
контактная ~ *мех.* contact pair
коррелированная ~ correlated pair
коррозионная ~ corrosion couple
куперовская ~ *сверхпр.* Cooper pair
~ Лакса *мат.* Lax pair
лептонная ~ leptonic pair
лептонная ~ Дрелла - Яна Drell-Yahn leptonic pair
массивная ~ high-mass pair
метастабильная ~ Френкеля *фтт* Frenkel metastable pair
~ монополь-антимонополь monopole-antimonopole pair
мю-мезонная ~ muonic pair
мюонная ~ muonic pair
нерезонансная ~ nonresonant pair
низкая кинематическая ~ lower kinematic pair
нуклон-антинуклонная ~ nucleon-antinucleon pair
нуклонная ~ nucleon pair
~ нуклонов nucleon pair
обменно-вырожденная ~ exchange-degenerate pair

открытая кинематическая ~ unclosed pair
первичная ~ primary pair
поступательная кинематическая ~ sliding pair
расщеплённая ~ *(тип всплеска радиоизлучения Солнца)* split pair
реликтовая ~ *астр.* relict pair
~ с возвратным дрейфом reverse drifting pair
связанная ~ coupled pair
связанная электронно-дырочная ~ *(экситон)* bound electron-hole pair
сдвигающая ~ сил shearing couple
~ сил couple (of forces)
синглетная ~ singlet pair
~ солитон-антисолитон soliton-antisoliton pair
солитон-антисолитонная ~ soliton-antisoliton pair
солитонная ~ soliton pair
сопряжённая ~ matched [conjugate] pair
тесная ~ *(звёзд)* close pair, close binary
~ трения friction pair
~ трения качения rolling friction pair
~ трения скольжения sliding friction pair
трибологическая ~ tribological pair
фермионная ~ fermionic pair
~ Френкеля *фтт* Frenkel pair
фрикционная ~ frictional pair, frictional couple
~ частица-античастица particle-antiparticle pair
частично-дырочная ~ *яф* particle-hole pair
широкая ~ *астр.* wide double star
экситон-фононная ~ exciton-phonon pair
электронная ~ electron(-positron) pair
электронно-дырочная ~ electron-hole pair
электронно-позитронная ~ electron-positron pair
ядерная ~ nuclear pair
парабозе-статистика *ж. кв. мех.* para-Bose statistics
парабозон *м.* paraboson
парабола *ж.* parabola
~ второго порядка second-order parabolic curve
~ индуктивного сопротивления induced drag parabola
кубическая ~ cubic(al) parabola
~ метацентров metacentric [stability] parabola
полукубическая ~ semicubical parabola
~ устойчивости metacentric [stability] parabola
параболический *прил.* parabolic; *(об оболочках)* paraboloidal
параболоид *м.* paraboloid
~ вращения paraboloid of revolution
гиперболический ~ hyperbolic paraboloid
неподвижный ~ *(радиотелескопа)* fixed paraboloid
полноповоротный ~ *(радиотелескопа)* fully steerable paraboloid
~ с ограниченной подвижностью *(в радиотелескопе)* partly steerable paraboloid

эллиптический ~ elliptic paraboloid
параводород *м.* parahydrogen
парагелий *м.* parahelium
параглюон *м.* paragluon
парадейтерий *м.* paradeuterium
парадокс *м.* paradox
~ Белла Bell inequality
~ близнецов twin [clock] paradox
~ взаимодействия ударной волны с пограничным слоем shock wave-boundary layer interaction paradox
~ возврата *стат. физ.* return paradox
~ времени clock [twin] paradox
~ Геринга Herring paradox
~ Гиббса Gibbs paradox
гидродинамический ~ hydrodynamic paradox
~ гидродинамической устойчивости hydrodynamic stability paradox
гидростатический ~ hydrostatic paradox
гравитационный ~ gravitational paradox
~ Д'Аламбера D'Alembert paradox
~ Д'Аламбера - Эйлера D'Alembert-Euler paradox
~ Зеелигера gravitational [Seeliger] paradox
квантово-механический ~ quantum-mechanical paradox
~ Кнудсена Knudsen paradox
космологические ~ы cosmological paradoxes
~ Ленгмюра *физ. пл.* Langmuir paradox
~ Неймана - Зеелигера Neumann-Seeliger [gravitational] paradox
~ обратимости *стат. физ.* reversibility paradox
~ Ольбертса *(фотометрический)* Olberts [photometric] paradox
~ относительности обтекания Du Bois paradox
термодинамический ~ thermodynamic paradox
фотометрический ~ *астр.* photometric paradox
~ часов clock [twin] paradox
~ Эйнштейна - Подольского - Розена *кв. мех.* Einstein-Podolsky-Rozen paradox
паразаряд *м.* paracharge
«паразитка» *ж. жарг., опт.* "parasitic" plate
параизомер *м.* para-isomer
паралептон *м.* paralepton
параллакс *м.* parallax
абсолютный ~ absolute parallax
бинокулярный ~ binocular parallax
вековой ~ secular parallax
годичный ~ annual [heliocentric] parallax
горизонтальный ~ horizontal parallax
горизонтальный экваториальный ~ horizontal equatorial parallax
групповой ~ *астр.* moving(-cluster) [group] parallax
динамический ~ dynamical parallax
дифференциальный ~ relative parallax
звёздный ~ stellar parallax
~ звезды stellar parallax

оптический ~ optical parallax
относительный ~ relative parallax
~ **планеты** planetary parallax
рефракционный ~ parallactic refraction
~ **Солнца** solar parallax
спектральный ~ spectroscopic parallax
спектроскопический ~ spectroscopic parallax
средний ~ mean [median] parallax
средний экваториальный горизонтальный ~ mean equatorial horizontal parallax
статистический ~ statistical parallax
суточный ~ diurnal [geocentric] parallax
суточный горизонтальный ~ diurnal horizontal parallax
тригонометрический ~ trigonometric parallax
угловой ~ angular parallax
фотометрический ~ photometric parallax
хроматический ~ chromatic parallax
цефеидный ~ cepheid parallax
экваториальный ~ equatorial parallax
экваториальный горизонтальный ~ equatorial horizontal parallax
параллелепипед *м.* parallelepiped
~ **Браве** Bravais parallelepiped
прямой ~ right parallelepiped
прямоугольный ~ rectangular parallelepiped
~ **Френеля** Fresnel rhomb
параллелизм *м.* parallelism
параллелограмм *м.* parallelogram
векторный ~ parallelogram of vectors
~ **сил** parallelogram of forces
~ **скоростей** parallelogram of velocities
параллель *ж.* parallel
земная ~ Earth parallel
суточная ~ diurnal circle
парамагнетизм *м.* paramagnetism
~ **Ван-Флека** Van Vleck paramagnetism
ван-флековский ~ Van Vleck paramagnetism
индуцированный ~ induced paramagnetism
~ **металлов** metal paramagnetism
орбитальный ~ orbital paramagnetism
ориентационный ~ orientation paramagnetism
~ **Паули** Pauli [free-electron] paramagnetism
~ **плазмы** plasma paramagnetism
поляризационный ~ polarization paramagnetism
постоянный ~ *(не зависящий от температуры)* temperature-independent paramagnetism
~ **свободных атомов** free-atom paramagnetism
~ **свободных электронов** free-electron [Pauli] paramagnetism
слабый ~ feeble paramagnetism
спиновый ~ spin paramagnetism
электронный ~ electronic paramagnetism
ядерный ~ nuclear paramagnetism
парамагнетик *м.* paramagnet, paramagnetic material

ван-флековский ~ Van Vleck paramagnet
зонный ~ zone paramagnet
магниторазбавленный электронный ~ magnetically-diluted electron paramagnet
поляризационный ~ polarization [Van Vleck] paramagnet
параметр *м.* parameter □ **с сосредоточенными ~ами** lumped
аддитивный ~ additive parameter
адиабатический ~ adiabatic parameter
~ **адиабатичности** adiabaticity parameter
активационный ~ activation parameter
~ **анизотропии** anisotropy parameter
аффинный ~ affine parameter
безразмерный ~ dimensionless parameter
бесконечно малый ~ infinitesimal parameter
~ **беспорядка** disorder variable
~ **ближнего порядка** *фтт* short-range order parameter
~ **Блоха - Бломбергена** *фтт* Bloch-Bloembergen parameter
~ **Будкера** Budker parameter
~ **Вайскопфа** Weisskopf parameter
векторный ~ **порядка** *фтт* vector order parameter
внешний ~ **состояния** external state parameter
внешний термодинамический ~ external thermodynamic parameter
внутренний ~ **состояния** internal state parameter
внутренний термодинамический ~ internal thermodynamic parameter
~ **Вольфенштейна** Wolfenstein parameter
временной ~ time parameter
входной ~ *(напр. ускорителя)* input parameter
~ **вырождения** degeneracy parameter
выходной ~ *(напр. ускорителя)* output parameter
газовый ~ gas parameter
геодезический ~ geodetic parameter
геометрический ~ geometric parameter, size-shape factor
геометрический ~ **кривизны** geometric buckling
~ **геометрической характеристики винта** parameter of the geometric characteristic of an airscrew
геоэффективные ~**ы** *(межпланетной среды)* geoeffective parameters
гибридный ~ hybrid parameter
~ **Гинзбурга - Ландау** *сверхпр.* Ginzburg-Landau parameter
~ **группирования** bunching parameter
~ **Грюнайзена** *фтт* Grüneisen parameter
~ **дальнего порядка** *фтт* long-range order parameter
~ **дальнего порядка Брэгга - Вильямса** Bragg-Williams long-range order parameter
двухкомпонентный ~ **порядка** *фтт* two-component order parameter

~ Де Бура *(для квантовых кристаллов)* de Buhr parameter
~ делимости *яф* fissionability parameter
~ деформации *(ядра)* deformation parameter
~ деформации Лоде Lode strain parameter
~ динамики дислокаций dislocation dynamics parameter
длиннопериодический ~ порядка *фтт* long-period order parameter
~ дрейфовой оболочки *(в магнитосфере)* L-shell parameter
~ замедления *(при разбегании галактик)* deceleration parameter
~ заторможенного состояния *утс* stagnation parameter
~ затухания attenuation [damping] parameter
~ захвата capture parameter
~ зеркальности specularity parameter
зеркальный ~ image parameter
~ идеальности *(плазмы)* perfectness parameter
интенсивный термодинамический ~ intensive thermodynamic parameter, intensive thermodynamic quantity, intensive thermodynamic variable
~ квадрупольной деформации quadrupole deformation parameter
~ квазиклассичности quasiclassical behaviour parameter
квантованный ~ quantized parameter
киральный ~ порядка *фвэ* chiral order parameter
коллективный ~ collective parameter
~ конверсии *опт.* conversion parameter
конструктивные ~ы design parameters, design variables
конфокальный ~ *кв. эл.* confocal parameter
короткопериодический ~ порядка *фтт* short-period order parameter
~ кривизны buckling
~ кривой опорной поверхности *(при трении)* bearing surface curve parameter
~ кристаллической решётки lattice [spacing] parameter, lattice constant
критические ~ы газового потока critical parameters of flow, critical flow parameters
кулоновский ~ Coulomb parameter
~ Ландау - Лифшица *фтт* Landau-Lifshitz parameter
~ Лармора Larmor parameter
~ Латтинжера *фпп* Luttinger parameter
локальный ~ local parameter
локальный ~ обмена local exchange parameter
~ магнитного взаимодействия magnetic interaction parameter
~ Мак-Илвейна *сэф* McIlwain parameter
макроскопический ~ macroscopic parameter
макроскопический ~ Грюнайзена macroscopic Grüneisen parameter
малый ~ series expansion parameter
масштабный ~ scale parameter

материальный ~ material buckling
~ матрицы рассеяния scattering parameter
матричный ~ matrix parameter
~ Месси *(в газе)* Massey parameter
микроскопический ~ Грюнайзена microscopic Grüneisen parameter
многокомпонентный ~ порядка *фтт* multi-component order parameter
~ы модели model parameters
~ муаровой полосы moiré index
~ нагружения load parameter
~ Надаи - Лоде Nádai-Lode factor
~ насыщения saturation parameter
начальные ~ы initial parameters
~ неадиабатичности *кв. мех.* nonadiabaticity parameter
независимый ~ Лагранжа Lagrangian [generalized] coordinate
нелинейный ~ nonlinear parameter
~ нестинга *фмя* nesting parameter
нулевой ~ zero parameter
~ обмена exchange parameter
~ обменного взаимодействия exchange interaction parameter
обобщённый ~ generalized parameter
~ обрезания *ктп* cut-off parameter
однодолинный ~ порядка *фтт* one-valley order parameter
однокомпонентный ~ порядка *фтт* single-component order parameter
оптимальный ~ optimal parameter
~ орбиты orbit parameter; orbit dement
~ ориентационного порядка *(при ориентации молекул полем)* orientational order parameter
~ы пара steam conditions
~ Паризи *фмя* Parisi parameter
плазменный ~ plasma parameter
плазменный ~ взаимодействия plasma interaction parameter
поверхностный ~ порядка surface order parameter
подгоночный ~ adjustable parameter
позиционный ~ *крист.* positional parameter
~ положения *крист.* positional parameter
~ порядка *фтт* order(ing) parameter
постоянные ~ы потока на входе constant intake conditions
~ы потенциальной ямы potential-well parameters
~ потока flow quantity
приведённый термодинамический ~ reduced thermodynamic parameter
прицельный ~ impact parameter
прицельный ~ захвата capture impact parameter
произвольный ~ arbitrary parameter
рабочие ~ operating parameters
~ разброса straggling parameter
~ развязывания *яф* unbinding parameter
размерный ~ dimensional parameter
распределённые ~ы distributed parameters

~ **растворимости** solubility parameter
расчётный ~ calculated [design] parameter
~**ы реактора** reactor variables
~**ы реакторной решётки** reactor lattice parameters
релятивистский ~ relativistic parameter
~ **решётки** lattice [spacing] parameter, lattice constant
~ **Рэлея** *(при рассеянии)* Rayleigh parameter
свободный ~ free argument, free parameter
~ **связи** coupling parameter
~**ы синхротрона с сильной фокусировкой** parameters of alternating-gradient synchrotron
~**ы системы** system parameter
скалярный ~ **порядка** scalar order parameter
скрытый ~ *кв. мех.* hidden parameter
случайный ~ random parameter
~ **согласования** matching parameter
сосредоточенный ~ lumped parameter
~ **состояния** state variable, state parameter
~ **соударения** impact [collision] parameter
спектральный ~ spectral parameter
спиновый ~ spin parameter
~ **среды** medium parameter
статистический ~ statistical parameter
~ **статистической флуктуации** straggling parameter
~ **Стокса** Stokes parameter
~ **столкновения** impact parameter
~ **Стонера** Stoner parameter
~ **стохастичности** stochasticity parameter
структурно-чувствительный ~ structural-sensitive parameter
структурный ~ structure parameter
струнный ~ string parameter
термодинамический ~ thermodynamic parameter
термодинамический ~ **состояния** thermodynamic state parameter
~**ы торможения** *(при изентропическом течении)* stagnation parameter
~ **удара** *кв. мех.* impact parameter
~ **удержания** *(энергии в плазме)* confinement parameter
~ **ускорителя** parameter of an accelerator
уточнённые позиционные ~**ы** *крист.* refined positional parameters
~ **Фейнберга** *(при рассеянии)* Feinberg parameter
феноменологический ~ phenomenological parameter
ферми-жидкостный ~ fermi liquid parameter
~ **Френеля** Fresnel parameter
характеристический ~ characteristic parameter
характерный ~ characteristic parameter
~ **Холла** Hall parameter
~ **шероховатости поверхности** surface roughness parameter
~ **шкалы** *кхд* scale parameter
~ **Эдвардса - Андерсона** *фмя* Edwards-Anderson parameter

экстенсивный термодинамический ~ extensive thermodynamic parameter
~ **элементарной ячейки** unit cell parameter
эффективный ~ **рассеяния** scattering effective parameter
~**ы ядерного уровня** nuclear-level parameters
~ **ячейки** *кв. эл.* cell parameter
параметризация *ж.* parametrization
каноническая ~ canonical parametrization
тригонометрическая ~ *ктп* trigonometric parametrization
~ **Фейнмана - Швингера** *ктп* Feynman-Schwinger parametrization
эллиптическая ~ *ктп* elliptical parametrization
параметрика *ж.* parametrics
параметрический *прил.* parametric
параметрон *м.* parametron
квантовый ~ quantum flux parametron
тонкоплёночный ~ thin-film parametron
параморфизм *м.* paramorphism
парапозитроний *м.* parapositronium
параполе *с.* parafield
парапроводимость *ж.* paraconduction
парапроцесс *м.* paraprocess, true magnetization
электронный ~ electron paraprocess
парасостояние *с.* parastate
парастатистика *ж.* parastatistics
парауровень *м.* paralevel
парафермион *м.* parafermion
параферми-статистика *ж. кв. мех.* para-Fermi statistics
парафин *м.* paraffin ☐ **отражения от** ~**а** *(на электронограмме)* paraffin reflections
борированный ~ borated paraffin
дейтерированный ~ D-paraffin
парачастица *ж.* paraparticle
парашютирование *с. (вертолёта)* autorotative descent of an rotor-craft
параэлектрик *м.* paraelectric
парение *с. (планера)* soaring
паркет *м.* tiling
~ **Пенроуза** *нелин. дин.* Penrose tiling
парогенератор *м.* steam generator
ядерный ~ nuclear steam generator
парообразование *с.* vaporization; steam generation
прямое ~ direct steam generation
пароосушитель *м.* steam dryer
пароотвод *м.* steam discharge
пароотделение *с.* steam separation
пароотделитель *м.* steam separator
пароперегреватель *м.* steam superheater
паропровод *м.* steam line
паропроизводительность *ж.* steam capacity
~ **котла** boiler steam capacity, boiler rating
парораспределитель *м.* steam distributor, steam header
паросборник *м.* steam collector
паротурбогенератор *м.* steam turbine generator

парсек *м.* parsec, pc
партнеры *мн.* partners
  суперсимметричные ~ *фвэ* supersymmetric partners
партон *м. яф* parton
  активный ~ active parton
  жёсткий ~ hard parton
  морской ~ sea parton
  мягкий ~ soft parton
  цветной ~ color parton
парциальный *прил.* partial
пары *мн.* vapor
  ~ **ртути** mercury vapor
  ~ **щёлочно-земельных металлов** alkali-earth metal vapor
  ~ **щёлочных металлов** alkali metal vapor
паскаль *м. (единица давления)* pascal, Pa
пассат *м. (ветер)* trade wind
пассивация *ж. фпп* passivation
пассивирование *с.* passivation
пассивность *ж. (металла)* passivity
паста *ж.* paste
  алмазная полировальная ~ diamond polishing paste
  доводочная ~ lapping compound
  полировальная ~ polishing paste
  уплотняющая ~ sealant; sealing paste
пастеризация *ж.* pasteurization
  ~ **гамма-лучами** gamma-ray pasteurization
  лучевая ~ radiation pasteurization, radio-pasteurization
  ~ **облучением** radiation pasteurization
патрубок *м.* branch pipe
  диагностический ~ diagnostic port
  расширяющийся ~ diffuser, diverging cone
  сужающийся ~ confuser, converging cone, taper [convergent] pipe
патруль *м.* patrol
  ~ **вспышек** *астр.* flare patrol
  звёздный ~ sky patrol
  метеорный ~ meteor patrol
пауза *ж.* pause; dwell
паули-оператор *м.* Pauli operator
паутина *ж.* web
  ~ **Арнольда** Arnold [stochastic] web
  мировая ~ *(средство телекоммуникаций в Интернете)* World Wide Web, WWW
  стохастическая ~ stochastic [Arnold] web
пачка *ж.* packet
  ~ **импульсов** pulse packet
паяльник *м.* soldering iron
пелена *ж.* sheet
  вихревая ~ *гидр.* vortex sheet; vortex plane
  вихревая ~ **в дозвуковом потоке** subsonic vortex sheet
  геликоидальная вихревая ~ helicoidal vortex sheet
  подковообразная вихревая ~ horseshoe vortex sheet
  присоединённая вихревая ~ trailing vortex sheet
  сбегающая вихревая ~ trailing vortex sheet

  свернувшаяся вихревая ~ rolled-up vortex sheet
  свёртывающаяся вихревая ~ rolling-up vortex sheet
  свободная вихревая ~ free vortex sheet
пеленг *м.* bearing
пеленгация *ж.* direction finding
пеленгование *с.* direction finding
пена *ж.* foam
пенетрант *м. (индикаторная жидкость в дефектоскопии)* penetrant
пенетратор *м.* penetrator
  глубинный ~ subterrene penetrator
пенетрометр *м. (в рентгенографии)* penetrometer
пенопласт *м.* foamed plastics
пентапризма *ж.* pentaprism, pentagonal prism
пентаэдр *м.* pentahedron
пентод *м. эл.* pentode
пенумбра *ж. (в космических лучах)* (cosmic-ray) penumbra
пепел *м.* ash
  вулканический ~ volcanic ash
  радиоактивный ~ radioactive ash
пептид *м. биол.* peptide
перванс *м.* perveance
первообразная *ж. мат.* antiderivative
первопричина *ж.* initial [original] cause
перебой *м.* failure
  ~ **в питании** power failure
перебор *м. (вариантов)* enumeration
переброс *м. (при рассеянии частиц)* umklapp process
перевод *м. (единиц, величин и т.п.)* conversion; *(с языка на язык)* translation
перевозбуждение *с. эл.* overexcitation
переворот *м.* overturn
  ~ **спина** spin flip
перегиб *м. (дислокации)* kink; *(кривой)* knee, bend, inflection
  ~ **кривой** curve bend, curve knee
  ~ **разряда** discharge kink
перегонка *ж.* distillation
  азеотропная ~ azeotropic distillation
  ~ **в вакууме** vacuum distillation
  дробная ~ fractional distillation
  молекулярная ~ molecular distillation
  непрерывная ~ continuous distillation
  периодическая ~ batch distillation
  фракционная ~ fractional distillation
  циклическая ~ batch distillation
  экстракционная ~ extractive distillation
перегородка *ж.* partition, baffle
  полупроницаемая ~ semitransparent partition
  пористая ~ porous partition
перегрев *м.* superheating, overheating
  ~ **в твёрдой фазе** superheating in solid phase
  местный ~ thermal spike
  предельный ~ limit superheating
  ядерный ~ nuclear superheating
перегружать *гл. (превышать нагрузку)* overload

перегрузка *ж.* overload, overstressing
допустимая ~ permissible [allowable] overload
допустимая динамическая ~ allowable acceleration
~ топлива *(при загрузке реактора)* fuel recharging, fuel loading
перегруппировка *ж.* rearrangement, regrouping
~ атомов atomic rearrangement
внутримолекулярная ~ intramolecular rearrangement
~ данных data rearrangement
межмолекулярная ~ intermolecular rearrangement
~ нуклонов nucleon rearrangement
~ частиц rearrangement of particles
~ электронной оболочки атома rearrangement of electronic structure of atom
передатчик *м.* transmitter
передача *ж. (информации, излучения)* transmission, transfer; *(в механике)* transmission, gear
асинхронная ~ asynchronous transmission
~ без искажений distortionless transmission
внутримолекулярная ~ энергии intramolecular energy transfer
~ возбуждения *кв. эл.* excitation transfer
~ возмущений вниз по потоку upstream influence
гидравлическая ~ hydraulic transmission; hydraulic [fluid] coupling, hydraulic clutch
~ данных data transmission
~ данных по волоконно-оптической линии связи fiber-optic data transmission
~ заряда charge transfer
зубчатая ~ gear (transmission), tooth gear
~ изображений image [picture] transmission
~ импульса *(при столкновении)* momentum transfer
~ информации data transmission, information transfer
когерентная ~ *(сигналов)* coherent transmission
линейная ~ энергии linear energy transfer
~ линейного импульса linear momentum transfer
межмолекулярная ~ энергии intermolecular energy transfer
многоканальная ~ multichannel transmission
~ момента torque transfer
~ момента импульса angular momentum transfer
направленная ~ directive [beam] transmission
необратимая ~ энергии irreversible energy transfer
обратимая ~ энергии reversible energy transfer
параллельная ~ *(данных)* parallel transfer
последовательная ~ *(данных)* serial transfer
~ протона *(в химических реакциях)* proton transfer

резонансная ~ электрона *(при медленном столкновении протона с ридберговским атомом водорода)* resonant electron transfer
ремённая ~ *мех.* belt transmission
рычажная ~ lever transmission
синглет-синглетная ~ энергии singlet-singlet energy transfer
синхронная ~ synchronous transmission
~ тепла heat transfer
тормозная ~ brake linkage
~ трёхмерного импульса three-momentum transfer
триплет-триплетная ~ энергии triplet-triplet energy transfer
упругая фрикционная ~ elastic friction transmission
фрикционная ~ friction transmission, friction drive, friction gear
~ частоты frequency transfer
~ четырёхмерного импульса quadrimomentum transfer
~ электрона electron transfer
~ энергии energy transfer; power transmission
~ энергии возбуждения transfer of excitation energy
передвижение *с.* movement; travel
капиллярное ~ жидкости capillary movement of liquid
передержка *ж. фото* overexposure
перезамыкание *с. (силовых линий магнитного поля)* reconnection
вынужденное ~ forced reconnection
двумерное ~ two-dimensional reconnection
магнитное ~ magnetic reconnection
~ магнитных силовых линий magnetic line of force [field line] reconnection
спонтанное ~ spontaneous reconnection
перезарядка *ж.* charge exchange
~ атома на многозарядном ионе charge exchange of atom on multiply charged ion
~ в лазерном поле charge exchange in a laser field, laser-induced charge transfer
~ в магнитном поле charge exchange in the presence of a magnetic field
двойная ~ double charge exchange
двойная резонансная ~ double resonant charge exchange
двухэлектронная ~ double charge exchange
~ индуктора transformer recharge
~ ионов ion charge exchange
квазирезонансная ~ quasi-resonant charge exchange
~ между молекулой и молекулярным ионом charge transfer between a molecule and a molecular ion
~ мезоатомов charge exchange of mesic atoms
~ многозарядных ионов на атоме водорода charge exchange of multiply charged ions with hydrogen atom
множественная ~ multiple charge exchange
нерезонансная ~ nonresonant charge exchange

нерезонансная радиоактивная ~ nonresonant radiative charge exchange

одноэлектронная ~ атомов на ионе one-electron charge exchange of an atom on an ion

радиационная ~ radiative charge exchange, radiative charge transfer

резонансная ~ resonant charge exchange

~ с возбуждением иона charge exchange with ion excitation

симметричная резонансная ~ symmetrical resonant charge exchange

~ топлива refuelling

переизлучение *с.* reemission

переименование *с.* redesignating

~ индексов rewriting indices

~ переменных redesignating [relettering, rewriting] of variables

перекачка *ж.* transfer

нелинейная ~ nonlinear transfer

нестационарная ~ энергии *кв. эл.* transient energy transfer

~ энергии *(между модами)* energy transfer

перекись *ж.* peroxide

~ водорода hydrogen peroxide

~ урана uranium peroxide, uranium tetroxide

переключатель *м.* switch; commutator

антенный ~ antenna switch

быстродействующий ~ high-speed switch

быстрый оптический ~ fast optical switch

волноводный ~ waveguide switch

волноводный ~ на квантовых ямах quantum-well waveguide switch

~ диапазонов range [wave-band] switch

диодный ~ diode switch

интегрально-оптический ~ integrated optical switch

оптический ~ optical switch

полупроводниковый ~ semiconductor switch

~ поляризации polarization switch

~ полярности pole changer, pole reverser

управляемый быстродействующий ~ controlled high-speed switch

ферритовый ~ ferrite switch

электрооптический волноводный ~ electro-optic waveguide switch

переключение *с.* switching

~ домена domain switching

~ домена на 180 градусов 180 degrees domain switching

~ мод *(в полупроводниковом лазере)* mode switching

оптическое ~ optical [photonic] switching

температурное ~ temperature switching

фотонное ~ photonic [optical] switching

широкополосное электронное ~ broadband electronic switching

перекрытие *с. (наложение)* overlap(ping); *(прерывание)* shuttering

~ адиабатических состояний adiabatic state overlapping

~ волновых функций wave function overlapping

~ импульсов pulse overlap

~ каскадов cascade overlapping

~ конвективных ячеек convective cell overlapping

~ молекулярных полос molecular bands overlapping

~ нейтронного пучка neutron beam shuttering

нулевое дифференциальное ~ *кв. мех.* zero differential overlap

~ орбиталей orbital overlap

~ полутеней penumbra overlap

~ пробных функций overlap of trial functions

~ резонансов resonance overlapping

слабое ~ *(зон)* small overlapping

~ тороидальных мод toroidal modes overlapping

~ циклотронных резонансов cyclotron resonances overlapping

перелив *м.* overflow

перемагничивание *с.* magnetization reversal

динамическое ~ dynamic magnetization reversal

циклическое ~ cyclic magnetization reversal

перемежаемость *ж.* intermittency

~ в случайной среде intermittency in random medium

~ турбулентности alternation [intermittency] of turbulence

~ I типа type I intermittency

~ II типа type II intermittency

перемена *ж. (направления на обратное)* reversal; change

~ знака reversal of sign

индивидуальная ~ *(гидродинамического параметра)* substantial [material] change

конвективная ~ *(гидродинамического параметра)* convective change

местная ~ *(гидродинамического параметра)* local change

~ осей change of axes

переменн/ая *ж.* variable

автокаталитическая ~ *(в диссипативной среде)* autocatalytic variable

автомодельная ~ self-simulated variable

антикоммутирующие ~ые anticommuting variables

безразмерная автомодельная ~ dimensionless self-simulated variable

безразмерная независимая ~ dimensionless independent variable

~ беспорядка *ктп* disorder variable

бозонные ~ые boson variables

грассмановы ~ые Grassmann variables

~ые действие-угол action-angle variables

действительная ~ real variable

демпфирующая ~ *(в диссипативной среде)* damping variable

динамическая ~ dynamical variable

дополнительная ~ supplementary variable

дробная ~ fractional variable

зависимая ~ dependent variable
заданная ~ fixed variable
изотопическая ~ isotopic variable
инвариантная ~ invariant variable
индивидуальные ~ые individual variables
канонические ~ые canonical variables
катаклизмические ~ые *астр.* cataclysmic variables
коллективные ~ые collective variables
~ые «колючей проволоки» *ктп* "barbed wire"variables
коммутирующие ~ые commuting variables
комплексная ~ complex variable
контурные ~ые *ктп* contour variables
~ые Лагранжа Lagrangian [material, substantial] coordinates
манделстамовские ~ые *ктп* Mandelstam variable
масштабная ~ scaling variable
независимая ~ independent variable
непрерывная ~ continuous variable
перекрестно-нечётная ~ crossing-odd variable
перекрестно-чётная ~ crossing-even variable
~ые поля field variables
~ые порядка *ктп* order variables
приведённая ~ reduced variable
пространственная ~ spatial variable
решёточная ~ lattice variable
~ Римана Riemann variable
скрытая ~ hidden variable
случайная ~ random [stochastic] variable
сопряжённая ~ conjugate variable
соседняя ~ беспорядка *ктп* adjacent disorder variable
спиновые ~ые *ктп* spin variables
термодинамическая ~ thermodynamic variable
тороидальная циклическая ~ toroidal ignorable variable
угловая ~ angular variable
фазовая ~ phase variable
фермионные ~ые fermion variables
фиксированная ~ fixed variable
цветовые ~ые color variables
циркулярные ~ые circular variables
~ Эйлера Eulerian coordinate, Euler variable
экранируемая ~ veil [occultation] variable
переменность *ж.* variability
~ блеска *астр.* brightness variability
звёздная ~ stellar variability
солнечная ~ solar variability
перемешивание *с.* mixing; agitation, stirring
бурное ~ vigorous agitation
взаимное ~ intermixing
внешнее ~ *(мод)* external mixing
внутреннее ~ *(мод)* internal mixing
~ волновых функций *фпп* wave function mixing
~ в струе jet mixing
вязкое ~ viscous mixing
двухфотонное ~ вырожденных состояний two-photon mixing of degenerate states

~ жидкостей mixing of liquids
ионное ~ ion mixing
конвективное ~ *(раствора)* convective stirring
~ ламинарных потоков в струе вязкой жидкости mixing of laminar flows in a viscous fluid jet
~ магнитной мешалкой stirring with a magnetic agitator
механическое ~ mechanical agitation
многофотонное ~ резонансных состояний multiphoton mixing of resonant states
нерезонансное ~ близких уровней переменным полем nonresonant mixing of closed levels by an alternating field
нерезонансное столкновительное ~ ридберговских состояний nonresonant collisional mixing of Rydberg states
однофотонное ~ вырожденных состояний one-photon mixing of degenerate states
принудительное ~ *(раствора)* forced stirring, forced agitation
резонансное ~ в двухуровневой системе resonant mixing in a two-level system
~ синглетных и триплетных состояний через автоионизационные переходы singlet-triplet mixing via autoionizing transitions
слабое ~ *(в эргодической теории)* weak mixing
~ состояний mixing of states
~ состояний электрическим полем electric-field-induced mixing of states
тепловое ~ thermal agitation
тонкое ~ fine-scale mixing
турбулентное ~ turbulent mixing
~ фаз phase mixing
~ фазовых траекторий mixing of phase trajectories
перемещаться *гл.* move □ ~ вперёд advance; ~ в поперечном направлении move crosswise; ~ на ... move over a distance of ...
свободно ~ move freely
способный ~ free to move
перемещение *с.* movement, move, motion, travel; displacement; shift; *(поступательное)* translation
~ без деформации rigid displacement
бесконечно малое ~ infinitesimal displacement
винтовое ~ screw displacement; screw motion
виртуальное ~ *(системы; точки)* virtual displacement
возможное ~ *(системы; точки)* virtual displacement
~ в плоскости in-plane displacement
жёсткое ~ ridig(-body) motion, ridig displacement
жёсткое угловое ~ rigid-body angular displacement
~ захвата *(испытательной машины)* grip displacement

квазитвёрдое ~ ridig(-body) motion, ridig displacement
контактное ~ contact displacement
круговое ~ *(кристалла)* circular motion
линейное ~ linear translation
макроскопическое ~ macrodisplacement
микроскопическое ~ microdisplacement
ограниченное ~ restricted motion
~ полоски *(фотомеханика)* fringe displacement
~ при жёстких связях ridig(-body) motion, ridig displacement
~ при сдвиге shear displacement
прямолинейное ~ rectilinear displacement
результирующее ~ resultant displacement
~ тела как целого ridig(-body) motion, ridig displacement
угловое ~ angular displacement
узловое ~ nodal displacement
~ центра давления travel of the center of pressure
элементарное ~ *(точки)* elementary displacement
перемножение *с.* multiplication
оптическое ~ *(изображений)* optical multiplication
перемотка *ж.* rewinding
перемычка *ж. эл.* bridge, jumper, strap
~ галактики bar of a galaxy
перенаблюдение *с. астр.* reobservation
перенапряжение *с. мех.* overstress, overtension; *эл.* overvoltage □ **вызывать ~** overstress; **создавать ~** overstress
перенапыление *с.* redeposition
перенасыщение *с.* supersaturation
перенормировка *ж. ктп* renormalization
аддитивная ~ additive renormalization
адронная ~ hadron renormalization
аксиально-векторная ~ axial-vector renormalization
векторная ~ vector renormalization
глюонная ~ gluon renormalization
~ заряда charge renormalization
конечная ~ finite renormalization
~ константы связи *ктп* renormalization of coupling constant
логарифмическая ~ logarithmic renormalization
~ массы mass renormalization
~ межэлектронного взаимодействия renormalization of interelectron interaction
~ метрического тензора renormalization of metric tensor
~ полей field renormalization
расходящаяся ~ divergent renormalization
~ спектра spectrum renormalization
~ трансформационных свойств полей *ктп* renormalization of field transformation properties
перенормируемость *ж. ктп* renormalizability
~ модели model renormalizability
~ теории theory renormalizability

перенос *м.* transfer, transport
адгезионный ~ *(при трении)* adhesive transfer
аномальный ~ anomalous transport
аномальный ~ тепла anomalous heat transport
антидиффузионный ~ возбуждения antidiffusive excitation transfer
~ атомов atom transport
бананово-дрейфовый ~ banana-drift transport
бездиссипативный ~ dissipationless transport
безызлучательный ~ *(энергии)* radiationless [nonradiative] transfer
~ быстрых электронов fast electron transport
~ вдоль магнитной поверхности transport within the magnetic surface
~ вещества mass transfer, mass transport
~ «вмороженного» возмущения frozen perturbation transport
~ возбуждения excitation transfer
~ воздушной массы air-mass transport
дисперсионный ~ dispersive transport
диффузионный ~ diffusion [diffusive] transfer
диффузионный ~ возбуждения diffusive excitation transfer
~ заряда charge transfer, charge transport
~ заряженных частиц charged-particle transport
зонный ~ zone transfer
избирательный ~ selective transfer
излучательный ~ radiative transfer
~ излучения radiative transfer, radiation transport
~ излучения в бесконечной среде radiative transfer in infinite medium
~ излучения в полубесконечном пространстве radiation transfer in a half space
~ изображения *(в ЭОП)* image transfer
~ импульса momentum transfer
интенсивный ~ severe transfer
~ ионизирующих частиц particle fluence
~ ионов ion migration, ion transfer
кинетический конвективный ~ kinetic convective transport
классический ~ classical transport
конвективный ~ convective transport
конвективный ~ частиц convective particle transport
конвективный ~ энергии convective energy transport
кооперативный ~ энергии cooperative energy transfer
~ красителя *(в лазере)* dye transfer
~ легирующей примеси dopant transfer
лучистый ~ radiative transport, radiative transfer
~ массы mass transport, mass transfer
~ массы в ламинарном потоке mass transfer in laminar flow
~ массы из жидкости в пар liquid-vapor mass transfer

~ **материала** material transfer, mass transport
междолинный ~ intervalley transfer
межфазный ~ interphase transfer
~ **нейтральных частиц** neutral-particle transport
~ **нейтронов** neutron transport, neutron transfer
нелокальный кинетический конвективный ~ nonlocal kinetic convective transport
неоклассический ~ *(в плазме)* neoclassical transport
нестационарный ~ nonstationary transfer
~ **носителей** *(заряда)* carrier transfer
обратный ~ *(при трении)* back transfer
обратный ~ **электронов** back electron transfer
~ **объёмного заряда** space-charge transport
однокомпонентный ~ one-component radiation transfer
одномерный ~ **излучения** one-dimensional radiation transfer
~ **осей** *(координат)* translation of axes, transfer of axes
параллельный ~ parallel translation
~ **поверхностного заряда** surface-charge transport
поляронный ~ polaron transport
~ **поперёк магнитной поверхности** transport across the magnetic surface
~ **примесных атомов** impurity-atom transfer, impurity-atom transport
~ **примесных ионов** impurity-ion transfer, impurity-ion transport
~ **продуктов ядерных реакций** reaction product transport
~ **протонов** proton transport
прыжковый ~ *(носителей заряда)* hopping transfer
прямой ~ direct transfer
радиальный ~ **в бананово-дрейфовом режиме** banana-drift regime radial transport
~ **радиации** radiation transfer
радиационный ~ radiation transfer
радиационный ~ **тепла** heat transfer by radiation, transfer of heat by radiation
~ **радиоактивности** radioactivity transport
~ **радиоизотопов** radionuclide transfer
~ **резонансного излучения** resonance radiation transfer
резонансный ~ resonant transfer
резонансный ~ **банановых частиц** banana particle resonant transport
столкновительный ~ collisional transport
~ **тепла** heat transfer, heat transport
~ **тепла, обусловленный гофрировкой тороидального поля** ripple-induced heat transport
турбулентный ~ turbulent [eddy] transfer, turbulent transport
увеличенный ~ **внутри поверхности q = 1** enhanced transport inside the q = 1 surface
~ **фотонов** photon transport

фрикционный ~ friction transfer
~ **частиц** particle transport
~ **частиц, обусловленный гофрировкой тороидального поля** ripple-induced particle transport
чистый ~ net transport
электронный ~ electron transport
~ **электронов** electron transport
~ **энергии** energy transport, energy transfer
~ **энергии ионизирующих частиц** particle energy fluence
переносить *гл.* transfer, transport
параллельно ~ translate
перенумерация *ж.* renumbering, relabeling
~ **узлов** nodes relabeling
переоблучение *с.* overradiation, overexposure, overdosage
переориентация *ж.* reorientation
~ **директора** *(жидкого кристалла)* director reorientation
~ **магнитных моментов** reorientation of magnetic moments
резонансная ~ resonant reorientation
светоиндуцированная ~ **примесных центров** light-induced reorientation of impurity centers
~ **спина** *(на 180 градусов)* spin flip; *(на меньший угол)* spin flop
переоткрытие *с. (напр. кометы)* rediscovery
переохлаждение *с.* supercooling, overcooling
перепад *м.* drop; difference
~ **давления** pressure drop, differential head, differential pressure
~ **давления на протяжении ...** pressure across ...
допустимый ~ **температуры** permissible temperature drop
мерный ~ **давления** measuring pressure drop
обратный температурный ~ inverted temperature difference
~ **статического давления** differential static pressure
~ **температур(ы)** temperature drop
~ **уровней** level difference
~ **яркости** jump in brightness
переплавка *ж.* remelting
перепоглощение *с.* reabsorption
переползание *с.* climb
~ **дислокаций** dislocation climb
консервативное ~ conservative climb
переполнение *с.* overfilling, overflow
переполяризация *ж.* repolarization, polarization switching
импульсная ~ *крист.* pulsed polarization switching
переработка *ж.* reprocessing; recycling
~ **радиоактивных отходов** reprocessing of nuclear waste
перераспределение *с.* redistribution
~ **деформаций** strain redistribution
~ **заряда** charge redistribution

индуцированное ~ молекул field-induced molecular redistribution
наведённое ~ населённостей induced population redistribution
наведённое ~ плотности field-induced density redistribution
~ напряжений *мех.* stress redistribution
~ населённостей redistribution of population
неполное ~ по частоте incomplete frequency redistribution
~ поля field redistribution
пространственное ~ *(зарядов)* spacial redistribution
~ температуры temperature redistribution
~ энергии redistribution of energy
~ энергии по спектру energy redistribution in spectrum
пересечение *с.* intersection, crossing; traverse
~ дислокаций crossing of dislocations
~ зоны облучения irradiation traverse
~ кривых curve crossing, intersection of curves
~ линий дислокаций intersection of dislocation lines
~ лучей ray crossing
~ множеств intersection of sets
~ отталкивающихся дислокаций repulsive junction
~ поверхностей разрыва intersection of surfaces of discontinuity
~ подпространств subspace intersection
~ потока flux traverse
~ пучка beam traverse
~ пучков *(друг с другом)* beam crossing
~ скачков уплотнения shock-wave intersection
случайное ~ термов accidental energy terms crossing
~ событий intersection of events
~ ударной волны со слабым разрывом intersection of a shock wave with a weak discontinuity
~ ударной волны с пограничным слоем intersection of a shock wave with a boundary layer
~ ударной волны с твёрдой поверхностью intersection of a shock wave with a solid surface
~ ударных волн intersection of shocks
~ уровней level crossing
перескакивать *гл.* jump, skip
перескок *м.* jump, skip; *(при потере устойчивости)* transient buckling
~ моды mode jump, mode hopping
~ электрона electron jump
пересоединение *с.* reconnection
вынужденное ~ forced reconnection
глобальное ~ global reconnection
квазистационарное ~ quasi-steady reconnection
локальное ~ local magnetic reconnection
~ магнитных силовых линий magnetic line of force [field line] reconnection, magnetic field line merging

спонтанное ~ spontaneous reconnection
стационарное трёхмерное ~ steady three-dimensional reconnection
трёхмерное ~ three-dimensional reconnection
переставлять *гл. (члены уравнения)* rearrange; *(менять местами)* permute
перестановк/а *ж.* rearrangement; *мат.* permutation ⬚ **производить ~у** rearrange
единичная ~ identity permutation
~ индексов permutation of subscripts
круговая ~ circular [cyclic] permutation
~ строк permutation of lines, permutation of rows
тождественная ~ identity permutation
циклическая ~ circular [cyclic] permutation
~ частиц permutation of particles
перестройка *ж. (структуры)* restructuring; *(частоты)* tuning
~ решётки lattice transformation
~ структуры restructuring; structure transformation
температурная ~ частоты temperature frequency tuning
угловая ~ частоты angle frequency tuning
~ частоты frequency tuning
пересыщение *с. (раствора)* supersaturation
критическое ~ critical supersaturation
парциальное ~ partial supersaturation
пороговое ~ threshold supersaturation
удельное ~ specific supersaturation
эффективное ~ effective supersaturation
перетекание *с. астр. (вещества)* flow
перетяжка *ж. опт.* neck, waist
~ каустики caustic waist
~ пучка beam [focal] waist
перефокусировка *ж.* overfocusing
перехлёст *м. (волны)* tipping over
переход *м.* transition; transformation; *фпп* junction ⬚ **~ запрещён принципом Паули** the transition is forbidden by Pauli exclusion principle
адиабатический ~ adiabatic transition
адронный ~ hadronic transition
акустический многоквантовый ~ acoustical multiquantum transition
~ Андерсона *фтт* Anderson transition
антиизоструктурный фазовый ~ antiisostructural phase transition
антисегнетоэлектрический ~ antiferroelectric transition
антиферромагнитный фазовый ~ antiferromagnetic phase transition
~ без изменения главного квантового числа transition without changing the principal quantum number
безосцилляционный ~ *(нейтрино)* oscillationless transition
безызлучательный квантовый ~ radiationless [nonradiative] quantum transition
безызлучательный релаксационный ~ nonradiative relaxation transition

~ Березинского - Костерлица - Таулесса Berezinski-Kosterlitz-Thouless phase transition

бесстолкновительный ~ банановой частицы в локально-запертую collisionless transition of banana particle to the locally-trapped particle

бесстолкновительный ~ частицы из локально-запертой в банановую collisionless transition of locally-trapped particle to the banana particle

бесфононный ~ phononless transition

благоприятный ~ favoured transition

быстрый ~ fast [rapid] transition

~ в атоме под действием сверхсильного лазерного поля atomic transition in an ultrastrong laser field

вертикальный ~ *фтт* vertical transition

виртуальный ~ virtual transition

~ в многоуровневой системе many-level [multilevel] system transition

внутризонный ~ interband transition

внутрицентровый ~ *опт.* intracenter transition

возможный ~ virtual transition

волноводный ~ waveguide junction

~ в основное состояние ground-state transition

вращательный ~ *кв. эл.* rotational transition

~ в сверхпроводящее состояние (normal-) superconducting transition

~ в сверхтекучее состояние superfluid transition

~ в хрупкое состояние ductile-to-brittle transition

вынужденный ~ stimulated [induced, forced] transition

вынужденный связанно-свободный ~ induced bound-free transition

вынужденный связанно-связанный ~ induced bound-bound transition

выпрямляющий ~ rectifying junction

выращенный ~ grown junction

вырожденный ~ degenerate junction

высоковольтный ~ high-voltage junction

вязко-хрупкий ~ ductile-brittle transition

~ Гамова —— Теллера Gamov-Teller transition

геликоидальный антиферромагнитный фазовый ~ helical antiferromagnetic phase transition

генерационный ~ *(в лазере)* laser [lasing, signal] transition

гидродинамический ~ hydrodynamic transition

граничный ~ boundary transition

дважды запрещённый ~ twice-forbidden transition

двумерный фазовый ~ two-dimensional phase transition

двухквантовый ~ double-quantum [two-photon] transition

двухступенчатый изомерный ~ two-step isomeric transition

двухфотонный ~ two-photon [double-quantum] transition

двухфотонный излучательный ~ two-photon radiative transition

двухфотонный ~ через промежуточный резонанс two-photon transition via intermediate resonance

детонационный ~ detonation transition

~ Джозефсона Josephson junction

джозефсоновский ~ Josephson junction

дипольный ~ dipole transition

дипольный частично-дырочный ~ *яф* dipole particle-hole transition

диффузионный ~ diffused junction

диффузионный p-n-~ diffused p-n junction

длинный джозефсоновский ~ long Josephson junction

донорно-акцепторный ~ donor-to-acceptor transition

дырочный ~ hole transition

~ жидкость-газ liquid-gas transition

~ жидкость-пар liquid-vapor transition

задержанный ~ delayed transition

запрещённый ~ forbidden transition

~, запрещённый в дипольном приближении transition forbidden in the dipole approximation

~, запрещённый по чётности parity-forbidden transition

заторможенный ~ hindered [unfavoured] transition

затруднённый ~ hindered [unfavoured] transition

~ Зеемана Zeeman transition

зеркальный ~ *яф* mirror transition

~ золь-гель sol-gel transition

зона-зонный ~ band-to-band transition

~ из аморфного состояния в кристаллическое amorphous-crystalline transition

~ из вязкого состояния в хрупкое ductile-brittle transition

~ из зоны проводимости в валентную зону conduction-to-valence-band transition

излучательный ~ radiative [emitting] transition

~ из нормального состояния в сверхпроводящее normal-superconducting transition

изоконцентрационный ~ isoconcentration transition

изолирующий ~ isolation junction

изомерный ~ *(ядра)* isomeric transition

изоморфный фазовый ~ isomorphous phase transition

изосимметрийный фазовый ~ *фтт* isosymmetrical phase transition

изоструктурный ~ *фтт* isostructural transition

изотропно-мезоморфный ~ *(жидких кристаллов)* isotropic-mesomorphic transition

~ из пластичного состояния в хрупкое ductile-brittle transition

инвертированный ~ *кв. эл.* inverted transition

индуцированный ~ induced [stimulated, forced] transition

~, индуцированный полем field-induced transition

индуцированный фазовый ~ induced [stimulated, forced] phase transition

интенсивный ~ *кв. эл.* strong transition

интеркомбинационный квантовый ~ intercombination quantum transition

интеркомбинационный электрический дипольный ~ intercombination electric dipole transition

ионно-имплантированный ~ ion-implanted junction

истоковый ~ source junction

каскадный ~ cascade [succesive] transition

каскадный ~ **в ядрах** nuclear cascade

каскадный ~ **через промежуточное квадрупольно-связанное состояние** cascade transition via intermediate quadrupol-bound state

квадрупольный ~ quadrupole transition

квазирезонансный неадиабатический ~ quasi-resonant nonadiabatic transition

квантовый ~ quantum transition

кварк-адронный фазовый ~ quark-hadron phase transition

кинетический ~ kinetic transition

киральный фазовый ~ *фвэ* chiral phase transition

~ к новым координатам transformation to new coordinates

колебательно-вращательный ~ *кв. эл.* vibrational-rotational transition

колебательный ~ *кв. эл.* vibrational transition

коллективный ~ collective transition

коллекторный ~ collector junction

комбинационный ~ Raman transition

конфигурационный фазовый ~ configuration phase transition

конформационный ~ *(молекулы)* conformation transition

концентрационный фазовый ~ concentration phase transition

~ Костера - Кронига Coster-Kronig transition

~ к пределу limiting process, passage to the limit

кросс-релаксационный ~ cross-relaxation transition

~ к турбулентности путём удвоения периодов transition to turbulence by period doubling

~ к турбулентности через перемежаемость transition to turbulence by alternation

~ к хаосу transition to chaos

лазерно-индуцированный ~ laser-induced transition

лазерный ~ laser [lasing] transition

~ ламинарного течения в турбулентное transition from laminar to turbulent flow, laminar-turbulent transition

~ ламинарного течения в турбулентное в пограничном слое boundary layer laminar-turbulent transition

линейный джозефсоновский ~ linear Josephson junction

~ Лифшица Lifshitz [electron topological, 2 1/2 phase] transition

локальный фазовый ~ local phase transition

локальный ~ **Фредерикса** local Freedericksz transition

магнитно-дипольный ~ magnetic dipole transition

магнитный ~ magnetic transition

магнитный ~ **в сильном поле** strong field magnetic transition

магнитный дипольный ~ magnetic dipole transition

магнитный квадрупольный ~ magnetic quadrupole transition

магнитный октупольный ~ magnetic octupole transition

магнитный резонансный ~ magnetic resonance transition

магнитный фазовый ~ magnetic phase transition

магнитный фазовый ~ **порядок-беспорядок** magnetic order-disorder transition

магнитодипольный ~ magnetic dipole transition

магнитоориентационный ~ magnetic-orientation transition

мазерный ~ maser transition

медленный ~ *кв. эл.* slow transition

междолинный ~ intervalley transition

~ между вырожденными состояниями transition between degenerate states

междузонный ~ *фпп* interband [band-to-band] transition

~ между компонентами тонкой структуры transition between fine-structure components

~ между энергетическими уровнями energy-level transition

межзонный ~ *фпп* interband [band-to-band] transition

межцентровый ~ intercenter [center-to-center] transition

мезаструктурный ~ mesa junction

мёссбауэровский ~ Mössbauer transition

~ металл-диэлектрик metal-insulator junction

~ металл-диэлектрик-металл MIM junction

~ металл-полупроводник metal-semiconductor junction

метамагнитный фазовый ~ metamagnetic phase transition

многофотонный ~ multiphoton transition

многофотонный ~ **в непрерывный спектр** multiphoton transition into continuum

многофотонный связанно-связанный ~ multiphoton bound-bound transition

монопольный ~ monopole transition

~ Мотта *фтт* Mott transition

~ Мотта - Андерсона Mott-Anderson transition

мультипольный ~ multipole transition

~ на более высокий уровень *кв. эл.* upward transition
~ на более низкий уровень *кв. эл.* downward transition
надбарьерный термоактивационный ~ tunnel thermoactivation transition
насыщенный ~ *кв. эл.* saturated transition
неадиабатический ~ nonadiabatic transition
незапрещённый ~ unforbidden transition
необратимый фазовый ~ irreversible phase transition
непрерывный ~ continuous transition
непрямой ~ *фтт* indirect [nonvertical] transition
непрямой междузонный ~ nonvertical interband transition
несимметричный ~ nonsymmetrical junction
несобственный сегнетоэластический ~ improper ferroelastic transition
несобственный фазовый ~ improper phase transition
неупорядоченный джозефсоновский ~ disordered Josephson junction
нефранк-кондоновский ~ non-Frank-Condon transition
низковольтный ~ low-voltage junction
низкотемпературный ~ *фтт* low-temperature transition
облегчённый ~ favored transition
обратимый ~ *фтт* reversible transition
обратный ~ reverse transition
одноквантовый ~ single-quantum transition
однократно запрещённый ~ once-forbidden transition
однофононный ~ single-phonon transition
одночастичный ~ single-particle transition
~ Оже Auger transition
октупольный ~ *яф* octupole transition
омический ~ ohmic [nonrectifying] junction
оптически запрещённый ~ optically forbidden transition
оптический ~ optical transition
ориентационный ~ orientational transition
ориентационный фазовый ~ orientational phase transition
основной ~ *кв. эл.* basic transition
осцилляционный адиабатический ~ oscillation adiabatic transition
~ от хрупкого состояния к пластическому brittle-ductile transition
~ от хрупкости к пластичности brittle-ductile transition
~ Пайерлса *фтт* Peierls transition
пайерлсовский фазовый ~ Peierls phase transition
перколяционный ~ *фтт* percolation transition
плавный ~ gradient junction
плавный волноводный ~ (waveguide) taper
планарный ~ planar [plane, flat] junction
побочный ~ branching transition
поверхностный ~ surface junction

поглощающий ~ absorbing [absorptive] transition
подбарьерный ~ tunnel transition
полиморфный ~ polymorphic transition, polymorphic transformation
полузапрещённый ~ semi-forbidden transition
полупроводниковый ~ semiconductor junction
~ порядок-беспорядок *фтт* order-disorder transition
предельный ~ limiting process, passage to the limit
прямой ~ *фтт* direct [vertical] transition
прямой междузонный оптический ~ vertical interband optical transition
прямой многофотонный ~ электрона из связанного состояния в непрерывный спектр direct multiphoton bound-free transition of electron
рабочий ~ *(лазера)* laser [lasing, signal] transition
радиационно-индуцированный фазовый ~ radiation-induced phase transition
радиационный ~ radiative transition
радиационный интеркомбинационный квантовый ~ radiative intercombination quantum transition
размытый сегнетоэлектрический ~ smeared ferroelectric transition
размытый фазовый ~ smeared phase transition
разрешённый ~ allowed [nonforbidden, favored] transition
~, разрешённый по чётности parity-allowed transition
разрешённый электродипольный ~ allowed electric dipole transition
рамановский ~ Raman transition
резкий ~ abrupt junction
резкий p-n-~ abrupt p-n junction
резонансный ~ resonant transition
рекомбинационный ~ recombination transition
релаксационный ~ relaxation transition
релятивистский магнитный дипольный ~ relativistic magnetic dipole transition
самоограниченный ~ self-contained transition
самопроизвольный ~ spontaneous transition
сварной ~ welded junction
сверхизлучательный ~ superradiant transition
сверхпроводящий ~ *(в полупроводнике)* superconducting junction; *(фазовый)* superconducting transition
сверхразрешённый ~ superallowed transition
сверхструктурный фазовый ~ superstructural phase transition
светоизлучающий p-n-~ light-emitting p-n junction

светоиндуцированный фазовый ~ photo-induced phase transition

светоиндуцированный ~ **Фредерикса** photoinduced Freedericksz transition

свободно-свободный ~ free-free transition

свободно-связанный ~ free-bound transition

связанно-связанный ~ bound-bound transition

сегнетоэластический фазовый ~ ferroelastic phase transition

сегнетоэлектрический фазовый ~ ferroelectric phase transition

~ **с захватом** capture transition

~ **с захватом электрона** electron-capture transition

~ **с изменением главного квантового числа** transition with a changing the principal quantum number

~ **с изменением странности** strangeness changing transition

~ **с изменением чётности** parity transition

сильный ~ *кв. эл.* strong transition

симметричный ~ symmetrical junction

синглет-триплетный ~ singlet-triplet transition

слабозапрещённый ~ *кв. эл.* weakly forbidden transition

слабый ~ *кв. эл.* weak transition

случайный ~ random transition

смешанный ~ mixed transition

~ **с нарушением комбинированной чётности** CP-violating transition

собственный сегнетоэластический ~ proper ferroelastic transition

собственный фазовый ~ proper phase transition

согласующий ~ matching transition

~ **с переворотом спина** spin flip transition

~ **с переориентацией спина** spin flop transition

спиновый ~ spin transition

спин-переориентационный ~ spin-reorientation [magnetic-orientation] transition

спин-флип ~ spin flip transition

спин-флоп ~ spin flop transition

~ **спираль-клубок** *биоф.* helix-coil transition

сплавной ~ *фпп* alloy(ed) [fused] junction

сплавной p-n-~ alloyed [fused] p-n junction

спонтанный ~ spontaneous transition

спонтанный фазовый ~ spontaneous phase transition

спонтанный ~ **Фредерикса** spontaneous Freedericksz transition

сращённый ~ grown junction

~ **с сохранением комбинированной чётности** CP-preserving transition

статистический ~ statistical transition

столкновительный интеркомбинационный квантовый ~ collisional intercombination quantum transition

строго запрещённый ~ highly forbidden transition

структурный фазовый ~ structural phase transition

ступенчатый резонансный ~ stepwise resonant transition

~ **типа «диэлектрик-метал»** insulator-metal transition

~ **типа «парамагнетик-антиферромагнетик»** paramagnetic-antiferromagnetic transition

~ **типа «полупроводник-полуметалл»** semiconductor-semimetal transition

~ **типа смятия** *фпп* crushing transition

~ **типа упорядочения** ordering transition

~ **тлеющего разряда в дуговой** glow-to-arc transition

топологический ~ *фпп* topological transition

точечный ~ point-contact junction

туннельный ~ tunnel(ing) junction

~ **турбулентного течения в ламинарное** transition from turbulent to laminar flow, turbulent-laminar transition

уникальный ~ unique transition

условный ~ conditional transition

фазовый ~ phase transition

фазовый ~ **в двуокиси ванадия** vanadium dioxide phase transition

фазовый ~ **второго рода** second order phase transition, phase transition of the second order

фазовый ~ **высшего порядка** phase transition of higher order

фазовый ~ **жидкость-стекло** liquid-glass phase transition

фазовый ~, **индуцированный полем** field-induced phase transition

фазовый ~ **кристалл-расплав** crystal-melt phase transition

фазовый ~ **нематик-смектик** nematic-smectic phase transition

фазовый ~ **несмачиваемость-смачиваемость** nonwettability-wettability phase transition

фазовый ~ **первого рода** first order phase transition, phase transition of the first order

фазовый ~ **перколяционного типа** phase transition of the percolation type

фазовый ~ **под действием лазерного излучения** laser-induced phase transition

фазовый ~ **полупроводник-металл** semiconductor-metal phase transition

фазовый ~ **порядок-беспорядок** order-disorder phase transition

фазовый ~ **сверхпроводник-полупроводник** superconductor-semiconductor phase transition

фазовый ~ **смачивания** wetting phase transition

фазовый ~ **типа «несоразмерная фаза — соразмерная фаза»** incommensurate-commensurate phase transition

фазовый ~ **типа «ферромагнетик-антиферромагнетик»** ferromagnetic-antiferromagnetic phase transition

фазовый ~ типа «ферромагнетик-пара-магнетик» ferromagnetic-paramagnetic phase transition

фазовый ~ типа «ферромагнетик-фер-римагнетик» ferromagnetic-ferrimagnetic phase transition

фазовый ~ 2 1/2 рода 2 1/2 phase [Lifshitz, electron topological] transition

ферромагнитный фазовый ~ ferromagnetic phase transition

фотодиссоциативный ~ photodissociative transition

~ Франка - Кондона Frank-Condon transition

~ Фредерикса Freedericksz transition

холостой ~ *кв. эл.* idle transition

хрупко-пластичный ~ brittle-ductile transition

~ хрупкость-пластичность brittle-ductile transition

~ через звуковую скорость transonic transition

~ через критическую точку transition through a critical point

~ через перемежаемость transition via intermittency

эксигон-магнонный ~ exciton-magnon transition

эксигонный ~ exciton transition

экспоненциальный ~ exponential junction

электрический дипольный ~ electric dipole transition

электрический квадрупольный ~ electric quadrupole transition

электрический монопольный ~ electric monopol transition

электрический октупольный ~ electric octupole transition

электродипольный ~ electric dipole transition

~ электрона electron transition

электронно-колебательный ~ electronic-vibrational transition

электронно-топологический ~ *фтт* electron topological transition

электронно-топологический ~ Лифшица *фтт* Lifshitz electron topological transition

электронный ~ electron transition

электронный топологический ~ electron topological [2 1/2 phase, Lifshitz] transition

эмиттерный ~ emitter junction

эпитаксиальный ~ epitaxial(ly grown) junction

эпитаксиальный p-n-~ epitaxial p-n junction

ядерный ~ nuclear transition

~ Яна - Теллера Yahn-Teller transition

n-фотонный ~ n-photon transition

p-n-~ p-n junction

переходник *м.* adapter

перечень *м.* list

перечисление *с.* enumeration

периастр *м.* periastron

перигей *м.* perigee

перигелий *м.* perihelion

периметр *м.* perimeter

смоченный ~ wetted perimeter

период *м.* period; *(цикл)* cycle; *(решётки)* spacing

~ альфа-распада alpha-decay period

аномалистический ~ anomalistic period

асимптотический ~ asymptotic period

~ базисной решётки base lattice period

безопасный ~ safe period

~ бета-распада beta-decay period

~ вращения rotation(al) period, period of revolution

~ гофрировки corrugation period

~ дискретизации sampling period

~ дифракционной решётки period of grating

~ доменной структуры domain period, domain spacing

драконический ~ nodical period

~ запаздывания delay period

~ запаздывающих нейтронов delayed-neutron period

~ изменения блеска *(переменной звезды)* period of brightness variation

инкубационный ~ incubation [latent] period

кажущийся ~ полураспада apparent half-life

~ качаний time of swing

~ колебаний oscillation [vibration] period, period of vibrations; *(маятника)* period of swing

~ колебаний частицы между точками отражения *сзф* particle bounce period

~ кристаллической решётки lattice spacing

ламинарный ~ *(движения жидкости)* laminar period

~ ларморовой прецессии Larmor (precession) period

латентный ~ latent period

~ магнитной системы period of a magnetic system

~ модуляции modulation period

~ нагрева heating-up period

начальный ~ initial period

нейтронный ~ neutron period

~ нечувствительности *(датчика)* paralysis time, paralysis [insensitive] period

обратный асимптотический ~ reciprocal asymptotic period

обратный ~ реактора inverse reactor period

~ обращения *(тела вокруг оси)* period of revolution, rotation period; *(на орбите)* revolution [orbital] period

одиннадцатилетний ~ *(солнечной активности)* 11-year period

~ осевого вращения axial rotation period

основной ~ fundamental period

~ осцилляций oscillation period

~ охлаждения cooling period

переходный ~ transient period
~ **повторения импульсов** pulse-repetition period
~ **полуобмена** half-time of exchange
~ **полураспада** half-life, decay period
~ **превращения** transformation period
~ **прецессии** precession period, precession cycle
~ **примитивной ячейки** *крист.* primitive period
~ **простоя** standing period
пространственный ~ spatial period
~ **пульсаций** period of pulsations
рабочий ~ operating period
~ **радиоактивного распада** radioactive-decay period
~ **решётки** *(в реакторах)* lattice pitch; *(в кристаллах)* lattice spacing
~ **свободных колебаний** free period
сидерический ~ sidereal period
синодический ~ synodic period
скрытый ~ latent period
~ **следования импульсов** pulse-repetition interval
~ **собственных колебаний** natural [free] period
~ **солнечной активности** period of solar activity
трансляционный ~ *крист.* translation period
турбулентный ~ *(движения жидкости)* turbulent period
узловой ~ nodical period
~ **ускорения** acceleration period
установившийся ~ **реактора** stable reactor period
~ **Чандлера** *геофиз.* Chandler term
чандлеровский ~ *геофиз.* Chandler term
эффективный ~ effective period
эффективный ~ **полувыведения** *яф* effective half-life
юлианский ~ Julian period
~ **ядерного реактора** nuclear reactor period
11-летний ~ *(солнечной активности)* 11-year period
периодичность *ж.* periodicity
~ **загрузки урана** uranium feed rate
~ **изнашивания** periodicity of wear process
искусственная ~ artificial periodicity
пространственная ~ spacial periodicity
~ **решётки** lattice periodicity, periodicity of lattice
~ **свойств** periodicity of properties
~ **солнечной активности** periodicity in solar activity
27-дневная ~ *(вариаций геомагнитного поля)* 27-day periodicity
периплазмотрон *м.* periplasmatron
перископ *м.* periscope
бинокулярный ~ binocular periscope
зеркальный ~ mirror periscope
коленчатый ~ corner periscope
панорамный ~ panoramic [scanning] periscope
П-образный ~ saddle periscope

подъёмный ~ elevator periscope
~ **с панорамным зеркалом** panoramic [scanning] periscope
стереоскопический ~ binocular periscope
перитектика *ж.* peritectic (alloy)
перитектоид *м.* peritectoid
периферия *ж. опт., вчт* periphery
перицентр *м.* pericenter
перколяция *ж. фтт* percolation
~ **с обычной связью** ordinary bond percolation
перлит *м. физ. мет.* pearlite, perlite
аномальный ~ degenerate [divorced] pearlite
грубопластинчатый ~ coarse pearlite
зернистый ~ globular [granular, spheroidal] pearlite
непластинчатый ~ nonlamellar pearlite
пластинчатый ~ lamellar pearlite
сорбитообразный ~ sorbitic pearlite
тонкопластинчатый ~ fine pearlite
пермаллой *м. (сплав)* permalloy
пермендюр *м. (сплав)* permendur
перовскит *м. крист.* perovskite
пероксид *м.* peroxide
пероксирадикал *м. фпп* peroxiradical
пероксицвиттер-ион *м. фпп* peroxizwitter ion
перпендикуляр *м.* normal, perpendicular
~ **в точке падения** *(волны)* incidence normal
перпендикулярность *ж.* perpendicularity
персонал *м.* personnel
научный ~ scientific personnel
обслуживающий ~ service personnel
~ **радиологических служб** radiological personnel
технический ~ engineering personnel
эксплуатационный ~ operating personnel
перфокарта *ж.* punch(ed) card
перфорация *ж.* perforation, punch
лазерная ~ *(напр. тканей)* laser perforation
перфторалкилйодид *м. (активное вещество йодного лазера)* perfluoralkyl iodide
петля *ж.* loop
асимметричная ~ **гистерезиса** asymmetric hysteresis loop
вакуумная ~ *ктп* vacuum loop
внутриреакторная ~ in-pile loop
вспышечная ~ *сзф* flare loop
~ **гистерезиса** hysteresis loop
«горячая» ~ *яф* closed loop
гравитационная ~ gravitational loop
двойная ~ **гистерезиса** double hysteresis loop
динамическая ~ **гистерезиса** dynamic hysteresis loop
~ **дисклинации** disclination loop
дислокационная ~ dislocation loop
дислокационная ~ **Франка** Frank loop
~ **диэлектрического гистерезиса** dielectric hysteresis loop
дуальная ~ dual loop
замкнутая ~ closed loop
инстантонная ~ *ктп* instanton loop

калибровочно-полевая ~ gauge-field loop

квазистатическая ~ гистерезиса quasi-static hysteresis loop

корональная ~ *сэф* coronal loop

магнитная ~ *сэф* magnetic loop

~ магнитного гистерезиса magnetic hysteresis loop

максимальная ~ гистерезиса major hysteresis loop

~ обратной связи feedback loop

одиночная ~ *сэф* single loop

охлаждающая ~ *яф* cooling loop

перетянутая ~ гистерезиса constricted hysteresis loop

плоская ~ planar loop

послевспышечная ~ *сэф* post-flare loop

предельная ~ гистерезиса major [saturation] hysteresis loop

призматическая дислокационная ~ dislocation prismatic loop

прямоугольная ~ гистерезиса rectangular [square] hysteresis loop

резонансная ~ resonance loop

~ связи coupling loop

~ сегнетоэлектрического гистерезиса ferroelectric hysteresis loop

~ сепаратриссы separatrix loop

симметризованная ~ symmetrized loop

симметричная ~ гистерезиса symmetrical hysteresis loop

скользящая дислокационная ~ dislocation slip loop

солнечная корональная ~ solar coronal loop

~ с принудительной циркуляцией *яф* forced-circulation loop

статическая ~ гистерезиса static hysteresis loop

термоконвекционная ~ *яф* thermal-convection loop

~ упругого гистерезиса elastic hysteresis [stress-strain] loop

фермионная ~ *ктп* fermion loop

частная ~ гистерезиса incremental [minor] hysteresis loop

экспериментальная ~ *яф* experimental loop

петрография *ж.* petrography

петрология *ж.* petrology

петромагнетизм *м.* petromagnetism

петрофизика *ж.* petrophysics

петрохимия *ж.* petrochemistry

печать *ж.* printing

лазерная ~ laser printing

печь *ж.* furnace; oven

вакуумная ~ vacuum furnace

~ Вернейля Verneuil furnace

водородная ~ hydrogen furnace

~ для отжига annealing furnace

дуговая ~ arc furnace

закалочная ~ hardening [tempering] furnace

индукционная ~ induction furnace

плавильная ~ melting furnace

плазменная ~ plasma furnace

солнечная ~ solar furnace

~ сопротивления resistance furnace

электрическая ~ electric furnace

электронно-лучевая ~ electron beam [bombardment] furnace

ПЗС-детектор *м.* CCD detector

ПЗС-матрица *ж.* CCD matrix

пигмент *м.* pigment

пи-импульс *м.* pi pulse

пик *м.* peak; *(пичок)* spike

брэгговский ~ Bragg peak

вакансионный ~ *фттт* vacansion peak

~ в рассеянии вперёд forward peak

~ в рассеянии назад backward peak

~ вылета *(в гамма-спектрометре)* escape peak

двойной ~ double peak

~ двухфотонного поглощения two-photon absorption peak

дифракционный ~ diffraction peak

железный ~ *(в распространённости элементов)* iron peak

заметный ~ noticeable peak

значительный ~ significant peak

~ Лауэ - Брэгга Laue-Bragg peak

ложный ~ ghost [spurious] peak

~ нагрузки peak load, load peak

~ напряжения voltage peak, peak voltage

паразитный ~ *крист.* spurious peak

~ поглощения absorption peak

~ полного поглощения *(в гамма-спектрометре)* complete absorption peak

преобладающий ~ dominant peak

размытый ~ washed-out [spread-out] peak

резкий ~ sharp peak

резонансный ~ resonance peak

~ синхронизма *кв. эл.* phase-matching peak

~ смещения displacement spike

температурный ~ thermal spike

тепловой ~ *(при распылении)* thermal peak

термический ~ thermal spike

узкий ~ narrow peak, short spike

~ утечки излучения escape peak

экситонный ~ *(в спектре поглощения)* exciton peak

пикноклин *м.* pyknocline

пикнометр *м.* pyknometer

пикноядерный *прил.* pyknonuclear

пикоамперметр *м.* picoamperemeter

пиковольтметр *м.* picovoltmeter

пикосекунда *ж.* picosecond

пиксель *м. (ячейка детектора)* pixel

пилообразный *прил.* saw-tooth(ed)

пи-мезоатом *м.* pionic atom, pi-mesic atom

пи-мезон *м. (см. тж.* пион) pi-meson, pion

пинакоид *м. крист.* pinacoid

«пингвин» *м. жарг., фвэ* penguin

глюонный ~ gluon penguin

фотонный ~ photon penguin

пиннинг *м. фттт* pinning

~ доменной стенки pinning of domain wall

коллективный ~ collective pinning
~ магнитного потока magnetic flux pinning
низкотемпературный ~ low-temperature pinning
поверхностный ~ surface pinning
сильный ~ strong pinning
трёхмерный ~ three-dimensional pinning
~ уровня Ферми pinning of the Fermi level
~ флюксоида fluxoid pinning
хаотический ~ random pinning
пинч *м. физ. пл.* pinch
винтовой ~ helical [screw] pinch
диффузный линейный ~ diffuse linear pinch
импульсный ~ pulsed pinch
линейный ~ linear pinch
~ малой плотности low-density pinch
нецилиндрический ~ noncylindrical pinch
продольный ~ longitudinal pinch
прямой ~ straight pinch
резистивный ~ resistive pinch
сильноточный ~ high-current pinch
~ с обратным полем reversed-field pinch
~ с обращённым полем reversed-field pinch
стабилизированный ~ stabilized pinch
тороидальный ~ toroidal pinch
цилиндрический ~ cylindrical pinch
Z-~ Z-pinch
пинчевание *с.* pinching
пинч-эффект *м.* pinch effect
винтовой ~ screw pinch effect
линейный ~ linear pinch effect
~ с внутренним проводником hard core pinch effect
~ Уэйра Ware pinch
пион *м.* pion
виртуальный ~ virtual pion
жёсткий ~ hard pion
заряженный ~ charged pion
мягкий ~ soft pion
нейтральный ~ neutral pion
пионизация *ж.* pionization
пипетка *ж.* pipette
пирамида *ж.* pyramid
ромбическая ~ rhombic pyramid
~ роста *крист.* growth sector, growth pyramid
усечённая ~ truncated pyramid
пиранометр *м.* pyranometer
пиргелиометр *м.* pyrheliometer
пиргеометр *м.* pyrgeometer
пирекс *м.* pyrex
пиридин *м. (растворитель)* pyridine
пирит *м.* pyrite
пировидикон *м.* pyrovidicon
пирозаряд *м.* pyrocharge
пиролиз *м.* pyrolysis
струйный ~ spray pyrolysis
пиромагнетик *м.* pyromagnet(ic substance)
пирометаллургия *ж.* pyrometallurgy
пирометаморфизм *м.* pyrometamorphism
пирометр *м.* pyrometer

быстродействующий ~ high-speed pyrometer
визуальный яркостный ~ visual brightness pyrometer
двухцветовой ~ two-color [bichromatic] pyrometer
инфракрасный ~ infrared pyrometer
оптический ~ optical pyrometer
~ полного излучения total radiation pyrometer
поляризационный ~ polarization pyrometer
радиационный ~ radiation [Féry] pyrometer
~ с исчезающей нитью disappearing filament pyrometer
~ с серым клином grey wedge pyrometer
термоэлектрический ~ thermocouple [thermoelectric] pyrometer
фотоэлектрический ~ photoelectric pyrometer
цветовой ~ color pyrometer
яркостный ~ brightness pyrometer
пирометрия *ж.* pyrometry
оптическая ~ optical pyrometry
радиационная ~ radiation pyrometry
пироуглерод *м.* pyrocarbon
пирохимия *ж.* pyrochemistry
пироэлектрик *м.* pyroelectric
пироэлектричество *с.* pyroelectricity
пироэффект *м.* pyroeffect
вторичный ~ secondary pyroeffect
третичный ~ tertiary pyroeffect
писк *м. (при трении в отсутствии смазки)* squeal
питание *с. эл.* power supply; feed(ing)
автономное ~ autonomous [independent] power supply
высоковольтное ~ high-voltage supply
~ магнита magnet power supply
резервное ~ stand-by power supply
питтинг *м. (вид коррозии)* pitting
начальный ~ initial pitting
прогрессирующий ~ progressive pitting
питтинг-коррозия *ж.* pitting (corrosion)
питч-угол *м. сэф* pitch angle
экваториальный ~ equatorial pitch angle
пич/ок *м. кв. эл.* spike
~ки генерации oscillation spikes
~ки лазерного излучения laser spikes
отрицательный ~ на напряжении на обходе тора negative spike in the loop voltage
положительный ~ на напряжении на обходе тора positive spike in the loop voltage
хаотические ~ки irregular spikes
плавание *с.* floating
плавка *ж.* melting, fusion
бестигельная зонная ~ crucibleless melting
вакуумная ~ vacuum melting, vacuum fusion
зонная ~ *крист.* zone melting, floating zone method
зонная ~ с градиентом температуры temperature-gradient zone melting
зонная ~ с индукционным нагревом zone melting with induction heating

зонная ~ с электронно-лучевым нагревом zone melting with electron-beam heating
электронно-лучевая ~ electron beam melting
плавление *с.* melting, fusion
анизотропное локальное ~ *физ. пов.* anisotropic local melting
поверхностное ~ surface melting
плавность *ж.* smoothness, evenness
плавучесть *ж.* buoyancy
магнитная ~ magnetic buoyancy
магнитная ~ силовых трубок magnetic buoyancy of flux tubes
плазма *ж.* plasma
абляционная ~ ablation plasma
анизотропная ~ anisotropic plasma
астрофизическая ~ astrophysical plasma
бесстолкновительная ~ collisionless plasma
бесстолкновительная замагниченная ~ collisionless magnetized plasma
биполярная ~ bipolar [electron-hole] plasma
~ верхней ионосферы upper ionosphere plasma
~ вихрей *ктп* plasma of vortices
водородная ~ hydrogen plasma
возбуждённая ~ excited plasma
вращающаяся лабораторная ~ rotating laboratory plasma
вспышечная ~ flare plasma
вырожденная ~ degenerate plasma
высокотемпературная ~ high-temperature plasma
газовая ~ gas plasma
~ газового разряда gas-discharge plasma
газоразрядная ~ gas-discharge plasma
галактическая ~ galactic plasma
~, генерируемая лазерным излучением laser(-produced) plasma
горячая ~ hot plasma
горячая ~ с замагниченными ионами hot plasma with magnetized ions
горячая ~ с замагниченными электронами hot plasma with magnetized electrons
горящая D-T-~ ignited D-T plasma
двумерно неоднородная ~ two-dimensionally irregular plasma
двухкомпонентная ~ two-component plasma
двухтемпературная ~ two-temperature plasma
дейтериевая ~ deuterium plasma
дейтериево-тритиевая ~ *(ДТ плазма)* deuterium-tritium plasma
делящаяся ~ fissioning plasma
~ диффузного пинча diffused pinch plasma
~ дугового разряда arc plasma
замагниченная ~ magnetized plasma
~ звёзд stellar plasma
звёздная ~ stellar plasma
идеальная ~ ideal [perfect] plasma
излучающая ~ emitting plasma
изолированная ~ confined plasma
изомагнитная ~ isomagnetic plasma
изотермическая ~ isothermic plasma
изотропная ~ isotropic plasma

инжектированная ~ injected plasma
~ инстантонов *ктп* instanton plasma
ионная ~ ion plasma
ионно-пучковая ~ ion beam plasma
ионосферная ~ ionospheric plasma
~ катодного пятна cathode-spot plasma
квазинейтральная ~ quasi-neutral plasma
квантовая ~ quantum plasma
кварк-глюонная ~ quark-gluon plasma
классическая ~ classical plasma
корональная ~ coronal plasma
космическая ~ space [cosmic] plasma
криогенная ~ cryogenic plasma
~ крови blood plasma
кулоновская ~ Coulomb plasma
лабораторная ~ laboratory plasma
лазерная ~ laser(-produced) plasma
лазерно-индуцированная ~ laser-induced [laser-produced] plasma
лайнерная ~ liner plasma
ламинарная ~ quiescent plasma
лоренцева ~ Lorentz plasma
магнитоактивная ~ magnetoactive plasma
магнитоионная ~ magnetoionic plasma
магнитосферная ~ magnetospheric plasma
~ магнитосферы magnetosphere plasma
межзвёздная ~ interstellar plasma
межпланетная ~ interplanetary plasma
межпланетная ~ с повышенным содержанием гелия helium-enriched interplanetary plasma
многокомпонентная ~ multicomponent plasma
~ монополей *ктп* monopole plasma
нагретая ~ heated plasma
невозмущённая ~ undisturbed plasma
невырожденная ~ nondegenerate plasma
незамагниченная ~ nonmagnetized plasma
неидеальная ~ nonideal plasma, nonperfect plasma
неизотермическая ~ nonisothermic plasma
нейтральная ~ neutral plasma
неоднородная ~ irregular plasma
непрозрачная ~ opaque plasma
неравновесная ~ nonequilibrium plasma
нерелятивистская ~ nonrelativistic plasma
нестационарная ~ transient plasma, unstable plasma
неустойчивая ~ unstable plasma
низкотемпературная ~ low-termperature plasma
ограниченная ~ bounded plasma; confined plasma
одножидкостная ~ single-fluid plasma
однокомпонентная ~ single-component plasma
однородная ~ uniform plasma, homogeneous plasma
оптически возбуждённая ~ optically excited plasma
оптически толстая ~ optically thick plasma
~, оптически толстая в линии Ly-альфа Ly-alpha optically thick plasma
оптически тонкая ~ optically thin plasma

плоскослоистая ~ plane layered plasma
плотная ~ dense plasma
полностью ионизованная ~ fully ionized [stripped] plasma
полубесконечная ~ semi-infinite plasma
полупроводниковая ~ semiconductor plasma
полупрозрачная ~ semitransparent plasma
~ послесвечения afterglow plasma
приповерхностная ~ surface plasma
приповерхностная лазерная ~ surface laser plasma
пристеночная ~ (в токамаке) edge plasma
призлектродная ~ near-electrode plasma
прозрачная ~ transparent plasma
пространственно неоднородная ~ spatially nonuniform plasma
пучковая ~ beam plasma
пылевая ~ dust plasma
равновесная ~ equilibrium [thermal] plasma
разреженная ~ rarefied plasma
разрядная ~ discharge plasma
распадающаяся ~ decaying plasma
рекомбинирующая ~ recombining plasma
релятивистская ~ relativistic plasma
~ с анизотронными ионами plasma with anisotropic ions
~ с анизотронными электронами plasma with anisotropic electrons
~ с большим бета high-beta plasma
сверхплотная ~ superdense [ultradense] plasma
~ с высоким значением бета high-beta plasma
~ с горячими ионами plasma with hot ions
~ с горячими электронами plasma with hot electrons
~ с двумя группами ионов plasma with two ion groups
~ с двумя группами электронов plasma with two electron groups
сжатая ~ pinched plasma
~ с замагниченными электронами и незамагниченными ионами plasma with magnetized electrons and nonmagnetized ions
сильнонеидеальная ~ strongly nonideal plasma
сильнонеоднородная ~ strongly irregular plasma
сильнонеравновесная ~ strongly nonequilibrium plasma
~ с конечным сопротивлением finite resistance plasma
слабоионизованная ~ weakly ionized plasma
слабонеидеальная ~ weakly nonideal plasma
слабонеоднородная ~ weakly irregular plasma
слаботурбулентная ~ weakly turbulent plasma
~ с малым бета low-beta plasma
~ с немаксвелловскими ионами plasma with non-Maxwellian ions
~ с немаксвелловскими электронами plasma with non-Maxwellian electrons
~ с низким значением бета low-beta plasma

~ со средним значением бета medium-beta plasma
солнечная ~ solar plasma
~ солнечного ветра solar wind plasma
~ с поперечным током plasma with a transverse current
~ с преобладающей ролью радиационных процессов radiation dominated plasma
~ с преобладающей ролью столкновений collision dominated plasma
~ с продольным током plasma with a longitudinal current
столкновительная ~ collisional plasma
стримерная ~ streamer plasma
~ с холодными ионами plasma with cold ions
~ с холодными электронами plasma with cold electrons
~ твёрдого тела solid state plasma
тёплая ~ warm plasma
термоядерная ~ fusion [thermonuclear] plasma
~ тлеющего разряда glow-discharge plasma
~ токамака tokamak plasma
токонесущая ~ current-carrying plasma
тороидальная ~ toroidal plasma
трёхкомпонентная ~ three-components plasma
турбулентная ~ turbulent plasma
ударно-сжатая ~ shock-compressed plasma
удерживаемая ~ confined plasma
~, удерживаемая магнитным полем magnetically confined plasma
ультрарелятивистская электрон-позитронная ~ ultrarelativistic electron-positron plasma
ускоренная ~ accelerated plasma
фоторезонансная ~ photoresonance plasma
холловская ~ Hall plasma
холодная ~ cold plasma
холодная незамагниченная ~ cold nonmagnetized plasma
чистая ~ pure plasma
электронная ~ electron plasma
электронно-дырочная ~ electron-hole plasma
электронно-ионная ~ в электрическом ракетном двигателе electron-ion plasma in electric jet propulsion
электронно-ядерная ~ electron-nuclear plasma
~ электроотрицательных газов plasma of electronegative gases
эрозионная лазерная ~ erosion laser plasma
плазматрон м. (см. тж. плазмотрон) plasmatron
плазмовод м. plasma-guide
магнитоэлектрический ~ magneto-electric plasma-guide
тороидальный ~ toroidal plasma-guide
плазмодинамика ж. plasmadynamics

плазмоид *м.* plasmoid
плазмон *м. (рентгеновская галактика; квазичастица)* plasmon
  акустический ~ acoustical plasmon
  ВЧ ~ RF plasmon
  кварковый ~ quark plasmon
  ленгмюровский ~ Langmuir plasmon
  локализованный ~ localized plasmon
  локальный ~ local plasmon
  локальный поверхностный ~ local surface plasmon
  неравновесный ~ nonequilibrium plasmon
  НЧ ~ LF plasmon
  объёмный ~ bulk plasmon
  поверхностный ~ surface plasmon
плазмон-поляритон *м.* plasmon-polariton
  поверхностный ~ surface plasmon-polariton
плазмооптика *ж.* plasma optics
плазмопауза *ж.* plasmapause
плазмосфера *ж.* plasmasphere
плазмотрон *м.* plasmatron
  безэлектродный ~ electrodeless plasmatron
  высокочастотный ~ radio frequency [RF] plasmatron
  высокочастотный факельный ~ radio frequency [RF] torch plasmatron
  дуговой ~ arc plasmatron
  дуговой ~ **постоянного тока** DC arc plasmatron
  дуговой ~ **с внешним магнитным полем** arc plasmatron with external magnetic field
  импульсный ~ pulsed plasmatron
  индукционный ~ induction plasmatron
  оптический ~ optical plasmatron
  СВЧ ~ UHF plasmatron
  факельный ~ torch plasmatron
  электродный ~ electrode plasmatron
плазмохимия *ж.* plasma chemistry
плакет *м. ктп* plaquette
  ~ **дуальной решётки** plaquette of the dual lattice
плакирование *с.* plating, cladding
пламя *с.* flame
  вихревое ~ cyclonic flame
  диффузионное ~ diffusion flame
  ламинарное ~ laminar flame
  неустойчивое ~ unstable flame
  открытое ~ open flame
  турбулентное ~ turbulent flame
  устойчивое ~ stable [stationary] flame
  холодное ~ cold [cool] flame
  ячеистое ~ cellular flame
план *м. (в планировании экспериментов)* design; *(вид на чертеже)* plan
  задний ~ background
  передний ~ foreground
  ~ **эксперимента** design [plan] of an experiment
планёр *м.* glider; airframe
  буксируемый ~ towed glider
  ~ **самолёта** airframe
планеризм *м.* aerodonetics

планет/а *ж.* planet
  большие ~**ы** major planets
  верхняя ~ superior planet
  внешняя ~ outer planet
  внутренняя ~ inner [interior] planet
  гипотетическая ~ hypothetical planet
  ~**ы земного типа** terrestrial planets
  ~**ы земной группы** terrestrial planets
  интрамеркуриальная ~ intra-Mercurian planet
  искусственная ~ artificial planet
  малая ~ asteroid, planetoid, minor planet
  нижняя ~ inferior planet
  трансплутоновая ~ trans-Plutonian planet
планетарий *м.* planetarium
планетезималь *ж. астр.* planetesimal
планетология *ж.* planetology
планеты-гиганты *мн.* giant planets
планиметрия *ж.* planimetry, plane geometry
планирование *с. аэрод.* glide, gliding
  ~ **эксперимента** planning an experiment, designing an experiment
планисфера *ж.* planisphere
пласт *м.* seam, stratum
пластик *м.* plastic (material)
  абляционный ~ ablative plastic
  армированный ~ reinforced plastic
  слоистый ~ laminated plastic
  стекловолокнистый ~ fibrous-glass-reinforced plastic
пластин/а *ж. (см. тж. пластинка)* plate; *(в микроэлектронике)* wafer
  ~**ы вертикального отклонения** *(в ЭЛТ)* vertical deflection [Y] plates
  внешняя диверторная ~ outboard [outer] divertor plate
  внутренняя диверторная ~ inboard [inner] divertor plate
  волоконно-оптическая ~ fiber-optical plate
  ~**ы горизонтального отклонения** horizontal deflection [X] plates
  диверторная ~ divertor plate
  зачернённая ~ blackened plate
  защемлённая *(по контуру)* ~ clamped plate
  защитная ~ *(в токамаке)* armour plate
  кремниевая ~ silicon wafer
  микроканальная ~ *(в ЭОПе)* microchannel plate
  многослойная ~ composite plate
  многоугольная ~ polygonal plate
  монодоменная ~ single domain plate
  монокристаллическая ~ single crystal wafer
  неприводимая кристаллическая ~ irreducible crystal slab
  отклоняющие ~**ы** deflection [deflecting] plates
  перфорированная ~ perforated plate
  плоская ~ flat plate
  поверхностная ~ *фтт* surface slab
  подкреплённая ~ stiffened plate
  полидоменная ~ polydomain plate
  полупроводниковая ~ semiconductor wafer

прямоугольная ~ rectangular plate
ромбовидная ~ rhomboid plate
~ с боковым надрезом edge-notched plate
свободно опёртая ~ simply supported plate
сигнальная ~ signal plate
согласующая ~ *(в волноводе)* matching plate
~ со сквозной трещиной through-cracked plate
~ с центральной трещиной center-cracked plate
травленая рассеивающая ~ etched scattering plate
трёхслойная ~ sandwich plate
упругозащемлённая ~ elastically restrained plate
шарнирно опёртая ~ hingedly supported plate
пластинка *ж. (см. тж.* пластина) plate; platelet; *(в микроэлектронике)* wafer
абсолютно гибкая ~ absolutly flexible plate
астрографическая ~ astrographic plate
ахроматическая фазовая ~ phase achromatic plate
биметаллическая ~ bimetallic strip
брэгг-френелевская зонная ~ Bragg-Fresnel zone plate
~ вакансий vacancy platelet
гибкая ~ flexible plate
голографическая ~ holographic plate
двойниковая ~ twin lamella
двоякопреломляющая ~ birefringent [doubly refracting] plate
двулучепреломляющая ~ birefringent [doubly refracting] plate
двулучепреломляющая фазовая ~ birefringent [doubly refracting] phase plate
жёсткая ~ rigid plate
зонная ~ *опт.* zone [Soret] plate
кварцевая ~ quartz plate
клиновидная фазовая ~ wedge-shaped phase plate
круглая ~ circular plate
~ Люммера - Герке Lummer-Gehrke plate
микрозонная ~ microzone plate
многослойная ~ multilayer plate
нагруженная ~ *мех.* loaded plate
одноволновая фазовая ~ phase wavelength plate
ортотропная ~ orthotropic plate
отражательная фазовая ~ reflection phase plate
плоская ~ flat plate
плоская брэгг-френелевская ~ Bragg-Fresnel flat zone plate
плоскопараллельная ~ plane-parallel plate
полуволновая фазовая ~ phase half-wave plate
полупрозрачная ~ translucent [semitransparent] plate
поляриметрическая ~ polarimetric plate
~ Савара *опт.* Savart plate
светоделительная ~ beam-splitting plate
сильнохроматическая фазовая ~ strongly chromatic phase plate

слюдяная ~ mica plate
~ Cope Soret [zone] plate
стеклянная ~ glass plate
тонкая ~ thin plate
трёхмерная брэгг-френелевская ~ Bragg-Fresnel three-dimensional zone plate
узкая ~ strip
фазовая ~ phase plate
фазосдвигающая ~ phase-shifting plate
ферритовая ~ ferrite plate
фокусирующая зонная ~ focusing zone plate
фотографическая ~ photographic plate
хроматическая фазовая ~ chromatic phase plate
четвертьволновая фазовая ~ phase quarter-wave plate
эллипсометрическая фазовая ~ ellipsometric plate
пластификатор *м.* plasticizer
пластификация *ж.* plasticization
~ титана водородом hydrogen plasticization of titanium
пластичность *ж.* plasticity; *(вязкость, ковкость материала)* ductility, yieldability
атермическая ~ athermal plasticity
~ в горячем состоянии hot plasticity
~ в холодном состоянии cold plasticity
~ деформационного двойникования deformation twinning plasticity
дислокационная ~ dislocation plasticity
диффузионная ~ diffusion plasticity
идеальная ~ ideal [perfect] plasticity
краудионная ~ crowdion plasticity
~ кристаллов crystal plasticity
локальная ~ local plasticity
межзёренная ~ intergranular plasticity
~ превращения transformation plasticity
~ при высоких температурах high-temperature plasticity
самодиффузионная ~ self-diffusion plasticity
совершенная ~ perfect [ideal] plasticity
пластичный *прил.* plastic, ductile
пластмасса *ж.* plastic
пластометр *м.* plastometer; rheometer
конический инденторный ~ conical indenter plastometer
сдвиговый ~ shear plastometer
~ с параллельными пластинками parallel-plate plastometer
плата *ж. микр.* plate, board
печатная ~ printed-circuit board
платина *ж.* platinum, Pt
губчатая ~ spongy platinum
платинирование *с.* platinization, platinum plating
платинотрон *м. (СВЧ прибор)* platinotron
плато *с. (на кривой)* plateau
~ критического тока *втсп* critical current plateau
~ счётной характеристики plateau of a counter tube, Geiger plateau

~ счётчика counter plateau, plateau of counter

~ Ферми *(в ионизационных потерях)* Fermi plateau

платформа *ж.* platform

гиростабилизированная ~ gyro-stabilized platform

пленение *с.* trapping, confinement

~ излучения *(физ. пл., кв. эл.)* radiation trapping; radiation inprisonment

~ цвета color confinement

плёнк/а *ж.* film □ **наносить** ~у deposite a film; **напылять** ~у deposite a film

адгезионная ~ adhesive film

адсорбированная ~ adsorbed film

адсорбционная ~ adsorption film

алмазоподобная ~ diamond-like film

аморфная ~ amorphous film

аморфная магнитная тонкая ~ amorphous magnetic thin film

антикоррозионная ~ anticorrosion film

антиокислительная ~ anti-oxidation film

антифрикционная ~ antifrictional [low-friction] film

~ вторичных структур film of secondary structures

газовая ~ gas film

гелиевая ~ helium film

гидродинамическая ~ hydrodynamic film

граничная ~ boundary film

~ граничной смазки boundary lubricant film

двухслойная просветляющая ~ two-layer antireflection film

двухслойная тонкая ~ two-layer thin film

диэлектрическая ~ dielectric film

диэлектрическая ~ **Ленгмюра - Блоджетт** dielectric Langmuir-Blodgett film

дозиметрическая ~ radiation monitoring film

~ железоиттриевого граната yttrium-iron garnet film

жидкая ~ liquid film

жидкокристаллическая ~ liquid-crystal film

жидкостная ~ liquid [fluid] film

защитная ~ protective film

~ зернистой структуры granular film

износостойкая ~ wear-resistant [wearproof, anti-wear] film

ионно-имплантированная ~ ion-implanted film

квантоворазмерная ~ quantum-dimensional film

крупнозернистая ~ large-grain film

~ **Ленгмюра - Блоджетт** Langmuir-Blodgett film

ленгмюровская ~ Langmuir(-Blodgett) film

магнитная ~ magnetic film

магнитооптическая ~ magnetooptic film

масляная ~ oil film

мелкозернистая ~ fine-grain film

металлическая ~ metal film

многослойная ~ multilayer [composite] film

монокристаллическая ~ single-crystal film

мономолекулярная ~ monomolecular [unimolecular] film

монослойная ~ monolayer film

напылённая ~ evaporated [deposited] film

неоднородная просветляющая ~ irregular antireflection film

несущая ~ load carrying film

нубиальная ~ nubial film

ньютоновская чёрная ~ Newtonian black film

однодоменная эпитаксиальная ~ one-domain epitaxial film

одноосная ~ uniaxial film

однородная ~ uniform film

однослойная просветляющая ~ single-layer antireflection film

оксидная ~ oxide film

ориентированная ~ oriented film

~, **осаждённая из паровой фазы** vapor-deposited film

островковая ~ island film

островковая металлическая ~ island metallic film

отожжённая ~ annealed film

~ парамагнитного граната paramagnetic garnet film

паровая ~ steam blanket, steam film

~ переноса *(при трении)* transfered film

поверхностная ~ surface film

полимерная ~ polymer film

полупроводниковая ~ semiconductor film

полупроводниковая ~ **Ленгмюра - Блоджетт** semiconductor Langmuir-Blodgett film

приработочная ~ break-in [sacrificial] film

проводящая ~ conducting film

проводящая ~ **Ленгмюра - Блоджетт** conducting Langmuir-Blodgett film

прозрачная ~ transparent film

просветляющая ~ antireflection film

противоизносная ~ anti-wear [wear-resistant] film

псевдоморфная ~ pseudomorphous film

пьезоэлектрическая ~ piezoelectric film

радиографическая ~ radiographic film

разделительная ~ dividing film

расплавленная ~ molten film

рентгеновская ~ X-ray film

сверхпроводящая ~ superconducting film

светоизлучающая ~ light-emitting film

светочувствительная ~ photosensitive film

сдавливаемая ~ squeezed film

слоистая ~ layered film

~ смазки lubricant film

смазочная ~ lubricating film

смачивающая ~ wetting film

~ со снимающейся эмульсией stripping film

сплошная ~ continuous film

~ с подложкой backed film

субмонослойная ~ submonolayer film

сходящаяся смазочная ~ convergent lubricant film

499

~ **твёрдой смазки** solid [dry] lubricant film
твёрдосмазочная ~ solid lubricant film
текстурированная ~ textured film
толстая ~ thick film
тонкая ~ thin film
трёхслойная просветляющая ~ three-layer antireflection film
~ **трибополимера** tribopolymer film
ультратонкая ~ ultrathin film
упругогидродинамическая ~ elastohydrodynamic film
ферромагнитная ~ ferromagnetic film
фотографическая ~ photographic film
фотохромная ~ photochromic film
фрикционная ~ frictional film
~ **фрикционного переноса** frictionally transfered film
цветная ~ color film
чёрная ~ black film
экспонированная ~ exposed film
эпитаксиальная ~ epitaxial [epitaxially-grown] film
ядерная ~ nuclear film
плёнкодержатель м. film holder
плёнкообразование с. film formation
плеоморфизм м. pleomorphism
плеохроизм м. опт. pleochroism
аномальный ~ anomalous pleochroism
плеч/о с. (измерительного моста, рычага и др.) arm
задающее ~ (манипулятора) master arm
~ **интерферометра** interferometer arm
исполнительное ~ (манипулятора) slave arm
~ **моста** arm of bridge, bridge arm
~**и отношения** (измерительного моста) ratio arms
~ **пары** (сил) arm of couple
протонное ~ (спектрометра) proton arm
~ **рычага** lever arm
~ **силы** arm of force, moment arm
~ **сравнения** (измерительного моста) standard arm
~ **схемы совпадений** arm of a coincidence circuit
плеяда ж. pleyade
~ **изотопов** pleyade of isotopes, isotope group
плита ж. plate, slab
литосферная ~ lithospheric plate
опорная ~ base [bearing] plate
плоская ~ flat slab
плосковогнутый прил. plano-concave
плосковыпуклый прил. plano-convex
плоскопараллельный прил. plane-parallel
плоскополяризованный прил. plane-polarized
плоскостность ж. planeness
плоскост/ь ж. plane □ **двигаться в ~и** move in plane
азимутальная ~ azimuth plane
асимптотическая ~ asymptotic plane
атомная ~ крист. atomic plane

аффинная ~ affine plane
~ **базиса** basal plane
базисная ~ фттт basal plane
бесконечная ~ infinite plane
вертикальная ~ vertical plane
~ **вихря** vortex plane
~ **вращения** plane of rotation
~ **габитуса** крист. habit plane
галактическая ~ (плоскость галактики) galactic plane; (плоскость Млечного Пути) Galactic plane, Plane of the Milky Way
главная ~ (линзы) principal plane
~ **годографа** hodograph plane
горизонтальная ~ horizontal plane
~ **двойникования** крист. twinning plane
девиаторная ~ deviatoric plane
~ **действительного изображения** real image plane
действующая ~ **скольжения** active slip plane
~ **деформации** deformation plane, plane of deformation
дифракционная ~ diffraction [Fraunhofer] plane
~ **залегания дефекта** plane of defect location
~ **зеркального отражения** mirror-reflection plane
~ **зеркальной симметрии** plane of reflection symmetry
~ **избирательного видения** plane of selective vision
~ **изгиба** flexural plane
~ **излома** fracture plane
~ **изображения** image plane
инвариантная ~ invariant plane
кардинальная ~ cardinal plane
картинная ~ астр. plane of the sky, tangent plane
касательная ~ tangent(ial) plane
~ **колебаний** plane of vibrations
~ **колебаний магнитного вектора волны** M-plane
~ **колебаний электрического вектора волны** E-plane
комплексная ~ complex plane
~ **комплексной переменной** complex plane
~ **комплексных волновых векторов** complex K-plane
~ **комплексных частот** complex omega plane
~ **контакта** contact plane
~ **концов лопастей** tip-path plane
координатная ~ coordinate plane
~ **кристалла** crystal plane, crystal face
~ **кристаллической решётки** lattice plane
кристаллографическая ~ crystallographic [crystal, lattice] plane
лёгкая ~ фмя easy (magnetic) plane
~ **лёгкого намагничивания** easy magnetic plane
~ **лёгкого скольжения** мех. plane of easy slip
медианная ~ median plane

~ **меридиана** meridian plane
меридиональная ~ *опт.* meridional plane
~ **мнимого изображения** virtual image plane
~ **мобилизации** *фтт* mobilized plane
~ **нагрузки** plane of loading
наклонная ~ inclined [oblique] plane
неизменная ~ invariable plane
неизменяемая ~ invariable plane
неизменяемая ~ **Солнечной системы** invariable plane of the Solar system
нейтральная ~ neutral plane
нормальная ~ normal plane
~ **объекта** object plane
~ **окиси меди** *(в сверхпроводнике)* copper-oxide plane
октаэдрическая ~ octahedral plane
опорная ~ plane of support
оптическая ~ optical plane
~ **орбиты** orbit plane
ортогональные ~**и** orthogonal planes
отражающая ~ reflection [mirror] plane
~ **отражения** reflection [reflecting] plane
~ **падения** incidence plane, plane of incidence
параллельные ~**и** parallel planes
~ **плавания** waterplane, plane of floatation
плотноупакованная ~ *крист.* close packed plane
~ **поляризации** plane of polarization
~ **поперечного сечения** cross-sectional plane
предметная ~ object plane
~ **преломления** refraction plane
~ **пропускания линейного поляризатора** transmission plane of linear polarizer
~ **пурпурных цветов** *св.* purple boundary
~ **пучности** anti-nodal plane
~ **раздела фаз** interface, phase boundary
~ **разрушения** fracture plane
~ **разрыва** rupture plane
~ **распада** decay plane
~ **рассеяния** scattering plane
расчётная ~ reference surface
~ **расщепления** cleaved surface
~ **регистрации** detection plane
~ **рисунка** plane of a figure
сагиттальная ~ *опт.* sagittal plane
сверхпроводящая ~ **двойникования** superconducting twinning plane
~ **сдвига** plane of shear, shear plane
секущая ~ cut plane
~ **сечения** sectional plane
~ **симметрии** plane of symmetry, symmetry plane
~ **скалывания** cleavage plane
~ **скола** cleavage plane
~ **скольжения** *(в кристалле)* slip [glide] plane
скользящая ~ **симметрии** glide symmetry plane
~ **скользящего отражения** glide reflection plane
сопряжённая ~ conjugate plane
~ **спайности** *(кристалла)* cleavage plane
спрямляющая ~ rectifying plane

~ **срастания** *крист.* composition plane
срединная ~ middle [median] plane
срединная ~ **пластинки** middle surface of a plate
средняя ~ median [central] plane, midplane
~ **среза** shear plane
~ **трансляций** translation plane
~ **трудного намагничивания** hard magnetic plane
узловая ~ nodal plane
~ **упругой симметрии** elastic symmetry plane
фазовая ~ phase plane
фокальная ~ focal plane
центральная ~ median plane
~ **экватора** equatorial plane
эквипотенциальная ~ equipotential plane
~ **эклиптики** plane of ecliptic
плотина *ж.* dam
плотномер *м.* densimeter
весовой ~ weight densimeter
вибрационный ~ vibration densimeter
гидростатический ~ hydrostatic densimeter
поплавковый ~ float densimeter
радиоизотопный ~ radioisotope densimeter
ультразвуковой ~ ultrasonic densimeter
плотность *ж.* density
~ **атмосферы** atmospheric density
~ **атомов** atom density
барионная ~ *(Вселенной)* baryon density
~ **блоховских линий** Bloch line density
вакуумная ~ vacuum tightness
~ **вероятности** probability density
~ **вещества во Вселенной** matter density in the Universe
взаимная спектральная ~ cross-spectral density
~ **вихря** vortex density
внутренняя оптическая ~ internal transmission density
~ **воды** density of water
~ **воздуха** density of air
~ **вуали** fog density
~ **газа** density of gas
~ **деления** fission density
~ **дефектов** defect density
деформационная электронная ~ *крист.* deformation electron density
~ **джозефсоновского тока** Josephson current density
~ **дислокаций** dislocation density, density of dislocation
~ **диффузионного тока** diffusion current density
~ **дырок** hole density
~ **жидкости** fluid density
~ **замедления** *(нейтронов)* slowing-down density
~ **записи** recording [writing] density
~ **заряда** charge density
звёздная ~ star density
~ **зерна** *(в фотоэмульсии)* grain density
~ **излучения** radiation density

изовекторная ~ isovector density
изоспиновая ~ isospin density
~ импульса momentum density
инвариантная ~ invariant density
инклюзивная ~ *фвэ* inclusive density
интегральная ~ integrated density
~ ионов ion density
~ источников радиоизлучения radio source density
кажущаяся ~ apparent density
ковариантная ~ covariant density
~ колебательных состояний *(молекулы)* density of vibrational states
комбинированная ~ состояний *фтт* combined density of states
~ контакта contact density
~ кристалла crystalline density
критическая ~ *астр.* critical density
критическая ~ тока *сверхпр.* critical current density
круговая дихроичная оптическая ~ circular dichroic optical density
линейная ~ line [linear] density
линейная дихроичная оптическая ~ linear dichroic optical density
линейная ~ заряда linear charge density
линейная ~ ионизации linear specific ionization
линейная ~ ионов linear ion density
локальная ~ local density
~ льда density of ice
~ магнитного момента magnetization density
~ магнитного потока magnetic-flux density
максимальная ~ воды maximum density of water
мгновенная ~ энергии instantaneous energy density
~ междоузлий interstitial density
модулированная спиновая ~ modulated spin density
молекулярная ~ molecular density
~ мощности power density
наведённая ~ тока induced current density
~ населения *(галактики)* population density
~ негатива negative density
нейтронная ~ neutron density
~ нейтронного потока neutron flux density, neutron current
~ нейтронной звезды neutron-star density
~ нейтронов neutron density
неоднородная ~ nonuniform density
нормальная ~ standard density
~ носителей заряда carrier density
обменная ~ exchange density
объёмная ~ bulk [volume] density
~ объёмного заряда space charge density
однородная ~ uniform density
оптическая ~ optical [transmission] density
оптическая ~ по отражению reflection optical density
оптическая ~ почернения optical [photographic] density

~ отказов failure density
относительная ~ relative density
~ паров vapor density
парциальная ~ partial density
~ переходов transition density
~ плазменного шнура plasma filament [pinch] density
~ плазмы plasma density
~ планетарных туманностей density of planetary nebulae
планковская ~ Planck density
поверхностная ~ surface density; *(в астрономии)* projected density
поверхностная ~ заряда surface charge density
поверхностная ~ потока излучения radiant flux surface density
поверхностная ~ светового потока luminous flux surface density
поверхностная ~ энергии излучения radiant energy surface density
~ поверхностных состояний surface state density
полная космологическая ~ total cosmological density
пороговая ~ тока threshold current density
~ постоянного тока dc current density
~ потока flux density
~ потока в фазовом пространстве flux density in a phase space
~ потока жидкости mass flux density
~ потока излучения radiation flux density
~ потока импульса momentum flux density
~ потока лазерного излучения laser radiation power density
~ потока нейтронов neutron flux density
~ потока частиц particle flux [current] density
~ потока энергии energy flux density
~ потока энтропии entropy flux density
~ почернения blackening [photographic] density
предельная ~ density limit, ultimate density
предельная ~ в разрядах с омическим нагревом density limit of ohmically heated discharges
предельная ~ ионного тока ion current density limit
предельная ~ электронов electron density limit
предельно допустимая ~ потока частиц maximum permissible particle flux density
продольная ~ longitudinal density
пространственная ~ space [spatial] density
пространственная ~ звёзд stellar space density
пространственная ~ частиц space density of particles
~ пространственного заряда space charge density
~ протонов proton density
псевдоскалярная ~ pseudoscalar density
~ пузырьков bubble density
~ пучка beam density

~ **пятен контакта** density of contact spots
равновесная ~ steady-state [equilibrium] density
~ **разрывов** gap density
~ **распределения вероятности** probability density
ретикулярная ~ *фтт* reticular density
сверхтекучая ~ superfluid density
~ **силы** force density
скалярная ~ scalar density
~ **событий** event density
~ **состояний** density of states
спектральная ~ spectral density; *(в светотехнике)* spectral concentration
спектральная ~ **излучения** spectral radiation density
спектральная ~ **кинетической энергии жидкости** *(на единицу массы)* **в К-пространстве** spectral density of the kinetic energy *(per unit mass)* of the fluid in K-space
спектральная ~ **мощности** power spectral density
спектральная ~ **населённостей** *кв. эл.* spectral density of population
спектральная объёмная ~ **энергии** spectral volume density of energy
спектральная ~ **потока излучения** spectral concentration of a radiant flux
спектральная ~ **тепловых шумов** thermal noise spectral density
спектральная ~ **флуктуаций фототока** spectral density of photocurrent fluctuations
спектральная ~ **фотометрической величины** spectral concentration of a photometric quantity
спектральная ~ **шума** noise spectral density
спектральная ~ **энергетической яркости** spectral concentration of a radiance
спиновая ~ spin density
средняя ~ mean [average] density
средняя ~ **Земли** mean density of the Earth, Earth mean density
средняя ~ **тока в обмотке** average winding current density
~ **столкновений** collision density
~ **ступеней** step density
~ **стыка** density of joint, joint density
тензорная ~ tensor density
~ **теплового потока** heat flow density
~ **тока** current density
~ **торможения** deceleration density
~ **трещин** *(число трещин на единицу длины)* crack density
угловая ~ angular density
~ **упаковки** *фтт* packing (density)
~ **уровней** level density, density of levels
~ **ускоряющей электромагнитной силы** accelerating electromagnetic force density
~, **усреднённая по линии наблюдения** line-averaged density
~, **усреднённая по объёму** volume-averaged density

фазовая ~ phase density
фотографическая ~ photographic density
центральная ~ *(в недрах звёзд)* central density
~ **ЦМД** bubble density
~ **частиц** particle number density
~ **частиц в единице фазового объёма** particle number density per phase volume unit
эксклюзивная ~ *фвэ* exclusive density
~ **электрического тока** current density
~ **электромагнитного импульса** electromagnetic momentum density
электронная ~ electron density
~ **электронов** electron (number) density
~ **энергетических уровней** energy-level density
~ **энергии** energy density
~ **энергии деформации** strain energy density
~ **энергии излучения** radiant energy density
~ **энергии лазерного излучения** laser fluence
~ **энергии формоизменения** distortion-energy density
~ **энерговыделения** power density
эффективная ~ effective density
ядерная ~ nuclear density
~ **ядерных уровней** nuclear-energy level density
~ **ядра** density of the nucleus
плотноупакованный *прил.* close-packed
площадка *ж.* site, platform
главная ~ principal cross-section
строительная ~ **для реактора** reactor site
~ **текучести** yield plateau
элементарная ~ surface element, elemental [element of] area
площад/ь *ж.* area □ **на единицу** ~**и** per unit area
активная ~ active area
~ **антенны** antenna area
~ **апертуры** aperture area
~ **боковой поверхности** lateral area
брутто ~ **крыла** gross wing area
~ **в аэродинамической тени** shaded [shielded] area
видимая ~ **вспышки** flare apparent area
~ **вне аэродинамической тени** unshaded [unshielded] area
~ **вспышки** area of a flare, flare area
~ **входа** *аэрод.* intake area
~ **входного сечения** *аэрод.* intake area
~ **выходного отверстия** discharge area
единичная ~ unit area
~ **живого сечения** open area
~ **замедления** *(нейтронов)* slowing-down area
затенённая ~ shaded [shielded] area
~ **излучающей поверхности** emitting area
~ **изображения** picture area
кажущаяся ~ **активации** apparent activation area
кажущаяся ~ **соприкосновения** apparent area of contact
~ **когерентности** coherence area
~ **контакта** contact(ing) area

контурная ~ контакта contour contact area
~ круга area of a circle
~ крыла wing [aerofoil] area, wing face
лобовая ~ drag [frontal] area
~ миделевого сечения drag [frontal] area
~ мишени target area
незатенённая ~ unshaded [unshielded] area
~ несущей поверхности lifting-surface [carrying, supporting] area
нетто ~ крыла net wing area
номинальная ~ nominal area
номинальная ~ контакта (при трении) nominal contact area
~, ометаемая винтом propeller disk area
~ опорной поверхности bearing surface area
~ опоры bearing area
~ перехода фпп junction area
~ плавания floatation [water-plane, water-line] section
~ поверхности area of surface
~ поверхности излома area of fracture
~ поверхности нагрева heating area
~ поверхности раздела interfacial area
~ поверхности трения friction surface area
~ под кривой area under curve
~ под крыльями кривой wing area of a curve
полезная ~ useful area
полезная ~ сечения effective area
~ поперечного сечения cross-section(al) area
~ присоединённой массы аэрод. area of apparent mass
~ пропускного сечения open area
~ пятен spot area, area of sunspots
рабочая ~ active [effective] area
рабочая ~ контакта working [operating] contact area
~ рассеяния scattering area
~ соприкосновения contact(ing) area
~ среза shear(ing) section
~ сцепления adhesion area
~ трения friction(al) area
фактическая ~ контакта real [true] contact area
фактическая ~ соприкосновения real [true] contact area
~ флоккула (на Солнце) plage area
фронтальная ~ drag [frontal] area
элементарная ~ surface element
эмиссионная ~ emitting area
~ эпюры моментов moment area
эффективная ~ effective area
плунжер м. plunger
Плутон м. Pluto
плутоний м. plutonium, Pu
бомбовый ~ bomb-grade plutonium
металлический ~ plutonium metal
плутоний-альфа м. plutonium-alpha
плутоний-бета м. plutonium-beta
плутоний-гамма м. plutonium-gamma
плутоний-дельта м. plutonium-delta
плутоний-эпсилон м. plutonium-epsilon
плутоний-эта м. plutonium-eta

плюс м. plus один ~ один 1 plus 1, one plus one
пневматика ж. pneumatics
струйная ~ pneumatics
пневмоника ж. pneumonics
пневмопочта ж. pneumatic rabbit
пневмопривод м. pneumatic actuator
побежалость ж. blueing
поведение с. (физической системы) амер. behavior; англ. behaviour
автомодельное ~ фвэ self-maintaining [automodelling] behavior
аналитическое ~ analytic behavior
аномальное ~ anomalous behavior
асимптотическое ~ ктп asymptotic behavior
асимптотическое ~ обменного потенциала asymptotic behavior of the exchange potential
~ в динамических условиях dynamic behavior
~ во времени temporal behavior
~ возмущений при их сносе вниз по течению behavior of the perturbations as they are carried downstream
вязкоупругое ~ viscoelastic behavior
гюгониевское ~ Hugoniot behavior
закритическое ~ (после потери устойчивости) postbuckling behavior
квазипериодическое ~ quasi-periodic behavior
квазисолитонное ~ quasi-soliton behavior
коллективное ~ collective behavior
критическое ~ critical behavior
микромагнитное ~ micromagnetic behavior
пороговое ~ threshold behavior
предельное ~ asymptotic behavior
~ при переходном режиме transient behavior
~ при разрушении fracture behavior
~ при трении frictional behavior
~ при хрупком разрушении brittle fracture behavior
~ реактора reactor behavior
регулярное ~ regular behavior
реологическое ~ (вещества) rheological behavior
~ сечения ионизации вблизи порога threshold behavior of ionization cross section
~ системы system behavior
солитонное ~ soliton behavior
солитоноподобное ~ soliton-like behavior
стохастическое ~ stochastic behavior
термомеханическое ~ thermomechanical behavior
хаотическое ~ chaotic behavior
хрупкое ~ brittle fracture behavior
экспоненциальное ~ exponential behavior
поверка ж. (измерительных приборов) calibration; check(ing), inspection, test
поверхностно-активный прил. surface active
поверхност/ь ж. surface; (грань) face □ на ~и кристалла on the crystal surface
абляционная ~ ablation surface
абразивная ~ abrasive surface

активированная ~ activated surface
активная ~ active surface
анизотропная ~ anisotropic surface
асферическая ~ aspherical surface
атомарно-гладкая ~ atomically smooth surface
атомарно-чистая ~ atomically clean surface
атомарно-чистая гладкая ~ atomically clean and smooth surface
атомарно-шероховатая ~ atomically rough surface
аэродинамическая ~ aerodynamic surface
базовая ~ reference surface
бездефектная ~ damage-free surface
блоховская ~ *фмя* Bloch surface
боковая ~ lateral [side] surface
вакуумная магнитная ~ vacuum magnetic surface
верхняя ~ крыла upstream [camber, suction] face of an aerofoil
взволнованная ~ ruffled surface
винтовая ~ helical surface
вихревая ~ vortex [whirling] surface
вицинальная ~ vicinal surface
вложенная магнитная ~ nested magnetic surface
внешняя ~ outer surface
внутренняя ~ inner surface
внутренняя ~ вакуумной камеры inner surface of the vacuum chamber
внутренняя ~ тороидальной камеры inboard surface of the toroidal chamber
вогнутая ~ concave surface
волнистая ~ corrugated [wavy] surface
волновая ~ wave surface
~ вращения surface of revolution
~ второго порядка quadric surface
~ Вульфа *крист.* Wulf surface
выпуклая ~ convex surface
высокоэнергетическая ~ high energy surface
~ высшего рода higher genus surface
вязкоупругая ~ viscoelastic surface
гексасимметричная ~ hexasymmetrical plane
геодезическая ~ geodesic surface
геометрическая ~ geometric(al) surface
гетерогенная ~ heterogeneous surface
гидрофильная ~ hydrophilic surface
гидрофобная ~ hydrophobic surface
гиперболическая ~ hyperbolic surface
гладкая ~ smooth surface
гомогенная ~ homogeneous surface
гомологическая ~ homologous surface
гофрированная ~ corrugated surface
граничная ~ boundary surface
граничная магнитная ~ boundary magnetic surface
граничная ~ пограничного слоя frontier of a boundary layer
грубая ~ rough surface
двумерная ~ two-dimensional surface

декорированная ~ decorated surface
~ депрессии surface of depression
~ деформации strain surface
деформированная ~ deformed [distorted] surface
дисперсионная ~ dispersion surface
диффузная светящаяся ~ diffuse luminous surface
диффузно отражающая ~ diffusely reflecting surface
дрейфовая ~ drift surface
жидкая ~ fluid surface
жидкая зеркальная ~ liquid-mirror surface
загрязнённая ~ dirty surface
задняя ~ back surface
задранная ~ torn surface
закалённая ~ hardened surface
замкнутая ~ closed surface
замкнутая магнитная ~ closed magnetic surface
~ звезды star surface
звуковая ~ sonic surface
земная ~ Earth surface
~ зеркала грунтовых вод ground-water free surface, ground-water table
зеркальная ~ mirror [reflecting, specular] surface
зеркально-гладкая ~ mirror-smooth surface
зеркально отражающая ~ metallic reflection surface
зернистая ~ grained surface
идеальная ~ ideal surface
идеальная свободная ~ ideal free surface
идеально проводящая ~ perfectly conducting surface
~ излома surface of a fracture, fractured surface
излучающая ~ radiating [emitting] surface
измятая ~ rumpled surface
износостойкая ~ hard-wearing [wear-resistant] surface
изношенная ~ *(от трения)* worn(-out) surface
изобарическая ~ isobaric surface, surface of constant pressure
изостерная ~ surface of equal specific volume
изотермическая ~ isothermal surface
изотропная ~ isotropic surface
изохроматическая ~ isochromatic surface
изоэнергетическая ~ constant-energy surface
изоэнтропическая ~ isentropic surface
импедансная ~ impedance surface
ионообменная ~ ion-exchange surface
искривлённая ~ curved surface
~ испарения evaporation surface
испускающая ~ emitting [radiating] surface
истинная магнитная ~ true magnetic surface
~ камеры, обращённая к плазме surface facing the plasma
~ касания contact surface
касательная ~ tangent surface
каустическая ~ caustic (surface)
~ качения face of roll; rolling surface

~ **конвективного нагрева** convection heating surface
коническая ~ conical surface
~ **контакта двух сред** interface
контактирующая ~ contact surface
~ **контактирующего элемента** contact element surface
контактная ~ contact surface; *(измерительного инструмента)* gauging surface
~ **контактного взаимодействия** contact interaction surface
контрольная ~ *мех.* control surface, fixed envelope
координатная ~ coordinate surface
~ **кристалла** crystal surface
~ **кристаллизации** crystallization surface
кусочно-гладкая ~ piecewise-smooth surface
~ **Ламберта** *опт.* Lambert surface
~ **ликвидуса** *крист.* liquidus surface
лицевая ~ face
лобовая ~ frontal surface
лунная ~ Moon [lunar] surface
лучеиспускающая ~ radiating [emitting] surface
~ **Лэмба** Lamb surface
магнитная ~ magnetic surface
массовая ~ *яф* mass surface
~ **масс ядер** nuclear-mass surface
матированная ~ matt surface
матовая ~ diffusing [dull] surface
~ **Маха** Mach [characteristic] surface
мгновенная ~ **текучести** subsequent yield surface
медианная ~ median surface
междуантная ~ interdee surface
межфазовая ~ interface
металлически отражающая ~ metallic reflection surface
мировая ~ world surface
многолистная ~ multisheeted surface
многолистная потенциальная ~ multisheeted potential surface
многоострийная ~ multiple-point surface
модифицированная ~ modified surface
~ **монокристалла** single crystal [grain] boundary
~ **Мохоровичича** Mohorovičič discontinuity
~ **нагрева** heating surface
~, **нагреваемая за счёт трения** frictionally heated surface; surface heated due to friction
~ **нагружения** loading surface
~ **наилучшей фокусировки** surface of best focusing
~ **наименьшего искажения** *опт.* surface of least confusion
наклонная ~ oblique surface
~ **напряжений** stress surface
наружная ~ outside surface
наружная ~ **тороидальной камеры** outboard surface of toroidal chamber
неоднородная ~ heterogeneous surface

неориентируемая ~ nonorientable surface
неполярная ~ nonpolar surface
нерациональная магнитная ~ irrational magnetic surface
неровная ~ rough surface
нескользкая ~ skidproof surface
несмазанная ~ unlubricated [dry] surface
несущая ~ *аэрод.* lifting [bearing, supporting] surface
нижняя ~ **крыла** downstream [thrust, pressure] face of an aerofoil
низкоэнергетическая ~ low-energy surface
облучаемая ~ irradiated surface
обрабатываемая ~ processing [operating] surface
обработанная ~ machined [processed, worked, treated] surface
~, **обработанная дробью** grit-blasted [bead-blasted] surface
~, **обработанная песком** grit-blasted surface
огибающая ~ envelope, enveloping surface
однородная ~ homogeneous surface
опорная ~ bearing [load carring, supporting] surface
оптическая ~ optical surface
оптически гладкая ~ smooth optical [specular] surface
освещённая Солнцем ~ sunlit surface
открытая ~ open surface; *(незащищённая)* exposed surface
отожжённая ~ annealed surface
отравленная примесями ~ impurity poisoned surface
отражающая ~ reflecting surface
~ **отрыва потока** separation surface
~ **отсчёта** reference surface
охлаждаемая ~ cooling surface
параболическая ~ parabolic surface
~ **переноса** surface of translation
~ **Петцваля** *опт.* Petzval surface
~ **пластического потенциала** plastic potential surface
плоская ~ flat [plane, planar] surface
поглощающая ~ absorption [absorbing] surface
пограничная ~ boundary surface
~ **подложки** substrate surface
~ **подпора** backwater surface
подстилающая ~ underlying surface
~ **подшипника** bearing surface
покоробленная ~ wraped surface
покрытая ~ coated surface
полированная ~ polished surface
~ **положения** *(в радионавигации)* position surface
полярная ~ polar surface
~ **постоянной кривизны** surface of constant curvature
потенциальная ~ potential surface
~ **потенциальной энергии** potential energy surface
прецизионная ~ precision surface

приработанная ~ *(при трении)* running-in [rubbed] surface

притёртая ~ attrited [rubbed, lapped] surface

просветлённая ~ *опт.* antireflection-coated surface

пульсирующая ~ *(полярного сияния)* pulsating surface

рабочая ~ operating [working] surface

рабочая ~ источника излучения emitting area of radiation source

рабочая ~ крыла downstream [thrust, pressure] face of an aerofoil

~ равного давления equipressure surface

~ равного потенциала equipotential surface

~ равного удельного объёма surface of equal specific volume

~ равной плотности surface of equal density

~ равной энергии surface of equal energy

~ равных фаз equiphase surface

радиационная ~ нагрева radiant heating surface

развитая ~ developed [extended] surface

~ раздела interface, separation surface

~ раздела между двумя несмешивающимися жидкостями liquid-liquid interface

~ раздела фаз phase boundary, interface

~ разрушения fracture surface

~ разрыва *гидр.* surface of discontinuity, discontinuity surface; *мех.* rupture face

разупорядоченная ~ disordered surface

~ расплава *крист.* surface of melt

~ распределения силы света surface of luminous intensity distribution

рассеивающая ~ scattering surface

~ рассеяния scattering surface

рациональная магнитная ~ rational magnetic surface

ребристая ~ ribbed [finned] surface

резонансная ~ *мгд* resonant surface

реконструированная ~ reconstructed surface

релаксировавшая ~ relaxed surface

риманова ~ *мат.* Riemann surface

~ роста growth surface

~ Роша Roche surface

свежеприготовленная ~ fresh-prepared surface

свежесколотая ~ freshly cleaved surface

световозвращающая ~ retro-reflecting surface

светочувствительная ~ light-sensitive [photosensitive] surface

свободная ~ free surface

свободная ~ жидкости fluid free surface

~ с впадинами dimpling [dimple-type] surface

~ связей *мех.* constraint surface

седловая ~ saddle surface

седлообразная ~ saddle-shaped surface

сенсибилизированная ~ sensitized surface

~ сечений плавания surface of floatation

симметричная фазовая ~ symmetrical phase surface

сингулярная ~ singular surface

~ скачка уплотнения shock(-wave) envelope, shock layer

~ скола cleavage (surface)

сколотая ~ cleaved surface

~ скольжения slip [glide] surface, surface of slide

~ скорости velocity surface

случайная ~ random surface

случайная мировая ~ random world surface

смазанная ~ lubricated [smeared, greasy] surface

смоченная ~ wetted surface

~ с нанесёнными на неё штрихами ruled surface

~ солидуса *крист.* solidus surface

солнечная ~ Sun [solar] surface

соприкасающаяся ~ contact surface

~ соприкосновения contact surface

сопряжённая ~ conjugate [matching] surface

~ спайности cleavage surface

срединная ~ median [middle] surface

~ срыва потока separation surface

статистически неровная ~ statistically rough surface

стехиометричная ~ stoichiometric surface

ступенчатая ~ stepped surface

~ стыка surface of joint

сухая ~ dry [unlubricated] surface

сферическая ~ spherical surface

~ с ямками dimpling [dimple-type] surface

твёрдая ~ solid surface

~ твёрдого тела solid surface

текстурированная ~ textured surface

~ текучести yield surface

~ текучести Мизеса Mises yield surface

~ текучести Треска Tresca yield surface

~ теплообмена heat-exchange [heat-transfer] surface

~ теплопередачи heat-transfer surface

теплопоглощающая ~ heat-absorbtion [heat-absorbing] surface

~ течения stream surface

токовая ~ current surface

~ торможения braking surface

тормозная ~ brake [braking] surface; braking area

тороидальная ~ toroidal surface

торцовая ~ face [end] surface

травленая ~ etched surface

~ трения frictional [sliding, rubbing, tribological] surface

трибоактивированная ~ triboactivated surface

трущаяся ~ rubbing [friction, wear] surface

ударная ~ shock [impact] surface

удельная ~ specific surface

узловая ~ nodal surface

уплотняющая ~ packing [sealing] surface

упорядоченная ~ ordered surface

уровенная ~ level [reference] surface

~ уровня level surface

усреднённая вакуумная магнитная ~ averaged vacuum magnetic surface

~ **Ферми** Fermi surface

фокальная ~ focal surface

фотометрическая ~ surface of luminous intensity distribution

фоточувствительная ~ photosensitive surface

фотоэмиттирующая ~ photoemissive [photoemitting] surface

~ **фронта** frontal surface

характеристическая ~ characteristic [M ach] surface

характеристическая ~ **для МГД-волн** characteristic surface for M HD waves

~ **центров погруженных объёмов** surface of centers of buoyancy

чешуйчатая ~ rippled surface

чистая ~ clean [pure] surface

чисто обработанная ~ finished surface

«шагреневая» ~ orange surface

шероховатая ~ rough surface

эквипотенциальная ~ equipotential surface

эквипотенциальная ~ **скорости** equipotential surface of velocity

эквифазная ~ equiphase [equal-phase] surface, surface of constant phase

экранирующая ~ shielding surface

эмиттирующая ~ emitting area, emitting surface

ювенильная ~ juvenile surface

ядерная ~ nuclear surface

~ **ядра** nuclear surface

повод *м.* occasion, cause □ **несколько слов следует сказать по ~у ...** a few words should be said concerning ...

поворот *м. (вращение)* rotation, rotational displacement; *(изменение направления)* turn

бесконечно малый ~ infinitesimal rotation, elementary angular displacement

винтовой ~ screw rotation

~ **доменов** domain rotation

зеркальный ~ mirror rotation

инверсионный ~ inversion rotation

~ **на ... относительно оси** rotation by ... about an axis

~ **осей** rotation of axes

трёхмерный ~ three-dimensional rotation

~ **n-го порядка** n-fold rotation

повышать *гл.* damage

повреждение *с.* damage; fault, defect

биологическое радиационное ~ biological radiation damage

~ **быстрыми нейтронами** fast-neutron damage

~ **в вершине трещины** crack-tip damage

ионизационное ~ ionization damage

кавитационное ~ cavitation damage

коррозионное ~ corrosion failure; corrosion damage

~ **кристаллической решётки** lattice damage

лазерное ~ laser damage

механическое ~ mechanical damage

накопленное ~ cumulative damage

накопленное усталостное ~ cumulative fatigue damage

~ **нейтронами** neutron-induced damage

объёмное ~ bulk [volume] damage

оптическое ~ optical damage

~ **поверхности** surface damage

~ **поверхности при ударе** impact damage

поверхностное ~ surface damage

подповерхностное ~ subsurface damage

радиационное ~ radiation damage

структурное ~ structural damage

тепловое ~ pyrolytic [thermal] damage

~ **тепловыделяющего элемента** fuel-element failure

усталостное ~ fatigue damage

физическое радиационное ~ physical radiation damage

фрикционное ~ *(поверхности)* friction damage

химическое радиационное ~ chemical radiation damage

~ **частицами** bombardment [particle-induced] damage

повторение *с. (действия)* repetition; *(цикла)* iteration; *(явления)* recurrence

повторитель *м. эл.* follower

анодный ~ anode follower

истоковый ~ source follower

катодный ~ cathode follower

~ **напряжения** voltage follower

эмиттерный ~ emitter follower

повторяющийся *прил.* repetitive

периодически ~ repetitive, recycling

повышение *с.* rise, rising, increase

~ **давления с глубиной** increase of pressure with depth

~ **температуры при ударе** impact temperature increase

~ **энтропии** increase of entropy

погасание *с. крист.* extinction

внезапное ~ *астр.* sudden disappearance, sudden extinction

медленное ~ *(метеора)* progressive fading, progressive extinction

поглотитель *м. (устройство)* absorber; *(вещество)* absorbent

абсолютный ~ perfect [black] absorber

~ **альфа-излучения** alpha absorber

воздушный ~ air absorber

выгорающий ~ **нейтронов** burnable neutron poison

динамический ~ **колебаний** dynamic damper

диэлектрический ~ dielectric absorber

~ **излучения** radiation absorber

интерференционный ~ interference absorber

калиброванный ~ calibrated absorber

клиновидный ~ wedge absorber

линейный ~ linear absorber

магнитный ~ magnetic absorber

многослойный ~ multilayer absorber
насыщающийся ~ saturable absorber
нейтральный ~ *опт.* neutral absorber
~ нейтронов neutron absorber
нелинейный ~ nonlinear absorber
неотражающий ~ nonreflecting absorber
нерезонансный ~ nonresonance absorber
паразитный ~ parasitic absorber
плёночный ~ film absorber
полезный ~ нейтронов fertile neutron absorber
~ пучка beam absorber
разбавленный ~ diluted absorbent
резонансный ~ resonance absorber
СВЧ ~ microwave absorber
селективный ~ selective absorber
сложный ~ composite absorbent
широкополосный ~ wide-band absorber
~ частиц particle absorber
~ энергии energy absorber
100%-ный ~ black absorber
поглощаемость *ж.* absorbability; absorptivity
поглощать *гл.* absorb
~ удар snub
поглощающий *прил.* absorbing
поглощение *с.* absorption
авроральное ~ *(радиоволн)* auroral absorption
акустическое ~ acoustical absorption, absorption of sound
~ альфа-излучения alpha absorption, absorption of alpha particles
анизотропное ~ anisotropic absorption
аномальное ~ anomalous absorption
аномальное ~ волн anamalous wave absorption
атмосферное ~ atmosphere absorption
атомное ~ atomic absorption
~ аттрактором неустойчивого 2{m} цикла absorption of an unstable 2{m} cycle by the attractor
бесстолкновительное ~ collisionless absorption
бесстолкновительное ~ энергии волны wave energy collisionless absorption
бесфононное ~ фотонов phononless photon absorption
~ бета-излучения beta absorption
~ в атмосферах звёзд absorption in stellar atmospheres
~ в водяных парах water vapor absorption
~ в диэлектрике dielectric absorption
~ в дожде rainfall absorption
~ в жидкостях absorption in liquids
взрывное ~ света explosion light absorption
видимое ~ apparent absorption
~ в крыльях *(спектральной линии)* wing absorption
~ в межзвёздном пространстве absorption in interstellar space
внегалактическое ~ extragalactic absorption
внезапное ~ sudden absorption
внезапное ~ космического радиоизлучения sudden cosmic noise absorption, SCNA

внутризонное ~ *фпп* intraband absorption
внутризонное оптическое ~ intraband optical absorption
внутрирезонаторное ~ intracavity absorption
~ в облаках cloud absorption
~ волн wave absorption
~ волны быстрыми электронами wave absorption by fast electrons
~ в полярной шапке (ППШ) polar cap absorption, PCA
вредное ~ нейтронов neutron poisoning
~ в спорадическом слое E$_s$ *геофиз.* sporadic E$_s$ absorption
~ в твёрдых телах absorption in solids
вынужденное ~ induced [stimulated] absorption
~ газов gas absorption
галактическое ~ galactic absorption
~ гамма-излучения gamma-ray absorption, absorption of gamma rays
~ гиперзвука hypersonic absorption
двухмагнонное ~ two-magnon absorption
двухфотонное ~ света two-photon light absorption
дипольное ~ dipole absorption
дискретное ~ discrete [line] absorption
дислокационное ~ *(звука)* dislocation absorption
дислокационное ~ звука dislocation sound absorption, dislocation absorption of sound
дифференциальное ~ differential absorption
~ звука acoustical [sound] absorption, absorption of sound
избирательное ~ selective [differential] absorption
избирательное ~ фононов selective phonon absorption
избирательное межзвёздное ~ selective interstellar absorption
избыточное ~ excess absorption
~ излучения absorption of radiation, radiation absorption
~ излучения в атмосфере absorption of radiation by the atmosphere
изотропное ~ isotropic absorption
индуцированное ~ *(света)* induced [stimulated] light absorption
~, индуцированное полем field-induced absorption
~ инфракрасного излучения infrared absorption
~ ионизирующего излучения absorption of ionizing absorption
истинное ~ proper [true] absorption
каскадное ~ cascade absorption
квадрупольное ~ quadrupole absorption
клейн-нишиновское ~ Klein-Nishina absorption
комптоновское ~ Compton absorption
короткоживущее ~ short-lived absorption
~ космических лучей cosmic-ray absorption

~ космического радиоизлучения cosmic noise absorption
краевое ~ edge absorption
~ кристаллической решёткой lattice absorption
критическое ~ critical absorption
магнитотормозное ~ cyclotron absorption
магнон-фононное ~ magnon-phonon absorption
межзвёздное ~ interstellar absorption
межзонное ~ *фпп* interband absorption
метагалактическое ~ intergalactic absorption
многофотонное ~ света multiphoton light absorption
молекулярное ~ molecular absorption
~ надтепловых нейтронов epithermal absorption
~ на свободных носителях *фпп* free-carrier absorption
насыщающееся ~ saturable absorption
насыщенное ~ *кв. эл.* saturated absorption
~ нейтронов neutron absorption, absorption of neutrons
~ нейтронов без деления nonfission neutron absorption
~ нейтронов деления fission-neutron absorption
~ нейтронов конструкционными материалами structural absorption of neutrons
~ нейтронов с делением fission neutron absorption
~ нейтронов ураном neutron absorption in uranium
нелинейное ~ nonlinear absorption
нелинейное ~ света nonlinear light absorption
~ неосновными носителями *фпп* minority-carrier absorption
неотклоняющее ~ nondeviative absorption
непродуктивное ~ *яф* nonproductive absorption
неравновесное ~ nonequilibrium absorption
нерезонансное ~ nonresonance absorption
неселективное ~ unselective [nonselective] absorption
объёмное ~ volume absorption
однофотонное ~ one-photon absorption
~ озоном *(в атмосфере Земли)* ozone absorption
~ окном счётчика counter-window absorption
~ основными носителями *фпп* majority-carrier absorption
отклоняющее ~ deviative absorption
относительное ~ relative absorption
отрицательное ~ *(света)* negative light absorption
паразитное ~ parasitic absorption
плазменное ~ plasma absorption
~ поверхностными состояниями *фпп* surface-state absorption
~ поверхностью surface absorption
повторное ~ reabsorption

полное ~ total [complete, full] absorption
~ полярной шапки (ППШ) polar cap absorption, PCA
преимущественное ~ preferential absorption
примесное ~ impurity [extrinsic] absorption
примесное электронное ~ impurity electron absorption
~ при однократном прохождении single-pass absorption
~ при парамагнитном резонансе paramagnetic resonance absorption
~ при спиновом резонансе spin-resonance absorption
~ при столкновениях *(в результате столкновений)* collisional absorption
~ при ферромагнитном резонансе ferromagnetic-resonance absorption
~ при ядерном магнитном резонансе nuclear magnetic resonance absorption
~ протонов proton absorption
~ пылевой средой dust absorption
~ радиоволн radio wave absorption, absorption of radio waves
резонансное ~ resonant [resonance] absorption
резонансное ~ нейтронов resonance absorption of neutrons, neutron resonance absorption
~ резонансных нейтронов resonance-neutron absorption
релаксационное ~ relaxational absorption
~ рентгеновского излучения X-ray absorption
решёточное ~ *(звука)* lattice absorption
~ света light [optical] absorption, absorption of light
~, связанное с распадными неустойчивостями absorption due to decay instabilities
селективное ~ selective [differential] absorption
сильное ~ strong absorption
слабое ~ weak absorption
~ с образованием пар pair-production absorption
собственное ~ *фпп* fundamental [bandgap, intrinsic, characteristic, proper] absorption
~ солнечного излучения absorption of solar radiation
спектральное ~ spectral absorption
спин-фононное ~ spin-phonon absorption
сплошное ~ continuous absorption
спонтанное ~ spontaneous absorption
~ стенками wall absorption
столкновительное ~ collisional absorption
стохастическое ~ stochastic absorption
~ тепла heat [thermal] absorption
~ тепловых нейтронов thermal-neutron absorption
трёхфотонное ~ света three-photon light absorption
триплет-триплетное ~ triplet-triplet absorption
удельное ~ specific absorption
~ ультразвука ultrasonic absorption
фоновое ~ background absorption

фононное ~ *(звука)* lattice absorption

фотоиндуцированное ~ photo-induced [photostimulated] absorption

фотоиндуцированное ~ света photo-induced [photostimulated] light absorption

фотостимулированное ~ photostimulated [photo-induced] absorption

фотоэлектрическое ~ photoelectric absorption

фундаментальное ~ fundamental [bandgap, intrinsic, characteristic, proper] absorption

циклотронное ~ cyclotron absorption

черенковское ~ Cherenkov absorption

экситонное ~ exciton(ic) absorption

экспоненциальное ~ exponential absorption

электронное ~ *(звука)* electron absorption

~ электронов electron absorption

электростимулированное примесное ~ *(ультразвука в полупроводнике)* electro-stimulated impurity absorption

~ энергии energy absorption

~ энергии волны резонансными электронами absorption of wave energy by resonance electrons

~ энергии излучения absorption of radiation energy

ядерное ~ nuclear absorption

поглощённый *прил.* absorbed

пограничный *прил.* boundary

погрешност/ь *ж.* error

абсолютная ~ absolute error

аддитивная ~ additive error

аппаратурная ~ apparatus [instrumental] error

~ градуировки calibration error

~и данных data errors

динамическая ~ dynamic error

допустимая ~ admissible error

~ измерений measurement error

инерционная ~ *спектр.* inertial error

инструментальная ~ instrumental error

относительная ~ relative error

предельная ~ limiting error

~ прибора instrumental error

систематическая ~ systematic error

случайная ~ random error

средняя ~ mean error

статистическая ~ statistical error

статическая ~ static error

щелевая ~ *спектр.* slit error

экспериментальная ~ experimental error

погружение *с. (в жидкость)* dipping; submersion, immersion

~ стержня *яф* rod insertion

подавление *с.* suppression, quenching

~ доменов domain quenching

кинематическое ~ *фвэ* kinematic suppression

~ колебаний oscillation suppression

~ локализации *фтт* suppression of localization

~ мод *кв. эл.* mode suppression

~ несущей carrier suppression

полное ~ зеркального отражения total suppression of specular reflection

~ помех *(радиоприёму)* noise [interference] suppression

~ сверхпроводимости superconductivity quenching

~ спиральностью *фвэ* helicity suppression

~ флуктуаций fluctuations suppression

~ фотоионизации *(в поле лазерного излучения)* photoionization suppression

~ цветом *фвэ* color suppression

~ шумов noise [interference] suppression, noise reduction

~ эхо-сигналов echo suppression

податливость *ж. (обратная величина жёсткости)* (mechanical) compliance; slenderness

акустическая ~ acoustic compliance

контактная ~ *(при трении)* contact compliance

отрицательная ~ *(условие неустойчивости)* negative compliance

~ поверхности surface compliance

~ поверхностных неровностей asperity compliance

полная механическая ~ mechanical admittance

~ пружины spring compliance

~ стыка joint compliance

упругая ~ elastic compliance

подача *ж.* feed(ing), supply

подбор *м.* fitting, selection, choice ◻ найденный путём ~a fitted

~ кривой curve fitting

~ модели model fitting

~ эмпирической кривой empirical curve fitting

подвергать *гл.* subject to

~ действию силы subject to a force

~ материал переменным нагрузкам subject a material to an alternating stress

~ облучению expose to radiation

~ очистке subject to purification

подверженность *ж.* susceptibility

~ радиационным повреждениям radiation-damage susceptibility

подвес *м.* suspension

карданный ~ Cardan [gimbal] suspension

карданов ~ Cardan [gimbal] suspension

крутильный ~ torsion suspension

магнитный ~ magnetic suspension

~ маятника pendulum suspension, suspension of pendulum

маятниковый ~ pendulum suspension, suspension of pendulum

пассивный ~ *(гироскопа)* passive suspension

призменный ~ knife-edge suspension

проволочный ~ wire suspension

электростатический ~ electrostatic suspension

подвижность *ж.* mobility ◻ обладающий ~ю free to move

511

амбиполярная ~ *фпп* ambipolar mobility
~ атомов atomic mobility
~ блоховских линий *фмя* Bloch line mobility
~ вакансий vacancy mobility
~ дефектов defect mobility
~ дислокаций dislocation mobility
дифференциальная ~ *(доменной стенки)* differential mobility
диффузионная ~ diffusion [diffusive] mobility
~ доменной стенки domain-wall mobility
дрейфовая ~ drift mobility
~ дырок hole mobility
~ жидкостей mobility of liquids
~ ионов ion mobility
конформационная ~ conformation mobility
~ магнитных доменов magnetic domain mobility
молекулярная ~ molecular mobility
~ носителей *(заряда, тока)* carrier mobility
относительная ~ mobility ratio
поверхностная ~ surface mobility
примесная ~ impurity mobility
~ примесных атомов impurity atom mobility
прыжковая ~ hopping mobility
собственная ~ *фпп* intrinsic mobility
холловская ~ *фпп* Hall mobility
~ ЦМД bubble mobility
~ частиц particle mobility
~ электронов electron mobility
электрофоретическая ~ electrophoretic mobility
подгонка *ж. (подбор)* fit(ting); *(юстировка)* adjustment
двухпараметрическая ~ two-parameter fit
~ кривой curve fitting
~ методом максимального правдоподобия maximum likelihood fitting
~ методом наименьших квадратов least-square fit
~ параметра parameter fitting
подготовка *ж.* preparation
~ образцов sample preparation
подгруппа *ж. мат., крист.* subgroup
базисная ~ basis subgroup
дискретная ~ discrete subgroup
инвариантная ~ invariant subgroup
квазиспиновая ~ quasi-spin subgroup
компактная ~ compact subgroup
однопараметрическая ~ one-parameter subgroup
стационарная ~ stationary subgroup
чётная ~ even subgroup
поддающийся *прил.* amenable to, yielding to
~ анализу analyzable
~ расчёту calculable
поддержание *с.* maintenance
~ заданного уровня мощности preset power-level maintenance
индуктивное ~ тока *(в токамаке)* inductive current drive

неиндуктивное ~ тока *(в токамаке)* non-inductive current drive
неиндуктивное ~ тока ВЧ-волнами non-inductive current drive by RF waves
неиндуктивное ~ тока пучками частиц non-inductive current drive by neutral beams
~ тока current drive
поддиагональ *ж.* subdiagonal
поддиаграмма *ж. ктп* subdiagram
поддиапазон *м.* subband, subrange
подёргивание *с.* jumping
~ изображения jumping of image
подзона *ж.* subband
валентная ~ valence subband
размерная ~ dimensional subband
спиновая ~ spin subband
хаббардовская ~ *фтт* Hubbard subband
подкасательная *ж.* subtangent
подкласс *м. (спектральной классификации)* subclass
подкова *ж.* horseshoe
вихревая ~ vortex horseshoe
~ Смейла Smale horseshoe
подкритичность *ж. (ядерного реактора)* subcriticality
подложка *ж.* substrate; wafer
аморфная ~ amorphous substrate
диэлектрическая ~ *микр.* insulating base
изолирующая ~ insulating substrate
инородная ~ foreign substrate
керамическая ~ ceramic substrate
кремниевая ~ silicon substrate
кристаллическая ~ crystal substrate
~ мишени target backing
монокристаллическая ~ single crystal substrate
ориентирующая ~ orienting substrate
очищенная ~ purified [clean] substrate
полупроводниковая ~ semiconductor substrate
прозрачная ~ transparent substrate
пьезоэлектрическая ~ piezoelectric substrate
сапфировая ~ sapphire substrate
стеклянная ~ glass substrate
тонкоплёночная ~ thin-film substrate
эпитаксиальная ~ epitaxial substrate
подмагничивание *с.* bias(ing)
подматрица *ж.* submatrix
подмногообразие *с.* subvariety
подмножество *с.* subset
замкнутое ~ closed subset
открытое ~ open subset
поднятие *с.* rise, ascent
капиллярное ~ capillary rise, capillary ascent
подобие *с.* similarity, similitude
геометрическое ~ geometrical similarity
гидромеханическое ~ hydromechanical similarity
динамическое ~ dynamic similarity
кинематическое ~ kinematic similarity
механическое ~ mechanical similarity

~ плазменных течений plasma flow similarity

полное ~ complete similarity

приближённое ~ approximate similarity

~ при гиперзвуковых скоростях hypersonic similarity

реологическое ~ rheological similarity

статическое ~ static similarity

структурное ~ structural similarity

термодинамическое ~ thermodynamic similarity

точное ~ accurate similarity

функциональное ~ functional similarity

подобласть *ж.* subdomain, subarea

подобный *прил.* similar

геометрически ~ geometrically similar

динамически ~ dynamically similar

кинематически ~ kinematically similar

подоболочка *ж.* subshell

нейтронная ~ neutron subshell

полузаполненная ~ *(атома)* half-filled subshell

подогрев *м.* (pre)heating

подогреватель *м.* heater

~ катода cathode heater

подпитка *ж.* feed

~ топливом fuelling

~ топливом с помощью инжекции таблеток pellet fuelling

~ топливом с помощью напуска газа gas fuelling, gas feed

~ ураном uranium make-up

подполе *с.* subfield

подпор *м.* upthrust

гидростатический ~ hydrostatic lift, hydrostatic upthrust

подпоследовательность *ж.* subsequence

подпредставление *с.* subrepresentation

~ группы subrepresentation of group

подпрограмма *ж.* *(для ЭВМ)* subroutine

подпространство *с.* subspace

охваченное ~ spanned subspace

усечённое ~ truncated subspace

подпроцесс *м.* subprocess

кварк-глюонный ~ *кхд* quark-gluon subprocess

партонный ~ *кхд* partonic subprocess

подрастание *с.* growth, rise

~ трещины crack extension, crack length change

подрешётка *ж.* sublattice

катионная ~ *фтт* cation sublattice

магнитная ~ magnetic sublattice

магнитоэлектронная ~ magnetoresistance sublattice

металлическая ~ metal sublattice

неметаллическая ~ nonmetal sublattice

упорядоченная ~ ordered sublattice

электронная ~ electron sublattice

ядерная ~ nuclear sublattice

подробность *ж.* detail

подробный *прил.* detailed

подсборка *ж.* *(ядерного реактора)* subassembly

подсветка *ж.* background radiation, illumination

подсемейство *с.* subfamily

подсистем/а *ж.* subsystem

быстрая ~ *кв. мех.* fast subsystem

звёздная ~ subsystem of stars

зеемановская ~ Zeeman subsystem

медленная ~ *кв. мех.* slow subsystem

невзаимодействующие ~ы noninteracting subsystems

пионная ~ pionic subsystem

плоская ~ *(галактики)* plane subsystem

псевдоспиновая ~ pseudospin subsystem

решёточная ~ lattice subsystem

спиновая ~ spin subsystem

спин-спиновая ~ spin-spin subsystem

сферическая ~ *(галактики)* spherical subsystem

фононная ~ *(кристалла)* phonon subsystem

электронная ~ electron subsystem

электронно-дырочная ~ *фпп* electron-hole subsystem

~ электронов проводимости subsystem of conduction electrons

подскакивание *с.* bouncing, bumping

подслой *м.* sublayer

вязкий ~ viscous sublayer

ламинарный ~ laminar sublayer

подсолнечный *прил.* *(напр. о точке)* subsolar

подставлять *гл.* *(в формулу)* substitute in(to)

подстановка *ж.* *мат.* substitution □ **~ A в B даёт ...** substitution of A into B gives....; **~ A вместо B** substitution of A for B

~ Бете *(анзац Бете)* Bethe ansatz

подстройка *ж.* adjustment, trimming

автоматическая ~ фазы automatic phase control

автоматическая ~ частоты (АПЧ) automatic frequency control, lock

~ магнитного поля trimming of magnetic field

фазовая автоматическая ~ частоты (ФАПЧ) phase lock(ing)

подструктура *ж.* substructure

подсуперпространство *с.* subsuperspace

инвариантное ~ invariant subsuperspace

подсчёт *м.* computation, count, calculation

подтверждение *с.* confirmation, acknowledgment; *(путём испытания)* verification

~ приёма *(сигнала)* reception acknowledgment

экспериментальное ~ experimental verification

подтепловой *прил.* *яф* subthermal

подуров/ень *м.* sublevel

верхний ~ upper sublevel

вращательный ~ rotational sublevel

зеемановский ~ Zeeman sublevel

колебательно-вращательные ~ни vibrational-rotational sublevels

колебательный ~ vibrational sublevel
магнитный ~ magnetic sublevel
нижний ~ lower sublevel
спиновый ~ spin sublevel
штарковский ~ Stark sublevel
подушка *ж.* cushion
воздушная ~ air cushion
подход *м.* approach □ этот ~ нуждается в некоторых пояснениях this approach requires some clarification
абстрактный ~ *ктп* abstract approach
аксиоматический ~ *ктп* axiomatic approach
аксиоматический ~ **Боголюбова** Bogoliubov axiomatic approach
аксиоматический ~ **Уайтмена** Wightman axiomatic approach
алгебраический ~ *ктп* algebraic approach
вероятностный ~ probabilistic approach
дисперсионный ~ *ктп* dispersion approach
дуальный ~ dual approach
инвариантный ~ invariant approach
инфинитезимальный ~ infinitesimal approach
~ **Калуцы - Клейна** *ктп* Kaluza-Klein approach
квазипотенциальный ~ *ктп* quasi-potential approach
квантовомеханический ~ quantum-mechanical approach
квантовый ~ quantum approach
конкретный ~ *ктп* specific approach
контурный ~ contour approach
макроскопический ~ macroscopic approach
микроскопический ~ microscopic approach
неправильный ~ wrong approach
~**, основанный на энергетическом балансе** energy balance approach
релятивистский ~ relativistic approach
синергетический ~ synergetic approach
системный ~ system approach
статистический ~ statistical approach
теоретико-групповой ~ group-theoretical approach
теоретико-полевой ~ field-theoretic approach
термодинамический ~ thermodynamical approach
топологический ~ topological approach
феноменологический ~ phenomenological approach
~ **Хаага - Араки** *ктп* Haag-Araki approach
~ **Хаага - Кастлера** Haag-Kastler approach
эвристический ~ heuristic approach
эмпирический ~ empirical approach, empirical treatment
подчёркивать *гл. (в буквальном смысле)* underline; *(придавать особое значение)* stress, emphasize
подчиняться *гл. (уравнению, закону)* obey, follow
подшипник *м. (напр. телескопа)* bearing
~ **без смазки** unlubricated [dry] bearing

биметаллический ~ bimetal bearing
вертикальный ~ *(с вертикальной осью)* vertical shaft bearing
высокоскоростной ~ high-speed bearing
газодинамический ~ gasodynamic [aerodynamic] bearing
газостатический ~ gasostatic [aerostatic] bearing
гидродинамический ~ hydrodynamic bearing
гидростатический ~ hydrostatic bearing
горизонтальный ~ *(с горизонтальной осью)* horisontal shaft bearing
двойной ~ double-row bearing
двухрядный ~ double-row bearing
игольчатый ~ needle bearing; needle roller ~ качения rolling bearing
конический ~ tapered [conical] bearing
концевой ~ end bearing
концевой упорный ~ end thrust bearing
магнитный ~ magnetic bearing
однорядный ~ single-row bearing
опорный ~ journal bearing
радиально-упорный ~ angular-contact [radial thrust] bearing
радиальный ~ journal [radial] bearing
роликовый ~ roller bearing
самоустанавливающийся ~ self-aligning bearing
~ **с защитной шайбой** shielded bearing
~ **скольжения** plain bearing
~ **с твёрдой смазкой** bearing with solid lubricant
~ **с уплотнением** sealed bearing
сухой ~ dry [unlubricated] bearing
сферический роликовый ~ spherical roller bearing
упорный ~ thrust bearing
шариковый ~ ball bearing
подъём *м.* rise
капиллярный ~ capillary elevation, capillary rise
~ **частотной характеристики** boost of the frequency response
подынтервал *м.* subinterval
позитив *м.* positive
позитрон *м.* positron
релятивистский ~ relativistic positron
термализованные ~ы thermalized positrons
позитроний *м.* positronium
позиция *ж.* position
~ **Уайкова** *крист.* Wikoff position
поиск *м.* search
~**и радиоактивных руд** radioactive-ore prospecting
~**и урановых месторождений** prospecting for uranium deposits
широкий ~ **новых соединений** extensive search for new compounds
показание *с. (прибора)* indication; reading
дублированное ~ duplicate reading
неверное ~ wrong [false] indication

~ **прибора** reading of an instrument
показатель *м.* index; exponent; coefficient
абсолютный ~ **преломления** absolute refractive index, absolute index of refraction
~ **автомодельности** self-similarity index
~ **адиабаты** adiabatic index, index of the adiabat, adiabatic exponent
водородный ~ pH value
~ **Гамова** *(в электронной оптике)* Gamow exponent
~ **двулучепреломления** index of birefringence
десятичный ~ **поглощения** decimal absorption coefficient
интегральный ~ **цвета** integrated color index
истинный ~ **цвета** intrinsic color index
~ **качества** *(отношение модуля упругости к оптической постоянной материала по напряжениям)* figure of merit
комплексный ~ **преломления** complex index of refraction, complex refractive index
~ **корня** root index, index of radical
критический ~ critical index
~ **критической динамики** critical dynamics exponent
кроссоверный ~ *ктп* crossover index
~ **кумулятивной дозы облучения** cumulative exponent, CUEX
ляпуновский ~ Lyapunov exponent
медианный ~ **цвета** median color index
наведённый ~ **преломления** induced refractive index
~ **направленного рассеяния** directional diffusion coefficient
натуральный ~ **поглощения** natural absorption coefficient
нелинейный ~ **преломления** nonlinear index of refraction
необыкновенный ~ **преломления** extraordinary refractive index, extraordinary index of refraction
~ **неоднородности магнитного поля** *(в ускорителе)* field [gradient] index
объёмный ~ **ослабления** volume attenuation index
объёмный ~ **поглощения** volume absorption coefficient
объёмный ~ **рассеяния** coefficient of volume scattering
обыкновенный ~ **преломления** ordinary refractive index, ordinary index of refraction
~ **ослабления** attenuation index
~ **ослабления на единицу длины** linear attenuation coefficient
~ **ослабления на единицу массы** mass attenuation coefficient
относительный ~ **преломления** relative refraction index, relative index of refraction
~ **поглощения** absorption coefficient, index of absorption
~ **поглощения на единицу длины** linear absorption coefficient

~ **поглощения на единицу массы** mass absorption coefficient
~ **политропы** polytropic index
~ **преломления** refractive index, index of refraction
~ **преломления оболочки** *(световода)* cladding index of refraction
~ **преломления сердцевины** *(световода)* core index of refraction
~ **рассеяния** *опт.* coefficient of scattering; diffusion coefficient
~ **рассеяния света** coefficient of light scattering
~ **силы света** coefficient of (reflex) luminous intensity
~ **спада магнитного поля** field index
~ **степени** exponent
~ **сходимости** convergence factor, Feigenbaum number
~ **упрочнения** strain-hardening exponent
~ **усталостной вязкости** fatigue ductility exponent
~ **усталостной прочности** fatigue strength exponent
характеристический ~ **Ляпунова** Lyapunov characteristic index
~ **цвета** *астр.* color index, CI
~ **цвета, исправленный за покраснение** unreddened color index
показ/ывать *гл.* show; *(демонстрировать)* demonstrate; *(о приборах)* indicate, read □ **как мы ~али в главе 5...** as we have seen in chapter 5...; **этот результат ясно ~ывает, что ...** the result here shows clearly that ...
поко/й *м.* rest **находиться в ~е** rest
поколени/е *с. (напр. ЭВМ, звёзд)* generation
вторичное ~ secondary generation
второе ~ second generation
второе ~ **нейтронов** second generation of neutrons
кварк-лептонное ~ quark-lepton generation
~ **кварков** generation of quarks
~ **лептонов** generation of leptons
~ **нейтронов** generation of neutrons
~ **нуклонов** generation of nucleons
первое ~ first generation
последовательные ~**я ядер** successive generation of nuclei
~ **фермионов** generation of fermions
четвёртое ~ **кварков** fourth generation of quarks
~ **ядер** generation of nuclei
покоящийся *прил.* motionless, at rest, stationary
покраснение *с.* reddening
межзвёздное ~ space reddening
покров *м.* cover
облачный ~ cloud cover
покрывать *гл.* cover, coat
покрыти/е *с.* coating; cladding, cover; *(звезды Луной)* occultation □ **без ~я** uncoated; **с ~ем** coated

адсорбционное ~ adsorption coating
алмазоподобное ~ diamondlike coating
анодное ~ anode coating; anodizing
антикоррозионное ~ corrosion-resistant [antirust] coating
антифрикционное ~ antifriction(al) [low-friction] coating
армированное ~ reinforced coating
водонепроницаемое ~ watertight coating
гальваническое ~ electrodeposited coating, plating; *(процесс)* electrodeposition
гелевое ~ gel coat
двухслойное ~ dual [double layer] coating
детонационное ~ detonation [combustion knock] coating
дисперсионное ~ dispersion coating
диффузионное ~ diffusion coating
диэлектрическое ~ dielectric coating
жаропрочное ~ high-temperature coating
защитное ~ protective coating
~ **звезды Луной** lunnar occultation, occultation of a star by the Moon
износостойкое ~ wear-resistant coating
изолирующее ~ insulating coating
ионно-плазменное ~ ion-plasma sprayed coating
катодное ~ cathodic coating
коррозионно-стойкое ~ corrosion-resistant coating
металлизационное ~ metallized coating
металлическое ~ metal plating, metal coating
многослойное ~ multilayer coating
мягкое ~ soft coating
~ **на металлической подложке** metal-backed coating
напылённое ~ sprayed coating
неотражающее ~ anti-reflection coating
нескользящее ~ nonskid coating
~ **оболочкой** canning, jacketing
однородное ~ homogeneous coating
однослойное ~ single-layer coating
оксидное ~ oxide coating
оптическое ~ optical coating
отражающее ~ reflective coating
пироуглеродное ~ pyrocarbon coating
плавящееся ~ fusible coating
плазменное ~ plasma coating
поглощающее ~ absorbing coating
полимерное ~ polymer coating
полупрозрачное ~ semitransparent coating
~ **примерно в 0,2 монослоя** coverage of about 0,2 monolayer
приработочное ~ running-in coating
проводящее ~ conducting coating
прозрачное ~ transparent coating
просветляющее ~ *опт.* anti-reflection layer
противозадирное ~ scuff-resistant coating
противоотражательное ~ *опт.* anti-reflection layer
разлагающееся ~ decomposing coating
рыхлое ~ flock coating
~ **светил Луной** lunar occultation

слоистое ~ layered coating
~ **со связующим** bonded coating
стекловидное ~ vitreous coating
сублимирующее ~ sublimation coating
твёрдое ~ hard coating
твёрдосмазочное ~ solid lubricating [dry-lubricant] coating
теплозащитное ~ heat-resistant coating
толстослойное ~ thick-film coating
тонкослойное ~ thin(-film) coating
триботехническое ~ tribotechnical coating
фотопроводящее ~ photoconducting coating
фотоупругое ~ photoelastic coating
фоточувствительное ~ photosensitive coating
фотоэмиттирующее ~ photoemitting coating
фрикционное ~ friction coating
химическое ~ chemical coating
четвертьволновое ~ quarter-wave coating
широкополосное просветляющее ~ broadband anti-reflection coating
электролитическое ~ electrolytic plating, electrolytic coating; *(процесс)* electrodeposition
электростатическое ~ electrostatic coating
электрохимическое ~ electrochemical coating
эмалевое ~ enamel [enameled] coating
эмитирующее ~ emitting coating
покрытый *прил.* coated
полдень *м.* noon
местный ~ local noon
пол/е *с.* field
абелево ~ *ктп* Abelian field
адронное ~ hadronic field
адсорбционное ~ adsorption field
азимутальное ~ azimuth field
аксиально-векторное ~ axial vector field
аксиальное ~ axial field
аксиально-симметричное ~ axially-symmetric field
аксиально-симметричное тороидальное магнитное ~ axially-symmetric toroidal magnetic field
акустическое ~ acoustic [sound] field
акустомагнитоэлектрическое ~ acoustomagnetoelectric field
акустоэлектрическое ~ acoustoelectric field
~ **анизотропии** anisotropy field
аномальное ~ anomalous field
антенное ~ antenna field
антисимметричное тензорное ~ *ктп* antisymmetric tensor field
асимптотическое ~ asymptotic field
~ **атома** atomic field
аффинное ~ affine field
аэродинамическое ~ aerodynamic field
базисное ~ basic field
бароклинное ~ baroclinic field
баротропное ~ barotropic field
бегущее ~ traveling field
безаберрационное магнитное ~ aberrationless magnetic field

безвихревое ~ irrotational [noncircuital, curl-free, vortex-free] field
~ безвихревой скорости irrotational [potential] velocity field
безмассовое ~ massless [zero-mass] field
безмассовое калибровочное ~ *ктп* massless gauge field
безмассовое скалярное ~ *ктп* massless scalar field
безразмерное ~ dimensionless field
бессиловое магнитное ~ forceless [force-free] magnetic field
бесспиновое ~ zero-spin [spin-zero] field
бесшировое бессиловое магнитное ~ shearless forceless magnetic field
бозонное ~ bosonic field
вакуумное магнитное ~ vacuum magnetic field
~ в ближней зоне near(-zone) field
~ в дальней зоне far(-zone) field
ведущее ~ guiding field
ведущее магнитное ~ *(в ускорителе)* guiding magnetic field
~ Вейля Weyl field
~ Вейсса Weiss [molecular] field
векторное ~ vector field
векторное ~ Киллинга Killing vector field
верхнее критическое ~ *сверхпр.* upper critical field
взаимодействующее ~ interacting field
виртуальное ~ virtual field
вихревое ~ vorticity [vortex, rotational, eddy] field, vorticity region
вихревое электрическое ~ vortex electrical field
~, вмороженное в плазму field "frozen" into plasma
вмороженное магнитное ~ frozen magnetic field
внешнее ~ external [applied] field
внешнее гравитационное ~ Земли exterior field of terrestrial gravitation
внеядерное ~ extranuclear field
внутреннее ~ internal field
внутриатомное ~ intraatomic field
внутрикристаллическое ~ crystal(line) field
возмущённое ~ disturbed [perturbed] field
~ в окрестности вершины трещины near tip field
волноводное ~ waveguide field
волновое ~ wave field
восстановленное ~ *гологр.* reconstructed field
вращающееся ~ rotating field
~ в резонаторе cavity field
вспомогательное ~ auxiliary field
вторичное ~ secondary field
выравнивающее ~ alignment field
вырожденное ~ degenerate field
высокочастотное ~ high-frequency field
вытягивающее ~ drawing [pulling] field; *(в электронной оптике)* extraction field

галактическое ~ galactic field
гармоническое ~ harmonic field
гауссово ~ Gaussian field
гауссово случайное ~ Gaussian random field
гауссовское ~ Gaussian field
гейзенбергово ~ *ктп* Heisenberg field
геомагнитное ~ geomagnetic [Earth magnetic, terrestrial magnetic] field
гиперонное ~ hyperon field
гиротропное ~ gyrotropic field
главное киральное ~ *ктп* principal chiral field
главное магнитное ~ Земли main geomagnetic field
~ глобальных перемещений global displacement field
глюонное ~ gluonic field
голдстоуновское ~ Goldstone field
голономное ~ holonomic field
гофрированное магнитное ~ corrugated [ripple] magnetic field
гофрированное тороидальное магнитное ~ corrugated [ripple] toroidal magnetic field
гравимагнитное ~ gravimagnetic field
гравитационное ~ gravitational field
гравитационное ~ Земли terrestrial gravitational field
градиентное ~ gradient field
дальнодействующее ~ long-range field
~ дальнодействующих сил long-range field
двузначное ~ double-valued field
действительное ~ скоростей *(в отличие от кинематически возможного)* actual velocity field
~ действия action field
~ действия силы field of force
~ Дембера *фпп* Dember field
деполяризующее ~ depolarizing field
~ деформации кристалла crystal deformation field
~ Дзялошинского Dzyaloshinski field
дипольное ~ dipole field
дипольное магнитное ~ Земли dipole geomagnetic field
~ диполя dipole field
~ Дирака *ктп* Dirac field
диффузное звуковое ~ diffused acoustic field
~ Драйсера Dreicer field
дрейфовое ~ drift field
дуальное ~ dual field
духовое ~ *кхд* ghost field
замедляющее ~ decelerating field
замкнутое ~ closed field
запаздывающее ~ retarding field
заряженное ~ charged field
звёздное ~ star [stellar] field
звёздное магнитное ~ stellar magnetic field
звуковое ~ sound [acoustic] field
~ земного тяготения earth gravity field
земное магнитное ~ earth magnetic [geomagnetic, terrestrial magnetic] field

~ зрения field of view, field of vision, visual field

~ зрения телескопа field of telescope

~ излучения radiation field

~ изображения image field

изовекторное ~ isovector field

изодублетное ~ isodoublet field

изоморфное ~ isomorphic field

изоспиновое ~ isospin field

изоспинорное дираковское ~ *ктп* isospinor Dirac field

~ изотет isothetic field

изотриплетное ~ isotriplet field

изохронное ~ isochronous field

импульсное ~ pulsed field

импульсное магнитное ~ pulsed magnetic field

индуцированное ~ induced [stimulated] field

~ инерции inertial [metric] field

искажающее ~ distorting field

~ источников field of sources

калибровочно-безмассовое ~ gauge-massless field

калибровочное ~ *ктп* gauge field

калибровочное векторное глюонное ~ gauge vector gluon field

калибровочное ~ третьего ранга *ктп* gauge field of the third kind

калибровочно-инвариантное ~ gauge-invariant field

каноническое ~ canonical field

квадрупольное ~ с переменной полярностью quadrupole field with alternating polarity

~ квадруполя quadruple field

квазимаксвелловское ~ quasi-Maxwellian field

квазиоднородное случайное ~ quasi-homogeneous random field

квазистационарное ~ quasi-stationary field

квазистационарное квадрупольное магнитное ~ quasi-stationary quadrupole magnetic field

квазистационарное магнитное ~ quasi-stationary magnetic field

квантованное ~ quantized field

квантовое ~ quantum field

квантующее магнитное ~ quantizing magnetic field

квантующее ~ Холла Hall quantizing field

кварковое ~ quark field

~ кватернионов quaternion field

кинематически возможное ~ kinematically admissible field

киральное ~ *фвэ* chiral field

классическое ~ classical field

ковариантное ~ covariant field

когерентное ~ coherent field

~ количества движения momentum field

коллективное ~ collective field

комбинированное ~ обтекания *аэрод.* combined flow field

комбинированное ~ течения *аэрод.* combined flow field

компенсирующее ~ *ктп* gauge field

комплексное ~ complex field

комплексное случайное ~ complex random field

компонентное ~ component field

конвекционное ~ convective field

корональное магнитное ~ corona magnetic field

короткодействующее ~ short-range field

~ короткодействующих сил short-range field

коэрцитивное ~ coercive field

краевое ~ edge [fringing] field

кратерное ~ crater field

кристаллическое ~ crystal(line) field

кристаллическое электрическое ~ crystal-electric field

критическое ~ critical field

критическое ~ Драйсера Dreicer field

критическое магнитное ~ *(сверхпроводника)* critical magnetic field

крупномасштабное магнитное ~ large-scale magnetic field

кулоновское ~ Coulomb field

лазерное ~ laser field

левое ~ *фвэ* left field

левое киральное ~ *фвэ* left chiral field

лептонное ~ lepton field

~ лигандов *фтт* ligand field

линейное ~ linear field

линейное бессиловое ~ linear force-free field

линейное ~ зрения linear field of view

линейно поляризованное ~ linearly polarized field

~ линий скольжения slip-line field

~ линий скольжения при плоской деформации plane strain slip-line field

~ Лиувиля *ктп* Liouville field

локализованное ~ localized field

локальное ~ local field

локальное внутрикристаллическое ~ local crystal field

локальное ~ кристалла local crystal field

локально-изотропное случайное ~ locally isotropic random field

локально-однородное случайное ~ locally homogeneous random field

~ локальных перемещений local displacement field

лоренц-ковариантное ~ Lorentz-covariant field

«лохматое» магнитное ~ braided magnetic field

магнитное ~ magnetic field

магнитное ~ галактики galactic magnetic field

магнитное ~ Земли geomagnetic [earth magnetic, terrestrial magnetic] field

магнитное ~ Солнца solar magnetic field

магнитное ~, убывающее по величине с увеличением радиуса magnetic field which decreases in magnitude with increasing radius

магнитостатическое ~ magnetostatic field

магнитосферное электрическое ~ magnetospheric electric field

магнитотеллурическое ~ *(Земли)* magnetotelluric field

макроскопическое ~ macroscopic field

максвелловское ~ Maxwellian field

марковское случайное ~ Markovian random field

массивное ~ massive field

массивное скалярное ~ massive scalar field

материальное ~ matter field

мегагауссное магнитное ~ mega-Gauss magnetic field

мегаэрстедное магнитное ~ mega-Oersted magnetic field

межзвёздное магнитное ~ interstellar magnetic field

межпланетное магнитное ~ (ММП) interplanetary magnetic field, IMF

мезонное ~ meson field

~ Мейсснера - Оксенфельда Meissner-Ochsenfeld field

меридиональное магнитное ~ meridional magnetic field

метрическое ~ metric [inertial] field

~ механических напряжений stress field

микроскопическое ~ microscopic field

многозначное ~ multivalued field

многоинстантонное ~ *ктп* multi-instanton field

многокомпонентное ~ multicomponent field

многомерное случайное ~ multidimensional random field

молекулярное ~ molecular field

молекулярное ~ Вейсса Weiss molecular field

молекулярное силовое ~ molecular force field

монохроматическое ~ monochromatic field

~ мультиполя multipole field

наведённое ~ induced [stimulated] field

наведённое ~ скоростей induced velocity field

надтепловое электростатическое ~ superthermal electrostatic field

~ накачки pump(ing) field

наложенное ~ imposed field

намагничивающее ~ magnetizing field

направляющее магнитное ~ guiding magnetic field

~ напряжений stress field

насыщающее ~ saturating field

~ насыщения saturation field

неабелево ~ *ктп* non-Abelian field

неабелево калибровочное ~ *ктп* non-Abelian gauge field

невозмущённое ~ unperturbed field

нейтринное ~ neutrino field

нейтронное ~ neutron field, neutron bath

некогерентное ~ noncoherent field

нелинейное ~ nonlinear field

нелокальное ~ nonlocal field

неоднородное ~ inhomogeneous [nonuniform] field

нестационарное силовое ~ nonstationary force field

нижнее критическое ~ *сверхпр.* lower critical field

нормальное ~ normal field

нуклонное ~ nucleon field

нулевое ~ zero field

обменное ~ *фмя* exchange field

обобщённое ~ generalized field

обратное ~ reversed field

~ обтекания *аэрод.* flow field

общее магнитное ~ Солнца general magnetic field of the Sun

~ объёмного заряда space-charge field

объёмное электростатическое ~ bulk electrostatic field

ограниченное ~ bounded field

однородное ~ homogeneous [uniform] field

однородное ~ напряжений uniform stress field

однородное силовое ~ uniform force field

одночастичное ~ single-particle field

окружающее ~ ambient field

октупольное ~ octupole field

операторное ~ operator field

опорное ~ reference field

~ оптической системы field of view of optical system, field of vision

остаточное ~ remanent [residual] field

осцилляторное ~ oscillatory field

отклоняющее ~ deflecting [deflection] field

отклоняющее магнитное ~ magnetic deflection field

очищающее ~ cleaning field

первичное ~ primary field

перекрывающиеся ~я overlapping fields

переменное ~ variable [alternating] field

перенормированное ~ renormalized field

периферическое ~ circumferential field

пионное ~ pion field

полоидальное магнитное ~ poloidal magnetic field

поляризующее ~ polarizing field

полярное магнитное ~ polar magnetic field

поперечное ~ transverse field

пороговое ~ threshold field

послеускоряющее ~ post-acceleration field

постороннее ~ extraneous field

постоянное ~ constant [stationary, steady-state] field

потенциальное ~ potential field

потенциальное силовое ~ potential force field

~ потенциальной скорости potential [irrotational] velocity field

правое ~ *фвэ* right field

правое киральное ~ *фвэ* right chiral field
предметное ~ *опт.* object field
преломляющее ~ refractive field
приведённое ~ reduced field
приложенное ~ applied field
~ пробоя breakdown field
продольное ~ longitudinal field
пространственно-временное случайное ~ space-time random field
~ пространственного заряда space-charge field
протяжённое ~ extended field
псевдоскалярное ~ pseudoscalar field
пульсирующее ~ pulsating field
пьезоэлектрическое ~ piezoelectric field
радиальное ~ radial field
размагничивающее ~ demagnetizing [degaussing] field
разрывное ~ *(напр. скоростей)* discontinuous field
~ рассеяния stray [leakage, extraneous] field
рассеянное ~ scattered field
резонансное ~ resonant field
релятивистское ~ relativistic field
реперное ~ *ктп* "einbein" field
самодуальное ~ *ктп* self-dual field
самоиндуцированное ~ self-induced field
самосогласованное ~ self-consistent field
самосогласованное амбиполярное ~ self-consistent ambipolar field
самосогласованное магнитное ~ self-consistent magnetic field
сверхвысокочастотное ~ microwave field
сверхсильное ~ ultrastrong [ultrahigh, superhigh] field
сверхсильное магнитное ~ ultrastrong [ultrahigh, superhigh] magnetic field
сверхсильное световое ~ ultrastrong light field
~ сверхтонкого взаимодействия hyperfine field
световое ~ light field
свободное ~ free field
свободное неоднородное ~ free nonuniform field
СВЧ ~ microwave field
связанные ~я coupled fields
секторное магнитное ~ sector magnetic [magnetic sector] field
силовое ~ field of forces, force field
~ сил отталкивания repulsion field
~ сил притяжения attractive field
сильное ~ strong [intense] field
сильное магнитное ~ strong [high] magnetic field
сильное световое ~ intense light field
симметричное ~ symmetrical field
скалярное ~ scalar field
скалярное волновое ~ scalar wave field
скалярное ~ давлений scalar pressure field
скейлинговое ~ scaling field
~ скоростей velocity field

~ скоростей источника *аэрогидр.* source flow field
~ скоростей течения flow field, field of flow
~ скоростей турбулентного потока turbulent velocity field
~ скоростей установившегося течения stationary flow field
скрещённые ~я crossed fields
скрещённые электрическое и магнитное ~я electric and magnetic crossed fields
скрученное магнитное ~ twisted magnetic field
слабое ~ weak [low] field
случайное ~ random field
собственное ~ eigenfield, self-field
собственное магнитное ~ self-magnetic field
собственное мезонное ~ proper mesonic field
соленоидальное ~ solenoidal field
сопряжённое ~ conjugate field
спин-обменное ~ spin-exchange field
спиновое ~ spin field
спинорное ~ spinor field
спиральное ~ helical [spiral] field
спиральное магнитное ~ spiral magnetic field
~ сравнения *(визуального фотометра)* comparison surface
среднее ~ *фмя* medium field
стабилизирующее ~ stabilizing field
статистически изотропное ~ statistically isotropic field
статистически однородное случайное ~ statistically homogeneous random field
статическое магнитное ~ static [dc] magnetic field
стационарное ~ stationary [steady-state, constant] field
стационарное магнитное ~ steady-state magnetic field
стационарное магнитное ~ в переходной области между магнитосферой и головной ударной волной steady-state magnetic field in the transition region between the magnetosphere and the bow shock
стационарное силовое ~ stationary force field
стационарное случайное ~ stationary random field
стохастическое ~ stochastic field
субпуассоновское ~ sub-Poissonian field
суперкалибровочное ~ supergauge field
сферически симметричное ~ spherically symmetric field
сходящееся ~ convergent field
температурное ~ temperature field
тензорное ~ tensor field
тепловое ~ thermal field
техницветное ~ *кхд* technicolor field
~ течения flow field, field of flow
топологически нетривиальное ~ *ктп* topological nontrivial field
тормозящее ~ retarding [retardation, decelerating] field

тороидальное магнитное ~ toroidal magnetic field

тороидальное электрическое ~ toroidal electric field

~ **точечного заряда** field of a point charge

трёхмерное бессиловое ~ 3D force-free field

~ **туннелирования** tunneling field

турбулентное магнитное ~ turbulent magnetic field

~ **тяготения** gravitational field

угловое ~ **зрения** angular field of view

удерживающее ~ confining [holding] field

управляющее ~ controlling field

~ **ускорений** acceleration field

ускоряющее ~ accelerating field

усреднённое ~ averaged field

факельное ~ *(на Солнце)* facula area

феноменологическое ~ phenomenological field

фермиевское контактное ~ Fermi contact field

фермионное ~ fermionic field

физическое ~ physical field

флуктуационное ~ fluctuation field

фокусирующее ~ focusing field

фоновое ~ background field

фоновое фотосферное магнитное ~ background photospheric magnetic field

фундаментальное ~ fundamental field

фундаментальное цветовое векторное ~ fundamental color vector field

фундаментальное цветовое спинорное ~ fundamental color spinor field

хаотическое ~ random [chaotic] field

~ **хаотической анизотропии** random anisotropy field

характеристическое магнитное ~ characteristic magnetic field

характерное ~ *(в теории взаимодействия)* intrinsic field

~ **Хиггса** *кхд* Higgs field

хиггсовское ~ *кхд* Higgs field

~ **Холла** Hall field

хромомагнитное ~ *фвэ* chromomagnetic [colormagnetic] field

хромоэлектрическое ~ *фвэ* chromoelectric [colorelectric] field

цветное ~ color field

цветовое ~ color field

цветовое глюонное ~ color gluon field

центральное ~ central field

~ **центральных сил** central force field

центрированное ~ **линий скольжения** centered fan type slip-line field

~ **центробежных сил** centrifugal force field

~ **частицы** particle field

экранирующее ~ screening field

электрическое ~ electric field

электрическое ~ **Земли** geoelectric [terrestrial electric] field

электромагнитное ~ electromagnetic field

электронно-позитронное ~ electron-positron field

электростатическое ~ electrostatic field

электростатическое отклоняющее ~ electric deflection field

электротеллурическое ~ earth-current [electrotelluric] field

эрмитово ~ Hermitian field

эффективное ~ effective field

эффективное ~ **анизотропии** effective anisotropy field

ядерное ~ nuclear field

~ **ядра** nuclear field

~ **Янга - Миллса** *ктп* Yang-Mills field

полёт *м.* flight

~ **в области тропопаузы** substratosphere flight

~ **в разрежённых слоях атмосферы** super-aerodynamic flight

гиперзвуковой ~ hypersonic flight

дозвуковой ~ subsonic flight

космический ~ space flight

~ **Леви** *физ. пл.* Levi flight

машущий ~ wing flapping, flapping motion

орбитальный ~ orbital flight

парящий ~ hovering, soaring

сверхзвуковой ~ supersonic flight

~ **с дозвуковой скоростью** subsonic flight

~ **с околозвуковой скоростью** transonic flight

~ **со сверхзвуковой скоростью** supersonic flight

трансзвуковой ~ transonic flight

ползунок *м. (на шкале прибора)* cursor, runner

ползучесть *ж.* creep

~ **Андраде** Andrade creep

вакансионная ~ vacancy creep

высокотемпературная ~ high temperature creep

дислокационная ~ dislocation creep

диффузионная ~ diffusion creep

длительная ~ long-term creep

затухающая ~ exhaustion creep

~**, контролируемая переползанием дислокаций** dislocation climb controlled creep

~**, контролируемая скольжением дислокаций** dislocation glide controlled creep

логарифмическая ~ logarithmic creep

~ **Набарро - Херринга** Nabarro-Herring creep

начальная ~ initial creep

неустановившаяся ~ transient creep

низкотемпературная ~ low-temperature creep

обратимая ~ inverse creep

обратимая первичная ~ inverse primary creep

параболическая ~ parabolic [beta] creep

первичная ~ primary creep

~ **по степенному закону** power-law creep

~ **при высоких температурах** high temperature creep

~ **при облучении** radiation creep

~ **при растяжении** tensile creep
~ **при сжатии** compression creep
~ **при скручивании** torsion creep
сдвиговая ~ creep in shear
ускоренная ~ accelerated creep
установившаяся ~ steady-state creep
~ **Херринга - Набарро - Лифшица** Herring-Nabarro-Lifshitz creep
циклическая ~ cyclic creep
полиада *ж. опт.* polyad
полигонизация *ж. фтт* polygonization
деформационная ~ glide polygonization
механическая ~ mechanical polygonization
тонкая ~ fine polygonization
полигонометрия *ж.* polygonometry
полидисперсность *ж.* polydispersity
поликонденсация *ж. (полимера)* polycondensation
поликристалл *м.* polycrystal
крупнозернистый ~ big-grain polycrystal
текстурированный ~ texture polycrystal
поликристаллический *прил.* polycrystalline
полимер *м.* polymer
аддитивный ~ additive polymer
активированный ~ *(для лазеров)* activated polymer
аморфный ~ amorphous polymer
армированный волокнами ~ fibre reinforced polymer
биологический ~ biopolymer
ветвистый ~ branch polymer
высокомолекулярный ~ high-molecular polymer
гетероцепной ~ heterogeneous-chain polymer
гомоцепной ~ homogeneous-chain polymer
гребнеобразный ~ comb-like polymer
конденсационный ~ condensation polymer
кристаллический ~ crystalline polymer
линейный ~ linear polymer
наполненный ~ filled polymer
ненаполненный ~ unfilled polymer
неорганический ~ inorganic polymer
низкомолекулярный ~ low-molecular polymer
органический ~ organic polymer
ориентированный ~ directed [oriented] polymer
полярный ~ polar polymer
природный ~ natural polymer, biopolymer
проводящий ~ conductive polymer
разветвлённый ~ branched polymer
сегнетоэлектрический ~ ferroelectric polymer
сетчатый ~ cross-linked polymer
синтетический ~ synthesized polymer
стереорегулярный ~ stereoregular polymer
сшитый ~ cross-linked polymer
термопластичный ~ thermoplastic polymer
трёхмерный ~ three-dimentional polymer
хелатный ~ chelate polymer
элементоорганический ~ hetero-organic polymer
полимеризация *ж.* polymerization

аддитивная ~ additive polymerization
анионная ~ anionic polymerization
горячая ~ hot [heat] polymerization
ионная ~ ionic polymerization
каталитическая ~ catalytic polymerization
катионная ~ cationic polymerization
конденсационная ~ condensation polymerization
низкотемпературная ~ cold polymerization
плазменная ~ plasma polymerization
радиационная ~ radiative polymerization
радикальная ~ radical polymerization
свободно радикальная ~ free-radical polymerization
стереоспецифическая ~ stereospecific polymerization
цепная ~ chain polymerization
полиметилметакрилат *м. микр.* polymethylmethacrylate
полиморфизм *м. фтт* polymorphism
изоструктурный ~ isostructural polymorphism
полином *м. (см.тж.* **многочлен***)* polynomial
~ **Бернулли** Bernoullian polynomial
~ **Гаусса - Лагерра** Gauss-Laguerre polynomial
~ **Лагерра** Laguerre polynomial
~ **Лежандра** Legendre polynomial
~ **невязки** residual polynomial
обобщённый ~ **Лагерра** generalized Laguerre polynomial
ортогональный ~ orthogonal polynomial
ортонормированный ~ orthonormal polynomial
присоединённый ~ **Лежандра** associated Legendre polynomial
~ **Сонина** Sonin polynomial
~ **Цернике** Zernicke polynomial
~ **Чебышева** Chebyshev polynomial
~ **Эрмита** Hermitian polynomial
~ **Якоби** Jacobi polynomial
полинуклеотид *м.* polynucleotide
полипептид *м.* polypeptide
полирование *с.* polish(ing)
ионное ~ ion(-bombardment) polishing
металлографическое ~ metallographic polishing
механическое ~ mechanical polishing
~ **травлением** etch polishing
химико-механическое ~ mechanochemical polishing
химическое ~ chemical polishing
электролитическое ~ electrolytic polishing
полировка *ж.* polish(ing)
глубокая ~ deep polish
зеркальная ~ mirror finish
оптическая ~ optical finish
полисахарид *м.* polysaccharide
короткий ~ short polysaccharide
линейный ~ linear polysaccharide
полиспаст *м.* pulley block, polyspast, block-and-tackle

дифференциальный ~ differential pulley block

полистирол *м.* polystyrene

политетрафторэтилен *м. (тефлон)* teflon

политика *ж.* policy

энергетическая ~ energy policy

политип *м. фтт* polytype

политипизм *м. фтт* polytypism

политропа *ж.* polytrope

полихроматор *м.* polychromator

полиэдр *м.* polyhedron

координационный ~ coordination polyhedron

редкоземельный ~ rare-earth polyhedron

полиэлектролит *м.* polyelectrolyte

полиэтилен *м.* polyethylene

полка *ж. (балки)* flange

полнолуние *с.* full Moon

полномасштабный *прил.* full-scale

полнота *ж. (напр. множества)* completeness

полночь *ж.* midnight

полный *прил. (завершённый)* complete; *(наполненный)* full; *(суммарный)* total, overall

пол-оборота *м.* half turn

полодия *ж.* polhode; centrode, centroid (line)

положени/е *с. (местонахождение)* position, location; *(утверждение)* point, statement, postulate; *(атомов в решётке)* site; *(состояние)* state, condition ☐ возвращаться в исходное ~ return to initial position; зависящий от ~я в пространстве space-dependent; занимать ~ take up a position; определять ~ locate a position

~ атома atomic position

атомное ~ *(в решётке)* atomic site

вертикальное ~ vertical position

взаимное ~ relative position

видимое ~ *(звезды)* apparent position

~ «включено» "on"-position

временное ~ temporary situation

~ в решётке lattice position

~ «выключено» "off"-position; *(реактора)* scram position

горизонтальное ~ horizontal [level] position

действительное ~ *(звезды)* real position

истинное ~ *(звезды)* true position

исходное ~ initial position

каталожное ~ *(звезды)* catalogue position

конечное ~ final position

мгновенное ~ instantaneous position

~ механического равновесия rest position

наблюдённое ~ observed position

начальное ~ initial [reference] position

нейтральное ~ neutral position

нормальное ~ normal position

нулевое ~ zero [initial] position

относительное ~ relative position

~ покоя rest position

предвычисленное ~ predicted place

предельное ~ end position

приблизительное ~ approximate position

промежуточное ~ intermediate [interstitial] position

~ пучка beam position, beam location

рабочее ~ operating position

~ равновесия equilibrium position

равновесное ~ equilibrium position

равновесное ~ в решётке equilibrium lattice position

~ светил *(на небесной сфере)* sky position

смежное ~ adjacent [contiguous] position

среднее ~ *(звезды)* mean position

~ стержня rod position

точное ~ exact position

угловое ~ angular position

флюгерное ~ лопасти feathering

полоида *ж.* polhode; centrode, centroid (line)

полоидальный *прил.* poloidal

полоний *м.* polonium, Po

полос/а *ж. (напр. частот)* band; *(металла)* bar; *(цветовая линия)* fringe; *(узкая пластина)* strip

~ атмосферного поглощения atmospheric absorption band

ахроматическая ~ *(при интерференции)* achromatic fringe

блокированная ~ скольжения blocked slip band

боковая ~ частот side frequency band

~ Бурштейна - Мосса *фпп* Burstein-Moss band

вакансионная ~ *фтт* vacancy band

верхняя ~ частот upper frequency band

~ возбуждения excitation band

вращательная ~ rotational band

вторичная муаровая ~ moiré-of-moiré [secondary moiré] fringe

~ вторичного скольжения band of secondary slip

«горячая» ~ *кв. эл.* hot band

дальняя ~ *(в электронной микроскопии)* outermost fringe

~ двойникования twin band

~ деформации deformation band

дифракционная ~ diffraction fringe

~ заграждения *(фильтра)* stop band

~ захвата *(частоты)* locking band

~ захватывания *(частоты)* locking band

~ изотет isothetic fringe

изохроматическая ~ isochromatic fringe

интерференционная ~ interference fringe

интерференционная ~ Брюстера Brewster band

ирастовая ~ yrast band

~ испускания emission band

колебательная ~ *(в спектре)* vibrational band

колебательно-вращательная ~ vibrational-rotational band

коллективная ~ *яф* collective band

~ Людерса Lüders band

~ люминесценции luminescence band

межгрануляционная ~ intergranular line

~ **Мейкера** *(нелинейная оптика)* Maker fringe
~ **Млечного Пути** belt of the Milky Way
молекулярная ~ molecular band
муаровая ~ moiré fringe
муаровая ~ дробного порядка fractional moiré fringe
напылённая ~ sprayed band
нижняя ~ частот lower frequency band
~ **низкого порядка** low order fringe
~ **нулевого порядка** zero order fringe
однородная ~ homoheneous band
~ **ослабления** *(фильтра)* attenuation band
параллельно дрейфующие ~ы *(тип радиоизлучения Солнца)* parallel drifting bands
первая основная ~ поглощения first fundamental absorption band
первичная муаровая ~ primary moiré fringe
~ **поглощения** absorption band
~ **поглощения в атмосфере** atmospheric absorption band
~ **поглощения Хартли** *(220-320 нм)* Hartley absorption band
~ **половинного порядка** half order fringe
~ **пропускания** *радиофиз.* pass [transmission] band
~ы равного наклона *(при интерференции)* fringes of constant [equal] inclination, isoclinic fringes
~ы равного хроматического порядка fringes of equal chromatic order
~ы равной толщины *(при интерференции)* fringes of constant [equal] thickness, isopachic fringes
~ **разброса** *(точек на графике)* scatter band
развитая ~ скольжения developed slip band
размазанная ~ smeared band
разностная муаровая ~ subtractive fringe
~ **резонансного поглощения** resonance-absorption band
~ **решёточного поглощения** lattice absorption band
~ **сброса** *крист.* kink band
светлая интерференционная ~ bright fringe
~ **секвенции** *кв. эл.* sequence band
~ **скольжения** glide [slide] band; *(в кристалле)* slip band
~ **с лучевой структурой** band with ray structure
смешанная ~ *спектр.* hybrid band
~ **собственного поглощения** fundamental absorption band
~ **спектра** spectral band
спектральная ~ spectral band
суммарная муаровая ~ additive fringe
тёмная межгрануляционная ~ dark intergranular line
~ **усиления** amplification band
~ **фосфоресценции** phosphorescence band
фотометрическая ~ photometric band
~ **фундаментального поглощения** *фтт* fundamental band

~ **Хаггинса** *(300-345 нм)* Huggins band
~ **Хартли** *(210-290 нм)* Hartley band
целая муаровая ~ entire [integral order] moiré fringe
~ **целого порядка** entire [integral order] moiré fringe
~ **частот** frequency band
широкая ~ *(частот)* broad [wide] band
~ **Шумана - Рунге** Schumann-Runge band
экситонная ~ exciton band
~ **экситонного поглощения** exciton absorption band
электронная ~ поглощения electron absorption band
эмиссионная ~ *(в спектре)* emission band
энергетическая ~ energetic band
полоска *ж.* strip; *(тип всплеска радиоизлучения Солнца)* stria
вихревая ~ vortex strip
полость *ж.* cavity; *(дефект)* flaw
~ **Брэгга - Грэя** Bragg-Gray cavity
~ **вокруг волокна** filament cavity
замкнутая ~ closed cavity
зародышевая ~ nucleation cavity
кавитационная ~ cavitation pocket
корональная ~ coronal cavity
магнитосферная ~ magnetosperic cavity
~ **расслоения** stratification [lamination] cavity
~ **Роша** *астр.* Roche cavity
полосчатость *ж.* banding, striation
полуавтомат *м.* semiautomation
полубесконечный *прил.* half-infinite, semi-infinite
полувектор *м.* semivector
полуволна *ж.* half-wave
полувысота *ж.* half-height
полугруппа *ж.* semigroup
полудислокация *ж.* half-dislocation
полужёсткий *прил.* semirigid, semihard
полужидкий *прил.* semiliquid, semifluid
полуизолирующий *прил.* semi-insulating
полуинвариант *м. крист.* semi-invariant
полуинтервал *м.* half-interval
полуклассический *прил.* semiclassical
полуколичественный *прил.* semiquantitative
полуколлоид *м.* semicolloid, hemicolloid
полукольцо *с.* semiring
полукристаллический *прил.* semicrystalline, hemicrystalline
полукруг *м.* semicircle
полукубический *прил.* semicubical
полулинза *ж.* half-lens
полулогарифмический *прил.* semilogarithmic
полумесяц *м.* half-moon
полуметалл *м.* semimetal
биполярный ~ bipolar semimetal
жидкий ~ liquid semimetal
монокристаллический ~ single-crystal semimetal
~ **V группы** semimetal of V group
полумножество *с.* semiset

полуоборот *м.* half turn
полуось *ж.* semiaxis
  большая ~ *(орбиты)* semimajor axis
  главная ~ principal semiaxis
  малая ~ *(орбиты)* minor semiaxis, semiminor axis
  отрицательная ~ negative semiaxis
  положительная ~ positive semiaxis
полупериод *м.* half-period; half-cycle
  ~ **реакции обмена** half-time of exchange
полупетля *ж.* *фтт* half-loop
  дислокационная ~ dislocation half-loop
полуплоскость *ж.* half-plane, semiplane
  дополнительная ~ *(в кристаллической решётке)* extra half-plane
полуполе *с.* semifield
полуполоса *ж.* *опт.* half-fringe
полупризма *ж.* hemiprism
полупроводник *м.* semiconductor
  алмазоподобный ~ diamond-like [diamond-type] semiconductor
  аморфный ~ amorphous semiconductor
  аморфный гидрированный ~ hydrogenated amorphous semiconductor
  антиферромагнитный ~ antiferromagnetic semiconductor
  бесщелевой ~ zero-gap semiconductor
  варизонный ~ variband semiconductor
  вырожденный ~ degenerate semiconductor
  вырожденный магнитный ~ degenerate magnetic semiconductor
  высокоомный ~ high-resistance semiconductor
  двухзонный ~ two-band semiconductor
  дефектный ~ defect semiconductor
  дырочный ~ hole [p-type] semiconductor
  жидкий ~ liquid semiconductor
  инвертированный ~ inverted semiconductor
  интерметаллический ~ intermetallic semiconductor
  квазивырожденный ~ quasi-degenerate semiconductor
  кейновский ~ Kane semiconductor
  ковалентный ~ covalent semiconductor
  компенсированный ~ compensated semiconductor
  кристаллический ~ crystalline semiconductor
  кубический ~ cubic semiconductor
  легированный ~ doped semiconductor
  магнитный ~ magnetic semiconductor
  многодолинный ~ many-valley [multivalley] semiconductor
  монокристаллический ~ single-crystal [monocrystalline] semiconductor
  монополярный ~ monopolar semiconductor
  невырожденный ~ nondegenerate semiconductor
  некомпенсированный ~ noncompensated semiconductor
  некристаллический ~ noncrystalline semiconductor

  непрямозонный ~ nondirect gap [band] semiconductor
  низкоомный ~ low-resistance semiconductor
  оксидный ~ oxide semiconductor
  органический ~ organic semiconductor
  полумагнитный ~ semimagnetic semiconductor
  полярный ~ polar semiconductor
  примесный ~ extrinsic [impurity] semiconductor
  прямозонный ~ direct gap [direct band] semiconductor
  пьезоэлектрический ~ piezoelectric semiconductor
  разбавленный магнитный ~ diluted magnetic [semimagnetic] semiconductor
  редкоземельный ~ rare-earth semiconductor
  ~ **с акцепторной примесью** acceptor-impurity semiconductor
  ~ **с донорной примесью** donor-impurity semiconductor
  сильнолегированный ~ highly doped semiconductor
  слабокомпенсированный ~ lightly compensated semiconductor
  слаболегированный ~ weakly doped semiconductor
  собственный ~ intrinsic [pure] semiconductor
  стеклообразный ~ glass-like semiconductor
  тетраэдрический ~ tetrahedral semiconductor
  ~ **типа алмаза** diamond-type [diamond-like] semiconductor
  тонкоплёночный ~ thin-film semiconductor
  узкозонный ~ low-energy-gap [narrow-gap, narrow band] semiconductor
  узкощелевой ~ narrow-gap semiconductor
  ферромагнитный ~ ferromagnetic semiconductor
  фоточувствительный ~ photosensitive semiconductor
  халькогенидный ~ chalcogenide semiconductor
  частично компенсированный ~ partially compensated semiconductor
  широкозонный ~ high energy-gap semiconductor
  электронный ~ electron [n-type] semiconductor
  элементарный ~ elementary semiconductor
  ~ **n-типа** n-type [electron] semiconductor
  ~ **p-типа** p-type [hole] semiconductor
полупродукт *м.* intermediate product
полупрозрачный *прил.* semitransparent
полупроницаемость *ж.* semipermeability
полупространство *с.* half-space, semispace
  бесконечное ~ semi-infinite space
  двумерное ~ 2D half-space
  жёсткое ~ rigid half-space
  трёхмерное ~ 3D half-space

упругое ~ elastic half-space, semi-infinite elastic medium
полупрямая *ж.* half-line
полуразность *ж.* half-difference
полураспад *м.* half-decay, half-disintegration
полурешётка *ж.* semilattice
полусильный *прил.* semistrong
полусинусоида *ж.* half-sinusoid
полуслабый *прил.* semiweak
полусумма *ж.* half-sum
полусуточный *прил.* semidiurnal
полусфера *ж.* hemisphere
  видимая ~ visual hemisphere
полутело *с. аэрод.* half-body
  ~ вращения half-body of revolution
полутень *ж.* half-shadow, half-shade; *сэф* penumbra
  лунная ~ lunar penumbra
  ~ пятна spot penumbra
полутолщина *ж.* half-thickness
полутон *м. ак.* half-tone, semitone
полуугол *м.* semiangle
полуфермион *м.* semifermion
полуцелый *прил.* half-integral, half-integer, semiinteger
полуцилиндр *м.* semicylinder
получение *с.* production
  ~ диаграммы растяжения tension test
  ~ изображения image formation, imaging
  ~ изотопов isotope preparation
  ~ плазмы plasma production
  ~ пучка beam production
полушарие *с.* hemisphere
  видимое ~ (*Луны*) visible hemisphere
  дневное ~ daylight [daylit, illuminated] hemisphere
  невидимое ~ (*Луны*) averted [further] hemisphere
  ночное ~ night [unilluminated] hemisphere
  северное ~ north(ern) hemisphere
  южное ~ south(ern) hemisphere
полуширина *ж.* (*спектральной линии*) half-breadth, half-width
  угловая ~ angular half-width
полуэмпирический *прил.* semi-empirical
полый *прил.* hollow
полюс *м.* pole
  близлежащий ~ nearby pole
  вакуумный ~ Редже vacuum Regge pole
  ~ возбуждения field pole
  ~ галактики galactic pole
  галактический ~ galactic pole
  географический ~ geographic pole
  геомагнитный ~ geomagnetic pole
  голдстоуновский ~ *ктп* Goldstone pole
  ~ Земли terrestrial [Earth] pole
  изолированный ~ isolated pole
  истинный ~ true pole
  ~ Кастильехо - Далитца - Дайсона CDD pole
  К-мезонный ~ kaon pole
  логарифмический ~ *ктп* logarithmic pole

ложный ~ false [spurious] pole
~ Лоренца Lorentz pole
~ магнита magnet pole
магнитный ~ magnetic axis point, magnetic pole
магнитный ~ Земли Earth magnetic pole
мгновенный ~ instantaneous pole
мгновенный ~ Земли instantaneous pole of the Earth
~ мира celestial pole
небесный ~ celestial pole
нуклонный ~ nucleon pole
обменно-вырожденный ~ exchange degenerate pole
одноимённые ~ы analogous [like] poles
ольсоновский галактический ~ Ohlson galactic pole
отрицательный ~ negative pole
~ первого порядка *ктп* first order pole
пи-мезонный ~ pion pole
пионный ~ pion pole
положительный ~ positive pole
~ Померанчука *фвэ* Pomeranchuk pole
призрачный ~ *ктп* ghost pole
простой ~ simple pole
разноимённые ~ы opposite [unlike] poles
~ Редже *ктп* Regge pole
северный ~ north(ern) pole
сопряжённые ~ы conjugated poles
средний ~ mean pole
тахионный ~ *ктп* tachyon pole
~ Толлера Toller pole
~ функции pole of function
~ экватора pole of equator
эквидистантные ~ы equispaced poles
~ эклиптики pole of ecliptic
южный ~ south(ern) pole
поляр *м. астр.* polar
  промежуточный ~ intermediate polar
поляра *ж.* (*в проективной геометрии*) polar
  альвеновская ~ Alfvén polar
  ~ Буземана shock polar; Busemann apple-curve
  групповая ~ group polar
  ~ профиля polar curve of an aerofoil
  ~ сопротивления drag polar
  ~ сопротивления крыла wing drag polar
  ~ точки polar of point
  ударная ~ *аэрод.* shock polar
  ударная ~ Буземана shock polar; Busemann apple-curve
  фазовая ~ phase polar
поляризатор *м. опт.* polarizer
  ~ Брейса Brace polarizer
  волноводный ~ waveguide polarizer
  волоконный ~ fiber(-optic) polarizer
  двупреломляющий ~ birefringent polarizer
  дихроичный ~ dichroic polarizer
  инвазионный волоконный ~ invasive fiber(-optic) polarizer
  интегрально-оптический ~ integrated-optics polarizer

интерференционный ~ interference polarizer
круговой ~ circular polarizer
линейный ~ linear polarizer
~ Липпиха Lippich polarizer
многослойный ~ multilayer polarizer
неинвазионный волоконный ~ noninvasive fiber(-optic) polarizer
нейтронный ~ neutron polarizer
отражательный ~ reflection polarizer
плёночный ~ film polarizer
полутеневой ~ half-shade polarizer
призменный ~ prism polarizer
скрещённые ~ы crossed polarizers
~ Фюсснера Füssner polarizing prizm
циркулярный ~ circular polarizer
эллиптический ~ elliptic polarizer
поляризаци/я *ж.* polarization
адронная ~ вакуума hadronic vacuum polarization
анизотропная ~ anisotropic polarization
аномальная ~ anomalous polarization
~ ансамбля частиц particle ensemble polarization
асимметричная ~ asymmetric polarization
~ атомных ядер polarization of atomic nuclei
биоэлектрическая ~ bioelectric polarization
~ вакуума vacuum polarization
вертикальная ~ vertical polarization
взаимно ортогональные ~и mutually orthogonal polarizations
~ волн wave polarization, polarization of waves
~ в параллельных лучах parallel polarization
~ газов polarization of gases
~ гамма-излучения polarization of gamma-ray photons
горизонтальная ~ horizontal polarization
динамическая ~ атомных ядер dynamic polarization of atomic nuclei
дипольная ~ dipole polarization
дислокационная ~ dislocation polarization
~ диэлектрика dielectric polarization
доменная ~ domain polarization
~ зарядов charge polarization
идеальная ~ perfect polarization
~ излучения накачки pumping polarization
ионная ~ polarization of ions
квадрупольная ~ quadrupole polarization
~ конденсированных сред polarization of condensed matter
концентрационная ~ concentration polarization
круговая ~ circular [rotatory, rotary] polarization
кубическая ~ cubic polarization
левая ~ left-hand polarization
левая круговая ~ left-hand circular [counter clockwise, anticlockwise] polarization
линейная ~ linear polarization
~ линейчатого излучения атома, возбуждаемого электронным ударом polarization of atomic line radiation excited by electron impact

~ люминесценции luminescence polarization
магнитная ~ magnetic polarization
~ медленных нейтронов polarization of slow neutrons
межзвёздная ~ interstellar polarization
~ мишени target polarization
молекулярная ~ molecular polarization
мюонная ~ muon polarization
наведённая ~ induced polarization
наведённая электрическая ~ induced electric polarization
~ накачки pumping polarization
наклонная ~ oblique polarization
~ небесного свода polarization of the blue sky
~ нейтронов polarization of neutrons, neutron polarization
нелинейная ~ nonlinear polarization
обобщённая ~ generalized polarization
обобщённая электрическая ~ generalized electric polarization
объёмная ~ volume polarization
однородная ~ uniform polarization
оптическая ~ optical polarization
ориентационная ~ orientational polarization
ортогональная ~ orthogonal polarization
остаточная ~ remanent [residual] polarization
парамагнитная ~ paramagnetic polarization
~ плазмы plasma polarization
плоская ~ plane polarization
поверхностная ~ surface polarization
полная ~ perfect [complete] polarization
поперечная ~ transverse [cross] polarization
правая ~ right-hand polarization
правая круговая ~ right-hand circular [clockwise] polarization
~ при рассеянии *(света)* scattering polarization
продольная ~ longitudinal polarization
~ протонов polarization of protons, proton polarization
~ пучка beam polarization
пьезоэлектрическая ~ piezoelectric polarization
радиационная ~ radiation polarization
~ радиоволн polarization of radio waves
резонансная ~ resonant polarization
релаксационная ~ relaxational polarization
~ рентгеновского излучения X-ray polarization
самопроизвольная ~ spontaneous polarization
~ света polarization of light
~ света звезды polarization of starlight, stellar polarization
~ сегнетоэлектрика ferroelectric polarization
смешанная ~ mixed polarization
~ спинов spin polarization
спиновая ~ spin polarization
спонтанная ~ spontaneous polarization
статическая ~ static polarization

стимулированная ~ ядер stimulated [induced] nuclear polarization
ударная ~ shock polarization
усреднённая ~ averaged polarization
~ флуоресценции fluorescence polarization
~ фотонов polarization of photons
~ фотоэлектронов photoelectron polarization
хаотическая ~ random polarization
химическая ~ электронов chemical electron polarization
химическая ~ ядер chemical nuclear polarization
хроматическая ~ chromatic polarization
циркулярная ~ circular polarization
~ частиц polarization of particles
частичная ~ partial polarization
электрическая дипольная ~ electric-dipole polarization
электронная ~ electron polarization
~ электронных спинов electron spin polarization
~ электронов electron polarization
~ электронов при резонансной ионизации electron polarization from a resonant ionization
электрохимическая ~ electrochemical polarization
эллиптическая ~ elliptical polarization
~ ядер nuclear polarization
ядерная ~ nuclear polarization
поляризованный *прил.* polarized
~ по кругу circularly polarized
циркулярно ~ circularly polarized
поляризуемость *ж.* polarizability
анизотропная ~ anisotropic polarizability
~ атома atomic polarizability
атомная ~ atomic polarizability
векторная ~ vector polarizability
~ второго порядка second order polarizability
деформационная ~ *(молекул)* deformation polarizability
динамическая ~ dynamic polarizability
дипольная ~ dipole polarizability
ионная ~ ionic polarizability
~ ионов ion polarizability
линейная ~ linear polarizability
микроскопическая ~ microscopic polarizability
~ молекул molecular polarizability
молекулярная ~ molecular polarizability
нелинейная ~ nonlinear polarizability
оптическая ~ optical polarizability
ориентационная ~ *(молекул)* orientational polarizability
резонансная динамическая ~ resonant dynamic polarizability
релаксационная ~ relaxation polarizability
рентгеновская ~ X-ray polarizability
~ связи bond polarizability
тепловая ~ thermal polarizability
~ третьего порядка third order polarizability
~ частиц particle polarizability
электронная ~ electron polarizability

электронная ~ атома electron atomic polarizability
эффективная ~ effective polarizability
~ ядер nuclear polarizability
поляриметр *м.* polarimeter
визуальный ~ visual polarimeter
комптоновский ~ Compton polarimeter
~ Корню Cornu polarimeter
лазерный ~ laser polarimeter
~ Липпиха Lippich polarimeter
полутеневой ~ half-shade polarimeter
фазовый ~ phase polarimeter
фотоэлектрический ~ photoelectric polarimeter
поляриметрия *ж.* polarimetry
полярископ *м.* polariscope
демонстрационный ~ demonstration polariscope
~ диффузорного типа diffused light polariscope
круговой ~ circular polariscope
линейный ~ linear polariscope
отражательный ~ reflection polariscope
плоский ~ plane polariscope
~ проходящего света aligned [transmission] polariscope
~ Савара Savart polariscope
скрещённый круговой ~ crossed circular polariscope
~ Уотермана Waterman polariscope
полярископ-поляриметр *м.* polariscope-polarimeter
поляритон *м.* polariton
длинноволновый ~ long-wave polariton
магнитный ~ magnetic polariton
магнонный ~ magnon polariton
неравновесный ~ nonequilibrium polariton
объёмный ~ bulk polariton
плазмонный ~ plasmon polariton
поверхностный ~ surface polariton
равновесный ~ equilibrium polariton
фононный ~ phonon polariton
экситонный ~ excitonic polariton
электронный ~ electron polariton
полярность *ж.* polarity
магнитная ~ magnetic polarity
обратная ~ reversed polarity
обращённая ~ reversed polarity
~ растворителя solvent polarity
~ связи bond polarity
~ физических свойств polarity of physical properties
~ химических связей polarity of chemical bonds
электрическая ~ electrical polarity
полярограмма *ж.* polarogram
полярограф *м.* polarograph
полярография *ж.* polarography
высокочастотная ~ high frequency polarography
импульсная ~ pulsed polarography
переменно-токовая ~ alternating current polarography

поляроид *м.* *(тип поляризатора)* polaroid
полярометр *м.* polarometer
полярон *м.* *(квазичастица)* polaron
~ **большого радиуса** polaron of big radius
дырочный ~ hole polaron
континуальный ~ *фтт* continual polaron
магнитный ~ magnetic polaron
~ **малого радиуса** polaron of small radius
парамагнитный ~ paramagnetic polaron
связанный магнитный ~ bound magnetic polaron
~ **сильной связи** closly [strongly] coupled polaron
~ **слабой связи** weakly coupled polaron
электронный ~ electron polaron
померон *м.* Pomeranchyk particle, pomeron
сверхкритический ~ supercritical pomeron
помех/а *ж.* disturbance, interference
аддитивные ~и additive disturbance
акустические ~и acoustic disturbance
атмосферные ~и atmospheric disturbance; *(влияющие на качество астрономических изображений)* disturbance to seeing
внеканальные ~и out-of-channel interference
внешняя ~ external noise
внутриканальные ~и in-channel interference
высокочастотная ~ high-frequency noise
гидродинамические ~и hydrodynamic disturbance
импульсная ~ pulse interference, burst noise
мультипликативные ~и multiplicative interference
~и **радиоприёму** radio interference, radio noise
реверберационная ~ reverberation disturbance
случайная ~ random disturbance
электромагнитная ~ electromagnetic interference, electromagnetic disturbance
помехозащищённость *ж.* *(напр. антенны)* noise [interference] immunity
помехоустойчивость *ж.* *(напр. антенны)* noise [interference] immunity
помутнение *с.* turbidity, cloudiness
~ **стекла** glass turbidity
пондеромоторный *прил.* ponderomotive
понижение *с.* *(напр. порядка уравнения)* reduction
~ **горизонта** dip of horizon
капиллярное ~ capillary depression
~ **кристаллографической симметрии** reduction of crystal symmetry
~ **размерности** dimensionality reduction
~ **симметрии** reduction of symmetry
~ **точки замерзания** depression [lowering] of freezing point
~ **уровня** level lowering
~ **уровня грунтовых вод** lowering of ground-water surface
~ **уровня спеклов** speckle reduction
понимать *гл.* understand □ **важно** ~, **что...** it is important to realize that...

понятие *с.* notion, concept; idea, conception
абстрактное ~ abstract notion
неадекватное ~ nonadequate concept
основное ~ basic notion, basic concept
фундаментальное ~ fundamental notion
попадание *с.* *(напр. в цель)* hit
одиночное ~ single hit
прямое ~ direct hit
поперечник *м.* diameter; size across □ **в** ~**е** *(о размерах)* across
поперечность *ж.* *фвэ* transversality, transversity
~ **тока** *фвэ* current transversality
поплавок *м.* float
гидрометрический ~ hydrometric float
поправк/а *ж.* correction □ **делать** ~**у на** ... allow for ..., make a correction for ...
аберрационная ~ aberration correction
адронная ~ hadronic correction
ангармоническая ~ anharmonic correction
анизотропная ~ anisotropic correction
антисимметричная ~ antisymmetric correction
~ **Бете - Максимона** Bethe-Maximon correction
~ **Блэкмана** Blackman correction
болометрическая ~ *астр.* bolometric correction
~ **второго порядка** second-order correction
~ **высшего порядка** high-order correction
глауберовская ~ *кв. мех.* Glauber correction
глюонная радиационная ~ *ктп* gluon radiative correction
~ **Данкова** Dancoff correction
дебаевская ~ *фтт* Debye correction
диамагнитная ~ diamagnetic correction
динамическая ~ dynamical correction
инструментальная ~ instrument correction
интерполяционная ~ interpolation correction
~ **Ирвина на пластичность** Irwin plastic zone correction
квантовая ~ quantum correction
квантовая интерференционная ~ quantum interference correction
кинематическая ~ kinematic correction
~ **к максвелловской функции распределения** correction to the Maxwellian distribution function
концевая ~ end correction
краевая ~ end correction
кулоновская ~ Coulomb correction
логарифмическая ~ *фвэ* logarithmic correction
малая ~ small [negligible] correction
мезонная ~ mesonic correction
многопетлевая ~ *ктп* multiloop correction
~ **на** ... correction for ...
~**и на влияние аэродинамической трубы** wind-tunnel corrections
~ **на влияние границы потока** boundary correction, correction due to flow constraint
~ **на влияние присоединённой массы** additional mass correction

~ **на влияние стенок** wall correction ~ **на внешнюю энергию** external energy correction

~ **на геометрию** geometry [geometrical] correction

~ **на доплеровское уширение** Doppler correction

~ **на загромождение** *(аэродинамической трубы)* blocking effect correction

~ **на запаздывание** delay [lag] correction

~ **на искажение потока** flux-depression correction

~ **на конечность радиуса действия** range correction

~ **на концевой эффект** end correction

~ **на мёртвое время** dead-time correction

~ **на многократное рассеяние** multiple scattering correction

~ **на обратное рассеяние** backscattering correction

~ **на параллакс** parallax correction

~ **на первый пролёт** first-flight correction

~ **на поглощение** absorptive [absorption] correction

~ **на рассеяние** scattering correction

~ **на рассеяние внутрь** inscattering correction

~ **на самопоглощение** self-absorption correction

~ **на скос потока** downwash correction

~ **на случайные совпадения** accidental-coincidence correction

~ **на снос** drift correction

~ **на статическое давление** buoyancy correction

~ **на торцы** end correction

~ **на экранирование** screening correction

~ **на эффект стенки** wall correction

неадиабатическая ~ nonadiabatic correction

нелинейная ~ nonlinear correction

оболочечная ~ *яф* shell correction

~, **обусловленная конечным ларморовским радиусом** finite Larmor radius correction

объёмная ~ volume correction

однопетлевая ~ *ктп* one-loop correction

~ **первого порядка** first-order correction

перенормируемая ~ renormalizable correction

пороговая ~ threshold correction

постньютоновская ~ *астр.* post-Newtonian correction

постпостньютоновская ~ *астр.* post-post-Newtonian correction

предасимптотическая ~ *фвэ* preasymptotic correction

радиационная ~ *ктп* radiative correction

релятивистская ~ relativistic correction

релятивистская ~ **к правилу сумм** relativistic correction to the sum rule

~ **Ридберга** Rydberg correction

струнная петлевая ~ *ктп* string loop correction

тепловая ~ thermal correction

угловая ~ angle correction

унитарная ~ *ктп* unitary correction

~ **часов** clock correction

электромагнитная ~ electromagnetic correction

~ **Этвеша** *(при измерении ускорения свободного падения)* Eötvös correction

пора *ж. (см. тж.* **поры)** pore, void

поражение *с.* injury

лучевое ~ radiation injury

радиационное ~ radiation injury

~ **рентгеновскими лучами** X-ray injury

пористость *ж.* porosity

диффузионная ~ diffusion porosity

порог *м.* threshold

абсолютный ~ **слуха** absolute threshold of hearing

абсолютный ~ **яркости** absolute threshold of luminance

~ **ахроматического ночного зрения** threshold of achromatic night vision

~ **биологической опасности** bilogical hazard threshold

~ **болевого ощущения** *(слуховой)* threshold of pain, threshold of discomfort

брэгговский ~ Bragg cut-off

~ **внешнего трения** threshold of external friction

~ **возбуждения** excitation threshold

волнообразный гидравлический ~ undular hydraulic jump

высокоэнергетический ~ high-energy threshold

гейгеровский ~ Geiger threshold

~ **генерации** oscillation threshold, threshold of generation

~ **генерации лазера** lasing threshold

гидравлический ~ hydraulic jump

~ **деления** fission threshold

~ **дискриминации** discriminating threshold

~ **диссоциации** dissociation threshold, dissociation energy

дифференциальный ~ **слуха** differential threshold of hearing

~ **зрительного ощущения** threshold of vision, threshold of visual perception

~ **инверсии** *кв. эл.* inversion threshold

~ **ионизации** ionization threshold

~ **кавитации** cavitation threshold

~ **канала реакции** reaction channel threshold

колеблющийся гидравлический ~ oscillating hydraulic jump

~ **люминесценции** luminescence threshold

мезонный ~ meson threshold

наблюдаемый ~ observed threshold

~ **нейтронизации** neutronization threshold

~ **неупругого рассеяния** inelastic(-scattering) threshold

~ **неустойчивости** instability threshold

низкоэнергетический ~ low-energy threshold

~ обнаружения сигнала signal detection threshold
~ обратной реакции reverse-reaction threshold
~ объёмного разрушения *кв. эл.* bulk damage threshold
~ оптического пробоя optical breakdown threshold
~ Пирса Pierce threshold
~ повреждения damage threshold
~ подвижности *фтт* mobility threshold
~ почернения *фото* threshold of blackening
~ пробоя breakdown threshold
~ протекания percolation threshold
~ реакции reaction threshold
~ рекристаллизации recrystallization threshold
~ рождения частицы particle producing threshold
~ самофокусировки self-focusing threshold
сильный гидравлический ~ strong hydraulic jump
слабый гидравлический ~ weak hydraulic jump
~ слуха threshold of hearing, threshold of audibility
~ слышимости threshold of hearing, threshold of audibility
~ счёта counting threshold
~ упругого рассеяния elastic threshold
установившийся гидравлический ~ steady hydraulic jump
~ устойчивости stability threshold
~ фотоделения photofission threshold
~ фотоэффекта photoelectric threshold
~ фотоядерной реакции photonuclear reaction threshold
~ хладноломкости transition temperature
~ цветового ощущения color threshold
цветовой ~ color threshold
~ чувствительности threshold responce, threshold of sensitivity
энергетический ~ energy threshold
порода *ж. геофиз.* rock
порозиметр *м.* porosimeter
порок *м.* defect
закалочный ~ *фтт* quenching defect
порообразование *с.* pore formation
порошок *м.* powder
высокодисперсный ~ fine disperse powder
магнитный ~ magnetic powder
металлический ~ metallic powder
спечённый алюминиевый ~ sintered aluminum powder
тонкоизмельчённый ~ fine powder
портрет *м.* portrait
фазовый ~ *нелин. дин.* phase portrait

порфирины *мн.* (*органические молекулы*) porphyrines
поршень *м.* piston; plunger
волноводный ~ waveguide plunger
короткозамыкающий ~ short-circuiting piston
магнитный ~ magnetic piston
настроечный ~ tuning piston
«оптический ~» (*при светоиндуцированном дрейфе*) "optical piston"
~ резонатора cavity piston
поры *мн.* pores; voids
вакансионные ~ vacancy pores
воздушные ~ air-bubble voids
деформированные ~ *фтт* deformed pores
жёсткие ~ *фтт* rigid pores
закрытые ~ closed pores
мягкие ~ *фтт* soft pores
несообщающиеся ~ nonconnecting pores
открытые ~ open pores
сообщающиеся ~ interconnecting pores
поряд/ок *м.* order; (*уравнения*) order, degree; (*последовательность действий*) sequence, procedure □ в ~ке возрастания in ascending order; второго ~ка of the second order; в ~ке убывания in descending order; менять местами ~ интегрирования interchange the order of integration; на ~ величины by an order of magnitude; одного ~ка величины of the same order of magnitude; того же ~ка величины of the same order of magnitude; Z ~ка единицы Z is of the order of unity
алфавитный ~ alphabetical order
антиферромагнитный ~ antiferromagnetic order
атомный ~ *фтт* atomic order
ближний ~ *фтт* short-range order
ближний атомный ~ *фтт* local atomic order
ближний координационный ~ short-range coordination order
ближний магнитный ~ short-range magnetic order
ближний трансляционный ~ short-range translation order
вакансионный ~ vacancy order
~ величины order of magnitude
второй ~ second order
~ выполнения (*каких-л. действий*) procedure
высший ~ higher order
~ группы order of group
дальний ~ *фтт* long-range order
дальний координационный ~ long-range coordination order
дальний магнитный ~ long-range magnetic order
дальний трансляционный ~ long-range translation order
двумерный трансляционный ~ two-dimensional translation order
~ дифракции diffraction order

~ дифференциального уравнения degree of differential equation
~ дифференцирования order of differentiation
дробный ~ полосы fractional fringe order
~ запрета prohibition order
~ интегрирования order of integration
~ интерференции order of interference
~ колебаний (напр. в магнетроне) order of oscillation
~ кривой мат. order of curve
магнитный ~ magnetic order
~ мультипольности multipole order
нематический ~ nematic order
нескомпенсированный антиферромагнитный ~ uncompensated antiferromagnetic order
нулевой ~ zeroth order
обратный ~ reverse order
одномерный трансляционный ~ one-dimensional translation order
ориентационный ~ orientational order
~ остановки (реактора) shut-down procedure
~ отражения крист. order of reflection
~ парастатистики parastatistics order
первый ~ first order
~ полинома degree of polynomial
половинный ~ полосы half fringe order
~ полос на контуре (в фотомеханике) boundary fringe order
~ полосы fringe order
~ приближения order of approximation
~ проведения эксперимента experimental procedure
~ производной order of derivative
~ пуска (реактора) start-up procedure
~ реакции order of reaction
~ резонанса (в ускорителе) resonance order
~ симметрии order of symmetry, degree of symmetry
скомпенсированный антиферромагнитный ~ compensated antiferromagnetic order
~ следования sequence (order)
~ спектра order of spectrum
топологический ~ topological order
топологический дальний ~ long-range topological order
трансляционный ~ translation order
~ укладки слоёв stacking order
~ упаковки stacking order
~ уравнения order of equation
ферромагнитный ~ ferromagnetic order
~ химической реакции order of chemical reaction
хронологический ~ chronological order
целый ~ полосы entire [integral] fringe order
~ чередования фаз phase sequence
шахматный ~ staggered order
n-й ~ nth order
посадка ж. (подгонка) fit; (летательного аппарата) landing
горячая ~ shrink(age) fit

мягкая ~ (космического корабля) soft landing
неподвижная ~ stationary [tight] fit
прессовая ~ force fit
скользящая ~ slid(ing) fit
ходовая ~ running [free] fit
последействие с. aftereffect
вязкое ~ viscous recovery
магнитное ~ magnetic aftereffect, magnetic viscosity, magnetic creep
~ материала material aftereffect
обратное ~ reverse aftereffect
пластическое ~ afterflow; creep
прямое ~ direct aftereffect
упругое ~ elastic aftereffect
последовательность ж. sequence, succession
азотная ~ астр. nitrogen sequence
асимптотическая ~ asymptotic sequence
бесконечная ~ infinite sequence
~ бифуркаций bifurcation sequence
~ бифуркаций удвоения периода sequence of period-doubling bifurcations
большая ~ переменных (звёзд) great sequence of variables
возрастающая ~ ascending [increasing] sequence
~ волн wave train
временная ~ time sequence
гауссова ~ Gaussian sequence
главная ~ (диаграммы Герцшпрунга — Рессела) main sequence
гомологическая ~ homology sequence
изоэлектронная ~ isoelectronic sequence
~ импульсов pulse train, pulse sequence
камертонная ~ Хаббла астр. Hubble tuning-fork sequence
квазипериодическая ~ quasi-periodic sequence
начальная главная ~ астр. initial main sequence
непрерывная ~ continuous sequence
ограниченная ~ bounded sequence
~ операций operational procedure
~ переходов sequence of transitions
периодическая ~ periodic sequence
почти периодическая ~ almost periodic sequence
псевдослучайная ~ pseudorandom sequence
расходящаяся ~ diverging [divergent] sequence
случайная ~ random sequence
~ событий sequence of events
~ состояний sequence of states
спектральная ~ звёзд spectral sequence
~ спинов spin sequence
стационарная случайная ~ stationary random sequence
сходящаяся ~ converging [convergent] sequence
~ точек sequence of points
точная ~ exact sequence
убывающая ~ descending [decreasing] sequence

углеродная ~ *астр.* carbon sequence
универсальная ~ universal sequence, U-sequence
~ фаз phase sequence
последствия *мн.* consequences
длительные ~ облучения permanent radiation effect
немедленные ~ облучения short-range radiation effect
отдалённые ~ облучения late [delayed] radiation effect
послеимпульс *м.* afterpulse
послесвечение *с.* afterglow; *(люминофора)* persistence
длительное ~ long afterglow, long persistence
кратковременное ~ short afterglow, short persistence
~ люминофора phosphor persistence
~ плазмы plasma afterglow
~ разряда discharge afterglow
~ экрана screen afterglow, screen persistence
послеускорение *с.* after-acceleration
пост *м.* station
контрольный ~ *яф* inspection station
~ контроля загрязнений contamination control station
~ управления control station
постановка *ж.* formulation
~ задачи formulation of the problem
постель *ж.* *(упругое основание, в механике)* bed
постоянн/ая *ж.* constant
~ аберрации constant of aberration, aberration constant
~ Авогадро Avogadro constant
аддитивная ~ additive constant
астрономическая ~ astronomical constant
атомная ~ atomic constant
~ Больцмана Boltzmann constant
~ Вейсса *фмя* Weiss constant
~ Верде *опт.* Verdet constant
~ Вина Wien constant
вращательная ~ *кв. эл.* rotational constant
~ вращения *опт.* specific rotation
~ вращения галактики galactic rotation constant
~ времени response time, time constant
~ времени запаздывания delay-time constant
вспомогательная ~ auxiliary constant
газовая ~ gas constant
~ гальванометра galvanometer constant
гауссова ~ тяготения Gaussian gravitation constant
гелиоцентрическая ~ тяготения heliocentric gravitation constant
геофизическая ~ geophysical constant
геоцентрическая ~ тяготения geocentric gravitation constant
гравитационная ~ gravitation constant, constant of gravitation
~ Грюнайзена Grüneisen constant

~ диссоциации dissociation constant
~ дифракционной решётки grating constant
диэлектрическая ~ dielectric constant, permittivity
диэлектрическая ~ электронного газа в металле dielectric constant of the electron gas in a metal
~ затухания *(излучения)* damping [attenuation] constant
~ Зоммерфельда Sommerfeld constant
~ интегрирования constant of integration
кавендишева гравитационная ~ Cavendish gravitation constant
капиллярная ~ capillary constant
~ Кармана Karman constant
квантовая ~ quantum constant
~ Керра Kerr constant
~ Колмогорова Kolmogorov constant
космическая ~ cosmical constant
космологическая ~ cosmological constant
~ Коттона - Мутона Cotton-Mouton constant
криоскопическая ~ cryoscopic constant
~ Кундта Kundt constant
~ Кюри Curie constant
~ые Ламе *(в теории упругости)* Lamé constants
~ Лоренца Lorentz constant
~ Лошмидта Loschmidt constant
магнитооптическая ~ Верде Verdet constant
магнитооптическая ~ Коттона - Мутона Cotton-Mouton constant
~ Маделунга Madelung constant
мировая ~ world constant
~ молекулярного поля Вейсса Weiss molecular field constant
молярная газовая ~ molar gas constant
~ мощности экспозиционной дозы exposure rate constant
низкочастотная ~ Поккельса *крист.* low-frequency Pockels constant
нормировочная ~ normalization constant
~ нутации constant of nutation, nutation constant
~ обменного взаимодействия exchange constant
~ Оорта Oort constant
оптическая ~ optical constant
оптическая ~ материала material fringe value
оптическая ~ материала по деформациям material strain fringe value
оптическая ~ материала по напряжениям material stress fringe value
~ Планка Planck constant
~ поверхностного натяжения surface tension [capillarity] constant
~ Поккельса *крист.* Pockels [elastooptical] constant
~ прецессии constant of precession, precessional constant
произвольная ~ arbitrary constant

~ пространственного заряда диода perveance
~ равновесия equilibrium constant
~ радиоактивного распада radioactive-decay constant
~ распада decay [disintegration] constant
~ распространения propagation constant; longitudinal propagation number
~ рассеяния scattering constant
~ решётки lattice constant, lattice parameter
~ Ридберга Rydberg constant
~ сверхтонкой структуры hyperfine structure [hyperfine interaction] constant
~ связи coupling constant
седиментационная ~ sedimentation constant
солнечная ~ solar constant
~ Стефана Stefan constant
~ Стефана - Больцмана Stefan-Boltzmann constant
структурная ~ structure constant
тарировочная ~ calibration constant
тепловая ~ времени thermal time constant
~ термодиффузии thermal-diffusion constant
~ тонкой структуры ктп fine structure constant
~ тяготения gravitation constant, constant of gravitation
~ тяготения Гаусса Gaussian gravitation constant
~ тяготения Ньютона - Кавендиша Newton-Cavendish gravitation constant
удельная газовая ~ specific gas constant
универсальная ~ universal constant
универсальная газовая ~ universal gas constant
упругая ~ elastic constant
упругая ~ Ламе Lamé elastic constant
упругооптическая ~ elastooptical [Pockels] constant
~ упругости анизотропного тела anisotropic elastic constant
~ Фарадея Faraday constant
~ Фейгенбаума Feigenbaum constant
~ Ферми Fermi constant
фотометрическая ~ photometric constant
фундаментальная ~ fundamental constant
фундаментальная астрономическая ~ fundamental astronomical constant
фундаментальные физические постоянные fundamental physical constants
~ Хаббла Hubble constant
~ Холла Hall constant
циклическая ~ cyclic constant
~ Эйлера Euler constant
~ экранирования screening constant
электрооптическая ~ Керра Kerr constant
~ Этвеша Eötvös constant
постоянство с. constancy
~ массового расхода (по всем сечениям потока) mass flow continuity
~ объёмного расхода (по всем сечениям потока) flow continuity

построение с. construction
~ глобальной матрицы жёсткости global stiffness matrix assembly
~ кривой plotting, curve construction
~ траектории лучей ray tracing
~ Эвальда (в структурной нейтронографии) Ewald structure
постулат м. postulate
~ Бора Bohr postulate
~ Вейля Weyl postulate
второй ~ Бора second Bohr postulate
~ы квантовой механики postulates of quantum mechanics
первый ~ Бора first Bohr postulate
~ Чаплыгина - Жуковского аэрод. Chaplygin-Joukowski postulate
поступь ж. advance
~ винта advance of a propeller
относительная ~ винта advance ratio, advance coefficient
потемнение с. darkening, blackening
~ диска Солнца к краю solar limb darkening, darkening at the limb of the Sun
~ плёнки film darkening
потенциал м. potential
адиабатический ~ adiabatic potential
аксиально-симметричный ~ axially symmetrical potential
ангармонический ~ anharmonic potential
барьерный ~ barrier potential
безотражательный ~ reflectionless potential
~ы Бете Bethe potentials
биоэлектрический ~ bioelectric [action] potential, biopotential
~ Борна - Майера Born-Mayer potential
~ Букингема Buckingham potential
векторный ~ vector potential
~ взаимодействия (между ...) interaction potential (beween ...)
~ взаимодействия частиц particle interaction potential
~ Вигнера - фон Неймана Wigner-von Neumann potential
внутренний ~ (в атоме) inner potential
~ внутрикристаллического поля crystalline potential
~ возбуждения excitation potential
возмущённый ~ perturbed potential
волновой ~ wave potential
второй ионизационный ~ second ionization potential
~ Вудса - Саксона яф Woods-Saxon potential
гармонический ~ harmonic potential
~ Гаусса Gauss(ian) potential
~ Герца Hertz potential
~ Гиббса Gibbs potential
глюонный ~ gluon potential
гравитационный ~ gravitational potential
гравитационный ~ Земли Earth gravitational potential
граничный ~ boundary potential
~ дальнодействующих сил long-range potential

~ двойного слоя double-layer potential
двухчастичный ~ two-body potential
двухъямный ~ double-well potential
дебаевский ~ Debye potential
~ Дебая - Хюккеля Debye-Hückel potential
~ деионизации deionization potential
деформационный ~ deformation potential
деформированный ~ deformed potential
джозефсоновский ~ Josephson potential
диффузионный ~ diffusion potential
дрейфовый ~ drift potential
дуальный ~ dual potential
~ зажигания (разряда) ignition [firing] potential
замедляющий ~ retarding potential
запаздывающий ~ retarded [delayed] potential
запирающий ~ cut-off potential; (в ловушку) confining potential
~ Земли Earth [ground] potential
~ земных токов potential of Earth currents
изобарно-изотермический ~ (Gibbs) free enthalpy, Gibbs thermodynamic potential
изовекторный ~ isovector potential
изоскалярный ~ isoscalar potential
изотензорный ~ isotensor potential
изохорно-адиабатический ~ терм. internal energy, isochore adiabatic potential
изохорно-изотермический ~ (Helmholtz) free energy, Helmholtz thermodynamic potential
~ ионизации ionization potential
ионизационный ~ ionization potential
~ ионной сферы ion-sphere potential
калибровочный ~ gauge potential
квантовый ~ quantum potential
кварковый ~ quark potential
кинетический ~ Lagrange function, Lagrangian
~ Кихары Kihara potential
комплексный ~ complex potential
контактный ~ contact potential
короткодействующий ~ short-range potential
~ Крамерса - Хеннебергера опт. Kramers-Henneberger potential
критический ~ мишени (в ЭЛТ) target critical potential
кулоновский ~ Coulomb potential
~ Ленарда-Джонса фтт Lenard-Jones potential
логарифмический ~ logarithmic potential
локальный ~ local potential
локальный обменный ~ local exchange potential
~ Льенарда - Вихерта Lienard-Wiechert potential
магнитный ~ magnetic potential
магнитный ~ Земли magnetic potential of the Earth
магнитостатический ~ magnetostatic potential
~ Маделунга сверхпр. Madelung potential

межкварковый ~ interquark potential
межмолекулярный ~ intermolecular potential
межнуклонный ~ internucleon potential
межфазный ~ interface [phase-boundary] potential
межчастичный ~ interparticle potential
мембранный ~ membrane potential
модельный ~ model potential
~ Морзе Morse potential
начальный ~ initial potential
неадиабатический поляризационный ~ nonadiabatic polarization potential
недиагональный поляризационный ~ off-diagonal polarization potential
нелокальный ~ nonlocal potential
неравновесный ~ Ландау опт. Landau nonequilibrium potential
несферический ~ яф nonspherical potential
нецентральный ~ noncentral potential
~ Нильссона яф Nilsson potential
нормированный ~ normalized potential
нуклон-нуклонный ~ nucleon-nucleon potential
~ нулевого заряда zero charge potential
нулевой ~ zero potential
ньютоновский ~ Newtonian potential
обменно-корреляционный ~ exchange-correlation potential
обменный ~ exchange potential
обобщённый ~ generalized potential
обобщённый термализованный ~ generalized thermalized potential
оболочечный ~ shell potential
ограниченный ~ bounded potential
~ однобозонного обмена фвэ one-boson exchange potential
одномерный ~ one-dimensional potential
одночастичный ~ one-body [single-particle] potential
одноэлектронный ~ one-electron potential
одноямный ~ single-well potential
окислительно-восстановительный ~ oxidation-reduction [redox] potential
окислительный ~ oxidation potential
опережающий ~ advanced potential
опорный ~ reference potential
оптический ~ яф optical potential
остаточный ~ residual potential
~ отражателя (клистрона) reflector potential
~ отталкивания repulsive potential
отталкивающий ~ repulsive potential
парижский ~ яф Paris potential
парный ~ pair potential
парциальный ~ терм. partial potential
первый ионизационный ~ first ionization potential
перенормируемый ~ renormalizable potential
периодический ~ periodic potential
~ пиннинга сверхпр. pinning potential
плавающий ~ floating potential
плазменный ~ plasma potential

~ пластической деформации plastic potential
поверхностный ~ surface potential
полиномиальный ~ polynomial potential
полный ~ total potential
полный химический ~ total chemical potential
поляризационный ~ polarization potential
пороговый ~ threshold potential
приливный ~ tidal potential
приложенный извне ~ externally applied potential
примесный ~ *фпп* impurity potential
~ притяжения attractive potential
псевдоскалярный ~ pseudoscalar potential
равновесный ~ equilibrium potential
~ разделения separation potential
~ разложения decomposition potential
резонансный ~ resonance potential
~ Розенблюта Rosenbluth potential
~ Саксона - Вудса *яф* Saxon-Woods potential
самосогласованный ~ self-consistent potential
самосогласованный одноэлектронный ~ self-consistent one-electron potential
сглаженный ~ smoothed potential
сепарабельный ~ separable potential
~ силового поля force potential
~ сил отталкивания repulsive potential
~ сил притяжения attractive potential
~ сильного взаимодействия strong interaction potential
симметричный ~ symmetric potential
скалярный ~ scalar potential
~ скорости velocity potential
~ скорости грунтовых вод velocity potential of a ground-water flow
~ слабого взаимодействия weak interaction potential
~ с мягкой сердцевиной soft-core potential
спин-орбитальный ~ spin-orbit potential
статический ~ static potential
~ с твёрдой сердцевиной hard-core potential
сферический ~ spherical potential
сферически симметричный ~ spherically symmetric potential
тензорный ~ tensor potential
термализованный ~ thermalized potential
термодинамический ~ thermodynamic potential
термодинамический ~, отнесённый к единице массы жидкости Gibbs free energy per unit mass
~ течения stream function, flow potential
~ Томаса - Ферми Thomas-Fermi potential
~ Томаса - Ферми - Дирака Thomas-Fermi-Dirac potential
~ Томаса - Ферми - Фирсова Thomas-Fermi-Firsov potential
трёхмерный ~ three-dimensional potential

ультраионизационный ~ ultraionization potential
~ ускорений *аэрод.* acceleration potential
ускоряющий ~ accelerating potential
феноменологический ~ phenomenological potential
~ Ферми Fermi potential
~ Хартри - Фока Hartree-Fock potential
химический ~ chemical potential
~ Хюльтена Hulthen potential
центральный ~ central potential
центробежный ~ centrifugal potential
четырёхмерный ~ four-dimensional potential
эквивалентный ~ equivalent potential
экранированный ~ screened potential
экранированный кулоновский ~ screened Coulomb potential
экранирующий ~ screening potential
электрический ~ electric potential
~ электрода electrode potential
электрокинетический ~ electrokinetic potential
~ электромагнитного поля electromagnetic field potential
электростатический ~ electrostatic potential
электрохимический ~ electrochemical potential
эффективный ~ effective potential
эффективный одночастичный ~ effective single-particle potential
эффективный одноэлектронный ~ effective one-electron potential
эффективный продольного движения частиц effective potential of particle longitudinal motion
~ Юкавы Yukawa potential
ядерный ~ nuclear potential
~ ядра с мягкой сердцевиной soft-core potential
~ Ямагучи Yamaguchi potential
потенциалоскоп *м.* storage [electrostatic memory] tube
полутоновый ~ *(запоминающая ЭЛТ)* variable persistence [halftone storage] tube
~ с бистабильной записью bistable storage tube
потенциальность *ж.* potentiality
~ течения flow potentiality
потенциометр *м.* potentiometer
автоматический ~ self-balancing potentiometer
одновитковый ~ single-turn potentiometer
подстроечный ~ trimmer potentiometer
потер/и *мн.* loss(es) ☐ без ~ь loss-free, lossless; снизить ~ на излучение reduce radiation loss
акустические ~ acoustic loss
~ альфа-частиц в токамаке с круглым сечением alpha particle loss in a circular tokamak
~ альфа-частиц в токамаке с некруглым сечением alpha particle loss in a noncircular tokamak

~ альфа-частиц, обусловленные гофрировкой тороидального поля ripple-induced loss of alpha particles
~ быстрых частиц, обусловленные гофрировкой тороидального поля ripple-induced loss of highly energetic particles
~ в диэлектрике dielectric loss
вероятные ионизационные ~ probable ionization loss
~я вещества *(звездой)* mass loss
~ в железе iron loss
~ в зазоре gap loss
~ в меди copper loss
внезапная ~я устойчивости разряда sudden loss of discharge stability
вносимые ~ insertion loss
~ в обмотках coil loss
~ в плазме plasma loss
~ в процессе нагрева с помощью инжекции нейтральных атомов losses during neutral beam heating
~ в резонаторе cavity loss
~ в свободном пространстве free space loss
~ в сердечнике core loss
~ в сети line loss
~я в скачке уплотнения shock loss
~ вследствие влияния стенок wall loss
~ вследствие расхождения пучка divergence loss
~ в стали core [iron] loss
~ в стенках wall loss
~ в трансформаторе transformer loss
геометрические ~ *опт.* geometrical loss
геометро-оптические ~ geometrical-optics loss
гидравлические ~ hydraulic loss
гистерезисные ~ hysteresis loss
гофрировочные ~ надтепловых частиц superthermal particle ripple losses
гофрировочные ~, связанные с банановыми частицами ripple losses due to banana particles
гофрировочные ~, связанные с локально-запертыми частицами ripple losses due to locally-trapped particles
гофрировочные ~ термоядерных альфа-частиц fusion alpha-particle ripple losses
гофрировочные ~ частиц с большой энергией fast particle ripple losses
~я давления pressure loss
джоулевы ~ Joule loss
динамические гистерезисные ~ dynamic hysteresis loss
диссипативные ~ dissipative loss
дифракционные ~ diffraction loss
диффузионные ~ diffusion loss
диэлектрические ~ dielectric loss
диэлектронные ~ *физ. пл.* dielectronic loss
долговременные ~ реактивности long-term reactivity loss
допустимые ~ tolerable loss
жёсткая ~я устойчивости hard loss of stability

~ за полный обход *(лазерного резонатора)* round-trip loss
~ за счёт ... loss due to ...
ионизационные ~ ionization loss
классические магнитные ~ classical magnetic loss
конвекционные ~ convection loss
концевые ~ end loss
кратковременные ~ реактивности short-term reactivity loss
~ летучих веществ volatile loss
линейная ~я энергии *(ионизирующей частицы)* linear energy transfer, linear energy loss
линейчатые ~ *физ. пл.* line loss
~ магнитного потока при обращении поля в тета-пинче magnetic flux loss at magnetic field reversal in theta pinch
магнитные ~ magnetic loss
~я массы mass loss
~ материала вследствие изнашивания wear-induced material loss
~ мощности power loss
мягкая ~я устойчивости soft loss of stability
~ на вихревые токи eddy-current loss
~ на внутреннее трение viscous loss
~ на возбуждение excitation loss
~ на входе entrance [input] loss
~ на выходе exit [output] loss
~ на гистерезис hysteresis loss
~ на диссоциацию dissociation loss
~ на единицу длины loss per unit length
~ на зеркале mirror loss
~ на изгибе *(волновода)* bending loss
~ на излучение radiation loss
~ на излучение примесей radiation loss by plasma impurities
~ на ионизацию ionization loss
~ на концах end loss
~ на корону corona loss
~ на мёртвое время dead-time loss
~ на многократное рассеяние multiple-scattering loss
~ на один проход single-pass loss, loss per pass
~ на отражение reflection [mirror] loss
~ на поглощение absorption loss
~ напора loss of head, pressure loss
~ на преломление refraction loss
~ на преобразование conversion loss
~ на рассеяние scattering [dispersion] loss
~ на рождение пар pair production loss
~ на синхротронное излучение synchrotron radiation loss
~ на стенки wall loss
~ на токи Фуко eddy-current loss
~ на трение friction loss
~ на черенковское излучение Cherenkov loss
~ нейтронов neutron loss
~ нейтронов при первом пролёте first-flight neutron loss

неоклассические ~ тепла по ионному каналу ion neoclassical thermal loss
неоклассические ~ тепла по электронному каналу electron neoclassical thermal loss
неупругая ~я устойчивости inelastic buckling
неупругие ~ энергии inelastic energy loss
~, обусловленные аномальной теплопроводностью электронов losses due to anomalous electron heat conduction
~я общности loss of generality
ограниченные ионизационные ~ limited ionization loss
ожидаемые ~ expected loss
омические ~ resistance [ohmic] loss
оптические ~ optical loss
орбитальные ~ *(напр. быстрых ионов)* orbital loss
относительные ~ relative loss
полные ионизационные ~ total ionization loss
поляризационные ~ polarization loss
~ при переработке *(топлива)* processing loss
~ при пуске *(механизма)* starting losses
~ при регенерации *(топлива)* reprocessing loss
~ при столкновениях collision loss
~ пучка после прохождения первой секции линейного ускорителя beam losses after passing the first section of the linac
радиационные ~ radiation loss
распределённые ~ distributed loss
~ реактивности reactivity loss
релаксационные ~ relaxation loss
селективные ~ selective loss
~я симметрии symmetry loss
~я скорости speed loss
~я скорости при срыве потока stall
собственные диэлектрические ~ intrinsic dielectric loss
спонтанная ~я симметрии spontaneous symmetry loss
средние логарифмические ~ энергии mean logarithmic energy loss
средние логарифмические ~ энергии на одно столкновение mean logarithmic energy loss per collision
суммарные ~ total [overall] loss
~ счёта *(в счётчике)* counting loss
~ тепла на стенку в диверторной камере heat loss to the wall of the divertor chamber
~ тепла на стенку в основной разрядной камере heat loss to the wall of the main discharge chamber
тепловые ~ heat [thermal] loss
тормозные ~ *физ. пл.* bremsstrahlung loss
~ точности loss of accuracy
~ убегающих электронов, обусловленные гофрировкой тороидального поля ripple-induced losses of runaway electrons
удельные ~ specific loss
удельные ионизационные ~ specific ionization loss

упругая ~я устойчивости elastic buckling
усиленные радиационные ~ enhanced radiative loss
~я устойчивости stability loss, loss of stability; *(конструкции)* buckling
~я устойчивости в условиях ползучести creep buckling
~я устойчивости при продольном изгибе crippling
фоторекомбинационные ~ photorecombination loss
~ холостого хода no-load loss
~ частиц particle loss
~ частиц на стенку в диверторной камере particle loss to the wall of the divertor chamber
~ частиц на стенку в основной разрядной камере particle loss to the wall of the main discharge chamber
~ через торцы *(в открытых ловушках)* end loss
~я электрона electron loss
энергетические ~ energy loss
~ энергии energy [power] loss
~ энергии быстрого электрона в газе energy loss of a fast electron moving in a gas
~ энергии быстрой частицей в твёрдом теле energy loss by fast particle in solids
~ энергии быстрых частиц, обусловленные гофрировкой тороидального поля ripple-induced energy loss of highly energetic particles
~ энергии на единицу длины пути energy loss per unit path length
~ энергии на излучение energy loss by radiation
~ энергии нейтрино neutrino energy loss
~ энергии электронами electron energy loss

поток *м. (энергии или вещества)* flux; *(течение)* flow, stream, current
абелев ~ Abelian flux
адиабатический ~ adiabatic flow
адиабатически расширяющийся сверхзвуковой ~ adiabatically expanding supersonic stream
азимутальный магнитный ~ azimuthal magnetic flux
аккреционный ~ accretion flux
аксиально-симметричный ~ axially symmetric flow
аксиальный ~ axial flow
~ астероидов asteroid stream
безвихревой ~ noncirculatory [potential, irrotational] flow
безграничный ~ unbounded [unlimited] stream
~ без учёта вязкости inviscid flow
~ без учёта сжимаемости incompressible flow
боковой ~ side stream
~ бомбардирующих частиц bombardment flux
~ Бриллюэна Brillouin flow
бриллюэновский ~ Brillouin flow

~ быстрых нейтронов fast (neutron) flux

~ быстрых частиц в пространстве скоростей fast particle flux in a velocity space

~ быстрых частиц в фазовом пространстве fast particle flux in a phase space

~ быстрых электронов в хвосте геомагнитного поля fast electron flux in the tail of the geomagnetic field

~ вакансий *фтт* vacancy flux

~ в аэродинамической трубе flow in a wind tunnel

~ вдоль искривлённой поверхности flow along a curved surface

ведущий ~ steering flow

~ вектора flux of a vector, vector flux

векторный ~ vector flux

векторный нейтронный ~ neutron current

верхний полусферический световой ~ upper hemispherical luminous flux

~ вещества flow of matter

винтовой полоидальный ~ helical poloidal flux

вихревой ~ vortex [eddy] flow

~ в канале channel flow, flow in a duct

вмороженный магнитный ~ frozen-in magnetic flux

~ вне пограничного слоя main stream

внешний ~ external [outside] flow

~ внутри *(в море)* inward flux

~ воздуха air flow, air stream, air current

воздушный ~ air flow, air stream, air current

возмущённый ~ disturbed [turbulent] flow

восходящий ~ rising [ascending] stream, upward current, upstream

восходящий ~ воздуха ascending air

~ в пограничном слое boundary-layer flux

всплывающий магнитный ~ emerging magnetic flux

вспышечный ~ *(солнечного ветра)* flare(-induced) stream

встречный ~ [противоток] counter flow

втекающий ~ inward flow, inflow

вторичный ~ secondary flow

~ в трубе некруглого сечения noncircular flow

~ в ударной трубе flow in a shock tube

входящий ~ incoming [incident] flow, main stream

~ в центре реактора central reactor flux

высокоскоростной ~ high-speed flow

высокоскоростной ~ солнечного ветра solar wind high-speed stream

вытекающий ~ effluent, outward flow

вязкий ~ viscous flow

~ газа gas stream, flow of gas, gas flow

~ газа, обладающего вязкостью frictional gas flow

газовый ~ gas stream, gas flow

~ гамма-излучения gamma flux

геликоидальный ~ helikoidal flux

геотермальный ~ geothermal flux

гидродинамический ~ hydrodynamical flow

гиперзвуковой ~ hypersonic [super-aerodynamic] flow

гипертермический ~ hyperthermal flow

гофрировочный ~ банановых частиц banana particle ripple flux

градиентный ~ gradient flow

двухмерный ~ two-dimensional flow

двухфазный ~ two-phase flow

диффузионный ~ diffusion flow, diffusion current; diffusive flux

диффузионный ~ холодного дейтерия из инжектора через дрейфовый канал в разрядную камеру diffusive cold deuterium flow from the injector through the drift tube into the discharge chamber

дневной метеорный ~ daytime shower

дозвуковой ~ subsonic flow, subsonic stream

допустимый нейтронный ~ tolerance neutron flux

дрейфовый ~ drift flow

дрейфовый ~ тепла drift heat flux

дрейфовый ~ частиц drift particle flux

дросселируемый ~ choking flow

~ жидкости fluid [liquid] flow, flow of fluid

~ жидкости через контур mass flow across contour

жидкостно-газовый ~ liquid-gas flow

завихрённый ~ whirling current, eddying flow

завихряющийся ~ whirling current, eddying flow

закадмиевый ~ epicadmium flux

закручивающийся ~ swirling flow

захваченный ~ *сверхпр.* trapped [enclosed] flux

звёздный ~ star stream

~ идеально текучей среды frictionless [inviscid, nonviscous] flow

избыточный нейтронный ~ excessive neutron flux

~ излучения radiant flux; radiant power

изотропный ~ isotropic flux

~ импульса momentum flux, flux of momentum

инвариантный ~ invariant flux

индуцированный ~ induced [stimulated] flow

интегральный ~ integrated [integral] flux

интегральный ~ нейтронов neutron fluence

интенсивный ~ излучения high radiation flux

~ информации data [information] flow

~ ионов ion flow

искажённый ~ distorted flow

капиллярный ~ capillary flow

квантованный ~ quantized flux

~ Кнудсена Knudsen flow

кнудсеновский ~ Knudsen flow

~ количества движения momentum flux, flux of momentum

кольцевой ~ annular flow

кометный ~ *(метеорный)* cometary stream

конвективный ~ convective [convection] stream

конвективный ~ плазмы в магнитосфере convective flow of plasma in the magnetosphere

конвективный ~ тепла heat convective flux

конвективный тепловой ~ heat convective flux

конвективный ~ частиц particle convective flux

конгруэнтный ~ congruent flow

кондуктивный ~ conductive flux

концентрационный ~ concentration flow

корпускулярный ~ corpuscular stream, corpuscular flux

~ космических лучей cosmic-ray flux

~ космического излучения cosmic ray flux

краевой ~ edge flux

криволинейный ~ curved flow

критический ~ сверхпр. critical flux

~ Куэтта Couette flow

ламинарный ~ laminar [streamline] flow

ламинарный ~ плазмы plasma laminar flow

линеаризованный ~ linearized flow

лучистый ~ radiant [luminous] flux, radiant power

магнитный ~ magnetic flux

максимальный ~ peak flux

малоинтенсивный ~ low flux

~ малой глубины thin sheet flow

~ малой плотности low density flow

~ медленных нейтронов slow neutron flux

межзвёздный ~ interstellar stream

межканальный ~ interchannel flow

метеорный ~ meteor shower; meteor stream

многогрупповой ~ multigroup flux

многоходовой ~ multipass flow

модулированный ~ modulated flux

~ молекул molecular flow

молекулярный ~ molecular flow

~ момента количества движения flux of moment of momentum, flux of angular momentum

~ монохроматического излучения monochromatic flux

~ мощности power flux

набегающий ~ incident [incoming] flow, free [main] stream

наклонный ~ inclined flow

налагающийся ~ superposed stream

наложенный ~ superposed stream

направленный ~ directed flow

~ наружу (в море) outward flux

~ насыщения saturation flux

неадиабатический ~ nonhomoentropic [nonisentropic] flow

невозмущённый ~ undisturbed [free] flow, undisturbed stream

невозмущённый воздушный ~ undisturbed air flow

~ невязкой среды nonviscous flow

недросселированный ~ воздуха unobstructed airflow

независвихряющийся ~ noneddying flow

~ нейтралов перезарядки на стенку charge-exchange neutral flux to the wall

~ нейтрино neutrino flux

нейтронный ~ neutron flux, neutron current

~ нейтронов neutron flux, neutron current

~ нейтронов большой интенсивности high neutron flux

~ нейтронов, вызывающих деления fission-producing neutron flux

~ нейтронов деления fission-neutron flux

нелучистый ~ энергии nonradiative energy flux

необратимый ~ irreversible flow

неограниченный ~ unbounded [unlimited] stream

неограниченный воздушный ~ infinitely large airstream

неоднородный ~ nonuniform flow, nonuniform stream

неоклассический ~ частиц neoclassical particle flux

неоклассический ~ энергии neoclassical energy flux

непрерывный ~ continuous flow

неразрывный ~ continuous flow

~ несжимаемой среды incompressible flow

несжимаемый ~ incompressible flow

нестационарный ~ nonstationary current, transient [unsteady(-state)] flow

неускоряющийся ~ nonaccelerating flow

неустановившийся ~ nonstationary current, transient [unsteady(-state)] flow

нижний полусферический световой ~ lower hemispherical luminous flux

нисходящий ~ downflow, downward [descending] current, downstream

ночной ~ (метеорный) nighttime shower

обобщённый ~ generalized flux

обратный ~ backflow, return [reverse] flow

обращённый ~ inverse [inverted] flow

обтекающий ~ slip flow

~, обтекающий неизменяемое твёрдое тело flow around rigid body

~, обтекающий тело flow around body

~, обтекающий эллипсоид ellipsoid flow

объёмный ~ bulk flow

ограниченный ~ restricted [bounded] flow

однородный ~ uniform stream

однородный ~ в прямом канале постоянного сечения uniform flow in a straight channel of constant cross-section

одноходовой ~ one-pass [straight-through] flow

околозвуковой ~ near-sonic [transonic] flow

околозвуковой ~ в разреженном газе transsuperaerodynamic flow

окружающий ~ encircling flow

осесимметричный ~ axial [axisymmetric, rotationally symmetric] flow основной ~ mainstream flow, main [principal] stream

отделившийся ~ separated [stalled] flow

~ от источника source flow

отклонённый ~ deviated [refracted] flow

отклоняющийся ~ deviating flow

относительный ~ relative flux

оторвавшийся ~ separated [stalled] flow

охватывающий ~ encircling flow

~ охладителя coolant flow, coolant stream

охлаждающий воздушный ~ cooling air

падающий ~ incident flux

параллельный ~ parallel flow

парожидкостный ~ vapor-liquid flow

парциальный ~ partial flux

первичный нейтронный ~ uncollided [virgin] neutron flux

перекрещивающиеся ~и crossflow

пересекающиеся ~и crossflow

периодический ~ periodic stream

~ плазмы plasma stream

~ планетного происхождения planetary stream

плоскопараллельный ~ plane-parallel stream

плоскопараллельный турбулентный ~ жидкости, текущий вдоль неограниченной плоской поверхности plane-parallel turbulent flow along an unbounded plane surface

поверхностный ~ surface flux

поджатый ~ reduced flow

~ подмагничивания bias flux

~ под ненулевым углом атаки flow at incidence

~ под нулевым углом атаки unyawed flow

~ Пойнтинга Poynting flux

полезный световой ~ utilized flux

полностью развитый ~ fully developed flow

полный ~ total flux, complete flow

полный усреднённый нейтронный ~ total average neutron flux

~ полоидального магнитного поля poloidal magnetic flux

полоидальный магнитный ~ poloidal magnetic flux

поперечный ~ crossflow

поперечный замагниченный ~ тепла transverse magnetized heat flux

поперечный магнитный ~ transverse magnetic flux

пороговый ~ threshold flow

постоянный ~ permanent stream

потенциальный ~ potential [irrotational] flow

~ примесей impurity flux

продольный магнитный ~ longitudinal magnetic flux

просачивающийся ~ leakage flow

~ пространственного заряда space-charge flow

пространственный ~ three-dimensional flow

прямой ~ forward flow

пуассоновский ~ Poisson stream

рабочий нейтронный ~ operating neutron flow

равновесный ~ equilibrium flux

равномерно распределённый тепловой ~ uniformly distributed heat flux, uniformly distributed heat flow

равномерный ~ steady [uniform] flow

радиальный ~ radial flow

радиальный ~ тепла при произвольной форме магнитных поверхностей radial heat flux for arbitrary magnetic surfaces

разветвляющийся ~ manifold flow

разрежённый ~ rarefied flow

рассечённый ~ split flow

~ рассеяния фмя leakage flux

рассеянный ~ scattered flux

расширяющийся ~ divergent current, expanded flow

расщеплённый ~ split flow

регулируемый ~ controlled flow

резистивный ~ resistive flux

~ резонансных нейтронов resonance-neutron flux

результирующий ~ net current, net flux, net flow

релятивистский ~ relativistic stream

самофокусирующийся ~ self-focusing stream

сверхзвуковой ~ supersonic stream

сверхкритический ~ supercritical flow

световой ~ luminous flux; luminous power

светоиндуцированный ~ light-induced flux

свободномолекулярный ~ free molecular flow

свободный ~ free [natural] stream, undisturbed flow

свободный ~ воздуха unobstructed airflow

~ с естественной конвекцией natural-convection flow

~ сжимаемой среды compressible flow

сильный ~ high flux, intensive flow

сильный ~ воздуха blast

скалярный ~ scalar flux

сквозной ~ (при амбиполярной диффузии) through flux

скользящий ~ slip flow

скошенный ~ downwash flow

~ с криволинейными линиями тока curved flow

слабый ~ low flux, low flow

~ с линейным распределением скоростей linear flow

слоистый ~ laminar flow

~ случайных событий stream of random events

~ с малой турбулентностью low turbulence stream

~ с малым расходом small flow

~ смещения displacement flux

~ событий flow of events

~ со звуковой скоростью sonic flow

~ солнечного ветра solar wind stream
~ солнечного излучения solar flux
сопутствующий ~ cocurrent flow
сорванный ~ separated wake, stalled flow
~, сорванный скачком уплотнения shock-separated flow
~ с переменной площадью поперечного сечения variable-area flow
спорадический ~ temporary stream
~ с принудительной конвекцией forced-convection flow
спутный ~ cocurrent flow
стационарный ~ steady flux, steady [stationary] flow
стационарный ~ сжимаемого газа steady flow of a compressible gas
субкритический ~ subcritical flow
сужающийся ~ convergent current, contracting stream
суженный ~ reduced flow
суммарный ~ total flux
~ с учётом сжимаемости compressible flow
сходящийся ~ confluence
~ текучей среды fluid flow
~ тепла heat flux
~ тепла, усреднённый по магнитной поверхности heat flux averaged over magnetic surface
тепловой ~ heat [thermal] flow
~ тепловых нейтронов thermal neutron flux
термодиффузионный ~ thermal diffusion flow
тороидальный магнитный ~ toroidal magnetic flux
трёхмерный ~ three-dimensional current, bulk flow
турбулентный ~ turbulent flow, turbulent stream, turbulent current
турбулентный воздушный ~ turbulent airstream
турбулентный ~ вязкой среды turbulent shear flow
удельный азимутальный магнитный ~ specific azimuthal magnetic flux
удельный поперечный магнитный ~ specific transversal magnetic flux
~ ультрафиолетового и рентгеновского излучения XUV flux
усреднённый ~ averaged flux
усреднённый макроскопический ~ тепла averaged macroscopic heat flux
усреднённый полоидальный ~ вакуумных винтовых полей vacuum helical fields averaged poloidal flux
установившийся ~ steady flow
фазовый ~ phase flow
фиктивный ~ fictitious flow
фоновый ~ background flux
фононный ~ phonon flux
цветной ~ *фвэ* color flux
центральный ~ central flux, central flow
цилиндрический ~ cylindrical flow

циркуляционный ~ circulation flow
~ частиц particle flux, corpuscular stream
~ частиц во внешнем радиационном поясе particle flux in the outer radiation belt
~ частиц во внутреннем радиационном поясе particle flux in the inner radiation belt
~ частиц, усреднённый по магнитной поверхности particle flux averaged over magnetic surface
эклиптикальный ~ ecliptical stream
электрический ~ *ктп* electric flux
~ электрического смещения displacement [electric, electrostatic] flux
электронный ~ electron current, electron flow
~ электронов electron current, electron flow
~ энергии energy flux
~ энергии вихревого движения eddy energy flux
~ энергии Солнца solar output
~ энергии частиц particle energy flux
~ энтропии entropy flow
эритемный ~ erythemal flux
эффузионный ~ effusive flow
потолок *м.* ceiling
~ валентной зоны valence band top
~ водоносного слоя ceiling of an aquiferous layer
потребление *с.* consumption
~ энергии energy [power] consumption
потребност/ь *ж.* requirement, demand
~и в энергии energy [power] demand, power requirement
~ в ядерном топливе nuclear-fuel requirement
энергетические ~и energy [power] demand, power requirement
почернение *с.* blackening
~ плёнки film blackening
~ фотопластики photographic-plate blackening
почта *ж.* post
гидравлическая ~ hydraulic rabbit; *(в реакторе)* shuttle
пневматическая ~ pneumatic rabbit
электронная ~ E-mail, electronic mail
пошаговый *прил.* step-by-step, stepwise
появление *с.* appearance
~ кометы apparition of a comet
пояс *м.* belt; *(фермы)* chord
~ астероидов asteroid belt, asteroid zone
~ Ван Аллена Van Allen belt
внешний протонный ~ outer proton belt
внешний радиационный ~ outer radiation belt
внешний радиационный ~ протонов outer proton radiation belt
внутренний протонный ~ inner proton belt
внутренний радиационный ~ inner radiation belt
внутренний радиационный ~ протонов inner proton radiation belt

~ Гулда Gould belt

естественный радиационный ~ natural radiation belt

искусственный радиационный ~ artificial radiation belt

наружный радиационный ~ outer radiation belt

радиационный ~ **Земли** Earth radiation belt

радиационный ~ **протонов** proton radiation belt

~ Роговского *эл.* Rogowski loop

часовой ~ time zone, time belt

правдивость *ж. (квантовое число)* veracity

правил/о *с.* rule; law; *(инструкция)* regulations

~ **Ампера** Ampère [right-hand screw, corkscrew] rule

асимптотическое ~ **отбора** asymptotic selection rule

~**а безопасности** safety rules, safety regulations

~ **Бера** *(поглощения света)* Beer law

~ **Березина** *мат.* Beresin rule

~ **Бертло** *терм.* Berthelot principle

~ **Браве - Донная - Харкера** *(в определении огранки кристалла)* Bravais-Donnay-Harker rule

~ **Брэгга** Bragg rule

~ **буравчика** right-hand screw [corkscrew, Ampère] rule

~ **Вегарда** *фпп* Vegard law

вицинальное ~ *крист.* vicinal rule

~ **Гейгера - Нэттолла** Geiger-Nuttall rule

~ **Гиббса** Gibbs rule

~ **Жуковского** Joukowski rule

~ **запрета** exclusion principle

~ **зеркальной симметрии** *(для люминесценции)* mirror symmetry rule

~ **знаков** convention of signs, rule of signs

золотое ~ **Ферми** *кв. эл.* Fermi golden rule

~ **кваркового счёта** quark counting rule

~ **Кирхгофа** Kirchhoff rule

~ **Кюри - Вульфа** Curie-Wulf rule

~ **левой руки** left-hand rule

~ **Лейбница** Leibniz rule

~ **Ленца** Lenz rule

~ **Лопиталя** *мат.* L'Hospital rule

~ **Моррисона** Morrison rule

~ **непересечения уровней энергии** repulsion of energy levels

~**а о загрязнениях** pollution regulations

~ **октетов** octet rule

~ **Окубо - Цвейга - Иизуки** *фвэ* Okubo-Zweig-Iizuka rule

~**а о радиоактивных загрязнениях** contamination regulations

~**а отбора** selection rules

~**а отбора Гамова - Теллера** Gamow-Teller [G-T] selection rules

~**а отбора для многофотонного перехода** selection rules for a multiphoton transition

~**а отбора для радиационных переходов** selection rules for radiative transitions

~**а отбора для электронных переходов** electronic selection rules

~**а отбора для ядерных переходов** nuclear selection rules

~ **отбора Лапорта** Laporte selection rule

~**а отбора по изотопическому спину** isotopic-spin selection rules

~**а отбора по спину** spin selection rules

~**а отбора по цвету** color selection rule

~**а отбора по чётности** parity selection rules

~**а отбора при переходе электрона в континуум при ион-атомном столкновении** selection rules for electron transfer to continuum in ion-atom collision

~**а отбора Ферми** Fermi selection rules

~ **Паскаля** *фмя* Pascal rule

~ **Полинга** *крист.* Pauling rule

~ **правого винта** right-hand screw [corkscrew, Ampère] rule

~ **правой руки** right-hand rule

~ **Прандтля** Prandtl rule

~ **Престона** Preston rule

приближённое ~ **отбора** approximate selection rule

~ **Рамзая - Юнга** Ramsay-Young rule

~ **Руффа** *(для растворения примеси)* Ruff rule

~ **рычага** lever rule

~ **Симпсона** Simpson rule

~ **Стокса** *(фотолюминесценции)* Stokes rule

строгое ~ **отбора** *кв. эл.* rigorous selection rule

~ **ступеней Оствальда** Ostwald step rule

~ **сумм** *кхд* sum rule

~ **сумм Адлера - Вайсбергера** Adler-Weisberger sum rule

~ **сумм Вайнберга** Weinberg sum rule

~ **сумм для сил осцилляторов** f-sum rule

~ **сумм Дрелла - Херна - Герасимова** Drell-Hearn-Gerassimov sum rule

~ **суммирования** summation rule

~ **суммирования по повторяющимся индексам** Einstein summation convention

~ **сумм Томаса - Райхе - Кюна** Thomas-Reiche-Kuhn sum rule

~**а суперотбора** *ктп* superselection rules

~ **счёта** counting rule

термодинамические ~**а сумм** thermodynamic sum rules

~**а техники безопасности** safety regulations

~ **Тициуса - Боде** Bode law

~**а транспортировки** transport regulations

~**а упаковки** packing rules

~ **Урбаха** *крист.* Uhrbach rule

~ **усреднения** averaging rule, rule of averaging

~ **фаз** (Gibbs) phase rule

~ **фаз Блера** Blair phase rule

~ **фаз Гиббса** Gibbs phase rule

~ **Фезера** Feather rule

~а Фейнмана *ктп* Feynman rules
~ Флеминга Fleming rule
хромодинамическое ~ chromodynamic sum rule
~ Хунда *фмя* Hund rule
~ Цвейга *фвэ* Zweig rule
~ центра тяжести *(фазовой диаграммы)* center-of-gravity rule
цепное ~ *мат.* chain rule
~ частот Бора Bohr frequency rule
~а чётных эффектов even effects rules
право *с.* right
авторское ~ copy right
космическое ~ space [cosmic] law
правовращающий *прил.* dextrorotatory
правополяризованный *прил.* clockwise polarized
празеодим *м.* praseodymium, Pr
праматерия *ж.* pramatter
прафаза *ж. фтт* praphase
превращать *гл.* transform, convert, transmute, turn (into), change (to)
превращение *с.* transformation, transmutation, conversion
адиабатическое ~ adiabatic transformation
аллотропическое ~ allotropic transformation
атермическое ~ athermal transformation
бездиффузионное ~ diffusionless transformation
бейнитное ~ bainitic transformation
вынужденное ~ induced [stimulated] transformation
изоконцентрационное ~ isoconcentration transformation
~ изотопов isotope transformation
искусственное ~ artificial transmutation, artificial transformation
конформационное ~ conformation transformation
мартенситное ~ martensite transformation
необратимое ~ irreversible transformation
неупругое ~ inelastic transformation
обратимое ~ reversible transformation
обратное ~ reverse transformation
перитектическое ~ peritectic transformation
перитектоидное ~ peritectoid transformation
полиморфное ~ polymorphic transformation, polymorphic transition
радиоактивное ~ radioactive transformation, radioactive transmutation
самопроизвольное ~ spontaneous transformation
спонтанное ~ spontaneous transformation
структурное ~ *фтт* structural transformation
термостимулированное структурное ~ thermostimulated structural transformation
упругое ~ elastic transformation
фазовое ~ phase transformation, phase transition
ферромагнитное ~ ferromagnetic transformation

фотостимулированное структурное ~ photostimulated structural transformation
фотохромное ~ photochromic transformation
химическое ~ chemical transformation
эвтектическое ~ eutectic transformation
эвтектоидное ~ eutectoidal transformation
экзотермическое ~ exothermic transformation
~ элементов transmutation of elements
эндотермическое ~ endothermic transformation
~ энергии energy transformation
ядерное ~ nuclear transformation, nuclear transmutation
превышать *гл.* exceed
превышение *с.* excess
~ уровня мощности power-level overshoot
преграда *ж.* obstacle
предварение *с.* anticipation; *астр.* precession
~ равноденствий precession of equinoxes
предварительный *прил.* preliminary, prior
предвестник *м.* precursor
~ Бриллюэна Brullouin forerunning
~ всплеска burst precursor
~ землетрясения fore-shock
~ Зоммерфельда Sommerfeld forerunning
предвспышка *ж. (на Солнце)* preflare
предвычисление *с. (положений планет)* prediction
предгруппирователь *м.* prebuncher
предел *м.* limit ☐ в длинноволновом ~е in the long-wavelength limit; в ~ах ... within the limits of ...; в ~ах ошибок эксперимента within the limits of experimental error; переходить через ~ текучести yield; получить в ~е obtain in the limit
~ абсолютной погрешности limit of absolute error
~ большой плотности high-density limit
~ быстрого вращения *мгд* rapid rotation limit
бьеркеновский ~ *фвэ* Bjorken limit
верхний ~ upper limit, upper bound
верхний ~ отдачи водоносного слоя yield of an aquiferous layer
верхний ~ текучести upper yield [point] stress
вигнеровский ~ *яф* Wigner limit
~ выносливости *(в физике прочности)* endurance [fatigue, tolerance] limit, endurance strength
~ Гринвальда Greenwald limit
динамический ~ текучести dynamic yield stress
дифракционный ~ *опт.* diffraction limit
дифракционный ~ разрешения Рэлея Rayleigh diffraction limit of resolution
диффузионный ~ *мгд* diffusive limit
доверительный ~ confidence limit
~ дозы dose limit
допустимый ~ limit of tolerance, permissible limit
~ы изменчивости limits of variation
~ы измерения measurement range

~ы **интегрирования** range of integration, limits of integration

инфракрасный ~ *ктп* infrared limit

истинный ~ **прочности** true ultimate strength, true ultimate stress

квантовый ~ quantum limit

классический ~ classical limit

корональный ~ coronal limit

~ **Крускала** Kruskal limit

линейный ~ **разрешения** *опт.* linear resolution limit

~ **малой плотности** low-density limit

~ **массы** *астр.* limit of mass

мгновенный ~ **текучести** current yield stress

~ **Мураками** Murakami limit

~ **Мураками - Хьюгилла** Murakami-Hugill limit

нерелятивистский ~ nonrelativistic limit

нижний ~ lower limit, lower bound

нижний ~ **значения числа Рейнольдса** lower limit of the critical value of Reynolds number

нижний ~ **интегрирования** lower limit of integration

нижний ~ **текучести** lower yield point

низкоэнергетический ~ low energy limit

~ **облучения** irradiation limit

~ **обнаружения** threshold of detectability, detection limit

~ы **ошибок** error limits, limits of error

~ **Памплина** *фвэ* Pumplin limit

~ **пластичности** plastic limit

~ы **погрешности** error limits, limits of error

~ **ползучести** creep strength, creep limit

~ **применимости** **модели** validity range of the model

~ **пропорциональности** proportionality limit, limit of proportionality

~ **прочности** ultimate strength, ultimate stress

~ **прочности на изгиб** ultimate bending strength

~ **прочности на разрыв** (ultimate) tensile strength

~ **прочности на растяжение** (ultimate) tensile strength

~ **прочности на сдвиг** shear strength

~ **прочности на сжатие** ultimate compression [compressive, crushing] strength

~ **прочности при изгибе** ultimate flexural strength

~ **прочности при растяжении** (ultimate) tensile strength

~ **прочности при сдвиге** shear strength

~ **прочности при сжатии** ultimate compression [compressive, crushing] strength

~ **прочности при хрупком разрушении** brittle strength

~ **прочности хрупкого материала** brittle strength

~ **разрешения** resolution limit

~ **разрушения** breaking point

~ **растворимости в твёрдом состоянии** solid solubility limit

~ **Роша** *астр.* Roche limit

~ **сильной связи** *ктп* strong coupling limit

~ **слабой связи** *ктп* weak coupling limit

~ **слева** left-hand limit

~ **слышимости** limit of audibility

~ **справа** right-hand limit

~ **текучести** yield point, yield strength, yield stress

~ **текучести при изгибе** bending yield point

~ **текучести при повторном нагружении** repeated yield point

~ **текучести при растяжении** tensile yield point, tensile yield stress

~ **текучести при сдвиге** shear yield point

~ **текучести при сжатии** compressive yield stress, compressive yield point

теоретический ~ theoretical limit

термодинамический ~ thermodynamic limit

~ **точности** limiting accuracy, limit of accuracy

угловой ~ **разрешения** angular resolution limit

унитарный ~ *фвэ* unitary limit

~ **упругости** elastic limit; limit of elasticity

~ **упругости на сдвиг** elastic limit in shear

~ **упругости при сжатии** compressive elastic limit

условный ~ **прочности** conventional ultimate strength, conventional ultimate stress

условный ~ **текучести** conventional yield strength, proof stress

условный ~ **упругости** apparent elastic limit

~ **усталости** fatigue [endurance] limit, fatigue strength

~ **усталости при кручении** torsional endurance limit

установленный ~ prescribed [set] limit

~ **устойчивости** stability limit

физический ~ **текучести** physical yield point, physical yield strength

~ **Чандрасекара** *астр.* Chandrasekhar limit

чандрасекаровский ~ *астр.* Chandrasekhar limit

~ы **чувствительности** detection limits

~ы **шкалы** *(прибора)* scale range

~ы **Шмидта** Schmidt limits

эддингтоновский ~ **светимости** Eddington luminosity limit

предельный *прил.* limiting, ultimate

предионизация *ж.* preionization

искровая ~ spark preionization

искровая ультрафиолетовая ~ spark ultra-violet preionization

ультрафиолетовая ~ ultraviolet preionization

предиссоциация *ж.* predissociation

вынужденная ~ induced predissociation

~ **молекулы** molecule predissociation

предкрылок *м.* slat

предметодержатель *м. (микроскопа)* stage; slide, mount

предназначать *гл. (для...)* intend *(for...)*
предостережение *с.* warning, caution
предотвращать *гл.* prevent
предохранитель *м.* safety device
  плавкий ~ fuse
  плавкий ~ реактора reactor fuse
  электрический ~ electric fuse
предохранительный *прил.* protective, protecting
предохранять *гл.* protect
предписывать *гл.* prescribe, impose
предполагать *гл.* assume, suppose □ **предположим, что...** let us assume that...
предположение *с.* assumption □ **сделать разумное** ~ make a reasonable assumption
  ~ **бесконечно малой деформации** assumption of infinitesimal strain
  квантовомеханическое ~ quantum-mechanical picture
  модельное ~ model assumption
  произвольное ~ arbitrary assumption
  упрощающее ~ simplifying approximation, simplifying assumption
  эвристическое ~ heuristic assumption
предсверхновая *ж. (звезда)* presupernova
предсказание *с. (прогнозирование)* prediction, forecast
предсказуемость *ж.* predictability
предслой *м.* presheath
предсрыв *м.* predisruption
представлени/е *с. мат.* representation
  абелево ~ Abelian representation
  адекватное ~ adequate representation
  адиабатическое ~ adiabatic representation
  аналитическое ~ analytic representation
  аналоговое ~ analog representation
  антитриплетное ~ *фвэ* antitriplet representation
  асимптотическое ~ asymptotic representation
  бесконечномерное ~ **группы** infinite-dimensional group representation
  бозонное ~ boson representation
  ~ **в виде произведения** factorization
  ~ **в обозначениях Эйлера** representation in Eulerian terms
  векторное ~ vector representation
  вещественное ~ **группы** real group representation
  ~ **взаимодействия** *кв. мех.* interaction representation; interaction picture
  вполне приводимое ~ *(группы)* completely [fully] reducible representation
  ~ **вторичного квантования** second quantization
  ~ **Гейзенберга** Heisenberg representation
  геометрическое ~ geometric representation
  голоморфное ~ *кв. мех.* holomorphic representation
  графическое ~ **данных** graphical data representation
  ~ **группы** group representation, representation of group

~ **группы вращений** rotation group representation
~ **группы Ли** Lie group representation
~ **группы перестановок** permutation group representation
~ **группы симметрии** symmetry group representation
~ **Дайсона** Dyson representation
двойное спектральное ~ double spectral [Mandelstam] representation
двузначное ~ two-valued representation
двузначное ~ **группы вращений** two-valued rotation group representation
двумерное ~ two-dimensional representation
двухчленное ~ **функции распределения** distribution function two-term representation
декуплетное ~ *ктп* decuplet representation
~ **Дирака - Паули** Dirac-Pauli representation
дискретное ~ discrete representation
дискретное ~ **в соответствии с методом граничных элементов** BEM [boundary element] discretization
дискретное ~ **граничного интегрального уравнения** boundary integral equation discretization
дискретное ~ **пространства** spatial discretization
дискретное ~ **с помощью граничных элементов и внутренних ячеек** boundary element and internal cell discretization
дисперсионное ~ dispersion representation
изоморфное ~ isomorphic representation
импульсное ~ *кв. мех.* momentum representation
индуцированное ~ **группы** induced group representation
интегральное ~ integral representation
интуитивное ~ intuitive understanding
истинное ~ *(группы)* true representation
квазибозонное ~ quasi-boson representation
квазифермионное ~ quasi-fermion representation
кварковое ~ quark representation
квинтетное ~ *ктп* quintet representation
классическое ~ classical representation
кластерное ~ cluster representation
ковариантное ~ **магнитного поля** magnetic field covariant representation
колебательное ~ oscillation representation
~ **компактной группы** compact group representation
комплексное ~ complex representation
комплексное ~ **группы** complex group representation
комплексно-сопряжённое ~ complex-conjugate representation
~ **конечной группы** finite group representation
конечномерное ~ *(группы)* finite-dimensional representation

контравариантное ~ магнитного поля magnetic field contravariant representation
~ конфигурационного взаимодействия configuration-interaction representation
конфигурационное ~ configuration representation
координатное ~ coordinate representation
координатно-импульсное ~ coordinate-momentum representation
~ Лагранжа Lagrangian representation
лагранжево ~ Lagrangian representation
~ Лакса *кв. эл.* Lax representation
левое регулярное ~ группы left regular group representation
~ Лемана - Келлена Lehmann-Kaellen representation
линейное ~ linear representation
линейное ~ группы linear group representation
малое ~ minor representation
~ Манделстама Mandelstam representation
~ Маркова Markov(ian) representation
матричное ~ matrix representation
нелинейное ~ группы nonlinear group representation
непрерывное ~ continuous representation
неприводимое ~ *(группы)* irreducible representation
неприводимое ~ пространственной группы irreducible representation of space group
неунитарное ~ nonunitary representation
нечётное ~ odd-parity representation
обобщённое ~ generalized representation
одномерное ~ one-dimensional [unidimensional] representation
однопараметрическое ~ one-parameter representation
ортогональное ~ orthogonal representation
осцилляторное ~ oscillator representation
параметрическое ~ parametric representation
партонное ~ parton representation
~ перестановочных соотношений *кв. мех.* permutation relation representation
полоидальное ~ poloidal representation
потоковое ~ магнитного поля magnetic field flux representation
правое регулярное ~ группы right regular group representation
приближённое ~ approximate representation
приводимое ~ reducible representation
присоединённое ~ *(группы)* adjoint representation
присоединённое ~ алгебры Ли adjoint Lie algebra representation
проективное ~ projected representation
пространственное ~ spatial representation
~ пространственной группы space group representation
разложимое ~ decomposable representation
регулярное ~ группы regular group representation

сепарабельное ~ separable representation
синглетное ~ singlet representation
скалярное ~ *(группы)* scalar representation
смешанное ~ *кв. мех.* interaction representation; interaction picture
смешанное ~ магнитного поля magnetic field mixed representation
сопряжённое ~ группы conjugate group representation
сопряжённые фундаментальные ~я conjugate fundamental representations
спектральное ~ spectral representation
спектральное ~ корреляционных функций correlation function spectrum, spectral representation of correlation functions
спин-орбитальное ~ spin-orbit representation
спинорное ~ *ктп* spinor representation
струнное ~ string representation
схематическое ~ diagrammatic representation
тензорное ~ tensor representation
~ типа Ланжевена Langevin-type representation
токовое ~ current representation
токовое ~ магнитного поля magnetic field current representation
точное ~ группы faithful group representation
трёхмерное ~ three-dimensional representation
трёхчастичное ~ three-particle representation
тривиальное ~ группы trivial group representation
триплетное ~ *фвэ* triplet representation
унитарное ~ unitary representation
~ Фейнмана *кв. мех.* Feynman representation
фермионное ~ fermion representation
~ Фока *кв. мех.* Fock representation
фундаментальное ~ fundamental representation
~ Хури Khuri representation
циклическое ~ группы cyclic group representation
чётное ~ even-parity representation
~ чисел заполнения *кв. мех.* second quantization
~ Шредингера Schrödinger representation
эйкональное ~ eikonal representation
эквивалентное ~ группы equivalent group representation
энергетическое ~ energy representation
эрмитово ~ Hermitian representation
представлять *гл. мат.* represent
~ на рассмотрение submit for consideration
предупреждение *с.* prevention, warning
~ несчастных случаев accident prevention
~ об опасности danger warning
предусиление *с.* preamplification
предусилитель *м.* preamplifier
предускорение *с.* preacceleration
предшественник *м.* precursor

~ **запаздывающих нейтронов** delayed neutron precursor

предыстория *ж. (напр. при магнитных измерениях)* prehistory, previous history

~ **деформации** deformation [strain] history

деформационная ~ deformation [strain] history

температурная ~ **образца** temperature prehistory of the sample

преимущество *с.* advantage

преконфайнмент *м. фвэ* preconfinement

прекращение *с.* termination

~ **горения** burn termination

~ **подачи энергии** power failure

прелесть *ж. (квантовое число)* beauty

скрытая ~ hidden beauty

преломление *с.* refraction

~ **волн** wave refraction

двойное ~ double refraction, birefringence

~ **звука** refraction of sound

круговое двойное ~ circular birefringence

линейное двойное ~ linear birefringence

~ **плоской волны** plane wave refraction

~ **радиоволн** refraction of radio waves

~ **света** refraction of light

~ **скачка уплотнения** shock wave refraction

~ **сферической волны** spherical wave refraction

~ **ударной волны** shock wave refraction

преломляющий *прил.* refracting, refractive

премия *ж.* prize

Нобелевская ~ Nobel prize

Нобелевская ~ **по физике** Nobel prize for physics

пренебре/гать *гл.* neglect, ignore ☐ **дисперсией среды можно** ~**чь** the dispersion of the medium can be neglected; **этим членом можно** ~**чь** this term may be neglected

пренебрежение *с.* neglect

~ *(чем-л.)* **по сравнению с ...** *(ввиду малости)* neglect of ... with respect to ...

пренебрежимо *нареч.*: ~ **малый** negligible

пренебрежимый *прил.* negligible, ignorable

преобразовани/е *с.* transform(ation), conversion

~ **Абеля** Abelian transform(ation)

активное ~ active transformation

акустооптическое ~ **мод** acousto-optic mode conversion

алгебраическое ~ algebraic transformation

~ **аналогии** transformation of analogy

аналого-цифровое ~ analog-to-digital conversion

билинейное ~ bilinear transformation

~ **Боголюбова** Bogoliubov transformation

быстрое ~ **Фурье (БПФ)** fast Fourier transform, FFT

~ **Бэклунда** Bäcklund transform(ation)

~ **в цифровую форму** digitising

вакуумное вращательное ~ vacuum rotational transformation

вейлевское ~ Weyl transformation

~ **Вейля** Weyl transformation

взаимно однозначное ~ one-to-one transformation

вращательное ~ rotational transformation

~ **Галилея** Galilean transformation

~ **Гильберта** Hilbert transform

глобальное калибровочное ~ global gauge transformation

~ **годографа** hodograph transformation

голоморфное ~ holomorphic transformation

~ **Гольштейна - Примакова** *фтт* Holstein-Primakoff transformation

гомологическое ~ homology transformation

двойное ~ double transformation

динамическое ~ dynamic conversion

дискретное ~ discrete transform

дискретное ~ **Фурье** discrete Fourier transform

дрейфовое вращательное ~ drift rotational transformation

дуальное ~ dual transformation

~ **Жуковского** *аэрод.* Joukowski transformation

изометрическое ~ isometric transformation

инвариантное ~ invariant transformation

~ **инверсии** *крист.* inversion transformation

интегральное ~ integral transform

инфинитезимальное ~ infinitesimal transformation

~ **Йордана - Вигнера** Jordan-Wigner transformation

калибровочное ~ *ктп* gauge transformation

каноническое ~ canonical transformation

каноническое ~ **Боголюбова** Bogoliubov canonical transformation

~ **к водородному базису** transformation to the hydrogen basis

~ **Кельвина** Kelvin transformation

киральное ~ chiral transformation

~ **к новым координатам** transformation to new coordinates

коллинеарное ~ **мод** collinear mode conversion

комплексное ~ complex transformation

конгруентное ~ congruent transformation

консервативное ~ conservative transformation

конформное ~ conformal transformation

~ **координат** transformation of coordinates

~ **Лапласа** Laplace transform

~ **Лежандра** Legendre transform

линейное ~ *(сигнала)* linear transformation

локальное калибровочное ~ local gauge transformation

~**я Лоренца** Lorentz transformations

магнитооптическое ~ magneto-optic conversion

~ **Маркова** Markov transformation

масштабное ~ scaling; scale transformation

масштабное ~ **в конечном объёме** finite size scaling

матричное ~ matrix transformation

~ **Мелоша** Melosh transformation
~ **механической энергии в тепловую** conversion of mechanical to thermal energy
~ **мод** mode conversion
нелинейное ~ nonlinear transformation
непрерывное ~ continuous transformation
обобщённое ~ generalized transformation
обратное ~ inverse transformation
обратное ~ **рассеяния** inverse scattering [spectral] transform
обратное ~ **Фурье** inverse Fourier transform
общее суперковариантное ~ *ктп* general supercovariant tranformation
ортогональное ~ orthogonal transformation
параметрическое ~ *(частоты)* parametric conversion
пассивное ~ passive transformation
~ **Пенроуза** *ктп* Penrose transform
~ **переменного напряжения** ac voltage transformation
~ **подобия** similarity conversion, transformation of similitude
~ **постоянного напряжения** dc voltage transformation
продольные ~**я Лоренца** longitudinal Lorentz transformations
прямое ~ **сигнала** direct signal transformation
прямое ~ **энергии** direct energy conversion
псевдоортогональное ~ pseudo-orthogonal transformation
~ **Радона** Radon transform
разностное ~ difference transform
~ **ренормировки** renormalization transform
~ **свёртки** convolution transformation
~ **сигнала** signal transform
~**я симметрии** symmetry transformations
случайное ~ random transformation
~ **солнечной энергии** solar energy conversion
~ **с повышением частоты** up conversion
~ **с понижением частоты** down conversion
среднее вращательное ~ mean rotational transform
стеллараторное вращательное ~ stellarator rotational transformation
суммарное ~ summation transform
суперкалибровочное ~ supergauge
~ **суперсимметрии** *ктп* supersymmetry transformation
твисторное ~ **Пенроуза** *ктп* twistor Penrose transformation
термомагнитное ~ thermomagnetic conversion
термоэлектрическое ~ thermoelectric conversion
термоэмиссионное ~ thermionic conversion
термоэмиссионное ~ **энергии** thermionic energy conversion
тождественное ~ identical [identity] transformation
токовое вращательное ~ current rotational transformation
унитарное ~ unitary transformation

~ **Фирца** *фвэ* Fierz transformation
~ **Фока - Тани** Fock-Tani transformation
~ **Фолди - Ваутхейсена** Foldy-Wouthuysen transform
~ **Фурье** Fourier transform
~ **Ханкеля** Hankel transform
~ **цифра-аналог** digital-to-analog conversion
~ **Чаплыгина** Chaplygin transformation
частичное ~ partial transformation
~ **частоты** frequency conversion, frequency transformation
~ **частоты вверх** *кв. эл.* up conversion
~ **частоты вниз** *кв. эл.* down conversion
электроакустическое ~ electroacoustical transformation
электромагнитно-акустическое ~ electromagnetic-acoustical transformation
электромеханическое ~ electromechanical transformation
~ **энергии** power conversion
Р-~ P transform
Т-~ T transform
преобразователь *м.* converter, transformer; *(измерительный)* transducer; sensor
активный ~ active [self-generating] transducer
акустический ~ acoustic transducer
акустомеханический ~ acoustomechanical transducer
акустооптический ~ acousto-optic transformer
акустооптический ~ **частоты** acousto-optic frequency translator
акустоэлектрический ~ acousto-electrical transducer
амплитудно-временной ~ height-to-time converter
аналого-цифровой ~ analog-to-digital [analogue-digital] converter
волноводный ~ **частоты** waveguide frequency translator
волоконно-оптический ~ fiber-optical converter
встречно-штыревой ~ *(акустоэлектроника)* interdigital transducer
входной ~ imput transducer
высокочастотный ~ high-frequency transducer
выходной ~ output transducer
гидроакустический ~ hydroacoustic [sonar] transducer
~ **давления** pressure transducer; pressure-sensitive element
двунаправленный ~ bilateral [bidirectional] transducer
джозефсоновский аналого-цифровой ~ Josephson analog-to-digital [Josephson A/D] converter
динамометрический ~ force transducer
дифференциальный ~ differential transducer
ёмкостный ~ capacitive transducer
жидкокристаллический ~ liquid-crystal transducer
запоминающий ~ storage transducer

идеальный ~ ideal [perfect] transducer, ideal transformer

измерительный ~ measurement [measuring, metering] transducer; sensor

измерительный ~ **положения** position sensor

~ **изображений** image converter

~ **импульсов** pulse converter

индуктивный ~ inductive transducer

интегральный ~ integrated transducer

интерферометрический ~ **частоты** interferometric frequency translator

каскадный электронно-оптический ~ cascade electron image tube

керамический ~ ceramic transducer

коллинеарный ~ **частоты** in-line frequency translator, collinear frequency converter

кольцевой ~ ring transducer

линейный ~ linear transducer

магнитный ~ magnetic transducer

магнитострикционный ~ magnetostriction transducer

магнитоэлектрический ~ magnetoelectric transducer

матричный измерительный ~ matrix sensor

механический ~ mechanical transducer

~ **мод** mode converter, mode transducer

~ **напряжения** voltage transducer

~ **напряжения в частоту** voltage-to-frequency converter

~ **на эффекте Холла** Hall effect transducer

~ **нейтронного потока** neutron-flux converter

оптический ~ optical transducer; *(измерительный)* optical sensor

оптический ~ **частоты** optical frequency translator

параметрический ~ parametric transducer

пассивный ~ passive transducer

передающий ~ transmitting transducer

~ **перемещения** displacement transducer

плёночный ~ film transducer

плёночный пьезоэлектрический ~ piezoelectric film transducer

~ **положения** position sensor

~ **поляризации** polarization transformer

~ **постоянного напряжения** dc voltage transducer

~ **постоянного тока** dc transducer

потенциометрический ~ potentiometric transducer

~ **потока** flux transformer

приёмный ~ receiving transducer

пьезокерамический ~ piezoceramic transducer

пьезополимерный ~ piezopolymer transducer

пьезополупроводниковый ~ piezoelectric semiconductor transducer

пьезорезистивный измерительный ~ piezoresistive sensor

пьезоэлектрический ~ piezoelectric [crystal] transducer; *(измерительный)* piezoelectric sensor

резистивный ~ resistive transducer; resistive sensor

~ **с повышением частоты** up converter

~ **с прямым сбором** direct collection converter

сверхпроводящий аналого-цифровой ~ superconducting analog-to-digital converter

сверхпроводящий измерительный ~ superconducting sensor

силовой ~ force transducer

~ **скорости** velocity transducer

следящий аналого-цифровой ~ tracking A to D [servo A to D] converter

~ **счёта импульсов** pulse-count converter

термоэлектрический ~ thermoelectric transducer, thermoelectric converter

термоэмиссионный ~ thermionic converter

тонкоплёночный ~ thin-film transducer

~ **углового ускорения** angular acceleration transducer

ультразвуковой ~ ultrasonic transducer; *(измерительный)* ultrasonic sensor

~ **ускорений** acceleration transducer

фототермопластический ~ **изображений** photothermoplastic image converter

фотоэлектрический ~ photoelectric converter, photoelectric transducer

цифро-аналоговый ~ digital-to-analog converter

цифровой ~ digitizer

цифровой ~ **с бегущим лучом** flying spot digitizer

цифровой ~ **с ЭЛТ** cathode ray tube digitizer

~ **частоты** frequency transformer, frequency converter, frequency shifter

электроакустический ~ electroacoustic transducer

электродинамический ~ electrodynamic transducer

электромагнитный ~ electromagnetic transducer

электромеханический ~ electromechanic transducer

электронно-оптический ~ image(-converter) [electron image] tube, electrooptical converter

электростатический ~ electrostatic transducer

электрохимический измерительный ~ electrochemical sensor

преобраз/овывать *гл.* convert, transform □ **люминофор** ~**ует электрическую энергию в световую** a phosphor converts electrical energy to light energy

преодолевать *гл.* overcome; *(энергетический барьер)* surmount

преодоление *с.* overcoming

~ **силы земного притяжения** overcoming the earth gravitational force

преон *м.* *(частица)* preon

препарат *м.* preparation
  противоопухолевые ~ы antineoplastic drugs
  радиоактивный ~ *(в медицине)* radioactive preparation, radioactive drug; *(в ядерной физике)* radioactive source, radioactive sample
  радиофармацевтические ~ы radiopharmaceuticals
препятствие *с.* obstacle
  выпуклое ~ convex obstacle
  местное ~ local obstacle
  стерическое ~ steric hindrance
  сферическое ~ spheric obstacle
прерывание *с.* *(процесса)* interruption, break(ing); *(светового пучка)* chopping
  ~ пучка beam chopping
прерыватель *м.* chopper; interrupter
  быстродействующий ~ fast chopper
  вакуумный ~ vacuum interrupter
  игнитронный ~ ignitron interrupter
  механический ~ mechanical chopper
  ~ нейтронного пучка neutron-beam chopper
  нейтронный ~ neutron chopper
  ~ пучка beam chopper, beam shutter
  ртутный ~ mercury interrupter
  сверхбыстрый ~ superchopper
  ~ тока current interrupter
  фотоэлектрический ~ photoelectric chopper
  электролитический ~ electrolytic interrupter
  электромеханический ~ electromechanical chopper
прерывистость *ж.* intermittence
прерывистый *прил.* *(импульсный)* intermittent; *(с разрывами в сплошности)* discontinuous, broken
пресс *м.* press
  гидравлический ~ hydraulic press
  гидростатический ~ hydrostatic press
прессование *с.* *(металлов)* pressing; *(пластмасс)* moulding
  горячее ~ hot pressing
  изостатическое ~ isostatic pressing
  ~ металлов pressing of metals
  холодное ~ cold pressing
прессованный *прил.* pressed
  ~ в горячем состоянии hot-pressed
преувеличение *с.* exaggeration; overestimation
преуменьшение *с.* underestimation
прецедент *м.* precedent
прецессия *ж.* precession
  ~ банановой орбиты banana orbit precession
  вековая ~ secular [centennial] precession
  ~ вектора Блоха *кв. эл.* Bloch vector precession
  вынужденная ~ forced precession
  геодезическая ~ geodetic precession
  ~ гироскопа gyroscopic precession
  гироскопическая ~ gyroscopic precession
  годичная ~ annual precession
  ~ Земли precession of the Earth
  когерентная ~ намагниченности *(в гелии-3)* coherent magnetization precession

  когерентная ~ спинов coherent spin precession
  ларморова ~ Larmor precession
  лунно-солнечная ~ luni-solar precession
  магнитная ~ magnetic precession
  ~ магнитных моментов magnetic moment precession
  мюонная ~ muon precession
  ~ намагниченности magnetization precession
  обратная ~ retrograde precession
  общая ~ general precession
  однородная ~ uniform precession
  орбитальная ~ orbit precession
  ~ орбиты orbit precession
  ~ планет planetary precession
  ~ протонов proton precession
  прямая ~ direct [progressive] precession
  ~ псевдодиполя *(нелинейная оптика)* pseudo-dipole precession
  псевдорегулярная ~ pseudo-regular precession
  ~ Раби *кв. эл.* Rabi precession
  регулярная ~ regular precession
  свободная ~ free precession
  ~ спина spin precession
  спиновая ~ spin precession
  томасовская ~ *кв. мех.* Thomas precession
  тороидальная ~ банановой частицы banana particle toroidal precession
  тороидальная ~ банановых орбит toroidal precession of banana orbits
  ядерная ~ nuclear precession
прецизионность *ж.* precision, accuracy
прецизионный *прил.* precise
преципитат *м.* *фтт* precipitate
приближа/ться *гл.* approach ☐ **частота ~ется к нулю** the frequency approaches zero
приближени/е *с.* approximation; approach ☐ **в первом ~и** as [for, in, to] a first approximation
  автомодельное ~ self-similar approximation
  адиабатическое ~ *кв. мех.* adiabatic approximation
  адиабатическое ~ Борна - Фока Born-Fock adiabatic approximation
  ~ атомных сфер atomic sphere approximation
  ~ Батлера - Борна Butler-Born approximation
  безаберрационное ~ aberrationless approximation
  безмассовое ~ massless approximation
  ~ бесконечных плоских волн *кв. эл.* infinite plane-wave approximation
  бесстолкновительное ~ *физ. пл.* collisionless approximation
  ~ Бете Bethe approximation
  ~ Бете - Борна Bethe-Born approximation
  ~ Бете - Голдстоуна Bethe-Goldstone approximation
  бинарное ~ binary approximation
  ~ ближайшего соседа nearest neighbor approximation

~ Больцмана Boltzmann approximation

~ Борна Born approximation

~ Борна высших порядков higher order Born approximation

~ Борна - Майера Born-Mayer approximation

~ Борна - Оппенгеймера Born-Oppenheimer [adiabatic] approximation

~ Борна - Фока Born-Fock approximation

борновское ~ *кв. мех.* Born approximation

борновское ~ с обменом Born approximation with an exchange

~ Бринкмана - Крамерса Brinkman-Kramers approximation

~ Бурре Bourret approximation

~ Буссинеска *мгд* Boussinesq approximation

~ Вайнштейна - Преснякова - Собельмана Weinstein-Presnyakov-Sobelman approximation

~ ведущего центра guiding center approximation

~ Вентцеля - Крамерса - Бриллюэна (ВКБ) Wentzel-Kramers-Brillouin [WKB, quasi-classical] approximation

~ Вильямса - Вайцзеккера Williams-Weizsäcker [equivalent photon] approximation

~ винтовой симметрии helical symmetry approximation

возрастное ~ age-diffusion [age-theory] approximation

второе ~ Бете second Bethe approximation

второе борновское ~ second Born approximation

второе ~ метода искажённых волн second-order distorted wave method

высокоэнергетическое ~ high-energy approximation

газовое ~ *терм.* gas approximation

~ гармонического осциллятора harmonic oscillator approximation

гармоническое ~ harmonic approximation

~ геометрической оптики geometrical optics approximation

гидравлическое ~ hydraulic approximation

гидродинамическое ~ hydrodynamic approximation

гиперсферическое адиабатическое ~ hyperspherical adiabatic approximation

~ Глаубера Glauber approximation

грубое ~ rough [crude] approximation

групповое ~ group approximation

дважды логарифмическое ~ doubly logarithmic approximation

~ двукратного рассеяния double-scattering approximation

двухлучевое ~ two-beam [two-wave] approximation

двухпетлевое ~ two-loop approximation

двухтемпературное ~ *физ. пл.* two-temperature approximation

дебаевское ~ Debye approximation

~ Дебая - Хюккеля Debye-Hückel approximation

дипольное ~ *кв. эл.* dipole approximation

~ Дирака Dirac approximation

диффузионное ~ diffusion approximation

длинноволновое ~ long-wave approximation

~ длинной плазмы long-plasma approximation

древесное ~ *ктп* tree approximation

дрейфовое ~ *физ. пл.* drift approximation

дрейфовое ~ для электронов electron drift approximation

дублетное ~ doublet approximation

~ жёстких пи-мезонов hard-pion approximation

~ идеального газа ideal gas approximation

изопланарное ~ (*в электронной оптике*) isoplanatic approximation

импульсное ~ impulse approximation

инстантонное ~ *ктп* instanton approximation

~ искажённых волн Борна distorted-wave Born approximation, DWBA

исходное ~ initial approximation

калибровочно-инвариантное ~ gauge-invariant approximation

квадрупольное ~ quadrupole approximation

квазигармоническое ~ quasi-harmonic approximation

квазигеострофическое ~ quasi-geostrophic approximation

квазигидродинамическое ~ quasi-hydrodynamic approximation

квазиклассическое ~ semiclassical [quasi-classical, WKB] approximation

квазилинейное ~ quasi-linear approximation

квазиодножидкостное ~ quasi-one-fluid approximation

квазистатическое ~ quasi-static [quasi-stationary] approximation

квазистационарное ~ quasi-stationary [quasi-static] approximation

квазиупругое ~ quasi-elastic approximation

~ Келдыша *кв. эл.* Keldysh approximation

кинематическое ~ kinematical approximation, kinematical theory

~ Кирхгофа Kirchhoff approximation

кластерное ~ cluster approximation

~ когерентного потенциала coherent potential approximation

колонковое ~ column approximation

конволюционное ~ convolution approximation

конечно-разностное ~ finite-difference approximation

континуальное ~ continuous approximation

~ **короткой плазмы** short-plasma approximation

~ **Крамерса** Kramers approximation

~ **круглых магнитных поверхностей** circle magnetic surfaces approximation

~ **Кулона - Борна** Coulomb-Born approximation

~ **Кулона - Борна с обменом** Coulomb-Born approximation with charge exchange

~ **Кулона - Глаубера - Очкура** Coulomb-Glauber-Ochkur approximation

кулон-борновское ~ Coulomb-Born approximation

кулоновское ~ Coulomb approximation

~ **Ландау - Дыхне** Landau-Dykhne approximation

лестничное ~ stair approximation

линеаризованное ~ linearized approximation

линейное ~ linear approximation

~ **Лоренца** Lorentz approximation

~ **лучевой оптики** ray-optics approximation

магнитогидродинамическое ~ MHD approximation

магнитостатическое ~ magnetostatic approximation

~ **малого сигнала** small-signal approximation

малоугловое ~ small-angle approximation

матричное ~ matrix approach

~ **медленно меняющихся амплитуд** slowly varying amplitude approximation

~ **Милна - Эддингтона** Milne-Eddington approximation

многогрупповое ~ multi-group approximation

многоконфигурационное ~ multiconfigurational approximation

многоконфигурационное Тамма - Данкова multiconfiguration Tamm-Dancoff approximation

многолучевое ~ multibeam [multiwave] approximation

многоэлектронное ~ many-electron approximation

модифицированное Глаубера modified Glauber approximation

модифицированное логарифмическое ~ *фвэ* modified logarithmic approximation

~ **молекулярного поля** molecular field approximation

~ **молекулярных орбиталей в форме линейной комбинации атомных орбиталей (МО ЛКАО)** MO LCAO approximation

~ **независимых пар** independent-pair [Brückner] approximation

~ **независимых частиц** independent particle [Hartree-Fock] approximation

~ **непрерывного замедления** continuous slowing-down approximation

нерелятивистское ~ nonrelativistic approximation

нерелятивистское дипольное ~ nonrelativistic dipole approximation

низкоэнергетическое ~ low energy approximation

~ **нулевого порядка** zero-order approximation

~ **нулевого радиуса** zero-range approximation

нулевое ~ zeroth(-order) approximation

обобщённое ~ **хаотических фаз** *яф* generalized random [chaotic] phase approximation

одногрупповое ~ one-group approximation

~ **однократного рассеяния** single-scattering approximation

одномерное ~ unidimensional [one-dimensional] approximation

однооктетное ~ one-octet approximation

однопетлевое ~ one-loop approximation

односкоростное ~ one-velocity approximation

однофононное ~ single-phonon approximation

одночастичное ~ one-particle approximation

одноэлектронное ~ single-electron [one-electron] approximation; single-electron limit

одноэлектронное Хартри - Фока single-electron [one-electron] Hartree-Fock approximation

~ **Осина** Oseen approximation

~ **Очкура** Ochkur approximation

~ **параболического уравнения** parabolic equation approximation

параксиальное ~ *опт.* paraxial approximation

первое ~ first approximation

первое борновское ~ first Born approximation

плазменное ~ *терм.* plasma approximation

~ **плоских волн** *кв. эл.* plane-wave approximation

~ **плоских волн Борна** plane-wave Born approximation

~ **пограничного слоя** boundary layer approximation

~ **полного перераспределения по частоте** complete frequency redistribution approximation

полуклассическое ~ semiclassical approach, semiclassical approximation

полуклассическое поляризационное ~ semiclassical polarization approximation

последовательные ~**я** successive approximations

~ **Прандтля** boundary layer Prandtl approximation

~ **пробной частицы** test particle approximation

~ **промежуточной связи** intermediate coupling approximation

~ **прямого взаимодействия** direct interaction approximation

~ **прямых силовых линий** straight lines of force approximation

~ **разорванных пар** broken-pair approximation

553

резонансное ~ resonant approximation
релятивистское ~ relativistic approximation
релятивистское ~ хаотических фаз relativistic random-phase approximation, relativistic RPA
~ Россeланда Rosseland approximation
~ самосогласованного поля self-consistent field approximation
самосогласованное гармоническое ~ renormalized harmonic approximation
~ свободных электронов free-electron approximation
~ связанных каналов Борна coupled channel Born approximation
~ седловой точки saddle point approximation
~ Селенгута Selengut approximation
сепарабельное ~ separable approximation
~ сильного магнитного поля strong magnetic field approximation
~ сильной связи tight binding [strong coupling] approximation
~ сильной турбулентности strong-turbulence approximation
~ слабого магнитного поля weak magnetic field approximation
~ слабого сигнала small-signal approximation
~ слабой пространственной дисперсии weak spatial dispersion approximation
~ слабой связи weak binding [coupling] approximation
~ слабой турбулентности weak-turbulence approximation
~ случайных блужданий random walks approximation
~ случайных фаз яф random phase approximation
~ случайных фаз с обменом яф random phase exchange approximation
~ среднего поля ктп mean field approximation
среднеквадратичное ~ mean-square approximation
~ статического поля static field approximation
статическое ~ static approximation
стеллараторное ~ stellarator approximation
~ Стокса Stokes approximation
столкновительное ~ физ. пл. collision approximation
суперпозиционное ~ superposition approximation
теневое ~ shadow approach
~ теории возмущений perturbation-theory approximation
~ Томонаги Tomonaga [intermediate coupling] approximation
~ тонкой линзы thin-lens approximation
точечное ~ point approximation
транспортное ~ transport approximation
трёхпетлевое ~ three-loop approximation
~ Тябликова кв. мех. Tiablikov approximation

~ ударного параметра impact parameter approximation
ударное ~ collision approximation
~ узких резонансов narrow resonance approximation
~ узкого пучка pencil-beam approximation
ультрарелятивистское ~ ultrarelativistic approximation
унитарное ~ unitary approximation
унитарное полюсное ~ unitary pole approximation
~ Фаддеева - Ватсона Faddeev-Watson approximation
~ Фраунгофера Fraunhofer approximation
~ Френеля Fresnel approximation
~ хаотических фаз яф random [chaotic] phase approximation
~ Хартри Hartree approximation
~ Хартри - Фока Hartree-Fock approximation
~ холодной бесстолкновительной плазмы cold collisionless plasma approximation
~ холодной плазмы cold plasma approximation
~ центрального поля central-field approximation
цилиндрическое ~ cylindrical approximation
~ Чандрасекара Chandrasekhar approximation
~ Чепмена - Энскога Chapman-Enskog approximation
~ Чу - Голдбергера - Лоу - Намбу Chew-Goldberger-Low-Nambu approximation
~ эйконала eikonal approximation
~ эйконала второго порядка second-order eikonal approximation
~ эквивалентных фотонов equivalent-photon approximation
экспоненциальное ~ exponential approximation
электрическое дипольное ~ electric dipole approximation
эпициклическое ~ epicyclic approximation
~ эффективного поля effective-field approximation
~ эффективного радиуса effective range approximation
~ эффективных масс effective mass approximation
~ 13-ти моментов 13 moments approximation
~ 16-ти моментов 16 moments approximation
~ 27-ти моментов 27 moments approximation
приближённый прил. approximate
приблизительно нареч.(около) around, about, approximately; (грубо) roughly, coarsely
приблизительный прил. approximate
прибор м. device; (измерительный) instrument, meter ☐ ~ состоит из ... the device is composed [consists] of ...
~ы активной зоны core instruments
акустооптический ~ acousto-optical device
аналоговый измерительный ~ analog instrument
апериодический ~ aperiodic instrument

астрометрический ~ astrometrical instrument
бесконтактный ~ noncontact instrument
болометрический измерительный ~ bolometric instrument
бортовые ~ы *(на самолёте)* air-borne instruments; *(на спутнике)* satellite-borne instruments
быстродействующий регистрирующий ~ fast recorder
внутриреакторный ~ in-core instrument
вспомогательный ~ auxiliary instrument
~ высокого разрешения high-resolution instrument
газоразрядный ~ gas-discharge device
гидрометрический ~ hydrometric instrument
дистанционный измерительный ~ remote-sensing device, telemeter
дифракционный ~ diffraction instrument
~ для измерения поперечных деформаций thickness comparator
~ для измерения твёрдости hardness meter
~ для измерения твёрдости вдавливанием indenter pressure gauge
~ для испытаний на износ abrader
~ для испытаний на истирание abrader
~ для испытаний на раздавливание crushing apparatus
~ для испытаний на трение tribotester, tribometer; friction tester, friction (test) apparatus
~ для испытаний на трение и износ tribometer; friction (and wear) tester; friction apparatus; tribotester
~ для испытаний на трение и износ по схеме «штифт-диск» pin-on-disk apparatus; pin-on-disk tribometer
~ для исследования абразивного износа abrasive wear apparatus
~ для исследования трения и адгезии friction and adhesion test apparatus
~ы для неразрушающего контроля nondestructive testing instruments
~ для определения прочности на сжатие crushing apparatus
~ для определения твёрдости hardness tester
~ для определения твёрдости по Бринелю ball-hardness testing [Brinell] machine
~ для определения числа Маха machmeter
~ для трибологических испытаний tribometer; friction (and wear) tester; friction apparatus; tribotester
~ для трибологических испытаний по схеме пересекающихся цилиндров cross cylinder apparatus, cross cylinder tribometer
дозиметрический ~ radiation [health] monitoring instrument, radiation protection instrument
записывающий измерительный ~ recording meter
~ы защиты safety devices
измерительный ~ (measuring) instrument, meter

измерительный ~ переменного тока alternating-current [a.c.] meter, a.c. instrument
измерительный ~ постоянного тока direct-current [d.c.] meter, d.c. instrument
индикаторный ~ reading [indicating] device
интегрирующий измерительный ~ integrating (measuring) instrument
ионный ~ ion device
испытательный ~ tester, testing device
контрольно-измерительные ~ы instrumentation
контрольный ~ monitoring [reference] instrument; monitor
криогенный ~ cryogenic device
лабораторный ~ laboratory instrument
лавинно-пролётный ~ avalanche device
линейный ~ с зарядовой связью linear charge-coupled device, linear CCD
магнитооптический измерительный ~ magnetooptic meter
магнитострикционный ~ magnetostriction device
магнитоэлектрический измерительный ~ moving coil meter, moving coil instrument
матричный ~ с зарядовой связью matrix charge-coupled device, CCD matrix
метрологические ~ы metrological [measuring] instruments
механический стробоскопический ~ mechanical stroboscopic device
многоканальный ~ multichannel device
многопредельный ~ multirange instrument
многошкальный ~ multirange instrument
навигационный ~ navigation instrument
нагревательный ~ heater, heating device
~ на поверхностных акустических волнах surface acoustic-wave device
~ на спиновых волнах spin-wave device
~ на эффекте Джозефсона Josephson (-effect) device
~ на эффекте Холла Hall(-effect) device
нейтронные ~ы neutron instruments
~ ночного видения night viewer
нулевой ~ null [zero-deflection] instrument, null-indicator
образцовый ~ standard [reference] instrument
одноканальный ~ one-channel device
однолучевой одноканальный спектральный ~ single-beam one-channel spectral device
оптический ~ optical instrument
параметрический ~ parametric device
переносный ~ portable device; portable instrument
пересчётный ~ *(в счётчике частиц)* scaler
планарный ~ planar device
полупроводниковый ~ semiconductor device
полутеневой ~ half-shade device
поляризационный ~ polarization device
~ поплавкового типа float-type instrument
прецизионный измерительный ~ precision instrument

пусковой ~ start-up instrument
пьезомагнитный ~ piezomagnetic device
пьезоэлектрический ~ piezoelectric device
радиометрический ~ radiometric instrument
реакторные ~ы reactor instruments
регистрирующий ~ recording instrument, recorder, register
самопишущий ~ recorder, recording instrument
светоизлучающий ~ light-emitting device
~ с высокой разрешающей способностью high-resolution instrument
~ с зарядовой связью (ПЗС) charge-coupled device, CCD
~ с непосредственным отсчётом direct-reading meter
спектральный ~ spectral device
~ с переносом заряда charge-transfer device
стрелочный ~ pointer(-type) instrument
стробоскопический ~ stroboscopic device
твердотельный ~ solid-state device
тепловой измерительный ~ thermal(-expansion) [hot-wire] meter, thermal instrument
термисторный измерительный ~ thermistor instrument
термоэлектрический измерительный ~ thermocouple [thermoelectric] meter, thermo instrument
тонкоплёночный ~ thin-film device
точный ~ precision instrument
туннельный ~ tunnel device
универсальный измерительный ~ multimeter
~ управления control device
~ы, установленные на борту искусственного спутника satellite-borne instruments
фоточувствительный ~ с зарядовой связью photosensitive charge-coupled device
фотоэлектрический ~ photoelectric device
фотоэлектронный ~ photoelectronic device
цифровой измерительный ~ digital meter, digital instrument
электрический измерительный ~ electric (measuring) instrument
электровакуумный ~ electronic device; tube
электродинамический измерительный ~ electrodynamic meter, dynamometer instrument
электроизмерительный ~ electrical measuring instrument, electrical meter
электромагнитный измерительный ~ moving iron meter, moving iron instrument
электронно-лучевой ~ cathod-ray tube, cathod-ray device
электронно-оптический ~ electron-optical device
электронный ~ electronic device
электронный измерительный ~ electronic instrument, electronic meter
электронный стробоскопический ~ electronic stroboscopic device
электрооптический стробоскопический ~ electro-optical stroboscopic device

электростатический измерительный ~ electrometer, electrostatic meter
эпитаксиальный ~ epitaxial device
эталонный ~ standard instrument
~ы ядерной техники nucleonic instruments
приведение с. (к виду) reduction
~ гамильтониана к диагональному виду Hamiltonian diagonal reduction
~ группы group reduction
~ матрицы к симметричному виду matrix symmetrization
~ сил reduction of forces
~ системы сил (к данной точке) reduction of system of forces
приведённый прил. reduced
привод м. drive; actuator
~ аварийного стержня safety-rod actuator
автоматический ~ automatic drive
~ антенны antenna drive
гидравлический ~ hydraulic drive
~ компенсирующего стержня shim-rod actuator
магнитный ~ magnetic drive
механический ~ power [mechanical] drive
паровой ~ steam drive
~ переменной скорости variable-speed drive
пневматический ~ pneumatic drive
~ постоянной скорости constant-speed drive
пьезоэлектрический ~ piezoelectric actuator, piezoelectric drive
~ регулирующего стержня control rod drive, control rod actuator
ременной ~ belt drive
соленоидный ~ solenoid actuator
~ управляющего стержня control-rod actuator
приводить гл. (выражение к виду) reduce, transform; (цитировать) cite, quote, present
~ в движение actuate, drive, set in motion, cause to move, operate
~ в действие bring into action, bring into operation, actuate, set to work, drive
~ в равновесие equilibrate, balance
~ в состояние покоя bring to rest
~ к общему знаменателю reduce to a common denominator
~ что-л. в колебательное движение set smth. in vibration
привязка ж. connection, referencing
геодезическая ~ geodetic connection
приготовление с. preparation
~ образца (напр. для анализа) sample preparation
~ поверхностей preparation of surfaces
приём м. (сигналов) reception; (способ) technique, procedure в несколько ~ов in stages
внутрирезонаторный ~ (оптического сигнала) intracavity reception
~ы вычислений computational technique
гетеродинный ~ heterodyne reception
когерентный ~ coherent reception
корреляционный ~ correlation reception
многолучевой ~ multipath reception

~ы наблюдений observational procedures
пространственно-разнесённый ~ spatial diversity reception
разнесённый ~ diversity reception
~ с дифракционным разрешением diffraction-limited reception
супергетеродинный ~ superheterodyne reception
приёмник *м. (радиосигналов)* receiver; *(звука и излучения)* detector
абсолютно неселективный ~ absolutely nonselective detector
амплитудный ~ *(звука)* amplitude detector
волоконно-оптический ~ fiber-optical detector
волоконно-оптический ~ звука fiber-optical sound detector
~ градиента давления pressure gradient detector
~ давления pressure head
~ звука sound detector
~ звукового давления sound pressure detector
идеальный ~ *(излучения)* ideal detector
~ излучения radiation detector
измерительный ~ measuring detector
интерферометрический ~ interferometric detector
~ инфракрасного излучения infrared detector
~ ионов ion collector
квантовый ~ излучения quantum detector
когерентный оптический ~ coherent optical receiver, coherent optical detector
координатно-чувствительный ~ coordinate-sensitive detector
матричный ~ matrix detector
механический ~ *(излучения)* ponderomotive detector
~ механического типа mechanical-type detector
многоканальный ~ *(излучения)* multichannel radiation detector
многоэлементный ~ *(излучения)* multielement radiation detector
неохлаждаемый ~ *(излучения)* noncooled detector
неселективный ~ nonselective receiver
одноканальный ~ *(излучения)* single-channel detector
одноэлементный ~ *(излучения)* single-element detector
оптико-акустический ~ optoacoustical detector
~ оптического излучения optical detector
оптоволоконный ~ звука fiber-optical sound detector
охлаждаемый ~ *(излучения)* cooled detector
параметрический ~ parametric receiver
пироэлектрический ~ pyroelectric detector
поляризационный ~ polarization detector
пондеромоторный ~ *(излучения)* ponderomotive detector
~ прямого детектирования direct detection receiver

пьезополимерный ~ *(звука)* piezopolymer detector
пьезоэлектрический ~ *(звука)* piezoelectric detector
~, работающий в режиме счёта фотонов photon-counting receiver
радиоастрономический ~ radio astronomy radiometer
разнесённые ~и diversed receivers
резонансный ~ resonance detector
сверхпроводниковый ~ *(излучения)* superconducting detector
селективный ~ selective receiver
~ с продольным фотоэффектом lateral photoeffect detector
супергетеродинный ~ superheterodyne receiver
~ с p-n-переходом p-n junction detector
телевизионный ~ излучения *астр.* TV radiation detector
тепловой ~ *(излучения)* thermal sensor, thermal detector
термический ~ *(звука)* thermal detector
фотогальванический ~ photovoltaic detector
фотонный ~ photon detector
фотохимический ~ *(излучения)* photochemical detector
фотоэлектронный ~ photoemissive detector
широкополосный ~ wide-band receiver
электростатический ~ *(звука)* electrostatic detector
приёмник-преобразователь *м.* detector-transducer
прижимать *гл. (к ...)* force [press] against ...
приземление *с. (космического корабля)* landing
призм/а *ж.* prism; *(опора рычага)* knife edge, knife-edge pivot, knife-edge support
~ Аббе Abbe prism
~ Амичи *опт.* Amici prism
~ Аренса Ahrens prism
~ Брока Broca [constant deviation] prism
~ Волластона Wollaston prism
гексагональная ~ hexagonal prism
~ Глазебрука Glazebrook prism
~ Глана Glan prism
~ Глана - Томпсона Glan-Thompson prism
двойная ~ double prism
двулучевая ~ double-beam prism
двулучевая поляризационная ~ double-beam prism
дисперсионная ~ dispersing prism
~ Дове Dove prism
~ Доллонда Dollond prism
замедляющая ~ moderating column
зенитная ~ zenithal prism
ионная ~ ion prism
~ Корню Cornu prism
~ Лемана Lehmann prism
~ Литтрова Littrov prism
магнитная ~ magnetic prism

~ **Николя** Nicol prism
оборачивающая ~ inverting prism
объективная ~ objective prism
однолучевая ~ single-beam prism
однолучевая поляризационная ~ single-beam prism
опорная ~ knife edge, fulcrum
оптическая ~ optical prism
отражательная ~ reflection prism
планарная ~ planar prism
~ **полного внутреннего отражения** totally reflecting prism
поляризационная ~ polarizing prism, polarizer
~ **Порро** Porro prism
~ **постоянного отклонения** constant deviation [Broca] prism
преломляющая ~ refracting prism
~ **прямого зрения** direct-vision [Amici] prism
прямоугольная ~ right angle prism
пятиугольная ~ pentagonal prism
ромбическая ~ rhombic prism
~ **Рошона** Pochon prism
~ **Сенармона** Senarmont prism
скрещённые ~ы crossed prisms
~ **с крышей** roof prism
спектральная ~ spectroscopic [dispersing] prism
~ **сравнения** comparison prism
тепловая ~ thermal column, sigma pile
~ **Треска** *фтт* Tresca prism
трёхгранная ~ trihedral prism
усечённая ~ truncated prism
~ **Фери** Féry prism
~ **Фуко** Foucault prism
~ **Фюсснера** Füssner prism
~ **Хофмана** Hofman prism
шестигранная ~ hexagonal prism
~ **Шмидта** Schmidt prism
экспоненциальная ~ exponential prism, exponential pile
электронная ~ electron(-optical) prism
электронная отклоняющая ~ electron deflection prism
электростатическая ~ electrostatic prism
призматический *прил.* prismatic
прикладной *прил.* applied
прилегание *с.* conformity
неплотное ~ gapping
совершенное ~ perfect conformity
прилегающий *прил.* adjacent
прилив *м.* tide
атмосферные ~ы **и отливы** atmospheric tides
~ы **и отливы** tides
прилипание *с. (к поверхности)* adhesion, adherence, sticking; *(электрона к атому)* attachment
диссоциативное ~ *(электрона)* dissociative attachment
излучательное ~ radiative attachment
~ **при тройном столкновении** three-body attachment

радиационное ~ radiative attachment
~ **с перегруппировкой** attachment with rearrangement
~ **электронов** electron attachment
электростатическое ~ electrostatic adhesion
прилипший *прил.* adherent
приложение *с. (силы)* application; *(применение)* application; *(дополнение)* appendix, addition, supplement
приложенный *прил. (о силе)* applied
~ **извне** externally applied
применени/е *с.* application, use, utilization
~ **в военных целях** military application, military use
~ **в мирных целях** peaceful application, peaceful use
~ **изотопов** isotope application
неправильное ~ misapplication
~ **оптической модели к упругому рассеянию электронов** optical model approach to the elastic scattering of electrons
практические ~я practical applications
~я **радиоизотопов в медицине** medical applications of radioisotopes
~я **спектроскопии в астрономии** astronomical applications of spectroscopy
промышленное ~ industrial application, industrial use
~ **теории групп** application of group theory
~ **физики высоких давлений в геофизике** application of high pressure physics to geophysics
применимость *ж.* applicability
применимый *прил.* applicable, usable
применяемый *прил.* applicable, used
широко ~ widely applicable, commonly used
пример *м.* example, instance □ **рассмотрим еще два** ~а we consider two futher examples
наглядный ~ obvious case, illustrative example
поучительный ~ instructive example
яркий ~ striking example
примесон *м. (квазичастица)* impuriton
примесь *ж.* impurity; admixture
акцепторная ~ acceptor [p-type] impurity
аморфизирующая ~ amorphizing impurity
амфотерная ~ amphoteric impurity
~ **внедрения** interstitial impurity
вредная ~ harmful impurity, contamination
гасящая ~ *(в люминесценции)* quenching admixture, quenching impurity, quenching agent
диффундирующая ~ diffused impurity
донорная ~ donor [n-type] impurity
~ **замещения** substitutional impurity
изовалентная ~ isovalent impurity
изоспиновая ~ isospin impurity
изоэлектронная ~ isoelectron impurity
имплантированная ~ implanted impurity
ионизованная ~ ionized impurity
компенсирующая ~ compensating impurity
кулоновская ~ *фпп* Coulomb impurity

легирующая ~ *фпп* dopant, dope, doping agent
лёгкая ~ light impurity
летучая ~ volatile impurity
магнитная ~ magnetic impurity
мелкая ~ *(в полупроводнике)* shallow impurity
механическая ~ mechanical impurity
нежелательная ~ undesirable impurity, contamination
нерастворимая ~ insoluble impurity
нескомпенсированная ~ noncompensated impurity
неструктурная ~ nonstructural impurity
окисляющая ~ oxidizing impurity
отравляющая ~ poison, killer; *(в ядерной физике)* nuclear poison
поверхностная ~ surface impurity
поверхностно-активная ~ surface-active impurity
радиоактивная ~ radioactive impurity
растворимая ~ soluble impurity
~ резонансных нейтронов resonance-neutron contamination
~ с большим Z high-Z impurity
сенсибилизирующая ~ sensitizing impurity
скомпенсированная ~ compensated impurity
~ с малым Z low-Z impurity
~ со средним Z medium-Z impurity
~ состояний admixture of states
стехиометрическая ~ stoichiometric impurity
структурная ~ structural impurity
тяжёлая ~ heavy impurity
ферромагнитная ~ ferromagnetic impurity
химическая ~ chemical impurity
примесь-ловушка *ж.* trap impurity
примечание *с.* note, remark
подстрочное ~ footnote
примыкающий *прил.* adjoining, adjacent
принадлежности *мн. (к телескопу)* accessories
принима/ть *гл. (сигнал и т.п.)* receive □
уравнение ~ет вид ... the equation takes the form ...
~ во внимание take into account
~ меры take measures
принтер *м.* printer
лазерный ~ laser printer
принудительный *прил.* forced
принцип *м.* principle
~ автомодельности self-similarity principle
~ автофазировки *(в ускорителях)* principle of phase stability
~ адиабатической инвариантности principle of adiabatic invariance
~ аналитического продолжения *мат.* principle of analytic continuation
антропный ~ *(в космологии)* anthropic principle
антропологический ~ *(в космологии)* anthropic principle
~ апертурного синтеза aperture synthesis principle

~ аргумента *мат.* principle of argument, argument principle
~ Бабине Babinet principle
~ Бертло Berthelot principle
вариационный ~ *(в механике)* variational principle
вариационный ~ Ритца Ritz variational principle
вариационный ~ Швингера Schwinger variational principle
~ взаимности principle of reciprocity, reciprocity principle
~ взаимодействия Гиббса Gibbs principle of the mutual interaction
~ виртуального кожуха virtual case principle
~ виртуальных перемещений virtual work principle
~ возможной работы virtual work principle
~ возможных перемещений virtual work principle
~ возрастания энтропии principle of the increase of entropy
~ Гамильтона principle of least action, Hamilton (variational) principle
~ Гаусса principle of least constraint
~ Гейзенберга Heisenberg principle
~ Герца Hertz principle of least curvature
~ Гюйгенса Huygens principle
~ Гюйгенса - Френеля Huygens-Fresnel principle
~ Д'Аламбера d'Alembert principle
~ Д'Аламбера - Лагранжа d'Alembert-Lagrange principle
~ двойственности principle of duality
~ детального равновесия principle of detailed balancing, detailed balancing
дискретный ~ максимума discrete maximum principle
~ Доплера Doppler principle
~ дополнительности principle of complementarity
~ дополнительности Бора Bohr principle of complementarity
~ дуальности principle of duality
~ жёсткой фокусировки strong-focusing [alternating-gradient focusing] principle
~ Журдена *мех.* Jourdain principle
~ запрета exclusion principle
~ запрета Паули Pauli exclusion principle
~ инвариантности *(в теории переноса излучения)* principle of invariance
~ исключения exclusion principle
калибровочный ~ *ктп* gauge principle
~ Каратеодори Carathéodory principle
~ Клаузиуса Clausius principle
комбинационный ~ combination principle
комбинационный ~ Ритца Ritz combination principle
~ Коперника Copernicus principle, Kopernik principle
космологический ~ cosmological principle
~ кратчайшего пути principle of least curvature

~ **Кюри** *крист.* Curie principle
~ **Ле Шателье** Le Chatelier principle
~ **Ле Шателье - Брауна** Le Chatelier-Broun principle
~ **локальности** principle of locality
~ **макропричинности** *ктп* macrocausality principle
~ **макроскопической причинности** *ктп* macrocausality principle
~ **максимальной работы** principle of maximum work
~ **Маха** Mach principle
~ **микропричинности** *ктп* microcausality principle
~ **микроскопической обратимости Онсагера** Onsager principle of microscopic reversibility
~ **микроскопической причинности** *ктп* microcausality principle
~ **минимума дополнительной энергии** principle of minimum complementary energy
~ **минимума Понтрягина** Pontryagin minimum principle
~ **минимума потенциальной энергии** principle of minimum potential energy
~ **минимума потенциальной энергии упругих деформаций** principle of minimum strain energy
~ **минимума производства энтропии** entropy production minimum principle
~ **минимума работы** principle of least work
~ **минимума энергии** principle of minimum energy
~ **многократного последовательного ускорения** principle of providing successive small accelerations
~ **Мопертюи** Maupertius principle
~ **наименьшего времени (Ферма)** principle of least time, Fermat principle
~ **наименьшего действия** principle of least action
~ **наименьшего действия Гамильтона** principle of least action, Hamilton (variational) principle
~ **наименьшего принуждения** principle of least constraint
~ **наименьшей кривизны** principle of least curvature
~ **напряжений Коши** Cauchy stress principle
~ **независимости** *аэрод.* independence priciple
~ **независимости действия сил** principle of superposition, superposition principle
~ **независимости от числа Маха** Mach number independence principle
~ **Неймана** *крист.* Neumann principle
~ **неопределённости** uncertainty principle
~ **неопределённости Гейзенберга** Heisenberg uncertainty principle
~ **непрерывности** principle of continuity
~ **Нернста** *(третье начало термодинамики)* Nernst principle

обобщённый ~ **Бабине** generalized Babinet principle
обобщённый ~ **Ферма** generalized Fermat principle
~ **обратимости** principle of reciprocity; *(в оптике)* principle of reversibility
~ **Онсагера** Onsager principle
основной ~ basic principle
~ **отвердевания** *мех.* principle of solidification, Stevin principle
~ **относительности** relativity principle
~ **относительности Галилея** Galilean relativity principle
~ **относительности Эйнштейна** Einstein relativity principle
~ **Паули** Pauli (exclusion) principle
~ **перестановочной двойственности** *(электростатика)* principle of permutational duality
~ **подобия** principle of similitude
~ **построения** aufbau principle, aufbauprinzip
~ **предельного поглощения** principle of ultimate absorption
~ **предельной амплитуды** principle of ultimate amplitude
~ **причинности** *ктп* causality principle
~ **прямейшего пути** principle of straightest path
~ **равновесия** equilibrium principle
релятивистский ~ **причинности** relativistic causality principle
~ **сверхзапрета** superexclusion principle
~ **Сен-Венана** Saint-Venant principle
~ **сильной фокусировки** principle of strong [alternating gradient] focusing
сильный антропологический ~ strong anthropic principle
сильный ~ **эквивалентности** strong equivalence principle
~ **симметрии** symmetry [reflection] principle
~ **симметрии Кюри** Curie principle
слабый антропологический ~ weak anthropic principle
слабый ~ **эквивалентности** weak equivalence principle
совершенный космологический ~ perfect cosmological principle
~ **сообщающихся сосудов** law of connected vessels
~ **соответствия** *кв. мех.* correspondence [conformity] principle
~ **соответствия Бора** Bohr correspondence principle
~ **стационарного действия** principle of stationary [least] action
~ **стационарной фазы** principle of stationary phase
~ **суперпозиции** principle of superposition, superposition principle
~ **суперпозиции Вант-Гоффа** Van't Hoff principle of superposition
~ **суперпозиции колебаний** oscillation superposition principle

~ суперпозиции состояний *кв. мех.* state superposition principle
~ сходимости convergence principle
термодинамический ~ thermodynamic principle
~ тождественности identity principle
~ Томсона Thomson principle
~ Фейнмана Feynman principle
~ Ферма Fermat principle, principle of least time
~ Ферма для звуковых лучей в стационарно движущейся среде Fermat principle for sound rays in a steadily moving medium
~ Франка - Кондона *фтт* Frank-Condon principle
фундаментальный ~ fundamental [basic] principle
~ шнуровки bootstrap principle
~ эквивалентности equivalence principle
~ эквивалентности массы и энергии mass-energy equivalence principle
~ экстремума extremum principle
~ электронейтральности neutrality principle
энергетический ~ energy principle
эргодический ~ ergodic principle
приобретение *с.* acquisition
~ вторичной твёрдости artificial ageing, temper-hardening
приоритет *м.* priority
приписывать *гл.* assign
~ значение assign a value to
припой *м.* solder
припуск *м.* allowance
приработка *ж.* run(ning)-in; self-accomodation; *(в шестерёнке)* break-in
приравнивать *гл. (чему-л.)* set equal to ..., equate ... to ...
приращение *с.* increment
~ аргумента increment of argument
бесконечно малое ~ infinitesimal increment
~ длины трещины crack length extension
~ количества движения change in momentum
конечное ~ finite increment
относительное ~ relative increment
отрицательное ~ decrement, negative increment
~ функции increment of function
~ энергии energy gain
природа *ж.* nature
~ взаимодействия nature of interaction
волновая ~ материи wave nature of matter
дискретная ~ discrete nature
квантовая ~ quantum nature
природный *прил.* natural
прирост *м.* increase, increment, gain
~ активности activity increment
~ массы mass increase
~ реактивности reactivity increment
средний ~ энергии average energy increment
~ энергии energy increment
~ энергии за оборот energy gained per turn
~ энтропии entropy increment

присадка *ж.* additive, improver
активирующая ~ activator
антикоррозионная ~ antirust [anticorrosion] additive
антиокислительная ~ antioxidant additive
антипенная ~ defoaming agent; foam inhibitor, antifoam additive
антифрикционная ~ antifriction additive
депрессорная ~ *(понижающая температуру застывания)* depressant
легирующая ~ alloying addition
многокомпонентная ~ multicomponent additive
моющая ~ detergent [antisludge] additive, detergent
противозадирная ~ extreme pressure [antiscuffing, antiseizure] additive
противоизносная ~ antiwear additive
противопенная ~ defoaming agent; foam inhibitor, antifoam additive
противоскачковая ~ anti-"stick-slip" additive
трибологическая ~ tribological additive
фрикционная ~ friction additive
присоединение *с.* attachment; *(с образованием стыка)* joining
повторное ~ *аэрогидр.* reattachment
~ турбулентного потока после отрыва turbulent reattachment
приспособление *с.* arrangement, contrivance
вспомогательное ~ auxiliary arrangement
~ для испытания на изгиб bend test fixture
~ для нагружения loading equipment
~ для создания температурных нагрузок thermal loading device
защитное ~ protective device, protector
нагрузочное ~ loading fixture
предохранительное ~ safety device
приспособляемость *ж.* adaptability
структурная ~ *(материалов при трении)* structural adaptability
приставка *ж.* attachment, adapter
анаморфотная ~ anamorphotic adapter, anamorphotic attachment, anamorphoser
присущий *прил.* inherent
притирать *гл.* lap; attrite; rub
притирка *ж.* lapping; attrition, rubbing
~ по месту fitting-in, seating, setting
приток *м.* afflux, inflow
притуплять *гл.* blunt, dull
притягивать *гл.* attract
притяжение *с.* attraction; gravitation; pull
взаимное ~ attractive interaction, mutual attraction
возмущающее ~ disturbing attraction
гравитационное ~ gravitational attraction
дальнодействующее ~ long-range attraction
земное ~ terrestrial attraction, Earth gravity
зенитное ~ *(метеорного тела)* zenith attraction
капиллярное ~ capillary attraction
кулоновское ~ Coulomb attraction
магнитное ~ magnetic attraction

обменное ~ exchange attraction
солнечное ~ solar attraction
электростатическое ~ electrostatic attraction
ядерное ~ nuclear attraction
причина *ж. cause; (довод, основание)* reason
вероятная ~ probable cause
~ звёздной изменчивости cause of stellar variation
~ износа cause of wear
~ и следствие cause and effect
истинная ~ true [proper] cause
кажущаяся ~ apparent cause
косвенная ~ indirect cause
неизвестная ~ unknown [undetermined] cause
неустановленная ~ undetermined [unknown] cause
основная ~ basic [dominant, major] cause
~ отказа cause of a failure
~ ошибки cause of error
скрытая ~ hidden cause
причинность *ж. кв. мех.* causality
вероятностная ~ probabilistic causality
~ в физике causality in physics
динамическая ~ dynamical [one-valued] causality
качественная ~ qualitative causality
количественная ~ quantitative causality
макроскопическая ~ macroscopic causality
микроскопическая ~ microscopic causality
обобщённая ~ generalized causality
однозначная ~ one-valued [dynamical] causality
теоретическая ~ theoretical causality
причинный *прил.* causal
проб/а *ж. (испытание)* test, trial; *(образец)* sample, specimen ☐ брать ~у sample; методом ~ и ошибок by trial and error; ~ на ... test for ...
аликвотная ~ aliquot sample
биологическая ~ biological testing
единичная ~ single trial
~ на истирание abrasion test
радиологическая ~ radioassay
ударная ~ impact test
пробег *м. (частицы)* range, path; *(механизма)* run(ning)
~ взаимодействия *фвэ* interaction range
видимый ~ *яф* visual range
диффузионный ~ diffusion path, diffusion length
~ иона ion range, ion path
ионизационный ~ ionization range
~ ионизирующих частиц range of ionizing particles
истинный ~ *яф* true range
конечный ~ *яф* final range
линейный ~ linear range
максимальный ~ maximum [extreme, ultimate] range
массовый ~ mass range
наибольший ~ *яф* extreme [maximum, ultimate] range

~ нейтрона neutron path
~ нуклона nucleon path
~ осколков деления fission-fragment path
остаточный ~ *(частиц в веществе)* residual range
~ поглощения *фвэ* absorption range
предельный ~ *яф* ultimate range, extreme range, maximum range
приведённый ~ *(частиц в веществе)* reduced range
проективный ~ *(иона)* projective range
прямолинейный ~ straight-line range
росселандов ~ Rosseland length
свободный ~ free path
средний ~ *(частиц)* mean path, mean range
средний линейный ~ mean linear range
средний массовый ~ mean mass range
средний свободный ~ mean free path
средний свободный ~ для захвата capture mean free path
средний свободный ~ для ионизации ionization mean free path
средний свободный ~ для поглощения absorption mean free path
средний свободный ~ для рассеяния scattering mean free path
средний свободный ~ для столкновения collision mean free path
средний свободный ~ молекул molecular mean free path
средний свободный ~ нейтрона neutron mean free path
средний свободный транспортный ~ transport mean free path
~ частицы range of particle
экстраполированный ~ *(частиц в веществе)* extrapolated range
~ электронов range of electrons
эффективный ~ *(частиц в веществе)* effective range
пробивать *гл. мех.* perforate, pierce, punch
пробирка *ж.* test tube
пробка *ж.* plug; cork
защитная ~ *яф* shielding [protective] plug
локальная магнитная ~ local magnetic mirror
магнитная ~ *физ. пл.* magnetic mirror
поворотная защитная ~ rotating shielding plug
разъёмная ~ split plug
свинцовая ~ lead plug
смотровая ~ viewing plug
ступенчатая защитная ~ stepped shielding plug
пробкотрон *м. (ловушка с магнитными пробками)* probkotron
проблема *ж.* problem ☐ ~ оказалась значительно более сложной, чем полагали первоначально the problem appeared much more difficult than previously thought; ~ пока ещё не решена до конца the problem is still not completely solved; почти такой же сложной является ~... almost as big a problem is that...

~ **единственности** problem of uniqueness
~ **загрязнений** pollution problem
~ **защиты** *(напр. от излучения)* protection problem
~ **Кондо** Kondo problem
~ **континуума** continuum problem
космологическая ~ cosmological problem
~ **Милна** Milne problem
~ **отсутствия солнечных нейтрино** case [problem] of the missing solar neutrinos
планетарная ~ *(в теории переноса излучения)* planetary problem
~ **разрешимости** decision problem
~ **существования** existence problem
~ **Чепмена - Ферраро** Chapman-Ferraro problem
~ **эквивалентности** equivalence problem
~ **эргодичности** ergodicity problem
пробник *м.* probe; tester
дозиметрический ~ dosimetric probe
каротажный ~ logging probe
~ **пучка** beam probe
радиационный ~ radiation probe
~ **со счётчиком Гейгера - Мюллера** G-M-counter probe
сцинтилляционный ~ scintillation probe
токоизмерительный ~ current-measuring probe
пробой *м. (газа)* breakdown
акустический ~ acoustic breakdown
вакуумный ~ vacuum breakdown
~ **в вакууме** vacuum breakdown
~ **в газе** gas breakdown
~ **в конденсированной среде** condensed medium breakdown
внутризонный акустический ~ intraband acoustic breakdown
вынужденный ~ induced breakdown
~ **диэлектрика** dielectric breakdown
~ **Зинера** Zener breakdown
импульсный ~ impulse [pulsed] breakdown
индуцированный ~ induced breakdown
ионизационный ~ ionization breakdown
когерентный магнитный ~ coherent magnetic breakdown
лавинный ~ avalanche breakdown
лазерно-индуцированный ~ *(среды)* laser-induced breakdown
магнитный ~ magnetic breakdown
межзонный ~ interband breakdown
межзонный акустический ~ interband acoustic breakdown
наносекундный ~ nanosecond breakdown
оптический ~ optical breakdown; *(в твёрдом теле)* optical damage; *(под действием лазерного излучения)* laser-induced breakdown
поверхностный ~ surface breakdown
примесный ~ impurity breakdown
световой ~ optical breakdown; *(в твёрдом теле)* optical damage; *(под действием лазерного излучения)* laser-induced breakdown

стохастический магнитный ~ stochastic magnetic breakdown
тепловой ~ thermal breakdown
туннельный ~ tunneling breakdown
электрический ~ electrical breakdown
электрический ~ **в вакууме** vacuum breakdown
электрический ~ **в газе** gas breakdown
электрохимический ~ electrochemical breakdown
пробоотбор *м.* sampling
пробоотборник *м.* sampler
дистанционный ~ remote sampler
~ **для жидкостей** liquid sampler
~ **для радиоактивного воздуха** radioactive-air sampler
~ **для топлива** fuel sampler
пробуксовка *ж.* slip
провал *м. (на какой-л. зависимости)* dip; *(в ионосфере)* trough
~ **Беннета** *кв. эл.* Bennett dip
~ **Герцшпрунга** *астр.* Hertzsprung dip
главный ионосферный ~ *сзф* main ionospheric trough
~ **Лэмба** *(нелинейная оптика)* Lamb dip
лэмбовский ~ Lamb dip
~ **на кривой** dip of a curve
~ **на кривой интенсивности** intensity curve dip
~ **на кривой поглощения** absorption curve dip
~ **на кривой пропускания** transmission curve dip
обращённый ~ **Лэмба** *(нелинейная оптика)* inverted Lamb dip
~ **потока** flux dip
резонансный ~ resonance dip
среднеширотный ~ *сзф* mid-latitude trough
проведение *с.* conducting, execution
~ **кривой по точкам** curve fitting
проверка *ж. (испытание)* check, test, trial; *(осмотр)* examination, inspection; *(правильности)* verification
~ **вакуумной камеры на течь** leak testing of the vacuum chamber
выборочная ~ selection check, random inspection
~ **герметичности** leak test
~ **гипотезы** check of hypothesis
~ **симметрии** symmetry check, symmetry test
статистическая ~ **гипотез** statistical check of hypotheses
~ **теории** verification of theory
экспериментальная ~ experimental check
эмпирическая ~ empirical testing
провес *м. (провода)* sag
провисание *с. (провода)* sag
провод *м.* wire, conductor; lead
антенный ~ antenna wire
голый ~ bare conductor, bare wire
~ **заземления** ground [earthing] wire
заземляющий ~ ground [earthing] wire

изолированный ~ insulated [covered] wire
питающий ~ power lead
сверхпроводящий ~ superconducting wire
экранированный ~ shielded wire
проводимость *ж.* conduction; *(активная)* conductance; *(удельная)* conductivity
активная ~ conductance
акустическая полная ~ acoustic admittance
анизотропная ~ anisotropic conduction
аномальная ~ *(плазмы)* anomalous conductivity
биполярная ~ bipolar conductivity
возбуждённая ~ excited [induced] conduction
волновая ~ characteristic [wave] admittance
входная полная ~ input admittance
высокочастотная ~ rf conduction
выходная полная ~ output admittance
гидравлическая ~ hydraulic conductivity
джозефсоновская полная ~ Josephson admittance
динамическая ~ dynamic conductivity
дислокационная ~ *фпп* dislocational conduction
дифференциальная ~ differential conductivity
диффузионная ~ diffusion conductance
диффузная пристеночная ~ *(плазмы)* diffuse near-wall conductivity
дырочная ~ hole [p-type] conduction
ёмкостная ~ capacitive susceptance
избыточная ~ excess conductivity
изотропная ~ isotropic conductivity
индуктивная ~ inductive susceptance
индуцированная ~ induced [stimulated] conductivity
ионная ~ ionic conduction
~ **ионосферы** ionosphere conductivity
~ **Каулинга** Cowling conductivity
комплексная ~ admittance; complex [vector] admittance
конечная ~ **плазмы** finite plasma conductivity
~ **линии передачи** transmission-line admittance
магнитная ~ permeance; magnetic conductance
металлическая ~ metallic conduction, conduction in metals
наведённая ~ induced [stimulated] conductivity
нейтронная ~ neutron conduction
нормированная полная ~ normalized admittance
обобщённая ~ generalized conductivity
объёмная ~ bulk conductance
односторонняя удельная ~ unidirectional [unilateral] conductivity
отрицательная ~ negative conduction
отрицательная дифференциальная ~ negative differential conduction
параллельная ~ parallel conductivity

~ **Педерсена** Pedersen conductivity
~ **перехода** *фпп* junction conductance
~ **плазмы** plasma conductivity
поверхностная ~ surface conductivity, surface conduction
полная ~ (phasor) admittance
полная акустическая ~ acoustic admittance
полная ~ **коллектора** *фпп* collector admittance
полная ~ **короткого замыкания** short-circuit admittance
полная ~ **перехода** *фпп* junction admittance
полная ~ **утечки** leakage admittance
полная ~ **холостого хода** open-circuit admittance
полная ~ **эмиттера** *фпп* emitter admittance
поляронная ~ polaron conductivity
поперечная ~ transversal conductivity
примесная ~ impurity [extrinsic] conduction
пристеночная ~ *(плазмы)* near-wall conductivity
продольная ~ longitudinal conductivity
прыжковая ~ *(в полупроводниках)* hopping conduction
прыжковая ~ **с переменной длиной прыжка** variable range hopping conduction
реактивная ~ susceptance
собственная ~ intrinsic conductivity
~ **стока** *фпп* drain conductance
темновая ~ *фпп* dark conduction
туннельная ~ tunneling conductance
турбулентная ~ *(плазмы)* turbulent [eddy] conductivity
удельная ~ conductivity; specific conductance
~ **утечки** leakage conductance
фотоиндуцированная ~ light-induced conductivity
фотоэлектрическая ~ photoconductivity
фрелиховская ~ Fröhlich conductivity
характеристическая ~ characteristic [wave] admittance
~ **Холла** Hall conductivity
~ **штока** *фпп* source conductance
шунтирующая полная ~ shunt admittance
эквивалентная ~ equivalent conductance
электрическая ~ electric conduction
~ **электрода** electrode conductance
~ **электролита** electrolytic conduction
электронная ~ electron(ic) [n-type] conduction
электронно-возбуждённая ~ electron-excited conduction
~ **эмиттера** *фпп* emitter conductance
проводка *ж.* wiring
внутренняя ~ interior wiring
проводник *м.* (electric) conductor
биполярный ~ bipolar conductor
внешний ~ *(коаксиальной линии)* outer conductor
внутренний ~ *(коаксиальной линии)* inner conductor

гофрированный ~ corrugated conductor
двумерный ~ two-dimensional conductor
идеальный ~ perfect [ideal] conductor
изотропный ~ isotropic conductor
ионный ~ ionic conductor
магнитный ~ magnetic conductor
металлический ~ metallic conductor
монополярный ~ monopolar conductor
органический ~ organic conductor
суперионный ~ *(твёрдый электролит)* superionic conductor
электрический ~ electric conductor
проволока *ж.* wire
квантовая ~ quantum wire
сверхпроводящая ~ superconducting wire
сигнальная ~ *(в пропорциональной камере)* signal wire
проволочка *ж.* wire
взрывающаяся ~ exploding wire
сигнальная ~ *(в пропорциональной камере)* signal wire
прогиб *м.* deflection, bending; *(внутрь)* inflection; *(провисание)* sag
~ в центральной части central deflection
динамический ~ dynamic deflection
наибольший ~ maximum deflection
остаточный ~ permanent [residual] deflection
~ от динамической нагрузки dynamic deflection
~ от статической нагрузки static deflection
~ пластинки deflection of a plate
статический ~ static deflection
характерный ~ characteristic bending
прогибание *с.* bending
~ внутрь inward bulging, bulging-in; inflection
прогноз *м.* forecast(ing), prediction
вероятностный ~ probabilistic forecast
~ внезапных ионосферных возмущений forecast of sudden ionospheric disturbances
долгосрочный ~ long-term forecast
~ землетрясений earthquake forecast
ионосферный ~ ionospheric forecast
количественный ~ quantitative forecast
краткосрочный ~ short-term forecast
~ погоды weather forecast
~ протонных вспышек proton events forecast(ing)
~ распространения радиоволн forecast of radio wave propagation
~ солнечной активности prediction of solar activity, forecast of solar activity
солнечный ~ solar forecast
~ солнечных вспышек forecast of solar flares, prediction of solar flares, solar flare forecasting
среднесрочный ~ medium-term forecast
суточный ~ diurnal forecast
~ форбуш-понижений *(потока космических лучей)* forecast of Forbush decreases
~ эффектов Форбуша *(для потока космических лучей)* forecast of Forbush decreases

прогнозирование *с.* *(см. тж.* прогноз*)* forecasting, prediction
«прогонка» *ж.* *(метод численного решения дифференциального уравнения)* marching, run
прогорание *с.* burnout
~ канала *(в ядерном реакторе)* burnout of a channel
~ твэла burnout of a fuel element
программа *ж.* program; routine
~ генерации данных элемента element data generation program
диагностическая ~ diagnostic program
~ для моделирования процессов переноса на ЭВМ transport simulation program
~ исследований research program
~ конференции conference (technical) program
~ метода конечных элементов finite element program
~ наблюдений observational [observing] program
основная ~ basic program
предварительная ~ *(конференции)* advance program
прикладная ~ applied program
~ расчёта методом граничных элементов boundary element program
твисторная ~ twistor program
управляющая ~ control [steering, master] program
программирование *с.* programming
динамическое ~ dynamic programming
линейное ~ linear programming
модульное ~ block [modular] programming
нелинейное ~ nonlinear programming
прикладное ~ applied programming
синтезирующее ~ synthesizing programming
системное ~ system programming
структурное ~ structural programming
теоретическое ~ theoretical programming
прогрев *м.* warm-up, heating
~ камеры chamber baking
прогрессия *ж.* progression
арифметическая ~ arithmetical progression
продавливать *гл.* force through
продвигать *гл.* advance, move forward
~ с усилием force on
продвигаться *гл.* advance, move forward
~ на расстояние, равное ... advance a distance of ...
продвижение *с.* advance
~ трещины crack extension
продление *с.* prolongation, extension
продолжение *с.* continuation; extension
аналитическое ~ *мат.* analytic continuation, analytic extension
асимптотическое ~ asymptotic continuation
продолжительность *ж.* duration; time
~ вспышки lifetime of a flare
~ выдержки dwell time
~ жизни lifetime; survival time, life span
~ жизни возбуждённого состояния lifetime of the excited state

~ испытания test duration

~ кампании реактора fuel residence time, fuel lifetime, reactor operating period

~ облучения duration of exposure, duration of irradiation

~ опорожнения резервуара time of emptying a reservoir

~ остановки *(реактора, ускорителя)* shut-down time

~ откачки pumping time

~ переходного режима transient [stabilization] time

~ послесвечения *(люминофора)* persistence duration

~ приложения нагрузки load duration

средняя ~ жизни average lifetime

~ счёта counting interval

~ трения friction time, friction period, friction cycle

~ фазы взаимодействия при столкновении duration of collision

~ флуоресценции fluorescence lifetime

~ цикла cycle time

продольный *прил.* longitudinal

продувка *ж.* blow, blasting

продукт *м.* product

~ активации нейтронами neutron-activation product

~ активирования activation product

активный ~ active product

~ы взаимодействия reaction products

вредный ~ harmful product

вторичный ~ secondary product

газообразные ~ы сгорания combustion gases

~ деления fission product

~ диссоциации dissociation product

дочерний ~ daughter product

заряженные ~ы термоядерной реакции charged fusion products

~ захвата capture product

~ы изнашивания wear debris; wear dust; wear particles

конечный ~ *(напр. реакции)* end [final] product

~ы коррозии corrosion products

летучий ~ volatile product

неизвлечённые ~ы деления residual fission products

неразделённые ~ы деления gross fission products

~ облучения radiation product

обогащённый ~ enriched product

отравляющие ~ы деления fission poisons

первичный ~ primary product

побочный ~ by-product, co-product

поляризованные ~ы polarized products

промежуточный ~ *(напр. химической реакции)* intermediate product

~ радиоактивного распада radioactive-decay product

радиоактивные ~ы деления radioactive fission products

радиоактивный ~ radioactive product

радиоактивный побочный ~ radioactive by-product

~ распада decay [disintegration] product

~ расщепления disintegration [splitting] product

~ы реактора reactor products

~ реакции reaction product

сбросные ~ы деления fission-product wastes

~ы сгорания combustion products

стабильные ~ы деления stable fission products

третичный ~ tertiary product

продуктивность *ж.* productivity; efficiency

проект *м.* design, project; *(документа)* draft

концептуальный ~ conceptional design

технический ~ detail design

проектирование *с.* design

машинное ~ computer-aided design

оптимальное ~ *(конструкции)* optimum [optimal] design

проектировать *гл.* design

проектор *м.* projector

гелиевый ионный ~ helium field ion microscope

измерительный ~ *яф* measuring projector

ионный ~ field ion microscope

просмотровый ~ *яф* scanning projector

сканирующий измерительный ~ scanning measuring projector

электронный ~ field-emission microscope, electron projector

проекция *ж.* projection

аксонометрическая ~ axonometric projection

вертикальная ~ vertical projection

взвешенная ~ *крист.* weighted projection

гномоническая ~ *крист.* gnomonic projection

горизонтальная ~ horizontal projection

зонная ~ *крист.* zonal projection

изометрическая ~ isometric projection

меркаторская ~ Mercator projection

~ на направление течения flowwise projection

~ на ось X X component

~ на ось Z Z component

одномерная ~ one-dimensional projection

оптическая ~ optical projection

ортогональная ~ orthogonal projection

ортографическая ~ orthographic projection

поясная ~ *крист.* zonal projection

пространственноподобная ~ space-like projection

стереографическая ~ stereographic projection

циклографическая ~ cyclographic projection

прожектор *м.* *(оптический)* projector, searchlight, spotlight; *(электронный)* gun

воспроизводящий ~ reading gun

двухлинзовый электронный ~ two-lens electron gun

записывающий ~ writing gun

зеркальный ~ reflector spotlight, mirror searchlight
ионный ~ ion gun
линзовый ~ lens spotlight
однолинзовый электронный ~ single-lens electron gun
оптический ~ projector; *(дающий параллельный пучок света)* searchlight; *(дающий узкий пучок света)* spotlight
плазменный ~ plasma gun
~ с линзой Френеля Fresnel spotlight
стирающий ~ erasing gun
считывающий ~ flood [reading] gun
электронный ~ electron gun
прожигание *с. (люминофора в ЭЛТ)* burn(ing)
~ пучком electron burning
прозрачность *ж.* transparency
акустическая самоиндуцированная ~ acoustic self-induced transparency
~ барьера penetrability of potential barrier
горизонтальная ~ *(земной атмосферы)* horizontal transparency
~ земной атмосферы transparency of the Earth atmosphere
интегральная ~ *(земной атмосферы)* integrated transparency
монохроматическая ~ monochromatic transparency
~ окошка счётчика counter window transparency
~ потенциального барьера penetrability of potential barrier
самоиндуцированная ~ *кв. эл.* self-induced transparency
селективная ~ selective transparency
спектральная ~ *(земной атмосферы)* spectral transparency
туннельная ~ tunnel transparency
~ ускоряющего электрода accelerating electrode transparency
цветовая ~ *фвэ* color transparency
~ ядер nuclear transparency
прозрачный *прил.* transparent
произведение *с. мат.* product
антихронологическое ~ *(операторов поля)* antichronologous product
~ вектора на скаляр product of a scalar and a vector
векторное ~ vector [cross] product
внешнее ~ exterior product
двойное векторное ~ triple vector product
диадное ~ dyadic product
коммутативное ~ commutative product
кронекеровское ~ Kronecker product
~ матриц product matrix, product of matrices, matrix product
матричное ~ product matrix, product of matrices, matrix product
нильпотентное ~ nilpotent product
нормальное ~ *(операторов поля)* normal product

перенормированное ~ renormalized product
полупрямое ~ semidirect product
прямое ~ direct product
прямое ~ представлений групп direct product of group representations
симметричное ~ symmetric product
скалярное ~ scalar [dot] product
смешанное ~ scalar triple product
тензорное ~ tensor product
топологическое ~ *ктп* topological product
хронологическое ~ *(операторов поля)* chronologous product
производительность *ж.* productivity; output; capacity
~ насоса pump capacity
~ реактора reactor output
производная *ж.* derivative □ ~ **от ... по ...** derivative of ... with respect to ...
вариационная ~ variational derivative
~ вектора derivative of a vector
внешняя ~ exterior derivative
~ высшего порядка higher derivative
индивидуальная ~ *(гидродинамического параметра)* substantial [material] derivative
ковариантная ~ covariant derivative
конвективная ~ convective derivative
~ коэффициента подъёмной силы по углу атаки lift slope
логарифмическая ~ logarithmic derivative
локальная ~ local derivative
местная ~ local derivative
нормальная ~ normal derivative
односторонняя ~ one-sided derivative
полная ~ total derivative
~ по направлению directional derivative
~ по нормали normal derivative
узловая ~ nodal derivative
функциональная ~ functional derivative
частная ~ partial derivative
производство *с.* production
~ изотопов isotope production
локальное ~ энтропии local entropy production
~ плутония plutonium production
полное ~ энтропии total entropy production
экономичное ~ ядерной энергии economical nuclear power production
~ энергии power production, power generation
~ энергии в промышленном масштабе commercial-scale power production
~ энтропии entropy production
~ ядерной энергии nuclear power production
произвольный *прил.* arbitrary, optional
происхождение *с.* origin
адронное ~ *(частиц)* hadronic origin
~ Вселенной origin of the Universe
галактическое ~ galactic origin
~ двойных звёзд origin of binary stars
~ Луны origin of the Moon
магнитосферное ~ magnetospheric origin
~ протонной вспышки proton flare origin
радиоактивное ~ radioactive origin

~ **Солнечной системы** origin of the Solar system
~ **Солнца** origin of the Sun
~ **химических элементов** origin of chemical elements
~ **циклона** origin of cyclone
прокатка *ж.* rolling
  горячая ~ hot rolling
  холодная ~ cold rolling
прокачка *ж.* circulation; pumping
  поперечная ~ *(в лазере)* transverse circulation
  продольная ~ *(в лазере)* longitudinal circulation
  ~ **смеси** *(в лазере)* mixture circulation
прокладка *ж. (разделяющая)* spacer; *(уплотнительная)* gasket
  диэлектрическая ~ dielectric spacer
  изоляционная ~ insulation spacer
  слюдяная ~ mica spacer
пролёт *м. (расстояние между опорами)* span; *(арки)* chord
  ~ **болида** appearance of a fireball, passage of a fireball
  первый ~ first flight
промежуток *м.* gap; space
  вакуумный ~ vacuum gap
  воздушный ~ air gap
  ~ **времени** time interval
  дрейфовый ~ drift gap
  изоляционный ~ insulation gap
  искровой ~ spark gap
  ~ **между дуантами** interdee gap
  планковский ~ **времени** Planck time interval
  разрядный ~ discharge gap
  ускоряющий ~ accelerating gap
  ускоряющий ~ **между высокочастотными электродами** accelerating gap between high-frequency electrodes
промежуточный *прил.* intermediate
прометий *м.* promethium, Pm
промотор *м. (активатор)* promotor
  ~ **химической реакции** chemical promotor
промывка *ж.* washing
  ~ **газа** gas scrubbing
  обратная ~ backwashing
  ~ **пара** steam washing
  противоточная ~ counter-current washing
промышленность *ж.* industry
  атомная ~ nuclear [atomic] industry
  уранодобывающая ~ uranium-mining industry
  электронная ~ electronic industry
  энергетическая ~ power industry
  ядерная ~ nuclear industry
проникать *гл.* penetrate
проникающий *прил. (об излучении)* penetrating
проникновение *с.* penetration
  взаимное ~ interpenetration
  глубокое ~ deep penetration

диффузное ~ *(космических лучей в магнитосферу Земли)* diffusive penetration
дрейфовое ~ *(космических лучей в магнитосферу Земли)* drift penetration
~ **космических лучей в магнитосферу Земли** penetration of cosmic rays into the Earth magnetosphere
межкристаллитное ~ intergranular penetration
~ **нейтральной частицы в плазму разряда** neutral particle penetration into the discharge plasma
~ **поверхностно-активных веществ** penetration of surface-active materials
подбарьерное ~ **электрона** subbarrier penetration of an electron
~ **поля** field penetration
~ **протонов с большой энергией в магнитосферу** penetration of high-energy protons into the magnetosphere
~ **протонов с малой энергией в магнитосферу** penetration of low-energy protons into the magnetosphere
прямое ~ *(космических лучей в магнитосферу Земли)* direct penetration
~ **солнечных протонов в магнитосферу** penetration of solar protons into the magnetosphere
~ **тепла** heat penetration
~ **тока** current penetration
~ **трития через диверторные пластины** penetration of tritium through divertor plates
~ **трития через первую стенку** penetration of tritium through the first wall
~ **через кулоновский барьер** penetration through the Coulomb barrier
~ **через потенциальный барьер** tunneling through the potential barrier
проницаемость *ж.* permeability, penetrability
  абсолютная диэлектрическая ~ absolute permittivity
  ~ **барьера** barrier penetrability
  высокочастотная диэлектрическая ~ rf permittivity
  гидравлическая ~ hydravlic permeability
  динамическая магнитная ~ dynamic permeability
  дифференциальная магнитная ~ differential [incremental] permeability
  диэлектрическая ~ permitivity, dielectric constant
  диэлектрическая ~ **вакуума** permittivity of free space
  диэлектрическая ~ **плазмы** plasma dielectric constant, plasma permittivity
  истинная магнитная ~ true permeability
  кажущаяся магнитная ~ apparent permeability
  квантово-механическая ~ quantum-mechanical penetration
  комплексная диэлектрическая ~ complex permeability

комплексная магнитная ~ complex permeability

линейная диэлектрическая ~ linear dielectric constant, linear permittivity

магнитная ~ (magnetic) permeability

магнитная ~ вакуума permeability of free space

макроскопическая диэлектрическая ~ macroscopic permittivity

начальная магнитная ~ initial permeability

неоднородная магнитная ~ nonuniform permeability

нормальная магнитная ~ normal permeability

обратимая магнитная ~ reversible permeability

однородная магнитная ~ uniform permeability

относительная магнитная ~ relative permeability

поперечная диэлектрическая ~ transverse permittivity

~ потенциального барьера potential barrier penetrability, barrier factor

продольная диэлектрическая ~ longitudinal permittivity

селективная ~ selective penetration

скалярная диэлектрическая ~ scalar permittivity

статическая диэлектрическая ~ static permittivity

статическая магнитная ~ static permeability

тензорная диэлектрическая ~ tensor permittivity

эффективная диэлектрическая ~ effective permittivity

эффективная магнитная ~ effective permeability

пропагатор м. (функция распространения в ктп) propagator

аномальный ~ anomalous propagator

~ векторного бозона vector boson propagator

~ векторной частицы vector particle propagator

глюонный ~ gluon propagator

дираковский ~ Dirac propagator

одетый ~ dressed propagator

одночастичный ~ one-particle propagator

перенормированный ~ renormalized propagator

~ скалярной частицы scalar particle propagator

~ ферми-частицы Fermi particle propagator

~ фотона photon propagator

фотонный ~ photon propagator

~ частицы particle propagator

~ Штюкельберга - Фейнмана Stueckelberg-Feynman propagator

пропан м. propane

пропахивание с. (поверхности трущегося элемента) ploughing, plowing

пропеллер м. propeller, airscrew, propulsive screw

пропил м. (надрез) sawcut

пропитка ж. impregnation

вакуумная ~ vacuum impregnation

капиллярная ~ capillary impregnation

предварительная ~ preimpregnation

проплавление с. melting

глубокое ~ (металла с помощью лазера) deep melting

пропорциональность ж. proportionality

обратная ~ inverse proportionality

ограниченная ~ limited proportionality

прямая ~ direct proportionality

пропорция ж. proportion

непрерывная ~ continued proportion

пропускание с. transmission

аномальное ~ крист. anomalous transmission

~ атмосферы (в оптическом диапазоне) light transmission of the atmosphere

двойное ~ double transmission

диффузное ~ (света) diffuse transmission

лауэвское ~ крист. Laue transmission

направленное ~ regular transmission

~ пучка beam transmission

равномерно-диффузное ~ uniform diffuse transmission

~ света transmission of light

симметричное лауэвское ~ крист. symmetrical Laue transmission

смешанное ~ (направленное и диффузное) mixed transmission

прорастание с. физ. мет. intergrowth

просачивание с. percolation, infiltration, leakage

просветление с. (оптики) blooming; (лазерного красителя) bleaching

импульсное ~ кв. эл. pulsed bleaching

интерференционное ~ (оптики) interferometric blooming

когерентное ~ coherent bleaching

~ оптики (нанесение просветляющих покрытий) blooming of optical systems; blooming of glass surfaces

параметрическое ~ (оптики) parametric blooming

~ плазмы (для мощной радиоволны) plasma blooming

синглет-синглетное ~ singlet-singlet bleaching

просвечивание с. raying

~ гамма-лучами gamma-ray radiography, radiography by gamma rays; gamma-raying

~ рентгеновскими лучами radiography by X-rays; X-raying

проскальзывание с. slip(page)

зернограничное ~ grain boundary sliding

макроскопическое ~ macroscopic slip

относительное ~ relative slip

~ потока flow slip

трансляционное ~ translational slip

~ фазы *физт* phase slip
прослеживать *гл.* trace, follow
прослойка *ж.* interlayer
  ламинарная ~ laminar sublayer
просмотр *м. яф* scanning
  автоматический ~ automatic scanning
  двукратный ~ twofold scanning
  ~ фотопластинки plate scanning
  ~ фотоэмульсии emulsion scanning
простота *ж.* sumplicity
пространственно однородный *прил.* spatially homogeneous
пространственноподобный *прил.* spacelike
пространственно центрированный *прил.* volume-centered, body-centered
пространственный *прил.* spatial
пространство *с.* space
  абсолютное ~ absolute space
  абстрактное ~ abstract space
  алгебраическое ~ algebraic space
  анизотропное ~ anisotropic space
  анодное ~ anode space
  анодное тёмное ~ anode dark space
  антидеситтеровское ~ anti-de Sitter space
  антисимметрическое ~ Фока Fock antisymmetric space
  астоново тёмное ~ Aston [primary] dark space
  аффинное ~ affine space
  ~ Банаха Banach space
  безграничное ~ infinite space
  безразмерное ~ dimensionless space
  бесконечное ~ infinite space
  бесконечномерное ~ infinite-dimensional space
  бозонное ~ boson space
  бозонное ~ Фока Fock boson space
  векторное ~ vector space
  вероятностное ~ probability space
  ~ взаимодействия interaction space
  вложенное ~ nested [embedded] space
  внегалактическое ~ extragalactic space
  внеземное ~ extraterrestrial [outer] space
  внутреннее ~ internal space
  ~ волновых векторов wave vector space
  ~ волновых чисел wave number space
  вполне симметричное ~ completely symmetric space
  времениподобное ~ time-like space
  ~ вырождения degeneracy space
  вырожденное ~ degenerate space
  галактическое ~ galactic space
  галилеево ~ Galilean space
  геодезически полное ~ geodesically complete space
  ~ Гильберта Hilbert space
  гильбертово ~ *(квантовых состояний)* Hilbert space
  гильбертово ~ тора Hilbert space of torus
  гиперболическое ~ hyperbolic space
  ~ главных напряжений principal stress space
  градуированное ~ graded space

градуированное векторное ~ graded vector space
двумерное ~ two-dimensional space
двухсвязное ~ doubly connected space
~ де Ситтера de Sitter space
~ де Ситтера второго рода de Sitter space of the second kind
~ де Ситтера первого рода de Sitter space of the first kind
деформационное ~ deformation space
деформируемое ~ deformable space
дискретное ~ discrete space
~ диффеоморфизмов *ктп* diffeomorphism space
~ дрейфа *(СВЧ)* drift region, drift space, drift zone
дрейфовое ~ drift region, drift space, drift zone
дуальное ~ dual space
евклидово ~ Euclidean space
замкнутое ~ closed space
зарядовое ~ charge space
изобарное ~ isobaric space
~ изображений image space; image domain
изоморфное векторное ~ isomorphic vector space
~ изотопического спина isotopic-spin space
изотопическое ~ isotopic space
изотропное ~ isotropic space
импульсное ~ momentum space
~ импульсов momentum space
~ ионизации ionization space
искривлённое ~ curved space
калибровочное ~ gauge space
~ калибровочных орбит space of gauge orbits
касательное ~ tangent space
катодное ~ cathode space
катодное тёмное ~ cathode [Crookes] dark space
~ квазиимпульсов quasi-momentum space
квазиметрическое ~ quasi-metric space
квазиоднородное ~ quasi-uniform space
квантованное ~ quantized space
квантовое ~ Гильберта quantum Hilbert space
кольцевое ~ annular space
компактное ~ compact space
компактное фазовое ~ compact phase space
комплексное ~ complex space
комплексное векторное ~ complex vector space
комплексное проективное ~ complex projective space
конечное ~ finite space
конечномерное ~ finite-dimensional space
конечномерное векторное ~ finite-dimensional vector space
конфигурационное ~ configuration space
координатное ~ coordinate space
космическое ~ space
~ Крейна Krein space
круксово тёмное ~ Crookes [cathode] dark space

линейное ~ linear space
линейное векторное ~ linear vector space
~ Лобачевского Lobachevsky space
локально однородное ~ locally homogeneous space
математическое ~ mathematical space
межгалактическое ~ intergalactic space
межгрануляционное ~ intergranular space
межзвёздное ~ interstellar space
межконтактное ~ interfacial [intercontact] space, interfacial gap
межпланетное ~ interplanetary space
межэлектродное ~ interelectrode space
метагалактическое ~ metagalactic space
~ метрик ктп space of metrics
метрическое ~ metric space
~ Минковского Minkowski space
мировое ~ outer space
многомерное ~ multidimensional space
многомерное фазовое ~ multidimensional phase space
многосвязное ~ multiply connected space
~ напряжений stress space
неевклидово ~ non-Euclidean space
неоднородное ~ nonhomogeneous space
неприводимое ~ irreducible space
нильпотентное ~ nilpotent space
нормированное ~ normalized space
обобщённое ~ generalized space
обратное ~ reciprocal space
~ объектов опт. object space; object domain
одномерное ~ one-dimensional space
однородное ~ homogeneous space
односвязное ~ simply connected space
околозвёздное ~ circumstellar space
околоземное ~ circumterrestrial space
околопланетное ~ circumplanetary space
окружающее ~ environment
оснащённое ~ equipped space
оснащённое гильбертово ~ equipped Hilbert space
открытое ~ open space
относительное ~ relative space
~ отображений space of mappings
~ охлаждения cooling space
параболическое ~ parabolic space
параметрическое ~ parametric space
~ параметров parameter space
~ параметров порядка order parameter space
паровое ~ steam void
~ Пенроуза Penrose space
~ петель loop space, space of loops
петлевое ~ loop space, space of loops
плоское ~ flat [plane] space
полное ~ complete space
полубесконечное ~ semiinfinite space
~ постоянной кривизны space of constant curvature, constant curvature space
почти метрическое ~ almost metric space
предгильбертово ~ pre-Hilbertian space
~ предметов object space
приведённое ~ reduced space

приведённое фазовое ~ reduced phase space
~ признаков feature space
присоединённое ~ adjunct space
причинное ~ causal space
проективное ~ projective space
пролётное ~ drift region, drift zone, drift space
промежуточное ~ intermediate space
псевдогильберово ~ pseudo-Hilbertian space
псевдоевклидово ~ pseudo-Euclidean space
псевдориманово ~ pseudo-Riemannian space
~ путей path space
рабочее ~ operating space, workspace
разрежённое ~ evacuated space
~ расслоения ктп bundle space
расслоённое ~ fiber space
расширяющееся ~ expanding space
реляционное ~ relational space
~ Римана Riemann(ian) space
риманово ~ Riemann(ian) space
свободное ~ free space
связное ~ connected space
сепарабельное ~ separable space
~ сигналов space of signals
симметрическое ~ symmetric space
симметрическое ~ Фока Fock symmetric space
симплектическое ~ simplectic space
~ скоростей velocity space
~ событий space of events
сопряжённое ~ conjugate space
сопутствующее ~ астр. comoving [attached] space
~ состояний space of states, state space
~ состояний жидкости space of states for the fluid
спиновое ~ spin space
стохастическое ~ stochastic space
стягиваемое ~ contractible space
сферическое ~ spherical space
твисторное ~ twistor space
твисторное ~ Пенроуза Penrose twistor space
~ теорий space of theories
топологически тривиальное ~ topologically trivial space
топологическое ~ topological space
~ траекторий space of trajectories
трёхмерное ~ three-dimensional space
трёхмерное комплексное проективное ~ complex projective 3-D space
узловое ~ knot space
упорядоченное ~ ordered space
усечённое ~ truncated space
~ ускорения acceleration space
фазовое ~ phase space
фарадеево тёмное ~ Faraday dark space
фермионное ~ fermion space
фермионное ~ Фока Fock fermion space
физическое ~ physical space
~ Фока Fock space

~ **функций** space of functions
функциональное ~ function space
~ **Хаусдорфа** Hausdorff space
хаусдорфово ~ Hausdorff space
цветовое ~ *кхд* color space
четырёхмерное ~ four-dimensional space
~ **чисел заполнения** *кв. мех.* occupation number space
чувствительное ~ *(счётчика)* sensitive volume
~ **Эйнштейна** Einstein space
эллиптическое ~ elliptic space
n-мерное ~ n-dimensional space
n-частичное ~ n-body space
пространство-время *с.* space-time
двумерное ~ two-dimensional space-time
~ **де Ситтера** de Sitter space-time
дискретное ~ discrete space-time
замкнутое ~ closed space-time
искривлённое ~ curved space-time
квантованное ~ quantized space-time
квантовое ~ quantum space-time
~ **Керра** Kerr space-time
~ **Керра - Ньюмена** Kerr-Newman spacetime
классическое ~ classical space-time
конформное ~ conformal space-time
космологическое ~ cosmological space-time
~ **Минковского** Minkowski space-time
многосвязное ~ multiply connected space-time
плоское ~ flat space-time
псевдориманово ~ pseudo-Riemannian space-time
пятимерное ~ five-dimensional space-time
релятивистски инвариантное ~ relativistically invariant space-time
~ **Римана** Riemann space-time
фоновое ~ background space-time
~ **Фридмана** Friedmann space-time
четырёхмерное ~ four-dimensional space-time
~ **Шварцшильда** Schwarzschild space-time
протактиний *м.* protactinium, Pa
проталкивать *гл.* force (through), push (through)
протаномалия *ж. (дальтонизм)* protanomalous vision; color blindness, daltonism
протанопия *ж. (дальтонизм)* protanope, color blindness, daltonism
протеид *м.* proteide
протеин *м.* protein
протекание *с. фтт* percolation
~ **по решётке** lattice percolation
~ **по узлам** knot percolation
протечка *ж.* leakage
противовес *м.* counter-balance, counterweight, counterpoise, back balance, gravity bob
~ **антенны** antenna counterpoise
противодавление *с.* back [opposite] pressure, counterpressure
противодействие *с.* counteraction, reaction
оказывать ~ counteract

противодействовать *гл.* oppose, counteract, react against
противодействующий *прил.* opposed
противоизлучение *с.* counterradiation
~ **атмосферы** sky counterradiation
противоион *м.* counterion; gegenion
противолуна *ж.* antiselena
противоположно *нареч.* oppositely
~ **заряженный** oppositely charged
~ **направленный** oppositely directed
противоположный *прил.* opposite
~ **по знаку** opposite in sign to
~ **по направлению** opposite in direction to
противоречивость *ж.* inconsistency
внутренняя ~ *(теории)* inherent inconsistency
противоречивый *прил.* contradictory, inconsistent
противоречие *с.* contradiction, discrepancy
глубокое ~ deep contradiction
логическое ~ logical contradiction
явное ~ obvious discrepancy, explicit contradiction
противоречить *гл.* contradict
~ **экспериментальным результатам** contradict to experimental observations; be inconsistent with experimental data
противоросник *м. астр.* dewcap
противосияние *с. геофиз.* counterglow; antiglow
противосолнце *с.* anthelion
побочное ~ paranthelion
противостаритель *м.* antiager
противостояние *с. астр.* opposition
противосумерки *мн.* antitwilight
противоток *м.* counterflow, backward [return, reverse] flow, countercurrent
противофаз/а *ж.* antiphase, opposite phase □ **в ~е** out of phase, in antiphase
противо-эдс *м.* back [counter] emf
протий *м.* protium
протогалактика *ж.* protogalaxy
протозвезда *ж.* protostar
протокол *м.* record
~ **испытаний** test record sheet
протон *м.* proton
~**ы внешнего пояса** outer belt protons
~**ы внутреннего пояса** inner belt protons
запаздывающие ~**ы** retarded protons
~ **космического излучения** cosmic-ray proton
~**ы космического происхождения** cosmic protons
кумулятивный ~ cumulative proton
мгновенный ~ prompt proton
моноэнергетические ~**ы** monoenergetic protons
нерелятивистский солнечный ~ nonrelativistic solar proton
нестабильный ~ unstalbe proton
нечётный ~ odd proton
~ **отдачи** recoil proton

падающий ~ incident proton
первичный ~ primary proton
поляризованные ~ы polarized protons
релятивистский солнечный ~ relativistic solar proton
солнечные ~ы solar protons
ускоренный ~ accelerated proton
ядерный ~ nuclear proton
протоний *м.* protonium
протонография *ж.* proton radiography
протоносфера *ж.* protonsphere
протоплазма *ж.* protoplasma
протопланета *ж.* protoplanet
протосолнце *с.* protosun
прототип *м.* prototype
Международный ~ килограмма International Prototype Kilogramme
Международный ~ метра International Prototype Meter
протравливать *гл. (в металлографии)* etch
протрузия *ж.* protrusion
протуберан/ец *м.* prominence
~ активной области active region prominence
активный ~ active prominence
взаимодействующие ~цы interactive [interacting] prominences
~ в области солнечных пятен solar spot [sunspot] prominence
возвратный ~ surge
вторичный ~ secondary prominence
долгоживущий ~ long-lived prominence
квазиэруптивный ~ quasi-eruptive prominence
колпачковый ~ cap prominence
петельный ~ loop(-type) prominence
петлеобразный ~ loop(-type) prominence
поднимающийся ~ ascending prominence
полярный ~ polar prominence
солнечный ~ solar prominence
спокойный ~ quiescent prominence
~ типа «дерево» tree prominence
~ типа «живая изгородь» hedge row prominence
~ типа «ствол дерева» trunk prominence
~ типа «торнадо» tornado prominence
~ типа «фонтан» fountain prominence
~ типа «холм» mount prominence
эруптивный ~ eruptive prominence
протуберанец-спектроскоп *м.* prominence spectroscope
протяжённость *ж.* extent
фазовая ~ сгустка *(в ускорителе)* phase extent
профилирование *с. (напр. кристаллов)* profiling
профилограмма *ж.* profilogram, contour record
~ поверхности surface profilogram
поперечная ~ cross [transversal] profilogram
продольная ~ longitudinal profilogram
профилограф *м.* profilograph; surface contour recorder

профилограф-профилометр *м.* profilograph-profilometer
профилометр *м.* profilometer
профилометрия *ж.* profilometry
лазерная ~ laser profilometry
профиль *м.* profile; *(обтекаемого тела, напр. крыла)* aerofoil, airfoil □ формировать ~ лазерного импульса tailor the shape of the laser pulse
вертикальный ~ vertical profile
~ ветра wind profile
вогнутый ~ *(крыла)* concave aerofoil
~ возрастания солнечных космических лучей solar particle intensity profile
волновой ~ wave profile
~ волны wave profile
выпукло-вогнутый ~ *(крыла)* concavo-convex aerofoil section, cambered profile
гауссов ~ *(пучка)* Gaussian profile
гладкий ~ smooth airfoil
градиентный ~ gradient profile
~ давления pressure profile
двояковыпуклый ~ *(крыла)* bi-convex aerofoil section
двутавровый ~ I-beam, H-beam
доплеровский ~ Doppler profile
дуговой ~ с плоской нижней поверхностью flat-convex circular arc aerofoil section
~ Жуковского Joukowski section, Joukowski aerofoil
изогнутый ~ *(крыла)* arc-shaped aerofoil section
~ инжекции солнечных космических лучей solar particle injection profile
~ интенсивности intensity profile
клинообразный ~ *(крыла)* wedge aerofoil (section)
~ крыла aerofoil [airfoil] section
ламинаризированный ~ streamline(d) profile
ламинарный ~ *(крыла)* laminar aerofoil section; laminar flow airfoil
логарифмический ~ скоростей logarithmic velocity profile
~ лопасти blade section, blade profile
лоренцовский ~ Lorentz profile
~ Луны profile of the Moon
монохроматический ~ monochromatic profile
~ нагрева *(при распространении лазерного пучка в атмосфере)* heating profile
несимметричный ~ *(крыла)* asymmetrical aerofoil section
несущий ~ *аэрод.* lifting airfoil
обтекаемый ~ streamline(d) profile
одномерный ~ нагрева one-dimensional heating profile
~ осреднённой скорости averaged velocity profile
параболический ~ *(пучка)* parabolic profile
плоский ~ *(крыла)* flat aerofoil section
плоско-выпуклый ~ *(крыла)* flat-convex aerofoil section

~ **поверхности** surface profile
~ **показателя преломления** refractive index profile
~ **полного давления** Pitot-pressure profile
произвольный ~ arbitrary airfoil
~ **пучка** beam profile
~ **радиолинии** radio line profile
разрезной ~ *(крыла)* slotted aerofoil section
расчётный ~ calculated profile
ромбовидный ~ *(крыла)* diamond shape aerofoil section
самосогласованный ~ self-consistent profile
сверхзвуковой ~ *(крыла)* supersonic aerofoil section
сверхкритический ~ *аэрод.* supercritical airfoil
сейсмический ~ seismic profile
серповидный ~ *(крыла)* crescent-shaped [circular arc] aerofoil section
~ **с закрылком** flapped aerofoil section
симметричный ~ *(крыла)* symmetrical aerofoil section
~ **скоростей** velocity profile
~ **скоростей в трубке** duct velocity profile
~ **скоростей на выходе** exit velocity profile
~ **скорости без точки перегиба** velocity profile with no point of inflexion
~ **скорости потока жидкости** fluid-velocity profile
~ **скорости с точкой перегиба** velocity profile with a point of inflexion
скоростной ~ *(крыла)* high-speed aerofoil section
~ **с нулевым градиентом давления** zero pressure-gradient profile
~ **спектральной линии** profile of spectral line, spectral line profile
~ **с реактивным закрылком** jet flap aerofoil section
~ **стационарного нагрева** steady heating profile
~ **структурной характеристики** *(для лазерного пучка в атмосфере)* profile of the structure constant
ступенчатый ~ **показателя преломления** step-index profile
супергауссов ~ *(пучка)* super-Gaussian profile
~ **температуры** temperature profile
теоретический ~ theoretical profile
~ **толстого крыла** thick aerofoil section
тонкий ~ **крыла** slender wing profile, slender aerofoil section; thin airfoil
~ **тонкого крыла** thin [slender] aerofoil section
~ **травления** etch profile
трапецеидальный ~ *(крыла)* trapezoidal aerofoil section
треугольный ~ *(крыла)* triangular aerofoil section
удобообтекаемый ~ streamline(d) profile
усечённый гауссов ~ truncated Gaussian profile

чечевицеобразный ~ *(крыла)* circular arc [lens] aerofoil section
шероховатый ~ *(крыла)* rough airfoil
~ **штриха** *(дифракционной решётки)* ruling profile
~ **электронной концентрации** electron concentration profile
~ **энерговыделения** deposition function
проход *м.* *(часть операции)* pass, run; *(при резании)* cut
проходить *гл.* pass
~ **зону** *(роста кристалла)* pass a zone
~ **расстояние** cover a distance of
~ **сквозь** penetrate, pass through
прохождение *с.* *(излучения)* transmission; *(в астрономии)* passage, transit
асимметричное лауэвское ~ asymmetric Laue transmission
двукратное ~ double transmission
лауэвское ~ Laue transmission
однократное ~ *(сигнала)* single pass, single transmission
~ **планеты по диску Солнца** transit of a planet across the solar disk
свободное ~ free passage
~ **сигнала** signal passage
симметричное лауэвское ~ symmetric Laue transmission
~ **спутника** *(по диску планеты)* satellite transit
~ **тени** *(по диску Солнца)* shadow transit
тесное ~ *астр.* close passage
~ **через меридиан** meridian passage, meridian transit
~ **через перигелий** perihelion transit
~ **через потенциальный барьер** penetration of potential barrier
процент *м.* percent ☐ **три** ~**а** three percent
атомный ~ atomic percent
весовой ~ weight percent
~ **выживаемости** survival fraction
массовый ~ mass percent
молекулярный ~ molecular percent
мольный ~ mole percent
молярный ~ molar percent
объёмный ~ percent by volume, volume percent
~ **потерь** percentage loss
эквивалентный ~ equivalent percent
процесс *м.* process ☐ ~ **длится менее 0,1 с** the process lasts less than 0.1 c; ~ **продолжается менее 0,1 с** the process lasts less than 0.1 c
адаптивный ~ adaptive process
аддитивный ~ additive process
адиабатический ~ adiabatic process
адронный ~ hadronic process
атомный ~ atomic process
безызлучательный ~ nonradiative [radiationless] process
бессемеровский ~ *мет.* Bessemer process
бесстолкновительный ~ collisionless process
бинарный ~ binary process

бинарный адронный ~ binary hadronic process
биологический ~ biological process
быстропротекающий ~ fast process
быстрые ~ы rapid phenomena
векторный случайный ~ vector random process
ветвящийся ~ branching process
винеровский случайный ~ Wiener random process
виртуальный ~ virtual process
волновой ~ wave process
восстановительный ~ *хим.* reduction process
~ встраивания на ступенях process of incorporation at the steps
вторичный ~ secondary process
вторичный ~ в ионном ускорителе secondary process in an ion accelerator
~ выбивания *яф* knockout process
вынужденный ~ induced [stimulated] process
вынужденный многофотонный ~ induced [stimulated] multiphoton process
~ выпадения осадка precipitation (process)
~ выращивания кристаллов crystal growth (process)
высокоэнергетический ~ high-energy process
газодинамический ~ gas-dynamic process
газодиффузионный ~ gaseous diffusion process
гауссов ~ Gaussian process
~ генерации generating process
глубоко неупругий ~ *фвэ* deep inelastic process
двухквантовый ~ two-quantum process
двухтемпературный ~ разделения dual temperature process
двухфотонный ~ two-photon process
двухчастичный ~ two-body [two-particle] process
двухчастичный инклюзивный ~ two-body [two-particle] inclusive process
~ деления fission process
детерминированный ~ deterministic process
~ деформации deformation process
~ Джоуля - Томсона Joule-Thomson process
динамический ~ dynamic process
диссипативный ~ dissipation [dissipative] process
диссипативный ~ в сверхтекучей жидкости dissipative process in superfluid
~ дистилляции distillation process
~ диффузии diffusion process
диффузионные ~ы переноса в токамаках, обусловленные гофрировкой diffusion transport processes in tokamaks due to toroidal field ripple
диффузионный ~ diffusion process
диффузионный ~ переноса diffusion-controlled transfer process

дрейфовый приэлектродный ~ drift electrode process
жёсткий ~ hard process
жёсткий адронный ~ hard hadronic process
жёсткий эксклюзивный ~ hard exclusive process
~ замедления moderating process
замкнутый круговой ~ closed circular process
запрещённый ~ forbidden process
~ запуска *(реактора)* start-up procedure
~ захвата capture process
~ звёздообразования star formation process
золь-гель ~ sol-gel process
идеальный ~ ideal process
излучательный ~ radiative process
~ изнашивания wear process
изобарический ~ isobaric [constant-pressure] process
изобарный ~ isobaric [constant-pressure] process
изотермический ~ isothermal [constant-temperature] process
изохорический ~ isochoric [constant-volume] process
изохорный ~ isochoric [constant-volume] process
изоэнтальпийный ~ isoenthalpic [constant-enthalpy] process
изоэнтропийный ~ isentropic process
изоэнтропный ~ isentropic process
импульсный ~ pulsed process
индуцированный ~ induced [stimulated] process
инклюзивный ~ *фвэ* inclusive process
~ ионизации ionization process
итерационный ~ iterative process
йодидный транспортный ~ iodide transport process
~ КАРС *(когерентного антистоксова рассеяния света)* CARS process
каскадный ~ *(в газовом разряде или фвэ)* cascade process
каталитический ~ catalytic process
квазигармонический ~ quasi-harmonic process
квазистатический ~ quasi-static process
квазистационарный ~ quasi-stationary process
кинетический ~ kinetic process
когерентный ~ coherent process
когерентный многофотонный ~ coherent multiphoton process
когерентный нелинейный оптический ~ coherent nonlinear optical process
колебательный ~ oscillation process
коллективный ~ collective [cooperative] process
комплексный случайный ~ complex random process
конкурирующие ~ы competitive [competing] processes

~ **Кролла** Kroll process
круговой ~ circular process
кумулятивный ~ cumulative process
лавинный ~ avalanche process
магнитотепловой ~ magnetothermal process
марковский случайный ~ Markovian process
многоактный ~ multievent process
многоволновой ~ multiwave process
многомерный случайный ~ multidimensional random process
многопараметрический ~ multiparameter process
многоступенчатый ~ multistage process
многофотонный ~ multiphoton process
многочастичный ~ multiparticle process
~ **множественного рождения** *(частиц)* multiple production process
множественный ~ multiple process
МОС-гидридный ~ metalloorganic-hydride process
мягкий ~ soft process
налагающийся ~ *(в термодинамике)* superimposed process
~ **намагничивания** magnetization process
~ **намагничивания 1-го рода** first-order magnetization process
некогерентный ~ noncoherent process
некогерентный нелинейный оптический ~ noncoherent nonlinear optical process
нелинейный ~ nonlinear process
необратимый ~ irreversible process
необратимый изотермический ~ irreversible isothermal process
непрерывный ~ continuous process
неравновесный ~ nonequilibrium process
нестационарный ~ nonstationary process
нестационарный зарождения transient nucleation process
неупорядоченный ~ disordered process
неуправляемый ~ uncontrolled process
неупругий ~ inelastic (scattering) process
~ **неупругого рассеяния** inelastic (scattering) process
неустановившийся ~ transient process
нормальный ~ normal process
обратимый ~ reversible process
обратимый адиабатный ~ reversible adiabatic process
обратный ~ inverse process
одноквантовый ~ one-quantum process
одноступенчатый ~ single-stage process
однофотонный ~ single-photon process
одночастичный ~ single-particle process
одночастичный инклюзивный ~ single-particle inclusive process
~ **Оже** Auger process
~ **ожижения** *(газов)* liquefaction process
~ **окисления летучих продуктов деления** voloxidation process
окислительно-восстановительный ~ redox process

окислительный ~ oxidation process
~ **Оппенгеймера - Филлипса** Oppenheimer-Phillips [O-P] process
оптимальный ~ optimal process
оптические ~ы в антиферромагнетике optical processes in antiferromagnet
ортогональный ~ orthogonal process
основной ~ basic process
~ **остановки** *(реактора)* shut-down procedure
~ **очистки расплавов** *(при пирохимическом восстановлении топлива)* melt refining process
параметрический ~ parametric process
~ **Пеннинга** Penning process
пеннинговский ~ Penning process
~ **Пенроуза** *астр.* Penrose process
первичный ~ primary process
~ **переброса** umclapp process
~ **перезарядки** charge exchange process
перекрёстный ~ *(в термодинамике)* crossed process
~ **переноса** transfer [transport] process
~**ы переноса в бананово-дрейфовом режиме** banana-drift regime transport processes
~ **переноса металла** metal transfer process
~ **перехода** transition process
переходный ~ transient (process)
периодический ~ periodic process
периодически-нестационарный ~ periodically nonstationary process
плазмохимический ~ plasma-chemical process
поверхностный ~ surface process
политропный ~ polytropic process
полуинклюзивный ~ semi-inclusive process
приэлектродный ~ near-electrode process
производственный ~ production process
прямой ~ direct process
прямой многофотонной ионизации атомов direct process of a multiphoton atom ionization
пуассоновский случайный ~ Poisson process
~ **пуска** *(реактора)* start-up procedure
равновесный ~ equilibrium process
радиационно-химический ~ radiation-chemical process
~ **разделения** *(изотопов)* separation process
~ **разделения в газовой фазе** gas separation process
распадный ~ decay process
~ **распространения разряда** discharge spreading process
регенеративный ~ regenerative process
регулируемый ~ controllable [controlled] process
резонансный ~ resonant process
резонансный ядерный ~ resonant nuclear process
~ **рекомбинации** recombination process
релаксационный ~ relaxation process
~ **решения** solution process

~ самоорганизации self-organization process
самоподдерживающийся ~ self-maintaining process
~ с дискретным спектром process with discrete spectrum
селективный гетерогенный ~ selective heterogeneous process
сильно неравновесный ~ strongly nonequilibrium process
скачкообразный марковский ~ jump Markovian process
слабонелинейный ~ weakly nonlinear process
слабый ~ weak process
случайный ~ random [stochastic] process
случайный ~ со стационарными приращениями random process with stationary increments
~ с непрерывным спектром process with continuous spectrum
~ Солпитера астр. Salpeter process
спонтанный ~ spontaneous process
~ с последействием process with aftereffect
стационарный ~ stationary process
стационарный случайный ~ stationary random process
~ столкновения collisional process
столкновительный ~ (в газе, плазме) collisional process
стохастический ~ stochastic process
ступенчатый ~ step-wise process
~ термализации альфа-частиц alpha particles thermalization process
~ термализации пучка beam thermalization process
термически активированный ~ thermally activated process
термически активный ~ thermally active process
термодинамический ~ thermodynamic process
термомеханический ~ thermomechanical process
термоэлектрический ~ thermoelectric process
~ тесного сближения close encounter process
технологический ~ technological process
~ трения friction process
трёхмагнонный ~ three-magnon process
трёхступенчатый ~ three-step process
~ упорядочения крист. ordering (process)
упорядоченный ~ ordered process
управляемый ~ controlled process
упругий ~ elastic (scattering) process
~ упругого рассеяния elastic (scattering) process
упругопластический ~ elastoplastic process
усталостно-коррозионный ~ corrosion-fatigue process
установившийся ~ steady-state process
физико-химический ~ physical-chemical process

фонон-фононный ~ переброса phonon-phonon umklapp process
фотографический ~ photographic process
фотонно-разветвлённый ~ кв. эл. photon branching process
фотостимулированный ~ light-induced process
фотохимический ~ photochemical process
химический ~ chemical process
хлоридный ~ chloride process
хлоридный газовый ~ chloride gas process
хромодинамический ~ chromodynamic process
цепной ~ chain process
циклический ~ cyclic process
шаговый ~ с итерациями incremental-iterative process
эволюционный ~ evolutionary process
экзотермический ~ exothermic process
экзоэнергетический ~ exoergic process
эксклюзивный ~ фвэ exclusive process
электрокинетический ~ electrokinetic process
электрон-фононный ~ переброса electron-phonon umklapp process
электрон-электронный ~ переброса electron-electron umklapp process
электрослабый ~ electroweak process
электрохимический ~ electrochemical process
элементарный ~ elementary process
эндотермический ~ endothermic process
эргодический ~ ergodic process
эргодический случайный ~ ergodic random process
~ ядерного синтеза nuclear fusion (process)
ядерно-каскадный ~ nuclear-cascade process
ядерный ~ nuclear process
m-фотонный ~ m-photon process
процессор м. processor
акустооптический ~ acousto-optical processor
волноводный акустооптический ~ waveguide acousto-optical processor
когерентный оптический ~ coherent optical processor
периферийный ~ peripheral processor
центральный ~ central processor
цифровой оптический ~ digital optical processor
прочность ж. strength □ с низкой ~ю weak
адгезионная ~ физ. пов. adhesion strength
динамическая ~ dynamic strength
диэлектрическая ~ dielectric strength
длительная ~ long-term strength
когезионная ~ cohesive strength
лазерная ~ laser damage resistance
лазерная ~ при многократном воздействии multiple-shot laser damage resistance
лучевая ~ radiation resistance
механическая ~ mechanical strength
~ на изгиб bending [flexural] strength

~ **на излом** breaking strength
~ **на истирание** abrasion resistance
~ **на кручение** torsional strength
~ **на продольный изгиб** buckling strength
~ **на раздавливание** crush strength
~ **на разрыв** breaking [tensile] strength
~ **на растяжение** tensile strength
~ **на сдвиг** shear strength
~ **на сжатие** compression [compressive] strength
~ **на смятие** bearing strength
~ **на срез** shearing strength
объёмная лучевая ~ bulk optical strength
однородная ~ uniform strength
поверхностная ~ surface strength
предельная ~ ultimate strength
~ **при изгибе** bending [flexural] strength
~ **при кручении** torsional [twisting] strength
~ **при малоцикловой усталости** plastic fatigue strength
~ **при растяжении** tensile strength
~ **при сдвиге** shear strength
~ **при сжатии** compression [compressive] strength
~ **при сложном напряжённом состоянии** combined strength
пробивная ~ breakdown strength
~ **связи** *(химической)* bond strength
сдвиговая ~ shear strength
~ **сцепления** cohesive strength
~ **твёрдых тел** solid strength
теоретическая ~ theoretical strength
ударная ~ shock resistance, resistance to impact, impact strength
удельная ~ specific strength
усталостная ~ fatigue strength, endurance
хрупкая ~ brittle strength
циклическая ~ cyclic strength
электрическая ~ (di)electric strength
электрическая ~ **изоляции** electric strength of insulation
прошедшее *с. (в теории относительности)* past
абсолютное ~ absolute past
проэвтектоид *м.* proeutectoid
проявитель *м. (в фотографии)* developer
~ **для рентгеновской плёнки** X-ray developer
проявлени/е *с. (в фотографии)* development
земные ~**я солнечной активности** solar-terrestrial relationships, terrestrial effects of solar activity
пружина *ж.* spring
~ **Бельвиля** disk [Belleville] spring
винтовая ~ helical spring
возвратная ~ return spring
~, **работающая на сжатие** compression spring
тарельчатая ~ disk [Belleville] spring
пружинящий *прил.* springy
пруток *м.* bar, rod
прыжок *м.* jump
~ **воды** hydraulic [water] jump
гидравлический ~ hydraulic [water] jump

затопленный гидравлический ~ drowned hydraulic jump
~ **носителей заряда** *(туннельный переход в полупроводнике)* carrier hop
прямая *ж.* straight line
вещественная ~ real line
геодезическая ~ geodetic line
~ **Михельсона** *(при детонации)* Michelson line
~ **Михельсона - Рэлея** Michelson-Rayleigh line
прямолинейный *прил.* rectilinear, straight
прямоток *м.* forward flow
прямоугольник *м.* rectangle
~ **текучести** yield rectangle
псевдоадиабата *ж.* pseudoadiabat
псевдоаннигиляция *ж.* pseudoannihilation
псевдобарион *м.* pseudobaryon
псевдовектор *м. (аксиальный вектор)* pseudovector, axial vector
псевдоволна *ж.* pseudowave
псевдогруппа *ж.* pseudogroup
псевдодеполяризатор *м.* pseudodepolarizer
псевдодеполяризация *ж.* pseudodepolarization
псевдодиполь *м.* pseudodipole
псевдодиэлектрик *м.* pseudodielectric
псевдоинвариант *м.* pseudoinvariant
псевдокристалл *м.* pseudocrystal
псевдолегирование *с. (полупроводников)* pseudodoping
псевдоморфизм *м. фтт* pseudomorphism
псевдоожижение *с.* fluidization
псевдооператор *м.* pseudooperator
псевдопересечение *с.* pseudocrossing
~ **термов** pseudocrossing of energy terms
псевдопластичность *ж.* pseudoductility, pseudoplasticity
псевдопотенциал *м.* pseudopotential
ионный ~ ionic pseudopotential
нелокальный ~ nonlocal pseudopotential
релятивистский ~ relativistic pseudopotential
самосогласованный ~ self-consistent pseudopotential
~ **Ферми** Fermi pseudopotential
псевдопространство *с.* pseudospace
псевдоравновесие *с.* pseudoequilibrium
псевдораствор *м.* pseudosolution
псевдосимметрия *ж.* pseudosymmetry
псевдоскаляр *м.* pseudoscalar
эффективный ~ effective pseudoscalar
псевдосоединение *с.* pseudocompound
псевдосостояние *с.* pseudostate
псевдоспектр *м.* pseudospectrum
псевдоспин *м.* pseudospin
псевдоспинодаль *ж. термодин.* pseudospinodal
псевдосплав *м.* pseudoalloy
псевдоструктура *ж.* pseudostructure
псевдосфера *ж.* pseudosphere
псевдотензор *м.* pseudotensor

~ **гирации** gyration pseudotensor
~ **энергии-импульса** energy-momentum pseudotensor
псевдофермион *м.* pseudofermion
псевдочастица *ж.* pseudoparticle
псевдощель *ж. фпп* pseudogap
псевдоэффект *м.* pseudoeffect
кооперативный ~ **Яна - Теллера** co-operative Yahn-Teller pseudoeffect
~ **Яна - Теллера** Yahn-Teller pseudoeffect
пси-резонансы *мн.* psi resonances
пси-частицы *мн.* psi particles
психрометр *м.* psychrometer
аспирационный ~ aspiration psychrometer
психрометрия *ж.* psychrometry
пуаз *м.* poise, P
пуансон *м.* die, male [positive, upper] die
алмазный ~ diamond die
пузырёк *м.* bubble
воздушный ~ air bubble
газовый ~ gas bubble
зародышевый ~ seed bubble; *(при кавитации)* nucleus bubble
кавитационный ~ cavitation bubble
~ **пара** vapor bubble
пульсирующий ~ pulsating bubble
резонансный ~ *ак.* resonanse bubble
пузырь *м.* bubble; blister
газовый ~ gas cavity
корональный ~ coronal bubble
хромосферный ~ chromospheric bubble
пука *ж. (дырка - область на Солнце с пониженным значением магнитного потока)* puka
магнитная ~ magnetic puka
пульсар *м.* pulsar
двойной ~ binary pulsar
молодой ~ young pulsar
рентгеновский ~ X-pulsar
старый ~ old pulsar
пульсатор *м.* pulsator
пульсаци/и *мн.* pulsations; *(мелкие)* ripple
авроральные нерегулярные ~ auroral irregular pulsations
адиабатические ~ *(звёзд)* adiabatic pulsations
~ **амплитуды** amplitude ripple
геомагнитные ~ geomagnetic pulsations
двухпериодические ~ *(звёзд)* two-periodical pulsations
~ **звёзд** stellar pulsations, pulsation of stars
~ **излучения** radiation pulsations
квазиустойчивая ~**я** quasi-stable pulsation
мультипериодические ~ *(звёзд)* multiperiodical pulsations
нелинейные ~ *(звёзд)* nonlinear pulsations
нерадиальные ~ *(звёзд)* nonradial pulsations
радиальные ~ *(звёзд)* radial pulsations
~**я скачка уплотнения** shock oscillation
сферически-симметричные ~ spherically symmetric pulsations
турбулентные ~ *(в плазме)* turbulent pulsations

установившиеся ~ *(звёд)* stable pulsations
~ **фотосферы** *(Солнца)* photospheric pulsations
пульсон *м. (квазиустойчивая пульсация)* pulson
неустойчивый ~ unstable pulson
пульт *м.* desk
~ **управления** control desk
центральный ~ **управления** central control desk
пунктир *м. (штриховой)* dashed line; *(точечный)* dotted line □ **результаты измерений показаны** ~**ом** the measured data are indicated by a dotted line
пуск *м.* start(-up); *(ракеты)* launching
~ **реактора** reactor start-up
пускать *гл.* run, start
~ **в эксплуатацию** put into operation [service]
пустой *прил.* empty
пустота *ж.* vacuum; void
корональная ~ coronal void
торричеллиева ~ Torricellian vacuum
пустыня *ж.* desert
путаниц/а *ж.* confusion □ **этот результат вызвал немало** ~**ы** this result has caused a great deal of confusion
путешествие *с.* travel
межпланетное ~ interplanetary travel
путь *м.* way, path, route
видимый ~ apparent path
~ **диффузии** diffusion path
замкнутый ~ closed path
~ **интегрирования** path of integration
~ **качения** distance rolled through
кратчайший ~ shortest path
Млечный Путь Milky Way
обходной ~ by-pass route
оптический ~ optical path
~ **перемешивания** *астр.* mixing length
~ **проскальзывания** distance of sliding
~ **протекающей жидкости** fluid path
~ **разряда** discharge path
~ **скольжения** distance of sliding
~ **смешивания** *(по Прандтлю)* mixing length
суперсимметричный ~ supersymmetric path
~ **торможения** braking length; braking path; braking distance
тормозной ~ braking length; braking path; braking distance
~ **трения** distance of friction; friction path; friction length
~ **утечки** leakage path
~ **циклона** cyclone track
эволюционный ~ evolutionary track, evolutionary trend
пучность *ж.* antinode, loop
~ **напряжения** voltage antinode
~ **стоячей волны** antinode of standing wave
~ **тока** current antinode
пуч/ок *м. (излучения, частиц)* beam; *(проводов, лучей)* bundle □ **выводить** ~ extract the beam; **прерывать** ~ chop [interrupt] the beam; **расщеплять** ~ *(световой)* split the light beam; **фокусировать** ~ focus the beam

аксиально-симметричный ~ axially symmetric beam

аксиальный ~ axial beam

~ альфа-частиц alpha beam

~ антинейтрино antineutrino beam

~ антинуклонов antinucleon beam

~ антипротонов antiproton beam

~ античастиц antiparticle beam

астигматический ~ astigmatic beam

атомарный ~ atomic beam

атомный ~ atomic beam

беннетовский ~ Bennett beam

~ бета-частиц beta beam

~ бомбардирующих частиц bombarding-particle beam

~ быстрых нейтронов high-velocity neutron beam

~ векторов bundle of vectors

взаимодействующие ~ки interacting beams

~ вихревых линий bundle of vortex filaments

внеосевой ~ off-axis beam

внешний ~ external beam

внутренний ~ internal beam

возбуждающий ~ excitation [exciting] beam

возмущённый ~ disturbed beam

волновой ~ wave beam

воспроизводящий электронный ~ (в ЭЛТ) imaging [viewing] beam

восстановленный ~ reconstructed beam

вращающийся ~ rotating beam

вращающийся электронный ~ rotating electron beam

вспомогательный ~ auxiliary beam

встречные ~ки colliding [counter-propagating, intersecting] beams

вторичный ~ secondary beam

~ вторичных частиц secondary particle beam

выведенный ~ extracted [ejected] beam

~ высокой энергии high-energy beam

выходящий ~ emergent [outgoing] beam

~ гамма-излучения gamma-ray beam

гауссов ~ Gaussian beam

~ гауссова поперечного сечения beam of Gaussian cross-section

гетерогенный ~ heterogeneous beam

гиперонный ~ hyperon beam

~ гиперонов hyperon beam

гомоцентрический ~ homocentric beam

двукратно отражённый ~ twice-reflected beam

~ дейтронов deuteron beam

диагностический ~ атомов diagnostic atomic beam

~ дислокаций dislocation bundle

дифрагированный ~ diffracted beam

дифрагированный ~ 1-го порядка 1st order diffracted beam

дифрагированный ~ n-ного порядка n-th order diffracted beam

дифракционно-ограниченный ~ diffraction-limited beam

дифракционный ~ diffraction beam

диффузный ~ diffuse beam

замедленный ~ decelerated beam

замкнутый электронный ~ (в электронике СВЧ) reentrant beam

записывающий электронный ~ (в ЭЛТ) writing beam

~ заряженных частиц charged(-particle) beam

захваченный ~ trapped beam

~ захваченных по фазе частиц bunch of phase-focused particles

звуковой ~ acoustic [sound] beam

зондирующий ~ interrogation [probing] beam

зондирующий лазерный ~ probe [probing] laser beam

игольчатый ~ needle beam

идентичные ~ки identical beams

~ излучений из реактора reactor [pile] beam

импульсный ~ pulsed beam

инжектированный ~ injected beam

инжектируемый ~ injected beam

интенсивный ~ intense [high-intensity] beam

интерферирующие ~ки interfering beams

ионный ~ ion beam

~ ионов ion beam

канализированный ~ channeled beam

канализированный ~ частиц channeled particle beam

квазикогерентный ~ quasi-coherent beam

квазинейтральный ~ quasi-neutral beam

квазиплоский ~ quasi-plane beam

~ К-мезонов kaon beam

когерентный ~ coherent beam

коллимированный ~ collimated beam

коллинеарные ~ки collinear beams

кольцевой ~ annular [ring, circular] beam

компенсированный ионный ~ compensated ion beam

конический ~ cone-shaped [conical] beam

конусообразный ~ cone-shaped [conical] beam

концентрационный фазовый ~ concentration phase beam

лазерный ~ laser beam

ленточный ~ ribbon [sheet, strip] beam

ленточный электронный ~ ribbon-shaped electron beam

~ лептонов lepton beam

линейно поляризованный ~ linearly polarized beam

~ лучей bundle of rays, ray bundle

~ медленных электронов slow electron beam

мезонный ~ meson beam

~ мезонов meson beam

~ метастабильных атомов кв. эл. meta-stable-atom beam

многомодовый лазерный ~ multimode laser beam

модулированный ~ modulated [chopped] beam

~, модулированный по интенсивности intensity-modulated beam

~, **модулированный по плотности** density-modulated beam

модулированный световой ~ modulated light beam

молекулярный ~ molecular beam

моноскоростной ~ monovelocity [single-velocity] beam

монохроматический ~ monochromatic beam

моноэнергетический ~ monoenergetic [single-velocity, monochromatic] beam

мощный ~ powerful beam

мю-мезонный ~ muon beam

мюонный ~ muon beam

~ **накачки** *кв. эл.* pumping beam

наклонный ~ inclined [oblique] beam

направленный ~ directed [directional] beam

невозмущённый ~ unperturbed beam

нейтральный молекулярный ~ neutral molecular beam

~ **нейтральных частиц** neutral beam

нейтринный ~ neutrino beam

~ **нейтрино** neutrino beam

нейтронный ~ neutron beam

~ **нейтронов** neutron beam

некогерентный ~ incoherent beam

неотклонённый ~ undeflected beam

неполяризованный ~ unpolarized beam

непрерывный ~ continuous beam

нескомпенсированный ~ uncompensated beam

несогласованный ~ unmatched beam

~ **низкой энергии** low-energy beam

~ **нуклонов** nucleon beam

объектный ~ object beam

ограниченный ~ restricted beam

ограниченный звуковой ~ restricted acoustical beam

однократно отражённый ~ once-reflected beam

одномодовый лазерный ~ single-mode laser beam

однородный ~ homogeneous [uniform] beam

опорный ~ reference beam

оптимальный ~ optimum beam

оптический ~ optical beam, beam of light

осесимметричный ~ axially symmetric beam

остронаправленный ~ pensil beam

остросфокусированный ~ pensil [strongly focused] beam

осциллирующий ~ oscillating beam

отклонённый ~ deflected beam

открытый ~ open beam

отпирающий ~ *(в оптическом затворе)* gating beam

отражённый ~ reflected [return] beam

~ **отрицательных частиц** negative beam

отфильтрованный ~ filtered beam

охлаждённый ~ cooled beam

падающий ~ incident beam

паразитный ~ parasitic beam

параксиальный ~ paraxial beam

параллельный ~ parallel beam

первичный ~ primary beam

~ **первичных частиц** primary particle beam

перекомпенсированный ~ overcompensated beam

пересекающиеся ~**ки** crossed beams

~ **пи-мезонов** pion beam

плазменный ~ plasma beam

плоский ~ plane [flat] beam

плоскополяризованный ~ plane-polarized beam

плотный ~ dense beam

поддерживающий электронный ~ *(в ЭЛТ)* supporting beam

~ **позитронов** positron beam

полезный ~ useful beam

полихроматический ~ polychromatic beam

полностью поляризованный ~ full polarized beam

~ **положительных ионов** positive ion beam

~ **положительных частиц** positive beam

поляризованный ~ polarized beam

поперечно-поляризованный ~ transversely polarized beam

попутные ~**ки** concurrent beams

преломлённый ~ refracted beam

прерывистый ~ interrupted [chopped] beam

принимаемый ~ received beam

пробный ~ test beam

~ **проводов** wire bundle

протон-антипротонные встречные ~**ки** proton-antiproton colliding beams

протонный ~ proton beam

~ **протонов** proton beam

прошедший ~ transmitted beam; *(через затвор)* gated beam

прямолинейный ~ straight beam

пульсирующий ~ intermittent beam

равновесный ~ equilibrium beam

рассеянный ~ scattered beam

расфокусированный ~ defocused beam

расходящийся ~ divergent [diverging] beam

расширяющийся ~ expanding beam

расщеплённый ~ split beam

~ **реактора** reactor [pile] beam

релятивистский ~ relativistic beam

релятивистский электронный ~ (РЭП) relativistic electron beam, REB

~ **релятивистских электронов** relativistic electron beam

рентгеновский ~ X-ray beam

~ **рентгеновских лучей** X-ray beam

самостабилизированный ~ **Беннета - Будкера** self-stabilized Bennet-Budker beam

сверхзвуковой молекулярный ~ supersonic molecular beam

сверхмощный ~ superpowerful beam

~ **света** light [optical] beam, beam of light

световой ~ light [optical] beam, beam of light

сгруппированный ~ bunched beam

сгруппированный электронный ~ bunched electron beam

сепарированный ~ separated beam

~ **силовых линий** bundle of lines of force
сильноточный ~ high-current beam
сильноточный электронный ~ high-current electron beam
симметричный ~ symmetrical beam
синхронный ~ synchronous beam
сканирующий ~ scanning beam
скомпенсированный ~ compensated beam
слаборасходящийся ~ weakly diverging beam
слаборелятивистский электронный ~ weakly relativistic electron beam
слабосходящийся ~ weakly converging beam
смещённый ~ displaced [offset] beam
согласованный ~ matched beam
~ **с переменной формой сечения** variable-shaped beam
спиральный ~ spiral beam
~ **с резкими границами** well-defined beam
стабилизированный ~ stabilized beam
стационарный ~ stationary beam
~ **стержневых твелов** rod bundle
стирающий электронный ~ *(в ЭЛТ)* scan-off [play-off, erasing] beam
строго монохроматический ~ strictly monochromatic beam
сфокусированный ~ focused beam
сформированный ~ shaped beam
сходящийся ~ convergent [converging] beam
считывающий ~ reading [readout, flood] beam
~ **твелов** fuel element cluster
~ **тепловых нейтронов** thermal-neutron beam
тонкий ~ pensil [thin] beam
~ **траекторий на пути к аттрактору** set of paths on the way to the attractor
трубчатый ~ hollow [tubular] beam
узкий ~ narrow [pensil, sharp] beam
ультрарелятивистский ~ ultrarelativistic beam
~ **ускоренных частиц** accelerated beam
~ **ускорителя** accelerator beam
флуктуирующий ~ fluctuating beam
~ **фотонов** photon beam
холодный ~ cold beam
хорошо коллимированный ~ highly collimated [well-collimated] beam
хорошо сфокусированный ~ well-focused beam
центральный ~ central beam
центрированный ~ centered beam
~ **циклотрона** cyclotron beam
цилиндрический ~ cylindric beam
циркулирующий ~ circulating beam
~ **частиц** beam of particles, particle beam
~ **частиц высокой энергии** high-energy particle beam
~ **частиц низкой энергии** low-energy particle beam
частично поляризованный ~ partially polarized beam

чётко ограниченный ~ well-defined beam
чистый ~ pure beam
широкий ~ broad [extended] beam
электронный ~ electron beam
~ **электронов** electron beam
электрон-позитронные встречные ~**ки** electron-positron colliding beams
пушка *ж. (напр. электронная)* gun
автоэмиссионная ~ field (electron) emission gun
высоковольтная электронная ~ high-voltage electron gun
диодная ~ diode gun
импульсная автоэлектронная ~ pulsed field-emission gun
коаксиальная плазменная ~ coaxial plasma gun
кобальтовая ~ cobalt bomb, cobalt irradiation unit
короткофокусная ~ short focus gun
магнетронная ~ magnetron gun
~ **Маршалла** Marshall gun
~ **Пирса** Pierce gun
плазменная ~ plasma gun
~ **с автоэлектронной эмиссией** field (electron) emission gun
телескопическая ~ telefocus gun
термоэлектронная ~ thermionic electron gun
триодная ~ triode gun
цезиевая ~ cesium bomb, cesium irradiation unit
электронная ~ electron gun
пыленепроницаемый *прил.* dust-proof, dust-tight
пылесборник *м.* dust collector
пылеуловитель *м.* dust collector, dust catcher
пыль *ж.* dust
космическая ~ cosmic dust
межзвёздная ~ interstellar [cosmic] dust
метеоритная ~ meteoritic dust
метеорная ~ meteoric dust
радиоактивная ~ radioactive dust
пьедестал *м. (импульса)* pedestal; *(спектральной линии)* background
пьеза *ж. (единица давления)* pieza, pz
пьезокварц *м.* piezoelectric quartz
пьезокерамика *ж.* piezoelectric ceramics
неполяризованная ~ nonpolarized ceramics
пьезокомпозит *м.* piezoelectric composite
пьезоконстанта *ж.* piezoelectric modulus, piezoelectric coefficient, piezoelectric constant
пьезокристалл *м.* piezocrystal, piezoelectric crystal
пьезомагнетизм *м.* piezomagnetism
~ **антиферромагнетиков** piezomagnetism of antiferromagnetics
продольный ~ longitudinal piezomagnetism
пьезомагнетик *м.* piezomagnetic (material)
пьезометр *м.* piezometer
линейный ~ *(дилатометр)* linear piezometer, dilatometer
пьезометрия *ж.* piezometry

работа

пьезомикрофон *м.* piezoelectric microphone

пьезомодуль *м.* piezoelectric modulus, piezoelectric coefficient, piezoelectric constant

объёмный ~ bulk piezoelectric modulus, bulk piezoelectric coefficient, bulk piezoelectric constant

поверхностный ~ surface piezoelectric modulus, surface piezoelectric coefficient, surface piezoelectric constant

пьезоотклик *м.* piezoresponse

пьезоотражение *с. (света)* piezoreflection

пьезопластинка *ж.* piezoelecric crystal plate

пьезопоглощение *с. (света)* piezoabsorption

пьезополимер *м.* piezopolymer

пьезополупроводник *м.* piezoelectric semiconductor, piezosemiconductor

высокоомный ~ high-resistance piezoelectric semiconductor

пьезопотенциал *м.* piezoelectric potential

пьезопреобразователь *м. (пьезополупроводниковый)* piezoelectric semiconductor transducer; *(пьезоэлектрический)* piezoelectric tranducer

пьезорезонатор *м.* piezoelectric resonator

пьезосопротивление *с.* piezoresistance

пьезоспектроскопия *ж.* piezospectroscopy

пьезотрансформатор *м.* piezoelectric transformer

пьезоэлектрик *м.* piezoelectric

пьезоэлектричество *с.* piezoelectricity

пьезоэлемент *м.* piezoelectric element

пьезоэффект *м.* piezoelectric effect

обратный ~ inverse piezoelectric effect

поверхностный ~ surface piezoelectric effect

поперечный ~ transverse piezoelectric effect

продольный ~ longitudinal piezoelectric effect

прямой ~ direct piezoelectric effect

пята *ж. (опора)* thrust [end] journal, pivot

гидравлическая ~ balancing ring, balancing face

плоская ~ flat thrust journal

шаровая ~ ball [spherical] pivot

пятигранник *м.* pentahedron

пятиугольник *м.* pentagon

пятнистость *ж. (фотосфер звёзд)* spottyness

пятно *с.* spot; *(на телах Солнечной системы)* macula

аберрационное ~ aberration spot

анодное ~ anode spot

белое ~ *астр.* white spot

Большое Красное ~ *(Юпитера)* Big Red Spot

ведущее солнечное ~ leader [western, leading, preceding] sunspot

~ Венера *(при распылении)* Vener spot

главное ~ major spot

горячее ~ *(образующееся на поверхностях трения)* hot spot; hot point

дифракционное ~ diffraction spot

единичное ~ *(напр. солнечное)* single spot

единичное ~ контакта single contact spot; single [individual] contact point, single contact junction

~ износа wear spot; wear track

ионное ~ ion spot, ion burn

~ касания *(при трении)* contact point; contact spot

катодное ~ cathode spot

~ контакта *(при трении)* contact spot; contact point; contact junction

коррозионное ~ corrosion spot

Красное ~ *(на Юпитере)* (Great) Red Spot

лауэвское ~ *фтт* Laue spot

модовое ~ mode spot

невидимое ~ *(на Солнце)* invisible spot

одиночное ~ single spot

~ полярного сияния patch aurora

последующее ~ following sunspot, follower

~ Пуассона *опт.* Poisson spot

~ размытия *опт.* blurring [diffuse] spot

~ рассеяния spot of confusion

~ ржавчины corrosion [rusty] spot

светлое ~ bright spot

световое ~ light spot

светящееся ~ luminescent [luminous] spot

слепое ~ blind spot

солнечное ~ sunspot

~ трения friction spot

турбулентное ~ turbulent spot

фокальное ~ focal [focus] spot

хвостовое солнечное ~ trailer [following, eastern] sunspot

электронное ~ *(на экране ЭЛТ)* electron-beam spot

пятно-сателлит *с.* satellite sunspot

солнечное ~ satellite sunspot

Р

работ/а *ж. (физическая величина)* work; *(механизма)* operation, service; *(научная статья, доклад)* paper □ совершать ~у work

аварийная ~ emergency operation

автоматическая ~ automatic operation

автономная ~ autonomous work

~ адгезии work of adhesion

безаварийная ~ trouble-free operation

безопасная ~ safe operation, safe work

~ в импульсном режиме *(напр. лазера)* pulsed operation

виртуальная ~ *мех.* virtual operation
~ в критическом режиме critical operation
возможная ~ virtual work
~ в реальном масштабе времени real time operation
~ в режиме разделённого времени timeshare operation
~ выхода work function
~ деформации work of deformation; deformation work
~ дивертора в режиме с большой плотностью high-density divertor operation
~ дивертора в режиме с малой плотностью low-density divertor operation
~ диссоциации work of dissociation
земляные ~ы с помощью ядерных взрывов nuclear excavation
импульсная ~ ускорителя pulsed operation of an accelerator
исследовательская ~ research
~ когезии work of cohesion
~ лабораторного масштаба small-scale work
максимальная ~ maximum work
механическая ~ mechanical work
~ на возможном перемещении virtual work
~ на небольшой мощности low-power operation
научно-исследовательская ~ (scientific) research
научно-исследовательская и опытно-конструкторская ~ (НИОКР) research and development, R&D
непрерывная ~ continuous work
~ неупругой деформации plastic work of deformation
отрицательная ~ negative work
~ пластической деформации plastic work of deformation
полезная ~ useful [effective] work
полная ~ total work
полная ~ деформации total work of deformation
проектная ~ design work
ранняя ~ *(публикация)* early work
ремонтная ~ repair work
~ с высокоактивными веществами high-level work
~ сил трения work of friction; friction(al) work
~ силы *(на конечном перемещении)* work of force
синхронная ~ synchronous operation
совместная ~ collaboration, cooperation
~ со слабоактивными веществами low-level work
~ со среднеактивными веществами medium-level work
теоретическая ~ theoretical work
термоэлектронная ~ выхода thermionic work function
~ торможения brake [braking] work
~ трения work of friction; friction(al) work
удельная ~ specific work
удельная ~ деформации при разрушении unit rupture work

удельная ~ разрыва unit work of fracture
~ упругой деформации elastic work of deformation
~ ускорителя в импульсном режиме при малой скважности accelerator pulsed operation with low duty cycle
фотоэлектрическая ~ выхода photoelectric work function
экспериментальные ~ы experimental work
элементарная ~ *(силы)* elementary work
работоспособность *ж.* working [operating] capacity; *(в термодинамике)* exergy
равенство *с.* equality □ это ~ следует из... this equality follows from...
асимптотическое ~ asymptotic equality
зарядовое ~ charge equality
зеркальное ~ *(при антисимметрии)* mirror equality
~ Клаузиуса Clausius equality
~ Парсеваля Parseval equality
приближённое ~ approximate equality
совместимое ~ *крист.* compatible equality
~ Фаддеева - Попова *ктп* Faddeev-Popov equality
равнина *ж. (на телах Солнечной системы)* planitia
великая ~ *(на телах Солнечной системы)* vastitac
равновероятный *прил.* equally probable
равновеси/е *с.* balance, equilibrium □ восстанавливать ~ restore the balance; выводить из ~я disbalance; disturb the equilibrium; нарушать ~ disturb the equilibrium; приводить в ~ bring to equilibrium; приходить в ~ come to equilibrium; устанавливать ~ establish the equilibrium
абсолютное ~ *(механической системы)* absolute equilibrium
адиабатическое ~ adiabatic equilibrium
адсорбционное ~ adsorption equilibrium
безразличное ~ neutral [indifferent] equilibrium
безразлично-устойчивое ~ indifferent stable equilibrium
~ Беннета Bennett equilibrium
вековое ~ secular equilibrium
~ вращающегося тела balance of rotating body, equilibrium of rotating body, rotational equilibrium
~ вращающегося цилиндра equilibrium of rotating cylinder
~ вращающих моментов torque balance
~ в системе с винтовой симетрией equilibrium in a helical symmetry system
гетерогенное ~ heterogeneous equilibrium
гетерогенное химическое ~ heterogeneous chemical equilibrium
гидростатическое ~ hydrostatic equilibrium
гомогенное химическое ~ homogeneous chemical equilibrium
гравитационное ~ gravitational equilibrium
~ гравитирующих систем equilibrium of gravitating systems
двухвариантное ~ bivariant equilibrium

детальное ~ *(в термодинамике)* detailed equilibrium

динамическое ~ dynamic [kinetic] equilibrium

диссоциативное ~ dissociative equilibrium

диффузное ~ diffusive [diffusion] equilibrium

~ Доннана *(для мембраны)* Donnan equilibrium

дрейфовое ~ drift balance

~ жёсткого тела equilibrium of a rigid body

~ жидкости equilibrium of a liquid

зарядовое ~ charge equilibrium

застывшее ~ frozen equilibrium

изоконцентрационное ~ isoconcentration equilibrium

изостатическое ~ isostatic equilibrium

изотермическое ~ isothermal equilibrium

изотопное ~ isotopic equilibrium

ионизационное ~ ionization equilibrium

ионизационное ~ Саха Saha ionization equilibrium

ионизационное ~ Элверта Elwert ionization equilibrium

ионизационно-рекомбинационное ~ ionization-recombination equilibrium

~ кольца электронов electron ring equilibrium

~ кольцевого электронного пучка annular electron beam equilibrium

конвективное ~ convective equilibrium

корональное ~ corona equilibrium

локальное ионизационное ~ *физ. пл.* local ionization equilibrium

локальное корональное ~ *физ. пл.* local corona equilibrium

локальное статистическое ~ local statistical equilibrium

локальное термодинамическое ~ (ЛТР) local thermodynamic equilibrium, LTE

лучистое ~ radiative equilibrium

магнитогидродинамическое ~ hydromagnetic equilibrium

~ между паром и жидкостью vapor-liquid equilibrium

~ между твёрдой и жидкой фазами solid-liquid equilibrium

мембранное ~ membrane [Donnan] equilibrium

метастабильное ~ metastable equilibrium

механическое ~ mechanical equilibrium

механическое ~ жидкости mechanical equilibrium of a fluid

~ механической системы mechanical equilibrium, equilibrium of system

многофазное ~ multiphase equilibrium

~ мод *(в световоде)* mode equilibrium

~ моментов moment balance, balance of couples

нарушенное ~ disturbed balance

нейтральное ~ neutral [indifferent] equilibrium

~ нейтронной сферы neutron sphere equilibrium

~ ненейтрального пучка nonneutral beam equilibrium

неполное ~ imcomplete equilibrium

неполное статистическое ~ incomplete statistical equilibrium

неустойчивое ~ labile [unstable, instable] equilibrium

неустойчивое ~ плазмы unstable plasma equilibrium

нонвариантное ~ nonvariant equilibrium

одновариантное ~ single-variant equilibrium

окислительно-восстановительное ~ redox [oxidation-reduction] equilibrium

относительное ~ relative equilibrium

относительное ~ жидкости relative equilibrium of a liquid

переходное ~ transient equilibrium

~ плавающих тел equilibrium of floating bodies

~ плазмы plasma equilibrium

~ плазмы с большим бета high-beta equilibrium

~ плазмы с малым бета low-beta equilibrium

~ пластинки *мех.* equilibrium of a plate

~ плоского гравитирующего слоя equilibrium of flat gravitating layer

~ погруженных тел equilibrium of immersed bodies

подвижное ~ dynamic equilibrium

полное термодинамическое ~ complete thermodynamic equilibrium

полоидальное ~ *физ. пл.* poloidal equilibrium

предельное ~ limit equilibrium

радиационное ~ radiation [radiative] equilibrium

радиационно-химическое ~ radiation-chemical equilibrium

радиоактивное ~ radioactive equilibrium

~ свободного твёрдого тела equilibrium of a free solid

седиментационное ~ sedimentation equilibrium

~ сил equilibrium of forces, balance of forces

~ с размытой границей diffuse-boundary equilibrium

статистическое ~ statistical equilibrium

статическое ~ static equilibrium, static balance

~ стержня *мех.* equilibrium of a rod; rod equilibrium

столкновительное ~ collisional equilibrium

~ с фиксированной границей sharp-boundary equilibrium

температурное ~ temperature equilibrium, temperature balance

тепловое ~ heat [thermal] equilibrium

термическое ~ heat [thermal] equilibrium

термодинамическое ~ thermodynamic equilibrium

термохимическое ~ thermochemical equilibrium

тороидальное ~ *физ. пл.* toroidal equilibrium
трёхфазное ~ three-phase equilibrium
~ трещины *мех.* crack equilibrium
упругое ~ elastic equilibrium
устойчивое ~ stable equilibrium
устойчивое ~ плазмы stable plasma equilibrium
~ фаз phase equilibrium
фазовое ~ phase equilibrium
фотохимическое ~ (в ионосфере) photochemical balance
~ Харриса *физ. пл.* Harris equilibrium
химическое ~ chemical equilibrium
частичное ~ partial equilibrium
частичное локальное термодинамическое ~ partial local thermodynamic equilibrium
~ электронного пучка как целого solid electron beam equilibrium
электронное ~ electronic equilibrium
энергетическое ~ energy balance
ядерное ~ nuclear equilibrium
ядерное статистическое ~ nuclear statistical equilibrium, NSE
равнодействующая *ж. (сила)* resultant
~ системы сил resultant of system of forces
равноденствие *с.* equinox
весеннее ~ vernal [spring, March] equinox
осеннее ~ autumnal equinox
равномерно *нареч. (по времени)* uniformly
равномерность *ж. (движения)* uniformity, steadiness
равномерный *прил.* uniform, steady
равнораспределение *с.* equipartition
равноугольный *прил.* isogonal
равноускоренный *прил.* linearly accelerated
равный *прил.* equal
приближённо ~ approximately equal
тождественно ~ identical, identically equal
точно ~ exactly equal
численно ~ numerically equal
рад *м. (внесистемная единица поглощённой дозы излучения)* rad
радар *м. (подробнее см.* РЛС*)* radar
лазерный ~ laser radar
радиальный *прил.* radial
радиан *м.* radian, rad
радиант *м. (для метеоров)* radiant, convergent point
~ космического ливня shower radiant
~ метеорного потока shower radiant, radiant of a meteor shower
метеорный ~ meteor radiant
побочный ~ subcentre, secondary radiant
радиационный *прил.* radiative
радиация *ж.* radiation
авроральная ~ auroral radiation
солнечная ~ solar radiation
радий *м.* radium, Ra
бромистый ~ radium bromide
сернокислый ~ radium sulphate
углекислый ~ radium carbonate
хлористый ~ radium chloride

радийсодержащий *прил.* radium-bearing
радикал *м. мат., хим.* radical
винильный ~ vinyl radical
гидроксильный ~ hydroxil radical
свободный ~ *хим.* free radical
радиоаврора *ж.* radio aurora
радиоавтограмма *ж.* radioautogram
радиоавтограф *м.* radioautograph, autoradiograph
радиоавтография *ж.* radioautography, autoradiography
контактная ~ contact radioautography
радиоактивация *ж.* radioactivation, radioactive activation
радиоактивность *ж.* radioactivity
~ атмосферы atmospheric radioactivity
бета-задержанная двухпротонная ~ beta-delayed double-proton radioactivity
~ вод water radioactivity
~ воздуха air radioactivity
~ горных пород radioactivity of rocks
двухпротонная ~ double-proton radioactivity
естественная ~ natural radioactivity
искусственная ~ artificial [induced] radioactivity
~ окружающей среды environmental activity
~ осадков fall-out radioactivity
остаточная ~ residual radioactivity
протонная ~ proton radioactivity
сильная ~ high-level radioactivity
слабая ~ low-level radioactivity
удельная ~ specific radioactivity
радиоактивный *прил.* radioactive
радиоакустика *ж.* radioacoustics
радиоаппликатор *м. (источник излучений)* radioapplicator
радиоастроном *м.* radio astronomer
радиоастрономия *ж.* radio astronomy
галактическая ~ galactic radio astronomy
метагалактическая ~ metagalactic radio astronomy
планетная ~ planetary radio astronomy
солнечная ~ solar radio astronomy
радиоатмосфера *ж.* radio atmosphere
стандартная ~ standard radio atmosphere
радиобиология *ж.* radiobiology, radiation biology
~ клетки cellular radiobiology
космическая ~ space radiobiology
нейтронная ~ neutron radiobiology
радиобуря *ж.* radio storm
радиовидение *с.* radio(-wave) imaging
радиовизор *м.* radio imager
радиоволн/ы *мн. (см. тж.* волны*)* radio waves
декаметровые ~ decametric radio waves
дециметровые ~ decimetric radio waves
длинные ~ long [kilometric] radio waves
километровые ~ kilometric radio waves
короткие ~ short [decametric] radio waves
метровые ~ metric radio waves

миллиметровые ~ millimetric radio waves
необыкновенная ~**а** extraordinary radio wave
обыкновенная ~**а** ordinary radio wave
сантиметровые ~ centimetric radio waves
средние ~ medium-frequency [hectometric] radio waves
субмиллиметровые ~ submillimetric radio waves
ультракороткие ~ ultrashort [metric] radio waves
радиовселенная *ж.* radio universe
радиовсплеск *м.* *(подробнее о разных типах радиовсплесков см.* **всплеск)** radio burst
радиовысотомер *м.* radio altimeter
доплеровский ~ Doppler radio altimeter
импульсный ~ pulsed (radio) [radar] altimeter
СВЧ ~ microwave altimeter
радиогалактика *ж.* radio galaxy
слабая ~ faint radio galaxy
эллиптическая ~ elliptic radio galaxy
радиогало *с.* *астр.* radio galactic halo
радиогелиограф *м.* radioheliograph
кольцевой ~ annular radioheliograph
многоволновой ~ multiwave radioheliograph
радиогенный *прил.* radiogenic
радиоголограмма *ж.* radio hologram
радиоголография *ж.* radio holography
радиография *ж.* radiography
бетатронная ~ betatron radiography
биомедицинская ~ biomedical radiography
высокоскоростная ~ high-speed [flash] radiography
нейтронная ~ neutron radiography
плёночная ~ film radiography
протонная ~ proton radiography
радиодальномер *м.* radio rangefinder
радиодиапазон *м.* radio frequency band
радиозвезда *ж.* radio star
радиозонд *м.* radiosonde
радиозондирование *с.* sounding by radio waves, radio sounding
вертикальное ~ vertical radio sounding
радиоизлучение *с.* radio(-frequency) radiation, radio emission
авроральное километровое ~ *сзф* auroral kilometric radiation
~ **астрономических объектов** radio emission from astronomical objects
внегалактическое ~ extragalactic radio emission
внеземное ~ extraterrestrial radio radiation, extraterrestrial radio emission
~ **галактик** galactic radio emission, radio radiation from galaxies
галактическое ~ galactic radio emission, radio radiation from galaxies
диффузное ~ diffuse radio emission
~ **звёзд** stellar radio emission
~ **Земли** radio emission from the Earth
изотропное ~ isotropic radio radiation

~ **квазаров** quasar radio emission
космическое ~ cosmic radio emission, cosmic radio radiation
космическое фоновое ~ cosmic microwave background
миллиметровое ~ millimetric radio waves
нетепловое ~ nonthermal radio radiation
поляризованное ~ polarized radio emission
~ **радиогалактик** radiogalaxies radiation, radiation from radiogalaxies
сантиметровое ~ centimetric radio waves
синхротронное ~ synchrotron radio radiation
собственное тепловое ~ intrinsic thermal radio radiation
солнечное ~ solar radio emission
~ **Солнца** solar radio emission
~ **спокойного Солнца** radio emission from the quiet Sun
спорадическое ~ *сзф* sporadic radio emission
тепловое ~ thermal radio radiation
фоновое космическое ~ cosmic microwave background
радиоизображение *с.* radio image
радиоизотоп *м.* radioisotope, radioactive isotope
альфа-активный ~ alpha-decay radioisotope
бета-активный ~ beta-decay radioisotope
вторичный ~ secondary radioisotope
дочерний ~ daughter radioisotope
искусственный ~ artificial [man-made] radioisotope
короткоживущий ~ short-lived radioisotope
материнский ~ parent radioisotope
первичный ~ primary radioisotope
природный ~ natural radioisotope
~ **с внутренней конверсией** internal conversion radioisotope
~ **с захватом электрона** electron capture radioisotope
радиоизофот *м.* *(кривая распределения радиояркости)* radio isophot curve
радиоимпульс *м.* radio(-frequency) [rf] pulse
радиоинтерферометр *м.* radiointerferometer
двухэлементный ~ two-element [adding] radiointerferometer
дрейфовый ~ drift radiointerferometer
~ **интенсивности** intensity radiointerferometer
корреляционный ~ correlation radiointerferometer
крестообразный ~ cross-type radiointerferometer
многоэлементный ~ multielement [grating] radiointerferometer
морской ~ cliff [sea] radiointerferometer
поляризационный ~ polarization radiointerferometer
~ **с длинной базой** long-baseline radiointerferometer
солнечный ~ solar radiointerferometer
~ **со сверхдлинной базой** verylong-baseline radiointerferometer

~ со сканированием лепестка swept-lobe [lobe-sweeping] radiointerferometer

~ со сканированием частоты swept-frequency radiointerferometer

составной ~ compound radiointerferometer

~ с переключением фазы phase-switched [multiplying] radiointerferometer

~ с переменной базой variable baseline radiointerferometer

суммирующий ~ adding [two-element] radiointerferometer

умножающий ~ multiplying [phase-switched] radiointerferometer

широкополосный ~ wide-band radiointerferometer

радиоинтерферометрия *ж.* radiointerferometry

~ со сверхдлинными базами verylong-baseline radiointerferometry

широкополосная ~ wide-band radiointerferometry

радиоисточник *м. астр.* radio source; radio star

внегалактический ~ extragalactic radio source

внеземной ~ extraterrestrial radio source

галактический ~ galactic radio source

двойной ~ double [binary] radio source

дискретный ~ discrete radio source

квазизвёздный ~ quasi-stellar radio source, quasar

компактный ~ compact radio source

локализованный ~ localized radio source, radio star

мощный ~ intense radio source

оптически ненаблюдаемый ~ invisible radio source

протяжённый ~ extended radio source

сверхсветовой ~ superluminal radio source

сильный двойной ~ *астр.* strong double radio source

слабый ~ faint radio source

радиоколлоид *м.* radiocolloid

радиокомпоненты *мн.* radio components

радиоконденсация *ж. (на Солнце)* radio condensation

радиокорона *ж. (Солнца)* radio corona

радиокосмология *ж.* radio cosmology

радиолампа *ж. амер.* electron tube; *англ.* electron valve

радиолиз *м.* radiolysis

импульсный ~ pulse radiolysis

радиолиния *ж. (в спектре)* radio [rf spectral] line; *(для связи)* radio link

~ водорода hydrogen radio line

рекомбинационная ~ recombination rf spectral line

узкая ~ narrow rf spectral line

радиология *ж.* radiology

медицинская ~ medical radiology

физическая ~ radiological physics

радиолокатор *м. (см. тж.* **РЛС)** radar

радиолокация *ж.* radar *(RAdio Detection And Ranging)*; radiolocation

активная импульсная ~ active pulsed radar

астрономическая ~ astronomical radar

~ Венеры Venus radar

~ Луны Moon radar

~ Марса Mars radar

планетная ~ planetary radar

~ Юпитера Jupiter radar

радиолуч *м.* radio beam

радиолюминесценция *ж.* radioluminescence

радиомаяк *м.* radio beacon

радиометеор *м.* radio meteor

радиометеорограф *м.* radiometeorograph

радиометеорология *ж.* radiometeorology

радиометр *м.* radiometer

акустический ~ acoustic radiometer

гамма-каротажный ~ gamma-logging radiometer

инфракрасный ~ infrared radiometer

калиброванный ~ calibrated radiometer

компенсационный ~ direct [noise-compensated] radiometer

~ Крукса Crookes radiometer

лазерный гетеродинный ~ laser heterodyne radiometer

~ маятникового типа *ак.* pendulum-type radiometer

многоканальный ~ multichannel radiometer

поисковый ~ survey radiometer

~ с квантовым усилителем maser radiometer

~ с частотной модуляцией switched frequency [frequency-switched] radiometer

~ типа крутильных весов vane [Nichols] radiometer

частотный ~ switched frequency [frequency-switched] radiometer

эталонный ~ standard radiometer

радиометрический *прил.* radiometric

радиометрия *ж.* radiometry

гетеродинная ~ heterodyne radiometry

инфракрасная гетеродинная ~ infrared heterodyne radiometry

радионавигация *ж.* radio navigation

ближняя ~ short-range radio navigation

глобальная ~ global radio navigation

дальняя ~ long-range radio navigation

радионуклид *м.* radionuclide; radioactive nuclide

долгоживущий ~ long-lived radionuclide

дочерний ~ daughter [secondary] radionuclide

естественный ~ natural radionuclide

короткоживущий ~ short-lived radionuclide

космогенный ~ cosmogeneous radionuclide

материнский ~ parent [primary] radionuclide

природный ~ natural radionuclide

техногенный ~ induced radionuclide

радиообзор *м. астр.* radio survey

«радиоокно» *с. (атмосферы)* radio window

радиооптика *ж.* radio optics
радиоотражения *мн.* radio reflections
  авроральные ~ auroral reflections
  полярные ~ polar reflections
радиополяриметр *м.* radiopolarimeter
радиопомехи *мн.* radio interference, radio noise
  атмосферные ~ atmospheric radio interference
радиоприёмник *м.* radio receiver
  детекторный ~ crystal receiver
  малошумящий ~ low-noise receiver
  многоканальный ~ multichannel receiver
  неохлаждаемый ~ noncooled radio receiver
  охлаждаемый ~ cooled radio receiver
  ~ **прямого усиления** direct-detection receiver
  ~ **СВЧ** microwave receiver
  супергетеродинный ~ superheterodyne receiver
радиопротектор *м.* *(защитное вещество)* radio protector
радиопротиводействие *с.* radio countermeasures
радиопульсации *мн.* radio pulsations
  солнечные ~ solar radio pulsations
радиопятно *с.* *(на Солнце)* radio(-emission) spot
радиосветимость *ж.* *астр.* radio exitance; radio luminosity
  интегральная ~ integral radio luminosity
радиосвязь *ж.* radio communication
  ионосферная ~ ionospheric radio communication
  космическая ~ space radio communication
  многоканальная ~ multichannel radio communication
радиосигнал *м.* radio signal
  отражённый ~ radio reflection
радиосияние *с.* radioaurora
радиосолнце *с.* radio Sun
радиоспектр *м.* *астр.* radio spectrum
радиоспектрограф *м.* radiospectrograph
  солнечный ~ solar radiospectrograph
радиоспектрометр *м.* radiospectrometer; EPR spectrometer
радиоспектроскопия *ж.* radio-frequency [EPR] spectroscopy
радиотелеметрия *ж.* radio telemetry
радиотелескоп *м.* radio telescope
  крестообразный ~ cross-type radio telescope; Mills cross
  параболический ~ parabolic radio telescope, paraboloid radio telescope
  полноповоротный ~ fully steerable radio telescope, radio telescope with full-sky coverage
  солнечный ~ solar radio telescope
  ~ **со сплошной апертурой** fully-filled radio telescope
радиотемпература *ж.* radio temperature
радиотерапия *ж.* radiation therapy, radiotherapy

радиотермолюминесценция *ж.* radiothermoluminescence
радиотехника *ж.* radio engineering
радиотоксикология *ж.* radiotoxicology
радиотоксины *мн.* radiotoxins
радиотоксичность *ж.* radiotoxicity
радиотрасса *ж.* radio path
радиоуглерод *м.* radiocarbon
радиофакел *м.* radio plage
радиофизика *ж.* radiophysics
  квантовая ~ quantum radiophysics
  статистическая ~ statistical radiophysics
радиофитопатология *ж.* radiophytopathology
радиофлоккул *м.* radio plage
радиофотолюминесценция *ж.* radiophotoluminescence
радиохимия *ж.* radiochemistry
  ~ **продуктов деления** fission radiochemistry
радиохирургия *ж.* radiosurgery
радиохроматография *ж.* radiochromatography
радиочастоты *мн.* radio frequencies
  высокие ~ *(3-30 МГц)* high frequencies
  гипервысокие ~ *(300-3000 ГГц)* hyperhigh frequencies
  инфранизкие ~ *(0,3-3 кГц)* infralow frequencies
  крайне высокие ~ *(30-300 ГГц)* extremely high frequencies
  крайне низкие ~ *(3-30 Гц)* extremely low frequencies
  низкие ~ *(30-300 кГц)* low frequencies
  очень высокие ~ *(30-300 МГц)* very high frequencies
  очень низкие ~ *(3-30 кГц)* very low frequencies
  сверхвысокие ~ *(3-30 ГГц)* superhigh frequencies
  сверхнизкие ~ *(30-300 Гц)* superlow frequencies
  средние ~ *(300-3000 кГц)* medium frequencies
  ультравысокие ~ *(300-3000 Мгц)* ultrahigh frequencies
радиочувствительность *ж.* *(клеток)* radiosensitivity
радиошумы *мн.* radio noise
радиоэкология *ж.* radioecology
радиоэлектрет *м.* radioelectret
радиоэлектроника *ж.* radio electronics
радиоэхо *с.* radio echo
  ближнее ~ short-range radio echo
  кругосветное ~ round-the-world radio echo
  обратное ~ back radio echo
  ~ **от Луны** Moon echo
  ~ **от метеора** meteoric echo
  ~ **от планеты** planet echo
радиояркость *ж.* *(напр. Солнца)* radio brightness
радиус *м.* radius ☐ **с большим ~ом действия** long-range

альвеновский ~ *(при аккреции)* Alfvén radius

~ **атома** atomic radius

атомный ~ atomic radius

атомный ван-дер-ваальсов ~ Van der Waals atomic radius

атомный ионный ~ atomic ion radius

атомный ковалентный ~ covalent atomic radius

атомный металлический ~ metal atomic radius

~ **блужданий пучка** radius of the beam wander

большой ~ *(кольца)* major radius

~ **Бора** Bohr radius

боровский ~ Bohr radius

~ **Вайскопфа** *(в газе)* Weisskopf radius

ван-дер-ваальсов ~ Van der Waals radius

~ **вершины неровности** radius of asperity summit

~ **взаимодействия** interaction radius, interaction range

видимый ~ *(Солнца, Луны)* apparent semi-diameter

~ **винта** airscrew [propeller] radius

~ **влияния группы колодцев** radius of influence of a well system

~ **влияния депрессии** radius of influence of depression

~ **внешней оболочки** *(атома)* outer shell radius

внешний ~ outer radius

внутренний ~ internal [inner] radius

~ **волны** wave radius

~ **вращения** radius of rotation, radius of gyration

~ **вывода** *(пучка из ускорителя)* spill radius

~ **выпуклости** radius of convexity

газокинетический ~ *(молекулы)* gas-kinetic radius

гидравлический ~ hydraulic radius

гиромагнитный ~ gyromagnetic radius

~ **горизонта** *(в космологии)* horizon radius

гравитационный ~ *(в общей теории относительности)* gravitational radius

дебаевский ~ Debye radius, Debye length

дебаевский ~ **экранирования** Debye shielding [screening] radius

~ **дебаевского экранирования** Debye shielding [screening] radius

~ **Дебая - Хюккеля** Debye-Hückel radius

~ **действия** radius of action, range of action

~ **действия межмолекулярных сил** range of action of intermolecular forces

~ **действия ядерных сил** range of nuclear forces

~ **Земли** Earth radius, terrestrial radius

~ **земной орбиты** Earth orbit radius

~ **изгиба** bending radius

~ **инерции** radius of inertia, radius of gyration

~ **инерции системы относительно оси** radius of gyration of system about axis

ионный ~ ionic radius

классический ~ *(частицы)* classical radius

классический ~ **электрона** electron classical radius

ковалентный ~ *(атома)* covalent radius

ковалентный атомный ~ covalent atomic radius

~ **когерентности** coherence radius

~ **конфайнмента** *фвэ* confinement radius

~ **коротации** corotation radius

~ **корреляции** correlation radius

корреляционный ~ correlation radius

~ **кривизны** radius of curvature

~ **кривизны Земли** radius of curvature of the Earth

~ **кривизны зеркала** radius of mirror curvature

~ **кривизны носа профиля** radius of the nose profile

~ **кривизны орбиты** radius of orbit curvature

~ **кривизны пространства** radius of space curvature

~ **кривизны сфероида** radius of curvature of spheroid

~ **кривой** radius of curve

кристаллохимический ~ crystal-chemical radius

~ **кроссовера** crossover radius

~ **кручения** radius of torsion

кулоновский ~ Coulomb radius

~ **кулоновского барьера** Coulomb barrier radius

ларморовский ~ Larmor radius

малый ~ *(кольца)* minor radius

массовый ~ mass radius

мгновенный ~ instantaneous radius

металлический ~ *крист.* metallic radius

металлический атомный ~ metallic radius of atom

метацентрический ~ metacentric radius

~ **молекулы** molecular radius

~ **надреза** notch radius

~ **обрезания** cut-off radius

~ **окружности** radius of circle

~ **орбиты** orbit radius

~ **основания надреза** notch root radius

~ **перетяжки** radius of neck

перколяционный ~ percolation radius

~ **поверхности** surface radius

полярный ~ polar radius

поперечный ~ **когерентности** transverse coherence radius

~ **поражения** effective casualty radius

предельный ~ ultimate radius

продольный ~ **когерентности** longitudinal coherence radius

~ **протона** proton radius

~ **пучка** beam radius

~ **распределения** distribution radius

~ **рассеяния** scattering radius

расчётный ~ *(винта)* standard [nominal] radius

резонансный ~ resonant radius

~ **сечения пучка** beam cross-section radius

спектральный ~ spectral radius

среднеквадратичный ~ (root) mean square radius

среднеквадратичный ~ **протона** root mean square proton radius

среднеквадратичный ~ **распределения заряда** *фвэ* mean square radius of charge distribution

среднеквадратичный ~ **распределения массы** *фвэ* mean square radius of mass distribution

средний ~ **орбиты** mean orbit radius

стандартный ~ *(винта)* standard [nominal] radius

~ **стереовидения** radius of stereoscopic vision

~ **столкновения** collision radius

~ **сходимости** *(ряда)* radius of convergence

угловой ~ *(планеты)* angular radius

~ **удержания кварков** quark confinement radius

характеристический ~ **действия** characteristic range of action

~ **цилиндрического магнитного домена** bubble radius

~ **ЦМД** bubble radius

~ **частицы** particle radius

~ **Чепмена - Ферраро** Chapman-Ferraro radius

~ **Шварцшильда** Schwarzschild radius

~ **Штёрмера** Störmer radius

штёрмеровский ~ Störmer radius

экваториальный ~ equatorial radius

~ **экранирования** shielding radius, shielding length

~ **электрона** electron radius

~ **электронной оболочки атома** electron shell radius

электростатический ~ electrostatic radius

~ **эпицикла** radius of the epicycle

эпициклический ~ epicyclic radius

эффективный ~ effective radius

эффективный ~ **взаимодействия** effective interaction radius

эффективный ~ **действия** effective range

эффективный ~ **орбиты внутри магнитного блока** effective radius of orbit inside the magnet block

эффективный ~ **рассеяния** effective scattering radius

~ **ядра** nuclear radius

~ **ядра сечения** radius of the core of a cross-section

радиус-вектор *м.* radius [position] vector

~ **возмущённой орбиты** disturbed radius vector

~ **точки** position vector

радон *м.* radon, Rn

радуга *ж.* rainbow

радужность *ж.* iridescence

разбавитель *м.* diluent

~ **с сильным неупругим рассеянием** strong inelastic scattering diluent

разбавление *с.* dilution

изотопное ~ isotope dilution

~ **ядерного топлива** dilution of nuclear fuel

разбавлять *гл.* dilute; thin

разбалансировать *гл.* disbalance

разбалансировка *ж.* disbalance

разбегание *с.* recession

~ **галактик** recession of galaxies

разбиение *с.* partition, decomposition; *(на конечные элементы)* discretization

~ **границы на постоянные граничные элементы** constant boundary element discretization

допустимое ~ permissible partition

инвариантное ~ invariant partition

линейное ~ linear partition

~ **на граничные элементы** boundary element discretization

~ **области на одинаковые элементы** uniform element discretization

случайное ~ random partition

топологическое ~ topological partition

упорядоченное ~ ordered partition

разблокировать *гл.* unlock

разборка *ж.* *(установки, прибора)* disassembling, dismantling, dismounting

разброс *м.* spread, scatter

аппаратурный ~ instrumental spread

беспорядочный ~ random [irregular] scatter, random spread

~ **данных** data spread, scatter of data

допустимый ~ permissible [tolerance] spread

допустимый ~ **параметров** permissible parameter spread

~ **значений** spread of values

~ **параметров** parameter spread

~ **по времени** time spread, time straggling

~ **по времени замедления** spread in the slowing-down time

~ **по длине пробега** range straggling

~ **по импульсам** momentum spread

~ **показаний** reading spread

поперечный ~ lateral spread

~ **по скоростям** velocity spread, velocity straggling

~ **потерь энергии** straggling of energy losses

~ **по углам** angular spread

~ **по частоте** frequency spread

~ **по энергии** energy spread, energy straggling

приборный ~ instrumental spread

~ **скоростей** velocity spread, velocity straggling

случайный ~ random scatter, random spread

статистический ~ statistical straggling

тепловой ~ *(скоростей частиц)* thermal [temperature] straggling

~ **точек** scatter of points, spread of points

угловой ~ angular spread

~ **экспериментальных точек** scatter of experimental points, spread of experimental points

~ энергий energy spread, energy straggling

разбрызгивание *с.* **1.** *(преднамереное, для нанесения покрытия)* spraying, sputtering **2.** *(случайный разлёт брызг)* splashing

разбухание *с.* swelling

развал *м.* *(напр. ядра на осколки)* break-up
кулоновский ~ Coulomb break-up
~ на три осколка three-body break-up
~ оболочки shell break-up
~ ядра nuclear disintegration, disintegration of atomic nucleus

разведение *с.* *(растворение)* dilution

разведка *ж.* prospecting; survey
геофизическая ~ geophysical prospecting, geophysical survey
гравитационная ~ gravitational prospecting
магнитная ~ magnetic survey, magnetic prospecting
радиационная ~ radioprospecting
~ радиоактивности radioactivity prospecting
радиометрическая ~ radiometric prospecting
сейсмическая ~ seismic prospecting
~ урановых месторождений uranium deposit exploration, uranium deposit prospecting

развёртка *ж.* *(напр. на экране электронно-лучевой трубки)* sweep, scan, time base
барабанная ~ drum scan(ning)
быстрая ~ fast scan
временная ~ time-base (sweep), time scan
горизонтальная ~ horizontal sweep
ждущая ~ driven [gated] sweep
задержанная ~ delayed sweep
зеркальная ~ mirror scan
~ изображения image scan
круговая ~ circular sweep
линейная ~ linear sweep, linear time base
~ луча beam sweep
медленная ~ slow scan
нелинейная ~ nonlinear sweep, nonlinear time base
оптическая ~ optical scan
~ по частоте frequency sweep
спиральная ~ spiral sweep, spiral scan
щелевая ~ slit scan
электронная ~ electron sweep

разветвитель *м.* splitter; coupler
волоконный ~ fiber (beam) splitter
звездообразный ~ star coupler
оптический ~ optical splitter
Y-~ Y-coupler

разветвление *с.* branching, ramification, bifurcation; fork
изомерное ~ isomeric branching
~ распада branching of decay
соосное ~ *(волновода)* bifurcation
тепловое ~ thermal branching
~ трещины crack bifurcation
~ цепи chain branching
энергетическое ~ *кв. эл.* energy branching

развитие *с.* development; progress
~ во времени progress with time, temporal progress

~ ливня shower development

~ науки advancement of science

продольное ~ longitudinal development

~ реакции development [progress] of a reaction

~ солнечных пятен sunspot development

~ трещины crack extension

устойчивое ~ sustainable development

развязка *ж.* *радиофиз.* decoupling; isolation
оптическая ~ optical isolation
~ по частоте frequency isolation
поляризационная ~ polarization decoupling

разгерметизация *ж.* loss of sealing; loss of vacuum

разгон *м.* acceleration, speed-up
аварийный ~ реактора reaction runaway
неуправляемый ~ реактора reactor runaway
~ реактора *(контролируемый)* reactor going up, reactor riding up; *(неконтролируемый)* reactor runaway
~ реактора с малой мощности reactor going up from low level

разгрузка *ж.* *(снятие нагрузки)* unloading; relieving
ударная ~ impact unloading
упругая ~ elastic unloading

разгруппирователь *м.* debuncher

разгруппировка *ж.* debunching
~ за счёт пространственного заряда space-charge debunching

раздавливание *с.* crushing

раздвижка *ж.* *фмя* separation
~ зон zone separation

раздвоение *с.* bifurcation; splitting
~ изображения image splitting
~ трещины crack bifurcation

разделение *с.* separation
амплитудное ~ amplitude separation
~ волокон separation of fibers
~ газов separation of gases
газовое ~ *(изотопов)* gas separation
газодиффузионное ~ *(изотопов)* gaseous-diffusion separation
~ главных напряжений *(в фотоупругости)* principal stress separation
гравитационное ~ gravity separation
диффузионное ~ diffusion separation
~ зарядов charge separation
~ изомеров isomer separation
~ изотопов isotope separation
~ изотопов урана separation of uranium isotopes
ионообменное ~ ion-exchange separation
~ компонентов separation of components
лазерное ~ изотопов laser isotope separation
лазерное ~ изотопов методом многофотонной диссоциации laser isotope separation by multiphoton dissociation
магнитное ~ magnetic separation
масс-диффузионное ~ *(изотопов)* mass-diffusion separation

~ **методом изотопного обмена** isotope-exchange separation

~ **методом отдачи** recoil separation

~ **методом противотока** counter-current separation

~ **методом экстракции** extraction separation

многокомпонентное ~ multicomponent separation

многократное ~ multiple separation

многоступенчатое ~ multistage separation

многоэлементное ~ multi-element separation

~ **мод** mode separation

оптическое ~ *(изотопов)* optical separation

пенное ~ foam separation

~ **переменных** separation of variables

плазменное ~ *(изотопов)* plasma (mass) separation

~ **по амплитуде** amplitude separation

~ **по изоспину** isotopic-spin separation

~ **по импульсу** momentum separation

полное ~ **переменных** complete separation of variables

поперечное ~ *(изотопов)* transverse separation

~ **потока** separation of flow, stream splitting

примесное ~ **фаз** impurity phase separation

примесно-магнитное ~ **фаз** impurity-magnetic phase separation

~ **продуктов деления** fission-product separation

пространственное ~ spatial separation

радиохимическое ~ radiochemical separation

светоиндуцированное ~ **газов** light-induced separation of gases

светоиндуцированное ~ **изотопов** light-induced isotope separation

~ **состояний** state separation

~ **стабильных изотопов** separation of stable isotopes

термодиффузионное ~ *(изотопов)* thermal-diffusion separation

~ **фаз** phase separation

фазовое ~ phase separation

фазовое ~ **типа жидкость-жидкость** liquid-liquid phase separation

фазовое ~ **типа жидкость-кристалл** liquid-crystal phase separation

ферро-антиферромагнитное ~ **фаз** ferro-antiferromagnetic phase separation

фотохимическое ~ **изотопов** photochemical isotope separation

химическое ~ chemical separation

хроматографическое ~ chromatographic separation

~ **центрифугированием** centrifugal separation

частичное ~ **переменных** partial separation of variables

электролитическое ~ *(изотопов)* electrolytic separation

электромагнитное ~ **изотопов** electromagnetic separation of isotopes, electromagnetic isotope separation

электронное ~ **фаз** electron phase separation

электростатическое ~ electrostatic separation

~ **ядерных изомеров** nuclear isomer separation

раздувание *с. (Вселенной)* inflation

разер *м. (рентгеновский лазер)* X-ray laser

разжижение *с.* dilution; thinning

разлагать *гл.* decompose, disintegrate; *мат.* expand

~ **воду на кислород и водород** decompose water into oxygen and hydrogen

~ **в ряд** expand into series

~ **на ...** decompose into ...

~ **на множители** expand into factors

~ **на составляющие** resolve into components

разлёт *м. (напр. плазмы при лазерном облучении мишени)* expansion

газодинамический ~ *(плазмы)* gas-dynamic expansion

инерциальный ~ *(плазмы)* inertial expansion

~ **оболочки** *астр.* shell expansion

~ **осколков деления** *яф* separation of fragments

различать *гл.* distinguish, discriminate

~ **по числу нуклонов** distinguish by the number of nucleons

различие *с.* distinction, difference

значительное ~ notable [considerable, significant] difference

качественное ~ qualitative difference, difference in [of] kind, distinction of kind

количественное ~ difference of degree, distinction of degree

существенное ~ notable [considerable, significant] difference

разложение *с.* decomposition; expansion

асимптотическое ~ asymptotic expansion

билинейное ~ bilinear expansion

биномиальное ~ binomial expansion

~ **вектора** vector resolution, vector decomposition

~ **Вильсона** *ктп* Wilson development

вириальное ~ virial expansion

~ **воды** *(на кислород и водород)* water decomposition

~ **волновой функции падающего электрона по сферическим гармоникам** expansion of the wave function of the incident electron in spherical harmonics

~ **в ряд** expansion into a series

~ **в ряд Тейлора** Taylor expansion, expansion in a Taylor series

~ **в ряд Фурье** Fourier [harmonic] expansion, expansion in a Fourier series

~ **в спектр** spectral decomposition

~ **в степенной ряд** power series expansion

высокотемпературное ~ high-temperature decomposition

~ **газовых молекул** decomposition of gaseous molecules

~ **Гинзбурга - Ландау** Ginzburg-Landau expansion

593

групповое ~ group expansion
~ **движения** decomposition of a motion
двойное ~ double decomposition
двумерное ~ two-dimensional expansion
диаграммное ~ *ктп* diagrammatic expansion
дискретное ~ discrete expansion
дуальное ~ dual expansion
изоморфное ~ isomorphic decomposition
каноническое ~ canonical expansion
каталитическое ~ catalytic decomposition
кластерное ~ cluster expansion, cluster decomposition
конформное ~ conformal decomposition
~ **Магнуса** Magnus expansion
масштабно-инвариантное ~ scale-invariant expansion
~ **матрицы** matrix decomposition
~ **межэлектронного взаимодействия в ряд по полиномам Лежандра** expansion of the interelectron interaction in terms of Legendre polynomials
мультипольное ~ multipole expansion
~ **на множители** factoring, factorization
низкоэнергетическое ~ low energy expansion
операторное ~ operator development; operator product expansion
ортогональное ~ orthogonal expansion
пиролитическое ~ pyrolytic decomposition
~ **по кривизне** expansion in terms of the curvature
полуклассическое ~ semiclassical expansion
~ **по малому параметру** small parameter expansion
~ **по модам** mode expansion
~ **по мультиполям** multipole expansion
~ **по нормальным модам** normal-mode expansion
~ **по обратному аспектному отношению** inverse aspect ratio expansion
~ **по парциальным волнам** *кв. мех.* partial-wave expansion
~ **по плоским волнам** plane-wave expansion
~ **по полиномам Лежандра** Legendre polynomial expansion
~ **по псевдосостояниям** pseudostate expansion
~ **по собственным значениям** eigenvalue expansion
~ **по собственным функциям** eigenfunction expansion
~ **по стационарным состояниям** steady state expansion
~ **по сферическим гармоникам** spherical harmonic expansion
~ **Прандтля - Майера** Prandtl-Mayer expansion
радиационное ~ radiation decomposition
радиолитическое ~ radiolytic decomposition
сепарабельное ~ separable expansion
~ **силы** force resolution, force decomposition
~ **сильной связи** strong coupling expansion
~ **скорости** velocity decomposition

спектральное ~ spectral decomposition
ступенчатое ~ stepwise decomposition
суперсимметричное ~ supersymmetric expansion
термическое ~ thermal decomposition
топологическое ~ topological expansion
ударное ~ collision induced expansion
фотохимическое ~ photochemical expansion
~ **Хевисайда** Heaviside expansion
химическое ~ chemical decomposition
~ **Холеского** Cholesky factorization
эйкональное ~ eikonal expansion
электролитическое ~ electrolytic dissolution
эргодическое ~ ergodic decomposition
размагничивание *с.* demagnetization; degaussing
адиабатическое ~ adiabatic demagnetization
~ **нагреванием образца** demagnetization by sample heating, thermal demagnetization
~ **переменным магнитным полем** demagnetization by changing magnetic field
~ **постоянным магнитным полем** demagnetization by constant magnetic field
~ **судов** ship degaussing
частичное ~ partial demagnetization
размазывание *с.* smearing; spreading
~ **гидродинамических величин вблизи фронта ударной волны** smearing of the hydrodynamic quantities in the vicinity of the shock wave
~ **потенциальной ямы** smearing of the potential well
~ **резонанса** resonance smearing
размалывание *с.* grinding, milling
размах *м.* swing; *(удвоенная амплитуда)* peak-to-peak [total, double] amplitude, peak-to-peak value
~ **интенсивности напряжений** stress intensity range
~ **коэффициента интенсивности напряжений** stress intensity factor range
~ **крыла** span of an aerofoil; wing span, wing reach
~ **напряжений при усталости** fatigue stress range
~ **напряжения** *мех.* stress range; *эл.* voltage swing
размер *м.* size, dimension
видимый ~ apparent size
внешний ~ outer size, outer [external] dimension
внутренний ~ internal size, inner [internal] dimension
действительный ~ actual size
~ **доменов** domain size
~ **зерна** grain size
~ **изображения** image size
истинный ~ real size
~ **капель** *(при напылении)* drop size
конечный ~ finite size
~ **кристаллитов** crystallite size
критический ~ critical size, critical dimension

линейный ~ linear size, linear dimension
наружный ~ outer size, outer [external] dimension
наследственный ~ **зерна** inherent grain size
~ **поперечного сечения** cross-section
предельный ~ limiting dimension
~ **пучка** beam size
~ **субзерна** subgrain size
угловой ~ angular size
характеристический ~ characteristic size
характеристический линейный ~ characteristic linear dimension
характерный ~ characteristic dimension
~ **частиц** particle size
~ **ядра** nuclear dimension, nuclear size
размерность *ж.* dimension(ality)
аномальная ~ *ктп* anomalous dimension
~ **аттрактора** attractor dimension
гильбертова ~ Hilbert dimension
~ **группы** dimension of group
~ **группы Ли** dimension of Lie group
каноническая ~ *ктп* canonical dimension
критическая ~ critical dimension
масштабная ~ scale dimension
~ **многообразия** dimension of variety
нечётная ~ odd dimension
нулевая ~ zero dimension
~ **подпространства** subspace dimension
пониженная ~ reduced dimension
~ **представления** *(группы)* representation dimension
приведённая ~ reduced dimension
произвольная ~ arbitrary dimension
~ **пространства** space dimension, dimensionality of space
~ **пространства-времени** space-time dimension
~ **расслоения** *ктп* bundle dimension
~ **реализации** realization dimension
скейлинговая ~ scaling dimension
~ **физической величины** dimension of physical quantity
фрактальная ~ fractal [Hausdorff] dimension
~ **Хаусдорфа** Hausdorff dimension
чётная ~ even dimension
размерный *прил.* dimensional
размешивание *с. (в фазовом пространстве)* stirring
размещение *с. мат.* arrangement
размножение *с.* multiplication; *(ядерного топлива)* breeding
~ **делящегося вещества** breeding of fissile material
~ **дислокаций** dislocation multiplication; multiplication of dislocations
каскадное ~ cascade multiplication
~ **нейтронов** neutron multiplication
~ **частиц** particle multiplication
~ **ядерного топлива** fuel breeding, breeding of fissile material
~ **ядерного топлива на быстрых нейтронах** fast breeding of fuel

~ **ядерного топлива на мгновенных нейтронах** prompt multiplication
размножитель *м.* breeder, breeding reactor
~ **нейтронов** neutron multiplier
размывание *с. (напр. максимума)* smearing, spreading, blurring
~ **волн возмущения** smearing of wave disturbances
~ **пучка** beam blow-up, beam spread(ing)
размытие *с. (напр. максимума)* smearing, spreading, blurring
деформационное ~ *(линии)* stress broadening
дифракционное ~ diffraction spreading
~ **изображения** image blurring
~ **рефлекса** *крист.* reflection diffusion
размягчение *с.* softening
разнесение *с.* spacing; separation
~ **мод** mode spacing
~ **по длинам волн** wavelength separation
поляризационное ~ polarization separation
~ **по частоте** frequency separation
пространственное ~ spacial separation
частотное ~ frequency separation
разница *ж.* difference; *(для муаровых методов)* disparity
линейная ~ linear disparity
~ **растяжения** tensile disparity
~ **сжатия** compressive disparity
угловая ~ angular disparity
разновидность *ж.* variety, species, variant
разнородность *ж.* heterogeneity, diversity
разность *ж.* difference
абсолютная ~ absolute difference
астигматическая ~ astigmatic difference
~ **вперёд** forward difference
~ **вперёд по времени** forward-time difference
~ **главных напряжений** principal stress difference
~ **давлений** pressure difference
динамическая ~ **температур** dynamic temperature difference
~ **для интерполирования вперёд** forward difference
~ **для интерполирования назад** backward difference
«кадмиевая» ~ cadmium difference
конечная ~ finite difference
контактная ~ **потенциалов** contact potential (difference)
левая ~ backward difference
~ **масс** mass difference
~ **назад** backward [reciprocal] difference
~ **напряжений** stress difference
~ **населённостей** population difference
обратная ~ backward [reciprocal] difference
односторонняя ~ one-sided difference
оптическая ~ **хода** optical path difference
~ **полного напора и статического давления** Pitot-static difference
~ **потенциалов** potential difference
~ **потенциалов дуантов** dee-to-dee voltage

595

правая ~ forward difference

пробивная ~ потенциалов breakdown potential (difference)

~ против течения upstream difference

прямая ~ forward difference

психрометрическая ~ psychrometric difference

средняя логарифмическая ~ температур logarithmic mean temperature difference

средняя ~ температур mean temperature difference

~ температур temperature difference

~ фаз phase difference

~ хода (лучей) path [propagation] difference

центральная ~ centered [central] difference

центральная ~ по пространственной переменной centered-space difference

~ энергий симметричного и антисимметричного состояний difference in energy between symmetric and antisymmetric states

разогрев м. heating

~ дырок фпп heating of holes, hole heating

~ носителей тока фпп heating of charge carriers, carrier heating

~ образца sample heating

~ при трении frictional heating

радиационный ~ radiation heating

фрикционный ~ frictional heating

~ электронов фпп electron heating

разориентация ж. misorientation; disorientation

разориентировка ж. misorientation; disorientation

разоружение с. disarmament

ядерное ~ nuclear disarmament

разработка ж. (опытно-конструкторская работа) development

~ проблемы problem development, problem elaboration

разрастание с. growth

~ трещин crack growth

разрастаться гл. grow

разрежать гл. rarefy, evacuate

разрежение с. rarefaction, evacuation

~ спектра (в резонаторе) spectrum sparseness

разрежённость ж. sparseness

временная ~ temporal sparseness

~ матрицы matrix sparseness

структурная ~ structural sparseness

разрежённый прил. (вакуумированный) rarefied, evacuated; (редкий) sparse

разрез м. cut; section

двухчастичный ~ two-body cut

кинематический ~ kinematic cut

поперечный ~ transverse section, cross cut

продольный ~ longitudinal section

~ Редже Regge cut

унитарный ~ unitary cut

упругий ~ elastic cut

разрезание с. cutting

лазерное ~ ДНК DNA laser cleavage, DNA laser cutting

разрезать гл. cut

разрезной прил. slotted

разрешение с. 1. (способность различать объекты) resolution 2. (позволение) permission ☐ временное ~ ограничено рядом факторов time resolution is limited by a number of factors; с временным ~м time-resolved

азимутальное ~ azimuthal resolution

амплитудное ~ amplitude resolution

аппаратурное ~ instrumental resolution

атомное ~ atomic resolution

временнóе ~ temporal resolution

высокое ~ high resolution

~ детектора detector resolution

дифракционное ~ diffraction-limited resolution

заданное ~ specified resolution

кинематическое ~ kinematic resolution

координатное ~ coordinate resolution

линейное ~ linear resolution

низкое ~ low resolution

оптическое ~ optical resolution

пикосекундное ~ picosecond resolution

~ по времени time resolution

~ по дальности distance resolution, range resolution

~ по импульсу linear momentum resolution

~ по массе mass resolution

~ по частоте frequency resolution

~ по энергии energy resolution

предельное ~ limiting resolution, resolution limit

~ прибора instrumental resolution

пространственное ~ spatial [position] resolution

~ радиотелескопа radio telescope resolution

спектральное ~ spectral resolution

среднее ~ average resolution

среднеквадратичное ~ root-mean-square resolution

субмикронное пространственное ~ submicron spatial resolution

~ телескопа telescope resolution

угловое ~ angular resolution, angular [directional] discrimination

~ фотоэмульсии resolution of photographic emulsion

энергетическое ~ energy resolution

разрешимость ж. мат. solvability

разрушаться гл. (механически) fail; (терять форму, рушиться) collapse, break down

~ в результате потери устойчивости fail by buckling

~ в результате усталости fail by fatigue

~ при изгибе fail in bending

~ при растяжении fail in tension

~ при сжатии fail in compression

~ при срезе fail in shear

разрушени/е с. failure; fracture; rupture; disruption; destruction; disintegration; breakdown; breakage; damage; collapse

~ активной зоны реактора reactor core disruption

~ в условиях плоского напряжённого состояния plane stress fracture

~ в условиях плоской деформации plane strain fracture

~ в условиях эксплуатации service failure

внутризёренное ~ transgranular fracture; transgranular rupture

внутрикристаллитное ~ transcrystalline fracture; transcrystalline rupture

~ волны wave breaking

вязкое ~ ductile [plastic] fracture

~ дислокационной стенки dislocation wall disintegration

~ диэлектриков failure of dielectrics

замедленное ~ delayed fracture

зарождающееся ~ incipient fracture

кавитационное ~ cavitation damage

клиновидное ~ wedge type fracture

~ кометы disintegration of a comet

коррозионно-усталостное ~ fatigue-and-corrosive destruction

косое ~ slant fracture

лазерное ~ (оптических материалов) laser(-induced) damage; laser destruction

локальное ~ кв. эл. local damage

~ магнитных поверхностей destruction of magnetic surfaces

межзёренное ~ intergranular fracture, intergranular failure

межкристаллитное ~ intercrystalline fracture, intercrystalline failure

межслоевое ~ (слоистого композита) interlaminar fracture

множественное ~ фтт multiple fracture

~ образца (при механических испытаниях) fracture of the sample, specimen destruction

объёмное ~ кв. эл. volume [bulk] damage, volume fracture

оптическое ~ optical damage

~ от взрыва explosive fracture

~ отрывом cleavage failure

периодические ~я (лазерного кристалла) periodic damage

~ плазменного столба break-up of plasma column

~ по поверхности раздела interfacial fracture

поверхностное ~ surface damage, surface fracture

подповерхностное ~ subsurface fracture

~ при изгибе bending fracture, bending failure

~ при кручении torsion fracture, torsion failure

приливное ~ астр. tidal breakage

~ при ползучести creep rupture, creep fracture

~ при потере устойчивости instability fracture

~ при растяжении tensile fracture, tensile rupture, tensile failure

~ при сдвиге shear fracture, shear failure

~ при сжатии compression fracture, compression failure

~ при срезе shear fracture, shear failure

~ при упругих деформациях elastic breakdown, elastic failure

~ пучка beam break-up

разветвлённое периодическое ~ кв. эл. branched periodic damage

~ растрескиванием spall fracture; cracking

сдвиговое ~ shear rupture

сдвиговое ~ с образованием ямок dimpled shear rupture

~ скола cleavage fracture

~ с конусом cone fracture

~ с чашечкой cup fracture

~ твёрдых тел fracture of solids

тепловое ~ кв. эл. thermal damage

управляемое лазерное ~ controlled laser damage

усталостное ~ fatigue [endurance] failure, fatigue fracture

хрупкое ~ brittle fracture, brittle failure

разрыв м. (непрерывности) discontinuity; (механический) rupture, break, breakage, fracture

альвеновский ~ Alfvén [rotational] discontinuity

быстрый магнитозвуковой ~ fast magnetosonic discontinuity

~ы в межпланетной среде discontinuities in interplanetary medium

~ в начальных условиях discontinuity in initial conditions

вращательный ~ (солнечного ветра) rotational discontinuity

~ в солнечном ветре discontinuity in solar wind

~ в течении газа discontinuity in gas flow

~ зоны фпп band discontinuity

изотермический ~ isothermal discontinuity

ионизационный ~ ionization discontinuity

контактный ~ (в гидродинамике) contact discontinuity

~ кривой curve discontinuity

магнитогидродинамический ~ magnetohydrodynamic discontinuity, MHD-discontinuity

медленный магнитозвуковой ~ slow magnetosonic discontinuity

~ межатомных связей interatomic bond breakage, interatomic bond rupture

~ межпланетного магнитного поля discontinuity in interplanetary magnetic field

~ напряжений stress discontinuity

~ непрерывности discontinuity

~ непрерывности в скачке уплотнения shock-wave discontinuity

неустранимый ~ nonremovable discontinuity

неэволюционный ~ nonevolutionary discontinuity

~ оболочки тепловыделяющего элемента (твэла) rupture of the fuel-element jacket

пластический ~ ductile failure

плоский тангенциальный ~ plane tangential discontinuity

~ **по плоскости спайности** cleavage fracture
~ **при растяжении** tensile [tension] fracture
~ **производной** derivative discontinuity
~ **пузырька** bubble collapse
~ **связи** *(напр. в молекуле)* bond breakage, bond rupture
сильный ~ strong [nonremovable] discontinuity
~ **скорости** velocity jump, velocity discontinuity
слабый ~ weak [removable] discontinuity
слабый ~ **ротора скорости** weak discontinuity of a vorticity
слабый тангенциальный ~ weak tangential discontinuity
~ **следа** track gap
~ **солнечного ветра** discontinuity in solar wind
ступенчатый ~ stepwise discontinuity
тангенциальный ~ tangential discontinuity
тангенциальный ~ **в солнечном ветре** tangential discontinuity in solar wind
ударный ~ shock-wave discontinuity
устойчивый ~ stable discontinuity
устранимый ~ removable discontinuity
~ **функции** discontinuity of a function
~ **Харанга** Harang discontinuity
хрупкий ~ brittle fracture, brittle failure
цилиндрический тангенциальный ~ cylindrical tangential discontinuity
эволюционный ~ evolutionary discontinuity
энтропийный ~ entropy discontinuity
разрывность *ж.* discontinuity
ступенчатая ~ stepwise discontinuity
~ **производной** derivative discontinuity
разрыхление *с.* loosening
разряд *м. (электрический)* discharge; *вчт* bit, digit; *(в токамаке)* shot
аномальный ~ anomalous [abnormal] discharge
аномальный тлеющий ~ anomalous [abnormal] glow discharge
апериодический ~ aperiodic discharge
атмосферный ~ atmosphere discharge
барьерный ~ barrier discharge
безэлектродный ~ electrodeless discharge
вакуумный ~ vacuum discharge
~ **в вакууме** vacuum discharge
~ **в волноводе** discharge in a waveguide
~ **в дейтерии** deuterium discharge
~ **в магнитном поле** discharge in a magnetic field
волноводный сверхвысокочастотный ~ microwave discharge in a waveguide
~ **в парах ртути** mercury-vapor discharge
~ **в плотных средах** discharge in condensed medium
~ **в постоянном электрическом поле** d.c. discharge
~ **в потоке газа** discharge in a gas flow
~ **в резонаторе** discharge in a resonator
вспомогательный ~ auxiliary discharge
вторичноэлектронный сверхвысокочастотный ~ secondary-electron microwave discharge

высоковольтный ~ high-voltage discharge
~ **высокого давления** high-pressure discharge
высокочастотный ~ high-frequency [radio-frequency, rf] discharge
высокочастотный факельный ~ high-frequency [radio-frequency, rf] torch discharge
газовый ~ gas(eous) discharge
грозовой ~ lightning (discharge)
двоичный ~ (binary) bit
диффузный ~ diffusive discharge
дуговой ~ arc (discharge), electric arc
дуговой ~ **постоянного тока** d.c. arc discharge
дуговой ~ **с полым катодом** hollow cathode arc discharge
ёмкостный ~ capacitive discharge
затруднённый ~ hindered discharge
импульсно-периодический ~ pulse-periodic discharge
импульсный ~ pulsed discharge
импульсный самостоятельный ~ pulsed self-sustained discharge
индукционный ~ inductive discharge
искровой ~ spark (discharge)
капиллярный ~ capillary discharge
квазистационарный ~ quasi-stedy discharge
кистевой ~ spray [brush] discharge
колебательный ~ oscillatory discharge
кольцевой ~ ring discharge
кольцевой безэлектродный ~ ring electrodeless discharge
комбинированный ~ combined discharge
~ **конденсатора** capacitor discharge
контрагированный ~ contracted [constricted] discharge
коронный ~ corona (discharge)
краевой ~ marginal [edge] discharge
лавинный ~ avalanche discharge
линейный ~ linear discharge
линейный безэлектродный ~ linear electrodeless discharge
микроволновый ~ microwave discharge
многоканальный ~ multichannel discharge
непрерывный ~ continuous discharge
несамостоятельный ~ nonself-sustained discharge
низковольтный ~ low-voltage discharge
~ **низкого давления** low pressure discharge
нормальный ~ normal discharge
нормальный тлеющий ~ normal glow discharge
объёмный ~ volume discharge
однородный ~ homogeneous discharge
омический ~ ohmic discharge
оптический ~ optical discharge
~ **Пеннинга** Penning discharge
~ **переменного тока** a.c. discharge
плазменно-пучковый ~ beam-plasma discharge
плазменный ~ plasma discharge
плоский ~ plane discharge
поверхностный ~ surface discharge
поднормальный ~ subnormal discharge

поперечный ~ *(в лазерах)* transverse discharge
~ постоянного тока d.c. discharge
~ при атмосферном давлении atmospheric pressure discharge
продольный ~ *(в лазерах)* longitudinal discharge
пучковый ~ beam discharge
равновесный ~ equilibrium discharge
радиочастотный ~ high-frequency [rf] discharge
самопроизвольный ~ spontaneous discharge
самосжатый ~ pinch (discharge)
самостоятельный ~ self-sustained [self-maintained] discharge
самостоятельный квазистационарный ~ self-sustained quasi-steady discharge
самостоятельный тлеющий ~ self-sustained glow discharge
самостягивающийся ~ pinch (discharge); contracted [constricted] discharge
сверхвысокочастотный ~ microwave discharge
сверхвысокочастотный ~ в волноводе microwave discharge in a waveguide
сверхвысокочастотный ~ в резонаторе microwave discharge in a resonator
сверхвысокочастотный ~ в свободном пространстве microwave discharge in a free space
СВЧ ~ microwave discharge
сильноточный ~ high-current discharge
сильноточный дуговой ~ high-current arc (discharge)
~ с ионизацией электронным пучком electron-beam ionized discharge
скользящий ~ creeping [surface] discharge
скользящий кистевой ~ sliding spray discharge
слаботочный ~ low-current discharge
слаботочный дуговой ~ low-current arc (discharge)
~ с острия point discharge
~ с осциллирующими электронами reflex discharge
спиральный ~ helical discharge
~ с полым катодом hollow cathode discharge
~ с предварительной ионизацией preionized discharge
~ среднего давления medium-pressure discharge
статический ~ static discharge
стационарный ~ stationary [steady] discharge
стримерный ~ streamer discharge
~ с холодным катодом cold-cathode discharge
~ с экстремальными параметрами *(в токамаке)* supershot
~ Таунсенда Townsend [dark] discharge

таунсендовский ~ Townsend [dark] discharge
тёмный ~ dark [Townsend] discharge
тёмный таунсендовский ~ (dark) Townsend discharge
термоэлектронный ~ thermionic discharge
тихий ~ silent discharge
тлеющий ~ glow (discharge)
тлеющий ~ в потоке газа gas-flow glow discharge
тлеющий ~ в продольном магнитном поле glow discharge in the longitudinal magnetic field, Penning discharge
тлеющий ~ с полым катодом hollow cathode glow discharge
тороидальный ~ toroidal discharge
точечный ~ point discharge
тренировочный ~ *(в токамаке или другой установке)* cleaning discharge
факельный ~ torch (discharge)
фотоинициированный ~ photoinitiated discharge
холодный ~ cold discharge
чистый ~ с омическим нагревом clean ohmically heated discharge
электрический ~ electric discharge
электрический ~ в газе gas discharge
электродный ~ electrode discharge
разрядник *м.* gap; switching tube
газовый ~ gas-filled gap
грозовой ~ lightning arrester
дуговой ~ arc gap
защитный ~ arrester
~ защиты приёмника transmit-receive [TR] tube, TR switch
игнитронный ~ ignitron (switching tube)
игольчатый ~ needle gap
измерительный ~ measuring spark gap
искровой ~ spark gap
нерезонансный ~ nonresonant gap
резонансный ~ resonant gap
стержневой ~ rod gap
управляемый ~ controlled gap
разуплотнение *с.* seal failure
~ каналов *(оптоэлектроника)* demultiplexing
разупорядочение *с. фтт* disorder(ing); disalignment
магнитное ~ magnetic disordering
ориентационное ~ orientation disordering
~ решётки lattice disordering
структурное ~ structural disordering
разупорядоченность *ж. (структуры) фтт* disorder
ориентационная ~ orientation disorder
разупорядоченный *прил.* disordered
разупрочнение *с.* softening, loss of strength
деформационное ~ work softening
циклическое ~ fatigue softening
разъединение *с. (механическое)* detachment, separation; *(в электрической цепи)* disconnection

разъём *м.* connector
разъюстировка *ж.* misalignment
~ зеркал *кв. эл.* mirror misalignment
район *м.* region
сейсмический ~ seismic region; seismic zone
ракета *ж.* rocket; *(военного назначения)* missile
баллистическая ~ ballistic rocket
высотная ~ high-altitude rocket
геофизическая ~ geophysical rocket
двухступенчатая ~ two-stage [two-step] rocket
~ для полёта на Луну lunar probe, Moon rocket
жидкостная ~ liquid-propellant rocket
ионная ~ ion rocket
исследовательская ~ research rocket
космическая ~ (outer-)space rocket
метеорологическая ~ meteorological rocket
многоступенчатая ~ multistage rocket
~ на ядерном горючем nuclear rocket
одноступенчатая ~ single-stage [single-step] rocket
орбитальная ~ orbital rocket
твердотопливная ~ solid-propellant rocket
трёхступенчатая ~ three-stage [three-step] rocket
фотонная ~ photon rocket
ядерная ~ nuclear(-powered) rocket
ракета-носитель *м.* carrier rocket, rocket carrier
раковина *ж.* pit, cavity; hole
усадочная ~ shrinkage hole, contraction [shrinkage] cavity
ракурс *м. (цели)* aspect angle
рама *ж.* frame
нагрузочная ~ loading [straining] frame
рамка *ж.* frame; loop
дуантная ~ *(в ускорителе)* dummy dee
~ с током current loop
ранг *м. (тензора, определителя, матрицы)* rank
~ алгебры rank of algebra
~ группы rank of group
~ матрицы rank of matrix, matrix rank
~ тензора rank of tensor
раскалённый *прил.* incandescent
~ добела incandescent, white hot
~ докрасна red hot
раскалывание *с.* cleavage
раскалывать *гл. (кристалл)* cleave, split
раскачка *ж.* build-up
~ идеальных МГД мод onset of ideal MHD modes
квантовая ~ *(в ускорителе)* quantum excitation
~ колебаний excitation of oscillations
~ неидеальных МГД мод onset of nonideal MHD modes
параметрическая ~ колебаний parametric onset of oscillations
радиационная ~ колебаний *(в ускорителе)* radiation-induced anti-damping of oscillations

резонансная ~ бетатронных колебаний resonant build-up of betatron oscillations; resonant swinging of betatron oscillations
расклинивать *гл.* wedge
раскрыв *м.* mouth; opening
~ антенны antenna aperture, antenna mouth
~ рупора *ак.* horn mouth
раскрывать *гл.* open
~ скобки remove brackets
раскрытие *с.* opening
~ в вершине трещины crack-tip opening displacement
критическое ~ трещины critical crack opening displacement
~ трещины crack opening (displacement)
распад *м.* decay; disintegration
автоионизационный ~ *физ. пл.* autoionization decay
~ адрона hadronic decay
аксионный ~ axion decay
активационный ~ activation decay
аннигиляционный ~ annihilation decay
~ атома в однородном электрическом поле atomic decay in an uniform electric field
атомный ~ atomic decay, atomic disintegration
~ бариона baryon decay
безмезонный ~ nonmesonic decay
безнейтринный ~ neutrinoless decay
безызлучательный ~ radiationless decay
бета-минус ~ beta-minus decay
бета-плюс ~ beta-plus decay
~ вакансий vacancy decay
~ верхнего энергетического состояния higher energy state decay
взрывной ~ explosive disintegration, explosive decay
~ в состоянии покоя decay at rest
~ Гамова - Теллера Gamow-Teller decay
~ гиперона hyperon decay
гиперонный ~ hyperon decay
~ гиперядра hypernuclear decay
~ группы пятен decay of a sunspot group
двойной ~ double decay
двухплазмонный ~ *физ. пл.* two-plasmon decay
двухпротонный ~ two-proton decay
двухфотонный ~ two-photon decay
двухчастичный ~ two-body decay
двухчастичный лептонный ~ two-body leptonic decay
двухчастичный нелептонный ~ two-body nonleptonic decay
декуплетный ~ decuplet decay
дилептонный ~ dilepton decay
диффузионный ~ diffusion decay
диффузионный ~ твёрдых растворов diffusion decay of solid solutions
естественный ~ natural decay
запаздывающий ~ delayed decay
запрещённый ~ forbidden decay
~ заряженного каона charged kaon decay

~ **заряженного пи-мезона** charged pion decay
изоскалярный ~ isoscalar decay
индуцированный ~ induced decay
инклюзивный ~ inclusive decay
инклюзивный слабый ~ weak inclusive decay
искусственный ядерный ~ artificial [induced] nuclear disintegration
~ **каона** kaon decay
каскадный ~ cascade decay
кластерный ~ cluster decay
~ **кометы** disruption of a comet
конкурирующий ~ competitive decay
~ **лептона** lepton decay
лептонный ~ leptonic decay
~ **макроступени** splitting of a macrostep
~ **мезона** meson decay
~ **метеора** fragmentation of meteor
многокомпонентный ~ multicomponent decay
многочастичный ~ many-body decay
множественный ~ multiple decay
модифицированный волны modified wave decay
~ **мюона** muon decay
~ **на две частицы** two-particle [two-body] decay
~ **на лету** decay in flight
~ **населённости** *кв. эл.* decay of the population
~ **нейтрального каона** neutral kaon decay
~ **нейтрона** neutron decay, neutron disintegration
нелептонный ~ nonleptonic decay
~ **нуклона** nucleon decay
нуклонный ~ nucleon decay
~ **очарованного адрона** charmed hadron decay
~ **очарованной частицы** charmed particle decay
параметрический ~ parametric decay
~ **пересыщенного твёрдого раствора** decomposition of the supersaturated solid solution
~ **пи-мезона** pion decay
~ **пиона** pion decay
пионный ~ pion decay
~ **плазменной конфигурации** plasma configuration decay
~ **плазмы** plasma decay
позитронный ~ positron [beta-plus] decay
~ **положительного мюона** positive muon decay
полуадронный ~ semihadronic decay
полулептонный ~ semileptonic decay
полуслабый ~ semiweak decay
~ **поляризованного мюона** polarized muon decay
последовательный ~ sequential decay
предпочтительный ~ favored decay
протонный ~ **ядра** proton decay of nucleus
прямой ~ direct decay

прямой резонансный ~ direct resonance decay
~ **путём захвата электрона** electron capture decay
радиационный ~ radiative decay
радиационный ~ **автоионизационного состояния** radiative decay of an autoionization state
радиоактивный ~ radioactive decay, radioactive disintegration
разветвлённый ~ branching decay, branching disintegration
разрешённый ~ allowed decay
редкий ~ rare decay
резонансный ~ resonant decay
релятивистский ~ relativistic decay
самопроизвольный ~ spontaneous decay
сверхбыстрый ~ superfast decay
сверхразрешённый ~ superallowed decay
~ **с захватом электрона** electron-capture decay
~ **с изменением странности** strangeness violation decay
сильный ~ strong decay
~ **скопления** *(звёздного)* dissociation of a cluster
слабый ~ weak decay
слабый адронный ~ weak hadronic decay
слабый ~ **мюона** weak muon decay
слабый радиационный ~ weak radiative decay
слабый ~ **элементарной частицы** weak particle decay
~ **с нарушением комбинированной чётности** CP-violating decay
~ **с нарушением симметрии** symmetry-violating decay
~ **с нарушением чётности** parity-violating decay
~ **с нарушением CP-инвариантности** CP-violating decay
спинодальный ~ spinodal decomposition
спонтанный ~ *(лазерного уровня)* spontaneous decay
~ **с сохранением комбинированной чётности** CP-conserving decay
~ **с сохранением странности** strangeness-conserving decay
~ **с сохранением чётности** parity-conserving decay
столкновительный ~ *кв. эл.* collisional decay
~ **странной частицы** strange particle decay
~ **твёрдого раствора** decomposition of solid solution
трёхлептонный ~ three-lepton decay
трёхфотонный ~ three-photon decay
трёхчастичный ~ three-body decay
туннельный ~ *фтт* tunnel decay
упругий ~ elastic decay
~ **уровня** *(лазерного)* laser level decay
фотонный ~ photon decay

цепной ~ chain decay
~ частицы particle decay
четырёхчастичный ~ four-body decay
экзотермический ~ exothermic disintegration
эксклюзивный ~ exclusive decay
эксклюзивный адронный ~ exclusive hadron decay
экспоненциальный ~ exponential decay
электромагнитный ~ *(элементарных частиц)* electromagnetic decay
электронный ~ electron decay
~ элементарной частицы particle decay
ядерный ~ nuclear decay, nuclear disintegration
~ ядра nuclear decay, nuclear disintegration
~ b-кварка b-quark decay
~ c-кварка c-quark decay
CP-запрещённый ~ CP forbidden decay
CP-инвариантный ~ CP invariant decay
CP-нечётный ~ CP odd decay
~ k-мезона kaon decay
распадаться *гл.* decay, disintegrate, decompose
распадность *ж.* decomposability
~ спектра spectrum decomposability
расписание *с.* schedule, time-table
~ остановок реактора reactor shut-down schedule
расплав *м.* melt
бинарный ~ binary melt
двухкомпонентный ~ double-component melt
полимерный ~ polymer melt
электронный ~ electron melt
расплавление *с.* meltdown
~ тепловыделяющего элемента fuel-element meltdown
расплывание *с.* blooming; spreading
дисперсионное ~ *(импульса)* dispersion spreading
диффузионное ~ diffuse spreading
~ импульса pulse spreading
~ капли drop blooming
~ пакета packet spreading
параметрическое ~ parametric spreading
тепловое ~ *(лазерного пучка)* thermal blooming
распознавание *с.* *(образов)* recognition, identification
голографическое ~ образов holographic pattern recognition
~ образов pattern identification, pattern recognition
оптическое ~ образов optical pattern [optical image] recognition
~ сигналов signal identification
~ символов character recognition
электрооптическое ~ electrooptical recognition
расположение *с.* *(атомов, кристаллов)* arrangement; pattern, geometry
~ атомов atomic arrangement
взаимное ~ relative position
~ вихрей vortex pattern

~ в междоузлии interstitial position
~ детекторов detector arrangement
неправильное ~ misalignment, misarrangement
относительное ~ relative arrangement
~ поверхности под ненулевым углом атаки yawed configuration
правильное ~ regular arrangement
пространственное ~ spatial arrangement
регулярное ~ regular arrangement
~ стержней rod pattern
ступенчатое ~ stepped arrangement
~ технологических каналов реактора piping geometry of the reactor
распределение *с.* distribution; *(о частотах радиоканалов, в системах памяти ЭВМ)* allocation
адронное ~ hadron distribution
~ амплитуды импульсов pulse-amplitude [pulse-height] distribution
анизотропное ~ anisotropic distribution
антимодальное ~ antimodal distribution
асимметричное ~ asymmetric(al) distribution
асимптотическое ~ asymptotic distribution
беннетовское ~ Bennett distribution
беспорядочное ~ random distribution
биномиальное ~ binomial distribution
~ Бозе - Эйнштейна Bose-Einstein distribution
~ Больцмана Boltzmann distribution
больцмановское ~ Boltzmann distribution
большое каноническое ~ Гиббса Gibbs grand canonical ensemble; Gibbs large canonical distribution
~ Вейбулла Weibull distribution
~ вероятности probability distribution
вертикальное ~ *(давления)* vertical distribution
~ вещества *(во Вселенной)* distribution of matter
~ в земле terrestrial distribution
~ Вигнера *яф* Wigner distribution
~ во времени time distribution
возрастное ~ age distribution
~ в пространстве spatial [space] distribution
~ времён пролёта time-of-flight distribution
~ в тканях tissue distribution
выборочное ~ sampling distribution
вырожденное ~ degenerate distribution
~ выхода по массам yield-mass distribution
~ галактик *(во Вселенной)* distribution of galaxies
~ Гаусса Gauss(ian) [normal] distribution
~ геомагнитного поля distribution of geomagnetic field
~ Гиббса Gibbs distribution
~ гидростатического давления hydrostatic pressure distribution
гладкое ~ smooth distribution
глубинное ~ depth distribution
глубинное ~ доз depth dose distribution
глубинное ~ примеси depth dopant distribution

глюонное ~ gluon distribution

горизонтальное ~ *(давления)* horizontal distribution

~ давления pressure law

~ давления по поперечному сечению *(потока)* pressure traverse, pressure profile

~ Давыдова Davydov distribution

двойное ~ double distribution

двугорбое ~ double-humped distribution

двумерное ~ two-dimensional distribution

~ деформаций strain distribution

дискообразное ~ plate-like distribution

дискретное ~ вероятности discrete probability distribution

~ дислокаций dislocation arrangement

~ доз dose distribution

~ доз ионизирующего излучения distribution of dose of ionizing radiation, radiation dose distribution

~ Дрювестейна Druyvesteyn distribution

~ зародышей по размерам *фтт* size distribution of nuclei

~ заряда в ядре nuclear charge distribution

~ зарядов charge distribution

зонарное ~ *(примесей)* zonal distribution

~ излучения от источника source-radiation distribution

~ излучения от точечного источника point-source distribution of radiation

измеренное ~ *(физической величины)* measured distribution

изобарно-изотермическое ~ Гиббса Gibbs isobaric-isothermal distribution

изотопическое ~ isotopic distribution

изотропное ~ isotropic distribution

~ имплантированных ионов по глубине проникновения depth profile of implanted ions

~ импульсов momentum distribution

инвариантное ~ invariant distribution

инклюзивное ~ inclusive distribution

интегральное ~ integral distribution

~ интенсивности intensity distribution

~ интенсивности излучения radiation-intensity distribution

~ ионизации по глубине ionization depth profile

~ ионов по зарядовым состояниям distribution of ions over charge states

истинное ~ *(физической величины)* true distribution

~ источников source distribution

исходное ~ initial distribution

~ каналов channel allocation

каноническое ~ canonical distribution

каноническое ~ Гиббса Gibbs canonical distribution

квазиравновесное ~ quasi-equilibrium distribution

квантовое микроканоническое ~ quantum microcanonical distribution

~ Колмогорова Kolmogorov distribution

конечномерное ~ finite-dimensional distribution

~ Коши Cauchy distribution

~ Ландау Landau distribution

логарифмически нормальное ~ log [logarithmically] normal distribution

локально-равновесное ~ *терм.* locally equilibrium distribution

~ Максвелла Maxwellian distribution

~ Максвелла - Больцмана Maxwell-Boltzmann distribution

максвелловское ~ *(напр. скоростей)* Maxwellian distribution

максвелловское ~ банановых частиц на магнитной поверхности banana particle Maxwellian distribution function on the magnetic surface

~ Маргенау - Льюиса Margenau-Lewis distribution

~ масс mass distribution

массовое ~ *фвэ* mass distribution

микроканоническое ~ microcanonical distribution

микроканоническое ~ Гиббса Gibbs microcanonical distribution

многомерное ~ Гаусса multidimensional Gauss distribution

многочастичное ~ many-particle distribution

модифицированное ~ Шварцшильда modified Schwarzschild distribution

модовое ~ mode distribution

~ нагрузки load distribution

~ напряжений stress distribution

~ напряжений в вершине трещины crack-tip stress distribution

~ напряжений на границе boundary stress distribution

~ населённости по возбужденным состояниям population distribution in the excited states

~ нейтронного потока neutron-flux distribution

~ нейтронов по скоростям neutron velocity distribution

неоднородное ~ inhomogeneous distribution

непрерывное ~ continuous distribution

непрерывное ~ скоростей continuous velocity distribution

неравновесное ~ nonequilibrium distribution

несимметричное ~ силы света asymmetrical luminous intensity distribution

нестационарное ~ nonstationary distribution

несферическое ~ aspherical [nonspherical] distribution

неустойчивое ~ nonstable distribution

нормальное ~ normal [Gauss(ian)] distribution

нормированное ~ normalized distribution

ограниченное ~ bounded distribution

~, ограниченное стенками wall-bounded distribution

одномерное ~ unidimensional [one-dimensional] distribution

однопараметрическое ~ one-parameter distribution

однородное ~ homogeneous [uniform] distribution

одночастичное ~ single-particle distribution

~ освещённости illuminance distribution

~ осколков по массам *яф* fragment mass distribution

относительное спектральное ~ энергии relative spectral energy distribution

~ отражённых частиц по углу angular distribution of reflected particles

~ отражённых частиц по энергии energy distribution of reflected particles

отрицательное биномиальное ~ negative binomial [Pascal] distribution

~ ошибок error distribution

~ падающих частиц incident-particle distribution

~ памяти *вчт* memory allocation

параболическое ~ parabolic distribution

~ Паскаля Pascal distribution

питч-угловое ~ заряженных частиц pitch-angle distribution of charged particles

~ Планка Planck distribution

плоское ~ flat distribution

~ плотности density distribution

~ плотности делений fission-density distribution

~ плотности замедления slowing-down distribution

~ плотности заряда charge-density distribution

~ плотности тока current-density distribution

~ по долготе longitude distribution

~ подъёмной силы lift distribution

~ показателя преломления refractive index distribution

полимодальное ~ polymodal distribution

полиномиальное ~ polynomial distribution

~ полного давления по поперечному сечению *(потока)* total head traverse, total head profile

полное ~ complete distribution

~ поля field distribution; field pattern

~ по массам mass distribution

~ по множественности *(частиц)* multiplicity distribution

~ по направлениям directional distribution

поперечное ~ transverse [lateral] distribution

~ Портера - Томаса Porter-Thomas distribution

~ по скоростям velocity distribution

~ потенциала potential distribution

~ потерь энергии energy-loss distribution

~ потока flux distribution, flux profile

~ потока нейтронов neutron-flux distribution

~ по углам angular distribution

~ по широте latitude distribution

~ по энергии energy distribution

предельное ~ limiting distribution

~ пробегов range distribution

продольное питч-угловое ~ field-aligned pitch-angle distribution

произвольное ~ arbitrary distribution

пространственное ~ spatial [space] distribution

пространственное ~ доз spatial dose distribution

пространственное ~ потока spatial flux distribution

~ Пуассона Poisson distribution

пуассоновское ~ Poisson distribution

~ пучка *(по многим каналам)* multibranched beam distribution

равновероятное ~ equally probable distribution

равновесное ~ equilibrium distribution

равномерное ~ uniform [even] distribution, equipartition

радиальное ~ radial distribution

~ радиоизотопов radionuclide distribution

размытое ~ diffuse distribution

~ Райса - Накагами Rice-Nakagami distribution

резонансное ~ resonance distribution

решётчатое ~ lattice distribution

~ Рэлея Rayleigh distribution

~ Рэлея - Джинса Rayleigh-Jeans distribution

~ Саха *физ. пл.* Saha distribution

сглаженное ~ потока smoothed [roof-topped] flux distribution

секториальное ~ *(примесей)* sectorial distribution

~ силовых линий line-of-force distribution

сильнонеравновесное ~ strongly non-equilibrium distribution

симметричное ~ symmetric(al) distribution

симметричное ~ силы света symmetrical luminous intensity distribution

~ скоростей velocity distribution, velocity profile

~ скоростей вокруг обтекаемого тела velocity distribution round the body

~ скоростей в пограничном слое boundary layer velocity profile

~ скоростей в поперечном сечении турбулентной струи velocity distribution in a transverse cross-section of the turbulent jet

~ скоростей в потоке жидкости в трубе velocity distribution for flow in a pipe

~ скоростей по поперечному сечению *(потока)* velocity traverse, velocity profile

случайное ~ random distribution

~ случайной величины random distribution

смещённое фермиевское ~ shifted Fermi distribution

спектральное ~ spectral distribution

спектральное ~ фотометрической величины spectral distribution of a photometric quantity

статистическое ~ statistical distribution

~ статического давления по поперечному сечению *(потока)* static pressure traverse, static pressure profile

стационарное неравновесное ~ *(колмогоровский спектр)* stationary nonequilibrium distribution

строго устойчивое ~ rigorously stable distribution

~ структур *(в нелинейной динамике)* pattern distribution

~ Стьюдента Student distribution

субпуассоновское ~ sub-Poisson distribution

суперпуассоновское ~ super-Poisson distribution

сферически симметричное ~ spherically symmetric distribution

температурное ~ temperature distribution

~ температуры в пограничном слое temperature distribution in the boundary layer

~ температуры по высоте temperature-height graph, temperature profile

~ тепла heat distribution

тепловое ~ thermal distribution

~ тепловых потоков heat flux distribution

трёхмерное ~ three-dimensional distribution

~ Тринора Treanor distribution

угловое ~ *(напр. излучения)* angular distribution

угловое ~ вылетающих электронов angular distribution of ejected electrons

угловое ~ продуктов реакции angular distribution of reaction products

угловое ~ фотоэлектронов angular distribution of photoelectrons

угловое ~ электронов при резонансной двухфотонной ионизации angular distribution of electrons from resonant two-photon ionization

~ удельной мощности power-density [specific power] distribution

~ уровней level distribution

усечённое ~ truncated distribution

усреднённое ~ averaged distribution

устойчивое ~ stable distribution

~ фаз phase distribution

~ Ферми Fermi distribution

~ Ферми - Дирака Fermi-Dirac distribution

фермиевское ~ плотности заряда charge-density Fermi distribution

~ фотоэлектронов photoelectron distribution

хи-квадратичное ~ chi-squared distribution

~ Хольцмарка Holtsmark distribution

центрированное ~ centered distribution

~ частиц отдачи recoil-particle distribution

~ частот *(между потребителями или системами)* frequency allocation

частотное ~ frequency distribution

частотно-угловое ~ frequency-angular distribution

~ Шварцшильда Schwarzschild distribution

экспериментальное ~ experimental [measured] distribution

экспоненциальное ~ exponential distribution

~ электрического заряда в атоме distribution of electric charge in the atom

~ электронов по высоте electron height distribution

~ электронов по энергиям distribution of electron energy

~ энергетической освещённости irradiance distribution

~ энергии energy distribution

~ энергии в спектре energy distribution in spectrum

~ энергии заряженных частиц energy distribution of charged particles

~ энергии осколков fragment-energy distribution

эргодическое ~ ленгмюровских волн ergodic distribution of Langmuir waves

~ Янга - Ли Yang-Lee distribution

~ яркости по диску Солнца brightness distribution across the Sun

распределённый *прил.* distributed

беспорядочно ~ randomly distributed

непрерывно ~ continuously distributed

равномерно ~ evenly distributed, uniform

распределитель *м.* distributor

~ импульсов pulse distributor

распространение *с.* propagation

~ активности activity spread

аномальное ~ *(радиоволн)* anomalous propagation

баллистическое ~ ballistic propagation

~ в авроральной зоне auroral-zone propagation

~ вверх по течению propagation upstream

вертикальное ~ vertical propagation

~ взаимодействий interaction propagation

~ вихрей shedding of vortices

~ вниз по течению propagation downstream

~ возмущения disturbance propagation

~ возмущения в потоке газа propagation of a disturbance in a gas flow

~ волн wave propagation, advance of waves

~ волн в горячей магнитоактивной плазме wave propagation in hot magnetoactive plasma

~ волн в неоднородной гиротропной среде wave propagation in nonuniform gyrotropic medium

~ волн в слоистых средах wave propagation in stratified media

~ волн в турбулентной среде wave propagation in a turbulent medium

волноводное ~ *(радиоволн)* guided [waveguide, duct] propagation

волноводное ~ радиоволн radio wave guided propagation

волноводное ~ света optical confinement

~ волновых пакетов propagation of wave packets

~ в пределах прямой видимости line-of-sight propagation

встречное ~ *(волн)* counterpropagation

~ высокочастотных радиоволн propagation of high-frequency radio waves

горизонтальное ~ horizontal propagation
~ **давления** propagation of pressure
дальнее ~ *(радиоволн)* long-distance [long-range] propagation
дальнее тропосферное ~ *(радиоволн)* long-distance tropospheric propagation
~ **детонационной волны** detonation wave propagation
загоризонтное ~ *(радиоволн)* over-the-horizon [beyond-the-horizon] propagation
~ **заряда** propagation of charge
~ **звука** propagation of sound
~ **звука в движущейся среде** propagation of sound in a moving medium
~ **звука в сверхтекучей жидкости** propagation of sound in superfluids
~ **звука по трубке** propagation of sound in a tube
~ **земной радиоволны** ground-wave propagation
~ **излучения** radiation propagation
изотропное ~ isotropic propagation
~ **импульсов** propagation of pulses
ионосферное ~ *(радиоволн)* ionospheric propagation
квазидиффузное ~ quasi-diffuse propagation
квазипоперечное ~ quasi-transverse propagation
квазипродольное ~ quasi-longitudinal propagation
~ **когерентного излучения** propagation of coherent radiation
корональное ~ *(солнечных космических лучей)* coronal propagation
~ **космического излучения** cosmic ray propagation
кругосветное ~ *(радиоволн)* round-the-world propagation
~ **лазерного пучка в атмосфере** laser beam propagation in the atmosphere
лучевое ~ ray propagation
~ **лучей** ray propagation
~ **магнитогидродинамических волн** propagation of magneto-hydrodynamic waves, hydromagnetic wave propagation
~ **магнитозвуковой волны поперёк магнитного поля** magnetosonic wave propagation across a magnetic field
межпланетное ~ *(солнечных космических лучей)* interplanetary propagation
метеорное ~ *(радиоволн)* meteor propagation
многолучевое ~ *(радиоволн)* multipath propagation
многомодовое ~ multimode propagation
многоскачковое ~ *(радиоволн в ионосфере)* multihop propagation
наклонное ~ oblique propagation
~ **нейтронов** neutron propagation
нелинейное ~ **волн** nonlinear wave propagation
~ **низкочастотных радиоволн** propagation of low-frequency radio waves

односкачковое ~ *(радиоволн)* single-hop propagation
~ **оптических волн** propagation of optical waves
~ **оптического излучения** optical propagation
~ **плазменных волн** propagation of plasma waves
поперечное ~ transverse propagation
продольное ~ longitudinal propagation
прямолинейное ~ rectilinear propagation
~ **радиоволн** propagation of radio waves, radio wave propagation
~ **радиоволн в высоких широтах** high-latitude propagation of radio waves
~ **радиоволн в ионосфере** propagation of radio waves in the ionosphere, ionospheric propagation of radio waves
~ **радиоволн в плазме** propagation of radio waves in plasma
~ **радиоволн в свободном пространстве** free-space propagation of radio waves
~ **радиоволн в тропосфере** propagation of radio waves in the troposphere, tropospheric propagation of radio waves
~ **разряда** discharge propagation
сверхдальнее ~ **звука** very long-distance propagation of sound
сверхдальнее ~ **радиоволн** very long-distance radio wave propagation
~ **света** propagation of light
~ **свистящих атмосфериков** propagation of whistling atmospherics
~ **СВЧ волн** microwave propagation
~ **скачка уплотнения** shock (wave) propagation
скачковое ~ **радиоволн** hop radio wave propagation
~ **солитона в волоконном световоде** soliton propagation in fiber
~ **солнечного ветра** solar wind propagation
~ **солнечных космических лучей** solar particle propagation
~ **спутной струи** wake spread
~ **трещины** crack propagation, crack extension
тропосферное ~ *(радиоволн)* tropospheric propagation
~ **ударной волны** shock (wave) propagation
~ **ударной волны по трубе** shock wave propagation in a pipe
~ **частиц** particle propagation
~ **электромагнитных волн** propagation of electromagnetic waves, electromagnetic wave propagation
~ **электронного пучка** electron beam propagation
~ **ядерного оружия** proliferation of nuclear weapons
распространённость *ж.* abundance
аномальная ~ anomalous abundance
~ **в процентах** percent abundance
~ **изотопов** isotopic abundance

космическая ~ элементов cosmic abundance of elements
~ лёгких элементов *(во Вселенной)* abundance of light elements
~ минерала mineral abundance
~ нуклидов nuclide abundance
относительная ~ *(изотопов)* relative abundance
относительная ~ нуклидов relative nuclide abundance
~ по массам mass abundance
химическая ~ chemical abundance
~ элементов *(во Вселенной)* element abundance, abundance of chemical elements
~ элементов в звёздах stellar abundance of elements
~ элементов в метеоритах meteorite abundance of elements
~ элементов во Вселенной element abundance in the Universe
~ элементов в природе natural abundance
распространяться *гл. (о волнах)* propagate
распутывание *с.* disentanglement
~ магнитных силовых линий disentanglement of magnetic field lines
распухание *с.* swelling
вакансионное ~ *(стали в ядерном реакторе)* vacansion swelling
радиационное ~ *(облучённого образца)* radiative swelling
~ урана swelling of uranium
распыление *с. физ. пов.* sputtering; spraying; atomization
анодное ~ anode sputtering
асимметричное ~ asymmetric sputtering
~ атомами отдачи sputtering by recoil atoms
~ бомбардировкой частицами sputtering by particle bombardment
~ в пламени flame spraying
высокочастотное ~ диэлектриков rf sputtering of insulators
~ жидкости liquid atomization
ионное ~ sputtering by ion bombardment, ion sputtering
~ ионной бомбардировкой sputtering by ion bombardment
катодное ~ cathode sputtering
магнетронное ~ magnetron sputtering
~ мишени sputtering of a target
многократное ~ multiple sputtering
неупругое ~ inelastic sputtering
обратное ~ back sputtering
~ под действием нейтронов sputtering by neutrons
реактивное ~ reactive sputtering
~ резиста *микр.* resist spraying
столкновительное ~ collision sputtering
~ струи jet dispersion
физическое ~ physical sputtering
химическое ~ chemical sputtering
электростатическое ~ electrostatic spraying
распылитель *м.* sprayer; atomizer

ультразвуковой ~ ultrasonic atomizer
центробежный ~ centrifugal atomizer
электростатический ~ electrostatic sprayer
рассвет *м.* dawn; sunrise
рассеиватель *м.* scatterer; *(света)* diffuser
дискретный ~ discrete scatterer
диффузный ~ completely diffusing diffuser
изотропный ~ isotropic scatterer
кольцевой ~ ring scatterer
комптоновский ~ Compton scatterer
ламбертовский ~ Lambert diffuser
нейтральный ~ neutral [nonselective] diffuser
~ нейтронов neutron scatterer
неселективный ~ nonselective [neutral] diffuser
неточечный ~ extended scatterer
поглощающий ~ absorptive scatterer
равномерный ~ *опт.* uniform diffuser
резонансный ~ resonance scatterer
рэлеевский ~ Rayleigh scatterer
~ света diffuser of light
селективный ~ selective diffuser
совершенный отражающий ~ perfect reflecting diffuser
совершенный пропускающий ~ perfect transmitting diffuser
сферически-симметричный ~ spherically symmetric scatterer
точечный ~ point scatterer
~ электронов electron scatterer
рассеиваться *гл. (о частицах или излучении)* scatter; *(об энергии или мощности)* dissipate
рассеяние *с.* 1. *(света, волн, частиц)* scattering; dispersal 2. *(энергии, мощности)* dissipation 3. *(разброс параметров, данных)* spread, dispersion
~ Ааронова - Бома Aharonov-Bohm scattering
адронное ~ hadron scattering
адрон-ядерное ~ hadron-nuclear scattering
активное вынужденное ~ света active stimulated light scattering
~ альфа-частиц alpha-particle scattering, scattering of alpha particles
амплитудно-поляризационное когерентное антистоксово ~ света amplitude-polarization coherent anti-Stokes Raman spectroscopy, amplitude-polarization CARS
анизотропное ~ *(света)* anisotropic scattering
аномальное ~ anomalous scattering
антисимметричное ~ antisymmetric scattering
антистоксово ~ света anti-Stokes light scattering
антистоксово комбинационное ~ света (АСКР) anti-Stokes Raman scattering
асимметричное ~ asymmetric scattering
атмосферное ~ atmospheric scattering
атомное ~ atomic scattering
аэрозольное ~ aerosol scattering

~ **Баба** Bhabha scattering
~ **без переворота спина** nonspin-flip scattering
беспорядочное ~ random scattering
боковое ~ side [lateral] scattering
бриллюэновское ~ Brillouin scattering
бриллюэновское ~ **света в магнетиках** Brillouin light scattering in magnets
брэгговское ~ Bragg scattering
~ **в воздухе** air scattering
~ **в дальней зоне** far-field scattering
~ **в дожде** rain scattering
~ **Вигнера** Wigner scattering
~ **в ионосфере** ionospheric scattering
виртуальное ~ virtual scattering
внутреннее ~ internal scattering
внутрипучковое ~ *(напр. в ускорителе)* intrabeam scattering
~ **внутрь** scattering-in, inscattering
~ **волн** wave scattering
~ **волн в плазме** wave scattering in plasma
~ **волн в случайно-неоднородной среде** wave scattering in randomly inhomogeneous medium
~ **волн на ионах** wave scattering by ions
~ **волн на коллапсирующих кавернах** wave scattering by collapsed cavities
~ **волн на неоднородной поверхности** wave scattering by inhomogeneous surface
~ **волн на неоднородностях** wave scattering by irregularities
~ **волн на одиночных объектах** wave scattering by single objects
~ **волн на случайной поверхности** wave scattering by random surface
~ **волн на статистически неровной поверхности** wave scattering by statistically rough surface
~ **волн на шероховатой поверхности** wave scattering by rough surface
~ **волн на электронах** wave scattering by electrons
~ **вперёд** forward scattering
вращательное комбинационное ~ **света** rotational Raman scattering
~ **в тропосфере** tropospheric scattering
вынужденное ~ induced [stimulated] scattering
вынужденное антистоксово комбинационное ~ stimulated anti-Stokes Raman scattering
вынужденное ~ **в крыле линии Рэлея** stimulated Rayleigh-wing scattering
вынужденное гиперкомбинационное ~ stimulated hyper-Raman scattering
вынужденное гиперпараметрическое ~ **света** stimulated hyperparametric light scattering
вынужденное комбинационное ~ **(ВКР)** *(света)* stimulated Raman scattering, SRS
вынужденное комбинационное ~ **с переворотом спина** stimulated spin-flip Raman scattering

вынужденное комптоновское ~ stimulated [induced] Compton scattering
вынужденное концентрационное ~ stimulated concentration scattering
вынужденное ~ **крыла линии Рэлея** stimulated Rayleigh-wing scattering
вынужденное ~ **Мандельштама - Бриллюэна (ВРМБ)** stimulated Brillouin scattering, SBS
вынужденное ~ **на поляритонах** *кв. эл.* stimulated polariton scattering; stimulated Raman scattering by polaritons
вынужденное поляритонное ~ stimulated polariton scattering, stimulated Raman scattering by polaritons
вынужденное ~ **света** stimulated light scattering
вынужденное температурное ~ *(света)* stimulated thermal scattering
вынужденное температурное ~ **Бриллюэна** stimulated thermal Brillouin scattering
вынужденное температурное ~ **Рэлея** stimulated thermal Rayleigh scattering
вынужденное энтальпийное ~ stimulated enthalpy scattering
высокоэнергетическое ~ high-energy scattering
~ **гамма-излучения** scattering of gamma rays
гигантское комбинационное ~ **света** giant [surface-enhanced] Raman scattering
гиперкомбинационное ~ hyper-Raman scattering
гиперрэлеевское ~ *(света)* hyper-Rayleigh light scattering
глубоко неупругое ~ *ктп* deep inelastic scattering
глюон-глюонное ~ gluon-gluon scattering
двойное ~ double scattering
двукратное ~ double [second-order] scattering
двухканальное квантовое ~ two-channel quantum scattering
двухмагнонное ~ two-magnon scattering
двухфононное ~ **поляронов** two-phonon scattering of polarons
двухчастичное ~ two-body scattering
дельбрюковское ~ Delbrück scattering
дельбрюковское упругое ~ Delbrück elastic scattering
деформационное ~ *(носителей заряда)* deformation scattering
динамическое ~ **света** dynamic light scattering
дипольное ~ dipole scattering
дифракционное ~ *фвэ* diffraction scattering
дифракционное ~ **адронов** diffraction scattering of hadrons
дифракционное ~ **барионов на полупрозрачном ядре** diffraction baryon scattering by semitransparent nucleus
дифракционное ~ **на непрозрачном шаре** diffraction scattering by impenetrable sphere

дифференциальное ~ differential scattering

диффузное ~ diffuse scattering

диффузное ~ рентгеновских лучей diffuse X-ray scattering

диффузное хуанговское ~ diffuse Huang scattering

~ дырок *фпп* hole scattering

жёсткое адронное ~ hard hadron scattering

~, зависящее от спина spin-dependent scattering

~, зависящее от энергии energy-dependent scattering

запрещённое магнонное ~ forbidden magnon scattering

захватное ~ capture scattering

~ звука sound scattering, scattering of sound

~ звука в кристаллах sound scattering by crystals

~ звука в океане sound scattering in ocean

~ звука на взволнованной морской поверхности sound scattering by ruffle sea surface

~ звука на воздушных пузырьках в жидкости sound scattering by air bubbles in liquid

~ звука на дискретных неоднородностях sound scattering by discrete irregularities

~ звука на каплях дождя sound scattering by rain drops

~ звука на неровностях дна океана sound scattering by ocean floor irregularities

~ звука на поверхности океана sound scattering by ocean surface

~ звука на примесях *(в кристаллах)* sound scattering by impurities

~ звука на точечных дефектах *(в кристаллах)* sound scattering by point defects

~ звука на флуктуациях показателя преломления sound scattering by refractive index fluctuations

~ звуковых волн acoustic wave scattering

избирательное ~ selective scattering

излучательное неупругое ~ radiative inelastic scattering

~ излучения radiation scattering, scattering of radiation

изотропное ~ isotropic scattering

индуцированное ~ induced [stimulated] scattering

индуцированное ~ волн на ионах induced [stimulated] wave scattering by ions

индуцированное ~ волн на пучках быстрых электронов induced wave scattering by fast electron beams

индуцированное ~ волн на электронах induced [stimulated] wave scattering by electrons

индуцированное томсоновское ~ induced Thomson scattering

~ ионизирующего излучения в фотоэмульсии scattering of ionizing radiation in a photographic emulsion

~ ионов ion scattering

ионосферное ~ ionospheric scattering

квадратичное комбинационное ~ second-order Raman scattering

квадрупольное ~ quadrupole scattering

квазиклассическое ~ quasi-classical scattering

квазиоднократное ~ *(ионов)* quasi-single scattering

квазиупругое ~ quasi-elastic scattering

квазиупругое ~ света quasi-elastic light scattering

кварк-антикварковое ~ quark-antiquark scattering

кварк-глюонное ~ quark-gluon scattering

классическое ~ classical scattering

клейн-нишиновское ~ Klein-Nishina scattering

когерентное ~ coherent scattering

когерентное антистоксово комбинационное ~ света (КАРС) coherent anti-Stokes Raman scattering, CARS; coherent anti-Stokes [active] Raman spectroscopy

когерентное антистоксово ~ света coherent anti-Stokes Raman scattering, CARS; coherent anti-Stokes [active] Raman spectroscopy

когерентное неупругое ~ нейтронов coherent inelastic neutron scattering

когерентное ~ света coherent scattering of light

когерентное стоксово ~ света (КСРС) coherent Stokes Raman scattering, CSRS

колебательное ~ vibrational scattering

колебательное комбинационное ~ света vibrational Raman scattering

комбинационное ~ *(света)* Raman scattering

комбинационное ~ высших порядков higher-order Raman effects

комбинационное ~ света Raman scattering

комбинационное ~ света на магнонах Raman scattering by magnons

комбинационное ~, усиленное поверхностью surface-enhanced Raman scattering

комптоновское ~ Compton scattering

~ Кондо Kondo scattering

концентрационное ~ *(света)* concentration scattering

кооперативное ~ света cooperative light scattering

корпускулярное ~ corpuscular scattering

~ космических лучей cosmic-ray scattering

критическое ~ critical scattering

критическое диффузное ~ *(рентгеновских лучей)* critical diffuse scattering

критическое магнитное ~ нейтронов critical magnetic neutron scattering

критическое ~ света critical scattering of light

кулоновское ~ Coulomb scattering

~ Лауэ - Брэгга Laue-Bragg scattering

~ лёгкой частицы с массой *m* и зарядом *e* на тяжёлой частице с зарядом *Ze* scattering of a light particle with mass *m* and charge *e* by a heavy particle with charge *Ze*

~ **ленгмюровских волн на вынужденных флуктуациях плотности** Lengmuir wave scattering by induced density fluctuations

~ **ленгмюровских волн на электронах** Langmuir wave scattering by electrons

линейное ~ linear scattering

ложное ~ spurious scattering

магнитное ~ magnetic scattering

магнитное ~ **нейтронов** magnetic scattering of neutrons, magnetic neutron scattering

магнитное неупругое ~ **нейтронов** inelastic magnetic scattering of neutrons

магнито-рамановское ~ magneto-Raman scattering

магнон-магноное ~ magnon-magnon scattering

магнон-фононное ~ magnon-phonon scattering

малоугловое ~ small-angle scattering

малоугловое ~ **нейтронов** small-angle neutron scattering

малоугловое ~ **рентгеновского излучения** small-angle X-ray scattering

малоугловое упругое ~ **электрона** small angle elastic electron scattering

~ **Мандельштама - Бриллюэна** *(света)* Brillouin scattering

мандельштам-бриллюэновское ~ *(света)* Brillouin scattering

~ **медленных нейтронов** scattering of slow neutrons

междолинное ~ *фпп* intervalley scattering

межмодовое ~ intermode scattering

межэлектронное ~ electron-electron [ee] scattering

межэлектронное ~ **с перебросом** electron-electron umklapp scattering

~ **мезонов** meson scattering

~ **мезонов на нуклонах** meson-nucleon scattering

~ **мезонов нуклонами** meson-nucleon scattering

мёллеровское ~ Möller scattering

~ **Ми** Mie scattering

~ **микрочастиц** scattering of microparticles

многоканальное ~ multichannel scattering

многоканальное когерентное ~ multichannel coherent scattering

многократное ~ multiple [plural] scattering

многократное брэгговское ~ multiple Bragg diffraction

многократное ~ **волн на частицах** multiple wave scattering by particles

многократное ~ **космических лучей** multiple scattering of cosmic rays

многократное кулоновское ~ multiple Coulomb scattering

многократное ~ **света** multiple scattering of light

многофотонное комбинационное ~ multiphoton Raman scattering

многофотонное ~ **света** multiphoton light scattering

молекулярное ~ *(света)* molecular scattering

~ **монохроматического излучения** scattering of monochromatic radiation

моттовское ~ Mott scattering

~ **мощности** dissipation of power, power dissipation

~ **на акустических фононах** *фпп* scattering by acoustic phonons, acoustic-phonon scattering

~ **на аноде** plate [anode] dissipation

~ **на большие углы** large-angle scattering

~ **на газе в ускорителе** gas scattering in a particle accelerator

~ **на границах зёрен** grain-boundary scattering

~ **на дефектах** defect scattering, scattering by defects

~ **на доменных границах** domain-wall scattering

~ **назад** back(ward) scattering, backscattering

~ **на заряженных примесях** scattering by charged impurities

~ **на колебаниях решётки** lattice-vibration scattering

~ **на кристаллах** scattering by crystals

~ **на малые углы** small-angle scattering

~ **на молекулах газа** *(напр. в ускорителе)* gas scattering

~ **на непрозрачном шаре** scattering by impenetrable sphere

~ **на оптических фононах** scattering by optical phonons, optical-phonon scattering

~ **на остаточном газе** scattering by residual gas

~ **на поляритонах** polariton scattering

~ **на потенциале, имеющем сильно отталкивающую сердцевину** scattering by a potential having a strongly repulsive core

~ **на примесных атомах** scattering by impurity atoms, impurity-atom scattering

~ **на примесях** impurity scattering

~ **на решётке** lattice scattering

~ **наружу** outward scattering

~ **на свободных электронах** free-electron scattering

~ **на связанных атомах** bound-atom scattering

насыщенное обратное ~ saturation backscattering

~ **на точечном рассеивателе** point scattering

~ **на флуктуациях состава** scattering by composition fluctuations

~ **на фононах** scattering by phonons

~ **на частицах** scattering by particles, particle scattering

~, **не зависящее от спина** spin-independent scattering

~, **не зависящее от энергии** energy-independent scattering

нейтронное малоугловое ~ small-angle neutron scattering

~ нейтронов neutron scattering

~ нейтронов на кристаллах neutron scattering by crystals, scattering of neutrons by crystals

~ нейтронов на протонах neutron scattering by protons, neutron-proton scattering

~ нейтронов протонами neutron scattering by protons, neutron-proton scattering

некогерентное ~ incoherent scattering

некогерентное антистоксово ~ incoherent anti-Stokes scattering

некогерентное неупругое ~ нейтронов incoherent inelastic neutron scattering

некогерентное ~ радиоволн incoherent radio scattering

нелинейное ~ света nonlinear light scattering

немагнитное ~ nonmagnetic scattering

~ неполяризованного света scattering of nonpolarized light

~ непроницаемой сферой scattering by impenetrable sphere

нерезонансное ~ nonresonance scattering

нерелятивистское ~ nonrelativistic scattering

несмещённое ~ nonshifted scattering

несмещённое рэлеевское ~ в сильном поле nonshifted Rayleigh scattering in a strong field

нестационарное вынужденное комбинационное ~ transient stimulated Raman scattering

нестационарное когерентное ~ transient coherent scattering

неупругое ~ inelastic scattering

неупругое ~ нейтронов inelastic neutron scattering, inelastic scattering of neutrons

неупругое ~ нейтронов в жидкостях inelastic neutron scattering by liquids

неупругое ~ нейтронов в кристаллах inelastic neutron scattering by crystals

неупругое ~ нейтронов на ядрах inelastic neutron scattering by nuclei

неупругое ~ света inelastic light scattering

неупругое ~ электрона на атоме inelastic scattering of an electron by atom

неупругое ~ электрона на положительном водородоподобном ионе inelastic scattering of an electron by positive hydrogenlike ion

неупругое ~ электронов inelastic electron scattering

неупругое захватное ~ capture inelastic scattering

неупругое магнитное ~ нейтронов inelastic magnetic scattering of neutrons

низкоэнергетическое ~ low-energy scattering

~ носителей заряда carrier scattering

нуклон-нуклонное ~ nucleon-nucleon scattering

~ нуклонов на ядре nucleon-nucleus scattering

~ нуклонов нуклонами nuclon-nucleon scattering

обменное ~ exchange scattering

обратное ~ backscattering, backward [inverse] scattering

обратное ~ нейтронов neutron backscattering

обратное резерфордовское ~ Rutherford backscattering

обращённое комбинационное ~ inverse Raman scattering, inverse Raman effect

объёмное ~ volume scattering

однократное ~ single [first-order] scattering

одномагнонное ~ света single-magnon scattering of light

однофононное ~ нейтронов single-phonon scattering of neutrons

однофононное ~ поляронов single-phonon scattering of polarons

однофононное ~ рентгеновских лучей single-phonon X-ray scattering

одночастичное ~ single-particle scattering

~ от стен помещения room scattering

паразитное ~ parasitic scattering

парамагнитное ~ *(нейтронов)* paramagnetic scattering

параметрическое ~ *(света)* parametric light scattering

переходное ~ transient scattering

~ пи-мезонов pion scattering

~ пи-мезонов на нуклонах pion-nucleon scattering

~ пи-мезонов нуклонами pion-nucleon scattering

пион-нуклонное ~ pion-nucleon scattering

питч-угловое ~ pitch-angle scattering

плазмонное диффузное ~ plasmon diffuse scattering

поверхностное ~ surface scattering

поверхностное когерентное антистоксово комбинационное ~ surface coherent anti-Stokes Raman scattering

поверхностное обратное ~ рентгеновского излучения X-ray surface backscattering

поверхностно усиленное рамановское ~ surface-enhanced [giant] Raman scattering

~ под малыми углами small-angle scattering

поляризационное ~ *(носителей заряда)* polarization scattering

поляризационное когерентное антистоксово ~ света polarization coherent anti-Stokes Raman spectroscopy, polarization CARS

~ поляризованных нейтронов scattering of polarized neutrons

~ поляризованных частиц scattering of polarized particles

~ поляронов polaron scattering

попутное вынужденное ~ concurrent stimulated scattering

потенциальное ~ *(нейтронов)* potential scattering

потенциальное ~ на ядрах potential scattering by nuclei
преимущественное ~ preferential scattering
~ при высокой энергии high-energy scattering
~ при малой энергии low-energy scattering
~ при нулевой энергии zero-energy scattering
~ протонов proton scattering
~ протонов на протонах proton-proton scattering
~ протонов протонами proton-proton scattering
прямое ~ forward scattering
равномерное ~ *опт.* uniform diffusion
~ радиоволн radio scattering
~ радиоволн в дожде rain radio scattering
~ радиоволн в ионосфере ionospheric radio scattering
~ радиоволн в тропосфере tropospheric radio scattering
~ радиоволн на взволнованной поверхности моря radio scattering by ruffle sea surface
~ радиоволн на метеорных следах radio scattering by meteor trails
~ радиоволн на неоднородностях земной поверхности radio scattering by irregularities of the earth surface
~ радиоволн на флуктуациях электронной плотности radio scattering by electron density fluctuations
ракурсное ~ aspect scattering
рамановское ~ Raman scattering
резерфордовское ~ Rutherford scattering
резерфордовское обратное ~ Rutherford backscattering
резонансное ~ resonance [resonant] scattering
резонансное гиперкомбинационное ~ resonant hyper-Raman scattering
резонансное комбинационное ~ света resonant Raman scattering
резонансное ~ медленных электронов на атомах resonant scattering of slow electrons by atoms
~ рентгеновских лучей X-ray scattering, scattering of X-rays
~ рентгеновского излучения X-ray scattering, scattering of X-rays
~ рентгеновского излучения в газах X-ray scattering by gases
~ рентгеновского излучения в жидкостях X-ray scattering by liquids
~ рентгеновского излучения в твёрдом теле X-ray scattering by solids
~ рентгеновского излучения на кристаллах X-ray scattering by crystals, scattering of X-rays by crystals
~ рентгеновского излучения электронами scattering of X-rays by electrons
рентгеновское малоугловое ~ small-angle X-ray scattering
рэлеевское ~ Rayleigh scattering

рэлеевское ~ света Rayleigh light scattering
~ Рэлея - Дебая Rayleigh-Debye scattering
самодифракционное ~ self-diffraction scattering
~ света light scattering, scattering of light
~ света в газах light scattering by gases
~ света в гелях light scattering by gels
~ света в дисперсной среде light scattering by dispersive medium
~ света в жидкостях light scattering by liquids
~ света в кристаллах light scattering by crystals
~ света в мутной среде light scattering by turbid medium
~ света в оптически толстых средах light scattering by optically thick media
~ света в оптически тонких средах light scattering by optically thin media
~ света в плоскости *(волновода)* in-plane scattering
~ света в растворах light scattering by solutions
~ света в твёрдых телах light scattering by solids
~ света коллоидами light scattering by colloids
~ света макроскопическими неоднородностями light scattering by macroscopic irregularities
~ света на либрациях молекул light scattering by molecular libration
~ света на поверхностных волнах light scattering by surface waves
~ света на свете scattering of light by light
~ света на сдвиговых волнах light scattering by sheer waves
~ света на спиновых волнах light scattering by spin waves
~ света на упругой волне light scattering by elastic wave
~ света на флуктуациях концентрации light scattering by concentration fluctuations
~ света на шаровых частицах Mie scattering, light scattering by spherical particles
~ света на электронах light scattering by electrons
~ света отдельным атомом light scattering by single atom
~ свободными дырками free-hole scattering
~ свободными зарядами free-carrier scattering
~ свободными электронами free-electron scattering
~ СВЧ волн microwave scattering
селективное ~ selective scattering
синглетное ~ singlet scattering
случайное ~ random scattering
смещённое ~ shifted scattering
~ с образованием промежуточного ядра capture scattering
~ с переворотом спина spin-flip scattering
~ с перезарядкой charge-exchange scattering

спин-орбитальное ~ spin-orbit scattering

спонтанное ~ *(света)* spontaneous scattering

спонтанное антистоксово комбинацион-
ное ~ *(света)* spontaneous anti-Stokes Raman
scattering

спонтанное ~ **волн на пучках быстрых**
электронов spontaneous scattering of waves
by fast electron beams

спонтанное комбинационное ~ spontaneous Raman scattering

спонтанное параметрическое ~ spontaneous parametric scattering

спонтанное ~ **света** spontaneous light
scattering

среднее ~ average scattering

стимулированное ~ induced [stimulated]
scattering

стоксово комбинационное ~ **света** Stokes
Raman scattering

стоксово ~ **света** Stokes light scattering

столкновительное ~ collisional scattering

стохастическое ~ stochastic scattering

суперрадиационное ~ *астр.* superradiative
scattering

сферически-симметричное ~ spherically-
symmetric scattering

~ **твёрдой сферой** scattering by rigid sphere

температурное ~ *(света)* thermal scattering

температурное ~ **света** thermal scattering of
light

теневое ~ shadow scattering

~ **тепла** heat dissipation

тепловое ~ **света** thermal scattering of light

~ **тепловых нейтронов** scattering of thermal
neutrons

~ **типа** *ee (oo, oe, eo)* type *ee (oo, oe, eo)*
scattering

~ **Томсона** *(света)* Thomson scattering

томсоновское ~ *(света)* Thomson scattering

томсоновское упругое ~ Thomson elastic
scattering

транспортное ~ transport scattering

трёхфотонное ~ **света** three-photon light
scattering

трёхчастичное ~ three-body [three-particle]
scattering

триплетное ~ triplet scattering

тройное ~ triple scattering

тропосферное ~ tropospheric scattering

турбулентное ~ turbulent dissipation

ударное ~ impact scattering

упругое ~ elastic scattering

упругое ~ **волны на возмущениях плот-**
ности плазмы elastic wave scattering by
plasma density perturbations

упругое ~ **ленгмюровских волн** elastic
scattering of Langmuir waves

упругое ~ **микрочастиц** elastic scattering of
microparticles

упругое ~ **с образованием промежуточно-**
го ядра capture elastic scattering

упругое ~ **электронов** elastic electron
scattering

упругое ~ **электронов на атоме** elastic
scattering of electrons by atom

упругое захватное ~ capture elastic
scattering

усиленное комбинационное ~ **света**
(спектроскопический метод) enhanced
Raman scattering of light

флуоресцентное ~ fluorescent scattering

~ **фононов** phonon scattering

фонон-фононное ~ phonon-phonon scattering

фотоиндуцированное ~ **света** photoinduced
light scattering

~ **фотонов** photon scattering, scattering of
photons

~ **фотонов на фотонах** photon-photon scattering, scattering of photons by photons

фотоупругое ~ photoelastic scattering

хаотическое ~ random scattering

~ **холодных нейтронов** cold-neutron scattering, scattering of cold neutrons

~ **Хуанга** *крист.* Huang scattering

~ **частиц** particle scattering, scattering of particles

~ **частиц на большие углы** large-angle scattering of particles

четырёхфотонное ~ *кв. эл.* four-photon
(light) scattering

четырёхфотонное параметрическое ~ *кв.*
эл. four-photon parametric scattering

чистое ~ perfect scattering

чисто упругое ~ pure elastic scattering

~ **электромагнитных волн** electromagnetic
scattering

~ **электрона на атоме вблизи порога ио-**
низации electron-atom scattering near the
ionization threshold

электронное комбинационное ~ electron
Raman scattering

электронное ~ **света** electron scattering of
light

~ **электронов** electron scattering

~ **электронов на атомах** electron scattering
by atoms

~ **электронов на дефектах** electron scattering by defects

~ **электронов на колебаниях решётки**
electron scattering by lattice vibrations

~ **электронов на кристаллах** electron scattering by crystals

~ **электронов на магнонах** electron-magnon
scattering

~ **электронов на примесях** electron-impu-
rity scattering

~ **электронов на фононах** electron-phonon
scattering

~ **электронов на ядрах** electron scattering
by nuclei

~ **энергии** dissipation of energy, energy dissipation

~ **энергии вследствие турбулентности** turbulent dissipation of energy

~ **энергии радиоактивного излучения** radioactive power dissipation

ядерное ~ nuclear scattering

ядерное резонансное ~ nuclear resonance scattering

ядро-ядерное ~ nucleus-nucleus scattering

F-~ spread-F

n-частичное ~ n-particle scattering

p-волновое ~ p-wave scattering

s-волновое ~ s-wave scattering

рассеянный *прил.* scattered, diffuse

~ **вперёд** forward scattered

~ **в сторону** scattered sidewise

~ **многократно** multiply scattered

~ **назад** backward scattered

расслаивание *с.* layering, stratification, foliation, delamination

расслоение *с.* layering, stratification, foliation, delamination; *(в топологии, ктп и фвэ)* (fiber) bundle; foliation

ассоциированное ~ associated bundle

бесконечномерное ~ infinite-dimensional bundle

векторное ~ vector bundle

вещественное ~ real bundle

главное ~ principal (fiber) bundle

голоморфное векторное ~ holomorphic vector bundle

двумерное ~ two-dimensional bundle

касательное ~ tangent bundle

кватернионное ~ quaternionic bundle

комплексное ~ complex bundle

линейное ~ line bundle

линейное ~ **Квиллена** Quillen line bundle

микрофазное ~ **раствора** microphase solution layering

нетривиальное ~ nontrivial bundle

одномерное ~ line bundle

плоское ~ plane [flat] bundle

полустабильное векторное ~ semi-stable vector bundle

~ **по плоскостям спайности** cleavage foliation

~ **раствора** solution layering

стабильное векторное ~ stable vector bundle

тривиальное ~ trivial bundle

фазовое ~ **раствора** phase solution layering

~ **Хиггса** Higgs bundle

~ **Хопфа** Hopf bundle

рассмотрение *с.* consideration, treatment

аналитическое ~ analytical treatment

вероятностное ~ **переноса возбуждения** probabilistic treatment of excitation transfer

групповое ~ group treatment

квантово-механическое ~ quantum-mechanical consideration

молекулярное ~ **процесса перезарядки** molecular treatment of charge exchange process

одногрупповое ~ one-group treatment

приближённое ~ approximate treatment

термодинамическое ~ thermodynamic treatment

углублённое ~ advanced treatment

феноменологическое ~ phenomenological treatment

формальное ~ formal treatment

рассмотр/еть *гл.* consider ~**им систему ...** let us consider a system ...

рассогласование *с.* mismatch

~ **антенны** antenna mismatch

~ **импедансов** mismatch between impedances

~ **нагрузки** load mismatch

~ **по фазе** phase mismatch

рассогласованность *ж.* mismatch

рассредоточение *с.* dispersal, spread

расстеклование *с.* devitrification

расстояни/е *с.* distance; *(между объектами)* spacing, separation ⬚ **на равном** ~**и** equally spaced, equidistant

азимутальное ~ azimuthal distance

апогейное ~ apogee distance

афельное ~ aphelion distance

безопасное ~ safe distance

~ **в направлении течения** streamwise distance

~ **до звёзд** stellar distance

~ **до изображения** image distance

~ **до объекта** object distance

заднее фокусное ~ back [image-side] focal distance

~ **Земли от Солнца** Earth-Sun distance

зенитное ~ zenith distance

истинное зенитное ~ true zenith distance

критическое ~ critial distance

~ **максимального сближения** distance of closest approach

межатомное ~ interatomic distance, interatomic spacing

междоменное ~ interdomain distance

~ **между ближайшими соседями** *фтт* nearest neighbor distance

~ **между дислокациями** spacing of dislocations

~ **между зеркалами** *(оптического резонатора)* mirror spacing

~ **между массовыми линиями** mass-line separation

~ **между полюсами магнита** magnet pole separation

~ **между тепловыделяющими элементами** fuel-element spacing

~ **между узлами** internodal distance, nodal spacing

~ **между узловыми точками** internodal distance, nodal spacing

~ **между уровнями** *(энергии)* energy level spacing

~ **между центрами** center distance

~ **между частицами** interparticle spacing

~ **между электродами** electrode spacing

~ **между ядрами** internuclear separation
межнуклонное ~ internucleon distance
межплоскостное ~ *крист.* interplanar spacing
межэлектродное ~ interelectrode spacing
межядерное ~ internuclear distance
относительное ~ relative distance
переднее фокусное ~ front [object-side] focal distance
перигейное ~ perigee distance
перигелейное ~ perihelion distance
полярное ~ polar distance
прицельное ~ *(частицы)* impact parameter
пролётное ~ flight distance, flight length
~ **прямой видимости** line-of-sight distance
равновесное ~ equilibrium distance
равновесное межатомное ~ equilibrium interatomic distance
среднеквадратичное ~ root-mean-square [RMS] distance
суперинвариантное ~ superinvariant distance
угловое ~ angular distance; *(в двойной звезде)* angular separation
фокусное ~ focal distance, focal length
фотометрическое ~ *(до звезды)* luminosity distance
расстройка *ж.* detuning; mismatch
волновая ~ wave detuning
групповая ~ group detuning
~ **резонанса** resonance detuning
фазовая ~ phase mismatch
частотная ~ frequency mismatch
~ **частоты** frequency mismatch
расталкивание *с.* repulsion
кулоновское ~ Coulomb repulsion
~ **пространственного заряда** space-charge repulsion
электростатическое ~ *(зарядов)* electrostatic repulsion
раствор *м.* solution
азеотропный ~ azeotropic solution
~ **активной зоны** core solution
ассоциирующий ~ association solution
бинарный ~ binary solution
буферный ~ buffer solution
водный ~ aqueous [water] solution
водный ~ **родамина 6Ж** *кв. эл.* aqueous solution of rhodamine 6G
водный топливный ~ aqueous fuel solution
газообразный ~ gaseous solution
двухкомпонентный ~ two-component solution
дезактивационный ~ decontamination [decontaminating] solution
децинормальный ~ decinormal solution
~ **для травления** etching solution
дозиметрический ~ dosimeter solution
жидкий ~ liquid solution
жидкокристаллический ~ liquid-crystal solution
~ **зоны воспроизводства** blanket solution

идеальный ~ ideal [perfect] solution
изоморфный твёрдый ~ isomorphous solid solution
изотропный ~ isotropic solution
~ **индикатора** tracer solution
истинный ~ true solution
коллоидный ~ colloidal solution
концентрированный ~ concentrated solution
~ **красителя** *кв. эл.* dye solution
~ **макромолекул** macromolecular solution
маточный ~ mother [growth] solution, mother liquor
металлический ~ metal solution
микрогетерогенный ~ microheterogeneous solution
мицеллярный ~ micelle solution
многокомпонентный твёрдый ~ multi-component solid solution
молекулярный ~ molecular solution
молярный ~ molar solution
насыщенный ~ saturated solution
недосыщенный ~ undersaturated solution
неидеальный ~ nonideal solution
ненасыщенный ~ unsaturated solution
неподвижный ~ stagnant solution
неравновесный твёрдый ~ nonequilibrium solid solution
неупорядоченный твёрдый ~ disordered solid solution
низкотемпературный водный ~ low-temperature aqueous solution
нормальный ~ normal solution
~ **носителя** carrier solution
обеднённый ~ stripped solution
обрабатывающий ~ processing [treating] solution
образцовый ~ **радионуклида** radioactive standard solution
однокомпонентный твёрдый ~ single-component solid solution
отбеливающий ~ bleaching solution
~ **отходов** waste solution
очищающий ~ cleaning solution
первичный твёрдый ~ primary solid solution
перемешиваемый ~ stirred solution
перенасыщенный ~ supersaturated solution
перенасыщенный твёрдый ~ supersaturated solid solution
пересыщенный твёрдый ~ supersaturated solid solution
поверхностный ~ surface solution
~ **полимера** polymer solution
полимерный ~ polymer solution
полуразбавленный ~ semi-diluted solution
~ **продуктов деления** fission-product solution
промывной ~ scrub solution
пропиточный ~ impregnating solution
рабочий ~ process solution
равновесный ~ equilibrium solution
радиоактивный ~ radioactive solution

разбавленный ~ diluted solution
сбросной ~ waste solution
~ сильного электролита strong eletrolyte solution
слабый ~ diluted solution
смешанный ~ красителей *кв. эл.* mixed solution of dyes
~ соли solt solution
спиртовой ~ alcoholic solution
сцинтиллирующий ~ scintillating solution
твёрдый ~ solid solution
твёрдый ~ внедрения interstitial solid solution
твёрдый ~ замещения substitutional solid solution
~ топлива в жидком металле liquid-metal fuel solution
топливный ~ fuel solution
травильный ~ etching solution
трёхкомпонентный ~ three-component solution
упорядоченный твёрдый ~ ordered solid solution
физический ~ physical solution
химический ~ chemical solution
экстрагирующий ~ extract solution
~ электролита electrolytic solution
растворение *с.* dissolution
послойное ~ layer dissolution
растворенный *прил.* dissolved
растворимость *ж.* solubility
взаимная ~ mutual solubility
~ газов solubility of gases
~ неэлектролитов solubility of nonelectrolytes
~ полимеров solubility of polymers
равновесная ~ equilibrium solubility
~ трития tritium solubility
~ фуллеренов fulleren solubility
~ электролитов solubility of electrolytes
растворимый *прил.* soluble
~ в воде water-soluble
растворитель *м.* solvent
вымывающий ~ eluting solvent
гидрофобный ~ hydrophobic solvent
избирательный ~ selective solvent
неводный ~ nonaqueous solvent
неорганический ~ inorganic solvent
неполярный ~ nonpolar solvent
органический ~ organic solvent
плохой ~ bad solvent
полярный ~ polar solvent
сцинтиллирующий ~ scintillator solvent
хороший ~ good solvent
экстрагирующий ~ extractant, extractive solvent
раствор-расплав *м.* solution-melt
растекание *с.* diffluence, spreading
влажное ~ wet spreading
~ жидкости по поверхности liquid spreading on the surface
~ капли drop spreading

сухое ~ dry spreading
растр *м.* raster (pattern)
акустический ~ acoustical raster
гексагональный ~ hexagonal raster
гиперболический двумерный ~ Жирара hyperbolic two-dimensional Girard raster
~ Жирара Girard raster
зеркальный ~ mirror raster
кольцевой ~ ring raster
контактный ~ contact raster
линейный ~ linear raster
линзовый ~ lens raster
одномерный ~ single-dimensional raster
оптический ~ optical raster
плоский ~ plane [flat] raster
полутоновый ~ half-tone raster
поляризационный ~ polarization raster
призматический ~ prismatic raster
проекционный ~ projection raster
радиальный ~ radial raster
регулярный ~ regular raster
рентгеновский ~ X-ray raster
телевизионный ~ television raster
фазовый ~ phase raster
цветной ~ color raster
щелевой ~ slit raster
ячеистый ~ cellular raster
растрескивание *с.* cracking; spalling
коррозионное ~ corrosion cracking
коррозионное ~ под напряжением stress corrosion cracking
межкристаллитное ~ intergranular cracking
механическое ~ mechanical cracking; mechanical spalling
множественное ~ multiple cracking
~ с образованием сетки трещин multiple cracking
термическое ~ thermal cracking
термомеханическое ~ thermomechanical cracking
усадочное ~ shrinkage cracking
усталостное ~ fatigue cracking
растрескиваться *гл.* crack
растягивание *с.* stretching
~ импульса pulse stretching
~ развёртки sweep expansion
растяжение *с.* (ex)tension; stretching ☐ **работать на ~** work in tension
внецентровое ~ eccentric tension
всестороннее равномерное ~ dilatation, uniform (ex)tension
гидростатическое ~ hydrostatic tension
двухосное ~ biaxial tension
знакопеременное ~ alternate tension
локальное ~ local extension
~ магнитных силовых линий stretching of magnetic field lines
однократное ~ single tension
одноосное ~ uniaxial tension
однородное ~ uniform extension
пластическое ~ plastic extension
предварительное ~ tensile prestrain

простое ~ simple tension
совместное осевое ~ и кручение combined axial tension and torsion
трёхосное ~ triaxial tension
ударное ~ impact tension
упругое ~ elastic extension
растяжимость *ж.* extensibility, tensility
растяжимый *прил.* extensible, tensile
расфазирование *с.* misphasing
расфазировка *ж.* misphasing
расфокусирование *с.* defocusing
расфокусировка *ж.* defocusing
расход *м.* (rate of) flow; flow rate; discharge; consumption
весовой ~ weight (rate of) flow
~ воды water discharge
действительный ~ actual discharge
~ жидкого металла liquid-metal flow rate
~ жидкости fluid flow rate
~ источника source strength
массовый ~ *(жидкости или газа)* mass (rate of) flow
массовый секундный ~ mass (rate of) flow
мгновенный ~ instantaneous rate of flow
~ мощности power consumption
объёмный ~ volumetric rate of [volume] flow
объёмный ~ воздуха air flow rate
относительный массовый ~ *(в потоке)* mass (flow) ratio
~ пара stream consumption
полный ~ total rate of flow
постоянный ~ fixed rate of flow
~ просачивания на единицу сечения rate of percolation
секундный ~ rate of flow
секундный ~ жидкости rate of fluid flow
теоретический ~ theoretical discharge
эксплуатационные ~ы operating costs
элементарный ~ elementary rate of flow
~ энергии energy consumption, expenditure of energy
расходимост/ь *ж.* divergence
~, близкая к дифракционной divergence close to the diffraction limit
~, близкая к дифракционному пределу divergence close to the diffraction limit
дважды логарифмическая ~ double-log divergence
дифракционная ~ diffraction(-limited) divergence
~ интеграла столкновения collision term divergence
инфракрасные ~и *ктп* infrared divergences
исключённая ~ eliminated divergence
квадратичная ~ quadratic divergence
коллинеарные ~и *ктп* collinear divergences
критическая ~ critical divergence
~ ливня shower divergence
логарифмическая ~ logarithmic divergence
многократная логарифмическая ~ multiple logarithmic divergence
~ накачки pumping divergence

перекрывающиеся ~и overlap divergences
перенормированная ~ renormalized divergence
~ поля field divergence
~ пучка beam divergence
~ ряда divergence of series
~ сечения девозбуждения при пороговой энергии divergence of the deexcitation cross-section at the threshold
степенная ~ power divergence
существенная ~ essential divergence
тривиальная ~ trivial divergence
угловая ~ angular divergence
ультрафиолетовые ~и *ктп* ultraviolet divergences
расходомер *м.* flowmeter, flow gauge
безнапорный ~ free [open channel] flowmeter
~ Вентури Venturi meter
диафрагменный ~ orifice meter
~ для воздуха airflow meter
~ для газа gas flowmeter, flowmeter for gas
~ для жидкости fluid flowmeter
закрытый ~ closed flowmeter
клапанный ~ valve flowmeter
массовый ~ mass flowmeter
открытый ~ free [open channel] flowmeter
поплавковый ~ float flowmeter
~ с откидным клапаном hinged-gate measuring valve
~ с переменным живым сечением variable-area flowmeter
~ с постоянным живым сечением constant-area flowmeter
~ с сужающим устройством constriction flowmeter
электронный ~ electronic flowmeter
расходящийся *прил.* divergent, diverging
расхождение *с.* *(теории и опыта)* disagreement, discrepancy
значительное ~ между предсказанными теоретически и экспериментальными значениями singnificant discrepancy between the predicted and experimental values
~ между оценками и наблюдениями discrepancy between estimated and observed data
~ трещины crack separation
расхолаживание *с.* *(реактора)* reactor shutdown cooling
расцепление *с.* uncoupling
~ временн$\acute{\text{ы}}$х корреляций uncoupling of temporal correlations
расчёт *м.* **1.** *(вычисления)* calculation, computation **2.** *(конструирование)* design
вероятностный ~ probability calculation
гидравлический ~ реактора hydraulic design of a reactor
~ гофрировочных потерь альфа-частиц alpha particle ripple loss calculation
громоздкий ~ cumbersome calculation
двумерный ~ two-dimensional calculation
~ двухэлектронной системы two-electron system calculation

~ **долговечности** life prediction
каскадный ~ cascade calculation
~ **методом граничных элементов** boundary element computation, BEM analysis
~ **методом конечных элементов** finite element calculation, FEM analysis
~ **методом Монте-Карло** Monte-Carlo calculation
~ **методом разложения по атомным орбиталям** atomic orbital expansion calculation
~ **методом сильной связи** close-coupling calculation
~ **методом теории возмущений** perturbative computation
многоканальный ~ multichannel calculation
многомерный ~ many-dimensional calculation
модельный ~ model calculation
~ **на прочность** strength design
~ **на усталость** fatigue design
одноканальный ~ one-channel [single-channel] calculation
одномерный ~ one-dimensional calculation
поверочный ~ checking calculation
~ **по временному сопротивлению материала** ultimate strength design
подробный ~ detailed calculation
~ **по пределу текучести** yield stress design
~ **по разрушению** fracture design
приближённый ~ approximate calculation
~ **решётки** lattice calculation
самосогласованный ~ self-consistent calculation
~ **сечения захвата электрона** electron capture cross-section calculation
~ **сечения перезарядки методом классических траекторий** classical-trajectory calculation of the charge exchange cross-section
~ **системы регулирования** control system design
статистический ~ statistical calculation
строгий ~ rigorous calculation
теоретический ~ theoretical calculation
тепловой ~ **реактора** thermal design of a reactor
технологический ~ **реактора** process design of a reactor
точный ~ exact [accurate] calculation
~ **траектории** trajectory calculation
трёхмерный ~ three-dimensional calculation
феноменологический ~ phenomenological computation
четырёхмерный ~ four-dimensional calculation
численный ~ numerical calculation
~ **ядерного реактора** nuclear reactor calculation
ядерно-физический ~ **реактора** nuclear design of a reactor
расширение *с.* expansion, extension, dilatation
адиабатическое ~ adiabatic expansion

внезапное ~ *(сечения трубопровода)* abrupt [sudden] enlargement of a section
~ **Вселенной** Universe expansion
~ **газа в вакуум** free expansion
~ **галактики** galactic dilation
гидродинамическое ~ hydrodynamic expansion
гидродинамическое ~ **плазмы** hydrodynamic plasma expansion
~ **группы** group expansion
~ **диапазона** range expansion
дифференциальное ~ differential expansion
изотермическое ~ isothermal expansion
изотропное ~ isotropic expansion
из(о)энтропическое ~ isentropic expansion
из(о)энтропическое ~ **газа в сверхзвуковом сопле** isentropic gas expansion in supersonic nozzle
~ **импульса** pulse stretching
космологическое ~ cosmological expansion
линейное ~ linear expansion
необратимое ~ irreversible expansion
неоднородное ~ nonhomogeneous expansion
непрерывное ~ continuous expansion
нетривиальное ~ **группы** nontrivial group expansion
объёмное ~ cubical [volume, volumetric] expansion
однородное ~ homogeneous expansion
~ **оператора** operator expansion
остаточное ~ permanent [residual] expansion
~ **плазмы** plasma expansion
~ **плазмы в вакуум** plasma expansion into vacuum
поверхностное ~ superficial [surface] expansion
поперечное ~ lateral expansion
~ **потока** flow expansion
~ **представления** representation expansion
сверхзвуковое ~ *(газа)* supersonic expansion
~ **спутной струи** wake spread
стационарное ~ *(напр. плазмы)* stationary expansion
~ **струи** jet spread
сферически-симметричное ~ spherically symmetric expansion
сферическое ~ *(напр. плазмы)* spherical expansion
температурное ~ thermal expansion
тепловое ~ heat [thermal] expansion
тепловое изотропное ~ isotropic thermal expansion
тривиальное ~ **группы** trivial group expansion
расширитель *м.* stretcher, expander
~ **импульсов** pulse stretcher
призменный ~ **пучка** prism beam expander
~ **пучка** beam expander
расшифровка *ж. (напр. показаний прибора)* deciphering
~ **спектров** interpretation of spectra
расщепитель *м. (напр. лазерного пучка)* splitter

~ **атомного пучка** atomic beam splitter
~ **пучка** beam splitter
расщепление *с.* splitting; disintegration; separation; decomposition
ангармоническое ~ *(энергетических уровней)* anharmonic splitting
анизотропное ~ anisotropic splitting
~ **в магнитном поле** splitting in magnetic field, magnetic splitting
вращательное ~ *(спектральной линии)* rotational splitting
гигантское спиновое ~ **состояний** giant spin splitting of states
гидролитическое ~ hydrolytic splitting
~ **границ** *(зёрен)* boundary splitting
давыдовское ~ *(экситонных зон)* Davydov splitting
~ **дислокации** splitting of dislocation
дифракционное ~ diffraction splitting
~ **дрейфовой оболочки электрическим полем магнитосферы** splitting of drift shell by the magnetospheric electric field
дублетное ~ doublet splitting
естественное ~ natural disintegration
зеемановское ~ *(уровней энергии)* Zeeman splitting
зонное ~ band splitting
~ **зоны** band splitting
изоспиновое ~ isospin splitting
изотопическое ~ *(линии)* isotopic splitting
инверсионное ~ **уровня энергии** inversion splitting of energy level
квадрупольное ~ quadrupole splitting
конфигурационное ~ configuration splitting
~ **кристаллов** cleavage of crystals
кулоновское ~ Coulomb disintegration
~ **линии** line splitting
магнитное ~ magnetic splitting
~ **магнитных поверхностей** magnetic surface splitting
~ **магнитных поверхностей под действием резонансных возмущений** magnetic surface splitting due to resonant perturbations
магнитоионное ~ magnetoionic splitting
~ **моды** mode splitting
~ **мультиплета** multiplet splitting
мультиплетное ~ multiplet splitting
обменное ~ *фмя* exchange splitting
~ **оболочки** *(магнитосферы)* shell splitting
~ **основного состояния** ground-state splitting
~ **пучка** beam splitting
~ **радиоволны** *(в результате двойного лучепреломления)* radio wave splitting
~ **резонанса** resonance splitting
~ **сверхпроводящего перехода** splitting of the superconducting transition
сверхтонкое ~ *(спектральных линий)* hyperfine splitting
~ **состояний** splitting of states
~ **спектральных линий** spectral-line [spectroscopic] splitting

спектроскопическое ~ spectroscopic splitting
спиновое ~ spin splitting
спин-орбитальное ~ *(уровней энергии)* spin-orbit splitting
спин-спиновое ~ spin-spin splitting
тонкое ~ *(уровней энергии)* fine splitting
~ **тонкой структуры** fine structure splitting
~ **траекторий** splitting of trajectories
туннельное ~ *(уровней энергии)* tunnel splitting
~ **уровней** level splitting; splitting of levels
штарковское ~ *(уровней энергии)* Stark splitting
электромагнитное ~ electromagnetic splitting
электронное ~ electronic splitting
~ **ядра** nuclear fission, nuclear disintegration
расщепляющийся *прил.* fissile
рафинирование *с. (металлов)* refining
химическое ~ chemical refining
электролитическое ~ electrolytic refining
рацемат *м. опт.* racemic compound
рацемизация *ж. (образование рацемата)* racemization
рационализация *ж.* rationalization
реабсорбция *ж.* reabsorption
синхротронная ~ synchrotron reabsorption
реагент *м.* agent, reagent, reactant
диспергирующий ~ dispersion reagent
комплексообразующий ~ complexing agent
отбеливающий ~ bleaching agent
смачивающий ~ wetting agent
хелатооразующий ~ chelating agent
реагирование *с.* response, reaction
реагировать *гл. (вступать в реакцию)* react (with); *(откликаться)* respond (to); react (to)
реактанс *м. (реактивное сопротивление)* reactance
реактив *м. хим.* reagent, chemical agent
~ **для травления** etchant
меченый ~ labelled reagent
реактивность *ж. (системы)* reactivity
~ **выключенного реактора** shut-down reactivity
запаздывающая ~ delayed reactivity
избыточная ~ excess reactivity
мгновенная ~ prompt reactivity
остаточная ~ shut-down reactivity
отрицательная ~ negative reactivity
~, **усреднённая во времени** time-averaged reactivity
ядерная ~ nuclear reactivity
~ **ядерного реактора** reactivity of nuclear reactor
реактивный *прил.* reactive
реактор *м.* reactor
автономный ~ autonomous [self-contained] reactor
апериодический импульсный ~ aperiodic pulsed reactor

атомный ~ nuclear reactor, nuclear pile

баковый ~ tank(-type) reactor

бассейновый ядерный ~ swimming-pool type nuclear reactor

башенный ядерный ~ column nuclear [tower] reactor

~ без воспроизводства топлива burner, nonregenerative reactor

~ без замедлителя unmoderated reactor

безопасный маломощный ~ для критических экспериментов safe low-power critical reactor

~ без отражателя bare [naked, unreflected] reactor

~ без охлаждения uncooled reactor

бериллиевый ядерный ~ beryllium(-moderated) nuclear reactor

бесконечно большой ~ infinite reactor

бесконечный плоский ~ infinite slab reactor

блочный ядерный ~ lumped nuclear reactor

~ большой мощности high-power reactor

быстрый ~ fast reactor

быстрый ядерный ~ fast nuclear reactor

~ взрывного типа burst reactor

взрывной импульсный ~ explosive pulsed reactor

виртуальный ~ virtual reactor

водный гомогенный ~ aqueous homogeneous reactor

водо-водяной ~ (ВВР) water-moderated water-cooled reactor

водо-водяной энергетический ~ (ВВЭР) water-moderated water-cooled power reactor

воспроизводящий ~ regenerative reactor, breeder

вторичный ~ secondary reactor

высокопроизводительный ~ high-performance reactor

высокотемпературный ~ high-temperature reactor

высокоэффективный ~ high-performance reactor

газографитовый ~ gas-cooled graphite-moderator reactor

газоохлаждаемый ядерный ~ gas-cooled nuclear reactor

газофазный ядерный ~ gas-phase nuclear reactor

гелиевый ядерный ~ helium(-cooled) nuclear reactor

гетерогенный ядерный ~ heterogeneous nuclear reactor

гибридный термоядерный ~ hybrid fusion [fusion-fission] reactor

гибридный ядерный ~ hybrid nuclear reactor

«голый» ядерный ~ bare nuclear reactor

гомогенный ~ на жидком топливе luquid homogeneous reactor

гомогенный ~ на твёрдом топливе solid homogeneous reactor

гомогенный ядерный ~ homogeneous nuclear reactor

горячий ~ hot reactor

горячий критический ~ hot critical reactor

горячий неотравленный ~ hot clean reactor

графито-водный ~ graphite-water reactor

графитовый ~ graphite-moderated reactor

графито-натриевый ~ graphite-moderated sodium-cooled [graphite-sodium] reactor

графито-урановый ~ graphite(-moderated) uranium reactor

~ двойного назначения dual-purpose [double-purpose] reactor

двухзонный ~ two-region reactor

двухцелевой ~ dual-purpose [double-purpose] reactor

действующий ~ going [operating] reactor

дейтерий-натриевый ~ deuterium-sodium reactor

дейтерий-тритиевый ~ D-T [deuterium-tritium] reactor

демонстрационный термоядерный ~ demonstration fusion reactor

демонстрационный ядерный ~ demonstration nuclear reactor

~ для двигателей космического аппарата space propulsion reactor

~ для двигателя летательного аппарата aircraft propulsion reactor

~ для испытания материалов material-testing reactor

~ для исследований и испытаний research and test reactor

~ для медицинских исследований medical-research reactor

~ для облучения irradiation reactor

~ для обработки материалов material processing reactor

~ для опреснительной установки desalination reactor

~ для подводной лодки submarine reactor

~ для производства изотопов isotope production reactor

~ для производства плутония plutonium production reactor

~ для производства плутония и энергии plutonium and power reactor

~ для производства технологического тепла process heat reactor

~ для производства трития tritium production reactor

~ для производства урана-233 uranium-233 production reactor

~ для тепловых исследований thermal-research reactor

~ для терапевтических целей medical-therapy reactor

~ для физических и технических исследований physical and technical research reactor

~ для ядерных испытаний nuclear-test reactor

жидкометаллический ядерный ~ metal-liquid nuclear reactor

~ жидкостного типа liquid-type reactor
загруженный ~ loaded reactor
изотопный ядерный ~ isotope-production nuclear reactor
импульсный ~ pulsed reactor
импульсный дейтериево-тритиевый ~ pulsed D-T reactor
импульсный термоядерный ~ pulsed fusion reactor
интегральный ~ integral reactor
испытательный ~ test(ing) reactor
исследовательский ~ research reactor
канальный ~ pressure tube [channel-type] reactor
канальный ~ большой мощности (РБМК) high-power channel-type reactor
каталитический обменный химический ~ catalytic-exchange chemical reactor
квазигомогенный ~ quasi-homogeneous reactor
квазистационарный термоядерный ~ quasi-steady fusion reactor
керамический ~ ceramic(-type nuclear) re-actor
кипящий ~ boiling water reactor, water-boiler-type reactor
кипящий ~ сверхвысокой мощности super-power water boiler
кипящий ~ с перегревом super-heating boiling reactor
кипящий тяжеловодный ~ boiling heavy-water reactor
~ колодезного типа well-type reactor
корабельный ~ ship [naval] reactor
корпусный ~ tank(-type) reactor
критический ~ critical reactor
кубический ~ cubic [cube] reactor
~ лампообразной формы light bulb reactor
легководный ядерный ~ light-water nuclear reactor
~ малой мощности low-power reactor
маломощный ~ low-power reactor
материаловедческий ~ material testing reactor
Международный термоядерный экспериментальный ~ International Thermonuclear Experimental Reactor, ITER
многозонный ~ multiple-region reactor
многосекционный ~ multiple-section reactor
многоцелевой ~ multipurpose reactor
~ на быстрых нейтронах fast reactor, fast neutron reactor
~ на высокообогащённом топливе high-enrichment reactor, highly enriched reactor
~ на газообразном топливе gas-fueled reactor
~ на дисперсном топливе fuel dispersion reactor
надкритический ~ supercritical [above-critical] reactor
надтепловой ~ epithermal reactor

~ на естественном уране natural-uranium reactor
~ на жидкометаллическом топливе liquid-metal fuel reactor
~ на жидком топливе fluid-fueled [liquid-fuel] reactor
наземный ~ ground-based reactor
~ на керамическом топливе ceramic-fuel reactor
~ на малообогащённом топливе low-enrichment reactor
~ на мгновенных нейтронах prompt (neutron) reactor
~ на медленных нейтронах slow (neutron) reactor
~ на надтепловых нейтронах epithermal (neutron) reactor
~ на обогащённом топливе enriched (fuel) reactor
~ на обогащённом уране enriched uranium reactor
~ на оксидном топливе oxide-fuelled reactor
~ на плутониевом топливе plutonium-fuelled reactor
~ на природном уране natural uranium reactor
~ на промежуточных нейтронах intermediate (neutron) reactor
~ на разбавленном топливе diluted-fuel reactor
~ на расплавленных солях molten salt reactor
~ на резонансных нейтронах resonance reactor
~ на сильнообогащённом топливе high-enrichment reactor
~ на слабообогащённом топливе low-enrichment reactor
~ на суспензионном топливе suspension [slurry] reactor
~ на твёрдом топливе solid-fuel reactor
~ на тепловых нейтронах thermal (neutron) reactor
~ на торий-урановом топливе thorium-uranium-fuelled reactor
натриево-графитовый ~ sodium-graphite reactor
натриевый ядерный ~ sodium nuclear reactor
~ на тяжёлой воде heavy-water reactor
некритический ~ noncritical reactor
неотравленный ~ unpoisoned [clean] reactor
неохлаждаемый ~ uncooled reactor
неэнергетический ~ nonpower-production reactor
низкотемпературный ~ low-temperature reactor
~ нулевой мощности zero-power reactor
обменный химический ~ exchange chemical reactor
~ общего назначения general-purpose reactor

однозонный ~ single-region [one-region] reactor
односекционный ~ one-section reactor
односкоростной ~ one-velocity reactor
одноцелевой ~ single-purpose reactor
опытный ~ pilot reactor
органический ~ organic reactor
отравленный ядерный ~ poisoned nuclear reactor
охлаждаемый ~ cooled reactor
~, охлаждаемый водой под давлением pressurized water-cooled reactor
~, охлаждаемый газом под давлением pressurized gas-cooled reactor
передвижной ~ transportable reactor
периодический импульсный ~ periodic pulsed reactor
плазменный ~ plasma reactor
плазмохимический ~ plasmachemical reactor
плоский ~ slab reactor
плутониево-урановый ~ plutonium-uranium reactor
плутониевый ~ plutonium reactor
~ погружного типа pool-type reactor
~ под давлением pressurized reactor
подкритический ~ subcritical reactor
подкритический экспериментальный ~ под давлением pressurized subcritical experimental reactor
природный ядерный ~ natural nuclear reactor
промышленный ~ industrial [production] reactor
прототипный ~ prototype reactor
прямоточный ~ direct-flow reactor
пучковый исследовательский ~ research beam reactor
регенеративный ~ regenerative reactor
регулируемый ~ controlled reactor
~ с азотным охлаждением nitrogen-cooled reactor
самогасящийся импульсный ~ self-extinguishing reactor
~ с бериллиевым замедлителем beryllium-moderated reactor
~ с бериллиевым отражателем beryllium-reflected reactor
~ с большой плотностью потока high flux reactor
~ с внешним охлаждением externally-cooled reactor
~ с внутренним охлаждением internally-cooled reactor
~ с водным замедлителем water-moderated reactor
~ с водным раствором water-solution reactor
~ с водой под давлением pressurized water reactor
~ с водородным охлаждением hydrogen-cooled reactor
~ с водяным охлаждением water-cooled reactor

~ с воздушным охлаждением air-cooled reactor
~ с воспроизводством топлива *(с коэффициентом воспроизводства больше единицы)* breeder; *(с коэффициентом воспроизводства меньше единицы)* converter
~ с высокой плотностью потока high flux reactor
~ с высокой плотностью энерговыделения high power density reactor
~ с газовым охлаждением gas-cooled reactor
~ с газовым циклом gas cycle reactor
~ с гелиевым охлаждением helium-cooled reactor
~ с гидридным замедлителем hydride-moderated reactor
~ с гранулированным топливом pebble bed reactor
~ с графитовым замедлителем graphite-moderated reactor
~ с двойным циклом dual cycle reactor
~ с двумя активными зонами two-core reactor
~ с жидким замедлителем liquid-moderated reactor
~ с жидкометаллическим теплоносителем liquid-metal cooled reactor
~ с жидкостным охлаждением liquid-cooled reactor
~ с замедлителем moderated reactor
~ с замкнутым циклом closed-cycle reactor
силовой ~ power reactor
~ с калиевым теплоносителем potassium-cooled reactor
~ с керамическим замедлителем ceramic (moderator) reactor
~ с кипящей водой water-boiler [boiling-water] reactor
~ с коаксиальным потоком coaxial flow reactor
~ с коэффициентом воспроизводства больше единицы breeder, breeder-type reactor
~ с коэффициентом воспроизводства меньше единицы converter, converter-type reactor
~ с литиевым теплоносителем lithium-cooled reactor
~ с малой плотностью потока low-flux reactor
~ с металлическим замедлителем metal-moderated reactor
~ с натриевым охлаждением sodium-cooled reactor
~ с натрий-калиевым теплоносителем NaK-cooled reactor
~ с органическим замедлителем organic-moderated reactor
~ с органическим теплоносителем organic-cooled reactor
~ с органическим теплоносителем и замедлителем organic-cooled and moderated reactor

~ **с отражателем** reflected reactor
~ **с охлаждением** cooled reactor
~ **с охлаждением двуокисью углерода** carbon dioxide-cooled reactor
~ **с охлаждением пароводяной смесью** fog-cooled reactor
~ **с охлаждением расплавленными солями** molten salt-cooled reactor
~ **с паровым охлаждением** steam-cooled reactor
~ **с плоским распределением потока** flat flux reactor
~ **с повторным циклом** recycling reactor
~ **с пористой активной зоной** porous core reactor
~ **с прямым воздушным циклом** direct-air-cycle reactor
~ **с прямым циклом** direct-cycle reactor
~ **с пылеобразным теплоносителем** dust-cooled reactor
~ **с разветвлённым потоком** split flow reactor
~ **с расширенным воспроизводством топлива** breeder, breeder-type reactor
~ **средней мощности** medium-power reactor
~ **с ртутным теплоносителем** mercury-cooled reactor
стационарный ~ stationary [steady-state] reactor
стационарный термоядерный ~ steady-state fusion reactor
~ **с твёрдой активной зоной** solid-core reactor
~ **с тяжеловодным замедлителем** heavy-water-moderated reactor
~ **с тяжеловодным отражателем** heavy-water-reflected reactor
~ **с тяжеловодным теплоносителем** heavy-water-cooled reactor
судовой ~ ship [naval] reactor
суспензионный ~ suspension [slurry] reactor
~ **с циркулирующим топливом** circulating(-fuel) reactor
тепловой ядерный ~ thermal nuclear reactor
теплофикационный ~ heat reactor
термоэлектрический ~ thermoelectric reactor
термоэмиссионный ~ reactor of thermionic conversion
термоядерный ~ thermonuclear [fusion] reactor
термоядерный гибридный ~ fusion hybrid [fusion-fission] reactor
термоядерный ~ **с инерционным удержанием плазмы** inertial confined fusion reactor
термоядерный ~ **с магнитным удержанием плазмы** magnetic confined fusion reactor
~ **типа ВВР** WWR type reactor
~ **типа ВВЭР** WWER type reactor
~ **типа «водяной котёл»** water-boiler reactor
ториевый ядерный ~ thorium nuclear reactor
транспортный ~ transport reactor

тяжеловодный ~ heavy-water [deuterium(-moderated)] reactor
универсальный ~ multipurpose [general-purpose] reactor
управляемый ~ controlled reactor
уран-графитовый ~ uranium-graphite reactor
урановый ~ uranium reactor
уран-тяжеловодный ~ uranium and heavy water reactor
усовершенствованный испытательный ~ advanced test reactor
усовершенствованный ~ **на тепловых нейтронах** advanced thermal reactor
учебный ~ training reactor
физический бериллиевый ~ physical beryllium reactor
хемоядерный ~ chemonuclear reactor
химический ~ chemical reactor
холодный ~ cold reactor
холодный «чистый» ~ cold clean reactor
холодный критический ~ cold critical reactor
цилиндрический ~ cylindrical reactor
«чистый» ~ clean [unpoisoned] reactor
шламовый ядерный ~ slurry nuclear reactor
экспериментальный ~ experimental reactor
экспериментальный ~ **для испытания двигателей** experimental propulsion test reactor
экспериментальный ~ **нулевой мощности** zero energy experimental pile
электроядерный ~ electronuclear reactor
энергетический ~ power reactor
~ **эпитаксиального роста** epitaxial reactor
ядерный ~ nuclear reactor, nuclear pile
реактор-бридер *м.* breeder
реактор-источник *м. (нейтронов)* neutron-source reactor
реактор-конвертер *м.* reactor-converter, converter-type reactor
~ **на тепловых нейтронах** thermal converter
реактор-облучатель *м.* reactor-irradiator
реакторостроение *с.* reactor construction, reactor engineering
реактор-прототип *м.* prototype reactor
реактор-размножитель *м.* breeder(-type reactor)
~ **для производства плутония** plutonium breeder
~ **для производства урана-233** uranium-233 breeder
~ **на быстрых нейтронах** fast breeder
~ **на тепловых нейтронах** thermal breeder
~ **с внешней зоной воспроизводства** external breeder
~ **с внутренней зоной воспроизводства** internal breeder
~ **с торий-урановым циклом** thorium-uranium breeder
~ **с уран-плутониевым циклом** uranium-plutonium breeder

ториевый ~ thorium breeder
энергетический ~ power breeder
реактор-токамак *м.* tokamak
реакция *ж.* **1.** *(химическая)* reaction **2.** *(отклик)* response
адронная ~ hadron reaction
~ аннигиляции annihilation reaction
аэродинамическая ~ aerodynamic reaction
барионная ~ baryon reaction
бездиффузионная ~ diffusionless reaction
~ **Белоусова - Жаботинского** Belousov-Zhabotinsky reaction
бимолекулярная ~ bimolecular reaction
бинарная ~ *фвэ* binary reaction
биохимическая ~ biochemical reaction
бурная ~ violent reaction
быстрая фотохимическая ~ fast photochemical reaction
взрывная ~ explosive reaction
взрывная ~ деления explosive fission reaction
водородно-водная ~ обмена hydrogen-water exchange reaction
восстановительная ~ reducing reaction
вторичная ~ secondary reaction
~, вызванная альфа-частицами alpha-particle-induced reaction
~, вызванная гамма-квантами gamma-induced reaction
~, вызванная дейтронами deuteron-induced reaction
~, вызванная мезонами meson-induced reaction
~, вызванная нейтронами neutron-induced reaction
~, вызванная протонами proton-induced reaction
~, вызванная столкновением collision-induced reaction
~, вызванная тяжёлыми ионами heavy-ion-induced reaction
~, вызванная фотонами photon-induced reaction
~, вызванная электронами electron-induced reaction
высокоэнергетическая ~ high-energy reaction
«гарпунная» ~ *кв. эл.* "harpoon" reaction
гетерогенная ~ heterogeneous reaction
гетеролитическая ~ heterolytic reaction
гидродинамическая ~ hydrodynamic reaction
гиперонная ~ hyperon reaction
глубоко неупругая ~ с тяжёлыми ионами deep inelastic heavy-ion reaction
гомогенная ~ homogeneous reaction
гомолитическая ~ homolytic reaction
~ границы boundary [wall] constraint
двухчастичная ~ two-particle [two-body] reaction
~ деления fission reaction
~ деления тяжёлых ядер heavy nuclea fission reaction

~ Дильса - Альдера Diels-Alder reaction
динамическая ~ *мех.* dynamic reaction
~ динамической системы на возмущение dynamic response
дипольная фотоядерная ~ dipole photonuclear reaction
~ жидкий металл-вода molten metal-water reaction
~ жидкий натрий-вода liquid sodium-water reaction
~ замещения substitution [replacement] reaction
запрещённая ~ forbidden reaction
заторможенная ~ deferred reaction
затухающая цепная ~ convergent [subcritical] chain reaction
~ захвата capture reaction
~ захвата нейтрона neutron-capture reaction
зеркальная ~ *яф* mirror reaction
избирательная ~ selective reaction
~ излучения radiation [radiative] reaction
изотермическая ~ isothermal reaction
инклюзивная ~ inclusive reaction
ионно-молекулярная ~ ion-molecular reaction
искусственная ядерная ~ artificial [induced] nuclear reaction
кластерная ~ cluster reaction
касательная ~ tangential reaction
каталитическая ~ catalytic reaction
каталитическая ~ обмена catalytic exchange reaction
каталитическая ~ синтеза catalytic fusion reaction
квазиупругая ~ quasi-elastic reaction
~ квазиупругого рассеяния *яф* quasi-elastic scattering reaction
конечная ~ end reaction
~ конструкции structural response
криохимическая ~ cryochemical reaction
критическая ~ *яф* critical reaction
~ кулоновского возбуждения Coulomb excitation reaction
лазерно-индуцированная химическая ~ laser-induced chemical reaction
лептонная ~ lepton reaction
малоинтенсивная ~ weak reaction
~ металл-вода metal-water reaction
многостадийная ~ обмена multistage exchange reaction
многоступенчатая ~ multistage reaction
многочастичная ~ multiparticle reaction
мономолекулярная ~ unimolecular reaction
~ на быстрые нейтроны fast-neutron response
~ на быстрых нейтронах fast-neutron reaction
~ на медленных нейтронах slow-neutron reaction
~ на надтепловых нейтронах epithermal-neutron reaction
~ на тепловых нейтронах thermal-neutron reaction
незатухающая ~ sustained reaction
~ нейтрализации neutralization reaction

нейтронная ~ neutron reaction
нейтронная цепная ~ neutron chain reaction
неконтролируемая цепная ~ uncontrolled chain reaction
необратимая ~ irreversible reaction
неразветвлённая цепная ~ nonbranching chain reaction
неуправляемая цепная ~ uncontrolled chain reaction
нецепная ~ nonchain reaction
низкоэнергетическая ~ low-energy reaction
нормальная ~ normal reaction
~ обмена exchange reaction
~ обмена с переносом электрона electron-transfer exchange reaction
обратимая ~ reversible reaction
обратная ~ inverse [back] reaction
одноканальная ~ single-channel reaction
одностадийная ~ one-stage reaction
~ окисления oxidation reaction
окислительно-восстановительная ~ redox reaction
~ опоры supporting force; reaction at the support, bearing reaction
основная ~ main reaction
~ отдачи recoil reaction
первичная ~ primary reaction
~ передачи яф exchange reaction
~ переноса transport reaction
перитектическая ~ peritectic reaction
пикноядерная ~ pyknonuclear reaction
плазмохимическая ~ plasma-chemical reaction
побочная ~ side reaction
поверхностная ~ surface reaction
~ под действием излучений radio-induced reaction
поддерживаемая ~ sustained reaction
~ подхвата яф pickup reaction
пороговая ~ threshold reaction
~ присоединения addition reaction
протонная ~ proton reaction
прямая ~ direct [forward, straight] reaction
прямая ядерная ~ direct nuclear reaction
равновесная ~ balanced reaction
радиационная ~ radiation reaction
радиационно-химическая ~ radiation-chemical reaction
радиохимическая ~ radiochemical reaction
разветвлённая цепная ~ chain branching reaction
~ разложения decomposition reaction
разрешённая ~ allowed reaction
ранняя лучевая ~ early radiation response
~ раскалывания fragmentation reaction
~ рассеяния scattering reaction
регулируемая ~ controlled reaction
регулируемая ядерная ~ controlled nuclear reaction
резонансная ~ resonance reaction
~ рождения яф production reaction
самоограниченная ~ self-limited chain reaction

самоподдерживающаяся ~ self-sustained reaction
самоподдерживающаяся термоядерная ~ self-sustained thermonuclear [self-sustained fusion] reaction
самоподдерживающаяся цепная ~ self-sustained chain reaction
саморазвивающаяся цепная ~ self-propagating [divergent, supercritical] chain reaction
~ связи constraint (force)
~ с вылетом нескольких частиц multiple-particle reaction
селективная ~ selective reaction
селективная биохимическая ~ selective biochemical reaction
селективная фотохимическая ~ selective photochemical reaction
сильнозатухающая ядерная ~ с тяжёлыми ионами strongly damped heavy ion reaction
~ синтеза fusion reaction
~ с испусканием нейтронов neutron-producing [neutron-emitting] reaction
~ системы (на возмущение) system reaction, system response
~ с обменом странностью фвэ strangeness-exchange reaction
~ с переворотом спина spin-flip reaction
~ с передачей нейтрона neutron-transfer reaction
~ с передачей нуклона nucleon-transfer reaction
~ среды medium reaction
~ срыва яф stripping (reaction)
~ столкновения collision reaction
~ струи jet reaction
~ Сциларда - Чалмерса Szilard-Chalmers reaction
твердофазная ~ solid-phase reaction
термоядерная ~ thermonuclear [fusion] reaction
термоядерная ~ с тяжёлыми ионами heavy ion fusion reaction
~ траектории reaction of path
управляемая ~ controlled reaction
управляемая термоядерная ~ controlled thermonuclear reaction
упругая ~ среды elastic medium reaction
фоновая ~ background reaction
~ фоторождения photoproduction reaction
фотофизическая ~ photophysical reaction
фотохимическая ~ photochemical reaction
фотоядерная ~ photonuclear [photonuclear] reaction
~ фрагментации яф fragmentation reaction
~ Фриделя - Крафтса Friedel-Crafts reaction
химическая ~ chemical reaction
химическая ~ в растворе chemical reaction in solution
химическая ~ замещения substitution chemical reaction

химическая ~ обмена exchange chemical reaction
цепная ~ chain reaction
цепная ~ деления chain fission reaction
цепная разветвлённая ~ chain branching reaction
цепная ~ фторирования водорода *кв. эл.* hydrogen fluorination chain reaction
цепная ядерная ~ nuclear chain reaction
эвтектическая ~ eutectic reaction
экзотермическая ~ exothermic reaction
экзоэнергетическая ~ exoergic reaction
эксклюзивная ~ exclusive reaction
электрослабая ~ electroweak reaction
электрохимическая ~ electrochemical reaction
электроядерная ~ electron-nuclear reaction
эндотермическая ~ endothermic reaction
эндоэнергетическая ~ endoergic reaction
ядерная ~ nuclear reaction
ядерная ~ выбивания knock-out nuclear reaction
ядерная ~ на квазисвободных частицах quasi-free nuclear reaction
ядерная ~ передачи transfer nuclear reaction
ядерная ~ передачи альфа-частицы alpha-transfer nuclear reaction
ядерная ~ передачи двух нуклонов two-nucleon transfer nuclear reaction
ядерная ~ передачи нейтрона neutron-transfer nuclear reaction
ядерная ~ передачи нескольких нуклонов multinucleon transfer nuclear reaction
ядерная ~ передачи одного нуклона one-nucleon transfer nuclear reaction
ядерная ~ передачи трёх нуклонов three-nucleon transfer nuclear reaction
ядерная ~ под действием альфа-частиц alpha-particle induced nuclear reaction
ядерная ~ под действием гамма-излучения gamma-ray induced nuclear [photonuclear] reaction
ядерная ~ под действием дейтронов deuteron-induced nuclear reaction
ядерная ~ под действием нейтронов neutron-induced nuclear reaction
ядерная ~ под действием нуклонов nucleon-induced nuclear reaction
ядерная ~ под действием протонов proton-induced nuclear reaction
ядерная ~ под действием фотонов photon-induced nuclear [photonuclear] reaction
ядерная ~ под действием частиц высоких энергий high-energy particle induced nuclear reaction
ядерная ~ под действием электронов electron-induced nuclear reaction
ядерная ~ подхвата pickup nuclear reaction
ядерная ~ при высоких энергиях nuclear reaction at high energy
ядерная ~ с антинуклонами antinucleon nuclear reaction

ядерная ~ с антипротоном antiproton nuclear reaction
ядерная ~ с мезонами nuclear reaction involving mesons
ядерная ~ с мю-мезоном nuclear reaction involving muons
ядерная ~ с нейтрино nuclear reaction involving neutrinos
ядерная ~ с обменом зарядами charge-exchange nuclear reaction
ядерная ~ с позитроном nuclear reaction involving positron
ядерная ~ с тяжёлыми ионами nuclear reaction with heavy ions
ядерная ~ с участием античастиц nuclear reaction involving antiparticles
ядерная ~ с участием гиперонов nuclear reaction involving hyperons
ядерная ~ с участием мезонов nuclear reaction involving mesons
ядерная ~ с участием пионов nuclear reaction involving pions
ядерная цепная ~ nuclear chain reaction
ядерная ~ через составное ядро compound-nuclear reaction
~ ядерного синтеза nuclear fusion reaction
n-частичная ~ n-particle reaction
реализация *ж. (напр. случайного процесса)* realization
~ группы realization of group
матричная ~ группы matrix realization of group
практическая ~ practical realization
~ случайного процесса realization of the random process
~ случайной функции realization of the random function
физическая ~ physical realization
реализуемость *ж.* realizability
ребатрон *м. (релятивистский электронный ускоритель с группированием)* rebatron
ребристый *прил.* ribbed
ребро *с. (край)* edge; *(жёсткости)* rib; *мат.* link
~ атаки leading edge
~ возврата *мат.* edge of regression, cuspidal edge
~ жёсткости (ribbed) stiffener
~ клина edge of wedge
~ кристалла crystal edge
~ куба cube edge
~ многогранника edge of polyhedron
общее ~ *крист.* shared edge
~ схода trailing edge
ревербератор *м. акуст.* reverberator
реверберация *ж. акуст.* reverberation
~ в помещении room reverberation
донная ~ floor reverberation
объёмная ~ volume reverberation
поверхностная ~ surface reverberation
подводная ~ underwater reverberation
регенерация *ж.* regeneration; recovery; *(ядерного топлива)* reprocessing

вакуумная ~ vacuum regeneration
водная ~ aqueous reprocessing
дифракционная ~ *фвэ* diffraction regeneration
~ катализатора catalyst regeneration, catalyst recovery
когерентная ~ coherent regeneration
~ масел oil recovery, oil regeneration
~ на нулевой угол *фвэ* zero-angle regeneration
некогерентная ~ *фвэ* noncoherent regeneration
~ отходов waste recovery
параметрическая ~ *радиофиз.* parametric regeneration
пирометаллургическая ~ pyrometallurgical reprocessing
пирохимическая ~ pyrochemical reprocessing
~ плёнки film regeneration
~ рабочего слоя work layer regeneration
~ растворителя solvent recovery
~ смазочного слоя lubricant layer regeneration
~ тепла heat regeneration
~ топлива fuel reprocessing
~ трития tritium recovery
~ урана uranium reprocessing, uranium regeneration, uranium recovery
химическая ~ chemical reprocessing, chemical recovery
~ ядерного топлива reprocessing of nuclear fuel
регибридизация *ж. фпп* rehybridization
регистр *м.* register
джозефсоновский сдвиговый ~ Josephson shift register
~ обработки данных data processing register
сдвиговый ~ shift register
регистратор *м.* recorder; monitor
~ времени задержки delay-time recorder
~ времени запаздывания delay-time recorder
~ данных data recorder
~ жидкостного радиоактивного загрязнения liquid contamination monitor
~ импульсов pulse recorder
~ интенсивности пучка beam monitor
механический ~ mechanical recorder
~ микрометеоритов micrometeorite gauge
многоканальный ~ multichannel recorder
~ нейтронного потока neutron-flux monitor
~ нейтронов neutron monitor
оптический ~ optical recorder
~ переходных процессов transient recorder
~ поверхностного загрязнения surface contamination monitor
~ потока flux monitor
~ радиоактивности воздуха air-activity monitor
сейсмический ~ seismic recorder
~ скорости счёта counting-rate recorder
фольговый ~ foil monitor
~ фона background monitor

фотоэлектронный ~ image-converter camera
цифровой ~ digital recorder
электромеханический ~ electromechanical recorder
регистрация *ж.* registration, recording; monitoring
автоматическая ~ automatic recording
визуальная ~ visual registration
~ голограммы hologram registration, hologram recording
~ землетрясений recording of earthquakes
непрерывная ~ continuous recording
оптическая ~ optical recording
~ треков *(частиц)* registration of tracks
~ фона background monitoring
фотографическая ~ photographic recording
фотоэлектрическая ~ photoelectric registration
регистрограмма *ж.* record
~ спектра звезды spectrum record of a star
регрессия *ж. мат.* regression
динамическая ~ dynamic regression
линейная ~ linear regression
регулирование *с.* control; regulation
автоматическое ~ automatic control
автоматическое ~ в замкнутом цикле automatic closed loop control
астатическое ~ astatic control
~ влажности humidity control, control of humidity
~ выгорающим поглотителем burnable-poison control
грубое ~ coarse [shim] control
~ давления pressure control
двухпозиционное ~ high-low [on-off] control
двухступенчатое ~ two-step control
динамическое ~ dynamic control
~ изменением конфигурации *яф* configuration control
~ изменением концентрации *яф* concentration control
~ изменением обогащения *яф* enrichment control
~ изменением уровня замедлителя *яф* moderator(-level) control
~ изменением уровня отражателя *яф* reflector-level control
линейное ~ linear control
~ мощности power control
~ нагрева heat control
~ нагрузки load control
непрерывное ~ continuous control
~ перемещением топлива *яф* control by the fuel motion
~ периода period control
~ питания feed control
плавное ~ stepless control
~ поглотителем *яф* absorber control
~ поглощением *яф* absorption control
~ подачи feed control
~ по производной derivative control

~ **размера фокуса** control of focus size
~ **расхода жидкости** fluid flow-rate control
~ **режима сушки** drying control
~ **скорости** speed control
~ **соотношения потоков** flow-ratio control
~ **температуры** temperature control, thermoregulation
~ **уровня** level control
~ **хода технологического процесса** operational [process] control
~ **чувствительности** sensitivity control
электрическое ~ electrical control
электронное ~ electronic control
~ **ядерного реактора** control [regulation] of nuclear reactor
регулировать *гл. (управлять)* control; regulate; *(настраивать)* adjust
регулировк/а *ж.* adjustment; control с плавной ~**ой** continuously adjustable
автоматическая ~ **усиления** (АРУ) automatic gain control, AGC
~ **громкости** volume control
грубая ~ coarse adjustment
~ **зазора** gap adjustment
ручная ~ manual [hand] adjustment
ступенчатая ~ step control
точная ~ fine adjustment
~ **усиления** gain control
~ **частоты** frequency control
~ **чувствительности** sensitivity control, sensitivity adjustment
~ **яркости** brightness control
регуляризация *ж. (напр. гамильтониана)* ктп regularization
адиабатическая ~ adiabatic regularization
аналитическая ~ analytic regularization
~ **вырождения** degeneracy regularization
инвариантная ~ invariant regularization
калибровочно-инвариантная ~ gauge-invariant regularization
~ **обратной задачи** inverse problem regularization
~ **обрезанием** cut-off regularization
~ **Паули - Вилларса** Pauli-Villars regularization
размерная ~ dimensional regularization
~ **расходимостей** ктп divergency regularization
решёточная ~ lattice regularization
суперсимметричная ~ supersymmetric regularization
усечённая размерная ~ truncated dimensional regularization
n-мерная ~ n-dimensional regularization
регулярность *ж.* regularity
~ **структуры** structure regularity
регулятор *м.* regulator, control(ler), adjuster
автоматический ~ automatic regulator, automatic controller
гидравлический ~ hydraulic control device
~ **громкости** volume control
~ **давления** pressure regulator, pressure controller

динамический ~ dynamic regulator
~ **износа** wear adjuster
~ **мощности реактора** reactor-power regulator
~ **нагрузки** load regulator, load controller
~ **напряжения** voltage regulator
~ **питания** feed regulator
пневматический ~ pneumatic controller
~ **потока** flow control device
~ **расхода** flow regulator
ручной ~ manual controller
~ **скорости** speed regulator
ступенчатый ~ **напряжения** step voltage regulator
~ **тембра** tone control
~ **температуры** temperature controller, temperature regulator
~ **уровня** level regulator
~ **уровня мощности** power controller
~ **чувствительности** sensitivity control
электрический ~ electric controller
электронный ~ electronic controller
~ **яркости** brightness control
редактирование *с. (книги, журнала, тж. в вычислительной технике)* editing
редактор *м. (книги, журнала, тж. в вычислительной технике)* editor
главный ~ editor-in-chief
реджеон *м.* ктп Reggeon
реджистика *ж.* ктп reggistics
редуктор *м.* reducer
редукция *ж.* reduction
~ **расслоений** ктп bundle reduction
режим *м.* regime, conditions, mode, operation
аварийный ~ emergency conditions
авторезонансный ~ **ускорения** autoresonance acceleration mode
~ **автофазировки** *(в ускорителе)* phase stability conditions, phase stability regime
активный ~ **синхронизации мод** active mode-locking regime
аналоговый ~ analog mode
апериодический ~ aperiodic mode
асимптотический ~ asymptotic regime
асинхронный ~ asynchronous operation
баллистический ~ ballistic regime
бананово-дрейфовый ~ *(в токамаке)* banana-drift regime
банановый ~ *(в токамаке)* banana regime
~ **бананы-плато** *(в токамаке)* banana-plateau regime
~ **бегущей волны** *эл.* traveling-wave mode
бесстолкновительный ~ collisionless regime
бесщелевой ~ *(спектрографа)* zero-gap regime
бетатронный ~ **ускорения** betatron phase of acceleration, betatron operation
бистабильный ~ bistable operation, bistable mode
~ **больших сигналов** large-signal operation
~ **ветряной мельницы** windmill-brake state
~ **вихревого кольца** vortex-ring state

~ **возбуждения** excitation mode
временной ~ time behaviour
временной ~ **реактора** time behaviour of a reactor
высокочастотный ~ high-frequency mode
ганновский ~ *фпп* Gunn mode
~ **генерации** *(в лазере)* lasing regime
гибридный ~ hybrid mode
гидродинамический ~ hydrodynamic regime
гидродинамический ~ **неустойчивости** hydrodynamic regime of instability
гидродинамический ~ **пучка** beam hydrodynamic regime
~ **гофрировочного плато** *(в токамаке)* ripple plateau regime
двухмодовый ~ two-mode operation, two-mode regime
двухчастотный ~ **усиления** two-frequency amplification regime
дежурный ~ *(прибора)* stand-by conditions
динамический ~ *(ускорителя)* dynamic mode of operation
диффузионный ~ diffusion mode
~ **ждущей развёртки** *(осциллографа)* single shot mode
ждущий ~ trigger mode
жёсткий ~ **возбуждения** *(нелинейная динамика)* hard mode
~ **запуска** start-up conditions
изодрейфовый ~ isodrift regime
импульсно-периодический ~ pulse-periodic regime
импульсный ~ pulsed operation, pulsed mode
~ **инжекции** *(в ускорителе)* injection conditions
~ **ионизационной камеры** ionization chamber operation conditions
испытательный ~ test conditions
квазибетатронный ~ *(ускорения)* quasi-betatron phase
квазилинейный ~ **релаксации** quasi-linear regime of relaxation
квазинепрерывный ~ quasi-continuous operation
кинетический ~ kinetic regime, kinetic mode
кинетический ~ **неустойчивости** kinetic regime of instability
кинетический ~ **пучка** beam kinetic regime
~ **кипения** boiling conditions
когерентно-импульсный ~ coherent-pulsed operation
компресионный ~ **течения** compression flow regime
континуальный ~ continual regime
корональный ~ *физ. пл.* corona regime
кратковременный ~ **работы** short time duty
критический ~ *яф* critical conditions, criticality
лавинный ~ avalanche mode
ламинарный ~ laminar-flow conditions

лёгкий ~ **работы** light duty
линейный ~ linear operation, linear regime
~ **линейных каскадов** linear cascade regime
локально-изодрейфовый ~ locally isodrift regime
магнетронный ~ **катодного распыления** magnetron sputtering
~ **магнитного насыщения** magnetic saturation regime
магнитостатический ~ magnetostatic operation
~ **малого усиления** low-gain operation
~ **малых сигналов** small-signal operation
микротронный ~ *(ускорения)* microtron operation
многомодовый ~ *(лазера)* multimode operation
многопучковый ~ multibeam operation
~ **модуляции добротности** *(лазера)* Q-switching mode
мультиреджевский ~ *ктп* multi-Regge regime
мягкий ~ **возбуждения** *(нелинейная динамика)* soft mode
~ **нагружения** loading conditions
надкритический ~ above-critical conditions, supercriticality
~ **накопления** *(в ускорителе)* storage [accumulation] mode of operation, storage regime
~ **насыщения** saturated regime, saturation mode
~ **незатухающих колебаний** continuous-wave [cw] operation, cw mode
нелинейный ~ nonlinear operation, nonlinear regime
нелинейный ~ **релаксации** relaxation nonlinear regime
~ **нелинейных каскадов** nonlinear cascade regime
непрерывный ~ continuous operation; *(в лазерах и др. генераторах)* continuous-wave [cw] operation, cw mode
нестационарный ~ unstable [nonstationary] regime, unstable conditions
неустановившийся ~ unstable regime, unstable conditions
~ **одиночных импульсов** single-pulse operation
одномодовый ~ *кв. эл.* single-mode operation, single-mode regime
~ **однопроходного поглощения** single-pass absorption regime
одночастотный ~ **генерации** single-frequency generation (mode)
околосрывной ~ semistall
оптимальный ~ optimal regime
оптически бистабильный ~ optically bistable mode
осциллирующий ~ **скольжения** oscillating sliding regime
~ **пассивной синхронизации мод** passive mode-locking regime
переходный ~ transient regime

переходный ~ течения flow in transition regime

пичковый ~ *(в лазерах)* spike operation, spike mode

~ плато *(в токамаке)* plateau regime

подкритический ~ яф subcritical conditions, subcriticality

~ полной нагрузки full-load conditions

~ постоянной нагрузки constant-load conditions

предельно допустимый ~ ultimate permissible regime

пропеллерный ~ normal propeller state

~ пространственного заряда space-charge mode

~ прямого выбивания direct knockout regime

пусковой ~ start-up conditions

~ Пфирша - Шлютера Pfirsch-Schlüter regime

~ работы *(установки)* mode of operation, operating conditions

~ работы ускорителя accelerator operating conditions

рабочий ~ mode of operation, operating conditions

резонансный ~ resonant mode

резонансный банановый ~ *(в токамаке)* resonant banana regime

резонансный ~ плато *(в токамаке)* resonant plateau regime

резонансный ~ ускорения resonant phase of acceleration

релятивистский ~ relativistic regime

сверхкритический ~ яф supercritical conditions, supercriticality

~ свободной генерации *(лазера)* free running mode

свободномолекулярный ~ free-molecular regime

~ свободных колебаний free oscillation operation, free oscillation regime

~ связанных колебаний coupled mode operation

синхронный ~ synchronous operation

синхротронный ~ *(ускорения)* synchrotron operation conditions

синхрофазотронный ~ *(ускорения)* proton-synchrotron operation conditions

~ скольжения sliding behaviour

стандартный ~ standard conditions

статический ~ *(ускорителя)* static mode of operation

стационарный ~ steady-state operation, steady-state regime, stationary mode

столкновительный ~ *(в плазме)* collision-dominated regime

~ счёта фотонов photon counting regime

температурный ~ temperature conditions, temperature regime

~ течения flow conditions

~ тренировки *(электровакуумного прибора)* training [seasoning] conditions

турбулентный ~ turbulent operating conditions

тяжёлый ~ работы heavy duty; heavy loaded regime

умеренный ~ скольжения moderate sliding behaviour

~ усиления amplification mode

~ ускорения acceleration conditions, acceleration regime

~ ускорения ионов ion acceleration regime

~ ускорения электронов electron acceleration regime

ускорительный ~ течения accelerated flow regime

~ ускорителя operation mode of accelerator

установившийся ~ steady(-state) [stable] conditions, stable regime

устойчивый ~ работы stable operating conditions

фазотронный ~ *(ускорения)* synchro-cyclotron operation conditions

форсированный ~ forced operation, forced regime

хаотический ~ chaotic regime

циклотронный ~ *(ускорения)* cyclotron operation conditions

цифровой ~ digital mode

~ частичного срыва потока semistall

эксплуатационный ~ operating conditions

~ электростатического ускорения ионов electrostatic ion acceleration regime

резание *с.* cutting

лазерное ~ laser cutting

резать *гл.* cut

резерв *м.* reserve

резервирование *с.* redundancy

полное ~ complete redundancy

резервуар *м.* reservoir; tank, vessel

~ выдержки *(радиоактивных отходов)* decay tank

~ высокого давления pressure tank, pressure vessel

~ для отходов waste tank

тепловой ~ thermal [heat] reservoir

уравнительный ~ surge [regulating-head] chamber, intake tank

~ энергии *кв. эл.* energy reservoir

резервуар-хранилище *с.* storage tank

резерфорд *м.* *(внесистемная единица активности нуклидов)* rutherford, Rd

резец *м.* cutter, cutting tool

алмазный ~ *(для изготовления дифракционных решёток)* diamond cutter

резина *ж.* rubber

радиационно стойкая ~ radiation-resistant rubber

резиноподобный *прил.* rubber-like

резист *м.* *микр.* resist

двухслойный ~ two-layer resist

негативный ~ negative resist

позитивный ~ positive resist

полимерный ~ polymer resist

трёхслойный ~ three-layer resist
резистор *м.* resistor
  полупроводниковый ~ semiconductor resistor
резка *ж.* cutting
  дуговая ~ arc cutting
  лазерная ~ laser cutting
  плазменнодуговая ~ plasma arc cutting
  ~ электронным лучом electron beam cutting
резкость *ж.* sharpness
  ~ изображения image sharpness
резольвента *ж. мат.* resolvent
резонанс *м.* 1. resonance 2. *фвэ* resonance (particle)
  ~ **Абрикосова - Сула** *фтт* Abrikosov-Suhl resonance
  автоионизационный ~ autoionization resonance
  адронный ~ hadronic resonance
  ~ **Азбеля - Канера** Azbel-Kaner resonance
  акустический ~ acoustic resonance
  акустический парамагнитный ~ acoustic paramagnetic resonance
  акустический циклотронный ~ acoustic cyclotron resonance
  акустический электронный спиновый ~ acoustic electron spin resonance
  акустический ядерный магнитный ~ acoustic nuclear magnetic resonance
  альвеновский ~ Alfvén resonance
  амплитудный ~ amplitude resonance
  аналоговый ~ *фвэ* analog resonance
  антиферромагнитный ~ antiferromagnetic resonance
  барионный ~ baryon resonance
  бездоплеровский ~ Doppler-free resonance
  бесполевой ~ field-free resonance
  ~ **бетатронных колебаний** betatron resonance
  ~ **биений** *опт.* beat resonance
  близкорасположенные ~ы closely spaced resonances
  бозонный ~ boson resonance
  ~ **в области малых энергий** low-energy resonance
  верхне-гибридный ~ upper-hybrid resonance
  внешний ~ external resonance
  внешний линдбладовский ~ outer Lindblad resonance
  внутренний ~ internal resonance
  внутренний линдбладовский ~ inner Lindblad resonance
  ~ **в сечении возбуждения электронным ударом** resonance in the cross-section of excitation by electron impact
  гамов-теллеровский ~ *яф* Gamow-Teller resonance
  гамов-теллеровский гигантский ~ Gamow-Teller giant resonance
  геликонный ~ helicon resonance
  геликон-фононный ~ helicon-phonon resonance

гибридный ~ hybrid resonance
гигантский ~ *яф* giant resonance
гигантский гексадекапольный ~ *яф* giant E4 resonance
гигантский дипольный ~ *яф* giant dipole resonance
гигантский зарядово-обменный ~ giant charge-exchange resonance
гигантский квадрупольный ~ *яф* giant quadrupole [E2] resonance
гигантский мультипольный ~ *яф* giant multipole resonance
гиперонный ~ hyperon resonance
гиромагнитный ~ gyromagnetic resonance
двойной ~ double resonance
двойной магнитоакустический ~ double magnetoacoustic resonance
двойной электронно-электронный ~ (ДЭЭР) electron-electron double resonance, eldor
двойной электронно-ядерный ~ (ДЭЯР) electron-nuclear double resonance, endor
двугорбый ~ double-humped [double-peaked] resonance
двухволновый ~ two-wave resonance
двухфотонный ~ two-photon resonance
двухфотонный промежуточный ~ **при трёхфотонной ионизации** two-photon intermediate resonance at a three-photon ionization
двухчастичный ~ two-particle resonance
диамагнитный ~ diamagnetic resonance
динамический ~ dynamic resonance
дипольный ~ dipole resonance
дипольный гигантский ~ giant dipole resonance
дипротонный ~ *яф* diproton resonance
длинно-коротковолновый ~ long wave - short wave resonance
длинно-коротковолновый Захарова - Бенни Zakharov-Benney long wave - short wave resonance
доминирующий ~ dominant resonance
доплер-сдвинутый акустический циклотронный ~ Doppler-shifted acoustic cyclotron resonance
дублетный ~ doublet resonance
запрещённый ~ forbidden resonance
зарядово-обменный ~ charge-exchange resonance
зеркальный ~ mirror resonance
изобар-аналоговый ~ *яф* isobar-analog resonance
изобарический ~ isobaric resonance
изобарический аналоговый ~ isobaric analog resonance
изовекторный ~ *яф* isovector resonance
изовекторный гигантский ~ giant isovector resonance
изолированный ~ isolated resonance
изоскалярный ~ *фвэ* isoscalar resonance
изоскалярный гигантский ~ isoscalar giant resonance

изоспиновый ~ isospin resonance
изоспиновый гигантский ~ isospin giant resonance
ион-ионный гибридный ~ ion-ion hybrid resonance
ионный циклотронный ~ ion cyclotron resonance
каскадный ~ cascade resonance
квадратичный ~ quadratic resonance
квадрупольный ~ quadrupole resonance
кинематический ~ kinematic resonance
когерентный ~ coherent resonance
~ колебательного контура oscillatory-circuit resonance
комбинационный ~ *опт.* Raman resonance
комбинированный ~ combined resonance
~ коротации corotation resonance
кубический ~ cubic resonance
~ Ландау Landau resonance
линдбладовский ~ *астр.* Lindblad resonance
линейный ~ linear resonance
ложный ~ spurious resonance
локальный альвеновский ~ local Alfvén resonance
магнитный ~ magnetic resonance
магнитный гигантский ~ magnetic giant resonance
магнитный дипольный ~ magnetic dipole resonance
магнитный дипольный гигантский ~ magnetic dipole giant resonance
магнитный квадрупольный гигантский ~ magnetic quadrupole giant resonance
магнитоакустический ~ magnetoacoustic resonance
магнитодинамический ~ magnetodynamic resonance
магнитозвуковой ~ magnetoacoustic resonance
магнитооптический ~ magnetooptic resonance
магнитоплазменный ~ magnetoplasma resonance
магнитоупругий ~ magnetoelastic resonance
магнитофононный ~ magnetophonon resonance
мезонный ~ meson resonance
механический ~ mechanical resonance
~ Ми *опт.* Mie resonance
многоквантовый ядерный магнитный ~ multiquantum nuclear magnetic resonance, multiquantum NMR
многократный ~ multiple resonance
многофотонный ~ multiphoton resonance
многочастичный ~ multiparticle resonance
молекулярный ~ molecular resonance
мультипольный ~ multipole resonance
~ на примесных центрах impurity center resonance
~ напряжений voltage [series] resonance

~ насыщенного поглощения resonance of saturated absorption
нейтронный ~ neutron resonance
нелинейный ~ nonlinear resonance
нелинейный ферромагнитный ~ nonlinear ferromagnetic resonance
нелинейный ядерный магнитный ~ nonlinear nuclear magnetic resonance
неоднородный ферромагнитный ~ non-uniform ferromagnetic resonance
неразрешённый ~ unresolved resonance
нестационарный двойной ~ transient double resonance
нестранный барионный ~ nonstrange baryonic resonance
неупругий ~ inelastic resonance
нижнегибридный ~ lower-hybrid resonance
низкоэнергетический ~ *фвэ* low-energy resonance
обменный электронно-спиновый ~ exchange electron-spin resonance
объёмный ~ volume resonance
одинарный ~ *опт.* single resonance
одномерный ~ one-dimensional resonance
однофотонный ~ one-photon resonance
одночастичный ~ single-particle resonance
оптический ~ optical resonance
основной ~ main [fundamental] resonance
паразитный ~ spurious resonance
параллельный ~ parallel [current] resonance, antiresonance
парамагнитный ~ paramagnetic resonance
параметрический ~ parametric resonance; *(в ускорителе)* half-integral resonance
параэлектрический ~ paraelectric resonance
перекрывающиеся ~ы overlapping resonances
плазменный ~ plasma resonance
плазмон-поляритонный ~ plasmon-polariton resonance
поверхностный ~ surface resonance
поверхностный плазмон-поляритонный ~ surface plasmon-polariton resonance
~ поглощения absorption resonance
~ поглощения в уране uranium resonance
поляритонный ~ polariton resonance
поперечный ~ *(в ускорителе)* transverse resonance
последовательный ~ series [voltage] resonance
~ при отрицательной энергии negative-energy resonance
промежуточный ~ intermediate resonance
пространственно-временной ~ space-time resonance
пространственный ~ spatial resonance
протонный ~ proton resonance
протонный магнитный ~ proton magnetic resonance
размерно-фононный ~ dimensional phonon resonance

размерный циклотронный ~ dimensional cyclotron resonance
разрешённый ~ resolved resonance
~ рассеяния scattering resonance
~ рассеяния нейтронов neutron-scattering resonance
~ реакции деления fission resonance
~ реакции захвата capture resonance
резкий ~ sharp resonance
релаксационный ~ relaxation resonance
сателлитный альвеновский ~ satellite Alfvén resonance
сверхузкий дибарионный ~ ultra-narrow dibaryon resonance
~ связи *(в ускорителе)* coupled resonance
сильный ~ strong resonance
синхробетатронный ~ synchrobetatron resonance
скалярный ~ *фвэ* scalar resonance
слабый ~ weak resonance
случайный ~ accidental resonance
смещённый ~ shifted resonance
собственный ~ natural resonance
спин-акустический ~ spin-acoustic resonance
спин-волновой ~ spin-wave resonance
спин-дипольный ~ spin-dipole resonance
спин-изоспиновый гигантский ~ spin-isospin giant resonance
спиновый ~ spin resonance
спиновый магнитный ~ spin-magnetic resonance
стохастический ~ stochastic resonance
странный ~ *фвэ* strange resonance
странный аналоговый ~ strange analog resonance
странный мезонный ~ strange meson resonance
структурный ~ structure resonance
~ токов parallel [current] resonance, antiresonance
трёхволновой ~ three-wave resonance
трёхфотонный ~ three-photon resonance
триадный ~ triad resonance
тройной ~ *(нелинейная оптика)* triple resonance
тяжёлый ~ *фвэ* heavy resonance
узкий ~ narrow resonance
упругий ~ elastic resonance
~ упругого рассеяния elastic-scattering resonance
фазовый ~ поглощения phase resonance of absorption
~ Ферми *кв. эл.* Fermi resonance
ферримагнитный ~ ferrimagnetic resonance
ферроакустический ~ ferroacoustical resonance
ферромагнитный ~ ferromagnetic resonance
фотоиндуцированный электронный парамагнитный ~ photo-induced electron paramagnetic resonance
фотоядерный ~ photonuclear resonance

~ химических связей resonance of chemical bonds
циклотронный ~ cyclotron resonance
циклотрон-фононный ~ *фпп* cyclotron-phonon resonance
частичный ~ partial resonance
черенковский ~ Cherenkov resonance
чётко разделенные ~ы well-separated resonances
четырёхпионный ~ four-pion resonance
широкий ~ broad resonance
шумановский ~ Schumann resonance
экзотический ~ exotic resonance
~ экситонного поглощения excitonic absorption resonance
экситонный ~ excitonic resonance
электрический ~ electric resonance
электрический гигантский ~ electric giant resonance
электрический дипольный гигантский ~ electric dipole giant resonance
электрический квадрупольный ~ electric quadrupole resonance
электрический квадрупольный гигантский ~ electric quadrupole giant resonance
электрический монопольный гигантский ~ electric monopole giant resonance
электрический октупольный ~ electric octupole resonance
электронный акустический парамагнитный ~ electron acoustic paramagnetic resonance
электронный парамагнитный ~ (ЭПР) electron paramagnetic resonance, EPR
электронный спиновый ~ electron spin resonance, ESR; electron paramagnetic resonance, EPR
электронный циклотронный ~ electron cyclotron resonance
ядерный ~ nuclear resonance
ядерный акустический ~ nuclear acoustic resonance
ядерный квадрупольный ~ (ЯКР) nuclear quadrupole resonance
ядерный магнитный ~ (ЯМР) nuclear magnetic resonance, NMR
ядерный спиновый ~ nuclear spin resonance

резонансный *прил.* resonance, resonant
резонатор *м.* resonator; *(объёмный, особенно в оптике)* cavity
акустический ~ acoustical resonator
анизотропный ~ anisotropic cavity
асимметричный ~ asymmetric resonator
астигматический ~ astigmatic resonator
атомнолучевой ~ atomic-beam resonator
атомный ~ atomic resonator
~ бегущей волны traveling wave resonator
бистабильный ~ bistable cavity
бисферический ~ bispherical cavity
внешний ~ external cavity
волноводный ~ waveguide resonator

волоконный кольцевой ~ fiber ring resonator

входной ~ input resonator; *(клистрона)* buncher

высокодобротный ~ high-Q resonator, high-Q [high-finesse] cavity

высокочастотный ~ radio-frequency [rf] cavity

выходной ~ output resonator; *(клистрона)* catcher

~ **Гельмгольца** Helmholtz resonator

гиротронный ~ gyrotron cavity

двумерный механический ~ *(мембрана)* two-dimensional mechanical resonator

двухзеркальный ~ two-mirror resonator

двухмодовый ~ dual-mode resonator

дисперсионный ~ dispersive resonator

диэлектрический ~ dielectric resonator

длинный ~ long resonator

закрытый ~ cavity, closed resonator

идеальный объёмный ~ perfect cavity

инваровый ~ Invar resonator

интегрально-оптический ~ **Фабри - Перо** integrated-optical Fabry-Perot resonator

квазиконфокальный ~ quasi-confocal cavity

квазиоптический ~ quasi-optical resonator

кварцевый ~ quartz(-crystal) resonator

коаксиальный ~ coaxial cavity, coaxial resonator

кольцевой ~ ring cavity, ring [annular] resonator

кольцевой трёхзеркальный ~ three-mirror ring resonator

кольцевой четырёхзеркальный ~ four-mirror ring resonator

конфокальный ~ confocal cavity, confocal resonator

концентрический ~ concentric resonator

лазерный ~ laser cavity, laser resonator

линейный ~ linear resonator

магнитострикционный ~ magnetostriction resonator

~ **Майкельсона** Michelson resonator

механический ~ mechanical resonator

~ **микротрона** microtron resonator

многозеркальный ~ multimirror resonator

многомодовый ~ multimode resonator, multimode cavity

многопроходный ~ multiple-pass cavity

нагруженный ~ loaded cavity, loaded resonator

~, нагруженный ферритом ferrite-loaded cavity, ferrite-loaded resonator

~ **на одиночной квантовой яме** single-quantum-well [SQW] resonator

нелинейный ~ **Фабри - Перо** nonlinear Fabry-Perot resonator

неселективный ~ nonselective resonator

несимметричный конфокальный ~ non-symmetrical confocal resonator

неустойчивый ~ unstable resonator, unstable cavity

низкодобротный ~ low-Q resonator, low-Q [low-finess] cavity

объёмный ~ cavity (resonator)

одномерный механический ~ *(струна)* one-dimensional mechanical resonator

одномодовый ~ single-mode resonator

однонаправленный кольцевой ~ unidirectional ring resonator

однопроходный ~ single-pass cavity

оптический ~ optical cavity, optical resonator

оптический бистабильный ~ bistable optical cavity

оптический ~ **с каустикой** optical resonator with caustic

оптический ~ **со сферическими зеркалами** optical resonator with spherical mirrors

оптический ~ **с плоскими зеркалами** optical resonator with plane mirrors

открытый ~ open cavity, open resonator

пассивный ~ passive resonator

перекрёстный желобковый ~ cross-grooved resonator

перестраиваемый ~ tunable cavity, tunable resonator

плазменный ~ plasma resonator

плёночный ~ film resonator

плоский ~ flat resonator

поглощающий ~ **Фабри - Перо** absorptive Fabry-Perot resonator

полуволновый ~ half-wave resonator

полуволновый коаксиальный ~ half-wave coaxial resonator

полуконфокальный ~ semiconfocal cavity

полупроводниковый ~ semiconductor resonator

полусферический ~ hemispherical cavity, hemispherical resonator

полый ~ empty resonator, cavity

призменный дисперсионный ~ prismatic dispersion resonator

прямоугольный ~ rectangular resonator, rectangular cavity

пьезокристаллический ~ piezocrystal [piezoelectric] resonator

пьезоэлектрический ~ piezoelectric resonator

разъюстированный ~ misaligned resonator

сверхвысокочастотный ~ microwave resonator

сверхпроводящий ~ superconducting resonator, superconducting cavity

сверхразмерный ~ super-dimensional resonator

~ **с вогнутыми зеркалами** concave-mirror resonator

связанные ~**ы** coupled cavities, coupled resonators

сегнетоэлектрический ~ ferroelectric resonator

селективный ~ selective cavity

симметричный ~ symmetric resonator

~ **с квадратными зеркалами** square-mirror resonator

скрещённые ~**ы Фабри - Перо** crossed [intersecting] Fabry-Perot resonators

~ **с круглыми зеркалами** circle-mirror cavity, circle-mirror resonator

~ с независимым возбуждением independently excited cavity
согласованный ~ matched cavity
составной ~ composite resonator
~ со сферическими зеркалами spherical-mirror resonator, spherical-mirror cavity
~ с петлевой связью loop-coupled cavity
спиральный ~ helix [helical] resonator
~ с плоскими зеркалами flat-mirror cavity, flat-mirror resonator
~ с потерями lossy resonator
~ с прямоугольными зеркалами rectangular-mirror resonator
~ с распределённой обратной связью distributed-feedback resonator
~ с селекцией мод mode-selective resonator
сферический ~ spherical cavity
~ с щелевой связью slot-coupled cavity
~ с электронной настройкой electronically tunable resonator
~ Тальбота Talbot resonator
телескопический ~ telescopic resonator
Т-образный ~ T-shaped resonator
тороидальный ~ toroidal cavity
треугольный ~ triangular resonator
трёхзеркальный ~ three-mirror resonator
трёхмерный ~ three-dimensional resonator
~ ускорителя accelerator cavity
ускоряющий ~ accelerating cavity
устойчивый ~ stable resonator, stable cavity
~ Фабри - Перо Fabry-Perot cavity, Fabry-Perot resonator
ферримагнитный ~ ferrimagnetic resonator
ферритовый ~ ferrite resonator
~ Фокса - Смита Fox-Smith resonator
цезиевый атомно-лучевой ~ caesium atomic-beam resonator
цилиндрический ~ cylindrical cavity, cylindrical resonator
цилиндрический ~ **Тальбота** cylindrical Talbot resonator
четвертьволновой ~ quarter-wave resonator
экранированный ~ screened resonator
электромагнитный ~ electromagnetic cavity
электромеханический ~ electromechanical resonator
эталонный ~ reference resonator
результат *м.* result ☐ в ~е этого ... as a result of this ..., as a consequence of this ..., this has resulted in ...; **здесь мы приводим новые ~ы о** ... here we provide some new results about ...; **~ы можно представить в очень удобном виде** the results can be cast into a very convenient form; **полученные ~ы весьма обнадёживают** the findings are very encouraging; **экспериментальные ~ы хорошо согласуются с теоретическими расчётами** experimental results are in good agreement with theoretical calculations; **эти ~ы имеют простой и наглядный смысл** the meaning of these results is quite transparent; **это совершенно неожиданный** ~ this result is quite surpising; **этот** ~ **не противоречит формуле...** this result does not conflict with formula...

абсурдный ~ absurd result
взаимоисключающие ~ы mutually exclusive results
воспроизводимый ~ reproducible result
~ы измерений measurement data
~ы испытаний test data
конечный ~ final [end] result
~ы наблюдений observational results
непосредственный ~ direct result
непротиворечивые ~ы consistent results
нетривиальный ~ nontrivial result
ошибочный ~ erroneous result
побочный ~ side result
предварительный ~ preliminary result
приближённый ~ approximate result
противоречивые ~ы contradicting results, conflicting results
~ы радионаблюдений radio results
согласующиеся ~ы concordant results
теоретический ~ theoretical result
точный ~ exact result
тривиальный ~ trivial result
численные ~ы numerical results
экспериментальный ~ experimental result
результирующий *прил.* resulting, resultant
резьба *ж.* thread
винтовая ~ screw thread
резюме *с.* summary
рейка *ж.* rod
водомерная ~ depth gauge
рекалесценция *ж. физ. мет.* recalescence
реканалирование *с.* rechanneling
рекомбинация *ж.* recombination
барионная ~ baryon recombination
безызлучательная ~ *фпп* radiationless recombination
близнецовая ~ *фпп* geminate recombination
~ возбуждённого состояния excited state recombination
~ Вселенной *астр.* recombination of the Universe
вынужденная ~ stimulated [induced] recombination
двухчастичная излучательная ~ two-particle radiative recombination
диссоциативная ~ *(в плазме)* dissociative recombination
диэлектронная ~ dielectronic recombination
диэлектронная ~ **в магнитном поле** dielectronic recombination in a magnetic field
диэлектронная ~ **многозарядных ионов через автоионизационные состояния** dielectronic recombination of multiply charged ions via autoionization states
диэлектронная ~ **через запрещённые уровни** dielectronic recombination through forbidden levels
донорно-акцепторная ~ donor-acceptor recombination
~ дырка-электрон hole-electron recombination
~ зона-зона *фпп* band-to-band recombination
излучательная ~ radiative recombination

ион-ионная ~ ion-ion recombination
~ ионов и электронов *(в плазме)* electron-ion recombination
~ ионов на стенке recombination of ions at a wall
кварковая ~ quark recombination
межзонная ~ *фпп* band-to-band recombination
многофононная безызлучательная ~ multiphoton radiationless recombination
~ на локальных центрах local-center recombination
~ неосновных носителей minority-carrier recombination
~ неравновесных носителей nonequilibrium-carrier recombination
низкотемпературная излучательная ~ low-temperature radiative recombination
~ носителей *фпп* carrier recombination
~ носителей заряда *фпп* charge carrier recombination
объёмная ~ volume [bulk] recombination
парная ~ geminate recombination
~ плазмы plasma recombination
поверхностная ~ *фпп* surface recombination
примесная ~ impurity recombination
~ при тройном столкновении three-body recombination
прямая излучательная ~ direct radiative recombination
столкновительная ~ collisional recombination
столкновительно-диэлектронная ~ collisional-dielectronic recombination
столкновительно-излучательная ~ collisional-radiative recombination
~ Томсона Thomson recombination
трёхчастичная ~ three-body recombination
трёхчастичная безызлучательная ~ three-body radiationless recombination
тройная ~ three-body recombination
тройная электрон-ионная ~ three-body electron-ion recombination
усиленная ~ enhanced recombination
фононная ~ phonon recombination
фононная безызлучательная ~ phonon radiationless recombination
~ Шокли - Рида Shockley-Read recombination
экситонная ~ excitonic recombination
электрон-ионная ~ electron-ion recombination
электрон-ионная диссоциативная ~ electron-ion dissociative recombination
электронно-дырочная ~ hole-electron recombination
рекомбинировать *гл.* recombine
реконструкция *ж.* reconstruction
~ изображения image reconstruction
~ поверхности *физ. пов.* reconstruction of surface
~ типа n × m *фтт* n × m reconstruction

~ чистых граней *физ. пов.* reconstruction of clean faces
рекристаллизация *ж.* recrystallization
~ аморфных полупроводников recrystallization of amorphous semiconductors
вторичная ~ secondary recrystallization
динамическая ~ dynamical recrystallization
зонная ~ zone recrystallization
многократная ~ шихты multiple recrystallization of nutrient
первичная ~ primary recrystallization
собирательная ~ collective recrystallization
твёрдофазная зонная ~ solid phase zone recrystallization
циклическая ~ cyclic recrystallization
ректенна *ж.* rectenna *(rectifying antenna)*
ректификация *ж.* rectification
рекуператор *м.* recuperator
рекуперация *ж.* recuperation
рекуррентный *прил.* recurrent
релаксация *ж.* relaxation
акустическая ~ acoustical relaxation
~ анизотропии anisotropy relaxation
анизотропная столкновительная ~ anisotropic collision relaxation
безызлучательная ~ nonradiative relaxation, radiationless relaxation
быстрая ~ fast relaxation
быстрая вращательная ~ fast rotational relaxation
~ внутренней энергии internal energy relaxation
~ внутренних напряжений internal stress relaxation
~ внутренних степеней свободы relaxation of internal degrees of freedom
внутризонная ~ *фпп* intraband relaxation
~ внутримолекулярного возбуждения intramolecular excitation [Kneser] relaxation
~ возбуждения excitation relaxation
вращательная ~ rotational relaxation
вращательно-вращательная ~ rotational-rotational relaxation
вынужденная ~ induced [stimulated] relaxation
двумерная ~ релятивистского электронного пучка REB two-dimensional relaxation
дебаевская ~ Debye relaxation
~ дефектов *фтт* defect relaxation
~ деформации strain relaxation
дипольная ~ dipole relaxation
~ дислокаций *фтт* dislocation relaxation
диффузионная ~ diffusional relaxation
~ доменной структуры relaxation of domain structure
~ заряда charge relaxation
~ избыточной населённости *кв. эл.* relaxation of an excess population
~ импульса *(электронов в плазме)* momentum relaxation
квадрупольная ~ quadrupole relaxation
квазилинейная ~ quasi-linear relaxation

квазилинейная ~ релятивистского элек-тронного пучка REB quasi-linear relaxation
кнезеровская ~ Kneser relaxation
~ кнезеровского типа Kneser-type relaxation
колебательная ~ vibrational relaxation
колебательно-вращательная ~ vibrational-rotational relaxation
~ колебательной энергии relaxation of the vibrational energy
колебательно-колебательная ~ vibrational-vibrational relaxation
колебательно-поступательная ~ vibrational-translational relaxation
~ компонент плазмы relaxation of plasma components
~ концентрации concentration relaxation
корринговская ~ Korringa relaxation
кулоновская ~ Coulomb relaxation
магнитная ~ magnetic relaxation
~ магнитного момента magnetic moment relaxation
~ магнонов magnon relaxation
магнон-фононная ~ magnon-phonon relaxation
медленная ~ slow relaxation
междолинная ~ intervalley relaxation
механическая ~ mechanical relaxation
многоступенчатая ~ multistage relaxation
многофотонная ~ multiphoton relaxation
многоэлектронная ~ multielectron relaxation
мюонная спиновая ~ muon spin relaxation
~ намагниченности magnetization relaxation
~ напряжений stress relaxation
~ населённости кв. эл. population relaxation
~ начального возмущения initial disturbance relaxation
неполная ~ incomplete relaxation
одномерная ~ релятивистского элек-тронного пучка REB one-dimensional relaxation
~ оптических фононов optical phonon relaxation
ориентационная ~ orientational relaxation
парамагнитная ~ paramagnetic relaxation
~ параметра порядка order parameter relaxation
~ поверхности surface relaxation
поперечная ~ transverse relaxation
поступательная ~ translational relaxation
поступательно-поступательная ~ translational-translational relaxation
примесная ~ impurity relaxation
продольная ~ longitudinal relaxation
~ протонов proton relaxation
~ пучка пробных частиц (в плазме) probe particle beam relaxation
~ равновесия после быстрого нагрева плазмы equilibrium relaxation after fast plasma heating

~ распределения электронов (в плазме) electron distribution relaxation
резонансная ~ resonant relaxation
спиновая ~ spin relaxation
спин-решёточная ~ spin-lattice relaxation
спин-спиновая ~ spin-spin relaxation
спин-фононная ~ spin-phonon relaxation
спонтанная ~ spontaneous relaxation
столкновительная ~ collision(al) relaxation
столкновительная ~ атомных возбуж-дённых состояний collisional relaxation of atomic excited states
структурная ~ фтт structural relaxation
~ темновой проводимости фпп dark conduction relaxation
тепловая ~ thermal relaxation
термогравиметрическая ~ thermogravimetric relaxation
~ точечных дефектов фтт point defect relaxation
трёхмерная ~ релятивистского электрон-ного пучка REB three-dimensional relaxation
упругая ~ elastic relaxation
~ упругих напряжений elastic relaxation
фазовая ~ phase relaxation
~ фотопроводимости photoconduction relaxation
химическая ~ chemical relaxation
~ энергии energy relaxation
ядерная ~ nuclear relaxation
ядерная магнитная ~ nuclear magnetic relaxation
ядерная спин-решёточная ~ nuclear spin-lattice relaxation
V-T ~ V-T relaxation
реле с. relay
быстродействующее ~ high-speed [fast-operating] relay
~ времени time relay, timer
магнитное ~ magnetic relay
магнитоэлектрическое ~ magnetoelectric relay
тепловое ~ thermal relay
термостатирующее ~ thermostat relay
электромеханическое ~ electromechanical relay
электронное ~ electronic relay
рельеф м. relief
донный ~ ак. ground [base] relief
ногтеобразный ~ (на изломе) thumbnail appearance
~ поверхности surface relief
поверхностный ~ surface relief
потенциальный ~ potential relief
пространственно-периодический ~ (по-верхности) spatially periodic relief
синусоидальный ~ (поверхности) sinusoidal relief
фазовый ~ phase relief
шевронный ~ (поверхности разрушения) chevron marking
рельефография ж. reliefography

фазовая ~ phase reliefography
релятивизм *м.* relativity
релятивистский *прил.* relativistic
ремень *м.* belt
ремонт *м.* repair
  дистанционный ~ remote repair
  плановый ~ scheduled repair
рений *м.* rhenium, Re
ренормгруппа *ж. ктп* renormalization group
ренормировка *ж. (перенормировка)* renormalization
рентген *м. (внесистемная единица экспозиционной дозы рентгеновского и гамма-излучений)* roentgen, R
рентгеновод *м.* X-ray guide
  капиллярный ~ capillary X-ray guide
рентгенограмма *ж.* X-ray (diffraction) pattern; roentgenogram, X-ray photograph
  абсорбционная ~ absorption X-ray pattern
  ~ **вращения** rotating-crystal X-ray photograph
  ~ **Дебая - Шеррера** Debye-Scherrer powder pattern
  дифракционная ~ X-ray diffraction pattern
  ~ **колебаний** oscillating-crystal X-ray photograph
  ~ **Лауэ** Laue X-ray pattern
  малоугловая ~ small-angle X-ray pattern
  порошковая ~ X-ray powder pattern
  прецессионная ~ precession X-ray photograph, precession X-ray pattern
рентгенографирование *с.* X-ray radiography; X-ray diffraction; roentgenography
рентгенография *ж.* X-ray radiography; X-ray diffraction; roentgenography
  времяразрешающая ~ time-resolved X-ray diffraction
  динамическая ~ time-resolved X-ray diffraction
  ~ **металлов** X-ray metallography, radiometallography
рентгенодефектоскопия *ж.* X-ray flaw detection
рентгенодиагностика *ж.* X-ray diagnostics
рентгенолитография *ж.* X-ray lithography
рентгенология *ж.* roentgenology
рентгенолюминесценция *ж.* roentgenoluminescence
рентгенометр *м.* roentgenmeter
рентгенометрия *ж.* X-ray dosimetry
рентгеноскоп *м.* roentgenoscope, fluoroscope
рентгеноскопия *ж.* roentgenoscopy, fluoroscopy
рентгенотерапия *ж.* radio-therapy, X-ray therapy
рентгеночувствительный *прил.* X-ray sensitive
рентгеношаблон *м. микр.* X-ray mask
реология *ж.* rheology
  ~ **полимеров** polymer rheology
  экспериментальная ~ experimental rheology, rheometry
реометр *м.* plastometer, rheometer
реометрия *ж.* rheometry
реопексия *ж.* rheopexy

реостат *м.* rheostat
репараметризация *ж.* reparametrization
репарация *ж. (в радиационной биологии)* repair
  биологическая ~ biological repair
  генетическая ~ genetic repair
  пострадиационная ~ postradiation repair
  световая ~ light repair
  темновая ~ dark repair
репер *м.* reference (mark); *(в геодезии)* bench mark
  активный ~ **частоты** active frequency reference
  ~ **Браве** Bravais reference
  квантовый ~ **частоты** quantum frequency reference
  пассивный ~ **частоты** passive frequency reference
  ~ **решётки** *крист.* lattice reference
  частотный ~ frequency reference
  ~ **частоты** frequency reference
реплика *ж. (в оптике или электронной микроскопии)* replica
  ~ **дифракционной решётки** grating replica
  коллодийная ~ collodion replica
  негативная ~ negative replica
  пластиковая ~ plastic replica
  позитивная ~ positive replica
  прямая ~ direct replica
  углеродная ~ carbon replica
  экстракционная ~ extraction replica
репликация *ж. (в биологии)* replication
рептация *ж. (тип движения макромолекулы)* reptation
ресивер *м. жарг. (часть газоразрядной камеры лазера)* receiver
ресорбция *ж.* resorption
респиратор *м.* respirator
ресурс *м. (запас)* resource; *(срок службы прибора)* service life
  геотермальные ~ы geothermal resources
  естественные ~ы natural resources
  минеральные ~ы mineral resources
  проектный ~ design service life
реторта *м.* retort
ретранслятор *м.* repeater; transponder
  активный ~ active repeater
  пассивный ~ passive repeater
  спутниковый ~ satellite repeater
ретрансляция *ж.* repeating, relaying; retransmission
ретрозеркало *с. кв. эл.* retroreflecting mirror, retroreflector
реферат *м.* abstract
референц-эллипсоид *м.* reference ellipsoid
рефлекс *м. крист., опт.* reflection
  высокоугловой ~ large-angle reflection
  вытянутый ~ striated reflection
  дифракционный ~ diffraction reflection
  отдельный ~ isolated [individual] reflection
  рентгеновский ~ X-ray reflection
  сверхструктурный ~ *(на нейтронограмме)* superstructure reflection

слабый ~ weak reflection
точечный ~ *фтт* point reflection
рефлектограмма *ж.* reflectogram
рефлектометр *м.* reflectometer
нейтронный ~ neutron reflectometer
поляризационный ~ polarized neutron reflectometer
рефлектометрия *ж.* reflectometry
~ **магнитных сред** reflectometry of magnetic media
нейтронная ~ neutron reflectometry
поляризационная нейтронная ~ polarized neutron reflectometry
рентгеновская ~ X-ray reflectometry
рефлектор *м.* *(зеркальный телескоп)* reflecting [mirror, reflector] telescope; *(элемент антенны)* reflector
активный ~ active reflector
двухзеркальный ~ two-mirror telescope
однозеркальный ~ single-mirror telescope
рефрактометр *м.* refractometer
~ **Аббе** Abbe refractometer
двухлучевой ~ double-beam refractometer
дифракционный ~ diffraction refractometer
~ **Жамена** Jamin refractometer
интерференционный ~ interference refractometer
~ **Пульфриха** Pulfrich refractometer
~ **Рэлея** Rayleigh refractometer
рефрактометрия *ж.* refractometry
рефрактор *м.* *(линзовый телескоп)* refracting [refractor] telescope
длиннофокусный ~ long-focus refractor
интерференционный ~ interference refractor
фотографический ~ photographic refractor
рефракция *ж.* refraction
акустооптическая ~ acousto-optic refraction
аномальная ~ anomalous refraction
астрономическая ~ astronomical refraction
атмосферная ~ atmospheric refraction
атомная ~ atomic refraction
береговая ~ coastal [shore] refraction
боковая ~ side refraction
вертикальная ~ *(звука)* vertical refraction
~ **в зените** zenithal refraction
внешняя коническая ~ external conical refraction
внутренняя коническая ~ internal conical refraction
~ **волн** wave refraction
горизонтальная ~ *(звука)* horizontal refraction
дифференциальная ~ differential refraction
~ **звука** acoustical refraction, refraction of sound
земная ~ terrestrial refraction
ионосферная ~ ionosphere [ionospheric] refraction
истинная ~ *(радиоволн)* true refraction
коническая ~ conical refraction
критическая ~ critical refraction
молекулярная ~ molecular refraction
нелинейная ~ nonlinear refraction
нивелирная ~ leveling refraction

нормальная ~ standard refraction
отрицательная ~ *(радиоволн)* negative refraction
параллактическая ~ parallactic refraction
повышенная ~ *(радиоволн)* superstandard refraction
полная ~ *(радиоволн)* total refraction
положительная ~ *(радиоволн)* positive refraction
пониженная ~ *(радиоволн)* substandard refraction
~ **радиоволн** refraction of radio waves
~ **света** refraction of light
спутниковая ~ satellite refraction
средняя ~ average [mean] refraction
тропосферная ~ tropospheric refraction
удельная ~ specific refraction
фотограмметрическая ~ *(радиоволн)* photogrammetrical refraction
электронная ~ electron refraction
рецептор *м.* *биоф.* receptor
рециклинг *м.* *(у стенки термоядерного реактора)* recycling
сильный ~ strong recycling
рециркулятор *м.* recirculating delay line, recirculator
волоконно-оптический ~ fiber-optical recirculating delay line
рециркуляция *ж.* recirculation, recycling
~ **с вынужденной конвекцией** forced-convection recirculation
~ **с естественной конвекцией** natural-convection recirculation
~ **топлива** fuel recirculation
речь *ж.* *ак.* speech
искусственная ~ artificial speech
синтезированная ~ synthesized speech
решать *гл.* *(уравнение, задачу)* solve; *(делать выбор)* decide
~ **задачу** solve a problem
решени/е *с.* **1.** *(уравнения, задачи)* solution **2.** *(выбор)* decision ☐ **принять** ~ make a decision; ~ **этих уравнений связано с чрезвычайно большими математическими трудностями** these equations are extremely difficult to treat mathematically
автодуальное ~ self-dual solution
автомодельное ~ self-similar [similarity] solution
аналитическое ~ analytical solution
антисимметричное ~ antisymmetric solution
асимптотически устойчивое ~ asymptotically stable solution
асимптотическое ~ asymptotic solution
безузловое ~ nodeless solution
~ **в аналитической форме** analytical solution
~ **в замкнутом виде** closed-form solution
вихревое ~ vortex solution
возмущённое ~ perturbed solution
~ **в рамках линейной теории упругости** linear elasticity solution
гладкое ~ smooth solution

графическое ~ graphic solution

двухпараметрическое ~ two-parameter [2-parameter] solution

двухсолитонное ~ two-soliton [2-soliton] solution

дипольное ~ Ларичева - Резника Larichev-Reznik dipole solution

диссипативное ~ dissipative solution

~ дифференциального уравнения solution of differential equation

допустимое ~ feasible solution

~, зависящее от времени time-dependent solution

инстантонное ~ *фтт* instantone solution

итерационное ~ iterative solution

квазипериодическое ~ quasi-periodic solution

квазистационарное ~ quasi-stationary solution

конечно-разностное ~ finite-difference solution

контрольное ~ test solution

линейно независимые ~я lineary independent solutions

локализованное солитонное ~ localized soliton solution

локальное ~ local solution

маятниковое ~ *(при дифракции рентгеновских лучей)* pendulum solution

~ методом граничных элементов boundary element [BE] solution

~ методом итераций iterative solution

~ методом конечных элементов finite element [FE] solution

~ методом подбора trial-and-error solution

~ методом последовательных приближений solution by successive approximations, stepwise solution

~ методом теории возмущений perturbation solution

~ методом фотоупругости photoelastic solution

многосолитонное ~ multisoliton solution

многочастичное ~ many-particle solution

модельное ~ model solution

мультипольное ~ multipole solution

мультисолитонное ~ multisoliton solution

невозмущённое ~ unperturbed solution

недиссипативное ~ nondissipative solution

~, не зависящее от времени time-independent solution

ненулевое ~ nonzero solution

неоднозначное ~ ambiguous solution

непрерывное ~ continuous solution

нетривиальное ~ nontrivial solution

неявное ~ implicit solution

нормированное ~ normalized solution

нулевое ~ null [zero] solution

общее ~ *(дифференциального уравнения)* general solution

общее ~ волнового уравнения general solution of the wave equation

ограниченное ~ bounded [restricted] solution

одноинстантонное ~ one-instanton solution

одноинстантонное ~ Белавина, Полякова, Тяпкина и Шварца Belavin, Polyakov, Tyapkin and Schwartz [BPTS] one-instanton solution

однокинковое ~ one [single]-kink solution

односолитонное ~ one-soliton solution

одночастичное ~ one-particle [single-particle] solution

окончательное ~ final decision

оптимальное ~ optimal solution

особое ~ *(дифференциального уравнения)* singular solution

отличное от нуля ~ nonzero solution

параметрическое ~ parametric solution

перенормированное ~ renormalized solution

периодическое ~ periodic solution

плоское ~ flat solution

подобные ~я similar solutions

полное ~ задачи на собственные значения complete eigensystem solution

~, полученное методом верхней границы upper-bound solution

приближённое ~ approximate solution

приближённое аналитическое ~ approximate analytical solution

разностное ~ difference solution

самосогласованное ~ self-consistent solution

сепарабельное ~ separable solution

случайное ~ random solution

солитонное ~ soliton solution

солитонное ~ Петвиашвили Petviashvili soliton solution

солитоноподобное ~ soliton-like solution

стационарное ~ steady-state [stationary] solution

строгое ~ rigorous solution

точное ~ exact solution

точное ~ уравнений движения вязкой жидкости exact solution of the equations of motion for a viscous fluid

трёхсолитонное ~ 3-soliton solution

тривиальное ~ trivial solution

узловое ~ nodal solution

устойчивое ~ stable solution

фундаментальное ~ *(уравнения)* fundamental solution

характеристическое ~ characteristic solution

частицеподобное ~ particle-like solution

частное ~ particular [partial, specific] solution

численное ~ numerical solution

~ Шварцшильда Schwarzschild solution

~я Эйлера - Трикоми вблизи неособых точек звуковой поверхности solutions of the Euler-Tricomi equation near nonsingular points of the sonic surface

явное ~ explicit solution

N-солитонное ~ N-soliton solution

решение-кинк *с.* kink solution

решётк/а *ж.* **1.** *(кристаллическая)* lattice **2.** *(дифракционная)* grating **3.** *(антенная)* array
☐ **гравировать дифракционную ~у** rule a grating
~ Абрикосова Abrikosov (vortex) lattice
адаптивная антенная ~ adaptive array
активная антенная ~ active array
~ активной зоны *(в ядерном реакторе)* core lattice
алмазная ~ *крист.* diamond lattice
алмазоподобная ~ diamond-like lattice
амплитудная дифракционная ~ amplitude grating
антенная ~ array, aerial [antenna] array
атомная ~ atom(ic) lattice
базисная ~ *фтт* basal [basis] lattice
базоцентрированная ~ base-centered lattice
базоцентрированная моноклинная ~ face-centered monoclinic lattice
базоцентрированная ромбическая ~ face-centered orthorhombic lattice
бегущая ~ *(в нелинейной среде)* moving grating
~ без отражателя bare [unreflected] lattice
бесконечная ~ infinite lattice
бокоцентрированная ~ side-centered lattice
~ Браве Bravais [space] lattice
взаимопроникающие ~и interpenetrating lattices
вигнеровская ~ Wigner lattice
вихревая ~ *сверхпр.* vortex [flux line] lattice
~ вихрей *сверхпр.* vortex [flux line] lattice
~ вихрей Абрикосова Abrikosov (vortex) lattice
вогнутая дифракционная ~ concave grating
выравнивающая ~ *(в аэродинамической трубе)* honey comb
гексагональная ~ *крист.* hexagonal lattice
гексагональная ~ Браве hexagonal Bravais lattice
гексагональная плотноупакованная ~ hexagonal close-packed lattice
гетерогенная ~ heterogeneous lattice
гетерополярная ~ heteropolar lattice
голограммная дифракционная ~ holographic [hologram] grating
голографическая ~ holographic grating
голографическая динамическая ~ holographic dynamic grating
голографическая дифракционная ~ holographic [hologram] grating
гранецентрированная ~ face-centered lattice
гранецентрированная кубическая ~ (ГЦК-решётка) face-centered cubic [fcc] lattice
гранецентрированная плотноупакованная ~ (ГПУ-решётка) face-centered close-packed lattice
грубая диффракционная ~ coarse grating
групповая ~ cluster lattice

дважды центрированная гексагональная ~ double-centered hexagonal [rhombohedral] lattice
двойная ~ dual lattice
двумерная ~ *фтт* two-dimensional lattice
двумерная антенная ~ bidimensional [two-dimensional] array
двумерная дифракционная ~ two-dimensional grating
двумерная обратная ~ *фтт* two-dimensional reciprocal lattice
деформированная ~ deformed lattice
~ дислокаций dislocation lattice
дифракционная ~ (diffraction) grating
дифракционная ~ без потерь lossless grating
дифракционная ~ скользящего падения glide incidence grating
дифракционная ~ с криволинейными штрихами curvilinear grating
дифракционная ~ с переменным шагом variable-spacing grating
дифракционная ~ с потерями lossy grating
дифракционная ~ с распределённой обратной связью distributed feedback grating
~ диэлектрической проницаемости permittivity grating
дуальная ~ dual lattice
дуговая антенная ~ arc array
жидкокристаллическая дифракционная ~ liquid-crystal grating
загруженная ~ loaded lattice
~, загруженная ураном uranium-loaded lattice
~ зарядовой плотности *(в жидких кристаллах)* charge-density grating
~ зернограничных сдвигов (РЗС) grain boundary displacement lattice
идеальная ~ ideal [perfect] lattice
~ из металлического урана uranium-metal lattice
~ из одиночных стержней single-rod lattice
~ из природного урана natural-uranium lattice
~ из урана и замедлителя uranim-moderator lattice
~ из урановых стержней uranium-rod lattice
ионная ~ ionic lattice
искажённая ~ *(кристалла)* distorted lattice
исходная ~ original lattice
квадратная ~ square lattice
квадратная ~ Браве square Bravais lattice
квантово-размерная ~ *(сверхрешётка)* multiple quantum [multiquantum] well structure
кластерная ~ cluster lattice
коллимирующая ~ collimating grid
кольцевая антенная ~ circular [ring] array
компактная ~ tight lattice
~ Кондо Kondo lattice
конечная ~ finite lattice
~ концентрации *(нелинейная оптика)* concentration grating
косоугольная ~ Браве oblique Bravais lattice

кристаллическая ~ (crystal) lattice

кристаллическая ~ типа алмаза diamond-type crystal lattice

кристаллическая ~ типа вюрцита wurtzite-type crystal lattice

кристаллическая ~ типа сфалерита sfalerite-type crystal lattice

кубическая ~ *крист.* cubic lattice

линейная ~ line lattice

магнитооптическая дифракционная ~ magnetooptic grating

металлическая ~ metal lattice

многозональная ~ multiregion lattice

многолучевая антенная ~ multibeam array

многоэлементная антенная ~ multielement array

молекулярная ~ molecular lattice

моноклинная ~ monoclinic lattice

моноклинная центрированная ~ monoclinic centered lattice

наведённая ~ *(нелинейная оптика)* induced grating

наведённая тепловая ~ *(нелинейная оптика)* induced thermal grating

направляющая ~ guiding [positioning] grid

нарезная дифракционная ~ ruled grating

нарушенная ~ perturbed lattice

неискажённая ~ undistorted [virginal] lattice

нелинейная ~ nonlinear lattice

неподвижная ~ rigid lattice

неразмножающая ~ nonmultiplying lattice

несоизмеримая ~ incommensurate lattice

нестационарная ~ *фпп* transient grating

нижняя опорная ~ bottom support grid

обратная ~ *крист.* reciprocal lattice

обратная поверхностная ~ reciprocal surface lattice

объёмная ~ volume grating

объёмная фазовая ~ volume phase grating

объёмноцентрированная ~ body-centered lattice

объёмноцентрированная кубическая (ОЦК-решётка) ~ body-centered cubic [bcc] lattice

однолучевая антенная ~ single-beam array

одномерная ~ one-dimensional lattice

опорная ~ support grid

оптимальная ~ optimum lattice

орторомбическая ~ orthorhombic lattice

ослабляющая дифракционная ~ attenuator grating

~ отображений *(в нелинейной динамике)* map lattice

отражательная антенная ~ reflector array

отражательная дифракционная ~ reflecting [reflection] grating

отражательная фазовая ~ phase reflection grating

отражающая дифракционная ~ reflecting [reflection] grating

пассивная антенная ~ passive array

передающая антенная ~ transmitting array

~ переключателей switch array

периодическая ~ periodic lattice

пластинчатая ~ slab lattice

плоская ~ plane [planar] grating; plane lattice

плоская антенная ~ planar [two-dimensional, flat] array

плоская ~ Браве plane Bravais lattice

плоская дифракционная ~ plane [planar] grating

плотноупакованная ~ *крист.* close-packed lattice

поверхностная ~ surface grating

поглощательная дифракционная ~ absorption grating

поддерживающая ~ support grid

полная ~ наложений *фтт* displace site complete lattice

правильная ~ perfect lattice

преломляющая дифракционная ~ refraction grating

~ преобразователей transducer array

приёмная антенная ~ receiving array

примитивная ~ primitive lattice

примитивная ~ Браве Bravais primitive lattice

проволочная дифракционная ~ wire grating

прозрачная дифракционная ~ transmission grating

пропускающая ~ *опт.* transmission grating

пропускающая дифракционная ~ transmission grating

простая гексагональная ~ simple hexagonal lattice

простая гексагональная ~ Браве simple hexagonal Bravais lattice

простая квадратная ~ Браве simple square Bravais lattice

простая косоугольная ~ Браве simple oblique Bravais lattice

простая кубическая ~ simple cubic lattice

простая прямоугольная ~ Браве simple rectangular Bravais lattice

пространственная ~ space [three-dimensional] lattice

пространственно-временная ~ space-time lattice

пространственно центрированная ~ body-centered lattice

прямая ~ direct lattice

псевдокондовская ~ pseudo-Kondo lattice

радиолокационная антенная ~ radar array

разреженная солитонная ~ rarefied soliton lattice

~ реактора reactor lattice

регулярная ~ *(дифракционная)* regular grating; *(кристаллическая)* regular lattice

ромбическая ~ (ortho)rhombic lattice

ромбоэдрическая ~ rhombohedral [trigonal] lattice

~ Роуланда Rowland grating

самофокусирующаяся антенная ~ self-focusing array

~ **с большим шагом** widely-spaced lattice
светоиндуцированная ~ light-induced grating
~ **с водным замедлителем** water-moderated lattice
~ **с водяным охлаждением** water-cooled lattice
~ **связанных отображений** *(в нелинейной динамике)* coupled map lattice
~ **с графитовым замедлителем** graphite-moderated lattice
~ **с замедлителем** moderated lattice
~ **с избыточным замедлением** overmoderated lattice
синтезированная дифракционная ~ synthesized grating
синусоидальная дифракционная ~ sinusoidal grating
синфазная антенная ~ cophased array
сканирующая антенная ~ scanning array
слоистая ~ layer lattice
~ **с малым шагом** close [closely] spaced lattice
~ **с недостаточным замедлением** undermoderated lattice
~ **совпадающих узлов** coincidence site lattice
солитонная ~ soliton lattice
сопловая ~ nozzle array
сотовая ~ honeycomb straightener
~ **с отражателем** reflected lattice
спаренные ~**и** paired lattices
спектральная дифракционная ~ spectral grating
спрямляющая ~ honeycomb straightener
~ **с пустотелыми стержнями** hollow-rod lattice
статическая ~ *(в нелинейной среде)* static grating
стационарная ~ **фотоносителей** *фпп* steady-state photocarrier grating
стержневая ~ rod lattice
~ **с урановыми блоками** lumped-uranium lattice
сухая ~ dry lattice
сферическая антенная ~ spherical array
~ **тензодатчика** gauge grid
тензометрическая ~ gauge grid
тепловая ~ thermal grating
тетрагональная ~ tetragonal lattice
тетраэдрическая ~ tetrahedral lattice
~ **типа алмаза** *крист.* diamond-type lattice
~ **типа цинковой обманки** *крист.* zinc-blende-type lattice
точечная ~ point lattice
треугольная антенная ~ triangular array
трёхмерная ~ three-dimensional grating; three-dimensional lattice
трёхмерная дифракционная ~ three-dimensional grating
тригональная ~ trigonal [rhombohedral] lattice
триклинная ~ triclinic lattice
ультразвуковая дифракционная ~ ultrasonic grating

уран-водная ~ uranium-water lattice
уран-графитовая ~ graphite-uranium [uranium-graphite] lattice
урановая ~ uranium lattice
уран-тяжеловодная ~ uranium-heavy water lattice
фазированная антенная ~ phased array, phased-array antenna
фазированная ~ **лазеров** phase-locked array of lasers, phase-locked laser array
фазовая брэгговская ~ Bragg phase grating
фазовая дифракционная ~ phase grating
фрактальная ~ fractal lattice
целочисленная ~ *ктп* integral lattice
центрированная ~ centered lattice
центрированная прямоугольная ~ **Браве** c-rectangular Bravais lattice
~ **ЦМД** bubble lattice
щелевая дифракционная ~ slit grating
эквидистантная дифракционная ~ equidistant grating
экранирующая ~ *(для защиты глаз от прямого света) амер.* louver; *англ.* spill shield
электрооптическая дифракционная ~ electrooptic grating
ядерная спиновая ~ nuclear-spin lattice
ржавчина *ж.* rust
рибосома *ж. биоф.* ribosome
ригель *м. (поперечная балка)* cross-bar; *(горизонтальный элемент рамы)* girder
ридберг *м. (внесистемная единица энергии)* Rydberg, Ry
экситонный ~ excitonic Rydberg
риометр *м.* riometer *(Relative Ionosphere Opacity METER)*
рипплон *м. ак.* ripplon
риск *м.* risk
глобальный ~ global risk
риска *ж. (на шкале)* graduation mark
рисунок *м.* figure; picture
риф *м. (у дислокаций)* reef, ledge
РЛС *ж. (радиолокационная станция)* radar
адаптивная ~ adaptive radar
~ **бокового обзора** side-looking radar
двухчастотная ~ dual frequency radar
доплеровская ~ Doppler radar
импульсная ~ pulse radar
импульсно-доплеровская ~ pulse Doppler radar
когерентная ~ coherent radar
метеорологическая ~ weather [meteorological] radar
моноимпульсная ~ monopulse radar
обзорная ~ surveillance radar
~ **сопровождения цели** tracking [target-track] radar
~ **с синтезированной апертурой** synthetic-aperture radar
трёхкоординатная ~ three-dimensional radar
робот *м.* robot
робот-манипулятор *м.* manipulating robot

рог *м.* horn

~ **серпа** *(Луны)* cusp

роговица *ж.* cornea

родамин *м. (краситель)* rhodamine

родий *м.* rhodium, Rh

родопсин *м. (зрительный пигмент)* rhodopsin

рождение *с. (частиц)* production, creation; generation, formation

~ **адронов** hadron production

аномальное ~ anomalous production

~ **аромата** flavor production

~ **виртуальных частиц** virtual-particle production

~ **вторичных частиц** secondary-particle production

глубоко неупругое ~ **адронов** deep inelastic hadron production

двухфотонное ~ two-photon production

двухчастичное ~ two-body production

дифракционное ~ diffraction production

дифракционное ~ **пионов** diffraction pion production

дифракционное ~ **частиц** diffraction particle production

~ **духов** *ктп* ghost production

инклюзивное ~ inclusive production

каскадное ~ cascade production

когерентное ~ coherent production

когерентное ~ **пионов** coherent pion production

космологическое ~ cosmological production

~ **мезонов** meson production

множественное ~ multiple production, multiple creation

множественное ~ **частиц** multiparticle production

~ **мюонных пар** muon pair production

~ **нейтрино** neutrino production

некогерентное ~ incoherent production

нерадиационное ~ radiationless [nonradiative] generation

нерезонансное ~ nonresonant production

неупругое ~ inelastic production

одночастичное ~ one-particle [single-particle] production

~ **очарованных частиц** charm(ed particle) production

~ **пар** *фвэ* pair production, pair creation, pair formation

парное ~ pair production, pair creation

~ **пар частица-античастица** particle-antiparticle pair production

~ **пи-мезонов** pion production

~ **пионов** pion production

поверхностное ~ surface production

подпороговое ~ **пионов** subthreshold pion production

принудительное ~ **пар** compulsory pair creation

прямое ~ direct production

радиационное ~ radiative generation

резонансное ~ resonance production

связанное ~ associated production

совместное ~ cojoint production

~ **странных частиц** strange particle production

~ **суперсимметричных частиц** production of supersymmetric particles

туннельное ~ *фтт* tunnel production

упругое ~ elastic production

~ **устойчивого предельного цикла на торе** formation of a stable limit cycle on the torus

~ **частиц** particle production

~ **электрон-позитронных пар** electron-positron pair production

~ **W-бозонов** W-boson production

роза *ж.* rose

~ **ветров** wind rose

розетка *ж. (многорешётчатый датчик)* rosette, multigrid gauge; *эл.* connector, socket

~ **деформации** strain rosette

~ **из двух тензодатчиков** two-gauge rosette

~ **из трёх тензодатчиков** three-element rosette

многослойная ~ **тензодатчиков** multilayered gauge rosette

плоская ~ planar rosette

прямоугольная ~ rectangular rosette

равноугольная ~ delta rosette

«слоёная» ~ stacked rosette

~ **тензодатчиков** rosette-type strain gauge, strain-gauge rosette

рой *м.* swarm

ионный ~ ion swarm

метеорный ~ meteor swarm

электронный ~ electron swarm

ролик *м.* roller

роликоподшипник *м.* roller bearing

роль *ж.* role

~ **коллективных эффектов в фотоионизации наружной оболочки** role of collective effects in the photoionization of the outer shell

~ **обменных эффектов в тормозном излучении** role of exchange effects in bremsstrahlung

~ **псевдосостояний в рассеянии электрона на атоме** role of pseudo-states in electron-atom scattering

ромб *м.* rhomb(us)

~ **Френеля** *опт.* Fresnel rhomb

ромбоид *м.* rhomboid

ромбоэдр *м.* rhombohedron

ро-мезон *м.* rho (particle)

роса *ж.* dew

РОС-гетеролазер *м. (с распределённой обратной связью)* distributed feedback heterolaser

рост *м. (кристаллов)* growth; *(увеличение)* increase, rise

автоэпитаксиальный ~ *(плёнок)* auto-epitaxial growth

аномальный ~ **зёрен** abnormal grain growth

атермический ~ athermal growth

бездефектный ~ defect-free growth
~ в гидротермальных растворах growth from hydrothermal solutions
воронкообразный ~ hopper growth
высокотемпературный ~ high-temperature growth
гетероэпитаксиальный ~ heteroepitaxial growth
гидротермальный ~ hydrothermal growth
гомоэпитаксиальный ~ homoepitaxial growth
~ грани face growth
дендритный ~ dendritic growth
дислокационный ~ dislocation growth
диффузионный ~ *физ. пов.* diffusion growth
докритический ~ трещины subcritical crack growth
~ доменов domain growth
замедляющийся ~ трещины retarding crack growth
~ зёрен grain growth
~ из водных растворов growth from aqueous solutions
изотермический ~ isothermal growth
изотропный ~ isotropic growth
~ из пара growth from vapor
~ из паровой фазы growth from vapor (phase)
~ из расплава growth from melt
~ из раствора growth from solution
~ капель *(в атмосфере насыщенного пара)* growth of drops
конкурентный ~ competition growth
~ кристаллов crystal growth
~ кристаллов льда growth of ice crystals
лавинный ~ трещины avalanche crack growth
логарфимический ~ logarithmic increase
~ монокристаллов single-crystal growth
направленный ~ oriented growth
непрерывный ~ *(зёрен)* continuous growth
неравномерный ~ *(зёрен)* discontinuous growth
нестационарный ~ nonstationary [unsteady] growth
неустановившийся ~ nonstationary [unsteady] growth
низкотемпературный ~ low-temperature growth
~ нитевидных кристаллов whisker growth
нормальный ~ normal growth
нормальный ~ зёрен normal grain growth
объёмный ~ кристаллов bulk crystal growth
ориентированный ~ oriented growth
пластинчатый ~ platelike growth
~ плёнок film growth
~ пор void growth
послойный ~ layer growth
послойный дислокационный ~ layer dislocation growth
псевдоморфный ~ pseudomorphous growth
~ пузырьков пара *(в перегретой жидкости)* growth of vapor bubbles

скелетный ~ dendritic skeletal growth
спиральный ~ spiral growth
стационарный ~ stationary [steady] growth
стационарный ~ трещины stationary crack growth
ступенчатый ~ stepwise growth
сферолитный ~ spherulitic growth
тангенциальный ~ tangential (layer) growth
~ температуры temperature rise; temperature increase
термический ~ thermal growth
~ трещины crack growth
~ трещины при малоцикловой усталости low-cycle fatigue crack growth
~ трещины при плоской деформации plane-strain crack growth
упорядоченный ~ oriented growth
~ усталостной трещины fatigue crack growth
установившийся ~ stationary [steady] growth
фасетчатый ~ facet growth
фотостимулированный ~ photostimulated growth
экспоненциальный ~ exponential increase
~ энтропии entropy increase
эпитаксиальный ~ epitaxial growth
ячеистый ~ cellular growth
ротамер *м. (состояние сложной молекулы)* rotamer, rotational isomer
заслонённый ~ screened rotamer
плоский ~ flat rotamer
скрещенный ~ crossed rotamer
трансоидный ~ trans-rotamer
устойчивый ~ stable rotamer
цисоидный ~ cis-rotamer
ротамер *м. (расходомер)* rotameter
ротатор *м. кв. мех.* rotator
асимметричный ~ asymmetric rotator
двумерный ~ two-dimensional rotator
жёсткий ~ rigid rotator
квантовый ~ quantum rotator
нежёсткий ~ nonrigid rotator
плоский ~ plane rotator
связанные ~ы coupled rotators
симметричный ~ symmetric rotator
спиновый ~ spin rotator
n-мерный ~ n-dimensional rotator
ротогравиметр *м.* rotation gravimeter
ротодина *ж.* rotodyne
ротон *м. (квазичастица)* roton
ротор *м. мат.* curl; *эл.* rotor; armature
герметизированный ~ canned rotor
~ гироскопа gyroscope rotor
~ Флетнера Flettner rotor
ртуть *ж.* mercury, Hg
рубашка *ж.* jacket
водяная ~ water jacket
изолирующая ~ isolating jacket
~ системы охлаждения cooling jacket
рубидий *м.* rubidium, Rb
рубильник *м.* knife switch
рубин *м.* ruby

искусственный ~ synthetic ruby

руда *ж.* ore
  ванадиевая ~ vanadium ore
  железная ~ iron ore
  радиоактивная ~ radioactive ore
  ториевая ~ thorium ore
  урановая ~ uranium ore

рудник *м.* mine
  урановый ~ uranium mine

рука *ж.* arm
  механическая ~ *(манипулятора)* mechanical arm

рукав *м. астр.* arm; sleeve; hose
  открытый спиральный ~ open spiral arm
  отрицательный ~ negative arm
  положительный ~ positive arm
  спиральный ~ **галактики** spiral arm in galaxy

руководитель *м.* supervisor; manager
  научный ~ research supervisor; principal investigator

руководство *с. (инструкция)* guide, manual; *(научной программы или института)* administration; management

рукопись *ж.* manuscript

руль *м. аэрод.* control surface
  аэродинамический ~ aerodynamic control surface
  ~ **высоты** elevator, elevation rudder
  ~ **направления** rudder

румб *м. (азимут)* bearing

рупор *м.* horn
  биконический ~ biconical horn
  коаксиальный ~ coaxial horn
  конический ~ conical horn
  пирамидальный ~ pyramidal horn
  полусферический ~ semispherical horn
  прямоугольный ~ rectangular horn
  секториальный ~ sectoral horn
  секторный ~ sectoral horn

русло *с. (реки, канала)* bed
  смоченное ~ wetted bed

рутений *м.* ruthenium, Ru

рутил *м.* rutile

рывок *м.* jump, jerk
  ~ **трещины** *(начало быстрого неустойчивого роста трещины)* burst of unstable crack extension

рыскание *с. аэрогидр.* hunting

рытвина *ж. (на телах Солнечной системы)* sulcus

рычаг *м.* lever

РЭМ-фотография *ж.* REM photograph

рябь *ж.* ripple

ряд *м. мат.* series; sequense; *(пространственное расположение)* row; *(некоторое количество)* a number of ...
  абсолютно сходящийся ~ absolutely convergent series
  авторегрессионный ~ autoregressive series
  адиабатический ~ **Борна - Фока** Born-Fock adiabatic series

  ~ **актинидов** actinoide series
  ~ **актиния** actinium series
  ~ **актиноидов** actinoide series
  ~ **актиноурана** actinium-uranium series
  асимптотический ~ asymptotic series
  асимптотический степенной ~ asymptotic power series
  бесконечный ~ infinite series
  ~ **Бесселя** Bessel series
  биномиальный ~ binomial series
  временной ~ temporal [time] series
  гармонический ~ harmonic series
  ~ **Гаусса** Gaussian series
  геометрический ~ geometric series
  ~ **геофизических наблюдений** geophysical time series
  гипергеометрический ~ hypergeometric series
  гомологический ~ homologous series
  естественный радиоактивный ~ natural radioactive series
  знакопеременный ~ alternating series
  ~ **измерений** series of observations
  изоэлектронный ~ isoelectronic sequence
  интерполяционный ~ interpolation series
  канонический ~ canonical series
  конечный ~ finite series
  ~ **Куммера** Kummer series
  ~ **лантанидов** lanthanide series
  линейный ~ **форм равновесия** *(вращающейся жидкости)* linear series of equilibrium configurations
  ~ **Лорана** Laurent series
  ~ **Маклорена** Maclaurin series
  миксотропный ~ *(для растворов)* mixotropic series
  ~ **наблюдений** series of observations
  натуральный ~ natural series
  ~ **Неймана** Neumann series
  непрерывный ~ continuous series
  ~ **нептуния** neptunium series
  ортогональный ~ orthogonal series
  периодический ~ periodical series
  ~ **превращений** transmutation series
  равномерно сходящийся ~ uniformly convergent series
  радиоактивный ~ radioactive series
  ~ **радия** radium series
  ~ **распадов** decay series
  расходящийся ~ divergent series
  сопряжённый ~ conjugate series
  степенной ~ power series
  суммируемый ~ summable series
  сходящийся ~ convergent series
  ~ **Тейлора** Taylor series
  ~ **тория** thorium series
  трансплутониевый ~ transplutonium series
  трансурановый ~ transuranium series
  тригонометрический ~ trigonometric series
  ~ **урана** uranium series

~ **урана-актиния** uranium-actinium series
~ **урана-радия** uranium-radium series
условно сходящийся ~ conditionally convergent series
~ **Фурье** Fourier series
~ **Фурье с конечным числом членов** finite Fourier series
числовой ~ numerical series

С

савар *м. (устаревшая единица частотного интервала в акустике)* savart
сагитта *ж. (стрела прогиба дуги)* sagitta
самарий *м.* samarium, Sm
самоактивация *ж. (люминофора)* self-activation
самоблокировка *ж.* self-locking
самовозбуждающийся *прил.* self-exciting
самовозбуждение *с. (генератора)* self-excitation
жёсткое ~ hard self-excitation
инерционное ~ inertial self-excitation
~ **колебаний** self-excitation of oscillations
мягкое ~ soft self-excitation
самовозгорание *с.* spontaneous combustion, spontaneous ignition
самовоздействие *с. (световой волны)* self-action, self-interaction
~ **волн** self-action of waves
временнjá ~ *(световых импульсов)* temporal self-action
дисперсионное ~ *(световых импульсов)* dispersive self-action
квазистатическое ~ quasi-static self-action
нелинейное ~ nonlinear self-action
нестационарное ~ transient self-action
нестационарное тепловое ~ transient thermal self-interaction
поляризационное ~ **света** polarization self-action of light
пространственное ~ *(световых импульсов)* spatial self-action
резонансное ~ resonant self-action
~ **света** self-action of light
~ **световых импульсов** self-action of light pulses
стрикционное ~ *(волн в плазме)* striction self-action
тепловое ~ *(лазерного пучка)* thermal self-action
самовоспламенение *с.* spontaneous combustion, spontaneous ignition
тепловое ~ thermal spontaneous ignition
цепное ~ chain spontaneous ignition
самовосстановление *с.* autoreduction, self-recovery
самовращение *с. (крыла)* autorotation

самовыстраивание *с. (атомов или молекул)* self-aligning, self-alignment
двуосное ~ biaxial self-aligning
дрейфовое ~ *опт.* drift self-alignment
локальное скрытое ~ local hidden self-aligning
скрытое ~ hidden self-aligning
~ **угловых моментов** self-alignment of angular momenta
самогашение *с.* self-quenching
самогравитация *ж.* self-gravitation
~ **волны** self-gravity of the wave
локальная ~ local self-gravitation
самодействие *с.* self-action
перенормированное ~ renormalized self-action
самодекомпрессия *ж.* self-decompression
~ **светового импульса** self-decompression of light beam
самодефокусировка *ж.* self-defocusing
интенсивная ~ intense self-defocusing
~ **лазерного пучка** self-defocusing of laser beam
нестационарная ~ **света** nonstationary self-defocusing of light
~ **света** self-defocusing of light
стационарная тепловая ~ stationary thermal self-defocusing
тепловая ~ **света** thermal self-defocusing of light
самодифракция *ж. нелин. опт.* self-diffraction
~ **волн** self-diffraction of waves
~ **встречных волн** self-diffraction of opposite waves
нестационарная ~ transient self-diffraction
раман-натовская ~ Raman-Nath self-diffraction
самодиффузия *ж.* self-diffusion
самозакалка *ж.* self-hardening
самозалечивание *с. (дефектов)* self-healing
самозахват *м.* self-trapping
самоиндукция *ж.* self-induction
самоканализация *ж. (волн)* self-channeling
самоканалирование *с. (лазерного пучка)* self-trapping
самокомпенсация *ж. фпп* self-compensation
самокомпрессия *ж. (светового импульса)* self-compression
самоконтроль *м.* self-testing, self-verification
самолёт *м.* airplane, aeroplane
реактивный ~ jet airplane
сверхзвуковой ~ supersonic airplane
самолокализация *ж.* self-localization
самомодуляция *ж. кв. эл.* self-modulation
амплитудная ~ amplitude self-modulation
временнfÿ фазовая ~ temporal phase self-modulation
дисперсионная фазовая ~ dispersive self-phase modulation
~ **добротности** Q self-switching
~ **лазерного пучка** self-modulation of laser beam

пространственная фазовая ~ spatial phase self-modulation

~ **света** self-modulation of light

фазовая ~ self-phase modulation, phase self-modulation

самонагрев *м.* self-heating

~ **пучка** beam self-heating

самообострение *с. (лазерного импульса)* self-steepening

самообращение *с.* self-reversal

~ **волнового фронта** self-reversal of the wavefront, wavefront self-reversal

~ **спектральной линии** spectral line self-reversal

самоокисление *с.* self-oxidation

самоорганизация *ж.* self-organization

~ **плазмы** *(в токамаках)* self-organization of plasma

структурная ~ structural self-organization

самоотклонение *с. (светового пучка)* self-deflection

самоотпуск *м.* autotempering, self-tempering

самопереключение *с.* self-switching

~ **волн** self-switching of waves

двойное ~ double self-switching

~ **излучения** self-switching of radiation; optical self-switching

неполное ~ partial self-switching

оптическое ~ optical self-switching

полное ~ total self-switching

~ **света** self-switching of light; optical self-switching

самопересечение *с.* self-intersection

самописец *м.* recorder

быстродействующий ~ fast-response recorder

двухкоординатный ~ x-y-recorder

диаграммный ~ chart recorder

самопоглощение *с.* self-absorption

~ **излучения** self-absorption of radiation

самоподдерживающийся *прил.* self-maintained, self-sustained

самоподобие *с.* self-similaruty

инфракрасное асимптотическое ~ infrared asymtotical self-similaruty

расширенное ~ extended self-similarity

самополяризация *ж.* self-polarization

радиационная ~ radiative self-polarization

самопроизвольный *прил.* spontaneous

саморазмагничивание *с.* self-demagnetization

саморазогрев *м. (напр. эмиттера)* self-heating

саморазрушение *с.* self-damage

оптическое ~ *(полупроводника)* optical self-damage

саморазряд *м.* self-discharge

самораспльивание *с.* self-blooming

~ **светового импульса** self-blooming [self-decompression] of light pulse

самораспространяющийся *прил.* self-propagating

самораспыление *с.* self-sputering

самрассеяние *с.* self-scattering

самрасталкивание *с.* self-repulsion

саморегулирующийся *прил.* self-governing; self-regulating

саморефракция *ж.* self-refraction

самосборка *ж. (в нелинейной динамике)* self-assembly, self-assembling

~ **линейных цепей** self-assembly of linear chains

~ **отрезков** self-assembly of segments

самосжатие *с. (импульса)* self-compression; *(разряда)* self-contraction, pinching

~ **разряда** pinching, self-contraction of a discharge

~ **светового импульса** self-narrowing of light pulse, self-compression

самосинхронизация *ж.* self-synchronization, self-locking

~ **мод** *кв. эл.* self-mode-locking

самосогласованность *ж.* self-consistency

самосогласованный *прил.* self-consistent

самосопряжённый *прил.* self-conjugate, self-adjointed

самотёком *нареч.* by gravity

самоторможение *с.* self-braking

самоусиление *с.* self-amplification

самоускорение *с.* self-acceleration

~ **спекания** *(металлических порошков)* sintering self-acceleration

~ **химической реакции** self-acceleration of chemical reaction

самоусреднение *с.* self-averaging

самоуширение *с. (спектральной линии)* self-broadening

самофокусировка *ж.* self-focusing

аберрационная ~ aberration self-focusing

квазистатическая ~ quasi-steady-state self-focusing

квазистационарная ~ quasi-steady-state self-focusing

мелкомасштабная ~ small-scale self-focusing

многофокусная ~ multifocus self-focusing

нестационарная ~ transient self-focusing

резонансная ~ resonant self-focusing

~ **сверхкоротких импульсов** self-focusing of ultrashort pulses

~ **света** self-focusing of light

сильная ~ strong self-focusing

слабая ~ weak self-focusing

стационарная ~ stationary self-focusing

тепловая ~ thermal self-focusing

самоцентрирование *с.* self-centering (action)

самоэкранирование *с. (ионизирующего излучения)* self-shielding, self-screening

сантиметр *м.* centimeter, cm

обратный ~ inverse centimeter

сапфир *м.* sapphire

саркома *ж.* sarcoma

сарос *м. (период повторения взаимного расположения Солнца, Земли и Луны)* saros

сателлит *м. (в спектре)* satellite
  антистоксов ~ anti-Stokes satellite
  диэлектронный ~ *физ. пл.* dielectronic satellite
  красный ~ red satellite
  синий ~ blue satellite
  спектральный ~ spectral satelity
  стоксов ~ Stokes satellite
Сатурн *м.* Saturn
сахариметр *м. опт.* saccharimeter
сахариметрия *ж.* saccharimetry
сближение *с. (поверхностей)* approach; convergence
  максимальное ~ closest approach
  мгновенное ~ instantaneous approach
  относительное ~ relative approachment
  предельное ~ critical approachment
сбой *м. (нарушение работы прибора)* malfunction, failure
сбор *м.* collection, acquisition
  ~ **данных** data acquisition, data collection
сборка *ж. яф* assembly
  автоматизированная ~ automated assembly
  ~ **активной зоны** core assembly
  бестопливная ~ nonfuel-bearing assembly
  диодная ~ diode assembly
  запальная ~ seed bundle, seed cluster, seed assembly
  защитная ~ shield assembly
  ~ **зоны воспроизводства** blanket assembly
  критическая ~ critical assembly
  мгновенно-критическая ~ prompt-critical assembly
  надкритическая ~ supercritical assembly
  подкритическая ~ subcritical assembly
  регулирующая ~ control assembly
  ~ **регулирующих стержней** control-rod bank
  ~ **с плазменной активной зоной** plasma core assembly
  стержневая ~ rod assembly
  тепловыделяющая ~ fuel assembly
  топливная ~ fuel assembly
  ~ **узлов магнита** magnet unit assembly
  ~ **Уитни** *(в теории катастроф)* Whitney assembly
  ~ **ускорителя** assembly of an accelerator
  химическая ~ chemical assembly
  экспоненциальная ~ exponential assembly
сборник *м.* collector; *(научных трудов, статей)* collected articles
  ~ **отработанного растворителя** solvent catch tank
  ~ **радиоактивных отходов** radioactive waste collector
сбрасывание *с. (радиоактивных отходов)* disposal
  ~ **в море** sea disposal, see burial
  ~ **давления** depressurization
  ~ **радиоактивных отходов** radioactive waste disposal
  ~ **стержня** *(в ядерном реакторе)* dropping of the rod

сброс *м. (в линии скольжения)* kink (band)
  ~ **давления** depressurization
  ~ **инверсии** *(в лазере)* inversion dumping
  радиоактивные ~ы radioactive effluents
свариваемость *ж.* weldability
  технологическая ~ technological weldability
сваривать *гл.* weld
сварка *ж.* welding
  аргонно-дуговая ~ argon-arc welding
  вакуумная ~ vacuum welding
  ~ **взрывом** explosion welding
  ~ **в магнитном поле** magnetic force welding
  высокочастотная ~ high-frequency welding
  газовая ~ gas welding
  ~ **давлением** pressure welding
  диффузионная ~ diffusion welding
  дуговая ~ arc welding
  дуговая ~ **под флюсом** submerged arc welding
  индукционная ~ induction welding
  контактная ~ resistance welding
  лазерная ~ laser welding
  ~ **плавлением** fusion welding
  плазменная ~ plasma-arc welding
  подводная ~ underwater welding
  порошковая ~ powder welding
  ~ **прокаткой** roll welding
  роликовая ~ seam welding
  точечная ~ spot welding
  ~ **трением** friction welding
  ультразвуковая ~ ultrasonic welding
  холодная ~ cold welding
  электродуговая ~ electric arc welding
  электронно-лучевая ~ electron-beam welding
  электрошлаковая ~ electroslag welding
свая *ж.* pile
сведтние *с.* convergence
  ~ **электронных пучков** electron beam convergence
сведения *мн.* information, data
сверление *с.* drilling
  лазерное ~ laser drilling
  ультразвуковое ~ ultrasonic drilling
  электронно-лучевое ~ electron-beam drilling
сверло *с.* drill
свёртка *ж. мат.* convolution
свёртывание *с.* rolling-up
  ~ **вихревой плёнки** vortex-sheet rolling-up
сверхадиабатический *прил.* superadiabatic
сверхболид *м.* giant bolide, superbolide
сверхбыстрый *прил.* ultra-fast, ultra-high-speed
сверхвысокочастотный *прил.* microwave
сверхгалактика *ж.* supergalaxy
  местная ~ local supergalaxy, local supercluster
сверхгенератор *м.* supergenerator
  параметрический ~ parametric supergenerator
сверхгигант *м. астр.* supergiant (star)
  голубой ~ blue supergiant
  горячий ~ hot supergiant

жёлтый ~ yellow supergiant
красный ~ red supergiant
холодный ~ cold supergiant
сверхдиамагнетизм *м.* superdiamagnetism
сверхдиамагнетик *м.* superdiamagnet
сверхзакалка *ж.* super-hardening
сверхзвезда *ж.* superstar
вырожденная ~ degenerate superstar
сверхзвуковой *прил.* supersonic
сверхизлучение *с.* superfluorescence, superradiance, superradiation
вынужденное ~ induced superfluorescence
двухволновое брэгговское ~ two-wave Bragg superfluorescence
двухчастотное ~ double-frequency superfluorescence
~ Дике Dicke superradiance, Dicke superfluorescence
каскадное ~ cascade superfluorescence
многомодовое ~ multimode superfluorescence
~ многоуровневых систем superfluorescence of multilevel systems
одномодовое ~ single-mode superfluorescence
оптическое ~ optical superfluorescence
~ при комбинационном рассеянии Raman superfluorescence
~ протяжённых систем superfluorescence of extended systems
электромагнитное ~ electromagnetic superradiance
сверхинжекция *ж. фпп* superinjection
сверхкритичность *ж.* supercriticality
сверхлюминесценция *ж.* superluminescence, superfluorescence
параметрическая ~ parametric superluminescence
сверхмощный *прил.* superpower
сверхнаправленность *ж. (антенны)* superdirectivity
сверхновая *ж. (звезда)* supernova
внегалактическая ~ extragalactic supernova
~ I типа type I supernova
~ II типа type II supernova
сверхпластичность *ж.* superplasticity
сверхпроводимость *ж.* superconductivity
бесщелевая ~ zero-gap [gapless] superconductivity
биполяронная ~ bipolaronic superconductivity
возвратная ~ recurrent superconductivity
~ второго рода type II [second-kind] superconductivity
высокотемпературная ~ high-temperature superconductivity
дырочная ~ p-type [hole-type] superconductivity
неравновесная слабая ~ nonequilibrium weak superconductivity
~ первого рода type I [first-kind] superconductivity
~ плоскостей двойникования superconductivity of twin planes

поверхностная ~ surface superconductivity
~ с высокой критической температурой high critical temperature [high T_c] superconductivity
слабая ~ weak [tunneling] superconductivity
техническая ~ technical superconductivity
~ тяжёлых фермионов superconductivity of heavy fermions
электронная ~ n-type [electron-type] superconductivity
d-волновая ~ d-wave superconductivity
сверхпроводник *м.* superconductor
анизотропный ~ anisotropic superconductor
антиферромагнитный ~ antiferromagnetic superconductor
безмедный ~ copperless superconductor
бесщелевой ~ zero-gap [gapless] superconductor
возвратный магнитный ~ recurrent magnetic superconductor
~ второго рода type II [second-kind] superconductor
высокотемпературный ~ high-temperature superconductor
дырочный ~ hole-doped superconductor
жёсткий ~ hard superconductor
идеальный ~ perfect superconductor
изотропный ~ isotropic superconductor
интерметаллический ~ intermetallic superconductor
керамический ~ ceramic superconductor
классический ~ classic superconductor
купратный ~ cuprate superconductor
лондоновский ~ London superconductor
магнитный ~ magnetic superconductor
массивный ~ massive superconductor
металлический ~ metal superconductor
металлоксидный высокотемпературный ~ metal oxide high-temperature superconductor
многожильный ~ multifilamentary superconductor
мягкий ~ soft superconductor
~ на основе окиси меди copper oxide (based) superconductor
невозвратный магнитный ~ nonrecurrent magnetic superconductor
неоднородный ~ nonuniform superconductor
неодносвязный ~ nonsingly connected superconductor
одножильный ~ monofilamentary superconductor
оксидный ~ oxide superconductor
оксидный высокотемпературный ~ oxide high-temperature superconductor
органический ~ organic superconductor
~ первого рода type I [first-kind] superconductor
~ перовскитного типа perovskite type superconductor
пиппардовский ~ Pippard superconductor
сверхтонкожильный ~ very fine filament [ultra-fine multifilamentary] superconductor
связанные ~и coupled superconductors

слабонеоднородный ~ weakly nonuniform superconductor
слабосвязанные ~и weakly coupled superconductors
слоистый ~ layered superconductor
~ с многокомпонентным параметром порядка superconductor with multicomponent order parameter
стабилизированный ~ stabilized superonductor
~ с тяжёлыми фермионами heavy fermion superconductor
«ферромагнитный» ~ "ferromagnetic" superconductor
чистый ~ pure superconductor
электронный ~ electron-type superconductor
сверхразрешение с. super-resolution
сверхразрешённый прил. superallowed
сверхрефракция ж. superrefraction
сверхрешётка ж. фтт superlattice
аморфная ~ amorphous superlattice
двумерная ~ two-dimensional superlattice
динамическая ~ dynamic superlattice
~ дислокаций dislocation superlattice
естественная ~ natural superlattice
искусственная ~ artificial superlattice
композиционная ~ compositional superlattice
короткопериодная ~ short-period superlattice
легированная ~ doped superlattice
~ Ленгмюра - Блоджетт Langmuir-Blodgett superlattice
магнитная ~ magnetic superlattice
напряжённая ~ stressed [strained-layer] superlattice
непериодическая ~ nonperiodic superlattice
одномерная ~ one-dimensional superlattice
ориентационная ~ orientational superlattice
плоская ~ flat superlattice
полупроводниковая ~ semiconductor superlattice
~ пор pore superlattice
сверхпроводящая ~ superconducting superlattice
~ с деформированными слоями strained-layer superlattice
статическая ~ steady superlattice
сверхсверхгигант м. астр. hypergiant (star), supersupergiant
сверхсжатие с. overcompression
сверхскопление с. астр. supercluster
~ галактик supercluster of galaxies
сверхсолитон м. supersoliton
сверхспирализация ж. (двойной спирали) superspiralling
отрицательная ~ negative superspiralling
сверхструктура ж. superstructure; superlattice
несоразмерная ~ incommensurate superstructure
поверхностная ~ surface superstructure
соразмерная ~ commensurate superstructure
сверхтекучесть ж. superfluidity
~ атомных ядер superfluidity of atomic nuclei
нуклонная ~ nucleon superfluidity

спиновая ~ spin superfluidity
~ электронной жидкости superfluidity of electron fluid
сверхсходимость ж. overconvergence
сверхтекучий прил. superfluid
сверхток м. supercurrent
спиновый ~ spin supercurrent
сверхтонкий прил. hyperfine
сверхтяжёлый прил. superheavy
свет м. light
актиничный ~ actinic light
амплитудно-сжатый ~ кв. эл. amplitude-squeezed light
антикоррелированный ~ anticorrelated light
белый ~ white light
видимый ~ visible light
галактический ~ galactic light
деполяризованный ~ depolarized light
диффузный ~ diffuse light
дневной ~ daylight
естественный ~ unpolarized [natural] light
заливающий ~ floodlight
~ звёзд star light
звёздный ~ star light
зодиакальный ~ zodiacal light
инфракрасный ~ infrared light
искусственный ~ artificial light
квадратурно-сжатый ~ quadrature-squeezed light
квазикогерентный ~ quasi-coherent light
квазимонохроматический ~ quasi-monochromatic light
классический ~ classical light
классический сжатый ~ classical squeezed light
когерентный ~ coherent light
лазерный ~ laser light
левополяризованный ~ left-hand polarized light
линейно поляризованный ~ linearly polarized light
лунный ~ moonlight
монохроматический ~ monochromatic light
направленный ~ directional light
неактиничный ~ nonactinic light
неклассический ~ nonclassical light
некогерентный ~ incoherent light
немонохроматический ~ nonmonochromatic light
неполяризованный ~ unpolarized light
отражённый ~ reflected light
падающий ~ incident light
пепельный ~ Луны earth shine on the Moon
плоскополяризованный ~ plane-polarized light
полностью поляризованный ~ completely polarized light
поляризованный ~ polarized light
поляризованный по кругу ~ circularly polarized light
правополяризованный ~ right-hand polarized light

преломлённый ~ refracted light
проходящий ~ transmitted light
прямой ~ *(звёзд и т.п.)* direct light
пурпурный ~ purple light
рассеянный ~ scattered [diffuse] light
сверхсжатый ~ supersqueezed light
сжатый ~ squeezed light
солнечный ~ sunlight
спиновый ~ spin light
субпуассоновский ~ sub-Poisson light
тусклый красный ~ dull red light
ультрафиолетовый ~ ultraviolet light
циркулярно поляризованный ~ circularly polarized light
частично когерентный ~ partially coherent light
частично поляризованный ~ partially polarized light
эллиптически поляризованный ~ elliptically polarized light
яркокрасный ~ bright red light
светильник *м. амер.* luminaire; *англ.* lighting fitting
взрывозащищённый ~ explosion proof luminaire
водонепроницаемый ~ watertight luminaire
несимметричный ~ asymmetrical lighting fitting
пылезащищённый ~ dustproof luminaire
симметричный ~ symmetrical luminaire
светимость *ж. (световая величина)* luminous exitance; *(звезды, ускорителя)* luminosity
болометрическая ~ *астр.* bolometric luminosity
визуальная ~ *астр.* visual luminosity
~ в оптических лучах optical luminosity
~ в радиодиапазоне radio luminosity
~ звезды stellar luminosity; luminosity of a star
интегральная ~ integrated luminosity
истинная ~ intrinsic luminosity
критическая ~ *астр.* critical luminosity
максимальная ~ peak [maximum] luminosity
~ накопительного кольца storage ring luminosity
нейтринная ~ neutrino luminosity
пиковая ~ peak luminosity
полная ~ total [overall] luminosity
~ пучка beam luminosity
расчётная ~ anticipated luminosity
рентгеновская ~ *астр.* X-ray luminosity
сверхкритическая ~ *астр.* supercritical luminosity
собственная энергетическая ~ self radiant exitance
тепловая энергетическая ~ thermal radiant exitance
~ ускорителя accelerator luminosity
фотографическая ~ *астр.* photographic luminosity
эддингтоновская ~ Eddington luminosity
энергетическая ~ radiant exitance

эффективная ~ effective luminosity
светлота *ж. (уровень зрительного ощущения)* luminosity; brightness
световод *м.* (optical) fiber, fiber-optic [optical] waveguide, light guide
анизотропный ~ anisotropic optical waveguide
~ без потерь lossless optical fiber
волоконно-оптический ~ (optical) fiber
волоконный ~ (optical) fiber
волоконный ~ без оболочки uncladded (optical) fiber
волоконный ~ в оболочке cladded optical fiber, cladded fiber
волоконный ~ с обнажённой сердцевиной exposed-core fiber
волоконный ~, сохраняющий поляризацию polarization-maintaining [polarization-preserving] fiber
градиентный волоконный ~ graded-index optical fiber
двужильный волоконный ~ two-core optical fiber
двулучепреломляющий ~ birefringent optical fiber
двухканальный волоконный ~ two-channel optical fiber
диэлектрический ~ dielectric optical waveguide
зеркальный ~ mirror beam waveguide
капиллярный ~ capillary fiber, capillary optical waveguide
кварцевый волоконный ~ quartz optical fiber
кристаллический волоконный ~ crystal optical fiber
круглый волоконный ~ circular optical fiber
линзовый ~ lens optical waveguide
линзовый конфокальный ~ confocal lens optical waveguide
многожильный волоконный ~ multistrand optical fiber
многоканальный волоконный ~ multi-channel optical fiber
многомодовый волоконный ~ multimode optical fiber
многослойный волоконный ~ multilayer [layered] optical fiber
одножильный волоконный ~ single-strand optical fiber
одномодовый волоконный ~ single-mode optical fiber
одномодовый ~ с треугольным профилем показателя преломления triangular profile single-mode fiber
поликристаллический волоконный ~ polycrystal optical fiber
полимерный ~ polymer optical fiber
~ с малыми потерями low loss fiber
~ со ступенчатым профилем показателя преломления step-index (profile) fiber

стеклянный волоконный ~ glass fiber
ступенчатый волоконный ~ step optical fiber
~ с эллиптической сердцевиной optical fiber with elliptical core
~ типа кварц-кварц fiber of the quartz-quartz type, quartz-quartz fiber
~ типа кварц-полимер quartz-polymer fiber
трёхканальный волоконный ~ three-channel optical fiber
световозвращатель *м.* retro-reflector
световыход *м.* specific light yield
светодальномер *м.* optical range finder
двухволновый ~ two-wave optical range finder
импульсный ~ pulsed optical range finder
лазерный ~ laser range finder
прецизионный ~ precise optical range finder
фазовый ~ phase optical range finder
светодальнометрия *ж.* optical range finding
импульсная ~ pulsed optical range finding
лазерная ~ laser range finding
фазовая ~ phase optical range finding
светоделитель *м.* (beam) splitter
светодиод *м.* light emitting diode, LED
~ на двойной гетероструктуре double-heterostructure LED
светолокация *ж.* optical radar, optical location
светомагнон *м.* optical magnon
светоотдача *ж.* luminous efficacy
светоприёмник *м.* light detector
светопровод *м.* fiber-optic [optical] waveguide, light guide
светорассеяние *с. (подробнее см.* **рассеяние света***)* light scattering
светосила *ж.* light-gathering power; aperture ratio
геометрическая ~ geometric aperture ratio
~ спектрометра spectrometer luminosity
физическая ~ physical aperture ratio
светотехника *ж.* lighting technology, lighting engineering
светотрансформатор *м. кв. эл.* light converter
жидкостный ~ liquid light converter
люминесцентный ~ fluorescent light converter
полимерный ~ polymeric light converter
светофильтр *м.* light [optical] filter
абсорбционный ~ absorption filter
дисперсионный ~ dispersion filter
интерференционный ~ interference filter
инфракрасный ~ infrared filter
люминесцентный ~ luminescence optical filter
нейтральный ~ neutral [gray, nonselective light] filter
неселективный ~ neutral [gray, nonselective light] filter
поляризационно-интерефренционный ~ polarization interference filter
поляризационный ~ polarization [polarizing] filter

поляризационный ~ Лио Lyot polarization filter
поляризационный ~ Солка Solc polarization filter
рассеивающий ~ scatter filter
селективный ~ selective light filter
селективный поляризационный ~ selective polarization filter
серый ~ gray filter
узкополосный поляризационный ~ narrow-band polarization filter
цветной ~ color filter
цветоделительный ~ color separation filter
цветокорректирующий ~ color correction filter
светочувствительность *ж.* light sensitivity, photosensivity
~ эмульсии emulsion speed
светочувствительный *прил.* photosensitive
светоэкситон *м. (экситонный поляритон)* exciton polariton
светящийся *прил.* luminous
свеча *ж. (устаревшее название единицы СИ силы света)* candela
свечение *с.* glow
авроральное ~ auroral glow
анодное ~ anode glow
~ атмосферы atmospheric glow, airglow
внеатмосферное ~ *(неба)* extra-terrestrial light
диффузное ~ diffuse glow
~ дневного неба day airglow
дневное ~ атмосферы day airglow
катодное ~ cathode glow
~ неба airglow
~ ночного неба night airglow
ночное ~ атмосферы night airglow
отрицательное ~ *(в тлеющем разряде)* negative glow
~ полярной шапки polar cap glow
пробойное ~ *фпп* breakdown glow
~ разряда discharge glow
собственное ~ атмосферы proper airglow
субвизуальное авроральное ~ *(ниже порога чувствительности глаза)* subvisual auroral glow
сумеречное ~ атмосферы twilight airglow
температурное ~ incandescence
свидетельство *с.* evidence
авторское ~ invention certificate
дополнительное ~ subsiduary evidence
свинец *м.* lead, Pb
свип-генератор *м.* sweep-generator, swept-frequency generator
свист *м. ак.* whistle; *(свистящий атмосферик)* whistler
длинный ~ long whistler
короткий ~ short whistler
свисток *м. ак.* whistle
вихревой ~ vortex whistle
воздушный ~ air whistle

газовый ~ gas whistle
~ **Гальтона** Galton whistle
губной ~ lip whistle
жидкостный ~ liquid whistle
клапанный ~ valve whistle
мембранный ~ membrane whistle
паровой ~ steam whistle
свобода *ж.* freedom
асимптотическая ~ *ктп* asymptotic freedom
инфракрасная асимптотическая ~ infrared asymptotic freedom
калибровочная ~ gauge freedom
свободный *прил.* free
свод *м.* vault; arch
небесный ~ vault of heaven
сводить *гл.* reduce
~ **в таблицу** tabulate
~ **к** reduce to ...
~ **к минимуму** minimize
~ **к нулю** reduce to zero
~ **на нет** reduce to zero
сводка *ж.* report; summary
~ **экспериментальных данных** experimental summary
свойств/а *мн.* properties; features
адгезионные ~ adhesiveness
адсорбционные ~ adsorption properties
акустические ~ acoustical properties
аналитические ~ **амплитуды рассеяния** analytic properties of the scattering amplitude
анизотропные ~ anisotropic properties
аномальные ~ anomalous properties
антикоррозионные ~ anticorrosion [rust-resisting] properties
антиокислительные ~ antioxidation properties
антифреттинговые ~ antifretting properties
~ **атома водорода** properties of hydrogen atom
~ **вещества** matter properties
внутренние ~ intrinsic properties
~ **воды** properties of water
волновые ~ **материи** wave properties of matter
воспроизводящие ~ *(реактора)* breeding properties
вязкоупругие ~ viscoelastic behaviour
газодинамические ~ gas-dynamic behaviour
генерационные ~ *(активной среды лазера)* lasing properties
геометрические ~ geometric properties
двулучепреломляющие ~ birefringence properties
динамические ~ dynamic properties
диспергирующие ~ dispersion properties
диэлектрические ~ dielectric properties
~ **жидкостей** liquid (state) properties
замедляющие ~ moderating properties
защитные ~ shielding [protective] properties
изолирующие ~ insulating properties
инерционные ~ inertia
квантовые ~ quantum features
кинетические ~ kinetic properties

конструкционные ~ *(материала)* practical design characteristics
~ **льда** ice properties
магнитные ~ magnetic properties
магнитострикционные ~ magnetostrictive properties
макроскопические ~ macroscopic properties
~ **материи** matter properties
механические ~ mechanical properties
механические ~ **при растяжении** tensile properties
нейтрализующие ~ neutralizing properties
нелинейно-оптические ~ nonlinear optical properties
низкотемпературные ~ low-temperature properties
общие ~ general properties
объёмные ~ bulk properties
оптические ~ optical properties
основные ~ basic properties
поверхностные ~ surface properties
поглощающие ~ absorbing properties
полупроводниковые ~ semiconductor properties
~ **полупроводниковых материалов** properties of semiconductor materials
примесные ~ *фпп* extrinsic properties
~ **при растяжении** tension-test properties
пространственно-временные ~ spatial-temporal properties
противоизносные ~ wear-resistant [anti-wear] properties
прочностные ~ strength [stress-strain] properties
пьезоэлектрические ~ piezoelectric properties
рассеивающие ~ scattering properties
регенеративные ~ recovery properties
резонансные ~ resonant properties
релятивистские ~ relativistic features
реологические ~ rheological properties
решёточные ~ lattice properties
сверхпроводящие ~ superconducting properties
~ **сверхтекучей жидкости** properties of superfluid
сегнетоэлектрические ~ ferroelectric properties
~ **симметрии** symmetry properties
~ **симметрии кулоновского поля** symmetry properties of the Coulomb field
смазывающие ~ lubricating properties
сорбционные ~ sorptive properties
~ **спинового стекла** spin glass features
структурно-чувствительные ~ structure-sensitive properties
структурные ~ structural properties
теоретико-полевые ~ field-theoretic features
тепловые ~ thermal properties
теплопередающие ~ heat-transfer properties
термические ~ thermal properties
термодинамические ~ thermodynamic properties
термометрическое ~**о** thermometric property
термоэлектрические ~ thermoelectric properties
технологические ~ technological properties
трибологические ~ tribological properties

~ тяжёлых частиц properties of heavy particles
уникальные ~ unique properties
упругие ~ elastic properties
физико-механические ~ physical-mechanical properties
физические ~ physical properties
фотомагнитные ~ photomagnetic properties
фотоупругие ~ photoelastic properties
фотоэлектрические ~ photoelectric properties
фрикционные ~ frictional properties
фундаментальные ~ fundamental properties
химические ~ chemical properties
эксплуатационные ~ service properties
электрические ~ electrical properties
электрокинетические ~ electrokinetic properties
электрооптические ~ electro-optical properties
~ элементарных частиц particle properties
эмиссионные ~ emission properties
~ ядер properties of nuclei
СВЧ-вентиль *м.* microwave isolator
СВЧ-волна *ж.* microwave
СВЧ-генератор *м.* microwave oscillator
СВЧ-диапазон *м.* microwave band
СВЧ-излучение *с.* microwave radiation, microwaves
СВЧ-колебания *мн.* microwave oscillation
СВЧ-мощность *ж.* microwave power
СВЧ-плазмотрон *м.* microwave plasmatron
СВЧ-поле *с.* microwave field
СВЧ-пробой *м.* microwave breakdown
СВЧ-пучок *м.* microwave beam
СВЧ-разряд *м.* microwave discharge
связка *ж.* 1. *(пучок)* bundle 2. *(в магнетроне)* strap 3. *мат.* connective
~ вихрей *сверхпр.* flux bundle
логическая ~ logical connective
~ магнетрона magnetron strap
связность *ж.* *ктп* connectivity, connection
аналитическая ~ analytical connection
аффинная ~ affine connection, affine connectivity
бесконечная ~ infinite connectivity
гармоническая ~ harmonic connection
гомотопическая ~ homotopic connectivity
дифференциально-геометрическая ~ *ктп* differencial-geometric connection
евклидова ~ Euclidean connectivity, Euclidean connection
конечная ~ finite connectivity, finite connection
~ конечноэлементной модели finite-element model connectivity
конформная ~ conformal connectivity, conformal connectedness
линейная ~ linear connection
локальная ~ local connectivity
лоренцева ~ Lorentz connection
~ модели model connectivity
псевдориманова ~ pseudo-Riemannian connection, pseudo-Riemannian connectivity

риманова ~ Riemann(ian) connection, Riemannian connectivity
самодуальная ~ self-dual connectivity
симметричная ~ symmetric connection
спиновая ~ spin connection
стохастическая ~ stochastic connectivity
связующее *с.* *(связующий материал)* binder
связывание *с.* bonding; *хим.* fixation
~ азота nitrogen fixation
диффузное ~ diffusion bonding
связь *ж.* 1. *(радио, оптическая и т.п.)* communication; link 2. *(химическая)* binding 3. *(между элементами в электронике, в атоме)* coupling, connection 4. *(механическая)* constraint, tie ☐ в ~и с ... in connection with ...; в этой ~и in this connection
абелева ~ Abelian coupling
адгезионная ~ adhesion bond
адиабатическая ~ adiabatic connection
адронная ~ hadron coupling
активная ~ active bond; active coupling
активная обратная ~ active feedback
акустическая ~ acoustic coupling
акустическая обратная ~ acoustic feedback
акцепторная ~ acceptor bond
аналоговая ~ analog communication
анодная ~ anode coupling
ассоциативная ~ associative link
билинейная ~ bilinear coupling
блокированная ~ *фтт* blocked bond
валентная ~ valence bond
ван-дер-ваальсова химическая ~ Van der Waals chemical bond
векторная ~ vector coupling
взаимная ~ interconnection
внешняя обратная ~ external feedback
внутренняя обратная ~ intrinsic feedback
водородная ~ hydrogen bond
волоконная ~ fiber-optics communication
волоконно-оптическая ~ fiber-optics communication
~ второго рода second-class constraint
гамильтонова ~ Hamiltonian constraint
геометрическая ~ geometric constraint
гетерополярная ~ heteropolar bond
глобальная ~ global communication
голономная ~ *мех.* holonomic constraint
гом(е)ополярная ~ homopolar bond
гравитационная ~ gravitational coupling
градиентная ~ gradient coupling
двойная ~ double bond
двусторонняя ~ *мех.* bilateral constraint; *радио* two-way communication
джозефсоновская ~ Josephson coupling
диагональная ~ diagonal coupling
дифференциальная ~ *мех.* differential constraint
доминирующая ~ dominant coupling
донорная ~ donor bond
донорно-акцепторная ~ donor-acceptor bond
дополнительная ~ additional coupling

дроссельная ~ choke coupling
дуплексная ~ duplex communication
ёмкостная ~ capacitive coupling
ёмкостная обратная ~ capacitive feedback
запаздывающая обратная ~ delayed feedback
зарядовая ~ charge coupling
идеальная ~ ideal constraint
изовекторная ~ isovector coupling
импедансная ~ impedance coupling
импедансная обратная ~ impedance feedback
инвариантная ~ invariant coupling
индуктивная ~ inductive coupling
индуктивная обратная ~ inductive feedback
индуцированная ~ induced bond
интегрируемая ~ integrable constraint
ионная ~ ionic bond
ионно-ковалентная ~ ion-covalent bond
калибровочная ~ gauge coupling
калибровочно-инвариантная ~ gauge-invariant coupling
~ **каналов** *(реакций)* channel coupling
катодная ~ cathode coupling
~ **квазиклассических матричных элементов с компонентами Фурье классического движения** connection between the quasi-classical matrix elements and the Fourier components of classical motion
кинематическая ~ kinematic constraint
киральная ~ chiral coupling
ковалентная ~ covalent bond
ковалентно-ионная ~ ion-covalent bond
когезионная ~ cohesive bond
~ **колебаний** coupling of oscillations
«конфликтная» ~ *(в атомном ядре)* conflict coupling
координационная ~ coordination bond
космическая ~ space communication
кристаллическая ~ crystal binding
критическая ~ critical coupling
лагранжева ~ Lagrange constraint
лазерная ~ laser communication
логическая ~ logical link
локальная ~ local coupling
магнитоупругая ~ magnetoelastic coupling
межатомная ~ interatomic bond
~ **между колебаниями** coupling between oscillations
~ **между магнитной бурей и солнечной активностью** relation between magnetic storm and solar activity
~ **между радиальными и вертикальными колебаниями** coupling between the vertical and radial oscillations
~ **между решениями для бесконечной среды и полупространства** relationship between the solutions for an infinite medium and a half space
~ **между слоями** interlamellar bonding
межкристаллитная ~ intercrystallite bond

межмодовая ~ *(в молекуле)* mode-mode coupling
межмолекулярная ~ intermolecular bond
межнуклонная ~ internucleon(ic) coupling
межрезонаторная ~ intercavity coupling
межэлектродная ~ interelectrode coupling
мезон-барионная ~ meson-baryon coupling
мезонная ~ mesonic coupling
металлическая ~ metallic bond(ing)
метеорная ~ meteor-burst communication
механическая ~ constraint
многоканальная ~ multichannel communication
многократная ~ multiple bond, multiple link
молекулярная ~ molecular bond
насыщенная ~ saturated bond
невзаимная обратная ~ nonreciprocal feedback
неголономная ~ *мех.* nonholonomic constraint
неинтегрируемая ~ nonintegrable constraint
ненасыщенная ~ unsaturated [dangling] bond
неполярная ~ nonpolar linkage
нестационарная ~ rheonomic constraint
неудерживающая ~ unilateral [boundary, wall] constraint
нормальная ~ *(в атоме)* normal coupling, LS-coupling
обменная ~ exchange coupling
оборванная ~ *фпп* dangling bond
обратная ~ feedback
обратная ~ **по напряжению** voltage feedback
обратная ~ **по огибающей** envelope feedback
обратная ~ **по току** current feedback
одинарная ~ single linkage
односторонняя ~ *мех.* unilateral [boundary, wall] constraint; *радио* one-way communication
оптимальная ~ optimum coupling
оптическая ~ optical communications
оптическая ~ **в турбулентной атмосфере** optical communication through atmospheric turbulence
оптическая обратная ~ optical feedback
отрицательная обратная ~ negative [degenerative, inverse] feedback
паразитная ~ spurious [stray] coupling
паразитная обратная ~ spurious [accidental] feedback
пассивная ~ passive bond; passive coupling
~ **первого рода** first-class constraint
петлевая ~ loop coupling
пион-нуклонная ~ pion-nucleon coupling
подводная ~ underwater communication
~ **подъёмной силы с циркуляцией скорости** relation between the lift and the velocity circulation
положительная обратная ~ positive [regenerative] feedback
полярная ~ polar linkage
померонная ~ pomeron coupling
~ **по переменному току** alternating-current coupling

попере́чная ~ cross-link(age)
~ по постоя́нному то́ку direct-current coupling
причи́нная ~ causal link
промежу́точная ~ intermediate coupling
пряма́я ~ direct coupling; direct communication
псевдове́кторная ~ pseudo-vector coupling
псевдоскаля́рная ~ pseudo-scalar coupling
распределённая обра́тная ~ distributed feedback
~ Рассе́ла - Са́ундерса Russell-Saunders coupling, LS-coupling
рассе́л-са́ундерсовская ~ Russell-Saunders coupling, LS-coupling
~ Ре́дже Regge coupling
резисти́вная ~ resistive coupling
резисти́вная обра́тная ~ resistive feedback
резона́нсная ~ resonant coupling
резона́торная ~ cavity coupling
резони́рующая вале́нтная ~ resonant valence bond
реоно́мная ~ rheonomous constraint
~ Ру́дермана - Ки́ттеля Ruderman-Kittel coupling
самонаведённая распределённая обра́тная ~ self-induced distributed feedback
светоиндуци́рованная распределённая обра́тная ~ light-induced distributed feedback
свобо́дная ~ *фпп* dangling bond
семиполя́рная ~ semipolar bond
си́льная ~ strong coupling, tight binding, strong bond
симметри́чная ~ symmetrical link
скаля́рная ~ scalar coupling
склероно́мная ~ scleronomous [stationary] constraint
сла́бая ~ weak coupling
со́лнечно-земны́е ~и solar-terrestrial relation
спин-орбита́льная ~ spin-orbit coupling
спин-спи́новая ~ spin-spin coupling
стациона́рная ~ scleronomous [stationary] constraint
тензо́рная ~ tensor coupling
теоре́тико-группова́я ~ group-theoretical connection
термоупру́гая ~ thermoelastic coupling
то́ковая ~ current coupling
трансформа́торная обра́тная ~ inductive feedback
тройна́я ~ triple bond
тунне́льная ~ *(световодов)* tunnel coupling
уде́рживающая ~ bilateral constraint
упоря́доченная ~ oriented [ordered] bond
фермио́нная ~ fermion coupling
фрикцио́нная ~ friction junction; friction bond
функциона́льная ~ functional connection
хи́ггсовская ~ Higgs coupling
хими́ческая ~ chemical bond
цифрова́я ~ digital communication
четырёхфермио́нная ~ four-fermion coupling
щелева́я ~ slot coupling
эксито́нная ~ exciton coupling

электри́ческая ~ electrical link
электровале́нтная ~ electrovalent bond
электромагни́тная ~ electromagnetic coupling
электромехани́ческая ~ electromechanical coupling
электро́нная ~ electron coupling
электро́н-фоно́нная ~ electron-phonon coupling
~ I ро́да first-class constraint
~ II ро́да second-class constraint
j-j-~ j-j coupling
jK-~ jK coupling
LK-~ LK coupling
LS-~ LS coupling
сгиб *м.* fold, bend
сгла́живание *с.* smoothing; flattening
~ входны́х да́нных smoothing of input data
~ криво́й curve flattening, smoothing of curve
лине́йное ~ linear smoothing
лока́льное ~ local smoothing
~ про́филя магни́тного по́ля magnetic field profile smoothing
~ фу́нкции function smoothing
сгора́ние *с.* combustion
непо́лное ~ partial [incomplete] combustion
по́лное ~ complete [perfect] combustion
равноме́рное ~ uniform combustion
сгу́сток *м.* bunch; bundle; cluster
встре́чный ~ colliding bunch
инжекти́руемый ~ injected bunch
ио́нный ~ ion cluster
нитеви́дный ~ filamentous bunch
пла́зменный ~ plasma bunch, plasmoid
пло́тный ~ dense bunch, dense clump, dense cluster
релятиви́стский ~ relativistic bunch
сгруппиро́ванный ~ bunch
уско́ренный ~ accelerated bunch
~ части́ц particle bunch
~ части́ц высо́ких эне́ргий high-energy bunch
электро́нный ~ electron bunch
~ электро́нов electron bunch
сгуще́ние *с.* crowding
~ каусти́к caustic crowding
~ состоя́ний crowding of states
~ спе́ктра spectrum crowding
~ то́чек ветвле́ния branch point crowding
~ у́ровней crowding of levels
сдвиг *м.* *(вид деформа́ции)* shear(ing); *(смеще́ние)* shift, offset; *(перемеще́ние)* displacement ▢ рабо́тать на ~ work in shear; разруша́ться при ~е fail in shear
абсолю́тный ~ absolute shear
адаптацио́нный ~ *(при зри́тельном восприя́тии)* adaptive color shift
ангармони́ческий ~ *(энергети́ческого у́ровня)* anharmonic shift
антипло́ский ~ out-of-plane shear
антисто́ксовый ~ anti-Stokes shift
антицикло́нический ~ anticyclonic shear
~ Берну́лли Bernoulli shift
~ Бло́ха - Зи́герта Bloch-Siegert shift
боково́й ~ lateral shear

боровский ~ Bohr shift
~ Бурштейна - Мосса *фпп* Burstein-Moss shift
геомагнитный ~ geomagnetic shear
деформационный ~ deformation shear
динамический ~ длины волны dynamic wavelength shift
динамический ~ частоты прецессии dynamic shift of precessional frequency
доплеровский ~ Doppler shift
зеемановский ~ энергии Zeeman energy shift
изомерный ~ isomer shift
изотопический ~ isotope [isotopic] shift
изотопный ~ isotope [isotopic] shift
~ интерференционной полосы interference band shift
квазистатический ~ quasi-static shift
колориметрический ~ colorimetric shift
комбинационный ~ *(частоты)* Raman shift
комптоновский ~ Compton shift
~ Лэмба Lamb shift
~ Лэмба - Резерфорда Lamb-Rutherford shift
лэмбовский ~ Lamb shift
~ магнитной оси наружу при увеличении давления плазмы outward shift of the magnetic axis due to increasing beta
макроскопический пластический ~ macroscopic slip
местный ~ local shear
~ Найта *сверхпр.* Knight shift
найтовский ~ *сверхпр.* Knight shift
нелинейный ~ частоты nonlinear frequency shift
нормальный ~ normal shift
объёмный ~ volume shift
однородный ~ uniform shear
относительный ~ relative shear, shear strain
плазменный поляризационный ~ plasma polarization shift
~ плёнки смазки lubricant film shearing
плоский ~ in-plane shear
поверхностный ~ face shear
поперечный ~ in-plane shear
~ по фазе phase shift
~ при двойниковании twinning shear
продольный ~ out-of-plane shear
простой ламинарный ~ simple laminar shear
результирующий ~ цвета *(при зрительном восприятии)* resultant color shift
светоиндуцированный ~ линии *нелин. опт.* light-induced line shift
~ скоростей velocity shear
~ спектральной линии spectral line shift
спектральный ~ spectral shift
специфический изотопический ~ specific isotope [isotopic] shift
стоксов ~ *опт.* Stokes shift
угловой ~ angular difference
упругий ~ elastic shear(ing) strain
~ уровней энергии energy level shift
~ уровня level shift
фазовый ~ phase shift
фазовый ~ между волноводами phase shift between waveguides

~ фазы phase shift
химический ~ chemical shift
циклонический ~ cyclonic shear
~ частоты frequency shift
чистый ~ simple shear
~ Шафранова Shafranov shift
штарковский ~ частоты Stark frequency shift
~ энергетического уровня energy level shift
сдвиговый *прил.* shearing
сдувание *с.* blowing
~ пограничного слоя boundary-layer blowing (-off)
сеанс *м. (связи)* communication session
север *м.* north
сегмент *м.* segment
~ дислокации dislocation segment
сегментация *ж.* segmentation
сегнетокерамика *ж.* ferroelectric ceramics
сегнетополупроводник *м.* ferroelectric semiconductor
виртуальный ~ virtual ferroelectric semiconductor
высокоомный ~ high-resistance ferroelectric semiconductor
сегнетоэластик *м.* ferroelastic
несобственный ~ improper [extrinsic] ferroelastic
прозрачный ~ transparent ferroelastic
собственный ~ intrinsic ferroelastic
~ типа порядок-беспорядок order-disorder type ferroelastic
~ типа смещения displacement-type ferroelastic
сегнетоэластик-сегнетоэлектрик *м.* ferroelastic-ferroelectric
сегнетоэлектрик *м.* ferroelectric
виртуальный ~ virtual ferroelectric
жидкокристаллический ~ liquid-crystal ferroelectric
идеальный ~ perfect ferroelectric
коллинеарный ~ collinear ferroelectric
многодоменный ~ multidomain ferroelectric
многоосный ~ multiaxial ferroelectric
монодоменный ~ monodomain ferroelectric
несобственный ~ improper [extrinsic] ferroelectric
одноосный ~ uniaxial ferroelectric
разбавленный ~ diluted ferroelectric
разупорядоченный ~ disordered ferroelectric
слабо упорядоченный ~ weakly ordered ferroelectric
~ с несоразмерной фазой incommensurate-phase ferroelectric
собственный ~ intrinsic ferroelectric
~ типа порядок-беспорядок order-disorder type ferroelectric
~ типа смещения displacement-type ferroelectric
трёхосный ~ triaxial ferroelectric
униполярный ~ unipolar ferroelectric
сегнетоэлектричество *с.* ferroelectricity
сегрегация *ж.* segregation
обратная ~ inverse segregation
поверхностная ~ surface segregation

~ **примесей** impurity segregation
фазовая ~ *(раствора)* phase segregation
седиментация *ж.* *(осаждение аэрозоля)* sedimentation
седло *с. мат.* saddle
многомерное ~ multidimensional saddle
сейсма *ж.* seism
метеоритная ~ meteoritic seism
сейсмический *прил.* seismic
сейсмичность *ж.* seismicity
относительная ~ relative seismicity
слабая ~ minor seismicity
сейсмограмма *ж.* seismogram
сейсмограф *м.* seismograph
вертикальный ~ vertical seismograph
гидравлический ~ hydraulic seismograph
горизонтальный ~ horizontal seismograph
крутильный ~ torsion seismograph
~ **с критическим затуханием** critically damped seismograph
термомикрофонный ~ thermomicrophonic seismograph
фотоэлектрический ~ photoelectric seismograph
электродинамический ~ electrodynamic seismograph
электронный ~ electronic seismograph
сейсмология *ж.* seismology
внеземная ~ extraterrestrial seismology
количественная ~ quantitative seismology
солнечная ~ solar seismology, gelioseismology
~ **солнечных пятен** sunspot seismology
сейсмометр *м.* seismometer
сейсмометрия *ж.* seismometry
сейсмоприёмник *м.* seismodetector
сейсморазведка *ж.* seismic prospecting
сейсмоскоп *м.* seismic detector
сейша *ж.* seiche
секанс *м. мат.* secant
секстант *м.* sextant
секстет *м. крист.* sextet
секступоль *м.* sextupole
магнитный ~ magnetic sextupole
электрический ~ electric sextupole
сектор *м.* sector
безмассовый ~ massless sector
бозонный ~ bosonic sector
вакуумный ~ vacuum sector
дефокусирующий ~ *(магнита ускорителя)* defocusing sector
когерентный суперотборный ~ *ктп* coherent superselection sector
конический магнитный ~ conical magnetic sector
~ **круга** sector of circle
магнитный ~ magnetic sector
~ **Неве - Шварца** Neveu-Schwartz sector
однородный магнитный ~ homogeneous magnetic sector
~ **Рамона** Ramond sector
рамоновский ~ Ramond sector
свободный ~ *(магнита ускорителя)* constant-field [zero-gradient] sector

солитонный ~ soliton sector
суперотборный ~ *ктп* superselection sector
суперсимметричный ~ supersymmetric sector
сферический электростатический ~ spherical electrostatic sector
тороидальный магнитный ~ toroidal magnetic sector
тороидальный электростатический ~ toroidal electrostatic sector
фокусирующий ~ *(магнита ускорителя)* focusing sector
цилиндрический электростатический ~ cylindrical electrostatic sector
электростатический ~ electrostatic sector
секториальность *ж.* *(в распределении примеси)* sectorial structure, sectoriality
вицинальная ~ vicinal sectoriality
~ **захвата примесей** sectoriality in the trapping of impurities
секунда *ж.* second
атомная ~ atomic second
средняя солнечная ~ mean solar second
звёздная ~ stellar second
угловая ~ second of arc
эфемеридная ~ ephemeris second
секущая *ж. мат.* secant
секционирование *с.* sectionalization
секция *ж.* section
антенная ~ antenna section
волноводная ~ waveguide section
группирующая ~ *(оптического клистрона)* bunching section
~ **линейного ускорителя** section of a linear accelerator
поглотительная ~ absorption section
согласующая ~ *(линии передачи)* matching section
селективность *ж.* selectivity
изотопическая ~ isotopic selectivity
модовая ~ mode selectivity
~ **поглощения** absorption selectivity
~ **по частоте** frequency selectivity
спектральная ~ spectral selectivity
угловая ~ *кв. эл.* angular selectivity
фазовая ~ phase selectivity
селективный *прил.* selective
селектор *м.* selector
амплитудный ~ amplitude [pulse-height] selector
~ **антисовпадений** anticoincidence selector
быстродействующий ~ **нейтронов** fast neutron selector
временной ~ time gate
~ **движущихся целей** *(радиолокация)* moving target indicator
~ **длительности импульсов** pulse-width [pulse-duration] selector
~ **импульсов** pulse selector
механический ~ mechanical selector
~ **мод** mode selector
нейтронный ~ neutron selector
~ **одиночных импульсов** single pulse selector

~ по времени пролёта time-of-flight selector
~ скоростей velocity selector
~ совпадений coincidence selector
спектральный ~ spectral selector
уголковый ~ *кв. эл.* corner selector
электронный ~ electron selector
электростатический ~ electrostatic selector
селекция *ж.* selection
амплитудная ~ amplitude selection
~ движущихся целей moving-target indication
~ мод mode selection
~ поперечных мод transverse mode selection
~ продольных мод longitudinal mode selection
радиационная ~ radiation selection
селен *м.* selenium, Se
селенография *ж.* selenography
селенодезия *ж.* selenodesy
селенология *ж.* selenology
селеноцентрический *прил.* selenocentric
сельсин *м.* selsyn
сельсин-датчик *м.* transmitting selsyn
сельсин-приёмник *м.* receiving selsyn
семейство *с.* family; series
адронное ~ hadron family
~ активных областей active region family
~ актиния actinium family
~ актиноидов actinide family
~ актиноурана actinouranium family
~ астероидов family of asteroids, asteroid family
~ барионов baryon family
~ векторов vector family
~ винтов family of propellers
двухпараметрическое ~ профилей *аэрод.* two-parameter family of airfoils
калибровочное ~ gauge family
~ комет family of comet, comet family
конформное ~ conformal family
~ кривых family of curves
~ лантаноидов lanthanide family
~ лучей *опт.* family of rays
многопараметрическое ~ multiparameter family
~ нептуния neptunium family
однопараметрическое ~ one-parameter family
~ операторов family of operators
~ орбит family of orbits
~ поверхностей family of surfaces
~ полос fringe family
~ профилей крыла family of aerofoil sections
радиоактивное ~ radioactive family
~ радия radium family
~ резонансов family of resonances
~ решений family of solutions
спектральное ~ spectral family
~ тория thorium family
~ урана uranium family
~ фермионов fermion family
фотонное ~ photon family
~ циклонов series of cyclones
~ частиц particle family
~ Юпитера Jupiter family
семигранник *м.* heptahedron

семиинвариант *м. крист.* semi-invariant
семиугольник *м.* heptagon
сенсибилизатор *м.* sensitizer
оптический ~ optical sensitizer
химический ~ chemical sensitizer
сенсибилизация *ж.* sensitization
оптическая ~ optical sensitization
~ примесей impurity sensitization
спектральная ~ spectral sensitization
тепловая ~ thermal sensitization
фотохимическая ~ light sensitization
химическая ~ chemical sensitization
сенсибилизированный *прил.* sensitized
сенситограмма *ж.* sensitogram
сенситометр *м.* sensitometer
сенситометрия *ж.* sensitometry
интегральная ~ integral sensitometry
спектральная ~ spectral sensitometry
фотографическая ~ photographic sensitometry
сепаратор *м. (частиц)* separator; *(подшипника)* retainer, cage
армированный ~ reinforced retainer
волноводный ~ waveguide separator
высокочастотный ~ radio-frequency separator
газовый ~ gas separator
двухступенчатый ~ two-stage separator
~ заряженных частиц separator of charged particles
~ изотопов isotope [mass] separator
~ изотопов промышленного назначения production isotope separator
коаксиальный ~ coaxial separator
магнитный ~ magnetic separator
металлический ~ metallic retainer
микроволновый ~ microwave separator
многозазорный ~ multigap separator
многоступенчатый ~ multistage separator
одноступенчатый ~ one-stage separator
~ пара steam separator
полимерный ~ polymeric retainer
~ по скоростям velocity separator
~ пучка beam separator
самосмазывающийся ~ self-lubricating retainer
сверхпроводящий ~ superconducting separator
~ со скрещёнными полями crossed-field separator
~ с покрытием coated retainer
центробежный ~ centrifugal separator
циклонный ~ cyclone separator
~ частиц particle separator
электродинамический ~ electrodynamic separator
электромагнитный ~ electromagnetic separator
электромагнитный ~ изотопов electromagnetic isotope separator
электростатический ~ *(заряженных частиц)* electrostatic separator
сепаратриса *ж.* separatrix
многомерная ~ multidimensional separatrix
невозмущённая ~ nonperturbed separatrix
неустойчивая ~ unstable separatrix
устойчивая ~ stable separatrix

сепарация *ж.* separation
магнитная ~ magnetic separation
~ **пара** steam separation
~ **пучка** beam separation
трёхкомпонентная ~ three-component separation
~ **фуллеренов** separation of fullerenes
хроматографическая ~ **фуллеренов** chromatographic separation of fullerenes
~ **частиц** particle separation
септум-магнит *м.* septum magnet
сера *ж.* sulphur, S
серводвигатель *м.* servomotor
~ **стержня** *(в ядерном реакторе)* rod-driving servomotor
сервоманипулятор *м.* servomanipulator
сервомеханизм *м.* servomechanism, servounit
сервопотенциометр *м.* servopotentiometer
сервопривод *м.* servodrive
~ **регулирующих стержней** control-rod servodrive
серворуль *м.* servotab
сервосистема *ж.* servosystem
сервоуправление *с.* servocontrol
сервоусилитель *м.* servoamplifier
гидравлический ~ hydraulic servoamplifier
пропорциональный ~ proportional servoamplifier
электронный ~ electronic servoamplifier
сердечник *м.* core
воздушный ~ air core
высокочастотный ~ high-frequency core
~ **магнита** magnet core
насыщенный ~ saturated core
пластинчатый ~ laminated core
сверхпроводящий ~ superconducting core
тороидальный ~ toroidal core
~ **твэла** *(ядерного реактора)* fuel kernel
~ **тепловыделяющего элемента** *(ядерного реактора)* fuel kernel
~ **трансформатора** transformer core
ферримагнитный ~ ferrimagnetic core
ферритовый ~ ferrite core
ферромагнитный ~ ferromagnetic core
сердцевина *ж. (напр. волоконного световода)* core
~ **вихря** vortex core
желобковая ~ fluted core
жёсткая ~ hard core
круглая ~ *(световода)* circular core
отталкивающая ~ repulsive core
твёрдая ~ hard core
эллиптическая ~ *(световода)* elliptic core
~ **ядра** nuclear core
серебро *с.* silver, Ag
галоидное ~ silver halide
серия *ж. (спектральная)* series
~ **Бальмера** Balmer series
~ **Бергмана** Bergman [fundamental] series
~ **Брэкета** Brackett series
вторая побочная ~ second subordinate [diffuse] series
главная ~ principal series

дискретная ~ discrete series
диффузная ~ diffuse [second subordinate] series
~ **импульсов** pulse train
~ **испытаний** test series
лавинная ~ avalanche series
~ **Лаймана** Lyman series
~ **Пашена** Paschen series
первая побочная ~ first subordinate [sharp] series
~ **Пикеринга** Pickering series
побочная ~ subordinate series
~ **профилей крыла** series of aerofoil sections
~ **Пфунда** Pfund series
резкая ~ sharp [first subordinate] series
резонансная ~ resonant series
~ **Рунге** Runge series
спектральная ~ spectral series
фундаментальная ~ fundamental [Bergmann] series
~ **Хамфри** Humphrey series
экситонная ~ excitonic series
серп *м. (лунный)* crescent (Moon)
сертификат *м.* certificate
сертификация *ж.* certification
сетка *ж. (в электровакуумных приборах)* grid; *(в интерференционных методах)* grating; *(проволочная и т.п.)* mesh; net (work)
антидинатронная ~ suppressor grid
~ **винтовых дислокаций** screw-dislocation network
~ **водородных связей** hydrogen-bond net
гониометрическая ~ goniometric net
~ **граничных элементов** boundary element mesh
грубая ~ *(элементов)* coarse network, crude mesh
двойная логарифмическая ~ doubly logarithmic net
деионизационная ~ deionization grid
дискретная ~ *мат.* discrete mesh
~ **дислокаций** dislocation network
~ **дислокаций несоответствия** network of misfit dislocations
дислокационная ~ dislocation network
зонная ~ zone grating
~ **изопараметрических конечных элементов** isoparametric finite element mesh
~ **искровой камеры** spark chamber mesh
квадратная ~ square grating
конечно-разностная ~ finite-difference mesh
конечно-элементная ~ finite element mesh
~ **конечных элементов** finite element mesh
~ **концентрических окружностей** circumferential grating
координатная ~ coordinate grid, map graticule
корректирующая ~ *(в электронной оптике)* corrector grid
~ **краевых дислокаций** edge-dislocation network
криволинейная ~ curvilinear net
крупная ~ coarse network, crude mesh
~ **крупного шага** coarse network, crude mesh
~ **линий скольжения** slip-line network
логарифмическая ~ logarithmic net

масштабная ~ graticule
~ **Маха** Mach net, principal net of flow
мелкая ~ *(элементов)* fine mesh
~ **нитей** *(в оптическом приборе)* reticule
~ **образца** specimen grating
образцовая ~ reference [master] grating
поддерживающая ~ supporting grid
полимерная ~ polymer mesh
полулогарифмическая ~ semilogarithmic net
проволочная ~ wire mesh
прямолинейная ~ line grating
прямоугольная ~ rectangular mesh
~ **разбиения области на элементы** element grid
разностная ~ computational mesh
~ **резонатора** resonator grid
сверхпроводящая ~ *(в электронной опти-ке)* superconducting gauze
~ **с малым шагом** fine mesh
~ **сопротивлений** *фпп* resistance grating
термостойкая ~ high temperature grating
тетраэдрическая ~ tetrahedral mesh
точечная ~ dotted grating
треугольная ~ triangular net
управляющая ~ control grid
усиленная хромосферная ~ enhanced chromospheric network
ускоряющая ~ accelerating grid
фокусирующая ~ focusing grid
фотосферная ~ photospheric network
~ **Франка** Frank network
~ **характеристик в плоскости годографа** characteristic net in the hodograph plane
хромосферная ~ chromospheric network
хромосферная эмиссионная ~ chromo-spheric emission network
шестиугольная ~ hexagonal net
экранирующая ~ screen grid
эталонная ~ reference [master] grating
сетчатка *ж. (глаза)* retina
сетчатый *прил.* netlike
сеть *ж.* net(work); *эл.* mains
алгебраическая ~ algebraic net
геодезическая ~ geodetic network
глобальная вычислительная ~ global network
глобальная радиоинтерференционная ~ global interference network
информационная ~ information network
локальная ~ local network
локальная вычислительная ~ **(ЛВС)** local area network, LAN
~ **локальных алгебр** *ктп* local algebra net
магистральная ~ *(связи)* backbone network
нейронная ~ neural net(work)
оптическая ~ optical network
многоволновая оптическая ~ multiwavelength optical network
~ **переменного тока** alternating-current mains
~ **постоянного тока** direct-current mains
~ **связи** communication network
~ **событий** event network
сопряжённая ~ conjugate net
чисто оптическая ~ all-optical network

~ **ЭВМ** computer network
электрическая ~ electrical [power] network
~ **электропитания** electrical [power] network
~ **электроснабжения** electrical [power] network
сечение *с.* (cross-)section
абсолютное ~ absolute cross-section
адронное ~ hadronic cross-section
~ **активации** activation cross-section
~ **активации быстрыми нейтронами** fast activation cross-section
~ **активации изотопа** isotopic activation cross section
~ **активации тепловыми нейтронами** thermal activation cross-section
~ **аннигиляции** annihilation cross-section
асимптотическое ~ asymptotic cross-section
атомное ~ atomic cross-section
барицентрическое ~ barycentric cross-section
~ **Борна** Born cross-section
вертикальное ~ vertical section
~ **взаимодействия** interaction cross-section
~ **взаимодействия с гамма-квантами** gamma cross-section
~ **виртуального процесса** virtual cross-section
~ **возбуждения** excitation cross-section
входное ~ input [inlet] cross-section
~ **выведения из пучка** removal cross-section
выходное ~ output [outlet] cross-section
газокинетическое ~ gas-kinetic cross-section
геометрическое ~ geometrical cross-section
гидрометрическое ~ hydrometric cross-section
главное ~ principal cross-section
главное ~ **кристалла** principal plane of a crystal
~ **глубоко неупругого процесса** cross-section for deep inelastic process
горизонтальное ~ horizontal section
дважды дифференциальное ~ double-differential cross-section
~ **двухчастичного взаимодействия** particle-particle [two-body] cross-section
~ **двухчастичной реакции** particle-particle [two-body] cross-section
~ **деления** fission cross-section
~ **деления на быстрых нейтронах** fast-neu-tron fission cross-section
~ **деления на тепловых нейтронах** thermal-neutron fission cross-section
~ **дифракционного рассеяния** diffractive cross-section
дифференциальное ~ differential cross-section
дифференциальное ~ **взаимодействия** differential interaction cross-section
дифференциальное ~ **ионизации** differen-tial ionization cross-section
дифференциальное ~ **канала реакции** differential cross-section of a reaction channel
дифференциальное ~ **многофотонной ио-низации** differential cross-section of multiphoton ionization
дифференциальное ~ **неупругого рассея-ния** differential cross-section of the inelastic scattering

дифференциальное ~ рассеяния differential scattering cross-section

дифференциальное ~ упругого рассеяния differential cross-section of the elastic scattering

~ для быстрых нейтронов fast-neutron cross-section

~ для медленных нейтронов slow-neutron cross-section

~ для тепловых нейтронов thermal-neutron cross-section

~ для холодных нейтронов cold-neutron cross-section

живое ~ flow [clear] section, clear opening, open area

~, зависящее от угла angle-dependent cross-section

~, зависящее от энергии energy-dependent cross-section

~ замедления slowing-down cross-section

~ захвата capture cross-section

~ захвата быстрых нейтронов fast-neutron capture cross-section

~ захвата в магнитную ловушку trapping cross-section

~ захвата нейтронов neutron-capture cross-section

~ захвата, подчиняющееся закону 1/v 1/v-capture cross-section

~ захвата тепловых нейтронов thermal-neutron capture cross-section

золотое ~ golden section

избыточное ~ excess cross-section

изобарическое ~ (фазовой диаграммы) isobaric cross-section

изоскалярное ~ isoscalar cross-section

изотермическое ~ (фазовой диаграммы) isothermal cross-section

изотопное ~ isotopic cross-section

изотропное ~ isotropic cross-section

инвариантное ~ invariant cross-section

инклюзивное ~ фвэ inclusive cross-section

инклюзивное дифференциальное ~ фвэ inclusive differential cross-section

интегральное ~ integrated cross-section

интерполированное ~ interpolated cross-section

~ интерференции interference cross-section

~ ионизации ionization cross-section

~ ионизации внутренней оболочки inner shell ionization cross-section

~ ионизации электронным ударом electron impact ionization cross-section

~ канала (реакции) channel cross-section

~ каустики caustic cross-section

квазибинарное ~ (фазовой диаграммы) quasi-binary cross-section

~ квазиупругого рассеяния quasi-elastic (scattering) cross-section

классическое ~ classical cross-section

~ классического рассеяния classical scattering cross-section

клейн-нишиновское ~ Klein-Nishina cross-section

~ когерентного рассеяния coherent (scattering) cross-section

~ когерентного рассеяния на связанных атомах bound coherent cross-section

~ комбинационного рассеяния Raman cross-section

~ комптоновского рассеяния Compton-effect cross-section, cross-section for Compton scattering

комптоновское ~ Compton cross-section, cross-section for Compton scattering

коническое ~ conic section

корневое ~ крыла root section of wing

косое ~ oblique section

критическое ~ (сопла) critical cross-section

круговое поперечное ~ circular cross-section

~ крыла aerofoil [airfoil] section, aerofoil profile

~ кулоновского взаимодействия Coulomb interaction cross-section

локальное ~ local section

~ магнитного рассеяния magnetic scattering cross-section, cross-section for magnetic scattering

макроскопическое ~ macroscopic cross-section

макроскопическое эффективное ~ взаимодействия macroscopic effective interaction cross-section

максимальное ~ peak cross-section

малое ~ small cross-section

~ малоуглового рассеяния small-angle scattering cross-section

меридиональное ~ meridional section

меридиональное ~ каустики meridional section through the caustic

миделевое ~ аэрогидр. midsection, center section

микроскопическое ~ microscopic cross-section

минимальное допустимое ~ потока minimum permissible cross-section of flow

многосвязное поперечное ~ multiply connected cross-section

~ многочастичной реакции multiparticle (reaction) cross-section

~ молекулы molecular cross-section

монохроматическое ~ monochromatic cross-section

моноэнергетическое ~ monoenergetic cross-section

моттовское ~ Mott cross-section

наблюдаемое ~ observed cross-section

наклонное ~ oblique section

начальное ~ initial cross-section

нейтронное ~ neutron cross-section

некогерентное ~ incoherent cross-section

~ неупругого рассеяния inelastic scattering cross-section

неупругое ~ inelastic cross-section

нормированное ~ normalized cross-section

нулевое ~ zero cross-section

~ образования пар pair generation [production] cross-section
~ образования составного ядра cross-section for the formation of a compound nucleus
~ обратной реакции cross-section of inverse reaction
ортогональное ~ orthogonal section
осевое ~ axial section
~ ослабления attenuation cross-section
~ ослабления пучка нейтронов neutron-attenuation cross-section
относительное ~ relative cross-section
параллельное ~ parallel section
параметризованное ~ parametrized cross-section
~ парного рождения pair (production) cross-section
парциальное ~ partial cross-section
парциальное ~ ионизации partial ionization cross-section
парциальное ~ радиационной рекомбинации partial radiative recombination cross-section
~ перезарядки charge exchange cross-section
~ переноса transport [transmission] cross-section
~ переноса нейтронов neutron transmission cross-section
~ перехода transition cross-section
~ периферического процесса peripheral cross-section
перпендикулярное ~ perpendicular section
плоское ~ plane section
~ поглощения absorption cross-section
~ поглощения для урана uranium absorption cross-section
~ поглощения нейтронов neutron-absorption cross-section
~ поглощения рентгеновского излучения X-ray absorption cross-section
~ поглощения энергии energy-absorption cross-section
~, подчиняющееся закону 1/v 1/v cross-section
политермическое ~ *(фазовой диаграммы)* polythermal cross-section
полное ~ total cross-section
полное ~ взаимодействия total interaction cross-section
полное ~ канала реакции total cross-section of a reaction channel
полное ~ кулоновской ионизации total Coulomb ionization cross-section
полное макроскопическое ~ взаимодействия total macroscopic interaction cross-section
полное нейтронное ~ total neutron cross-section
полное ~ рассеяния электрона total electron scattering cross-section
полное упругое ~ total elastic cross-section
полное эффективное ~ total effective cross-section
~ поляризации polarization cross-section

поперечное ~ cross-section
поперечное ~ балки beam cross-section
поперечное ~ вынужденного излучения stimulated emission cross-section
поперечное ~ деканалирования *фтт* dechanneling cross-section
поперечное ~ поглощения absorption cross-section
поперечное ~ потока flow area
~ по потоку streamwise section
пороговое ~ threshold cross-section
~ потенциального возбуждения potential excitation cross-section
~ при высоких энергиях high-energy cross-section
~ прилипания attachment cross-section
~ при низких энергиях low-energy cross-section
продольное ~ longitudinal (cross-)section
пропускное ~ flow [clear] section, clear opening, open area
проходное ~ flow area, flow section
~ процесса process cross-section
~ Пуанкаре Poincaré cross-section
~ пучка beam cross-section
~ радиационного захвата radiative capture cross-section
~ рамановского рассеяния Raman scattering cross-section
~ рассеяния scattering cross-section
~ рассеяния вперёд forward (scattering) cross-section
~ рассеяния назад backward (scattering) cross-section
~ рассеяния на малые углы small-angle scattering cross-section
~ рассеяния на одном электроне оболочки cross-section for scattering by one of the shell electrons
~ рассеяния на свободных атомах free atom scattering cross-section, cross-section for free atom scattering
~ рассеяния на связанных атомах bound-atom scattering cross-section, cross-section for bound-atom scattering
~ рассеяния протона на атоме водорода cross-section for scattering of a proton on a hydrogen atom
~ реакции reaction cross-section
~ реакции срыва stripping cross-section
~ резонансного возбуждения resonance excitation cross-section
~ резонансного поглощения resonance absorption cross-section
резонансное ~ resonance cross-section
~ резонансной активации resonance activation cross-section
~ рекомбинации recombination cross-section
~ рождения production [generation] cross-section
~ рождения пи-мезонов pionization cross-section
~ рэлеевского рассеяния Rayleigh cross-section
сагиттальное ~ *опт.* sagittal cross-section

сагиттальное ~ каустики sagittal section through the caustic
~ синглетного рассеяния singlet scattering cross-section
синглетное ~ singlet cross-section
сингулярное ~ singular cross-section
~ скачка cross-section for a jump
~ скольжения cross-section for slippage
сложное ~ compound cross-section
смоченное ~ wetted profile
~ совместного рождения associated production cross-section
~ сопла nozzle section
~ соударения collision cross-section
среднее ~ average cross-section
~ столкновения collision cross-section
~ столкновения на нуклон collision cross-section per nucleon
~ струйки stream filament cross-section
тепловое ~ thermal (neutron) cross-section
томсоновское ~ Thomson cross-section
~ томсоновского рассеяния Thomson scattering cross-section
топологическое ~ topological cross-section
~ торможения stopping cross-section
~ тормозного излучения bremsstrahlung cross-section
транспортное ~ transport cross-section
транспортное ~ рассеяния transport scattering cross-section
транспортное эффективное ~ effective transport cross-section
трижды дифференциальное ~ ионизации triple differential cross-section for the ionization
~ триплетного рассеяния triplet scattering cross-section
триплетное ~ triplet cross-section
~ упругого рассеяния elastic (scattering) cross-section
упругое ~ elastic (scattering) cross-section
усреднённое ~ averaged cross-section
~, усреднённое по группам group-averaged cross-section
~, усреднённое по потоку flux-averaged cross-section
фиктивное ~ fictitious cross-section
~ фотоделения photofission cross-section
~ фотоионизации photoionization cross-section
фотонейтронное ~ photoneutron cross-section
~ фотопоглощения photoabsorption cross-section
~ фоторасщепления photodisintegration cross-section
~ фотореакции photoreaction cross-section
~ фоторождения photoproduction cross-section
~ фотоэффекта photoeffect cross-section
~ фотоядерной реакции photonuclear reaction cross-section
~ фрагментации fragmentation cross-section
характеристическое ~ charateristic cross-section

экваториальное ~ equatorial section
эквивалентное ~ equivalent cross-section
экономное ~ most economical section
эксклюзивное ~ exclusive cross-section
экспериментальное ~ experimental cross-section
~ экстинкции extinction cross-section
~ эффективного ослабления effective attenuation cross-section
эффективное ~ effective cross-section
эффективное ~ взаимодействия (частиц) effective interaction cross-section
эффективное ~ столкновения effective collision cross-section
~ ядерного взаимодействия nuclear interaction cross-section
~ ядерного процесса cross-section for nuclear process, nuclear process cross-section
~ ядерного синтеза fusion cross-section
ядерное ~ nuclear cross-section
~ ядерной реакции nuclear reaction cross-section
~ S-рассеяния S-wave scattering cross-section
сжати/е с. (вид деформации) compression; (стягивание, сужение) contraction, constriction; (нарушение сферичности небесных тел) flattening, ellipticality, oblateness □ работать на ~ work in compression; разрушаться при ~и fail in compression
абляционное ~ ablative compression
адиабатическое ~ adiabatic compression, adiabatic contraction
адиабатическое ~ плазмы adiabatic plasma compression
актиноидное ~ actinoidal compression
быстрое ~ fast compression
внецентренное ~ eccentric compression
~ внутреннего поля кв. эл. internal field compression
ВРМБ ~ (импульса) SBS compression
~ в однократном скачке уплотнения single shock compression
~ в плоской системе скачков уплотнения two-dimensional multishock compression
~ в прямом скачке уплотнения normal shock compression
всестороннее ~ uniform compression
~ в системе скачков уплотнения multishock compression
~ в скачке уплотнения shock compression
~ геомагнитного поля geomagnetic field compression
гидродинамическое ~ hydrodynamic compression
гравитационное ~ gravitational contraction
~ группы compression [contraction] of group
~ данных data compression
двухосное ~ biaxial compression
диссипативное ~ кв. эл. dissipative compression
~ звезды star compression
~ Земли Earth oblateness, Earth ellipticity
изотермическое ~ isothermic compression

изоэнтропическое ~ isentropic compression
~ **импульса** pulse compression
квадратурное ~ quadrature compression
квазиизоэнтропическое ~ quasi-isentropic compression
комбинированное ~ **плазмы** combined plasma compression
конвективное ~ *мгд* convective collapse
~ **короны** coronal ellipticity
лоренцевское ~ Lorentz contraction
магнитное ~ magnetic compression
магнитное ~ **плазмы** magnetic compression of plasma
максимальное ~ **при раздавливании** crushing strain
многоступенчатое ~ multistage [compound] compression
неполное ~ **струи** incomplete contraction of a jet
~ **облака** cloud collapse
обратимое ~ reversible compression
объёмное ~ three-dimensional compression
однократное ~ single-stage compression
одноосное ~ uniaxial compression
осевое ~ axial compression
относительное ~ compression strain
~ **плазменного шнура** plasma filament pinching
~ **плазмы** plasma compression
~ **плазмы по большому радиусу** *(тора)* plasma compression in the major radius
~ **плазмы по малому радиусу** *(тора)* plasma compression in the minor radius
~ **планеты** ellipticity of planet
полное ~ **струи** perfect contraction of a jet
~ **поля** field compression
полярное ~ polar flattening, polar compression
поперечное ~ lateral [transverse] contraction
предварительное ~ precompression
продольное ~ longitudinal compression
~ **разряда** pinching
~ **света** light squeezing
~ **светового импульса при вынужденном рассеянии** light pulse compression under stimulated scattering
~ **струи** jet contraction
ступенчатое ~ stepwise compression
~ **тока** current contraction
ударно-волновое ~ shock (wave) compression
ударное ~ shock compression
~ **ультракоротких импульсов** compression of ultrashort pulses
~ **фотонного шума** photon noise squeezing
электромагнитное ~ electromagnetic compression
n-кратное ~ *(импульса)* n-fold compression
сжатый *прил.* compressed
предварительно ~ precompressed
сжигание *с.* burning; combustion
каталитическое ~ catalytic burning
~ **термоядерного топлива** thermonuclear-fuel burning
~ **ядерного топлива** nuclear-fuel burning
сжижение *с.* liquefaction

~ **газов** gas liquefaction, liquefaction of gases
сжимаемость *ж.* compressibility
адиабатическая ~ adiabatic compressibility
адиабатическая ~ **жидкости** adiabatic compressibility of liquid
~ **газов** compressibility of gases
динамическая ~ dynamic compressibility
~ **жидкостей** compressibility of liquids
изотермическая ~ isothermal compressibility
изотермическая ~ **жидкости** isothermal compressibility of liquid
комплексная ~ complex compressibility
линейная ~ linear compressibility
объёмная ~ volume compressibility
~ **плазмы** plasma compressibility
~ **среды** medium compressibility
~ **твёрдых тел** compressibility of solids
ударная ~ shock compressibility
сжимаемый *прил.* compressible
сигара *ж.* *(вид диаграммы состояния)* cigar
сигма-гиперон *м.* sigma hyperon, sigma particle
сигма-гиперядро *с.* sigma hypernucleus
сигма-модель *ж.* *(в теории поля)* sigma model
двумерная ~ two-dimensional sigma model
конформная ~ conformal sigma model
многомерная ~ multidimensional sigma model
нелинейная ~ nonlinear sigma model
одномерная ~ one-dimensional sigma model
суперконформная ~ superconformal sigma model
суперсимметричная ~ supersymmetric sigma model
сигнал *м.* signal ☐ **детектировать** ~ detect a signal; **принимать** ~ receive a signal
аварийный ~ emergency [alarm] signal
акустический ~ acoustic [audio] signal
амплитудно-модулированный ~ amplitude-modulated [AM] signal
аналитический ~ analytical signal
аналоговый ~ analog signal
антиподный ~ antipodal signal
визуальный ~ visual signal
внешний ~ external signal
входной ~ input signal
~ **выключения** shut-off signal
выпрямленный ~ rectified signal
выходной ~ output signal
гауссов ~ Gaussian signal
декодированный ~ decoded signal
детерминированный ~ deterministic signal
задержанный ~ delayed signal
~ **задержки** delay signal
запускающий ~ trigger(ing) signal
зарегистрированный ~ observed signal
затухающий ~ decaying signal
звуковой ~ audio [acoustic] signal
зондирующий ~ sounding [probing] signal
~ **измерителя мощности** power-meter signal
импульсный ~ impulse [pulsed] signal
искажённый ~ distorted signal
квазимонохроматический ~ quasi-monochromatic signal

классический ~ classical signal
когерентный ~ coherent signal
кодированный ~ coded signal
кратный кругосветный ~ multiple round-the-world signal
кругосветный ~ round-the-world signal
логический ~ logic signal
ложный ~ spurious [false] signal
минимальный обнаружимый ~ minimum detectable signal
многолучевой ~ multipath signal
модулированный ~ modulated signal
модулирующий ~ modulating signal
монохроматический ~ monochromatic signal
~ неисправности fault signal
непериодический ~ nonperiodic signal
непрерывный ~ continuous signal
~ обратной связи feedback signal
обратный ~ backward signal
~ опасности danger signal
опорный ~ reference signal
оптический ~ optical signal
~ остановки реактора reactor shut-down signal
отражённый ~ returned [echo] signal
~ ошибки error signal
~ перегрева *(реактора)* temperature alarm
~ переполнения overflow signal
периодический ~ periodic signal
пожарный ~ fire alarm
полезный ~ desired signal
~ пробоя break-down signal
прямой ~ direct signal
псевдослучайный ~ pseudorandom signal
пусковой ~ initial [starting] signal
радиолокационный ~ radar signal
~ радиологической опасности radiation alarm
световой ~ light signal
сжатый ~ compressed signal
синусоидальный ~ sine signal
синхронзирующий ~ synchronizing [locking] signal
слабый ~ weak [small] signal
случайный ~ random signal
~ течи leak signal
тональный ~ tone signal
~ точного времени time signal
~ тревоги alarm (signal), alert
узкополосный ~ narrow-band signal
управляющий ~ control signal
фазомодулированный ~ phase-modulated signal
цифровой ~ digital signal
частотно-модулированный ~ frequency-modulated signal
широкополосный ~ broadband signal
шумовой ~ noise signal
шумоподобный ~ noise-like signal
сигнализатор *м.* indicator, annunciator
~ перегрузки overload alarm
световой ~ перегрузки overload light
сигнализация *ж.* signaling
аварийная ~ alarm signaling, alarm system
автоматическая ~ automatic signaling

звуковая ~ audio signaling
~ о неисправностях fault [trouble] signaling
~ о повреждениях fault [trouble] signaling
пожарная ~ fire alarm system
предупредительная ~ warning signal system
световая предупредительная ~ warning lights
сигнатура *ж. (квантовое число)* signature
~ метрики metric signature
нечётная ~ odd signature
чётная ~ even signature
сидеростат *м. астр.* siderostat
сил/а *ж.* force; strength ☐ испытывающий ~у subject to a force; не создающий подъёмной ~ы nonlifting; подвергать действию ~ы subject to a force; под действием ~ы subject to a force; прикладывать ~у *(к чему-л.)* apply force *(to smth.)* , exert a force *(on smth.)*: раскладывать ~у на составляющие resolve a force into components; распределять ~у distribute a force; складывать ~ы combine forces; сосредоточивать ~у в точке concentrate a force at a point; уравновешивать ~ы balance forces, place forces in equilibrium
~ Абрагама Abraham force
абсорбирующая ~ absorbing power
~ адгезии adhesive force; adhesion [cohesion] strength
адгезионная ~ adhesive force; adhesion [cohesion] strength
активная ~ active force
~ Ампера Ampère force
~ Архимеда buoyancy force; static lift; upthrust
архимедова ~ buoyancy force; static lift; upthrust
аэродинамическая ~ aerodynamic force
аэродинамическая ~ в колеблющемся потоке oscillating air force
аэродинамическая подъёмная ~ aerodynamic lift
аэродинамическая подъёмная ~ при дозвуковых скоростях subsonic lift
аэродинамическая подъёмная ~ при околозвуковых скоростях transonic lift
аэродинамическая подъёмная ~ при сверхзвуковых скоростях supersonic lift
аэростатическая подъёмная ~ aerostatic force, gas [aerostatic] lift
~ Бернулли Bernoulli force
близкодействующая ~ short-range force
боковая ~ lateral [side, cross] force
боковая аэродинамическая ~ crosswind force
~ Бьеркнеса Bjerknes force
валентная ~ valence force
~ы Ван-дер-Ваальса Van der Waals forces
ван-дер-ваальсовы ~ы Van der Waals forces
вертикальная ~ vertical force
~ ветра wind force
~ взаимодействия interaction force
взаимодействующая ~ interacting force
вибродвижущая ~ vibromotive force
~ Вигнера Wigner force

внецентренная ~ eccentric force
внешняя ~ external [superposed, applied] force
~ **внутреннего трения** force of internal friction, viscous force
внутренняя ~ internal force
внутриатомные ~ы intra-atomic forces
~ **внутрикристаллической связи** crystalline binding force
внутриядерные ~ы intranuclear forces
возбуждающая ~ driving [exciting] force
возвращающая ~ restoring force
возмущающая ~ disturbing [perturbing] force
восстанавливающая ~ restoring force
вращающая ~ rotary [rotation(al), turning] force
всасывающая ~ suction force
вынуждающая ~ driving force
выталкивательная ~ *(гидро- и аэростатическая)* buoyancy [buoyant] force; static lift; upthrust
выталкивающая ~ *(гидро- и аэростатическая)* buoyancy [buoyant] force; static lift; upthrust
~ **вязкого сопротивления** viscous force
гармоническая ~ harmonic force
гигантская ~ **осциллятора** giant oscillator strength
гидродинамическая ~ hydrodynamic force
гидродинамическая подъёмная ~ dynamic lift
гидростатическая подъёмная ~ buoyancy force; static lift; upthrust
гиперон-ядерные ~ы hyperon-nuclear forces
гироскопическая ~ gyroscopic force
~ **голограммы** hologram power
гравимагнитная ~ gravimagnetic force
гравитационная ~ gravitational [gravity] force
~ **давления** pressure force
~ **давления текущей жидкости на шар** force exerted on the sphere by the moving fluid
дальнодействующая ~ long-range force
движущая ~ driving [motive, moving, propulsive, propelling] force
движущая ~ **трещины** crack driving force
двухчастичная ~ two-body [two-particle] force
~, **действующая на переднюю кромку** *аэрод.* leading edge force
~, **действующая на соприкосающуюся с жидкостью твёрдую поверхность** force acting on a solid surface bounding the fluid
демпфирующая ~ damping force
деформирующая ~ deforming force, stress
динамическая ~ dynamic force
~ **динамического давления** dynamic pressure force
диполь-дипольные ван-дер-ваальсовы ~ы dipole-dipole Van der Waals forces
диполь-квадрупольная ~ dipole-quadrupole force
дипольная ~ **осциллятора** dipole oscillator strength
~ **дисклинации** disclination force
дисперсионные ~ы dispersion forces
диссипативная ~ dissipative force

диссоциирующая ~ dissociating force
~, **зависящая от скорости** velocity-dependent force
~, **зависящая от энергии** energy-dependent force
заданная ~ given force; given strength
задерживающая ~ holding [restraining] force
закручивающая ~ torque [torsional] force
замедляющая ~ decelerating [deceleration, decelerative, retarding] force
зарядово-независимая ~ charge-independent force
засасывающая ~ suction force
~ **звука** sound intensity
~ **землетрясения** earthquake intensity
~ **земного притяжения** earth gravitational force, earth gravity
знакопеременная ~ alternating force
избыточная подъёмная ~ excess buoyancy; disposable [free] lift, lift margin
изгибающая ~ deflecting force
~ **излучения** radiant intensity
импульсная ~ impulsive force
индуцированная подъёмная ~ induced lift
~ **инерции** inertia, inertial force
~ **инерции вращающихся масс** flywheel force
инерционная ~ inertia, inertial force
ионная ~ *(раствора)* ionic strength
кажущаяся подъёмная ~ apparent lift
~ **Казимира** *ктп* Casimir force
капиллярные ~ы capillary forces
касательная ~ tangential force
касательная аэродинамическая ~ tangential aerodynamic force
квадрупольная ~ quadrupole force
квадрупольные ван-дер-ваальсовы ~ы quadrupole Van der Waals forces
квазиупругая ~ quasi-elastic force
~ **кинетического трения** friction of motion, dynamic [kinetic] friction
~ **когезии** cohesive [cohesion] force, adherence
когезионная ~ cohesive [cohesion] force, adherence
консервативная ~ conservative force
контурная ~ boundary force
копланарные силы coplanar forces
~ **Кориолиса** Coriolis force
кориолисова ~ Coriolis force
короткодействующая ~ short-range force
коэрцитивная ~ coercive force
критическая ~ critical force
критическая ~ **при продольном изгибе** buckling force
крутящая ~ torque [torsional] force
кулоновская ~ Coulomb force
линейная ~ linear force
линейная ~ **голограммы** linear hologram power
~ **линии** line strength
~ **лобового сопротивления** aerodynamic drag, drag force

~ **Лоренца** Lorentz force
лошадиная ~, л. с. horse-power, hp
~ **магнита** magnet power
~ **магнитного давления** magnetic pressure force
~ **магнитного натяжения** magnetic tension force
магнитодвижущая ~ magnetomotive force, mmf
майорановская обменная ~ Majorana exchange force
массовая ~ body [bulk, mass] force
мгновенная ~ instantaneous force
межатомные ~ы interatomic forces
межмолекулярные ~ы intermolecular forces
межнуклонная ~ internucleonic force
механическая ~ mechanical force
механическая подъёмная ~ mechanical lift
~ **Миллера** Miller force
многочастичная ~ multibody [many-body] force
многочастичные ван-дер-ваальсовы ~ы multibody Van der Waals forces
молекулярные ~ы molecular [Van der Waals] forces
мультиполь-мультипольные ван-дер-ваальсовы ~ы multipole-multipole Van der Waals forces
мультипольная ~ multipole force
мультипольные ван-дер-ваальсовы ~ы multipole Van der Waals forces
наведённая электродвижущая ~ induced electromotive force
намагничивающая ~ magnetizing force
~, **направленная вверх** upward force
~, **направленная вниз** downward force
~, **направленная вперёд** forward force
~, **направленная назад** rearward force
направляющая ~ directing [guiding] force
~ **натяжения** tension
недиссипативная ~ conservative force
неконсервативная ~ nonconservative force
некопланарные ~ы noncoplanar forces
нелинейная ~ nonlinear force
нелинейная возвращающая ~ anharmonic restoring force
непотенциальная ~ nonpotential force
неравномерно распределённая подъёмная ~ nonuniform lift
неуравновешенная ~ unbalanced force
нецентральная ~ noncentral force
номинальная ~ rated force
нормальная ~ normal force
нормальная аэродинамическая ~ normal aerodynamic force
нулевая подъёмная ~ zero lift
ньютоновская ~ тяготения Newtonian gravity [attractive] force
~ **ньютоновского тяготения** Newtonian gravity [attractive] force
обменная ~ exchange force
обобщённая ~ generalized force
обобщённая ~ осциллятора generalized oscillator strength

объёмная ~ body [bulk, mass] force
объёмная пондеромоторная ~ bulk ponderomotive force
ограничивающая ~ holding [restraining] force
одновременно действующие ~ы coacting forces
опрокидывающая ~, действующая на катушку тороидального магнитного поля overturning force on the toroidal field coil
оптическая ~ линзы power of lens, lens power
осевая ~ axial force
~ **осциллятора** oscillator strength
~ **осциллятора при излучении** radiation oscillator strength
~ **осциллятора при поглощении** absorption oscillator strength
~ **отдачи** recoil force
отклоняющая ~ deflecting [deviating] force
отрицательная ~ осциллятора negative oscillator strength
отрицательная подъёмная ~ negative lift
~ **отталкивания** repulsive [repelling] force
~ **Пайерлса** Peierls force
~ **Пайерлса - Набарро** Peierls-Nabarro force
переменная ~ variable [fluctuating] force
переносная ~ инерции force of moving space
периодическая ~ periodic(al) force
периодическая возмущающая ~ periodical disturbing force
периодически действующая ~ periodic(al) force
~, **перпендикулярная скорости течения** cross-fluid force
~ **пиннинга** *сверхпр.* pinning force
~ **плавучести** buoyancy force
поверхностная ~ surface force
~ **поверхностного натяжения** surface tension force
~ **поверхностного трения** skin-friction force
подсасывающая ~ suction force
подъёмная ~ (aerodynamic) lift, lifting [elevating] force
подъёмная ~ в восходящем потоке нагретого воздуха thermal lift
подъёмная ~ в неравномерном потоке nonuniform lift
подъёмная ~ крыла lift of an aerofoil, lift of a wing
подъёмная ~ на единицу размаха *(крыла)* lift per unit span
подъёмная ~ от реактивной струи jet lift
подъёмная ~, приложенная к поверхности lift over surface
подъёмная ~ при неустановившемся обтекании transient [unsteady] lift
подъёмная ~ при околозвуковых скоростях transonic lift
подъёмная ~, распределённая по поверхности lift over surface
подъёмная ~ тонкого крыла lift of a thin wing

полная подъёмная ~ gross [total, overall] lift
пондеромоторная ~ pondermotive force
поперечная ~ transverse [cross, lateral] force
поперечная аэродинамическая ~ crosswind force
поперечная ~ трения transversal friction force
постоянная ~ constant force
потенциальная ~ potential force
приведённая ~ reduced strength
прижимающая ~ pressing force
приливные ~ы tidal forces
приливообразующая ~ tide-raising [tide-generating] force
приложенная ~ applied [superimposed] force
~ притяжения attracting [attractive] force
продольная ~ трения longitudinal friction force
~ противодействия counteracting [opposite, counter] force
противодействующая ~ counteracting [opposite, counter] force
противоэлектродвижущая ~ counter-electromotive [back electromotive] force
псевдогравитационная ~ pseudogravitational force
пульсирующая ~ fluctuating [oscillating] force
равнодействующая ~ resultant [net, total] force
равномерно распределённая ~ uniform force
радиальная ~ radial force
радиационная ~ radiative force
~ разгруппирования debunching force
размагничивающая ~ demagnetizing force
разрешающая ~ resolving power
разрушающая ~ collapsing [breaking] force
расклинивающая ~ wedge force
распределённая ~ distributed force
растягивающая ~ stretching [tensile] force
расчётная ~ rated force
расчётная подъёмная ~ design lift
расширяющая ~ expansive force
реактивная ~ reactive force
~ реакции мех. reaction (force)
результирующая ~ resultant [net, total] force
результирующая подъёмная ~ resultant lift
результирующая ~ реакции net reaction force
релаксационная коэрцитивная ~ relaxation coercive force
~ Розенфельда Rosenfeld force
сверхобменная ~ superexchange force
~ сверхсильного взаимодействия superstrong interaction force
~ сверхслабого взаимодействия superweak interaction force
~ света luminous intensity
~ связи bonding [binding] force
сдвигающая ~ shear [shearing] force
~ сжатия pressing [compressive] force
сжимающая ~ pressing [compressive] force
~ слабого взаимодействия weak interaction force
следящая ~ following force

согласованная ~ consistent force
~ сопротивления (движению) drag [resistance] force
~ сопротивления, действующая на произвольно движущийся шар drag on a sphere moving in an arbitrary manner
~ сопротивления для медленно движущегося произвольного трёхмерного эллипсоида drag for a slowly moving ellipsoid with any shape
~ сопротивления, отнесённая к единице длины цилиндра drag per unit length of the cylinder
~ сопротивления при потенциальном обтекании тела drag force in potential flow past a body
сосредоточенная ~ concentrated [single] force
составляющая ~ component of force
~ы с пересекающимися линиями действия concurrent forces
средняя ~ mean [average] force
средняя по времени ~ time-average force
средняя сферическая ~ света mean spherical luminous intensity
статическая ~ static force
статическая подъёмная ~ static lift
стационарная ~ steady force
~ столкновения collision strength
~ столкновения для оптически разрешённого перехода collision strength for optically allowed transition
сторонние ~ы extraneous forces
стохастическая ~ random force
суммарная ~ total force
суммарная подъёмная ~ gross [total, overall] lift
~ сцепления cohesion [cohesive, adhesive] force, adherence
тангенциальная ~ tangential force
тензорная ~ tensor force
термокапиллярная ~ thermocapillary force
термофоретическая ~ thermophoretic force
термоэлектродвижущая ~ thermoelectromotive force
~ тока current (strength), current intensity
~ торможения braking force; braking effect
тормозящая ~ мех. decelerating [deceleration, retarding, slowing down] force
тормозящая ~ (среды) drag
~ трения friction(al) force
~ трения в пограничном слое skin-friction force
~ трения движения kinetic friction force
~ трения, действующая на стенку frictional force acting on the wall
~ трения качения rolling friction force
~ трения между тяжёлыми и лёгкими ионами friction force between heavy and light ions
~ трения покоя static [state] friction force
~ трения, связанная с краевыми эффектами frictional force due to edge effects
трёхчастичная ~ three-body force

трёхчастичные ван-дер-ваальсовы ~ы three-body Van der Waals forces

трещинодвижущая ~ crack driving [extension] force

~ тяги driving [tractive, propulsive] force, propelling

~ тяготения gravitational force, gravity (force)

~ тяжести gravity (force)

~ удара impact force

ударная ~ impact force

удельная ~ трения specific friction force

удерживающая ~ confining force

упругая ~ elastic force

~ упругости elastic force

уравновешенная ~ balanced [equilibrium] force

уравновешивающая ~ balancing [equilibrium] force

ускоряющая ~ accelerating [accelerative] force

усреднённая ~ столкновения averaged collision strength

фактическая подъёмная ~ actual lift

фотоэлектродвижущая ~ photoelectromotive force

фундаментальная ~ fundamental [basic] force

цветная ~ color force

центральная ~ central force

центральная предельная ~ central limit force

центробежная ~ centrifugal force

центростремительная ~ centripetal force

циркуляционная подъёмная ~ circulation lift

эквивалентная ~ equivalent force

экранированная ~ screened force

электродвижущая ~ (эдс) electromotive force, emf

электрокинетическая ~ electrokinetic force

~ электромагнитного взаимодействия electromagnetic force

электрослабая ~ electroweak force

электростатические ~ы electrostatic forces

~ электростатического притяжения electrostatic attraction force

элементарная ~ давления elementary thrust, elementary pressure force

энергетическая ~ света radiant intensity

ядерные ~ы nuclear forces

силан м. silane

силикагель м. silica gel

силикат м. silicate

силовой прил. (связанный с понятием силы) force; (об элементах конструкций) load-bearing

силоксан м. siloxane

сильноточный прил. high-current

сильфон м. (sylphon) bellows, bellows element

символ м. (напр. физической величины) symbol

~ атома atomic symbol

~ Вигнера Wigner symbol

~ группы крист. group symbol, group notation

~ Кристоффеля Christoffel symbol

~ Кронекера Kronecker delta, Kronecker symbol

~ Леви - Чивиты Levi-Civita symbol

спектроскопический ~ spectroscopic symbol

химический ~ chemical symbol

сименс м. (единица проводимости в системе СИ) siemens, S

симистор м. фпп triac

симметризация ж. symmetrization

симметрирование с. balance, balancing; symmetrization

~ антенны antenna balance

~ нагрузки load balance

симметричность ж. symmetry

симметричный прил. symmetric(al)

~ относительно плоскости symmetrical with respect to plane

сферически ~ spherically symmetrical

симметри/я ж. symmetry ⬜ в силу ~и by symmetry; обладающий сферической ~ей spherically symmetrical

абелева ~ Abelian symmetry

адронная ~ hadron symmetry

аксиальная ~ axial symmetry

~ амплитуд symmetry of amplitudes

ароматическая ~ flavor symmetry

~ ароматов flavor symmetry

асимптотическая ~ asymptotic symmetry

~ Бекки - Руэ - Стора (БРС-симметрия) Becchi-Rouet-Stora symmetry

~ Белова крист. Belov symmetry

бозонная ~ bosonic symmetry

~ вакуума vacuum symmetry

~ взаимодействий interaction symmetry

вигнеровская ~ яф Wigner symmetry

винтовая ~ helical symmetry

внешняя ~ external symmetry

внутренняя ~ internal symmetry

вращательная ~ rotation symmetry

~ в 4-мерном пространстве four-dimensional symmetry

~ гамильтониана Hamiltonian symmetry

гексагональная ~ hexagonal symmetry

геометрическая ~ geometrical symmetry

глобальная ~ global symmetry

глобальная абелева ~ global Abelian symmetry

глобальная калибровочная ~ global gauge symmetry

глобальная неабелева ~ global non-Abelian symmetry

горизонтальная ~ horizontal symmetry

двойная ~ double symmetry

двумерная трансляционная ~ two-dimensional translation symmetry

динамическая ~ dynamic(al) symmetry

дискретная ~ discrete symmetry

дискретная глобальная ~ discrete global symmetry

дискретная калибровочная ~ discrete gauge symmetry

дуальная ~ dual symmetry

единая ~ single symmetry

зарядовая ~ charge symmetry

зеркальная ~ bilateral [reflection, mirror] symmetry

зеркально-поворотная ~ rotation-reflection symmetry

изоспиновая ~ isotopic spin symmetry
изотопическая ~ isotopic symmetry, isotopic invariance
изотопическая ~ сильного взаимодействия isotopic symmetry of strong interaction
икосаэдрическая ~ icosahedral symmetry
калибровочная ~ gauge symmetry
~ квантово-механической системы symmetry of quantum-mechanical system
кварк-лептонная ~ quark-lepton symmetry
киральная ~ chiral symmetry
киральная преонная ~ chiral preon symmetry
конформная ~ conformal symmetry
конформная ~ амплитуд conformal symmetry of amplitudes
криволинейная ~ curvilinear symmetry
~ кристаллов crystal symmetry
кристаллографическая ~ crystal symmetry
круговая ~ circular symmetry
кубическая ~ cubic symmetry
~ кулоновского взаимодействия Coulomb interaction symmetry
~ лагранжиана Lagrangian symmetry
лево-правая ~ left-right symmetry
лептон-адронная ~ lepton-hadron symmetry
локальная ~ local symmetry
локальная абелева ~ local Abelian symmetry
локальная изотопическая ~ local isotopic symmetry
локальная калибровочная ~ local gauge symmetry
локальная неабелева ~ local non-Abelian symmetry
локальная цветовая ~ local color symmetry
магнитная ~ magnetic symmetry
масштабная ~ scale symmetry
модельная ~ model symmetry
~ молекул molecular symmetry
моноклинная ~ monoclinic symmetry
нарушенная ~ broken [violated] symmetry
неабелева ~ non-Abelian symmetry
неабелева глобальная ~ non-Abelian global symmetry
ненарушенная ~ unbroken symmetry
непрерывная ~ continuous symmetry
непрерывная абелева глобальная ~ continuous Abelian global symmetry
непрерывная глобальная ~ continuous global symmetry
обменная ~ exchange symmetry
обобщённая ~ generalized symmetry
орторомбическая ~ orthorhombic symmetry
осевая ~ axial symmetry
~ относительно зарядового сопряжения charge-conjugation symmetry
~ относительно комбинированной инверсии combined symmetry
~ относительно обращения времени time-reversal [T] symmetry
~ относительно оси axial symmetry
~ относительно плоскости plane symmetry
~ относительно поворотов rotation symmetry

~ относительно точки point symmetry
отражательная ~ reflection symmetry
~ параметра порядка order parameter symmetry
перекрёстная ~ crossing symmetry
перестановочная ~ permutation symmetry
~ подобия similarity symmetry
приближённая ~ approximate [broken] symmetry
приближённая масштабная ~ approximate scale symmetry, approximate scaling
произвольная ~ arbitrary symmetry
пространственная ~ spatial [space] symmetry
пространственно-временная ~ space-time symmetry
ромбическая ~ rhombic symmetry
сверхпространственная ~ superspace symmetry
~ сильных взаимодействий symmetry of strong interactions
скрытая ~ hidden [latent] symmetry
слабая ~ weak symmetry
спин-спиновая ~ *яф* spin-spin [Wigner] symmetry
спиральная ~ helical symmetry
спонтанно нарушенная ~ spontaneously broken symmetry
статистическая ~ statistical symmetry
строгая ~ сильного взаимодействия exact symmetry of strong interaction
структурная ~ structural symmetry
сферическая ~ spherical symmetry
тетрагональная ~ tetragonal symmetry
точечная ~ point symmetry
точная ~ exact symmetry
трансляционная ~ translation(al) symmetry
тригональная ~ trigonal symmetry
унитарная ~ unitary symmetry
упругая ~ elastic symmetry
флейворная ~ SU(3) SU(3) flavor symmetry
фоковская ~ Fock symmetry
фундаментальная ~ basic symmetry
хиральная ~ *(молекул)* chiral symmetry
цветная ~ *крист.* color symmetry
цветная ~ Белова *крист.* Belov color symmetry
цветовая ~ *кхд* color symmetry
центральная ~ central symmetry
циклическая ~ cyclic symmetry
цилиндрическая ~ cylindrical symmetry
частичная ~ partial symmetry
~ электрослабого взаимодействия electroweak symmetry
ядерная ~ nuclear symmetry
~ CP *(CP-симметрия)* CP symmetry
~ CPT CPT symmetry
~ SU(2) SU(2) symmetry
~ SU(3) SU(3) symmetry
~ U(1) U(1) symmetry
симплекс *м. мат.* simplex
симптом *м.* symptom
симултон *м. (тип солитона)* simulton
синапс *м. биол.* synapse
синглет *м.* singlet

адронный ~ hadronic singlet
гиперцветовой ~ hypercolor singlet
зарядовый ~ charge singlet
изотопический ~ isotopic singlet
квадрупольный ~ quadrupole singlet
нейтральный ~ neutral singlet
скалярный ~ scalar singlet
спиновый ~ spin singlet
техницветовой ~ technicolor singlet
унитарный ~ unitary singlet
фундаментальный ~ fundamental singlet
цветовой ~ color singlet
синглетный *прил.* singlet
сингония *ж. крист.* (crystal) system
гексагональная ~ hexagonal system
кристаллическая ~ crystal system
кубическая ~ cubic system
моноклинная ~ monoclinic system
низшая ~ lower system
ромбическая ~ rhombic system
ромбоэдрическая ~ trigonal system
тетрагональная ~ tetragonal system
тригональная ~ trigonal system
триклинная ~ triclinic system
сингулярность *ж. ктп* singularity
бездиссипативная гравитационная ~ dissipationless gravitational singularity
~ Ван Хова Van Hove singularity
космологическая ~ cosmological singularity
левая ~ left singularity
массовая ~ mass singularity
математическая ~ mathematical singularity
математическая космологическая ~ mathematical cosmological singularity
~ напряжений stress singularity
общая космологическая ~ general cosmological singularity
правая ~ right singularity
~ преобразования годографа singularity of the hodograph transformation
~ пространства-времени space-time singularity
сферически-симметричная ~ spherically symmetric singularity
точечная ~ point-like singularity
удалённая ~ distant singularity
физическая ~ physical singularity
физическая космологическая ~ physical cosmological singularity
сингулярный *прил.* singular
синдинама *ж. астр.* syndyname
синдром *м.* syndrome
лучевой ~ radiation syndrome
острый лучевой ~ acute radiation syndrome
синеломкость *ж.* blue brittleness
синергетика *ж.* synergetics
синоптический *прил.* synoptic
синтез *м.* synthesis; *(в ядерной физике)* fusion
активный апертурный ~ active aperture synthesis
~ алмаза из графита diamond synthesis from graphite
апертурный ~ aperture synthesis

гармонический ~ harmonic [Fourier] synthesis
гидротермальный ~ *крист.* hydrothermal synthesis
~ голограммы hologram synthesis
~ из газовой фазы gaseous(-phase) synthesis
инерциальный ~ inertial [inertially confined] fusion
инерциальный термоядерный ~ inertial [inertially confined] thermonuclear fusion
инерционный ~ inertial fusion
инерционный ~ **на тяжёлых ионах** heavy ion inertial fusion
ионный ~ *(при имплантации)* ion synthesis
ионный термоядерный ~ ion thermonuclear fusion
лазерный ~ laser fusion
лазерный термоядерный ~ laser fusion
~ монокристаллов single-crystal synthesis
параллельный ~ *(апертуры)* parallel synthesis
плазмохимический ~ plasmochemical synthesis
последовательный ~ *(апертуры)* successive synthesis
пучковый термоядерный ~ beam fusion
~ речи speech synthesis
самораспространяющийся высокотемпературный ~ self-propagating high-temperature synthesis
термоядерный ~ (thermo)nuclear fusion
управляемый термоядерный ~ controlled thermonuclear fusion
химический ~ chemical synthesis
~ частот frequency synthesis
~ электрических цепей electrical network synthesis
электродуговой ~ **фуллеренов** fullerene arc synthesis
~ элементов element synthesis
~ ядер *(в природе)* nucleogenesis, nuclear synthesis
ядерный ~ nuclear fusion
синтезатор *м.* synthesizer
~ изображений image synthesizer
когерентный ~ **частот** coherent frequency synthesizer
~ речи speech [voice] synthesizer
~ формы сигнала waveform synthesizer
~ частот frequency synthesizer
~ частоты frequency synthesizer
синтезировать *гл.* synthetize
синтетический *прил.* synthetic
синус *м.* sine
гиперболический ~ hyperbolic sine
синусоида *ж.* sinusoid, sine curve
синусоидальный *прил.* harmonic, sinusoidal
синфазность *ж. (колебаний, поля и т.п.)* equiphase condition
синхроимпульс *м.* sync [synchronizing, clock] pulse
синхрона *ж. астр.* synchrone
концевая ~ terminal synchrone
полная ~ complete synchrone
синхронизатор *м.* synchronizer; clock

акустооптический ~ **мод** acoustooptic mode locking device
~ **мод** *кв. эл.* mode locking device
синхронизация *ж.* lock(ing); synchronization, synchronizing; timing, clocking
~ **автогенератора** locking of self-excited oscillator
активная ~ **мод** active mode locking
акустооптическая ~ **мод** acoustooptic mode locking
взаимная ~ **генераторов** mutual synchronization of oscillators
взаимная ~ **колебаний** mutual synchronization of oscillations
внешняя ~ external [injection] synchronization
внешняя ~ **колебаний** external oscillation synchronization
внутренняя ~ internal synchronization, internal timing
временнáя ~ time synchronization
вынужденная ~ **мод** forced mode locking
жёсткая ~ *(мод)* rigid locking
импульсная ~ pulse timing, pulse synchronization
~ **импульсов** pulse timing, pulse synchronization
кинематическая ~ **мод** kinematic mode locking
~ **колебаний** oscillation synchronization
~ **мод** *(в лазерах)* mode locking
~ **на гармониках** harmonic synchronization
пассивная ~ **мод** passive mode locking
~ **продольных мод** longitudinal mode locking
~ **развёртки** sweep phasing
стохастическая ~ stochastic synchronization
фазовая ~ phase locking
~ **частот** frequency locking
синхронизм *м.* synchronism; *кв. эл.* matching
☐ **впадать в** ~ lock in synchronism
волновой ~ wave matching
групповой ~ group matching
~ **групповых скоростей** group velocity matching
коллинеарный фазовый ~ collinear phase matching
критический фазовый ~ critical phase matching
неколлинеарный фазовый ~ noncollinear phase matching
некритический фазовый ~ noncritical phase matching
неселективный фазовый ~ nonselective phase matching
пространственно-временной ~ spatial-temporal matching
пространственный ~ spatial matching
селективный фазовый ~ selective phase matching
фазовый ~ phase matching, phase synchronism
фазовый ~ **I типа** type I phase matching
фазовый ~ **II типа** type II phase matching
90-градусный ~ 90° phase matching
синхронность *ж.* synchronism
синхронный *прил.* synchronous
синхротрон *м.* synchrotron

антипротонный ~ antiproton synchrotron
~ **без железного сердечника** synchrotron without iron poles; nonferromagnetic synchrotron
безжелезный электронный ~ nonferromagnetic electron synchrotron
бустерный ~ booster (synchrotron)
быстроциклический электронный ~ fast-cycling electron synchrotron
волноводный ~ waveguide synchrotron
двухсторонний кольцевой ~ two-way synchrotron
двухступенчатый ~ double synchrotron
каскадный ~ cascade synchrotron
протонный ~ proton synchrotron
протонный ~ **на сверхвысокую энергию** superproton synchrotron
протонный ~ **со слабой фокусировкой** weak-focusing proton synchrotron, synchrophasotron
протонный ~ **с сильной фокусировкой** alternating-gradient [strong-focusing] proton synchrotron
сверхпроводящий ~ superconducting synchrotron
~ **с высокой частотой повторения** high-repetition-rate [rapid-cycling] synchrotron
секторный ~ sector-focused synchrotron
сильнофокусирующий ~ strong-focusing [alternating-gradient] synchrotron
слабофокусирующий ~ weak-focusing [constant-gradient] synchrotron
~ **с малой частотой повторения** slow-cycling synchrotron
~ **с нулевым градиентом** zero-gradient synchrotron
~ **со слабой фокусировкой** weak-focusing [constant-gradient] synchrotron
~ **с прямолинейными промежутками** race-track synchrotron
~ **с сильной фокусировкой** strong-focusing [alternating-gradient] synchrotron
~ **типа «рейстрек»** race-track synchrotron
ультрарелятивистский протонный ~ ultrarelativistic proton synchrotron
электронный ~ electron synchrotron
электронный ~ **с сильной фокусировкой** alternating gradient electron synchrotron
синхрофазотрон *м.* weak-focusing proton synchrotron; synchrophasotron
~ **с автокоррекцией** proton synchrotron with automatic correction
синхроциклотрон *м.* synchrocyclotron
сирена *ж. ак.* siren
воздушная ~ air siren
газовая ~ gas siren
жидкостная ~ liquid siren
осевая ~ axial siren
пульсирующая ~ pulsating siren
радиальная ~ radial siren
роторная ~ rotor siren
тональная ~ tone siren
широкополосная ~ broad band siren

систем/а *ж.* system

абелева ~ Abelian system

абсолютная ~ единиц absolute [Gaussian] system of units

абсолютная ~ отсчёта system of fixed axes, absolute frame of reference

абсолютно непротиворечивая ~ absolutely consistent system

абсолютно неустойчивая ~ absolutely unstable system

~ аварийного выключения реактора emergency shut-down system

~ аварийной защиты safety system

~ аварийной сигнализации alarm system

автоколебательная ~ self-sustained oscillation [self-oscillatory] system

автоколлимационная ~ autocollimating system

автоматизированная ~ automated system

автоматическая ~ automatic system

автоматическая ~ управления пуском реактора automatic reactor start-up control system

автоматическая ~ управления реактором automatic reactor control system

~ автоматического регулирования automatic control system

~ автоматического управления automatic control system

~ автоматической обработки данных automatic data-processing system

автономная ~ autonomous system

автономная гамильтонова ~ autonomous Hamiltonian system

~ автоподстройки частоты automatic frequency control system

адаптивная ~ adaptive system

адаптивная ~ координат adaptive coordinate system

адиабатически изолированная ~ adiabatically isolated system

адиабатная термодинамическая ~ adiabatic thermodynamic system

адронная ~ hadronic system

аксиально симметричная ~ axially symmetric system

~ аксиом system of axioms

активная ~ скольжения active slip system

акустическая ~ acoustic(al) system

аналитическая ~ analytic system

аналоговая ~ analog system

анаморфотная ~ anamorphotic system

ангармоническая ~ anharmonic system

антиферромагнитная ~ antiferromagnetic system

апериодическая ~ aperiodic system

~ апертурного синтеза system of aperture synthesis

~ арочных волокон *(на Солнце)* arch filament system

асимптотически свободная ~ asymptotically-free system

~ астронаведения celestial guidance system

~ астрономических координат astronomical [celestial] coordinate system, astronomical [reference] system

~ астрономических постоянных system of astronomical constants

афокальная оптическая ~ afocal optical system

ахроматическая ~ achromatic system

барионная ~ baryonic system

барицентрическая ~ координат barycentric coordinate system

безжелезная магнитная ~ air-core magnetic system

~ без потерь lossless system

бесконечномерная динамическая ~ infinite-dimensional dynamic system

бесспиновая ~ spinless [spin-zero] system

бесстолкновительная ~ *астр.* collisionless system

бесстолкновительная гравитирующая ~ collisionless gravitating system

бесстолкновительная сферически-симметричная ~ collisionless spherically symmetric system

бесстолкновительная эллипсоидальная ~ collisionless ellipsoidal system

бесшировая ~ shearless system

бивариантная ~ bivariant [divariant] system

биллиардная ~ billiards system

бинарная ~ binary system

~ бинарных сплавов binary alloy system

бистабильная ~ bistable system

~ блокировки interlocking system

блочная ~ modular system

буферная ~ buffer system

~ быстрой остановки *(реактора)* scramming system

вакуумная ~ vacuum system

вакуумная ~ инжектора нейтральных атомов neutral beam injector vacuum system

~ вакуумной откачки vacuum-pumping system

~ ввода частиц injection system

взаимодействующая ~ interacting system

вихревая ~ Жуковского Joukowski vortex system

вихревая ~ несущего крыла vortex system of an aerofoil

~ вихрей vortex system, system of vortices, vorticity

внегалактическая ~ extragalactic system

водораспылительная ~ охлаждения spray cooling system

водородоподобная ~ hydrogen-like system

возбуждающая ~ exciting system

~ возбуждения excitation system

~ воздушной продувки *(реактора)* air-flushing system

возмущённая ~ perturbed system

волоконно-оптическая ~ связи optical fiber communication system

воспроизводящая ~ reproducing system

вращающаяся ~ координат rotating coordinate system, rotating frame of reference
времяпролётная ~ time-of-flight system
вспомогательная ~ auxiliary [accessory] system
встречно-штыревая замедляющая ~ interdigital structure
вторичная ~ secondary system
вторичная ~ скольжения secondary slip system
~ вывода пучка beam ejection system
~ выделения ливней shower-selecting array
вырожденная ~ degenerate system
вытяжная ~ exhaust system
вычислительная ~ computation system
~ газоочистки gas purification system
~ галактик system of galaxies
галактическая ~ galactic system
галактическая ~ координат galactic coordinate system
гамильтонова ~ Hamiltonian system
гамильтонова динамическая ~ Hamiltonian dynamic system
гауссова ~ единиц Gaussian [absolute] system of units
гейзенберговская ~ Heisenberg system
гексагональная ~ hexagonal system
гелиоцентрическая ~ Коперника Copernican heliocentric system
геострофическая ~ geostrophic system
геоцентрическая ~ координат geocentric coordinate system
геоцентрическая ~ Птолемея *астр.* Ptolemaic geocentric system
герметическая ~ air-tight [leak-tight] system
гетерогенная ~ heterogeneous system
гетерогенная термодинамическая ~ heterogeneous thermodynamic system
гетерофазная ~ heterophase system
гибридная ~ hybrid system
гидравлическая ~ hydraulic system
гиперболическая динамическая ~ hyperbolic dynamic system
глобальная ~ координат global coordinate system
годоскопическая ~ счётчиков counter hodoscope
голономная ~ holonomic system
гомогенная ~ homogeneous system
гомогенная термодинамическая ~ homogeneous thermodynamic system
горизонтальная ~ координат horizontal coordinate system
горячая бесстолкновительная ~ hot collisionless system
гравитирующая ~ gravitating system
~ граничных условий на поверхности разрыва system of boundary conditions at a surface of discontinuity
~ Грегори *астр.* Gregory system
грубая динамическая ~ coarse dynamic system
движущаяся ~ координат moving coordinate system, dynamical frame of reference

~, движущаяся с постоянным ускорением linearly accelerated system
двоичная ~ счисления binary number system
двойная ~ binary system
двойная ~ с перетеканием вещества *астр.* binary system with mass transfer
~ двойникования *крист.* twinning system
двумерная магнитная ~ two-dimensional magnetic system
двухкомпонентная ~ two-component system
двухконтурная ~ охлаждения double-loop cooling system
двухосная эллипсоидальная ~ two-axial ellipsoidal system
двухподрешёточная ~ two-sublattice system
~ двух тел two-body system
двухуровневая ~ *кв. эл.* two-level system
двухуровневая ~ в резонансном поле two-level system in a resonant field
двухфазная ~ two-phase system
двухцветная фотометрическая ~ two-color photometric system
двухчастичная ~ two-body system
двухэлектродная ионно-оптическая ~ two-electrode ion-optical system
действующая ~ скольжения active slip system
декартова ~ координат rectangular [Cartesian] coordinate system
~ дерева ошибок fault tree system
десятичная ~ счисления decimal number system
детерминированная ~ deterministic system
диамагнитная ~ diamagnetic system
дивариантная ~ bivariant [divariant] system
динамическая ~ dynamical system
динамическая диссипативная ~ dynamical dissipative system
динамическая ~ с дискретным временем discrete-time dynamical system
динамическая ~ с непрерывным временем continuous-time dynamical system
дипольная ~ dipole system
дисковая ~ disk system
дискретная ~ discrete [lumped parameter] system
~ дислокаций dislocation pattern
дисперсионная ~ dispersive system
дисперсная ~ disperse system
диссипативная ~ dissipative system
диссипативная нелинейная ~ dissipative nonlinear system
~ дистанционного обслуживания remote-maintenance system
~ дистанционного управления remote control system
дифференциальная ~ differential system
~ дифференциальных уравнений differential equation system
длиннопериодная ~ long-period system
длиннофокусная ~ long-focus system
доплеровская ~ Doppler system
дополнительная стандартная колориметрическая ~ МКО 1964 г. CIE 1964 supplementary standard colorimetric system

дуантная ~ *(в ускорителе)* dee system
~ единиц system of units
~ единиц Гаусса Gauss system of units
~ единиц МКС MKS system of units
~ единиц МКСА MKSA system of units
~ единиц СГС CGS system of units
~ единиц СГСМ CGS electromagnetic system of units
~ единиц СГСЭ CGS electrostatic system of units
~ единиц СИ SI system of units
~ единиц Хартри Hartree system of units
естественная ~ единиц natural system of units
естественная ~ координат natural co-ordinate system
жёсткая ~ уравнений stiff set of equation
жидкометаллическая ~ теплопередачи liquid-metal heat-transfer system
жидкостная ~ fluid system
~ жизнеобеспечения *(в космосе)* life-support system
~ загрузки loading [charging] system
~ зажигания ignition system
закрытая термодинамическая ~ closed thermodynamic system
замедляющая ~ slow-wave structure
замкнутая ~ closed system
~ замкнутой циркуляции closed circulation system
~ записи recording system
затменная двойная ~ *астр.* eclipsing binary system
затменная переменная ~ *астр.* eclipsing variable system
~ затопления активной зоны core flooding system
~ защиты реактора reactor protection system
звёздная ~ stellar system, system of stars
звёздная ~ координат sidereal reference system
~ звёздных величин stellar magnitude system
~ Земля-Луна Earth-Moon system
земная ~ координат terrestrial reference system
зеркальная ~ mirror system
зеркально-линзовая ~ catadioptric system
идеализированная ~ idealized system
идеальная оптическая ~ perfect optical system
иерархическая ~ hierarchical system
~ Изинга Ising system
излучающая ~ radiating [emitting] system
измерительная ~ measuring system
изолированная ~ isolated [closed] system
изолированная квантовая ~ isolated quantum system
изолированная термодинамическая ~ isolated thermodynamic system
изоморфная ~ isomorphic system
изотермическая ~ isothermic system
иммерсионная ~ *опт.* immersion system
импульсная ~ pulse system
инвариантная ~ invariant [nonvariant] system

инерциальная ~ inertial system
инерциальная ~ координат inertial coordinate system, inertial frame of reference
инерциальная ~ навигации inertial navigation system
инерциальная ~ отсчёта inertial frame of reference, inertial reference system
~ инжекции пучка нейтральных атомов neutral beam injection system
интегральная ~ integral [integrated] system
интегральная ~ охлаждения integrated cooling system
интегрируемая ~ integrable system
интерактивная ~ interactive system
информационная ~ information system
информационно-поисковая ~ information retrieval [data location] system
ионно-оптическая ~ ion-optical system
исходная ~ initial system
~ КАМАК CAMAC [Computer-Aided Measurement And Control] system
канализирующая ~ channeling system
каноническая ~ canonical system
каноническая ~ координат canonical coordinate system
~ Кассегрена *астр.* Cassegrain system
кассегреновская ~ *астр.* Cassegrain system
~ каталога *астр.* system of catalogue
~ катушек полоидального магнитного поля poloidal magnetic field coil system
~ катушек тороидального магнитного поля toroidal magnetic field coil system
квазиинерциальная ~ координат quasi-inertial coordinate system
квазиодномерная ~ quasi-one-dimensional system
квазиоптическая ~ quasi-optical system
квазистационарная ~ quasi-stationary system
квазицилиндрическая ~ координат quasi-cylindrical coordinate system
квантовая ~ quantum system
квантовая спиновая ~ quantum spin system
кварк-антикварковая ~ quark-antiquark system
~ КЗС *(красный-зелёный-синий)* *(в колориметрии)* RGB [red-green-blue] system
классическая ~ classical system
классическая спиновая ~ classical spin system
когерентная ~ единиц coherent system of units
колебательная ~ *(немеханическая)* oscillatory [oscillating] system; *(механическая)* vibratory [vibrating] system
~ колец *(планеты)* ring system
~ колец Сатурна Saturn ring system
коллоидная ~ colloidal system
комбинированная ~ детекторов *фвэ* combined detector system
конвейерная ~ загрузки conveyer loading system
конвективная ~ координат convected coordinate system
конденсированная ~ condensed system

конденсированная термодинамическая ~ condensed thermodynamic system
конечномерная динамическая ~ finite-dimensional dynamic system
~ Кондо Kondo system
консервативная ~ *мех.* conservative system
консервативная динамическая ~ conservative dynamical system
контактная ~ *(двойных звёзд)* contact system
~ координат coordinate system, system of axes, frame of reference
~ координат, связанная с волной wave frame of reference
~ координат, связанная с центром инерции center-of-mass system
~ координат, связанная с центром масс center-of-mass system
коперникова ~ мира Copernican system
короткопериодная ~ short-period system
корпускулярная оптическая ~ particle optic system
криволинейная ~ координат curvilinear coordinate system
кристаллическая ~ crystal system
кристаллографическая ~ crystal system
~ критериев set of criteria
критическая ~ critical system
кубическая ~ cubic system
~ Куде *астр.* Coudé system
лабораторная ~ координат laboratory system of [lab] coordinates
лагранжева ~ отсчёта Lagrangian frame of reference
лазерная ~ laser system
лазерная ~ связи laser communication system
лазерная сканирующая ~ laser scanning system
левая ~ координат left-handed coordinate system
линеаризованная ~ linearized system
линейная ~ linear system
линейная колебательная ~ linear oscillatory system
линейная консервативная ~ linear conservative system
линейная механическая ~ linear mechanical system
линейная распределённая ~ linear distributed system
линейно ускоренная ~ linearly accelerated system
~ линейных осцилляторов system of linear oscillators
~ линий возмущения Mach line pattern
локальная геомагнитная ~ координат local geomagnetic coordinate system
локальная ~ координат local coordinate system
локально инерциальная ~ locally inertial system
~ Лоренца *нелин. дин.* Lorentz system
магнитная ~ magnetic system
магнитная отклоняющая ~ magnetic deflecting [deflection] system

магнитная тесная двойная ~ *астр.* magnetic close binary system
магнитосферная ~ координат magnetospheric coordinate system
макроскопическая ~ macroscopic system
~ Максутова *астр.* Maksutov system
материальная ~ material system
~ материальных точек system of mass [material] points
матричная ~ matrix system
Международная ~ единиц *(СИ)* SI system
мезоскопическая ~ *фтт* mesoscopic system
менисковая ~ *астр.* meniscus system
~ Мерсенна *астр.* Mersenne system
местная ~ координат local coordinate system
метастабильная ~ metastable system
метрическая ~ единиц metric system of units
метрическая ~ мер metric system of units
механическая ~ mechanical system
механическая диссипативная ~ mechanical dissipative system
механическая колебательная ~ mechanical vibratory system
~ Миллса *астр.* Mills system
~ многих тел many-body system
~ многих частиц many-particle system
многоканальная ~ multichannel system
многокварковая ~ multiquark system
многокомпонентная ~ multicomponent system
многомерная ~ multidimensional system
многоострийная ~ *(катод)* multiple-apex system
многорезонаторная ~ *(магнетрона)* multiple-cavity system, multiresonator system
многослойная ~ multilayer system
многоступенчатая ~ multistage system
многоуровневая ~ *кв. эл.* multilevel system
многоуровневая неэквидистантная ~ multilevel nonequidistant system
многофазная ~ multiphase system
многофермионная ~ multifermion system
многоцветная ~ multicolor system
многочастичная ~ many-particle system
многоэлектродная ~ multielectrode system
модульная ~ modular system
~ мониторинга monitoring system
моновариантная ~ monovariant [univariant] system
моноклинная ~ monoclinic system
~ муаровых полос moiré pattern
мультистабильная ~ multistable system
~ навигации navigation system
надкритическая ~ above-critical system
~ накачки *(лазера)* pump(ing) system
~ накачки типа «световой котёл» "optical boiler" pump system
~ накопления энергии energy storage system
насыщенная ~ saturated system
натриевая ~ *яф* sodium system
натриево-калиевая ~ *яф* sodium-potassium system
неабелева ~ non-Abelian system

небесная ~ координат celestial reference system

невозмущённая ~ unperturbed system

невырожденная ~ nondegenerate system

неголономная ~ nonholonomic system

негрубая динамическая ~ noncoarse dynamic system

недиссипативная ~ nondissipative system

незащищённая ~ unshielded [nonprotected] system

неизменяемая ~ invariable system

неинерциальная ~ отсчёта noninertial frame of reference

неинтегрируемая ~ nonintegrable system

нейтронно-оптическая ~ neutron-optical system

нейтрон-протонная ~ neutron-proton system

неконсервативная ~ nonconservative system

нелинейная ~ nonlinear system

нелинейная спиновая ~ nonlinear spin system

ненасыщенная ~ unsaturated system

неоднородная ~ inhomogeneous system

неоднородная эллипсоидальная ~ inhomogeneous ellipsoidal system

неопределённая ~ уравнений indeterminate system of equations

неподвижная ~ координат fixed coordinate system

непрерывная ~ continuous system

неприводимая ~ irreducible system

непротиворечивая ~ consistent system

неравновесная ~ nonequilibrium system

неразрешимая ~ *(уравнений)* unsolvable system

несвободная ~ constrained system

несвободная механическая ~ constrained material system

неупорядоченная ~ disordered system

неупорядоченная спиновая ~ disordered spin system

неуравновешенная ~ сил nonequilibrium force system

неустойчивая ~ unstable system

низкоразмерная ~ low-dimensional system

нонвариантная ~ nonvariant system

~ Ньютона Newton(ian) system

~ Нэсмита *астр.* Nasmith system

~ обнаружения detecting [detection] system

~ обнаружения неисправностей fault [error] detection system

~ обнаружения ошибок error [fault] detection system

обобщённая криволинейная ~ координат generalized curvilinear coordinate system

~ обозначений notation; nomenclature

оборачивающая ~ *опт.* inverting system

~ обработки данных data processing system

~ образующих *мат.* system of generators

обратимая ~ reversible system

~ обратной связи feedback system

~ ограничений set of constraints

одновариантная ~ monovariant [univariant] system

однокомпонентная ~ one-component [single-component] system

одноконтурная ~ охлаждения single-loop cooling system

одномерная ~ one-dimensional system

однородная ~ homogeneous system

однородная термодинамическая ~ homogeneous thermodynamical system

~ односторонней загрузки *яф* single-end loading system

однофазная ~ monophase [single-phase, one-phase] system

одночастичная ~ one-particle system

операционная ~ operational system

оптимальная ~ optimum system

оптическая ~ optical system

оптическая ~ обработки данных optical data processing system

оптоэлектронная ~ optoelectronic system

орбитальная ~ координат orbital reference system

ортогональная ~ координат orthogonal coordinate system

ортогональная ~ координат с пространственной осью orthogonal coordinate system with spatial axis

ортогональная ~ функций orthogonal function system

ортоморфотная ~ orthomorphic system

ортонормированная ~ orthonormal system

основная ~ отсчёта fixed frame of reference, fixed-axes system

отклоняющая ~ deflection [deflecting] system

отклоняющая ~ с бегущей волной traveling-wave deflection [deflecting] system

открытая ~ open system

открытая неравновесная ~ open nonequilibrium system

открытая ~ с диффузией open system with diffusion

открытая термодинамическая ~ open thermodynamic system

относительная ~ отсчёта system of moving axes

отражательная ~ reflecting system

~ отсчёта frame of reference, reference system

~ отсчёта, движущаяся с досветовой скоростью subluminal frame of reference

~ отсчёта, движущаяся со сверхсветовой скоростью supraluminal frame of reference

~ охлаждения cooling [refrigerating] system, system of refrigeration

~ охлаждения замкнутого цикла closed-cycle cooling system

~ охлаждения открытого цикла open-cycle cooling system

~ охлаждения прямого цикла direct-cycle cooling system

~ охлаждения реактора reactor cooling system

~ охлаждения с конденсаторами condenser cooling system

~ очистки purification system

~ очистки теплоносителя coolant purification [clean-up] system

~ очистки топлива fuel clean-up system

~ памяти memory system

~ параболических координат parabolic coordinate system

~ параллельных сил system of parallel forces

парамагнитная ~ paramagnetic system

параметрическая ~ parametric system

параметрическая колебательная ~ parametric oscillation system

~ параметров system of parameters

парциальная ~ partial system

первичная ~ primary system

~ перезарядки charge-exchange system

периодическая ~ элементов Менделеева Mendeleev periodic table

периодическая ~ ядер periodic system of nuclei

петлевая ~ для пассивного управления вертикальным положением шнура passive loop system for vertical position control

~ петлеобразных протуберанцев loop prominence system

пионная ~ pion system

~ плазма-пучок beam-plasma system

плазменная корпускулярная оптическая ~ plasma particle optical system

плазмооптическая ~ plasma-optic system

планетная ~ system of planets, planetary system

планковская ~ единиц Planck system of units

плоская ~ сил plane system of forces

плоская гравитирующая ~ flat gravitating system

плотноупакованная ~ close-packed system

пневматическая ~ pneumatic system

~ подачи газа gas feed system

подвижная ~ отсчёта moving frame of reference

подкритическая ~ *яф* subcritical system

~ подпитки топливом fueling system

~ подпитки топливом с помощью инжекции таблеток fuel pellet injection system

~ подпитки топливом с помощью напуска газа fuel gas puffing system

~ покоя rest frame

полидисперсная ~ polydisperse system

~ Полинга Pauling system

полная ~ complete system

полная ~ функций complete function system

~ полоидального поля с катушками, расположенными вне катушек тороидального поля poloidal field system with coils outside the toroidal coils

~ полос *(в спектрах)* system of bands

полубесконечная ~ semi-infinite system

полуразделённая ~ *(двойных звёзд)* semidetached system

полярная ~ координат polar coordinate system

~ полярных токов *сзф* polar current system

послевспышечная ~ петель *сзф* post-flare loop system

~ постулатов set of postulates

потенциально автоколебательная ~ potentially self-oscillating system

почти интегрируемая ~ nearly integrable system

правая ~ координат right-handed coordinate system

правильная ~ точек *крист.* right system of points

~ предпочтений system of preferences

~ предупреждения warning system

~ предупреждения об опасности облучения radiation alarm system

~ преобразования солнечной энергии solar energy conversion system

~ прерывания interruption system

приведённая ~ reduced system

~ принятия решений decision-making system

~ присоединённых вихрей bound vortex system, bound vorticity

пространственная ~ сил spatial system of forces

пространственно неоднородная ~ spatially inhomogeneous system

пространственно однородная ~ spatially homogeneous system

проточная ~ flow system

прямоугольная ~ координат rectangular coordinate system

птолемеева ~ мира Ptolemaic system

~, работающая в реальном времени on-line [real-time] system

~, работающая в реальном масштабе времени on-line [real-time] system

равновесная ~ equilibrium system

равновесная квантовая ~ equilibrium quantum system

равномерно ускоренная ~ linearly accelerated system

равноускоренная ~ linearly accelerated system

~ разгрузки *яф* unloading [discharging] system

~ разгруппировки *(пучка)* debuncher system

разделённая ~ *(двойных звёзд)* detached system

разрешимая ~ *(уравнений)* solvable system

разупорядоченная гейзенберговская ~ disordered Heisenberg system

разупорядоченная изинговская ~ disordered Ising system

~ распознавания образов pattern recognition system

~ распознавания треков track recognition system

распределённая ~ distributed [continuous] system

распределённая колебательная ~ distributed [continuous] oscillatory system

растровая оптическая ~ raster optical system

расширительная ~ expansion system
реакторная ~ reactor system
реальная ~ real system
реальная ~ отсчёта real frame of reference
~ рёбер жёсткости ribbed stiffener
регистрирующая ~ recording system
~ регулирования control [regulating] system
~ регулирования мощности power conditioning system
регулируемая ~ controlled system
рентгеновская двойная ~ X-ray binary system
реономная ~_ system with constraints depending on time
ромбическая ~ rhombic system
ромбоэдрическая ~ rhombohedral system
~ ручного управления manual control system
самоорганизующаяся ~ self-organizing system
самосогласованная ~ self-consistent system
самоуравновешивающаяся ~ self-balancing system
~ с большим бета high-beta system
~ сбора данных data acquisition system
сверхмассивная ~ астр. superheavy system
световозвращающая оптическая ~ retro-reflecting optical unit
свободная ~ free system
свободная механическая ~ free material system
~, свободная от дисторсии distortion-free system
свободнопадающая ~ отсчёта free-falling frame of reference
~ свободных частиц free particle system
связанные ~ы (при колебаниях) coupled [bound] systems
~ связанных осцилляторов system of coupled oscillators
~ связанных уравнений coupled equations
~ связи communication system
~ с двойным разрядом double discharge system
~ с жёстким самовозбуждением hard self-excitation system
~ с замкнутой циркуляцией closed circulation system
~ с замкнутым дрейфом closed drift system
~ сил system of forces, force system
симметричная ~ symmetric system
симметричная ~ единиц symmetrical system of units
синтезированная ~ synthesized system
~ синхронизации timing [synchronizing] system
синхронная ~ отсчёта synchronous frame of reference
~ скачков уплотнения shock-wave system
склерономная ~ system with constraints independent of time
~ скольжения slip system
~ с кольцевой апертурой (в электронной оптике) annular system
~ с криволинейной оптической осью (в электронной оптике) system with a curved optic axis
~ с круговыми орбитами system with circular orbits

слабовзаимодействующая ~ weakly interacting system
слабонелинейная ~ weakly nonlinear system
~ слежения за пучком beam-tracking system
сложная ~ complex system
случайная ~ random system
смазочная ~ lubricating system
~ с малым бета low-beta system
смешанная кристаллическая ~ mixed crystal system
~ с минимумом бета minimum-beta system
~ с мягким самовозбуждением soft self-excitation system
~ с обратной связью feedback system
~ с обратной связью по пучку beam-feedback system
собственная ~ координат intrinsic coordinate system
собственная ~ отсчёта intrinsic frame of reference
~ согласования matching system
~ с одной степенью свободы single degree-of-freedom system
~ соединительных арок сэф field transition arches
Солнечная ~ Solar system
солнечно-магнитная ~ solar magnetic system
солнечно-магнитосферная ~ координат solar-magnetospheric coordinate system
солнечно-эклиптическая ~ координат solar-ecliptic coordinate system
~ со многими степенями свободы multi-degree-of-freedom system
сопряжённая ~ conjugate system
сопряжённая ~ скольжения conjugate slip system
~ сопряжённых связей conjugate system of bonds
сопутствующая ~ отсчёта co-moving frame of reference
сортирующая ~ (в квантовом стандарте частоты) sorting system
составная ~ compound system
~ с отрицательным трением negative friction system
~ спектральной классификации spectral classification system
спиновая ~ spin system
спиральная ~ астр. spiral system
спиральная замедляющая ~ spiral slow-wave structure
~ сплавов alloy system
~ с почти круговыми орбитами system with nearly circular orbits
~ с прямым преобразованием энергии direct energy converter
~ спутников (планеты) satellite system
спутниковая ~ координат satellite coordinate system
~ с радиальными траекториями астр. system with radial trajectories

~ с разделением времени time-sharing system

~ с распределёнными параметрами continuous [distributed] system

среднеполосная фотометрическая ~ medium-band photometric system

~ с сосредоточенными параметрами lumped parameter [discrete] system

стандартная колориметрическая ~ МКО 1931 г. CIE 1931 standard colorimetric system

статистическая ~ statistical system

статическая ~ static system

статически неопределимая ~ statically indeterminate system

статически определимая ~ statically determinate system

статически эквивалентные ~ы сил statically equivalent force systems

стационарная ~ steady [stationary] system

стационарная гравитирующая ~ stationary gravitating system

стационарная плазмодинамическая ~ steady plasma-dynamical system

стержневая ~ bar system

стохастическая ~ stochastic system

стратифицированная ~ stratified system

строго симметричная ~ strictly symmetric system

~ с тяжёлыми фермионами heavy fermion system

сферическая бесстолкновительная ~ *астр.* spherical collisionless system

сферическая ~ координат spherical coordinate system

сферически-симметричная ~ spherically symmetrical system

сферически-симметричная звёздная ~ spherically symmetrical stellar system

сходящаяся ~ сил concurrent system of forces

~ сходящихся сил concurrent system of forces

~ счётчиков counter array

~ счисления numbering system, system of calculation

~ считывания readout system

~ съёма тепла *яф* heat-extraction [heat-removal] system

~ с эллиптическими орбитами system with elliptical orbits

~ текущего контроля monitoring system

телеметрическая ~ telemetering system

телескопическая ~ счётчиков counter telescope

~ теплообмена heat-exchange system

~ теплопередачи heat-transfer system

термодинамическая ~ thermodynamic system

термодинамически неравновесная ~ thermodynamically nonequilibrium system

тесная двойная ~ *астр.* close binary system

тетрагональная ~ tetragonal system

~ технического водоснабжения service water system

~ типа порядок-беспорядок order-disorder type system

~ типа смещения displacement type system

~ токов *геофиз.* current system

топологическая ~ topological system

топоцентрическая ~ координат topocentric coordinate system

тормозная ~ brake system

тороидальная ~ toroidal system

транзитивная ~ transitive system

~ транспортировки пучка beam transport [beam-guiding] system

трёхкварковая ~ three-quark system

трёхкомпонентная ~ three-component system

~ трёх тел three-body system

трёхуровневая ~ *кв. эл.* three-level system

трёхфазная ~ three-phase system

трёхцветная колориметрическая ~ trichromatic colorimetric system

трёхцветная фотометрическая ~ UBV UBV (trichromatic photometric) system

трёхэлектродная ионно-оптическая ~ three-electrode ion-optical system

трибологическая ~ tribological system

трибометрическая ~ tribometric system

трибомеханическая ~ tribomechanical system

триботехническая ~ tribo-engineering [tribotechnical] system

тривиальная ~ trivial system

тригональная ~ trigonal system

триклинная ~ triclinic system

тройная ~ ternary [three-component] system

~ тройных сплавов ternary alloy system

тяжеловодная ~ *яф* heavy-water system

~ тяжёлых электронов heavy electron system

~ удаления отходов *яф* waste-disposal system

~ удержания радиоактивности radioactivity containment system

узкополосная фотометрическая ~ narrow-band photometric system

~ улавливания газов *яф* gas-trapping system

унивариантная ~ univariant [monovariant] system

упорядоченная ~ ordered system

~ управления control system

~ управления реактором reactor control system, control system of nuclear reactor

~ управления с обратной связью feedback control system, closed-loop control

~, управляемая жёсткостью *мех.* stiffness-controlled system

~, управляемая массой mass-controlled system

~, управляемая трением friction-controlled system

упругая ~ elastic system

~ уравнений system of equations

уравновешенная ~ сил balanced system of forces

уравновешивающая ~ сил balancing system of forces

ускоренная ~ accelerated system

ускоряющая ~ accelerating system

устойчивая ~ stable system

физическая ~ physical system

физически подобные материальные ~ы physically similar material systems
фокусирующая ~ focusing system
фононная ~ phonon system
~ формирования изображения imaging system
фотометрическая ~ photometric system
фотометрическая ~ Джонсона Johnson photometric system
фундаментальная ~ решений fundamental system of solutions
хаотическая квазидвумерная магнитная ~ random quasi-two-dimensional magnetic system
хаотическая спиновая ~ random spin system
характеристическая ~ characteristic system
цветовые ~ы звёзд star color systems
~ центра инерции center-of-mass [center-of-gravity] system
~ центра масс center-of-mass [center-of-gravity] system
центрированная ~ *опт.* centered system
~ циркуляции воды *яф* water-circulation system
~ циркуляции газа *яф* gas-circulation system
~ циркуляции топлива *яф* fuel-circulation system
циркуляционная ~ жидкой смазки circulating oil system
цифровая ~ digital system
~ четырёхкомпонентных сплавов quaternary alloy system
четырёхуровневая ~ *кв. эл.* four-level system
~ чисел set of numbers
~ шаровых скоплений *астр.* system of globular clusters
широкополосная фотометрическая ~ broadband photometric system
~ Шмидта *астр.* Schmidt system
эвтектическая ~ eutectic system
экваториальная ~ координат equatorial coordinate system
эквивалентная ~ equivalent system
эквивалентная ~ сил equivalent system of forces
эквидистантная ~ equidistant system
эклиптическая ~ координат ecliptic coordinate system
электрическая отклоняющая ~ electric deflection system
электромагнитная ~ единиц electromagnetic system of units
электронная спиновая ~ electron spin system
электронно-колебательная ~ electron-oscillation system
электронно-оптическая ~ electron-optical system
электростатическая ~ единиц electrostatic system of units
электростатическая отклоняющая ~ electrostatic deflection [deflecting] system
электростатическая ~ фокусировки electrostatic focus system

эллипсоидальная гравитирующая ~ ellipsoidal gravitating system
эллипсоидальная звёздная ~ ellipsoidal stellar system
~ эллиптических координат elliptic coordinate system
эргодическая ~ ergodic system
юстировочная ~ adjusting [positioning] system
ядерная ~ nuclear system
ядерная спиновая ~ nuclear spin system
~ RGB *(в колориметрии)* RGB [red-green-blue] system
~ U, B, V UBV [trichromatic photometric] system
систематизация *ж.* systematization, classification
систематика *ж.* systematics
~ альфа-распада alpha-decay systematics
~ атомных спектров systematics of atomic spectra
~ бета-распада beta-decay systematics
~ ядер systematics of nuclei, nuclear systematics
систематический *прил.* systematic
ситалл *м.* glassceramic, pyroceramic
сито *с.* sieve
молекулярное ~ molecular sieve
ситуация *ж.* condition
аварийная ~ emergency
сияние *с.* *сэф* aurora
визуальное полярное ~ visible aurora
вспыхивающее полярное ~ flaming aurora
высокоширотное полярное ~ high-latitude aurora
низкоширотное полярное ~ low-latitude aurora
мантийное полярное ~ mantel aurora
мерцающее полярное ~ flickering aurora
оптическое полярное ~ optical aurora
пламенное полярное ~ flaming aurora
поверхностное полярное ~ surface aurora
полярное ~ aurora
полярное ~, наблюдаемое в тропиках tropical aurora
полярное ~ типа A type A aurora
полярное ~ типа B type B aurora
протонное полярное ~ proton aurora
пульсирующее полярное ~ pulsing aurora
северное полярное ~ aurora borealis
струящееся полярное ~ streaming aurora
экваториальное ~ equatorial aurora
южное полярное ~ aurora australis
скалывание *с.* spallation; *(метод получения граней кристалла)* cleavage, cleaving
~ в сверхвысоком вакууме *фпп* cleaving in ultrahigh vacuum
скаляр *м.* scalar
двумерный ~ two-dimensional scalar
лоренцов ~ Lorentz scalar
скалярный *прил.* scalar
скаляр0н *м.* *(частица)* scalaron
скамья *ж.* bench
коллимационная ~ collimation bench
микрометрическая ~ micrometer bench

оптическая ~ optical bench
фотометрическая ~ photometer bench
скандий *м.* scandium, Sc
сканер *м.* scanner
акустооптический ~ acousto-optic scanner
двухкоординатный ~ two-axis [two-coordinate] scanner
лазерный ~ laser scanner
одноканальный фотоэлектрический ~ single-channel photoelectric scanner
однокоординатный ~ single-axis [single-coordinate] scanner
оптический ~ optical scanner
фотоэлектрический ~ photoelectric scanner
электрооптический ~ electrooptic scanner
сканирование *с.* scan(ning)
акустооптическое ~ acoustooptic scanning
~ **антенны** antenna scanning
векторное ~ vector scan
двумерное ~ two-dimensional scanning
двухкоординатное ~ two-coordinate [two-axis] scanning
~ **диаграммы направленности антенны** beam [lobe] scanning; lobe switching
круговое ~ circular scanning
~ **лазерного луча** laser scanning
~ **луча** beam scanning
механическое ~ mechanical scanning
многолучевое ~ multibeam scanning
однокоординатное ~ single-coordinate [single-axis] scanning
оптическое ~ optical scanning
~ **поляризации** polarization scanning
~ **по частоте** frequency scanning
~ **пучка** beam scanning
радиоизотопное ~ radioisotope scanning
растровое ~ raster scanning
рентгеновское ~ **на просвет** X-ray transmission scanning
секторное ~ sector scanning
спектральное ~ spectral scanning
спиральное ~ spiral scanning
томографическое ~ tomographic scanning
фотонное ~ **на просвет** photon transmission scanning
фотоэлектрическое ~ photoelectric scanning
частотное ~ frequency scanning
широкоугольное ~ wide-angle scanning
электронное ~ electron scanning
электрооптическое ~ electrooptic scanning
сканистор *м. фпп* scanistor
скафандр *м. (космонавта)* space suit
скач/ок *м.* jump; step; *(разрыв, неоднородность)* discontinuity; *(в потоке газа)* shock; *(при отражении радиоволн от ионосферы)* hop
бальмеровский ~ Balmer discontinuity
~ **в приращении количества движения** momentum discontinuity
~ **в росте нестабильной трещины** burst of unstable crack extension
вязкий ~ **уплотнения** viscous shock, viscous shock wave

гидравлический ~ hydraulic [water] jump, hydraulic [water] step
головной ~ **уплотнения** bow [front] shock (wave), front shock
~ **давления** pressure discontinuity, pressure jump
~ **дефекта** *фтт* defect jump
дисперсионный ~ **скорости звука** sound velocity dispersion jump
замыкающий ~ **уплотнения** breakdown shock wave
затопленный гидравлический ~ drowned hydraulic jump, drowned hydraulic step
изомагнитный ~ isomagnetic discontinuity
изотермический ~ isothermic jump, isothermal discontinuity, isothermic step
изотермический ~ **индукции магнитного поля** magnetic field isothermic step
изотермический ~ **плотности** density isothermic step
~ **импульса** momentum discontinuity
квантовый ~ quantum jump
~ **конденсации** condensation shock
конденсационный ~ **уплотнения** condensation shock
конический ~ **уплотнения** shock-wave cone
косой ~ **уплотнения** oblique [diagonal] shock
криволинейный ~ **уплотнения** curved shock (wave)
лаймановский ~ *спектр.* Lyman jump
~ **магнитного момента** magnetic momentum step
макроскопический ~ macroscopic jump
микроскопический ~ microscopic jump
молекулярный ~ molecular jump
~ **мощности** power jump, power step
~ **намагниченности** magnetization jump
~ **напряжённости поля** field strength step
необратимый ~ irreversible jump
неприсоединённый ~ **уплотнения** detached shock (wave)
нестационарный ~ **уплотнения** transient [unsteady] shock (wave)
нормальный ~ **уплотнения** normal shock
обрывающийся ~ **уплотнения** breaking-off shock (wave)
пересекающиеся ~**ки уплотнения** crossed shocks, crossed shock waves
~ **плотности** density jump; jump in the density
~ **поглощения** absorption jump
~ **поглощения рентгеновского излучения** X-ray absorption jump
~ **потенциала** potential jump
~ **потока** flux jump
присоединённый ~ **уплотнения** attached shock (wave)
прямой ~ **уплотнения** normal shock (wave)
псевдостационарный ~ **уплотнения** pseudo-stationary shock (wave)
~ **разрежения** expansion shock
ромбовидный ~ **уплотнения** Mach diamond
светоиндуцированный ~ **диэлектрической проницаемости** light-induced jump of dielectric constant

~ **скорости** velocity jump
~ **скорости звука** sound velocity jump
слабый ~ **уплотнения** Mach shock
сходящийся ~ **уплотнения** confluent [converging] shock (wave)
сферический ~ **уплотнения** spherical shock, shock sphere
~ **температуры** temperature jump, temperature step
~ **температуры Капицы** Kapitza temperature jump
~ **удельной теплоёмкости** specific heat discontinuity
~ **уплотнения** compression [pressure] shock, shock (wave)
~ **уплотнения в околозвуковом потоке** transonic shock (wave)
~ **уплотнения в сжимаемой среде** compressible shock (wave)
~ **фазы** phase discontinuity
~ **энергии** energy jump
СКБ *с. (специальное конструкторское бюро)* pilot plant
скважина *ж. геофиз.* well
скважность *ж.* off-duty ratio; filling factor
~ **спектрального сканирования** off-duty ratio of spectral scanning
скварк *м. фвэ* squark
СКВИД *м. (сверхпроводящий квантовый интерференционный датчик)* SQUID, superconducting quantum interference device
высокочастотный ~ rf-biased [rf] SQUID
двухконтактный ~ two-contact SQUID
одноконтактный ~ single-contact SQUID
планарный ~ planar SQUID
~ **постоянного тока** dc SQUID
~ **с высокочастотной накачкой** rf-biased [rf] SQUID
тонкоплёночный ~ thin film SQUID
СКВИД-вольтметр *м.* SQUID voltmeter
СКВИД-гальванометр *м.* SQUID galvanometer
СКВИД-магнитометр *м.* SQUID magnetometer
скейлинг *м. фвэ (масштабная инвариантность)* scaling, scale invariance
алкаторный ~ Alcator scaling
аномальный ~ anomalous scaling
асимптотический ~ asymptotic scaling
~ **Бьеркена** Bjorken scaling
геометрический ~ geometrical scaling
динамический ~ dynamical scaling
канонический ~ canonical scaling
~ **Кея - Голдстоуна** Kay-Goldstone scaling
~ **Мережкина - Муховатова** Merezkin-Mukhovatov scaling
многомерный ~ many-fold scaling
неоалкаторный ~ neo-Alcator scaling
ограниченный ~ limited scaling
~ **Фейнмана** Feynman scaling
ядерный ~ nuclear scaling
скелет *м. (структуры)* skeleton
скиатрон *м. (электронно-лучевая трубка с темновой записью)* skiatron

скин-слой *м.* skin layer
бесстолкновительный ~ collisionless skin layer
столкновительный ~ collisional skin layer
скин-эффект *м.* skin effect
аномальный ~ anomalous skin effect
нелинейный ~ nonlinear skin effect
нормальный ~ normal skin effect
статистический ~ statistical skin effect
статический ~ static skin effect
скирмион *м. (тип солитона)* skyrmion
складка *ж. (на поверхности)* wrinkle
~ **течения** flow fold
складкообразование *с. (на поверхности)* wrinkling
складывать *гл.* add
~ **векторно** add vectorially
~ **движения** combine motions
~ **напряжения** combine stresses
~ **почленно** add termwise [term by term]
складываться *гл.* add
~ **в одинаковой фазе** add in phase
склейка *ж.* splicing
~ **оптических волокон** optical fiber splicing
склерометр *м.* sclerometer; scratch test apparatus; scratch hardness tester
инденторный ~ indenter pressure gauge
склерометрия *ж.* scleroscopy, sclerometry
склерономный *прил. (о связях)* stationary, scleronomous
склероскоп *м.* scleroscope
~ **Шора** Shore scleroscope
склонение *с.* declination
звёздное ~ declination of a star
магнитное ~ magnetic declination
отрицательное ~ negative declination
положительное ~ positive declination
склонность *ж.* tendency
~ **к хрупкому разрушению** liability to brittle fracture
скобк/а *ж. мат.* bracket ☐ **брать в** ~**и** put in brackets; **выносить за** ~**и** take out of the brackets; **заключать в** ~**и** put in brackets; **закрывать** ~**и** close the brackets; **открыть** ~**и** open the brackets; ~**и указывают на усреднение по длительному интервалу времени** brackets indicate an average over a long interval of time
~ **Дирака** Dirac bracket
закрывающая ~ closing [right] bracket
интегральные ~**и** integral brackets
квадратная ~ square bracket
квантовая ~ **Пуассона** quantum Poisson bracket
классическая ~ classical bracket
классическая ~ **Пуассона** classical Poisson bracket
круглая ~ parenthesis; round bracket
~ **Лагранжа** Lagrange bracket
левая ~ left [opening] bracket
открывающая ~ opening [left] bracket
правая ~ right [closing] bracket
~ **Пуассона** Poisson bracket

симметричная ~ Пуассона symmetric Poisson bracket
угловая ~ angle [broken] bracket
фигурная ~ curly bracket, brace
скол *м. (кристалла)* cleaved facet; cleavage
свежий ~ *фпп* fresh cleavage
скольжение *с.* slip(ping); glide; sliding
базисное ~ basal slip
боковое ~ sideslip
~ винта slip of a propeller
внебазисное ~ nonbasal glide
возвратно-поступательное ~ reciprocating slip; reciprocating [reverse] sliding
вращательное ~ rotational slip
вторичное ~ secondary slip
высокоскоростное ~ high speed sliding
грубое ~ coarse slip
двойное ~ double slip, double glide
двойное поперечное ~ double cross slip
~ дислокаций dislocation glide
зернограничное ~ grain-boundary glide
знакопеременное ~ reciprocating sliding
карандашное ~ pensil glide
кристаллографическое ~ crystallographic slip
лёгкое ~ easy glide
множественное ~ multiple slip
наклонное ~ oblique slip
неконсервативное ~ nonconservative slip
некристаллографическое ~ banal slip
неплавное ~ discontinuous glide, stick-slip sliding
непрерывное ~ smooth sliding
однократное ~ single sliding
однонаправленное ~ unilateral sliding
пирамидальное ~ pyramidal slip
~ плоскости plane slippage
повторное ~ repeated sliding
~ по границам зёрен grain-boundary sliding
поперечное ~ *(дислокаций)* cross [transverse] sliding
прерывистое ~ stick-slip sliding
призматическое ~ prismatic slip
продольное ~ longitudinal sliding
простое ~ single slip, single glide
скачкообразное ~ stick-slip sliding
сложное ~ composite slip
сопряжённое ~ conjugate slip, conjugate sliding
~ с периодическими остановками stick-slip sliding
тепловое ~ thermal creep
тонкое ~ fine slip
угловое ~ angular slip
электроосмотическое ~ electroosmotic slip
скользить *гл. (двигаться с малым трением)* glide; *(проскальзывать)* slip
скопление *с. (процесс)* aggregation; clustering; *(результат)* cluster; aggregate
~ атомов aggregate of atoms
~, бедное звёздами star-poor cluster
богатое ~ rich cluster
богатое ~ галактик rich galaxy cluster

~, богатое звёздами star-rich cluster
~ вакансий vacancy cluster
~ вихрей cloud of vortices
~ галактик cluster of galaxies, galactic cluster
галактическое звёздное ~ galactic star cluster
движущееся ~ moving cluster
~ дефектов defect cluster
~ дислокаций pile-up of dislocations, dislocation cluster
звёздное ~ star [stellar] cluster
компактное ~ галактик compact galactic cluster
молодое рассеянное звёздное ~ young open star [stellar] cluster
открытое звёздное ~ open star [stellar] cluster
~ радиоактивных атомов accumulation of radioactive atoms; "hot spot"
рассеянное звёздное ~ open star [stellar] cluster
релятивистское ~ звёзд relativistic cluster of stars
сферически-симметричное ~ звёзд spherically symmetrical stellar cluster
шаровое звёздное ~ globular star cluster
скоростной *прил.* high-speed
скорост/ь *ж. (характеристика движения)* velocity, speed; *(характеристика процесса)* rate □ **зависящий от ~и** velocity-dependent; **не зависящий от ~и** velocity-independent; **относительно ...** *(чего-л.)* velocity relative to ...
абсолютная ~ absolute velocity
абсолютная ~ распада absolute disintegration rate
абсолютная ~ точки absolute velocity of particle
абсолютная ~ химической реакции absolute rate of chemical reaction
~ аварийного выключения emergency shutdown speed
адиабатическая ~ звука adiabatic sound velocity, adiabatic speed of sound
~ адсорбции rate of adsorption
~ аккреции *астр.* accretion velocity
альфвеновская ~ Alfvén velocity, Alfvén speed
афельная ~ aphelion speed
баллистическая ~ ballistic velocity
бесконечная ~ infinite velocity
~ бьющей струи spouting velocity
~ в апогее apogeal velocity
~ ведения телескопа tracking rate
вероятная ~ probable velocity
верхняя критическая ~ *(потока)* higher critical velocity
весовая ~ mass flow rate
~ ветра wind velocity
внеатмосферная ~ *(метеорита)* extraterrestrial velocity
~ возбуждения excitation rate
возбуждённая ~ *(вихревой линии)* induced velocity
~ возврата recovery rate
~ возвращения в атмосферу re-entry velocity

~ **воздушного потока** air-flow rate
возмущённая ~ perturbed velocity
~ **возникновения зрительного ощущения** speed of sensation of light stimulus
~ **волнового фронта** wave-front velocity, velocity of wave front
~ **волны** wave velocity, velocity of wave
~ **восприятия контрастов** speed of contrast perception
~ **восприятия формы** speed of perception of form
~ **восстановления** recovery rate
~ **вращения** rotational velocity, rate of rotation
~ **в системе центра масс** center-of-mass velocity, center-of-mass speed
вторая космическая ~ escape velocity from the Earth
~ **вхождения в атмосферу** entry velocity
~ **выброса** *астр.* ejection velocity
~ **выгорания топлива** fuel burn-up rate
~ **выдвижения стержня** rod withdrawal rate
~ **выделения газа из стенки в течение паузы** gas release rate from the wall during the dwell time
~, **вызывающая волновой срыв** shock-stalling speed
~ **выключения** *(реактора)* shut-down rate
~ **высвобождения упругой энергии** elastic energy release rate
~ **высвобождения энергии** energy release rate
~ **вытекающей струи** ejection velocity
~ **вытягивания** *крист.* pulling speed
выходная ~ exit velocity
~ **вычислений** computational speed
~ **газовыделения** gassing rate
гелиоцентрическая ~ heliocentric velocity
~ **генерации** *(носителей заряда)* generation rate
геоцентрическая ~ geocentric velocity
гидродинамическая ~ hydrodynamical velocity
гиперболическая ~ hyperbolic velocity
гиперзвуковая ~ hypersonic speed
гипертермическая ~ hyperthermal speed
~ **горения** burning velocity; rate of combustion
горизонтальная ~ horizontal velocity
граничная ~ boundary velocity
групповая ~ group velocity
~ **движения** rate of motion, velocity of travel
~ **движения жидкости** fluid velocity
~ **девозбуждения** deexcitation rate
~ **деградации** *фпп* degradation rate
~ **деионизации** deionization rate
действительная ~ **истечения** actual discharge velocity
~ **деления** fission rate
~ **десорбции** desorption rate
~ **детонации** velocity of detonation
~ **детонационной волны** detonation wave velocity
~ **дефектообразования** defect rate
~ **деформации** strain [deformation] rate
~ **деформационного упрочнения** strain hardening rate
~ **дивергенции** divergence speed

динамическая ~ dynamic velocity
~ **дислокации** dislocation velocity
~ **диссоциации** dissociation rate
~ **диффузии** diffusion speed, diffusion rate
~ **диэлектронной рекомбинации** dielectronic recombination rate
дозвуковая ~ subsonic speed
докритическая ~ subcritical velocity
докритическая ~ **течения** subcritical velocity of flow
~ **домена** domain velocity
доплеровская ~ Doppler velocity
досветовая ~ subluminal velocity, subluminal speed
~ **дрейфа** drift velocity
~ **дрейфа ионов** drift velocity of ions, velocity of ionic drift
дрейфовая ~ drift velocity
~ **записи** *(запоминающей ЭЛТ)* writing speed
~ **заполнения** filling speed
~ **зародышеобразования** nucleation rate
~ **затухания** rate of damping
~ **захвата** *фпп* capture rate
~ **звука** velocity of sound, speed of sound
~ **звука в атмосфере** velocity of sound in the atmosphere
~ **звука в газах** velocity of sound in gases
~ **звука в жидком гелии** velocity of sound in liquid helium
~ **звука в жидкостях** velocity of sound in liquids
~ **звука в мелкодисперсной двухфазной системе** *(«влажный пар»)* velocity of sound in a nearly homogeneous two-phase system
~ **звука в море** velocity of sound in sea
~ **звука в твёрдых телах** velocity of sound in solids
звуковая ~ velocity [speed] of sound
~ **зрительного восприятия** speed of perception
~ **излучательной рекомбинации** radiative recombination rate
~ **изменения** rate of change
~ **изнашивания** wear rate
~ **изотопного обмена** isotopic exchange rate
индикаторная ~ **воздушного потока** indicated airspeed
инструментальная ~ *(метеорита)* instrumental velocity
~ **ионизации** ionization rate
~ **ион-ионной рекомбинации** ion-ion recombination rate
~ **ионообразования** ionization rate
~ **испарения** evaporation rate
~ **испытания** testing speed, testing velocity
~ **истечения** ejection [exhaust, efflux, outlet] velocity; discharge rate
истинная ~ true velocity, true speed
кажущаяся ~ apparent velocity, apparent speed
касательная ~ tangential velocity
~ **качения** rolling speed, rolling velocity
колебательная ~ vibrational speed
колебательная ~ **частиц** vibrational speed of particles

~ **коммутации** switching speed, switching rate
комплексная ~ complex velocity
конечная ~ *(ограниченная)* finite velocity; *(окончательная)* final [terminal] velocity
~ **коррозии** corrosion rate
космическая ~ space [cosmic] velocity
критическая ~ critical speed, critical velocity
критическая ~ **обратного действия руля высоты** critical horizontal elevator reversal speed
критическая ~ **обратного действия элерона** critical aileron reversal control speed
критическая ~ **распространения волн** critical velocity of propagation
критическая ~ **счёта** *яф* breakpoint counting rate
критическая ~ **течения** critical velocity of flow
~ **круглой капли, движущейся под влиянием силы тяжести в жидкости с вязкостью** velocity of a spherical drop of fluid moving under gravity in a fluid with viscosity
круговая ~ circular velocity
~ **круговорота** turnover rate
лапласова ~ **звука** Laplace velocity of sound
линейная ~ linear velocity
линейная ~ **горения** linear burning velocity; linear rate of combustion
линейная ~ **роста** linear rate of growth
локальная ~ local velocity
лучевая ~ ray velocity
макроскопическая ~ macroscopic velocity
максимальная ~ maximum speed
массовая ~ mass velocity
массовая ~ **горения** mass burning velocity; mass rate of combustion
массовая ~ **потока** mass flow rate
~ **материальной точки** particle velocity, velocity of particle
мгновенная ~ instantaneous velocity
мгновенная ~ **счёта** *яф* instantaneous counting rate
местная ~ local velocity
местная ~ **звука** local speed [velocity] of sound
~ **миграции** *фпп* migration rate
микроскопическая ~ microscopic velocity
минимальная ~ minimal speed
молекулярная ~ molecular velocity
~ **набегающего невозмущённого потока** free stream speed, free stream velocity
~ **набегающего потока** incident stream [upstream] velocity
наблюдаемая ~ apparent [observed] velocity
~ **на входе** entrance [inlet] velocity
~ **на выходе** exit [outlet] velocity
~ **нагрева** *(из-за ядерных реакций)* nuclear heating rate
~ **нагружения** loading rate
надтепловая ~ superthermal velocity
наиболее вероятная ~ most probable velocity
направленная ~ directed velocity
~, **направленная вверх** upward velocity

~, **направленная вниз** downward velocity
~ **нарастания** rate of rise
~ **нарастания магнитного поля** rate of a magnetic field rise
~ **нарастания реактивности** reactivity rise rate
начальная ~ initial speed; initial [original] velocity
начальная ~ **ползучести** initial creep rate
~ **невозмущённого обтекания** velocity of undisturbed flow
~ **невозмущённого потока** remote velocity
~ **нейтронов** neutron velocity
~ **неоклассического пинчевания** neoclassical pinch velocity
нерелятивистская ~ nonrelativistic velocity
нижняя критическая ~ *(потока)* lower critical velocity
нормальная ~ **пламени** normal velocity of the flame
ньютонова ~ **звука** Newton velocity of sound
~ **обмена** rate of exchange
~ **обмена энергией** rate of energy exchange
~ **обнаружения** detection rate
обобщённая ~ generalized velocity
~ **образования** rate of formation, rate of production
обратная ~ inverse velocity
обратная ~ **счёта** *яф* reciprocal counting rate
~ **обратного хода** return [reverse] speed
объёмная ~ volume [bulk] velocity
объёмная ~ **потока** volume rate of flow
объёмная ~ **просачивания** percolation velocity
объёмная ~ **рекомбинации** volume recombination rate
объёмная ~ **течения** volume rate of flow
~ **окисления** oxidation rate
околозвуковая ~ transonic [near-sonic] speed, transonic velocity
окружная ~ circular [circumferential, peripheral] velocity
окружная ~ **лопасти** circumferential tip velocity
орбитальная ~ orbital velocity
~ **осаждения** *(покрытия)* deposition [plating] rate; settling velocity
~ **освобождения** escape velocity
осевая ~ axial velocity
осевая индукционная ~ axial component of induced velocity
основная ~ base speed
~ **остывания плазмы** plasma cooling velocity
~ **откачки** evacuation rate, pumping speed
относительная ~ relative velocity
относительная ~ **точки** relative velocity of particle
~ **относительно набегающего воздуха** air speed
~ **отрыва** *(потока)* separation velocity
~ **охлаждения** cooling rate
~ **падения** rate of fall
~ **падения блеска** *(звезды)* speed of decline
параболическая ~ parabolic velocity

пекулярная ~ *астр.* peculiar velocity
первая космическая ~ orbital velocity
~ **передачи данных** rate of data transmission, data transfer rate
~ **передачи энергии** velocity of energy transmission
~ **передвижения** velocity of travel
~ **передвижения траверсы** *(испытательной машины)* crosshead rate
~ **переключения** switching speed, switching rate
переменная ~ variable [varying, nonuniform] velocity
~ **перемешивания** *крист.* stirring rate
~ **перемещения** velocity of travel
~ **переноса** transport rate, transport velocity
~ **переноса заряда** charge-transfer velocity
переносная ~ transport [bulk] velocity
переносная ~ **точки** bulk velocity, velocity of moving space
~ **перехода** *(между уровнями энергии)* transition rate
~ **перехода от турбулентного режима к ламинарному** lower critical velocity
перигельная ~ perihelion speed
~ **питтинга** pitting rate
~ **плазменной волны** plasma wave velocity
поверхностная ~ **рекомбинации** surface recombination rate
~ **поглощения** absorption rate
~ **погружения стержня** rod insertion rate
~ **подачи** feed rate
~ **подъёма** elevating speed
~ **полёта** flight speed
~ **ползучести** creep rate
~ **полирования** polishing speed
поперечная ~ transverse velocity
пороговая ~ threshold speed
постоянная ~ *(прямолинейного движения)* constant [uniform] velocity
постоянная угловая ~ uniform angular velocity
~ **поступательного движения** translational velocity
~ **поступательного движения вперёд** forward velocity
~ **потерь** rate of losses, loss rate
~ **потока** rate of flow, flow rate
~ **потока сжимаемой жидкости** compressibility speed
предельная ~ limit [cut-off] velocity
предельная ~ **сверхтекучего движения** limiting velocity for superfluid flow
~ **прерывания** chopping speed
~ **прецессии** precession velocity
приведённая ~ reduced velocity
~ **притока** supply velocity
~ **при ударе** impact velocity
продольная ~ longitudinal velocity
проектная ~ design speed
~ **производства энтропии** entropy production rate
промежуточная ~ intermediate speed

~ **просачивания в порах** velocity through the pores
~ **проскальзывания** slip speed
~ **просмотра** scanning speed
~ **прохождения сигнала** signal transmission rate
~ **прямолинейного движения** linear [translational] velocity
равновесная ~ equilibrium rate
радиальная ~ radial velocity
радиальная ~ **звезды** radial velocity of a star, stellar radial velocity
~ **радиационного распада** rate of radiative decay
~ **радиоактивного распада** rate of radioactive decay, radioactive disintegration rate
~ **разбегания** *(галактик)* speed of recession
~ **развёртки** sweep speed
~ **разлёта** *(плазмы)* expansion velocity
~ **разложения под действием облучения** radiation decomposition rate
~ **разогрева** heating-up rate
~ **разрушения** destruction rate
~ **распада** rate of disintegration, rate of decay
~ **распада при насыщении** saturation disintegration rate
~ **распада пятна** decay rate of spot
~ **распада радиоактивного вещества** rate of disintegration of radioactive substance
~ **распространения** velocity of propagation, propagation velocity
~ **распространения волны** wave velocity, velocity of wave propagation
~ **распространения гравитационной волны на неограниченной поверхности жидкости** velocity of propagation of gravity wave on an unbounded surface of liquid
~ **распространения длинной гравитационной волны в канале** velocity of propagation of long gravity wave on a channel
~ **распространения звуковых волн в жидкости** speed of propagation of acoustic waves in liquids
~ **распространения пламени** flame (propagation) velocity
~ **распространения ударной волны** shock velocity
~ **распространения упругих волн в трубах** speed of propagation of pressure waves in pipes
~ **растекания** spreading rate
~ **растрескивания** cracking rate
~ **растяжения** extension rate
расчётная ~ design [rated] speed
~ **расширения** expansion velocity, velocity of expansion, expansion speed
~ **реактивной струи** jet velocity
~ **реакции** rate of reaction, reaction rate
~ **регистрации** recording speed
~ **резания** cutting speed
результирующая ~ combined [resultant] velocity

~ **рекомбинации** recombination rate
~ **релаксации** relaxation rate
релятивистская ~ relativistic velocity
~ **рождения частиц** particle production rate
~ **роста** growth rate
~ **роста грани** face growth rate
~ **роста кристалла** crystal growth rate
~ **роста неустойчивости** instability growth rate
~ **роста трещины при малоцикловой усталости** low cycle fatigue crack growth rate
~ **роста трещины при циклическом нагружении** cyclic crack growth rate
~ **сближения** approach velocity
~ **сближения перед ударом** impact velocity
сверхзвуковая ~ supersonic speed
сверхкритическая ~ **течения** supercritical velocity of flow
сверхсветовая ~ supraluminal speed
~ **света** velocity [speed] of light
~ **света в вакууме** velocity of light in free space
~ **света в свободном пространстве** velocity of light in free space
~ **света в среде** velocity of light in medium
~ **свободного падения** free-fall velocity
~ **сдвига** rate of shear
~ **седиментации** rate of sedimentation
~ **сейсмической волны** seismic (wave) velocity
секториальная ~ areal [sector] velocity
секторная ~ areal [sector] velocity
селеноцентрическая ~ selenocentric velocity
~ **сигнала** velocity of signal
синхронная ~ synchronous speed
~ **системы в целом** bulk velocity
~ **сканирования** scanning velocity
~ **скольжения** slip [sliding] velocity
~ **сноса потока** downwash velocity
собственная ~ *фпп* intrinsic velocity
~ **солитона** soliton velocity
~ **соударения** impact velocity
~ **спектрального сканирования** velocity of spectral scanning
~ **спиновой диффузии** spin diffusion rate
~ **спин-решёточной релаксации** spin lattice relaxation rate
~ **спутной струи** wake velocity
~ **срабатывания** speed of response
среднеквадратичная ~ root-mean-square [rms] velocity
средняя ~ average [mean] velocity, medium speed
средняя ~ **дрейфа локально-запертой частицы** mean drift velocity of locally trapped particle
средняя орбитальная ~ mean orbital velocity
~ **среды** medium speed
~ **срыва потока** stalling speed, stalling velocity
~ **старения** aging rate
~ **стирания** *(запоминающей ЭЛТ)* erasing speed
~ **ступени** *крист.* step velocity
~ **сублимации** sublimation speed
суммарная ~ **потока** total flow rate

~ **сходимости** convergence rate
~ **счёта** count(ing) rate
~ **счёта годоскопа** *фвэ* hodoscope rate
~ **счёта делений** *яф* fission counting rate
~ **счёта событий** *фвэ* event counting rate
~ **счёта совпадений** *фвэ* coincidence counting rate
~ **счёта совпадений, ограниченная временным разрешением** resolving-time coincidence counting rate
~ **счёта частиц** particle rate
~ **считывания** *(запоминающей ЭЛТ)* readout speed
тангенциальная ~ tangential velocity
~ **тела относительно невозмущённого потока** upstream velocity
теоретическая ~ **истечения** theoretical discharge velocity
тепловая ~ thermal velocity
тепловая ~ **атомов** atomic thermal velocity
~ **теплового движения** thermal velocity
~ **тепловой диффузии** heat diffusion velocity
~ **тепловой ползучести** thermal creep velocity
~ **термоядерной реакции** fusion rate
~ **течения** flow [fluid] velocity; rate of flow
~ **точки** *мех.* velocity of particle, particle velocity
трансверсальная ~ transversal velocity
~ **трения** rubbing [friction] speed
третья космическая ~ solar escape velocity
трёхмерная ~ three-dimensional [spatial] velocity
~ **трёхчастичной рекомбинации** 3-body recombination rate
~ **трещины** crack velocity
~ **убегания** *астр.* escape velocity
угловая ~ angular velocity
~ **удаления** *астр.* velocity of recession
~ **удара** impact velocity
~ **ударного нагружения** impact loading velocity
~ **ударной волны** shock (wave) velocity
усреднённая ~ *(реакции)* averaged rate
установившаяся ~ steady speed; *(вязкого течения)* ultimate [terminal] velocity
~ **установившейся ползучести** steady-state [secondary] creep rate
~ **утечки** leakage rate
фазовая ~ phase velocity
фермиевская ~ Fermi velocity
фермиевская ~ **электрона** Fermi electron velocity
~ **фильтрации** speed of filtration
~ **флаттера** flutter speed
фоновая ~ **счёта** *яф* background counting rate
~ **фотодесорбции** photodesorption rate
~ **фотоионизации** photoionization rate
~ **фоторекомбинации** radiative recombination rate
~ **фронта волны** wave-front velocity, velocity of wave front
хаотическая ~ random velocity
характеристическая ~ characteristic velocity

~ **химической реакции** rate of chemical reaction
~ **центра масс** center-of-mass velocity
~ **частицы** particle velocity, velocity of particle
четырёхмерная ~ four(-dimensional) velocity
эксплуатационная ~ operating [service] speed
~ **электромагнитных волн** velocity of electromagnetic waves
~ **электрон-ионной рекомбинации** electron-ion recombination rate
~ **эрозии** erosion rate
~ **эрозии из-за испарения** vaporization erosion rate
~ **эрозии из-за химического распыления** chemical sputtering erosion rate
эффективная ~ **откачки гелия** effective helium pumping speed
скос *м.* angularity; *(потока)* wash
боковой ~ **потока** sidewash
индуктивный ~ *аэрод.* induced downwash
~ **подрешёток** *фтт* sublattice angularity
~ **потока** (down)wash; flow angularity
~ **потока вверх** upwash
~ **потока в горизонтальной плоскости** sidewash
~ **потока вниз** downwash
скрайбирование *с. (вид лазерной обработки)* scribing
скрининг *м. (данных)* screening
скрутка *ж. (проводов)* twist
однократная ~ single twist
скручивание *с.* twisting
~ **крыла** torsion of a wing
~ **магнитной силовой трубки** twisting a flux tube
скрытность *ж. радиоэл.* security
~ **передачи** transmission security
~ **работы** emission security
~ **связи** communication [signal] security
слабообогащённый *прил.* slightly enriched
слаборадиоактивный *прил.* slightly radioactive
слабый *прил. (о взаимодействиях)* weak
слагаемое *с.* term, component
сланец *м.* shale
ураноносный ~ uranium-bearing shale
след *м. (траектория частицы)* track; *(небесного тела)* trail; *(незначительное количество)* trace; *(в аэродинамике)* wake; *(матрицы)* spur; *(механического износа)* scar
вихревой ~ vortex wake
вихревой ~ **за скачком уплотнения** shock-wave shadow
~ **в фотоэмульсии** emulsion [photographic] track
~ **в ядерной фотоэмульсии** track in nuclear emulsion, nuclear emulsion track
дальний ~ *аэрод.* far wake
~ **двойникования** twinmarking, twin trace
~ **дислокации** dislocation trail
дымовой ~ smoke train
~ **износа** wear track; wear scar; wear groove

ионизованный ~ *(метеора)* column of ionization, meteor column
~ **ионизирующей частицы** track of ionizing particle, ionizing-particle track
~ **искусственного спутника** satellite trail
конденсационный ~ condensation trail
ламинарный ~ laminar wake
~ **матрицы** spur [trace] of matrix
метеорный ~ meteor trail
~ **осколка деления** fission fragment track
~ **отображения** trace of map
~ **пограничного слоя** *(за крылом)* wake of the boundary layer
приведённый ~ reduced spur, reduced trace
~**ы примеси** *фпп* traces of impurity
~ **прямой** trace of line
~ **пучка** beam trace
пылевой ~ dust train
радиоактивный ~ radioactive track
~ **скольжения** slip marking, slip trace
~ **спутника** *(на фотоснимке)* satellite trail
спутный ~ wake
турбулентный ~ turbulent wake
устойчивый метеорный ~ persistent [enduring] meteor trail
фоновый ~ background track
~ **частицы** particle track
след/овать *гл.* follow □ **как и** ~**овало ожидать** ... as would be expected ..., as one would expect ...; **как** ~**ует из уравнения** ... as follows from equation; ~**ует иметь в виду, что** ... it should be remembered that ...; ~**ует отметить, что** ... it should be noted that ...; ~**ует учитывать** one should take into account
следящий *прил.* following
слежение *с.* following, tracing, tracking
автоматическое ~ automatic tracking
адиабатическое ~ *нелин. опт.* adiabatic following
радиолокационное ~ radar tracking
слепота *ж.* blindeness
куриная ~ night blindeness; hemeralopia
слив *м.* drain
~ **воды** water drain
~ **топливного раствора** fuel-solution drain
слиток *м.* ingot
мелкозернистый ~ fine-grained ingot
слияние *с.* coalescence; fusion; confluence; merging
~ **волн** wave coalescence
~ **галактик** coalescence of galaxies
~ **глюонов** fusion of gluons
горячее ~ *яф* hot fusion
~ **капель** coalescence of drops
~ **кварков** fusion of quarks
~ **линий** confluence of lines
~ **микропор** microvoid coalescence
~ **особенностей** *мат.* confluence of singularities
~ **пор** void coalescence
~ **трещин** crack coalescence
холодное ~ *яф* cold fusion
~ **частиц** particle coalescence

~ **ядер** nuclear fusion
слово *с.* word
  ключевое ~ key word
сложение *с.* addition; composition; summation
  векторное ~ vector addition, composition of vectors
  векторное ~ **моментов** composition of moments
  векторное ~ **сил** composition of forces
  ~ **векторов** vector addition, composition of vectors
  геометрическое ~ **сил** geometrical summation of forces
  ~ **движений** composition of motions
  квантовое ~ **моментов** quantum composition of moments
  ~ **колебаний** composition of vibrations
  ~ **сил** composition of forces
  синфазное ~ in-phase summation
  ~ **скоростей** velocity addition, velocity summation
  ~ **спинов** spin addition
сложность *ж.* complexity; intricacy
  асимптотическая ~ asymptotic complexity
  ~ **вычислений** computational complexity
  структурная ~ structural complexity
сложный *прил.* complex; *(составной)* compound, composite; *(о выкладках, вычислениях)* complicated, intricate
слоистость *ж.* lamination, foliation, stratification, layering
сло/й *м.* layer; sheet, sheath
  абляционный ~ ablation layer
  абсорбированный ~ absorbed [absorption] layer
  авроральный спорадический ~ **E**ₛ aurora sporadic Eₛ layer
  автомодельный пограничный ~ automodel boundary layer
  адгезионный ~ adhesion layer
  адсорбированный ~ adsorbed [adsorption] layer
  адсорбционный ~ adsorbed [adsorption] layer
  активный ~ active layer
  акустический пограничный ~ acoustic boundary layer
  алмазоподобный углеродный ~ diamond-like carbon layer
  аморфный ~ amorphous layer
  анизотропный ~ anisotropic layer
  анодный ~ *(тлеющего разряда)* anode layer
  антизапорный ~ *фпп* enriched layer
  антифрикционный ~ antifrictional layer
  атмосферный ~ atmospheric layer
  атомно-гладкий ~ atomic-smooth layer
  атомный ~ atomic layer
  базовый ~ *фпп* base layer
  барьерный ~ barrier layer
  бегущий токовый ~ traveling current sheath
  безотрывный пограничный ~ intact boundary layer
  белый ~ *(слаботравящийся твёрдый слой, образующийся на поверхности стальных деталей в процессе трения)* white layer
  бесконечно тонкий ~ infinitely thin layer

бесстолкновительный ~ collisionless layer
бесстолкновительный плоский ~ collisionless flat layer
~ **Билби** Beilby layer
буферный ~ buffer layer
быстрый бегущий токовый ~ fast traveling current sheath
верхние ~**и атмосферы** upper atmosphere
верхний ~ upper layer
вихревой ~ vortex sheet, vorticity layer, vortex plane
внешние ~**и ионосферы** outermost ionosphere
внешний ~ external [outer] layer
внешний ~ **звезды** outer layer of star
внутренние ~**и Солнца** solar interior
внутренний ~ inner [internal] layer
водоносный ~ aquiferous layer, water-bearing sheet
водоносный ~ **под давлением** forced aquiferous layer
волноводный ~ ducting layer
выращенный ~ grown layer
~, **выращенный методом жидкостной эпитаксии** liquid-epitaxial layer
вязкий ударный ~ viscous shock layer
вялый пограничный ~ slow boundary layer
гелиомагнитный нейтральный ~ heliomagnetic neutral sheet
~ **Гельмгольца** Helmholtz layer
гибридный ~ hybrid layer
гидродинамический пограничный ~ hydrodynamic boundary layer
глубокий ~ deep layer
гофрированный токовый ~ warped current sheet
граничный ~ boundary layer
граничный ~ **Экмана** Ekman boundary layer
двойной ~ double layer
двойной электрический ~ double electrical layer
двумерный пограничный ~ two-dimensional boundary layer
двухфазный ~ *физ. пов.* two-phase layer
дебаевский ~ Debye layer
~ **десятикратного ослабления** tenth-value layer
дефлаграционный токовый ~ deflagration current sheath
дипольный ~ *физ. пов.* dipole layer
дислокационный ~ dislocation layer
диффузионный ~ diffusion layer
диффузионный пограничный ~ diffusion boundary layer
диффузионный ~ **тепловыделяющего элемента** bonding layer of a fuel element, diffusion bond
диффузный ~ diffuse layer
~ **диэлектрика** dielectric layer
дозвуковой пограничный ~ subsonic boundary layer
дрейфовый пограничный ~ drift boundary layer

жидкокристаллический ~ liquid-crystal layer
закрученный пограничный ~ skewed boundary layer
замедляющий ~ *яф* moderating layer
запирающий ~ barrier [blocking] layer
запорный ~ *фпп* barrier layer
застойный ~ stagnant layer
защитный ~ protective [shielding] layer
защитный ~ холодной плазмы cool protecting plasma layer, protecting plasma mantle
излучающий ~ *(атмосферы)* airglow [emitting, luminious] layer
износостойкий ~ wear resistant [wearproof] layer
изношенный ~ worn(-out) layer
изолирующий ~ insulating layer
изотермический ~ isothermal layer
имплантированный ~ implanted layer
инверсионный ~ inversion layer
ионизированный ~ *(напр. атмосферы)* ionized layer
ионизованный ~ ionized layer
ионно-имплантированный ~ ion-implanted layer
ионосферный ~ ionospheric layer
катодный ~ *(тлеющего разряда)* cathode layer
квазинейтральный ~ quasi-neutral layer
~ Кеннели - Хевисайда (Kennelly-) Heaviside layer
кипящий ~ boiling bed
~ Кнудсена Knudsen layer
кнудсеновский ~ Knudsen layer
коллекторный ~ *фпп* collector layer
кольцевой ~ ring layer
конвективно-неустойчивый ~ convective unstable layer
конвективный ~ convective layer
~ конечной толщины finite thickness layer
контактный ~ contact layer
коррозионно-стойкий ~ corrosion-resistant layer
крайний ~ *(балки)* extreme layer
криволинейный вихревой ~ curved vortex sheet
ламинарный ~ laminar layer
ламинарный пограничный ~ laminar boundary layer
легированный ~ *фпп* doped layer
ленгмюровский ~ *физ. пл.* Langmuir layer
~ люминофора phosphor layer
магнитный переходный ~ *(магнитосферы)* magnetosheath
медленный бегущий токовый ~ slow traveling current sheath
межпланетный токовый ~ interplanetary current sheet
~ металлизации metallization layer
металлический ~ metal layer
модифицированный ~ modified layer
молекулярный ~ molecular film

моноатомный ~ monoatomic layer
монокристаллический ~ monocrystalline layer
мономолекулярный ~ monomolecular layer, monolayer
наплавленный ~ build-up layer
напылённый ~ sputtered [evaporated] layer; sputtered film
~, напылённый в вакууме vacuum-evaporated layer
наружный ~ external [outer] layer
насыщенный ~ saturated layer
неимплантированный ~ unimplanted layer
нейтральный ~ neutral layer; *сэф* neutral sheet
нейтральный токовый ~ neutral current sheet
неоднородный ~ nonuniform [nonhomogeneous] layer
непроводящий ~ nonconducting layer
непроницаемый ~ impermeable layer
неравновесный пограничный ~ nonequilibrium boundary layer
несжимаемый ~ incompressible layer
нестационарный пограничный ~ unstable [nonsteady] boundary layer
неустановившийся пограничный ~ unstable [nonsteady] boundary layer
неустойчивый пограничный ~ unstable [nonsteady] boundary layer
нижележащий ~ underlayer
нижние ~и атмосферы lower atmosphere
нижний ~ lower [bottom] layer
обеднённый ~ *фпп* depletion [barrier, blocking] layer
облачный ~ cloud layer
обогащённый ~ *фпп* enriched layer
обогащённый поверхностный ~ surface enriched layer
обращающий ~ *(на Солнце)* reversing layer
~ объёмного заряда space-charge layer
одномерный нейтральный ~ one-dimensional neutral layer
одномерный ускоренный ~ one-dimensional accelerating sheath
однонаправленный ~ unidirectional laminate
однородный ~ homogeneous [uniform] layer
однородный бесстолкновительный ~ homogeneous [uniform] collisionless layer
однородный плоский ~ uniform flat layer
озонный ~ ozone layer
околозвуковой пограничный ~ transonic boundary layer
оксидный ~ oxide layer
осаждённый ~ deposited layer
~, осаждённый в вакууме vacuum-deposited layer
отражающий ~ reflecting layer
пассивирующий ~ passivating layer
перенесённый ~ transfered layer
переходный ~ transition layer
пинчевый токовый ~ pinch current sheet, pinch current layer

плазменный ~ *(магнитосферы)* plasma sheet

плоский вихревой ~ plane vortex sheet

плоский гравитирующий ~ flat gravitating layer

плоский невращающийся ~ flat nonrotating layer

плоский пограничный ~ 2-D [two-dimensional] boundary layer

плотноупакованный ~ close-packed layer

поверхностный ~ surface layer; *(в жидкости)* superficial layer

поверхностный загрязнённый ~ surface-contaminant layer

поверхностный ~ разряда discharge skin

пограничный ~ boundary layer

пограничный ~ в дозвуковом потоке subsonic boundary layer

пограничный ~ воздуха atmospheric boundary layer

пограничный ~ в околозвуковом потоке transonic boundary layer

пограничный ~ в сверхзвуковом потоке supersonic boundary layer

пограничный диффузионный ~ diffusion boundary layer

пограничный ~ на входе inlet boundary layer

пограничный ~ нагретого тела thermal boundary layer

пограничный ~ на стенке wall boundary layer

пограничный ~ несжимаемой жидкости incompressible boundary layer

пограничный ~ обтекаемого тела body boundary layer

пограничный ~ Прандтля Prandtl boundary layer

пограничный ~ сжимаемой среды compressible boundary layer

пограничный ~, сорванный скачком уплотнения shock-separated boundary layer

пограничный ~ с переменной скоростью за его пределами boundary layer with variable free-stream velocity

пограничный ~, стабилизированный отсасыванием suction-stabilized boundary layer

пограничный ~ с теплопередачей boundary layer with heat transfer

пограничный электрический ~ electric boundary layer

подповерхностный ~ subsurface [near-surface] layer

подстилающий ~ underlayer

поликристаллический ~ polycrystalline layer

~ половинного ослабления *(ионизирующего излучения)* half-value layer

полупроводящий ~ semiconducting layer

пористый ~ porous layer

~ Прандтля Prandtl layer

прианодный ~ anode layer

прианодный ионизационный ~ anode ionizing layer

приземный ~ *(атмосферы)* surface [bottom] layer

прикатодный ~ cathode layer

примесный ~ impurity layer

приповерхностный ~ near-surface layer

~ пристеночного скольжения wall boundary layer

пристеночный ~ wall layer

приэлектродный ~ near-electrod layer

проводящий ~ conducting [conductive] layer

прозрачный ~ transparent layer

промежуточный ~ interlayer; interfacial [intermediate] layer

проницаемый ~ permeable layer

просветляющий ~ antireflection [antireflective] layer

простой ионосферный ~ Chapman ionospheric layer

пространственный пограничный ~ three-dimensional boundary level

противоореольный ~ antihalation layer

противоотражающий ~ antireflection [antireflective] layer

псевдоморфный ~ pseudomorphous layer

рабочий ~ working layer

равновесный ~ equilibrium layer

равновесный пограничный ~ equilibrium boundary layer

разделяющий ~ separation layer

рассеивающий ~ scattering layer

расплавленный ~ molten layer

резистивный ~ resistive layer

самогравитирующий газовый ~ *астр.* self-gravitating gaseous layer

сверхзвуковой пограничный ~ supersonic boundary layer

сверхпроводящий ~ superconducting layer

светозапорный ~ *фпп* light-blocking layer

светочувствительный ~ photosensitive [light-sensitive] layer

свободный вихревой ~ free vortex sheet

свободный водоносный ~ free aquiferous layer

селеновый ~ selenium layer

~ сжатия compression layer

сжимаемый пограничный ~ compressible boundary layer

сильный двойной ~ strong double layer

~ скачка layer of discontinuity

слабый двойной ~ weak double layer

смазочный ~ lubricating layer; lubricating film

спечённый ~ sintered layer

сплошной ~ continuous layer

спорадический ~ E_S *(в ионосфере)* sporadic E_S layer

стационарный пограничный ~ steady boundary layer

стохастический ~ stochastic layer

структурно-изменённый ~ structurally changed layer

субмономолекулярный ~ submonolayer

текстурированный ~ *фmm* textured layer

температурный пограничный ~ thermal boundary layer

тепловой пограничный ~ thermal boundary layer

теплогенерирующий ~ heat-generating layer

теплоизоляционный ~ heat-insulating layer

теплоотдающий ~ heat-transfering layer

токовый ~ *сзф* current sheet

токовый ~ вблизи магнитопаузы current sheath near a magnetopause

токовый ~ в хвосте магнитосферы current sheath in a magnetospheric tail

тонкий ~ thin layer

трёхмерный пограничный ~ 3-D [three-dimensional] boundary layer

тропосферный ~ tropospheric layer

турбулентный ~ turbulent layer

турбулентный пограничный ~ turbulent boundary layer

ударный ~ shock layer

упрочнённый ~ strengthened [hardened] layer

установившийся пограничный ~ steady [stable] boundary layer

устойчивый пограничный ~ steady [stable] boundary layer

~ Ферраро Ferraro sheath

~ Ферраро - Розенблюта Ferraro-Rosenbluth layer

фильтрующий ~ filter bed

фотопроводящий ~ photoconductive layer

фототермопластичный ~ photothermo-plastic layer

фрикционный ~ frictional layer

~ Харриса *физ. пл.* Harris layer

хемосорбционный ~ chemisorption layer

цилиндрический вихревой ~ cylindrical vortex sheet

~ Чепмена *(ионосферы)* Chapman region

чувствительный ~ sensitive layer

широкозонный ~ *фпп* wide-band layer

экстрагирующий ~ extract layer

электрический пограничный ~ electric boundary layer

электронный ~ electron layer

элементарный кристаллический ~ unit crystal layer

эмиссионный ~ ионосферы emission [emitting] layer of the ionosphere

эмиттерный ~ *фпп* emitter layer

~ эмульсии emulsion sheet

эпитаксиальный ~ *фпп* epitaxial (grown) layer

~ D *(ионосферы)* D layer

~ E *(ионосферы)* E layer

~ F *(ионосферы)* F layer

~ F1 F1 layer

~ F2 F2 layer

сломанный *прил.* broken, fractured

служба *ж.* service

~ времени time service

~ дезактивации contamination service

дозиметрическая ~ radiation monitoring service

Международная ~ движения полюсов International Polar Motion Service

Международная ~ широты International Latitude Service

~ погоды weather service

~ Солнца solar patrol, solar survey

~ широты latitude service

служить *гл.* serve

~ основой для ... serve as the basis for ...

слух *м.* hearing

случа/й *м.* case; event☐ в ~е аварии in case of an emergency; в большинстве ~ев in the majority of cases, in most cases; в известных ~ях in certain cases; в ~е необходимости if required, if necessary; в общем ~e in the general case; во всех ~ях in all cases [instances]; во многих ~ях in many cases [instances]; в отдельных ~ях in some cases [instances]; в противоположном ~e in opposite case; мы будем рассматривать лишь тот ~, который... we shall only consider the case which...

абелев ~ *ктп* abelian case

бесконечномерный ~ infinite-dimensional case

вырожденный ~ degenerate case

гипотетический ~ hypothetical case

исключительный ~ exceptional case

конечномерный ~ finite-dimensional case

лондоновский ~ *сверхпр.* London case

неприводимый ~ irreducible case

нерелятивистский ~ nonrelativistic case

несчастный ~ accident, casualty

несчастный ~ со смертельным исходом fatal accident

~ неупругого рассеяния inelastic event

обобщённый ~ generalized case

общий ~ general case

отдельный ~ individual [isolated] case

пиппардовский ~ *сверхпр.* Pippard case

предельный ~ limiting [extreme] case

релятивистский ~ relativistic case

трёхмерный ~ three-dimensional case

ультрарелятивистский ~ ultrarelativistic case

~ упругого рассеяния elastic event

частный ~ particular [special] case

слышать *гл.* hear

слышимость *ж.* audibility

слэб-лазер *м. (с активным элементом в виде пластины)* slab-laser

слюда *ж.* mica

смазка *ж. (вещество)* lubricant; *(жидкая)* oil; *(процесс)* lubrication

автоматическая ~ self-lubrication, mechanical lubrication

базовая ~ basic lubricant

газовая ~ gas-film lubrication
газодинамическая ~ aerodynamic lubrication
газостатическая ~ aerostatic lubrication
гидродинамическая ~ hydrodynamic lubrication
гидростатическая ~ hydrostatic lubrication
граничная ~ boundary lubrication
графитовая ~ graphite lubrication
жидкостная ~ liquid-film lubrication
капельная ~ drop lubrication
магнитоактивная ~ magnetic lubricant
магнитожидкостная ~ magneto-liquid lubricant
магнитопорошковая ~ magneto-powder lubricant
непрерывная ~ continuous lubrication
низкотемпературная ~ antifreezing lubricant
плазмообразующая ~ plasma-forming lubricant
пластичная ~ grease
~ погружением flood [immersion] lubrication
принудительная ~ forced lubrication
~ разбрызгиванием splash lubrication
роликовая ~ roller lubrication
сухая ~ dry-film [solid] lubricant
твёрдая ~ solid [dry-film] lubricant
тонкоплёночная ~ thin-film lubricant
фитильная ~ wick lubrication
центробежная ~ centrifugal lubrication
циркуляционная ~ curculating lubrication
эластогидродинамическая ~ elasto-hydrodynamic lubrication
смачиваемость *ж.* wettability
избирательная ~ selective wettability
смачивание *с.* wetting
абсолютное ~ absolute wetting
неполное ~ incomplete wetting
полное ~ complete wetting
смежный *прил.* adjacent, contiguous
смектик *м.* smectic (crystal)
сегнетоэлектрический ~ ferroelectric smectic
хиральный ~ chiral smectic
смена *ж. (замена)* replacement; *(изменение)* change
автоматическая ~ мишеней automatical target replacement
~ мишеней target replacement
~ образцов sample change
~ топлива fuel recharging
~ устойчивости exchange of stabilities
сменный *прил.* replaceable
смерть *ж.* death
тепловая ~ Вселенной heat death of the Universe
смеситель *м.* mixer
балансный ~ balanced mixer
вакуумный ~ vacuum mixer
диодный ~ diode mixer

инжекторный ~ injection mixer
квадратичный ~ square-law mixer
малошумящий ~ low-noise mixer
~ на диоде Шоттки Shottky diod mixer
~ на эффекте Джозефсона Josephson mixer
неохлаждаемый ~ noncooled mixer
охлаждаемый ~ cooled mixer
поточный ~ flow mixer
сверхпроводниковый ~ superconducting mixer
транзисторный ~ transistor mixer
ферритовый ~ ferrite mixer
смеситель-отстойник *м.* mixer-settler
смесь *ж.* mixture; blend
азеотропная ~ azeotrope (mixture)
аддитивная ~ цветов additive color mixture
бинарная ~ binary mixture
взрывоопасная ~ explosive mixture
взрывчатая ~ explosive mixture
водовоздушная ~ air-water mixture
водородосодержащая ~ hydrogeneous mixture
воспроизводящая ~ *яф* breeding mixture
вязкая ~ viscous mixture
газовая ~ gaseous mixture
гетерогенная ~ heterogeneous mixture
гомогенная ~ homogeneous mixture
горючая ~ combustible mixture
двойная ~ binary mixture
двухкомпонентная ~ two-component mixture
двухфазная ~ two-phase mixture
естественная ~ изотопов natural isotopic mixture
жидкая топливная ~ *яф* fluid-fuel [liquid-fuel] mixture
~ изотопов isotopic mixture
лазерная ~ laser mixture
многокомпонентная ~ multicomponent mixture
многофазная ~ multiphase mixture
неоднородная ~ heterogeneous mixture
неразделяющаяся ~ nonseparating mixture
обогащённая ~ enriched mixture
однородная ~ homogeneous mixture
охлаждающая ~ cooling mixture
пароводяная ~ steam-water mixture
паровоздушная ~ steam-air mixture
парогазовая ~ steam-gas mixture
~ продуктов деления fission-product mixture
равновесная ~ equilibrium mixture
~ расплавленных солей *яф* fused-salt mixture
рацемическая ~ racemic mixture
реакционная ~ reaction mixture
самовоспламеняющаяся ~ self-inflammable mixture
~ состояний mixture of states
стехиометрическая ~ stoichiometric mixture
тканеэквивалентная ~ tissue-equivalent mixture
топливная ~ *яф* fuel mixture
тройная ~ ternary mixture
уран-графитовая ~ graphite-uranium mixture
хаотическая ~ random mixture

~ цветов color mixture
эвтектическая ~ eutectic mixture
смешение *с.* mixing
  аддитивное ~ additive mixing
  аддитивное ~ цветов additive color mixing
  аддитивное **цветовых стимулов** additive mixing of color stimuli
  вырожденное **четырёхволновое** ~ degenerate four-wave mixing
  ~ на гармониках harmonic mixing
  ~ на основной частоте fundamental mixing
  нелинейное ~ nonlinear mixing
  нелинейно-оптическое ~ nonlinear optical mixing
  нестационарное **четырёхволновое** ~ transient four-wave mixing
  оптическое ~ optical (wave) mixing
  параметрическое ~ parametric mixing
  трёхволновое ~ three-wave mixing
  ~ цветов color mixing
  ~ частот frequency mixing
  четырёхволновое ~ four-wave mixing
  четырёхфотонное **параметрическое** ~ four-photon parametric mixing
смешиваемость *ж.* miscibility
  взаимная ~ intermiscibility
  ограниченная ~ partial miscibility
смешивание *с.* mixing
  вакуумное ~ *(нейтрино)* vacuum mixing
  изоспиновое ~ isospin mixing
  кварк-глюонное ~ quark-gluon mixing
  ~ конфигураций configuration mixing
  конфигурационное ~ configuration mixing
  ~ нейтрино neutrino mixing
  ~ чётностей parity mixing
  электрослабое ~ electroweak mixing
смещать *гл.* displace, shift
смещение *с. (на расстояние, во времени)* displacement, shift; *(от правильного положения)* offset, excursion; *(при поступательном движении)* translation; *(с помощью подачи напряжения)* bias
  автоматическое ~ automatic bias
  атомное ~ atomic displacement
  базовое ~ base bias
  ~ банановой орбиты banana orbit excursion
  боковое ~ *(напр. пучка)* lateral displacement
  ~ ведущего центра банановой орбиты banana orbit guiding center excursion
  вертикальное ~ **плазменного шнура** vertical plasma column shift
  горизонтальное ~ **плазменного шнура** horizontal plasma column shift
  гравитационное ~ gravitational shift
  гравитационное **красное** ~ gravitational red shift
  ~ доменной стенки domain boundary [wall] displacement
  ~ доменных границ domain boundary [wall] displacement
  доплеровское ~ Doppler shift
  жёсткое ~ rigid-body displacement

~ заряда charge displacement
~ зоны пятен migration of spot zone
изгибное ~ *фтт* buckling
изотопическое ~ isotopic shift
~ интерференционных полос interference fringe shift
колебательное ~ **частиц** particle vibrational displacement
комбинационное ~ Raman displacement
комптоновское ~ Compton shift
~ концов трещины crack opening displacement
космологическое **красное** ~ cosmological red shift
красное ~ *астр.* red shift
красное ~ **радиолиний** radio red shift
линейное ~ linear displacement
~ линии *опт.* line shift
~ локально-запертых частиц относительно дрейфовой поверхности locally-trapped particle excursion respectively to the drift surface
~ луча beam displacement
лэмбовское ~ Lamb shift
лэмб-резерфордовское ~ Lamb-Rutherford shift
~ магнитной оси из-за конечного давления плазмы finite-beta displacement of the magnetic axis
~ на атом *(в теории радиационного повреждения)* displacement per atom
~ Найта Knight shift
~ на полпорядка *(для полос муара)* half-order shift
нормальное ~ normal displacement
~ нуля zero shift
обобщённое ~ generalized displacement
обратное ~ back [reverse] bias
объёмное предварительное ~ bulk preliminary displacement
~ орбиты orbit excursion
осевое ~ орбиты axial displacement of the orbit, axial orbit excursion
остаточное ~ residual displacement
относительное ~ relative displacement
отрицательное ~ negative bias
отрицательное **нормальное** ~ negative normal displacement
параллактическое ~ parallactic shift
~ перигелия Меркурия Mercury perihelion shift
~ плазменного шнура plasma column shift
~ поверхностного слоя surface layer displacement
поверхностное ~ surface displacement
~ подрешётки sublattice displacement
полное предварительное ~ total preliminary displacement
положительное ~ positive bias
положительное **нормальное** ~ positive normal displacement
~ полосы fringe shift

поперечное ~ transverse displacement

предварительное ~ preliminary displacement

предельное ~ critical displacement

~ при сдвиге shear displacement

продольное ~ longitudinal displacement

прямое ~ direct bias

~ пучка beam displacement

~ равновесия displacement of equilibrium

радиальное ~ radial displacement

радиальное ~ банановой орбиты banana orbit radial excursion

радиальное ~ орбиты radial displacement of the orbit, radial orbit excursion

радиальное ~ частицы particle radial excursion

результирующее ~ resultant displacement

релятивистское ~ relativistic shift

сеточное ~ grid bias

~ спектральных линий displacement [shift] of spectral lines

тангенциальное ~ tangential displacement

термоупругое ~ thermoelastic displacement

~ точки застоя аэрогидр. stagnation point motion

~ точки трансформации быстрой волны fast wave transformation point shift

~ точки трансформации медленной волны slow wave transformation point shift

угловое ~ angular displacement

фиксированное ~ fixed bias

фиолетовое ~ violet shift

~ центра прецессии precession-center displacement

~ частицы particle displacement

~ частоты frequency shift

эйнштейновское ~ Einstein shift, Einstein displacement

электрическое ~ electric displacement

элементарное ~ фтт fundamental translation

эмиттерное ~ emitter bias

~ ядерного резонанса nuclear-resonance shift

смещённый прил. displaced, shifted

смола ж. resin

анионная ~ anion resin

анионообменная ~ anion-exchange resin

ионообменная ~ ion-exchange resin

катионная ~ cation resin

катионо-анионная ~ cation-anion resin

катионообменная ~ cation-exchange resin

термопластичная ~ thermoplastic resin

термореактивная ~ thermoset; thermosetting resin

эпоксидная ~ epoxy resin

сморщивание с. wrinkling

смысл м. sense, meaning

физический ~ physical meaning, physical interpretation

смягчение с. softening

~ спектра spectrum softening

смятие с. crumpling

местное ~ local plastic compression

~ неровности триб. aspirity crumpling

поверхностное ~ surface crumpling

снабжение с. supply

~ энергией power supply

снаряд м. (частица, бомбардирующая мишень) projectile

снег м. snow

снижать гл. reduce, lower, decrease

~ напряжение decrease voltage

снижа/ться гл. drop, fall, decrease, diminish, decline □ ток ~ется до ... the current falls [drops] to ...

снижение с. drop, reduction, fall, decrease, decline

~ скорости decrease in speed

~ температуры temperature drop

~ тока плазмы plasma current ramp-down

снимать гл. (устранять) remove; (показания) take; (фотографировать) photograph

~ напряжение мех. remove stress, relieve strains

~ показания прибора take an instrument [a meter] readings

снимок м. photograph, picture

~ с искусственного спутника Земли satellite photograph

стереоскопический ~ stereoscopic photograph

цветной ~ color photograph

чёрно-белый ~ black-and-white photograph

снос м. (пучка лазера) walk-off

~ волновых пакетов wave packet drift

сноска ж. footnote

СНЧ-волны мн. very low-frequency waves

СНЧ-диапазон м. very low-frequency band

снятие с. (нагрузки) removal

~ возбуждения deexcitation

~ вырождения (уровня) splitting

~ напряжения мех. stress relieving

~ оболочки (реактора) desheathing, decanning, dejacketing

~ показаний reading

~ реактора с эксплуатации reactor decommissioning

~ термических напряжений thermal stress relieving

собирать гл. (частицы или др. объекты) gather, collect; (прибор, установку) assemble, mount

собственный прил. фтт inherent; proper; intrinsic

событи/е с. фвэ, сэф event

адронное ~ hadronic event

аномальное ~ anomalous event

векторное ~ vector event

взаимоисключающие ~я mutually exclusive events

высокоэнергетическое ~ high-energy event

двумерное ~ two-dimensional event

двухструйное ~ фвэ two-jet event

дополнительное ~ complementary event

достоверное ~ certain event

дублирующее ~ duplicate event

единичное ~ single event
зависимое ~ dependent event
зарегистрированное ~ observed [recorded] event
значащее ~ significant event
идентифицированное ~ identified event
индивидуальное ~ individual event
искусственное ~ artificial event
истинное ~ true event
исходное ~ starting [initial] event
когерентное ~ coherent event
ложное ~ false [spurious, wrong] event
локализованное ~ localized event
маловероятное ~ rare event
многолучевое ~ multiprong event
многоструйное ~ multijet event
многочастичное ~ multibody [multiparticle] event
недостоверное ~ uncertain event
независимые ~я independent events
неидентифицированное ~ ambiguous event
~ необычного типа peculiar event
необратимое ~ irreversible event
непересекающиеся ~я nonoverlapping events
несовместимые ~я incompatible events
одномерное ~ one-dimensional event
одночастичное ~ single-particle event
отброшенное ~ rejected event
отобранные ~я selected events
пересекающиеся ~я overlapping events
периодическое ~ periodic event
периферическое ~ peripheral event
плоское ~ planar event
повторяющиеся ~я repetitive events
полуинклюзивное ~ semi-inclusive event
последовательные ~я consecutive events
почти достоверное ~ almost certain event
простое ~ simple event
протонное ~ сэф proton event
равновероятные ~я equally possible events
радиационное ~ radiative event
реализуемое ~ realizable event
редкое ~ rare event
резонансное ~ resonant event
сложное ~ complex event
случайное ~ accidental [casual, random, stochastic] event
совместимые ~я compatible events
совпадающие ~я coincident events
солнечное протонное ~ solar proton event
статистически независимые ~я statistically independent events
струйное ~ jet event
тождественные ~я identical events
трёхглюонное ~ фвэ three-gluon event
трёхструйное ~ фвэ three-jet event
фоновое ~ background event, stray event
четырёхлучевое ~ four-prong event
четырёхструйное ~ фвэ four-jet event
чисто случайное ~ purely random event
широкоугольное ~ wide-angle event
эквивалентные ~я equivalent events

элементарное ~ elementary [simple] event
n-лучевое ~ n-prong event
n-частичное ~ n-body event
совершать гл. execute
~ движение execute a motion
совершенство с. perfection
~ кристалла crystal perfection
~ кристаллической решётки lattice perfection
структурное ~ structural perfection
~ структуры structural perfection
химическое ~ chemical perfection
совершенствовать гл. improve, develop
совет м. (орган) council; board
научный ~ scientific council
совместимость ж. compatibility
~ материалов material compatibility
~ смазочных материалов lubricant compatibility
технологическая ~ processing compatibility
~ трибосистем tribosystem compatibility
трибохимическая ~ присадок tribochemical compatibility of additives
~ уравнений consistency of equations
электромагнитная ~ electromagnetic compatibility
совместимый прил. compatible; consistent
совмещение с. alignment; overlay, overlapping
~ событий events overlapping
совокупность ж. collection, set; aggregation; population
бесконечная ~ infinite collection
~ данных data set
замкнутая ~ closed collection
ограниченная ~ bounded collection
открытая ~ open collection
упорядоченная ~ ordered collection
~ формул set of formulas
совпада/ть гл. coincide ☐ результаты ~ют the results agree [coincide]
~ по фазе be in phase
~ с точностью до ... agree within ...
совпадение с. coincidence
двойное ~ double coincidence
двухкратное ~ two-fold coincidence
задержанное ~ delayed coincidence
~ импульсов pulse coincidence
истинное ~ true coincidence
ложное ~ spurious [false] coincidence
многократное ~ multiple coincidence
~ по порядку величины order-of-magnitude agreement
~ по фазе phase coincidence
~ сигналов счётчиков counter pulse coincidence
случайное ~ accidental [chance, random] coincidence
точное ~ exact fit
трёхкратное ~ three-fold coincidence
тройное ~ triple coincidence
четырёхкратное ~ four-fold coincidence
современный прил. contemporary, modern, up-to-date, present
согласи/е с. agreement; fit ☐ в ~и с ... in accordance [agreement] with ...

близкое ~ close fit, close agreement
качественное ~ qualitative agreement
количественное ~ quantitative agreement
наилучшее ~ best possible [closest] fit
недостаточное ~ poor fit
полное ~ complete agreement
приемлемое ~ acceptable [satisfactory] fit
точное ~ exact fit
удовлетворительное ~ satisfactory [acceptable] fit
согласно *нареч.* according to
~ **закону Ньютона** according [in accordance] with Newton law
согласование *с. опт., эл.* matching
~ **акустического сопротивления** acoustic impedance matching
~ **антенны** antenna [aerial] matching
двустороннее ~ bilateral matching
~ **мод** mode matching
~ **на границе раздела** interface matching
~ **нагрузки** load matching
неполное ~ limited matching
~ **показателей преломления** index matching
~ **полного сопротивления** impedance matching
~ **поляризации** polarization matching
~ **пучка** beam matching
широкополосное ~ broadband matching
согласованность *ж.* consistency
внутренняя ~ *(теории)* internal consistency
~ **действий** consistency of acts
согласов/ывать *гл. опт., эл.* match ☐ **длина лазерного резонатора** ~**ана с промежутком между импульсами накачки** laser cavity length is matched to the pumping pulse separation
содержание *с. (вещества в сплаве, смеси)* content; *(книги, журнала)* contents
весовое ~ weight content
~ **влаги** moisture content
высокое ~ high content
критическое ~ critical content
низкое ~ low content
объёмное ~ volume content
относительное ~ fractional [relative] content
относительное ~ **изотопов** relative isotope content
~ **примеси** impurity content
процентное ~ percentage
~ **урана** uranium content
содержимое *с.* contents
соединени/е *с. (механическое)* joint; *(электрическое)* connection; *(химическое)* compound ☐
вступать в ~ **с ...** combine with ...
амфифильное ~ amphiphilic compound
амфотерное ~ amphoteric compound
бинарное ~ binary compound
болтовое ~ bolted joint
борорганические ~**я** organic boron compounds
быстроуплотняющееся ~ quick-seal coupling
верхнее ~ *(планет)* superior conjunction
винтовое ~ screwed connection
~ **внахлёст** joint lap

вращающееся ~ rotary [rotating] joint
~ **встык** butt [abutment] joint
высокомолекулярное ~ high-molecular compound
высокоомное ~ high-resistance joint
газонепроницаемое ~ gas-tight joint
газообразное ~ gaseous compound
галоидное ~ halogen compound
галоидорганическое ~ organic halogen compound
герметическое ~ tight joint
гетерополярное ~ heteropolar compound
гетероциклическое ~ heterocyclic compound
гибкое ~ flexible joint
гидрофильное ~ hydrophilic compound
гидрофобное ~ hydrophobic compound
глухое ~ dead joint
гомополярное ~ homopolar compound
~ **дислокаций** dislocation junction
~, **допускающее проскальзывание** slip joint
жёсткое ~ rigid connection, rigid joint
~ **звездой** star connection, Y-connection
изоструктурное ~ isostructural compound
интеркалированное ~ intercalated layer compound
интерметаллическое ~ intermetallic compound
ионное ~ ionic compound
квазидвумерное ~ quasi-two-dimensional compound
квазиодномерное ~ quasi-one-dimensional compound
комплексное ~ complex (compound)
летучее ~ volatile compound
магнитоупорядоченное ~ magnetically ordered compound
межслойное ~ interface [interfacial] connection
металлоорганическое ~ organometallic compound
метастабильное ~ metastable compound
механическое ~ mechanical joint
меченое ~ labelled [tagged] compound
молекулярное ~ molecular compound
муфтовое ~ sleeve joint
неорганическое ~ inorganic compound
неплотное ~ loose connection
неподвижное ~ fixed joint; fixed coupling
нестехиометрическое ~ nonstoichiometric compound
нестехиометрическое ~ **внедрения** nonstoichiometric interstitial compound
нижнее ~ *(планет)* inferior conjunction
низкомолекулярное ~ low-molecular compound
~ **обжатием** compression [crimp] joint
оптическое ~ optical connection
органическое ~ organic compound
параллельное ~ parallel connection
плотное ~ tight joint
подвижное ~ movable [sliding] joint
последовательное ~ series connection
~ **притягивающихся дислокаций** attractive dislocation junction
промежуточное ~ intermediate compound

разлагающееся ~ decomposing compound
разъёмное ~ separable [detachable] joint
резьбовое ~ threaded connection
сварное ~ welded joint
сверхпроводящее ~ superconducting compound
сильфонное ~ bellows joint
скользящее ~ sliding joint
слоистое ~ layered compound
~, содержащее изотопный индикатор tracer compound
стехиометрическое ~ stoichiometric compound
стыковое ~ abutment [butt] joint
~ типа А2В6 А2В6 compound
~ типа А3В5 А3В5 compound
~ типа твёрдого раствора внедрения interstitial compound
топливное ~ fuel compound
торцевое ~ edge joint
~ треугольником delta connection
тройное ~ triple [ternary] compound; triple junction
~ урана uranium compound
фланцевое ~ flanged joint
химическое ~ chemical compound
циклическое ~ cyclic compound
четверное ~ fourfold compound
шарнирное ~ articulated [hinged] joint
штифтовое ~ pin joint
экзотермическое ~ exothermic compound
электрическое ~ electrical connection
эндотермическое ~ endothermic compound
соединитель м. connector
волоконно-оптический ~ fiber-optical connector
оптический ~ optical connector
разъёмный оптический ~ detachable optical connector
соединять гл. join, connect
~ параллельно connect in parallel
~ последовательно connect in series
созвездие с. constellation
создание с. creation, formation, production, generation
~ бестоковой плазмы в стеллараторе currentless plasma formation in stellarator
~ предварительного напряжения prestressing
~ предварительного напряжённого состояния prestressing
~ предварительной трещины precracking
соизмеримость ж. фтт commensurability; comparability
соизмеримый прил. commensurate; comparable
сокращать гл. мат. cancel, reduce
сокращение с. (в размерах) shrinkage; мат. cancellation, reduction
~ дифракционного конуса фвэ shrinkage of diffraction cone
релятивистское ~ длины relativistic shrinkage of length
соленоид м. solenoid
бесконечно длинный ~ infinitely long solenoid

бесконечно тонкий ~ infinitely thin solenoid
~ Биттера Bitter solenoid
длинный ~ long solenoid
импульсный ~ impulse solenoid
квазистационарный ~ quasi-stationary solenoid
компактный мюонный ~ compact muonic solenoid
короткий ~ short solenoid
криогенный ~ cryogenic solenoid
криорезистивный ~ cryoresistive solenoid
одновитковый ~ one-turn solenoid
резистивный ~ resistive solenoid
сверхпроводящий ~ superconducting solenoid
тороидальный ~ toroidal solenoid
фокусирующий ~ focusing solenoid
солёность ж. (морской воды) salinity
солидус м. solidus
солитон м. soliton
акустический ~ acoustic soliton
безузловой ~ nodeless soliton
быстрый ~ fast soliton
возмущённый ~ disturbed soliton
гидродинамический ~ hydrodynamic soliton
~ Давыдова Davydov soliton
двумерный ~ two-dimensional soliton
двухволновой ~ two-wave soliton
дипольный ~ dipole soliton
длинноволновый ~ long wave soliton
~ дрейфовой волны drift wave soliton
дробно-заряженный ~ fractional-charge soliton
единичный ~ unit soliton
заряженный ~ charged soliton
ионно-звуковой ~ ion-acoustic [ion-sound] soliton
квазиодномерный ~ quasi-one-dimensional soliton
квазиоднородный ~ quasi-homogeneous soliton
квантовый ~ quantum soliton
киральный ~ chiral soliton
ленгмюровский ~ Langmuir soliton
магнитный ~ magnetic soliton
магнитозвуковой ~ magnetoacoustic soliton, magnetosonic soliton
магнитоупругий ~ magnetoelastic soliton
медленный ~ slow soliton
многомерный ~ multidimensional soliton
многочастотный ~ multifrequency soliton
нейтральный ~ neutral soliton
нетопологический ~ nontopological soliton
~ огибающей envelope soliton
одноволновой ~ (2 пи импульс) one-wave soliton; 2-pi pulse
одномерный ~ one-dimensional soliton
оптический ~ optical soliton
осциллирующий ~ oscillating soliton
параметрический ~ parametric soliton
пикосекундный ~ picosecond soliton
плазменный ~ plasma soliton
плоский ~ plane soliton
плоский ленгмюровский ~ plane Langmuir soliton

~ Рос(с)би Rossby soliton
светлый ~ bright soliton
связанные ~ы *(бризеры)* coupled solitons, breezers
стабильный ~ stable soliton
тёмный ~ dark soliton
тепловой ~ *фмт* thermal soliton
термоактивированный ~ thermoactivated soliton
топологический ~ topological soliton
трёхволновой ~ three-wave soliton
трёхмерный ~ three-dimensional soliton
трёхчастотный ~ three-frequency soliton
узловой ~ nodal soliton
устойчивый двумерный ~ lump
фемтосекундный ~ *кв. эл.* femtosecond soliton
фермионный ~ fermionic soliton
фундаментальный ~ fundamental soliton
электронный ~ Langmuir [electron] soliton
солнечный *прил.* solar
Солнце *с.* Sun
активное ~ active [disturbed] Sun
возмущённое ~ disturbed [active] Sun
истинное ~ real [true] Sun
ложное ~ parhelion, mock Sun
невозмущённое ~ undisturbed [quiet] Sun
нормальное ~ normal Sun
спокойное ~ quiet [undisturbed] Sun
среднее ~ mean Sun
солнцестояние *с.* solstice
зимнее ~ winter solstice
летнее ~ summer solstice
соль *ж.* salt
двойная ~ double salt
каменная ~ rock salt
кислая ~ acid salt
основная ~ basic salt
поваренная ~ common salt
~ радия radium salt
сегнетова ~ Seignette [Rochelle] salt
тройная ~ triple salt
~ урана uranium salt
~ урановой кислоты uranate
сольват *м.* solvate
сольватация *ж.* solvation
вторичная ~ secondary solvation
первичная ~ primary solvation
~ электронов electron solvation
сольвент *м. (растворитель)* solvent
диэлектрический ~ dielectric solvent
неполярный ~ nonpolar solvent
полярный ~ polar solvent
солюбилизация *ж.* solubilization
соляризация *ж. (фотоматериала)* solarization
соляриметр *м.* solarimeter
сомножитель *м.* factor
сон *м. (единица громкости звука)* sone
сонар *м. (звуковой локатор)* sonar
сонограф *м. ак.* sonograph
сонолюминесценция *ж. (звуколюминесценция)* sonoluminescence

сонометр *м.* sonometer
соображени/е *с.* consideration □ из ~й экономии from considerations [for reasons] of economy; по ~ям безопасности for safety reasons, for reasons of safety
сообщать *гл. (напр. ускорение)* impart, impose; *(данные, информацию)* report, communicate
сообщение *с. (информация)* message; *(связь)* communication; *(скорости, ускорения)* imposition; *(на конференции)* report, paper
искажённое ~ distorted message
кодированное ~ coded message
краткое ~ *(в журнале)* brief communication
межпланетное ~ interplanetary navigation
ответное ~ reply
сжатое ~ compressed message
сообщество *с.* community
научное ~ scientific community
сооружать *гл.* construct, build, erect
сооружение *с.* structure, construction, building; erection
подземное ~ underground structure
соосный *прил.* coaxial, concentric
соответстви/е *с.* correspondence, fit □ в ~и с ... in accordance with ..., according to ...; находиться в ~и accomodate; приводить в ~ fit, accomodate, match; устанавливать ~ establish [set up] a correspondence
аналитическое ~ analytic correspondence
асимптотическое ~ asymptotic correspondence
взаимно-однозначное ~ one-to-one [point-to-point, unique] correspondence
дуальное ~ dual correspondence
надёжное ~ reliable fit
недостаточное ~ pure fit
неполное ~ incomplete correspondence
однозначное ~ one-to-one [point-to-point, unique] correspondence
приемлемое ~ acceptable fit
прямое ~ direct correspondence
статистическое ~ statistical fit
строгое ~ strict correspondence
точное ~ exact correspondence, closest fit
удовлетворительное ~ satisfactory fit
фундаментальное ~ *ктп* fundamental correspondence
хорошее ~ close fit
частичное ~ partial correspondence
соответствовать *гл.* correspond; match; agree; fit
соотношени/е *с.* relation(ship) □ это ~ обычно записывается в виде ... this relation is usually represented in the form [following way] ...
~ Адлера - Вайсбергера *(в алгебре токов)* Adler-Weisberger relation
асимптотическое ~ asymptotic relation
безвычитательное дисперсионное ~ unsubtracted dispersion relation
~ Беннета Bennett relation
~ Бете - Вайцзеккера Bethe-Weizsäcker relation

~я бозонизации *ктп* bosonization relations
~ Больцмана *терм.* Boltzman relation
~ Вайнрайха *(акустоэлектроника)* Weinreich relation
вариационное ~ variational relation
вероятностное ~ probability relationship
~ взаимности *терм.* reciprocal relation
~ взаимности Онсагера Onsager reciprocal relation
вычитательное дисперсионное ~ subtracted dispersion relation
~я Гейзенберга Heisenberg relations
~ Гиббса - Томсона - Херринга Gibbs-Thomson-Herring relation
~ Голдбергера - Тримена *фвэ* Goldberger-Treiman relation
~ давление-объём-температура *(в газах)* pressure-volume-temperature relation
~ Джозефсона Josephson relation
дисперсионное ~ dispersion relation
дисперсионное ~ для амплитуды рассеяния dispersion relation for the scattering amplitude
изотопическое ~ isotopic relationship
канонические перестановочные ~я canonical permutation relations
кинематическое ~ kinematic relation
~я Клейна - Росселанда Klein-Rosseland relations
коммутационное ~ commutation relation
коммутационные ~я Гейзенберга Heisenberg commutation relations
~ Корринги *втсп* Korringa relation, Korringa law
~я Коши Cauchy relations
~ Крамерса - Кронига Kramers-Kronig relation
линейное ~ linear relationship
~ Льюиса Lewis relation
~ масса-светимость *астр.* mass-luminosity relation
~ между массой и энергией mass-energy relation
~ между напряжением и деформацией stress-strain relation
~ между напряжением и деформацией в пластической области plastic stress-strain relation
~ между напряжением и деформацией в упругой области elastic stress-strain relation
~ Мэнли - Роу Manley-Rowe relation
нелинейное ~ nonlinear relationship
~ неопределённостей uncertainty relation
~ неопределённостей Гейзенберга Heisenberg uncertainty relation
обобщённое дисперсионное ~ generalized dispersion relation
~ Онзагера *терм.* Onsager relation
операторное ~ operator relation
оптимальное ~ optimum relationship
основное ~ basic [fundamental] relation
перекрёстное ~ crossing relation
перенормированное дисперсионное ~ renormalized dispersion relation

перестановочное ~ *ктп* permutation relation
перестановочное ~ Ферми - Дирака *ктп* Fermi-Dirac permutation relation
~ подобия similarity relation
полуэмпирическое ~ semi-empirical relation
~ Прандтля *(для перпендикулярных ударных волн)* Prandtl relation
приближённое ~ approximate relationship
причинное ~ causal [genetic] relation
~ пробег-энергия range-energy relation
рекуррентное ~ *мат.* recurrent relation
~я Рэнкина - Гюгоньо Rankine-Hugoniot relations
~я симметрии Редже Regge symmetry relations
статистическое ~ statistical relation
универсальное ~ Степанова univeral Stepanov relation
~ Фресслинга Frässling relation
~ Эйнштейна Einstein relation
эмпирическое ~ empirical relation
энергетическое ~ energy relation
сопло *с.* nozzle
воздушное ~ air nozzle
впрыскивающее ~ injection nozzle
впускное ~ inlet nozzle
всасывающее ~ suction nozzle
входное ~ suction [inlet] nozzle
выхлопное ~ discharge [exhaust, exit] nozzle
выходное ~ discharge [exhaust, exit] nozzle
геометрическое ~ geometrical nozzle
гиперзвуковое ~ hypersonic nozzle
дозвуковое ~ subsonic nozzle
звуковое ~ sonic nozzle
капиллярное ~ capillary nozzle
кольцевое ~ annular [ring] nozzle
коническое ~ conical nozzle
~ Лаваля Laval [contracting-expanding, convergent-divergent] nozzle
магнитное ~ magnetic nozzle
мерное ~ measuring nozzle
механическое ~ mechanical nozzle
нагнетательное ~ discharge nozzle
напорное ~ discharge nozzle
околозвуковое ~ transonic nozzle
осесимметричное ~ axially symmetric nozzle
плоское ~ plane [two-dimensional] nozzle
плоское клиновидное ~ plane wedge-shaped nozzle
пространственное ~ three-dimensional nozzle
профилированное ~ shaped nozzle
разделительное ~ separating nozzle
расходное ~ flow nozzle
расходомерное ~ flow [metering] nozzle
расходящееся ~ divergent [expanding] nozzle
расширительное ~ divergent [expanding] nozzle
расширяющееся ~ divergent [expanding] nozzle
~ реактивного двигателя jet nozzle
реактивное ~ jet nozzle
регулируемое ~ adjustable [variable-area] nozzle

сверхзвуковое ~ supersonic [Laval] nozzle
~ с гибкими стенками nozzle with flexible walls
смесительное ~ combining [mixing] nozzle
~ со скосом asymmetric nozzle
сужающееся ~ convergent [contracting] nozzle
суживающееся ~ convergent [contracting] nozzle
тепловое ~ thermal nozzle
ускоряющее ~ accelerating nozzle
~ химического лазера chemical laser nozzle
щелевое ~ slotted nozzle
сополимер *м.* copolymer
сополимеризация *ж.* copolymerization
сопоставление *с.* comparison; correlation
соприкосновение *с.* contact; touch
сопровождение *с. (цели)* tracking
  автоматическое ~ automatic tracking
  воздушное ~ *(вторичные космические частицы)* air accompaniment
  лазерное ~ laser tracking
  ливневое ~ *(частицы)* shower accompaniment
  радиолокационное ~ radar tracking
сопротивлени/е *с. (свойство)* resistance; *(электронный компонент; подробнее см.* **резистор)** resistor; *аэрод.* drag ▢ **минимального** ~я *аэрогидр.* least-drag; **не оказывать** ~я offer no resistance; **обладающий высоким** ~ем **ползучести** creep-resisting; **оказывать** ~ exhibit resistance; **оказывающий большое волновое** ~ high wave-drag; **оказывающий большое лобовое** ~ high-drag; **с большим волновым** ~ем high wave-drag; **с большим лобовым** ~ем high-drag; **с малым волновым** ~ем low wave-drag; **с малым лобовым** ~ем low-drag
  ~ абразивному изнашиванию abrasive resistance
  активное ~ (ohmic) resistance
  активное акустическое ~ acoustic resistance
  акустическое ~ acoustic resistance; *(полное)* acoustic impedance
  аномальное ~ anomalous resistance
  аномальное ~ **плазмы** anomalous resistivity of plasma
  аэродинамическое ~ aerodynamic [air] drag, aerodynamic [air] resistance
  аэродинамическое волновое ~ aerodynamic wave drag
  аэродинамическое ~ **давления** normal pressure drag
  ~ базы *фпп* base resistance
  балластное ~ ballast resistor; *(газоразрядной лампы)* ballast
  ~ буксованию skid resistance
  ~ вакуумного промежутка vacuum gap resistance
  ~ вдавливанию indentation resistance
  ~ в дозвуковом потоке subsonic drag
  ~ в идеальной жидкости ideal drag
  вихревое ~ *аэрод.* vortex [turbulent] resistance, vortex drag
  ~ вихреобразования в дозвуковом потоке subsonic vortex drag

внешнее ~ *аэрод.* external drag; *эл.* external resistance
вносимое ~ insertion resistance
внутреннее ~ *аэрод.* internal drag; *эл.* internal resistance
~ воздуха air drag, air resistance
~ в околозвуковом потоке near-sonic drag
волновое ~ *аэрод.* wave drag, wave resistance; *эл.* wave [characteristic] impedance
волновое ~ **тонкого заострённого тела** wave drag on a narrow pointed body
вредное ~ *аэрод.* parasitic drag
вредное лобовое ~ deadhead resistance
временное ~ *мех. (предел прочности)* ultimate strength
временное ~ **на растяжение** tensile strength
временное ~ **на сжатие** compression [compressive] strength
временное ~ **сдвигу** shear strength
временное ~ **срезу** shear strength
входное ~ input resistance
входное ~ **антенны** antenna [aerial] impedance
выходное ~ output resistance
вязкое ~ viscous resistance, viscous drag
вязкостное ~ viscous resistance, viscous drag
~ газового промежутка gas-filled gap resistance
гасящее ~ voltage dropping resistance
~ гетероперехода heterojunction resistance
гидравлическое ~ hydrodynamical [hydravlic] resistance, hydrodynamical drag
гидродинамическое ~ hydrodynamical [hydravlic] resistance, hydrodynamical drag
~ головной части *(обтекаемого тела)* nose drag
граничное ~ boundary resistance
~ давления pressure drag
~ движению running [tractive] resistance
~ движению шара *(в среде)* sphere drag
действующее ~ effective resistance
~ деформации strain resistance
динамическое ~ dynamic resistance
дифференциальное ~ differential [incremental] resistance
диффузионное ~ diffusion resistance
добавочное ~ *(в вольтметре)* multiplier
донное ~ *аэрод.* base drag
ёмкостное ~ capacitive resistance
ёмкостное балластное ~ capacitive ballast
~ заеданию scoring resistance
~ за счёт сжимаемости compressibility drag
~ затвора *фпп* gate resistance
~ изгибу bending resistance; bending strength
~ излому fracture [breaking] strength
~ излому при изгибе folding strength
~ излучения *(антенны)* radiation resistance
~ износу wear resistance
~ изоляции insulation resistance
индуктивное ~ *эл.* inductive reactance; *аэрод.* induced [trailing-vortex] drag
индуктивное балластное ~ inductive ballast
индуктивное вихревое ~ induced vortex drag

индуктивное ~ нагруженной линии induced drag of loaded line
~ инициированию трещины crack initiation resistance
~ интерференции *аэрод.* interference drag
интерференционное ~ *аэрод.* interference drag
~ истиранию attrition [abrasive] resistance
~ истока *фпп* source resistance
кавитационное ~ cavity drag
~ канала channel resistivity
~ Капицы Kapitza resistance
~ качению rolling resistance
классическое ~ *(плазмы)* classical resistivity
~ коллектора *фпп* collector resistance
комплексное ~ *(импеданс)* impedance
~ контакта contact resistance
контактное ~ contact resistance
~ контактной усталости contact fatigue resistance
~ коррозии corrosion resistance
критическое ~ *эл.* critical resistance; *аэрод.* critical drag
линейное ~ linear resistance
лобовое ~ (motion) drag; frontal [head] resistance
лобовое ~ в сверхзвуковом потоке supersonic drag
лобовое ~ при звуковых скоростях sonic drag
магнитное ~ (magnetic) reluctance
~ малоцикловой усталости plastic fatigue strength
~ материалов strength of materials
~ между тензодатчиком и образцом gauge-to-specimen resistance
местное гидравлическое ~ local hydraulic resistance
механическое ~ mechanical resistance
механическое полное ~ mechanical impedance
наведённое ~ *эл.* induced reactance; *аэрод.* induced [trailing-vortex] drag
~ нагрузки load resistance
нагрузочное ~ load resistor
~ напору pressure resistance
нелинейное ~ nonlinear resistance
обратное ~ back resistance
~, обусловленное волнообразованием и вихреобразованием wave-and-eddy-making resistance
~, обусловленное срывом потока wake drag
объёмное ~ bulk [volume] resistance
объёмное дифференциальное ~ bulk [volume] differential resistance
объёмное удельное ~ bulk [volume] resistivity
ограничивающее ~ limiting resistance
околозвуковое ~ near-sonic drag
омическое ~ ohmic resistance
омическое балластное ~ resistive ballast
остаточное ~ residual resistance
~ откачке pumping resistance
отрицательное ~ negative resistance

отрицательное дифференциальное ~ *фпп* negative differential resistance
~ отрыву resistance to tearing-off
~ от срыва потока wake drag
паразитное ~ parasitic resistance
параллельное ~ shunt resistance
переменное ~ variable resistance
~ переносу массы mass-transfer resistance
~ перехода *фпп* junction resistance
~ пластической деформации plastic resistance
~ пластическому течению resistance to plastic flow
~ поверхностного трения surface friction drag, surface [skin] friction resistance
поверхностное ~ *аэрод.* surface drag; *эл.* surface resistance
~ ползучести creep resistance
полное ~ *эл.* (*см. тж.* импеданс) impedance; *аэрод.* total drag
поперечное ~ lateral resistance
последовательное ~ series resistance
предельное ~ ultimate resistance
~ при ламинарном обтекании streamline [laminar] flow resistance
~ при нестационарном обтекании transient drag, transient resistance
~ при турбулентном течении turbulent flow resistance
~ продавливанию bursting strength, indentation resistance
продольное ~ longitudinal resistance
~ продольному изгибу buckling resistance
профильное ~ *аэрод.* profile [form, two-dimensional] drag
~ раздавливанию crushing resistance, crushing strength
~ раздиранию tear resistance
~ разрушению fracture [breaking] strength
~ разрыву rupture [breaking] strength
~ раскалыванию cleavage strength
распределённое ~ distributed resistance
~ распространению трещины crack propagation resistance
~ растрескиванию cracking resistance
~ растяжению tensile strength
реактивное ~ reactance
реактивное акустическое ~ acoustic reactance
реактивное ~ утечки leakage reactance
сверхзвуковое ~ supersonic drag
световое ~ light resistance
~ связи coupling resistance
~ сдвигу shear strength
сеточное ~ grid resistor
~ сжатию compression strength
~ скалыванию cleavage strength
~ скольжению sliding [slip] resistance
~ скручиванию torsional [twisting] resistance
собственное ~ intrinsic resistance
согласующее ~ matching resistor
сосредоточенное ~ lumped resistance
~ срезу shear resistance; resistance to shear
~ стенок wall resistance

~ **стока** *фпп* drain resistance
суммарное ~ total drag
~ **сферы** resistance of a sphere, sphere drag
~ **текучей среды** fluid force
~ **тела** body drag
темновое ~ dark resistance
~ **тензодатчика** gauge resistance
тепловое ~ thermal [heat] resistance
~ **тепловому удару** thermoshock resistance
термическое ~ thermal [heat] resistance
~ **термической усталости** thermal fatigue resistance
~ **трения** friction drag, friction resistance
турбулентное ~ turbulent resistance
~ **турбулентному потоку** turbulent flow resistance
ударно-волновое ~ shock-wave drag
ударно-волновое ~ **в идеальной жидкости** ideal shock-wave drag
удельное магнитное ~ reluctivity; specific reluctance
~ **утечки** leakage resistance
~ **формы** *аэрод.* form drag
фрикционное ~ friction drag, friction resistance
холловское ~ Hall resistance
~ **хрупкому разрушению** brittle fracture strength, brittle fracture resistance
~ **царапанию** scratch resistance
шумовое ~ noise resistance
шунтирующее ~ shunt [bypass] resistance; shunt resistor
эквивалентное ~ equivalent resistance
электрическое ~ electrical resistance
электрическое удельное ~ resistivity; specific resistance
эталонное ~ standard resistance
эффективное профильное ~ effective profile drag
сопряжение *с.* conjugation; interfacing
гамильтоново ~ Hamiltonian conjugation
дираковское ~ Dirac conjugation
зарядовое ~ *фвэ* charge conjugation
комплексное ~ complex conjugation
конформное ~ conformal conjugation
модулярное ~ modular conjugation
расширенное ~ extended conjugation
~ **связей** *хим.* bond conjugation
эрмитово ~ Hermitian conjugation
сопряжённость *ж.* conjugacy, conjugation; contingency
частичная ~ partial contingency
сопряжённый *прил.* conjugate; adjoint
зарядово ~ charge conjugate
комплексно ~ complex conjugate
эрмитово ~ Hermitian conjugate
соразмерность *ж. фтт* commensurability
соразмерный *прил. фтт* commensurate
сорбент *м.* sorbent
сорбит *м.* sorbite
сорбция *ж.* sorption
ионно-стимулированная ~ ion-stimulated sorption

химическая ~ chemical absorption, chemisorption
сортировка *ж. (напр. по времени)* sorting
~ **атомов** atom sorting
соседи *мн. (напр. соседние частицы)* neighbors
ближайшие ~ *(напр. в кристаллической решётке)* closest [nearest] neighbors
соседств/о *с.* neighborhood □ **по** ~**у с** ... in the neighborhood of ...
сосредоточенный *прил. (о нагрузке)* concentrated; *(о параметрах системы)* lumped
состав *м.* composition
~ **атмосферы** atmosphere composition, composition of the atmosphere
атомный ~ atomic composition
~ **газа** gas composition
гармонический ~ harmonic composition
гранулометрический ~ granulometric [grain-size] composition
изотопный ~ isotope composition
ионный ~ ionic composition
кварковый ~ quark composition
модовый ~ *(лазерного излучения)* mode composition
нестехиометрический ~ *крист.* nonstoichiometric composition
объёмный ~ volumetric composition
первоначальный химический ~ *астр.* original composition
природный изотопный ~ natural isotopic composition
спектральный ~ *(сигнала)* spectral composition
стехиометрический ~ *крист.* stoichiometric composition
~ **таблетки** *яф* pellet composition
химический ~ chemical composition
химический ~ **звёзд** chemical composition of stars
центральный химический ~ *астр.* central composition
эвтектический ~ eutectic composition
элементный ~ elemental composition
ядерный ~ *(напр. солнечных космических лучей)* nuclear composition
~ **ядра** nuclear composition
~ **ядра Земли** composition of the Earth core
~ **1-2-3** *(высокотемпературного сверхпроводника)* 1-2-3 compound
составление *с.* composition, compilation
составленность *ж. (кварков из других частиц)* composition
составляющ/ая *ж. (см. тж.* **компонента***)* component
адгезионная ~ **силы трения** adhesion component of friction
азимутальная ~ azimuthal component
азимутальная ~ **межпланетного магнитного поля** azimuthal component of interplanetary magnetic field
активная ~ active component

активная ~ импеданса active component of impedance, resistance
антисимметричная ~ antisymmetric component
~ в декартовой системе координат Cartesian [rectangular] component
~ вдоль ... component along ...
~ вектора component of vector, vector component
~ вектора в декартовой системе координат Cartesian component of vector
вертикальная ~ vertical component
вертикальная ~ перемещения vertical motion
вертикальная ~ полной гидродинамической силы lift
~ веса weight component
вещественная ~ real component
~ в прямоугольной системе координат Cartesian [rectangular] component
вращательная ~ rotational component
гармоническая ~ harmonic [sinusoidal] component
главные ~ие тензора principal components of a tensor
горизонтальная ~ horizontal component
горизонтальная ~ движения horizontal motion
действительная ~ real component
~ деформации component of (small) strain
деформационная ~ коэффициента трения deformation component of coefficient of friction
деформационная ~ силы трения deformation component of friction force
ёмкостная ~ capacitive component
жёсткая ~ (излучения) hard [high-energy, penetrating] component
ионная ~ силы трения ion contribution to the friction force
касательная ~ tangential component
касательная ~ скорости tangential velocity
квадратичная ~ quadratic component
колеблющаяся ~ fluctuating component
~ количества движения momentum component
комплексная ~ complex component
~ие космического излучения components of cosmic radiation
кососимметричная ~ skew-symmetric component
линейная ~ linear component
медленно меняющаяся ~ slowly varying component
мнимая ~ imaginary component
молекулярная ~ коэффициента трения molecular component of coefficient of friction
молекулярная ~ силы трения molecular component of friction force
мягкая ~ (излучения) soft [low-energy] component
~ напряжения component of a stress
независимая ~ independent component
нелинейная ~ nonlinear component
ненулевая ~ nonzero component

нормальная ~ normal component
нормальная ~ напряжения normal stress
нормальная ~ силы normal force
нормальная ~ скорости normal velocity
нормальная ~ускорения normal acceleration
нулевая ~ zero component
осевая ~ axial component
основная ~ fundamental [basic] component
~ перемещения component of displacement
периодическая ~ periodic component
плоская ~ астр. population I
~ подъёмной силы lift component
~ по оси X X component
поперечная ~ transverse [lateral] component
поперечная ~ силы cross force
поперечная ~ скорости lateral velocity
поперечная ~ тензора диэлектрической проницаемости transverse component of dielectric tensor
поперечная ~ тензора проводимости transverse component of conductivity tensor
поперечная ~ ускорения transverse acceleration
постоянная ~ steady [constant, invariable] component
~ поступательного движения translational component
продольная ~ longitudinal component
продольная ~ групповой скорости волны longitudinal component of wave group velocity
продольная ~ тензора диэлектрической проницаемости longitudinal component of dielectric tensor
продольная ~ тензора проводимости longitudinal component of conductivity tensor
промежуточная ~ (звёздного населения) disk(-type) population
пульсирующая ~ fluctuating component
радиальная ~ radial component
радиальная ~ межпланетного магнитного поля radial component of interplanetary magnetic field
реактивная ~ reactive component; эл. reactance
реактивная ~ импеданса reactive component of impedance
резонансная ~ поля resonance field component
сдвиговая ~ shearing component
~ силы force component
синусоидальная ~ sinusoidal [harmonic] component
~ скорости velocity component
~ скорости деформации strain-rate component
случайная ~ random component
~ смещения component of displacement
симметричная ~ symmetric component
~ солнечного радиоизлучения component of solar radio emission
спорадическая ~ (излучения) sporadic emission, highly variable component
сферическая ~ астр. population II, halo-type component

тангенциальная ~ tangential component

тангенциальная ~ вектора tangent vector

тангенциальная ~ напряжения tangential [shear] stress

тангенциальная ~ скорости tangential velocity

тангенциальная ~ ускорения tangential acceleration

~ тензора component of tensor, tensor component

~ тензора напряжений stress tensor component

~ тока current component

частотная ~ frequency component

электронная ~ силы трения electron contribution to the friction force

состояни/е с. state □ быть в ~и покоя be at rest; в ~и покоя at rest; находящийся в не-напряжённом ~и stressless; переходить в ~ текучести yield; приводить в напряжён-ное ~ stress

автоионизационное ~ (атома) autoioni-zation [autoionizing] state

автолокализованное ~ фтт autolocalized ["dressed"] state

автоотрывное ~ autodetachment state

агрегатное ~ (вещества) state of aggre-gation, aggregate state

адиабатическое ~ (атмосферы) adiabatic state

адронное ~ hadronic state

активированное ~ activated state

акцепторное ~ acceptor state

аморфное ~ (вещества) amorphous state

аналоговое ~ яф analog state

антипараллельное ~ фмя antiparallel state

антисвязанное ~ antibound state

антисвязывающее ~ (электрона в кри-сталле) antibonding state

антисегнетоэлектрическое ~ antiferroelec-tric state

антисимметричное ~ antisymmetric state

антиферромагнитное ~ antiferromagnetic state

асимптотически устойчивое ~ равнове-сия asymptotically stable equilibrium (state)

асимптотическое ~ ктп asymptotic state

атомное ~ atomic state

барионное ~ baryonic [baryon] state

безмассовое ~ massless state

безмассовое векторное ~ massless vector state

безразлично-устойчивое ~ равновесия indifferently stable equilibrium (state)

бесспиновое ~ spinless state

бесщелевое ~ фпп gapless state

~, близкое к равновесному near-equilibrium state

~ Блоха Bloch state

бозонное ~ boson(ic) state

вакантное ~ vacant [unoccupied, unfilled] state

вакуумное ~ кв. мех. vacuum state

валентное ~ valence state

~ в дискретном спектре state in the discrete spectrum

вейлевское ~ фвэ Weyl state

верхнее ~ upper [higher] state

вибрационное возбуждённое ~ яф vib-rational excited state

виртуальное ~ virtual state

виртуальное промежуточное ~ (при двух-фотонном возбуждении) virtual inter-mediate state

~ в непрерывном спектре state in the con-tinuous spectrum

внутреннее ~ internal state; (ядра) intrinsic state

возбуждённое ~ excited state

возбуждённое синглетное ~ excited singlet state

возбуждённое ядерное ~ excited nuclear state

возможное ~ possible [probable, virtual] state

возмущённое ~ perturbed state

волновое ~ wave state

вращательное ~ rotational state

времениподобное ~ time-like state

входное ~ (в физике ядра) input state

вырожденное ~ degenerate state

высоковозбуждённое ~ highly excited state

высоковозбуждённое ридберговское ~ highly excited Rydberg state

высокоомное ~ (полупроводника) high-resistance state

высокоплотное ~ high-dense state

высокоспиновое ~ (ядра) high-spin state

высокоэластическое ~ high-elasticity state

высшее ~ higher state

газообразное ~ gaseous state

гибридное ~ hybrid state

гидростатическое напряжённое ~ hyd-rostatic [spherical] stress state

гиперонное ~ hyperon state

гиперядерное ~ hypernuclear state

гипотетическое ~ hypothetical state

глубокое примесное ~ deep impurity state

глюонное ~ gluon(ic) state

дважды возбуждённое связанное ~ doubly excited bound state

двумерное поверхностное ~ two-dimen-sional surface state

двухвалентное ~ bivalent state

двухосное напряжённое ~ biaxial stress (state)

двухчастичное ~ two-particle state

делокализованное ~ фтт delocalized state

детерминированное ~ determinate [deter-ministic] state

деформированное ~ strained [deformed] state, state of strain

деформированное возбуждённое ~ яф deformed nuclear state

динамическое промежуточное ~ сверхпр. dynamic intermediate state

дипольное ~ dipole state

дискретное ~ discrete state

дисперсное ~ disperse state

диссипативное ~ dissipative state
докритическое ~ *(газа)* subcritical state
долгоживущее ~ long-lived state
донорное ~ donor state
допустимое ~ acceptable [admissible] state
дублетное ~ doublet state
дублетное орбитальное ~ doublet orbital state
духовое ~ ghost state
дырочное ~ hole state
жидкое ~ liquid state
жидкокристаллическое ~ liquid-crystal state
жидкометаллическое ~ liquid-metal state
~, зависящее от времени time-dependent state
задержанное ~ delayed state
закалённое неравновесное ~ quenched nonequilibrium state
занятое ~ occupied [filled] state
заполненное ~ filled [occupied] state
заполненное поверхностное ~ filled surface state
запрещённое ~ forbidden state
зарядовое ~ charge state
зарядовое ~ отражённых частиц charge state of reflected particles
зарядовое ~ распылённых частиц charge state of sputtered particles
зарядово-обменное ~ *яф* charge-exchange state
заряженное ~ *фвэ* charged state
изобарическое ~ *яф* isobaric state
изолированное ~ isolated state
изомерное ~ *(ядра)* isomeric state
изосинглетное ~ isosinglet state
изоспиновое ~ isospin [isotopic spin] state
инвариантное ~ invariant state
инклюзивное ~ inclusive state
ионизационное ~ ionization state
иониз(ир)ованное ~ ionization state
ирастовое ~ yrast state
истинное ~ true state
исходное ~ initial state
квадрупольное ~ quadrupole state
квазидискретное ~ quasi-discrete state
квазиравновесное ~ quasi-equilibrium state
квазисвязанное ~ quasi-bound state
квазистабильное связанное ~ quasi-stable bound state
квазистационарное ~ quasi-steady [quasi-stationary, metastable] state
квазиэнергетическое ~ quasi-energetic state
квантовое ~ quantum state
квантовое сжатое ~ quantum squeezed state
квантово-механическое ~ quantum-mechanical state
кварк-глюонное ~ quark-gluon state
кварковое ~ quark state
квартетное ~ quartet state
классическое сжатое ~ classical squeezed state
когерентное ~ coherent state
колебательно-возбуждённое ~ vibrational excited state
колебательное ~ vibrational [vibrating] state
коллективное ~ collective state

коллинеарное ~ *фмя* collinear state
коллоидное ~ colloidal state
конденсированное ~ *(вещества)* condensed state
конечное ~ final state
конечное ~ турбуленции final state of turbulence
короткоживущее ~ short-lived state
кристаллическое ~ *(вещества)* cristalline state
критическое ~ critical state
лабильное ~ unstable equilibrium (state)
~ Ландау Landau state
латентное ~ latent state
лептонное ~ leptonic state
линейное напряжённое ~ uniaxial stress, axial tension
локализованное ~ *фпп* localized state
локализованное электронное ~ localized electron state
локально-равновесное ~ locally equilibrium state
макроскопическое ~ macroscopic state
мгновенное ~ instantaneous state
межузельное ~ *фпп* intenstitial-site state
мезоморфное ~ *фтт* mesomorphic state
мезонное ~ meson(ic) state
мелкое примесное ~ shallow impurity state
метастабильное ~ metastable state
метастабильное автоионизационное ~ metastable autoionization state
метастабильное фазовое ~ metastable phase state
микроскопическое ~ microscopic state
многопионное ~ multipion state
многофононное ~ *яф* multiphonon state
многочастичное ~ many-body [multiparticle] state
многочастичное промежуточное ~ intermediate many-body [multiparticle] state
молекулярное ~ molecular state
монодоменное ~ single domain state
надкритическое ~ above-critical state, supercriticality
напряжённое ~ state of stress, stressed state
напряжённое ~ в области трещины crack stress
напряжённое ~ на бесконечности remote stress state
нарушенное ~ broken state
~ насыщения saturation state; saturation condition
начальное ~ inicial state
начальное ~ турбуленции incipient state of turbulence
~ невесомости zero-gravity state
невозбуждённое ~ nonexcited state
невозмущённое ~ unperturbed state
невырожденное ~ nondegenerate state
незанятое ~ unoccupied [vacant, unfilled] state
незаполненное ~ unfilled [unoccupied, vacant] state
незаряженное ~ noncharged state

нейтральное ~ neutral state
нейтринное ~ neutrino state
нейтронное ~ neutron state
неколлинеарное ~ *фмя* noncollinear state
ненагруженное ~ no-load state
ненапряжённое ~ stress-free state
необратимое ~ irreversible state
неравновесное ~ nonequilibrium state
непроводящее ~ nonconducting state
несвязанное ~ unbound state
несобственное ~ *физ. пов.* improper state
нестабильное ~ unstable state
нестабильное связанное ~ unstable bound state
нестационарное ~ unsteady [nonstationary] state
неупорядоченное ~ disordered state
неупругое ~ inelastic state
неустановившееся ~ unstable [unsteady] state
~ неустойчивого движения unstable state of motion
~ неустойчивого равновесия unstable equilibrium (state)
неустойчивое ~ unstable [unsteady] state
неустойчивое ~ равновесия unstable equilibrium (state)
нечётное ~ odd (parity) state
нечётное синглетное ~ odd singlet state
нечётное триплетное ~ odd triplet state
нижнее ~ lower state
низковозбуждённое ~ lower excited state
низколежащее коллективное ~ lower collective state
низкоомное ~ *(полупроводника)* low-resistance state
низкоспиновое ~ low-spin state
нонетное ~ nonet state
нормальное ~ normal state
нормированное ~ normalized state
нулевое ~ zero [null] state
~ нулевой нормы zero norm state
обменное ~ exchange state
обобщённое плоское деформированное ~ generalized plane strain
обобщённое плоское напряжённое ~ generalized plane stress
обратимое ~ reversible state
~, обращённое во времени time-reversed state
объёмное ~ *фтт* bulk state
«одетое» ~ *фтт* "dressed" [autolocalized] state
однодоменное ~ single-domain state
однонуклонное ~ one-nucleon state
одноосное деформированное ~ uniaxial state of strain
одноосное напряжённое ~ uniaxial state of stress, axial tension
однородное ~ homogeneous state
однородное напряжённое ~ uniform state of stress, homogeneous stress
одночастичное ~ single-particle [single-body, one-particle] state

ожидаемое ~ anticipated state
~ окисления oxidation state
октупольное ~ octupole state
оптическое ~ optical state
орбитальное ~ orbital state
ориентационное ~ orientation state
ортогональное ~ orthogonal state
ортонормальное ~ orthonormal state
осесимметричное напряжённое ~ axially symmetrical stress
основное ~ *(в многоуровневой системе)* ground state
основное антиферромагнитное ~ antiferromagnetic ground state
основное ферромагнитное ~ ferromagnetic ground state
~ остаточной намагниченности remanent state
осциллирующее ~ oscillating state
очарованное ~ *фвэ* charmed state
параллельное ~ *фмя* parallel state
парамагнитное ~ paramagnetic state
парное ~ pairing state
парообразное ~ vaporous state
первоначальное ~ initial state
переохлаждённое ~ supercooled state
переходное ~ transient [transition] state
пионное ~ pion state
плазменное ~ plasma state
пластическое ~ plastic state
плоское напряжённое ~ plane (stress) state, two-dimensional state of stress
~ поверхности surface condition
поверхностное ~ surface state
поверхностное валентное ~ surface valence state
поверхностное зонное ~ surface band state
поверхностное резонансное ~ surface resonance state
поверхностное электронное ~ surface electronic state
поглощающее ~ absorbing state
подавленное ~ depressed state
подкритическое ~ *яф* sub-criticality, sub-critical state
~ покоя (state of) rest
~ полного развития турбуленции fully developed state of turbulence
~ полной пластичности completely plastic state
~ поляризации polarization state
поляризованное ~ polarized state
поляронное ~ *фтт* polaron state
пороговое ~ threshold state
~ предельного равновесия limiting equilibrium state
предельное ~ limit condition
предпробойное ~ prebreakdown state
предыдущее ~ previous state
преобразованное ~ transformed state
приведённое ~ reduced state
приграничное ~ near-boundary state
примесное ~ *фпп* impurity state
~ притяжения attraction state

проводящее ~ conduction [conducting] state
промежуточное ~ intermediate state
пространственное ~ space state
пространственное напряжённое ~ general state of stress
пространственно-подобное ~ space-like state
протонно-дырочное ~ proton-hole state
протонное ~ proton state
протонно-нестабильное ~ proton-unstable state
псевдоожиженное ~ quasi-liquid [fluidized] state
псевдоскалярное ~ pseudoscalar state
рабочее ~ working state, operating condition
~ равновесия equilibrium (state), equilibrium condition
равновесное ~ equilibrium (state), equilibrium condition
~ равномерного прямолинейного движения state of uniform rectilinear motion
равномерное напряжённое ~ uniform state of stress, homogeneous stress
радиационно-индуцированное ~ radiation-induced state
разрешённое ~ *фтт* allowed state
разупорядоченное ~ disordered state
распадающееся ~ decaying state
расплавленное ~ molten state
~ рассеяния scattering state
резонансное ~ resonant state
релаксированное ~ relaxed state
релятивистское ~ relativistic state
ридберговское ~ *(атома)* Rydberg state
ровибронное ~ *(молекулы)* ro-vibronic state
ротационное ~ ядра rotation state of nucleus
сверхкритическое ~ *яф* supercriticality, above-critical state; *(газа)* supercritical state
сверхплотное ~ superdense state
сверхпроводящее ~ superconducting state
сверхтекучее ~ superfluid state
свободное ~ free state
связанное ~ bound [coupled] state
связанное поверхностное ~ bound surface state
связывающее ~ *(электрона в кристалле)* bonding state
седловое ~ равновесия saddle equilibrium (state)
сжатое ~ *(в квантовой оптике)* squeezed state
сильно возбуждённое ~ highly excited state
сильнолегированное ~ heavily [highly] doped state
симметричное ~ symmetric state
синглетное ~ singlet state
синглетное изоспиновое ~ singlet isospin [isotopic-spin] state
синглетное орбитальное ~ singlet orbital state
синглетное основное ~ singlet ground state
синглетное спиновое ~ singlet spin state
сингулярное ~ *(в космологии)* singular state
синусоидально модулированное ~ sinusoidally modulated state

скрытое ~ latent state
слабо возбуждённое ~ weakly excited state
слаболегированное ~ lightly doped state
сложное напряжённое ~ combined [complex] stress
смешанное ~ mixed state; composite state
~ с нулевой энергией zero-energy state
собственное ~ eigenstate
собственное одноэлектронное ~ one-electron eigenstate
соответственное ~ corresponding [correspondent] state
~ с отрицательной энергией negative-energy state
спиновое ~ spin state
спиновое синглетное ~ spin singlet state
спиральное ~ *(частицы)* spiral state
~ с положительной энергией positive-energy state
~ с промежуточной валентностью intermediate valence state
стабильное ~ stable state
стабильное связанное ~ stable bound state
стационарное ~ stationary [steady] state
стекловидное ~ glassy state
стеклообразное ~ glassy state
студенистое ~ semi-solid [semi-liquid] state
субридберговское ~ *(атома)* sub-Rydberg state
суперионное ~ superionic state
суперпозиционное ~ *опт.* superposition state
суперсимметричное основное ~ supersymmetric ground state
сферическое напряжённое ~ spherical [hydrostatic] stress state
~ Тамма *фтт* Tamm state
тамовское ~ *фтт* Tamm state
тахионное ~ tachion state
твёрдое ~ solid state
~ текучести yield condition
теневое ~ shadow state
термическое равновесное ~ thermal equilibrium (state)
термодинамическое ~ thermodynamic state
тестообразное ~ pasty state
трёхвалентное ~ three-valence state
трёхчастичное ~ three-particle state
триплетное ~ triplet state
триплетное изоспиновое ~ triplet isotopic-spin [isospin] state
триплетное орбитальное ~ triplet orbital state
триплетное спиновое ~ triplet spin state
упорядоченное ~ ordered state
упругое ~ elastic state
установившееся ~ steady state
~ устойчивого движения stable state of motion
~ устойчивого равновесия stable equilibrium (state)
устойчивое ~ stable state
устойчивое ~ равновесия stable equilibrium (state)

фазовое ~ phase state
файербольное ~ fireball state
фермион-антифермионное связанное ~ fermion-antifermion bound state
фермионное ~ fermionic state
ферримагнитное ~ ferrimagnetic state
ферромагнитное ~ ferromagnetic state
физическое ~ physical state
фоновое ~ background state
химически активное ~ chemically reactive state
химическое ~ chemical state
цветное ~ color state
цветовое ~ color state
~ цветовой адаптации state of chromatic adaptation
цветосинглетное ~ color-singlet state
цилиндрическое напряжённое ~ cylindrical state of stress
частично-дырочное ~ particle-hole state
чётное ~ even (parity) state
чистое ~ кв. мех. pure state
шестикварковое ~ six-quark state
~ Шокли фтт Shockley state
шпурионное ~ spurious state
штарковское ~ Stark state
экзотическое ~ exotic state
экситонное ~ exiton state
экситонное возбуждённое ~ excited exiton state
эксклюзивное ~ exclusive state
экстремальное ~ extremal state
электронное ~ electronic state
энергетическое ~ energy state
ядерное ~ nuclear state
состоятельность ж. (оценки) justifiability
состоять гл. consist of, compose of; be
сосуд м. vessel
вакуумированный ~ vacuum flask
~ высокого давления (high-)pressure vessel
~ Дьюара Dewar vessel
~ кристаллизации crystallization vessel
мерный ~ measuring vessel
реакционный ~ reaction vessel
сообщающиеся ~ы communicating [connected] vessels
топологически неодносвязный ~ topologically nonsimply connected vessel
топологически односвязный ~ topologically simply connected vessel
уравнительный ~ leveling vessel
сотрясение с. shock, percussion
механическое ~ mechanical shock
соударение с. (см. тж. столкновение) collision; impact; encounter
~ второго рода collision of the second kind
газокинетическое ~ gas kinetic collision
жёсткое ~ hard collision
катастрофическое ~ (электронов в газе) catastrophic collision
косое ~ glancing collision
мягкое ~ soft collision

неупругое ~ inelastic collision
нецентральное ~ off-center collision
опережающее ~ preceding collision
парное ~ binary collision
~ первого рода collision of the first kind
прямое ~ head-on [knock-on, straight-line] collision
скользящее ~ glancing collision
случайное ~ random collision
упругое ~ elastic collision
центральное ~ central collision
сохранение с. conservation
~ адиабатического инварианта adiabatic invariant conservation
~ аксиального тока conservation of axial current
~ аромата flavor conservation
~ барионного числа baryon number conservation
~ векторного тока conservation of vector current
~ вихря conservation [persistence] of vortex
~ заряда conservation of charge
~ изоспина isospin [isotopic spin] conservation
~ изотопического спина isospin [isotopic spin] conservation
~ импульса momentum conservation
~ киральности chirality conservation
~ количества движения conservation of linear momentum
~ лептонного числа lepton number conservation
~ магнитного момента conservation of magnetic moment
~ магнитной спиральности conservation of magnetic helicity
~ массы conservation of mass
~ материи matter conservation
~ момента количества движения conservation of angular momentum
~ обобщённого момента generalized momentum conservation
~ пространственной чётности spatial parity conservation
~ скорости центра инерции (изолированной системы) conservation of movement of the center of gravity
~ спиральности helicity conservation
~ странности strangeness conservation
~ тока current conservation
~ тороидального момента toroidal momentum conservation
~ углового момента conservation of angular momentum
~ цвета color conservation
~ циркуляции скорости conservation of velocity circulation
частичное ~ аксиального тока ктп partial conservation of axial current
~ чётности conservation of parity, parity conservation
~ электрического заряда conservation of electric charge
~ электромагнитного тока conservation of electromagnetic current

712

~ энергии conservation of energy

сохраняемость *ж. аэрогидр.* conservation, persistence

~ вихрей persistence of vortices

сочетание *с.* combination

сочетательность *ж. мат.* associativity

сочленение *с.* joint; connection; articulation

вращающееся ~ rotating joint

гибкое ~ flexible joint

жёсткое ~ rigid joint

исполнительное ~ *(робота или манипулятора)* slave joint

локтевое ~ *(робота или манипулятора)* elbow joint

~ манипулятора manipulator joint

плечевое ~ *(робота или манипулятора)* shoulder joint

подвижное ~ movable joint

управляющее ~ *(робота или манипулятора)* master joint

упругое ~ elastic joint

шарнирное ~ articulated [hinge, pivot] joint

штыковое ~ bayonet joint

С-О-ядро *с. астр. (углеродно-кислородное)* C-O core

вырожденное ~ degenerate C-O core

невырожденное ~ nondegenerate C-O core

спад *м.* decay, decrease, fall

~ активности activity decay

асимптотический ~ asymptotic decrease

линейный ~ linear fall-off, linear decrease

монотонный ~ monotonic decrease

~ мощности power decrease

немонотонный ~ nonmonotonic decrease

~ радиоактивности radioactivity decay

~ реактивности reactivity decrease

экспоненциальный ~ exponential decay

спай *м.* seal; *(в термопаре)* junction

горячий ~ термопары hot junction

металлостеклянный ~ glass-metal seal

рабочий ~ термопары hot junction

стеклокерамический ~ ceramic-glass [glass-to-ceramic] seal

~ термопары thermojunction, thermal junction

холодный ~ термопары cold junction

спайность *ж. (граней кристалла)* cleavage

спаривание *с.* pairing; coupling

анизотропное ~ *сверхпр.* anisotropic pairing

антиферромагнитное ~ antiferromagnetic coupling

комплементарное ~ *биоф.* complementary pairing

куперовское ~ Cooper [electron] pairing

~ операторов *ктп* pairing of operators

простое ~ simple pairing

сверхтонкое ~ hyperfine coupling

синглетное ~ singlet pairing

триплетное ~ triplet pairing

триплетное электронно-дырочное ~ triplet electron-hole pairing

ферромагнитное ~ ferromagnetic coupling

хронологическое ~ chronological pairing

эксцитонное ~ exciton pairing

электронно-дырочное ~ electron-hole pairing

~ электронов electron [Cooper] pairing

ядерное ~ nuclear pairing

спекание *с. (в порошковой металлургии или при изготовлении керамики)* sintering; *(огнеупорных материалов)* baking; caking

активированное ~ activated sintering; fritting

высокотемпературное ~ high-temperature sintering

жидкофазное ~ liquid phase sintering

~ под давлением pressure sintering

спекл *м.* speckle

объективный ~ objective speckle

субъективный ~ subjective speckle

спекл-волна *ж.* speckle wave

спекл-голограмма *ж.* speckle hologram

спекл-изображение *с.* speckle image

спекл-интерферометр *м.* speckle interferometer

спекл-интерферометрия *ж.* speckle interferometry

спекл-неоднородность *ж.* speckle-inhomogeneity

спеклон *м. опт.* specklon

спекл-поле *с.* speckle field

спекл-структура *ж.* speckle pattern

субъективная ~ subjective speckle pattern

спекл-фотография *ж.* speckle photography

спектатор *м. (частица-наблюдатель)* spectator

спектр *м.* spectrum *(мн. spectra)*

~ абсолютно чёрного тела blackbody spectrum

абсорбционный ~ absorbtion spectrum

автоионизационный ~ autoionization spectrum

адронный ~ hadronic spectrum

активационный ~ activation spectrum

акустический ~ acoustic spectrum

~ альфа-частиц alpha(-ray) spectrum

амплитудно-частотный ~ amplitude-frequency spectrum

амплитудный ~ amplitude spectrum

~ аннигиляции annihilation spectrum

~ аннигиляционного излучения annihilation spectrum

~ ангармонического осциллятора anharmonic oscillator spectrum, spectrum of anharmonic oscillator

~ антиферромагнитного резонанса spectrum of antiferromagnetic resonance

асимметричный ~ asymmetric spectrum

атомный ~ atomic spectrum

аэродинамический ~ aerodynamic spectrum

~ безвихревого обтекания irrotational flow pattern

бесщелевой ~ gapless spectrum

~ бета-излучения beta(-ray) spectrum

~ бриллюэновского рассеяния Brillouin spectrum

~ быстрых нейтронов fast-neutron spectrum

вибронный ~ vibronic spectrum

~ водорода hydrogen spectrum

~ водородоподобного атома в поле лазерного излучения spectrum of hydrogen-like atom in a laser field

~ возбуждения excitation spectrum
вращательно-колебательный ~ vibration-rotation [vibrational-rotational] spectrum
вращательный ~ rotational spectrum
временной ~ time spectrum
времяпролётный ~ time-of-flight spectrum
~ вспышки (солнечной) flare [flash] spectrum
вторичный флуоресцентный ~ secondary fluorescent spectrum
~ выбитых электронов ejected-electron spectrum
вырожденный ~ degenerate spectrum
высокоэнергетический ~ high-energy spectrum
~ гамма-излучения gamma(-ray) spectrum
~ генерации generation spectrum
~ генерации лазера lasing [laser] spectrum
двумерный ~ two-dimensional spectrum
двумерный ~ колебаний two-dimensional oscillation spectrum
двухчастичный ~ two-body [two-particle] spectrum
двухэлектронный ~ two-electron spectrum
дебаевский ~ Debye spectrum
~ действия биоф. action spectrum
~ деления fission spectrum
динамический ~ dynamic spectrum
~ динамической системы dynamic system spectrum
дипольный ~ dipole spectrum
дискретный ~ line spectrum
дифракционный ~ diffraction spectrum
дифференциальный ~ пробегов differential range spectrum
~ дуги arc spectrum
дуговой ~ arc spectrum
жёсткий ~ hard spectrum
~ замедленных нейтронов moderated-neutron spectrum
~ запаздывающих нейтронов деления delayed-neutron fission spectrum
~ запаздывающих протонов delayed-proton spectrum
~ Захарова - Филоненко Zakharov-Filonenko spectrum
звёздный ~ star [stellar] spectrum
~ звука acoustical spectrum
~ зеркального отражения specular reflection spectrum
~ излучения radiation spectrum, emission spectrum
~ излучения продуктов деления fission-product spectrum
изотропный ~ isotropic spectrum
~ импульса pulse spectrum
инверсионный ~ inversion spectrum
~ инжекции (солнечных космических лучей) injection spectrum
инклюзивный ~ фвэ inclusive spectrum
интегральный ~ (звёздного скопления) integrated [composite] spectrum

интегральный ~ пробегов integral range spectrum
инфракрасный ~ infrared spectrum
~ ионизованного атома spectrum of ionized atom
ионный ~ ion spectrum
искровой ~ spark spectrum
~ испускания emission spectrum
~ источника (напр. солнечных космических лучей) source spectrum
~ КАРС CARS spectrum
квадрупольный ~ quadrupole spectrum
квазилинейчатый ~ quasi-line spectrum
квазистационарный ~ сильно возбуждённого атома в поле многозарядного иона quasi-stationary spectrum of Rydberg atom in the field of a highly charged ion
квазиупругий ~ quasi-elastic spectrum
квазичастичный ~ quasi-particle spectrum
~ колебаний oscillation spectrum; мех. vibration spectrum
колебательно-вращательный ~ vibration-rotation [vibrational-rotational] spectrum
колебательный ~ vibration(al) spectrum
~ Колмогорова - Обухова Kolmogorov-Obukhov spectrum
колмогоровский ~ Kolmogorov spectrum
~ комбинационного рассеяния Raman spectrum
~ кометного хвоста spectrum of comet tail
~ кометного ядра spectrum of comet nucleus
кометный ~ comet spectrum
конверсионный ~ conversion spectrum
~ конверсионных электронов conversion-electron spectrum
корреляционный ~ correlation spectrum
~ кристалла crystal spectrum
~ лазерного излучения lasing [laser] spectrum
лебеговский ~ Lebesgue spectrum
линейчатый ~ line [discrete] spectrum
~ линий возмущения аэрод. Mach-line pattern
~ люминесценции luminescence spectrum
магнитооптический ~ magnetooptical spectrum
магнонный ~ magnon spectrum
максвелловский ~ Maxwellian spectrum
~ Мандельштама - Бриллюэна Mandelstam-Brillouin spectrum
~ масс mass spectrum
массовый ~ mass spectrum
мгновенный ~ астр. instantaneous spectrum
мёссбауэровский ~ Mössbauer spectrum
~ метеора meteor spectrum
микроволновый ~ microwave spectrum
молекулярный ~ molecular spectrum
~ Моллоу кв. эл. Mollow spectrum
~ мощности power spectrum
мультиплетный ~ multiplet spectrum
мягкий ~ soft spectrum
~ наблюдаемой spectrum of observable
~ нагружения load spectrum
~ налетающих частиц incident spectrum

~ нейтралов перезарядки charge-exchange spectrum
нейтронный ~ neutron spectrum
~ нейтронов neutron spectrum
~ нейтронов деления fission-neutron spectrum
~ нейтронов реактора reactor-neutron spectrum
~ нейтронов утечки leakage-neutron spectrum
непрерывный ~ continuous spectrum, continuum
нерезонансный ~ nonresonant spectrum
нестационарный ~ поглощения transient absorption spectrum
~ неупругого рассеяния частиц inelastic spectrum
низкоэнергетический ~ low-energy spectrum
~ новой звезды nova spectrum
нормированный ~ normalized spectrum
~ ночного неба night-sky spectrum
обращённый ~ inverted spectrum
~ обтекания flow field, flow pattern
~ обтекания несжимаемой жидкостью incompressible flow pattern
~ обтекания установившегося потока stationary flow field
~ одетых частиц dressed spectrum
одномерный ~ колебаний one-dimensional oscillation spectrum
однородный ~ uniform spectrum
одночастичный ~ one-particle [single-particle] spectrum
оже-электронный ~ Auger spectrum
~ оператора *мат.* operator spectrum
~ оператора Шредингера Schrödinger operator spectrum
оптический ~ optical spectrum, spectrum of light
~ оптических потерь optical loss spectrum
остаточный ~ residual spectrum
~ отражения reflectance spectrum
~ парамагнитного резонанса paramagnetic-resonance spectrum
пекулярный ~ *астр.* peculiar spectrum
пионный ~ pionic spectrum
~ плавного обтекания streamline pattern
~ пламени flame spectrum
плоский ~ flat spectrum
~ плотности density spectrum
~ плотности энергии energy-density spectrum
~ поглощения absorption spectrum
полосатый ~ band spectrum
~ поляризованных частиц polarized-particle spectrum
~ полярных сияний auroral spectrum
~ поперечных волновых чисел transverse wave number spectrum
~ пробегов range spectrum
~ продольных волновых чисел longitudinal wave number spectrum
~ пропускания transmission spectrum
пространственный ~ spacial spectrum
~ пространственных частот spacial frequency spectrum

протонный ~ proton spectrum
~ пучка beam spectrum
равновесный ~ equilibrium spectrum
равноэнергетический ~ equi-energy spectrum
~ радиоизлучения radio spectrum
~ радиочастот radio spectrum
разрешённый ~ allowed spectrum
~ распылённых атомов spectrum of sputtered atoms
~ рассеяния scattering spectrum
~ резонансного поглощения resonant absorption spectrum
резонансный ~ resonance spectrum
~ резонатора resonator [cavity] spectrum
рекомбинационный ~ recombination spectrum
релаксационный ~ relaxation spectrum
~ реликтового излучения relict radiation spectrum
рентгеновский ~ X-ray spectrum
рентгеновский фотоэмиссионный ~ X-ray photoemission spectrum, XPS
рентгеновский эмиссионный ~ X-ray emission spectrum
рентгеноэлектронный ~ X-ray electron spectrum
~ рэлеевского рассеяния Rayleigh spectrum
~ сверхтонкого расщепления hyperfine spectrum
~ сверхтонкой структуры hyperfine spectrum
~ связанных состояний электрона electron bounded state spectrum
сингулярный ~ spectral singularities
~ скоростей velocity spectrum
сложный ~ complex spectrum
смещённый ~ displaced spectrum
~, снятый с временным разрешением time-resolved spectrum
~ собственных значений eigenvalue spectrum
~ собственных частот eigenfrequency spectrum
солнечный ~ solar spectrum
~ солнечных пятен sunspot spectrum
спадающий ~ decaying spectrum
спин-волновой ~ spin wave spectrum
~ спинового эха spin echo spectrum
~ спиновых волн spin wave spectrum
сплошной ~ continuous spectrum, continuum
~ сравнения comparison [auxiliary] spectrum
стандартный ~ standard spectrum
степенной ~ power law spectrum
сумеречный ~ twilight spectrum
~ тепловых нейтронов thermal-neutron spectrum
~ термической турбулентности thermal turbulence spectrum
термодесорбционный ~ thermodesorption spectrum
~ тормозного излучения в кулоновском поле bremsstrahlung spectrum in Coulomb field
~ тормозного излучения в произвольном центральном поле bremsstrahlung spectrum in arbitrary central field

тормозной рентгеновский ~ bremsstrahlung X-ray spectrum
точечный ~ *мат.* point spectrum
трёхмерный ~ three-dimensional spectrum
триплетный ~ triplet spectrum
~ туманности *астр.* nebular spectrum
туннельный ~ tunneling spectrum
~ турбулентности Кадомцева Kadomtsev turbulence spectrum
~ турбулентности Колмогорова Kolmogorov turbulence spectrum
угловой ~ angular spectrum
ультрафиолетовый ~ ultraviolet spectrum
~ уравнения equation spectrum
фазовый ~ phase spectrum
фазочастотный ~ phase-frequency spectrum
~ Ферми *(для нейтронов)* Fermi spectrum
~ ферромагнитного резонанса ferromagnetic-resonance spectrum
~ флуктуаций fluctuation spectrum
~ флуоресценции fluorescence spectrum
фоновый ~ background spectrum
фононный ~ phonon spectrum
~ фосфоресценции phosphorescence spectrum
фотоакустический ~ photoacoustic spectrum
~ фотоносителей photocarrier spectrum
~ фотопоглощения photoabsorption spectrum
~ фотопроводимости photoconductivity spectrum
фототермоионизационный ~ photothermo-ionization spectrum
фотоэлектронный ~ photoelectron spectrum
фотоэмиссионный ~ photoemission spectrum
~ Фраунгофера Fraunhofer spectrum
фраунгоферов ~ Fraunhofer spectrum
характеристический ~ characteristic spectrum
~ частиц particle spectrum
~ частиц распада decay-particle spectrum
~ частот frequency spectrum
частотный ~ frequency spectrum
штурмовский ~ Sturmian spectrum
~ шума noise spectrum
~ шумов noise spectrum
эквидистантный ~ equidistant spectrum
экситонный ~ excitonic spectrum
экситонный ~ поглощения excitonic absorption spectrum
~ электромагнитного излучения spectrum of electromagnetic radiation
электронно-колебательный ~ electronic-vibrational spectrum
электронный ~ electronic spectrum
эмиссионный ~ emission spectrum
эмиссионный линейчатый ~ emission line spectrum
энергетический ~ energy [power] spectrum
энергетический ~ деления fission energy spectrum
энергетический ~ протонов proton energy spectrum, energy spectrum of protons
энергетический ~ электронов в полярном сиянии auroral electron energy spectrum

~ ЭПР EPR spectrum
эталонный ~ reference spectrum
~ ядерного квадрупольного резонанса nuclear quadrupol resonance [NQR] spectrum
~ ядерного магнитного резонанса nuclear magnetic resonance [NMR] spectrum
ядерный ~ nuclear spectrum
~ ядер отдачи recoil spectrum
~ ЯКР NQR spectrum
~ ЯМР NMR spectrum
спектральность *ж. ктп* spectrality
спектральный *прил.* spectral
спектроанализатор *м.* spectrum analyzer
акустооптический ~ acousto-optic spectrum analyzer
интегрально-оптический ~ integrated-optical spectrum analyzer
~, работающий в реальном (масштабе) времени real-time spectrum analyzer
узкополосный ~ narrow-band spectrum analyzer
цифровой ~ digital spectrum analyzer
спектроболометр *м.* spectrobolometer
спектрогелиограмма *ж.* spectroheliogram
спектрогелиограф *м.* spectroheliograph
спектрогелиокинематограф *м.* spectrohelio-cinematograph
спектрогелиоскоп *м.* spectrohelioscope
спектрограмма *ж.* spectrogram
динамическая ~ dynamic spectrogram
спектрограф *м.* spectrograph
автоколлимационный ~ autocollimating spectrograph
бесщелевой ~ slitless spectrograph
вакуумный ~ vacuum spectrograph
внутрирезонаторный ~ intracavity spectrograph
~ высокой разрешающей силы spectrograph of high resolving power; high resolution spectrograph
дифракционный ~ (diffraction) grating spectrograph
звёздный ~ stellar spectrograph
импульсный ~ pulse spectrograph
кварцевый ~ quartz spectrograph
магнитный ~ magnetic spectrograph
метеорный ~ meteor spectrograph
небулярный ~ nebular spectrograph
~ низкой разрешающей силы spectrograph of low resolving power, low resolution spectrograph
оптический ~ optical spectrograph
оптический эмиссионный ~ optical emission spectrograph
призменный ~ prism spectrograph
рентгеновский ~ X-ray spectrograph
рентгеновский эмиссионный ~ X-ray emission spectrograph
~ с вогнутой решёткой concave grating spectrograph
~ с двойной фокусировкой double-focusing spectrograph
~ с изогнутым кристаллом curved-crystal spectrograph

солнечный ~ solar spectrograph
~ с плоской решёткой plane grating spectrograph
фотографический ~ photographic spectrograph
фотоэлектрический ~ photoelectric spectrograph
щелевой ~ slit spectrograph
эмиссионный ~ emission spectrograph
спектрографический *прил.* spectrographic
спектрография *ж.* spectrography
спектродихрометр *м.* spectrodichrometer
спектроколориметр *м.* spectrocolorimeter
спектрокомпаратор *м.* spectrocomparator
спектромагнитодихрометр *м.* spectromag-
netodichrometer
спектромагнитополяриметр *м.* spectromag-
netopolarimeter
спектромагнитоэллипсометр *м.* spectromag-
netoellipsometer
спектрометр *м.* spectrometer
абсорбционный ~ absorption spectrometer
автоматический ~ automatic spectrometer
амплитудный ~ amplitude spectrometer
аналитический ~ analytical spectrometer
атомно-абсорбционный ~ atomic-absorption
spectrometer
атомно-абсорбционно-эмиссионный ~
atomic-absorption emission spectrometer
~ атомного пучка atomic-beam spectrometer
атомно-флуоресцентный ~ atomic fluorescence spectrometer
атомно-эмиссионный ~ atomic emission
spectrometer
безжелезный ~ iron-free spectrometer
бескристальный ~ crystal-free spectrometer
быстродействующий ~ high-speed spectrometer
быстродействующий инфракрасный ~
high-speed infrared spectrometer
быстросканирующий ~ rapid-scanning
[high-speed] spectrometer
~ быстрых нейтронов fast-neutron spectrometer
вакуумный ~ vacuum spectrometer
~ высокого разрешения high-resolution
spectrometer
высокочастотный ~ radio-frequency [rf]
spectrometer
германиевый ~ germanium spectrometer
гетеродинный лазерный ~ heterodyne laser
spectrometer
гибридный ~ *фэч* hybrid spectrometer
годоскопический ~ hodoscope spectrometer
двухлучевой ~ double-beam spectrometer
двухосный ~ biaxial spectrometer
дисперсионный ~ dispersion spectrometer
дифракционный ~ (diffraction) grating
spectrometer
жидкостный сцинтилляционный ~ liquid
scintillation spectrometer
записывающий ~ recording spectrometer
звуковой ~ acoustical spectrometer
~ Зигбана Siegbahn spectrometer
~ излучений radiation spectrometer, spectroradiometer
импульсный ~ pulsed spectrometer

интерференционный ~ с селективной ам-
плитудной модуляцией (СИСАМ)
interferometric spectrometer with selection by
amplitude of modulation, SISAM
инфракрасный ~ infrared spectrometer
ионизационный ~ ionization spectrometer
ионно-резонансный ~ ion-resonance spectrometer
ионный ~ ion spectrometer
искровой ~ spark chamber spectrometer
квадрупольный ~ quadrupole spectrometer
~ комбинационного рассеяния Raman
spectrometer
комптоновский ~ Compton spectrometer
корреляционный ~ correlation spectrometer
~ космического излучения cosmic-ray
spectrometer
кристаллический ~ crystal spectrometer
лазерный ~ laser spectrometer
лазерный флуоресцентный ~ laser
fluorescence spectrometer
ливневый ~ shower spectrometer
линзовый ~ lens spectrometer
люминесцентный ~ luminescent spectrometer
~ магнитного резонанса magnetic resonance
spectrometer
магнитно-линзовый ~ magnetic-lens spectrometer
магнитный ~ magnetic spectrometer
мёссбауэровский ~ Mössbauer spectrometer
многоканальный ~ multichannel spectrometer
многочастичный ~ multiparticle spectrometer
~ мягкого рентгеновского излучения soft
X-ray spectrometer
~ на сферах Боннера Bonner sphere spectrometer
нейтронный ~ neutron spectrometer
нейтронный кристаллический ~ crystal
neutron spectrometer
нейтронный ~ по времени пролёта
neutron time-of-flight spectrometer
нейтронный ~ с быстродействующим
прерывателем fast-chopper neutron
spectrometer
~ нейтронов реактора pile-neutron spectrometer
одноканальный ренгеновский ~ single-
channel X-ray spectrometer
~ однократных совпадений single-coinci-
dence spectrometer
однокристальный ~ single-crystal spectrometer
однолучевой инфракрасный ~ single-beam
infrared spectrometer
одноосный ~ uniaxial spectrometer
оптико-акустический ~ optico-acoustical
spectrometer
оптический ~ optical spectrometer
~ осколков деления fission fragment spectrometer
парный ~ pair spectrometer
~ по времени замедления slowing-down
time spectrometer
~ по времени пролёта time-of-flight spectrometer

~ по времени пролёта с вращающимся затвором rotating-shutter time-of-flight spectrometer
подземный ~ buried spectrometer
~ полного поглощения total [full] absorption spectrometer; ionization calorimeter
полукруговой ~ semicircular spectrometer
полупроводниковый ~ semiconductor spectrometer
призменный ~ prism spectrometer
протонный ~ proton spectrometer
~ пучка beam spectrometer
~ рассеяния Мандельштама - Бриллюэна Brillouin spectrometer
растровый ~ scanning spectrometer
резонансный ~ resonance spectrometer
рентгеновский ~ X-ray spectrometer
рентгеновский ~ с вогнутой дифракционной решёткой concave grating X-ray spectrometer
рентгеновский ~ с вогнутым кристаллом concave crystal X-ray spectrometer
рентгеновский ~ с выпуклым кристаллом convex crystal X-ray spectrometer
рентгеновский ~ с плоским кристаллом plane crystal X-ray spectrometer
ридберговский ~ Rydberg spectrometer
~ рэлеевского рассеяния Rayleigh(-scattering) spectrometer
светосильный ~ high-transmission spectrometer
~ с вогнутой решёткой concave grating spectrometer
~ с двойной фокусировкой double-focusing spectrometer
~ с дифракционной решеткой (diffraction) grating spectrometer
~ с длиннофокусными линзами long-lens spectrometer
секторный ~ sector spectrometer
~ с изогнутым кристаллом curved-crystal spectrometer
сканирующий ~ scanning spectrometer
~ скоростей velocity spectrometer
скоростной ~ high-speed spectrometer; chronospectrometer
~ с короткофокусными линзами short-lens spectrometer
~ с магнитными линзами magnetic lens spectrometer
соленоидальный ~ solenoidal spectrometer
~ со спиральными орбитами spiral orbit spectrometer
~ с плоским магнитным полем flat magnetic spectrometer
~ с плоской решёткой plane grating spectrometer
~ с пропорциональным счётчиком proportional-counter spectrometer
~ с сильной фокусировкой strong-focusing spectrometer
субмиллиметровый ~ submillimeter spectrometer
суммирующий сцинтилляционный ~ summing scintillation spectrometer

сцинтилляционный ~ scintillation spectrometer
~ типа сферического конденсатора spherical condenser-type spectrometer
тороидальный ~ toroidal spectrometer
трёхканальный ~ three-channel spectrometer
трёхкристальный ~ triple-crystal spectrometer
трёхосный ~ triaxial spectrometer
~ тяжёлых ионов heavy ion spectrometer
ультрафиолетовый ~ ultraviolet spectrometer
флуоресцентный ~ fluorescence spectrometer
фокусирующий ~ focusing spectrometer
фотоакустический ~ photoacoustic spectrometer
~ Фурье Fourier spectrometer
~ частиц отдачи recoil-particle spectrometer
черенковский ~ Cherenkov spectrometer
электронный ~ electron spectrometer
~ электронного парамагнитного резонанса electron paramagnetic resonance [EPR] spectrometer; radiospectrometer
~ электронного спинового резонанса electron spin resonance [ESR, electron paramagnetic resonance, EPR] spectrometer; radiospectrometer
электростатический ~ electrostatic spectrometer
~ ЭПР electron paramagnetic resonance [EPR] spectrometer; radiospectrometer
~ ядерного квадрупольного резонанса nuclear quadrupole resonance spectrometer, NQR spectrometer
~ ядерного магнитного резонанса nuclear magnetic resonance spectrometer, NMR spectrometer
ядерно-резонансный ~ nuclear-resonance spectrometer
~ ЯКР NQR spectrometer
~ ЯМР NMR spectrometer
спектрометр-анализатор *м.* analizing spectrometer
спектрометрический *прил.* spectrometric
спектрометрия *ж.* spectrometry
абсорбционная ~ absorption spectrometry
атомно-абсорбционная ~ atomic absorption spectrometry
атомно-флуоресцентная ~ atomic fluorescence spectrometry
атомно-эмиссионная ~ atomic emission spectrometry
времяпролётная ~ time-of-flight spectrometry
~ вторичных частиц secondary particle spectrometry
~ высокого разрешения high-resolution spectrometry
~ гамма-квантов gamma-ray spectrometry
~ длиннопробежных частиц long range particle spectrometry
инфракрасная ~ infrared spectrometry
~ к-мезонов kaon spectrometry
корреляционная ~ correlation spectrometry
лазерная ~ laser spectrometry
~ лёгких ядер spectrometry of light nuclei
~ медленных нейтронов slow neutron spectrometry

~ медленных электронов low energy electron spectrometry

нейтронная ~ neutron spectrometry

~ нейтронов neutron spectrometry

оптическая ~ optical spectrometry

~ осколков деления fission fragment spectrometry

~ пи-мезонов pion spectrometry

~ по времени замедления slowing-down time spectrometry

~ по времени пролёта time-of-flight spectrometry

~ по скоростям velocity spectrometry

~ протонов proton spectrometry

рентгеновская ~ X-ray spectrometry

сцинтилляционная ~ scintillation spectrometry

термодесорбционная ~ thermal desorption spectrometry

~ тлеющего разряда glow discharge spectrometry

~ тяжёлых ядер spectrometry of heavy nuclei

флуоресцентная ~ fluorescence spectrometry

фотографическая ~ photographic spectrometry

эмиссионная ~ emission spectrometry

ядерная ~ nuclear spectrometry

спектромонохроматор *м.* spectromonochromator

спектрон *м. (форма импульса)* spectron

спектропиргелиометр *м.* spectropyrheliometer

спектрополяриметр *м.* spectropolarimeter

спектрополяриметрия *ж.* spectropolarimetry

столкновительная ~ collisional spectropolarimetry

спектропроектор *м.* spectroprojector

двойной ~ double spectroprojector

спектрорадиометр *м.* spectroradiometer

оптический ~ optical spectroradiometer

спектрорадиометрия *ж.* spectroradiometry

инфракрасная ~ infrared spectroradiometry

ультрафиолетовая ~ ultraviolet spectroradiometry

спектрорефлектометр *м.* spectroreflectometer

спектрорефрактометр *м.* spectrorefractometer

спектросенситометр *м.* spectrosensitometer

спектроскоп *м.* spectroscope

дифракционный ~ grating spectroscope

пламенный ~ flame spectroscope

призменный ~ prism spectroscope

спектроскопический *прил.* spectroscopic

спектроскопия *ж.* spectroscopy

абсорбционная ~ absorption spectroscopy

абсорбционная инфракрасная ~ absorption infrared spectroscopy

автоионизационная ~ autoionization spectroscopy

адронная ~ hadronic spectroscopy

активная ~ active spectroscopy

активная лазерная ~ active laser spectroscopy

активная лазерная ~ поглощения active laser absorption spectroscopy

активная лазерная ~ рассеяния active laser scattering spectroscopy

активная ~ рассеяния света active light-scattering spectroscopy

активная ~ упругого рассеяния active elastic scattering spectroscopy

акустическая ~ acoustical spectroscopy

акустооптическая ~ acousto-optical spectroscopy

амплитудная модуляционная ~ amplitude modulation spectroscopy

аналитическая ~ analytical spectroscopy

антистоксова ~ *(ВРМБ)* anti-Stokes spectroscopy

антистоксова ~ когерентного рассеяния coherent anti-Stokes scattering spectroscopy

атомная ~ atomic spectroscopy

атомная эмиссионная ~ atomic emission spectroscopy

атомно-абсорбционная ~ atomic absorption spectroscopy

атомно-флуоресцентная ~ atomic fluorescence spectroscopy

атомно-эмиссионная ~ atomic emission spectroscopy

~ атомов и молекул atomic and molecular spectroscopy, spectroscopy of atoms and molecules

барионная ~ baryon spectroscopy

бездоплеровская двухфотонная ~ Doppler-free two-photon spectroscopy

~ без доплеровского уширения Doppler-free spectroscopy

вакуумная ~ vacuum spectroscopy

вакуумная ультрафиолетовая ~ vacuum ultraviolet spectroscopy

~ ВКР SRS spectroscopy

~ внутреннего отражения internal reflection spectroscopy

внутрирезонаторная лазерная ~ intracavity laser spectroscopy

~ в пучке in-beam spectroscopy

вращательная ~ rotational spectroscopy

времяпролётная ~ time-of-flight spectroscopy

~ ВРМБ SBS spectroscopy

вторично-электронная ~ secondary-electron spectroscopy

~ выжигания провалов hole-burning spectroscopy

~ вынужденного комбинационного рассеяния stimulated Raman scattering spectroscopy, SRS spectroscopy

~ вынужденного рассеяния Мандельштама - Бриллюэна stimulated Brillouin scattering [SBS] spectroscopy

~ вынужденного эха stimulated echo spectroscopy

~ высокого разрешения high-resolution spectroscopy

гамма-резонансная ~ gamma-resonance [Mössbauer] spectroscopy

~ гетеродинирования heterodyne spectroscopy

~ гиперкомбинационного рассеяния hyper-Raman spectroscopy

~ глубоких уровней deep level spectroscopy

голографическая ~ holographic spectroscopy
голографическая многомерная ~ holographic multidimensional spectroscopy
~ **далёкого инфракрасного излучения** far infrared spectroscopy
~ **двойного резонанса** double resonance spectroscopy
~ **двухфотонного поглощения** two-photon absorption spectroscopy
динамическая ~ dynamic spectroscopy
диодная лазерная ~ diode laser spectroscopy
дифференциальная адсорбционная ~ differential adsorption spectroscopy
дифференциальная ~ **комбинационного рассеяния** differential Raman spectroscopy
дифференциальная мёссбауэровская ~ differential Mössbauer spectroscopy
дифференциальная ~ **поглощения** differential absorption spectroscopy
доплеровская лазерная ~ laser Doppler spectroscopy
ёмкостная ~ capacity spectroscopy
зеемановская ~ Zeeman spectroscopy, Zeeman-effect spectroscopy
~ **излучений** radiation spectroscopy
импульсная ~ pulsed spectroscopy
инфракрасная ~ infrared spectroscopy
инфракрасная ~ **с временным разрешением** time-resolved infrared spectroscopy
ионизационная ~ ionization spectroscopy
ионизационная ~ **ВКР** ionization SBS spectroscopy
~ **ионизационного провала** ionization dip [ion dip] spectroscopy
~ **ионизационных потерь** ionization loss spectroscopy
ионная ~ ion spectroscopy
ионно-фотонная ~ ion-photon spectroscopy
ионно-электронная ~ ion-electron spectroscopy
ирастовая ~ yrast spectroscopy
~ **КАРС** CARS spectroscopy
~ **квантовых биений** quantum beat spectroscopy
когерентная ~ coherent spectroscopy
когерентная активная лазерная ~ coherent active laser spectroscopy
когерентная ~ **гиперкомбинационного рассеяния** coherent hyper-Raman spectroscopy
когерентная ~ **комбинационного рассеяния** coherent Raman spectroscopy
когерентная ~ **комбинационного рассеяния света** coherent Raman scattering spectroscopy
когерентная нелинейная ~ coherent nonlinear spectroscopy
когерентная поляризационная активная ~ coherent polarization active spectroscopy
когерентная стационарная активная ~ coherent stationary active spectroscopy
когерентная четырёхфотонная ~ coherent four-photon spectroscopy
~ **когерентного антистоксова рассеяния (КАРС)** coherent anti-Stokes Raman spectroscopy

колебательная ~ oscillation spectroscopy
комбинационная ~ **насыщения** saturation Raman spectroscopy
~ **комбинационного рассеяния света** Raman spectroscopy
~ **комбинационного усиления** stimulated Raman gain spectroscopy
комбинационно обусловленная керровская ~ **(КОКС)** Raman-induced Kerr effect spectroscopy, RIKES
конверсионная мёссбауэровская ~ conversion Mössbauer spectroscopy
корреляционная ~ correlation spectroscopy
~ **кристаллов** crystal spectroscopy
лазерная ~ laser spectroscopy
лазерная инфракрасная ~ laser infrared spectroscopy
лазерная кинетическая ~ laser kinetic spectroscopy
лазерная корреляционная ~ laser correlation spectroscopy
лазерная ~ **насыщенного поглощения** saturated absorption laser spectroscopy
лазерная фотоионизационная ~ laser photoionization spectroscopy
линейная ~ linear spectroscopy
люминесцентная ~ **адсорбированных молекул** luminescent spectroscopy of adsorbed molecules
магнитная ~ magnetic spectroscopy
~ **магнитного резонанса** magnetic resonance spectroscopy
магнитооптическая нелинейная ~ magnetooptical nonlinear spectroscopy
~ **Мандельштама - Бриллюэна** (Mandelstam-) Brillouin spectroscopy
~ **мандельштам-бриллюэновского рассеяния света** (Mandelstam-)Brillouin spectroscopy
~ **медленных вторичных электронов** slow secondary electron spectroscopy
~ **медленных нейтронов** slow neutron spectroscopy
мёссбауэровская ~ Mössbauer spectroscopy; EXAFS
мёссбауэровская ~ **в сильном поле** high-field Mössbauer spectroscopy
мёссбауэровская ~ **на конверсионных электронах** conversion electron Mössbauer spectroscopy
микроволновая ~ microwave spectroscopy
микрозондовая ~ microprobe spectroscopy
микроконтактная ~ microcontact spectroscopy
~ **многоступенчатого возбуждения** multistage excitation spectroscopy
~ **многоступенчатой ионизации** multistage ionization spectroscopy
многофотонная ~ multiphoton spectroscopy
многофотонная ионизационная ~ multiphoton ionization spectroscopy
~ **многофотонного поглощения** multiphoton absorption spectroscopy
модуляционная ~ modulation spectroscopy

модуляционная ~ комбинационного рассеяния modulation Raman spectroscopy

молекулярная ~ molecular spectroscopy

~ молекулярного рассеяния света molecular light scattering spectroscopy

монохроматическая ~ monochromatic spectroscopy

~ мюония muonium spectroscopy

~ насыщения saturation spectroscopy

~ насыщения поглощения absorption saturation spectroscopy

~ нейтрино neutrino spectroscopy

нейтронная ~ neutron spectroscopy

~ нейтронов neutron spectroscopy

некогерентная активная ~ noncoherent active spectroscopy

некогерентная активная лазерная ~ noncoherent active laser spectroscopy

нелинейная ~ nonlinear spectroscopy

нестационарная ~ *(фоторефрактивных материалов)* nonstationary spectroscopy

нестационарная активная лазерная ~ transient active laser spectroscopy

нестационарная ~ глубоких уровней deep level transient spectroscopy

нестационарная ~ (КАРС) transient CARS (spectroscopy)

нестационарная когерентная ~ комбинационного рассеяния transient coherent Raman spectroscopy

нестационарная ~ четырёхволнового смешения transient four-wave mixing spectroscopy

~ неупругого рассеяния молекулярных пучков molecular-beam inelastic scattering spectroscopy

~ неупругого рассеяния нейтронов neutron inelastic scattering spectroscopy

~ неупругого рассеяния электронов electron inelastic scattering spectroscopy

~ низкого разрешения low resolution spectroscopy

~ обращённого комбинационного рассеяния inverse Raman spectroscopy

однофотонная ~ single-photon spectroscopy

оже-электронная ~ Auger(-electron) spectroscopy

оптико-акустическая ~ optico-acoustic [photoacoustic] spectroscopy

оптико-гальваническая ~ optogalvanic spectroscopy

оптико-рефракционная ~ optical refraction spectroscopy

оптико-термическая ~ photothermal spectroscopy

оптическая ~ optical spectroscopy

оптическая ~ адсорбата optical spectroscopy of adsorbate

~ оптических нутаций optical nutation spectroscopy

~ оптического эффекта Керра optical Kerr effect spectroscopy

~ оптического эффекта Керра, индуцированного комбинационным резонансом (КОКС) Raman-induced Kerr effect spectroscopy, RIKES

отражательно-абсорбционная инфракрасная ~ reflection-absorption infrared spectroscopy

отражательно-адсорбционная инфракрасная ~ reflection-adsorption infrared spectroscopy

~ отражения reflection spectroscopy

~ отражённых электронов reflected electron spectroscopy

~ парамагнитного резонанса paramagnetic resonance spectroscopy

~ пересечения уровней level-crossing spectroscopy

пикосекундная ~ picosecond spectroscopy

~ плазмы plasma spectroscopy

пламенная ~ flame spectroscopy

пламенная абсорбционная ~ flame absorption spectroscopy

пламенная эмиссионная ~ flame emission spectroscopy

поверхностная ~ КАРС surface CARS spectroscopy

~ поверхностных электромагнитных волн surface electromagnetic wave [SEW] spectroscopy

~ поглощения absorption spectroscopy

поляризационная ~ polarization spectroscopy

поляризационная ~ КАРС polarization CARS (spectroscopy)

поляризационная модуляционная ~ polarization modulation spectroscopy

~ потерь энергии электронов electron energy loss spectroscopy, EELS

прецизионная ~ precision spectroscopy

рамановская ~ Raman spectroscopy

~ рассеяния scattering spectroscopy

~ рассеяния света light scattering spectroscopy

резонансная ~ resonance spectroscopy

резонансная туннельная ~ resonance tunnel spectroscopy

релаксационная ~ relaxation spectroscopy

релаксационная ~ глубоких уровней deep level relaxation spectroscopy

рентгеновская ~ X-ray spectroscopy

рентгеновская ~ тонкой структуры протяжённого поглощения EXAFS spectroscopy

рентгеновская фотоэлектронная ~ X-ray photoelectron spectroscopy

рентгеновская фотоэмиссионная ~ X-ray photoemission spectroscopy, XPS

рентгеновская эмиссионная ~ X-ray emission spectroscopy

рентгеноэлектронная ~ *(электронная спектроскопия для химического анализа, ЭСХА)* X-ray electron spectroscopy

~ рэлеевского рассеяния света Rayleigh scattering spectroscopy

~ сверхвысокого разрешения superhigh-resolution spectroscopy

~ **сверхрешёток** superlattice spectroscopy
~ **светового эха** photon echo spectroscopy
~, **свободная от доплеровского уширения** Doppler-free spectroscopy
~ **с временным разрешением** time-resolved spectroscopy
~ **с газовой мишенью** beam-gas spectroscopy
селективная ~ selective spectroscopy
сканирующая туннельная ~ scanning tunnel spectroscopy
скользящая мёссбауэровская ~ glide Mössbauer spectroscopy
~ **скользящего падения** grating spectroscopy
спин-волновая ~ spin-wave spectroscopy
~ **спин-поляризованных электронов** spin-polarized electron spectroscopy
~ **с поляризационной маркировкой** polarization labeling spectroscopy
~ **спонтанного рассеяния света** spontaneous scattering spectroscopy
~ **с пространственным разрешением** spatially resolved spectroscopy
стационарная ~ *(комбинационного рассеяния)* stationary spectroscopy
стационарная активная лазерная ~ stationary active laser spectroscopy
стоксова ~ **ВРМБ** Stokes SBS spectroscopy
столкновительная ~ collisional spectroscopy
субмиллиметровая ~ submillimeter spectroscopy
~ **с угловым разрешением** angular resolution spectroscopy
~ **с фольговой мишенью** beam-foil spectroscopy
~ **твёрдого тела** solid-state spectroscopy
термоактивационная токовая ~ *фпп* thermoactivated current spectroscopy
термодесорбционная ~ thermodesorption spectroscopy
точечно-контактная ~ point-contact spectroscopy
трансляционная ~ translational energy spectroscopy
~ **трёхволнового смешения** three-wave mixing spectroscopy
трёхосная нейтронная ~ triple-axis neutron spectroscopy
туннельная ~ tunnel spectroscopy
ультразвуковая ~ ultrasonic spectroscopy
ультрамягкая рентгеновская ~ ultrasoft X-ray spectroscopy
ультрафиолетовая ~ ultraviolet spectroscopy
ультрафиолетовая фотоэмиссионная ~ ultraviolet photoemission spectroscopy
ультрафиолетовая фотоэмиссионная ~ **с разрешением по углам** angle-resolved ultraviolet photoemission spectroscopy, ARUPS
~ **упруго рассеянных электронов** elastically scattered electron spectroscopy
фазовая ~ *(поверхностных электромагнитных волн)* phase spectroscopy
фазовая модуляционная ~ phase modulation spectroscopy

фемтосекундная ~ femtosecond spectroscopy
флуктуационная туннельная ~ fluctuation tunnel spectroscopy
флуоресцентная ~ fluorescence spectroscopy
флуоресцентная ~ **многофотонного возбуждения** multiphoton-induced fluorescence spectroscopy
~ **фононного эха** phonon echo spectroscopy
фотоакустическая ~ photoacoustic spectroscopy
фотодефлекционная ~ photodeflection spectroscopy
фотодиссоциационная ~ photodissociation spectroscopy
фотодиссоциационная инфракрасная ~ photodissociation infrared spectroscopy
фотоионизационная ~ photoionization spectroscopy
фотоионизационная резонансная ~ photoionization resonance spectroscopy
~ **фототеплового отклонения** *(лазерного пучка)* photothermal deflection spectroscopy
фототермическая ~ photothermal spectroscopy
фототермическая модуляционная ~ photothermal modulation spectroscopy
~ **фототермического смещения** photothermal displacement spectroscopy
фототермоионизационная ~ photothermoionization spectroscopy
фотоэлектрическая ~ photoelectric spectroscopy
фотоэлектрическая полупроводниковая ~ photoelectric semiconductor spectroscopy
фотоэлектрическая релаксационная ~ photoelectric-relaxation spectroscopy
фотоэлектронная ~ photoelectron spectroscopy
фотоэлектронная ~ **с угловым разрешением** angle-resolved photoelectron spectroscopy
~ **фотоэлектронов** photoelectron spectroscopy
~ **фотоэлектронов внутренних оболочек** core-level photoelectron spectroscopy
фотоэмиссионная ~ photoemission spectroscopy
~ **Фурье** Fourier spectroscopy
~ **характеристических потерь** characteristic loss spectroscopy
~ **четырёхволнового смешения** four-wave mixing spectroscopy
четырёхфотонная ~ four-photon spectroscopy
четырёхфотонная ~ **комбинационного рассеяния света** four-photon Raman spectroscopy
четырёхфотонная нелинейная ~ four-photon nonlinear spectroscopy
четырёхфотонная резонансная ~ four-photon resonance spectroscopy
штарковская ~ Stark spectroscopy
экзоэлектронная ~ exoelectron spectroscopy
электронная ~ electron spectroscopy
электронная туннельная ~ electron tunneling spectroscopy
~ **электронного парамагнитного резонанса** electron paramagnetic resonance [EPR] spectroscopy

эмиссионная ~ emission spectroscopy
~ энергетических потерь быстрых электронов high electron energy loss spectroscopy, HEEELS
~ энергетических потерь медленных электронов slow electron energy loss spectroscopy
~ энергетических потерь проходящих электронов transmission electron energy loss spectroscopy
~ ЭПР EPR spectroscopy
~ эффекта Керра, индуцированного комбинационным резонансом (КОКС) Raman-induced Kerr effect spectroscopy, RIKES
ядерная ~ nuclear spectroscopy
~ ядерного квадрупольного резонанса nuclear quadrupole resonance [NQR] spectroscopy
~ ядерного магнитного резонанса nuclear magnetic resonance [NMR] spectroscopy
~ ЯКР NQR spectroscopy
~ ЯМР NMR spectroscopy
~ EXAFS EXAFS [Mössbauer] spectroscopy
спектротомография ж. spectrotomography
флуоресцентная ~ fluorescent spectrotomography
спектрофлуориметр м. spectrofluorimeter
спектрофлуорометр м. spectrofluorometer
спектрофотометр м. spectrophotometer
автоматический ~ automatic spectrophotometer
атомно-абсорбционный ~ atomic absorption spectrophotometer
двухлучевой ~ two-beam spectrophotometer
картирующий ~ астр. maping spectrophotometer
однолучевой ~ single-beam spectrophotometer
пламенный ~ flame spectrophotometer
прецизионный ~ precise spectrophotometer
эмиссионный ~ emission spectrophotometer
спектрофотометрический прил. spectrophotometric
спектрофотометрия ж. spectrophotometry
абсорбционная ~ absorption spectrophotometry
прецизионная ~ precise spectrophotometry
ультрафиолетовая ~ ultraviolet spectrophotometry
фотографическая ~ photographic spectrophotometry
фотоэлектрическая ~ photoelectric spectrophotometry
спектрохимия ж. spectrochemistry
спектрохронограф м. spectrochronograph
спектрохронология ж. spectrochronology
нелинейная ~ nonlinear spectrochronology
фемтосекундная ~ femtosecond spectrochronology
спектроэлектроэллипсометр м. spectroelectroellipsometer
спектроэллипсометр м. spectroellipsometer
сперимагнетизм м. sperimagnetism
сперимагнетик м. sperimagnet
сперомагнетизм м. speromagnetism
асимметричный ~ asperomagnetism

сперомагнетик м. speromagnet
спецификация ж. specification
специфичность ж. specificity
спецодежда ж. working clothes
защитная ~ protective clothing
лабораторная ~ laboratory clothing
спикула ж. (на Солнце) spicule
хромосферная ~ chromosphere spicule
спин м. spin
антипараллельные ~ы anti-parallel spins
взаимодействующий ~ interacting spin
выстроенные ~ы aligned spins
детонационный ~ detonation spin
дробный ~ fractional spin
замороженный ~ freezed spin
изинговский ~ Ising spin
изобарический ~ isobaric spin
изотопический ~ isotopic spin, isospin
конформный ~ conformal spin
локализованный ~ localized spin
начальный ~ initial spin
~ нейтрона neutron spin
некоррелированные ~ы uncorrelated spins
ненулевой ~ nonvanishing [nonzero] spin
нескомпенсированный ~ uncompensated spin
неспаренный ~ unpaired spin
~ нечётно-нечётного ядра odd-odd spin
~ нечётно-чётного ядра odd-even spin
нечётный ~ odd spin
нулевой ~ zero [vanishing] spin
ориентированный ~ oriented spin
параллельные ~ы parallel spins
полный ~ total spin
полный изотопический ~ total isotopic spin, total isospin
полуцелый ~ half-integer spin
поляризованные ~ы polarized spins
продольный ~ longitudinal spin
~ протона proton spin
результирующий ~ resultant spin
собственный ~ intrinsic spin
спаренный ~ paired spin
фиктивный ~ fictitious spin
~ фотона photon spin
целочисленный ~ integer spin
целый ~ integer spin
~ частицы particle spin
~ чётно-нечётного ядра even-odd spin
~ чётно-чётного ядра even-even spin
чётный ~ even spin
~ электрона electron spin
ядерный ~ nuclear spin
~ ядра nuclear spin
спинар м. астр. spinar
спин-дублет м. spin doublet
спинка ж. back
~ лопасти suction face of a propeller blade
спинодаль ж. терм. spinodal
изотермическая ~ isothermal spinodal
изоэнтропийная ~ isentropic spinodal
~ фазового перехода phase transition spinodal
спинон м. фмя spinon

спинор *м. ктп* spinor
  бесконечномерный ~ infinite-dimensional spinor
  бозонный ~ bosonic spinor
  вейлевский ~ Weyl spinor
  двухкомпонентный ~ two-component spinor
  дираковский ~ Dirac spinor
  изотопический ~ isotopic spinor
  кварковый ~ quark spinor
  ковариантный ~ covariant spinor
  контравариантный ~ contravariant spinor
  конформный ~ conformal spinor
  левый ~ left spinor
  майорановский ~ Majorana spinor
  метрический ~ metric spinor
  непунктирный ~ undotted spinor
  правый ~ right spinor
  пространственно-временной ~ space-time spinor
  пунктирный ~ dotted spinor
  ~ **ранга 1** spinor of rank 1
  симметрический ~ symmetric spinor
  сопряжённый ~ adjoint spinor
  унитарный ~ unitary spinor
  фермионный ~ fermionic spinor
  четырёхкомпонентный ~ four-component spinor
спин-орбиталь *ж.* spin-orbital
спинарископ *м.* spinthariscope
спин-флип *м. фмя* spin flip
спин-флиппер *м.* spin flipper
спин-флип-рассеяние *с. фмя* spin flip scattering
спин-флоп *м. фмя* spin flop
спирал/ь *ж.* spiral; helix □ **двигаться по ~и** gyrate; spiral
  ~ **Архимеда** Archimedean spiral
  бифилярная ~ bifilar spiral
  газовая ~ gaseous spiral
  гиперболическая ~ hyperbolic spiral
  двойная ~ *биол.* double spiral, double helix
  двухрукавная ~ *астр.* two-armed spiral
  коническая ~ conical spiral
  ~ **Корню** *опт.* Cornu spiral
  левосторонняя ~ left-hand spiral
  ленточная ~ tape helix
  лидирующая ~ *(галактики)* leading spiral
  логарифмическая ~ logarithmic spiral
  многозаходная ~ multiturn spiral
  многоярусная ~ multitier spiral
  отстающая ~ *(галактики)* trailing spiral
  полигонизированная ~ *крист.* polygonized spiral
  правая двойная ~ right double spiral
  развёрнутая ~ *(тип галактики)* open spiral
  развитая ~ *(тип галактики)* well-developed spiral
  ~ **роста** *(кристалла)* growth spiral
  ~ **с перемычкой** *(тип галактики)* barred spiral
  тугозакрученная ~ tightly wound spiral
  ~ **Эйри** *(при интерференции)* Airy spiral
спиральность *ж. (квантовое число)* helicity

  асимптотическая ~ asymptotic helicity
  ~ **безмассовых нейтрино** massless neutrino helicity
  инвариантная ~ invariant helicity
  левая ~ left-handed helicity
  магнитная ~ magnetic helicity
  ~ **налетающей частицы** incident helicity
  ненулевая ~ nonzero helicity
  нулевая ~ zero helicity
  обобщённая ~ generalized helicity
  отрицательная ~ negative helicity
  положительная ~ positive helicity
  правая ~ right-handed helicity
спиральный *прил.* spiral, helical
спирт *м.* alcohol
  метиловый ~ methyl alcohol, methanol
  этиловый ~ ethyl alcohol, ethanol
список *м.* list
  библиографический ~ references; bibliography
  ~ **звёзд** star list
  ~ **цитированной литературы** references; bibliography
спица *ж.* spoke
  электронная ~ *(в магнетроне)* electron spoke
сплав *м.* alloy
  алюминиевый ~ aluminium alloy
  аморфный ~ amorphous alloy
  аморфный магнитный ~ amorphous magnetic alloy
  антиферромагнитный ~ antiferromagnetic alloy
  антифрикционный ~ antifriction alloy
  бериллиевый ~ beryllium alloy
  бинарный ~ binary alloy
  ~ **внедрения** interstitial alloy
  вольфрамовый ~ tungsten alloy
  ~ **Вуда** Wood alloy
  высококоэрцитивный ~ high-coercivity alloy
  высоколегированный ~ high alloy
  ~ **Гейслера** Heusler alloy
  гейслеровский ~ Heusler alloy
  гетерогенный ~ heterogeneous [multiphase] alloy
  гомогенный ~ homogeneous [single-phase] alloy
  двойной ~ binary alloy
  двухкомпонентный ~ binary alloy
  двухфазный ~ two-phase [binary] alloy
  дисперсионно твердеющий ~ precipitation hardening alloy
  ~ **для тепловыделяющих элементов** *яф* fuel-element alloy
  жаропрочный ~ high-temperature [heat-resisting] alloy
  жаростойкий ~ high-temperature [heat-resisting] alloy
  железо-углеродистый ~ iron-carbon alloy
  жидкий ~ liquid alloy
  ~ **замещения** substitution alloy
  износостойкий ~ wear-resistant alloy
  инварный ~ invar (alloy)
  коррозионно-стойкий ~ corrosion-resistant alloy

кристаллический ~ crystalline alloy
лёгкий ~ light alloy
лёгкоплавкий ~ fusible alloy
магнитный ~ magnetic alloy
магнитный ~, осаждённый распылением
sputter-deposited magnetic alloy
магнитомягкий ~ soft magnetic alloy
магнитотвёрдый ~ hard magnetic alloy
металлический ~ metal alloy
метастабильный ~ metastable alloy
многокомпонентный ~ multicomponent alloy
многофазный ~ multiphase [heterogeneous] alloy
~ на основе урана uranium-base alloy
немагнитный ~ nonmagnetic alloy
немагнитный инварный ~ nonmagnetic invar alloy
неупорядоченный ~ disordered [random] alloy
однофазный ~ single-phase [homogeneous] alloy
перитектический ~ peritectic alloy
подшипниковый ~ bearing alloy
полуметаллический ~ semimetallic alloy
полупроводниковый ~ semiconductor alloy
разбавленный ~ diluted alloy
разбавленный магнитный ~ diluted magnetic alloy
разупорядоченный ~ disordered alloy
разупорядоченный ферромагнитный ~ disordered ferromagnetic alloy
редкоземельный ~ rare earth alloy
сверхпроводящий ~ superconducting alloy
стареющий ~ ageing alloy
твёрдый ~ hard alloy
трёхкомпонентный ~ three-component [ternary] alloy
тройной ~ three-component [ternary] alloy
тугоплавкий ~ high-melting [refractory] alloy
упорядоченный ~ ordered alloy
~, упрочнённый частицами particle-hardened alloy
уран-висмутовый ~ uranium-bismuth alloy
уран-циркониевый ~ uranium-zirconium alloy
ферримагнитный ~ ferrimagnetic alloy
ферромагнитный ~ ferromagnetic alloy
эвтектический ~ eutectic alloy
эвтектоидный ~ eutectoid alloy
сплавление *с. (разных металлов)* alloying; *(методом сварки)* fusion
~ оптических волокон fiber fusion (splicing)
сплайн *м. мат.* spline
базисный ~ basic spline
бикубический ~ bicubic spline
билинейный ~ bilinear spline
вырожденный ~ degenerate spline
интерполяционный ~ interpolating spline
квадратичный ~ quadratic spline
кубический ~ cubic spline
локальный ~ local spline
полиномиальный ~ polynomial spline
фундаментальный ~ fundamental spline

сплайн-интерполяция *ж.* spline interpolation
сплетение *с.* tangle
~ дислокаций dislocation tangle
сплошность *ж.* continuity
~ покрытия coating continuity
сплюснутость *ж. (звезды)* flatness
~ галактик flatness of galaxies
сплющенность *ж. (Солнца)* oblateness; flatness
сплющивание *с. (под действием наружного давления)* collapse; *(одноосное)* flattening
спонтанный *прил.* spontaneous
способ *м. (см. тж.* **метод***)* method; technique
~ буксировки *(при калибровке гидрометрической вертушки)* towing method
весовой ~ измерения ёмкости weighing method of capacity measurement
~ водяного удара *(измерения расхода)* inertia-pressure [Gibson] method
геометрический ~ *(измерения расхода)* geometric method
геометрический ~ измерения ёмкости geometrical method of capacity measurement
~ затухания колебаний *(при измерении вязкости)* oscillating disk method
~ измерения расхода при помощи радиоизотопов isotope-velocity [radio-active tracer] method
~ измерения расхода при помощи сужающих устройств constriction method
инерционный ~ Гибсона *(измерения расхода)* Gibson [inertia-pressure] method
интерференционный ~ измерения скорости pressure-wave interference method of velocity measurement
калориметрический ~ *(измерения расхода)* calorimetric method
кинематический ~ измерения скорости kinematic method of velocity measurement
колориметрический ~ *(измерения расхода)* color dilution method
~ Куэтта *(определения вязкости)* Couette method
объёмный ~ *(измерения расхода)* volumetric method
~ расхода *(при измерении вязкости)* flow method
~ регистрации detection technique
~ скоростного напора *(измерения расхода)* head-raising method
~ солёности раствора *(измерения расхода)* salt-titration [salt-dilution] method
~ А.В. Степанова *(получения профилированных кристаллов)* A.V. Stepanov method
тахометрический ~ *(измерения расхода)* tachometric method
теневой ~ визуализации shadow-graph method of visualization
тензометрический ~ *(измерения расхода)* tensometric method
термодинамический ~ *(измерения расхода)* thermodynamic method
термометрический ~ *(измерения расхода)* thermometric method

термоэлектрический ~ *(измерения расхода)* thermoelectric method

ультразвуковой ~ *(измерения расхода)* ultrasonic method

~ центробежного напора *(измерения расхода)* centrifugal-head method

электромагнитный ~ *(измерения расхода)* electromagnetic method

электромагнитный ~ измерения скорости electromagnetic method of velocity measurement

энергетический ~ *(измерения расхода)* energy method

энергетический ~ измерения скорости *(потока)* energy method of velocity measurement

способность *ж.* ability, capacity, power; *(разрешающая)* resolution

абразивная ~ abrasive capacity; abrasive ability

абсорбционная ~ absorptivity, absorbability, absorption ability, absorptive capacity

адгезионная ~ adhesive ability, adhesive capacity, adhesiveness

адсорбционная ~ adsorbability, adsorptive capacity, adsorption capacity

анализирующая ~ *(напр. мишени)* analyzing power

атомная тормозная ~ atomic stopping power

восстановительная ~ reducing ability, reducing power

вращательная ~ rotatory power

временная разрешающая ~ time resolution

высокая разрешающая ~ high resolution

~ делиться fissionability, fissility

дефокусирующая ~ defocusing power

~ деформироваться *(без разрушения)* strain capacity, deformability

динамическая разрешающая ~ dynamic resolution

диспергирующая ~ dispersive capacity, dispersive power

диффузионная ~ diffusibility

~ замедлять нейтроны neutron-moderating capacity

замедляющая ~ slowing-down [moderating] power

избирательная ~ selectivity; selective ability

излучательная ~ radiating [radiation, emissive] capacity, emissive power

интегральная испускательная ~ integral [total] emissive power

ионизирующая ~ ionizing power, ionizing capacity; specific ionization

испускательная ~ radiating [radiation, emissive] capacity, emissive power

~ к закаливанию hardening capacity; hardening ability

~ к насыщению saturation capacity

~ к образованию кластеров clustering ability

когезионная ~ cohesiveness

компенсирующая ~ compensation capacity

~ к прилипанию cohesiveness

линейная тормозная ~ linear stopping power

макроскопическая замедляющая ~ macroscopic slowing-down power

массовая тормозная ~ mass stopping power

молекулярная тормозная ~ molecular stopping power

несущая ~ bearing [carrying] capacity, bearing force

обнаружительная ~ *(приёмника)* detection ability

окислительная ~ oxidative ability; oxidation power

окислительно-восстановительная ~ redox power

~ осаждаться precipitability

~ останавливать трещину crack-arresting ability

относительная тормозная ~ relative stopping power

отражательная ~ *опт.* reflectivity, reflectance, reflection [reflecting] power

~ отражать нейтроны neutron-reflecting capacity

поглощательная ~ absorptivity, absorbability, absorption ability, absorptive capacity

полная испускательная ~ integral [total] emissive power

предельная разрешающая ~ limiting resolution

преломляющая ~ refractivity, refractive power

~ производить работу ability to do work

проникающая ~ penetrability, penetrating power

пропускная ~ transmission capacity

пропускная ~ канала conveyance of a channel; channel capacity

пространственная разрешающая ~ spatial resolution

разделительная ~ separative [separating] power

размножающая ~ regenerative efficiency, multiplication capacity

разрешающая ~ resolution; resolving power

разрешающая ~ по времени time resolution

разрешающая ~ по кристаллической решётке lattice plane resolution

разрешающая ~ по точкам point resolution, point capacity

разрешающая ~ по энергии energy resolution

разрешающая ~ прибора instrumental resolution

~ рассеивать нейтроны neutron-diffusion capacity

рассеивающая ~ *(напр. кристалла)* scattering power

реактивная ~ топлива reactive capacity of fuel

реакционная ~ reactivity

регистрирующая ~ detection capability

светорассеивающая ~ light scattering power

связующая ~ binding power

смазочная ~ lubricity; lubrication ability

смачивающая ~ wetting ability, wetting power

~ совершать работу ability to do work

спектральная испускательная ~ spectral radiation capacity; spectral emissive power

теоретическая разрешающая ~ theoretical resolution

теплотворная ~ calorific value, caloric [calorific, heating] power

~ течь flowability

тормозная ~ (вещества) slowing-down [stopping] power

тормозная ~ при столкновении collisional stopping power

угловая разрешающая ~ angular resolution

удельная рассеивающая ~ (напр. кристалла) specific scattering power

удерживающая ~ holding power

фокусирующая ~ focusing power

фотоиндуцированная отражательная ~ photoinduced reflectivity

фотоэмиссионная ~ photoemissivity

эквивалентная тормозная ~ equivalent stopping power

экстрагирующая ~ extractive [extraction] power

справедливость ж. (гипотезы, теории) validity □ ~ этого решения можно доказать the validity of this solution can be justified

справочник м. reference book, handbook

C-преобразование с. C transform

спрямлять гл. мат. straighten

спуск м. descent

быстрейший ~ steepest descent

~ затвора shutter release

спутник м. опт. satellite; астр. satellite; sputnik (Russian); (планеты) moon;. (звезды, галактики) companion; secondary component □ запускать ~ launch a satellite

антистоксов ~ опт. anti-Stokes [violet] satellite

астрометрический ~ astrometric satellite

газообразный ~ gaseous companion

~ галактики companion; secondary component

геодезический ~ geodetic satellite

геостационарный ~ geostationary satellite

геофизический ~ geophysical satellite

естественный ~ natural satellite

жидкий ~ luquid companion

~ звезды companion; secondary component

иррегулярный ~ (планеты) irregular satellite

искусственный ~ artificial [man-made] satellite

искусственный ~ Земли artificial Earth satellite

красный ~ опт. red [Stokes] satellite

~ Луны lunar satellite

метеорологический ~ weather [meteorological] satellite

навигационный ~ navigation satellite

невидимый ~ (звезды) invisible [dark] companion

непилотируемый ~ unmanned satellite

низкоорбитальный ~ low-orbit [low-altitude] satellite

обитаемый ~ habitable [manned] satellite

пилотируемый искусственный ~ manned artificial satellite

~ планеты moon

регулярный ~ (планеты) regular satellite

~ связи communication satellite

синхронный ~ synchronous satellite

~ Солнца sun satellite

стоксов ~ опт. Stokes [red] satellite

твёрдый ~ solid companion

тёмный ~ dark companion

фиолетовый ~ опт. violet [anti-Stokes] satellite

срабатывание с. operation; (износ) wear; scuffing

ложное ~ false operation

случайное ~ random operation

сравнени/е с. comparison □ по ~ю с ... as [when] compared to ..., in comparison with ..., in relation to ...

~ абсолютных величин absolute comparison

прямое ~ direct comparison

~ стандартов времени time standard comparison

статистическое ~ statistical comparison

сравнимый прил. comparable

срастание с. фтт intergrowth; coalescence

~ кристаллитов crystallite coalescence

сращивание с. splicing

~ оптических волокон fiber splicing

сплавное ~ оптических волокон fiber fusion (splicing)

среда ж. физ. medium; (окружающая) environment; surroundings

абразивная ~ abrasive medium

абсорбирующая ~ absorbing medium

агрессивная ~ corrosive medium

активированная ~ (в лазерах) activated [doped] medium

~, активированная неодимом Nd-activated [Nd-doped] medium

активная ~ active medium

аморфная ~ amorphous medium

анизотропная ~ anisotropic medium

анизотропная сплошная ~ anisotropic continuum

безграничная ~ infinite medium

безграничная текучая ~ infinite fluid

~ без дисперсии dispersion-free medium

~ без потерь loss-free [lossless] medium

бесконечная ~ infinite medium

взаимная ~ reciprocal medium

внешняя ~ environment

возбудимая ~ excitable medium

возбуждённая ~ excited medium

возбуждённая адронная ~ excited hadron medium

восстановительная ~ reducing medium

ВРМБ-активная ~ SBS-active medium

вязкая ~ viscous medium

газовая ~ gaseous medium

газообразная ~ gaseous medium

среда

гетерогенная ~ heterogeneous medium
гидроабразивная ~ hydroabrasive medium
гиромагнитная ~ gyromagnetic medium
гиротропная ~ gyrotropic medium
гироэлектрическая ~ gyroelectric medium
голографическая ~ holographic medium
гравитирующая ~ gravitating medium
движущаяся ~ moving medium
движущаяся текучая ~ fluid in motion
двоякопреломляющая ~ birefringent medium
двулучепреломляющая ~ birefringent medium
двухкомпонентная ~ two-component medium
двухуровневая ~ two-level medium
двухфазная ~ two-phase medium
двухфазная высокотемпературная ~ two-phase high-temperature medium
динамическая ~ *гологр.* dynamic medium
дискретная ~ discrete medium
диспергирующая ~ dispersion medium
дисперсная ~ dispersive medium
диссипативная ~ dissipative medium
диффузионная ~ diffusion medium
диэлектрическая ~ dielectric medium
жидкая ~ fluid [liquid] medium
жидкокристаллическая ~ liquid crystalline medium
закалочная ~ hardening medium
замедляющая ~ *(частицы)* moderating medium; *(волны)* delaying medium
замутнённая ~ turbid medium
запоминающая ~ storage medium
~, захватывающая нейтроны neutron-capturing medium
защитная ~ protective [shielding] medium
идеально текучая ~ frictionless [ideal, inviscid, nonviscous, perfect] fluid
излучающая ~ emitting medium
изолирующая ~ insulating medium
изотропная ~ isotropic medium
инертная ~ inert atmosphere
ионизированная ~ ionized medium
ионизованная ~ ionized medium
искажающая ~ *опт.* distorting medium
квадратичная ~ *опт.* quadratic medium
квазилинейная ~ quasi-linear medium
квазичаплыгинская ~ quasi-Chaplygin medium
керровская ~ Kerr(-type) [Kerr-like] medium
керровская ~ **без потерь** lossless Kerr-type [Kerr-like] medium
киральная ~ chiral medium
конденсированная ~ condensed matter, condensed medium
консервативная ~ conservative medium
коррозионная ~ corrosive medium
кристаллическая ~ crystalline medium
кубическая ~ *нелин. опт.* cubic medium
лазерная ~ laser medium
линейная ~ linear medium
линейная диссипативная ~ linear dissipative medium
линейно-дихроичная ~ linearly dichroic medium

линзоподобная ~ *кв. эл.* lens-like medium
локально однородная ~ locally homogeneous medium
лоренц-инвариантная ~ Lorentz-invariant medium
люминесцирующая ~ luminescent medium
магнитная ~ magnetic medium
магнитооптическая ~ magnetooptic medium
магнитооптическая запоминающая ~ magnetooptic storage medium
маточная ~ *крист.* mother medium
межгалактическая ~ intergalactic medium
межзвёздная ~ interstellar medium
межпланетная ~ interplanetary medium
микронеоднородная ~ micro-inhomogeneous medium
микрополярная сплошная ~ micropolar continuum
многокомпонентная ~ multicomponent medium
мутная ~ *опт.* turbid medium
невзаимная ~ nonreciprocal medium
невязкая текучая ~ frictionless [ideal, inviscid, nonviscous, perfect] fluid
негиротропная ~ nongyrotropic medium
неидеальная текучая ~ nonperfect fluid
неизотропная ~ nonisotropic medium
нелинейная ~ nonlinear medium
нелинейная гиротропная ~ nonlinear gyrotropic medium
неограниченная ~ unbounded [infinite] medium
неограниченная текучая ~ unlimited [infinite] fluid
неоднородная ~ inhomogeneous [nonuniform] medium
непоглощающая ~ nonabsorbing medium
непрерывная ~ continuous medium
непрозрачная ~ opaque medium
неравновесная ~ nonequilibrium medium
неравновесная без диссипации nonequilibrium dissipation-free medium
неравновесная диссипативная ~ nonequilibrium dissipative medium
неравновесная ~ с диссипацией nonequilibrium dissipative medium
нереверсивная ~ *гологр.* nonreversible medium
несжимаемая текучая ~ incompressible fluid
нестационарная ~ nonstationary medium
ньютоновская ~ Newtonian [normal] fluid
ньютоновская текучая ~ Newtonian [normal] fluid
ограниченная текучая ~ bounded fluid
однокомпонентная ~ single-component medium
однородная ~ homogeneous [uniform] medium
окислительная ~ oxidizing medium
окружающая ~ environment, surroundings
оптическая ~ optical medium
оптически неоднородная ~ optically inhomogeneous medium
оптически однородная ~ optically homogeneous medium
оптически толстая ~ optically thick medium

728

оптически тонкая ~ optically thin medium
оптоэлектронная ~ optoelectronic medium
отражающая ~ reflecting medium
охлаждающая ~ coolant, cooling [re-frigerating] medium; cooling agent
параметрическая ~ parametric medium
плавно неоднородная ~ smoothly inhomo-geneous medium
пластичная ~ yielding medium
плоскослоистая ~ flat-layered medium
плотная ~ dense medium
поверхностно-активная ~ surface-active medium
поглощающая ~ absorbing medium, absorbent
покоящаяся ~ medium at rest
покоящаяся текучая ~ fluid at rest
полубесконечная ~ semi-infinite medium
поляризационная ~ polarization medium
поляризационно-чувствительная ~ po-larization-sensitive medium
пористая ~ porous medium
преломляющая ~ refracting [refractive] medium
проводящая ~ conducting medium
прозрачная ~ transparent medium
протяжённая ~ extended medium
размножающая ~ (neutron-)multiplying medium
разрежённая ~ rarefied medium
рассеивающая ~ scattering medium
расширяющаяся однородная ~ uniform expanding medium
реактивная нелинейная ~ reactive nonlinear medium
реальная текучая ~ real fluid
реверсивная ~ reversible medium
реверсивная запоминающая ~ reversible [erasable] storage medium
регистрирующая ~ detecting [recording] medium
регистрирующая голографическая ~ recording holographic medium
регулируемая ~ controlled medium
резонансная ~ resonant medium
релаксирующая ~ relaxing medium
релаксирующая текучая ~ relaxing fluid
реологическая ~ rheological medium
самофокусирующая ~ self-focusing medium
~ с анизотропией общего вида generally anisotropic medium
сверхпроводящая ~ superconducting medium
светорегистрирующая ~ light-recording medium
светочувствительная ~ light-sensitive medium
~, свободная от источников *аэрогидр.* source-free medium
~ с дисперсией dispersive medium
сжимаемая ~ compressible medium
сжимаемая текучая ~ compressible fluid
сильнопоглощающая ~ strongly absorbing medium
~ с квадратичной нелинейностью medium with quadratic nonlinearity, quadratic medium

~ с кубической нелинейностью medium with cubic nonlinearity, cubic medium
слабонелинейная ~ weakly nonlinear medium
слоистая ~ stratified [layered] medium
~ с локальным откликом local-responce medium
случайная ~ random [randomly inhomo-geneous] medium
случайно-неоднородная ~ random [ran-domly inhomogeneous] medium
смазочная ~ lubricating medium
~ с нелинейным трением medium with nonlinear friction
~ с нелокальным откликом nonlocal-response medium
~ с оптической нелинейностью medium with optical nonlinearity, nonlinear medium
~ со скрытым изображением *гологр.* medium with latent image
~ со случайными неоднородностями random [randomly inhomogeneous] medium
спектрально-неоднородная ~ spectrally inhomogeneous medium
спектрально-однородная ~ spectrally ho-mogeneous medium
~ с переменными параметрами medium with variable parameters
сплошная ~ continuous medium, continuum
~ с потерями lossy medium
~ с пространственными неоднородно-стями spatially inhomogeneous medium
стационарная ~ stationary medium
стратифицированная ~ stratified medium
структурированная ~ structured medium
твёрдая ~ solid medium
текучая ~ fluid medium
теплопередающая ~ heat transfer medium
термомагнитная ~ thermomagnetic medium
термопластическая ~ thermoplastic medium
тканеэквивалентная ~ tissue-equivalent me-dium
тормозящая ~ stopping medium
трёхмерно-неоднородная ~ three-di-mensionally inhomogeneous medium
трёхуровневая ~ three-level medium
турбулентная ~ turbulent medium
усиливающая ~ *кв. эл.* amplifying medium
уплотняющая ~ sealing medium
упорядоченная ~ ordered medium
упругая ~ elastic medium
упругая текучая ~ elastic fluid
упругая ~ Гука Hooke elastic medium
упруговязкая текучая ~ viscoelastic fluid
фильтрующая ~ filter medium
фотопроводящая ~ photoconductive medium
фоторефрактивная ~ photorefractive medium
фототермопластическая ~ photothermo-plastic medium
фотохромная ~ photochrome medium
хаотически неоднородная ~ random medium
химически активная ~ chemically active medium

циркулярно-анизотропная ~ circularly anisotropic medium

электрооптическая ~ electrooptic medium

среднее *с.* mean, average

~ **арифметическое** arithmetical mean

вакуумное ~ vacuum average

взвешенное ~ weighted mean, weighted average

геометрическое ~ geometric mean

истинное ~ true mean

мировое ~ world average

~ **по ансамблю** ensemble mean, ensemble average

скользящее ~ moving [running] average

текущее ~ current average

условное ~ conditional mean

среднезернистый *прил.* medium-grained

средний *прил.* medium; middle; center; *(при усреднении)* average, mean

средств/а *мн. (аппаратные)* aids, facilities; *(химические)* agents; *(финансовые и т.п.)* resources

абсорбирующее ~о absorbent

~ **автоматизированного проектирования** computer-aided design facilities

активирующее ~о activating agent, activator

аппаратные ~ *(в вычислительной технике)* hardware

вычислительные ~ computer aids

дезактивационное ~о decontamination agent, decontaminant

~ **диагностики** diagnostic facilities

~ **жизнеобеспечения** survival facilities

защитные ~ protective facilities, protective means

~ **измерения** instrumentation

обесцвечивающее ~о decolorant, decolorizing agent

осаждающее ~о precipitant

программные ~ *(для вычислительной техники)* software

радионавигационные ~ radio navigation aids

~ **радиосвязи** radio facilities

~ **радиоэлектронного противодействия** electronic countermeasure equipment

~ **технического обслуживания** maintenance facilities

~ **связи** communication facilities

травильное ~о etchant

финансовые ~ funds, financial resources

срез *м. (разрушение при сдвиге)* shear(ing); *(место разреза)* cut, section □ **работать на** ~ work in shear

вязкий ~ **плёнки** film viscous shear

~ **импульса** tail; falling edge; pulse trail

~ **кристалла** crystal cut

межслоевой ~ interlaminar [interfacial] shear

микроскопический ~ microscopic section

х-~ **кристалла KDP** x-cut of the KDP crystal

сродство *с.* affinity

~ **к электрону** electron affinity

остаточное ~ residual affinity

отрицательное электронное ~ negative electron affinity

положительное электронное ~ positive electron affinity

протонное ~ proton affinity

стандартное химическое ~ standard chemical affinity

химическое ~ chemical affinity

электронное ~ electron affinity

электрохимическое ~ electrochemical affinity

срок *м. (дата)* date; term; *(период)* period; time □ **завершить работу в** ~ complete [perform] the job on time; **переносить на более поздний** ~ postpone; **продлить** ~ **службы** extend [prolong] the life

вероятный ~ probable life

~ **гарантии** guarantee period

~ **действия** *(соглашения)* period of validity

длительный ~ **службы** long life

~ **завершения** *(работы)* completion date

запланированный ~ scheduled term

межремонтный ~ **службы** interrepair time

номинальный ~ **службы** rated life

ожидаемый ~ **службы** *(оборудования)* life expectancy

~ **погашения кредита** credit payment term

последний ~ *(напр. подачи заявок или докладов на конференцию)* deadline

~ **поставки** *(оборудования)* delivery date

расчётный ~ **службы** design life

~ **службы** service (life); lifetime; (useful) life

средний ~ **службы** mean [average] life

сросток *м.* splice; aggregate

дендритный ~ multibranch dendrite

кабельный ~ cable splice

~ **кристаллов** crystalline aggregate

срыв *м. (потока)* stall; separation; *(разряда)* disruption; *(частицы с атома)* stripping □ **возникновение волнового** ~а shock-stalling

~ **вихрей** *(при обтекании тела)* vortex separation

внутренний ~ *(в токамаках)* internal disruption

волновой ~ shock stall, shock-induced separation

~ **генерации лазера** quenching of lasing

двухступенчатый ~ two-step stripping

жёсткий ~ **ламинарного течения в трубе** hard stall of laminar flow in a pipe

концевой ~ **потока** tip stall

~ **нейтрона** neutron stripping

~ **нуклона** nucleon stripping

~ **пограничного слоя** boundary-layer separation

~ **потока** stall; flow separation

~ **потока за скачком уплотнения** shock stall

~ **протона** proton stripping

развитый ~ **потока** advanced stall

частичный ~ **потока** semistall

ссылка *ж.* reference; citation

стабилизатор *м. (в электронике)* stabilizer, regulator; *(полимеров)* stabilizer; *аэрогидр.* fin; tail plane

гироскопический ~ gyroscopic stabilizer

двухканальный ~ two-channel stabilizer
импульсный ~ напряжения switched [pulsed] voltage stabilizer
импульсный ~ тока switched [pulsed] current stabilizer
ключевой ~ напряжения switched [pulsed] voltage stabilizer
ключевой ~ тока switched [pulsed] current stabilizer
~ коронного разряда corona stabilizer
медный ~ copper stabilizer
~ напряжения voltage stabilizer, voltage regulator
параметрический ~ напряжения parametric voltage stabilizer
~ резиста resist stabilizer
~ тлеющего разряда glow-discharge stabilizer
~ тока current stabilizer, current regulator
~ частоты frequency stabilizer; frequency control circuit, frequency regulator
стабилизация ж. stabilization
адиабатическая ~ adiabatic stabilization
~ атома (в поле лазерного излучения) atom stabilization
гироскопическая ~ gyroscopic stabilization
динамическая ~ dynamic stabilization
~ желобковой неустойчивости flute instability stabilization
излучательная ~ автоионизационного состояния radiative stabilization of an autoionizing state
индикаторная гироскопическая ~ indicator gyroscopic stabilization
интерференционная ~ (атома) interference stabilization
~ кожухом физ. пл. shell [case] stabilization
~ конечным ларморовским радиусом ионов finite ion Larmor radius stabilization
~ магнитной ямой magnetic well stabilization
~ магнитным полем magnetic stabilization
~ напряжения voltage stabilization, voltage regulation
нелинейная ~ неустойчивостей nonlinear stabilization of instabilities
нелинейная ~ пучковой неустойчивости nonlinear stabilization of beam instability
~ неустойчивостей instability stabilization
~ неустойчивостей плазмы stabilization of plasma instabilties
~ неустойчивости Бунемана Buneman instability stabilization
~ неустойчивости магнитной ямой instability stabilization by magnetic well
~ неустойчивости Пирса Pierce instability stabilization
параметрическая ~ частоты parametric frequency stabilization
~ плазмы plasma stabilization
~ примесями impurity stabilization
~ продольным полем longitudinal field stabilization

~ пучково-дрейфовой неустойчивости плазмы plasma drift-beam instability stabilization
~ пучковой неустойчивости beam instability stabilization
~ пучковой неустойчивости индуцированным рассеянием ленгмюровских волн на ионах beam instability stabilization due to Langmuir wave induced scattering on ions
~ пучковой неустойчивости упругим рассеянием волн на неоднородностях плотности плазмы beam instability stabilization due to elastic scattering of waves on plasma density nonuniformities
радиационная ~ radiative stabilization
релятивистская ~ (в ускорителе) relativistic stabilization
~ ридберговских состояний атомов Rydberg state stabilization
силовая гироскопическая ~ power gyroscopic stabilization
~ с помощью обратной связи feedback stabilization
столкновительная ~ collisional stabilization
~ течения flow stabilization
~ тока current stabilization
~ уровня Ферми фпп Fermi level pinning
~ частоты frequency stabilization
~ широм физ. пл. shear stabilization
стабилитрон м. (электровакуумный) voltage-stabilizing [voltage-reference] tube; стабиливольт; (полупроводниковый) Zener [voltage-reference] diode
газоразрядный ~ gas-discharge voltage-reference tube
~ коронного разряда corona-discharge voltage-reference tube
кремниевый ~ silicon Zener diode
полупроводниковый ~ Zener [voltage-reference] diode
~ тлеющего разряда glow-discharge voltage-reference tube
стабиловольт м. stabilivolt, voltage-stabilizing tube
стабильность ж. stability
абсолютная ~ (частоты) absolute stability
аксиальная ~ axial stability
~ амплитуды amplitude stability
долговременная ~ (частоты) long-term [long-time] stability
естественная ~ (частоты) natural stability
~ канала channel stability
~ колебаний stability of oscillations
кратковременная ~ (частоты) short-term [short-time] stability
~ напряжения voltage stability
общая ~ overall stability
относительная ~ (частоты) relative stability
поперечная ~ transverse stability
~ потока stability of flow
~ протона proton stability
радиальная ~ radial stability
радиационная ~ radiation stability
~ размеров dimensional stability

температурная ~ temperature [thermal] stability
~ тензодатчика strain gauge stability
термомеханическая ~ thermomechanical stability
техническая ~ *(частоты)* technical stability
~ тока current stability
трибохимическая ~ tribochemical stability
~ усиления gain stability
фазовая ~ phase stability
~ частоты frequency stability
~ ядер nuclear stability
~ ядерного реактора stability of nuclear reactor
стабильный *прил.* stable
стади/я *ж.* stage, phase □ **на начальной ~и** in the initial [an early] stage; **на первой ~и эксперимента** in the first stage of the experiment
быстрая ~ реакции *кв. эл.* fast reaction stage
~ **возбуждения тока** current initiation stage
вторая ~ ползучести secondary [steady-state] creep
гидротермальная ~ hydrothermal stage
~ **горения** *(в реакторе)* burn phase
деситтеровская ~ *(в космологии)* de Sitter phase
~ **звёздной эволюции** phase of stellar evolution
~ **коллапса** collapse stage
~ **нагрева до зажигания** heating to ignition
~ **нарастания тока** current rise stage
~ **научных исследований** research stage
начальная ~ initial [starting] stage
начальная ~ ползучести initial [primary] creep
первая ~ ползучести initial [primary] creep
переходная ~ transient stage
~ **подъёма тока** current ramp-up phase
предпробойная ~ pre-breakdown phase
~ **проектирования** design stage
~ **раздувания** *(Вселенной)* inflation phase
~ **разработок** development stage
ранняя ~ *(эволюции Вселенной)* early stage
~ **роста кристалла** crystal growth stage
~ **сжатия** *(звезды)* collapse stage
третья ~ ползучести tertiary creep
ускоренная ~ ползучести tertiary creep
установившаяся ~ ползучести secondary [steady-state] creep
сталкиваться *гл.* collide
сталь *ж.* steel □ **закалять ~** harden [quench] steel; **легировать ~** alloy steel; **науглероживать ~** carburize steel; **нормализовать ~** normalize steel; **отжигать ~** anneal steel; **отпускать ~** temper steel
аустенитная ~ austenitic steel
быстрорежущая ~ high-speed [quick-cutting] steel
высоколегированная ~ high-alloy steel
высокоуглеродистая ~ high-carbon steel
доэвтектоидная ~ hypoeutectic steel
жаропрочная ~ heat-resistant [high-temperature, refractory] steel
жаростойкая ~ heat-resistant [high-temperature, refractory] steel
закалённая ~ hardened [chilled] steel

заэвтектоидная ~ hypereutectoid steel
износостойкая ~ wear-resistant [abrasion-resistant] steel
инструментальная ~ tool steel
кислотоупорная ~ acid-resisting steel
конструкционная ~ structural steel
кремнистая ~ silicon steel
легированная ~ alloyed steel
литая ~ cast steel
магнитная ~ magnet steel
малоуглеродистая ~ low-carbon steel
марганцевая ~ manganese steel
мартенситная ~ martensitic steel
нержавеющая ~ stainless steel
низколегированная ~ low-alloyed steel
низкоуглеродистая ~ low-carbon steel
отожжёная ~ annealed steel
отпущенная ~ tempered steel
перлитная ~ pearlitic steel
поверхностно упрочнённая ~ case-hardened steel
сверхвысокопрочная ~ ultrahigh-strength steel
слаболегированная ~ low-alloy steel
трансформаторная ~ transformer steel
углеродистая ~ carbon steel
ферритная ~ ferritic steel
хромистая ~ chromium steel
эвтектоидная ~ eutectoid steel
стандарт *м.* *(измерительный)* *(см.тж.* **эталон)** standard
абсолютный ~ absolute standard
абсолютный ~ частоты absolute frequency standard
активный квантовый ~ частоты active quantum frequency standard
атомно-лучевой ~ частоты atomic-beam frequency standard
атомный ~ atomic standard
~ **безопасности** safety standard
вторичный ~ secondary standard
джозефсоновский ~ напряжения Josephson(-effect) voltage standard
квантовый ~ частоты quantum frequency standard
кварцевый ~ quartz crystal standard
лазерный ~ laser standard
оптический ~ частоты optical frequency standard
пассивный квантовый ~ частоты passive quantum frequency standard
первичный ~ primary standard
рубидиевый ~ частоты rubidium frequency standard
транспортируемый ~ частоты transportable frequency standard
цезиевый атомно-лучевой ~ caesium beam standard
~ **частоты** frequency standard
~ **частоты ИК диапазона** infrared frequency standard
~ **частоты на водородном мазере** hydrogen maser standard

~ частоты на парах рубидия rubidium vapor frequency standard

~ частоты с оптической накачкой optically-pumped frequency standard

стандартизация *ж.* standardization

стандартный *прил.* standard

станция *ж.* station; plant

автоматическая межпланетная ~ automatic interplanetary station

астрономическая ~ astronomical station

атомная паросиловая ~ nuclear steam power station

атомная энергетическая ~ nuclear power station

высокогорная ~ high-altitude station

высокоширотная ~ high-latitude station

~ записи интенсивности космических лучей cosmic-ray intensity recording station

~ контроля фона background monitoring station

космическая ~ space station

лунная ~ lunar base

межпланетная ~ interplanetary station

метеорологическая ~ meteorological station

наблюдательная ~ observing station

~ наблюдений искусственных спутников satellite tracking station

наземная ~ ground station

насосная ~ pumping plant

низкоширотная ~ low-latitude station

орбитальная ~ orbiting [orbital] station

орбитальная ~ «Мир» "Mir" orbital station

передающая ~ transmitting station

радиоастрономическая ~ radio astronomical station

радиолокационная ~ radar (station)

~ службы времени time service station

широтная ~ latitude station

электрическая ~ *(см. тж.* электростанция*)* electric power station

старени/е *с.* ageing, aging □ подвергать ~ю age; подвергаться ~ю age; подвергнутый ~ю aged; подвергшийся ~ю aged

атмосферное ~ *(полимеров)* atmospheric ageing

высокотемпературное ~ *(сплавов)* high-temperature ageing

деформационное ~ strain ageing

естественное ~ *(сплавов)* natural ageing

закалочное ~ quench ageing

искусственное ~ artificial ageing

~ коллоидов colloid ageing, ageing of colloids

магнитное ~ magnetic ageing

~ магнитных материалов ageing of magnetic materials

~ металлов metal ageing

механическое ~ strain ageing

необратимое ~ *(магнитное)* irreversible ageing

низкотемпературное ~ *(сплавов)* low-temperature ageing

обратимое ~ *(магнитное)* reversible ageing

озонное ~ *(полимеров)* ozone ageing

окислительное ~ oxidative ageing

~ полимеров polymer ageing

~ после деформации strain ageing

послезакалочное ~ quench ageing

радиационное ~ *(полимеров)* radiation ageing

световое ~ *(полимеров)* light ageing

~ сплавов alloy ageing

термическое ~ *(полимеров)* thermal [heat] ageing

термоокислительное ~ *(полимеров)* thermo-oxidative ageing

ускоренное ~ accelerated [quick] ageing

стареть *гл.* age

статика *ж.* statics

аналитическая ~ analytical statics

геометрическая ~ geometrical statics

графическая ~ graphostatics

двумерная ~ two-dimensional statics

~ жидкостей и газов statics of fluids

~ реактора reactor statics

~ твёрдого тела solid state statics

статистика *ж. (наука)* statistics; *(статистические данные)* statistic

аналитическая ~ analytical statistics

~ Бозе - Эйнштейна Bose-Einstein statistics

бозонная ~ boson statistics

~ Больцмана Boltzmann statistics

~ Гаусса Gaussian statistics

~ Гиббса Gibbs statistics

достаточная ~ sufficient statistic

звёздная ~ stellar statistics

квантовая ~ quantum statistics

классическая ~ classical statistics

конформационная ~ *(молекул)* conformational statistics

~ Максвелла Maxwell statistics

~ Максвелла - Больцмана Maxwell-Boltzmann statistics

математическая ~ mathematical statistics

недостаточная ~ poor statistic

обобщённая ~ generalized statistics

ограниченная ~ limited statistic

~ отсчётов counting statistics

~ погрешностей statistics of errors

~ помех noise statistics

проверочная ~ *(при анализе данных)* test statistics

~ Пуассона Poisson(ian) statistics

пуассоновская ~ Poisson(ian) statistics

~ совпадений coincidence statistics

субпуассоновская ~ фотонов sub-Poissonian photon statistics

~ Ферми - Дирака Fermi-Dirac statistics

фермионная ~ fermion statistics

~ флуктуаций fluctuation statistics

~ фотонов photon statistics

~ фотоотсчётов statistics of photocounts

~ фототока photocurrent statistics

~ фотоэлектронов photoelectron statistics

~ хи-квадрат chi-square statistic

статистический *прил.* statistical

статический *прил.* static

733

статор *м.* stator
статья *ж.* article; paper
стационарность *ж.* stationarity
стационарный *прил.* stationary; steady; *(о связях)* scleronomous
стекло *с.* glass
~, **активированное неодимом** *кв. эл.* neodymium-doped glass, Nd-glass
армированное ~ wire glass
борное ~ borax glass
боросиликатное ~ *кв. эл.* borosilicate glass
водомерное ~ water-gauge glass
возвратное спиновое ~ *фтт* reciprocal [reentrant] spin glass
германосиликатное ~ germanosilicate glass
двухкомпонентное ~ two-component glass
дипольное ~ dipole glass
диэлектрическое ~ dielectric glass
жаростойкое ~ heat-resistant glass
жидкое ~ liquid glass
защитное ~ protective [shielding] glass
идеальное спиновое ~ perfect spin glass
квадрупольное ~ quadrupole glass
кварцевое ~ quartz glass; fused silica
кластерное спиновое ~ cluster spin glass
ковалентное ~ covalent glass
концентрированное неодимовое фосфатное ~ **(КНФС)** *кв. эл.* concentrated neodymium phosphate glass
лазерное ~ laser glass
магнитное ~ magnetic glass
матированное ~ depolished glass
металлическое ~ metallic glass
миктомагнитное спиновое ~ mictomagnetic spin glass
многокомпонентное ~ multicomponent glass
молочное ~ opal glass
неодимовое ~ *кв. эл.* neodymium(-doped) glass, Nd-glass
неодимовое фосфатное ~ *кв. эл.* neodymium phosphate glass
неотожжённое ~ unannealed glass
непрозрачное ~ opaque glass
оксидное ~ oxide glass
опаловое ~ opal(escent) glass
оптическое ~ optical glass
органическое ~ organic glass
ориентационное ~ orientational glass
позиционное ~ position [structural] glass
покровное ~ cover glass
полимерное ~ polymer glass
полупроводниковое ~ semiconductor glass
полупрозрачное ~ semitransparent glass
предметное ~ microscope slide; object carrier
проводящее ~ conductive glass
прозрачное ~ transparent glass
просвечивающее ~ translucent glass
протонное ~ proton glass
сверхпроводящее ~ superconducting glass
светорассеивающее ~ diffusing glass
свинцовое ~ lead glass
силикатное ~ silicate glass

спиновое ~ *фтт* spin glass
структурное ~ structural [position] glass
термостойкое ~ heat-resistant glass
трёхкомпонентное ~ three-component glass
увеличительное ~ magnifying glass
фермиевское ~ Fermi glass
фосфатное ~ *кв. эл.* phosphate glass
фотохромное ~ photochromic glass
фторидное ~ *кв. эл.* fluoride glass
фторцирконатное ~ fluorzirconate glass
халькогенидное ~ *кв. эл.* chalcogenide glass
электрическое ~ electric glass
электрическое дипольное ~ electric dipole glass
электрическое квадрупольное ~ electric quadrupole glass
стеклование *с.* glass transition; vitrification
стекловидность *ж.* glassiness; vitreousness
стекловолокно *с.* glass fiber
стеклокерамика *ж.* glass ceramics
стеклообразование *с.* glass formation
стеклопластик *м.* glass-reinforced plastic
стелларатор *м.* *физ. пл.* stellarator
бестоковый ~ currentless stellarator
бестоковый ~ **с винтовой осью и круглыми магнитными поверхностями** currentless stellarator with helical axis and circle magnetic surfaces
длиннопериодный двухзаходный ~ **с произвольной эллиптичностью сечения** long-period twofold stellarator with arbitrary ellipticity of cross-section
замкнутый ~ closed stellarator
комбинированный ~ combined stellarator
многопериодный ~ multiperiod stellarator
~ **с винтовой геометрической осью** stellarator with helical geometry axis
~ **с винтовой осью и бобообразным сечением магнитных поверхностей** bean-shaped stellarator with helical axis
~ **с винтовыми обмотками** stellarator with helical windings
~ **с винтовыми полями** helical field stellarator
~ **с круговой осью** circle axis stellarator
~ **с плоской осью и винтовыми проводниками** stellarator with planar axis and helical windings
~ **с пространственной замкнутой осью** stellarator with spatial closed axis
~ **с пространственной осью** stellarator with spatial axis
~ **с широм** shear stellarator
термоядерный ~**-реактор** fusion [thermonuclear] stellarator-reactor
n-заходный ~ n-fold stellarator
стена *ж.* wall
защитная ~ shielding wall
стенд *м.* stand; bench
~ **для магнитных испытаний** magnetic test bench
испытательный ~ test bed, test bench
стенка *ж.* wall

~ Блоха Bloch wall
блоховская ~ Bloch wall
блоховская доменная ~ Bloch domain wall
~ волновода waveguide wall
диатермическая ~ diathermal Bloch wall
дислокационная ~ dislocation wall
~ домена domain wall
доменная ~ domain wall
доменная ~ с поперечными связями lateral bond domain wall
жёсткая доменная ~ hard domain wall
идеально отражающая ~ perfectly reflecting [specular] wall
идеально проводящая ~ ideal [perfect] wall
изогнутая доменная ~ curved domain wall
изолированная доменная ~ isolated domain wall
левовращающая доменная ~ laevorotatory domain wall
неелевская доменная ~ Néel domain wall
~ Нееля Néel domain wall
первая ~ термоядерного реактора first wall of fusion reactor
правовращающая доменная ~ dextrorotatory domain wall
проводящая ~ conducting wall
сегнетоэлектрическая доменная ~ ferroelectric domain wall
скрученная блоховская ~ twisted domain wall
теплопроводящая ~ heat-conducting wall
~ термоядерного реактора thermonuclear reactor wall
торцевая ~ *(камеры)* end wall
71-градусная ~ Блоха 71° Bloch wall
90-градусная ~ Блоха 90° Bloch [90 degree domain] wall
109-градусная блоховская ~ 109° Bloch [109 degree domain] wall
180-градусная блоховская ~ 180° Bloch [180 degree domain] wall
степень *ж.* degree; *(показатель степени)* power
~ активации degree of activation
бозонная ~ свободы boson degree of freedom
~ взаимной когерентности degree of mutual coherence
внутренняя ~ свободы internal [intrinsic] degree of freedom
вращательная ~ свободы rotational degree of freedom
~ выгорания *(в реакторе)* degree of burn-up
~ вырождения degree [order] of degeneracy
глобальная ~ свободы global degree of freedom
глюонная ~ свободы gluon degree of freedom
~ деформации degree of deformation; degree of strain
динамическая ~ свободы dynamical degree of freedom

дипольная ~ свободы dipole degree of freedom
~ дисперсности degree of dispersion, dispersion degree, dispersity
~ диссоциации degree of dissociation
допустимая ~ выгорания allowable burn-up
~ достоверности (degree of) confidence
дробная ~ fractional degree, factional power
~ запрета degree of forbiddenness
~ затухания degree of damping
~ износа degree of wear
~ интеграции degree of integration
~ ионизации degree of ionization
кварковая ~ свободы quark degree of freedom
~ когерентности degree of coherence
колебательная ~ свободы vibrational degree of freedom
колебательно-вращательная ~ свободы rotational-vibrational degree of freedom
коллективная ~ свободы collective degree of freedom
коллективная ~ свободы ядра collective degree of freedom of nucleus
~ кругового дихроизма degree of circular dichroism
~ линейного дихроизма degree of linear dichroism
локальная ~ свободы local degree of freedom
макроскопическая ~ свободы macroscopic degree of freedom
механическая ~ свободы mechanical degree of freedom
микроскопическая ~ свободы microscopic degree of freedom
~ многочлена degree of polynomial
~ надёжности degree of reliability
~ насыщения degree of saturation
~ неупорядоченности degree of disorder
нечётная ~ odd power
нулевая ~ zero power
~ обогащения *(изотопа)* degree of enrichment
однонуклонная ~ свободы single-nucleon degree of freedom
~ однородности degree of uniformity
одночастичная ~ свободы single-particle degree of freedom
~ окисления oxidation level
относительная ~ поляризации излучения relative degree of polarization of radiation
~ отображения degree of mapping
пионная ~ свободы *яф* pionic degree of freedom
~ покрытия поверхности coverage of the surface
~ полимеризации degree of polymerization
~ поляризации degree of polarization
~ поляризации излучения degree of polarization of radiation
~ поляризации пучка beam polarization degree
поступательная ~ свободы translational degree of freedom

~ приближения degree of approximation
~ пространственной когерентности degree of spatial coherence
~ расширения expansion ratio; (диффузора) divergence ratio
~ риска degree of risk
~ свободы degree of freedom
~ свободы, связанная с перемещением среды как жёсткого тела rigid body degree of freedom
~ сжатия (напр. сферической мишени) degree of compression; compression ratio
скалярная ~ свободы scalar degree of freedom
~ сложности degree of complexity
~ совершенства текстуры фтт degree of texture perfection
спиновая ~ свободы spin degree of freedom
~ сплюснутости (напр. эллипса) slenderness
~ стохастизации degree of stochasticity
~ сужения (в аэродинамической трубе) contraction ratio
~ сухости влажного пара терм. vapor quality
термодинамическая ~ свободы thermodynamic degree of freedom
~ точности degree of accuracy
трансляционная ~ свободы translational degree of freedom
туннельная ~ свободы tunnel degree of freedom
~ турбулентности scale of turbulence, turbulence level
узловая ~ свободы nodal degree of freedom
~ уплотнения degree of compaction
~ упорядочения degree of order(ing)
~ упорядоченности (среды) degree of order(ing)
~ упрочнения degree of strengthening
учёная ~ academic degree
фермионная ~ свободы fermionic degree of freedom
~ фрикционного упрочнения degree of frictional strengthening
цветная ~ свободы color degree of freedom
целая ~ integral power
чётная ~ even power
~ числа power of number
электронная ~ свободы electronic degree of freedom
~ эллиптичности ellipticity
стерадиан м. (единица телесного угла) steradian
стереобазис м. stereobase
стереобетатрон м. stereobetatron
стереовидение с. stereovision
стереоизображение с. stereoimage
стереоизомер м. stereoisomer
стереоизомерия ж. (молекул) stereoisomerism
стереокомпаратор м. stereocomparator
стереолитография ж. stereolithography
лазерная ~ laser stereolithography
стереометр м. stereometer
лазерный ~ laser stereometer

стереометрия ж. stereometry
стереопара ж. опт. stereoscopic pair
стереопроектор м. stereoprojector
стереоскоп м. stereoscope
зеркальный ~ mirror stereoscope
комбинированный ~ combined stereoscope
линзовый ~ lens stereoscope
щелевой ~ slit stereoscope
стереотруба ж. stereoscopic telescope
стереоусилитель м. stereo amplifier
стереофония ж. stereophony
стереофотограмметрия ж. stereophotogrammetry
стереофотография ж. stereoscopic photography
стереохимия ж. stereochemistry
стереоэкран м. stereoscreen
растровый ~ raster stereoscreen
стереоэффект м. stereoscopic effect
динамический ~ dynamic stereoscopic effect
стержень м. (ядерного реактора) rod; мех. bar
~ аварийной защиты emergency shut-down [shut-off] rod
~ автоматического регулирования automatic control [regulation] rod
~ активной зоны core rod
анизотропный ~ anisotropic bar
~ большой кривизны bar with large curvature
борный ~ boron rod
вспомогательный управляющий ~ auxiliary control rod
~ выгорающего поглотителя burnable poison rod
гибкий ~ flexible bar
~ грубой регулировки coarse control rod
диэлектрический ~ dielectric rod
~ зоны воспроизводства blanket rod
~ из бористой стали boron-steel rod
~ Иоффе Ioffe bar
кадмиевый ~ cadmium rod
компенсирующий ~ shim rod
крестообразный ~ cruciform rod
кривой ~ curved bar
лазерный ~ laser rod
лазерный ~ с торцами под углом Брюстера Brewster-angled laser rod
~ малой кривизны bar with small curvature
металлический ~ metal rod
обогащённый урановый ~ enriched uranium rod
отработанный топливный ~ spent [used] fuel rod
~ отражателя reflector rod
~ плавной регулировки fine-control rod
плоский ~ blade-type rod
поглощающий ~ neutron-absorbing [absorber-type] control rod
~, покрытый оболочкой canned [jacketed] rod
полый ~ hollow rod
предохранительный ~ safety [security] rod
прямой ~ straight bar
пусковой ~ start-up rod

пустотелый ~ hollow rod
разрезной ~ **Гопкинсона** split Hopkinson pressure bar
~ **реактора** reactor rod
~ **регулировки мощности** power-control rod
регулирующий ~ control rod
рубиновый ~ *кв. эл.* ruby rod
~ **ручного управления** manual-control rod
~ **с алюминиевым покрытием** aluminium-clad rod
~ **с внешним охлаждением** externaly-cooled rod
~ **с внутренним охлаждением** internally-cooled rod
сплошной ~ solid rod
~ **с сервоприводом** servo-controlled rod
тавровый ~ tee (bar)
тонкий ~ pin-type rod
топливный ~ fuel rod
~ **точной регулировки** fine-control rod
трубчатый ~ tubular rod
управляющий ~ control rod
урановый топливный ~ uranium fuel rod
«чёрный» управляющий ~ black control rod
эксцентрический управляющий ~ eccentric control rod
стержень-поглотитель *м.* absorption [absorbing] rod
стерилизация *ж.* sterilization
~ **гамма-лучами** gamma-ray sterilization
лучевая ~ irradiation [radiation] sterilization
~ **облучением** sterilization by irradiation
~ **пищевых продуктов** food sterilization
температурная ~ temperature [thermal] sterilization
термическая ~ thermal sterilization
~ **электронным пучком** electron-beam sterilization
стерилизовать *гл.* sterilize
стеснённость *ж. (деформации)* constraint
стехиометрический *прил.* stoichiometric
стехиометрия *ж.* stoichiometry
стигматор *м. (электронного микроскопа)* stigmator
стилометр *м. спектр.* steelometer
стилоскоп *м. спектр.* steeloscope
стильб *м. (единица яркости)* stilb, sb
стимул *м. (в фотометрии)* stimulus (*мн.* stimuli)
ахроматический ~ achromatic stimulus
базисный ~ basic stimulus
гетерохромный ~ heterochromatic stimulus
изохромный ~ isochromatic stimulus
инструментальный ~ instrumental [matching] stimulus
кардинальный ~ cardinal stimulus
метамерные цветовые ~ы metameric color stimuli; metamers
основной ~ reference stimulus
равноцветные ~ы isochromatic stimuli
разноцветные ~ы heterochromatic stimuli

световой ~ light stimulus
цветовой ~ color stimulus
стирание *с. (записи)* erasure; cancellation
стишовит *м. крист.* stishovite
стойка *ж. мех.* post; *(для размещения аппаратуры)* rack; bay; frame
аппаратурная ~ equipment rack
монтажная ~ mounting rack
~ **управления** control rack
стойкость *ж.* resistance; stability
абразивная ~ abrasion resistance
антикоррозийная ~ corrosion resistance
кавитационная ~ cavitation resistance, cavitation stability
коррозионная ~ corrosion resistance
~ **к радиационному повреждению** resistance to radiation damage
~ **к температурным циклам** thermal-cycling stability
лучевая ~ resistance to radiation damage, radiation resistance
пиролитическая ~ pyrolytic stability
противозадирная ~ antiscoring resistance
радиационная ~ resistance to radiation damage; radiation resistance
радиолитическая ~ radiolytic stability
химическая ~ chemical stability
эрозионная ~ erosion resistance, resistance to erosion
сток *м.* sink; outflow; *фпп* drain
~ **жидких отходов** *яф* liquid-waste drain
~ **нейтронов** neutron sink
~ **электронов** electron sink
стокс *м. (единица кинематической вязкости)* stokes, St
стол *м.* table
измерительный ~ measuring table
поворотный ~ rotary table
просмотровый ~ scanning table
столб *м.* column
выпрямительный ~ rectifier stack, rectifier pile
~ **жидкости** liquid column
плазменный ~ plasma column
положительный ~ *(разряда в газе)* positive column
проводящий ~ conducting column
ртутный ~ mercury column
столбец *м. (матрицы, таблицы)* column
~ **гистограммы** histogram bar; bin
~ **матрицы** matrix column
незаполненный ~ blank column
~ **определителя** column of determinant
пустой ~ blank column
~ **таблицы** table column
столетие *с.* century
столик *м.* table
предметный ~ **микроскопа** microscope stage, objective table
столкновение *с.* collision; impact, encounter
~ **адронов** hadron collision
адрон-ядерное ~ hadron-nuclear collision
аномальное ~ abnormal collision

атомное ~ atomic collision
атомно-молекулярное ~ atom-molecule collision
близкое ~ close collision, close encounter
быстрое ~ («встряска») fast collision; shake
внутриядерное ~ intranuclear collision
вторичное ~ secondary collision
~ второго рода collision of the second kind
газокинетическое ~ gas-kinetic collision
глубоко неупругое ~ deep inelastic collision
глубоко неупругое ~ тяжёлых ионов deep inelastic heavy ion collision
далёкое ~ distant collision, distant encounter
двойное ~ binary collision
~ двух ударных волн collision of two shock waves
двухчастичное ~ two-particle [two-body] collision
деполяризующее ~ depolarizing collision
дифракционное ~ diffractive collision
жёсткое ~ hard collision
~ звёзд stellar collision
идеально упругое ~ perfectly elastic collision
~ идентичных частиц identical particle collision
ионизирующее ~ ionizing collision
ионизирующее ~ двух возбуждённых атомов ionization collision between two excited atoms
ион-ионное ~ ion-ion collision
ион-молекулярное ~ ion-molecule collision
ионно-атомное ~ ion-atom collision
ионное ~ ionic collision
ион-электронное ~ ion-electron collision
катастрофическое ~ (электронов в газе) catastrophic collision
квазиупругое ~ quasi-elastic collision
~ кинка и антикинка kink-anti-kink collision
коллинеарное ~ collinear collision
комптоновское ~ Compton collision
кулоновское ~ Coulomb collision
лобовое ~ head-on [central] collision
лоренцовское ~ Lorentz collision
медленное ~ slow collision
межмолекулярное ~ intermolecular collision
многократное ~ multiple collision
многочастичное ~ many-particle [many-body] collision
молекулярное ~ molecular collision, molecular encounter
мягкое ~ soft collision
надтепловое ~ epithermal collision
неадиабатическое ~ nonadiabatic collision
~ нейтронов neutron(-neutron) collision
некогерентное ~ incoherent collision
неупругое ~ inelastic collision
нуклон-нуклонное ~ nucleon-nucleon collision
~ нуклонов nucleon-nucleon collision
обменное ~ exchange collision
однократное ~ single collision
парное ~ pair collision; астр. two-body collision
первичное ~ primary collision
~ первого рода collision of the first kind
периферическое ~ peripheral collision

позитрон-позитронное ~ positron-positron collision
~ потока плазмы с полем диполя plasma flow collision with a dipole field
прямое ~ straight-line collision, straight-line impact
~ пучков beam collision
радиационное ~ radiative collision
релятивистское ~ relativistic collision
сверхупругое ~ hyperelastic [superelastic] collision
~ с изменением спина spin-exchange collision
скользящее ~ glancing [grazing] collision
солитонное ~ soliton collision
~ со смещением (атомов в решётке) displacement collision
~ с перегруппировкой rearrangement collision
~ с перезарядкой charge-exchange collision
~ с переносом возбуждения excitation-transfer collision
~ субатомных частиц collision of subatomic particles
~ тождественных атомов identical atom collision
трёхчастичное ~ three-particle [three-body] collision
тройное ~ triple collision
тушащее ~ quenching collision
ультрарелятивистское ~ ultrarelativistic collision
упругое ~ elastic collision
~ частиц particle collision, particle encounter
~ частиц высоких энергий high-energy collision
~ частиц низких энергий low-energy collision
~ частиц промежуточных энергий intermediate-energy collision
~ частиц сверхвысоких энергий very-high-energy collision
экситон-экситонное ~ exciton-exciton collision
~ электрона с нейтральной частицей electron-neutral collision
электрон-ионное ~ electron-ion collision
электронно-атомное ~ electron-atom collision
электронное ~ electron collision
электрон-позитронное ~ electron-positron collision
электрон-протонное ~ electron-proton collision
электрон-электронное ~ electron-electron collision
энергичное ~ energetic collision
ядерное ~ nuclear collision
ядро-ядерное ~ nucleus-nucleus collision
стопа ж. опт. stack; (бумаги) pile
оптическая ~ optical stack
стопка ж. stack
~ фольги foil stack
~ фотопластинок stack of photographic plates
~ фотоплёнок stack of photographic films
эмульсионная ~ emulsion stack
стопор м. lock, stopper
фрикционный ~ friction lock

стоп-стержень *м.* *(ядерного реактора)* shutdown [shut-off, scram] rod
сторона *ж.* side
  видимая ~ Луны visible side of the Moon
  загрузочная ~ *(реактора)* charging [loading] face, feed end
  задняя ~ rear side; back
  исполнительная ~ манипулятора slave side of a manipulator
  левая ~ left(-hand) side
  лицевая ~ face
  лицевая ~ реактора pile [reactor] face
  ~ многоугольника side of polygon
  наружная ~ outside
  нижняя ~ профиля *(крыла)* downstream [thrust, pressure] face
  обратная ~ reverse side
  обратная ~ Луны back of the Moon, lunar far side
  ~, освещённая Солнцем *(планеты)* sunlit face
  передающая ~ *(системы связи)* transmitting side
  подветренная ~ lee
  правая ~ right(-hand) side
  приёмная ~ *(системы связи)* receiving side
  рабочая ~ лопасти pressure face of a propeller blade
  разгрузочная ~ *(реактора)* discharging [unloading] face
  ~ разрежения лопасти suction face of a propeller blade
  ~ угла side of angle
  управляющая ~ манипулятора master side of a manipulator
стохастизатор *м.* stochastisizer
стохастизация *ж.* stochastization; randomization
  ~ волнового поля stochastization of wave field
  динамическая ~ траекторий dynamic stochastization of trajectories
  ~ колебаний oscillation stochastization
  ~ орбит orbit stochastization
  ~ процесса process stochastization
  ~ фаз phase stochastization
  ~ частиц particle stochastization
  ~ энергии *(напр. в молекуле)* energy randomization
стохастический *прил.* stochastic; random
стохастичность *ж.* stochasticity
  ~ гамильтоновых систем stochasticity of Hamiltonian systems
  динамическая ~ dynamical stochasticity
  ~ динамических систем stochasticity of dynamical systems
  ~ квантовых систем stochasticity of quantum systems
стохатрон *м.* *фвэ* stochatron
стояние *с.* *(планеты)* station of a planet, stationary point
стоячий *прил.* *(о волнах)* standing
страгивание *с.* *(начало медленного роста трещины)* crack initiation, crack starting
странность *ж.* *(квантовое число)* strangeness

отрицательная ~ negative strangeness
  скрытая ~ hidden strangeness
стратегия *ж.* *(напр. при планировании эксперимента)* strategy
стратиграфия *ж.* stratigraphy
стратификация *ж.* stratification
  ~ атмосферы atmosphere stratification
  температурная ~ temperature stratification
стратопауза *ж.* stratopause
стратосфера *ж.* stratosphere
  верхняя ~ upper stratosphere
  нижняя ~ lower stratosphere
страты *мн.* *(в разряде)* striations
  движущиеся ~ moving striations
  магнитные ~ magnetic striations
  неподвижные ~ fixed striations
  стоячие ~ fixed striations
стрела *ж.* arrow
  ~ времени time arrow; arrow of time
  ~ подъёма *(арки)* rise
  ~ провисания sag, sagging [bending] deflection
  ~ прогиба sag, sagging [bending] deflection
  термодинамическая ~ времени thermodynamic time arrow
  электродинамическая ~ времени electrodynamic time arrow
стрелк/а *ж.* *(на рисунке)* arrow; *(измерительного прибора)* pointer; *(часов)* hand □ **по часовой ~е** clockwise, in a clockwise direction; **против часовой ~и** anticlockwise, counterclockwise, in a counterclockwise direction
  двойная ~ *(напр. для обозначения тензора)* double arrow
  ~ компаса compass needle
  магнитная ~ magnetic needle
стреловидность *ж.* *(крыла)* sweep
  ~ крыла wing sweep
  обратная ~ sweepforward
  отрицательная ~ sweepforward
  положительная ~ sweepback
  прямая ~ sweepback
стреловидный *прил.* *(о крыле)* swept
стрик-камера *ж.* *жарг.* *(электронно-оптическая камера со скоростной развёрткой)* streak camera
стрикция *ж.* striction
  обменная ~ exchange striction
  спонтанная ~ spontaneous striction
стример *м.* streamer
  анодный ~ anode streamer
  анодонаправленный ~ anode [negative] streamer
  катодный ~ cathode streamer
  катодонаправленный ~ cathode [positive] streamer
  отрицательный ~ negative streamer
  положительный ~ positive streamer
  предначальный ~ pre-onset streamer
  предпробойный ~ pre-breakdown streamer
  самоподдерживающийся ~ self-maintained streamer
стриминг *м.* *фпп* streaming

строб-импульс *м.* gate [strobe] pulse
стробирование *с.* sampling, gating
стробоскоп *м.* stroboscope
строботахометр *м.* stroboscopic tachometer, strobotachometer
строгий *прил.* (*о доказательстве и т.п.*) rigorous, strict
строгость *ж.* rigor
  математическая ~ mathematical rigor
строение *с.* structure; constitution
  ~ **атома** atomic structure
  ~ **атома водорода** structure of hydrogen atom
  ~ **атома гелия** structure of helium atom
  атомистическое ~ (*материи*) atomistic structure
  ~ **вихря** vortex pattern
  внутреннее ~ internal structure, internal constitution, inner composition
  внутреннее ~ **Земли** internal structure of the Earth
  внутреннее ~ **Солнца** internal structure of the Sun
  ~ **Вселенной** structure of the Universe
  ~ **галактики** structure of the galaxy
  геометрическое ~ geometrical structure
  дендритное ~ dendritic structure
  доменное ~ domain structure
  ~ **звезды** stellar constitution, stellar structure
  ~ **земного ядра** structure of the Earth core
  ~ **земной коры** structure of the Earth crust
  зонарное ~ (*кристалла*) zonal structure
  ~ **кристалла** crystal structure
  ~ **материи** structure of matter
  ~ **металла** metal structure
  ~ **молекулы** molecular structure
  ~ **оболочки** shell structure
  пространственное ~ (*молекул*) spatial structure
  реологическое ~ rheological structure
  ~ **решётки** lattice structure
  секториальное ~ (*кристалла*) sectoral structure
  сложное ~ complex structure
  химическое ~ chemical constitution
  ~ **ядра** nuclear structure
строительство *с.* construction
  сейсмостойкое ~ antiseismic construction
строить *гл.* (*график, диаграмму*) plot
строка *ж.* (*матрицы или таблицы*) row; (*текста*) line
  ~ **матрицы** matrix row
  ~ **определителя** determinant row
  ~ **таблицы** table row
стронций *м.* strontium, Sr
структур/а *ж.* structure
  агрегатная ~ aggregate structure
  ~ **адронов** hadron structure
  ~ **алмаза** diamond structure
  аморфная ~ amorphous structure
  аморфная атомная ~ amorphous atomic structure
  анизотропная ~ anisotropic structure
  аномальная ~ abnormal structure

  антиферромагнитная ~ antiferromagnetic structure
  асперомагнитная ~ asperomagnetic structure
  ~ **атмосферной турбулентности** structure of atmospheric turbulence
  ~ **атмосферы** structure of atmosphere
  атомарная ~ atomic structure
  атомная ~ atomic structure
  аустенитная ~ austenitic structure
  ~ **белка** protein structure
  бесстолкновительная одномерная плазмодинамическая ~ collisionless one-dimensional plasmodynamic structure
  биологическая ~ biological structure
  ~ **биополимера** biopolymer structure
  варизонная ~ *фпп* variband structure
  ~ **вируса** virus structure
  вихревая ~ vortex structure
  внутренняя ~ internal structure
  внутризёренная ~ intragranular structure
  внутрикристаллитная ~ intracrystalline structure
  внутриядерная ~ intranuclear structure
  ~ **воды** structure of water
  волокнистая ~ fiber [fibrous] structure; *астр.* filamentary structure
  вращательная ~ (*спектральной полосы*) rotational structure
  временнáя ~ time structure
  временнáя диссипативная ~ dissipative time structure
  встречноштыревая ~ (*в приборах СВЧ*) interdigital structure
  вторичная ~ (*напр. биополимера*) secondary structure
  ~ **Вселенной** structure of the Universe
  ~, **выращенная методом МПЭ** MBE-grown structure
  ~ **выхода продуктов деления** fission-product yield structure
  ~ **вюрцита** wurtzite structure
  ~ **вязкого скачка** viscous jump structure
  ~ **галактики** galactic structure
  гексагональная ~ *крист.* hexagonal structure
  гексагональная плотноупакованная ~ close-packed hexagonal structure
  геликоидальная ~ *фмя* helicoidal structure
  геликоидальная магнитная ~ helicoidal magnetic structure
  гетерогенная ~ heterogeneous structure
  гетеродесмическая ~ (*кристалла*) heterodesmic structure
  гетеромолекулярная ~ heteromolecular structure
  гетерофазная ~ heterophase structure
  гетероэпитаксиальная ~ heteroepitaxial structure
  гиперкэлерова ~ hyper-Kählerian structure
  глобальная ~ (*напр. Вселенной*) global structure
  гомодесмическая ~ (*кристалла*) homodesmic structure

гомомолекулярная ~ homomolecular structure
гранецентрированная ~ face-centered structure
гранецентрированная кубическая ~ face-centered cubic structure
~ графита graphite structure
гребенчатая ~ comb structure
грубая ~ coarse structure
двойниковая ~ twin structure
двугорбая ~ *(напр. спектра)* double humped structure
двумерная ~ two-dimensional structure
двумерная поверхностная ~ two-dimensional surface structure
двухдоменная ~ two-domain structure
двухзонная полупроводниковая ~ two-band semiconductor structure
дендритная ~ dendritic structure
дефектная ~ *крист.* defect structure
~ деформированного металла strained [wrought] structure
джозефсоновская ~ Josephson structure
динамическая ~ dynamic structure
динамическая доменная ~ dynamic domain structure
дискретная ~ discrete structure
дислокационная ~ dislocation structure
дисперсная ~ disperse structure
диссипативная ~ dissipative structure
диэлектрическая ~ dielectric structure
~ домена structure of domain
доменная ~ domain structure
доменная ~ Вселенной domain structure of the Universe
~ доменной стенки domain-wall structure
доменопродвигающая ~ domain-shifting structure
древовидная ~ tree structure
дублетная ~ doublet structure
дублетная ~ спектра doublet structure of spectrum
ёлочная ~ herringbone structure
жидкая ~ liquid structure
замедляющая ~ slow-wave structure
зернистая ~ grain [granular] structure
знакопеременная пространственно-периодическая ~ sign-alternating spatially periodic structure
зональная ~ *(Солнца)* zonal structure
зонарная ~ *(кристалла)* zonal structure
зонная ~ *фпп* band structure
зонтичная магнитная ~ umbrella-like magnetic structure
идентичная ~ identical structure
иерархическая ~ hierarchic structure
иерархическая ~ Вселенной hierarchic structure of the Universe
изодесмическая ~ isodesmic structure
изотопическая ~ isotope structure
~ ильменита ilmenite structure
инверсная зонная ~ inverted band structure
интегрально-оптическая ~ integrated-optical structure

интерметаллическая ~ intermetallic structure
ионная ~ ionic structure
ионно-имплантированная ~ ion-implanted structure
~ ионосферы structure of the ionosphere
квазидвумерная ~ quasi-two-dimensional [quasi-2D] structure
квазикристаллическая ~ quasi-crystalline structure
квазиодномерная ~ quasi-one-dimensional [quasi-1D] structure
квантово-размерная ~ quantum-dimensional structure
кварковая ~ *(адронов)* quark structure
кластерная ~ cluster structure
~ клетки cell structure
ковалентная ~ covalent structure
ковалентно-металлическая ~ covalent metal structure
колебательная ~ *(молекулярных спектров)* vibrational structure
коллинеарная ~ *(антиферромагнетика)* collinear structure
коллинеарная магнитная ~ collinear magnetic structure
компактная ~ *фтт* compact structure
конечная ~ ultimate [finite] structure
контрастная диссипативная ~ contrast dissipative structure
~ короны coronal structure
корпускулярная ~ corpuscular structure
кратные ~ы *физ. пов.* multiple structures
~ кристалла crystal structure
кристаллическая ~ crystal structure
крупнозернистая ~ coarse-grained structure
крупномасштабная ~ large-scale structure
крупномасштабная ~ Вселенной large-scale structure of the Universe
кубическая ~ cubic structure
кубическая плотноупакованная ~ cubic close-packed structure
кэлерова ~ Kählerian structure
ламинарная ~ laminar structure
линейчатая ~ line structure
лиотропная ~ lyotropic structure
локальная магнитная ~ local magnetic structure
магнитная ~ magnetic structure
магнитная атомная ~ magnetic atomic structure
магнитная доменная ~ magnetic domain structure
~ магнитопаузы structure of the magnetopause
~ магнитосферы structure of the magnetosphere
макроскопическая ~ macroscopic structure
межпланетная секторная ~ *сзф* interplanetary sector structure
мезаполосковая ~ *фпп* mesastripe structure
мезодесмическая ~ mesodesmic structure
мелкая мезаполосковая ~ *фпп* shallow mesastripe structure
мелкодисперсная ~ highly-dispersed structure
мелкозернистая ~ fine-grained structure

мелкомасштабная ~ small-scale structure
~ металл-диэлектрик-полупроводник metal-insulator-semiconductor [MIS] structure
металлическая ~ metal structure
~ металл-нитрид-оксид-полупроводник metal-nitride-oxide-semiconductor [MNOS] structure
~ металл-оксид-полупроводник metal-oxide-semiconductor [MOS] structure
~ металл-сегнетоэлектрик-полупроводник metal-ferroelectric-semiconductor [MFS] structure
метастабильная ~ metastable structure
микродоменная ~ microdomain structure
микрокристаллическая ~ microcrystalline structure
микроскопическая ~ microscopic structure, microstructure
микроскопическая ~ солнечного ветра microscopic structure of the solar wind
многолучевая ~ (сигнала) multipath structure
многомодовая ~ multimode structure
многоподрешёточная магнитная ~ multisublattice magnetic structure
многополосковая электродная ~ multistrip electrode structure
многослойная ~ multilayer structure
многоуровневая ~ multilevel structure
многофазная ~ polyphase structure
многочастичная ~ many-particle structure
модифицированная ~ modified structure
модовая ~ (в лазере) mode structure
модулированная ~ modulated structure
модулированная магнитная ~ modulated magnetic structure
модулированная спиновая ~ modulated spin structure
мозаичная ~ (кристалла) mosaic structure
молекулярная ~ molecular structure
моноклинная ~ monoclinic structure
монолитная ~ monolithic structure
мультиплетная ~ multiplet structure
наблюдаемая ~ Вселенной observed structure of the Universe
~ на квантовых ямах (multiple) quantum well [MQW] structure
нарушенная ~ damaged structure
начальная ~ initial structure
неколлинеарная ~ noncollinear structure
неколлинеарная магнитная ~ noncollinear magnetic structure
необратимая ~ irreversible structure
неоднородная ~ heterogeneous [nonuniform] structure
неорганическая ~ inorganic structure
непериодическая ~ nonperiodic structure
непериодическая диссипативная ~ nonperiodic dissipative structure
неприводимая ~ irreducible structure
неравновесная ~ nonequilibrium structure
неравновесная диссипативная ~ nonequilibrium dissipative structure

несоразмерная ~ incommensurate structure
несоразмерная магнитная ~ incommensurate magnetic structure
неупорядоченная ~ disordered structure
низкоразмерная ~ low-dimension structure
нитевидная ~ (кристалла) whisker structure
~ нуклонной оболочки nucleon shell structure
оболочечная ~ ядра nuclear shell structure
~ оболочки (звезды) shell structure
обратимая ~ reversible structure
обращённая тонкая ~ (в спектрах) inverted fine structure
объёмная ~ bulk structure
объёмноцентрированная ~ body-centered structure
объёмноцентрированная кубическая ~ body-centered cubic structure
одномерная ~ one-dimensional structure
одномерная магнитная ~ one-dimensional magnetic structure
одномерная полупроводниковая ~ one-dimensional semiconductor structure
однородная ~ homogeneous [uniform] structure
органическая ~ organic structure
ориентационно упорядоченная ~ orientation-ordered structure
орторомбическая ~ orthorhombic structure
островковая ~ физ. пов. island structure
партонная ~ адронов parton structure of hadrons
первичная ~ (напр. биополимера) primary structure
периодическая ~ periodic structure
периодическая диссипативная ~ periodic dissipative structure
перлитовая ~ pearlite structure
~ перовскита perovskite structure
петлеобразная ~ loop structure
~ плавикового шпата fluorite [fluorspar] structure
плазмодинамическая ~ plasmodynamic structure
~ пламени structure of flame
планарная ~ planar structure
планарная волноводная ~ planar waveguide structure
планарная полосковая ~ фпп planar stripe structure
пластинчатая ~ lamellar structure
плотноупакованная ~ close-packed structure
~ поверхности surface structure
поверхностная ~ surface structure
поверхностная периодическая ~ periodic surface [surface periodic] structure
поверхностно-барьерная ~ фпп surface-barrier structure
поликристаллическая ~ polycrystalline structure
~ полимеров structure of polymers
политипная ~ фтт polytypoid structure
полосовая ~ band structure
полосовая дислокационная ~ dislocation band structure

~ полупроводник-металл-полупроводник semiconductor-metal-semiconductor [SMS] structure
поперечная ~ (напр. лазерного пучка) transverse structure
поперечная ~ разряда discharge transverse structure
~ потока солнечной плазмы, генерируемой при солнечных вспышках structure of the solar plasma flow generated by solar flares
причинная ~ causal structure
продольная ~ разряда discharge longitudinal structure
промежуточная ~ intermediate structure
простая кристаллическая ~ simple crystal structure
простая кубическая ~ simple cubic structure
~ пространства-времени space-time structure
пространственная ~ spatial structure
пространственная диссипативная ~ spatial dissipative structure
пространственно-неоднородная ~ spatially inhomogeneous structure
пространственно-однородная ~ spatially homogeneous structure
пространственно-периодическая ~ spatially periodic structure
пульсирующая ~ pulsating structure
равноосная ~ equiaxed structure
разветвлённая ~ branched structure
~ разрыва гидр. discontinuity structure
разупорядоченная ~ disordered structure
~ распределения distribution structure
распределённая ~ distributed structure
распределённая брэгговская ~ distributed Bragg structure
реакционно-способная ~ chemically responsive structure
реальная ~ real structure
~ реальных кристаллов real [imperfect] crystal structure
~ резонанса structure of resonance
резонансная ~ resonance structure
резонансная ~ в сечении возбуждения resonance structure in the excitation cross section
реологическая ~ rheological structure
~ решётки lattice structure
решётчатая ~ lattice structure
ромбоэдрическая ~ rhombohedral structure
~ рутила rutile structure
рыхлая ~ loose structure
самоорганизующаяся ~ self-organizing structure
сверхтонкая ~ hyperfine structure
сверхтонкая магнитная ~ magnetic hyperfine structure
сверхтонкая ~ спектральных линий hyperfine structure of spectral lines
сегнетоэлектрическая ~ electric domain structure
сейсмическая ~ seismic structure

секторная ~ межпланетного магнитного поля sector structure of interplanetary magnetic field
сильно изрезанная ~ (напр. поля) strongly peaked structure
симплектическая ~ symplectic structure
синусоидальная ~ (антиферромагнетика) sinusoidal structure
~ скачка уплотнения shock-wave structure
~ с квантовыми ямами quantum well structure
~ слабого разрыва между волной разрежения и неподвижным газом structure of a weak discontinuity between a rarefaction wave and a gas at rest
слабоколлинеарная ~ weakly collinear structure
сложная ~ complex structure
слоистая ~ layer [sandwich] structure
смешанная ~ mixed structure
~ с неплотной упаковкой loosely packed structure
соизмеримая ~ commensurate structure
солнечная вихревая ~ solar vortex structure
сольватная ~ solvate structure
сотовая ~ honeycomb structure
~ спектра spectrum structure
сперимагнитная ~ sperimagnetic structure
спиновая ~ spin structure
спинорная ~ spinor structure
спиральная ~ spiral [helicoidal] structure
спиральная магнитная ~ spiral magnetic structure
спиральная ~ межпланетного магнитного поля spiral structure of interplanetary magnetic field
~ сплава alloy structure
~ с плотнейшей упаковкой closest-packed structure
~ с плотной упаковкой close-packed structure
столбчатая ~ columnar structure
ступенчатая ~ поверхности stepped structure of the surface
субмикронная ~ submicrometer structure
суперсверхтонкая ~ superhyperfine structure
~ сфалерита sphalerite structure
~ теллура tellurium structure
тетрагональная ~ tetragonal structure
тетраэдрическая ~ tetrahedral structure
тиксотропная ~ thixotropic structure
~ типа «дикобраз» porcupine structure
~ типа «пшеничное поле» wheat field pattern
тонкая ~ fine structure
тонкая дублетная ~ fine dublet structure
тонкая ~ крыла линии Рэлея fine structure of the Rayleigh wing
тонкая разрешённая ~ fine resolved structure
тонкая ~ спектральных линий fine structure of spectral lines
тонкая ~ ударной волны fine structure of shock wave
тонкоплёночная ~ thin-film structure

топологическая ~ topological structure
топологически устойчивая ~ topologically stable structure
трансляционная ~ *крист.* translational structure
третичная ~ *(напр. биополимера)* third-order structure
треугольная магнитная ~ triangular magnetic structure
треугольная спиновая ~ triangular spin structure
трёхмерная ~ three-dimensional structure
трёхмерная ~ магнитного поля three-dimensional structure of magnetic field
трёхмерная ~ потока солнечной плазмы, генерируемого при солнечной вспышке three dimensional structure of the solar plasma flow generated by solar flare
тригональная ~ *крист.* trigonal structure
триклинная ~ *крист.* triclinic structure
триплетная тонкая ~ triplet fine structure
туннельная ~ tunnel structure
~ турбулентного потока со сдвигом скоростей structure of turbulent shear flow
угловая магнитная ~ canted magnetic structure
упорядоченная ~ ordered structure
~ уравнения structure of equation
~ уровней level structure
устойчивая ~ stable structure
уточнённая ~ refined structure
~ фаз Лавеса Laves phase structure
фермионная ~ fermionic structure
ферримагнитная ~ ferrimagnetic structure
ферромагнитная ~ ferromagnetic structure
фибриллярная ~ fibrillar structure
фокусирующая ~ focusing structure
фотоиндуцированная периодическая ~ *физ. пов.* photoinduced periodic structure
фотосферная секторная ~ photospheric sector structure
~ фотосферы structure of the photosphere
фотоэлектролюминесцентная ~ photo-electroluminescence structure
фрактальная ~ fractal structure
~ фуллеренов structure of fullerenes
хаотическая ~ chaotic structure
хиральная ~ *опт.* chiral structure
цепочечная ~ chain structure
циклоидальная ~ *(антиферромагнетика)* cycloidal structure
~ цинковой обманки zinc blende structure
частично упорядоченная ~ partially ordered structure
четвертичная ~ *(напр. биополимера)* fourth-order structure
четырёхнуклонная ~ four-nucleon structure
чешуйчатая ~ flaky structure
~ шпинели spinel structure
эвтектическая ~ eutectic structure
электронная ~ electronic structure
электронная зонная ~ electronic band structure

~ элементарных частиц particle structure
эпитаксиальная ~ epitaxial structure
~ ядра nuclear structure
ячеистая ~ cellular structure
ячеистая дислокационная ~ dislocation cell structure
ячеисто-сетчатая ~ *(Вселенной)* cellular-reticular structure
V-~ V-structure
структурирование *с.* structurization
~ полимеров polymer structurization
структурированность *ж.* structuring
структурность *ж.* structural properties
~ Вселенной structural properties of the Universe
структурный *прил.* structural
структуромер *м.* structure meter
вихретоковый ~ eddy-current structure meter
структурообразование *с.* structure formation
струн/а *ж. фвэ, ак.* string
аксионная ~ axion string
безмассовая ~ massless string
бесконечно короткая ~ infinitely short string
бесконечно тонкая ~ infinitely thin string
бозонная ~ bosonic string
гетеротическая ~ heterotic string
глюонная ~ gluon string
~ Грина - Шварца Green-Schwartz string
дуальная ~ dual string
замкнутая ~ closed string
замкнутая бозонная ~ closed bosonic string
изинговская ~ Ising string
квантовая ~ quantum string
квантовая гетеротическая ~ quantum heterotic string
кварк-глюонная ~ quark-gluon string
кварковая ~ quark string
классическая ~ classical string
колеблющаяся ~ vibrating string
короткая ~ short string
космическая ~ cosmic string
космическая локальная ~ cosmic local string
критическая ~ critical string
магнитная ~ *фтт* magnetic string
массивная ~ massive string
натянутая ~ stretched string
~ Неве - Шварца - Рамона Neveu-Schwartz-Ramond string, NSR-string
невзаимодействующие ~ы noninteracting strings
незамкнутая ~ open string
некритическая ~ noncritical string
неориентированная ~ nonoriented string
одномерная ~ one-dimensional string
однородная ~ uniform string
ориентированная ~ oriented string
открытая ~ open string
открытая адронная ~ open hadron string
~ Полякова Polyakov string
пробная ~ testing string
~ Рамона Ramond string
релятивистская ~ relativistic string

сверхтяжёлая ~ superheavy string
свободная ~ free string
спиновая ~ spin string
суперсимметричная ~ (суперструна) supersymmetric string, superstring
трёхмерная изинговская ~ three-dimensional Ising string
фермионная ~ fermionic string
хромоэлектрическая адронная ~ chromoelectric hadron string
четырёхмерная гетеротическая ~ four-dimensional heterotic string
электрическая ~ electric string

стру/я ж. jet; stream
адронная ~ hadron(ic) jet
адронная ~ отдачи recoil hadron(ic) jet
~ адронов hadron(ic) jet
бозонная ~ bosonic jet
вентилирующая ~ ventilating jet
вихревая спутная ~ eddying wake
~ воздуха air jet, air stream
воздушная ~ air jet, air stream
возмущённая ~ disturbed jet
всплывающая поверхностная ~ buoyant surface jet
втекающая в поток ~ stream-penetrating jet
высокоскоростная ~ fast jet
вытекающая ~ discharge [outflowing] jet
газовая ~ gas jet
глюонная ~ gluon jet
горячая турбулентная затопленная ~ газа hot turbulent submerged jet of gas
двумерная сверхзвуковая ~ two-dimensional supersonic jet
двухфазная ~ two-phase jet
дозвуковая ~ subsonic jet
жёсткая ~ hard jet
~ жидкости fluid [liquid] jet; flush
затопленная ~ submerged jet
затопленная ламинарная ~ с отличным от нуля моментом вращения вокруг оси submerged laminar jet with nonzero angular momentum
изобарическая ~ isobaric jet
изобарическая сверхзвуковая ~ isobaric supersonic jet
квантово-хромодинамическая ~ quantum-chromodynamic jet
кварк-глюонная ~ quark-gluon jet
кварковая ~ quark jet
колеблющаяся ~ vibrating jet
кольцевая ~ annular jet
конвективная ~ convective jet
~ космических лучей cosmic ray jet
круглая ~ circular [round] jet
~ круглого сечения circular [round] jet
кумулятивная ~ cumulative jet
ламинарная ~ laminar jet
ламинарная конвективная ~ laminar convective jet
ламинарная спутная ~ laminar wake
многочастичная ~ many-particle jet

направленная ~ directed jet
невозмущённая ~ undisturbed jet
неразрывная ~ solid jet
нерасчётная ~ noncalculated jet
~ несжимаемой жидкости incompressible jet
осесимметричная ~ axially symmetrical jet
отделившаяся спутная ~ separated wake
открытая ~ open jet
переливающаяся ~ (overflow) nappe
плазменная ~ plasma jet
плоская ~ plane [slot] jet
подтопленная ~ drowned nappe
подтопленная снизу ~ nappe with suppressed bottom contraction
полуограниченная ~ semirestricted stream
прижатая ~ depressed nappe
прилипающая ~ adhering [dinging] nappe
~ прямоугольного сечения rectangular jet
распылённая ~ dispersed jet
расчётная ~ calculated jet
расширяющаяся ~ spray(ing) jet
реактивная ~ jet (stream)
регулируемая ~ adjustable jet
сверхзвуковая ~ supersonic jet
~ сверхзвуковой скорости supersonic jet
свободная ~ free [open] jet
свободная ~ жидкости free jet of a liquid
свободная турбулентная ~ в пространстве, заполненном жидкостью free turbulent jet in a space filled with fluid
~ сжимаемой жидкости compressible jet
~, содержащая скачок уплотнения shocked jet
~ со свободными границами unbounded jet
сплошная ~ solid jet
спутная ~ wake, backwash
спутная ~ в вязкой среде viscous wake
спутная ~, обусловленная трением frictional wake
сталкивающиеся ~и impinging jets
стеснённая ~ straitened stream
сужающаяся ~ contracting stream
турбулентная ~ turbulent jet
турбулентная спутная ~ turbulent wake
ступенчатый прил. stepped
ступен/ь ж. stage; step; (на телах Солнечной системы) scopulus
баллистическая ~ ballistic stage
первая ~ first stage
первая ~ очистки first purification stage
поверхностная ~ фтт surface step
промежуточная ~ intermediate stage
последняя ~ (напр. ракеты) last [final] stage
равноудалённые ~и equidistant steps
~ регулирования stage of regulation, control step
~ роста growth step
~ скола cleavage step
спиральная ~ spiral step
элементарная ~ elementary step
ступенька ж. (структурный дефект) step; (дислокации) jog

двойная ~ double jog
~ дислокации dislocation jog, jog in dislocation
~, испускающая вакансии vacancy emitting jog
~ на границе зёрен grain boundary edge
~, поглощающая вакансии vacancy absorbing jog
половинная ~ half-jog
~ роста *крист.* growth step
~ с адатомом *(структурный дефект)* step adatom
~ скола *фпп* cleavage step
стык *м.* joint, junction
~ границ зёрен grain boundary junction
жёсткий ~ rigid joint
ступенчатый ~ step joint
тройной ~ *(границ зёрен)* triple junction
субатомный *прил.* subatomic
суббуря *ж. сэф* substorm
авроральная ~ auroral substorm
ионосферная ~ ionospheric substorm
магнитосферная ~ magnetospheric substorm
полярная ~ polar substorm
субвспышка *ж. (солнечная)* subflare, small flare
субгармоника *ж.* subharmonic
субгигант *м. астр.* subgiant (star)
субграница *ж. (дислокаций)* subboundary, subgrain boundary
субзерно *с.* subgrain
удлинённое ~ elongated subgrain
субкарлик *м. астр.* subdwarf (star)
гелиевый ~ helium subdwarf
субкварк *м.* subquark
сублимация *ж.* sublimation
~ в вакууме vacuum sublimation
лазерная ~ laser sublimation
~ мишени target sublimation
субмонослой *м. физ. пов.* submonolayer
субструктура *ж.* substructure
судно *с.* ship
~ на воздушной подушке hovercraft; air-cushion craft, air-cushion ship
~ на подводных крыльях hydrofoil craft, hydrofoil ship
научно-исследовательское ~ research ship
океанографическое ~ oceanographic ship
сужение *с.* narrowing; contraction; *(волновода)* taper(ing)
биконическое ~ *(в волоконном световоде)* biconical taper
внезапное ~ *(сечения)* abrupt contraction
~ Дике *(спектральной линии)* Dicke narrowing
~ запрещённой зоны *фпп* band-gap narrowing
~ импульса pulse narrowing
~ канала channel shrinkage
когерентное ~ coherent narrowing
~ крыла wing taper ratio
лазерно-индуцированное ~ линии *(флуоресценции)* laser-induced line narrowing
местное ~ necking
обменное ~ exchange narrowing
~ оптического волокна optical fiber taper

относительное ~ contraction ratio
поперечное ~ lateral contraction
~ представления группы narrowing of group representation
~ резонанса resonance narrowing
~ спектральной линии spectral line narrowing
столкновительное ~ collisional narrowing
~ струи contraction of a jet
сульфат *м.* sulphate
~ урана uranium sulphate
сульфид *м.* sulphide
сумерки *мн.* twilight
астрономические ~ astronomical twilight
вечерние ~ (evening) twilight, dusk
гражданские ~ civil twilight
навигационные ~ nautical twilight
утренние ~ morning twilight, dawn
сумма *ж.* sum; total
блоховская ~ Bloch sum
векторная ~ vector sum
возмущённая статистическая ~ distorted partition function
геометрическая ~ vector sum
~ матриц sum of matrices
модифицированная статистическая ~ modified partition function
~ по столбцам column sum
~ по строкам row sum
промежуточная ~ intermediate sum
среднеквадратическая ~ root-mean-square sum
статистическая ~ statistical sum; partition function
сходящаяся ~ convergent sum
~ углов angular sum
фундаментальная ~ fundamental sum
сумматор *м. вчт* adder; summer, summator
амплитудный ~ amplitude adder
аналоговый ~ analog adder
когерентный ~ *(лазерных пучков)* coherent summator
оптоэлектронный ~ optoelectronic adder
параллельный ~ parallel adder
цифровой ~ digital adder
суммирование *с.* summation; addition
асимптотическое ~ asymptotic summation
когерентное ~ *(лазерных пучков)* coherent summation
~ по случайным путям summation of random paths
~ ряда summation of series
суммировать *гл.* sum, summarize, totalize
суммируемость *ж.* summability
супералгебра *ж.* superalgebra
~ Ли Lie superalgebra
супераналог *м. ктп* superanalog
суперантиферромагнетизм *м.* superantiferromagnetism
супераэродинамика *ж.* superaerodynamics
супербанан *м. физ. пл.* superbanana
супервектор *м.* supervector
супергенератор *м.* supergenerator
супергетеродин *м.* superheterodyne

суперглюбол *м.* superglueball
супергравитация *ж.* supergravity
  квантовая ~ quantum supergravity
  конформная ~ conformal supergravity
  нарушенная ~ broken supergravity
  простая ~ consistent supergravity
  расширенная ~ extended supergravity
  суперполевая ~ superfield supergravity
  эйнштейновская ~ Einstein supergravity
супергравитон *м.* supergraviton
супергрануляция *ж. астр.* supergranulation
супергруппа *ж.* supergroup
  кватернионная ~ quaternionic supergroup
  одномерная ~ one-dimensional supergroup
супердействие *с.* superaction
супердетерминант *м.* superdeterminant
супердислокация *ж.* superdislocation
супердлина *ж. ктп* super-length
  инвариантная ~ invariant super-length
суперзаряд *м.* supercharge
суперизоспин *м.* superisospin
супериконоскоп *м.* image iconoscope
суперинвариант *м.* superinvariant
суперинжекция *ж.* superinjection
суперисточник *м.* supersource
суперкавитация *ж.* supercavitation
суперкварк *м.* superquark
суперколлайдер *м. фвэ* supercollider
  сверхпроводящий ~ (ССК) superconducting supercollider, SSC
суперкосмология *ж.* supercosmology
суперкривизна *ж.* supercurvature
суперлюминесценция *ж.* superluminescence, superradiance
  параметрическая ~ parametric superradiance
суперматематика *ж.* supermathematics
суперматрица *ж.* supermatrix
суперметрика *ж.* supermetric
супермешок *м. фвэ* superbag
супермногообразие *с.* supermanyfold
  компактное ~ compact supermanyfold
супермножество *с.* superset
супермультиплет *м. фвэ* supermultiplet
  безмассовый ~ massless supermultiplet
  векторный ~ vector supermultiplet
  гравитационный ~ gravitational supermultiplet
  изоскалярный ~ isoscalar supermultiplet
  калибровочный ~ gauge supermultiplet
  киральный ~ chiral supermultiplet
  ~ Максвелла Maxwell supermultiplet
  максимальный ~ maximum supermultiplet
  массивный ~ massive supermultiplet
  неприводимый ~ irreducible supermultiplet
  тензорный ~ tensor supermultiplet
  унитарный ~ unitary supermultiplet
суперобмен *м.* superexchange
суперобъединение *с. ктп* supergrand unification, superunification
суперобъём *м.* supervolume
супероператор *м.* superoperator
суперортикон *м.* image orthicon
суперотбор *м.* superselection

суперпарамагнетизм *м.* superparamagnetism
суперпарамагнетик *м.* superparamagnet
суперпараметр *м.* superparameter
суперпартнёр *м.* superpartner
  левый ~ left-moving superpartner
суперпериод *м.* superperiod
суперпериодичность *ж.* superperiodicity
суперпетля *ж.* superloop
суперпозиция *ж.* superposition
  ~ вихрей и антивихрей superposition of vortices and anti-vortices
  ~ волн superposition of waves
  ~ кинка и антикинка superposition of kink and anti-kink
  когерентная ~ coherent superposition
  линейная ~ linear superposition
  ~ состояний *кв. мех.* superposition of states
суперполе *с.* superfield
  аксиальное ~ axial superfield
  аналитическое ~ analytical superfield
  векторное ~ vector superfield
  гармоническое ~ harmonic superfield
  гравитационное ~ gravitational superfield
  калибровочно-инвариантное ~ gauge-invariant superfield
  киральное ~ chiral superfield
  левое ~ left superfield
  максвелловское ~ Maxwellian superfield
  многокомпонентное ~ multicomponent superfield
  неприводимое ~ irreducible superfield
  правое ~ right superfield
  скалярное ~ scalar superfield
суперполировка *ж.* superpolish
суперпреобразование *с.* supertransformation
суперпроводник *м.* superconductor
  ионный ~ ionic superconductor
суперпространство *с.* superspace
  аналитическое ~ analytical superspace
  гармоническое ~ harmonic superspace
  искривлённое ~ curved superspace
  кватернионное ~ quaternionic superspace
  киральное ~ chiral superspace
  комплексное ~ complex superspace
  лоренц-гармоническое ~ Lorentz-harmonic superspace
суперпуть *м.* superpath
суперрадиация *ж. (чёрных дыр)* superradiation
суперрепер *м.* superreference
суперсвязность *ж.* superconnection
  аффинная ~ affine superconnection
  спиновая ~ spin superconnection
суперсдвиг *м.* superdisplacement
суперсимметрия *ж.* supersymmetry
  локальная ~ local supersymmetry
  нарушенная ~ broken supersymmetry
  простая ~ simple supersymmetry
  пространственно-временная ~ space-time supersymmetry
  ~ Пуанкаре Poincaré supersymmetry
  расширенная ~ extended supersymmetry

спонтанно нарушенная ~ spontaneously broken supersymmetry

D-мерная ~ D-dimensional supersymmetry

суперсинтез *м.* supersynthesis

апертурный ~ aperture supersynthesis

суперспин *м.* superspin

суперструктура *ж.* superstructure

суперструна *ж.* superstring

десятимерная ~ 10-D superstring

замкнутая ~ closed superstring

киральная ~ chiral superstring

открытая ~ open superstring

температурная ~ temperature superstring

супертензор *м.* supertensor

суперток *м.* supercurrent

супертрансляция *ж.* supertranslation

суперфермион *м.* superfermion

суперферромагнетизм *м.* superferromagnetism

суперфлуоресценция *ж. (редко; в отечественной литературе, как правило, употребляется термин «сверхизлучение»)* superfluorescence

параметрическая ~ parametric superfluorescence

суперфункция *ж.* superfunction

калибровочная ~ gauge superfunction

суперцвет *м.* supercolor

суперчастица *ж.* superparticle

суперядро *с.* supernucleus

супрамолекула *ж.* supramolecule

супраструктура *ж. хим.* suprastructure

супрасфера *ж. астр.* suprasphere

сурьма *ж.* antimony, Sb

суспензия *ж.* suspension

водная ~ aqueous suspension

жидкая ~ liquid suspension

топливная ~ fuel suspension

сутки *мн.* day

гражданские ~ civil day

звёздные ~ siderial day

истинные солнечные ~ true solar day

лунные ~ lunar day

солнечные ~ solar day

средние солнечные ~ mean solar day

эфемеридные ~ ephemeris day

суточный *прил.* daily, diurnal

сухость *ж. (пара)* vapor quality

сушилка *ж.* dryer

вакуумная ~ vacuum dryer

высокочастотная ~ high-frequency dryer

конвективная ~ convective dryer

контактная ~ contact dryer

сублимационная ~ sublimation dryer

терморадиационная ~ thermal-radiation dryer

центробежная ~ centrifugal dryer

сушка *ж.* drying

вакуумная ~ vacuum drying

воздушная ~ air drying

~ инфракрасным излучением infrared drying

конвективная ~ convective drying

контактная ~ contact drying

~ распылением spray drying

химическая ~ chemical drying

существование *с.* existence

~ в природе natural occurence

~ и единственность решения unique existence of the solution

~ решения existence of the solution

сфалерит *м. крист.* sphalerite

сфера *ж.* sphere

~ Вейерштрасса Weierstrass sphere

дебаевская ~ Debye sphere

~ Дебая Debye sphere

~ действия sphere of activity

единичная ~ Пуанкаре Poincaré unit sphere

жёсткая ~ rigid sphere

координационная ~ *фтт* coordination sphere

критическая ~ critical sphere

небесная ~ celestial sphere

неоднородная ньютоновская ~ nonuniform Newtonian sphere

ньютоновская ~ Newtonian sphere

однородная ~ homogeneous sphere

осциллирующая ~ *ак.* oscillating sphere

первая координационная ~ *фтт* first coordination sphere

проводящая ~ conducting sphere

проколотая ~ punctured sphere

~ Пуанкаре *опт.* Poincaré sphere

пульсирующая ~ *ак.* pulsating sphere

~ Римана Riemannian sphere

~ Стремгрена *астр.* Strömgren sphere

твердотельно-вращающаяся ~ sphere rotating as a solid body, uniformly rotating sphere

~ Ферми Fermi sphere

~ Шварцшильда *астр.* Schwarzschild sphere

~ Эвальда *крист.* Ewald sphere

сферический *прил.* spherical

сферичность *ж.* sphericity

сфероид *м. (фигура Земли)* spheroid

геодезический ~ geodetic spheroid

земной ~ Earth spheroid

~ Маклорена Maclaurin spheroid

неоднородный ~ inhomogeneous [nonuniform] spheroid

сплюснутый ~ flattened [oblate] spheroid

~ Фримана Freeman spheroid

сфероидальный *прил.* spheroidal

сфероидизация *ж. (частиц, включений в металлах и сплавах)* spheroidization

сферолит *м. (кристалла)* spherulite

сферометр *м.* spherometer

сферометрия *ж.* spherometry

схватывание *с. (материалов при трении)* seizure

атермическое ~ cold seizure

термическое ~ thermal [hot] seizure

схем/а *ж.* circuit, network; diagram, scheme; *(логическая)* logic; *(пересчётная)* scaler

~ аварийного выключения emergency shutdown circuit

активная ~ active network

аналоговая ~ analog circuit

~ аннигиляции ЦМД bubble annihilation circuit

~ **антисовпадений** anticoincidence circuit
балансная ~ balanced circuit
безусловно устойчивая ~ интегрирования unconditionally stable integration scheme
бистабильная ~ bistable circuit
~ **блокировки** interlocking circuit
большая интегральная ~ large-scale integrated circuit
буферная ~ buffer circuit
быстрая ~ совпадений fast coincidence circuit
быстродействующая электронная ~ fast electronic circuit
вентильная ~ gating circuit, gate
~ **вертикального отклонения** vertical deflection circuit
внеосевая ~ *гологр.* off-axis sheme, off-axis arrangement
~ **возбуждения** *(лазерных уровней)* excitation diagram
выключающая ~ shut-down circuit
~ **вычислений** pattern of calculation
вычислительная ~ computing circuit
~ **Габора** *гологр.* Gabor scheme, Gabor arrangement
~ **гашения** *(разряда)* quench(ing) circuit; *(луча в ЭЛТ)* blanking circuit
~ **гашения счётчика** counter-quench circuit
гибридная ~ hybrid circuit
гибридная интегральная ~ hybrid integrated circuit
~ **горизонтального отклонения** horizontal-deflection circuit
~ **Грегори** *(облучения телескопа)* Gregorian mounting, Gregorian arrangement
двоичная логическая ~ binary logic (circuit)
двоичная пересчётная ~ binary scaler
~ **двойных совпадений** double-coincidence circuit
двухтактная ~ push-pull circuit
декадная пересчётная ~ decade scaler
~ **деления** dividing circuit
~ **Денисюка** *гологр.* Denisiuk scheme, Denisiuk arrangement
~ **детектирования ЦМД** bubble detection circuit
дифференцирующая ~ differentiating circuit
жёсткопластическая ~ rigid-plastic approximation
~ **задержки** (time-)delay circuit
~ **задержки импульсов** pulse-delay circuit
заземлённая ~ grounded circuit
~ **замещения** equivalent circuit
~ **запаздывающих совпадений** delayed-coincidence circuit
запоминающая ~ memory circuit
~ **запуска** trigger circuit
~ **измерения времени пролёта** time-of-flight measuring circuit
~ **измерения периода** period-measuring circuit
~ **измерения разности скорости счёта** counting-rate difference measuring circuit

~ **измерения скорости счёта** counting-rate measuring circuit
импульсная ~ pulse circuit
интегральная ~ integrated circuit; *(реактора)* integrated design
интегрирующая ~ integrating circuit
~ **калибровки** calibrating circuit
~ **Кассегрена** *(облучения телескопа)* Cassegrain mounting, Cassegrain arrangement
кассегреновская ~ *(облучения телескопа)* Cassegrain mounting, Cassegrain arrangement
кинематическая ~ functional diagram
ключевая ~ gating circuit, gate
кольцевая ~ ring circuit
кольцевая пересчётная ~ ring scaler
комбинационная логическая ~ combination logic
~ **компрессии** compression circuit
конечно-разностная ~ finite-difference scheme
конкурирующие ~**ы распада** competitive modes of decay
~ **коррекции** correction circuit, corrective network
кремниевая интегральная ~ silicon integrated circuit
криотронная ~ cryotron circuit
ламповая ~ tube circuit
~ **Лейта** *гологр.* Leith scheme, Leith arrangement
логическая ~ logic (circuit)
логическая ~ без памяти combination logic
логическая ~ с памятью sequential logic
матричная ~ matrix circuit
микроэлектронная ~ microelectronic circuit
~ **минимальных вычитаний** *яф* minimum subtraction scheme
многоканальная ~ совпадений multi-channel coincidence circuit
многокаскадная ~ multistage circuit
многослойная ~ multilayer circuit
монтажная ~ *эл.* wiring diagram
мостовая ~ bridge circuit
~ **нагружения** loading conditions
~ **накачки** pump(ing) circuit
~ **на ЦМД** bubble circuit
невзаимная ~ nonreciprocal network
нелинейная ~ nonlinear circuit
неявная разностная ~ implicit difference scheme
~ **нумерации** *(элементов)* numbering scheme
~ **обострения импульсов** peaking circuit
~ **обратной связи** feedback circuit
одношаговая ~ one-step method
оптическая ~ optical scheme
оптическая логическая ~ optical logic
оптоэлектронная интегральная ~ optoelectronic integrated circuit
оптоэлектронная логическая ~ optoelectronic logic
осевая ~ *гологр.* axial scheme, axial arrangement
пассивная ~ passive network
переключающая ~ switching circuit
перестраиваемая ~ tunable circuit

пересчётная ~ scaler, scaling circuit
пересчётная ~ на декатронах decatron scaler
периодическая зонная ~ periodic band structure
петлевая ~ *(реактора)* loop design
печатная ~ printed circuit
~ питания feed circuit
планарная ~ planar circuit
полупроводниковая ~ semiconductor circuit
полупроводниковая интегральная ~ semiconductor integrated circuit
пороговая ~ threshold circuit
последовательная логическая ~ sequential logic
~ прерывания chopping circuit
принципиальная ~ basic [schematic] diagram, basic circuit
~ продвижения ЦМД bubble propagation circuit
пусковая ~ trigger (circuit)
~ радиоактивного распада radioactive-decay scheme, scheme of radioactive decay, scheme of disintegration
~ развёртки sweep [time-base] circuit
разностная ~ (finite-)difference scheme
разностная ~ с донорными ячейками donor cell difference scheme
~ распада decay [disintegration] scheme
~ распознавания recognition network
~ расположения layout
расчётная ~ design diagram
регенеративная ~ regenerative circuit
регистрирующая ~ recording circuit
сверхбольшая интегральная ~ very large-scale integrated circuit
~ связи *(угловых моментов)* coupling scheme
сглаживающая ~ smoothing circuit
~ с заземлённой сеткой grounded-grid circuit
симметричная ~ symmetrical circuit; balanced network
~ синхронизации synchronizing [locking] circuit
скелетная ~ (skeleton) diagram, block diagram
~ смазки lubrication [oiling] chart
смесительная ~ mixing circuit
~ с общим катодом common-cathode circuit
~ совпадений coincidence circuit
~ совпадений с высокой разрешающей способностью high-resolution coincidence circuit
согласующая ~ matching network
~ соединений interconnection diagram
спусковая ~ *эл.* trigger (circuit)
~ сравнения comparison circuit
~ с разностями по потоку downstream differencing scheme
~ с разностями против потока upstream differencing scheme
~ с распределёнными параметрами distributed parameter circuit
~ с сосредоточенными параметрами lumped parameter circuit

структурная ~ block [skeleton] diagram
суммирующая ~ adder circuit, summation network
счётная ~ counting circuit
твердотельная ~ solid-state circuit
твердотельная интегральная ~ solid-state integrated circuit
технологическая ~ flowsheet, flow diagram, flow chart
~ технологического процесса flowsheet, flow diagram, flow chart
тонкоплёночная ~ thin-film circuit
транзисторная ~ transistor circuit
~ треков track pattern
трёхконтурная ~ *(реактора)* three-loop design
трёхслойная разностная ~ three-level difference scheme
триггерная ~ trigger circuit
~ удвоения напряжения voltage-doubling circuit
~ умножения напряжения voltage-multiplying circuit
универсальная пересчётная ~ multiscaler
~ управления control circuit
~ уровней энергии energy level diagram
усредняющая ~ averaging circuit
~ установки installation diagram
фазирующая ~ phasing circuit
~ фазовой коррекции phase corrector
фазосдвигающая ~ phase-shifting circuit
~ формирования импульсов pulse-shaping [pulse-forming] circuit
фотонная интегральная ~ photonic integrated circuit
функциональная ~ functional diagram
~ Фурье *гологр.* Fourier scheme, Fourier arrangement
центральная разностная ~ central finite-difference scheme
цифровая ~ digital circuit
~ численного интегрирования numerical quadrature scheme
чисто оптическая логическая ~ all-optical logic
шаговая по времени ~ time-marching scheme
эквивалентная ~ equivalent circuit
электрическая ~ electrical circuit
электронная ~ electronic circuit
~ энергетических уровней energy level diagram
эпитаксиальная ~ epitaxial circuit
~ Юнга *фвэ* Young diagram
явная ~ интегрирования по времени explicit time integration scheme
явная конечноразностная ~ explicit finite-difference scheme
схематизация *ж.* schematization
схлопывание *с. (пузырька в жидкости)* collapse
~ кавитационных пузырьков collapse of cavitation bubbles

сходимость *ж.* convergence
  абсолютная ~ absolute convergence
  асимптотическая ~ asymptotic convergence
  безусловная ~ unconditional convergence
  быстрая ~ rapid convergence
  ~ в среднем convergence in mean, average convergence
  ~ интеграла integral convergence
  ~ итераций iterative convergence
  локальная ~ local convergence
  медленная ~ slow convergence
  монотонная ~ monotone convergence
  ~ на бесконечности convergence at infinity
  нелинейная ~ nonlinear convergence
  неравномерная ~ nonuniform convergence
  обобщённая ~ generalized convergence
  ограниченная ~ bounded [restricted] convergence
  ~ оператора operator convergence
  ~ по норме convergence in norm, normwise convergence
  ~ приближения Кулона - Бете при возбуждении положительного иона электронным ударом convergence of the Coulomb-Bethe approximation for electron impact excitation of positive ion
  ~ пучка beam convergence
  равномерная ~ uniform convergence
  ~ разложения по псевдосостояниям при рассеянии электрона на атоме convergence of pseudostate expansion in electron-atom scattering
  ~ ряда convergence of series
  улучшенная ~ improved convergence
  условная ~ conditional convergence
сходиться *гл.* converge
сходство *с.* similarity, likeness
сходящийся *прил.* convergent
  абсолютно ~ absolutely convergent
  равномерно ~ uniformly convergent
сценарий *м. (описание развития какого-л. процесса)* scenario
  ~ возникновения турбулентности scenario for the onset of turbulence
  ~ Гуса *(в космологии)* Guth scenario
  комбинированный ~ *(для странного аттрактора)* combined scenario
  новый ~ раздувающейся Вселенной new scenario for the inflation Universe
  ~ процесса хаотизации *(движения)* scenario for the chaotization process
  ~ раздувающейся Вселенной scenario for the inflation Universe
  ~ разряда discharge scenario
  ~ срыва disruption scenario
  ~ Фейгенбаума *(для странного аттрактора)* Feigenbaum scenario
  ~ хаотического раздувания Вселенной scenario for chaotic inflation of the Universe
  ~ эволюции звезды scenario for star evolution
  эволюционный ~ *астр.* evolution scenario
сцепление *с.* adhesion, cohesion; link(age); *(деталей машин)* engagement

  адгезионное ~ adhesion bond
  межзвеньевое ~ interlink(age)
  механическое ~ *(прилипание)* mechanical adhesion
сцинтиллограф *м.* scintillograph, automatic scintillation scanner
  изотопный ~ isotope scintillation scanner
сцинтиллоскоп *м.* scintilloscope
сцинтиллятор *м.* scintillator, scintillating phosphor
  быстровысвечивающийся ~ fast scintillator
  высокоэффективный ~ high-efficiency scintillator
  газовый ~ noble gas scintillator
  жидкий ~ liquid scintillator; scintillating solution
  кристаллический ~ crystal scintillator, scintillation [scintillating] crystal
  неорганический ~ inorganic scintillator
  органический ~ organic scintillator
  пластиковый ~ plastic scintillator, scintillation plastic
  пластмассовый ~ plastic scintillator, scintillation plastic
  стеклянный ~ glass scintillator
сцинтилляция *ж.* scintillation
счёт *м. (напр. частиц)* count(ing)
  абсолютный ~ absolute counting
  ~ активности activity counting
  ~ альфа-частиц alpha counting
  ~ антисовпадений anticoincidence counting
  ~ бета-частиц beta counting
  ~ гамма-квантов gamma counting
  двойной ~ double counting
  ~ делений fission counting
  дифференциальный ~ differential counting
  ~ захватных гамма-квантов capture gamma counting
  ~ импульсов pulse counting
  интегральный ~ integral [total] count
  кварковый ~ quark counting
  ~ одиночных фотонов single photon counting
  ~ сгустков blob counting
  ~ следов частиц track counting
  ~ совпадений coincidence counting
  ~ сцинтилляций scintillation counting
  ~ фона background counting
  ~ фотонов photon counting
  ~ фотоэлектронов photoelectron counting
  ~ частиц particle [nuclear] counting
счётность *ж.* countability, denumerability
счётчик *м.* counter
  алмазный ~ diamond counter
  ~ альфа-частиц alpha counter
  ~ антисовпадений anticoincidence counter
  антраценовый сцинтилляционный ~ anthracene scintillation counter
  ацетиленовый ~ acetylene-filled counter
  ~ без окошка windowless counter
  бесстеночный ~ wallless counter
  ~ бета-частиц beta counter
  борный ~ boron counter

борный сцинтилляционный ~ boron scintillation counter

быстродействующий ~ high-speed [fast] counter

~ **быстрых нейтронов** fast-neutron counter

водородный ~ hydrogen counter

водяной ~ water counter

~ **временных интервалов** time-interval counter

времяпролётный ~ time-of-flight counter

~ **вторичных электронов** secondary-electron counter

~ **высокого давления** high-pressure counter

~ **высокого разрешения** high-resolution counter

высокоэффективный ~ high-efficiency counter

газовый ~ *(излучений)* gas counter; *(расхода газа)* gas meter

газовый проточный ~ gas-flow counter

газовый сцинтилляционный ~ gaseous scintillation counter

газонаполненный ~ gas-filled counter

газоразрядный ~ gas-discharge counter

галогенный ~ halogen(-filled) counter

галоидный ~ halogen(-filled) counter

~ **гамма-квантов** gamma counter

гамма-чувствительный ~ gamma-discriminating counter

~ **Гейгера** Geiger counter, Geiger tube

~ **Гейгера - Мюллера** Geiger-Müller [G-M] counter

двоичный ~ binary counter

двойной ~ double counter

декадный ~ decade counter

дейтронный ~ deutron counter

~ **делений** fission counter

дифференциальный ~ differential counter

«длинный» ~ long counter

жидкостный ~ liquid counter

жидкостный пропорциональный ~ liquid proportional counter

~ **загрязнений** contamination counter

записывающий ~ recording counter

~ **заряженных частиц** charged particle counter

защищённый ~ shielded counter

~ **зёрен** grain counter

игольчатый ~ needle counter

~ **излучений** radiation counter

импульсный ~ pulsed counter

~ **импульсов** pulse counter

интегрирующий ~ integrating counter

~ **интерференционных полос** fringe counter

ионизационный ~ ionization counter

~ **ионов** ion counter

искровой ~ spark counter

~ **квантов** quantum counter

кольцевой ~ annular [ring] counter

коронный ~ corona counter

кристаллический ~ crystal counter

ксеноновый ~ xenon counter

~ **лавин** avalanche counter

ливневый ~ shower counter

линейный искровой ~ linear spark counter

литиевый дрейфовый ~ Li drift counter

логарифмический ~ **импульсов** log pulse counter

люминесцентный ~ luminescent counter

~ **медленных нейтронов** slow neutron counter

метановый ~ methane-filled counter

многодекадный ~ multiple-decade counter

многоканальный ~ multichannel counter

многонитяной ~ multiwire [multiple-wire] counter

мюонный ~ muon counter

~ **на декатронах** decatron counter

~ **на лампах с холодным катодом** cold-cathode counter

~ **на транзисторах** transistorized counter

нафталиновый ~ naphthalene counter

нейтронный пропорциональный ~ neutron proportional counter

~ **нейтронов** neutron counter

несамогасящийся ~ non-self-quenched counter

несамогасящаяся ~ **Гейгера** non-self-quenched Geiger counter

неэкранированный ~ bare counter

~ **низкого давления** low pressure counter

нитяной ~ wire [filament] counter

~ **оборотов** revolution [cycle] counter

одиночный ~ single counter

однонитяной ~ single-wire counter

одноразрядный ~ single-digit counter

острийный ~ point counter

отпаянный ~ sealed-off counter

охлаждаемый ~ cooled counter

пластмассовый сцинтилляционный ~ plastic scintillation counter

поверхностно-барьерный ~ surface-barrier counter

погружной ~ dip [immersion] counter

поисковый ~ prospecting counter

~ **полного поглощения** total absorption counter

полупроводниковый ~ semiconductor counter

пороговый ~ threshold counter

пороговый черенковский ~ threshold Cherenkov counter

портативный ~ portable counter

пропорциональный ~ proportional counter

пропорциональный ~ **высокого давления** proportional high-pressure counter

~ **протонов отдачи** proton-recoil counter

проточный ~ flow(-type) counter

проточный газовый ~ gas-flow counter

проточный жидкостный ~ fluid-flow counter

~ **радиоактивного излучения** radioactive radiation counter

~ **разрывов следа** track-gap counter

разрядный ~ discharge counter

реверсивный ~ bidirectional [reversible] counter

~ **рентгеновского излучения** X-ray counter

самогасящийся ~ self-quenching counter

самогасящийся ~ **Гейгера** self-quenching Geiger counter

самопишущий сцинтилляционный ~ recording scintillation counter
~ с большим телесным углом large solid angle counter
~ с борными стенками boron-wall counter
~ с внешним катодом external-cathode counter
~ с внутренним источником internal-source counter
~ с высокой разрешающей способностью high-resolution counter
~ с гелиевым наполнением helium-filled counter
сдвоенный ~ делений back-to-back fission counter
~ с двойными стенками double-wall counter
~ с кислородным гашением oxygen-quenched counter
~ скорости Вентури Venturi velocity meter
~ скорости по напору impact-pressure [Pitot-type] velocity meter
~ совпадений coincidence counter
~ со слюдяным окошком mica-window counter
спиральный ~ делений spiral fission counter
~ с «плохой геометрией» low geometry counter
стандартный ~ standard counter
стеклянный ~ glass counter
~ с тонким окошком thin-window counter
суммирующий ~ summing counter
сферический ~ spherical counter
~ с «хорошей геометрией» high geometry counter
сцинтилляционный ~ scintillation counter
~ с широким окошком wide-aperture counter
твердотельный ~ solid-state counter
тканеэквивалентный ~ tissue-equivalent counter
тонкостенный ~ thin-wall counter
~ тормозного излучения bremsstrahlung counter
тороидальный ~ toroidal counter
торцевой ~ end-window counter
~ тройных совпадений triple coincidence counter
~ тяжёлых ионизирующих частиц heavy ionizing particle counter
~ фотонов photon counter
фотоэлектрический ~ photoelectric counter
~ циклов cycle counter
цилиндрический ~ cylindrical counter
цилиндрический пропорциональный ~ cylindrical proportional counter
цифровой ~ digital counter
~ частиц particle counter
~ частиц космического излучения cosmic-ray particle counter
~ частиц низкой энергии low-energy particle counter
~ Черенкова Cherenkov counter
черенковский ~ Cherenkov counter
черенковский ~ полного поглощения Cherenkov total absorption counter

черенковский ~ с полным внутренним отражением Cherenkov counter of total reflection type
экзоэлектронный пропорциональный ~ exoelectron proportional counter
электромеханический ~ electromechanical counter
электронный ~ electronic counter
~ электронов electron counter
~ электроэнергии electricity meter
~ ядер конденсации condensation nucleus counter
ядерно-каскадный ~ nuclear cascade counter
~ ядерных излучений nuclear radiation counter
~ ядер отдачи recoil counter
m-разрядный ~ m-digit counter
4 пи ~ four pi [4 pi] counter
счётчик-зонд *м.* counter-probe
считать *гл. (подсчитывать)* count, compute
считывание *с.* readout; reading; sensing
~ без разрушения информации nondestructive readout
ёмкостное ~ capacitive readout
~ изображения image sensing
индуктивное ~ inductive readout
магнитооптическое ~ magnetooptic reading
магниторезистивное ~ magnetoresistive readout
оптическое ~ optical reading
потенциальное ~ voltage readout
~ с магнитного барабана magnetic-drum playback
~ с магнитной ленты magnetic-tape playback, tape reading
~ с разрушением информации destructive readout
~ с ферритовых сердечников ferrite core readout
токовое ~ current readout
~ фотоэлементом photocell readout
сшивание *с. (полей; решений)* joining; linkage; matching
гладкое ~ smooth joining
~ квазиклассических функций matching of quasiclasical functions
~ функций function matching, matching of functions
сшивка *ж. (полей, решений)* joining; linkage; matching
съём *м.* removal; extraction
~ мощности power removal, power extraction
~ пара steam removal
~ тепла heat removal, heat extraction
~ энергии *(запасённой в активной среде лазера)* energy extraction
съёмка *ж.* survey
геодезическая ~ geodetic survey
геомагнитная ~ geomagnetic survey
геофизическая ~ geophysical survey
гравиметрическая ~ gravimetric survey
гравитационная ~ gravitational survey

магнитная ~ magnetic survey
магнитотеллурическая ~ magnetotelluric survey
радиометрическая ~ radiometric survey
уранометрическая ~ uranometric survey
сырьё *с.* raw material
ядерное ~ nuclear raw material
сэбин *м.* *(единица звукопоглощения)* sabin, S
метрический ~ metric sabin
сэлектрон *м.* selectron
сэндвич *м.* *(слоистая структура)* sandwich

Т

таблетка *ж.* pellet, tablet
~ **воспроизводящего материала** breeding pellet
дейтерий-тритиевая ~ deuterium-tritium pellet
спечённая ~ sintered pellet
топливная ~ fuel pellet
таблиц/а *ж.* table; chart □ **сводить в ~y** summarize in the table; tabulate; **составлять ~y** compile a table
астрономическая ~ astronomical table
~ **водяного пара** steam table
геодезическая ~ geodetic table
градуировочная ~ calibration chart
~ **данных** data table; data chart
~ **значений** value table
~ **изотопов** isotope table; isotope chart
~ **логарифмов** table of logarithms, logarithmic table
математическая ~ mathematical table
Международные ~**ы водяного пара** International Steam Tables
~ **отклонений** deviation chart
переводная ~ conversion table; conversion chart
периодическая ~ **элементов Менделеева** periodic table of the elements
~ **поправок** correction table; correction chart
~ **радионуклидов** chart of radionuclides
сводная ~ summary table
~ **синусов** sine table
~ **спектральных линий** spectral line table
справочная ~ reference table
статистическая ~ statistical table
трёхмерная ~ three-dimensional table
тригонометрическая ~ trigonometric table
~ **узлов** node table
табло *с.* panel
световое ~ light panel
табулирование *с.* tabulation
табулятор *м.* tabulator
таймер *м.* timer; timing counter
~ **событий** *яф* event timer
цифровой ~ digital timer
такт *м.* clock period; (time) step

таллий *м.* thallium, Tl
тальк *м.* talc(um)
тангенс *м.* tangent, tg
гиперболический ~ hyperbolic tangent, tgh
~ **угла наклона** slope
~ **угла потерь** dissipation factor; loss(-angle) [dielectric loss] tangent
тангенсоида *ж.* tangent curve
тангенциальный *прил.* tangential
тандем *м.* *яф* tandem
тантал *м.* tantalum, Ta
танталат *м.* tantalate
таран *м.* ram
гидравлический ~ hydraulic [water] ram
тарелка *ж.* *(дистилляционной колонны)* plate, tray
колпаковая ~ *(ректификационной колонны)* bubble-cap tray
сетчатая ~ sieve plate
теоретическая ~ theoretical plate
тарирование *с.* calibration
~ **фотоупругого материала** photoelastic calibration
тау-лептон *м.* tau lepton; tau particle; tauon
тау-мезон *м.* tau meson
тауметр *м.* *опт.* tau meter
тау-нейтрино *с.* tau neutrino
тауон *м.* tauon; tau particle; tau lepton
таутомер *м.* tautomer
таутомеризация *ж.* tautomerization
таутомерия *ж.* tautomerism
амидная ~ amide tautomerism
анионотропная ~ anionotropic tautomerism
диадная прототропная ~ diadic prototropic tautomerism
кето-енольная ~ keto-enol tautomerism
трёхуглеродная ~ three-carbon tautomerism
триадная прототропная ~ triadic prototropic tautomerism
таутохрона *ж.* tautochrone
тау-частица *ж.* tau particle
тахион *м.* tachyon
бозонный ~ bosonic tachyon
тахометр *м.* tachometer
индукционный ~ induction tachometer
оптический ~ optical tachometer
стробоскопический ~ stroboscopic tachometer
центробежный ~ centrifugal tachometer
электрический ~ electric tachometer
таяние *с.* melting, thawing
твердение *с.* hardening
вторичное ~ afterhardening
дисперсионное ~ dispersion [age, precipitation] hardening
закалочное ~ quench hardening
~ **при старении** age [dispersion, precipitation] hardening
твердеющий *прил.* hardening
твёрдость *ж.* hardness □ **с повышенной поверхностной** ~**ю** face-hardened
вторичная ~ secondary [tempering] hardness
горячая ~ hot hardness

динамическая ~ dynamic hardness
закалочная ~ quench hardness
индентометрическая ~ indentation [penetration] hardness
инденторная ~ indentation [penetration] hardness
маятниковая ~ pendulum hardness
~ на истирание abrasive hardness
~, определяемая методом царапания scratch hardness
~ по Барколу Barcol hardness
~ по Бринелю Brinell [ball] hardness
~ по Викерсу Vickers [(diamond) pyramid] hardness
~ по Герберту pendulum hardness
~ по Кнупу Knoop hardness
~ по Мартенсу scratch hardness
~ по Мейеру Meyer hardness
~ по Мо(о)су Mohs hardness
~ по Роквеллу Rockwell [conical indentation] hardness
~ по склероскопу scleroscope [Shore] hardness
~ по шкале Мооса Mohs hardness
~ по Шору Shore [scleroscope] hardness
~ при вдавливании indentation [penetration] hardness
~ при высоких температурах hot hardness
склерометрическая ~ sclerometric hardness
статическая ~ static hardness
твердотельный прил. solid(-state)
твёрдый прил. 1. hard 2. (агрегатное состояние) solid
твистор м. twistor
глобальный ~ global twistor
локальный ~ local twistor
~ Пенроуза Penrose twistor
твистрон м. эл. twistron
твист-структура ж. twist structure
твист-эффект м. (в жидких кристаллах) twist effect
творение с. creation
непрерывное ~ астр. continuous [continual] creation
твэл м. (тепловыделяющий элемент) fuel element
измерительный ~ measuring fuel element
кольцевой ~ annular fuel element
облучённый ~ irradiated fuel element
пластинчатый ~ fuel plate
прутковый ~ fuel wire
пустотелый стержневой ~ hollow fuel rod
стерженьковый ~ fuel pin
стержневой ~ fuel rod
термоэмиссионный ~ thermoionic fuel element
текст м. text
текстура ж. texture
~ в металлах texture in metals
волокнистая ~ fiber [fibrous] texture
~ деформации deformation texture
исходная ~ initial [parent] texture
кристаллическая ~ crystal texture

лучистая ~ beam texture
магнитная ~ magnetic texture
молекулярная ~ molecular texture
оптическая ~ optical texture
осевая магнитная ~ axial [longitudinal] magnetic texture
~ отжига annealing texture
плоская ~ plane texture
плоскостная магнитная ~ plane [transverse] magnetic texture
~ поверхности surface texture
~ полимера polymer texture
поперечная магнитная ~ transverse [plane] magnetic texture
продольная магнитная ~ longitudinal [axial] magnetic texture
~ прокатки rolling texture
пьезоэлектрическая ~ piezoelectric texture
~ рекристаллизации recrystallization texture
~ роста growth texture
столбчатая ~ columnar texture
~ трения friction texture
чешуйчатая ~ flaky texture
текстурирование с. texturing
~ поверхности surface texturing
текстурированный прил. grain-oriented
тектит м. астр. tektite
тектоника ж. геофиз. tectonics
глобальная ~ global tectonics
текучесть ж. (жидкости) fluidity; flowability; (металла) yield(ing)
локальная ~ local yielding
пластическая ~ plastic fluidity
циклическая ~ cyclic flow
текучий прил. fluid
текущий прил. current
телевидение с. television
лазерное проекционное ~ laser projection television
цифровое ~ digital television
телеизмерение с. telemetering; remote metering; telemetry
телекоммуникации мн. telecommunication(s)
телеконференция ж. teleconference
телеметрия ж. telemetry; telemetering; remote metering
~ в реальном времени real-time telemetry
спутниковая ~ space [satellite] telemetry
телеобъектив м. telephoto lens
телепортация ж. teleportation
квантовая ~ quantum teleportation
телескоп м. telescope
адаптивный ~ adaptive [image-sharpening] telescope
астрометрический ~ astrometric telescope
астрономический ~ astronomical telescope
баксанский ~ Baksan telescope
баллонный ~ balloon-borne telescope
башенный ~ tower telescope
башенный солнечный ~ solar [sun] tower
визуальный ~ visual telescope
вспомогательный ~ auxiliary telescope

~ Галилея Galilean telescope
галлий-германиевый нейтринный ~ gallium-germanium neutrino telescope
~ Гершеля Herschel telescope
горизонтальный ~ horizontal telescope
горизонтальный солнечный ~ horizontal solar telescope
~ Грегори Gregorian telescope
~ двойного комптоновского рассеяния double Compton scattering telescope
двухзеркальный рентгеновский ~ double-mirror X-ray telescope
длиннофокусный ~ long-focus telescope
звёздный ~ stellar telescope
зенитный ~ zenith telescope
зеркально-линзовый ~ mirror-lens telescope
зеркальный ~ reflector; reflecting telescope
инфракрасный ~ infrared telescope
кассегреновский ~ Cassegrain telescope
катадиоптрический ~ catadioptric telescope
кеплеровский ~ Keplerian telescope
короткофокусный ~ short-focus telescope
короткофокусный ~ Кеплера short-focus Kepler telescope
космический ~ space telescope
~ Кудэ Coudé telescope
линзовый ~ refractor; refracting telescope
~ Ломоносова Lomonosov telescope
~ Максутова Maksutov camera
менисковый ~ meniscus telescope
многоэлементный ~ multielement telescope
наземный ~ ground-based [terrestrial] telescope
нейтринный ~ neutrino telescope
ньютоновский ~ Newtonian telescope
оптический ~ optical telescope
орбитальный ~ orbital telescope
параболический ~ parabolic telescope
~ пробегов range telescope
пробежно-ионизационный ~ range-ionization telescope
протонный ~ proton telescope
рентгеновский ~ X-ray telescope
светосильный ~ high-power [fast, large-aperture] telescope
~ скользящего падения grazing-incidence telescope
следящий ~ (за движением объектов) tracking telescope
солнечный ~ solar telescope
сопряжённые ~ы счётчиков conjugate counter telescopes
спутниковый ~ satellite(-borne) telescope
субмиллиметровый ~ submillimeter telescope
сцинтилляционный ~ scintillation telescope
~ счётчиков яф counter telescope
телевизионный ~ television telescope
ультрафиолетовый ~ ultraviolet telescope
фотосферный ~ photospheric telescope
хромосферный ~ chromospheric telescope

широкоугольный ~ wide-angle [wide-field] telescope
~ Шмидта Schmidt telescope; Schmidt camera
электронный ~ electron telescope
телескопический прил. telescopic
телескоп-рефлектор м. reflector; reflecting [catoptric] telescope
телескоп-рефрактор м. refractor; refracting [dioptric] telescope
телескоп-спектрометр м. spectrometer telescope
телеуправление с. remote control; telecontrol
теллур м. tellurium, Te
теллураты мн. tellurates
теллурид м. telluride
~ свинца фпп lead telluride
теллурический прил. telluric
тело с. 1. body 2. (твёрдое) solid
абсолютно твёрдое ~ perfectly rigid body
абсолютно упругое ~ perfectly elastic body
абсолютно чёрное ~ blackbody; Planckian [full] radiator
аморфное твёрдое ~ amorphous solid
анизотропное твёрдое ~ anisotropic solid; anisotropic body
бесконечное ~ infinite body
~ Бингама мех. Bingham solid
веретенообразное ~ fusiform body
внеземное ~ extraterrestrial [cosmic] body
возмущающее ~ астр. perturbing body
вращающееся ~ rotating body
~ вращения body of revolution; axi-symmetric body
~ вращения с криволинейной образующей curved body
вязкое ~ viscous body
вязкопластичное ~ viscoplastic solid
вязкоупругое ~ viscoelastic [elastico-viscous] solid
газообразное ~ gaseous body
гетеродесмическое ~ heterodesmic body
гладкое ~ smooth body
гомодесмическое ~ homodesmic body
гравитирующее ~ gravitating body
~ Гука Hooke solid
движущееся ~ moving body
двусвязное ~ doubly connected body
деформируемое ~ deformed body
~ Евклида Euclidean solid
жёсткое ~ rigid body
жёсткое твёрдое ~ rigid solid
жёсткопластическое ~ rigid-plastic body
жёсткопластическое ~ Сен-Венана Saint-Venant body, Saint-Venant solid
жидкое ~ fluid body
идеальное ~ perfect [ideal] body
идеально жёсткое ~ perfectly rigid body
идеально пластическое ~ perfectly plastic body
идеально упругое ~ perfectly elastic body
идеально упругопластическое ~ perfectly elastico-plastic solid
изотропное ~ isotropic body

инородное ~ foreign body
~ **Кельвина** *мех.* Kelvin solid, Kelvin body
колеблющееся ~ vibrating solid
~ **конечных размеров** finite body
космическое ~ astronomical [cosmic] body
кристаллическое твёрдое ~ crystalline solid
линейно-упругое ~ linearly elastic body
магнитное ~ magnetic body, magnetic solid
магнитоактивное ~ magnetoactive solid
~ **Максвелла** Maxwell body
материальное ~ body
метеорное ~ meteor(ic) body, meteoroid
микрополярное твёрдое ~ micropolar solid
~ **накала** *эл.* luminous element
небесное ~ celestial [heavenly] body
неизменяемое твёрдое ~ rigid body
некристаллическое ~ noncrystallyne solid
нелинейно-упругое ~ nonlinearly elastic body
~ **необтекаемой формы** bluff [blunt] body
неоднородное ~ heterogeneous body
неорганическое ~ inorganic solid
непрозрачное ~ opaque body
несжимаемое ~ incompressible solid; incompressible body
неудобообтекаемое ~ bluff [blunt] body
неупругое ~ inelastic body
обобщённое реологическое ~ generalized rheological body
обтекаемое ~ aerodynamic [streamline] body
~, **обтекаемое с несколькими скачками уплотнения** multishock body
~ **обтекаемой формы** aerodynamic [streamline] body
однородное твёрдое ~ homogeneous solid
органическое ~ organic solid
ортотропное твёрдое ~ orthotropic solid
осесимметричное ~ body of revolution, axisymmetric body
плавающее ~ floating body
~ **пластинчатой структуры** lamellar solid
пластичное ~ plastic body
пластичное твёрдое ~ plastic solid
~ **Платона** Platon body
плохо обтекаемое ~ bluff [blunt] body
погружённое ~ immersed [submerged] body
поликристаллическое ~ polycrystalline solid
полуобтекаемое ~ semistreamline body
пористое ~ porous body
~, **порождающее скачок уплотнения** shock-generating body
постороннее ~ foreign body
проводящее ~ conducting body
прозрачное ~ transparent body
просвечивающее ~ translucent body
псевдоожиженное ~ fluosolid
рабочее ~ working substance
реальное твёрдое ~ real solid
~ **Рэнкина** *терм.* Rankine body
~ **с бесконечно малой массой** infinitely small mass body
~ **с большим волновым сопротивлением** highwave-drag body

~ **с большим лобовым сопротивлением** high drag body
светящееся ~ luminous body, luminous element
свободнопадающее ~ free-falling body
~ **Сен-Венана** *мех.* Saint-Venant body, Saint-Venant solid
серое ~ *опт.* grey body
симметричное ~ symmetric body
сложное ~ complex body
слоистое упругое ~ layered elastic body
~ **с малым волновым сопротивлением** low wave-drag body
~ **с малым лобовым сопротивлением** low drag body
~ **с минимальным лобовым сопротивлением** minimum drag body
~ **с надрезом** notched body
составное ~ compound body
спорадическое метеорное ~ sporadic meteoric body
стекловидное ~ **глаза** vitreous humour
стекловидное твёрдое ~ vitreous solid
~ **с трещиной** cracked body
твёрдое ~ solid; rigid body
твёрдое ~ **Максвелла** rigid Maxwell body
твёрдое ~ **Фойгта** rigid Voigt solid
текучее ~ fluid body
теплопередающее ~ heat-transfer body
тонкое ~ slender [thin] body
трансверсально изотропное ~ transversely isotropic solid
третье ~ *(рабочий слой, образующийся на поверхности трущихся тел)* third body
тупое ~ *аэрод.* blunt body
удобообтекаемое ~ aerodynamic [streamline] body
упрочняющееся ~ work-hardening body
упругое твёрдое ~ elastic solid
упругопластическое твёрдое ~ elastico-plastic [elasto-plastic] solid
ферромагнитное ~ ferromagnetic body, ferromagnetic solid
физически нелинейное твёрдое ~ materially nonlinear solid
~ **Фойгта** Voigt solid
хорошо обтекаемое ~ aerodynamic [streamline] body
хрупкое ~ brittle solid
цветное ~ colored body
цветовое ~ color body
человеческое ~ human body
чёрное ~ blackbody; Planckian [full] radiator
теломер *м.* telomer
теломеризация *ж. (частный случай полимеризации)* telomerization
тембр *м.* musical quality; timbre
темп *м. (изменения, процесса)* rate
~ **нарастания** rate of rise
температур/а *ж.* temperature □ **зависящий от** ~ы temperature-dependent; **измерять** ~у measure the temperature

абсолютная ~ absolute [thermodynamic] temperature
адиабатическая ~ adiabatic temperature
~ адиабатической стенки adiabatic wall temperature
антенная ~ aerial [antenna] temperature
~ антенны aerial [antenna] temperature
атмосферная ~ atmospheric temperature
безразмерная ~ dimentionless temperature
~ бинодали binodal temperature
~ Бойля *терм.* Boyle temperature
верхняя ~ смешения upper mixing temperature
~ возбуждения excitation temperature
~ возгонки sublimation temperature
~ воздуха air temperature
~ воспламенения ignition temperature
вращательная ~ rotational temperature
~ вспышки flash temperature
~ в тени shade temperature
входная ~ inlet temperature
~ вырождения degeneracy temperature
высокая ~ high temperature
выходная ~ outlet temperature
~ вязко-хрупкого перехода ductility [ductile-brittle] transition temperature
гелиевая ~ helium temperature
гомологическая ~ homologous temperature
~ горения combustion temperature
градиентная ~ gradient temperature
~ граничного слоя boundary temperature
дебаевская ~ Debye temperature
~ Дебая Debye temperature
~ Дингла Dingle temperature
~ диссоциации dissociation temperature
докритическая ~ subcritical temperature
дуальная ~ dual temperature
дырочная ~ hole temperature
заданная ~ preset temperature
~ заедания scoring temperature
~ зажигания ignition temperature
~ закалки quenching [hardening] temperature
~ замерзания freezing point, freezing temperature
~ затвердевания solidification point; hardening temperature
~ Земли temperature of the Earth
~ земного ядра temperature of the Earth core
избыточная шумовая ~ excess noise temperature
~ излучения radiation temperature
~, измеренная термопарой termocouple temperature
~ инверсии inversion temperature
~ инициации хрупкого разрушения brittle fracture initiation temperature
~ ионизации ionization temperature
ионная ~ ion temperature
~ ионов ion temperature
~ ионов, определённая по доплеровскому уширению Doppler-broadening ion temperature
~ ионов, определённая по нейтронному выходу neutron ion temperature

~ ионов примеси impurity ion temperature
~ ионосферы ionospheric temperature
~ испарения vaporization temperature
истинная ~ actual temperature
исходная ~ initial temperature
~ карбонизации carbonization temperature
кинетическая ~ kinetic temperature
~ кипения boiling temperature
~ кипения раствора boiling temperature of solution
колебательная ~ vibrational temperature
комнатная ~ room [indoor] temperature
~ компенсации *фтт* compensation temperature
~ компонент плазмы plasma component temperature
~ конденсации condensation point, condensation temperature
~ Кондо *сверхпр.* Kondo temperature
конечная ~ *(окончательная)* final temperature; *(ограниченная)* finite temperature
~ контакта contact temperature
коррелированная цветовая ~ correlated color temperature
криогенная ~ cryogenic temperature
~ Крафта Kraft temperature
~ кристаллизации crystallization temperature
~ кристаллической решётки lattice temperature
критическая ~ critical temperature
критическая ~ сверхпроводящего перехода superconducting transition [normal superconductor] critical temperature
~ Кюри Curie temperature; Curie point
~ ликвидуса liquidus temperature
~ льдообразования ice formation point, ice formation temperature
~ магнитного упорядочения magnetic ordering temperature
механическая ~ стеклования mechanical vitrification temperature
~ на входе *(системы)* input [inlet] temperature
~ на выходе *(системы)* output [outlet, exit] temperature
~ нагрева heating temperature
~ насыщения saturation temperature
~ начала кристаллизации раствора solution cristallization [liquidus] temperature
~ начала плавления раствора solution melting [solidus] temperature
начальная ~ initial temperature
~ неба sky temperature
~ небесных тел temperature of heavenly bodies
~ Нееля Néel temperature, Néel point
~ нейтральных атомов neutral temperature
нейтронная ~ neutron temperature
~ нейтронов neutron temperature
неустановившаяся ~ transient temperature
~ ниже 1 К temperature below 1 K
нижняя ~ смешения lower mixing temperature
низкая ~ low temperature
номинальная ~ nominal [rated] temperature

нормальная ~ кипения boiling point
~ носителей *(тока)* carrier temperature
нулевая ~ zero temperature
объёмная ~ volume [bulk] temperature
~ ожижения liquefaction temperature
~ окисления oxidation temperature
~ окружающей среды   ambient [environment] temperature
~ основных ионов плазмы bulk ion temperature
~ основных электронов плазмы bulk electron temperature
~ остановки трещины crack arrest temperature
~ остановки   трещины в пластине по Робертсону Robertson plate crack arrest temperature
остаточная ~ residual temperature
~ отверждения hardening temperature; *(полимеров)* curing temperature
~ отжига annealing temperature
~ отпуска tempering temperature
отрицательная ~ negative temperature
~ охладителя coolant temperature
~ охлаждения cooling temperature
~ охрупчивания brittleness transition temperature
~ парообразования vaporization temperature
~ перехода   *(фазового)* transition temperature; *(полупроводникового)* junction temperature
~ перехода от хрупкого разрушения к пластичному brittle-ductile transition temperature
~ плавления melting [fusion] temperature
~ пламени temperature of flame
~ поверхности surface temperature
~ поверхности раздела interfacial temperature
~ поверхности   трения friction surface temperature
поверхностная ~ surface temperature
поверхностная   ~ Солнца solar surface temperature
повышенная ~ higher [elevated] temperature
~ подложки substrate temperature
~ полимеризации polymerization temperature
положительная ~ positive temperature
пониженная ~ lower temperature
поперечная ~ transverse temperature
пороговая ~ threshold temperature
постоянная ~ constant [fixed] temperature
поступательная ~ translational temperature
потенциальная ~ potential temperature
~ по Фаренгейту Fahrenheit temperature
~ по Цельсию centigrade temperature
~ по шкале Фаренгейта Fahrenheit temperature
~ по шкале Цельсия centigrade temperature
~ превращения transformation temperature
предельная ~ limiting temperature
приведённая ~ reduced temperature
продольная ~ longitudinal temperature
протонная ~ proton temperature
~ протонов proton temperature
рабочая ~ operating [working] temperature
равновесная ~ equilibrium temperature
радиационная   ~ full radiator [radiation] temperature

~ разложения decomposition [decay] temperature
~ размягчения softening point
~ распределения distribution temperature
~ разупрочнения softening temperature
~ растворения *(избыточной фазы)* solvus temperature
~ реакции reaction temperature
~ рекристаллизации recrystallization temperature
решёточная ~ lattice temperature
~ роста кристалла crystal growth temperature
~ самовоспламенения spontaneous ignition temperature
сверхвысокая ~ ultrahigh temperature
сверхнизкая ~ ultralow temperature
~ сверхпроводящего перехода superconducting transition temperature
~ синтеза ядер nuclear fusion temperature
~ смешения mixing temperature
~ солидуса solidus temperature
~ Солнца temperature of the Sun, solar temperature
~ спекания *(напр. керамики)* sintering temperature
спектрофотометрическая ~ spectrophotometric temperature
спиновая ~ spin temperature
~ спинодали spinodal temperature
среднесуточная ~ daily average temperature
средняя ~ medium [average] temperature
средняя   ~ поверхности average surface temperature
стандартная ~ standard temperature
статистическая ~ statistical temperature
статическая ~ static temperature
~ стеклования vitrification [glass transition] temperature
структурная   ~ стеклования structural vitrification temperature
суммарная ~ total temperature
~ схватывания   *триб.* seizure temperature; *(затвердевания)* setting temperature
~ таяния thawing temperature
~ текучести yield temperature
~ тела body temperature
~ тепловой дисторсии *(при которой начинается искажение формы стандартного образца под нагрузкой)* heat distortion temperature
термодинамическая   ~   thermodynamic [absolute] temperature
термоядерная ~ thermonuclear temperature
~ торможения stagnation [braking] temperature
~ торможения трещины crack arrest temperature
~ трения friction(al) [tribo-induced] temperature
установившаяся   ~   stable [steady-state] temperature
~ установившегося процесса steady-state temperature
~ фазового перехода phase transition temperature

~ **фазового превращения** phase transformation temperature

~ **фазового равновесия** phase equilibrium temperature

~ **фазового синхронизма** *кв. эл.* phase-matching temperature

~ **Флори** *(в термодинамике полимеров)* Flory temperature

~ **фона** background temperature

фотонная ~ photon temperature

~ **фрикционного контакта** friction contact temperature

~ **фрикционного нагрева** friction heating temperature

характеристическая ~ characteristic temperature

характеристическая ~ **Дебая** Debye characteristic temperature

~ **хрупкости** brittle temperature, brittle point

цветовая ~ color temperature

центральная ~ central temperature

~ **чёрного тела** full radiator temperature

шумовая ~ noise temperature

эвтектическая ~ eutectic temperature

~ **Эйнштейна** *фтт* Einstein temperature

эквивалентная ~ equivalent temperature

эквикогезионная ~ equicohesive temperature

экзосферная ~ exospheric temperature

~ **электрического разряда** temperature of electrical discharge

электронная ~ electron temperature

~ **электронов** electron temperature

~ **эпитаксии** epitaxial temperature

эталонная ~ reference temperature

эффективная ~ effective temperature

ядерная ~ nuclear temperature

~ **ядерного синтеза** nuclear fusion temperature

яркостная ~ radiance [luminance] temperature; *астр.* brightness temperature

температуропроводность *ж.* thermal [heat] diffusivity

~ **ионов** ion thermal diffusivity

~ **электронов** electron thermal diffusivity

тенденция *ж.* tendency, trend

барическая ~ *(в метеорологии)* barometric tendency

тензограф *м.* recording strain gauge

тензодатчик *м.* strain gauge □ **наклеивать** ~ cement [bond] strain gauge

активный ~ active strain gauge

акустический ~ acoustical strain gauge

высокотемпературный ~ high-temperature strain gauge

диффузный ~ diffused strain gauge

~ **для больших удлинений** high elongation gauge

~ **для измерения главного напряжения** principal stress gauge

ёмкостный ~ capacitance [capacitor] strain gauge

индуктивный ~ inductance [induction(-type)] strain gauge

компенсационный ~ temperature-compensating strain gauge

магнитострикционный ~ magnetostriction strain gauge

многорешётчатый ~ rosette gauge

наклеиваемый ~ bonded strain gauge

ненаклеиваемый ~ unbonded strain gauge

пневматический ~ pneumatic strain gauge

полупроводниковый ~ semiconductor strain gauge

привариваемый ~ weldable strain gauge

проволочный ~ wire strain gauge

проволочный ~ **сопротивления** resistance wire strain gauge

пьезорезистивный ~ piezoresistive strain gauge

пьезоэлектрический ~ piezoelectric strain gauge

самоприклеивающийся ~ self-adhesive strain gauge

~ **с бумажной подложкой** paper strain gauge

~ **с одной решёткой** single grid gauge

~ **сопротивления** resistance strain gauge

~ **с плоской решёткой** flat grid strain gauge

~ **с подложкой из бакелита** bakelite based gauge

~ **с самотермокомпенсацией** selcom [self-temperature-compensating] strain gauge

~ **с эпоксидной подложкой** epoxy based strain gauge

термокомпенсированный ~ temperature-compensated gauge

тонкоплёночный ~ thin film strain gauge

фольговый ~ foil strain gauge

фольговый ~ **без подложки** strippable foil gauge

фотоупругий ~ photoelastic strain gauge

фотоупругий ~ **для линейных деформаций** photoelastic linear strain gauge

холостой ~ dummy strain gauge

электрический ~ electrical strain gauge

электромагнитный ~ electromagnetic strain gauge

тензодиод *м.* pressure-sensitive diode

тензометр *м.* tensometer; extensometer; strain meter, strain gauge

акустический ~ acoustical tensometer

~ **для измерения поперечных деформаций** lateral-deformation gauge

зеркальный ~ **Мартенса** tilting mirror [Martens strain] gauge

механический ~ mechanical tensometer

муаровый ~ moiré strain gauge

муаровый ~ **с линейными сетками** line moiré gauge

оптический ~ optical tensometer

радиальный муаровый ~ radial moiré gauge

регистрирующий ~ recording strain gauge

электрический ~ electrical tensometer

электроакустический ~ electroacoustical tensometer

электромеханический ~ electromechanical tensometer

электрооптический ~ electro-optical tensometer

тензометрический *прил.* tensometric

тензометрия *ж.* strain metering, strain gauging

тензор *м.* tensor

абсолютно антисимметричный ~ absolutely antisymmetric tensor

адронный ~ hadronic tensor

антисимметричный ~ antisymmetric tensor

ассоциированный ~ associated tensor

базисный ~ basic tensor

безразмерный ~ dimensionless tensor

~ без расходимостей divergenceless tensor

~ бесконечно малой деформации infinitesimal strain tensor

бесследовый ~ traceless tensor

взвешенный ~ weighted tensor

~ восприимчивости susceptibility tensor

времениподобный ~ time-like tensor

~ второго ранга tensor of the second order, second-rank tensor

~ вязких напряжений viscous stress tensor

гармонический ~ harmonic tensor

~ давления pressure tensor

двумерный ~ второго ранга two-dimensional tensor of the second order

девиационный ~ deviation tensor

~ деформаций deformation [strain] tensor

~ диэлектрической проницаемости permittivity tensor

~ диэлектрической проницаемости холодной плазмы cold plasma dielectric tensor

дуальный ~ dual tensor

изотропный ~ isotropic tensor

~ инерции inertia tensor

калибровочно-инвариантный ~ gauge-invariant tensor

канонический ~ canonical tensor

квадратичный электрооптический ~ quadratic electro-optical tensor

ковариантный ~ covariant tensor

контрвариантный ~ contrvariant tensor

конформный ~ conformal tensor

корреляционный ~ второго ранга second-rank correlation tensor

корреляционный ~ третьего ранга third-rank correlation tensor

кососимметричный ~ skew-symmetric tensor

~ кривизны curvature tensor

~ кривизны риманова пространства Riemannian tensor

~ кручения torsion tensor

линейный ~ linear tensor

линейный электрооптический ~ linear electro-optical tensor

~ магнетосопротивления magnetoresistance tensor

~ магнитной проницаемости permeability tensor

метрический ~ metric tensor

модифицированный ~ modified tensor

~ напряжений stress tensor

~ натяжений Максвелла Maxwell tension tensor

~ нелинейной восприимчивости nonlinear susceptibility tensor

~ нелинейной гиперполяризуемости nonlinear hyperpolarizability tensor

неопределённый ~ indefinite tensor

неприводимый ~ irreducible tensor

несимметричный ~ nonsymmetric tensor

несимметричный ~ проницаемостей nonsymmetric tensor of permeability

нормированный ~ normalized tensor

~ нулевого порядка zero-order tensor

обобщённый ~ generalized tensor

~ обратной эффективной массы фермиона tensor of inverse effective fermion mass

обратный ~ inverse tensor

обратный метрический ~ reciprocal metric tensor

осевой ~ axial tensor

отрицательно-определённый ~ negatively definite tensor

~ первого ранга tensor of the first order, first-rank tensor

~ плотности потока импульса momentum flux density tensor

положительно-определённый ~ positively definite tensor

~ поляризации polarization tensor

порождающий ~ generic tensor

приводимый ~ reducible tensor

~ присоединённых масс adjoined mass tensor

~ проводимости (electrical) conductivity tensor

проективный ~ projective tensor

пьезомагнитный ~ piezomagnetic tensor

~ рассеяния scattering tensor

~ Римана Riemannian tensor

~ Риччи Ricci tensor

самодуальный ~ selfdual tensor

симметричный ~ symmetrical tensor

симметричный ~ второго ранга symmetrical tensor of the second order

симметричный ~ проницаемостей symmetrical tensor of permeability

~ скоростей бесконечно малых деформаций infinitesimal strain rate tensor

смешанный ~ mixed tensor

~ смещения displacement tensor

~ сопротивления resistance tensor

сопряжённый ~ conjugate tensor

спиновый ~ spin tensor

~ с расходимостями divergence tensor

сферический ~ напряжений spherical stress tensor

~ теплопроводности thermal conductivity tensor

~ третьего ранга third-rank tensor, tensor of the third order

~ турбулентных напряжений turbulent [Reynolds] stress tensor

~ упругих модулей elastic constant tensor

~ упругих постоянных elastic constant tensor

фундаментальный ~ fundamental tensor
шаровой ~ spherical [isotropic] tensor
электрооптический ~ electro-optic tensor
~ электропроводности electrical conductivity tensor
~ энергии-импульса energy-momentum tensor
~ n-ного ранга tensor of rank n
тензорезистор *м.* resistance strain gauge
тензорный *прил.* tensor
тензочувствительность *ж.* tensosensitivity
тен/ь *ж.* shadow; shade; umbra □ **входить в область земной ~и** *(в момент затмения)* enter the Earth shadow; **отбрасывать ~** cast a shadow
аэродинамическая ~ wind shadow
бегущая ~ shadow band
геометрическая ~ geometrical shadow
~ диафрагмы limiter shadow
звуковая ~ acoustical shadow
земная ~ Earth shadow
лунная ~ moon shadow
теодолит *м.* theodolit
теорем/а *ж.* theorem □ **доказывать ~у** prove the theorem
~ аддитивности additivity theorem
~ Адемолло - Гатто *фвэ* Ademollo-Gatto theorem
адиабатическая ~ adiabatic theorem
~ Ампера Ampére theorem
антиспиральная ~ *астр.* antispiral theorem
асимптотическая ~ *фвэ* asymptotic theorem
~ Бабине Babinet theorem
~ Белла Bell theorem
~ Берестецкого Berestetski theorem
~ Бернулли Bernoulli theorem
~ Бернштейна - Ньюкомба - Розенблюта *физ. пл.* Bernstein-Newcomb-Rosenbluth theorem
~ Бетти Betti reciprocal theorem
биномиальная ~ binomial theorem
~ Биркгофа Birkhoff theorem
~ Блоха *фмя* Bloch theorem
~ Боголюбова Bogoliubov theorem
~ Боголюбова - Парасюка Bogoliubov-Parasiuk theorem
~ Бора - Ван Левен Bohr-van Leeuween theorem
~ Борда - Карно Borda-Carnot theorem
~ Борна - Оппенгеймера Born-Oppenheimer theorem
~ Ван-Циттерта - Цернике Van Cittert-Zernicke theorem
~ Вариньона Varignon theorem
~ взаимности reciprocity theorem
~ Вигнера - Неймана Wigner-Neumann theorem
~ Вигнера - Эккарта *кв. мех.* Wigner-Eckart theorem
~ Вика Wick theorem
~ Винера - Хинчина Wiener-Khintchin theorem
~ вириала virial theorem
вспомогательная ~ auxiliary theorem
~ Гаусса Gauss theorem
~ Гаусса - Остроградского divergence theorem

~ Гелл-Манна - Фейнмана *фтт* Gell-Mann-Feynman theorem
~ Гельмгольца Helmholtz theorem
~ Гельмгольца о диффузии вихрей в вязкой жидкости Helmholtz theorem on vorticity diffusion in a viscous liquid
~ Гельмгольца о рассеянии энергии Helmholtz dissipation theorem
~ Гельмгольца о сохранении вихревых линий Helmholtz theorem on conservation of vortex lines
~ Гельмгольца о сохранении напряжения вихревой нити Helmholtz theorem on conservation of vortex strength
~ Гиббса Gibbs theorem
~ Голдстоуна *ктп* Goldstone theorem
граничная ~ boundary theorem
~ Грина Green theorem
~ Дарбу Darbu theorem
~ Деслера - Паркера - Скопке Dessler-Parker-Sckopke relation
динамическая ~ dynamical theorem
~ Дирихле *мат.* Dirichlet theorem
~ единственности uniqueness theorem
~ Жуковского Joukowski theorem
~ Журавского о сохранении вихревых линий Zhurawski theorem on conservation of vortex lines
~ Журавского о сохранении циркуляции Zhurawski theorem on the persistence of circulation
~ Замолодчикова Zamolodchikov theorem
индивидуальная эргодическая ~ individual ergodic theorem
интегральная ~ integral theorem
интегральная ~ Фурье Fourier integral theorem
~ Ирншоу Earnshaw theorem
~ истинности truth [validity] theorem
~ Каратеодори Carathéodory theorem
~ Кармана для пограничного слоя Karman boundary-layer theorem
~ Карно Carnot theorem
~ Кастильяно *мех.* Castigliano theorem
~ Кельвина Kelvin theorem
~ Кельвина о минимальной энергии Kelvin minimum energy theorem
кинетическая ~ Онсагера kinetic Onsager theorem
~ Клапейрона Clapeyron theorem
классическая эргодическая ~ classical ergodic theorem
~ Клаузиуса *терм.* Clausius theorem
коммутационная ~ commutation theorem
~ косинусов cosine theorem
~ Коши *мат.* Cauchy theorem
~ Крамерса Kramers theorem
~ Крокко Crocco theorem
~ Кролля - Рудермана Kroll-Ruderman theorem
~ Кутта - Жуковского Kutta-Joukowski lift theorem
~ Лакса Lax theorem

~ **Ламе** Lamé theorem
~ **Ландау** Landau theorem
~ **Лапласа** Laplace theorem
~ **Лармора** Larmor theorem
~ **Латтинжера-Уорда** *кв. мех.* Luttinger-Ward theorem
~ **Левинсона** *яф* Levinson theorem
~ **Лиувиля** Liouville theorem
~ **Лихтенштейна** *астр.* Lichtenstein theorem
локальная ~ local theorem
~ **Людерса - Паули** *ктп* Lüders-Pauli [CPT] theorem
~ **Максвелла о взаимности перемещений** Maxwell reciprocal theorem
~ **Малюса - Дюпена** Malus-Dupin theorem
~ **Мермина - Вагнера** Mermin-Wagner theorem
мультипликативная эргодическая ~ multiplicative ergodic theorem
~ **Нагаоки** *фмя* Nagaoka theorem
~ **Найквиста** Nyquist theorem
~ **Нернста** Nernst heat theorem
~ **Нетер** *ктп* Noether theorem
низкоэнергетическая ~ *кхд* low-energy theorem
~ **об индексе** *ктп* Atiyah-Singer index theorem
обобщённая ~ **Ампера** generalized Ampère theorem
обобщённая оптическая ~ generalized optical theorem
~ **об острие клина** edge-of-the-wedge theorem
~ **об отсутствии духов** *ктп* no-ghost theorem
~ **обратимости течения** reversed flow theorem
обратная ~ inverse [converse] theorem
~ **о верхней оценке** upper bound theorem
~ **о гидродинамической реакции** theorem on hydrodynamic reaction
~ **о монодромии** *мат.* monodromy theorem
~ **о неподвижной точке** fixed point theorem
~ **о непрерывности** continuity theorem
~ **Онсагера** Onsager theorem
операторная ~ operator theorem
оптическая ~ *ктп* optical theorem
~ **о реконструкции** *ктп* reconstruction theorem
~ **о среднем** theorem of the mean, mean-value theorem
осцилляционная ~ *кв. мех.* oscillation theorem
~ **Паули** *ктп* Pauli theorem
~ **площадей Мак-Колла и Хана** *кв. эл.* McCall and Hahn theorem of areas
~ **Пойнтинга** Poynting theorem
~ **Померанчука** *фвэ* Pomeranchuk theorem
предельная ~ limiting theorem
~ **Пригожина** Prigogine theorem
прямая ~ direct theorem
~ **Пуанкаре** Poincaré theorem
~ **Пуассона** Poisson theorem
~ **Райферти** Raifeartaigh theorem
~ **Рее - Шлидера** *ктп* Reeh-Schlieder theorem
~ **реконструкции Уайтмена** *ктп* Wightman reconstruction theorem
~ **Римана** Riemann theorem
~ **Рисса** Riesz theorem

~ **Рэлея** Rayleigh theorem
~ **Синая** Sinay theorem
~ **сложения вероятностей** probability summation theorem
~ **сложения скоростей** velocity addition theorem
спектральная ~ spectral theorem
~ **стабильности равновесия плавающего тела** criterion of equilibrium stability of floating body
статистическая эргодическая ~ statistical ergodic theorem
~ **Стевина** Stevin theorem, hydrostatic paradox
~ **Стокса** Stokes theorem
структурная ~ structure theorem
~ **существования** existence theorem
~ **сходимости** convergence theorem
~ **Тейлора - Праудмена** *астр.* Taylor-Proudman theorem
~ **Томсона о производной циркуляции скорости** Thomson theorem on material change of circulation
~ **Томсона о сохранении вихревых линий** Thomson theorem on conservation of vortex lines
~ **Томсона о сохранении циркуляции** Thomson circulation theorem, principle of the persistence of circulation
~ **Торричелли** Torricelli theorem
~ **умножения вероятностей** probability multiplication theorem
~ **упорядочения** ordering theorem
~ **устойчивости** stability theorem
~ **Фарри** *ктп* Farry theorem
~ **Флоке** *фтт* Floquet theorem
флуктуационно-диссипативная ~ fluctuation-dissipative theorem
~ **Фредгольма** Fredholm theorem
~ **Фруассара** *ктп* Froissart theorem
~ **Хаага** *ктп* Haag theorem
центральная предельная ~ central limit theorem
~ **циркуляции Гельмгольца** Helmholtz circulation theorem
~ **Шеннона** Shannon theorem
~ **Штейнера** *(о моментах инерции)* parallel axis [Steiner] theorem
~ **эквивалентности** equivalence theorem
~ **экстинкции** extinction theorem
эргодическая ~ ergodic theorem
~ **Эренфеста** *кв. мех.* Ehrenfest theorem
~ **Янга** Yang theorem
~ **CPT** CPT theorem
H-теорема *ж.* H-theorem
~ **Больцмана** Boltzmann H-theorem
теоретик *м.* theorist, theoretician
теоретико-групповой *прил.* group-theoretical
теори/я *ж.* theory □ **область применимости** ~**и** range of applicability of the theory
абелева ~ Abelian theory
абелева калибровочная ~ Abelian gauge theory
~ **Абрагама - Паунда** Abraham-Pound theory

763

~ абразивного износа abrasive wear theory
~ **Абрикосова** *сверхпр.* Abrikosov theory
абстрактная ~ abstract theory
адгезионная ~ **трения** adhesion theory of friction
~ **адсорбции** adsorption theory
аксиоматическая ~ axiomatic theory
аксиоматическая ~ **поля** axiomatic field theory
алгебраическая ~ **поля** algebraic field theory
~ **Альвена** - **Карлсона** Alfvén-Carlson theory
~ **альфа-распада** theory of alpha decay
аналитическая ~ analytical theory
аналитическая ~ **дифференциальных уравнений** analytical theory of differential equations
~ **анизотропии чётных эффектов ферромагнетика** anisotropy theory of even effects of ferromagnet
~ **анизотропной турбулентности** theory of anisotropic turbulence
~ **антенн** theory of antennae
асимптотическая ~ **дифракции** asymptotic theory of diffraction
ассоциированная ~ **пластичности** associated plasticity theory
~ **атмосферных приливов** theory of atmospheric tides
атомистическая ~ atomism
~ **атомного ядра** nuclear theory
~ **атомных и молекулярных спектров** theory of atomic and molecular spectra
~ **Балеску** Balescu theory
~ **Бардина** - **Купера** - **Шриффера** (**БКШ**) Bardeen-Cooper-Schrieffer [BCS] theory
~ **Батлера** Butler theory
безмоментная ~ **оболочек** membrane theory of shells
~ **бета-распада** theory of beta decay
~ **бета-распада Ферми** Fermi beta theory
~ **Бете** - **Гайтлера** Bethe-Heitler theory
~ **Бетца** (*движения воздушного винта*) Betz momentum theory
~ **Биденхарна** - **Роуза** Biedenharn-Rose theory
~ **бинарных сплавов** theory of binary alloys
~ **БКШ** BCS [Bardeen-Cooper-Schrieffer] theory
~ **Блоха** Bloch theory
~ **Боголюбова** Bogoliubov theory
~ **большого взрыва** (*в космологии*) big bang theory
~ **Бома** Bohm theory
~ **Бома** - **Пайнса** Bohm-Pines theory
~ **Бора** Bohr theory
~ **Бора** - **Уилера** Bohr-Wheeler theory
~ **Борна** - **Инфельда** Born-Infeld theory
~ **Борна** - **фон Кармана** *фтт* Born-von Karman theory
~ **броуновского движения** theory of Brownian motion
~ **Брюкнера** - **Голдстоуна** Brückner-Goldstone theory
~ **Брюкнера** - **Савады** Brückner-Sawada theory

~ **Брюкнера** - **Уотсона** Brückner-Watson theory
~ **Брунауэра** - **Эмметта** - **Теллера** (*адсорбции*) Brunauer-Emmett-Teller theory
~ **Вайнберга** - **Глэшоу** - **Салама** Weinberg-Glashow-Salam theory
~ **валентности** theory of valence
~ **Ван-Флека** Van Vlek theory
~ **Ван Хове** Van Hove theory
~ **Ван Хове** - **Гугенхольца** Van Hove-Hugenholtz theory
~ **Ван Хове** - **Пригожина** Van Hove-Prigogine theory
~ **Ванье** Wannier theory
векторно-аксиальная ~ vector-axial current theory
~ **великого объединения** grand unified theory
~ **вероятностей** probability theory
~ **Вигнера** Wigner theory
~ **вихревой несущей нити** lifting vortex line theory
~ **внутренних срывов Кадомцева** Kadomtsev internal disruption theory
~ **воздушного винта Витошинского** Witoszynski theory
~ **возмущений** perturbation theory
~ **возмущений в непрерывном спектре** perturbation theory in the continuous spectrum
~ **возмущений в случае близких уровней** perturbation theory for adjacent levels
~ **возраста нейтронов** neutron-age [Fermi age, continuous slowing-down] theory
волновая ~ wave theory
волновая ~ **света** wave theory of light
волновая ~ **циклонов** wave theory of cyclones
волновая ~ **циклонообразования** wave theory of cyclogenesis
~ **волн упругости в твёрдых телах** elasto-dynamics
~ **вторичного квантования** second-quantized theory
~ **вычетов** *мат.* theory of residues
~ **Гайтлера** - **Лондона** (*для электронных пар*) Heitler-London theory
~ **Гамильтона** - **Якоби** Hamilton-Jacobi theory
~ **Гамова** - **Теллера** Gamow-Teller theory
~ **Гелл-Манна** Gell-Mann theory
~ **геомагнетизма** theory of the Earth magnetism, theory of geomagnetism
~ **геомагнитного поля** theory of geomagnetic field
~ **геомагнитных бурь** theory of geomagnetic storms
геометрическая ~ **дифракции** geometrical theory of diffraction
геометрическая ~ **инвариантов** geometric invariant theory
гидравлическая ~ hydraulic theory
гидродинамическая ~ hydrodynamic theory
гидродинамическая ~ **взрывных волн** hydrodynamic theory of explosion waves
гидродинамическая ~ **детонации** hydrodynamic detonation theory

~ **Гильберта - Шмидта** *мат.* Hilbert-Schmidt theory

~ **Гинзбурга - Ландау** *сверхпр.* Ginzburg-Landau theory

~ **Гинзбурга - Ландау - Абрикосова - Горькова** *сверхпр.* Ginzburg-Landau-Abrikosov-Gor'kov [GLAG] theory

~ **Гинзбурга - Питаевского** Ginzburg-Pitaevski theory

~ **гироскопа** gyroscope theory

~ **Глаубера** Glauber theory

глобальная ~ global theory

голоморфная ~ holomorphic theory

~ **Горькова - Элиашберга** Gor'kov-Eliashberg theory

~ **горячей Вселенной** theory of hot Universe

~ **гравитации** gravitation theory

~ **гравитации Эйнштейна - Картана - Траутмана** Einstein-Kartan-Trautman gravitation theory

~ **графов** graph theory, theory of graphs

~ **групп** group theory, theory of groups

~ **Гугенхольца - Пайнса** Hugenholtz-Pines theory

~ **Данжи** *сзф* Dungey theory

~ **движения** *(небесных тел)* theory of motion

~ **движения Луны** lunar motion theory

~ **движения планет** planetary motion theory

двумерная ~ **поля** two-dimensional field theory

двухгрупповая ~ **диффузии** *(нейтронов)* two-group diffusion theory

двухжидкостная ~ **плазмы** two-fluid plasma theory

двухкомпонентная ~ *(жидкого гелия)* two-component theory

~ **двухкомпонентного нейтрино** two-component neutrino theory

~ **двух тел** two-body theory

~ **Дебая** *фтт* Debye theory

~ **Дебая - Хюккеля** Debye-Hückel theory

~ **деления ядер** theory of nuclear fission, fission theory

~ **детонации** detonation theory

деформационная ~ **пластичности** deformation plasticity theory

~ **диамагнетизма Ланжевена** Langevin theory of diamagnetism

динамическая ~ dynamical theory

динамическая ~ **приливов** dynamical theory of tides

динамическая ~ **упругости** elasto-dynamics

динамическая ~ **циклонообразования** dynamical theory of cyclogenesis

~ **динамо** dynamo theory

~ **дислокаций** dislocation theory

дисперсионная ~ dispersion theory

~ **дифракции** theory of diffraction

~ **дифракции электронов** theory of electron diffraction

~ **диффузии** diffusion theory

~ **диффузии нейтронов** theory of neutron diffusion; diffusion theory of neutrons

~ **диэлектрического пробоя** theory of dielectric breakdown

~ **длины перемешивания Прандтля** Prandtl mixing length theory

~ **Друде - Лоренца** *(для металлов)* Drude-Lorentz theory

~ **дырок Дирака** Dirac theory of holes

евклидова квантовая ~ **поля** Euclidean quantum field theory

единая ~ **Вейля** Weyl unified theory

единая многомерная ~ **поля** unified multidimensional field theory

единая ~ **поля** unified field theory

~ **замедления** slowing-down theory

~ **замедления нейтронов** neutron slowing-down theory

замкнутая ~ closed theory

~ **захвата** capture theory

~ **земного ядра** theory of the Earth core

~ **Зоммерфельда - Ватсона** Sommerfeld-Watson theory

зонная ~ *фтт* band theory

зонная ~ **твёрдого тела** band theory of solids

~ **игр** theory of games

~ **идеальной жидкости** ideal [perfect] fluid theory

~ **излучения** theory of radiation, radiation theory

~ **износа отслоением** delamination theory

~ **изотропной турбулентности** theory of isotropic turbulence

интуитивная ~ intuitive theory

~ **информации** information theory

~ **искажённых волн** distorted wave theory

~ **испарения** evaporation theory

калибровочная ~ gauge theory

калибровочная квантовая ~ **поля** gauge quantum field theory

калибровочная ~ **на окружности** gauge theory on the circle

калибровочная ~ **на решётке** lattice gauge theory

~ **Калуцы - Клейна** *ктп* Kaluza-Klein theory

каноническая ~ **поля** canonical field theory

~ **капиллярных сил** theory of capillary forces, theory of capillarity

каскадная ~ cascade theory

каскадная ~ **распыления** cascade theory of sputtering

~ **катастроф** theory of catastrophes

качественная ~ qualitative theory

квазиклассическая ~ quasi-classical theory

квазиклассическая ~ **антиферромагнетизма** quasi-classical theory of antiferromagnetism

квазиклассическая термодинамическая ~ **антиферромагнетизма** quasi-classical thermodynamic theory of antiferromagnetism

квазилинейная ~ quasi-linear theory

квазилинейная ~ **плазмы** quasi-linear plasma theory

квантовая ~ quantum theory

квантовая ~ **Бора - Зоммерфельда** Bohr-Sommerfeld quantum theory

квантовая ~ гравитации quantum theory of gravitation, quantum gravity

квантовая ~ излучения quantum theory of radiation

квантовая ~ многих частиц quantum theory of many bodies

квантовая ~ петель quantum theory of loops

квантовая ~ поля quantum field theory

квантовая ~ поля на решётке lattice quantum field theory

квантовая ~ рассеяния quantum scattering theory

квантовомеханическая ~ wave-mechanical theory

квантовомеханическая ~ возмущений wave-mechanical perturbation theory

~ квантовых дефектов quantum defect theory

кинетическая ~ газов kinetic theory of gases

кинетическая ~ жидкостей kinetic theory of liquids

~ Кисслингера - Соренсена Kisslinger-Sorensen theory

~ Кихары Kihara theory

классическая ~ classical theory

классическая ~ поля classical field theory

классическая ~ ударного уширения collisional broadening classical theory

классическая ~ упругости при бесконечно малых деформациях classical infinitesimal elasticity

~ Книппа - Блоха Knipp-Bloch theory

~ Книппа - Уленбека Knipp-Uhlenbeck theory

~ кодирования coding theory

~ колебаний vibration theory

количественная ~ quantitative theory

~ Колмогорова - Арнольда - Мозера Kolmogorov-Arnold-Moser theory

конструктивная квантовая ~ поля constructive quantum field theory

конструктивная ~ поля constructive field theory

конформная ~ conformal theory

конформная ~ гравитации conformal gravitation theory

конформная квантовая ~ поля conformal quantum field theory

конформная ~ поля conformal field theory

конформно-инвариантная ~ поля conformal-invariant field theory

корпускулярная ~ магнитных бурь corpuscular theory of magnetic storms

корпускулярная ~ света corpuscular theory of light

космологическая ~ cosmology

~ Коссера Cosserat theory of elasticity

~ Коттрелла Cottrell theory

~ кристаллического поля crystal field theory

~ крыла wing theory

~ Кубо Kubo theory

лагранжева ~ поля Lagrangian field theory

~ Ландау - Гинзбурга - Питаевского Landau-Ginzburg-Pitaevski theory

~ Ландау фазовых переходов Landau theory of phase transitions

~ Левинсона - Банерджи Levinson-Banerjee theory

~ Лейна - Робсона Lane-Robson theory

~ Ленарда-Джонса Lenard-Jones theory

~ Ленгмюра *(адсорбции)* Langmuir theory

линеаризированная ~ дозвуковых течений linearized theory of subsonic flows

линеаризированная ~ сверхзвуковых течений linearized theory of supersonic flows

линеаризованная ~ linearized theory

линейная ~ linear theory

линейная ~ поля linear field theory

линейная ~ упругости linear theory of elasticity

~ линейных цепей linear circuit theory

~ линий скольжения slip line field theory

~ Линхарда - Шарфа - Шиотта *(для ионной имплантации)* Linchard-Sharf-Shiott theory

~ Ли - Янга Lee-Yang theory

~ ЛКАО LCAO theory, theory of linear combination of atomic orbitals

локальная ~ local theory

локальная квантовая ~ поля local quantum field theory

лоренц-инвариантная ~ Lorentz-invariant theory

~ магнетизма theory of magnetism

~ Майораны Majorana theory

~ максимального касательного напряжения maximum shearing stress theory

~ малых возмущений small perturbation theory, theory of small perturbations

~ малых сигналов small signal theory

~ Мартина - Швингера Martin-Schwinger theory

масштабно-инвариантная ~ scale-invariant theory

математическая ~ упругости mathematical theory of elasticity

~ материи theory of matter

~ матриц theory of matrices

~ маятника theory of pendulum

мезонная ~ meson theory

мезонная ~ ядерных сил meson theory of nuclear forces

~ мелкой воды theory of shallow water; shallow-water theory

~ меры theory of measure

~ металлов Друде Drude theory of metals

~ металлов Зоммерфельда Sommerfeld theory of metals

~ Мигдала Migdal theory

микромагнитная ~ micromagnetic theory

микроскопическая ~ диффузии microscopic diffusion theory

микроскопическая ~ сверхпроводимости microscopic superconductivity theory

~ Милна Milne theory

~ мишени target theory

~ многих частиц many-body theory

многогрупповая ~ multigroup theory
многогрупповая ~ диффузии (нейтронов) multigroup diffusion theory
многомерная квантовая ~ поля multidimensional quantum field theory
многочастичная ~ many-body theory
~ множеств theory of sets
~ множественного рождения (частиц) multiple production theory
модифицированная ~ возмущений modified perturbation theory
~ молекулы водорода hydrogen molecule theory
молекулярная ~ вязкости molecular theory of viscosity
молекулярная ~ трения molecular theory of friction
молекулярно-кинетическая ~ molecular-kinetic theory
молекулярно-механическая ~ трения molecular-mechanical theory of friction
~ молекулярных орбиталей molecular orbital theory
моментная ~ оболочек general theory of shells
моментная ~ упругости Cosserat theory of elasticity
~ Мора Mohr theory
~ надёжности reliability theory
~ наибольшего главного напряжения maximum principal stress theory
~ наибольших касательных напряжений maximum shear theory
~ наибольших нормальных напряжений maximum stress theory
~ наибольших относительных удлинений maximum strain theory
~ накопления повреждений cumulative damage theory
~ наследственности мех. heredity theory
неабелева калибровочная ~ non-Abelian gauge theory
~ независимых частиц independent-particle theory
~ нейтронной диффузии theory of neutron diffusion
некоммутативная эргодическая ~ non-commutative ergodic theory
нелинейная ~ nonlinear theory
нелинейная ~ поля nonlinear field theory
нелинейная ~ ударного уширения nonlinear theory of collisional broadening
~ Нелкина Nelkin theory
нелокальная ~ nonlocal theory
нелокальная квантовая ~ поля nonlocal quantum field theory
нелокальная ~ поля nonlocal field theory
нелокальная ~ Юкавы Yukawa nonlocal theory
неоклассическая ~ neoclassical theory
~ непрерывного замедления continuous slowing-down theory
неперенормируемая ~ nonrenormalizable theory

неперенормируемая квантовая ~ гравитации nonrenormalizable quantum theory of gravitation
непротиворечивая ~ consistent theory
неравновесная ~ nonequilibrium theory
нестационарная ~ возмущений nonstationary perturbation theory
~ нестационарной Вселенной evolutionary cosmology
~ несущих вихрей Жуковского Joukowski theory of lifting vortices
нутационная ~ гироскопа nutation gyroscope theory
~ Ньютона - Буземана Newton-Busemann [shock layer] theory
обобщённая ~ generalized theory
~ оболочечного строения яф shell-structure theory
~ обтекания flow theory
общая ~ general theory
общая ~ относительности general theory of relativity, general relativity (theory)
одногрупповая ~ one-group theory
одногрупповая ~ диффузии (нейтронов) one-group diffusion theory
одножидкостная ~ плазмы one-fluid plasma theory
одночастичная ~ one-particle theory
~ оптимального управления optimal control theory
~ относительности theory of relativity, relativity theory
~ ошибок theory of errors
~ Пайнса - Бома Pines-Bohm theory
~ парения aerodonetics
~ первого порядка first-order theory
перенормированная ~ возмущений renormalizable perturbation theory
перенормируемая ~ renormalizable theory
перенормируемая квантовая ~ гравитации renormalizable quantum theory of gravitation
перенормируемая ~ поля renormalizable field theory
~ переноса transport theory
~ переноса гамма-излучения gamma transport theory
~ переноса заряженных частиц charged-particle transport theory
~ переноса нейтронов neutron transport theory
~ переноса с учётом гофрировки тороидального поля ripple transport theory
~ перколяции percolation theory
~ Пиппарда сверхпр. Pippard theory
~ плавучести тел theory of floating bodies
~ плазмы plasma theory
~ пластического течения theory of plastic flow, incremental plasticity theory
~ пластичности theory of plasticity
~ пластичности сплошной среды continuum plasticity theory
~ поверхностного натяжения theory of surface tension

~ **пограничного слоя Прандтля** Prandtl boundary-layer theory
~ **погрешностей** theory of errors
~ **подобия** similarity theory
~ **подобия Кармана** Karman similarity theory
~ **ползучести** creep theory
~ **полной потенциальной энергии упругой деформации** maximum strain energy theory
полуклассическая ~ semiclassical theory
~ **полупроводников** theory of semiconductors
~ **поля** field theory
~ **поля Лагранжа** Lagrangian field theory
~ **поля Лиувиля** Liouvile field theory
~ **Поляни** (адсорбции) Polanyi theory
~ **полярных сияний** auroral theory
~ **поля Уайтмена** Wightman field theory
~ **потенциала** potential theory
~ **потенциальной энергии изменения формы** theory of maximum strain energy due to distortion
~ **Прандтля** Prandtl theory
~ **Прандтля - Мунка** аэрод. Prandtl-Munk theory
~ **предельного равновесия** limit equilibrium theory
~ **представлений** кв. мех. theory of representations
прецессионная ~ **гироскопа** precession gyroscope theory
приближённая ~ approximate theory
~ **Пригожина - Балеску** Prigogine-Balescu theory
~ **приливов** tidal theory
~ **промежуточной связи** intermediate-coupling theory
~ **протекания** стат. физ. percolation theory
противоречивая ~ contradictory theory
~ **профиля крыла** wing section theory
~ **прочности** failure theory, theory of strength
псевдоскалярная мезонная ~ pseudo-scalar meson theory
~ **пути смешивания Прандтля** Prandtl mixing-length theory
~ **равновесия плазмы в трёхмерной магнитной конфигурации** equilibrium plasma theory in three-dimensional magnetic configuration
~ **радиоактивного распада** theory of radioactive decay [disintegration]
~ **разделения** theory of separation
~ **разложения Прандтля - Мейера** Prandtl-Meyer expansion theory
~ **размерностей** dimensional theory, theory of dimension
~ **рассеяния** scattering theory
~ **расслоений** (fiber) bundle theory
~ **реактора** reactor theory
регуляризованная ~ regularized theory
релятивистская ~ relativistic theory
релятивистская квантовая ~ relativistic quantum theory
релятивистская ~ **тяготения** relativistic gravitational theory

~ **ренорм-группы** renormalization group theory
~ **Салама - Вайнберга - Джорджи - Глэшоу** фвэ Salam-Weinberg-Georgi-Glashow theory
самосогласованная ~ self-consistent theory
~ **сверхпроводимости** theory of superconductivity
~ **сверхтекучести** theory of superfluidity
~ **сверхтекучести Ландау** Landau theory of superfluidity
~ **связанных каналов** coupled channel theory
~ **связей** крист. bond theory
~ **связи** communication theory
~ **сегнетоэлектриков Слэтера** Slater theory of ferroelectrics
~ **сильного взаимодействия** strong interaction theory
~ **сильной связи** strong coupling theory
симметричная мезонная ~ symmetrical meson theory
скалярная мезонная ~ scalar meson theory
~ **скоростей реакций** theory of reaction rates
~ **слабой связи** weak coupling theory
~ **случайных гиперповерхностей** theory of random hypersurfaces
~ **случайных процессов** theory of random processes
совместимая ~ compatible theory
~ **солнечных пятен** sunspot theory, theory of sunspots
~ **составного ядра** compound nucleus theory
~ **сохранения векторных токов** conserving vector current [CVC] theory
~ **спектра полярных сияний** theory of auroral spectrum
~ **Спенсера - Фано** Spencer-Fano theory
специальная ~ **относительности** special theory of relativity, special relativity (theory)
спин-волновая ~ spin wave theory
~ **Спитцера** Spitzer theory
~ **сплавов** theory of alloys
стандартная ~ фвэ standard theory
статистическая ~ statistical theory
статистическая ~ **возмущений** statistical perturbation theory
статистическая ~ **Томаса - Ферми** Thomas-Fermi statistical theory
статистическая ~ **турбуленции** statistical theory of turbulence
~ **статистических решений** theory of statistical decisions
статическая ~ **упругости** elastostatics
стационарная ~ **возмущений** time-independent [stationary] perturbation theory
~ **стекла** theory of glass
~ **Стокса** Stokes theory
~ **столкновений** collision theory
~ **Стонера - Вольфарта** Stoner-Wohlfahrt theory
стохастическая ~ stochastic theory
строгая ~ rigorous theory
~ **строения атома** theory of atomic structure
~ **строения вещества** theory of matter structure
~ **струн** string theory

струнная ~ возмущений string perturbation theory

~ Струтинского Strutinsky theory

~ Стэппа - Ипсилантиса - Метрополиса Stapp-Ypsilantis-Metropolis theory

~ Сугавары Sugawara theory

суперперенормированная ~ super-renormalized theory

суперполевая ~ возмущений superfield perturbation theory

суперсимметричная ~ supersymmetric theory

суперсимметричная ~ поля supersymmetric field theory

суперсимметричная ~ струн supersymmetric string theory

~ суточных вариаций геомагнитного поля theory of daily variation of geomagnetic field

сходящаяся ~ convergent theory

~ Таунсенда физ. пл. Townsend theory

~ твёрдого тела theory of solids

~ твисторов twistor theory

~ температурной вспышки temperature flash theory

~ теплоёмкости specific heat theory, theory of specific heats

~ теплоёмкости Дебая Debye theory of specific heats

~ теплоёмкости Эйнштейна Einstein theory of specific heats

~ теплопередачи heat-transfer theory

~ теплопроводности (газов, жидкостей и твёрдых тел) theory of heat conduction

~ теплоты caloric theory, theory of heat

термическая ~ циклонообразования thermic theory of cyclogenesis

термодинамическая ~ возмущений thermodynamic perturbation theory

термодинамическая ~ флуктуаций thermodynamic fluctuation theory

~ течения мех. flow theory

~ Тонкса - Ленгмюра Tonks-Langmuir theory

топологическая квантовая ~ поля topological quantum field theory

точная ~ exact theory

транспортная ~ transport theory

~ трения theory of friction, friction theory

трёхкомпонентная ~ (цветового зрения) trichromatic theory

~ трёх тел tree-body theory

~ турбулентности theory of turbulence

~ турбулентности Колмогорова Kolmogorov theory of turbulence

~ тяготения gravitational theory

~ тяготения Ньютона Newton gravitational theory

~ тяготения Эйнштейна Einstein gravitational theory

~ ударного слоя (Ньютона - Буземана) shock layer [Newton-Busemann] theory

~ узлов theory of knots

~ Уилкинсона Wilkinson theory

унитарная ~ unitary theory

~ управления control theory

~ управления реактором reactor control theory

~ упрочнения мех. hardening theory

упрощённая ~ simplified theory

упругогидродинамическая ~ смазки elastohydrodynamic theory of lubrication

~ упругопластических деформаций Рейса Reiss theory of elastico-plastic deformations

~ упругости theory of elasticity, elasticity theory

~ упругости изотропного тела theory of isotropic elasticity

~ упругости ортотропного тела theory of orthotropic elasticity

~ упругости при конечных деформациях theory of finite elasticity

~ усталостного износа theory of fatigue wear

~ усталостного разрушения theory of fatigue fracture

устойчивая ~ stable theory

~ устойчивости stability theory

~ устойчивости Колмогорова - Арнольда - Мозера Kolmogorov-Arnold-Moser stability theory

~ устойчивости плазмы в трёхмерной магнитной конфигурации theory of plasma stability in three-dimensional configuration

~ устойчивости пограничного слоя theory of stability of a boundary layer

уточнённая ~ improved theory

~ уширения спектральных линий spectral line broadening theory

фазовая ~ рассеяния phase scattering theory

~ фазовых переходов порядок-беспорядок theory of order-disorder transitions

~ фазовых переходов Ландау Landau theory of phase transitions

~ Фаулера - Нордхейма Fowler-Nordheim theory

~ Фейнмана - Гелл-Манна Feynman-Gell-Mann theory

феноменологическая ~ phenomenological theory

~ ферромагнетизма theory of ferromagnetism

~ ферромагнитных превращений Ландау Landau theory of ferromagnetic transitions

~ физического подобия theory of physical similarity

~ фильтрации filtering theory

~ Фирца - Паули Fierz-Pauli theory

~ флуктуаций fluctuation theory

~ Фонга - Ньютона Fong-Newton theory

формализованная ~ formalized theory

формальная ~ formal theory

~ фотоэффекта theory of photoeffect

фундаментальная ~ fundamental theory

~ Хаага - Араки Haag-Araki field theory

~ Халатникова Khalatnikov theory

~ Хартри - Фока Hartree-Fock theory

~ Хилла - Уилера Hill-Wheeler theory

~ Хольцмарка Holtsmark theory

~ цветного зрения theory of color vision
~ цепей network [circuit] analysis, circuit theory
~ Чандрасекара Chandrasekhar theory
~ Чандрасекара - Ферми Chandrasekhar-Fermi theory
~ Чепмена - Энскога Chapman-Enskog theory
~ Шокли - Рида *фпп* Shockley-Read theory
~ Штейна Stein theory
~ Штёрмера Störmer theory
~ Штурма - Лиувиля Sturm-Liouville theory
эволюционная ~ evolutionary theory
эвристическая ~ heuristic theory
~ Эддингтона Eddington theory
электромагнитная ~ electromagnetic theory
электронная ~ Друде - Лоренца Drude-Lorentz electron theory
электронная ~ металлов electron theory of metals
~ электрослабых взаимодействий electroweak theory
электростатическая ~ трения electrostatic theory of friction
~ элемента лопасти Джевецкого simple [Drzewieski] blade element theory
элементарная ~ elementary theory
~ энергии формоизменения distortion energy theory
энтропийная ~ entropic theory
эргодическая ~ ergodic theory
~ эффективного поля с корреляциями effective field theory with correlations
~ ядерного резонанса theory of nuclear resonance
~ ядерных оболочек nuclear shell theory
~ ядерных реакций theory of nuclear reactions
~ ядерных сил theory of nuclear forces
~ ядерных сил Юкавы Yukawa theory of nuclear forces
~ ядра nuclear theory, theory of nucleus
~ Янга - Миллса Yang-Mills theory
~ Ястрова Yastrow theory
тепло *с.* heat □ поглощать ~ absorb heat
аккумулированное ~ stored heat
выделяющееся ~ released heat
~, выделяющееся при резании cutting heat
~, выделяющееся при торможении braking heat; heat generated under braking
~, выделяющееся при трении friction(al) [tribo-induced] heat
джоулево ~ Joule heat
использованное ~ used [utilized] heat
остаточное ~ residual heat
отбросное ~ waste heat
поглощённое ~ absorbed heat
подводимое ~ delivered heat
радиогенное ~ radiogenic heat
сбросное ~ waste heat
технологическое ~ process heat
~ ядерного распада decay heat
тепловидение *с.* infrared imaging
тепловизор *м.* infrared imager
тепловой *прил.* thermal; caloric

тепловыделение *с.* heat generation; heat release
остаточное ~ afterheat
~ при трении friction heat generation, friction heat release
светоиндуцированное ~ light-induced heat release
теплоёмкость *ж.* heat (capacity); specific heat
атомная ~ atomic heat (capacity)
~ в адиабатическом процессе specific heat in adiabatic process
весовая ~ heat capacity per unit weight
~ в изобарическом процессе specific heat at constant pressure
~ в изотермическом процессе specific heat at constant temperature
~ в изохорном процессе specific heat at constant volume
~ в политропическом процессе specific heat in polytropic process
вращательная ~ *(газа)* rotational heat capasity
~ в сильном поле strong-field specific heat
~ вырожденного электронного газа heat capacity of degenerate electron gas
~ газа heat capacity of gas
~ двухатомного газа heat capacity of two-atomic gas
~ жидкостей heat capacity of liquids
~ идеального газа heat capacity of ideal [perfect] gas
колебательная ~ *(газа)* vibrational heat capacity
~ кристаллов specific heat of crystals
магнитная ~ magnetic specific heat
массовая ~ mass heat capacity
молекулярная ~ molecular heat capacity
мольная ~ mole heat capacity
молярная ~ molar heat capacity
молярная удельная ~ molar specific heat
низкотемпературная решёточная ~ low-temperature lattice specific heat
объёмная ~ heat capacity per unit volume
~ одноатомного газа heat capacity of one-atomic gas
~ пара heat capacity of vapor
~ плазмы plasma heat capacity
полная ~ total heat capacity
~ при низких температурах heat capacity at low temperatures
~ при постоянной температуре specific heat at constant temperature
~ при постоянном давлении specific heat at constant pressure
~ при постоянном объёме specific heat at constant volume
~ реальных газов heat capacity of real gases
~ решётки lattice specific heat
решёточная ~ lattice specific heat
~ твёрдых тел heat capacity of solids
удельная ~ specific heat (capacity)
удельная ~ плазмы plasma specific heat
электронная ~ electronic specific heat
теплозащита *ж.* heat shield
теплоизолирующий *прил.* heat-insulating

теплоизолятор *м.* heat insulator
теплоизоляция *ж.* heat [thermal] insulation
тепломассоперенос *м.* heat-and-mass transfer
теплоноситель *м.* heat-transfer agent, heat-transfer material; *(ядерного реактора)* coolant
~ активной зоны core coolant
водяной ~ water coolant
вторичный ~ secondary coolant
газовый ~ gas(eous) coolant
жидкий ~ liquid coolant
жидкометаллический ~ liquid-metal coolant
натриевый ~ sodium coolant
натрий-калиевый ~ sodium-potassium coolant
органический ~ organic coolant
первичный ~ primary coolant
тяжеловодный ~ heavy-water coolant
теплоноситель-замедлитель *м.* coolant-moderator
теплообмен *м.* heat exchange
адиабатический ~ adiabatic heat exchange
~ в ядерном реакторе heat transfer in nuclear reactor
двумерный ~ two-dimensional [2-D] heat exchange
изотермический ~ isothermal heat exchange
конвективный ~ convective heat exchange
лучистый ~ radiative heat exchange
нестационарный ~ transient [unsteady] heat exchange
одномерный ~ one-dimensional [1-D] heat exchange
турбулентный ~ turbulent heat exchange
установившийся ~ steady-state heat exchange
теплообменник *м. (напр. для ядерного реактора)* heat exchanger
внешний ~ external heat exchanger
внутрикорпусный ~ in-vessel heat exchanger
водо-водяной ~ water-to-water heat exchanger
воздушно-водяной ~ air-to-water heat exchanger
вторичный ~ secondary heat exchanger
гелиево-водяной ~ helium-to-water heat exchanger
жидкометаллический ~ liquid-metal heat exchanger
~ зоны воспроизводства blanket heat exchanger
~ инжекторного типа spray-type heat exchanger
каскадный ~ cascade heat exchanger
кожухотрубный ~ shell-and-tube heat exchanger
многоходовой ~ multipass heat exchanger
натриево-водяной ~ sodium-to-water heat exchanger
натрий-натриевый ~ sodium-to-sodium heat exchanger
одноходовой трубчатый ~ single-pass tube heat exchanger
парогазовый ~ steam-to-gas heat exchanger
первичный ~ primary heat exchanger
противоточный ~ counter flow heat exchanger
регенеративный ~ regenerative heat exchanger
~ с развитой поверхностью extended-surface heat exchanger

~ с U-образными трубками U-tube heat exchanger
трубчатый ~ tube heat exchanger
теплообменник-подогреватель *м.* exchanger-preheater
пароводяной ~ steam-to-water exchanger-preheater
теплоотбор *м.* heat removal, heat extraction
теплоотвод *м.* heat removal, heat extraction
теплоотдача *ж.* heat elimination; heat transfer
конвективная ~ convective [convection] heat transfer
~ при кипении boiling heat transfer
~ при плёночном кипении film boiling heat transfer
теплопередача *ж.* heat transfer; heat transmission
адвективная ~ advective heat transfer
~ в газовом потоке heat transfer in gas flow
~ в ламинарном пограничном слое heat transfer in laminar boundary layer
~ в ламинарном потоке laminar heat transfer, heat transfer in laminar flow
~ в переходной области heat transfer in transition region
~ в пограничном слое heat transfer in boundary layer
~ в турбулентном пограничном слое heat transfer in turbulent boundary layer
~ в турбулентном потоке turbulent heat transfer, heat transfer in turbulent flow
~ жидким металлом heat transfer by [with] liquid metal
конвективная ~ convective [convection] heat transfer
лучистая ~ radiative [radiant] heat transfer, heat transfer [transfer of heat] by radiation
~ при вынужденной конвекции heat transfer by forced convection, forced-convection heat transfer
~ при естественной конвекции heat transfer by natural convection, natural-convection heat transfer
~ при низких температурах low temperature heat transfer
~ при свободной конвекции heat transfer by free convection, free-convection heat transfer
теплоперенос *м. (см. тж.* **теплопередача***)* heat transfer, heat transport
ионный ~ в переходном режиме ion heat transport in a transitive regime
спитцеровский ~ *физ. пл.* Spitzer heat transfer
теплопоглотитель *м.* heat absorber
теплопоглощение *с.* heat absorbtion
теплоприёмник *м.* heat absorber
теплопроводность *ж.* heat [thermal] conduction; heat [thermal] conductivity
адиабатическая ~ adiabatic heat conductivity
анизотропная ~ anisotropic thermal conductivity
~ аморфных веществ thermal conduction of amorphous materials
аномальная ~ anomalous thermal conductivity
~ в жидкости thermal conduction in fluid

~ **в неограниченной среде** thermal conduction in infinite medium, thermal conduction in unbounded space

~ **в несжимаемой жидкости** thermal conduction in incompressible fluid

~ **в ограниченной среде** thermal conduction in finite medium, thermal conduction in bounded space

~ **в сжимаемой жидкости** thermal conduction in compressible fluid

~ **газов** heat conduction in gases, thermal conduction of gases

~ **газовых смесей** thermal conduction of gas mixtures

~ **диэлектриков** thermal conduction of dielectrics

~ **жидкостей** heat conduction in liquids, thermal conduction of liquids

изотермическая ~ isothermal heat conductivity

ионная ~ ion heat conductivity

классическая ~ classical thermal conductivity

лучистая ~ radiative heat conductivity

~ **металлов** thermal conduction of metals

молекулярная ~ molecular heat conductivity

неоклассическая ~ neoclassical thermal conductivity

параллельная ~ parallel thermal conductivity

~ **плазмы** plasma thermal conductivity

повышенная ~ enhanced thermal conductivity

~ **полупроводников** thermal conduction of semiconductors

поперечная ~ cross-field thermal conductivity

продольная ~ parallel thermal conductivity

~ **расплава** heat conductivity of a melt

~ **решётки** lattice heat conductivity

решёточная ~ lattice heat conductivity

~ **сверхпроводников** heat conduction of superconductors

~ **сплавов** thermal conduction of alloys

~ **твёрдых тел** heat conduction in solids, thermal conduction of solids

турбулентная ~ turbulent thermal conductivity

удельная ~ thermal [heat] conductivity

~ **ферми-жидкости** heat conduction of Fermi liquid

фононная ~ phonon heat conductivity

электронная ~ electron heat conductivity

теплопроводный *прил.* heat-conducting

теплосодержание *с.* heat content; enthalpy

теплостойкий *прил.* heat-resistant, heat-proof

теплостойкость *ж.* heat resistance, thermal endurance, thermal stability

фрикционная ~ frictional thermal stability

теплота *ж.* heat

~ **адгезии** adhesion heat

~ **адсорбции** adsorption heat, heat of adsorption

~ **активации** heat of activation, activation heat

внутренняя ~ internal heat

~ **восстановления** reduction heat

~ **деления** fission heat

~ **десорбции** heat of desorption

~ **диссипации** heat of dissipation

~ **диссоциации** heat of dissociation, dissociation heat

~ **затвердевания** solidification heat

~ **ионизации** heat of ionization

~ **испарения** heat of evaporation, heat of vaporization

~ **лучеиспускания** radiation heat

~ **конденсации** heat of condensation

~ **кристаллизации** heat of crystallization, crystallization heat

молекулярная ~ **разбавления** molecular heat of dilution

мольная ~ **парообразования** molar heat of evaporation, molar heat of vaporization

~ **намагничивания** heat of magnetization

~ **образования** formation heat; heat of formation

~ **парообразования** heat of evaporation, heat of vaporization

~ **перехода** transition heat

~ **плавления** heat of fusion, melting [fusion] heat

~ **поглощения** heat of absorption, absorption heat

~ **полимеризации** heat of polymerization

~ **полиморфного превращения** heat of polymorphous transformation

~ **послесвечения** afterglow heat

~ **радиоактивного распада** radioactive-decay heat

~ **разбавления** heat of dilution

~ **разложения** decomposition heat, heat of disintegration

~ **распада продуктов деления** fission-product decay heat

~ **растворения** heat of solution, solution heat

~ **реакции** heat of reaction, reaction heat

~ **сгорания** heat of combustion, combustion heat

скрытая ~ latent heat

скрытая ~ **кристаллизации** latent crystallization heat, latent heat of crystallization

скрытая ~ **парообразования** latent heat of vaporization

скрытая ~ **перехода** latent heat of transition

скрытая ~ **плавления** latent heat of melting, latent heat of fusion

скрытая ~ **сублимации** latent heat of sublimation

~ **смачивания** heat of wetting

~ **смешения** *(сплава)* mixing heat, heat of mixing

~ **смешивания** mixing heat, heat of mixing

стандартная ~ **образования** standard formation heat

~ **сублимации** sublimation heat

~ **трения** heat of friction; friction(al) heat

удельная ~ specific heat

удельная ~ **парообразования** specific heat of evaporation, specific heat of vaporization

удельная ~ **фазового перехода** specific heat of phase transition

~ **фазового перехода** heat of phase transition

~ **фазового превращения** heat of phase transformation, heat of phase transition

~ хемисорбции heat of chemisorption
теплотворный *прил.* calorific, heat-producing
теплотехника *ж.* heat engineering
теплофизика *ж.* thermal physics
теплоэлектростанция *ж. (ТЭС)* thermal power plant
теплоэнергетика *ж.* heat power engineering
терапия *ж.* therapy
  лазерная ~ laser therapy
  лучевая ~ radiation [beam] therapy, radiotherapy
  нейтронная ~ neutron therapy
  пи-мезонная ~ pion therapy
  протонная ~ proton therapy
  радиевая ~ radium therapy
  рентгеновская ~ X-ray therapy
  электронная ~ electron therapy
тербий *м.* terbium, Tb
терм *м. (в спектроскопии)* term
  адиабатический ~ adiabatic term
  атомарный ~ atomic term
  вращательный ~ rotational term
  вырожденный ~ degenerate term
  диабатический ~ diabatic term
  дублетный ~ doublet term
  молекулярный ~ molecular term
  мультиплетный ~ multiplet term
  нечётный ~ odd term
  нормальный мультиплетный ~ normal multiplet term
  обращённый мультиплетный ~ inverse multiplet term
  синглетный ~ singlet term
  спектральный ~ spectral term
  триплетный ~ triplet term
  фундаментальный ~ fundamental term
  чётный ~ even term
  штарковский ~ Stark term
  электронный ~ electronic term
  ядерный ~ nuclear term
термализация *ж.* thermalization
  ~ альфа-частиц alpha-particle thermalization
  ~ быстрых ионов fast ion thermalization
  ~ быстрых электронов fast electron thermalization
  ~ нейтронов thermalization of neutrons
  ~ носителей *фпп* carrier thermalization
терменвокс *м. (электромузыкальный инструмент, изобретенный Л.С. Терменом)* termenvox
термин *м.* term
терминал *м. (в вычислительных сетях)* terminal
  ~ пользователя user terminal
  удалённый ~ remote terminal
терминатор *м. сэф* terminator
  земной ~ earth terminator
терминология *ж.* terminology
  стандартизованная ~ standardized terminology
термистор *м.* thermistor, thermal resistor
термоактивация *ж.* thermal activation
термоанализ *м.* thermal analysis

термоанемометр *м.* hot-wire [heat-loss] anemometer
  двухниточный ~ two-wire anemometer
  ~ на основе термопары thermocouple anemometer
  плёночный ~ hot-film anemometer
  ~ с измерительным мостом bridge anemometer
  трёхниточный ~ three-wire anemometer
термобатарея *ж.(из термопар)* thermopile
термобиметалл *м.* thermal bimetal
термогальванометр *м.* thermogalvanometer
термогенератор *м.* thermogenerator
термогигрограф *м.* thermal hygrograph
термогигрометр *м.* thermal hygrometer
термогравиметрия *ж.* thermogravimetry
термограмма *ж.* thermogram
термограф *м.* thermograph
термография *ж.* thermography
  инфракрасная ~ infrared thermography
термодатчик *м.* temperature-sensitive element
термодесорбция *ж.* thermodesorption, thermal desorption
  лазерная ~ laser-induced thermal desorption
термодеструкция *ж.* thermodestruction
термодинамика *ж.* thermodynamics
  ~ адсорбции thermodynamics of adsorption
  биологическая ~ biological thermodynamics
  геометрическая ~ geometrical thermodynamics
  ~ гетерогенных полимеров thermodynamics of heterogeneous polymers
  ~ идеальных газов thermodynamics of ideal gases
  классическая ~ classical thermodynamics
  ~ кристаллизации thermodynamics of crystallyzation
  локальная ~ local thermodynamics
  ~ магнитных процессов thermodynamics of magnetic processes
  ~ магнитных явлений thermodynamics of magnetic phenomena
  ~ малых систем thermodynamics of small systems
  микроскопическая ~ microscopic thermodynamics
  нелинейная ~ nonlinear thermodynamics
  ~ необратимых процессов thermodynamics of irreversible processes, irreversible thermodynamics
  неравновесная ~ nonequilibrium thermodynamics
  неравновесная релятивистская ~ nonequilibrium relativistic thermodynamics
  неравновесная статистическая ~ nonequilibrium statistical thermodynamics
  ~ неравновесных процессов thermodynamics of nonequilibrium processes
  ~ низкотемпературной плазмы low-temperature plasma thermodynamics
  ~ обратимых процессов thermodynamics of reversible processes, reversible thermodynamics
  ~ плавления thermodynamics of melting
  ~ плазмы plasma thermodynamics

~ **поверхностных явлений** thermodynamics of surface phenomena
~ **полимеров** thermodynamics of polymers
равновесная ~ equilibrium thermodynamics
равновесная статистическая ~ equilibrium statistical thermodynamics
~ **разбавленных растворов** thermodynamics of diluted solutions
~ **растворов** thermodynamics of solutions
~ **растворов полимеров** thermodynamics of polymer solutions
релаксационная ~ relaxation thermodynamics
релятивистская ~ relativistic thermodynamics
~ **сверхпроводников** thermodynamics of superconductors
статистическая ~ statistical thermodynamics
техническая ~ engineering thermodynamics
~ **тонких плёнок** thin film thermodynamics
~ **фазовых переходов** thermodynamics of phase transitions
феноменологическая ~ phenomenological thermodynamics
химическая ~ chemical thermodynamics
~ **химических реакций** thermodynamics of chemical reactions
термодинамический *прил.* thermodynamic
термодиссоциация *ж.* thermal dissociation
термодиффузия *ж.* thermal diffusion
термодонор *м. фпп* thermodonor
термозонд *м.* thermoprobe
термоизоляция *ж.* thermal insulation
магнитная ~ magnetic thermal insulation
термоионизация *ж.* thermal ionization
термокавитация *ж.* thermal cavitation
лазерная ~ laser thermal cavitation
термокапиллярность *ж.* thermocapillarity
термокатод *м.* hot [thermionic] cathode
боридный ~ boride hot cathode
высокотемпературный ~ high-temperature cathode
диспенсерный ~ dispenser hot cathode
металлический ~ metal hot cathode
металлопористый ~ dispenser hot cathode
металлосплавной ~ metal-alloy hot cathode
низкотемпературный ~ low-temperature hot cathode
оксидный ~ oxide hot cathode
пропитанный ~ impregnated hot cathode
термокинетика *ж.* thermokinetics
термоклин *м. (в океане)* thermal wedge
термокомпрессия *ж.* thermal compression, thermocompression
термолиз *м.* thermolysis
термолюминесценция *ж.* thermoluminescence
термомагнетизм *м.* thermomagnetism
термометр *м.* thermometer
абсолютный ~ absolute thermometer
акустический ~ acoustic thermometer
~ **Бекмана** Beckman thermometer
биметаллический ~ bimetallic thermometer
вторичный ~ secondary thermometer
газовый ~ gas thermometer

жидкостный ~ liquid(-filled) thermometer
максимальный ~ maximum thermometer
метастатический ~ Beckman thermometer
минимальный ~ minimum thermometer
опрокидывающийся ~ reversing thermometer
первичный ~ primary thermometer
платиновый ~ **сопротивления** platinum resistance thermometer
проволочный ~ thin-wire thermometer
ртутный ~ mercury thermometer
~ **сопротивления** resistance thermometer; resistance temperature detector, RTD
шумовой ~ noise thermometer
термометрия *ж.* thermometry
термомеханический *прил.* thermomechanical
термообработанный *прил.* heat-treated
термообработка *ж.* thermal [heat] treatment
высокотемпературная ~ high-heat [high-temperature] treatment
~ **магнитных материалов** heat treatment of magnetic materials
~ **металлов** heat treatment of metals
циклическая ~ thermal cycling
термоотверждение *с.* cure; curing
термопара *ж.* thermocouple
вакуумная ~ vacuum thermocouple
вольфрамо-молибденовая ~ tungsten-molybdenum thermocouple
дифференциальная ~ differential thermocouple
естественная ~ dynamic thermocouple
игольчатая ~ needle thermocouple
~ **из благородных металлов** noble-metal thermocouple
~ **из неблагородных металлов** base-metal thermocouple
контактная ~ contact thermocouple
малоинерционная ~ fast [quick-response, high-velocity] thermocouple
многоточечная ~ multipoint thermocouple
незащищённая ~ bare thermocouple
объёмная ~ volume [bulk] thermocouple
поверхностная ~ surface thermocouple
погружаемая ~ immersion [dip-type] thermocouple
скользящая ~ sliding thermocouple
стандартная ~ standart [reference] thermocouple
стационарная ~ stationary thermocouple
хромель-алюмелевая ~ chromel-alumel thermocouple
хромель-константановая ~ chromel-constantan thermocouple
экранированная ~ shielded thermocouple
термопауза *ж.* thermopause
термопласт *м.* thermoplastic
термопластичность *ж.* thermoplasticity
терморастрескивание *с.* thermocracking
терморегулирование *с.* thermal regulation
терморегулятор *м.* heat controller, heat regulator
терморезистор *м.* thermistor, thermal resistor
термосила *ж.* thermal force
поперечная ~ transverse thermal force
продольная ~ longitudinal thermal force

термосинтез *м.* thermofusion
термосифон *м.* thermosyphon
термостабилизация *ж.* thermal stabilization, thermostabilization
термостабильность *ж.* thermal stability, thermostability
термостат *м.* thermostat
  вакуумный ~ vacuum thermostat
  газовый ~ gas thermostat
  жидкостный ~ liquid thermostat
  низкотемпературный ~ low temperature thermostat
термостатика *ж.* thermostatics
термостатирование *с.* thermostating
термостатический *прил.* thermostatic
термостойкость *ж.* thermal stability; thermostability; heat resistance
термостолбик *м.* thermopile
термострикция *ж.* thermostriction
термосфера *ж.* thermosphere
термотомография *ж.* thermal tomography
  акустическая ~ acoustic thermal tomography
термоупругий *прил.* thermoelastic
термоупругость *ж.* thermoelasticity
термофорез *м.* thermophoresis
термохимия *ж.* thermochemistry
  лазерная ~ laser thermochemistry
термохроматография *ж.* thermochromatography
термоциклирование *с. (циклическое температурное воздействие)* thermal cycling; thermocycling
термоэдс *ж.* thermal e.m.f., thermal electromotive force
  абсолютная ~ absolute thermal e.m.f.
  дифференциальная ~ differential thermal e.m.f.
  диффузионная ~ diffusion thermal e.m.f.
  объёмная ~ bulk thermal e.m.f.
термоэлектрет *м.* thermoelectret
термоэлектрический *прил.* thermoelectric
термоэлектричество *с.* thermoelectricity
термоэлектрогенератор *м.* thermoelectric generator
термоэлектрон *м.* thermoelectron, thermal electron
термоэлектронный *прил.* thermoelectronic, thermionic
термоэлемент *м.* thermoelement
термоэмиссия *ж.* thermionic emission
термоэмиттер *м.* thermionic emitter
термоядерный *прил.* thermonuclear
терпен *м. хим.* terpene
терраса *ж. геофиз., фтт* terrace
  ~ Гранжана *(в жидком кристалле)* Grangin terrace
  поверхностная ~ *фтт* surface terrace
территория *ж.* territory
тесла *ж. (единица магнитной индукции)* Tesla, T
тесламетр *м.* tesla meter
тессера *ж. (образование на телах Солнечной системы)* tessera
тест *м.* test
тестирование *с.* testing

тета-пинч *м. физ. пл.* theta pinch
тета-ряд *м.* theta series
тета-функция *ж.* theta function
тетрагональность *ж.* tetragonality
тетрагональный *прил.* tetragonal
тетрафенилбутадиен *м. (краситель)* tetraphenylbutadiene
тетрафторид *м.*: ~ урана uranium tetrafluoride
тетраэдр *м.* tetrahedron
  ~ дефектов упаковки stacking fault tetrahedron
  координационный ~ *фтт* coordination tetrahedron
тетрод *м. эл.* tetrode
тефиграмма *ж. (в физике атмосферы)* tephigram
тефлон *м.* teflon
технеций *м.* technetium, Tc
технихадрон *м.* technihadron
технибарион *м.* technibaryon
техниглюон *м.* technigluon
техника *ж.* 1. *(область деятельности)* technology; engineering 2. *(методика)* technique 3. *(совокупность приборов и инструментов)* equipment
  атомная ~ atomic technology
  ~ безопасности safety engineering
  вакуумная ~ vacuum technology
  ~ высоких напряжений high-voltage engineering
  высокочастотная ~ radio-frequency engineering
  вычислительная ~ computation [computer] engineering
  дезактивационная ~ decontamination equipment
  диаграммная ~ *ктп* diagram technique
  диаграммная ~ для периодического возмущения diagram method for periodic perturbation
  ~ измерений measuring technique
  импульсная ~ impulse technology
  космическая ~ space technology
  криогенная ~ cryogenics, cryogenic engineering, cryogenic technology
  масс-спектрометрическая ~ mass-spectrometric technique
  полупроводниковая ~ semiconductor engineering
  ракетная ~ rocket engineering, rocket technology
  реакторная ~ reactor engineering
  ~ реакторной безопасности nuclear reactor safety engineering
  ~ сверхвысоких частот microwave engineering, microwave technology
  струйная ~ fluidics
  сцинтилляционная ~ scintillation technique
  ~ счёта counting technique
  термоядерная ~ thermonuclear engineering
  ~ эксперимента experimental technique
  электронная ~ electronic engineering, electronic technology
  ядерная ~ nuclear technology, nuclear engineering
техникварк *м.* techniquark
технилептон *м.* technilepton

технимезон *м.* technimeson
технифермион *м.* technifermion
техницвет *м. фвэ* technicolor
технический *прил.* technical
техниэлектрон *м.* technielectron
технология *ж.* technology
 вакуумная ~ vacuum technology
 вакуумная ионно-плазменная ~ vacuum ion-plasma technology
 высокотемпературная ~ high-temperature technology
 гибридная ~ hybrid technology
 изопланарная ~ isoplanar technology
 ионно-лучевая ~ ion-beam technology
 криогенная ~ cryogenic technology
 лазерная ~ laser technology
 низкотемпературная ~ low-temperature technology
 передовая ~ advanced [high] technology
 плазменная ~ plasma technology
 планарная ~ planar technology
 плёночная ~ film technology
 полупроводниковая ~ semiconductor technology
 реакторная ~ reactor technology
 совместимая ~ compatible technology
 субмикронная ~ submicron technology
 тонкоплёночная ~ thin-film technology
 химическая ~ chemical engineering
 электронно-лучевая ~ electron-beam technology
 ядерная ~ nuclear technology, nuclear engineering
течеискатель *м.* leak detector
 газоаналитический ~ gas-analysis leak detector
 галоидный ~ halogen leak detector
 гелиевый ~ helium leak detector
 инфракрасный ~ infrared leak detector
 искровой ~ spark leak detector
 катарометрический ~ katharometric leak detector, katharometer
 масс-спектрометрический ~ mass-spectrometer type leak detector
 радиоактивный ~ radioactive leak detector
 сорбционный ~ sorption leak detector
 ~ с палладиевым барьером palladium-barrier leak detector
течени/е *с.* (*см. тж.* **поток**) flow; stream; current □ **вверх по ~ю** up-stream; **вниз по ~ю** down-stream
 автомодельное ~ self-similar flow
 адвективное ~ advective flow
 адиабатическое ~ adiabatic flow
 адиабатное ~ adiabatic flow
 аксиально-симметричное ~ axially symmetric flow
 акустическое ~ acoustic flow
 антибарическое ~ antibaric flow
 баротропное ~ barotropic [classical] flow
 безвихревое ~ potential [irrotational] flow
 ~ без градиента давления zero-pressure-gradient flow

 безотрывное ~ flow without separation
 ~ без скачков уплотнения shock-free flow
 безударное ~ shock-free flow
 бесциркуляционное ~ noncircular [noncirculatory] flow
 бурное ~ disturbed turbulent flow
 ~ вблизи критической точки stagnation-point flow
 ~ в глубине жидкости drowned flow
 ~ в горле сопла throat flow
 ~ в диффузоре diffuser flow
 ~ вдоль искривлённой поверхности flow along a curved surface
 ~ вдоль пластины flow along a plate
 ветровое ~ wind current
 ~ в закрытом канале под давлением forced conduit flow
 ~ в идеальном сопле flow in ideal nozzle
 вихревое ~ vortex [eddy, vorticity] flow
 ~ в канале channel flow
 ~ в капилляре capillary flow; flow through a capillary
 ~ в конфузоре flow in converging channel
 ~ в концевом вихре tip-vortex flow
 ~ вне пограничного слоя mainstream flow
 внешнее ~ external flow
 внутреннее ~ газа internal gas flow
 ~ в области скоса потока вниз downwash flow
 возвратное ~ (*при срыве пограничного слоя*) reverse flow
 воздушное ~ air flow, air current
 волновое ~ wave flow
 восходящее ~ upwelling; ascending current, upward flow
 ~ в открытом канале flow in an open channel
 ~ в пограничном слое boundary-layer flow
 ~ в расширяющемся канале flow in a diverging channel, Jeffry-Hamel flow
 ~ в смазочном слое lubricant flow
 ~ в спутной струе wake flow
 встречное ~ counterflow
 ~ в сужающемся канале contracting duct flow
 ~ в трубах flow in ducts, flow in pipes, pipe flow; flow through pipes
 ~ в ударной трубе flow in a shock tube
 ~ в условиях плоской деформации plane-strain flow
 вынужденное ~ forced flow
 вырожденное ~ degenerate flow
 высокоскоростное ~ газа gas flow at high speed, high speed gas flow
 вязкое ~ viscous [frictional] flow
 вязкое ~ газа frictional gas flow
 вязкое ~ через капилляр viscous flow through a capillary
 ~ вязкой жидкости flow of viscous fluid, viscous flow of fluid
 ~ вязкой среды viscous flow
 вязкопластическое ~ viscoelastic flow
 ~ газа gas flow
 ~ газа в пламени gas flow in a flame
 ~ газа в трубе gas flow in a duct

~ **газа с учётом сжимаемости** compressible gas flow

~ **Гартмана** Hartmann flow

~ **Гельмгольца - Кирхгофа** Helmholtz-Kirchhoff flow

гельмгольцевское ~ linear flow

геострофическое ~ geostrophic flow

гидродинамическое ~ hydrodynamical flow

гиперзвуковое ~ hypersonic flow

глубинное ~ deep current

гомогенное ~ homogeneous flow

гомоэнергетическое ~ homoenergic flow

гомоэнтропическое ~ hompentropic flow

двумерное ~ two-dimensional [plane] flow

двумерное ~ **газа** two-dimensional flow of gas, two-dimensional gas flow

двумерное осесимметричное ~ **плазмы в коаксиальном канале** two-dimensional axisymmetrical plasma flow in a coaxial channel

двумерное ~ **сжимаемого газа** two-dimensional flow of compressible gas

двухфазное ~ two-phase flow

диабатическое ~ diabatic [Rayleigh] flow

дивергентное ~ divergent current

диссипативное ~ dissipative flow

диффузорное ~ diffuser flow

дозвуковое ~ subsonic flow

жёсткое ~ plug flow

~ **жидкости** fluid [liquid] flow, flow of fluid; flow of liquid

~ **жидкости вблизи критической точки** fluid flow near a stagnation point

~ **жидкости в трубе с кольцевым сечением** fluid flow in a pipe of annular cross-section

~ **жидкости в трубе эллиптического сечения** fluid flow in a pipe of elliptical cross-section

~ **жидкости или газа** fluid flow

~ **жидкости через пористые среды** fluid flow through porous media

замедленное ~ decelerating [retarded] flow

застывшее ~ frozen flow

звуковое ~ sonic flow

~ **идеально текучей среды** ideal flow

изентропическое ~ isentropic flow

изобернуллиево ~ iso-Bernoulli flow

изомагнитное ~ isomagnetic flow

изотермическое ~ isothermic [isothermal] flow

изотермическое ~ **газа** isothermal flow of gas, isothermal gas flow

изотермическое ~ **плазмы в сопле** isothermic plasma flow in a nozzle

изотермическое ~ **смазки** isothermic oil flow

изоэнергетическое ~ isenergic flow

изоэнтропное ~ isentropic [adiabatic reversible] flow

изоэнтропное ~ **газа** isentropic gas flow

индуцированное ~ induced [stimulated] flow

кавитационное ~ cavity flow

капиллярное ~ capillary flow; flow through a capillary

квазивязкое ~ quasi-viscous flow

~ **квазинейтральной плазмы в магнитном поле** quasi-neutral plasma flow in a magnetic field

квазиодномерное ~ quasi-one-dimensional flow

квазистационарное ~ quasi-steady flow

классическое ~ classical [barotropic] flow

~ **Кнудсена** Knudsen flow

кнудсеновское ~ Knudsen flow

кольцевое ~ annular flow

компрессионное плазменное ~ compressive plasma flow

конвективное ~ convection current

конвергентное ~ convergent current

коническое ~ cone [conical] flow

коническое ~ **Тейлора - Мак-Колла** Taylor-McCall cone flow

критическое ~ critical flow

~ **крови в артериях** flow of blood in arteries

~ **Кутты - Жуковского** Kutta-Joukowski flow

~ **Куэтта** Couette flow

~ **Куэтта - Тейлора** Couette-Taylor flow

ламинарное ~ laminar flow

ламинарное ~ **в капилляре** Poiseuille flow

ламинарное ~ **ньютоновской среды** Newtonian flow

ламинарное ~ **плазмы** plasma laminar flow

линеаризированное ~ linearized flow

макропластическое ~ macroplastic flow

~ **маловязкой среды** low-viscous flow

медленно изменяющееся ~ gradually varied flow

~ **между концентрическими цилиндрами** flow between concentric cylinders

многопотоковое ~ multiple flow

многоструйное ~ multiple jet

модельное ~ model flow

молекулярное ~ molecular [free-molecule] flow

морское ~ sea [ocean] flow

~ **на входе** inflow

наклонное ~ inclined flow

неадиабатическое ~ nonadiabatic flow

невозмущённое ~ undisturbed flow

невязкое ~ inviscid [frictionless] flow

~ **невязкой жидкости** flow of inviscid fluid, inviscid flow of fluid

~ **невязкой среды** inviscid [frictionless] flow

неизотермическое ~ nonisothermic flow

нелинейное ~ nonlinear flow

~ **неньютоновской жидкости** non-Newtonian flow

неограниченное ~ unrestricted [free] flow

неограниченное воздушное ~ free-air flow

неоднородное ~ nonuniform flow

непрерывное ~ continuous flow

~ **непрерывной среды** continuous flow

неравномерное ~ nonuniform flow

неразрывное ~ continuous flow

неразрывное ~ **в спутной струе** continuum wake flow

несвободное ~ restricted flow

несжимаемое ~ incompressible flow

~ **несжимаемой жидкости** incompressible flow

нестационарное ~ nonstationary [time-dependent, transient, unsteady] flow
нестационарное автомодельное ~ nonstationary self-similar flow
неустановившееся ~ nonstationary [time-dependent, transient, unsteady] flow
нисходящее ~ descending [downward] current; downwelling
ньютоновское ~ Newtonian flow
~ ньютоновской жидкости Newtonian flow
обобщённое ~ **Куэтта** generalized Couette flow
обратимое ~ reversible flow
обратимое адиабатное ~ adiabatic reversible flow
обратное ~ counterflow, backward [inverse, return, reverse] flow
обращённое ~ inverted [backward] flow
одномерное ~ one-dimensional flow
одномерное автомодельное ~ one-dimensional self-similar flow
одномерное ~ **газа** one-dimensional gas flow, one-dimensional flow of gas
однородное ~ uniform flow
однородное ~ **газа** uniform flow of gas, uniform gas flow
одностороннее ~ one-sided flow
околозвуковое ~ transonic flow
осевое ~ axial flow
осесимметричное ~ axisymmetric [axially symmetric] flow
осесимметричное коническое ~ axisymmetric [axially symmetric] cone flow
отливное ~ ebb stream, ebb current
относительное ~ relative flow
отражённое ~ reflected flow
отрывное ~ detached flow
переходное ~ transient flow
плавное ~ smooth [laminar] flow
~ плазмы plasma flow
~ плазмы в поле двумерного диполя plasma flow in a two-dimensional dipole field
пластическое ~ plastic flow
пластическое ~ **в холодном состоянии** cold plastic flow
пластическое ~ **металла при сжатии** compressive plastic flow of metal
плоское ~ plane [two-dimensional] flow
плоское ~ **газа** two-dimensional gas flow, two-dimensional flow of gas
плоское изэнтропное ~ plane isentropic flow
плоское ~ **Куэтта** Couette plane [two-dimensional Couette] flow
плоское неизэнтропное ~ plane non-isentropic flow
плоское потенциальное ~ potential plane flow
плоское ~ **Пуазейля** plane Poiseuille flow
плоское ~ **сжимаемого газа** two-dimensional flow of compressible gas
побочное ~ secondary [subsidiary] flow
~ поверхностного слоя surface layer flow

~ по границам зёрен grain boundary flow
подводное ~ drowned flow
~ под действием силы тяжести gravity flow
подземное ~ underground-water flow, underground percolation
подобное ~ similar flow
подповерхностное ~ subsurface flow
ползучее ~ *(жидкости)* creeping motion
~ поперёк одиночного цилиндра flow across a single cylinder
поперечное ~ transverse [cross] flow
потенциальное ~ potential [irrotational] flow
потенциальное ациклическое ~ acyclic potential motion
потенциальное ~ **жидкости или газа** potential flow of fluid
потенциальное ~ **идеальной несжимаемой жидкости вокруг шара** potential flow of incompressible ideal fluid past the sphere
потенциальное ~ **несжимаемой жидкости** potential flow of incompressible fluid
потенциальное циклическое ~ cyclic potential motion
~ по трубе flow in pipe
~ Прандтля - Майера Prandtl-Mayer flow
прерывистое ~ intermittent flow
~ при больших числах Рейнольдса flow with large Reynolds numbers
прибрежное ~ coastal flow
приливное ~ tidal stream, tidal current
~ при малых числах Рейнольдса flow with small Reynolds numbers
пространственное ~ three-dimensional flow
пространственное коническое ~ three-dimensional cone flow
псевдостационарное ~ pseudo-stationary flow
пуазейлевское ~ Poiseuille flow
~ Пуазейля Poiseuille flow
пульсирующее ~ pulsating flow
равномерное ~ uniform flow
радиальное ~ radial flow
радиальное ~ **жидкости** radial fluid flow, radial flow of fluid
~ разреженного газа rarefied (gas) [low-density] flow
разрывное ~ discontinuous flow
разрывное ~ **газа** discontinuous flow of gas
~, расчитанное с точностью до членов второго порядка second-order flow
реальное ~ real flow
~ реальных жидкостей flow of real liquids
сверхзвуковое ~ supersonic flow
сверхзвуковое коническое ~ supersonic conical flow
сверхзвуковое ~ **разреженного газа** rarefied hypersonic flow
сверхкритическое ~ supercritical flow
~ с внутренним трением frictional [viscous] flow
свободное ~ free [unrestricted] flow
свободное вихревое ~ free vortex flow
свободное воздушное ~ free-air flow

свободномолекулярное ~ Knudsen flow
~ свободных молекул Knudsen flow
сдвиговое ~ shear flow
~ с дозвуковыми, околозвуковыми и сверхзвуковыми скоростями trisonic flow
сжимаемое ~ compressible flow
~ сжимаемой жидкости flow of compressible fluid, compressible flow of fluid
~ с кавитацией cavity flow
скользящее ~ sliding [slip] flow
скользящее вязкое ~ oblique flow with viscosity
слабо-неизэнтропическое ~ weak non-isentropic flow
~ смазки oil [lubricant] flow
~ с малой турбулентностью low turbulence flow
смешанное ~ mixed flow
~ со сгоранием flow with combustion
~ со сдвигом скорости, граничащее с твёрдой поверхностью shear flow bounded by a solid surface
~ со скачком уплотнения shocked flow
~ со скольжением sliding [slip] flow
спокойное ~ tranquil flow
~ с поперечным градиентом скорости shear flow
~ со структурным ядром (в капилляре) plug flow
стационарное ~ steady [stationary] flow
стационарное ~ жидкости между двумя неподвижными параллельными плоскостями при наличии градиента давления steady flow of a fluid between two fixed parallel planes in the presence of a pressure gradient
стационарное ~ жидкости по трубе произвольного сечения steady flow of fluid in a pipe with arbitrary cross-section
стационарное ~ плазмы steady plasma flow
~ Стокса Stokes flow
стремительное ~ rapid flow
струйное ~ jet flow, jet (stream)
струйное ~ низкого уровня low-level jet
субкритическое ~ subcritical flow
сферически-симметричное ~ spherically symmetric flow
сферическое ~ spherical flow
~ с экспоненциально изменяющимся параметром exponential flow
телескопическое ~ (в трубке) telescopic flow
термокапиллярное ~ thermocapillary flow
термомагнитогидродинамическое ~ thermomagnetohydrodynamic flow
трансзвуковое ~ transonic flow
трёхмерное ~ three-dimensional flow
трёхпотоковое ~ triple flow
тропосферное ~ tropospheric current
турбулентное ~ turbulent flow, turbulent stream
турбулентное ~ в трубах turbulent flow in pipes
турбулентное ~ плазмы plasma turbulent flow

турбулентное ~ поверхностного слоя turbulent surface layer flow
умеренное ~ moderate flow
ускоренное ~ accelerated flow
установившееся ~ steady [stationary] flow
цилиндрическое ~ cylindrical flow
циркуляционное ~ circulation [circulatory] flow
~ через капилляр flow through a capillary, capillary flow
~ через пористые среды flow through porous media
чисто гиперзвуковое ~ all-hypersonic flow
чисто дозвуковое ~ all-subsonic flow
чисто сверхзвуковое ~ all-supersonic flow
~ Эккарта ак. Eckart flow
электронное ~ в пинче малой плотности electron flow in low-density pinch
ярко выраженное струйное ~ pronounced jet

течь ж. leak(age)
обнаруженная ~ located leak

тигель м. крист. crucible
графитовый ~ graphite crucible
кварцевый ~ quartz crucible
керамический ~ ceramic crucible
проводящий ~ conducting crucible
прозрачный ~ transparent crucible
фарфоровый ~ porcelain crucible

тиксотропия ж. (раствора) thixotropy

тимин м. биол. thymine

тип м. (см. тж. мода) type, kind; (колебаний; распада) mode
~ взаимодействия mode of interaction
~ волн mode
вырожденный ~ колебаний degenerate mode
двухчастичный ~ (распада) two-body mode
~ дефекта defect type
доминирующий ~ dominant mode
запрещённый ~ forbidden mode
конкурирующий ~ competitive mode
~ кристаллической структуры type of crystal structure
лептонный ~ (распада) leptonic mode
~ нагружения loading conditions
нейтральный ~ (распада) neutral mode
нелептонный ~ (распада) nonleptonic mode
нормальный ~ normal mode
основной ~ (колебаний) fundamental mode; (распада) main mode
паразитный ~ колебаний spurious mode
пи-мезонный ~ (распада) pionic mode
поздний ~ (звёзд) late type
~ преобразования transformation kind
~ радиоактивного распада mode of radioactive decay
разрешённый ~ (распада) allowed mode
ранний ~ (звёзд) early type
~ распада mode of decay, mode of disintegration
~ распределения type of distribution
редкий ~ распада rare decay mode
~ связи bond type
~ симметрии symmetry type

собственный ~ колебаний eigenmode
спектральный ~ spectral type
структурный ~ structural type
~ структуры structure type
топологический ~ дефекта topological defect type
~ удельной электропроводности conductivity type
электронный ~ electronic mode
~ ядерного реактора type of nuclear reactor
тиратрон *м.* thyratron
водородный ~ hydrogen thyratron
импульсный ~ pulse thyratron
~ тлеющего разряда glow discharge thyratron
тиринг-мода *ж. физ. пл.* tearing mode
винтовая ~ screw tearing mode
ионная ~ ion tearing mode
~, обусловленная градиентом gradient-driven tearing mode
электронная ~ electron tearing mode
тиринг-неустойчивость *ж.* tearing instability
~ нейтрального слоя tearing instability of neutral sheath
тиринг-турбулентность *ж.* tearing turbulence
тиристор *м.* thyristor
диодный ~ diode thyristor
лавинный ~ avalanche thyristor
триодный ~ triode thyristor
титан *м.* titanium, Ti
титанат *м.* titanate
~ бария barium titanate
титр *м. хим., биол.* titre, titer
титрирование *с.* titration
амперометрическое ~ amperometric titration
гравиметрическое ~ gravimetric titration
колориметрическое ~ colorimetric titration
кондуктометрическое ~ conductometric titration
магнитное ~ magnetic titration
нефелометрическое ~ nephelometric titration
радиометрическое ~ radiometric titration
обратное ~ back titration
~ по замещению substitution titration
~ по остатку precipitation titration
потенциометрическое ~ potentiometry
прямое ~ direct titration
спектротурбидиметрическое ~ spectroturbidimetrical titration
спектрофотометрическое ~ spectrophotometric titration
турбидиметрическое ~ turbidimetrical titration
фотометрическое ~ photometric titration
электрохимическое ~ electrochemical titration
тишина *ж.* silence
тканеэквивалентный *прил.* tissue-equivalent
ткань *ж.* fabric; cloth; *биол.* tissue
асбестовая ~ asbestos cloth
биологическая ~ biological tissue
диэлектрическая ~ dielectric fabric
~ из стекловолокна glass cloth
~ из углеродного волокна carbon cloth

проволочная ~ wire cloth
пропитанная ~ impregnated fabric, impregnated cloth
фильтровальная ~ filter cloth
Т-матрица *ж.* T-matrix
Т-образный *прил.* T-shaped
тождественно *нареч.* identically
тождественность *ж.* identity
~ частиц particle identity
~ электронов electron identity
тождественный *прил.* identical
тождество *с.* identity
~ Бьянки Bianchi identity
~ Гаусса Gaussian identity
калибровочное ~ gauge identity
киральное ~ chiral identity
конформное ~ Уорда Ward conformal identity
нарушенное ~ broken identity
обобщённое ~ Уорда *ктп* Ward generalized identity
операторное ~ operator identity
~ параллелограмма parallelogram identity
строгое ~ strict identity
~ Уорда Ward identity
~ Уорда - Такахаши *кв. мех.* Ward-Takahashi identity
частичное ~ partial identity
~ Якоби Jacobi identity
ток *м.* current
~ абсорбции *(диэлектрика)* absorption current
адронный ~ *фвэ* hadronic current
адронный заряженный ~ *фвэ* hadronic charged current
аксиально-векторный ~ *фвэ* axial(-vector) current
аксиально-векторный адронный ~ *фвэ* axial-vector hadronic current
аксиальный ~ *фвэ* axial(-vector) current
аксиальный ~ второго рода *фвэ* second-kind axial current
активный ~ active current
акустомагнитоэлектрический ~ acoustomagnetoelectric current
акустоэлектрический ~ acoustoelectric current
альвеновский ~ Alfvén current
анодный ~ anode current
антенный ~ antenna current
асимметричный кольцевой ~ asymmetric ring current
~ базы *фпп* base current
барионный ~ baryonic current
биполярный ~ bipolar current
~ Биркеланда *сэф* Birkeland current
блуждающие ~и *(в Земле)* stray earth currents
векторный ~ *фвэ* vector current
векторный адронный ~ *фвэ* vector hadronic current
векторный заряженный ~ *фвэ* vector charged current
векторный заряженный адронный ~ *фвэ* vector charged hadronic current

векторный заряженный кварковый ~ *фвэ* vector charged quark current

векторный заряженный лептонный ~ *фвэ* vector charged leptonic current

векторный нейтральный ~ *фвэ* vector neutral current

~ **ветви** branch current

взаимодействующий ~ interacting current

виртуальный ~ virtual current

вихревой ~ eddy [Foucault] current

~ **включения** turn-on current

внешний ~ external current

внутриядерный ~ intranuclear current

~ **во внешней цепи** external current

~ **возбуждения** exciting [excitation] current

~ **вторичной обмотки** secondary current

~ **вторичных ионов** secondary ion current

~ **вторичных электронов** secondary electron current

входной ~ input current

~ **в цепи обратной связи** feedback current

~ **выключателя** turn-off current

выпрямленный ~ rectified current

высокочастотный ~ rf current

выходной ~ output current

гальванический ~ galvanic current

гравитационный ~ gravitational current

двунаправленный ~ bidirectional current

джозефсоновский ~ Josephson current

диагональный ~ *фвэ* diagonal current

диагональный левый ~ *фвэ* diagonal left-handed current

дилатационный ~ *ктп* dilatation current

диффузионный ~ *фпп* diffusion current

~ **диэлектрика** dielectric current

дрейфовый ~ drift current

~ **дугового разряда** arc current

дырочный ~ hole current

единичный ~ unit current

ёмкостный ~ capacitive current

естественные земные ~и natural earth currents

замкнутый ~ closed current

~**, запаздывающий по фазе** lagging current

~ **записи** record [writing] current

зарядный ~ charging current

заряженный ~ *фвэ* charged current

заряженный адронный ~ *фвэ* charged hadronic current

заряженный ~ Глэшоу - Илиопулоса - Майани *фвэ* Glashow-Iliopoulos-Maiani charged current

заряженный кварковый ~ *фвэ* charged quark current

заряженный лептонный ~ *фвэ* charged leptonic current

~ **затвора** *фпп* gate current

захваченный ~ captured current

земной ~ telluric [earth] current

зинеровский ~ Zener current

зондовый ~ probe current

избыточный ~ excess current

изовекторный ~ *фвэ* isovector current

изовекторный аксиальный ~ *фвэ* isovector axial current

изовекторный электромагнитный ~ *фвэ* isovector electromagnetic current

изоскалярный ~ *фвэ* isoscalar current

изоскалярный адронный ~ *фвэ* isoscalar hadronic current

изоскалярный электромагнитный ~ *фвэ* isoscalar electromagnetic current

изоспиновый ~ isospin current

изотопический ~ isotopic current

изотриплетный ~ *фвэ* isotriplet current

импульсный ~ pulse current

индукционный ~ inductive current

индуцированный ~ induced current

индуцированный аксиальный ~ *фвэ* induced axial current

инжекционный ~ injection current

~ **ионизации** ionization current

ионный ~ ion(ic) current

ионосферный ~ ionospheric current

~ **истока** *фпп* source current

~ **источника питания** source current

~ **Кабиббо** Cabibbo current

калибровочно-инвариантный ~ gauge-invariant current

~ **канала** channel current

катодный ~ cathode current

кварковый ~ *фвэ* quark current

кварковый векторный ~ *фвэ* quark vector current

киральный ~ *ктп* chiral current

~ **коллектора** *фпп* collector current

кольцевой ~ ring current

кольцевой ~ во время бури *сэф* storm-time ring current

кольцевой магнитосферный ~ mangeto-sphere ring current

кольцевой ~ магнитосферы magnetosphere ring current

коммутируемый ~ commutation [switching] current

конвекционный ~ convection current

контурный ~ loop current

~ **короткого замыкания** short-circuit current

критический ~ critical current

критический ~ Альвена Alfvén critical current

критический джозефсоновский ~ Josephson critical current

критический ~ сверхпроводника superconductor critical current

лавинный ~ avalanche current

лармоворовский ~ Larmor current

левый ~ *фвэ* left-handed current

левый заряженный ~ *фвэ* left-handed charged current

лептокварковый ~ *фвэ* leptoquark current

лептонный ~ *фвэ* lepton(ic) current

лептонный заряженный ~ *фвэ* charged leptonic current

линейный ~ linear current

макроскопический ~ macroscopic current

максимальный ~ peak current
мгновенный ~ instantaneous [prompt] current
мезонный обменный ~ *фвэ* meson exchange current
~ мишени target current
многоквантовый ~ multiquantum current
наведённый ~ induced current
~ нагрузки load current
~ накала filament current
~ намагничивания magnetizing [magnetization] current
~ на мишень target current
~ насыщения saturation current
незатухающий ~ persistent current
нейтральный ~ *фвэ* neutral current
нейтральный адронный ~ neutral hadronic current
нейтральный лептонный ~ neutral leptonic current
нейтральный нейтринный ~ neutral neutrino current
нейтринный ~ neutrino current
нейтронный ~ neutron current
~ неосновных носителей minority(-carrier) current
несохраняющийся ~ violating current
нестранный ~ *фвэ* nonstrange current
нетеровский ~ Noether current
обменный ~ exchange current
обратный ~ back [inverse, reverse] current
объёмный ~ bulk current
~, ограниченный пространственным зарядом space-charge-limited current
однонаправленный ~ unidirectional current
октетный ~ *фвэ* octet current
~, опережающий по фазе leading current
~ основных носителей majority(-carrier) current
остаточный ~ residual [after] current
паразитный ~ stray [spurious, parasitic] current
парциальный ~ partial current
~ Педерсена *сзф* Pedersen current
~ первичной обмотки primary current
переключающий ~ switching current
~ переключения switching current
переменный ~ alternating current
перенормированный ~ renormalized current
~ переноса transport current
~ перехода transitional current
переходный ~ transient current
периодический ~ periodic current
пилообразный ~ saw-tooth current
~ пинча *ф. пл.* pinch current
пироэлектрический ~ pyroelectric current
~ плазмы plasma current
поверхностный ~ surface current
~ подмагничивания bias current
~ подогревателя heater current
полный ~ total current
~ положительных ионов positive-ion current
полоидальный ~ poloidal current
~ поляризации polarization current
поляризационный ~ polarization current

пороговый ~ threshold current
постоянный ~ direct current
~ потерь loss current
потребляемый ~ consumption current
правый ~ *фвэ* right-handed current
предельный ~ limiting current
предельный ~ Брагинского Braginsky limit current
предельный ~ Бурсиана Bursian limit current
предельный ~ квазинейтрального ионного пучка quasi-neutral ion beam limit current
предельный ~ квазинейтрального электронного пучка quasi-neutral electron beam limit current
предельный ~ пучка частиц beam limit current
предельный ~ релятивистского электронного пучка relativistic electron beam limit current
предпробойный ~ pre-breakdown current
~ предыонизации preionization current
~ пробоя breakdown current
~ проводимости conduction current
продольный ~ longitudinal current
продольный ~ магнитосферы magnetosphere field-aligned [longitudinal] current
~ пространственного заряда space-charge current
прямой ~ forward current
псевдоскалярный ~ pseudoscalar current
пульсирующий ~ pulsating current
пусковой ~ starting current
~ пучка beam current
~ Пфирша - Шлютера Pfirsch-Schlüter current
пьезоэлектрический ~ piezoelectric current
рабочий ~ operating current
~ развёртки sweep current
~ разряда discharge current
разрядный ~ discharge current
реактивный ~ reactive current
регуляризованный аксиальный ~ *фвэ* regularized axial current
рекомбинационно-генерационный ~ recombination-generation current
релятивистский ~ relativistic current
~ Рентгена Roentgen current
~ Роуланда Rowland current
самосопряжённый ~ self-conjugate current
~ связанных зарядов bound charge current
сеточный ~ grid current
сильный ~ heavy [high] current
синусоидальный ~ sinusoidal [harmonic] current
слабый ~ weak [light] current
слабый заряженный ~ *фвэ* weak charged current
слабый кварковый ~ *фвэ* weak quark current
слабый нейтральный ~ *фвэ* weak neutral current
~ смещения *(в электромагнитном поле)* displacement current; *(при управлении электронными приборами)* bias current
сохраняющийся ~ conserved current
сохраняющийся аксиальный ~ *фвэ* conserved axial current

сохраняющийся векторный ~ *фвэ* conserved vector current
спиновый ~ spin current, spin flow
спинорный ~ spinor current
спокойный кольцевой ~ *сзф* quiet-time ring current
~ срабатывания operating current
средний ~ average [averaged] current
средний ~ пучка average beam current
~ стирания erasing current
~ стока *фпп* drain current
странный ~ *фвэ* strange current
суперконформный ~ superconformal current
~ считывания read current
теллурический ~ telluric [earth] current
темновой ~ dark current
термодеполяризационный ~ *фтт* thermodepolarizing current
термоинжекционный ~ *фпп* thermoinjection current
термоэлектрический ~ thermoelectric current
термоэлектронный ~ thermionic current
топологический ~ topological current
тороидальный ~ toroidal current
точечный ~ point current
трёхфазный ~ three-phase current
туннельный ~ tunnel current
~ увлечения *фпп* drag current
~ удержания *фпп* holding current
управляющий ~ control current
~ ускоренных частиц accelerated current
установившийся ~ steady current
~ утечки leakage current
~ Фарадея Faraday current
фермионный ~ *фвэ* fermionic current
флуктуирующий ~ fluctuating current
фоновый ~ background current
фотогальванический ~ photogalvanic current
фотоэлектрический ~ photoelectric current, photocurrent
~и Фуко Foucault [eddy] currents
~ Холла Hall current
холловский ~ Hall current
~ холостого хода open-circuit current
цветной ~ color current
частично сохраняющийся аксиальный ~ *фвэ* partialy conserved axial current
четырёхмерный ~ four-dimensional current
шумовой ~ noise current
~ Эддингтона - Свита Eddington-Sweet current
экваториальный кольцевой ~ *(в ионосфере)* equatorial ring current
экранирующий ~ *(в сверхпроводниках)* image current
электрический ~ electric current
~ электрода electrode current
электромагнитный ~ *фвэ* electromagnetic current
~ электронного пучка cathode-ray current
~ электронной эмиссии electron emission current
электронный ~ electron current

электрослабый ~ *фвэ* electroweak current
~ эмиссии emission current
~ эмиттера emitter current
эрмитов ~ *фвэ* Hermitian current
эрмитово-сопряжённый ~ Hermitian conjugate current
токамак *м.* tokamak
двухкомпонентный ~ two-component tokamak, TCT
перстеньковый ~ finger-ring tokamak
~ с адиабатическим сжатием tokamak with adiabatic compression
~ с бобообразной формой поперечного сечения шнура bean-shaped tokamak
~ с вертикально-однородной гофрировкой tokamak with vertically-homogeneous toroidal field ripple
сверхпроводящий ~ superconducting tokamak
~ с дивертором tokamak with a divertor
~ с круглой формой пеперечного сечения шнура circular tokamak
~ следующего поколения next-generation tokamak
~ с некруглой формой поперечного сечения шнура noncircular tokamak
~ со сверхпроводящим магнитом superconducting magnet tokamak
~ с сохраняющимся потоком flux concerving tokamak
стационарный ~ steady tokamak
сферический ~ spherical tokamak
~ с эллиптической формой поперечного сечения шнура elliptical tokamak
~ с D-образной формой поперечного сечения шнура D-shaped tokamak
термоядерный ~ fusion [thermonuclear] tokamak-reactor
токамак-реактор *м.* tokamak-reactor
токаполь *м.* tokapole
токонесущий *прил.* current-carrying
токсичность *ж.* toxicity
~ радиоактивных изотопов radiotoxicity
токсичный *прил.* toxic
толкать *гл.* push
толмен *м.* tolman
толстостенный *прил.* thick-walled
толуол *м. (нелинейная жидкость)* toluene
толчок *м.* push, kick; shock, percussion; impetus, impact
местный ~ землетрясения local shock
механический ~ mechanical shock
повторный ~ *(землетрясения)* iterative impact
сейсмический ~ seismic impact
толща *ж.* depth, width
атмосферная ~ atmospheric depth
толщина *ж.* thickness
~ атмосферы atmospheric depth
~ блоховской стенки Bloch wall thickness
~ вытеснения dispacement thickness
~ вытеснения пограничного слоя displacement thickness of boundary layer
~ доменной стенки domain wall thickness

~ **защиты** protective(-layer) thickness
~ **земной коры** thickness of earth crust
~ **изношенного слоя** worn-out layer thickness
кажущаяся ~ apparent thickness
конечная ~ finite thickness
~ **мишени** target thickness
оптическая ~ optical thickness
относительная ~ **профиля крыла** thickness ratio, relative thickness of aerofoil section
переменная ~ variable thickness
~ **плёнки** film thickness
~ **поглощающего слоя** absorption layer thickness
~ **поглощения** absorption (layer) thickness
~ **пограничного слоя** boundary layer thickness
~ **пограничного слоя вблизи критической точки** thickness of the boundary layer near stagnation point
~ **покрытия** coating thickness
~ **потери импульса пограничного слоя** momentum thickness of boundary layer
~ **потери энергии пограничного слоя** energy thickness of boundary layer
~ **профиля крыла** thickness of aerofoil section
~ **скин-слоя** skin depth
~ **слоя** layer thickness
~ **слоя десятикратного ослабления** tenth-value thickness
~ **слоя половинного поглощения** half-value [half-intensity] thickness
~ **стенок** wall thickness
~ **ударной волны** thickness of shock wave
эквивалентная ~ (*галактики*) equivalent thickness
эффективная ~ effective thickness
эффективная ~ **галактики** effective thickness of galaxy
толщиномер *м.* thickness gauge
~ **абсорбционного типа** radiation absorption thickness gauge
бета-лучевой ~ beta thickness gauge
вихретоковый ~ eddy-current thickness gauge
гамма-лучевой ~ gamma-ray thickness gauge
изотопный ~ radioactive [radioisotope] thickness gauge
магнитный ~ magnetic thickness gauge
радиоизотопный ~ radioactive [radio-isotope] thickness gauge
рентгеновский ~ X-ray thickness gauge
ультразвуковой ~ ultrasonic thickness gauge
том *м.* volume
томограф *м.* tomograph
акустический ~ acoustic tomograph
лазерный ~ laser tomograph
оптический ~ optical tomograph
оптический когерентный ~ optical coherence tomograph
рентгеновский ~ X-ray tomograph
симультантный ~ simultant tomograph
сканирующий ~ scanning tomograph
ультразвуковой ~ ultrasonic tomograph
томография *ж.* tomography
акустическая ~ acoustic tomography

векторная ~ vector tomography
геофизическая ~ geophysical tomography
голографическая ~ holographic tomography
~ **ионосферы** ionosphere tomography
когерентная оптическая ~ optical coherence tomography
комптоновская ~ Compton scattering tomography
компьютерная ~ computed tomography
лазерная ~ laser tomography
магниторезонансная ~ magnetic resonance tomography
микроволновая ~ microwave tomography
многоцветная ~ multicolor tomography
оптическая ~ optical tomography
оптическая когерентная ~ optical coherence tomography
позитронная ~ positron tomography
позитрон-электронная ~ positron-electron tomography
поперечная ~ transverse tomography
протонная ~ proton tomography
рентгеновская ~ X-ray tomography
СВЧ ~ microwave tomography
сейсмическая ~ seismic tomography
симультантная ~ simultant tomography
скалярная ~ scalar tomography
тензорная ~ tensor tomography
ультразвуковая ~ ultrasonic tomography
эмиссионная ~ emission tomography
ЯМР ~ NMR tomography
тон *м.* tone
~ **биений** beat tone
комбинационный ~ combination tone
комбинационный ~ **разностной частоты** difference tone
комбинационный ~ **суммарной частоты** summation tone
объективный комбинационный ~ *ак.* objective combination tone
основной ~ fundamental tone
~ **разностной частоты** difference tone
разностный ~ *ак.* difference tone
серый ~ grey tone
субъективный комбинационный ~ *ак.* subjective combination tone
~ **суммарной частоты** summation tone
суммовой ~ summation tone
~ **Тартини** *ак.* Tartini tone
цветовой ~ hue
чистый ~ pure [simple] tone
тональность *ж.* tonality
тонер *м.* toner
тонкослойный *прил.* thin-layer
тонкостенный *прил.* thin-walled
тонна *ж.* ton; (*метрическая*) tonne
метрическая ~ tonne, metric ton
топливо *с.* **1.** (*ядерное*) fuel **2.** (*ракетное*) propellant
~ **в виде расплава солей** molten salt fuel
воспроизведённое ~ bred fuel
вторичное ядерное ~ secondary nuclear fuel

газообразное ~ gaseous fuel
дисперсионное ядерное ~ dispersion nuclear fuel
жидкое ~ liquid [fluid] fuel; *(для ракет)* liquid propellant
жидкометаллическое ~ liquid-metal fuel
ископаемое ~ fossil fuel
исходное ~ parent [initial] fuel
керамическое ~ ceramic fuel
концентрированное ~ concentrated fuel
коротковыдержанное ~ short-decayed fuel
неподвижное ~ fixed fuel
непрерывно движущееся ~ continuously mobile fuel
облучённое ~ irradiated [exposed] fuel
обогащённое ~ enriched fuel
обычное ~ conventional fuel
отработанное ~ spent [reject, depleted] fuel
первичное ядерное ~ primary nuclear fuel
переработанное ~ refabricated [reprocessed] fuel
плутониевое ~ plutonium fuel
подвижное ~ mobile [movable] fuel
регенерированное ~ regenerated [recovered] fuel
секционированное ~ sectioned fuel
сильно обогащённое ~ highly enriched fuel
смешанное оксидное ~ mixed oxide fuel
суспензионное ~ suspension fuel; fuel slurry
твёрдое ~ solid fuel; *(для ракет)* solid propellant
термоядерное ~ thermonuclear fuel
тугоплавкое ~ refractory fuel
уран-висмутовое ~ uranium-bismuth fuel
урановое ~ uranium fuel
флюидизированное ~ fluidized fuel
циркулирующее ~ circulating fuel
ядерное ~ nuclear fuel
топограмма *ж.* topogram
~ монокристалла single crystal topogram
рентгеновская ~ X-ray topogram
топография *ж.* topography
~ магнитного поля magnetic field topography
нейтронная ~ neutron topography
нейтронографическая ~ neutron diffraction topography
плосковолновая ~ plane-wave topography
~ поверхности surface topography
~ поля topography of field
рентгеновская ~ *крист.* X-ray topography
рентгеновская синхротронная ~ X-ray synchrotron topography
стробоскопическая ~ *крист.* stroboscopic topography
электронно-лучевая ~ electron-beam topography
топология *ж.* topology
алгебраическая ~ algebraic topology
~ вакуумной камеры vacuum chamber topology
~ Вселенной topology of the Universe
~ калибровочных полей topology of gauge fields
~ кристалла chip topology

магнитная ~ magnetic topology
~ магнитного поля topology of magnetic field
многомерная ~ multidimensional topology
~ многообразий topology of manifolds
нетривиальная ~ nontrivial topology
~ неупругого взаимодействия inelastic topology
плоская ~ plane [flat] topology
~ поверхности Ферми Fermi surface topology
~ полоидального контура poloidal contour topology
~ пространства topology of space
~ пространства-времени topology of space-time
~ расслоений bundle topology
~ силовых линий field line topology
~ сильного взаимодействия strong topology
~ системы system topology
~ системы криогенной откачки cryogenic vacuum topology
~ слабого взаимодействия weak topology
~ события event topology
сферическая ~ spherical topology
~ тороидального контура toroidal contour topology
~ траекторий электронов *(в металле)* topology of electron trajectories
~ упругого взаимодействия elastic topology
~ ферми-поверхности Fermi surface topology
хаотическая ~ chaotic topology
топоний *м. фвэ* toponium
тяжёлый ~ heavy toponium
топоцентрический *прил.* topocentric
тор *м.* torus *(мн.* tori)
анизотропный ~ anisotropic torus
бифуркационный ~ bifurcation torus
винтовой ~ helical torus
вырожденный ~ degenerate torus
гофрированный ~ bumpy torus
компактный ~ compact torus
седловой ~ *(«усатый»)* saddle torus
трёхмерный ~ three-dimensional torus
четырёхмерный ~ four-torus
эллиптический ~ elliptic torus
торец *м. (напр. лазерного кристалла)* face; end
брюстеровский ~ Brewster end
~ ступени step rise
торий *м.* thorium, Th
торможение *с.* 1. *(замедление)* deceleration, slowing-down 2. *(применение тормозов)* braking 3. *(сопротивление среды)* drag
аварийное ~ emergency braking
автоматическое ~ automatic braking
аэродинамическое ~ aerodynamic deceleration
динамическое ~ dynamic braking
~ дислокаций retardation of dislocations
изоэнтропийное ~ isentropic deceleration
~ искусственного спутника *(земной атмосферой)* satellite drag
~ нейтрино slowing-down of neutrinos
периодическое ~ cyclic [periodic] braking
~ потока stagnation of flow
приливное ~ tidal deceleration

радиационное ~ radiative deceleration
реактивное ~ **кометы** comet reactive deceleration
резкое ~ abrupt deceleration
~ **с аккумулированием энергии** energy storage braking
~ **ступеней** *крист.* step retardation
~ **трещины** crack arrest
фрикционное ~ friction braking
экстренное ~ emergency braking
электронное ~ *(при распылении)* electron deceleration
электронное ~ **дислокаций** electron retardation of dislocations
ядерное ~ *(при распылении)* nuclear deceleration
тормоз *м.* brake
аэродинамический ~ aerodynamic brake
воздушный ~ air brake
гидравлический ~ hydraulic [liquid] brake
гидростатический ~ hydrostatic brake
динамометрический ~ dynamometer brake
центробежный ~ cetrifugal brake
электромагнитный ~ electromagnetic brake
тормозить *гл.* **1.** *(замедлять)* slow down, decelerate, retard **2.** *(останавливать)* bring to rest **3.** *(с помощью тормозов)* brake
тороид *м.* toroid
тороидальность *ж.* toroidicity
тороидальный *прил.* toroidal
торон *м.(изотоп радона)* thoron, Tn
торр *м.(единица давления)* Torr
торсатрон *м. физ. пл.* torsatron
торсиограф *м.* torsiograph
торсиометр *м.* torsiometer
торсионный *прил.* torsion(al)
точечный *прил.* point
точк/а *ж.* **1.** point **2.** *(графический знак)* dot □ в ~**е поверхности** at a point on the surface; **имеющий** ~**у вращения** pivoted; **относительно** ~**и** *(о вращении)* about a point; **по** ~**ам** *мат.* by points; **придерживаться** ~**и зрения** hold the view point; **с** ~**и зрения** from the point of view, from the viewpoint; **с научной** ~**и зрения** from the scientific point of view
азеотропная ~ *(раствора)* azeotropic point
аксиальная ~ axial point
активная нулевая ~ active null point
алгебраическая особая ~ algebraic singular point, algebraic singularity
апланатическая ~ aplanatic point
~ **атаки** point of attack
базисная ~ base [reference] point
барометрическая ~ barometrical point
бесконечно удалённая ~ point at infinity, infinitely remote point
бикритическая ~ bicritical point
~ **бифуркации** bifurcation point
~ **Блоха** Bloch point
блоховская ~ *фтт* Bloch point
~ **Бойля** Boyle point

~ **в бесконечности** point at infinity, infinitely remote point
~ **в ближней зоне** near-field point
~ **в дальней зоне** far-field point
~ **весеннего равноденствия** first point of Aries, vernal equinoctial point, vernal equinox
вещественная ~ real point
~ **взаимной трансформации быстрой и медленной волн** point of mutual transformation of fast and slow waves
~ **Виллари** Villari point
~ **вихревой нити** vortex point
внутренняя ~ inner [interior] point
внутренняя либрационная ~ **Лагранжа** inner Lagrange [libration] point
~ **возврата** cuspidal point
воображаемая ~ imaginary point
~ **вращения** pivot
~ **вспышки** flash point
~ **вторичного присоединения** *(потока)* reattachment point
~ **входа** entrance [entrant] point
выделенная ~ *мат.* distinguished [labeled] point
~ **вырождения** point of degeneracy
вырожденная ~ degenerate point
высшая ~ peak
высшая ~ **траектории** trajectory peak
~ **выхода** exit point
геометрическая ~ geometric point
гиперболическая ~ hyperbolic point
главная ~ principal point
главные ~**и оптической системы** principal points of optical system
глобальная седловая ~ global saddle point
глобальная узловая ~ global node, global nodal point
гомологические ~**и** homologous points
горячая ~ *(в лазерном пучке)* hot spot
граничная ~ boundary point
движущаяся ~ moving point
двойная ~ double point
двойная критическая ~ double critical point
двойная сингулярная ~ double singular point
допустимая ~ admissible point
достижимая ~ accessible [attainable] point
заданная ~ given [preset, prescribed] point
~ **задержки** stopping point
~ **зажигания** firing point
закреплённая ~ fixed point
~ **замерзания** freezing point
~ **зародышеобразования** nucleation point
~ **застоя** stagnation point
~ **затвердевания** solidification point
~ **затвердевания воды** freezing point of water
~ **затвердевания золота** gold point
~ **затвердевания серебра** silver point
зенитная ~ zenith point
зеркальная ~ mirror point
~ **зрения** point of view, viewpoint, standpoint
идеальная ~ ideal point
~ **измерения** measurement point
изображающая ~ representation point

~ изображения image point
изогональная ~ isogonal point
изодинамическая ~ isodynamic point
~ изоконцентрационного превращения point of isoconcentration transition
изолированная ~ isolated point
изолированная особая ~ isolated singular point, isolated singularity
инвариантная ~ invariant point
~ инверсии inversion point
~ инжекции injection point
~ инконгруэнтного плавления point of incongruent melting
иррегулярная ~ irregular point
иррегулярная особая ~ irregular singular point, irregular singularity
~ испарения evaporation [vaporization] point
исходная ~ origin [reference, initial] point
кардинальные ~и оптической системы cardinal points of optical system
~ касания point of contact, tangency point
~ катастрофы catastrophe point
квазиседловая ~ quasi-saddle point
квантовая ~ quantum dot
~ кипения boiling point
~ кипения воды boiling point of water; steam point
классическая ~ поворота кв. мех. classical turning point
~ коллокации collocation point
~ компенсации фтт compensation point
~ конденсации condensation point, point of condensation
конечная ~ end [finishing] point
~ контакта point of contact
контрольная ~ reference point
кратная ~ multiple point
~ кристаллизации crystallization point
критическая ~ critical point
~ кроссовера crossover point
~ Кюри Curie point, Curie temperature
~ Лагранжа Lagrange [libration] point
~ Ландау (на фазовой диаграмме) Landau point
~ либрации libration [Lagrange] point
либрационная ~ астр. libration point
~ Лифшица (в сегнетоэлектрике) Lifshitz point
локальная узловая ~ local node, local nodal point
~ магнитной компенсации point of magnetic compensation
~ максимального отклика point of maximum response
~ максимума maximum point
материальная ~ material [mass] point; particle
мёртвая ~ dead point
~ мнимакса minimax point
~ минимума minimum point
мировая ~ world point
мнимая ~ imaginary point
монотектическая ~ monotectic point
мультикритическая ~ multicritical point

~ надира nadir point
~ напряжений stress point
~ насыщения saturation point
начальная ~ starting [initial, reference] point
недостижимая ~ inaccessible [unattainable] point
недоступная ~ inaccesseble [unattainable] point
~ Нееля Néel point
нейтральная ~ neutral point
~ неопределённости ambiguous point
неподвижная ~ fixed point
неподвижная особая ~ fixed singular point, fixed singularity
неподвижная ~ преобразования fixed point of transformation
~ непрерывности continuity point, point of continuity
неприводимая ~ irreducible point
несвободная материальная ~ constrained particle
несобственная ~ improper point
неустойчивая ~ unstable point
неустойчивая неподвижная ~ unstable fixed point
~ неустойчивости пограничного слоя instability point of boundary layer
нулевая ~ null [zero] point
~ нулевой скорости point of zero velocity
~ обрезания cut-off point
общая ~ common point
~ объединения unification point
~ объекта object point
однородно распределённые ~и uniformly distributed points
~ окончания (на фазовой диаграмме) end point
опорная ~ supporting point; (рычага) pivot, fulcrum
~ опоры supporting point; (рычага) pivot, fulcrum
оптимальная ~ optimal [optimum] point
~ осаждения precipitation point
~ осеннего равноденствия first point of Libra, autumnal equinoctial point, autumnal equinox
особая ~ мат. singular [exceptional] point, singularity
особая ~ функции singularity of function
отмеченная ~ marked point
~ отражения reflection [mirror] point
~ отражения захваченной частицы mirror point of trapped particle
~ отрыва point of separation, separation point
~ отсечки cut-off point
~ отсечки обыкновенной волны ordinary wave cut-off point
параболическая ~ parabolic point
парамагнитная ~ Кюри paramagnetic Curie point
пассивная нулевая ~ passive null point
~ перевала действия action saddle point
~ перегиба inflection [inflexion] point, point of inflection

~ **перегиба кривой скорости** *(в пограничном слое)* inflexion point of the velocity distribution curve

~ **пересечения** intersection [cross] point, point of intersection

~ **пересечения скачков уплотнения** shock-wave junction, shock-wave intersection point

~ **перехода** transition point

перитектическая ~ peritectic point

~ **плавления** melting [fusion] point

~ **поворота** *(кривой)* turning point

подвижная особая ~ moving singular point, moving singularity

~ **покоя** stationary point, point of rest

поликритическая ~ multicritical point

~ **превращения** transformation point

предельная ~ limit(ing) point

~ **приложения** *(силы)* point of application

~ **приложения нагрузки** loading point

~ **приложения подъёмной силы** center of lift

~ **притяжения** point of attraction

произвольная ~ arbitrary point

рабочая ~ operating [working] point

~ **равновесия** equilibrium point, point of equilibrium

~ **равноденствия** equinoctial point

~ **разветвления** ramification [fork] point

~ **размягчения** softening point

~ **разрыва непрерывности** discontinuity (point), point of discontinuity

~ **разрыва с конечным скачком** jump [ordinary] discontinuity

~ **расслоения** *(на фазовой диаграмме)* de-mixing point

рациональная ~ rational point

регулярная ~ regular point

регулярная особая ~ regular singular point, regular singularity

рекуррентная ~ recurrent point

реперная ~ *(температурной шкалы)* fixed point

~ **росы** dew point

~ **самопересечения** self-intersection point

самосопряжённая ~ self-conjugate point

сверхустойчивая неподвижная ~ super-stable fixed point

свободная материальная ~ *мех.* free mass point

седловая ~ saddle point

сингулярная ~ singularity, sungular point

сингулярная ~ **Блоха** sungular Bloch point, Bloch singularity

~ **скалывания** *крист.* cleavage point

~ **скачка** point of jump, jump point

~ **скоростного напора** impact point, dynamic head point

случайная ~ random point

~ **смазки** lubrication point

собственная ~ proper point

~ **совпадения** coincident [coincidence] point

~ **соединения** junction point, point of junction

~ **соприкосновения** point of contact

сопряжённая ~ conjugate point

сопряжённая зеркальная ~ conjugate reflection point

сопряжённая ~ **отражения захваченной частицы** conjugate reflection point of trapped particle

средняя ~ midpoint, middle point

~ **срыва** *(потока)* separation point

~ **срыва пограничного слоя** separation point of boundary layer

стационарная ~ stationary point

~ **стеклования** vitrification [glass] point

стехиометрическая ~ stoichiomentric point

существенно особая ~ essentially singular point

сферическая квантовая ~ spherical quantum dot

~ **схода** trailing [vanishing] point

~ **сходимости** convergent [convergence] point, point of convergence

~ **текучести** flow point

тетракритическая ~ tetracritical point

~ **торможения скорости** *(потока)* stagnation point

~ **трансформации** transformation point

трансцендентная ~ transcendent point

трансцендентная особая ~ transcendent singular point, transcendent singularity

треугольная либрационная ~ **Лагранжа** triangular Lagrange [libration] point

трикритическая ~ *фтт* tricritical point

тройная ~ triple point

тройная ~ **воды** triple point of water

тройная ~ **углерода** triple point of carbon

тяжёлая квантовая ~ heavy quantum dot

~ **удара** impact point

узловая ~ nodal point, node

устойчивая ~ stable point

устойчивая неподвижная ~ stable fixed point

~ **устойчивого равновесия** stable point

устранимая ~ removable point

устранимая особая ~ removable singular point

фазовая ~ phase point

~ **фазового перехода** point of phase transition

~ **фазовой диаграммы** point of phase diagram

факельная ~ *сэф* facular point

фигуративная ~ *(фазовой диаграммы)* figurative point

фиксированная ~ fixed point

фокальная ~ focal point

фундаментальная ~ fundamental point

характеристическая ~ characteristic point

характерная ~ characteristic point

центральная ~ central point

~ **Чепмена - Жуге** *сэф* Chapman-Jouguet point

четырёхкритическая ~ four-critical point

~ **эвтектики** eutectic point

эвтектическая ~ eutectic point

экспериментальная ~ experimental point

экстремальная ~ extreme point, point of extremum

~ **экстремума** point of extremum, extreme point

эллиптическая ~ elliptic point

эргодическая ~ ergodic point

яркая ~ в короне *(Солнца)* bright coronal point

точность/ь *ж.* accuracy; precision □ **в пределах ~и измерений** with the accuracy of observation; **длина измерена с ~ью выше 0,01 см** the length is measured to better than 0,01 cm; **длина измерена с ~ью до 0,01 см** the length is measured accurate to 0,01 cm; **кристалл установлен с требуемой ~ью** the crystal is installed to the required precision; **параметры известны с ~ью 5 %** the parameters are known with an accuracy of 5 %; **с высокой степенью ~и** to a high (degree of) accuracy; **с ~ью до ...** accurate to..., correct to ..., accurate within ..., with an accuracy of ..., accurate to better than ...; **с ~ью до знака** up to a sign, to within a sign; **с ~ью до постоянного множителя** up to [within] a constant factor; **с ~ью до постоянной** up to a constant

абсолютная ~ absolute precision

~ **анализа** accuracy of analysis

~ **ведения** *(телескопа)* drive accuracy

высокая ~ high precision, pinpoint accuracy

~ **вычислений** calculation accuracy

~ **градуировки** calibration accuracy

~ **данных** data accuracy

двойная ~ double precision

динамическая ~ dynamic accuracy, dynamic precision

достижимая ~ available [obtainable] accuracy

доступная ~ available accuracy

желаемая ~ desired accuracy

заданная ~ given [prescribed] accuracy

~ **измерения** measurement accuracy, accuracy of measurement

~ **измерительного прибора** meter [instrument] accuracy

~ **калибровки** calibration accuracy

максимальная ~ maximum precision

~ **наблюдения** accuracy of observation

~ **наведения** *(телескопа)* pointing accuracy

~ **нацеливания пучка** beam aiming accuracy

необходимая ~ desired precision

низкая ~ low [pure] accuracy, low precision

ограниченная ~ limited [bounded] accuracy

~ **определения** determination accuracy

~ **определения положения** *(звезды)* positional accuracy

относительная ~ relative accuracy

~ **отсчёта** accuracy of reading

~ **оценки** precision of estimate, accuracy of estimate

очень высокая ~ pinpoint [split-hair] accuracy

~ **позиционирования** positioning accuracy

предельная ~ ultimate [extreme] accuracy

~ **приближения** accuracy of approximation

~ **прибора** instrument accuracy

приемлемая ~ adequate accuracy

~ **прогноза** precision of prediction, accuracy of prediction [forecast]

~ **размеров** dimensional accuracy

расчётная ~ design accuracy

~ **регулирования** control accuracy

~ **решения** accuracy of solution

~ **слежения** tracking accuracy

статистическая ~ statistical accuracy

требуемая ~ required precision, desired accuracy

~ **триангуляции** accuracy of triangulation

~ **угловых измерений** angular accuracy

~ **установки дрейфовых трубок** accuracy of setting the drift tubes

фактическая ~ actual accuracy

~ **часов** accuracy of a clock

~ **частоты** frequency accuracy

~ **юстировки** alignment [adjustment] accuracy

точный *прил.* exact, precise, accurate □ ~ **до n-го десятичного знака** accurate to the n-th decimal place; ~ **до членов n-го порядка относительно** ...accurate to the n-th order in ...

травитель *м.* *(реактив для травления металлографических шлифов)* etchant, etching agent

металлографический ~ metallographic etchant

травить *гл.* *(обрабатывать материал для выявления структуры)* etch

травление *с.* etching

анизотропное ~ anisotropic etching

анодное ~ anodic etching

аргоновое ~ argon etching

вакуумно-плазменное ~ vacuum-plasma etching

влажное ~ wet etching

газовое ~ gas etching

глубокое ~ deep etching

горячее ~ thermal etching

~ **границ зёрен металлов** etching of metal grain boundaries

~ **декорированных дислокаций** etching of decorated dislocations

~ **дислокаций** dislocation etching

избирательное ~ selective etching

изотропное ~ isotropic etching

ионное ~ ion etching

ионно-лучевое ~ ion-beam etching

катодное ~ cathode etching

~ **кремния** silicon etching

~ **кристаллов** etching of crystals

~ **металлов** etching of metals

металлографическое ~ metallographic etching

окислительное ~ oxidation etching

плазменное ~ plasma etching

~ **поверхности** surface etching

послойное ~ layer-by-layer etching

реактивное ионное ~ reactive ion etching

селективное ~ selective etching

струйное ~ jet etching

сухое ~ dry etching

термическое ~ thermal etching

химическое ~ chemical etching

холодное ~ cold etching

цветное ~ color etching

электролитическое ~ electrolytic etching

электронно-лучевое ~ electron beam etching

траектори/я *ж.* trajectory; path □ **двигаться по ~и** describe a path; **описывать ~ю** describe a path

абсолютная ~ absolute path
~ антициклона anticyclonic trajectory
асимптотическая ~ asymptotic trajectory
баллистическая ~ ballistic trajectory
~ банановой частицы в гофрированном магнитном поле banana particle trajectory in a rippled magnetic field
бозонная ~ Редже *ктп* bosonic Regge trajectory
броуновская ~ Brownian path, Brownian trajectory
~ броуновской частицы Brownian path, Brownian trajectory
ведущая ~ leading trajectory
ветвящаяся ~ branching trajectory
винтовая ~ spiral [helical] path
~ вихря vortex path
волнистая ~ *(метеора)* distorted [wavy] path
восходящая ~ ascending trajectory
~ вывода *(частиц)* extraction path
вырожденная ~ degenerate trajectory
гетероклиническая ~ heteroclinic trajectory
гиперболическая ~ hyperbolic trajectory
~ главных напряжений stress trajectory
гомоклиническая ~ homoclinic trajectory
граничная ~ boundary trajectory
~ движения mechanical trajectory
~ деформации deformation trajectory
допустимая ~ admissible trajectory, admissible path
дрейфовая ~ drift trajectory
дрейфовая ~ локально-запертой частицы locally-trapped particle drift trajectory
дрейфовая ~ частицы particle drift trajectory
замкнутая ~ closed trajectory
замкнутая дрейфово-банановая ~ *(частицы в токамаке)* closed drift-banana trajectory
~ звезды star path; star track
изогональная ~ isogonal trajectory
инстантонная ~ instanton trajectory
~ иона ion trajectory
истинная ~ true [actual] path
~ каналирования *фтт* channeled [channeling] trajectory
квазиклассическая ~ quasi-classical trajectory
классическая ~ classical trajectory
~ космических лучей cosmic-ray trajectory
криволинейная ~ curved trajectory, curved path
круговая ~ circular path
~ Ландау *фтт* Landau trajectory
ларморовская ~ Larmor trajectory
~ локально-запертой частицы locally-trapped particle trajectory
~ луча ray trajectory
лучевая ~ ray trajectory
~ метеора *(в атмосфере)* meteor trajectory, meteor path
~ метеорного тела meteor trajectory, meteor path
мировая ~ world trajectory
наклонная ~ inclined trajectory
невозмущённая ~ nonperturbed trajectory

некруговая ~ noncircular trajectory
непрерывная ~ continuous path
нисходящая ~ descending trajectory, descending path
~ облёта Луны circumlunar trajectory
обменная ~ exchanged trajectory
ограниченная ~ finite trajectory, bounded path
оптимальная ~ optimal trajectory
орбитальная ~ orbital path
ортогональная ~ orthogonal trajectory
открытая ~ *(частицы)* open trajectory
относительная ~ relative path
параболическая ~ parabolic trajectory
периодическая ~ periodic trajectory, periodic path
петлевая ~ loop trajectory
планирующая ~ gliding path
плоская ~ plane [flat] trajectory
~ полёта flight [flying] path
полукруговая ~ semicircular path
полярная ~ polar path
~ Померанчука *ктп* Pomeranchuk trajectory
предельная ~ limit path
причинная ~ causal path
пространственно-временная ~ space-time path
прямолинейная ~ straight [linear] path
~ пучка beam path
равновесная ~ equilibrium trajectory
расчётная ~ calculated [computed, planned] trajectory
~ Редже *ктп* Regge trajectory
~ ренормгруппы renormalization group trajectory
свободная ~ free trajectory
~ свободной частицы free particle trajectory
седловая ~ saddle path
случайная ~ random path
~ снаряда trajectory of projectile
спиновая ~ *фвэ* spin trajectory
спиральная ~ spiral [helical] path
стохастическая ~ stochastic trajectory
~ струи jet path
~ точки particle path
~ ускоряемых частиц acceleration trajectory
условно-периодическая ~ conditionally periodic trajectory
фазовая ~ phase path, phase trajectory
фермионная ~ fermionic trajectory
~ центра тяжести center-of-gravity path
~ циклона cyclonic trajectory
~ частицы particle path
~ частицы в гофрированном магнитном поле токамака particle trajectory in tokamak ripple magnetic field
четырёхмерная ~ four-dimensional path
экстремальная ~ extremal path
~ электрона electron trajectory
эллиптическая ~ elliptic trajectory
эргодическая ~ ergodic path
тракт *м.* path; highway; channel; circuit
антенно-фидерный ~ antenna feeder
гетеродинный ~ heterodyne channel
инжекционный ~ injection track

информационный ~ information highway
~ передачи информации information highway
приёмный ~ reception path
~ сигнала signal path
усилительно-преобразовательный ~ amplification-transformation path
транзиент *м. сэф* transient
~ в К-короне K-corona transient
~ во внешней короне outer corona transient
~ во внутренни К-короне inner K-corona transient
корональный ~ coronal transient
космический рентгеновский ~ cosmic X-ray transient
монохроматический ~ monochromatic transient
солнечный рентгеновский ~ solar X-ray transient
тороидальный ~ toroidal transient
транзистор *м.* transistor
биполярный ~ bipolar transistor
быстродействующий ~ fast transistor
высокочастотный ~ high-frequency [radio-frequency] transistor
диффузионный ~ diffused transistor
дрейфовый ~ drift transistor
лавинный ~ avalanche transistor
обращённый ~ inverse [inverted] transistor
однопереходный ~ unijunction transistor
оптический ~ optical transistor
планарный ~ planar transistor
плоскостной ~ junction transistor
поверхностно-барьерный ~ surface-barrier transistor
полевой ~ field-effect [unipolar] transistor, FET
полевой низкочастотный ~ low-frequency field-effect transistor
полевой сверхвысокочастотный ~ microwave field-effect transistor
полевой ~ с затвором Шоттки Schottky-gate field effect transistor, Schottky-gate FET
сверхвысокочастотный ~ microwave transistor
сплавной ~ alloy [fused] transistor
тонкоплёночный ~ thin-film transistor
туннельный ~ tunnel transistor
униполярный ~ unipolar [field-effect] transistor, FET
эпитаксиальный ~ epitaxial transistor
транзитивность *ж. мат.* transitivity
трансверсальность *ж. мат.* transversality
трансверсальный *прил.* transversal
трансгрессия *ж. мат.* transgression
транс-изомер *м.* trans isomer
транс-конформация *ж.* trans conformation
транс-конформер *м.* trans conformer
транслятор *м.* translator
трансляционный *прил.* translational
трансляция *ж. фтт (параллельный перенос)* translation
дробная ~ fractional translation
элементарная ~ fundamental translation
трансмутация *ж. (в радиобиологии)* transmutaion

размерная ~ *ктп* dimensional transmutation
~ Ферми - Бозе Fermi-Bose transmutation
транспарант *м. опт.* transparency
оптический ~ optical transparency
управляемый ~ controlled transparency; spatial light molulator
управляемый фазовый ~ controlled phase transparency
фазово-амплитудный ~ phase-amplitude transparency
трансплутониевый *прил.* transplutonium
транспозиция *ж. мат.* transposition
транс-полиацетилен *м.* trans-polyacetilene
транспонировать *гл.* transpose
транспорт *м. (см. тж.* перенос*)* transport, transfer
протонный ~ *биоф.* proton transport
результирующий ~ net transport
химический ~ chemical transport
химический ~ с температурными колебаниями chemical transport with temperature oscillations, temperature oscillations assisted chemical transport
транспортировка *ж.* transportation, transport
~ отходов waste transportation
~ пучка beam transport
транс-ротамер *м. (конформация молекул)* trans rotamer
трансурановый *прил.* transuranium, transuranic
трансфер-матрица *ж.* transfer matrix
трансфокатор *м.* zoom
трансформатор *м.* transformer
~ без сердечника air-core transformer
волноводный ~ waveguide transformer
входной ~ imput transformer
высоковольтный ~ high-voltage transformer
высокочастотный ~ radio-frequency [r.f.] transformer
выходной ~ output transformer
дифференциальный ~ differential transformer
измерительный ~ instrument transformer
импульсный ~ pulse transformer
импульсный высоковольтный ~ pulsed high-voltage transformer
каскадный ~ cascade transformer
линейный ~ line transformer
линейный дифференциальный ~ (ЛДТ) linear variable differential transformer, LVDT
~ мод mode transformer
~ напряжения voltage transformer
повышающий ~ step-up transformer
понижающий ~ step-down transformer
развязывающий ~ isolation transformer
резонансный ~ resonance [tuned] transformer
сверхпроводящий ~ superconducting transformer
~ с воздушным сердечником air-core transformer
~ с железным сердечником iron-core transformer
силовой ~ power transformer
согласующий ~ matching transformer

~ **типов волн** mode transformer
~ **тока** current transformer
четвертьволновый ~ quarter-wave transformer
широкополосный ~ broad-band transformer
трансформация *ж.* transformation; conversion
  баллистическая ~ **волн** ballistic wave transformation
  ~ **быстрой волны** fast wave transformation
  ~ **быстрой магнито-звуковой волны в альвеновскую волну** fast magneto-acoustic wave transformation to Alfvén wave
  ~ **волн** wave transformation; wave conversion
  линейная ~ linear transformation
  линейная ~ **волн** linear wave transformation
  линейная ~ **циклотронной волны в плазменную моду** linear cyclotron wave transformation to plasma mode
  ~ **ловушек** *физ. пов.* traps transformation
  ~ **медленной волны** slow wave transformation
  ~ **мод** mode transformation
  надбарьерная ~ **волн** over-barrier wave transformation
  нелинейная ~ nonlinear transformation
  нелинейная ~ **волны** nonlinear wave transformation
  нелокальная ~ **волн** nonlocal wave transformation
  резонансная ~ **волн** resonant wave transformation
трансформировать *гл.* transform
трансцендентность *ж.* transcendence, transcendentality
трансцендентный *прил.* transcendental
трапеция *ж.* trapezium, trapezoid
трасса *ж.* (*напр. распространения волн*) (propagation) path; route
  ~ **Земля-ИСЗ** Earth-satellite path
  надводная ~ over-water path
  наклонная ~ inclined path
  ~ **распространения** (*волн*) propagation path
траффик *м.* (*в телекоммуникациях*) traffic
требовани/ е *с.* requirement □ **отвечать ~ям** satisfy [meet, fit] the requirements; **отвечающий ~ям** adequate, satisfying the requirements; **соответствовать ~ям** satisfy [meet, fit] the requirements; **удовлетворять ~ям** satisfy [meet, fit] the requirements
  ~я к радиационной защите shielding requirements
требуемый *прил.* desired, required
тревога *ж.* alarm
трек *м.* (*см. тж. след*) track
  ~ **в камере Вильсона** cloud(-chamber) track
  ~ **в пузырьковой камере** bubble-chamber track
  ~ **вылетающей частицы** outgoing track
  ~ **в ядерной фотоэмульсии** track in nuclear emulsion
  длинный ~ long track
  ~ **заряженной частицы** charged track
  измеренный ~ measured track
  ~ **ионизирующей частицы** track of ionizing particle

искажённый ~ distorted track
калибровочный ~ calibration track
короткий ~ short track
~ **космических лучей** track of cosmic rays
круговой ~ circular track
~ **ливня** shower track
многолучевой ~ many-pronged track
молоткообразный ~ hammer track
наклонный ~ inclined track
~ **оптического пробоя** optical damage track
~ **осколков деления** fission track
плоский ~ flat track
~ **протона отдачи** proton-recoil track
пучковый ~ beam track
размытый ~ blurred [diffuse] track
~ **рождённой частицы** produced track
светящийся ~ luminous track
серый ~ gray track
сильный ~ heavy track
слабый ~ light track
тонкий ~ thin track
~ **частицы** particle track
~ **частицы космического излучения** track of cosmic rays
~ **частицы отдачи** recoil-particle track
~ **частицы распада** decay-particle track
чёрный ~ black track
широкий ~ broad track
эволюционный ~ *астр.* evolutionary track
~ **ядерной частицы** nuclear [nuclear particle] track
Т-образный ~ T-track
V-образный ~ V-shaped track
трение *с.* friction
аномально низкое ~ abnormal low friction
~ **без смазки** dry [unlubricated] friction
~ **верчения** spinning [pivoting] friction
~ **в жидкостях и газах** fluid friction
внешнее ~ external [contact] friction
внутреннее ~ internal [viscous] friction
внутреннее ~ **текучей среды** hydrodynamic [fluid, liquid] friction; viscosity
~ **во вращательной паре** journal [collar] friction
~ **в опоре** bearing friction
~ **в пограничном слое** skin friction
~ **в подшипнике** bearing friction
~ **в потоке** (*жидкости или газа*) friction in fluid flow
~ **второго рода** rolling friction
высокоскоростное ~ high speed friction
высокотемпературное ~ high-temperature friction
гидравлическое ~ hydraulic friction
гидродинамическое ~ hydrodynamic [liquid, fluid] friction
гидростатическое ~ hydrostatic friction
граничное ~ boundary friction
~ **движения** dynamic [kinetic] friction, friction of motion
динамическое ~ dynamic friction
жидкостное ~ liquid [fluid] friction
ионизационное ~ ionization friction

ионное ~ ion friction
~ **качения** rolling friction
~ **качения с проскальзыванием** friction of sliding and rolling
кинетическое ~ friction of motion, dynamic [kinetic] friction
контактное ~ contact [external] friction
кулоновское ~ Coulomb friction
~ **металлов** metallic friction
механическое ~ mechanical friction
молекулярное ~ molecular friction
нелинейное ~ nonlinear friction
нестабильное ~ unstable [unsteady] friction
неупорядоченное ~ disordered friction
низкотемпературное ~ low-temperature friction
низкочастотное внутреннее ~ low-frequency internal friction
~ **о стенки** wall friction
отрицательное ~ negative friction
~ **первого рода** sliding [gliding] friction
поверхностное ~ surface [skin] friction
поверхностное ~ **в ламинарном потоке** laminar skin friction
поверхностное ~ **в пограничном слое** boundary-layer skin friction
поверхностное ~ **в потоке сжимаемой жидкости** compressible skin friction
поверхностное ~ **в сверхзвуковом потоке** supersonic skin friction
поверхностное ~ **в турбулентном потоке** turbulent skin friction
~ **покоя** static friction, friction of rest
~ **полимеров** polymeric friction
полужидкостное ~ mixed [semifluid] friction
прерывистое ~ stick-slip [intermittent, sticking] friction
~ **при граничной смазке** boundary [threshold] friction
приливное ~ tidal friction
~ **при прокатке** rolling friction
~ **при торможении** friction under braking; drag friction
~ **при холостом ходе** idle friction
радиационное ~ radiative friction
~ **скольжения** sliding [gliding] friction
смешанное ~ mixed [semifluid] friction
~ **со смазкой** lubricated friction
стабильное ~ stable [steady-state] friction
статическое ~ static friction, friction of rest
столкновительное ~ collisional friction
сухое ~ dry [unlubricated] friction
~ **твёрдых тел** friction of solids, solid friction
теплоимпульсное ~ thermoimpulse friction
тормозящее ~ drag friction
торцевое ~ end friction
турбулентное ~ turbulent friction
~ **эластомеров** elastomeric friction
ядерное ~ nuclear friction
треск *м. (сопровождающий скачок роста трещины)* audible "click"
трескаться *гл.* crack

треугольник *м.* triangle
астрономический ~ astronomical triangle
геодезический ~ geodetic triangle
~ **Максвелла** Maxwell triangle
параллактический ~ parallactic [astronomical] triangle
полярный ~ polar triangle
прямоугольный ~ right-angled triangle
равносторонний ~ equilateral triangle
~ **сил** force triangle
сферический ~ spherical triangle
сфероидальный ~ spheroidal triangle
цветовой ~ color triangle
треугольность *ж. (сечения шнура)* triangularity
треугольный *прил.* triangular, trigonal
трёхатомный *прил.* triatomic
трёхвалентный *прил.* trivalent
трёхвектор *м.* three-vector
трёхзарядный *прил.* tricharged
трёхмерие *с.* three-dimensionality
трёхмерный *прил.* three-dimensional
трёхокись *ж.* trioxide
~ **урана** uranium trioxide, UO_3
трёхосный *прил.* triaxial
трёхступенчатый *прил.* three-stage
трещин/а *ж.* crack □ **с ~ой** cracked; **трогание** ~ы crack initiation
боковая ~ edge crack
ветвистая ~ branch(ed) crack
ветвящаяся ~ branch(ed) crack
внутренняя ~ embedded [internal] crack
волосная ~ fine [hair-line] crack, craze
~ **в основном металле** base-metal crack
~ **в покрытии** *(в методе хрупких покрытий)* coating crack
вторичная ~ secondary crack
~, **выходящая на боковую поверхность** lateral vent crack
вязкая ~ ductile crack
~ **Гриффита** *фтт* Griffith crack
двусторонняя боковая ~ double edge crack
деформационная ~ strain crack
дисковидная ~ penny-shaped crack
дискообразная ~ penny-shaped crack
дугообразная ~ arc crack
закалочная ~ hardening [quenching] crack
зарождающаяся ~ incipient crack
затуплённая ~ blunt crack
идеально острая ~ mathematically sharp crack
клиновидная ~ wedge crack
кольцевая ~ circumferential crack
~ **комбинированного типа** combined mode crack
коррозионная ~ corrosion crack
коррозионно-усталостная ~ corrosion-fatigue crack
краевая ~ edge crack
~ **критических размеров** critical crack
лунная ~ lunar crevasse
магистральная ~ main crack
~ **малоцикловой усталости** low cycle fatigue crack

неподвижная ~ stable [nonpropagating] crack
нераспространяющаяся ~ nonpropagating [stable] crack
несквозная ~ nonthrough thickness [partial, part-through thickness] crack
~ нормального отрыва mode I [opening mode] crack
односторонняя краевая ~ single edge crack
основная ~ main crack
остановленная ~ arrested crack
первичная ~ primary crack
поверхностная ~ (sur)face crack
подповерхностная ~ subsurface crack
полубесконечная ~ semi-infinite crack
поперечная ~ cross [transverse] crack
продольная ~ longitudinal [throat] crack
~ продольного сдвига longitudinal shear crack
прямолинейная ~ straight crack
равновесная ~ equilibrium crack
распространяющаяся ~ propagating [extending] crack
~, растущая с ускорением accelerating crack
свежая ~ fresh crack
свежеобразованная ~ fresh crack
сквозная ~ through-thickness crack
~ скола cleavage crack
тепловая ~ heat [thermal] crack
термическая ~ thermal [heat] crack
~ типа «врез» mode III [tearing mode] crack
~ типа «разрыв» mode I [opening mode] crack
~ типа «сдвиг» mode II [sliding mode] crack
~ типа I mode I [opening mode] crack
~ типа II mode II [sliding mode] crack
~ типа III mode III [tearing mode] crack
тонкая ~ line crack
усадочная ~ shrinkage [contraction] crack
усталостная ~ fatigue [endurance] crack
холодная ~ cold crack
хрупкая ~ brittle crack
центральная ~ central crack
триада *ж.* triad
изобарная ~ isobaric triad
триангуляция *ж.* triangulation
космическая ~ space triangulation
сферическая ~ spherical triangulation
трибоактивация *ж.* trioactivation
трибодеструкция *ж.* tribodestruction
трибодиагностика *ж.* tribomonitoring
трибодиффузия *ж.* tribodiffusion
трибоиспытание *с.* tribo-testing; tribological [friction (and wear)] testing
трибокамера *ж.* *(камера для испытаний на трение и изнашивание)* tribochamber
трибокоррозия *ж.* tribocorrosion
трибология *ж.* *(наука о трении, смазке и износе)* tribology
трибодлюминесценция *ж.* triboluminescence
трибометр *м.* tribometer; friction gauge; tribo-test apparatus; tribo-test device; tribotester
маятниковый ~ pendulum tribometer
трибометрия *ж.* tribometry
трибоника *ж.* tribonics

трибоокисление *с.* tribo-oxidation
трибополимер *м.* tribopolymer
трибополимеризация *ж.* tribopolymerization
трибосинтез *м.* tribosynthesis
трибосистема *ж.* tribosystem
трибосопряжение *с.* tribounit; tribological conjunction; tribological assembly; friction unit
тяжело нагруженное ~ heavy-loaded [heavy duty] tribounit; heavy-loaded friction unit
триботехника *ж.* tribo-engineering, tribological engineering
триботехнология *ж.* tribotechnology
трибофатика *ж.* *(наука о трибологической надёжности)* tribological reliability
трибофизика *ж.* tribophysics
трибохимия *ж.* tribochemistry
трибоэдс *ж.* triboemf
трибоэлектрет *м.* triboelectret
трибоэлектризация *ж.* triboelectrization
трибоэлектричество *с.* triboelectricity
трибоэлемент *м.* tribo-element
тригатрон *м.* trigger tube; trigatron
триггер *м.* trigger (circuit); bistable; flip-flop
быстрый ~ *фэч* fast trigger
~ второго уровня *фэч* trigger of second level
оптический ~ optical trigger
~ первого уровня *фэч* trigger of first level
~ третьего уровня *фэч* trigger of third level
тригональный *прил.* trigonal
тригонометрический *прил.* trigonometric(al)
тригонометрия *ж.* trigonometry
сферическая ~ spherical trigonometry
триклинный *прил.* triclinic
трилатерация *ж.* trilateration
тример *м.* *(вид полимера)* trimer
триммер *м.* **1.** *(в авиации)* trimming tab **2.** *(подстроечный конденсатор)* trimmer, trimming capacitor
лазерный ~ laser trimmer
тринейтрон *м.* trineutron
тринитротолуол *м.* trinitrotoluene, trotyl
тринуклон *м.* trinucleon
триод *м.* triode
двойной ~ double [twin] triode
трипельпризма *ж.* corner-cube prism
триплет *м.* *опт., яф* triplet
базисный ~ basic triplet
вырожденный ~ degenerate triplet
гелиевый ~ helium triplet
~ главной серии triplet of principal series
зеемановский ~ Zeeman triplet
изоспиновый ~ isospin triplet
изотопический ~ isotopic triplet
квадрупольный ~ quadrupole triplet
метастабильный ~ metastable triplet
октупольный ~ octupole triplet
простой ~ Лоренца simple Lorentz triplet
симметричный ~ symmetric triplet
спектральный ~ spectral triplet
спин-волновой ~ spin-wave triplet
стабильный ~ stable triplet
тяжёлый ~ heavy triplet

унитарный ~ unitary triplet
экситонный ~ excitonic triplet
триплетный *прил.* triplet
тристабильность *ж.* tristability
оптическая ~ optical tristability
тританомалия *ж. (аномалия цветового зрения)* tritanomaly
тританопия *ж. (аномалия цветового зрения)* tritanope
тритид *м.* tritide
~ водорода hydrogen tritide
~ гелия helium tritide
~ дейтерия deuterium tritide
~ лития lithium tritide
тритий *м.* tritium, T
тритон *м.* triton, t
налетающий ~ incident triton
~ отдачи recoil triton
трифторид *м.* trifluoride
~ плутония plutonium trifluoride
трихлорэтан *м.* trichloroethane
трихромазия *ж.* trichromatism
аномальная ~ *(аномалия цветового зрения)* anomalous trichromatism
тройник *м. (волноводный)* tee, tee bend; T-branch
волноводный ~ tee (bend), waveguide tee, tee junction, T-junction
двойной водноводный ~ hybrid [magic] tee
Y-образный ~ Y-branch, Y-junction, wye junction
троланд *м. (единица величины внешнего светового стимула)* troland
приведённый ~ reduced troland
троостит *м. физ. мет.* troostite
тропик *м.* tropic
~ Козерога tropic of Capricorn
~ Рака tropic of Cancer
тропопауза *ж.* tropopause
тропосфера *ж.* troposphere
трос *м.* cable, rope
гибкий ~ flexible cable
тротил *м.* trotyl, trinitrotoluene
трохоида *ж.* trochoid
трохотрон *м.* trochotron
труба *ж.* pipe, tube
акустическая ~ acoustic pipe
аэроакустическая аэродинамическая ~ aeroacoustic wind tunnel
аэродинамическая ~ wind tunnel
аэродинамическая ~ больших дозвуковых скоростей high-speed wind tunnel
аэродинамическая ~ гёттингенского типа Göttingen-type wind tunnel
аэродинамическая ~ для свободных полётов free flight wind tunnel
аэродинамическая ~ непрерывного действия continuous wind tunnel
аэродинамическая ~ низкой турбулентности low-turbulence wind tunnel
аэродинамическая ~ переменной плотности воздуха variable-density [variable-pressure] wind tunnel
аэродинамическая ~ прерывного действия intermittent [blow-down] wind tunnel
аэродинамическая ~ прямого действия direct-discharge wind tunnel
аэродинамическая ~ с закрытой рабочей частью closed-jet wind tunnel
аэродинамическая ~ с открытой рабочей частью open-jet wind tunnel
баллонная аэродинамическая ~ balloon wind tunnel
вакуумная ~ vacuum pipe
вакуумная аэродинамическая ~ vacuum wind tunnel
вакуумная ~ прерывного действия intermittent vacuum tunnel
вентиляционная ~ ventilation pipe
вертикальная аэродинамическая ~ vertical wind tunnel
водоотводная ~ water-drain pipe
водоподъёмная ~ water-raising pipe
водосливная ~ water-discharge tube
~ возврата охладителя coolant-return line
впускная ~ inlet [intake, feed] pipe
всасывающая ~ suction pipe
выпускная ~ outlet [exit, discharge] pipe
~ высокого давления pressure tube
высокотемпературная аэродинамическая ~ high-temperature wind tunnel
высотная аэродинамическая ~ high-altitude wind tunnel
вытяжная ~ exhaust pipe
газовая ~ gas pipe
газоотводная ~ gas outlet [exhaust] pipe
гидродинамическая ~ water tunnel
гиперзвуковая аэродинамическая ~ hypersonic wind tunnel
гравитационная тепловая ~ gravity-assisted heat pipe
дозвуковая аэродинамическая ~ subsonic wind tunnel
дымовая аэродинамическая ~ smoke tunnel
загрузочная ~ loading [charging] tube
замкнутая аэродинамическая ~ closed-circuit [return-flow] wind tunnel
звуковая ударная ~ acoustic [linearized] shock tube
зенитная ~ zenith tube
зрительная ~ (terrestrial) telescope
изотермическая тепловая ~ isothermal heat pipe
импульсная аэродинамическая ~ pulsed wind tunnel
кавитационная ~ cavitation tunnel
~ круглого сечения circular pipe
линеаризованная ударная ~ linearized [acoustic] shock tube
металлическая ~ metal pipe
мишенная ~ target tube
нагнетательная ~ pressure [delivery] pipe
наноразмерная углеродная ~ carbon nanotube
напорная ~ pressure tube

натриевая тепловая ~ sodium heat pipe
обводная ~ by-pass pipe
осмотическая тепловая ~ osmotic heat pipe
открытая ~ open pipe
открытая аэродинамическая ~ **прямого действия** open-circuit [no-return-flow] wind tunnel
открытая аэродинамическая ~ **типа Эйфеля** Eiffel-type wind tunnel
охлаждающая ~ cooling tube
паровая ~ steam tube
переговорная ~ speaking [voice] pipe
переливная ~ overflow pipe
подзорная ~ terrestrial telescope
полярная ~ polar telescope, polar tube
разомкнутая аэродинамическая ~ open-circuit wind tunnel
расходомерная ~ flow-measuring tube
реакционная ~ reaction tube
сверхзвуковая аэродинамическая ~ supersonic wind tunnel
~ **с заглушкой** blind pipe
сливная ~ discharge [outlet] pipe
~ **с расширением** diverging tube
~ **с сужением** converging tube
тепловая ~ heat pipe
технологическая ~ process tube, process pipe
толстостенная ~ thick-walled tube
тонкостенная ~ thin-walled tube
трансзвуковая аэродинамическая ~ transonic wind tunnel
ударная ~ shock tube
ударная аэродинамическая ~ shock-wave tunnel
ударная ~ **со свободным поршнем** free piston shock tube
фотографическая зенитная ~ photographic zenith tube
циркуляционная ~ circulation pipe
~ **эжекторного типа** ejector-type wind tunnel
электродуговая аэродинамическая ~ electric-arc-driven wind tunnel
электромагнитная ударная ~ electromagnetic shock tube
трубка *ж.* tube
адиабатическая ~ adiabatic tube
аргоновая ~ argon-filled tube
атомно-лучевая ~ atomic-beam tube
барометрическая ~ barometer tube, barometric pipe
бистабильная запоминающая ~ bistable storage tube
~ **Брабе** Brabe tube
~ **Бурдона** *(для измерения давления)* Bourdon tube
вакуумная ~ vacuum tube
~ **Вентури** Venturi tube
вихревая ~ vortex tube, rotary stream
волосная ~ capillary tube
всплывающая силовая ~ buoyant flux tube
газовая счётная ~ gas-filled counter tube

газонаполненная ~ gas-filled tube
газоразрядная ~ (gas-)discharge tube
гамма-компенсированная ~ gamma-compensated tube
~ **Гейсслера** Geissler tube
гидрометрическая ~ current meter
глюонная ~ gluon tube
годоскопическая ~ hodoscope tube
двухлучевая ~ double-beam cathode-ray tube, double beam CRT
дефектоскопическая рентгеновская ~ X-ray tube for flaw detection
диагностическая рентгеновская ~ diagnostic X-ray tube
~ **для источника** source tube
~ **для облучения** exposure pipe, exposure tube
~ **для образцов** sample tube
~ **дрейфа** drift tube
дрейфовая ~ drift tube
запаянная ~ sealed tube
запоминающая электронно-лучевая ~ (cathode-ray) storage tube
измерительная ~ measuring tube
изолированная ~ *мгд* isolated tube
изотермическая ~ isothermal tube
ионо-ускорительная ~ ion-accelerating tube
капиллярная ~ capillary (tube)
коллиматорная ~ collimator tube
~ **Конверси** *(разрядная)* Conversi tube
корональная ~ coronal tube
~ **Крукса** Crookes tube
~ **Кулиджа** *(рентгеновская)* Coolidge tube
лазерная ~ laser tube
лазерная электронно-лучевая ~ laser electron-beam tube
~ **Ландау** Landau tube
линейная разрядная ~ linear discharge tube
лучевая ~ ray tube
магнитная винтовая ~ helical magnetic tube
магнитная силовая ~ magnetic flux [field] tube
~ **магнитного потока** tube of magnetic flux; magnetic flux [field] tube
~ **магнитных силовых линий** magnetic tube of force; magnetic flux [field] tube
многокаскадная рентгеновская ~ multistage X-ray tube
несамогасящаяся счётная ~ externally quenched counter tube
осциллографическая ~ oscillographic [oscilloscope] tube
отклоняющая ~ beam-deflection tube
отпаянная ~ sealed-off tube
отпаянная рентгеновская ~ sealed-off X-ray tube
охлаждающая ~ cooling tube
передающая электронно-лучевая ~ camera [image pick-up] tube
~ **Пито** Pitot (static) tube
~ **Пито для измерений в трёхмерном потоке** three-dimensional Pitot probe
~ **Пито - Прандтля** Pitot-Prandtl tube

~ Пито со сферической головкой spherical Pitot probe

пневмометрическая ~ pressure tube, current meter

полуволновая пролётная ~ half-wave drift tube

полутоновая запоминающая ~ half-tone storage tube

~ потока flux tube

потоковая ~ flux tube

~ Прандтля Prandtl tube

~ Престона Preston tube

приёмная электронно-лучевая ~ picture cathode-ray tube, picture CRT

проекционная электронно-лучевая ~ projection cathode-ray tube, projection CRT

пролётная ~ drift tube

разрядная ~ discharge tube

рентгеновская ~ X-ray tube

рентгеновская ~ с вращающимся анодом rotating-anode X-ray tube

рентгеновская ~ с неподвижным анодом stationary-anode X-ray tube

рентгеновская ~ с термокатодом hot-cathode X-ray tube

рентгеновская ~ с холодным катодом cold-cathode X-ray tube

самогасящаяся счётная ~ self-quenched counter tube

~ с двумя пушками (ЭЛТ) double gun tube

силовая ~ field tube, tube of force

~ силовых линий field [flux] tube

скрученная силовая ~ twisted flux tube

соединительная ~ connecting tube

~ с послесвечением afterglow tube

~ с расщеплённым пучком (ЭЛТ) split beam tube

стеклодувная ~ blowing pipe

стримерная ~ streamer tube

~ Стэнтона Stanton tube

счётная ~ counting [counter] tube

счётная ~ Гейгера-Мюллера Geiger(-Müller) counter tube

тепловая ~ Пито thermal Pitot tube

термометрическая ~ thermometer tube

~ тока tube of current; tube of flow

ускорительная ~ accelerating tube

ускоряющая ~ accelerating tube

фокусирующая ~ focusing tube

цезиевая атомно-лучевая ~ cesium atomic-beam tube

электронно-лучевая ~ cathode-ray [electron-beam] tube, CRT

электронно-лучевая ~ с магнитной фокусировкой electromagnetically focused [magnetically beamed] tube

электронно-лучевая ~ с накоплением заряда storage tube, storage CRT

электронно-лучевая ~ с электростатическим отклонением electrostaticaly deflected [electrostatic cathode-ray] tube, electrostatic CRT

электронно-лучевая ~ с электростатической фокусировкой electrostatically focused tube

трубопровод м. pipeline; conduit

вакуумный ~ vacuum line

противопожарный ~ fire pipeline

трубчатый прил. tubular

трудность ж. difficulty; problem; trouble □ в этом месте мы сталкиваемся с одной ~ю at this point we encounter some trouble

тубус м. опт. barrel; tube

~ объектива lens barrel, lens tube

тугоплавкий прил. high-melting, refractory

тулий м. thulium, Tu

туман м. fog

туманность ж. (в астрономии) nebula (мн. nebulae)

~ Андромеды Andromeda Nebula

внегалактическая ~ extragalactic nebula

волокнистая ~ filamentary nebula

газовая ~ gaseous nebula

газопылевая ~ gas-and-dust nebula

галактическая ~ galactic nebula

диффузная ~ diffuse nebula

ионизованная ~ ionized nebula

кольцеобразная ~ ring nebula

кометарная ~ cometary [comet-like] nebula

кометообразная ~ comet-like [cometary] nebula

Крабовидная ~ астр. Crab Nebula

околосолнечная ~ solar nebula

~ Ориона Orion nebula

отражательная ~ reflection nebula

пекулярная ~ peculiar [irregular] nebula

планетарная ~ planetary nebula

пылевая ~ dust nebula

самосветящаяся ~ self-luminous nebula

светлая ~ bright nebula, bright nebulosity

~ с эмиссионными линиями line emission nebula

тёмная ~ dark nebula

эмиссионная ~ emission nebula

туннелирование с. амер. tunneling; англ. tunnelling

~ в сверхпроводниках superconductive tunneling

двухчастичное ~ фтт two-particle tunneling

джозефсоновское ~ Josephson tunneling

~ дырок фтт hole tunneling

зенеровское ~ Zener tunneling

изотермическое ~ isothermal tunneling

~ ионов ion tunneling

квантовое ~ quantum tunneling

межзонное ~ band-to-band tunneling

многочастичное ~ multiparticle tunneling

неупругое резонансное ~ inelastic resonance tunneling

обратное ~ back tunneling

одночастичное ~ single-particle tunneling

оптическое ~ optical tunneling

подбарьерное ~ subbarrier tunneling

~ примесей impurity tunneling

прямое ~ direct tunneling

сверхпроводящее ~ superconducting tunneling
~ через потенциальный барьер barrier tunneling
~ электронов electron tunneling
туннель *м.* tunnel
  боковой ~ side tunnel
  ~ инжекции injection tunnel
  ~ ускорителя machine tunnel
туннельный *прил.* tunnel
турбидиметр *м.* turbidimeter
турбидиметрия *ж.* turbidimetry
турбина *ж.* turbine
  активная ~ action [impulse] turbine
  водяная ~ water [hydraulic] turbine
  воздушная ~ air turbine
  ~ высокого давления high-pressure turbine
  газовая ~ gas turbine
  гидравлическая ~ hydraulic [water] turbine
  гидравлическая активная ~ action [impulse[water turbine
  гидравлическая реактивная ~ reaction [pressure] water turbine
  ~ низкого давления low-pressure turbine
  осевая ~ axial flow turbine
  паровая ~ steam turbine
  реактивная ~ reaction turbine
  ~ с противодавлением back-pressure turbine
турбогенератор *м.* turbogenerator
турбодетандер *м.* expansion turbine
турбокомпрессор *м.* turbocompressor
турбомашина *ж.* turbomachine
турбонасос *м.* turbopump
турбопауза *ж.* turbopause
турбореактивный *прил.* turbojet
турбосфера *ж.* turbosphere
турбулентность *ж.* turbulence
  акустическая ~ acoustic turbulence
  анизотропная ~ anisotropic turbulence
  атмосферная ~ atmospheric turbulence
  ~ атмосферы atmospheric turbulence
  бомовская ~ Bohm turbulence
  ~ в газах turbulence in gases
  ~ в жидкостях turbulence in liquids
  ~ воздушного потока airstream turbulence
  волновая ~ wave turbulence
  гиротропная ~ gyrotropic turbulence
  двумерная ~ two-dimensional [2-D] turbulence
  дрейфовая ~ drift turbulence
  ~ дрейфовых волн drift wave turbulence
  «замороженная» ~ "frozen" turbulence
  ~ за скачком уплотнения compressibility turbulence
  затухающая ~ decaying turbulence
  изотропная ~ isotropic turbulence
  изотропная однородная ~ isotropic homogeneous turbulence
  ионизационная ~ ionization turbulence
  ионно-звуковая ~ ion-sound turbulence
  ~ ионно-звуковых волн ion-acoustic wave turbulence
  квазидвумерная ~ quasi-two-dimensional turbulence

квантовая ~ quantum turbulence
кинетическая ~ плазмы plasma kinetic turbulence
конформная ~ conformal turbulence
крупномасштабная ~ large-scale turbulence
кубическая ленгмюровская ~ cubical Langmuir turbulence
лагранжева ~ Lagrangian turbulence
ленгмюровская ~ Langmuir turbulence
ленгмюровская ~ в магнитоактивной плазме Langmuir turbulence in magneto-active plasma
локально изотропная ~ locally isotropic turbulence
локально однородная ~ locally homogeneous turbulence
магнитогидродинамическая ~ magnetohydrodynamic [hydromagnetic] turbulence
магнитогидродинамическая ~ плазмы MHD plasma turbulence
мелкомасштабная ~ small-scale turbulence
микроскопическая ~ microturbulence
неоднородная ~ inhomogeneous turbulence
~ несжимаемой жидкости incompressible turbulence
~ несжимаемой плазмы incompressible plasma turbulence
однородная ~ homogeneous turbulence
однородная изотропная ~ homogeneous isotropic turbulence
~ плазмы plasma turbulence
~ потока flow [stream] turbulence
пристеночная ~ near-wall turbulence
развитая ~ fully developed turbulence
сверхсильная ~ superstrong turbulence
~ сжимаемой жидкости compressible turbulence
~ сжимаемой плазмы compressible plasma turbulence
сильная ~ strong turbulence
сильная одномерная ленгмюровская ~ strong one-dimensional Langmuir turbulence
слабая ~ weak turbulence
спиральная ~ helical turbulence
структурная ~ structural turbulence
трёхмерная ~ three-dimensional [3-D] turbulence
установившаяся ~ steady turbulence
хорошо развитая ~ well-developed [fully developed] turbulence
турбулентный *прил.* turbulent
турбуленция *ж.* turbulence
турбулизатор *м. (потока)* vortex generator; turbulence stimulator
турбулизация *ж. (газа)* turbulization; vortex [eddy] formation
~ пограничного слоя boundary layer turbulization
~ потока flow turbulization; vortex formation
турмалин *м.* tourmaline
тушение *с. (люминесценции)* quenching
  внешнее ~ extrinsic quenching

внутреннее ~ intrinsic quenching
диффузионное ~ diffusion quenching
концентрационное ~ люминесценции concentration quenching of luminescence
~ люминесценции quenching of luminescence, luminescence quenching
нелинейное ~ люминесценции nonlinear quenching of luminescence
примесное ~ люминесценции impurity quenching of luminescence
рекомбинационное ~ люминесценции recombination quenching of luminescence
температурное ~ люминесценции temperature quenching of luminescence
~ спонтанного излучения spontaneous radiation quenching
~ сцинтилляции scintillation quenching
~ флуоресценции quenching of fluorescence
тушитель м. (люминесценции) quencher, quenching agent
~ люминесценции quencher of luminescence
тысячелетие с. millennium
тэта-пинч м. физ. пл. theta-pinch
тэта-растворитель м. theta solvent
тэта-точка ж. (в растворе) theta point
~ Флори (в растворе) Flori theta point
тэта-функция ж. theta function
тяга ж. 1. (двигателя, винта и т. п.) thrust; propulsion; pull 2. (соединительный элемент) tie; rod; link
~ винта propeller thrust; airscrew propulsion
~ несущего винта (вертолёта) thrust of rotor, rotor thrust
полезная ~ винта effective thrust of a propeller
реактивная ~ jet thrust
тяготение с. gravitation, gravity
всемирное ~ universal gravitation
тягучесть ж. ductility
тягучий прил. ductile
тяжёлый прил. massive
тяжесть ж. gravity
тянуть гл. draw; pull

У

убегание с. runaway
~ электронов runaway of electrons
убежище с. shelter
противорадиационное ~ fallout shelter
убитрон м. эл. ubitron
релятивистский ~ relativistic ubitron
убывани/е с. decrease □ в порядке ~я in decreasing order, in decreasing sequence
монотонное ~ monotone decrease
убывать гл. decrease, diminish □ ~ во времени decrease with time; ~ пропорционально z decrease proportionally z; ~ с расстоянием decrease with distance

убывающий прил. decreasing
увеличени/е с. 1. (линзы, объектива) magnification, magnifying power 2. (возрастание, повышение) increase, rise, enhancement, growth, augmentation 3. (фото) enlargement 4. (на малую величину) increment □ по мере ~я скорости as the velocity increases [is increased]
~ жёсткости hardening
~ жёсткости пучка beam hardening
~ жёсткости спектра spectrum hardening
~ изображения image enlargement; image magnification
~ контраста contrast enhancement
~ контраста полос fringe enhancement
линейное ~ linear magnification; lateral magnification
общее ~ total magnification
~ оптического прибора instrument magnifying power; instrument magnification
оптическое ~ optical magnification; magnifying power
~ отношения сигнал/шум signal enhancement
переменное ~ variable magnification
~ переноса при увеличении давления плазмы increase in transport with increasing beta
поперечное ~ lateral [linear] magnification
продольное ~ longitudinal magnification
~ разрешения gain in [increase of] resolution
~ реактивности reacivity rise
~ толщины пограничного слоя boundary layer growth
угловое ~ angular magnification
фотоиндуцированное ~ намагниченности photoinduced increase of magnetization
электронно-оптическое ~ (электронного микроскопа) electron-optical magnification
увлажнение с. humidification, damping; moistening
увлечение с. drag; entrainment
~ жидкости вращающимся диском entrainment of fluid by a rotating disk
ионное ~ ion drag
~ носителей звуковой волной phonon drag
~ носителей фононами phonon drag
~ электронов магнонами electron-magnon drag
~ электронов фононами electron-phonon drag
~ электронов фотонами electron-photon drag; light-electric effect
электрон-фононное ~ фпп electron-phonon drag
увод м. drift
~ изображения image drift
углевод м. carbohydrate
углеводород м. hydrocarbon
ароматический ~ aromatic hydrocarbon
насыщенный ~ saturated hydrocarbon
ненасыщенный ~ unsaturated hydrocarbon
углепластик м. carbon-filled plastic
углерод м. carbon, C
аморфный ~ amorphous carbon
выделившийся ~ precipitated carbon
графитированный ~ graphitized [graphitic] carbon

меченый ~ carbon tracer
остаточный ~ *(в металле)* residual carbon
пиролитический ~ pyrolytic carbon
радиоактивный ~ radiocarbon
растворённый ~ dissolved carbon
свободный ~ free carbon
связанный ~ fixed carbon
четырёхфтористый ~ carbon tetrafluoride
четырёххлористый ~ carbon tetrachloride
угловой *прил.* angular
углубление *с.* depression; *(вмятина)* indentation; *(коническое)* dimple
угол *м.* **1.** *мат., физ.* angle **2.** *(в помещении)* corner □ ~ между А и В angle between A and B; на углах куба at the corners of a cube; образовывать ~ с ... make an angle with ...; под прямым углом at a right angle; под углом к ... at an angle to ...
~ аберрации angle of aberration
азимутальный ~ azimuth [lateral] angle
азимутальный ~ рассеяния azimuth angle of scattering
апертурный ~ aperture angle
~ атаки angle of attack, angle of incidence
~ атаки несущего винта angle of attack of a rotor
аэродинамический ~ атаки aerodynamic angle of attack
~ блеска *(дифракционной решётки)* blaze angle
~ бокового наклона side rake angle
большой ~ wide angle
~ Брэгга Bragg (reflection) angle
брэгговский ~ Bragg (reflection) angle
~ Брюстера *опт.* Brewster angle; angle of polarization
~ Вайнберга *фвэ* Weinberg angle
валентный ~ valence angle
вертикальный ~ vertical angle
~ взмаха *(лопасти винта)* flapping angle
~ в лабораторной системе laboratory angle
~ влёта entrance [input] angle
внешний ~ exterior angle
внутренний ~ interior angle
~ возвышения angle of elevation
вписанный ~ inscribed angle
~ вращательного преобразования rotational transformation angle
~ вращения angle of rotation
~ вращения плоскости поляризации angle of rotation of polarization plane
~ в системе центра масс center-of-mass angle
~ встречи crossing [intersection] angle
входящий ~ *крист.* reentrant angle
~ вылета exit [output] angle
~ выноса крыла angle of stagger
геоцентрический ~ geocentric angle
главный азимутальный ~ *(в металлооптике)* principal azimuth angle
главный ~ падения *(в металлооптике)* principal angle of incidence
~ группировки *(электронов)* bunching angle
двугранный ~ dihedral angle, dihedron

~ дифракции diffraction angle
~ диэлектрических потерь dielectric loss angle
докритический ~ атаки angle of incidence below stalling
дополнительный ~ *(до 90⁰)* complementary angle; *(до 180⁰)* supplementary angle; *(до 360⁰)* conjugate angle
единичный ~ unit angle
~ естественного откоса angle of friction; angle of natural slip; angle of repose; angle of rest
~ задней кромки *(крыла)* trailing edge angle
~ заклинивания decalage
закритический ~ атаки angle of incidence beyond stalling
~ закручивания angle of twist, angular twist; angle of torsion
~ запаздывания *(по фазе)* angle of lag, angle of retard, lag angle
~ захвата acceptance [capture] angle
~ захвата линейного ускорителя acceptance angle of linac
защитный ~ *опт.* shielding angle
зенитный ~ zenith angle
~ зеркального отражения specular angle
~ зрения angle of view, visual [opening] angle
~ зрения объектива angle of lens
~ изгиба bending angle
измеренный ~ measured [observed] angle
~ испускания emission angle
~ Кабиббо Cabibbo angle
~ керровского вращения Kerr rotation angle
~ когерентности angle of coherence
~ контакта angle of contact; contact angle
контактный ~ *(жидкого сплава с подложкой)* contact angle
~ конусности cone angle
~ конусности несущего винта cone angle of a rotor
краевой ~ angle of capillarity; angle of contact; wetting [boundary, rim] angle
~ крена angle of roll
~ кривизны angle of curvature
критический ~ critical angle; *(для ионосферного распространения радиоволн)* ionosphere critical angle
критический ~ атаки angle of stall, angle of attack of maximum lift
критический ~ каналирования *фтт* critical angle for channeling
~ кромки атаки leading edge angle
~ кручения angle of torsion; angle of twist
~ кулоновского рассеяния Coulomb scattering angle
~ Линдхарда *(при каналировании)* Lindhard angle
магический ~ *(в ЯМР)* magic angle
~ магнитных потерь magnetic loss angle
максимальный классический ~ отклонения maximum classical deflection angle
~ Маха Mach angle
~ между кристаллическими плоскостями interfacial angle of crystal

~ **между x и y** the angle between x and y
~ **места** angle of elevation; tilt angle
многогранный ~ polyhedral angle
~ **многократного рассеяния** multiple scattering angle
~ **многоугольника** angle of polygon
~ **наблюдения** observation angle
~ **надреза** notch angle
~ **наклона** slope (angle); tilt angle; angle of inclination
~ **наклона вихревой пелены** vortex plane angle
~ **наклона потока** stream angle, flow inclination
~ **наклона скачка уплотнения** shock angle
~ **наклона трещины** crack angle
~ **наклонения** *геофиз.* dip angle
направляющий ~ direction angle
~ **натекания** *(при смачивании)* inflow wetting angle
~ **неколлинеарности** angle of canting
ненулевой ~ nonzero angle
нулевой ~ zero angle
~ **нулевой подъёмной силы** zero-lift [no-lift] angle
~ **нутации** nutation angle
~ **обзора** angle of view, angle of aspect
~ **обрезания** cutoff angle
~ **однократного рассеяния** single-scattering angle
~ **опережения** *(по фазе)* angle of lead, advance angle
~ **освещения** entrance angle
осевой ~ axial angle
остаточный ~ **закручивания** permanent angle of twist
острый ~ acute angle
~ **отдачи** recoil angle
~ **отклонения** angle of deflection, deflection [deviation] angle
~ **отклонения закрылка** flap angle
отклоняющий ~ **призмы** angle of a prism, prism angle
~ **отражения** angle of reflection
отрицательный ~ **атаки** *аэрод.* negative incidence
~ **отсечки** angle of cutoff, cutoff angle
~ **оттекания** *(при смачивании)* outflow wetting angle
~ **охвата** *(шкива)* angle of contact, wrapping angle
~ **падения** angle of incidence; angle of arrival
параллактический ~ parallactic angle
~ **перекрытия** overlap angle
перенормированный ~ **Кабиббо** renormalized Cabibbo angle
~ **пересечения** crossing [intersection] angle
~ **пересечения пучков** beam intersection angle
плоский ~ plane [flat] angle
~ **поворота** rotation angle, angle of rotation
~ **поворота геликоида** helical turn angle
~ **поворота плоскости поляризации** Faraday rotation angle

~ **поворота твёрдого тела** rotation angle of rigid body
~ **подхода набегающего потока** stream angle
~ **подхода струи** stream angle
~ **подъёма** angle of ascent
~ **подъёма винтовой линии** *(спирали)* angle of helix, helix angle
позиционный ~ position angle
полевой ~ field angle
~ **полного внутреннего отражения** angle of total internal reflection; critical angle of internal reflection
~ **полного отражения** angle of total reflection; critical angle of reflection
~ **полной поляризации** angle of polarization, polarization [Brewster, polarizing] angle
полный ~ **раствора** *(диффузора)* whole conical angle
~ **половинной яркости** *(в фотометрии)* half-value angle
половинный ~ half-angle
~ **положения** position angle
полоидальный ~ poloidal angle
~ **поля зрения** *(оптической системы)* angle of field of view
полярный ~ vectorial [polar] angle
~ **поперечного V** dihedral angle
~ **потерь** loss angle
предельный ~ critical [limit] angle
предельный ~ **отклонения** critical deflection angle
~ **преломления** angle of refraction
~ **прецессии** precession angle
~ **прецессии спина** spin precession angle
~ **при вершине** apex [vertex] angle
~ **призмы** prism angle
прилежащий ~ adjacent angle
~ **при основании треугольника** base angle of a triangle
~ **притекания** angle of indraft
~ **прихода** *(волн)* angle of arrival; wave angle
~ **проекции** projection angle
~ **пролёта** *(напр. электрона)* transit angle
пространственный ~ solid angle
противолежащий ~ *(многоугольника)* opposite angle
~ **прямого выхода** *опт.* cutoff angle
прямой ~ right angle
псевдобрюстеровский ~ pseudo-Brewster angle
~ **развёртки** scanning angle
~ **разлёта** angle of divergence
~ **разориентировки зёрен** *фтт* grain-boundary angle
~ **раскрыва** opening angle
~ **распада** decay angle
~ **распространения** *(волны)* angle of propagation; wave angle
~ **Рассела** *опт.* Russell angle
~ **рассеяния** scattering angle
~ **рассеяния вперёд** forward-scattering angle

~ рассеяния в системе центра масс scattering angle in the center-of-mass system

~ рассеяния назад back-scattering angle

~ расходимости пучка annular divergence of a beam

~ расхождения (напр. пучка света или электронов) angle of divergence; divergence angle

~ расширения потока expansion angle

~ регистрации acceptance angle

~ резания cutting angle

~ рефракции angle of refraction

~ рождения production angle

~ рыскания angle of yaw, yaw angle

~ связи фтт bond angle

~ сдвига angle of displacement, angle of shear, shear angle

~ сдвига фаз phase shift, phase angle

~ синхронизма кв. эл. phase-matching angle, angle of synchronism

~ сканирования scan(ning) angle

~ скольжения glancing [sliding, slip] angle

скользящий ~ падения glancing [sliding] angle of incidence

~ скоса потока angle of downwash

~ смачивания wetting angle; angle of contact

смежный ~ adjacent [adjoining] angle

~ смешивания фвэ mixing angle

~ смещения displacement [offset] angle

~ сноса кв. эл. walk-off [drift] angle

~ спирали angle of helix, helix angle

среднеквадратический ~ root-mean-square angle

~ стреловидности крыла sweep angle

сферический ~ spherical angle

~ сходимости convergence angle

~ схождения (пучка) convergence angle, angle of convergence

~ тангажа angle of pitch

телесный ~ solid [space, spatial] angle

телесный ~ солнечного диска solid angle of Sun

~ трека track angle

~ трения angle of friction, angle of repose, angle of rest, sliding angle

трёхгранный ~ trihedral angle

тупой ~ obtuse [blunt] angle

~ ударной волны shock angle

~ установки крыла aerofoil setting angle

~ установки лопасти blade angle

~ установки стабилизатора tail-setting angle

~ установки элемента лопасти blade element angle

~ ухода (волны) angle of departure; wave angle

фазовый ~ phase angle

фазовый ~ захвата (в ускорителе) acceptance phase band

~ фокусировки focusing angle

холловский ~ Hall angle

центральный ~ central angle

часовой ~ hour angle

четырёхгранный ~ tetrahedral angle

~ Эйлера Eulerian angle

~ эллиптичности ellipticity angle

эффективный ~ атаки effective angle of attack

~ N градусов angle of N degrees

уголь м. coal; carbon

активированный ~ activated carbon

древесный ~ charcoal

угроза ж. hazard

~ здоровью health hazard

удаление с. 1. removal, withdrawal, disposal, elimination 2. (расстояние) distance

~ нерадиоактивных отходов nonradioactive waste disposal

~ отходов waste disposal

~ радиоактивных отходов radioactive waste disposal

~ реакторных шлаков reactor poison removal

удалённый прил. (далёкий) remote, distant

удар м. impact; shock; hit; percussion; impingement

абсолютно неупругий ~ perfectly inelastic impact

абсолютно упругий ~ perfectly elastic impact

акустический ~ acoustic shock

~ второго рода impact of the second kind

гидравлический ~ hydraulic shock; hydraulic impact

гидродинамический ~ hydrodynamic shock

знакопеременный ~ alternating impact

косой ~ oblique [glancing] impact; sidelong blow

лобовой ~ head-on impact

неупругий ~ inelastic impact

нецентральный ~ eccentric impact

~ первого рода impact of the first kind

поперечный ~ transverse impact

продольный ~ longitudinal impact

прямой ~ direct [head-on, straight-line] impact

прямой центральный ~ direct central impact

тепловой ~ thermal [heat] shock

упругий ~ elastic impact

центральный ~ (с совмещением линии центров с линией удара) central impact

ударный прил. impact; shock

ударопрочность ж. shock resistance

ударопрочный прил. shock-proof

удваивание с. doubling

удвоение с. doubling

внутрирезонаторное ~ частоты intracavity frequency doubling

~ периода решётки lattice period doubling

~ частоты frequency doubling

~ частоты в нелинейном кристалле frequency doubling in nonlinear crystal

удвоитель м. doubler

~ напряжения voltage doubler

~ частоты frequency doubler

удельный прил. specific

~ энергосъём spicific energy output

удержание с. 1. (плазмы, частиц) confinement; containment 2. (в системе, в памяти) retention

~ альфа-частиц alpha-particle confinement

~ **бестоковой плазмы в стеллараторе** currentless plasma confinement in stellarator

~ **газовой оболочкой** gas blanket confinement

инерциальное ~ **плазмы** inertial plasma confinement

инерционное ~ **плазмы** inertial plasma confinement

~ **иона** *(мембраной)* ion retention

~ **кварков** quark confinement

магнитное ~ **плазмы** magnetic plasma confinement

немагнитное ~ **плазмы** nonmagnetic plasma confinement

оптическое ~ optical confinement

~ **оптической волны** *(в волноводе)* optical confinement

~ **плазмы** plasma confinement

~ **плазмы в стеллараторе с пространственной осью** plasma confinement in a stellarator with spatial axis

полное ~ *(радиоактивности)* complete retention

~ **продуктов деления** fission product retention

~ **пучка** beam confinement

~ **радиоактивности** retention of activity

~ **цвета** *кхд* color confinement

удлинение *с.* elongation; extension

абсолютное ~ absolute elongation

главное ~ principal extension

~ **крыла** *аэрод.* aspect ratio of the wing, aspect ratio of an aerofoil

местное ~ local elongation

остаточное ~ residual [permanent, persisting, remanent] elongation

относительное ~ elongation per unit length; unit [specific] elongation

предельное ~ **при ползучести** creep rupture elongation

~ **при разрыве** elongation at rupture; elongation at break, ultimate elongation

~ **при растяжении** tensile elongation

продольное ~ longitudinal extension

равномерное ~ uniform [proportional] elongation

разрушающее ~ breaking extension

упругое ~ elastic elongation

удлинитель *м.* lengthener; stretcher

~ **импульсов** pulse lengthener

удовлетворять *гл. (напр. уравнению)* satisfy

~ **принципу** satisfy [fit] the principle

~ **требованиям** comply with requirements; meet [fit, satisfy] the requirements

~ **уравнению** satisfy [obey, fit] the equation

~ **условиям** satisfy [meet] the conditions

уединённый *прил.* solitary

ужесточение *с.* hardening

~ **спектра** spectrum hardening

узел *м.* 1. *физ., мат.* node; knot 2. *(решётки)* site 3. *(машины, прибора)* unit, assembly 4. *эл.* junction

вакантный ~ *крист.* vacant site

внешний ~ external node

внутренний ~ internal node; interior node

восходящий ~ ascending node

~ **в середине грани** midface node

~ **в середине стороны** midside node

~ **в центре элемента** midelement node

вырожденный ~ degenerate node

глобальный ~ global node

граничный ~ boundary node

двойной ~ double node

двумерный ~ two-dimensional knot

~ **дислокаций** dislocation node; dislocation junction

дислокационный ~ dislocation node; dislocation junction

изолированный ~ isolated node

каскадный ~ cascade node

~ **колебаний** vibration [oscillation] node

конечный ~ final [end] node

конструктивный ~ structural assembly

кратный ~ multiple knot

~ **кристаллической решётки** lattice site

локальный ~ local node

~ **лунной орбиты** node of lunar orbit

лунный ~ lunar node

~ **магнитного поля** magnetic node

магнитный ~ magnetic node

~ **напряжения** voltage node

начальный ~ initial node

независимый ~ independent node

незакреплённый ~ unconstrained node

нетривиальный ~ nontrivial node

неустойчивый ~ unstable node

нечётный ~ odd node

нисходящий ~ descending node

~ **обратной решётки** reciprocal lattice site

опорный ~ reference node

~ **орбиты** node of orbit

~ **орбиты спутника** node of satellite orbit

~ **планетной орбиты** node of planetary orbit

полуцелый ~ half-integer node

~ **притягивающихся дислокаций** attractive junction

промежуточный ~ intermediate node

радиальный ~ radial node

растянутый ~ extended node

~ **решётки** lattice site

~ **сети** network node

~ **сетки** mesh node, mesh point

случайный ~ random node

соседний ~ neighboring node

~ **стоячей волны** node of a standing wave, standing wave node

~ **тока** current node

топологический ~ topological knot

~ **трения** frictional [tribological] unit, friction assembly

тривиальный ~ trivial node

тройной ~ triple node

угловой ~ corner node

устойчивый ~ stable node

~ **фермы** node [joint] of a truss

фотосферный магнитый ~ photospheric magnetic knot

целый ~ integer node
чётный ~ even node
~ электрического поля electric node
~ электрической цепи node of electrical circuit
узелок *м. (в солнечной хромосфере)* mottle
мелкий ~ fine mottle
тёмный ~ dark mottle
хромосферный ~ chromospheric mottle
узловой *прил.* nodal
узор *м.* pattern
двухрукавный ~ *астр.* two-armed pattern
муаровые ~ы *опт.* moiré fringes
~ Пенроуза Penrose pattern
спиральный ~ *(галактики)* spiral pattern
указатель *м.* **1.** *(прибора)* indicator; pointer **2.** *(в книге)* index
~ авторов author index
дистанционный ~ remote indicator
именной ~ index of names
манометрический ~ уровня воды manometric level indicator
~ переполнения overflow indicator
~ периода period indicator
пневматический ~ уровня воды pneumatic level gauge
~ положения стержня rod-position indicator
поплавковый ~ уровня воды float level gauge
потенциометрический ~ уровня воды electrical variable-resistance level gauge
предметный ~ subject index; index of subjects
~ расхода flow indicator
~ уровня воды water-level gauge
уклон *м.* grade; gradient; slope; inclination; incline
гидравлический ~ hydraulic gradient
~ дна slope of the bottom, bed slope
докритический гидравлический ~ mild hydraulic gradient
критический гидравлический ~ critical hydraulic gradient
пьезометрический ~ piezometric gradient
сверхкритический гидравлический ~ steep hydraulic gradient
~ свободной поверхности slope of the free surface
уклонение *с. (отклонение)* deviation
~ отвеса deviation of the vertical; plumb-line deflection
укорачивать *гл.* shorten
укорочение *с.* shortening
абсолютное ~ absolute shortening
~ импульса pulse shortening
относительное ~ unit shortening
укрепление *с.* reinforcement, strengthening
укручение *с. (рост крутизны)* steeping
~ волнового фронта wave front steeping
нелинейное ~ nonlinear steeping
~ фронта front steeping
укрытие *с.* shelter
улавливание *с.* catching, capture, trapping
улетучивание *с.* volatilization
улетучиваться *гл.* volatilize

улучшение *с.* improvement
~ орбиты improvement of the orbit
~ сходимости *(ряда)* convergence acceleration
ультразвук *м.* ultrasonics, ultrasound
ультрамикроанализ *м.* ultramicroanalysis
ультрамикровесы *мн.* ultramicrobalance
ультрамикроскоп *м.* ultramicroscope
седиментационный ~ sedimentation ultramicroscope
поточный ~ flow ultramicroscope
темнопольный ~ dark-field ultramicroscope
щелевой ~ slit ultramicroscope
ультрамикроскопия *ж.* ultramicroscopy
ультрафильтрация *ж.* ultrafiltration
ультрафиолет *м.* ultraviolet radiation
вакуумный ~ vacuum ultraviolet radiation
далёкий ~ far ultraviolet radiation
ультрафиолетовый *прил.* ultraviolet
ультрацентрифуга *ж.* ultracentrifuge
ультрацентрифугирование *с.* ultracentrifugation
уменьшать *гл.* reduce, decrease, diminish
уменьшаться *гл.* reduce, decrease, diminish
уменьшение *с.* decrease, reduction
адиабатическое ~ adiabatic reduction
~ локального момента reduction of local moment
резкое ~ abrupt decrease
~ усиления gain degradation
~ числа частиц particle attenuation
~ энергии energy attenuation, energy degradation
умеренный *прил.* moderate, medium
умножать *гл.* multiply
умножение *с.* multiplication
ассоциативное ~ associative multiplication
векторное ~ vector multiplication
вторично-электронное ~ secondary-emission multiplication
левое ~ left multiplication
матричное ~ matrix multiplication
~ напряжения voltage multiplication
правое ~ right multiplication
скалярное ~ scalar multiplication
~ частоты frequency multiplication
~ частоты повторения импульсов pulse-rate multiplication
~ числа полос *(в муаре)* fringe multiplication
умножитель *м.* muliplier
вторично-электронный ~ secondary-emission muliplier
каналовый фотоэлектронный ~ channel photomuliplier
микроканальный электронный ~ microchannel electron muliplier
~ напряжения voltage muliplier
ондуляторный ~ частоты undulator frequency muliplier
оптический ~ optical muliplier
фотоэлектронный ~ photomuliplier, photoelectric [electron] muliplier
холловский ~ Hall muliplier
~ частоты frequency muliplier
универсальность *ж.* universality

мультифрактальная ~ multifractal universality
~ **Фейгенбаума** Feigenbaum universality
универсальный *прил.* universal
университет *м.* university
уникальность *ж.* uniqueness
~ **Вселенной** uniqueness of the Universe
уникальный *прил.* unique
униполярный *прил.* unipolar
унитарность *ж. (матрицы)* unitarity
обобщённая ~ generalized unitarity
расширенная ~ extended unitarity
унификация *ж.* unification
уничтожаться *гл. (о силах)* cancel
взаимно ~ cancel in pairs, cancel out
упакованный *прил.* packed
неплотно ~ loosely packed
плотно ~ closely packed
упаковка *ж.* packing; packaging; *фтт* arrangement
атомная ~ atomic packing
базоцентрированная кубическая ~ base-centered cubic packing; base-centered cubic arrangement
гексагональная ~ hexagonal packing; hexagonal arrangement
гексагональная плотная ~ hexagonal close packing; hexagonal close arrangement
гранецентрированная кубическая ~ face-centered cubic packing; face-centered cubic arrangement
двухслойная ~ *фтт* two-layer packing
двухслойная гексагональная ~ *фтт* two-layer hexagonal packing
защитная ~ protective packaging
интегральная ~ integrated packaging
кубическая ~ cubic packing
кубическая плотная ~ cubic close packing
неплотная ~ loose packing
объёмноцентрированная кубическая ~ body-centered cubic packing; body-centered cubic arrangement
орторомбическая ~ orthorhombic packing
плотная ~ close [dense] packing; close-packed arrangement
трёхслойная ~ *фтт* three-layer packing
уплотнение *с.* **1.** *(предотвращающее утечку)* seal(ing) **2.** *(при прессовании)* compaction, compacting **3.** *(каналов связи)* multiplexing
адаптивное ~ adaptive multiplexing
вакуумное ~ vacuum seal
воздухонепроницаемое ~ air(-tight) seal
вращающееся ~ rotary seal
временное ~ time-division multiplexing
газонепроницаемое ~ gas(-tight) seal
герметическое ~ hermetic [vacuum] seal
гибкое ~ flexible seal
гидравлическое ~ hydraulic [water] seal
~ **данных** data compaction
защитное ~ protective seal
~ **каналов** channel multiplexing
кольцевое ~ ring [annular] seal
контактное ~ contact seal

конусное ~ wedge-type seal
лабиринтное ~ labyrinth seal
магнитожидкостное ~ magnetic fluid seal
манжетное ~ lip-type seal
механическое ~ mechanical seal
~ **орбит** orbit compaction
плавающее ~ floating seal
поляризационное ~ polarization multiplexing
~ **при прессовании** compacting
пылезащитное ~ dust-proof seal
радиальное ~ radial seal
резиновое ~ rubber seal
сальниковое ~ gland seal
самоцентрирующееся ~ self-centering [self-aligning] seal
секторное ~ sectored seal
сильфонное ~ bellows seal
торцевое ~ face seal
упругое ~ elastic seal
центральное ~ *астр.* central condensation
центробежное ~ centrifugal seal
щелевое ~ slit gasket
~ **ядерного топлива** fuel densification
упор *м.* rest; stop
задний ~ back stop
концевой ~ end stop
передвижной ~ sliding stop
регулируемый ~ adjustable stop
упорядочение *с. физ.* ordering; *мат.* ranking
антисимметричное ~ antisymmentric ordering
антиферромагнитное ~ antiferromagnetic ordering
атомно-вакансионное ~ atomic and vacancy ordering
атомное ~ atomic ordering
вигнеровское ~ Wigner ordering
временное ~ time ordering
вторичное ~ secondary ordering
геликоидальное ~ helicoidal ordering
двумерное ~ two-dimensional ordering
динамическое ~ dynamic ordering
иерархическое ~ hierarchical ordering
индуцированное ~ induced ordering
~, **индуцированное полем** field-induced ordering
квантовое ~ quantum ordering
коллинеарное ~ collinear ordering
конфигурационное ~ configuration ordering
координационное ~ coordination ordering
кристаллическое ~ crystalline ordering
линейное ~ linear ordering
магнитное ~ magnetic ordering
многократное ~ multiple ordering
неколлинеарное ~ noncollinear ordering
неколлинеарное антиферромагнитное ~ noncollinear antiferromagnetic ordering
нематическое ~ nematic ordering
несоразмерное спиновое ~ incommensurate spin ordering
одномерное ~ one-dimensional ordering
ориентационное ~ orientation ordering
поверхностное ~ surface ordering
~ **по возрастанию** ascending ordering

повторное ~ reordering
~ под действием деформации strain-induced ordering
~ под действием напряжения stress-induced ordering
полное ~ complete ordering
~ по убыванию descending ordering пространственное ~ spatial ordering
псевдослучайное ~ pseudo-random ordering
радиационное ~ radiation-induced [radiation-stimulated] ordering
радиационно стимулированное ~ radiation-induced [radiation-stimulated] ordering
решёточное ~ lattice ordering
сверхпроводящее ~ superconducting ordering
сегнетоэлектрическое ~ ferroelectric ordering
слоистое ~ фтт layered ordering
случайное ~ random ordering
~ сплава alloy ordering
строгое ~ strict ordering
структурное ~ structural ordering
~ твёрдого раствора solid solution ordering
топологическое ~ topological ordering
трёхмерное ~ three-dimensional ordering
ферримагнитное ~ ferrimagnetic ordering
ферромагнитное ~ ferromagnetic ordering
хронологическое ~ chronological ordering
цикличное ~ cyclic ordering
частичное ~ partial ordering
шахматное ~ фтт chess-board ordering
электродинамическое ~ electromagnetic ordering
ядерное спиновое ~ nuclear spin ordering
~ ядерных магнитных моментов ordering of nuclear magnetic moments
упорядоченность ж. order(ing)
структурная ~ structural order
упорядоченный прил. ordered
управление с. 1. (системой или процессом) control 2. (административное) management; administration
автоматическое ~ automatic control
~ базой данных database management
~ балансом мощности в плазме plasma power balance control
~ горением физ. пл. burn control
~ горением с помощью переменной гофрировки тороидального магнитного поля burn control by a variable toroidal ripple
дистанционное ~ remote control
~ замедлителем moderator control
импульсное ~ pulse control
кнопочное ~ push-button control
комбинированное ~ combined control
лазерное ~ движением частиц laser manipulation of particles
местное ~ local control
механическое ~ mechanical control
Национальное ~ по аэронавтике и космическим исследованиям (НАСА) (США) National Aeronautics and Space Administration, NASA
оперативное ~ operational management

оптимальное ~ optimal control
~ поглощением нейтронов neutron absorption control
~ пограничным слоем control of a boundary layer
~ положением шнура по вертикали физ. пл. control of the vertical position of the plasma column
~ положением шнура по горизонтали control of the horizontal position of the plasma column
~ примесями impurity control
пространственное ~ (напр. лучом света) spatial control
~ профилем тока current profile control
~ профилем тока с помощью ЭЦР-нагрева current profile control by an ECR-heating
~ пуском start-up control
~ пуском по периоду и уровню мощности period-and-level start-up control
~ реактором reactor control
ручное ~ hand [manual] control
~ светом с помощью света controlling light with light
~ сдвигом спектра spectral shift control
сельсинное ~ selsyn control
сетевое ~ network management
~ составом плазмы plasma composition control
~ с помощью ЭВМ computer control
~ стержнями (в реакторе) rod-type control
~ счётчиками counter control
~ технологическим процессом process control
~ формой шнура физ. пл. shape control
~ ядерной реакцией nuclear reaction control
управляемый прил. controlled
~ дистанционно remote-controlled, telecontrolled
упреждение с. advance, lead
упрочнение с. hardening; strengthening; (путём армирования) reinforcement
~ атмосферой Коттрелла Cottrell hardening
деформационное ~ cold [strain, work] hardening
дисперсионное ~ dispersion hardening
~ дисперсными окисными частицами oxide dispersion strengthening
закалочное ~ quench hardening
изотропное ~ isotropic strain hardening
лазерное ~ laser hardening
линейное ~ linear hardening
линейное деформационное ~ linear work hardening
~ металлов metal hardening
механическое ~ work [mechanical, strain, cold] hardening
~ монокристаллов single crystal hardening
~ облаками Коттрелла Cottrell hardening
~ облучением irradiation hardening
низкотемпературное ~ cold [work] hardening
поверхностное ~ surface [superficial, case, face] hardening
~ при скольжении slip hardening
радиационное ~ (ir)radiation hardening
~ сплавов alloy hardening
степенное ~ power law hardening

субструктурное ~ substructural strengthening
~ твёрдого раствора solid solution strengthening
термохимическое ~ thermochemical hardening
~ тонкого поверхностного слоя skin hardening
трансляционное ~ translational strain hardening
усталостное ~ fatigue hardening
фрикционное ~ frictional hardening; frictional strengthening
упрочнитель *м.* reinforcer; reinforcing agent; reinforcing element
упрочнять *гл.* strengthen, harden; *(армированием)* reinforce
упрощать *гл.* simplify
упрощени/е *с.* simplification ☐ для ~я предположим, что ... for simplicity, we assume that ...; для ~я промежуточных выкладок to simplify the intermediate steps
упрощённый *прил.* simplified
упругий *прил.* elastic
упругопластический *прил.* elastoplastic
упругость *ж.* elasticity
  акустическая ~ acoustoelasticity
  анизотропная ~ anisotropic elasticity
  ~ взаимодействия interacion elasticity
  ~ водяного пара steam tension
  ~ второго рода elasticity of shear
  вязкая ~ viscous elasticity
  динамическая ~ dynamic elasticity
  задержанная ~ delayed elasticity
  идеальная ~ perfect elasticity
  изотропная ~ isotropic elasticity
  линейная ~ linear elasticity
  нелинейная ~ nonlinear elasticity
  ~ несжимаемого тела incompressible elasticity
  объёмная ~ bulk [volume, cubical] elasticity
  ориентационная ~ orientation elasticity
  остаточная ~ residual elasticity
  ~ пара steam [vapor] tension
  ~ первого рода elasticity of elongation, longitudinal elasticity
  ~ при всестороннем растяжении bulk elasticity
  ~ при всестороннем сжатии bulk elasticity
  ~ при изгибе transverse [bending] elasticity, elasticity of flexure
  ~ при кручении torsional elasticity
  ~ при растяжении longitudinal elasticity; elasticity of extention [elongation]
  ~ при сдвиге elasticity of shear
  ~ при сжатии elasticity of compression
  равновесная ~ пара equilibrium vapor tension
  совершенная ~ perfect elasticity
  ~ соударений collision elasticity
  статическая ~ static elasticity
  стохастическая ~ stochastic elasticity
  ~ формы elasticity of form [shape]

уравнени/е *с.* equation ☐ в левой части ~я on the left part of the equation; в правой части ~я on the right part of the equation; ~ имеет единственное решение the equation has a unique solution; описывать ~ем describe by equation; приводить ~ к виду reduce equation to form; решать ~ solve the equation; решать ~я совместно combine equations; составлять ~ formulate [set up] an equation; удовлетворять ~ю satisfy an equation; удовлетворяющий ~ю consistent with equation; это ~ требует некоторых пояснений this equation requires some explanations
  ~ Абеля Abel equation
  автодуальное ~ Янга - Миллса self-dual Yang-Mills equation
  ~ адиабаты adiabatic equation
  ~ адсорбции equation of adsorption
  алгебраическое ~ algebraic equation
  амплитудное ~ amplitude equation
  ~ Аппеля Appell equation
  ~ Аррениуса Arrhenius equation
  ~ баланса ионизации *(в ионосфере)* ionization balance equation
  ~ баланса нейтронов neutron balance equation
  ~ баланса тепла heat balance equation
  ~ Балеску - Гернси - Ленарда Balescu-Guernsey-Lenard equation
  ~ Балеску - Ленарда Balescu-Lenard equation
  бананово-дрейфовое ~ banana-drift equation
  бананово-дрейфовое кинетическое ~ banana-drift kinetic equation
  ~ без правой части equation without the right-hand side
  ~ Бельтрами Beltrami equation
  ~ Бельтрами для диффузии вихревого движения Beltrami diffusion equation of rotational motion
  ~ Бернулли Bernoulli equation
  ~ Бернулли для непотенциального движения Bernoulli equation for a nonpotential flow
  ~ Бернулли для несжимаемой жидкости Bernoulli equation for an incompressible fluid
  ~ Бернулли для потенциального движения Bernoulli equation for a potential flow
  ~ Бернулли для установившегося течения баротропной жидкости Bernoulli equation for steady barotropic flow of the perfect fluid
  ~ Бесселя Bessel equation
  бесстолкновительное кинетическое ~ collisionless kinetic equation
  ~ Бете - Солпитера Bethe-Salpeter equation
  бигармоническое ~ biharmonic equation
  биквадратное ~ biquadratic equation
  ~ Бланкенбеклера - Шугара Blankenbecler-Sugar equation
  ~ Блоха Bloch equation
  ~ Блохинцева - Хоу Blokhintsev-How equation
  ~ Богомольного Bogomolny equation
  ~ Больцмана Boltzmann equation

~ **Больцмана - Власова** Boltzmann-Vlasov equation

~ **Борна - Майера** Born-Mayer equation

~ **Брагинского** Braginsky equation

~ **Бриджмена** Bridgman equation

~ **Брэгга** Bragg equation

~ **Буссинеска** Boussinesq equation

~ **Бьеркнеса о производной циркуляции скорости** Bjerknes circulation theorem

~ **Бюргерса** *(для ударных волн)* Burgers equation

~ **Бюргерса - Кортевега - де Фриса** *(для ударных волн)* Burgers-Korteweg-de Vries equation

~ **Ван-дер-Ваальса** Van der Waals equation

~ **Ван-дер-Поля** Van der Pol equation

вариационное ~ variational equation

вариационное разностное ~ variational difference equation

~ **Вейля** Weyl equation

вековое ~ secular equation

векторное ~ vector equation

векторное ~ **Шредингера** vector Schrödinger equation

~ **вертикального движения в линейном приближении** first-order equation of vertical motion

~ **взаимодействия** interaction equation

вириальное ~ **состояния** virial equation of state

~ **в конечных разностях** difference equation, finite-difference equation

~ **Власова** *физ. пл.* Vlasov equation

~ **внешней цепи** electric circuit equation

~ **возмущения** perturbation equation

возмущённое ~ **синус-Гордона** perturbed sine-Gordon equation

~ **возраста Ферми** Fermi age equation

волновое ~ wave equation

~ **Вольтерры** Volterra equation

~ **в полных дифференциалах** exact [total] differential equation

~ **в приращениях** incremental equation

~ **вращения** equation of rotation

~ **времени** equation of time

временное ~ **Шредингера** temporal Schrödinger equation

вспомогательное ~ auxiliary equation

~ **второй степени** quadratic [second-degree] equation

~ **Вуллиса** Wullis equation

~ **в частных производных** partial differential equation

высшее ~ **Шредингера** higher Schrödinger equation

~я **газовой динамики** gas dynamics equations

~ **Гамильтона** Hamilton equation; canonical equation of motion

~ **Гамильтона - Якоби** Hamilton-Jacobi equation

гармоническое ~ harmonic equation

~ **Гаусса** Gauss equation

~ **Гелл-Манна - Лоу** Gell-Mann-Low equation

~ **Гельмгольца** Helmholtz equation

~я **геометрической оптики** geometrical optics equations

~ **Герца** Hertz equation

~ **Гиббса** *терм.* Gibbs equation

~ **Гиббса - Гельмгольца** Gibbs-Helmholtz equation

~ **Гиббса - Дюгема** Gibbs-Duhem equation

~ **гидродинамики** hydrodynamical equation, equation of fluid dynamics

~ **гидродинамики для жидкой смеси** equation of fluid dynamics for a mixture of fluids

~ **гидродинамики сверхтекучей жидкости** equation of superfluid dynamics

гидродинамическое ~ hydrodynamical equation, equation of fluid dynamics

гидродинамическое ~ **Вебера** Weber transformation, Weber equation of motion

гидродинамическое ~ **Гельмгольца для вихревого движения** Helmholtz equation of rotational motion

гидродинамическое ~ **для ультрарелятивистской среды с неопределённым числом частиц** equation of fluid dynamics for an ultrarelativistic medium with an indeterminate number of particles

гидродинамическое ~ **Коши** Cauchy equation of motion

гидродинамическое ~ **Коши для вихревого движения** Cauchy equation of rotational motion

гидродинамическое ~ **Лагранжа** Lagrangian equation of motion

гидродинамическое ~ **Эйлера** Eulerian equation of motion

~ **Гинзбурга - Ландау** *сверхпр.* Ginzburg-Landau equation

~ **гиперболического типа** hyperbolic equation

гиперболическое ~ hyperbolic equation

гиперцепное ~ hyperchain equation

глобальное ~ **движения** global equation of motion

~ **годографа** hodograph equation

~ **горения** combustion equation

~ **Горькова** *сверхпр.* Gor'kov equation

гравитационное ~ **Пуассона** Poisson gravitational equation

граничное ~ boundary equation

граничное интегральное ~ boundary integral equation

~ **Грина - Джонсона** Green-Johnson equation

~ **Грина - Джонсона - Ваймер** Green-Johnson-Weimer equation

~ **Грэда - Шафранова** *физ. пл.* Grad-Shafranov equation

~ **Гюгоньо** Hugoniot equation

~я **Давыдова** *(для белковых молекул)* Davydov equations

~я **Дайсона** *ктп* Dyson equations

~ **Даламбера** D'Alembert equation

~ **Дарси - Вейсбаха** Darcy-Weisbach equation

~ **Даффина - Кеммера** *фвэ* Daffing-Kemmer equation

~ **движения** equation of motion

~ **движения в криволинейных координатах** equation of motion in curvilinear coordinates

~ **движения вязкой жидкости** equation of motion of viscous fluid

~ **движения жидкости** flow equation

~ **движения жидкости в ламинарном пограничном слое** equation of fluid motion in a laminar boundary layer

~ **движения локально-запертой частицы** locally trapped particle motion equation

~ **движения Навье - Стокса** Navier-Stokes equation of motion

~ **движения Стокса** Stokes equation of motion

~ **движения тела, погружённого в идеальную жидкость** equation of motion of a body immersed in an ideal fluid

двойное ~ синус-Гордона double sine-Gordon equation

двумерное ~ two-dimensional equation

двумерное ~ Буссинеска Boussinesq two-dimensional equation

двумерное кинетическое ~ two-dimensional kinetic equation

двумерное нелинейное ~ диффузии two-dimensional nonlinear diffusion equation

~ **Дебая** Debye equation

~ **де Бройля** de Broglie equation

~ **динамики** dynamic equation

динамическое ~ equation of motion

динамическое ~ Эйлера Euler equation of motion

диофантово ~ Diophantine equation

~ **Дирака** *ктп* Dirac equation

дискретизированное ~ discretized equation

дискретное ~ discrete equation

дисперсионное ~ dispersion equation; dispersion relation

дисперсионное ~ системы плазма-пучок beam-plasma dispersion equation

диссипативное ~ dissipative equation

~ **дифракционной решётки** grating equation

дифференциальное ~ differential equation

дифференциальное ~ второго порядка second-order differential equation, differential equation of the second order

дифференциальное ~ в частных производных partial differential equation

дифференциальное ~ движения differential equation of motion

дифференциальное ~ Лапласа Laplace differential equation

дифференциальное ~ линий тока differential equation of streamlines

дифференциальное ~ первого порядка first-order differential equation, differential equation of the first order

дифференциальное ~ равновесия differential equation of equilibrium

дифференциально-разностное ~ differential-difference equation

~ **диффузии** diffusion equation

~ **диффузии магнитного поля** magnetic field diffusion equation

~ **диффузии нейтронов** neutron diffusion equation

~ **диффузии Эйнштейна** *фтт* Einstein equation for diffusion

диффузионное ~ diffusion equation

длинноволновое ~ long wave equation

~ **для баллонных мод в стеллараторном приближении** ballooning mode equation in stellarator approximation

~ **для баллонных мод в трехмерной конфигурации** ballooning mode equation in three-dimensional configuration

~ **для собственных значений** eigenvalue equation

~ **для энергии квазистационарного состояния** quasi-stationary state energy equation

дрейфовое ~ drift equation

дрейфовое кинетическое ~ drift kinetic equation

~ **дуальности** duality equation

~**, зависящее от времени** time-dependent equation

~ **Захарова** *нел. дин.* Zakharov equation

~ **Зельдовича** *физ. пов.* Zel'dovich equation

~ **изгиба** bending equation

изоспектральное ~ Шредингера isospectral Schrödinger equation

интегральное ~ integral equation

интегральное ~ Абеля Abelian integral equation

интегральное ~ Вольтерры Volterra integral equation

интегральное ~ непрерывности integral equation of continuity

интегральное ~ первого рода integral equation of the first kind

интегральное ~ Фредгольма Fredholm integral equation

интегральное ~ Шварцшильда - Милна integral equation of Schwarzschild and Milne

интегродифференциальное ~ integro-differential equation

интегродифференциальное ~ в частных производных partial integro-differential equation

~ **Кадомцева - Петвиашвили** *нелин. дин.* Kadomtsev-Petviashvili equation

~ **Кадомцева - Погуце** Kadomtsev-Pogutse equation

калибровочно-инвариантное ~ gauge-invariant equation

калорическое ~ состояния caloric equation of state

канонические ~я механики canonical equations of motion

каноническое ~ canonical equation

~ **капиллярности** equation of capillarity

~ **Капчинского - Владимирского** Kapchinsky-Vladimirsky equation

квадратное ~ quadratic equation
квазилинейное ~ quasi-linear equation
квазилинейное кинетическое ~ quasi-linear kinetic equation
квазиодномерное ~ **Буссинеска** quasi-one-dimensional Boussinesq equation
квазипотенциальное ~ quasi-potential equation
квантовое ~ **Шредингера** quantum Schrödinger equation
~ **Кельвина** *(для капилляров)* Kelvin equation
~ **Кеплера** Kepler equation
кинематическое ~ **Эйлера** Euler kinematic equation
~ **кинетики реактора** reactor kinetics equation
~ **кинетического конвективного переноса для надтепловых частиц** kinetic convective transport equation for superthermal particles
кинетическое ~ kinetic equation
кинетическое ~ **Больцмана** Boltzmann kinetic equation
кинетическое ~ **в безразмерных переменных** kinetic equation in dimensionless variables
кинетическое ~ **Власова** Vlasov kinetic equation
кинетическое ~ **для надтепловых частиц** superthermal particle kinetic equation
кинетическое ~ **для орбит с ветвлениями** kinetic equation for branching orbits
кинетическое ~ **Ландау** kinetic Landau equation
кинетическое ~ **с источником частиц** kinetic equation with a particle source
кинетическое ~ **со стоком частиц** kinetic equation with a particle sink
~ **Кирхгофа** Kirchhoff equation
~ **Клапейрона** Clapeyron equation
~ **Клапейрона - Клаузиуса** Clausius-Clapeyron equation
~ **Клейна - Гордона** *фвэ* Klein-Gordon equation
~ **Клейна - Гордона - Фока** *фвэ* Klein-Gordon-Fock equation
ковариационное ~ covariance equation
~ **количества движения** momentum equation
~**я Колмогорова** Kolmogorov equations
~**я Колмогорова - Феллера** Kolmogorov-Feller equations
комплексно-сопряжённое ~ complex-conjugate equation
~ **Кортевега - де Фриса** Korteweg-de Vries equation
космологические ~**я поля** cosmological field equations
космологическое ~ cosmological equation
~ **Коши - Римана** Cauchy-Riemann equation
критическое ~ *(для ядерного реактора)* critical equation
~ **критичности** *(для ядерного реактора)* criticality equation
~ **Крускала - Кульсруда** *физ. пл.* Kruskal-Kulsrud equation
кубическое ~ cubic equation
~**я Лагранжа** *мех.* Lagrange equations

~ **Ландау** Landau equation
~ **Ландау - Гинзбурга** *(для сверхпроводников II рода)* Landau-Ginzburg equation
~ **Ландау - Лифшица** *(в теории ферромагнетизма)* Landau-Lifshitz equation
~ **Ланжевена** Langevin equation
~ **Лапласа** Laplace equation
~**я Лауэ** Laue equations
~ **Леггетта** Leggett equation
~ **Ленгмюра - Богуславского** Langmuir-Boguslavsky equation
~ **Ленгмюра - Саха** Langmuir-Saha equation
~ **Леонтовича** Leontovich equation
линеаризированное ~ linearized equation
линейное ~ linear equation
линейное ~ **диффузии** linear diffusion equation
линейное интегральное ~ linear integral equation
~ **Липпмана - Швингера** *(в теории дифракции)* Lippmann-Schwinger equation
~ **Лиувиля** Liouville equation
личное ~ **наблюдателя** observer personal equation
логарифмическое ~ logarithmic equation
локальное ~ **движения** local equation of motion
локальное ~ **Фоккера - Планка** local Fokker-Planck equation
~ **Лондона** London equation
~ **Лоренца - Максвелла** Lorentz-Maxwell equation
лоренц-инвариантное ~ Lorentz-invariant equation
магнитное дифференциальное ~ magnetic differential equation
магнитное ~ **состояния** magnetic equation of state
~ **магнитных поверхностей** magnetic surface equation
макроскопическое ~ macroscopic equation
~**я Максвелла** Maxwell equations
~ **Марченко** *(в теории солитонов)* Marchenko equation
~**я математической физики** equations of mathematical physics
материальное ~ constitutive equation
матричное ~ matrix equation
~ **Матьё** Mathieu equation
~ **мембраны** membrane equation
~ **Менделеева - Клапейрона** Mendeleev-Clapeyron equation
~**я механики** equations of motion
механическое ~ **состояния** mechanical equation of state
~**я микромагнетизма** micromagnetic equations
микроскопическое ~ microscopic equation
многогрупповое ~ multigroup equation
многоскоростное ~ multivelocity equation
модифицированное ~ modified equation
модифицированное ~ **Лапласа** modified Laplace equation
модуляционное ~ **Уизема** modulation Whitham equation

~ моментов moment equation
~ Навье - Стокса Navier-Stokes equation
~ Навье - Стокса для потенциального поля сил Navier-Stokes equation in a potential field of forces
независимые ~я independent equations
нелинейное ~ nonlinear equation
нелинейное волновое ~ nonlinear wave equation
нелинейное дисперсионное ~ nonlinear dispersion equation
нелинейное ~ диффузии nonlinear diffusion equation
нелинейное интегральное ~ nonlinear integral equation
нелинейное параболическое ~ nonlinear parabolic equation
нелинейное ~ Шредингера nonlinear Schrödinger equation
неоднородное ~ inhomogeneous [non-homogeneous] equation
неоднородное волновое ~ inhomogeneous wave equation
неопределённое ~ indeterminate equation
~ непрерывности continuity equation; equation of continuity
~ непрерывности для ионов ion equation of continuity
~ непрерывности для электронов electron equation of continuity
~ непрерывности Лагранжа Lagrangian continuity equation
неприводимое ~ irreducible equation
~ неразрывности continuity equation, equation of continuity
~ Нернста Nernst equation
несовместные ~я incompatible [inconsistent] equations
~ Нордхейма Nordheim equation
обобщённое ~ generalized equation
обобщённое ~ Бернулли generalized Bernoulli equation
обобщённое ~ диффузии generalized diffusion equation
обобщённое ~ Хилла - Матьё generalized Hill-Mathieu equation
обобщённые ~я Максвелла - Блоха generalized Maxwell-Bloch equations
~ оболочки shell equation
обращённое ~ равновесия inverted equilibrium equation
общее ~ непрерывности general continuity equation
обыкновенное дифференциальное ~ ordinary differential equation
обыкновенное интегродифференциальное ~ ordinary integro-differential equation
одноканальное ~ single-channel [one-channel] equation
одномерное ~ one-dimensional equation
одномерное нелинейное ~ диффузии one-dimensional nonlinear diffusion equation

одномерное ~ синус-Гордона one-dimensional sine-Gordon equation
однородное ~ homogeneous equation
односкоростное ~ диффузии one-velocity diffusion equation
одночастичное ~ single-particle equation
одночастичное ~ Шредингера single-particle Schrödinger equation
одноэлектронное ~ Шредингера one-electron Schrödinger equation
~я Онсагера Onsager equations
операторное ~ operator equation
определяющее ~ constitutive [governing] equation
оптическое ~ Блоха optical Bloch equation
~ Орнштейна - Цернике Ornstein-Zernicke equation
основное ~ basic [fundamental, master] equation
основное кинетическое ~ master kinetic equation
~ относительно неизвестного x equation in the unknown x
~ относительно x equation in x
параболическое ~ parabolic equation
параболическое ~ Леонтовича Leontovich parabolic equation
параметрическое ~ parametric equation
~ Паули Pauli [master] equation
~ Пенлеве Painlevé equation
~ первого порядка first-order equation
перенормированное ~ renormalized equation
~ переноса transport [transfer] equation
~ Перкуса - Йевика Percus-Yewick equation
петлевое ~ loop equation
~ плоского движения идеальной жидкости equation for two-dimensional flow of an ideal fluid
~ пограничного слоя boundary-layer equation
показательное ~ exponential equation
~я поля field equations
~ потенциала скоростей velocity potential equation
~я Прандтля Prandtl equations
~я Прандтля для тонкого пограничного слоя Prandtl equations for thin boundary layer
~я Прандтля - Рейса Prandtl-Reuss equations
приведённое ~ reduced equation
приведённое ~ состояния reduced equation of state
~ прогноза prediction equation
~ Прока $\varphi_{в3}$ Proca equation
~ прямого скачка уплотнения normal shock relation
~я Пуазейля Poiseuille equations
~ Пуассона Poisson equation
пятиточечное разностное ~ five-point difference equation
~ равновесия equilibrium equation
~ равновесия в напряжениях stress equilibrium equation
~ радиолокации radar equation
разностное ~ difference equation

разностное кинетическое ~ difference kinetic equation

расходящееся ~ divergent equation

~я Рауса *мех.* Routh equations

~ реактора reactor equation

~ Рейнольдса Reynolds equation

~ релаксации Максвелла Maxwell relaxation equation

релятивистски-инвариантное ~ relativistically invariant equation

релятивистское ~ relativistic equation

релятивистское гидродинамическое ~ equation of relativistic fluid dynamics

релятивистское ~ **движения вязкой и теплопроводной среды** relativistic equation for flow with viscosity and thermal conduction

релятивистское кинетическое ~ relativistic kinetic equation

релятивистское ~ **ударной адиабаты** relativistic equation of the shock adiabat

реологическое ~ **состояния** rheological equation of state

~ решётки *(дифракционной)* grating equation

решёточное ~ **Лапласа** lattice Laplace equation

решёточное ~ **Шредингера** lattice Schrödinger equation

~ Ридберга Rydberg equation

~ Риккати Riccati equation

~ Ричардсона - Дэшмана *(в электронной оптике)* Dushman-Richardson equation

~ Ричардсона - Шоттки Richardson-Schottky equation

~я розеток *(деформации)* rosette equations

~ Рэлея *(для групповой скорости)* Rayleigh equation

~я Рэнкина - Гюгоньо Rankine-Hugoniot equations

~ самодуальности self-duality equation

самосогласованное ~ self-consistent equation

~ Саха Saha equation

~ Саха - Ленгмюра Saha-Langmuir equation

связанные ~я coupled [connected] equations

связанные волновые ~я coupled wave equations

~ связи coupling equation; *мех.* constraint equation

секулярное ~ secular equation

~ силовой линии equation of line of force

сингулярное интегральное ~ singular integral equation

~ синус-Гордона sine-Gordon equation

скалярное ~ scalar equation

~ Смолуховского Smoluchowski equation

совместимые ~я consistent equations

совместные ~я simultaneous equations

сопряжённое ~ adjoint [conjugate] equation

~ состояния equation of state

~ состояния Бертло Berthelot equation of state

~ состояния Битти - Бриджмена Bitti-Bridgman equation of state

~ состояния Грюнайзена Grüneisen equation of state

~ состояния Дитеричи Dieterici equation of state

~ состояния жидкости equation of fluid state

~ состояния Камерлинг-Оннеса Kamerlingh-Onnes equation of state

~ состояния плазмы equation of plasma state

~ сохранения conservation equation

~ сохранения момента количества движения moment-of-momentum [angular momentum] equation

~ сохранения энергии energy equation

~ с постоянными коэффициентами equation with constant coefficients

~ статического равновесия static equilibrium equation

~ стационарного состояния steady-state equation

стационарное ~ steady-state equation

стационарное ~ **поверхностной диффузии** steady-state equation of surface diffusion

стационарное ~ **Шредингера** Schrödinger steady-state equation

степенное ~ exponential equation

~ Стерна - Вольмера Stern-Volmer equation

стехиометрическое ~ stoichiometric equation

стохастическое ~ stochastic equation

стохастическое волновое ~ stochastic wave equation

~я Страусса Strauss equations

струнное ~ string equation

~ с n неизвестными equation in n unknowns

телеграфные ~я equations of telegraphy

тензорное ~ tensor equation

~ теплового баланса heat balance equation

~ теплопроводности heat conduction equation

~ теплопроводности Фурье Fourier heat conduction equation

термическое ~ **состояния** thermal equation of state

~ течения flow equation

~ течения Прандтля - Мейера Prandtl-Meyer flow equation

~ Томаса - Ферми Thomas-Fermi equation

~ Томонаги - Швингера *фвэ* Tomonaga-Schwinger equation

трансцендентное ~ transcendental equation

~я трёхмерного равновесия three-dimensional equilibrium equations

трёхмерное ~ three-dimensional equation

трёхмерное кинетическое ~ three-dimensional kinetic equation

трёхмерное нелинейное ~ **диффузии** three-dimensional nonlinear diffusion equation

~ трёх тел three-body equation

трёхточечное разностное ~ three-point difference equation

тригонометрическое ~ trigonometric equation

~ Уилера - Де Витта *(в квантовой теории гравитации)* Wheeler-De Witt equation

укороченное волновое ~ reduced wave equation

ультрарелятивистское ~ состояния ultra-relativistic equation of state

~ Уокера *фмя* Walker equation

управляющее ~ master equation

упрощённое бананово-дрейфовое кинетическое ~ reduced banana-drift kinetic equation

упрощённое кинетическое ~ reduced kinetic equation

~ упругого равновесия equation of elastic equilibrium

~ упругой линии балки beam deflection equation

усечённое ~ truncated equation

условное ~ conditional equation

~я Фаддеева *кв. мех.* Faddeev equations

~я Фаддеева - Меркурьева Faddeev-Merkuryev equations

~ фазового равновесия phase equilibrium equation

фазовое ~ phase equation

~ фазовых колебаний equation for phase oscillation

~ Фаулера Fowler equation

~ Фаулера - Нордхейма *(в электронной оптике)* Fowler-Nordheim equation

феноменологическое ~ phenomenological equation

~ Фоккера - Планка Fokker-Planck equation

~ Фокса и Ли *кв. эл.* Fox-Lie equation

~ фотоэффекта photoelectric equation

~я Френеля Fresnel equations

~ Фридмана *мех.* Friedmann equation

функциональное ~ functional equation

функциональные ~я Швингера Schwinger functional equations

~ Фурье Fourier equation

характеристическое ~ characteristic equation

~ Хартри - Фока - Боголюбова Hartree-Fock-Bogoliubov equation

~ Хартри - Фока - Слэтера Hartree-Fock-Slater equation

~ Хилла Hill equation

~ Хохлова - Заболотской *ак.* Khokhlov-Zabolotskaya equation

цветовое ~ color equation

~ циркуляции circulation equation

~ Чандрасекара Chandrasekhar equation

~ Чаплыгина *аэрод.* Chaplygin equation

~ Чепмэна - Колмогорова Chapman-Kolmogorov equation

четырёхплазмонное кинетическое ~ four-plasmon kinetic equation

~я Чу - Голдбергера - Лоу Chew-Goldberger-Low equations, CGL- equations

~ Шварцшильда *астр.* Schwarzschild equation

~ Швингера *ктп* Schwinger equation

~ Шредингера Schrödinger equation

~ Штурма - Лиувиля Sturm-Liouville equation

~ эволюции evolution equation

эволюционное ~ evolution equation

~ эйконала eikonal equation

~ Эйлера Euler equation

~ Эйлера для потока жидкости Euler equation for fluid flow

~ Эйлера для трения каната по цилиндру capstan equation

~ Эйлера - Лагранжа Euler-Lagrange equation

~ Эйлера - Лежандра Euler-Legendre equation

~ Эйлера - Трикоми Euler-Tricomi equation

~ Эйнштейна для фотоэмиссии Einstein equation for photoelectric emission

~ Эйнштейна - Фоккера - Колмогорова Einstein-Fokker-Kolmogorov equation

~ Эйнштейна - Фоккера - Планка Einstein-Fokker-Planck equation

~ Эйри Airy equation

эквивалентные ~я equivalent equations

~ экспоненциального поглощения exponential absorption equation

~ электромагнитного поля electromagnetic equation

элементарное ~ диффузии elementary diffusion equation

~ Элиашберга *сверхпр.* Eliashberg equation

~ эллиптического синус-Гордона elliptic sine-Gordon equation

~ эллиптического типа elliptic equation

эллиптическое ~ elliptic equation

эмпирическое ~ empirical equation

~ энергетического баланса energy balance equation

~ Эрнста *(в теории гравитации)* Ernst equation

эталонное ~ *кв. мех.* standard equation

~ Юлинга - Уленбека *кв. мех.* Uehling-Uhlenbeck equation

~ ядерной реакции nuclear-reaction equation

~ Якоби Jacobi equation

~ Янга - Бакстера Yang-Baxter equation

~ Янга - Миллса Yang-Mills equation

~ яркости magnitude equation

уравнивание *с.* equialization

~ по цвету color matching

уравнивать *гл.* equalize

уравновешивание *с.* balancing, equilibration

статическое ~ static balancing

уран *м.* **1.** *(химический элемент)* uranium, U **2.** *(планета)* Uranus

азотнокислый ~ uranium nitrate

высокообогащённый ~ hightly enriched uranium

естественный ~ natural uranium

малообогащённый ~ low-enriched uranium

металлический ~ uranium metal, metallic uranium

необогащённый ~ unenriched uranium

обеднённый ~ deplated uranium

обогащённый ~ enriched uranium

отвальный ~ waste uranium

природный ~ natural uranium

пятихлористый ~ uranium pentachloride, UCl_5

сернокислый ~ uranium sulphate, $U(SO_4)_2$

слабообогащённый ~ slightly enriched uranium

среднеобогащённый ~ moderately enriched uranium

трёххлористый ~ uranium trichloride, UCl_3

четырёххлористый ~ uranium tetrachloride, UCl_4

шестифтористый ~ uranium hexafluoride, UF_6

ураниды *мн.* uranides

уранил *м.* uranyl, UO_2

сернокислый ~ uranyl sulphate

уранит *м.* uranite

ураносодержащий *прил.* uranium-containing, uranium-bearing

ураносульфат *м.* uranyl sulphate

уров/ень *м.* level □ **занимать** ~ occupy a level; **заполнять** ~ fill a level; **на высоком** ~не at a high level; **на** ~не глаз at eye level; **на** ~не моря at sea level

автоионизационный ~ autoionizing level

~ **активности** level of activity

акцепторный ~ acceptor (energy) level

акцепторный примесный ~ acceptor impurity level

атомный ~ atomic level

атомный энергетический ~ atomic energy level

безопасный ~ safe level

близко расположенные ~ни closely spaced levels

~ **боттомония** bottomonium level

верхний ~ upper level

верхний лазерный ~ upper laser level

виртуальный ~ virtual level

возбуждённый ~ excited [excitation] level

возмущённый ~ perturbed level

вращательный ~ rotational level

вращательный ~ **энергии** rotational energy level

~ **входного сигнала** input level

вырожденный ~ degenerate level

высокий ~ high level

высоколежащий ~ high level

геодезический ~ geodetic level

гидростатический ~ hydrostatic level

глубокий ~ deep level

глубокий акцепторный ~ deep acceptor level

глубокий примесный ~ deep impurity level

~ **громкости** loudness level

далеко отстоящий ~ distant level

~ **дискретизации** digitizing level

дискретный ~ discrete level

~ **дискриминации** discrimination level

доверительный ~ confidence level

долгоживущий ~ *кв. эл.* long living level

донорный ~ donor (energy) level

донорный примесный ~ donor impurity level

допустимый ~ acceptable [allowed, permissible] level

допустимый ~ **активности** tolerance [permissible] activity level

допустимый ~ **излучения** permissible [allowed] radiation level

допустимый ~ **примесей** allowable [acceptable] impurity level

допустимый ~ **радиации** permissible [allowed] radiation level

~ **достоверности** *(при анализе данных)* confidence level

древесный ~ *ктп* tree level

заданный ~ prescribed [given] level

занятый ~ occupied [filled] level

заполненный ~ occupied [filled] level

~ **звукового давления** sound pressure level

зеемановский ~ Zeeman level

~ **земли** ground level

~ **значимости** significance level

~ **излучения** radiation level

изолированный ~ isolated [single] level

изомерный ~ isomeric level

~ **инверсии** *кв. эл.* inversion level

~ **инжекции** injection level

~ **инициирования** *кв. эл.* level of initiation

~ **интеграции** integration level

~ **интенсивности** intensity level

~ **ионизации** ionization level

ионизированный ~ ionized level

ирастовый ~ yrast level

квазивырожденный ~ quasi-degenerate level

квазистационарный ~ quasi-stationary level

~ **квантования** quantizing level

квантовый ~ quantized level

колебательный ~ vibrational level

комбинационный ~ Raman level

контрольный ~ reference level

короткоживущий ~ *кв. эл.* short-living level

кулоновский энергетический ~ Coulomb energy level

~ **Ландау** Landau level

~ **ловушек** *фпп* trapping level

~ **локализации** *фтт* localization level

локализованный ~ localized level

локальный ~ local level

магнитный поверхностный ~ magnetic surface level

мелкий акцепторный ~ shallow acceptor level

мелкий примесный ~ shallow impurity level

мёссбауэровский ~ Mössbauer level

метастабильный ~ metastable level

многочастичный ~ many-particle level

молекулярный ~ molecular level

~ **моря** sea level

~ **мощности** power level

~ **мощности остановленного реактора** shutdown power level

~ **мощности реактора** reactor power level

мультиплетный ~ multiplet level

~ **накачки** pumping level

~ **напряжения** voltage level

~ **насыщения** saturation level

начальный ~ initial level

незанятый ~ unoccupied [vacant] level

~ **нейтронного потока** neutron flux level

неразрешённый ~ unresolved level

нетривиальный ~ *яф* nontrivial level

нечётный ~ odd level
нижний ~ lower level
низкий ~ low level
низколежащий ~ low level
низший ~ lowest level
нуклонный ~ nucleon level
нулевой ~ zero level
~ нулевой энергии zero-energy level
общий ~ *кв. эл.* common level
объёмный ~ *фтт* bulk level
одетый ~ *кв. эл.* dressed level
одиночный ~ single level
одночастичный ~ one-particle level
~ освещённости level of illumination, illumination level
основной ~ *(атома)* ground level
~ остова core level
~ отсечки cut-off level
~ перегрузки overload level
поверхностный ~ surface level
поверхностный акцепторный ~ surface acceptor level
поверхностный резонансный ~ surface resonance level
поверхностный ~ Тамма *фтт* Tamm surface level
~ помех noise level
пороговый ~ threshold level
~ потока flux level
~ почернения *(фотоэмульсии)* grey level
~ прилипания *фпп* attachment level
примесный ~ *фпп* impurity level
проектный ~ мощности design [rated] power level
промежуточный ~ intermediate level
~ протекания *фпп* percolation level
рабочий ~ operating level
рабочий ~ потока operating flux level
равновесный ~ equilibrium level
равновесный ~ мощности equilibrium power level
~ радиации radiation level
~ радиационной опасности radiation hazard level
~ радиоактивности radioactive level
~ размерного квантования size quantization level
размерный ~ dimensional level
разрешённый ~ resolved level
расчётный ~ мощности design [rated] power level
резонансный ~ resonance level
~ рекомбинации *фпп* recombination level
свободный ~ жидкости free surface of liquid
свободный энергетический ~ free energy level
связанные поверхностные ~ни bound surface levels
связанный ~ bound level
септетный ~ *спектр.* septet level
~ сигнала signal level
сильно возбуждённый ~ highly excited level

синглетный ~ singlet level
смещённый ~ displaced level
собственный ~ *фпп* intrinsic level
составной ~ combined level
спиновый ~ spin level
~ срабатывания аварийной защиты trip level of safety system
стационарный ~ steady-state level
~ Тамма *фтт* Tamm level
таммовский ~ Tamm level
тепловой ~ thermal level
триплетный ~ triplet level
уширенный ~ broadened level
~ Ферми Fermi level
~ фона background level
фононный ~ phonon level
фундаментальный ~ fundamental level
частично заполненный ~ partially occupied [filled] level
чётный ~ even level
штарковский ~ Stark level
~ шумов noise level
эквидистантные ~и equally spaced levels
экситонный ~ exciton level
электронный ~ electronic level
энергетический ~ energy level
~ энергии power level
~ энергии возмущённой системы energy level of the perturbed system
ядерный спиновый ~ nuclear spin level
ядерный энергетический ~ nuclear energy level
уровнемер *м.* level gauge
поплавковый ~ float level gauge
радиоактивный ~ radioactive level gauge
усадк/а *ж.* shrinkage □ давать ~у shrink
линейная ~ linear shrinkage
объёмная ~ volume shrinkage
усиление *с.* 1. *(процесс)* amplification 2. *(величина, коэффициент)* gain (см. тж коэффициент усиления) 3. *(механическое)* reinforcement, strengthening
~ акустических волн acoustic wave amplification
акустоэлектрическое ~ acoustoelectric gain
~ антенны antenna gain
~ бегущей волны traveling wave amplification
внезапное ~ атмосфериков sudden enhancement of atmospherics, SEA
вносимое ~ insertion gain
~ волной пространственного заряда space-charge wave amplification
вторично-электронное ~ secondary emission multiplication
вынужденное ~ stimulated amplification
вынужденное комбинационное ~ stimulated Raman amplification
газовое ~ gas [cell] amplification
глюонное ~ gluon amplification
дифференциальное ~ differential gain
допороговое ~ subthreshold amplification
~ за один проход *(в лазерном резонаторе)* single-pass gain

~ импульса pulse amplification
каскадное ~ cascade amplification
квантовое ~ quantum amplification
~ керровского вращения Kerr rotation enhancement
когерентное ~ coherent amplification
когерентное безынверсное ~ coherent inversionless amplification
комбинационное ~ Raman amplification
~ контура регулирования control-loop gain
лазерное ~ laser amplificaition
летаргическое ~ lethargic gain
линейное ~ linear amplification
мазерное ~ *астр.* maser amplification
многокаскадное ~ multicascade [multistage] amplification
молекулярное ~ *кв. эл.* molecular amplificaition
~ мощности power amplification
~ на несущей частоте carrier-frequency amplification
~ на промежуточной частоте intermediate-frequency amplification
обменное ~ *(спиновой магнитной восприимчивости)* exchange enhancement
~ обратного рассеяния *(случайными неоднородностями)* back scatter amplification
околопороговое ~ near-threshold amplification
оптимальное ~ optimal [optimum] gain
оптическое ~ optical amplificaition; optical gain
параметрическое ~ parametric amplificaition; parametric gain
~ плотности электронов в Е-слое ионосферы во время солнечной вспышки electron density enhancement in the E-region of the ionosphere during solar flare
~ подкритической решётки subcritical-lattice amplification
полное ~ total [net, overall] amplificaition
~ по напряжению voltage amplification; voltage gain
пороговое ~ threshold amplification, threshold gain
~ по току current amplification; current gain
предварительное ~ preamplification
прямое ~ direct amplification
распределённое ~ distributed amplification
регенеративное ~ regenerative amplification
резонансное ~ resonant amplification
сверхрегенеративное ~ superregenerative amplification
~ света light amplification
~ света с помощью индуцированного излучения light amplification by stimulated emission of radiation *(отсюда название* laser)
~ СВЧ mircowave amplification
~ СВЧ с помощью индуцированного излучения microwave amplification by stimulated emission of radiation *(отсюда название* maser)
~ тока current amplification
трёхфотонное параметрическое ~ *кв. эл.* three-photon parametric amplification

~ ультразвука *(в полупроводниках)* ultrasound amplification
четырёхфотонное параметрическое ~ *кв. эл.* four-photon parametric amplification
электронное ~ electronic amplification
электронное ~ ультразвука electronic amplification of ultrasound
усиленный *прил. мех.* reinforced, strengthened; *эл.* amplified
усиливать *гл. мех.* strengthen, reinforce; *эл.* amplify
усилие *с.* force; stress
аксиальное ~ axial thrust
~ волочения draw force
~ выталкивания ejection force
движущее ~ propelling [propulsive] force
деформирующее ~ deforming force
динамическое ~ dynamic force
замедляющее ~ retarding force
замыкающее ~ closing force
знакопеременное ~ alternating force
изгибающее ~ bending force
касательное ~ tangential force
осевое ~ (axial) thrust
~ подачи forward force
~ поршня ram force
~ предварительного сжатия initial force
прижимное ~ landed force
приложенное ~ applied [external] force
~ противодействия back force
разрушающее ~ breaking strength
разрывающее ~ disruptive force; breaking load
растягивающее ~ stretching [tensile, extending] force
~ сдвига shearing force
сдвигающее ~ shearing force
сдвиговое ~ shearing force
сжимающее ~ force of compression; compressive force
скручивающее ~ twisting force
сосредоточенное ~ single force
суммарное осевое ~ gross [net] thrust
тангенциальное ~ tangential force
тяговое ~ propelling [propulsive, tracting] force; pull
тянущее ~ drag force, pull
ударное ~ impulsive force
ускоряющее ~ accelerating force
эквивалентное ~ equivalent force
усилитель *м.* amplifier
~ аварийной защиты safety system amplifier
акустоэлектронный ~ acoustoelectronic [acoustoelectric] amplifier
антенный ~ antenna amplifier
апериодический ~ aperiodic amplifier
балансный ~ balanced amplifier
~ бегущей волны traveling-wave amplifier
буферный ~ buffer amplifier
~ вертикального отклонения vertical(-deflection) amplifier
~ видеоимпульсов video amplifier
волноводный ~ waveguide amplifier

волоконно-оптический ~ fiber-optical [optical fiber] amplifier

волоконный ~ fiber(-optical) amplifier

волоконный ~ **с накачкой полем запредельной волны** fiber amplifier pumped by evanescent field

~ **вращающего момента** torque amplifier

встречный комбинационный ~ counterpropagation Raman amplifier

входной ~ input amplifier

входной малошумящий ~ input low-noise amplifier

вырожденный параметрический ~ degenerate parametric amplifier

~ **высокой частоты** high-frequency [radio-frequency, rf] amplifier

выходной ~ output amplifier

~ **гармоник** harmonic amplifier

гармонический ~ harmonic amplifier

гидравлический ~ hydraulic amplifier

голограммный ~ *(угла отклонения)* holographic amplifier

голографический ~ holographic amplifier

~ **горизонтального отклонения** horizontal (-deflection) amplifier

двухкаскадный ~ two-stage amplifier

двухпотоковый ~ *(СВЧ)* double-stream amplifier

двухпроходовый ~ round-trip amplifier

двухпроходовый лазерный ~ double-pass [two-pass] laser amplifier

двухтактный ~ push-pull amplifier

джозефсоновский параметрический ~ Josephson parametric amplifier

дифференциальный ~ differential [difference] amplifier

дифференцирующий ~ differentiating [differentiation] amplifier

диэлектрический ~ dielectric amplifier

записывающий ~ recording amplifier

~ **звуковой частоты** audio(-frequency) amplifier

избирательный ~ selective amplifier

измерительный ~ measuring amplifier

~ **изображения** image intensifier

импульсный ~ pulse(d) amplifier

~ **импульсов** pulse amplifier

интегральный ~ integrated(-circuit) amplifier

интегрирующий ~ integrating amplifier

йодный ~ *кв. эл.* iodine amplifier

йодный фотодиссоционный ~ iodine photodissociation amplifier

каскадный ~ cascade amplifier

каскодный ~ cascode amplifier

квазивырожденный параметрический ~ quasi-degenerate parametric amplifier

квантовый ~ quantum amplifier

квантовый ~ **бегущей волны** quantum traveling-wave amplifier

квантовый ~ **обратной волны** quantum backward-wave amplifier

квантовый ~ **СВЧ** maser (amplifier); microwave atomic [molecular] amplifier

квантовый парамагнитный ~ quantum paramagnetic amplifier

клистронный ~ klystron amplifier

кольцевой ~ ring amplifier

кольцевой многопроходный ~ multipass ring amplifier

криогенный ~ cryogenic amplifier

криотронный ~ cryotron amplifier

кристаллический ~ crystal amplifier

лазерный ~ laser amplifier

лазерный ~ **на александрите** alexandrite laser amplifier

лазерный ~ **на красителе** dye laser amplifier

лазерный ~ **на неодимовом стекле** neodymium glass laser amplifier

лазерный ~ **на фосфатном стекле** phosphate glass laser amplifier

ламповый ~ vacuum-tube [electron-tube, valve] amplifier

линейный ~ *(с линейной характеристикой)* linear amplifier

логарифмический ~ logarithmic amplifier

~ **магнетронного типа** magnetron [M-type, crossed-field] amplifier

магнетронный ~ magnetron [M-type, crossed-field] amplifier

магнитный ~ magnetic amplifier

~ **магнитостатических волн** magnetostatic-wave amplifier

~ **магнитоупругих волн** magnetoelastic-wave amplifier

мазерный ~ maser (amplifier); microwave atomic [molecular] amplifier

малошумящий ~ low-noise amplifier

микроканальный ~ microchannel amplifier

многоканальный ~ multichannel amplifier

многокаскадный ~ multistage amplifier

многопроходный ~ *кв. эл.* multipass amplifier

многопроходовый лазерный ~ multipass laser amplifier

молекулярный ~ *кв. эл.* molecular amplifier

~ **мощности** power [output] amplifier

мощный ~ high-power amplifier

~ **М-типа** M-type [magnetron, crossed-field] amplifier

~ **на джозефсоновском переходе** Josephson-junction amplifier

~ **на диоде Ганна** Gunn (diode) amplifier

~ **на красителе** dye laser amplifier

~ **на неодимовом стекле** neodymium-glass amplifier

~ **на парах меди** *кв. эл.* copper vapor amplifier

~ **на парах металла** metal vapor amplifier

~ **напряжения** voltage amplifier

~ **на сверхпроводнике** superconducting amplifier

~ **на туннельном диоде** tunnel-diode amplifier

~ **на хлориде ксенона** *кв. эл.* XeCl amplifier

~ **на циклотронной волне** cyclotron-wave amplifier

~ **на CO$_2$** CO$_2$ amplifier

невзаимный ~ nonreciprocal amplifier

невырожденный параметрический ~ nondegenerate parametric amplifier

нелинейный ~ nonlinear amplifier

неодимовый ~ neodymium amplifier

неохлаждаемый параметрический ~ noncooled parametric amplifier

~ несущей частоты carrier amplifier

~ низкой частоты low-frequency [audio-frequency] amplifier

~ обратной волны backward-wave amplifier

однокаскадный ~ single-cascade amplifier

оконечный ~ final amplifier

операционный ~ operational amplifier

оптический ~ optical amplifier; light intensifier

оптоэлектронный ~ optoelectronic amplifier

охлаждаемый параметрический ~ cooled parametric amplifier

парамагнитный мазерный ~ paramagnetic maser amplifier

параметрический ~ parametric amplifier

параметрический ~ с импульсной накачкой pulse-pumped parametric amplifier

~ переменного тока alternating-current [ac] amplifier

плазменный ~ plasma amplifier

плёночный ~ film amplifier

пневматический ~ pneumatic amplifier

~ поверхностных акустических волн (ПАВ) surface-acoustic-wave [SAW] amplifier

~ поверхностных волн surface-wave amplifier

полосовой ~ bandpass [filter] amplifier

полупроводниковый ~ semiconductor amplifier

полупроводниковый лазерный ~ semiconductor laser amplifier

попутный комбинационный ~ co-propagation Raman amplifier

~ постоянного тока direct-current [dc] amplifier

предварительный ~ preamplifier

~ промежуточной частоты intermediate-frequency amplifier

пропорциональный ~ proportional amplifier

проточный ~ кв. эл. gas-flow amplifier

радиочастотный ~ radio frequency [rf] amplifier

~ радиочастоты radio frequency amplifier

рамановский ~ Raman amplifier

распределённый ~ distributed amplifier

регенеративный ~ regenerative [positive-feedback] amplifier

резонансный ~ resonance [resonant, tuned] amplifier

резонаторный квантовый ~ cavity quantum amplifier

саморазогревный ~ кв. эл. self-heated amplifier

~ сверхвысоких частот microwave amplifier

сверхрегенеративный ~ superregenerative amplifier

~ света light [optical] amplifier, light intensifier

~ СВЧ microwave amplifier

~ СВЧ со скрещёнными полями crossed-field microwave amplifier

селективный ~ selective amplifier

~ с ёмкостной связью capacitance-coupled amplifier

~ с заземлённой сеткой grounded-grid [cathod-coupled] amplifier

~ с импедансной связью impedance-coupled amplifier

~ с индуктивной связью imductively-coupled amplifier

синхронный ~ lock-in amplifier

~ слабых токов low-current amplifier

~ с насыщающим внешним сигналом saturating input signal amplifier

~ с непосредственной связью direct-coupled amplifier

~ с обратной связью feedback amplifier

~ с общей базой common-base [grounded-base] amplifier

~ с общим затвором common-gate [grounded-gate] amplifier

~ с общим истоком common-source [grounded-source] amplifier

~ с общим катодом common-cathode [grounded-cathode] amplifier

~ с общим коллектором common-collector [grounded-collector] amplifier

~ с общим стоком common-drain [grounded-drain] amplifier

~ с общим эмиттером common-emitter [grounded-emitter] amplifier

согласованный ~ matched amplifier

согласующий ~ matching amplifier

~ со скрещёнными полями crossed-field [M-type] amplifier

~ с отрицательной обратной связью negative-feedback [degenerative] amplifier

~ спиновых волн spin-wave amplifier

~ с положительной обратной связью positive-fedback [regenerative] amplifier

~ с распределённым усилением distributed amplifier

~, стабилизованный обратной связью feedback-stabilized amplifier

стробируемый ~ gated amplifier

суммирующий ~ summing amplifier

суперлюминесцентный ~ superluminescence amplifier

твердотельный ~ solid-state amplifier

~ тока current amplifier

транзисторный ~ transistor amplifier

узкополосный ~ narrow-band amplifier

ферритовый ~ ferrite amplifier

ферромагнитный ~ ferromagnetic amplifier

феррорезонансный магнитный ~ ferroresonant mangetic amplifier

химический ~ кв. эл. chemical amplifier

широкополосный ~ broadband [wide-band] amplifier

электроионизационный ~ кв. эл. electron-beam-controlled amplifier

электрометрический ~ electrometric amplifier

электромеханический ~ electromechanical amplifier

электронно-лучевой ~ electron-beam amplifier
электронный ~ electronic amplifier
~ яркости   image intensifier; light [image] amplifier
~ яркости изображения image intensifier; light [image] amplifier
усилитель-дискриминатор *м.* amplifier-discriminator
усилитель-инвертор *м.* amplifier-inverter
ускорени/е *c.* acceleration □ ~ в единицах ~я силы тяжести acceleration measured in g; вызывать ~ produce [induce] an acceleration; двигаться с ~ем accelerate; испытывать ~ acclerate; ~ продолжается в течение времени порядка 5 с acceleration takes place over a period of the order of 5 s; сообщать ~ induce [produce] an acceleration
абсолютное ~ absolute acceleration
абсолютное ~ точки absolute acceleration of particle
авторезонансное ~ autoresonance [autoresonant] acceleration
авторезонансное ~ ионов autoresonant ion acceleration
~ бегущей волной traveling-wave acceleration
бездиссипативное ~ ионов dissipativeless ion acceleration
бездиссипативное ~ плазмы самосогласованным полем dissipativeless plasma acceleration by a self-consistent field
~ больцмановским электрическим полем Boltzmann electric field acceleration
~ быстрых ионов fast ion acceleration
~ быстрых электронов fast electron acceleration
вековое ~ *астр.* secular acceleration
вертикальное ~ vertical acceleration
вибрационное ~ vibrational acceleration
~ в поле   пространственного заряда space-charge field acceleration, acceleration by space-charge field
~, вызывающее текучесть yield acceleration
высокочастотное ~ radio-frequency acceleration
газокинетическое ~ плазмы gas-kinetic plasma acceleration
горизонтальное ~ horizontal acceleration
гравитационное ~ gravitational acceleration, acceleration of gravity
диссипативное ~ ионов под действием электронного трения dissipative ion acceleration by electron drug
допустимое ~ allowable acceleration
~ заряженных частиц charged particle acceleration, acceleration of charged particles
изохронное ~ isochronous acceleration
импульсное ~ impulsive acceleration
индукционное ~ induction acceleration
инерционное ~ inertial acceleration
~ ионов ion acceleration
~ ионов продольным самосогласованным электрическим полем ion acceleration by longitudinal self-consistent electric field
касательное ~ tangential acceleration

касательное ~ точки tangential acceleration of particle
каскадное ~ cascade acceleration
квазиэлектростатическое ~ quasi-electrostatic acceleration
когерентное ~ coherent acceleration
колеблющееся ~ fluctuating acceleration
коллективное ~ collective acceleration
коллективное ~ ионов collective ion acceleration
кориолисово ~ Coriolis [complementary] acceleration
кратковременно действующее ~ brief acceleration
лазерное ~ laser acceleration
линейное ~ linear acceleration
локальное ~ local acceleration
~ лоренцовским электрическим полем Lorentz electric field acceleration
максимальное ~ peak acceleration
мгновенное ~ instantaneous acceleration
~ медленной волной slow-wave acceleration
многокаскадное ~ multistage acceleration
многократное ~ multiple acceleration
~ на второй гармонике   second-harmonic acceleration
направленное вниз ~ downward acceleration
начальное ~ initial [starting] acceleration
неизотермическое ~ nonisothermic acceleration
непрерывное ~ continuous acceleration
нестационарное ~ плазмы nonsteady-state plasma acceleration
нормальное ~ normal [centripetal] acceleration
нормальное ~ точки normal acceleration of particle
осевое ~ axial acceleration
относительное ~ relative acceleration
относительное ~ точки relative acceleration of particle
отрицательное ~ negative acceleration, deceleration
переменное ~ varying [variable, fluctuating] acceleration
переносное ~ bulk [reference-frame] acceleration; acceleration of moving space
~ плазмы plasma acceleration
~ плазмы магнитными силами plasma acceleration by magnetic forces
~ плазмы под действием градиента ионного давления plasma acceleration by an ion pressure gradient
~ плазмы под действием градиента электронного давления plasma acceleration by electron pressure gradient
~ плазмы под действием силы Ампера plasma acceleration by Ampère force
~ пограничного слоя boundary layer acceleration
поперечное ~ lateral [transverse] acceleration
пороговое ~ threshold acceleration
постоянное ~ uniform acceleration
~ поступательного движения acceleration of translation, translatory acceleration
приливное ~ tidal acceleration

819

~ при переходном режиме transient acceleration
~ при трогании с места acceleration from rest
продольное ~ longitudinal acceleration
~ протонов межпланетной ударной волной acceleration of protons by interplanetary shock
~ пучка beam acceleration
~, равное единице unit acceleration
~ равнопеременного движения uniform acceleration
радиальное ~ radial acceleration
~ расширения (Вселенной) acceleration of expansion
резонансное ~ resonance acceleration
резонансное ~, устойчивое по фазе phase-stable [synchronous] acceleration
~ роста (кристалла) growth acceleration
~ с автофазировкой phase-stable acceleration
~ свободного падения free fall [gravitational] acceleration, acceleration of gravity
~ сгустка bunch [cluster] acceleration
секториальное ~ sector(ial) acceleration
секторное ~ sector(ial) acceleration
~ силы тяжести gravitational [free fall] acceleration, acceleration of gravity
синхронное ~ synchronous acceleration
~ с переходом через скорость звука acceleration through sonic speed
среднее ~ average acceleration
статистическое ~ statistical acceleration
стохастическое ~ stochastic acceleration
тангенциальное ~ tangential acceleration
тепловое ~ ионов ion thermal acceleration
~ точки acceleration of particle
~ трещины crack acceleration
~ тяжёлых ионов heavy-ion acceleration
угловое ~ angular acceleration
ударное ~ shock acceleration
удельное ~ specific acceleration
устойчивое ~ stable acceleration
~ Ферми Fermi acceleration
центробежное ~ centrifugal acceleration
центробежное ~ силы тяжести centrifugal gravitational acceleration
центростремительное ~ centripetal acceleration
циклотронное ~ cyclotron acceleration
~ частиц particle acceleration
~ частицы в плазме particle acceleration in plasma
~ частицы встречными волнами в поле плоской электромагнитной волны acceleration of particle by counter-streaming waves in the field of plane electromagnetic wave
экваториальное ~ equatorial acceleration
~ электронного пучка electron beam acceleration
~ электронным ветром electron wind acceleration
~ электронных колец electron ring acceleration
электростатическое ~ electrostatic acceleration
~ элементарной частицы жидкости или газа acceleration of fluid element

эффективное ~ effective acceleration
ускоренный прил. (о движении, о теле) accelerated
ускоритель м. accelerator □ ввести ~ в действие put an accelerator into operation; запустить ~ start up an accelerator
авторезонансный ~ autoresonant accelerator
азимутально-симметричный ~ azimuthally-symmetric accelerator
аксиально-симметричный ~ axially-symmetric accelerator
аксиальный магнитогидродинамический плазменный ~ axial MHD-plasma accelerator
~ Альвареца Alvarez accelerator
~ атомных частиц atomic (particle) accelerator
бездиссипативный ~ с замкнутым холловским током dissipativeless accelerator with a closed Hall current
~ Будкера Budker accelerator
бустерный ~ booster accelerator, accelerator booster
~ Ван-де-Граафа Van de Graaf accelerator
~ Видероэ Wideröe accelerator
волноводный ~ waveguide accelerator
волновой ~ wave accelerator
вспомогательный ~ auxiliary accelerator
высоковольтный ~ high-voltage [DC] accelerator
высокочастотный ~ high-frequency [HF, radio-frequency, rf] accelerator
высокочастотный плазменный ~ HF plasma accelerator
герметизированный ~ высокого давления pressurized accelerator
гибридный ~ hybrid accelerator
горизонтальный электростатический ~ horizontal electrostatic accelerator
группирующий ~ bunching accelerator
двухкаскадный ~ two-stage accelerator
двухсекционный ~ two-section accelerator
двухступенчатый ~ two-stage accelerator
двухступенчатый аксиальный ~ two-stage axial accelerator
двухэлектродный ионный ~ two-electrode ion accelerator
«длинный» ~ "long" accelerator
~ для получения частиц с энергией несколько ГэВ multi-GeV accelerator
жёсткофокусирующий ~ alternating-gradient accelerator
~ заряженных частиц (charged-)particle accelerator
изохронный ~ isochronous accelerator
импульсный ~ pulsed accelerator
импульсный высоковольтный ~ pulsed DC accelerator
импульсный плазменный ~ pulsed plasma accelerator
импульсный электродинамический ~ pulsed electrodynamical accelerator
импульсный эрозионный коаксиальный ~ pulsed erosion coaxial accelerator

импульсный эрозионный электротермический ~ pulsed erosion electrothermal accelerator

индуктивный ~ inductive accelerator

индукционный ~ induction [betatron-type] accelerator

индукционный плазменный ~ induction plasma accelerator

индукционный ~ **электронов** induction electron accelerator

~ **ионов** ion accelerator

каскадный ~ cascade accelerator

каскадный ~ **под давлением** pressurized cascade accelerator

~ **квазинейтральной плазмы** quasi-neutral plasma accelerator

квазистационарный импульсный ~ quasi-steady [quasi-stationary] pulsed accelerator

квазистационарный ~ **плазмы** quasi-steady [quasi-stationary] plasma accelerator

кибернетический ~ cybernetic accelerator

коаксиальный ~ coaxial accelerator

коаксиальный плазменный ~ coaxial plasma accelerator

коаксиальный стационарный плазменный ~ steady coaxial plasma accelerator

когерентный ~ coherent accelerator

~ **Кокрофта - Уолтона** Cockroft-Walton accelerator

коллективный ~ collective (particle) accelerator

коллективный ~ **ионов** ion-drag accelerator

кольцевой ~ circular [ring, annular] accelerator

комбинированный ~ hybrid [combined] accelerator

криогенный ~ cryogenic accelerator

лазерный ~ laser accelerator

линейный ~ linear accelerator, linac

линейный индукционный ~ linear induction accelerator

линейный резонансный ~ linear resonance accelerator, resonance linac

линейный ~ **с бегущими волнами** traveling-wave linear accelerator

линейный ~ **со стоячими волнами** standing-wave linear accelerator

линейный ~ **с трубками дрейфа** drift-tube linear accelerator, drift-tube linac

линейный ~ **тяжёлых ионов** linear accelerator for heavy ions, heavy ion linac, hilac

магнитогидродинамический плазменный ~ **с коаксиальной геометрией** coaxial MHD plasma accelerator

магнитоплазменный ~ magnetoplasma accelerator

медицинский ~ medical accelerator

многокаскадный ~ multistage accelerator

многопучковый ~ multiple beam accelerator

многорезонаторный ~ multiple-cavity accelerator

многорезонаторный линейный ~ multiple cavity linear accelerator

многосекторный ~ multisector accelerator

многосекционный ~ multisection accelerator

многоступенчатый ~ multistage accelerator

многоцелевой ~ multipurpose accelerator

моноэнергетический ~ monoenergetic accelerator

мощный ~ high-power [high-output] accelerator

~ **на бегущей волне со спиральной замедляющей структурой** helix [helical] accelerator

~ **на высокие энергии** high-energy accelerator

~ **на низкие энергии** low-energy accelerator

~ **на 10 ГэВ** 10 GeV [10 BeV] accelerator

неизотермический ~ non-isothermal accelerator

неизотермический плазменный ~ non-isothermal plasma accelerator

неизотермический ~ **с инжектируемым электронным пучком** nonisothermal accelerator with an injected electron beam

нерезонансный линейный ~ nonresonant linear accelerator

нерелятивистский ~ nonrelativistic accelerator

однопролётный ~ single-pass accelerator

однорезонаторный ~ single-cavity accelerator

одноступенчатый ~ single-stage accelerator

открытый каскадный ~ open-air cascade accelerator

открытый электростатический ~ open-air electrostatic accelerator

~ **отрицательных ионов** negative ion accelerator

перезарядный ~ tandem [charge-exchange] accelerator

плазменный ~ plasma accelerator

плазменный электромагнитный ~ plasma electromagnetic accelerator

~ **плазмы с внешними скрещёнными электрическими и магнитными полями** plasma accelerator with an outer ExB fields

половинный бета-лямбда линейный ~ half-beta-lambda linac

~ **положительных ионов** positive ion accelerator

протонный ~ proton accelerator

протонный линейный ~ proton linear accelerator, proton linac

протонный линейный ~ **с пролётными трубками** proton linear accelerator with drift tubes

~ **протонов** proton accelerator

~ **прямого действия** direct action accelerator

радиально-секторный ~ radial-sector accelerator

радиально-секторный кольцевой ~ radial-sector ring accelerator

радиационный ~ radiative accelerator

радиочастотный индукционный ~ radio-frequency induction accelerator

резонансный ~ resonance [resonant] accelerator

резонансный линейный ~ resonant linear accelerator

резонансный циклический ~ resonant cyclic accelerator

~ **резонаторного типа** cavity-type accelerator

резонаторный ~ (resonant) cavity accelerator
~ рельсовой геометрии rail accelerator
рельсовый эрозионный ~ erosion rail accelerator
релятивистский ~ relativistic accelerator
релятивистский электронный группирующий ~ relativistic electron bunching accelerator
~ с автофазировкой phase-stable [self-focusing] accelerator
~ с бегущими волнами traveling-wave accelerator
~ с безжелезным магнитом ironless accelerator
сверхпроводящий ~ superconducting accelerator
~ с высокой яркостью пучка high-brightness accelerator
~ с дрейфовыми трубками drift-tube accelerator
секторный ~ sector(-field) accelerator
~ с замкнутым дрейфом closed drift accelerator
сильноточный ~ high-current [high-intensity] accelerator
сильноточный линейный ~ high-intensity linac
симметричный ~ symmetrical accelerator
~ с импульсным трансформатором pulse-transformer accelerator
~ с коллективной фокусировкой collective focusing accelerator
~ с нулевым градиентом магнитного поля zero-gradient accelerator
~ со встречными пучками accelerator with colliding beams; collider; intersecting-beam [colliding-beam, two-beam] accelerator
~ со слабой фокусировкой weak-focusing [constant-gradient] accelerator
~ со стальным сердечником iron-core accelerator
~ со стоячими волнами standing-wave accelerator
спирально-секторный ~ spiral-sector accelerator
~ с постоянным магнитным полем fixed-field accelerator
~ с пространственной вариацией постоянного магнитного поля fixed-field alternating gradient accelerator, FFAG
~ с сегментированными электродами segmented electrode accelerator
~ с сеточной фокусировкой grid-focused accelerator
~ с сильной фокусировкой strong-focusing [alternating-gradient] accelerator
стационарный ~ steady-state [stationary] accelerator
стохастический ~ stochastic accelerator
~ с электронным кольцом electron ring accelerator
тандемный ~ tandem [charge-exchange] accelerator
тандемный электростатический ~ tandem electrostatic accelerator
тороидальный ~ toroidal accelerator
трансформаторный ~ transformer accelerator
трёхкаскадный ~ three-stage accelerator

трёхступенчатый ~ three-stage accelerator
~ тяжёлых ионов heavy-ion accelerator
~ тяжёлых частиц heavy-particle accelerator
универсальный линейный ~ unilac
~ фарадеевского типа Faraday-type accelerator
холловский ~ Hall accelerator
холловский плазменный ~ Hall plasma accelerator
холловский ~ плазмы щёлочных металлов alkali plasma Hall accelerator
циклический ~ cyclic accelerator
циклический индукционный ~ cyclic induction accelerator
циклический резонансный ~ cyclic resonance accelerator
~ циклотронного типа cyclotron-like accelerator
~ частиц particle accelerator
~ частиц высоких энергий high-energy accelerator
~ частиц сверхвысоких энергий ultra-high energy accelerator
четвертьволновый ~ quarter-wave accelerator
электродинамический ~ electrodynamical accelerator
электронный ~ electron accelerator
электронный линейный ~ electron linear accelerator, electron linac
~ электронов electron accelerator
электростатический ~ electrostatic [Van de Graaf] accelerator
электростатический ионный ~ electrostatic ion accelerator
электростатический ~ под давлением pressurized electrostatic accelerator
электротермический ~ electrothermal accelerator
~ элементарных частиц elementary particle accelerator
эрозионный ~ erosion accelerator
эрозионный импульсный плазменный ~ erosion pulsed plasma accelerator
~ ядерных частиц nuclear (particle) accelerator
ускоритель-бридер м. accelerator breeder
ускоритель-инжектор м. accelerator injector; booster; injector accelerator
линейный ~ linac booster
ускоритель-накопитель м. storage accelerator
ускоритель-размножитель м. accelerator breeder
ускорять гл. accelerate ~ из состояния покоя accelerate from rest
ускоряющий прил. accelerating
услови/е с. condition □ в идеальных ~ях under ideal circumstances; выполнять ~ meet [fulful] condition; налагать ~я impose conditions; нарушать ~ violate condition; определять ~я specify conditions; отвечать ~ю meet condition; по ~ям задачи under the conditions of the problem; при заданных ~ях under given conditions; при нормальных ~ях at standard conditions; при определённых ~ях under certain conditions; при прочих равных ~ях other conditions being equal; при сходных ~ях under similar conditions; при ~и, что ... provided that ..., on condition that..., given that...; соблюдать ~ meet [fulfil] condition; с учётом начального ~я subject to the initial condition; удовлетворять ~ям satisfy conditions; это ~ подразумевает, что... this condition implies that...

аварийные ~я emergency
~ автодуальности self-duality condition
~ автомодельности self-similarity condition
~ адиабатичности adiabatic condition
~ амбиполярности ambipolarity condition
аномальные граничные ~я anomalous boundary conditions
асимптотическое ~ asymptotic condition
~ асимптотической устойчивости condition of asymptotic stability
атмосферные ~я atmospheric conditions
безопасные ~я труда safe working conditions
~ Беннета Bennett condition
~ Беннета - Будкера Bennett-Budker condition
бетатронное ~ betatron [Wideröe] condition
~ Блоха Bloch condition
~ Бома физ. пл. Bohm condition
~ Брэгга Bragg condition
~ Брэгга - Вульфа Bragg condition
~ Будкера Budker condition
~ Видероэ Wideröe [betatron] condition
~ винтовой симметрии helical-symmetry condition
внешние ~я ambient [environmental] conditions
~я в реакторе reactor conditions
~ в узловой точке nodal condition
вынужденное краевое ~ restrained boundary condition
~ вырождения degeneracy condition
~ геометрического подобия condition for geometrical similarity
геометрическое граничное ~ geometric boundary condition
гидротермальные ~я hydrothermal conditions
главные граничные ~я principal boundary conditions
глобальное ~ непрерывности global continuity condition
граничное ~ boundary [edge] condition
граничное ~ в напряжениях stress [traction] boundary condition
граничное ~ в перемещениях displacement boundary condition
граничное ~ в скоростях velocity boundary condition
граничное ~ градиентного типа gradient boundary condition
граничное ~ Дирихле Dirichlet boundary condition
граничное ~ для напряжений stress boundary condition
граничное ~ для скоростей на входе entrance velocity boundary condition
граничное ~ для скоростей на выходе exit velocity boundary condition
граничное ~ импедансного типа impedance boundary condition
граничное ~ конвективного типа convection boundary condition
граничное ~ на свободной поверхности free-surface boundary condition

граничное ~ Неймана Neumann boundary condition
граничное нелокальное ~ nonlocal boundary condition
граничное ~ типа Робина Robin-type [impedance] boundary condition
граничные ~я для перемещений displacement boundary conditions
граничные ~я Кирхгофа Kirchhoff boundary conditions
граничные ~я Леонтовича Leontovich boundary conditions
граничные ~я на бесконечности boundary conditions of infinity
~я Гюгоньо Hugoniot conditions
~ движущейся границы moving-boundary condition
динамическое граничное ~ dynamic [kinetic] boundary condition
~ Дирихле Dirichlet condition
дополнительное ~ additional [auxiliary, supplementary] condition
~ допустимости admissibility condition
достаточное ~ sufficient condition
~ единственности uniqueness condition
естественное граничное ~ natural boundary condition
жёсткие ~я hard [severe] conditions
~ жёсткости rigidity condition
~ задачи statement of a problem
~я закрепления (образца) gripe conditions
~ излучения Зоммерфельда Sommerfeld radiation condition
~ изоморфизма isomorphism condition
инвариантное ~ invariant condition
~ инвариантности invariance condition
~ интегрируемости integrability condition
исходные ~я initial conditions
~ калибровки ктп gauge condition
калибровочное ~ gauge condition
~ квазинейтральности quasi-neutrality condition
~я квантования quantization conditions
квантовое ~ quantum condition
кинематическое граничное ~ kinematical boundary condition
кинематическое ~ на границе раздела kinematic interfacial condition
~ кинематической непрерывности condition of kinematic connectivity [coherence]
~я Кирхгофа Kirchhoff conditions
конечное ~ finite condition
контролируемые ~я controlled conditions
краевое ~ boundary [edge] condition
~я кристаллизации crystallization conditions
критические ~я critical conditions
~ критичности criticality condition
~ Кубо - Мартина - Швингера стат. физ. Kubo-Martin-Schwinger condition
~ Ленгмюра физ. пл. Langmuir condition
~ линейности linearity condition
~ локализации возмущения perturbation localization condition

~ **Лоренца** Lorentz condition
макроскопические ~я macroscopic conditions
~ **максимума** maximum condition
мгновенное ~ текучести current yield condition
метеорологические ~я meteorological conditions
~я механического подобия течений conditions for mechanical similarity of flow
~ **механической устойчивости неподвижной жидкости в поле тяжести** condition for mechanical stability of a fluid at rest in a gravitational field
~ **минимума** minimum condition
~я наблюдений conditions of observations
~ **на выходной границе** outflow boundary condition
~я нагружения loading conditions, conditions of loading
наземные ~я видимости terrestrial seeing conditions
~я наклонного просвечивания oblique incidence conditions
наложенное ~ imposed condition
~ **на свободной поверхности** free-surface condition
~ **насыщения** saturaion condition
начальные ~я initial conditions
~ **нелинейности** nonlinearity condition
необходимое ~ necessary condition
необходимое и достаточное ~ necessary and sufficient condition
неоднородные граничные ~я inhomogeneous boundary conditions
~ **непрерывности** continuity condition
~ **непрерывности вихревого движения** continuity condition of rotational motion
~ **непротиворечивости** condition of consistency
неравновесное ~ nonequilibrium condition
~ **неразрывности** continuity condition
~ **неразрывности потока** flow continuity condition
~ **несжимаемости** incompressibility condition
нормальные ~я normal conditions
нормальные термодинамические ~я normal thermodynamic conditions
~ **нормировки** normalizing condition, normalization condition
обобщённое ~ generalized condition
обобщённое ~ Бома generalized Bohm condition
обобщённое граничное ~ Леонтовича generalized Leontovich boundary condition
~я обтекания воздушным потоком airflow conditions
общее ~ general condition
общие ~я механического подобия general conditions for mechanical similarity
однородные граничные ~я homogeneous boundary conditions
~я окружающей среды environmental conditions

оптимальные ~я optimal conditions
~ **оптимума** optimum condition
~я опыта experimental conditions
~ **ортогональности** orthogonality condition
~ **ортонормированности** orthonormality condition
~ **отсечки** cut-off condition
~ **отсутствия конвекции** condition of convection absence
~я охлаждения conditions of cooling
~ **перестановочности** commutativity condition
переходные ~я transient conditions
периодические граничные ~я periodic boundary conditions
~ **периодичности** periodicity condition
~ **пластичности** plasticity condition
~я плоского напряжённого состояния plane stress conditions
~я плоской деформации plane strain conditions
~ **подобия скоростей** condition for velocity field similarity
~ **постоянной деформации** constant strain condition
предельное ~ limiting condition
приемлемое ~ reasonable condition
~ **применимости** usability condition
~я применимости модели conditions of validity of the model
~ **причинности** causality condition
~ **причинности для двухступенчатого перехода** causality condition for a two-step transition
~ **пробоя** breakdown condition
~я пространственно-временного синхронизма space-time synchronism conditions
противоречивое ~ contradictory condition
~ **прочности** strength condition
~я псевдоморфизма pseudomorphism conditions
рабочие ~я operating [working] conditions
~ **равновесия** equilibrium condition
~ **разрешимости** solvability condition
~ **распада** decay condition
~ **резонанса** resonance condition
резонансное ~ resonant condition
~ **Рэлея** *опт.* Rayleigh condition
~ **самовозбуждения** self-excitation condition
~ **Сен-Венана** Saint-Venant identity; strain compatibility condition
сильнонеравновесные ~я strongly nonequilibrium conditions
~ **сингулярности** singularity condition
~ **синусов** *опт.* sine condition
~ **синхронизма** synchronism condition
~ **скачка** jump condition
~ **совместимости** condition of consistency, compatibility condition
~ **совместности деформаций** Saint-Venant identity; strain compatibility condition
~ **сохранения потока** condition of flux conservation
~ **стабилизации широм** *физ. пл.* shear stabilization condition

стандартные ~я standard conditions
~ существования existence condition
~ сходимости convergence condition
~ сшивки *(решений)* matching condition
~ текучести Мизеса Mises yield condition
~ текучести Треска - Сен-Венана constant maximum shearing stress [Tresca-Saint-Venant yield] condition
~ теплового равновесия heat equilibrium condition
~ теплоотвода heat dissipation condition
технические ~я specifications
~я течения flow conditions
~ транзитивности transitive condition
~я трения friction conditions
~я труда working conditions
узловое ~ nodal condition
~ унитарности unitarity condition
установившиеся ~я steady-state conditions
~ устойчивости stability condition
~ устойчивости двойного слоя double layer stability condition
~ фазового синхронизма *кв. эл.* phase-matching (condition)
формальное ~ formal condition
характеристическое ~ characteristic condition
~ Чаплыгина Chaplygin condition
~я шарнирного закрепления на конце hinged end conditions
~ эквипотенциальности сеток grid equipotentiality condition
~я эксперимента experimental conditions
эксплуатационные ~я operating [service] conditions
~ экстремума extremum condition
~ эргодизации спектра spectrum ergodization condition
~ эргодичности ergodicity condition
условный *прил.* conditional; conventional
усложнение *с.* complication
усложнённый *прил.* complicated
усовершенствование *с.* improvement, refinement
успех *м.* success; progress; advance
~и в развитии физики advances in physics
успокоение *с.* damping
успокоитель *м.* damper
гидравлический ~ dashpot, liquid damper
жидкостный ~ liquid damper
магнитный ~ electromagnetic damper
магнитоиндукционный ~ magnetic damper
маятниковый ~ pendulum damper
пневматический ~ dashpot
усреднение *с.* averaging
~ ориентаций спинов averaging of spin orientation
~ по аксиальному углу в пространстве скоростей averaging over axial angle in a velocity space
~ по ансамблю ensemble averaging
~ по времени time averaging
~ по времени и пространству space-time averaging

~ по периодической переменной averaging over periodical variable
~ по продольному движению *(частицы в токамаке)* averaging over the longitudinal motion
~ по скоростям velocity averaging
~ по энергии energy averaging
пространственное ~ spatial averaging
~ сечений по резонансам averaging of cross-sections over resonances
усреднённый *прил.* averaged
~ по времени time-averaged
~ по потоку flux-averaged
усреднять *гл.* average
усталость *ж.* fatigue
акустическая ~ sonic fatigue
~ в условиях случайного нагружения random fatigue
контактная ~ contact fatigue
коррозионная ~ corrosion fatigue
малоцикловая ~ low-cycle fatigue
~ металлов fatigue of metals
механическая ~ mechanical fatigue
многоцикловая ~ high-cycle [multiple-cycle] fatigue
объёмная ~ bulk fatigue
поверхностная ~ surface fatigue
~ при знакопеременном нагружении reversed-stress fatigue
~ при изгибе flexural [bending] fatigue
~ при кручении torsion fatigue
~ при пластическом контакте low-cycle frictional [plastic contact] fatigue
~ при растягивающем напряжении tensile fatigue
~ при сжатии compression fatigue
~ при сложном напряжённом состоянии multiaxial fatigue
~ при ударе impact fatigue
~ при упругом контакте high-cycle frictional [elastic contact] fatigue
~ при фреттинге fretting fatigue
~ при циклическом нагружении cyclic fatigue
термическая ~ thermal fatigue
термомеханическая ~ thermomechanical fatigue
фрикционная ~ friction fatigue
устанавливать *гл.* 1. *(монтировать)* install, mount, set up 2. *(находить)* ascertain; determine 3. *(показание, параметр)* ajust 4. *(располагать)* position, place, locate □ ~ взаимосвязь A с B relate A to B; ~ в положение равновесия reach [attain, establish] equilibrium; ~ в удобное положение place [position] conveniently; ~ заранее preset, predetermine; ~ на нуль adjust [set] to zero
установка *ж.* 1. *(устройство, прибор)* plant, facility, installation, unit; apparatus 2. *(процесс)* mounting, installation 3. *(регулировка)* ajustment
баллистическая ~ ballistic installation
вакуумная ~ vacuum assembly
вентиляционная ~ ventilation installation
ветроэнергетическая ~ wind-driven electric plant

825

воздухоочистительная ~ air-cleaning installation

газодиффузионная ~ gas-diffusion installation

газотурбинная силовая ~ gas-turbine power plant

дезактивационная ~ decontamination installation

дистанционно управляемая ~ remote-controlled facility

~ для бестигельного выращивания кристаллов crucibleless growth apparatus

~ для выдерживания топлива fuel cooling installation

~ для выращивания кристаллов crystal growth apparatus

~ для вытягивания кристаллов crystal pulling apparatus

~ для деминерализации воды water-demineralizing plant

~ для испытаний на усталость при изгибе bending fatigue test machine

~ для испытания на ползучесть creep testing machine

~ для испытания на удар impact machine

~ для испытания на усталость в резонансном режиме resonant machine

~ для испытания падающим грузом drop-weight test apparatus

~ для лазерного отжига laser annealing device

~ для лазерной сварки laser welding device

~ для облучения irradiation facility

~ для обогащения урана uranium enrichment plant

~ для обработки воды water-treatment plant

~ для обработки радиоактивных отходов radioactive-waste treatment plant

~ для очистки продуктов деления fission-product refining plant

~ для получения тяжёлой воды heavy water plant

~ для производства жидкого азота liquid-nitrogen production plant

~ для производства жидкого гелия liquid-helium production plant

~ для производства радия radium-production plant

~ для разделения изотопов isotope-separation facility, isotope separator

~ для регенерации топлива fuel-reprocessing [fuel-recovery] plant

~ для химического разделения chemical-separation plant

~ для химической переработки chemical-processing plant

~ для электромагнитного разделения изотопов electromagnetic isotope-separation unit

дозиметрическая ~ health-monitoring installation

имплантационная ~ implantation facility, implanter

~ ионного травления ion-etching apparatus

~ ионной имплантации implantation facility, ion implanter

испытательная ~ test machine, test unit

каскадная разделительная ~ cascade separating plant

~ катодного распыления cathode sputtering apparatus

~ кондиционирования воздуха air conditioner, air conditioning installation

криогенная ~ cryogenic plant

лабораторная ~ laboratory facility

лазерная ~ laser facility

лазерная офтальмологическая ~ laser ophtalmological system

многоступенчатая диффузионная ~ multistage diffusion unit

многоцелевая ~ multipurpose plant

~ на нуль zero adjustment

насосная ~ pump assembly, pumping installation

неправильная ~ misadjustment

~ нуля zero ajustment

обогатительная ~ enrichment plant

обогатительная ~ с ультрацентрифугированием ultracentrifuge enrichment plant

опытная ~ pilot plant

очистительная ~ purification [purifying, decontamination] plant

паросиловая ~ steam power plant

пирометаллургическая ~ pyrometallurgical plant

~ по извлечению трития tritium extraction plant

проекционная ~ projection apparatus, projector

промышленная ~ production unit, commercial plant

~ прямого ускорения direct voltage machine

радиологическая ~ radiological unit

радиолокационная ~ radar (installation)

разделительная ~ separation plant

реакторная ~ reactor plant

рентгеновская ~ X-ray unit

рентгеновская ~ для структурного анализа X-ray crystal analyzer

~ с азимутальными пинчем azimuthal pinch device

сверхпроводящая ~ superconducting facility

~ с встречными пучками яф beam collider, colliding-beam facility

~ с зета-пинчем z pinch device

силовая ~ power plant

~ с комбинированным пинчем combined pinch device

спектрометрическая ~ spectrometer facility

~ с продольным пинчем longitudinal pinch device

~ с прямым пинчем linear pinch device

~ с прямым тета-пинчем linear theta pinch device

~ с трубчатым пинчем tubular pinch device

судовая ядерная силовая ~ marine nuclear power plant

~ тензодатчика strain-gauge installation

теплофикационная ядерная ~ nuclear heating plant

термоядерная ~ thermonuclear facility

термоядерная ~ **с магнитными зеркалами** mirror thermonuclear facility

~ **типа плазменный фокус** plasma focus device

~ **токамак** tokamak (device)

тороидальная ~ **с пинч-эффектом** toroidal pinch device

тороидальная ~ **с тета-пинчем** toroidal theta pinch device

транспортабельная ~ transportable unit

~ **«Туман»** *физ. пл.* "Tuman" device

турбинная ~ turbine plant

ускорительная ~ accelerating installation

экваториальная ~ **телескопа** parallactic [equatorial] mounting

экспериментальная ~ experimental facility

экстракционная ~ extraction plant

электромагнитная разделительная ~ electromangetic separation plant

энергетическая ~ power installation, power plant, power station

ядерная ~ nuclear facility, nuclear installation

ядерная парогенераторная ~ nuclear steam-generating plant

ядерная силовая ~ nuclear power plant

установленн/ый *прил.* 1. *(смонтированный)* mounted, installed, positioned 2. *(правилами, предписаниями)* prescribed, established, specified □ ~ **впереди** front-mounted; **в ~ом порядке** in accordance with established order; ~ **на борту самолёта** airborne; ~ **на ракете** rocket-borne; ~ **на спутнике** satellite-borne

устойчивость *ж.* 1. stability 2. *(к воздействиям)* resistance □ ~ **по отношению к ...** stability against ...; ~ **против ...** stability against ...; **нарушать** ~ disturbe [violate] stability; **повышать** ~ enhance [improve] stability

абсолютная ~ absolute stability

~ **адиабатического движения заряженной частицы в магнитном поле Земли** stability of the adiabatic motion of charged particle in the Earth magnetic field

азимутальная ~ azimuthal stability

аксиальная ~ axial stability

аксиальная ~ **движения частицы** axial stability of particle motion

аксиальная ~ **движения частицы в ускорителе** axial orbital stability

асимптотическая ~ *(движения)* asymptotic stability

~ **атмосферы** atmospheric stability

~ **атома** atomic stability

аэродинамическая ~ aerodynamic stability

безусловная ~ unconditional stability

~ **бетатронных колебаний** betatron stability

вековая ~ secular stability

~ **в круговом движении** phase stability in circular motion

внешняя ~ external stability

внутренняя ~ internal stability

~ **в первом приближении** stability in the first approximation

~ **вращательного движения жидкости** stability of rotary flow

~ **вращающегося диска** stability of a rotating disk

~ **вращающегося цилиндра** stability of a rotating cylinder

временная ~ temporal stability

~ **в целом** global stability

гидродинамическая ~ hydrodynamic stability

глобальная ~ global stability

гравитационная ~ gravitational stability

~ **гравитирующих систем** stability of gravitating systems

~ **движения** stability of motion

~ **движения в ламинарном пограничном слое** stability of flow in the laminar boundary layer

~ **движения гироскопа** stability of gyroscope motion

~ **движения по Лагранжу** Lagrange stability of motion

~ **движения по Лапласу** Laplace stability of motion

~ **движения по Ляпунову** Lyapunov stability of motion

~ **движения по Пуассону** Poisson stability of motion

~ **движения по трубе** stability of flow in a pipe

~ **движения частицы** stability of particle motion

~ **движения частицы в ускорителе** orbital stability

динамическая ~ dynamic stability

~ **дисковых систем** stability of disk(-shaped) systems

длинноволновая ~ long-wavelength stability

долговременная ~ long-time stability

~ **дуги** arc stability

~ **звёзд** stability of stars

идеальная ~ perfect stability

интегральная ~ integral stability

классическая ~ classical stability

~ **колебаний** stability of oscillations

~ **колец Сатурна** Saturn rings stability

~ **коллоидов** stability of colloids

~ **комплексных ионов** stability of complex ions

~ **конструкции** structural stability

~ **конформной теории поля** stability of conformal field theory

~ **к прожиганию** *(люминофора в ЭЛТ)* burn resistance

~ **ламинарного течения** stability of laminar flow

линеаризованная ~ linearized stability

~ **линзового световода** lens guide stability

локальная ~ local stability

магнитогидродинамическая ~ magnetohydrodynamic [MHD] stability

механическая ~ mechanical stability

морфологическая ~ *фтт* morphological stability

~ **невозмущённого движения** stability of unperturbed motion

нейтральная ~ neutral stability
нелинейная ~ nonlinear stability
~ неоднородных систем stability of inhomogeneous systems
нормальная ~ normal stability
ограниченная ~ limited stability
~ однородного шара stability of a uniform sphere
оптимальная ~ optimal stability
орбитальная ~ orbital stability
~ орбиты stability of orbit
относительная ~ relative stability
~ плазмы в стеллараторе с пространственной осью plasma stability in stellarator with spatial axis
~ плазмы с большим бета stability of high-beta plasma
~ плазмы с малым бета stability of low-beta plasma
~ плазмы с неравновесной функцией распределения электронов по скоростям stability of plasma with a nonequilibrium electron velocity distribution
~ пламен stability of flames
~ плоского гравитирующего слоя stability of flat gravitating layer
~ пограничного слоя stability of boundary layer
~ по Ляпунову Lyapunov stability
~ по отношению к возмущениям stability for disturbances
поперечная ~ transversal stability
поперечная ~ движения частицы transverse stability of particle motion
поперечная ~ движения частицы в ускорителе transverse orbital stability
~ потока stability of flow; flow stability
пошаговая ~ stepwise stability
продольная ~ longitudinal stability
продольная ~ движения частицы longitudinal stability of particle motion
продольная ~ движения частицы в ускорителе longitudinal orbital stability
пространственная ~ spatial stability
пространственно-временная ~ space-time stability
~ пучка beam stability
~ равновесия stability of equilibrium
равномерная ~ uniform stability
радиальная ~ radial stability
радиальная ~ движения частицы radial stability of particle motion
радиальная ~ движения частицы в ускорителе radial orbital stability
~ распределённых систем stability of distributed systems
~ регулирования control stability
~ резонатора resonator stability
~ решения stability of a solution
~ солитонов soliton stability
~ спектра spectrum stability
спектральная ~ spectral stability
статистическая ~ statistical stability

статическая ~ static stability
~ стационарного движения жидкости stability of steady flow
стохастическая ~ stochastic stability
структурная ~ structural stability
~ тангенциального разрыва в поле тяжести stability of tangential discontinuity in a gravitaional field
~ теории струн stability of string theory
термическая ~ thermal stability
термодинамическая ~ thermodynamic stability
термомеханическая ~ thermomechanical stability
~ течения stability of flow; flow stability
~ течения между концентрическими цилиндрами stability of flow between concentric cylinders
~ течения с градиентом давления stability of flow with pressure gradient
~ течения с градиентом плотности stability of flow with density gradient
топологическая ~ topological stability
~ трёхосного эллипсоида stability of a three-axial ellipsoid
~ ударной волны shock wave stability
упругая ~ elastic stability
~ упругой системы stability of elastic system
условная ~ conditional stability
фазовая ~ (в ускорителях) phase stability
формальная ~ formal stability
фотохимическая ~ photochemical stability
~ цилиндров stability of cylinders
экспоненциальная ~ exponential stability
энергетическая ~ energy stability
~ ядерного реактора stability of nuclear reactor
~ ядра nuclear stability
устойчивый прил. stable
гидродинамически ~ hydrodynamically stable
динамически ~ dynamically stable
статически ~ statically stable
устранять гл. eliminate, remove, cancel
~ дефекты remove imperfections
устройство с. device; facility; installation; apparatus; arrangement
~ аварийной сигнализации alarm device
автоматическое ~ automatic device
адаптивное ~ adaptive device
активное ~ active device
активное линейное ~ active linear device
акустооптическое ~ acousto-optic device
акустоэлектронное ~ acoustoelectric device
аналоговое ~ analog device
бистабильное оптическое ~ bistable optical device
блокирующее ~ interlocking device
буферное ~ buffer unit
взаимное ~ reciprocal device
внешнее ~ external device
внешнее запоминающее ~ external memory
внутреннее запоминающее ~ intrinsic memory
~ вращения поляризатора polarizer spinner
входное ~ input device

выходное ~ output device
годоскопическое ~ hodoscope device
голографическое запоминающее ~ holographic memory
двухкоординатное запоминающее ~ two-coordinate memory
демпфирующее ~ damping device
динамическое запоминающее ~ dynamic memory
~ **для подвешивания модели** model suspension, model mounting
~ **для смены образцов** sample changer
дроссельное ~ throttling device
загрузочное ~ charging [loading] device
зажимное ~ clamping [gripping] device
запоминающее ~ memory (unit), storage (unit)
запоминающее ~ **на ЦМД** bubble [cylindrical-domain] memory
зарядное ~ charging unit, charger; battery charger, battery charging set
~ **защиты оборудования** equipment protection device
~ **звуковой сигнализации** audible signal device
измерительное ~ measuring device; meter
импульсное ~ impulse device
интегрально-оптическое ~ integrated-optical device
испытательное ~ test facility, test unit
калибровочное ~ calibration device
квазиоптическое ~ quasi-optical device
контрольное ~ monitor
логическое ~ logic unit
моделирующее ~ simulator
~, **моделирующее реактор** reactor sumulator
~ **на цилиндрических магнитных доменах** (magnetic) bubble device
невзаимное ~ nonreciprocal device
нелинейное ~ nonlinear device
~ **обдирки пучка** beam stripper
~ **обработки данных** data-processing unit, data processor
оперативное запоминающее ~ random-access memory
~ **опознавания** identification device
оптическое логическое ~ optical logic
оптоэлектронное ~ optoelectronic device
оптоэлектронное запоминающее ~ optoelectronic memory, optoelectronic storage device
~ **отображения** display
~ **памяти** memory, storage
пассивное ~ passive device
пассивное линейное ~ passive linear device
пересчётное ~ scaler, scaling unit
поджигающее ~ (*в плазменном ускорителе*) igniter
подслушивающее ~ eavesdropping device
постоянное запоминающее ~ permanent [read-only] memory, permanent storage
~ **преобразования энергии** energy conversion device, energy converter
радиопередающее ~ radio transmitter

радиоприёмное ~ radio receiver
развёртывающее ~ scanning device; (*в осциллографе*) sweep generator; time base
~ **разуплотнения каналов** demultiplexer
~ **распознавания образов** pattern recognition device
~ **реактора** reactor arrangement
регистрирующее ~ recording unit, recorder
сверхпроводящее ~ superconducting device
~ **световой сигнализации** visual signal device
~ **сканирования изображения** image scanner
~ **сканирования пучка** beam scanner
сканирующее ~ scanner
согласующее ~ matching device
сортирующее ~ sorting device
считывающее ~ reading [readout] device
термоэлектронное охлаждающее ~ thermoelectic cooling device
трёхкоординатное запоминающее ~ three-coordinate memory
~ **уплотнения каналов** multiplexer
~ **уплотнения/разуплотнения** multiplexer/demultiplexer
фазосдвигающее ~ phase shifter
~ **физической защиты** physical protection device
фокусирующее ~ focuser
~, **формирующее импульсы** pulse shaper
фотоприёмное ~ photodetector
функциональное ~ functional device
цифровое ~ digital device
экспериментальное ~ experimental device
электронное ~ electronic device
уступ м. 1. (*на дислокации*) kink 2. (*на телах Солнечной системы*) reapes
устье *с.* mouth
~ **трещины** crack mouth
усы *мн.* 1. (*вокруг солнечных пятен*) moustaches 2. (*нитевидные кристаллы*) whiskers
утверждать *гл.* 1. (*заявлять*) state, assert, claim 2. (*проект, документ*) approve
утверждение *с.* 1. (*суждение*) statement, assertion 2. (*проекта, документа*) approval
~ **выбора строительной площадки для ядерного реактора** site approval for nuclear reactor
истинное ~ true statement, true assertion
исходное ~ prime statement, prime assertion
ложное ~ false statement, false assertion
утечка *ж.* leak(age)
~ **быстрых нейтронов** fast-neutron leakage
вакуумная ~ vacuum leakage
диффузионная ~ diffusion leakage
допустимая ~ permissible leakage
~ **заряда** charge leakage
~ **на землю** ground leakage
~ **нейтронов** neutron leakage, neutron escape
поверхностная ~ surface leakage
~ **поля** field leakage
~ **продуктов деления** fission product release
~ **радиоактивных веществ** radioactivity leakage
~ **тепловых нейтронов** thermal-neutron leakage
~ **тока** current [electrical] leak
~ **через зазор** clearance leakage

~ через изоляцию insulation leakage
~ через переход *фпп* junction leakage
утолщение *с.* swelling; bulge; *(процесс)* thickening
утомление *с.* fatigue
зрительное ~ visual fatigue
утончение *с.* thinning-down
~ следа thinning-down of the track
уточнение *с.* refinement; improvement
утроение *с.* tripling
~ частоты frequency tripling
УФ-асимптотика *ж.* ultraviolet asymptotics
УФ-диапазон *м.* ultraviolet band
УФ-излучение *с.* ultraviolet radiation
УФ-спектроскопия *ж.* ultraviolet spectroscopy
УФ-телескоп *м.* ultraviolet telescope
ухо *с.* ear
уход *м. (отклонение)* departure; *(присмотр)* maintenance; care
~ частоты frequency departure; frequency drift
ухудшение *с.* deterioration, decline, degradation, impairment
~ **качества изображения** image degradation
~ **свойств** deterioration of properties
~ **удержания при увеличении бета** degradation in confinement with increasing beta
~ **удержания энергии по ионному каналу** degradation in ion energy confinement
~ **удержания энергии по электронному каналу** degradation in electron energy confinement
~ **характеристик** performance degradation
участвовать *гл. (в конференции)* participate, take part
участие *с.* participation
участник *м. (конференции)* participant; *(сделки)* partner
участок *м.* part, section, portion
~ **выведения** *(спутника)* zero-lift trajectory
~ **дислокации** dislocation segment
дневной ~ **овала полярных сияний** dayside auroral oval
конгруэнтный ~ *фмя* congruent section
линейный ~ linear section
~ **нагрузки** loading portion
нерегулярный ~ *(напр. волновода)* irregular segment
падающий ~ *(характеристики)* falling [dropping] section
~ **плато** plateau region
поглощающий ~ absorbing section
~ **разгрузки** unloading portion
~ **текучести** yield point area
учёный *м.* scientist, researcher; scholar
учёт *м.* accounting ☐ **вести** ~ keep a record; **с** ~ **ом** with regard to, with allowance for
~ **и контроль делящихся материалов** fissionable material management
учитывать *гл.* take account of, take into account [consideration], allow for
не ~ ignore, disregard
уширение *с.* broadening
аппаратурное ~ instrumental broadening
бесстолкновительное ~ collisionless broadening

времяпролётное ~ time-of-flight broadening
~ **вследствие насыщения** saturation broadening
~ **вследствие отдачи** recoil broadening
дипольное ~ dipole broadening
доплеровское ~ Doppler broadening
доплеровское ~ **резонанса** Doppler broadening of resonance
естественное ~ natural broadening
~ **за счёт неоднородностей кристалла** crystalline inhomogeneity broadening
~ **импульса** pulse broadening; pulse stretching
квазистатическое ~ quasi-static broadening
корреляционное ~ **резонанса** correlation broadening of resonance
~ **линии** line broadening, broadening of spectral line
нелинейное ~ **резонанса** nonlinear broadening of resonance
неоднородное ~ inhomogeneous broadening
обменное ~ exchange broadening
однородное ~ homogeneous broadening
полевое ~ *(спектральной линии)* power broadening
~ **провала** *нелин. опт.* hole broadening
пролётное ~ time-of-flight broadening
~ **профиля тока** current profile broadening
~ **пучка** beam spread, beam broadening
радиационное ~ radiation broadening
~ **резонанса** resonance broadening, broadening of resonance
резонансное ~ resonant broadening
резонансное ~ **спектральной линии** resonant broadening of spectral line
релятивистское ~ **циклотронного резонанса** relativistic broadening of cyclotron resonance
сверхтонкое ~ hyperfine broadening
~ **спектра** spectral broadening
~ **спектральной линии** line broadening, broadening of spectral line
~ **спектральной линии в магнитном поле с учётом динамики ионов** spectral line broadening in the presence of magnetic field accounting for ion dynamics
~ **спектральной линии давлением** pressure broadening of spectral line
спин-решёточное ~ spin-lattice broadening
статическое ~ static broadening
столкновительное ~ collisional broadening
температурное ~ temperature [thermal] broadening
тепловое ~ thermal [temperature] broadening
ударное ~ impact broadening
штарковское ~ Stark broadening
электродинамическое ~ electrodynamic broadening
~ **энергетического уровня** broadening of energy level
~ **энергетической зоны** band broadening
уширенный *прил.* broadened
ущерб *м.* damage ☐ **наносить** ~ cause damage

ядерный ~ nuclear damage

Ф

фабрика *ж.* factory
адронная ~ hadronic facility
гиперонная ~ hyperon factory
мезонная ~ meson factory, meson (physics) facility
фаз/а *ж.* phase □ **в** ~**е** in phase; **запаздывающий по** ~**е** retarding in phase; **не в** ~**е** out of phase; **не совпадающий по** ~**е** out of phase; **отличающийся по** ~**е** different in phase; **отстающий по** ~**е** retarding in phase; **противоположный по** ~**е** opposite in phase; **сдвинутый по** ~**на...** displaced in phase by..., phase shifted by...; **совпадать по** ~**е с...** be in phase with...
алмазная ~ *(углерода)* diamond phase
аморфная ~ amorphous phase
анизотропная ~ anisotropic phase
антисегнетоэлектрическая ~ antiferroelectric phase
антиферромагнитная ~ antiferromagnetic phase
белая ~ *(на поверхности трения)* white phase
взрывная ~ *(солнечной вспышки)* exposive [flash] phase
~ **внедрения** *фтт* interstitial phase
водная ~ aqueous phase
возвратная ~ re-entrant phase
возвратная жидкокристаллическая ~ re-entrant liquid-crystal phase
~ **волны** wave phase
~ **восстановления** recovery phase
~ **восстановления геомагнитной бури** geomagnetic storm recovery phase
~ **в сплаве** alloy phase
~ **вспышки** phase of the flare
вторая ~ minor [second] phase
вторичная ~ secondary phase
входная ~ **частицы** *(в ускорителе)* phase of input particle
~ **выделения** precipitated phase
выделившаяся ~ precipitate(d phase)
выпавшая ~ precipitate(d phase)
~ **высокого давления** high-pressure phase
высокосимметричная ~ high-symmetry phase
высокотемпературная ~ high-temperature phase
выходная ~ **частицы** *(в ускорителе)* phase of output particle
вязкая изотропная ~ *(раствора)* viscous phase
газовая ~ gas(eous) phase
газообразная ~ gas(eous) phase
гексагональная ~ *фтт* hexagonal phase
геликоидальная магнитная ~ helicoidal magnetic phase
~ **геомагнитной бури** geomagnetic storm phase
гидридная ~ hydride phase
главная ~ **бури** *геофиз.* main storm phase

главная ~ **вспышки** main phase of the flare
главная ~ **геомагнитной бури** main phase of a geomagnetic storm, geomagnetis storm main phase
главная ~ **землетрясения** long-wave phase of earthquake
главная ~ **магнитной бури** magnetic storm main phase
голубая ~ *(жидкого кристалла)* blue phase
горячая ~ **вспышки** hot phase of the flare
~ **гофрировки** ripple phase
граничная ~ boundary phase
~ **графита** graphite phase
графитовая ~ *(углерода)* graphite phase
~ **Гриффита** Griffith phase
делящаяся ~ fissile phase
диспергированная ~ disperse [dispersoid] phase
дисперсная ~ dispersed phase; *(в эмульсии)* internal phase
~ **дополнительного нагрева** auxiliary heating phase
жёсткая ~ **солнечной вспышки** hard phase of the solar flare
жидкая ~ liquid phase
жидкокристаллическая ~ liquid crystal phase
~ **заряженной частицы** *(в ускорителе)* phase of a charged particle, charged particle phase
~ **затмения Солнца** phase of solar eclipse
«золотая» ~ "golden" phase
изоструктурная ~ isostructural phase
изотропная ~ isotropic phase
импульсная ~ *(вспышки)* impulsive phase
интерметаллическая ~ intermetallic phase
калибровочно-симметричная ~ gauge-symmetric phase
кинетическая ~ kinetic phase
~ **колебаний** *мех.* vibration phase; *эл.* oscillation phase
коллинеарная ~ *фмя* collinear phase
конденсированная ~ condensed phase
конечная ~ *(землетрясения)* tail
конусообразная ~ conical phase
~ **конфайнмента** confinement phase
концентрированная ~ *(раствора)* concentrated phase
~ **кристаллизации** crystallization phase
кристаллическая ~ crystalline [crystal] phase
кубическая ~ *фтт* cubic phase
~ **Курнакова** *фтт* Kurnakov phase
~ **Лавеса** *(в сплавах)* Laves phase
ламелярная ~ *(раствора)* lamellar phase
~ **Ландау** Landau phase
легкоплавкая ~ low-melting phase
~ **Луны** phase of the Moon, lunar phase
~ **Магнелли** *фмя* Magnelli phase
мартенситная ~ martensite phase
мгновенная ~ instantaneous phase
металлическая ~ metal phase
метастабильная ~ metastable phase
модулированная ~ modulated phase
моноклинная ~ *фтт* monoclinic phase
мягкая ~ soft phase

~ **накачки** pumping phase
начальная ~ initial [starting] phase
начальная ~ **бури** storm initial phase, storm start-up
начальная ~ **геомагнитной бури** initial phase of geomagnetic storm
начальная ~ **частицы** *(в ускорителе)* initial phase of particle
~ **Нееля** Néel phase
нейтральная ~ neutral phase
неколлинеарная ~ *фмя* noncollinear [canted] phase
нематическая ~ *(жидкого кристалла)* nematic phase
неоднородная ~ nonuniform phase
неполярная ~ nonpolar phase
несоизмеримая ~ incommensurate phase
несоразмерная ~ incommensurate phase
неупорядоченная ~ *фмт* disordered phase
неустойчивая ~ unstable phase
неустойчивая равновесная ~ *(в ускорителе)* unstable synchronous [equilibrium] phase
низкосимметричная ~ low-symmetry phase
низкотемпературная ~ low-temperature phase
нормальная ~ normal phase
объёмная ~ bulk phase
~ **огибающей** envelope phase
однородная ~ uniform phase
опережающая ~ leading phase
опорная ~ reference phase
оптимальная ~ optimum phase
орторомбическая ~ *фмт* orthorhombic phase
парамагнитная ~ paramagnetic phase
параэластическая ~ paraelastic phase
параэлектрическая ~ paraelectric phase
паровая ~ vapor phase
парообразная ~ vapor phase
первичная ~ primary phase
пересыщенная ~ supersaturated phase
переходная ~ transient phase
~ **планеты** phase of planet, planetary phase
полностью упорядоченная ~ completely ordered phase
полярная ~ *фмт* polar phase
предвспышечная ~ preflare phase
~ **прецессии** precession phase
примесная ~ impurity phase
промежуточная ~ *(напр. в сплаве)* intermediate phase
противоположная ~ opposite [counter] phase, antiphase
равновесная ~ equilibrium phase
равновесная ~ **заряженной частицы** *(в ускорителе)* equilibrium phase of a charged particle
~ **равновесной частицы** *(в ускорителе)* equilibrium phase of a charged particle; synchronous phase
разбавленная ~ *(раствора)* diluted phase
разупорядоченная ~ disordered phase
~ **рассеяния** *кв. мех.* scattering phase
расщеплённая ~ split phase

сверхпроводящая ~ superconducting phase
сверхтекучая ~ superfluid phase
сегнетоэластическая ~ ferroelastic phase
сегнетоэлектрическая ~ ferroelectric phase
симметричная ~ symmetrical phase
синхронная ~ *(в ускорителе)* synchronous [equilibrium] phase
слоистая ~ *фмт* layered phase
слоистая ~ **Ландау** layered Landau phase
случайная ~ random phase
смектическая ~ *(жидкого кристалла)* smectic phase
смешанная ~ mixed phase
соизмеримая ~ commensurate phase
соразмерная ~ commensurate phase
спин-жидкостная ~ spin-liquid phase
спин-флоп ~ *фмя* spin-flop phase
~ **с потоком** *фмт* flux phase
стабильная ~ stable phase
стационарная ~ stationary phase
стеклообразная ~ glassy [vitreous] phase
стехиометрически упорядоченная ~ stoichiometrically ordered phase
~ **структурной амплитуды** phase of structural amplitude
твёрдая ~ solid phase
текучая ~ fluid phase
тетрагональная ~ *фмт* tetragonal phase
тригональная ~ *фмт* trigonal phase
триклинная ~ *фмт* triclinic phase
упорядоченная ~ ordered phase
упрочняющая ~ strengthening phase
~ **ускоряющего напряжения** accelerating phase
устойчивая ~ stable phase
устойчивая равновесная ~ *(в ускорителе)* stable synchronous [equilibrium] phase
ферримагнитная ~ ferrimagnetic phase
ферромагнитная ~ ferromagnetic phase
холестерическая ~ *(жидкого кристалла)* cholecteric phase
~ **цикла** phase of the cycle
~ **частицы** *(в ускорителе)* phase of particle
«чёрная» ~ "black" phase
шахматная ~ *фмт* chessboard phase
шахматная ~ **Нееля** *фмт* chessboard Néel phase
~ **Шубникова** *сверхпр.* Shubnikov phase
~ **электрического тока** electric field [electrical] phase
~ **Юм - Розери** *фмт* Hume-Rothery phase
фазирование *с.* phasing
~ **каналов** channel phasing
фазировать *гл.* phase
фазировка *ж.* phasing
знакопеременная ~ *(в ускорителе)* sign-alternating phasing
~ **пучка** beam phasing
фазитрон *м.* phasitron
фазовращатель *м.* (phase) shifter
акустоэлектронный ~ acoustoelectric phase shifter
аналоговый ~ analog phase shifter

взаимный ~ reciprocal phase shifter
волноводный ~ waveguide phase shifter
дискретный ~ discrete phase shifter
интегрально-оптический ~ integrated optical phase shifter
коаксиальнай ~ coaxial phase shifter
невзаимный ~ nonreciprocal [directional] phase shifter
отражательный ~ reflection phase shifter
полупроводниковый ~ semiconductor phase shifter
проходной ~ transmission phase shifter
регулируемый ~ variable phase shifter
фарадеевский ~ Faraday rotation phase shifter
фиксированный ~ fixed phase shifter

фазовый *прил.* phase

фазоинвертор *м.* phase inverter

фазокомпенсатор *м.* phase compensator

фазометр *м.* phase meter

фазон *м.* *(квазичастица)* phason
длинноволновый ~ long-wavelength phason
поперечный ~ transverse phason

фазообразование *с.* phase formation
гетерогенное ~ heterogeneous phase formation

фазотрон *м.* synchrocyclotron; frequency-modulated [variable frequency] cyclotron
кольцевой ~ annular [ring] synchrocyclotron
кольцевой ~ с сильной фокусировкой ring alternating gradient synchrocyclotron
обращённый кольцевой ~ inverted ring synchrocyclotron
радиально-секторный ~ radial-sector synchrocyclotron
секторный ~ sector synchrocyclotron
симметричный кольцевой ~ two-beam ring synchrocyclotron
спирально-секторный ~ spiral-sector synchrocyclotron

фазочувствительный *прил.* phase-sensitive

файербол *м.* *фвэ* fireball
адронный ~ hadronic fireball
первичный ~ primeval fireball
пионный ~ pionic fireball
расширяющийся ~ expanding fireball
термодинамический ~ thermodynamic fireball
ядерный ~ nuclear fireball

файл *м.* file

факел *м.* 1. *(солнечный)* facula *(мн.* faculae) 2. *(пламени)* flame; torch 3. *(выбросов)* plume
анодный ~ anode flame
~ выбросов plume of pollution; emission plume
~ дуги arc flame
катодный ~ cathode flame
кольцевой ~ circum facula
лазерный ~ laser jet, laser torch
плазменный ~ plasma torch
полярный ~ polar facula
солнечный ~ solar facula
фотосферный ~ photospheric facula
хромосферный ~ chromosphehric facula
яркий ~ bright facula

факт *м.* fact □ автор упустил тот ~, что... the author missed the fact that...

фактор *м.* *(см. тж.* коэффициент) factor
аддитивный ~ additive factor
адронный ~ hadronic factor
амплитудный ~ amplitude [peak] factor
антропогенный ~ anthropogenic factor
аппаратурный ~ instrumental factor
атомный ~ atomic factor
атомный ~ рассеяния atomic scattering factor
атомный рентгеновский ~ X-ray atomic factor
атомный электронный ~ electron atomic factor
баллистический размагничивающий ~ ballistic demagnetization [demagnetizing] factor
~ безопасности factor of safety, safety factor
~ Больцмана Boltzmann factor
~ ветвления branching ratio
~ влияния окружающей среды environmental factor
внутренний ~ intrinsic [internal] factor
возмущающий ~ perturbing factor
~ времени time factor
~ времени облучения temporal dose factor
второстепенный ~ secondary factor
~ выгорания burnup fraction
~ Гамова Gamow factor
геометрический ~ *(в теплопроводности)* geometric factor; *(в оптике)* geometric extent
главный ~ principal factor
~ Дебая - Уоллера *крист.* Debye-Waller (temperature) factor
деполяризующий ~ depolarization factor
~ достоверности reliability factor, R-factor
~ замедления *(при альфа-распаде)* moderation factor
значимый ~ significant factor
изоскалярный ~ isoscalar factor
изоспиновый ~ isospin factor
~ качества *спектр.* quality factor
качественный ~ qualitative factor
количественный ~ quantitative factor
контролируемый ~ controlled factor
~ Ланде Landé splittting factor, g-factor
лептонный ~ leptonic factor
~ Лэмба - Мёссбауэра *(в рентгеновской поляризации)* Lamb-Mössbauer factor
~ магнитного расщепления Landé splitting factor, g-factor
магнитометрический размагничивающий ~ magnetometric demagnetization [demagnetizing] factor
магнитомеханический ~ magnetomechanical factor
~ мутности turbidity factor
~ мутности Линке Linke turbidity factor
~ надреза notch factor
~ накопления build-up factor
~ насыщения saturation factor
нейтронный ядерный ~ neutron nuclear factor

неконтролируемый ~ uncontrolled factor
~ неоднородности irregularity factor
~ неравномерности irregularity [peaking] factor
нерелятивистский ~ nonrelativistic factor
несущественный ~ unessential factor
объёмный ~ bulk factor
ограничивающий ~ limiting factor
определяющий ~ determining [controlling, governing] factor
оптический ~ optical extent
~ ослабления reduction [attenuation] factor
основной ~ main [principal] factor
поверхностный ~ surface factor
~ повторяемости *крист.* multiplicity factor
поляризационный ~ polarization factor
причинный ~ causal factor
размагничивающий ~ demagnetization [demagnetizing] factor
~ разрушения breaking factor
~ распределения дозы излучения rad dose distribution factor
режимный ~ operation factor; operation condition
релятивистский ~ relativistic factor
рентгеновский атомный ~ X-ray atomic factor
решающий ~ controlling [determining] factor
~ сжимаемости compressibility factor
~ симметрии symmetry factor
симплектический ~ *ктп* symplectic quotient
случайный ~ random factor
~ спектроскопического расщепления factor of spectroscopic splitting
спиновый ~ spin factor
~ стабилизации stabilization factor
структурный ~ *(в дифракции рентгеновских лучей)* structural factor
температурный ~ temperature factor
трансляционный ~ translational factor
учитываемый ~ accountable factor
~ фазового пространства phase space factor
~ Фано *опт.* Fano factor
~ Франка - Кондона Frank-Condon factor
~ экранировки Томаса - Ферми Thomas-Fermi screening factor
экспоненциальный ~ распада exponential decay factor
электронный атомный ~ electron atomic factor
энергетический ~ *спектр.* energy factor
фактор-группа *ж. мат.* factor [quotient] group
факториал *м.* factorial
факторизация *ж.* factorization
~ группы factorization of group
~ матрицы factorization of matrix
~ полюсов factorization of poles
~ функции factorization of function
фактор-пространство *с.* quotient space
фанерозой *м. геофиз.* phanerozoic
фантастрон *м.* phantastron
фантом *м. (при измерении дозы облучения)* phantom
тканеэквивалентный ~ tissue-equivalent phantom

фара *ж.* head lamp
противотуманная ~ fog lamp
фарада *ж. (единица ёмкости)* farad, F
фарадей *м. (единица количества электричества)* Faraday (unit)
фарадметр *м.* faradmeter; capacitance meter
фарфор *м.* porcelain; china
фасетирование *с.* faceting
~ границы зёрен grain boundary faceting
фасетка *ж. фтт* facet
подстроечная ~ accomodation facet
~ роста growth facet
~ скола cleavage facet
фединг *м. (см. тж.* замирание*)* fading
фемтосекунда *ж.* femtosecond
фемтотехнология *ж.* femtotechnology
лазерная ~ laser femtotechnology
фенол *м.* phenol
феномен *м.* phenomenon
феноменологический *прил.* phenomenological
феноменология *ж.* phenomenology
ферма *ж.* truss; girder; frame
арочная ~ arched girder
неразрезная ~ continuous truss; continuous girder
плоская ~ plane truss; plane girder
простая ~ simple truss
пространственная ~ space truss
статически неопределимая ~ statically indeterminate truss
статически определимая ~ statically determinate truss
фермент *м.* enzyme
ферментация *ж.* fermentation
ферми *м. (внесистемная единица длины)* Fermi
ферми-газ *м.* Fermi gas
вырожденный ~ degenerate Fermi gas
идеальный ~ ideal Fermi gas
неидеальный ~ nonideal Fermi gas
свободный ~ free Fermi gas
электронный ~ electron Fermi gas
ферми-жидкость *ж.* Fermi liquid
несжимаемая ~ incompressible Fermi liquid
нормальная ~ normal Fermi liquid
сверхтекучая ~ superfluid Fermi liquid
ферми-импульс *м.* Fermi momentum
фермий *м.* fermium, Fm
ферми-компонента *ж.* Fermi component
фермион *м.* fermion
безмассовый ~ massless fermion
бесспиновый ~ spinless fermion
голдстоуновский ~ Goldstone fermion
дираковский ~ Dirac fermion
изинговский ~ Ising fermion
истинно нейтральный ~ true neutral fermion
киральный ~ chiral fermion
композитный ~ *фтт* composite fermion
майорановский ~ Majorana fermion
пространственно-временной ~ space-time fermion
релятивистский ~ relativistic fermion
сверхтяжёлый ~ superheavy fermion
свободный ~ free fermion

свободный дираковский ~ free Dirac fermion
тяжёлый ~ heavy fermion
фундаментальный ~ fundamental fermion
фермионизация *ж.* fermionization
ферми-оператор *м.* Fermi operator
ферми-поверхность *ж.* Fermi surface
  дырочная ~ hole Fermi surface
  замкнутая ~ closed Fermi surface
  многолистная ~ multisheeted Fermi surface
  открытая ~ open Fermi surface
  электронная ~ electron Fermi surface
ферми-распределение *с.* Fermi distribution
ферми-система *ж.* Fermi system
  конечная ~ *яф* finite Fermi system
ферми-скорость *ж.* Fermi velocity
ферми-статистика *ж.* Fermi statistics
ферми-струна *ж.* Fermi string
ферми-уровень *м.* Fermi level
ферми-частица *ж.* Fermi particle; fermion
  нейтральная ~ neutral Fermi particle
ферми-энергия *ж.* Fermi energy
ферримагнетизм *м.* ferrimagnetism
ферримагнетик *м.* ferrimagnet
  аморфный ~ amorphous ferrimagnet
  двухподрешёточный ~ two-sublattice ferrimagnet
  изотропный ~ isotropic ferrimagnet
  коллинеарный ~ collinear ferrimagnet
  кубический ~ cubic ferrimagnet
  многоподрешёточный ~ multi-sublattice ferrimagnet
  неколлинеарный ~ noncollinear ferrimagnet
  неупорядоченный ~ disordered ferrimagnet
  низкоразмерный ~ low-dimensional ferrimagnet
  оксидный ~ oxide ferrimagnet
  разбавленный ~ diluted ferrimagnet
  спиновый ~ spin ferrimagnet
феррит *м.* ferrite
  безуглеродистый ~ carbon-free ferrite
  бейнитный ~ bainitic ferrite
  замещённый ~ substituted ferrite
  ~ марганца manganese ferrite
  ~ перлита pearlitic ferrite
  поликристаллический ~ polycrystalline ferrite
  редкоземельный ~ rare-earth ferrite
  свободный ~ free ferrite
  слоистый ~ laminated ferrite
феррит-гранат *м.* garnet(-type) ferrite
  редкоземельный ~ rare-earth garnet ferrite
феррит-шпинель *м.* spinel [spinel-type] ferrite; ferrite spinel
  нормальный ~ normal ferrite spinel
  обращённый ~ inverted ferrite spinel
  смешанный ~ mixed ferrite spinel
феррогранат *м.* garnet ferrite
феррозонд *м.* ferroprobe; flux gate
ферроик *м.* *фтт* ferroic
  полный ~ complete ferroic
  частичный ~ partial ferroic
ферроксплана *ж.* ferroxplana
ферромагнетизм *м.* ferromagnetism
  зонный ~ band ferromagnetism

  молекулярный ~ molecular ferromagnetism
  продольный слабый ~ антиферромагнетиков weak parallel ferromagnetism in antiferromagnets
  слабый ~ weak ferromagnetism
  слабый ~ антиферромагнетиков weak ferromagnetism in antiferromagnets
  слабый зонный ~ weak band ferromagnetism
  температурно-индуцированный ~ temperature-induced ferromagnetism
  электронный ~ electron ferromagnetism
  ядерный ~ nuclear ferromagnetism
ферромагнетик *м.* ferromagnet, ferromagnetic
  аморфный ~ amorphous ferromagnet
  возвратный ~ reentrant ferromagnet
  ~ Гейзенберга Heisenberg ferromagnet
  дипольный ~ dipolar ferromagnet
  жидкий ~ liquid ferromagnet
  изинговский ~ Ising ferromagnet
  изотропный ~ isotropic ferromagnet
  изотропный ~ Гейзенберга isotropic Heisenberg ferromagnet
  кондовский ~ Kondo ferromagnet
  кристаллический ~ crystalline ferromagnet
  мягкий ~ soft ferromagnet
  неупорядоченный ~ disordered ferromagnet
  одномерный ~ one-dimensional ferromagnet
  одноосный ~ uniaxial ferromagnet
  одноподрешёточный ~ single-sublattice ferromagnet
  органический ~ organic ferromagnet
  поликристаллический ~ polycrystalline ferromagnet
  прозрачный ~ transparent ferromagnet
  разбавленный ~ diluted ferromagnet
  разупорядоченный ~ disordered ferromagnet
  редкоземельный ~ rare-earth ferromagnet
  ~ с блуждающими электронами itinerant ferromagnet
  слабый ~ weak ferromagnet
  твёрдый ~ hard ferromagnet
ферромагнон *м.* ferromagnon
феррометр *м.* ferrometer
феррон *м.* ferron
ферроцианиды *мн.* ferrocyanides
феррошпинель *ж.* spinel [spinel-type] ferrite; ferrite spinel
ферросплав *м.* ferrous alloy
ферроэластик *м.* ferroelastic
фибриллы *мн. (на Солнце)* fibrils
фигур/а *ж.* figure
  ~ы Биттера Bitter figures
  видманштеттеновы ~ы *физ. мет.* Widmanstätten figures
  геометрическая ~ geometric figure
  дендритная ~ tree [dendritic] pattern
  древовидная ~ tree pattern
  ~ Земли figure [shape] of the Earth
  коноскопическая ~ *опт.* conoscopic figure
  ~ы Лиссажу Lissajous figures
  ~ы Лихтенберга Lichtenberg figures
  миелиновая ~ myelin form

отображённая ~ image figure
плоская ~ plane [planar] figure
подобные ~ы similar figures
полюсная ~ *фтт* pole figure
порошковая ~ powder pattern
~ равновесия figure of equilibrium
~ рассеяния scattering pattern
~ роста growth pattern
симметричная ~ symmetric figure
тождественные ~ы identical figures
~ травления etch pattern, etch figure
~ удара percussion pattern
~ы Хладни *(в дефектоскопии)* Chladni figures
фидер *м.* feeder
антенный ~ antenna feeder
физик *м.* physicist
физика *ж.* physics
адронная ~ hadron(ic) physics
~ адронов hadron(ic) physics
~ атмосферы atmosphere physics
атомная ~ atomic physics
~ атомного ядра nuclear physics; physics of atomic nucleus
биологическая ~ biological physics, biophysics
~ быстропротекающих процессов physics of high-speed processes
~ верхней атмосферы physics of the upper atmosphere
~ волновых пакетов wave packet physics
~ высоких давлений high-pressure physics; physics of high pressure
~ высоких плотностей энергии high energy density physics
~ высоких температур high-temperature physics
~ высоких энергий high-energy physics
~ высокотемпературной плазмы physics of high-temperature plasma
вычислительная ~ computer physics
~ газового разряда physics of gas discharge
~ гравитирующих систем physics of gravitating systems
~ деления fission physics
~ диэлектриков dielectric physics
~ жидкостей physics of liquids
~ звёзд stellar physics
~ Земли physics of the Earth
~ земной коры physics of terrestrial core
~ ионосферы ionospheric physics
квантовая ~ quantum physics
классическая ~ classical physics
~ кластеров cluster physics
~ комет physics of comets
кометная ~ physics of comets
~ конденсированных сред condensed-matter physics
космическая ~ space [cosmic] physics
~ космических лучей cosmic-ray physics
~ космоса space [cosmic] physics
~ кристаллов crystal physics
лазерная ~ laser physics
лазерная химическая ~ laser chemical physics
~ лазеров laser physics

лептонная ~ lepton physics
~ льда physics of ice
~ магнитных явлений physics of magnetic phenomena
~ магнитосферы magnetospheric physics
математическая ~ mathematical physics
медицинская ~ medical physics
~ межзвёздной среды interstellar-matter physics
мезонная ~ meson physics
~ металлов physics of metals
метеорная ~ meteor physics
~ микромира microscopic [microworld] physics
~ микрочастиц microparticle physics
~ многочастичных процессов multibody physics
молекулярная ~ molecular physics
~ моря marine physics
нейтринная ~ neutrino physics
нейтронная ~ neutron physics
нелинейная ~ nonlinear physics
~ низких температур low-temperature physics
~ низкотемпературной плазмы physics of low-temperature plasma
общая ~ general physics
~ основной плазмы *(в термоядерной установке)* physics of core plasma
«пакетная» ~ *(физика волновых пакетов)* packet physics
пионная ~ pion physics
~ плазмы plasma physics
~ планет planetary physics
~ планетных колец physics of planetary rings
~ пограничной плазмы *(в термоядерной установке)* physics of the plasma edge
~ полупроводников semiconductor physics
прикладная ~ applied physics
~ прочности и пластичности physics of strength and plasticity
радиационная ~ radiation physics
~ радиационной безопасности health physics
~ реакторов reactor physics
релятивистская ~ relativistic physics
релятивистская ядерная ~ relativistic nuclear physics
~ сверхвысоких энергий ultrahigh-energy physics
~ сверхтекучести superfluid physics
~ свободной атмосферы physics of free atmosphere
~ сегнетоэлектриков ferroelectric physics
~ сильных взаимодействий strong-interaction physics
~ слабых взаимодействий weak-interaction physics
современная ~ modern [contemporary] physics
солнечно-земная ~ solar-terrestrial physics
~ Солнечной системы physics of Solar system
~ Солнца solar physics
спиновая ~ spin physics
статистическая ~ statistical physics
~ твёрдого тела solid state physics
теоретическая ~ theoretical [pure] physics

теоретическая ядерная ~ theoretical nuclear physics
техническая ~ applied physics
~ ударных волн physics of shock waves
~ ультразвука physics of ultrasound
~ ускорителей accelerator physics
ускорительная ~ accelerator physics
химическая ~ chemical physics
~ частиц particle physics
экспериментальная ~ experimental physics
экспериментальная ядерная ~ experimental nuclear physics
электронная ~ electron physics
~ электронных и атомных столкновений physics of electronic and atomic collisions
~ электрослабых взаимодействий electroweak physics
~ элементарных частиц elementary particle physics
ядерная ~ nuclear physics
физико-химический прил. physicochemical
физический прил. physical
фиксация ж. fixation; immobilization
~ связей хим. bond fixation
фиктивный прил. fictive, fictitious
филамент м. астр. (см. тж. волокно) filament
филаментация ж. filamentation
~ тока физ. пл. current filamentation
фильера ж. die; spinneret
алмазная ~ diamond die
фильтр м. filter
абсорбционный ~ absorption filter
адаптивный ~ adaptive filter
активный ~ active filter
акустический ~ acoustic filter
акустооптический ~ acousto-optical filter
амплитудный ~ amplitude filter
аэрозольный ~ aerosol filter
~ без потерь lossless filter
~ верхних частот high-pass filter
~ Вина (в электронной оптике) Wien filter
воздушный ~ air filter
волноводный ~ waveguide filter
волоконно-оптический ~ fiber-optical filter
временной ~ temporal filter
вторичный ~ secondary filter
высокочастотный ~ high-frequency filter
выходной ~ output filter
газовый ~ gas filter
~ гармоник harmonic filter
голографический ~ holographic filter
гребенчатый ~ comb filter
~ грубой очистки rough filter
дискретный ~ discrete filter
диэлектрический ~ dielectric filter
~ доплеровских частот Doppler filter
заграждающий ~ band-elimination [band-stop, rejection] filter
изопланатический ~ isoplanatic filter
инвариантный ~ invariant filter
интегрирующий ~ integrating filter

интерференционно-поляризационный ~ interferential polarizational filter
интерференционный ~ interference filter
ионообменный ~ ion-exchange filter, ion exchanger
канальный ~ channel filter
капельный ~ trickling [drop] filter
катионообменный ~ cation exchanger
квадрупольный ~ quadrupole filter
квазиоптический ~ quasi-optical filter
кварцевый ~ crystal [quartz] filter
керамический ~ ceramic filter
коаксиальный ~ coaxial filter
конусный ~ wedge filter
корректирующий ~ correction filter
линейный ~ linear filter
~ Лио опт. Lyot filter
магнитный ~ magnetic filter
магнитооптический ~ magnetooptical filter
~ медленных нейтронов slow-neutron filter
мембранный ~ membrane filter
механический ~ mechanical filter
микропористый ~ micropore filter
многокаскадный ~ multistage filter
многорезонаторный ~ multiresonator filter
многослойный ~ multilayer filter
модовый ~ mode filter
модуляционный ~ modulation filter
молекулярный ~ molecular filter
монохроматический ~ monochromatic filter
~ на линии задержки delay-line filter
~ на ПАВ SAW [surface-acoustic-wave] filter
~ на поверхностных акустических волнах surface-acoustic-wave [SAW] filter
направленный ~ directional filter
насыщающийся ~ saturable filter
нейтральный ~ neutral filter
~ нейтронов neutron filter
нелинейный ~ nonlinear filter
нелинейный интерференционный ~ nonlinear interference filter
неоднородный ~ Вина inhomogeneous Wien filter
~ нижних частот low-pass filter
низкочастотный ~ low-frequency filter
однородный ~ Вина homogeneous Wien filter
оптимальный ~ optimal filter
оптимальный линейный ~ optimal linear filter
оптический ~ optical filter
отражательный ~ reflection filter
параметрический ~ parametric filter
пассивный ~ passive filter
первичный ~ primary filter
перестраиваемый ~ tunable filter
~ Петрянова Petrianov filter
поглощающий ~ absorbing [absorption] filter
полосовой ~ band-pass filter
поляризационный ~ polarization filter
порошкообразный ~ powder(ed) filter
~ промежуточной частоты intermediate-frequency filter
пропускающий ~ transmission filter

пространственный ~ spatial filter
~ пространственных частот space-frequency filter
пьезокварцевый ~ piezoquartz filter
пьезокерамический ~ piezoceramic filter
пьезоэлектрический ~ piezoelectric filter
развязывающий ~ decoupling filter
разделительный ~ separation filter
рассеивающий ~ scattering filter
режекторный ~ rejection [band-elimination, band-stop] filter
резонансный ~ resonant [tuned] filter
резонаторный ~ cavity [resonator] filter
рентгеновский ~ X-ray filter
решёточный ~ (с дифракционной решёткой) grating filter
сверхвысокочастотный ~ microwave filter
сверхпроводящий ~ superconducting filter
~ СВЧ microwave filter
сглаживающий ~ smoothing [ripple, averaging] filter
~ с дифракционной решеткой grating filter
селективный ~ selective filter
симметричный ~ balanced filter
согласованный ~ matched filter
согласующий ~ matching filter
~ Солка (оптоэлектроника) Solc filter
спектральный ~ spectral filter
стационарный ~ stationary filter
твердотельный ~ solid-state filter
тепловой ~ heat filter
~ типов волн mode filter
~ типов колебаний mode filter
~ тонкой очистки fine filter
тонкоплёночный ~ thin-film filter
трансверсальный ~ transversal filter
узкополосный ~ narrow-band filter
улавливающий ~ entrainment filter
фазовый ~ phase filter
формирующий ~ shaping filter
фотографический ~ photographic filter
фоторефрактивный ~ photorefractive filter
~ холодных нейтронов cold-neutron filter
цифровой ~ digital filter
частотный ~ frequency filter
чебышевский ~ Chebyshev filter
широкополосный ~ wide-band filter
щелевой ~ slot filter
электрический ~ electric filter
электромагнитный ~ electromagnetic filter
электромеханический ~ electromechanical filter
электротепловой ~ electrothermal filter
ядерный ~ nuclear filter; track membrane
фильтрация ж. filtering; filtration
адаптивная ~ adaptive filtering
голографическая ~ holographic filtering
доплеровская ~ Doppler filtering
капиллярная ~ capillary filtering
корреляционная ~ correlation filtering
ламинарная ~ laminar filtering
линейная ~ linear filtering

мёссбауэровская ~ Mössbauer filtering
мёссбауэровская ~ синхротронного излучения Mössbauer filtering of synchrotron radiation
нелинейная ~ nonlinear filtering
оптимальая ~ optimum [optimal] filtering
оптическая ~ optical filtering
полосовая ~ band-pass filtering
пространственная ~ spatial filtering
~ событий яф event filtering
согласованная ~ matched filtering
спектрально-селективная ~ spectral-selective filtering
цифровая ~ digital filtering
частотная ~ frequency filtering
фильтр-ловушка м. entrainment filter
фильтровать гл. filter
фильтр-поглотитель м. filter-absorber
финитность ж. (движения частицы) finiteness
фирма ж. firm, company
фитинг м. fitting; adapting pipe
флаксон м. (квант магнитного потока) fluxon
избыточный ~ surplus fluxon
фланец м. flange
дроссельный ~ choke flange
флаттер м. flutter
асимметричный ~ asymmetrical flutter
изгибно-крутильный ~ bending-torsion flutter
изгибный ~ pure-bending flutter
классический ~ classical [coupled] flutter
крутильный ~ torsional flutter
магнитный ~ magnetic flutter
~ с двумя степенями свободы binary flutter, flutter of two degrees of freedom
симметричный ~ symmetrical flutter
сложный ~ complex flutter
~ с одной степенью свободы one-degree-of-freedom flutter
~ с тремя степенями свободы ternary flutter
флексоэффект м. flexoelectricity
объёмный ~ volume flexoelectricity
объёмный динамический ~ volume dynamic flexoelectricity
объёмный статический ~ volume static flexoelectricity
поверхностный ~ surface flexoelectricity
фликкер-фотометр м. flicker photometer
фликкер-фотометрия ж. flicker photometry
фликкер-шум м. flicker noise
фликкер-эффект м. flicker effect
флинт м. (оптическое стекло) flint (glass)
лёгкий ~ light flint glass
сверхтяжёлый ~ superdense flint glass
тяжёлый ~ dense flint glass
флиппер м. (устройство для изменения ориентации спинов) flipper
флокул м. 1. (на Солнце) plage, flocculus (мн. flocculi) 2. мн. (при коагуляции) floccule
~ в далёком ультрафиолетовом излучении EUV plage
корональный ~ coronal plage
рентгеновский ~ X-ray plage
тёмный ~ dark flocculus

хромосферный ~ chromospheric plage
флокуляция *ж. (вид коагуляции)* flocculation
флотация *ж.* flotation
  вакуумная ~ vacuum flotation
  избирательная ~ selective [differential] flotation
  коллективная ~ bulk flotation
  пенная ~ foam [froth] flotation
  плёночная ~ film flotation
  селективная ~ selective [differential] flotation
флуктон *м. яф* fluctuon
  многокварковый ~ Блохинцева multi-quark Blokhintsev fluctuon
флуктуации *мн.* fluctuations
  адиабатические ~ *(в космологии)* adiabatic fluctuations
  адиабатические ~ плотности adiabatic density fluctuations
  акустические ~ acoustical fluctuations
  амплитудные ~ amplitude fluctuations
  ~ анизотропии anisotropy fluctuations
  ~ атомных магнитных моментов fluctuations of atomic magnetic moments
  беспорядочные ~ random fluctuations
  ~ вакуума vacuum fluctuations
  вакуумные ~ vacuum fluctuations
  ~ валентности valence fluctuations
  гигантские спиновые ~ giant spin fluctuations
  гидродинамические ~ hydrodynamic fluctuations
  голдстоуновские ~ *ктп* Goldstone fluctuations
  ~ давления pressure fluctuations
  двумерные ~ two-dimensional fluctuations
  ~ диэлектрической проницаемости dielectric constant fluctuations
  долговременные ~ long-term fluctuations
  дробовые ~ shot fluctuations; shot noise
  естественные ~ natural fluctuations
  ~ заряда charge fluctuations
  изобарические ~ isobaric fluctuations
  изобарические ~ плотности isobaric density fluctuations
  изоэнтропийные ~ давления isobaric pressure fluctuations
  ~ интенсивности intensity [irradiance] fluctuations
  капиллярные ~ *физ. пов.* capillary fluctuations
  квантовые ~ quantum fluctuations
  кинетические ~ kinetic fluctuations
  ~ концентрации concentration [density] fluctuations
  кратковременные ~ short-term fluctuations
  критические ~ critical fluctuations
  крупномасштабные ~ large-scale fluctuations
  ~ Ландау Landau fluctuations
  локальные ~ local fluctuations
  локальные кондовские ~ local Kondo fluctuations
  макроскопические ~ macroscopic fluctuations
  медленные ~ slow fluctuations
  мезоскопические ~ *фтт* mesoscopic fluctuations
  мелкомасшабные ~ small-scale fluctuations

микромасштабные ~ microscale fluctuations
  ~ напряжения voltage fluctuations
  низкочастотные термодинамические ~ low-frequency thermodynamic fluctuations
  нулевые ~ zero-point fluctuations
  нулевые ~ вакуума zero fluctuations of vacuum
  ~ параметра порядка order parameter fluctuations
  ~ параметров среды medium parameter fluctuations
  первичные ~ *астр.* primary fluctuations
  пертурбативные ~ perturbative fluctuations
  ~ плотности *(жидкости или газа)* density fluctuations
  ~ поляризации polarization fluctuations
  поперечные спиновые ~ transverse spin fluctuations
  пространственные ~ spatial fluctuations
  пуассоновские ~ Poisson fluctuations
  равновесные ~ equilibrium fluctuations
  ~ сигнала signal fluctuations
  сильные ~ strong fluctuations
  ~ скорости velocity fluctuations
  слабые ~ weak fluctuations
  ~ случайной величины fluctuations of random variable
  случайные ~ random fluctuations
  спиновые ~ spin fluctuations
  спонтанные ~ spontaneous fluctuations
  статистические ~ statistical fluctuations
  стохастические ~ stochastic fluctuations
  структурные ~ structure fluctuations
  температурные ~ temperature fluctuations
  тепловые ~ thermal fluctuations
  термодинамические ~ thermodynamic fluctuations
  ~ термодинамических величин fluctuations of thermodynamic quantities
  ~ термодинамических параметров *(среды)* fluctuations of thermodynamic parameters
  технические ~ technical fluctuations
  ~ тока current fluctuations
  трёхмерные ~ three-dimensional fluctuations
  ~ угла прихода *(волн)* angle-of-arrival fluctuations
  угловые ~ angular fluctuations
  фазовые ~ phase fluctuations
  ~ фазы phase fluctuations
  ~ Фано *(в ионизационной камере)* Fano fluctuations
  хаотические ~ random fluctuations
  электрические ~ electrical fluctuations
  ~ электромагнитного поля electromagnetic fluctuations
  электромагнитные ~ вакуума electromagnetic vacuum fluctuations
  электронные ~ electron fluctuations
  ~ энергии energy fluctuations
  ~ энтропии entropy fluctuations
  эриксоновские ~ Erickson fluctuations
флуктуировать *гл.* fluctuate

флуктуон *м. (квазичастица)* fluctuon
флуоресцеин *м. (краситель)* fluorescein
флуоресцентный *прил.* fluorescent
флуоресценция *ж.* fluorescence
~ **в жидкостях** fluorescence in liquids
вторичная ~ secondary fluorescence
вынужденная параметрическая ~ stimulated parametric fluorescence
лазерная резонансная ~ laser resonance fluorescence
лазерно-индуцированная ~ laser-induced [laser-excited] fluorescence
параметрическая ~ parametric fluorescence
~ **под действием лазерного излучения** laser-induced [laser-excited] fluorescence
поляризованная ~ polarized fluorescence
резонансная ~ resonant [resonance] fluorescence
сверхизлучательная ~ superradiant fluorescence
сенсибилизированная ~ sensitized fluorescence
спонтанная ~ spontaneous fluorescence
трёхфотонная параметрическая ~ three-photon parametric fluorescence
ударная ~ impact fluorescence
четырёхфотонная параметрическая ~ four-photon parametric fluorescence
ядерная ~ nuclear fluorescence
ядерная резонансная ~ nuclear resonance fluorescence
флуориметр *м.* fluorimeter; fluorometer
флуориметрия *ж.* fluorimetry
лазерная ~ laser fluorimetry
флуорография *ж.* fluorography
флуорометр *м.* fluorometer; fluorimeter
фазовый ~ phase fluorometer
фотоэлектрический ~ photoelectric fluorometer
флуорометрия *ж.* fluorimetry; fluorometry; fluorophotometry
фазовая ~ phase fluorometry
флуороскоп *м.* fluoroscope
просвечивающий ~ transmission fluoroscope
рентгеновский ~ X-ray fluoroscope
флуороскопия *ж.* fluoroscopy
флэш-фаза *ж. сэф* flash phase
~ **вспышки** flash phase of flare
флюенс *м.* fluence
~ **нейтронов** neutron fluence
~ **пучка** beam fluence
~ **частиц** particle fluence
эквивалентный ~ **нейтронов деления** equivalent fission fluence
флюидизация *ж.* fluidization
флюксметр *м.* fluxmeter; gauss meter
магнитоэлектрический ~ moving-coil fluxmeter
фотоэлектрический ~ photoelectric fluxmeter
флюксоид *м. сверхпр.* fluxoid
флюксон *м. сверхпр.* fluxon
флюорит *м.* fluorite
флюорограф *м.* fluorograph
флюорография *ж.* fluorography
флюс *м.* flux
жидкий ~ *фпп* liquid flux
сварочный ~ welding flux

фовеа *ж. (глаза)* fovea; fovea centralis
фовеола *ж. (глаза)* foveola
фокальный *прил.* focal
фокон *м. (волоконно-оптический элемент)* focon
фокус *м.* focus *(мн: foci)*
аэродинамический ~ aerodynamic center; aerodynamic focus
аэродинамический ~ **крыла** aerodynamic center of a wing
аэродинамический ~ **профиля** aerodynamic center of a profile
бегущий ~ *(при самофокусировке лазерного пучка)* moving focus
вторичный ~ secondary focus
главный ~ *(телескопа)* prime [principal] focus
движущийся ~ *(при самофокусировке лазерного пучка)* moving focus
двойной ~ double focus
двойной конический ~ double-cone focus
задний ~ back [image-side, secondary] focus
кассегреновский ~ Cassegrain(ian) focus
клиновидный ~ blade focus
кольцевой ~ ring [annular] focus
конический ~ cone focus
конусно-краевой ~ cone-edge focus
~ **Куде** Coudé focus
линейный ~ line focus
мнимый ~ apparent focus
неустойчивый ~ nonstable focus
ньютоновский ~ Newton(ian) focus
~ **Нэсмита** Nasmith focus
оптический ~ optical focus
параксиальный ~ paraxial focus
передний ~ front [object-side, primary] focus
плазменный ~ plasma focus
плазменный ~ **Филиппова** Filippov focus
прямой ~ *(телескопа)* prime [principal] focus
скрещённый ~ cross focus
сопряжённый ~ conjugated focus
точечный ~ point focus
устойчивый ~ stable focus
~ **электронной линзы** focus of electron lens
фокусировать *гл.* focus
фокусировка *ж.* focusing
автоматическая ~ automatic focusing
аксиальная ~ axial focusing
вертикальная ~ vertical focusing
внешняя ~ external focusing
вторичная ~ secondary focusing
~ **высокого порядка** high-order focusing
высокочастотная ~ radio-frequency [rf] focusing
газовая ~ gas focusing
горизонтальная ~ horizontal focusing
гравитационная ~ *астр.* gravitational focusing
градиентная ~ gradient focusing
двойная ~ double focusing
двойная ~ **парой магнитных линз** double focusing by a pair of magnetic lenses
двумерная ~ two-dimensional focusing
динамическая ~ dynamic focusing
естественная ~ **звука** natural sound focusing

жёсткая ~ strong [alternating-gradient] focusing
~ заряженных частиц charged particle focusing
~ звука sound focusing
знакопеременная ~ alternating-sign focusing
знакопеременная высокочастотная ~ alternating-sign rf focusing
знакопостоянная ~ constant-sign focusing
импульсная ~ pulsed focusing
ионная ~ ion focusing
квадрупольная ~ quadrupole focusing
квадрупольная высокочастотная ~ quadrupole rf focusing
коллективная ~ collective focusing
краевая ~ edge focusing
магнитная ~ magnetic focusing
мягкая ~ weak focusing
~ нейтронов neutron focusing
нелинейная ~ nonlinear focusing
однородная ~ uniform focusing
острая ~ sharp focusing
параксиальная ~ paraxial focusing
параметрическая ~ parametric focusing
переменно-градиентная ~ alternating-gradient focusing
периодическая ~ periodic focusing
плазменная ~ plasma focusing
~ полем пространственного заряда space-charge focusing
~ по направлениям direction focusing
~ по начальным скоростям focusing in initial velocities
поперечная ~ transverse focusing
~ по скорости velocity focusing
~ послеускоряющим полем post-acceleration focusing
~ по энергии energy focusing
продольная ~ longitudinal focusing
~ продольными токами axial-current focusing
пространственная ~ space focusing
пространственно-однородная квадрупольная ~ spatially uniform quadrupole focusing
пространственно-периодическая ~ spatially periodic focusing
~ пучка beam focusing
~ пучка частиц кристаллом particle beam focusing by crystal
пучковая ~ beam focusing
~ пучков частиц focusing of particle beams
радиальная ~ radial focusing
резкая ~ sharp focusing
секторная ~ (частиц) sector focusing
сеточная ~ grid focusing
сильная ~ strong [alternating-gradient] focusing
слабая ~ weak [constant-gradient] focusing
спиральная магнитная ~ helical magnetic focusing
статическая ~ static focusing
~ столкновениями collision focusing
точечная ~ point focusing
трёхмерная ~ three-dimensional focusing
угловая ~ angular focusing
~ ускоряющим полем accelerating-field focusing

фазовая ~ phase focusing
фазовая ~ электронов electron phase focusing
фазопеременная ~ alternating-phase focusing
фольговая ~ foil focusing
фононная ~ phonon focusing
~ частиц particle focusing
частичная ~ partial focusing
электрическая ~ electrical focusing
~ электрическим полем electrical focusing
электромагнитная ~ electromagnetic focusing
~ электронного пучка electron beam focusing
~ электронных колец electron ring focusing
~ электронов electron focusing
электростатическая ~ electrostatic focusing
электростатическая ~ ионного пучка ion beam electrostatic focusing
фокусирующий *прил.* focusing
фокусный *прил.* focal
фокусон *м.* focuson
фольга *ж.* foil
бериллиевая ~ beryllium foil
~ для контроля потока flux-monitoring foil
~ для обдирки stripper foil
~ из делящегося вещества fission foil
металлическая ~ metal foil
поглощающая ~ absorbing foil
урановая ~ uranium foil
усиливающая ~ intensifying foil
фокусирующая ~ focusing foil
чистая ~ blank foil
фольгодержатель *м.* foil holder
фон *м.* 1. background; hum 2. *(внесистемная единица уровня громкости звука)* phon
аддитивный ~ additive background
внешний ~ ambient background
галактический ~ *(радиоизлучения)* galactic background
дифракционный ~ diffraction background
~ диффузного рассеяния diffuse-scattering background
естественный ~ natural (radiation) background; natural background radiation
естественный ~ ионизирующего излучения natural radiation background; natural background radiation
естественный радиационный ~ natural radiation background
~ излучения radiation background; background radiation
инструментальный ~ instrument background
~ ионизирующего излучения radiation background; background radiation
комптоновский ~ Compton background
космический ~ *(радиоизлучения)* cosmic radio [background] noise
~ космических лучей cosmic-ray background
~ космического излучения cosmic-ray background
метеорный ~ meteor background
~ неба sky background; sky noise
нейтронный ~ neutron background

непрерывный ~ continuous background
нерезонансный ~ nonresonant background
~ ночного неба night sky background, night sky noise
однородный ~ homogeneous background
остаточный ~ residual background
~ от загрязнений contamination background
~ полей сравнения (в фотометре) surround of comparison field
~ помещения room background
пониженный ~ reduced background
постоянный ~ constant background
~ проникающего излучения penetrating-radiation background
пространственно-временной ~ space-time background
равномерный ~ uniform background
радиационный ~ radiation background; background radiation
радиационный естественный ~ natural radiation background; natural background radiation
радиационный техногенный ~ technogenic radiation background; technogenic backround radiation
радиоактивный ~ radioactive background
рассеянный ~ diffuse background
~ рентгеновских лучей X-ray background
случайный ~ random background
стационарный ~ steady background
~ счётчика counter background
тёмный ~ black background
тепловой ~ thermal background
шумовой ~ noise background
фонд м. foundation; fund
Государственный ~ стабильных изотопов State Fund of Stable Isotopes
Международный научный ~ International Science Foundation, ISF
Национальный научный ~ (США) National Science Foundation, NSF
Российский ~ фундаментальных исследований Russian Foundation for Basic Research, RFBR
~ Сороса Soros Foundation
фоновый прил. background
фонограмма ж. phonogram
фонограф м. phonograph
фонон м. phonon
акустический ~ acoustic phonon
баллистический ~ ballistic phonon
виртуальный ~ virtual phonon
«вмороженный» ~ frozen-in phonon
вырожденный акустический ~ degenerate acoustic phonon
гиперзвуковой ~ hypersonic phonon
горячий ~ hot phonon
длинноволновый ~ long-wavelength phonon
длинноволновый оптический ~ long-wavelength optical phonon
квадрупольный ~ яф quadrupole phonon
когерентный ~ coherent phonon

коротковолновый ~ short-wavelength phonon
междолинный ~ фпп intervalley phonon
неравновесный ~ excess phonon
неравновесный акустический ~ excess acoustic phonon
низкочастотный акустический ~ low frequency acoustic phonon
октупольный ~ яф octupole phonon
оптический ~ optical phonon
поверхностный ~ surface phonon
полярный оптический ~ polar optical phonon
поперечный ~ transverse [transversal] phonon
поперечный акустический ~ transverse acoustic [transversal optical] phonon
поперечный оптический ~ transverse [transversal] optical phonon
продольный ~ longitudinal phonon
продольный акустический ~ longitudinal acoustic phonon
продольный оптический ~ longitudinal optical phonon
рамановский ~ Raman phonon
решёточный ~ lattice phonon
тепловой ~ thermal phonon
фононопроводимость ж. phonon conduction
фонон-поляритон м. phonon-polariton
поверхностный ~ surface phonon-polariton
фонтан м. fountain
магнитный ~ magnetic fountain
форбуш-понижение с. (космических лучей) Forbush decrease
форбуш-эффект м. (в космических лучах) Forbush effect
форвакуум м. forevacuum
форинжектор м. pre-injector
форкамера ж. (аэродинамической трубы) settling [equalization] chamber
форм/а ж. form, shape □ в неявной ~e in implicit form; implicitly; неправильной ~ы irregular; придавать ~у shape, form; принимать ~у take the form; сохранять ~у hold the shape
абстрактная ~ abstract form
аксиоматическая ~ (теории) axiomatic form
аллотропная ~ allotropic form
аналитическая ~ analytical form
аналоговая ~ analog form
аэродинамически совершенная ~ aerodynamically perfect form
банановидная ~ (молекулы) banana shape
безразмерная ~ dimensionless form
бочкообразная ~ barrel-like shape
векторная ~ vector form
внешняя дифференциальная ~ exterior differential form
~ волны wave form
вырожденная ~ degenerate form
вытянутая ~ prolate form
гантелеобразная ~ dumbbell shape
гауссова ~ спектральной линии Gaussian form of spectral line
геометрическая ~ geometrical shape
гиперболическая ~ hyperbolic form

~ **головной части** head shape
грушевидная ~ **ядра** pear-shaped nuclear shape
дендритная ~ dendritic shape
диагональная ~ **матрицы** diagonal form of matrix
дискообразная ~ **фронта скачка уплотне-ния** Mach disk configuration
дифференциальная ~ differential form
дуальная дифференциальная ~ dual differential form
естественная ~ *(кристаллов)* natural shape
замкнутая ~ closed form
~ **импульса** pulse form
каноническая ~ canonical form
квадратичная ~ quadratic form
коллективная ~ **движения** collective mode of motion
компактная ~ compact form
~ **кристалла** crystal form; crystal habit
кристаллическая ~ crystal habit
кубическая ~ cubic form
линейная ~ linear form
~ **линии тока** stream line shape
лоренцева ~ *(спектральной линии)* Lorentzian shape
неподвижная ~ **полярного сияния** immobile aurora
неправильная ~ irregular shape
неустановившаяся ~ **течения** transition flow
~ **неустойчивости** instability mode
неявная ~ implicit form
нормальная ~ **Морса** *(в теории катаст-роф)* normal Mors form
обтекаемая ~ streamline shape
общая простая ~ **кристалла** general simple crystal form
~ **огибающей** envelope shape
операторная ~ operator form
оптимальная ~ optimum shape
осесимметричная ~ axially symmetric shape
параметрическая ~ parametric form
переходная ~ **течения** transition flow
пластинчатая ~ *(кристаллов)* platelet shape
~ **поверхности** form of surface; surface shape
~ **поверхности жидкости** form of liquid surface
~ **поверхности несжимаемой жидкости в поле тяжести** surface shape of incompressible fluid subject to a gravitational field
подвижная ~ **полярного сияния** mobile aurora
политропная ~ politropic form
~ **полярного сияния** auroral form
последующая ~ sequential form
правильная ~ regular shape
предельная ~ **равновесия** limiting form of equilibrium
приведённая ~ reduced form
примитивная ~ primitive form
присоединённая ~ adjoint form
продолговатая ~ prolate form
произвольная ~ arbitrary shape
простая ~ **кристалла** simple crystal form
простая кристаллическая ~ simple crystal form

~ **равновесия вращающейся жидкости** form [figure] of equilibrium for a rotating liquid
~ **равновесия по грушеобразным кривым** pear-shaped figure of equilibrium
равновесная ~ equilibrium shape, equilibrium form
равновесная ~ **кристалла** equilibrium crystal form
равновесная ~ **ядра** equilibrium nuclear form
~ **распада** *яф* mode of disintegration, mode of decay
~ **резонансной кривой** resonance curve shape, resonance shape
релятивистская ~ **уравнений электро-магнитного поля** relativistic form of electromagnetic equations
~ **роста** *(кристалла)* growth form, growth shape
симметричная ~ symmetric form
скалярная ~ scalar form
скелетная ~ **кристаллов** skeleton crystal form
смежные ~**ы равновесия** *(вращающейся жидкости)* neighboring figures of equilibrium *(of rotating liquid)*
совершенная ~ **огранки** perfect faceted shape
сопряжённая ~ conjugate form
~ **спектральной линии** spectral line shape
~ **струи** jet path
сферическая ~ spherical form
сферически симметричная ~ spherically symmetric form
тензорная ~ tensor form
удобообтекаемая ~ hydrodynamic [streamline] form
цифровая ~ digital form
~ **частицы** shape of particle
частная простая ~ **кристалла** partial simple crystal form
чисто гранная ~ purely faceted shape
чисто круглая ~ purely rounded shape
эквивалентная ~ equivalent form
эллиптическая ~ elliptic shape
явная ~ explicit form
~ **ядра** nuclear shape
формализм *м.* formalism
аксиоматический ~ axiomatic formalism
~ **Баталина - Фрадкина - Вилковыского** *яф* Batalin-Fradkin-Vilkovisky formalism
~ **бозонизации** bosonization formalism
волновой ~ wave formalism
~ **Гамильтона** Hamiltonian formalism
гамильтонов(ский) ~ Hamiltonian formalism
гиперсферический ~ hyperspherical formalism
~ **Земаха - Глаубера** Zemach-Glauber formalism
изоспиновый ~ isotopic spin [isospin] formalism
канонический ~ canonical formalism
классический ~ classical formalism
~ **кластерного разложения** cluster expansion formalism
ковариантный ~ covariant formalism
корпускулярный ~ particle formalism
лагранжев ~ Lagrangian formalism

матричный ~ matrix formalism
многоканальный ~ multichannel formalism
однородный ~ uniform formalism
операторный ~ operator formalism
термодинамический ~ thermodynamic formalism
трёхмерный ~ three-dimensional formalism
~ Швингера Schwinger formalism
~ Швингера - Томонаги Schwinger-Tomonaga formalism
эйкональный ~ eikonal formalism
эйлеров ~ Euler formalism
форманта *ж. ак.* formant
ложная ~ spurious formant
формат *м.* format
~ данных data format
формирование *с.* shaping, forming, formation; *(изображений)* imaging
голографичекое ~ изображения holographic imaging
~ диаграммы направленности *(антенны)* pattern formation
~ изображения image formation, (optical) imaging
~ изображения точечного источника point source image formation
~ импульса pulse forming, pulse shaping
~ компактного тороида в тета-пинче compact toroid formation in theta pinch
~ луча beam forming, beam shaping, beam formation
оптимальное ~ изображения optimum imaging
~ пучка beam forming, beam shaping, beam formation
~ сигнала signal forming
формирователь *м.* former, shaper
~ диаграммы направленности *(антенны)* beam former
~ изображений imager; pattern generator
~ импульсов pulse shaper, pulse former
~ луча beam former
~ пучка beam former
~ сигнала signal [wave] shaper
~ тока current driver
формование *с.* moulding; forming, shaping
вакуумное ~ vacuum forming, vacuum moulding
горячее ~ hot moulding
~ под высоким давлением high-pressure moulding
~ под давлением pressure moulding
~ под низким давлением low-pressure moulding
холодное ~ cold moulding
формоизменение *с.* forming; form change
необратимое ~ irreversible form change, irreversible forming
обратимое ~ reversible form change, reversible forming
пластическое ~ plastic form change, plastic forming
формообразование *с.* shaping
капиллярное ~ capillary shaping
формула *ж.* formula *(мн.* formulae)

~ Аккерета Ackeret formula
~ Андраде *(для вязкости)* Andrade formula
асимптотическая ~ asymptotic formula
барометрическая ~ barometric height formula
~ Берджесса Burgess formula
~ Бете - Блоха Bethe-Bloch formula, Bethe-Bloch relation
~ Бине Binet formula
~ Блоха Bloch formula
~ Блоха - Грюнайзена Bloch-Grüneisen formula
~ Больцмана Boltzmann formula
~ Борна Born equation
~ Брейта - Вигнера *фвэ* Breit-Wigner formula
~ Брукса - Херринга Brooks-Herring formula
~ Вайцзеккера *яф* Weizsäker formula
~ Вайцзеккера - Ферми Weizsäcker-Fermi formula
~ Вейсбаха Weisbach formula
~ Вигнера Wigner formula
~ Вульфа - Брэгга Bragg equation
~ Гаусса - Остроградского Gauss-Ostrogradski formula
~ Гелл-Мана - Нишиджимы Gell-Mann-Nishijima formula
~ Гельмгольца Helmholtz equation
~ Герца - Кнудсена Hertz-Knudsen formula
~ Гиббса - Томсона Gibbs-Thomson formula
гидравлическая ~ hydraulic formula
~ Грина Green formula
~ Грина - Кубо Green-Kubo formula
громоздкая ~ cumbersome formula
~ Грюнайзена Grüneisen relation
~ Д'Аламбера D'Alembert formula
~ Дарси Darcy formula
~ Дарси - Вейсбаха *(гидравлика)* Darcy-Weisbach formula
~ для интерполирования вперёд forward interpolation formula
~ для интерполирования назад backward interpolation formula
~ Друде *фтт* Drude formula
~ Жуковского *аэрод.* Joukowski formula
~ Зоммерфельда Sommerfeld formula
интерполяционая ~ interpolation formula
~ Казимира Casimir formula
~ Каца *ктп* Kac formula
квадратурная ~ quadrature formula
квадратурная ~ Лобатто Lobatto quadrature formula
квантовая ~ Найквиста quantum Nyquist formula
~ Кирхгофа Kirchhoff formula
~ Киттеля *фмя* Kittel formula
классическая ~ classical formula
классическая ~ Найквиста classical Nyquist formula
~ Клаузиуса - Моссоти Clausius-Mossotti equation
~ Клейна - Нишины Klein-Nishina formula
~ Коши Cauchy (dispersion) formula
~ Крамерса Kramers formula

~ **Крамерса - Гейзенберга** Kramers-Heisenberg relation
~ **Кубо** Kubo formula
~ **Ландау - Зинера** *кв. мех.* Landau-Zener formula
~ **Ландау - Лифшица** Landau-Lifshitz equation
~ **Ланжевена - Дебая** Langevin-Debye formula
~ **Лапласа** Laplace formula
~ **Ленгмюра** Langmuir formula
~ **Лифшица - Онсагера** Lifshitz-Onsager equation
~ **Лоренц - Лоренца** Lorentz-Lorenz formula
~ **Максвелла** Maxwell formula
~ **Манделя** Mandel formula
модифицированая ~ modified formula
~ **Мотта - Березинского** *фтт* Mott-Berezinski formula
~ **Найквиста** Nyquist formula
нерелятивистская ~ nonrelativistic formula
обобщённая ~ generalized formula
одноточечная - Гаусса one-point Gauss rule
~ **Онсагера** Onsager formula
опытная ~ empirical [experimental] formula
основная ~ basic formula
~ **Паррата** *фтт* Parratt formula
~ **Парсеваля** Parseval formula
~ **Планка** Planck radiation law, Planck radiation formula
~ **пластического течения Бингама** Bingham plastic flow formula
полуэмпирическая ~ semiempirical formula
~ **Прандтля - Глауэрта для учёта влияния сжимаемости** Prandtl-Glauert compressibility formula
приближённая ~ approximate [approximation] formula
~ **Пуазейля** Poiseuille formula
~ **Пуассона** Poisson formula
~ **разложения** *(в ряд)* expansion formula
~ **размерности** dimensional formula
~ **рассеяния Резерфорда** Rutherford scattering law
~ **рассеяния света Рэлея** Rayleigh scattering law
~ **реакции** reaction formula
редукционная ~ *ктп* reduction formula
~ **Резерфорда** Rutherford formula
рекуррентная ~ recurrence formula
релятивистская ~ relativistic formula
~ **Ридберга** Rydberg formula
~ **Ричардсона** Richardson equation
~ **Розенблюта** Rosenbluth formula
~ **Рэлея - Джинса** Rayleigh-Jeans law, Rayleigh-Jeans formula
~ **Саха** Saha equation
~ **Саха - Ленгмюра** Saha-Langmuir equation
~ **Спитцера** Spitzer formula
стехиометрическая ~ stoichiomenric formula
~ **Стокса** Stokes formula
структурная ~ structural formula
~ **Таунсенда** Townsend formula
~ **Тейлора для присоединённой массы** Taylor virtual mass relation

~ **тонкой линзы** thin lens formula
~ **Торричелли** Torricelli formula
точная ~ exact formula
~ **удвоения** duplication formula
упрощённая ~ simplified formula
уточнённая ~ refined [improved] formula
~ **Ферми - Вайцзеккера** Fermi-Weizsäcker formula
~ **Ферми - Сегре** Fermi-Segre formula
~ **Френеля** Fresnel formula
характеристическая ~ characteristic formula
химическая ~ chemical formula
~ **Чебышева** Chebyshev formula
~ **Чепмена - Энскога** *(для теплопроводности)* Chapman-Enskog formula
~ **Шоттки** Schottky formula
~ **Эйлера** Euler formula
~ **Эйнштейна** *(для фотоэффекта)* Einstein formula
элементарная ~ elementary formula
эмпирическая ~ empirical formula
~ **ядерной реакции** nuclear reaction formula
формулировать *гл.* formulate; state
формулировка *ж.* formulation; statement
аксиоматическая ~ axiomatic formulation
бигармоническая - метода граничных элементов biharmonic boundary element formulation
~ **второго закона термодинамики** formulation of second law of thermodynamics
гамильтонова ~ Hamiltonian formulation
калибровочная ~ gauge formulation
кватернионная ~ quaternion formulation
конечно-разностная ~ finite difference formulation
логическая ~ logical formulation
математическая ~ mathematical formulation
непрямая ~ **метода граничных элементов** indirect boundary element formulation
неявная ~ implicit formulation
операторная ~ operator formulation
решёточная ~ *кхд* lattice formulation
теоретическая ~ theoretical formulation
точная ~ exact formulation
фейнмановская ~ *(квантовой механики)* Feynman formulation
явная ~ explicit formulation
формфактор *м.* form factor
~ **адрона** hadronic form factor
аксиально-векторный ~ axial-vector form factor
аксиальный ~ axial form factor
асимптотический ~ asymptotic form factor
атомный ~ atomic form factor
безразмерный ~ dimensionless form factor
векторный ~ vector form factor
~ **глубоко неупругого рассеяния** deep inelastic scattering form factor
гравитационный ~ gravitational form factor
динамический ~ dynamic form factor
дипольный ~ dipole form factor
~ **Дирака** Dirac form factor

зарядовый ~ charge form factor ,
изовекторный ~ isovector form factor
индуцированный ~ induced form factor
~ К-мезона kaon form factor
магнитный ~ *(протона)* magnetic form factor
~ нейтрона neutron form factor
нуклонный ~ nucleon form factor
обменный ~ exchange form factor
~ Паули Pauli form factor
перенормированый ~ renormalized form factor
приведённый ~ reduced form factor
~ протона proton form factor
псевдоскалярный ~ pseudoscalar form factor
~ сильного взаимодействия strong form factor
скалярный ~ scalar form factor
~ слабого взаимодействия weak form factor
спектральный ~ spectral form factor
~ упругого рассеяния elastic scattering form factor
~ частицы particle form factor
электрический ~ *(протона)* electrical form factor
электромагнитный ~ electromagnetic form factor
ядерный ~ nuclear form factor
фосфат *м.* phosphate
фосфид *м.* phosphide
~ галлия gallium phosphide, GaP
~ индия indium phosphide, InP
~ кремния silicon phosphide, SiP
фосфит *м.* phosphite
фосфор *м.* phosphorus, P
меченый ~ labelled [tagged] phosphorus; phosphorus tracer
фосфоресценция *ж.* phosphorescence
антистоксова ~ anti-Stokes phosphorescence
фосфоресцирующий *прил.* phosphorescent
фосфорилирование *с.* phosphorilation
фосфороскоп *м.* phosphoroscope
двухдисковый ~ two-disk phosphoroscope
однодисковый ~ single-disk phosphoroscope
фотоэлектрический ~ photoelectric phosphoroscope
фот *м.(устаревшая единица освещённости)* phot
фотино *с. фвэ* photino
фотоанизотропия *ж.* photoanisotropy
фотоаппарат *м.* (photographic) camera
фотоассоциация *ж.* photoassociation
лазерно-индуцированная ~ laser-induced photoassociation
фотобиология *ж.* photobiology
фотобиохимия *ж.* photobiochemistry
лазерная ~ laser photobiochemistry
фотобумага *ж.* photographic paper
фотовозбуждение *с.* photoexcitation
двухступенчатое ~ two-step photoexcitation
ИК-УФ ~ IR-UV photoexcitation
колебательное ~ vibrational photoexcitation
линейное ~ linear photoexcitation
многоступенчатое ~ multistep photoexcitation
многофотонное ~ multiphoton photoexcitation
нелинейное ~ nonlinear photoexcitation

селективное ~ *(атомов и молекул)* selective photoexcitation
фотовозбуждённый *прил.* photoexcited
фотовыжигание *с.* photoburning
~ спектральных провалов spectral hole burning
фотогелиограмма *ж.* photoheliogram
фотогелиограф *м.* photoheliograph
фотогенерация *ж.* photogeneration
~ носителей *(заряда)* carrier photogeneration
пространственно-модулированная ~ spatially modulated photogeneration
фотогид *м. астр.* photoelectric guiding device
фотогиротропия *ж.* photogyrotropy
фотограмметрия *ж.* photogrammetry
наземная ~ terrestrial photogrammetry
фотографический *прил.* photographic
фотография *ж.* 1. *(съёмка)* photography 2. *(снимок)* photograph
астрономическая ~ astronomical photography
бессеребряная ~ photography by nonsilverhalide process
высокоскоростная ~ high-speed photography
интегральная ~ integral photography
инфракрасная ~ infrared photography
искровая ~ spark photography
монохромная ~ monocharomatic photography
прикладная ~ applied photography
сверхскоростная ~ ultrahigh-speed photography
стереоскопическая ~ stereoscopic photography
теневая ~ shadow photography
цветная ~ color photography
фотодезинтеграция *ж. яф* photodisintegration
фотоделение *с. (ядер)* photofission, photodisintegration
~ урана uranium photofission
фотодесорбция *ж.* photodesorption
неравновесная ~ nonequilibrium photodesorption
фотодетектирование *с.* photodetection
~ частиц particle photodetection
фотодетектор *м. (см. тж.* **фотоприёмник***)* photodetector
~ на микроканальных пластинах photodetector with microchannel plates
фотодимеризация *ж.* photodimerization
фотодиод *м.* photodiode
лавинный ~ avalanche photodiode
фотодиссоциация *ж.* photodissociation
бесстолкновительная ~ collisionless photodissociation
бесстолкновительная резонансная ~ collisionless resonant photodissociation
двухступенчатая ~ two-step photodissociation
двухступенчатая ИК-УФ ~ IR-UV two-step photodissociation
изотопически селективная ~ isotopically selective photodissociation
изотопически селективная многофотонная ~ isotopically selective multiphoton photodissociation
ИК-УФ ~ *(молекул)* IR-UV photodissociation
многофотонная ~ multiphoton photodissociation
неселективная ~ nonselective photodissociation

селективная ~ selective photodissociation
ступенчатая ~ step photodissociation
фотодозиметр *м.* photographic dosemeter
фотодырка *ж.* photohole
фотозапись *ж.* photorecording, photographic recording
фотозахват *м.* photocapture
 ~ **электронов** *(в связанное состояние)* electron photocapture
фотоизомер *м.* photoisomer
фотоизомеризация *ж.* photoisomerization
ИК-УФ ~ *(молекул)* IR-UV photoisomerization
фотоинициирование *с. (химической реакции)* photoinitiation
фотоион *м.* photoion
фотоионизация *ж.* photoionization
 ~ **атома с наполовину заполненной оболочкой** photoionization of atom with half-filled shell
 ~ **внутренних оболочек** photoionization of inner shells
 ~ **возбуждённых атомов** photoionization of excited atoms
двухступенчатая ~ two-step photoionization
избирательная ~ selective photoionization
изотопически селективная ~ isotopically selective photoionization
ИК-ВУФ ~ IR-VUV photoionization
 ~ **ИК излучением** infrared photoionization
лазерная ~ laser photoionization
многоступенчатая ~ multistep photoionization
 ~ **молекул** molecular photoionization
нелинейная ~ *(молекул)* nonlinear photoionization
нерезонансная ~ nonresonant photoionization
прямая ~ direct photoionization
резонансная ~ resonant photoionization
резонансная ступенчатая ~ resonant step photoionization
селективная ~ selective photoionization
ступенчатая ~ step photoionization
трёхступенчатая ~ three-step photoionization
УФ-ВУФ ~ UV-VUV photoionization
 ~ **УФ излучением** ultraviolet photoionization
фотокамера *ж.* (photographic) camera
скоростная ~ high-speed camera
спутниковая ~ satellite camera
фотокатод *м.* photocathode
висмуто-серебряно-цезиевый ~ cesium-silver-bismuth photocathode
кислородно-серебряно-цезиевый ~ oxygen-silver-cesium photocathode
многощелочной ~ multialkali photocathode
мозаичный ~ mosaic photocathode
полупрозрачный ~ semitransparent photocathode
прозрачный ~ transparent photocathode
солнечно-слепой ~ solar blind photocathode
сурьмяно-цезиевый ~ cesium-antimonide photocathode
фотоколориметр *м.* photocolorimeter
фотолегирование *с.* photodoping
фотолиз *м.* photolysis
двухступенчатый ~ two-step photolysis

импульсный ~ flash photolysis
лазерный ~ laser photolysis
одноступенчатый ~ one-step photolysis
фотолитография *ж.* photolithography
взрывная ~ explosive photolithography
проекционная ~ projection photolithography
фотолюминесценция *ж.* photoluminescence
горячая ~ hot photoluminescence
фотомагнетизм *м.* photomagnetism
фотомезон *м.* photomeson
фотометр *м.* photometer
 ~ **Вебера** Weber photometer
визуальный ~ visual photometer
 ~ **Жоли** Joly block photometer
звёздный ~ star [stellar] photometer
зрительный ~ visual photometer
интегрирующий ~ integrating photometer
инфракрасный ~ infrared photometer
клиновой ~ wedge photometer
контрастный ~ contrast photometer
мигающий ~ flicker photometer
параметрический ~ parametric photometer
пламенный ~ flame photometer
поляризационный ~ polarization photometer
распределительный ~ distribution [radial] photometer
рентгеновский ~ X-ray photometer
 ~ **Румфорда** Rumford photometer
сканирующий ~ scanning photometer
 ~ **с равноконтрастными полями** equality-of-contrast photometer
 ~ **с равносветлотными полями** equality-of-luminosity photometer
теневой ~ shadow photometer
физический ~ physical photometer
фильтровый ~ filter photometer
фотоэлектрический ~ photoelectric photometer
фотоэлектрический звёздный ~ photoelectric star photometer
шаровой ~ sphere photometer
шаровой ~ **Ульбрихта** Ulbricht sphere photometer
фотометрирование *с.* photometeric measurements
визуальное ~ visual photometeric measurements
фотометрический *прил.* photometric
фотометрия *ж.* photometry
визуальная ~ visual photometry
вильнюсская многоцветная ~ Vilnius multicolor photometry
восьмицветная ~ eight-color photometry
гетерохромная ~ heterochromaticic photometry
 ~ **звёзд** stellar photometry
звёздная ~ stellar photometry
импульсная ~ pulse photometry
инфракрасная ~ infrared photometry
квантовая ~ quantum photometry
многоцветная ~ multicolor photometry
пламенная ~ flame photometry
 ~ **планет** planetary photometry
рентгеновская ~ X-ray photometry
трёхцветная ~ three-color photometry
узкополосная ~ narrow-band photometry

физическая ~ physical photometry
фотографическая ~ photographic photometry
фотоэлектрическая ~ photoelectric photometry
шестицветная ~ six-color photometry
широкополосная ~ wide-band photometry
~ UBV UBV photometry
фотометр-поляриметр *м.* photometer-polarimeter
фотон *м.* photon
абелев ~ Abelian photon
аннигиляционный ~ annihilation photon
барионный ~ baryonic photon
виртуальный ~ virtual photon
возбуждающий ~ exciting photon
возбуждённый ~ excited photon
излученный ~ emitted photon
индуцированный ~ stimulated photon
индуцирующий ~ stimulating photon
инфракрасный ~ infrared photon
комбинационный ~ Raman photon
лазерный ~ laser photon
левополяризованный ~ left-hand polarized photon
лептонный ~ leptonic photon
массивный ~ *ктп* massive photon
мюонный ~ muonic photon
мягкий продольный ~ soft longitudinal photon
~ накачки pump(ing) photon
неабелев ~ non-Abelian photon
падающий ~ incident photon
поглощённый ~ absorbed photon
поперечно-поляризованный ~ transversely polarized photon
поперечный ~ transverse photon
правополяризованный ~ right-hand polarized photon
продольно-поляризованный ~ longitudinally polarized photon
продольный ~ longitudinal photon
прямой ~ direct photon
рассеянный ~ scattered photon
реликтовый ~ relict photon
~ рентгеновского излучения X-ray photon
сигнальный ~ signal photon
скалярный ~ scalar photon
стоксов ~ Stokes photon
тормозной ~ bremsstrahlung photon
ультрафиолетовый ~ ultraviolet photon
холостой ~ idler photon
черенковский ~ Cherenkov photon
шумовой ~ noise photon
фотонейтрино *с.* photoneutrino
фотонейтрон *м.* photoneutron
фотоноситель *м.* photocarrier
горячий ~ hot photocarrier
фотонуклон *м.* photonucleon
фотообъектив *м.* photographic lens
фотоосаждение *с.* photo-induced [photolytic] deposition
фотоотклик *м.* photoresponse
анизотропный ~ anisotropic photoresponse
инерционный ~ slow photoresponse
насыщающийся ~ saturable photoresponse

фотоотклонение *с. (при лазерном разделении изотопов)* photodeflection
фотоотрыв *м. (электрона)* photodetachment
фотоотсчёт *м.* photocount
фотоотщепление *с.* photodetachment
фотоперенос *м.* phototransfer
~ заряда charge phototransfer
фотопион *м.* photopion
фотопластинка *ж.* photographic plate
фотопластичность *ж.* photoplasticity
фотоплёнка *ж.* photographic film
рентгеновская ~ X-ray photographic film
фотопоглощение *с.* photoabsorption
фотоползучесть *ж.* photocreep
фотополимер *м.* photopolymer
фотополимеризация *ж.* photopolymerization
фотопорог *м.* photothreshold
фотопревращение *с.* phototransformation
необратимое ~ irreversible phototransformation
фотопредиссоциация *ж.* photopredissociation
фотопредыонизация *ж.* photopreionization
фотоприёмник *м.* photodetector; photoelectric receptor; light-sensitive detector
интегральный ~ integrated photodetector
матричный ~ photodetector array
поляриметрический ~ polarimetric photo-detector
фотоприлипание *с.* photoattachment
вынужденное ~ induced photoattachment
фотоприсоединение *с.* photoattachment
фотопроводимость *ж.* photoconductivity; photoconduction
аномальная ~ anomalous photoconduction
барьерная ~ *фпп* barrier photoconduction
биполярная ~ bipolar photoconduction
внутризонная ~ intraband photoconduction
замороженная ~ frozen photoconduction
концентрационная ~ concentration photoconductivity
монополярная ~ monopolar photoconduction
остаточная ~ residual photoconductivity
отрицательная ~ negative photoconduction
отрицательная дифференциальная ~ negative differential photoconduction
пикосекундная ~ picosecond photoconduction
поверхностная ~ surface photoconductivity
подвижностная ~ mobility photoconductivity
примесная ~ impurity [extrinsic] photoconductivity
прыжковая ~ *фпп* hopping photoconduction
собственная ~ intrinsic photoconductivity
темновая ~ dark photoconductivity
фотопроводник *м.* photoconductor
примесный ~ extrinsic photoconductor
собственный ~ intrinsic photoconductor
фотопродукт *м.* photoproduct
фотопротон *м.* photoproton
фотопроцесс *м.* photoprocess
лазерный ~ laser photoprocess
многофотонный ~ multiphoton photoprocess
молекулярный ~ molecular photoprocess

мономолекулярный ~ monomolecular photoprocess
селективный ~ selective photoprocess
фоторазделение *с. (частиц)* photoseparation
лазерное ~ *(изотопов)* laser photoseparation
фоторазложение *с.* photodecomposition
двухступенчатое ~ two-step photodecomposition
селективное ~ selective photodecomposition
фоторазогрев *м.* photoheating
фотораспад *м. (частиц)* photodecay; *(растворов)* photodisintegraion
фоторасщепление *с.* photodisintegration
фотореакция *ж.* photoreaction
фоторегистратор *м.* photochronograph
фоторезист *м.* photoresist
вакуумный ~ vacuum photoresist
жидкий ~ liquid photoresist
негативный ~ negative photoresist
плёночный ~ film photoresist
позитивный ~ positive photoresist
фоторезистор *м.* photoresistor; photoconductive cell
охлаждаемый ~ cooled photoresistor
фоторекомбинация *ж.* photorecombination
вынужденная ~ induced [stimulated] photorecombination
фоторефракция *ж.* photorefraction
фоторецептор *м. биол.* photoreceptor
фоторождение *с.* photoproduction
~ **каонов** photoproduction of kaons
кулоновское ~ *(мезонов)* Coulomb photoproduction
~ **мезонов** photoproduction of mesons
множественное ~ multiple photoproduction
парное ~ double photoproduction
парное ~ **мезонов** double photoproduction of mesons
упругое ~ elastic photoproduction
фотосегнетоэлектик *м.* photoferroelectric
фотосенсибилизация *ж.* photosensitization
фотосинтез *м.* photosynthesis
фотослой *м.* photolayer
фотоснимок *м.* photograph
фотосопротивление *с.* photoresistor
фотостереолитография *ж.* photostereolithography
фотосфера *ж. (Солнца)* photosphere
верхняя ~ upper photosphere
~ **звезды** photosphere of a star
солнечная ~ solar photosphere
спокойная ~ quiet photosphere
фототермопласт *м.* photothermoplast
фототермоупругость *ж.* photothermoelasticity
фототиристор *м.* photothyristor
фототок *м.* photoelectric current, photocurrent
фототравление *с.* photoetching
фототранзистор *м.* phototransistor, light transistor
биполярный ~ bipolar phototransistor
полевой ~ field effect [FET] phototransistor
фототриод *м.* phototransistor, phototriode
фотоумножитель *м.* photomultiplier, multiplier phototube

канальный ~ channel photomultiplier
~ **с торцовым входом** head-on type [end-on] photomultiplier
фотоупругий *прил.* photoelastic
фотоупругость *ж.* photoelasticity; stress-optic effect
динамическая ~ dynamic photoelasticity
интегральная ~ integrated photoelasticity
объёмная ~ three-dimensional photoelasticity
плоская ~ plane photoelasticity
фотофизика *ж.* photophysics
бесстолкновительная ~ collisionless photophysics
лазерная ~ laser photophysics
селективная ~ selective photophysics
фотохимический *прил.* photochemical
фотохимия *ж.* photochemistry
бесстолкновительная ~ collisionless photochemistry
бимолекулярная ~ bimolecular photochemistry
изотопически селективная ~ isotopically selective photochemistry
инфракрасная ~ infrared photochemistry
колебательная ~ vibrational photochemistry
лазерная ~ laser photochemistry
многофотонная ~ multiphoton photochemistry
мономолекулярная ~ monomolecular photochemistry
нелинейная ~ nonlinear photochemistry
неселективная ~ nonselective photochemistry
однофотонная ~ single-photon photochemistry
селективная ~ selective photochemistry
столкновительная ~ collisional photochemistry
фотохромизм *м.* photochromism
двухфотонный ~ two-photon photochromism
многофотонный ~ multiphoton photochromism
физический ~ physical photochromism
химический ~ chemical photochromism
фотохронограмма *ж.* streak photography
фотохронограф *м.* photochronograph; streak-camera
электронно-оптический ~ electron-optical streak-camera
фотоцентр *м.* photocenter
фоточувствительность *ж.* photosensitivity
поляризационная ~ polarizational photosensitivity
фоточувствительный *прил.* photosensitive
фотошаблон *м.* (photo)mask
фотоэдс *ж.* photoemf, photoelectromotive force
вентильная ~ barrier-layer photoemf
высоковольтная ~ high-voltage photoemf
объёмная ~ volume photoemf
поверхностная ~ surface photoemf
фотоэжекция *ж.* photoejection
~ **электронов** electron photoejection
фотоэлектрет *м.* photoelectret
фотоэлектричество *с.* photoelectricity
фотоэлектролюминесценция *ж.* photoelectroluminescence
фотоэлектрон *м.* photoelectron
вторичный ~ secondary photoelectron

рентгеновский ~ X-ray photoelectron
фотоэлемент *м.* photocell, photoelectric [photoemissive] cell
  вакуумный ~ vacuum photocell, phototube
  вентильный ~ barrier layer photocell; photovoltaic cell
  газонаполненный ~ gas-filled photocell; phototube
  кремниевый ~ silicon photocell
  полупроводниковый ~ semiconductor photocell
  ~ **с боковым фотоэффектом** lateral photocell
  ~ **с внешним фотоэффектом** photoemissive cell; emission photocell
  ~ **с запирающим слоем** barrier-layer photocell; photovoltaic cell
  ~ **с продольным фотоэффектом** longitudinal photocell
фотоэмиссия *ж.* photoemission
  двухфотонная ~ two-photon photoemission
  многоатомная резонансная ~ *спектр.* multiatom resonance photoemission, MARPE
  многофотонная ~ multiphoton photoemission
  рентгеновская ~ X-ray photoemission
  трёхфотонная ~ three-photon photoemission
  ~ **с угловым разрешением** angular resolution photoemission
фотоэмиттер *м.* photoemitter
фотоэмульсия *ж.* photoemulsion, photographic emulsion
  ядерная ~ nuclear photoemulsion
фотоэффект *м.* photoeffect, photoelectric effect
  вентильный ~ barrier-layer photoeffect; photovoltaic effect
  внешний ~ photoemissive [external photoelectric] effect; photoemission
  внутренний ~ internal photoelectric [photoconductive] effect
  двухфотонный ~ two-photon photoeffect
  диффузионный ~ diffusion photoeffect
  избирательный ~ selective photoeffect
  многофотонный ~ multiphoton photoeffect
  нестационарный ~ nonstationary photoeffect
  нормальный ~ normal photoeffect
  объёмный ~ volume photoeffect
  однофотонный ~ single-photon photoeffect
  поверхностный ~ surface photoeffect
  продольный ~ lateral photoeffect
  селективный ~ selective photoeffect
  ядерный ~ nuclear photoeffect
фрагмент *м.* fragment
  ядерный ~ nuclear fragment
фрагментация *ж. яф* fragmentation
  ~ **газового облака** *астр.* gaseous cloud fragmentation
  кварковая ~ quark fragmentation
  многочастичная ~ multiparticle fragmentation
  предельная ~ *яф* limiting fragmentation
  токовая ~ current fragmentation
  ~ **ядер** nuclear fragmentation
фрактал *м.* fractal
фрактальность *ж.* fractality
фрактограмма *ж. физ. мет.* fractograph

фрактография *ж. физ. мет.* fractography
фракционирование *с.* fractionation
  ~ **кристаллизацией** fractionation by crystallization
  многократное ~ multiple fractionation
фракция *ж.* fraction
  высокодисперсная ~ fine fraction
  высокомолекулярная ~ high-polymeric fraction
  лёгкая ~ light fraction
  летучая ~ volatile fraction
  низкомолекулярная ~ low-polymeric fraction
  обеднённая ~ depleted fraction
  обогащённая ~ enriched fraction
  промежуточная ~ intermediate fraction
  тяжёлая ~ heavy fraction
франций *м.* francium, Fr
фреон *м.* freon
фреттинг *м.* fretting
фреттинг-коррозия *ж.* fretting corrosion
фреттинг-усталость *ж.* fretting fatigue
фрикционный *прил.* frictional
фронт *м. (волны)* front; *(импульса)* edge, front
  атмосферный ~ atmospheric front
  ~ **возмущений** *аэрогидр.* Mach front
  волновой ~ wave front
  волновой ~ **точечного источника** wave front of point source
  ~ **волны** wave front
  ~ **горения** burning front
  ~ **детонационной волны** detonation front
  задний ~ **импульса** trailing edge of pulse
  ~ **импульса** pulse front, pulse edge
  ~ **ионизации** ionization front
  ионизационный ~ ionization front
  искривлённый волновой ~ curved wave front
  ~ **конденсации** condensation front
  ~ **кристаллизации** crystallization [solidification] front
  крутой ~ *(импульса)* steep edge
  ~ **направленной кристаллизации** front of directional crystallization
  ~ **необратимости** *кв. мех.* irreversibility front
  обращённый волновой ~ conjugate [reversed] wave front
  ~ **отражённой волны** reflected wave front
  ~ **падающей волны** incident wave front
  передний ~ **импульса** leading edge of a pulse
  ~ **переключения** switching front
  ~ **пламени** flame front
  пластический ~ plastic front
  плоский ~ **роста** flat [plane] growth front
  ~ **поверхности излома** fracture surface front
  пологий ~ low-angle front
  пылевой ~ dust front
  размытый ~ diffuse front
  ~ **разрежения** front of rarefaction
  ~ **роста** growth front
  ~ **световой волны** light wave front, front of light wave
  ~ **сжатия** compression front
  ~ **скачка уплотнения** shock front
  ~ **спутной струи** wake front

сферический волновой ~ spherical wave front
~ трещины crack front
~ ударной волны shock (wave) front
ударный ~ shock front
фазовый ~ phase front
фрустрация *ж. фтт* frustration
фтор *м.* fluorine, F
фторид *м.* fluoride
~ бора boron fluoride
~ лития lithium fluoride
~ урана iranium fluoride
фторирование *с.* fluorination
фугитивность *ж. (летучесть)* fugacity
фугоида *ж.* phugoid
фуллерен *м.* fullerene
высший ~ higher fullerene
интеркалированный ~ intercalated fullerene
кристаллический ~ crystalline fullerene
твёрдый ~ solid state fullerene
эндоэдральный ~ endohedral fullerene
фуллерид *м.* fulleride
фуллерит *м. (твёрдый фуллерен)* fullerite
кристаллический ~ crystalline fullerite
фундамент *м.* foundation, base
функционал *м.* functional
аддитивный ~ additive functional
вариационный ~ для амплитуды перехода variational functional for a transition amplitude
векторный ~ vector-valued functional
волновой ~ wave functional
~ Гинзбурга - Ландау *сверхпр.* Ginzburg-Landau functional
~ действия action functional
динамический ~ dynamic functional
~ дополнительной энергии complementary energy functional
линейный ~ linear functional
~ Ляпунова Lyapunov functional
нелинейный ~ nonlinear functional
непрерывный ~ continuous functional
операторный ~ operator-valued functional
петлевой ~ loop functional
~ плотности density functional
продолженный ~ extended functional
производящий ~ generating functional
редуцированный ~ энергии energy reduced functional
симметричный ~ symmetric functional
сингулярный ~ singular functional
скалярный ~ scalar-valued functional
собственный ~ eigen [proper] functional
сопряжённый ~ conjugate functional
тензорный ~ tensor-valued functional
характеристический ~ characteristic functional
энергетический ~ energy functional
~ энергии energy functional
эффективный ~ effective functional
функциональный *прил.* functional
функционировать *гл.* function
функци/я *ж.* function □ ~ аналитична в окрестности точки Z the function is analytical in the neighborhood of point Z; в ~и x as a function of x; разложить ~ю в ряд в окрестности точки Z expand the function in a series in the neighborhood of point Z

автокорреляционная ~ autocorrelation function
аддитивная ~ additive function
амплитудная ~ amplitude function
аналитическая ~ analytical function
анизотропная ~ распределения частиц пучка anisotropic distribution function of beam particles
антисимметричная ~ antisymmetric function
антисимметричная волновая ~ antisymmetric wave function
аппаратная ~ instrument function
~ Аппеля Appell function
аппроксимирующая ~ approximating function
асимптотическая ~ asymptotic function
базисная ~ basis function
безразмерная ~ dimensionless function
~ Бесселя Bessel [cylinder] function
~ Бесселя нулевого порядка первого рода zero-order Bessel function of the first kind
бесспиновая ~ spin-zero function
бесстолкновительная ~ распределения collisionless distribution function
бетатронная ~ betatron function
бигармоническая ~ biharmonic function
бинарная ~ binary function
~ Блоха Bloch function
блоховская ~ Bloch function
блоховская объёмная ~ bulk Bloch function
бозонная ~ Грина boson Green function
~ Бриллюэна Brillouin function
быстро убывающая ~ function of rapid decrease
~ Ванье Wannier function
векторная ~ vector function
вероятностная ~ probability function
вершинная ~ *ктп* vertex function
весовая ~ weighting function
вещественная ~ real function
~ вещественной переменной function of real variable
~ взаимной когерентности mutual-coherence function
~ взаимной корреляции cross-correlation function
~ Вигнера Wigner function
~ видимости visibility function
~ влияния influence function
вогнутая ~ concave function
водородоподобная волновая ~ hydrogen-like wave function
~ возбуждения excitation function
возрастающая ~ increasing function
волновая ~ wave function
волновая ~ атомной системы, построенная из одноэлектронных волновых функций wave function for the atomic system constructed from the single-electron wave functions
волновая ~ Ванье Wannier wave function
волновая ~ , нормированная на дельта-функцию от импульса wave function normalized to a delta-function of the momentum
волновая ~ , нормированная на плоскую волну wave function normalized to a plane wave
~ времени time function

временная корреляционная ~ time correlation function
вспомогательная ~ auxiliary function
выборочная ~ sample function
выпуклая ~ convex function
вырожденная ~ degenerate function
~ Гамильтона Hamiltonian function
гармоническая ~ harmonic function
гармоническая сопряжённая ~ harmonic conjugate function
~ Гаусса Gaussian function
гауссова ~ Gaussian [instrument] function
гауссова аппаратная ~ Gaussian instrument function
гауссова случайная ~ Gaussian [normal] random function
~ Гельмгольца Helmholtz function
~ Гиббса Gibbs function
гиперболическая ~ hyperbolic function
гипергеометрическая ~ hypergeometric function
гладкая ~ smooth function
глобальная ~ global function
глобальная аппроксимационная ~ global approximation function
глюонная структурная ~ gluon structure function
голоморфная ~ holomorphic function
граничная ~ boundary function
~ Грина Green function
~ Грина свободного пространства free-space Green function
групповая ~ group function
двойная спектральная ~ double-spectral function
двухпараметрическая ~ two-parameter function
двухточечная ~ Грина two-point Green function
двухчастичная ~ two-particle function
двухчастичная ~ Грина two-particle Green function
двухчастичная ~ распределения two-particle distribution function
двухчастотная корреляционная ~ two-frequency correlation function
~ Дебая Debye function
~ действия action function
детерминированная ~ deterministic [determinate] function
дискретная ~ discrete function
дисперсионная аппаратная ~ dispersion instrument function
диссипативная ~ dissipative function
диссипативная ~ Рэлея Rayleigh dissipative function
дифракционная аппаратная ~ diffraction instrument function
дифференцируемая ~ differentiable function
дополнительная ~ complementary function
дуальная ~ dual function
единичная ступенчатая ~ unit step function
~ Жуковского Joukowski function
зависимая ~ dependent function

заданная ~ given [prescribed] function
запаздывающая ~ retarded function
запаздывающая ~ Грина retarded Green function
зональная ~ zonal function
импульсная ~ impulse function
инвариантная ~ invariant function
инклюзивная ~ inclusive function
интегральная ~ integral function
интегрируемая ~ integrable function
интерполирующая ~ interpolating [interpolation] function
интерполяционная ~ interpolation [interpolating] function
интерференционная ~ interference function
интерференционная ~ Лауэ Laue interference function
~ источника source function
~ Йоста Jost function
калибровочная ~ gauge function
каноническая ~ canonical function
каскадная ~ cascade function
квадратичная ~ quadratic function
квазимаксвелловская ~ распределения quasi-Maxwellian distribution function
квазипериодическая ~ quasi-periodic function
кватернионная ~ quaternion function
кластерная ~ cluster function
ковариационная ~ covariance function
~ когерентности coherence function
~ когерентности четвёртого порядка fourth-order coherence function
комплексная ~ complex function
~ комплексной переменной function of complex variable
конечная ~ finite function
~ концентрации concentration function
корреляционная ~ correlation function
корреляционная ~ второго порядка second-order correlation function
корреляционная ~ высшего порядка higher-order correlation function
корреляционная ~ давления и скорости correlation function for the pressure and the velocity
корреляционная ~ локальной турбулентности correlation function of local turbulence
корреляционная ~ скоростей velocity correlation function
корреляционная ~ n-ного порядка n-th order correlation function
коэффициентная ~ *ктп* coefficient function
~ Крампа Kramp function
кросс-корреляционная ~ cross-correlation function
кумулянтная ~ cumulant function
кусочно-гладкая ~ piecewise smooth function
кусочно-линейная ~ piecewise linear [broken-line] function
кусочно-непрерывная ~ piecewise [sectionally] continuous function
~ Лагерра Laguerre function

~ **Лагранжа** Lagrangian (function)
~ **Ламе** Lamé function
~ **Ланжевена** Langevin function
~ **Лауэ** Laue function
~ **Лежандра** Legendre function
линеаризованная ~ linearized function
линейная ~ linear function
логарифмическая ~ logarithmic function
логическая ~ logical function
локальная ~ local function
локально-максвелловская ~ **распределения** locally Maxwellian distribution function
локально-однородная ~ **распределения** locally homogeneous distribution function
лоренц-инвариантная ~ Lorentz-invariant function
лучевая ~ ray function
~ **Макдональда** Macdonald function
максвелловская ~ **распределения** Maxwellian distribution function
~ **масс** mass function
масштабная ~ scaling function
~ **Матьё** Mathieu function
мацубаровская ~ **Грина** Matsubara Green function
мгновенная ~ **текучести** current yield function
~ **межатомных векторов** function of interatomic vectors
мероморфная ~ meromophic function
~ **Ми** Mie function
~ **многих переменных** function of several variables
многозначная ~ multiple-valued [multivalued] function
многочастичная волновая ~ multiparticle wave function
многочастичная ~ **Грина** multiparticle Green function
многочастичная причинная ~ **Грина** multiparticle [n-point] causal Green function
многоэлектронная волновая ~ many-electron wave function
модифицированная ~ **Бесселя** modified Bessel function
монотонная ~ monotone [monotonic] function
монотонно убывающая ~ monotonically decreasing function
монохроматическая ~ monochromatic function
~ **напряжений Эйри** Airy stress function
~ **напряжения** stress function
~ **начального состояния** initial-state function
невырожденная ~ nondegenerate function
независимая ~ independent function
~ **Неймана** Neumann function
~ **нейтронного повреждения** neutronic damage function
нелинейная ~ nonlinear function
нелокальная ~ nonlocal function
нелокальная ~ **отклика** nonlocal response function
немаксвелловская ~ **распределения** non-Maxwellian distribution function

немонотонная ~ nonmonotonic function
неоднозначная ~ ambiguous function
неопределённая ~ indefinite function
непрерывная ~ continuous function
неравновесная ~ **распределения** nonequilibrium distribution function
несобственная ~ improper function
~ **неупругого рассеяния** inelastic function
нечётная ~ odd function
неявная ~ implicit function
нормальная случайная ~ normal [Gaussian] random function
нормированная ~ **распределения** normalized distribution function
нормированная собственная ~ normalized eigenfunction
~ **нулевого порядка** zero-order function
обобщённая ~ generalized function
обобщённая гипергеометрическая ~ generalized hypergeometric function
обобщённая ~ **Ланжевена** generalized Langevin function
обобщённая собственная ~ generalized eigenfunction
обобщённая сферическая ~ generalized spherical [Wigner] function
обратная ~ inverse function
обратная тригонометрическая ~ inverse trigonometric function
~ **обрезания** cutoff function
объёмная ~ **Грина** bulk Green function
объёмная сферическая гармоническая ~ solid spherical harmonic function
ограниченная ~ bounded function
одногрупповая ~ one-group function
однозначная ~ single-valued function
~ **одной переменной** function of single variable
однопараметрическая ~ one-parameter function
однопетлевая ~ one-loop function
однородная ~ homogeneous function
одночастичная ~ single-particle [one-particle] function
одночастичная волновая ~ one-particle wave function
одночастичная ~ **Грина** one-particle Green function
одночастичная ~ **распределения** one-particle distribution function
одноэлектронная волновая ~ one-electron [single electron] wave function
операторная ~ operator function
опережающая ~ **Грина** advanced Green function
опорная ~ support(ing) [bearing] function
ортогональная ~ orthogonal function
ортонормированная ~ orthonormal function
ортонормированная волновая ~ orthonormal wave function
ортонормированная собственная ~ orthonormal eigenfunction
~ **ослабления источника** source-attenuation function
осциллирующая ~ oscillating function

~ **отклика** response function
отображающая ~ mapping function
~ **параболического цилиндра** function of parabolic cylinder, parabolic cylinder function
параметрическая ~ parametric function
парная корреляционная ~ pair correlation function
~ **Патерсона** Paterson function
патерсоновская ~ *крист.* Paterson function; function of interatomic distances
~ **Паули - Йордана** *ктп* Pauli-Jordan function
передаточная ~ transfer function
~ **передачи контраста** *гологр.* contrast transfer function
~ **перекрытия** overlap function
перенормированная ~ renormalized function
перенормированная ~ **Грина** renormalized Green function
периодическая ~ periodic function
пилообразная ~ saw-tooth function
пирамидальная ~ pyramid function
плазменная дисперсионная ~ plasma dispersion function
~ **Плачека** Placzek function
плоская ~ flat function
~ **плотности** density function
~ **плотности вероятности** probability density function
~ **плотности состояний** density-of-states function
поверхностная ~ surface function
подынтегральная ~ integrand
показательная ~ exponential [power] function
~ **ползучести** creep function
полиэдральная ~ polyhedral function
полная ~ **Грина** full Green function
~ **поля** field function
~ **поперечной когерентности** transverse coherence function
пороговая ~ threshold function
порождающая ~ generating function
потенциальная ~ potential function
~ **потерь** loss function
почти локальная ~ almost local function
почти периодическая ~ almost periodic function
~ **правдоподобия** likelihood function
предельная ~ limiting function
~ **преобразования** transform function
приближённая ~ approximate function
приведённая ~ reduced function
приводимая ~ reducible function
присоединённая ~ **Лежандра** associated Legendre function
причинная ~ causal function
причинная ~ **Грина** *ктп* causal Green function
пробная ~ trial [test] function
~ **продольной когерентности** longitudinal coherence function
производящая ~ *фвэ* generating function
произвольная ~ arbitrary function
~ **пропускания** *опт.* transmision function

пространственно-временная ~ space-time function
прямоугольная ~ rectangle [rectangular] function
псевдопотенциальная ~ pseudopotential function
пуассоновская ~ Poissonian function
равновесная ~ **распределения** equilibrium distribution function
равномерно-непрерывная ~ uniformly continuous [equi-continuous] function
радиальная ~ radial function
радиальная ~ **распределения** radial distribution function
размерная ~ dimensional function
разностная ~ difference function
~ **разрешения** resolution function
~ **разрешения треугольной формы** triangular resolution function
разрывная ~ discontinuous function
распадная ~ decay function
~ **распределения** distribution [partition] function; distribution law
~ **распределения атомных пар** atomic pair distribution function
~ **распределения банановых частиц** banana particle distribution function
~ **распределения Вигнера** Wigner distribution function
~ **распределения ионов** ion distribution function
~ **распределения по поперечным скоростям** transverse velocity distribution function
~ **распределения по продольным скоростям** longitudinal velocity distribution function
~ **распределения по скоростям** velocity distribution function
~ **распределения по энергии** energy distribution function
~ **распределения пролётных частиц** transit particle distribution function
~ **распределения центров ларморовских орбит частиц** Larmor orbit center distribution function
~ **распределения частиц по размерам** particle size distribution function
~ **распределения электронов** electron distribution function
~ **распространения** propagation function, propagator
~ **распространённости** abundance function
~ **рассеяния** scattering [dissipative] function
~ **Рауса** *мех.* Routh function
рациональная ~ rational function
~ **реакции** reaction function
регулярная ~ regular function
~ **резкости** *опт.* sharpness function
релятивистская ~ relativistic function
релятивистски-инвариантная ~ relativistically invariant function
~ **Римана** Riemann function
~ **роста** growth function
~ **светимости** luminosity function

связная ~ **Грина** connected Green function
сглаженная ~ smoothed function
сеточная ~ grid function
~ **сил** force function
силовая ~ force function
сильносвязная ~ **Грина** strongly connected Green function
симметричная волновая ~ symmetrical wave function
сингулярная ~ *ктп* singular function
синусоидальная ~ sine function
скалярная ~ scalar function
скачкообразная ~ jump [step] function
сложная ~ composite function
случайная ~ random [stochastic] function
случайная волновая ~ random wave function
~ случайной величины function of random variable
собственная ~ eigenfunction
собственная ~ момента количества движения angular momentum eigenfunction
сопряжённая ~ adjoint [conjugate] function
сопряжённо-аппроксимационная ~ conjugate-approximation function
~ состояния function of state
спектральная ~ spectral function
спектральная ~ возмущений плотности spectral function of density perturbation
специальная ~ special function
~ спиновой корреляции spin correlation function
статистическая ~ statistical function
стационарная случайная ~ stationary random function
степенная ~ power function
структурная ~ structure [structural] function
структурная ~ протона proton structure function
структурная ~ ядра nucleus structure function
ступенчатая ~ step function
сферическая ~ spherical function
табулированная ~ tabulated function
~ текучести yield function
температурная ~ **Грина** temperature Green function
тепловая ~ thermal function; enthalpy
тепловая ~ **Гиббса** thermal Gibbs function
термодинамическая ~ thermodynamic function
тестовая ~ test function
~ течения stream function
~ тока stream function
точечная ~ point function
траекторная ~ trajectory function
трансцендентная ~ transcendental function
треугольная аппаратная ~ triangular instrument function
тригонометрическая ~ trigonometric function
трилинейная ~ trilinear function
~ **Уайтмена** *ктп* Wightman function
убывающая ~ decreasing function
угловая ~ **Ми** angle Mie function
узловая ~ node function

~ **Уиттекера** Whittaker function
универсальная ~ скоростей *аэрод.* universal velocity function
упорядоченная ~ ordered function
~ управления control function
усреднённая ~ averaged function
усреднённая ~ распределения averaged distribution function
устойчивая ~ stable function
фейнмановская ~ **Грина** Feynman Green function
~ **Фойгта** Voigt function
~ формы shape function
~ формы элемента element shape function
~ фрагментации *кхд* fragmentation function
фундаментальная ~ fundamental function
~ **Ханкеля** Hankel function
характеристическая ~ characteristic function
~ **Хевисайда** Heaviside function
целая ~ integer function
~ ценности value function
~ ценности нейтронов neutron importance function
цилиндрическая ~ cylinder [Bessel] function
~ **Чандрасекара** Chandrasekhar function
~ **Чебышева** Chebyshev function
чётная ~ even function
четырёхмерная ~ **Патерсона** four-dimensional Paterson function
~ **Швингера** *ктп* Schwinger function
щелеобразная аппаратная ~ slot-like instrument function
эйкональная ~ eikonal function
~ **Эйри** Airy function
эквивалентная ~ equivalent function
экспоненциальная ~ exponential [power] function
экспоненциальная аппаратная ~ exponential instrument function
~ элемента element function
элементарная ~ elementary function
эллиптическая ~ elliptic function
эмпирическая ~ empirical function
эргодическая ~ ergodic function
эффективная ~ effective function
явная ~ explicit function
~ **Якоби** Jacobian function
n-точечная ~я **Грина** n-point Green function
функция-крышка *ж.* roof function
функция-ящик *м.* box function
фурье-анализ *м.* Fourier analysis
фурье-голограмма *ж.* Fourier hologram
фурье-компонента *ж.* Fourier component
фурье-корректор *м.* Fourier corrector
 фазовый ~ phase Fourier corrector
фурье-образ *м.* Fourier transform
фурье-оптика *ж.* Fourier optics
фурье-плоскость *ж.* Fourier plane
фурье-преобразование *с.* Fourier transform
фурье-пространство *с.* Fourier space
фурье-разложение *с.* Fourier expansion
фурье-синтез *м.* Fourier synthesis

фурье-спектр *м.* Fourier spectrum
фурье-спектрометр *м.* Fourier spectrometer
амплитудно-фазовый ~ amplitude-phase Fourier spectrometer
~ **дифракционной структуры** Fourier spectrometer of diffraction structure
фурье-спектроскопия *ж.* Fourier spectroscopy
фурье-фильтр *м. опт.* Fourier filter
фурье-фильтрация *ж. опт.* Fourier filtration
фут-ламберт *м. (единица яркости)* foot lambert
фут-свеча *ж. (единица освещённости)* foot candle

X

халькогениды *мн.* chalcogenides
халькопирит *м.* chalcopyrite
хаос *м. (напр. в квантовой оптике)* chaos; randomness
внутренний ~ intrinsic chaos; intrinsic randomness
гамильтонов ~ Hamiltonian chaos
детерминистский ~ deterministic chaos
динамический ~ dynamic chaos
квантовый ~ quantum chaos
классический ~ classical chaos
классический молекулярный ~ classical molecular chaos
магнитогидродинамический ~ magnetohydrodynamic chaos
молекулярный ~ molecular chaos
неустранимый ~ irremovable chaos
поляризационный ~ polarization chaos
сильный ~ strong chaos
слабый ~ weak chaos
хаотизация *ж.* chaotization
хаотический *прил.* chaotic, random
характер *м.* character; nature; behaviour; pattern
взрывной ~ explosive behaviour
возрастной ~ **замедления** age character of slowing-down
волновой ~ wave-like behaviour
~ **группы** *фтт* group character
~ **деформации** deformation behaviour
избирательный ~ *(воздействия)* selective character
~ **изнашивания** wear process pattern; wear behaviour
корпускулярный ~ corpuscular character
~ **коррозии** corrosion pattern; corrosion behaviour
~ **неустойчивости** nature of instability
~ **процесса** nature of process
радиоактивный ~ radioactive nature
~ **разрушения** failure behaviour
резонансный ~ resonant behaviour
скачкообразный ~ stick-slip nature
случайный ~ random character

статистический ~ statistical character
~ **трения** friction behaviour
характеристик/а *ж.* characteristic; performance; *(отклик на входное воздействие)* response
амплитудная ~ amplitude [input-output] characteristic
амплитудно-временная ~ amplitude-time characteristic
амплитудно-частотная ~ amplitude-frequency [gain-frequency] characteristic; frequency response
анодная ~ anode characteristic
анодно-сеточная ~ grid-plate characteristic
аэродинамическая ~ aerodynamic characteristic
аэродинамическая ~ **винта** airscrew characteristic
базовая ~ base characteristic
баллистическая ~ ballistic characteristic
безразмерная ~ dimensionless characteristic
ватт-амперная ~ watt-ampere characteristic
~ **в дозвуковом потоке** subsonic characteristic
~ **взаимодействия** interaction characteristic
возрастающая ~ rising characteristic
вольт-амперная ~ volt-ampere [current-voltage] characteristic
вольт-ёмкостная ~ *фпп* capacity-voltage characteristic
вольт-фарадная ~ capacity-voltage characteristic
~ **в плоскости годографа** characteristic curve in the hodograph plane
~ **в сверхзвуковом потоке** supersonic characteristic
временная ~ time response, time characteristic
~ **высвечивания** scintillation response
высотно-частотная ~ height-frequency characteristic
газодинамическая ~ gas-dynamic behaviour
геометрическая ~ **винта** geometric characteristic of an airscrew
гидравлическая ~ characteristic hydraulic number, hydraulic discriminant
гистерезисная ~ hysteresis characteristic
графическая ~ characteristic curve
дезактивизационная ~ decontamination characteristic
динамическая ~ dynamic characteristic; dynamic performance; dynamic response
динамическая ~ **ускорителя** dynamic accelerator characteristic
докритическая ~ *(роста трещины)* subcritical characteristic
~ **затухания** *(колебаний)* attenuation characteristic
~ **захвата** *(ускорителя)* capture characteristic
зондовая ~ probe characteristic
идеализированная ~ idealized characteristic
~ **излома** fracture properties
излучательная ~ radiative characteristic
~ **излучения** radiation characteristic
~ **изнашивания** wear performance
~ **изнашивания материала** wear performance of material
импульсная ~ (im)pulse response

интегральная ~ integral characteristic
~ камеры chamber performance
качественная ~ qualitative characteristic
кинематическая ~ motion [kinematic] characteristic
количественная ~ quantitative characteristic
линейная ~ linear response; linear characteristic
линейная ~ деформационного упрочнения linear work-hardening characteristic
логарифмическая ~ logarithmic characteristic
локальная ~ local characteristic
механическая ~ mechanical characteristic; mechanical behaviour
нагрузочная ~ load characteristic; load performance
~ направленности directional characteristic
насыщающаяся ~ saturation characteristic
нелинейная ~ nonlinear response; nonlinear characteristic
несимметричная вольт-амперная ~ nonsymmetric volt-ampere characteristic
обратная ~ back characteristic
~ обтекания в стационарном потоке static-flow characteristic
одночастичная ~ one-particle characteristic
оптимальная ~ optimal characteristic
падающая ~ dropping [falling] characteristic
~ переключения switching characteristic
перестроечная ~ tuning characteristic
переходная ~ transient response; transient characteristic
~ переходного процесса аэрогидр. transient response data
плоская ~ flat response; flat characteristic
~ плоского стационарного течения characteristic of steady two-dimensional flow
~ поглощения нейтронов neutron-absorbing characteristic
~ подъёмной силы lift data
пороговая ~ threshold characteristic
~ послесвечения persistence [afterglow] characteristic
~ потока flow conditions
предельная ~ limiting characteristic
приведённая ~ reduced characteristic
~ пробоя breakdown characteristic
пространственная ~ spatial characteristic
противосрывная ~ аэрогидр. antistall characteristic
рабочая ~ performance [operational] characteristic
~ распада decay characteristic
~ расхода аэрогидр. discharge characteristic
расчётная ~ calculated [estimated] characteristic
расчётная аэродинамическая ~ calculated aerodynamic characteristic
~ реактора reactor performance
резонансная ~ resonance response
реологическая ~ flow curve
световая ~ (фотометра) light characteristic
сеточная ~ grid characteristic
спектральная ~ spectral characteristic; spectral response

спектральная ~ чувствительности spectral responsivity
статистическая ~ statistical characteristic
статическая ~ static characteristic
статическая ~ ускорителя static characteristic of accelerator
~ стационарного состояния steady-state response
степенная ~ power characteristic
счётная ~ counter characteristic; counting-rate curve
~ счётчика counter response; counter performance
температурная ~ (процесса) temperature characteristic; thermal response; termal behaviour
тепловая ~ thermal response; thermal characteristic
токовая ~ current characteristic
трибологическая ~ tribological characteristic; tribological performance; tribological properties
триботехническая ~ tribotechnical characteristic
угловая энергетическая ~ (источника света) angular energy characteristic
~ ударной волны shock characteristic
~ ускорителя accelerator characteristic
усреднённая ~ average characteristic
усталостная ~ fatigue characteristic
~ установившегося процесса steady-state characteristic
~ устойчивости при дозвуковых скоростях subsonic-stability characteristic
фазовая ~ phase characteristic; phase response
~ фазового сдвига phase-shift characteristic
фазочастотная ~ phase-frequency characteristic
физические ~и physical characteristics
фрикционная ~ fricion characteristic; friction performance
частотная ~ amplitude-frequency [gain-frequency] characteristic; frequency response
частотно-временная ~ frequency-time characteristic
частотно-контрастная ~ frequency-contrast characteristic
эйлерова ~ Eulerian characteristic
экспериментальная ~ experimental characteristic
эксплуатационная ~ operating characteristic
эмиссионная ~ emission characteristic
энергетическая ~ energy response; energy characteristic
характеристический прил. characteristic
характерный прил. characteristic
хвост м. tail
аномальный ~ anomalous tail
~ атмосферика whistler tail
веерообразный ~ fan-shaped [fan-like] tail
~ волны wave tail
геомагнитный ~ geomagnetic tail
главный ~ main tail
~ Земли tail of the Earth
~ зоны фnn band tail
изогнутый ~ curved tail
~ импульса pulse tail
~ кометы cometary tail, tail of comet

~ **кривой** tail of curve
магнитный ~ magnetic tail
~ **магнитосферы** magnetosphere tail
максвелловский ~ Maxwellian tail
множественный ~ multiple tail
~, **направленный к Солнцу** sunward tail
~ **обогатительной фабрики** mill tailing
прямой ~ straight tail
~ **распределения** tail of distribution
~ **функции распределения** distribuion function tail
экспоненциальный ~ exponential tail
хелаты *мн.* chelates
хемилюминесценция *ж.* chemiluminescence
хемосорбция *ж.* chemisorption, chemical absorption
хемосфера *ж.* chemosphere
хи-квадрат-распределение *с.* chi-square distribution
химера *ж.* chimera
радиационная ~ radiation chimera
химик *м.* chemist
химикалии *мн.* chemicals
химикаты *мн.* chemicals
химиотерапия *ж.* chemotherapy
химия *ж.* chemistry
аналитическая ~ analytical chemistry
~ **воды** water chemistry
~ **высоких температур** high-temperature chemistry
~ **высоких энергий** high-energy chemistry
~ **горячих атомов** hot atom chemistry
~ **изотопных индикаторов** tracer chemistry
~ **изотопов** isotope chemistry
квантовая ~ quantum chemistry
коллоидная ~ colloid chemistry
координационная ~ coordination chemistry
космическая ~ space chemistry
~ **кристаллов** crystal chemistry
лазерная ~ laser chemistry
мезонная ~ mesonic chemistry
неорганическая ~ inorganic chemistry
органическая ~ organic chemistry
~ **отходов** waste chemistry
~ **плазмы** plasma chemistry
радиационная ~ radiation chemistry
~ **реакторов** reactor chemistry
супрамолекулярная ~ supramolecular chemistry
~ **твёрдого тела** chemistry of solids
~ **трансурановых элементов** transuranic chemistry
~ **тяжёлых элементов** heavy-element chemistry
физическая ~ physical chemistry
~ **фуллеренов** chemistry of fullerenes
~ **частиц отдачи** recoil chemistry
ядерная ~ nuclear chemistry
хиральность *ж. (отсутствие зеркальной симметрии)* chirality
хирургия *ж.* surgery
лазерная ~ laser surgery
хладагент *м.* cooling agent, coolant, cooling medium

хладноломкий *прил.* cold-short
хладноломкость *ж.* cold brittleness
хлопьевидный *прил.* flaky, flocky; flocculent
хлопьеобразование *с.* flocculation
хлопья *мн.* flakes; flocs
хлор *м.* chlorine, Cl
хлорамины *мн.* chloramines
хлораты *мн.* chlorates
хлорид *м.* chloride
~ **урана** uranium chloride
хлорирование *с.* chlorination
хлориты *мн.* chlorites
хлоропласт *м.* chloroplast
хлорофилл *м.* chlorophyll
хлыст *м. астр.* whip
корональный ~ coronal whip
ход *м. (движение)* motion, move(ment)
~ **без толчков** smooth motion
бесшумный ~ silent [noiseless] running
временной ~ time dependence
годовой ~ annual variation
задний ~ reverse [backward] movement
~ **кривой** shape [trend] of a curve
мёртвый ~ backlash, lost motion
обратный ~ backward [return, reverse] motion
плавный ~ *(кривой)* smooth running
~ **расчёта** course of computation
~ **регулирующего стержня** control-rod travel
свободный ~ free running, free travel
~ **стержня** rod travel
суточный ~ diurnal variation
холостой ~ free [idle] running
~ **часов** rate of clock
«хозяин» *м. фтт* host
холестерик *м.* cholesteric (liquid crystal)
холм *м.* hill; *(на телах Солнечной системы)* collis
дислокационный ~ **роста** *крист.* dislocation growth hillock
магнитный ~ magnetic hill
~ **роста** *крист.* crystal growth hillock
холмик *м.* hillock; hill
вицинальный ~ **роста** vicinal growth hillock
~ **роста** growth hillock
~ **травления** etch hillock
холод *м.* cold
холодильник *м.* cooler, refrigerator
вторичный ~ aftercooler
~ **Пельтье** *фпп* Peltier refrigerator
~ **предварительного охлаждения** precooler
холоднокатаный *прил.* cold-rolled
холоднотянутый *прил.* hard-drawn, cold-drawn
холодный *прил.* cold
холон *м. фмя* holon
хондра *ж.* chondrule
хондрит *м.* chondrite
хор *м. сэф* chorus
полярный ~ polar chorus
утренний ~ dawn chorus
хорда *ж.* chord
внешняя ~ **профиля** *(крыла)* external chord
внутренняя ~ *(двояковыпуклого профиля)* internal chord

главная ~ principal chord
~ дуги arc chord
исходная ~ *(крыла)* reference chord
~ лопасти propeller blade chord
относительная ~ закрылка flap reference chord
относительная ~ крыла reference chord of an aerofoil
расчётная ~ *(крыла)* reference chord
средняя ~ mean chord
средняя аэродинамическая ~ mean aerodynamic [second mean] chord
средняя геометрическая ~ mean geometric [standard mean, first mean] chord
хранение *с.* storage; storing
~ времени time-keeping
~ информации *вчт* data storage
~ отработанного топлива spent fuel storage
~ отходов waste storage
подземное ~ underground storage
~ радиоактивных отходов radioactive waste storage
хранилище *с.* storage
~ отработанного топлива spent fuel storage
~ отработанных топливных стержней used fuel-rod storage
~ отходов waste storage
~ радиоактивных отходов radioactive waste storage
хром *м.* chromium, Cr
хроматизм *м. опт.* chromatism
~ положения coordinate chromatism
~ положения фокусов focal coordinate chromatism
~ увеличения chromatism of magnification
хроматограмма *ж.* chromatogram
фронтальная ~ frontal chromatogram
элютивная ~ elution chromatogram
хроматограф *м.* chromatograph
хроматографический *прил.* chromatographic
хроматография *ж.* chromatography
абсорбционная ~ absorption chromatography
адсорбционная ~ adsorption chromatography
бумажная ~ paper chromatography
высокотемпературная газовая ~ high-temperature gas chromatography
вытеснительная ~ displacement chromatography
газовая ~ gas chromatography
жидкостная ~ liquid chromatography
жидкостная ~ при высоком давлении high-pressure liquid chromatography
ионообменная ~ ion-exchange chromatography
капиллярная ~ capillary chromatography
колоночная ~ column chromatography
кристаллизационная ~ crystallization chromatography
молекулярная ~ molecular chromatography
осадочно-ионная ~ ion-precipitaion chromatography
распределительная ~ partition chromatography
тонкослойная ~ thin-layer chromatography
фронтальная ~ frontal chromatography

хемосорбционная ~ chemisorption chromatography
элютивная ~ elution chromatography
хромирование *с.* chromium plating; chromizing
хромодинамика *ж.* chromodynamics
анизотропная ~ anisotropic chromodynamics
двумерная ~ two-dimensional chromodynamics
квантовая ~ quantum chromodynamics
квантовая ~ на решётке lattice quantum chromodynamics
кватернионная ~ quaternionic chromodynamics
классическая ~ classical chromodynamics
многоцветная ~ many-color [multicolor] chromodynamics
неабелева ~ non-Abelian chromodynamics
пертурбативная квантовая ~ perturbative quantum chromodynamics
четырёхмерная ~ 4-D chromodynamics
хромосома *ж. биол.* chromosome
хромосфера *ж.* chromosphere
верхняя солнечная ~ upper solar chromosphere
~ звезды star [stellar] chromosphere
нижняя солнечная ~ lower solar chromosphere
солнечная ~ solar chromosphere
средняя солнечная ~ medium solar chromosphere
хромосферный *прил.* chromospheric
хронограмма *ж.* streak picture
хронограф *м.* chronograph
хронография *ж.* chronography
хронология *ж.* chronology
изотопная ~ isotope chronology
хронометр *м.* chronometer
хроноскоп *м.* chronoscope
электронно-оптический ~ electron-optical chronoscope, streak camera
хроноспектрограф *м.* chronospectrograph
хроноспектрометр *м.* chronospectrometer
хрупкий *прил.* brittle, fragile
хрупкость *ж.* brittleness; fragility, frangibility
~ в надрезе notch brittleness
водородная ~ hydrogen embrittlement
~ вследствие внутренних напряжений tension brittleness
коррозионная ~ corrosion [corrosive] brittleness
межкристаллитная ~ intercrystalline brittleness
низкотемпературная ~ low-temperature brittleness
отпускная ~ temper brittleness
~ плёнки film brittleness
радиационная ~ radiation embrittlement
тепловая ~ thermal brittleness
ударная ~ impact brittleness
хрусталик *м. (глаза)* crystalline lens
хрусталь *м.* crystal
горный ~ rock crystal

Ц

царапина *ж.* scratch; score; furrow
  глубокая ~ deep scratch
  неглубокая ~ shallow scratch
  поверхностная ~ surface scratch
цвет *м. амер.* color; *англ.* colour
  аддитивный ~ additive color
  ахроматический ~ *(в колориметрии)* achromatic color
  белый ~ white color
  видимый ~ apparent color
  воспринимаемый ~ perceived color
  ~ в отверстии aperture color
  дополнительный ~ complementary color
  изолированный ~ unrelated color
  инвариантный ~ invariant color
  интерференционные ~a interference colors
  истинный ~ real color
  лептонный ~ *фвэ* leptonic color
  насыщенный ~ saturated color
  ~ неба color of sky
  неизолированный ~ related color
  нелокализованный ~ nonobject color
  ненасыщенный ~ desaturated color
  ~ несамосветящегося объекта non-self-luminous color
  ~ объекта object color
  основной ~ primary [basic] color
  ~a побежалости temper colors
  ~ поверхности surface color
  реальный ~ physical color
  ~ самосветящегося объекта self-luminous color
  скрытый ~ *фвэ* hidden color
  спектрально чистый ~ spectrally pure color
  спектральный ~ spectral color
  хроматический ~ *(в колориметрии)* chromatic color
цветной *прил. (о металлах и сплавах)* nonferrous
цветность *ж.* chromaticity
цветоанализатор *м.* color analyzer
цветовосприятие *с.* color perception
цветоделение *с.* color separation
цветопередача *ж.* color rendering; color reproduction
цветоспин *м. фвэ* color spin
цветостранность *ж. фвэ* color strangeness
цезий *м.* caesium, Cs
целлюлоза *ж.* cellulose
целостат *м. астр.* coelostat
целостность *ж.* integrity
  структурная ~ structural integrity
цель *ж.* **1.** aim, goal **2.** *(в радиолокации)* target □
  наша ~ состоит в том, чтобы... our aim is to...
  движущаяся ~ moving target
  ложная ~ false target
цельнометаллический *прил.* all-metal
цемент *м.* cement
цена *ж.* price
  ~ деления шкалы value of the scale division

ценность *ж.* value
цент *м. (единица частотного интервала)* cent
центр *м. амер.* center; *англ.* centre □ с ~ом в... centered at [on] ...
  ~ агрегации aggregation center
  ~ адсорбции adsorption center
  адсорбционный ~ adsorption center
  активаторный ~ activation center
  ~ активности center of activity
  активный ~ active center
  акцепторный ~ acceptor center
  аэродинамический ~ aerodynamic center
  ~ безызлучательной рекомбинации center of nonradiative recombination, nonradiative recombination center
  бистабильный ~ *фпп* bistable center
  ведущий ~ guiding center
  ведущий ~ заряженной частицы guiding center of charged particle
  ~ водоизмещения center of buoyancy
  ~ возбуждения excitation center
  ~ возмущения center of perturbation
  ~ вращения center of rotation
  вычислительный ~ computer [computation] center
  ~ галактики center of the galaxy, galactic center
  галактический ~ galactic center; center of the galaxy
  ~ генерации носителей carrier generation center
  генерационно-рекомбинационный ~ generation-recombination center
  глубокий ~ *фпп* deep center
  гравитирующий ~ gravitating centre
  ~ грани face center
  ~ группы center of group
  ~ давления center of pressure
  ~ движения center of motion
  ~ деформации deformation center
  ~ дилатации dilatation center
  донорный ~ donor center
  ~ жёсткости shear [flexural] center
  затравочный ~ *(ионизации)* priming center
  ~ захвата *фпп* trapping center
  ~ звезды center of the star
  ~ землетрясения earthquake center
  ~ зоны *фпп* band center
  ~ изгиба flexural center
  ~ излучательной рекомбинации *фпп* center of radiative recombination, radiative-recombination center
  ~ инверсии inversion center
  ~ инерции center of inertia, center of mass
  информационный ~ information center
  исследовательский ~ research center
  ~ кавитации cavitation center
  ~ калибровочной группы center of gauge group
  ~ качаний *(маятника)* center of oscillation
  ~ колебаний *(маятника)* center of oscillation
  ~ конденсации condensation center
  ~ конденсации аэрозольной частицы condensation center of aerosol particle
  ~ конечного поворота center of finite rotation

~ **коррозии** corrosion center
~ **кривизны** center of curvature
~ **кристаллизации** crystallization center
~ **кручения** center of twist
~ **либрации** libration center; libration point
~ **локализации** center of localization
~ **люминесценции** luminescence center
~ **масс** center of mass; center of inertia
мгновенный ~ **вращения** instantaneous center of rotation
мгновенный ~ **скоростей** instantaneous center of zero-velocity
мгновенный ~ **ускорений** instantaneous acceleration center
~ **местного срыва потока** center of local flow separation
многозарядный примесный ~ *(в полупроводнике)* multicharge impurity center
~ **момента** *(силы)* center of moment
научный ~ scientific [research] center
~ **низкого давления** low-pressure center
~ **обработки данных** data processing center
объёмный ~ *(элементарного куба)* body center
~ **окраски** color center; F-center
~ **окружности** center of circle
~ **отклонения** *(пучка)* deflection center
~ **отсчёта** reference center
~ **параллельных сил** center (of system) of parallel forces
парамагнитный ~ paramagnetic center
параэлектрический ~ paraelectric center
~ **пиннинга** *сверхпр.* pinning center
~ **плавания** center of floatation
~ **плавучести** *(центр тяжести жидкости, вытесненной телом)* buoyancy center
~ **повреждения** damage center
поглощающий ~ absorbing center
~ **поглощения** *фтт* absorption center
~ **подвеса** center of suspension
~ **подобия** center of similitude
~ **приведения** *(системы сил)* center of reduction
~ **прилипания** attachment center
примесный ~ *фпп* impurity center
примесный ~ **захвата** impurity trapping center
примесный ~ **окраски** impurity color center
~ **притяжения** attracion center
пространственный ~ *(элементарного куба)* body center
~ **проявления** *(в фотоэмульсии)* development center
~ **пучка** beam center
~ **равновесия** center of equilibrium
~ **радиационного повреждения** radiation damage center
радиационный ~ **окраски** radiative [radiation] color center
~ **распространения** propagation center
рассеивающий ~ scattering center
~ **реакторных исследований** reactor research center
реакционный ~ reaction center
~ **рекомбинации** recombination center

рекомбинационный ~ recombination center
~ **релаксации** relaxation center
~ **свечения** luminescence center
~ **свободного вращения** center of gyration
~ **силы** center of force
~ **симметрии** *крист.* center of symmetry
~ **скрытого изображения** *(в фотоэмульсии)* center of latent image
собственный ~ **окраски** intrinsic color center
~ **спектральной линии** spectral line core
~ **спонтанного кипения** center of spontaneous boiling
~ **срыва потока** center of flow separation
~ **топливного цикла** *яф* fuel cycle center
~ **тушения** *(люминесценции)* quenching center
~ **тяжести** center of gravity
~ **тяжести фигуры** centroid
~ **удара** center of percussion
~ **ускорений** acceleration center
условный фазовый ~ *(антенны)* conditional phase center
фазовый ~ phase center
фототропный ~ *кв. эл.* phototropic center
хемосорбционный ~ chemisorption center
хиральный ~ chiral center
~ **циклотронного кружка** cyclotron circle center
~ **циркуляции** center of circulation
~ **шара** center of ball
~ **шарнира** fulcrum
эруптивный ~ *сэф* eruptive center
эффективный ~ effective center
эффективный ~ **трубки Пито** Pitot-tube effective center
~ **ядерных исследований** nuclear research center
F~ *кв. эл.* F-center
центральный *прил.* center, central
центрирование *с.* centring
центрированный *прил.* centered
центрифуга *ж.* centrifuge
быстроходная ~ high-speed [ultra] centrifuge
газовая ~ gas centrifuge
ионная ~ ionic centrifuge
испарительная ~ evaporative centrifuge
плазменная ~ plasma centrifuge
противоточная ~ counter-current centrifuge
проточная ~ flow-through [co-current] centrifuge
центрифугирование *с.* centrifugation; centrifugal separation
~ **газов** gas centrifugation
центробежный *прил.* centrifugal
центровка *ж.* *(пучка, кристалла)* centring, alignment
центроид *м.* centroid
центроида *ж.* centrode
неподвижная ~ space [fixed] centrode
подвижная ~ body [moving] centrode
центросимметричный *прил.* centrosymmetrical, centrally symmetrical
центростремительный *прил.* cetripetal
цеолит *м.* zeolite
цепочка *ж.* **1.** chain **2.** *(объектов на планете)* catena

бистабильная ~ bistable chain
вихревая ~ row of vortices, vortex array
~ вспышек сверхновых multiple supernovae
~ Гейзенберга Heisenberg chain
~ ДНК DNA chain
дополнительная ~ продуктов деления complementary fission-product chain
звёздная ~ star chain
~ Изинга Ising chain
линейная ~ linear chain
мультипериферическая ~ *фвэ* multiperipheral chain
непрерывная спиновая ~ Гейзенберга continuous Heisenberg spin chain
одномерная ~ Изинга one-dimensional Ising chain
~ осцилляторов chain of oscillators
~ превращений transformation chain
~ продуктов деления fission-product chain
протон-протонная ~ proton-proton chain
~ радиоактивных превращений radioactive-transformation series
~ радиоактивных распадов radioactive-decay chain
~ распадов decay chain
углеводородная ~ hydrocarbon chain
~ уравнений Швингера Schwinger-like chain of equations
ферримагнитная ~ ferrimagnetic chain
ферромагнитная ~ ferromagnetic chain
~ Хаббарда Hubbard chain
хромосферная ~ chromospheric chain
цепь *ж.* 1. *мат., физ., хим.* chain 2. *эл.* circuit; network
~ аварийной защиты safety circuit
~ аварийной сигнализации alarm circuit
активная ~ active circuit
активная дифференцирующая ~ active differentiating circuit
~ возбуждения excitation circuit
гетерополимерная ~ heteropolymer [co-polymer] chain
гомополимерная ~ homopolymer chain
демпфирующая ~ damping circuit
дипольная молекулярная ~ dipole molecular chain
дифференцирующая ~ differentiating circuit
ёмкостная дифференцирующая ~ capacitive differentiating circuit
замкнутая ~ closed circuit
индуктивная ~ inductive circuit
индуктивная дифференцирующая ~ inductive differentiating circuit
интегрирующая ~ integrating circuit
компенсирующая ~ compensating circuit
магнитная ~ magnetic circuit
~ Маркова Markov(ian) chain
многофазная ~ polyphase circuit
молекулярная ~ molecular chain
~ нагрузки load circuit
~ накала filament circuit
незамкнутая ~ open circuit

~ обратной связи feedback circuit
однофазная ~ single phase circuit
параллельная ~ parallel circuit
парафиновая ~ paraffin chain
пассивная дифференцирующая ~ passive differentiating circuit
~ переменного тока ac circuit
~ питания feed circuit
~ подогревателя heater circuit
полимерная ~ polymer chain
полипептидная ~ polypeptide chain
~ постоянного тока dc circuit
разветвлённая ~ branching chain; forked [bifurcated] circuit
разомкнутая ~ broken [open] circuit
~ регулирования control circuit
~ смещения bias circuit
сополимерная ~ co-polymer [heteropolymer] chain
топологическая ~ Маркова topological Markov(ian) chain
~ управления control circuit
электрическая ~ electric circuit
церий *м.* cerium, Ce
цефеиды *мн. астр.* cepheids; cepheid variables
долгопериодические ~ long-period [classical] cepheids
карликовые ~ dwarf cepheids
классические ~ classical cepheids
короткопериодические ~ short-period cepheids
цианаты *мн.* cyanates
цианиды *мн.* cyanides
цианин *м. (краситель)* cyanine
цивилизация *ж.* civilization
внеземная ~ extraterrestrial civilization
цикл *м.* cycle □ описывать полный ~ traverse a full cycle
~ активности *(Солнца)* activity cycle
бинарный термодинамический ~ binary thermodynamic cycle
водородный ~ hydrogen-helium cycle
~ воспроизводства *яф* cycle of reproduction, breeding cycle
~ воспроизводства плутония plutonium breeding cycle
~ воспроизводства топлива fuel-breeding cycle
~ восстановления recovery cycle
вулканический ~ volcanic cycle
~ выгорания *яф* burn-out cycle
вычислительный ~ computation cycle
газотурбинный ~ gas-turbine cycle
гелиевый ~ helium cycle
двойной ~ binary cycle
двойной тепловой ~ binary thermal cycle
~ дезактивации decontamination cycle
~ деформации strain cycle
замкнутый ~ closed cycle
~ затмения eclipse cycle
~ испытаний test cycle
~ Карно Carnot cycle
кинематический ~ kinematic cycle
конверсионный ~ *яф* conversion cycle

~ **Метона** *астр.* Metonic cycle
~ **на быстрых нейтронах** fast-neutron cycle
~ **нагрева** heating cycle
~ **накачки** *(лазера)* pumping cycle
~ **намагничивания** cycle of magnetization
~ **напряжений** stress cycle
~ **на тепловых нейтронах** thermal neutron cycle
незамкнутый ~ open cycle
нейтронный ~ neutron cycle
необратимый ~ irreversible cycle
необратимый термодинамический ~ irreversible thermodynamic cycle
неоновый ~ neon cycle
непрерывный ~ uninterrupted cycle
неустойчивый ~ unstable cycle
неустойчивый предельный ~ unstable limit cycle
~ **обеззараживания** decontamination cycle
~ **обжига** annealing cycle
обратимый ~ reversible cycle
обратимый термодинамический ~ reversible thermodynamic cycle
обратный Карно inverse Carnot cycle
обратный термодинамический ~ inverse thermodynamic cycle
одноступенчатый ~ single-stage cycle
окислительно-восстановительный ~ oxidation-reduction [redox] cycle
~ **отравления ксеноном** *яф* xenon-poisoning cycle
~ **охлаждения** cooling cycle
~ **очистки** decontamination cycle
паровой ~ steam cycle
паросиловой ~ steam-power cycle
паротурбинный ~ steam-turbine cycle
~ **переработки** processing cycle
~ **повторений** recycle
повторный ~ recycle
повторный плутониевый ~ plutonium recycle
полигармонический ~ polyharmonic cycle
полный ~ complete cycle
полный ~ воспроизводства complete breeding cycle
предельный ~ limit(ing) cycle
прямой ~ direct cycle
прямой термодинамический ~ direct thermodynamic cycle
~ **Пуанкаре** Poincaré cycle
рабочий ~ operating [working] cycle
равновесный ~ equilibrium cycle
~ **размножения топлива** fuel-breeding cycle
~ **размножения топлива на быстрых нейтронах** fast-neutron breeding cycle
~ **размножения топлива на тепловых нейтронах** thermal-neutron breeding cycle
разомкнутый ~ open cycle
разрывный предельный ~ discontinuous limit cycle
~ **расширения** expansion cycle
регенеративный ~ regenerative cycle
регенеративный термодинамический ~ regenerative thermodynamic cycle

~ **Рэнкина** Rankine cycle
седловой предельный ~ saddle limit cycle
~ **сжатия** compression cycle
силовой ~ power cycle
симметричный ~ fully reversed [symmetric] cycle
~ **солнечной активности** solar cycle
солнечный ~ solar [sunspot] cycle
~ **солнечных пятен** sunspot cycle
стационарный ~ steady-state cycle
~ **Стирлинга** Stirling cycle
суточный ~ diurnal cycle
тепловой ~ thermal [heat] cycle
~ **теплопередачи** heat-transfer cycle
термический ~ thermal [heat] cycle
термодинамический ~ thermodynamic cycle
топливный ~ *(реактора)* fuel [burn-out] cycle
ториевый ~ thorium cycle
тройной ~ ternary cycle
углеродно-азотный ~ carbon-nitrogen cycle
урановый ~ uranium cycle
уран-плутониевый ~ uranium-plutonium cycle
~ **ускорения** acceleration cycle
устойчивый ~ stable cycle
устойчивый предельный ~ stable limit cycle
энергетический ~ power cycle
ядерно-энергетический ~ nuclear power cycle
11-летний ~ солнечной активности 11 year cycle of solar activity; 11 year sunspot cycle
22-летний солнечный ~ 22 year cycle of solar activity; 22 year sunspot cycle
циклирование *с.* cycling
термическое ~ thermal cycling
циклический *прил.* cyclic
цикличность *ж.* cyclicity
циклогексан *м.* cyclohexane
циклоида *ж.* cycloid
циклон *м. (область низкого давления)* cyclone
глубокий ~ deep cyclone
околополярный ~ circumpolar cyclone
подвижный ~ migratory cyclone
центральный ~ center cyclone
циклотрон *м.* cyclotron
~ **для ускорения тяжёлых ионов** heavy ion cyclotron
изохронный ~ isochronous cyclotron
изохронный ~ с регулируемой энергией variable-energy isochronous cyclotron
импульсный ~ pulsed cyclotron
классический ~ conventional cyclotron
кольцевой ~ ring [circular] cyclotron
мигающий ~ pulsed cyclotron
моноэнергетический ~ monoenergetic cyclotron
однодуантный ~ one-dee cyclotron
~ **ОИЯИ** JINR cyclotron
радиально-секторный ~ radial-sector cyclotron
релятивистский ~ relativistic cyclotron
~ **с азимутальной вариацией магнитного поля** cyclotron with azymuthally varying magnetic field, AVF cyclotron
секторный ~ sector cyclotron

~ **с модулированной частотой** frequency modulated cyclotron, synchrocyclotron

~ **с модуляцией частоты** frequency modulated cyclotron, synchrocyclotron

~ **со спиральной вариацией магнитного поля** cyclotron with a spiral variation of magnetic field

~ **с переменной энергией** variable energy cyclotron

спирально-секторный ~ spiral-sector cyclotron

~ **с постоянной частотой** fixed-frequency cyclotron

~ **с регулируемой энергией** variable-energy cyclotron

~ **с секторной фокусировкой** sector-focused cyclotron

~ **с фиксированной частотой** fixed-frequency cyclotron

~ **с частотной модуляцией** frequency-modulated cyclotron

~ **с N-спиральными секторами** cyclotron with N-spiral sectors

~ **Томаса** Thomas cyclotron

частотно-модулированный ~ frequency-modulated [FM] cyclotron

четырёхсекторный ~ four-sector cyclotron

электронный ~ **с аксиально растущим полем** electron cyclotron with axially increasing field

N-дуантный изохронный ~ N-dee isochronous cyclotron

N-секторный изохронный ~ N-sector isochronous cyclotron

циклотрон-инжектор *м.* injector cyclotron

цилиндр *м.* cylinder

бесстолкновительный ~ *астр.* collisionless cylinder

бесстолкновительный вращающийся ~ *астр.* collisionless rotating cylinder

~ **Венельта** Wehnelt cylinder

вращающийся ~ rotating cylinder

гиперболический ~ hyperbolic cylinder

дифференциально-вращающийся ~ differentially rotating cylinder

измерительный ~ graduated [measuring] cylinder

кольцевой ~ ring cylinder

~ **конечного радиуса** cylinder with finite radius

~ **круглого сечения** circular cylinder

круговой ~ circular cylinder

неоднородный ~ nonuniform [inhomogeneous] cylinder

несжимаемый ~ incompressible cylinder

однородный ~ homogeneous cylinder

параболический ~ parabolic cylinder

~ **Пито** impact-pressure [Pitot] cylinder

плазменный ~ plasma cylinder

полый ~ hollow cylinder

~ **постоянной плотности** cylinder of constant density

прямой ~ right cylinder

световой *астр.* ~ light cylinder

светособирающий ~ light-collecting cylinder

~ **скольжения** slip cylinder

скрученный ~ twisted cylinder

~ **с неоднородной плотностью** cylinder with inhomogeneous density

~ **с неоднородной температурой** cylinder with inhomogeneous temperature

~ **Фарадея** Faraday cup, Faraday cylinder

эллиптический ~ elliptic [elliptical] cylinder

цилиндрический *прил.* cylindrical

цинк *м.* zinc, Zn

цирконий *м.* zirconium, Zr

циркулятор *м.* circulator

волноводный ~ waveguide circulator

~ **на эффекте Фарадея** Faraday rotation circulator

оптический ~ optical circulator

поляризационный ~ wave rotation circulator

резонансный ~ resonance circulator

~ **СВЧ** microwave circulator

симметричный ~ symmetrical circulator

тонкоплёночный ~ thin-film circulator

фарадеевский ~ *(на эффекте фарадеевского вращения)* Faraday rotation circulator

ферритовый ~ ferrite circulator

широкополосный ~ broadband circulator

циркуляция *ж.* circulation

антициклоническая ~ anticyclonic circulation

атмосферная ~ atmospheric [atmosphere] circulation

~ **атмосферы** atmosphere [atmospheric] circulation

~ **атмосферы и океана** atmospheric and oceanic circulation

~ **вектора скоростей** circulation of velocity vector

~ **векторного поля** vector field circulation

вынужденная ~ forced circulation

~ **газа** gas circulation

естественная ~ natural circulation

замкнутая ~ closed circulation

конвекционная ~ convectional circulation

меридиональная ~ meridional circulation

общая атмосферная ~ general atmospheric circulation

общая ~ **атмосферы** general atmospheric circulation

океаническая ~ oceanic circulation

поверхностная ~ superficial circulation

принудительная ~ forced circulation

противоточная ~ counter-curent [counterflow] circulation

свободная ~ free [natural] circulation

~ **скорости** velocity circulation

~ **теплоносителя** coolant circulation

~ **топлива** fuel circulation

тропосферная ~ tropospheric circulation

~ **ускорения** circulation of acceleration

циклоническая ~ cyclonic circulation

цис-изомер *м.* cis-isomer

цис-трансизомер *м.* cis-trans-isomer

цитозин *м. биол.* cytosine

цитоплазма *ж. биол.* cytoplasm

циферблат *м.* dial
  светящийся ~ luminous dial
цифра *ж.* numeral; digit; figure
  арабская ~ Arabic numeral
  двоичная ~ binary digit
  значащая ~ significant digit, significant figure
  римская ~ Roman numeral
ЦМД *м. (цилиндрический магнитный домен)* bubble; cylindrical magnetic domain
  жёсткий ~ hard bubble
ЦМД-решётка *ж.* bubble lattice лазер
цоколь *м. (радиолампы) амер.* base, tube [valve] base; *англ.* cap
  резьбовой ~ screw base; screw cap
  штифтовой ~ bayonet base; bayonet cap
  штырьковый ~ pin base; pin cap
цуг *м. (импульсов. пичков и т. п.)* train
  ~ волн train of waves, wave train

Ч

чётность *ж.* parity
  зарядовая ~ C parity
  комбинированная ~ CP parity
  пространственная ~ spatial parity

Ш

шаг *м.* **1.** step **2.** *(резьбы, винта)* pitch
  ~ антенной решётки antenna array spacing; antenna array pitch
  ~ воздушного винта pitch of propeller
  временной ~ time step
  ~ вычисления step of calculation
  геометрический ~ винта geometric pitch of propeller
  геометрический ~ элемента винта geometric pitch of blade element
  ~ дифракционной решётки diffraction grating spacing
  ~ зацепления pitch of gear
  ~ зацепления зубьев tooth pitch
  изменяемый ~ variable [adjustable] pitch
  ~ интегрирования integration step
  ~ интерполяции interpolation step
  ~ интерференционных полос interference fringe spacing
  ~ итерации iteration step
  ~ канавок pitch of grooves
  ~ квантования quantization step
  ~ кристаллической решётки crystal lattice spacing
  ~ неровностей шероховатой поверхности roughness asperity spacing
  ~ обмотки coil pitch
  обратный ~ *(лопасти)* reverse pitch

  ~ по окружности circumferential pitch
  ~ резьбы thread pitch
  ~ решётки *фтт* lattice spacing
  ~ сетки grid pitch; mesh spacing
  ~ сканирования scanning pitch
  ~ скручивания twist pitch
  ~ спирали pitch of helix
  ~ таблицы step of table
  угловой ~ angular pitch
  ~ эталонной сетки master-grating pitch
  эффективный ~ винта effective pitch of propeller
шапка *ж.* cap
  полярная ~ polar cap
шар *м.* sphere; ball
  воздушный ~ balloon
  вращающийся ~ Фримана rotating Freeman sphere
  газовый ~ gaseous sphere
  земной ~ terrestrial globe
  огненный ~ fire ball
  плазменный ~ plasma ball
  полый ~ hollow sphere
  сверхпроводящий ~ superconducting sphere
  ~ Ульбрихта Ulbricht [integrating] sphere
  фотометрический ~ integrating [Ulbricht] sphere
  ~ Фримана Freeman sphere
шар-гироскоп *м.* spherical gyroscope
шар-зонд *м.* balloon
  автоматический ~ unmanned [automatic] balloon
  стратосферный ~ stratospheric balloon
шарик *м.* ball
  ~ для определения турбулентности потока turbulence sphere
  ~ Пито impact-pressure [Pitot] sphere
  ~ шарикоподшипника bearing ball
шарикоподшипник *м.* ball bearing
шарм *м. (квантовое число)* charm
шарнир *м.* hinge; joint
  ~ Гука Hooke joint
  ~ манипулятора manipulator joint
  пластический ~ plastic [yield] hinge
  сферический ~ spherical [ball-and-socket] hinge
  шаровой ~ ball-and-socket [spherical] joint
шаровидный *прил.* globular
шахта *ж.* pit
  дозиметрическая ~ radiation monitoring pit
шейка *ж.* neck
шелковинка *ж. (для визуализации потока)* silk streamer
шельф *м.* shelf
шероховатость *ж.* roughness; asperity □
  придавать ~ поверхности roughen
  абсолютная ~ absolute roughness
  исходная ~ initial roughness
  неощутимая ~ noneffective roughness
  неравновесная ~ irregular [unstable, nonequilibrium] roughness
  относительная ~ relative roughness
  ~ поверхности surface roughness, roughness of surface

поверхностная ~ surface roughness, roughness of surface
равновесная ~ stable [regular, equilibrium, steady-state] roughness
~ **ступени** *крист.* step roughness
эксплуатационная ~ service [operation] roughness
шестивалентный *прил.* hexavalent
шестигранник *м.* hexahedron
шестигранный *прил.* hexahedral
шестикратный *прил.* sixfold
шестиугольник *м.* hexagon
шестиугольный *прил.* hexagonal
шина *ж. вчт* bus
адресная ~ address bus
~ **данных** data bus
магистральная ~ backbone bus
параллельная ~ parallel bus
~ **питания** power bus
последовательная ~ serial bus
~ **управления** control bus
шипение *с.* hiss
авроральное ~ auroral hiss
~ **микрофона** microphone hiss
ОНЧ ~ VLF hiss
среднеширотное ~ mid-latitude hiss
шир *м. физ. пл.* shear
~ **магнитного поля** magnetic field shear
ширина *ж.* width, breadth
автоионизационная ~ autoionization [auto-ionizing] width
автоионизационная ~ **дважды возбуждённого состояния** autoionization width of a doubly excited state
~ **автоионизационного распада** autoionization decay width
адронная ~ hadronic width
аннигиляционная ~ annihilation width
~ **апертуры** aperture width
~ **аппаратной функции** width of instrument function
гауссовская ~ Gaussian width
геометрическая ~ **щели** *(спектрометра)* geometrical slit width
~ **главного лепестка диаграммы направленности** width of main lobe, main lobe width
делительная ~ *яф* fission width
~ **диаграммы направленности антенны** antenna beam width
~ **диаграммы направленности в дальней зоне** far-field beam width
~ **диаграммы направленности на уровне половинной мощности** half-power beam width
~ **дислокации** width of dislocation
диффузионная ~ diffusion breadth
диффузионная ~ **трека** diffusion breadth of a track
доплеровская ~ *(линии)* Doppler width
доплеровская ~ **спектральной линии** Doppler width of spectral line
естественная ~ **линии** natural breadth of line, natural width of line

естественная ~ **спектральной линии** natural breadth of spectral line, natural width of spectral line
~ **занимаемой полосы частот** occupied band width
~ **запрещённой зоны** energy gap width
~ **затухания** damping width
захватная ~ capture width
зеемановская ~ **спектральной линии** Zeeman width of spectral line
~ **зоны** band width
~ **зоны d-электронов** band width of d-electrons
измеренная ~ measured width
инклюзивная нелептонная ~ inclusive nonleptonic width
~ **канала** channel width
~ **канала обнаружения** detection channel width
~ **квантовой ямы** quantum well width
~ **конвективной ячейки** convective cell width
конечная ~ finite width
~ **лепестка** *(антенны)* lobe width
~ **лепестка на уровне половинной мощности** half-power lobe width
лептонная ~ leptonic width
~ **линии** line width
~ **линии излучения** width of emission line
~ **линии излучения лазера** width of laser line
~ **линии излучения мазера** width of maser line
~ **линии поглощения** width of absption line
лоренцовская ~ Lorentz width
~ **максимума на полувысоте** half-width of a peak
нейтронная ~ neutron width
неоднородная ~ *(линии)* inhomogeneous width
~ **области захвата** width of the capture band
~ **области локализации квази-моды** localization width of the quasi-mode
одночастичная ~ single-particle width
парциальная ~ **канала** *кв. мех.* partial channel width
парциальная ~ **уровня** partial width of level
~ **перехода** width of the transition
полная ~ **уровня** total level width
~ **полосы** bandwidth
~ **полосы пропускания канала** channel bandwidth
~ **полосы усиления** amplification bandwidth
~ **полосы частот** bandwidth
~ **полосы частот по уровню половинной мощности** half-power bandwidth
~ **потенциальной ямы** width of potential well
приведённая ~ reduced width
пролётная ~ **линии** transit width of spectral line
~ **пучка** beam width
радиационная ~ radiation width
радиационная ~ **спектральной линии** radiation width of spectral line
~ **радиационного распада** radiative decay width
~ **распада частицы** particle decay width
распадная ~ *фвэ* decay width
~ **распределения** distribution width

~ **резонанса** width of resonance, width of resonance line

~ **резонансного уровня энергии** width of resonance energy level

~ **резонансной зоны** width of resonant zone

~ **солитона** soliton width

спектральная ~ *(излучения)* spectral width

спектральная ~ **импульса** spectral pulse width

спектральная ~ **щели спектрометра** bandwidth of spectrometer slit

~ **спектральной линии** width of spectral line, breadth of spectral line, spectral line width

~ **спектральной линии на полувысоте** half-height width of spectral line

столкновительная ~ **линии** collisional breadth of spectral line

~ **трека** breadth of a track

угловая ~ *(напр. пучка)* angular width

ударная ~ **спектральной линии** impact width of spectral line

~ **уровня энергии** width of energy level

~ **ферромагнитного резонанса** width of ferromagnetic resonance

~ **фронта ударной волны** shock wave thickness, thickness of a shock wave

штарковская ~ **спектральной линии** Stark width of spectral line

~ **щели** *(энергетической)* energy gap width

~ **щели спектрометра** width of spectrometer slit

эквивалентная ~ equivalent width

эквивалентная ~ **спектральной линии** equivalent width of spectral line

энергетическая ~ **пучка** energy width of a beam

~ **энергетического уровня** width of energy level

~ **энергетической щели** energy gap width

эффективная ~ **полосы** effective bandwidth

эффективная спектральная ~ **щели** effective bandwidth of spectrometer slit

широкополосный *прил.* broadband

широт/а *ж.* latitude

астрономическая ~ celestial latitude

высокие ~ы high latitudes

галактическая ~ galactic latitude

гелиографическая ~ heliographic latitude

географическая ~ geographic [terrestrial] latitude

геодезическая ~ geodetic latitude

геомагнитная ~ geomagnetic latitude

геоцентрическая ~ geocentric latitude

магнитная ~ magnetic latitude

небесная ~ celestial [ecliptic] latitude

низкие ~ы low latitudes

полярная ~ polar latitude

северная ~ northern latitude

фотографическая ~ photographic latitude

эклиптическая ~ ecliptic [celestial] latitude

южная ~ southern latitude

шкала *ж.* scale

абсолютная ~ absolute scale

абсолютная ~ **температур** absolute [Kelvin] temperature scale

абсолютная температурная ~ absolute [Kelvin] temperature scale

абсолютная термодинамическая ~ **Кельвина** Kelvin absolute thermodynamic scale

атомная ~ atomic scale

~ **атомных масс** scale of atomic masses

аэрологическая ~ aerologic scale

барометрическая ~ barometric [barometer] scale

~ **Бофорта** *(силы ветра)* Beaufort scale

водородная ~ hydrogen scale

~ **времени** time scale

~ **высот** height scale

~ **вязкости** scale of viscosity

градуированная ~ calibrated scale

~ **длин волн** wavelength scale

долгая ~ **времени** *астр.* long time-scale

~ **звёздных величин** stellar magnitude scale

~ **звёздных температур** stellar temperature scale

~ **измерений** measurement scale

~ **интенсивности землетрясений** scale of magnitude of earthquakes

калиброванная ~ calibrated scale

~ **Кельвина** Kelvin scale of temperature

короткая ~ **времени** *астр.* short time scale

космическая ~ **времени** cosmic time scale

круговая ~ circular scale

линейная ~ linear scale

логарифмическая ~ logarithmic scale

Международная температурная ~ International temperature scale

нелинейная ~ nonlinear scale

практическая ~ *(температур)* practical scale

равномерная ~ uniform [regular] scale

радиометрическая ~ radiometric scale

~ **расстояний** distance scale

растянутая ~ expanded [extended] scale

~ **Реомюра** Réaumur scale of temperature

сейсмическая ~ seismic scale

стоградусная ~ centigrade scale of temperature

~ **твёрдости** scale of hardness

~ **температур** scale of temperature

температурная ~ temperature scale

термодинамическая температурная ~ thermodynamic temperature scale

~ **Фаренгейта** Fahrenheit scale of temperature

физическая ~ physical scale

фотометрическая ~ photometric scale

химическая ~ chemical scale

~ **цветности** colorimetric [chromatic] scale

~ **Цельсия** Celsius scale of temperature

энергетическая ~ energy scale

шкурка *ж.* *(наждачная)* cloth; paper

наждачная ~ *(на тканевой основе)* emery [abrasive] cloth; *(на бумажной основе)* emery [abrasive] paper

шлак *м.* slag

шлейф *м.* stub

антенный ~ antenna stub

волноводный ~ waveguide stub

измерительный ~ measuring stub

коаксиальный ~ coaxial stub

согласующий ~ matching stub

шлем *м.* *(в солнечной короне)* helmet

шлирен-метод *м. (скоростной фотографии)* schlieren [shadow] method

шлирен-фотография *ж.* schlieren photography

шлиф *м.* metallographic section

шлифование *с.* grinding

электрохимическое ~ electrochemical grinding

шлиц *м. (на головке винта)* slot

шлюз *м.* lock

  вакуумный ~ vacuum lock

  воздушный ~ air lock

  газовый ~ gas lock

шнур *м.* filament

  плазменный ~ plasma filament; pinch

шнурование *с. физ. пл.* pinching

  ~ **лавинного пробоя** pinching of avalanche breakdown

  ~ **разряда** discharge pinching

  ~ **тока** current pinching

шов *м.* seam; joint; juncture

  герметический ~ air-tight joint

  сварной ~ weld

  точечный ~ spot weld

шпат *м.* spar

  исландский ~ Iceland spar

  плавиковый ~ fluorspar, fluorite

  полевой ~ fel(d)spar

шпинель *ж.* spinel

  разупорядоченная ~ disordered spinel

  халькогенидная ~ chalcogenide spinel

  хромовая халькогенидная ~ chromium chalcogenide spinel

шпур *м. мат.* spur

шпурион *м. фвэ* spurion

штарк-эффект *м. (см. тж.* **эффект Штарка)** Stark effect

  нелинейный ~ nonlinear Stark effect

штатив *м.* tripod

  фотографический ~ photographic [camera] tripod

штекер *м.* plug

штенгель *м.* exhaust tube

штепсель *м.* plug □ **вставлять** ~ **в розетку** insert a plug into a socket

штифт *м.* pin

  направляющий ~ guide pin

  ~ **Нернста** *опт.* Nernst pin

  ~ **цоколя** bayonet pin

шток *м.* rod

  ~ **поршня** piston rod

штрих *м.* **1.** *мат.* prime **2.** *(в черчении)* dash **3.** *(дифракционной решётки)* groove; ruling; line □ **со ~ом** primed; **z со ~ом** z prime; primed z

  двойной ~ *мат.* double prime

  ~ **дифракционной решётки** groove of diffraction grating; ruling of diffraction grating

штрих-пунктирный *прил.* dot-and-dash

штырёк *м.* pin

шуба *ж. фвэ* coat

  лептонная ~ lepton coat

  нуклонная ~ nucleon coat

шум *м.* noise

  авроральный ~ auroral noise

аддитивный ~ additive noise

акустический ~ acoustic noise

амплитудный ~ amplitude noise

~ **антенны** antenna noise

~ **аппаратуры** instrumentation noise

атмосферный ~ atmospheric noise

аэродинамический ~ aerodynamic noise

~ **базы** *фпп* base noise

~ **Баркгаузена** Barkhausen noise

белый ~ white noise

вакуумный ~ vacuum noise

вибрационный ~ vibration noise

~ **внеземного происхождения** extraterrestrial noise

внешний ~ external [extraneous] noise

высокочастотный ~ high-frequency [rf] noise

выходной ~ output noise

галактический ~ galactic noise

гауссов ~ Gaussian noise

гауссов белый ~ Gaussian white noise

генерационно-рекомбинационный ~ generation-recombination noise

гидродинамический ~ hydrodynamic noise

диффузионный ~ diffusion noise

дрейфовый ~ drift noise

дробовой ~ shot noise

естественный ~ natural noise

~ **записи** recording noise

~ **звуковой частоты** audio-frequency noise

избыточный ~ excess noise

индустриальный ~ man-made noise

интермодуляционный ~ intermodulation noise

кавитационный ~ cavitation noise

каскадный ~ cascade noise

~ **квантования** quantizing [quantization] noise

квантовый ~ quantum noise

~ **кипения** boiling noise

коллекторный ~ *фпп* collector noise

контактный ~ contact noise

космический ~ cosmic noise

магнитный ~ magnetic noise

марковский ~ Markovian noise

механический ~ mechanic noise

модовый ~ mode noise

модуляционный ~ modulation noise

наведённый ~ induced noise

~ **накачки** pump(ing) noise

~ **насыщения** saturation noise

~ **неба** sky noise

некогерентный ~ incoherent noise

~ **несущей** carrier noise

неустранимый ~ irremovable noise

низкочастотный ~ low-frequency noise

~ **обтекания** *(проводов, винтов и т.п.)* flow noise

~, **обусловленный трением** tribo-induced noise

объёмный ~ *фпп* volume noise

~ **окружающей среды** ambient noise

~ **плазмы** plasma noise

~ **побережья** *(в гидроакустике)* coast noise

~ **потока** *сверхпр.* magnetic flux noise

псевдослучайный ~ pseudorandom noise

пуассоновский ~ Poisson noise
~ пучка beam noise
~ реактора reactor noise
регулярный ~ regular noise
розовый ~ pink noise
сверхвысокочастотный ~ microwave noise
сейсмический ~ seismic noise
собственный ~ intrinsic noise
собственный квантовый ~ intrinsic quantum noise
~ спиновой системы spin system noise
статистический ~ statistical noise
~ струи jet noise
субпуассоновский ~ sub-Poisson noise
суперпуассоновский ~ super-Poisson noise
~ тёмнового тока dark-current noise
температурный ~ temperature noise
тепловой ~ thermal noise
технический ~ technical noise
~ типа 1/f 1/f noise
токовый ~ current noise
~ транзистора transistor noise
узкополосный ~ narrow-band noise
устранимый ~ removable noise
фазовый ~ phase noise
фликкерный ~ flicker noise
флуктуационный ~ fluctuation noise
фоновый ~ background [hum] noise
фононный ~ phonon noise
фотонный ~ photon noise
~ фототока photocurrent noise
широкополосный ~ broadband noise
эквивалентный ~ equivalent noise
электрический ~ electric noise
электромагнитный ~ в токовом слое геомагнитного хвоста electromaghetic noise in
the current sheet of the geomagnetic tail
~ электронной лампы tube noise
~ p-n перехода p-n-junction noise
шум-фактор *м.* noise factor
шунт *м.* shunt; bypass
измерительный ~ instrument shunt
индуктивный ~ inductive shunt
коаксиальный ~ coaxial shunt
магнитный ~ magnetic shunt
резонансный ~ resonant shunt
универсальный ~ universal shunt
шунтирование *с.* shunting; bypassing

Щ

щелевой *прил.* slot
щелочной *прил.* alkaline
щелочь *ж.* alkali
щель *ж.* **1.** slot **2.** *(оптического прибора)* slit
3. *(энергетическая)* gap
волноводная ~ waveguide slot
~ в спектре gap in the spectrum
входная ~ entrance slit

двойная ~ double slit
~ детектора detector slit
~ источника source slit
~ Кассини *(между кольцами Сатурна)* Cassini division
~ коллектора collector slit
коллимирующая ~ collimating slit
кольцевая ~ annular slot
кулоновская ~ *фтт* Coulomb gap
массовая ~ *ктп* mass gap
оптическая ~ *сверхпр.* optical gap
~ подвижности *фпп* mobility gap
поперечная ~ transverse slot
продольная ~ longitudinal slot
прямоугольная ~ rectangular slot
регулируемая ~ adjustable slit
сверхпроводящая энергетическая ~ superconducting energy gap
~ связи coupling slot
спектральная ~ spectral slit
~ спектрографа slit of a spectrograph
энергетическая ~ energy [forbidden, band] gap
щит *м.* board, panel
главный распределительный ~ main switchboard
дозиметрический ~ dosimentric board
распределительный ~ switchboard; distribution board, distribution panel
~ управления control board
щуп *м.* *(измерительного прибора)* probe
высоковольтный ~ high-voltage probe

Э

эбонит *м.* ebonite
эбуллиоскопия *ж. физ. хим.* ebullioscopy
эвапориметр *м.* *(прибор для измерения скорости испарения)* evaporimeter
эвапорограф *м.* evaporograph
эвапорография *ж.* *(метод получения изображений)* evaporography
эвекция *ж. астр.* evection
ЭВМ *ж.* computer
аналоговая ~ analog computer
оптическая ~ optical computer
цифровая ~ digital computer
эвольвента *ж.* evolvent; involute
эволюция *ж.* evolution
биологическая ~ biological evolution
временная ~ time evolution
~ Вселенной evolution of the Universe
~ галактик galactic evolution
~ звёзд evolution of stars, stellar evolution
звёздная ~ evolution of stars, stellar evolution
~ звёздных скоплений evolution of stellar clusters
квазилинейная ~ функции распределения
ионов quasi-linear evolution of ion distribution function

квазилинейная ~ функции распределения электронов quasi-linear evolution of electron distribution function
квантовая ~ quantum evolution
~ к главной последовательности pre-main-sequence evolution
~ осциллятора evolution of oscillator
нелинейная ~ (импульса) nonlinear evolution
нетривиальная ~ течения nontrivial flow evolution
~ планет planetary evolution
~ планетарных туманностей evolution of planetary nebulae
~ Солнечной системы evolution of Solar system
~ ударной волны shock wave evolution
фотометрическая ~ (галактик) photometric evolution
~ шаровых звёздных скоплений evolution of globular star clusters
эвтектика ж. eutectic
двойная ~ binary eutectic
жидкая ~ liquid eutectic
твёрдая ~ solid eutectic
тройная ~ ternary eutectic
эвтектический прил. eutectic
эвтектоид м. eutectoid
эдс ж. (см. тж. **электродвижущая сила**) emf, electromotive force
аномальная ~ anomalous emf
барьерная ~ barrier-layer emf
вентильная ~ barrier-layer emf
высоковольтная ~ high-voltage emf
~ Дембера фпп Dember emf
поверхностная ~ surface emf
поперечная ~ Дембера фпп transverse Dember emf
~ самоиндукции emf of self-induction
~ Сасаки Sasaki emf
~ Холла Hall electromotive force, Hall emf
эжектор м. ejector
газовый ~ gas-jet ejector
жидкостный ~ fluid-jet ejector
звуковой ~ acoustic ejector
пароструйный ~ vapor [steam] jet ejector
эжекция ж. ejection
~ пучка beam ejection
эйконал м. опт. eikonal
~ Брунса Bruns [angle] eikonal
~ Гамильтона Hamiltonian [point] eikonal
точечный ~ point [Hamiltonian] eikonal
угловой ~ angle [Bruns] eikonal
~ Шварцшильда Schwarzschild eikonal
эйнштейн м. (единица энергии оптического излучения, применяемая в фотохимии) Einstein, E
эйнштейний м. einsteinium, Es
эквалайзер м. equalizer
экватор м. equator
галактический ~ galactic equator
геомагнитный ~ geomagnetic equator
~ Земли Earth equator
истинный ~ true equator
магнитный ~ magnetic equator

небесный ~ celestial equator
средний ~ mean equator
экваториал м. (телескоп) equatorial
экваториальный прил. equatorial
эквивалент м. equivalent
~ антенны artificial [dummy, phantom] antenna
биологический ~ рентгена (бэр) roentgen equivalent man, rem
водный ~ water equivalent
воздушный ~ air equivalent
механический ~ света mechanical equivalent of light
механический ~ тепла mechanical equivalent of heat
~ нагрузки load equivalent
свинцовый ~ lead equivalent
тормозной ~ (для ионизирующих частиц) stopping equivalent
тротиловый ~ TNT [trinitrotoluene] equivalent
физический ~ рентгена (фэр) roentgen equivalent physical, rep
фотохимический ~ photochemical equivalent
химический ~ chemical equivalent
электрохимический ~ electrochemical equivalent
энергетический ~ energy equivalent
эквивалентность ж. equivalence
~ массы и энергии equivalence of mass and energy, mass-energy equivalence
~ теплоты и механической энергии equivalence of heat and mechanical energy
эквивалентный прил. equivalent
эквиденсита ж. equidensite
эквиденситометрия ж. equidensitometry
эквидистанта ж. мат. equidistance
эквидистантный прил. equidistant
эквидозиметрия ж. equidosimetry
эквимолекулярный прил. equimolecular
эквимолярный прил. equimolar
эквипотенциализация ж. equipotentialization
~ магнитных силовых линий equipotentialization of magnetic field of force
эквипотенциаль ж. equipotential (line)
эквипотенциальный прил. equipotential
экземпляр м. copy
экзобиология ж. exobiology
экзосфера ж. exosphere
экзотермический прил. exothermal, exothermic
экзотика ж. фвэ exotics
~ второго рода exotics of the second kind
~ первого рода exotics of the first kind
скрытая ~ hidden exotics
~ третьего рода exotics of the third kind
экзотический прил. exotic
экзофуллерид м. exofulleride
экзоэлектрон м. exoelectron
экзоэмиссия ж. exoemission
экзоэнергетический прил. exoergic
экипаж м. (напр. космическаого корабля) crew
эклиптика ж. ecliptic
~ для эпохи (1950.0) fixed ecliptic of (1950.0)
истинная ~ true ecliptic

мгновенная ~ instantaneous ecliptic
неподвижная ~ fixed ecliptic
средняя ~ mean ecliptic
экология *ж.* ecology
  техническая ~ environmental engineering
экосистема *ж.* ecosystem
экран *м.* screen; *(преимущественно защит-ный)* shield; *(акустический)* baffle
  акустический ~ acoustic baffle
  амплитудно-фазовый ~ amplitude-phase screen
  бетонный ~ concrete shield
  биологический ~ biological shield
  борный ~ boron shield
  внутренний ~ internal screen
  водный ~ water shield
  голографический ~ holographic screen
  двойной ~ double screen
  ~ для защиты глаз eye shield
  ~ для защиты от быстрых нейтронов fast-neutron shield
  ~ для защиты от гамма-излучения gamma shield
  ~ для защиты от нейтронов neutron shield
  ~ для защиты от рентгеновского излуче-ния X-ray shield
  жидкокристаллический ~ liquid-crystal screen
  заземлённый ~ grounded shield
  защитный ~ protective shield, protective screen
  идеально проводящий ~ perfectly conducting screen
  катодолюминесцентный ~ cathodoluminescent screen
  кольцевой ~ ring-shaped shield
  круглый ~ circular screen
  люминесцентный ~ phosphor [luminescent, fluorescent] screen
  магнитный ~ magnetic screen
  металлизированный ~ metallized screen
  мозаичный ~ mosaic screen
  ~ на жидких кристаллах liquid-crystal screen
  наружный ~ external screen
  непрозрачный ~ opaque screen
  отражательный ~ reflecting screen; reflect-ing baffle
  плоский ~ flat [planar] screen
  поглощающий ~ absorbing screen
  проекционный ~ projection screen
  прозрачный ~ transparent screen
  рассеивающий ~ diffusing screen
  регистрирующий ~ detecting screen
  свинцовый ~ lead shield
  ~ с длительным послесвечением long-per-sistence screen
  сетчатый ~ wire screen
  слоистый ~ laminated shield
  случайный фазовый ~ random [stochastic] phase screen
  ~ с малым послесвечением short-persistence screen
  сплошной ~ bulk shield
  тепловой ~ thermal shield
  тройной ~ triple screen

фазовый ~ phase screen
ферромагнитный ~ ferromagnetic screen
цилиндрический ~ cylindrical screen
эквипотенциальный ~ equipotential shield
электролюминесцентный ~ electrolumines-cent screen
электромагнитный ~ electromagnetic screen
~ электронно-лучевой трубки screen of cathode-ray tube
электростатический ~ electrostatic screen
экранирование *с.* screening; shielding
  абсолютное ~ absolute screening
  акустическое ~ acoustic shielding
  двойное ~ double screening
  дебаевское ~ Debye screening
  динамическое ~ dynamic screening
  ~ зоны *фпп* band shielding
  идеальное ~ perfect screening
  кулоновское ~ Coulomb screening
  магнитное ~ magnetic shielding, magnetic screening
  неупругое ~ inelastic screening
  тройное ~ triple screening
  центральное ~ *опт.* central screening
  частичное ~ partial screening
  электрическое ~ electric screening
  электромагнитное ~ electromagnetic screening
  электростатическое ~ electrostatic [electric] screening
  ~ ядра screening of nucleus
экранированный *прил.* shielded; screened
экранировка *ж. (см. тж.* экранирование*)* shielding; screening
  дебаевская ~ Debye screening
  неупругая ~ *яф* inelastic screening
  температурная ~ примесей impurity temperature screening
  ~ цвета *кхд* color screening
экранирующий *прил.* shielding; screening
эксергия *ж. терм.* exergy
эксимер *м. кв. эл.* excimer
эксиплекс *м. кв. эл.* exciplex
экситон *м.* exciton
  автолокализованный ~ autolocalized exciton
  биологический ~ biological exciton
  ~ большого радиуса exciton of big radius
  ~ Ванье - Мотта Wannier-Mott exciton
  горячий ~ hot exciton
  двумерный ~ two-dimensional [2D] exciton
  диамагнитный ~ diamagnetic exciton
  квазидвумерный ~ quasi-two-dimensional exciton
  колебательный ~ vibrational exciton
  локализованный ~ localized exciton
  ~ малого радиуса exciton of small radius
  молекулярный ~ molecular exciton
  поперечный ~ transverse exciton
  примесный ~ impurity exciton
  продольный ~ longitudinal exciton
  свободный ~ free exciton
  связанный ~ bound exciton
  синглетный ~ singlet exciton

триплетный ~ triplet exciton
~ Френкеля Frenkel exciton
электронный ~ electronic exciton
ядерный ~ nuclear exciton
экситон-поляритон *м.* exciton-polariton
поверхностный ~ surface exciton-polariton
экситрон *м. эл.* excitron
эксклюзия *ж. фпп* exclusion
~ носителей заряда charge-carrier exclusion
экспедиция *ж.* expedition
астрономическая ~ astronomical expedition
геофизическая ~ geophysical expedition
эксперимент *м.* experiment □ **проводить** ~ carry out [make, perform] an experiment; ~ **продолжается** experiment is in progress; **ставить** ~ perform [carry out] an experiment
активный ~ active experiment
аэродинамический ~ aerodynamic experiment
баллистический ~ ballistic experiment
вспомогательный ~ auxiliary experiment
вычислительный ~ computing experiment
гравитационно-волновой ~ gravitaion-wave experiment
дифракционный ~ diffraction experiment
компьютерный ~ computer experiment
контрольный ~ check [test] experiment
космический ~ cosmic experiment
машинный ~ computer experiment
мёссбауэровский ~ Mössbauer experiment
модельный ~ model [simulation] experiment
мысленный ~ gedanken [thought] experiment
~ на встречных пучках colliding-beam experiment
натурный ~ natural experiment
нейтринный ~ neutrino experiment
~ по безопасности реактора reactor safety experiment
~ по измерению магнитного насыщения saturation magnetization experiment
поляризационный ~ polarization experiment
~ по нагреву с помощью инжекции нейтральных атомов neutral-beam heating experiment
простой ~ simple experiment
решающий ~ key experiment
~ с использованием пузырьковой камеры bubble chamber experiment
сложный ~ complex experiment
~ с хорошим разрешением high resolution experiment
численный ~ numerical experiment
ядерно-физический ~ nuclear physics experiment
экспериментально *нареч.* experimentally
~ установлено, что... it has been found experimentally that...
экспериментальный *прил.* experimental
экспериментатор *м.* experimenter
эксперт *м.* expert; reviewer
анонимный ~ anonimous expert
независимый ~ independent expert
экспертиза *ж.* evaluation, examination; peer review

эксплуатация *ж.* operation; service
опытная ~ experimental [trial] operation
промышленная ~ commercial operation
экспозиция *ж.* (light) exposure
моментальная ~ instantaneous exposure
~, определяемая затвором shutter exposure
пространственная световая ~ spatial light exposure
пространственная энергетическая ~ spatial radiant exposure
световая ~ light exposure
фотографическая ~ photographic exposure
энергетическая ~ radiant exposure
экспонат *м. (на выставке)* exhibit
экспонента *ж.* exponential curve, exponent
динамическая критическая ~ dynamical critical exponent
интегральная ~ integral exponent
критическая ~ critical exponent
экспоненциальный *прил.* exponential
экспонирование *с.* exposure
многократное ~ multiple exposure
прерывистое ~ intermittent [interrupted] exposure
ступенчатое ~ stepped exposure
частичное ~ partial exposure
экспонометр *м.* exposure meter
фотоэлектрический ~ photoelectric exposure meter
экспонометрия *ж.* exposure metering
экспресс-анализ *м.* proximate [rapid] analysis
экстензометр *м. (прибор для измерения удлинения)* extensimeter, extensometer
зеркальный ~ mirror extensometer
механический ~ mechanical extensometer
муаровый ~ moiré extensometer
оптический ~ optical extensometer
экстинкция *ж. опт.* extinction
атмосферная ~ atmospheric extinction
вторичная ~ *крист.* secondary extinction
межзвёздная ~ interstellar extinction
первичная ~ *крист.* primary extinction
~ света optical extinction
экстрагирование *с.* extraction
экстракт *м.* extract
экстрактор *м.* extractor
экстракция *ж.* extraction
~ жидким металлом liquid-metal extraction
жидкостная ~ liquid-liquid extraction
избирательная ~ selective extraction
многоконтактная ~ multiple-contact extraction
многократная ~ multiple-batch extraction
~ неосновных носителей *фпп* minority carrier extraction
~ носителей заряда carrier extraction
одноконтактная ~ single-contact extraction
однократная ~ single-batch extraction
противоточная ~ counter-current extraction
~ расплавленными солями fused-salt extraction
~ растворителем solvent extraction
~ трития tritium extraction
фракционная ~ fractional extraction
экстраполирование *с.* extrapolation

экстраполировать *гл.* extrapolate
экстраполяция *ж.* extrapolation
  адаптивная ~ adaptive extrapolation
  графическая ~ graphical [geometric] extrapolation
  ~ **кривой** curve extrapolation
  линейная ~ linear extrapolation
экстремаль *ж.* extremal
  ~ **функционала** extremal of functional
экстремум *м.* extremum, extreme
  абсолютный ~ absolute extremum
  дырочный ~ *фтт* hole extremum
  локальный ~ local extremum
  условный ~ conditional extremum
  ~ **функции** extremum of function
  ~ **функционала** extremum of functional
экструзия *ж.* extrusion
  адиабатическая ~ adiabatic extrusion
  гидростатическая ~ hydrostatic extrusion
  низкотемпературная ~ low-temperature extrusion
  термопластическая ~ thermoplastic extrusion
  холодная ~ cold extrusion
эксцентрик *м.* eccentric
эксцентриситет *м.* eccentricity
  ~ **гиперболы** eccentricity of hyperbola
  ~ **нагрузки** eccentricity of load
  ~ **орбит небесных тел** eccentricity of celestial orbits
  ~ **орбиты** eccentricity of orbit
  ~ **параболы** eccentricity of parabola
  ~ **эллипса** eccentricity of ellipce
эксцентричность *ж.* eccentricity
эксцесс *м. мат.* excess
эктон *м. (пакет заряженных частиц)* ecton
эластичность *ж.* elasticity
эластичный *прил.* elastic
эластодинамика *ж.* elastodynamics
эластомер *м.* elastomer
  высокопрочный ~ high-strength elastomer
эластосопротивление *с.* elastoresistance
элевон *м. аэрод.* elevon
электрет *м.* electret
  керамический ~ ceramic electret
  монокристаллический ~ single-crystal electret
  органический ~ organic electret
  поликристаллический ~ polycrystalline electret
  полимерный ~ polymer electret
  стабильный ~ stable electret
электризация *ж.* electrification
  ~ **трением** triboelectrification, frictional electrification
электричество *с.* electricity
  атмосферное ~ atmospheric electricity
  земное ~ terrestrial electricity
  статическое ~ static electricity
электроакустика *ж.* electroacoustics
электровалентность *ж.* ion(ic) valence
электровозбуждение *с.* electroexcitation
электрогидродинамика *ж.* electrohydrodynamics
электрогирация *ж.* electrogyration
электрод *м.* electrode

водородный ~ hydrogen electrode
вспомогательный ~ auxiliary electrode
вытягивающий ~ extracting electrode
графитовый ~ graphite electrode
жидкий ~ liquid electrode
замедляющий ~ decelerating electrode
капиллярный ~ capillary electrode
кислородный ~ oxygen electrode
металлический ~ metal electrode
отклоняющий ~ deflection [deflecting] electrode
отрицательный ~ negative electrode
~ **Пирса** Pierce electrode
плавающий ~ floating electrode
плазменный ~ plasma electrode
поджигающий ~ ignitor (electrode)
положительный ~ positive electrode
полупроводниковый ~ semiconductor electrode
послеускоряющий ~ post-accelerating electrode
прозрачный ~ transparent electrode
профилированый ~ profiled electrode
ртутный ~ mercury electrode
сварочный ~ welding rod
сетчатый ~ mesh [grid] electrode
сигнальный ~ signal electrode
собирающий ~ collecting electrode, collector
~ **сравнения** reference electrode
сферический ~ spherical electrode
тормозящий ~ decelerating electrode
угольный ~ carbon electrode
управляющий ~ control electrode
ускоряющий ~ accelerating [accelerator] electrode
фокусирующий ~ focusing electrode
~, **формирующий пучок** beam-forming electrode
цилиндрический ~ cylindrical electrode
эквипотенциальный ~ equipotential electrode
экранирующий ~ shielding electrode
эмитирующий ~ emitting electrode, emitter
электродвигатель *м.* electric motor
электроделение *с.* electrofission
электродинамика *ж.* electrodynamics
  адронная ~ hadron electrodynamics
  безмассовая квантовая ~ massless quantum electrodynamics
  вычислительная ~ computer electrodynamics
  ~ **движущихся сред** electrodynamics of moving media
  двумерная квантовая ~ two-dimensional quantum electrodynamics
  квантовая ~ quantum electrodynamics
  классическая ~ classical electrodynamics
  компактная квантовая ~ compact quantum electrodynamics, compact QED
  космическая ~ cosmic [space] electrodynamics
  лептонная ~ lepton electrodynamics
  ~ **магнитосферы** magnetosphere electrodynamics
  макроскопическая ~ macroscopic electrodynamics
  некомпактная квантовая ~ noncompact quantum electrodynamics, noncompact QED
  нелинейная ~ nonlinear electrodynamics
  ~ **плазмы** plasma electrodynamics

873

релятивистская ~ relativistic electrodynamics
скалярная ~ scalar electrodynamics
спинорная ~ spinor electrodynamics
~ сплошных сред electrodynamics of continua
стохастическая ~ stochastic [random] electrodynamics
электродинамический *прил.* electrodynamic
электродиффузия *ж.* electrodiffusion
электроёмкость *ж.* capacity
электрокапиллярность *ж.* electrocapillarity
электрокардиография *ж.* electrocardiography
электрокинетика *ж.* electrokinetics
электрокоррозия *ж.* electrocorrosion
электрокристаллизация *ж.* electrocrystallization
электролиз *м.* electrolysis
электролит *м.* electrolyte
   бинарный ~ binary electrolyte
   жидкий ~ liquid electrolyte
   коллоидный ~ colloidal electrolyte
   сильный ~ strong electrolyte
   симметричный ~ symmetrical electrolyte
   слабый ~ weak electrolyte
   твёрдый ~ solid electrolyte
   тройной ~ ternary electrolyte
электролитический *прил.* electrolytic
электролюминесцентный *прил.* electroluminescent
электролюминесценция *ж.* electroluminescence
   внутризонная ~ intraband electroluminescence
   инжекционная ~ injection electroluminescence
   предпробойная ~ prebreakdown electroluminescence
электромагнетизм *м.* electromagnetism
электромагнит *м.* electromagnet
   ~ без сердечника air-core magnet
   квадрупольный ~ quadrupole electromagnet
   отклоняющий ~ beam deflection electromagnet
   поляризованный ~ polarized electromagnet
   сверхпроводящий ~ superconducting electromagnet
   ~ с железным сердечником iron-core electromagnet
   фокусирующий ~ focusing electromagnet
электромагнитный *прил.* electromagnetic
электрометаллургия *ж.* electrometallurgy
электрометр *м.* electrometer; electrostatic meter
   абсолютный ~ absolute electrometer
   бинантный ~ binant electrometer
   вибрационный ~ vibrating-reed electrometer
   динамический ~ dynamic electrometer
   капиллярный ~ capillary electrometer
   квадрантный ~ quadrant electrometer
   ламповый ~ tube [valve] electrometer
   струнный ~ string electrometer
электрометрия *ж.* electrometry
электромеханика *ж.* electromechanics
электромиграция *ж.* electromigration
электрон *м.* electron
   авроральный ~ auroral electron
   атомный ~ atomic electron
   блоховский ~ Bloch electron
   блуждающий ~ itinerant electron

   ~ большой энергии high-energy [energetic]
electron
   быстрый ~ fast [high-speed] electron
   валентный ~ valence electron
   ~ внешней конверсии external-conversion
electron
   внешний ~ outer shell electron
   ~ внутренней конверсии internal conversion
electron
   вращающийся ~ spinning electron
   вторичный ~ secondary electron
   выбитый ~ knock(ed)-on electron
   вылетающий ~ outcoming [outgoing] electron
   вырожденный ~ degenerate electron
   высоковозбуждённый ~ Rydberg electron
   высыпающиеся ~ы *сэф* precipitating electrons
   горячий ~ hot electron
   двумерные ~ы 2D electrons
   делокализованный ~ delocalized electron
   дифрагированный ~ diffracted electron
   замагниченные ~ы magnetized electrons
   захваченный ~ trapped electron
   зинеровский ~ *фмя* Zener electron
   зонный ~ band electron
   избыточный ~ excess electron
   излучающий ~ radiating electron
   ионизирующий ~ ionizing electron
   ионосферные ~ы ionospheric electrons
   испущенный ~ emitted electron
   истинно вторичный ~ true secondary electron
   каналированный ~ channeled electron
   классический ~ classical electron
   коллективизированный ~ collective electron
   комптоновский ~ Compton electron
   конверсионный ~ conversion electron
   ~ куперовской пары Cooper pair electron
   локализованный ~ localized electron
   ~ магнитосферного происхождения electron of
magnetospheric origin
   магнитосферный ~ magnetospheric electron
   максвелловский ~ Maxwellian electron
   ~ малой энергии low-energy electron
   медленный ~ slow [low-speed] electron
   межпланетные ~ы interplanetary electrons
   моноэнергетические ~ы monoenergetic
electrons
   надтепловой ~ superthermal electron
   налетающий ~ incident [incoming] electron
   недостающий ~ missing electron
   незамагниченные ~ы nonmagnetized electrons
   неравновесные ~ы nonequilibrium electrons
   нерелятивистский ~ nonrelativistic electron
   несвязанный ~ unbound electron
   неспаренный ~ unpaired electron
   неупруго отражённый ~ inelastically reflected
electron
   неупруго рассеянный ~ inelastically scattered electron
   низкоэнергичные ~ы low-energy electrons
   оболочечный ~ shell electron
   оптически ориентированный ~ optically
aligned electron

орбитальный ~ orbital electron
~ отдачи recoil electron
отражённый ~ reflected electron
падающий ~ incident electron
первичный ~ primary electron
периферический ~ peripheral electron
покоящийся ~ electron at rest
поляризованные ~ы polarized electrons
примесный ~ impurity electron
присоединённый ~ attached electron
~ проводимости conduction [conductivity] electron
равновесные ~ы equilibrium electrons
~ы радиационных поясов radiation belt electrons
распадный ~ decay [disintegration] electron
рассеянный ~ scattered electron
~, рассеянный назад back scattered electron
резонансные ~ы resonant electrons
релятивистский ~ relativistic electron
ридберговский ~ Rydberg electron
сверхпроводящий ~ superconducting electron
свободный ~ free [unbound] electron
свободный ~ в поле электромагнитной волны free electron in an electromagnetic wave field
связанный ~ bound electron
слабосвязанный ~ weakly bound electron
~ солнечного происхождения solar electron
солнечные ~ы solar electrons
сольватированный ~ solvated electron
спаренный ~ paired electron
тепловой ~ thermal electron
тёплый ~ warm electron
туннелирующий ~ tunneling electron
тяжёлый ~ heavy electron
убегающий ~ runaway electron
ультрарелятивистский ~ ultrarelativistic electron
упругоотражённый ~ elastically reflected electron
упругорассеянный ~ elastically scattered electron
ускоренный ~ accelerated electron
фотовозбуждённый ~ photoexcited electron
эквивалентные ~ы equivalent electrons
электронагреватель *м.* electrical heater
электрон-вольт *м.* electron-volt, eV
электроника *ж.* electronics
вакуумная ~ vacuum electronics
газовая ~ gaseous electronics
квантовая ~ quantum electronics
криогенная ~ cryogenic electronics
молекулярная ~ molecular electronics
плазменная ~ plasma electronics
полупроводниковая ~ semiconductor electronics
релятивистская ~ relativistic electronics
~ СВЧ microwave electronics
сильноточная ~ high-current electronics
твердотельная ~ solid state electronics
тонкоплёночная ~ thin-film electronics
физическая ~ physical electronics
ядерная ~ nuclear electronics

электронно-дырочный *прил.* electron-hole
электронно-оптический *прил.* electron-optical
электронограмма *ж.* electron diffraction pattern
~ кристалла electron diffraction pattern of a crystal
~ монокристалла electron diffraction pattern of a single crystal
панорамная ~ scanning electron diffraction pattern
~ текстуры electron diffraction pattern of a texture
точечная ~ point electron diffraction pattern
~ эпитаксиального слоя electron diffraction pattern of an epitaxial layer
электронограф *м.* electron diffraction apparatus, electron diffractometer
электронография *ж.* electron diffraction (ahalysis), electron diffraction technique
~ аморфных твёрдых тел electron diffraction by amorphous solids
высоковольтная ~ high-voltage electron diffraction analysis
газовая ~ electron diffraction by gases
динамическая ~ electron diffraction dynamic analysis
~ жидкостей electron diffraction by liquids
~ поверхностных слоёв electron diffraction analysis of surface layers
структурная ~ electron diffraction structure analysis
электрооборудование *с.* electrical equipment
электрооптика *ж.* electrooptics
электроосаждение *с.* electrodeposition, electroplating
~ металлов metal electrodeposition
электроосмос *м.* electro(end)osmosis
электроотражение *с.* electroreflection
нелинейно-оптическое ~ nonlinear-optical electroreflection
электроотрицательность *ж.* electronegativity
электроотрицательный *прил.* electronegative
электропередача *ж.* electric power transmission
электропечь *ж.* electric [electrically heated] furnace
электропиролиз *м.* electropyrolysis
электропитание *с.* electric power [electricity] supply
электропоглощение *с.* *фпп* electroabsorption
многофотонное ~ multiphoton electroabsorption
электрополирование *с.* electropolishing
электроположительный *прил.* electropositive
электропривод *м.* electrical drive
электропроводность *ж.* (electrical) conduction
анионная ~ anionic conduction
~ газов electrical conduction in gases
~ диэлектриков electrical conduction in dielectrics
дырочная ~ hole conduction
~ жидкостей electrical conduction in liquids
зонная ~ band conduction
ионная ~ ionic conduction
катионная ~ cationic conduction

металлическая ~ metal conduction
~ **металлов** electrical conduction in metals
молекулярная ~ molecular conduction
низкотемпературная ~ electrical conduction at low temperatures
остаточная ~ *фпп* residual conduction
~ **плазмы** plasma conduction
поверхностная ~ surface conduction
поверхностная удельная ~ surface conductivity
~ **полупроводников** electrical conduction in semiconductors
поляронная ~ polaron conduction
примесная ~ impurity [extrinsic] conduction
примесная удельная ~ impurity [extrinsic] conductivity
примесная фотоиндуцированная ~ *(в жидких кристаллах)* impurity photoinduced conduction
прыжковая ~ hopping conduction
светоиндуцированная ~ light-induced conductivity
смешанная ~ mixed conduction
собственная ~ intrinsic conduction
собственная удельная ~ intrinsic conductivity
~ **твёрдых тел** electrical conduction in solids
темновая ~ dark conduction
удельная ~ (electrical) conductivity; specific conductivity
удельная ~ **воды** conductivity of water
удельная ~ **жидких металлов** electrical conductivity of liquid metals
удельная ~ **органических жидкостей** electrical conductivity of organic liquids
удельная ~ **электролитов** electrical conductivity of electrolytes
холловская ~ Hall conductivity
~ **электролита** electrolytic conduction
электронная ~ electron(ic) conduction
электрорадиография *ж.* electroradiography
электроразведка *ж.* electrical prospecting
электрорасщепление *с.* electrodisintegration
~ **дейтрона** deuteron electrodisintegration
электрореология *ж.* electrorheology
электророждение *с. фвэ* electroproduction
глубоко неупругое ~ deep inelastic electroproduction
инклюзивное ~ inclusive electroproduction
~ **мезонов** meson electroproduction
эксклюзивное ~ exclusive electroproduction
электросварка *ж.* electric welding
электроскоп *м.* electroscope
~ **с бузинными шариками** pith-bell electroscope
~ **с золотыми листками** gold-leaf [Lauritsen] electroscope
~ **с кварцевой нитью** quartz-fiber electroscope
экранированный ~ shielded electroscope
электрослабый *прил. фвэ* electroweak
электросопротивление *с. (подробнее см. сопротивление)* electrical resistance
электростанция *ж.* electric power plant, electric power station
атомная ~ atomic [nuclear] power plant, nuclear power station

геотермальная ~ geothermal power plant
приливная ~ tidal power plant
солнечная ~ solar power plant, solar power station
термоядерная ~ thermonuclear power plant
ядерная ~ nuclear [atomic] power plant, nuclear power station
электростатика *ж.* electrostatics
электростатический *прил.* electrostatic
электрострикция *ж.* electrostriction
электроструя *ж. сэф* electrojet
авроральная ~ auroral electrojet
экваториальная ~ equatorial electrojet
электротермия *ж.* electrothermics
электротехника *ж.* electrical engineering; electrical technology
электрофизика *ж.* electrophysics
электрофильтр *м.* electrostatic precipitator
электрофорез *м.* electrophoresis
электрофотолюминесценция *ж.* electrophotoluminescence
электрохемилюминесценция *ж.* electrochemiluminescence
электрохимия *ж.* electrochemistry
лазерная ~ laser electrochemistry
электрохроматография *ж.* electrochromatography
электроэлектрет *м.* electroelectret
электроэндоосмос *м.* electro-endoosmosis, electro-osmosis
электроэнергетика *ж.* electrical power engineering
электроэнергия *ж.* electric energy, electric power
электроядерный *прил.* electronuclear
элемент *м.* **1.** element **2.** *(гальванический, топливный и т. п.)* cell **3.** *(конструкции)* member
адаптивный ~ adaptive element
~ **активной зоны** core element
активный ~ active element
активный оптический ~ active optical element
акустический ~ acoustic element
акустооптический фазовый невзаимный ~ acoustooptic phase-nonreciprocal element
аналоговый ~ analog element
бета-неустойчивый ~ beta-labile element
бета-устойчивый ~ beta-stable element
биквадратичный ~ biquadratic element
бикубический ~ bicubic element
билинейный ~ bilinear element
бистабильный ~ bistable element
брэгг-френелевский ~ Bragg-Fresnel element
быстродействующий ~ high-speed element
~ **вихря** vortex element
волоконно-оптический ~ optical fiber element
~ **высокого порядка** higher-order element
гальванический ~ (galvanic) cell, voltaic cell
гальванический ~ **Вестона** Weston cadmium cell
герметизированный тепловыделяющий ~ sealed-in fuel element
гиперупругий конечный ~ hyperelastic finite element

голографический ~ holographic element
~ **грануляции** granular element
двухфотонный матричный ~ **перехода** two-photon transition matrix element
делящийся ~ fissile [fisionable] element
~ **детерминанта** element of determinant
диагональный ~ *(матрицы)* diagonal element; *(конструкции)* diagonal member
диагональный матричный ~ diagonal matrix element
дипольный матричный ~ *кв. эл.* dipole matrix element
дискретный ~ discrete element
дисперсионный ~ *опт.* dispersive element
диссипативный ~ dissipative element
дочерний ~ daughter element
~ **дуги** element of arc, arc element
естественный ~ natural element
естественный радиоактивный ~ natural radioactive element
~ **жёсткости** stiffening member, stiffener
~ **жидкости** liquid element
~ **жидкости или газа** fluid element
замедляющий ~ moderating element
запальный тепловыделяющий ~ seed fuel element
звукопоглощающий ~ acoustic dissipation element
~ **изображения** image element
изопараметрический ~ isoparametric element
инертный ~ inert element
интерполяционный ~ interpolation element
искусственный ~ artificial [man-made] element
искусственный радиоактивный ~ artificial [man-made] radioactive element
исходный ~ original [parent] element
кардинальный ~ *(в электронной оптике)* cardinal element
квазиоптический ~ quasioptical element
киноформный оптический ~ kinoform (optical element)
конвективный ~ convection element
конечный ~ finite element
конечный ~ **высокого порядка** higher-order finite element
~ **конструкции** structural element; member
~ **контактирующей пары** contact element
корректирующий ~ correction element
кремниевый солнечный ~ silicon solar element
криволинейный ~ curved element
кубический ~ cubic element
кубический изопараметрический ~ cubic isoparametric element
кусочно-квадратичный ~ piecewise quadratic element
кусочно-линейный ~ piecewise linear element
лазерный ~ laser element
легирующий ~ *физ. мет.* alloying element; *фпп* doping element
лёгкий ~ light element
ленточный тепловыделяющий ~ ribbon fuel element

линейный ~ linear [one-dimensional, line] element
логический ~ logic element
~ **лопасти** blade element
малый ~ **объёма** small volume element
~ **массы** element of mass
материальный ~ material element
материнский ~ parent element
~ **матрицы** matrix element
матричный ~ matrix element
матричный ~ **дипольного взаимодействия для резонансного перехода** dipole interaction matrix element for a resonant transition
матричный ~ **дипольного момента** dipole matrix element
матричный ~ **дипольного момента для кулоновских радиальных функций** matrix element of the dipole moment for Coulomb wave functions
матричный ~ **квадрупольного момента** quadrupole matrix element
матричный ~ **оператора электростатического взаимодействия** matrix element of the electrostatic interaction operator
матричный ~ **перехода** transition matrix element
медианный ~ **орбиты** median orbital element
металлический тепловыделяющий ~ metallic fuel element
мешающий ~ interfering element
~ **мишени** target element
многопластинный тепловыделяющий ~ multiplate fuel element
нагревательный ~ heating element
неадиабатический матричный ~ nonadiabatic matrix element
невзаимный ~ nonreciprocal element
недиагональный ~ *(матрицы)* nondiagonal [off-diagonal] element
недиагональный матричный ~ off-diagonal matrix element
нелинейный ~ nonlinear element
неподвижный ~ fixed element
нерадиоактивный ~ nonradioactive element
несжимаемый конечный ~ incompressible finite element
нестабильный ~ unstable element
несущий ~ load-bearing [load-carrying] member
неустойчивый ~ unstable element
нормальный ~ standard [normal] cell
обратный ~ inverse element
~ **объёма** volume [three-dimensional] element, element of volume
~ **объёма жидкости** volume element of fluid
~ **определителя** element of determinant
оптический переключающий ~ optical switching element
оптоакустический ~ optoacoustic cell
оптоэлектронный ~ optoelectronic element
~**ы орбиты** orbital elements
осесимметричный конечный ~ axisymmetric finite element
осесимметричный треугольный ~ axisymmetric triangular element

оскулирующий ~ *астр.* osculating element

отработанный тепловыделяющий ~ spent fuel element

~ памяти memory [storage] element

~ пары трения friction element, triboelement

пассивный ~ passive element

переходный ~ transition element

~ поверхности surface element

поперечный ~ *(конструкции)* cross member

пороговый ~ threshold element

призматический конечный ~ prismatic finite element

примесный ~ impurity element

природный ~ natural element

~ пути element of path

пьезоэлектрический ~ piezoelectric element

радиоактивный ~ radioactive element, radioelement

разделительный ~ separating [separation] element

разрывный граничный ~ discontinuous boundary element

рассеивающий ~ scattering element

реактивный ~ reactive element

регистрирующий ~ recording element

редкоземельный ~ rare-earth element, rare earth

сверхтяжёлый ~ superheavy element

~ связи coupling element

сегнетоэлектрический ~ ferroelectric element

сжатый ~ compression member, strut

силовой ~ *(прибора для измерений смещения или механического напряжения)* force-summing element

~ симметрии symmetry element

сингулярный ~ singular element

«скошенный» ~ *кв. эл.* "skew" element

солнечный ~ solar cell

сопряжённый ~ группы conjugate group element

сопутствующий ~ accompanying element

составной ~ component; composite element

составной активный ~ *(лазера)* composite active element

составной конечный ~ composite finite element

стабильный ~ stable element

стандартный ~ standard [normal] cell

~ столбца *(матрицы)* column element

~ строки *(матрицы)* row element

струйный ~ fluid-jet element

ступенчатый тепловыделяющий ~ ladder fuel element

субпараметрический ~ subparametric element

суперпараметрический ~ superparametric element

сухой ~ dry element

~ телесного угла element of solid angle

тензочувствительный ~ strain-sensing element

тепловыделяющий ~ яф fuel element

тепловыделяющий ~ без оболочки bare fuel element

тепловыделяющий ~ дисперсного типа dispersion-type fuel element

тепловыделяющий ~ стержневого типа rod-type fuel element

теплопоглощающий ~ heat-absorbing element

термочувствительный ~ thermosensitive element

термоэлектрический ~ thermoelectric cell

~ тока current element

тонкоплёночный thin-film element

~ траектории element of path

трансактиноидный ~ transactinoid element

трансплутониевый ~ transplutonium element

трансурановый ~ transuranium element

трансфермиевый ~ transfermium element

трёхфотонный матричный ~ перехода для двухуровневой системы three-photon transition matrix element for a two-level system

трубчатый тепловыделяющий ~ tubular fuel element

тяжёлый ~ heavy element

управляемый ~ controlled element

управляемый брэгг-френелевский ~ controlled Bragg-Fresnel element

управляющий ~ control element

урановый тепловыделяющий ~ uranium fuel element

устойчивый ~ stable element

~ фазового объёма elementary phase volume

фазовый невзаимный ~ phase-nonreciprocal element

фарадеевский фазовый невзаимный ~ Faraday phase-nonreciprocal element

ферритовый ~ ferrite element

фильтрующий ~ filter element

фокусирующий ~ focusing element

фотогальванический ~ photovoltaic cell

фотосферный магнитный ~ photospheric magnetic element

фотохимический ~ photochemical cell

фрикционный ~ friction element

функциональный ~ functional element

химический ~ chemical element

~ цепи network element

цифровой ~ digital element

чувствительный ~ sensing [sensitive] element, sensor

щёлочно-земельный ~ alkaline-earth element

щелочной ~ alkaline element

эрмитов ~ Hermitean element

эрмитов бикубический ~ Hermitean bicubic element

элементарный *прил.* elementary; elemental

элерон *м.* aileron

эллипс *м.* ellipse

аберрационный ~ aberration ellipse

~ деформаций strain ellipse

~ инерции ellipse of inertia

~ напряжений stress ellipse

~ нутации nutation ellipse

обобщённый ~ generalized ellipse

очень тонкий ~ slender ellipse

~ **ошибок** error ellipse
параллактический ~ parallactic ellipse
~ **поляризации** polarization ellipse
~ **рассеяния** ellipse of scattering; dispersion ellipse
~ **скольжения** glide ellipse
~ **скоростей** velocity ellipse
~ **сходимости** ellipse of convergence
~ **текучести** yield ellipse
фокальный ~ focal ellipse
эллипсограф *м.* ellipsograph
эллипсоид *м.* ellipsoid
бесстолкновительный ~ **вращения** *астр.* collisionless ellipsoid of revolution
~ **вращения** ellipsoid of revolution
~ **вращения Маклорена** Maclaurin ellipsoid of revolution
вытянутый ~ **вращения** prolate ellipsoid of revolution
двумерный ~ flat ellipsoid
~ **деформаций** strain ellipsoid
звёздный ~ stellar ellipsoid
земной ~ earth [terrestrial] ellipsoid
~ **инерции** ellipsoid of inertia, momental ellipsoid
~ **Маклорена** Maclaurin ellipsoid
~ **напряжений** stress ellipsoid
~ **относимости** *астр.* reference ellipsoid
~ **ошибок** error ellipsoid
планетарный ~ planetary ellipsoid
~ **показателей преломления** refractive index [Fresnel] ellipsoid
~ **поляризации** ellipsoid of polarization
~ **поляризуемости** polarizability ellipsoid
почти сферический ~ almost spherical ellipsoid
~ **рассеяния** ellipsoid of scattering; dispersion ellipsoid
сильно вытянутый ~ strongly elongated ellipsoid
~ **скоростей** velocity ellipsoid
сплющенный ~ **вращения** oblate ellipsoid of revolution
твердотельно-вращающийся ~ ellipsoid rotating as a solid body
трёхосный ~ triaxial [three-axial] ellipsoid
трёхосный бесстолкновительный ~ three-axial collisionless ellipsoid
трёхосный ~ **Фримана** Freeman three-axial ellipsoid
трёхосный ~ **Якоби** Jacobi three-axial ellipsoid
~ **упругости** ellipsoid of elasticity
ферромагнитный ~ ferromagnetic ellipsoid
~ **Френеля** Fresnel ellipsoid
~ **Фримана** Freeman ellipsoid
центральный ~ **инерции** central ellipsoid of inertia
~ **электропроводности** conductivity ellipsoid
~ **Якоби** Jacobi ellipsoid
эллипсометр *м.* ellipsometer
эллипсометрия *ж.* ellipsometry
когерентная ~ coherent ellipsometry
~ **отражения** reflection ellipsometry
эллиптический *прил.* elliptic
эллиптичность *ж.* ellipticity

~ **галактики** ellipticity of galaxy
~ **земного ядра** ellipticity of the Earth core
керровская ~ Kerr ellipticity
~ **магнитной поверхности** magnetic surface ellipticity
отрицательная ~ negative ellipticity
положительная ~ positive ellipticity
элонгация *ж. астр.* elongation
~ **астрономического объекта** elongation of celestial object
восточная ~ eastern elongation
западная ~ western elongation
~ **звезды** elongation of a star
~ **планеты** elongation of a planet
ЭЛТ *ж.* CRT, cathode ray tube
бистабильная ~ bistable CRT
двухлучевая ~ dual beam CRT
запоминающая ~ storage CRT
осциллографическая ~ oscilloscope CRT
элюирование *с. (в хроматографии)* elution
эмаль *ж.* enamel
эманация *ж.* emanation, Em
радиоактивная ~ radioactive emanation
~ **радия** radon, Rn
эмиссионный *прил.* emissive, emitting
эмиссия *ж.* emission
автоэлектронная ~ field (electron) [auto-electronic, cold] emission
акустическая ~ acoustic emission
акустическая естественная ~ natural acoustic emission
акустическая наведённая ~ induced acoustic emission
анодная ~ anode emission
аномальная вторичная электронная ~ anomalous secondary electron emission
взрывная электронная ~ explosive electron emission
вторичная ~ secondary emission
вторичная ионная ~ secondary ion emission
вторичная ионно-ионная ~ secondary ion-ion emission
вторичная ионно-электронная ~ secondary ion-electron emission
вторичная электронная ~ secondary electron emission
вторичная электронно-электронная ~ secondary electron-electron emission
импульсная ~ pulsed emission
инверсная ~ *физ. пов.* inversion emission
ион-ионная ~ ion-ion emission
ионная ~ ion emission
ионно-фотонная ~ ion-photon emission
ионно-электронная ~ ion-electron emission
~ **катода** cathode emission
кинетическая ~ kinetic emission
кинетическая ионно-электронная ~ kinetic ion-electron emission
~, **ограниченная пространственным зарядом** space-charge limited emission, emission limited by space charge
первичная ~ primary emission

поверхностная ~ surface emission
полевая ~ field emission; field (electron) [autoelectronic, cold] emission
полевая ионная ~ field ion emission
полярная ~ *яф* polar emission
потенциальная ~ potential emission
спонтанная ~ spontaneous emission
термоавтоэлектронная ~ thermal-field [temperature-and-field, thermoautoelectronic] emission
термоионная ~ thermionic emission
термоэлектронная ~ thermionic [thermal electron] emission
туннельная ~ tunnel [field, autoelectronic] emission, autoemission
удельная ~ specific emission
управляемая вторичная электронная ~ controlled secondary electron emission
~, усиленная полем field-enhanced emission
усиленная спонтанная ~ *(ридберговских атомов)* amplified spontaneous emission
фотоэлектронная ~ photoelectric [photoelectronic] emission, photoemission
холодная ~ cold [autoelectronic, field] emission
~ Шоттки Schottky emission
экваториальная ~ *яф* equatorial emission
экзоэлектронная ~ exoelectron emission
электронная ~ electron emission
электронно-ионная ~ electron-ion emission
электростатическая ~ field [tunnel, autoelectronic] emission, autoemission
эмитировать *гл.* emit
эмиттанс *м.* emittance
аксиальный ~ пучка axial beam emittance
вертикальный ~ пучка vertical beam emittance
горизонтальный ~ пучка horizontal beam emittance
нормализованный ~ пучка normalized beam emittance
~ пучка beam emittance
~ пучка на выходе из линейного ускорителя beam emittance at linac output
радиальный ~ пучка radial beam emittance
эффективный ~ effective emittance
эмиттер *м.* emitter
автоэлектронный ~ autoelectronic emitter
виртуальный ~ virtual emitter
вторичный ~ secondary emitter
гидродинамический ~ hydrodynamic emitter
диффузионный ~ diffused emitter
жидкометаллический ~ liquid metal emitter
заземлённый ~ grounded emitter
ионно-имплантированный ~ ion-implanted emitter
многоострийный ~ multiple-point emitter
~ неосновных носителей minority emitter
общий ~ common emitter
~ основных носителей majority emitter
плазменный ~ plasma emitter
пористый ~ porous emitter
сплавной ~ alloyed emitter
термоэлектронный ~ thermionic emitter
тонкоплёночный ~ thin-film emitter

широкозонный ~ wide-band emitter
электронный ~ electron emitter
эмметропия *ж. (нормальное зрение)* emmetropia, normal vision
эмпиризм *м.* empiricism
эмульгатор *м. (аппарат)* emulsifier; *(вещество)* emulsifying agent
эмульгирование *с.* emulsification
эмульсия *ж.* emulsion
коллоидная ~ colloidal emulsion
мелкозернистая ~ fine-grain emulsion
фотографическая ~ photographic emulsion
фотоядерная ~ photonuclear emulsion
ядерная ~ nuclear emulsion
ядерная фотографическая ~ nuclear photographic emulsion
энантиомер *м. (оптический изомер)* optical isomer; enantiomer
энантиоморф *м. крист.* enantiomorph
энантиоморфизм *м. крист.* enantiomorphism
энантиотропия *ж. крист.* enantiotropy
эндовибратор *м.* endovibrator
эндоморфизм *м. мат.* endomorphism
точный ~ exact endomorphism
эндоскоп *м.* endoscope
волоконно-оптический ~ fiber optics endoscope
эндоскопия *ж.* endoscopy
эндосмос *м.* endosmosis
эндотермический *прил.* endothermic, endothermal
эндофуллерид *м.* endofulleride
энергетика *ж.* power engineering, energetics
атомная ~ nuclear [atomic] power engineering
солнечная ~ solar power engineering
тепловая ~ thermal power engineering
экологически чистая ~ ecologically clean power engineering
ядерная ~ nuclear [atomic] power engineering
энерги/я *ж.* energy; power □ запасать ~ю store [accumulate] energy; передавать ~ю transfer energy; подводить ~ю к ... deliver energy to ...; приобретать ~ю acquire energy
~ адгезионного взаимодействия adhesive binding energy
адиабатическая электронная ~ adiabatic electron energy
~ адсорбции energy of adsorption, adsorption energy
~ активации activation energy
~ активации ползучести creep activation energy
~ активации примеси impurity activation energy
~ активации прыжка *фпп* jump activation energy
акустическая ~ acoustic [sound] energy
~ альфа-распада в основное состояние ground-state alpha-disintegration energy
~ анизотропии energy of anisotropy
~ аннигиляции annihilation energy
атомная ~ atomic [nuclear] energy
~ атомного ядра nuclear energy
~ атомной связи atomic binding energy
~ бета-распада beta-disintegration energy

~ бета-распада в основное состояние ground-state beta-disintegration energy
большая ~ high energy
~ бомбардирующей частицы bombarding particle energy
~ вакуума vacuum energy
вакуумная ~ vacuum energy
взаимная ~ mutual energy
~ взаимодействия interaction energy
~ в импульсе pulse energy
~ в лабораторной системе координат laboratory (system) energy
внутренняя ~ internal [intrinsic] energy
внутренняя ~ плазмы plasma internal energy
водная ~ water power
~ возбуждения energy of excitation, excitation energy
~ волн wave energy
вращательная ~ rotational energy
~ вращения rotational energy
~ в системе центра масс center-of-mass energy
выделенная ~ released energy
высвобожденная ~ released energy
высвобожденная ~ деформации released strain energy
высокая ~ high energy
~ гамма-излучения gamma energy
~ Гельмгольца free [Helmholtz] energy
геотермальная ~ geothermal energy
~ Гиббса Gibbs energy
гидравлическая ~ hydraulic energy
~ гидратации hydration energy
гравитационная ~ gravitational energy
гравитационная ~ связи gravitational binding energy
~ границ зёрен grain-boundary energy
~ границ раздела interface [interfacial] energy
граничная ~ limiting [end-point] energy
~ давления pressure energy
~ Дебая - Хюккеля Debye-Hückel energy
~ деления яф fission energy
~ дефекта упаковки stacking fault energy
~ деформации strain energy
джоулева ~ Joule energy
дипольная ~ dipole energy
~ дислокации dislocation energy
~ диссоциации dissociation energy, energy of dissociation
~ домена domain energy
~ доменной границы domain boundary [wall] energy
~ доменной стенки domain wall [boundary] energy
достижимая ~ attainable energy
~, достижимая в ускорителе energy attainable in an accelerator
доступная ~ available energy
~ единицы объёма specific energy
запасённая ~ stored [accumulated] energy
~, запасённая в магнитном поле energy stored in magnetic field
запасённая упругая ~ stored elastic energy

звёздная ~ stellar energy
звуковая ~ acoustic [sound] energy
~ звуковой волны acoustic wave energy
зеемановская ~ Zeeman energy
зернограничная ~ grain-boundary energy
~ зонной структуры band structure energy
избыточная ~ excess energy
~ Изинга стенки домена Ising domain wall energy
излучаемая ~ radiant [radiated] energy
~ излучения radiant energy
~ изменения объёма strain energy due to change of volume
~ изменения формы strain energy due to distortion
измеренная ~ observed energy
имеющаяся ~ available energy
~ импульса pulse energy
~ инжекции injection energy
интегральная ~ integral energy
~ ионизации ionizing [ionization] energy
~ ионизации акцепторов acceptor ionization energy
~ ионизации атома atomic ionization energy
~ ионизации доноров donor ionization energy
~ испарения evaporation energy
кажущаяся ~ активации apparent activation energy
~ квадрупольного взаимодействия quadrupole interaction energy
~ кванта quantum [photon] energy
кинетическая ~ kinetic energy
кинетическая ~ безвихревого течения kinetic energy of irrotational flow
кинетическая ~ вращения kinetic energy of rotation, angular [rotational] kinetic energy
кинетическая ~ при инжекции kinetic energy at injection
~ когезионного взаимодействия cohesive binding energy
~ колебаний oscilation energy; мех. vibrational energy
колебательная ~ vibrational energy
~ конденсации condensation energy
конечная ~ final energy
~ корреляции correlation energy
~ корреляции пары яф pair correlation energy
корреляционная ~ correlation energy
~ космических лучей energy of cosmic rays
~ кристаллической решётки lattice energy
критическая ~ critical energy; (в ускорителе) transition energy
критическая ~ деления critical fission energy, critical energy for nuclear fission
кулоновская ~ Coulomb energy
кулоновская ~ плазмы plasma Coulomb energy
~ кулоновского взаимодействия Coulomb energy
линейная ~ line energy
линейная свободная ~ free line energy
локализованная ~ localized energy
лучистая ~ radiant energy

магнитная ~ magnetic energy
~ **магнитного поля** magnetic field energy, energy of a magnetic field
~ **магнитной анизотропии** magnetic anisotropy energy
магнитостатическая ~ magnetostatic energy
магнитоупругая ~ magnetoelastic energy
~ **магнона** magnon energy
~ **Маделунга** *фтт* Madelung energy
максимальная ~ maximum [peak, highest] energy
максимальная ~ **протонов** maximum proton energy
малая ~ low energy
мгновенная ~ instantaneous energy
мгновенная ~ **деления** prompt fission energy
~ **межмолекулярного взаимодействия** molecular interaction [intermolecular] energy
механическая ~ mechanical energy
~ **миграции** *(дефектов)* migration energy
минимальная ~ minimum [lowest] energy
надтепловая ~ epithermal energy
~ **накачки** pump(ing) energy
накопленная ~ stored [accumulated] energy
~ **налетающей частицы** incident [bombarding] particle energy
~ **намагниченного тела** energy of a magnetized body
~ **намагничивания** energy of magnetization
~ **на один акт деления** energy per fission
~ **насыщения** saturation energy
начальная ~ initial energy
недостающая ~ missing energy
~ **нейтронов деления** fission neutron energy
нерезонансная ~ nonresonance energy
нетепловая ~ nonthermal energy
нулевая ~ zero-point energy
~ **нулевых колебаний** zero-oscillation energy
обменная ~ exchange energy
~ **обменного взаимодействия** exchange interaction energy
объёмная ~ volume [bulk] energy
объёмная ~ **связи** bulk binding energy
одночастичная ~ single-body energy
орбитальная ~ orbital energy
освобождённая ~ released energy
~ **основного состояния** ground-state energy
остаточная ~ residual energy
~ **отдачи** recoil energy
~ **отделения** separation energy
отрицательная ~ negative energy
~ **отрыва** separation energy
~ **отрыва нейтрона** neutron separation energy
~ **отталкивания** repulsion energy
~ **падающего потока излучения** incident radiation energy
~ **пары дырка-электрон** electron-hole energy
первичная ~ primary energy
~ **первичного нейтрона деления** primary fission-neutron energy
~ **первичной частицы** primary particle energy
переданная ~ imparted energy

~ **переключения** switching energy
~ **перехода** transition energy
переходная ~ transition energy
пиковая ~ peak [maximum] energy
~ **пиннинга** *сверхпр.* pinning energy
планковская ~ Planck energy
поверхностная ~ surface energy
поверхностная ~ **жидкости** surface energy of a liquid
поверхностная ~ **связи** surface binding energy
~ **поверхностного натяжения** surface tension energy
~ **поверхностных колебаний** surface vibration energy
поглощённая ~ absorbed energy
поглощённая ~ **излучения** absorbed radiant energy
поглощённая лучистая ~ absorbed radiant energy
~ **пограничного слоя** boundary energy
~ **покоя** rest energy
полезная ~ useful [usable] energy
полная ~ total energy
полная ~ **связи** total binding energy
~ **поля** field energy
пороговая ~ threshold energy
пороговая ~ **деления** threshold fission energy
~ **поступательного движения** translational energy
потенциальная ~ potential energy
потерянная ~ lost energy
потребляемая ~ energy consumption
предельная ~ ultimate energy
~ **предиссоциации** predissociation energy
приведённая ~ reduced energy
приведённая ~ **Гиббса** Gibbs reduced energy
~ **притяжения** attraction [attractive] energy
произвольная ~ arbitrary energy
промежуточная ~ intermediate energy
~ **пучка** beam energy
равновесная ~ equilibrium energy; *(в ускорителе)* synchronous energy
~ **разделения** separation energy
~ **размагничивания** demagnetization energy
~ **разрушения** fracture energy
~ **распада** disintegration [decay] energy
~ **распада в основное состояние** ground-state disintegration energy
~ **распада ядра** nuclear disintegration energy
располагаемая удельная ~ *(потока)* specific available energy
рассеянная ~ lost [dissipated] energy
~ **растворения** solution energy
~ **расщепления** disintegraion energy
~ **реакции** reaction energy
резонансная ~ resonance [resonant] energy
~ **резонансного поглощения** resonance absorption energy
релятивистская ~ relativistic energy
~ **рентгеновского излучения** X-ray energy
сверхвысокая ~ ultra-high energy

~ **сверхтонкого взаимодействия** hyperfine interaction energy
световая ~ luminous energy, quantity of light
свободная ~ free [Helmholtz] energy
свободная ~ **Гиббса** Gibbs free energy
свободная поверхностная ~ surface free energy
связанная ~ bound energy
~ **связанного состояния** bound state energy
~ **связи** binding energy
~ **связи альфа-частицы** alpha-particle binding energy
~ **связи дейтрона** deuteron binding energy
~ **связи на нуклон** binding energy per nucleon
~ **связи нейтрона** neutron binding energy
~ **связи нуклона** nucleon binding energy, binding energy of nucleon in nucleus
~ **связи экситона** exciton binding energy
~ **связи электрона** electron binding energy
~ **связи ядра** nuclear binding energy
сейсмическая ~ seismic energy
~ **симметрии** *яф* symmetry energy
скрытая ~ latent energy
скрытая ~ **радиоактивных аэрозолей** latent energy of radioactive aerosols
~ **смешивания** energy of mixing, mixing energy
собственная ~ self-energy, intrinsic [proper] energy
солнечная ~ solar energy
~ **состояния** energy of state
~ **спаривания** pairing energy
~ **спин-орбитального взаимодействия** spin-orbit interaction energy
~ **спин-орбитального расщепления** spin-orbit splitting energy
средняя ~ mean [average, medium, moderate] energy
средняя ~ **ионообразования** average ionization energy
средняя кинетическая ~ average kinetic energy
средняя переданная ~ mean imparted energy
средняя ~ **спектра бета-частиц** beta-particle mean energy
~ **статического давления** static pressure energy
~ **стенки домена** domain wall energy
~ **столкновения** collision energy
~ **сцепления** cohesive [cohesion] energy; *фтт* anchoring energy
тепловая ~ heat [thermal] energy
тепловая ~ **плазмы** plasma thermal energy
~ **теплового возбуждения** thermal excitation energy
~ **теплового движения** thermal motion energy
термоядерная ~ thermonuclear energy; fusion energy
~ **тормозного излучения** bremsstrahlung energy
~ **турбулентного движения** turbulent energy
~ **удара** impact energy
~ **ударного разрушения** impact fracture energy
удельная ~ spicific energy
удельная поверхностная ~ specific surface energy

удельная ~ **упругой деформации** specific strain energy
удерживаемая ~ confined energy
ультрарелятивистская ~ ultrarelativistic energy
~ **упорядочения** ordering energy
упругая ~ elastic energy
~ **упругодеформированного тела** elastic strain energy
~ **упругой деформации** strain energy
~ **фазового перехода** phase transition energy
~ **Ферми** Fermi energy
фермиевская ~ Fermi energy
~ **фотона** photon energy
~ **фрикционного взаимодействия** frictional energy
характеристическая ~ characteristic energy
химическая ~ chemical energy
~ **химической связи** chemical bond energy
~ **частицы** particle energy
электрическая ~ electric energy, electric power
~ **электрического поля** energy of electric field
электромагнитная ~ electromagnetic energy
~ **электромагнитного поля** energy of electromagnetic field, electromagnetic field energy
~ **электрона в поле атомного остова** energy of an electron in the field of atomic core
~ **электрон-электронного взаимодействия** energy of electron-electron interaction
электростатическая ~ electrostatic energy
~ **электростатического поля** energy of electrostatic field, electrostatic field energy
эффективная ~ **квантов** effective quantum energy
эффективная ~ **фотонов** effective photon energy
ядерная ~ nuclear [atomic] energy
энергоанализатор *м.* energy analyser
сеточный ~ grid energy analyser
энерговыделение *с.* energy release
энергодоминантность *ж.* (*в космологии*) energy dominance
энергоёмкость *ж.* (*топлива*) energy content, energy capacity
энергомассообмен *м.* energy and mass exchange
~ **плазмы со стенками термоядерного устройства** energy and mass exchange between the plasma and the walls of the nuclear fusion facility
энергопотребление *с.* power consumption
энергосистема *ж.* power system
энергоснабжение *с.* power supply
энергоустановка *ж.* power plant
ядерная ~ nuclear power plant
энстрофия *ж.* enstrophy
макроскопическая ~ macroscopic enstrophy
микроскопическая ~ microscopic enstrophy
энтальпия *ж.* enthalpy
~ **активации** enthalpy of activation
молярная ~ molar enthalpy
~ **образования** formation enthalpy
парциальная ~ partial enthalpy
полная ~ total enthalpy, stagnation enthalpy
равновесная ~ equilibrium enthalpy
свободная ~ free enthalpy

свободная ~ образования formation free enthalpy
энтропия *ж.* entropy
абсолютная ~ absolute entropy
~ активации entropy of activation
~ Больцмана - Гиббса - Шеннона Boltzmann-Gibbs-Shannon entropy
внутренняя ~ internal entropy
~ Вселенной entropy of the Universe
~ замкнутой системы entropy of closed system
информационная ~ informational entropy
~ Клаузиуса Clausius entropy
~ Колмогорова - Синая Kolmogorov-Sinay entropy
конфигурационная ~ configuration(al) entropy
~ кристалла crystalline entropy
магнитная ~ magnetic entropy
молярная ~ molar entropy
неравновесная ~ nonequilibrium entropy
~ плазмы plasma entropy
~ системы entropy of system
~ смешения entropy of mixing
топологическая ~ topological entropy
трансляционная ~ translation entropy
удельная ~ specific entropy
удельная ~ Вселенной specific entropy of the Universe
эозин *м. (краситель)* eosin
ЭОП *м. (электронно-оптический преобразователь)* image(-converter) tube, electron image tube, electrooptical converter
рентгеновский ~ X-ray image-converter tube
эпидиаскоп *м.* epidiascope; epidiaprojector
эпископ *м.* episcope; epiprojector
эпитаксия *ж.* epitaxy
газотранспортная ~ gaseous [vapor-phase, gaseous-phase] epitaxy
газофазная ~ gaseous [vapor-phase, gaseous-phase] epitaxy
гидротермальная ~ hydrothermal epitaxy
жидкостная ~ liquid(-phase) epitaxy
жидкофазная ~ liquid-phase epitaxy
~ из газовой фазы gaseous [gaseous-phase, vapor-phase] epitaxy
~ из жидкой фазы liquid(-phase) epitaxy
~ из паровой фазы vapor(-phase) epitaxy
~ из твёрдой фазы solid-phase epitaxy
локальная молекулярно-лучевая ~ local molecular beam epitaxy
металлоорганическая газофазная ~ metal-organic vapor-phase epitaxy
молекулярная ~ molecular (beam) epitaxy
молекулярно-лучевая ~ molecular (beam) epitaxy
молекулярно-пучковая ~ molecular (beam) epitaxy
МОС-гидридная ~ MOS hydride epitaxy
твердофазная ~ solid-phase epitaxy
фотостимулированная ~ photoinduced [light-induced, photostimulated] epitaxy
химическая ~ из гранул chemical bean epitaxy
эпицентр *м.* epicenter

эпицикл *м.* epicycle
эпициклоида *ж.* epicycloid
эпоха *ж. астр.* epoch
догалактическая ~ pregalactic epoch
космологическая ~ cosmological epoch
~ максимума epoch of maximum
~ минимума epoch of minimum
~ наблюдений epoch of observations
~ равноденствия epoch of equinox
~ равноденствия каталога equinox epoch of a catalogue
ЭПР *м. (электронный парамагнитный резонанс)* electron paramagnetic resonance, EPR
ЭПР-взаимодействие *с. (основанное на парадоксе Эйнштейна - Подольского - Розена)* EPR interaction
ЭПР-пара *ж. (основана на парадоксе Эйнштейна - Подольского - Розена)* EPR pair
ЭПР-спектрометр *м.* EPR spectrometer
ЭПР-спектроскопия *ж.* EPR spectroscopy
эпсилон-мезон *м.* epsilon meson
эпсилон-разложение *с. терм.* epsilon decomposition
эпсилон-резонанс *с. фвэ* epsilon resonance
эпюра *ж.* diagram; plot
~ Анконы Ancona diagram
~ внешних сил external force diagram
~ давления pressure profile, pressure plot
~ деформаций strain diagram, diagram of strains
~ изгибающих моментов bending moment diagram
~ моментов moment diagram
~ нагрузки load intensity diagram
~ напряжений stress diagram, diagram of stresses
~ остаточных напряжений residual stress diagram
~ полного давления Pitot-pressure profile
~ поперечных сил shearing force diagram
~ продольных сил axial force diagram
~ скоростей velocity diagram
эра *ж. астр., геофиз.* era
эрбий *м.* erbium, Er
эрг *м.* erg
эргодический *прил.* ergodic
эргодичность *ж.* ergodicity
квантовая ~ quantum ergodicity
эргометр *м.* ergometer
эргосфера *ж. астр.* ergosphere
эрмитов *прил.* Hermitian
эрмитово-сопряжённый *прил.* Hermitian conjugate
эрмитовость *ж.* Hermitian charater, hermicity
эрозия *ж.* erosion
абразивная ~ abrasive erosion
высокотемпературная ~ high-temperature erosion
~ из-за блистеринга blistering erosion
кавитационная ~ cavitation erosion
~ первой стенки под действием нейтралов перезарядки charge-exchange erosion of the first wall
~ под действием жидкости liquid [fluid] erosion

полевая ~ field erosion
~ пучка *физ. пл.* beam erosion
электрическая ~ electrical erosion
~ электродов electrode erosion
эрстед *м.* oersted, Oe
эскиз *м.* sketch; draft
эскулин *м. (краситель)* esculin
эталон *м.* standard *(см. тж.* стандарт*);* опт. etalon □ калибровать ~ calibrate the standard; сверять ~ы check standards
асимметричный ~ Фабри - Перо на квантовых ямах MQW asymmetric Fabry-Perot etalon
атомный ~ времени atomic time standard
~ времени time standard
вторичный ~ secondary standard
вторичный световой ~ secondary standard of light
государственный ~ national standard
~ длины standard of length
~ ёмкости capacitance standard
измерительный ~ measurement standard
квантовый ~ quantum standard
магнитный ~ magnetic standard
~ массы standard of mass
международный ~ international standard
механический ~ mechanical standard
~ на квантовых ямах MQW [multiple quantum well] etalon
~ напряжения voltage standard
оптически бистабильный ~ optically bistable etalon
первичный ~ primary standard
первичный световой ~ primary standard of light
рабочий ~ working standard
рабочий световой ~ working standard of light
радиевый ~ radium standard
~ радиоактивности radioactive standard
рентгеновский ~ Фабри - Перо X-ray Fabry-Perot etalon
световой ~ standard of light
~ сопротивления resistance standard
~ сравнения comparison standard
тепловой ~ thermal standard
~ тока standard for current
~ Фабри - Перо Fabry-Perot etalon
цезиевый ~ частоты cesium frequency standard
~ частоты frequency standard
электрический ~ electric standard
эталонирование *с.* calibration
~ источника source calibration
эта-мезон *м.* eta meson
этанол *м. хим.* ethanol
этап *м.* stage, step
~ нагружения load(ing) step
этвеш *м. (внесистемная единица градиента гравитационного поля)* Eötvös
этил *м.* ethyl
этилен *м.* ethylene
эукариот *м. биол.* eucariot
эфемерида *ж. астр.* ephemeris
эфир *м. физ., хим.* ether
   мировой ~ world ether

этиловый ~ ethyl ether
эффект *м. (см. тж* явление*)* effect
~ Ааронова - Бома *кв. мех.* Aharonov-Bohm effect
автокаталитический ~ autocatalytic effect
адиабатический ~ adiabatic effect
адиабатический ~ Холла adiabatic Hall effect
адсорбционный ~ понижения прочности effect of strength reduction through adsorption, Rehbinder effect
~ Азбеля - Канера Azbel-Kaner [cyclotron resonance] effect
акустический ~ Доплера acoustical Doppler effect
акустоконцентрационный ~ acousto-concentration effect
акустомагнитный ~ acoustomagnetic effect
акустомагнитоэлектрический ~ acousto-magnetoelectric effect
акустопластический ~ acoustoplastic effect
акустоэлектрический ~ acoustoelectric effect
акустоэлектрический ~ Холла acousto-electric Hall effect
акустоэлектромагнитный ~ acoustoelectro-magnetic effect
~ анизотропии anisotropy effect
~ аномального пропускания *крист.* anomalous transmission effect
аномальный ~ Баркгаузена anomalous Barkhausen effect
аномальный ~ Доплера anomalous Doppler effect
аномальный ~ Зеемана anomalous Zeeman effect
аномальный ~ Сасаки - Шибуйя *фпп* anomalous Sasaki-Shibuya effect
аномальный ~ Холла anomalous Hall effect
аномальный ~ Шоттки anomalous Schottky effect
антенный ~ antenna effect
апертурный ~ aperture effect
~ асимметрии asymmetry effect
~ атмосферной рефракции atmospheric refraction effect
атмосферные ~ы atmospheric effects
~ Аутлера - Таунса *нелин. опт.* Autler-Townes effect
баллистический ~ *фпп* ballistic effect
баллонный ~ ballooning effect
~ Баркгаузена *фмя* Barkhausen effect
~ Барнетта *фмя* Barnett effect
барьерный ~ barrier(-layer) effect
~ Баушингера *фтт* Bauschinger effect
~ Бека *(в дуговом разряде)* Beck effect
~ Беккереля *(в электролите)* Becquerel effect
~ Бенара *(для термоконвекции)* Benard effect
бинауральный ~ *ак.* binaural effect
биологический ~ biological effect
биполярный акустомагнитоэлектрический ~ bipolar acoustomagnetoelectric effect
~ бистабильности *(в жидких кристаллах)* bistability effect

~ **близости** *(перераспределение тока в проводнике под действием полей соседних проводников)* proximity effect; *сверхпр.* neighborhood effect
~ **Блоха - Зигерта** Bloch-Siegert effect
~ **Бобека** *(для цилиндрических магнитных доменов)* Bobeck effect
~ **Бормана** *крист.* Borrmann effect
~ **Бриджмена** *(термоэлектрический)* Bridgman effect
~ **Бриллюэна** *опт.* Brillouin effect
~ **Брэгга** *(в голографии)* Bragg effect
~ **бури в ионосфере** storm effect in the ionosphere
~ **бури в плазмосфере** storm effect in the plasmosphere
~ **Бурштейна - Мосса** *фпп* Burstein-Moss effect
~ **Вавилова - Черенкова** Vavilov-Cherenkov effect
~ **Вейгерта** *опт.* Weigert effect
~ **Велькера** *фпп* Welker effect
~ **взаимодействия** interaction effect
вибронный ~ *(в молекулярных кристаллах)* vibron effect
~ **Виганда** *фмя* Wiegand effect
~ **Вигнера** *яф* Wigner effect
~ **Видемана** *фмя* Wiedemann effect
~ **Виллари** *фмя* Villari [magnetoelastic] effect
~ **Вильсона** Wilson effect
внеоболочечный ~ off-shell effect
~ **водопада** *опт.* waterfall effect
волноводный ~ waveguide effect
вращательный магнитомеханический ~ rotational magneto-mechanical effect
вторичный ~ secondary effect
вторичный ~ **Поккельса** secondary Pockels effect
вторичный электрооптический ~ secondary electro-optical effect
~ **второго порядка** second-order effect
~ **выжигания провала** *(в нелинейной оптической спектроскопии)* hole-burning effect
~ **вынужденного испускания** stimulated emission effect
вынужденный двухквантовый ~ **Комптона** induced two-photon Compton effect
вынужденный дифракционный ~ induced diffraction effect
вынужденный комптоновский ~ induced Compton effect
вынужденный переходный ~ induced transition effect
вынужденный поверхностный черенковский ~ induced [stimulated] surface Cherenkov effect
вынужденный ~ **Черенкова** induced [stimulated] Cherenkov effect
вынужденный черенковский ~ induced [stimulated] Cherenkov effect
~ **вынужденного поглощения** stimulated absorption effect
~ **высокого порядка** high-order effect
высокочастотный ~ **Керра** rf Kerr-effect
высотный ~ altitude effect

~ **гало** halo effect
гальваномагнитный ~ galvanomagnetic effect
~ **Ганна** *фпп* Gunn effect
~ **Гантмахера** *физ. мет.* Gantmakher [rf size] effect
генетический ~ **облучения** genetic effect of radiation
геомагнитный ~ geomagnetic effect
~ **Герца** Hertz effect
гигантский ~ **Керра** giant Kerr effect
гигантский ~ **Фарадея** giant Faraday rotation; giant Faraday effect
гипохромный ~ *(уменьшение поглощения)* hypochromic effect
гиромагнитный ~ gyromagnetic effect
гироскопический ~ gyroscopic effect
гиротермический ~ gyrothermal effect
~ **гистерезиса** hysteresis effect
~ **Глаубера** Glauber effect
глобальный ~ global effect
~ **Гольданского - Карягина** *фтт* Goldansky-Karyagin effect
гравитационный ~ gravitation(al) effect
гравитационный ~ **Зеемана** gravitation Zeeman effect
граничный ~ boundary effect
~ **Гуревича** *фтт* Gurevich effect
~ **двойного пропускания** double transmission effect
двойной ~ **Доплера** double Doppler effect
двойной ~ **Комптона** double Compton effect
двумерный ~ two-dimensional effect
~ **Дебая** *(для диэлектрика)* Debye effect
~ **Де Гааза - Ван Альфена** *фтт* de Haas-van Alphen effect
~ **деления на быстрых нейтронах** fast-fission effect
~ **Делинжера** *сэф* Delinger effect
~ **Дембера** *фпп* Dember effect
~ **дефокусировки** defocusing effect
~ **Джозефсона** *сверхпр.* Josephson effect
~ **Джоуля - Томсона** Joule-Thomson effect
диамагнитный ~ diamagnetic effect
диамагнитный ядерный ~ diamagnetic nuclear effect
динамический ~ dynamic effect
динамический ~ **Бурштейна - Мосса** *фпп* dynamic Burstein-Moss effect
динамический ~ **Штарка** dynamic [ac] Stark effect
динамический ~ **Яна - Теллера** dynamic Yahn-Teller effect
динамооптический ~ dynamo-optical effect
диокотронный ~ diocotron effect
дисперсионный ~ dispersion [dispersive] effect
дифракционный ~ diffracion effect
дифференциальный ~ differential effect
дифференциальный ~ **Джоуля - Томсона** differential Joule-Thomson effect
долговременный ~ long-term effect
долготный ~ longitude effect
~ **Доплера** Doppler effect

~ **Дорна** Dorn effect

дробный квантовый ~ Холла fractional quantum Hall effect

дробовой ~ shot effect

дуальный ~ Мейсснера *кхд* dual Meissner effect

~ **Дюфура** Dufour [thermal diffusion] effect

~ **Есаки** Esaki [tunnel] effect

~ **замедления** slowing-down effect

~ **замораживания спина** spin-freezing effect

~ **затухания** damping effect

~ **захвата** capture effect

звукокапиллярный ~ acoustocapillary effect

~ **Зеебека** *(возникновение термоэдс)* Seebeck effect

~ **Зеемана** *спектр.* Zeeman effect

~ **Зельдовича - Сюняева** *астр.* Zeldovich-Siuniayev effect

~ **Зинера** *фтт* Zener effect

изотопический ~ *сверхпр.* isotope effect

изотопический ~ в дифференциальном сечении захвата электрона isotope effect in electron-capture differential cross-section

~ **Инглиза - Теллера** Inglis-Teller effect

индикатрисный ~ Ми indicatrix Mie effect

индуцированный ~ induced effect

инерционный ~ при вращении flywheel effect

инстантонный ~ *ктп* instanton effect

инстантонный ~ Ааронова - Бома instanton Aharonov-Bohm effect

интегральный ~ Джоуля - Томсона integral Joule-Thomson effect

интерференционный ~ interference effect

ионизационный ~ ionization [ionizing] effect

ионосферные ~ы солнечной протонной вспышки ionospheric effects of solar proton flare

ионосферные ~ы солнечных вспышек ionospheric effects of solar flares

~ **Иоффе** *фтт* Ioffe effect

~ **Казимира** *ктп* Casimir effect

~ **Каллана - Рубакова** *фвэ* Callan-Rubakov effect

~ **каналирования** channeling (effect)

капиллярные ~ы capillarity effects

каскадный ~ cascade effect

квадратичный ~ quadratic effect

квадратичный ~ Доплера quadratic Doppler effect

квадратичный ~ Керра quadratic Kerr effect

квадратичный ~ Коттона - Мутона quadratic Cotton-Mouton effect

квадратичный ~ Штарка quadratic Stark-effect

квадратичный ~ Штарка в частично поляризованном поле quadratic Stark-effect in partially polarized field

квадратичный электрооптический ~ quadratic electro-optical [Kerr] effect

квантовомеханический ~ quantum-mechanical effect

квантовый ~ quantum effect

квантовый ~ Зенона quantum Zeno effect

квантовый размерный ~ quantum size [quantum dimensional] effect

квантовый ~ Холла quantum Hall effect

~ **Келдыша - Франца** *фпп* Keldysh-Franz effect

~ **Керра** Kerr effect

~ **Керра, индуцированный комбинационным резонансом** Raman-induced Kerr effect

~ **Кикоина - Носкова** *фпп* Kikoin-Noskov [photomagnetoelectric] effect

~ **Кикучи** *крист.* Kikuchi effect

кинетические ~ы kinetic effects

~ **Киркендаля** *физ. мет.* Kirkendall effect

~ **Кирлиан** *фото* Kirlian effect

классический размерный ~ classical size [classical dimensional] effect

~ **Кнудсена** *(для течений в капиллярах)* Knudsen effect

когерентный ~ coherent effect

когерентный фотогальванический ~ coherent photogalvanic effect

коллективный ~ cooperative [collective] effect

коллективный ~ Черенкова collective Cherenkov effect

~ **Комптона** Compton effect

~ **Кондо** *фмт* Kondo effect

~ы конечного ларморовского радиуса ионов finite ion Larmor radius effects

концевой ~ end effect

концентрационный ~ concentration effect

кооперативный ~ Яна - Теллера cooperative Yahn-Teller effect

~ **Корбино** *фмя* Corbinaux effect

~ **Косселя** *(для дифракции рентгеновского излучения)* Kossel effect

~ **Коттона** Cotton effect, circular dichroism

~ **Коттона - Мутона** *(в магнитооптике)* Cotton-Mouton effect

~ **Коттрелла** *фтт* Cottrell effect

краевой ~ edge [end] effect

кратковременный ~ short-term effect

~ **кристаллического поля** crystal field effect

кулоновский ~ Coulomb effect

кумулятивный ~ cumulative effect

~ **Кундта** *(магнитооптический)* Kundt effect

~ **Купера** *сверхпр.* Cooper effect

лазерный ~ laser effect

~ **Ландау - Померанчука** Landau-Pomeranchuk effect

~ **Ландау - Померанчука - Мигдала** Landau-Pomeranchuk-Migdal effect

~ **Лауэ** *(для рентгеновского излучения)* Laue effect

~ **Лемана** *нелин. опт.* Lehmann effect

~ **Ленарда** *(термоэлектрический)* Lenard effect

~ **Ленгмюра** Langmuir effect

линейный ~ linear effect

линейный магнитооптический ~ linear magnetooptic effect

линейный магнитоэлектрический ~ linear magnetoelectric effect

линейный тензорезистивный ~ linear tensoresistive effect

линейный фотогальванический ~ linear photogalvanic effect

линейный ~ Штарка linear Stark effect

линейный электрооптический ~ linear electrooptic [Pockels] effect

ложный ~ spurious effect

локальный ~ local effect

Люксембург-Горьковский ~ *радиофиз.* Luxemburg effect

магниторезистивный ~ magnetoresistive effect

магнетронный ~ magnetron effect

~ магнитного отжига effect of magnetic annealing

~ магнитного последействия magnetic aftereffect

магнитно-спиновый ~ magnetic-spin effect

магнитный изотопный ~ magnetic isotope effect

магнитоакустический ~ magnetoacoustic effect

магнитогидродинамический ~ magnetohydrodynamic effect

магнитокалорический ~ magnetocaloric effect

магнитокинетический ~ magnetokinetic effect

магнитоконцентрационный ~ *фпп* magnetoconcentration effect

магнитомеханический ~ magnetomechanical effect

магнитооптический ~ magnetooptic(al) effect

магнитооптический ~ Керра magnetooptic(al) Kerr effect

магнитоупругий ~ magnetoelasticity [magnetoelastic, Villari] effect

магнитоэлектрический ~ magnetoelectric effect

~ Магнуса *аэрод.* Magnus effect

~ Маджи - Риги - Ледюка *фтт* Maggi-Righi-Leduc effect

мазерный ~ *(в космосе)* maser effect

макроскопический квантовый ~ macroscopic quantum effect

~ Максвелла *(оптическая анизотропия в потоке жидкости)* Maxwell effect

~ Марангони - Гиббса *(в капиллярах)* Marangoni-Gibbs effect

~ массы *яф* mass effect

масштабный ~ scale [size] effect

маховый ~ при вращении flywheel action

межмодовый интерференционный ~ intermode interference effect

~ Мейсснера *сверхпр.* Meissner effect

~ Мейсснера - Оксенфельда Meissner-Ochsenfeld effect

меридиональный магнитооптический ~ Керра meridional magnetooptical Kerr effect

~ Мёссбауера Mössbauer effect

механокалорический ~ *(в гелии II)* mechanocaloric effect

~ Ми *опт.* Mie effect

микрофонный ~ microphonic effect

многозначный ~ Сасаки - Шибуйя *фпп* ambiguous Sasaki-Shibuya effect

многочастичный ~ many-body effect

многоэлектронные ~ы в многофотонной ионизации many-electron effects in multiphoton ionization

муаровый ~ moiré phenomenon

~ надреза notch effect

~ накопления build-up effect

~ насыщения saturation effect

невзаимный ~ nonreciprocal effect

~ нелинейной стохастизации nonlinear stochastization effect

нелинейные акустические ~ы nonlinear acoustical effects

нелинейный ~ nonlinear effect

нелинейный ~ Вейгерта *опт.* nonlinear Weigert effect

нелинейный ~ Комптона nonlinear Compton effect

нелинейный магнитоэлектрический ~ nonlinear magnetoelectric effect

нелинейный оптический ~ nonlinear optic(al) effect

нелинейный тензорезистивный ~ nonlinear tensoresistive effect

непертурбативный ~ *ктп* nonperturbative effect

непосредственный ~ immediate [direct] effect

~ Нернста Nernst [longitudinal galvanothermomagnetic] effect

~ Нернста - Эттингсхаузена Nernst-Ettingshausen effect

~ несохранения зарядовой чётности C-violation effect

~ несохранения комбинированной чётности CP-violation effect

нестационарный ~ transient [nonstationary] effect

нестационарный ~ Джозефсона ac Josephson effect

нестационарный ~ Керра ac Kerr effect

нестационарный когерентный оптический ~ transient coherent optical effect

нетривиальный ~ nontrivial effect

неупругий ~ inelastic effect

нечётные кинетические ~ы *(в ферромагнетиках)* odd kinetic effects

нечётный ~ odd effect

неядерный ~ nonnuclear effect

нормальный ~ Зеемана normal Zeeman effect

нормальный ~ Сасаки - Шибуйя *фпп* normal Sasaki-Shibuya effect

нормальный ~ Холла normal Hall effect

~ Ноттингема *эл.* Nottingham effect

~ нулевого заряда *ктп* zero charge effect

обменный ~ exchange effect

оболочечный ~ shell effect

обратный ~ Зеемана inverse Zeeman effect

обратный ~ Комптона inverse Compton effect

обратный ~ Коттона - Мутона inverse Cotton-Mouton effect

обратный магнитооптический ~ inverse magnetooptical effect
обратный ~ Пельтье inverse Peltier effect
обратный пьезооптический ~ inverse piezooptical effect
обратный пьезоэлектрический ~ inverse piezoelectric effect
обратный ~ Фарадея inverse Faraday effect
обратный фотоэлектрический ~ inverse photoelectric effect
обратный ~ Эвершеда inverse Evershed effect
~ы, обусловленные движением ядер nuclear motion effects
~ объёма *яф* volume effect
~ объёмного заряда space-charge effect
объёмный ~ volume [bulk] effect
~ Оверхаузера Overhauser effect
~ Овшинского *фпп* Ovshinsky effect
одночастичный ~ Черенкова one-particle Cherenkov effect
~ Оже Auger effect
~ Оппенгеймера - Филлипса Oppenheimer-Phillips effect
оптический ~ Доплера optical Doppler effect
оптический ~ Керра optical Kerr effect
оптический ~ Штарка optical Stark shift, optical Stark effect
~ оптического охлаждения optical cooling effect
оптоакустический ~ optoacoustic(al) effect
оптогальванический ~ optogalvanic [optovoltaic] effect
оранжерейный ~ greenhouse effect
орбитальный ~ orbital effect
ориентационный ~ orientational effect
ориентационный ~ Керра orientational Kerr effect
ориентационный магнитооптический ~ orientational magnetooptical effect
остаточный ~ residual effect
островковый ~ *эл.* island effect
~ отдачи recoil effect
~ отрицательной массы negative mass effect
отрицательный ~ Виллари negative Villari effect
отрицательный ~ Джоуля - Томсона negative Joule-Thomson effect
отрицательный магнитокалорический ~ negative magnetocaloric effect
отрицательный ~ поля negative field effect
~ памяти формы shape memory effect
параметрический ~ Доплера parametric Doppler effect
парниковый ~ greenhouse effect
~ Пашена - Бака *фмя* Paschen-Buck effect
~ Пельтье *фпп* Peltier effect
~ Пеннинга *ф. пл.* Penning effect
первичный ~ primary effect
первичный ~ Поккельса primary Pockels effect
~ первого порядка first-order effect
~ переключения *фпп* switching effect

~ перемешивания *(в кинетической теории газов)* mixing effect
переходный ~ transition effect
пироэлектрический ~ pyroelectric effect
~ плотности *(для ионизационных потерь)* density effect
побочный ~ side effect
поверхностный ~ surface effect
поверхностный фотогальванический ~ surface photogalvanic effect
~ Пойнтинга - Робертсона *астр.* Poynting-Robertson effect
~ Поккельса Pockels [linear electrooptic] effect
покровный ~ blanketing effect
положительный ~ Виллари positive Villari effect
положительный ~ Джоуля - Томсона positive Joule-Thomson effect
положительный ~ поля positive field effect
положительный магнитокалорический ~ positive magnetocaloric effect
~ поля *фпп* field effect
поляризационный ~ *яф* polarization effect
полярный ~ Керра polar Kerr effect
полярный магнитооптический ~ Керра polar magnetooptical Kerr effect
полярный оптический ~ polar optical effect
полярный отражательный магнитооптический ~ polar reflective magnetooptic effect
поляронный ~ polaron effect
~ Померанчука *фнт* Pomeranchuk effect
поперечный акустоэлектрический ~ transverse acoustoelectric effect
поперечный ~ Доплера transverse Doppler effect
поперечный ~ Зеемана transverse Zeeman effect
поперечный магнитооптический ~ transverse magneto-optical effect
поперечный ~ Нернста - Эттингсхаузена transverse Nernst-Ettingshausen effect
поперечный ~ Сасаки - Шибуйя *фпп* transverse Sasaki-Shibuya effect
поперечный ~ Томсона *фмя* transverse Thomson effect
пороговый ~ threshold effect
~ потемнения диска Солнца к краю limb-darkening effect
приборный ~ instrumental effect
продольный акустоэлектрический ~ longitudinal acoustoelectric effect
продольный гальванотермомагнитный ~ longitudinal galvanothermomagnetic [Nernst] effect
продольный ~ Доплера longitudinal Doppler effect
продольный ~ Зеемана longitudinal Zeeman effect
продольный магнитооптический ~ longitudinal magneto-optical effect
продольный ~ Нернста - Эттингсхаузена *фпп* longitudinal Nernst-Ettingshausen effect

продольный ~ Сасаки - Шибуйя *фпп* longitudinal Sasaki-Shibuya effect

продольный ~ Томсона *фмя* longitudinal Thomson effect

~ просветления *опт.* bleaching effect

простой ~ Зеемана normal Zeeman effect

~ пространственного заряда space charge effect

~ Пуассона *аэрод.* Poisson effect

~ Пуркине *опт.* Purkinje effect

пьезокалорический ~ piesocaloric effect

пьезомагнитный ~ piezomagnetic effect

пьезооптический ~ piezooptical [elasto-optical] effect

пьезоэлектрический ~ piezoelectric effect

радиационный ~ radiative [radiation] effect

радиобиологический ~ radiobiological effect

радиометрический ~ radiometer effect

радиочастотный размерный ~ rf size [Gantmakher] effect

~ Разина *радиофиз.* Razin effect

~ размагничивания demagnetization effect

размерный ~ size [dimensional] effect

~ Рамана *(комбинационное рассеяние света)* Raman effect

~ Рамзауэра Ramsauer effect

~ рассеяния scattering effect

~ Ребиндера *(адсорбционное понижение прочности)* Rehbinder effect

резонансные ~ы при рассеянии resonance effects in scattering

резонансный ~ resonance [resonant] effect

результирующий ~ net effect

релаксационный ~ relaxation effect

релятивистский ~ relativistic effect

релятивистский ~ Доплера relativistic Doppler effect

релятивистский ~ Комптона relativistic Compton effect

~ Реннера Renner effect

~ Риги - Ледюка *фпп* Righi-Leduc effect

~ Ричардсона *(термоэмиссия)* Richardson effect

~ Розенберга - Колмена Rosenberg-Coleman effect

~ Роуланда Rowland effect

~ Рубакова *фвэ* Rubakov effect

~ Рэлея - Тейлора *физ. пл.* Rayleigh-Taylor effect

~ Садовского *опт.* Sadovsky effect

~ самовоздействия света light self-action effect

~ самоиндуцированной прозрачности self-induced transparency effect

~ самопоглощения self-absorption effect

~ самопросветления *кв. эл.* self-bleaching effect

~ самостабилизации плазмы plasma self-stabilization effect

~ самофокусировки света light self-focusing effect

~ Саньяка *опт.* Sagnac effect

~ Сасаки - Шибуйя *фпп* Sasaki-Shibuya effect

~ сверхизлучения superradiance effect

~ сверхтонкого взаимодействия *фмя* hyperfine interaction effect

светогидравлический ~ light-hydraulic effect

светоэлектрический ~ light-electric effect; electron-photon drag

сейсмический ~ seismic effect

сейсмоэлектрический ~ seismic-electric effect

~ Сены *(эстафетное движение ионов)* Sena effect

синхротронный ~ synchrotron effect

~ скольжения *аэрод.* sweep effect, effect of sweep

сложный ~ Доплера complex Doppler effect

сложный ~ Зеемана anomalous Zeeman effect

~ Смолуховского Smoluchowski effect

~ сноса *(пучка или лучей)* walk-off effect

~ Соколова *кв. мех.* Sokolov effect

соматический ~ облучения somatic effect of radiation

~ Соре *(термодиффузия)* Soret effect

спиновый ~ *фвэ* spin effect

спин-орбитальный ~ spin-orbit effect

спонтанный ~ Холла spontaneous Hall effect

статистический ~ Яна -Теллера statistical Yahn-Teller effect

статический ~ Керра static Kerr effect

стационарный ~ Джозефсона dc Josephson effect

стационарный ~ Холла dc Hall effect

~ стенки wall effect

стереоскопический ~ stereoscopic effect

стереофонический ~ stereophonic effect

стрикционный ~ striction effect

стробоскопический ~ stroboscopic [strobo-scope] effect

структурный ~ structure effect

~ Сула *фпп* Suhl effect

суммарный ~ additive effect

~ Сциларда - Чалмерса *яф* Szilard-Chalmers effect

~ Тейлора *гидр.* Taylor effect

температурный ~ temperature effect

~ теней *крист.* shadow effect

тензорезистивный ~ tensoresistive effect

~ теплового магнетосопротивления effect of temperature magnetoresistance

тепловой ~ thermal effect

термический ~ thermal effect

термодиффузионный ~ thermal diffusion [Dufour] effect

термомагнитный ~ thermomagnetic effect

термомеханический ~ *(в гелии II)* thermo-mechanical [fountain] effect

термооптический ~ thermooptic effect

термополяризационный ~ thermopolari-zation effect

термоупругий ~ thermoelastic effect

термоэлектрический ~ thermoelectric effect

термоэлектрический ~ Томсона Thomson heating effect

~ Тиндаля *опт.* Tyndall effect

~ **Томсона** *(в ферромагнетиках)* Thomson effect
топологический ~ *ктп* topological effect
трибоэлектрический ~ triboelectric effect
туннельный ~ tunnel(ing) [Esaki] effect
туннельный ~ **Джозефсона** Josephson tunneling
~ **Тушека** *фвэ* Touschek effect
~ **убегания электронов** *физ. пл.* runaway effect
~ **увлечения электронов фононами** phonon drag effect
упругооптический ~ elastooptical effect
усреднённый ~ averaged effect
~ **усталости** fatigue effect
~ **Фано** *(для фотоэлектронов)* Fano effect
~ **Фарадея** Faraday rotation, Faraday effect, circular birefringence
ферромагнитный ~ **Холла** ferromagnetic Hall effect
~ **Физо** *(для скорости света)* Fizeau effect
флексоэлектрический ~ flexoelectric effect; flexoelectricity
~ **Фогта** *фтт* Voigt effect
~ **фокусировки** focusing effect
~ **фонтанирования** fountain [thermomechanic] effect
фонтанный ~ fontain effect
~ **Форбса** *опт.* Forbes effect
фотоакустический ~ photoacoustic effect
фотогальванический ~ photogalvanic [photovoltaic] effect
фотогистерезисный ~ photohysteresis effect
фотодинамический ~ photodynamic effect
фотодиэлектрический ~ photodielectric effect
фотодоменный ~ photodomain effect
фотомагнитный ~ photomagnetic effect
фотомагнитоэлектрический ~ photomagnetoelectric [Kikoin-Noskov] effect
~ **фотонного увлечения** photon-drag effect
фотопьезоэлектрический ~ photopiezoelectric effect
фоторезистивный ~ photoresistive effect; photoresistance
фоторефрактивный ~ photorefractive effect
фотосегнетоэлектрический ~ photoferroelectric effect
фототермический ~ photothermal effect
фототермомагнитный ~ photothermomagnetic effect
фотоупругий ~ photoelastic effect
фотоэлектретный ~ photoelectret effect
фотоэлектрический ~ photoelectric effect
фотоэлектромагнитный ~ photomagnetoelectric [Kikoin-Noskov] effect
фотоядерный ~ photonuclear effect
~ **Франца - Келдыша** *фтт* Franz-Keldysh effect
~ **Френкеля - Пула** *фпп* Frenkel-Pool effect
~ **Хаббла** *астр.* Hubble effect
~ **Ханле** *опт.* Hanle effect
~ **Хильтнера - Холла** *опт.* Hiltner-Hall effect
химический ~ **солнечного излучения** chemical effect of solar radiation
химический ~ **ядерных превращений** chemical effect of nuclear transformations

~ **химической связи** chemical binding effect
~ **Хокинга** *(при гравитационном коллапсе)* Hawking effect
~ **Холла** Hall effect
хромодинамический ~ chromodynamic effect
хронический ~ **облучения** chronic radiation effect
целочисленный квантовый ~ **Холла** integer quantum Hall effect
~ **циклотронного резонанса** cyclotron resonance effect; Azbel-Kaner effect
циркуляционный фотогальванический ~ circular photogalvanic effect
~ **Черенкова** Cherenkov effect
чётно-нечётный ~ *яф* even-odd effect
чётный ~ even effect
чётный магнитный ~ even magnetic effect
широтный ~ latitude effect
~ **Шоттки** *(при термоэмиссии)* Schottky effect
~ **Шпольского** Shpolski effect
~ **Штарка** Stark effect
~ **Штарка для близких уровней** Stark effect in the case of adjacent levels
~ **Шубникова - Де Гааза** Shubnikov-De Haas effect
~ **Эвершеда** Evershed effect
~ **Эдисона** Edison effect
~ **Эйнштейна** Einstein effect
~ **Эйнштейна - Де Гааза** Einstein-De Haas effect
экваториальный магнитооптический ~ **Керра** equatorial magnetooptical Kerr effect
~ **экранирования** shielding [screening] effect
~ **экранировки** shielding [screening] effect
эластооптический ~ elastooptical [piezooptical] effect
электрогидродинамический ~ electrohydrodynamic effect
электрокалорический ~ electrocaloric effect
электрокинетический ~ electrokinetic effect
электромагнитный ~ electromagnetic effect
электромагнитокапиллярный ~ electromagnetocapillary effect
электронно-деформационный ~ electron-deformation effect
электрооптический ~ electrooptic(al) effect
электрооптический ~ **Керра** electrooptical Kerr [quadratic electrooptical] effect
электрооптический ориентационный ~ electrooptical orientation effect
электропластический ~ electroplastic effect
~ **Этвеша** Eötvös effect
~ **Эттингсхаузена** *(гальваномагнитный)* Ettingshausen effect
~ **Эттингсхаузена - Нернста** *(термомагнитный)* Ettingshausen-Nernst effect
ядерный ~ nuclear effect
ядерный комулятивный ~ nuclear cumulative effect
~ **Яна - Теллера** Yahn-Teller effect
~ **Яна - Теллера второго порядка** second-order Yahn-Teller effect

эффективность *ж.* efficiency; effectiveness; *(в фотометрии)* efficacy
~ **взаимодействия** interaction efficiency
внутренняя дифференциальная ~ *(лазера)* internal differential efficiency
~ **возбуждения** excitation efficiency
~ **вывода** *(пучка)* ejection [extraction] efficiency
высокая ~ high efficiency
вычислительная ~ numerical efficiency
геометрическая ~ geometric efficiency
~ **дифракции** diffraction efficiency
дифракционная ~ diffracion efficiency
~ **затухания Ландау медленных волн** slow wave Landau damping efficiency
~ **захвата** *(частицы)* capture [trapping] efficiency
~ **ионизации** ionizing efficiency
квантовая ~ quantum efficiency
максимальная спектральная световая ~ maximum spectral luminous efficiency
~ **облучения** irradiation efficiency
~ **обнаружения** detection efficiency
оптическая ~ optical efficiency
относительная ~ relative efficiency
относительная биологическая ~ *(излучения)* relative biological effectiveness, relative biological efficiency, RBE
относительная световая ~ luminous efficiency
относительная спектральная световая ~ spectral luminous efficiency
~ **очистки** decontamination efficiency
~ **поверхностной ионизации** surface ionization effectiveness
полная счётная ~ total counting efficiency
~ **преобразования** conversion efficiency
~ **преобразования энергии** energy conversion efficiency
~ **регистрации** registration efficiency, detection efficiency
~ **регулирующих стержней** control rod effectiveness
~ **руля высоты** sensitivity of an elevator
световая ~ luminous efficacy
~ **собирания** collection efficiency
спектральная ~ spectral efficiency
спектральная световая ~ spectral luminous efficacy
~ **счёта** counting efficiency
~ **счётчика** counter efficiency
~ **съёма энергии** *кв. эл.* energy extraction efficiency
~ **трансформации** transformation efficiency
~ **тушения** quenching efficiency
эффективный *прил.* effective
эффузия *ж. (истечение газа через малое отверстие)* effusion
~ **газов** effusion of gases
~ **Кнудсена** Knudsen effusion
молекулярная ~ molecular effusion
эффузор *м.* effuser
эхо *с.* echo
альвеновское ~ Alfvén echo
временное ~ temporal echo

~ **второго порядка** second order echo
гидродинамическое ~ hydrodynamic echo
головное ~ **метеора** meteoric head echo
двухимпульсное ~ two-pulse echo
индуцированное ~ induced [stimulated] echo
комбинационное ~ Raman echo
линейное плазменное ~ linear plasma echo
метеорное ~ meteor echo
многократное ~ multiple echo
нейтронное спиновое ~ neutron spin echo
обратное стимулированное ~ backward stimulated echo
обращённое фотонное ~ inverse photon echo
плазменное ~ plasma echo
поляризационное спиновое ~ polarization spin echo
пространственное ~ spatial echo
прямое ~ forward echo
решёточное ~ grating echo
спиновое ~ spin echo
стимулированное ~ stimulated [induced] echo
трёхимпульсное спиновое ~ three-pulse spin echo
трёхимпульсное стимулированное ~ three-pulse stimulated echo
трёхуровневое ~ trilevel echo
ультразвуковое спиновое ~ ultrasonic spin echo
фононное ~ phonon [electroacoustical] echo
фотонное ~ photon echo
электроакустическое ~ electroacoustical [phonon] echo
электронное спиновое ~ electron spin echo
эхо-голограмма *ж.* echo hologram
эхолот *м.* echo sounder; sonic depth finder
эхо-метод *м. (в дефектоскопии)* echo method
эхо-сигнал *м.* echo signal
эхо-спектроскопия *ж.* echo spectroscopy
оптическая ~ optical echo spectroscopy
ЭЦР *м. (электронный циклотронный резонанс)* electron cyclotron resonance, ECR
эшелетт *м. (тип дифракционной решётки)* echelette (grating)
эшелле *с. (тип дифракционной решётки)* echelle (grating)
эшелон *м.(тип дифракционной решётки)* echelon
~ **Майкельсона** Michelson echelon
отражательный ~ reflection echelon

Ю

Юпитер *м.* Jupiter
юпитерианский *прил.* Jovian
юстировать *гл.* adjust, align, position
юстировка *ж.* adjustment, alignment, positioning
~ **антенны** antenna positioning
~ **зеркала** mirror alignment
~ **магнита** adjustment of a magnet
оптическая ~ optical alignment

~ оптической системы alignment of optical system
~ пучка beam adjustment; positioning of a beam
~ телескопа telescope alignment

Я

явлени/е *с. (см. тж. эффект)* phenomenon (*мн.* phenomena); effect
астроклиматические ~я seeing phenomena
астрономические ~я astronomical phenomena
баротропное ~ barotropic phenomenon
биполярные ~я bipolar phenomena
~ Борда Borda phenomenon
~я вблизи предела текучести yield-point phenomena
~ внутреннего трения internal friction phenomenon
гальваномагнитные ~я galvanomagnetic effects
гидродинамические ~я hydrodynamic phenomena
гиромагнитные ~я gyromagnetic [magneto-mechanical] phenomena
земные ~я terrestrial phenomena
капиллярные ~я capillary phenomena
квазиравновесные кооперативные ~я quasi-equilibrium cooperative phenomena
квантовые ~я quantum phenomena
квантовые кооперативные ~я quantum cooperative phenomena
когерентные ~я coherent phenomena
контактные ~я *(в полупроводниках)* contact phenomena
кооперативные ~я cooperative phenomena
космические ~я cosmic phenomena
критические ~я critical phenomena
~ критических скоростей phenomenon of critical velocities
~ Лейденфроста Leidenfrost phenomenon
линейные ~я *(в отсутствие нелинейности)* linear phenomena; *(на границе раздела фаз)* line phenomena
магнитоакустические ~я magnetoacoustic phenomena
магнитомеханические ~я magnetomechanical [gyromagnetic] phenomena
магнитооптические ~я magnetooptic phenomena
магнитоплазменные ~я magnetoplasma phenomena
магнитотепловые ~я magnetothermal phenomena
~ Магнуса Magnus phenomenon
макроскопические ~я macroscopic phenomena
~ микропроскальзывания при качении stick-slip phenomenon
микроскопические ~я microscopic phenomena

нелинейные ~я в плазме nonlinear phenomena in plasma
нелинейные оптические ~я nonlinear optical phenomena
неравновесные кооперативные ~я nonequilibrium cooperative phenomena
нестационарные нелинейные оптические ~я nonstationary nonlinear optical phenomena
нечётные гальваномагнитные ~я odd galvanomagnetic effects
оптоакустические ~я optoacoustical phenomena
~ отрыва *аэрод.* phenomenon of separation
~я переноса transport phenomena
~ переноса, связанное с магнитным упорядочением magnetotransport phenomenon
поверхностные ~я surface effects, surface phenomena
поляризационные ~я polarization phenomena
поперечные гальваномагнитные ~я transverse galvanomagnetic effects
прианодные ~я anode phenomena
прикатодные ~я cathode phenomena
приэлектродные ~я near-electrode phenomena
продольные гальваномагнитные ~я longitudinal galvanomagnetic effects
равновесные кооперативные ~я equilibrium cooperative phenomena
~ сверхпроводимости superconduction phenomenon
~ сверхтекучести superfluidity phenomenon
стационарные ~я переноса stationary transport phenomena
~ Стокса Stokes phenomenon
сумеречные ~я twilight phenomena
суперкооперативные ~я supercooperative phenomena
термогальваномагнитные ~я thermogalvanomagnetic phenomena
термомагнитные ~я thermomagnetic phenomena
термоэлектрические ~я thermoelectrical phenomena
~я упорядочения-разупорядочения order-disorder phenomena
флуктуационные ~я fluctuation phenomena
фотоакустические ~я photoacoustical phenomena
фотогальваномагнитные ~я photogalvanomagnetic phenomena
фотоэлектрические ~я photoelectric phenomena
чётные гальваномагнитные ~я even galvanomagnetic effects
электрокапиллярные ~я electrocapillary phenomena; electrocapillarity
электрокинетические ~я electrokinetic phenomena
явный *прил.* explicit; apparent
ядерный *прил.* nuclear
ядро *с.* 1. *физ.* nucleus (*мн.* nuclei) 2. *мат.* kernel 3. *(сердцевина)* core
аксиальное ~ axial nucleus

активное ~ active nucleus
активное ~ галактики active nucleus of galaxy
~ актинида actinide nucleus
актинидное ~ actinide nucleus
альфа-активное ~ alpha-active nucleus
альфа-излучающее ~ alpha-radiating nucleus
~ ассоциации (звёздной) association nucleus
атомное ~ atomic nucleus
бета-активное ~ beta-active nucleus
бета-неустойчивое ~ beta-unstable nucleus
бомбардируемое ~ bombarded nucleus
бомбардирующее ~ bombarding nucleus
~ взаимодействия interaction nucleus
~ вихря vortex core
внешнее ~ (Земли) outer core
внутреннее ~ (Земли) inner core
возбуждённое ~ excited nucleus
возмущённое ~ perturbed nucleus
вращающееся ~ spinning nucleus
~ вспышки flare core
вырожденное ~ астр. degenerate core; мат. degenerate kernel
вытянутое ~ prolate nucleus
вязкое ~ (вихря) viscous core
~ вязкопластического потока plug core
~ галактики nucleus of galaxy, galactic nucleus
галактическое ~ galactic nucleus
гелиевое ~ астр. helium nucleus
~ гелия-4 helion; alpha particle
гетероциклическое ~ heteronucleus
~ Гильберта Hilbert kernel
голое ~ bare nucleus
~ гомоморфизма фтт kernel of homomorphism
горячее ~ hot core
грушевидное ~ pear-shaped nucleus
дважды магическое ~ double magic nucleus
двойное ~ double nucleus
~ дейтерия deuteron
делящееся ~ fissioning [fissile, fissionable] nucleus
~ дефекта defect core
деформированное ~ deformed nucleus
дисклинационное ~ disclination core
~ дислокации dislocation core
дочернее ~ daughter [product] nucleus
естественно-радиоактивное ~ naturally radioactive nucleus
замкнутое ~ closed nucleus
~ звёздной ассоциации stellar association nucleus
звёздообразное ~ (кометы) starlike nucleus
~ Земли Earth [terrestrial] core
земное ~ Earth [terrestrial] core
зеркальное ~ mirror nucleus
изобарное ~ isobaric nucleus
изомерное ~ isomeric nucleus
изотермическое ~ isothermal core
инвариантное ~ invariant kernel
~ интегрального оператора kernel of integral operator

~ интегрального уравнения kernel of integral equation
искусственно-радиоактивное ~ artificially radioactive nucleus
исходное ~ original [mother] nucleus
~ клетки cell nucleus
коллапсирующее ~ collapsing core
кометное ~ cometary nucleus, nucleus of a comet
~ кометы cometary nucleus, nucleus of a comet
компактное ~ compact nucleus
конвективное ~ (Земли) convective core
~ конденсации nucleus of condensation, condensation nucleus
конечное ~ final nucleus
~ космического происхождения cosmic nucleus
~ Коши Cauchy kernel
лёгкое ~ light nucleus
ледяное ~ (кометы) icy nucleus
магическое ~ magic nucleus
материнское ~ mother nucleus
мёссбауэровское ~ Mössbauer nucleus
многозарядное ~ multiply-charged nucleus
~ невозмущённых скоростей аэрод. undisturbed velocity core
недеформированное ~ undeformed nucleus
нейтроно-дефицитное ~ neutron-deficient nucleus
нейтроно-избыточное ~ neutron-rich nucleus
немагическое ~ nonmagic nucleus
неоднородное ~ inhomogeneous core
неподвижное ~ stationary nucleus
непрерывное ~ continuous nucleus
непрозрачное ~ nontransparent nucleus
нестабильное ~ unstable nucleus
несферическое ~ nonspherical nucleus
неустойчивое ~ unstable nucleus
нечётное ~ odd nucleus
нечётно-нейтронное ~ odd neutron nucleus
нечётно-нечётное ~ odd-odd nucleus
нечётно-протонное ~ odd proton nucleus
нечётно-чётное ~ odd-even nucleus
нормальное ~ галактики normal nucleus of galaxy, normal galactic nucleus
«ободранное» ~ (лишённое внешних электронов) stripped nucleus
оболочечное ~ shell nucleus
образовавшееся ~ product nucleus
ограниченное ~ bounded kernel
ориентированное ~ oriented [aligned] nucleus
остаточное ~ residual nucleus
~ отдачи recoil nucleus
~ отдачи большой энергии energetic recoil nucleus
парамагнитное ~ paramagnetic nucleus
пекулярное ~ галактики peculiar nucleus of galaxy, peculiar galactic nucleus
первичное ~ parent nucleus
переходное ~ transition nucleus
~ планетарной туманности nucleus of planetary nebula
поглощающее ~ absorbing nucleus

~ ползучести creep kernel
полузеркальное ~ semimirror nucleus
полумагическое ~ semimagic nucleus
полупрозрачное ~ semitransparent nucleus
поляризованное ~ polarized nucleus
~ потока flow core
почти магическое ~ near-magic nucleus
прозрачное ~ transparent nucleus
промежуточное ~ compound nucleus
псевдомагическое ~ pseudomagic nucleus
радиоактивное ~ radioactive nucleus
распадающееся ~ disintegrating [decaying] nucleus
рассеивающее ~ scattering nucleus
~ редкоземельного элемента rare-earth nucleus
редкоземельное ~ rare-earth nucleus
резонансное ~ resonant nucleus
результирующее ~ product nucleus
~ релаксации relaxation kernel
релятивистское ~ relativistic nucleus
родительское ~ mother [parent] nucleus
сверхплотное ~ superdense nucleus
сверхтекучее ~ superfluid nucleus
сверхтяжёлое ~ superheavy nucleus
~ сечения core of a cross-section
~ с заполненной оболочкой filled [closed] shell nucleus
~ с избыточным числом нейтронов neutron-rich nucleus
симметричное ~ symmetrical kernel
сложное ~ complex nucleus
~ с недостаточным числом нейтронов neutron-deficient nucleus
~ солнечного пятна sunspot umbra
сопряжённое ~ conjugate [adjoint] kernel
составное ~ compound nucleus
сплюснутое ~ oblate nucleus
~ средней массы intermediate mass nucleus
среднетяжёлое ~ medium-heavy nucleus
стабильное ~ stable nucleus
~ струи core of a jet
сферически-симметричное ~ spherically symmetrical nucleus
сферическое ~ spherical nucleus
твёрдое ~ solid nucleus
точечное ~ point nucleus
~ трансуранового элемента transuranium element nucleus
~ трития triton
турбулентное ~ потока turbulent flow core
тяжёлое ~ heavy nucleus
углеродно-кислородное ~ астр. carbon-oxigen [C-O] nucleus
упругое ~ (напр. в упругопластической балке) elasic core
~ уравнения equation kernel
устойчивое ~ stable nucleus
факторизующееся ~ factorizing kernel
~ Фурье Fourier kernel
центральное ~ central nucleus
чётное ~ even nucleus
чётно-нечётное ~ even-odd nucleus
чётно-чётное ~ even-even nucleus
экранированное ~ screened nucleus
ядро-изобар с. isobaric nucleus
ядро-мишень с. target nucleus
ядро-осколок с. (деления) fission fragment
ядро-продукт с. (деления) fission-product nucleus
язык м. language □ на ~е... in terms of...
адекватный ~ adequate language
алгоритмический ~ algorithmical language
математический ~ mathematical language
неадекватный ~ inadequate [nonadequate] language
~ программирования programming language
простой ~ simple language
якобиан м. Jacobian (determinant)
якорь м. anchor; эл. armature
яма ж. физ. well
гауссовская потенциальная ~ Gaussian potential well
глубокая потенциальная ~ deep potential well
двойная квантовая ~ double quantum well
двумерная квантовая ~ two-dimensional quantum well
двумерная потенциальная ~ two-dimensional potential well
квантовая ~ фтт quantum well
легированная квантовая ~ doped quantum well
локальная потенциальная ~ local potential well
магнитная ~ magnetic well
множественная квантовая ~ multiple quantum well, MQW
одиночная квантовая ~ single quantum well, SQW
одномерная потенциальная ~ one-dimensional potential well
потенциальная ~ potential well
потенциальная ~ с закруглёнными краями potential well with rounded edges
потенциальная ~ с резкими краями sharp-cornered potential well
потенциальная ~ электронов (в ускорителе) potential electron well
приповерхностная энергетическая ~ near-surface energy well
прямоугольная квантовая ~ square quantum well
прямоугольная потенциальная ~ square potential well
самосогласованная квантовая ~ self-consistent quantum well
симметричная квантовая ~ symmetrical quantum well
сферическая потенциальная ~ spherical potential well
сферически-симметричная квантовая ~ spherically symmetrical quantum well
сфероидальная потенциальная ~ spheroidal potential well
трёхмерная квантовая ~ three-dimensional quantum well

цилиндрическая квантовая ~ cylindrical quantum well
экпоненциальная потенциальная ~ exponential potential well
энергетическая ~ energy well
ядерная потенциальная ~ nuclear potential well
ямка *ж. (дефект поверхности)* pit; dimple
дислокационная ~ травления dislocation etch pit
плоскодонная ~ травления flat-bottomed etch pit
~ травления etch(ing) pit
ЯМР *м. (ядерный магнитный резонанс)* NMR, nuclear magnetic resonance
импульсный ~ impulse NMR
ЯМР-каротаж *м.* NMR logging
ЯМР-магнитометр *м.* NMR magnetometer
ЯМР-мазер *м.* NMR maser
ЯМР-спектр *м.* NMR spectrum
ЯМР-спектрометр *м.* NMR spectrometer
янский *м. (внесистемная единица спектральной плотности потока космического радиоизлучения)* Jansky, Jy
янтарь *м.* amber
яркомер *м.* luminance meter
визуальный ~ visual luminance meter
яркость *ж.* 1. *(в фотометрии)* luminance 2. *(в астрономии и электронной оптике)* brightness; brilliance
~ звезды stellar brightness; stellar brilliance
~ изображения image luminance
интегральная ~ integrated luminance
интегральная энергетическая ~ integrated radiance
~ ночного неба night sky brightness
~ поверхности surface brightness
~ поля адаптации adaptaion luminance; adaptation [field] brightness
пороговая ~ threshold luminance
приведённая ~ basic luminance
приведённая энергетическая ~ basic radiance
~ солнечного диска brightness of solar disk
~ солнечной короны brightness of solar corona
спектральная ~ *(катода)* spectral radiance
средняя ~ average [mean] luminance; mean brightness
субъективная ~ subjective brightness
~ трека *яф* track brightness
фотометрическая ~ luminance; photometric brightness
эквивалентная ~ equivalent luminance
~ эквивалентной вуали equivalent veiling luminance
электронная ~ *(в электронной оптике)* electron brightness
энергетическая ~ radiance
ярмо *с. фмя* yoke
~ магнита magnet yoke
ячейка *ж.* cell
акустооптическая ~ acoustooptical cell
~ Бенара Benard cell

бистабильная ~ bistable cell; flip-flop
бриллюэновская ~ Brillouin cell
брэгговская ~ *кв. эл.* Bragg cell
~ Вигнера - Зейтца *фтт* Wigner-Seitz cell
винтовая магнитная ~ helical magnetic cell
внутрирезонаторная поглощающая ~ *кв. эл.* intracavity absorption cell
волноводная ~ waveguide cell
газовая ~ *кв. эл.* gas cell
гексагональная ~ hexagonal cell
гибридная ~ *крист.* hybrid cell
гигантская ~ giant cell
глобальная ~ циркуляции *(в атмосфере)* global circulation cell
гомеотропная ~ *крист.* homeotropic cell
гранецентрированная кубическая ~ face-centered cubic cell
двухпроходная поглощающая ~ *кв. эл.* two-pass absorption cell
дислокационная ~ dislocation cell
дифракционная ~ diffraction cell
дрейфовая ~ drift cell
~ зоны воспроизводства *яф* blanket unit
~ Керра Kerr cell
керровская ~ Kerr cell
конвективная ~ convection cell
~ кристаллической решётки crystal lattice cell
кристаллографическая ~ crystal(lographic) cell
кубическая ~ cubic cell
кубическая примитивная ~ cubic primitive cell
магнитная ~ magnetic cell
накопительная ~ *(в квантовом стандарте частоты)* storage cell
нелинейная ~ Керра nonlinear Kerr cell
объёмноцентрированная ~ body-centered cell
объёмноцентрированная кубическая ~ body-centered cubic cell
оптическая бистабильная ~ optical bistable cell; optical flip-flop
~ памяти memory cell
поглощающая ~ *кв. эл.* absorbing [absorption] cell
поглощающая ~ на красителе absorbing dye cell
~ Поккельса Pockels cell
примитивная ~ primitive cell
примитивная гексагональная ~ hexagonal primitive cell
примитивная элементарная ~ primitive unit cell
~ Рамана Raman cell
резонансная ~ resonance cell
~ решётки *фтт* lattice cell
ромбическая ~ rhombic cell
ромбоэдрическая примитивная ~ rhombohedral ptimitive cell
рубидиевая ~ rubidium cell
сегнетоэлектрическая ~ ferroelectric cell
~ сетки mesh
структурная ~ structure cell
тетрагональная ~ tetragonal cell

топологическая ~ topological cell
усилительная ~ amplifier cell
~ фазового пространства phase space cell
фарадеевская ~ Faraday cell
~ Фарадея Faraday cell
ферримагнитная ~ ferrimagnetic cell
ферритовая ~ ferrite cell
ферромагнитная ~ ferromagnetic cell

~ циркуляции *(в атмосфере)* circulation cell
штарковская ~ *кв. эл.* Stark cell
элементарная ~ *фтт* unit cell
эффузионная ~ effusion cell
ящик *м.* box
квантовый ~ quantum box
потенциальный ~ potential box; square potential well

ПРИЛОЖЕНИЕ 1

СПИСОК СОКРАЩЕНИЙ

АГВ 1. атмосферная гравитационная волна atmospheric gravity wave, AGW **2.** акустико-гравитационная волна acoustic-gravity wave, AGW

АЕ атомная единица atomic unit

АЖ Астрономический журнал Astronomical Journal

АИГ алюмоиттриевый гранат yttrium-aluminium garnet, YAG

АКТП аксиоматическая квантовая теория поля axiomatic quantum field theory

АМ амплитудная модуляция amplitude modulation

АН Академия наук Academy of Sciences

АН СССР Академия наук СССР Academy of Sciences of the USSR

АПР акустический парамагнитный резонанс acoustic paramagnetic resonance

АПЧ автоматическая подстройка частоты automatic frequency control

АРУ автоматическая регулировка усиления automatic gain control, AGC

АСКР 1. антистоксово комбинационное рассеяние света anti-Stokes Raman scattering **2.** активная спектроскопия комбинационного рассеяния active Raman spectroscopy

АЦП аналого-цифровой преобразователь analog-to-digital converter, A to D converter

АЭС атомная электростанция nuclear power plant

АЯМР акустический ядерный магнитный резонанс acoustic nuclear magnetic resonance

БКШ Бардина - Купера - Шриффера теория Bardeen-Cooper-Schrieffer theory

БПФ быстрое преобразование Фурье fast Fourier transform

БРЭ Большая российская энциклопедия Great Russian Encyclopedia

БСЭ Большая советская энциклопедия Great Soviet Encyclopedia

БЭР биологический эквивалент рентгена roentgen equivalent man, REM

БЭСМ быстродействующая электронная счётная машина high-speed electronic computer

ВАХ вольтамперная характеристика volt-ampere characteristic; current-voltage characteristic

ВВР водо-водяной реактор water-moderated water-cooled reactor

ВВЭР водо-водяной энергетический реактор water-moderated water-cooled power reactor

ВГВ внутренние гравитационные волны internal gravity waves, IGW

ВЗП волны зарядовой плотности charge density waves

ВИНИТИ Всероссийский институт научной и технической информации All-Russian Institute of Scientific and Technical Information

ВКБ Вентцеля – Крамерса – Бриллюэна метод Wentzel-Kramers-Brillouin method, WKB-method

ВКР вынужденное комбинационное рассеяние stimulated Raman scattering, SRS

ВКС взаимодействие в конечном состоянии final state interaction, FSI

ВОЛС волоконно-оптическая линия связи fiber-optical communication line

ВРМБ вынужденное рассеяние Мандельштама - Бриллюэна stimulated Brillouin scattering, SBS

ВТР высокотемпературный реактор high temperature reactor

ВТСП высокотемпературная сверхпроводимость high temperature superconductivity

ВЧ высокие частоты radio frequencies, rf; high frequencies

ГВГ генерация второй гармоники second harmonic generation, SHG

ГГГ гадолиний-галлиевый гранат gadolinium-gallium garnet

ГДЛ газодинамический лазер gas-dynamic laser

ГКЛ галактические космические лучи galactic cosmic rays

ГКЧ генератор качающейся частоты swept frequency generator, sweep generator

ГЛАГ Гинзбурга - Ландау - Абрикосова - Горькова теория Ginzburg-Landau-Abrikosov-Gor'kov theory, GLAG theory

ГОИ Государственный оптический институт State Optical Institute

ГОСТ Государственный стандарт State Standard

ГПУ (решётка) гранецентрированная плотноупакованная решётка face-centered close-packed lattice

ГСАГ гадолиний-скандий-алюминиевый гранат gadolinium-scandium-aluminium garnet, GSAG

ГСГГ гадолиний-скандий-галлиевый гранат gadolinium-scandium-gallium garnet

ГСС генератор стандартных сигналов signal generator, standard signal generator

ГУН генератор, управляемый напряжением voltage controlled oscillator, VCO

ГЦК (решётка) гранецентрированная кубическая решётка face-centered cubic lattice, fcc lattice

ДНК дезоксирибонуклеиновая кислота deoxyribonucleic acid, DNA

ДЭС двойной электрический слой double electrical layer

ДЭЭР двойной электронно-электронный резонанс electron-electron double resonance, eldor

ДЭЯР двойной электронно-ядерный резонанс electron-nuclear double resonance, endor

ЕФО Европейское физическое общество European Physical Society, EPS

Ж журнал journal, J

ЖИГ железо-иттриевый гранат yttrium-iron garnet, YIG

ЖК жидкий кристалл liquid crystal

ЖРФО Журнал Русского физического общества Journal of the Russian Physical Society

ЖРФХО Журнал Русского физико-химического общества Journal of the Russian Physical and Chemical Society

ЖТФ Журнал технической физики Journal of Technical Physics, JTP

ЖЭТФ Журнал экспериментальной и теоретической физики Journal of Experimental and Theoretical Physics, JETP

ЗУ запоминающее устройство memory unit, storage unit

ИАГ иттрий-алюминиевый гранат yttrium-aluminium garnet, YAG

ИАЭ Институт атомной энергии Institute of Atomic Energy

ИВТ РАН Институт высоких температур Российской академии наук Institute of High Temperatures of the RAS

ИК инфракрасный infrared, infra-red

ИКАН Институт кристаллографии Российской академии наук Institute of Crystallography of the RAS

ИКИ РАН Институт космических исследований Российской академии наук Institute of Space Research of the RAS

ИОФ АН, ИОФ РАН Институт общей физики Российской академии наук Institute of General Physics of the RAS

ИПФ АН, ИПФ РАН Институт прикладной физики Российской академии наук Institute of Applied Physics of the RAS

ИРЭ РАН Институт радиотехники и электроники Российской академии наук Institute of Radio Engineering and Electronics of the RAS

ИСГГ иттрий-скандий-галлиевый гранат yttrium scandium gallium garnet, YSGG

ИТФ РАН Институт теоретической физики Российской академии наук Institute of Theoretical Physics of the RAS

ИТЭФ Институт теоретической и экспериментальной физики Institute of Theoretical and Experimental Physics

ИФП РАН Институт физических проблем Российской академии наук Institute of Physical Problems of the RAS

КАРС когерентное антистоксово комбинационное рассеяние света coherent anti-Stokes Raman scattering, CARS

КБВ коэффициент бегущей волны traveling wave ratio

КВЧ крайне высокие частоты extremely high frequencies

КИП контрольно-измерительные приборы control equipment

КЛА космический летательный аппарат spacecraft

КНД коэффициент направленного действия (антенны) directive gain

КНЧ крайне низкие частоты extremely low frequencies

КСВ коэффициент стоячей волны standing wave ratio, SWR

КСВН коэффициент стоячей волны по напряжению voltage standing wave ratio, VSWR

КСВТ коэффициент стоячей волны по току current standing wave ratio, ISWR

КСРС когерентное стоксово комбинационное рассеяние света coherent Stokes Raman scattering, CSRS

КТП квантовая теория поля quantum field theory

КХД квантовая хромодинамика quantum chromodynamics, QCD

КЭ квантовая электроника quantum electronics

КЭД квантовая электродинамика quantum electrodynamics

ЛБВ лампа бегущей волны taveling wave tube, TWT

ЛДТ линейный дифференциальный трансформатор linear variable differential transformer, LVDT

ЛКАО линейная комбинация атомных орбиталей linear combination of atomic orbitals, LCAO

ЛОВ лампа обратной волны backward wave tube, BWT

ЛСЭ лазер на свободных электронах free electron laser

ЛТР локальное термодинамическое равновесие local thermodynamic equilibrium, LTE

ЛТС лазерный термоядерный синтез laser thermonuclear synthesis

ЛЧМ линейная частотная модуляция linear frequency modulation

МАГАТЭ Международное агентство по атомной энергии International Atomic Energy Agency

МГГ Международный геофизический год International Geophysical Year, IGY

МГД магнитогидродинамический; магнитная гидродинамика magnetohydrodynamic(s), MHD

МГСС Международный год спокойного Солнца International Quiet Sun Year, IQSY

МГУ Московский государственный университет Moscow State University, MSU

МДП металл-диэлектрик-полупроводник metal-insulator-semiconductor, MIS

МКО 1. Международная комиссия по оптике International Comission on Optics **2.** Международная комиссия по освещению International Comission on Illumination

ММП межпланетное магнитное поле interplanetary magnetic field, IMF

МНФ Международный научный фонд International Science Foundation

МОП металл-окисел-полупроводник metal-oxide-semiconductor, MOS

МЦР мазер на циклотронном резонансе cyclotron resonance maser

МЭИ Московский энергетический институт Moscow Institute of High-Power Engineering

НЖК нематический жидкий кристалл nematic liquid crystal, NLC

НИИ научно-исследовательский институт research institute

НИОКР научно-исследовательская и опытно-конструкторская работа research and development, R&D

НИР научно-исследователькая работа research

НЛО неопознанный летающий объект unidentified flying object, UFO

ОБЭ относительная биологическая эффективность relative biological effectiveness, RBE

ОВФ обращение волнового фронта phase conjugation; wave front reversal

ОВЧ очень высокие частоты very high frequencies

ОИЯИ Объединенный институт ядерных исследований Joint Institute of Nuclear Research

ОКГ оптический квантовый генератор laser

ОКР опытно-конструкторская работа design and development work

ОЛН ось лёгкого намагничивания easy magnetic axis

ОНЧ очень низкие частоты very low frequencies

ОЦК (решётка) объёмно-центрированная кубическая решётка body-centered cubic lattice, bcc lattice

ПАВ 1. поверхностные акустические волны surface acoustic waves, SAW **2.** поверхностно активное вещество surface-active substance, surfactant, surface-active material

ПГС параметрический генератор света parametric light oscillator

ПДД предельно допустимая доза maximum permissible dose

ПДК предельно допустимая концентрация maximum permissible concentration

ПЗС прибор с зарядовой связью charge-coupled device, CCD

ПИВ перемещающееся ионосферное возмущение traveling ionospheric disturbance, TID

ППШ поглощение в полярной шапке polar cap absorption, PCA

ПРЭМ 1. просвечивающий растровый электронный микроскоп scanning transmission electron microscope **2.** просвечивающая растровая электронная микроскопия scanning transmission electron microscopy, STEM

ПТЭ Приборы и техника эксперимента Scientific Instruments and Methods

ПЭВ поверхностная электромагнитная волна surface electromagnetic wave

ПЭМ 1. просвечивающий электронный микроскоп transmission electron microscope **2.** просвечивающая электронная микроскопия transmission electron microscopy, TEM

РАМН Российская академия медицинских наук Russian Academy of Medical Sciences

РАН Российская академия наук Russian Academy of Sciences

РАО Российская академия образования Russian Academy of Education

РАСН Российская академия сельскохозяйственных наук Russian Academy of Agricultural Sciences

РБМК реактор большой мощности канальный high-power channel-type reactor

РБО распределённый брэгговский отражатель distributed Bragg reflector

РЗС решётка зернограничных сдвигов grain boundary displacement lattice

РНК рибонуклеиновая кислота ribonucleic acid, RNA

РОС распределённая обратная связь distributed feedback

РОЭМ растровый оже-электронный микроскоп scanning Auger-electron microscope

РПЗ распределение плотности заряда charge density distribution, CDD

РФФИ Российский фонд фундаментальных исследований Russian Foundation for Basic Research

РЭМ 1. растровый электронный микроскоп scanning electron microscope **2.** растровая электронная микроскопия scanning electron microscopy, SEM

РЭП релятивистский электронный пучок relativistic electron beam, REB

СВЧ сверхвысокие частоты microwaves

СВЭМ сверхвысоковольтный электронный микроскоп superhigh-voltage electron microscope

СДВ сверхдлинные волны very long waves, myriametric waves

СЗФ солнечно-земная физика solar-terrestrial physics

СИД 1. светоизлучающий диод, светодиод light emitting diode, LED; electroluminescent diode, ELD **2.** светоиндуцированный дрейф photoinduced drift, light-induced drift; светоиндуцированная диффузия photoinduced diffusion, light-induced diffusion

СКВИД сверхпроводящий квантовый интерференционный датчик superconducting quantum interference device, SQUID

СКЛ солнечные космические лучи solar cosmic rays

ТВС тепловыделяющая сборка fuel assembly

ТВЭЛ тепловыделяющий элемент fuel element

ТКС температурный коэффициент сопротивления temperature coefficient of resistance

ТКЧ температурный коэффициент частоты temperature coefficient of frequency

УВЧ ультравысокие частоты ultrahigh frequencies, uhf

УДК универсальная десятичная классификация univeral decimal classification; Brussels decimal classification

УКВ ультракороткие волны ultrashort waves, metric waves

УКИ ультракороткий импульс ultrashort pulse

УПЧ усилитель промежуточной частоты intermediate frequency amplifier

УТС управляемый термоядерный синтез controlled thermonuclear synthesis

УФ ультрафиолетовый ultraviolet

УФН Успехи физических наук Progress in Physical Science (Physics Uspekhi)

УХН ультрахолодные нейтроны ultracold neutrons

ФАПЧ фазовая автоподстройка частоты phase locking

ФАР фазированная антенная решётка phased-array (antenna)

ФВД физика высоких давлений high pressure physics

ФВЧ фильтр верхних частот high-pass filter

ФВЭ физика высоких энергий high energy physics

ФДТ флуктуационно-диссипативная теорема fluctuation-dissipative theorem

ФИ АН, ФИ РАН Физический институт Российской академии наук Physical Institute of the RAS

ФМ фазовая модуляция phase modulation

ФММ Физика металлов и металловедение Metal Science

ФМЯ физика магнитных явлений physics of magnetic phenomena

ФНТ физика низких температур low-temperature physics

ФНЧ фильтр нижних частот low-pass filter

ФПП физика полупроводников semiconductor physics

ФТИ РАН Физико-технический институт Российской академии наук Physical and Technical Institute of the RAS

ФТП Физика и техника полупроводников Physics and Technology of Semiconductors

ФТТ физика твёрдого тела solid state physics

ФЧХ фазочастотная характеристика phase-frequency characteristic

ФЭР физический эквивалент рентгена roentgen equivalent physical, REP

ФЭЧ физика элементарных частиц elementary particle physics

ЦАП цифро-аналоговый преобразователь digital-to-analog converter, D to A converter

ЦМД цилиндрический магнитный домен bubble; cylindrical magnetic domain

ЧВВ четырёхволновое взаимодействие four-wave interaction

ЧМ частотная модуляция frequency modulation

ШАЛ широкий атмосферный ливень extensive air shower, extended air shower

ЩГК щёлочно-галоидный кристалл alkali halide crystal

ЭВМ электронная вычислительная машина computer

ЭДС электродвижущая сила electromotive force, e.m.f.

ЭЛТ электронно-лучевая трубка cathode-ray tube, CRT

ЭМВР электронная микроскопия высокого разрешения high-resolution electron microscopy, HREM

ЭОП электронно-оптический преобразователь image-converter tube, image tube, electron image tube, electrooptical converter

ЭПР электронный парамагнитный резонанс electron paramagnetic resonance

ЭРД 1. электроракетный двигатель electrojet engine 2. электрореактивный двигатель electrojet engine

ЭСДИ электронно-стимулированная десорбция ионов electron-stimulated ion desorption

ЭСР электронный спиновый резонанс electron paramagnetic resonance; electron spin resonance

ЭХД электрохимический двигатель electrochemical engine

ЭЦР электронный циклотронный резонанс electron cyclotron resonance

ЯКР ядерный квадрупольный резонанс nuclear quadrupole resonance, NQR

ЯМР ядерный магнитный резонанс nuclear magnetic resonance, NMR

ЯФ ядерная физика nuclear physics

ПРИЛОЖЕНИЕ 2

СПИСОК ФАМИЛИЙ[1]

Ааронов Aharonov
Аббе Abbe
Абель Abel
Абрагам Abraham
Абрикосов Abrikosov
Авенариус Avenarius
Авогадро Avogadro
Адамар Hadamard
Адемолло Ademollo
Адлер Adler
Азбель Azbel
Аккерет Ackeret
Альварец Alvarez
Альвен Alfvén
Альдер Alder
Альперт Alpert
Альтшулер Altshuler
Альфвен Alfvén
Амичи Amici
Амонтон Amonton
Ампер Ampère
Ангстрем Angström
Андерсон Anderson
Андраде Andrade
Андреев Andreev
Андронов Andronov
Анкона Ancona
Аппель Appell
Араго Arago
Араки Araki
Арган Argand
Аренс Ahrens
Аркадьев Arkadyev
Арнольд Arnold
Аро Haro
Аррениус Arrhenius
Архимед Archimedes
Астон Aston
Атвуд Atwood
Атья Atiyah
Аутлер Autler
Ахиезер Akhiezer
Ашкин Ashkin
Аюи Haüy
Бааде Baade
Баба Bhabha
Бабине Babinet
Бавено Baveno
Байард Bayard
Бак Buck
Бакстер Baxter
Балеску Balescu
Бальмер Balmer
Бальцер Balzer
Банах Banach
Банерджи Banerjee
Бардин Bardeen
Баренблатт Barenblatt
Баркгаузен Barkhausen

Баркол Barcol
Барнетт Barnett
Баррет Barrett
Баталин Batalin
Батлер Butler
Батнагар Bhatnagar
Баушингер Bauschinger
Береведж Beverage
Бейкер Baker
Бек Beck
Бекеши Bekesy
Беккерель Becquerel
Бекки Becchi
Беклунд Bäcklund
Бекман Beckman
Белавин Belavin
Белл Bell
Белов Belov
Белоусов Belousov
Бельвиль Belleville
Бельтрами Beltrami
Бенар Benard
Бенжамин Benjamin
Беннет Bennett
Бенни Benney
Бенхам Benham
Бер Beer
Берг Berg
Бергманн Bergmann
Берджесс Burgess
Березин Beresin
Березинский Berezinski
Берек Berec
Берестецкий Berestetski
Бернал Bernal
Бернулли Bernoulli
Бернштейн Bernstein
Бертло Berthelot
Бертолле Berthollet
Берцелиус Berzelius
Бессель Bessel
Бессемер Bessemer
Бете Bethe
Бетти Betti
Бетц Betz
Биденхарн Biedenharn
Бикар Biquard
Билби Beilby
Бингам Bingham
Бине Binet
Био Biot
Биркгоф Birkhoff
Биркеланд Birkeland
Биттер Bitter
Битти Bitti
Бланкенбеклер Blankenbecler
Блер Blair
Блоджетт Blodgett
Бломберген Bloembergen

Блондель Blondel
Блох Bloch
Блохинцев Blokhintsev
Блэкетт Blackett
Блэкман Blackman
Блюмляйн Blumlein
Блюстейн Bleustein
Бобек Bobeck
Боголюбов Bogoliubov
Богомольный Bogomolny
Богуславский Boguslavsky
Боде Bode
Бозе Bose
Бойль Boyle
Больцман Boltzmann
Бом Bohm
Бонд Bond
Бонзе Bonse
Боннер Bonner
Бор Bohr
Борда Borda
Борман Borrmann
Борн Born
Боуэн Bowen
Бофорт Beaufort
Брабе Brabe
Браве Bravais
Брагинский Braginsky
Браун Braun; Brown
Брейс Brace
Брейт Breit
Брент Brunt
Бриггс Briggs
Бриджмен Bridgman
Бриллюэн Brillouin
Бринель Brinell
Бринкман Brinkman
Бродхун Brodhun
Бройль, де de Broglie
Брока Broca
Брос Bros
Броун Brown
Брукс Brooks
Брунауэр Brunauer
Брунс Bruns
Брушлинский Brushlinsky
Брэгг Bragg
Брэкет Brackett
Брюкнер Brückner
Брюстер Brewster
Бубнов Bubnov
Бугер Bouguer
Будкер Budker
Буземан Busemann
Бузер Boozer
Букингем Buckingham
Буль Bool
Бунеман Buneman
Бунзен Bunsen

[1] Науку делают люди. Почти полторы тысячи теорий, формул, приборов и экспериментов, включённых в словарь, носят имена физиков и представителей смежных областей науки – *прим. ред.*

Буняковский Bunyakowsky
Бурдон Bourdon
Бурре Bourret
Бурсиан Bursian
Бурштейн Burstein
Буссинеск Boussinesq
Бьерквист Bjorkwist
Бьеркен Bjorken
Бьерклунд Bjorklund
Бьеркнес Bjerknes
Бьеррум Bjerrum
Бьянки Bianchi
Бэбкок Babcock
Бэклунд Bäcklund
Бюргерс Burgers
Вавилов Vavilov
Вагнер Wagner
Ваймер Weimer
Вайнберг Weinberg
Вайнрайх Weinreich
Вайнштейн Weinstein
Вайсбергер Weisberger
Вайссенберг Weissenberg
Вайскопф Weisskopf
Вайцзеккер Weizsäcker
Вакье Vaquier
Валлер Waller
Ван Аллен Van Allen
Ван Альфен van Alphen
Ван-де-Грааф Van de Graaf
Ван-дер-Ваальс Van der Waals
Ван-дер-Люгт Van der Lugt
Ван-дер-Мерве Van der Merve
Ван-дер-Поль Van der Pol
Ван Кампен van Kampen
Ван Левен van Leeuwen
Вант-Гофф Van't Hoff
Ван-Флек Van Vlek
Ван Хове Van Hove
Ван-Циттерт Van Cittert
Ванье Wannier
Вариньон Varignon
Ватсон Watson
Ватт Watt
Ваутхейсен Wouthuysen
Вебер Weber
Вегард Vegard
Вейбулл Weibull
Вейгерт Weigert
Вейерштрасс Weierstrass
Вейль Weyl
Вейсбах Weisbach
Вейсбергер Weisberger
Вейсс Weiss
Векслер Veksler
Велькер Welker
Вендорф Wendorff
Венельт Wehnelt
Венер Vener
Венециано Veneziano
Вентури Venturi
Вентцель Wentzel

Венцель Wenzel
Верде Verdet
Вернейль Verneuil
Весс Wess
Вестон Weston
Виганд Wiegand
Вигнер Wigner
Видеман Wiedemann
Видероэ Wideröe
Видманштеттен Widman-stätten
Вик Wick
Викерс Vickers
Виленкин Vilenkin
Вилковыский Vilkovisky
Виллар Villard
Виллари Villari
Вилларс Villars
Виллен Villain
Вильсон Wilson
Вильямс Williams
Вин Wien
Винер Wiener
Вирасоро Virasoro
Витошинский Witoszynski
Виттен Witten
Вихерт Wiechert
Владимирский Vladimirsky
Власов Vlasov
Волластон Wollaston
Вольмер Volmer
Вольта Volta
Вольтерра Volterra
Вольф Wolf
Вольфарт Wohlfahrt
Вольфенштейн Wolfenstein
Вонсовский Vonsovski
Вроньский Wronski
Вуд Wood
Вудс Woods
Вуллис Wullis
Вульф Wulf
Вяйсяля Väisälä
Габор Gabor
Гайтлер Heitler
Галеркин Galerkin
Галилей Galilei
Галлей Halley
Галуа Galois
Гальвани Galvani
Гальтон Galton
Гамильтон Hamilton
Гамов Gamow
Ган Hahn
Ганн Gunn
Гантмахер Gantmakher
Гартман Hartmann
Гато Gateaux
Гатто Gatto
Гаусс Gauss
Гаюи Haüy
Гейгер Geiger

Гейзенберг Heisenberg
Гей-Люссак Gay-Lussac
Гейслер Heusler
Гейсслер Geissler
Гелл-Манн Gell-Mann
Гельмгольц Helmholtz
Генри Henry
Герасимов Gerassimov
Герберт Herbert
Геринг Herring
Герке Gehrke
Герлах Gerlach
Герни Gurney
Гернси Guernsey
Герстнер Gerstner
Герц Hertz
Герцшпрунг Hertzsprung
Гершгорин Gerschgorin
Гершель Herschel
Гесс Hess
Гиббс Gibbs
Гибсон Gibson
Гильберт Hilbert
Гинзбург Ginzburg
Гинье Guinier
Гир Gear
Глазебрук Glazebrook
Глазер Glaser
Глан Glan
Глаубер Glauber
Глауэрт Glauert
Глэшоу Glashow
Говернор Governor
Голдбергер Goldberger
Голдгабер Goldhaber
Голдрайх Goldreich
Голдстоун Goldstone
Гольданский Goldansky
Гольдшмидт Goldschmidt
Гольштейн Holstein
Гопкинсон Hopkinson
Гордан Gordan
Гордон Gordon
Гортер Gorter
Горьков Gor'kov
Гото Goto
Гоулд Gould
Гранжан Grangin
Грасгоф Grashof
Грассман Grassmann
Грегори Gregory
Грин Green
Гринвальд Greenwald
Гриффит Griffith
Гросс Gross
Гроттус Grotthus
Грэд Grad
Грэй Gray
Грэм Graham
Грюнайзен Grüneisen
Гугенхольц Hugenholtz
Гук Hooke

Гуляев Guliayev
Гуревич Gurevich
Гус Guth
Гюгоньо Hugoniot
Гюи Gouy
Гюйгенс Huygens
Давыдов Davydov
Дайсон Dyson
Д'Аламбер D'Alembert
Даламбер D'Alembert
Далитц Dalitz
Дальтон Dalton
Данжи Dungey
Данжон Danjon
Даниш Danysz
Данков Dancoff
Дарбу Darbu
Дарвин Darwin
Дарлингтон Darlington
Дарси Darcy
Д'Арсонваль D'Arsonval
Даффин Daffing
Дебай Debye
Де Бур de Buhr
Де Витт De Witt
Де Гааз de Haas
Декарт Descartes
Деламбр Delambre
Делинжер Delinger
Делоне Delone
Дельбрюк Delbrück
Делюк Deluc
Дембер Dember
Демков Demkov
Денисюк Denisiuk
Деслер Dessler
Де Фрис de Vries
Де Хааз de Haas
Джевецкий Drzewieski
Джексон Jackson
Джермер Germer
Джинс Jeans
Джозефсон Josephson
Джонс Jones
Джонсон Johnson
Джорджи Georgi
Джоуль Joule
Джулиа Julia
Дзялошинский Dzyaloshinski
Дике Dicke
Дильс Diels
Дингл Dingle
Диофант Diophant
Дирак Dirac
Дирихле Dirichlet
Дитеричи Dieterici
Дове Dove
Доллонд Dollond
Доннай Donnay
Доннан Donnan
Доплер Doppler
Доплихер Dopplicher

Дорн Dorn
Драйсер Dreicer
Драммонд Drummond
Дрелл Drell
Друде Drude
Дрювестейн Druyvesteyn
Дуффинг Duffing
Дыхне Dykhne
Дьюар Dewar
Дэвиссон Davisson
Дэшман Dushman
Дюбуа Du Bois
Дюгем Duhem
Дюлонг Dulong
Дюпен Dupin
Дюпри Dupree
Дюфур Dufour
Евклид Euclide
Есаки Esaki
Жаботинский Zhabotinsky
Жамен Jamin
Жансен Janssen
Жданов Zhdanov
Жирар Girard
Жоли Joly
Жолио-Кюри Joliot-Curie
Жуге Jouguet
Жуковский Joukowski, Zhu-
kowski
Журавский Zhurawski
Журден Jourdain
Заболотская Zabolotskaya
Завойский Zavoiski
Займан Ziman
Замолодчиков Zamolodchikov
Захаров Zakharov
Зеебек Seebeck
Зеелигер Seeliger
Зееман Zeeman
Зейтц Seitz
Зельдович Zel'dovich
Земах Zemach
Зенон Zeno
Зи Zee
Зигбан Siegbahn
Зигерт Siegert
Зинер Zener
Зоммерфельд Sommerfeld
Зумино Zumino
Изинг Ising
Изод Izod
Иизука Iizuka
Илиопулос Iliopoulos
Инглиз Inglis
Инфельд Infeld
Ионсен Jonsson
Иордан Jordan
Иосида Yoshida
Иосимори Yoshimori
Иоффе Ioffe
Ипсилантис Ypsilantis
Ирвин Irwin

Ирншоу Earnshaw
Йевик Yewick
Йордан Jordan
Йост Jost
Кабиббо Cabibbo
Кабрера Cabrera
Кавендиш Cavendish
Кадомцев Kadomtsev
Казимир Casimir
Каллан Callan
Калуца Kaluza
Кальве Calvet
Камерлинг-Оннес Kamerl-
ingh-Onnes
Кан Kahn
Канер Kaner
Кант Kant
Кантор Cantor
Капица Kapitza
Капчинский Kapchinsky
Каратеодори Carathéodory
Кардан Cardan
Карлсон Carlson
Карман Karman
Карно Carnot
Карсель Carcel
Картан Kartan
Карягин Karyagin
Каспер Casper
Кассегрен Cassegrain
Кассини Cassini
Кастильяно Castigliano
Кастлер Kastler
Касуя Kasuya
Каулинг Cowling
Кац Kac
Квиллен Quillen
Квинке Quincke
Кей Kay
Кейн Kane
Кейс Case
Келдыш Keldysh
Келлен Kaellen
Келли Kelley
Кельвин Kelvin
Кельнер Kellner
Кеммер Kemmer
Кемпбелл Campbell
Кеннели Kennelly
Кеплер Kepler
Керр Kerr
Кёстерс Kösters
Кикоин Kikoin
Кикучи Kikuchi
Киллинг Killing
Кирквуд Kirkwood
Киркендаль Kirkendall
Киркпатрик Kirkpatrik
Кирлиан Kirlian
Киропулос Kyropoulos
Кирхгоф Kirchhoff
Кисслингер Kisslinger

Китано Kitano
Китинг Keating
Киттель Kittel
Кихара Kihara
Клайзен Claisen
Клапейрон Clapeyron
Клаузиус Clausius
Клебш Clebsch
Клейн Klein
Климонтович Klimontovich
Клиффорд Clifford
Кнезер Kneser
Книпп Knipp
Кнудсен Knudsen
Кнуп Knoop
Коба Koba
Кобаяши Kobayashi
Кокрофт Cockroft
Колмен Coleman
Колмогоров Kolmogorov
Колчин Kolchin
Кольрауш Kohlrausch
Комптон Compton
Конверси Conversi
Кондо Kondo
Конрад Conrad
Кондон Condon
Коперник Kopernik, Copernicus
Корбино Corbinaux
Кориолис Coriolis
Корню Cornu
Корринга Korringa
Кортевег Korteweg
Коссель Kossel
Коссера Cosserat
Костер Coster
Костерлиц Kosterlitz
Котинский Khotinsky
Коттон Cotton
Коттрелл Cottrell
Коши Cauchy
Крамерс Kramers
Крамп Kramp
Крастанов Krastanov
Крафт Kraft
Крафтс Crafts
Крейн Krein
Кремер Kremer
Кремона Cremona
Кречман Kretschman
Крик Crick
Кристиансен Christiansen
Кристоффель Christoffel
Крокко Crocco
Кролл Kroll
Кронекер Kronecker
Крониг Kronig
Крук Krook
Крукс Crookes
Крускал Kruskal
Крэнк Krank
Кубо Kubo

Куде Coudé
Кузнецов Kuznetsov
Куинн Quinn
Кулидж Coolidge
Кулон Coulomb
Кульсруд Kulsrud
Кумахов Kumakhov
Куммер Kummer
Кундт Kundt
Купер Cooper
Курдюмов Kurdiumov
Курнаков Kurnakov
Курц Kurz
Курчатов Kurchatov
Кутта Kutta
Куэтт Couette
Кэлер Kähler
Кюн Kuhn
Кюри Curie
Лаваль Laval
Лавес Laves
Лавуазье Lavoisier
Лагерр Laguerre
Лагранж Lagrange
Лайман Lyman
Лайтхилл Lighthill
Лакс Lax
Ламберт Lambert
Ламе Lamé
Ланг Lang
Ландау Landau
Ланде Landé
Ландсберг Landsberg
Ланжевен Langevin
Лаплас Laplace
Лапорт Laporte
Ларичев Larichev
Лармор Larmor
Латтинжер Luttinger
Лауэ Laue
Лафферти Lafferty
Леб Loeb
Лебег Lebesgue
Лебедев Lebedev
Леви Levi
Левинсон Levinson
Леггетт Leggett
Ледерман Lederman
Ледюк Leduc
Лежандр Legendre
Лейбниц Leibniz
Лейденфрост Leidenfrost
Лейн Lane
Лейт Leith
Лейтц Leitz
Лейтон Leighton
Леман Lehmann
Ленард Lenard
Ленард-Джонс Lenard-Jones
Ленгмюр Langmuir
Ленц Lenz
Леонтович Leontovich

Ле Шателье Le Chatelier
Лехер Lecher
Ли Lie; Lee
Лили Liley
Линдблад Lindblad
Линдеман Lindemann
Линдхард Lindhard
Линке Linke
Линник Linnik
Линхард Linchard
Лио Lyot
Липман Liepmann
Липпих Lippich
Липпман Lippmann
Лиссажу Lissajous
Литтлвуд Littlewood
Литтров Littrov
Лиувиль Liouville
Лифшиц Lifshitz
Лихтенберг Lichtenberg
Лихтенштейн Lichtenstein
Ллойд Lloyd
Лобатто Lobatto
Лобачевский Lobachevsky
Логунов Logunov
Лоде Lode
Лодж Lodge
Лойцянский Loitsyansky
Ломер Lomer
Ломоносов Lomonosov
Лонге-Хиггинс Longuet-Higgins
Лондон London
Лопиталь L'Hospital
Лоран Laurent
Лорентц Lorentz
Лоренц Lorenz
Лоу Low
Лоуренс Lawrence
Лоусон Lawson
Лошмидт Loschmidt
Лумис Loomis
Лундквист Lundquist
Льенард Lienard
Льюис Lewis
Лэмб Lamb
Людерс Lüders
Люка Lucas
Люммер Lummer
Люнеберг Luneberg
Ляв Love
Ляпунов Lyapunov
Магеллан Magellan
Магнелли Magnelli
Магнус Magnus
Маделунг Madelung
Маджи Maggi
Майани Maiani
Майер Mayer
Майкельсон Michelson
Майнер Miner
Майорана Majorana

Мак-Бейн McBain	Миллс Mills	Нишиджима Nishijima
Макдональд Macdonald	Милн Milne	Нишина Nishina
Мак-Илвейн McIlwain	Минковский Minkowski	Нобль Noble
Мак-Кол McCall	Мирнов Mirnov	Нордхейм Nordheim
Мак-Леод McLeod	Михельсон Michelson	Носков Noskov
Маклорен Maclaurin	Мозер Moser	Ноттингем Nottingham
Мак-Миллан McMillan	Мозли Moseley	Нуссельт Nusselt
Маков Makov	Моллоу Mollow	Ньюкомб Newcomb
Максвелл Maxwell	Молль Moll	Ньюмен Newman
Максимон Maximon	Моллье Mollier	Ньютон Newton
Максутов Maksutov	Моос Mohs	Несмит Nasmith
Малликен Mulliken	Мопертюи Maupertuis	Нэттолл Nuttall
Малюс Malus	Моретон Moreton	Обухов Obukhov
Манделстам Mandelstam	Мор Mohr	Оверхаузер Overhauser
Мандель Mandel	Морзе Morse	Овшинский Ovshinsky
Мандельштам Mandelstam	Мория Moriya	Оже Auger
Манжен Mangin	Морле Morlet	Оксенфельд Ochsenfeld
Марангони Marangoni	Морозов Morozov	Окубо Okubo
Маргенау Margenau	Моррисон Morrison	Олесен Olesen
Мариотт Mariotte	Морс Mors	Ольбертс Olberts
Маркарян Markarian	Мосс Moss	Ольсон Ohlson
Марков Markov	Моссоти Mossotti	Ом Ohm
Марковиц Markowitz	Мотт Mott	Онсагер Onsager
Маркони Marconi	Моттельсон Mottelson	Оорт Oort
Маркс Marx	Мохоровичич Mohorovičič	Оппенгеймер Oppenheimer
Мартенс Martens	Муди Moody	Орнштейн Ornstein
Мартин Martin	Муни Mooney	Осин Oseen
Марченко Marchenko	Мунк Munk	Оствальд Ostwald
Маршалл Marshall	Мунсон Munson	Остроградский Ostrogradski
Маскава Maskawa	Мураками Murakami	Отто Otto
Матьё Mathieu	Мутон Mouton	Ошеров Osherov
Маундер Mounder	Муховатов Mukhovatov	Оуэн Owen
Max Mach	Мэнли Manley	Очкур Ochkur
Мацубара Matsubara	Мэтьюз Matthews	Пайерлс Peierls
Мёбиус Möbius	Мюллер Müller	Пайнс Pines
Мейер Meyer	Набарро Nabarro	Пал Pal
Мейкер Maker	Навье Navier	Палмгрен Palmgren
Мейман Maiman	Нагаока Nagaoka	Памплин Pumplin
Мейсснер Meissner	Надаи Nádai	Пановский Panofsky
Мекер Meker	Надёненко Nadenenko	Папалекси Papaleksi
Мёллер Möller	Найквист Nyquist	Парасюк Parasiuk
Мелош Melosh	Найт Knight	Паризи Parisi
Мельников Melnikov	Накагами Nakagami	Паркер Parker
Менделеев Mendeleev	Накамура Nakamura	Парментер Parmenter
Мендельсон Mendelssohn	Нан Nunn	Паррат Parratt
Мережкин Merezkin	Намбу Nambu	Парсеваль Parseval
Меркалли Mercalli	Нат Nath	Паскаль Pascal
Меркатор Mercator	Неве Neveu	Патерсон Paterson
Меркурьев Merkuryev	Невье Neview	Паттерсон Patterson
Мермин Mermin	Недоспасов Nedospasov	Паули Pauli
Мерсенн Mersenne	Неель Néel	Пауль Paul
Мерсье Mercier	Нейман Neumann	Паунд Pound
Мёссбауэр Mössbauer	Нелкин Nelkin	Пауэлл Powell
Месси Massey	Нернст Nernst	Пашен Paschen
Месяц Mesyats	Нетер Noether	Педерсен Pedersen
Метрополис Metropolis	Николь Nicol	Пекерис Pekeris
Ми Mie	Никольсон Nicholson	Пели Paley
Мигдал Migdal	Никурадзо Nikuradzo	Пельтье Peltier
Мизес Mises	Нильсен Nielsen	Пензиас Penzias
Мик Mick	Нильссон Nilsson	Пеннинг Penning
Миллер Miller	Нипков Nipkov	Пенлеве Painlevé
Милликен Millikan	Нир Nier	Пенроуз Penrose

Пери Perey
Перкус Percus
Перо Perot
Перрен Perrin
Петвиашвили Petviashvili
Петров Petrov
Петрянов Petrianov
Петцваль Petzval
Петчек Petschek
Печчеи Peccei
Пикар Picard
Пикеринг Pickering
Пиппард Pippard
Пирани Pirani
Пирс Pierce
Пирсон Pearson; Pirson
Питаевский Pitaevski
Пито Pitot
Пиччони Piccioni
Планк Planck
Платон Platon
Плачек Placzek
Погсон Pogson
Погуце Pogutse
Подольский Podolsky
Пойнтинг Poynting
Поккельс Pockels
Полинг Pauling
Поль Pohl; Paul
Поляков Polyakov
Поляни Polyanyi
Померанчук Pomeranchuk
Понтекорво Pontekorvo
Понтрягин Pontryagin
Попов Popov
Порро Porro
Портер Porter
Пост Post
Поттс Potts
Прандтль Prandtl
Прасад Prasad
Праудмен Proudman
Прейндж Prange
Пресняков Presnyakov
Престон Preston
Пригожин Prigogine
Примаков Primakoff
Прока Proca
Пти Petit
Птолемей Ptolemaios
Пуазейль Poiseuille
Пуанкаре Poincaré
Пуассон Poisson
Пул Pool
Пульфрих Pulfrich
Пуркине Purkinje
Пфирш Pfirsch
Пфотцер Pfotzer
Пфунд Pfund
Раби Rabi
Радон Radon
Разин Razin

Райе Rayet
Райл Ryle
Райс Rice
Райферти Raifeartaigh
Райхе Reiche
Рака Racah
Раман Raman
Рамзай Ramsay
Рамзауэр Ramsauer
Рамзей Ramsey
Рамон Ramond
Рамсден Ramsden
Рассел Russell
Рауль Raoult
Раус Routh
Рафсон Raphson
Ребиндер Rehbinder
Регель Regel
Редвуд Redwood
Редже Regge
Pee Reeh
Резерфорд Rutherford
Резник Reznik
Рей Ray
Рейнольдс Reynolds
Рейс Reiss; Reuss
Реннер Renner
Рентген Roentgen
Реньо Regnault
Реомюр Réaumur
Рессел Russel
Риги Righi
Рид Read
Ридберг Rydberg
Риз Riesz
Ризерфорд Retherford
Риккати Riccati
Рик(к)е Riecke
Риман Riemann
Ритвелд Rietveld
Ритт Ritt
Ритц Ritz
Рихтер Richter
Ричардсон Richardson
Риччи Ricci
Роберваль Roberval
Робертс Roberts
Робертсон Robertson
Робин Robin
Робсон Robson
Роговский Rogowski
Рождественский Rozhdest-
venski
Розен Rozen
Розенберг Rosenberg
Розенблют Rosenbluth
Розенфельд Rosenfeld
Розери Rothery
Роквелл Rockwell
Росби Rossby
Роско Roscoe
Рос(с)би Rossby

Росселанд Rosseland
Росси Rossi
Роу Rowe
Роуз Rose
Роуланд Rowland
Рош Roche
Рошон Rochon
Рубаков Rubakov
Рубенс Rubens
Руббиа Rubbia
Рудерман Ruderman
Румер Rumer
Румкорф Ruhmkorff
Румфорд Rumford
Рунге Runge
Руссо Rousseau
Руфф Ruff
Руэ Rouet
Рытов Rytov
Рэлей Rayleigh
Рэнкин Rankine
Савада Sawada
Савар Savart
Садовский Sadovsky
Сайдем Suydam
Саймон Simon
Саймонс Simons
Саксмит Sucksmith
Саксон Saxon
Салам Salam
Сандидж Sandage
Саньяк Sagnac
Саржент Sargent
Сасаки Sasaki
Саундерс Saunders
Саха Saha
Свит Sweet
Сегре Segre
Сейболт Saybolt
Сейферт Seyfert
Селенгут Selengut
Семёнов Semenov
Сена Sena
Сенармон Senarmont
Сен-Венан Saint Venant
Сеньет Seignette
Сербер Serber
Сиборг Seaborg
Сигбан Siegbahn
Сименс Siemens
Симпсон Simpson
Синай Sinay
Сирс Sears
Ситтер, де de Sitter
Скирм Skyrme
Склодовская-Кюри Sklo-
dowska-Curie
Скопке Sckopke
Скотт Расселл Scott Russell
Слайфер Slipher
Слепян Slepian
Слэтер Slater

Смейл Smale
Смирнов Smirnov
Смит Smith
Смолуховский Smoluchowski
Снеллиус Snell
Снелль Snell
Собельман Sobelman
Содди Soddy
Соколов Sokolov
Солейль Soleil
Солк Solc
Соллер Soller
Соловьев Soloviev
Солпитер Salpeter
Сомилиана Somyliana
Соммерфилд Sommerfield
Сонин Sonin
Соре Soret
Соренсен Sorensen
Спенсер Spenser
Спитцер Spitzer
Старобинский Starobinski
Стевин Stevin
Степанов Stepanov
Стерн Stern
Стефан Stefan
Стефановский Stephanovsky
Стилтьес Stieltjes
Стирлинг Stirling
Стишов Stishov
Стокбаргер Stockbarger
Стокс Stokes
Столетов Stoletov
Стонер Stoner
Стонли Stoneley
Стора Stora
Странский Stranski
Страусс Strauss
Стремген Strömgen
Строук Stroke
Струтинский Strutinsky
Струхаль Struchal
Стретт Strutt
Стьюдент Student
Стэнтон Stanton
Стэпп Stapp
Стюарт Stuart
Сугавара Sugawara
Сузуки Suzuki
Сул Suhl
Сцилард Szilard
Сэбин Sabine
Сюняев Siuniayev
Тайт Tait
Такахаши Takahashi
Тальбот Talbot
Талькотт Talcott
Тальми Talmi
Тамм Tamm
Тани Tani
Тартини Tartini
Тауб Taub

Таулесс Thouless
Таунс Townes
Таунсенд Townsend
Твайман Twyman
Тейлор Taylor
Теклю Teclu
Теллер Teller
Теплер Toepler
Тернер Turner
Тесла Tesla
Тиндаль Tyndall
Тирринг Thirring
Тициус Titius
Толлер Toller
Толмен Tolman
Том Thom
Томас Thomas
Томонага Tomonaga
Томпсон Thompson
Томсон Thomson
Тонкс Tonks
Торричелли Torricelli
Трайвелпис Trievelpiece
Траутман Trautman
Треска Tresca
Трикоми Tricomi
Тримен Treiman
Тринор Treanor
Троутон Trawton
Тушек Touschek
'т Хоофт 't Hooft
Тьюринг Turing
Тябликов Tiablikov
Тяпкин Tyapkin
Уайков Wikoff
Уайт Wighte
Уайтмен Wightman
Уатт Watt
Уизем Whitham
Уилер Wheeler
Уилкинс Wilkins
Уилкинсон Wilkinson
Уитли Whitley
Уитни Whitney
Уитстон Wheatstone
Уиттекер Whittaker
Уленбек Uhlenbeck
Ульбрихт Ulbricht
Умов Umov
Уокер Walker
Уоллер Waller
Уолтон Walton
Уолш Walsh
Уорд Ward
Уотерман Waterman
Уотсон Watson
Упатниекс Upatnieks
Урбах Uhrbach
Уэйр Ware
Фабри Fabry
Фаддеев Faddeev
Фаддеева Faddeeva

Фай Faye
Фано Fano
Фарадей Faraday
Фаренгейт Fahrenheit
Фарли Farly
Фарнсуорт Farnsworth
Фарри Farry
Фаулер Fowler
Фаянс Fayans
Федоров Fedorov
Фезер Feather
Фейгенбаум Feigenbaum
Фейер Feier
Фейнберг Feinberg
Фейнман Feynman
Феллер Feller
Фери Féry
Ферма Fermat
Ферми Fermi
Фернбах Fernbach
Ферраро Ferraro
Феррел Ferrel
Фехнер Fechner
Фешбах Feishbach
Физо Fizeau
Фик Fick
Филиппов Filippov
Филипс Philips
Филлипс Phillips
Филоненко Filonenko
Фирсов Firsov
Фирц Fierz
Флеминг Fleming
Флетнер Flettner
Флетчер Fletcher
Флоке Floquet
Флори Flori
Фогт Voigt
Фойгт Voigt
Фок Fock
Фокс Fox
Фоккер Fokker
Фолди Foldy
Фонг Fong
Фон Клитцинг von Klitzing
Фон Нейман von Neumann
Форбс Forbes
Форбуш Forbush
Фортов Fortov
Фортра Fortrat
Фрадкин Fradkin
Франк Frank
Франклин Franklin
Франц Franz
Фраунгофер Fraunhofer
Фредгольм Fredholm
Фредерикс Freedericksz
Фрейндлих Freundlich
Фрелих Fröhlich; Frelich
Френель Fresnel
Френкель Frenkel
Фресслинг Frässling

Фреше Frechet
Фридель Friedel
Фридман Friedmann
Фридрихс Fridrichs
Фрикке Fricke
Фриман Freeman
Фруассар Froissart
Фруд Froude
Фрумкин Frumkin
Фудживара Fujiwara
Фуко Foucault
Фурье Fourier
Фюрстенау Fürstenau
Фюсснер Füssner
Хааг Haag
Хаар Haar
Хаббард Hubbard
Хаббл Hubble
Хаггинс Huggins
Хаген Hagen
Хаггил Huggil
Халатников Khalatnikov
Хамада Hamada
Хамфри Humphrey
Хан Hahn
Ханкель Hankel
Ханле Hanle
Харанг Harang
Харкер Harker
Харрис Harris
Харрисон Harrison
Харт Hart
Хартли Hartley
Хартри Hartree
Хаусдорф Hausdorff
Хафеле Hafele
Хевеши Hevesy
Хевисайд Heaviside
Хееш Heesch
Хей Haigh; Hay
Хеннебергер Henneberger
Хербиг Herbig
Херн Hearn
Херринг Herring
Херриотт Herriott
Хиггс Higgs
Хилл Hill
Хильтнер Hiltner
Хинчин Khintchin
Хладни Chladni
Хойт Hoyt
Хокинг Hawking
Холеский Cholesky
Холл Hall
Хольцмарк Holtsmark
Хопф Hopf
Хоу How
Хофман Hofman
Хохлов Khokhlov
Христиансен Christian-sen

Хуанг Huang
Хунд Hund
Хури Khuri
Хьюгилл Hugill
Хьюиш Hewish
Хюккель Hückel
Хюльтен Hulthen
Цвейг Zweig
Цвикки Zwicky
Цейсс Zeiss
Цельсий Celsius
Цендер Zehnder
Цернике Zernicke
Чайлд Child
Чалмерс Chalmers
Чандлер Chandler
Чандрасекар Chandrasekhar
Чаплыгин Chaplygin
Чебышев Chebyshev
Чемберлен Chamberlain
Чепмен Chapman
Черенков Cherenkov
Черн Chern
Чжэнь Chern
Чивита Civita
Чириков Chirikov
Чохральский Czochralski
Чу Cheu
Чэдвик Chadwick
Шабат Shabat
Шапиро Shapiro
Шарль Charles
Шарпи Charpy
Шарф Sharf
Шафи Shafi
Шафранов Shafranov
Шварц Schwartz
Шварцшильд Schwarzschild
Швингер Schwinger
Шевено Chèveneau
Шеннон Shannon
Шёнфлис Schönflis
Шеринг Schering
Шеррер Scherrer
Шеррингтон Sherrington
Шибуйя Shibuya
Шильников Shilnikov
Шиотт Shiott
Шлезингер Schlesinger
Шлидер Schlieder
Шлихтинг Schlichting
Шлыгин Szlygin
Шлютер Schlüter
Шмидт Schmidt
Шокли Shockley
Шолк Solc
Шор Shore
Шот(т)ки Schottky
Шперер Sperer
Шпольский Shpolski
Шредингер Schrödinger

Шриффер Schrieffer
Штарк Stark
Штейн Stein
Штейнер Steiner
Штёрмер Störmer
Штерн Stern
Штрассман Strassmann
Штрель Strehl
Штурм Sturm
Штюкельберг Stueckelberg
Шуберт Shubert
Шубин Shubin
Шубников Shubnikov
Шугар Sugar
Шульц Shultz
Шуман Schumann
Шумейкер Shoemaker
Эбни Abney
Эвальд Ewald
Эвершед Evershed
Эдвардс Edwards
Эддингтон Eddington
Эдисон Edison
Эйлер Euler
Эйнштейн Einstein
Эйри Airy
Эйфель Eiffel
Эйхенвальд Eichenwald
Эккарт Eckart
Экман Ekman
Элверт Elwert
Элиашберг Eliashberg
Эллиот Elliot
Эльзассер Elsasser
Эмметт Emmett
Энглер Engler
Энског Enskog
Эпштейн Epstein
Эренфест Ehrenfest
Эриксон Erickson
Эрингауз Ehringhaus
Эрнст Ernst
Эрмит Hermit
Эрстед Oersted
Эсаки Esaki
Этвеш Eötvös
Эттингсхаузен Ettingshau-sen
Юкава Yukawa
Юлинг Uehling
Юм Hume
Юнг Young
Юрченко Yurchenko
Яги Yagi
Якоби Jacobi
Ямагучи Yamaguchi
Ян Yahn
Янг Yang
Янский Jansky
Ястров Yastrow
Яфет Yafet

СПИСОК ИНСТИТУТОВ

Акустический институт им. Н.Н.Андреева N.N.Andreev Institute of Acoustics

Астрономический институт Institute of Astronomy

Институт автоматики и электрометрии Institute of Automation and Electrometry

Институт атомной энергии им. И.В.Курчатова I.V.Kurchatov Institute of Atomic Energy

Институт высоких температур Institute of High Temperatures

Институт земного магнетизма, ионосферы и распространения радиоволн Institute of Terrestrial Magnetism, Ionosphere and Radio Wave Propagation

Институт космических исследований Institute of Space Research

Институт кристаллографии им. А.В.Шубникова A.V.Shubnikov Institute of Crystallography

Институт машиноведения Institute of Machine Science

Институт общей физики Institute of General Physics

Объединённый институт ядерных исследования (ОИЯИ) Joint Institute for Nuclear Research

Институт оптики атмосферы Institute of Atmospheric Optics

Институт прикладной астрономии Institute of Applied Astronomy

Институт прикладной математики Institute of Applied Mathematics

Институт прикладной механики Institute of Applied Mechanics

Институт прикладной физики Institute of Applied Physics

Институт проблем механики Institute of Problems of Mechanics

Институт сильноточной электроники Institute of High-Current Electronics

Институт радиотехники и электроники Institute of Radioengineering and Electronics

Институт спектроскопии Institute of Spectroscopy

Институт теоретической астрономии Institute of Theoretical Astronomy

Институт теоретической физики Institute of Theoretical Physics

Институт физики Institute of Physics

Институт физики высоких давлений Institute of High-Pressure Physics

Институт физики высоких энергий Institute of High-Energy Physics

Институт физики металлов Institute of Metal Physics

Институт физики полупроводников Institute of Semiconductor Physics

Институт физических проблем им. П.Л.Капицы P.L.Kapitsa Institute of Physical Problems

Институт физической химии Institute of Physical Chemistry

Институт химической физики им. Н.Н.Семёнова N.N.Semenov Institute of Chemical Physics

Институт электрофизики Institute of Electrophysics

Радиотехнический институт Radio-engineering Institute

Институт ядерных исследований Institute of Nuclear Research

Петербургский институт ядерной физики им. Б.П.Константинова B.P.Konstantinov Peterburg Institute of Nuclear Physics

Физико-технический институт им. А.Ф.Иоффе A.F.Ioffe Physical-Technical Institute

Физический институт им. П.Н.Лебедева P.N.Lebedev Physical Institute

ЕДИНИЦЫ ФИЗИЧЕСКИХ ВЕЛИЧИН

Русское название	Русское обозначение	Английское название	Английское обозначение
Ампер	А	Ampere	A
Ампер-виток	А·в	Ampere-turn	A·t
Ампер-час	А·ч	Ampere-hour	A·h
Ампер на квадратный метр	А/м²	Ampere per square meter	A/m²
Ампер на вебер	А/Вб	Ampere per Weber	A/Wb
Ампер на метр	А/м	Ampere per meter	A/m
Ангстрем	Å	Angström	Å
Апостильб	асб	apostilb	asb
Астрономическая единица	а.е.	astronomical unit	AU
Атмосфера	атм	atmosphere	atm
Атомная единица массы	а.е.м.	atomic mass unit	a.m.u.
Байт		byte	
Бар	бар	bar	bar
Барн	б	barn	b
Беккерель	Бк	Becquerel	Bq
Беккерель на квадратный метр	Бк/м²	Becquerel per square meter	Bq/m²
Беккерель на килограмм	Бк/кг	Becquerel per kilogram	Bq/kg
Беккерель на кубический метр	Бк/м³	Becquerel per cubic meter	Bq/m³
Бел	Бел	Bel	B
Бит	бит	bit	bit
Биологический эквивалент рентгена	бэр	Röntgen equivalent man	rem
Вар	Вар	Volt-Ampere reactive	VAr
Ватт	Вт	Watt	W
Ватт на квадратный метр	Вт/м²	Watt per square meter	W/m²
Ватт на килограмм	Вт/кг	Watt per kilogram	W/kg
Ватт на стерадиан	Вт/ср	Watt per steradian	W/sr
Ватт-час	Вт·ч	Watt-hour	W·h
Вебер	Вб	Weber	Wb
Вебер на ампер	Вб/А	Weber per Ampere	Wb/A
Водородный показатель	pH	pH value	pH
Вольт	В	Volt	V
Вольт-ампер	ВА	Volt-Ampere	VA
Вольт на метр	В/м	Volt per meter	V/m
Гал	Гал	Gal	Gal
Гамма	γ	gamma	γ
Гаусс	Гс	Gauss	Gs
Генри	Гн	Henry	H
Генри на метр	Гн/м	Henry per meter	H/m
Герц	Гц	Hertz	Hz
Гигагерц	ГГц	Gigahertz	GHz
Гигакалория	Гкал	gigacalorie	Gcal
Гигаэлектронвольт	ГэВ	gigaelectron-volt	GeV
Гильберт	Гб	Gilbert	Gb
Год	г	year	a
Гон		grade	g

Градус	град	degree	deg
Градус Цельсия	°C	Celsius degree	°C
Грамм	г	gram	g
Грамм на кубический сантиметр	г/см^3	gram per cubic centimeter	g/cm^3
Грэй	Гр	Gray	Gy
Грэй в секунду	Гр/с	Gray per second	Gy/s
Дебай	Д	Debye	D
Декада		decade	
Децибел	дБ	decibel	dB
Децилог	дг	decilog	dg
Джоуль	Дж	Joule	J
Джоуль на квадратный метр	Дж/м^2	Joule per square meter	J/m^2
Джоуль на Кельвин	Дж/К	Joule per Kelvin	J/K
Джоуль на килограмм	Дж/кг	Joule per kilogram	J/kg
Джоуль на килограмм-Кельвин	Дж/кг·К	Joule per kilogram-Kelvin	J/kg·K
Джоуль на кубический метр	Дж/м^3	Joule per cubic meter	J/m^3
Джоуль на моль	Дж/моль	Joule per mole	J/mol
Дина	дин	dyne	dyn
Диоптрия	дптр	diopter	D
Дюйм		inch	in.
Зиверт	Зв	Sievert	Sv
Зиверт в секунду	Зв/с	Sievert per second	Sv/s
Калория	кал	calorie	cal
Калория на грамм-градус Цельсия	кал/(г·°C)	calorie per gram-degree Celsius	cal/(g·°C)
Кандела	кд	candela	cd
Кандела на квадратный метр	кд/м^2	candela per square meter	cd/m^2
Карат	кар	carat	ct
Квадратный метр	м^2	square meter	m^2
Квадратный метр на килограмм	м^2/кг	square meter per kilogram	m^2/kg
Кельвин	К	Kelvin	K
Керма		kerma	
Киловатт	кВт	kilowatt	kW
Киловатт-час	кВт·ч	kilowatt-hour	kW·h
Килогерц	кГц	kilohertz	kHz
Килограмм	кг	kilogram	kg
Килограмм в секунду	кг/с	kilogram per second	kg/s
Килограмм-метр в секунду	кг·м/с	kilogram-meter per second	kg·m/s
Килограмм на кубический метр	кг/м^3	kilogram per cubic meter	kg/m^3
Килограмм на моль	кг/моль	kilogram per mole	kg/mol
Килограмм-сила	кгс	kilogram-force	kgf
Килокалория	ккал	kilocalorie	kcal
Километр	км	kilometer	km
Километр в час	км/ч	kilometer per hour	km/h
Килоэлектрон-вольт	кэВ	kiloelectron-volt	keV
Кубический метр	м^3	cubic meter	m^3
Кубический метр в секунду	м^3/с	cubic meter per second	m^3/s
Кубический метр на моль	м^3/моль	cubic meter per mole	m^3/mol

Кулон	Кл	Coulomb	C
Кулон-метр	Кл·м	Coulomb-meter	C·m
Кулон на квадратный метр	Кл/м^2	Coulomb per square meter	C/m^2
Кулон на килограмм	Кл/кг	Coulomb per kilogram	C/kg
Кулон на кубический метр	Кл/м^3	Coulomb per cubic meter	C/m^3
Кулон на метр	Кл/м	Coulomb per meter	C/m
Кюри	Ки	Curie	Ci
Кюри на килограмм	Ки/кг	Curie per kilogram	Ci/kg
Ламберт		Lambert	
Литр	л	liter	l
Лошадиная сила	л.с.	horsepower	hp
Люкс	лк	lux	lx
Люкс-секунда	лк·с	lux-second	lx·s
Люмен	лм	lumen	lm
Люмен на квадратный метр	лм/м^2	lumen per square meter	lm/m^2
Люмен-секунда	лм·с	lumen-second	lm·s
Магнетон Бора	μ_B	Bohr magneton	μ_B
Максвелл	Мкс	Maxwell	Mx
Мегагерц	МГц	megahertz	MHz
Метр	м	meter	m
Метр в секунду	м/с	meter per second	m/s
Метр в секунду в квадрате	м/с^2	meter per second squared	m/s^2
Микрометр	мкм	micrometer	μm
Микрон	мкм	micron	μm
Микрофарада	мФ	microfarad	mF
Миллиметр	мм	millimeter	mm
Миллиметр ртутного столба	мм рт. ст.	millimeter of mercury	mmHg
Миллионная доля	10^{-6}	parts per million	ppm
Минута	мин	minute	min
Моль	моль	mole	mol
Моль на килограмм	моль/кг	mole per kilogram	mol/kg
Моль на кубический метр	моль/м^3	mole per cubic meter	mol/m^3
Наносекунда	нс	nanosecond	ns
Непер	Нр	Neper	Np
Нит	нт	nit	nt
Ньютон	Н	Newton	N
Ньютон-метр	Н·м	Newton-meter	N·m
Ньютон на метр	Н/м	Newton per meter	N/m
Ньютон-секунда	Н·с	Newton-second	N·s
Оборот	об	rotation, revolution	r, rot
Оборот(ов) в минуту	об/мин	revolutions [rotations] per minute	rpm
Оборот(ов) в секунду	об/с	revolutions [rotations] per second	rps
Обратный сантиметр	см$^{-1}$	inverse centimeter	cm^{-1}
Октава	окт	octave	octave
Ом	Ом	Ohm	Ω
Ом-метр	Ом·м	Ohm-meter	Ω·m
Парсек	пк	parsec	pc
Паскаль	Па	Pascal	Pa

Пикосекунда	пс	picosecond	ps
Промилле	‰	pro mille	‰
Процент	%	per cent	%
Пуаз	П	Poise	P
Пьеза	пз	pieze	pz
Рад	рад	rad	rad
Радиан	рад	radian	rad
Радиан в секунду	рад/с	radian per second	rad/s
Рентген	Р	Röntgen	R
Ридберг	Р	Rydberg	Ry
Савар	С	Savart	S
Сантиметр	см	centimeter	cm
Сантипуаз	сП	santipoise	sP
Световой год	св. г.	light year	l.y.
Свеча		candle	
Секунда	с	second	s
Сименс	См	Siemens	S
Стерадиан	ср	steradian	sr
Стильб	сб	stilb	sb
Стокс	Ст	Stokes	St
Сутки	сут	day	d
Тесла	Тл	Tesla	T
Тонна	т	ton	t
Торр	Т	Torr	Torr
Фарада	Ф	Farad	F
Фарада на метр	Ф/м	Farad	F/m
Фарадей	Ф	Faraday (unit)	F
Фемтосекунда	фс	femtosecond	fs
Ферми		Fermi	
Фон	фон	phon	phon
Фот	ф	phot	
Франклин	Фр	Franklin	Fr
Фунт		pound	lb
Фут		foot	ft
Час	ч	hour	h
Электронвольт	эВ	electron-volt	eV
Эрг	Эрг	Erg	Erg
Эрстед	Э	Oersted, Örsted	Oe
Янский	Ян	Jansky	Jy
Ярд		yard	yd

СПРАВОЧНОЕ ИЗДАНИЕ

НОВИКОВ
Валерий Давидович
АБРАМОВ
Виталий Аркадьевич
ЕРПЫЛЕВ
Николай Петрович и др.

**РУССКО-
АНГЛИЙСКИЙ
ФИЗИЧЕСКИЙ
СЛОВАРЬ**

Ответственный за выпуск
ЗАХАРОВА Г.В.

Ведущий редактор
ГЕНИНА Л.К.

Редакторы:
ГАЛКИНА Н.П.
ГОТАЛЬСКАЯ О.В.
УРВАНЦЕВА А.И.

Лицензия ЛР № 090103
от 28.10.1994 г.

Подписано в печать 02.10.1999. Формат 70х100/16. Печать
офсетная. Бумага офсетная № 1. Печ. л. 58. Тираж 1200.

«РУССО», 117071, Москва, Ленинский пр-т, д. 15, офис 323.
Телефон: 955-05-67. Факс: 237-25-02.
Web: http://www.aha.ru/~russopub/
E-mail: russopub@aha.ru

Отпечатано в ППП «Типография «Наука»
121099, Москва, Шубинский пер., 6.
Заказ № 1351

Издательство «Р У С С О»,
выпускающее научно-технические словари,
п р е д л а г а е т :

Большой англо-русский политехнический словарь в 2-х томах
*Англо-русский словарь по авиационно-космической медицине, психологии и
     эргономике*
Англо-русский биологический словарь
Англо-русский дипломатический словарь
Англо-русский словарь по психологии
Англо-русский словарь по машиностроению и автоматизации производства
Англо-русский медицинский словарь
Англо-русский медицинский словарь-справочник «На приёме у английского врача»
Англо-русский словарь по парфюмерии и косметике
Англо-русский словарь по рекламе и маркетингу с Указателем русских терминов
Англо-русский и русско-английский автомобильный словарь
Англо-русский и русско-английский лесотехнический словарь
Англо-русский и русско-английский медицинский словарь
Англо-русский и русско-английский словарь по солнечной энергетике
Англо-русский словарь по радиоэлектронике
Англо-русский словарь по электротехнике и электроэнергетике
Англо-русский юридический словарь
Англо-русский и русско-английский словарь ресторанной лексики
Англо-немецко-французско-русский физический словарь
Англо-немецко-французско-итальянско-русский медицинский словарь
Большой русско-английский медицинский словарь
Новый англо-русский словарь по нефти и газу в 2-х томах
Русско-англо-немецко-французский металлургический словарь
Русско-английский аэрокосмический словарь в 2-х томах
Русско-английский геологический словарь
Русско-английский политехнический словарь
Русско-английский словарь по нефти и газу
Латинско-англо-немецко-русский словарь лекарственных растений
Французско-англо-русский банковско-биржевой словарь

Адрес: 117071, Москва, Ленинский пр-т, д. 15, офис 323.
Телефон: 955-05-67. **Факс:** 237-25-02.
Web-страница: http: //www.aha.ru/~russopub/
E-mail: russopub@aha.ru